Der Varta-Führer

Hotels und Restaurants

von Experten getestet

Deutschland
1999

42. Jahrgang

Mairs Geographischer Verlag
Ostfildern

Vorwort

Der Varta-Führer
Sterne, die den Weg weisen

Dieses Buch wendet sich an alle Menschen, die gerne reisen und Wert auf gutes Schlafen und Essen legen. Der Varta-Führer möchte Sie durch seine Empfehlungen unterstützen, Ihre Reisen so angenehm wie möglich zu gestalten.

Unsere Bewertungen mit dem Varta-eigenen Sternesystem dienen der Hervorhebung von empfehlenswerten Hotels, Restaurants und Gasthäusern. Aus der Fülle von Betrieben treffen wir in jedem Ort eine wohlüberlegte Auswahl. Die Nichtnennung eines Hauses stellt dabei keine Aussage über dessen Qualität dar.

Unter den Hotel- und Restaurantführern Deutschlands hat der Varta-Führer seit langem eine Spitzenstellung inne. Dies verdanken wir vor allem unseren unumstößlichen Grundsätzen: Unabhängigkeit und eindeutige Orientierung an den Bedürfnissen des Gastes.

Für die von uns genannten Häuser ist der Eintrag in den Varta-Führer stets kostenlos. Die Betriebe haben keinerlei Einflußmöglichkeiten auf ihre Aufnahme.

Unsere festangestellten Fachinspektoren, allesamt Experten in der Gastronomie- und Hotelbranche, bleiben auf ihren Reisen von Nord nach Süd, von Ost nach West immer incognito und zahlen für die Leistungen, die sie in Anspruch nehmen.

Zu unserem „Expertenteam" gehören allerdings nicht zuletzt auch Sie, die Leser und Benutzer unseres Buches. Die Zuschriften, die wir erhalten, zeigen uns immer wieder, daß die Ansprüche der Reisenden heutzutage gestiegen sind. Ihre Anregungen, Ihr Lob und Ihre Kritik sind es, die letztendlich die Basis für unsere Bewertungskriterien bilden.

Die Redaktion des Varta-Führers mit ihrem Expertenteam wünscht Ihnen allzeit eine gute Reise!

Inhaltsverzeichnis

Varta-Führer kurz & bündig

Gesucht — gefunden:
Der schnellste Weg
zu Tisch und Bett   **4**

Unterwegs in Deutschland

Die Reisekarte im Überblick   **6**

Zeichenerklärung Reisekarte   **7**

Die Reisekarte
auf 65 Seiten   **8**

Schnelle Hilfen unterwegs   **76**

Rasten
an der Autobahn   **78**

Zeichenerklärung Citypläne   **88**

Die Citypläne im Überblick   **90**

Hinweise für Flugreisen   **93**

Der Varta-Führer 1999

21 Hotels der Sonderklasse   **97**

22 Restaurants
der Sonderklasse   **98**

Wohnen, wo es ruhig ist   **99**

Die Gastro-Junior-Trophäe   **108**

Von Sternen, Kronen
und anderen
Klassifizierungen   **110**

Hier können Sie buchen   **116**

Von Experten getestet
und empfohlen:
8600 Hotels
4500 Restaurants   **121**

Varta-Führer kurz & bündig

Gesucht — gefunden:
Der schnellste Weg zu Tisch und Bett

Der Varta-Führer empfiehlt Ihnen eine sorgfältig geprüfte Auswahl von Hotels, Gasthäusern und Restaurants in Deutschland. Diese Auswahl wird von Jahr zu Jahr bearbeitet und auf den jeweils neuesten Stand gebracht. Ausgewählt werden Betriebe aller Komfortstufen und Preisklassen. Sie werden in Kategorien eingeteilt. ✱ bis ✱✱✱✱✱ oder ⌺ stehen für Hotels und Gasthäuser, ✱ bis ✱✱✱✱✱ oder 🍽 stehen für Restaurants.
(Weitere Informationen siehe S. 110)

Ortsnamen in alphabetischer Reihenfolge

Alle im Varta-Führer genannten Orte werden in alphabetischer Reihenfolge aufgeführt. Früher selbstständige Gemeinden, die Teil einer anderen Gemeinde geworden sind, erscheinen als Stadt- oder Ortsteil unter dem neuen Namen. In vielen Fällen, in denen der Ortsteil- oder der Stadtteilname bekannter ist als der Name des Hauptortes, wurde der bekanntere Name innerhalb der alphabetischen Folge mit Hinweis auf den neuen Namen aufgeführt.
Orte mit dem Zusatz „Bad", „Kurort", „Ostseebad", „Seebad", sind unter ihrem Hauptnamen eingereiht. Orte mit dem Zusatz „St." sind unter „Sankt" zu suchen. Im Alphabet gilt ä = ae, ö = oe und ü = ue.

Reihenfolge ist Rangfolge

Die Reihenfolge, in der die Betriebe aufgeführt werden, stellt die Rangfolge dar. Die Redaktion will dem Benutzer auf diese Weise Orientierungshilfe innerhalb einer jeden Kategorie geben. Das jeweils beste Haus wird innerhalb der jeweiligen Kategorie als das erste aufgeführt.

Die Kennzeichnung von Leistung

Der Varta-Führer unterscheidet in seinen Symbolen für jeden Betrieb zwischen dem insgesamt gebotenen Rahmen und der Leistung der Mitarbeiter. Der Stern sagt zum Beispiel etwas über die Einrichtung des Wohn- und Arbeitsbereiches aus. Die rote Krone dagegen steht als Symbol für die Leistung der Mitarbeiter, aber auch für ein über das Übliche hinausgehendes Maß an Ausstattung und Dienstleistung. Ist in einem Eintrag das Restaurant vor den Hotelzimmern aufgeführt, handelt es sich um ein „Restaurant mit Zimmern".

Das Schwergewicht solcher Betriebe liegt eindeutig in der Gastronomie, sie bieten jedoch zusätzlich Übernachtungsmöglichkeiten an.

Zimmer anderer Kategorien

Die angegebene Kategorie eines Beherbergungsbetriebes bezieht sich jeweils auf den größeren Teil der Zimmer. Verfügt ein Betrieb über eine Anzahl von Zimmern höherer oder niedrigerer Kategorien, weist ein entsprechender Vermerk darauf hin.

Weinstuben, Cafés und Bistros ohne Sterne

Das Bistro entzieht sich einer Klassifizierung analog der für die Restaurant-Kategorien gültigen Maßstäbe. Es handelt sich um eine Betriebsform mit einer kleineren Auswahl an Speisen und einer Ausstattung, die auf relativ kurzen Aufenthalt der Gäste zugeschnitten ist. Bistros werden daher ohne Stern aufgeführt. Ebenfalls ohne Klassifizierung mit Sternen werden spezielle gastronomische Formen mit eindeutigen Angebotsschwerpunkten im Getränkebereich dargestellt. Das betrifft in erster Linie Weinstuben und Bierstuben oder Biergärten. Cafés werden mit dem Symbol der Kaffeetasse aufgeführt.

„Neuzugänge" noch ohne Sterne

Zwangsläufig ohne Klassifizierung und damit ohne Sterne nennt das Buch solche Betriebe, die erst nach Redaktionsschluß eröffnet haben (Neubauten und Umbauten) und daher noch nicht zuverlässig beurteilt werden konnten. Sie stehen jeweils am Anfang der Betriebsauflistung für diesen Ort.

Beachten Sie bitte, daß die im Buch genannten Zimmerpreise nur Annäherungswerte sein können. Zimmerpreise richten sich nach Angebot und Nachfrage. Sie können zu Zeiten starker Nachfrage, etwa bei Messen oder Großveranstaltungen am Ort, über den Angaben im Varta-Führer liegen. In Zeiten geringer Nachfrage gewähren manche Betriebe auch Preisabschläge. Es kann sich lohnen, danach zu fragen. Nicht selten ändern Betriebe auch während der Geltungsdauer des Buches ihre Preise.

Zugegeben, Skat können Sie mit dieser Karte nicht spielen.

Aber einen Trumpf haben Sie trotzdem in der Hand.

Es wäre wirklich ein schönes Spiel geworden, hätte der Kollege aus dem Fuhrpark-Management nicht plötzlich diese grüne Karte auf den Tisch gelegt und dabei so überlegen gegrinst. Kein Wunder: Dieser Mann hat die BP PLUS Karte ausgespielt. Ein echter Trumpf. Denn die BP PLUS Karte vereint ein komplettes Fuhrpark-Management auf kleinstem Raum.

An ca.13.500 Tankstellen (davon 3.700 truck-geeignet) in 26 Ländern Europas wird die BP PLUS Karte im ROUTEX-Verbund von BP, Aral, Italiana Petroli, Mobil und Statoil akzeptiert.

Wenn also auch Sie den passenden Trumpf für Ihr Unternehmen suchen und von einem europaweiten Tankstellennetz profitieren möchten, dann rufen Sie uns an:

Tel. **0 40/63 95 25 00**

Oder nutzen Sie unseren neuen **Faxabrufdienst**, den direkten Weg für weitere Informationen. Wählen Sie die Sendeabruf-Funktion Ihres Faxgerätes und geben Sie die unten angegebene Faxnummer ein (kein Papier einlegen!). Schon druckt Ihr Fax die BP PLUS-Info-Seiten aus.

Fax **0 40/63 95 29 45**

BP. Wir sorgen für Bewegung.

Unterwegs in Deutschland

Die Reisekarte im Überblick

Maßstab 1 : 600 000 Stand September 1997

Unterwegs in Deutschland

Zeichenerklärung

Die Reisekarte des Varta-Führers zeigt alle Orte, in denen die Redaktion empfehlenswerte Betriebe gefunden hat, mit roten Ortspunkten. Darüber hinaus enthält sie wichtige Orte, die Ihnen die Orientierung erleichtern sollen. Alles weitere erfahren Sie dann im eigentlichen Varta-Führer, alphabetisch gelistet ab Seite 123.

Hinter jedem Ortsnamen finden Sie Zeichen: 29 ⬜, 60 ↓, 33 ↖, 42 →. Die Zahl ist die Seitenzahl, auf der Sie den entsprechenden Ort im Kartenteil finden. Das angehängte Zeichen gibt das Planfeld an. Nach folgendem Raster haben wir die Seiteneinteilung vorgenommen:

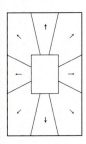

Orientierungsorte, nicht im Datenteil erwähnt.
Oder — Orts- und Stadtteile von genannten Hauptorten

● Orte, die im Varta-Führer beschrieben sind

MÜNCHEN
In einem so hervorgehobenen Ort befindet sich zumindest ein Betrieb mit mindestens einer 👑

<u>MÜNCHEN</u>
In einem so hervorgehobenen Ort befindet sich zumindest ein Betrieb mit mindestens einer 🏆

MÜNCHEN
In einem so hervorgehobenen Ort befindet sich zumindest ein Betrieb mit ✤

Autobahn mit Anschlußstelle

Autobahn in Bau mit Datum der voraussichtlichen Verkehrsübergabe

Autobahn geplant mit voraussichtlichem Fertigstellungstermin

mehrbahnige Bundesstraßen

mehrbahnige Bundesstraßen in Planung

Bundesstraßen

Bundesstraßen im Bau

Bundesstraßen in Planung

Sonstige Straßen

Grenzen

Autofähre

Schiffahrtlinie

🅿 Raststätte mit Übernachtung

🅞 Raststätte ohne Übernachtung

🅞 Autobahn-Tankstelle

■ Autobahn-Nummer

E30 Europastraßen-Nummer

✦ Verkehrsflugplatz

112 Bundesstraßen-Nummer

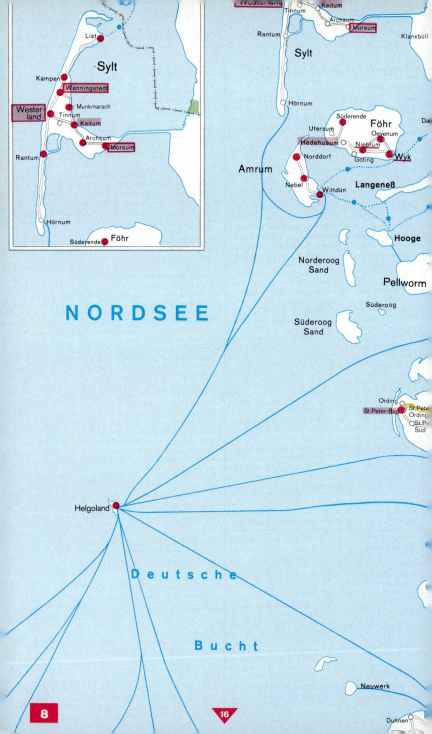

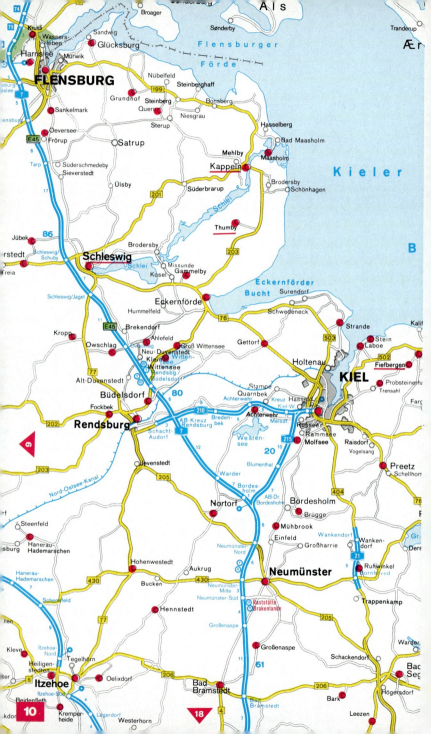

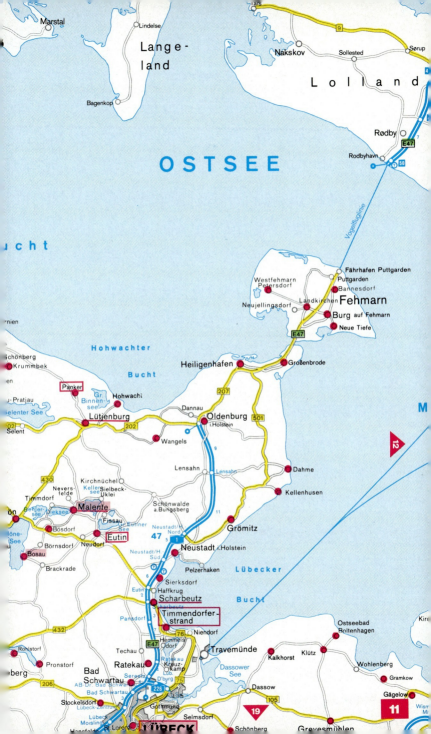

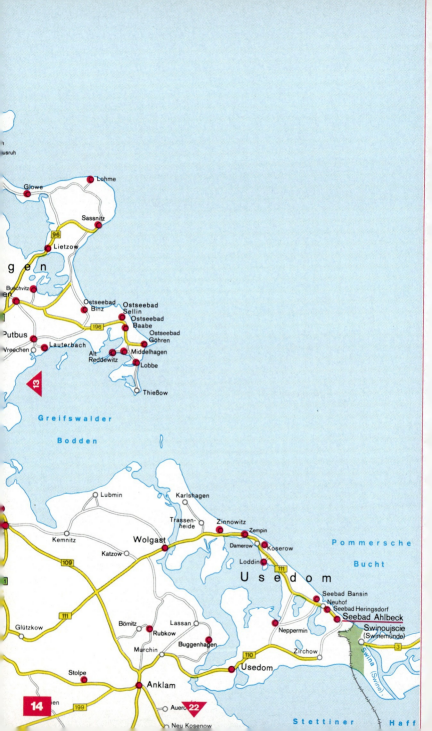

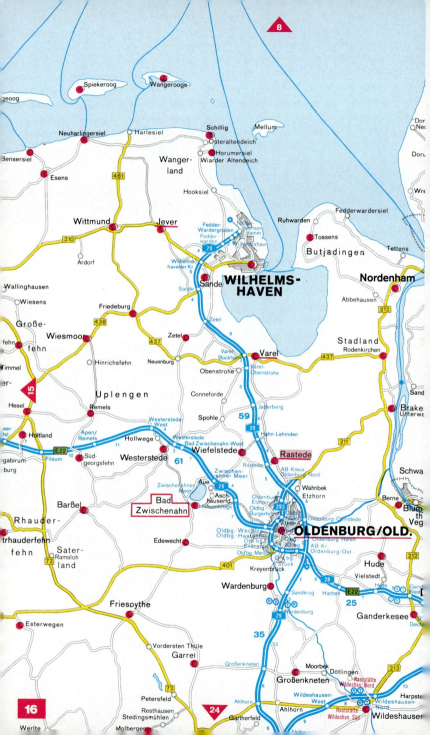

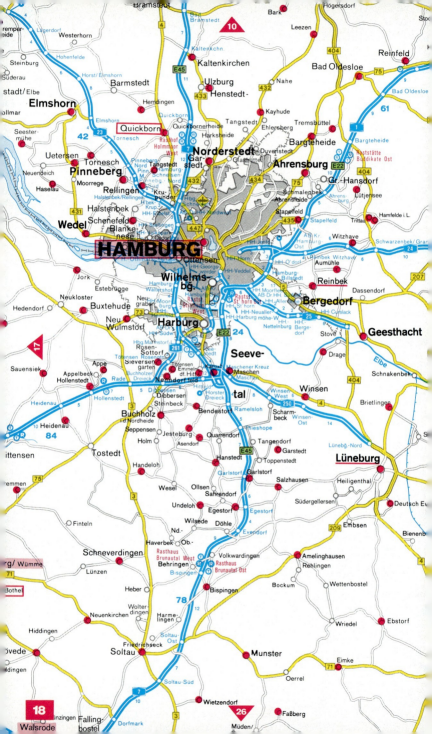

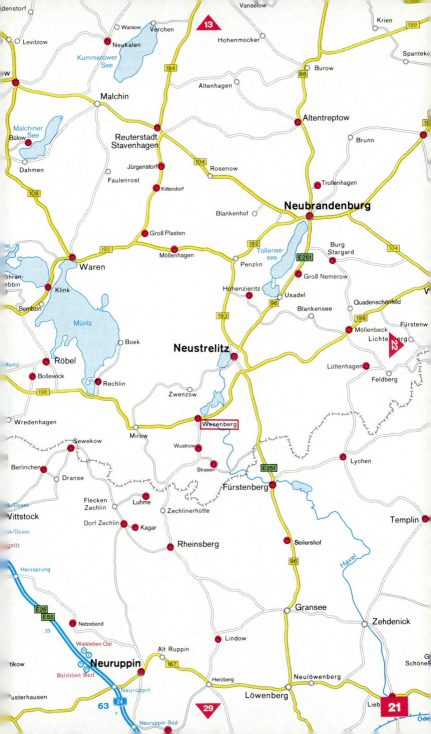

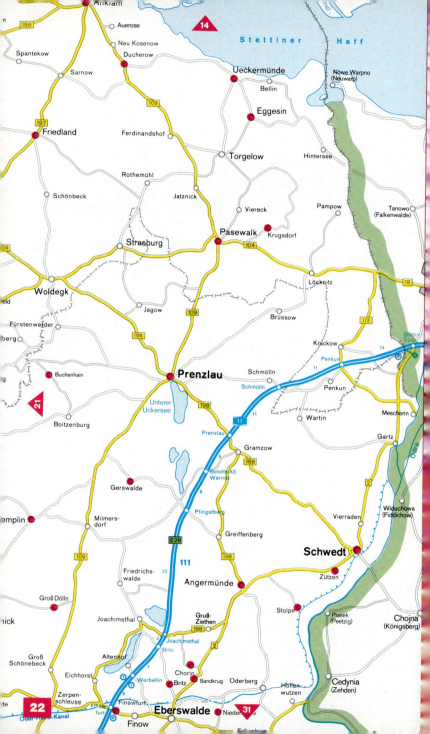

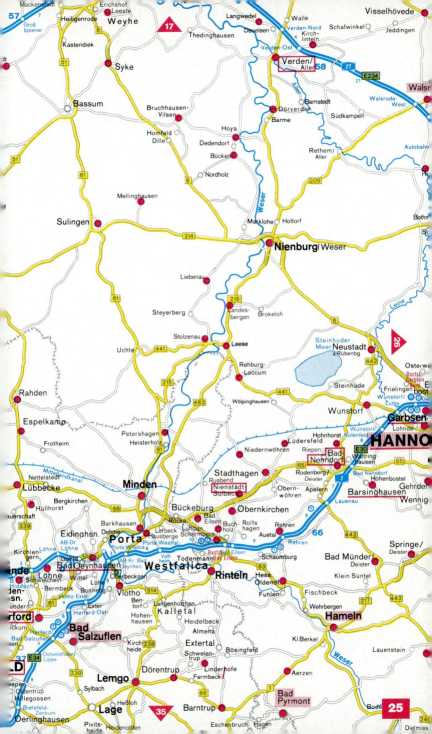

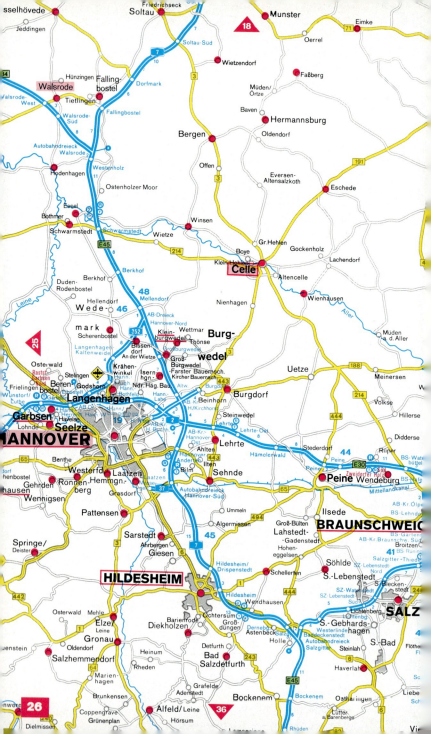

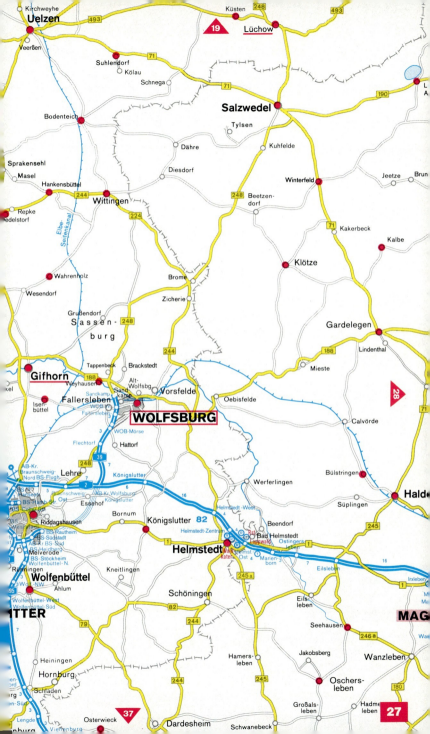

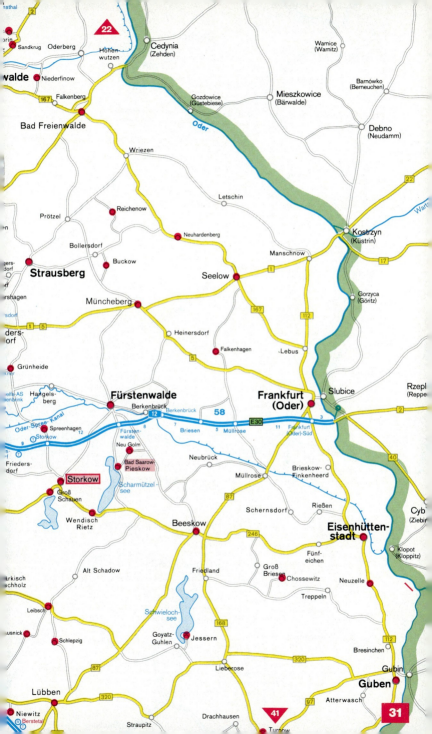

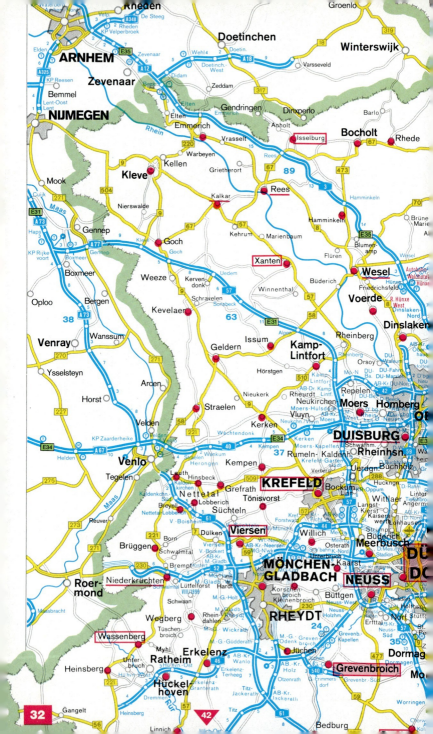

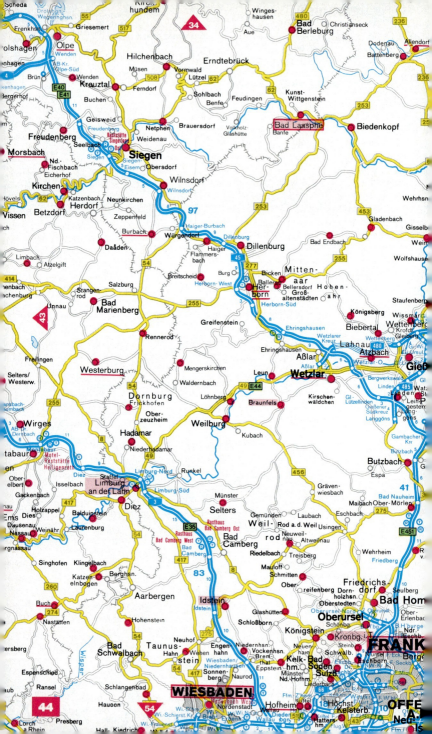

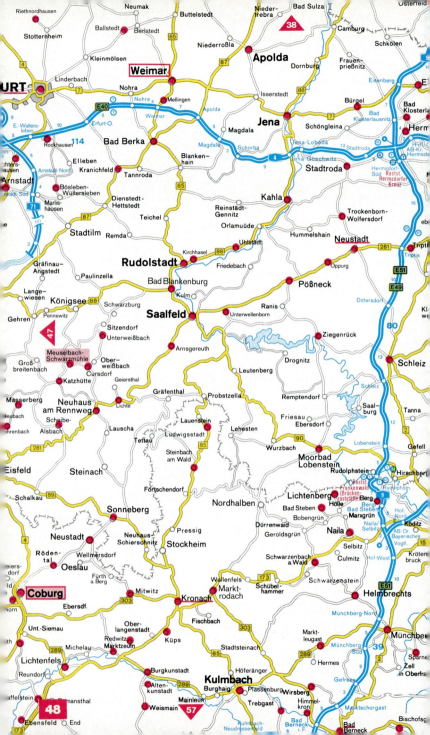

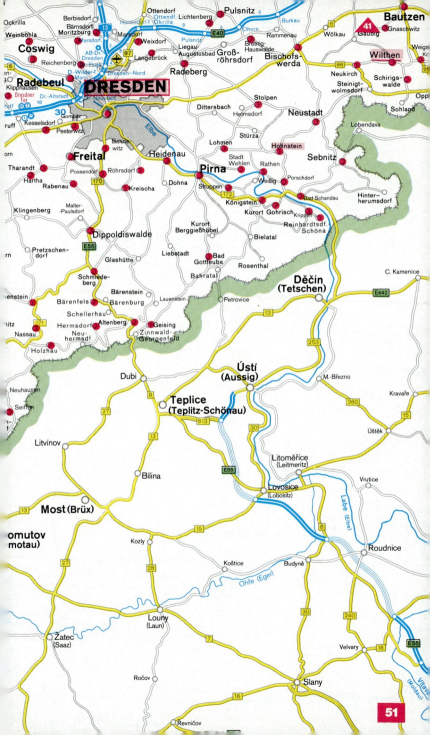

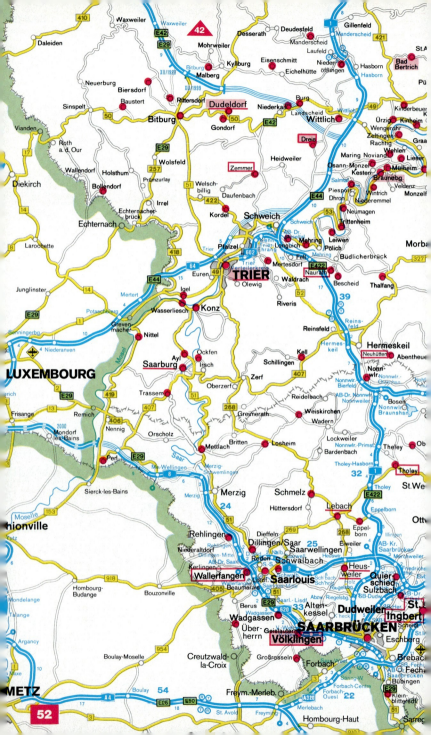

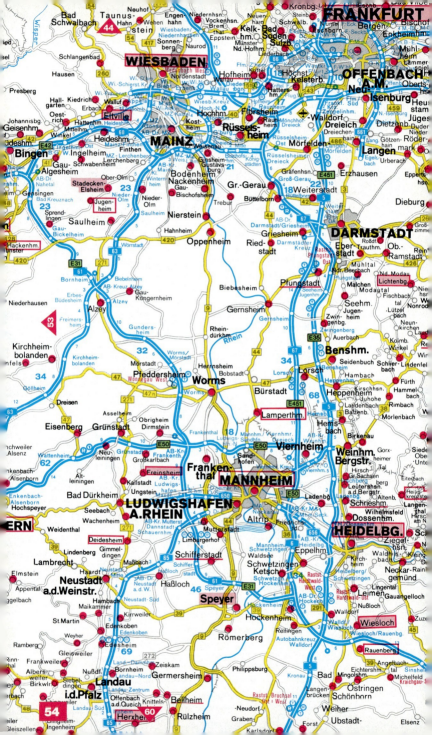

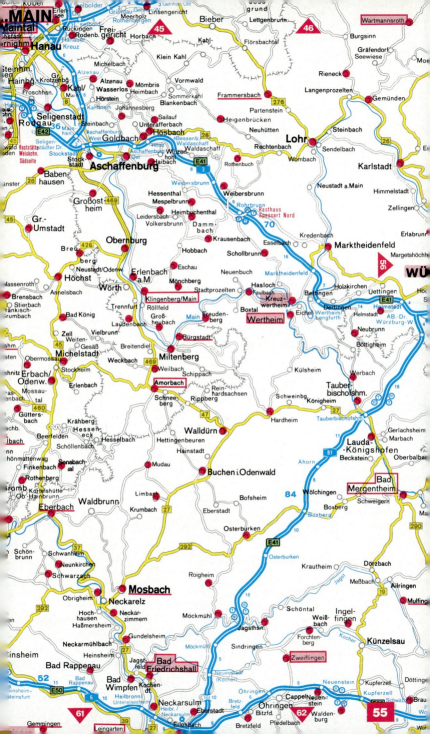

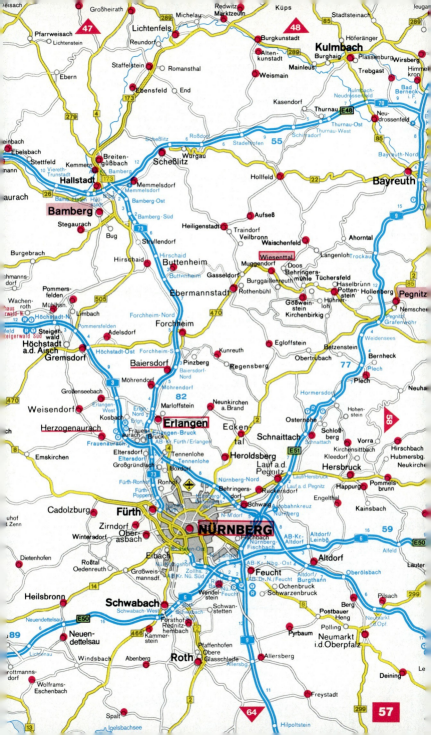

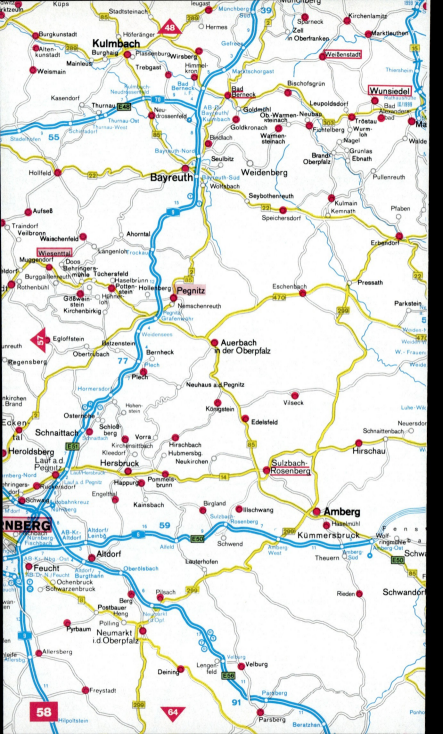

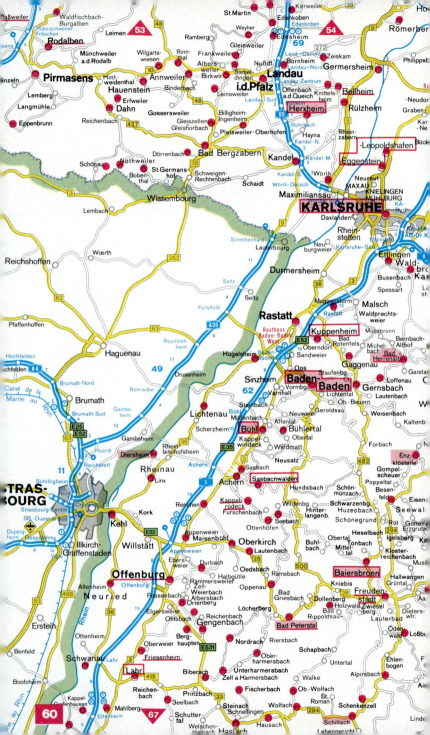

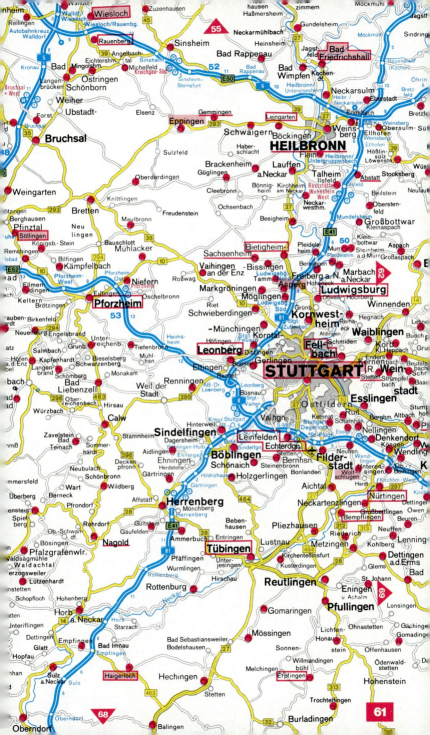

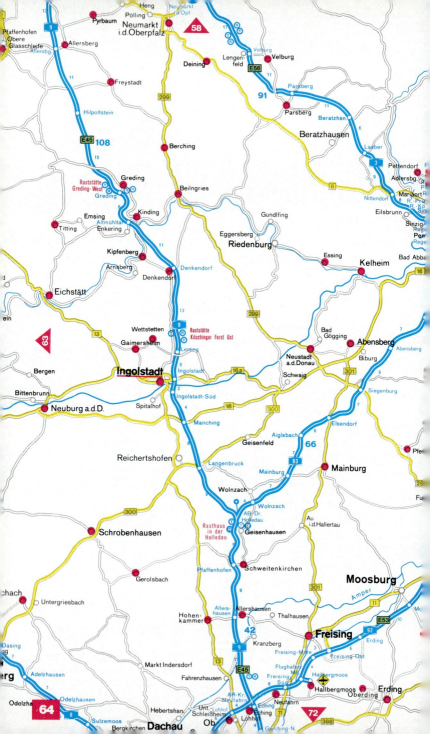

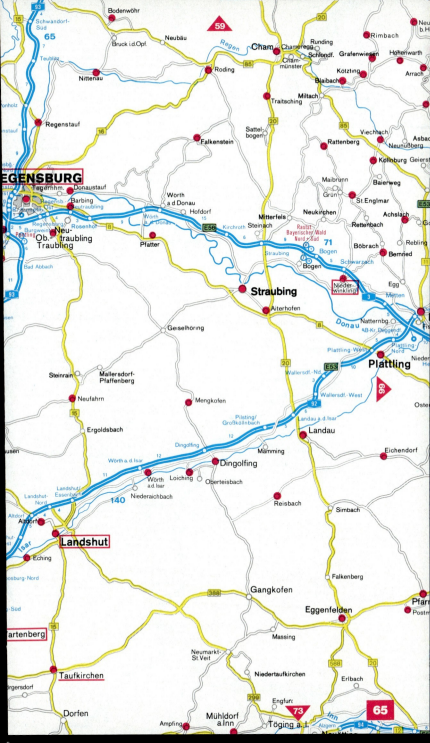

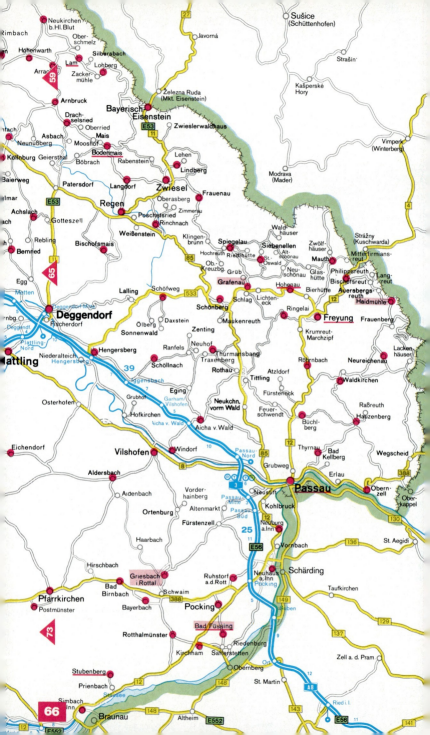

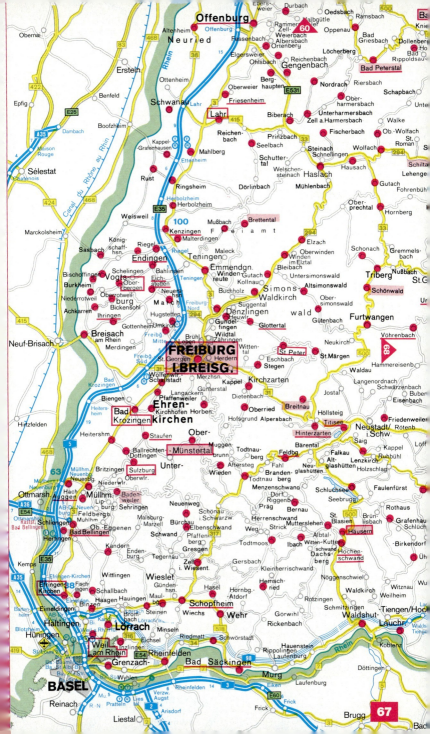

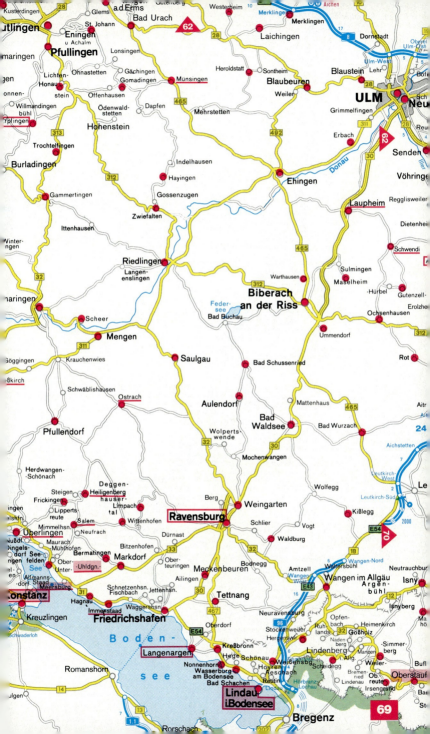

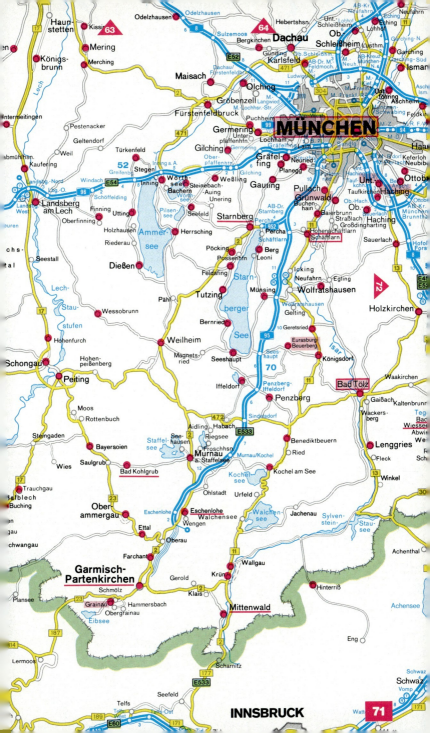

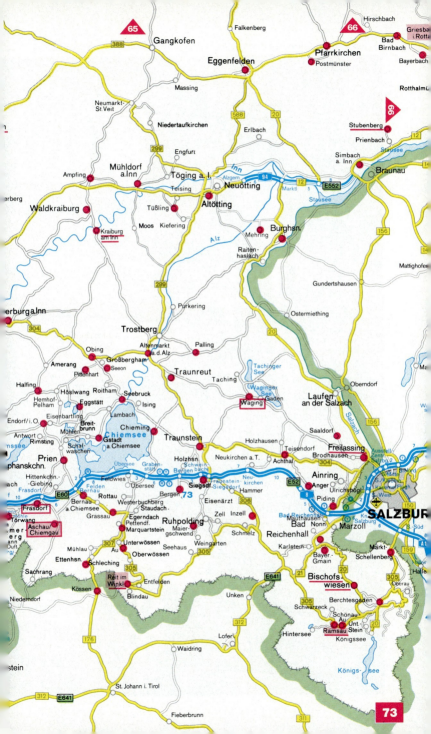

Weiteres Informationsmaterial über den Audi A3 unter Telefon 08 00/28 34 34 2,

Fax 08 00/28 34 34 3, T-Online *Audi# oder im Internet unter http://www.audi.de.

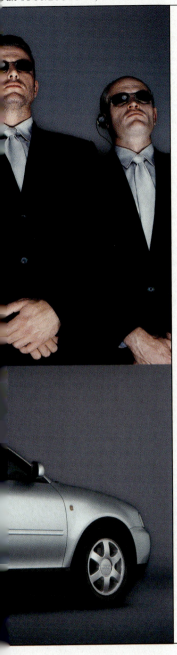

Die meisten Sicherheitskonzepte setzen auf Abschreckung.

Eines setzt auf Anziehung.

Audi A3, die neue Extravaganz.

Vorsprung durch Technik

Unterwegs in Deutschland

Schnelle Hilfen unterwegs

Hilfen für die Reise

Deutsche Rettungsflugwacht in Verbindung mit der Björn-Steiger-Stiftung
Echterdinger Str 89
70794 Filderstadt
☎ (07 11) 7 00 70
Fax: (07 11) 7 00 72 22
Alarmzentrale: ☎ (07 11) 70 10 70

Pannenhilfe

Allgemeiner-Deutscher-Automobil-Club e. V. ADAC
Am Westpark 8, 81373 München
☎ (0 89) 7 67 60
Fax: (0 89) 76 76 25 00
Info-Zentrale: ☎ 0 18 05 10 11 12
Pannenhilfe: ☎ 0 18 02 22 22 22

ACE Auto Club Europa e. V.
Schmidener Str 233, 70374 Stuttgart
☎ (07 11) 5 30 30
Fax: 0 18 02 34 35 37
ACE-Euro-Notruf: ☎ 0 18 02 34 35 36

Auto- und Reiseclub Deutschland ARCD
Oberntiefer Str 20
91438 Bad Windsheim
☎ (0 98 41) 40 90
Fax: (0 98 41) 70 33
Notruf: ☎ 0 18 02 23 25 27

Automobilclub von Deutschland e. V. AvD
Lyoner Str 16
60528 Frankfurt am Main
☎ (0 69) 6 60 60
Fax: (0 69) 6 60 67 89
Service: ☎ (0 69) 6 60 63 00
Pannenhilfe: ☎ 01 30 99 09

Volkswagen/Audi: ☎ 01 30 99 00
BMW: ☎ 0 18 02 34 32 34
Ford: ☎ 01 30 49 64
Mercedes: ☎ 01 30 50 05
Opel: ☎ 01 30 49 63

Zentralen der Autovermietungen

Avis ☎ (0 61 71) 68 18 00
Fax: (0 61 71) 68 18 07
Europcar ☎ 0 18 05 22 11 22
Fax: (0 40) 52 01 86 13
Hertz ☎ 0 18 05 33 35 35
Fax: (0 61 96) 93 71 16
Sixt/Budget ☎ (03 81) 8 07 00
Fax: (03 81) 8 07 02 22

Zentralruf der Autoversicherer

Bundesweit unter ☎ 0 18 02 50 26

Kreditkartenunternehmen

(Tel.-Nr. zur Verlustmeldung)
[AX] American Express
24-Std.-Dienst ☎ (0 69) 97 97 10 00
[DC] Diners Club
24-Std.-Dienst ☎ (0 59 21) 86 12 34
[ED] Eurocard
24-Std.-Dienst ☎ (0 69) 79 33 19 10
[VA] Visa
24-Std.-Dienst ☎ 01 30 81 49 10
EC-Karte ☎ (0 69) 74 09 87
AirPlus-Card ☎ (0 61 02) 20 41 99

Mobilfunk

(Info-Nr., Verlustmeldung, Service)
C-Netz Telekom ☎ 01 30 80 01 61
D1-Netz Telekom ☎ 01 30 01 71
D2-Netz Privat ☎ (01 72) 12 12
E-Plus ☎ (01 77) 10 00
☎ 0 18 02 17 71 77

Hertz Urlaubsautos ab Deutschland:
Größe: X, Ausstattung: XXL, Preis: S

Gönnen Sie Ihrem Auto doch auch einmal Urlaub Besonders wenn es nicht mehr das Jüngste ist. Oder wenn Sie in den Ferien ein größeres Auto fahren wollen.

Hertz hat bestimmt auch das richtige Auto für Sie und das zu attraktiven Preisen.

Bei uns bekommen Sie auch immer das neueste Modell mit garantiert niedriger Kilometerleistung.

Informationen und Reservierungen erhalten Sie unter Telefon 01 80/533 35 35 oder fragen Sie Ihr Reisebüro.

Wir bringen Sie weiter.

Unterwegs in Deutschland

Rasten an der Autobahn

Gastronomie und Hotellerie an den Autobahnen haben spezielle Aufgaben zu erfüllen und können deswegen nicht mit den Maßstäben gemessen werden, die der Varta-Führer sonst anlegt.

Um aber Qualitätsunterschiede trotzdem sichtbar werden zu lassen, stellen wir zwei Qualitätsstufen dar:

O Die empfehlenswerten Betriebe werden in die Auswahl aufgenommen.

O Die Betriebe, deren Leistung über dem Durchschnitt liegt, erkennen Sie am rot unterstrichenen Betriebsteil.

Öffnungszeiten bei kombinierten Betrieben (Selbstbedienungs- und Service-Restaurant) liegen häufig nicht fest.

Zimmerpreise bitte bei Reservierung nachfragen.

A 1

Fehmarn – Hamburg – Bremen – Dortmund – Köln

Buddikate Ost
☎ (0 45 34) 3 51, Fax 73 97
22965 Todendorf

Service-Restaurant
Fußgänger-Überführung

Stillhorn Ost
☎ (0 40) 75 01 70, Fax 75 01 71 89
21109 Hamburg

Service-Restaurant; Motel
Straßenverbindung mit West, Buchungsbüro für Skandinavienfähren. Auch einfachere Zimmer vorhanden.

Hollenstedt
☎ (0 41 65) 2 14 30, Fax 21 43 43
21275 Hollenstedt
Service-Restaurant; SB-Restaurant; Motel

Oyten Süd
☎ (0 42 07) 59 24, Fax 39 68
28876 Oyten
Service-Restaurant; Motel

Wildeshausen Nord und Süd
Nord ☎ (0 44 31) 7 10 77, Fax 7 18 54
Süd ☎ (0 44 31) 9 97 70, Fax 99 77 77
27801 Dötlingen
SB-Restaurant
Fußgänger-Überführung

Brückenrasthaus Dammer Berge
☎ (0 54 93) 6 85, Fax 57 45
49451 Holdorf
Service-Restaurant; SB-Restaurant

Tecklenburger Land West
☎ (0 54 56) 5 66, Fax 5 68
49545 Tecklenburg
Service-Restaurant; Motel
Pkw-Unterführung

Münsterland West
☎ (0 25 34) 4 96, Fax 94 91
48161 Münster-Roxel
SB-Restaurant

Münsterland Ost
☎ (0 25 34) 6 20 20, Fax 62 02 22
48161 Münster-Roxel
Service-Restaurant; SB-Restaurant

Lichtendorf Nord
☎ (0 23 04) 49 66, Fax 4 15 59
44289 Dortmund
Service-Restaurant

Lichtendorf Süd
☎ (0 23 04) 94 14 20, Fax 9 41 42 42
58239 Schwerte
Service-Restaurant; SB-Restaurant

„Lahme Krücken kriegen Sie an jeder Ecke!"

Performance made by Targa.

**Targa Road Warrior
W TN559 Pro**

Intel Pentium® Prozessor mit MMX™
Technologie 166 MHz
12.1" TFT, 16 MB (bis 80MB aufrüstbar),
HDD 2.1 GB Festplatte
12x-Speed CD-ROM, 3,5" FDD,
Soundkarte, Windows 95, Word/Works,
Gewicht 2,9 Kg, Maße 300x227x50mm (BTH)

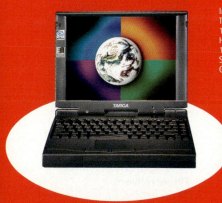

„Jetzt bei dem Fachhändler in Ihrer Nähe!"

Hohe Zuverlässigkeit und guter Service –
dies bestätigt der Spitzenplatz in der Leserumfrage PC Welt 4/97 und 5/97.

Actebis Computerhandels GmbH + Co. • Lange Wende 43, 59494 Soest • www.actebis.de

Unterwegs in Deutschland

Remscheid Ost
☎ (0 21 91) 90 30, Fax 90 33 33
42859 Remscheid
Service-Restaurant; SB-Restaurant; Motel

A10
Berliner Ring

Michendorf Nord
☎ (03 32 05) 5 40 01, Fax 5 40 02
14552 Michendorf
SB-Restaurant
Fußgänger-Überführung

A 115
Avus Berlin

Grunewald
☎ (0 30) 80 30 40, Fax 80 30 41 00
14129 Berlin
Service-Restaurant; Motel

A 13
Berlin — Dresden

Berstetal Ost
☎ (03 54 56) 68 20, Fax 68 32 04
15926 Duben/Kaden
Bistro

Rüblingsheide West
☎ (03 54 56) 68 30, Fax 68 32 04
15926 Duben/Terpt
Bistro

A 14
Halle — Leipzig — Döbeln — BAB-Dreieck Nossen

Hansens Holz
☎ (03 43 25) 2 01 11, Fax 2 01 12
04720 Mochau
SB-Restaurant

A 2
Berlin — Helmstedt — Hannover — Dortmund

Lappwald Nord
☎ (0 53 51) 86 03, Fax 98 78
38350 Helmstedt
Service-Restaurant; SB-Restaurant;

Helmstedt Süd
☎ (0 53 51) 70 61, Fax 4 10 77
38350 Helmstedt
Service-Restaurant; SB-Restaurant

Best Western Autobahn Hotel und Rasthaus Garbsen Nord
☎ (0 51 37) 7 20 21, Fax 7 18 19
30823 Garbsen
Service-Restaurant: „Galerie";
SB-Restaurant; Motel

Bad Eilsen
☎ (0 57 22) 82 20, Fax 8 52 18
31707 Bad Eilsen
Service-Restaurant

Herford Nord und Süd
Nord ☎ (0 52 21) 8 00 26, Fax 8 00 27
Süd ☎ (0 52 21) 8 10 97, Fax 8 43 77
32049 Herford
SB-Restaurant

Rhynern Nord
☎ (0 23 85) 60 31, Fax 4 64
59028 Hamm-Rhynern
SB-Restaurant; Service-Restaurant; Motel

Rhynern Süd
☎ (0 23 85) 4 55, Fax 59 84
59028 Hamm-Rhynern
SB-Restaurant; Motel

A 24
Berlin — Hamburg

Gudow Nord
☎ (0 45 47) 7 12, Fax 12 11
23899 Gudow
SB-Restaurant; Bistro; Motel

Unterwegs in Deutschland

Walsleben Ost und West
West ☎ (03 39 20) 6 92 33, Fax
6 92 33
Ost ☎ (03 39 20) 6 93 31, Fax 6 93 31
16818 Walsleben
SB-Restaurant; Fußgänger-Überführung

Linumer Bruch Nord und Süd
Nord ☎ (03 39 27) 6 05 31
Süd ☎ (03 39 27) 6 05 32, Fax 6 05 33
16833 Linum
SB-Restaurant

A 3
Emmerich — Duisburg — Köln — Frankfurt — Nürnberg — Regensburg — Passau

Hünxe West
☎ (0 28 58) 70 98, Fax 79 89
46569 Hünxe
Service-Restaurant

Hünxe Ost
☎ (0 28 58) 91 20, Fax 91 21 10
46569 Hünxe
Service-Restaurant; SB-Restaurant; Motel

Hösel
☎ (0 21 02) 6 00 35, Fax 6 79 96
40883 Ratingen-Allscheid
Motel

Siegburg West
Zur alten Poststraße
☎ (0 22 41) 6 60 68, Fax 5 58 63
53721 Siegburg
Service-Restaurant; Motel

Fernthal West
☎ (0 26 83) 9 86 30, Fax 3 11 72
53577 Neustadt/Wied
Service-Restaurant; Motel

Urbacher Wald
☎ (0 26 89) 34 45, Fax 17 44
56307 Dernbach
SB-Restaurant

Heiligenroth
☎ (0 26 02) 10 30, Fax 10 34 60
56412 Heiligenroth
Service-Restaurant; Hotel

Montabaur
☎ (0 26 02) 40 78, Fax 10 34 50
56410 Montabaur
SB-Restaurant

Bad Camberg Ost
☎ (0 64 34) 71 71, Fax 70 50
65520 Bad Camberg
Service-Restaurant; SB-Restaurant

Bad Camberg West
☎ (0 64 34) 60 66, Fax 70 04
65520 Bad Camberg
SB-Restaurant; Motel

Medenbach Ost
☎ (0 61 22) 9 83 10, Fax 98 31 11
65207 Wiesbaden-Medenbach
SB-Restaurant

Weiskirchen Süd
☎ (0 61 82) 50 25, Fax 6 70 08
63110 Rodgau
SB-Restaurant; Fußgängerbrücke

Spessart Nord
☎ (0 60 94) 9 71 20, Fax 81 54
63879 Weibersbrunn
Service-Restaurant; SB-Restaurant

Spessart Süd
☎ (0 60 94) 94 10, Fax 94 12 53
63879 Weibersbrunn
Service-Restaurant; SB-Restaurant; Motel

Würzburg Nord
☎ (09 31) 61 40 20, Fax 6 14 02 22
97084 Würzburg
Service-Restaurant; SB-Restaurant

Steigerwald Süd
☎ (0 95 48) 4 33, Fax 4 35
96193 Wachenroth
Service-Restaurant; SB-Restaurant; Motel

Bayerischer Wald Süd
☎ (0 94 22) 18 26, Fax 57 38
94336 Hunderdorf
SB-Restaurant

Unterwegs in Deutschland

A 4
Lüttich — Köln — Olpe — Sauerlandlinie — Erfurt — Dresden — Bautzen

Aachener Land Nord
☏ (0 24 03) 8 77 40, Fax 3 62 11
52249 Eschweiler
SB-Restaurant

Aachener Land Süd
☏ (0 24 03) 8 77 10, Fax 3 62 11
52249 Eschweiler
SB-Restaurant

Frechen Nord
☏ (0 22 34) 6 10 64, Fax 6 54 15
50225 Frechen
SB-Restaurant

Eisenach Nord
☏ (0 36 91) 68 80, Fax 6 88 33
99819 Krauthausen
Service-Restaurant: Truckerstuben;
SB-Restaurant;
Panorama-Café; Bistro
Von beiden Seiten anzufahren

Dresdner Tor Nord
☏ (03 52 04) 67 40, Fax 6 74 60
01723 Wilsdruff
Service-Restaurant; SB-Restaurant;
Bistro

Dresdner Tor Süd
☏ (03 52 04) 90 50, Fax 9 05 66
01723 Wilsdruff
Service-Restaurant; SB-Restaurant;
Motel

A 45
Sauerlandlinie

Sauerland West
☏ (0 23 51) 9 38 30, Fax 93 83 33
58513 Lüdenscheid
Service-Restaurant

Siegerland Ost
☏ (0 27 34) 5 75 00, Fax 57 50 35
57258 Freudenberg
SB-Restaurant; Motel

Siegerland West
☏ (0 27 34) 5 76 30, Fax 57 63 33
57258 Freudenberg
SB-Restaurant

Dollenberg
☏ (0 27 72) 9 28 30, Fax 92 83 34
35745 Herborn
Service-Restaurant; SB-Restaurant

A 5
BAB-Dreieck Kirchheim — Frankfurt — Karlsruhe — Basel

Bergstraße Ost
☏ (0 62 51) 3 89 46, Fax 6 14 78
64625 Bensheim
SB-Restaurant

Hardtwald West
☏ (0 62 24) 8 38 15, Fax 5 55 51
69207 Sandhausen
SB-Restaurant

Hardtwald Ost
☏ (0 62 24) 9 30 20, Fax 93 02 33
69207 Sandhausen
SB-Restaurant

Bruchsal West
☏ (0 72 51) 30 03 22, Fax 71 82 22
76694 Forst
Service-Restaurant; SB-Restaurant;
Motel

Bruchsal Ost
☏ (0 72 51) 33 22, Fax 8 64 42
76694 Forst
SB-Restaurant; Bistro

**Baden-Baden West
Best Western**
☏ (0 72 21) 6 50 43, Fax 1 76 61
76532 Baden-Baden
Service-Restaurant; SB-Restaurant;
Motel
Von beiden Seiten anzufahren

Renchtal West
☏ (0 78 05) 9 69 90, Fax 96 99 50
77767 Appenweier
SB-Restaurant

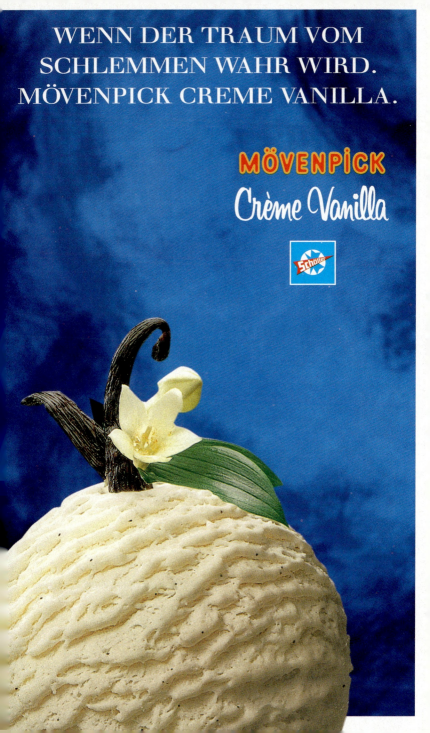

Unterwegs in Deutschland

Bühl
☎ (0 72 21) 9 85 90, Fax 98 59 14
77815 Bühl
SB-Restaurant

Deutscher Rasthof Weil am Rhein
☎ (0 76 21) 7 74 77, Fax 7 67 83
79576 Weil am Rhein
SB-Restaurant

A 6
Saarbrücken — Heilbronn — Nürnberg

Waldmohr Nord
☎ (0 63 73) 32 35, Fax 90 60
66914 Waldmohr
Service-Restaurant; SB-Restaurant (nur nachts); Motel

Hockenheim West
☎ (0 62 05) 68 91, Fax 68 88
68766 Hockenheim
Service-Restaurant; SB-Restaurant

Kraichgau Nord
☎ (0 72 61) 23 18, Fax 58 02
74889 Sinsheim
Service-Restaurant; SB-Restaurant (nur nachts)

Kraichgau Süd
☎ (0 72 61) 21 28, Fax 6 50 95
74889 Sinsheim
SB-Restaurant

A 61
BAB-Kreuz Meckenheim — Koblenz — Ludwigshafen — BAB-Kreuz Hockenheim

Brohltal West
☎ (0 26 36) 9 74 10, Fax 97 41 30
56651 Niederzissen
SB-Restaurant

Hunsrück West
☎ (0 67 24) 33 27, Fax 68 20
55442 Stromberg
SB-Restaurant

Wonnegau West
☎ (0 62 41) 97 81 80, Fax 97 81 82 02
67551 Worms-Pfeddersheim
SB-Restaurant

A 67
BAB-Kreuz Darmstadt — BAB-Kreuz Mannheim

Pfungstadt Ost
☎ (0 61 57) 30 31-32, Fax 24 26
64319 Pfungstadt
Service-Restaurant; SB-Restaurant; Motel

A 7
Flensburg — Hamburg — Hannover — Kassel — Würzburg — Ulm — Kempten

Brokenlande Ost
☎ (0 43 27) 2 10, Fax 13 70
24623 Grossenaspe
SB-Restaurant

Holmmoor West
☎ (0 41 06) 6 92 90, Fax 6 69 14
25451 Quickborn
Service-Restaurant; SB-Restaurant

Brunautal Ost
☎ (0 51 94) 9 89 80, Fax 98 89 20
29646 Bispingen
SB-Restaurant; Motel
Zufahrt zur Raststätte West möglich

Brunautal West
☎ (0 51 94) 8 68, Fax 8 86
29646 Bispingen
Service-Restaurant; Motel

Göttingen West Best Western
☎ (0 55 09) 92 00, Fax 92 01 57
37124 Rosdorf-Mengershausen
SB-Restaurant; Motel

Kassel Ost
☎ (05 61) 9 59 80, Fax 9 59 81 00
34253 Lohfelden
Service-Restaurant; SB-Restaurant; Motel

SIEMENS

Gestatten, unsere schärfste Idee zum Thema Business-Handy:

Das neue S10, das erste Handy der Welt mit Farbdisplay. Damit finden Sie Nummern blitzschnell im **farbgeordneten Telefonbuch – blau oder rot, privat oder geschäftlich.** Und Sie navigieren zielsicher durchs umfangreiche Funktionen-Menü. Das S10 denkt sogar mit und merkt sich auf Knopfdruck 20 Sekunden gesprochenen Text. Ebenso einfach ist das Senden von Text und Daten. Denn das S10 dockt direkt ans Notebook an. Ohne PCMCIA-Card. **100 Std. Stand-by bzw. 10 Std. Talktime** sind übrigens Standard. So lange könnte man allein über das große **S10-Zubehörprogramm** reden. Aber sehen Sie selbst.
Ab sofort im Handel.

Siemens. Communication unlimited.

http://www.siemens.de/handy

Unterwegs in Deutschland

Hasselberg Ost
☎ (0 56 85) 9 99 80, Fax 10 97
34593 Knüllwald-Oberbeisheim
SB-Marktrestaurant

Motel-Center Kirchheim
☎ (0 66 25) 10 80, Fax 86 56
36148 Kirchheim
Service-Restaurant;
SB-Restaurant: Markt; Motel
Motel mit 140 Zimmern, Fitness-
Club mit Hallenbad, Business Center

Uttrichshausen West
☎ (0 97 42) 3 49, Fax 13 11
36148 Kalbach-Uttrichshausen
SB-Restaurant; Mc Donald's Restaurant

Rhön Ost
☎ (0 97 47) 8 28, Fax 13 10
97795 Schondra
SB-Restaurant

Riedener Wald Ost
☎ (0 93 63) 50 01, Fax 14 35
97262 Hausen
Service-Restaurant; Motel

Riedener Wald West
☎ (0 93 63) 7 01, Fax 64 86
97262 Hausen
Service-Restaurant; SB-Restaurant;
Motel

Ellwanger Berge Ost
☎ (0 79 61) 5 40 27, Fax 5 53 78
73479 Ellwangen
Service-Restaurant; SB-Restaurant

Ellwanger Berge West
☎ (0 79 61) 9 16 20, Fax 91 62 22
73479 Ellwangen
SB-Restaurant; Bistro

Lonetal Ost
☎ (0 73 24) 9 61 50, Fax 96 15 30
89537 Giengen/Brenz
SB-Restaurant

Illertal West
☎ (0 73 54) 93 22-0, Fax 93 22-51
88451 Dettingen/Iller
Service-Restaurant; SB-Restaurant

A 8
Karlsruhe – Stuttgart – München – Salzburg

Aichen
☎ (0 73 37) 2 18, Fax 2 17
89191 Nellingen
SB-Restaurant

Leipheim
☎ (0 82 21) 7 20 37-38, Fax 7 14 14
89340 Leipheim
Service-Restaurant; SB-Restaurant;
Motel

Edenbergen Süd
☎ (08 21) 48 30 82, Fax 4 86 25 02
86368 Gersthofen
Service-Restaurant; Motel

Irschenberg Süd
☎ (0 80 25) 20 71, Fax 52 50
83737 Irschenberg
Service-Restaurant; Motel

Sindelfinger Wald
☎ (0 70 31) 7 08 30, Fax 70 83 20
71069 Sindelfingen
Service-Restaurant

A 81
Würzburg – Heilbronn – Stuttgart – Singen

Wunnenstein West
☎ (0 70 62) 42 03, Fax 2 28 59
74360 Ilsfeld
Service-Restaurant

Schönbuch West
☎ (0 70 32) 9 88 80, Fax 98 88 77
71154 Nürtingen
SB-Restaurant

Unterwegs in Deutschland

Nauheim, Bad	710	Remscheid	824	Tübingen	971
Neubrandenburg	715	Rendsburg	825	Tuttlingen	973
Neumünster	725	Reutlingen	827		
Neuss	728	Rostock	841	**U**lm	978
Neustadt a. d. Weinstraße	731	Rothenburg ob der Tauber	844	**V**elbert	989
Nördlingen	739	Rüsselsheim	854	Villingen-Schwenningen	994-995
Nürnberg	746-747	**S**aarbrücken	858		
		Salzuflen, Bad	863	**W**eimar	1017
Oberhausen	755	Schleswig	879	Wesel	1027
Oberstdorf	760	Schwäbisch Gmünd	893	Wiesbaden	1034
Offenbach a. M.	768	Schwäbisch Hall	894	Wilhelmshaven	1040
Offenburg	769	Schweinfurt	900	Wolfenbüttel	1052
Oldenburg	772	Schwerin	902	Wolfsburg	1053
Osnabrück	776	Siegen	911	Worms	1056
		Singen	914	Würzburg	1060
Paderborn	781	Soest	917	Wuppertal-Elberfeld	1062
Passau	783	Solingen	918	Wuppertal-Barmen	1063
Pforzheim	789	Speyer	923		
Potsdam	797	Stralsund	935		
Pyrmont, Bad	803	Stuttgart	940-941		
Rastatt	809	**T**ölz, Bad	962		
Recklinghausen	814	Trier	967	**Z**wickau	1072
Regensburg	816				
Reichenhall, Bad	819				

Unterwegs in Deutschland

Hinweise für Flugreisen

Die Informationen für Flugreisen im Varta geben Ihnen mit großer Wahrscheinlichkeit alle Tips und Hinweise, die Ihnen vor und während der Flugreise hilfreich sind. Die mit R hervorgehobenen Telefonanschlüsse sind überwiegend für Buchungen eingerichtet.

Verkehrsflughäfen und Lufthansa Stadtbüros in Deutschland
Zentrale Reservierungsnummer Lufthansa
☎   01 80-3 80 38 03
Fax (05 61) 9 93 31 15

Berlin
Flughafen Tegel
13405 Berlin
☎   (0 30) 41 01-1
Fax (0 30) 41 01-21 11
Information TLX ☎ 01 80-5 00 01 86
Internet: http://www.berlin-airport.de
LH ☎ (0 30) 88 75 63 33
Verkehrsanbindungen:
Buslinien:
109 Flughafen — Jakob-Kaiser Platz (**U7**) — Charlottenburg (**S**-Bahn) — Adenauerplatz (**U7**) — Kurfürstendamm — Zoo (**U**-, **S**-, Fernbahn)
128 Flughafen — Kurt-Schumacher-Platz (**U6**) — Residenzstr — Osloer Str (**U8, U9**)
Expresslinie:
X9 über Jakob-Kaiser-Platz (**U7**), Jungfernheide (**U7** u. **S**-Bahn), Bahnhof Zoologischer Garten (Fern-, **S**-, **U**-Bahn), Budapester Str zum Lützowplatz
🅿 2600
Pk bis 20 Min frei, jede weiteren 20 Min 3 DM, jede weiter angefangenen 20 Min 3 DM, Std 6 DM, jede weitere Woche 9 DM, Tag 213 DM
P5 Std 4 DM, bis 2 Std 8 DM, jede weitere Std 2 DM, Höchstsatz für 24 Std 20 DM, Woche 140 DM
P1+P2 Std 5 DM, bis 2 Std 9 DM, jede weitere Std 3 DM, Woche 180 DM
LH City Center/Kurfürstendamm 220
10719 Berlin
☎   (0 30) 8 87 50
R ☎ (0 30) 88 75 88
Fax (0 30) 88 75 86 01

Berlin
Flughafen Tempelhof
12101 Berlin
☎   (0 30) 69 51-0
Information THF ☎ 01 80-5 00 01 86
Internet: http://www.berlin-airport.de
Verkehrsanbindungen:
U6 Flughafen — Mehringdamm — Friedrichstr — Leopoldplatz — Alt-Tegel über Tempelhof — Alt Mariendorf
Buslinien:
104 über/via Rathaus Schöneberg — Wilmersdorf — Fehrbelliner Platz — Messegelände/ICC — Neu-Westend, Brixplatz
104 über/via Columbiadamm — Boddinstr — Rathaus — Neukölln — S-Bhf Treptower Park
119 Flughafen — Kreuzberg — Westl. City — Kurfürstendamm — Grunewald, Hagenplatz
341 Kreuzberg — Anhalter Bahnhof — Kurforum — Grunewald, Hagenplatz
184 Tempelhof — Mariendorf — Attilastr — Lankwitz — Lichterfelde-Ost — Teltow — Kleinmachnow, Schleusenweg
341 Tempelhof — Kreuzberg — Anhalter Bahnhof — Kulturforum — Moabit, U-Bhf Turmstr
P1 Kurzzeitparkplatz vor der Haupthalle: Std 4 DM, 24 Std 96 DM, Woche 672 DM, 2 Wochen 1344 DM, jede weitere Woche 504 DM
P2/P3 Langzeitparkplatz: Std 3 DM, 2 Std 6 DM, jede weitere Std 2 DM, 1.-3. Tag je 20 DM, 4.-7. Tag je 15 DM, Woche 120 DM, 2 Wochen 180 DM, jede weitere Woche 55 DM
LH City Center (siehe Berlin Tegel)

Berlin
Flughafen Berlin-Schönefeld
12521 Berlin
☎   (0 30) 6 09-10
Fax (0 30) 60 91-48 97
Information SXF ☎ 01 80-5 00 01 86
Internet: http://www.berlin-airport.de
Verkehrsanbindungen:
Fernbahn: IC-Anschluß ca. 300 m (5 Min)
S-Bahn:
S9 nach Westkreuz über Hbf — Alexanderplatz — Friedrichstr — Zoologischer Garten (östliche und westliche City)
S45 nach Westend über Schöneberg — Bundesplatz (**U9**) — Witzleben (Messegelände/ICC)

Unterwegs in Deutschland

Buslinien:
- **171** nach U-Bhf Rudow über S-Bhf Schönefeld
- **N46** nach S-/U-Bhf Zoologischer Garten
- **N160** nach Schöneweide Bhf
- **163** nach Altglienicke über Grünau
- **602** nach Potsdam und Teltow
- **735** nach U-Bhf Rudow über Groß-Ziethen
- **736** nach U-Bhf Johannistaler Chaussee
- **737** nach Lichtenrade/S-Bhf Schichauweg
- **738** nach U-Bhf Rudow; Bhf Königs Wusterhausen
- **N60** nach Adlersdorf (nur nachts)

Regionalverkehr:
- **RE3** Angermünde — Bernau — Berlin — Lichtenberg — Schönefeld — Luckenwalde — Jüterbog — Falkenberg — Senftenberg — Cottbus (alle 120 Min)
- **RB22** Berlin-Karlshorst — Schönefeld — Werder (alle 60 Min)
- **RB24** Berlin — Schöneweide — Schönefeld — Zossen — Wünsdorf (alle 20/40 Min)

P1 + **P2** Std 3 DM, 2 Std 6 DM, jede weitere angefangene Std 2 DM, Höchstsatz für 24 Std je 18 DM, Woche 126 DM, 2 Wochen 189 DM, jede weitere Woche 63 DM

P4 Std 3,50 DM, 2 Std 7 DM, jede weitere angefangene Std 2 DM, Höchstsatz für 24 Std je 19 DM, Woche 133 DM, 2 Wochen 213 DM, jede weitere Woche 80 DM

P3 Kurzzeitparkplatz bis 20 Min kostenfrei, jede weitere 30 Min 2 DM, Tagessatz 50 DM

LH City Center (siehe Berlin-Tegel)

Bremen

Flughafen Bremen

Flughafenallee 20, 28199 Bremen
☎ (04 21) 55 95-0
Fax (04 21) 55 95-2 71
Verkehrsanbindungen:
Straßenbahn:
Linie **5** Bremen Hbf — Flughafen
🅿 2550
Std 2 DM, Tag 24 DM
LH City Center/Obernstr 1, 28195 Bremen
☎ (04 21) 36 00 37
Fax (04 21) 3 60 05 75

Dortmund

Flughafen Dortmund GmbH

Flugplatz 7-9, 44319 Dortmund (Wickede)
☎ (02 31) 92 13-01
Fax (02 31) 92 13-1 25
Verkehrsanbindungen:
Buslinien:
SB 47 zwischen Dortmund Hbf, Flughafen und Holzwickede im Stundentakt
P1 90 Std 2 DM, Tag 14 DM, ab 6. Tag 12 DM
P2 350 Std 2 DM, Tag 14 DM, ab 6. Tag 12 DM
P3-5 350 Kostenfrei im Westteil des Flughafengeländes, mit kostenlosem Pendelbus zwischen P3-5 und Terminal von 5.00 bis 22.00 Uhr
LH City Center/Dortmunder Reisebüro
Deggingstr 40, 44137 Dortmund
☎ (02 31) 9 21 31 90
Fax (02 31) 21 18 09

Dresden

Flughafen Dresden

Flughafenstr, 01109 Dresden
☎ (03 51) 88 10
Fax (03 51) 8 81 36 65
Verkehrsanbindungen:
Cityliner:
Flughafen — Bhf Neustadt — Hbf
Buslinie:
77/97 Flughafen bis Karl-Marx-Straße, dann Umsteigen in die Straßenbahnlinie **7** bis zum Stadtzentrum
🅿 2000
Std 1-2 DM, Tag 14-16 DM
LH City Center/Wilsdruffer Str 25-29
01067 Dresden
☎ (03 51) 49 98 80
Fax (03 51) 4 99 88 49

Düsseldorf

Flughafen Düsseldorf GmbH

Postfach 30 03 63, 40403 Düsseldorf
☎ (02 11) 4 21-0
Fax (02 11) 4 21-66 66
Hotline ☎ (02 11) 4 21-22 23
Info-Fax: (02 11) 87 77-20 00
http://www.duesseldorf-international.de
Videotext: WDR Seite 560 und 561
Verkehrsanbindungen:
S-Bahn:
S7 Flughafen — Solingen/Ohligs
S21 Flughafen — Dortmund
Buslinien:
727 Flughafen — Düsseldorf Hbf — Tannenhof
760 Flughafen — Ratingen
072 Flughafen — Krefeld
Sonderbusse zur Messezeit
🅿 10 000
15 Min 1 DM, Tag 9-35 DM
🛏 190 Personen im Arabella Airport Hotel
LH City Center/Königsallee 70
40212 Düsseldorf
R ☎ (02 11) 86 86 86
☎ (02 11) 8 38 51 00
Fax (02 11) 8 38 52 22

Frankfurt

Flughafen Frankfurt Main

60547 Frankfurt
☎ (0 69) 6 90-1
Fax (0 69) 6 90-55 07
LH ☎ (0 69) 6 96-9 44 33
Videotext: Hessen 3 und Südwest 3 Tafel 560 ff., 3sat Tafel 480 f.

Unterwegs in Deutschland

Verkehrsanbindungen:
S-Bahn:
S 8 Hanau — Frankfurt Hbf — Mainz — Wiesbaden
Regional Express nach Wiesbaden, Hanau, Mainz und Koblenz
Buslinien:
    nach Darmstadt, Dreieich, Frankfurt-Schwanheim, Frankfurt-Süd, Bad Homburg, Kelsterbach, Messe Frankfurt, Neu-Isenburg, Offenbach, Rüsselsheim, Walldorf-Mörfelden, Zeppelinheim
Buslinie:
    (Deutsche Lufthansa), Heidelberg, Heilbronn/Sinsheim, Mannheim
◼ 14 000
    30 Min 2 DM, Std 5 DM, Höchstpreis pro Tag 29 DM, jeder weitere angefangene Tag 9 DM, bis 2 Wochen 145 DM, 3 Wochen 208 DM, jede weitere Woche 63 DM
⇔ 1000
LH City Center/Am Hauptbahnhof 2
60329 Frankfurt
R ☏ (0 69) 25 52 55
☏ (0 69) 2 55 45 10
Fax (0 69) 2 55 45 29

Hamburg
Flughafen Hamburg
Flughafenstr 1-3, 22335 Hamburg
☏ (0 40) 5 07 50
Fax (0 40) 50 75-12 34
http://www.ham.airport.de
Verkehrsanbindungen:
U- u. S-Bahn:
    Hamburg Hbf — Ohlsdorf — weiter im HVV-Airport-Expreß (Bus) bis Flughafen Hamburg
Buslinien:
    Richtung Lufthansa Werft, Teufelsbrück, Alsterdorf, Rathaus, Markt, Billstedt, Mundsburger Brücke, Ochsenzoll, Niendorf-Markt
Airport-City-Bus:
    Hamburg Hbf — Flughafen
P6 Std 2 DM, Tag 9-40 DM, Woche ab 50 DM
⇔ 130
LH Reservierungsservice
R ☏ (0 40) 35 92 55
Airport-Office ☏ (0 40) 50 75-10 10
Fax (0 40) 50 75-31 52 Anfahrtips
(0 40) 50 75-31 53 Allgemeines
(0 40) 50 75-31 54 Reisetips

Hannover
Flughafen Hannover
Postfach 42 02 80, 30662 Hannover
☏ (05 11) 9 77-0
LH ☏ (05 11) 36 41-4 44
Verkehrsanbindungen:
Buslinie:
60 Hannover Hbf — Flughafen
◼ 16 000
    1 Std 3 DM, Tag 16-18 DM, Woche 74-126 DM, Parkgutschein 30 DM
⇔ 120
LH City Center/Luisenstr 4, 30159 Hannover
☏ (05 11) 36 40 80
Fax (05 11) 3 64 08 30

Hof
Regionalflughafen Hof-Pirk
95032 Hof
☏ (0 92 92) 95 50
Fax (0 92 92) 9 55 30
e-mail: reisebüroottopirk@t-online.de,
FS 643609 OTTO D, SITA Adr.: HOQKKEW
◼ 300 kostenlos
◼ 150 bewirtschaftet, Tag 7 DM, Woche 40 DM, 2 Wochen 75 DM, 3 Wochen 105 DM
⇔ 15-300

Köln
Flughafen Köln/Bonn Konrad Adenauer
Postfach 98 01 20, 51129 Köln
☏ (0 22 03) 40-0
Fax (0 22 03) 40 40 44
Verkehrsanbindungen:
Straßenbahn/Bus:
    Stadtbahnlinie **7** bis Porz, von dort Linie **161** zum Flughafen. Umsteigemögl. S-Bahn Köln u. Siegburg am Bhf Köln-Porz in Linie **161**
508 Hennef — Dambroich — St. Augustin — Flughafen
Schnellbuslinien:
170 Köln Hbf — Bf Deutz (Messe) — Flughafen
670 Bonn Hbf — Flughafen
Z1 Std 2 DM, Tag 22 DM
Z2 Std 4 DM, je angefangene 30 Min 2 DM, Tag 50 DM
Nord Std 2 DM, Tag 10 DM, Woche 20 DM
P2 Std 3 DM, je angefangene 20 Min 1 DM, Tag 20 DM, 2 Tage 35 DM, 3 Tage 50 DM, 4-7 Tage 65 DM, Woche 65 DM, jede weitere Woche 30 DM
LH City Center/Am Hof 30, 50667 Köln
☏ (02 21) 92 54 99-0
Fax (02 21) 92 54 99-10

Leipzig
Flughafen Leipzig-Halle
P.O.B. 1, 04029 Leipzig
☏ (03 41) 2 24-0
LH ☏ (03 41) 1 24 16 19
Verkehrsanbindungen:
Buslinien:
    Leipzig Hbf — Flughafen, Halle Hallmarkt über Halle Hbf — Flughafen
    Leipzig Hbf über Messe — Flughafen
◼ 1500
    Std 2 DM, Tag ab 15 DM, Woche 105 DM mit Bonuskarte 30 DM = Woche 75 DM

Unterwegs in Deutschland

LH Stadtbüro/Reichsstr 18, 04109 Leipzig
☎ (03 41) 12 99 80
Fax (03 41) 1 29 98 11

München
Flughafen München
Nordallee 25, 85356 München
☎ (0 89) 9 75-00
Fax (0 89) 9 75-5 79 06
Verkehrsanbindungen:
S-Bahn:
S 8 Flughafen – Hbf – Bhf München/Pasing
Buslinien:
nach Augsburg, Erding, Freising, München Messe, Dachau, Ingolstadt/Pfaffenhofen, Innsbruck/Südtirol, Landshut, Markt Schwaben, München-Riem, Regensburg, Salzburg, Taufkirchen/Vils, Wasserburg Non-Stop-Express-Bus nach München, Nordfriedhof und Hbf. Auf Bestellung weitere Transferbusse in die gesamte Flughafenregion
P 12 000
Std 4 DM, Tag 25 DM, Woche 50-175 DM
♿ 50
LH City Center/Lenbachplatz 1
80333 München
R ☎ (0 89) 54 55 99
Fax (0 89) 55 25 50 55

Münster/Osnabrück
Flughafen Münster/Osnabrück
Hüttruper Heide 71-81, 48268 Greven
☎ (0 25 71) 94-0
Fax (0 25 71) 94 10 19
Videotext: WDR auf Tafel 564
http://www.flughafen-fmo.de
Verkehrsanbindungen:
Buslinien:
S50, D50, RT51 Münster Hbf/A2 – Flughafen
D50, S50 – Ibbenbüren – Flughafen
FAST Flughafen Anruf Sammel Taxi:
150 a Osnabrück Hbf – Flughafen (FAST-Fahrzeuge müssen mindestens 2 Std vor der Abfahrt bestellt werden).
☎ (0 25 71) 45 25
P 4000
Tag 6-12 DM, max. 60-120 DM

Nürnberg
Flughafen Nürnberg
Flughafenstr 100, 90411 Nürnberg
☎ (09 11) 9 37 00
Fax (09 11) 9 37 19 21
LH ☎ (09 11) 92 90-4 70
Verkehrsanbindungen:
Buslinien:
U2 Nürnberg Hbf – Herrnhütte, dann Bus **20** Flughafen
32 Thon – Flughafen
P 1560
Tag 17-21 DM, Woche 111-170 DM

LH City Center/Am Plärrer 25
90443 Nürnberg
☎ (09 11) 9 29 04 70
Fax (09 11) 26 61 98

Saarbrücken
Flughafen Saarbrücken
Balthasar-Goldstein-Str,
66131 Saarbrücken
☎ (0 68 93) 8 30
http://www.flughafen-saarbruecken.de
e-mail: flughafen-saarbruecken@t.online.de
P 560 Std 2 DM, Tag 7,50 DM, Woche 62 DM
LH Reservierungsservie
R ☎ 01 80-3 80 38 03
Fax (05 61) 9 93 31 15

Stuttgart
Flughafen Stuttgart
Postfach 23 04 61, 70624 Stuttgart
☎ (07 11) 9 48-0
Fax (07 11) 9 48-22 41
http://www.stuttgart-airport.de
Videotext: Südwest 3 Tafeln 570-579
Verkehrsanbindungen:
S-Bahn:
S2 Stuttgart Hbf – Flughafen – Schorndorf
S3 Stuttgart Hbf – Flughafen – Backnang
Buslinien:
nach Nürtingen, Isny-Ravensburg, Neuenhaus, Tübingen, Waldenbuch, Reutlingen, Metzingen
828 Tübingen – ZOB – Lustnauer Tor – Uni (Wilhelmstr.) – Lustnau – Bebenhausen Waldhorn – Kälberstelle – Dettenhausen Bhf – Waldenbuch – Steinenbronn – Leinfelden-Echterdingen Bhf – Flughafen
809 Neuenhaus – Aich – Grötzingen – Harthausen – Bernhausen – Flughafen, Fasanenhof – Degerloch
P3, P5, P7
je angefangene Std/Std 6 DM, Tag bis 50 DM
P4, P6 je angefangene Std/bis 6 Std 4 DM, Tag bis 35 DM
P Hotel
je angefangene Std/Std 6 DM, Tag bis 40 DM, Woche 160 DM, weitere Woche 120 DM, park+sleep+fly Woche 78 DM, 2 Wochen 136 DM
P0 bis Std kostenlos, je weitere angefangene bis 6 Std 2 DM, Tag bis 15 DM, Woche bis 75 DM
P2, P10
bis 2 Std 5 DM, bis 6 Std 10 DM, Tag bis 25 DM, 1 Woche 90 DM, 2 Wochen 85 DM, je weitere Woche 80 DM
LH City Center/Lautenschlagerstr 20,
70173 Stuttgart
☎ (07 11) 2 27 14-0
Fax (07 11) 2 27 14-99
Airport-Info ☎ (07 11) 22 32-4 40

21 Hotels der Sonderklasse

Mit drei roten Kronen zeichnet die Redaktion des Varta-Führers Betriebe aus, die in jeder Hinsicht vorbildlich sind.
Zwei rote Kronen kennzeichnen hervorragende Leistung eines Betriebes.

Baden-Baden
Brenner's Park-Hotel

Baiersbronn
Bareiss im Schwarzwald
Traube Tonbach

Bühl
Schloßhotel Bühlerhöhe

Aschau i. Chiemgau
Residenz Heinz Winkler

Badenweiler
Schwarzmatt

Berlin
Brandenburger Hof

Bergisch Gladbach
Malerwinkel

Cuxhaven
Badhotel Sternhagen

Essen
Residence

Hamburg
Abtei
Louis C. Jacob

Herleshausen
Hohenhaus

Kamenz
Goldner Hirsch

Köln
Hotel im Wasserturm

Laasphe, Bad
Jagdhof Glashütte

Limburg an der Lahn
Romantik Hotel Zimmermann

Ofterschwang
Sonnenalp

Wernberg-Köblitz
Burg Wernberg

Wertheim
Schweizer Stuben

Westerland
Stadt Hamburg

Der Varta-Führer 1999

22 Restaurants der Sonderklasse

Mit drei roten Kochmützen zeichnet die Redaktion des Varta-Führers Küchenleistungen aus, die keine Wünsche mehr offen lassen. Zwei rote Kochmützen kennzeichnen hervorragende Küchenleistung.

♨♨♨

Baiersbronn
Französisches Restaurant Schwarzwaldstube im Hotel Traube-Tonbach

Dreis
Restaurant im Waldhotel Sonnora

Essen
Restaurant Residence/Benedikt im Hotel Residence

♨♨

Aschau i. Chiemgau
Restaurant im Hotel Residenz Heinz Winkler

Baiersbronn
Restaurant Bareiss im Hotel Bareiss im Schwarzwald

Bergisch Gladbach
Restaurant Dieter Müller im Schloßhotel Lerbach

Berlin
Restaurant First Floor
im Hotel Palace

Düsseldorf
Restaurant Im Schiffchen

Eltville
Restaurant Marcobrunn im Hotel Schloß Reinhartshausen

Grevenbroich
Restaurant Zur Traube

Haigerloch
Historisches Gasthaus Schwanen

Hamburg
Restaurant Landhaus Scherrer
Restaurant im Hotel Louis C. Jacob

Bad Laasphe
Restaurant L'école

München
Restaurant Tantris

Bad Nenndorf
Restaurant La Forge im Schmiedegasthaus Gehrke

Salach
Burgrestaurant Staufeneck

Stromberg
Restaurant Le Val d'Or
in Johann Lafer's Stromburg

Sulzburg
Restaurant Hirschen
im Hotel Hischen

Völklingen
Restaurant Orangerie im Parkhotel Gengenbach

Wertheim
Restaurant Schweizer Stuben im Hotel Schweizer Stuben

Zweiflingen
Restaurant im Wald- und Schloßhotel Friedrichsruhe

Der Varta-Führer 1999

Wohnen wo es ruhig ist

Viele Betriebe verfügen (auch) über ruhige Zimmer oder liegen abseits von Ortschaften und Straßen. Hier finden Sie, nach Bundesländern geordnet, alle Hotels aus dem Varta-Führer, in denen Sie ruhig wohnen können.

Baden-Württemberg

Aalen
Treff Hotel Limes Thermen

Alfdorf-Haghof
Golf- und Landhotel Haghof

Baiersbronn-Hinterlangenbach
Forsthaus Auerhahn

Baiersbronn-Klosterreichenbach
Ailwaldhof

Bonndorf im Schwarzwald-Sommerau
Gasthof Sommerau

Breitnau-Höllsteig
Best Western Hotel Hofgut Sternen

Bühl
Schloßhotel Bühlerhöhe
Plättig-Hotel

Bühl-Kappelwindeck
Burg Windeck

Denkingen
Klippeneck

Donaueschingen
Öschberghof

Freiburg im Breisgau-Herdern
Panorama Hotel Mercure

Gutach im Breisgau-Bleibach
Ringhotel Der Silberkönig

Hardheim
Wohlfahrtsmühle

Hausen ob Verena
Hofgut Hohenkarpfen

Hinterzarten-Bruderhalde
Alemannenhof
Heizmannshof

Horben-Langackern
Luisenhöhe

Hornberg-Niederwasser
Schöne Aussicht

Isny
Best Western Berghotel Jägerhof

Königsfeld im Schwarzwald
Fewotel Schwarzwald Treff

Lauterbach
Käppelehof

Lenzkirch-Saig
Saigerhöh

Löffingen
Schwarzwald-Parkhotel

Metzingen-Glems
Stausee-Hotel

Neuenbürg
Zur alten Mühle

Oberkirch
Haus am Berg

Obrigheim
Schloß Neuburg

Östringen-Tiefenbach
Kreuzberghof

Pfalzgrafenweiler
Silencehotel Waldsägmühle

Schönaich
Waldhotel Sulzbachtal

Straubenhardt-Langenalb
Waldhotel Bergschmiede

Stuttgart-Degerloch
Waldhotel Degerloch

Sulzburg
Waldhotel Bad Sulzburg

Unterreichenbach
Jägerhof

Unterreichenbach-Kapfenhardt
Mönch's Waldhotel Kapfenhardter Mühle
Untere Kapfenhardter Mühle

Waldkirch-Kollnau
Kohlenbacher Hof

Der Varta-Führer 1999

Weinsberg
Rappenhof
Wertheim-Bettingen
Schweizer Stuben

Bayern

Achslach
Berghotel Kalteck
Amorbach
Der Schafhof
Bayerisch Gmain
Klosterhof
Bayreuth-Wolfsbach
Schloßhotel Thiergarten
Bernau a. Chiemsee-Reit
Gasthof Seiser Alm
Seiserhof
Bernried-Rebling
Silencehotel Reblingerhof
Blaichach-Gunzesried
Allgäuer Berghof
Colmberg
Burg Hotel Colmberg
Dammbach-Krausenbach
Waldhotel Heppe
Dietenhofen
Moosmühle
Drachselsried-Oberried
Berggasthof Riedlberg
Pension Hochstein
Eichstätt
Waldgasthof Geländer
Eschenbach-Kleinkotzenreuth
Obersee
Eurasburg-Beuerberg
Gut Faistenberg
Fichtelberg
Waldgasthof am Fichtelsee
Fladungen
Berggasthof Sennhütte
Gmund a. Tegernsee-Gut Steinberg
Margarethenhof
Grainau
Eibsee-Hotel
Grassau (Chiemgau)
Berggasthof Adersberg

Haidmühle-Bischofsreut
Haus Märchenwald
Halblech-Trauchgau
Sonnenbichl
Hauzenberg-Geiersberg
Berggasthof Sonnenalm
Hauzenberg-Penzenstadl
Landhotel Rosenberger
Hösbach-Winzenhohl
Klingerhof
Kipfenberg-Arnsberg
Schloß Arnsberg
Kirchenlamitz
Jagdschloß Fahrenbühl
Kirchham
Haslinger Hof
Klingenberg-Röllfeld
Paradeismühle
Lam
Steigenberger Avance Sonnenhof
Lindau-Hoyren
Villino
Lindau-Schachen
Bad Schachen
Lohberg-Silbersbach
Osser-Hotel
Mittenwald
Berggasthof Gröbl-Alm
Lautersee
Neualbenreuth-Ernestgrün
Schloßhotel Ernestgrün
Neubrunn-Böttigheim
Berghof
Neureichenau-Lackenhäuser
Bergland-Hof
Nürnberg-Mögeldorf
Am Tiergarten
Oberaudorf
Feuriger Tatzlwurm
Oberstaufen-Bad Rain
Alpengasthof Bad Rain
Oberstdorf
Waldesruhe
Ofterschwang
Sonnenalp
Pfronten-Dorf
Silencehotel Bavaria

Der Varta-Führer 1999

Pfronten-Obermeilingen
Schloßanger-Alp
Burghotel auf dem Falkenstein

Philippsreut-Mitterfirmiansreut
Zur Alm

Piding
Berg- und Sporthotel Neubichler Alm

Pöcking-Niederpöcking
La Villa

Pöcking-Possenhofen
Forsthaus am See

Postmünster
Landhotel am See

Reit im Winkl
Alpengasthof Winklmoosalm

Reit im Winkl-Blindau
Silencehotel Steinbacher Hof

Rinchnach-Oberasberg
Haus am Berg

Sankt Englmar-Maibrunn
Kur- und Berghotel Maibrunn

Sankt Englmar-Rettenbach
Gut Schmelmerhof

Schöfweg-Sonnenwald
Sporthotel Sonnenwald

Schönau a. Königssee Faselsberg
Alpenhof

Sparneck
Waldhotel Heimatliebe

Thyrnau-Rassbach
Golf-Hotel

Trebgast
Röhrleinshof

Treffelstein-Kritzenthal
Katharinenhof

Tröstau-Fahrenbach
Golfhotel

Übersee-Feldwies
Chiemgauhof

Waging am See
Eichenhof

Waischenfeld-Rabeneck
Rabeneck

Wartmannsroth
Neumühle

Weiden-Oberhöll
Hölltaler Hof

Weißensberg
Golfclub Bodensee

Wiessee, Bad
Barggasthof Sonnenbichl

Wiggensbach-Unterkürnach
Hofgut Kürnach

Wirsberg
Reiterhof

Wörishofen
Sonneck

Wunsiedel-Juliushammer
Juliushammer

Berlin

Berlin-Köpenick
Müggelsee

Brandenburg

Belzig-Wenddoche
Fläming-Hotel Wenddoche
Fläminghof Wernicke

Buchenhain
Landhaus Arnimshain

Burg (Spreewald)-Kauper
Waldhotel Eiche

Chorin
Haus Chorin

Falkenhagen
Seehotel Luisenhof

Finowfurt-Eichhorst
Jagdschloß Hubertusstock

Groß Briesen-Klein Briesen
Juliushof

Groß Dölln
Pannonia

Luhme-Heimland
Am Birkenhain

Netzen
Seehof

Niewitz-Rickshausen
Spreewald-Park-Hotel

Potsdam
Schloß Cecilienhof
Bayerisches Haus

Der Varta-Führer 1999

Prieros
Waldhaus Prieros

Pritzwalk
Forsthaus Hainholz

Saarow-Pieskow, Bad Silberberg
Kempinski Hotel Bad Saarow

Semlin
Golf- und Landhotel Semlin

Storkow (Mark)-Görsdorf
Seehotel Görsdorf

Templin
Fährkrug

Zechlin Dorf
Gutenmorgen

Bremen

Bremen
Park Hotel

Hamburg

Hamburg-Sasel
Mellingburger Schleuse

Hessen

Bensheim-Auerbach
Herrenhaus

Darmstadt-Kranichstein
Jagdschloß Kranichstein

Geisenheim-Johannisberg
Haus Neugebauer

Großenlüder-Kleinlüder
Hessenmühle

Hanau-Wilhelmsbad
Golf-Hotel

Herleshausen-Hohenhaus
Hohenhaus

Hirschhorn
Schloßhotel

Hofbieber
Fohlenweide

Hofgeismar-Sababurg
Dornröschenschloß Sababurg

Hohenroda-Schwarzengrund
Hessen Hotelpark Hohenroda

Kelkheim-Fischbach
Schloßhotel Rettershof

Königstein im Taunus
Sonnenhof

Kronberg im Taunus
Schloßhotel Kronberg

Marburg-Wehrshausen
Dammühle

Meinhard-Schwebda
Schloß Wolfsbrunnen

Mengerskirchen-Probbach
Landhaus Höhler
Tannenhof

Michelstadt-Vielbrunn
Geiersmühle

Niedernhausen
Micador Taunushotel

Poppenhausen-Rodholz
Berghotel Rhöndistel

Reichlsheim-Rohrbach
Lärmfeuer

Rüdesheim am Rhein
Jagdschloß Niederwald

Schmitten (Taunus)-Oberreifenberg
Waldhotel

Schwalmstadt-Ziegenhain
Hof Weidelbach

Seeheim-Jugenheim
Brandhof

Sensbachtal
Reußenkreuz

Spangenberg
Schloß Spangenberg

Waldeck
Schloß Waldeck

Weilrod-Neuweilnau
Sporthotel Erbismühle

Willingen
Wald-Hotel Willingen

Mecklenburg-Vorpommern

Bollewick
Landgasthof Bollewick

Buggenhagen
Schloß Buggenhagen

Bülow-Schorssow
Schloß Schorssow

Dierhagen-Strand
Strandhotel Fischland

Der Varta-Führer 1999

Gramkow-Hohen Wieschendorf
Golf Hotel

Groß Mohrdorf-Hohendorf
Schloßpark-Hotel Hohendorf

Groß-Nemerow
Bornmühle

Krakow am See
Ich weiß ein Haus am See

Kuchelmiß
Landhaus am Serrahner See

Möllenbeck-Quadenschönfeld
Farmland

Plau-Seelust
Hotel & Waldrestaurant

Rügen-Glowe
Schloßhotel Spyker

Rügen-Gustow-Prosnitz
Gutshaus Kajahn

Rügen Insel Hiddensee-Vitte
Heiderose

Rügen-Sellin
Cliff-Hotel

Rügen-Trent-Vaschvitz
Seepark Residenz

Rügen-Wiek-Bohlendorf
Herrenhaus Bohlendorf

Rügen-Wreechen
Wreecher Hof

Schwerin
Best Western

Siedenbrünzow-Vanselow
Schloßhotel Vanselow

Stuer, Bad
Stuersche Hintermühle

Usedom-Ahlbeck
Residenz Waldoase

Usedom-Koserow-Damerow
Forsthaus Damerow

Weitendorf
Schloß Kaarz

Wesenberg
Seehotel Borchard's Rookhus

Zingst-Müggenburg
Apparthotel Schlößchen

Niedersachsen

Aerzen
Golf- und Schloßhotel Münchhausen

Bruchhausen-Vilsen-Homfeld
Forsthaus Heiligenberg

Buchholz in der Nordheide-Holm
Seppenser Mühle

Burgwedel
Am Springhorstsee

Clausthal-Zellerfeld
Pixhaier Mühle

Dörverden-Barnstedt
Fährhaus

Drage-Stove
Zur Rennbahn

Egestorf
Hof Sudermühlen

Einbeck
Hasenjäger

Einbeck-Negenborn
Einbecker Sonnenberg

Essel
Heide-Kröpke

Garbsen Berenbostel
Landhaus am See

Gifhorn
Ringhotel Heidesee

Goslar-Hahnenklee
Dorint Hotel Kreuzeck

Hannover-Bemerode
Kronsberger Hof

Haselünne
Parkhotel am See

Hermannsburg-Oldendorf
Zur Alten Fuhrmanns Schänke

Herzlake-Aselage
Romantik Hotel Aselager Mühle

Isenbüttel
Seehotel am Tankumsee

Jesteburg
Haus Deutscher Ring

Lauterberg, Bad
Kneippkurhotel Wiesenbeker Teich

Leer-Nettelburg
Lange

Der Varta-Führer 1999

Liebenau
Schweizerlust

Nörten-Hardenberg
Burghotel Hardenberg

Norderney
Golf-Hotel

Northeim
Waldhotel Gesundbrunnen

Pyrmont, Bad
Landhaus Stukenbrock
Zu den Erdfällen

Rinteln
Waldkater

Salzgitter-Lichtenberg
Waldhotel Burgberg

Schneverdingen
Hof Tütsberg

Steinfeld (Oldenburg)
Schemder Bergmark

Uelsen
Am Waldbad

Varel-Obenstrohe
Waldschlößchen Mühlenteich

Nordrhein-Westfalen

Ahaus-Altstätte
Golf + Landhotel Ahaus

Attendorn
Burg Schnellenberg

Bergisch Gladbach
Schloßhotel Lerbach

Bielefeld
Waldhotel Brand's Busch

Bonn-Kessenich
Steigenberger Hotel Venusberg

Brilon
Waldhotel Brilon

Brilon-Wald
Jagdhaus Schellhorn

Datteln-Ahsen
Silence-Landhotel Jammertal

Eslohe-Cobbenrode
Berghotel Habbel

Gronau-Epe
Moorhof

Herscheid-Wellin
Waldhotel Schröder

Hilchenbach
Haus am Sonnenhang

Horn-Bad Meinberg-Leopoldstal
Gut Rothensiek

Iserlohn
Korth
Waldhotel Horn

Iserlohn-Kesbern
Zur Mühle

Königswinter
Gästehaus Petersberg

Ladbergen
Waldhaus an de Miälkwellen

Lennestadt-Saalhausen
Haus Hilmeke

Möhnesee-Delecke
Haus Delecke

Münster-Handorf
Haus Eggert

Münster-Hiltrup
Waldhotel Krautkrämer

Münster-Roxel-Hohenfeld
Parkhotel Schloß Hohenfeld

Netphen-Lahnhof
Forsthaus Lahnquelle

Nottuln
Steverberg

Preußisch Oldendorf
Forsthaus Limberg

Salzuflen, Bad
Schwaghof

Schieder-Schwalenberg
Burghotel

Schmallenberg-Fredeburg
Klein's Wiese

Schmallenberg-Ohlenbach
Silence Waldhaus Ohlenbach

Schmallenberg-Westfeld
Ringhotel Berghotel Hoher Knochen

Sprockhövel-Frielinghausen
Golf-Hotel Vesper

Stemwede-Haldem
Berggasthof Wilhelmshöhe

Telgte
Silence Heidehotel Waldhütte

Wenden
Landhaus Berghof

Der Varta-Führer 1999

Wiehl
Waldhotel Hartmann/Tropfsteinhöhle

Wilnsdorf-Wilgersdorf
Gästehaus Wilgersdorf

Wünnenberg
Jagdhaus

Wünnenberg-Bleiwäsche
Waldwinkel

Rheinland-Pfalz

Bollendorf
Sonnenberg

Boppard
Golfhotel Jakobsberg

Bundenbach-Rudolfshaus
Forellenhof Reinhartsmühle

Cochem
Silencehotel Weißmühle

Dahn
Pfalzblick

Dannenfels-Bastenhaus
Bastenhaus

Dreis
Waldhotel Sonnora

Dürkheim, Bad-Leistadt
Annaberg

Eisenschmitt-Eichelhütte
Molitors Mühle

Föckelberg
Turm-Hotel Auf dem Potzberg

Gerolstein-Müllenborn
Landhaus Müllenborn

Haßloch
Silencehotel Sägmühle

Horbruch
Historische Schloßmühle
mit Dependance

Kaiserslautern
Blechhammer

Kempfeld
Wildenburger Hof

Kreuznach, Bad
Landhotel Kauzenberg

Landstuhl
Schloßcafé

Leiwen
Zummethof

Maikammer
Waldhaus Wilhelm

Marienberg, Bad
Kurhotel Wildpark

Neurath (Wald)-Büdlicherbrück
Landhaus St. Urban

Neuenahr-Ahrweiler, Bad
Hohenzollern

Oberelbert
Forellenhof

Rengsdorf
Obere Mühle

Schönecken
Burgfrieden

Simmern
Silencehotel Birkenhof

Sobernheim
Kurhaus am Maasberg

Ulmet
Felschbachhof

Westerburg-Stahlhofen
Bensing's Sport & Gesundheits
Akademie

Zeiskam
Zeiskamer Mühle

Zweibrücken
Romantik Hotel Fasanerie

Saarland

Homburg
Schloßberghotel

Wallerfangen-Kerlingen
Haus Scheidberg

Sachsen

Amtsberg Dittersdorf
Dittersdorfer Hof

Annaberg-Buchholz
Berghotel Pöhlberg

Bärenstein
Berghotel Bärenstein

Bärenstein-Kühberg
Pöhlagrund

Berggießhübel-Zwiesel
Waldesruh

Der Varta-Führer 1999

Bermsgrün
Am Hohen Hahn

Covertitz-Reudnitz
Pelzer

Dippoldiswalde
Heidehof

Görlitz-Blesnitz
Burghotel Landeskrone

Gottleuba, Bad
Berghotel Augustusberg

Grimma-Höfgen
Zur Schiffsmühle

Lauter
Danelchristelgut

Lichtenstein
Alberthöhe

Marienberg-Wolfsberg
Berghotel Drei Brüder Höhe

Meißen
Goldgrund

Moritzburg
Churfürstliche Waldschänke

Olbernhau
Pulvermühle

Oybin
Teufelsmühle

Penig-Tauscha
Zur Lochmühle

Reinhardtsdorf-Schöna
Panoramahotel Wolfsberg

Sayda-Friedebach
Waldhotel Kreuztanne

Seiffen
Berghof

Sohland am Rotstein
Berghotel Rotstein

Tannenberg
Am Sauwald

Waldenburg-Oberwinkel
Glänzlesmühle

Waschleithe
Köhlerhütte Fürstenbrunn

Werdau-Steinpleis
In der Mühle

Sachsen-Anhalt

Benneckenstein
Harzhaus

Freyburg (Unstrut)
Rebschule
Berghotel zum Edelacker

Grillenberg
Berghotel Grillenberg

Jessen-Schweinitz
Haus am Wald

Kelbra
Barbarossa

Kösen, Bad
Schöne Aussicht

Magdeburg
Herrenkrug Parkhotel

Meisdorf
Forsthaus Meisdorf

Osterfeld
Amadeus

Pretzsch (Elbe)-Merschwitz
Golmer Weinberg

Stolberg (Harz)
Harzhotel Schindelbruch

Storkau
Schloß Storkau

Thale (Harz)
Gästehaus im Berghotel Roßtrappe

Wittenberg
Waldhotel Vogel

Schleswig-Holstein

Grömitz
Hof Krähenberg

Hohwacht
Genueser Schiff

Lüttjensee
Gästehaus im Hotel Seehof

Malente-Gremsmühlen, Bad Krummsee
Bruhnskoppel Seminar und Ferienhotel

Mölln
Silencehotel Schwanenhof

Quickborn
Romantik-Hotel Jagdhaus Waldfrieden

Der Varta-Führer 1999

Ratzeburg-Farchau
Farchauer Mühle

Schleswig
Waldschlößchen

Simonsberg-Simonsberger Koog
Lundenbergsand

Sylt-Morsum
Landhaus Nösse

Thüringen

Brotterode
Waldschlößchen

Effelder
Waldhotel Klostermühle

Eisenach
Auf der Wartburg

Erbenhausen
Eisenacher Haus

Friedrichroda
Kavaliershaus beim
Schloßhotel Reinhardsbrunn
Berggasthof Tanzbuche

Georgenthal
Rodebachmühle

Gotha-Gospiterode
Thüringer Waldblick

Gumpelstadt-Witzelroda
Falkenblick

Ilmenau
Berg- und Jagdhotel Gabelbach

Kahla-Leubengrund
Waldhotel Linzmühle

Kleinbartloff-Reifenstein
Reifenstein

Luisenthal
Der Berghof

Meiningen
Schloß Landsberg

Meuselwitz
Hainberg-See

Rudolstadt-Cumbach
Am Marienturm

Saalfeld-Wittmannsgereuth
Waldhotel Mellestollen
Waldhaus

Schmalkalden
Silence-Waldhotel Ehrental
Henneberger Haus

Schmiedefeld a. Rennsteig
Pension im Kurpark

Schmölln-Selka
Landhotel Leedenmühle

Sonneberg-Steinbach
Waldblick

Suhl-Ringberg
Holiday Inn Resort Ringberg

Sünna
Kelten-Wald-Hotel Goldene Aue

Unterwellenborn-Dorfkulm
Kulmberghaus

Wasungen
Burg Maienluft

Wünschendorf-Pösneck
Müller

Österreich

Hinterriß
Herzoglicher Alpenhof
Zur Post

Hinterriß-Eng
Alpengasthof Eng

Kleinwalsertal-Mittelberg
Alpenhof Wildental

Kössen
Peternhof

Der Varta-Führer 1998

GASTRO JUNIOR TROPHÄE

Der Wettbewerb um die Gastro Junior Trophäe für den besten Nachwuchs Oberkellner Deutschlands will den talentierten Nachwuchs im Servicebereich der Gastronomie fördern und dem Ansehen des Serviceberufes den Stellenwert vermitteln, den er verdient.

Der Wettbewerb wird gemeinsam vom Bremer Weinimporteur A. Segnitz & Co. GmbH und dem Varta-Führer ausgerichtet.

Die bisherigen Gewinner der Gastro Junior Trophäe:

1990/91	Uwe Pörschmann
1991/92	Hennig Heise
1992/93	Anja Luley
1993/94	Michael Weil
1994/95	Marie-Helen Krebs
1995/96	Anja Siewert
1996/97	Michael Dankwart
1997/98	Die Gewinner standen bei Redaktionsschluß noch nicht fest.

„Gastgeber des Jahres"

Der Nachwuchs braucht Vorbilder, die „Gastgeber des Jahres". So verleihen seit 1994 die Redaktion des Varta-Führers und die A. Segnitz & Co. GmbH im Rahmen des jährlichen Wettbewerbes um die Gastro-Junior-Trophäe diese Auszeichnung an die Patrons für ihre vorbildliche Art des Umgangs mit dem Gast.

Die bisherigen „Gastgeber des Jahres":

1994/95	Dominique Metzger, Restaurant Grand Slam
1995/96	E. A. und A. Gehrke, Schmiedegasthaus Gehrke
1996/97	Gabriele Steinheuer, Steinheuers Restaurant Zur Alten Post
1998/99	Thomas A. Althoff, Schloßhotel Lerbach
	Hermann Bareiss, Hotel Bareiss im Schwarzwald
	Horst Brühl, Hotel Louis C. Jacob
	Lothar Eiermann, Wald- u. Schloßhotel Friedrichsruhe
	Heiner Finkbeiner, Hotel Traube-Tonbach
	Otto Geisel, Hotel Victoria
	Ingo C. Peters, Hotel Vier Jahreszeiten
	Andreas Schmidt, Hotel Fürstenhof
	Gabriele Steinheuer, Steinheuers Zur Alten Post
	Karl Stiehle, Hotel Palace

Erstmalig in diesem Jahr hat der Varta-Führer zehn beste Gastgeberinnen und Gastgeber des Jahres ausgewählt, um den hohen Servicestandard in Deutschland hervorzuheben und auch andere Gastgeber anzuregen, ihren Service weiter zu verbessern.

Die besten Gastgeberinnen und Gastgeber haben ihre beste Nachwuchskraft im Service für den Wettbewerb um die Gastro Junior Trophäe ausgewählt und an den Veranstaltungsort begleitet.

A. Segnitz & Co. GmbH

Ihr Weinpartner
mit Kompetenz, Niveau und Verläßlichkeit

A. Segnitz & Co. GmbH
Löwenhof · 28844 Weyhe · Tel. 0 42 03/81 30-0 · Fax 0 42 03/81 30 99

Bitte senden Sie das Vertriebsprogramm kostenlos und unverbindlich an folgende Adresse:

Name: _____

Firma: _____

Straße/Wohnort: _____

Telefon/Fax: _____

Der Varta-Führer 1999

Von Sternen, Kronen und anderen Klassifizierungen

Hotels und Gasthäuser

⌐	Kostengünstige Unterkunft mit Standard-Ausstattung	
*	Hotel oder Gasthaus mit guter Ausstattung, über dem Durchschnitt	
**	Hotel oder Gasthaus mit sehr guter Ausstattung	
***	Hotel mit großzügiger Ausstattung	
****	Hotel mit anspruchsvoller Ausstattung	
*****	Hotel mit außergewöhnlich anspruchsvoller Ausstattung	

♛ **Lobenswertes Hotel**
Nach Meinung der Redaktion zeichnet sich ein so ausgezeichneter Betrieb durch einen harmonischen Rahmen und die persönliche Art der Betreuung des Gastes aus. Besonders beachtet werden bei der Vergabe einer Krone alle Elemente, die über das innerhalb einer Kategorie normale Maß an Ausstattung und Zuwendung hinausgehen.

♛♛ **Hervorragendes Hotel**
Eine besonders gute Führung schafft die Atmosphäre, die der Gast für Arbeit und Wohlbefinden wünscht.

♛♛♛ **Erstklassiges Hotel**
Betriebe, die die Redaktion in ihrer Art für richtungsweisend hält.

⊗ — Alte, beachtenswerte Architektur oder Einrichtung

einzeln — Naturnahe Lage

☀ — Ruhige Zimmer vorhanden

◂ — Schöner bzw. interessanter Ausblick möglich

✉ 12345 — Postleitzahl des Betriebes

Ballstr 2 (A 3) — Adresse des Betriebes. In Klammern das Planquadrat, in dem die Straße auf dem Stadtplan zu finden ist.

☎ 32 57 89 — Telefonnummer

Fax 32 19 13 — Telefax-Anschluß

DFÜ — Fax-/Modemanschluß im Zimmer möglich

AX American Express   ED Eurocard
DC Diners Club   VA Visa

geschl: Di, Mitte-Ende Jul — Ruhetage und Betriebsferien, wie sie uns von den Betrieben genannt wurden

54 Zi — Dieser Betrieb verfügt über 54 Zimmer

zu den Preisangaben
Die Redaktion hat die Preisangaben so spät wie möglich ermittelt. Zweifelsfällen wurde nachgegangen. Die Erfahrung lehrt jedoch, daß Preise häufig im Nachhinein geändert werden. Deswegen empfehlen wir die Nachfrage bei der Buchung.

Der Varta-Führer 1999

EZ: 125-155 — Zimmerpreis für Einzelzimmer inkl. Frühstück.

S — In diesen Hotels können Sie zu Sonderkonditionen übernachten. Eine Buchung zu diesen Sonderkonditionen ist allerdings nur telefonisch über den Marco Polo Travel Center/Hotel-Reservierungs-Service Reich möglich. Zu normalen Geschäftszeiten: (05 11) 9 23 99 5-0, Fax 21 52-6 55.

⌂ — Zimmer mit Bad oder Dusche

☎ — Zimmer mit Telefon und Amtsleitung

18 ⊠ — Dieses Hotel verfügt über 18 Nichtraucherzimmer

🅿 — Hoteleigene Parkplätze

🚘 — Garagen bzw. Parkhaus vorhanden

2✪50 — Das Haus verfügt über 2 Konferenz-, Gesellschafts- und Tagungsräume für max. 50 Personen.

≋ — Hoteleigenes Hallenbad

≈ — Hoteleigenes Freibad

5 Tennis — Anzahl der hoteleigenen Tennisplätze

18 Golf — In max. 5 km Entfernung vom Hotel gibt es einen Golfplatz mit 18 Löchern

Kinderbetreuung — Babysitter/Kinderprogramm auf Anfrage

garni — In diesen Übernachtungsbetrieben wird nur Frühstück serviert. Vielfach können Hausgäste aber damit rechnen, Getränke oder einen Imbiß zu erhalten.

🍽 — In diesem Hotel sind ein oder mehrere Restaurants vorhanden. Die Öffnungszeiten erfragen Sie bitte an der Rezeption.

☕ — Hoteleigener Cafébetrieb

Rezeption: 8-13, 17-21 — Die Rezeption dieses Hotelbetriebes ist nur in der angegebenen Zeit zu erreichen. Sind keine Angaben vorhanden, so sind die Hotels mindestens von 8-22 Uhr erreichbar.

Der Varta-Führer 1999

Von Sternen, Kronen und anderen Klassifizierungen

Restaurants und Cafés

¶⊚¶	Restaurant mit günstigem Preis-Leistungs-Verhältnis
✱	Restaurant mit guter Ausstattung
✱✱	Restaurant mit sehr guter Ausstattung
✱✱✱	Restaurant mit großzügiger Ausstattung
✱✱✱✱	Restaurant mit anspruchsvoller Ausstattung
✱✱✱✱✱	Restaurant mit außergewöhnlich anspruchsvoller Ausstattung
☕	Café
🎀	**Geschulter, erstklassiger Service**
👑	**Lobenswerte Küchenleistung**

In diesem Restaurant sind die Speisen nach Ansicht unserer Fachinspektoren von lobenswerter Qualität.

👑👑 **Hervorragende Küchenleistung**

Grundbestandteile, Zubereitung, Geschmack und Anrichtung befanden unsere Fachinspektoren in diesem Haus für hervorragend.

👑👑👑 **Erstklassige Küchenleistung**

Bei Drei-Kochmützen-Häusern darf ein Leistungsspielraum nach oben nicht erkennbar sein. Beständigkeit und Zuverlässigkeit in der Arbeitsweise sowie herausragende Qualität der Grundprodukte müssen auf diesem Spitzenniveau außer Zweifel stehen.
Die Regeln der Kochkunst müssen eingehalten und in vorbildlicher Weise umgesetzt werden. Die Einhaltung der Regeln der Kochkunst bedeutet nicht die ausschließliche Ausrichtung an der traditionellen Küche. Die Drei-Kochmützen-Küche muß vielmehr erkennen lassen, daß sie in der Lage ist, sinnvolle Impulse zu geben. Dabei akzeptiert die Varta-Redaktion spezifische internationale und deutsche Weiterentwicklungen.

❖ **Besonders beachtenswertes Restaurant**

Hier fanden unsere Fachinspektoren eine rundum zufriedenstellende gastronomische Leistung mit einer sehr guten Küchenleistung, einem aufmerksamen und angenehmen Service in einer angenehmen Umgebung und dies alles zu vergleichsweise günstigen Preisen.

Wird bei einem Restaurant, das im Gebäude eines Hotels oder Gasthauses untergebracht ist, eine Telefonnummer vermerkt, so kann man in aller Regel davon ausgehen, daß dieses Restaurant unter anderer Leitung als der Beherbergungsbetrieb steht.

Hauptgericht: 30
Der durchschnittliche Preis eines Hauptgerichtes als Maßstab für das Preisniveau.

Öffnungszeiten

Hier beschränken wir uns darauf, Ihnen nur die Zeiten zu nennen, die vom Üblichen abweichen. Üblich sind Öffnungszeiten über die Mittagszeit und abends ab ca. 18.00 Uhr.

nur abends
Dieser Betrieb ist erst ab ca. 18.00 Uhr geöffnet.

geschl: So, im Winter auch Mo, Jan-Mär
Ruhetage und Betriebsferien, wie sie uns von den Betrieben genannt wurden.

Zu den Ruhetagen

Beachten Sie bitte, daß die im Buch genannten Ruhetage oft nicht eingehalten werden. Zu Messezeiten oder bei Großveranstaltungen sind die Restaurants an diesen Tagen geöffnet. Wenn keine Reservierungen vorliegen, kann es sein, daß ein Betrieb nicht öffnet. Wir empfehlen grundsätzlich vorher einen Tisch telefonisch zu reservieren.

🛏 — In diesem gastronomischen Betrieb stehen den Gästen auch einige Zimmer für die Übernachtung zur Verfügung.

Entdecken Sie Ihren Sinn fürs Wesentliche

*Das wahre Glück kommt urplötzlich. Das sanfte Gleiten der **handeingeschriebenen** **Goldfeder** auf festem Papier, die leise Freude über die **luftdichte Kappe**, die den Füller immer und überall schreiben läßt. Oder das von-Julia-für-Papi-Herbstspaziergangsgeschenk.*

Ein Wert für sich.
Pelikan

PELIKAN SOUVERÄN M800. ERHÄLTLICH IN GUTEN FACHGESCHÄFTEN UND DEN SCHREIBWARENABTEILUNGEN DER KAUF- UND WARENHÄUSER.

WIE FINDEN SIE DIE?

MIT MARCO POLO.

235 Marco Polo Reiseführer bieten Ihnen die schönsten Ziele der Welt. Mit Insider-Tips, Sehenswürdigkeiten, Hotels, Restaurants und detaillierten farbigen Karten. Denn nur wer mehr entdeckt, erlebt auch mehr. Und übrigens, die meisten Titel gibt es schon für 12,80 DM.

MARCO POLO
DIE REISEFÜHRER MIT INSIDER-TIPS.

www.marco-polo.de

Der Varta-Führer 1999

Unsere Leistung ist Ihr Gewinn!

Sie haben neben Ihren täglichen Anforderungen genug zu tun, sodaß Sie Ihr Hotel nicht auch noch selbst suchen wollen.

Diese Arbeit übernehmen wir gerne. Wir können Ihnen weltweit rund 1000 Hotels zu unseren Konditionen vermitteln. Hierbei spielt es keine Rolle, ob Sie in Deutschland, Europa oder weltweit reisen. Zu unserem Service gehört es auch, Ihre speziellen Wünsche und Vorgaben bei der Auswahl zu berücksichtigen: in der City oder in der Nähe des Airports oder vielleicht in einer ruhigen Randlage.

Unsere Dienstleistungen bieten wir sowohl privat als auch geschäftlich Reisenden an. Egal, ob Sie alleine oder in der Gruppe unterwegs sind. Wir buchen für Sie das Richtige. Unsere Vertragshotels in Deutschland sind mit einem roten – **S** – gekennzeichnet. In diesen Häusern erhalten wir je nach Saison und Messezeiten Sonderkonditionen. Aber auch nicht gekennzeichnete Hotels stehen uns und damit Ihnen zur Wahl. Sie werden also in der Regel nicht nur Zeit, sondern auch Geld sparen, wenn Sie unseren Buchungsservice in Anspruch nehmen.

Darüber hinaus arbeiten wir mit verschiedenen Vertragspartnern zusammen, die es uns ermöglichen, Ihnen interessante Konditionen für Mietwagen in Europa und Übersee zu bieten.

Neu: Wir bieten Ihnen jetzt das komplette Angebot eines Full-Service-Reisebüros. Wir beraten Sie gerne und führen sämtliche touristische Buchungen für Sie durch.

Machen Sie sich das Reisen so leicht wie möglich. Rufen Sie uns unter unserer neuen Servicenummer **(05 11) 9 23 99 50** an. Unser Fax **(05 11) 2 15 26 55** steht rund um die Uhr für Sie zur Verfügung.

Ihr MARCO⊕POLO
T R A V E L   C E N T E R

Hotelreservierungs Service Reich

Partner des Varta Führer

Homepage Marco Polo Travel Center:
http://home.t-online.de/home/MarcoPoloTravelCenter.C.Reich/start.htm
eMail-Adresse:
MarcoPoloTravelCenter.C.Reich@t-online.de

Ihr Marco Polo Team

Der Varta-Führer 1999

Hier können Sie buchen

Diese Auflistung nennt Ihnen Stellen, die Ihnen bei der Zimmerbuchung behilflich sein können. Zum großen Teil handelt es sich um zentrale Buchungseinrichtungen von Ketten oder Kooperationen, die nur über die bei ihnen zusammengeschlossenen Betriebe verfügen können. Da viele dieser Zusammenschlüsse nicht nur in Deutschland aktiv sind, kann Sie dieses Verzeichnis auch bei der Planung von Auslandsreisen unterstützen.
Die mit R hervorgehobenen Telefonanschlüsse sind überwiegend für Buchungen eingerichtet.

Akzent-Hotelkooperation GmbH
R ☎ 0 18 02 30 57 58
☎ (05 11) 3 37 06 36
Fax: (05 11) 3 37 06 39
Yorckstraße 3, 30161 Hannover

Arabella Service Center
R ☎ 0 18 02 55 11
☎ (0 89) 92 00 32-00
Fax: (0 89) 92 00 03-2 01
Arabellastraße 13-15
81925 München

Best Western Deutschland GmbH
R ☎ 0 18 02 21 25 88
☎ (0 61 96) 47 24-0
Fax: (0 61 96) 47 24 12
Frankfurter Str. 10-14
65760 Eschborn

Carrera HC Reservationsbank
(Buchungen für: Minotels, Days Inn of America, Super 8, Hotel Copamarina & The Regency Hotel/Puerto Rico, Ramada, Howard Johnson, Travelodge Travelodge, Warwick International Hotels)
☎ (0 69) 42 08 90 89
Fax: (0 69) 41 25 25
Borsigallee 17, 60388 Frankfurt/M.

City Line & Country Line Hotel-Marketing GmbH
R ☎ 0 18 02 22 93 94
☎ (05 21) 91 41 70
Fax: (05 21) 9 14 17 22
Am Wellenkotten 7, 33617 Bielefeld
http://www.ccl-hotels.com
e-mail: info@ccl-hotels.com

CM CityClass Hotels Hauptverwaltung
☎ (0 21 29) 9 36 30
Fax: (0 21 29) 93 63 33
Kaiserstraße 46, 42781 Haan

City Partner Hotels
☎ (0 40) 6 56 94 10
Mobil ☎ (01 72) 4 11 98 99
Fax: (0 40) 65 68 34 60
Am Neumarkt 30, Skandinavien Center-Malmö Haus
22041 Hamburg
http://www.citypartner-hotels.de
e-mail: cph@citypartner-hotels.de

Design Hotels International Zentrale
☎ (08 21) 3 45 45 45
Fax: (08 21) 3 45 45 95
Konrad-Adenauer-Allee 35
86150 Augsburg
http://www.designhotels.com
e-mail: deshotl@microweb.com

Dorint AG
R ☎ 0 18 02 26 25 24
☎ (0 21 61) 8 18-0
Fax: (0 21 61) 8 18-1 37
Kaldenkirchener Straße 2
41063 Mönchengladbach
Internet: http://www.dorint.de
e-mail: dorint@t-online.de

Euro-Class-Collection-Stammhaus
(Buchungen für: Doorm-Hotels, Classic & Historic-Hotels)
☎ (0 61 71) 5 20 31
Fax: (0 61 71) 49 48
Oberhöchstadter Straße 35
61440 Oberursel

Der Varta-Führer 1999

European Castle Hotels & Restaurants Head Office Europe
☎ (0 63 26) 70 00-0
Fax: (0 63 26) 70 00-22
☎ für Broschüren: (0 63 26) 70 00-77
Weinpalais, P.O. BOX 1111,
67142 Deidesheim/Deutsche Weinstraße,
http://www.european-castle.de
e-mail: service@castle.de

Flair Hotels e.V.
☎ (0 79 34) 34 34
Fax: (0 79 34) 34 77
Hauptstraße 54, 97990 Weikersheim
Internet: http//www.flairhotel.com
e-mail: hkoch@flairhotel.com

**Forte Hotels und
Le Méridien Hotels & Resorts
Sales (Deutschland) GmbH**
R ☎ Forte Hotels 01 30 29 44
☎ (0 69) 2 38 54 30
Fax: (0 69) 23 85 43 50
Neue Mainzer Straße 22
60311 Frankfurt/Main,
http://www.forte-hotels.com
e-mail: forte_hotels@compuserve.com

**Golden Tulip Hotels und
Sleep & Go Hotels**
☎ (02 11) 56 89 11
Fax: (02 11) 56 89 33
Heerdter Landstr 191
40549 Düsseldorf

**Good Night Inn Hotels
Zentrale Reservierungsstelle**
R ☎ 0 18 05 32 65 32
Walchenseestraße 6, 82494 Krün
e-mail: neumannneumann@t-online.de

Hilton Reservation Service
R ☎ 01 30 81 81 46
Fax: 00 32 27 25 61 99
Ikaroslaan 2 D, B-1930 Zaventem

**Holiday Inns International
Worldwide Reservation Center**
R ☎ 01 30 81 51 31
Fax: 0 03 12 06 06 54 64
Busitel 3, Orlyplein 65
NL-1043 DR Amsterdam
http://www.holiday-inn.com

HRS-Hotel Reservation Service
☎ (02 21) 2 07 76 00
Fax: (02 21) 2 07 76 66
Drususgasse 7-11, 50667 Köln
Internet: http://www.hrs.de
e-mail: office@hrs.de

**Hyatt Hotels & Resorts
— Service Center —**
R ☎ 0 18 05 23 12 34
Fax: (0 61 31) 9 73 12 35
Rheinstr 4 f, 55116 Mainz

IFA Hotel & Touristik AG
R ☎ 0 80 03 21 03 21
☎ (02 03) 9 92 76 91
Fax (02 03) 9 92 76 91
Düsseldorfer Str 50, 47051 Duisburg
Internet: http://www.ifa-hotels.de
e-mail: info@ifa-hotels.de

Intercontinental und Forum Hotels
R ☎ 01 30 85 39 55
Fax: 00 44 18 15 68 95 55
Thameside Centre
Kew-Bridge-Road
Brentford, Middx TW8 OEB

Kempinski AG
R ☎ 01 30 33 39
Fax: (0 69) 13 88 51 40
Berliner Str 44
60311 Frankfurt/M.
e-mail: sales@kempinski.com

Landidyll Ländliche Lebensfreude
☎ (09 11) 30 58 50
Fax: (09 11) 30 37 98
Hofweg 5, 90765 Fürth
Internet: http://www.landidyll.de
e-mail: zentrale@landidyll.de

Land Flair — Deutsche Landpartie
☎ (0 98 46) 5 20
Fax: (0 98 46) 5 08
Postfach 509, 91428 Bad Windsheim

The Leading Hotels of the World
R ☎ 0 80 08 52 11 00
☎ (0 69) 13 88 51 20
Fax: (0 69) 13 88 51 40
Berliner Str 44, 60311 Frankfurt/M.
Internet: http://www.lhw.com
e-mail:hrihotel@idt.net

Der Varta-Führer 1999

Les Amis de l'Art de Vivre Hotels & Restaurants Reservierungszentrale
☎ (0 74 42) 49 26 64
Fax: (0 74 42) 49 27 42
c/o Hotel Traube-Tonbach,
Tonbachstr 37, 72720 Baiersbronn

Maritim Supranational Hotelreservierungszentrale
R ☎ 0 18 02 31 21 21
☎ (0 61 51) 90 57 60
Fax: (0 61 51) 90 57 50
Külpstr 2, 64293 Darmstadt

Marco Polo Travel Center Partner des Varta Hotel- und Restaurantführers
☎ (05 11) 9 23 99 5-0
Fax: (05 11) 21 52-6 55
Ihmeplatz 3, 30449 Hannover
e-mail:
MarcoPoloTravelCenter.C.Reich@t-online.de

Marriott-, Ramada-, Renaissance- Worldwide Reservation Service
R ☎ 01 30 85 44 22
Fax: 00 44 17 15 91 11 28
Bowater House East
68 Knightsbridge
7th floor, London SW1 X7XH

Minotels Deutschland
☎ (0 89) 5 32 95 90
Fax: (0 89) 18 44 16
St.-Paul-Str 9, 80336 München
Internet: http://www.minotel.com
e-mail: minotel@compuserve.com

Mövenpick Deutschland
R ☎ 0 80 08 49 99 99
Fax: (0 76 21) 79 25 09
c/o Mövenpick Restaurants A5/A2
79576 Weil/Rhein
http://www.movenpick-hotels.com
e-mail: reservation.center@movenpick-hotels.com

Preferred Hotels & Resorts Worldwide
R ☎ 01 30 86 00 33
Fax: (0 69) 6 66 20 00
Lyoner Straße 40, 60528 Frankfurt/M.
http://www.preferredhotels.com

Prima Hotels
R ☎ 080 08 54 27 80
☎ (0 69) 13 88 52 10
Fax: (0 69) 13 88 51 40
Berliner Str 44, 60311 Frankfurt/M.
http://www.primahotels.com

Queens Moat Houses Hotel GmbH
R ☎ 0 18 03 33 94 33
Fax: (05 11) 7 26 96 28
Ostpassage 11, 30853 Langenhagen

Relais du Silence, Silencehotels Deutschland e.V.
☎ (0 88 45) 1 21 10
Fax: (0 88 45) 83 98
Am Kurpark 1, 82435 Bad Bayersoien
Internet: http://www.silence.de
e-mail:
parkhotel.bayersoien@silence.de

Relais du Silence- Silencehotel International Reservierungszentrale
☎ (00 33) 1 44 49 90 00
Fax: (00 33) 1 44 49 79 01
17, Rue du Ussant, F-75015 Paris

Relais & Châteaux Informationsbüro
R ☎ 0 18 05 33 34 31
☎ (0 69) 97 58 93 61
Fax: (0 69) 97 58 93 63
Schumannstr 1-3, 60325 Frankfurt/M.
http://www.relaischateaux.fr
e-mail: resarc@relaischateaux.fr

Resinter
(Buchungen für: Sofitel, Novotel, Mercure, Ibis, Coralia Resort Hotels, Jardins de Paris)
☎ (0 61 96) 48 38 00
Fax: (0 61 96) 48 38 17
Dag-Hamma-Skjölt-Weg 3
65760 Eschborn
Internet: http://www.hotelweb.fr

Romantik Hotels und Restaurants GmbH & Co. KG
☎ (0 61 88) 9 50 20
Fax: (0 61 88) 60 07
Postfach 11 44
63791 Karlstein am Main
http://www.romantikhotels.com
e-mail: romantik@t-online.de

Der Varta-Führer 1999

Ringhotels e.V.
R ☏ (0 89) 45 87 03 20
☏ (0 89) 4 58 70 30
Fax: (0 89) 45 87 03 30
Belfortstraße 6-8, 81667 München
Internet: http://www.ringhotels.de
e-mail: ringhotels@t-online.de

Scandic Reservation Service
R ☏ 01 30 82 92 92
☏ (0 69) 8 00 71 60
Fax: (0 69) 80 07 16 16
Kaiserleistr 45, 63067 Offenbach

Sorat Hotels-Head Office
R ☏ 01 30 32 25
☏ (0 30) 60 00 88 00
Fax: (0 30) 60 00 88 11
Rudower Str 92, 12351 Berlin
http://www.SORAT-Hotels.com
e-mail:
headoffice@SORAT-Hotels.com

SMH-Select Marketing Hotels
R ☏ (0 21 32) 96 01 95
☏ (0 21 32) 1 04 61
Fax: (0 21 32) 96 00 93
Ahornstr 37 a, 40667 Meerbusch

SRS-Worldhotels
R ☏ 0 18 05 24 28 28
☏ (0 69) 6 65 64 05
Fax: (0 69) 6 66 20 00
Lyoner Straße 40, 60528 Frankfurt/M.
http://www.srsworldhotels.com
e-mail:
aeller@trustinternational.com

Sheraton Reservation Office
R ☏ 01 30 85 35 35
☏ (0 03 53) 21 27 92 00
Fax: (0 03 53) 21 27 92 11
70 Penrose Wharf, Penrose Quay,
Cork Irland
http://www.ittsheraton.com

**Tibs Buchungsservice —
Reservierungszentrale**
(Buchungen für: Travel Charme
Hotels)
☏ (07 61) 8 85 81-20
Fax: (07 61) 8 85 81-29
Yorckstraße 23, 79110 Freiburg
e-mail: buchungsservice@tibs.de

**TREFF Hotels AG
Services & Reservations**
(Buchungen für Treff Hotels in
Deutschland, Niederlande, Schweiz,
Italien und Dänemark)
R ☏ (00) 8 00 87 33 37 37 (D, NL, CH
und DK)
☏ (0 56 91) 89 04 04
Fax: (0 56 91) 89 04 30
Braunser Weg 12, 34454 Arolsen
Internet: http://www.treff-hotels.de
e-mail: reservation@treff-hotels.de

TOP International Hotels
☏ (02 11) 57 80 75
Fax: (02 11) 57 80 74
Alt-Niederkassel 76
40547 Düsseldorf
Internet: http://www.top-hotels.com
e-mail: top@top-hotels.de

Travel Charme Hotel GmbH
R ☏ 01 30 83 59 49
☏ (0 30) 42 43 96 50
Fax: (0 30) 42 43 96 96
Friedrichsberger Str 24, 10243 Berlin

Utell International LTD.
(Buchungen für über 7700 Hotels
weltweit)
☏ (02 11) 56 89 00, 01 80-5 21 26 45
Fax: (02 11) 56 89 33
Heerdter Landstr 191
40549 Düsseldorf
http://www.hotelbook.com

Der Varta-Führer

Deutschland
1999

Von Experten
getestet und empfohlen:

8600 Hotels und
4500 Restaurants
von Aachen bis Zwota

Aachen

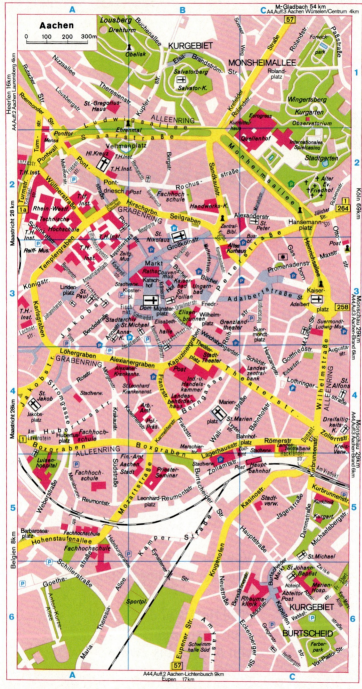

Aachen 42

Nordrhein-Westfalen — Stadtkreis —
250 m — 254 000 Ew — Köln 70, Brüssel
145 km

i ☎ (02 41) 1 80 29 60, Fax 1 80 29 31 —
Verkehrsverein Bad Aachen e.V., Friedrich-Wilhelm-Platz (B 3), 52062 Aachen; Kreisstadt, Heilbad (heißeste Quellen Mitteleuropas, 74°), Technische Hochschule, Theater, Grenzlandtheater, Spielcasino. Sehenswert: Dom: Domschatz, Karlsthron, Rathaus: Krönungssaal mit Rethelfresken; Karlsbrunnen; Ponttor und Marschiertor; Suermondt-Ludwig-Museum; Ludwig-Forum für internationale Kunst; Couven-Museum; Zeitungsmuseum; Stadtarchiv: Grashaus; Elisenbrunnen; Marktbrunnen; ehem. Abteikirche in Burtscheid; ehem. Abteikirche in Kornelimünster (7 km ↘)

Dorint Parkhotel Quellenhof
Monheimsallee 52 (C 2), ✉ 52062, ☎ (02 41) 91 32-0, Fax 91 32-55, AX DC ED VA
168 Zi, Ez: 345-505, Dz: 380-505, S;
15 Suiten, ⊿ WC ☎ DFÜ; Lift ≋ Solarium 12Tennis ⌘

Eröffnung voraussichtlich Jan 1999

✱✱ Holiday Inn Garden Court
Krefelder Str 221 (außerhalb C 1), ✉ 52070, ☎ (02 41) 1 80 20 74, Fax 1 80 34 44, AX DC ED VA
100 Zi, Ez: 222-299, Dz: 246-323, S; ⊿ WC ☎, 30🅿; Lift 🅿 1⟳35
✱✱ Hauptgericht 20; Biergarten

✱✱ Best Western Regence
Peterstr 71 (C 2), ✉ 52062, ☎ (02 41) 4 78 70, Fax 3 90 55, AX DC ED VA
55 Zi, Ez: 195-245, Dz: 250-290, S; 5 Suiten, ⊿ WC ☎ DFÜ, 10🅿; Lift 2⟳35 Sauna

✱✱ Aquis-Grana
Büchel 32 (B 3), ✉ 52062, ☎ (02 41) 44 30, Fax 44 31 37, AX DC ED VA
96 Zi, Ez: 175-205, Dz: 205-255, 2 Suiten, 2 App, ⊿ WC ☎; Lift 🅿 4⟳60 Solarium ⌘

✱✱ Pannonia
Jülicher Str 10 (C 2), ✉ 52070, ☎ (02 41) 5 10 60, Fax 50 11 80, AX DC ED VA
103 Zi, Ez: 132-257, Dz: 152-287, S; ⊿ WC ☎, 10🅿; Lift 🅿 🅿 2⟳45 ⌘

✱✱ Best Western Hotel Royal
Jülicher Str 1 (C 2), ✉ 52070, ☎ (02 41) 1 50 61, Fax 15 68 13, AX DC ED VA
32 Zi, Ez: 135-175, Dz: 175-250, S; 1 Suite, 4 App, ⊿ WC ☎, 6🅿; Lift

✱ Novotel
Joseph-von-Görres-Str 21 (außerhalb C 2), ✉ 52068, ☎ (02 41) 1 68 70, Fax 16 39 11, AX DC ED VA
118 Zi, Ez: 114-190, Dz: 138-220, S; ⊿ WC ☎, 33🅿; Lift 🅿 8⟳200 ≋ ⌘

✱ Benelux
Franzstr 21 (B 4), ✉ 52064, ☎ (02 41) 2 23 43, Fax 2 23 45, AX DC ED VA
33 Zi, Ez: 145-180, Dz: 165-240, ⊿ WC ☎ DFÜ; Lift 🅿 🅿 Fitneßraum; garni

✱ Am Marschiertor
Wallstr 1 (B 4), ✉ 52064, ☎ (02 41) 3 19 41, Fax 3 19 44, AX DC ED VA
50 Zi, Ez: 115-140, Dz: 160-195, S; ⊿; Lift 🅿 1⟳40; garni

✱ Brülls am Dom
Hühnermarkt 2 (B 3), ✉ 52062, ☎ (02 41) 3 17 04, Fax 40 43 26
10 Zi, Ez: 115-145, Dz: 135-175, ⊿ WC ☎

✱ Granus
Paßstr 2 a (C 2), ✉ 52070, ☎ (02 41) 15 20 71, Fax 15 87 06, AX DC ED VA
12 Zi, Ez: 110-130, Dz: 150-170, ⊿ WC ☎; Lift 🅿 🅿; garni
geschl: 19.12.-4.1.

✱ Marx
Hubertusstr 33 (A 4), ✉ 52064, ☎ (02 41) 3 75 43, Fax 2 67 05, ED
32 Zi, Ez: 60-120, Dz: 100-160, WC ☎, 10🅿; Lift 🅿; garni

✱ Concorde Hotel Lousberg
Saarstr 108 (B 2), ✉ 52062, ☎ (02 41) 2 03 31 + 2 03 32, Fax 2 20 47, AX DC ED VA
30 Zi, Ez: 113-155, Dz: 170-215, 1 App, ⊿ WC ☎; Lift 🅿; garni
geschl: 24.12.-1.1.

✱ Eupener Hof
Krugenofen 63 (B 6), ✉ 52066, ☎ (02 41) 6 20 35, Fax 6 13 90, AX DC ED VA
32 Zi, Ez: 96-130, Dz: 120-180, 1 App, ⊿ WC ☎; Lift 🅿 🅿; garni

✱✱✱ Gala
Monheimsallee 44 (C 2), ✉ 52062, ☎ (02 41) 15 30 13, Fax 15 85 78, AX DC ED VA
Hauptgericht 45; 🅿 Terrasse; nur abends; geschl: So, Mo, 3 Wochen in den Sommerferien

✱✱ La Becasse
Hanbrucher Str 1, Ecke Vaalser Str (außerhalb A 4), ✉ 52064, ☎ (02 41) 7 44 44, DC ED VA
Hauptgericht 50; geschl: So

Sandmann
Theaterplatz 7 (B 4), ✉ 52062, ☎ (02 41) 3 38 29, AX ED VA
geschl: Sa abends, So

Alt Aachener Kaffeestuben
Ⓥ Büchel 18 (B 3), ✉ 52062, ☎ (02 41) 3 57 24, Fax 6 21 29, ED VA
Hauptgericht 15; Terrasse
Spezialität: Reisfladen

Burtscheid (1 km ↘)
✱✱ Burtscheider Markt
Burtscheider Markt 14 (C 6), ✉ 52066, ☎ (02 41) 60 00 00, Fax 6 00 00 20, AX DC ED VA
30 Zi, Ez: 120-180, Dz: 180-260, ⊿ WC ☎; Lift 🅿; garni

→

Aachen

Kornelimünster (7 km ↘)
* Zur Abtei ♛
Napoleonsberg 132, ✉ 52076, ☎ (0 24 08)
9 25 50-0, Fax 41 51, AX DC ED VA
10 Zi, Ez: 90-250, Dz: 140-300, 2 Suiten, ⊣
WC ☎, 2🖃; 🅿 2⇄60
geschl: Jan
*** Hauptgericht 50; Terrasse;
geschl: Do, 1.-31.1.

** St. Benedikt ☎
⊽ Benediktusplatz 12, ✉ 52076, ☎ (0 24 08)
28 88, Fax 28 77, ED VA
Hauptgericht 45; nur abends; geschl: So,
Mo, 3 Wochen in den Sommerferien

Lichtenbusch (8 km ↓)
* Zur Heide
Raafstr 80, ✉ 52076, ☎ (0 24 08)
20 85 + 9 25 26, Fax 62 68, AX DC ED VA
29 Zi, Ez: 50-98, Dz: 88-150, ⊣ WC ☎; 🅿
2⇄80 🍴 ☕
Rezeption: 6-20

Walheim-Außerhalb (12 km ↘) BAB 44
Abfahrt Lichtenbusch Richtung Monschau
** Brunnenhof
◂ Schleidener Str 132, an der B 258,
✉ 52076, ☎ (0 24 08) 5 88 50, Fax 58 85 88,
AX DC ED VA
Hauptgericht 42; 🅿 Terrasse
* 9 Zi, Ez: 85-130, Dz: 120-140,
1 Suite, ⊣ WC ☎; 🅿 1⇄16

* Gut Kalkhäuschen
Schleidener Str 400, an der B 258, ✉ 52076,
☎ (0 24 08) 5 83 10
Hauptgericht 40; 🅿; nur abends; geschl:
Mo
Italienische Küche

Aalen 62 →

Baden-Württemberg — Ostalbkreis —
430 m — 67 000 Ew — Crailsheim 41, Ulm
64, Stuttgart 70 km
🛈 ☎ (0 73 61) 52 23 58, Fax 52 19 07 — Touristik-Service Aalen, Marktplatz 2 (C 1),
73430 Aalen; Kreisstadt am Kocher.
Sehenswert: Ev. Stadtkirche; Limes-Museum; Limes-Thermen; Marktplatz mit
altem Rathaus und Fachwerkhäusern; in
Wasseralfingen: kath.St.-Stephanus-Kirche: Flügelaltar; Besucherbergwerk
„Tiefer Stollen"; in Unterkochen: Marien-wallfahrtskirche; Urweltmuseum

** Treff Hotel Limes Thermen
einzeln ♂ ◂ Osterbucher Platz 1 (außerhalb B 3), ✉ 73431, ☎ (0 73 61) 94 40,
Fax 94 45 50, AX DC ED VA
147 Zi, Ez: 180, Dz: 230, S; ⊣ WC ☎, 53🖃;
Lift 🅿 11⇄250 Fitneßraum Sauna Solarium
🍴
Direkter Zugang zum Kur- und Badebetrieb
„Limes Thermen"

** Antik
Stuttgarter Str 45 (B 3), ✉ 73430,
☎ (0 73 61) 5 71 60, Fax 57 16 25, AX DC ED VA
48 Zi, Ez: 99-130, Dz: 170-140, 2 Suiten,
2 App, ⊣ WC ☎ DFÜ, 10🖃; Lift 🅿 🚗 2⇄60 ☕

* Aalener Ratshotel
Friedrichstr 7 (B 2), ✉ 73430, ☎ (0 73 61)
9 58 40, Fax 95 84 70, AX DC ED VA
40 Zi, Ez: 83-105, Dz: 126-136, 1 Suite,
1 App, ⊣ WC ☎; Lift 🅿 🚗 1⇄20; **garni**

* Eichenhof
Stadionweg 1 (außerhalb A 2), ✉ 73430,
☎ (0 73 61) 4 10 20, Fax 4 66 88, AX DC ED VA
Hauptgericht 25; Biergarten 🅿; geschl: Mo,
Di mittags, 16.5.-2.6.
* ♂ 9 Zi, Ez: 75-85, Dz: 130-150, ⊣
WC ☎; 2⇄50
geschl: Mo, Di mittags, 16.5.-2.6.

Himmlingen (3 km →) Richtung Waldhausen
* Grauleshof
Ziegelstr 155, ✉ 73431, ☎ (0 73 61) 3 24 69,
Fax 3 62 18, ED VA
9 Zi, Ez: 75-80, Dz: 130-140, ⊣ WC ☎; 1⇄55
🍴
geschl: Mo, 12.2.-21.2.

Röthardt (3 km ↗)
* Vogthof
◂ Bergbaustr 28, ✉ 73433, ☎ (0 73 61)
7 36 88, Fax 7 78 82, AX DC ED VA
Hauptgericht 30; geschl: Fr
* ♂ 14 Zi, Ez: 70, Dz: 115, ⊣ WC ☎

Unterkochen (4 km ↘)
** Das Goldene Lamm
Kocherstr 8, ✉ 73432, ☎ (0 73 61) 98 68-0,
Fax 98 68-98, AX DC ED VA
43 Zi, Ez: 89-185, Dz: 129, 7 Suiten, ⊣ WC ☎
DFÜ, 7🖃; Lift 🅿 🚗 3⇄160
** ⊽ Hauptgericht 30; Terrasse;
Gasthaus aus dem 17. Jh.

** Scholz
Aalener Str 80, ✉ 73432, ☎ (0 73 61) 56 70,
Fax 56 72 00, AX DC ED VA
50 Zi, Ez: 95-130, Dz: 135-180, ⊣ WC ☎; Lift
🅿 🚗 1⇄15 Fitneßraum 🍴
geschl: 20.12.-6.1.

Waldhausen (12 km →)
** Adler
Deutschordenstr 8, ✉ 73432, ☎ (0 73 67)
95 00, Fax 95 04 00, AX DC ED VA
32 Zi, Ez: 85-130, Dz: 135-175, 1 Suite,
1 App, ⊣ WC ☎ DFÜ, 6🖃; Lift 🅿 🚗 3⇄50
♨ Sauna Solarium 18Golf 5Tennis ☕
** Hauptgericht 28; Gartenlokal Terrasse; geschl: Mo

* Alte Linde
Albstr 121, ✉ 73432, ☎ (0 73 67) 20 01,
Fax 20 03, ED
17 Zi, Ez: 65, Dz: 105, 1 App, ⊣ WC ☎;
1⇄40
* Hauptgericht 20

Abensberg

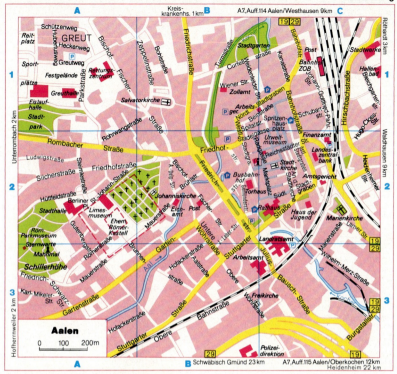

Abbach, Bad 65 ←

Bayern — Kreis Kelheim — 425 m —
9 000 Ew — Regensburg 10, Kelheim 16 km
🛈 ☎ (0 94 05) 15 55, Fax 64 93 — Kurverwaltung, Kaiser-Karl-V.-Allee 5, 93077 Bad Abbach; Schwefel-, Thermal- und Moorheilbad. Sehenswert: Bergfried; subtropisches Vogelhaus im Kurpark

∗ Elisabeth und Appartementhaus
♂ Ratsdienerweg 4, ✉ 93077, ☎ (0 94 05) 9 50 90, Fax 95 09 77, ED
23 Zi, Ez: 58-85, Dz: 110-140, 8 App, ⌐ WC
☎, 6🛏; 🅿 🚿 Sauna Solarium; **garni**
Auch Zimmer der Kategorie ∗∗ vorhanden

∗ Park-Café
Kaiser-Karl-V.-Allee 28, ✉ 93077, ☎ (0 94 05) 21 71, Fax 22 81
19 Zi, Ez: 45-56, Dz: 90-106, ⌐ WC; 🅿 1⇔35
🍽☕
geschl: Do, 20.12.-20.1.

Abenberg 57 ↓

Bayern — Kreis Roth — 360 m — 5 500 Ew
🛈 ☎ (0 91 78) 98 80-0, Fax 98 80-80 — Stadtverwaltung, Stillaplatz 1, 91183 Abenberg

∗∗ Goldener Stern
Marktplatz 14, ✉ 91183, ☎ (0 91 78) 57 36, Fax 58 05
Hauptgericht 25; Biergarten 🅿; geschl: Di, Mi

∗∗ Burg Abenberg
Burgstr 16, ✉ 91183, ☎ (0 91 78) 57 00, Fax 57 06, AX ED
Hauptgericht 30; geschl: Mo

Abensberg 64 →

Bayern — Kreis Kelheim — 373 m —
12 100 Ew — Kelheim 15, Regensburg 31, Ingolstadt 40 km
🛈 ☎ (0 94 43) 9 10 30, Fax 91 03 50 — Stadtverwaltung, Stadtplatz 1, 93326 Abensberg. Sehenswert: Ehem. Karmeliterkirche: Kreuzgang, Aventinus-Museum; Stadtmauer; ehem. Klosterkirche in Biburg (4 km ↓)

∗∗ Altstadt Hotel Kneitinger
Osterriedegasse 2, ✉ 93326, ☎ (0 94 43) 91 54-0, Fax 91 54 55, ED VA
23 Zi, Ez: 75-90, Dz: 100-160, ⌐ WC ☎ DFÜ, 5🛏; Lift 🅿 1⇔35 Sauna Solarium; **garni**
geschl: 24.12.-6.1. →

Abensberg

* **d'Latern**
Herzogstr 1, ✉ 93326, ☎ (0 94 43) 53 46, AX ED
Hauptgericht 25; nur abends, So nur mittags; geschl: Mo, 26.12.-10.1.

Abentheuer 53 ←

Rheinland-Pfalz — Kreis Birkenfeld — 395 m — 503 Ew — Birkenfeld 6, Hermeskeil 14 km
ℹ ☎ (0 91 75) 17 10 — Gemeindeverwaltung, Mühlenberg, 55767 Abentheuer; Erholungsort

** **La Cachette**
Böckingstr 11, ✉ 55767, ☎ (0 67 82) 57 22, Fax 94 40
Hauptgericht 30; Biergarten P; nur abends, so + feiertags auch mittags; geschl: Mo, 10.1.-15.2.

Absberg 63 ↗

Bayern — Kreis Weißenburg-Gunzenhausen — Gunzenhausen 9, Spalt 5 km
ℹ ☎ (0 67 82) 57 78 — Gemeindeverwaltung, Hauptstraße 31, 91720 Absberg

* **Zur Post**
Kalbensteinberg 1, ✉ 91720, ☎ (0 98 37) 2 83, Fax 1361
14 Zi, Ez: 38, Dz: 76, ⌐ WC ☎; 🍽

Abstatt 61 ↗

Baden-Württemberg — Kreis Heilbronn — 200 m — 4 000 Ew — Heilbronn 11, Stuttgart 35 km
ℹ ☎ (0 70 62) 67 70, Fax 6 77 77 — Gemeindeverwaltung, Rathausstr 30, 74232 Abstatt

** **Sperbers Restaurant** ✿
Rathausstr 25, ✉ 74232, ☎ (0 70 62) 6 70 01, Fax 6 70 02, AX ED VA
Hauptgericht 25; Gartenlokal P; geschl: Di, Mi mittags, 1 Woche im Feb, 1 Woche vor Ostern

Abtswind 56 →

Bayern — Kreis Kitzingen — 300 m — 760 Ew — Wiesentheid 4, Gerolzhofen 16, Kitzingen 20 km
ℹ ☎ (0 93 83) 26 92, Fax 28 01 — Fremdenverkehrsverein, Weinstr 8, 97355 Abtswind; Weinbauort am Steigerwald. Sehenswert: Friedrichsberg, 463 m ◂ (6 km ↘); Weinlehrpfad

* **Gästehaus Zur Schwane**
Hauptstr 10, ✉ 97355, ☎ (0 93 83) 60 51, Fax 60 52, ED VA
9 Zi, Ez: 75-92, Dz: 110-146, 1 App, ⌐ WC ☎; P 🚗 1↻20 18Golf 🍽
geschl: Mo

▭ **Zur Linde**
♂ Ebracher Str 2, ✉ 97355, ☎ (0 93 83) 18 58, Fax 64 48
9 Zi, Ez: 66, Dz: 83-91, 4🛏; **garni**
Rezeption: 8-21

Achern 60 □

Baden-Württemberg — Ortenaukreis — 147 m — 23 273 Ew — Offenburg 20, Baden-Baden 25 km
ℹ ☎ (0 78 41) 2 92 99, Fax 2 55 52 — Achern-Schwarzwald-Information, Hauptstr 1, 77855 Achern; Stadt am Rande des Schwarzwaldes. Sehenswert: Nikolauskapelle; Burgruine Altwindeck ◂ (10 km ↗)

** **Ringhotel Götz/Sonne Eintracht**
Hauptstr 112, ✉ 77855, ☎ (0 78 41) 64 50, Fax 64 56 45, AX DC ED VA
55 Zi, Ez: 99-189, Dz: 130-270, S; 1 Suite, ⌐ WC ☎, 10🛏; Lift P 🚗 5↻80 🏊 Solarium 🍷
Im gegenüberliegenden Gästehaus auch Zimmer der Kategorie ***, im Haupthaus auch Zimmer der Kategorie * vorhanden
** Hauptgericht 32

* **Schwarzwälder Hof**
Kirchstr 38, ✉ 77855, ☎ (0 78 41) 50 01 + 6 96 80, Fax 2 95 26, AX ED VA
21 Zi, Ez: 89-115, Dz: 139-185, ⌐ WC ☎ DFÜ, 7🛏; P 🚗 30
** Hauptgericht 25; Terrasse; geschl: So abends, Mo

Oberachern (1 km ↓)
* **Zum Hirsch**
Oberacherner Str 26, ✉ 77855, ☎ (0 78 41) 2 15 79, Fax 2 92 68, DC ED VA
Hauptgericht 36; P; geschl: Mo, 16.11.-24.11.
* 5 Zi, Ez: 82, Dz: 145, ⌐ WC ☎
Rezeption: 7-15, 17-23; geschl: Mo, Di bis 18, 16.-24.11.

Önsbach (2 km ↙)
** **Gasthaus Adler**
Rathausstr 5, ✉ 77855, ☎ (0 78 41) 41 04, Fax 27 08 57, ED
Hauptgericht 35; Gartenlokal P; geschl: Mo, Di, 3 Wochen im Aug, 2 Wochen im Feb

Achim 17 ↓

Niedersachsen — Kreis Verden — 21 m — 30 100 Ew — Verden 18, Bremen 21 km
ℹ ☎ (0 42 02) 91 60-4 44, Fax 9 16 02 99 — Stadtverwaltung/Tourist-Information, Obernstr 38, 28832 Achim; Stadt an der Weser

* **Gieschen's Hotel**
Obernstr 12, ✉ 28832, ☎ (0 42 02) 88 48-0,
Fax 88 48-1 00, AX DC ED VA
40 Zi, Ez: 95-110, Dz: 150, WC ☎; P
3↻100
Auch Zimmer der Kategorie ** vorhanden
* Hauptgericht 25; Terrasse

Uphusen (5 km ↖)
* **Novotel Bremer Kreuz**
Zum Klümoor, ✉ 28832, ☎ (0 42 02) 52 80,
Fax 8 44 57, AX DC ED VA
116 Zi, Ez: 114-155, Dz: 138-177, S; WC
☎, 50; Lift P 10↻300 ≈

siehe auch **Bremen**

Achkarren
siehe **Vogtsburg im Kaiserstuhl**

Achslach 66 ↖

Bayern — Kreis Regen — 600 m — 1 200 Ew
— Ruhmannsfelden 6, Deggendorf 19 km
i ☎ (0 99 29) 7 03, Fax 7 03 — Verkehrsamt,
Dorfplatz 4, 94250 Achslach; Erholungsort
im Bayerischen Wald

Achslach-Außerhalb (4 km ↓) Richtung
Egg
* **Berghotel Kalteck**
einzeln ☼ ⪉ Kalteck 9, ✉ 94250, ☎ (0 99 05)
83 26, Fax 2 63, AX ED
20 Zi, Ez: 63, Dz: 93-107, 3 Suiten, WC ☎;
P 1↻40 ≋ Sauna Solarium
geschl: 8.3.-30.4.

Achterwehr 10 □

Schleswig-Holstein — Kreis Kiel — 810 Ew
i ☎ (0 43 40) 40 90 — Gemeindeverwaltung, 24239 Achterwehr

** **Beckmann's Gasthof**
Dorfstr 16 (B 202), ✉ 24239, ☎ (0 43 40)
43 51, Fax 43 83, ED
Hauptgericht 30; P Terrasse; nur abends,
So auch mittags; geschl: Do

Adelsdorf 57 ←

Bayern — Kreis Erlangen-Höchstadt —
260 m — 6 926 Ew — Höchstadt 8, Forchheim 15 km
i ☎ (0 91 95) 9 43 20, Fax 94 32 90 —
Gemeindeverwaltung, Hauptstr 23,
91325 Adelsdorf

* **Drei Kronen**
Hauptstr 6, ✉ 91325, ☎ (0 91 95) 92 00,
Fax 92 04 80, AX DC ED VA
48 Zi, Ez: 75-130, Dz: 108-170, WC ☎,
10; Lift P 4↻70 ≋ Sauna Solarium

Neuhaus (3 km ↓)
* **Zum Löwenbräu
Flair Hotel**
Neuhauser Hauptstr 3, ✉ 91325,
☎ (0 91 95) 72 21, Fax 87 46, ED VA
13 Zi, Ez: 75-90, Dz: 110-140, WC ☎,
13; P
⌘ Hauptgericht 19; Biergarten;
geschl: Mo, Di, 8.2.-24.2., 2.8.-18.8.

Adelsried 63 ↓

Bayern — Kreis Augsburg — 490 m —
2 300 Ew — Augsburg 17, Dillingen/Donau
29 km
i ☎ (0 82 94) 86 92-0, Fax 86 92-40 —
Gemeinde Adelsried, Dillinger Str 2,
86477 Adelsried

** **Parkhotel Schmid**
Augsburger Str 28, ✉ 86477, ☎ (0 82 94)
29 10, Fax 24 29, AX DC ED VA
94 Zi, Ez: 115-153, Dz: 155-195; Lift P
9↻250 ≋ Fitneßraum Sauna Solarium
Auch Zimmer anderer Kategorien vorhanden
** Hauptgericht 25

Adenau 42 →

Rheinland-Pfalz — Kreis Ahrweiler — 350 m
— 2 910 Ew — Cochem 46, Bonn 54,
Koblenz 68 km
i ☎ (0 26 91) 3 05 16, Fax 3 05 18 — Tourist-Information Hocheifel/Nürburgring, Hocheifel, Kirchstr 15, 53518 Adenau; Städtchen
in der Eifel. Sehenswert: Pfarrkirche;
Johanniter-Komturei; Nürburgring
(1 km ↓); Nürburg, 678 m ⪉ (7 km ↖), Hohe
Acht, 747 m ⪉ (7 km →)

** **Zum Wilden Schwein**
Hauptstr 117, ✉ 53518, ☎ (0 26 91) 70 61,
Fax 13 90, ED VA
19 Zi, Ez: 80-120, Dz: 130-200, WC ☎; P
** Hauptgericht 30; Terrasse

** **Silence-Landhaus Sonnenhof**
☼ ⪉ Auf dem Hirzenstein 1, ✉ 53518,
☎ (0 26 91) 70 34, Fax 86 64, AX DC ED VA
37 Zi, Ez: 77-162, Dz: 135-260, 1 Suite,
WC ☎ DFÜ, 6; Lift P 4↻30 Bowling
Fitneßraum Sauna Solarium 2Tennis
Auch Zimmer der Kategorie * vorhanden

Adendorf siehe **Wachtberg**

Adorf 49 ↙

Sachsen — Vogtlandkreis — 500 m —
6 700 Ew — Bad Elster 6, Auerbach 27 km
i ☎ (03 74 23) 22 47, Fax 22 47 — Fremdenverkehrsbüro, Freiberger Tor, 08626 Adorf.
Sehenswert: Reste der Stadtmauer;
Michaeliskirche; Marktplatz; Heimatmuseum im Stadttor; Miniaturschauanlage
„Klein Vogtland"
→

Adorf

* **Zur Staffel**
Hohe Str 2, ✉ 08626, ☎ (03 74 23) 31 46, Fax 31 47, AX ED VA
9 Zi, Ez: 60-85, Dz: 100-150, ⌐ WC ☎; 1⇔20 Solarium ¶○¶

Aerzen 25 ↘

Niedersachsen — Kreis Hameln-Pyrmont — 200 m — 12 200 Ew — Hameln 10, Barntrup 13 km
🛈 ☎ (0 51 54) 98 80, Fax 20 16 — Gemeindeverwaltung, Kirchplatz 2, 31855 Aerzen. Sehenswert: Fachwerkhäuser

▭ **Deutsches Haus**
Osterstr 26, ✉ 31855, ☎ (0 51 54) 12 30, Fax 20 29, ED VA
6 Zi, Ez: 70, Dz: 130, ⌐ WC ☎; 🅿 1⇔40 ¶○¶

Aerzen-Außerhalb (3 km ↗)
** **Golf & Schloßhotel Münchhausen**
einzeln ♂ ⌐ 𝄞 Schloß Schwöbber, ✉ 31855, ☎ (0 51 54) 9 87-0, Fax 9 87-1 11, AX DC ED VA
23 Zi, Ez: 85-315, Dz: 150-330, 7 Suiten, ⌐ WC ☎ DFÜ; Lift 🅿 2⇔35 45Golf ¶○¶ ⇌
Rezeption: 8-18
Das Gebäude im englischen Landhausstil wurde 1570 während der Weserrenaissance erbaut.

Ahaus 23 ↙

Nordrhein-Westfalen — Kreis Borken — 50 m — 36 000 Ew — Coesfeld 19, Rheine 40, Münster 55 km
🛈 ☎ (0 25 61) 7 22 88, Fax 7 21 05 — Verkehrsverein, Schloßstr 16 a, 48683 Ahaus; Stadt im westlichen Münsterland. Sehenswert: Wasserschloß mit Park

** **Ratshotel Rudolph**
Coesfelder Str 21, ✉ 48683, ☎ (0 25 61) 91 10, Fax 91 13 00, AX DC ED VA
36 Zi, Ez: 138-148, Dz: 186-196, 3 Suiten, 3 App, ⌐ WC ☎, 2🛋; Lift 🚗 5⇔150 ⇌ Fitneßraum Kegeln Sauna Solarium
Auch Zimmer der Kategorie * vorhanden
** **La Toscana**
Hauptgericht 25

* **Oldenkott**
Oldenkottplatz 3, ✉ 48683, ☎ (0 25 61) 91 00, Fax 9 10 99, AX DC ED VA
20 Zi, Ez: 138, Dz: 186, ⌐ WC ☎, 2🛋; Lift 🅿 🚗 3⇔80 Fitneßraum Kegeln ¶○¶ ⇌

Alstätte-Außerhalb (1 km ↓)
*** **Golf+Landhotel Ahaus City Line & Country Line Hotels**
einzeln ♂ ⌐ Schmäinghook 36, ✉ 48683, ☎ (0 25 61) 3 80, Fax 3 82 00, AX DC ED VA
48 Zi, Ez: 175, Dz: 210, 4 Suiten, 11 App, ⌐ WC ☎; Lift 🅿 5⇔70 Fitneßraum Sauna Solarium 27Golf ⇌
*** **Ambiente**
Hauptgericht 26; Terrasse

Ottenstein-Außerhalb (10 km ←)
** **Haus im Flör**
Hörsteloe 49, ✉ 48683, ☎ (0 25 67) 10 57, Fax 34 77, AX DC ED VA
Hauptgericht 35; Biergarten 🅿; geschl: Mo, Sa mittags, 2 Wochen im Feb, 2 Wochen im Jul
* ♂ ⌐ 11 Zi, Ez: 90-120, Dz: 150-180, ⌐ ☎; 1⇔14 27Golf
Rezeption: 7-14, 17-23; geschl: 2 Wochen im Feb, 2 Wochen im Jul

Ahlbeck siehe Usedom

Ahlefeld 10 □

Schleswig-Holstein — Kreis Rendsburg-Eckernförde — 14 m — 165 Ew — Rendsburg 14, Schleswig 18 km
🛈 ☎ (0 43 53) 2 47 — Gemeindeverwaltung, 24811 Ahlefeld

* **Katerberg**
♂ Hauptstr 8, ✉ 24811, ☎ (0 43 53) 9 97 00, Fax 10 01, AX DC ED VA
11 Zi, Ez: 75, Dz: 115, 2 App, ⌐ WC ☎; 🅿 2⇔35
* Hauptgericht 28; Gartenlokal; geschl: Sa, Mo, Mi mittags, Feb

Ahlen 34 ↖

Nordrhein-Westfalen — Kreis Warendorf — 88 m — 55 622 Ew — Hamm 12, Beckum 14 km
🛈 ☎ (0 23 82) 5 90, Fax 5 94 65 — Stadt Ahlen, Westenmauer 10, 59227 Ahlen; Stadt im Münsterland. Sehenswert: Kath. Kirche St. Bartholomäus

Vorhelm (6 km ↗)
* **Witte**
Hauptstr 32, ✉ 59227, ☎ (0 25 28) 88 86, Fax 31 10, AX ED VA
26 Zi, Ez: 85, Dz: 140, 1 Suite, ⌐ WC ☎; 🅿 🚗 2⇔60
Auch Zimmer der Kategorie ** vorhanden
** Hauptgericht 27; Terrasse

Ahorn 47 ↘

Bayern — Kreis Coburg (Land) — 369 m — 4 827 Ew — Coburg 5, Seßlach 8 km
🛈 ☎ (0 95 61) 8 14 10, Fax 2 87 09 — Gemeindeverwaltung, Hauptstr 40, 96482 Ahorn

Witzmannsberg (2 km ↙)
* **Waldpension Am Lörholz**
♂ Badstr 20 b, ✉ 96482, ☎ (0 95 61) 27 97-0, Fax 16 41, AX ED VA
19 Zi, Ez: 60-80, Dz: 110-130, ⌐ WC ☎; **garni**

Abweichungen zwischen Datenteil und Reisekartenteil ergeben sich durch verschiedene Redaktionsschlußzeiten.

Ahrensburg 18 ↗

Schleswig-Holstein — Kreis Stormarn — 49 m — Hamburg 21, Lübeck 38 km
i ☎ (0 41 02) 7 72 31, Fax 7 72 32 — Stadtverwaltung, Rathausplatz 1, 22926 Ahrensburg. Sehenswert: Schloß Ahrensburg: Museum der Wohnkultur des holsteinischen Landadels; Schloßkirche mit Gottesbuden; Freizeitbad „Badlantic"

✱✱✱ Park Hotel
Lübecker Str 10 a, ✉ 22926, ☎ (0 41 02) 23 00, Fax 23 01 00, AX DC ED VA
99 Zi, Ez: 175-240, Dz: 195-260, S; 10 Suiten, 24 App, ⌐ WC ☎, 11🍽; 🅿 🚗 8↔250 Fitneßraum Sauna Solarium

✱✱ Marron
Hauptgericht 35

✱✱ Am Schloß
Am Alten Markt 17, ✉ 22926, ☎ (0 41 02) 80 55, Fax 18 01, AX DC ED VA
80 Zi, Ez: 127-190, Dz: 167-230, 2 Suiten, 2 App, ⌐ WC ☎, 33🍽; Lift 🅿 🚗 5↔80 Fitneßraum Sauna Solarium
✱✱ Hauptgericht 22

✱✱ Ringhotel Ahrensburg
♂ Ahrensfelder Weg 48, ✉ 22926, ☎ (0 41 02) 5 15 60, Fax 51 56 56, AX DC ED VA
22 Zi, Ez: 135-149, Dz: 170-210, S; 2 Suiten, ⌐ WC ☎, 10🍽; 🅿 1↔12 18Golf; garni

Ahrenshoop 12 →

Mecklenburg-Vorpommern — Kreis Nordvorpommern — 900 Ew — Ribnitz-Damgarten 16, Rostock 43 km
i ☎ (03 82 20) 2 34, Fax 3 00 — Kurverwaltung, Kirchnersgang 2, 18347 Ahrenshoop; Ostseebad, Erholungsort. Sehenswert: Kirche; Ahrenshooper Holz; Kunstkaten; Hohes Ufer

Café Namenlos
Schifferberg 2, ✉ 18347, ☎ (03 82 20) 60 60, Fax 60 60
✱✱✱ Gästehaus Fischerwiege
♂ ⛵ 10 Zi, Ez: 70-180, Dz: 100-250, 17 Suiten, 5 App, ⌐ WC ☎, 4🍽; 🅿 🚗 3↔50 ≋ Sauna Solarium
Anmeldung im gegenüberliegenden Café Namenlos. In den Gästehäusern Bergfalke und Dünenhaus auch Zimmer der Kategorie ✱ und ✱✱ vorhanden
✱ Hauptgericht 35; 🅿 Terrasse

✱✱ Haus am Meer
Travel Charme Hotel
Dorfstr 36, ✉ 18347, ☎ (03 82 20) 8 08 16, Fax 8 06 10, AX DC ED VA
24 Zi, Ez: 155-225, Dz: 175-245, ⌐ WC ☎, 3🍽; 🅿 🍽
Auch Zimmer der Kategorie ✱✱✱ vorhanden

✱ Pension Möwe
⛵ Schifferberg 16, ✉ 18347, ☎ (03 82 20) 60 80, Fax 8 06 16
24 Zi, Ez: 85-138, Dz: 110-196, 2 Suiten, ⌐ WC ☎, 6🍽; 🅿 1↔30 Seezugang Sauna Solarium 🍽
Auch Zimmer der Kategorie ✱✱ vorhanden

🍽 Café Buhne 12
⛵ Grenzweg 12, ✉ 18347, ☎ (03 82 20) 2 32, Fax 2 32,
Hauptgericht 22; 🅿 Terrasse; geschl: Mo

Niehagen (2 km ↙)
✱✱ Landhaus Susewind
♂ Bauernreihe 4 a, ✉ 18347, ☎ (03 82 20) 64 10, Fax 6 41 26, AX ED VA
4 Zi, Ez: 105-165, Dz: 120-180, 2 Suiten, 6 App, ⌐ WC ☎, 4🍽; ≋ Fitneßraum Sauna Solarium; garni

Aibling, Bad 72 ↘

Bayern — Kreis Rosenheim — 500 m — 16 400 Ew — Rosenheim 12, Miesbach 25, München 51 km
i ☎ (0 80 61) 90 80-0, Fax 3 71 56 — Kurverwaltung (Aib-Kur), Wilhelm-Leibl-Platz 3, 83043 Bad Aibling; Moorheilbad im Voralpenland, an der Mangfall. Sehenswert: Stadtpfarrkirche Maria Himmelfahrt; Kurpark; Theresienmonument; Dorfkirche in Berbling (4 km ↙)

✱✱ Kur- und Sporthotel St. Georg
♂ Ghersburgstr 18, ✉ 83043, ☎ (0 80 61) 49 70, Fax 17 05, AX DC ED VA
226 Zi, Ez: 160-180, Dz: 205-240, S; 17 Suiten, 40 App, ⌐ WC ☎, 50🍽; Lift 🅿 🚗 16↔350 ≋ Fitneßraum Sauna Solarium 1Tennis 🍽

✱✱ Romantik Hotel Lindner
Marienplatz 5, ✉ 83043, ☎ (0 80 61) 9 06 30, Fax 3 05 35, AX DC ED VA
26 Zi, Ez: 120-195, Dz: 180-285, ⌐ WC ☎, 3🍽; 🅿 🚗 2↔25 27Golf 🍽
Auch Zimmer der Kategorie ✱ und einfachere Zimmer vorhanden
✱✱ Hauptgericht 28; Terrasse ✤

✱ Bihler
♂ Katharinenstr 8, ✉ 83043, ☎ (0 80 61) 9 07 50, Fax 9 07 51 50, AX ED VA
22 Zi, Ez: 80-120, Dz: 120-170, ⌐ WC ☎; 🅿 🚗 25 Sauna Solarium 18Golf 🍽
geschl: Mitte Jan-Mitte Feb
Auch Zimmer der Kategorie ✱✱ vorhanden
✱ Hauptgericht 22; Terrasse; geschl: Do, Mitte Jan-Mitte Feb

Harthausen (2 km →)
✱✱ Schmelmer Hof
♂ Äußere Kolbermoorer Str, ✉ 83043, ☎ (0 80 61) 49 20, Fax 49 25 51, AX ED
112 Zi, Ez: 110-150, Dz: 180-200, 5 App, ⌐ WC ☎; Lift 🅿 🚗 8↔100 ≋ Fitneßraum Sauna Solarium 🍽
Auch Zimmer der Kategorie ✱ vorhanden

→

Aibling, Bad

* **Lindl-Hof**
♂ Harthauser Str 35, ⌧ 83043, ☎ (0 80 61) 4 90 80, Fax 49 08 60
17 Zi, Ez: 75-85, Dz: 105-130, 1 Suite, 16 App, ⌐ WC ☎; **P** Fitneßraum Sauna ¶◯¶

* **Medl**
♂ ◂ Erlenweg 4, ⌧ 83043, ☎ (0 80 61) 60 19, Fax 3 61 96, ED
13 Zi, Ez: 65, Dz: 110, ⌐ WC ☎; ¶◯¶

Aichach 63 ↘

Bayern — Kreis Aichach-Friedberg — 446 m — 20 000 Ew — Schrobenhausen 16, Augsburg 26 km
i ☎ (0 82 51) 90 20, Fax 9 02 71 — Stadtverwaltung, Stadtplatz 48, 86551 Aichach; Kreisstadt. Sehenswert: Stadtbild; Wallfahrtskirche Maria Birnbaum in Sielenbach (8 km ↘); ehem. Klosterkirche in Kühbach (5 km ↗); Wallfahrtskirche in Inchenhofen (7 km ↑)

⌂ **Bauerntanz**
Stadtplatz 18, ⌧ 86551, ☎ (0 82 51) 8 95 50, Fax 5 28 04, AX DC ED VA
16 Zi, Ez: 75-80, Dz: 110-120, ⌐ WC ☎; Lift **P** 1↔20 ¶◯¶

Untergriesbach (2 km →)
⌂ **Gasthof Wagner**
♂ Harthofstr 38, ⌧ 86551, ☎ (0 82 51) 8 97 70, Fax 89 77 50
31 Zi, Ez: 60, Dz: 90, ⌐ WC ☎; **P** 2↔50 ¶◯¶ geschl: Di

Aicha vorm Wald 66 □

Bayern — Kreis Passau — 350 m — 2 314 Ew — Vilshofen 9, Passau 15 km
i ☎ (0 85 44) 96 30-0, Fax 96 30-20 — Gemeindeverwaltung, Hofmarkstr 2, 94529 Aicha vorm Wald; Erholungsort. Sehenswert: Wasserschloß

* **Landhaus Bauer**
♂ Panholzstr 2, ⌧ 94529, ☎ (0 85 44) 84 03, Fax 93 94 49
16 Zi, Ez: 40-45, Dz: 70-80, 4 Suiten, ⌐ WC; **P**; garni

Aichelberg 62 ↙

Baden-Württemberg — Kreis Göppingen — 500 m — 1 140 Ew — Kirchheim/Teck 10, Göppingen 14 km
i ☎ (0 71 64) 22 67, Fax 36 92 — Gemeindeverwaltung, Vorderbergstr 2, 73101 Aichelberg

* **Panorama**
♂ ◂ Boller Str 11, ⌧ 73101, ☎ (0 71 64) 91 25 20, Fax 9 12 52 30, ED
17 Zi, Ez: 82, Dz: 135, ⌐ WC ☎; **P** 🅿 2↔28 ¶◯¶

Aichtal 61 ↘

Baden-Württemberg — Kreis Esslingen — 400 m — 9 500 Ew — Metzingen 12, Stuttgart 27 km
i ☎ (0 71 27) 5 80 30, Fax 58 03 60 — Stadtverwaltung, Waldenbucher Str 30, 72631 Aichtal. Sehenswert: Naturtheater Grötzingen; Häfnermuseum Neuenhaus; Uhlbergturm ◂ bei Neuenhaus

Grötzingen (2 km →)
** **Aichtaler Hof**
Raiffeisenstr 5, ⌧ 72631, ☎ (0 71 27) 95 90, Fax 95 99 59, AX DC ED VA
Ez: 145, Dz: 210, 1 Suite, 11 App, ⌐ WC ☎, 11⌂; Lift **P** 🅿 5↔100 Fitneßraum Sauna Solarium ¶◯¶

Aidlingen 61 □

Baden-Württemberg — Kreis Böblingen — 450 m — 8 700 Ew — Sindelfingen 9, Böblingen 10, Herrenberg 15 km
i ☎ (0 70 34) 12 50, Fax 1 25 50 — Bürgermeisteramt, Hauptstr 6, 71134 Aidlingen. Sehenswert: Schloß Deufringen

Deufringen (2 km ←)
*** **Alte Villa**
Aidlinger Str 36, ⌧ 71134, ☎ (0 70 56) 28 72, Fax 44 72
Hauptgericht 44; nur abends, So auch mittags; geschl: Mo, Di

Aiterhofen 65 □

Bayern — Kreis Straubing-Bogen — 320 m — 3 061 Ew — Straubing 6 km
i ☎ (0 94 21) 9 96 90, Fax 99 69 25 — Verwaltungsgemeinschaft, Straubinger Str 4, 94330 Aiterhofen

* **Murrerhof**
Passauer Str 1, ⌧ 94330, ☎ (0 94 21) 9 94 30, Fax 99 43 50, ED
24 Zi, Ez: 82, Dz: 110-130, ⌐ WC ☎ DFÜ, 2⌂; **P** 🅿 2↔70
geschl: Sa, 27.12.-10.1.

* **Allegro**
Hauptgericht 18; Gartenlokal; geschl: Sa, So abends, 27.12.-10.1.

* **Gasthof Goldenes Rad**
Passauer Str 6, ⌧ 94330, ☎ (0 94 21) 4 29 26
6 Zi, Ez: 47-50, Dz: 80, ⌐ WC ☎; **P** ¶◯¶
geschl: Mo

siehe auch **Straubing**

Aitrach 70 ←

Baden-Württemberg — Kreis Ravensburg — 596 m — 2 567 Ew — Memmingen 10, Bad Wurzach 14 km
i ☎ (0 75 65) 98 00-0, Fax 52 13 — Gemeindeverwaltung, Schwalweg 10, 88319 Aitrach

Alexandersbad, Bad

¶◉¦ Landgasthof Löwen
Bahnhofstr 13, ✉ 88319, ☏ (0 75 65) 54 37
Hauptgericht 20; Biergarten 🅿; geschl: Mo abends, Di
🛏 6 Zi, Ez: 43, Dz: 95

Albersdorf 9 ↓

Schleswig-Holstein — Kreis Dithmarschen — 6 m — 3 700 Ew — Heide 14, Rendsburg 34 km
ℹ ☏ (0 48 35) 9 79 70, Fax 97 97 97 — Amtsverwaltung, Bahnhofstr 23, 25767 Albersdorf; Luftkurort

∗ Ramundt
Friedrichstr 1, ✉ 25767, ☏ (0 48 35) 2 21, Fax 2 22, VÄ
11 Zi, Ez: 75-90, Dz: 130-150, ⊴; 🅿 🖼
2↻100 Kegeln ¶◉¦ ☙

Albstadt 68 ↗

Baden-Württemberg — Zollernalbkreis — 700 m — 50 000 Ew — Sigmaringen 24, Pfullingen 25, Tübingen 37 km
ℹ ☏ (0 74 31) 1 60 12 04, Fax 1 60 14 80 — Stadtverwaltung, im Stadtteil Ebingen, Marktstr 35, 72458 Albstadt. Sehenswert: Städtische Galerie; Albaquarium; Rathaus mit Ritterbrunnen; Raichberg ⬥ (3 km ↑); Von-Stauffenberg-Schloß mit musikhistorischer Sammlung; St.-Michaels-Kirche; Linkenboldshöhle (3 km ⟋); Philipp-Matthias-Hahn-Museum im Kasten

Burgfelden
🛏 **Landhaus Post**
Im Gässle 5, ✉ 72459, ☏ (0 74 35) 12 97 + 14 79, Fax 10 15, VÄ
12 Zi, Ez: 68-85, Dz: 110-130, ⊴ WC ☏; 🅿 🖼
≋ ¶◉¦
geschl: Mo

Ebingen
∗∗ Linde
Untere Vorstadt 1, ✉ 72458, ☏ (0 74 31) 134 14-00, Fax 1 34 14-30, VÄ
23 Zi, Ez: 105-150, Dz: 175-205, ⊴ WC ☏ DFÜ; 🅿 1↻20
geschl: 23.12.-7.1., 2 Wochen zu Ostern, 2 Wochen im Sommer
Fachwerkhaus in der Fußgängerzone. Zufahrt zum Hotel möglich
∗∗∗ Hauptgericht 40; geschl: Sa, So, 23.12.-7.1., 2 Wochen zu Ostern, 3 Wochen im Aug

∗ In Der Breite
Flandernstr 97, ✉ 72458, ☏ (0 74 31) 90 07-0, Fax 90 07-77
Hauptgericht 40; Terrasse; geschl: Mo, Sa mittags, 3 Wochen in den Sommerferien;
🛏

☙ Frühholz
Sonnenstr 46, ✉ 72458, ☏ (0 74 31) 26 98, Fax 5 84 53
Terrasse; 8-18.30, so + feiertags 10-22
geschl: Mo

Tailfingen
∗∗ Blume-Post
Gerhardstr 10, ✉ 72461, ☏ (0 74 32) 1 20 22, Fax 1 43 20, ED VÄ
22 Zi, Ez: 89-110, Dz: 130-152, 1 Suite, ⊴ WC ☏ DFÜ, 3🖼; Lift 🖼 1↻50 ¶◉¦

Aldersbach 66 ⟋

Bayern — Kreis Passau — 350 m — 3 950 Ew — Aidenbach 3, Vilshofen 10 km
ℹ ☏ (0 85 43) 9 61 00, Fax 96 10 30 — Gemeindeverwaltung, Klosterplatz 1, 94501 Aldersbach. Sehenswert: Ehem. Klosterkirche; Brauerei-Museum; Zisterzienserkloster

∗ Mayerhofer Flair Hotel
Ritter-Tuschl-Str 2, ✉ 94501, ☏ (0 85 43) 16 02, Fax 16 04, ED VÄ
33 Zi, Ez: 65-80, Dz: 100-120, ⊴ WC ☏, 8🖼; 🅿 🖼 1↻30
geschl: Mo, Fr ab 14, 3 Wochen im Nov
∗ Hauptgericht 20; Terrasse; geschl: Mo, 3 Wochen im Nov

Aldingen 68 □

Baden-Württemberg — Kreis Tuttligen — 650 m — 7 100 Ew — Spaichingen 5, Trossingen 6, Rottweil 12 km
ℹ ☏ (0 74 24) 88 20, Fax 8 82 49 — Bürgermeisteramt, Marktplatz 2, 78554 Aldingen

∗ Birkenhof
In Stocken 18, ✉ 78554, ☏ (0 74 24) 9 70 70, Fax 97 07 40, VÄ
10 Zi, Ez: 78-80, Dz: 122-145, ⊴ WC ☏; ¶◉¦

Alexandersbad, Bad 58 ⟋

Bayern — Kreis Wunsiedel — 590 m — 1 350 Ew — Wunsiedel 3, Bad Berneck 30, Bayreuth 48 km
ℹ ☏ (0 92 32) 9 92 50, Fax 99 25 25 — Kurverwaltung, Markgrafenstr 28, 95680 Bad Alexandersbad; Mineral- und Moorheilbad im Fichtelgebirge. Sehenswert: Luisenburg: Felsenlabyrinth, 871 m ⬥ (2 km ←); Kösseine, 939 m ⬥ (6 km ⟋)

∗∗ Alexandersbad
⬥ Markgrafenstr 2, ✉ 95680, ☏ (0 92 32) 88 90, Fax 88 94 61, AX DC ED VÄ
110 Zi, Ez: 130-140, Dz: 200-210, 3 Suiten, 50 App, ⊴ WC ☏; Lift 🅿 🖼 4↻130 ☲ Fitneßraum Sauna Solarium 18Golf 1Tennis ☙
∗∗ Hauptgericht 22; Terrasse

∗ Pension Am Forst
♂ Zum Nagelbrunnen 20, ✉ 95680, ☏ (0 92 32) 42 42, Fax 44 66
18 Zi, Ez: 37-46, Dz: 68-90, 3 App, ⊴ WC ☏; 🅿 🖼 Fitneßraum 18Golf; **garni** ☙
Rezeption: 8-20; geschl: Di, Mi, 1.11.-22.12.

Alf 53 ↘

Rheinland-Pfalz — Kreis Cochem-Zell — 98 m — 1 200 Ew — Cochem 29, Bernkastel-Kues 41 km
i ☎ (0 65 42) 24 19, Fax 90 01 95 — Verkehrsamt, Ferdinand-Remy-Str 7, 56859 Alf; Weinbauort an der Mosel. Sesenswert: Museum der Burg Arras mit Heinrich Lübke-Gedenkstätte, Klosterruine Marienburg ⋖ (2 km ↘)

✱ Herrenberg
⋖ Moselstr 11, ✉ 56859, ☎ (0 65 42) 26 38, Fax 26 88
11 Zi, Ez: 45-55, Dz: 70-100, 1 App, ⊿ WC ☎; **P** Sauna; **garni**
geschl: 10.11.-1.4.

Alfdorf 62 □

Baden-Württemberg — Rems-Murr-Kreis — 500 m — 6 900 Ew — Pfahlbronn 3, Lorch 7, Schwäbisch Gmünd 11 km
i ☎ (0 71 72) 30 90, Fax 3 09 29 — Gemeindeverwaltung, Obere Schloßstr 28, 73553 Alfdorf

Haghof (3 km ←)
✱✱ Ringhotel Landhotel Haghof
einzeln ♂ Welzheimer Str 3, ✉ 73553, ☎ (0 71 82) 9 28 00, Fax 92 80 88, AX ED VA
40 Zi, Ez: 120-150, Dz: 155-200, **S**; 3 Suiten, ⊿ WC ☎ DFÜ, 14✉; Lift **P** 🚗 3✿80 ≘ Kegeln Sauna Solarium
Rezeption: 6.30-17
✱✱ Hauptgericht 30; Biergarten

Alfeld (Leine) 26 ↓

Niedersachsen — Kreis Hildesheim — 90 m — 23 264 Ew — Hildesheim 24, Einbeck 25, Hannover 48 km
i ☎ (0 51 81) 70 31 11, Fax 70 32 39 — Info-Centrum, Marktplatz 12, 31061 Alfeld. Sesenswert: Ev. Nikolaikirche; Rathaus; Alte Lateinschule

✱ Akzent-Hotel Am Schlehberg
♂ ⋖ Heinrich-Rinne-Str 37, ✉ 31061, ☎ (0 51 81) 8 53 10, Fax 85 31 58, AX ED VA
28 Zi, Ez: 110-155, Dz: 160-210, ⊿ WC ☎, 16✉; **P** 2✿100 ⏹ 🚗

✱ Das Deutsche Haus
Holzer Str 25, ✉ 31061, ☎ (0 51 81) 30 98, Fax 2 61 00, AX ED VA
25 Zi, Ez: 89, Dz: 110-135, ⊿ WC ☎; Lift **P** 🚗 Kegeln Solarium ⏹
Auch einfachere Zimmer vorhanden

⇌ City Hotel
Leinstr 14, ✉ 31061, ☎ (0 51 81) 30 73, Fax 2 63 97, AX DC ED VA
28 Zi, Ez: 70-95, Dz: 110-130, ⊿ WC ☎; Lift **P** 🚗; **garni** 🚗
Rezeption: 8-21; geschl: Aug

Alfter 43 ↘

Nordrhein-Westfalen — Rhein-Sieg-Kreis — 173 m — 21 042 Ew — Bonn 5 km
i ☎ (02 28) 6 48 41 19, Fax 6 48 41 99 — Gemeindeverwaltung, Am Rathaus 7, 53347 Alfter

Alfter-Außerhalb (2 km ↘)
✱✱✱ Herrenhaus Buchholz
⋖ Buchholzweg 1, ✉ 53347, ☎ (0 22 22) 6 00 05, Fax 6 14 69, AX DC ED VA
Hauptgericht 42; **P** Terrasse; geschl: Mo, Am Rande des Naturparks Kottenforst-Ville

Witterschlick
⇌ Lambertushof
Hauptstr 238, ✉ 53347, ☎ (02 28) 64 50 14, Fax 64 50 16
14 Zi, Ez: 80, Dz: 125, ⊿ WC ☎; **P** Kegeln Sauna ⏹

Alken 43 ↓

Rheinland-Pfalz — Kreis Mayen-Koblenz — 84 m — 700 Ew — Koblenz 22, St. Goar 32 km
i ☎ (0 26 05) 89 97, Fax 47 71 — Verkehrsverein, Moselstr 4, 56332 Alken; Weinbau- und Erholungsort im Moseltal. Sesenswert: Burg Thurant ⋖ (1 km); St.-Michaels-Kirche mit Beinhaus (12. Jh.)

✱ Landhaus Schnee
⋖ Moselstr 6, ✉ 56332, ☎ (0 26 05) 33 83, Fax 81 26, AX ED VA
24 Zi, Ez: 60-90, Dz: 100-150, ⊿ WC ☎; Lift 1✿40 Sauna Solarium ⏹
Rezeption: 10-24; geschl: Mi, Jan

✱✱ Burg Thurant
Moselstr 15, ✉ 56332, ☎ (0 26 05) 35 81, Fax 35 81
Hauptgericht 25; **P**; nur abends, so + feiertags auch mittags; geschl: Mo, 26.1.-3.3.

Allenbach 53 ←

Rheinland-Pfalz — Kreis Birkenfeld — 600 m — 800 Ew — Morbach 10, Idar-Oberstein 16, Birkenfeld 16 km
i ☎ (0 67 86) 20 89, Fax 25 51 — Gemeindeverwaltung, Hauptstr 10, 55758 Allenbach; Erholungsort im Hunsrück, nahe dem Erbeskopf, 816 m (6 km ✓). Sesenswert: Edelsteinschleifereien

Hüttgeswasen (5 km ✓)
✱ Gethmanns Silence Hochwaldhotel
✉ 55743, ☎ (0 67 82) 8 88/98 60, Fax 8 80, AX DC ED VA
26 Zi, Ez: 100-120, Dz: 140-160, ⊿ WC ☎; Lift **P** 🚗 1✿30 ≘ Fitneßraum Sauna Solarium 🚗
geschl: 2.12.-25.12.
✱✱ Hauptgericht 20; Gartenlokal; geschl: 2.-25.12.

Allendorf (Eder) 45 ↖

Hessen — Kreis Waldeck-Frankenberg —
300 m — 5 537 Ew
🛈 ☎ (0 64 52) 91 31-0, Fax 91 31-20 —
Gemeindeverwaltung, Schulstr 5,
35108 Allendorf (Eder)

✱ **Bürgerhaus** ✤
Schulstr 5, ✉ 35108, ☎ (0 64 52) 10 56,
Fax 72 07, ED
Hauptgericht 30; Kegeln 🅿 Terrasse;
geschl: Sa mittags, Di, 2 Wochen im Feb,
3 Wochen in den Sommerferien

Allersberg 57 ↓

Bayern — Landkreis Roth — 380 m —
8 000 Ew — München 139, Ingolstadt 65,
Regensburg 94 km
🛈 ☎ (0 91 76) 5 09 35, Fax 5 09 21 — Verkehrsamt, Marktplatz 1, 90584 Allersberg

✱ **Weißes Lamm**
Marktplatz 15, ✉ 90584, ☎ (0 91 76) 9 88 50,
Fax 98 85 80, DC ED VA
20 Zi, Ez: 70, Dz: 98, 1 Suite, ⊣ WC ☎; 🅿 ⚓

Allershausen 72 ↑

Bayern — Kreis Freising — 442 m —
4 600 Ew — Freising 13, München 35 km
🛈 ☎ (0 81 66) 6 79 30, Fax 18 47 — Gemeindeverwaltung, Johannes-Boos-Platz 6,
85391 Allershausen

✱ **Zum Gock'l**
Breimannweg 19, ✉ 85391, ☎ (0 81 66)
81 78, Fax 36 14, AX ED VA
21 Zi, Ez: 88-108, Dz: 128-168, 1 Suite,
1 App, ⊣ WC ☎, 6✉; 🅿 🖃 1✪15; garni

✱ **An der Glonn**
Robert-Koch-Str 2, ✉ 85391, ☎ (0 81 66)
6 76 10, Fax 6 76 11 50, AX ED VA
17 Zi, Ez: 85-110, Dz: 95-160, 5 App, ⊣ WC
☎ DFÜ, 3✉; Solarium; garni

✱ **Gästehaus Huberhof**
Freisinger Str 18, ✉ 85391, ☎ (0 81 66)
80 86, Fax 92 98, AX DC ED VA
34 Zi, Ez: 40-150, Dz: 80-170, ⊣ WC ☎,
19✉; 🅿 🖃 ⚓
geschl: 20.12.-10.1.
Restaurant für Hausgäste; Im Altbau einfachere Zimmer vorhanden

Allmersbach im Tal 62 ↖

Baden-Württemberg — Rems-Murr-Kreis
— 445 m — 4 427 Ew — Backnang 6,
Schorndorf 15, Stuttgart 30 km
🛈 ☎ (0 71 91) 35 30 18, Fax 35 30 30 —
Gemeindeverwaltung, Backnanger Str 42,
71573 Allmersbach

Alsdorf

Heutensbach (1 km →)
✱✱ **Löwen**
Käsbühlstr 1, ✉ 71573, ☎ (0 71 91) 50 40,
Fax 5 04 15, AX DC ED VA
27 Zi, Ez: 116, Dz: 170, 1 App, ⊣ WC ☎
DFÜ; 🖃 2✪50 Fitneßraum Sauna Solarium
Rezeption: 7-14, 17-23; geschl: Sa bis 17,
24.12.-6.1.
✱ Hauptgericht 25; Gartenlokal 🅿;
geschl: Sa mittags, 24.12.-6.1.

Allrode 37 □

Sachsen-Anhalt — Kreis Wernigerode —
496 m — 712 Ew — Thale 9 km
🛈 ☎ (03 94 87) 2 92, Fax 2 48 — Gemeindeverwaltung, Lange Str. 158, 06507 Allrode

⌂ **Hubertushöhe**
Sellstr 174, ✉ 06507, ☎ (03 94 87) 4 95,
Fax 7 90 22, ED VA
14 Zi, Ez: 76-100, Dz: 120-165, ⊣ WC ☎; 🅿
Sauna 🍽 ⚓
Rezeption: 9-21; geschl: 21.11.-18.12.

Alpirsbach 60 ↘

Baden-Württemberg — Kreis Freudenstadt
— 450 m — 7 000 Ew — Freudenstadt 17,
Schramberg 20, Offenburg 60 km
🛈 ☎ (0 74 44) 95 16-2 81, Fax 95 16-2 83 —
Tourist-Information, im Haus des Gastes,
Hauptstr 20, 72275 Alpirsbach; Luftkurort
im Kinzigtal. Sehenswert: Ehem.
Klosterkirche, Kreuzgang; Glasbläserei;
Talsperre

✱ **Rössle**
Aischbachstr 5, ✉ 72275, ☎ (0 74 44) 22 81,
Fax 23 68, AX ED VA
26 Zi, Ez: 69-79, Dz: 106-116, ⊣ WC ☎; Lift
🅿 🖃 Solarium 🍽
geschl: Mi, 15.11.-10.12.
Auch Zimmer der Kategorie ✱✱ vorhanden

⌂ **Waldhorn**
Kreuzgasse 4, ✉ 72275, ☎ (0 74 44) 95 11-0,
Fax 95 11-55, AX DC ED VA
18 Zi, Ez: 62-75, Dz: 100-136, ⊣ WC ☎; 🅿 🖃
1✪28 🍽
Rezeption: 8-13.30, 17-22

Aischfeld (5,5 km →)
✱ **Sonne**
♂ Im Aischfeld 2, ✉ 72275, ☎ (0 74 44)
23 30, Fax 23 53, DC ED VA
22 Zi, Ez: 55-70, Dz: 90-110, 1 App, ⊣ WC
☎; 🅿 1✪20 Kegeln 🍽 ⚓
Auch Zimmer der Kategorie ✱✱ vorhanden

Alsdorf 42 ↖

Nordrhein-Westfalen — Kreis Aachen —
169 m — 47 000 Ew — Baesweiler 5,
Aachen 10 km
🛈 ☎ (0 24 04) 5 00, Fax 2 26 40 — Stadtverwaltung, Hubertusstr 17, 52477 Alsdorf →

Alsdorf

** Corso
Burgstr 30, ✉ 52477, ☎ (0 24 04) 90 40,
Fax 90 41 80, AX DC ED VA
32 Zi, Ez: 85-120, Dz: 130-170, 2 Suiten,
38 App, ᴗ WC ☎; Lift **P**; garni
Appartements für Langzeitvermietung

* Rathaus-Hotel
Hubertusstr 8, ✉ 52477, ☎ (0 24 04) 9 06 90,
Fax 90 69 69, AX DC VA
20 Zi, Ez: 85, Dz: 140, ᴗ WC ☎; Lift; garni

Alsfeld 45 □

Hessen — Vogelsbergkreis — 264 m —
18 000 Ew — Fulda 43, Gießen 50 km
ℹ️ ☎ (0 66 31) 18 21 65, Fax 7 38 96 — Touristcenter Alsfeld, Rittergasse 3-5,
36304 Alsfeld; Europäische Modellstadt für
Denkmalschutz; Erholungsort zwischen
Vogelsberg und Knüllgebirge. Sehenswert:
Altstadt mit Marktplatz: Rathaus, Weinhaus und Hochzeitshaus; ev. Walpurgiskirche: Schnitzaltar, Turm ⦿; Leonhardsturm;
Regionalmuseum

* Klingelhöffer
Hersfelder Str 47, ✉ 36304, ☎ (0 66 31)
20 73, Fax 7 10 64, AX DC ED VA
40 Zi, Ez: 75-85, Dz: 118-135, ᴗ WC ☎; **P**
3↔60
Auch einfache Zimmer vorhanden

* Entenviertel
Hauptgericht 25

* Zum Schwalbennest
Pfarrwiesenweg 12, ✉ 36304, ☎ (0 66 31)
50 61, Fax 7 10 81, AX ED VA
65 Zi, Ez: 80-100, Dz: 100-140, ᴗ WC ☎; Lift
P 2↔60 ¶⊙¶
Auch einfachere Zimmer vorhanden

Eudorf
* Zum Schäferhof
Ziegenhainer Str 30, ✉ 36304, ☎ (0 66 31)
9 66 00, Fax 96 60 60, AX DC ED VA
23 Zi, Ez: 70-90, Dz: 140-150, ᴗ WC ☎, 7✉;
Lift **P** 🍽 3↔200 Kegeln ¶⊙¶
Auch Zimmer der Kategorie ** vorhanden

Altastenberg siehe Winterberg

Altbach 61 →

Baden-Württemberg — Kreis Esslingen —
247 m — 5 500 Ew — Göppingen 18, Stuttgart 21 km
ℹ️ ☎ (0 71 53) 7 00 70, Fax 70 07 11 —
Gemeindeverwaltung, Esslinger Str 26,
73776 Altbach

*** Altbacher Hof
mit Gästehaus**
Kirchstr 11, ✉ 73776, ☎ (0 71 53) 70 70,
Fax 2 50 72, AX DC ED VA
85 Zi, Ez: 75-100, Dz: 140, 8 App, ᴗ WC ☎;
Lift **P** 🍽 2↔70 ¶⊙¶
Auch Zimmer der Kategorie ** vorhanden

Altdorf 57 ↘

Bayern — Kreis Nürnberger Land — 444 m
— 14 000 Ew — Neumarkt/Oberpfalz 17,
Nürnberg 27 km
ℹ️ ☎ (0 91 87) 80 71 00, Fax 80 72 90 — Verkehrsamt, Oberer Markt 2, 90518 Altdorf.
Sehenswert: Ev. Laurentiuskirche; ehem.
Universität: Brunnen; Rathaus; Stadttore;
Wehrmauer; Sofienquelle

* Altes Zollhaus
Neumarkter Str 13, ✉ 90518, ☎ (0 91 87)
23 35, Fax 8 03 55
13 Zi, Ez: 65-76, Dz: 98-105, ᴗ WC ☎; **P**
1↔40
geschl: So

Weinstube
Hauptgericht 15; Gartenlokal; nur abends;
geschl: So

Matchpoint
Schulstr 14, ✉ 90518, ☎ (0 91 87) 9 52 60,
Fax 95 26 13, AX ED VA
9 Zi, Ez: 85-120, Dz: 120-150, ᴗ WC ☎; **P**
1↔30 Sauna Solarium 3 Tennis; garni ⚬
Hallentennisanlage mit Zimmern der Kategorie **

* Gasthof Alte Nagelschmiede
✉ 90518, ☎ (0 91 87) 9 52 70, Fax 95 27 27,
ED
Hauptgericht 25; **P** Terasse; geschl: So,
Aug; ⌂

Rotes Roß
Oberer Markt 5, ✉ 90518, ☎ (0 91 87) 52 72,
Fax 80 48 54, DC ED VA
Hauptgericht 25; geschl: Mo, Do abends,
Ende Dez-Anfang Jan, Mitte Aug-Sept
Alter fränkischer Gasthof, dessen
Geschichte sich bis zum 30jährigen Krieg
zurückverfolgen läßt

Altdorf 65 ↗

Bayern — Kreis Landshut — 394 m —
9 900 Ew — Landshut 3 km
ℹ️ ☎ (08 71) 30 30, Fax 3 03 56 — Gemeindeverwaltung, Dekan-Wagner-Str 13,
84032 Altdorf. Sehenswert: Kath. Kirche,
Hochaltar

* Gasthof Wadenspanner
Kirchgasse 2, ✉ 84032, ☎ (08 71) 93 21 30,
Fax 9 32 13 70, ED VA
23 Zi, Ez: 88-120, Dz: 130-170, ᴗ WC ☎; **P**
1↔80 ⚬
* Hauptgericht 20

* Elisabeth
Bernsteinstr 40, ✉ 84032, ☎ (08 71)
93 25 00, Fax 3 46 09, AX ED VA
28 Zi, Ez: 60-90, Dz: 130-150, 4 Suiten,
1 App, ᴗ WC ☎; Lift **P** 🍽 3↔120 2 Tennis
¶⊙¶

Altenberge

Eugenbach (1 km ←)
* **Landgasthof Lainer**
♂ Bucherstr 28, ⌂ 84032, ☎ (08 71) 93 21 60, Fax 9 32 16 16, ED VA
19 Zi, Ez: 75, Dz: 115-110, ⇃ WC ☎, 2🛏; ⍾

Altefähr siehe Rügen

Altena 33 ↘

Nordrhein-Westfalen — Märkischer Kreis — 159 m — 24 000 Ew — Lüdenscheid 14, Iserlohn 16, Hagen 26 km
ℹ️ ☎ (0 23 52) 20 90, Fax 20 92 03 — Stadtverwaltung, Lüdenscheider Str 22, 58762 Altena; Stadt im Sauerland. Sehenswert: Altstadt; Burg Altena (heute Jugendherberge - die erste der Welt); Museum der Grafschaft Mark; Kohlberg, 514 m ⦁⦁ (10 km →)

Dahle (6 km →)
** **Alte Linden**
Hauptstr 38, ⌂ 58762, ☎ (0 23 52) 7 12 10/ 97 96 95, Fax 97 96 97, ED VA
Hauptgericht 24; Kegeln 🅿 Terrasse; geschl: Sa, So mittags
* 15 Zi, Ez: 90, Dz: 140, 1 Suite, ⇃ WC ☎, 1🛏; 2⇌60

Großendrescheid (5 km ↗)
* **Gasthof Spelsberg**
Großendrescheid 17, ⌂ 58762, ☎ (0 23 52) 9 58 00, Fax 95 80 88
Hauptgericht 20; 🅿 Terrasse; geschl: Di, Ende Dez-Anfang Jan, 4 Wochen in den Sommerferien
** **Gästehaus Spelsberg**
♂ ⦁⦁ 12 Zi, Ez: 98, Dz: 145, 2 App, ⇃ WC ☎; 2⇌
geschl: Ende Dez-Anfang Jan

Altenahr 43 ←

Rheinland-Pfalz — Kreis Ahrweiler — 170 m — 1 900 Ew — Adenau 18, Bonn 28 km
ℹ️ ☎ (0 26 43) 84 48, Fax 35 16 — Verkehrsverein, Haus des Gastes, 53505 Altenahr; Ort im Ahrtal. Sehenswert: Kath. Kirche; Burgruine Are ⦁⦁; Schloß Kreuzberg ⦁⦁ (2 km ↗); Ditschhardt, 330 m ⦁⦁

* **Weingasthaus „Schäferkarre"**
⊗ Brückenstr 29, ⌂ 53505, ☎ (0 26 43) 71 28, Fax 12 47, AX DC ED VA
Hauptgericht 36; geschl: Mo

Kreuzberg
* **Weiß**
Bahnhofstr 36, ⌂ 53505, ☎ (0 26 43) 84 03, Fax 33 50
29 Zi, Ez: 50-110, Dz: 90-200, ⇃ WC; 🅿 🚗 2⇌35 ≋
Auch einfachere Zimmer vorhanden

Altenau 37 ↖

Niedersachsen — Kreis Goslar — 450 m — 2 850 Ew — Goslar 20, Osterode 27 km
ℹ️ ☎ (0 53 28) 80 20, Fax 8 02 38 — Kurverwaltung, „Haus des Gastes", Hüttenstr 9, 38707 Altenau; Heilklimatischer Kurort und Wintersportplatz im Harz. Sehenswert: Oker-Stausee (3 km ↑); Barocke Holzkirche; Dammgraben

* **Parkhaus**
Markt 3, ⌂ 38707, ☎ (0 53 28) 9 80 00, Fax 18 04, AX DC ED VA
9 Zi, Ez: 60-90, Dz: 100-120, ⇃ WC ☎; 2⇌100 ⍾

Altenbauna siehe Baunatal

Altenberg 51 ↖

Sachsen — Weißeritzkreis — 600 m — 4 609 Ew — Dresden 40 km
ℹ️ ☎ (03 50 56) 2 06 16, Fax 2 06 16 — Stadtverwaltung, Kurplatz 4, 01773 Oberbärenburg; Luftkurort. Sehenswert: Schaustollen, Bergbaumuseum; Naturbad; Bob- und Rodelbahnen

** **Am Skihang mit Gästehaus Villa**
♂ Am Skihang 1, ⌂ 01773, ☎ (03 50 56) 3 16 10, Fax 3 16 18
20 Zi, Ez: 75, Dz: 120, 4 App, ⇃ WC ☎; 🅿 3⇌30 ⍾
Auch Zimmer der Kategorie * vorhanden. In der Villa Zimmer der Kategorie ***

Hirschsprung (5 km ↑)
* **Ladenmühle**
♂ Bielatalstr 8, ⌂ 01773, ☎ (03 50 56) 34 50, Fax 34 52 91, AX ED VA
46 Zi, Ez: 60-100, Dz: 110-150, 1 Suite, ⇃ WC ☎; 🅿 🚗 1⇌30 Sauna Solarium ⍾

Oberbärenburg
** **Berghotel Friedrichshöhe**
Ahornallee 1, ⌂ 01776, ☎ (03 50 52) 2 80, Fax 2 81 50, AX ED VA
38 Zi, Ez: 100-110, Dz: 150-170, ⇃ WC ☎; Lift 🅿 1⇌30 ≋ Sauna Solarium ⍾ 🍺

Altenberge 23 ↘

Nordrhein-Westfalen — Kreis Steinfurt — 119 m — 8 600 Ew — Münster 15, Steinfurt 15 km
ℹ️ ☎ (0 25 02) 8 20, Fax 82 40 — Gemeindeverwaltung, Kirchstr 25, 48341 Altenberge

* **Stüer mit Gästehäusern**
Laerstr 6-8, ⌂ 48341, ☎ (0 25 05) 93 31-0, Fax 93 31-93, AX DC ED VA
54 Zi, Ez: 89, Dz: 135-140, ⇃ WC ☎ DFÜ, 2🛏; 🅿 🚗 7⇌180 Fitneßraum Kegeln Sauna Solarium ⍾
Im Haupthaus und Haus Veronica auch einfachere Zimmer vorhanden

Altenburg 49 ↑

Thüringen — Landkreis Altenburger Land — 199 m — 45 500 Ew — Gera 36, Chemnitz 40, Leipzig 45 km
ℹ ☎ (0 34 47) 59 41 74, Fax 59 41 79 — Fremdenverkehrsamt, Moritzstr 21/Eingang Kornmarkt, 04600 Altenburg; Kreisstadt. Sehenswert: Schloß, Schloßkirche, Orgel; Spielkartenmuseum; Lindenau-Museum; Brühl; Skatbrunnen; Rathaus; Naturkundemuseum Mauritianum; Rote Spitzen; Nikolaiturm

** Parkhotel am Großen Teich
August-Bebel-Str 16-17, ✉ 04600, ☎ (0 34 47) 58 30, Fax 58 34 44, AX DC ED VA
65 Zi, Ez: 80-150, Dz: 120-180, 2 Suiten, ⊟ WC ☎, 30🖂; Lift 🅿 4⟷120 🍽 🚃

** Astor
Bahnhofstr 4, ✉ 04600, ☎ (0 34 47) 58 70, Fax 58 74 44, AX DC ED VA
92 Zi, Ez: 115-135, Dz: 155-175, ⊟ WC ☎, 35🖂; Lift 🅿 8⟷62 🍽

** Engel
Johannisstr 27, ✉ 04600, ☎ (0 34 47) 5 65 10, Fax 56 51 14, AX DC ED VA
12 Zi, Ez: 75-105, Dz: 120-140, ⊟ WC ☎; 🅿 🚃
Auch Zimmer der Kategorie * vorhanden
** Hauptgericht 20

** Am Roßplan
Roßplan 8, ✉ 04600, ☎ (0 34 47) 5 66 10, Fax 56 61 61, AX ED VA
27 Zi, Ez: 95, Dz: 120, ⊟ WC ☎; Lift 🅿 🚃 1⟷25 🍽 🚃
Auch Zimmer der Kategorie * vorhanden

* Wettiner Hof
Johann-Sebastian-Bach-Str 11, ✉ 04600, ☎ (0 34 47) 31 35 32, Fax 50 49 36, AX ED VA
10 Zi, Ez: 50-98, Dz: 100-125, 3 Suiten, ⊟ WC ☎, 1🖂; 🅿 🍽

* Treppengasse
♂ Treppengasse 5, ✉ 04600, ☎ (0 34 47) 31 35 49, Fax 31 35 49, DC ED VA
13 Zi, Ez: 70-88, Dz: 90-110, ⊟ WC ☎; 🅿 Sauna; garni

Altenheim siehe Neuried

Altenkirchen 43 ↗

Rheinland-Pfalz — Kreis Altenkirchen — 216 m — 6 660 Ew — Siegburg 39, Neuwied 42, Limburg 49 km
ℹ ☎ (0 26 81) 85-2 53, Fax 71 22 — Verbandsgemeindeverwaltung, Rathausstr 13, 57610 Altenkirchen; Stadt im Westerwald

** Glockenspitze
Hochstr, ✉ 57610, ☎ (0 26 81) 8 00 50, Fax 80 05 99, AX DC ED VA
41 Zi, Ez: 99-169, Dz: 179-199, 5 Suiten, ⊟ WC ☎; Lift 7⟷600 🚃 Fitneßraum Kegeln Sauna Solarium 🚃
** Tonscherbe
Hauptgericht 35

Altenkunstadt 48 ↙

Bayern — Kreis Lichtenfels — 300 m — 5 700 Ew — Burgkunstadt 2 km
ℹ ☎ (0 95 72) 38 70, Fax 45 39 — Gemeindeverwaltung, Marktplatz 2, 96264 Altenkunstadt; Ort am oberen Main. Sehenswert: Kath. Wehrkirche; Schloß mit Kirche Strössendorf

Baiersdorf (3 km ↘)
** Fränkischer Hof
♂ Altenkunstadter Str 41, ✉ 96264, ☎ (0 95 72) 38 30 00, Fax 38 30 20, VA
28 Zi, Ez: 80-105, Dz: 140-185, ⊟ WC ☎, 7🖂; Lift 🅿 🚃 1⟷50 🚃
Auch einfachere Zimmer vorhanden
* Hauptgericht 20; Terrasse

Altenmarkt a.d. Alz 73 □

Bayern — Kreis Traunstein — 500 m — 3 809 Ew
ℹ ☎ (0 86 21) 98 45-0, Fax 98 45-22 — Tourist-Information, Hauptstr 21, 83352 Altenmarkt a.d. Alz

* Im Trauntal
Grassacher Str 2, ✉ 83352, ☎ (0 86 21) 40 05, Fax 40 09, ED VA
18 Zi, Ez: 99, Dz: 140, ⊟ WC ☎ DFÜ, 4🖂; 🅿 🚃 1⟷15 Sauna 🍽

* Angermühle
Angermühle 1, ✉ 83352, ☎ (0 86 21) 9 84 70, Fax 98 47 55, AX DC ED VA
29 Zi, Ez: 86, Dz: 118, ⊟ WC ☎; 🅿 🚃 1⟷20 Seezugang
** Wendekreis
Hauptgericht 36; Terrasse; geschl: Fr + Sa abends

Altenmedingen 19 ↙

Niedersachsen — Kreis Uelzen — 40 m — 800 Ew — Bevensen 6, Lüneburg 24 km
ℹ ☎ (0 58 07) 3 07, Fax 98 70 44 — Verkehrsverein, Bostelwiebech 14, 29575 Altenmedingen

* Hof Rose
♂ Niendorfer Weg 12, ✉ 29575, ☎ (0 58 07) 2 21 + 3 41, Fax 12 91
14 Zi, Ez: 75-89, Dz: 138-148, 1 Suite, 1 App, ⊟ WC ☎; 🅿 🚃 1⟷20 🚃 Sauna 18 Golf 1 Tennis 🚃
geschl: 6.1.-28.2.99
Kinderbetreuung; Restaurant für Hausgäste; Ehemaliger Meierhof in romantischer Lage, der zum Landhotel umgebaut wurde.

Bohndorf
* Landgasthof Stössel
Im Dorfe 2, ✉ 29575, ☎ (0 58 07) 2 91,
Fax 12 17
Hauptgericht 22; Biergarten 🅿; ⇌

Eddelstorf (3 km ↗)
** Hansen Hof
♂ Alte Dorfstr 2, ✉ 29575, ☎ (0 58 07) 97 60,
Fax 97 61 91
19 Zi, Ez: 75-90, Dz: 130-170, 2 Suiten, ⊿
WC ☎; 🅿 2⇔50 🍽 ⇌
Auch Zimmer der Kategorie * vorhanden

Altenstadt 45 ↙

Hessen — Kreis Wetterau — 130 m —
12 000 Ew — Frankfurt 22, Friedberg 20,
Büdingen 12 km
ℹ ☎ (0 60 47) 8 00 00, Fax 80 00 50 —
Gemeindeverwaltung, Frankfurterstr.11,
63674 Altenstadt. Sehenswert: Ev. St.-Nikolai-Kirche, Kloster Engelthal, Schloß in
Höchst an der Nidder

* Zum Schwarzen Adler
Vogelsbergstr 2, ✉ 63674, ☎ (0 60 47)
9 64 70, Fax 96 47 27, AX DC ED VA
15 Zi, Ez: 90-100, Dz: 140, 1 Suite, ⊿ WC ☎;
Lift 1⇔100
* Hauptgericht 25

Altenstadt 70 ↖

Bayern — Kreis Neu-Ulm — 529 m —
5 000 Ew — Illertissen 7, Memmingen
23 km
ℹ ☎ (0 83 37) 72 10, Fax 89 34 — Marktverwaltung, Hindenburgstr 1, 89281 Altenstadt; Ort an der Iller. Sehenswert: Kath.
Kirche: Fresken in Illereichen

* Sonne
Bahnhofstr 6, ✉ 89281, ☎ (0 83 37) 72 60,
Fax 91 12, ED
27 Zi, Ez: 65, Dz: 98; 🍽
geschl: 2 Wochen im Aug

Illereichen (1 km →)
*** Schloßwirtschaft 🍷
Kirchplatz 2, ✉ 89281, ☎ (0 83 37) 74 10-0,
Fax 74 10-20, DC ED VA
Hauptgericht 56; 🅿 Terrasse; geschl: Mo
* Gästehaus
10 Zi, Ez: 116, Dz: 160-220, 1 Suite, ⊿ WC
☎; 📺 2⇔100
geschl: Mo

Altensteig 61 ↙

Baden-Württemberg — Kreis Calw — 500 m
— 10 000 Ew — Nagold 14, Freudenstadt
25, Tübingen 48 km
ℹ ☎ (0 74 53) 66 33, Fax 2 72 57 — Verkehrsamt, Rosenstr 28, 72213 Altensteig; Luftkurort an der Nagold. Sehenswert: Schloß
und Giebelhäuser; ev. Kirche und Schloß in
Berneck (5 km ↑)

⇌ **Gasthof Zur Traube**
Rosenstr 6, ✉ 72213, ☎ (0 74 53) 9 47 30,
Fax 94 73 55, AX DC ED VA
24 Zi, Ez: 55-72, Dz: 94-130, ⊿ WC; 🅿 📺 🍽
geschl: 25.10.-20.11.

Wart (7 km ↗)
*** Sonnenbühl
♂ ⇌ Wildbader Str 44, ✉ 72213, ☎ (0 74 58)
77 10, Fax 7 71-1 11, AX DC ED VA
126 Zi, Ez: 155-185, Dz: 198-228, 3 Suiten, ⊿
WC ☎, 15✉; Lift 15⇔700 🚌 Fitneßraum
Sauna Solarium 🍽 ⇌

Altentreptow 21 ↗

Mecklenburg-Vorpommern — 8 000 Ew
ℹ ☎ (0 39 61) 21 51 25 — Stadtverwaltung,
Brunnenstr 6, 17087 Altentreptow

** Am Markt
Marktplatz 1, ✉ 17087, ☎ (0 39 61) 2 58 20,
Fax 25 82 99, AX ED VA
27 Zi, Ez: 100, Dz: 145, 1 Suite, ⊿ WC ☎,
3✉; Lift 🅿 1⇔40 🍽 ⇌

Altenweddingen 28 ↙

Sachsen-Anhalt — Kreis Wanzleben —
80 m — 2 050 Ew — Magdeburg 13,
Schönebeck 15 km
ℹ ☎ (03 92 05) 2 13 28, Fax 2 06 79 —
Gemeindeverwaltung, Schulstr 2,
39171 Altenweddingen

* Bördeperle
Neuer Weg 16, ✉ 39171, ☎ (03 92 05)
2 19 96, Fax 2 19 96, AX ED VA
12 Zi, Ez: 85-98, Dz: 120-150, ⊿ WC ☎; 🅿 🍽

Altenweddingen-Außerhalb (2 km ↓)
** Körling
Halberstädter Str 1, an der B 81, ✉ 39171,
☎ (03 92 05) 2 39 01-4, Fax 2 39 05,
AX DC ED VA
32 Zi, Ez: 85-120, Dz: 120-180, 3 App, ⊿ WC
☎; 🅿 2⇔80 ⇌
Restaurant für Hausgäste

Altglashütten
siehe **Feldberg (Schwarzwald)**

Altötting 73 ↑

Bayern — Kreis Altötting — 403 m —
12 400 Ew — Landshut 61, Passau 84,
München 94 km
ℹ ☎ (0 86 71) 80 68, Fax 8 58 58 — Verkehrsbüro, Kapellplatz 2 a, 84503 Altötting;
Bedeutender Wallfahrtsort Bayerns.
Sehenswert: Stiftskirche: Schatzkammer
mit „Goldenem Rößl", Tilly- Gruft, Kreuzgang; Heilige Kapelle ➔

Altötting

*** Zur Post mit Gästehaus
Kapellplatz 2, ✉ 84503, ☎ (0 86 71) 50 40,
Fax 62 14, AX DC ED VA
98 Zi, Ez: 120-180, Dz: 150-250, 4 Suiten, 🛁
WC ☎, 9⌧; Lift 🅿 9⇄250 ≋ Sauna
Solarium ☕
Auch einfachere Zimmer vorhanden. Gästehaus ca. 200 m entfernt in der Marienstraße
* Hauptgericht 25

* Plankl
Schlotthamer Str 4, ✉ 84503, ☎ (0 86 71)
65 22, Fax 1 24 95, AX DC ED VA
65 Zi, Ez: 60-90, Dz: 100-130, 5 Suiten,
2 App, 🛁 WC ☎, 12⌧; Lift 🅿 🍽 2⇄100
Sauna Solarium ⛾ ☕
geschl: 22.12.-8.1.
Zimmer der Kategorie ****** vorhanden

* Park-Hotel
Neuöttinger Str 28, ✉ 84503, ☎ (0 86 71)
1 20 27, Fax 48 87, AX ED VA
12 Zi, Ez: 95, Dz: 150-160, 🛁 WC ☎; ≈ Fitneßraum Sauna; **garni**

Altrip 54 ↓

Rheinland-Pfalz — Kreis Ludwigshafen am Rhein — 94 m — 7 200 Ew — Ludwigshafen 6, Heidelberg 15 km
ℹ ☎ (0 62 36) 3 99 90, Fax 39 99 49 — Gemeindeverwaltung, Ludwigstr 48, 67122 Altrip; Erholungsort

Altrip-Außerhalb (3 km ←) im Erholungsgebiet „Blaue Adria"
* Darstein
einzeln, Zum Strandhotel 10, ✉ 67122,
☎ (0 62 36) 4 44-0, Fax 44 41 40, AX DC ED VA
17 Zi, Ez: 73-95, Dz: 148-185, 🛁 WC ☎, 2⌧;
🅿 🍽 3⇄40 Seezugang ☕
* Hauptgericht 29; Terrasse;
geschl: 3 Wochen im Jan

Alt Schwerin 20 →

Mecklenburg-Vorpommern — Kreis Müritz — 80 m — 750 Ew — Malchow 7, Güstrow 45 km
ℹ ☎ (03 99 32) 99 23 — Gemeindeverwaltung, 17213 Amt Malchow-Land; Am Plauer See gelegen. Sehenswert: Agrarhistorisches Museum

* Mecklenburger Bauernkrug
Dorfstr 21, an der B 192, ✉ 17214,
☎ (03 99 32) 4 99 56, Fax 4 99 56
Hauptgericht 15

Altusried 70 ◻

Bayern — Kreis Oberallgäu — 700 m —
9 000 Ew — Kempten 14, Memmingen 37 km
ℹ ☎ (0 83 73) 70 51, Fax 70 54 — Verkehrsamt, Hauptstr 18, 87452 Altusried

Kimratshofen (5 km ←)
* Landgasthof Alte Post
Am Kirchberg 2, ✉ 87452, ☎ (0 83 73) 81 11,
Fax 81 13, AX DC ED VA
Hauptgericht 25; 🅿 Terrasse; geschl: Mi,
Di+Do mittags
* 5 Zi, Ez: 80, Dz: 120, 🛁 WC ☎; Lift
2⇄280
Rezeption: 11-24, Di+Do 17-24 geschl: Mi

Alzenau 55 ↖

Bayern — Kreis Aschaffenburg — 128 m — 19 000 Ew — Hanau 12, Aschaffenburg 19 km
ℹ ☎ (0 60 23) 50 21 12, Fax 3 04 97 — Verkehrsamt, Rathaus, Hanauer Str 1,
63755 Alzenau; Stadt am Spessart, Weinort - Nordwestroute Bocksbeutelstraße.
Sehenswert: Burg ◂; Hahnenkamm, 436 m
◂ (5 km →); Wallfahrtskirche Kälberau
(2 km →)

Hörstein (4 km ↓)
** Käfernberg
☼ ◂ Mömbriser Str 7+9, ✉ 63755,
☎ (0 60 23) 94 10, Fax 94 11 15, AX VA
30 Zi, Ez: 85-148, Dz: 135-200, 🛁 WC ☎; Lift
🅿 3⇄20 Sauna Solarium 18Golf
Rezeption: So 16-22
Auch Zimmer der Kategorie ***** vorhanden
** Hauptgericht 33; Terrasse;
geschl: Sa mittags, So, 2.-9.1.

Kälberau (1,5 km ↗)
* Kälberauer Hof
☼ ◂ Achslandweg 1, ✉ 63755, ☎ (0 60 23)
9 76 80, Fax 97 68 20
7 Zi, Ez: 85-90, Dz: 130, 🛁 WC ☎; 🍽

Wasserlos (2 km ↓)
**** Krone am Park
Flair Hotel**
☼ ◂ Hellerweg 1, ✉ 63755, ☎ (0 60 23)
60 52, Fax 87 24, AX ED VA
27 Zi, Ez: 118-138, Dz: 184-204, 1 Suite, 🛁
WC ☎, 7⌧; 🅿 🍽 1⇄30 Strandbad Fitneßraum Kegeln Sauna Solarium; **garni** ☕

*** Krone
Flair Hotel**
Hahnenkammstr 37, ✉ 63755, ☎ (0 60 23)
60 25, Fax 3 16 60, AX ED VA
22 Zi, Ez: 78-120, Dz: 175, 🛁 WC ☎; 🅿
4⇄55
Auch Zimmer der Kategorie ****** vorhanden
** Hauptgericht 25;
Eigenbauweine

Alzey 54 ←

Rheinland-Pfalz — Kreis Alzey-Worms — 173 m — 18 200 Ew — Bad Kreuznach 25, Worms 27, Mainz 35 km
ℹ ☎ (0 67 31) 49 52 38, Fax 49 55 55 — Kulturamt, Ernst-Ludwig-Str 42, 55232 Alzey; Kreisstadt. Sehenswert: Ev. Kirche; Schloß; Fachwerkgiebelhäuser am Fischmarkt und Roßmarkt; Reste der Stadtmauer; Museum; Reste eines römischen Kastells

Ammerbuch

✶✶ Alzeyer Hof
Antoniterstr 60, ✉ 55232, ☎ (0 67 31) 88 05, Fax 88 08, AX DC ED VA
24 Zi, Ez: 90-105, Dz: 130-149, 1 Suite, ⌐ WC ☎, 4⌧; Lift P 🚗 2↔60
geschl: So abends
✶✶ Hauptgericht 23; geschl: So abends

✶ Treff Hotel Rheinhessen Treff
Industriestr 13, ✉ 55232, ☎ (0 67 31) 40 30, Fax 40 31 06, AX DC ED VA
143 Zi, Ez: 115-135, Dz: 165-185, S; ⌐ WC ☎, 17⌧; Lift P 7↔360 Kegeln 6Tennis 🍽

✶ Diamant
Hospitalstr 28 A, ✉ 55232, ☎ (0 67 31) 48 70, Fax 4 87 12, AX ED VA
17 Zi, Ez: 95, Dz: 125-135, ⌐ WC ☎; Lift 🚗; garni

Zum Wein-Zinken
🍷 Klosterstr 9, ✉ 55232, ☎ (0 67 31) 88 71, Fax 62 66, ED
Hauptgericht 20; Terrasse; nur abends, Sa+So auch mittags; geschl: Do, Eigenbauweine

Dautenheim (2,5 km ↘)
✶ Winzerhotel Himmelacker
Westhofer Str 1, ✉ 55232, ☎ (0 67 31) 4 21 12, Fax 4 26 80
10 Zi, Ez: 60-70, Dz: 98, ⌐ WC ☎; 2↔25; garni

Amberg 58 ↘

Bayern — Stadtkreis — 373 m — 43 000 Ew — Nürnberg 64, Regensburg 66, Bayreuth 79 km
ℹ ☎ (0 96 21) 1 02 39, Fax 1 02 81 — Verkehrsamt, Zeughausstr 1 a, 92224 Amberg. Sehenswert: Alter Stadtkern; kath. Kirche St. Martin; kath. Kirche St. Georg: ehem. Jesuitenkolleg, Kongregationssaal, Provinzialbibliothek; Schulkirche; Rathaus; Stadtmauer: Nabburger Tor; Stadtmuseum im ehem. Baustadl; Wallfahrtskirche Mariahilf ⋖ (3 km ↗)

✶✶ Drahthammer Schlößl
Drahthammerstr 30, ✉ 92224, ☎ (0 96 21) 7 03-0, Fax 8 84 24, AX DC ED VA
44 Zi, Ez: 84-136, Dz: 156-186, 1 Suite, ⌐ WC ☎; 3↔70 Fitneßraum Sauna Solarium
✶✶ Hauptgericht 30; Gartenlokal

✶✶ Ramada
Schießstätteweg 10, ✉ 92224, ☎ (0 96 21) 48 30, Fax 48 34 44, AX DC ED VA
110 Zi, Ez: 132-135, Dz: 139-191, S; ⌐ WC ☎, 48⌧; Lift P 4↔40; garni

✶✶ Casino Altdeutsche Stube
Schrannenplatz 8, ✉ 92224, ☎ (0 96 21) 2 26 64, Fax 2 20 66
Hauptgericht 28; Gartenlokal P;
Dem Restaurant angeschlossen „Das kleinste Hotel Europas: Eh'häusl". Der Gast hat das Hotel für sich alleine (max. 2 Personen)

━ Huber
Ziegelgasse 10/Grammerpassage, ✉ 92224, ☎ (0 96 21) 1 54 69
siehe auch **Kümmersbruck**

Amelinghausen 18 ↘

Niedersachsen — Kreis Lüneburg — 60 m — 3 456 Ew — Lüneburg 20, Soltau 30, Uelzen 33 km
ℹ ☎ (0 41 32) 92 09 19, Fax 92 09 16 — Verkehrs- u. Kulturverein, Lüneburger Str 55, 21385 Amelinghausen; Erholungsort in der Lüneburger Heide. Sehenswert: Oldendorfer Totenstatt, prähistorische Grabdenkmäler; Schwindequelle

✶ Schenck's Gasthaus
Lüneburger Str 48, ✉ 21385, ☎ (0 41 32) 3 14, Fax 89 98, DC VA
37 Zi, Ez: 70-100, Dz: 110-169, ⌐ WC ☎, 8⌧; P 🚗 4↔300 🐕 Kegeln Sauna Solarium
Im Gästehaus Bergpension auch Zimmer der Kategorie ✶✶ vorhanden
✶ Hauptgericht 25; Gartenlokal

Außerhalb
✶ Alchimistenküche
einzeln 🍷 Außerhalb, Auf der Kalten Hude 4 (am Lopausee), ✉ 21385, ☎ (0 41 32) 88 11, Fax 73 61
Hauptgericht 30

Amelsbüren siehe Münster

Amerdingen 63 □

Bayern — Kreis Donau-Ries — 520 m — 884 Ew — Neresheim 15, Nördlingen 19 km
ℹ ☎ (0 90 08) 2 37, Fax 12 75 — Gemeindeverwaltung, Hauptstr 12, 86735 Amerdingen

✶ Kesseltaler Hof
☼ Graf-Stauffenberg-Str 21, ✉ 86735, ☎ (0 90 89) 6 16, Fax 14 12, ED VA
14 Zi, Ez: 70, Dz: 100, ⌐ WC ☎; P 🚗 1↔15 Kegeln Sauna ━
✶✶ Hauptgericht 22; Biergarten Terrasse; geschl: Mo, Di, 2.1.-19.1., 16.8.-31.8.

Ammerbuch 61 ↓

Baden-Württemberg — Kreis Tübingen — 365 m — 10 000 Ew — Herrenberg 9, Tübingen 12 km
ℹ ☎ (0 70 73) 30 30, Fax 3 03 38 — Gemeindeverwaltung, im Ortsteil Entringen, Kirchstr 6, 72119 Ammerbuch

Pfäffingen
✶ Lamm
Dorfstr 42, ✉ 72119, ☎ (0 70 73) 30 50, Fax 3 05 13, AX DC ED VA
19 Zi, Ez: 88-125, Dz: 130-160, ⌐ WC ☎ DFÜ; P 2↔60
geschl: Mitte Aug
✶ Hauptgericht 38; Terrasse; geschl: Mo, Sa mittags, Mitte Aug

Amöneburg 45 ↖

Hessen — Kreis Marburg-Biedenkopf — 365 m — 5 581 Ew — Stadtallendorf 12, Marburg 15 km
ℹ️ ☎ (0 64 22) 9 29 50, Fax 92 95 22 — Stadtverwaltung, Schulgasse 1, 35287 Amöneburg; Erholungsort. Sehenswert: Kath. Kirche; Reste der Burg und der Stadtmauer; Museum und Naturschutz-Informationszentrum

** Dombäcker ✣
Markt 18, ✉ 35287, ☎ (0 64 22) 9 40 90, Fax 5 14 95, ED
Hauptgericht 30; Terrasse; geschl: Mo, Anfang Jan, 2 Wochen in den Sommerferien
** 5 Zi, Ez: 80-110, Dz: 150-190, ⌫ WC ☎, 5🅿; 1♻20
geschl: Mo, Anfang Jan, 2 Wochen in den Sommerferien

Amorbach 55 □

Bayern — Kreis Miltenberg — 167 m — 5 020 Ew — Miltenberg 10, Heidelberg 67 km
ℹ️ ☎ (0 93 73) 2 09 40, Fax 2 09 33 — Verkehrsamt, Altes Rathaus, 63916 Amorbach; Luftkurort im Odenwald. Sehenswert: Ev. Kirche, ehem. Abteikirche: Barockorgel; ehem. Kloster: Bibliothek, Grüner Saal; kath. Kirche St.Gangolf; Templerhaus 1291; Seegarten; Kirchenruine auf dem Gotthardsberg ⋖; Ruine Wildenburg (5 km ↓)

* Badischer Hof
mit Gästehaus
Am Stadttor 4, ✉ 63916, ☎ (0 93 73) 9 50-5, Fax 95 03 00, AX DC ED VA
26 Zi, Ez: 77-92, Dz: 130-160, 1 Suite, ⌫ WC ☎; 2♻20
Auch einfache Zimmer vorhanden
** Hauptgericht 25

Amorbach-Außerhalb (4 km ←)
** Der Schafhof
Relais & Châteaux
einzeln ♂ ⋖ ⊗ Der Schafhof, ✉ 63916, ☎ (0 93 73) 9 73 30, Fax 41 20, AX DC ED VA
19 Zi, Ez: 150-200, Dz: 180-300, 4 Suiten, ⌫ WC ☎; Lift 🅿 3♻120 Sauna Solarium ☞
Ehemaliges Klostergut von 1720. Im Kelterhaus Zimmer der Kategorie ******* vorhanden
*** Abtstube 🍷
⊗ Hauptgericht 49; Terrasse; geschl: Mo, Di, 3 Wochen im Jan
** Benediktinerstube ✣
⊗ Hauptgericht 26; Terrasse; geschl: Mi, Do, 3 Wochen im Feb

Teilen Sie bitte der Redaktion des Varta mit, wenn Sie sich in einem Haus besonders wohlgefühlt haben oder wenn Sie unzufrieden waren.

Boxbrunn (10 km ←)
🛏 Bayerischer Hof
Boxbrunn 8, ✉ 63916, ☎ (0 93 73) 14 35, Fax 32 08
16 Zi, Ez: 46-72, Dz: 95-130, ⌫ WC; 🅿 🚗 27 Golf 🍽 ☞
geschl: 3 Wochen im Jan, 2 Wochen nach Pfingsten

Ampfing 73 ↖

Bayern — Kreis Mühldorf a. Inn — 420 m — 6 000 Ew — Mühldorf 9, Wasserburg 38 km
ℹ️ ☎ (0 86 36) 5 00 90, Fax 50 09 80 — Gemeindeverwaltung, Schweppermannstr 1, 84539 Ampfing

** Fohlenhof
Zangberger Str 23, ✉ 84539, ☎ (0 86 36) 98 50, Fax 98 51 00, AX ED VA
32 Zi, Ez: 90-100, Dz: 130, 2 Suiten, ⌫ WC DFÜ; 🅿 🚗 2♻50
** Hauptgericht 24; Terrasse; nur abends, so+feiertags auch mittags; geschl: Sa, Aug

Amrum

Kleinste der Nordfriesischen Inseln; ganzjährig Schiffsverbindung mit dem Festlandhafen Dagebüll und der Nachbarinsel Föhr

Achtung: Anmeldung zur Autoverladung bei der Wyker Dampfschiffs-Reederei Föhr/Amrum ℹ️ ☎ (0 46 81) 8 01 40

Nebel

Schleswig-Holstein — Kreis Nordfriesland — 27 m — 1 059 Ew
ℹ️ ☎ (0 46 82) 9 43 00, Fax 94 30 30 — Kurverwaltung, Kirchenweg 1a, 25946 Nebel (Amrum); Nordseebad. Sehenswert: St.-Clemens-Kirche; Mühlenmuseum; historisches Friesenhaus

* Ekke Nekkepenn
Waasterstigh 19, ✉ 25946, ☎ (0 46 82) 22 45, Fax 22 45
Hauptgericht 25; nur abends; geschl: Di

Norddorf

Schleswig-Holstein — Kreis Nordfriesland — 27 m — 599 Ew
ℹ️ ☎ (0 46 82) 9 47 00, Fax 94 70 94 — Kurverwaltung, Ual Saarepswai 7, 25946 Norddorf (Amrum); Nordsee-Heilbad. Sehenswert: Odde, nördlichste Spitze Amrums, Seevogel-Schutzgebiet

Achtung: Wattweg zur Insel Föhr, nur mit Führer (30 Min)

** Hüttmann
Ual Saarepswai 2-6, ✉ 25946, ☎ (0 46 82) 92 20, Fax 92 21 13
46 Zi, Ez: 95-250, Dz: 170-270, ⌫ WC ☎, 18🅿; 🅿 🚗 1♻16 Fitneßraum Sauna Solarium ☞
Auch Zimmer der Kategorie ***** vorhanden
** Hauptgericht 30; Terrasse

Angelbachtal

* Seeblick
♂ Strandstr 13, ✉ 25946, ☎ (0 46 82) 92 10, Fax 25 74
41 Zi, Ez: 100-155, Dz: 170-285, 7 Suiten, 16 App, ⌐ WC ☎; Lift 🅿 🖶 1⇄60 ≘ Fitneßraum Sauna Solarium 2Tennis 🍽
Auch Zimmer der Kategorie ****** vorhanden

* Ual Öömrang Wiartshüs
⊗ Bräätlun 4, ✉ 25946, ☎ (0 46 82) 8 36, Fax 14 32, AX DC
Hauptgericht 30
* 10 Zi, Ez: 90, Dz: 180, 2 App, ⌐ WC ☎; 🅿 Sauna
Rezeption: 8-14, 16-22; geschl: Nov-Apr, Mi, Do, 7.1.-21.2.

* Graf Luckner
Madelwai 4, ✉ 25946, ☎ (0 46 82) 9 45 00, Fax 94 50 37
Hauptgericht 25; 🅿 Terrasse; nur abends; geschl: Mi, 1.11.-10.12.; ⌂

☕ Café-Bistro Das Kleine Hüttmann
Ual Saarepswai 2, im Hotel Hüttmann, ✉ 25946, ☎ (0 46 82) 92 20, Fax 92 21 13
Hauptgericht 18; 🅿 Terrasse

Wittdün
Schleswig-Holstein — Kreis Nordfriesland — 27 m — 750 Ew
ℹ ☎ (0 46 82) 94 34-0, Fax 94 34-56 — Kurverwaltung, Mittelstr 34, 25946 Wittdün (Amrum); Nordsee-Heilbad, Hafen der Insel. Sehenswert: Kniepsand; Leuchtturm ⋖; Naturkundliches Informationszentrum Schutzstation Wattenmeer

** Weiße Düne
♂ Achtern Strand 6, ✉ 25946, ☎ (0 46 82) 94 00 00, Fax 43 59, ED VA
11 Zi, Ez: 140-190, Dz: 170-280, 1 Suite, 12 App, ⌐ WC ☎; 🅿 🖶 ≘ Seezugang Fitneßraum Sauna Solarium
Rezeption: 8-20; geschl: 1.12.-15.12.
** Hauptgericht 28; Terrasse; geschl: Mo, 1.12.-15.12

* Vierjahreszeiten
♂ ⋖ Obere Wandelbahn 16, ✉ 25946, ☎ (0 46 82) 3 50, Fax 3 53 50
33 Zi, Ez: 70-110, Dz: 120-190, 3 App, ⌐ WC ☎; Sauna; **garni**

Amtsberg 50 □

Sachsen — Mittlerer Erzgebirgskreis — 520 m — 4 300 Ew — Zschopau 5, Chemnitz 15 km
ℹ ☎ (03 72 09) 67 90, Fax 6 79 17 — Gemeinde Amtsberg, Poststr 30, 09439 Amtsberg

Weißbach
* Gasthof Zur Linde
Chemnitzer Str 1, ✉ 09439, ☎ (0 37 25) 2 26 95, Fax 2 26 19, AX ED VA
12 Zi, Ez: 60-80, Dz: 90-110, ⌐ WC ☎; 🅿 1⇄20 🍽

Andernach 43 □

Rheinland-Pfalz — Kreis Mayen-Koblenz — 60 m — 30 000 Ew — Koblenz 17, Bonn 46 km
ℹ ☎ (0 26 32) 94 93 99, Fax 94 93 96 — Tourist-Information, Am Stadtgraben 40, 56626 Andernach; Erholungsort am Rhein. Sehenswert: Mariendom; Runder Turm ⋖; Alter Krahnen; Rheintor mit Bäckerjungen

* Fischer
Am Helmwartsturm 4, ✉ 56626, ☎ (0 26 32) 96 36-0, Fax 96 36-40, AX DC ED VA
20 Zi, Ez: 125-140, Dz: 140-240, 1 Suite, ⌐ WC ☎; Lift 2⇄30 Sauna
geschl: 3 Wochen Jul-Aug
** Ambiente
Hauptgericht 35; Terrasse; geschl: So, 3 Wochen Jul-Aug

* Alte Kanzlei ♛
Steinweg 30, ✉ 56626, ☎ (0 26 32) 9 66 60, Fax 96 66 33, AX DC ED VA
10 Zi, Ez: 98-125, Dz: 160-180, 1 Suite, 1 App, ⌐ WC ☎; 1⇄12 Sauna Solarium
Historisches Schultheißenhaus aus dem Jahre 1677
** ⊗ Hauptgericht 30; Gartenlokal ❀ Terrasse; nur abends; geschl: So

* Parkhotel
⋖ Konrad-Adenauer-Allee 1, ✉ 56626, ☎ (0 26 32) 92 05 00, Fax 92 06 00, AX DC ED VA
28 Zi, Ez: 105, Dz: 170, ⌐ WC ☎ DFÜ, 4🛁; Lift 🅿 🖶 2⇄40 Kegeln 🍺
* Am Schänzchen
Hauptgericht 24

* Meder
⋖ Konrad-Adenauer-Allee 36, ✉ 56626, ☎ (0 26 32) 4 26 32, Fax 3 01 11, AX DC ED VA
10 Zi, Ez: 105-125, Dz: 160-180, ⌐ WC ☎ DFÜ; **garni**

* Am Martinsberg
Frankenstr 6, ✉ 56626, ☎ (0 26 32) 4 55 22, Fax 14 06, ED VA
30 Zi, Ez: 65-75, Dz: 120, 1 Suite, ⌐ WC ☎, 15🛁; 🅿 🖶; **garni**

Angelbachtal 61 ↑

Baden-Württemberg — Rhein-Neckar-Kreis — 168 m — 4 200 Ew — Heilbronn 40, Mannheim 45 km
ℹ ☎ (0 72 65) 9 12 00, Fax 91 20 33 — Gemeindeverwaltung, Schloßstr 1, 74918 Angelbachtal. Sehenswert: Wasserschloß mit Park; hist. Ortskern

Michelfeld
** Schloß Michelfeld
Friedrichstr 2, ✉ 74918, ☎ (0 72 65) 70 41, Fax 2 79, AX DC VA
18 Zi, Ez: 105-130, Dz: 160-210, 1 Suite, ⌐ WC ☎; Lift 🅿 3⇄30 🍺
** Hauptgericht 40; Terrasse; geschl: Mo →

Angelbachtal

*   **Engel**
Friedrichstr 7, ✉ 74918, ☎ (0 72 65) 9 12 50, Fax 70 30, ED VA
Hauptgericht 25; P; geschl: Do, 12.11.-23.11.
*   8 Zi, Ez: 75-95, Dz: 115, ⌐ WC ☎; 1↔14

Anger 73 ↘

Bayern — Kreis Berchtesgadener-Land — 550 m — 4 200 Ew — Bad Reichenhall 10, Traunstein 22, Berchtesgaden 38 km
ℹ ☎ (0 86 56) 98 89 22, Fax 98 89 21 — Verkehrsamt, Dorfplatz 4, 83454 Anger; Luftkurort. Sehenswert: Ehem. Augustinerstift

*   **Gasthof Alpenhof**
Dorfplatz 15, ✉ 83454, ☎ (0 86 56) 5 91, Fax 73 75, ED
19 Zi, Ez: 49-72, Dz: 84-106, ⌐ WC ☎; 1↔50
geschl: Mo, Di mittag, 2.11.-1.12., Ende Jan-Mitte Feb
*   Hauptgericht 16; Gartenlokal; geschl: Mo, Di mittags, Anfang Nov-Anfang Dez, Ende Jan-Mitte Feb

Angermünde 22 ↓

Brandenburg — Kreis Angermünde — 48 m — 10 200 Ew — Schwedt 18, Joachimsthal 27 km
ℹ ☎ (0 33 31) 3 22 68, Fax 2 44 46 — Fremdenverkehrsverein, Brüderstr 12, 16278 Angermünde. Sehenswert: Hallenkirche St. Marien; Stadtmauer mit Pulverturm; ehem. Franziskaner Klosterkirche

**   **Weiss**
              Flair Hotel
Puschkinallee 11, ✉ 16278, ☎ (0 33 31) 2 18 54, Fax 2 33 66, ED VA
17 Zi, Ez: 85-120, Dz: 120-160, ⌐ WC ☎; Lift P 2↔50 Kegeln
**   Hauptgericht 23; Terrasse

Angermund siehe Düsseldorf

Anholt siehe Isselburg

Anklam 14 ↓

Mecklenburg-Vorpommern — OVP Anklam — 5 m — 17 563 Ew — Greifswald 35, Pasewalk 48 km
ℹ ☎ (0 39 71) 21 05 41, Fax 83 51 55 — Anklam-Information, Kleiner Wall 11, 17389 Anklam. Sehenswert: Marienkirche; Otto-Lilienthal-Museum; Steintor; Pulverturm; Hoher Stein (3 km Richtung Pasewalk)

**   **Am Stadtwall**
Demminer Str 5, ✉ 17389, ☎ (0 39 71) 83 31 36, Fax 83 31 37, AX ED VA
18 Zi, Ez: 98, Dz: 149, ⌐ WC ☎; P; garni

siehe auch **Ducherow**

Ankum 24 ☐

Niedersachsen — Kreis Osnabrück — 75 m — 6 352 Ew — Bersenbrück 6, Fürstenau 14, Bramsche 20 km
ℹ ☎ (0 54 62) 4 75, Fax 85 97 — Gemeindeverwaltung, Hauptstr 27, 49577 Ankum. Sehenswert: Kath. Kirche (Artländer Dom)

**   **Artland-Sporthotel**
Tütinger Str 28, ✉ 49577, ☎ (0 54 62) 88 20, Fax 88 28 88, AX DC ED VA
53 Zi, Ez: 70-135, Dz: 130-190, 6 App, ⌐ WC ☎, 6⌐; Lift P 5↔80 ≤ Fitneßraum Kegeln Sauna Solarium 18Golf 9Tennis
**   Hauptgericht 30

⌂   **Raming**
Hauptstr 21, ✉ 49577, ☎ (0 54 62) 2 02, Fax 94 39, VA
24 Zi, Ez: 40-60, Dz: 80-100, ⌐ WC ☎; P 🚗

Annaberg-Buchholz 50 ☐

Sachsen — Kreis Annaberg — 600 m — 24 000 Ew — Chemnitz 30 km
ℹ ☎ (0 37 33) 42 51 39, Fax 42 51 38 — Tourist-Information, Rathaus, Markt 1, 09456 Annaberg-Buchholz. Sehenswert: Spätgotische Hallenkirche St. Annen; Adam-Ries-Haus; Erzgebirgsmuseum Pöhlberg 832 m ◄

Annaberg
**   **Wilder Mann**
Markt 13, ✉ 09456, ☎ (0 37 33) 14 40, Fax 14 41 00, AX DC ED VA
62 Zi, Ez: 135, Dz: 175, 3 Suiten, 6 App, ⌐ WC ☎ DFÜ; Lift 🚗 4↔110 Sauna
**   **Bürgerstuben**
⊗ Hauptgericht 24; P

*   **Goldene Sonne**
Adam-Ries-Str 11, ✉ 09456, ☎ (0 37 33) 4 22 06, Fax 2 21 83, AX ED VA
26 Zi, Ez: 90, Dz: 140, ⌐ WC ☎; Lift P 🚗 2↔30
*   Hauptgericht 20; Terrasse; geschl: So abends

Annaberg-Außerhalb (2 km →)
*   **Berghotel Pöhlberg**
einzeln ♂ ◄ ⊗ Ernst-Roch-Str, ✉ 09456, ☎ (0 37 33) 1 83 20, Fax 18 32 29, AX ED VA
9 Zi, Ez: 100-120, Dz: 130-160, 1 Suite, ⌐ WC ☎; P 🚗 1↔80 🍴

Buchholz
**   **Parkhotel Waldschlößchen**
♂ Waldschlößchenpark 1, ✉ 09456, ☎ (0 37 33) 67 74-0, Fax 67 74-44, AX DC ED VA
25 Zi, Ez: 80-130, Dz: 120-170, ⌐ WC ☎; Lift P 1↔180 Bowling Kegeln 🍴

Annerod siehe **Fernwald**

Annweiler am Trifels 60 ↑

Rheinland-Pfalz — Kreis Südliche Weinstraße — 180 m — 7 100 Ew — Landau 15, Pirmasens 32, Speyer 41 km
i ☏ (0 63 46) 22 00, Fax 79 17 — Büro für Tourismus, Rathaus, Hauptstr. 20, 76855 Annweiler; Luftkurort im Wasgau. Sehenswert: Trifels, 494 m ⦁≼ (6 km ↘)

* **Pension Bergterrasse**
♂ ⦁≼ Trifelsstr 8, ⊠ 76855, ☏ (0 63 46) 72 19, Fax 96 35 17
25 Zi, Ez: 50-60, Dz: 90-110, 2 App, ⊣ WC, 4⊠; **P** 🛏 1⇔25; **garni**

* **Weinstube s'Reiwerle**
Flitschberg 7, ⊠ 76855, ☏ (0 63 46) 92 93 62
Hauptgericht 25

Ansbach 56 ↘

Bayern — Stadtkreis — 409 m — 40 000 Ew — Nürnberg 42, Würzburg 80 km
i ☏ (09 81) 5 12 43, Fax 5 13 65 — Amt für Kultur und Touristik, Johann-Sebastian-Bach-Platz 1, 91522 Ansbach; Regierungsbezirkshauptstadt von Mittelfranken, Kreisstadt. Sehenswert: Ev. Gumbertuskirche: Schwanenritterkapelle; ev. Johanniskirche; Markgrafenschloß: Spiegelkabinett, Porzellansammlung; Hofgarten: Orangerie, Kaspar-Hauser-Gedenkstein; Museum: Kaspar-Hauser-Sammlung, Porzellan- und Fayence-Kabinett, Gemälde

** **Bürger-Palais**
Neustadt 48, ⊠ 91522, ☏ (09 81) 9 51 31, Fax 9 56 00, AX DC ED VA
12 Zi, Ez: 140-190, Dz: 180-260, 3 Suiten, ⊣ WC ☏; 1⇔29 9Golf ¥⊚⦁ ⦁

** **Best Western Am Drechselsgarten**
⦁≼ Am Drechselsgarten 1, ⊠ 91522, ☏ (09 81) 8 90 20, Fax 8 90 26 05, AX DC ED VA
50 Zi, Ez: 170-200, Dz: 210-250, S; 1 Suite, ⊣ WC ☏ DFÜ, 20⊠; Lift **P** 🛏 4⇔100 Bowling Fitneßraum Kegeln Sauna Solarium 18Golf ⦁
geschl: Anfang Jan
** **Drechsels-Stuben**
⦁≼ Hauptgericht 25; Terrasse; geschl: Anfang Jan

* **Schwarzer Bock**
Pfarrstr 31, ⊠ 91522, ☏ (09 81) 42 12 40, Fax 41 24 24, AX DC ED VA
16 Zi, Ez: 78-115, Dz: 140-225, ⊣ WC ☏; **P** Fitneßraum Solarium
* Hauptgericht 25; Terrasse; geschl: So abends

* **Christl**
♂ Richard-Wagner-Str 41, ⊠ 91522, ☏ (09 81) 81 21, Fax 8 84 33, AX DC ED VA
21 Zi, Ez: 75-110, Dz: 120-140, ⊣ WC ☏; **garni**

⦁ **Linder**
Uzstr 26, ⊠ 91522, ☏ (09 81) 35 95, Fax 76 99

Brodswinden (7 km ↘)
* **Landgasthof Kaeßer**
⊠ 91522, ☏ (09 81) 97 01 80, Fax 9 70 18 50, AX DC ED VA
17 Zi, Ez: 75-88, Dz: 118-148, 1 Suite, 2 App, ⊣ WC ☏ DFÜ, 6⊠; **P** 🛏 1⇔40 Solarium ¥⊚⦁

Anzing 72 □

Bayern — Kreis Ebersberg — 516 m — 3 300 Ew — Markt Schwaben 5, München 22 km
i ☏ (0 81 21) 36 14, Fax 4 87 31 — Gemeindeverwaltung, Schulstr 1, 85646 Anzing

* **Zur Ulme**
Amselweg 4, ⊠ 85646, ☏ (0 81 21) 4 39 40, Fax 43 94 39, AX DC ED VA
14 Zi, Ez: 70-140, Dz: 110-170, ⊣ WC ☏; 🛏 Fitneßraum Sauna Solarium; **garni**
Rezeption: 8-20

* **Zum Kirchenwirt**
Hoegerstr 2, ⊠ 85646, ☏ (0 81 21) 30 33, Fax 4 31 59, AX DC ED VA
21 Zi, Ez: 85-120, Dz: 130-160, ⊣ WC ☏; **P** 🛏 1⇔20
* Hauptgericht 16; Biergarten; geschl: Mo

Apen

Niedersachsen — Kreis Ammerland — 3 m — 10 500 Ew
i ☏ (0 44 89) 73 73, Fax 73 80 — Apen Touristik, Hauptstr. 21, 26689 Apen

Bucksande
* **Bucksande**
Auf dem Bucksande 1, ⊠ 26689, ☏ (0 44 99) 15 30, Fax 71 71, ED
24 Zi, Ez: 59-89, Dz: 98-138, ⊣ WC ☏, 4⊠; **P** 🛏 Fitneßraum Sauna Solarium ¥⊚⦁
geschl: 1.-11.1.

Apfelstädt 47 ↑

Thüringen — Kreis Gotha — 250 m — 1 150 Ew — Erfurt 10, Gotha 16 km
i ☏ (03 62 02) 9 04 27, Fax 8 22 73 — Gemeindeverwaltung, Hauptstr 34, 99192 Apfelstädt

** **Domizil Drei Burgen**
⦁≼ Riedweg 1, ⊠ 99192, ☏ (03 62 02) 8 50, Fax 8 54 10, AX DC ED VA
100 Zi, Ez: 99-154, Dz: 129-184, 3 Suiten, ⊣ WC ☏, 20⊠; Lift **P** 4⇔80 Fitneßraum Sauna Solarium ⦁
** ⦁≼ Hauptgericht 30; Terrasse

Apolda

Apolda 48 †

Thüringen — Kreis Weimarer Land — 170 m — 28 000 Ew — Weimar 15, Naumburg 28 km
ℹ️ ☎ (0 36 44) 56 26 42, Fax 56 26 42 — Apolda-Information, Markt 16, 99510 Apolda. Sehenswert: Glockenmuseum

*** Holiday Inn
♂ Jenaer Str 2, ✉ 99510, ☎ (0 36 44) 58 00, Fax 58 01 00, AX DC ED VA
100 Zi, Ez: 128-179, Dz: 158-219, 14 App, ⌐ WC ☎, 28🛏; Lift 🅿 🚗 6⇔200 Sauna Solarium 🏊
** Trattoria Toscana
Hauptgericht 20; Terrasse

** 2 Länder
Erfurter Str 31, ✉ 99510, ☎ (0 36 44) 5 02 20, Fax 50 22 40, AX ED VA
24 Zi, Ez: 80-95, Dz: 105-120, 6 App, ⌐ WC ☎, 6🛏; 🅿 2⇔40
Restaurant für Hausgäste

* Weimarer Berg
Am Weimarer Berg 7, ✉ 99510, ☎ (0 36 44) 5 05 20, Fax 5 05 21 10, AX ED VA
60 Zi, Ez: 69-81, Dz: 93-113, 3 Suiten, ⌐ WC ☎; Lift 2⇔60 Fitneßraum Sauna Solarium 🍴

* Falkenburg
Jenaer Str 37, ✉ 99510, ☎ (0 36 44) 56 22 45, Fax 56 22 45, AX ED VA
8 Zi, Ez: 60-90, Dz: 90-150, ⌐ WC ☎, 1🛏; 🅿 🍴

Appel 18 ←

Niedersachsen
ℹ️ — Tourist-Information, 21279 Appel

Eversen-Heide
* Ferien auf der Heid
Karlsteinweg 45, ✉ 21279, ☎ (0 41 65) 9 72 30, Fax 97 23 49, AX ED VA
19 Zi, Ez: 55-75, Dz: 100-140, 1 App, ⌐ WC ☎, 1🛏; 🅿 2⇔20 Fitneßraum 9Golf 🍴

** Landhaus Stampe
Karlsteinweg 17, ✉ 21279, ☎ (0 41 65) 97 20-0, Fax 97 20-23
Hauptgericht 25; geschl: Do; 🛏

Appenweier 60 ↓

Baden-Württemberg — Ortenaukreis — 200 m — 9 400 Ew — Offenburg 9, Straßburg 20 km
ℹ️ ☎ (0 78 05) 9 59 40, Fax 95 94 44 — Gemeindeverwaltung, Ortenauer Str 13, 77767 Appenweier, Ort zwischen Schwarzwald und Vogesen. Sehenswert: Kath. Kirche; Rathaus

* Hanauer Hof
Ortenauer Str 50, ✉ 77767, ☎ (0 78 05) 9 56 60, Fax 53 65, AX DC ED VA
27 Zi, Ez: 78, Dz: 125, ⌐ WC ☎; Lift 🅿 2⇔120 Solarium
* Hauptgericht 25; Gartenlokal

Arendsee (Altmark) 28 ↖

Sachsen-Anhalt — Kreis Salzwedel — 30 m — 3 281 Ew — Salzwedel 24 km
ℹ️ ☎ (03 93 84) 2 71 64, Fax 2 71 64 — Fremdenverkehrsbetrieb Luftkurort Asendsee/Altmark, Lindenstr. 19a, 39619 Arendsee; Luftkurort. Sehenswert: romanische Klosterkirche

* Deutsches Haus
Friedensstr 91, ✉ 39619, ☎ (03 93 84) 25 00, Fax 2 72 94, AX ED VA
14 Zi, Ez: 92-102, Dz: 128-148, 1 Suite, ⌐ WC ☎ DFÜ; 🅿 🚗 2⇔45
🍴 Hauptgericht 19; Terrasse

* Stadt Arendsee
Friedensstr 113, ✉ 39619, ☎ (03 93 84) 22 34, Fax 2 72 90, ED
12 Zi, Ez: 95, Dz: 120, ⌐ WC ☎; 🅿 1⇔30 🍴
Rezeption: 11.30-14, 17-24

* Deuschle
Salzwedeler Str 52, ✉ 39619, ☎ (03 93 84) 2 71 39, Fax 23 06, AX ED VA
6 Zi, Ez: 70, Dz: 100, ⌐ WC ☎; 🅿 🍴

* Am Markt
Friedenstr 54, ✉ 39619, ☎ (03 93 84) 22 57, Fax 2 10 57
6 Zi, Ez: 80, Dz: 110, ⌐ WC ☎; 🍴
geschl: Do

Arnbruck 66 ↖

Bayern — Regen — 600 m — 2 000 Ew
ℹ️ ☎ (0 99 45) 94 10-16, Fax 94 10-33 — Tourist-Information, Gemeindezentrum 1, 93471 Arnbruck

* Unterschaffer Landgasthof
Graf-Arno-Str 7, ✉ 93471, ☎ (0 99 45) 9 40 00, Fax 94 00 55
25 Zi, Ez: 44-58, Dz: 76-84, 1 App, ⌐ WC ☎; 🅿 🚗 1⇔ 🍴 🏊

Arnsberg 34 □

Nordrhein-Westfalen — Hochsauerlandkreis — 300 m — 83 000 Ew — Meschede 21, Soest 22 km
ℹ️ ☎ (0 29 32) 3 48 60, Fax 3 48 41 — Verkehrsverein, im Stadtteil Neheim-Hüsten, Bahnhofstr 132, 59759 Arnsberg; Regierungsbezirkshauptstadt im Sauerland, an der Ruhr. Sehenswert: Kath. Propsteikirche; Schloßruine; Sauerland-Museum; Hirschberger Tor; Leuchten-Museum im Stadtteil Neheim-Hüsten; Klosterkirche im Stadtteil Oelinghausen; Möhne-Stausee (13 km ↑) Sorpe-Stausee (10 km ↙); Pfarrkirche im Stadtteul Neheim-Hüsten

** Menge
Ruhrstr 60, ✉ 59821, ☎ (0 29 31) 5 25 20, Fax 52 52 50, AX DC ED VA
18 Zi, Ez: 90-115, Dz: 140-180, ⌐ WC ☎; 🅿 🚗 1⇔40
** Hauptgericht 30; ✤
geschl: So, Mo

* Zum Landsberger Hof
Alter Markt 18, ✉ 59821, ☎ (0 29 31)
89 02-0, Fax 89 02-30, ED
10 Zi, Ez: 90, Dz: 145, ⌐ WC ☎; **P** 🚗 1↔50
Kegeln
** Hauptgericht 30; Biergarten;
geschl: Mi, Anfang Mär

* Swora
Nordring 30, ✉ 59821, ☎ (0 29 31) 1 23 39,
Fax 2 21 44, ED
10 Zi, Ez: 75-80, Dz: 125-130, ⌐ WC ☎; **P** 🍴

Neheim-Hüsten (9 km ↘)
** Dorint
Zu den drei Bänken, ✉ 59757, ☎ (0 29 32)
20 01, Fax 20 02 28, AX DC ED VA
153 Zi, Ez: 150-190, Dz: 230-270, S;
11 Suiten, ⌐ WC ☎, 22◳; Lift **P** 10↔200 ⌂
Fitneßraum Kegeln Sauna Solarium 🍴

** Meemann
Marktstr 25, ✉ 59759, ☎ (0 29 32) 46 72,
Fax 3 70 65, AX DC ED VA
14 Zi, Ez: 90, Dz: 150, ⌐ WC ☎; **P** 1↔40
Kegeln
** Hauptgericht 30; geschl: Sa mittags, 2 Wochen in den Sommerferien

* Waldhaus Rodelhaus
◀ Zu den drei Bänken, ✉ 59757, ☎ (0 29 32)
9 70 40, Fax 2 24 37, AX DC ED VA
21 Zi, Ez: 82-85, Dz: 145-150, ⌐ WC ☎; **P**
3↔50 Sauna 9Golf
* Hauptgericht 25; Terrasse;
geschl: Di, 4.1.-19.1., Jul

Arnstadt 47 ↗

Thüringen — Ilmkreis — 280 m —
28 000 Ew — Erfurt 21, Suhl 43 km
ℹ ☎ (0 36 28) 60 20 49, Fax 74 57 48 — Arnstadt-Information, Markt 1, 99310 Arnstadt;
Ältester urkundlich erwähnter Ort Thüringens. Sehenswert: Rathaus im Renaissance-Stil; Bachdenkmal; Bachkirche, Liebfrauenkirche; Neues Palais mit Puppensammlung „Mon Plaisir"; Drei Gleichen mit Wachsenburg (11 km ←); Traditionsbahnbetriebswerk (Dampflokomotiven)

** Krone
Am Bahnhof 8, ✉ 99310, ☎ (0 36 28)
7 70 60, Fax 60 24 84, AX DC ED VA
40 Zi, Ez: 90-120, Dz: 120-150, 4 Suiten, ⌐
WC ☎ DFÜ, 5◳; **P** 2↔60 🍴

** Anders
Gehrener Str 22, ✉ 99310, ☎ (0 36 28)
74 53, Fax 74 54 44, AX DC ED VA
37 Zi, Ez: 99, Dz: 140, ⌐ WC ☎; Lift **P** 2↔30
Sauna 🍴 🍴

* Brauhaushotel
Am Häckerstieg 12, ✉ 99310, ☎ (0 36 28)
60 74 00, Fax 60 74 44
33 Zi, Ez: 89, Dz: 115, 8 App, ⌐ WC ☎, 13◳;
P 5↔700 ≋ ⌂ Bowling Sauna Solarium 🍴 🍴

* Prox
Stadtilmer Str 45, ✉ 99310, ☎ (0 36 28)
61 22-0, Fax 61 22 14, AX DC ED VA
20 Zi, Ez: 70-95, Dz: 95-120, ⌐ WC ☎ DFÜ;
P 🚗 1↔20 🍴

* Riedschenke
Vor dem Riedtor 6, ✉ 99310, ☎ (0 36 28)
60 23 74, Fax 60 23 74
9 Zi, Ez: 75, Dz: 98-108, ⌐ WC ☎; **P** Kegeln
🍴

Arolsen, Bad 35 □

Hessen — Kreis Waldeck-Frankenberg —
286 m — 8 053 Ew — Korbach 18, Kassel 45,
Paderborn 54 km
ℹ ☎ (0 56 91) 20 30, Fax 51 21 — Amt für
Wirtschaftsförderung und Tourismus,
Landauer Str 1, 34454 Bad Arolsen; Heilbad. Sehenswert: Residenzschloß; Stadtmuseum: Kaulbach-Haus, Chr.-D.-Rauch-Haus, Schreibersches-Haus; Twiste-Stausee (4 km ↘)

*** Residenzschloss Treff Hotel
♦ Königin-Emma-Str 10, ✉ 34454,
☎ (0 56 91) 80 80, Fax 80 85 29, AX DC ED VA
120 Zi, Ez: 130-145, Dz: 198-215, S; ⌐ WC
☎, 8◳; Lift **P** 🚗 7↔350 ⌂ Fitneßraum
Sauna Solarium 9Golf
Auch Zimmer der Kategorie ** vorhanden
** Hauptgericht 25

* Brauhaus Hotel
Kaulbachstr 33, ✉ 34454, ☎ (0 56 91) 20 28,
Fax 69 42, AX DC ED VA
13 Zi, Ez: 85-90, Dz: 130-140, ⌐ WC ☎, 4◳;
Lift **P** 🚗 🍴
geschl: 3.-18.1., 1 Woche in den Sommerferien

** Schäfer's Restaurant
Schloßstr 15, ✉ 34454, ☎ (0 56 91) 76 52,
Fax 76 52, AX DC ED VA
Hauptgericht 30; geschl: Di

🍴 Residenz-Café
Kirchplatz 5, ✉ 34454, ☎ (0 56 91) 4 02 31,
Fax 4 02 31, AX DC ED VA

Mengeringhausen-Außerhalb (2 km ↓)
* Luisen-Mühle
♦ ◀ Luisenmühler Weg 1, ✉ 34454,
☎ (0 56 91) 30 21, Fax 25 78, DC ED VA
25 Zi, Ez: 65-85, Dz: 105-140, ⌐ WC ☎, 3◳;
P 🚗 2↔20 ⌂ Sauna Solarium 🍴

Arrach 66 ↘

Bayern — Kreis Cham — 520 m — 2 820 Ew
ℹ ☎ (0 99 43) 10 35, Fax 34 32 — Tourist-Information, Lamer Str 78, 93474 Arrach

** Herzog Heinrich
Eckstr 5, ✉ 93474, ☎ (0 99 43) 95 40,
Fax 95 47 77
168 Zi, Ez: 74-91, Dz: 128-160, 2 Suiten,
10 App, ⌐ WC ☎; Lift 🚗 2↔70 ⌂ Fitneßraum Kegeln Sauna Solarium 🍴 🍴

Artern 38

Thüringen — Kyffhäuserkreis — 185 m — 7 200 Ew — Eisleben (Lutherstadt) 30 km
🛈 ☎ (0 34 66) 32 55 43, Fax 32 55 50 — Stadtverwaltung, Markt 14, 06556 Artern; Alte Salzstadt am Fuße des Kyffhäusergebirges

✱ Weinberg
◁ Weinberg 1, ✉ 06556, ☎ (0 34 66) 32 21 32, Fax 32 21 32, AX ED VA
22 Zi, Ez: 85-100, Dz: 100-120, 1 Suite, ⌐ WC ☎, 2✉; P ⓘ

Aschaffenburg 55

Bayern — Stadtkreis — 230 m — 66 000 Ew — Hanau 27, Darmstadt 41, Frankfurt/Main 50 km
🛈 ☎ (0 60 21) 39 58 00, Fax 39 58 02 — Tourist-Information, Schloßplatz 1 (A 1), 63739 Aschaffenburg; Kreisfreie Stadt am Westrand des Spessarts; Mainhafen. Sehenswert: Stiftskirche „Beweinung Christi" von Grünewald; Schloß Johannisburg, Gemäldesammlung, Museum; Pompejanum ◁; Parkanlagen, Schöntal, Schönbusch (3 km ←); Schloßgarten, Fasanerie

✱✱ Dalberg
Pfaffengasse 12, ✉ 63739, ☎ (0 60 21) 35 60, Fax 21 98 94, AX DC ED VA
26 Zi, Ez: 125-145, Dz: 185-215, ⌐ WC ☎ DFÜ, 2✉; Lift P 🖶 1⇔25 ⓘ ▬

✱✱ City Hotel
Frohsinnstr 23 (A 1), ✉ 63739, ☎ (0 60 21) 2 15 15, Fax 2 15 14, AX DC ED VA
34 Zi, Ez: 98-148, Dz: 148-198, 2 Suiten, 4 App, ⌐ WC ☎, 5✉; Lift; garni

✱✱ Post
Goldbacher Str 19 (B 1), ✉ 63739, ☎ (0 60 21) 33 40, Fax 1 34 83, AX DC ED VA
71 Zi, Ez: 105-140, Dz: 180-250, S, ⌐ WC ☎, 10✉; Lift P 🖶 2⇔40 ☸ Sauna Solarium ⓘ ▬

Auch Zimmer der Kategorie ✱ vorhanden

✱✱ Aschaffenburger Hof
Frohsinnstr 11 (A 1), ✉ 63739, ☎ (0 60 21) 2 14 41, Fax 2 72 98, AX DC ED VA
65 Zi, Ez: 108-138, Dz: 148-220, ⌐ WC ☎; Lift P 🖶 1⇔40

Auch Zimmer der Kategorie ✱ vorhanden
✱ Hauptgericht 25; Terrasse; nur abends, So + feiertags nur mittags; geschl: Sa, 10.-26.8.

✱✱ Wilder Mann
Löherstr 51 (A 2), ✉ 63739, ☎ (0 60 21) 30 20, Fax 30 22 34, AX DC ED VA
57 Zi, Ez: 99-130, Dz: 150-175, 10 Suiten, 10 App, ⌐ WC ☎ DFÜ; Lift P 🖶 5⇔100
geschl: 23.12.-6.1.
Auch Zimmer der Kategorie ✱ vorhanden
✱✱ Hauptgericht 40; Biergarten; geschl: 23.12.-6.1.

✱ Zum Goldenen Ochsen
Karlstr 16 (A 1), ✉ 63739, ☎ (0 60 21) 2 31 32, Fax 2 57 85, AX ED VA
39 Zi, Ez: 95-100, Dz: 135-150, ⌐ WC ☎; P 2⇔20
geschl: Mo bis 17, 3 Wochen im Aug
Auch Zimmer der Kategorie ✱✱ vorhanden
✱ Hauptgericht 25

✱ Hofgut Fasanerie
Bismarckallee 1, ✉ 63739, ☎ (0 60 21) 31 73-0, Fax 31 73-99, ED
Hauptgericht 25; Biergarten; nur abends, So nur mittags; geschl: Mo, Do, 1.-20.11., 20.12.-1.3.
✱ ⓘ 5 Zi, Ez: 100-110, Dz: 140-150, ⌐ WC ☎, 1✉
geschl: 1.-20.11., 20.12.-1.2.

✱ Turin
Luitpoldstr 6, ✉ 63739, ☎ (06 0 21) 2 44 60, Fax 97 01 17
Hauptgericht 25; geschl: So, Mo

Schloßgass' 16
☒ Schloßgasse 16 (A 1), ✉ 63739, ☎ (0 60 21) 1 23 13, Fax 1 23 13, AX ED VA
Hauptgericht 10

Damm (1 km ↑)
✱ Pfaffenmühle
Glattbacher Str 44, ✉ 63741, ☎ (0 60 21) 3 46 60, Fax 34 66 50, AX DC ED VA
34 Zi, Ez: 85, Dz: 150, ⌐ WC ☎; Lift P 1⇔40; garni

Nilkheim
✱✱ Classico
Geschwister-Scholl-Platz 10, ✉ 63741, ☎ (0 60 21) 8 49 00, Fax 84 90 40, AX DC ED VA
22 Zi, Ez: 120, Dz: 160-200, 2 App, ⌐ WC ☎; Lift P 🖶; garni ▬
geschl: 20.12.-6.1.

Schweinheim (2 km ↓)
✱ Altes Sudhaus
Schweinheimer Str 117, ✉ 63743, ☎ (0 60 21) 96 06 09, Fax 97 01 03, AX DC ED VA
15 Zi, Ez: 70, Dz: 130, ⌐ WC ☎ DFÜ; P ⓘ

---

siehe auch **Johannesberg**

Aschau i. Chiemgau 73

Bayern — Kreis Rosenheim — 620 m — 4 800 Ew — Prien 13, Rosenheim 23, Kufstein 29 km
🛈 ☎ (0 80 52) 90 49 37, Fax 90 49 45 — Kurverwaltung, Kampenwandstr 38, 83229 Aschau; Luftkurort und Wintersportplatz im Priental. Sehenswert: Kath. Kirche; Schloß Hohenaschau; Kampenwand (Seilbahn), 1669 m ◁ (→); kath. Kirche im Ortsteil Sachrang (12 km ↓); Chiemsee (16 km ↗)

Ascheberg

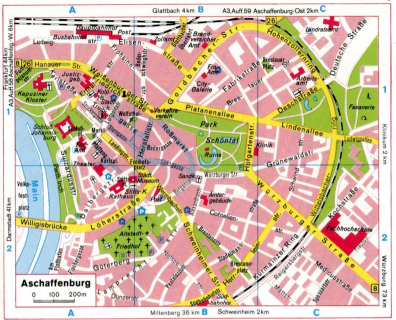

Aschaffenburg

**** Residenz Heinz Winkler
L'Art de Vivre-Residenz
♛ ⋖ Kirchplatz 1, ✉ 83229, ☎ (0 80 52)
1 79 90, Fax 17 99 66, AX ED VA
13 Zi, Ez: 240-470, Dz: 310-540, 13 Suiten, ⌐
WC ☎; Lift P 🚗 2⇔225 Sauna Solarium
27Golf ⛳
**** Hauptgericht 55; Terrasse 🍷 🍽

** Burghotel
Kampenwandstr 94, ✉ 83229, ☎ (0 80 52)
90 80, Fax 90 82 00, AX DC ED VA
103 Zi, Ez: 90-150, Dz: 140-300, 2 Suiten, ⌐
WC ☎; Lift P 🚗 3⇔120 Fitneßraum Sauna
Solarium 🍽

* Edeltraud
⋖ Narzissenweg 15, ✉ 83229, ☎ (0 80 52)
90 67-0, Fax 51 70
16 Zi, Ez: 59-69, Dz: 98-118, ⌐ WC ☎; P 🚗
geschl: 1.11.-25.12.
Restaurant für Hausgäste

Ascheberg 34 ↘

Nordrhein-Westfalen — Kreis Coesfeld —
65 m — 17 770 Ew — Lüdinghausen 14,
Münster 23, Hamm 25 km
ℹ ☎ (0 25 93) 6 09 36, Fax 75 25 — Verkehrsverein, Katharinenplatz 1, 59387 Ascheberg.
Sehenswert: Pfarrkirche; Schloß Wester-
winkel: Museum (8 km ↓); Burgturm
Davensberg: Museum (5 km ↑)

** Jagdschlößchen
Himmelstr 2, ✉ 59387, ☎ (0 25 93) 92 00,
Fax 9 20 20, AX DC ED VA
25 Zi, Ez: 95-125, Dz: 150-180, ⌐ WC ☎; Lift
P 🚗 ≘ Fitneßraum Sauna Solarium 🍽
** 🍽 Hauptgericht 35; Terrasse;
geschl: Do

* Goldener Stern
Appelhofstr 5, ✉ 59387, ☎ (0 25 93) 3 73,
Fax 64 05, ED VA
19 Zi, Ez: 75-80, Dz: 125-130, ⌐ WC ☎, 6✉;
P 🚗 2⇔60 Kegeln 🍽

Davensberg (3 km ↘)
*** Clemens-August
mit Gästehaus**
Burgstr 52-58, ✉ 59387, ☎ (0 25 93) 60 40,
Fax 60 41 78, ED
71 Zi, Ez: 70-75, Dz: 120-130, ⌐ WC ☎; Lift
P 4⇔200 Kegeln Sauna 🍽
geschl: So ab 15, Mo

Herbern (6 km ↘)
* Zum Wolfsjäger
Südstr 36, ✉ 59387, ☎ (0 25 99) 4 14,
Fax 29 41, ED
19 Zi, Ez: 75-80, Dz: 120-130, ⌐ WC ☎; Lift
P 1⇔35; **garni**
geschl: 24.12.-6.1.

***** Hotel mit außergewöhnlich
anspruchsvoller Ausstattung

Aschersleben

Aschersleben 38 ↘

Sachsen-Anhalt — Kreis Aschersleben — 112 m — 33 000 Ew — Eisleben (Lutherstadt) 27 km

🄸 ☎ (0 34 73) 42 46, Fax 42 46 — Verkehrsverein Aschersleben e. V., Taubenstr 6, 06449 Aschersleben. Sehenswert: Stadtbefestigungsanlage mit Rondell; St. Stephanikirche; Planetarium; Tierpark

** Ascania
Jüdendorf 1, ✉ 06449, ☎ (0 34 73) 95 20, Fax 95 21 50, AX DC ED VA
44 Zi, Ez: 130, Dz: 178, ⊣ WC ☎ DFÜ, 4🖂; Lift 🅿 🖶 3✪150 Kegeln Sauna 🍴 ☕

** Andersen
Bahnhofstr 32, ✉ 06449, ☎ (0 34 73) 8 74 60, Fax 8 74 61 50, AX ED VA
49 Zi, Ez: 99-135, Dz: 119-170, 3 App, ⊣ WC ☎, 15🖂; Lift 🅿 1✪40
Restaurant für Hausgäste

* Weiße Taube
Johannisplatz 6-7, ✉ 06449, ☎ (0 34 73) 87 80, Fax 81 71 27, AX ED VA
33 Zi, Ez: 95-115, Dz: 125-150, ⊣ WC ☎, 3🖂; 🅿 1✪25 Fitneßraum Sauna Solarium 🍴 ☕

* Nord
Güstener Str 4, ✉ 06449, ☎ (0 34 73) 9 25 20, Fax 92 52 93, AX ED VA
32 Zi, Ez: 65-95, Dz: 100-130, ⊣ WC ☎, 5🖂; Lift 🅿 1✪20 Solarium 🍴

* Pension Quellgrund
Mehringerstr 77, ✉ 06449, ☎ (0 34 73) 9 22 10, Fax 92 21 22, AX ED
7 Zi, Ez: 60-70, Dz: 90-110, ⊣ WC ☎; 🅿; garni

Aschheim 72 □

Bayern — Kreis München — 511 m — 5 554 Ew — München 10 km

🄸 ☎ (0 89) 9 09 97 80, Fax 90 99 78 33 — Gemeindeverwaltung, Ismaninger Str 8, 85609 Aschheim

** Schreiberhof
Erdinger Str 2, ✉ 85609, ☎ (0 89) 90 00 60, Fax 90 00 64 59, AX DC ED VA
87 Zi, Ez: 215-325, Dz: 295-385, ⊣ WC ☎ DFÜ, 11🖂; Lift 🅿 🖶 3✪100 Fitneßraum Sauna Solarium
geschl: 22.12.-6.1.
** Hauptgericht 32; Terrasse; geschl: 22.12.-6.1.

* Gästehaus Gross
Ismaninger Str 9 a, ✉ 85609, ☎ (0 89) 9 04 40 84, Fax 9 04 52 14, ED VA
15 Zi, Ez: 110-140, Dz: 160-200, ⊣ WC ☎; garni

Asendorf 18 □

Niedersachsen — Kreis Harburg — 56 m — 1 430 Ew — Jesteburg 3, Hanstedt 5 km

🄸 ☎ (0 41 83) 33 81, Fax 5 02 88 — Gemeindeverwaltung, Schützenstr 11, 21271 Asendorf

Asendorf-Außerhalb (1 km →) Richtung Marxen

* Ringhotel Zur Heidschnucke
♣ Zum Auetal 14, ✉ 21271, ☎ (0 41 83) 97 60, Fax 44 72, AX DC VA
50 Zi, Ez: 125, Dz: 205-245, S; 1 Suite, ⊣ WC ☎, 12🖂; Lift 🅿 4✪80 ☂ Sauna Solarium
** Schnuckenstall
Hauptgericht 37

Aspach 62 ↘

Baden-Württemberg — Rems-Murr-Kreis — 295 m — 7 900 Ew — Backnang 3, Ludwigsburg 19 km

🄸 ☎ (0 71 91) 2 12-0, Fax 2 12 39 — Gemeindeverwaltung, im Ortsteil Großaspach, Backnanger Str 9, 71546 Aspach

Großaspach
** Gasthof Lamm
Hauptstr 23, ✉ 71546, ☎ (0 71 91) 2 02 71, Fax 2 31 31
Hauptgericht 30; 🅿; geschl: So abends, Mo, 2 Wochen in den Sommerferien

Asperg 61 →

Baden-Württemberg — Kreis Ludwigsburg — 270 m — 12 200 Ew — Ludwigsburg 5, Stuttgart 19, Heilbronn 37 km

🄸 ☎ (0 71 41) 26 90, Fax 26 92 53 — Bürgermeisteramt, Königstr 11, 71679 Asperg. Sehenswert: Hohenasperg, 356 m ◀; Kleinasperle: Grab eines keltischen Fürsten (↓); Rathaus in Markgröningen (4 km ←); Schloß Ludwigsburg (5 km →); Schloß Monrepos (4 km ↗)

** Ringhotel Adler ♛
Stuttgarter Str 2, ✉ 71679, ☎ (0 71 41) 2 66 00, Fax 26 60 60, AX DC ED VA
61 Zi, Ez: 139-189, Dz: 206-240, S; ⊣ ☎, 19🖂; Lift 🅿 🖶 5✪200 ☂ Sauna Solarium 9 Golf
Auch Zimmer der Kategorie ******* vorhanden
*** Schwabenstube
Hauptgericht 40; Terrasse
** Adlerstube
Hauptgericht 24; geschl: Sa, So mittags, 1.-30.8.

Assmannshausen
siehe **Rüdesheim am Rhein**

Ateritz 39 ↘

Sachsen-Anhalt — Kreis Wittenberg — 100 m — 528 Ew — Wittenberg 15, Bad Düben 18, Leipzig 55 km

🄸 ☎ (03 49 21) 2 04 09 — Gemeindeverwaltung, Lindenstr 15 a, 06901 Ateritz

Lubast (1 km ↑)
** Heidehotel
 Flair Hotel
Leipziger Str 1, ✉ 06901, ☎ (03 49 21) 72-0, Fax 72-1 20, ED VA
50 Zi, Ez: 80-120, Dz: 130-190, ⌐ WC ☎, 16🖂; Lift 🅿 🚗 5✧100 Fitneßraum Sauna Solarium 🍴

Attendorn 34 ↓

Nordrhein-Westfalen — Kreis Olpe — 240 m — 25 000 Ew — Olpe 14, Siegen 40 km
ℹ ☎ (0 27 22) 6 42 29, Fax 47 75 — Attentdorner Hanse Ges. f. Stadtmark./Tourism. mbH, Rathauspassage, 57439 Attendorn. Sehenswert: Kath. Kirche St.-Johannes-Baptist; Attahöhle (1 km →); Burg Schnellenberg ◂€ (2 km →); Kapelle und Burgruine Waldenburg (4 km ↓); Stausee Ahausen (3 km ↗); Schloß Ahausen (6 km ↗); Bigge- und Lister-Stausee (2 km ↙); Kirche: Wandmalereien, in Helden (6 km ↘)

* **Rauch**
Wasserstr 6, ✉ 57439, ☎ (0 27 22) 9 24 20, Fax 92 42 33, AX DC ED VA
14 Zi, Ez: 95-135, Dz: 130-180, ⌐ WC ☎; 🅿; garni

Attendorn-Außerhalb (2 km →)
*** **Burghotel Schnellenberg**
 European Castle
einzeln ♂ ◂€ Ⓥ ✉ 57439, ☎ (0 27 22) 69 40, Fax 69 41 69, AX DC ED VA
40 Zi, Ez: 175-200, Dz: 230-295, 2 Suiten, ⌐ WC ☎; 🅿 🚗 5✧100 Kegeln 9Golf
geschl: 3 Wochen im Jan
Zimmer der Kategorie ** vorhanden
*** **Rittersaal**
Ⓥ Hauptgericht 40; Terrasse; geschl: 3 Wochen im Jan

Mecklinghausen (5 km ↘)
* **Haus Schnepper**
Talstr 19, ✉ 59439, ☎ (0 27 22) 82 96 + 9 84 40, Fax 8 91 33
20 Zi, Ez: 92, Dz: 164, 1 Suite, ⌐ WC ☎; 🅿 2✧80 Kegeln Sauna Solarium 9Golf 🍴

Niederhelden (8 km →)
** **Romantik Hotel Haus Platte**
Repetalstr 219, ✉ 57439, ☎ (0 27 21) 13 10, Fax 13 14 55, ED VA
50 Zi, Ez: 95-130, Dz: 190-250, 2 Suiten, ⌐ WC ☎; Lift 🅿 🚗 6✧300 ♨ Sauna Solarium
geschl: 22.-26.12.
Auch Zimmer der Kategorie *** vorhanden
** Hauptgericht 30; Gartenlokal Terrasse; geschl: 20.12.-26.12.

** **Landhotel Struck**
Repetalstr 245, ✉ 57439, ☎ (0 27 21) 1 39 40, Fax 2 01 61, AX ED VA
54 Zi, Ez: 115-160, Dz: 180-280, ⌐ WC ☎ DFÜ, 3🖂; 🅿 🚗 7✧200 ♨ Kegeln Sauna Solarium 9Golf
Auch Zimmer der Kategorie *** vorhanden
** Hauptgericht 35; Terrasse; geschl: 21.12.-26.12.

Auerbach (Vogtl.)

Atzbach siehe Lahnau

Aua siehe Neuenstein
Kr. Hersfeld-Rotenburg

Aue 50 ↙

Sachsen — Kreis Aue — 350 m — 22 000 Ew — Klingenthal 30, Chemnitz 35 km
ℹ ☎ (0 37 71) 28 10, Fax 2 27 09 — Stadtverwaltung, Goethestr 5, 08280 Aue; Kreisstadt. Sehenswert: Neugotische Nikolaikirche; Friedenskirche; Bürgerhäuser im Jugendstil

* **Blauer Engel**
 Flair Hotel
Altmarkt 1, ✉ 08280, ☎ (0 37 71) 59 20, Fax 2 31 73, AX ED VA
56 Zi, Ez: 75-130, Dz: 115-160, 1 Suite, 4 App, ⌐ WC ☎, 1🖂; Lift 🅿 3✧60 Bowling Fitneßraum Kegeln Sauna Solarium 🍴 🍺
Zimmer der Kategorie ** vorhanden

Auerbach i. d. OPf. 58 □

Bayern — Kreis Amberg-Sulzbach — 435 m — 9 300 Ew — Pegnitz 16, Amberg 37 km
ℹ ☎ (0 96 43) 2 00, Fax 20 35 — Stadtverwaltung, Oberer Marktplatz 1, 91275 Auerbach. Sehenswert: Rathaus; Stadtpfarrkirche um 1700 St. Johannes der Täufer; Spitalkirche um 1400; Asamkirche und mittelalterliche Klosteranlage im Ortsteil Michelfeld; Erzgrube Maffei

** **Goldener Löwe**
♂ Unterer Markt 9, ✉ 91275, ☎ (0 96 43) 17 65, Fax 46 70, AX DC ED VA
27 Zi, Ez: 90-155, Dz: 160-250, 3 Suiten, ⌐ WC ☎, 6🖂; Lift 🅿 🚗 3✧10 Kegeln
Auch Zimmer der Kategorie * und *** vorhanden
** **Löwenstube**
Hauptgericht 30;
1144 erstmals in der Chronik von Auerbach erwähnt. Werkzeuge des Eisenerzabbaus dekorieren die kleinen Restauranträume

🛏 **Federhof**
Bahnhofstr 37, ✉ 91275, ☎ (0 96 43) 12 69, Fax 46 22, ED
22 Zi, Ez: 65-85, Dz: 90-120, ⌐ WC ☎, 2🖂; 🅿 1✧40 🍴

Auerbach (Vogtl.) 49 □

Sachsen — Kreis Auerbach — 500 m — 21 000 Ew — Plauen 26, Aue 29 km
ℹ ☎ (0 37 44) 8 14 50, Fax 8 14 37 — Fremdenverkehrsamt, Schloßstr 10, 08209 Auerbach; Drei-Türme-Stadt im östlichen Vogtland; historischer Stadtkern

* **Stadthotel**
Bertolt-Brecht-Str 6, ✉ 08209, ☎ (0 37 44) 18 84-10, Fax 18 84-1 11
16 Zi, Ez: 50-80, Dz: 70-110, 2 App, ⌐ WC ☎; 🅿 1✧; garni →

Auerbach (Vogtl.)

* **Auerbach**
♂ Friedrich-Ebert-Str 38, ✉ 08209,
☎ (0 37 44) 8 09 01, Fax 8 09 11, AX ED VA
23 Zi, Ez: 50-80, Dz: 75-120, ⌐ WC ☎; P
3⇔40 ⦿
geschl: 22.12.-30.12.

Auetal 25 ↘

Niedersachsen — Kreis Schaumburg —
160 m — 6 500 Ew — Hessisch Oldendorf 9,
Rinteln 15, Bad Nenndorf 16 km
ℹ ☎ (0 57 52) 18 10, Fax 1 81 18 — Gemeindeverwaltung, Rehrener Str 25, 31749 Auetal

Rehren
* **Waldhotel Mühlenhof**
Zur Obersburg 7, ✉ 31749, ☎ (0 57 52) 4 24,
Fax 3 46, ED VA
50 Zi, Ez: 70-75, Dz: 130-140, ⌐ WC ☎; Lift
P 2⇔20 ≋ ≘ Sauna Solarium
geschl: 8.-21.11.
Restaurant für Hausgäste; Auch einfachere Zimmer vorhanden

Aufseß 57 ↗

Bayern — Kreis Bayreuth — 450 m —
1 398 Ew — Hollfeld 8, Ebermannstadt 17 km
ℹ ☎ (0 91 98) 99 88 81, Fax 99 88 82 —
Gemeindeverwaltung, Schloßberg 98,
91347 Aufseß. Sehenswert: Burg Unteraufseß; Schloß Oberaufseß

* **Sonnenhof**
Im Tal 70, ✉ 91347, ☎ (0 91 98) 7 36,
Fax 7 37, ED VA
20 Zi, Ez: 54-59, Dz: 88-110, ⌐ WC ☎; P ⎕
3⇔60 ≋ ⦿ ⚬
geschl: 17.11.-6.12., 7.-25.1.

Auggen 67 ↙

Baden-Württemberg — Kreis Breisgau-Hochschwarzwald — 300 m — 2 100 Ew —
Müllheim 3, Badenweiler 8, Freiburg 31 km
ℹ ☎ (0 76 31) 36 77 21, Fax 36 77 44 — Verkehrsamt, Hauptstr 28, 79424 Auggen;
Erholungs- und Weinbauort im Markgräfler Land. Sehenswert: SchloßBürglen, 665 m ⦁⚬
(9 km ↘)

* **Zur Krone**
  Gästehaus, Kutscherhaus,
  Brunnenhaus
Hauptstr 6, ✉ 79424, ☎ (0 76 31) 60 75,
Fax 1 69 13, AX ED VA
31 Zi, Ez: 99-140, Dz: 155-240, 2 Suiten, ⌐
WC ☎; Lift P ⎕ ≘ Fitneßraum Sauna
Solarium 18Golf ⦿
In den Gästehäusern Kutscher- und Brunnenhaus Zimmer der Kategorie ** vorhanden

* **Weingut Gasthaus Krone** ✤
Hauptstr 12, ✉ 79424, ☎ (0 76 31) 25 56,
Fax 1 25 06, ED VA
Hauptgericht 30; P; geschl: Mi

Augsburg 63 ↘

Bayern — Kreisfreie Stadt — 496 m —
265 000 Ew — München 65, Ulm 80 km
ℹ ☎ (08 21) 50 20 70, Fax 5 02 07 45 — Touristik- und Kongreß-Service, Bahnhofstr 7
Rathausplatz (B 4), 86150 Augsburg; Sitz
der Regierung von Bay. Schwaben; Universität; Theater; Freilichtbühne am Roten
Tor; Kleinkunstbühne; Volksbühne; Marionettentheater Augsburger Puppenkiste.
Sehenswert: Hist. Stadtkern; Maximilianprachtstraße mit Patrizier Palästen und
Prachtbrunnen der Renaissance-Zeit; Hist.
Renaissance-Rathaus mit goldenem Saal;
Synagoge mit jüdischem Kulturmuseum;
Zeughaus; Fuggerstadtpalast mit Damenhof; Bert-Brecht-Gedenkstätte; Perlachturm ⦁⚬; Werkmuseum der MAN; Zoo;
Botanischer Garten; Fuggerei: Älteste
Sozialsiedlung der Welt; Dom: Krypta aus
dem 10. Jh., Glasmalerei; Bronzetür; St.
Ulrich kath. u. ev. Grablegen von Bischof
Ulrich und Hl. Afra; St. Anna: Grablege der
Fugger und Fuggerkapelle; Schaetzler-Palais mit Rokokosaal und Deutscher
Barockgalerie; Römisches Museum;
Staatsgalerie in der Kunsthalle; Lettl-Atrium surrealer Malerei; Lutherstiege;
Naturmuseum mit Planetarium; Fuggereimuseum; Schwäb. Handwerkermuseum;
Mozart-Gedenkstätte

Cityplan siehe Seiten 152-153

*** **Steigenberger 3 Mohren**
Maximilianstr 40 (D 5), ✉ 86150, ☎ (08 21)
5 03 60, Fax 15 78 64, AX DC ED VA
102 Zi, Ez: 175-285, Dz: 250-370, S; 5 Suiten,
⌐ WC ☎, 33⎕; Lift P ⎕ 6⇔500 ⦿ ⚬

*** **Best Western**
  Augusta Hotel
Ludwigstr 2 (C 3), ✉ 86152, ☎ (08 21)
5 01 40, Fax 5 01 46 05, AX DC ED VA
103 Zi, Ez: 185-199, Dz: 230-280, S; 2 Suiten,
⌐ WC DFÜ, ⎕; Lift P 8⇔120 Fitneßraum Sauna Solarium ⦿
geschl: 23.12.-2.1.
Auch Zimmer der Kategorie ** vorhanden

** **Privat-Hotel Riegele**
Viktoriastr 4 (B 4), ✉ 86150, ☎ (08 21)
50 90 00, Fax 51 77 46, AX ED VA
28 Zi, Ez: 100-150, Dz: 160-205, ⌐ WC ☎;
Lift P ⎕ 3⇔120 ⦿ ⚬
Auch Zimmer der Kategorie * vorhanden

* **Ulrich**
Kapuzinergasse 6 (D 5), ✉ 86150, ☎ (08 21)
3 46 10, Fax 46 81-3 46, AX DC ED VA
32 Zi, Ez: 105-150, Dz: 160-190, ⌐ WC ☎,
14⎕; Lift ⎕ 2⇔30; **garni**
geschl: 24.12.-1.1.
Auch Zimmer der Kategorie ** vorhanden

Aulendorf

✱ Romantik Hotel Augsburger Hof
Auf dem Kreuz 2 (C 2), ✉ 86152, ☎ (08 21) 31 40 83, Fax 3 83 22, AX DC ED VA
36 Zi, Ez: 115-185, Dz: 130-230, ⌐ WC ☎; Lift P 🚗 Sauna Solarium
Auch Zimmer der Kategorie ✱✱ vorhanden
✱✱ Hauptgericht 35; Terrasse

✱ InterCityHotel Augsburg
Halderstr 29 (C 4), ✉ 86150, ☎ (08 21) 5 03 90, Fax 5 03 99 99, AX DC ED VA
120 Zi, Ez: 141-191, Dz: 161-232, S; ⌐ WC ☎
DFÜ, 25🛏; Lift 🚗 4⇔150 Fitneßraum Sauna Solarium 🍽

✱ Ost am Kö Top International Hotel
Fuggerstr 4 (C 4), ✉ 86150, ☎ (08 21) 50 20 40, Fax 5 02 04 44, AX DC ED VA
55 Zi, Ez: 99-160, Dz: 140-220, 1 Suite, 4 App, ⌐ WC ☎, 10🛏; Lift P Fitneßraum Sauna Solarium; **garni**
Auch Zimmer der Kategorie ✱✱ vorhanden

✱ Ringhotel Alpenhof
Donauwörther Str 233 (A 1), ✉ 86154, ☎ (08 21) 4 20 40, Fax 4 20 42 00, AX DC ED VA
128 Zi, Ez: 115-155, Dz: 160-220, S; 2 Suiten, ⌐ WC ☎; Lift P 🚗 9⇔220 ♨ Sauna Solarium 🍽 🏊

✱ Dom-Hotel
Frauentorstr 8 (D 2), ✉ 86152, ☎ (08 21) 34 39 30, Fax 34 39 32 00, AX DC ED VA
48 Zi, Ez: 110-145, Dz: 140-190, 4 Suiten, 4 App, ⌐ WC ☎; Lift P 🚗 2⇔25 ♨ Sauna Solarium; **garni**
Auch Zimmer der Kategorie ✱✱ vorhanden

✱✱ Die Ecke
Elias-Holl-Platz 2 (D 4), ✉ 86150, ☎ (08 21) 51 06 00, Fax 31 19 92, AX DC ED VA
Hauptgericht 34; Gartenlokal P

✱✱ Feinkost Kahn
Annastr 16 (D 4), ✉ 86150, ☎ (08 21) 31 20 31, Fax 51 62 16, AX DC ED VA
Hauptgericht 35

🏊 Eber
◁ Philippine-Welser-Str 6 (D 4), ✉ 86150, ☎ (08 21) 3 68 47, Fax 15 82 49
Hauptgericht 24; Terrasse; geschl: So, feiertags

Göggingen (3 km ↙)
✱ Terratel
Nanette-Streicher-Str 4, ✉ 86199, ☎ (08 21) 90 60 40, Fax 9 06 04 50, AX DC ED VA
22 Zi, Ez: 100-120, Dz: 150-160, ⌐ WC ☎
DFÜ, 2🛏; Lift P 🚗 ♨ Fitneßraum Sauna Solarium; **garni**
Auch Zimmer der Kategorie ✱✱ vorhanden

▼ Alte, beachtenswerte Architektur oder Einrichtung

Haunstetten (7 km ↓)
✱ Prinz Leopold
Bürgermeister-Widmeier-Str 56, ✉ 86179, ☎ (08 21) 8 07 70, Fax 8 07 73 33, AX ED VA
37 Zi, Ez: 130-150, Dz: 160-190, ⌐ WC ☎; Lift P 4⇔150
Auch Zimmer der Kategorie ✱✱ vorhanden
✱ Hauptgericht 35; Biergarten; geschl: Mi+Do mittags, feiertags abends

✱ Gregor
Landsberger Str 62, ✉ 86179, ☎ (08 21) 8 00 50, Fax 80 05 69, AX DC ED VA
40 Zi, Ez: 79-110, Dz: 120-170, ⌐ WC ☎; Lift P; **garni**
Auch Zimmer der Kategorie ✱✱ vorhanden

Inningen (7 km ↙)
✱ Wangerhof Haugg
Vogteistr 3, ✉ 86199, ☎ (08 21) 9 00 80, Fax 9 00 81 98, AX ED VA
50 Zi, Ez: 65-75, Dz: 95-105, ⌐ WC ☎; 1⇔70 🍽
geschl: Fr ab 20, 3 Wochen im Aug

Lechhausen (3 km ↗)
✱✱ CIRA Boarding House
Kurt-Schumacher-Str 6, ✉ 86165, ☎ (08 21) 7 94 40, Fax 7 94 44 50, AX DC ED VA
Ez: 150-170, Dz: 200-220, 5 Suiten, 72 App, ⌐ WC ☎, 24🛏; Lift P 🚗 3⇔50 🍽

Augustusburg 50 ☐

Sachsen — Kreis Freiberg — 500 m — 2 073 Ew — Chemnitz 15 km
ℹ ☎ (03 72 91) 65 51, Fax 65 52 — Fremdenverkehrsamt, Marienberger Str 24, 09573 Augustusburg. Sehenswert: Renaissance-Schloß; Motorradmuseum; spätklassizistische Stadtkirche; Kutschensammlung; Drahtseilbahn; Sommerrodelbahn

✱✱ Waldhaus
♂ Am Kurplatz 7, ✉ 09573, ☎ (03 72 91) 2 03 17, Fax 2 03 17 + 64 25, AX DC ED VA
17 Zi, Ez: 85-100, Dz: 125-140, 1 Suite, ⌐ WC ☎; Lift P 🚗 2⇔50 Kegeln Sauna 🍽 🏊

✱✱ Morgensonne
♂ Morgensternstr 2, ✉ 09573, ☎ (03 72 91) 2 05 08, Fax 65 82, ED
12 Zi, Ez: 75-85, Dz: 100-110, 1 Suite, ⌐ WC ☎; 🚗

🏊 Friedrich
Hans-Planer-Str 1, ✉ 09573, ☎ (03 72 91) 66 66, Fax 6 00 52
✱ ♂ ◁ 10 Zi, Ez: 60-85, Dz: 70-140, 1 App, ⌐ WC ☎; P 🚗

Aulendorf 69 ☐

Baden-Württemberg — Kreis Ravensburg — 540 m — 8 600 Ew — Saulgau 15, Ravensburg 23 km
ℹ ☎ (0 75 25) 93 42 03, Fax 93 42 10 — Kurverwaltung, Hauptstr. 35, 88326 Aulendorf; Kneipp-Kurort. Sehenswert: Kath. Kirche; Schloß; Schwaben-Therme →

Augsburg

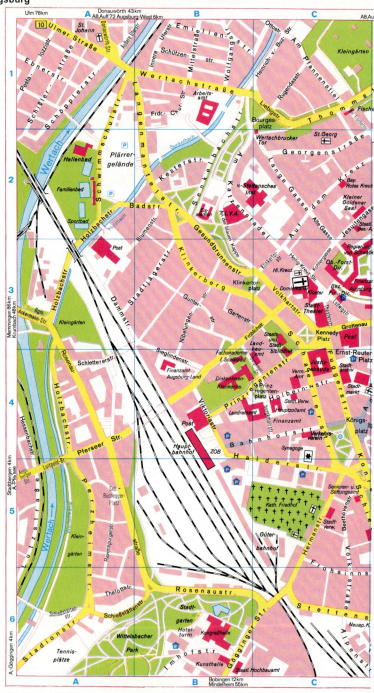

Augsburg

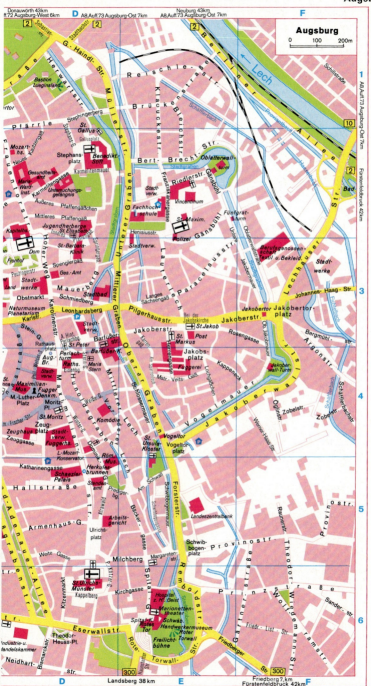

Aulendorf

* **Aulendorfer Hof**
Hauptstr 21, ⊠ 88326, ☎ (0 75 25) 10 77,
Fax 29 00, AX ED VA
15 Zi, Ez: 75-87, Dz: 135, ⇨ WC ☎; **P**; garni
geschl: 24.12.-7.1.

Aumühle 18→

Schleswig-Holstein — Kreis Herzogtum
Lauenburg — 20 m — 3 500 Ew — Hamburg 29, Lauenburg 35 km
i ☎ (0 41 04) 9 78 00, Fax 97 80-13 — Gemeindeverwaltung, Bismarckallee 21, 21521 Aumühle; Erholungsort. Sehenswert: Bismarck-Gedächtnisstätten in und um Friedrichsruh (2 km →)

** **Fürst-Bismarck-Mühle**
Mühlenweg 3, ⊠ 21521, ☎ (0 41 04) 20 28,
Fax 12 00, DC ED VA
Hauptgericht 35; Gartenlokal **P** Terrasse;
geschl: Mi
* 7 Zi, Ez: 120, Dz: 190, ⇨ WC ☎;
18Golf

Aurich 15 ↗

Niedersachsen — Kreis Aurich — 6 m — 36 000 Ew — Emden 26, Leer 35, Wilhelmshaven 52 km
i ☎ (0 49 41) 44 64, Fax 1 06 55 — Verkehrsverein, Norderstr. 32, 26603 Aurich; Stadt am Ems-Jade-Kanal. Sehenswert: Ev. Lambertikirche, Turm, Schnitzaltar; Regierungsgebäude, Schloß; Mühlenmuseum Stiftsmühle; Upstalsboom (4 km ↓); Naturschutzgebiet Ewiges Meer: Hochmoorsee (11 km ↑); Moormuseum in Moordorf (6 km ←)

* **Brems Garten**
Kirchdorfer Str 7, ⊠ 26603, ☎ (0 49 41)
92 00, Fax 92 09 20, AX DC ED VA
29 Zi, Ez: 85-100, Dz: 130-170, 2 Suiten, ⇨
WC ☎, **P** 5✧500 Bowling
Auch Zimmer der Kategorie ** vorhanden
** Hauptgericht 30; Biergarten Gartenlokal Kegeln Terrasse

* **Stadt Aurich**
Hoheberger Weg 17, ⊠ 26603, ☎ (0 49 41)
43 31, Fax 6 25 72, AX DC ED VA
45 Zi, Ez: 89-120, Dz: 149-159, 5 Suiten, ⇨
WC ☎, 23✉; Lift **P** 1✧70 Fitneßraum
Sauna Solarium ⑨

Ogenbargen (11 km ↗)
🛏 **Landgasthof Alte Post**
Esenser Str 299, ⊠ 26607, ☎ (0 49 47) 12 12,
Fax 14 04
80 Zi, Ez: 59, Dz: 99, ⇨ WC; 2✧ ⑨

Wallinghausen (3 km →)
* **Silencehotel Köhlers Forsthaus**
♂ Hoheberger Weg 192, ⊠ 26605,
☎ (0 49 41) 1 79 20, Fax 17 92 17, AX DC ED VA
50 Zi, Ez: 88-140, Dz: 140-280, 7 Suiten, ⇨
WC ☎, 5✉; **P** 🚗 2✧100 ≋ Fitneßraum
Sauna Solarium ⑨ 🍷

Wiesens (5 km ↘)
** **Waldhof**
Zum Alten Moor 10, ⊠ 26605, ☎ (0 49 41)
9 57 50, Fax 6 65 79
Hauptgericht 28
* 6 Zi, Ez: 95, Dz: 165, 3 Suiten, ⇨
WC ☎; **P** 1✧30 ≋ Sauna

Aying 72 □

Bayern — Kreis München — 611 m — 3 666 Ew — Bad Aibling 21, München 24 km
i ☎ (0 80 95) 90 95-0, Fax 23 53 — Gemeindeverwaltung, Kirchgasse 4, 85655 Aying. Sehenswert: Kath. Kirche in Kleinhelfendorf (5 km ↘); Heimathaus Sixthof

** **Brauerei-Gasthof Aying**
Zornedinger Str 2, ⊠ 85653, ☎ (0 80 95)
7 05, Fax 20 53, AX DC ED VA
28 Zi, Ez: 160-180, Dz: 250-300, ⇨ WC ☎; **P**
🚗 5✧200
** **Grill-Stube** ✣
✍ Hauptgericht 30

Ayl 52 □

Rheinland-Pfalz — Kreis Trier-Saarburg — 176 m — 1 150 Ew — Saarburg 4, Konz 10 km
i ☎ (0 65 81) 8 12 15, Fax 8 12 90 — Verkehrsverein Saarburger Land, Graf-Siegfried-Str 32, 54439 Saarburg; Erholungsort, idyllischer Weinort an der Saar

* **Ayler Kupp**
♂ Trierer Str 49, ⊠ 54441, ☎ (0 65 81) 30 31,
Fax 23 44, DC ED VA
12 Zi, Ez: 60-95, Dz: 95-120, ⇨ WC ☎; **P**
geschl: 20.12.-31.1.99
** Hauptgericht 36; Gartenlokal Terrasse; geschl: So, Mo, 20.12.-31.1.
Eigenbauweine

Aystetten 63 ↓

Bayern — Kreis Augsburg — 480 m — 3 050 Ew — Augsburg 13 km
i ☎ (08 21) 48 01 80, Fax 4 80 18 20 — Gemeindeverwaltung, Bäckergasse 2, 86482 Aystetten

* **Hirsch**
Hauptstr 47, ⊠ 86482, ☎ (08 21) 4 86 25 62,
Fax 4 86 25 63, DC ED VA
11 Zi, Ez: 89, Dz: 113, ⇨ WC ☎; **P** 3✧250 ⑨

Baabe siehe Rügen

Baad siehe Kleinwalsertal

Babenhausen 55 ↘

Hessen — Kreis Darmstadt-Dieburg — 16 132 Ew
i ☎ (0 60 73) 60 20, Fax 6 02 22 — Tourist-Information, 64832 Babenhausen, Marktplatz 2, im Rathaus

Babenhausen
* Schwartzer Löwe
Fahrstr 17, ✉ 64832, ☎ (0 60 73) 72 87-0,
Fax 72 87-20
26 Zi, Ez: 95, Dz: 140, 2 Suiten, ⊣ WC ☎; **P**
2⇌85

Babenhausen 70 ↑

Bayern — Kreis Unterallgäu — 563 m —
5 192 Ew — Krumbach 16, Memmingen 22,
Ulm 39 km
i ☎ (0 83 33) 30 50, Fax 43 84 — Marktverwaltung, Marktplatz 1, 87727 Babenhausen; Erholungsort im Tal der Günz. Sehenswert: Kath. Kirche; Schloß, Fugger-Museum

** Zur Post
Stadtgasse 1, ✉ 87727, ☎ (0 83 33) 13 03,
AX DC ED VA
Hauptgericht 30; **P**; geschl: Mo, Di, 10.8.-28.8.

Bacharach 53 ↗

Rheinland-Pfalz — Kreis Mainz-Bingen —
80 m — 2 800 Ew — Bingen 14, St. Goar
14 km
i ☎ (0 67 43) 29 68, Fax 31 55 — Tourist-Information Rhein-Nahe, Oberstr 1,
55422 Bacharach; Städtchen im
Rheindurchbruchstal. Sehenswert:
Ev. Kirche; Werner-Kapelle; Altes Haus;
Burg Stahleck

Achtung: Autofähre (3 km ↑) nach Kaub,
6-20, so+feiertags 8-20 Uhr, im Winter bis
19 Uhr

* Parkhotel
Marktstr 8, ✉ 55422, ☎ (0 67 43) 14 22,
Fax 15 41, VA
28 Zi, Ez: 95-120, Dz: 135-180, 2 Suiten, ⊣
WC ☎; Lift **P** 🛏 ≋ Sauna Solarium ⍟
geschl: 1.11.-1.3.

* Altkölnischer Hof
Blücherstr 2, ✉ 55422, ☎ (0 67 43) 13 39/
21 86, Fax 27 93, AX VA
20 Zi, Ez: 90-130, Dz: 110-190, ⊣ WC ☎; Lift
🛏 1⇌120 Solarium ⍟
geschl: 1.11.-1.4.

* Rheinhotel
Langstr 50, ✉ 55422, ☎ (0 67 43) 12 43,
Fax 14 13, ED VA
15 Zi, Ez: 60-90, Dz: 95-120, 1 Suite, 1 App,
⊣ WC ☎, 2🛏; **P** 🛏 Kegeln ⍟

Backnang 62 ↘

Baden-Württemberg — Rems-Murr-Kreis
— 271 m — 34 000 Ew — Stuttgart 31,
Schwäbisch Hall 35 km
i ☎ (0 71 91) 89 42 56, Fax 89 41 00 —
Stadtverwaltung-Stadtinformation,
Am Rathaus 1, 71522 Backnang. Sehenswert: Ev. Stadtkirche; St Michaelskirche;
Rathaus; Museum Helferhaus

** Gerberhof
Wilhelmstr 16, ✉ 71522, ☎ (0 71 91) 97 70,
Fax 97 73 77, AX DC ED VA
42 Zi, Ez: 95-150, Dz: 150-200, ⊣ WC ☎
DFÜ, 14🛏; Lift **P** 🛏; garni

** Am Südtor
Stuttgarter Str 139, ✉ 71522, ☎ (0 71 91)
14 40, Fax 14 41 44, AX DC ED VA
70 Zi, Ez: 95-130, Dz: 130-160, ⊣ WC ☎,
14🛏; Lift 🛏 3⇌60; garni

* Rems-Murr-Hotel
Talstr 45, ✉ 71522, ☎ (0 71 91) 8 80 05,
Fax 7 29 74, ED VA
38 Zi, Ez: 85-110, Dz: 120-160, ⊣ WC, 4🛏;
Lift **P** 🛏 1⇌10; garni

* Bitzer
Eugen-Adolff-Str 29, ✉ 71522, ☎ (0 71 91)
9 63 35, Fax 8 76 36, ED VA
32 Zi, Ez: 89-95, Dz: 118-138, 5🛏; 🛏; garni

* Holzwarth
Eduard-Breuninger-Str 2-6, ✉ 71522,
☎ (0 71 91) 32 55-0, Fax 32 55 20, ED VA
15 Zi, Ez: 80, Dz: 120; **P**; garni

** Il Grappolo
Schillerstr 23, ✉ 71522, ☎ (0 71 91)
96 01 01, AX DC ED VA
Hauptgericht 25

** Backnanger Stuben
Bahnhofstr 7, ✉ 71522, ☎ (0 71 91) 3 25 60,
Fax 32 56 26, AX DC ED VA
Hauptgericht 30; Terrasse; geschl: Di, Aug

• Café Weller
Schillerstr 19, ✉ 71522, ☎ (0 71 91) 6 88 26

Bad . . .

Alle Orte mit dem Zusatz BAD, wie BAD
WIESSEE, sind unter dem Ortsnamen, also
Wiessee, zu finden.

Baden-Baden 60 □

Baden-Württemberg — Stadtkreis — 160 m
— 50 000 Ew — Karlsruhe 41, Stuttgart 105,
Freiburg 112 km
i ☎ (0 72 21) 27 52 00, Fax 27 52 02 —
Baden-Baden Marketing GmbH, Solmsstr 1
(B 3), 76530 Baden-Baden; Mineralheilbad
am Rande des Nördlichen Schwarzwaldes;
Caracalla-Thermalbad; Friedrichsbad;
Theater; Spielbank; Flughafen Baden-Oos;
Internationales Galopprennen: Frühjahrsmeeting und Große Woche. Sehenswert:
Kath. Stiftskirche: Grabmäler, Sandsteinkruzifix; Klosterkirche Lichtental; Russische
Kirche; Stourdza-Kapelle; Lichtentaler
Allee; Neues Schloß ◂≺, Schloßmuseum;
Römische Badruinen; Kunsthalle; Brahmshaus; Kurhaus: Spielbank; Altstadt - Altes
Schloß (Ruine Hohenbaden), 403 m ◂≺
(5 km ↑); Merkur (Schienen-Kabelbahn)
668 m ◂≺ Ruine Ebersteinburg, 485 m ◂≺
(5 km ↗); Ruine Yburg, 515 m ◂≺ (8 km ↙);
Schloß Favorite (10 km ↑); Schloß und
Kirche in Neuweier (12 km ↙)

Cityplan siehe Seite 157 →

Baden-Baden

***** Brenner's Park-Hotel 👑👑👑
♂ Schillerstr 4 (B 3), ✉ 76530, ☎ (0 72 21) 90 00, Fax 3 87 72, AX DC ED VA
100 Zi, Ez: 358-678, Dz: 546-1036, 32 Suiten, ⌐ᗻ WC ☎; Lift 🅿 6⇔150 ≙ Fitneßraum Sauna Solarium 🍷
Zimmer anderer Kategorien vorhanden
**** Park-Restaurant
Hauptgericht 52; 🅿 Terrasse

**** Steigenberger Europäischer Hof
Kaiserallee 2 (B 2), ✉ 76530, ☎ (0 72 21) 93 30, Fax 2 88 31, AX DC ED VA
126 Zi, Ez: 197-310, Dz: 298-444, S: 4 Suiten, ⌐ᗻ WC ☎, 43🛁; Lift 🅿 🚗 5⇔200 Sauna 18Golf 🍷
Zimmer anderer Kategorien vorhanden
*** Allee-Restaurant
Hauptgericht 40

*** Steigenberger Badischer Hof
♂ Lange Str 47 (A 1), ✉ 76530, ☎ (0 72 21) 93 40, Fax 93 44 70, AX DC ED VA
134 Zi, Ez: 195-275, Dz: 298-438, S: 5 Suiten, ⌐ᗻ WC ☎, 30🛁; Lift 🚗 9⇔250 ≈ ≙ Sauna Solarium
*** Parkrestaurant
Hauptgericht 40; Terrasse

*** Privathotel Quisisana
♂ ◃ Bismarckstr 21, ✉ 76530, ☎ (0 72 21) 36 90, Fax 36 92 69, ED VA
60 Zi, Ez: 240-350, Dz: 340-400, 9 Suiten, ⌐ᗻ WC ☎; Lift 🅿 🚗 1⇔16 ≙ Fitneßraum Sauna Solarium 🍴
geschl: 10.-30.1.

** Queens Hotel
Falkenstr 2 (C 4), ✉ 76530, ☎ (0 72 21) 21 90, Fax 21 95 19, AX DC ED VA
116 Zi, Ez: 230-305, Dz: 290-410, S: 5 Suiten, ⌐ᗻ WC ☎, 24🛁; Lift 🅿 🚗 6⇔120 ≙ Fitneßraum Sauna Solarium 18Golf
Zimmer der Kategorie *** vorhanden
** Reblaus
Hauptgericht 35

** Holland Hotel Sophienpark
♂ Sophienstr 14 (B 2), ✉ 76530, ☎ (0 72 21) 35 60, Fax 35 61 21, ED VA
73 Zi, Ez: 215, Dz: 320, 5 Suiten, 5 App, ⌐ᗻ WC ☎, 12🛁; Lift 3⇔60 🍴

** Romantik Hotel Der Kleine Prinz 👑
Lichtentaler Str 36, ✉ 76530, ☎ (0 72 21) 34 64, Fax 3 82 64, AX DC ED VA
24 Zi, Ez: 195-350, Dz: 295-450, 14 Suiten, 2 App, ⌐ᗻ WC ☎ DFÜ; Lift 🅿 2⇔18 18Golf 🍷
Zimmer der Kategorie *** vorhanden
** Hauptgericht 48; 🅿; geschl: 3 Wochen im Jan

** Kurhotel Quellenhof
Sophienstr 27-29 (B 2), ✉ 76530, ☎ (0 72 21) 93 80, Fax 93 81 00, AX DC ED VA
43 Zi, Ez: 180-220, Dz: 260-280, S; 8 Suiten, ⌐ᗻ WC ☎, 4🛁; Lift 🅿 2⇔25 Solarium 🍷
** Badstüble
Hauptgericht 35

** Kappelmann
Rotenbachtalstr 30, ✉ 76530, ☎ (0 72 21) 35 50, Fax 35 51 00, AX DC ED VA
42 Zi, Ez: 130-190, Dz: 170-250, ⌐ᗻ WC ☎; Lift 🅿 1⇔40 🍷
* Hauptgericht 30; Gartenlokal

* Deutscher Kaiser
Merkurstr 9 (B 3), ✉ 76530, ☎ (0 72 21) 27 00, Fax 27 02 70, AX DC ED VA
28 Zi, Ez: 120-185, Dz: 160-240, ⌐ᗻ WC ☎; Lift 🅿 🚗
Restaurant für Hausgäste

* Merkur
Merkurstr 8 (B 3), ✉ 76530, ☎ (0 72 21) 30 30, Fax 30 33 33, AX DC ED VA
34 Zi, Ez: 140-180, Dz: 170-220, 2 Suiten, ⌐ᗻ WC ☎; Lift 🅿 🚗 2⇔35
** Sterntaler
Hauptgericht 30; geschl: 5.1.-30.1.

🛏 Bayerischer Hof
Langestr 92 (B 3), ✉ 76530, ☎ (0 72 21) 9 35 50, Fax 93 55 55, AX DC ED VA
28 Zi, Ez: 110-170, Dz: 160-250, 1 Suite, ⌐ᗻ WC ☎, 10🛁; Lift 18Golf 🍴

** Wehlauers Papalangi
Lichtentaler Str 13 (B 3), ✉ 76530, ☎ (0 72 21) 3 16 16, Fax 3 27 88, AX ED VA
Hauptgericht 40; Gartenlokal; geschl: So, Mo

Gaisbach 5 km ↘
* Waldhotel Forellenhof
♂ Gaisbach 91, ✉ 76534, ☎ (0 72 21) 97 40, Fax 97 42 99, AX DC ED VA
25 Zi, Ez: 85-125, Dz: 150-220, ⌐ᗻ WC ☎; Lift 🅿 🚗 🍴 🍷

Geroldsau (5 km ↓)
** Auerhahn
Geroldsauer Str 160, ✉ 76534, ☎ (0 72 21) 74 35, Fax 74 32, AX ED VA
28 Zi, Ez: 80-96, Dz: 124-160, ⌐ᗻ WC ☎; 🅿 1⇔28
Zimmer der Kategorie * vorhanden
* Hauptgericht 38; Biergarten

Neuweier (12 km ↙)
** Rebenhof
♂ ◃ Weinstr 35, ✉ 76534, ☎ (0 72 23) 9 63 10, Fax 96 31 31, AX ED VA
17 Zi, Ez: 98-120, Dz: 150, ⌐ᗻ WC ☎; Lift 🅿 🚗 1⇔20
** Hauptgericht 33; Terrasse; geschl: So, Mo mittags

Baden-Baden

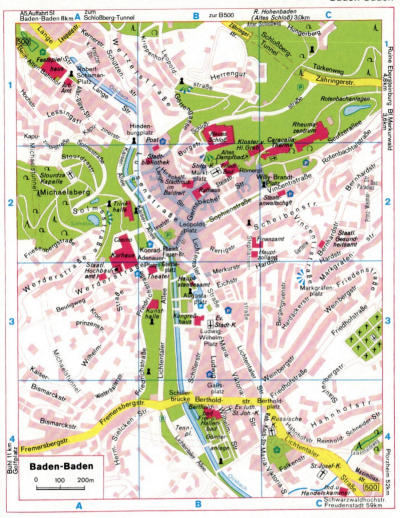

** **Heiligenstein**
♒ ⋖ Heiligensteinstr 19 a, ✉ 76534,
☎ (0 72 23) 9 61 40, Fax 96 14 50, ED
32 Zi, Ez: 98-130, Dz: 150-170, 1 Suite, ⌑
WC ☎, 8⌑; Lift 🅿 2⇌25 Sauna Solarium ⚓

** **Schwarzwaldstube**
Hauptgericht 25

*** **Zum Alde Gott** 🍷
⋖ Weinstr 10, ✉ 76534, ☎ (0 72 23) 55 13,
Fax 6 06 24, AX DC ED VA
Hauptgericht 50; geschl: Do, Fr mittags, 2
Wochen im Jan

🍷 Lobenswerte Küchenleistung

** **Schloß Neuweier**
▽ Mauerbergstr 21, ✉ 76534, ☎ (0 72 23)
96 14 99, Fax 96 15 50, AX ED VA
Hauptgericht 40; 🅿 Terrasse; geschl: Di,
Eigenbauweine

** **Traube**
Mauerbergstr 107, ✉ 76534, ☎ (0 72 23)
9 68 20, Fax 67 64, ED VA
Hauptgericht 35; 🅿; geschl: Mi
* 14 Zi, Ez: 85-140 Ez: 85-140,
Dz: 135-168, Dz: 135-168, 2 Suiten, ⌑ WC
☎; 🛏 1⇌Fitneßraum Sauna Solarium
18Golf →

Baden-Baden

✻ Zum Rebstock
Schloßackerweg 3, ✉ 76534, ☎ (0 72 23)
5 72 40, ED VA
Hauptgericht 35; Biergarten P; geschl: Mo,
Di, 22.12.-5.1.
✻ 4 Zi, Ez: 75, Dz: 120, ⊒ WC

Oberbeuern 4 km ↘
✻✻ Waldhorn ✣
Beuerner Str 54, ✉ 76534, ☎ (0 72 21)
7 22 88, Fax 7 34 88, AX ED VA
Hauptgericht 35; Terrasse; geschl: So
abends, Mo, 1 Woche zu Fasching,
2 Wochen in den Sommerferien
✻ 12 Zi, Ez: 80-105, Dz: 130-170, ⊒
WC ☎
geschl: 1 Woche zu Fasching, 2 Wochen in
den Sommerferien

Sandweier (6 km ↘)
✻ Blume
Mühlstr 24, ✉ 76532, ☎ (0 72 21) 9 50 30,
Fax 95 03 70, ED VA
29 Zi, Ez: 85-100, Dz: 150-180, ⊒ WC ☎; Lift
P 3⟲70 ≘ Kegeln Sauna Solarium
✻✻ Hauptgericht 25; Gartenlokal

siehe auch **Bühl**

Badenweiler 67 ✓

Baden-Württemberg — Kreis Breisgau-
Hochschwarzwald — 450 m — 3 800 Ew —
Müllheim 7, Lörrach 27, Mülhausen 31 km
🛈 ☎ (0 76 32) 7 21 10, Fax 7 21 70 — Kur-
und Touristik GmbH, Ernst-Eisenlohr-Str 4
(B 2), 79410 Badenweiler; Thermal-Heilbad
am Rande des Südlichen Schwarzwaldes.
Sehenswert: Römische Bäder; Cassiopeia
Therme; Neues Kurhaus und Kurpark mit
Burgruine ⋖; Blauen, 1165 m ⋖ (8 km ↘);
Schloß Bürgeln, 665 m ⋖ (8 km ↓)

Achtung: Im Kurbezirk ist der Kfz-Verkehr
im Sommer nur für Kurgäste und Einwoh-
ner in der Zeit von 6.30-13.30 und von 14.30-
24 gestattet

✻✻✻✻ Römerbad ♛
♂ ⋖ Schloßplatz 1 (A 2), ✉ 79410,
☎ (0 76 32) 7 00, Fax 7 02 00, AX DC ED VA
75 Zi, Ez: 195-280, Dz: 290-390, 9 Suiten, ⊒
WC ☎; Lift P 📺 3⟲120 ≋ ≘ Sauna
Solarium 18Golf 2Tennis
Kinderbetreuung; Auch Zimmer der Kate-
gorie ✻✻✻ vorhanden. Großer Park mit exo-
tischem Baumbestand
✻✻✻ Hauptgericht 40; Terrasse

✻✻✻ Schwarzmatt ♛♛
Relais & Châteaux
♂ ⋖ Schwarzmattstr 6 a (B 2), ✉ 79410,
☎ (0 76 32) 8 20 10, Fax 82 01 20
36 Zi, Ez: 218-268, Dz: 300-430, 5 Suiten, ⊒
WC ☎; Lift P 📺 1⟲60 ≘ Solarium 18Golf
Auch Zimmer der Kategorie ✻✻✻✻ vor-
handen
✻✻✻ Hauptgericht 40; Terrasse

✻✻ Schloßberg
♂ ⋖ Schloßbergstr 3, ✉ 79410, ☎ (0 76 32)
8 21 80, Fax 63 76, AX DC ED
8 Zi, Ez: 95-130, Dz: 180-250, 10 App, ⊒ WC
☎; Lift P 📺 Sauna Solarium
geschl: 15.11.-20.12.
Restaurant für Hausgäste; Auch Zimmer
der Kategorie ✻✻✻ vorhanden

✻✻ Parkhotel Weißes Haus
♂ ⋖ Wilhelmstr 6 (B 2), ✉ 79410,
☎ (0 76 32) 50 41, Fax 82 00 31, ED VA
37 Zi, Ez: 90-175, Dz: 160-230, 3 Suiten, ⊒
WC ☎, 10🍴; Lift P 📺 2⟲60 Fitneßraum
Sauna Solarium 18Golf
geschl: 7.1.-14.2.
Auch Zimmer der Kategorie ✻✻✻ vorhanden. 18000 qm Park mit Mammut-
bäumen und subtropischen Pflanzen.
✻✻ ⋖ Hauptgericht 32; Terrasse;
geschl: 7.1.-14.2.

✻✻ Anna
♂ ⋖ Oberer Kirchweg 2 (B 1), ✉ 79410,
☎ (0 76 32) 79 70, Fax 79 71 50
35 Zi, Ez: 88-138, Dz: 156-246, 1 Suite, ⊒
WC ☎; Lift P 📺 ≘ Fitneßraum Solarium
18Golf
geschl: Nov
Restaurant für Hausgäste; Auch Zimmer
der Kategorie ✻✻✻ vorhanden

✻✻ Am Kurpark
Villa Hedwig
♂ ⋖ Römerstr 10 (B 2), ✉ 79410, ☎ (0 76 32)
8 20 00, Fax 82 00 31, AX ED VA
11 Zi, Ez: 110-170, Dz: 180-220, 4 Suiten, ⊒
WC ☎ DFÜ; P 1⟲80 Solarium 🍴
geschl: 15.11.-24.12., 6.1.-1.2.

✻✻ Ritter
♂ ⋖ Friedrichstr 2 (A 2), ✉ 79410,
☎ (0 76 32) 83 10, Fax 83 12 99, AX ED VA
66 Zi, Ez: 95-140, Dz: 160-220, 2 Suiten,
9 App, ⊒ WC ☎; Lift 1⟲80 ≘ Sauna
Solarium 🍴
Auch Zimmer der Kategorie ✻✻✻ vorhanden. Im Altbau Zimmer der Kategorie ✻

✻✻ Daheim am Park
♂ ⋖ Römerstr 8 (B 2), ✉ 79410, ☎ (0 76 32)
75 80, Fax 75 82 99
27 Zi, Ez: 98-128, Dz: 210-260, 6 Suiten, ⊒
WC ☎, 10🍴; Lift P 📺 ≘ Fitneßraum Sauna
Solarium
Restaurant für Hausgäste

✻✻ Residenz-Hotel Vogesenblick
♂ ⋖ Badstr 29, ✉ 79410, ☎ (0 76 32)
60 61-63, Fax 60 64, ED
20 Zi, Ez: 50-78, Dz: 100-130, 1 Suite, ⊒ WC
☎; P 📺 2⟲30 Fitneßraum Sauna Solarium
🍴

158

Bärenfels

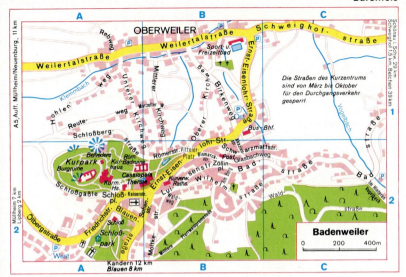

** Romantik Hotel Sonne
♠ Moltkestr 4 (B 2), ✉ 79410, ☎ (0 76 32) 7 50 80, Fax 75 08 65, AX DC ED
35 Zi, Ez: 90-115, Dz: 170-220, 10 App, ⌐ WC ☎; P 🚗 🍽

** Eckerlin
♠ ≼ Römerstr 2 (B 2), ✉ 79410, ☎ (0 76 32) 83 20, Fax 83 22 99, AX ED VA
55 Zi, Ez: 85-115, Dz: 170-210, 1 Suite, ⌐ WC ☎; Lift 1↔40 ≋ ≘ Fitneßraum Sauna Solarium 🍽

* Silence-Försterhaus Lais
♠ Badstr 42 (C 2), ✉ 79410, ☎ (0 76 32) 8 21 20, Fax 82 12 82, AX DC ED VA
30 Zi, Ez: 65-110, Dz: 150-222, 2 Suiten, ⌐ WC ☎, 3⌐; P ≘ Fitneßraum Sauna Solarium 🍽
Rezeption: 8-18
Auch Zimmer der Kategorie ** vorhanden

* Post
♠ Sofienstr 1 (B 2), ✉ 79410, ☎ (0 76 32) 50 51, Fax 51 23, ED VA
52 Zi, Ez: 79-120, Dz: 160-240, 2 Suiten, 1 App, ⌐ WC ☎; Lift P 🚗 1↔40 ≘ Sauna Solarium 🍷
* Hauptgericht 30

* Eberhardt-Burghardt
♠ Waldweg 2 (B 2), ✉ 79410, ☎ (0 76 32) 81 10, Fax 81 11 88, ED VA
37 Zi, Ez: 75-125, Dz: 150-210, ⌐ WC ☎; Lift 🚗 1↔20 Solarium 🍽

* Schnepple
Hebelweg 15, ✉ 79410, ☎ (0 76 32) 54 20, Fax 60 01, AX ED VA
18 Zi, Ez: 70-120, Dz: 130-160, ⌐ WC ☎; Lift P 🚗 Solarium 🍷
Restaurant für Hausgäste

* Neuenfels
♠ ≼ Badstr 18, ✉ 79410, ☎ (0 76 32) 8 20 30, Fax 8 20 33 00, ED VA
23 Zi, Ez: 75-85, Dz: 132-150, 6 Suiten, ⌐ WC ☎, 4⌐; P 🚗; garni
geschl: 20.11.-19.12.

Markgräfler Winzerstuben
⊗ Luisenstr 6 (B 2), ✉ 79410, ☎ (0 76 32) 2 54
Hauptgericht 15

Lipburg
* Landgasthof Schwanen
Ernst-Scheffelt-Str 5, ✉ 79410, ☎ (0 76 32) 8 20 90, Fax 82 09 44, AX DC ED VA
18 Zi, Ez: 73-90, Dz: 126-180, 3 App, ⌐ WC ☎, 11⌐; P 🚗 🍽
geschl: Do, Mitte Nov-Mitte März auch Mi, 7.1.-15.2.

Bärenfels 51 ←

Sachsen — Kreis Dippoldiswalde — 750 m — 335 Ew — Dresden 35 km
ℹ ☎ (03 50 52) 2 06 42, Fax 2 06 42 — Fremdenverkehrsamt, Böhmische Str 36, 01776 Bärenfels; Erholungsort. Sehenswert: Meißner Glockenspiel

* Felsenburg
♠ Böhmische Str 20, ✉ 01776, ☎ (03 50 52) 2 04 50, Fax 203 40, AX
25 Zi, Ez: 66-74, Dz: 82-98, 1 Suite, ⌐ WC ☎; P 1↔40 🍽

⊗ Alte, beachtenswerte Architektur oder Einrichtung

Bärenstein

Bärenstein 50 ↘

Sachsen — Kreis Annaberg — 712 m — 3 000 Ew — Annaberg-Buchholz 9, Oberwiesenthal 14 km
i ☎ (03 73 47) 1 84 26, Fax 13 80 — Fremdenverkehrsamt, Oberwiesenthaler Str 14, 09471 Bärenstein

Kühberg (2 km ↑)
✱ **Pöhlagrund**
einzeln ♂ Königswalder Str 20, ✉ 09471, ☎ (03 73 47) 13 20, Fax 13 20
31 Zi, Ez: 56-72, Dz: 80-92, 4 Suiten, ⊿ WC ☎; 1⇌40 Sauna ⌖

Bärnsdorf 40 ↘

Sachsen — Kreis Dresden — 190 m — 539 Ew — Dresden 10 km
i ☎ (03 52 07) 2 80 — Gemeindeverwaltung Promnitztal, Hauptstr 48, 01471 Bärnsdorf

Berbisdorf (7 km ↘)
✱ **Landgasthof Berbisdorf**
Hauptstr 38, ✉ 01471, ☎ (03 52 08) 20 27, Fax 28 66, AX ED VA
12 Zi, Ez: 95-110, Dz: 140-160, 1 Suite, ⊿ WC ☎; 2⇌100 Kegeln ⌖
Rezeption: 9-23

Baesweiler 42 ↘

Nordrhein-Westfalen — Kreis Aachen — 110 m — 26 138 Ew — Aachen 17, Erkelenz 23 km
i ☎ (0 24 01) 80 00, Fax 80 01 17 — Stadtverwaltung, Postfach 1180, 52499 Baesweiler

✱ **Klein**
Jülicher Str 1, ✉ 52499, ☎ (0 24 01) 20 17, Fax 37 41
18 Zi, Ez: 68-80, Dz: 120, ⊿ WC ☎; 🚗 Kegeln Sauna Solarium; **garni**

Bahlingen a. Kaiserstuhl 67 ↘

Baden-Württemberg — Kreis Emmendingen — 230 m — 3 500 Ew — Emmendingen 10, Freiburg 19 km
i ☎ (0 76 63) 9 33 10, Fax 93 31 30 — Bürgermeisteramt-Touristikinformation-, Webergäßle 2, 79353 Bahlingen am Kaiserstuhl

✱ **Zum Lamm**
Hauptstr 49, ✉ 79353, ☎ (0 76 63) 32 09, Fax 54 33, AX ED
32 Zi, Ez: 72-86, Dz: 128-144, ⊿ WC ☎; 3⇌80 Sauna Solarium ⌖
Auch Zimmer der Kategorie ✱✱ vorhanden

Baierbrunn 72 ←

Bayern — Kreis München — 650 m — 2 387 Ew — Wolfratshausen 14, München 15 km
i ☎ (0 89) 74 41 50-0, Fax 74 41 50-10 — Gemeindeverwaltung, Bahnhofstr 2, 82065 Baierbrunn

Buchenhain (1 km ↑)
✱ **Waldgasthof Buchenhain**
Buchenhain 1, ✉ 82065, ☎ (0 89) 7 93 01 24, Fax 7 93 87 01, AX ED VA
41 Zi, Ez: 90-110, Dz: 130-150, ⊿ WC ☎; Lift 🍴
geschl: Fr, 20.12.-14.1.
✱ Hauptgericht 25; Biergarten; geschl: Fr, 20.12.-14.1.

Baiersbronn 60 ↘

Baden-Württemberg — Kreis Freudenstadt — 564 m — 16 000 Ew — Freudenstadt 7, Baden-Baden 42 km
i ☎ (0 74 42) 84 14 14, Fax 84 14 48 — Kurverwaltung, Am Rosenplatz 3, 72270 Baiersbronn; Luftkurort und Wintersportplatz im Schwarzwald. Sehenswert: Ehem. Klosterkirche im Ortsteil Klosterreichenbach (3 km ↗); Sankenbacher Wasserfälle (4 km ↙); Marktplatz mit Stadtkirche in Freudenstadt (7 km ↘)

✱✱ **Falken**
Oberdorfstr 95, ✉ 72270, ☎ (0 74 42) 8 40 70, Fax 5 05 25, AX ED VA
21 Zi, Ez: 60-75, Dz: 120-140, ⊿ WC ☎; Lift 🅿 🚗 1⇌20 Fitneßraum Sauna Solarium ⌖
geschl: Di, 9.11.-3.12.

✱✱ **Schwarzwald-Hotel Rose**
Bildstöckleweg 2, ✉ 72270, ☎ (0 74 42) 84 94-0, Fax 84 94-94, AX DC ED VA
38 Zi, Ez: 80-100, Dz: 140-180, 5 Suiten, 2 App, ⊿ WC ☎; Lift 🅿 🚗 ≋ Fitneßraum Sauna Solarium
✱✱ Hauptgericht 25; Biergarten; geschl: Di, 21.11.-14.12.99

✱ **Hirsch**
◄ Oberdorfstr 74, ✉ 72270, ☎ (0 74 42) 83 20, Fax 83 22 50, ED VA
33 Zi, Ez: 54-70, Dz: 116-146, ⊿ WC ☎; Lift 🅿 🚗 ≋ Sauna ⌖
geschl: Do

✱ **Rosengarten**
Bildstöckleweg 35, ✉ 72270, ☎ (0 74 42) 84 30, Fax 84 34-34
26 Zi, Ez: 71-78, Dz: 118-156, 1 App, ⊿ WC ☎; ≋ Sauna Solarium ⌖
geschl: Mi, Do ab 13, Anfang Nov-Mitte Dez

⌂ **Gasthof Rappen**
Oberdorfstr 48, ✉ 72270, ☎ (0 74 42) 23 32, Fax 12 27 16
14 Zi, Ez: 46-50, Dz: 90-100, ⊿ WC; 2⇌50 ⌖

Baiersbronn

Baiersbronn-Außerhalb
*** Schliffkopf-Hotel
einzeln ⋖ Schwarzwaldhochstr 1, ⊠ 72270,
☎ (0 74 49) 92 00, Fax 92 01 99, AX ED VA
50 Zi, Ez: 115-195, Dz: 176-260, 4 Suiten, ⊒
WC ☎, 15⊠; Lift **P** 🚗 2⇔60 ≙ Fitneßraum
Sauna Solarium ⊚ ⋅
Auch Zimmer der Kategorie ****** vorhanden

Buhlbach
* Sigwart
♂ ⋖ Am Hänger 24, Buhlbach, ⊠ 72270,
☎ (0 74 49) 9 26 20, Fax 92 62 41
18 Zi, Ez: 54-62, Dz: 108-118, 4 App, ⊒ WC
☎; **P** ≋ Solarium ⋅
geschl: 29.11.-19.12.

Heselbach (4 km ↗)
** Heselbacher Hof
♂ ⋖ Heselbacher Weg 72, ⊠ 72270,
☎ (0 74 42) 83 80, Fax 83 41 99
40 Zi, Ez: 89-110, Dz: 166-262, 2 App, ⊒ WC
☎; Lift **P** 🚗 1⇔25 ≙ Fitneßraum Solarium
⊚ ⋅
geschl: 2.11.-16.12.

Hinterlangenbach (23 km ↖) Zufahrt nur über Schönmünzach möglich
** Forsthaus Auerhahn
einzeln ♂ ⋖ Haus Nr 108, ⊠ 72270,
☎ (0 74 47) 93 40, Fax 93 41 99
20 Zi, Ez: 75-155, Dz: 170-240, 4 Suiten,
7 App, ⊒ WC ☎; Lift **P** 🚗 ≙ Fitneßraum
Sauna Solarium ⊚ ⋅
geschl: Di, 15.11.-18.12.

Klosterreichenbach (3 km ↗)
* Ailwaldhof
einzeln ♂ ⋖ Ailwald 3, ⊠ 72270, ☎ (0 74 42)
8 36-0, Fax 8 36-2 00, ED
12 Zi, Ez: 95-155, Dz: 170-200, 12 Suiten, ⊒
WC ☎; Lift **P** 🚗 1⇔20 ≙ Sauna Solarium
⊚ ⋅
Im Gästehaus auch Zimmer der Kategorie
*** vorhanden

Mitteltal (5 km ↖)
**** Bareiss 👑👑👑
Im Schwarzwald
Relais & Châteaux
⋖ Gärtenbühlweg 14, ⊠ 72270, ☎ (0 74 42)
4 70, Fax 4 73 20
90 Zi, Ez: 220-379, Dz: 420-596, 10 Suiten, ⊒
WC ☎; Lift **P** 🚗 ≙ Bowling Fitneßraum
Kegeln Sauna Solarium 18Golf 1Tennis ⋅
***** Bareiss 🍴🍴
Hauptgericht 60; geschl: Mo, Di, Ende Nov-
Ende Dez; Anfang Jun-Mitte Jul
*** Kaminstube
Hauptgericht 42
* Dorfstuben ✤
☒ Hauptgericht 28

** Lamm
Ellbachstr 4, ⊠ 72270, ☎ (0 74 42) 49 80,
Fax 4 98 78, AX DC ED VA
50 Zi, Ez: 62-124, Dz: 180-250, ⊒ WC ☎; Lift
P 🚗 ≙ Fitneßraum Sauna Solarium ⋅
** Hauptgericht 30; Terrasse

* Birkenhof
Ödenhofweg 17, ⊠ 72270, ☎ (0 74 42)
8 42 40, Fax 84 24 44, DC VA
25 Zi, Ez: 43-94, Dz: 51-62, ⊒ WC ☎, 22⊠;
Lift **P** 🚗 2⇔50 Solarium ⊚
geschl: Mi, 10.-31.1.

Obertal (9 km ↖)
*** Engel Obertal 👑
♂ Rechtmurgstr 28, ⊠ 72270, ☎ (0 74 49)
8 50, Fax 8 52 00, ED VA
68 Zi, Ez: 118-173, Dz: 226-382, 3 Suiten, ⊒
WC ☎; Lift **P** 🚗 1⇔18 ≙ Fitneßraum
Sauna Solarium 18Golf 1Tennis ⋅
** Hauptgericht 30; Terrasse

Röt (7 km ↗)
** Gasthof Sonne
Murgtalstr 323, ⊠ 72270, ☎ (0 74 42) 23 86,
Fax 6 01 94
35 Zi, Ez: 80-111, Dz: 150-186, 2 Suiten, ⊒
WC ☎; **P** ≙ Sauna Solarium ⋅
geschl: 9.11.-15.12.
** Hauptgericht 24; Terrasse;
geschl: 9.11.-15.12.

Schönmünzach (13 km ↑)
** Holzschuh's
Schwarzwaldhotel
Murgtalstr 655, ⊠ 72270, ☎ (0 74 47)
9 46 30, Fax 94 63 49
30 Zi, Ez: 63-150, Dz: 142-214, 9 App, ⊒ WC
☎; Lift **P** 🚗 3⇔30 ≙ Fitneßraum Sauna
Solarium
Auch Zimmer der Kategorie ***** vorhanden
* Hauptgericht 30; Terrasse;
geschl: Di, 15.11.-15.12.

** Sonnenhof
♂ Schifferstr 36, ⊠ 72270, ☎ (0 74 47) 93 00,
Fax 93 03 33
42 Zi, Ez: 60-91, Dz: 120-176, ⊒ WC ☎; Lift
P ≙ Fitneßraum Kegeln Sauna Solarium ⋅
Rezeption: 8-21; geschl: Mitte Nov-Mitte
Dez
Auch Zimmer der Kategorie ***** vorhanden
* Hauptgericht 25; Terrasse;
geschl: Mo nachmittags, Mitte Nov-Mitte
Dez

Schwarzenberg Kneippkurort (12 km ↑)
** Sackmann
Murgtalstr 602, ⊠ 72270, ☎ (0 74 47) 28 90,
Fax 28 94 00
58 Zi, Ez: 85-130, Dz: 150-240, 5 Suiten,
7 App, ⊒ WC ☎, 10⊠; Lift **P** 🚗 2⇔40 ≙
Fitneßraum Sauna Solarium ⋅
*** Schloßberg 🍴
Hauptgericht 55; nur abends; geschl: Mo,
Di, 3.3.-16.3., 28.7.-17.8.
** Anita-Stube
Hauptgericht 42

** Löwen
Murgtalstr 604, ⊠ 72270, ☎ (0 74 47) 93 20,
Fax 10 49, ED VA
27 Zi, Ez: 61-93, Dz: 120-180, ⊒ WC ☎; Lift
P 🚗 ⋅
Auch Zimmer der Kategorie ***** vorhanden
** Hauptgericht 56; Terrasse →

Baiersbronn

Tonbach (3 km †)

**** Traube-Tonbach ww w w
L'Art de Vivre-Residenz
◅ Tonbachstr 237, ✉ 72270, ☎ (0 74 42) 49 20, Fax 49 26 92
103 Zi, Ez: 187-304, Dz: 346-512, 10 Suiten, 58 App, ⊟ WC ☎; Lift 🅿 🚗 2⟳40 ≋ 🏊 Fitneßraum Kegeln Sauna Solarium 18Golf 4Tennis
Kinderbetreuung; Im gegenüberliegenden Haus Kohlwald auch Zimmer der Kategorie ******* vorhanden

***** Französisches 🍴 🎩🎩🎩
Restaurant Schwarzwaldstube
L'Art de Vivre-Restaurant
◅ Hauptgericht 60; geschl: Mo, Di, 11.1.-2.2., 2.-26.8.
Schwarzwälder Holzbildhauerarbeiten als Rahmen für elegante französische Tafelkultur

*** Köhlerstube 🎩
Hauptgericht 53

** Sonnenhalde
♂ ◅ Obere Sonnenhalde 63, ✉ 72270, ☎ (0 74 42) 8 45 40, Fax 8 45 41 10
30 Zi, Ez: 68-188, Dz: 150-216, 3 Suiten, ⊟ WC ☎; Lift 🅿 🚗 🏊 Fitneßraum Sauna Solarium 🍴
geschl: Mi, 2.11.-10.12.
Auch Zimmer der Kategorie ******* vorhanden

** Hauptgericht 30; Terrasse; geschl: Mi, 2.11.-10.12.

** Schwarzwaldhotel Tanne
♂ ◅ Tonbacher Str 243, ✉ 72270, ☎ (0 74 42) 83 30, Fax 76 57
53 Zi, Ez: 89-120, Dz: 144-220, ⊟ WC ☎; Lift 🅿 🚗 1⟳25 🏊 Fitneßraum Sauna Solarium 🍴 🍺
geschl: Mo, 8.11.-18.12.
Auch Zimmer der Kategorie ***** vorhanden

** Waldlust mit Gästehaus
♂ ◅ Tonbachstr 174, ✉ 72270, ☎ (0 74 42) 83 50, Fax 21 27
44 Zi, Ez: 72-95, Dz: 130-172, 2 Suiten, ⊟ WC ☎; Lift 🅿 🚗 🏊 Fitneßraum Sauna Solarium 🍴 🍺
geschl: Di, 5.11.-16.12.
Im Haupthaus Zimmer der Kategorie ***** vorhanden

* Am Tonbach
Tonbachstr 177, ✉ 72270, ☎ (0 74 42) 1 80 08-0, Fax 1 80 08-44, DC ED VA
16 Zi, Ez: 89-127, Dz: 158-172, ⊟ WC ☎; 🅿 🚗 🏊 Fitneßraum Sauna Solarium 🍴 🍺

Baiersdorf 57 □

Bayern — Kreis Erlangen-Höchstadt — 269 m — 6 400 Ew — Forchheim 10, Erlangen 11 km
🛈 ☎ (0 91 33) 7 79 00, Fax 77 90-20 — Stadtverwaltung, Waaggasse 2, 91083 Baiersdorf

** Zum Storchennest 🍀
Hauptstr 41, ✉ 91083, ☎ (0 91 33) 8 26, Fax 57 44, AX DC ED VA
Hauptgericht 48; Gartenlokal 🅿; geschl: So, Mo, 2 Wochen im Jan, 2 Wochen im Aug
Abends auch Gourmet-Menü

Balderschwang 70 ⌁

Bayern — Kreis Oberallgäu — 1044 m — 229 Ew — Sonthofen 12, Kempten 33 km
🛈 ☎ (0 83 28) 10 56, Fax 2 65 — Verkehrsamt, 87538 Balderschwang

** Gästehaus Hubertus
Landidyll
◅ ✉ 87538, ☎ (0 83 28) 92 00, Fax 9 20 10, AX DC ED VA
25 Zi, Ez: 90-190, Dz: 120-280, 3 Suiten, ⊟ WC ☎; 🅿 2⟳40 Sauna Solarium 🍴 🍺
Preise inkl. Halbpension. Im Haupthaus auch einfachere Zimmer vorhanden

* Ifenblick
♂ ◅ ✉ 87538, ☎ (0 83 28) 10 14, Fax 3 28
43 Zi, Ez: 80-100, Dz: 160-180, ⊟ WC ☎; Lift 🅿 🚗 🏊 Kegeln Sauna 🍴 🍺
Auch Zimmer der Kategorie ****** vorhanden

Balduinstein 44 ⌁

Rheinland-Pfalz — Rhein-Lahn-Kreis — 108 m — 650 Ew — Limburg 11, Nassau 32 km
🛈 ☎ (0 64 32) 8 21 45 — Gemeindeverwaltung, Bahnhofstr 15, 65558 Balduinstein; Erholungsort im Lahntal. Sehenswert: Burgruine Balduinstein ◅; Schloß Schaumburg ◅

*** Am Kachelofen
Bahnhofstr 24, ✉ 65558, ☎ (0 64 32) 8 10 91, Fax 8 36 43, AX ED VA
Hauptgericht 35; Gartenlokal 🅿; geschl: Di, 15.2.-12.3.

* Zum Bären
10 Zi, Ez: 85-90, Dz: 160-170, ⊟ WC ☎; 2⟳30
geschl: 15.2.-12.3.

Balingen 61 ↓

Baden-Württemberg — Zollernalbkreis — 540 m — 33 000 Ew — Rottweil 23, Tübingen 38 km
🛈 ☎ (0 74 33) 17 02 61, Fax 17 01 27 — Kulturamt, Neue Str 33, 72336 Balingen; Kreisstadt am Rand der Schwäbischen Alb. Sehenswert: Ev. Stadtkirche; Zollernschloß, Historische Zehntscheuer mit Museen

** Stadt Balingen
Hirschstr 48, ✉ 72336, ☎ (0 74 33) 80 21, Fax 51 19, AX DC ED VA
60 Zi, Ez: 122, Dz: 196, ⇩ WC ☎, 7🛁; Lift 🅿
2⇌20 Sauna Solarium 🍽

** Hamann
Neue Str 11, ✉ 72336, ☎ (0 74 33) 9 50-0, Fax 51 23, DC ED VA
50 Zi, Ez: 105-140, Dz: 170-200, 2 Suiten, 6 App, ⇩ WC ☎; Lift 🅿 2⇌30 🍺
geschl: 23.12.-6.1.
Auch Zimmer der Kategorie * vorhanden
** Gute Stube
Hauptgericht 15; Gartenlokal; geschl: Sa, 23.12.-6.1.

* Thum
Klausenweg 20, an der B 27, ✉ 72336, ☎ (0 74 33) 9 69 00, Fax 96 90 44, DC ED VA
22 Zi, Ez: 75-110, Dz: 150-200, 3 Suiten, ⇩ WC ☎, 2🛁; Lift 🅿 🚐 2⇌90 🍺
* Hauptgericht 35; Terrasse; geschl: Sa, 1. Woche Jan/ 3 Wochen im Aug

Balje

Niedersachsen — Stade — 1 192 Ew
🛈 ☎ (0 47 53) 3 76 — Gemeindeverwaltung, Bahnhofstr. 28, 21730 Balje

Hörne
* Zwei Linden
Itzwörderner Str 4, ✉ 21730, ☎ (0 47 53) 8 43 00, Fax 84 30 30, ED
17 Zi, Ez: 65-75, Dz: 95-110, ⇩ WC ☎; 🅿 🚐 3⇌60 🍽

Ballenstedt 37 ↗

Sachsen-Anhalt — Kreis Quedlinburg — 225 m — 7 300 Ew — Aschersleben 16, Nordhausen 65 km
🛈 ☎ (03 94 83) 2 63, Fax 2 63 — Tourist Information, Holsteiner Str 4, 06493 Ballenstedt. Sehenswert: Barockschloß; ehem. Klosterkirche; Pfarrkirche St.-Nikolai; Altes Rathaus; Kügelgenhaus

*** Schloßhotel Großer Gasthof
Schloßplatz 1, ✉ 06493, ☎ (03 94 83) 5 10, Fax 5 12 22, AX DC ED VA
47 Zi, Ez: 175, Dz: 242, 2 Suiten, 1App; 2⇌80 Lift 🅿 ⛲ Sauna Solarium 🍽 🍺

* Stadt Bernburg
Allee 44, ✉ 06493, ☎ (03 94 83) 4 22, Fax 94 10, AX DC ED VA
18 Zi, Ez: 65, Dz: 90-130, ⇩ WC ☎; 🍽

* Ratskeller
Rathausplatz 3, ✉ 06493, ☎ (03 94 83) 85 34, AX ED VA
11 Zi, Ez: 50-70, Dz: 80-100, ⇩ WC ☎; 🅿 1⇌30 🍽 🍺
geschl: So ab 15

Ballersbach siehe Mittenaar

Ballrechten-Dottingen 67 ↙

Baden-Württemberg — Kreis Breisgau-Hochschwarzwald — 290 m — 1 983 Ew — Heitersheim 5, Staufen 6 km
🛈 ☎ (0 76 34) 56 17-0, Fax 56 17-99 — Bürgermeisteramt, Alfred-Löffler-Str 1, 79282 Ballrechten-Dottingen; Weinbau- und Erholungsort am Rande des Schwarzwaldes zur Rheinebene

Dottingen
* Landhaus zur Badischen Weinstraße
♗ Neue Kirchstr 26, ✉ 79282, ☎ (0 76 34) 80 20, Fax 6 97 54
11 Zi, Ez: 55-75, Dz: 105-115, ⇩ WC ☎; 🅿 🚐; garni

* Winzer-Stube
Neue Kirchstr 30, ✉ 79282, ☎ (0 76 34) 6 97 05, Fax 63 81
Hauptgericht 28; 🅿 Terrasse; geschl: Do, Fr mittags, 7.1-28.1.
* Haus Blanka
♗ ◁ 7 Zi, Ez: 55-60, Dz: 80-110, ⇩ WC ☎; 🚐

Ballstedt 48 ↖

Thüringen — Kreis Weimar — 200 m — 230 Ew — Erfurt 15, Weimar 15 km
🛈 ☎ (03 64 52) 2 47 — Gemeindeverwaltung, 99439 Ballstedt. Sehenswert: Schloß Ettersburg: Park von Fürst Pückler (5 km ↘)

* Landhotel Zur Tanne
Im Dorfe 29, ✉ 99439, ☎ (03 64 52) 7 23 60, Fax 7 08 57, AX DC ED VA
24 Zi, Ez: 74-79, Dz: 116-126, ⇩ WC ☎; 🅿 2⇌60 Sauna Solarium 🍽

Baltrum 15 ↗

Niedersachsen — Kreis Aurich — 5 m — 550 Ew
🛈 ☎ (0 49 39) 91 40 03, Fax 91 40 05 — Kurverwaltung, Haus Nr 130, 26579 Baltrum; Kleinste der Ostfriesischen Inseln, Nordsee-Heilbad

Achtung: Schiff von Neßmersiel in 30 Minuten 🛈 ☎ (0 49 39) 9 13 00; Kraftfahrzeuge nicht zugelassen (Garagen in Neßmersiel)

* Strandhof
♗ ◁ Haus Nr 123, ✉ 26579, ☎ (0 49 39) 8 90, Fax 89 13
26 Zi, Ez: 75-85, Dz: 140-160, 6 Suiten, 23 App, ⇩ WC ☎; 1⇌30 Seezugang Fitneßraum Sauna Solarium 🍽
Rezeption: 8-14, 16-22; geschl: Mi, 1.11.-15.3. →

Baltrum

∗ Witthus an't Brüg
♂ ⋅≼ Dependance Seemöwe Nr 137,
✉ 26579, ☎ (0 49 39) 99 00 00, Fax 99 00 01
11 Zi, Ez: 75, Dz: 150-160, 2 App, ⊟ WC ☏;
Kegeln
geschl: 1.11.-26.12., 15.1.-15.3.

Balve 34 ✓

Nordrhein-Westfalen — Märkischer Kreis
— 280 m — 12 280 Ew — Menden 15, Werdohl 15 km
ℹ ☎ (0 23 75) 92 61 90, Fax 92 61 91 —
Verkehrsverein Balve e.V., Widukindplatz 1,
58802 Balve. Sehenswert: Kath. St.-Blasius-Kirche; Luisenhütte: älteste und einzige vollständig erhaltene Hochofenanlage Deutschlands; Prähistorisches Museum; Balver Höhle; Reckenhöhle (7 km ↑); Sorpe-Stausee (8 km →)

Binolen (7 km ↑)
∗ Haus Recke
einzeln, Binolen 1, ✉ 58802, ☎ (0 23 79)
9 18 10, Fax 2 93, AX ED VA
Hauptgericht 27; 𝐏; geschl: 9.11.-21.11.,
8.2.-20.2.
∗ einzeln, 9 Zi, Ez: 98, Dz: 175,
3 App, ⊟ WC ☏; 🖃 4⇔100
geschl: 9.-21.11., 8.-20.2.99

Eisborn (8 km ↑)
∗∗ Antoniushütte
mit Gästehaus
♂ Dorfstr 10, ✉ 58802, ☎ (0 23 79) 91 50,
Fax 6 44, ED VA
59 Zi, Ez: 80-105, Dz: 140-195, 5 Suiten, ⊟
WC ☏; 𝐏 🖃 5⇔100 Kegeln ⏍
Auch Zimmer der Kategorie ∗ vorhanden
∗∗ Hauptgericht 25

∗∗ Zur Post
mit Gästehaus
♂ Dorfstr 3, ✉ 58802, ☎ (0 23 79) 91 60,
Fax 91 62 00, AX DC ED VA
50 Zi, Ez: 95, Dz: 156-170, 1 Suite, ⊟ WC ☏;
Lift 𝐏 🖃 5⇔80 ≏ Fitneßraum Sauna ⏍
geschl: 25.6.-24.7.99
auch Zimmer der Kategorie ∗ verfügbar
∗ Hauptgericht 27; Terrasse;
geschl: 25.6.-24.7.99

Bamberg siehe auch Stegaurach
Bamberg 57 ↘

Bayern — Stadtkreis — 240 m — 71 000 Ew
— Coburg 46, Nürnberg 55, Bayreuth 61 km
ℹ ☎ (09 51) 87 11 61, Fax 87 19 60 — Fremdenverkehrsamt, Geyerswörthstr 3 (B 3),
96047 Bamberg; Kreisstadt an der Regnitz;
Universität; E.-T.-A.-Hoffmann-Theater;
Konzert- und Kongreßhalle; Zwölftes Denkmal des Weltkulturerbes in Deutschland
(UNESCO).

Sehenswert: Dom, Bamberger Reiter,
Reliefs, Hochgrab, Veit-Stoß-Altar; Kloster
Michaelsberg ⋅≼; Kirchen, ev. St. Stephan,
kath. St. Gangolf: Kreuzgang, kath. St.
Jakob, Karmelitenkirche St. Theodor: Kreuzgang, kath. Obere Pfarrkirche U.L.Frau,
ehem. Dominikanerkirche St. Christoph,
kath. St. Martin; Altes Rathaus; Alte Hofhaltung, Historisches Museum; Neue Residenz mit Gemäldegalerie; Staatsbibliothek
und Rosengarten ⋅≼; Diözesan-Museum;
Naturkunde-Museum; Karl-May-Museum;
E.-T.-A.-Hoffmann-Haus; Wasserschloß
Concordia; Böttingerhaus; Neues Rathaus;
Obere Brücke: ⋅≼ auf die Fischerhäuser
„Klein-Venedig"; Domherrenhöfe;
Altenburg ⋅≼(2 km ✓)

∗∗∗ Hotel Residenzschloss
Untere Sandstr 32 (A 2), ✉ 96049, ☎ (09 51)
6 09 10, Fax 6 09 17 01, AX DC ED VA
181 Zi, Ez: 230-280, Dz: 295-335, S; 4 Suiten,
⊟ WC ☏, 43⏍; Lift 🖃 11⇔400 Fitneßraum
Sauna Solarium ⏍⏍
Auch Zimmer der Kategorie ∗∗∗∗ vorhanden

∗∗ St. Nepomuk
mit Gästehäusern
Molitor und Steinmühle
⋅≼ ⊠ Obere Mühlbrücke 9 (B 3), ✉ 96049,
☎ (09 51) 98 42-0, Fax 9 84 21 00, DC ED VA
47 Zi, Ez: 130-160, Dz: 200-240, 3 Suiten,
1 App, ⊟ WC ☏, 7⏍; Lift 🖃 2⇔35 ⏍
∗∗ ⋅≼ Hauptgericht 30

∗∗ Romantik Hotel Weinhaus
Messerschmitt
⊠ Lange Str 41 (B 3), ✉ 96047, ☎ (09 51)
2 78 66, Fax 2 61 41, AX DC ED VA
17 Zi, Ez: 92-155, Dz: 205-255, ⊟ WC ☏,
4⏍; 𝐏 3⇔60 ⏍
∗∗∗ Hauptgericht 38; Gartenlokal; nur
mittags
∗ Hubertusstube
Hauptgericht 25; Gartenlokal

∗∗ Barock-Hotel am Dom 👑
♂ Vorderer Bach 4 (B 3), ✉ 96049, ☎ (09 51)
5 40 31, Fax 5 40 21, AX DC ED VA
19 Zi, Ez: 98-110, Dz: 145-160, ⊟ WC ☏; Lift
𝐏; garni
geschl: 1.2.-1.3.99
Historisches Barockgebäude von 1520

∗∗ Berliner Ring
Pödeldorfer Str 146, ✉ 96050, ☎ (09 51)
91 50 50, Fax 1 47 15, AX ED VA
40 Zi, Ez: 96-110, Dz: 140-150, ⊟ WC ☏
DFÜ; Lift 🖃; garni

∗∗ Domherrenhof
Karolinenstr 24 (B 3), ✉ 96049, ☎ (09 51)
95 59 90, Fax 9 55 99 55, AX ED VA
17 Zi, Ez: 135-145, Dz: 185-195, ⊟ WC ☏;
1⇔25
∗∗ Hauptgericht 25

Bantikow

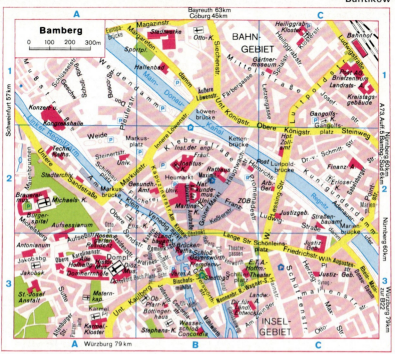

✴ Gasthof Wilde Rose
Keßlerstr 7 (B 2), ✉ 96047, ☎ (09 51)
98 18 20, Fax 2 20 71, AX DC ED VA
29 Zi, Ez: 70-95, Dz: 130-150, ⌐ WC ☎; P
1⇔20
geschl: So abends
Parkplatzreservierung erforderlich
✴ **Altfränkische Gaststube**
Hauptgericht 20

✴ Zum Spatz
Herrenstr 2 (B 3), ✉ 96049, ☎ (09 51)
5 20 79, Fax 5 12 03, AX DC ED VA
6 Zi, Ez: 85-120, Dz: 120-140, 1 Suite, ⌐ WC
☎; garni

✴ Brudermühle
Schranne 1 (B 3), ✉ 96049, ☎ (09 51)
95 52 20, Fax 9 55 22 55, DC ED VA
16 Zi, Ez: 128, Dz: 178, ⌐ WC ☎ DFÜ, 16✉;
1⇔25 ⚑

Bergschlößchen
♠ ⚐ Am Bundleshof 2, ✉ 96049, ☎ (09 51)
5 20 05, Fax 5 94 54, ED VA
14 Zi, Ez: 85-110, Dz: 130-150, ⌐ WC ☎; P
1⇔25 ⚑
Restaurant für Hausgäste

✴ Weierich
Lugbank 5 (B 3), ✉ 96049, ☎ (09 51) 5 40 04,
Fax 5 58 00, AX DC ED VA
23 Zi, Ez: 95, Dz: 150, 1 App, ⌐ WC ☎, 3✉;
P 1⇔20 ⚑

Brauerei-Ausschank Schlenkerla
⚑ Dominikanerstr 6 (B 3), ✉ 96049,
☎ (09 51) 5 60 60, Fax 5 40 19
Hauptgericht 15; geschl: Di, 7.1.99-21.1.99

Klosterbräu
⚑ Obere Mühlbrücke 1-3, ✉ 96049,
☎ (09 51) 5 22 65, Fax 50 02 74
Hauptgericht 18; geschl: Mi, 15.02.-28.02.99
Älteste Braustätte Bambergs seit 1533

Spezial
⚑ Obere Königstr 10 (C 2), ✉ 96052,
☎ (09 51) 2 43 04, Fax 2 63 30
Hauptgericht 16; geschl: Sa nachmittags,
Historische Braustube

Am Dom
Ringleinsgasse 2 (B 3), ✉ 96049, ☎ (09 51)
5 68 52, Fax 5 90 42
Spezialität: Wiener Apfelstrudel, Dom-Torte

siehe auch **Buttenheim**

Bansin siehe Usedom

Bantikow 20 ↘

Brandenburg — 42 m — 480 Ew
ℹ ☎ (03 39 79) 2 45, Fax 5 65 — Stadtverwaltung, Am Markt 1, 16868 Bantikow →

Bantikow

* **Am Untersee**
Dorfstr 48, ✉ 16868, ☎ (03 39 79) 1 45 90,
Fax 1 46 22, AX ED VA
36 Zi, Ez: 80, Dz: 120, ⊣ WC ☎; P 2⇔24
Strandbad Seezugang Kegeln Sauna
Solarium ⓘ ≋

Banzkow 20 ↘

Mecklenburg-Vorpommern — Kreis Schwerin — 1 596 Ew — Schwerin 20, Ludwigslust 25 km
ⓘ ☎ (0 38 61) 5 50 20 — Gemeindeverwaltung, Schulsteig 4, 19079 Banzkow

** **Ringhotel Lewitz Mühle**
An der Lewitz-Mühle 40, ✉ 19079,
☎ (0 38 61) 50 50, Fax 50 54 44, AX DC ED VA
52 Zi, Ez: 120-180, Dz: 180-310, S; 4 App, ⊣
WC ☎ DFÜ, 15⊠; Lift P ⊟ 5⇔190 ≋ ≋ Fitneßraum Sauna Solarium ⓘ ≋
Denkmalgeschützte Holländer Galeriemühle von 1874 mit Hotelneubau

* **Trend Hotel**
Plater Str 1, ✉ 19079, ☎ (0 38 61) 71 14,
Fax 73 34
55 Zi, Ez: 80-90, Dz: 100-130, ⊣ WC ☎, 8⊠;
Lift P 3⇔50 ⓘ ≋

Mirow
* **Unter den Linden**
☾ ⋞ Unter den Linden 4a, ✉ 19079,
☎ (0 38 61) 79 16, Fax 79 18, ED
19 Zi, Ez: 80, Dz: 100, ⊣ WC ☎; 2⇔30 ⓘ

Barbing 65 ↘

Bayern — Kreis Regensburg — 332 m —
4 500 Ew — Obertraubling 5, Regensburg
8 km
ⓘ ☎ (0 94 01) 92 29-0, Fax 8 03 95 —
Gemeindeverwaltung, Kirchstr 1,
93092 Barbing

* **Barbarossa**
Regensburger Str 9, an der B 8, ✉ 93092,
☎ (0 94 01) 12 12, Fax 7 91 54, AX DC ED VA
Hauptgericht 25
* 11 Zi, Ez: 75-100, Dz: 95-140, ⊣
WC ☎; 3⇔80

Barby (Elbe) 28 ↓

Sachsen-Anhalt — Kreis Schönebeck —
50 m — 5 208 Ew — Schönebeck 11, Magdeburg 31 km
ⓘ ☎ (03 92 98) 39 31, Fax 32 04 — Verwaltungsgemeinschaft Barby, Amt für Kultur und Sport, Goethestr 14, 39249 Barby.
Sehenswert: Johanniskirche (13. Jh.);
Marienkirche; Stadtmauer mit Wehrtürmen; Gierfähre. Elbe-Saale-Mündung

* **Pension Zur Galerie**
Breite Str 30, ✉ 39249, ☎ (03 92 98) 70 06,
Fax 34 92
7 Zi, Ez: 65-85, Dz: 95-110, ⊣ WC ☎; P ≋
garni
geschl: 24.12.-2.1.

Bargteheide 18 ↗

Schleswig-Holstein — Kreis Stormarn —
48 m — 12 500 Ew — Bad Oldesloe 13,
Hamburg 27 km
ⓘ ☎ (0 45 32) 4 04 70, Fax 40 47 77 — Stadtverwaltung, Rathausstr 26, 22941 Bargteheide

* **Papendoor**
Lindenstr 1, ✉ 22941, ☎ (0 45 32) 70 41,
Fax 70 43, AX DC ED VA
24 Zi, Ez: 115-130, Dz: 145-175, 1 Suite, ⊣
WC ☎; P ⊟ 1⇔14
** Hauptgericht 20; Terrasse;
geschl: so+feiertags

** **Utspann**
Hamburger Str 1, ✉ 22941, ☎ (0 45 32)
62 20, AX DC ED VA
Hauptgericht 25; P; geschl: Mo

Bargum 9 ↘

Schleswig-Holstein — Kreis Nordfriesland
— 7 m — 590 Ew — Niebüll 13, Husum
27 km
ⓘ ☎ (0 46 71) 58 57, Fax 69 75 — Fremdenverkehrsverein, Rathaus, 25842 Bredstedt

*** **Andresens Gasthof** ♨ ☎
Dorfstr 63, an der B 5, ✉ 25842, ☎ (0 46 72)
10 98, Fax 10 99, ED
Hauptgericht 48; Gartenlokal P; geschl:
Mo, Di
** 5 Zi, Ez: 135, Dz: 195, ⊣ WC ☎;
3⇔150
geschl: Mo, Di, Mitte Jan-Mitte Feb,
2 Wochen im Sep

Bark 10 ↘

Schleswig-Holstein — Kreis Segeberg —
35 m — 880 Ew — Bad Segeberg 12 km
ⓘ ☎ (0 45 52) 9 97 70, Fax 99 77 25 — Amtsverwaltung, Hamburger Str 28, 23816 Leezen

Bockhorn (2 km ↘)
* **Comfort Hotel
Schäfer**
Bockhorner Landstr 10 a, ✉ 23826,
☎ (0 45 58) 10 66, Fax 2 68, AX DC ED VA
21 Zi, Ez: 95-105, Dz: 135-165, 2 Suiten, ⊣
WC ☎, 7⊠; P ⊟ 1⇔15 ⓘ

Barkhausen
siehe **Porta Westfalica**

Barleben 28 ↙

Sachsen-Anhalt — Kreis Wolmirstedt —
50 m — 3 810 Ew — Magdeburg 6, Wolmirstedt 6 km
ⓘ ☎ (03 92 03) 52 22, Fax 52 39 — Gemeindeverwaltung, Breiter Weg 50, 39179 Barleben

** Sachsen-Anhalt
Ebendorfer Str, ✉ 39179, ☎ (03 92 03)
6 13 63, Fax 6 13 73, AX ED VA
118 Zi, Ez: 149-179, Dz: 199-229, 1 Suite,
26🛏, Lift 🅿 11⇔120 Sauna ▯

* Mariannenhof
Hansenstr 40, ✉ 39179, ☎ (03 92 03)
6 09 45, Fax 6 13 34, AX ED VA
18 Zi, Ez: 115-135, Dz: 150-185, ⌐ WC ☎; 🅿
1⇔40 ▯
Auch Zimmer der Kategorie ** vorhanden

Barlo siehe Bocholt

Barnstorf 24 ↗

Niedersachsen — Kreis Diepholz — 33 m —
5 601 Ew — Diepholz 15, Bremen 51, Nienburg 60 km
ⓘ ☎ (0 54 42) 80 90, Fax 8 09 32 — Gemeindeverwaltung, Am Markt 4, 49406 Barnstorf. Sehenswert: Romanische St.-Veit-Kirche (12. Jh.)

** Roshop
Am Markt 6, ✉ 49406, ☎ (0 54 42) 98 00,
Fax 98 04 44, AX ED VA
63 Zi, Ez: 99-130, Dz: 150-185, 1 Suite,
2 App, ⌐ WC ☎, 17🛏; Lift 🅿 🚗 7⇔160 ≈
Fitneßraum Kegeln Sauna Solarium ▯

Barsinghausen 25 ↘

Niedersachsen — Kreis Hannover — 100 m
— 36 000 Ew — Stadthagen 17, Hannover
25, Hameln 36 km
ⓘ ☎ (0 51 05) 77 42 63, Fax 6 56 32 — Stadt Barsinghausen, Bergamtstraße 5,
30890 Barsinghausen; Stadt am Deister.
Sehenswert: Kloster, Kirche; Wasserschloß Wichtringhausen

** Stadthotel
Egestorfer Str 6, ✉ 30890, ☎ (0 51 05)
6 50 95, Fax 98 90, AX DC ED VA
40 Zi, Ez: 120-130, Dz: 150-160, 1 App, ⌐
WC ☎ DFÜ, 1🛏; 🅿 2⇔50
geschl: Ende Dez
Restaurant für Hausgäste

* Caspar
♂ Lauenauer Allee 8, ✉ 30890, ☎ (0 51 05)
35 43, Fax 51 92 22
9 Zi, Ez: 75-105, Dz: 145-175, ⌐ WC ☎; 🅿 🚗
Sauna Solarium; garni

* Fuchsbachtal
Bergstr 54, ✉ 30890, ☎ (0 51 05) 77 60,
Fax 77 63 33, AX ED VA
52 Zi, Ez: 70-240, Dz: 150-240, ⌐ WC ☎
DFÜ, 8🛏; Lift 🅿 7⇔130 ≈ Fitneßraum
Kegeln Sauna Solarium ▯ 🚗

** Marmite ✤
Egestorfer Str 36 A, ✉ 30890, ☎ (0 51 05)
6 18 18, Fax 51 57 09, AX DC ED
Hauptgericht 38; Kegeln 🅿 Terrasse; ab 15,
So auch mittags

Bartholomä

Bantorf (6 km ↖)
** Echo Hotel
Kronskamp 2, ✉ 30890, ☎ (0 51 05) 52 70,
Fax 52 71 99, AX DC ED VA
64 Zi, Ez: 115-290, Dz: 151-430, S; ⌐ WC ☎,
4🛏; 🅿 2⇔45 ▯
Auch Zimmer der Kategorie * vorhanden

☐ Krüger's Gasthaus
Bantorfer Brink 61, ✉ 30890, ☎ (0 51 05)
52 73-0, Fax 52 73-52, AX DC ED VA
21 Zi, Ez: 50-160, Dz: 100-180, 2 Suiten,
1 App, ⌐ WC ☎ DFÜ; 🅿 2⇔150 Fitneßraum Kegeln Sauna Solarium ▯ 🚗

Barßel 16 ↙

Niedersachsen — Kreis Cloppenburg —
4 m — 12 000 Ew — Westerstede 19, Friesoythe 29, Leer 31 km
ⓘ ☎ (0 44 99) 81 40, Fax 81 59 — Fremdenverkehrsverein, Theodor-Klinker-Platz,
26676 Barßel; Erholungsort im Oldenburger Münsterland. Sehenswert: Moor- und Fehn-Museum Elisabethfehn (3 km ↙);
Saterland

** Müllerhaus
Mühlenweg 4, ✉ 26676, ☎ (0 44 99) 27 07,
Fax 78 97, ED VA
Hauptgericht 30; Biergarten 🅿; geschl: Di,
Feb

Barth 13 ↖

Mecklenburg-Vorpommern — Kreis Ribnitz-Damgarten — 5 m — 11 000 Ew — Ribnitz-Damgarten 29, Stralsund 34 km
ⓘ ☎ (03 82 31) 24 64 — Barth-Information,
Am Markt 3, 18356 Barth. Sehenswert: St. Marienkirche; Dammtor; Kloster

** Ringhotel Speicher
◄ Am Osthafen, ✉ 18356, ☎ (03 82 31)
6 33 00, Fax 6 34 00, AX DC ED VA
4 Zi, Ez: 90-135, Dz: 150-250, S; 13 Suiten,
26 App, ⌐ WC ☎ DFÜ, 12🛏; Lift 🅿 2⇔250
Fitneßraum Sauna Solarium ▯
Historisches Speichergebäude mit individuellem Charakter

** Pommernhotel
Divitzer Weg 2, ✉ 18356, ☎ (03 82 31)
8 20 00, Fax 8 20 06, AX DC ED VA
27 Zi, Ez: 90-140, Dz: 125-160, 4 Suiten, ⌐
WC ☎; 🅿 🚗 2⇔25 ▯

Bartholomä 62 →

Baden-Württemberg — Ostalbkreis —
650 m — 2 150 Ew — Mögglingen 8, Heidenheim 17, Schwäbisch Gmünd 19 km
ⓘ ☎ (0 71 73) 97 82 00, Fax 9 78 20 22 —
Gemeindeverwaltung, Beckengasse 14,
73566 Bartholomä; Erholungsort →

Bartholomä

Bartholomä-Außerhalb (3 km ↘)
* **Akzent-Hotel Wental**
✉ 73566, ☎ (0 71 73) 97 81 90,
Fax 9 78 19 40, AX DC ED VA
27 Zi, Ez: 70-80, Dz: 110-120, ⚄ WC ☏;
3✪80 Solarium ¶⚉¶

Basdorf 30 ↗

Brandenburg — Kreis Barnim — 55 m —
3550 Ew
ℹ ☎ (03 33 97) 66 31, Fax 66 31 — Fremdenverkehrsverein, Prenzlauer Chaussee 157, 16348 Wandlitz

* **Barnimer Hof**
Am Markt 9, ✉ 16352, ☎ (03 33 97) 78 70,
Fax 7 87 77, DC ED VA
17 Zi, Ez: 100-150, Dz: 160-190, 5 app, ⚄ WC
☏; Lift 🅿 Bowling ¶⚉¶
Zimmer der Kategorie ★★ vorhanden

Battenberg (Eder) 44 ↗

Hessen — Kreis Waldeck-Frankenberg —
360 m — 5 800 Ew
ℹ ☎ (0 64 52) 9 34 40, Fax 93 44 19 — Tourist-Information, Hauptstr 58, 35088 Battenberg (Eder)

* **Rohde**
Hauptstr 53, ✉ 35088, ☎ (0 64 52) 93 33-0,
Fax 93 33-50, AX ED
11 Zi, Ez: 61-66, Dz: 132, ⚄ WC ☏; 🅿 🚗
Kegeln Solarium ¶⚉¶

Baunatal 35 ↘

Hessen — Kreis Kassel — 300 m —
27 000 Ew — Kassel 7 km
ℹ ☎ (05 61) 4 99 22 10, Fax 4 99 23 00 —
Stadtverwaltung, im Stadtteil Altenbauna,
Marktplatz 14, 34225 Baunatal

Altenbauna
** **Best Western Ambassador**
Friedrich-Ebert-Allee 1, ✉ 34225, ☎ (05 61)
4 99 30, Fax 4 99 35 00, AX DC ED VA
120 Zi, Ez: 130-170, Dz: 160-220, S; 2 Suiten,
⚄ WC ☏, 18◨; Lift 🅿 🚗 8✪180 Fitneßraum Sauna Solarium ¶⚉¶

Rengershausen
* **Landgasthaus Bonn**
Guntershäuser Str 4, ✉ 34225, ☎ (05 61)
94 97 60, Fax 49 89 99, AX DC ED VA
30 Zi, Ez: 95-130, Dz: 140-180, ⚄ WC ☏
DFÜ, 6◨; 🅿 🚗 1✪20 Kegeln ¶⚉¶

Bautzen 41 ↓

Sachsen — Kreis Bautzen — 219 m —
44 000 Ew — Görlitz 44, Dresden 53 km
ℹ ☎ (0 35 91) 4 20 16, Fax 53 43 09 — Tourist-Information Bautzen-Budysin, Hauptmarkt 1, 02625 Bautzen; Sorbisches Kulturzentrum. Sehenswert: Hauptmarkt; Rathaus; Gewandhaus; Dom St. Petri; Reichenturm; Fleischmarkt; Domstift; Nikolaikirche; Deutsch-Sorbisches Volkstheater (zweisprachige Bühne)

** **Holiday Inn**
Wendischer Graben 20, ✉ 02625,
☎ (0 35 91) 49 20, Fax 49 21 00, AX DC ED VA
144 Zi, Ez: 128-148, Dz: 128-196, 13 Suiten,
⚄ WC DFÜ, 56◨; Lift 🅿 5✪300 Fitneßraum Sauna Solarium 9 Golf; ¶⚉¶ 🚗

** **Goldener Adler**
Hauptmarkt 4, ✉ 02625, ☎ (0 35 91) 4 86 60,
Fax 48 66 20
30 Zi, Ez: 115-155, Dz: 155-195, ⚄ WC ☏;
Lift 1✪20 ¶⚉¶
Renaissance-Gebäude von 1540

** **Akzent-Hotel Husarenhof**
K.-Kollwitz-Platz 1, ✉ 02625, ☎ (0 35 91)
62 02 05, Fax 62 01 00, AX ED VA
27 Zi, Ez: 80-100, Dz: 120-130, ⚄ WC 🅿
1✪50
Restaurant für Hausgäste; Auch Zimmer
der Kategorie * vorhanden

* **Spree-Pension Frenzel**
Fischergasse 6, ✉ 02625, ☎ (0 35 91)
4 89 60, Fax 48 96 44, AX ED VA
17 Zi, Ez: 60-85, Dz: 100-110, 4 Suiten, ⚄
WC ☏; 🅿 ¶⚉¶

* **Alte Gerberei Weinstube**
Uferweg 1, ✉ 02625, ☎ (0 35 91) 30 10 11,
Fax 30 10 04, ED
8 Zi, Ez: 70-120, Dz: 120-150, 1 Suite, ⚄ WC
☏, 2◨; 🅿 1✪20 ¶⚉¶
Barockgebäude aus dem 17. Jahrhundert

Burk (3 km ↗)
** **Spree Hotel**
☀ ⛱ An den Steinbrüchen, ✉ 02625,
☎ (0 35 91) 2 13 00, Fax 21 30 10, AX ED VA
81 Zi, Ez: 105-155, Dz: 150-170, 15 Suiten, ⚄
WC ☏, 20◨; Lift 🅿 4✪100 Seezugang
Kegeln Sauna 🚗
** **Atrium**
Hauptgericht 18; Biergarten

Bayerbach 66 ↙

Bayern — Kreis Rottal-Inn — 354 m —
1 900 Ew — Griesbach im Rottal 10, Passau
42 km
ℹ ☎ (0 85 63) 96 30 40, Fax 96 30 50 — Kurverwaltung, Neuer Marktplatz 1, 84364 Bad Birnbach

* **Gasthof Zur Mühle**
Mühlenstr 3, ✉ 94137, ☎ (0 85 32) 9 61 60,
Fax 96 16 50
29 Zi, Ez: 35-50, Dz: 70-90, ⚄ WC ☏; 🅿 150
Fitneßraum Sauna Solarium 🚗
* Hauptgericht 20

Holzham (3 km ↘)
* **Landgasthof Winbeck**
Haus Nr 5, ✉ 94137, ☎ (0 85 32) 78 17,
Fax 31 43
15 Zi, Ez: 48-55, Dz: 96-110, ⚄ WC ☏; 🅿 🚗
72 Golf ¶⚉¶
geschl: So, 7.-25.12.

Bayerisch Eisenstein 66 ↘

Bayern — Kreis Regen — 724 m — 1 800 Ew — Regen 24, Deggendorf 50, Passau 82 km
ℹ ☎ (0 99 25) 3 27, Fax 4 78 — Verkehrsamt, Hauptstr, 94252 Bayerisch Eisenstein; Luftkurort und Wintersportplatz im Bayerischen Wald. Sehenswert: Großer Arber, 1456 m ⛷ (9 km, Sessellift + 1 Std ←); Großer Arbersee (10 km ↙); Großer Falkenstein, 1312 m ⛷ (12 km + 3,5 Std ↘)

** Sportel
♂ ⛷ Hafenbrädl-Allee 16, ✉ 94252,
☎ (0 99 25) 6 25, Fax 4 28
15 Zi, Ez: 60, Dz: 109-119, ⌐ WC ☎; 🅿;
garni
geschl. 1.11.-15.12.

** Waldspitze
Hauptstr 4, ✉ 94252, ☎ (0 99 25) 94 10-0, Fax 94 10-1 99
56 Zi, Ez: 57-90, Dz: 94-160, 6 App, ⌐ WC ☎; Lift 🅿 1♨50 ≋ Sauna Solarium 🍽 ☕
Rezeption: 7.15-21.30; geschl: 1.11.-17.12.
Auch Zimmer der Kategorie * vorhanden

* Pension Am Regen
♂ Anton-Pech-Weg 21, ✉ 94252,
☎ (0 99 25) 9 40 00, Fax 94 00 19, ED
7 Zi, Ez: 68-98, Dz: 90-140, 7 Suiten, ⌐ WC ☎, 4✉; ≋ Fitneßraum Sauna Solarium
4Tennis 18Golf; garni
geschl: 20.10.-25.12., 15.3.-20.5.
Auch Zimmer der Kategorie ** vorhanden

* Pension Wimmer
♂ ⛷ Am Buchenacker 13, ✉ 94252,
☎ (0 99 25) 4 38, Fax 13 95
17 Zi, Ez: 46, Dz: 77-89, ⌐ WC; 🅿 🚗 ≋ Fitneßraum Sauna Solarium; garni

Bayerisch Gmain 73 ↘

Bayern — Kreis Berchtesgadener Land — 560 m — 2 700 Ew — Bad Reichenhall 3, Berchtesgaden 15 km
ℹ ☎ (0 86 51) 32 58, Fax 6 40 54 — Verkehrsamt, Großmainer Str 14, 83457 Bayerisch Gmain; Heilbad, Kurbezirk von Bad Reichenhall.

Siehe Stadtplan Bad Reichenhall

** Klosterhof
einzeln ♂ ⛷ Steilhofweg 19 (C 1), ✉ 83457,
☎ (0 86 51) 98 25-0, Fax 6 62 11
10 Zi, Ez: 105-165, Dz: 180-220, 4 Suiten, ⌐ WC ☎; 🅿 2♨30 Sauna Solarium 18Golf ☕
geschl: 15.11.-4.12., 7.1.-10.2.
** Hauptgericht 25; Gartenlokal;
geschl: Mo, 15.11.-4.12., 7.1.-10.2.

** Kur-Hotel Rupertus
Rupertistr 3, ✉ 83457, ☎ (0 86 51) 9 78 20, Fax 6 81 51
18 Zi, Ez: 50-110, Dz: 120-160, 1 Suite, ⌐ WC ☎; 🅿 ≋ Fitneßraum Sauna Solarium;
garni
Rezeption: 7-14

Bayersoien, Bad 71 ↙

Bayern — Kreis Garmisch-Partenkirchen — 812 m — 1 000 Ew — Bad Kohlgrub 6, Schongau 19, Garmisch-Partenkirchen 33 km
ℹ ☎ (0 88 45) 18 90, Fax 90 00 — Kur- und Touristikinformation, Dorfstr 45, 82435 Bad Bayersoien; Luftkur- und Moorbadeort im Pfaffenwinkel. Sehenswert: Wallfahrtskirche in der Wies (13 km ←); Klosterkirche Rottenbuch (6 km ↑); Eschelsbacher Brücke (3 km ↑)

*** Parkhotel Silencehotel
♂ ⛷ Am Kurpark 1, ✉ 82435, ☎ (0 88 45) 1 20, Fax 83 98, VA
46 Zi, Ez: 138-151, Dz: 186-210, 42 Suiten, 2 App, ⌐ WC ☎; Lift 🅿 🚗 5♨100 ≋ Seezugang Fitneßraum Sauna Solarium ☕
*** Jahreszeiten
Hauptgericht 30

* Kurhotel St. Georg
♂ ⛷ Eckweg 28, ✉ 82435, ☎ (0 88 45) 7 43 00, Fax 74 30 30
22 Zi, Ez: 75-108, Dz: 160-190, 2 App, ⌐ WC ☎; 🅿 🚗 Fitneßraum Solarium 🍽 ☕
geschl: Di, 15.11.-20.1.

* Metzgerwirt
Dorfstr 39, ✉ 82435, ☎ (0 88 45) 7 40 80, Fax 74 08 33, AX ED VA
6 Zi, Ez: 53-57, Dz: 102-106, 4 Suiten, ⌐ WC ☎; 🍽

Bayreuth 58 ↑

Bayern — Stadtkreis — 345 m — 73 000 Ew — Hof 54, Bamberg 62, Nürnberg 79 km
ℹ ☎ (09 21) 88 88, Fax 8 85 38 — Kongreß- und Tourismuszentrale, Luitpoldplatz 9 (B 3), 95444 Bayreuth; Regierungsbezirkshauptstadt von Oberfranken; Kreisstadt; Universität; Richard-Wagner-Festspielhaus; Flughafen.
Sehenswert: Ev. Stadtkirche: Hochaltar; Markgräfliches Opernhaus; Neues Schloß: Stadtmuseum, Hofgarten; Altes Schloß; Haus Wahnfried mit Richard-Wagner-Museum; Deutsches Freimaurer Museum im Hofgarten; Jean-Paul-Museum; Museum histor. Schreibmaschinen; Eremitage-Park und -Schlösser (5 km →); Hohe Warte ⛷ (3 km ↑)

Achtung: Richard-Wagner-Festspiele
ℹ ☎ (09 21) 78 78-0 (11-12 Uhr)

Achtung: Während der Bayreuther Festspiele, die in der Zeit von Ende Jul-Ende Aug stattfinden, gelten alle von uns angegebenen Preise weder in Bayreuth noch in der weiteren Umgebung. Wir empfehlen, bei Reservierung sich unbedingt nach den Preisen zu erkundigen.

Cityplan siehe Seite 170 →

Bayreuth

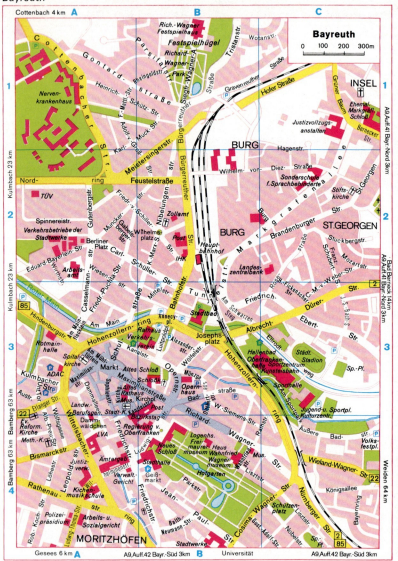

*** Bayerischer Hof
Bahnhofstr 14 (B 2), ✉ 95444, ☎ (09 21)
7 86 00, Fax 7 86 05 60, AX DC ED VA
48 Zi, Ez: 99-280, Dz: 160-400, S; 1 Suite, ⌂
WC ☎, 35📺; Lift 🅿 🚗 3↔30 ⌂ Sauna ⚑
Auch Zimmer der Kategorie ** vorhanden
** Gendarmerie
Hauptgericht 36; Terrasse

⌂ Hoteleigenes Hallenbad

** Treff Hotel Residenzschloß
Erlanger Str 37, ✉ 95444, ☎ (09 21) 7 58 50,
Fax 7 58 56 01, AX DC ED VA
105 Zi, Ez: 160-195, Dz: 210-255, S; 3 Suiten,
⌂ WC ☎, 50📺; Lift 🚗 6↔110 Fitneßraum
Sauna 18Golf ⚑
** Hauptgericht 35; Terrasse

🚗 Unterstellmöglichkeiten für Fahrzeuge
oder Einzelgaragen

⁎⁎ Treff Hotel Rheingold
Austr 2/Unteres Tor (A 3), ✉ 95445,
☎ (09 21) 7 56 50, Fax 7 56 58 01, AX DC ED VA
146 Zi, Ez: 110-185, Dz: 150-225, S; ⊣ WC
☎, 70🖂; Lift 🅿 8⟶250 ⚭ Fitneßraum
Sauna Solarium
⁎⁎ Orangerie
Hauptgericht 30; Terrasse

⁎⁎ Best Western Arvena Kongress Hotel
Eduard-Bayerlein-Str 5 a (A 2), ✉ 95445,
☎ (09 21) 72 70, Fax 72 71 15, AX DC ED VA
202 Zi, Ez: 155-290, Dz: 195-450, S;
24 Suiten, ⊣ WC ☎, 22🖂; Lift 🅿 🚗 15⟶750
Fitneßraum Sauna Solarium

⁎⁎ Goldener Anker
♂ Opernstr 6 (B 3), ✉ 95444, ☎ (09 21)
6 50 51, Fax 6 55 00, AX DC ED VA
28 Zi, Ez: 98-135, Dz: 150-220, 3 Suiten,
4 App, ⊣ WC ☎; 🚗
geschl: 22.12.-Mitte Jan
Auch Zimmer der Kategorie ⁎ vorhanden.
Zum Teil mit antiken Möbeln ausgestattete
Zimmer

⁎ Akzent-Hotel im Kolpinghaus
Kolpingstr 5 (B 3), ✉ 95444, ☎ (09 21)
8 80 70, Fax 88 07 15, AX DC ED VA
37 Zi, Ez: 115-220, Dz: 160-310, S; 1 Suite,
1 App, ⊣ WC ☎ DFÜ, 20🖂; Lift 🅿 🚗
8⟶360
Auch Zimmer der Kategorie ⁎⁎ vorhanden

⁎⁎ Merianer-Stuben
Hauptgericht 20; Terrasse

⁎ Zur Lohmühle
Badstr 37 (B 3), ✉ 95444, ☎ (09 21) 5 30 60,
Fax 53 06-4 69, AX DC ED VA
42 Zi, Ez: 98-170, Dz: 160-270, ⊣ WC ☎
DFÜ; Lift 🅿 1⟶25
geschl: 2 Wochen im Feb, 2 Wochen im Sep

⁎⁎ Hauptgericht 18

⁎ Goldener Hirsch
Bahnhofstr 13 (B 2), ✉ 95444, ☎ (09 21)
2 30 46, Fax 2 24 83, DC ED VA
40 Zi, Ez: 90-140, Dz: 130-220, 3 App, ⊣ WC
☎, 8🖂; 🅿 🚗 1⟶50

⁎ Schlemmerland
Kulmbacher Str 3 (A 3), ✉ 95444, ☎ (09 21)
75 93 90, Fax 7 59 39 35, ED VA
12 Zi, Ez: 85-120, Dz: 130-150, ⊣ WC ☎; Lift

⁎ Gasthof Spiegelmühle
Kulmbacher Str 28, ✉ 95444, ☎ (09 21)
4 10 91, Fax 4 73 20, DC ED VA
13 Zi, Ez: 79-139, Dz: 129-210, ⊣ WC ☎; 🅿
1⟶15

⁎ Hauptgericht 21; nur abends;
geschl: So

⁎⁎ Bürgerreuth
An der Bürgerreuth 20, ✉ 95445, ☎ (09 21)
7 84 00, Fax 78 40 24, AX DC ED VA
Hauptgericht 48; Biergarten 🅿
⁎⁎ ♂ 8 Zi, Ez: 80-118, Dz: 138-168,
Dz: 138-168, ⊣ WC ☎ DFÜ; 1⟶35

⁎⁎ Zur Sudpfanne
Oberkonnersreuther Str 6, ✉ 95448,
☎ (09 21) 5 28 83, Fax 51 50 11, AX DC ED VA
Hauptgericht 48; Biergarten 🅿 Terrasse

Konditorei Operncafe Zollinger
Opernstr 16 (B 3), ✉ 95444, ☎ (09 21)
6 57 20, Fax 2 12 44
Spezialität: Trüffel-Pralinen

Frunsch
Sophienstr 9 (A 3), ✉ 95444, ☎ (09 21)
6 46 87, Fax 1 30 14

Aichig (3 km →)
⁎⁎ Grunau Hotel
Kemnather Str 27, ✉ 95448, ☎ (09 21)
7 98 00, Fax 7 98 01 00, AX ED VA
63 Zi, Ez: 89-140, Dz: 119-195, ⊣ WC ☎
DFÜ, 10🖂; Lift 🅿 🚗 2⟶90 Fitneßraum
Sauna Solarium

St. Johannis (2 km →)
⁎⁎ Eremitage
♂ ≤ ⊗ Eremitage 6, ✉ 95448, ☎ (09 21)
79 99 70, Fax 7 99 97 11, AX ED
6 Zi, Ez: 115-150, Dz: 185-225, ⊣ WC ☎; 🅿
🚗 1⟶100; garni
Rezeption: 8-18; geschl: 30.10.-11.11.
Sehenswerte Park- und Schloßanlage des
18. Jh. Ehem. Sommerwohnsitz der Markgräfin Wilhelmine. Zufahrt für Hotelgäste möglich

Wolfsbach-Außerhalb (1 km ←)
⁎⁎⁎ Schloßhotel Thiergarten European Castle
⊗ Oberthiergärtner Str 36, ✉ 95448,
☎ (0 92 09) 98 40, Fax 9 84 29, AX DC ED VA
Hauptgericht 36
⁎⁎⁎ einzeln ♂ ≤ ⊗ 8 Zi, Ez: 135-190,
Dz: 220-290, ⊣ WC ☎; 🅿 27Golf 2⟶120 ≋
Fitneßraum Sauna Solarium 27Golf
Kinderbetreuung

siehe auch **Pegnitz**

Bayrischzell 72 ↘

Bayern — Kreis Miesbach — 800 m —
1 600 Ew — Miesbach 24, Kufstein 26,
Rosenheim 35 km
ℹ️ ☎ (0 80 23) 6 48, Fax 10 34 — Kurverwaltung, Kirchplatz 2, 83735 Bayrischzell; Heilklimatischer Kurort und Wintersportplatz in den Bayerischen Alpen. Sehenswert: Wendelstein, 1838 m ≤, Seilbahn bis 1724 m, dann noch 20 Min; Geo-Park Wendelstein

⁎ Gästehaus Effland
♂ Tannermühlstr 14, ✉ 83735, ☎ (0 80 23)
2 63, Fax 14 13
13 Zi, Ez: 72, Dz: 120-162, 2 App, ⊣ WC ☎;
🅿 ⚭ Sauna Solarium; garni
geschl: 1.11.-15.12., 12.-30.4.

⁎ Zur Post
Schulstr 3, ✉ 83735, ☎ (0 80 23) 2 26,
Fax 7 75, AX DC ED VA
43 Zi, Ez: 50-90, Dz: 100-170, 8 App, ⊣ WC
☎; 🅿 🚗
geschl: Nov-Mitte Dez

→

Bayrischzell

* Alpenrose
Schlierseer Str 6, ✉ 83735, ☎ (0 80 23)
10 40, Fax 10 49
37 Zi, Ez: 75-110, Dz: 120-220, 6 Suiten, ⊣ WC, 10🛏; **P** 🚗 1🗝60 Kegeln 🍽 ☕
geschl: 1.11.-15.12.

Osterhofen (3 km ↘)
** Alpenhof
•⊰ Osterhofen 1, ✉ 83735, ☎ (0 80 23)
9 06 50, Fax 90 65 20, ED
42 Zi, Ez: 79-100, Dz: 148-184, ⊣ WC ☎; Lift
P 🚗 1🗝30 🏊 Fitneßraum Kegeln Sauna Solarium ☕
Rezeption: 8-17; geschl: Mo, Jan-April auch Di, 11.1.-21.1., 12.4.-30.4., 25.10.-23.12.
* Hauptgericht 36; Terrasse;
geschl: Mo, 11.1.-21.1., 12.4.-30.4., 25.10.-23.12

Bebenhausen siehe Tübingen

Bebra 46 ↑

Hessen — Kreis Hersfeld-Rotenburg — 190 m — 16 500 Ew — Bad Hersfeld 15, Eisenach 45, Fulda 58 km
i ☎ (0 66 22) 50 11 24, Fax 50 11 60 — Fremdenverkehrsamt, Rathausmarkt 1, 36179 Bebra. Sehenswert: Kräutergarten mit Seminaren; Spielzeugmuseum; Eisenbahnmuseum im Wasserturm mit Schmalspurbahn

** Röse
Hersfelder Str 1, ✉ 36179, ☎ (0 66 22) 93 90, Fax 93 93 93, AX DC ED VA
45 Zi, Ez: 60-119, Dz: 128-189, 1 App, ⊣ WC ☎, 15🛏; **P** 🚗 5🗝130 Fitneßraum Kegeln Sauna Solarium ☕
Rezeption: 7-14, 16.30-23
Auch Zimmer der Kategorie * vorhanden
** Hauptgericht 18; Biergarten;
geschl: So abends

* Bebra's Hessischer Hof
Kasseler Str 4, ✉ 36179, ☎ (0 66 22) 93 60, Fax 93 61 23, AX DC ED VA
24 Zi, Ez: 79-98, Dz: 125-135, 3 Suiten, ⊣ WC ☎, 4🛏; **P** 🚗 4🗝300 Kegeln 🍽
geschl: 24.12.-3.1.

Weiterode (2 km ↘)
* Sonnenblick
einzeln •⊰ Sonnenblick 1, ✉ 36179, ☎ (0 66 22) 93 10, Fax 93 11 00, AX DC ED VA
64 Zi, Ez: 79-99, Dz: 118-138, ⊣ WC ☎; Lift **P** 🚗 5🗝120 🏊 Kegeln Sauna Solarium 🍽 ☕
Auch Zimmer der Kategorie ** vorhanden

Beckum 34 ↑

Nordrhein-Westfalen — Kreis Warendorf — 164 m — 39 500 Ew — Lippstadt 23, Münster 41 km
i ☎ (0 25 21) 2 90, Fax 2 91 99 — Stadtverwaltung, Weststr 46, 59269 Beckum. Sehenswert: Kath. Propsteikirche; Windmühle auf dem Höxberg (3 km ↘)

Höxberg (3 km ↘)
** Höxberg
einzeln •⊰ Soestwarte 1, ✉ 59269, ☎ (0 25 21) 8 30 40, Fax 83 04 70, AX DC ED VA
39 Zi, Ez: 129-135, Dz: 207-225, 2 Suiten, ⊣ WC ☎, 6🛏; **P** 🚗 4🗝100 Fitneßraum Kegeln Sauna Solarium ☕
** •⊰ einzeln Hauptgericht 35

Vellern (3 km ↗)
* Alt Vellern
Dorfstr 21, ✉ 59269, ☎ (0 25 21) 1 45 33, Fax 1 60 24, AX DC ED VA
31 Zi, Ez: 98-120, Dz: 148-190, 1 Suite, ⊣ WC ☎, 5🛏; Lift **P** 🚗 2🗝15 Sauna
geschl: 3 Wochen Ende NRW-Ferien
* ⊗ Hauptgericht 27; Sa+So nur abends; geschl: Fr, 3 Wo Ende NRW Ferien

Bedburg 42 ↑

Nordrhein-Westfalen — Erftkreis — 70 m — 23 749 Ew — Jülich 25, Köln 30 km
i ☎ (0 22 72) 40 20, Fax 40 21 49 — Stadtverwaltung, Am Rathaus 1, 50181 Bedburg. Sehenswert: Schloß Bedburg; Alt-Kaster, Burgruine; Stadtmauer, Stadttore; Grottenhertener Turmwindmühle

* Bedburger Mühle
Friedrich-Wilhelm-Str 28, ✉ 50181, ☎ (0 22 72) 99 00, Fax 99 01 50, AX DC ED VA
50 Zi, Ez: 95-125, Dz: 140-225, 3 App, ⊣ WC ☎; **P** 🚗 3🗝60 🍽
Rezeption: 6-14, 17-20

Kaster (4 km ↘)
* Landhaus Danielshof
Hauptstr 3, ✉ 50181, ☎ (0 22 72) 98 00, Fax 98 02 00, AX DC ED VA
39 Zi, Ez: 140-195, Dz: 190-285, ⊣ WC ☎, 9🛏; Lift **P** 3🗝70 🍽

Bederkesa, Bad 17 ↘

Niedersachsen — Kreis Cuxhaven — 33 m — 4 500 Ew — Bremerhaven 21, Bremervörde 30, Cuxhaven 43 km
i ☎ (0 47 45) 94 33-0, Fax 94 33 22 — Kurverwaltung, Amtsstr 8, 27624 Bad Bederkesa; Luftkurort und Moorheilbad. Sehenswert: Mühle; ehem. Burg, Kreismuseum, Roland

** Romantik Hotel Waldschlößchen Bösehof
•⊰ Hauptmann-Böse-Str 19, ✉ 27624, ☎ (0 47 45) 94 80, Fax 94 82 00, AX DC ED VA
30 Zi, Ez: 95-170, Dz: 185-215, ⊣ WC ☎, 9🛏; Lift **P** 🚗 4🗝60 🏊 Kegeln Sauna Solarium 18Golf ☕
*** Böse's Restaurant ✿
Hauptgericht 35; Terrasse

* **Seehotel Dock**
Zum Hasengarten 2, ✉ 27624, ☎ (0 47 45) 9 47 80, Fax 94 78 78, ED
43 Zi, Ez: 80, Dz: 140, 2 App, ⊣ WC ☎; Lift
🅿 1⇔200 ≘ Kegeln Sauna Solarium 🍽
🍴

** **Alte Wache**
Burg zu Bederkesa, ✉ 27624, ☎ (0 47 45) 71 72, Fax 53 02, AX ED VA
Hauptgericht 20; 🅿 Terrasse; nur abends; geschl: Mo

Beelen 34 ↑

Nordrhein-Westfalen — Kreis Warendorf — 57 m — 6 200 Ew — Warendorf 10, Rheda 17 km
ℹ ☎ (0 25 86) 88 70, Fax 8 87 88 — Gemeindeverwaltung, Warendorfer Str 9, 48361 Beelen. Sehenswert: Schloß Vornholz in Ostenfelde (10 km ↓)

Beelen-Außerhalb (3 km →)
** **Hemfelder Hof**
Clarholzer Str 21, an der B 64, ✉ 48361, ☎ (0 25 86) 2 15, Fax 86 24, ED
Hauptgericht 25; Biergarten; geschl: Fr, Sa mittags
* 11 Zi, Ez: 75, Dz: 130, ⊣ WC ☎; 2⇔70

Beeskow 31 ↓

Brandenburg — Landkreis Oder-Spree — 40 m — 10 000 Ew — Eisenhüttenstadt 30, Königs Wusterhausen 53 km
ℹ ☎ (0 33 66) 2 29 49, Fax 2 29 49 — Märkische-Tourismus-Zentrale e.V., Berliner Str 30, 15848 Beeskow. Sehenswert: Gotische Hallenkirche St. Marien; mittelalterlicher Stadtkern mit Stadtmauer und Wehrtürmen

** **Märkisches Gutshaus**
Frankfurter Chaussee 49, ✉ 15848, ☎ (0 33 66) 2 00 53, Fax 2 00 55, AX ED VA
29 Zi, Ez: 69-115, Dz: 95-180, 3 Suiten, ⊣ WC ☎; 🅿 1⇔20 🍽 🍴

* **Zum Schwan**
Berliner Str 31, ✉ 15848, ☎ (0 33 66) 33 98-0, Fax 33 98-3 39, AX DC ED VA
35 Zi, Ez: 84-104, Dz: 140, ⊣ WC ☎ DFÜ, 3🍽; 🅿 2⇔50 🍴

Behringen 47 ↘

Thüringen — Kreis Bad Langensalza — 360 m — Eisenach 11, Bad Langensalza 16 km
ℹ ☎ (03 62 54) 2 60 — Gemeindeverwaltung, 99947 Behringen

Hütscheroda (2 km ←)
* **Zum Herrenhaus**
♂ Schloßstr 1, ✉ 99947, ☎ (03 62 54) 72 00, Fax 7 20 23, ED VA
31 Zi, Ez: 85-110, Dz: 120-130, ⊣ WC ☎, 14🍽; 🅿 3⇔65 🍴 🍽

Beilngries 64 ↘

Bayern — Kreis Eichstätt — 366 m — 8 500 Ew — Neumarkt/Oberpfalz 29, Ingolstadt 36 km
ℹ ☎ (0 84 61) 84 35, Fax 96 61 — Touristik-Verband, Hauptstr 14, 92339 Beilngries; Erholungsort an der Altmühl. Sehenswert: Schloß Hirschberg ◄; Brauereimuseum; kath. Kirche im Stadtteil Kottingwörth (4 km ↘); hist. Altstadt mit Stadtmauer u. Türmen

** **Gallus**
Minotel
Neumarkter Str 25, ✉ 92339, ☎ (0 84 61) 2 47, Fax 76 80, AX DC ED VA
59 Zi, Ez: 90-155, Dz: 126-195, ⊣ WC ☎, 6🍽; 🅿 🍴 6⇔120 Fitneßraum Sauna Solarium 🍽
Auch Zimmer der Kategorie * vorhanden
** **Ofenstube**
Hauptgericht 23; Terrasse

** **Ringhotel Die Gams**
Hauptstr 16, ✉ 92339, ☎ (0 84 61) 61 00, Fax 61 01 00, AX DC ED VA
62 Zi, Ez: 95-125, Dz: 140-190, S; ⊣ WC ☎, 3🍽; Lift 🅿 🍴 10⇔200 Sauna Solarium 🍽
Auch Zimmer der Kategorie * vorhanden
* **Gams**
Hauptgericht 22; Terrasse

** **Fuchs-Bräu**
Landidyll
Hauptstr 23, ✉ 92339, ☎ (0 84 61) 65 20, Fax 83 57, AX DC ED VA
66 Zi, Ez: 85-100, Dz: 120-150, ⊣ WC ☎, 9🍽; Lift 🅿 🍴 7⇔100 ≘ Sauna Solarium 🍽
Rezeption: 9-24
Auch Zimmer der Kategorie * vorhanden
* Hauptgericht 25; Biergarten

* **Braugasthof Goldener Hahn**
Hauptstr 44, ✉ 92339, ☎ (0 84 61) 64 13-0, Fax 64 13-89, DC ED VA
46 Zi, Ez: 72-85, Dz: 104-120, ⊣ WC ☎; Lift 🅿 5⇔30 Fitneßraum Sauna 🍽
* Hauptgericht 21; Biergarten

* **Gasthof Zur Krone**
Hauptstr 20, ✉ 92339, ☎ (0 84 61) 65 30, Fax 65 31 90
55 Zi, Ez: 60-70, Dz: 95-110, ⊣ WC ☎; 🅿 2⇔80 Sauna Solarium 🍴 🍽

Paulushofen (4 km ↘)
* **Landgasthof Euringer**
Dorfstr 23, ✉ 92339, ☎ (0 84 61) 6 51-0, Fax 91 43, AX DC ED VA
30 Zi, Ez: 60-70, Dz: 95-110, ⊣ WC ☎, 10🍽; Lift 🅿 🍴 3⇔80 🍴 🍽

Beilstein 53

Rheinland-Pfalz — Kreis Cochem-Zell — 88 m — 160 Ew — Cochem 10, Zell 26 km
ℹ️ ☎ (0 26 73) 14 17 — Verkehrsverein, Bachstr 33, 56814 Beilstein; Ort an der Mosel. Sehenswert: Kirche; Burgruine Beilstein: „BurgMetternich"

* Burgfrieden
♂ Im Mühlental 62, ✉ 56814, ☎ (0 26 73) 9 36 39, Fax 93 63 88
34 Zi, Ez: 65-100, Dz: 120-150, ⌐ WC ☎; Lift 🅿 Fitneßraum Sauna Solarium
* Hauptgericht 22; Terrasse; geschl: Anfang Nov-Ende Mär

* Lipmann Am Klosterberg
♂ Klosterstr, ✉ 56814, ☎ (0 26 73) 18 50, Fax 12 87
25 Zi, Ez: 65-85, Dz: 95-135, ⌐ WC ☎; 🅿 🚗
Auch Zimmer der Kategorie ** vorhanden

* Haus Lipmann
 Alte Mosel-Weinstuben
◁ ✠ Marktplatz 3, ✉ 56814, ☎ (0 26 73) 15 73, Fax 15 21
Hauptgericht 20; Terrasse

Belgershain 39

Sachsen — Muldentalkreis — 150 m — 2 800 Ew — Pomßem 6, Liebertwolkwitz 6, Leipzig 15 km
ℹ️ ☎ (03 43 47) 5 02 65, Fax 5 02 65 — Gemeindeverwaltung, Schlossstr 1, 04683 Belgershain

Köhra
* Goldene Krone
Leipziger Str, ✉ 04683, ☎ (03 42 93) 2 92 86, Fax 2 92 86, AX ED VA
10 Zi, Ez: 75, Dz: 120, ⌐ WC ☎; 🅿 🍴
geschl: So

* Threna
Hauptstr 58, ✉ 04683, ☎ (03 42 93) 3 01 91, Fax 2 92 39
28 Zi, Ez: 70, Dz: 110, ⌐ WC ☎; 🅿 1✪40
Sauna Solarium 🍴

Bellheim 54 ↓

Rheinland-Pfalz — Kreis Germersheim — 124 m — 8 430 Ew — Germersheim 7, Landau 13 km
ℹ️ ☎ (0 72 72) 70 08 23, Fax 70 08 55 — Verbandsgemeindeverwaltung, Schubertstr 18, 76756 Bellheim

** Lindner's
♂ Postgrabenstr 52, ✉ 76756, ☎ (0 72 72) 7 53 00, Fax 7 72 36, ED VA
15 Zi, Ez: 85, Dz: 125, ⌐ WC ☎ DFÜ; 🅿 2✪20
** Hauptgericht 28; Terrasse;
geschl: Mo, Di mittags, Anfang Jan, 2 Wochen im Jun

** Braustübl
Hauptstr 78, ✉ 76756, ☎ (0 72 72) 7 40 11, Fax 7 40 13, ED VA
Hauptgericht 30; Biergarten 🅿
* 7 Zi, Ez: 80, Dz: 120, ⌐ WC ☎; 🚗 2✪50

Bellingen, Bad 67

Baden-Württemberg — Kreis Lörrach — 250 m — 3 500 Ew — Schliengen 4, Müllheim 10, Lörrach 20 km
ℹ️ ☎ (0 76 35) 8 08-0, Fax 80 82 90 — Kurverwaltung, Badstr 14, 79415 Bad Bellingen; Heilbad am Oberrhein

** Paracelsus 👑
Akazienweg 1, ✉ 79415, ☎ (0 76 35) 8 10 40, Fax 33 54, DC ED VA
22 Zi, Ez: 92, Dz: 155, 1 Suite, ⌐ WC ☎; 🅿 🚗
geschl: Do, Dez+Jan
Restaurant für Hausgäste

* Burger
Im Mittelgrund 5, ✉ 79415, ☎ (0 76 35) 8 10 00, Fax 81 00 35, AX DC ED VA
15 Zi, Ez: 69-128, Dz: 122-164, ⌐ WC ☎; 🅿 1✪44 🍴
geschl: Do, 9.11.-14.12.

** Landgasthof Schwanen
Rheinstr 50, ✉ 79415, ☎ (0 76 35) 13 14, Fax 23 31, VA
Hauptgericht 35; 🅿 Terrasse; geschl: Di, Mi mittags, 4.-29.1.
* 13 Zi, Ez: 88-92, Dz: 138-148, 10 Suiten, 2 App, ⌐ WC ☎; 🚗 Fitneßraum Solarium 18Golf
geschl: 4.-29.1.
Mit Gästehaus Rheintalblick (App, Fewo)

Belm 24

Niedersachsen — Kreis Osnabrück — 111 m — 14 231 Ew — Osnabrück 7 km
ℹ️ ☎ (0 54 06) 50 50, Fax 56 16 — Gemeindeverwaltung, Marktring 13, 49191 Belm. Sehenswert: Spätromanische Pfarrkirche mit Taufbrunnen von 1230; Schwarzkreidegrube

Vehrte (4 km ↑)
* Kortlüke
Venner Str 5, ✉ 49191, ☎ (0 54 06) 8 35 00, Fax 8 35 29, ED
20 Zi, Ez: 85, Dz: 120, ⌐ WC ☎; Lift 🅿 5✪100 Kegeln 🍴

Belzig 29

Brandenburg — Kreis Potsdam-Mittelmark — 105 m — 8 000 Ew — Treuenbrietzen 24, Brandenburg 37 km
ℹ️ ☎ (0 33 841) 3 48 15, Fax 3 48 17 — Kur- und Freizeit GmbH Belzig, Wiesenburger Str 4, 14806 Belzig. Sehenswert: Burg Eisenhardt

* **Burghotel**
Wittenberger Str 14, ✉ 14806, ☎ (03 38 41)
3 12 96, Fax 3 12 97, AX DC ED VA
34 Zi, Ez: 75-95, Dz: 130-150, ⊣ P 2↔60
Sauna Solarium ⌶◎⌐ ⚓
Restaurierte Burg aus dem 12. Jh.

Wenddoche (6 km ↗)
* **Fläming-Hotel Wenddoche**
einzeln ♂ ✉ 14806, ☎ (03 38 46) 59 90,
Fax 4 00 20, AX ED VA
32 Zi, Ez: 60-85, Dz: 100-120, ⊣ WC ☎; P
3↔100 Sauna Solarium ⌶◎⌐ ⚓

* **Fläminghof Wernicke**
einzeln ♂ Wendoche 2, ✉ 14806,
☎ (03 38 46) 4 00 40, Fax 4 00 39
14 Zi, Ez: 75-85, Dz: 110-130, ⊣ WC ☎,
10⌐; P Sauna Solarium ⌶◎⌐
Reiterhof

Bempflingen 61 ↘

Baden-Württemberg — Kreis Esslingen —
336 m — 3 200 Ew — Metzingen 5, Nürtingen 11 km
ℹ ☎ (0 71 23) 93 83-0, Fax 93 83 30 —
Gemeindeverwaltung, Metzinger Str. 3,
72658 Bempflingen

*** **Krone** ⌶
Brunnenweg 40, ✉ 72658, ☎ (0 71 23)
3 10 83, Fax 3 59 85
Hauptgericht 40; P Terrasse; geschl:
Mo,so+feiertags, 24.12.-7.1.99, 10.-14.4.,
3 Wochen im Aug

Bendestorf 18 □

Niedersachsen — Kreis Harburg — 40 m —
2 051 Ew — Jesteburg 4, Harburg 12 km
ℹ ☎ (0 41 83) 73 82, Fax 75 82 — Gemeindeverwaltung, Poststr. 4, 21227 Bendestorf

** **Landhaus Meinsbur
City Line & Country Line
Hotels**
⚐ Gartenstr 2, ✉ 21227, ☎ (0 41 83) 7 79 90,
Fax 60 87, AX DC ED VA
Hauptgericht 38; Terrasse;
Fachwerkhof von 1810
** 17 Zi, Ez: 100-160, Dz: 200-290,
1 Suite, ⊣ WC ☎; 2↔18
Auch Zimmer der Kategorie * vorhanden

Bendorf 43 ↘

Rheinland-Pfalz — Kreis Mayen-Koblenz —
83 m — 16 500 Ew — Koblenz 12 km
ℹ ☎ (0 26 22) 70 31 05, Fax 7 01 80 — Verkehrsamt, Am Stadtpark 1, 56170 Bendorf;
Stadt am Rhein. Sehenswert: „Garten der
Schmetterlinge Sayn"; Burg Sayn; Abteikirche, Kreuzgang, Brunnenhaus; Heins
Mühle; Turmuhrenmuseum

* **Berghotel Rheinblick**
◀ Remystr 79, ✉ 56170, ☎ (0 26 22)
12 71 27, Fax 1 43 23, AX DC ED VA
35 Zi, Ez: 110-140, Dz: 160-190, ⊣ WC ☎
DFÜ; Lift P 🍴 3↔40 18Golf 2Tennis ⚓
geschl: 20.12.-4.1.
Im Neubau Zimmer der Kategorie ** vorhanden

** **Panorama**
◀ Hauptgericht 35; Terrasse; geschl: Fr,
20.12.-4.1.99

** **Bistrorant Weinhaus Syré**
Engers Port 12, ✉ 56170, ☎ (0 26 22) 25 81,
Fax 25 02, ED
Hauptgericht 29; Gartenlokal P; geschl:
Mo, Di, Mitte-Ende Mai

Benediktbeuern 71 ↘

Bayern — Kreis Bad Tölz-Wolfratshausen —
640 m — 3 000 Ew — Bad Tölz 15, Weilheim
33, Garmisch-Partenkirchen 51 km
ℹ ☎ (0 88 57) 2 48, Fax 94 70 — Verkehrsamt, Prälatenstr 3, 83671 Benediktbeuern;
Erholungsort am Alpenrand. Sehenswert:
Ältestes Kloster Oberbayerns, Basilika,
Anastasia-Kapelle; Fraunhofersche Glashütte, Oberbayerisches Freilichtmuseum
Glentleiten bei Großweil (15 km ↙)

* **Alpengasthof Friedenseiche**
♂ ◀ Häusernstr 34, ✉ 83671, ☎ (0 88 57)
82 05, Fax 99 81, ED
29 Zi, Ez: 57-85, Dz: 100-120, ⊣ WC ☎;
1↔33 ⌶◎⌐

Benneckenstein 37 □

Sachsen-Anhalt — Kreis Wernigerode —
550 m — 2 900 Ew — Braunlage 11, Wernigerode 32 km
ℹ ☎ (03 94 57) 9 81-0, Fax 26 13 — KBG mbH
Brocken, Kurverwaltung Benneckenstein,
Haus des Gastes, am Kurpark, 38877 Benneckenstein

** **Harzhaus**
einzeln ♂ Heringsbrunnen 1, ✉ 38877,
☎ (03 94 57) 9 40, Fax 9 44 99, AX DC ED VA
36 Zi, Ez: 70-110, Dz: 120-170, 4 App, ⊣ WC
☎; P 2↔40 Sauna Solarium ⌶◎⌐

* **Saeger**
Bahnhofstr 20, ✉ 38877, ☎ (01 71)
9 11 75 89, Fax 9 71 12
11 Zi, Ez: 55-68, Dz: 124, ⊣ WC ☎, 6⌐; P
⌶◎⌐
geschl: Mo, Nov

Benningen am Neckar 61 →

Baden-Württemberg — Kreis Ludwigsburg
— 210 m — 5 400 Ew — Ludwigsburg 9 km
ℹ ☎ (0 71 44) 90 60, Fax 9 06 27 — Gemeindeverwaltung, Studionstr 10, 71726 Benningen. Sehenswert: Römisches Museum
→

Benningen am Neckar

∗ Mühle
Neckargasse 2, ✉ 71726, ☎ (0 71 44) 50 21, Fax 41 66, AX ED VA
18 Zi, Ez: 90-95, Dz: 145-155, 1 App, ⊣ WC ☎; P 🅿 ⓘ

Benrath siehe Düsseldorf

Bensberg siehe Bergisch Gladbach

Bensersiel siehe Esens

Bensheim 54→

Hessen — Kreis Bergstraße — 110 m — 38 000 Ew — Worms 20, Darmstadt 25, Heidelberg 32 km
ⓘ ☎ (0 62 51) 1 41 17, Fax 1 41 23 — Tourist Information, Rodensteinstr 19, 64625 Bensheim; Weinstadt an der Bergstraße. Sehenswert: Alter Stadtkern; Staatspark Fürstenlager (4 km ↗); Ruine Auerbacher Schloß ≼ (6 km ↗); Melibokus, 515 m ≼ (12 km ↑)

∗∗ Alleehotel Europa
Europa-Allee 45, ✉ 64625, ☎ (0 62 51) 10 50, Fax 10 51 00, AX DC ED VA
75 Zi, Ez: 148-188, Dz: 210, ⊣ WC ☎ DFÜ, 6✉; Lift P 🅿 9❏120 Sauna Solarium
Im Gästehaus Residenz Zimmer der Kategorie ∗ vorhanden

∗∗ Sankt Georg
Hauptgericht 30; Terrasse

∗∗ Felix
Dammstr 46, ✉ 64625, ☎ (0 62 51) 6 64 71, Fax 6 64 73, AX ED VA
14 Zi, Ez: 100-130, Dz: 125-170, ⊣ WC ☎ DFÜ; Lift P 🅿 2❏40

∗ Zur Post
Hauptgericht 28; Terrasse

∗ Treff Hotel
Wormser Str 14, ✉ 64625, ☎ (0 62 51) 10 10, Fax 40 63, AX DC ED VA
108 Zi, Ez: 120-200, Dz: 150-200, S; ⊣ WC ☎, 22✉; Lift P 7❏140 Sauna Solarium 35Tennis ⓘ
Designerausstattung

Auerbach (3 km ↑) Luftkurort, Verkehrsverein, Darmstädter Str 166, ☎ (062 51) 7 84 00

∗∗ Herrenhaus European Castle
Fürstenlager, ✉ 64625, ☎ (0 62 51) 7 22 74, Fax 7 84 73, AX ED VA
Hauptgericht 40; P Terrasse
∗∗ einzeln ♂ 9 Zi, Ez: 150-205, Dz: 195-255, 4 Suiten, ⊣ WC ☎ DFÜ; 🅿 18Golf 3❏80 18Golf

Wenn Hotels das Frühstück extra berechnen, geben wir den Frühstückspreis in Klammern hinter dem Einzelzimmerpreis an.

∗∗ Poststuben
Schloßstr 28, ✉ 64625, ☎ (0 62 51) 7 29 87, Fax 7 47 43, AX ED VA
Hauptgericht 35; geschl: So abends, Mo.

∗ Gästehaus
20 Zi, Ez: 100-130, Dz: 140-170, ⊣ WC ☎

Benthe siehe Ronnenberg

Bentheim, Bad 23 ☐

Niedersachsen — Kreis Grafschaft Bentheim — 50 m — 14 000 Ew — holländische Grenze 9, Rheine 23 km
ⓘ ☎ (0 59 22) 50 98, Fax 50 90 — Verkehrsamt, Schloßstr 18, 48455 Bad Bentheim; Thermalsole- und Schwefelheilbad; Spielbank; Freilichtbühne. Sehenswert: Schloß ≼; Steinkruzifix „Herrgott von Bentheim"; im Stadtteil Gildehaus, Windmühle; Brasilien-Museum im Kloster Bardel (9 km ↗) nur auf Voranmeldung

∗∗ Grossfeld
Schloßstr 4, ✉ 48455, ☎ (0 59 22) 8 28, Fax 43 49, AX ED VA
100 Zi, Ez: 90, Dz: 180, 12 Suiten, ⊣ WC ☎, 10✉; Lift 🅿 2❏50 🛁 Sauna Solarium ⬛
Auch Zimmer anderer Kategorien vorhanden

∗∗ Bellevue
Hauptgericht 14

∗∗ Am Berghang
♂ ≼ Kathagen 69, ✉ 48455, ☎ (0 59 22) 98 48-0, Fax 98 48-48, AX DC VA
27 Zi, Ez: 109-139, Dz: 185-205, 2 App, ⊣ WC ☎; P 🛁 Fitneßraum Sauna Solarium ⓘ ⬛

∗∗ Diana
Bahnhofstr 16, ✉ 48455, ☎ (0 59 22) 98 92-0, Fax 98 92-31, AX ED VA
20 Zi, Ez: 80-90, Dz: 140-180, 1 Suite, ⊣ WC ☎, 4✉; P 🅿 Sauna Solarium ⓘ ⬛

∗ Schulze-Berndt
Ochtruper Str 38, ✉ 48455, ☎ (0 59 22) 98 84-0, Fax 98 84-22, ED VA
Hauptgericht 25; P
∗ 9 Zi, Ez: 60-75, Dz: 130-170, ⊣ WC ☎ DFÜ; 2❏80

Gildehaus (4 km ←)
∗ Niedersächsischer Hof
♂ Am Mühlenberg 5, ✉ 48455, ☎ (0 59 24) 85 67, Fax 60 16, AX DC ED VA
25 Zi, Ez: 90-110, Dz: 170-180, ⊣ WC ☎; 2❏50 🛁 Sauna Solarium 18Golf ⬛
∗∗ ☒ Hauptgericht 28; P Terrasse

Bentwisch 20 ↙

Brandenburg — Kreis Perleberg — 19 m — 208 Ew — Wittenberge 5, Perleberg 10 km
ⓘ ☎ (03 87 91) 99 90 — Amt Bad Wilsnack / Weisen, Am Markt 1, 19336 Bad Wilsnack / Weisen

* Zum braunen Hirsch
♂ Dorfstr 34, ✉ 19322, ☎ (0 38 77) 6 05 30, Fax 6 05 30
15 Zi, Ez: 50-110, Dz: 100-130, ⊿ WC ☎, 2🖼; 🅿 ¶◯¶

Berching 64 ↑

Bayern — Kreis Neumarkt (Oberpfalz) — 386 m — 8 000 Ew — Beilngries 8, Neumarkt 21 km
🛈 ☎ (0 84 62) 20 50 — Verkehrsamt, Pettenkoferplatz 12, 92334 Berching; Erholungsort an der Sulz. Sehenswert: Kath. Pfarrkirche; St.-Lorenz-Kirche; Wallfahrtskirche Mariahilf; Stadtbild mit Mauergürtel und 13 hist. Türmen. Klosterkirche in Plankstetten (4 km ↓)

** Altstadthotel-Brauereigasthof Winkler
♂ Reichenauplatz 22, ✉ 92334, ☎ (0 84 62) 2 73 31, Fax 2 71 28, AX DC ED
21 Zi, Ez: 68, Dz: 100, ⊿ WC ☎, 4🖼; Lift 🅿 2⇔40 Sauna Solarium ☛
geschl: So abends
* Hauptgericht 17

Berchtesgaden 73 ↘

Bayern — Kreis Berchtesgadener Land — 630 m — 24 500 Ew — Bad Reichenhall 18, Salzburg 24, München 150 km
🛈 ☎ (0 86 52) 96 70, Fax 6 33 00 — Kurdirektion, Königsseer Str 2 (B 3), 83471 Berchtesgaden; Heilklimatisches Kurgebiet und Wintersportplatz in reizvoller Lage in den östlichen Bayerischen Alpen.
Sehenswert: Ehem. Stiftskirche; Schloß: Wittelsbacher Schloßmuseum, Kreuzgang; Salzbergwerk mit Salzmuseum; Königssee (5 km ↓): Elektrobootsfahrt (120 Min) u.a. nach St. Bartholomä; Rundfahrt (27 km) über die Roßfeldstr ◄; Kehlstein, 1834 m ◄; Watzmann, 2713 m ◄

Cityplan siehe Seite 178

** Fischer
♂ ◄ Königsseer Str 51 (B 3), ✉ 83471, ☎ (0 86 52) 95 50, Fax 6 48 73, VA
54 Zi, Ez: 92-107, Dz: 184-248, ⊿ WC ☎; Lift 🅿 🚗 ≘ Sauna Solarium ☛
geschl: 25.10.-15.12., 10.-30.4.
Zimmer der Kategorie * vorhanden
* Hauptgericht 30; geschl: Mo + Di mittags, 10.4.-30.4., 25.10.-15.12.

** Alpenhotel Kronprinz Treff Hotel
♂ ◄ Am Brandholz (A 3), ✉ 83471, ☎ (0 86 52) 60 70, Fax 60 71 20, AX DC ED VA
67 Zi, Ez: 105-155, Dz: 158-260, S; 2 Suiten, ⊿ WC ☎; Lift 🅿 🚗 2⇔25 Fitneßraum Sauna Solarium ¶◯¶ ☛

** Vier Jahreszeiten
◄ Maximilianstr 20 (B 3), ✉ 83471, ☎ (0 86 52) 95 20, Fax 50 29, AX DC ED VA
50 Zi, Ez: 98-170, Dz: 150-260, 9 Suiten, ⊿ WC ☎; Lift 🅿 🚗 2⇔300 ≘ Sauna Solarium 9Golf ¶◯¶ ☛

** Wittelsbach
Maximilianstr 16 (B 3), ✉ 83471, ☎ (0 86 52) 9 63 80, Fax 6 63 04, AX DC ED VA
26 Zi, Ez: 70-110, Dz: 120, 3 App, ⊿ WC ☎; Lift 🅿; garni

* Krone
♂ ◄ Am Rad 5 (C 1), ✉ 83471, ☎ (0 86 52) 94 60-0, Fax 94 60 10, ED
21 Zi, Ez: 68-80, Dz: 124-160, 2 Suiten, ⊿ WC ☎, 5🖼; 🅿 1⇔20
geschl: Mo, 1.11.-20.12.
Restaurant für Hausgäste

* Demming
◄ Sunklergäßchen 2 (B 3), ✉ 83471, ☎ (0 86 52) 96 10, Fax 6 48 78, AX DC ED VA
30 Zi, Ez: 73-106, Dz: 142-186, 4 Suiten, 5 App, ⊿ WC ☎; Lift 🅿 🚗 ≘ Sauna Solarium 9Golf ¶◯¶ ☛
geschl: 26.10.-18.12.

Anzenbach (1 km ↑)
* Rosenbichl
♂ ◄ Rosenhofweg 24 (B 1), ✉ 83471, ☎ (0 86 52) 56 00, Fax 55 41, ED
13 Zi, Ez: 65-95, Dz: 130-150, ⊿ WC ☎, 13🖼; 🅿 2⇔15 Fitneßraum Sauna Solarium
Restaurant für Hausgäste

* Weiherbach
♂ ◄ Weiherbachweg 6 (B 1), ✉ 83471, ☎ (0 86 52) 6 20 93, Fax 6 20 94
24 Zi, Ez: 62-115, Dz: 85-160, 4 Suiten, 4 App, ⊿ WC ☎; Lift 🅿 🚗 ≘ Fitneßraum Sauna Solarium 9Golf ☛
geschl: So 12-17, 8.11.-19.12.
Restaurant für Hausgäste

Oberau (6 km ↗)
* Neuhäusl
♂ ◄ Wildmoos 45, ✉ 83471, ☎ (0 86 52) 94 00, Fax 6 46 37, ED
26 Zi, Ez: 66-95, Dz: 130-180, 3 Suiten, ⊿ WC ☎; Lift 🅿 🚗 Fitneßraum Sauna Solarium 9Golf ¶◯¶
geschl: 10.11.-18.12.

* Alpenhotel Denninglehen
♂ ◄ Am Priesterstein 7, ✉ 83471, ☎ (0 86 52) 50 85, Fax 6 47 10
27 Zi, Ez: 99-120, Dz: 156-222, 4 Suiten, ⊿ WC ☎, 6🖼; Lift 🅿 🚗 1⇔20 ≘ Fitneßraum Sauna Solarium ☛
Rezeption: 7-21; geschl: 1.-15.12., 15.-30.1.

siehe auch **Bischofswiesen**

siehe auch **Ramsau**

siehe auch **Schönau a. Königssee**

Berg

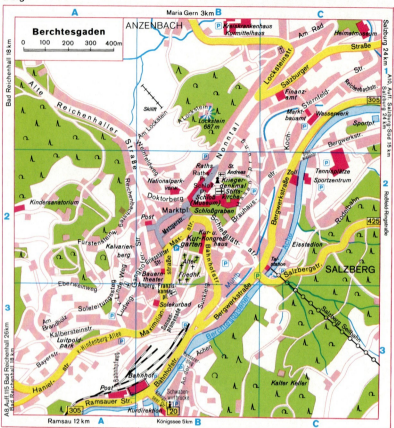

Berg 48 ↘

Bayern — Kreis Hof — 642 m — 2 850 Ew
i ☎ (0 92 93) 94 30, Fax 9 43 22 — Gemeindeverwaltung, Kirchplatz 2, 95180 Berg.
Sehenswert: Pfarrkirche St. Jakobus

Rudolphstein
**   **Saale Hotel**
Panoramastr 50, ✉ 95180, ☎ (0 92 93) 94 10, Fax 94 16 66, AX DC ED VA
80 Zi, Ez: 65-115, Dz: 100-180, 1 Suite, ⌐
WC ☎; Lift 🅿 🚗 4✧50 ≋ Sauna Solarium
🍽 🛥
Auch Zimmer der Kategorie ✱ vorhanden

Berga 37 □

Sachsen-Anhalt — Kreis Sangerhausen — 160 m — 6 200 Ew — Nordhausen 16, Sangerhausen 21 km
i ☎ (03 46 51) 62 06, Fax 5 32 53 — Verwaltungsgemeinschaft, „Kyffhäuser", Lange Str 8, 06537 Kelbra. Sehenswert: Rathaus; St.-Martini-Kirche; St.-Georgi-Kirche

✱   **Landhaus Blei**
Stolberger Str 26, ✉ 06536, ☎ (03 46 51) 48 90, Fax 4 89 25, DC ED VA
10 Zi, Ez: 75-90, Dz: 95, 1 Suite, ⌐ WC ☎; 🅿
1✧30 Sauna 🍽 🛥

Berg b. Neumarkt i. d. OPf. 58 ↘

Bayern — Kreis Neumarkt i. d. OPf. — Neumarkt 7 km
i ☎ (0 91 89) 44 11-0, Fax 44 11-44 — Gemeindeverwaltung, Herrnstr 1, 92348 Berg. Sehenswert: Ruine der Klosterkirche im Ortsteil Gnadenberg (4 km↑)

**   **Lindenhof**
Rosenbergstr 13, ✉ 92348, ☎ (0 91 89) 41 00, Fax 41 04 10, ED VA
49 Zi, Ez: 65-75, Dz: 95-115, ⌐ WC ☎; Lift 🅿
🚗 1✧22 🍽
geschl: Mo bis 17, 23.12.-10.1.
Zimmer der Kategorie ✱ vorhanden

**   Restaurant mit guter Ausstattung

Bergen

Sachsen
i — Tourist-Information, 08239 Bergen

* Marienstein
⚲ Thomas-Muntzer-Str 9, ✉ 08239,
☎ (03 74 63) 81 12, Fax 81 13, AX DC ED VA
16 Zi, Ez: 90-100, Dz: 140-160, 1 Suite, ⌐
WC ☎ DFÜ; Lift P 1↔35 Fitneßraum
Sauna ⎮⊙⎮
Rezeption: 7-22

Bergen siehe Rügen

Bergen Kr. Celle 26 ↑

Niedersachsen — Kreis Celle — 80 m —
18 000 Ew — Fallingbostel 22, Celle 24, Soltau 24 km
i ☎ (0 50 51) 4 79 16, Fax 4 79 36 — Stadt Bergen, Deichend 5-7, 29303 Bergen; Stadt in der Lüneburger Heide. Sehenswert: Heimatmuseum Römstedhaus; Gedenkstätte Bergen-Belsen (7 km ↙); Steingrab in Siddernhausen; Afrikamuseum

* Sölter Hof
Ziegeleiweg 10, ✉ 29303, ☎ (0 50 51)
9 88 20, Fax 98 82 39, ED VA
21 Zi, Ez: 90-130, Dz: 130-160, ⌐ WC ☎;
3↔40; **garni**
Rezeption: 8-21

Altensalzkoth (15 km ↘)
* Helms
Altensalzkoth 7, ✉ 29303, ☎ (0 50 54)
81 91 03, Fax 81 80, DC ED VA
50 Zi, Ez: 79-180, Dz: 154-260, ⌐ WC ☎
DFÜ, 7⌂; Lift P 🚗 3↔80 Sauna Solarium
⎮⊙⎮ ⚌
geschl: 21.12.-30.1.
Auch Zimmer der Kategorie ****** vorhanden

Offen (4 km ↓)
* Rosenhof
Hauptstr 24, ✉ 29303, ☎ (0 50 51) 9 88 80,
Fax 98 88 30, AX ED VA
12 Zi, Ez: 55-85, Dz: 85-120, ⌐ WC ☎; ⎮⊙⎮

* Michaelishof
Hauptstr 5, ✉ 29303, ☎ (0 50 51) 88 70,
Fax 80 87, AX DC ED VA
Ez: 70-140, Dz: 120-180, 1 App, ⌐ WC ☎,
2⌂; P 🚗 2↔40 9Golf ⎮⊙⎮

Bergen Kr. Traunstein 73 □

Bayern — Kreis Traunstein — 650 m —
4 200 Ew — Traunstein 11, Grassau 12 km
i ☎ (0 86 62) 83 21, Fax 58 55 — Verkehrsamt, Raiffeisenplatz 4, 83346 Bergen; Luftkurort im Chiemgau. Sehenswert: Hochfelln (Seilbahn), 1670 m ⛳; Chiemsee (13 km ↘)

Bergheim

** Salzburger Hof
Brunnweg 4, ✉ 83346, ☎ (0 86 62) 4 88 40,
Fax 48 84 88, AX ED VA
12 Zi, Ez: 105-125, Dz: 140-180, 12 Suiten,
6 App, ⌐ WC; Lift P 🚗 1↔40 Fitneßraum
Sauna Solarium
Appartementhaus
* Hauptgericht 25

* Säulner Hof
⚲ Säulner Weg 1, ✉ 83346, ☎ (0 86 62)
86 55, Fax 59 57, ED
14 Zi, Ez: 55-65, Dz: 95-110, 1 App, ⌐ WC; P
geschl: 1.10.-20.12., 6.1.-1.2.
Restaurant für Hausgäste

Bernhaupten
* Emerhof
⚲ Bernhauptener Str 8, ✉ 83346,
☎ (0 86 62) 59 91-93, Fax 59 75, ED
30 Zi, Ez: 84-130, Dz: 80-120, 2 Suiten,
14 App, ⌐ WC ☎; P 2↔25 Sauna Solarium
⎮⊙⎮
geschl: Mo

Bergerhof siehe Reichshof

Berghaupten 60 ↓

Baden-Württemberg — Ortenaukreis —
450 m — 2 300 Ew — Gengenbach 2, Offenburg 7 km
i ☎ (0 78 03) 28 20, Fax 96 77 10 — Verkehrsverein, Rathausplatz 2, 77791 Berghaupten; Erholungsort im Kinzigtal, Schwarzwald. Sehenswert: Stadtbild von Gengenbach (1 km →)

** Hirsch
Dorfstr 9, ✉ 77791, ☎ (0 78 03) 9 39 70,
Fax 93 97 49, ED VA
20 Zi, Ez: 80-105, Dz: 128-165, 3 Suiten, ⌐
WC ☎, 4⌂; Lift P 🚗 2↔30
geschl: Anfang Aug 14 Tg., Fasnacht 14 Tg.
Auch Zimmer der Kategorie ***** vorhanden
** Hauptgericht 30; Terrasse;
geschl: Mo, Di mittags, 2 Wochen Anfang
Aug, 2 Wochen über Fastnacht

Bergheim 42 ↗

Nordrhein-Westfalen — Erftkreis — 92 m —
60 400 Ew — Köln 21, Düsseldorf 30,
Aachen 45 km
i ☎ (0 22 71) 8 90, Fax 8 92 39 — Stadtverwaltung, Bethlehemer Str 9-11, 50126 Bergheim. Sehenswert: Schloß Paffendorf; St. Georg Kapelle; Wallfahrtskirche St. Remigius; Aachener Tor, Stadtmauer

** Meyer
Beisselstr 3, ✉ 50126, ☎ (0 22 71) 80 60,
Fax 4 17 22, AX ED VA
24 Zi, Ez: 100, Dz: 170, 2 App, ⌐ WC ☎;
Sauna Solarium; **garni** ⚌

Bergisch Gladbach

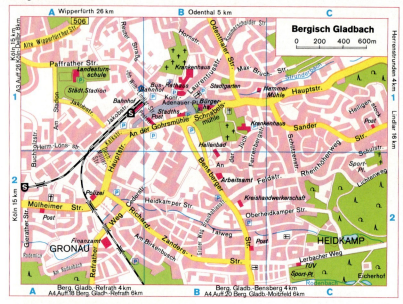

Bergisch Gladbach 43

Nordrhein-Westfalen — Rheinisch-Bergischer Kreis — 86 m — 107 614 Ew — Köln 15, Bonn 36 km
🛈 ☎ (0 22 02) 14 22 41, Fax 14 22 40 — Presseamt im Rathaus, Konrad-Adenauer-Platz (B 1), 51465 Bergisch Gladbach; Kreisstadt. Sehenswert: Bergisches Museum für Bergbau, Handwerk und Gewerbe in Bergisch Gladbach; Neues Schloß und Rathaus in Bensberg (4 km ↓); Kirche und ehem. Wasserburg Blegge in Paffrath (5 km ↖); Burg Zweiffelstrunden und Johanniter-Komturei in Herrenstrunden (5 km ↗)

**** Schlosshotel Lerbach
Relais & Châteaux
einzeln ♂ ⚘ Lerbacher Weg, ⊠ 51465,
☎ (0 22 02) 20 49 40, Fax 20 49 40, AX DC ED VA
47 Zi, Ez: 340-650, Dz: 390-700, 7 Suiten, 🛏
WC ☎ DFÜ; Lift P 3♻120 ≋ Sauna
Solarium 18Golf 1Tennis
28 ha großer Schloßpark mit Angelteichen, Joggingpfad
**** Dieter Müller
Hauptgericht 68; geschl: So, Mo, 2 Wochen im Jan, 4.-27.7.
** Schloss-Schänke
Hauptgericht 35; Terrasse

* Heidkamper Hof
Scheidtbachstr 2 (B2), ⊠ 51469, ☎ (0 22 02) 3 46 12, Fax 4 28 31
15 Zi, Ez: 95-150, Dz: 160-220, 1 Suite, 1 App, 🛏 WC ☎, 3⌀; P 🚗; garni

** Eggemann's Bürgerhaus
Bensberger Str 102 (B 2), ⊠ 51469,
☎ (0 22 02) 3 61 34, Fax 3 25 05, ED
Hauptgericht 35; P; geschl: Do, Fr mittags

Bensberg (4 km ↓)
* Malerwinkel
♂ Fischbachstr 3, ⊠ 51429, ☎ (0 22 04)
9 50 40, Fax 9 50 41 00, AX DC ED VA
23 Zi, Ez: 129-290, Dz: 189-330, 2 Suiten, 🛏
WC ☎ DFÜ, 11⌀; P 2♻40 Fitneßraum
Sauna; garni
geschl: 23.12.-2.1.

** Waldstuben
Am Milchbornbach 39 (B 1), ⊠ 51429,
☎ (0 22 04) 9 55 50, Fax 95 55 60, AX ED VA
Hauptgericht 42; P Terrasse; geschl: So abends, Mo
* Waldhotel Mangold
♂ 21 Zi, Ez: 135-300, Dz: 200-300, 1 Suite, 🛏
WC ☎ DFÜ, 5⌀; 18Golf 4♻80 18Golf
Auch Zimmer der Kategorie ** vorhanden

* Das Fachwerkhaus
⚘ Burggraben 37 (B 1), ⊠ 51429,
☎ (0 22 04) 5 49 11, Fax 5 76 41
Hauptgericht 42; Terrasse; geschl: Mo,
3 Wochen zu Fasching, 3 Wochen im Sommer

Café Engels
Schloßstr 66 (B 1), ⊠ 51429, ☎ (0 22 04)
91 13 18, Fax 94 93 10
Hauptgericht 18

Berg. Gladbach-Bensberg

Gronau (1,5 km ↓)
** Gronauer Tannenhof
Robert-Schuman-Str 2 (A 2), ✉ 51469,
☎ (0 22 02) 94 14-0, Fax 94 14-44,
AX DC ED VA
32 Zi, Ez: 145-220, Dz: 180-250, ⬜ WC ☏;
Lift 🅿 4✪100 Kegeln
* Hauptgericht 20; Terrasse

Paffrath
* Hansen
Paffrather Str 309 (außerhalb A1), ✉ 51469,
☎ (0 22 02) 5 87 45, Fax 5 99 39, AX ED VA
19 Zi, Ez: 95-99, Dz: 140-160, ⬜ WC ☏, 7📺;
🅿 1✪25 Kegeln 🍽

Sand (1 km →)
** Privathotel Bremer
❄ Dombach-Sander-Str 72, ✉ 51465,
☎ (0 22 02) 9 35 00, Fax 93 50 50, AX DC ED VA
21 Zi, Ez: 120-290, Dz: 220-380, 1 Suite, ⬜
WC ☏ DFÜ, 5📺; 🅿 1✪20; garni
Rezeption: 7-21

Bergkirchen 71 ↑

Bayern — Kreis Dachau — 515 m —
6 200 Ew — Dachau 4, Fürstenfeldbruck 14,
München 23 km
ℹ ☎ (0 81 31) 5 69 70, Fax 8 69 66 —
Gemeindeverwaltung, Johann-Michael-
Fischer-Str 1, 85232 Bergkirchen

Günding (3 km →)
* Forelle
Brucker Str 16, ✉ 85232, ☎ (0 81 31)
5 67 30, Fax 8 01 19, ED VA
30 Zi, Ez: 98-120, Dz: 120-160, 1 App, ⬜ WC
☏, 🖥; garni

Berg Kr. Starnberg 72 ←

Bayern — Kreis Starnberg — 640 m —
7 666 Ew — Starnberg 6, Wolfratshausen 9,
München 27 km
ℹ ☎ (0 81 51) 50 80, Fax 5 08 88 — Gemeindeverwaltung, Ratsgasse 1, 82335 Berg; Ort
am Starnberger See. Sehenswert: Votiv-
kapelle im Schloßpark; Wallfahrtskirche
Aufkirchen (1 km ↘); Bismarckturm ◄
(4 km ↓)

** Schloss Berg
◄ Seestr 17, ✉ 82335, ☎ (0 81 51) 96 30,
Fax 9 63 52, AX ED VA
40 Zi, Ez: 130-190, Dz: 165-250, 10 Suiten, ⬜
WC ☏ DFÜ; Lift 🅿 4✪50 Strandbad Seezu-
gang Sauna Solarium 🍽
Auch Zimmer der Kategorie * vorhanden

Leoni (2 km ↙)
**** Dorint Hotel Leoni
am Starnberger See**
❄ ◄ Assenbucher Str 44, ✉ 82335,
☎ (0 81 51) 50 60, Fax 56 01 40, AX DC ED VA
67 Zi, Ez: 170-215, Dz: 250-295, S; 3 Suiten,
⬜ WC ☏, 10📺; Lift 🅿 🖥 4✪40 ≋ ☼ Strand-
bad Seezugang Sauna Solarium 18 Golf
** Am Dampfersteg
◄ Hauptgericht 35; Biergarten Terrasse

Berglen 62 ←

Baden-Württemberg — Rems-Murr-Kreis
— 350 m — 5 800 Ew — Schorndorf 9,
Waiblingen 15 km
ℹ ☎ (0 71 95) 97 57-0, Fax 97 57 37 —
Gemeindeverwaltung, Beethovenstr 14,
73663 Berglen →

Berglen

Lehnenberg
** **Blessings Landhotel**
♀ ⬥ Lessingstr 13, ✉ 73663, ☎ (0 71 95) 78 11, Fax 7 40 99, AX ED VA
20 Zi, Ez: 102-112, Dz: 148-158, 4 Suiten, 1 App, ⊌ WC ☎, P 2⇔48
** Hauptgericht 30; Gartenlokal; geschl: Do

Bergneustadt 43 ↗

Nordrhein-Westfalen — Oberbergischer Kreis — 210 m — 21 000 Ew — Gummersbach 10, Olpe 19 km
🛈 ☎ (0 22 61) 40 41 77, Fax 40 41 75 — Verkehrsamt, Kölner Str 297, 51702 Bergneustadt; Amt 40

* **Feste Neustadt**
Hauptstr 19, ✉ 51702, ☎ (0 22 61) 4 17 95, Fax 4 80 21
20 Zi, Ez: 75-85, Dz: 150-170, ⊌ WC ☎, P 3⇔100 Kegeln 🍴
Rezeption: 7-14, 17-23; geschl: So ab 14, Mo, 1. 3 Wochen in den Sommerferien

Niederrengse (7 km ↗)
** **Rengser Mühle**
Ⓥ Niederrengse 4, ✉ 51702, ☎ (0 27 63) 9 14 50, Fax 91 45 20, AX ED
Hauptgericht 32; Gartenlokal P; geschl: Di
* 4 Zi, Ez: 105, Dz: 145, ⊌ WC ☎, 4🛏

Bergrheinfeld 56 ↑

Bayern — Kreis Schweinfurt — 208 m — 4 918 Ew — Schweinfurt 5 km
🛈 ☎ (0 97 21) 9 70 00, Fax 97 00 30 — Gemeindeverwaltung, Hauptstr 38, 97493 Bergrheinfeld

* **Astoria**
Schweinfurter Str 117, ✉ 97493, ☎ (0 97 21) 9 70 10, Fax 97 00 13, AX ED VA
55 Zi, Ez: 65-80, Dz: 95-130, ⊌ WC ☎, P 🚗 1⇔25 🍴
geschl: So, 22.12.-6.1.

⌂ **Gasthof zum weißen Roß**
Hauptstr 5, ✉ 97493, ☎ (0 97 21) 78 97 00, Fax 78 97 89
55 Zi, Ez: 51-88, Dz: 86-126; P 2⇔60 🍴
Im Gästehaus Gartenstraße Zimmer der Kategorie ** vorhanden

Bergzabern, Bad 60 ↑

Rheinland-Pfalz — Kreis Südliche Weinstraße — 200 m — 8 000 Ew — Landau 14, Karlsruhe 35, Pirmasens 39 km
🛈 ☎ (0 63 43) 9 34 00 — Kurverwaltung, Kurtalstr 25, 76887 Bad Bergzabern; Kneippheilbad und Heilklimatischer Kurort.
Sehenswert: Ev. Marktkirche; Schloß; Kirchenburg und Rathaus in Dörrenbach (5 km ↙); Burg Berwartstein (12 km ←)

** **Petronella**
Kurtalstr 47, ✉ 76887, ☎ (0 63 43) 10 75, Fax 53 13, AX DC ED VA
35 Zi, Ez: 68-95, Dz: 122-150, 13 Suiten, ⊌ WC ☎; Lift P 🚗 3⇔100 Sauna Solarium 🍴
Auch Zimmer der Kategorie * vorhanden
* Hauptgericht 30; Terrasse;
geschl: Di (Nov-März), 3 Wochen im Jan

Berka, Bad 48 ↘

Thüringen — Kreis Weimarer-Land — 270 m — 7 000 Ew — Weimar 12 km
🛈 ☎ (03 64 58) 4 21 02, Fax 4 10 79 — Kurverwaltung, Pfarrgasse, 99438 Bad Berka

* **Hubertushof**
Tannrodaerstr 3, ✉ 99438, ☎ (03 64 58) 3 50, Fax 3 51 50, AX ED VA
30 Zi, Ez: 115, Dz: 145, ⊌ WC ☎; P 1⇔30 Sauna Solarium
Auch Zimmer der Kategorie ** vorhanden
** Hauptgericht 25; Terrasse

* **Wettiner Hof**
Bahnhofstr 32, ✉ 99438, ☎ (03 64 58) 34 30, Fax 3 07 04, AX DC ED VA
30 Zi, Ez: 85, Dz: 110, ⊌ WC ☎, 🚗 2⇔45 🍴

Berlebeck siehe Detmold

Berleburg, Bad 44 ↑

Nordrhein-Westfalen — Kreis Siegen-Wittgenstein — 450 m — 21 700 Ew — Bad Laasphe 21, Winterberg 23 km
🛈 ☎ (0 27 51) 93 63-3, Fax 93 63-23 — Touristikverein, Poststr 44, 57319 Bad Berleburg; Kneippheilbad im Rothaargebirge. Sehenswert: Schloß; Kurpark; Ludwigsburg; Schiefer-Schaubergwerk; „Drehkoite"; Schmiede-Museum; Landwirtschaftsmuseum

* **Westfälischer Hof**
Astenbergstr 6, ✉ 57319, ☎ (0 27 51) 9 24 90, Fax 92 49 59, AX DC ED VA
38 Zi, Ez: 60-90, Dz: 120-180, ⊌ WC ☎, 19🛏; 1⇔20 Sauna Solarium 🍴
Auch Zimmer der Kategorie ** vorhanden

Wingeshausen (14 km ←)
* **Weber**
Inselweg 5, ✉ 57319, ☎ (0 27 59) 4 12, Fax 5 40
Hauptgericht 26; Gartenlokal P Terrasse; geschl: Mo, Di, 15.7.-5.8., 2 Wochen im Nov

Die im Varta angegebene Kategorie eines Beherbergungsbetriebes bezieht sich jeweils auf den größeren Teil der Zimmer. Verfügt ein Betrieb auch über eine nennenswerte Zahl von Zimmern höherer oder niedrigerer Kategorie, weist ein entsprechender Vermerk darauf hin.

Berlin 30 □

Berlin — 35 m — 3 400 000 Ew — Frankfurt/Oder 90, Frankfurt/Main 545, Bonn 630 km
🛈 ☎ (0 30) 25 00 25, Fax 25 00 24 24 — Tourismus-Marketing GmbH, Am Karlsbad 11 (J 3), 10785 Berlin; Freie Universität; Technische Universität; ev. Kirchliche Hochschule; Hochschule der Künste; Humboldt-Universität; Akademie der Wissenschaften; Akademie der Künste; Bach-Akademie Philharmonie, Kammermusiksaal; Deutsche Oper; Schillertheater; Schloparktheater; Schaubhne, Renaissance-Theater; Theater am Kurfürstendamm; Komödie; Theater des Westens; Freie Volksbühne; Kleines Theater; Tribüne; Hansa-Theater; Werkstatt; Kammerspiele; Vaganten-Bühne; Staatsoper; Komische Oper; Schauspielhaus (Konzerte); Metropoltheater (Admiralspalast); Deutsches Theater; Berliner Ensemble; Maxim-Gorki-Theater; Volksbühne; Theater am Palast; Theater der Freundschaft; Friedrichstadtpalast; Kabaretts: Die Stachelschweine; Die Wühläuse; Die Distel; Spielbank: im Europa-Center.

Sehenswert: Schloß Charlottenburg; Schneberger Rathaus: Turm ◂, Freiheitsglocke; Staatsbibliothek; Le-Corbusier-Haus; Martin-Gropius-Bau; Europa-Center; Internationales Congress-Centrum (ICC); Olympiastadion; Luftbrücken-Denkmal Tempelhof; Funkturm; Kurfürstendamm „Ku-Damm"; Kaiser-Wilhelm-Gedächtnis-Kirche; St. Nikolaikirche in Spandau; Dorfkirche in Dahlem, Buckow und Marienfelde; Maria Regina Martyrium: Gedächtniskirche und Gedenkstätte Plötzensee; Brandenburger Tor; Unter den Linden; Zeughaus, Neue Wache, Staatsbibliothek, Reiterstandbild Friedrichs des Großen; St.-Hedwigs-Kathedrale; Marienkirche: Totentanz; Dom; Parochialkirche; Michaelkirche; Sophienkirche; Nikolaikirche; Ribbeckhaus: Portal; Nicolaihaus: Innenhof; Stadtgericht Mitte; Rathaus Stadtmitte (Rotes Rathaus); Fernsehturm am Alexanderplatz; Neptunbrunnen; Granitschale (beim Dom)

Museen und Sammlungen: Pergamon-Museum: Pergamon-Altar, Ischtar-Tor, Markttor von Milet; Nationalgalerie: Gemälde; Bode-Museum: Skulpturen, Gemälde u.a.; Museum für Naturkunde; Märkisches Museum; Altes Museum; Kupferstichkabinett; Kunstgewerbemuseum im Schloß Köpenick, ehem. Friedrichwerdersche Kirche: Schinkel-Museum; Museum Dahlem: Gemälde, Kupferstiche, Skulpturen, Völkerkunde, Islamische, Indische und Ostasiatische Kunst, Deutsche Volkskunde; Botanisches Museum in Dahlem; Charlottenburger Schloß: Vor- und Frühgeschichte, Kunstgewerbe, Reiterstandbild des Großen Kurfürsten; Antikenmuseum; Ägyptisches Museum: Nofretete, Kalabsha-Tor; Nationalgalerie; Brücke-Museum; Georg-Kolbe-Museum; Berlinische Galerie; Bröhan-Museum; Staatliche Kunsthalle; Bauhaus-Archiv: Museum für Gestaltung, Gipsformerei; Berlin-Museum; Post- und Fernmeldemuseum; Musikinstrumentenmuseum; Museum für Verkehr und Technik; Zuckermuseum; Kriminalmuseum; Museumsdorf Düppel; Museum am ehem. Checkpoint Charlie; Freimaurermuseum-Parkanlagen: Tiergarten mit Siegessäule; Schloß Bellevue: Berliner Amtssitz des Bundespräsidenten; Zoologischer Garten; Botanischer Garten in Dahlem; Treptower Park; Tierpark; Britzer Garten; Tiergarten;

Umgebung: Grunewald mit Jagdschloß (8 km ↗); Grunewald-Turm ◂ (12 km ↗), Teufelsberg, 115 m ◂ am Teufelssee; Havel mit Pfaueninsel: Schloß (24 km ↗, besser mit Schiff); Wannsee mit Strandbad (16 km ↗); Schloßpark Kleinglienicke (18 km ↗); Humboldt-Schloß in Tegel, mit Tegeler See (13 km ↑); Spandau mit Zitadelle (10 km ↖); Dorf Lübars; Potsdam: Schlösser und Park von Sanssouci (20 km ↗); Müggelsee (20 km →)

<mark>Messen:</mark>
aaa 17.-25.10.98
Boots-Ausstellung 14.-22.11.98
Grüne Woche 22.1.-31.1.99
ITB 6.3.-14.3.99
SHOWTECH 3.6.-5.6.99
IFA 28.8.-5.9.99

Cityplan siehe Seiten 186-191

Grand Hyatt Berlin
Marlene-Dietrich-Platz 2, ✉ 10785, ☎ (0 30) 25 53 12 34, Fax 25 53 12 35, AX DC ED VA
325 Zi, Ez: 420-570, Dz: 490-640, S;
15 Suiten, ⌐ WC ☎ DFÜ, 140🖃; Lift 9✥850
🏊 Fitneßraum Sauna Solarium 18Golf 🍴 ⚓
Eröffnung voraussichtlich Oktober 1998

★★★★★ Adlon Kempinski Berlin
The Leading Hotels of the World
Unter den Linden 77 (K2), ✉ 10117,
☎ (0 30) 22 61-0, Fax 22 61-22 22,
AX DC ED VA
286 Zi, Ez: 440-590, Dz: 490-660, 32 Suiten, 30 App., ⌐ WC ☎ DFÜ, 65🖃; Lift 🖈
12✥400 🏊 Fitneßraum Sauna Solarium 🍴 ⚓

★★★★★ Four Seasons Hotel Berlin
Charlottenstr 49 (L 2), ✉ 10117, ☎ (0 30) 2 03 38, Fax 20 33 60 09, AX DC ED VA
162 Zi, Ez: 395-595, Dz: 475-695, S;
42 Suiten, ⌐ WC ☎, 87🖃; Lift 🖈 4✥120
Fitneßraum Sauna
★★★★ Seasons
Hauptgericht 49; Terrasse →

Berlin

**** Inter-Continental
Budapester Str 2 (G 3), ✉ 10787, ☎ (0 30)
2 60 20, Fax 26 02 26 00, AX DC ED VA
444 Zi, Ez: 355-545, Dz: 405-545, S;
67 Suiten, 1 App, ⌐ WC ☎ DFÜ, 75🛏; Lift
🚗 31↔3500 ≋ Fitneßraum Sauna Solarium
🍴
Auch Zimmer anderer Kategorien vorhanden
**** Zum Hugenotten
nur abends; geschl: So
** L. A. Café
P

**** Palace
L'Art de Vivre-Residenz
Budapester Str (G 3), ✉ 10789, ☎ (0 30)
2 50 20, Fax 25 02-11 60, AX DC ED VA
268 Zi, Ez: 295-530, Dz: 330-530, S;
14 Suiten, ⌐ WC ☎, 97🛏; Lift P 🚗 14↔600
≋ ≋ Fitneßraum Sauna Solarium 🍴
Zimmer verschiedener Kategorien vorhanden. Kostenlose Benutzung der Thermen im Europa-Center für Hotelgäste
**** First Floor
L'Art de Vivre-Restaurant
Hauptgericht 65; geschl: Sa mittags, 28.3.-11.4., 25.7.-22.8.

**** Kempinski Hotel
Bristol Berlin
Kurfürstendamm 27 (F 3), ✉ 10719, ☎ (0 30)
88 43 40, Fax 8 83 60 75, AX DC ED VA
249 Zi, Ez: 320-480, Dz: 380-540, S;
52 Suiten, 2 App, ⌐ WC ☎, 58🛏; Lift
11↔400 ≋ Fitneßraum Sauna Solarium
Auch Zimmer anderer Kategorien vorhanden. Zimmerpreise ohne Frühstück
*** Kempinski Grill
Hauptgericht 46

**** Grand Hotel Esplanade 👑
The Leading Hotels of the World
Lützowufer 15 (H 3), ✉ 10785, ☎ (0 30)
25 47 80, Fax 2 65 11 71, AX DC ED VA
367 Zi, Ez: 413-533, Dz: 496-616, S;
33 Suiten, ⌐ WC ☎, 67🛏; Lift 7↔450 ≋
Fitneßraum Sauna Solarium
*** Harlekin
Hauptgericht 55; P; nur abends; geschl:
So, Mo, 1.1.-4.1., 18.7.-16.8.
Eck Kneipe
Hauptgericht 28; P

**** Steigenberger
Los-Angeles-Platz 1 (F 4), ✉ 10789,
☎ (0 30) 2 12 70, Fax 2 12 71 17, AX DC ED VA
386 Zi, Ez: 290-509, Dz: 340-505, S;
11 Suiten, ⌐ WC ☎, 115🛏; Lift 🚗 16↔600
≋ Sauna Solarium
*** Park-Restaurant
nur abends; geschl: So, Mo, 18.7.-16.8.
* Berliner Stube

**** The Westin Grand
Friedrichstr 158-164 (Q 5), ✉ 10117,
☎ (0 30) 2 02 70, Fax 20 27 33 62, AX DC ED VA
323 Zi, Ez: 275-485, Dz: 345-485, S;
34 Suiten, 1 App, ⌐ WC ☎ DFÜ, 64🛏; Lift
🚗 9↔150 ≋ Fitneßraum Sauna Solarium 🍴
*** Coelln
Hauptgericht 35; P
** The Westin Grand
Hauptgericht 30; P Terrasse

**** Radisson SAS
⊰ Karl-Liebknecht-Str 5 (R 4), ✉ 10178,
☎ (0 30) 2 38 28, Fax 23 82 75 90, AX DC ED VA
516 Zi, Ez: 280-495, Dz: 280-495, S;
24 Suiten, ⌐ WC ☎, 131🛏; Lift 🚗 13↔600
≋ Fitneßraum Sauna Solarium 🍴
Auch Zimmer der Kategorie *** vorhanden
*** Orangerie
⊰ Hauptgericht 25; P Terrasse

*** Crowne Plaza Berlin
CityCenter
Nürnberger Str 65 (G 3), ✉ 10787, ☎ (0 30)
21 00 70, Fax 2 13 20 09, AX DC ED VA
415 Zi, Ez: 295-455, Dz: 345-505, S;
10 Suiten, ⌐ WC ☎ DFÜ, 150🛏; Lift P 🚗
7↔350 ≋ Sauna Solarium
** Globetrotter
Hauptgericht 32

*** Maritim proArte Hotel
Friedrichstr 151 (L 1), ✉ 10117, ☎ (0 30)
2 03 35, Fax 20 33 42 09, AX DC ED VA
374 Zi, Ez: 239-459, Dz: 264-514, S; 2 Suiten,
27 App, ⌐ WC ☎, 80🛏; Lift 🚗 15↔1500 ≋
Fitneßraum Sauna Solarium 🍴
** Atelier
Hauptgericht 42

*** Berlin Hilton
↻ ⊰ Mohrenstr 30 (Q 5), ✉ 10117, ☎ (0 30)
2 02 30, Fax 20 23 42 69, AX DC ED VA
460 Zi, Ez: 215-415, Dz: 255-455, S; 6 Suiten,
1 App, ⌐ WC ☎, 116🛏; Lift 🚗 18↔500 ≋
Bowling Fitneßraum Sauna Solarium 🍴
Im Kronenflügel auch Zimmer der Kategorie
** vorhanden
** Mark Brandenburg
Hauptgericht 32; Terrasse

*** Derag Hotel Großer Kurfürst
Neue Roßstr 11-12, ✉ 10179, ☎ (0 30)
24 60 00, Fax 24 60 03 00, AX DC ED VA
123 Zi, Ez: 155-205, Dz: 195-250, S; 7 Suiten,
22 App, ⌐ WC ☎, 60🛏; Lift 🚗 4↔67 Fitneßraum Sauna Solarium 🍽 🍴

*** Mondial
Kurfürstendamm 47 (E 4), ✉ 10707,
☎ (0 30) 88 41 10, Fax 88 41 11 50,
AX DC ED VA
73 Zi, Ez: 170-380, Dz: 220-480, S; 1 Suite, ⌐
WC ☎; Lift 🚗 3↔80 ≋ Solarium 🍴
** Kräutergarten
Hauptgericht 30; P Terrasse

Berlin

★★★ Berlin Golden Tulip
Lützowplatz 17 (H 3), ✉ 10785, ☎ (0 30) 2 60 50, Fax 26 05 27 16, AX DC ED VA
663 Zi, Ez: 195-390, Dz: 255-450, S;
30 Suiten, 8 App, ⌑ WC ☎, 219🖂; Lift 🅿
26🔄1200 Fitneßraum Sauna Solarium 🌊
Zimmer verschiedener Kategorien vorhanden

★★ Globe
Hauptgericht 35

★★★ Savoy
Fasanenstr 9-10 (F 3), ✉ 10623, ☎ (0 30) 31 10 30, Fax 31 10 33 33, AX DC ED VA
107 Zi, Ez: 249-349, Dz: 289-389, S;
18 Suiten, ⌑ WC ☎ DFÜ, 15🖂; Lift 2🔄70 Fitneßraum Sauna Solarium

★★★ Belle Epoque
Hauptgericht 29; Terrasse

★★★ Madison City Suites im Kontorhaus Mitte
Friedrichstr 185-190 (L2), ✉ 10117, ☎ (0 30) 20 29 20, Fax 20 29 29 20, AX ED VA
Ez: 120-390, Dz: 120-390, S; 64 Suiten,
20 App, ⌑ WC ☎, 40🖂; Lift 🍽
Rezeption: 7-21
Sa, So nur eingeschränkter Hotelservice.
Zimmerpreise ohne Frühstück. Langzeitvermietung möglich

★★ Brandenburger Hof Relais & Châteaux 👑
Eislebener Str 14 (F 4), ✉ 10789, ☎ (0 30) 21 40 50, Fax 21 40 51 00, AX DC ED VA
86 Zi, Ez: 275-395, Dz: 340-455, S; 3 Suiten, ⌑ WC ☎ DFÜ; Lift 🅿 3🔄40 🌊
Rekonstruierter wilhelminischer Stadtpalast, Zimmerausstattung im Bauhausdesign. Auch Zimmer der Kategorie ★★★ vorhanden

★★★ Die Quadriga 🍷
Hauptgericht 58; 🅿; geschl: Sa, So, 1.1.-10.1., 19.7.-21.8.

★★ Best Western President
An der Urania 16 (G 4), ✉ 10787, ☎ (0 30) 21 90 30, Fax 2 14 12 00, AX DC ED VA
172 Zi, Ez: 242-367, Dz: 287-367, S;
13 Suiten, 2 App, ⌑ WC ☎, 20🖂; Lift 🅿
6🔄120 Fitneßraum Sauna Solarium 🌊
Auch Zimmer der Kategorie ★★★ vorhanden

★★ Die Saison
Hauptgericht 25; 🅿 Terrasse

★★ Hecker's Hotel Top International Hotel
Grolmanstr 35 (E 3), ✉ 10623, ☎ (0 30) 8 89 00, Fax 8 89 02 60, AX DC ED VA
72 Zi, Ez: 230-350, Dz: 290-350, S; ⌑ WC ☎, 12🖂; Lift 🅿 🌊
Auch Zimmer der Kategorie ★★★ vorhanden

Casambalis Taverna
Hauptgericht 40; Terrasse

★★ Mercure & Residence Alexander Plaza
Rosenstr 1, ✉ 10178, ☎ (0 30) 24 00 10, Fax 24 00 17 77, AX DC ED
74 Zi, Ez: 255-385, Dz: 285-385, S; 9 Suiten, 9 App, ⌑ WC ☎, 16🖂; Lift 🅿 7🔄100 Fitneßraum Sauna Solarium 🍽 🌊

★★ Ringhotel Alsterhof
Augsburger Str 5 (G 4), ✉ 10789, ☎ (0 30) 21 24 20, Fax 2 18 39 49, AX DC ED VA
196 Zi, Ez: 215-285, Dz: 315-385, S; 4 Suiten, ⌑ WC ☎, 33🖂; Lift 🅿 7🔄70 ≋ Sauna Solarium 🌊

★ Alsterstuben
Hauptgericht 24; Biergarten 🅿 Terrasse

★★ Am Zoo
Kürfürstendamm 25 (F 3), ✉ 10719, ☎ (0 30) 88 43 70, Fax 88 43 77 14, AX DC ED VA
136 Zi, Ez: 185-287, Dz: 328-485, ⌑ WC ☎ DFÜ; 🅿 5🔄80; garni
Auch Zimmer der Kategorie ★★★ vorhanden

★★ Seehof
⊲ Lietzensee-Ufer 11 (B 3), ✉ 14057, ☎ (0 30) 32 00 20, Fax 32 00 22 51, AX DC ED VA
77 Zi, Ez: 235-385, Dz: 295-475, S; 1 Suite, ⌑ WC ☎, 11🖂; Lift 🅿 4🔄60 ≋ Sauna Solarium 🌊

★★ au Lac
Hauptgericht 38; Terrasse

★★ Queens Hotel
Güntzelstr 14 (F 5), ✉ 10717, ☎ (0 30) 8 73 02 41, Fax 8 61 93 26, AX DC ED VA
106 Zi, Ez: 159-199, Dz: 185-252, S; 2 Suiten, ⌑ WC ☎, 30🖂; Lift 🅿 2🔄100; garni

---

★★ Ringhotel Hamburg
Landgrafenstr 4 (GH 3), ✉ 10787, ☎ (0 30) 26 47 70, Fax 2 62 93 94, AX DC ED VA
240 Zi, Ez: 199-299, Dz: 250-320, S; ⌑ WC ☎ DFÜ, 48🖂; Lift 🅿 🅿 4🔄90

★★ Alsterpavillon
Hauptgericht 33; Terrasse

★★ Villa Kastania
Kastanienallee 20 (A 2), ✉ 14052, ☎ (0 30) 3 00 00 20, Fax 30 00 02 10, AX ED VA
43 Zi, Ez: 184-294, Dz: 228-348, 8 Suiten, 10 App, ⌑ WC ☎, 10🖂; Lift 🅿 1🔄22 ≋ Sauna Solarium 🍽 🌊
Auch Zimmer der Kategorie ★★★ vorhanden

★★ Luisenhof 👑
Köpenicker Str 92 (T 5), ✉ 10179, ☎ (0 30) 2 41 59 06, Fax 2 79 29 83, AX DC ED VA
26 Zi, Ez: 175-290, Dz: 195-360, 1 Suite, ⌑ WC ☎; Lift 🅿 1🔄35 🍽 ➡

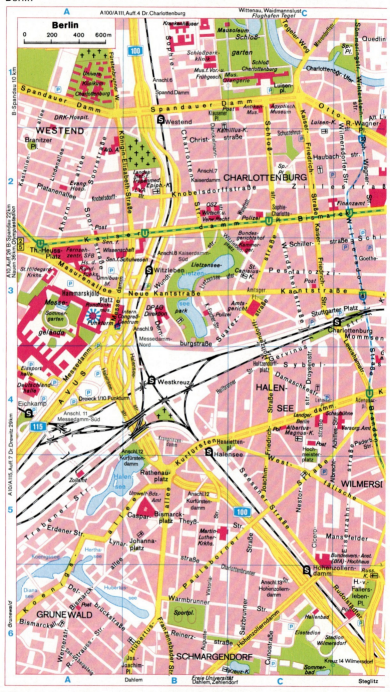

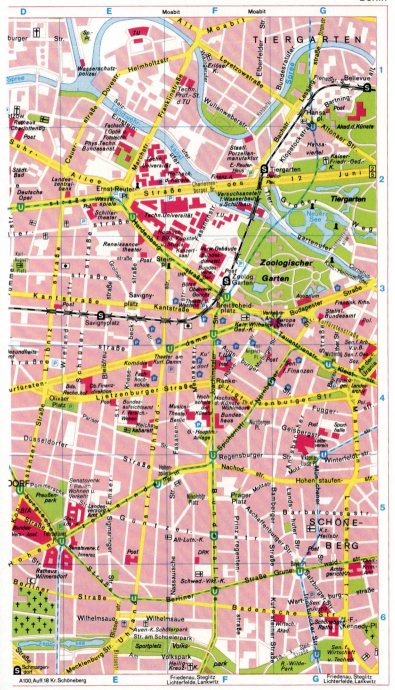

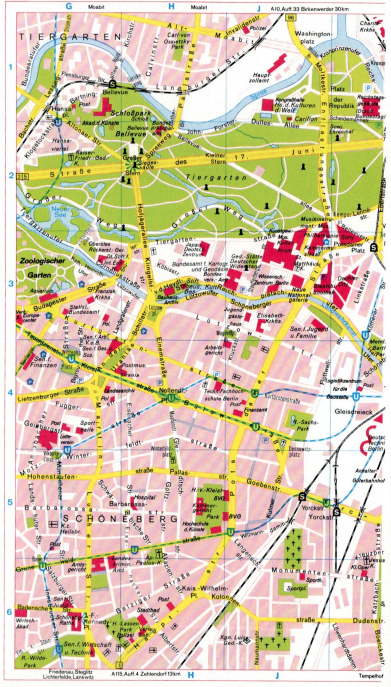

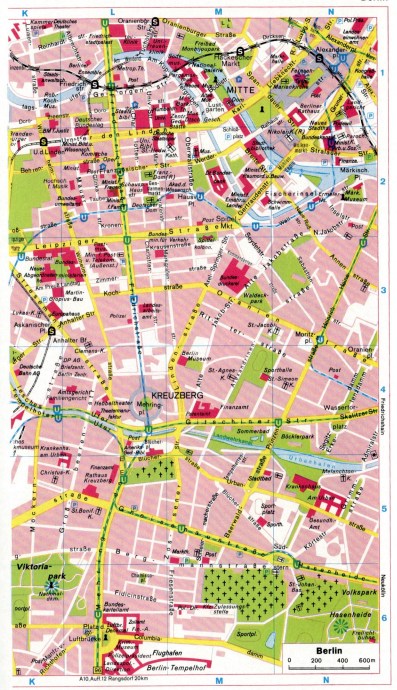

Berlin

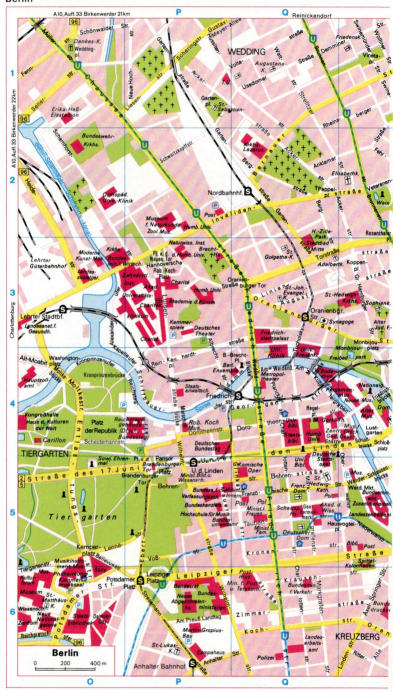

Berlin

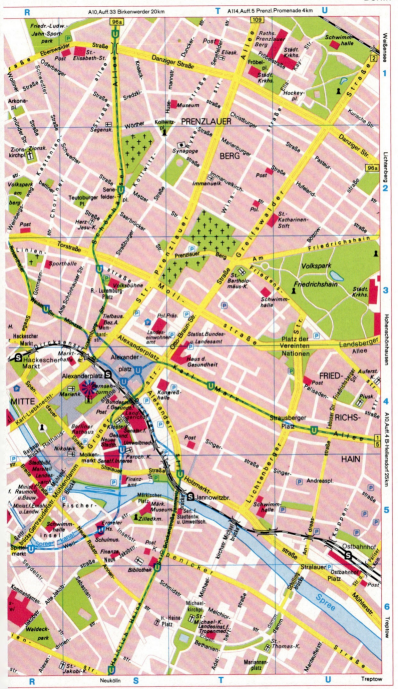

Berlin

** Residenz
City Line & Country Line Hotels
Meinekestr 9 (F 4), ✉ 10719, ☎ (0 30)
88 44 30, Fax 8 82 47 26, AX DC ED VA
72 Zi, Ez: 220-250, Dz: 300-360, S; 10 Suiten,
8 App, ⇉ WC ☏, 17🖬; Lift 1⇔10
Auch Zimmer der Kategorie ******* vorhanden

** Grand Cru
Hauptgericht 36; Terrasse

** Berlin Excelsior
Blue Band Hotels
Hardenbergstr 14 (F 3), ✉ 10623, ☎ (0 30)
3 15 50, Fax 31 55 10 02, AX DC ED VA
314 Zi, Ez: 185-375, Dz: 235-400, S; 3 Suiten,
6 App, ⇉ WC ☏, 126🖬; Lift 🅿 🚗 5⇔120

** Peacock Garden
Hauptgericht 30

** Albrechtshof
Verband Christlicher Hotels
Albrechtstr 8 (K 1), ✉ 10117, ☎ (0 30)
30 88 60, Fax 30 88 61 00, AX DC ED VA
106 Zi, Ez: 178, Dz: 215, 2 Suiten, 2 App, ⇉
WC ☏, 25🖬; Lift 🅿 🚗 5⇔100 Sauna

** Hauptgericht 26

** Art'otel Ermelerhaus
Design Hotel
Wallstr 70, ✉ 10179, ☎ (0 30) 24 06 20,
Fax 24 06 22 22, AX DC ED VA
95 Zi, Ez: 195-315, Dz: 275-355, S; 4 Suiten,
10 App, ⇉ WC ☏, 52🖬; 2⇔65
Kombination aus Designerhotel, mit Künstlergalerie und dem denkmalgeschützten Ermelerhaus

** Ermelerhaus ✤
Ⓥ Hauptgericht 40; Terrasse; geschl: So, Mo

** Bleibtreu
Bleibtreustr 31 (E 4), ✉ 10707, ☎ (0 30)
88 47 40, Fax 88 47 44 44, AX DC ED VA
60 Zi, Ez: 275-415, Dz: 341-441, S; ⇉ WC ☏,
12🖬; Lift 🅿 Sauna
Auch Zimmer der Kategorie ***** vorhanden.
Italienische Designer-Einrichtung
31
Hauptgericht 25; Gartenlokal Terrasse

** Sorat Art'otel
Top International Hotel
Joachimstaler Str 29 (F 4), ✉ 10719,
☎ (0 30) 88 44 70, Fax 88 44 77 00,
AX DC ED VA
133 Zi, Ez: 235-350, Dz: 275-415, S; ⇉ WC
☏, 21🖬; Lift 🚗 2⇔100 🍽

** Concept Hotel
Top International Hotel
Grolmanstr 41 (E 3), ✉ 10623, ☎ (0 30)
88 42 60, Fax 88 42 65 00, AX DC ED VA
98 Zi, Ez: 220-280, Dz: 280-350, S; 8 Suiten,
⇉ WC ☏, 20🖬; Lift 🚗 7⇔200 Sauna
Solarium 🍽

* Kronprinz
Kronprinzendamm 1 (B 4), ✉ 10711,
☎ (0 30) 89 60 30, Fax 8 93 12 15, AX DC ED VA
66 Zi, Ez: 195-210, Dz: 195-260, 2 Suiten,
6 App, ⇉ WC ☏, 13🖬; Lift 3⇔30; garni
Auch Zimmer der Kategorie ****** vorhanden

* Holiday Inn Garden Court
Berlin - Kurfürstendamm
Bleibtreustr 25 (E 4), ✉ 10707, ☎ (0 30)
88 09 30, Fax 88 09 39 39, AX DC ED VA
73 Zi, Ez: 245-350, Dz: 285-350, S; ⇉ WC ☏,
32🖬; Lift 🅿 2⇔25; garni

* Hardenberg
Joachimstaler Str 39-40 (F 4), ✉ 10623,
☎ (0 30) 8 82 30 71, Fax 8 81 51 70,
AX DC ED VA
45 Zi, Ez: 165-250, Dz: 195-280, S; ⇉ WC ☏,
2🖬; garni
Auch Zimmer der Kategorie ****** vorhanden

* Best Western
Boulevard
Kurfürstendamm 12 (F 3), ✉ 10719, ☎ (0 30)
88 42 50, Fax 88 42 54 50, AX DC ED VA
57 Zi, Ez: 170-230, Dz: 204-320, S; ⇉ WC ☏,
7🖬; Lift 1⇔30; garni 🍽

* California
Kurfürstendamm 35 (F 3), ✉ 10719, ☎ (0 30)
88 01 20, Fax 88 01 21 11, AX DC ED VA
50 Zi, Ez: 155-205, Dz: 185-235, ⇉ WC ☏
DFÜ, 6🖬; Lift 🅿 🚗 1⇔30 Fitneßraum
Sauna Solarium; garni 🍽
Auch Zimmer der Kategorie ****** vorhanden

* Imperial
Lietzenburger Str 79 (F 4), ✉ 10719,
☎ (0 30) 88 00 50, Fax 8 82 45 79, AX DC ED VA
81 Zi, Ez: 150-170, Dz: 200-240, ⇉ WC ☏,
15🖬; Lift 🚗 2⇔50 ≋ Sauna 🍽 🍽

* Forum Hotel
◁ Alexanderplatz (S 4), ✉ 10178, ☎ (0 30)
23 89 0, Fax 23 89 43 05, AX DC ED VA
995 Zi, Ez: 205-295, Dz: 255-345, S;
12 Suiten, ⇉ WC ☏, 111🖬; Lift 🚗 8⇔320
Fitneßraum Sauna Solarium 🍽 🍽

* Econtel
Juwel Hotel
Sömmeringstr 24 (D 1), ✉ 10589, ☎ (0 30)
34 68 10, Fax 34 68 11 63, AX ED VA
205 Zi, Ez: 147-270, Dz: 178-270, S; ⇉ WC
☏; Lift 1⇔35; garni
Auch Zimmer der Kategorie ****** vorhanden

* Comfort Hotel
Frühling am Zoo
Kurfürstendamm 17 (F 3), ✉ 10719, ☎ (0 30)
8 81 80 83, Fax 8 81 64 83, AX DC ED VA
66 Zi, Ez: 150-220, Dz: 196-278, S; 7 App, ⇉
WC ☏, 10🖬; Lift 1⇔20; garni

* Alexander
☞ Pariser Str 37 (E 4), ✉ 10707, ☎ (0 30)
8 81 60 91/-92/-93, Fax 8 81 60 94, AX ED VA
21 Zi, Ez: 160-280, Dz: 310-400, 1 App, ⇉
WC ☏, 1🖬; 🅿; garni 🍽
Hotelausstattung in modernem Design von
Michael Heister und Wolfgang Blume

Berlin

* Kanthotel
Top International Hotel
Kantstr 111 (C 3), ✉ 10627, ☎ (0 30)
32 30 20, Fax 3 24 09 52, AX DC ED VA
70 Zi, Ez: 235-350, Dz: 275-350, S; ⌐ WC ☎,
10🛏; Lift 🅿 🚗; garni

* Charlottenburger Hof
Stuttgarter Platz 14, ✉ 10627, ☎ (0 30)
32 90 70, Fax 3 23 87 23, AX ED VA
45 Zi, Ez: 90-130, Dz: 110-160, 5 App, ⌐ WC
☎; 🅿 1⇨20 Sauna; garni 🍽

* Pension Kastanienhof
♂ Kastanienallee 65, ✉ 10119, ☎ (0 30)
44 30 50, Fax 4 43 05-1 11, ED VA
34 Zi, Ez: 130-160, Dz: 160-180, 2 Suiten, ⌐
WC ☎; Lift 1⇨15; garni

* Atrium
Motzstr 87 (F 5), ✉ 10777, ☎ (0 30)
2 14 91-0, Fax 2 11 75 63, ED
22 Zi, Ez: 140, Dz: 170, ⌐ WC ☎; Lift 🅿;
garni

* Scandotel Castor Berlin
Fuggerstr 8 (G 4), ✉ 10777, ☎ (0 30)
21 30 30, Fax 21 30 31 60, AX DC ED VA
78 Zi, Ez: 170-210, Dz: 185-265, S; ⌐ WC ☎,
13🛏; Lift 🅿 🚗 1⇨8; garni

* An der Oper
Bismarckstr 100 (D 2), ✉ 10625, ☎ (0 30)
31 58 30, Fax 31 58 31 09, AX DC ED VA
48 Zi, Ez: 175-220, Dz: 198-280, ⌐ WC ☎,
20🛏; Lift 🅿 1⇨40; garni 🍽 🍺

* Pension Wittelsbach
Wittelsbacherstr 22 (D 4), ✉ 10707,
☎ (0 30) 8 73 63 45, Fax 8 62 15 32, AX ED VA
28 Zi, Ez: 130-180, Dz: 180-250, 5 Suiten, ⌐
WC ☎, 6🛏; Lift 🚗 1⇨24 Fitneßraum; garni

*** Bamberger Reiter mit Bistro 🍷
♂ Regensburger Str 7/Ecke Bamberger Str
(FG 5), ✉ 10777, ☎ (0 30) 2 18 42 82,
Fax 2 14 23 48, AX DC ED VA
Hauptgericht 55; Terrasse; geschl: So, Mo

*** Vau
Jägerstr 54 (L 2), ✉ 10117, ☎ (0 30)
2 02 97 30, Fax 20 29 73 11, AX DC ED VA
Hauptgericht 55; Terrasse; geschl: So

** Alt Luxemburg 🍷
Windscheidstr 31 (C 3), ✉ 10627, ☎ (0 30)
3 23 87 30, Fax 3 27 40 03, AX DC ED VA
Hauptgericht 50; nur abends; geschl: So

** Trio ✤
Klausenerplatz 14 (B 1), ✉ 14059, ☎ (0 30)
3 21 77 82
Hauptgericht 33; nur abends; geschl: Mi, Do

** Maxwell ✤
Bergstr 22 „Hof der Josty Brauerei" (Q 3),
✉ 10115, ☎ (0 30) 2 80 71 21, Fax 2 80 71 21,
AX DC ED VA
Hauptgericht 39; Terrasse

** Don Camillo ✤
Schloßstr 7 (C 2), ✉ 14059, ☎ (0 30)
3 22 35 72, Fax 3 22 35 72
Hauptgericht 35; Gartenlokal; nur abends;
geschl: So, 20.7.-20.8.

** Ana e Bruno
Sophie-Charlotten-Str 101 (B 1), ✉ 14059,
☎ (0 30) 3 25 71 10, Fax 3 22 68 95, AX
Hauptgericht 35; nur abends; geschl: So,
Mo, 2 Wochen im Feb, 3 Wochen im Sommer

** Du Pont
Budapester Str 1 (G 3), ✉ 10787, ☎ (0 30)
2 61 88 11, Fax 2 61 88 11, AX DC ED VA
Hauptgericht 40; Terrasse; geschl: Sa,
So+feiertags mittags

** Fischküche
Uhlandstr 181-183 (F 3), ✉ 10623, ☎ (0 30)
8 82 48 62, Fax 8 86 04 29, AX ED VA
Hauptgericht 35; Terrasse; geschl: So, feiertags

* Am Karlsbad ✤
Am Karlsbad 11 (J 3), ✉ 10785, ☎ (0 30)
2 64 53 49, Fax 2 64 42 40, ED VA
Hauptgericht 37; Terrasse; geschl: Sa mittags, So, 20.12.-4.1.

* Diekmann ✤
Meineckestr 7 (F 4), ✉ 10719, ☎ (0 30)
883 33 21, Fax 85 72 94 77
Hauptgericht 34; Terrasse; geschl: So,
Bistro im Stil eines Kolonialwarenladens

* Borchardt
♂ Französische Str 47 (L 2), ✉ 10117,
☎ (0 30) 20 38 71 10, Fax 20 38 71 50, AX VA
Hauptgericht 38; Terrasse;
Das Restaurant befindet sich im historischen Gebäude einer traditionsreichen
Delikatessenhandlung von 1853

* Ponte Vecchio
Spielhagenstr 3 (C 2), ✉ 10585, ☎ (0 30)
3 42 19 99, Fax 3 32 47 13, DC
Hauptgericht 40; nur abends; geschl: Di,
1.1.-10.1./1.7.-31.7.

* Chapeau Klack
Pfalzburgerstr 55 (E5), ✉ 10717, ☎ (0 30)
8 73 50 04, Fax 8 73 50 04, AX DC ED VA
Hauptgericht 28

* Bacco
Marburger Str 5 (F 4), ✉ 10789, ☎ (0 30)
2 11 86 87, Fax 2 11 52 30, AX ED VA
Hauptgericht 40; geschl: So

* Il Sorriso
Kurfürstenstr 76 (G 3), ✉ 10787, ☎ (0 30)
2 62 13 13, Fax 2 65 02 77, AX DC ED VA
Hauptgericht 35; 🅿 Terrasse; geschl: So,
23.12.-4.1.

* Am Fasanenplatz
Fasanenstr 42 (F 4), ✉ 10719, ☎ (0 30)
8 83 97 23, Fax 8 81 66 37, AX ED VA
Hauptgericht 35

→

Berlin

Lutter+Wegner ✣
⊗ Schlüterstr 55 (E 3), ✉ 10629, ☏ (0 30) 8 81 34 40, Fax 8 81 92 56
Hauptgericht 35; nur abends
Hist. altdeutsche Gaststube seit 1811

Opernpalais
Unter den Linden 5 (LM 2), ✉ 10117, ☏ (0 30) 20 26 83, Fax 2 04 44 38, AX DC ED VA
Ehemaliges Stadt-Palais der Hohenzollern

✳ **Fridericus**
Hauptgericht 30

☕ **Operncafé**
Hauptgericht 20; 9-24

Paris Bar
Kantstr 152 (F 3), ✉ 10623, ☏ (0 30) 3 13 80 52, Fax 3 13 28 16, AX
Hauptgericht 35; geschl: Anfang-Ende Jul

Gasthaus Landauer
⊗ Landauer Str 8, ✉ 14197, ☏ (0 30) 8 21 76 15, Fax 8 21 76 15
Hauptgericht 20

Enoiteca Il Calice
Giesebrechtstr 19 (D 4), ✉ 10629, ☏ (0 30) 3 24 23 08, Fax 8 82 59 56, AX ED VA
Hauptgericht 30

Café-Bistro Reinhard's
Poststr 28 (N 2), ✉ 10178, ☏ (0 30) 2 42 52 95, Fax 2 42 41 02, AX DC ED VA
Hauptgericht 25;
Reinhards auch am Kurfürstendamm 190, Tel. 0 30/8 81 16 21

Daitokai
Tauentzienstr 9, im Europa-Center (G 3), ✉ 10789, ☏ (0 30) 2 61 80 99, Fax 2 61 60 36, AX DC ED VA
Hauptgericht 40; geschl: Mo (Juni-Aug), 29.6.-13.7.
Japanische Küche

Weinstube Wiegand
Weimarer Str 12 (D 3), ✉ 10625, ☏ (0 30) 31 301 27, Fax 3 04 87 06, ED VA
Hauptgericht 30

☕ **Kranzler**
Kurfürstendamm 18 (F 3), ✉ 10719, ☏ (0 30) 8 85 77 20, Fax 8 83 27 37, AX DC ED VA
Hauptgericht 20; Terrasse
Spezialität: Kranzler Spezialtorte

☕ **Café Möhring**
Kurfürstendamm 213, Ecke Uhlandstr (F 3), ✉ 10719, ☏ (0 30) 8 81 20 75, Fax 8 82 43 41, AX ED VA
Hauptgericht 12; Terrasse

☕ **Möhring**
Charlottenstr 55, am Gendarmenmarkt (L 2), ✉ 10117, ☏ (0 30) 2 03 09 22 40, Fax 2 29 27 36, AX ED VA
Hauptgericht 20; Terrasse

Britz
✳✳ Treff Park Hotel Blub
Buschkrugalle 60-62, ✉ 12359, ☏ (0 30) 60 00 36 00, Fax 60 00 37 77, AX DC ED VA
117 Zi, Ez: 180-220, Dz: 190-250, S; 3 Suiten, 36 App, ⬛ WC ☏, 57⬛; Lift P 🅿 2⌂90 ≋ ⌂ Fitneßraum Sauna Solarium ¶

✳✳ Britzer Hof
Jahnstr 13, ✉ 12347, ☏ (0 30) 6 85 00 80, Fax 68 50 08 68, AX DC ED VA
57 Zi, Ez: 110-190, Dz: 130-300, ⬛ WC ☏ DFÜ, 20⬛; Lift 🅿 1⌂27; garni
geschl: 23.12.-3.1.

✳ Am Buschkrugpark
Buschkrugallee 107, ✉ 12359, ☏ (0 30) 6 00 99 00, Fax 60 09 90 20, AX DC ED VA
25 Zi, Ez: 140-210, Dz: 175-259, ⬛ WC ☏; Lift P; garni
geschl: 23.12.-4.1.

Buchholz
✳ Business-Hotel Berlin
Pasewalkerstr 97, ✉ 13127, ☏ (0 30) 47 69 80, Fax 47 69 84 53, AX DC ED VA
99 Zi, Ez: 99-150, Dz: 138-205, ⬛ WC ☏ DFÜ, 24⬛; Lift P 🅿 1⌂15; garni

Dahlem (6 km ↙)
✳✳ Forsthaus Paulsborn
⦿ einzelner Hüttenweg, am Grunewaldsee, ✉ 14193, ☏ (0 30) 81 81 91-0, Fax 81 81 91-50, AX DC ED VA
Hauptgericht 30; P Terrasse; geschl: Mo
✳ ☕ ⦿ 10 Zi, Ez: 140-190, Dz: 180-245, ⬛ WC ☏; 3⌂80

✳ Alter Krug
⊗ Königin-Luise-Str 52, ✉ 14195, ☏ (0 30) 8 32 50 89, Fax 8 32 77 49, AX DC ED VA
Hauptgericht 35

Friedrichsfelde
✳✳ Abacus Tierpark Hotel
Franz-Mett-Str 3-9, ✉ 10319, ☏ (0 30) 5 16 20, Fax 5 16 24 00, AX DC ED VA
278 Zi, Ez: 150-230, Dz: 200-280, S; ⬛ WC ☏ DFÜ, 55⬛; Lift P 9⌂350 Fitneßraum Sauna Solarium ¶ ☕
Auch Zimmer der Kategorie ✳✳✳ vorhanden

Friedrichshagen (11 km ↘)
✳ Seeresidenz Berlin-Müggelsee
⦿ Müggelseedamm 288, ✉ 12587, ☏ (0 30) 64 08 40, Fax 64 08 41 39, AX DC ED VA
42 Zi, Ez: 150-195, Dz: 180-250, ⬛ WC ☏; P 150 Seezugang Fitneßraum Kegeln Sauna Solarium ¶ ☕

Friedrichshain
✳✳✳ Upstalsboom Hotel Kopernikus
Kopernikusstr 36, ✉ 10243, ☏ (0 30) 293 75 800, Fax 293 75 888
84 Zi, Ez: 138-255, Dz: 178-280, 10 App, ⬛ WC ☏, 14⬛; Lift P 🅿 4⌂110 Fitneßraum Sauna Solarium ¶

✳✳✳ Inn Side Residence-Hotel
Lange Str 31, ✉ 10243, ☏ (0 30) 29 30 30, Fax 29303 199, AX DC ED VA
133 Zi, Ez: 245-345, Dz: 345-445, S; 8 Suiten, 36 App, ⬛ WC ☏ DFÜ, 22⬛; Lift P 3⌂70 Fitneßraum Sauna Solarium ¶
Designerhotel, Kombination aus historischem Backsteinbau und moderner Architektur. Langzeitvermietung möglich. ➔

Wenn's von Dauer sein soll...

...Beratung für Insider

Alles aus einer Hand

Beratung
Planung
Realisierung
Service

Büromöbel

Bürotechnik

Büromaterial

Telekommunikation

BfI GmbH Berlin
Linienstraße 138 · 10115 Berlin
Telefon 0 30 / 2 80 51 06
Telefax 0 30 / 2 82 32 29

Berlin

★★ Ramada
Frankfurter Allee 73 a, ✉ 10247, ☎ (0 30) 42 83 10, Fax 42 83 18 31, AX DC ED VA
116 Zi, Ez: 135-195, Dz: 139-235, S; 4 Suiten, ⌐ WC ☎, 46◨; Lift 2↔20; garni
Anfahrt über Voigtstraße

★★ Upstalsboom Hotel Friedrichshain
Gubener Str 42, ✉ 10243, ☎ (0 30) 29 37 50, Fax 29 37 57 77, AX DC ED VA
85 Zi, Ez: 118-205, Dz: 168-215, S; 4 App, ⌐ WC ☎, 15◨; Lift ▣ ▤ 4↔22 Fitneßraum Sauna Solarium; garni

★★ Tulip Inn Golden Tulip Hotel
Gürtelstr 41, ✉ 10247, ☎ (0 30) 29 38 30, Fax 29 38 32 22, AX DC ED VA
60 Zi, Ez: 155-195, Dz: 185-245, S; ⌐ WC ☎, 10◨; Lift ▤ 1↔14 Fitneßraum Sauna ¶⦿
Auch Zimmer der Kategorie ★ vorhanden

★ East Side Hotel
Mühlenstr 6, ✉ 10243, ☎ (0 30) 29 38 33, Fax 29 38 35 55, AX DC ED VA
36 Zi, Ez: 120-165, Dz: 165-230, S; ⌐ WC ☎; Lift ▣ ▤ ¶⦿ ⚓

Frohnau (12 km ↑)
★ Waldhotel
♂ Schönfließer Str 83, ✉ 13465, ☎ (0 30) 4 01 40 56, Fax 4 06 10 53, ED VA
49 Zi, Ez: 130-150, Dz: 180-250, ⌐ WC ☎; 2↔30

★ Sundays Food and Fun
Oranienburger Chaussee 45, ✉ 13465, ☎ (0 30) 4 01 90 63, Fax 4 01 86 91, AX ED VA
Hauptgericht 27
★ Kühl's Hotel am Pilz
48 Zi, Ez: 110-130, Dz: 150-200, 6 App, ⌐ WC ☎; ▣ 1↔28 Sauna Solarium

Grünau
★ Grünau-Hotel
Kablower Weg 87, ✉ 12526, ☎ (0 30) 67 50 60, Fax 67 50 64 44, AX ED VA
72 Zi, Ez: 100-180, Dz: 120-180, ⌐ WC ☎; Lift ▤ 8↔160 ¶⦿

Grunewald (5 km ↙)
★★★★★ Schloßhotel Vier Jahreszeiten The Leading Hotels of the World
♂ ⓥ Brahmsstr 10, ✉ 14193, ☎ (0 30) 89 58 40, Fax 89 58 48 00, AX DC ED VA
40 Zi, Ez: 593-713, Dz: 671-801, 12 Suiten, ⌐ WC ☎ DFÜ, 5◨; Lift ▣ ▤ 4↔100 ⚓ Fitneßraum Sauna Solarium ⚓
Designed by Karl Lagerfeld
★★★★★ Gourmet-Restaurant Vivaldi ✎
ⓥ Hauptgericht 56; Terrasse; nur abends; geschl: Mo, Di, 1.1.-19.1., 14.7.-4.8.
★★★ Le Jardin
Hauptgericht 39; Gartenlokal Terrasse

★★★ Grand Slam ⚓✎
Gottfried-von-Cramm-Weg 47, ✉ 14193, ☎ (0 30) 8 25 38 10, Fax 8 26 63 00,
Hauptgericht 55; Terrasse; nur abends; geschl: So, Mo, 2 Wochen in den Sommerferien

Karow (15 km ↗)
★★ Alt-Karow
Alt-Karow 2, ✉ 13125, ☎ (0 30) 9 42 09 40, Fax 94 20 94 23, ⌐ WC ☎;
11 Zi, Ez: 130, Dz: 160, 1 Suite, ⌐ WC ☎; 1↔40 Sauna Solarium ⚓
★★ Hauptgericht 25

★ Bel Air
♂ Hagenstr 1 a, ✉ 13125, ☎ (0 30) 94 20 09-0, Fax 94 20 09 13, ED VA
16 Zi, Ez: 150, Dz: 120-180, 1 Suite, ⌐ WC ☎, 6◨; Lift ▣; garni ⚓

Köpenick (10 km ↘)
★★ Hotel am Schloß Köpenick
Grünauerstr 17-21, ✉ 12557, ☎ (0 30) 65 80 50, Fax 65 80 54 50
107 Zi, Ez: 100-120, Dz: 120-150, ⌐ WC ☎; Lift ¶⦿

★ Alter Markt
Alter Markt, ✉ 12555, ☎ (0 30) 6 57 16 69, Fax 6 55 73 88, AX DC ED VA
46 Zi, Ez: 100-145, Dz: 130-175, ⌐; Lift ▣ 1↔25; garni

★ Jorena
Kaulsdorfer Str 149, ✉ 12555, ☎ (0 30) 6 57 10 97, Fax 6 57 21 22
7 Zi, Ez: 70-115, Dz: 100-120, ⌐ WC ☎ DFÜ, 2◨; Sauna; garni ¶⦿ ⚓

Köpenick-Außerhalb 4 km ↘
★★ Müggelsee
einzeln ♂ Am Großen Müggelsee, ✉ 12559, ☎ (0 30) 65 88 20, Fax 65 88 22 63, AX DC ED VA
172 Zi, Ez: 180-250, Dz: 220-300, 4 Suiten, ⌐ WC ☎, 16◨; Lift ▣ 22↔300 Sauna Solarium 2Tennis ¶⦿ ⚓

Köpenick-Schmöckwitz (9 km ↘)
★ Karolinenhof
Pretschener Weg 42, ✉ 12527, ☎ (08 00) 6 75 09 70, Fax 67 50 97 17, ED VA
10 Zi, Ez: 84-104, Dz: 119-159, ⌐ WC ☎ DFÜ, 6◨; ▣ Sauna Solarium ¶⦿

Kreuzberg (2 km →)
★★ Antares am Potsdamer Platz
Stresemannstr 97 (K 3), ✉ 10963, ☎ (0 30) 25 41 60, Fax 2 61 50 27, AX DC ED VA
85 Zi, Ez: 170-290, Dz: 195-360, S; 2 Suiten, 5 App, ⌐ WC ☎, 15◨; Lift ▣ ▤ 5↔60 Fitneßraum Sauna Solarium ¶⦿

★★ Altes Zollhaus
Carl-Herz-Ufer 30 (M 4), ✉ 10961, ☎ (0 30) 6 92 33 00, Fax 6 92 35 66, AX DC ED VA
Hauptgericht 35; ▣ Terrasse; nur abends; geschl: So, Mo, 2 Wochen im Jan, 3 Wochen im Jul

Berlin

✳ Riehmer's
Hagelberger Str 9, ✉ 10965, ☎ (0 30)
7 86 86 08
Hauptgericht 25

Lichtenberg (5 km →)
**✳✳ Best Western Hotel
City Konsul**
Rathausstr 2-3, ✉ 10367, ☎ (0 30) 5 57 57-0,
Fax 5 57 57-2 72, AX DC ED VA
100 Zi, Ez: 168-228, Dz: 198-248, ⌐ WC ☎,
32🛏; Lift 🅿 3↻50 Fitneßraum Sauna
Solarium 🍴

✳✳ BCA Wilhelmsberg
Landsberger Allee 203, ✉ 13055, ☎ (0 30)
97 80 80, Fax 97 80 84 50, AX DC ED VA
305 Zi, Ez: 140-180, Dz: 180-260, S; 5 Suiten,
81 App, ⌐ WC ☎, 24🛏; Lift 🅿 9↻200 Fitneßraum Sauna Solarium 🍴 ⚐

✳ Nova
Weitlingstr 15, ✉ 10317, ☎ (0 30)
5 25 24 66, Fax 5 25 24 32, AX DC ED VA
40 Zi, Ez: 130-140, Dz: 165-180, 1 Suite,
1 App, ⌐ WC ☎; Lift 🅿 1↻24 Solarium 🍴
⚐

Lichtenrade
✳ Apart-Hotel Lichtenrade
Bornhagenweg 24, ✉ 12309, ☎ (0 30)
7 65 90 10, Fax 76 59 01 39, AX ED VA
11 Zi, Ez: 120-140, Dz: 130-160, ⌐ WC ☎,
2🛏; 🅿; garni
Rezeption: 8-19

Lichterfelde (8 km ↓)
✳✳ Villa Toscana Apartments
Bahnhofstr 19, ✉ 12207, ☎ (0 30)
76 89 27-0, Fax 7 73 44 88, AX DC ED VA
16 Zi, Ez: 135-200, Dz: 175-280, 7 App, ⌐
WC ☎; Lift 🅿 1↻12; garni
Zum Teil Kitchenettes/Frühstück nur als
Zimmerservice möglich

✳✳ Park-Café
Bäkestr 15, ✉ 12207, ☎ (0 30) 7 72 90 95,
Fax 7 72 90 94
Hauptgericht 30; Terrasse; geschl: Mi (Okt-Apr)

Mariendorf
✳✳ Landhaus Alpinia
Säntisstr 32, ✉ 12107, ☎ (0 30) 76 17 70,
Fax 7 41 98 35, AX ED VA
58 Zi, Ez: 145-280, Dz: 170-330, ⌐ WC ☎,
38🛏; Lift 🅿 🖂 1↻20 Sauna Solarium 🍴

Marzahn
✳ Marzahner Mühle
Schönagelstr 56, ✉ 12685, ☎ (0 30)
9 36 95 50, Fax 93 69 55 44, AX ED VA
17 Zi, Ez: 95, Dz: 135, ⌐ WC ☎; 🅿 🍴 ⚐
geschl: 27.12.-3.1.

Moabit (1,5 km ←)
✳✳✳ Sorat Hotel Spree-Bogen
⌐ Alt-Moabit 99, ✉ 10559, ☎ (0 30)
39 92 00, Fax 39 92 09 99, AX DC ED VA
220 Zi, Ez: 230-380, Dz: 300-450, S; 1 Suite,
3 App, ⌐ WC ☎ DFÜ, 80🛏; Lift 5↻250 Fitneßraum Sauna Solarium
Kombination aus moderner Designer-Architektur und altem Baudenkmal
✳ Alte Meierei
Terrasse;
Denkmalgeschütztes Gebäude der ehemaligen Bolle-Meierei

✳✳ Tiergarten
Alt Moabit 89, ✉ 10559, ☎ (0 30) 39 98 96,
Fax 3 93 86 92, AX DC ED VA
40 Zi, Ez: 150-180, Dz: 180-240, ⌐ WC ☎,
4🛏; Lift 🅿 🖂; garni
Bürgerhaus aus dem 19. Jh. mit zumTeil
historisch erhaltenen Räumen

**✳✳ Park Consul
Golden Tulip Hotel**
Alt Moabit 86 a, ✉ 10555, ☎ (0 30) 39 07 80,
Fax 39 07 89 00, AX DC ED VA
52 Zi, Ez: 165-280, Dz: 195-330, S; ⌐ WC ☎
DFÜ, 16🛏; Lift 🖂; garni

✳✳ Alfa
Ufnaustr 1, ✉ 10553, ☎ (0 30) 3 44 00 31,
Fax 3 45 21 11, AX DC ED VA
33 Zi, Ez: 120-226, Dz: 160-260, 2 Suiten, ⌐
WC ☎; Lift 🖂 1↻35
Auch Zimmer der Kategorie ✳ vorhanden

Neukölln
✳✳✳ Estrel Residence Hotel
☾ ⌐ Sonnenallee 225, ✉ 12057, ☎ (0 30)
6 83 10, Fax 68 31 23 45, AX DC ED VA
1045 Zi, Ez: 177-289, Dz: 177-289, S;
80 Suiten, ⌐ WC ☎ DFÜ, 423🛏; Lift 🖂
70↻5000 Fitneßraum Sauna Solarium ⚐
Atrium-Hotelhalle mit mehreren Restaurants unterschiedlicher Kategorien. Auch
Zimmer der Kategorie ✳✳ vorhanden

**✳✳ Mercure Berlin Tempelhof
Airport**
Hermannstr 214-216, ✉ 12049, ☎ (0 30)
62 78 00, Fax 62 78 01 11, AX DC ED VA
157 Zi, Ez: 183-223, Dz: 205-245, S; 59 App,
⌐ WC ☎ DFÜ, 76🛏; Lift 🅿 300 Fitneßraum
Sauna Solarium 🍴
Hoteleingang an der Rollbergstraße

**✳✳ Best Western
Euro Consul**
Sonnenallee 6, ✉ 12047, ☎ (0 30) 61 38 20,
Fax 61 38 22 22, AX DC ED VA
70 Zi, Ez: 172-295, Dz: 197-295, S; ⌐ WC ☎
DFÜ, 28🛏; Lift 🖂 2↻80; garni

✳ Sorat Hotel & Office
Rudower Str 90, ✉ 12351, ☎ (0 30) 60 00 80,
Fax 60 00 86 66, AX DC ED VA
96 Zi, Ez: 165-260, Dz: 205-290, S; ⌐ WC ☎,
24🛏; Lift 🖂 8↻90 Solarium; garni →

Berlin

Pankow (10 km ↑)

** Solitaire
Hermann-Hesse-Str 64, ✉ 13156, ☏ (0 30)
91 60 10, Fax 91 60 11 00, AX DC ED VA
69 Zi, Ez: 135-170, Dz: 165-185, S; 19 Suiten,
43 App, ⊣ WC ☏, 12🗔; Lift 🅿 🖻 4⇔80 Fitneßraum Sauna Solarium 🍴
Langzeitvermietung möglich

* Idaia
Idastr 10, ✉ 13156, ☏ (0 30) 4 76 57 21,
Fax 4 76 59 40, ED VA
23 Zi, Ez: 110-160, Dz: 160-200, ⊣ WC ☏,
7🗔; Lift 🅿 1⇔50 Solarium 🍴

Prenzlauer Berg (2 km ↑)

** Sorat Hotel Gustavo
♂ Prenzlauer Allee 169 (T1), ✉ 10409,
☏ (0 30) 44 66 10, Fax 44 66 16 61,
AX DC ED VA
122 Zi, Ez: 190-270, Dz: 240-310, S; ⊣ WC
☏, 46🗔; Lift 🅿 🖻 3⇔90; garni

* Jurine
Schwedter Str 15, ✉ 10119, ☏ (0 30)
44 32 99-0, Fax 44 32 99-99, AX DC ED VA
53 Zi, Ez: 155-195, Dz: 165-245, ⊣ WC ☏,
26🗔; Lift; garni

* Ibis Mitte
Prenzlauer Allee 4, ✉ 10405, ☏ (0 30)
44 33 30, Fax 44 33 31 11, AX DC ED VA
198 Zi, Ez: 130-185, Dz: 130-185, ⊣ WC ☏,
108🗔; Lift 🖻 3⇔70 🍴

** Offenbach-Stuben
♗ Stubbenkammerstr 8 (T1), ✉ 10437,
☏ (0 30) 4 45 85 02, Fax 4 44 56 38,
AX DC ED VA
Hauptgericht 25

Jelängerjelieber
Göhrenerstr 1 (T1), ✉ 10437, ☏ (0 30)
4 41 22 95, Fax 4 41 22 95, ED
Hauptgericht 26

Restauration 1900
Husemannstr 1 (T1), ✉ 10435, ☏ (0 30)
4 42 24 94, Fax 4 42 24 94, AX ED
Hauptgericht 20; Terrasse;
Wechselnde Ausstellung junger Künstler

Reinickendorf (7 km ↖)

** Carat
Ollenhauerstr 111, ✉ 13403, ☏ (0 30)
41 09 70, Fax 41 09 74 44, AX ED VA
41 Zi, Ez: 110-295, Dz: 150-315, ⊣ WC ☏,
12🗔; Lift 🅿 3⇔80 Solarium; garni

** Dorint Budget Hotel Berlin
Gotthardstr 96, ✉ 13403, ☏ (0 30) 49 88 40,
Fax 49 88 45 55, AX DC ED VA
303 Zi, Ez: 185-245, Dz: 225-285, 80 App, ⊣
WC ☏, 76🗔; Lift 🅿 🖻 5⇔120 🍴

** Blattl's Comfort-Aparthotel
Holländer Str 31, ✉ 13407, ☏ (0 30)
45 60 90, Fax 45 60 98 00, AX DC ED VA
175 Zi, Ez: 79-240, Dz: 98-270, 175 App, ⊣
WC ☏ DFÜ, 27🗔; Lift 🅿 🖻 Fitneßraum
Sauna

* Novotel Berlin-Airport
Kurt-Schumacher-Damm 202, ✉ 13405,
☏ (0 30) 4 10 60, Fax 4 10 67 00, AX DC ED VA
184 Zi, Ez: 207, Dz: 219, ⊣ WC ☏, 72🗔; Lift
🅿 12⇔250 ≋ Fitneßraum Sauna Solarium
🍴

* Central
Kögelstr 12, ✉ 13403, ☏ (0 30) 49 88 10,
Fax 49 88 16 50, AX ED VA
70 Zi, Ez: 100-165, Dz: 130-200, ⊣ WC ☏;
Lift; garni

Schmargendorf

* Frisco
Warnemünder Str 8, ✉ 14199, ☏ (0 30)
8 23 47 62, Fax 8 23 01 54, AX ED VA
19 Zi, Ez: 145, Dz: 170, ⊣ WC ☏; 🍴

Schönefeld

*** Albergo
Golden Tulip Hotel**
Dorfstr 20, ✉ 12529, ☏ (0 30) 63 48 40,
Fax 63 48 47 10, AX DC ED VA
50 Zi, Ez: 180, Dz: 210, ⊣ WC ☏, 10🗔; Lift 🅿
1⇔35 Fitneßraum Sauna Solarium 🍴 🍷

* Pension El Condor
Seeweg 2, ✉ 12529, ☏ (0 30) 63 48 80,
Fax 63 48 82 22, ED
18 Zi, Ez: 100-150, Dz: 150-170, 1 App, ⊣
WC ☏; garni

Mövenpick
Airport Berlin-Schönefeld, ✉ 12527,
☏ (0 30) 60 91 52 50, Fax 60 91 52 51,
AX DC ED VA
Hauptgericht 20

Siemensstadt (6 km ←)

*** Holiday Inn Berlin Esplanade
Rohrdamm 80, ✉ 13629, ☏ (0 30) 38 38 90,
Fax 38 38 99 00, AX DC ED VA
314 Zi, Ez: 230-320, Dz: 270-360, S; 4 Suiten,
18 App, ⊣ WC ☏, 199🗔; Lift 🖻 11⇔350 ≏
Fitneßraum Sauna Solarium
** Il Faggio
Hauptgericht 34

* Novotel Berlin-Siemensstadt
Ohmstr 4-6, ✉ 13629, ☏ (0 30) 3 80 30,
Fax 3 81 94 03, AX DC ED VA
119 Zi, Ez: 124-249, Dz: 158-271, 5 Suiten, ⊣
WC ☏ DFÜ, 37🗔; Lift 8⇔250 ≋ 🍴

Spandau (12 km ←)

** Achat
Heidereuterstr 37-38, ✉ 13597, ☏ (0 30)
33 07 20, Fax 33 07 24 55, AX DC ED VA
69 Zi, Ez: 120-300, Dz: 160-350, ⊣ WC ☏,
12🗔; Lift 🅿 2⇔60 Sauna Solarium; garni

** Neotel Senator
⊲ Freiheit 5, ✉ 13597, ☏ (0 30) 33 09 80,
Fax 33 09 89 80, AX DC ED VA
115 Zi, Ez: 100-250, Dz: 180-300, 1 Suite, ⊣
WC ☏; Lift 🖻 5⇔100 🍴 🍷

* Herbst
Moritzstr 20, ✉ 13597, ☏ (0 30) 3 33 40 32,
Fax 3 33 73 65, AX ED VA
21 Zi, Ez: 110-135, Dz: 160-195, ⊣ WC ☏;
garni

Berlin

✻ Kolk
Hoher Steinweg 7, ✉ 13597, ☎ (0 30) 3 33 88 79
Hauptgericht 25; 🅿 Terrasse; geschl: Mo (außer Nov/Dez)

Steglitz (6 km ↓)
✻ Ravenna
Grunewaldstr 8, ✉ 12165, ☎ (0 30) 79 09 10, Fax 7 92 44 12, AX ED VA
55 Zi, Ez: 125-148, Dz: 175-198, 3 Suiten, 1 App, ⌐ WC ☎ DFÜ; Lift 🅿 🚗 1⇔20; **garni**

✻ Am Forum Steglitz
Büsingstr 1, ✉ 12161, ☎ (0 30) 8 50 80 40, Fax 8 59 22 98, AX ED VA
31 Zi, Ez: 155-165, Dz: 165-195, 1 Suite, 4 App, ⌐ WC ☎; Lift 🅿 🚗
Borger's Bistro
Hauptgericht 20; Gartenlokal; geschl: 23.12-2.1.

Udagawa
Feuerbachstr 24, ✉ 12163, ☎ (0 30) 7 92 23 73, Fax 7 97 25 84, AX ED VA
Hauptgericht 65; nur abends, Fr, Sa + So auch mittags; geschl: Di
Japanische Küche

Senst
Schloßstr 96, ✉ 12165, ☎ (0 30) 7 91 60 04, Fax 7 93 12 81

Tegel (10 km ↘)
✻✻ Sorat Hotel Humboldt-Mühle Berlin
♠ An der Mühle 5-9, ✉ 13507, ☎ (0 30) 43 90 40, Fax 43 90 44 44, AX DC ED VA
118 Zi, Ez: 205-315, Dz: 255-365, S; 2 Suiten, ⌐ WC ☎ DFÜ, 29🍴; Lift 🅿 🚗 7⇔90 Fitneßraum Sauna Solarium
Eigene Hotelyacht (Charter möglich)
✻✻ Seaside
◄ Hauptgericht 27; Terrasse; geschl: Sa+So

✻ Am Tegeler See
Wilkestr 2, ✉ 13507, ☎ (0 30) 4 38 40, Fax 4 38 41 16, AX DC ED VA
50 Zi, Ez: 95-160, Dz: 175-195, 7 Suiten, 2 App, ⌐ WC ☎; Lift 🅿 🚗 1⇔20 🍽 ⚓

✻ Alt-Tegel
Treskowstr 3, ✉ 13507, ☎ (0 30) 4 38 00 70, Fax 4 33 86 63, ED VA
17 Zi, Ez: 110-135, Dz: 185-210, 1 App, ⌐ WC ☎; 🅿; **garni**

Alter Fritz Bar/Brauerei
Karolinenstr 12, ✉ 13507, ☎ (0 30) 4 34 10 97, Fax 4 33 82 27, AX ED VA
Hauptgericht 25; Biergarten 🅿 Terrasse; ab 16

Tempelhof
✻✻ Alt Tempelhof
Luise-Henriette-Str 4 (außerhalb L 6), ✉ 12103, ☎ (0 30) 75 68 50, Fax 75 68 51 00, AX DC ED VA
53 Zi, Ez: 177-197, Dz: 214-254, S; ⌐ WC ☎, 19🍴; Lift 🚗 2⇔25; **garni**

Waidmannslust (11 km ↗)
✻✻✻ Rockendorfs Restaurant 🍴
Düsterhauptstr 1, ✉ 13469, ☎ (0 30) 4 02 30 99, Fax 4 02 27 42, AX DC ED VA
Hauptgericht 60; 🅿; geschl: So, Mo

Wannsee (15 km ↙)
✻✻ Forsthaus an der Hubertusbrücke
♠ ◄ Stölpchenweg 45, ✉ 14109, ☎ (0 30) 8 05 30 54, Fax 8 05 35 24, ⌐ WC ☎; 1⇔20; **garni** ⚓

✻ Wirtshaus Halali ✤
Königstr 24, ✉ 14109, ☎ (0 30) 8 05 31 25, Fax 8 05 92 01, AX ED VA
Hauptgericht 28; Biergarten; nur abends, So + feiertags auch mittags; geschl: Di

Wedding (5 km ↖)
✻✻ Holiday Inn Garden Court Berlin-Humboldt Park
Hochstr 1, ✉ 13357, ☎ (0 30) 46 00 30, Fax 46 00 34 44, AX DC ED VA
220 Zi, Ez: 140-330, Dz: 170-370, 11 Suiten, ⌐ WC ☎ DFÜ, 15🍴; Lift 🚗 5⇔300 Fitneßraum Sauna Solarium

✻✻ Arcos Appartement-Hotel
Gentstr 53 a/b, ✉ 13353, ☎ (0 30) 45 48 64 54, Fax 45 48 61 23, AX DC ED VA
45 Zi, Ez: 110-180, Dz: 190-250, 30 Suiten, 45 App, ⌐ WC ☎ DFÜ; Lift 🅿 🚗 2⇔25 Fitneßraum; **garni** ⚓
Rezeption: 7-20
Langzeitvermietung möglich

✻✻ Gästehaus Axel Springer
Föhrer Str 14, ✉ 13353, ☎ (0 30) 45 00 60, Fax 4 50 06 46, AX DC ED VA
35 Zi, Ez: 149, Dz: 204, ⌐ WC ☎; Lift; **garni**

Weißensee
✻✻ Comfort Hotel Weißensee
Rennbahnstr 87-88, ✉ 13086, ☎ (0 30) 47 88 40, Fax 47 88 41 00, AX DC ED VA
67 Zi, Ez: 120-155, Dz: 150-185, 3 Suiten, ⌐ WC ☎, 13🍴; Lift 🅿 🚗 2⇔50 🍽 ⚓

Wittenau (10 km ↖)
✻ Rheinsberg am See
Finsterwalder Str 64, ✉ 13435, ☎ (0 30) 4 02 10 02, Fax 4 03 50 57, ED VA
81 Zi, Ez: 140-185, Dz: 170-235, ⌐ WC ☎, 24🍴; Lift 🅿 2⇔60 ≋ ⚓ Fitneßraum Sauna Solarium ⚓
Auch Zimmer der Kategorie ✻✻ vorhanden
✻✻ Hugenottenschänke
Hauptgericht 30; Terrasse

Zehlendorf (10 km ↙)
✻ Haus Leopold
Fischerhüttenstr 113, ✉ 14163, ☎ (0 30) 8 13 29 64, Fax 8 13 94 10, ED VA
23 Zi, Ez: 140-180, Dz: 180-220, ⌐ WC ☎, 11🍴; Lift 🅿 🍽 ⚓   →

Berlin

** Cristallo
Teltower Damm 52, ✉ 14167, ☎ (0 30)
8 15 66 09, Fax 8 15 32 99, AX VA
Hauptgericht 43; 🅿 Terrasse

Berlinchen 21 ↙

Brandenburg — Kreis Wittstock — 78 m —
Wittstock 9, Neustrelitz 45 km
ℹ ☎ (03 39 66) 3 42 — Gemeindeverwaltung, Dorfstr 18, 16909 Berlinchen

* Reiterhof
Dorfplatz 3, ✉ 16909, ☎ (03 39 66) 6 02 09,
Fax 6 02 91, ED
20 Zi, Ez: 75-85, Dz: 120, 🛁 WC ☎; 🍽

Bermatingen 69 ↙

Baden-Württemberg — Bodenseekreis —
434 m — 3 400 Ew — Markdorf 4, Salem 8,
Meersburg 11 km
ℹ ☎ (0 75 44) 9 50 20, Fax 95 02 26 — Verkehrsamt, Salemer Str 1, 88697 Bermatingen. Sehenswert: Kath. Kirche; Fachwerkbauten; Bermatinger Torkel

* Haus Buchberg
Buchbergstr 13, ✉ 88697, ☎ (0 75 44)
95 56-0, Fax 95 56 30, ED VA
15 Zi, Ez: 70, Dz: 120, 🛁 WC ☎ DFÜ; 🅿 🚗;
garni

Bermsgrün 50 ↙

Sachsen — Aue-Schwarzenberg — 450 m
— 1 269 Ew — Schwarzenberg 3, Chemnitz
45 km
ℹ ☎ (03 74 31) 34 23 — Tourist-Information,
08340 Bermsgrün

** Am Hohen Hahn
einzeln ♂ ⚜ Gemeindestr 92, ✉ 08340,
☎ (0 37 74) 1 31-0, Fax 1 31-1 50, AX DC ED VA
41 Zi, Ez: 115-135, Dz: 160-180, 4 Suiten, 🛁
WC ☎; 🅿 4⟳80 🛌 Sauna Solarium ⚜
Auch Zimmer der Kategorie ******* vorhanden
** Hauptgericht 30; Gartenlokal

Bernau 30 ↗

Brandenburg — Kreis Barnim — 80 m —
23 000 Ew — Berlin 23, Eberswalde 26 km
ℹ ☎ (0 33 38) 76 19 19, Fax 76 19 70 — Stadt
Bernau, Fremdenverkehrsamt, Bürgermeisterstr. 4, 16321 Bernau. Sehenswert:
Stadtmauer, Steintor, Hundertturm; St.
Marienkirche; Herz-Jesu-Kirche; Kantorhaus

** Kaisergarten
Breitscheidstr 32, ✉ 16321, ☎ (0 33 38)
36 34 64, Fax 36 34 66, AX DC ED VA
70 Zi, Ez: 135, Dz: 180, 🛁 WC ☎, 6🛌; Lift
2⟳40 🍽

** Comfort-Hotel
Zepernicker Chaussee 39, ✉ 16321,
☎ (0 33 38) 29 71, Fax 3 87 02, AX DC ED VA
48 Zi, Ez: 100-130, Dz: 120-150, 🛁 WC ☎,
8🛌; 🅿 Sauna Solarium; **garni**

Bernau 67 ↘

Baden-Württemberg — Kreis Waldshut —
930 m — 2 000 Ew — Schönau im Schwarzwald 21, Waldshut 32, Freiburg 50 km
ℹ ☎ (0 76 75) 16 00 30, Fax 16 00 90 — Kurverwaltung, Rathausstr 18, 79872 Bernau;
Luftkurort und Wintersportplatz im
Schwarzwald. Sehenswert: Hans-Thoma-Museum im Rathaus; Resenhof; Sonnenuhren

Dorf

🛏 **Gasthof Bergblick**
⚜ Hasenbuckweg 1, ✉ 79872, ☎ (0 76 75)
4 24, Fax 14 66
12 Zi, Ez: 55-85, Dz: 100-125, 5 App, 🛁 WC
☎; 🅿 🚗 Sauna Solarium 🍽

Riggenbach

* Schwarzwaldgasthof Adler
Riggenbacher Landstr 10, ✉ 79872,
☎ (0 76 75) 8 08, Fax 14 65, ED VA
24 Zi, Ez: 65-75, Dz: 120-180, 1 Suite, 🛁 WC
☎; Lift 🅿 Sauna Solarium 🍽
Ältester Gasthof in Bernau, von 1698

Bernau a. Chiemsee 73 ↙

Bayern — Kreis Rosenheim — 540 m —
6 200 Ew — Prien 6, Grassau 7, Rosenheim
25 km
ℹ ☎ (0 80 51) 98 68 20-22, Fax 98 68 50 —
Verkehrsamt (Kur- und Verkehrsamt),
Aschauer Str 10, 83233 Bernau; Luftkurort

* Gasthof Alter Wirt
Kirchplatz 9, ✉ 83233, ☎ (0 80 51) 8 90 11,
Fax 8 91 03
19 Zi, Ez: 75, Dz: 110, 🛁 WC ☎; 🅿 🚗 1⟳70
🍽
geschl: Mo, 26.10.-23.11.
Im Gästehaus Bonnschlößl Zimmer der
Kategorie ****** vorhanden

* Talfriede
Kastanienallee 1, ✉ 83233, ☎ (0 80 51)
74 18, Fax 77 02, AX DC ED VA
29 Zi, Ez: 88-145, Dz: 125-195, 🛁 WC ☎
geschl: 1.11.-1.4.
Restaurant für Hausgäste

* Jägerhof
Rottauer Str 15, ✉ 83233, ☎ (0 80 51)
8 97 48 + 73 77, Fax 78 29, ED VA
Hauptgericht 25; Gartenlokal 🅿; geschl:
6.4.-20.4.99
* ⚜ 10 Zi, Ez: 64-76, Dz: 108-136,
2 Suiten, 🛁 WC ☎; 18Golf 1⟳50
Rezeption: 9-14.30, 17-22; geschl: Di, Mi,
1.-19.11., 6.-20.4.

Eichet (3 km ↗)
* Gasthof Chiemsee
◂ Kampenwandstr 26, ✉ 83233, ☎ (0 80 51) 98 75-0, Fax 88 39
25 Zi, Ez: 72-92, Dz: 114-134, ⌐ WC ☎; 🅿 🚊
Kegeln ⦿
geschl: Di, Mi bis 17, 26.10.-26.11.

Reit
* Seiserhof
einzeln ☼ ◂ Reit 5, ✉ 83233, ☎ (0 80 51) 98 90, Fax 8 96 46
20 Zi, Ez: 65-75, Dz: 105-125, 1 Suite, 3 App, ⌐ WC ☎; 🅿 🚊 ⚓
geschl: Di, Mi, 19.11.-24.12./11.1.-27.1.
*   ◂ Hauptgericht 15; Gartenlokal
Terrasse; geschl: Di, Mi, 11.01.-27.01.99

* Gasthof Seiser-Alm
einzeln ☼ ◂ Reit 4, ✉ 83233, ☎ (0 80 51) 80 46-0, Fax 86 20, ED
24 Zi, Ez: 80, Dz: 120, ⌐ WC ☎; Lift 🅿 🚊
1⟳150 Sauna Solarium ⦿ ⚓
geschl: Do, Fr, 20.10.-20.11.

Bernburg (Saale) 38 ↑

Sachsen-Anhalt — Kreis Bernburg — 72 m — 38 000 Ew — Stassfurt 15, Magdeburg 46 km
ℹ ☎ (0 34 71) 62 60 96, Fax 62 60 98 — Stadtinformation, Lindenplatz 9, 06406 Bernburg. Sehenswert: Renaissance Schloß

*** Parkhotel Parforce-Haus
Aderstedter Str 1, ✉ 06406, ☎ (0 34 71) 36 20, Fax 36 21 11, AX ED VA
97 Zi, Ez: 110-135, Dz: 150, 6 Suiten, ⌐ WC ☎, 8⌂; Lift 5⟳120 Fitneßraum Sauna Solarium
**   Hauptgericht 22; 🅿 Terrasse

** Askania
Breite Str 2, ✉ 06406, ☎ (0 34 71) 35 40, Fax 35 11 35, AX DC ED VA
47 Zi, Ez: 96-125, Dz: 140-165, ⌐ WC ☎ DFÜ, 3⌂; 🅿 2⟳40 Kegeln Sauna Solarium ⦿

* Ulmer Spatz
Heinrich-Zille-Str 2, ✉ 06406, ☎ (0 34 71) 62 40 21, Fax 62 40 60, AX ED VA
18 Zi, Ez: 95-115, Dz: 120-130, ⌐ WC ☎

* Kammerhof
Breite Str 62, ✉ 06406, ☎ (0 34 71) 35 39 45, Fax 35 39 35, AX ED VA
19 Zi, Ez: 70-90, Dz: 110-130, 1 App, ⌐ WC ☎; 🅿; garni

Berne 16 ↘

Niedersachsen — Brake/Unterweser Wesermarsch — 5 m — 6 700 Ew — Nordenham 50, Brake/Unterweser 20 km
ℹ ☎ (0 44 06) 94 10, Fax 94 11 49 — Gemeindeverwaltung, Am Breithof 8, 27804 Berne. Sehenswert: Kirche

** Akzent-Hotel Weserblick
Juliusplate 6-7, ✉ 27804, ☎ (0 44 06) 9 28 20, Fax 92 82 50, AX DC ED VA
12 Zi, Ez: 119-149, Dz: 160-190, ⌐ WC ☎; 🅿 🚊 2⟳80 Strandbad Seezugang ⦿ ⚓
geschl: Mo, 4.-15.1.

Berneck, Bad 58 ↑

Bayern — Kreis Bayreuth — 450 m — 5 200 Ew — Bayreuth 15, Münchberg 21 km
ℹ ☎ (0 92 73) 89 16, Fax 89 36 — Kurverwaltung, Bahnhofstr 77, 95460 Bad Berneck; Kneippheilbad und Luftkurort im Fichtelgebirge. Sehenswert: Burgruinen

* Merkel
Marktplatz 13, ✉ 95460, ☎ (0 92 73) 99 30, Fax 86 12, ED VA
21 Zi, Ez: 55-75, Dz: 100-120, ⌐ WC ☎, 1⌂; 🅿 🚊 Sauna ⦿
Auch einfachere Zimmer vorhanden

* Hübner ✠
Marktplatz 34, ✉ 95460, ☎ (0 92 73) 82 82, Fax 80 57, AX DC ED VA
Hauptgericht 18; Biergarten; geschl: Do, Feb

Goldmühl (2 km ↘)
* Gasthof Schwarzes Roß
mit Gästehäusern
☼ Goldmühl 11, ✉ 95460, ☎ (0 92 73) 3 64, Fax 52 34, AX ED
24 Zi, Ez: 60-90, Dz: 80-140, 1 Suite, 5 App, ⌐ WC; 🅿 🚊
*   Hauptgericht 20; Biergarten;
geschl: So abends, 25.10.-10.11.99

Bernhausen siehe Filderstadt

Bernkastel-Kues 53 ↘

Rheinland-Pfalz — Kreis Bernkastel-Wittlich — 113 m — 7 000 Ew — Zell 45, Trier 58 km
ℹ ☎ (0 65 31) 40 23-24, Fax 79 53 — Tourist-Information, im Stadtteil Bernkastel, Gestade 5, 54470 Bernkastel-Kues; Erholungsort an der Mosel. Sehenswert: Marktplatz mit Rathaus; Fachwerkhäuser; Michaelsturm; Burg Landshut ◂; in Kues: St. Nikolaus-Hospital: Bibliothek; Moselwein-Museum; Cusanus-Geburtshaus; Puppen und Spielzeug Museum

Bernkastel
** Zur Post
Gestade 17, ✉ 54470, ☎ (0 65 31) 96 70-0, Fax 96 70-50, AX DC ED VA
42 Zi, Ez: 87-110, Dz: 152-180, ⌐ WC ☎; Lift 🅿 2⟳50 Fitneßraum Sauna Solarium
** Poststube
Hauptgericht 30

* Behrens
◂ Schanzstr 9, ✉ 54470, ☎ (0 65 31) 95 04 40, Fax 9 50 44 46, AX DC ED VA
33 Zi, Ez: 75-150, Dz: 110-180, ⌐ WC ☎, 20⌂; Lift 🅿 🚊 2⟳35 ⦿ ⚓ →

Bernkastel-Kues

✱ Römischer Kaiser
Markt 29, ✉ 54470, ☎ (0 65 31) 9 68 60,
Fax 76 72, AX DC ED VA
35 Zi, Ez: 55-100, Dz: 95-160, ⊴ WC ☏; ⑩

✱ Doctor Weinstuben
Hebegasse 5, ✉ 54470, ☎ (0 65 31) 60 81,
Fax 62 96, AX DC ED VA
19 Zi, Ez: 85-95, Dz: 150-160, ⊴ WC ☏; Lift
✱ ⊘ Hauptgericht 25

✱ Graacher Tor
Graacher Str 3, ✉ 54470, ☎ (0 65 31) 22 04,
ED VA
Hauptgericht 25

Kues
✱✱ Moselpark
♂ Im Kurpark, ✉ 54470, ☎ (0 65 31) 50 80,
Fax 50 86 12, AX ED VA
98 Zi, Ez: 145-179, Dz: 198-278, 12 Suiten,
38 App, ⊴ WC ☏; Lift P 11♻400 ≘ Fitneßraum Kegeln Sauna Solarium 6Tennis ⑩

✱ Panorama
♂ ⋅⋖ Rebschulweg 48, ✉ 54470, ☎ (0 65 31)
30 61, Fax 9 42 14, DC ED VA
14 Zi, Ez: 65-80, Dz: 110-140, 2 Suiten, ⊴
WC ☏; P Fitneßraum Sauna Solarium
geschl: Mitte Jan-Mitte Feb
Restaurant für Hausgäste

✱ St. Maximilian
Saarallee 12, ✉ 54470, ☎ (0 65 31) 9 65 00,
Fax 96 50 30, AX ED VA
12 Zi, Ez: 65-80, Dz: 100-130, ⊴ WC ☏; ⑩
geschl: Jan

Kueser Plateau
✱ Am Kurpark
♂ Meisenweg 1, ✉ 54470, ☎ (0 65 31) 30 31,
Fax 49 26, AX
13 Zi, Ez: 53-70, Dz: 96-120, 2 App, ⊴ WC
☏; ⑩ ⚐

✱ Zum Kurfürsten
♂ Amselweg 1, ✉ 54470, ☎ (0 65 31)
9 67 70, Fax 46 25, ED VA
25 Zi, Ez: 45-89, Dz: 80-140, 3 App, ⊴ WC ☏
DFÜ, 12✉; P 3♻50 Sauna Solarium
18Golf ⑩ ⚐

Wehlen (5 km ↘)
✱ Mosel-Hotel
♂ ⋅⋖ Uferallee 3, ✉ 54470, ☎ (0 65 31) 85 27,
Fax 15 46, AX DC ED VA
16 Zi, Ez: 40-90, Dz: 70-160, ⊴ WC; P ⚐
geschl: 5.11.-Anfang März
✱✱ ⋅⋖ Hauptgericht 25; Biergarten;
geschl: Mitte Nov-Mitte März

Bernried 71 □

Bayern — Kreis Weilheim-Schongau —
610 m — 2 000 Ew — Tutzing 7, Weilheim
13, Starnberg 19 km
ℹ ☎ (0 81 58) 99 39 00, Fax 99 39 01 —
Gemeindeverwaltung, Dorfstr 3,
82347 Bernried; Erholungsort am Starnberger See. Sehenswert: ehem. Augustiner-
Chorherrenstift; Wallfahrtskirche Maria
Himmelfahrt; Schloß Höhenried

✱✱✱ Marina
♂ ⋅⋖ Am Jachthafen 1-15, ✉ 82347,
☎ (0 81 58) 93 20, Fax 71 17, AX DC ED VA
71 Zi, Ez: 155-285, Dz: 195-295, 1 Suite,
18 App, ⊴ WC ☏; P 6♻100 ≘ Seezugang
Kegeln Sauna Solarium
geschl: 21.12.-2.1.99
Auch Zimmer der Kategorie **✱✱** vorhanden
✱✱ ⋅⋖ Hauptgericht 30; Terrasse;
geschl: 21.12.-2.1.99
Zum Hotel gehört das kulturhistorisch
interessante Hofgut Bernried. Eigene Landwirtschaft, Wild und Fisch aus eigener Jagd
und Zucht

Bernried 65 →

Bayern — Kreis Deggendorf — 500 m —
4 900 Ew — Schwarzach 7, Deggendorf 11,
Bogen 16 km
ℹ ☎ (0 99 05) 2 17, Fax 81 38 — Verkehrsamt, Engerlgasse 25 a, 94505 Bernried;
Erholungsort im Bayerischen Wald

✱ Bernrieder Hof
Bogener Str 9, ✉ 94505, ☎ (0 99 05) 7 40 90,
Fax 84 00
Ez: 55-100, Dz: 100-120, 3 Suiten, ⊴ WC ☏,
10✉; Lift P ⚐ 3♻80 ≘ Fitneßraum Kegeln
Sauna Solarium ⑩

Rebling (8 km ↗)
✱✱ Silencehotel Reblinger Hof
einzeln ♂ ⋅⋖ Kreisstr 3, ✉ 94505, ☎ (0 99 05)
5 55, Fax 18 39, ED
14 Zi, Ez: 86, Dz: 120-145, 5 App, ⊴ WC ☏;
≘ Fitneßraum Sauna Solarium ⚐
geschl: Mo
Damwildgehege, Forellenweiher
✱✱ ⋅⋖ Hauptgericht 30; P Terrasse;
geschl: Mo

Bernsdorf 40 →

Sachsen — Kreis Hoyerswerda — 147 m —
600 Ew — Hoyerswerda 15, Dresden 50 km
ℹ ☎ (03 57 23) 23 80, Fax 2 38 33 — Stadtverwaltung, Rathausallee 2, 02994 Berns-
dorf. Sehenswert: Dorfmuseum; Dubrin-
ger-Moor; Teichlandschaft

✱ Deutsches Haus
Kamenzer Str 1, ✉ 02994, ☎ (03 57 23)
2 03 95
16 Zi, Ez: 85-110, Dz: 120-130, ⊴ WC ☏; ⑩

Bersenbrück 24 □

Niedersachsen — Kreis Osnabrück — 38 m
— 7 000 Ew — Osnabrück 32, Cloppenburg
38 km
ℹ ☎ (0 54 39) 62 42, Fax 62 88 — Stadtverwaltung, Lindenstr 2, 49593 Bersenbrück.
Sehenswert: Ehem. Kloster

Bestwig

* **Lange**
Am Brink 1, ✉ 49593, ☏ (0 54 39) 22 51, Fax 34 63, ED
13 Zi, Ez: 50-60, Dz: 95-100, ⌐ WC ☏; P 🚗 1⟲40 Kegeln 🍴

Bertrich, Bad 52 ↗

Rheinland-Pfalz — Kreis Cochem-Zell — 165 m — 1 200 Ew — Zell 17, Wittlich 25, Cochem 26 km
ℹ ☏ (0 26 74) 93 22 22, Fax 93 22 20 — Tourist Information, Kurfürstenstr 32, 56864 Bad Bertrich; Heilbad in der Eifel. Sehenswert: Schlößchen; Glaubersalztherme; Thermalbäder

** **Kurhotel Fürstenhof** 👑
Kurfürstenstr 36, ✉ 56864, ☏ (0 26 74) 93 40, Fax 7 37, AX ED
64 Zi, Ez: 100-130, Dz: 200-240, 5 Suiten, ⌐ WC ☏; Lift 🚗 2⟲30 ≘ Fitneßraum Sauna Solarium 🏊
Auch Zimmer anderer Kategorien vorhanden
** Hauptgericht 35; P Terrasse

* **Quellenhof**
Kurfürstenstr 25, ✉ 56864, ☏ (0 26 74) 93 68-0, Fax 93 68-68
40 Zi, Ez: 78, Dz: 130-150, ⌐ WC ☏; Lift P 1⟲50 🍴 🏊

* **Bertricher Hof**
🌿 Am Schwanenteich 7, ✉ 56864, ☏ (0 26 74) 93 62-0, Fax 93 62-62
17 Zi, Ez: 70-90, Dz: 142-168, 3 Suiten, ⌐ WC ☏, 4✉; P 🍴
geschl: 13.12.-20.1.99

* **Am Schwanenweiher**
♂ Am Schwanenweiher, ✉ 56864, ☏ (0 26 74) 6 69 + 93 60-0, Fax 93 60-99
11 Zi, Ez: 65-75, Dz: 120-140, 3 Suiten, ⌐ WC ☏; 🚗 1⟲30; garni 🏊

🏊 **Thomas**
Kurfürstenstr 53, ✉ 56864, ☏ (0 26 74) 3 55, Fax 3 52

Bertsdorf-Hörnitz 41 ↗

Sachsen — Kreis Zittau — 2 400 Ew
ℹ ☏ (0 35 83) 51 26 47 — Gemeindeverwaltung, Olbersdorfer Str 3, 02763 Bertsdorf

<mark>Hörnitz</mark>
** **Schloßhotel Althörnitz**
♂ Zittauer Str 9, ✉ 02763, ☏ (0 35 83) 55 00, Fax 55 02 00, AX ED VA
74 Zi, Ez: 100-140, Dz: 145-180, 4 Suiten, ⌐ WC ☏, 18✉; Lift P 4⟲60 Sauna Solarium 🏊
* Hauptgericht 20; Terrasse

Bescheid 52 ↗

Rheinland-Pfalz — Kreis Trier Saarburg — 400 m — 392 Ew — Hermeskeil 13, Trier 25 km
ℹ ☏ (0 65 03) 80 92 90, Fax 80 92 00 — Tourist Information / Verbandsgemeinde Hermeskeil, 54411 Hermeskeil

** **Zur Malerklause**
Im Hofecken 2, ✉ 54413, ☏ (0 65 09) 5 58, Fax 10 82, ED
Hauptgericht 38; Biergarten P Terrasse; nur abends, So auch mittags; geschl: Mo Di, 4.1.-21.1., 1.9.-16.9.

Besenfeld siehe Seewald

Besigheim 61 ↗

Baden-Württemberg — Kreis Ludwigsburg — 185 m — 10 700 Ew — Bietigheim 5, Heilbronn 20, Stuttgart 24 km
ℹ ☏ (0 71 43) 80 78-0, Fax 80 78-2 89 — Stadtverwaltung, Marktplatz 12, 74354 Besigheim; Stadt an der Mündung der Enz in den Neckar. Sehenswert: Ev Kirche: Schnitzaltar; Rathaus; Rundtürme; Marktbrunnen

* **Am Markt**
Kirchstr 43, ✉ 74354, ☏ (0 71 43) 38 98, Fax 38 99, AX DC ED VA
10 Zi, Ez: 105-130, Dz: 135-145, 3 App, ⌐ WC ☏; P; garni
Haus von 1615

* **Ortel**
Am Kelterplatz, ✉ 74354, ☏ (0 71 43) 80 71-0, Fax 80 71 80, AX DC ED VA
9 Zi, Ez: 110, Dz: 140-150, ⌐ WC ☏; Lift 🍴

Bestwig 34 ↘

Nordrhein-Westfalen — Hochsauerlandkreis — 350 m — 12 187 Ew — Meschede 10 km
ℹ ☏ (0 29 04) 98 71 66, Fax 98 72 74 — Verkehrsamt, Rathausplatz 1, 59909 Bestwig. Sehenswert: Bergbaumuseum in Ramsbeck (6 km ↓); Freizeitpark „Fort Fun" in Wasserfall (10 km ↓)

<mark>Föckinghausen</mark>
* **Waldhaus Föckinghausen**
♂ ✉ 59909, ☏ (0 29 04) 97 76-0, Fax 97 76 76, AX ED VA
17 Zi, Ez: 75, Dz: 125, ⌐ WC ☏; P 2⟲40 🏊
geschl: Mo, 16.11.-3.12.
* Hauptgericht 32; Terrasse; geschl: Mo

<mark>Ostwig</mark> (2 km →)
* **Nieder Flair Hotel**
Hauptstr 19, ✉ 59909, ☏ (0 29 04) 9 71 00, Fax 97 10 70, ED
35 Zi, Ez: 74-84, Dz: 116-126, ⌐ WC ☏; Lift P 3⟲45 Kegeln Sauna Solarium 🍴 →

Bestwig

Velmede (1 km ←)
** **Frielinghausen**
Oststr 4, ✉ 59909, ☏ (0 29 04) 5 55,
Fax 23 91, AX DC ED VA
Hauptgericht 30; Biergarten 🅿; 🛏

Beuren 62 ↙

Baden-Württemberg — Kreis Esslingen —
440 m — 3 437 Ew — Nürtingen 9, Metzingen 12, Urach 15 km
🛈 ☏ (0 70 25) 91 04 00, Fax 9 10 30 10 —
Kurverwaltung, Am Thermalbad 5,
72660 Beuren; Erholungsort am Fuße der
Schwäbischen Alb. Sehenswert: Burgruine
Hohenneuffen, 743 m ⋖ (6 km ↓)

** **Beurener Hof**
Hohenneuffenstr 16, ✉ 72660, ☏ (0 70 25)
91 01 10, Fax 9 10 11 33
Hauptgericht 40; Gartenlokal 🅿 Terrasse;
geschl: Di, Mi mittags
* 10 Zi, Ez: 70-95, Dz: 130-160, ⌑
WC ☏ DFÜ; 🚗 1⟳30
geschl: Di, Mi bis 18

Beuron 68 →

Baden-Württemberg — Kreis Sigmaringen
— 625 m — 900 Ew — Tuttlingen 22, Sigmaringen 30 km
🛈 ☏ (0 74 66) 2 14, Fax 12 93 — Verkehrsamt, Abteistr 24, 88631 Beuron; Erholungs- und Wallfahrtsort im oberen Donautal.
Sehenswert: Klosterkirche; Burg Wildenstein ⋖ (8 km →)

* **Pelikan**
Abteistr 12, ✉ 88631, ☏ (0 74 66) 4 06,
Fax 4 08
30 Zi, Ez: 60-80, Dz: 100-120, 5 App, ⌑; Lift
🅿 🚗 2⟳150 ☕
* Hauptgericht 25; geschl: Jan-Mär

Beutelsbach siehe **Weinstadt**

Bevensen, Bad 19 ↙

Niedersachsen — Kreis Uelzen — 40 m —
9 800 Ew — Uelzen 17, Lüneburg 27 km
🛈 ☏ (0 58 21) 5 70, Fax 57 66 — Kurverwaltung, Dahlenburger Str 1, 29549 Bad
Bevensen; Heilbad, Kneipp- und Luftkurort
am Ostrand der Lüneburger Heide, am Elbe-Seitenkanal. Sehenswert: Kloster Medingen, Damenstift: Handweberei (2 km ↖);
Balneum

** **Kieferneck**
♘ Lerchenweg 1, ✉ 29549, ☏ (0 58 21) 5 60,
Fax 56 88, ED
50 Zi, Ez: 75-125, Dz: 140-230, 1 Suite, ⌑
WC ☏; Lift 🅿 2⟳30 ≙ Sauna Solarium
18Golf ☕
Auch Zimmer der Kategorie ★★★ vorhanden
** **Klassik**
Hauptgericht 20

** **Ringhotel Fährhaus**
♘ Alter Mühlenweg 1, ✉ 29549, ☏ (0 58 21)
50 00, Fax 5 00 89, AX DC ED VA
46 Zi, Ez: 114-180, Dz: 174-218, S; 9 Suiten,
⌑ WC ☏; Lift 🅿 🚗 3⟳40 ≙ Kegeln Sauna
Solarium ☕
** Hauptgericht 30; Terrasse

** **Kurhotel Ascona**
♘ Zur Amtsheide 4, ✉ 29549, ☏ (0 58 21)
5 50, Fax 4 27 18, ED VA
77 Zi, Ez: 85-115, Dz: 180-210, 1 Suite, ⌑
WC ☏; Lift 🅿 🚗 ≙ Fitneßraum Sauna
Solarium ☕
Restaurant für Hausgäste

** **Grünings Landhaus**
Haberkamp 2, ✉ 29549, ☏ (0 58 21) 9 84 00,
Fax 98 40 41
24 Zi, Ez: 120-135, Dz: 200-300, 1 Suite, ⌑
WC ☏; Lift 🅿 ≙ Sauna Solarium ☕
geschl: 5.12.-18.12., 6.1.-22.1.
** **Tessiner**
Hauptgericht 36; Terrasse; geschl: Mo + Di,
5.12-18.12, 6.1.-22.1.

** **Heide-Hotel
City Line & Country Line
Hotels**
Haberkamp 11, ✉ 29549, ☏ (0 58 21) 97 00,
Fax 97 01 00, AX ED VA
76 Zi, Ez: 85-150, Dz: 170-260, 1 Suite, ⌑
WC ☏, 23📺; Lift 🅿 2⟳50 Fitneßraum
Sauna Solarium ☕
** **Steinbrunnen**
Hauptgericht 28; Terrasse

** **Zur Amtsheide
Kur- und Golfhotel**
♘ Zur Amtsheide 5, ✉ 29549, ☏ (0 58 21)
8 51, Fax 8 53 38, AX ED VA
67 Zi, Ez: 80-156, Dz: 154-172, 12 Suiten,
11 App, ⌑ WC ☏; Lift 🅿 2⟳50 ≙ Fitneßraum Sauna Solarium 18Golf ☕
Restaurant für Hausgäste; Appartementhotel mit Gästehäusern

** **Ilmenautal**
♘ Am Klaubusch 11, ✉ 29549, ☏ (0 58 21)
54 00, Fax 4 24 32, AX ED VA
38 Zi, Ez: 72-105, Dz: 135-180, ⌑ WC ☏; Lift
🅿 ☕
** Hauptgericht 27

** **Pension Sonnenhügel**
♘ Zur Amtsheide 9, ✉ 29549, ☏ (0 58 21)
54 10, Fax 5 41 12
24 Zi, Ez: 60-100, Dz: 110-160, 8 Suiten,
8 App, ⌑ WC ☏; Lift 🅿 Fitneßraum Sauna
Solarium 18Golf
geschl: 15.12.-15.1.
Restaurant für Hausgäste

* **Dorenmuthe**
Birkenweg 11, ✉ 29549, ☏ (0 58 21) 9 81 20,
Fax 98 12 50
35 Zi, Ez: 75-100, Dz: 140-160, ⌑ WC ☏,
20📺; Lift 🅿; garni

Residenz
Rosengarten 2, ✉ 29549, ☎ (0 58 21) 20 11, Fax 4 20 14, AX DC ED VA
2 Zi, Ez: 65-85, Dz: 90-140, 2 Suiten, ⇨ WC
Hauptgericht 25

Landhaus Zur Aue
An der Aue 1 a, ✉ 29549, ☎ (0 58 21) 84 10, Fax 4 27 94
8 Zi, Ez: 59-95, Dz: 136-212, ⇨ WC ☎, 3✉; Lift P
ezeption: 9-19. Restaurant für Hausgäste

Sonnenhof
rummer Arm 23, ✉ 29549, ☎ (0 58 21) 84 40, Fax 4 32 00
5 Zi, Ez: 78, Dz: 146, ⇨ WC ☎; P; garni
eschl: 1.12.-20.2.

Medingen (2 km ↖)
** Vier Linden
evenser Str 1, ✉ 29549, ☎ (0 58 21) 54 40, ax 15 84, AX DC ED VA
4 Zi, Ez: 85-180, Dz: 130-200, 1 Suite, ⇨ WC ☎, 2✉; P 🍴 4⇔80 ≘ Sauna Solarium 8Golf
uch Zimmer der Kategorie *** vorhanden
** Hauptgericht 25; Terrasse

Bevern 36 ↖

Niedersachsen — Kreis Holzminden — 50 m — 4 700 Ew — Holzminden 5 km
🛈 ☎ (0 55 31) 9 94 40, Fax 99 44 50 — Gemeindeverwaltung, Angerstr. / Rathaus, 7639 Bevern. Sehenswert: Schloß

*** Schloß Bevern
Schloß 1, ✉ 37639, ☎ (0 55 31) 87 83, ax 87 83, AX DC ED VA
Hauptgericht 40

Beverungen 35 →

Nordrhein-Westfalen — Kreis Höxter — 00 m — 7 100 Ew — Höxter 14, Kassel 5 km
🛈 ☎ (0 52 73) 39 22 21, Fax 39 21 20 — Verehrsamt, Weserstr 10, 37688 Beverungen; tädtchen an der Weser. Sehenswert: Burg Beverungen; hist. Fachwerkhäuser; Dorfkirchen, 12.-19. Jh.; Stuhlmuseum; Korbmachermuseum; Weserfähren

** Stadt Bremen Minotel
ange Str 13, ✉ 37688, ☎ (0 52 73) 90 30, ax 2 15 75, AX ED VA
0 Zi, Ez: 95-130, Dz: 150-180, ⇨ WC ☎ OFÜ; Lift P 🍴 3⇔50 ≘ Kegeln Sauna olarium
** Schiffahrtskontor
Hauptgericht 30; Biergarten

Bexbach 53 ↙

Saarland — Saar-Pfalz-Kreis — 350 m — 19 900 Ew — Homburg/Saar 7, Neunkirchen/Saar 7, Zweibrücken/Pfalz 16 km
🛈 ☎ (0 68 26) 52 90, Fax 52 91 49 — Stadtverwaltung, Rathausstr 68, 66450 Bexbach; Erholungsort. Sehenswert: Saarl. Bergbaumuseum mit Schaubergwerksanlage

** Haus Krone
Rathausstr 6, ✉ 66450, ☎ (0 68 26) 92 14-0, Fax 5 11 24, AX DC ED VA
17 Zi, Ez: 79-110, Dz: 120-180, ⇨ WC ☎, 3✉; Lift P Solarium 🍴

Hochwiesmühle (1 km →)
** Hochwiesmühle
Haus Nr 52, ✉ 66450, ☎ (0 68 26) 81 90, Fax 81 91 47, AX DC ED VA
100 Zi, Ez: 100-130, Dz: 148-168, 5 Suiten, ⇨ WC ☎, 1✉; Lift 4⇔200 ≘ Fitneßraum Kegeln Sauna Solarium
** Hauptgericht 30; Biergarten

Beyendorf 28 ↙

Sachsen-Anhalt — Bördekreis — 107 m — 1 200 Ew — Magdeburg 10 km
🛈 ☎ (03 91) 6 22 48 04 — Gemeindeverwaltung, Schulstr. 19, 39171 Beyendorf

** Classik Hotel Magdeburg
Leipziger Chaussee 13, ✉ 39171, ☎ (03 91) 6 29 00, Fax 6 29 05 19, AX DC ED VA
108 Zi, Ez: 137-190, Dz: 160-230, S; 1 Suite, ⇨ WC ☎, 27✉; Lift P 🍴 7⇔60 Sauna 🍴

Biberach 67 ↗

Baden-Württemberg — Ortenaukreis — 200 m — 3 000 Ew — Zell am Harmersbach 4, Lahr 14, Offenburg 18 km
🛈 ☎ (0 78 35) 63 65 11, Fax 63 65 20 — Verkehrsbüro, Hauptstr. 27, 77781 Biberach; Erholungsort im Kinzigtal, Schwarzwald. Sehenswert: beheiztes Waldterrassenbad mit Riesenrutsche (77 m); Ruine Hohengeroldseck, 524 m ⭐ (5 km + 15 Min ←)

Prinzbach (4 km ↙)
* Gasthof Badischer Hof
Dörfle 20, ✉ 77781, ☎ (0 78 35) 63 60, Fax 63 62 99, DC ED VA
40 Zi, Ez: 60-100, Dz: 120-160, 3 Suiten, ⇨ WC ☎, 10✉; Lift P 2⇔40 ≋ ≘ Fitneßraum Kegeln Sauna Solarium
geschl: 25.1.-11.2.
Im Gästehaus Wiesengrund Zimmer der Kategorie ** vorhanden
* Hauptgericht 20; Terrasse
geschl: 25.01.-11.02.99

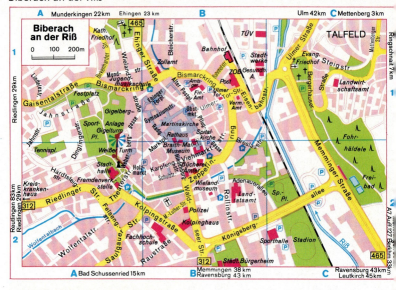

Biberach an der Riß 69→

Baden-Württemberg — Kreis Biberach — 533 m — 30 000 Ew — Ulm 42, Bodensee 55 km

ℹ ☎ (0 73 51) 5 14 83, Fax 5 15 11 — Tourist-Information, Theaterstr 6 (A 2), 88400 Biberach an der Riß; Station der Oberschwäb. Barock- und der Schwäb. Dichterstraße.
Sehenswert: Marktplatz; Altes und Neues Rathaus; Teile der mittelalterlichen Stadtbefestigung, Weißer Turm, Gigelturm; Ulmer Tor; Wieland-Schauraum, Wieland-Gartenhäuser; Patrizierhäuser; Stadtpfarrkirche St. Martin

**   **Best Western**
        Hotel Kapuzinerhof
Kapuzinerstr 17 (A 2), ✉ 88400, ☎ (0 73 51) 50 60, Fax 50 61 00, AX DC ED VA
75 Zi, Ez: 147-167, Dz: 177-222, S; ⌐ WC ☏ DFÜ, 14🛏; Lift 🅿 🚻 3⇄60 Sauna
geschl: 23.12.-3.1.

**   **Kapuziner-Stüble**
Hauptgericht 24; Terrasse; geschl: Sa, so + feiertags, 23.12.-3.1.

**   **Eberbacher Hof**
        Flair Hotel
Schulstr 11 (B 2), ✉ 88400, ☎ (0 73 51) 1 59 70, Fax 15 97 97, AX ED VA
26 Zi, Ez: 80-129, Dz: 125-175, ⌐ WC ☏; Lift 🅿

Auch Zimmer der Kategorie ***** vorhanden
**   Hauptgericht 35; Terrasse; geschl: Sa

👑 Lobenswerte Hotelleistung

*   **Berliner Hof**
Berliner Platz 5 (B 2), ✉ 88400, ☎ (0 73 51) 2 10 51, Fax 3 10 64, AX DC ED VA
28 Zi, Ez: 85-100, Dz: 125-140, ⌐ WC ☏; Lift 🅿 🚻 2⇄60 Sauna
*   Hauptgericht 30; Terrasse; geschl: Mo abends, Fr

*   **Erlenhof**
Erlenweg 18 (B 2), ✉ 88400, ☎ (0 73 51) 34 75-0, Fax 34 75 33, AX ED VA
16 Zi, Ez: 100, Dz: 120-150, ⌐ WC ☏ DFÜ, 3🛏; 🅿 🚻; garni 🍴

*   **Gästehaus Haberhäusle**
Haberhäuslestr 22 (außerhalb C 1), ✉ 88400, ☎ (0 73 51) 5 80 20, Fax 1 27 10, AX DC ED VA
12 Zi, Ez: 90, Dz: 125, ⌐ WC ☏; Lift 🅿 🍽

*   **Zur Goldenen Ente**
Gymnasiumstr 17 (B 1), ✉ 88400, ☎ (0 73 51) 1 33 94, Fax 1 33 94
Hauptgericht 20

Rindenmoos (3 km ↙)
**   **Landhotel Zur Pfanne**
Auwiesenstr 24, ✉ 88400, ☎ (0 73 51) 3 40 30, Fax 34 03 80, AX ED VA
19 Zi, Ez: 85-95, Dz: 120-130, 1 Suite, ⌐ WC ☏ DFÜ; Lift 🅿 1⇄20 Fitneßraum Kegeln Sauna 🍽

Bicken siehe Mittenaar

Bickensohl
siehe **Vogtsburg im Kaiserstuhl**

Bicken siehe Mittenaar

Bickensohl
siehe **Vogtsburg im Kaiserstuhl**

Biebelried 56 □

Bayern — Kreis Kitzingen — 300 m —
1 040 Ew — Kitzingen 6 km
🛈 ☎ (0 93 21) 9 16 60, Fax 2 27 40 — Verwaltungsgemeinschaft, Kaiserstr 37, 97318 Kitzingen. Sehenswert: Kath. Pfarrkirche; ehem. Johanniterkastell, Ruine

****   **Leicht**
Würzburger Str 3, ✉ 97318, ☎ (0 93 02) 8 14, Fax 31 63, AX ED VA
70 Zi, Ez: 110-160, Dz: 170-230, 2 Suiten, ⌐ WC ☎; Lift P 🖻 7⇌35 Sauna Solarium 18Golf 🟰
geschl: Ende Dez-Anfang Jan
****   ⊗ Hauptgericht 31; Gartenlokal

Biebertal 44 →

Hessen — Kreis Gießen — 300 m —
10 500 Ew — Gießen 7, Wetzlar 13 km
🛈 ☎ (0 64 09) 69 26, Fax 69 11 — Gemeindeverwaltung, Mühlbergstr 9, 35444 Biebertal. Sehenswert: Burgruine Vetzberg; Dünsberg mit Ringwallanlagen ⦁⦃

Königsberg
*****   **Berghof Reemühle**
♂ ⦁⦃ Bergstr 47, ✉ 35444, ☎ (0 64 46) 3 60, Fax 3 60, DC ED
8 Zi, Ez: 60-65, Dz: 100-110, ⌐ WC ☎; P
1⇌80 ¥⊙!
geschl: Mo, 3.-24.1.

Biedenkopf 44 ↗

Hessen — Kreis Marburg-Biedenkopf —
274 m — 14 527 Ew — Dillenburg 31, Marburg 34 km
🛈 ☎ (0 64 61) 9 50 10, Fax 95 01 28 — Verkehrsbüro, Mühlweg 1 ½, 35216 Biedenkopf; Luftkurort an der Lahn. Sehenswert: Altstadt mit Fachwerkhäusern; Schloß ⦁⦃; Hinterlandmuseum; Fotografisch-optisches Museum; Sackpfeife, 674 m ⦁⦃ (12 km ↑)

*****   **Akzent Park-Hotel**
♂ ⦁⦃ Auf dem Radeköppel, ✉ 35216, ☎ (0 64 61) 78 80, Fax 78 83 33, AX DC ED VA
43 Zi, Ez: 90-98, Dz: 140-160, ⌐ WC ☎, 10🖃; 4⇌350 ≘ Fitneßraum Kegeln Sauna Solarium ¥⊙!

Biederitz 28 ✓

Sachsen-Anhalt — Kreis Jerichower Land
— 52 m — 4 000 Ew — Magdeburg 7 km
🛈 ☎ (03 92 92) 20 79, Fax 21 45 — Gemeinde Biederitz, Magdeburger Str 38, 39175 Biederitz

Heyrothsberge
****   **Zwei Eichen**
Königsborner Str 17 a, ✉ 39175, ☎ (03 92 92) 2 78 82, Fax 2 78 82, AX ED VA
19 Zi, Ez: 95-120, Dz: 120-150, 1 Suite, ⌐ WC ☎; garni

Bielefeld 35 ↖

Nordrhein-Westfalen — Stadtkreis —
113 m — 320 000 Ew — Paderborn 43, Osnabrück 53, Hannover 110 km
🛈 ☎ (05 21) 17 88 44, Fax 17 88 11 — Tourist-Information, Am Bahnhof 6 (C 1), 33602 Bielefeld; Stadt am Rande des Teutoburger Waldes. Universität, Evangelische Kirchl. Hochschule Bethel; Stadttheater; Theater am Alten Markt. Sehenswert: Ev. Neustädter Marienkirche; ev. Altstädter Nicolai-Kirche: Schnitzaltar; Glockenspiel; kath. Jodokuskirche; Burg Sparrenburg ⦁⦃; Crüwell-Haus; Kunsthalle; Museum Waldhof; Naturkunde-Museum; Rudolf-Oetker-Konzerthalle; Stadthalle; Seidenstickerhalle; Bauernhaus-Museum; Leineweber-Brunnen; Kunsthochschule Bodelschwinghschen Anstalten; Tierpark Olderdissen (5 km ←)

Cityplan siehe Seite 208

****   **Mövenpick**
Am Bahnhof 3 (C 1), ✉ 33602, ☎ (05 21) 5 28 20, Fax 5 28 21 00, AX ED VA
150 Zi, Ez: 172-257, Dz: 194-317, S;
12 Suiten, ⌐ WC ☎ DFÜ, 43🖃; Lift 🖻 19⇌2200 🟰
Auch Zimmer der Kategorie ******* vorhanden
*****   Hauptgericht 20; P Terrasse

****   **Ravensberger Hof**
Güsenstr 4 (B 2), ✉ 33602, ☎ (05 21) 9 62 11, Fax 9 62 13 00, AX ED VA
50 Zi, Ez: 193, Dz: 306, 1 App, ⌐ WC ☎ DFÜ, 13🖃; Lift P 🖻 2⇌100 Sauna ¥⊙!

****   **Ramada**
Niederwall 31-35, ✉ 33602, ☎ (05 21) 5 25 30, Fax 5 25 34 44, AX DC ED VA
120 Zi, Ez: 165, Dz: 215, S; 30 App, ⌐ WC ☎ DFÜ, 60🖃; Lift 🖻 3⇌70; garni

*****   **Waldhotel Brand's Busch**
einzeln ♂ Furtwänglerstr 52, über Detmolder Str (C 3), ✉ 33604, ☎ (05 21) 9 21 10, Fax 9 21 13 13, AX ED VA
80 Zi, Ez: 98-160, Dz: 185-205, 1 Suite, ⌐ WC ☎, 10🖃; Lift P 🖻 1⇌100 Fitneßraum Sauna Solarium ¥⊙!
geschl: Ende Dez-Anfang Jan

*****   **Klötzer's**   ✤
Kleines Restaurant
Ritterstr 33 (B 2), ✉ 33602, ☎ (05 21) 6 89 54, Fax 6 93 21, AX ED
Hauptgericht 30; Di-Fr 12-21, Sa 12-16 →

Bielefeld

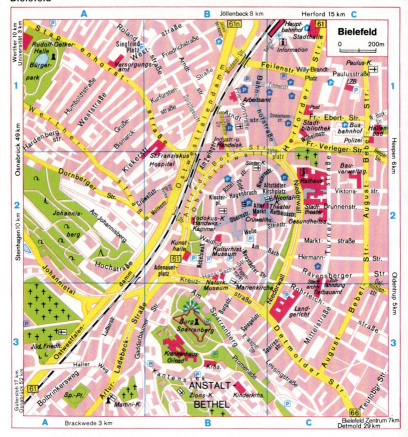

Im Bültmannshof
⊗ Kurt-Schumacher-Str 17 a, über Stapenhorststr (A 1), ✉ 33615, ☏ (05 21) 10 08 41, Fax 16 13 90, DC ED VA
Hauptgericht 35; P; geschl: Mo, 10.-31.7.99
Westfälisches Fachwerk von 1802

Sparrenburg
⊰ Am Sparrenberg 38 a (B 3), ✉ 33602, ☏ (05 21) 6 59 39, Fax 6 59 99, AX ED
Hauptgericht 30; geschl: Di, Anfang Aug

Café Knigge
Bahnhofstr 13 (BC 1), ✉ 33602, ☏ (05 21) 6 12 44, Fax 6 47 53

Brackwede (7 km ↙)
** Brackweder Hof
Gütersloher Str 236, ✉ 33649, ☏ (05 21) 94 26 60, Fax 9 42 66 10, AX DC ED VA
Hauptgericht 35; P

** Méditerranée
Brackweder Str 66, ✉ 33647, ☏ (05 21) 41 00 77, Fax 41 00 78, AX DC ED VA
Hauptgericht 35; nur abends; geschl: Mo

Heepen (6 km →)
* Kraus
Alter Postweg 60, ✉ 33719, ☏ (05 21) 93 41 50, Fax 9 34 10 21
10 Zi, Ez: 125-145, Dz: 185, ⊣ WC ☏, 4⌧; Lift P 🞴 1⊂60; garni
Rezeption: 6.30-12, 16-20

* Petter
Alter Postweg 68, ✉ 33719, ☏ (05 21) 93 41 40, Fax 9 34 14 25, AX DC ED VA
18 Zi, Ez: 119, Dz: 160, ⊣ WC ☏; P 🞴
geschl: 23.12.-4.1.

Hillegossen (7 km ↘)
* Schweizer Haus
☊ Christophorusstr 23, ✉ 33699, ☏ (05 21) 92 42 90, Fax 20 61 12, AX DC ED VA
19 Zi, Ez: 115, Dz: 160-180, ⊣ WC ☏, 2⌧; P 🞴 1⊂20 Fitneßraum Sauna Solarium
geschl: Mitte Dez-Mitte Jan

☊ Betrieb verfügt über eine Anzahl ruhiger Zimmer

Berghotel Stiller Friede
* **Berghotel Stiller Friede**
Selhausenstr 12, ✉ 33699, ☎ (05 21)
9 22 88-0, Fax 9 22 88 88, DC ED
21 Zi, Ez: 110, Dz: 140, ⊣ WC ☎ DFÜ, 5✉;
🅿 🚗 30 Sauna ⛶
geschl: Fr

Hoberge-Uerentrup (3 km ←)
* **Hoberger Landhaus Flair Hotel**
⬥ Schäferdreesch 18, ✉ 33619, ☎ (05 21)
10 10 31, Fax 10 39 27, AX DC ED VA
30 Zi, Ez: 98-155, Dz: 165-190, ⊣ WC ☎
DFÜ; 🅿 🚗 2⟳60 ≘ Sauna
* Hauptgericht 27; nur abends;
geschl: So

Jöllenbeck
* **Heidsieker Heide**
⪻ Heidsieker Heide 114, ✉ 33739,
☎ (0 52 06) 60 40, Fax 6 04 50, AX DC ED VA
46 Zi, Ez: 85-140, Dz: 110-170, ⊣ WC ☎; Lift
🅿 2⟳100; garni
Rezeption: Sa + So 8-18
Restaurant für Hausgäste; Rezeption in der 5. Etage eines Geschäftshauses

Oldentrup (5 km →)
** **Best Western Oldentruper Hof**
Niederholz 2, ✉ 33699, ☎ (05 21) 2 09 00,
Fax 2 09 01 00, AX DC ED VA
136 Zi, Ez: 188-196, Dz: 228-236, S; 1 Suite,
⊣ WC ☎ DFÜ, 45✉; Lift 🅿 🚗 8⟳200 ≘
Kegeln Sauna Solarium ⛶
Auch Zimmer der Kategorie * vorhanden

Quelle (4 km ↙)
* **Büscher Minotel**
Carl-Severing-Str 136, ✉ 33649, ☎ (05 21)
9 46 14-0, Fax 45 27 96, AX DC ED VA
32 Zi, Ez: 90-120, Dz: 150-170, ⊣ WC ☎
DFÜ; 🅿 🚗 3⟳140 ≘ Kegeln Sauna ⛶
geschl: So abends, 24.12.-2.1.

** **Schlichte Hof**
Ⓥ Osnabrücker Str 100, an der B 68,
✉ 33649, ☎ (05 21) 4 55 88, Fax 45 28 88,
AX ED VA
Hauptgericht 30; 🅿;
Restaurierter Fachwerkbau von 1492
* 11 Zi, Ez: 110, Dz: 160, ⊣ WC ☎;
2⟳30

Senne I (8 km ↓)
*** **Auberge Le Concarneau**
Ⓥ Buschkampstr 75, ✉ 33659, ☎ (05 21)
49 37 17, Fax 49 33 88, ED
Hauptgericht 50; 🅿; nur abends; geschl: So, Mo, feiertags
* **Historisches Gasthaus Buschkamp**
Ⓥ Hauptgericht 30; Biergarten Terrasse;
Fünf Fachwerkhäuser, die früher in der näheren Umgebung standen, hier neu aufgebaut. Gastronomie im Museumshof

Senne I-Außerhalb (2 km ↗)
** **Waldrestaurant Waterbör**
einzeln, Waterboerstr 77, ✉ 33659,
☎ (05 21) 2 41 41, Fax 2 43 46, AX ED
Hauptgericht 30; 🅿 Terrasse; geschl: Mo

Sennestadt (12 km ↘)
* **Quality-Hotel**
Alte Verler Str 2, ✉ 33689, ☎ (0 52 05)
93 60, Fax 93 65 00, AX DC ED VA
85 Zi, Ez: 119, Dz: 149, S; ⊣ WC DFÜ,
23✉; Lift 5⟳80 ⛶

* **Wintersmühle**
Sender Str 6, ✉ 33689, ☎ (0 52 05) 9 82 50,
Fax 98 25 33, AX DC ED VA
15 Zi, Ez: 95, Dz: 120-140, ⊣ WC ☎ DFÜ; 🅿
🚗 Sauna Solarium 18Golf
Restaurant für Hausgäste

Sieker 3 km ↙
* **Rütli**
einzeln ⬥ Osningstr 245, ✉ 33605,
☎ (05 21) 9 21 20, Fax 9 21 24 45, AX DC ED VA
73 Zi, Ez: 95-155, Dz: 115-175, ⊣ WC ☎,
26✉; Lift 🅿 12⟳200 Sauna

Bienitz 39 ←

Sachsen — Kreis Leipziger Land — 120 m
— 3 775 Ew — Leipzig 11, Merseburg 15 km
ℹ ☎ (03 42 05) 8 64 67 — Gemeindeverwaltung, 04430 Bienitz

Dölzig (2 km →)
⊨ **Etap**
Ringstr 3, ✉ 04430, ☎ (03 42 05) 9 79 20,
AX DC ED VA
86 Zi, Ez: 58, Dz: 58-70, ⊣WC, 16✉; 🅿; garni
Rezeption: 6.30-10, 17-23

Biersdorf am See 52 ↘

Rheinland-Pfalz — Kreis Bitburg-Prüm —
320 m — 566 Ew — Bitburg 10 km
ℹ ☎ (0 65 61) 94 34-0, Fax 94 34-20 — Tourist Information Bitburger Land, Im Graben 2, 54634 Bitburg — Erholungsort in der Südeifel

*** **Dorint Sporthotel Südeifel**
⬥ ⪻ Am Stausee, ✉ 54636, ☎ (0 65 69)
9 900, Fax 79 09, AX DC ED VA
94 Zi, Ez: 149-210, Dz: 265-326, S; 7 Suiten,
59 App, ⊣ WC ☎, 27✉; Lift 🅿 13⟳500 ≘
Bowling Fitneßraum Kegeln Sauna
Solarium 18Golf 6Tennis ⚓
** ⪻ Hauptgericht 30; Terrasse

* **Waldhaus Seeblick**
⬥ ⪻ Ferienstr 11, ✉ 54636, ☎ (0 65 69)
9 69 90, Fax 96 99-50, ED
22 Zi, Ez: 70-80, Dz: 120, ⊣ WC ☎; 🅿 2⟳60
Kegeln 18Golf ⛶ ⚓

Bietigheim-Bissingen 61 ↗

Baden-Württemberg — Kreis Ludwigsburg — 250 m — 40 000 Ew — Stuttgart 22, Heilbronn 25 km
🛈 ☎ (0 71 42) 7 42 27, Fax 7 42 29 — Stadtinformation, im Stadtteil Bietigheim, Marktplatz 10, 74321 Bietigheim-Bissingen; Stadt an der Enz. Sehenswert: Altstadt: Rathaus; Stadtkirche; Stadtmuseum Hornmoldhaus; Grüne Mitte: ehem. Landesgartenschau-gelände; Städt. Galerie

Bietigheim
** Parkhotel
Freiberger Str 71, ✉ 74321, ☎ (0 71 42) 5 10 77, Fax 5 40 99, AX DC ED VA
58 Zi, Ez: 100-115, Dz: 140-158, ⇌ WC ☎; Lift 🅿 🚗 3⇔100 Kegeln
Auch Zimmer der Kategorie * vorhanden
** Hauptgericht 30; Terrasse; geschl: Sa mittags, So abends

* Rose
Kronenbergstr 14, ✉ 74321, ☎ (0 71 42) 4 20 04-05/06, Fax 4 59 28, AX ED VA
22 Zi, Ez: 100-140, Dz: 175-210, ⇌ WC ☎; 🅿 🚗
** Hauptgericht 30; Terrasse

** Zum Schiller
mit Bistro Hans Huckebein
Am Historischen Marktplatz 5, ✉ 74321, ☎ (0 71 42) 9 02 00, Fax 90 20 90, AX DC ED VA
Hauptgericht 37; Biergarten 🅿 Terrasse; geschl: So, Mo mittags, 2 Wochen zu Pfingsten
im Bistro preiswerte regionale Küche
** Gästehaus Zum Schiller
30 Zi, Ez: 98-130, Dz: 160-200, ⇌ WC ☎; Lift 🚗 2⇔20, 18Golf

Bissingen
* Litz
Bahnhofstr 9/2, ✉ 74321, ☎ (0 71 42) 39 12, Fax 3 35 23, AX DC ED VA
32 Zi, Ez: 91-101, Dz: 140-150, ⇌ WC ☎; 🍽

Billerbeck 33 ↑

Nordrhein-Westfalen — Kreis Coesfeld — 110 m — 11 000 Ew — Coesfeld 6, Steinfurt 20, Münster 28 km
🛈 ☎ (0 25 43) 73 73, Fax 73 50 — Verkehrsamt, Markt 1, 48727 Billerbeck. Sehenswert: Kath. St.-Johannis-Kirche; Wallfahrtskirche St. Ludgerus „Baumberger Dom"; Abtei Gerleve (5 km ↙); Westernberg: Longinusturm ◂ (6 km →); Wasserschloß Darfeld (7 km ↑)

** Domschenke
♂ Markt 6, ✉ 48727, ☎ (0 25 43) 93 20-0, Fax 93 20-30, AX DC ED VA
23 Zi, Ez: 88-105, Dz: 135-168, 2 Suiten, 1 App, ⇌ WC ☎; 🚗 2⇔86
Auch Zimmer der Kategorie * vorhanden
** Hauptgericht 35

* Homoet
Schmiedestr 2, ✉ 48727, ☎ (0 25 43) 2 32 40, Fax 23 24 25, ED VA
14 Zi, Ez: 70-85, Dz: 125-145, ⇌ WC ☎
* Hauptgericht 25

Billerbeck-Außerhalb (2 km ↑)
** Weissenburg
einzeln ◂ Gantweg 18, ✉ 48727, ☎ (0 25 43) 7 50, Fax 7 52 75, AX DC ED VA
55 Zi, Ez: 100-150, Dz: 180-220, ⇌ WC ☎; Lift 🅿 🚗 6⇔100 ≈ Fitneßraum Kegeln Sauna Solarium
Auch Zimmer der Kategorie * vorhanden
** ◂ Hauptgericht 28

Billigheim-Ingenheim 60 ↑

Rheinland-Pfalz — Südliche Weinstraße — 161 m — 3 800 Ew — Mainz 119, Karlsruhe 31, Landau i.d.Pfalz 7 km
🛈 ☎ (0 63 45) 35 31 — Büro für Tourismus Landau-Land, Rathaus, 76829 Leinsweiler

Ingenheim
* Landhotel Pfälzer Hof
Hauptstr 5, ✉ 76831, ☎ (0 63 49) 70 45, Fax 68 22
Hauptgericht 27; Gartenlokal; geschl: Mi, 2 Wochen im Jan
** 4 Zi, Ez: 80, Dz: 135, ⇌ WC ☎; 🅿 geschl: Mi, 2 Wochen im Jan

Bilstein siehe Lennestadt

Bindlach 58 ↑

Bayern — Kreis Bayreuth — 360 m — 5 700 Ew — Bayreuth 3 km
🛈 ☎ (0 92 08) 66 40, Fax 6 64 49 — Gemeindeverwaltung, Rathausplatz 1, 95463 Bindlach. Sehenswert: Barocke Markgrafenkirche St. Bartholomäus

** Transmar-Travel-Hotel
Bühlstr 12, ✉ 95463, ☎ (0 92 08) 68 60, Fax 68 61 00, AX DC ED VA
147 Zi, Ez: 130, Dz: 170, ⇌ WC ☎ DFÜ, 28 🖂; Lift 🅿 🚗 15⇔750 Sauna 🍽 🏊

Bingen 53 ↗

Rheinland-Pfalz — Kreis Mainz-Bingen — 80 m — 25 000 Ew — Bad Kreuznach 15, Mainz 28, Koblenz 62 km
🛈 ☎ (0 67 21) 18 42 05, Fax 1 62 75 — Tourist-Information, Rheinkai 21 (B 1), 55411 Bingen; Fremdenverkehrs- und Weinstadt an der Mündung der Nahe in den Rhein. Sehenswert: Basilika St. Martin; Burg Klopp mit Heimatmuseum ◂; St. Rochuskapelle auf dem Rochusberg ◂; Drususbrücke mit Brückenkapelle; Mäuseturm; Alter Kran

Achtung: Personen- und Autofähren nach Rüdesheim

Birkenau

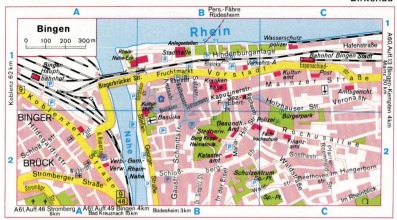

** Best Western Rheinhotel
⋖ Am Rhein-Nahe-Eck (A 1), ✉ 55411,
☎ (0 67 21) 79 60, Fax 79 65 00, AX DC ED VA
134 Zi, Ez: 165-195, Dz: 235-295, S; 1 Suite,
⇗ WC ☎ DFÜ, 90✉; Lift P 🖹 10⇄800 Fit-
neßraum Sauna Solarium ⚑
** Aquarius
Hauptgericht 25; Terrasse

** Weinhotel Michel
⋖ Mainzer Str 74 (C 1), ✉ 55411, ☎ (0 67 21)
9 15 10, Fax 91 51 52, AX DC VA
24 Zi, Ez: 135-165, Dz: 185-210, 3 Suiten,
1 App, ⇗ WC ☎; Lift P 🖹 1⇄20 Fitneßraum Sauna Solarium; **garni**

*   Martinskeller
Martinstr 3 (B 1), ✉ 55411, ☎ (0 67 21)
1 34 75, Fax 25 08, AX DC ED VA
12 Zi, Ez: 115-130, Dz: 150-155, 3 Suiten, ⇗
WC ☎, 3✉; 🖹 1⇄15 Sauna 🍴

** Brunnenkeller
Vorstadt 60 (B 1), ✉ 55411, ☎ (0 67 21)
1 61 33, Fax 1 61 33, AX DC ED VA
Hauptgericht 48; Gartenlokal P Terrasse;
geschl: So, in den Sommerferien

Binz siehe Rügen

Binzen 67 ↙

Baden-Württemberg — Kreis Lörrach —
272 m — 2 581 Ew — Lörrach 5, Basel 9 km
ℹ ☎ (0 76 21) 66 08 51, Fax 66 08 60 —
Gemeindeverwaltung, Am Rathausplatz 6,
79589 Binzen; Weinbauort im Markgräfler
Land. Sehenswert: Schloßruine Röttelln,
417 m ⋖ (4 km →)

Ein im Betriebseintrag dargestelltes S
zeigt an, daß Sie hier bei einer Buchung
über den Varta Travel-Service zu Sonderkonditionen übernachten können.

*** Mühle
♂ Mühlenstr 26, ✉ 79589, ☎ (0 76 21) 60 72,
Fax 6 58 08, AX DC ED VA
20 Zi, Ez: 90-180, Dz: 130-240, ⇗ WC ☎,
10✉; 1⇄60 ≈
Im Gästehaus Zimmer der Kategorie ✱ vorhanden
**   Hauptgericht 60; Gartenlokal P;
geschl: So

Birgland 58 ↓

Bayern — Kreis Amberg-Sulzbach — 550 m
— 1 600 Ew — Sulzbach-Rosenberg 13 km
ℹ ☎ (0 96 66) 18 90, Fax 1 89 13 — Verkehrsverein, im Ortsteil Schwend, Sonnleite 11,
92262 Birgland; Ort in der Fränkischen Alb.
Sehenswert: Burgruinen, 652 m ⋖

Schwend
*   Pension Anni
♂ ⋖ Betzenbergerstr 5, ✉ 92262,
☎ (0 96 66) 3 35, Fax 12 32
15 Zi, Ez: 48-58, Dz: 78-84, ⇗ WC, 4✉; P
Fitneßraum Sauna Solarium 🍴 ⚑

Birkenau 54 →

Hessen — Kreis Bergstraße — 150 m —
10 500 Ew — Weinheim/Bergstraße 4,
Heidelberg 17 km
ℹ ☎ (0 62 01) 3 97-47, Fax 3 97-55 — Kultur-
und Verkehrsamt, Hauptstr 119, 69488 Birkenau; Luftkurort im Odenwald. Sehenswert: Ev. Kirche; Rathaus; Barockschloß;
Sonnenuhren

*   Drei Birken
Königsberger Str 2, ✉ 69488, ☎ (0 62 01)
30 32, Fax 38 49, DC ED VA
20 Zi, Ez: 85, Dz: 130-140, ⇗ WC ☎; Sauna;
garni   →

Birkenau

** Drei Birken
Hauptstr 170, an der B 38, ✉ 69488,
☎ (0 62 01) 3 23 68, Fax 38 49
Hauptgericht 28; Gartenlokal 🅿; geschl:
Mo

* Ratsstuben
Hauptstr 105, ✉ 69488, ☎ (0 62 01) 3 95 40,
Fax 39 54 29, ED VA
Hauptgericht 30; Gartenlokal 🅿; nur
abends, so + feiertags auch mittags;
geschl: Mo, Jan

Birkenwerder b. Berlin 30 ↑

Brandenburg — Kreis Oranienburg —
5 370 Ew — Berlin 25 km
ℹ ☎ (0 33 03) 29 01 25, Fax 29 01 01 —
Gemeindeverwaltung, Hauptstr 34,
16547 Birkenwerder. Sehenswert: Rathaus,
Pfarrkirche

** Andersen
Clara-Zetkin-Str 9, ✉ 16547, ☎ (0 33 03)
50 32 69, Fax 50 32 70, AX DC ED VA
40 Zi, Ez: 110-140, Dz: 120-170, ⊒ WC ☎
DFÜ, 18✉; Lift 🚗 2⇆50
Restaurant für Hausgäste

Birkweiler 60 ↑

Rheinland-Pfalz — Kreis Südliche Weinstraße — 200 m — 686 Ew — Landau 6, Bad
Bergzabern 17, Neustadt (Weinstraße)
21 km
ℹ ☎ (0 63 45) 35 31 — Südliche Weinstraße
e. V., Landau Land; Büro für Tourismus,
Rathaus, 76829 Leinsweiler

* St. Laurentius Hof
Hauptstr 21, ✉ 76831, ☎ (0 63 45) 89 45,
Fax 89 46, AX ED VA
11 Zi, Ez: 80-90, Dz: 110-150, ⊒ WC ☎;
1⇆30 🍴
Rezeption: 11.30-14, ab 18; geschl: Mo, Di
bis 18, 1.-28.2.

Birnbach, Bad 66 ⤴

Bayern — Kreis Rottal-Inn — 350 m —
2 300 Ew — Passau 44, Regensburg 120,
München 136 km
ℹ ☎ (0 85 63) 96 30 40, Fax 96 30 50 — Kurverwaltung, Neuer Marktplatz 1, 84364 Bad
Birnbach; Heilbad im Rottal

*** Kurhotel Sonnengut
♂ ⚕ Am Aunhamer Berg 2, ✉ 84364,
☎ (0 85 63) 30 50, Fax 30 51 00, AX ED
85 Zi, Ez: 121-141, Dz: 242-274, 4 Suiten, ⊒
WC ☎, 65✉; Lift 🅿 🚗 2⇆80 ≘ Fitneßraum
Sauna Solarium 18Golf 🍺
** Sonnenhöhe
Hauptgericht 25

** Vital-Hotel Vier Jahreszeiten
♂ Brunnaderstr 27, ✉ 84364, ☎ (0 85 63)
30 80, Fax 30 81 11
75 Zi, Ez: 83-92, Dz: 140-178, 2 Suiten, ⊒
WC ☎, 8✉; Lift 🅿 🚗 1⇆20 ≘ Fitneßraum
Sauna Solarium
Rezeption: 7.30-21; geschl: 1.-20.12.
Restaurant für Hausgäste

** Sammareier Gutshof
Pfarrkirchner Str 20+22, ✉ 84364,
☎ (0 85 63) 29 70, Fax 2 97 13, AX ED
37 Zi, Ez: 111-123, Dz: 144-194, 7 Suiten, ⊒
WC ☎; Lift 🅿 🚗 2⇆20 ≘ Fitneßraum
Sauna Solarium 18Golf 🍺
Rezeption: 7-20
** Alt Birnbach
Hauptgericht 25

** Kurhotel Hofmark
♂ Professor-Drexel-Str 16, ✉ 84364,
☎ (0 85 63) 29 60, Fax 29 62 95
76 Zi, Ez: 97-142, Dz: 152-226, 9 Suiten, ⊒
WC ☎; Lift 🅿 🚗 Fitneßraum Solarium
* Hauptgericht 25

** Kurhotel Quellenhof
♂ Brunnaderstr 11, ✉ 84364, ☎ (0 85 63)
30 70, Fax 30 72 00, AX ED
38 Zi, Ez: 105-130, Dz: 170-230, 2 Suiten, ⊒
WC ☎; Lift 🅿 🚗 ≘ Fitneßraum Sauna
Solarium 🍴 🍺
Rezeption: 7.30-21.30; geschl: 1.-19.12.,
7.-28.1.

* St. Leonhard
♂ ⚕ Brunnaderstr 21, ✉ 84364, ☎ (0 85 63)
9 60 70, Fax 9 60 72 00
20 Zi, Ez: 48-75, Dz: 96, 1 Suite, 2 App, ⊒
WC ☎; 🅿 🚗 Fitneßraum Sauna Solarium;
garni
Rezeption: 8-17; geschl: 6.-30.1.

* Gräfliches Hotel Alte Post
Hofmark 23, ✉ 84364, ☎ (0 85 63) 29 20,
Fax 2 92 99
41 Zi, Ez: 73-113, Dz: 130-160, 3 Suiten,
3 App, ⊒ WC ☎; 🅿 2⇆20 ≘ Fitneßraum
Sauna Solarium 🍺
geschl: 1.-20.12.
Restaurant für Hausgäste

* Rappensberg
♂ Brunnaderstr 9, ✉ 84364, ☎ (0 85 63)
9 61 60
21 Zi, Ez: 48-58, Dz: 94, 2 Suiten, 4 App, ⊒
WC ☎; Lift 🅿 🚗 Fitneßraum Sauna
Solarium; **garni**
geschl: 6.-26.12.

**🍺 Guglhupf im Hotel
Sammareier Gutshof**
Pfarrkirchner Str 22, ✉ 84364, ☎ (0 85 63)
20 35, Fax 2 97 13, AX ED
Hauptgericht 25; 🅿 Terrasse

Bischoffingen
siehe **Vogtsburg im Kaiserstuhl**

Bischofsgrün 58 ↗

Bayern — Kreis Bayreuth — 700 m —
2 150 Ew — Wunsiedel 18,
Bayreuth 27 km
ℹ️ ☎ (0 92 76) 12 92, Fax 5 05 — Verkehrsamt, Hauptstr 27, 95493 Bischofsgrün; Luftkurort im Fichtelgebirge. Sehenswert: Natur-Kurpark, Matten-Sprungschanze (Skispringen im Sommer), Ochsenkopf, 1024 m ⛷ (7 km ↘), Sommerrodelbahn; Schneeberg, 1053 m (4 km →); Europäische Wasserscheide

** **Sporthotel Kaiseralm**
⛷ Fröbershammer 31, ✉ 95493, ☎ (0 92 76) 8 00, Fax 81 45, AX DC ED VA
111 Zi, Ez: 110-180, Dz: 195-240, 5 Suiten, 1 App, ⇨ WC ☎, 21 📺; Lift 🅿 🍴 8⟷180 ≋ Kegeln Sauna Solarium 18Golf 3Tennis 🍽
Auch Zimmer der Kategorie ***** vorhanden

* **Kurhotel Puchtler**
♿ ⛷ Kirchenring 4, ✉ 95493, ☎ (0 92 76) 10 44, Fax 12 50, VA
32 Zi, Ez: 68-100, Dz: 116-186, 2 Suiten, 7 App, ⇨ WC ☎; Lift 🅿 🍴 2⟷60 Fitneßraum Sauna Solarium 🏊
geschl: 15.11.-15.12.

* **Deutscher Adler**
Hauptgericht 20; Terrasse; geschl: 15.11.-15.12.

⌂ **Siebenstern**
♿ ⛷ Kirchbühl 15, ✉ 95493, ☎ (0 92 76) 3 07, Fax 84 07
24 Zi, Ez: 45-60, Dz: 76-96, 2 App, ⇨ WC; 🅿 1⟷15 Fitneßraum Sauna Solarium; **garni**
geschl: Mi
Rezeption im Gasthof Siebenstern

Bischofsheim siehe Maintal

Bischofsheim a. d. Rhön 46 ↘

Bayern — Rhön-Grabfeld-Kreis — 430 m —
5 700 Ew — Bad Neustadt a. d. Saale 19, Brückenau 24, Fulda 38 km
ℹ️ ☎ (0 97 72) 14 52, Fax 10 54 — Verkehrsverein, Kirchplatz 5, 97653 Bischofsheim; Erholungsort. Sehenswert: Spätgot. Kirche; Roman. Zehntturm; Hist. Rentamt; älteste Holzschnitzschule in Deutschland; Kreuzberg, 928 m ⛷ (7 km ↗)

Bischofsheim a. d. Rhön-Außerhalb (5 km ↘)
** **Rhönhäuschen**
einzeln 🏡 Am Rhönhaus 1, ✉ 97653, ☎ (0 97 72) 3 22, Fax 91 20 33, AX ED VA
Hauptgericht 35

Haselbach (1 km ↗)
* **Luisenhof**
♿ Haselbachstr 93, ✉ 97653, ☎ (0 97 72) 18 80, Fax 86 54, AX ED
14 Zi, Ez: 55-60, Dz: 90-98, ⇨ WC; 🅿 1⟷40 Fitneßraum Sauna Solarium 🍽
geschl: Mi, 15.11.-11.12.

Oberweißenbrunn (5 km ←)
* **Zum Lamm**
Geigensteinstr 26, ✉ 97653, ☎ (0 97 72) 2 96, Fax 2 98, AX ED VA
23 Zi, Ez: 39-55, Dz: 72-94, ⇨ WC ☎; 🅿 🍴 Fitneßraum Sauna Solarium 🍽
geschl: 9.11.-18.12.

Bischofsmais 66 ←

Bayern — Kreis Regen — 700 m — 3 250 Ew
— Regen 10, Deggendorf 15 km
ℹ️ ☎ (0 99 20) 94 04 44, Fax 94 04 40 — Verkehrsamt, Hauptstr 34, 94253 Bischofsmais; Erholungsort und Wintersportplatz im Bayerischen Wald. Sehenswert: Wallfahrtskirche St Hermann; Naturdenkmal Teufelstisch; Geißkopfbahn; verlassenes Dorf Oberbreitenau

Habischried (4,5 km ↑)
* **Pension Schäffler**
Ortsstr 2, ✉ 94253, ☎ (0 99 20) 13 75, Fax 83 18
14 Zi, Ez: 36-40, Dz: 68-78, ⇨ WC ☎; 🅿 Fitneßraum Sauna Solarium 🍽 🏊
geschl: Mo, 1.11.-15.12.

Bischofswerda 41 ↗

Sachsen — Kreis Bautzen — 290 m —
14 500 Ew — Bautzen 20, Dresden 30 km
ℹ️ ☎ (0 35 94) 78 62 41, Fax 78 62 14 —
Stadtverwaltung, Altmarkt 1,
01877 Bischofswerda. Sehenswert: Stadtkern; Rathaus; Kirchplatz mit Stadtkirche; Paradiesbrunnen; Postmeilensäule; Barockschloß Rammenau

** **Holzmann Hotel am Markt**
Altmarkt 30, ✉ 01877, ☎ (0 35 94) 75 10, Fax 75 14 00, AX DC ED VA
28 Zi, Ez: 120, Dz: 170, 1 Suite, 4 App, ⇨ WC ☎, 5 📺; 1⟷40 🍽 🏊

Bischofswiesen 73 ↘

Bayern — Kreis Berchtesgadener Land —
614 m — 7 000 Ew — Berchtesgaden 5, Bad Reichenhall 14 km
ℹ️ ☎ (0 86 52) 72 25, Fax 78 95 — Verkehrsverein, Hauptstr 48, 83483 Bischofswiesen; Heilklimatischer Kurort

➡

Bischofswiesen

* **Das biologische Kurhotel**
♂ Schulstr 1, ✉ 83483, ☎ (0 86 52) 98 00, Fax 98 02 22
15 Zi, Ez: 140-170, Dz: 280-310, 1 Suite, ⌐ WC ☎, 15🖂; 🅿 Sauna 🍽
Nichtraucherhaus. Preise inkl. Halbpension

* **Mooshäusl**
♂ ⬥ Jennerweg 11, ✉ 83483, ☎ (0 86 52) 72 61, Fax 72 40
20 Zi, Ez: 56-85, Dz: 110-120, ⌐ WC; 🅿 🚗
Fitneßraum Sauna Solarium
geschl: Di, 25.10.-20.12.
Restaurant für Hausgäste

* **Brennerbascht**
Hauptstr 46, ✉ 83483, ☎ (0 86 52) 70 21, Fax 77 52, AX DC VA
26 Zi, Ez: 80-110, Dz: 100-140, ⌐ WC ☎; Lift
Fitneßraum Solarium 🍽

** **Gran Sasso** ✤
Hauptstr 30, ✉ 83483, ☎ (0 86 52) 82 50, Fax 82 50, AX DC VA
Hauptgericht 33; 🅿 Terrasse; nur abends, Sa+So auch mittags; geschl: Di, Pfingsten, Ende Nov

Bispingen 18 ↓

Niedersachsen — Kreis Soltau-Fallingbostel — 80 m — 5 800 Ew — Soltau 16, Lüneburg 43 km
ℹ ☎ (0 51 94) 3 98 50, Fax 3 98 16 — Verkehrsamt, Borsteler Str 4, 29646 Bispingen; Luftkurort in der Lüneburger Heide. Sehenswert: Kirche aus Findlingsteinen; Motorradsammlung H. Bargmann im Ortsteil Behringen (4 km ↑), geöffnet nur nach Vereinbarung; Heidemuseum Dat ole Hus im Ortsteil Wilsede (10 km ↑); Wilseder Berg, 169 m ⬥ (12 km + ¾ Std ↘); Totengrund (5 km +1 Std ↑)

* **König-Stuben**
Luheweg 25, ✉ 29646, ☎ (0 51 94) 98 10-0, Fax 98 10-19, AX DC ED VA
25 Zi, Ez: 79-115, Dz: 115-159, ⌐ WC ☎; 🅿 🚗 1⟳60 ≋ Fitneßraum Kegeln Sauna Solarium 🍽
geschl: Mi (Nov-Juni), 15.1.-28.2.
Zimmer der Kategorie ** vorhanden

Behringen (4 km ↘)
* **Zur Grünen Eiche**
Mühlenstr 6, ✉ 29646, ☎ (0 51 94) 9 85 80, Fax 9 85 81 99, ED
32 Zi, Ez: 75, Dz: 150, ⌐ WC ☎, 6🖂; 🅿 5⟳120 🍽 ⬥
Auch Zimmer der Kategorie ** vorhanden

* **Niedersachsen Hof**
Widukindstr 3, ✉ 29646, ☎ (0 51 94) 77 50, Fax 27 55, AX DC VA
Hauptgericht 25
* ♂ 4 Zi, Ez: 75, Dz: 130, 1 Suite, ⌐ WC ☎

Niederhaverbeck (9,5 km ↘)
* **Gasthof Menke**
♂ ⬥ Niederhaverbeck Nr. 12, ✉ 29646, ☎ (0 51 98) 3 30, Fax 12 75
16 Zi, Ez: 50-80, Dz: 84-134, 1 Suite, ⌐ WC; 🅿 🚗 1⟳25 Sauna Solarium 🍽 ⬥
geschl: Do (Nov-Juli), Anfang Feb-Mitte Mär

Bissendorf 24 ↘

Niedersachsen — Kreis Osnabrück — 130 m — 14 300 Ew — Osnabrück 13, Herford 39 km
ℹ ☎ (0 54 02) 4 04 57, Fax 4 04 33 — Tourist-Information, Im Freeden 7, 49143 Bissendorf. Sehenswert: Wasserschloß Schelenburg; Wasserschloß Ledenburg; Ruine der Holter Burg

Schledehausen (6 km ↗)
* **Akzent-Hotel Bracksiek**
Bergstr 22, ✉ 49143, ☎ (0 54 02) 9 90 30, Fax 99 03 51, AX DC ED VA
23 Zi, Ez: 98-140, Dz: 130-180, 1 Suite, ⌐ WC ☎; Lift 🅿 🚗 3⟳200 Kegeln 🍽 ⬥

*** **Hohe Leuchte**
⊗ Bergstr 4, ✉ 49143, ☎ (0 54 02) 86 48, Fax 76 03, DC ED VA
Hauptgericht 32; Gartenlokal 🅿; nur abends, so+feiertags auch mittags; geschl: Mi

Bitburg 52 ↑

Rheinland-Pfalz — Kreis Bitburg-Prüm — 350 m — 13 511 Ew — Trier 25, Prüm 33, Daun 43 km
ℹ ☎ (0 65 61) 98 34-0, Fax 94 34-20 — Tourist Information Bitburger Land, Im Graben 2, 54634 Bitburg; Kreisstadt in der Südeifel. Sehenswert: Mauerreste des ehem. röm.Straßenkastells; Kath. Liebfrauen-Kirche; Kreismuseum; Kulturhaus Beda; Archäologischer Rundweg

* **Eifelbräu**
Römermauer 36, ✉ 54634, ☎ (0 65 61) 91 00, Fax 91 01 00, DC ED VA
28 Zi, Ez: 95, Dz: 160, ⌐ WC ☎, 5🖂; Lift 🅿 🚗 3⟳350 Sauna
* Hauptgericht 25; Kegeln

* **Zum Simonbräu**
Am Markt 7, ✉ 54634, ☎ (0 65 61) 33 33, Fax 33 73, AX DC VA
Hauptgericht 35; Biergarten
** 5 Zi, Ez: 98, Dz: 135, ⌐ WC ☎; Lift 🅿 3⟳18

Blaibach 65 ↗

Bayern — Kreis Cham — 420 m — 2 070 Ew — Kötzting 5, Cham 18 km
ℹ ☎ (0 99 41) 94 50 13, Fax 94 50 20 — Verkehrsamt, Badstr 5, 93476 Blaibach; Erholungsort im Bayerischen Wald. Sehenswert: Höllenstein-Stausee; Pfarrkirche St. Elisabeth

✱ Blaibacher Hof
♂ ⊸≼ Kammleiten 6 b, ⌂ 93476, ☎ (0 99 41)
85 88, Fax 72 77
18 Zi, Ez: 40-53, Dz: 70-96, ⊿ WC; 🅿 1✥40
Fitneßraum Sauna Solarium ⊠ ⊜
geschl: Di bis 18, 1.11.-20.12.

Blaichach 70 ↓

Bayern — Kreis Oberallgäu — 850 m —
5 000 Ew — Sonthofen 3, Kempten 25 km
ℹ ☎ (0 83 21) 80 08 36, Fax 2 64 81 — Gästeamt, Immenstädter Str 7, 87544 Blaichach

Gunzesried (4 km ↙)
✱✱ Allgäuer Berghof
Familotel
einzeln ♂ ⊸≼ Alpe Eck über Sonthofen,
⌂ 87545, ☎ (0 83 21) 80 60, Fax 80 62 19
39 Zi, Ez: 98-203, Dz: 170-445, 5 Suiten,
16 App, ⊿ WC ☎; Lift 🅿 🍴 3✥80 ≋ Sauna
Solarium ⊠ ⊜
geschl: Anfang Nov-Mitte Dez
Kinderbetreuung

Blankenburg 37 ↗

Sachsen-Anhalt — Kreis Wernigerode —
250 m — 18 500 Ew — Quedlinburg 13,
Wernigerode 16 km
ℹ ☎ (0 39 44) 28 98, Fax 40 11 — Blankenburg-Information, Tränkestr 1, 38889
Blankenburg; Erholungsort. Sehenswert:
Schloß; Kleines Schloß mit Barockgarten;
Kirche St. Bartholomäus; Rathaus; Umgebung: Michaelstein (3 km ←); Burgruine
Regenstein (2 km ↑); Teufelsmauer (östl.
der Stadt)

✱✱ Kurhotel Fürstenhof
Mauerstr 9, ⌂ 38889, ☎ (0 39 44) 9 04 40,
Fax 9 04 42 99, 𝔸𝕏 𝔻ℂ 𝔼𝔻 𝕍𝔸
27 Zi, Ez: 98-130, Dz: 140-170, ⊿ WC ☎,
2⛶; Lift 🅿 🍴 2✥100 ⊠
Auch Zimmer der Kategorie ✱✱✱ vorhanden

✱ Berghotel Vogelherd
♂ ⊸≼ Am Vogelherd 10, ⌂ 38889, ☎ (0 39 44)
92 60, Fax 36 50 35, 𝔼𝔻 𝕍𝔸
82 Zi, Ez: 90, Dz: 140-150, 10 Suiten, 10 App,
⊿ WC ☎; Lift 🅿 🍴 4✥150 Fitneßraum
Kegeln Sauna Solarium ⊠ ⊜
Auch Zimmer der Kategorie ✱✱ vorhanden

Blankenburg, Bad 48 □

Thüringen — Kreis Rudolstadt — 220 m —
8 500 Ew — Rudolstadt 6, Saalfeld 8 km
ℹ ☎ (03 67 41) 26 67, Fax 26 67 —
Verkehrsamt, Magdeburger Gasse 1,
07422 Bad Blankenburg

✱✱ Am Goldberg
♂ Goetheweg 9, ⌂ 07422, ☎ (03 67 41)
4 22 10, Fax 4 22 13, 𝔸𝕏 𝔻ℂ 𝔼𝔻 𝕍𝔸
38 Zi, Ez: 98-179, Dz: 146-235, 1 Suite, ⊿
WC ☎, 18⛶; Lift 🅿 🍴 2✥55 ⊜ Fitneßraum
Sauna Solarium 1Tennis ⊜
✱✱ Hauptgericht 35

✱ Zum Steinhof
Wirbacher Str 6, ⌂ 07422, ☎ (03 67 41)
4 10 33, Fax 4 10 35, 𝔸𝕏 𝔻ℂ 𝔼𝔻 𝕍𝔸
28 Zi, Ez: 90, Dz: 130, ⊿ WC ☎; 🅿 🍴 1✥42
Sauna ⊠ ⊜

✱ Eberitzsch
Schwarzenburger Str 19, ⌂ 07422,
☎ (03 67 41) 23 53, Fax 24 27, 𝔼𝔻
29 Zi, Ez: 70-90, Dz: 100-130, 3 Suiten, ⊿
WC ☎; 🅿 🍴 2✥70 Sauna Solarium ⊠ ⊜
geschl: Do

Blankenheim 42 ↘
Kr. Euskirchen

Nordrhein-Westfalen — Kreis Euskirchen
— 550 m — 9 000 Ew — Schleiden 20,
Adenau 31 km
ℹ ☎ (0 24 49) 83 33, Fax 8 71 15 — Verkehrsbüro, Rathausplatz 16, 53945 Blankenheim;
Erholungsort in der Eifel. Sehenswert:
Pfarrkirche; Burg; Ahrquelle; Stadttoranlagen; Burgruine Schloßthal; Geologischer
Lehrpfad

✱ Kölner Hof
Ahrstr 22, ⌂ 53945, ☎ (0 24 49) 14 05,
Fax 10 61, 𝔸𝕏 𝔼𝔻 𝕍𝔸
23 Zi, Ez: 80-100, Dz: 120-130, ⊿ WC ☎
DFÜ, 3⛶; 🅿 🍴 1✥20 Fitneßraum Sauna
Solarium ⊠
geschl: Mi, 22.2.-3.3.

Blaubach 53 ↙

Rheinland-Pfalz — Kreis Kusel — 456 Ew
ℹ — Tourist-Information, 66869 Blaubach

✱ Silencehotel Reweschnier
♂ Kuseler Str 5, ⌂ 66869, ☎ (0 63 81)
92 38 00, Fax 92 38 80, 𝔻ℂ 𝔼𝔻 𝕍𝔸
30 Zi, Ez: 82-99, Dz: 133-158, 2 App, ⊿ WC
☎; 🍴 2✥80 Kegeln Sauna Solarium ⊠
⊜

Blaubeuren 69 ↗

Baden-Württemberg — Alb-Donau-Kreis
— 512 m — 11 500 Ew — Ulm 18, Ehingen
19 km
ℹ ☎ (0 73 44) 9 66 90, Fax 96 69 36 —
Bürgermeisteramt, Karlstr 2, 89143 Blaubeuren; Erholungsort in der Schwäbischen
Alb. Sehenswert: Ehem. Klosterkirche:
Hochaltar, Kreuzgang; Blautopf (Quelle);
hist. Hammerschmiede; Urgeschichtliches
Museum; Heimatmuseum im ehem. Badhaus der Mönche; Schubartstube; Altstadt

✱ Ochsen
Marktstr 4, ⌂ 89143, ☎ (0 73 44) 66 65,
Fax 84 30, 𝔸𝕏 𝔻ℂ 𝔼𝔻 𝕍𝔸
32 Zi, Ez: 75-95, Dz: 120-150, ⊿ WC ☎,
10⛶; Lift 🅿 🍴 1✥100 Solarium
geschl: 1.-10.1.
Auch Zimmer der Kategorie ✱✱ vorhanden
✱ Hauptgericht 22; geschl: 1.1.-
10.1. →

Blaubeuren

* Adler
Karlstr 8, ✉ 89143, ☏ (0 73 44) 50 27,
Fax 2 11 47, ED VA
15 Zi, Ez: 75, Dz: 120, ⊣ WC ☏, 1✉; ▮◯▮

▬ Dirr
Karlstr 46, ✉ 89143, ☏ (0 73 44) 65 80
Terrasse; geschl: Di, 15.-24.2., 4.-20.10.99
Spezialität: Baumkuchen

Weiler (2 km ↙)

* Forellenfischer
♂ Aachtalstr 5, ✉ 89143, ☏ (0 73 44) 50 24,
Fax 2 11 99, AX ED VA
17 Zi, Ez: 70-90, Dz: 120-140, 1 Suite, 3 App,
⊣ WC, 1✉; ▮ 1✪20; **garni**
Rezeption: 7-13. Restaurant für Hausgäste

* Forellenfischer
Aachtalstr 6, ✉ 89143, ☏ (0 73 44) 65 45,
Fax 65 45, DC VA
Hauptgericht 30; Gartenlokal ▮; geschl: Mo

Blaufelden 56 ↙

Baden-Württemberg — Kreis Schwäbisch Hall — 460 m — 5 300 Ew — Rothenburg ob der Tauber 18, Crailsheim 23, Bad Mergentheim 29 km
ℹ ☏ (0 79 53) 88 40, Fax 8 84 44 — Bürgermeisteramt, Hindenburgplatz 4, 74572 Blaufelden. Sehenswert: Wehrkirche; Götzenstube; Wasserschloß; 1000jährige Linde

*** Zum Hirschen
Hauptstr 15, ✉ 74572, ☏ (0 79 53) 10 41,
Fax 10 43, ED VA
Hauptgericht 40
** 10 Zi, Ez: 88-108, Dz: 126-186,
2 Suiten, ⊣ WC ☏, ▮ 🄿 1✪20
auch einfachere Zimmer verfügbar

Blaustein 62 ↘

Baden-Württemberg — 14 500 Ew
ℹ ☏ (0 73 04) 8 02 68, Fax 8 02 55 — Tourist-Information, Im Rathaus, Marktplatz 2, 89134 Blaustein

** Blautal
Ulmer Str 4/1, ✉ 89134, ☏ (0 73 04) 95 90,
Fax 95 94 00, AX DC ED VA
Ez: 90-133, Dz: 130-191, 89 App, ⊣ WC ☏
DFÜ, 29✉; Lift ▮ 🄿 3✪50 Fitneßraum
Sauna Solarium; **garni**
Appartement Hotel, Langzeitvermietung möglich

Bleckede 19 ←

Niedersachsen — Kreis Lüneburg — 30 m — 8 500 Ew — Lüneburg 25, Hamburg 66 km
ℹ ☏ (0 58 52) 3 99 22, Fax 3 99 99 — Verkehrsverein, Lüneburger Str 2 a, 21354 Bleckede. Sehenswert: Schloß mit Turmruine ◂; hist. Altstadt; Hünengräber; Storchenstraße; Elbtalhaus

* Zum Löwen
⚐ Lauenburger Str 1, ✉ 21354, ☏ (0 58 52) 94 00, Fax 9 40 40, AX DC ED VA
17 Zi, Ez: 95-110, Dz: 120-175, ⊣ WC ☏,
2✉; ▮ 2✪50 Kegeln Sauna Solarium ▮◯▮ ▬
Rezeption: 8-13, 17-22
Auch Zimmer der Kategorie ****** vorhanden

** Restaurant am Schlosspark
einzeln, Schützenweg, ✉ 21354,
☏ (0 58 52) 5 00, Fax 5 85, AX DC ED VA
Hauptgericht 29; Kegeln ▮ Terrasse;
geschl: Mo

Bleicherode 37 ↙

Thüringen — Kreis Nordhausen — 275 m — 7 404 Ew — Nordhausen 16, Leinefelde 19 km
ℹ ☏ (03 63 38) 4 35 35, Fax 4 35 36 — Stadtinformation, Hauptstr 55, 99752 Bleicherode

** Confidenz Harz
♂ ◂ Förster-Genzel-Str 4, ✉ 99752,
☏ (03 63 38) 3 80, Fax 3 81 00, AX DC ED VA
31 Zi, Ez: 115-130, Dz: 145-180, 5 App, ⊣ WC ☏, 13✉; Lift ▮ 3✪80 ≋ Fitneßraum
Sauna Solarium ▮◯▮ ▬
Auch Zimmer der Kategorie ******* vorhanden

* Berliner Hof
Hauptstr 62, ✉ 99752, ☏ (03 63 38) 4 24 54,
Fax 6 09 24, AX ED VA
17 Zi, Ez: 63-95, Dz: 120-130, ⊣ WC ☏; ▮
1✪50 ▮◯▮ ▬
Rezeption: 11-20

Blieskastel 53 ↙

Saarland — Saar-Pfalz-Kreis — 380 m — 24 760 Ew — Zweibrücken 12, Homburg 13 km
ℹ ☏ (0 68 42) 5 20 75, Fax 52 07 60 — Verkehrsamt u. Kurverwaltung, Kardinal-Wendel-Str 56, 66440 Blieskastel; Kneippkurort

* Zur Post
Kardinal-Wendel-Str 19 a, ✉ 66440,
☏ (0 68 42) 9 21 60, Fax 42 02
13 Zi, Ez: 69-75, Dz: 118-135, 1 App; ▮◯▮

** Schwalb
⚐ Gerbergasse 4, ✉ 66440, ☏ (0 68 42) 23 06, Fax 40 95
Hauptgericht 28; Biergarten; geschl: So abends, Mo

* Am Rathaus
Von - der - Leyen - Str, ✉ 66440,
☏ (0 68 42) 32 43, ED VA
Hauptgericht 28; geschl: Di

Bocholt

Niederwürzbach (6 km ←)
* **Hubertushof**
Kirschendell 32, ✉ 66440, ☎ (0 68 42) 65 44, Fax 78 66
Hauptgericht 30; Gartenlokal 🅿; geschl: Di, 1.1.-14.1.
* ♦ ◊ 6 Zi, Ez: 68, Dz: 122, ⌐ WC ☎; 🅿
geschl: 1.1.99-14.1.99

Blomberg 35 ↑

Nordrhein-Westfalen — Kreis Lippe — 180 m — 17 000 Ew — Bad Pyrmont 17, Detmold 21 km
🅘 ☎ (0 52 35) 50 40, Fax 5 04-4 50 — Verkehrsbüro, Hindenburgplatz 1, 32825 Blomberg. Sehenswert: Ehem. Klosterkirche; Fachwerkbauten

** **Burghotel European Castle**
♦ ⊗ in der Burg, ✉ 32825, ☎ (0 52 35) 5 00 10, Fax 50 01 45, AX DC ED VA
52 Zi, Ez: 130-163, Dz: 190-240, 2 Suiten, ⌐ WC ☎; Lift 🅿 🚗 10↔160 ⚓ Fitneßraum Sauna Solarium 18Golf ⚑
Auch Zimmer der Kategorie * vorhanden. Geschlossene Burganlage mit Elementen der Weserrenaissance
** ⊗ Hauptgericht 45; Biergarten Terrasse

* **Knoll**
Langer Steinweg 33, ✉ 32825, ☎ (0 52 35) 9 60 00, Fax 73 98, AX DC ED VA
9 Zi, Ez: 85, Dz: 130, ⌐ WC ☎; 🅿 Kegeln ⚑ ⚑

Blowatz 12 ↙

Mecklenburg-Vorpommern — Nordwestmecklenburg — 1 050 Ew — Wismar 12 km
🅘 ☎ (03 84 26) 2 00 30, Fax 20 03 01 — Amt Neuburg, Hauptstr 10 a, 23974 Neuburg

Groß Strömkendorf (5 km ↙)
* **Schäfer Eck**
✉ 23974, ☎ (03 84 27) 29 10, Fax 2 63, AX ED VA
36 Zi, Ez: 85-90, Dz: 140-165, ⌐ WC ☎; 🅿 1↔50 Fitneßraum Sauna Solarium ⚑

Blumberg 68 ↙

Baden-Württemberg — Schwarzwald-Baar-Kreis — 700 m — 10 200 Ew — Donaueschingen 16, Schaffhausen 22 km
🅘 ☎ (0 77 02) 51 28, Fax 51 55 — Verkehrsamt, Hauptstr 97, 78176 Blumberg. Sehenswert: Wutachschlucht (8 km ←); Museumsbahn Wutachtal

Epfenhofen (4 km ↓)
🛏 **Löwen**
Kommentalstr 2, ✉ 78176, ☎ (0 77 02) 21 19, Fax 39 03, ED
25 Zi, Ez: 62, Dz: 100, ⌐ WC ☎; Lift 🅿 🚗 ⚑
geschl: Fr, 15.11.-6.12., 15.1.-15.2.

Blunk 10 ↘

Schleswig-Holstein — Kreis Segeberg — 458 Ew — Bad Segeberg 10 km
🅘 — Tourist-Information, 23813 Blunk

** **Landhotel Zum Schinkenkrug**
Segeberger Str 32, ✉ 23813, ☎ (0 45 57) 9 97 00, Fax 99 70 20, AX DC ED VA
9 Zi, Ez: 105, Dz: 150, ⌐ WC ☎ DFÜ, 1✉; 🅿 4↔120 Seezugang ⚑

Bobenthal 60 ↘

Rheinland-Pfalz — Kreis Südwestpfalz — 177 m — 376 Ew — Dahn 13, Bad Bergzabern 16 km
🅘 ☎ (0 63 91) 58 11, Fax 13 62 — Tourist-Information Dahner Felsenland, Schulstr 29, 66994 Dahn. Sehenswert: Fachwerkhäuser

Bobenthal-Außerhalb (5 km ↘)
* **St. Germanshof**
♦ Hauptstr 10, ✉ 76891, ☎ (0 63 94) 14 55, Fax 53 91
12 Zi, Ez: 55-75, Dz: 90-120, ⌐ WC; 🅿 🚗 ⚑ ⚑
geschl: 5.-20.1.

Bobingen 71 ↘

Bayern — Kreis Augsburg-Land — 526 m — 16 200 Ew — Augsburg 13, Schwabmünchen 13 km
🅘 ☎ (0 82 34) 8 00 20, Fax 80 02 25 — Stadtverwaltung, Rathausplatz 1, 86399 Bobingen. Sehenswert: Liebfrauenkirche

* **Schempp**
Hochstr 74, ✉ 86399, ☎ (0 82 34) 99 90, Fax 9 99-2 99, AX DC ED VA
48 Zi, Ez: 108-128, Dz: 158-188, 1 Suite, ⌐ WC ☎, 23✉; Lift 🅿 🚗 3↔60 Kegeln
* Hauptgericht 20; Biergarten

Bocholt 32 ↗

Nordrhein-Westfalen — Kreis Borken — 25 m — 71 000 Ew — Borken 18, Wesel 24 km
🅘 ☎ (0 28 71) 50 44, Fax 18 59 27 — Stadtinformation, Kreuzstr 27 (B 2), 46395 Bocholt; Erholungsort im westlichen Münsterland. Sehenswert: Hist. Rathaus; Pfarrkirche St. Georg; Rathaus mit Kulturzentrum; Wasserschloß Anholt (16 km ←); Handwerksmuseum

Cityplan siehe Seite 218

*** **Am Erzengel**
Münsterstr 252, ✉ 46397, ☎ (0 28 71) 1 40 95, Fax 18 44 99, AX ED VA
35 Zi, Ez: 140, Dz: 190, ⌐ WC ☎; Lift 🅿 3↔100 Kegeln ⚑
** Hauptgericht 30; Biergarten Terrasse; geschl: Mo mittags

Bochum

Bochum 33 □

Nordrhein-Westfalen — Stadtkreis — 119 m — 406 300 Ew — Herne 6, Essen 16, Recklinghausen 16 km
🛈 ☏ (02 34) 96 30 20, Fax 9 63 02 55 — Verkehrsverein, im Hauptbahnhof, Kurt-Schumacher-Platz (B 3), 44787 Bochum;
Industriestadt im Ruhrgebiet; Universität; Schauspielhaus.
Sehenswert: Rathaus mit Glockenspiel; kath. Propsteikirche; Kunstsammlungen der Ruhr-Universität; Museum Bochumer Kunstsammlung; Deutsches Bergbau-Museum mit geologischer Sammlung; Geologischer Garten; Planetarium; Stadtpark mit Bismarckturm ⋖; Tierpark (Aquarium); Botanischer Garten. Umgebung: in Dahlhausen: Eisenbahnmuseum; in Stiepel (7 km ↓) ev. Kirche: Fresken

*** Holiday Inn
Massenbergstr 19 (B 3), ✉ 44787, ☏ (02 34) 96 90, Fax 9 69 22 22, AX DC ED VA
160 Zi, Ez: 170-284, Dz: 199-343, S; 2 Suiten, ⊿ WC ☏ DFÜ, 32⛌; Lift 10⇨200 Fitneßraum Sauna Solarium 🍽

** Twin Tower
Hauptgericht 35; P

** Excelsior
Max-Greve-Str 32 (C 2), ✉ 44791, ☏ (02 34) 95 55-0, Fax 95 55-5 55, AX DC ED VA
32 Zi, Ez: 120-143, Dz: 155-186, ⊿ WC ☏, 8⛌; P 2⇨100 🍽
Rezeption: 6-21

In vielen im Varta aufgeführten Hotels sind neben den dargestellten Restaurants auch andere Restaurantkonzepte zu finden.

** Acora Hotel und Wohnen
Nordring 44-50 (A 2), ✉ 44787, ☏ (02 34) 68 96-0, Fax 6 74 73, AX DC ED VA
213 Zi, Ez: 170-182, Dz: 195-209, S;
11 Suiten, 100 App, ⊿ WC ☏, 43⛌; Lift 🅿
3⇨85 Fitneßraum Solarium 🍽

* Novotel
Stadionring 22 (C 1), ✉ 44791, ☏ (02 34) 5 06 40, Fax 50 64-4 44, AX DC ED VA
119 Zi, Ez: 192, Dz: 243, S; ⊿ WC ☏, 50⛌;
Lift P 8⇨350 ≋ Sauna Solarium 🍽

* Ostmeier
Westring 35 (A 3), ✉ 44787, ☏ (02 34) 6 08 15, Fax 6 69 99, AX ED VA
40 Zi, Ez: 99-130, Dz: 150, ⊿ WC ☏; Lift P
1⇨20 ≋ Sauna Solarium

* Jägerstube
Hauptgericht 35; nur abends; geschl: Sa, So, 24.12.-6.1.

* Art Hotel Tucholsky
Viktoriastr 73 (A 3), ✉ 44787, ☏ (02 34) 1 35 43, Fax 6 04 49, AX DC ED VA
15 Zi, Ez: 90-130, Dz: 140-160, ⊿ WC ☏; 🍽
Designerausstattung

*** Stadtpark Restaurant
⋖ Klinikstr 41 (B 1), ✉ 44791, ☏ (02 34) 50 70 90, Fax 5 07 09 99, AX DC ED VA
Hauptgericht 35; Biergarten P Terrasse; geschl: Mo, 27.12.-9.1.99

** Stammhaus Fiege
Bongardstr 23 (AB 2), ✉ 44787, ☏ (02 34) 1 26 43, Fax 6 62 71, AX ED
Hauptgericht 25; geschl: Do, Sa abends, 5.7.-28.7.

Bochum

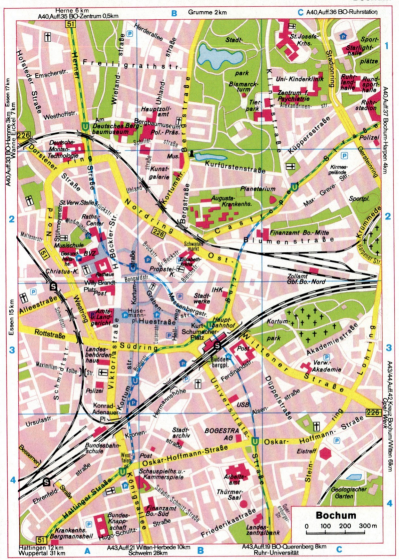

★★ Alt Nürnberg
Königsallee 16 (A 4), ✉ 44789, ☎ (02 34)
31 16 98, Fax 31 19 89, AX DC ED VA
Hauptgericht 32; P Terrasse; nur abends;
geschl: Mo

★★ Jacky Ballière
Wittener Str 123 (C 3), ✉ 44803, ☎ (02 34)
33 57 60, ED VA
Hauptgericht 35; nur abends; geschl: So,
Mo

★★ Altes Bergamt
Restaurant Wenderoth
Schillerstr 20 (A 1), ✉ 44791, ☎ (02 34)
95 19 80, Fax 9 51 98-88, DC ED VA
Hauptgericht 25;
Das Restaurant befindet sich in einem Seitenflügel des Deutschen Bergbaumuseums →

★★★ Restaurant mit sehr guter
Ausstattung

Bochum

** La Maison
Hattinger Str 103, ✉ 44789, ☎ (02 34)
33 22 60, Fax 33 56 76, [AX] [ED]
Hauptgericht 34

Stiepel (7 km ↓)
* Wald- und Golfhotel Lottental
Grimbergstr 52 a, ✉ 44797, ☎ (02 34)
97 96-0, Fax 97 96-2 93, [AX] [DC] [ED] [VA]
75 Zi, Ez: 130, Dz: 180, 2 Suiten, ⇩ WC ☎,
4⌸; Lift ℗ 2⟳60 ≙ Fitneßraum Sauna
Solarium ⃝

Sundern (7 km ↓)
** Haus Waldesruh
einzeln, Papenloh 8, ✉ 44797, ☎ (02 34)
47 16 76, Fax 46 18 15, [AX] [ED]

* Zum Forsthaus
einzeln, Blankensteiner Str 147, ✉ 44787,
☎ (02 34) 47 11 37, [AX] [ED] [VA]
Hauptgericht 35

Wattenscheid (9 km ←)
* Sol Inn Hotel
Josef-Haumann-Str 1, ✉ 44866, ☎ (0 23 27)
9 90-0, Fax 99 04 44, [AX] [DC] [ED] [VA]
110 Zi, Ez: 110-154, Dz: 125-169, S; 2 Suiten,
⇩ WC ☎, 55⌸; Lift 3⟳100 ⃝

* Beckmannshof
Berliner Str 39, ✉ 44866, ☎ (0 23 27) 37 84,
Fax 3 38 57, [AX] [DC] [ED] [VA]
21 Zi, Ez: 100-110, Dz: 160, ⇩ WC ☎; 🚗
2⟳160
** Hauptgericht 32

Weitmar (3 km ↙)
** Zum Neuling
Neulingstr 42, ✉ 44795, ☎ (02 34) 9 46 98-0,
Fax 9 46 98-45, [AX] [DC] [ED] [VA]
Hauptgericht 35
* 16 Zi, Ez: 115, Dz: 145-160, ⇩ WC
☎; ℗ 1⟳20 ≙ Fitneßraum Sauna Solarium

Werne (8 km ↘)
*** Avalon Hotel Bochum
Kohlleppelsweg 45, ✉ 44791, ☎ (02 34)
9 25 90, Fax 9 25 96 25, [AX] [DC] [ED] [VA]
105 Zi, Ez: 213-228, Dz: 286-296, S; 3 Suiten,
⇩ WC ☎ DFÜ, 38⌸; Lift ℗ 5⟳100 Fitneßraum Sauna
** Hauptgericht 39; geschl. 23.12.-
3.1.

Wiemelhausen (3 km ↓)
* Haus Oekey
Auf dem Alten Kamp 10, ✉ 44803, ☎ (02 34)
38 81 30, Fax 3 88 13 88, [AX] [DC] [ED] [VA]
17 Zi, Ez: 110, Dz: 150, ⇩ WC ☎; ℗ 🚗 2⟳40
** Hauptgericht 30; Biergarten
Kegeln; geschl: So, Mo, Sa mittags

* Schmidt-Mönnikes Minotel
Drusenbergstr 164 (ausserhalb A 4),
✉ 44789, ☎ (02 34) 33 39 60, Fax 3 33 96 66,
[AX] [ED] [VA]
32 Zi, Ez: 97-125, Dz: 135-160, ⇩ WC ☎; ℗
🚗 Kegeln
geschl: 23.12.-4.1.
** Vitrine
Hauptgericht 36; Terrasse; geschl: Sa mit-
tags, So abends

* Haus Vocke „Ambiente"
Wiemelhausener Str 214 (ausserhalb B 4),
✉ 44799, ☎ (02 34) 3 40 95, Fax 31 33 54, [ED]
17 Zi, Ez: 85-95, Dz: 120-130, 1 App, ⇩ WC
☎, 3⌸; 2⟳50 ⃝

Bocka 49 ↖

Thüringen — Greiz — 350 m — 322 Ew —
Gera 11 km
🛈 ☎ (03 66 04) 26 05, Fax 8 99 20 — Gemeindeverwaltung, Dorfstr 2, 07589 Großbocka

Kleinbocka
* Hohe Reuth
einzeln, Hofer Str, ✉ 07589, ☎ (03 66 04)
24 14 /8 06 87, Fax 24 14, [AX] [DC] [VA]
8 Zi, Ez: 70-100, Dz: 100-130, ⇩ WC ☎; ℗
1⟳14 ⃝

Bocklet, Bad 46 ↖

Bayern — Kreis Bad Kissingen — 230 m —
4 092 Ew — Bad Kissingen 8, Bad Neustadt
22 km
🛈 ☎ (0 97 08) 2 17, Fax 6 01 07 — Kurverwaltung, Kurhausstr 2, 97708 Bad Bocklet;
Heilbad an der Fränkischen Saale. Sehenswert: Brunnenbau des Biedermeierbades;
Graf-Luxburg-Museum im Schloß, im Ortsteil Aschach; Riemenschneiderkreuz im
Ortsteil Steinach

** Kurhotel Kunzmann
♂ An der Promenade 6, ✉ 97708,
☎ (0 97 08) 7 80, Fax 7 81 00
79 Zi, Ez: 82-115, Dz: 164-200, ⇩ WC ☎; Lift
℗ 🚗 3⟳80 ≙ Fitneßraum Sauna Solarium
⃝

* Laudensack
Von-Hutten-Str 37, ✉ 97708, ☎ (0 97 08)
2 24, Fax 12 85
35 Zi, Ez: 51-68, Dz: 102-130, 7 App, ⇩ WC
☎; Lift ℗ 🚗 Solarium ⃝

Bodenheim 54 ↑

Rheinland-Pfalz — Kreis Mainz-Bingen —
100 m — 17 600 Ew — Mainz 12, Darmstadt
20 km
🛈 ☎ (0 61 35) 7 20, Fax 7 22 63 — Verbands-
gemeinde-Verwaltung, Am Dollesplatz 1,
55294 Bodenheim; Weinanbauort

* Landhotel Battenheimer Hof
Rheinstr 2, ✉ 55294, ☎ (0 61 35) 70 90,
Fax 7 09 50
22 Zi, Ez: 90-98, Dz: 130-140, 4 App, ⇩ WC
☎; 1⟳40 ⃝
Rezeption: 7-20; geschl: 15.12.-10.1.
Eigenbauweine.

* Gästehaus Rheintal
Rheinstr 25, ✉ 55294, ☎ (0 61 35) 9 23 40,
Fax 69 41
16 Zi, Ez: 90-95, Dz: 130, ⇩ WC ☎; 🚗
Kegeln ⃝

Bodenmais 66 ↖

Bayern — Kreis Regen — 700 m — 3 500 Ew — Regen 13, Deggendorf 35, Cham 40 km
i ☏ (0 99 24) 77 81 35, Fax 77 81 50 — Kurverwaltung Bodenmais, Bahnhofstr 56, 94249 Bodenmais; Heilklimatischer Kurort und Wintersportplatz im Bayerischen Wald. Sehenswert: Hist. Erzbergwerk; Waldglashütte; Großer Arber, 1456 m ◂◈ (11 km + Sessellift + 15 Min ↗); Großer Arbersee (9 km ↗)

★★ Bergknappenhof
◂◈ Silberbergstr 10, ✉ 94249, ☏ (0 99 24) 77 40, Fax 73 73
37 Zi, Ez: 80, Dz: 130-180, 5 Suiten, 31 App, ⊿ WC 🕾, 6🛌; Lift **P** 🖃 🞩 Fitneßraum Sauna Solarium ¶◉¶
Auch Zimmer der Kategorie **★★★** vorhanden

★★ Waldhotel Riederin
♂ ◂◈ Riederin 1, ✉ 94249, ☏ (0 99 24) 77 60, Fax 73 37
57 Zi, Ez: 93-149, Dz: 191-295, 4 Suiten, ⊿ WC 🕾, 4🛌; Lift **P** 🖃 ≈ 🞩 Sauna Solarium 4 Tennis ¶◉¶
geschl: 21.11.-18.12.
Auch Zimmer der Kategorie **★★★** vorhanden

★★ Hofbräuhaus
♂ ◂◈ Marktplatz 5, ✉ 94249, ☏ (0 99 24) 77 70, Fax 77 72 00, ⒺⒹ
75 Zi, Ez: 76-130, Dz: 114-196, 4 Suiten, ⊿ WC 🕾; Lift **P** 🖃 3⟲28 ≈ 🞩 Fitneßraum Sauna Solarium 🍽
★★ Hauptgericht 25

★★ Kur- und Sporthotel Adam
Bahnhofstr 51, ✉ 94249, ☏ (0 99 24) 9 40 00, Fax 72 19
32 Zi, Ez: 84-97, Dz: 148-174, ⊿ WC 🕾; Lift **P** 🖃 🞩 Sauna Solarium
Rezeption: 6.30-21.30
Restaurant für Hausgäste

★★ Neue Post
♂ Kötztinger Str 25, ✉ 94249, ☏ (0 99 24) 9 58-0, Fax 95 81 00
60 Zi, Ez: 65-88, Dz: 106-200, 2 Suiten, 1 App, ⊿ WC 🕾; Lift **P** 🞩 Fitneßraum Sauna Solarium 1 Tennis 🍽
geschl: 9.11.-15.12.
Im Gästehaus auch Zimmer der Kategorie **★★★** vorhanden
★★ Hauptgericht 15

★ Ferienhotel am Arber
◂◈ Rechenstr 32, ✉ 94249, ☏ (0 99 24) 95 23 00, Fax 95 24 00
58 Zi, Ez: 65, Dz: 110, ⊿ WC 🕾 DFÜ, 8🛌; **P** 🖃 Sauna Solarium 🍽
Rezeption: 8-19; geschl: Nov
Restaurant für Hausgäste

★ Rothbacher Hof
Miesleuthenweg 10, ✉ 94249, ☏ (0 99 24) 95 20, Fax 95 21 00
43 Zi, Ez: 60, Dz: 100-130, 4 Suiten, ⊿ WC 🕾; **P** Fitneßraum Sauna Solarium ¶◉¶ 🍽
Auch Zimmer der Kategorie **★★** vorhanden

★ Hubertus
♂ ◂◈ Amselweg 2, ✉ 94249, ☏ (0 99 24) 9 42 10, Fax 94 21 55
36 Zi, Ez: 62-90, Dz: 80-160, 4 App, ⊿ WC 🕾; **P** 🖃 🞩 Sauna Solarium ¶◉¶ 🍽
Rezeption: 7-20; geschl: Di (außer im Winter), 9.11.-18.12.

★ Kurparkhotel
Amselweg 1, ✉ 94249, ☏ (0 99 24) 9 42 80, Fax 9 42 82 80
16 Zi, Ez: 65, Dz: 110-130, 3 Suiten, ⊿ WC 🕾; **P** Sauna Solarium 🍽

Bodenmais-Außerhalb (2 km ←)
★★ Hammerhof
◂◈ Kothinghammer 1, ✉ 94249, ☏ (0 99 24) 9 57-0, Fax 9 57-77, ⒶⓍ
22 Zi, Ez: 69-74, Dz: 124-134, 21 Suiten, ⊿ WC 🕾, 14🛌; Lift **P** Fitneßraum Sauna Solarium 1 Tennis 🍽
geschl: 8.11.-19.12.
★ Hauptgericht 30; Terrasse; geschl: 8.11.-19.12.

Böhmhof (1,5 km ↓)
★★ Feriengut-Hotel Böhmhof
◂◈ Haus Nr 1, ✉ 94249, ☏ (0 99 24) 2 22, Fax 17 18
18 Zi, Ez: 85-135, Dz: 146-196, 18 Suiten, 1 App, ⊿ WC 🕾; Lift **P** 🖃 ≈ 🞩 Fitneßraum Sauna Solarium ¶◉¶ 🍽
geschl: 5.11.-18.12.
Im Gästehaus Landhaus Zimmer der Kategorie **★★★** vorhanden

Mais (3 km ↘)
★ Waldblick
Haus Nr 14, ✉ 94249, ☏ (0 99 24) 3 57, Fax 90 23 67
23 Zi, Ez: 42-51, Dz: 84-102, ⊿ WC 🕾; **P** 🖃 🞩 Fitneßraum Sauna Solarium; **garni**
geschl: im Sommer Mi

Mooshof (2 km ↘)
★★ Mooshof
♂ ◂◈ Mooshof 7, ✉ 94249, ☏ (0 99 24) 77 50, Fax 72 38, ⒺⒹ
52 Zi, Ez: 83-130, Dz: 136-190, 6 Suiten, ⊿ WC 🕾, 2🛌; Lift **P** 🞩 Fitneßraum Sauna Solarium 2 Tennis 🍽
geschl: 15.11.-18.12.
★★ ◂◈ Hauptgericht 15; Terrasse; ✿
geschl: 15.11.-18.12.

Bodenteich 27

Niedersachsen — Kreis Uelzen — 60 m —
3 300 Ew — Uelzen 18, Celle 62 km
🅘 ☎ (0 58 24) 35 39, Fax 33 08 — Kurverwaltung, Burgstr 8, 29389 Bodenteich; Luft-, Kneipp- und Schrothkurort am Ostrand der Lüneburger Heide; Erholungsort. Sehenswert: Seewiesengebiet; Wasserburg; Naturschutzgebiet Schafwedel: Zwergbirken (4 km →); Seepark

** Braunschweiger Hof
Flair Hotel
Neustädter Str 2, ✉ 29389, ☎ (0 58 24) 2 50, Fax 2 55, AX DC ED VA
40 Zi, Ez: 90, Dz: 160, ⌐ WC ☎; Lift 🅿 🚗
5⇔100 ≋ Kegeln Sauna Solarium ⚞
* Hauptgericht 20; Biergarten Terrasse

* Landhaus Bodenteich
Neustädter Str 100, ✉ 29389, ☎ (0 58 24) 9 64 60, Fax 96 46 30
19 Zi, Ez: 95, Dz: 140, ⌐ WC ☎; 🅿 1⇔25 Fitneßraum Sauna Solarium
Restaurant für Hausgäste

⌂ Bodendiker
Neustädter Str 19, ✉ 29389, ☎ (0 58 24) 30 78, Fax 16 51
9 Zi, Ez: 55, Dz: 100, ⌐ WC ☎; 🅿 1⇔60
Kegeln 🍴

Bodenwerder 36

Niedersachsen — Kreis Holzminden —
76 m — 6 200 Ew — Hameln 23, Höxter 33, Einbeck 34 km
🅘 ☎ (0 55 33) 4 05 41, Fax 61 52 — Fremdenverkehrsamt, Weserstr 3, 37619 Bodenwerder; Jod-Solbad an der Weser, Luftkurort. Sehenswert: Fachwerkhäuser; Herrenhaus der Freiherren von Münchhausen (Rathaus-Museum); Münchhausen-Brunnen; Berggarten mit "Lügengrotte"; ehem. Klosterkirche im Ortsteil Kemnade; ev. Kirche und Schloß in Hehlen (4 km ←)

* Goldener Anker
⚞ Weserstr 13, ✉ 37619, ☎ (0 55 33) 21 35, Fax 30 57
13 Zi, Ez: 60, Dz: 90-100, ⌐ WC; 🅿
geschl: 1.11.-31.3.99
Restaurant für Hausgäste

⌂ Deutsches Haus
Münchhausenplatz 4, ✉ 37619, ☎ (0 55 33) 39 25, Fax 41 13, AX ED VA
40 Zi, Ez: 88, Dz: 140-165, 2 App; Lift 🅿 🚗
1⇔200 🍴 ⚞
geschl: Sa (Nov-März), Jan

Bodenwöhr 65

Bayern — Kreis Schwandorf — 380 m —
3 903 Ew — Schwandorf 17, Cham 36, Regensburg 43 km
🅘 ☎ (0 94 34) 94 02-0, Fax 94 02 20 — Gemeindeverwaltung, Schwandorfer Str 20, 92439 Bodenwöhr

** Brauereigasthof Jacob
⚞ Ludwigsheide 2, ✉ 92439, ☎ (0 94 34) 9 41 00, Fax 94 10 66
21 Zi, Ez: 80-90, Dz: 114-134, ⌐ WC ☎ DFÜ,
11 🛏, 🅿 2⇔150 ≋ Strandbad Seezugang
* ⚞ Hauptgericht 24; Biergarten
Terrasse

Bodman-Ludwigshafen 68

Baden-Württemberg — Kreis Konstanz —
400 m — 3 900 Ew — Stockach 12 km
🅘 ☎ (0 77 73) 93 00 40, Fax 93 00 43 — Verkehrsamt, im Ortsteil Bodman, Hafenstr 5, 78351 Bodman-Ludwigshafen; Erholungsort am Überlinger (Boden-)See. Sehenswert: Schloßpark; Schloß Frauenberg; Ruine Alt-Bodman, 628 m ⚞

Achtung: Schiffahrt über den Bodensee nach Überlingen (nur im Sommer)

Ludwigshafen
* Krone
Hauptstr 25, ✉ 78351, ☎ (0 77 73) 9 31 30, Fax 93 13 40, AX DC ED VA
22 Zi, Ez: 70-75, Dz: 110-150, 1 Suite, 1 App,
⌐ WC ☎; 1⇔150 🍴 ⚞
geschl: Nov

Böbingen a. d. Rems 62 →

Baden-Württemberg — Ostalbkreis —
400 m — 4 316 Ew
🅘 ☎ (0 71 73) 40 77, Fax 1 27 62 — Bürgermeisteramt, Römerstr 2, 73560 Böbingen an der Rems

* Schweizerhof
Bürglestr 13, ✉ 73560, ☎ (0 71 73) 9 10 80, Fax 1 28 41
Hauptgericht 30
* Gästehaus
24 Zi, Ez: 75, Dz: 120, ⌐ WC ☎

Böblingen 61

Baden-Württemberg — Kreis Böblingen —
480 m — 47 000 Ew — Sindelfingen 2, Stuttgart 19 km
🅘 ☎ (0 70 31) 66 11 00, Fax 66 11 66 — Verkehrsamt/Stadtinformation, Ida-Ehre-Platz 1-3, 71032 Böblingen. Sehenswert: Ev. Stadtkirche; Marktbrunnen; Zehntscheuer mit Bauernkriegsmuseum; Dt. Fleischermuseum

Bösleben-Wüllersleben

** Zum Reussenstein
Kalkofenstr 20, ⌧ 71032, ☎ (0 70 31)
6 60 00, Fax 66 00 55, AX DC ED VA
42 Zi, Ez: 115-155, Dz: 170-205, 4 App, ⌐
WC ☎ DFÜ; Lift 2⇔40 Fitneßraum Sauna
⍼
Im Stammhaus Zimmer der Kategorie ***** vorhanden

** Böhler
Postplatz 17, ⌧ 71032, ☎ (0 70 31) 4 60 40,
Fax 22 61 68, AX DC ED VA
42 Zi, Ez: 155-170, Dz: 175-225, 7 App, ⌐
WC ☎, 21⍼; Lift P ⌂ 1⇔20 ≋ Fitneßraum
Sauna Solarium ⍼ ⚑

** Wanner
Tübinger Str 2, ⌧ 71032, ☎ (0 70 31)
22 60 06, Fax 22 33 86, AX DC ED VA
30 Zi, Ez: 99-155, Dz: 180-195, 2 Suiten,
2 App, ⌐ WC ☎ DFÜ, 4⍼; Lift P ⌂ 18Golf;
garni
geschl: 23.12.-6.1.

** List
Friedrich-List-Str 57, ⌧ 71032, ☎ (0 70 31)
2 18 40, Fax 21 84 84, AX DC ED VA
14 Zi, Ez: 145, Dz: 160, 1 Suite, 4 App, ⌐WC
☎ DFÜ, 6⍼; Lift P ⌂; **garni**

---

* Böblinger Haus
Keilbergstr 2, ⌧ 71032, ☎ (0 70 31) 21 10,
Fax 22 98 11, AX DC ED VA
33 Zi, Ez: 98-130, Dz: 160-180, ⌐ WC ☎
DFÜ, 9⍼; Lift P ⌂ 1⇔15 ⍼
geschl: 22.12.-10.1.
Auch Zimmer der Kategorie ****** vorhanden

⚑ Café Frech
Postplatz 15, ⌧ 71032, ☎ (0 70 31) 23 47 96,
Fax 22 26 97

Böblingen-Außerhalb (1,5 km ↓)
* Rieth
Tübinger Str 155, ⌧ 71032, ☎ (0 70 31)
72 30, Fax 27 77 60, AX DC ED VA
48 Zi, Ez: 110-135, Dz: 140-180, 2 Suiten, ⌐
WC ☎, 15⍼; P ⌂ Sauna ⍼
geschl: 21.12.-4.1.

Dagersheim (5 km ←)
* Waldhorn
Böblinger Str 1, ⌧ 71034, ☎ (0 70 31)
7 67 20, Fax 76 72 66, AX DC ED VA
34 Zi, Ez: 115-145, Dz: 150-195, ⌐ WC ☎;
3⇔100 ⍼
Auch Zimmer der Kategorie ****** vorhanden

Hulb (1 km ←)
** Ascot
Wolf-Hirth-Str 8/1, ⌧ 71034, ☎ (0 70 31)
6 20 30, Fax 62 03-100, AX DC ED VA
74 Zi, Ez: 145-179, Dz: 180-248, 28 App, ⌐
WC ☎ DFÜ, 20⍼; Lift P ⌂ Sauna Solarium

---

* Novotel
Otto-Lilienthal-Str 18, ⌧ 71034, ☎ (0 70 31)
64 50, Fax 64 51 66, AX DC ED VA
112 Zi, Ez: 124-180, Dz: 158-220, S; ⌐ WC
☎, 30⍼; Lift P 7⇔300 ≋ Fitneßraum
Sauna Solarium ⍼ ⚑

Böhlitz-Ehrenberg　39 ↙

Sachsen — Leipzig — 105 m — 8 600 Ew
ℹ ☎ (03 41) 45 34 50, Fax 4 53 45 45 —
Gemeindeverwaltung, Südstr 10,
04430 Böhlitz-Ehrenberg

---

* Astral Hotel
Fabrikstr 17, ⌧ 04430, ☎ (03 41) 4 49 70,
Fax 4 49 79 99, AX ED VA
100 Zi, Ez: 69-95, Dz: 89-115, ⌐ WC ☎,
80⍼; Lift P ⍼
geschl: 23.12.-4.1.

Börnicke　29 ↑

Brandenburg — Havelland — 720 Ew
ℹ — Gemeindeverwaltung, 14641 Börnicke

** Landhaus Börnicke
Grünefelder Str 15, ⌧ 14641, ☎ (03 32 30)
5 13 06, Fax 5 14 08
10 Zi, Ez: 130-145, Dz: 180-190, ⌐ WC ☎,
3⍼; P 2⇔20 ⍼ ⚑
Stilvolles Landhaus mit Wildgehege

Bösdorf　11 ↙

Schleswig-Holstein — Kreis Plön — 25 m —
1 503 Ew — Plön 6, Eutin 6, Lübeck 30 km
ℹ ☎ (0 45 22) 81 14 — Gemeindeverwaltung, 24306 Bösdorf

Niederkleveez (3 km ↑)
** Fährhaus
♂ Am Dieksee 6, ⌧ 24306, ☎ (0 45 23)
99 59 29, Fax 99 59 10
17 Zi, Ez: 70-90, Dz: 99-180, 1 Suite, ⌐ WC
☎, 5⍼; P Seezugang; **garni** ⍼ ⚑
Rezeption: 9-22

Bösleben-Wüllersleben　47 ↗

Thüringen — Kreis Arnstadt — 384 m —
715 Ew — Stadtilm 5, Arnstadt 7, Erfurt
14 km
ℹ ☎ (03 62 00) 3 54 — Gemeindeverwaltung, Hauptstr 21, 99310 Bösleben

---

* Residenz
♂ Dorfstr 23, ⌧ 99310, ☎ (03 62 00) 6 04 19,
Fax 4 19, AX
9 Zi, Ez: 60, Dz: 80, ⌐ WC ☎; 1⇔50 ⍼
Rezeption: Mo-Sa 11-23, So 11-20

Boffzen 36

Niedersachsen — Kreis Holzminden — 100 m — 3 156 Ew — Höxter 3, Holzminden 10 km
🅘 ☎ (0 52 71) 95 60-0, Fax 55 21 — Gemeindeverwaltung, Heinrich-Ohm-Str 21, 37691 Boffzen; Ort an der Weser. Sehenswert: Glasmuseum; Schloß Fürstenberg: Porzellan-Manufaktur (2 km ↓)

Boffzen-Außerhalb (1,5 km ↗)
≈   **Steinkrug**
♂ ◄ Am Steinkrug 4, ✉ 37691, ☎ (0 52 71) 9 57 00, Fax 4 93 48, AX DC ED VA
11 Zi, Ez: 50-55, Dz: 100-110, 1 Suite, ≟ WC ☎; 🅿 1⇔20 ¶◎¶ ⬤
geschl: Mo

Bohmte 24

Niedersachsen — Kreis Osnabrück — 65 m — 12 800 Ew — Osnabrück 22, Diepholz 30 km
🅘 ☎ (0 54 71) 80 80, Fax 48 95 — Gemeindeverwaltung, Bremer Str 4, 49163 Bohmte

*   **Gieseke-Asshorn**
Bremer Str 55, ✉ 49163, ☎ (0 54 71) 10 01, Fax 95 80 29, AX DC ED VA
Hauptgericht 25; Biergarten Kegeln 🅿 Terrasse; geschl: 1.1.-10.1.
**   10 Zi, Ez: 65-70, Dz: 120-130, ≟ ☎;
4⇔200 ≈ Fitneßraum Sauna Solarium
geschl: 1.-10.1.

Boizenburg/Elbe 19 ←

Mecklenburg-Vorpommern — Kreis Ludwigslust — 35 m — 11 600 Ew — Lauenburg 10, Lüneburg 30, Hamburg 50 km
🅘 ☎ (03 88 47) 5 55 19, Fax 6 26 27 — Stadtinformation Boizenburg/Elbe, Kirchplatz 13, 19258 Boizenburg/Elbe

Schwartow (2 km ↗)
*   **Waldhotel**
♂ Waldweg 49, ✉ 19258, ☎ (03 88 47) 5 07 09, Fax 5 04 49, AX ED VA
29 Zi, Ez: 75-95, Dz: 125-145, 2 App, ≟ WC ☎, 10⬛; 🅿 🖥 2⇔100 Kegeln Sauna Solarium ¶◎¶

Boll, Bad 62 □

Baden-Württemberg — Kreis Göppingen — 495 m — 5 000 Ew — Göppingen 8, Kirchheim u.T. 11 km
🅘 ☎ (0 71 64) 8 08 28, Fax 8 08 33 — Kultur- und Verkehrsamt, Hauptstr 81, 73087 Bad Boll; Kurort am Fuße der Schwäbischen Alb, Heilquellen-Kurbetrieb. Sehenswert: Roman. Stiftskirche; Versteinerungen Sammlung Hohl

***   **Seminaris**
◄ Michael-Hörauf-Weg, ✉ 73087, ☎ (0 71 64) 80 50, Fax 1 28 86, AX DC ED VA
151 Zi, Ez: 126-242, Dz: 176-292, 2 Suiten, ≟ WC ☎, 44⬛; Lift 🖥 20⇔300 ≈ Kegeln Sauna Solarium ¶◎¶ ⬤

**   **Badhotel Stauferland**
♂ ◄ Gruibinger Str 32, ✉ 73087, ☎ (0 71 64) 20 77, Fax 41 46, AX DC ED VA
45 Zi, Ez: 140-175, Dz: 230-260, ≟ WC ☎; Lift 🅿 🖥 3⇔50 ≈ Fitneßraum Sauna Solarium ⬤
geschl: 1.-9.1.
**   ◄ Hauptgericht 35; Kegeln Terrasse; geschl: 1.1.-9.1.99

*   **Rosa Zeiten**
Bahnhofsallee 7, ✉ 73087, ☎ (0 71 64) 20 22, Fax 22 21, VA
9 Zi, Ez: 85, Dz: 135, 3 App, ≟ WC ☎; 🅿; garni

*   **Löwen**
Hauptstr 46, ✉ 73087, ☎ (0 71 64) 9 40 90, Fax 94 09 44, AX DC ED VA
31 Zi, Ez: 78, Dz: 130, 10 Suiten, 6 App, ≟ WC ☎; 🅿 🖥 2⇔150 Sauna Solarium ¶◎¶
Rezeption: 7-14, 17-23; geschl: Mo, Ende Dez-Ende Jan, 2 Wochen im Aug

Bollendorf 52

Rheinland-Pfalz — Kreis Bitburg-Prüm — 215 m — 1 700 Ew — Bitburg 30, Trier 35, Luxemburg 35 km
🅘 ☎ (0 65 26) 9 30 33, Fax 9 30 35 — Tourist-Information, An der Brücke, 54669 Bollendorf; Luftkurort in der Südeifel, Grenzübergang nach Luxemburg. Sehenswert: Burg; Schloß im Ortsteil Weilerbach (4 km ↘); Denkmäler aus der Römer- und Keltenzeit

*   **Waldhotel Sonnenberg**
einzeln ♂ ◄ Sonnenbergallee 1, ✉ 54669, ☎ (0 65 26) 9 28 00, Fax 92 80 79
25 Zi, Ez: 92-166, Dz: 138-202, 5 Suiten, 3 App, ≟ WC ☎, 3⬛; Lift 🅿 🖥 2⇔80 ≈ Fitneßraum Sauna Solarium ⬤
*   **Bellevue**
◄ Hauptgericht 28; Gartenlokal Terrasse

*   **Burg Bollendorf**
♂ ◄ ✉ 54669, ☎ (0 65 26) 6 90, Fax 69 38, AX DC ED VA
36 Zi, Ez: 106, Dz: 172, 4 Suiten, 15 App, ≟ WC ☎, 4⬛; Lift 🅿 7⇔80 Kegeln 1 Tennis ¶◎¶ ⬤

*   **Ritschlay**
♂ ◄ Auf der Ritschlay 3, ✉ 54669, ☎ (0 65 26) 9 29 90, Fax 92 99 50
22 Zi, Ez: 75, Dz: 126-144, 9 App, ≟ WC ☎; 🅿
geschl: 5.1.-15.2., 13.11.-23.12.
Restaurant für Hausgäste

* **Hauer**
Sauerstadten 20, ✉ 54669, ☎ (0 65 26) 3 23, Fax 3 14, AX DC ED VA
21 Zi, Ez: 67-76, Dz: 114-136, ⊿ WC; Lift 🅿
🍴 ⚓
geschl: 3 Wochen im Nov

Bollewick 21 ←

Mecklenburg-Vorpommern — Landkreis Müritz — 85 m — 392 Ew — Röbel 3, Mirow 20, Wittstock (Dosse) 25 km
ℹ ☎ (03 99 31) 5 06 51, Fax 5 06 51 — Amt Röbel-Land, Tourist-Information, Marktplatz 10, 17207 Röbel/Müritz

* **Landgasthof Bollewick**
einzeln ♁ Spitzkuhner Str 7, ✉ 17207, ☎ (03 99 31) 5 09 07, Fax 5 09 10
8 Zi, Ez: 75-90, Dz: 110-135, 1 App, ⊿ WC ☎; 🅿 40 🍴 ⚓

Bolsterlang 70 ↓

Bayern — Kreis Oberallgäu — 900 m — 1 300 Ew — Fischen 3, Oberstdorf 10 km
ℹ ☎ (0 83 26) 83 14, Fax 94 06 — Verkehrsamt, Rathausweg 4, 87538 Bolsterlang; Erholungsort und Wintersportplatz.
Sehenswert: Breitachklamm (8 km ↓)

Kierwang (1 km ↑)
* **Gästehaus Rita**
♁ ⚓ Bergweg 16, ✉ 87538, ☎ (0 83 26) 12 11, Fax 12 11
9 Zi, Ez: 44-48, Dz: 84-92, ⊿ WC; 🅿; garni
geschl: 2.11.-20.12.98

Sonderdorf (1 km ↓)
* **Gasthof-Pension Tietz**
♁ ⚓ Sonderdorf 18, ✉ 87538, ☎ (0 83 26) 74 44
16 Zi, Ez: 65-130, Dz: 75-160, 1 App, ⊿ WC; 🅿 1⇄20 🍴
geschl: Di, 2.11.-19.12., 11.4.-12.5.

Boltenhagen 11 ↘

Mecklenburg-Vorpommern — Nordwestmecklenburg — 5 m — 2 500 Ew — Schwerin 47, Lübeck 44 km
ℹ ☎ (03 88 25) 2 92 84, Fax 2 92 85 — Kurverwaltung, Ostseeallee 34, 23946 Boltenhagen; Ostseebad

*** **Seehotel Grossherzog v.Mecklenburg City Line & Country Line Hotels**
♁ An der Seebrücke, ✉ 23946, ☎ (03 88 25) 5 00, Fax 5 05 00, AX DC ED VA
149 Zi, Ez: 150-200, Dz: 180-240, ⊿ WC ☎, 129✉; Lift 🅿 9⇄200 ≋ Strandbad Seezugang Sauna Solarium 18Golf 🍴 ⚓

Tarnewitz
* **Wendenburg**
Tarnewitzer Dorfstr 7, ✉ 23946, ☎ (03 88 25) 30 90, Fax 3 09 42
16 Zi, Ez: 80-120, Dz: 100-140, 1 Suite, ⊿ WC ☎, 1✉; 🅿 🍴

Bonlanden siehe Filderstadt

Bonn 43 ↘

Nordrhein-Westfalen — Stadtkreis — 45 m — 313 000 Ew — Köln 30, Frankfurt/Main 175, Berlin 630 km
ℹ ☎ (02 28) 9 10 41-0, Fax 9 10 41 11 — Tourismus & Congress GmbH, Friedrich-Ebert-Allee 26 (C 3), 53113 Bonn; Parlaments- und Regierungsstadt am Rhein; Universität; Oper; Schauspiel. Sehenswert in Bonn: Münster: Kreuzgang; Remigiuskirche; Universitätskirche; Rathaus; Universität mit Hofgarten; Alter Zoll; Poppelsdorfer Schloß (Mineralogisch-petrologisches Museum) mit Botanischem Garten; Beethoven-Haus; Schumann-Haus; Ernst-Moritz-Arndt-Haus; Beethovenhalle; Bundeshaus; Villa Hammerschmidt; Palais Schaumburg; Museumsmeile Bonn mit: Kunst- und Ausstellungshalle, Haus der Geschichte, Zoologisches Forschungsinstitut und Museum Alexander König; Rheinisches Landesmuseum; Akademisches Kunstmuseum. In Bonn-Poppelsdorf: Kreuzbergkirche ◄ mit Heiliger Stiege; In Bad Godesberg: Ruine Godesburg ◄; Rheinpromenade ◄;

Redoute: Schloß; Kurpark; Siedlung Muffendorf; Umgebung: Rolandsbogen ◄ bei Bad Godesberg-Mehlem, Drachenfels ◄ und Petersberg gegenüber Bad Godesberg-Mehlem; Doppelkirche in Schwarzrheindorf; Stiftskirche in Vilich; Deutschordenskommende in Ramersdorf

Achtung: : Autofähre von Bonn-Bad Godesberg-Mehlem nach Königswinter 5.45-21.45, pausenlos, So ab 7.45;
ℹ ☎ (0 22 23) 2 15 95 Autofähre von Bonn-Bad Godesberg nach Königswinter-Niederdollendorf 6.10-21.45 ständig, So ab 8.10;
ℹ ☎ (0 22 23) 36 22 37

Stadtplan siehe Seiten 226-227

*** **Günnewig Hotel Bristol**
Prinz-Albert-Str 2 (C 4), ✉ 53113, ☎ (02 28) 2 69 80, Fax 2 69 82 22, AX DC ED VA
114 Zi, Ez: 185-370, Dz: 245-470, S; 2 Suiten, ⊿ WC ☎, 17✉; Lift 🅿 7⇄500 ≋ Kegeln Sauna Solarium ⚓
*** **Majestic**
Hauptgericht 35
* **Kupferklause**
Hauptgericht 14 →

*** Hotel mit sehr guter Ausstattung

Bonn

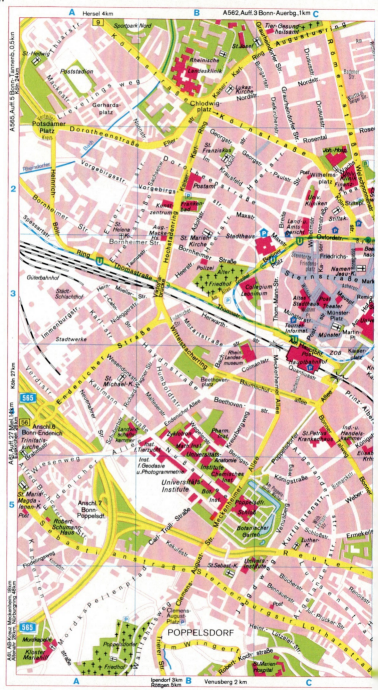

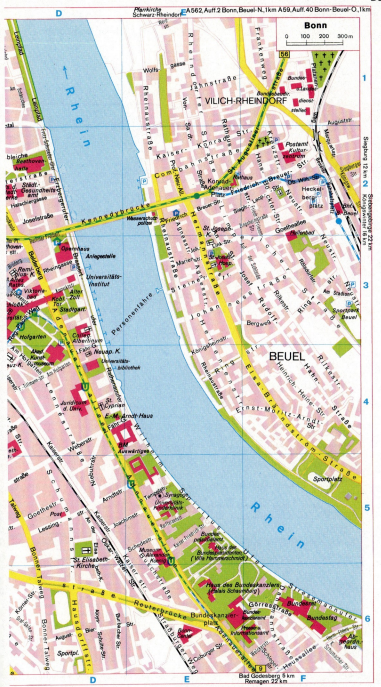

Bonn

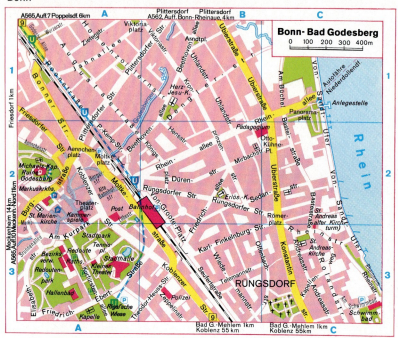

Bonn- Bad Godesberg
0 100 200 300 400m

*** Holiday Inn Crown Plaza
⊰ Berliner Freiheit 2 (D 2), ✉ 53111,
☎ (02 28) 7 26 90, Fax 7 26 97 00, AX DC ED VA
252 Zi, Ez: 205-313, Dz: 235-416, S;
12 Suiten, ⊿ WC ☎ DFÜ, 120🍴; Lift 🅿 🚗
21✧250 🛌 Fitneßraum Sauna Solarium

*** Rhapsody
Hauptgericht 29; Terrasse

*** Günnewig Residence
Kaiserplatz 11 (C4), ✉ 53113, ☎ (02 28)
2 69 70, Fax 2 69 77 77, AX DC ED VA
139 Zi, Ez: 155-325, Dz: 190-385, S; 5 Suiten,
⊿ WC ☎ DFÜ, 48🍴; Lift 5✧220 🛌 Sauna
Solarium 🍽

** Best Western Domicil
Thomas-Mann-Str 24 (C 3), ✉ 53111,
☎ (02 28) 72 90 90, Fax 69 12 07, AX DC ED VA
38 Zi, Ez: 201-381, Dz: 292-452, S; 3 Suiten,
1 App., ⊿ WC ☎; Lift 🚗 1✧45 Sauna 🍽
Auch Zimmer der Kategorie *** vorhanden

** Krull
Hauptgericht 38

** Kaiser Karl
Vorgebirgsstr 56 (B 2), ✉ 53119, ☎ (02 28)
65 09 33, Fax 63 78 99, AX DC ED VA
42 Zi, Ez: 170-390, Dz: 290-420, 3 Suiten, ⊿
WC ☎; Lift 🚗 3✧40 🚗

** Bistro
Hauptgericht 38

** Königshof
☼ ⊰ Adenauerallee 9 (D 3), ✉ 53111,
☎ (02 28) 2 60 10, Fax 2 60 15 29, AX DC ED VA
134 Zi, Ez: 235-290, Dz: 300-380, S; 4 Suiten,
⊿ WC ☎ DFÜ, 35🍴; Lift 🅿 🚗 5✧200 🚗
Auch Zimmer der Kategorie *** vorhanden

** La Belle Epoque
⊰ Hauptgericht 32; Terrasse

** Villa Esplanade
Colmantstr 47 (B 4), ✉ 53115, ☎ (02 28)
98 38 00, Fax 9 83 80 11, AX DC ED VA
17 Zi, Ez: 130-175, Dz: 180-220, ⊿ WC ☎; 🅿
1✧25; **garni**
Rezeption: 7-20; geschl: 28.12.-4.1.

** Consul Top International Hotel
Oxfordstr 12 (C 2/3), ✉ 53111, ☎ (02 28)
7 29 20, Fax 7 29 22 50, AX DC ED VA
90 Zi, Ez: 130-198, Dz: 149-260, S; 2 Suiten,
4 App., ⊿ WC ☎, 30🍴; Lift 🅿 🚗 1✧28
18Golf; **garni**
geschl: 23.12.-4.1.

* Sternhotel Top International Hotel
Markt 8 (C 3), ✉ 53111, ☎ (02 28) 7 26 70,
Fax 7 26 71 25, AX DC ED VA
80 Zi, Ez: 125-185, Dz: 155-245, S; ⊿ WC ☎
DFÜ, 30🍴; Lift 🍽
Auch Zimmer der Kategorie ** vorhanden

Bonn

∗ Europa
Thomas-Mann-Str 7 (C 3), ✉ 53111,
☎ (02 28) 63 30 63, Fax 69 53 57, AX DC ED VA
69 Zi, Ez: 120-125, Dz: 165-175, ⌐ WC ☎;
Lift 1⇔25 ¶◐ ☛

∗ Schwan
Mozartstr 24 (B 3), ✉ 53115, ☎ (02 28)
96 30 30, Fax 65 17 93, AX ED VA
22 Zi, Ez: 110-160, Dz: 160-200, 2 Suiten;
garni

∗ Aigner Minotel
Dorotheenstr 12 (C 2), ✉ 53111, ☎ (02 28)
63 10 37, Fax 63 00 17, AX DC ED VA
42 Zi, Ez: 99-135, Dz: 139-175, ⌐ WC ☎; Lift
P 🚗 1⇔10; garni
geschl: 23.12.-4.1.

∗ Continental
Am Hauptbahnhof 1-4 (C 3-4), ✉ 53111,
☎ (02 28) 63 53 60, Fax 63 11 90, AX DC ED VA
35 Zi, Ez: 160-200, Dz: 220-300, ⌐ WC ☎,
3◨; Lift 1⇔20 Sauna; garni

⌂ Ibis
Vorgebirgsstr 33/Ecke Hochstadenring
(B 2), ✉ 53119, ☎ (02 28) 7 26 60,
Fax 7 26 64 05, AX DC ED VA
147 Zi, Ez: 115-145, Dz: 130-160, S; ⌐ WC
☎, 30◨; Lift P 🚗 3⇔140 ¶◐
geschl: 15.7.-15.8., 20.12.-6.1.

∗∗ Le Petit Poisson 🍷
Wilhelmstr 23 a (C 2), ✉ 53225, ☎ (02 28)
65 59 05, Fax 9 63 66 29, AX DC ED VA
Hauptgericht 45; nur abends; geschl:
So+Mo

∗∗ Bonner Eßzimmer
Wachsbleiche 26, neben Beethovenhalle
(D 2), ✉ 53111, ☎ (02 28) 63 88 68, AX DC VA
Hauptgericht 35; P; nur abends; geschl:
So, 2 Wochen in den Sommerferien

==Bad Godesberg== (8 km ↘)
∗∗∗∗ Maritim
Godesberger Allee (A 1), ✉ 53175,
☎ (02 28) 8 10 80, Fax 8 10 88 11, AX DC ED VA
412 Zi, Ez: 261-505, Dz: 322-562, S;
43 Suiten, 2 App, ⌐ WC ☎, 50◨; Lift P 🚗
16⇔2800 ⌂ Fitneßraum Sauna Solarium
∗ Brasserie
Hauptgericht 25

∗∗∗ Ringhotel Rheinhotel Dreesen
⚓ ⛵ Rheinstr 45 (C 3), ✉ 53179, ☎ (02 28)
8 20 20, Fax 8 20 21 53, AX DC ED VA
71 Zi, Ez: 215-320, Dz: 270-370, S; 2 Suiten,
⌐ WC ☎; Lift P 🚗 5⇔300 ☛
geschl: 27.12.-12.1.
Auch Zimmer der Kategorie ∗∗ vorhanden
∗∗∗ Gobelin
⛵ Hauptgericht 40; Biergarten; geschl:
27.12.-12.1.

∗ Best Western Kaiserhof
Moltkestr 64 (A 2), ✉ 53173, ☎ (02 28)
36 20 16, Fax 36 38 25, AX DC ED VA
50 Zi, Ez: 140-195, Dz: 195-242, S; ⌐ WC ☎
DFÜ; Lift 🚗 1⇔18; garni
Auch Zimmer der Kategorie ∗∗ vorhanden

∗ Ambassador
Bonner Str 29 (A 2), ✉ 53173, ☎ (02 28)
3 89 00, Fax 31 33 15, AX DC ED VA
34 Zi, Ez: 135-300, Dz: 180-360, 2 Suiten,
2 App, ⌐ WC ☎, 10◨; Lift P 🚗 1⇔50;
garni

∗ Inselhotel
Theaterplatz 5 (A 2), ✉ 53117, ☎ (02 28)
35 00-0, Fax 35 00-3 33, AX DC ED VA
65 Zi, Ez: 139-219, Dz: 199-269, 1 Suite, ⌐
WC ☎ DFÜ; Lift P 2⇔35 ¶◐ ☛
Auch Zimmer der Kategorie ∗∗ vorhanden

∗ Akzent-Hotel Am Hohenzollernplatz
Plittersdorfer Str 56 (A 1), ✉ 53173,
☎ (02 28) 95 75 90, Fax 9 57 59 29,
AX DC ED VA
18 Zi, Ez: 140-190, Dz: 150-300, S; 1 Suite,
1 App, ⌐ WC ☎; 2⇔12 Fitneßraum Sauna
Solarium ☛

∗ Günnewig Godesburg
⚓ ⛵ Auf dem Godesberg (A 2), ✉ 53117,
☎ (02 28) 31 60 71, Fax 31 12 18, AX DC ED VA
13 Zi, Ez: 140-195, Dz: 170-295, 1 Suite, ⌐
WC ☎; P 3⇔300 ¶◐

∗ Haus Berlin
⚓ Rheinallee 40 (B 2), ✉ 53173, ☎ (02 28)
35 31 75, Fax 36 19 33
14 Zi, Ez: 125, Dz: 160; garni

∗ Kronprinzen
⚓ Rheinallee 29 (B 2), ✉ 53173, ☎ (02 28)
36 31 03, Fax 35 30 44, AX DC ED VA
10 Zi, Ez: 139-189, Dz: 189-229, 2 App, ⌐
WC ☎; 🚗; garni

∗ Sebastianushof
Waldburgstr 34, ✉ 53177, ☎ (02 28)
9 51 14-00, Fax 9 51 14 50, AX DC ED VA
19 Zi, Ez: 85-150, Dz: 150-170, ⌐ WC ☎,
5◨; P 🚗 ¶◐

∗∗∗ Halbedel's Gasthaus 🍷
⛵ Rheinallee 47 (BC 1), ✉ 53173, ☎ (02 28)
35 42 53, Fax 35 25 34, AX ED
Hauptgericht 48; Gartenlokal; nur abends;
geschl: Mo

∗∗ St. Michael
⛵ Brunnenallee 26 (A 3), ✉ 53173, ☎ (02 28)
36 47 65, Fax 36 12 43, AX DC ED VA
Hauptgericht 42; P Terrasse; geschl: So

==Beuel== (2 km →)
∗∗ Zur Post
Königswinterer Str 307, ✉ 53227, ☎ (02 28)
97 29 40, Fax 9 72 94 10, ED VA
50 Zi, Ez: 140, Dz: 180, ⌐ WC ☎; P 🚗 Sauna
Solarium ¶◐
Auch Zimmer der Kategorie ∗ vorhanden

==Buschdorf== (4,5 km ↘)
∗∗ La Castagna
Buschdorfer Str 38, ✉ 53117, ☎ (02 28)
67 33 04, Fax 68 72 39, AX DC ED VA
Hauptgericht 40; Terrasse; geschl: Sa
mittags →

Bonn

<mark>Endenich</mark> (2 km ↙)
** Altes Treppchen
Ⓥ Endenicher Str 308 (A 4), ✉ 53121,
☎ (02 28) 62 50 04, Fax 62 12 64, AX DC ED VA
Hauptgericht 40; Terrasse
*   22 Zi, Ez: 75-135, Dz: 135-195; 🅿
geschl: 23.12.-5.1.

<mark>Hardtberg</mark> (4 km ↙)
* Novotel
Max-Habermann-Str 2, ✉ 53123, ☎ (02 28)
2 59 90, Fax 25 08 93, AX DC ED VA
139 Zi, Ez: 115-384, Dz: 139-424, S; 3 Suiten,
⌐ WC ☎, 20🅿; Lift 🅿 8⇔350 ≈ ⓘ

<mark>Kessenich</mark> (3 km ↓)
**** Steigenberger Venusberg
einzeln ♁ ◁ An der Casselsruhe 1, ✉ 53127,
☎ (02 28) 28 82 88, AX DC ED VA
75 Zi, Ez: 252-293, Dz: 323-363, S; 4 Suiten,
6 App, ⌐ WC ☎ DFÜ, 6🅿; Lift 🅽 4⇔150
Sauna Solarium 🍽
***   ◁ Hauptgericht 40

* Jacobs
Bergstr 85, ✉ 53129, ☎ (02 28) 23 28 22,
Fax 23 28 50, ED
43 Zi, Ez: 110-150, Dz: 150-175, 7 App, WC,
Lift 🅿 🌫 Sauna; garni

<mark>Lannesdorf</mark> (10 km ↘)
** Korkeiche
Ⓥ Lyngsbergstr 104, ✉ 53177, ☎ (02 28)
34 78 97, Fax 85 68 44, AX DC ED VA
Hauptgericht 33; Gartenlokal; geschl: Mo,
2 Wochen vor Ostern, 2 Wochen im Okt

<mark>Poppelsdorf</mark> (1 km ↙)
** Amber Hotel President
Clemens-August-Str 32 (B 5), ✉ 53115,
☎ (02 28) 7 25 00, Fax 72 50 72, AX DC ED VA
98 Zi, Ez: 169-289, Dz: 199-349, S; ⌐ WC ☎,
27🅿; Lift 🅿 🅽 10⇔350 ⓘ 🍽

* Der Wasserträger
Clemens-August-Str 13 (B 5), ✉ 53115,
☎ (02 28) 65 87 87, Fax 28 36 47, AX DC ED VA
Hauptgericht 38

<mark>Ramersdorf</mark> (4,5 km ↘)
* Schloßhotel Kommende
   Ramersdorf
   European Castle
◁ Ⓥ Oberkasseler Str 10, ✉ 53227,
☎ (02 28) 44 07 34, Fax 44 44 00, AX DC ED VA
18 Zi, Ez: 100-140, Dz: 150-190, ⌐ WC ☎; 🅿
2⇔25
geschl: 21.12.-3.1., 12.7.-8.8.
**   Hauptgericht 40; Terrasse; nur
abends, So + feiertags auch mittags;
geschl: Di, 21.12.-3.1., 12.7.-8.8.

<mark>Röttgen</mark> (6 km ↙)
* Kottenforst
Reichsstr 67, ✉ 53125, ☎ (02 28) 91 92 20,
Fax 9 19 22 55, AX DC ED VA
13 Zi, Ez: 85-95, Dz: 115-135, 1 Suite, 2 App,
⌐ WC ☎; 🅿 🅽; garni

<mark>Tannenbusch</mark> (3 km ↖)
** Acora Hotel und Wohnen
Westpreußenstr 20-30, ✉ 53119, ☎ (02 28)
66 86-0, Fax 66 20 20, AX DC ED VA
184 Zi, Ez: 110-170, Dz: 135-200, S; ⌐ WC
☎, 29🅿; 🅽 Solarium; garni

Bonndorf i. Schwarzwald 68 ↙

Baden-Württemberg — Kreis Waldshut —
850 m — 6 400 Ew — Schluchsee 14, Titisee-Neustadt 26, Donaueschingen 26 km
ⓘ ☎ (0 77 03) 80 74, Fax 75 07 — Tourist-
Informations-Zentrum, Schloßstr 1,
79848 Bonndorf; Luftkurort. Sehenswert:
Schloß; Wutachschlucht mit Lotenbach-
klamm (5 km ↖); Mühlenmuseum

** Schwarzwald-Hotel
Rothausstr 7, ✉ 79848, ☎ (0 77 03) 4 21,
Fax 4 42, AX DC ED VA
80 Zi, Ez: 75-95, Dz: 140-190, ⌐ WC ☎; Lift
🅿 🅽 4⇔100 🌫 Sauna Solarium 🍽
**   Hauptgericht 25; Biergarten Terrasse; geschl: Mo, Di mittags, 15.11.-15.12.

<mark>Holzschlag</mark> (8 km ↖)
* Schwarzwaldhof Nicklas
♁ ◁ Bonndorfer Str 66, ✉ 79848,
☎ (0 76 53) 8 03, Fax 8 04, AX DC ED
12 Zi, Ez: 52-65, Dz: 90-130, ⌐ WC ☎; 🅿
1⇔12 ⓘ 🍽
geschl: Di, 30.10.-14.11.

<mark>Sommerau</mark> (8 km ←)
* Gasthof Sommerau
einzeln ♁ ◁ ✉ 79848, ☎ (0 77 03) 6 70,
Fax 15 41
12 Zi, Ez: 60-75, Dz: 100-120, ⌐ WC ☎,
12🅿; Lift 🅿 🅽 22 Sauna
geschl: 1.-15.11.
Gasthof in reiner Holzbauweise, „Deutscher
Holzbaupreis 1992"
*   Hauptgericht 30; Gartenlokal; ✿
geschl: Mo, Di, 1.11.-15.11.

Bopfingen 63 ←

Baden-Württemberg — Ostalbkreis —
468 m — 12 600 Ew — Nördlingen 12, Aalen
24 km
ⓘ ☎ (0 73 62) 80 10, Fax 8 01 50 — Stadtverwaltung, Marktplatz 1, 73441 Bopfingen.
Sehenswert: Stadtbild; ev. Stadtkirche;
Museum im Seelhaus; Burgruine ◁ und
Wallfahrtskirche im Stadtteil Flochberg
(1 km ↖); Ipf, 668 m ◁ (¾ Std ↑); ehem.
Klosterkirche in Kirchheim am Ries
(4 km ↗); Schloß Baldern ◁ (8 km ↖);
ehem. Synagoge in Oberdorf; archäolog.
Lehrpfad

** Zum Sonnenwirt
Hauptstr 20, ✉ 73441, ☎ (0 73 62) 9 60 60,
Fax 96 06 40, ED
Hauptgericht 20; Biergarten 🅿

🍽 Café Dietz
Hauptstr 63, ✉ 73441, ☎ (0 73 62) 80 70,
Fax 8 07 70, AX DC ED VA; ☕

Trochtelfingen
* **Zum Lamm**
Ostalbstr 115, ⌧ 73441, ☎ (0 73 62) 40 01,
Fax 2 21 02, AX DC ED VA
Hauptgericht 25; Biergarten 🅿 Terrasse;
geschl: Mo
⇌ 10 Zi, Ez: 65, Dz: 110, ⊌ WC ☎;
3⇌200
geschl: 2 Wochen im Jan 99

Boppard 43 ↘

Rheinland-Pfalz — Rhein-Hunsrück-Kreis
— 60 m — 17 000 Ew — Koblenz 21, Bingen
41, Mainz 69 km
🛈 ☎ (0 67 42) 38 88, Fax 8 14 02 — Tourist-
Information, Marktplatz (Altes Rathaus),
56154 Boppard; Kneipp-Heilbad im Rheindurchbruchstal. Sehenswert: Kath.
St.-Severus-Kirche; kath. Karmeliterkirche; mittelalterliche Stadtbefestigung;
Vierseenblick (Sessellift), 303 m ◂ (3 km ↘);
römische Kastellanlagen; Romanische
Pfeilerbasilika

Achtung: Autofähre nach Filsen: Jun-Aug
6.30-22; Sep, Apr, Mai 6.30-21, Okt-Mär
7-20. 🛈 ☎ (0 67 42) 38 88

*** **Best Western
Bellevue-Rheinhotel**
◂ Rheinallee 41, ⌧ 56154, ☎ (0 67 42)
10 20, Fax 10 26 02, AX DC ED VA
94 Zi, Ez: 90-216, Dz: 116-292, S; 1 Suite,
1 App, ⊌ WC ☎, 4⊠; Lift 🅿 🚗 8⇌200 ≙
Fitneßraum Kegeln Sauna Solarium ⛵
** **Pfeffermühle**
Hauptgericht 30; Terrasse; nur abends,
so+feiertags auch mittags

* **Günther**
◂ Rheinallee 41, ⌧ 56154, ☎ (0 67 42)
23 35, Fax 15 57, AX DC VA
19 Zi, Ez: 54-79, Dz: 88-156, 1 App, ⊌ WC
☎; Lift; **garni**
Rezeption: 8-21; geschl: 14.12.-12.1.
Auch Zimmer der Kategorie ** vorhanden

Boppard-Außerhalb (12 km ↓)
** **Jakobsberg**
einzeln ⚲ ⌧ 56154, ☎ (0 67 42) 80 80,
Fax 30 69, AX DC ED VA
101 Zi, Ez: 175-219, Dz: 249-289, 5 Suiten,
2 App, ⊌ WC ☎ DFÜ, 2⊠; Lift 🅿 🚗 7⇌200
≙ Fitneßraum Kegeln Sauna Solarium
18Golf 🍴 ⛵
Auch Zimmer anderer Kategorien vorhanden

Buchholz (6 km ←)
* **Tannenheim**
Bahnhof Buchholz 3, ⌧ 56154, ☎ (0 67 42)
22 81, Fax 24 32, AX ED VA
14 Zi, Ez: 58-67, Dz: 98-120; 🅿 🚗
geschl: Jan
* Hauptgericht 26; Biergarten;
geschl: Do, Jan

Hirzenach
** **Gasthaus Hirsch**
Rheinstr 17, ⌧ 56154, ☎ (0 67 41) 26 01,
Fax 13 28, AX DC VA
Hauptgericht 30; Gartenlokal 🅿 Terrasse;
nur abends, so+feiertags auch mittags;
geschl: Mo, 2.1.-10.1., 15.5.-25.5., 15.11.-
25.11.; ⇌

Borchen 35 ↘

Nordrhein-Westfalen — Kreis Paderborn —
180 m — 1 800 Ew — Paderborn 7 km
🛈 ☎ (0 52 92) 21 18 — Heimat- und
Verkehrsverein, im Ortsteil Etteln, Im
Winkel 13, 33178 Borchen; Erholungsort

Nordborchen
* **Pfeffermühle**
Paderborner Str 66, ⌧ 33178, ☎ (0 52 51)
3 94 97, Fax 39 91 30, AX DC ED VA
41 Zi, Ez: 85-120, Dz: 120-160, 4 App, ⊌ WC
☎, 10⊠; Lift 🅿 🚗 3⇌80 Solarium
geschl: 20.12.-10.1.99
Auch Zimmer der Kategorie ** vorhanden
* Hauptgericht 17; geschl: Mo
mittags, so+feiertags, 20.12.-10.1.

* **Haus Amedieck**
Paderborner Str 7, ⌧ 33178, ☎ (0 52 51)
13 00, Fax 13 01 00, ED
41 Zi, Ez: 85-120, Dz: 130-140, ⊌ WC ☎;
1⇌200 🍴

Bordelum 9 ↘

Schleswig-Holstein — Kreis Nordfriesland
— 5 m — 1 767 Ew — Bredstedt 4 km
🛈 ☎ (0 46 71) 13 44 — Gemeindeverwaltung, Dörpshuus, 25852 Bordelum

Sterdebüll
* **Akzent-Hotel
Landhaus Sterdebüll**
Dorfstr 90, ⌧ 25852, ☎ (0 46 71) 9 11 00,
Fax 91 10 99, AX DC ED VA
34 Zi, Ez: 80-125, Dz: 120-180, 1 App, ⊌ WC
☎, 3⊠; 🅿 3⇌250 Sauna Solarium 🍴 ⛵

Borgholzhausen 24 ↘

Nordrhein-Westfalen — Kreis Gütersloh —
193 m — 8 675 Ew — Bielefeld 20, Osnabrück 33 km
🛈 ☎ (0 54 25) 80 70, Fax 8 07 99 — Verkehrsverein, Schulstr 5, 33829 Borgholzhausen.
Sehenswert: Ravensburg, Luisenturm ◂
(2 km ↓); Schloß Brinke; Renaissance-
Wasserschloß

Winkelshütten (3 km ↗)
** **Landhaus Uffmann**
Meller Str 27, ⌧ 33829, ☎ (0 54 25) 9 48 90,
Fax 2 55, AX DC ED VA
34 Zi, Ez: 115, Dz: 165, ⊌ WC ☎; 🅿 4⇌120
Fitneßraum Sauna 4Tennis ⛵
Auch Zimmer der Kategorie * vorhanden
** Hauptgericht 32; Gartenlokal
Kegeln Terrasse

Borghorst

Borghorst siehe Steinfurt

Borken 33

Nordrhein-Westfalen — Kreis Borken — 50 m — 39 000 Ew — Bocholt 20, Gladbeck 40 km
i ☎ (0 28 61) 93 92 52, Fax 6 67 92 — Verkehrsamt, Bahnhofstr 22, Im Bahnhof, 46325 Borken; Stadt im westlichen Münsterland. Sehenswert: Wasserburg Gemen; Herrensitz Haus Pröbsting; 5 Türme der ehem. Stadtbefestigung; Klosterkirche in Gemen; Stadtmuseum

** Lindenhof
Raesfelder Str 2, ✉ 46325, ☎ (0 28 61) 92 50, Fax 6 34 30, AX DC ED VA
56 Zi, Ez: 130, Dz: 140-190, 1 Suite, ⌐ WC ☎; Lift 1⇔150 ⑩
Auch Zimmer der Kategorie * vorhanden

* Haus Fliederbusch mit Appartment-Haus Fliederbusch
Hohe Oststr 20, ✉ 46325, ☎ (0 28 61) 9 22 50, Fax 92 25 19, AX DC ED VA
34 Zi, Ez: 85, Dz: 135, ⌐ WC ☎; 2⇔60 ⑩

* Haus Waldesruh
Dülmener Weg 278, ✉ 46325, ☎ (0 28 61) 9 40 00, Fax 94 00 94, AX DC ED VA
21 Zi, Ez: 75-85, Dz: 130-150, ⌐ WC ☎; **P** 2⇔220 Kegeln ⑩
geschl: 5.-20.7.

Gemen (2 km ↑)
* Demming
Neustr 15, ✉ 46325, ☎ (0 28 61) 6 20 99, Fax 6 62 42, ED VA
16 Zi, Ez: 75, Dz: 140, ⌐ WC ☎, 1🛁; **P** 2⇔150 Kegeln ⑩
Rezeption: 8-14, 16-22; geschl: Mo, 4.-11.1.

Rhedebrügge (4,5 km ←)
** Landhaus Grüneklee
Rhedebrügger Str 16, ✉ 46325, ☎ (0 28 72) 18 18, Fax 27 16, AX ED
Hauptgericht 32; Biergarten **P**; nur abends, so+feiertags auch mittags; geschl: Mo+Di, Jan
* 5 Zi, Ez: 60, Dz: 110, ⌐ WC ☎
geschl: Mo, Di, Jan

Weseke (6 km ↑)
⑩ **Landhaus Lindenbusch**
Hauptstr 29, ✉ 46325, ☎ (0 28 62) 9 12-0, Fax 4 11 15, AX ED VA
Hauptgericht 25; Gartenlokal Kegeln **P**; geschl: 15.02.-26.02.
⇐ 8 Zi, Ez: 68, Dz: 98, ⌐ WC ☎ DFÜ, 2🛁; 🚗
Rezeption: 8-14, 17-23; geschl: 15.2.-26.2.

Borkheide 29

Brandenburg — Potsdam-Mittelmark — 50 m — 1 077 Ew — Brück 10, Beelitz 12, Potsdam 40 km
i ☎ (03 38 44) 62-0 — Amt Brück, Ernst-Thälmann-Str 59, 14822 Brück. Sehenswert: Hans-Grade-Museum

** Fliegerheim
Friedrich-Engels-Str 9, ✉ 14822, ☎ (03 38 45) 4 11 15, Fax 4 11 16, ED VA
22 Zi, Ez: 75-95, Dz: 120-140, ⌐ WC ☎; **P** 2⇔120 ⑩

* Kieltyka
Friedrich-Engels-Str 45, ✉ 14822, ☎ (03 38 45) 4 03 15, Fax 4 11 63
8 Zi, Ez: 70-120, Dz: 104-150, ⌐ WC ☎ DFÜ; **P** 1⇔20 ⑩ 🚗
geschl: Fr

Borkum 15

Niedersachsen — Kreis Leer — 3 m — 5 800 Ew — Leer 32, Oldenburg 89 km
i ☎ (0 49 22) 93 31 08, Fax 93 31 04 — Tourist-Information, Am Georg-Schütte-Platz, 26757 Borkum; Ostfriesische Insel, Nordsee-Heilbad; Spielcasino

Achtung: PKW-Anmeldungen für die Überfahrt möglichst mit der Zimmerbuchung gleichzeitig vornehmen. Emden oder Eemshaven-Borkum und zurück bei der Reederei AG „EMS" in Emden, ☎ (0 49 21) 89 07 22, Fax 89 07 42

** Inselhotel Vier Jahreszeiten
Georg-Schütte-Platz 4, ✉ 26757, ☎ (0 49 22) 92 00, Fax 92 04 20, AX DC ED VA
59 Zi, Ez: 120-220, Dz: 260-280, 4 Suiten, ⌐ WC ☎; Lift **P** 1⇔45 ≋ Fitneßraum Sauna Solarium ⑩ 🚗

** Poseidon
♂ ⊸ Bismarckstr 40, ✉ 26757, ☎ (0 49 22) 92 20, Fax 41 89
58 Zi, Ez: 125-205, Dz: 220-310, 1 Suite, ⌐ WC ☎; Lift 2⇔100 ≘ Fitneßraum Sauna Solarium
** Seeterrassen
Hauptgericht 35

** Ringhotel Nordseehotel
♂ ⊸ Bubertstr 9, ✉ 26757, ☎ (0 49 22) 30 80, Fax 30 81 13, AX DC ED VA
89 Zi, Ez: 100-260, Dz: 160-280, S; 7 Suiten, ⌐ WC ☎; Lift **P** 1⇔40 ≘ Strandbad Seezugang Sauna Solarium 8Tennis 🚗
** Burchana
⊸ Hauptgericht 30

232

Bottrop

**   Nautic-Kurhotel Upstalsboom
Goethestr 18, ✉ 26757, ☎ (0 49 22) 30 40, Fax 30 49 11, AX DC ED VA
64 Zi, Ez: 100-190, Dz: 160-270, 10 Suiten, ⌐ WC ☎; Lift 🅿 Fitneßraum Sauna Solarium ☛
Restaurant für Hausgäste

**   Seehotel Upstalsboom
Viktoriastr 2, ✉ 26757, ☎ (0 49 22) 91 50, Fax 71 73, AX DC ED VA
39 Zi, Ez: 110-165, Dz: 170-260, ⌐ WC ☎ DFÜ, 18🖂; Lift
geschl: Nov-Feb
Restaurant für Hausgäste

*   Haus am Park
Bahnhofstr 5, ✉ 26757, ☎ (0 49 22) 22 77, Fax 72 82, ED
12 Zi, Ez: 72-85, Dz: 136-180, 2 Suiten, ⌐ WC ☎, 4🖂; 🅿 ≘ Sauna Solarium; **garni**

**   Swarte Evert
♈ Reedestr 5, ✉ 26757, ☎ (0 49 22) 12 35, Fax 12 35, AX DC ED VA
Hauptgericht 25; Terrasse; geschl: 20.11.-20.12., 6.1.-1.3.99

*   Upholm Hof
Upholenstr 45, ✉ 26757, ☎ (0 49 22) 41 76
Hauptgericht 35

Borna   39 ↙

Sachsen — Leipziger Land — 150 m — 21 700 Ew — Leipzig 21 km
🛈 ☎ (0 34 33) 87 30 — Stadtverwaltung, Markt 1, 04552 Borna

*   Drei Rosen
Bahnhofstr 67, ✉ 04552, ☎ (0 34 33) 20 44 94, Fax 20 44 98, AX ED VA
17 Zi, Ez: 105-115, Dz: 140, 2 Suiten, ⌐ WC ☎; 2⇌18 Sauna 🍽 ☛

Bornheim   43 ↘

Nordrhein-Westfalen — Rhein-Sieg-Kreis — 55 m — 39 267 Ew — Bonn 7 km
🛈 ☎ (0 22 22) 94 50, Fax 94 51 26 — Stadtverwaltung, Rathausstr 2, 53332 Bornheim.
Sehenswert: Herrensitze; Burganlagen; Römerkanal; ehem. Klosterkirche im Stadtteil Walberberg

Waldorf (3 km ←)
*   Zum Dorfbrunnen
Schmiedegasse 36, ✉ 53332, ☎ (0 22 27) 8 80, Fax 8 82 22, AX ED VA
32 Zi, Ez: 95-130, Dz: 125-160, ⌐ WC ☎; Lift 🅿 2⇌50 Kegeln
*   Hauptgericht 22; Terrasse

Bornheim   54 ↙

Rheinland-Pfalz — Kreis Südliche Weinstraße — 186 m — 1 000 Ew — Landau i. d. Pfalz 4, Neustadt a.d. Weinstraße 17 km
🛈 ☎ (0 63 48) 88 08 — Gemeindeverwaltung, 76879 Bornheim

*   Pension Zur Weinlaube
♉ Wiesenstr 31, ✉ 76879, ☎ (0 63 48) 15 84, Fax 51 53, ED
18 Zi, Ez: 80-110, Dz: 98-150, 1 Suite, 5 App, ⌐ WC ☎, 15🖂; 🅿 🍴 1⇌100 Sauna Solarium
Eigenbauweine

Bosau   11 ↙

Schleswig-Holstein — Kreis Ostholstein — 25 m — 750 Ew — Plön 8, Eutin 14, Bad Segeberg 34 km
🛈 ☎ (0 45 27) 9 70 44, Fax 9 70 45 — Kurverwaltung, Bischof-Vicelin-Damm 11, 23715 Bosau; Luftkurort am Plöner See.
Sehenswert: St. Petri Kirche; Dunkersche Kate

**   Strauers Hotel am See   👑
♉ ⋖ Gerold Damm 2, ✉ 23715, ☎ (0 45 27) 99 40, Fax 99 41 11
35 Zi, Ez: 160, Dz: 180-240, 4 Suiten, 4 App, ⌐ WC ☎, 2🖂; 🅿 🍴 3⇌50 ≘ Seezugang Sauna Solarium 9Golf 3Tennis ☛
geschl: Anfang Jan-Ende Feb
**   Seerestaurant
⋖ Hauptgericht 30; geschl: Mo abends, Anfang Jan-Ende Feb

Bothel   17 ↘

Niedersachsen — Kreis Rotenburg — 30 m — 1 850 Ew — Rotenburg a. d. Wümme 7, Visselhövede 14, Soltau 27 km
🛈 ☎ (0 42 66) 22 88, Fax 93 00 60 — Gemeindeverwaltung, 27386 Bothel

**   Botheler Landhaus   🍴
♈ Hemsbünder Str 10, ✉ 27386, ☎ (0 42 66) 15 17, Fax 15 17, AX DC ED VA
Hauptgericht 40; Gartenlokal Terrasse; nur abends; geschl: So, Mo

Bottrop   33 ←

Nordrhein-Westfalen — Stadtkreis — 28 m — 118 100 Ew — Oberhausen 7, Essen 8, Gelsenkirchen 14 km
🛈 ☎ (0 20 41) 26 54 64, Fax 26 54 66 — Stadtinformation, Gladbecker Str, 46236 Bottrop; Industriestadt im Ruhrgebiet. Sehenswert: Kath. Heilig-Kreuz-Kirche: Glasfenster; Stadtpark; Quadrat Bottrop: Moderne Galerie (Josef Albers), Museum für Ur- und Ortsgeschichte; Warner Brother Movie-World in Bottrop-Kirchhellen.

**   Courtyard By Marriott
Paßstr 6, ✉ 46236, ☎ (0 20 41) 16 80, Fax 26 26 99, AX DC ED VA
100 Zi, Ez: 179-259, Dz: 201-259, S; 2 Suiten, ⌐ WC ☎, 26🖂; Lift 🅿 🍴 4⇌140 Fitneßraum Sauna Solarium
**   Hauptgericht 30   →

Bottrop

* **Brauhaus-Hotel**
Gladbecker Str 78, ✉ 46236, ☎ (0 20 41)
2 48 90, Fax 2 48 93, ED VA
26 Zi, Ez: 110-130, Dz: 160, ⌐ WC ☎; P ⌐○⌐

Petit Marché
Hauptstr 6, ✉ 46244, ☎ (0 20 45) 32 31,
Fax 32 31, AX ED
Hauptgericht 35; geschl: Sa mittags, So

Bovenden 36 □

Niedersachsen — Kreis Göttingen — 280 m
— 13 500 Ew — Göttingen 6 km
i ☎ (05 51) 8 20 10, Fax 8 36 91 — Gemeindeverwaltung Flecken Bovenden, Rathausplatz 1, 37120 Bovenden

Rodetal (7 km ↗)
* **Rodetal**
Haus Nr 1, an der B 446, ✉ 37120,
☎ (0 55 94) 95 22-0, Fax 95 22-20, AX DC ED VA
Hauptgericht 27; P
* 9 Zi, Ez: 90-95, Dz: 140-145, ⌐ WC
☎; Lift 1⇔25

Brachttal 45 ↓

Hessen — Main-Kinzig-Kreis — 315 m —
4 900 Ew — Wächtersbach 7, Bad Orb
13 km
i ☎ (0 60 53) 61 21-0, Fax 6 1 21-20 — Gemeindeverwaltung, im Ortsteil Schlierbach, Wächtersbacher Str 48,
63636 Brachttal

Udenhain
* **Zum Bäcker**
Hauptstr 1, ✉ 63636, ☎ (0 60 54) 55 58,
Fax 60 21
40 Zi, Ez: 65, Dz: 110, 2 Suiten, 1 App, ⌐ WC
☎; P ⌐ 1⇔30 Kegeln Sauna Solarium
⌐○⌐
geschl: 3.1.-12.2.

Brackenheim 61 ↗

Baden-Württemberg — Kreis Heilbronn —
192 m — 13 600 Ew — Lauffen am Neckar 8,
Heilbronn 16 km
i ☎ (0 71 35) 10 50, Fax 10 51 88 — Stadtverwaltung, Marktplatz 1, 74336 Brackenheim; Größter Weinbauort in Württemberg. Sehenswert: Rokoko-Rathaus; Dürrenzimmern ⌐; ev. Stadtkirche; Renaissance-Schloß; Theodor-Heuss-Gedächtnisstätte; ev. Pfarrkirche und Burg im Stadtteil Neipperg; St. Ulrichskirche

** **Zum Alten Bandhaus**
Bandhausstr 2, ✉ 74336, ☎ (0 71 35)
9 82 50, Fax 98 25 26, ED VA
Hauptgericht 25
** 10 Zi, Ez: 85-93, Dz: 140-166, ⌐
WC ☎, 3⌐; Lift ⌐ 2⇔40

Botenheim (1 km ↓)
** **Adler**
Hindenburgstr 4, ✉ 74336, ☎ (0 71 35)
9 81 10, Fax 98 11 20, ED VA
15 Zi, Ez: 75-95, Dz: 140-200, ⌐ WC ☎; P
1⇔20
geschl: 5.8.-26.8.
** Hauptgericht 34; Gartenlokal;
geschl: Di, 5.8.-26.8.

Haberschlacht (4 km ↘)
⌐ **Gästehaus Frank**
Rohnerweg 7-9, ✉ 74336, ☎ (0 71 35) 68 01,
Fax 1 33 70
14 Zi, Ez: 38-50, Dz: 76-90, 2 Suiten, 2 App,
⌐ WC; P ⌐; garni

Bräunlingen 68 ←

Baden-Württemberg — Schwarzwald-Baar-Kreis — 700 m — 6 000 Ew — Hüfingen 3, Donaueschingen 7 km
i ☎ (07 71) 6 19 00, Fax 60 31 69 — Verkehrsamt, Kirchstr 10, 78199 Bräunlingen; Erholungsort am südlichen Schwarzwald. Sehenswert: Rathaus; Stadtkirche; Kelnhof-Museum; Friedhofskapelle; Mühlentor; Kirnbergsee (7 km ←)

Waldhausen (4 km ←)
* **Martinshof**
Hofweg 2, ✉ 78199, ☎ (07 71) 92 90 30,
Fax 9 29 03 26
11 Zi, Ez: 51-77, Dz: 72-116, ⌐ WC ☎; 1⇔16
⌐○⌐

Bräunsdorf 50 ↗

Sachsen — Freiberg — 890 Ew
i — Gemeindeverwaltung, 09603 Bräunsdorf

* **Landhaus Striegistal**
An der Striegis 141, ✉ 09603, ☎ (03 73 21)
88 10, Fax 8 81 50
15 Zi, Ez: 94, Dz: 128, 4 Suiten, ⌐ WC ☎,
2⌐; P ⌐○⌐ ⌐

Brakel 35 □

Nordrhein-Westfalen — Kreis Höxter —
140 m — 18 700 Ew — Bad Driburg 14,
Höxter 19, Paderborn 34 km
i ☎ (0 52 72) 3 60-2 69, Fax 3 60-3 60 — Verkehrsamt, Am Markt 5, 33034 Brakel; Luftkurort mit Heilquelle. Sehenswert: Kath. Michaelskirche; Kapuzinerkirche; Rathaus; kath. Kirche im Stadtteil Rheder (5 km ↓); SchloßHinnenburg (3 km ↑); Alte Waage; ehem. Benediktinerinnenkloster; Schloß Bökerhof

** **Kur- und Tagungshotel
Am Kaiserbrunnen**
⌐ Brunnenallee 79, ✉ 33034, ☎ (0 52 72)
60 50, Fax 60 51 11, AX DC ED VA
62 Zi, Ez: 95-125, Dz: 170-200, ⌐ WC ☎,
15⌐; Lift P 12⇔150 Sauna Solarium
** Hauptgericht 30

Brake (Unterweser) 16→

Niedersachsen — Kreis Wesermarsch — 2 m — 16 731 Ew — Nordenham 22, Oldenburg 31 km
🛈 ☎ (0 44 01) 1 94 33, Fax 1 94 33 — Tourist-Information Brake, Breite Str 9, 26919 Brake; Kreisstadt, Überseehafen. Sehenswert: Altes Fischerhaus ⋖; Schiffahrtsmuseum; Golzwarder Kirche (3,5 km ↑); Stadtkaje; Weserinsel Harriersand

* **Wilkens Hotel/Haus Linne**
⋖ Mitteldeichstr 51, ✉ 26919, ☎ (0 44 01) 53 57, Fax 48 28
12 Zi, Ez: 95, Dz: 140, ⊿ WC ☎; P 🠖
* Hauptgericht 35

* **Landhaus Groth**
Am Stadion 4, ✉ 26919, ☎ (0 44 01) 50 11, Fax 50 11, AX DC ED VA
13 Zi, Ez: 84-120, Dz: 110-140, ⊿ WC ☎; 1⇨120 🍽

Bramsche 24 □

Niedersachsen — Kreis Osnabrück — 44 m — 30 000 Ew — Osnabrück 15, Lingen 53 km
🛈 ☎ (0 54 61) 93 55-0, Fax 93 55-11 — Stadtmarketing Bramsche GmbH, Gilkamp 10, 49565 Bramsche; Stadt am Ems-Weser-Kanal. Sehenswert: Ev. Martinskirche; Bramscher Berg ⋖; Ausgrabungen zur Varus-Schlacht im Ortsteil Kalkriese, Infozentrum vor Ort; Tuchmachermuseum

** **Idingshof**
City Line & Country Line Hotels
♂ Bührener Esch 1, ✉ 49565, ☎ (0 54 61) 88 90, Fax 8 89 64, AX DC ED VA
72 Zi, Ez: 98-136, Dz: 168-200, ⊿ WC ☎; Lift P 5⇨200 Kegeln Sauna Solarium 18Golf 3Tennis 🍽 🠖

Hesepe (3 km ↑)
** **Akzent-Hotel Haus Surendorff**
Dinklingsweg 1, ✉ 49565, ☎ (0 54 61) 9 30 20, Fax 93 02 28, AX DC ED VA
31 Zi, Ez: 90-110, Dz: 145-155, ⊿ WC ☎, 2🛁; P 🖻 2⇨80 ⌂ Sauna
** Hauptgericht 32; Terrasse

Malgarten (7 km ↗)
** **Landhaus Hellmich**
Sögelner Allee 45, ✉ 49565, ☎ (0 54 61) 38 41, Fax 64 00 25, AX DC ED VA
Hauptgericht 35; Gartenlokal P; geschl: Mo + Di mittags; 🛏

Bramstedt, Bad 10↓

Schleswig-Holstein — Kreis Segeberg — 10 m — 11 400 Ew — Neumünster 19, Itzehoe 28 km
🛈 ☎ (0 41 92) 89 72 26, Fax 89 72 27 — Tourismusbüro/Zentrale Zimmervermittlung, Bleeck 17-19, 24576 Bad Bramstedt; Sol- und Moorbad

*** **Akzent-Hotel Gutsmann**
♂ Birkenweg 14, ✉ 24576, ☎ (0 41 92) 50 80, Fax 50 81 59, AX DC ED VA
146 Zi, Ez: 106-145, Dz: 185-210, 4 Suiten, ⊿ WC ☎, 75🛁; Lift P 14⇨150 ⌂ Kegeln Sauna Solarium 🠖

** **Schleswig-Holstein-Stube**
Hauptgericht 29; Terrasse

** **Treff Hotel Köhlerhof**
♂ Am Köhlerhof 4, ✉ 24576, ☎ (0 41 92) 50 50, Fax 50 56 38, AX DC ED VA
133 Zi, Ez: 155, Dz: 205, S; 1 Suite, ⊿ WC ☎, 12🛁; Lift P 14⇨800 ⌂ Bowling Fitneßraum Kegeln Sauna Solarium 🍽

** **Ringhotel Zur Post**
Bleeck 29, ✉ 24576, ☎ (0 41 92) 5 00 60, Fax 50 06 80, AX DC ED VA
48 Zi, Ez: 108-160, Dz: 160-210, S; ⊿ WC ☎, 6🛁; Lift P 🖻 9⇨100 ⌂
** Hauptgericht 35; Biergarten Terrasse

* **Freese**
Maienbeeck 23, ✉ 24576, ☎ (0 41 92) 15 42, Fax 8 58 17, ED
14 Zi, Ez: 68, Dz: 98, ⊿ WC ☎; P 🖻; 🍽
geschl: 5.7.-25.7., 1.1.-15.1.

Brandenburg 29←

Brandenburg — Kreis Brandenburg — 31 m — 86 000 Ew — Genthin 30, Potsdam 32 km
🛈 ☎ (0 33 81) 1 94 33, Fax 22 37 43 — Brandenburg-Information, Hauptstr 51, 14776 Brandenburg. Sehenswert: Dom St. Peter und Paul; Pfarrkirche St. Gotthardt; Katharinenkirche; Altstädtisches Rathaus mit Roland; Brandenburger Seengebiet; Heidrische Mühle; Johanneskirche; Ruine; vier Tortürme

** **Sorat Hotel Brandenburg**
Altstädtischer Markt 1, ✉ 14770, ☎ (0 33 81) 59 70, Fax 59 74 44, AX DC ED VA
86 Zi, Ez: 180-230, Dz: 210-260, S; 2 App, ⊿ WC ☎ DFÜ, 31🛁; Lift 🖻 4⇨70 Fitneßraum Sauna 🍽

* **Am St. Gotthard**
Mühlentorstr 56, ✉ 14770, ☎ (0 33 81) 52 90-0, Fax 52 90-30
10 Zi, Ez: 80-120, Dz: 130-160, ⊿ WC ☎, 4🛁; 🍽 🠖

Plaue
* **Luisenhof**
♂ Wendseeufer 8 a, ✉ 14774, ☎ (0 33 81) 40 33 81, Fax 40 33 81
7 Zi, Ez: 130, Dz: 130-150, ⊿ WC ☎; P Seezugang 🍽

Brand-Erbisdorf 50↗

Sachsen — Freiberg — 400 m — 10 000 Ew — Dresden 40, Chemnitz 40, Freiberg 5 km
🛈 ☎ (03 73 22) 3 20, Fax 3 23 41 — Stadtverwaltung, Markt 1, 09618 Brand-Erbisdorf →

Brand-Erbisdorf

✱✱ Strupix
Großhartmannsdorfer Str 6, ✉ 09618,
☎ (03 73 22) 87 00, Fax 8 70-20, AX ED VA
16 Zi, Ez: 89-105, Dz: 140, ⌐┘ WC ☎, 5✉; Lift
P 1➪20 ⬚
Restaurant für Hausgäste

✱✱ Brander Hof
Am Markt, ✉ 09618, ☎ (03 73 22) 5 50,
Fax 5 51 00, AX DC ED VA
37 Zi, Ez: 85-115, Dz: 130-150, 1 Suite, ⌐┘
WC ☎, 10✉; Lift P ⬚ 2➪80
✱✱ Hauptgericht 20; Biergarten

✱ Am Teich
♂ Am Teich 4, ✉ 09618, ☎ (03 73 22)
5 77 10, Fax 5 77 33, AX ED VA
12 Zi, Ez: 60-75, Dz: 80-120, 1 Suite, ⌐┘ WC
☎; ⬚ 1➪25; garni

Brandis 39 ↙

Sachsen — Wurzen — 160 m — 6 100 Ew —
Wurzen 12, Leipzig 16 km
ℹ ☎ (03 42 92) 65 50, Fax 6 55 28 — Stadtverwaltung, Markt 3, 04821 Brandis

✱✱ Parkhotel Brandis
Bahnhofstr 22-24, ✉ 04821, ☎ (03 42 92)
8 80, Fax 8 82 99, AX ED VA
60 Zi, Ez: 80-140, Dz: 99-145, 3 App, ⌐┘ WC
☎, 25✉; Lift P 2➪40 ⎈ ⬚

Brannenburg 72 ↘

Bayern — Kreis Rosenheim — 500 m —
5 200 Ew — Rosenheim 15, Kufstein 23 km
ℹ ☎ (0 80 34) 45 15, Fax 95 81 — Verkehrsamt, Rosenheimer Str 5, 83098 Brannenburg; Luftkurort im Inntal. Sehenswert:
Wendelstein, 1838 m ⛰ (Zahnradbahn bis
1724 m + 20 Min)

✱ Zum Schloßwirt
Kirchplatz 1, ✉ 83098, ☎ (0 80 34) 23 65,
Fax 71 87, AX ED VA
16 Zi, Ez: 55-80, Dz: 96-112, 1 Suite, ⌐┘ WC
☎; P ⬚ ⎈
geschl: 2.11.-5.12., 6.-21.4.

Degerndorf (1 km ↘)
✱ Gasthof Zur Post
Sudelfeldstr 20, ✉ 83098, ☎ (0 80 34) 10 66,
Fax 18 64, ED
35 Zi, Ez: 58-90, Dz: 115-135, 1 Suite, ⌐┘ WC
☎; P ⬚ 3➪120 Sauna Solarium ⎈ ⬚

Braubach 43 ↘

Rheinland-Pfalz — Rhein-Lahn-Kreis —
72 m — 3 500 Ew — Oberlahnstein 5,
Koblenz 11, St Goarshausen 23 km
ℹ ☎ (0 26 27) 9 97 60 05 — Verkehrsamt, Rathausstr 8, 56338 Braubach; Ort im Rheindurchbruchstal.
Sehenswert: Alte Pfarrkirche St. Martin;
ehem. Barbarakirche; Obertor; Fachwerkhäuser; Marksburg ⛰ (½ Std)

✱ Zum Weißen Schwanen
✉ Brunnenstr 4, ✉ 56338, ☎ (0 26 27) 5 59
+ 98 20, Fax 88 02, AX ED VA
Hauptgericht 30; P; geschl: Mi, Jul-Aug
4 Wochen
Urkundlich erstmals 1693 erwähnt
✱ ♂ ✉ 16 Zi, Ez: 80, Dz: 120-140, ⌐┘
WC ☎; 2➪80
Im Kelterhaus Zimmer der Kategorie ✱ und
in Alte Stadtmühle Zimmer der Kategorie
✱✱ vorhanden. Viele Antiquitäten. Kleines
Bauernmuseum

Brauneberg 52 ↗

Rheinland-Pfalz — Kreis Bernkastel-Wittlich — 105 m — 1 200 Ew — Bernkastel-Kues 7, Trier 54 km
ℹ ☎ (0 65 34) 4 14, Fax 83 55 — Verkehrsbüro, Moselweinstr. 201, 54472 Brauneberg; Weinbauort an der Mosel. Sehenswert: Röm. Kelteranlage; Franziskanerkloster

✱ Brauneberger Hof ♛
♂ Hauptstr 66, ✉ 54472, ☎ (0 65 34) 14 00,
Fax 14 01, ED VA
15 Zi, Ez: 80-115, Dz: 100-150, 1 App, ⌐┘ WC
☎; P 1➪12 ⬚
geschl: Mo, Mitte Jan-Mitte Febr
Eigenes Riesling-Weingut
✱✱ Hauptgericht 35; Gartenlokal Terrasse; nur abends, so + feiertags auch mittags; geschl: Mo, Mitte Jan-Mitte Feb

Braunfels 44 □

Hessen — Lahn-Dill-Kreis — 250 m —
10 865 Ew — Wetzlar 10, Weilburg 13 km
ℹ ☎ (0 64 42) 9 34 40, Fax 93 44 22 — Braunfelser Kur GmbH, Fürst-Ferdinand-Str 4,
35619 Braunfels; Luftkurort im Taunus.
Sehenswert: Hist. Stadtkern; Schloß:
Kustsammlungen; Marktplatz; Museen;
Tiergarten

✱✱ Altes Amtsgericht ♛
Gerichtsstr, ✉ 35619, ☎ (0 64 42) 9 34 80,
Fax 93 48 11, AX DC ED VA
21 Zi, Ez: 128-160, Dz: 185-250, 1 Suite, ⌐┘
WC ☎, 6✉; Lift P 2➪140 Sauna Solarium
18Golf
✱✱ Bergmann's
Hauptgericht 30; Terrasse; geschl: So

✱ Parkhotel Himmelreich
Am Kurpark 7, ✉ 35619, ☎ (0 64 42) 9 34 00,
Fax 93 40 99, AX DC ED VA
23 Zi, Ez: 98-105, Dz: 145-155, ⌐┘ WC ☎; Lift
P 1➪25 Fitneßraum Sauna Solarium ⎈

✱ Schloß-Hotel
Hubertusstr 2, ✉ 35619, ☎ (0 64 42) 30 50,
Fax 30 52 22, AX ED VA
35 Zi, Ez: 95-120, Dz: 145-195, ⌐┘ WC ☎; P
2➪35 18Golf ⎈ ⬚
geschl: 24.12.- Mitte Jan

Braunlage 37 ↘

Niedersachsen — Kreis Goslar — 560 m —
5 000 Ew — Clausthal-Zellerfeld 23,
Osterode 30, Goslar 34 km
i ☏ (0 55 20) 9 30 70, Fax 93 07 20 —
Kurverwaltung, Elbingeröder Str 17,
38700 Braunlage; Heilklimatischer Kurort,
Wintersportplatz im Harz. Sehenswert:
Wurmberg, 972 m, Turm ⋖ (4 km ↑)

** Romantik Hotel Zur Tanne
Herzog-Wilhelm-Str 8, ✉ 38700,
☏ (0 55 20) 9 31 20, Fax 39 92, AX DC ED VA
22 Zi, Ez: 85-170, Dz: 105-260, ⇨ WC ☏,
3🛏; **P** 🚗 1⇌15 9Golf
Auch Zimmer der Kategorie ***** vorhanden
** Hauptgericht 35

* Landhaus Foresta
♂ Am Jermerstein 1, ✉ 38700, ☏ (0 55 20)
93 22-0, Fax 93 22-13
22 Zi, Ez: 70-90, Dz: 130-160, 3 Suiten,
1 App, ⇨ WC ☏; 🚗 Fitneßraum Sauna
Solarium
Restaurant für Hausgäste

* Hasselhof
♂ Schützenstr 6, ✉ 38700, ☏ (0 55 20)
30 41, Fax 14 42, AX DC ED VA
20 Zi, Ez: 85-100, Dz: 146-166, ⇨ WC ☏,
4🛏; **P** ⌂ Fitneßraum Solarium; **garni**
Auch einfachere Zimmer vorhanden

Hohegeiß (11 km ↘)
* Sonneneck
⋖ Hindenburgstr 24, ✉ 38700, ☏ (0 55 83)
9 48 00, Fax 93 90 33
18 Zi, Ez: 100, Dz: 104-138, 2 Suiten, ⇨ WC
☏, 15🛏; **P** 🚗 2⇌35 Sauna Solarium 🍴
Auch Zimmer der Kategorie ****** vorhanden

* Landhaus Bei Wolfgang
Hindenburgstr 6, ✉ 38700, ☏ (0 55 83) 8 88,
Fax 13 54, AX DC ED VA
Hauptgericht 30; **P**; geschl: Do

Braunsbach 62 ↑

Baden-Württemberg — Kreis Schwäbisch
Hall — 250 m — 2 600 Ew — Langen-
burg 11, Schwäbisch Hall 13,
Künzelsau 15 km
i ☏ (0 79 06) 5 14, Fax 14 02 — Verkehrsamt, Geislinger Str 11, 74542 Braunsbach;
Ort am Kocher

Döttingen (3 km ↘)
** Schloß Döttingen
♂ ✉ 74542, ☏ (0 79 06) 10 10, Fax 1 01 10, ED
88 Zi, Ez: 75-99, Dz: 130-170, ⇨ WC ☏,
17🛏; **P** 7⇌80 ≋ Fitneßraum Kegeln Sauna
Solarium 🍴
geschl: 20.-31.7., 19.12.-3.1.
Zimmer in drei Gebäudeteilen

Braunschweig 26 ↘

Niedersachsen — Kreisfreie Stadt — 70 m
— 256 000 Ew — Flughafen (8 km ↑), Wolfs-
burg 23, Helmstedt 30, Hildesheim 46 km
i ☏ (05 31) 2 73 55 23, Fax 2 73 55 29 —
Verkehrsverein, Langer Hof 6 (B 3),
38100 Braunschweig; Regierungsbezirks-
hauptstadt; Technische Universität, Hoch-
schule für Bildende Künste; Staatstheater.
Sehenswert: Mittelalterlicher Stadtkern; ev.
Dom: Grabmal Heinrichs des Löwen; kath.
Ägidienkirche; ev. Martinikirche; Burg
Dankwarderode; Löwe; Altstadt-Rathaus;
Gewand-haus; Gildehaus; Herzog-Anton-
Ulrich-Museum: Gemälde; Städtisches
Museum; Naturhistorisches Museum;
Landesmuseum; Raabe-Gedächtnisstätte;
Zoologischer Garten. Umgebung: Schloß
Richmond ⋖ (3 km ↓); ehem. Klosterkirche
in Ridagshausen (4 km →); Bauernhaus-
museum in Bortfeld (12 km ←); ev. Kirche in
Melverode

Cityplan siehe Seite 238

*** Best Western Stadtpalais
Hinter Liebfrauen 1 a (B 3), ✉ 38100,
☏ (05 31) 24 10 24, Fax 24 10 25, AX DC ED VA
44 Zi, Ez: 165-225, Dz: 225-260, S; 1 App, ⇨
WC ☏, 10🛏; Lift **P** 1⇌18 🍴

*** Courtyard by Marriott
Augustus 6 (A 3), ✉ 38100, ☏ (05 31)
4 81 40, Fax 4 81 41 00, AX DC ED VA
140 Zi, Ez: 139-273, Dz: 139-336, S; ⇨ WC ☏
DFÜ, 53🛏; **P** 🚗 10⇌150 Fitneßraum
Sauna Solarium
** Augustus
Hauptgericht 25

** Mövenpick
Jöddenstr 3 (A 2), ✉ 38100, ☏ (05 31)
4 81 70, Fax 4 81 75 51, AX DC ED VA
112 Zi, Ez: 161-246, Dz: 182-307, S;
10 Suiten, 6 App, ⇨ WC ☏, 42🛏; Lift 🚗
8⇌220 ⌂ Fitneßraum Sauna Solarium
** Hauptgericht 25

** Ritter St. Georg
Alte Knochenhauerstr 12 (A 3), ✉ 38100,
☏ (05 31) 1 30 39, Fax 1 30 38, AX DC ED VA
22 Zi, Ez: 120-240, Dz: 160-380, 2 Suiten, ⇨
WC ☏; 2⇌30
*** 🍽 Hauptgericht 42; geschl: So

** Ringhotel Deutsches Haus
Ruhfäutchenplatz 1 (B 2), ✉ 38100,
☏ (05 31) 1 20 00, Fax 1 20 04 44, AX DC ED VA
84 Zi, Ez: 155-275, Dz: 222-380, S; 1 Suite, ⇨
WC ☏ DFÜ; Lift **P** 7⇌200 Fitneßraum ≋
Auch Zimmer der Kategorie ***** vorhanden
** Zum Burglöwen
🍽 Hauptgericht 30; Terrasse

** Apartement-Hotel Celler Tor
Ernst-Amme-Str 24, ✉ 38114, ☏ (05 31)
5 90 50, Fax 5 90 51 00, AX DC ED VA
Ez: 150-280, Dz: 180-350, 60 App, ⇨ WC ☏,
2🛏; Lift 11⇌300 🍴
Boarding-House →

Braunschweig

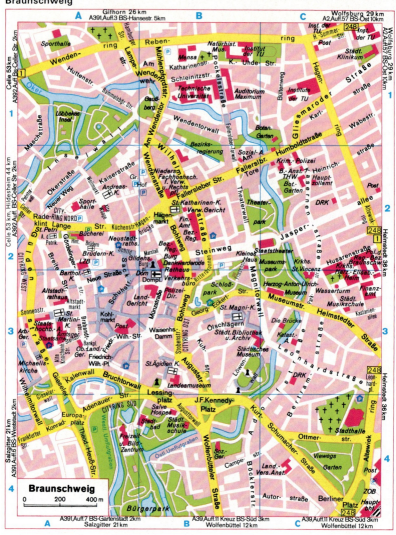

* Stadthotel Magnitor
Am Magnitor 1 (B 3), ✉ 38100, ☎ (05 31)
4 71 30, Fax 4 71 34 99, AX DC ED VA
28 Zi, Ez: 194-310, Dz: 258-420, 2 Suiten, ⊣
WC ☎; Lift 2⇔30
Historisches Fachwerk-Ensemble mit ehemaligem Speicher von 1476

* Herrendorf
Hauptgericht 30

Wer nicht zu zweit im Doppelbett schlafen möchte, sollte ausdrücklich ein Zimmer mit zwei getrennten Betten verlangen.

* Lessing-Hof
Okerstr 13 (A 2), ✉ 38100, ☎ (05 31) 2 41 60,
Fax 2 41 62 22, ED VA
39 Zi, Ez: 107-137, Dz: 172-182, 2 Suiten, ⊣
WC ☎ DFÜ; Lift 🅿 🈁 1⇔15; **garni**
Zufahrt über Alte Waage oder Neuer Weg

* An der Stadthalle
Leonhardstr 21 (C 3), ✉ 38102, ☎ (05 31)
7 30 68, Fax 7 51 48, AX DC ED VA
24 Zi, Ez: 95-135, Dz: 140-170, ⊣ WC ☎,
12🈁; Lift 🅿; **garni**
geschl: Ende Dez

Bredstedt

＊ Gästehaus Wartburg
Rennelbergstr 12 (außerhalb A 2), ✉ 38114,
☎ (05 31) 50 00 11, Fax 50 76 29, AX ED VA
21 Zi, Ez: 100-145, Dz: 145-185, ⊣ WC ☎;
Lift 🅿 🍴; garni

＊ City-Hotel Mertens
City Partner Hotels
Friedrich-Wilhelm-Str 27-29 (A 3), ✉ 38100,
☎ (05 31) 24 24 10, Fax 24 24 18, AX DC ED VA
38 Zi, Ez: 95-195, Dz: 130-260, S; ⊣ WC ☎,
6🛏; Lift 🍴 2⇄25 18Golf; garni
geschl: 25.12.-3.1.
Rezeption in der zweiten Etage

＊＊＊ Gewandhaus
Ⓥ Altstadtmarkt 1-2 (A 3), ✉ 38100,
☎ (05 31) 24 27 77, Fax 24 27 75, AX DC ED VA
Hauptgericht 36
Stechinelli
Ⓥ Hauptgericht 18

＊＊ Dannenfelds Restaurant ✤
Frankfurter Str 4, ✉ 38122, ☎ (05 31)
2 81 98 10, Fax 28 18 28, ED VA
Hauptgericht 38; Terrasse; geschl: Di

＊＊ Haus zur Hanse
Güldenstr 7 (A 3), ✉ 38100, ☎ (05 31)
24 39 00, Fax 24 3 90-99, AX DC VA
Hauptgericht 35; Terrasse;
Ehemaliges Brauhaus von 1562
＊＊ 16 Zi, Ez: 109-149, Dz: 140-185,
1 App, ⊣ WC ☎; Lift 3⇄100
Auch Zimmer der Kategorie ＊＊＊ vorhanden

＊ Lago Maggiore
Hagenbrücke 16 (B 2), ✉ 38100, ☎ (05 31)
4 52 20, Fax 1 79 22, AX DC ED VA
Hauptgericht 28

🍴 Tolle
Bohlweg 69 (B 3), ✉ 38100, ☎ (05 31)
4 44 37, Fax 1 38 75
Hauptgericht 13; Terrasse

Lamme (6 km ←)
＊＊ Villa San Michele
Neudammstr 28 b, ✉ 38116, ☎ (05 31)
25 26 20, Fax 2 52 62 27, AX DC ED VA
8 Zi, Ez: 90-135, Dz: 120-175, ⊣ WC ☎; 🅿
3⇄80 🍴

Riddagshausen (6 km →)
＊＊ Landhaus Seela
Messeweg 41, ✉ 38104, ☎ (05 31)
37 00 11 62, Fax 37 00 11 93, AX DC ED VA
57 Zi, Ez: 120-180, Dz: 170-300, 2 Suiten, ⊣
WC ☎, 10🛏; Lift 🅿 🍴 8⇄200
Auch Zimmer der Kategorie ＊＊＊ vorhanden
＊＊ Hauptgericht 35

＊ Grüner Jäger
Ebertallee 50, ✉ 38104, ☎ (05 31) 7 16 43,
Fax 7 16 43, AX ED VA
Hauptgericht 36; Biergarten 🅿 Terrasse

Rühme (7 km ↑)
＊ Nord
Robert-Bosch-Str 7, ✉ 38112, ☎ (05 31)
31 08 60, Fax 3 10 86 86
27 Zi, Ez: 89-160, Dz: 110-190, 5 App, ⊣ WC
☎ DFÜ; Lift 🅿 🍴; garni

Schapen
＊ Schapen
Weddeler Str 8, ✉ 38104, ☎ (05 31) 3 66 66,
Fax 2 36 21 18, ED VA
14 Zi, Ez: 75-85, Dz: 135, ⊣ WC ☎; 🅿; garni

Südstadt (4 km ↘)
＊＊ Play-Off-Tagungshotel
Salzdahlumer Str 137, ✉ 38126, ☎ (05 31)
2 63 10, Fax 6 71 19, AX DC ED VA
182 Zi, Ez: 119-380, Dz: 139-480, S; 2 Suiten,
2 App, ⊣ WC ☎, 37🛏; Lift 🅿 9⇄600
Fitneßraum Kegeln Sauna Solarium
6Tennis 🍴 🍹

Veltenhof (7 km ↘)
＊＊ Pfälzer Hof
Ernst-Böhme-Str 15, ✉ 38112, ☎ (05 31)
21 01 80, Fax 2 10 18 50, DC ED VA
35 Zi, Ez: 90-200, Dz: 160-180, 3 Suiten,
2 App, ⊣ WC ☎, 10🛏; Lift 🅿 🍴 2⇄80 Fitneßraum Kegeln Sauna Solarium 9Tennis 🍴

Wenden (8 km ↑)
＊＊ Quality Hotel Seminarius
Hauptstr 48 b, ✉ 38110, ☎ (0 53 07) 20 90,
Fax 20 94 00, AX DC ED VA
78 Zi, Ez: 135-185, Dz: 145-195, 12 App, ⊣
WC ☎, 10🛏; Lift 🅿 9⇄140 ≋ Fitneßraum
Kegeln Sauna Solarium 7Tennis 🍴 🍹

Bredstedt 9 ↘

Schleswig-Holstein — Kreis Nordfriesland
— 5 m — 4 600 Ew — Husum 16, Flensburg
39, Schleswig 47 km
ℹ ☎ (0 46 71) 58 57, Fax 69 75 — Fremdenverkehrsverein, Rathaus, 25821 Bredstedt;
Erholungsort. Sehenswert: Seevogel-Schutzgebiet;
Naturzentrum Nordfriesland:
Hamburger Hallig, Damm vom Festland
(14 km ←)

＊ Ulmenhof
Tondernsche Str 4, ✉ 25821, ☎ (0 46 71)
9 18 10, Fax 9 18 10, AX ED VA
Hauptgericht 20; 🅿; 🛏

＊ Friesenhalle
Hohle Gasse 2, ✉ 25821, ☎ (0 46 71) 15 21,
Fax 28 75, AX DC ED VA
Hauptgericht 25; 🅿 Terrasse; 🛏

Breege-Juliusruh siehe Rügen

Brehna 38→

Sachsen-Anhalt — Kreis Bitterfeld — 90 m — 2 800 Ew — Bitterfeld 12, Halle 17 km
🛈 ☎ (03 49 54) 4 56 23, Fax 4 56 40 — Verwaltungsgemeinschaft, „Am Strengbach", Bitterfelder Str 28, 06796 Brehna

*** Country Park-Hotel Top International Hotel
Thiemendorfer Mark 2, ✉ 06796, ☎ (03 49 54) 6 50, Fax 6 55 56, AX DC ED VA
182 Zi, Ez: 145-180, Dz: 180-225, S; ⊣ WC ☎ DFÜ, 50🖂; Lift 🅿 14⇨200 Sauna Solarium 🍸
geschl: 24.12.-1.1.
** Hauptgericht 30; Terrasse;
geschl: Ende Dez-Anfang Jan

** Holiday Inn Garden Court Leipzig Brehna
Otto-Lilienthal-Str 6, ✉ 06796, ☎ (03 49 54) 6 16 00, Fax 6 15 00, AX DC ED VA
153 Zi, Ez: 110-150, Dz: 125-185, S; 2 App, ⊣ WC ☎ DFÜ, 76🖂; Lift 🅿 🍴 🍸

Breisach am Rhein 67←

Baden-Württemberg — Kreis Breisgau-Hochschwarzwald — 190 m — 12 000 Ew — Colmar 21, Freiburg 26 km
🛈 ☎ (0 76 67) 8 32 27, Fax 8 07 18 — Verkehrsamt-Torist-Information, Marktplatz, 79206 Breisach a. Rhein. Sehenswert: Kath. St.-Stephans-Münster: Hochaltar, Lettner, Fresken; Stadttore; Museum für Stadtgeschichte; größte Erzeuger-Weinkellerei Europas

** Ringhotel Am Münster
♂ ◄ Münsterbergstr 23, ☎ (0 76 67) 83 80, Fax 83 81 00, AX DC ED VA
70 Zi, Ez: 160, Dz: 174-260, S; ⊣ WC ☎, 23🖂; Lift 🅿 🍴 4⇨180 ♨ Fitneßraum Kegeln Sauna Solarium 🍸
geschl: 7.-20.1.
** Badische Weinstube
◄ Hauptgericht 31; Terrasse; geschl: 07.01.-20.01.

* Kaiserstühler Hof
Richard-Müller-Str 2, ✉ 79206, ☎ (0 76 67) 8 30 60, Fax 83 06 66, AX DC ED VA
20 Zi, Ez: 80-150, Dz: 130-195, 1 Suite, ⊣ WC ☎; Lift 🅿 🍴 1⇨30
geschl: 1 Woche über Fasching
* Hauptgericht 35; Gartenlokal Terrasse; geschl: 1 Woche zu Fasching

** Kapuzinergarten
◄ Kapuzinergasse 26, ✉ 79206, ☎ (0 76 67) 9 30 00, Fax 93 00 93, AX
Hauptgericht 30; Terrasse
* ♂ ◄ 39 Zi, Ez: 70-105, Dz: 98-180, 4 Suiten, ⊣ WC, 9🖂; Lift 🅿 18Golf 1⇨25 18Golf

Hochstetten
* Landgasthof Adler mit Gästehaus
Hochstetter Str 11, ✉ 79206, ☎ (0 76 67) 9 39 30, Fax 9 39 30, ED VA
23 Zi, Ez: 70-90, Dz: 120-130, ⊣ WC ☎; 🅿 🍴 ♨ 🍸
geschl: Do, 2 Wochen im Feb

Breisig, Bad 43 ▢

Rheinland-Pfalz — Kreis Ahrweiler — 62 m — 8 000 Ew — Koblenz 30, Bonn 30 km
🛈 ☎ (0 26 33) 4 56 30, Fax 45 63 50 — Verkehrsamt, Albert-Mertes-Str 11, 53498 Bad Breisig; Mineralheilbad am Rhein. Sehenswert: Kath. Kirchen; Puppenmuseum; Märchenwald; Vulkan-Express

** Rheinhotel Vier Jahreszeiten
◄ Rheinstr 11, ✉ 53498, ☎ (0 26 33) 60 70, Fax 92 20, AX DC ED VA
169 Zi, Ez: 125-140, Dz: 195-225, 11 App, ⊣ WC ☎; Lift 🅿 🍴 15⇨360 ♨ Kegeln Sauna Solarium 4Tennis 🍸
** Schweizer Stuben
◄ Hauptgericht 28

* Zur Mühle
♂ ◄ Rheinufer 91, ✉ 53498, ☎ (0 26 33) 9 70 61, Fax 9 60 17, AX DC ED VA
33 Zi, Ez: 80-98, Dz: 130-165, ⊣ WC ☎; Lift 🅿 🍴 2⇨40 ♨ 🍸
geschl: 5.1.-28.2.

* Niederée
Schmittgasse 2, ✉ 53498, ☎ (0 26 33) 45 70-0, Fax 9 67 66, AX DC ED VA
28 Zi, Ez: 70-80, Dz: 130-150, 1 Suite, ⊣ WC ☎, 9🖂; Lift 🅿 Sauna Solarium 🍸

** Historisches Weinhaus Templerhof
Koblenzer Str 45, ✉ 53498, ☎ (0 26 33) 94 35, Fax 73 94, 🅿 Terrasse; geschl: Mi, Do mittags, 2 Wochen im Jan, 2 Wochen im Jun

* Alte Post
Bachstr 9, ✉ 53498, ☎ (0 26 33) 9 71 50, DC ED VA
Hauptgericht 20
* 8 Zi, Ez: 50-65, Dz: 110-130, ⊣ WC ☎

Breitenbach a. Herzberg 46 ↑

Hessen — Hersfeld-Rotenburg — 234 m — 2 143 Ew — 0 km
🛈 ☎ (0 66 75) 5 51, Fax 5 52 — Gemeindeverwaltung, Schulstr 21, 36287 Breitenbach am Herzberg

Oberjossa
⌂ Jossatal
Hersfelder Str 10, ✉ 36287, ☎ (0 66 75) 2 27, Fax 15 89
32 Zi, Ez: 50-65, Dz: 90-100, ⊣ WC; 🅿 🍴 2⇨90 🍸

Breitengüßbach 57 ↘

Bayern — Kreis Bamberg — 250 m —
4 500 Ew — Bamberg 9, Lichtenfels 24 km
ℹ️ ☎ (0 95 44) 9 22 30, Fax 92 23 55 —
Gemeindeverwaltung, Kirchplatz 4,
96149 Breitengüßbach; Ort am oberen
Main

✷✷ Vierjahreszeiten
Am Sportplatz 6, ✉ 96149, ☎ (0 95 44)
92 90, Fax 92 92 92, ED
35 Zi, Ez: 80-105, Dz: 110-140, ⊐ WC ☎; 🅿
3✧35 ≘ Fitneßraum Sauna Solarium
✷✷ Hauptgericht 25; geschl: Fr, So
abends

Breitnau 67 →

Baden-Württemberg — Kreis Breisgau-
Hochschwarzwald — 950 m — 1 700 Ew —
Hinterzarten 5, Neustadt im Schwarzwald
15, Freiburg 31 km
ℹ️ ☎ (0 76 52) 91 09 20, Fax 91 09 30 — Kurverwaltung, Dorfstr 11, 79874 Breitnau;
Luftkurort und Wintersportplatz. Sehenswert: Hirschsprung; Höllental; Ravennaschlucht (5 km ↓); Titisee (9 km ↘)

Breitnau-Außerhalb (1 km →)
✷ Gasthof Löwen
◂◦ Dorfstr 44, an der B 500, ✉ 79874,
☎ (0 76 52) 3 59, Fax 3 59-55 12
15 Zi, Ez: 55-65, Dz: 100-130, 1 Suite, ⊐ WC;
🅿 Fitneßraum Sauna Solarium 1 Tennis ⬛
✷ Hauptgericht 21; Gartenlokal

Breitnau-Außerhalb (1,5 km ↘)
✷✷ Kaiser's Tanne-Wirtshus ♛
Am Wirbstein 27, ✉ 79874, ☎ (0 76 52)
1 20 10, Fax 15 07
31 Zi, Ez: 110-290, Dz: 200-260, 4 Suiten, ⊐
WC ☎ DFÜ; 🅿 🖥 ≘ Sauna Solarium ⬛
Auch Zimmer der Kategorie ✷✷✷ vor-
handen
✷✷ ⊗ Hauptgericht 40; Terrasse

Höllsteig (6 km ↓)
✷✷ Best Western Hofgut Sternen
einzeln ♂ an der B 31, Abfahrt Ravennaschlucht, ✉ 79874, ☎ (0 76 52) 90 10,
Fax 10 31, AX DC ED VA
57 Zi, Ez: 93-108, Dz: 146-206, ⊐ WC ☎,
8⬜; Lift 🅿 2✧60
✷ Hauptgericht 21; Terrasse

Ödenbach (2 km ↘)
✷✷ Silencehotel Faller
Im Ödenbach 5, ✉ 79874, ☎ (0 76 52) 10 01,
Fax 3 11
21 Zi, Ez: 80-100, Dz: 100-220, 4 Suiten, ⊐
WC ☎; Lift 🅿 🖥 1✧15 Fitneßraum Sauna
Solarium ⬛
Auch Zimmer der Kategorie ✷ vorhanden
✷ Hauptgericht 30; Gartenlokal
Terrasse

Breitscheid 44 ☐

Hessen — Lahn-Dill-Kreis — 460 m —
4 880 Ew — Haiger 8, Herborn 10, Siegen
29 km
ℹ️ ☎ (0 27 77) 91 33-0, Fax 91 33-26 —
Gemeindeverwaltung, Rathausstr 14,
35767 Breitscheid

Gusternhain (3 km ↓)
✷ Landgasthaus Ströhmann
Gusternhainer Str 11, ✉ 35767, ☎ (0 27 77)
3 04, Fax 70 80, ED
12 Zi, Ez: 80, Dz: 140, ⊐ WC ☎; 🅿 🖥 3✧65
🍽 ⬛

Breitungen (Werra) 46 ↗

Thüringen — Kreis Schmalkalden/Meinin-
gen — 270 m — 6 000 Ew — Bad Salzungen
5, Schmalkalden 12 km
ℹ️ ☎ (03 68 48) 88 20, Fax 8 82 32 — Gemeindeverwaltung, Rathausstr 24, 98597 Breit-
ungen. Sehenswert: Klosterkirche; Truse-
taler Wasserfall (9 km ↗); Breitunger Seen

✷✷ Skaras Landhaushotel
Wirtsgasse 13, ✉ 98597, ☎ (03 68 48) 88 00,
Fax 88 01 22, ED VA
14 Zi, Ez: 60-90, Dz: 100-130, 1 Suite, ⊐ WC
☎; 🅿 1✧30 🍽 ⬛

Bremen 17 ↙

Bremen — 8 m — 555 000 Ew — Hannover 110, Hamburg 120, Bonn 375 km
ℹ️ ☎ (04 21) 30 80 00, Fax 3 08 00 30 —
Bremer Touristik Zentrale GmbH, Hillmannplatz 6 (C 2), 28195 Bremen; Freie Hansestadt an der Weser, Hauptstadt des Landes
Bremen; zweitgrößter Seehafen der Bundesrepublik, Universität, Hochschule für
gestaltende Kunst und Musik; Theater am
Goetheplatz; Schauspielhaus; Niederdeut-
sches Ernst-Waldau-Theater; Spielcasino.

Sehenswert: Dom: Bleikeller; Liebfrauen-
kirche; Martinikirche; Seehäfen (Rundfahrten vom Martini-Anleger); Markt: Rathaus:
Halle, Ratskeller; Roland; Schütting: Han-
delskammer; Böttcherstr: Glockenspiel;
Paula-Becker-Modersohn-Haus mit Gemäl-
deausstellung und Sammlung Bernhard
Hoetger; Schnoorviertel; Gerhard-Marcks-
Haus; Kunstsammlung Roselius-Haus;
Kunsthalle: Gemälde; Übersee-Museum;
Landesmuseum für Kunst und Kulturgeschichte; Focke-Museum; Neues Museum
Weserburg; Rundfunkmuseum; Parkanlagen: Bürgerpark und Stadtwald; Wallanlagen; Rhododendron-Park und Botanischer Garten

Cityplan siehe Seite 242 →

Bremen

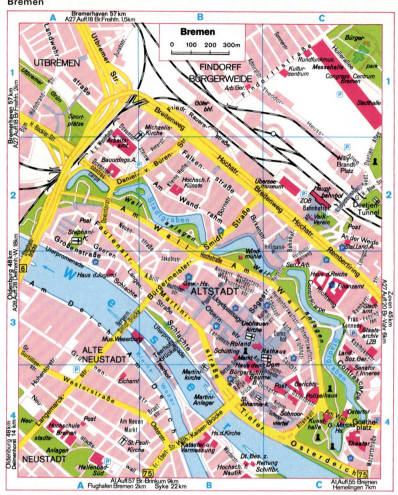

★★★★ Park Hotel
The Leading Hotels of the World

einzeln 🕭 ⇤ Im Bürgerpark, Anfahrt über Hollerallee (C 1), ✉ 28209, ☎ (04 21) 3 40 80, Fax 3 40 86 02, AX DC ED VA
137 Zi, Ez: 445, Dz: 495-595, S; 13 Suiten, ♨ WC ☎ DFÜ; Lift 🅿 🍴 9⇨500 18Golf 🍷
Zimmer unterschiedlicher Kategorien vorhanden

★★★★ Park-Restaurant
Hauptgericht 50

★★ buten un binnen
Hauptgericht 35

Abweichungen zwischen Datenteil und Reisekartenteil ergeben sich durch verschiedene Redaktionsschlußzeiten.

★★★ Maritim
Hollerallee 99 (C 1), ✉ 28215, ☎ (04 21) 3 78 90, Fax 3 78 96 00, AX DC ED VA
261 Zi, Ez: 217-449, Dz: 260-530, S; 27 Suiten, ♨ WC ☎ DFÜ, 68🍽; Lift 🚗 16⇨1700 🛋 Fitneßraum Sauna Solarium 🍷

★★★★ L'Echalote
Hauptgericht 44; geschl: in den Sommerferien

★★★ Brasserie
Hauptgericht 39; Terrasse

★★★ Bremen Marriott Hotel
🕭 Hillmannplatz 20 (C 2), ✉ 28195, ☎ (04 21) 1 76 70, Fax 17 67-2 03, AX DC ED VA
228 Zi, Ez: 179-290, Dz: 179-320, S; 4 Suiten, ♨ WC ☎ DFÜ, 112🍽; Lift 🅿 🍴 9⇨700 18Golf 🍷🍷

Bremen

*** Holiday Inn Crowne Plaza
⚓ Böttcherstr 2, Eingang Wachtstr, Anfahrt über Mart (B 3-4), ✉ 28195, ☎ (04 21) 3 69 60, Fax 3 69 69 60, AX DC ED VA
228 Zi, Ez: 250-300, Dz: 300-350, S; 8 Suiten, ⌁ WC, 96🖂; Lift 🅿 14✧300 🛁 Fitneßraum Sauna Solarium 🚬
* Hauptgericht 34

** Best Western Zur Post
Bahnhofsplatz 11 (C 2), ✉ 28195, ☎ (04 21) 3 05 90, Fax 3 05 95 91, AX DC ED VA
184 Zi, Ez: 129-237, Dz: 178-299, S; 4 Suiten, ⌁ WC ☎ DFÜ, 17🖂; Lift 🅿 13✧120 🛁 Fitneßraum Sauna Solarium 🚬
Gegen Aufpreis Sonderleistungen möglich (Golden Crown Club)
*** L'Orchidée 🔑 🍷
Hauptgericht 45; 🅿; nur abends; geschl: So, Mo, in den Sommerferien
* La Dolce Vita
Hauptgericht 30; 🅿

** Mercure
Bahnhofsplatz 5-7 (C 2), ✉ 28195, ☎ (04 21) 3 01 20, Fax 1 53 69, AX DC ED VA
143 Zi, Ez: 149-219, Dz: 201-241, S; 5 Suiten, ⌁ WC ☎, 25🖂; Lift 🅿 3✧70 Sauna Solarium; garni

** Treff Überseehotel Bremen
Am Markt/Wachtstr 27 (B 4), ✉ 28195, ☎ (04 21) 3 60 10, Fax 3 60 15 55, AX DC ED VA
124 Zi, Ez: 150-200, Dz: 200-260, S; ⌁ WC ☎; Lift 🅿 6✧50 🍴

** Hanseat
Bahnhofsplatz 8 (C 2), ✉ 28195, ☎ (04 21) 1 46 88 + 1 67 09 00, Fax 17 05 88, AX DC ED VA
33 Zi, Ez: 148-198, Dz: 178-238, ⌁ WC ☎ DFÜ; Lift; garni

** Schaper-Siedenburg
Bahnhofstr 8 (C 2), ✉ 28195, ☎ (04 21) 3 08 70, Fax 30 87 88, AX DC ED VA
93 Zi, Ez: 130-160, Dz: 165-190, S; 2 App, ⌁ WC ☎, 13🖂; Lift; garni
geschl: 21.12.-3.1.

** Bremer Haus
Löningstr 16 (C 3), ✉ 28195, ☎ (04 21) 3 29 40, Fax 3 29 44 11, AX DC ED VA
71 Zi, Ez: 135-160, Dz: 165-215, S; ⌁ WC ☎, 10🖂; Lift 🅿 🅿 1✧25 🍴 🚬

* Lichtsinn
Rembertistr 11 (C 3), ✉ 28203, ☎ (04 21) 36 80 70, Fax 32 72 87, AX ED
32 Zi, Ez: 145-150, Dz: 180-200, 2 Suiten, 12 App, ⌁ WC ☎ DFÜ, 2🖂; Lift 🅿 Fitneßraum Solarium; garni
geschl: 20.12.-5.1.
Auch Zimmer der Kategorie ** vorhanden

* Jacobi-Hotel
Jakobistr 23a (B 3), ✉ 28195, ☎ (04 21) 1 46 71 + 1 73 54-0, Fax 1 46 74, AX DC ED VA
12 Zi, Ez: 95-150, Dz: 110-170, ⌁ WC ☎; Lift 🅿; garni

*** Villa Verde 🍷
🍽 Auf dem Peterswerder/Weserstadion, ✉ 28195, ☎ (04 21) 3 05 91 00, Fax 4 98 73 07, AX DC ED VA
Hauptgericht 50; geschl: So, Mo, Anfang-Ende Jan, 3 Wochen in den Sommerferien

** Meierei Bürgerpark
🍽 Bürgerpark (C 1), ✉ 28209, ☎ (04 21) 3 40 86 19, Fax 2 19 98 11, AX DC ED VA
Hauptgericht 40

Bremer Ratskeller
Am Markt 1 (B 3), ✉ 28195, ☎ (04 21) 32 16 76, Fax 3 37 81 21, AX DC ED VA
** Restaurant vor dem Bacchus
Hauptgericht 40
Bemerkenswerte Weinkarte
* Historische Halle
🍷 Hauptgericht 20

** Haus St. Petrus
🍷 Böttcherstr 3-5 (B 4-3), ✉ 28195, ☎ (04 21) 32 09 95, Fax 32 09 96, AX DC ED VA
Hauptgericht 35; geschl: So

** Das kleine Lokal
Besselstr 40 (außerha), ✉ 28203, ☎ (04 21) 4 97 90 84, Fax 4 97 90 83, AX DC ED VA
Hauptgericht 42; Terrasse; nur abends; geschl: Mo

Grashoff's Bistro 🍷
Contrescarpe 80 (C 2), ✉ 28195, ☎ (04 21) 1 47 40, Fax 30 20 40, DC VA
Hauptgericht 40;
Delikatessengeschäft mit Weinabteilung und Bistro

Bistro Feinkost Hocke
Schüsselkorb 17 (C 3), ✉ 28195, ☎ (04 21) 32 66 51, Fax 32 73 25, AX ED
Hauptgericht 40

🚬 Café Knigge
Sögestr 42 (B 3), ✉ 28195, ☎ (04 21) 1 30 68, Fax 1 83 96
Hauptgericht 10; Gartenlokal
Teestube, holl. Kakaostube; Spezialität: Kapuzinertorte, Bremer Klaben

---

Blumenthal (26 km ↘)
* Zum Klüverbaum
Mühlenstr 43-45, ✉ 28779, ☎ (04 21) 60 00 77, Fax 60 87 14, AX DC ED VA
34 Zi, Ez: 69-98, Dz: 98-145, ⌁ WC ☎; 🅿 🅿 3✧120 Kegeln 🍴

Farge (32 km ↘)
** Ringhotel Fährhaus Farge
🍽 Wilhelmshavener Str 1, ✉ 28777, ☎ (04 21) 6 86 81, Fax 6 86 84, AX DC ED VA
20 Zi, Ez: 129-139, Dz: 180-190, S; ⌁ WC ☎; 🅿 🅿 3✧80 Kegeln 🚬
** 🍽 Hauptgericht 30; Terrasse →

Bremen

Horn-Lehe (6 km ↗)
★★★ Landgut Horn City Line & Country Line Hotels
Leher Heerstr 140, ✉ 28357, ☎ (04 21) 2 58 90, Fax 2 58 92 22, AX DC ED VA
104 Zi, Ez: 160-190, Dz: 195-225, S; 2 Suiten, ⊣ WC ☎ DFÜ, 30🛏; Lift 🅿 🚗 3⟷90 18Golf

Auch Zimmer der Kategorie ★★ vorhanden
★★ Victorian
Hauptgericht 34; Terrasse

★★ Horner Eiche
Im Hollergrund 1, über Zubringer Horn-Lehe, ✉ 28357, ☎ (04 21) 2 78 20, Fax 2 7696 66, AX DC ED VA
68 Zi, Ez: 115-135, Dz: 175, ⊣ WC ☎ DFÜ, 14🛏; Lift 🅿 🚗 2⟷100 Kegeln; garni
Restaurant für Hausgäste

★★ Deutsche Eiche
Lilienthaler Heerstr 174, ✉ 28357, ☎ (04 21) 25 10 11, Fax 25 10 14, AX DC ED VA
39 Zi, Ez: 105-125, Dz: 150-175, ⊣ WC ☎; Lift 🅿 🚗 4⟷100 Kegeln
Auch Zimmer der Kategorie ★ vorhanden
★ Hauptgericht 30

Neue Vahr (4 km →)
★★★ Queens Hotel
August-Bebel-Allee 4, ✉ 28329, ☎ (04 21) 2 38 70, Fax 23 46 17, AX DC ED VA
142 Zi, Ez: 126-221, Dz: 162-292, S; ⊣ WC ☎, 34🛏; Lift 🅿 7⟷380
★★ Kornhaus
Hauptgericht 29

Neustadt (2 km ↙)
★★★ Atlantik Hotel Airport
Flughafenallee 26, ✉ 28199, ☎ (04 21) 5 57 10, Fax 5 57 11 00, AX DC ED VA
109 Zi, Ez: 188, Dz: 268, 3 Suiten, ⊣ WC ☎; Lift 🅿 6⟷100 🍴

★★ Treff Hotel Airport
Neuenlander Str 55, ✉ 28199, ☎ (04 21) 5 09 50, Fax 50 86 52, AX DC ED VA
94 Zi, Ez: 110-180, Dz: 150-200, S; 14 Suiten, 62 App, ⊣ WC ☎ DFÜ, 44🛏; Lift 🅿 6⟷35 Fitneßraum Sauna Solarium 🍴

Schwachhausen (4 km ↗)
★★ Ringhotel Munte am Stadtwald
Parkallee 299, ✉ 28213, ☎ (04 21) 2 20 20, Fax 21 98 76, AX DC ED VA
134 Zi, Ez: 166-240, Dz: 190-270, S; 2 Suiten, ⊣ WC ☎, 20🛏; Lift 🅿 🚗 14⟷500 ≘ Sauna Solarium
★★ Hauptgericht 30

★ Heldt
♂ Friedhofstr 41, ✉ 28213, ☎ (04 21) 21 30 51, Fax 21 51 45, AX DC ED VA
47 Zi, Ez: 89-125, Dz: 110-175, 2 App, ⊣ WC ☎, 5🛏; 🅿 🚗 Solarium 🍴
Im Gästehaus Zimmer der Kategorie ★★ vorhanden

★★ Tiffany
Schwachhauser Heerstr 207, ✉ 28213, ☎ (04 21) 21 76 86, Fax 25 11 49, AX DC ED VA
Hauptgericht 40

Vegesack (23 km ↘)
★★ Strandlust Vegesack
⊲ Rohrstr 11, ✉ 28757, ☎ (04 21) 6 60 90, Fax 6 60 91 11, AX DC ED VA
45 Zi, Ez: 125-165, Dz: 220-260, 3 Suiten, ⊣ WC ☎ DFÜ, 15🛏; Lift 🅿 🚗 6⟷800 Fitneßraum Kegeln 18Golf 12Tennis
Auch Zimmer der Kategorie ★★★ vorhanden
★★ ⊲ Hauptgericht 38; Biergarten Terrasse

★★ Atlantic Hotel Vegesack
Sagerstr 20, ✉ 28199, ☎ (04 21) 6 60 50, Fax 66 47 74, AX DC ED VA
87 Zi, Ez: 140-160, Dz: 180-260, 4 Suiten, ⊣ WC ☎; Lift 🚗 6⟷60 Fitneßraum Sauna Solarium 🍴

★★ Jan Tabac
Weserstr 93, ✉ 28757, ☎ (04 21) 66 22 72, Fax 62 35 10
Hauptgericht 33; Terrasse; nur abends; geschl: So, Mo, Aug
Nur Menüs

Bremerhaven 17 ↘

Bremen — Stadtkreis — 3 m — 131 000 Ew — Bremen 60, Hamburg 120 km
ℹ ☎ (04 71) 9 46 46-10, Fax 946 46-51 — Verkehrsamt, Van-Ronzelen-Str 2 (A 1), 27568 Bremerhaven; Seehafenstadt an der Wesermündung, führender Fischereihafen des Kontinents; Autofähre nach Blexen (Nordenham); Stadttheater. Sehenswert: Columbuskaje (Bahnhof am Meer); Containerkreuz; Radarturm ⊲; Deichpromenade ⊲; Tiergrotten mit Nordsee-Aquarium; Kunsthalle; Morgensternmuseum; Deutsches Schiffahrtsmuseum; Wissenschaftl. Sammlung „Nordseemuseum" des Alfred-Wegener-Instituts; Technikmuseum U-Boot „Wilhelm Bauer"; Freilichtmuseum Speckenbüttel

★★★ Best Western Naber
Theodor-Heuss-Platz (B 1), ✉ 27568, ☎ (04 71) 4 87 70, Fax 4 87 79 99, AX DC ED VA
93 Zi, Ez: 164-169, Dz: 190-245, S; 5 Suiten, ⊣ WC ☎, 9🛏; Lift 🅿 🚗 4⟷200
Auch Zimmer der Kategorie ★★ vorhanden
★★ Hauptgericht 35; Terrasse

★★ Haverkamp
Prager Str 34 (B 1), ✉ 27568, ☎ (04 71) 4 83 30, Fax 4 83 32 81, AX DC ED VA
92 Zi, Ez: 140-230, Dz: 185-350, 1 Suite, ⊣ WC ☎, 20🛏; Lift 🚗 4⟷80 ≘ Sauna
Auch Zimmer der Kategorie ★★★ vorhanden
★★ Hauptgericht 32

★ Primula
Stresemannstr 10, ✉ 27576, ☎ (04 71) 9 55 00, Fax 9 55 05 50, AX DC ED VA
82 Zi, Ez: 120, Dz: 140, 4 Suiten, 1 App, ⊣ WC ☎, 20🛏; Lift 🅿 3⟷40 🍴

Brensbach

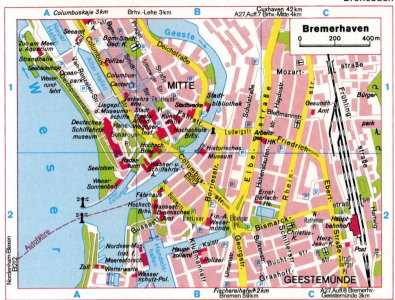

✱ Comfort Hotel
⊰ Am Schaufenster 7, ✉ 27572, ☎ (04 71)
9 32 00, Fax 9 32 01 00, AX DC ED VA
88 Zi, Ez: 125-135, Dz: 155-165, ⊴ WC ☎
DFÜ, 17✉; Lift 🅿 2⟷50; garni

✱✱ Natusch 🌸
Fischereihafen-Restaurant
⊗ Am Fischbahnhof 1, ✉ 27572, ☎ (04 71)
7 10 21, Fax 7 50 08, AX DC ED VA
Hauptgericht 32; geschl: Mo

✱✱ Da Pippo 🌸
Hafenstr 53, ✉ 27576, ☎ (04 71) 4 44 54,
AX ED VA
Hauptgericht 35; geschl: So, Sa mittags

✱✱ Fiedler's Aal-Kate
An der Packhalle IV, Nr.34, ✉ 27572,
☎ (04 71) 3 89 80, Fax 9 32 23 30, AX DC ED VA
Hauptgericht 36; geschl: Mo abends

✱ Seute Deern
⊗ Am Alten Hafen, beim Schiffahrtsmuseum (A 1), ✉ 27568, ☎ (04 71) 41 62 64,
Fax 4 59 49, AX DC ED VA
Hauptgericht 27;
Museumsschiff, Dreimast Bark von 1911

Leherheide (7 km ↗)
✱✱ Übersee-Hotel
Adolf-Kolping-Str 2, ✉ 27578, ☎ (04 71)
68 80, Fax 6 88 99, AX ED VA
47 Zi, Ez: 99-129, Dz: 129-169, ⊴ WC ☎,
22✉; Lift 🅿 3⟷100 Kegeln Sauna
Solarium 🍽

Bremervörde 17 ☐

Niedersachsen — Kreis Rotenburg
(Wümme) — 5 m — 19 000 Ew — Stade 27,
Bremerhaven 50, Hamburg-Harburg 64 km
ℹ ☎ (0 47 61) 9 87-1 42, Fax 9 87-1 76 —
Touristik-Information, Rathausmarkt 1,
27432 Bremervörde; Stadt an der Oste.
Sehenswert: Vörder See; Natur- und
Erlebnispark

✱ Oste-Hotel
Neue Str 125, ✉ 27432, ☎ (0 47 61) 87 60,
Fax 8 76 66, AX ED VA
41 Zi, Ez: 110, Dz: 150, ⊴ WC ☎, 20✉; 🅿 🚃
6⟷200 Fitneßraum Kegeln Sauna 🍽
geschl: 2-20.1.

✱ Daub
mit Gästehaus
Bahnhofstr 2, ✉ 27432, ☎ (0 47 61) 30 86,
Fax 20 17, AX DC ED VA
65 Zi, Ez: 90, Dz: 135-140, ⊴ WC ☎, 6✉; 🅿
🚃 6⟷300 Sauna 🍽

Brensbach 55 ←

Hessen — Odenwaldkreis — 175 m —
5 372 Ew — Dieburg 18, Michelstadt 20,
Darmstadt 24 km
ℹ ☎ (0 61 61) 80 90, Fax 8 09 31 — Gemeindeverwaltung, Ezyer Str 5, 64395 Brensbach; gotische Kirche mit Sandsteinkanzel
von 1526 →

🌸 Besonders beachtenswertes
Restaurant

Brensbach

Wersau (2 km ↘)
* **Zum Kühlen Grund**
Bahnhofstr 81 an der B 38, ✉ 64395,
☎ (0 61 61) 93 33-0, Fax 93 33-3, DC ED VA
25 Zi, Ez: 83-85, Dz: 142-135, ⊿ WC ☎; Lift
🅿 🚗 3⇌40 Kegeln ⚫
geschl: 2.-9.1., 19.-30.7.
* Hauptgericht 23; Terrasse;
geschl: 2.1.-9.1., 19.-30.7.99

Bretnig-Hauswalde 51 ↑

Sachsen — Kreis Kamenz — 300 m —
3 300 Ew — Bischofswerda 9, Radeberg
11 km
ℹ ☎ (03 59 52) 5 83 09, Fax 5 68 87 —
Gemeindeverwaltung, Am Klinkenplatz 9,
01900 Bretnig-Hauswalde

* **Zur Klinke**
Klinkenplatz 10 a, ✉ 01900, ☎ (03 59 52)
5 68 32, Fax 5 88 74, AX ED VA
27 Zi, Ez: 75, Dz: 100, 1 Suite, ⊿ WC ☎; 🅿 ⎰

Bretten 61 ↘

Baden-Württemberg — Kreis Karlsruhe —
170 m — 26 300 Ew — Bruchsal 15, Pforzheim 18, Karlsruhe 27 km
ℹ ☎ (0 72 52) 95 76 20, Fax 95 76 22 —
Stadtinformation, Marktplatz 1, 75015 Bretten. Sehenswert: Melanchthon-Museum;
Marktplatz; Pfeifertum ⏴und Simmelturm;
Hundlesbrunnen; Waldtierpark; ehem.
Kloster in Maulbronn (10 km ↘)

* **Krone**
Marktplatz 2, ✉ 75015, ☎ (0 72 52) 20 41,
Fax 8 05 98, AX DC ED VA
50 Zi, Ez: 65-90, Dz: 100-140, ⊿ WC ☎; Lift
1⇌80 Solarium
* Hauptgericht 15

Brettental siehe Freiamt

Bretzfeld 55 ↓

Baden-Württemberg — Hohenlohekreis —
210 m — 11 500 Ew — Öhringen 7, Heilbronn 26, Schwäbisch Hall 30 km
ℹ ☎ (0 79 46) 77 10, Fax 7 71 14 — Bürgermeisteramt, Adolzfurter Str 12, 74626 Bretzfeld

Bitzfeld (1 km ↑)
* **Gasthof Zur Rose**
Weißlensburger Str 12, ✉ 74626,
☎ (0 79 46) 77 50, Fax 77 54 00, ED VA
38 Zi, Ez: 98-110, Dz: 130-170, 2 Suiten, ⊿
WC ☎; Lift 🅿 4⇌50 ⎈ Sauna Solarium
Im Gästehaus Zimmer der Kategorie **
vorhanden
* Hauptgericht 25; geschl: Do

Brettach (9 km ↘)
** **Gasthof Rössle**
Mainhardter Str 26, ✉ 74626, ☎ (0 79 45)
9 11 10, Fax 91 11 30, AX ED
Hauptgericht 38; Gartenlokal 🅿; geschl:
Mo abends, Di, 18.-28.1., 20.9.-1.10.

Breuberg 55 ↖

Hessen — Odenwaldkreis — 180 m —
7 676 Ew — Erbach 22, Aschaffenburg 26,
Darmstadt 27 km
ℹ ☎ (0 61 63) 70 90, Fax 7 09 55 — Verkehrsamt, im Stadtteil Sandbach, Ernst-Ludwig-Str 2, 64747 Breuberg; Erholungsort.
Sehenswert: Hist. Kirchen; Burg Breuberg
⏴;hist. Marktkreuz im Stadtteil Neustadt

Neustadt (2 km ↓)
** **Rodensteiner**
Wertheimer Str 3, ✉ 64747, ☎ (0 61 65)
93 05-0, Fax 93 05-50, AX DC ED VA
31 Zi, Ez: 82-105, Dz: 140-160, ⊿ WC ☎; Lift
🅿 3⇌35 ⚫
** Hauptgericht 35

Breuna 35 □

Hessen — Kreis Kassel — 350 m —
4 100 Ew — Warburg 11, Hofgeismar 18,
Kassel 30 km
ℹ ☎ (0 56 93) 98 98 14, Fax 98 98 30 — Verkehrsamt, Volkmarser Str 3, 34479 Breuna;
Luftkurort

* **Sonneneck**
  Flair Hotel
Stadtpfad 2, ✉ 34479, ☎ (0 56 93) 2 93,
Fax 71 44, DC ED VA
18 Zi, Ez: 68-128, Dz: 98-178, 2 Suiten, ⊿
WC ☎, 3✉; 🅿 🚗 2⇌30 Fitneßraum Sauna
Solarium ⚫
geschl: 5.-26.1.
* Hauptgericht 17; Biergarten
Terrasse; geschl: So abends, Mo

Breyell siehe Nettetal

Brielow 29 ←

Brandenburg — Potsdam Mittelmark —
1 096 Ew — Brandenburg 5, Potsdam 35 km
ℹ ☎ (03 38 37) 4 02 54 — Gemeindeverwaltung, Hauptstr 41, 14778 Brielow. Sehenswert: 370jährige Schwedenlinde

Seehof
** **Best Western Parkhotel**
  Seehof
☼ ⏴ Freiheitsweg, ✉ 14778, ☎ (0 33 81)
75 00, Fax 70 29 10, AX DC ED VA
94 Zi, Ez: 115-165, Dz: 145-195, ⊿ WC ☎,
34✉; Lift 🅿 11⇌100 Seezugang Sauna ⎰

Brietlingen 18 →

Niedersachsen — Kreis Lüneburg — 15 m
— 2 300 Ew — Lauenburg 10, Lüneburg
11 km
ℹ ☎ (0 41 33) 31 31, Fax 31 13 — Gemeindeverwaltung, Scharnebecker Str 51,
21382 Brietlingen; Ort an der Alten Salzstraße

Bruchsal

* **Landhotel Franck**
Bundesstr 31 b, ✉ 21382, ☎ (0 41 33)
4 00 90, Fax 40 09 33, AX DC ED VA
36 Zi, Ez: 80-130, Dz: 140-185, 10 Suiten,
1 App, ⌓ WC ☎ DFÜ; 🅿 🚗 6✥200 ⌂ Fitneßraum Kegeln Sauna Solarium 1 Tennis
* Hauptgericht 30; Biergarten Terrasse

Brilon 35 ←

Nordrhein-Westfalen — Hochsauerlandkreis — 450 m — 27 500 Ew — Korbach 37, Lippstadt 44, Arnsberg 44 km
ℹ ☎ (0 29 61) 9 69 90, Fax 5 11 99 — Verkehrsverein, Steinweg 26, 59929 Brilon; Luftkurort und Wintersportplatz im Hochsauerland. Sehenswert: kath. Propsteikirche; Nikolaikirche; Rathaus; Marktplatz; Fachwerkhäuser

** **Rech**
Hoppecker Str 1, ✉ 59929, ☎ (0 29 61)
9 75 40, Fax 97 54 54, AX DC ED VA
26 Zi, Ez: 80-95, Dz: 150-170, ⌓ WC ☎; Lift
25 Sauna Solarium 🍽
* Hauptgericht 25; geschl: Mo abends

** **Zur Post**
mit Gästehaus
Königstr 7, ✉ 59929, ☎ (0 29 61) 40 44,
Fax 97 35 97, AX ED VA
31 Zi, Ez: 95-100, Dz: 170-190, ⌓ WC ☎; Lift
🅿 3✥40 ⌂ Kegeln Sauna Solarium
geschl: Ende Dez
** Hauptgericht 30; Gartenlokal; nur abends; geschl: So, 4 Wochen in den Sommerferien

Brilon-Außerhalb
* **Waldhotel Brilon**
einzeln ♂ ◄ Am Hölsterloh 1, ✉ 59929,
☎ (0 29 61) 34 73, Fax 5 04 70, AX DC ED VA
21 Zi, Ez: 67-77, Dz: 110-150, ⌓ WC ☎; 🅿 🚗
1✥40 Sauna Solarium 9 Golf 🍽 🍺

Gudenhagen (4 km ↘)
*** **Haus Waldsee** 🍳
einzeln, am Waldfreibad, ✉ 59929,
☎ (0 29 61) 9 79 20, AX ED VA
Hauptgericht 35; Terrasse; geschl: Mo, Di
* 5 Zi, Ez: 75, Dz: 120, ⌓ WC ☎; 🅿
Seezugang
geschl: Mo, Di

Britz 30 ↗

Brandenburg — Landkreis Barnim — 57 m — 2 250 Ew — Eberswalde-Finow 6 km
ℹ ☎ (0 33 34) 45 75 30, Fax 45 76 50 — Amt Britz-Chorin, Birkenweg, 16230 Britz

* **Zum Kaiser Wilhelm**
Eberswalder Str 90, ✉ 16230, ☎ (0 33 34)
4 24 16, Fax 4 24 16, AX DC ED VA
7 Zi, Ez: 65, Dz: 85, ⌓ WC ☎; garni

Brodenbach 43 ↓

Rheinland-Pfalz — Kreis Mayen-Koblenz — 80 m — 700 Ew — Koblenz 25, Cochem 26 km
ℹ ☎ (0 26 05) 95 21 53, Fax 96 02 16 — Verkehrsverein, Moselufer 22, 56332 Brodenbach; Erholungsort an der Mosel. Sehenswert: Ruine Ehrenburg ◄ (4 km ↓); Ehrbachklamm

Brodenbach-Außerhalb (1 km ↓)
* **Peifer**
◄ Moselufer 43, an der B 49, ✉ 56332,
☎ (0 26 05) 7 56, Fax 8 43 15, ED
30 Zi, Ez: 60-70, Dz: 100-120, ⌓ WC ☎; Lift
🅿 ⌂ Kegeln 🍽 🍺

Brodswinden siehe Ansbach

Brotterode 47 ↖

Thüringen — Kreis Schmalkalden/Meiningen — 600 m — 3 200 Ew — Bad Liebenstein 12, Eisenach 19, Gotha 24 km
ℹ ☎ (03 68 40) 33 33, Fax 33 35 — Gästeinformation, Bad Vilbeler Platz 4, 98599 Brotterode. Sehenswert: Neugotische Kirche

Brotterode-Außerhalb (1 km ↗)
* **Waldschlößchen**
einzeln ♂ Im Gehege, ✉ 98599, ☎ (03 68 40)
3 22 63, Fax 3 21 27, ED VA
22 Zi, Ez: 80, Dz: 96, ⌓ WC, 15⌑; 🅿 2✥60
Sauna Solarium 🍽 🍺

Bruchsal 61 ↖

Baden-Württemberg — Kreis Karlsruhe — 114 m — 40 857 Ew — Karlsruhe 24, Heidelberg 37 km
ℹ ☎ (0 72 51) 7 93 01, Fax 7 27 71 — Stadtinformation, Am Alten Schloß 2, 76646 Bruchsal; Stadt in der Oberrheinebene, Badische Landesbühne. Sehenswert: Barockschloß, Treppenhaus von Balthasar Neumann; Barockkirche St. Peter; Schloßgarten; Stadtgarten; Belvedere; Ortsbild von Obergrombach; Michaelsberg ◄; Kapelle bei Untergrombach

** **Scheffelhöhe**
♂ ◄ Adolf-Bieringer-Str 20, ✉ 76646,
☎ (0 72 51) 80 20, Fax 80 21 56, AX DC ED VA
95 Zi, Ez: 130-180, Dz: 170-220, ⌓ WC ☎,
33⌑; Lift 🅿 3✥25 Sauna Solarium
** **Belvedere**
◄ Hauptgericht 30 ➡

Bruchsal

✱ Conditorei Cafe Birk
Kaiserstr 86, ✉ 76646, ☎ (0 72 51) 27 83
geschl: Mo

Bruchsal - außerhalb (3 km ←)

✱ Business-Hotel
Am Mantel 1a, ✉ 76646, ☎ (0 72 51) 93 90,
Fax 93 93 39, AX ED VA
100 Zi, Ez: 99-149, Dz: 140-200, 3 Suiten, ⊣
WC ☎ DFÜ, 37🖂; Lift 🅿 🚗 8⇔100 🍴 🏊
Im Gewerbegebiet

Büchenau (7 km ↗)

✱✱ Ritter mit Gästehäusern
Au in den Buchen 83+92, ✉ 76646,
☎ (0 72 51) 8 80, Fax 8 81 11, AX DC ED VA
98 Zi, Ez: 115-140, Dz: 160, 4 Suiten, ⊣ WC
☎; Lift 🅿 🚗 7⇔70 Fitneßraum Sauna
Solarium 🏊
geschl: 24.12.-7.1.
Auch Zimmer der Kategorie ✱ vorhanden
✱✱ Hauptgericht 30; Biergarten;
geschl: 27.12.-7.1.

Bruckmühl 72 ↘

Bayern — Rosenheim — 513 m — 15 000 Ew
ℹ ☎ (0 80 62) 14 93, Fax 14 93 — Tourist-
Information, Schlesierweg 14 B,
83052 Bruckmühl

✱ Demmel Hotel
Rathausplatz 2, ✉ 83052, ☎ (0 80 62) 31 11,
Fax 33 11
14 Zi, Ez: 75-90, Dz: 120-130, 1 App, ⊣ WC,
14🖂; 🅿; garni

Kirchdorf

✱ Großer Wirt
An der Staatsstr, ✉ 83052, ☎ (0 80 62)
12 49, Fax 58 88, AX ED
Hauptgericht 24; geschl: Do
✱ 11 Zi, Ez: 75-80, Dz: 125-135, ⊣
WC ☎; 🅿 🚗 ≋

Brückenau, Bad 46 ↓

Bayern — Kreis Bad Kissingen — 305 m —
7 500 Ew — Fulda 33, Schweinfurt 53,
Würzburg 75 km
ℹ ☎ (0 97 41) 36 69, Fax 8 04 37 — Verkehrsamt, Rathausplatz 1, 97769 Bad Brückenau;
Heilbad in der Rhön. Sehenswert: Stadtpfarrkirche; Tätsch'r Brunnen; Bauten der
Fürstäbte von Fulda; Klosterkirche am
Volkersberg; Dreistelzberg,
660 m ⛷ (5 km + 15 Min ↗)

✱ Gasthof Krone
Marktplatz 5, ✉ 97769, ☎ (0 97 41) 40 81,
Fax 38 51, DC ED VA
10 Zi, Ez: 80, Dz: 140, 1 Suite, ⊣ WC ☎; 🅿 🚗
18Golf 🍴

✱ Zur Mühle
♂ Ernst-Putz-Str 17, ✉ 97769, ☎ (0 97 41)
9 16 10, Fax 91 61 91, DC ED VA
37 Zi, Ez: 52-80, Dz: 94-132, 1 Suite, ⊣ WC
☎; 🅿 🚗 2⇔40 🍴 🏊

🛏 Deutsches Haus
Bahnhofstr, ✉ 97769, ☎ (0 97 41) 9 11 70,
Fax 91 17 17, AX DC ED VA
15 Zi, Ez: 70, Dz: 120, ⊣ ☎; 🅿 🚗 1⇔60
Sauna 🍴

Staatsbad Brückenau (3 km ←)

✱✱ Dorint
♂ ⛷ Heinrich-von-Bibra-Str 13, ✉ 97769,
☎ (0 97 41) 8 54 25, Fax 8 54 25, AX DC ED VA
146 Zi, Ez: 159-210, Dz: 215-269, S; 2 Suiten,
31 App, ⊣ WC, 36🖂; Lift 🅿 🚗 13⇔350 🛥
Fitneßraum Kegeln Sauna Solarium 🏊
✱✱ Hauptgericht 37; Terrasse

Brüel 20 ↘

Mecklenburg-Vorpommern — Kreis Parchim — 60 m — 3 381 Ew — Neukloster 18,
Schwerin 26, Parchim 42 km
ℹ ☎ (03 84 83) 3 50 — Stadtverwaltung,
August-Bebel-Str 1, 19412 Brüel

✱ Koenig's Landhaus
Wariner Str 70, ✉ 19412, ☎ (03 84 83)
2 08 49, Fax 2 08 49
6 Zi, Ez: 70-85, Dz: 100-130, ⊣ WC ☎; 🅿 🍴 🏊

Brüggen (Niederrhein) 32 ↙

Nordrhein-Westfalen — Kreis Viersen —
50 m — 15 344 Ew — Venlo 15, Mönchengladbach 22 km
ℹ ☎ (0 21 63) 57 01 64, Fax 57 01 65 — Verkehrsamt, Klosterstr 38, 41379 Brüggen;
Erholungsort im Schwalmtal. Sehenswert:
Kath. Kirche: Orgel; Burg; Jagd- und Naturkundemuseum; Hariksee (3,3 km ↘); kath.
Kirche im Ortsteil Bracht (6 km ↗)

✱✱ Akzent-Hotel Brüggener
Klimp
Burgwall 15, ✉ 41379, ☎ (0 21 63) 95 50,
Fax 79 17, AX ED VA
63 Zi, Ez: 95-110, Dz: 130-170, ⊣ WC ☎; 🅿
3⇔200 🛥 Sauna Solarium 🏊
✱ Hauptgericht 25; Biergarten
Kegeln

Brühl 42 ↗

Nordrhein-Westfalen — Erftkreis — 64 m —
45 000 Ew — Köln 14, Bonn 22 km
ℹ ☎ (0 22 32) 7 93 45, Fax 7 93 46 — brühl-
info, Uhlstr 3, 50321 Brühl; Stadt am Vorge-
birge. Sehenswert: Schloß Augustusburg:
Treppenhaus, Park; Jagdschloß Falkenlust;
Kaiserbahnhof; Phantasialand; Max-Ernst-
Kabinett

** Treff Hansa Hotel
Römerstr 1, ✉ 50321, ☏ (0 22 32) 20 40, Fax 20 45 23, AX DC ED VA
157 Zi, Ez: 205-379, Dz: 265-439, S; ⌐ WC ☏, 30⌐; Lift P 🚗 15✪250 Fitneßraum Sauna Solarium
** Seerose
Hauptgericht 35

** Orangerie
(Schloß Augustusburg)
⇐ Schloßstr 6, ✉ 50321, ☏ (0 22 32) 94 41 50, Fax 9 44 15 34, AX DC ED VA
P Terrasse; geschl: Mo, Di, über Karneval
Cafe von 14-17

Pingsdorf
* Rheinischer Hof
Euskirchener Str 123, ✉ 50321, ☏ (0 22 32) 9 33 01-0, Fax 3 16 89, DC ED VA
22 Zi, Ez: 110-140, Dz: 140-170; Lift P ⍟
geschl: 15.12.-15.1.

Brunsbüttel 9↓

Schleswig-Holstein — Kreis Dithmarschen — 1 m — 14 150 Ew — Itzehoe 25, Heide 41, Elmshorn 41 km
ℹ ☏ (0 48 52) 39 10, Fax 30 70 — Stadtverwaltung, Koogstr 61, 25541 Brunsbüttel. Sehenswert: Nord-Ostsee-Kanal mit Schleusen (330 m lang; 45 m breit; 14 m tief); Matthias-Boie-Haus; Jakobuskirche: Schnitzaltar; Heimatmuseum; Kultur- und Tagungszentrum „Elbeforum"

* Zur Traube
Markt 9, ✉ 25541, ☏ (0 48 52) 5 46 10, Fax 54 61 50, AX DC ED VA
19 Zi, Ez: 98-150, Dz: 138-150, ⌐ WC ☏; P 🚗 1✪60 Kegeln Sauna
** Hauptgericht 35

siehe auch **Sankt Michaelisdonn**

Buchenberg 70 □

Bayern — Kreis Oberallgäu — 900 m — 4 291 Ew — Kempten 8, Isny 17 km
ℹ ☏ (0 83 78) 92 02 22, Fax 92 02 23 — Verkehrsamt, Rathaussteige 2, 87474 Buchenberg; Luftkur- und Wintersportort. Sehenswert: Kirche; Hist. Römerstraße; Heimatmuseum

* Sommerau
Kurhotel Buchenberg
⍟ Eschacher Str 35, ✉ 87474, ☏ (0 83 78) 70 11, Fax 70 14, AX DC ED VA
38 Zi, Ez: 95-111, Dz: 166-182, ⌐ WC ☏, 6⌐; P 2✪300 Seezugang Kegeln
** Abele's Restaurant
Hauptgericht 31; geschl: Mo mittags, 25.-31.1.

Buchenhain 22 ←

Brandenburg — Templin — 400 Ew — Templin 32, Feldberg 10, Prenzlau 28 km
ℹ ☏ (03 98 89) 76 04 — Gemeindeverwaltung, 17268 Buchenhain

*** Landhaus Arnimshain
einzeln ⍟ Dorfstr 32, ✉ 17268, ☏ (03 98 89) 6 40, Fax 6 41 50
40 Zi, Ez: 80-100, Dz: 120-180, ⌐ WC ☏, 20⌐; P 4✪160 Seezugang Sauna Solarium 1 Tennis ⚽
** Hauptgericht 28

Buchen (Odenwald) 55 □

Baden-Württemberg — Neckar-Odenwald-Kreis — 342 m — 18 300 Ew — Tauberbischofsheim 30, Mosbach 27, Miltenberg 31 km
ℹ ☏ (0 62 81) 27 80, Fax 27 32 — Verkehrsamt, Platz am Bild, 74722 Buchen; Erholungsort. Sehenswert: Mittelalterliche Stadtbefestigung; Bezirksmuseum im Hof der ehem. Kurmainzischen Amtskellerei; Kath. Stadtkirche; Altes Rathaus; Burg im Stadtteil Bödigheim (7 km ↓); Tropfsteinhöhle im Stadtteil Eberstadt (6 km ↘)

** Prinz Carl
Hochstadtstr 1, ✉ 74722, ☏ (0 62 81) 18 77, Fax 18 79, AX DC ED VA
21 Zi, Ez: 110-145, Dz: 145-175, 1 Suite, ⌐ WC ☏; Lift P 🚗 3✪30 ⚽
** Hauptgericht 30; Gartenlokal ✤ Terrasse

Hainstadt (2 km ↑)
⌂ **Zum Schwanen**
Hornbacher Str 4, ✉ 74722, ☏ (0 62 81) 28 63, Fax 9 70 98
17 Zi, Ez: 55-65, Dz: 90-100, ⌐ WC ☏; Lift P 🚗 ⍟ Fitneßraum ⍟ ⚽
geschl: 1.8.-15.8.

Hettigenbeuern (8 km ↘)
* Gasthof Löwen
⍟ Morretalstr 8, ✉ 74722, ☏ (0 62 86) 2 75, Fax 13 20
18 Zi, Ez: 57-63, Dz: 94-106, ⌐ WC; P ⍟ Sauna Solarium ⍟

Hollerbach
* Engel
Holunderstr 7, ✉ 74722, ☏ (0 62 81) 89 46, Fax 10 65
Hauptgericht 28; nur abends, so + feiertags auch mittags; geschl: Di, 2 Wochen im Feb, 1 Woche im Sep

Buchholz siehe **Boppard**

Buchholz i.d.Nordheide 18 □

Niedersachsen — Kreis Harburg — 71 m — 34 000 Ew — Harburg 20, Lüneburg 48 km
ℹ ☏ (0 41 81) 2 89 60, Fax 28 96 66 — Tourist-Information, Rathausplatz 4, 21244 Buchholz. Sehenswert: Schmetterlingspark; Gutskapelle; Holmer Mühle; Brunsberg, 129 m ⇐ (60 min ⤴); Museumsdorf; Steinzeitgräber; Film- und Spielzeugmuseen; Bossard-Tempel →

Buchholz i.d.Nordheide

Dibbersen (5 km ↑)
* **Gästehaus Ulmenhof**
♂ Am Sööl'n 1, ✉ 21244, ☎ (0 41 81)
3 43 40, Fax 9 71 03
12 Zi, Ez: 68, Dz: 92, ⌐ WC ☎; garni

* **Frommann**
Harburger Str 8, ✉ 21244, ☎ (0 41 81) 28 70,
Fax 28 72 87, AX DC ED VA
48 Zi, Ez: 72-90, Dz: 102-130, ⌐ WC ☎, 6🛏;
🅿 🍽 3✡50 ⛵ Kegeln 🍴 ⛵

Seppensen (3 km ↓)
* **Seppenser Mühle**
einzeln ♂ ◄ Seppenser Mühle 2, ✉ 21244,
☎ (0 41 87) 3 22 30, Fax 32 23 99, AX ED VA
21 Zi, Ez: 92, Dz: 130-140, ⌐ WC ☎; Lift
2✡16
Rezeption: 11-21 geschl: Mi
* Hauptgericht 25; geschl: Mi

** **Heitmann**
♂ Buchholzer Landstr 6, ✉ 21244,
☎ (0 41 81) 93 25-0, Fax 93 25-25,
AX DC ED VA
11 Zi, Ez: 98, Dz: 140, ⌐ WC ☎; 🅿; garni

Steinbeck-Außerhalb
* **Hoheluft**
an der B 75, ✉ 21244, ☎ (0 41 81) 9 21 10,
Fax 92 11 50, ED VA
31 Zi, Ez: 60-98, Dz: 98-150, ⌐ WC ☎, 2🛏;
🅿 🍽 1✡40 🍴
Auch einfachere Zimmer vorhanden

Trelde (5 km ←)
* **Wentzien's Gasthof**
an der B 75, ✉ 21244, ☎ (0 41 86) 89 33-0,
Fax 89 33 66, AX DC ED VA
28 Zi, Ez: 60-75, Dz: 100-130, ⌐ WC ☎ DFÜ,
13🛏; 🅿 🍽 🍴

Buchholz Kr. Pritzwalk 20 ↘

Brandenburg — Kreis Pritzwalk — 100 m —
453 Ew — Pritzwalk 3 km
ℹ ☎ (0 33 95) 26 79 — Gemeindeverwaltung, 16928 Buchholz

* **Prignitzer Hof**
Hauptstr 4, ✉ 16928, ☎ (0 33 95) 30 23 91,
Fax 30 23 91, AX ED VA
8 Zi, Ez: 50-70, Dz: 80-95, 1 App, ⌐ WC ☎;
🅿 🍽 2✡150 🍴

Buchloe 70 ↗

Bayern — Kreis Ostallgäu — 627 m —
9 653 Ew — Mindelheim 10, Bad Wörishofen 12, Kaufbeuren 26 km
ℹ ☎ (0 82 41) 5 00 10, Fax 50 01 40 —
Stadtverwaltung, Rathausplatz 1,
86807 Oldenburg

** **Stadthotel**
Bahnhofstr 47, ✉ 86807, ☎ (0 82 41) 50 60,
Fax 50 61 35, AX ED VA
44 Zi, Ez: 88-118, Dz: 137-177, ⌐ WC ☎; Lift
🅿 🍽 3✡120 Fitneßraum Sauna Solarium
🍴

Buch Rhein-Lahn-Kreis 44 ↙

Rheinland-Pfalz — Rhein-Lahn-Kreis —
350 m — 611 Ew — Nastätten 4, St. Goar
18 km
ℹ ☎ (0 67 72) 83 17 — Gemeindeverwaltung, Bundesstr 6, 56357 Ochtrup

* **Bucher Hof** ✿
Schulstr 4, ✉ 56357, ☎ (0 67 72) 59 38,
Fax 66 00, AX DC ED VA
Hauptgericht 29; Gartenlokal 🅿 Terrasse;
geschl: Di, 3 Wochen in den Sommerferien

Buckow 31 ↖

Brandenburg — Kreis Märkisch Oderland
— 99 m — 2 000 Ew — Eberswalde 35,
Frankfurt/Oder 46 km
ℹ ☎ (03 34 33) 5 75 00, Fax 6 59 20 —
Umwelt- und Fremdenverkehrsamt, Märkische Schweiz, Wriezener Str 1 A,
15377 Buckow; „Perle der Märkischen
Schweiz" (Th. Fontane). Sehenswert:
Brecht-Weigel-Haus; 13 Seen in der Umgebung

** **Romantisches Gasthaus
Stobber-Mühle**
Wriezener Str 2, ✉ 15377, ☎ (03 34 33)
6 68 66, Fax 6 68 44, ED VA
14 Zi, Ez: 98-148, Dz: 138-158, 7 Suiten,
8 App, ⌐ WC ☎; 🅿 Sauna 🍴
Rezeption: 11-18

** **Bergschlößchen**
♂ ◄ Königstr 38, ✉ 15377, ☎ (03 34 33)
5 73 12, Fax 5 74 12, AX ED VA
21 Zi, Ez: 80-110, Dz: 100-160, 1 Suite,
8 App, ⌐ WC ☎; 🅿 1✡28 Strandbad Fitneßraum Sauna Solarium ⛵
* Hauptgericht 25

* **Wilhelmshöhe
Verband Christlicher Hotels**
◄ Lindenstr 10, ✉ 15377, ☎ (03 34 33) 2 46,
Fax 4 31, ED VA
51 Zi, Ez: 59-94, Dz: 95-148, ⌐ WC ☎; Lift 🅿
🍽 6✡70 Seezugang Fitneßraum Sauna
Solarium
geschl: Dez, Jan
Restaurant für Hausgäste

Büchlberg 66 →

Bayern — Kreis Passau — 540 m —
3 900 Ew — Hauzenberg 10, Röhrnbach 13,
Passau 15 km
ℹ ☎ (0 85 05) 9 00 80, Fax 90 08 48 — Verkehrsamt, Hauptstr 5, 94124 Büchlberg;
Erholungsort im Bayerischen Wald

Büdingen

Binder
⋆ Freihofer Str 6, ✉ 94124, ☎ (0 85 05) 9 00 70, Fax 90 07 99
57 Zi, Ez: 58-74, Dz: 90-104, ⌐ WC ☎; Lift 🅿
🍴 Fitneßraum Kegeln Sauna Solarium 🍽
geschl: 15.1.-15.2.

Pension Beinbauer
⋆ Pangerlbergstr 5, ✉ 94124, ☎ (0 85 05) 65 20, Fax 64 63
26 Zi, Ez: 45-65, Dz: 80-90, ⌐ WC; 🅿 Fitneßraum Sauna Solarium; garni
geschl: 1.11.-20.12.

Bückeburg 25 ↓

Niedersachsen — Kreis Schaumburg — 60 m — 21 500 Ew — Minden 10, Stadthagen 13 km
ℹ ☎ (0 57 22) 20 61 81, Fax 20 62 10 — Tourist-Information Bückeburg, Marktplatz 4, 31675 Bückeburg; Residenzstadt im Weserbergland. Sehenswert: Schloß; Mausoleum; Stadtkirche; Landesmuseum für Schaumburg-Lippische Geschichte; Hubschaubermuseum; Idaturm

⋆⋆ Ambiente
Herminenstr 11, ✉ 31675, ☎ (0 57 22) 9 67-0, Fax 96 74 44, AX DC ED VA
34 Zi, Ez: 138-195, Dz: 170-290, 3 Suiten, ⌐ WC ☎ DFÜ, 3✉; Lift 🅿 🍴 2✺35 Fitneßraum Sauna 🍽

⋆⋆ Altes Forsthaus
⋆ Harrl 2, ✉ 31675, ☎ (0 57 22) 2 80 40, Fax 28 04 44, AX DC ED VA
42 Zi, Ez: 120-165, Dz: 165-220, 2 Suiten, ⌐ WC ☎, 4✉; Lift 🅿 5✺120 Kegeln
Rezeption: 12-14,18-22
Auch Zimmer der Kategorie ⋆ vorhanden

⋆⋆ Diana
Hauptgericht 32

⋆ Forstschenke
Hauptgericht 20

⋆ Hotel am Schlosstor
Lange Str 31, ✉ 31675, ☎ (0 57 22) 9 59 90, Fax 95 99 50, AX ED VA
24 Zi, Ez: 89-139, Dz: 139-169, ⌐ WC ☎, 9✉; 🅿; garni

⋆ Ratskeller
Bahnhofstr 2, ✉ 31675, ☎ (0 57 22) 40 96, Fax 2 65 48, AX DC ED VA
Hauptgericht 30; Terrasse; geschl: 15.7.-15.8.99, 23.-24.12.

Röcke (3 km ←)

⋆⋆ Große Klus
Am Klusbrink 19, ✉ 31675, ☎ (0 57 22) 9 512-0, Fax 9 512-50, AX ED VA
18 Zi, Ez: 85-145, Dz: 130-190, ⌐ WC ☎, 4✉; 🅿 🍴 2✺35
Fachwerklandhaus 1794 erbaut von Fürstin Juliane zu Schaumburg-Lippe

⋆⋆ Hauptgericht 35; Biergarten; nur abends, so+feiertags auch mittags; geschl: Jul

Bücken 25 ↑

Niedersachsen — Kreis Nienburg (Weser) — 20 m — 2 310 Ew — Hoya 3, Nienburg 20, Verden 22 km
ℹ ☎ (0 42 51) 81 50, Fax 8 15 50 — Samtgemeinde Grafschaft Hoya, Schloßplatz 2, 27318 Hoya/Weser. Sehenswert: Dom (9. Jh); Fachwerkhäuser

Dedendorf (1,5 km ↑)

⋆ Gasthof Zur Linde
Hoyaer Str 33, ✉ 27333, ☎ (0 42 51) 93 00-0, Fax 93 00-93, DC ED VA
27 Zi, Ez: 28-80, Dz: 56-105, 3 App, ⌐ WC ☎; 🅿 🍴 5✺300 Fitneßraum Kegeln Sauna Solarium 🍽
Auch einfache Zimmer vorhanden

Büdelsdorf 10 □

Schleswig-Holstein — Kreis Rendsburg-Eckernförde — 12 m — 10 581 Ew — Rendsburg 2, Eckernförde 24 km
ℹ ☎ (0 43 31) 35 50, Fax 3 55-3 77 — Gemeindeverwaltung Büdelsdorf, Am Markt 1, 24782 Büdelsdorf

⋆⋆ Heidehof
Hollerstr, ✉ 24782, ☎ (0 43 31) 34 30, Fax 34 34 44, AX DC VA
102 Zi, Ez: 152, Dz: 182, 6 App, ⌐ WC ☎, 36✉; Lift 🅿 8✺120 Fitneßraum Sauna Solarium; garni
Auch Zimmer der Kategorie ⋆⋆⋆ vorhanden

⋆ Dorfschänke
Alte Dorfstr 6, ✉ 24782, ☎ (0 43 31) 3 42 50, Fax 34 25 20, AX ED VA
Hauptgericht 38; Biergarten 🅿; geschl: Do, 5.1.-25.1.99

Büdingen 45 ✓

Hessen — Wetteraukreis — 153 m — 20 000 Ew — Hanau 26, Friedberg 31, Frankfurt/Main 44 km
ℹ ☎ (0 60 42) 9 63 70, Fax 96 37 10 — Fremdenverkehrsamt, Marktplatz 1, 63654 Büdingen; Luftkurort am Vogelsberg. Sehenswert: Remigius-(Friedhofs-)Kirche; Ev. Marienkirche; Schloß; Heuson-Museum im Rathaus; Fachwerkhäuser; Mächtige Mauern und Türme; Untertor (Jerusalemer Tor); Mühltor

⋆⋆ Stadt Büdingen
Jahnstr 16, ✉ 63654, ☎ (0 60 42) 5 61, Fax 5 64, AX DC ED VA
52 Zi, Ez: 88-98, Dz: 145, ⌐ WC ☎; Lift 🅿 5✺800 Kegeln 🍽
Auch Zimmer der Kategorie ⋆ vorhanden

→

Büdingen

* Haus Sonnenberg
Sudetenstr 4-6, ✉ 63654, ☎ (0 60 42) 30 51-50, Fax 18 23, AX DC ED VA
Hauptgericht 30
** ♠ 13 Zi, Ez: 98-130, Dz: 130-180, ⊿ WC ☎; 2⇔100 Kegeln

Büdlicherbrück siehe Naurath

Bühl 60 ☐

Baden-Württemberg — Kreis Rastatt — 136 m — 27 700 Ew — Baden-Baden 15, Offenburg 32 km
🛈 ☎ (0 72 23) 9 35-3 32, Fax 9 35-3 39 — Tourist-Information, Hauptstr 41, 77815 Bühl; Stadt am Rande des Schwarzwaldes. Sehenswert: Stadtkirche; Barockkirche im Stadtteil Kappelwindeck; Burgruine Altwindeck ⊰ (4 km ↘); Klosterkirche in Schwarzach (10 km ↘)

** Badischer Hof
Hauptstr 36, ✉ 77815, ☎ (0 72 23) 9 33 50, Fax 93 35-50, AX DC ED VA
24 Zi, Ez: 80-140, Dz: 170-200, ⊿ WC ☎; Lift P 1⇔40
geschl: So, Jan
** Hauptgericht 30; Terrasse; ✿
geschl: So, Jan

** Die Grüne Bettlad
♆ Blumenstr 4, ✉ 77815, ☎ (0 72 23) 9 31 30, Fax 93 13 10, ED
Hauptgericht 40; P Terrasse; geschl: So, Mo, 2 Wochen in den Sommerferien, 23.12.-12.1.
300 Jahre altes Fachwerkhaus mit malerischem Innenhof. Bauernmalerei in Gaststube und Zimmern
* 5 Zi, Ez: 140-170, Dz: 180-220, ♛ 1 Suite, ⊿ WC ☎ DFÜ
geschl: 2 Wochen Sommerschulferien, 23.12.-12.1.

** Gude Stub ✿
♆ Dreherstr 9, ✉ 77815, ☎ (0 72 23) 84 80, Fax 90 01 80, ED VA
Hauptgericht 35; Terrasse; geschl: Di

☕ Böckeler's Café am Rathaus
Hauptstr 48, ✉ 77815, ☎ (0 72 23) 9 45 94, Fax 9 45 90

Bühl-Außerhalb (15 km ↘)
***** Schlosshotel Bühlerhöhe ♛♛♛
L'Art de Vivre-Residenz
einzeln ♠ ⊰ Schwarzwaldhochstr 1, ✉ 77815, ☎ (0 72 26) 5 50, Fax 5 57 77, AX DC ED VA
69 Zi, Ez: 330-495, Dz: 560-760, 21 Suiten, ⊿ WC ☎, 7⊠; Lift P ☒ 10⇔150 ⚭ Fitneßraum Sauna Solarium 18Golf 3Tennis ☙

**** Schloss-Restaurant 🍷
⊰ Hauptgericht 48; P
Umbau des Restaurants Imperial bis Ende Aug 98

** Plättig-Hotel
einzeln ♠ ⊰ Schwarzwaldhochstr 1, ✉ 77815, ☎ (0 72 26) 5 30, Fax 53-4 44, AX DC ED VA
47 Zi, Ez: 120-140, Dz: 160-220, 1 Suite, 10 App, ⊿WC ☎; Lift P ☒ 2⇔130 ⚭ Sauna Solarium ☙

** Wintergarten
Hauptgericht 30

Kappelwindeck (3 km ↘)
** Burg Windeck 🍷
⊰ Kappelwindeckstr 104, ✉ 77815, ☎ (0 72 23) 9 49 20, Fax 4 00 16, AX DC ED VA
Hauptgericht 32; Terrasse; geschl: Mo, Jan-Anfang Feb
* einzeln ♠ ⊰ 18 Zi, Ez: 130-170, ♛ Dz: 190-260, 3 Suiten, ⊿WC ☎ DFÜ, 6⊠; P ☒ 3⇔50 Fitneßraum Sauna Solarium

* Zum Rebstock
Kappelwindeckstr 85, ✉ 77815, ☎ (0 72 23) 2 21 09, Fax 4 01 42
Hauptgericht 25; Gartenlokal P; geschl: Mi, 22.2.-11.3.99
* 7 Zi, Ez: 65-75, Dz: 105-130, ⊿ WC ☎;
geschl: 9.-24.11., 22.2.-11.3.

* Jägersteig
⊰ Kappelwindeckstr 95 a, ✉ 77815, ☎ (0 72 23) 9 85 90, Fax 98 59 98, ED VA
Hauptgericht 25; P Terrasse; geschl: Do, Mo mittags, Mitte Jan-Mitte Feb
* ♠ ⊰ 13 Zi, Ez: 92, Dz: 120-140, ⊿ WC ☎; ☒ 1⇔25
geschl: Do, 15.1.-15.2.

Rittersbach (2 km ↓)
* Zur Blume
Hubstr 85, ✉ 77815, ☎ (0 72 23) 2 21 04, Fax 2 21 17, ED
12 Zi, Ez: 40-80, Dz: 70-130, ⊿ WC; P ☒ 2⇔60 ☙
* Hauptgericht 20; Terrasse;
geschl: Do

Vimbuch
* Kohler's Hotel
Vimbucher Str 25, ✉ 77815, ☎ (0 72 23) 93 99-0, Fax 8 32 49, AX DC ED VA
23 Zi, Ez: 55-80, Dz: 100-140, 1 Suite, ⊿ WC ☎, 3⊠; Lift P ☒ 2⇔40 🍽 ☙
Rezeption: 10-22
Auch Zimmer der Kategorie ** vorhanden

Bühlertal 60 ☐

Baden-Württemberg — Kreis Rastatt — 400 m — 8 400 Ew — Bühl 4, Baden-Baden 15 km
🛈 ☎ (0 72 23) 99 67-0, Fax 7 59 84 — Verkehrsverein, Hauptstr 92, 77830 Bühlertal; Luftkurort im Schwarzach. Sehenswert: Gertelbach-Wasserfälle; Basilika St. Michael; Kapellenweg

** **Rebstock**
Hauptstr 110, ✉ 77830, ☎ (0 72 23) 99 74-0, Fax 99 74-99, AX DC ED VA
27 Zi, Ez: 98-120, Dz: 160-190, ⌐ WC ☎, 9✉; Lift P 2✿150 Fitneßraum Solarium
** Hauptgericht 25; Gartenlokal; geschl: Do

** **Badischer Löwe**
Sessgasse 3, ✉ 77830, ☎ (0 72 23) 99 80, Fax 99 82 99, AX ED VA
21 Zi, Ez: 80-100, Dz: 140-160, ⌐ WC ☎, 15✉; P 1✿80
** **Badische Stube**
Hauptgericht 25; Terrasse; geschl: So abends, Mo, 28.12.-10.1.

Untertal
* **Adler**
Hauptstr 1, ✉ 77830, ☎ (0 72 23) 9 98 90, Fax 99 89 99, ED VA
8 Zi, Ez: 60-70, Dz: 110-120, ⌐ WC ☎; P 🚗
geschl: Do
* Hauptgericht 25

Bülow 21 ↘

Mecklenburg-Vorpommern — Kreis Güstrow
🛈 — Tourist-Information, 17166 Bülow

Schorssow
*** **Schloß Schorssow**
einzeln ☾ ⚐ Am Haussee, ✉ 17166, ☎ (03 99 33) 7 90, Fax 7 91 00, AX DC ED VA
25 Zi, Ez: 140-510, Dz: 220-550, 1 Suite, ⌐ WC ☎, 7✉; Lift P 2✿60 ≋ Strandbad Seezugang Fitneßraum Sauna
Renoviertes historisches Gebäude, in englischem Landschaftspark mit Seelage
*** **Schloßrestaurant Hofjägermeister Moltke**
Hauptgericht 35; Terrasse

Bülstringen 27 ↘

Sachsen-Anhalt — Kreis Haldensleben — 100 m — 746 Ew — Haldensleben 6, Helmstedt 34, Wolfsburg 49 km
🛈 ☎ (03 90 58) 23 42 — Gemeindeverwaltung, Hauptstr 50, 39345 Bülstringen

* **Landhaus Gabriel**
Hauptstr 35, ✉ 39345, ☎ (03 90 58) 27 00, Fax 32 35, AX VA
30 Zi, Ez: 40-80, Dz: 60-120, ⌐ ☎, 4✉; P

Bünde/Westfalen 25 ↙

Nordrhein-Westfalen — Kreis Herford — 100 m — 45 000 Ew — Herford 13, Osnabrück 40 km
🛈 ☎ (0 52 23) 16 12 12, Fax 16 12 12 — Stadt Bünde-Fachbereich 6.3, Rathaus, Bahnhofstr. 13-15, 32257 Bünde; Erholungsort Randringhausen; Zentrum der Dt. Zigarrenindustrie. Sehenswert: Striediecks Hof: Kreisheimat- und Tabakmuseum; geologisches Naturdenkmal Doberg; Jod-Schwefel-Quellen

Bürgstadt

* **Handelshof**
Bahnhofstr 79, ✉ 32257, ☎ (0 52 23) 9 29 30, Fax 92 93 10, AX DC ED VA
19 Zi, Ez: 110-130, Dz: 160-185, 1 Suite, 1 App, ⌐ WC ☎; Lift P 🍴
geschl: 15.12.-7.1.
Rezeption in 1.Etage eines Geschäftshauses

Bürchau 67 ↓

Baden-Württemberg — Kreis Lörrach — 650 m — Ew — Neuenweg 3, Schopfheim 19, Todtnau 21 km
🛈 ☎ (0 76 29) 6 37, Fax 17 34 — Bürgermeisteramt, Am Bühl 11, 79683 Bürchau; Erholungsort im südlichen Schwarzwald

* ☾ **Sonnhalde**
☾ ⚐ Sonnhaldenweg 37, ✉ 79683, ☎ (0 76 29) 2 60, Fax 17 37
20 Zi, Ez: 50-76, Dz: 98-116, 2 Suiten, 2 App, ⌐ WC; P 🚗 2✿60 ≋ Fitneßraum ☞
geschl: 22.11.-20.12.99
* ☾ Hauptgericht 25; Gartenlokal; geschl: Mo, Di, 22.11.-20.12.99

Bürgel 48 ↗

Thüringen — Kreis Gera — 300 m — 1 750 Ew — Jena 13, Eisenberg 13, Gera 37 km
🛈 ☎ (03 66 92) 2 22 14 — Stadtverwaltung, Am Markt, 07616 Bürgel

* **Sonne**
Markt 9, ✉ 07616, ☎ (03 66 92) 2 25 22, Fax 2 01 16, AX DC ED VA
14 Zi, Ez: 60-78, Dz: 100-120, ⌐ WC ☎, 4✉; 1✿30 🍴

Bürgstadt 55 □

Bayern — Kreis Miltenberg — 130 m — 4 000 Ew — Miltenberg 2, Wertheim 28, Aschaffenburg 44 km
🛈 ☎ (0 93 71) 83 22 — Verkehrsverein, Streckfuß 31, 63927 Bürgstadt; Weinbau- und Erholungsort am Main. Sehenswert: Martinskapelle und Rathaus; Centgrafenkapelle; Ringwall

** **Gasthof Adler**
Hauptstr 30, ✉ 63927, ☎ (0 93 71) 9 78 80, Fax 97 88 60, AX ED VA
Hauptgericht 28; Gartenlokal P
** **Landhaus Adler**
☾ 21 Zi, Ez: 105, Dz: 128-180, ⌐ WC ☎, 9✉; 🚗 2✿30 Sauna Solarium
Im Haupthaus auch einfache Zimmer vorhanden

** **Weinhaus Stern** ✿
Hauptstr 23, ✉ 63927, ☎ (0 93 71) 26 76, Fax 6 51 54, AX ED VA
Hauptgericht 30; Gartenlokal P; nur abends, Sa + So auch mittags; geschl: Mi, Do, jeden 1. So im Monat, 3 Wochen im Feb
* 12 Zi, Ez: 59-150, Dz: 105-195, ⌐ WC ☎
geschl: 3 Wochen Feb

Büsum 9

Schleswig-Holstein — Kreis Dithmarschen — 4 m — 5 000 Ew — Heide 20, Meldorf 22, Husum 51 km
🛈 ☎ (0 48 34) 90 90, Fax 65 30 — Kurverwaltung, Am Südstrand 11, 25761 Büsum; Nordsee-Heilbad und Fischereihafen. Sehenswert: Fischerkirche; Aquarium; Sturmflut-Sperrwerk; Fischkutter-Regatta im August

** Zur alten Post
Hafenstr 2-3, ✉ 25761, ☎ (0 48 34) 95 10-0, Fax 49 44
45 Zi, Ez: 60-85, Dz: 114-180, 1 Suite, 4 App, ⇩ WC, 4🛁; 🅿 ⋆
In den Gästehäusern auch Zimmer der Kategorie * vorhanden

** Friesenhof
🌣 ⋇ Nordseestr 66, ✉ 25761, ☎ (0 48 34) 20 95, Fax 81 08, AX DC ED VA
44 Zi, Ez: 110-190, Dz: 160-280, ⇩ WC ☎; Lift 🅿 2⇔60 Seezugang Fitneßraum Sauna Solarium 18Golf ⋆ ⋇
geschl: 3.1.99-5.2.99
Auch Zimmer der Kategorie * vorhanden

** Zur Alten Apotheke
Hafenstr 10, ✉ 25761, ☎ (0 48 34) 20 46
15 Zi, Ez: 130-140, Dz: 160-180, 2 Suiten, ⇩ WC ☎; Lift 🅿; garni
Rezeption: 8-21; geschl: 1.11.-28.2.

* Windjammer
Dithm. Str 17, ✉ 25761, ☎ (0 48 34) 66 61, Fax 30 40
18 Zi, Ez: 48-166, Dz: 90-174, ⇩ WC ☎; 🅿 🛏 ⋆

* Seegarten
🌣 ⋇ Strandstr 3, ✉ 25761, ☎ (0 48 34) 60 20, Fax 6 02 66, DC ED VA
23 Zi, Ez: 75-110, Dz: 146-216, 21 App, ⇩ WC ☎; Lift 🅿 🛏; garni ⋆
Rezeption: 7-18; geschl: Ende Okt-Mitte Mär

** Alter Muschelsaal
⋇ Hafenstr 27, ✉ 25761, ☎ (0 48 34) 24 40, Fax 45 55, AX ED VA
Hauptgericht 25; 🅿; geschl: Mo

Büttelborn 54 ↗

Hessen — Kreis Groß-Gerau — 88 m — 12 633 Ew — Groß-Gerau 3, Darmstadt 12 km
🛈 ☎ (0 61 52) 1 78 80, Fax 17 88 56 — Gemeindeverwaltung, Mainzer Str 13, 64572 Büttelborn

34 ↗ Der Ort befindet sich im Reisekartenteil auf Seite 34 im nordöstlichen Planfeld.

Büttelborn-Außerhalb (1 km ↗)
** Haus Monika
an der B 42, ✉ 64572, ☎ (0 61 52) 1 81-0, Fax 1 81-50, AX DC ED VA
39 Zi, Ez: 85-127, Dz: 150-170, ⇩ WC ☎, 14🛁; Lift 🅿 2⇔40
geschl: 24.12.-2.1.
Auch Zimmer der Kategorie * vorhanden
** Hauptgericht 33; Gartenlokal; geschl: Sa+So abends, 2 Wochen in den Sommerferien

Bützer 28 →

Brandenburg — 60 m — 583 Ew — Rathenow 10, Tangermünde 26, Brandenburg 26 km
🛈 ☎ (0 33 86) 28 09 33 — Gemeindeverwaltung, Havelstr, 14715 Bützer

** Bading
🌣 Havelstr 17 b, ✉ 14715, ☎ (0 33 86) 2 70 40, Fax 27 04 51, ED VA
9 Zi, Ez: 80, Dz: 145, 3 Suiten, ⇩ WC ☎ DFÜ; 🅿; garni
geschl: 23.12.-3.1.

Buggenhagen 14 ↓

Mecklenburg-Vorpommern — Anklam
🛈 ☎ (03 83 74) — Gemeindeverwaltung, 17440 Buggenhagen

** Schloß Buggenhagen
einzeln 🌣 ⚑ Straße des Friedens 6, ✉ 17440, ☎ (03 83 74) 8 02 30, Fax 8 02 30, AX DC ED VA
39 Zi, Ez: 120, Dz: 140-160, 3 App, ⇩ WC ☎; 🅿 2⇔60 ⋆
Ehemaliges Rittergut ausgestattet mit Stilmöbeln und nostalgischem Ambiente

Bundenbach 53 ↖

Rheinland-Pfalz — Kreis Birkenfeld — 400 m — 1 100 Ew — Kirn 10 km
🛈 ☎ (0 65 44) 18 10, Fax 1 81 21 — Verbandsgemeindeverwaltung, Zum Idar 23, 55624 Rhaunen; Erholungsort im Hunsrück. Sehenswert: Ruine Schmidtburg; 2200 Jahre alte Keltensiedlung „Altburg"

Rudolfshaus (3 km ↘)
** Forellenhof Reinhartsmühle Silencehotel
einzeln 🌣 ⋇ ✉ 55606, ☎ (0 65 44) 3 73, Fax 10 80, AX DC ED VA
30 Zi, Ez: 90-120, Dz: 150-180, ⇩ WC ☎, 2🛁; 🅿 2⇔30 ⋆
geschl: 4.1.-11.2.
** Hauptgericht 28; Terrasse; geschl: Mo, 4.1.-11.2.99

Burbach 44 ↘

Nordrhein-Westfalen — Kreis Siegen-Wittgenstein — 370 m — 15 376 Ew — Dillenburg 18, Siegen 20 km
🛈 ☎ (0 27 36) 55 77, Fax 55 71 — Kulturbüro der Gemeinde Burbach, Alte Vogtei, Ginnerbach 2, 57299 Burbach; Ort im Siegerland. Sehenswert: Basaltfelsenmeer „Großer Stein"; Museum „Leben und Arbeiten"

Holzhausen (8 km ↘)
✱✱ **Fiester Hannes**
Flammersbacher Str 7, ✉ 57299,
☎ (0 27 36) 29 59 29, Fax 29 59 20, ED
Hauptgericht 35; geschl: So abends, Mo mittags, Sa mittags
✱✱   7 Zi, Ez: 105-148, Dz: 198-250, ⊿ WC ☎; 1↔16

Burg a. d. Wupper
siehe **Solingen**

Burg b. Magdeburg 28 ↓

Sachsen-Anhalt — Kreisstadt — 59 m — 26 100 Ew — Magdeburg 25, Genthin 30 km
🛈 ☎ (0 39 21) 68 95, Fax 68 95 — Burg-Information, Schartauer Str 10, 39288 Burg; Bestandteil der „Straße der Romanik". Sehenswert: Hist. Altstadt mit Resten der Stadtmauer (14. Jh.); größte Granitkirchen östl. der Elbe; Berliner Torturm

✱✱ **Wittekind**
An den Krähenbergen 2, ✉ 39288,
☎ (0 39 21) 9 23 90, Fax 92 39 39, ED VA
26 Zi, Ez: 110, Dz: 150, ⊿ WC ☎; 🅿 2↔30 ⟨🍴⟩ 🚇

✱ **Carl von Clausewitz**
In der Alten Kaserne 35, ✉ 39288,
☎ (0 39 21) 4 52 13, Fax 4 52 15, AX ED VA
51 Zi, Ez: 65-125, Dz: 110-170, ⊿ WC ☎; Lift 5↔40 Fitneßraum Sauna Solarium
Auch Zimmer der Kategorie ✱✱ vorhanden
✱   Hauptgericht 19; geschl: So

Burgdorf 26 □

Niedersachsen — Kreis Hannover — 56 m — 30 237 Ew — Hannover 21, Celle 21 km
🛈 ☎ (0 51 36) 89 80, Fax 89 81 12 — Stadtverwaltung, Vor dem Hannoverschen Tor 1, 31303 Burgdorf. Sehenswert: Fachwerkbauten

✱✱ **Concorde Sporting Hotel**
Tuchmacherweg 20-22, ✉ 31303,
☎ (0 51 36) 8 50 51, Fax 66 02, AX DC ED VA
54 Zi, Ez: 100-395, Dz: 135-405, 11 App, ⊿ WC ☎ DFÜ, 3🛏; Lift 🅿 3↔40 Sauna 9 Tennis ⟨🍴⟩
Auch Zimmer der Kategorie ✱ vorhanden

✱ **Schwarzer Herzog**
Immenser Str 43, ✉ 31303, ☎ (0 51 36) 8 84 00, Fax 89 48 29, ED
9 Zi, Ez: 90-110, Dz: 125-160, 6 App, ⊿ WC ☎, 1🛏; 🅿 ⟨🍴⟩
Auch Zimmer der Kategorie ✱✱ vorhanden

✱ **Am Försterberg**
Immenser Str 10, ✉ 31303, ☎ (0 51 36) 8 80 80, Fax 87 33 42, AX DC ED VA
24 Zi, Ez: 88-180, Dz: 150-280, ⊿ WC ☎; 🅿 1↔30
✱✱   Hauptgericht 35; Terrasse

Beinhorn-Außerhalb (2,5 km ↑)
✱✱ **Moormühle**
einzeln, Oldhorster Moor 4, an der B 3,
✉ 31303, ☎ (0 51 36) 8 89 80, Fax 88 98 55, AX DC ED VA
34 Zi, Ez: 130-190, Dz: 190-290, ⊿ WC ☎, 8🛏; 🅿 🚇 3↔120
Auch Zimmer der Kategorie ✱ vorhanden
✱✱   Hauptgericht 28; Terrasse; nur abends; geschl: Sa, so + feiertags

Ehlershausen
🛏 **Bähre**
Ramlinger Str 1, ✉ 31303, ☎ (0 50 85) 9 89 80, Fax 98 98 98
21 Zi, Ez: 80-170, Dz: 140-200, ⊿ WC ☎; 🅿 Kegeln ⟨🍴⟩

Burghaslach 56 →

Bayern — Neustadt a. d. Aisch-Bad Windsheim — 350 m — 2 470 Ew — Schlüsselfeld 5, Scheinfeld 16 km
🛈 ☎ (0 95 52) 10 18, Fax 72 63 — Gemeindeverwaltung, Kirchplatz 12, 96152 Burghaslach

🛏 **Pension Talblick**
⬥ ⬦ Fürstenforster Str 32, ✉ 96152,
☎ (0 95 52) 17 70
10 Zi, Ez: 35, Dz: 70, ⊿ WC; 🅿 🚇
geschl: Nov-März
Restaurant für Hausgäste

Oberrimbach (5 km ←)
✱ **Steigerwaldhaus**
Oberrimbach 2, ✉ 96152, ☎ (0 95 52) 92 39-0, Fax 92 39-29, AX ED VA
12 Zi, Ez: 55, Dz: 80, 1 Suite, ⊿ WC ☎, 2🛏; 🅿 🚇 1↔60 Fitneßraum 🚇
geschl: Mitte Jan-Mitte Feb/2 Wochen Ende Aug
✱   Hauptgericht 23; Terrasse; geschl: Di, 15.1.-15.2., 15.8.-31.8.

Burghausen 73 ↗

Bayern — Kreis Altötting — 400 m — 19 000 Ew — Altötting 16, Salzburg 59, Passau 82 km
🛈 ☎ (0 86 77) 24 35, Fax 88 71 55 — Verkehrs- und Kulturamt, Stadtplatz 112, 84489 Burghausen. Sehenswert: Burg (längste Anlage Europas): Heimatmuseum, Staatsgalerie, Fotomuseum; kath. Pfarrkirche; hist. Altstadt; ehem. Wallfahrtskirche Marienberg (3 km ↙); Klosterkirche in Raitenhaslach, ehem. Zisterzienserabtei (5 km ↙)   →

Burghausen

*** Residenz
Robert-Koch-Str 15, ✉ 84489, ☎ (0 86 77)
9 75-0, Fax 40 00, AX ED VA
43 Zi, Ez: 90-120, Dz: 130-150, 2 Suiten, ⌐
WC, 4🛏; Lift 1⇌30 🍴 ⚓

** Lindacher Hof
Mehringer Str 47, ✉ 84489, ☎ (0 86 77)
98 60, Fax 98 64 00, AX DC ED VA
35 Zi, Ez: 105-150, Dz: 160-180, 6 Suiten,
4 App, ⌐ WC ☎ DFÜ, 15🛏; Lift P 🚗 1⇌25
Fitneßraum Sauna Solarium 18Golf; garni

** Euro Ring Hotel Glöcklhofer
Ludwigsberg 4, ✉ 84489, ☎ (0 86 77) 70 24,
Fax 6 55 00, AX DC ED VA
49 Zi, Ez: 105-115, Dz: 160-180, 2 Suiten, ⌐
WC ☎ DFÜ, 15🛏; P 🚗 3⇌60 ≈ Solarium
12Tennis ⚓
Auch Zimmer der Kategorie * vorhanden
** Hauptgericht 26; Biergarten

* Post mit Gartenhaus Salzach+Burgblick
Stadtplatz 39, ✉ 84489, ☎ (0 86 77) 96 50,
Fax 96 56 66, DC ED VA
24 Zi, Ez: 109-119, Dz: 145-159, 1 App, ⌐
WC ☎, 10🛏; 🚗 5⇌400 18Golf
Auch Zimmer der Kategorie ** vorhanden
* Hauptgericht 19; Biergarten;
geschl: 27.12.98-7.1.99

* Bayerische Alm Landidyll
⋖ Robert-Koch-Str 211, ✉ 84489,
☎ (0 86 77) 98 20, Fax 98 22 00, AX DC ED VA
22 Zi, Ez: 110-150, Dz: 150-190, 1 App, ⌐
WC ☎ DFÜ, P 🚗 1⇌20
** Almstadl
Hauptgericht 18; Gartenlokal; geschl: Mo, Di

* Bayerischer Hof
Stadtplatz 45/46, ✉ 84489, ☎ (0 86 77)
97 84-0, Fax 97 84-40, AX ED VA
15 Zi, Ez: 95, Dz: 135, 1 App, ⌐ WC ☎, 3🛏;
P 🚗 🍴 ⚓

** Fuchsstuben
Mautnerstr 271, ✉ 84489, ☎ (0 86 77)
6 27 24, ED VA
Hauptgericht 25; Terrasse; geschl: So
abends, Mo, Ende Aug-Anfang Sep

Raitenhaslach (5 km ↙)
* Klostergasthof Raitenhaslach
🏛, ✉ 84489, ☎ (0 86 77) 97 30, Fax 6 61 11,
AX ED VA
Hauptgericht 25;
Historischer Klostergasthof von 1585
* ⋖ 14 Zi, Ez: 90, Dz: 140, ⌐ WC ☎;
P Fitneßraum

Burgkunstadt 48 ✓

Bayern — Kreis Lichtenfels — 285 m —
6 800 Ew — Lichtenfels 16, Kulmbach 17 km
ℹ ☎ (0 95 72) 3 88 17, Fax 3 88 35 — Verkehrsamt, Vogtei 5, 96224 Burgkunstadt;
Stadt am oberen Main. Sehenswert: Fachwerkrathaus; Schustermuseum

Gärtenroth (7 km →)
* Landgasthof Hofmann
⋖ Mainrother Str 11, ✉ 96224, ☎ (0 92 29)
5 76, Fax 61 35, ED
26 Zi, Ez: 55, Dz: 96, ⌐ WC ☎, 6🛏; P 4⇌80
Sauna 🍴
Rezeption: 9-14, 17-22

Burg (Spreewald) 41 ↖

Brandenburg — Spree-Neiße — 55 m —
3 400 Ew — Lübbenau 14, Cottbus 18 km
ℹ ☎ (03 56 03) 4 17, Fax 4 98 — Fremdenverkehrsamt, Am Hafen 1, 03096 Burg.
Sehenswert: 200jährige Kirche; Luther-
Eiche; Bismarckturm

** Zum Leineweber
⋖ Am Bahndamm 2, ✉ 03096, ☎ (03 56 03)
6 40, Fax 6 11 29, AX DC ED VA
41 Zi, Ez: 110-120, Dz: 140-180, 1 App, ⌐
WC ☎, 17🛏; P 1⇌35 Sauna 🍴 ⚓

* Romantik Hotel Zur Bleiche
⋖ Bleichestr 16, ✉ 03096, ☎ (03 56 03) 6 20,
Fax 6 02 92, AX DC ED
79 Zi, Ez: 145-185, Dz: 210-310, 10 Suiten,
12 App, ⌐ WC ☎, 5🛏; P 3⇌200 ☁
Fitneßraum Sauna Solarium
Auch Zimmer der Kategorie ** vorhanden
** Hauptgericht 30; Biergarten
Terrasse

* Am Spreebogen
Ringchaussee 140, ✉ 03096, ☎ (03 56 03)
68 00, Fax 6 80 20
24 Zi, Ez: 110, Dz: 140-160, ⌐ WC ☎; P 🍴

Kauper (7 km ↘)
** Waldhotel Eiche
einzeln ⋖ Eicheweg 1, ✉ 03096,
☎ (03 56 03) 6 70 00, Fax 6 72 22, AX DC ED VA
54 Zi, Ez: 120-140, Dz: 160-200, 8 Suiten, ⌐
WC ☎, 2🛏; Lift P 4⇌120 Fitneßraum
Sauna Solarium
geschl: 3.-31.1.
** Hauptgericht 25; Biergarten
Terrasse; geschl: 3.1.99-31.1.99

** Seehotel
einzeln ⋖ Willischzaweg 4, ✉ 03096,
☎ (03 56 03) 6 50, Fax 6 52 50, AX DC ED VA
35 Zi, Ez: 95-145, Dz: 125-170, ⌐ WC ☎; P
1⇌20 Seezugang
Restaurant für Hausgäste; Auch Zimmer
der Kategorie * vorhanden

* Landhotel
Ringchaussee 195, ✉ 03096, ☎ (03 56 03)
6 46, Fax 6 48 00, AX DC ED VA
49 Zi, Ez: 105-150, Dz: 145-190, 2 App, ⌐
WC ☎ DFÜ, P 3⇌200 Fitneßraum Sauna
Solarium 🍴

Burgstädt 50 ↘

Sachsen — Kreis Mittweida — 341 m —
11 800 Ew — Chemnitz 15 km
i ☎ (0 37 24) 6 30, Fax 6 31 00 — Stadtverwaltung, Brühl 1, 09217 Burgstädt

*** Alte Spinnerei
Chemnitzer Str 89, ✉ 09217, ☎ (0 37 24)
68 80, Fax 68 81 00, AX DC ED VA
145 Zi, Ez: 105-140, Dz: 135-170, 1 Suite, ⌒
WC ☎, 30⌂; Lift **P** 23⇔500 Fitneßraum
Sauna Solarium ⚒

* Goldener Löwe
Burkersdorfer Str 122, ✉ 09217, ☎ (0 37 24)
2 85 8/ 29 34, Fax 28 58, ED
9 Zi, Ez: 69-80, Dz: 69-100, ⌒ WC ☎; **P**
2⇔120 Fitneßraum Sauna Solarium ⚒ ⚑

* Motel Taurastein
Mittweidaer Str 23, ✉ 09217, ☎ (0 37 24)
32 11, Fax 25 87, ED
20 Zi, Ez: 69, Dz: 138, ⌒ WC ☎, 10⌂; **P**;
garni
Rezeption: 6-9, 17-23

* Zur Scharfen Ecke
Markt 23, ✉ 09217, ☎ (0 37 24) 1 47 41,
Fax 1 47 42
Hauptgericht 20; **P** Terrasse; geschl: Mo
* 7 Zi, Ez: 76-95, Dz: 104-130, ⌒ WC ☎
geschl: Mo

Burg Stargard 21 ↗

Mecklenburg-Vorpommern — 20 m —
3 912 Ew — Neubrandenburg 10, Neustrelitz 25 km
i ☎ (03 96 03) 25 30 — Stadtverwaltung,
17094 Burg Stargard

** Marienhof
Marie-Hager-Str 1, ✉ 17094, ☎ (03 96 03)
25 50, Fax 2 55 31, AX DC ED VA
23 Zi, Ez: 90-105, Dz: 125-140, 2 Suiten, ⌒
WC ☎, 1⌂; **P** 1⇔30 ⚒ ⚑

** Zur Burg
Markt 10, ✉ 17094, ☎ (03 96 03) 26 50,
Fax 2 65 55
24 Zi, Ez: 89-99, Dz: 130-160, ⌒ WC ☎; ⚒

Burgwald 45 ↘

Hessen — Kreis Waldeck-Frankenberg —
300 m — 5 442 Ew — Frankenberg 13,
Marburg 18 km
i ☎ (0 64 51) 30 61, Fax 2 11 67 — Gemeindeverwaltung, im Ortsteil Industriehof,
Hauptstr 73, 35099 Burgwald

Ernsthausen
*** Burgwald Stuben
Marburger Str 25, an der B 252, ✉ 35099,
☎ (0 64 57) 80 66, Fax 10 76
Hauptgericht 38; **P**; nur abends, so + feiertags auch mittags; geschl: Mi

Burgwedel 26 □

Niedersachsen — Kreis Hannover — 50 m
— 21 343 Ew — Hannover 22, Celle 24 km
i ☎ (0 51 39) 8 97 30, Fax 89 73 55 —
Gemeindeverwaltung, im Ortsteil Großburgwedel, Fuhrberger Str 2, 30938 Burgwedel

Großburgwedel
** Mega-Hotel Menge's Hof
Isernhägener Str 3, ✉ 30938, ☎ (0 51 39)
80 30, Fax 8 73 55, AX DC ED VA
44 Zi, Ez: 140-185, Dz: 190-255, ⌒ WC ☎,
5⌂; Lift **P** 7⇔120 ⚐ Fitneßraum Sauna
Solarium ⚒
** Hauptgericht 25; Terrasse

* Marktkieker
Am Markt 7, ✉ 30938, ☎ (0 51 39) 70 93,
Fax 89 40 65, AX DC ED VA
16 Zi, Ez: 104-146, Dz: 156-209, 1 Suite, ⌒
WC ☎, 4⌂; **P** 1⇔10; garni
geschl: 22.12.-4.1.
Denkmalgeschütztes 350 Jahre altes Fachwerkbauernhaus

* Ole Deele
Heinrich-Wöhler-Str 14, ✉ 30938,
☎ (0 51 39) 9 98 30, Fax 99 83 40, ED VA
15 Zi, Ez: 90-155, Dz: 165-195, ⌒ WC ☎; **P**
⛟ 2⇔45; garni
Rezeption: 7-19

* Romantico
Im Mitteldorf 17, ✉ 30938, ☎ (0 51 39)
9 96 40, Fax 89 51 21, ED
8 Zi, Ez: 100-150, Dz: 130-240, 3⌂; ⚒

Großburgwedel-Außerhalb (1 km ↘)
* Am Springhorstsee
einzeln ⚬ Springhorstsee 1, ✉ 30938,
☎ (0 51 39) 8 99 30, Fax 2 70 70, ED
21 Zi, Ez: 95-100, Dz: 155-180, 2 Suiten, ⌒
WC ☎; 1⇔60 Seezugang Kegeln ⚒ ⚑

Kleinburgwedel (3 km ↗)
** Woltemath's Restaurant Lüttjen Borwe
Wallstr 13, ✉ 30938, ☎ (0 51 39) 17 45,
Fax 2 74 88, AX ED
Hauptgericht 30; Gartenlokal **P**; nur
abends, So nur mittags; geschl: Mo

Burkhardtsgrün
siehe **Zschorlau**

Burkheim
siehe **Vogtsburg im Kaiserstuhl**

Burscheid 33 ↙

Nordrhein-Westfalen — Rheinisch-Bergischer Kreis — 200 m — 18 000 Ew — Remscheid 20, Solingen 13, Leverkusen 11 km
i ☎ (0 21 74) 89 20, Fax 89 23 00 —
Stadtverwaltung, Bismarckstr 8, 51399 Burscheid. Sehenswert: Altenberger Dom
(5 km ↓) →

Burscheid

Burscheid-Außerhalb (2 km ←) Richtung Opladen

* Haus Kuckenberg
Kuckenberg 28, an der B 232, ✉ 51399, ☎ (0 21 74) 50 25, Fax 6 18 39, AX ED VA
Hauptgericht 25; nur abends, so + feiertags auch mittags; geschl: Mi

Hilgen (4 km ↗)
* Zur Heide
Heide 21, ✉ 51399, ☎ (0 21 74) 78 68-0, Fax 78 68 68, AX DC ED VA
23 Zi, Ez: 85-100, Dz: 130-160, 1 App, ⇃ WC ☎, 4✉; P Fitneßraum Kegeln Sauna ⌘

Buschvitz siehe Rügen

Buseck 45 ←

Hessen — Kreis Gießen — 220 m — 13 540 Ew — Gießen 8, Wetzlar 23 km
ℹ ☎ (0 64 08) 9 11-0, Fax 9 11-1 19 — Gemeindeverwaltung, Ernst-Ludwig-Str 15, 35418 Buseck. Sehenswert: Schloß und Kirche in Großen-Buseck

* Albert
Bismarckstr 43-45, ✉ 35418, ☎ (0 64 08) 29 80, Fax 5 41 59
10 Zi, Ez: 62, Dz: 110, ⇃ WC ☎; P 1↻25 🚃

Butjadingen 16 ↗

Niedersachsen — Kreis Wesermarsch — 1 m — 5 800 Ew — Nordenham 16 km
ℹ ☎ (0 47 33) 16 16, Fax 18 60 — Kur- und Touristik GmbH, im Ortsteil Burhave, Strandallee 61, 26969 Butjadingen

Fedderwardersiel
* Zur Fischerklause
⚓ Sielstr 16, ✉ 26969, ☎ (0 47 33) 3 62, Fax 18 47, AX ED VA
20 Zi, Ez: 68-85, Dz: 116-136, 2 Suiten, ⇃ WC ☎; P Seezugang ⌘
Rezeption: 8-21; geschl: 1.11.-25.12.

Tossens
** Holiday Inn Nordsee Tropen-Parc
⚓ Strandallee 36 a, ✉ 26969, ☎ (0 47 36) 92 80, Fax 9 28-4 28, ED VA
76 Zi, Ez: 110-130, Dz: 160-200, 214 Suiten, 146 App, ⇃ WC ☎, 26✉; Lift 4↻350 ⌂ Fitneßraum Sauna Solarium 4Tennis ⌘ 🚃

Buttenheim 57 □

Bayern — Kreis Bamberg (Land) — 273 m — 3 013 Ew — Hirschaid 3, Forchheim 10, Bamberg 15 km
ℹ ☎ (0 95 45) 9 22 20, Fax 92 22 44 — Verwaltungsgemeinschaft, Hauptstr 15, 96155 Buttenheim

** Landhotel Schloß Buttenheim
⚓ Schloßstr 16, ✉ 96155, ☎ (0 95 45) 94 47-0, Fax 53 14, ED VA
8 Zi, Ez: 90, Dz: 130, ⇃ WC ☎; P; garni
Rezeption: 7-12, 17-21

Butzbach 44 →

Hessen — Wetteraukreis — 295 m — 24 300 Ew — Gießen 19, Wetzlar 19 km
ℹ ☎ (0 60 33) 99 51 59, Fax 99 51 65 — Amt für Kultur und Fremdenverkehr, August-Storch-Str 8, 35510 Butzbach; Stadt in der Wetterau. Sehenswert: Ev. Markuskirche; Hist. Marktplatz und Stadtkern; Rathaus; Teile der Stadtmauer mit Hexenturm

* Römer
Limes-Galerie/Jakob-Rumpf-Str 2, ✉ 35510, ☎ (0 60 33) 69 63, Fax 7 13 43, AX DC ED VA
50 Zi, Ez: 95-130, Dz: 150-190, 1 App, ⇃ WC ☎, 12✉; Lift P 🚗 20; garni
Auch Zimmer der Kategorie ** vorhanden

* Hessischer Hof
Weiseler Str 43, ✉ 35510, ☎ (0 60 33) 94 40, Fax 1 62 82, AX DC ED VA
32 Zi, Ez: 98-125, Dz: 140-170, 10 App, ⇃ WC ☎; Lift ⌘
Gästehaus mit Appartements

* Zum Stern
Weiseler Str 36, ✉ 35510, ☎ (0 60 33) 79 77, Fax 79 72
Hauptgericht 30

Buxtehude 18 ←

Niedersachsen — Kreis Stade — 20 m — 36 000 Ew — Stade 22, Harburg 22, Hamburg 33 km
ℹ ☎ (0 41 61) 50 12 97, Fax 5 26 93 — Stadtinformation, Stavenort 2, 21614 Buxtehude; Stadt an der Geestgrenze des Alten Landes. Sehenswert: Ev. Petrikirche; Rathaus; Marschtor mit Schleuse und Zwinger; Fachwerkhäuser; Westfleth

** Herzog Widukind
Kottmeierstr 1, ✉ 21614, ☎ (0 41 61) 64 60, Fax 64 61 46, AX DC ED VA
35 Zi, Ez: 125-155, Dz: 165-195, ⇃ WC ☎ DFÜ, 10✉; Lift P 2↻25; garni
geschl: 22.12.-4.1.

** Zur Mühle
⚓ Ritterstr 16, ✉ 21614, ☎ (0 41 61) 5 06 50, Fax 50 65 30, AX DC ED VA
37 Zi, Ez: 135, Dz: 175, 6 Suiten, 4 App, ⇃ WC ☎; Lift P 1↻20

** Fleth-Restaurant
Hauptstr 35;
Mühle aus dem 18. Jh. in der Altstadt

** Am Stadtpark
Bahnhofstr 1, ✉ 21614, ☎ (0 41 61) 50 68 10, Fax 50 68 15, AX ED VA
20 Zi, Ez: 115-120, Dz: 155-165, ⇃ WC ☎; Lift 🚗 1↻25; garni

** An der Linah
Harburger Str 44, ✉ 21614, ☎ (0 41 61) 6 00 90, Fax 60 09 10, AX DC ED VA
28 Zi, Ez: 100-110, Dz: 150, 2 App, ⇃ WC ☎, 8✉; P 2↻28; garni

Cadenberge 17 ↑

Niedersachsen — Kreis Cuxhaven — 8 m — 3 082 Ew — Cuxhaven 33, Stade 33 km
🛈 ☎ (0 47 77) 80 11 31, Fax 83 96 — Gemeindeverwaltung, Am Markt 1, 21781 Cadenberge

✱ **Eylmann's Hotel**
Bergstr 5, ✉ 21781, ☎ (0 47 77) 2 21, Fax 15 14
26 Zi, Ez: 59-75, Dz: 98-140, ⊿ WC, Lift 🅿 🚗 3⇔90 ⦿
Auch einfachere Zimmer vorhanden

Cadolzburg 57 ↙

Bayern — Kreis Fürth (Land) — 380 m — 9 845 Ew — Fürth 7, Nürnberg 15 km
🛈 ☎ (0 91 03) 50 90, Fax 77 55 — Gemeindeverwaltung, Rathausplatz 1, 90556 Cadolzburg. Sehenswert: Hohenzollernburg ⦁

✱ **Zum Wasserhaus**
Zum Wasserhaus 2, ✉ 90556, ☎ (0 91 03) 25 75, Fax 77 26, AX ED VA
5 Zi, Ez: 70-90, Dz: 100-120, 4 App, ⊿ WC ☎; 🅿 Fitneßraum Sauna Solarium; garni

Egersdorf (3 km →)
✱ **Gasthaus Grüner Baum**
♂ Dorfstr 11, ✉ 90556, ☎ (0 91 03) 9 21, Fax 55 39, AX DC ED VA
35 Zi, Ez: 40-90, Dz: 75-140, ⊿ WC ☎, 5✉; 🅿 1⇔40 ⦿
Im Altbau auch einfachere Zimmer vorhanden

✱ **Landhotel Regenbogen**
♂ Mittelweg 5 A, ✉ 90556, ☎ (0 91 03) 20 54, Fax 26 37, ED VA
6 Zi, Ez: 70, Dz: 100, ⊿ WC; garni

Cahnsdorf 40 ↗

Brandenburg — Kreis Dahme-Spreewald — 62 m — Luckau 4, Lübbenau 12, Berlin 70 km
🛈 ☎ (0 35 44) 5 94-0, Fax 29 48 — Stadt- u. Amtsverwaltung Luckau, Amtsgemeinde Cahnsdorf, Am Markt 34, 15926 Luckau

✱ **Landhaus am Park**
Parkweg 3, ✉ 15926, ☎ (0 35 44) 5 00 90, Fax 50 09 44, AX ED VA
25 Zi, Ez: 90-120, Dz: 130-150, ⊿ WC ☎, 11✉; Lift 🅿 1⇔30 ⦿

Calden 36 ↙

Hessen — Kreis Kassel — 239 m — 7 800 Ew — Kassel 10, Warburg 20 km
🛈 ☎ (0 56 74) 70 20, Fax 7 02 36 — Gemeindeverwaltung, Holländische Str 35, 34379 Calden. Sehenswert: Schloß Wilhelmsthal: Museum und Park (2 km ↓)

Calden-Außerhalb (2 km ↘)
✱ **Schloßhotel Wilhelmsthal**
✉ 34379, ☎ (0 56 74) 8 48, Fax 54 20, AX DC ED VA
18 Zi, Ez: 98-160, Dz: 180-240, ⊿ WC ☎; 🅿 🚗 ⦿ ⛟

Calw 61 ←

Baden-Württemberg — Kreis Calw — 330 m — 24 000 Ew — Pforzheim 28, Tübingen 40, Stuttgart 41 km
🛈 ☎ (0 70 51) 96 88-66, Fax 96 88-77 — Verkehrsamt, Im Stadtteil Hirsau, Aureliusplatz 10, 75365 Calw. Sehenswert: Marktplatz mit Rathaus und Brunnen; Fachwerkhäuser, Nagold-Brücke mit St.-Nikolaus-Kapelle; Hermann-Hesse-Museum. Im Stadtteil Hirsau: Klosterruine, Kreuzgang, Marienkapelle; Eulenturm; Aureliuskirche; Klostermuseum. Im Stadtteil Altburg: Bauernhaus Museum

✱ **Ratsstube**
Marktplatz 12, ✉ 75365, ☎ (0 70 51) 9 20 50, Fax 7 05 26, AX DC ED VA
13 Zi, Ez: 90-100, Dz: 145, ⊿ WC ☎, 6✉; 🅿 🚗 1⇔50 ⛟
✱ Hauptgericht 40; Terrasse

✱ **Rössle**
Hermann-Hesse-Platz 2, ✉ 75365, ☎ (0 70 51) 79 00-0, Fax 79 00-79, ED VA
20 Zi, Ez: 85-95, Dz: 135-145, ⊿ WC ☎; 🅿 🚗 2⇔60
geschl: Fr, Aug
✱ Hauptgericht 25; Terrasse;
geschl: Fr, Aug

Stammheim (5 km ↘)
✱✱ **Adler**
Hauptstr 16, ✉ 75365, ☎ (0 70 51) 42 87, Fax 2 03 11
Hauptgericht 30; Gartenlokal 🅿; geschl: 1.-15.11.
✱ 8 Zi, Ez: 85, Dz: 120, ⊿ WC
Rezeption: 7-15,18-24; geschl: 1.-15.11.

Caputh 29 □

Brandenburg — Kreis Potsdam — 45 m — 3 850 Ew — Potsdam 5, Berlin 35 km
🛈 ☎ (03 32 09) 7 08 86, Fax 7 08 86 — FVV Schwielowsee e. V., Lindenstr 56, 14548 Caputh. Sehenswert: Barockschloß; Schwielowsee; romanische Kirche

✱✱ **Landhaus Haveltreff**
Weinbergstr 4, ✉ 14548, ☎ (03 32 09) 7 80, Fax 7 81 00, AX DC ED VA
27 Zi, Ez: 150, Dz: 160-180, ⊿ WC ☎; Lift 🅿 2⇔45 Seezugang ⦿ ⛟

✱✱ **Müllerhof**
Weberstr 49, ✉ 14548, ☎ (03 32 09) 7 90, Fax 79 50, ED
15 Zi, Ez: 80-105, Dz: 120-150, ⊿ WC ☎; 🅿 🚗 2⇔40 ⦿
→

Caputh

**✻   Akzent-Hotel
         Märkisches Gildehaus**
♂ Schwielowseestr 58, ✉ 14548,
☎ (03 32 09) 7 02 65, Fax 7 08 36, AX ED VA
23 Zi, Ez: 90-135, Dz: 140-160, ⊒ WC ☎; **P**
8⇔80 Strandbad Seezugang Fitneßraum
Sauna Solarium ⁀⊙⁀ ⇌

Ferch (4 km ✓)
⁀⊙⁀   **Haus am See**
•∢ Neue Scheune 19, ✉ 14548, ☎ (03 32 09)
7 09 55, Fax 7 04 96
Hauptgericht 20; Gartenlokal **P**; geschl:
Mo
✻✻   •∢ 21 Zi, Ez: 100-150, Dz: 120-180,
⊒ WC ☎, 1✉; 🚗 1⇔50

⁀⊙⁀   **Landhaus Ferch**
•∢ Dorfstr 41 VA, ✉ 14548, ☎ (03 32 09)
7 03 91, Fax 7 03 91, AX DC ED VA
Hauptgericht 20
✻   •∢ 7 Zi, Ez: 75-130, Dz: 100-160, ⊒
WC ☎; **P** Seezugang

Castrop-Rauxel   33 ⊡

Nordrhein-Westfalen — Kreis Recklinghausen — 100 m — 79 782 Ew — Herne 7,
Bochum 11 km
i ☎ (0 23 05) 10 61, Fax 1 84 40 — Stadtverwaltung, Europaplatz 1, 44575 Castrop-
Rauxel; Industriestadt im Ruhrgebiet; Sitz
des Westfälischen Landestheaters.
Sehenswert: Wasserschloß Bladenhorst;
Schiffshebewerk Henrichenburg (9 km ↑)

**✻✻✻   Ramada Schloßhotel
              Goldschmieding**
♂ Dortmunder Str 55, ✉ 44575, ☎ (0 23 05)
30 10, Fax 3 01 45, AX DC ED VA
84 Zi, Ez: 178-251, Dz: 251-333, S; 1 Suite, ⊒
WC ☎, 20✉; **P** 5⇔120 Fitneßraum Sauna
Solarium 2Tennis ⁀⊙⁀ ⇌

✻   Haus Selle am Wald
Cottenburgschlucht 41, ✉ 44577,
☎ (0 23 05) 94 10, Fax 94 12 52, AX DC ED VA
29 Zi, Ez: 68-88, Dz: 98-118, 3 App, ⊒ WC ☎,
2✉; **P** 🚗; garni

✻   **Haus Bladenhorst**
⊗ Wartburgstr 5, ✉ 44579, ☎ (0 23 05)
7 79 91, AX DC ED VA
Hauptgericht 30; Biergarten; geschl: Mo

Cavertitz   39 ↘

Sachsen —
i ☎ (03 43 61) 5 13 90 — Gemeindeverwaltung, Kirchstr 7, 04758 Cavertitz

Reudnitz
✻✻   Pelzer
einzeln ♂ •∢ Waldstr 40, ✉ 04758,
☎ (03 43 61) 6 60, Fax 6 61 49, AX ED VA
38 Zi, Ez: 90-100, Dz: 130-140, 2 Suiten,
1 App, ⊒ WC ☎, 10✉; **P** 3⇔80 Fitneßraum
Kegeln Sauna Solarium ⁀⊙⁀

Celle   26 ⊡

Niedersachsen — Kreis Celle — 40 m —
74 000 Ew — Hannover 40, Soltau 48,
Braunschweig 53 km
i ☎ (0 51 41) 12 12, Fax 1 24 59 — Touris-
mus Region Celle GmbH, Markt 6 (B 2),
29221 Celle; Stadt am Südrand der Lüne-
burger Heide, an der Aller; Schloßtheater.
Sehenswert: Ev. Stadtkirche: Fürstengruft;
Herzogsschloß: Kapelle, Synagoge; Rat-
haus; Fachwerkhäuser in der Altstadt;
Bomann-Museum; Stickmuster-Museum;
Hoppener-Haus; Französischer Garten;
Hengstparade des Landgestüts (Ende
Sep/Anfang Okt) - Umgebung: Kloster
Wienhausen: Bildteppiche, Decken-
gemälde (10 km ↘)

**✻✻✻   Fürstenhof Celle
              Relais & Châteaux**
Hannoversche Str 55 (A 3), ✉ 29221,
☎ (0 51 41) 2 01 10, Fax 20 11 20, AX DC ED VA
71 Zi, Ez: 195-325, Dz: 295-425, 5 Suiten, ⊒
WC ☎ DFÜ; Lift **P** 🚗 5⇔80 ⇌ Sauna
Solarium 18Golf
Ehemaliges herzogliches Landhaus im
Barockstil, Tapetenzimmer mit französi-
scher Handdrucktapete
✻✻✻✻   Endtenfang   🔑 ☎
Hauptgericht 52; Terrasse
             Palio
Hauptgericht 25; Biergarten; geschl: Mo,Di

✻✻   Caroline Mathilde
♂ Alter Bremer Weg 37 (A 1), ✉ 29223,
☎ (0 51 41) 3 20 23, Fax 3 20 28, AX DC ED VA
53 Zi, Ez: 125-210, Dz: 160-270, 4 Suiten,
3 App, ⊒ WC ☎, 8✉; Lift **P** 3⇔50 ⇌ Sauna
18Golf
Restaurant für Hausgäste; Auch Zimmer
der Kategorie **✻** vorhanden

✻✻   Celler Hof
Stechbahn 11 (B2), ✉ 29221, ☎ (0 51 41)
2 80 61, Fax 2 80 65, AX DC ED VA
49 Zi, Ez: 115-310, Dz: 170-310, ⊒ WC ☎
DFÜ; Lift 🚗 Fitneßraum Sauna 18Golf;
garni
Auch Zimmer der Kategorie **✻** vorhanden

✻   Steigenberger Esprix
Am Nordwall 22, ✉ 29221, ☎ (0 51 41)
20 00, Fax 200 200, AX DC ED VA
117 Zi, Ez: 130-160, Dz: 150-190, S; 4 App, ⊒
WC ☎ DFÜ, 28✉; Lift **P** 4⇔75 18Golf ⁀⊙⁀

✻   Sol Inn
Fuhrberger Str 6 (A 2), ✉ 29225, ☎ (0 51 41)
97 20, Fax 97 24 44, AX DC ED VA
126 Zi, Ez: 110-195, Dz: 125-210, S; 3 Suiten,
⊒ WC ☎, 30✉; Lift **P** 3⇔100 Sauna
Solarium 18Golf ⁀⊙⁀

✻   Akzent-Hotel Brauner Hirsch
Münzstr 9 c (Außerhalb B1), ✉ 29223,
☎ (0 51 41) 9 39 30, Fax 93 93 50, AX ED VA
23 Zi, Ez: 125-230, Dz: 175-260, 1 Suite, ⊒
WC ☎ DFÜ, 2✉; **P** 🚗 1⇔40; garni ⁀⊙⁀

Celle

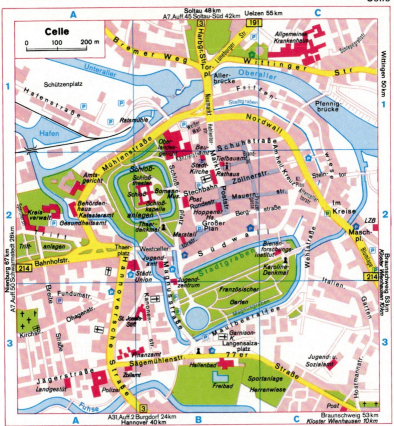

✳ Am Stadtgraben 👑
♐ ⓥ Fritzenwiese 22 (C 1), ✉ 29221,
☏ (0 51 41) 10 91, Fax 2 40 82, AX DC ED VA
8 Zi, Ez: 90-140, Dz: 190-260, ⌐ WC ☏;
1🛌40 Sauna; garni

✳ Blumlage
Blumlage 87 (C 2), ✉ 29221, ☏ (0 51 41)
70 71, Fax 68 25, AX DC ED VA
32 Zi, Ez: 110-310, Dz: 165-310, ⌐ WC ☏
DFÜ; 🅿 18Golf; garni

✳ Borchers
Schuhstr 52 (B 1), ✉ 29221, ☏ (0 51 41)
70 61, Fax 62 33, AX DC ED VA
19 Zi, Ez: 125-310, Dz: 175-310, ⌐ WC ☏;
Lift 🚗 18Golf; garni
Auch Zimmer der Kategorie ✳✳ vorhanden

✳ St. Georg
♐ St.-Georg-Str 25 (Außerhalb C 2),
✉ 29221, ☏ (0 51 41) 2 10 51-3, Fax 21 77 25,
AX ED VA
15 Zi, Ez: 95-195, Dz: 120-280, 1 App, ⌐ WC
☏; 🅿 🚗; garni 🍽
Rezeption: 7-19; geschl: 22.-30.12.

✳ Utspann
♐ ⓥ Im Kreise 13 (C 2), ✉ 29221, ☏ (0 51 41)
9 27 20, Fax 92 72 52, AX DC ED VA
18 Zi, Ez: 145-255, Dz: 212-300, 2 Suiten,
3 App, ⌐ WC ☏, 2📺; 🅿 1🛌20 Sauna
Solarium 🍽
geschl: 24.12.-3.1.99

✳ Bacchus
Bremer Weg 132 a (A 1), ✉ 29223,
☏ (0 51 41) 5 20 31, Fax 5 26 89, AX ED VA
42 Zi, Ez: 115, Dz: 148, ⌐ WC ☏, 2📺; 🅿 🚗
2🛌60 Solarium 🍽 🍺

✳ Sattler
Bahnhofstr 46, ✉ 29221, ☏ (0 51 41) 10 75,
Fax 10 77, AX DC ED VA
22 Zi, Ez: 72-95, Dz: 110-150, ⌐ WC ☏, 2📺
🅿 🍽

✳✳ Ratskeller
ⓥ Markt 14 (B 2), ✉ 29221, ☏ (0 51 41)
2 90 99, Fax 2 90 90, AX ED VA
Hauptgericht 38; geschl: Di,
Ältestes Gasthaus in Niedersachsen aus
1378 →

Celle

Congress Union Celle
Thaerplatz 1 (A 2), ⊠ 29221, ☎ (0 51 41) 91 93, Fax 4 44, ED VA
** Wintergarten
Hauptgericht 15
🍴 **Bistro Dacapo**
Hauptgericht 10; 11.30-18; geschl: So

* Schifferkrug
Speicherstr 9 (A 2), ⊠ 29221, ☎ (0 51 41) 70 15, Fax 63 50, ED VA
Hauptgericht 25; Gartenlokal; nur abends; geschl: So, Mo
⌂ ♂ 13 Zi, Ez: 70-95, Dz: 110-160, ⌐ WC ☎

🍴 **Schmidt**
Kleiner Plan 4 (C 2), ⊠ 29221, ☎ (0 51 41) 2 80 71, Fax 2 72 40, AX DC ED VA
Hauptgericht 25; Gartenlokal
⌂ 8 Zi, Ez: 90-110, Dz: 130-180, ⌐ WC ☎

Schweine-Schulze
⊗ Neue Str 36 (B 2), ⊠ 29221, ☎ (0 51 41) 2 29 44, Fax 21 47 56
Hauptgericht 36; Gartenlokal; geschl: Sa abends, So+feiertags, Ende Dez-Anfang Jan, Feb, 3 Wochen in den Sommerferien

● Kiess
Großer Plan 16 (B 2), ⊠ 29221, ☎ (0 51 41) 2 25 40

<mark>Altencelle</mark> (4 km ↘)
** Schaperkrug
Braunschweiger Heerstr 85, ⊠ 29227, ☎ (0 51 41) 98 51-0, Fax 88 19 58, AX DC ED VA
36 Zi, Ez: 95-180, Dz: 120-220, 1 Suite, ⌐ WC ☎, 14⌂; 🅿 3↔70
Auch Zimmer der Kategorie * vorhanden
** Schaperkrug
Hauptgericht 35; geschl: So abends

** Landhotel Vieth
Heinrich-Heine-Str 3, ⊠ 29227, ☎ (0 51 41) 9 84 70, Fax 98 47 49, ED VA
7 Zi, Ez: 95-110, Dz: 145-165, 1 App, ⌐ WC ☎, 5⌂; 🅿; garni

<mark>Groß Hehlen</mark> (4 km ↘)
** Ringhotel Celler Tor
Scheuener Str 2, ⊠ 29229, ☎ (0 51 41) 59 00, Fax 59 04 90, AX DC ED VA
73 Zi, Ez: 167-275, Dz: 238-480, S; ⌐ WC ☎, 10⌂; Lift 🅿 🚗 14↔320 ≙ Fitneßraum Sauna Solarium 18Golf ●
Restaurant für Hausgäste; Auch Zimmer der Kategorie *** vorhanden
** Celler Tor
Hauptgericht 45; Terrasse

<mark>Neustadt</mark> (1 km ←)
* Schaper
Heese 6-7, ⊠ 29225, ☎ (0 51 41) 94 880, Fax 94 88 30, DC ED VA
14 Zi, Ez: 95-120, Dz: 140-185, 2 Suiten, ⌐ WC ☎; 🅿 🍴

Cham 65 ↗

Bayern — Kreis Cham — 379 m —
17 500 Ew — Furth im Wald 19, Straubing 43 km
ℹ️ ☎ (0 99 71) 49 33, Fax 7 98 42 — Tourist-Info, Propsteistr 46, 93413 Cham; Ort im Bayerischen Wald. Sehenswert: Kath. Kirche St. Jakob; Rathaus; Biertor; Urkirche der Oberen Bayer. Waldes mit Karner (Beinhaus) in Chammünster (3 km →)

* Randsberger Hof
Randsbergerhofstr 15, ⊠ 93413, ☎ (0 99 71) 12 66, Fax 2 02 99, AX DC ED VA
84 Zi, Ez: 59-67, Dz: 118-134, 4 Suiten, ⌐ WC ☎, 3⌂; Lift 🅿 🚗 4↔200 ≙ Fitneßraum Kegeln Sauna Solarium 🍴 ●

* Kolpinghaus
Schützenstr 14, ⊠ 93413, ☎ (0 99 71) 84 93, Fax 84 94 99, AX DC ED VA
29 Zi, Ez: 52-60, Dz: 94-105, ⌐ WC ☎ DFÜ; 🅿 8↔240 Kegeln 🍴 ●

** Bräu-Pfandl
⊗ Lucknerstr 11, ⊠ 93413, ☎ (0 99 71) 2 07 87, Fax (09 46 1) 56 75, AX DC ED VA
Hauptgericht 24; Terrasse; geschl: So, Mo, 25.7.-15.8.

<mark>Altenmarkt</mark> (2 km ↙)
** Parkhotel Cham
♂ Prälat-Wolker-Str 5, ⊠ 93413, ☎ (0 99 71) 39 50, Fax 39 51 20, AX DC ED VA
67 Zi, Ez: 70-89, Dz: 115-149, ⌐ WC ☎ DFÜ, 15⌂; Lift 🅿 3↔35 Sauna Solarium 9Tennis
Restaurant für Hausgäste

<mark>Chameregg</mark> (4 km ↘)
* Berggasthaus Ödenturm
Am Ödenturm 11, ⊠ 93413, ☎ (0 99 71) 89 27-0, Fax 89 27-20, DC ED
Hauptgericht 33; 🅿 Terrasse; geschl: So abends, Mo, 5.10.-2.12.99

Chemnitz 50 □

Sachsen — Chemnitz — 300 m —
270 000 Ew — Dresden 82, Leipzig 82 km
ℹ️ ☎ (03 71) 4 50 87 50, Fax 4 50 87 25 — Tourist-Information, Stadthalle, Fremdenverkehrsamt, Rathausstr 1 (B 3), 09111 Chemnitz; Tor zum silbernen Erzgebirge; früher Zentrum der Spinnerei, Weberei, Tuchmacherei; Universitätsstadt. Sehenswert: Opernhaus; Museen mit Versteinertem Wald; Altes und Neues Rathaus; Roter Turm; Schloßberg mit Benediktinerkloster und Schloßkirche; Burg Rabenstein; Stiftskirche Ebersdorf; Tierpark; Stausee; Wildgatter; Parkeisenbahn

*** Günnewig Chemnitzer Hof
Theaterplatz 4 (B 2), ⊠ 09111, ☎ (03 71) 68 40, Fax 6 76 25 87, AX DC ED VA
98 Zi, Ez: 169-199, Dz: 248-268, S; 4 Suiten, ⌐ WC ☎, 18⌂; Lift 8↔250 🍴

Chemnitz

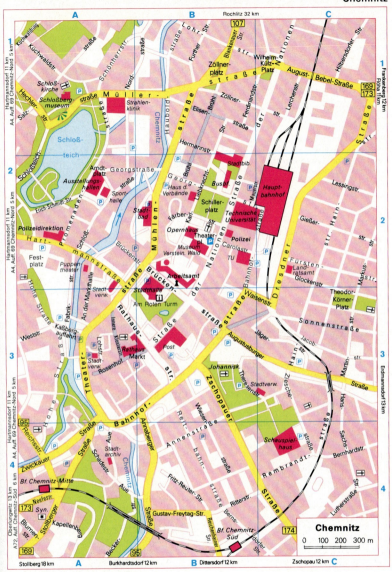

★★★ Renaissance Hotel
Salzstr 56, ✉ 09113, ☎ (03 71) 3 34 10,
Fax 3 34 17 77, AX DC ED VA
207 Zi, Ez: 150-175, Dz: 150-175, S;
19 Suiten, ⌂ WC ☎, 56🅿; Lift 🅿 🚗
21⟳500 🍴 Fitneßraum Sauna Solarium 🍽

★★★★ Restaurant mit großzügiger Ausstattung

★★★ Dorint Parkhotel
Deubners Weg 12 (A 4), ✉ 09112, ☎ (03 71)
3 80 70, Fax 3 80 71 00, AX DC ED VA
186 Zi, Ez: 180-240, Dz: 200-260, S; 1 Suite,
⌂ WC ☎, 120🅿; Lift 🅿 🚗 17⟳250 Fitneßraum Sauna Solarium

★★ Hauptgericht 28; Biergarten Terrasse →

⌂ Zimmer mit Bad oder Dusche

Chemnitz

* **Seaside Residenz Hotel**
Bernsdorfer Str 2 (B 4), ⌧ 09126, ☎ (03 71)
6 01 31, Fax 6 76 27 81, AX DC ED VA
192 Zi, Ez: 99-155, Dz: 119-185, S; 2 Suiten,
98 App, ⊿ WC ☎, 42⌧; Lift P 4⇔100 Fitneßraum Sauna ⁞⊚⁞

* **Mercure Kongress**
Brückenstr 19 (B 3), ⌧ 09111, ☎ (03 71)
68 30, Fax 68 35 05, AX DC ED VA
386 Zi, Ez: 121-195, Dz: 143-230, S; 9 App, ⊿
WC ☎, 144⌧; Lift P 10⇔220 Fitneßraum
Sauna Solarium ⁞⊚⁞ ⊸

* **Günnewig Europa**
Straße der Nationen 56 (B 2), ⌧ 09111,
☎ (03 71) 68 11 28, Fax 67 06 06, AX DC ED VA
103 Zi, Ez: 109-129, Dz: 139-159, S; 6 App, ⊿
WC ☎, 21⌧; Lift 1⇔20; garni
Auch Zimmer der Kategorie ✱✱ vorhanden.

* **Avenue Hotel Becker**
Dresdner Straße 136, ⌧ 09131, ☎ (03 71)
4 71 91-0, Fax 4 71 91-0, AX DC ED VA
21 Zi, Ez: 89-134, Dz: 120-168, ⊿ WC ☎,
6⌧; Lift P ⁞⊚⁞

* **Elisenhof**
Mühlenstr 102 (B 1), ⌧ 09111, ☎ (03 71)
4 71 69-0, Fax 47 16 9-50, AX DC ED VA
26 Zi, Ez: 95-110, Dz: 120-150, 1 App, ⊿ WC
☎, 3⌧; Lift; garni

Adelsberg (4 km ↘)
* **Adelsberger Parkhotel Hoyer**
♂ Wilhelm-Busch-Str 61, ⌧ 09127,
☎ (03 71) 7 74 20-0, Fax 77 33 77, AX ED VA
22 Zi, Ez: 99-155, Dz: 130-175, 5 Suiten, ⊿
WC ☎ DFÜ; Lift P 2⇔50 Fitneßraum
Sauna Solarium ⁞⊚⁞ ⊸

Klaffenbach
* **Ringhotel Schloßhotel Klaffenbach**
♂ Wasserschloßweg 6, ⌧ 09123, ☎ (03 71)
2611 0, Fax 2 61 11 00, AX DC ED VA
51 Zi, Ez: 120-148, Dz: 150-188, S; 1 Suite,
1 App, ⊿ WC ☎, 10⌧; P 4⇔45 ⁞⊚⁞ ⊸

Rabenstein (8 km ←)
* **Burghotel Rabenstein**
♂ Grünaer Str 2, ⌧ 09117, ☎ (03 71)
85 65 02, Fax 85 05 79, AX DC ED VA
17 Zi, Ez: 115-175, Dz: 185-205, 3 Suiten, ⊿
WC ☎, P 2⇔90 ⊸
Auch Zimmer der Kategorie ✱✱ vorhanden
✱✱ Hauptgericht 25

Schönau (5 km ↙)
* **Achat**
Winkelhoferstr 14, ⌧ 09116, ☎ (03 71)
8 12 10, Fax 8121 999, AX ED VA
101 Zi, Ez: 99-114, Dz: 99-154, 11 App, ⊿
WC ☎, 40⌧; Lift P 1⇔20 ⁞⊚⁞ ⊸
Auch Zimmer der Kategorie ✱✱ vorhanden.
Langzeitvermietung möglich

Chieming 73 □

Bayern — Kreis Traunstein — 532 m —
4 200 Ew — Traunstein 11, Seeon 15 km
ℹ ☎ (0 86 64) 2 45, Fax 89 98 — Verkehrsamt, Hauptstr 20 b, 83339 Chieming; Luftkurort am Ostufer des Chiemsees, Erholungsort. Sehenswert: Kirchen; römische Altarsteine

Ising (6 km ↘)
✱✱✱ **Gut Ising**
Kirchberg 3, ⌧ 83339, ☎ (0 86 67) 7 90,
Fax 7 94 32, AX DC ED VA
109 Zi, Ez: 172-247, Dz: 248-350, 9 Suiten,
Lift 7⇔300 ⌂ Strandbad Seezugang Fitneßraum Sauna Solarium 4Tennis
Auch Zimmer der Kategorie ✱✱✱✱ vorhanden
✱✱ **Zum Goldenen Pflug**
⊗ Hauptgericht 32

Chorin 22 ↓

Brandenburg — Kreis Eberswalde — 65 m
— 509 Ew — Eberswalde-Finow 10, Angermünde 14 km
ℹ ☎ (03 33 65) 4 04 — Fremdenverkehrsverein, Dorfstr 35, 16248 Parstein. Sehenswert: Kloster

* **Haus Chorin**
Verband Christlicher Hotels
einzeln ♂ ⊰ Neue Klosterallee 16, ⌧ 16230,
☎ (03 33 66) 5 00, Fax 3 26, AX ED VA
63 Zi, Ez: 95-115, Dz: 132-169, ⊿ WC ☎,
18⌧; Lift 5⇔230 Seezugang Bowling Fitneßraum Sauna ⁞⊚⁞

Chossewitz 31 ↘

Brandenburg — Kreis Beeskow — 155 m —
100 Ew — Eisenhüttenstadt 18, Beeskow
21 km
ℹ ☎ (03 36 73) 57 50 — Gemeindeverwaltung, 15848 Chossewitz

* **Seeschloß**
♂ ⊰ Dorfstr 19, ⌧ 15848, ☎ (03 36 73) 3 28,
Fax 51 00, AX ED VA
8 Zi, Ez: 95, Dz: 110-130, ⊿ WC; P 1⇔24
✱ Hauptgericht 24; Terrasse

Clausthal-Zellerfeld 37 ↘

Niedersachsen — Kreis Goslar — 550 m —
17 000 Ew — Osterode 13, Goslar 17 km
ℹ ☎ (0 53 23) 8 10 24, Fax 8 39 62 — Kur-/
Tourist-Information, Bahnhofstr 5 a,
38678 Clausthal-Zellerfeld; Heilklimatischer
Kurort und Wintersportplatz im Harz;
Techn. Universität mit bedeutender
Mineraliensammmlung. Sehenswert: in
Clausthal: Marktkirche „Zum Heiligen
Geist" (größte Holzkirche Deutschlands);
in Zellerfeld: St.-Savatoris-Kirche; Fratzenapotheke; Thomas-Merten-Platz mit
Glockenspiel; Bergwerksmuseum;
Dietzelhaus; Kunsthandwerkerhof

Coburg

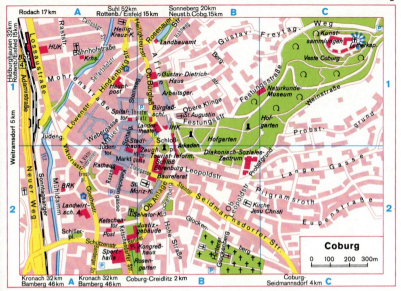

Clausthal
** Goldene Krone
Kronenplatz 3, ✉ 38678, ☎ (0 53 23) 93 00, Fax 93 01 00, AX ED VA
25 Zi, Ez: 105-125, Dz: 160-180, 3 Suiten, ⊿ WC ☎, 3✉; Lift P 🚗 1✥30 ⓎⒶ

Clausthal-Außerhalb (2 km ↓)
* Pixhaier Mühle
einzeln ♠ An der Pixhaier Mühle 1 (Richtung Fachklinik), ✉ 38678, ☎ (0 53 23) 22 15, Fax 79 84, ED VA
17 Zi, Ez: 75-95, Dz: 150-190, ⊿ WC ☎; Lift P 1✥20 Seezugang ⓎⒶ

Zellerfeld
* Parkhotel Calvör
Treuerstr 6, ✉ 38678, ☎ (0 53 23) 9 50-0, Fax 9 50-2 22, VA
34 Zi, Ez: 105-118, Dz: 145-178, 1 Suite, ⊿ WC ☎, 15✉; P 3✥80 Sauna ⓎⒶ

Cloppenburg 24 ↑

Niedersachsen — Kreis Cloppenburg — 38 m — 28 300 Ew — Vechta 26, Oldenburg 42, Meppen 60 km
🅘 ☎ (0 44 71) 1 52 56, Fax 8 56 97 — Tourist-Information, Eschstr 29 (Marktplatz), 49661 Cloppenburg. Sehenswert: St.-Andreas-Kirche; Museumsdorf Cloppenburg, Niedersächsisches Freilichtmuseum; Wallfahrtsort Bethen mit Gnadenkapelle (2 km ↗); Thülsfelder Talsperre, Naturschutzgebiet (12 km ↖); Baumweg: Urwald, Ahlhorner Fischteiche (10 km ↗)

** Park Hotel
Burgstr 8, ✉ 49661, ☎ (0 44 71) 66 14, Fax 66 17, AX ED VA
48 Zi, Ez: 95-130, Dz: 150-195, 3 Suiten, ⊿ WC ☎, 6✉; Lift P 3✥150 Bowling Sauna Solarium 18Golf
Restaurant für Hausgäste

* Schlömer
Bahnhofstr 17, ✉ 49661, ☎ (0 44 71) 65 23, Fax 65 24, AX DC ED VA
16 Zi, Ez: 80-95, Dz: 125-140, ⊿ WC ☎; P 🚗 ⓎⒶ

** Schäfers Hotel
Lange Str 66, ✉ 49661, ☎ (0 44 71) 24 84, Fax 94 77 14, AX DC ED VA
Hauptgericht 35; P; 🛏

Coburg 48 ↙

Bayern — Stadtkreis — 300 m — 44 000 Ew — Bamberg 46, Hof 90, Fulda 135 km
🅘 ☎ (0 95 61) 7 41 80, Fax 74 18 29 — Tourist-Information, Herrngasse 4 (AB 2), 96450 Coburg; Kreisfreie Stadt in Oberfranken; Landestheater. Sehenswert: Ev. Morizkirche: Grabmal; Veste Coburg ⊰, Kunstsammlungen (2 km →); Naturkunde-Museum im Hofgarten; Coburger Puppenmuseum; Rathaus; Schloß Ehrenburg: Festsäle, Schloßkapelle; Gymnasium Casimirianum; Stadthaus. Umgebung: Schloß mit Kirche; Gerätemuseum „Alte Schäferei", in Ahorn (5 km ↙) →

Coburg

** Romantik Hotel Goldene Traube
Am Viktoriabrunnen 2 (A 2), ✉ 96450,
☎ (0 95 61) 87 60, Fax 87 62 22, AX DC ED VA
70 Zi, Ez: 98-160, Dz: 170-230, 1 Suite, ⌐
WC ☎; Lift 🅿 🚗 3⇔120 Sauna Solarium
18Golf
Auch Zimmer der Kategorie ******* vorhanden

** Traube-Stuben
Hauptgericht 32; Terrasse

** Blankenburg Parkhotel
Rosenauer Str 30 (B 1), ✉ 96450,
☎ (0 95 61) 7 50 05, Fax 7 56 74, AX DC ED VA
45 Zi, Ez: 101-142, Dz: 167-192, 2 Suiten, ⌐
WC ☎, 13🖂; Lift 🅿 🚗 2⇔50
Auch Zimmer der Kategorie ***** vorhanden

** Kräutergarten
Hauptgericht 37; Terrasse; geschl: So

** Ramada
Ketschendorfer Str 86, ✉ 96450, ☎ (0 95 61)
82 10, Fax 82 14 44, AX DC ED VA
123 Zi, Ez: 125-140, Dz: 150-165, S; ⌐ WC ☎
DFÜ, 41🖂; Lift 🚗 2⇔40 18Golf; **garni**

** Festungshof
♂ ⊰ Festungsberg 1 (C 1), ✉ 96450,
☎ (0 95 61) 80 29-0, Fax 80 29 33, AX ED VA
11 Zi, Ez: 115-145, Dz: 140-240, 3 Suiten, ⌐
WC ☎; 🅿 🚗 2⇔120 🍽

** Ringhotel Stadt Coburg
Lossaustr 12 (A 1), ✉ 96450, ☎ (0 95 61)
87 40, Fax 87 42 22, AX DC ED VA
41 Zi, Ez: 135-150, Dz: 160-176, S; 2 Suiten,
⌐ WC ☎, 6🖂; Lift 🅿 1⇔60 Sauna Solarium

* Backstüble
Hauptgericht 30; geschl: Sa mittags, So, feiertags

* Goldener Anker
Rosengasse 14, ✉ 96450, ☎ (0 95 61)
5 57 00, Fax 9 25 60, AX DC ED VA
68 Zi, Ez: 105-135, Dz: 155-195, ⌐ WC ☎;
Lift 🚗 2⇔90 🍽 Sauna Solarium
Auch Zimmer der Kategorie ****** vorhanden

*** Schaller ♛
Ketschendorfer Str 22, ✉ 96450, ☎ (0 95 61)
2 50 74, Fax 2 88 74, ED VA
Hauptgericht 46; Gartenlokal 🅿; nur
abends; geschl: so+feiertags, 1 Woche
Anfang Jan, 1 Woche Ende Jul-Anfang Aug

** Coburger Tor ♛
11 Zi, Ez: 120-160, Dz: 160-250, 2 Suiten, ⌐
WC ☎ DFÜ; Lift 🚗 2⇔20

* Loreley
⚑ Herrngasse 14 (B 2), ✉ 96450, ☎ (0 95 61)
9 24 70, Fax 7 58 05, DC VA
Hauptgericht 25;
Historische Coburger Traditionsgaststätte mit Lüftlmalerei

■ Schubart
Mohrenstr 11 (A 1), ✉ 96450, ☎ (0 95 61)
9 21 21, Fax 9 29 03
🅿; 8-19, so+feiertags 10-18

■ Feyler
Rosenstr 6-8 (A 2), ✉ 96450, ☎ (0 95 61)
8 04 80, Fax 80 48 80
geschl: Sa abends, So

Scheuerfeld (3 km ←)

* Löhnert
♂ Schustersdamm 28, ✉ 96450, ☎ (0 95 61)
3 10 31, Fax 3 26 52
57 Zi, Ez: 48-73, Dz: 85-103, ⌐ WC ☎; 🅿 🍽
Sauna 🍽
geschl: So, Do bis 17
Einfachere Zimmer vorhanden

Cochem 43✓

Rheinland-Pfalz — Kreis Cochem-Zell —
100 m — 6 200 Ew — Mayen 32, Zell 37,
Koblenz 51 km
🛈 ☎ (0 26 71) 39 71, Fax 84 10 — Verkehrsamt, Endertplatz 1, 56812 Cochem; Kreisstadt an der Mosel. Sehenswert: Mittelalterlicher Ortskern; Kath. Pfarrkirche;
Rathaus; Stadttore; Reichsburg Cochem
⊰; Pinnerkreuz ⊰

* Haus Erholung
⊰ Moselpromenade 64, ✉ 56812,
☎ (0 26 71) 75 99, Fax 43 62, ED VA
19 Zi, Ez: 50-89, Dz: 94-130, 2 App, ⌐ WC;
Lift 🚗 🍽 Sauna Solarium; **garni**
geschl: 20.11.-10.3.

** Lohspeicher ✠
Obergasse 1, ✉ 56812, ☎ (0 26 71) 39 76,
Fax 17 72, AX ED VA
Hauptgericht 35; geschl: Mi, Feb
* 8 Zi, Ez: 85, Dz: 170, ⌐ WC ☎; Lift
geschl: Feb

■ Germania
Moselpromenade 1, ✉ 56812, ☎ (0 26 71)
9 77 50, Fax 97 75 55
** Ez: 80-100, Dz: 160-200, ⌐ WC ☎;
Lift
Rezeption: 8-19

Cochem-Außerhalb (2 km ↖)

** Silencehotel Weißmühle
einzeln ♂ ⊰ Endertal, ✉ 56812, ☎ (0 26 71)
89 55, Fax 82 07, DC ED VA
36 Zi, Ez: 95-120, Dz: 165-220, 1 Suite,
1 App, ⌐ WC ☎; Lift 🅿 🚗 2⇔50 Kegeln
Sauna Solarium ■
Auch einfachere Zimmer vorhanden

** Müllerstube ✠
einzeln ♂ Hauptgericht 38; Terrasse

Cond (1 km →)

* Thul
♂ ⊰ Brauselaystr 27, ✉ 56812, ☎ (0 26 71)
71 34, Fax 53 67
23 Zi, Ez: 75-100, Dz: 125-200, ⌐ WC ☎,
3🖂; Lift 🅿 🚗 Fitneßraum Sauna Solarium
🍽 ■
geschl: 1.12.-31.1.

Zehnthof ✱

⊰ Zehnthausstr 9, ✉ 56812, ☎ (0 26 71) 30 52, Fax 72 86, AX DC ED VA
23 Zi, Ez: 60-120, Dz: 120-180, ⌐ WC ☎; P
1⇔12 ▼⊙¦

Am Rosenhügel ✱
Flair Hotel

⊰ Valwiger Str 57, ✉ 56812, ☎ (0 26 71) 9 76 30, Fax 97 63 63, ED VA
23 Zi, Ez: 80-130, Dz: 120-190, ⌐ WC ☎
DFÜ, 3✉; Lift P 🚗 1⇔23 Fitneßraum
Sauna Solarium
geschl: 1.12.-31.1.
Restaurant für Hausgäste

Am Hafen ✱

⊰ Uferstr/Zehnthausstr, ✉ 56812,
☎ (0 26 71) 9 77 20, Fax 97 72 27, AX DC ED VA
19 Zi, Ez: 80-150, Dz: 100-200, 2 Suiten, ⌐
WC ☎; P 🚗 Solarium ▼⊙¦ ⚓
geschl: 1.-15.1.

Sehl (2 km ↘)
Panorama ✱✱
Minotel

⊰ Klostergartenstr 44, ✉ 56812, ☎ (0 26 71) 30 65, Fax 30 64, AX DC ED VA
43 Zi, Ez: 90-140, Dz: 140-195, 1 Suite,
6 App, ⌐ WC ☎; Lift P 🚗 2⇔100 ≋ Sauna
Solarium ▼⊙¦ ⚓
Auch Zimmer der Kategorie ✱ vorhanden

Keßler-Meyer ✱

♠ ⊰ Am Reilsbach, ✉ 56812, ☎ (0 26 71) 45 64, Fax 38 58
30 Zi, Ez: 98-150, Dz: 125-250, 3 Suiten,
3 App, ⌐ WC ☎; ≋ Sauna Solarium; **garni**
Auch Zimmer der Kategorie ✱✱ vorhanden

Cölbe 45 ↘

Hessen — Kreis Marburg — 192 m —
6 715 Ew — Marburg 7, Frankenberg (Eder) 30 km
ℹ ☎ (0 64 21) 9 85 00 — Gemeindeverwaltung, Kasseler Str 88, 35091 Cölbe

Company ✱

Lahnstr 6, ✉ 35091, ☎ (0 64 21) 9 86 60, Fax 98 66 66, AX DC ED VA
25 Zi, Ez: 99-130, Dz: 153-170, ⌐ WC ☎,
1✉; P 1⇔20 Sauna Solarium ▼⊙¦
geschl: 24.12.-3.1.

Coesfeld 33 ↑

Nordrhein-Westfalen — Kreis Coesfeld — 81 m — 32 739 Ew — Borken 28, Münster 38 km
ℹ ☎ (0 25 41) 1 51 50, Fax 1 51 01 — Verkehrsverein, Markt 8, 48653 Coesfeld; Stadt im Münsterland. Sehenswert: Lambertikirche; Jakobikirche; ehem. Jesuitenkirche; Pulverturm; Walkenbrückerturm und Tor; Abtei Gerleve (6 km →); Schloß Varlar (6 km ↑)

Haselhoff ✱✱

Ritterstr 2, ✉ 48653, ☎ (0 25 41) 9 42 00, Fax 94 20 30, DC ED VA
16 Zi, Ez: 100, Dz: 140, ⌐ WC ☎; P 🚗 4⇔80
✱ Hauptgericht 25

Zur Mühle ✱✱

♠ Mühlenstr 23, ✉ 48653, ☎ (0 25 41) 91 30, Fax 65 77, AX DC ED VA
35 Zi, Ez: 100-120, Dz: 150-170, ⌐ WC ☎; P
🚗 1⇔50; **garni**

Colditz 50 ↘

Sachsen — Kreis Muldental — 250 m —
3 138 Ew — Rochlitz 12, Grimma 16, Döbeln 24 km
ℹ ☎ (03 43 81) 4 33 25, Fax 4 02 03 — Gemeindeverwaltung, Leipziger Str 11, 04680 Colditz

Zschadraß
Gilde Hof ✱

Hauptstr 4, ✉ 04680, ☎ (03 43 81) 80 20, Fax 80 21 01, AX DC ED VA
23 Zi, Ez: 65-80, Dz: 110-130, ⌐ WC ☎; P
2⇔70 ▼⊙¦ ⚓

Colmberg 56 ↘

Bayern — Kreis Ansbach — 450 m —
1 640 Ew — Rothenburg ob der Tauber 15, Ansbach 15 km
ℹ ☎ (0 98 03) 9 41 55, Fax 9 41 53 — Gemeindeverwaltung, Am Markt 1, 91598 Colmberg

Burg Hotel Colmberg ✱

einzeln ♠ ⊰ ⊗ ✉ 91598, ☎ (0 98 03) 91 92-0, Fax 2 62, AX ED
25 Zi, Ez: 80-150, Dz: 135-210, 2 Suiten, ⌐
WC ☎, 2✉; P 2⇔35 ▼⊙¦ ⚓
geschl: Jan
1000 jährige Burganlage

Cottbus 41 ↘

Brandenburg — Cottbus-Stadt — 77 m —
120 000 Ew — Dresden 94, Berlin 130 km
ℹ ☎ (03 55) 2 42 54, Fax 79 19 31 — Cottbus-Information, Karl-Marx-Str 68 (A 1), 03044 Cottbus; 1156 erstmals urkundlich erwähnt; Universitäts- und Parkstadt; Messe- und Tagungszentrum; seit dem Mittelalter bekannte Tuchmacherstadt. Sehenswert: mittelalterlicher Stadtkern mit Stadtmauer, Türmen und Toren; Altmarkt mit barocken Giebelhäusern und Apothekenmuseum; Oberkirche, Klosterkirche, Schloßkirche; Kunstsammlungen; Stadtmuseum; Planetarium; Staatstheater (Jugendstilbau); Fürst-Pückler-Museum; Schloß und Park Branitz; Tierpark; Parkeisenbahn; Spreewehrmühle

Cityplan siehe Seite 268 →

Cottbus

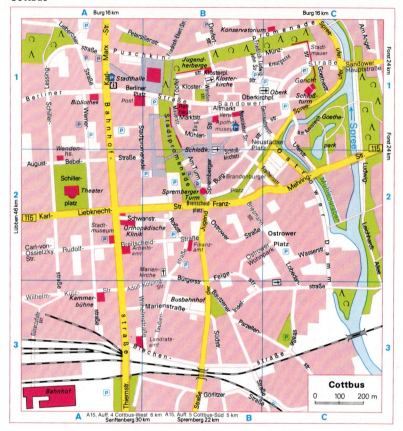

*** **Holiday Inn**
⊰ Berliner Platz, ✉ 03046, ☎ (03 55) 36 60, Fax 36 69 99, AX DC ED VA
182 Zi, Ez: 150-280, Dz: 240-330, S;
11 Suiten, ⌐ WC ☎, 48⊠; Lift 🚗 7⇔250 Fitneßraum Solarium
**   Hauptgericht 36; Terrasse

*** **Radisson SAS Hotel Cottbus**
Vetschauer Str 12, ✉ 03048, ☎ (03 55) 4 76 10, Fax 4 76 19 00, AX DC ED VA;
230 Zi, Ez: 205-225, Dz: 245-265, S;
11 Suiten, ⌐ WC ☎, 55⊠; Lift 8⇔420 ⌂ Fitneßraum Sauna Solarium
**   **Bistro Arcade**
Hauptgericht 30; P Terrasse

**   **Sorat**
      Top International Hotel
Schloßkirchplatz 2 (B 1-2), ✉ 03046, ☎ (03 55) 7 84 40, Fax 78 442 44, AX DC ED VA
95 Zi, Ez: 145-210, Dz: 195-260, S; 6 App, ⌐ WC ☎, 29⊠; Lift 🚗 6⇔100 Fitneßraum Sauna ⑂
Restauriertes Gründerzeit-Gebäude

**   **Dorotheenhof**
      City Line & Country Line Hotels
Waisenstr 19, ✉ 03046, ☎ (03 55) 7 83 80, Fax 7 83 84 44, AX DC ED VA
62 Zi, Ez: 140-165, Dz: 195-235, ⌐ WC ☎, 20⊠; Lift P 3⇔40 ⑂
Auch Zimmer der Kategorie * vorhanden

*   **Best Western Branitz**
☙ Heinrich-Zille-Str, ✉ 03042, ☎ (03 55) 7 51 00, Fax 71 31 72, AX DC ED VA
201 Zi, Ez: 135-155, Dz: 155-175, S; 4 Suiten, ⌐ WC ☎, 36⊠; Lift P 🚗 20⇔700 Fitneßraum Kegeln Sauna Solarium ⑂ ≖
Im Gästehaus „Im grünen Garten" auch einfache Zimmer vorhanden

*   **Ahorn-Hotel & Pension**
Bautzener Str 134/135, ✉ 03050, ☎ (03 55) 47 80 00, Fax 4 78 00 40, AX DC ED VA
20 Zi, Ez: 107-150, Dz: 137-190, 1 Suite, ⌐ WC ☎ DFÜ; P 1⇔25 ⑂

₩ Lobenswerte Hotelleistung

Crölpa-Löbschütz

* Mephisto
Karl-Liebknecht-Str 25, ✉ 03046, ☎ (03 55) 70 38 06
Hauptgericht 27; geschl: So

Groß Gaglow (3 km ↓)
* Sol Inn Hotel
Am Seegraben, Im Gewerbegebiet, ✉ 03058, ☎ (03 55) 5 83 70, Fax 5 83 74 44, AX DC ED VA
98 Zi, Ez: 103-133, Dz: 117-147, 2 Suiten, ⌐ WC ☎, 68📺; Lift 🅿 3♻90 Solarium 🍴

Schmellwitz (3 km ↑)
* Waldhotel
☼ Drachhausener Str 70, ✉ 03044, ☎ (03 55) 8 76 40, Fax 8 76 41 00, AX ED VA
51 Zi, Ez: 80-140, Dz: 100-180, 2 Suiten, ⌐ WC ☎; 🅿 2♻80 🍴

Crailsheim 62 ↗

Baden-Württemberg — Kreis Schwäbisch Hall — 412 m — 32 000 Ew — Schwäbisch Hall 32, Aalen 41, Ansbach 47 km
ℹ ☎ (0 79 51) 40 32 92, Fax 40 31 59 — Stadtverwaltung, Marktplatz 1, 74564 Crailsheim; Stadt an der Jagst. Sehenswert: Ev. Kirche; Diebsturm; Liebfrauenkapelle; Rathausturm

** Post-Faber
Lange Str 2, ✉ 74564, ☎ (0 79 51) 96 50, Fax 96 55 55, AX DC ED VA
65 Zi, Ez: 98-138, Dz: 158-188, 1 Suite, ⌐ WC ☎; Lift 🅿 🍴 2♻30 Sauna Solarium
Auch Zimmer der Kategorie ***** vorhanden
** Hauptgericht 25; Terrasse; geschl: Fr abends, Sa mittags

Westgartshausen
* Zum Hirsch
Westgartshausener Hauptstr 16, ✉ 74564, ☎ (0 79 51) 9 72 00, Fax 97 20 97, ED VA
24 Zi, Ez: 70-80, Dz: 100-110, ⌐ WC ☎; Lift 🅿 1♻50 🍴

Creglingen 56 ↙

Baden-Württemberg — Main-Tauber-Kreis — 277 m — 5 000 Ew — Rothenburg ob der Tauber 17, Bad Mergentheim 28, Ochsenfurt 29 km
ℹ ☎ (0 79 33) 6 31, Fax 6 31 — Touristikzentrum „Oberes Taubertal", Bad Mergentheimer Str 14, 97993 Creglingen; Erholungsort im Taubertal. Sehenswert: Fingerhutmuseum; Herrgottskirche: Marienaltar von Riemenschneider (2 km ↓); ehem. Klosterkirche im Ortsteil Frauental (6 km ↗); Feuerwehrmuseum Schloß Waldmannshofen

* Krone
Hauptstr 12, ✉ 97993, ☎ (0 79 33) 5 58, Fax 14 44
12 Zi, Ez: 80, Dz: 100-110, ⌐ WC; 🅿 🍴
geschl: 15.12.-31.1.

* Zum Schloßbäck
Kirchenstaffel 1, ✉ 97993, ☎ (0 79 33) 4 10, Fax 4 10, ED
Hauptgericht 25; Terrasse; geschl: Mi

Creuzburg 46 ↗

Thüringen — Kreis Eisenach — 310 m — 2 500 Ew — Eisenach 10, Eschwege 25 km
ℹ ☎ (03 69 26) 9 80 47, Fax 23 80 — Fremdenverkehrsbüro, Am Markt 4, 99831 Creuzburg. Sehenswert: Burg Creuzburg; Werrabrücke, 7 Bogen; Liboriuskapelle; Nicolaikirche

* Auf der Creuzburg
☼ ⋌ ✉ 99831, ☎ (03 69 26) 9 84 78, Fax 9 84 79, AX ED
6 Zi, Ez: 96-120, Dz: 130-160, ⌐ WC ☎; 2♻70 🍴
geschl: Jan, Mitte Feb
Hotel befindet sich in der hist. Burganlage aus dem 12. Jh.

* Alte Posthalterei
Plan 1, ✉ 99831, ☎ (03 69 26) 60 14, Fax 60 15, AX DC ED VA
5 Zi, Ez: 85, Dz: 120, ⌐ WC; 1♻40 🍴 🍽

Crimmitschau 49 ↑

Sachsen — Kreis Werdau — 237 m — 23 655 Ew — Zwickau 15, Gera 31, Chemnitz 35 km
ℹ ☎ (0 37 62) 90 80 01, Fax 90 99 01 — Stadtverwaltung, Markt 1, 08451 Crimmitschau

Gablenz
* Sperlingsberg
Sperlingsberg 2, ✉ 08451, ☎ (0 37 62) 4 02 77, Fax 4 68 51, ED
14 Zi, Ez: 75-85, Dz: 95-115, 2 Suiten, 2 App., ⌐ WC ☎ DFÜ, 2📺; 🅿 20 Sauna 🍴
Kinderbetreuung

Crivitz 20 ↘

Mecklenburg-Vorpommern — Kreis Parchim — 4 358 Ew
ℹ ☎ (0 38 63) 54 54 00 — Amt Crivitz, 19089 Crivitz

Außerhalb (4 km ↘)
** Waldschlößchen
Schweriner Chaussee 8, ✉ 19089, ☎ (0 38 63) 5 43 00, Fax 54 30 99, ED VA
15 Zi, Ez: 135-170, Dz: 175-185, 3 Suiten, 2 App., ⌐ WC ☎ DFÜ; Lift 2♻60 Fitneßraum Sauna Solarium 🍴 🍽

Crölpa-Löbschütz 38 ↓

Sachsen-Anhalt — Burgenlandkreis
ℹ ☎ (03 44 63) 2 82 89, Fax 2 82 80 — Kurverwaltung Bad Kösen, Loreleypromenade, 06628 Bad Kösen
→

Crölpa-Löbschütz

Kreipitzsch
** Rittergut Kreipitzsch
◅ Nr. 65, ⊠ 06628, ☎ (03 44 66) 60 00, Fax 6 00 50, ED
20 Zi, Ez: 80-90, Dz: 140, ⊒ WC ☎ DFÜ; **P** 1↔40 Sauna ⊘◎ ≋
Renovierte Gutsanlage mit rustikal-gemütlichem Ambiente

Cursdorf 47→

Thüringen — Kreis Neuhaus am Rennweg — 700 m — 850 Ew — Neuhaus 7, Großbreitenbach 13 km
ⓘ ☎ (03 67 05) 20 17, Fax 20 70 — Gemeindeverwaltung, Bahnhofstr 1, 98744 Cursdorf; Erholungsort

** ESTA Tagungshotel & Ferienhotel
Ortsstr 29-31, ⊠ 98744, ☎ (03 67 05) 29-0, Fax 2 91 66
40 Zi, Ez: 71-90, Dz: 111-130, ⊒ WC ☎, 25⊠; **P** ⊟ 5↔100 Fitneßraum
Restaurant für Hausgäste

* Koch
Schulstr 87, ⊠ 98744, ☎ (03 67 05) 6 22 65, Fax 6 07 75, AX ED VA
10 Zi, Ez: 55-80, Dz: 80-120, 2 Suiten, ⊒ WC ☎; **P** 1↔25 Sauna Solarium ⊘◎ ≋
Rezeption: ab 10

Cuxhaven 17↖

Niedersachsen — Kreis Cuxhaven — 3 m — 55 568 Ew — Bremerhaven 45, Bremen 111, Hamburg 128 km
ⓘ ☎ (0 47 21) 4 04-1 45, Fax 4 90 80 — Kurverwaltung, Cuxhavener Str 92, 27476 Cuxhaven; Hafenstadt und Nordsee-Heilbad an der Elbmündung. Sehenswert: Landungsbrücke „Alte Liebe" ◅, Schiffsansage; Fischereihafen; Schloß Ritzebüttel mit Park; Kugelbake ◅; Strandhaus Döse ◅; Kurpark Döse - Insel Neuwerk: Leuchtturm ◅; Insel Scharhörn (nur mit Führer); Insel Helgoland (Tagesausflug)

** Best Western Donner's
♂ ◅ Am Seedeich 2 (B 2), ⊠ 27472, ☎ (0 47 21) 50 90, Fax 50 91 34, AX DC ED VA
83 Zi, Ez: 122-190, Dz: 208-300, **S**; ⊒ WC ☎, 11⊠; Lift **P** ⊟ 5↔100 ⊜ Sauna Solarium ⊘◎ ≋
Auch Zimmer der Kategorie ***** vorhanden

** Ringhotel Seepavillon Donner
♂ ◅ Bei der Alten Liebe 5 (B 2), ⊠ 27472, ☎ (0 47 21) 56 60, Fax 56 61 30, AX DC ED VA
53 Zi, Ez: 98-130, Dz: 168-196, **S**; 4 Suiten, 7 App, ⊒ WC ☎, 5⊠; Lift **P** ⊟ 6↔280 Fitneßraum Sauna Solarium ⊘◎ ≋
Auch Zimmer der Kategorie ***** vorhanden

Altenwalde (6 km ↓)
* Messmer
Schmetterlingsweg 6, ⊠ 27478, ☎ (0 47 23) 41 69, Fax 46 65, VA
23 Zi, Ez: 55-75, Dz: 100-140, 1 Suite, ⊒ WC ☎; **garni**
Rezeption: 7-13, 15-22; geschl: Mitte Dez-Mitte Jan

Döse (3 km ↖)
** Deichgraf
◅ Nordfeldstr 16, ⊠ 27476, ☎ (0 47 21) 40 50, Fax 40 56 14, AX ED VA
65 Zi, Ez: 148-288, Dz: 214-318, 5 Suiten, 13 App, ⊒ WC ☎, 6⊠; Lift **P** ⊟ 5↔40 ⊜ Fitneßraum Sauna Solarium ⊘◎
Auch Zimmer der Kategorie ***** vorhanden

* Astrid
♂ Hinter der Kirche 26, ⊠ 27476, ☎ (0 47 21) 4 09 70, Fax 4 85 26
26 Zi, Ez: 80-90, Dz: 140-160, 3 Suiten, ⊒ WC ☎; Sauna Solarium; **garni**
Rezeption: 8-19; geschl: 1.11.-31.12.

Duhnen (5 km ↖)
*** Badhotel Sternhagen 👑👑
♂ ◅ Cuxhavener Str 86, ⊠ 27476, ☎ (0 47 21) 43 40, Fax 43 44 44, AX DC
49 Zi, Ez: 195-350, Dz: 330-450, 18 Suiten, ⊒ WC ☎ DFÜ, 10⊠; Lift **P** ⊟ 1↔20 ⊜ Seezugang Fitneßraum Sauna Solarium 18Golf ≋
geschl: 22.11.-19.12.
Zimmer der Kategorie ******** vorhanden

*** Sterneck 🍴🍷
◅ Hauptgericht 48; Terrasse; geschl: Mo, Di, Mi, 10.11.-24.12., 11.1.-10.2.

* Ekendöns
Hauptgericht 30; Terrasse; nur abends; geschl: 22.11.-19.12.

*** Strandperle
♂ ◅ Duhner Strandstr 15, ⊠ 27476, ☎ (0 47 21) 4 00 60, Fax 40 06 96, DC ED VA
46 Zi, Ez: 125-236, Dz: 163-285, 11 Suiten, 10 App, ⊒ WC ☎, 6⊠; Lift **P** ⊟ 2↔100 Sauna Solarium 18Golf ≋
Zimmer der Kategorie ****** vorhanden. In den Gästehäusern Seeschlößchen Suiten und Stutzi Ferienwohnungen

*** Schweizer Stube
Hauptgericht 30; Terrasse

** Strand-Hotel-Duhnen
◅ Duhner Strandstr 5-9, ⊠ 27476, ☎ (0 47 21) 40 30, Fax 40 33 33, AX DC ED VA
80 Zi, Ez: 100-280, Dz: 180-350, 4 Suiten, 2 App, ⊒ WC ☎; Lift **P** ⊟ 4↔100 ⊜ Strandbad Seezugang Fitneßraum Sauna Solarium ≋
geschl: 15.1.-28.2.
** Hauptgericht 35; Terrasse; geschl: 15.1.-28.2.

** Seeschwalbe
Cuxhavener Str 87, ⊠ 27476, ☎ (0 47 21) 42 01 00, Fax 42 01 44
48 Zi, Ez: 90-180, Dz: 130-205, 1 Suite, 2 App, ⊒ WC ☎, 3⊠; Lift **P** 1↔20 Sauna Solarium; **garni**
geschl: 16.11.-24.12., 4.-28.1.

Cuxhaven

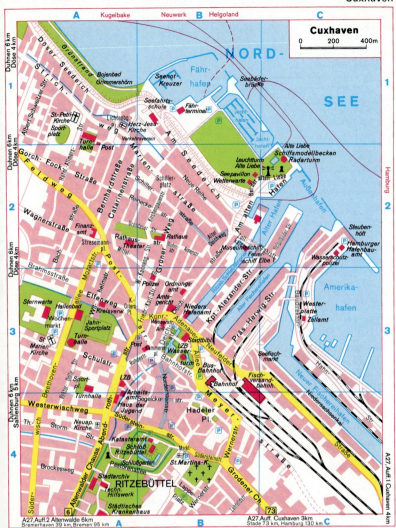

** Akzent-Hotel Neptun
⚓ Nordstr 11, ✉ 27476, ☎ (0 47 21) 42 90,
Fax 57 99 99, AX DC ED VA
24 Zi, Ez: 80-120, Dz: 150-225, 1 App, ⌐ WC
☎, 2✉; P Sauna Solarium; **garni**

* Meeresfriede
Wehrbergsweg 11, ✉ 27476, ☎ (0 47 21)
43 50, Fax 43 52 22
23 Zi, Ez: 79-135, Dz: 178-210, 4 Suiten,
2 App, ⌐ WC ☎; P 🚗 ≋ Solarium
geschl: Mitte Nov-Mitte Feb
Restaurant für Hausgäste; Auch Zimmer
der Kategorie ** vorhanden

* Wehrburg mit Gästehaus
⚓ Wehrbergsweg 53, ✉ 27476, ☎ (0 47 21)
4 00 80, Fax 4 00 82 76, DC ED VA
69 Zi, Ez: 70-165, Dz: 130-190, 5 App, ⌐ WC
☎ DFÜ, 17✉; Lift P 🚗 1🛁45 Sauna
Solarium; **garni** 🚋

Sahlenburg (5 km ←)
** Wattenkieker
⚓ Sahlenburger Strand 27, ✉ 27476,
☎ (0 47 21) 20 00, Fax 20 02 00, AX ED VA
21 Zi, Ez: 115-135, Dz: 178-260, ⌐ WC ☎
DFÜ; Lift P Seezugang Sauna Solarium ¶◐↯ 🚋
geschl: Ende Okt-Mitte Mär →

Cuxhaven

** Muschelgrund
Muschelgrund 1, ⌧ 27476, ☏ (0 47 21) 20 90, Fax 20 92 09
17 Zi, Ez: 85-180, Dz: 130-200, ⌐ WC ☏; 🅿
Sauna Solarium; garni
geschl. 15.11.-1.3.

* Itjen
◄ Am Sahlenburger Strand 3, ⌧ 27476, ☏ (0 47 21) 2 03 10, Fax 20 31 19
21 Zi, Ez: 75-90, Dz: 110-140, ⌐ WC ☏; 🅿
garni
geschl. 1.11.-1.3.

Daaden 44 ↘

Rheinland-Pfalz — Kreis Altenkirchen — 350 m — 4 740 Ew — Siegen 27, Limburg 55 km
ℹ ☏ (0 27 43) 92 90, Fax 92 94 10 — Verbandsgemeindeverwaltung, Bahnhofstr. 4, 57567 Daaden; Ort im nördlichen Westerwald, Fremdenverkehrsgemeinde. Sehenswert: Ev. Pfarrkirche; Schloß Friedewald; Steinches Mühle in Deschen

Gasthof Koch
Mittelstr 3, ⌧ 57567, ☏ (0 27 43) 9 21 50, Fax 92 15 44, ED VA
22 Zi, Ez: 50-60, Dz: 60-100, 1 App, ⌐ WC ☏; 🅿 ≋ ✸

Dachau 71 ↑

Bayern — Dachau — 505 m — 38 000 Ew — München 17 km
ℹ ☏ (0 81 31) 8 45 66, Fax 8 45 29 — Verkehrsverein Dachau e. V., Konrad-Adenauer-Str. 1, 85221 Dachau. Sehenswert: Kath. Stadtpfarrkirche; Renaissance-Schloß mit angrenzendem Hofgarten; Gedenkstätte: ehem. Konzentrationslager; Gemäldegalerie; Bezirksmuseum

** Aurora
Roßwachtstr 1, ⌧ 85221, ☏ (0 81 31) 5 15 30, Fax 51 53 32, AX DC ED VA
14 Zi, Ez: 130, Dz: 225, 1 Suite, 7 App, ⌐ WC ☏; Lift 🅿 1↔60 Sauna Solarium
** Hauptgericht 40

** Central
Münchner Str 46 a, ⌧ 85221, ☏ (0 81 31) 56 40, Fax 56 41 21, AX ED VA
44 Zi, Ez: 139-195, Dz: 195-260, ⌐ WC ☏, 8🛏; Lift 🖃 1↔25 ✸
geschl. 24.12.-6.1.

** Fischer
Bahnhofstr 4, ⌧ 85221, ☏ (0 81 31) 7 82 05, Fax 7 85 08, AX DC ED VA
26 Zi, Ez: 105-185, Dz: 145-230, ⌐ WC ☏; Lift 🅿 40
geschl. 24.12.-6.1.
* Hauptgericht 25; Terrasse;
geschl. 24.12.-6.1.

* Huber
Josef-Seliger-Str 7, ⌧ 85221, ☏ (0 81 31) 5 15 20, Fax 51 52 50, AX DC ED VA
15 Zi, Ez: 98-115, Dz: 135-150, ⌐ WC ☏; 🅿 🚗; garni

* Hörhammerbräu
Konrad-Adenauer-Str 12, ⌧ 85221, ☏ (0 81 31) 36 23-0, Fax 36 23-40, AX DC ED VA
19 Zi, Ez: 100-130, Dz: 130-190, 1 Suite, ⌐ WC ☏; 🅿 2↔60 Kegeln
* Hauptgericht 25

Dachwig 47 ↑

Thüringen — Gotha — 190 m — 1 587 Ew — Bad Langensalza 14, Erfurt 26 km
ℹ ☏ (03 62 06) 32 05 — Gemeindeverwaltung, Lange Str 42, 99100 Dachwig

* Landgasthof Zur Tanne
Anger 1, ⌧ 99100, ☏ (03 62 06) 2 31 70, Fax 2 31 70, AX ED
9 Zi, Ez: 75-85, Dz: 100-120, ⌐ WC ☏; 1↔40 Kegeln Sauna Solarium ✸

Dahlen 39 ↘

Sachsen — Oschatz — 120 m — 5 400 Ew — Dresden 60, Leipzig 50, Torgau 20 km
ℹ ☏ (03 43 61) 8 12-0, Fax 5 15 04 — Stadtverwaltung, Markt 4 (Rathaus), 04774 Dahlen

Schmannewitz
* Ferienhotel Wiesenhof
Schulstr 8, ⌧ 04774, ☏ (03 43 61) 8 20-0, Fax 82 02 99, ED
32 Zi, Ez: 50-75, Dz: 80-110, 4 App, ⌐ WC ☏; 🅿 2↔60 Sauna ✸ 🍺

Dahlewitz 30 ↘

Brandenburg — Teltow-Fläming — 5 291 Ew — Berlin 15 km
ℹ ☏ (03 37 08) 23 60, Fax 2 36 21 — Amt Rangsdorf, 15834 Rangsdorf

*** Berliner Ring
Eschenweg 18, ⌧ 15827, ☏ (03 37 08) 5 80, Fax 5 88 88, AX DC ED VA
266 Zi, Ez: 125, Dz: 140, ⌐ WC ☏, 20🛏; Lift 🅿 12↔100 Fitneßraum Sauna Solarium 9Golf 1Tennis ✸

Dahme 11 □

Schleswig-Holstein — Kreis Ostholstein — 5 m — 1 310 Ew — Oldenburg i. H. 21, Neustadt i. H. 25 km
ℹ ☏ (0 43 64) 49 20-0, Fax 49 20 28 — Kur-betrieb, An der Strandpromenade, 23747 Dahme; Ostsee-Heilbad, Meerwasser-Hallenbad mit Außenbecken

Dannenberg

✱ Matinée
Haakestr 6, ✉ 23747, ☏ (0 43 64) 4 97 70, Fax 49 77 98
24 Zi, Ez: 120-140, Dz: 170-200, ⊣ WC ☏; Lift 🅿 1✿20 ≋ Fitneßraum Sauna Solarium 🍽
geschl: 5.-31.1.

✱ Thode
◄ Memelstr 3, ✉ 23747, ☏ (0 43 64) 4 97 10, Fax 49 71 13
33 Zi, Ez: 79-146, Dz: 126-192, 6 App, ⊣ WC ☏; Lift 🅿 ≋ Sauna Solarium; garni

✱ Holsteinischer Hof
◄ Strandstr 9, ✉ 23747, ☏ (0 43 64) 10 85, Fax 87 46, ED
36 Zi, Ez: 90, Dz: 170, ⊣ WC ☏; Lift 🅿 1✿50
geschl: 10.10.-10.3.
✱ Hauptgericht 25

Dahn 60 ↘

Rheinland-Pfalz — Kreis Südwestpfalz — 202 m — 5 170 Ew — Bad Bergzabern 19, Pirmasens 20, Landau i. d. Pfalz 39 km
ℹ ☏ (0 63 91) 58 11, Fax 13 62 — Tourist-Information Dahner Felsenland, Schulstr 29, 66994 Dahn; Luftkurort im Wasgau. Sehenswert: Felsgebilde: Jungfernsprung, Braut und Bräutigam; Burgruinen: Altdahn, Grafendahn, Tanstein (1 km), Neudahn (2 km); Dahner Sommerspiele

✱✱ Pfalzblick
einzeln ♂ ◄ Goethestr 1, ✉ 66994, ☏ (0 63 91) 40 40, Fax 40 45 40, AX DC ED VA
76 Zi, Ez: 115-149, Dz: 198-280, 1 Suite, ⊣ WC ☏, 16🚭; Lift 🅿 3✿30 ≋ Sauna Solarium ⚑
✱✱ Schlemmerstübchen
◄ einzeln Hauptgericht 25; Terrasse

Reichenbach (2 km ↓)
✱ Altes Bahnhöf'l
An der Reichenbahn 6, an der B 427, ✉ 66994, ☏ (0 63 91) 37 55, Fax 99 31 59
Hauptgericht 20; Biergarten 🅿; geschl: Mo, Jan

Dahnsdorf 29 ↙

Brandenburg — 60 m — 463 Ew — Belzig 8, Treuenbrietzen 16, Wittenberg 33 km
ℹ ☏ (03 38 43) 3 02 — Gemeindeverwaltung, Waldstr 2, 14806 Dahnsdorf

✱✱ Landhotel Dahnsdorf
Hauptstr 9, ✉ 14806, ☏ (03 38 43) 63 40, Fax 6 34 44
20 Zi, Ez: 75, Dz: 120, ⊣ WC ☏; ; garni

Dammbach 55 ↑

Bayern — Kreis Aschaffenburg — 520 m — 2 000 Ew — Marktheidenfeld 30, Aschaffenburg 25 km
ℹ ☏ (0 60 92) 70 55, Fax 10 18 — Verkehrsverein, Hauptstr 59, 63872 Heimbuchenthal; Erholungsort im Spessart

Krausenbach-Außerhalb (2,5 km ↘)
✱ Waldhotel Heppe
einzeln ♂ ◄ Heppe 1, ✉ 63874, ☏ (0 60 92) 94 10, Fax 94 12 85
29 Zi, Ez: 63-71, Dz: 126-136, ⊣ WC ☏; 🅿 🍴 1✿26 ≋ Fitneßraum Sauna Solarium 🍽 ⚑
geschl: 15.12.-15.2.

Damme 24 □

Niedersachsen — Kreis Vechta — 63 m — 15 051 Ew — Holdorf 9, Diepholz 20, Osnabrück 31 km
ℹ ☏ (0 54 91) 66 20, Fax 6 62 88 — Stadtverwaltung, Mühlenstr 18, 49401 Damme. Sehenswert: Fachwerkhäuser; Pfarrkirche St. Viktor; Hünensteine; Naturschutzgebiet Dümmersee (7 km →)

✱✱ Lindenhof
♂ Osterdammerstr 51, ✉ 49401, ☏ (0 54 91) 12 49, Fax 56 52, AX ED VA
15 Zi, Ez: 110, Dz: 160, ⊣ WC ☏; 🅿 🍴 1✿30
✱✱ Hauptgericht 30; Terrasse;
geschl: Di mittags

Damnatz 19 ↘

Niedersachsen — Kreis Lüchow-Dannenberg — 10 m — 400 Ew — Dannenberg 7, Hitzacker 13 km
ℹ ☏ (0 58 61) 80 81 90, Fax 80 81 90 — Samtgemeindeverwaltung, Gäste-Information, Rosmarienstr 3, 29451 Dannenberg (Elbe); Fachwerkhäuser; St.-Johannis-Kirche

✱ Steinhagen
Am Elbdeich 6, ✉ 29472, ☏ (0 58 61) 5 54, Fax 14 19, AX DC ED VA
Hauptgericht 30; Gartenlokal 🅿; geschl: im Winter Mo+Di, 10.1.-27.2.
🛏 ♂ 7 Zi, Ez: 75, Dz: 120, ⊣ WC
Rezeption: 11-22; geschl: Mo, im Winter auch Di, 10.1.-27.2.

Dannenberg 19 ↓

Niedersachsen — Kreis Lüchow-Dannenberg — 8 015 Ew — Lüchow 19, Lüneburg 53 km
ℹ ☏ (0 58 61) 80 81 90, Fax 80 81 00 — Gäste-Information, Rathaus, Am Markt 5, 29451 Dannenberg

✱ Marschtor
Marschtorstr 43, ✉ 29451, ☏ (0 58 61) 43 78, Fax 87 22, AX DC ED VA
6 Zi, Ez: 80-100, Dz: 100-140, ⊣ WC ☏; garni

✱ Birkenhof
Marschtorstr 27, ✉ 29451, ☏ (0 58 61) 24 41, Fax 22 77, ED VA
10 Zi, Ez: 80-90, Dz: 120-130, ⊣ WC ☏; 🅿 1✿60
geschl: Mo
✱ Hauptgericht 26; Terrasse;
geschl: Mo

Dannenfels

Dannenfels 53 →

Rheinland-Pfalz — Donnersbergkreis — 420 m — 1 000 Ew — Kirchheimbolanden 8, Kaiserslautern 27 km
🛈 ☎ (0 63 57) 16 14, Fax 16 14 — Verkehrsamt, 67814 Dannenfels; Erholungsort.
Sehenswert: Burgruinen; Fernsehturm; Ludwigsturm ⋖

Bastenhaus (2 km ↘)
* **Bastenhaus**
einzeln ♂ Haus Nr 1, ✉ 67814, ☎ (0 63 57) 9 75 90-0, Fax 9 75 90-3 00, AX ED VA
25 Zi, Ez: 79-95, Dz: 108-134, ⊣ WC ☎, 13✉; 🅿 🚗 3🔄40 Fitneßraum Sauna Solarium 🍴 ⚏
geschl: 3 Wochen im Jan, 2 Wochen im Aug
Zimmer der Kategorie ** vorhanden

Dargun 13 ↓

Mecklenburg-Vorpommern — Kreis Demmin — 25 m — 4 347 Ew — Demmin 13, Malchin 22 km
🛈 ☎ (03 99 59) 2 23 81, Fax 2 02 28 — Stadtinformation, Kloster- und Schloßanlage, Diesterwegstr 26, 17159 Dargun

* **Am Klostersee**
Am Klosterdamm, ✉ 17159, ☎ (03 99 59) 25 20, Fax 2 52 28, AX DC ED VA
26 Zi, Ez: 80, Dz: 120, ⊣ WC ☎; 2🔄100 Seezugang 🍴

Darmstadt 54 ↗

Hessen — Stadtkreis — 141 m — 137 000 Ew — Frankfurt/Main 28, Heidelberg 56 km
🛈 ☎ (0 61 51) 13 27 82, Fax 13 27 83 — tourcongress Darmstadt, Luisenplatz 5 (C 2), 64283 Darmstadt; Regierungsbezirkshaupt- und Kreisstadt des Kreises Darmstadt-Dieburg; Technische Hochschule; Staatstheater. Sehenswert: Ev. Stadtkirche; kath. Ludwigskirche; Rathaus; Luisenplatz: Ludwigsäule ⋖; Mathildenhöhe: Hochzeitsturm ⋖; Russische Kapelle; Jugendstilmuseum; Schloß und Herrngarten: Porzellanschlößchen; Landesmuseum; Stadtmuseum; Wella-Museum. Umgebung: Kranichstein Jagdschloß: Jagdmuseum; Eisenbahnmuseum (6 km ↗)

*** **Maritim Rhein-Main Hotel**
Am Kavalleriesand 6, ✉ 64295, ☎ (0 61 51) 30 30, Fax 30 31 11, AX DC ED VA
244 Zi, Ez: 177-377, Dz: 230-440, S; 4 Suiten, ⊣ WC ☎, 42✉; Lift 🚗 11🔄300 ≘ Fitneßraum Sauna Solarium ⚏
** **Rôtisserie**
Hauptgericht 35; Terrasse

** **Weinmichel**
Schleiermacherstr 10 (C 1), ✉ 64283, ☎ (0 61 51) 2 90 80, Fax 2 35 92, AX DC ED VA
71 Zi, Ez: 155-195, Dz: 218-238, S; 3 Suiten, ⊣ WC ☎, 37✉; Lift 🅿 1🔄50
** **Weinstuben**
Hauptgericht 35; Terrasse; geschl: so+feiertags
* **Taverne**
Hauptgericht 23; Gartenlokal; geschl: 15.7.-20.8.

** **Treff Page Hotel**
Eschollbrücker Str 16, ✉ 64295, ☎ (0 61 51) 38 50, Fax 38 51 00, AX DC ED VA
165 Zi, Ez: 170-205, Dz: 200-235, S; ⊣ WC ☎, 40✉; Lift 🚗 5🔄190 🍴

** **Parkhaus-Hotel**
Grafenstr 31 (B 2), ✉ 64283, ☎ (0 61 51) 2 81 00, Fax 29 39 08, AX DC ED VA
80 Zi, Ez: 155-170, Dz: 190-205, ⊣ WC ☎, 30✉; Lift 4🔄100; garni

** **Donnersberg**
Donnersbergring 38, ✉ 64295, ☎ (0 61 51) 3 10 40, Fax 3 31 47, AX DC ED VA
18 Zi, Ez: 108-128, Dz: 138, 3 Suiten, ⊣ WC ☎ DFÜ; Lift 🅿; garni ⚏
Rezeption: 7-12,15-22; geschl: 20.12.-3.1.
Auch Zimmer der Kategorie * vorhanden

* **Prinz Heinrich**
Bleichstr 48 (B 2), ✉ 64283, ☎ (0 61 51) 8 13 70, Fax 81 37 73, AX DC ED VA
64 Zi, Ez: 106-139, Dz: 175, 51 App, ⊣ WC ☎, 12✉; Lift 🅿
Auch Zimmer der Kategorie ** vorhanden
* Hauptgericht 16; Terrasse

* **Akzent-Hotel Mathildenhöhe**
Spessartring 53, ✉ 64287, ☎ (0 61 51) 49 84-0, Fax 49 84 50, AX DC ED VA
22 Zi, Ez: 120-230, Dz: 160-230, 1 App, ⊣ WC ☎ DFÜ, 8✉; Lift 🅿 🚗 1🔄20; garni

* **Hornung**
Mornewegstr 43 (A 2), ✉ 64293, ☎ (0 61 51) 92 66, Fax 89 18 92, AX DC ED VA
36 Zi, Ez: 105-145, Dz: 130-195, ⊣ WC ☎, 4✉; Lift; garni

** **Orangerie**
Bessungerstr 44, ✉ 64285, ☎ (0 61 51) 6 26 34, Fax 66 49 46, ED VA
🅿 Terrasse; geschl: Mo
italienische Küche

⚏ **Bormuth**
Marktplatz 5 (C 2), ✉ 64283, ☎ (0 61 51) 17 09 13, Fax 17 09 50
Terrasse; 8-18

***** Hotel mit außergewöhnlich anspruchsvoller Ausstattung

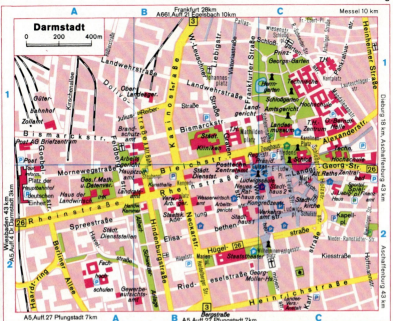

Darmstadt-Außerhalb (4,5 km ↖)
* Reuterhof
Mainzer Str 168, ✉ 64293, ☎ (0 61 51) 92 70,
Fax 9 27 51, AX ED VA
43 Zi, Ez: 90-110, Dz: 110-130, 39 App, 🛁
WC ☎; Lift 🅿 🚗 1⌾120 Fitneßraum 🍽

Darmstadt-Außerhalb (8 km ↗)
** Einsiedel
einzeln, Dieburger Str 263, ✉ 64287,
☎ (0 61 59) 2 44, Fax 17 44, AX ED
Hauptgericht 42; Terrasse; geschl: Di, Mi
mittags, Anfang-Mitte Jan

Eberstadt (7 km ↓)
* Rehm
Heidelberger Landstr 306, ✉ 64297,
☎ (0 61 51) 94 13-0, Fax 9 41 3-13
22 Zi, Ez: 65-95, Dz: 110-135, 🛁 WC ☎ DFÜ,
12🛏; 🚗; garni
Auch einfache Zimmer vorhanden

Kranichstein (3 km ↗)
*** Jagdschloss Kranichstein
einzeln ♂ Kranichsteiner Str 261, ✉ 64289,
☎ (0 61 51) 9 77 90, Fax 97 79 20, AX DC ED VA
11 Zi, Ez: 230-260, Dz: 270-300, 4 Suiten, 🛁
WC ☎ DFÜ; Lift 🅿 5⌾250 🍷
*** Der Grill
Hauptgericht 50; Terrasse; nur abends;
geschl: So, Mo, 28.12.-11.1.
** Kavaliersbau
Hauptgericht 35; Terrasse; 12-18; geschl:
Mo, 28.12.-11.1.

Darscheid   42 ↖

Rheinland-Pfalz — Kreis Daun — 500 m —
800 Ew — Daun 6, Cochem 29 km
ℹ ☎ (0 65 92) 93 91 77, Fax 93 91 89 — Verkehrsamt, Leopoldstr 5, 54550 Daun; Erholungsort in der Eifel. Sehenswert: Die drei Maare bei Daun

** Kucher's Landhotel
Karl-Kaufmann-Str 2, ✉ 54552, ☎ (0 65 92)
6 29, Fax 36 77, AX ED
Hauptgericht 38; Gartenlokal 🅿; geschl:
Mo, Di mittags, 10.1.-24.1.
*   14 Zi, Ez: 68-80, Dz: 136-160, 🛁
WC ☎, 4🛏; 3 Tennis
geschl: 10.1.-24.1.
Einfachere Zimmer verfügbar

Dasing   63 ↖

Bayern — Kreis Aichach-Friedberg — 482 m
— 2 927 Ew — Friedberg 7, Aichach 9 km
ℹ ☎ (0 82 05) 9 60 50, Fax 96 05 30 — Verwaltungsgemeinschaft, Kirchstr 7,
86453 Dasing. Sehenswert: Pfarrkirche St. Martin

Lindl (2 km ↗)
** Highway-Hotel
Robert-Bosch-Str 1, ✉ 86453, ☎ (0 82 05)
60 90, Fax 60 92 55, AX DC ED VA
85 Zi, Ez: 90-170, Dz: 130-180, 25🛏; Lift 🅿
3⌾25 Fitneßraum Sauna Solarium; garni
Reservierung von Tageszimmern möglich

Dassel 36 ↑

Niedersachsen — Kreis Northeim — 200 m — 11 500 Ew — Einbeck 13, Holzminden 24 km
🛈 ☎ (0 55 64) 5 01, Fax 2 02 28 — Fremdenverkehrsverein, Südstr 1, 37586 Dassel; Erholungsort. Sehenswert: Hist. Technikmuseum Blankschmiede

* **Deutsche Eiche**
Obere Str 14, ✉ 37586, ☎ (0 55 64) 9 60 10, Fax 96 01 35, AX DC ED VA
19 Zi, Ez: 70-90, Dz: 120-140, ⊣ WC ☎; 🅿 1⇔100
Rezeption: 7-9,11-14,17-22
** Hauptgericht 24

Lüthorst (7 km ↗)
* **Akzent-Hotel Wilhelm-Busch**
♂ Weiße Mühle 11, ✉ 37586, ☎ (0 55 62) 9 40 40, Fax 94 04 13, AX ED VA
28 Zi, Ez: 78-85, Dz: 110-118, ⊣ WC ☎, 6🛏; 🅿 🚗 3⇔150 ≋ Kegeln Sauna Solarium 🍺
* Hauptgericht 20

Datteln 33 □

Nordrhein-Westfalen — Kreis Recklinghausen — 50 m — 37 500 Ew — Recklinghausen 11, Dortmund 24, Münster 45 km
🛈 ☎ (0 23 63) 10 71, Fax 10 73 51 — Stadtverwaltung, Genthiner Str 8, 45711 Datteln; größter Kanalknotenpunkt Europas. Sehenswert: Hermann-Grochtmann-Museum

Ahsen (6,5 km ↖)
** **Silence-Landhotel Jammertal**
einzeln ♂ Redder Str 421, ✉ 45711, ☎ (0 23 63) 37 70, Fax 37 71 00, AX DC ED VA
63 Zi, Ez: 130-160, Dz: 160-280, 6 Suiten, 2 App, ⊣ WC ☎; Lift 🅿 🚗 8⇔150 ≋ ≋ Fitneßraum Kegeln Sauna Solarium 1 Tennis 🍺
** **Schnieders Gute Stube**
Hauptgericht 30; Biergarten Terrasse

Dattenrode siehe Ringgau

Daufenbach siehe Zemmer

Daun 42 ↘

Rheinland-Pfalz — Kreis Daun — 450 m — 9 000 Ew — Cochem 34, Mayen 40, Prüm 40 km
🛈 ☎ (0 65 92) 93 91 77, Fax 93 91 89 — Verkehrsamt, Leopoldstr 5, 54550 Daun; Heilklimatischer Kur- und Kneipport in der Eifel. Sehenswert: Die drei Dauner Maare: Gemündener, Weinfelder- oder Toten- und Schalkenmehrer Maar; Hirsch- und Saupark

** **Schloßhotel Kurfürstliches Amtshaus**
◀ Dauner Burg, ✉ 54550, ☎ (0 65 92) 9 25-0, Fax 9 25-2 55, AX ED VA
37 Zi, Ez: 115-155, Dz: 220-260, 1 Suite, ⊣ WC ☎; Lift 3⇔55 ≋ Sauna Solarium
geschl: 10.-28.1.
Zimmer der Kategorie *** vorhanden
*** **Graf Leopold** 🍷
◀ Hauptgericht 50; Terrasse; geschl: Mo, Di, 10.-28. 1.

* **Panorama**
♂ ◀ Rosenbergstr 26, ✉ 54550, ☎ (0 65 92) 93 40, Fax 93 42 30
28 Zi, Ez: 93-100, Dz: 160-170, ⊣ WC ☎; Lift 🅿 ≋ Sauna Solarium
geschl: Mo
* Hauptgericht 30; Terrasse; geschl: Mo, 1.3.-1.4., 10.11.-10.12.

* **Zum Goldenen Fäßchen**
Rosenbergstr 5, ✉ 54550, ☎ (0 65 92) 30 97, Fax 86 73, AX DC ED VA
28 Zi, Ez: 75-90, Dz: 150-180, 1 App, ⊣ WC ☎; Lift 🅿 🚗 3⇔80 Fitneßraum Kegeln Sauna Solarium 🍽 🍺

Gemünden (2 km ↓)
* **Berghof**
♂ ◀ Lieserstr 20, ✉ 54550, ☎ (0 65 92) 28 91, Fax 14 14
17 Zi, Ez: 57-67, Dz: 80-110, ⊣ WC ☎; 🅿 🚗
geschl: Mo, 3 Wochen im Nov, 3 Wochen vor Ostern
* Hauptgericht 24; geschl: Mo, 3 Wochen im Nov, 3 Wochen vor Ostern

Dederstedt 38 □

Sachsen-Anhalt — Kreis Mansfelder Land — 215 m — 530 Ew — Eisleben 8, Halle 31 km
🛈 ☎ (03 47 73) 2 02 92, Fax 2 02 92 — Gemeindeverwaltung, Dorfstr 2, 06295 Dederstedt

* **Pension Papa Dicken**
♂ 🅥 Steinweg 3, ✉ 06295, ☎ (03 47 73) 2 03 08, ED
12 Zi, Ez: 70-90, Dz: 120, ⊣ WC ☎; 🅿 🚗 1⇔16 Seezugang
Restaurant für Hausgäste

Deggendorf 66 ←

Bayern — Kreis Deggendorf — 314 m — 32 000 Ew — Straubing 36, Passau 69, Landshut 74 km
🛈 ☎ (09 91) 2 96 01 69, Fax 3 15 86 — Verkehrsamt, Oberer Stadtplatz, 94469 Deggendorf; Stadt an der Donau, am Rand des Bayerischen Waldes. Sehenswert: Pfarrkirche Mariä Himmelfahrt: Hochaltar; Wallfahrtskirche Zum Heiligen Grab: Turm; Rathaus

*** Parkhotel
Edlmairstr 4, ✉ 94469, ☎ (09 91) 60 13, Fax 3 15 51, AX DC ED VA
124 Zi, Ez: 131-224, Dz: 167-254, S; 1 Suite, ⌐ WC ☎, 10🅿; Lift 🅿 🅿 9⇔68 Fitneßraum Sauna Solarium 9Golf 🏊

** Tassilo
Hauptgericht 28; Terrasse

** Donauhof
Hafenstr 1, ✉ 94469, ☎ (09 91) 3 89 90, Fax 38 99 66, AX DC ED VA
45 Zi, Ez: 65-100, Dz: 115-130, 3 Suiten, ⌐ WC ☎; Lift 🅿 3⇔50 Sauna Solarium 🍴

** Grauer Hase
Untere Vorstadt 12, ✉ 94469, ☎ (09 91) 37 12 70, Fax 3 71 27 20, AX DC ED VA
Hauptgericht 35; Gartenlokal 🅿; geschl: Mo, 3 Wochen im Jan, 2 Wochen im Jul-Aug

* La Padella
Rosengasse 7, ✉ 94469, ☎ (09 91) 55 41, AX DC ED VA
Hauptgericht 30; Terrasse; geschl: So abends, Mo, 2 Wochen im Apr, 2 Wochen im Sep

Fischerdorf (1 km ↓)

* Rosenhof
⚓ Rosenstr 7, ✉ 94469, ☎ (09 91) 82 55, Fax 38 23 13, AX DC ED VA
20 Zi, Ez: 50-70, Dz: 85-120, ⌐ WC ☎, 15🅿; 🅿; garni

Natternberg (5 km ↗)

** Zum Burgwirt
Deggendorfer Str 7, ✉ 94469, ☎ (09 91) 3 00 45, Fax 3 12 87, ED
34 Zi, Ez: 90-100, Dz: 130-140, 2 Suiten, ⌐ WC ☎, 10🅿; 🅿 🅿 4⇔150 Kegeln Sauna Solarium 🏊

* Hauptgericht 25; Terrasse

Deggenhausertal 69 ↗

Baden-Württemberg — Bodenseekreis — 500 m — 3 800 Ew — Ravensburg 22, Überlingen 25 km
ℹ ☎ (0 75 55) 9 20 00, Fax 92 00 99 — Gemeindeverwaltung, im Ortsteil Wittenhofen, Badener Str 14, 88693 Deggenhausertal

Limpach

* Guts-Gasthof Mohren Landidyll
⚓ ⚓ Kirchgasse 1, ✉ 88693, ☎ (0 75 55) 9 30-0, Fax 9 30-1 00, ED VA
38 Zi, Ez: 65-85, Dz: 85-125, 2 Suiten, 3 App, ⌐ WC ☎; 🅿 🅿 5⇔150 Kegeln 🍴 🏊

Wittenhofen

* Landhotel Adler
Haus Nr. 17, ✉ 88693, ☎ (0 75 55) 2 02, Fax 52 73
20 Zi, Ez: 85, Dz: 120, ⌐ WC ☎; 🅿 🅿 Kegeln Solarium
geschl: Mi, 1.-12.2.

* Hauptgericht 25; Biergarten Terrasse; geschl: Mi, Do mittags, 1.-12.2.

Deidesheim 54 ↗

Rheinland-Pfalz — Kreis Bad Dürkheim — 117 m — 4 000 Ew — Neustadt a. d. Weinstr 6, Bad Dürkheim 7 km
ℹ ☎ (0 63 26) 96 77-0, Fax 96 77-11 — Tourist-Information, Bahnhofstr. 5, 67146 Deidesheim; Luftkurort an der Haardt. Sehenswert: Kath. Kirche; Rathaus; Feigengasse; Fachwerkhäuser; Galerien; Museum für Weinkultur; Museum für Film- und Fototechnik

** Steigenberger Maxx
⚓ ⚓ Am Paradiesgarten 1, ✉ 67146, ☎ (0 63 26) 97 00, Fax 97 03 33, AX DC ED VA
128 Zi, Ez: 118-179, Dz: 154-233, S; ⌐ WC ☎, 64🅿; Lift 🅿 🅿 6⇔110 Sauna Solarium

** Maxx
Hauptgericht 25; Terrasse; geschl: So abends

** Deidesheimer Hof Relais & Châteaux
Am Marktplatz, ✉ 67146, ☎ (0 63 26) 9 68 70, Fax 76 85, AX DC ED VA
18 Zi, Ez: 165-290, Dz: 235-460, 3 Suiten, ⌐ WC ☎; 🅿 🅿 4⇔60 🏊
geschl: Anfang Jan
Auch Zimmer der Kategorie *** vorhanden

**** Schwarzer Hahn 🍴 🍴
Hauptgericht 42; nur abends; geschl: So+Mo

** Weinstube St. Urban ✤
⚐ Hauptgericht 35; Terrasse; geschl: Anfang Jan

** Hatterer's Hotel
An der Weinstr 12, ✉ 67146, ☎ (0 63 26) 60 11, Fax 75 39, AX DC ED VA
57 Zi, Ez: 155-175, Dz: 230, ⌐ WC ☎; Lift 🅿 🅿 4⇔80 🏊

*** Le jardin d'hiver
⚓ Hauptgericht 35; Gartenlokal

** Gästehaus Ritter von Böhl
Weinstr 37, ✉ 67146, ☎ (0 63 26) 97 22 01, Fax 97 22 00, AX DC ED VA
22 Zi, Ez: 85, Dz: 130-150, ⌐ WC ☎; Lift 🅿 1⇔; garni 🏊
Rezeption: 14-19

** Kurpark-Residenz
⚓ An der Marlach 20, ✉ 67146, ☎ (0 63 26) 70 80, Fax 98 92 85, AX DC ED VA
Ez: 120-150, Dz: 150-190, 25 App, ⌐ WC ☎; 🅿 🅿 1⇔15 Solarium; garni
Rezeption: 7-12, 14-20
Appartementhaus. Auch Langzeitvermietung möglich

* Gästehaus Hebinger
Bahnhofstr 71, ✉ 67146, ☎ (0 63 26) 3 87, Fax 74 94
10 Zi, Ez: 90, Dz: 162, ⌐ WC ☎; garni
Rezeption: 12-14.30; geschl: 21.12.-1.2.
Eigenbauweine →

Deidesheim

*** Gasthaus zur Kanne
Ⓥ Weinstr 31, ✉ 67146, ☎ (0 63 26) 9 66 00,
Fax 96 60 96, AX DC ED VA
Hauptgericht 39; P

Gutsausschank
Ⓥ Schloss Deidesheim, ✉ 67146,
☎ (0 63 26) 9 66 99, Fax 96 69 20, ED
Hauptgericht 29; Terrasse; nur abends, Sa
auch mittags, So ab 15; geschl: Do, Fr,
Ende Dez
Eigenbauweine

**Gutsausschank
Zum Woibauer**
Schloßstr 8, ✉ 67146, ☎ (0 63 26) 83 80
Hauptgericht 10
Eigenbauweine

Deining 64 ↑

Bayern — Kreis Neumarkt (Oberpfalz) —
500 m — 3 400 Ew — Neumarkt i. d. Oberpfalz 10, Regensburg 57 km
🛈 ☎ (0 91 84) 9 62, Fax 9 64 — Gemeindeverwaltung, Schloßstr 6, 92364 Deining

* Zum Hahnenwirt
Hauptstr 2, ✉ 92364, ☎ (0 91 84) 16 63,
Fax 21 06, ED
Hauptgericht 25
* Gästehaus
34 Zi, Ez: 35-75, Dz: 70-120, 3 Suiten, ⊿ WC
☎; P 🖼

Delbrück 35 ↘

Nordrhein-Westfalen — Kreis Paderborn —
95 m — 28 000 Ew — Paderborn 16, Rheda-
Wiedenbrück 22 km
🛈 ☎ (0 52 50) 9 84 10, Fax 98 41 13 — Verkehrsverein Delbrücker Land, Boker Str 6,
33129 Delbrück. Sehenswert: Pfarrkirche;
Kreuzkapelle; Fachwerkhäuser

**** Landgasthaus Waldkrug
Flair Hotel**
♂ Graf-Sporck-Str 34, ✉ 33129, ☎ (0 52 50)
5 32 03, Fax 56 99, AX ED VA
19 Zi, Ez: 95-120, Dz: 140-180, ⊿ WC ☎,
3🖼; Lift 3⇔200 Kegeln
** Hauptgericht 25

* Gatrio
Lange Str 5, ✉ 33129, ☎ (0 52 50) 71 45,
Fax 5 39 41
Hauptgericht 30; geschl: Di

Delecke siehe Möhnesee

Delitzsch 39 ←

Sachsen — Kreis Delitzsch — 98 m —
27 890 Ew — Bitterfeld 14, Leipzig 20, Halle
30 km
🛈 ☎ (03 42 02) 5 57 21, Fax 5 57 22 —
Tourist-Information, Kreuzgasse 10,
04509 Delitzsch

** Akzent-Hotel Delitzsch
Grünstr 43, ✉ 04509, ☎ (03 42 02) 8 11-0,
Fax 8 11-99, ED VA
28 Zi, Ez: 99-109, Dz: 130-145, 1 Suite, ⊿
WC ☎, 8🖼; P 2⇔30
geschl: 24.12.-6.1.
Restaurant für Hausgäste

** Goldener Adler
Hallesche Str 13, ✉ 04509, ☎ (03 42 02)
5 71 68, Fax 6 10 33, AX DC ED VA
24 Zi, Ez: 80-120, Dz: 100-165, 3 App, ⊿ WC
☎; Lift P 🖼 Sauna
Auch Zimmer der Kategorie * vorhanden
🍴 Hauptgericht 20

Kertitz
* Flämingsthaler Hof
♂ Schenkenbergerstr 3, ✉ 04509,
☎ (03 42 02) 6 24 85, Fax 6 26 29, AX ED VA
16 Zi, Ez: 90-100, Dz: 100-130, 3 App, ⊿ WC
☎ DFÜ; P Sauna Solarium 🍴

Schenkenberg (1 km ↖)
** Schenkenberger Hof
♂ Hofegasse 3, ✉ 04509, ☎ (03 42 02)
7 30-0, Fax 73 0-73, AX ED VA
27 Zi, Ez: 85-170, Dz: 100-130, ⊿ WC ☎,
6🖼; P 1⇔15 ≈
Restaurant für Hausgäste

Delmenhorst 17 ↙

Niedersachsen — Stadtkreis — 8 m —
80 000 Ew — Bremen 14, Oldenburg 35 km
🛈 ☎ (0 42 21) 12 04 79, Fax 15 03 12 —
Verkehrsverein, Delmegarten 5 (A-B 2),
27749 Delmenhorst. Sehenswert: Stadtkirche mit Grafengruft; Rathaus (Jugendstil)
mit Wasserturm; Gräfliches Gartenhaus auf
der Burginsel; Galerie „Haus Coburg"; Industriemuseum „Nordwolle"

** Am Stadtpark
An den Graften 1 (A 2), ✉ 27753,
☎ (0 42 21) 9 18 40, Fax 9 18 42 00,
AX DC ED VA
100 Zi, Ez: 112-159, Dz: 139-196, ⊿ WC ☎,
24🖼; Lift P 🖼 8⇔1000 Kegeln Sauna 🍴
Auch Zimmer der Kategorie * vorhanden

* Goldenstedt
Urselstr 18, ✉ 27751, ☎ (0 42 21) 96 00,
Fax 96 01 00, DC ED VA
35 Zi, Ez: 105, Dz: 160, ⊿ WC ☎; P 🖼 2⇔75
Kegeln 🍴

* Thomsen
Bremer Str 186, ✉ 27751, ☎ (0 42 21) 9 70-0,
Fax 7 00 01, AX DC ED VA
88 Zi, Ez: 60-125, Dz: 95-150, ⊿ ☎; Lift P 🖼
8⇔150 Kegeln 🍴
geschl: Sa 11-17, So 14-17
Auch einfachere Zimmer vorhanden

** Die Scheune
Bremer Str 327, ✉ 27751, ☎ (0 42 21)
7 02 15, Fax 7 02 16, AX DC ED VA
Hauptgericht 40; Biergarten P Terrasse;
geschl: Mo

Denkingen

Delmenhorst-Außerhalb (5 km ↘)
** **Gut Hasport**
♂ Hasporter Damm 220, ✉ 27755,
☎ (0 42 21) 2 60 81, Fax 2 60 84
18 Zi, Ez: 75, Dz: 120, 3 Suiten, ⇲ WC ☎; **P**
🚗 ≋ Seezugang; **garni**

Hasbergen
* **Alt Hasberger Krug**
Hasberger Dorfstr 31, ✉ 27749, ☎ (0 42 21)
4 22 23, Fax 4 37 13, VA
Hauptgericht 20; Terrasse; geschl: Mo, Di
mittags, 28.12.-14.1.
* ♂ 7 Zi, Ez: 90-100, Dz: 140-160, ⇲
WC ☎; **P** 2⟲100
geschl: Mo ab mittags, 28.12.-14.1.

Demmin 13 ↓

Mecklenburg-Vorpommern — Kreis Demmin — 19 m — 15 000 Ew — Neubrandenburg 46, Stralsund 57 km
i ☎ (0 39 98) 22 50 77, Fax 22 50 77 —
Stadtverwaltung, Markt 23, 17109 Demmin.
Sehenswert: Pfarrkirche St. Bartholomaei;
Luisentor; Pulverturm; Rosenkranzköniginkirche; Ensemble der Speicher am Hafen;
Wasserturm

** **Trebeltal**
◂ Klänhammer Weg 3, ✉ 17109,
☎ (0 39 98) 25 10, Fax 25 12 51
42 Zi, Ez: 110, Dz: 130-140, ⇲ WC ☎; Lift
2⟲50 Sauna Solarium 🍴

* **Am Stadtpark**
Kirchhofstr 1, ✉ 17109, ☎ (0 39 98) 36 23 68,
Fax 36 23 69, AX ED VA
15 Zi, Ez: 70-95, Dz: 100-120, ⇲ WC ☎; **P** 🚗
1⟲ Kegeln 🍴 ≋

Denkendorf 64 ⬜

Bayern — Kreis Eichstätt — 500 m —
4 200 Ew — Beilngries 14, Ingolstadt 25,
Eichstätt 30 km
i ☎ (0 84 66) 2 51, Fax 12 50 — Gemeindeverwaltung, Wassertal 2, 85095 Denkendorf

* **Mozartstuben**
Mozartstr 12, ✉ 85095, ☎ (0 84 66) 10 92,
Fax 83 29, AX DC ED VA
40 Zi, Ez: 75-85, Dz: 110-120, ⇲ WC ☎; **P** 🚗
2⟲30 🍴 ≋

* **Post**
Hauptstr 14, ✉ 85095, ☎ (0 84 66) 2 36,
Fax 16 45
70 Zi, Ez: 48-58, Dz: 78-90, ⇲ WC; **P** 🚗 320
🍴 ≋

Denkendorf 61 →

Baden-Württemberg — Kreis Esslingen —
291 m — 10 400 Ew — Esslingen 6, Nürtingen 11 km
i ☎ (07 11) 34 64 20, Fax 3 46 42 66 —
Gemeindeverwaltung, Furtstr 1, 73770 Denkendorf. Sehenswert: Ehem. Klosterkirche

** **Bären-Post**
Deizisauer Str 12, ✉ 73770, ☎ (07 11)
34 40 26, Fax 3 46 06 25, AX ED VA
62 Zi, Ez: 98-100, Dz: 130-190, 4 App, ⇲ WC
☎; Lift **P** 🚗 6⟲100
** Hauptgericht 28; Terrasse

Denkingen 68 ⬜

Baden-Württemberg — Kreis Tuttlingen —
725 m — 2 300 Ew — Spaichingen 5, Rottweil 10 km
i ☎ (0 74 24) 9 70 60, Fax 13 32 — Gemeindeverwaltung, Hauptstr 46, 78588 Denkingen; Ort in der Schwäbischen Alb

Denkingen-Außerhalb (5 km →)
* **Klippeneck**
◂ Klippeneck 4, ✉ 78588, ☎ (0 74 24)
98 19 40, Fax 9 81 94 27, AX VA
Hauptgericht 30; **P** Terrasse; geschl: Mo,
6.1.-25.1.
* einzeln ♂ ◂ 8 Zi, Ez: 85, Dz: 140, ⇲
WC ☎
geschl: Mo, 6.1.-25.1.

Denzlingen 67 □

Baden-Württemberg — Kreis Emmendingen — 235 m — 12 300 Ew — Emmendingen 7, Freiburg 8 km
i ☎ (0 76 66) 6 11-1 04, Fax 6 11-1 25 — Bürgermeisteramt, Hauptstr 110, 79211 Denzlingen; Ort am Rande des Schwarzwaldes. Sehenswert: Ev. Pfarrkirche; Ruine der St.-Severins-Kapelle

** **Rebstock-Stube**
Hauptstr 74, ✉ 79211, ☎ (0 76 66) 20 71, Fax 79 42, AX DC ED VA
Hauptgericht 40; **P**; geschl: So, Mo, 1.-20.8.
* 10 Zi, Ez: 65-80, Dz: 120-160, ⌐ WC ☎
geschl: 1.-20.8.

Derenburg 37 ↑

Sachsen-Anhalt — Kreis Wernigerode — 180 m — 2 900 Ew — Wernigerode 10, Halberstadt 12 km
i ☎ (0 39 45) 2 31 — Verwaltungsgemeinschaft, Marktplatz 1, 38895 Derenburg

** **Parkhotel Schloßvilla Derenburg**
Schloßstr 15, ✉ 38895, ☎ (03 94 53) 67 80, Fax 6 78 50, VA
14 Zi, Ez: 90-130, Dz: 130-240, 1 Suite, ⌐ WC ☎; **P** 2✪30 ▫
Denkmalgeschützte Jugendstilvilla von 1903

Derental 35 ↗

Niedersachsen — Kreis Holzminden — 260 m — 740 Ew — Beverungen 8, Höxter 15 km
i ☎ (0 52 73) 83 36, Fax 8 83 46 — Verkehrsamt, Am Sportplatz 4, 37691 Derental; Erholungsort im Solling

* **Düsterdiek**
♂ Sollingstr 7, ✉ 37691, ☎ (0 52 73) 3 79 40, Fax 37 94 50, AX DC ED VA
28 Zi, Ez: 58-72, Dz: 100-124, 1 App, ⌐ WC ☎; 1✪25 ▫ Kegeln Sauna

Dermbach 46 ↗

Thüringen — Wartburgkreis — 360 m — 3 500 Ew — Bad Salzungen 19, Schmalkalden 20, Fulda 47 km
i ☎ (03 69 64) 87 60, Fax 87 64 — Museum und Fremdenverkehrsbüro, Kirchberg 5, 36466 Dermbach. Sehenswert: Barockkirchen; Schloß; Eibengarten

* **Zum Röhnpaulus**
Bahnhofstr 21, ✉ 36466, ☎ (03 69 64) 8 22 34
9 Zi, Ez: 55-60, Dz: 80-90, ⌐ WC ☎; ▫

Dernbach 43 →

Rheinland-Pfalz — Kreis Neuwied — 308 m — 1 100 Ew — Neuwied 20, Altenkirchen 30 km
i ☎ (0 26 89) 71 77, Fax 71 77 — Gemeindeverwaltung, Wiesenstr. 2, 56307 Dernbach; Ort im Westerwald

** **Country-Hotel**
⛵ Hauptstr, ✉ 56307, ☎ (0 26 89) 29 90, Fax 29 93 22, AX DC ED VA
139 Zi, Ez: 110-150, Dz: 190, ⌐ WC ☎; Lift ≋ Sauna Solarium
** Hauptgericht 30

Dessau 39 ↘

Sachsen-Anhalt — Kreisfreie Stadt — 64 m — 89 000 Ew — Köthen 20, Wittenberg 34, Leipzig 60 km
i ☎ (03 40) 2 04 14 42, Fax 2 04 11 42 — Tourist-Information Dessau, Zerbster Str. 2c (BC 3), 06844 Dessau; Ehem. Hauptstadt des Freistaates Anhalt. Sehenswert: Bauhaus und Bauhausbauten; Georgengarten und Schloß Georgium mit Anhaltinischer Gemäldegalerie; Museum Schloß Mosigkau und Park; Landschaftsgarten Luisium; Johannbau; Kirchen: St. Marien und St. Johannis; Umgebung: Landschaftsgarten Wörlitz (15 km →); Schloß und Park Oranienbaum (7 km →)

*** **Steigenberger Seminar- und Konferenzhotel**
Friedensplatz (AB 2), ✉ 06844, ☎ (03 40) 2 51 50, Fax 2 51 51 77, AX DC ED VA
198 Zi, Ez: 131-246, Dz: 191-306, S; 6 Suiten, ⌐ WC DFÜ, 99▫; Lift **P** 🍴 12✪250 Fitneßraum Sauna Solarium
** **Fürst Leopold**
Hauptgericht 27; Terrasse

*** **Astron**
Zerbster Str 29 (C 2), ✉ 06844, ☎ (03 40) 2 51 40, Fax 2 51 41 00, AX DC ED VA
153 Zi, Ez: 122-210, Dz: 152-233, S; ⌐ WC ☎ DFÜ, 57▫; Lift **P** 🍴 9✪200 Sauna Solarium ▫
** Hauptgericht 25

* **City Pension**
Ackerstr 3 a, ✉ 06842, ☎ (03 40) 8 82 30 76, Fax 8 82 50 17, AX ED VA
24 Zi, Ez: 85-95, Dz: 120-130, ⌐ WC ☎; Lift 🍴 1✪35 Solarium; garni
Auch Zimmer der Kategorie ****** vorhanden

* **Pension An den 7 Säulen**
Ebertallee 66, ✉ 06846, ☎ (03 40) 61 96 20 + 6 40 09 00, Fax 61 96 22, ED
23 Zi, Ez: 85-115, Dz: 120-140, ⌐ WC ☎, 12▫; **P** Sauna Solarium; garni

Mildensee
* **Adria**
Sonnenallee 4, ✉ 06842, ☎ (03 40) 2 10 00, Fax 2 10 02 50, AX DC ED VA
102 Zi, Ez: 85-106, Dz: 135-157, 1 App, ⌐ WC ☎, 20▫; Lift **P** 5✪55 Sauna Solarium ▫

Mosigkau (5 km ←)
* **Zum kleinen Prinzen**
Erich-Weinert-Str 16, ✉ 06847, ☎ (03 40) 51 70 71, Fax 51 70 73, AX DC ED VA
23 Zi, Ez: 100-130, Dz: 140-200, 2 App, ⌐ WC ☎; **P** 1✪70 ▫ ▫

siehe auch **Wörlitz**

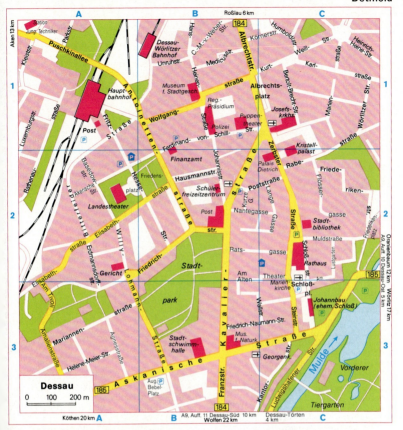

Detmold

Nordrhein-Westfalen — Kreis Lippe — 250 m — 80 000 Ew — Lemgo 12, Paderborn 27, Bielefeld 30 km

🛈 ☎ (0 52 31) 97 73 28, Fax 97 74 47 — Tourist Information, Rathaus, Lange Str, Rathaus am Markt (B 2), 32756 Detmold; Regierungsbezirkshauptstadt und Kreisstadt am Rand des Teutoburger Waldes; Hochschule für Musik; Landestheater; Kneipp-Kurort; Erholungsort. Sehenswert: Ref. Erlöserkirche; Schloß: Gobelins; Rathaus; Lippisches Landesmuseum; Westfälisches Freilichtmuseum; Neues Palais: Palaisgarten; Hermannsdenkmal ⬆ 386 m (6 km ←); Adlerwarte in Berlebeck (5 km ↓); Externsteine (11 km ↓); Naturschutzgebiet Donoperteich (8 km ←); Vogel- und Blumenpark in Heiligenkirchen (4 km ↓)

Cityplan siehe Seite 282

*** **Best Western Residenz**
Paulinenstr 19, ✉ 32756, ☎ (0 52 31) 9 37-0, Fax 9 37-3 33, AX DC ED VA
82 Zi, Ez: 130-198, Dz: 170-278, S; 1 Suite, 🍴 WC ☎, 33🛏; Lift 🚗 4⇄120 🛁 Sauna

** **Opera**
Hauptgericht 30; Biergarten 🅿

* **Detmolder Hof**
Lange Str 19 (B 2), ✉ 32756, ☎ (0 52 31) 9 91 20, Fax 99 12 99, AX DC ED VA
39 Zi, Ez: 128-155, Dz: 175-215, S; 1 Suite, 🍴 WC ☎; 3⇄50
** 🍽 Hauptgericht 25; Biergarten; geschl: So abends, Mo, Historisches Haus (1480)

* **Ringhotel Lippischer Hof**
Hornsche Str 1 (B 2), ✉ 32756, ☎ (0 52 31) 93 60, Fax 2 44 70, AX DC ED VA
27 Zi, Ez: 135-150, Dz: 165-210, S; 1 Suite, 🍴 WC ☎, 1🛏; Lift 🅿 2⇄80 🍽 →

Detmold

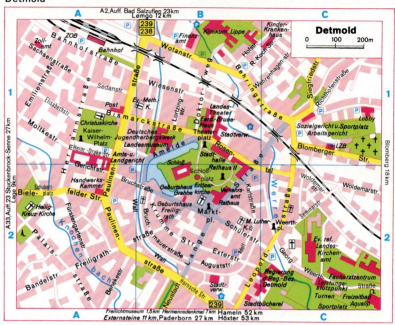

** Speisekeller im Rosental
Am Schloßplatz 7 (B2), ✉ 32756,
☎ (0 52 31) 2 22 67, Fax 3 37 56, AX ED VA
Hauptgericht 28; Terrasse; geschl: Mo

** Krug zum grünen Kranze
Bielefelder Str 42 (A 2), ✉ 32756,
☎ (0 52 31) 2 63 43, Fax 30 02 82, AX DC ED VA
Hauptgericht 28; Kegeln 🅿 Terrasse;
geschl: 2 Wochen in den Sommerferien

🛌 Wortmann
Lange Str 33 (B 2), ✉ 32756, ☎ (0 52 31)
2 44 80, Fax 3 30 64

Berlebeck Erholungsort (6 km ↓)
* Haus am Wasserfall
♂ Schlehenweg 3A, ✉ 32760, ☎ (0 52 31)
49 66, Fax 4 82 58
8 Zi, Ez: 70-85, Dz: 105-120, 2 App, ⌐ WC
☎; garni

** Romantik Hotel Hirschsprung
Paderborner Str 212, ✉ 32760, ☎ (0 52 31)
49 11, Fax 41 72, AX DC ED VA
Hauptgericht 32; Biergarten 🅿; geschl: Do
* ♂ 17 Zi, Ez: 100-149, Dz: 145-225,
1 Suite, ⌐ WC ☎, 5⌧; 🚗 1⇔100
geschl: Im Winter Do

Pivitsheide V.H. (6 km ←)
* Forellenhof
♂ Gebrüder-Meyer-Str 50, ✉ 32758,
☎ (0 52 32) 9 85 00, Fax 98 50 40, AX DC ED VA
12 Zi, Ez: 86-96, Dz: 130-140, ⌐ WC ☎ DFÜ,
3⌧; 🅿
Restaurant für Hausgäste

Dettelbach 56 ◻

Bayern — Kreis Kitzingen — 201 m —
6 500 Ew — Kitzingen 9, Würzburg 19 km
ℹ ☎ (0 93 24) 35 60, Fax 49 81 — Verkehrsamt, im hist. Rathaus, Rathausplatz 1,
97337 Dettelbach; Erholungsort am Main.
Sehenswert: Stadtbild; kath. Pfarrkirche;
Wallfahrtskirche; Rathaus; Mauern, Türme
und Tore

* Akzent-Hotel Franziskaner
♂ Wallfahrtsweg 14, ✉ 97337, ☎ (0 93 24)
97 30 30, Fax 9 73 01 09, AX ED VA
14 Zi, Ez: 80-100, Dz: 120-140, ⌐ WC ☎; 🅿
2⇔26 🍽🍺

* Akzent-Hotel Am Bach
Eichgasse 5, ✉ 97337, ☎ (0 93 24) 97 30 00,
Fax 97 30 59, AX ED VA
15 Zi, Ez: 55-95, Dz: 115-130, 1 Suite, ⌐ WC
☎; 🅿 🚗 1⇔25 🍽🍺 🛌

** Himmelstoß
Bamberger Str 3, ✉ 97337, ☎ (0 93 24)
47 76, Fax 49 69
Hauptgericht 37; Gartenlokal 🅿; geschl:
Mo, Di, 2-3 Wochen im Aug

In der Zeit der Messen oder Festspiele
erhöhen viele Hotels und Restaurants ihre
Preise erheblich. Es ist daher immer
ratsam, sich bei der Buchung die Preise
bestätigen zu lassen.

Dettingen an der Erms 62 ↙

Baden-Württemberg — Kreis Reutlingen — 372 m — 9 100 Ew — Metzingen 5, Bad Urach 6 km
🛈 ☎ (0 71 23) 7 20 70, Fax 72 07 63 — Bürgermeisteramt, Rathausplatz 1, 72581 Dettingen. Sehenswert: Ev. Pfarrkirche; Fachwerkhäuser; Rathaus Schlößle; Marktplatz; Bürgerhaus

✱ Rößle
Uracher Str 30, ✉ 72581, ☎ (0 71 23) 97 80-0, Fax 97 80-10, DC ED VA
22 Zi, Ez: 65-100, Dz: 130-165, ⊣ WC ☎, 6🛏; 🅿 2⇔40
Im Neubau Zimmer der Kategorie ✱✱ vorhanden
✱ Hauptgericht 26; Gartenlokal; geschl: Mo

✱ Gasthof Löwen
Metzinger Str 20, ✉ 72581, ☎ (0 71 23) 7 12 86, Fax 8 83 87, ED VA
Hauptgericht 25; Terrasse
✱ 19 Zi, Ez: 70-85, Dz: 115-125, ⊣ WC ☎

Dettingen unter Teck 62 ↙

Baden-Württemberg — Kreis Esslingen — 350 m — 5 250 Ew — Kirchheim/Teck 3 km
🛈 ☎ (0 70 21) 5 00 00, Fax 50 00 39 — Bürgermeisteramt, Schulstr 4, 73265 Dettingen

✱ Rößle
Austr 32, ✉ 73265, ☎ (0 70 21) 9 84 90, Fax 9 84 91 50, ED VA
50 Zi, Ez: 75-85, Dz: 100-115, 5 App, ⊣ WC ☎; Lift 🅿 🍴; garni

Deutsch Evern 18 ↘

Niedersachsen — Kreis Lüneburg — 40 m — 3 300 Ew — Lüneburg 5 km
🛈 ☎ (0 41 31) 7 92 31, Fax 79 16 99 — Gemeindeverwaltung, Bahnhofstr 10, 21407 Deutsch Evern

✱ Landhaus Herbstmoor
An der Ilmenau 20, ✉ 21407, ☎ (0 41 31) 9 77 00, Fax 97 70 70, ED VA
14 Zi, Ez: 95, Dz: 130-170, ⊣ WC ☎; 🅿; garni
Rezeption: 8-19

Dieblich 43 ↓

Rheinland-Pfalz — Kreis Mayen-Koblenz — 72 m — Koblenz 13, Cochem 34 km
🛈 ☎ (0 26 07) 3 61 — Gemeindeverwaltung, Alte Schule, Marktplatz, 56332 Dieblich; Erholungsort an der Mosel. Sehenswert: kath. Kirche; Heesenburg; Weinbrunnen; Fachwerkhäuser; Moseltalbrücke

✱ Pistono
Hauptstr 30, ✉ 56332, ☎ (0 26 07) 2 18, Fax 10 39, ED
84 Zi, Ez: 65-90, Dz: 100-170, 14 App, ⊣ WC ☎; Lift 🅿 3⇔100 ♨ Sauna Solarium 🍴
geschl: im Winter Mo

✱ Kachelburg Minotel
🐟 Moseluferstr, ✉ 56332, ☎ (0 26 07) 3 05, Fax 86 36, AX ED VA
13 Zi, Ez: 55-90, Dz: 95-145, ⊣ WC; 1⇔24 🍴

✱✱ Halferschenke ✤
🍽 Hauptstr 63, ✉ 56332, ☎ (0 26 07) 10 08 + 10 09, Fax 96 02 94, AX ED VA
Hauptgericht 30; 🅿 Terrasse; nur abends, so + feiertags auch mittags; geschl: Mo, 3 Wochen im Feb

Dieburg 54 ↗

Hessen — Darmstadt-Dieburg — 14 089 Ew
🛈 ☎ (0 60 71) 2 00 20, Fax 20 02 69 — Stadtverwaltung, Markt 4, 64807 Dieburg

✱ Mainzer-Hof
Markt 22, ✉ 64807, ☎ (0 60 71) 2 50 95, Fax 2 50 90, AX DC ED VA
34 Zi, Ez: 98-130, Dz: 142-180, ⊣ WC ☎; 🅿 1⇔20; garni
geschl: 21.12.-3.1.

Diekholzen 26 ↓

Niedersachsen — Kreis Hildesheim — 120 m — 6 900 Ew — Hildesheim 8, Alfeld 21 km
🛈 ☎ (0 51 21) 20 20, Fax 2 02 55 — Gemeindeverwaltung, Alfelder Str 5, 31199 Diekholzen

✱ Gasthof Jörns
Marienburger Str 41, ✉ 31199, ☎ (0 51 21) 2 07 00, Fax 20 70 90, ED VA
21 Zi, Ez: 70-95, Dz: 110-150, ⊣ WC ☎, 2🛏; 🅿 1⇔70 Kegeln 🍴
geschl: 23.12.-1.1.

Diemelstadt 35 □

Hessen — Kreis Waldeck-Frankenberg — 300 m — 6 339 Ew — Warburg 11, Arolsen 16 km
🛈 ☎ (0 56 42) 84 34, Fax 97 98-26 — Verkehrsamt, im Stadtteil Wrexen, Ramser Str 6, 34474 Diemelstadt; Luftkurort Wrexen. Sehenswert: ev. Kirche, Taufstein in Wrexen; Kirchenruine, Schloß (Alterheim), hist. Stadtkern in Rhoden

Rhoden
✱ Montana
Am Jungfernborn 1, ✉ 34474, ☎ (0 56 94) 9 79 70, Fax 97 97 97, AX ED VA
35 Zi, Ez: 90, Dz: 121, 1 App, ⊣ WC ☎, 4🛏; 🅿 2⇔20 🍴

Dierhagen

Dierhagen 12→

Mecklenburg-Vorpommern — Nordvorpommern — 99 m — 1 600 Ew — Ribnitz-Damgarten 14 km
🛈 ☎ (03 82 26) 2 01, Fax 8 04 66 — Kurverwaltung, Waldstr 4, 18347 Dierhagen; Ostseebad

∗ Werth's Hof
Neue Str 6, ✉ 18347, ☎ (03 82 26) 50 80, Fax 5 08 40
18 Zi, Ez: 70-80, Dz: 110-140, ⌐ WC ☎, 5⌂;
🅿 ❘⊙❘ ➳

Dierhagen Ost (2 km ↑)
∗∗ Blinkfüer
♂ An der Schwedenschanze 20, ✉ 18347,
☎ (03 82 26) 8 03 84, Fax 8 03 92, AX DC ED VA
23 Zi, Ez: 95-125, Dz: 155-195, 5 Suiten, ⌐ WC ☎, 5⌂; 🅿 🚗 2↔70 Seezugang Fitneßraum Sauna Solarium ➳
∗∗ Hauptgericht 25; Terrasse

Strand
∗∗∗ Strandhotel Fischland
einzeln ♂ ◄ Ernst-Moritz-Arndt-Str 6,
✉ 18347, ☎ (03 82 26) 5 20, Fax 5 29 99,
AX VA
53 Zi, Ez: 150-320, Dz: 180-350, 13 Suiten, 55 App, ⌐ WC ☎, Lift 🅿 3↔180 ⌂ Strandbad Seezugang Fitneßraum Sauna Solarium ❘⊙❘ ➳

Diesbar-Seußlitz 40 ↙

Sachsen — Kreis Riesa-Großenhain — 150 m — 2 100 Ew — Meißen 14, Riesa 18 km
🛈 ☎ (03 52 67) 5 02 25, Fax 5 02 25 — Touristinformation, An der Weinstr 29, 01612 Diesbar-Seußlitz; Erholungsort. Sehenswert: Barockschloß mit Barockgarten; Gartenhaus „Heinrichsburg"; Winzerhaus „Luisenburg"

∗ Merkers Weinstuben
◄ Meißner Str 10, ✉ 01612, ☎ (03 52 67) 5 07 80, Fax 5 03 17, AX ED
Hauptgericht 19; 🅿 Terrasse; nur abends, Fr-So auch mittags; geschl. Mo, Feb; ⇔

Dieskau 38→

Sachsen-Anhalt — Saalkreis — 1 705 Ew — Halle 5, Leipzig 36, Bitterfeld 32 km
🛈 ☎ (03 45) 7 82 09 06 — Gemeindeverwaltung, Leipziger Str 1, 06184 Döllnitz

∗ Wenotel
Hallesche Str 1, ✉ 06184, ☎ (03 45) 5 80 20, Fax 5 80 21 00, AX DC ED VA
109 Zi, Ez: 110, Dz: 120-130, ⌐ WC ☎, 45⌂;
Lift 🅿 1↔45; garni

Dießen a. Ammersee 71 □

Bayern — Kreis Landsberg am Lech — 600 m — 9 000 Ew — Weilheim 17, Landsberg 21, München 55 km
🛈 ☎ (0 88 07) 10 48, Fax 44 59 — Verkehrsamt, Mühlstr 4 a, 86911 Dießen; Luftkurort, Erholungsort. Sehenswert: Marienmünster; St. Stephanskirche; ehem. Pfarrkirche

∗ Strandhotel
♂ ◄ Jahnstr 10, ✉ 86911, ☎ (0 88 07) 9 22 20, Fax 89 58, DC VA
18 Zi, Ez: 95-180, Dz: 150-270, ⌐ WC ☎ DFÜ; 🅿 Strandbad Seezugang ❘⊙❘ ➳
Rezeption: 8-20; geschl. 22.-30.12.
Auch Zimmer der Kategorie ∗∗ vorhanden

∗∗ Maurerhansl
Johannisstr 7, ✉ 86911, ☎ (0 88 07) 92 29 00, Fax 92 29 33
Hauptgericht 27; nur abends, Sa + So auch mittags; geschl. Di, Mi

Riederau (4 km ↑)
∗ Kramerhof
♂ Ringstr 4, ✉ 86911, ☎ (0 88 07) 77 97, Fax 46 90, ED
10 Zi, Ez: 70-90, Dz: 98-120, ⌐ WC ☎; 🅿 1↔100 Kegeln ❘⊙❘ ➳
geschl. Mi

∗∗ Seehaus
◄ einzeln Seeweg 22, ✉ 86911, ☎ (0 88 07) 73 00, Fax 68 10
Hauptgericht 35

Dietenhofen 57 ↙

Bayern — Kreis Ansbach — 350 m — 5 565 Ew — Fürth 24 km
🛈 ☎ (0 98 24) 2 21 + 7 21, Fax 83 84 — Gemeindeverwaltung, Rathausplatz 1, 90599 Dietenhofen

∗∗ Moosmühle
einzeln ♂ Mühlstr 12, ✉ 90599, ☎ (0 98 24) 95 90, Fax 9 59 59, ED
28 Zi, Ez: 92-110, Dz: 145-180, ⌐ WC ☎, 7⌂; Lift 🅿 2↔15 Fitneßraum Kegeln Sauna 4Tennis ➳
Rezeption: 7-10, 11-14, 17-22; geschl. 1.1.-15.1.
∗∗ Hauptgericht 25; Biergarten Terrasse; geschl. Mo, Di mittags, 1.1.-15.1., 15.8.-22.8

Dietzenbach 54 ↗

Hessen — Kreis Offenbach — 170 m — 34 000 Ew — Offenbach 9, Dieburg 17 km
🛈 ☎ (0 60 74) 37 30, Fax 37 32 06 — Stadtverwaltung, Offenbacher Str 11, 63128 Dietzenbach. Sehenswert: Altstadt, hist. Fachwerkfassaden

Dietzenbach-Außerhalb (2 km →)

** Sonnenhof
Otto-Hahn-Str 7, ✉ 63128, ☎ (0 60 74) 48 90, Fax 48 93 33,
83 Zi, Ez: 155-250, Dz: 207-270, ⌐ WC ☎, 31🛏; Lift 🅿 🚗 5⇔25 Solarium 🍽

Diez 44

Rheinland-Pfalz — Rhein-Lahn-Kreis — 119 m — 11 000 Ew — Limburg 4, Wiesbaden 44 km
ℹ ☎ (0 64 32) 50 12 70, Fax 51 36 — Verkehrsamt, Wilhelmstr 63, 65582 Diez; Felke- und Oranierstadt an der Lahn. Sehenswert: Altstadt mit Stiftskirche, Grafenschloß, Barockschloß; Schloß Oranienstein; Burgruine Aardeck ⋖ (2,5 km ↘)

* Wilhelm von Nassau
♂ Weiherstr 38, ✉ 65582, ☎ (0 64 32) 10 14, Fax 14 47, AX DC ED VA
37 Zi, Ez: 110-125, Dz: 169-185, ⌐ WC ☎; Lift 🅿 3⇔70 🏊 Kegeln Sauna Solarium 🍽

Dillenburg 44

Hessen — Lahn-Dill-Kreis — 230 m — 25 000 Ew — Siegen 29, Wetzlar 31, Biedenkopf 34 km
ℹ ☎ (0 27 71) 1 94 33, Fax 80 21-21 — Verkehrsamt, Hauptstr 19, 35683 Dillenburg. Sehenswert: Ev. Kirche; Wilhelmsturm ⋖; Nassau-Oranisches-Museum; Landgestüt (Hengstparade)

** Bartmann's Haus
Untertor 3, ✉ 35683, ☎ (0 27 71) 78 51, Fax 2 10 28, ED VA
Hauptgericht 35

Dillingen a. d. Donau 63

Bayern — Kreis Dillingen — 434 m — 18 000 Ew — Donauwörth 27, Augsburg 44, Ulm 49 km
ℹ ☎ (0 90 71) 5 41 08, Fax 5 41 99 — Verkehrsamt, Königstr. 37/38, 89407 Dillingen. Ehem. fürstbischöfliche Residenz- und Universitätsstadt. Sehenswert: Studienkirche; ehem. Universität mit Jesuitenkolleg und „Goldenem Saal", Basilika St. Peter; Franziskanerinnenkirche; Schloß; Mitteltorturm; Rathaus; Königstr (hist. Straßenbild); Stadt- und Hochstiftmuseum

* Stadt Hotel Convikt
Konviktstr 9, ✉ 89407, ☎ (0 90 71) 7 91 30, Fax 79 13 13, AX DC ED VA
50 Zi, Ez: 95-110, Dz: 130-180, ⌐ WC ☎, 5🛏; Lift 🅿 3⇔100 🍽
Zimmer der Kategorie ** verfügbar

* Dillinger Hof
Rudolf-Diesel-Str 8, ✉ 89407, ☎ (0 90 71) 80 61 + 5 87 40, Fax 83 23, AX DC ED VA
49 Zi, Ez: 88-98, Dz: 125-140, 3 App, ⌐ WC ☎, 8🛏; 🅿 🚗 2⇔40 Fitneßraum Kegeln Sauna Solarium 🍽

⌐ Trumm
Donauwörther Str 62, an der B 16, ✉ 89407, ☎ (0 90 71) 30 72, Fax 41 00, AX ED VA
20 Zi, Ez: 68-70, Dz: 98-110, ⌐ WC ☎, 4🛏; 🅿 🚗; garni
geschl: 24.12.-2.1.

Dillingen (Saar) 52 ↓

Saarland — Kreis Saarlouis — 178 m — 22 000 Ew — Saarlouis 5, Merzig 14 km
ℹ ☎ (0 68 31) 70 92 40, Fax 70 92 28 — Stadtverwaltung, Amt für Wirtschaftsförderung, Merziger Str, 66763 Dillingen. Sehenswert: Altes Schloß; Saardom; Museum für Vor- und Frühgeschichte im Stadtteil Pachten

* Saarland-Hotel König
Goebenstr 1, ✉ 66763, ☎ (0 68 31) 90 50, Fax 90 51 23, AX DC ED VA
24 Zi, Ez: 85-95, Dz: 140-160, 3 App, ⌐ WC ☎ DFÜ, 2🛏; 🅿 🚗 2⇔100 🍽 🍺

* Meilchen
Hüttenwerkstr 31/Ecke Kieferstr, ✉ 66763, ☎ (0 68 31) 90 98-2, Fax 90 98-2 50, AX ED VA
21 Zi, Ez: 95-98, Dz: 130-140, ⌐ WC ☎; Lift 🚗; garni

* Am Fischerberg
Berliner Str 1, an der B 51, ✉ 66763, ☎ (0 68 31) 7 25 38, ED VA
Hauptgericht 35; geschl: Sa mittags, So, 3 Wochen in den Sommerferien

Diefflen (3 km ↗)
** Bawelsberger Hof
Dillinger Str 5 a, ✉ 66763, ☎ (0 68 31) 7 69 99-0, Fax 7 69 99-76, AX DC ED VA
46 Zi, Ez: 120-130, Dz: 160-175, 1 Suite, ⌐ WC ☎, 8🛏; Lift 🅿 2⇔80 Sauna 9Golf 🍺
** Hauptgericht 25; Terrasse

Dillstädt 47 ←

Thüringen — Kreis Suhl — 450 m — 930 Ew — Meiningen 10, Suhl 12 km
ℹ ☎ (03 68 46) 2 40 — Gemeindeverwaltung, Dorfstr 18, 98530 Dillstädt

* Der Distelhof
♂ Dorfstr 3, ✉ 98530, ☎ (03 68 46) 6 05 47, Fax 6 13 32, AX DC ED VA
25 Zi, Ez: 60-95, Dz: 100-129, 1 Suite, ⌐ WC ☎; 🅿 🚗 1⇔50 🍽

Dilsberg

Dilsberg siehe Neckargemünd

Dingolfing 65 □

Bayern — Kreis Dingolfing-Landau —
364 m — 18 000 Ew — Landau an der
Isar 16, Landshut 30, Straubing 39 km
🛈 ☎ (0 87 31) 50 10, Fax 50 11 66 — Stadtverwaltung, Dr.-Josef-Hastreiter-Str 2,
84130 Dingolfing

* Gasthof Alte Post
Bruckstr 7, ✉ 84130, ☎ (0 87 31) 3 14 60,
Fax 31 46 40, AX DC ED VA
21 Zi, Ez: 85, Dz: 140, ⊿ WC ☎, 6⚞; 1✺30
🍴

* Maximilian
Wollerstr 2, ✉ 84130, ☎ (0 87 31) 5 06 20,
Fax 50 62 50, AX DC ED VA
40 Zi, Ez: 95, Dz: 140, 2 App, ⊿ WC ☎; Lift
🅿 2✺37; garni

Dinkelsbühl 63 ↖

Bayern — Kreis Ansbach — 444 m —
11 500 Ew — Feuchtwangen 11, Ellwangen
22, Nördlingen 31 km
🛈 ☎ (0 98 51) 9 02 40, Fax 9 02 79 — Touristik-Service, Marktplatz (B 1), 91550 Dinkelsbühl; Mittelalterliche Stadt mit nahezu
vollständig erhaltener Befestigungsanlage
mit Türmen und vier Stadttoren. Sehenswert: geschlossenes mittelalterliches
Stadtbild; Münster St. Georg; Marktplatz
mit Deutschem Haus; Hezelhof; Spital-
anlage mit Historischem Museum

Die von uns genannten Ruhetage und
Ruhezeiten werden von den Betrieben gelegentlich kurzfristig geändert.

** Ringhotel Blauer Hecht
Schweinemarkt 1 (A 1), ✉ 91550,
☎ (0 98 51) 58 10, Fax 58 11 70, AX DC ED VA
43 Zi, Ez: 89-159, Dz: 138-178, S; 1 Suite, ⊿
WC ☎, 9⚞; 🅿 3✺60 ≋ Sauna Solarium
geschl: 2.1.-31.1.
Auch Zimmer der Kategorie * vorhanden
** Hauptgericht 25; geschl: So
abends, Mo, 3.1.-28.2.

* Goldene Kanne
Segringer Str 8 (B 1), ✉ 91550, ☎ (0 98 51)
57 29 10, Fax 57 29 29, AX ED VA
22 Zi, Ez: 80-95, Dz: 120-160, 2 Suiten, ⊿
WC ☎; 1✺25 🍴
Auch Zimmer der Kategorie ** vorhanden
* Gustav-Adolf
geschl: Mo

* Zum Goldenen Anker 👑
Untere Schmiedsgasse 22 (A 1), ✉ 91550,
☎ (0 98 51) 5 78 00, Fax 57 80 80, AX DC ED VA
15 Zi, Ez: 80-95, Dz: 120-160, 2 App, ⊿ WC
☎ DFÜ; Sauna
* Hauptgericht 20; Biergarten 🅿

* Weißes Roß
Flair Hotel
Steingasse 12 (A 1), ✉ 91550, ☎ (0 98 51)
5 79 89-0, Fax 67 70, AX DC ED VA
21 Zi, Ez: 80-95, Dz: 80-160, 2 App, ⊿ WC
☎; 1✺30 🍴
Auch Zimmer der Kategorie ** vorhanden.
Gasthof seit 400 Jahren. Ehem. Malerher-
berge, deren Tradition mit einer Malschule
fortgesetzt wird

* Akzent-Hotel Goldene Rose
Marktplatz 4 (B 1), ✉ 91550, ☎ (0 98 51)
5 77 50, Fax 57 75 75, AX DC ED VA
33 Zi, Ez: 85-120, Dz: 110-200, 1 App, ⊿ WC
☎ DFÜ; 🅿 🚗 2✺80 9Golf
Auch Zimmer der Kategorie ** vorhanden
* Hauptgericht 20; Terrasse

Ditzenbach, Bad

* **Gasthof Zur Goldenen Krone**
Nördlinger Str 24 (B 2), ✉ 91550,
☎ (0 98 51) 22 93, Fax 65 20, AX DC ED VA
25 Zi, Ez: 70-75, Dz: 98-115, ⌐ WC; Lift P 🚗
🍴
Rezeption: 8-14, 17-22; geschl: Mi, Mitte-Ende Aug Mitte Nov

* **Gasthof Goldenes Lamm**
Lange Gasse 26 (B 2), ✉ 91550, ☎ (0 98 51)
22 67, Fax 64 41
18 Zi, Ez: 65-80, Dz: 98-120, ⌐ WC; P 🚗
Kegeln 🍴
geschl: Anfang Jan-Mitte Feb

Dinklage 24 ↗

Niedersachsen — Kreis Vechta — 30 m —
11 800 Ew — Lohne 8, Quakenbrück 12 km
i ☎ (0 44 43) 89 90, Fax 8 99 25 — Stadtverwaltung, Am Markt 1, 49413 Dinklage.
Sehenswert: Wasserburg (Benediktinerinnen-Kloster)

*** **Vila Vita Burghotel Dinklage**
♂ Burgallee 1, ✉ 49413, ☎ (0 44 43) 89 70,
Fax 89 74 44, AX DC ED VA
53 Zi, Ez: 175-195, Dz: 225, ⌐ WC ☎, 22🛏;
Lift P 10⇔150 Fitneßraum Kegeln Sauna
Solarium 10Tennis 🏊
** **Kaminstube**
Hauptgericht 28

Dinklage-Außerhalb (2 km →)
* **Wiesengrund**
Lohner Str 17, ✉ 49413, ☎ (0 44 43) 20 50,
Fax 37 98, AX DC ED VA
20 Zi, Ez: 79, Dz: 120, ⌐ WC ☎; 2⇔50 🍴

Dinslaken 32 →

Nordrhein-Westfalen — Kreis Wesel —
71 m — 70 000 Ew — Wesel 14, Duisburg
16 km
i ☎ (0 20 64) 6 62 22, Fax 6 64 35 — Stadtinformation, Dezernat 1/Wirtschaftsförderung, Friedrich-Ebert-Str 82, 46535 Dinslaken; Stadt am Niederrhein; Landestheater
Burghofbühne. Sehenswert: Kath. Kirche;
Trabrennbahn (Halbmeilenbahn)

* **Zum Schwarzen Ferkel**
Voerder Str 79, ✉ 46535, ☎ (0 20 64)
5 11 20, Fax 5 26 84, ED
10 Zi, Ez: 80-95, Dz: 140-150, ⌐ WC; P 🚗
Kegeln
Rezeption: 8-14, 17-23; geschl: Do, 28.6.-11.7.
* Hauptgericht 28; nur abends, So
auch nachmittags; geschl: Do, 28.6-11.7.

Hiesfeld (2,5 km →)
** **Landhotel Galland**
Im kühlen Grunde
Dickerstr 346, ✉ 46539, ☎ (0 20 64) 4 95 90,
Fax 49 59 35, AX ED VA
20 Zi, Ez: 95-105, Dz: 140-160, ⌐ WC ☎; P
2⇔60 Kegeln 🍴

** **Haus Hiesfeld**
Kirchstr 125, ✉ 46539, ☎ (0 20 64) 9 40 00,
Fax 9 60 09, AX DC ED VA
Hauptgericht 45; Biergarten P; nur abends,
mittags nach Reservierung; geschl: Sa mittags, So, Mo

Dippoldiswalde 51 ↖

Sachsen — Kreis Weißeritz — 400 m —
8 497 Ew — Dresden 20 km
i ☎ (0 35 04) 61 48 77, Fax 61 48 77 — Tourismusbüro, Hospitalstr 11, 01744 Dippoldiswalde. Sehenswert: Kirche und Schloß,
hist. Markt

* **Am Schloß**
Rosengasse 12, ✉ 01744, ☎ (0 35 04)
61 79 47, Fax 61 79 48, ED
12 Zi, Ez: 75-95, Dz: 100-130, ⌐ WC ☎ DFÜ;
P 🍴

Dippoldiswalde-Außerhalb (2 km ↑)
** **Heidehof**
einzeln ♂ ⚡ Hohe Str 2, ✉ 01744,
☎ (0 35 04) 6 48 70, Fax 64 87 55, AX DC ED VA
34 Zi, Ez: 110, Dz: 165, ⌐ WC ☎ DFÜ, 6🛏;
P 4⇔100 Bowling Sauna 18Golf 🍴 🏊
Auch Zimmer der Kategorie * vorhanden

Ditzenbach, Bad 62 ↙

Bayern — Kreis Dingolfing-Landau —
510 m — 3 600 Ew — Mühlhausen i. Täle 6,
Geislingen a. d. Steige 13 km
i ☎ (0 73 34) 69 11, Fax 92 04 08 — Verkehrsamt, Haus des Gastes, Helfensteinstr. 20, 73342 Bad Ditzenbach; Mineralheilbad im oberen Filstal, auf der Schwäbischen Alb

** **Kurhotel Sanct Bernhard**
♂ ⚡ Sonnenbühl 1, ✉ 73342, ☎ (0 73 34)
9 64 10, Fax 96 41 41
9 Zi, Ez: 80-110, Dz: 140-200, 2 Suiten,
15 App, ⌐ WC ☎; Lift Fitneßraum
Solarium; garni 🏊

** **Gästehaus Lamm**
♂ ⚡ Am Oberberg 1, ✉ 73342, ☎ (0 73 34)
50 80, Fax 50 89
8 Zi, Ez: 110-200, Dz: 150-220, 2 Suiten, ⌐
WC ☎, 3🛏; garni
geschl: Ende Feb-Anfang Mär

** **Lamm**
Hauptstr 30, ✉ 73342, ☎ (0 73 34) 43 21,
Fax 50 89, AX ED
Hauptgericht 30; ⌂; geschl: So, Mo mittags, Ende Feb-Anfang Mär

Gosbach (2 km ↙)
** **Gasthof Hirsch**
Unterdorfstr 2, an der B 466, ✉ 73342,
☎ (0 73 35) 96 30-0, Fax 9 63 0-30, AX ED
Hauptgericht 30
* 8 Zi, Ez: 65-70, Dz: 110-115, ⌐ WC
☎; P Kegeln

Ditzingen

Ditzingen 61 □

Baden-Württemberg — Kreis Ludwigsburg
— 310 m — 23 225 Ew — Stuttgart 12 km
ℹ️ ☎ (0 71 56) 16 40, Fax 16 41 01 — Stadtverwaltung, Am Laien 1, 71254 Ditzingen

** Ascott Hotel Stuttgart Ditzingen
Stettiner Str 25, ✉ 71254, ☎ (0 71 56)
9 62-0, Fax 9 62-1 00, AX DC ED VA
112 Zi, Ez: 129-179, Dz: 146-234, 12 Suiten,
124 App, ⌇ WC ☎ DFÜ, 48✉; Lift P 🅿
7⇔90 Fitneßraum ❧
Boardinghouse, Langzeitvermietung möglich

** Blankenburg
Gerlinger Str 27, ✉ 71254, ☎ (0 71 56)
93 20, Fax 93 21 90, AX DC ED VA
70 Zi, Ez: 108-155, Dz: 118-205, 2 Suiten, ⌇
WC ☎ DFÜ, 12✉; Lift 🅿 3⇔40 ❧

Dobel 60 →

Baden-Württemberg — Kreis Calw — 700 m
— 2 200 Ew — Herrenalb 6, Pforzheim 24 km
ℹ️ ☎ (0 70 83) 7 45 13, Fax 7 45 35 — Kurverwaltung, Neue Herrenalber Str 11, 75335 Dobel; Heilklimatischer Kurort im nördlichen Schwarzwald

* Rössle
Johann-Peter-Hebel-Str 7, ✉ 75335,
☎ (0 70 83) 92 53-0, Fax 92 53-92
35 Zi, Ez: 44-65, Dz: 48-136, ⌇ WC ☎; Lift P
🅿 2⇔30 Sauna Solarium ❧
Auch einfache Zimmer vorhanden

* Wagnerstüble
Wildbader Str 45, ✉ 75335, ☎ (0 70 83)
87 58, Fax 73 45
Hauptgericht 45

Doberan, Bad 12 ↓

Mecklenburg-Vorpommern — Kreis Doberan — 13 m — 12 000 Ew — Rostock 15, Wismar 42 km
ℹ️ ☎ (03 82 03) 6 21 54, Fax 6 21 54 — Tourist-Information Bad Doberan-Heiligendamm, Goethestr. 1, 18209 Bad Doberan; Erstes deutsches Seebad. Sehenswert: Zisterzienser Klosterkirche; Kamp - Park im englischen Stil; Kleinbahn „Molli"; Ehm-Welk-Gedenkstätte

** Romantik Kurhotel
August-Bebel-Str 2, ✉ 18209, ☎ (03 82 03)
6 30 36, Fax 6 21 26, AX DC ED VA
60 Zi, Ez: 130-155, Dz: 175-245, 2 App, ⌇
WC ☎; Lift 5⇔200 Fitneßraum Sauna Solarium
Auch Zimmer der Kategorie *** vorhanden. Ehem. Logierhaus des Herzogs von Mecklenburg
** Hauptgericht 25; 🅿 Terrasse; Nov - März nur abends

Doberlug-Kirchhain 40 □

Brandenburg — Landkreis Elbe-Elster —
95 m — 8 200 Ew — Finsterwalde 11, Bad Liebenwerda 20 km
ℹ️ ☎ (03 53 22) 22 93, Fax 22 71 — Fremdenverkehrsbüro, im Weißgerbermuseum, Potsdamer Str 18, 03253 Doberlug-Kirchhain. Sehenswert: Schloß; Pfarrkirche; Stadttorsäule; Klosterkirche; Weißgerbermuseum

Kirchhain
* Rose
Am Rosenende 12, ✉ 03253, ☎ (03 53 22)
3 13 14, Fax 44 64, ED
27 Zi, Ez: 60-80, Dz: 80-120, ⌇ WC; 🅿 🅿
2⇔80 ❧

Döbeln 39 ↘

Sachsen — Kreis Döbeln — 230 m —
25 500 Ew — Meißen 30, Chemnitz 38, Leipzig 75 km
ℹ️ ☎ (0 34 31) 71 11 50, Fax 71 11 52 — Fremdenverkehrsbüro, Am Lutherplatz 4, 04720 Döbeln. Sehenswert: Pfarrkirche St. Nikolai; Bürgerhäuser am Markt; Rathaus; Lessing-Gymnasium; Musikschule

** Döbelner Hof
Bäckerstr 8, über Ritterstr, ✉ 04720,
☎ (0 34 31) 57 47 91, Fax 57 47 90, AX ED VA
35 Zi, Ez: 85-105, Dz: 120-145, 4 App, ⌇ WC
☎; Lift 🅿 1⇔30; **garni**

* Weiße Taube
Eisenbahnstr 1, ✉ 04720, ☎ (0 34 31)
61 17 14, Fax 61 17 14, AX DC ED VA
15 Zi, Ez: 85-100, Dz: 120-150, ⌇ WC ☎,
4✉; 🅿 🅿 2⇔100 Kegeln ❧

Dölbau 38 →

Sachsen-Anhalt — Saalkreis — 835 Ew —
Halle 7, Neustadt 8, Leipzig 25 km
ℹ️ ☎ (03 45) 5 60 48 22, Fax 5 60 48 22 — Gemeindeverwaltung, Lindenstr 2, 06184 Dölbau

** Consul Hotel Halle
Hotelstr 1, an der B 14, ✉ 06184,
☎ (03 46 02) 6 70, Fax 6 76 70, AX DC ED VA
123 Zi, Ez: 99-215, Dz: 119-245, S; ⌇ WC ☎,
52✉; Lift 🅿 🅿 6⇔80 Fitneßraum Sauna Solarium 🍸
** Hauptgericht 35; Terrasse

Dörnigheim siehe Maintal

Dörpen 15 ↘

Niedersachsen — Kreis Emsland — 6 m —
4 102 Ew — Holländische Grenze 11, Papenburg 15 km
ℹ️ ☎ (0 49 63) 40 20, Fax 4 02 30 — Gemeindeverwaltung, Hauptstr 25, 26892 Dörpen. Sehenswert: Informationszentrum der Magnetschnellbahn „Transrapid"

Donaueschingen

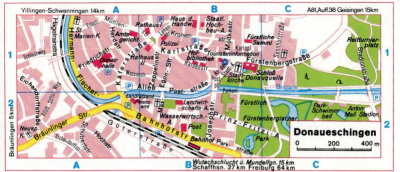

✱ Borchers
Neudörpener Str 48, ⊠ 26892, ☎ (0 49 63)
16 72, Fax 44 34, AX DC ED VA
31 Zi, Ez: 70, Dz: 130, ⌐WC ☎, 2✉; P
1⇔100 Fitneßraum ⓘ⏃

Dörrenbach 60 ↑

Rheinland-Pfalz — Südliche Weinstraße —
300 m — 1 000 Ew — Bad Bergzabern 4 km
ⓘ ☎ (063 43) 48 64 — Verkehrsverein,
Im Rödelstal 26, 76889 Dörrenbach.
Sehenswert: Kirche; Friedhofsbefestigung;
Rathaus; Fachwerkbauten

⌂ Keschtehäusel
Hauptstr 4, ⊠ 76889, ☎ (0 63 43) 87 97,
Fax 87 97
9 Zi, Ez: 55-65, Dz: 85-95, 3 App; P ⓘ

Dörverden 25 ↗

Niedersachsen — Kreis Verden — 19 m —
9 250 Ew — Verden 9, Nienburg 25 km
ⓘ ☎ (0 42 34) 39 90, Fax 3 99 45 — Gemeindeverwaltung, Große Str 80, 27313 Dörverden

✱ Pfeffermühle
Große Str 70, ⊠ 27313, ☎ (0 42 34) 13 65,
Fax 21 50, AX DC ED VA
Hauptgericht 30; P Terrasse
✱ 20 Zi, Ez: 70-90, Dz: 105-140,
1 Suite, 1 App, ⌐WC ☎, 4✉; ⌂ 1⇔20 Fitneßraum Solarium
Auch Zimmer der Kategorie ✱✱ vorhanden

Dolle 28 ←

Sachsen-Anhalt — Kreis Tangerhütte —
100 m — 552 Ew — Colbitz 12, Stendal
25 km
ⓘ ☎ (03 93 64) 2 35 — Gemeindeverwaltung, Lindenstr 19, 39517 Dolle

✱✱ Deutsches Haus
Magdeburger Str 25, ⊠ 39517, ☎ (03 93 64)
43 95, Fax 2 47, VA
24 Zi, Ez: 75-95, Dz: 100-130, ⌐WC ☎;
2⇔80 ⓘ

Dollnstein 63 →

Bayern — Kreis Eichstätt — 400 m —
750 Ew — Eichstätt 9, Weissenburg 40 km
ⓘ ☎ (0 84 22) 15 02, Fax 5 85 — Fremdenverkehrsverein, Papst-Viktor-Str 35,
91795 Markt Dollnstein

Obereichstätt (4 km ↗)
✱ Zur Hüttenschänke
Allee 15, ⊠ 91795, ☎ (0 84 21) 9 79 70,
Fax 97 97 97, ED
18 Zi, Ez: 50-65, Dz: 90-110, 4 App, ⌐WC
☎; P 1⇔20 Sauna ⓘ⏃

Dommitzsch 39 □

Sachsen — Kreis Torgau-Oschatz — 90 m
— 2 630 Ew — Torgau 12, Wittenberg 34,
Leipzig 45 km
ⓘ ☎ (03 42 23) 4 39-0, Fax 4 39-16 — Stadtverwaltung, Markt 1, 04880 Dommitzsch.
Sehenswert: Marienkirche; Marktplatz mit
Gänsebrunnen

Dommitzsch-Außerhalb (1 km ↗)
✱ Gasthaus Fährhaus
≼ Elbstr 15, ⊠ 04880, ☎ (03 42 23) 4 03 46,
Fax 4 03 46, ED VA
9 Zi, Ez: 65-75, Dz: 80-90, ⌐WC; P ⌂ ⓘ⏃

Donaueschingen 68 ←

Baden-Württemberg — Schwarzwald-
Baar-Kreis — 660 m — 20 700 Ew — Villingen-Schwenningen 16, Tuttlingen 28,
Titisee-Neustadt 34 km
ⓘ ☎ (07 71) 85 72 21-2 23, Fax 85 72 28 —
Städt. Fremdenverkehrs- u. Kulturamt,
Karlstr 58 (B 1), 78166 Donaueschingen.
Sehenswert: Kath. Kirche; Schloß: Ausstattung; Fürstliche Sammlungen: Gemälde;
Hofbibliothek: Handschriften; Schloßpark
mit Donauquelle

✱ Ochsen
Käferstr 18, ⊠ 78166, ☎ (07 71) 8 09 90,
Fax 80 99 88, AX ED VA
42 Zi, Ez: 45-85, Dz: 108-125, 2 App, ⌐WC
☎, 10✉; Lift P ⌂ Fitneßraum Kegeln
Sauna Solarium ⓘ
→

Donaueschingen

* Zur Linde
Karlstr 18 (B 1), ✉ 78166, ☎ (07 71) 83 18-0, Fax 83 18-40, AX DC ED VA
22 Zi, Ez: 85-95, Dz: 140-160, ⌐ WC ☎; Lift P ▯
geschl: 22.12.-15.1.

* Zum Schützen
Josefstr 2 (B 2), ✉ 78166, ☎ (07 71) 50 85, Fax 1 43 03, AX DC ED VA
24 Zi, Ez: 70-90, Dz: 100-145, ⌐ WC ☎; ▯

* Fürstenberg-Bräustüble
Postplatz 1 (B 1), ✉ 78166, ☎ (07 71) 36 69, Fax 8 63 98, AX DC ED VA
Hauptgericht 25; P Terrasse; geschl: Mi, 19.10.-8.11.

Donaueschingen-Außerhalb (3 km ↗)
*** Öschberghof
City Line & Country Line Hotels
einzeln ♂ ◂ Golfplatz 1, ✉ 78166, ☎ (07 71) 8 40, Fax 8 46 00, AX ED VA
53 Zi, Ez: 197-247, Dz: 288-308, ⌐ WC ☎; Lift ▯ 7↔200 ≙ Fitneßraum Sauna Solarium ☞
geschl: 27.12.-17.1.
** ◂ Hauptgericht 35; P Terrasse; geschl: 27.12.-17.1.

Donaueschingen-Außerhalb (4 km ↘)
* Concorde
Dürrheimer Str 82, am Flugplatz, ✉ 78166, ☎ (07 71) 8 36 30, Fax 8 36 31 20, AX DC ED VA
76 Zi, Ez: 105-115, Dz: 155-175, ⌐ WC ☎, 48▯; Lift P 6↔80 Fitneßraum Sauna Solarium ▯ ☞

Aufen (2 km ↘)
* Waldblick
♂ Am Hinteren Berg 7, ✉ 78166, ☎ (07 71) 83 25 20, Fax 8 32 52 25, AX DC ED VA
50 Zi, Ez: 90-105, Dz: 130-160, ⌐ WC ☎; Lift P 4↔60 ≙ Fitneßraum Sauna Solarium ▯
geschl: 2 Wochen im Aug

Donaustauf 65 ↘

Bayern — Kreis Regensburg — 342 m — 3 900 Ew — Regensburg 10 km
ℹ ☎ (0 94 03) 9 50 20, Fax 95 02 30 — Verwaltungsgemeinschaft, Wörther Str 5, 93093 Donaustauf

** Forsters Gasthof zur Post
Maxstr 43, ✉ 93093, ☎ (0 94 03) 9 10-0, Fax 9 10-9 10, AX DC ED VA
34 Zi, Ez: 99-150, Dz: 140-180, 4 Suiten, 10 App, ⌐ WC ☎ DFÜ, 4▯; Lift P 6↔180 18Golf ☞
** Zum Postillion
Hauptgericht 25; Gartenlokal; geschl: Mo, 1.-25.2.

** Kupferpfanne
♂ Lessingstr 48, ✉ 93093, ☎ (0 94 03) 9 50 40, Fax 43 96, AX DC ED VA
20 Zi, Ez: 89-110, Dz: 138, ⌐ WC ☎; P 1↔20 Fitneßraum Sauna ☞
** Hauptgericht 20; Terrasse

* Pension Walhalla
♂ Ludwigstr 37, ✉ 93093, ☎ (0 94 03) 9 50 60, Fax 95 06 13, ED VA
22 Zi, Ez: 45-70, Dz: 86-98, ⌐ WC ☎; Lift P ▯ Solarium; garni
Rezeption: 7-20.30

Donauwörth 63 □

Bayern — Donau-Ries-Kreis — 403 m — 18 000 Ew — Nördlingen 28, Augsburg 42, Ingolstadt 57 km
ℹ ☎ 78 91 45, Fax 78 92 22 — Städt. Tourist-Information, Rathausgasse 1 (B 1), 86609 Donauwörth; Kreisstadt. Sehenswert: Kath. Münster; ehem. Klosterkirche Heiligkreuz; Fuggerhaus; Reichsstraße; Deutschordenshaus; Rathaus; Tanzhaus; Reste der Stadtbefestigung; Rieder-Tor; Klosterkirche in Kaisheim (7 km ↑); Schloß Leitheim (10 km →)

* Euro Ring Posthotel Traube
Kapellstr 14 (C 2), ✉ 86609, ☎ (09 06) 70 64 40, Fax 2 33 90, AX DC ED VA
43 Zi, Ez: 88-125, Dz: 137-185, 2 Suiten, ⌐ WC ☎, 3▯; Lift P ▯ 3↔60 Fitneßraum Sauna 9Golf ☞
geschl: 2.1.-15.1.
Kinderbetreuung
* Badische Weinstube
Hauptgericht 22; Biergarten; geschl: 2.1.-15.1.

** Goldener Greifen
Pflegstr 15, ✉ 86609, ☎ (09 06) 70 60 70, Fax 7 06 07 37, AX ED VA
Hauptgericht 45; P Terrasse
▭ 10 Zi, Ez: 65, Dz: 110, ⌐ WC ☎ DFÜ; ▯ 50 Sauna

Parkstadt (1 km →)
* Landidyll Parkhotel Donauwörth
◂ Sternschanzenstr 1, ✉ 86609, ☎ (09 06) 7 06 51-0, Fax 7 06 51-80, AX DC ED VA
45 Zi, Ez: 98-180, Dz: 150-220, ⌐ WC ☎, 20▯; P ▯ 3↔50 ≋ Fitneßraum Kegeln 18Golf 8Tennis ☞
Auch Zimmer der Kategorie ****** vorhanden
** ◂ Hauptgericht 23; Terrasse

* Parkstadt
♂ Andreas-Mayr-Str 11, ✉ 86609, ☎ (09 06) 40 39, Fax 2 39 86, AX ED VA
14 Zi, Ez: 57-67, Dz: 96-110, ⌐ WC ☎; ≙; garni
geschl: 9.7.-8.8.

Donzdorf 62 □

Baden-Württemberg — Kreis Göppingen — 407 m — 11 500 Ew — Göppingen 14, Geislingen a.d. Steige 15 km
ℹ ☎ (0 71 62) 92 23 06, Fax 92 25 21 — Bürgermeisteramt, Schloß 1, 73072 Donzdorf. Sehenswert: Kath. Pfarrkirche; Schloß; Schloß Ramsberg

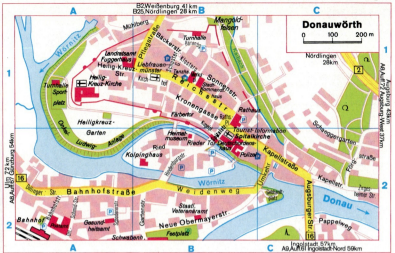

** **   **Becher mit Gästehaus**
Schloßstr 7, ✉ 73072, ☎ (0 71 62) 2 00 50,
Fax 20 05 55, AX DC ED VA
65 Zi, Ez: 100-150, Dz: 150-200, 2 Suiten, ⌐
WC ☎; Lift 🅿 🚗 3✧100 Fitneßraum Kegeln
Sauna Solarium 18Golf
geschl: Sa ab 15
im Gästehaus auch Zimmer der Kategorie ✱
vorhanden

✱✱✱   **De Balzac**
Hauptgericht 48; geschl: So, Mo, feiertags, 2 Wochen im Jan, 1 Woche
im Sommer

✱✱   **Bauernstube**
Hauptgericht 38; Terrasse; geschl:
1 Woche im Jan

Dorf Mecklenburg   20 ↘

Mecklenburg-Vorpommern — Wismar —
2 700 Ew
ℹ — Gemeindeverwaltung, 23972 Dorf
Mecklenburg

✱   **Mecklenburger Mühle**
An der Mühle 3, ✉ 23972, ☎ (0 38 41) 39 80,
Fax 39 81 98, AX ED VA
34 Zi, Ez: 85-90, Dz: 125-130, 6 App, ⌐ WC
☎, 10🛏; 🅿 1✧60 Fitneßraum Sauna
Solarium 🍴 🍺

Dormagen   33 ↙

Nordrhein-Westfalen — Kreis Neuss —
51 m — 59 500 Ew — Neuss 17, Köln 20,
Leverkusen 22 km
ℹ ☎ (0 21 33) 25 70, Fax 5 34 61 — Verkehrsamt, Schloßstr 37, 41541 Dormagen.
Sehenswert: Ehem. Klosterkirche im Stadtteil Knechtsteden (6 km ←); Zollfeste im
Stadtteil Zons (5 km ↑)

✱✱   **Höttche**
Krefelder Str 14, ✉ 41539, ☎ (0 21 33) 25 30,
Fax 1 06 16, AX ED VA
46 Zi, Ez: 150, Dz: 190-280, ⌐ WC ☎, 10🛏;
Lift 🅿 🚗 3✧100 Kegeln 🍴 🍺

✱   **Zur Flora**
Florastr 49, ✉ 41539, ☎ (0 21 33) 4 60 11,
Fax 47 78 24, AX DC ED VA
16 Zi, Ez: 110-125, Dz: 140-180, ⌐ WC ☎
DFÜ; 1✧60 🍴

✱   **Ragusa**
Marktplatz 7, ✉ 41539, ☎ (0 21 33) 4 35 02,
Fax 4 36 09, AX DC ED VA
18 Zi, Ez: 96-150, Dz: 155-205, ⌐ WC ☎; 🍴

St. Peter (6 km ↘)
✱   **Stadt Dormagen**
Robert-Bosch-Str 2, ✉ 41541, ☎ (0 21 33)
78 28, Fax 7 09 40, AX DC ED VA
15 Zi, Ez: 95-120, Dz: 130-140, ⌐ WC ☎; 🅿
1✧ Fitneßraum Sauna Solarium 18Golf;
garni
geschl: 20.12.-5.1., 1.-17.5.

Zons (5 km ↑)
✱✱   **Schloß Friedestrom**
♣ Parkstr 2, ✉ 41541, ☎ (0 21 33) 50 30,
Fax 50 32 90, AX DC ED VA
38 Zi, Ez: 185-280, Dz: 225-315, 4 Suiten, ⌐
WC ☎, 4🛏; Lift 🅿 🚗 4✧80 Fitneßraum
Sauna Solarium 🍴 🍺
Auch Zimmer der Kategorie **✱✱✱** vorhanden

🏠   **Gästehaus Wolfgang Schmitz**
◁ Mauerstr 26 a/Turmstr 20, ✉ 41541,
☎ (0 21 33) 4 76 58, Fax 1 02 22, AX ED VA
7 Zi, Ez: 80-100, Dz: 120-150, ⌐ WC ☎; 🍴 🍺

Dornburg

Dornburg 44 ←

Hessen — Kreis Limburg-Weilburg — 250 m — 9 000 Ew — Limburg/Lahn 15, Siegen 50 km
ℹ ☏ (0 64 36) 91 31-0, Fax 91 31-32 — Gemeindeverwaltung, im Ortsteil Frickhofen, Egenolfstr 26, 65599 Dornburg.
Sehenswert: Blasiuskirche

Frickhofen
✱   Café Bock
Hauptstr 30, ✉ 65599, ☏ (0 64 36) 91 38-0, Fax 91 38 38, ED
10 Zi, Ez: 75-90, Dz: 150-180, ⬛ WC ☏; P; garni

Dornstetten 61 ↙

Baden-Württemberg — Kreis Freudenstadt — 630 m — 7 400 Ew — Freudenstadt 8, Horb 17, Altensteig 19 km
ℹ ☏ (0 74 43) 96 20 30, Fax 96 20 99 — Kurverwaltung, Marktplatz 2, 72280 Dornstetten; Luftkurort im östlichen Schwarzwald.
Sehenswert: Ev. Stadtkirche; Fachwerkhäuser; Marktbrunnen; Puppen- und Spielzeugmuseum

Aach (2 km ←)
✱   Waldgericht
Ⓥ Grüntaler Str 4, ✉ 72280, ☏ (0 74 43) 96 27-0, Fax 49 83, ED VA
28 Zi, Ez: 65, Dz: 120, ⬛ WC ☏; 🚗 1✿30 ▼◉

Dorsten 33 ↘

Nordrhein-Westfalen — Kreis Recklinghausen — 27 m — 82 000 Ew — Recklinghausen 16, Oberhausen 23, Borken 25 km
ℹ ☏ (0 23 62) 66 34 81, Fax 66 57 12 — Stadtverwaltung, Halterner Str 5, 46284 Dorsten; Kleine Hansestadt an der Lippe. Sehenswert: Museum am Markt; Jüdisches Museum Westfalen; Tüshaus Mühle; Wasserschloß Lembeck (13 km ↑)

✱✱ Henschel
Borkener Str 47, ✉ 46284, ☏ (0 23 62) 6 26 70, AX DC ED VA
Hauptgericht 45; P; geschl: So mittags, Mo, 1.1.-16.1.

Deuten (6,5 km ↑)
✱   Grewer
Weseler Str 199, ✉ 46286, ☏ (0 23 69) 80 83, Fax 83 22, DC ED VA
16 Zi, Ez: 50-65, Dz: 90-120, WC; P 🚗 Kegeln ▼◉

Holsterhausen (2 km ↘) Marienviertel
✱   Albert
Borkener Str 199, ✉ 46284, ☏ (0 23 62) 9 47 90, Fax 94 79-19
18 Zi, Ez: 115-125, Dz: 145-160, ⬛ WC ☏; Lift 4✿80 ▼◉

Dortmund 33 ▫

Nordrhein-Westfalen — Stadtkreis — 86 m — 600 000 Ew — Hagen 16, Bochum 17, Essen 34 km
ℹ ☏ (02 31) 5 02 56 66, Fax 16 35 93 — Verkehrsverein Dortmund e. V., Königswall 20 (A 2), 44137 Dortmund; Handels- und Dienstleistungszentrum im Ruhrgebiet; Universität; Fachhochschule; Musiktheater, Schauspiel, Kinder- und Jugendtheater.
Sehenswert: Ev. Marienkirche (12. Jh.): Altarbild von Konrad von Soest; ev. Reinoldikirche; Hauptkirche (13. Jh.); ev. Petrikirche mit Antwerpener Schnitzaltar der Lukasgilde; kath. Propsteikirche; Westfalenhalle; Museum für Kunst- und Kulturgeschichte; Romberg-Park; Westfalenpark: Kochbuchmuseum, Schulmuseum; Tierpark; Revierpark Wischlingen; Fredenbaumpark; Hohensyburg ◂; Hengsteysee (17 km ↓); Schloß Cappenberg (19 km ↑)

Messen:
Bibliotheka 10.-12.2.99
inter-tabac 10.-12.9.99

✱✱✱ Renaissance Hotel
Lindemannstr 88, ✉ 44137, ☏ (02 31) 9 11 30, Fax 9 11 39 99, AX DC ED VA
219 Zi, Ez: 180-283, Dz: 180-336, 5 Suiten, ⬛ WC ☏, 51✉; Lift P 🚗 9✿250 Fitneßraum Sauna Solarium
✱✱✱ Michelangelo
Hauptgericht 38; Terrasse

✱✱✱ Holiday Inn Crowne Plaza
An der Buschmühle 1 (C 6), ✉ 44139, ☏ (02 31) 1 08 60, Fax 1 08 67 77, AX DC ED VA
185 Zi, Ez: 154-278, Dz: 184-303, S; 5 Suiten, ⬛ WC ☏, 74✉; Lift P 🚗 19✿450 ≋ Fitneßraum Sauna Solarium
✱✱ Viktoria
Hauptgericht 33

✱✱✱ Holiday Inn
      Römischer Kaiser
Olpe 2 (B 2), ✉ 44135, ☏ (02 31) 54 32 00, Fax 5 43 24 42, AX DC ED VA
110 Zi, Ez: 222-352, Dz: 316-376, S; 8 Suiten, ⬛ WC ☏, 21✉; Lift P 🚗 9✿200 Sauna Solarium
✱✱ Brasserie Bonvivant
Hauptgericht 30; Biergarten Terrasse

✱✱✱ Astron Suite-Hotel
Königswall 1 (B 1), ✉ 44137, ☏ (02 31) 9 05 50, Fax 9 05 59 00, AX DC ED VA
Ez: 198-353, Dz: 198-353, S; 185 Suiten, ⬛ WC ☏ DFÜ, 35✉; Lift 🚗 2✿80 Sauna Solarium; garni →

Dortmund

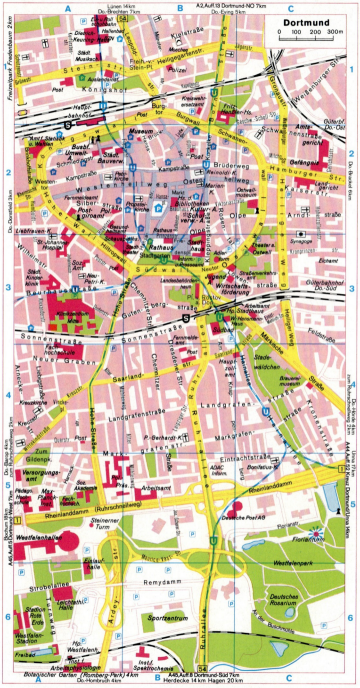

Dortmund

*** Parkhotel Westfalenhallen
Strobelallee 41 (A 6), ✉ 44139, ☎ (02 31) 1 20 42 30, Fax 1 20 45 55, AX DC ED VA
142 Zi, Ez: 161-231, Dz: 211-262, 2 Suiten, ⌐ WC ☎, 24⌂; Lift ℗ 🍴 28⇔10000 ≘ Fitneßraum Sauna Solarium
geschl: 12.7.-1.8.
Auch Zimmer der Kategorie * und ** vorhanden

** Rosenterrassen
Hauptgericht 35; geschl: 12.7.-1.8.

** Steigenberger Maxx
Berswordtstr, ✉ 44139, ☎ (02 31) 9 02 10, Fax 9 02 19 99, AX DC ED VA
166 Zi, Ez: 120-222, Dz: 160-262, S; 10 Suiten, ⌐ WC ☎, 80⌂; Lift ℗ 🍴 5⇔100 Fitneßraum Sauna Solarium 🍴

** Drees
Hohe Str 107 (A 4), ✉ 44139, ☎ (02 31) 1 29 90, Fax 1 29 95 55, AX DC ED VA
146 Zi, Ez: 110-177, Dz: 150-208, S; ⌐ WC ☎, 46⌂; Lift ℗ 🍴 6⇔100 ≘ Kegeln Sauna Solarium
Auch Zimmer der Kategorie * vorhanden
** Hauptgericht 38

* Senator
Münsterstr 187, ✉ 44145, ☎ (02 31) 86 10 12-0, Fax 81 36 90, AX DC ED VA
34 Zi, Ez: 125-170, Dz: 170-190, ⌐ WC ☎; Lift ℗ 🍴 2⇔25 Fitneßraum Sauna Solarium; garni
Restaurant für Hausgäste

* Akzent-Hotel Esplanade
Bornstr 4 (B 1), ✉ 44135, ☎ (02 31) 5 85 30, Fax 5 85 32 70, AX DC ED VA
48 Zi, Ez: 120-160, Dz: 150-180, 1 App, ⌐ WC ☎, 9⌂; Lift ℗ 1⇔30; garni
geschl: 23.12.-4.1.

* City-Hotel
Silberstr 37 (A 2), ✉ 44137, ☎ (02 31) 14 20 86, Fax 16 27 65, AX DC ED VA
50 Zi, Ez: 165-180, Dz: 190-220, ⌐ WC ☎, 15⌂; Lift 1⇔60; garni

* Sol Inn
Emil-Figge-Str 41, ✉ 44227, ☎ (02 31) 9 70 50, Fax 9 70 54 44, AX DC ED VA
90 Zi, Ez: 110-190, Dz: 125-220, S; ⌐ WC ☎, 45⌂; Lift ℗ 2⇔75 Sauna Solarium 🍴

* Königshof
Königswall 4 (B 1), ✉ 44137, ☎ (02 31) 5 70 41, Fax 5 70 40 40, AX ED VA
46 Zi, Ez: 130-155, Dz: 160-178, S; ⌐ WC ☎; Lift ℗ 🍴 2⇔40 18Golf; garni

* Stadthotel
Reinoldistr 14 (B 2), ✉ 44135, ☎ (02 31) 57 10 00, Fax 57 71 94, AX DC ED VA
31 Zi, Ez: 100, Dz: 130, ⌐ WC ☎; Lift; garni

* Gildenhof
Hohe Str 139 (A 5), ✉ 44139, ☎ (02 31) 12 20 35, Fax 12 20 38, AX DC VA
50 Zi, Ez: 90-130, Dz: 138-178, ⌐ WC ☎, 3⌂; Lift 1⇔30; garni
geschl: 23.12.-4.1.

Kleimann
Petrikirchhof, ✉ 44137, ☎ (02 31) 14 49 21

Aplerbeck
Postkutsche
Postkutschenstr 20, ✉ 44287, ☎ (02 31) 4 50 08-0, Fax 44 10 03, AX ED VA
27 Zi, Ez: 88-104, Dz: 120-148, 1 App, ⌐ WC ☎ DFÜ, 7⌂; ℗ 🍴 🍴

Barop (5 km ↙)
** Romantik Hotel Lennhof
Menglinghauser Str 20, ✉ 44227, ☎ (02 31) 7 57 26, Fax 75 93 61, AX DC ED VA
34 Zi, Ez: 140-230, Dz: 180-280, 2 Suiten, ⌐ WC ☎; ℗ 🍴 2⇔20 ≘ Sauna Solarium
Auch Zimmer der Kategorie * vorhanden
*** ⊗ Hauptgericht 45; Terrasse ☎

Gartenstadt (2 km ↘)
*** Best Western Parkhotel Wittekindshof
Westfalendamm 270, ✉ 44141, ☎ (02 31) 5 19 30, Fax 5 19 31 00, AX DC ED VA
63 Zi, Ez: 152-217, Dz: 239-254, S; 1 Suite, 1 App, ⌐ WC ☎, 12⌂; Lift ℗ 5⇔250 Kegeln Sauna Solarium 🍴
*** Zum Widukind
Hauptgericht 37; Terrasse

Höchsten (8 km ↓)
* Überacker
Wittbräucker Str 504, ✉ 44267, ☎ (0 23 04) 8 04 21, Fax 8 68 44, DC ED VA
17 Zi, Ez: 80-90, Dz: 140-160, 1 Suite, ⌐ WC ☎; ℗ 🍴 2⇔80 Kegeln
geschl: 25.6.-21.7.
* Hauptgericht 30; Gartenlokal; geschl: Do

Hörde (4 km ↘)
* Zum Treppchen
⊗ Faßstr 21, ✉ 44263, ☎ (02 31) 43 14 42, Fax 43 00 78, AX DC ED VA
Hauptgericht 34; Gartenlokal ℗; geschl: Sa mittags, So,
Gebäude aus dem Jahr 1763

Huckarde (10 km ↘)
** Alter Bahnhof
Altfriedstr 16, ✉ 44369, ☎ (02 31) 39 19 30, Fax 39 19 30, AX DC ED VA
Hauptgericht 42; Biergarten Kegeln Terrasse; geschl: Sa mittags, So abends, Mo

Körne (2 km →)
* Körner Hof
Hallesche Str 102, ✉ 44143, ☎ (02 31) 5 62 08 40, Fax 56 10 71, AX DC ED VA
21 Zi, Ez: 130-145, Dz: 160-195, ⌐ WC ☎, 3⌂; Lift 🍴 ≘ Sauna Solarium; garni

Oespel (7 km ✓)
* **Novotel**
Brennaborstr 2, ⊠ 44149, ☎ (02 31) 9 69 50, Fax 65 09 44, AX DC ED VA
104 Zi, Ez: 114-203, Dz: 138-203, S; ⊣ WC ☎, 29⊠; Lift 🅿 🚗 7🔄180 ≋ Sauna Solarium 🍽

Syburg (10 km ↓)
** **Hotel Mercure Landhaus Syburg**
◄ Westhofener Str 1, ⊠ 44265, ☎ (02 31) 7 74 50, Fax 77 44 21, AX DC ED VA
64 Zi, Ez: 177-255, Dz: 217-257, S; ⊣ WC ☎, 11⊠; Lift 🅿 🚗 3🔄70 ≘ Kegeln Sauna Solarium
** **Landhausrestaurant**
Hauptgericht 35

* **Landgasthof Dieckmann**
Wittbräucker Str 980, ⊠ 44265, ☎ (02 31) 77 44 61, Fax 77 42 71, AX DC ED VA
21 Zi, Ez: 119, Dz: 169-189, ⊣ WC ☎; Lift 🅿 2🔄20 🚗
Auch Zimmer der Kategorie ** vorhanden
** Hauptgericht 30; Biergarten Terrasse

*** **La Table** ☕
Hohensyburgstr 200, im Spielbankgebäude, ⊠ 44265, ☎ (02 31) 9 77 70 37, Fax 9 77 70 77, AX DC ED VA
Hauptgericht 55; 🅿 Terrasse; nur abends; geschl: Mo, 3 Wochen in den Sommerferien

Dorum 17 ↘

Niedersachsen — Kreis Cuxhaven — 2 m — 2 585 Ew — Bremerhaven 20, Cuxhaven 22 km
ℹ ☎ (0 47 42) 87 50, Fax 82 64 — Kurverwaltung, Westerbüttel 8, 27632 Dorum; Nordseebad an der Wesermündung. Sehenswert: Ev. Alte Wehrkirche; Niedersächsisches Deichmuseum

Dorumer Neufeld (6,5 km ↘)
* **Cuxland**
♂ Sieltrift 37, ⊠ 27632, ☎ (0 47 41) 10 71, Fax 10 18
19 Zi, Ez: 78-98, Dz: 120-160, 6 Suiten, ⊣ WC ☎; 🅿; garni
Rezeption: 8-21
Im Ferienpark Cuxland

Dossenheim 54 ↘

Baden-Württemberg — Rhein-Neckar-Kreis — 96 m — 11 500 Ew — Schriesheim 3, Heidelberg 5 km
ℹ ☎ (0 62 21) 8 65 10, Fax 86 51 38 — Bürgermeisteramt, Rathausplatz 1, 69221 Dossenheim; Ort an der Bergstraße. Sehenswert: Kirche; Schauenburg, Ruine; Weißer Stein ◄; im Ortsteil Schwabenheim: Barockkapelle; gotische Bergkirche mit mittelalterlichen Bauinschriften

▱ **Goldener Hirsch/Am Kirchberg**
Hauptstr 59, ⊠ 69221, ☎ (0 62 21) 86 20 04/5, Fax 86 38 35, ED VA
26 Zi, Ez: 78-90, Dz: 98-120, ⊣ WC ☎; 🅿 🚗 🍽 🚗

Drachselsried 66 ↘

Bayern — Kreis Regen — 533 m — 2 300 Ew — Bodenmais 8, Viechtach 14, Regen 21 km
ℹ ☎ (0 99 45) 90 50 33, Fax 90 50 35 — Verkehrsamt, Zellertalstr 8, 94256 Drachselsried; Erholungsort im Bayerischen Wald

Oberried (2 km →)
* **Jagdhotel Zellertal**
♂ ◄ Leitenfeld 11, ⊠ 94256, ☎ (0 99 45) 95 20, Fax 95 24 11
22 Zi, Ez: 60-85, Dz: 100-140, ⊣ WC ☎, 20⊠; Lift 🅿 1🔄40 ≘ Sauna Solarium 🍽 🚗

* **Berggasthof Pension Hochstein**
einzeln ♂ Hochfallweg 7, ⊠ 94256, ☎ (0 99 45) 4 63, Fax 26 21
35 Zi, Ez: 50-52, Dz: 80-84, 2 Suiten, ⊣ WC; 🅿 1🔄20 Fitneßraum Sauna Solarium 🍽 🚗
geschl: Nov.-15.12.

Oberried-Außerhalb (5 km →)
* **Sport- und Ferienhotel Riedlberg**
einzeln ♂ ◄ Riedlberg 1, ⊠ 94256, ☎ (0 99 24) 70 35, Fax 72 73
38 Zi, Ez: 75-100, Dz: 130-230, 1 Suite, ⊣ WC ☎; 🅿 ≋ ≘ Sauna Solarium 🍽 🚗
Auch Zimmer der Kategorie ** vorhanden

Unterried (3 km ↘)
* **Lindenwirt**
Unterried 9, ⊠ 94256, ☎ (0 99 45) 95 10, Fax 95 12 99
43 Zi, Ez: 62-70, Dz: 120-136, ⊣ WC ☎; Lift ≘ Sauna Solarium
Auch einfache Zimmer vorhanden
** Hauptgericht 25

Drage 18 →

Niedersachsen — Kreis Harburg — 5 m — 2 350 Ew — Winsen 7, Geesthacht 9, Lüneburg 30 km
ℹ ☎ (0 41 77) 76 84, Fax 76 84 — Gemeindeverwaltung, Winsener Str 40, 21423 Drage

Stove (5 km ↗)
* **Zur Rennbahn**
einzeln ♂ Stover Strand 4, ⊠ 21423, ☎ (0 41 76) 9 13 10, Fax 91 31 25, DC ED VA
10 Zi, Ez: 85, Dz: 140, ⊣ WC ☎; 🅿 Kegeln 🍽

Dreieich

Dreieich 54 ↗

Hessen — Kreis Offenbach am Main — 150 m — 42 565 Ew — Offenbach 13, Frankfurt/Main 14, Darmstadt 16 km
🛈 ☎ (0 61 03) 60 10, Fax 60 11 40 — Stadtverwaltung/Presse- u. Informationsabteilung, im Stadtteil Sprendlingen, Hauptstr 15, 63303 Dreieich. Sehenswert: Burgruine und Stadtmauer im Stadtteil Dreieichenhain

Dreieichenhain
** Turmhotel
Kabelstr 6, ✉ 63303, ☎ (0 61 03) 9 48 60, Fax 94 86 66, AX ED VA
Ez: 140-210, Dz: 150-240, 30 App, ⊿ WC ☎ DFÜ; Lift 🅿 🚗 2↔30 Fitneßraum Sauna Solarium; garni
Auch Langzeitvermietung möglich

** Le Maître
Siemensstr 14, ✉ 63303, ☎ (0 61 03) 8 20 85, Fax 8 49 66, AX DC ED VA
Hauptgericht 40; 🅿 Terrasse; geschl: So

** Alte Bergmühle
⌀ Geißberg 25, ✉ 63303, ☎ (0 61 03) 8 18 58, Fax 8 89 99, AX DC ED VA
Hauptgericht 32

Götzenhain-Außerhalb (3 km ↑) Richtung Neu-Isenburg
** Gutsschänke Neuhof
⌀, ✉ 63303, ☎ (0 61 02) 3 00 00, Fax 30 00 55, AX DC ED VA
Hauptgericht 35;
Die Gebäudegeschichte reicht zurück bis in die Römersiedlungszeit. Der neue „Hoff" wurde um 1700 erbaut

Sprendlingen
*** Dorint Hotel
Eisenbahnstr 200, ✉ 63303, ☎ (0 61 03) 60 60, Fax 6 30 19, AX DC ED VA
88 Zi, Ez: 120-394, Dz: 170-418, S; 4 Suiten, ⊿ WC ☎, 31⌧; Lift 🅿 8↔100 ≋ Sauna Solarium
** Hauptgericht 30

** Best Western Bauer Hotel Europa
Hauptstr 47, ✉ 63303, ☎ (0 61 03) 60 40, Fax 6 52 65, AX DC ED VA
75 Zi, Ez: 120-235, Dz: 160-275, S; ⊿ WC ☎, 26⌧; Lift 🅿 🚗 3↔25 18Golf 🍴
Auch Zimmer der Kategorie ✱ vorhanden

Dreis 52 ↗

Rheinland-Pfalz — Kreis Bernkastel-Wittlich — 180 m — 1 300 Ew — Wittlich 8, Trier 32 km
🛈 ☎ (0 65 78) 72 49 — Gemeindeverwaltung, 54518 Dreis; Erholungsort in der Eifel

** Waldhotel Sonnora ♛
einzeln ☞ ⬥ Auf dem Eichelfeld, ✉ 54518, ☎ (0 65 78) 4 06, Fax 14 02, AX ED VA
20 Zi, Ez: 100-150, Dz: 150-300, ⊿ WC ☎; 🅿
geschl: Mo, Di, 1.1.-Anf. Feb
Auch Zimmer der Kategorie ✱ vorhanden.
Landhaus mit großer Gartenteichanlage
*** L'Art de Vivre 🌶️🍴🍴🍴
Restaurant
Hauptstr 55; geschl: Mo, Di, Anfang Jan-Anfang Feb

Dresden 51 ↖

Sachsen — Kreis Dresden — 133 m — 500 000 Ew — Flughafen Dresden-Klotzsche 10, Leipzig 130, Berlin 190 km
🛈 ☎ (03 51) 4 91 92-0, Fax 3 10 52 47 — Dresden-Werbung und Tourismus GmbH, Ostra-Allee 11 (außerhalb C 2), 01067 Dresden; Landeshauptstadt, an der Elbegelegen; Zentrum der Kunst, Kultur, Wissenschaft und Industrie; Technische Universität und Hochschulen.
Sehenswert: Zwinger; Theaterplatz; Semperoper; Kath. Hofkirche; Brühlsche Terrassen; Albertinum; Johanneum; Frauenkirche (Ruine); Altmarkt; Kreuzkirche; Fernsehturm; Schloß Pillnitz; Gemäldegalerie; Grünes Gewölbe; Porzellansammlung; Verkehrsmuseum; Deutsches Hygiene-Museum; Militärhistorisches Museum; Gute Ausflugsmöglichkeiten in das Osterzgebirge und das Elbsandsteingebirge

Zentrum - Altstadt
***** Kempinski Hotel Taschenbergpalais Dresden
☞ ⬥ ⌀ Taschenberg 3 (B 3), ✉ 01067, ☎ (03 51) 4 91 20, Fax 4 91 28 12, AX DC ED VA
188 Zi, Ez: 432-552, Dz: 524-644, S; 25 Suiten, ⊿ WC ☎ DFÜ, 32⌧; Lift 🅿 🚗 8↔800 ≋ Fitneßraum Sauna Solarium ☀
*** Intermezzo
Hauptgericht 39; Terrasse

**** Gewandhaus Radisson SAS
Ringstr 1 (B 3), ✉ 01067, ☎ (03 51) 4949 0, Fax 4949 490, AX DC ED VA
94 Zi, Ez: 295-455, Dz: 295-455, S; 3 Suiten, ⊿ WC ☎ DFÜ, 32⌧; Lift 🅿 5↔120 ≋ Fitneßraum Sauna Solarium ☀
Restauriertes Palais nach den Entwürfen aus dem 18 Jh von J. F. Knöbel
*** Brasserie 🍴
Hauptgericht 38; Terrasse

*** Dresden Hilton
An der Frauenkirche 5 (B 3), ✉ 01067, ☎ (03 51) 8 64 20, Fax 8 64 27 25, AX DC ED VA
321 Zi, Ez: 240-436, Dz: 260-516, S; 12 Suiten, ⊿ WC ☎, 85⌧; Lift 🅿 🚗 10↔500 ≋ Bowling Fitneßraum Sauna Solarium ☀
*** Rossini
Hauptgericht 33

➡

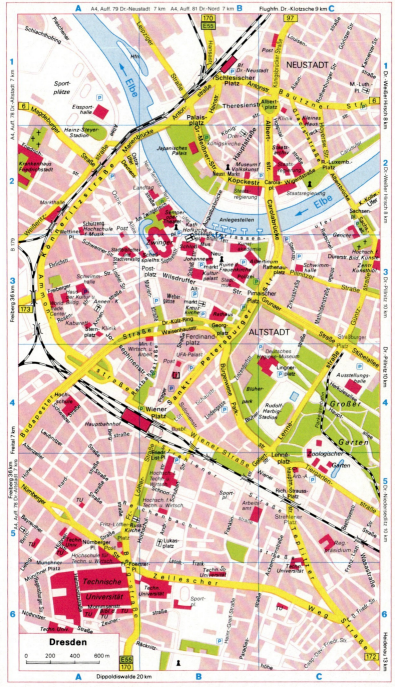

Dresden

** Dorint
Grunaer Str 14 (C 3), ✉ 01069, ☎ (03 51)
4 91 50, Fax 4 91 51 00, AX DC ED VA
243 Zi, Ez: 230-260, Dz: 270-300, S; 1 Suite,
⌐ WC ☎ DFÜ, 78🖃; Lift 🅿 14⟳200 ≋ Fitneßraum Sauna Solarium
** Brücke
Hauptgericht 25

**** art'otel Dresden
Design Hotel**
Ostra-Allee 33 (A 2), ✉ 01067, ☎ (03 51)
4 92 20, Fax 4 92 27 77, AX DC ED VA
174 Zi, Ez: 200-260, Dz: 240-300, S;
16 Suiten, ⌐ WC ☎ DFÜ, 87🖃; Lift 🅿 🅿
5⟳500 Fitneßraum Sauna Solarium 18Golf
Designerausstattung von Denis Santachiara. Skulpturen und Graphiken von A.R.Penck
** Factory
Hauptgericht 30

**** Elbflorenz Dresden
Top International Hotel**
Rosenstr 36, ✉ 01067, ☎ (03 51) 8 64 00,
Fax 8640 100, AX DC ED VA
180 Zi, Ez: 160-230, Dz: 170-240, S;
29 Suiten, 29 App, ⌐ WC ☎, 43🖃; Lift 🅿
10⟳250 Sauna Solarium 🍴 ☕
Auch Zimmer der Kategorie ******* vorhanden

** Am Terrassenufer
◂ Terrassenufer 12 (C 2), ✉ 01069,
☎ (03 51) 4 40 95 00, Fax 4 40 96 00,
AX DC ED VA
196 Zi, Ez: 190-335, Dz: 220-415, S; 6 Suiten,
⌐ WC ☎ DFÜ, 51🖃; Lift 3⟳25 🍴

* Classic
Winckelmannstr 6 (A 4), ✉ 01069, ☎ (03 51)
47 85 00, Fax 4 78 50 99, AX ED VA
20 Zi, Ez: 150-180, Dz: 180-210, 1 Suite, ⌐
WC ☎ DFÜ; Lift 🅿 🍴
Auch Zimmer der Kategorie ****** vorhanden

* Mercure Newa
St.-Petersburger-Str 34 (B 4), ✉ 01069,
☎ (03 51) 4 81 40, Fax 4 95 51 37, AX DC ED VA
315 Zi, Ez: 170-240, Dz: 195-272, S; 2 Suiten,
4 App, ⌐ WC ☎ DFÜ, 59🖃; Lift 🅿 🅿
6⟳220 Fitneßraum Sauna Solarium 🍴

* Andor Hotel Europa
Strehlener Str 20, ✉ 01069, ☎ (03 51)
46 64 0, Fax 46 64-1 00, AX DC ED VA
95 Zi, Ez: 98-135, Dz: 128-165, 1 App, ⌐ WC
☎, 31🖃; Lift 🅿; garni

***** Italienisches Dörfchen
Erlwein-Restaurant**
◂ Theaterplatz 3 (B 2), ✉ 01067, ☎ (03 51)
49 81 60, Fax 4 98 16 88, AX DC ED VA
Hauptgericht 40; Terrasse; nur abends
Biersaal mit Kurfürstenzimmer
Hauptgericht 22; Terrasse

** Fischgalerie
Maxstr 2 (B 2), ✉ 01067, ☎ (03 51)
4 90 35 06, Fax 4 90 35 08, AX DC ED VA
Hauptgericht 30; Terrasse; geschl: Mo, Sa
mittags, So + feiertags, 22.12.-5.1.

** Opernrestaurant
◂ Theaterplatz 2 (B 2), ✉ 01067, ☎ (03 51)
4 91 15 21, Fax 4 95 60 97, AX DC ED VA
Hauptgericht 25; 🅿 Terrasse; nur abends,
So auch mittags; geschl: Mo

Markthalle
Weißeritzstr, Ecke Jahnstr (A 2), ✉ 01067,
☎ (03 51) 4 95 51 67, Fax 4 98 16 44,
AX DC ED VA
Hauptgericht 25; geschl: So

**☕ Vis-a-Vis
im Hotel Dresden Hilton**
◂ An der Frauenkirche 5 (B 3), ✉ 01067,
☎ (03 51) 8 64 28 35, Fax 8 64 27 25,
AX DC ED VA
Hauptgericht 15; Terrasse

Zentrum - Neustadt

***** Bülow Residenz
Relais & Châteaux** ♛
♂ Rähnitzgasse 19 (B 2), ✉ 01097, ☎ (03 51)
8 00 30, Fax 8 00 31 00, AX DC ED VA
25 Zi, Ez: 220-315, Dz: 330-420, 5 Suiten, ⌐
WC ☎ DFÜ, 6🖃; Lift 🅿 1⟳18
geschl: Anfang Jan
***** Das Caroussel
L'Art de Vivre-Restaurant** 👨‍🍳
Hauptgericht 40; Terrasse; nur abends;
geschl: 2.1.-9.1.

*** Westin Bellevue
◂ Große-Meißner-Str 15 (B 2), ✉ 01097,
☎ (03 51) 8 05-0, Fax 80 51-6 09, AX DC ED VA
323 Zi, Ez: 230-360, Dz: 270-440, S;
16 Suiten, ⌐ WC ☎, 51🖃; Lift 🅿 9⟳510 ≋
Fitneßraum Sauna Solarium ☕
*** Canaletto
Hauptgericht 35; nur abends; geschl: So, Mo

*** Park Inn International
Königsbrückerstr 121a, ✉ 01099, ☎ (03 51)
80 63-0, Fax 8 06 32 00, AX DC ED VA
146 Zi, Ez: 140-180, Dz: 181-245, S; 2 Suiten,
⌐ WC ☎ DFÜ, 46🖃; Lift 🅿 6⟳400 Fitneßraum Sauna Solarium 🍴
Historischer Ballsaal von 1891, im Jugendstil

** Bayerischer Hof
Antonstr 35 (B 1), ✉ 01097, ☎ (03 51)
82 93 70, Fax 8 01 48 60, AX DC ED VA
45 Zi, Ez: 155-180, Dz: 200-220, 4 Suiten,
4 App, ⌐ WC ☎, 9🖃; Lift 🅿 🅿 2⟳60 🍴
geschl: 22.12.-5.1.
Auch Zimmer der Kategorie ******* vorhanden

Dresden

✶✶ Astron
Hansastr 43 (B 1), ✉ 01097, ☎ (03 51)
84 24-0, Fax 84 24-2 00, AX DC ED VA
269 Zi, Ez: 150-240, Dz: 180-260, S; ⊣ WC ☎
DFÜ, 65🖃; Lift 🅿 10🔄300 Fitneßraum
Sauna Solarium ⛔

✶✶ Holiday Inn
Stauffenbergallee 25 a (Außerhalb B 1),
✉ 01099, ☎ (03 51) 8151 0, Fax 8151 333,
AX DC ED VA
114 Zi, Ez: 180-220, Dz: 200-240, S; 4 Suiten,
2 App, ⊣ WC ☎ DFÜ, 33🖃; Lift 🅿 🚗
8🔄160 ⛱ Fitneßraum Sauna Solarium
18Golf ⛔

✶✶ Ramada
Melanchthonstr 2 (C 2), ✉ 01099, ☎ (03 51)
8 06 10, Fax 80 61-4 44, AX DC ED VA
126 Zi, Ez: 139-185, Dz: 158-213, S; 6 Suiten,
⊣ WC ☎, 66🖃; Lift 2🔄25; **garni**

✶✶ Verde
Top International Hotel
Buchenstr 10 (nördlich), ✉ 01097, ☎ (03 51)
8 11 10, Fax 8 11 13 33, AX DC ED VA
77 Zi, Ez: 180, Dz: 230, S; 8 Suiten, 1 App, ⊣
WC ☎, 40🖃; Lift 🅿 🚗 2🔄12 Sauna
Solarium ⛔

✶ Martha Hospiz
Veband Christlicher Hotels
Nieritzstr 11 (B 1), ✉ 01097, ☎ (03 51)
81 76-0, Fax 8 17 62 22, AX ED VA
50 Zi, Ez: 100-165, S; ⊣ WC ☎
DFÜ; Lift 🅿 🚗 1🔄30 18Golf ⛔
geschl: Ende Dez
Auch Zimmer der Kategorie **✶✶** vorhanden

✶ Tulip Inn
Golden Tulip Hotel
Fritz-Reuter-Str 21, ✉ 01097, ☎ (03 51)
8 09 50, Fax 8 09 55 55, AX DC ED VA
74 Zi, Ez: 140-195, Dz: 160-230, 4 Suiten, ⊣
WC ☎ DFÜ, 22🖃; Lift 🅿 1🔄25 Sauna ⛔
Auch Zimmer der Kategorie **✶✶** vorhanden

✶ Novalis
Bärnsdorfer Str 185, ✉ 01127, ☎ (03 51)
8 21 30, Fax 8 21 31 80, AX DC ED VA
86 Zi, Ez: 95-160, Dz: 130-195, S; ⊣ WC ☎
DFÜ, 15🖃; Lift 🅿 1🔄70 Sauna
Restaurant für Hausgäste

✶ Rothenburger Hof
Rothenburger Str 15-17 (C 1), ✉ 01099,
☎ (03 51) 8 12 60, Fax 8 12 62 22, AX DC ED VA
24 Zi, Ez: 105-175, Dz: 139-225, 2 Suiten,
13 App, ⊣ WC ☎, 8🖃; Lift 🅿 1🔄20 ⛔

✶✶ Am Glacis mit Bistro-Vinothek
Glacisstr 8, ✉ 01099, ☎ (03 51) 8 03 60 33,
Fax 8 03 60 34, AX DC ED VA
Hauptgericht 25; Gartenlokal 🅿; geschl:
So, feiertags

✶ Ars Vivendi
Bürgerstr 14, ✉ 01127, ☎ (03 51) 8 40 09 69,
Fax 8 40 09 69, AX DC ED VA
Hauptgericht 30; nur abends, feiertags
auch mittags

✶ König Albert
Königstr 26 (B 1-2), ✉ 01097, ☎ (03 51)
8 04 48 83, Fax 8 04 29 58, AX DC ED VA
Hauptgericht 35; Terrasse; geschl: Sa mittags, So

Altfranken
✶ Kim Hotel im Park
Otto-Harzer-Str 2, ✉ 01462, ☎ (03 51)
4 10 24 00, Fax 4102 480, AX DC ED VA
103 Zi, Ez: 67-88, Dz: 114-128, ⊣ WC, 38🖃;
🅿 ⛔

Blasewitz (3 km →)
✶✶ Am Blauen Wunder
Loschwitzer Str 48, ✉ 01309, ☎ (03 51)
3 36 60, Fax 3 36 62 99, AX ED VA
38 Zi, Ez: 140-168, Dz: 160-210, ⊣ WC ☎,
10🖃; Lift 🚗 1🔄42

✶✶ Il Desco
Hauptgericht 35; 🅿 Terrasse; geschl: So,
Mo mittags, 2.8.-23.8., 23.12.-29.12.

✶ Villa Marie
⊰ Fährgäßchen 1, ✉ 01309, ☎ (03 51)
3 11 11 86, Fax 3 15 44 14, AX ED
Hauptgericht 25; Biergarten
italienische Küche

⛔ Toscana
⊰ Schillerplatz 7, ✉ 01309, ☎ (03 51)
3 07 44

Briesnitz (4 km ↘)
✶✶✶✶ Romantik Hotel Pattis
♧ Merbitzer Str 53/Am Zschonergrund,
✉ 01157, ☎ (03 51) 42 55-0, Fax 4 25 52 55,
AX DC ED VA
47 Zi, Ez: 190-230, Dz: 240-320, 4 Suiten,
4 App, ⊣ WC ☎; Lift 🅿 🚗 2🔄40 Fitneßraum Sauna Solarium ⛔
Historisches Mühlenanwesen im Park

✶✶✶✶ Gourmet Restaurant
Hauptgericht 48; geschl: So

✶✶✶ Erholung
Hauptgericht 31

✶ Zum Nußbaum
Wirtschaftsweg 13, ✉ 01157, ☎ (03 51)
4 27 36 90, Fax 4 21 03 54, AX ED VA
13 Zi, Ez: 90-98, Dz: 120-130, 2 App, ⊣ WC
☎; 🅿 🚗 ⛔

Cotta (3 km ←)
✶✶ Cotta
Mobschatzer Str 17, ✉ 01157, ☎ (03 51)
4 28 60, Fax 4 28 63 33, AX DC ED VA
6 Zi, Ez: 170, S; 38 Suiten, ⊣ WC ☎, 22🖃;
Lift 🚗 3🔄50 ⛔

✶✶ Mercure Elbpromenade
Hamburger Str 64-68, ✉ 01157, ☎ (03 51)
4 25 20, Fax 42 52-4 20, AX DC ED VA
103 Zi, Ez: 120-175, Dz: 145-235, S; 13 App,
⊣ WC ☎ DFÜ, 30🖃; Lift 🅿 🚗 4🔄80 Fitneßraum Sauna Solarium ⛔
Auch Zimmer der Kategorie **✶✶✶** vorhanden

→

Dresden

★★ Ringhotel Residenz Alt Dresden
Mobschatzer Str 29, ✉ 01157, ☎ (03 51) 4 28 10, Fax 4 28 19 88, AX DC ED VA
124 Zi, Ez: 168-178, Dz: 178-198, S; 1 Suite, 90 App, ⌐ WC ☎ DFÜ, 62🖂; Lift P 🖾 8↔160 Fitneßraum Sauna Solarium ¶◉¶
Auch Langzeitvermietung

Friedrichstadt (2,5 km ←)
★★ Artis Suite Hotel
Berliner Str 25, ✉ 01067, ☎ (03 51) 8 64 50, Fax 8 64 59 99, AX ED VA
S; 92 Suiten, ⌐ WC ☎; Lift 🖾 ¶◉¶ 🚊
Auch Langzeitvermietung möglich. Appartements der Kategorie ★★★ vorhanden

★ Wenotel
Schlachthofring 24, ✉ 01067, ☎ (03 51) 4 97 60, Fax 4 97 61 00, AX DC ED VA
82 Zi, Ez: 114, Dz: 140, ⌐ WC ☎, 21🖂; Lift P 1↔30; garni

★ Fischhaus Alberthafen
Magdeburger Str 58, ✉ 01067, ☎ (03 51) 4 98 21 10, Fax 4 98 21 09, AX DC ED VA
Hauptgericht 29; P Terrasse;
Denkmalgeschütztes Hafengebäude

Gompitz
★★ Kim
Gompitzer Höhe 2, im Gewerbegebiet, ✉ 01462, ☎ (03 51) 41 02-0, Fax 41 02-1 60, AX DC ED VA
98 Zi, Ez: 90-100, Dz: 130-160, ⌐ WC ☎, 50🖂; Lift P 🖾 3↔200 Fitneßraum Sauna Solarium ¶◉¶

Gruna (3 km →)
★★ Smetana
Schlüterstr 25, ✉ 01277, ☎ (03 51) 25 60 80, Fax 2 56 08 88, AX ED VA
30 Zi, Ez: 125-155, Dz: 140-195, 4 Suiten, ⌐ WC ☎, 9🖂; Lift P Sauna Solarium ¶◉¶
Auch Zimmer der Kategorie ★ vorhanden

Hellerau (10 km ↑)
★ Garden Cottage Dresden-Nord
Hellerstr 59-61, ✉ 01109, ☎ (03 51) 8 92 20, Fax 8 92 21 00, AX DC ED VA
73 Zi, Ez: 95-135, Dz: 125-165, ⌐ WC ☎, 36🖂; P ¶◉¶ 🚊

Klotzsche (8 km ↑)
★★ Best Western Airport
Karl-Marx-Str 25, ✉ 01109, ☎ (03 51) 8 83 30, Fax 8 83 33 33, AX DC ED VA
93 Zi, Ez: 199-250, Dz: 260-310, S; 7 Suiten, 3 App, ⌐ WC ☎ DFÜ, 31🖂; Lift P 🖾 4↔80 Fitneßraum Sauna Solarium ¶◉¶
Auch Zimmer der Kategorie ★ vorhanden

Laubegast (8 km ↘)
★★ Prinz Eugen
♂ Gustav-Hartmann-Str 4, ✉ 01279, ☎ (03 51) 25 59 00, Fax 2 55 90 55, AX DC ED VA
47 Zi, Ez: 120-150, Dz: 120-160, ⌐ WC ☎ DFÜ, 4🖂; Lift P 7↔40; garni

★ Treff Resident Hotel
Brünner Str 11, ✉ 01279, ☎ (03 51) 2 56 20, Fax 2 56 28 00, AX DC ED VA
125 Zi, Ez: 116-146, Dz: 162-192, S; 4 Suiten, ⌐ WC ☎, 20🖂; Lift P 🖾 4↔70 Solarium ¶◉¶
Langzeitvermietung möglich

Leubnitz (5 km ↘)
★ Klosterhof
Altleubnitz 12, ✉ 01219, ☎ (03 51) 47 70-0, Fax 47 70-2 66
26 Zi, Ez: 128-190, Dz: 186-226, ⌐ WC ☎, 5🖂; Lift P Sauna
Auch Zimmer der Kategorie ★★ vorhanden

Leubnitz-Neuostra (5 km ↘)
★★ Treff Hotel
Wilhelm-Franke-Str 90, ✉ 01219, ☎ (03 51) 4 78 20, Fax 4 78 25 50, AX DC ED VA
262 Zi, Ez: 165-209, Dz: 230-273, S; ⌐ WC ☎ DFÜ, 73🖂; Lift P 🖾 13↔700 Fitneßraum Sauna Solarium ¶◉¶

Loschwitz (5 km ↗)
★★ Schloß Eckberg mit Kavaliershaus City Line & Country Line Hotels
♣ ◁ ⊗ Bautzner Str 134, ✉ 01099, ☎ (03 51) 8 09 90, Fax 8 09 91 99, AX DC ED VA
81 Zi, Ez: 150-290, Dz: 230-430, 3 Suiten, ⌐ WC ☎ DFÜ, 15🖂; Lift P 6↔80 Fitneßraum Sauna Solarium 18Golf 🚊
Im neugotischen Schloß Zimmer der Kategorien ★★★ und ★★★★. Im Kavaliershaus auch Maisonetten der Kategorie ★★★ vorhanden. Parklandschaft mit Elbterrassen
★★★ ◁ ⊗ Hauptgericht 29; Terrasse ✤

Mickten (3 km ↘)
★★ Windsor
♂ Roßmäßlerstr 13, ✉ 01139, ☎ (03 51) 8 49 01 41, Fax 8 49 01 44, AX DC ED VA
25 Zi, Ez: 160-210, Dz: 215-250, ⌐ WC ☎; Lift P 1↔40 ¶◉¶

Naußlitz (3 km ↙)
★ Am Südwesthang
◁ Südwesthang 8, ✉ 01187, ☎ (03 51) 4 12 69 50, Fax 4 16 26 69
12 Zi, Ez: 80-110, Dz: 110-130, 1 Suite, ⌐ WC ☎, 6🖂; P 🖾; garni

Niedersedlitz (10 km ↘)
★ Ambiente ♕
♂ Meusegaster Str 23, ✉ 01259, ☎ (03 51) 20 78 80, Fax 2 07 88 36, ED VA
20 Zi, Ez: 128-190, Dz: 148-265, ⌐ WC ☎ DFÜ; Lift P
Restaurant für Hausgäste

Plauen
★★ Transmar Leonardo Golden Tulip Hotel
Bamberger Str 12/14, ✉ 01187, ☎ (03 51) 46 60-0, Fax 46 60-1 00, AX DC ED VA
94 Zi, Ez: 130-170, Dz: 150-195, ⌐ WC ☎ DFÜ, 56🖂; Lift 4↔44 Fitneßraum Sauna Solarium ¶◉¶

Reick (4 km ↘)
** Coventry
Top International Hotel
Hülßestr 1, ✉ 01237, ☎ (03 51) 2 82 60,
Fax 2 81 63 10, AX DC ED VA
49 Zi, Ez: 109-210, Dz: 150-210, S; 1 Suite, ⌐¬
WC ☎ DFÜ, 15✉; Lift 🅿 🚗 4⟲80 🍴

Seidnitz (5 km ↘)
** An der Rennbahn
Minotel
Winterbergstr 96, ✉ 01237, ☎ (03 51)
21 25 00, Fax 2 12 50 50, AX ED VA
22 Zi, Ez: 130-160, Dz: 160-210, ⌐¬ WC ☎; 🅿
2⟲100 🍴

Striesen (3 km →)
** Residence Apart Hotel
Artushof
Fetscherstr 30, ✉ 01307, ☎ (03 51) 44 59 10,
Fax 445 91 129, AX DC ED VA
24 Zi, Ez: 90-130, Dz: 140, 9 Suiten, 15 App,
⌐¬ WC ☎ DFÜ; Lift; **garni**
Rezeption: Sa, so + feiertags 8-11
Langzeitvermietung möglich. Zimmerpreise exkl. Frühstück

Tolkewitz (5,5 km ↘)
* Alttolkewitzer Hof
Alttolkewitz 7, ✉ 01279, ☎ (03 51)
2 51 04 31, Fax 2 52 65 04, ⌐¬ WC ☎
DFÜ, 10✉; 🅿 1⟲40 18Golf 🍴

Weißer Hirsch (5 km ↗)
** Villa Emma
Prima Hotel
♦ Stechgrundstr 2, ✉ 01324, ☎ (03 51)
26 48 10, Fax 2 64 81 18, AX DC ED VA
21 Zi, Ez: 155-240, Dz: 255-360, S; ⌐¬ WC ☎,
1✉; 🅿 Sauna
geschl: 23.12.-3.1.
** Hauptgericht 31; Terrasse;
nur abends, feiertags auch mittags; geschl:
Sa + So mittags, Ende Dez

* Pension Arcade
Bautzner Landstr 58, ✉ 01324, ☎ (03 51)
26 99 50, Fax 2 69 95 31
12 Zi, Ez: 90-130, Dz: 150-170, 2 App, ⌐¬ WC
☎ DFÜ; 🚗 Solarium; **garni**

siehe auch **Pesterwitz**

siehe auch **Weixdorf**

Driburg, Bad 35 ↑

Nordrhein-Westfalen — Kreis Höxter —
220 m — 18 000 Ew — Paderborn 20, Detmold 28, Höxter 31 km
ℹ ☎ (0 52 53) 8 81 80, Fax 94 05 75 — Bad
Driburger Touristik GmbH, Lange Str 140,
33014 Bad Driburg; Moor- und Mineralheilbad am Eggegebirge. Sehenswert: Völkerkundliches Museum; Glasmuseum; Ruine
Iburg ⚑ (5 km ↙); Burg im Stadtteil Dringenberg (9 km ↘); ehem. Stiftskirche im
Ortsteil Neuenheerse (11 km ↓); Weberhaus im Stadtteil Alhausen (5 km

*** Gräfliches Parkhotel
City Line & Country Line
Hotels
♦ Im Kurpark, ✉ 33014, ☎ (0 52 53) 95 20,
Fax 95 22 04, AX DC ED VA
184 Zi, Ez: 68-163, Dz: 136-236, 1 Suite, ⌐¬
WC ☎; Lift 🅿 🚗 8⟲350 ⌂ Fitneßraum
Kegeln Sauna Solarium 18Golf 8Tennis 🍺
** Hauptgericht 35; Terrasse

** Schwallenhof
Landidyll
♦ Brunnenstr 34, ✉ 33014, ☎ (0 52 53)
98 13 00, Fax 98 13 88, AX DC ED VA
41 Zi, Ez: 77-87, Dz: 140-170, 5 App, ⌐¬ WC
☎; Lift 🅿 🚗 3⟲70 ⌂ Sauna Solarium
18Golf
Auch Zimmer der Kategorie * vorhanden
* Hauptgericht 24; Terrasse

* Neuhaus
♦ ⚑ Steinbergstieg 18-20, ✉ 33014,
☎ (0 52 53) 40 80, Fax 40 86 16, AX DC ED
66 Zi, Ez: 99-105, Dz: 160-170, 6 App, ⌐¬ WC
☎, 6✉; Lift 🅿 🚗 7⟲105 ⌂ Sauna Solarium
geschl: Juli/Aug
* ⚑ Hauptgericht 34

* Am Rosenberg
♦ ⚑ Hinter dem Rosenberge 22, ✉ 33014,
☎ (0 52 53) 97 97-0, Fax 97 97-97, DC ED VA
22 Zi, Ez: 65-80, Dz: 130-150, 1 Suite, 1 App,
⌐¬ WC ☎, 4✉; 🅿 🚗 1⟲25 ≋ Sauna
Solarium 18Golf 🍴 🍺

🍺 Heyse
Lange Str 123, ✉ 33014, ☎ (0 52 53)
94 00 50, Fax 94 00 52
Hauptgericht 20; 🅿
Im Springbrunnen des Caféraumes stündl.
Vorführung von Wasserspielen. Spezialität:
Bad Driburger Moortorte

🍺 Stadtcafé Gruß
Lange Str 78, ✉ 33014, ☎ (0 52 53) 23 28
Spezialität: Bad Driburger Moor

Drolshagen 43 ↗

Nordrhein-Westfalen — Kreis Olpe —
353 m — 12 500 Ew — Olpe 8, Bergneustadt
12 km
ℹ ☎ (0 27 61) 97 01 81, Fax 97 02 01 — Amt
für Stadtwerbung, Klosterhof 2,
57489 Drolshagen. Sehenswert: Kath. St.-
Clemens-Kirche; Altes Kloster; Biggesee
und Listersee (7 km ↗)

* Zur Brücke
Hagener Str 12, ✉ 57489, ☎ (0 27 61) 75 48,
Fax 75 40, DC ED VA
Hauptgericht 25; Kegeln 🅿 Terrasse;
geschl: Di, 3 Wochen in den Sommerferien
* 12 Zi, Ez: 70-75, Dz: 130-140, ⌐¬
WC ☎; 🚗
Rezeption: 9-14, 17-22; geschl: Di,
3 Wochen Sommerferien

Ducherow 22 ↖

Mecklenburg-Vorpommern — Kreis Anklam — 7 m — 2 600 Ew — Anklam 10, Ueckermünde 18 km
🛈 ☎ (03 97 26) 4 36 — Gemeindeverwaltung, Hauptstr 50, 17398 Ducherow

Auerose (4 km ↖)
* Pension Auerose
♂ Dorfstr 3 a, ⌧ 17398, ☎ (03 97 26) 2 03 13 + 2 03 14, Fax 2 03 65, AX ED VA
16 Zi, Ez: 79-89, Dz: 99-119, ⊒ WC ☎; P 🚗
Restaurant für Hausgäste

Ducherow-Außerhalb (1 km ↓)
** Domitel
Pommernstr 1, ⌧ 17398, ☎ (03 97 26) 5 00, Fax 5 02 33, AX ED VA
50 Zi, Ez: 88, Dz: 118, ⊒ WC ☎, 25⌧; 2⟲30 Sauna 🍴

Dudeldorf 52 ↑

Rheinland-Pfalz — Kreis Bitburg-Prüm — 290 m — 1 205 Ew — Bitburg 11, Wittlich 25 km
🛈 ☎ (0 65 61) 94 34-0, Fax 94 34-20 — Tourist Information Bitburger Land, Im Graben 2, 54634 Bitburg; Ort in der Südeifel

* Romantik Hotel 👑
**   Zum Alten Brauhaus**
♂ Herrengasse 2, ⌧ 54647, ☎ (0 65 65) 20 57, Fax 21 25, AX DC ED VA
15 Zi, Ez: 120-160, Dz: 160-220, ⊒ WC ☎; P
Solarium 18Golf
Rezeption: 8-12 + 18-20; geschl: Mi, 3.1.-4.2.
** Hauptgericht 30; Gartenlokal ✤
Terrasse; geschl: Mi, 3.1.-4.2.

Duderstadt 36 →

Niedersachsen — Kreis Göttingen — 181 m — 24 000 Ew — Göttingen 29, Osterode 33, Heiligenstadt 33 km
🛈 ☎ (0 55 27) 84 12 00, Fax 84 12 01 — Gästeinformation der Stadt Duderstadt, im Rathaus, Marktstr 66, 37115 Duderstadt; Fachwerkstadt im Eichsfeld. Sehenswert: Geschlossenes mittelalterliches Stadtbild; hist. Rathaus; gotische Kirchen; Westerturm, vollständig erhaltener Ringwall, Stadtmauer

*** Zum Löwen
♂ Marktstr 30, ⌧ 37115, ☎ (0 55 27) 30 72, Fax 7 26 30, AX DC ED VA
41 Zi, Ez: 175, Dz: 240-280, 1 Suite, ⊒ WC ☎, 2⌧; Lift P 🚗 2⟲80 ≌ Sauna Solarium 🚬
** Hauptgericht 25; Terrasse ✤

Brochthausen (13 km →)
* Zur Erholung
Brochthauser Str 65, ⌧ 37115, ☎ (0 55 29) 9 62 00, Fax 3 83, ED
25 Zi, Ez: 80, Dz: 110, ⊒ WC ☎, 10⌧; 4⟲180 🍴 🚬

Fuhrbach (6 km ↑)
** Zum Kronprinzen
Fuhrbacher Str 31, ⌧ 37115, ☎ (0 55 27) 91 00, Fax 91 02 50, AX DC VA
49 Zi, Ez: 105-135, Dz: 135-175, 1 Suite, ⊒ WC ☎, 5⌧; Lift P 4⟲100 Fitneßraum Kegeln Sauna Solarium 18Golf 🍴

Düben, Bad 39 □

Sachsen — Delitzsch — 92 m — 9 000 Ew — Bitterfeld 15, Halle 30, Leipzig 30 km
🛈 ☎ (03 42 43) 5 28 86, Fax 5 28 86 — Stadtinformation, Paradeplatz 19, 04849 Bad Düben; Heilbad. Sehenswert: 1000jährige Burg

** Gasthof Kühne
Hüfnermark 10, ⌧ 04849, ☎ (03 42 43) 2 30 21, Fax 2 53 77, AX DC ED VA
19 Zi, Ez: 69-79, Dz: 109-119, ⊒ WC ☎; P 2⟲50 🍴 🚬

** National
Ritterstr 16, ⌧ 04849, ☎ (03 42 43) 2 50 60, Fax 2 36 88, DC ED VA
34 Zi, Ez: 98-138, Dz: 138, ⊒ WC ☎, 5⌧; Lift P 4⟲60 Fitneßraum Kegeln Sauna Solarium 🍴

Wellaune
* Griep's Heidehotel
♂ an der B 2, ⌧ 04849, ☎ (03 42 43) 2 50 77, Fax 2 48 66
26 Zi, Ez: 70-80, Dz: 100-120, ⊒ WC ☎; P 🍴

Dülmen 33 ↑

Nordrhein-Westfalen — Kreis Coesfeld — 67 m — 45 000 Ew — Haltern 12, Coesfeld 15, Lüdinghausen 15 km
🛈 ☎ (0 25 94) 1 22 92, Fax 12-5 92 — Verkehrsbüro/Touristik, Markt 1-3, 48249 Dülmen. Sehenswert: Hl.-Kreuz-Kirche; Lüdinghauser Tor; Wildpark; Merfelder Bruch: Wildpferdgehege (12 km ←)

** Merfelder Hof
Borkener Str 60, ⌧ 48249, ☎ (0 25 94) 97 00, Fax 9 70-1 00, AX DC ED VA
55 Zi, Ez: 90-110, Dz: 120-170, ⊒ WC ☎, 2⌧; Lift P 🚗 3⟲40 ≈ Fitneßraum Sauna Solarium 🚬
* Hauptgericht 17

* Zum Wildpferd
Münsterstr 52, ⌧ 48249, ☎ (0 25 94) 97 10, Fax 8 96 30 46, AX DC ED VA
32 Zi, Ez: 89-135, Dz: 125-245, ⊒ WC ☎; Lift 2⟲100 ≌ Sauna Solarium
geschl: 20.12.-4.1.

Hausdülmen
* Große Teichsmühle
Borkenbergestr 78, ⌧ 48249, ☎ (0 25 94) 94 35-0, Fax 94 35 37, AX DC ED VA
15 Zi, Ez: 75-95, Dz: 125-150, ⊒ WC ☎; P 2⟲70 Kegeln 🍴 🚬

Dürkheim, Bad

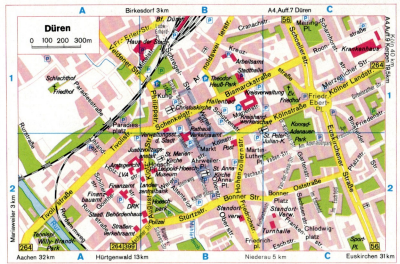

Dümmer 19 ↗

Mecklenburg-Vorpommern — Kreis Ludwigslust
🛈 Gemeindeverwaltung — 19073 Dümmer

✱ Vogelgarten
einzeln, Welziner Str 1, ✉ 19073, ☎ (0 38 69) 2 22, Fax 2 22, AX ED
32 Zi, Ez: 85-125, Dz: 130-150, ⌐ WC ☎, 16🍴, P 2⇌100 Seezugang Fitneßraum Sauna Solarium 🍽 🛥
geschl: 2.-31.1.

Düren 42 ↑

Nordrhein-Westfalen — Kreis Düren — 126 m — 90 000 Ew — Aachen 32, Köln 37 km

🛈 ☎ (0 24 21) 2 50, Fax 25 22 90 — Stadtverwaltung, Kaiserplatz 2 (B 2), 52349 Düren; Stadt an der Rur, am Nordrand der Eifel. Sehenswert: Kath. St.-Anna-Kirche; ev. Christuskirche; Schloß Burgau; Leopold-Hoesch-Museum: Gemälde; Papiermuseum; Haus der Stadt

✱✱✱ Hefter's 🍴
Kreuzstr 82 (C 1), ✉ 52351, ☎ (0 24 21) 1 45 85, Fax 1 45 85
Hauptgericht 48; Terrasse; geschl: Mo, Di, so + feiertags mittags, 2 Wochen Jan-Feb, 2 Wochen in den Sommerferien

Rölsdorf (2 km ↙)
✱ Jägerhof
Monschauer Str 217, ✉ 52355, ☎ (0 24 21) 9 67 10, Fax 96 71 71, AX DC ED VA
33 Zi, Ez: 90-110, Dz: 120-150, ⌐ WC ☎; P; garni

Dürkheim, Bad 54 ↙

Rheinland-Pfalz — Kreis Bad Dürkheim — 132 m — 19 000 Ew — Grünstadt 11, Neustadt a. d. Weinstraße 14, Mannheim 24 km
🛈 ☎ (0 63 22) 93 51 56, Fax 93 51 59 — Verkehrsamt, Mannheimer Str 24, 67098 Bad Dürkheim; Mineral-Heilbad am Rande des Pfälzer Waldes zur Oberrheinebene; Spielbank. Sehenswert: Ev. Stadtkirche; ev. Kirche im Stadtteil Seebach; Pfalzmuseum für Naturkunde; Klosterruine Limburg ⭐
(3 km ←); Ruine Hardenburg (4 km ←)

✱✱ Dorint Hotel
Kurbrunnenstr 30, ✉ 67098, ☎ (0 63 22) 60 10, Fax 60 16 03, AX DC ED VA
98 Zi, Ez: 195-225, Dz: 255-285, S; 2 Suiten, ⌐ WC ☎, 13🍴; Lift P 13⇌1200 ≋ 🛌
Kegeln Sauna Solarium 8Golf 🛥
Direkter Zugang zum Freizeitbad „Salinarium"

✱✱ Salinen- und Parkrestaurant
Hauptgericht 20; Terrasse

✱✱ Kurparkhotel
⭐ Schloßplatz 1, ✉ 67098, ☎ (0 63 22) 79 70, Fax 79 71 58, AX DC ED VA
113 Zi, Ez: 185, Dz: 245, ⌐ WC ☎, 24🍴; Lift P 🚆 11⇌250 🛌 Bowling Kegeln Sauna Solarium 🛥
Direkter Zugang zur Spielbank und zum Wellnesszentrum „Vitalis"

✱✱ Graf zu Leiningen
⭐ Hauptgericht 35; Bowling Gartenlokal Terrasse

✱✱ Weingarten
Triftweg 11 a, ✉ 67098, ☎ (0 63 22) 9 40 10, Fax 94 01 55, AX ED VA
18 Zi, Ez: 115, Dz: 145-160, 2 App, ⌐ WC ☎, 5🍴; P 2⇌20 Sauna; garni
Rezeption: 6-20; geschl: 1.1.-17.1. →

Dürkheim, Bad

** Boller's Parkhotel Leininger Hof
◂ Kurgartenstr 17, ✉ 67098, ☎ (0 63 22) 60 20, Fax 60 23 00, AX DC ED VA
85 Zi, Ez: 118-185, Dz: 175-265, 1 App, ⌐⌐ WC ☎; Lift 🅿 6✥120 ≘ Sauna Solarium 2Tennis 🍽

** Fronmühle
Salinenstr 15, ✉ 67098, ☎ (0 63 22) 9 40 90, Fax 94 09 40, AX DC ED VA
21 Zi, Ez: 95, Dz: 160, ⌐⌐; Lift 🅿 3✥25 ≘ Sauna Solarium 🟢
** Hauptgericht 35

* An den Salinen
Salinenstr 40, ✉ 67098, ☎ (0 63 22) 9 40 40, Fax 94 04 34, VA
13 Zi, Ez: 75-95, Dz: 125-150, ⌐⌐ WC ☎ DFÜ; 🅿; garni

Leistadt-Außerhalb (1 km ↓)
** Annaberg
einzeln ♂ ◂ Annabergstr 1, ✉ 67098, ☎ (0 63 22) 9 40 00, Fax 94 00 90, AX DC ED VA
15 Zi, Ez: 130-195, Dz: 190-230, 5 Suiten, ⌐⌐ WC ☎; 🅿 1✥90 🍽
Auch Zimmer der Kategorie ******* vorhanden. 200jähriges Weingut zu einem Hotel umgestaltet

Seebach (2 km ↙)
** Gartenhotel Heusser
♂ Seebacher Str 50, ✉ 67098, ☎ (0 63 22) 93 00, Fax 93 04 99, AX DC ED VA
76 Zi, Ez: 95-140, Dz: 140-210, 4 Suiten, ⌐⌐ WC ☎; Lift 🅿 🏠 12✥100 ≈ ≘ Sauna Solarium 🍽

* Landhaus Fluch
Seebacher Str 95, ✉ 67098, ☎ (0 63 22) 24 88, Fax 6 57 29
24 Zi, Ez: 80-90, Dz: 125-150, ⌐⌐ WC ☎; 🅿; garni
geschl: 20.12.-20.1.

Dürrenberg, Bad 38 ↘

Sachsen-Anhalt — Kreis Merseburg-Querfurt — 105 m — 12 500 Ew — Merseburg 11, Halle 23, Leipzig 28 km
ℹ ☎ (0 34 62) 8 02 58, Fax 8 02 58 — Fremdenverkehrsamt, Kurhausstr 6, 06231 Bad Dürrenberg. Sehenswert: Gradierwerk; Borlachturm

* Parkhotel Buchta
Leipziger Str 12, ✉ 06231, ☎ (0 34 62) 9 80, Fax 9 82 50, AX DC ED VA
40 Zi, Ez: 90-129, Dz: 130-165, 1 Suite, ⌐⌐ WC ☎; Lift 🏠 2✥80 🍽 🟢

Dürrheim, Bad 68 □

Baden-Württemberg — Schwarzwald-Baar-Kreis — 780 m — 11 913 Ew — Schwenningen 5, Villingen 8, Donaueschingen 9 km
ℹ ☎ (0 77 26) 66 62 95, Fax 66 63 01 — Kur- und Bäder GmbH, Luisenstr 4, 78073 Bad Dürrheim; Soleheilbad und Heilklimatischer Kurort

* Kurpension Brigitte
♂ Von-Langsdorff-Weg 7, ✉ 78073, ☎ (0 77 26) 76 00
12 Zi, Ez: 60-80, Dz: 100-160, ⌐⌐ WC ☎; garni

Dürrwangen 63 ↘

Bayern — Kreis Ansbach — 450 m — 2 600 Ew — Dinkelsbühl 5, Feuchtwangen 8 km
ℹ ☎ (0 98 56) 97 20-0, Fax 97 20-20 — Gemeindeverwaltung, Sulzacher Str 14, 91602 Dürrwangen

* Gasthof Zum Hirschen
Hauptstr 13, ✉ 91602, ☎ (0 98 56) 2 60, Fax 18 01
32 Zi, Ez: 50-60, Dz: 90-100, ⌐⌐ WC ☎; 🍽
geschl: Mo, 2.-20.8.

Düsseldorf 32 ↘

Nordrhein-Westfalen — Stadtkreis — 38 m — 580 000 Ew — Krefeld 30, Leverkusen 32, Wuppertal 35 km
ℹ ☎ (02 11) 17 20 20, Fax 16 10 71 — Verkehrsverein, Immermannstr 65 b (DE 5), 40210 Düsseldorf; Landes- und Regierungsbezirkshauptstadt am Rhein; Universität, Kunstakademie; Kunst- und Modestadt; internationaler Messe- und Kongreßplatz; Tonhalle; Opernhaus; Schauspielhaus; Kammerspiele; „Kom(m)ödchen"; Rheinhafen; Flughafen Lohausen (7 km ↑). Sehenswert: Kath. Lambertuskirche: Portal, Schatzkammer; kath. Andreaskirche; die Königsallee („Kö") mit dem WZ-Center auf der Westseite und dem Kö-Center auf der Ostseite; Kö-Galerie; Hofgarten mit Schloß Jägerhof; Altstadt: Schneider-Wibbel-Gasse (mit Kunstuhr: 11, 13, 15, 18 und 21 Uhr); Markt: Reiterdenkmal des „Jan Wellem"; Altes Rathaus; Hetjens-Museum - Deutsches Keramik-Museum; Löbbecke-Museum; Landesmuseum Volk und Wirtschaft; Kunstsammlung Nordrhein-Westfalen (Kunst des 20. Jh.); Kunstmuseum; Sammlung Dr. Schneider: Meißner Porzellan; Goethe-Museum; Heinrich-Heine-Institut; kath. Kirche in Kaiserswerth (10 km ↑); Schloß Benrath mit Park (10 km ↙)

Messen:
CARAVAN 26.9.-4.10.98
Kunststoff/Kautschuk 22.-29.10.98
Igedo 8.-10.11.98
MEDICA 18.-21.11.98
boot 16.-24.1.99
CPD-Collections 7.-9.2.99
GDS 11.-14.3.99
EUROCARGO 13.-15.4.99
interpack 6.-12.5.99
GIFA 9.-15.6.99
CPD 1.-3.8.99
GDS 9.-12.9.99
CARAVAN 25.9.-3.10.99

Cityplan siehe Seiten 306-307

Düsseldorf

***** Breidenbacher Hof
The Leading Hotels
of the World
Heinrich-Heine-Allee 36 (C 5), ✉ 40213,
☎ (02 11) 1 30 30, Fax 1 30 38 30, AX DC ED VA
122 Zi, Ez: 350-510, Dz: 480-660, 6 Suiten,
1 App, ⊒ WC ☎ DFÜ; Lift 6⇔250 Fitneßraum Sauna 18Golf
Auch einfachere Zimmer vorhanden

**** Grill Royal
Hauptgericht 40; geschl: Sa, So mittags

** Breidenbacher Eck
Hauptgericht 30

** Trader Vic's
Club-Atmosphäre
Polynesische Küche

**** Steigenberger Parkhotel
Corneliusplatz 1 (C 4), ✉ 40213, ☎ (02 11)
1 38 10, Fax 13 16 79, AX DC ED VA
123 Zi, Ez: 345-480, Dz: 470-620, S;
12 Suiten, ⊒ WC ☎, 36⌧; Lift 🅿 🚗 9⇔220
Sauna
Rezeption: 6.30-10.30, 12-15, 18.30-23

*** Menuett
Hauptgericht 43; Terrasse

*** Nikko
Immermannstr 41 (D 5), ✉ 40210, ☎ (02 11)
83 40, Fax 16 12 16, AX DC ED VA
283 Zi, Ez: 222-650, Dz: 222-650, 17 Suiten,
1 App, ⊒ WC ☎ DFÜ, 72⌧; Lift 🚗 4⇔500
☂ Fitneßraum Sauna Solarium

* Benkay
Hauptgericht 30

*** Queens Hotel
Ludwig-Erhard-Allee 3 (E 6), ✉ 40227,
☎ (02 11) 7 77 10, Fax 7 77 17 77, AX DC ED VA
115 Zi, Ez: 310-560, Dz: 390-640, S; 5 Suiten,
⊒ WC ☎ DFÜ, 43⌧; Lift 🅿 🚗 5⇔120 Sauna
Solarium 🍴
geschl: 23.12.-3.1.

*** Holiday Inn
Düsseldorf City Center
Königsallee
Graf-Adolf-Platz 10 (C 6), ✉ 40213,
☎ (02 11) 3 84 80, Fax 3 84 83 90, AX DC ED VA
177 Zi, Ez: 325-625, Dz: 385-715, S; ⊒ WC ☎
DFÜ, 36⌧; Lift 🚗 6⇔80 ☂ Sauna Solarium
🍴

** Best Western
Majestic
Cantadorstr 4 (D 4), ✉ 40211, ☎ (02 11)
36 70 30, Fax 3 67 03 99, AX DC ED VA
52 Zi, Ez: 158-360, Dz: 198-460, 6 App, ⊒
WC ☎ DFÜ; Lift 1⇔30 Fitneßraum Sauna
🍴
geschl: 23.12.-4.1.99

** Astron
Kölner Str 186-188 (F 6), ✉ 40227, ☎ (02 11)
7 81 10, Fax 7 81 18 00, AX DC ED VA
338 Zi, Ez: 145-518, Dz: 168-541, S; 18 App,
⊒ WC ☎ DFÜ, 76⌧; Lift 17⇔130 Fitneßraum Sauna Solarium 🍴
Auch Zimmer der Kategorie ******* vorhanden

** Windsor
Grafenberger Allee 36 (E 4), ✉ 40237,
☎ (02 11) 91 46 80, Fax 9 14 68 40,
AX DC ED VA
19 Zi, Ez: 180-295, Dz: 250-415, 1 Suite, ⊒
WC ☎; 🚗 Sauna Solarium; **garni**

** Madison I
Graf-Adolf-Str 94 (D 6), ✉ 40210, ☎ (02 11)
1 68 50, Fax 1 68 53 28, AX DC ED VA
95 Zi, Ez: 180-222, Dz: 220-257, S; 5 Suiten,
⊒ WC ☎, 21⌧; Lift 3⇔100 ☂ Fitneßraum Sauna Solarium

** Madison II
♂ Graf-Adolf-Str 47 (D 6), ✉ 40210,
☎ (02 11) 13 88 30, Fax 3 88 03 88,
AX DC ED VA
16 Zi, Ez: 165-210, Dz: 215-250, S; 8 Suiten,
⊒ WC ☎, 2⌧; Lift 🚗; **garni**
geschl: Ende Dez
Gäste können Sportclub und Schwimmbad
im Madison I kostenlos nutzen.

** Lessing
♂ Volksgartenstr 6, ✉ 40227, ☎ (02 11)
9 77 00, Fax 9 77 01 00, AX DC ED VA
30 Zi, Ez: 130-250, Dz: 160-310, 1 Suite, ⊒
WC ☎, 5⌧; Lift 🅿 🚗 1⇔20 Sauna
Solarium; **garni**

** Best Western
Eden
Adersstr 29 (C 6), ✉ 40215, ☎ (02 11)
3 89 70, Fax 3 89 77 77, AX DC ED VA
114 Zi, Ez: 205-420, Dz: 255-470, S; 6 Suiten,
⊒ WC ☎ DFÜ, 30⌧; Lift 🅿 2⇔100 🍴

** An der „Kö"
Talstr 9 (C 6), ✉ 40217, ☎ (02 11) 37 10 48,
Fax 37 08 35, AX DC ED VA
45 Zi, Ez: 120-320, Dz: 180-400, ⊒ WC ☎;
Lift 🅿; **garni**

** Kastens Hotel
Jürgensplatz 52 (B 6), ✉ 40219, ☎ (02 11)
3 02 50, Fax 3 02 51 10, AX DC ED VA
38 Zi, Ez: 90-280, Dz: 160-280, 3 Suiten, ⊒
WC ☎, 10⌧; Lift 1⇔25; **garni**
Einrichtung im Designer-Stil

** Carat Hotel
Benrather Str 7 a (C 5), ✉ 40213, ☎ (02 11)
1 30 50, Fax 32 22 14, AX DC ED VA
72 Zi, Ez: 160-350, Dz: 210-410, S; 1 Suite, ⊒
WC ☎, 15⌧; Lift 🚗 1⇔25 Sauna Solarium;
garni

** Dorint Hotel
Stresemannplatz 1 (D 6), ✉ 40210,
☎ (02 11) 3 55 40, Fax 35 41 20, AX DC ED VA
143 Zi, Ez: 224-474, Dz: 298-498, S; 9 Suiten,
10 App, ⊒ WC ☎ DFÜ, 56⌧; Lift 🚗 4⇔90

** Le Bistro
Hauptgericht 40

** Terminus
Am Wehrhahn 81 (E 4), ✉ 40211, ☎ (02 11)
35 05 91/94, Fax 35 83 50, AX ED VA
45 Zi, Ez: 170-340, Dz: 220-480, ⊒ WC ☎;
Lift ☂ Fitneßraum Sauna Solarium; **garni**

→

Düsseldorf

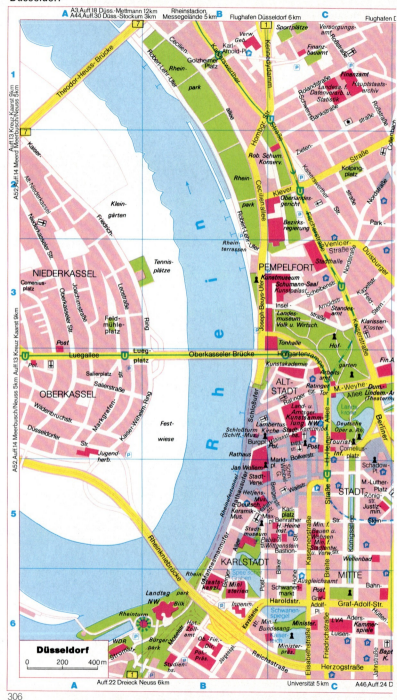

Düsseldorf

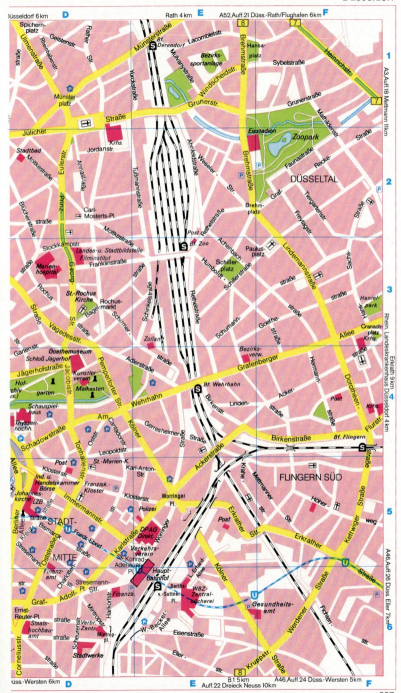

Düsseldorf

★★ Victoria
Jahnstr 33 a (C 6), ✉ 40215, ☎ (02 11)
37 80 40, Fax 37 80 52, AX DC ED VA
74 Zi, Ez: 135-295, Dz: 185-395, ⊒ WC ☎;
Lift 5✪250 Sauna Solarium; **garni**
geschl: 18.12.-3.1.

★★ Bellevue
Luisenstr 98-100 (D 6), ✉ 40215, ☎ (02 11)
38 41 40, Fax 3 84 14 13, AX DC ED VA
48 Zi, Ez: 175-295, Dz: 235-395, 2 Suiten,
9 App, ⊒ WC ☎, 7✉; Lift ▣ 🚘 4✪80 Fitneßraum; **garni**

★★ Günnewig Hotel Esplanade
Fürstenplatz 17 (außerhalb D 6), ✉ 40215,
☎ (02 11) 3 86 85-0, Fax 37 40 32,
AX DC ED VA
81 Zi, Ez: 185-395, Dz: 238-548, S; ⊒ WC ☎
DFÜ, 14✉; Lift 🚘 2✪60 ≘ Sauna Solarium
ĭ○↑
Auch Zimmer der Kategorie ★ vorhanden

★★ Günnewig Hotel Uebachs
Leopoldstr 3 (D 4), ✉ 40211, ☎ (02 11)
17 37 10, Fax 35 80 64, AX DC ED VA
82 Zi, Ez: 179-350, Dz: 210-448, ⊒ WC ☎
DFÜ, 16✉; Lift 🚘 2✪30; **garni**
Auch Zimmer der Kategorie ★ vorhanden

★ Astoria
Jahnstr 72, ✉ 40215, ☎ (02 11) 38 51 30,
Fax 37 20 89, AX DC ED VA
25 Zi, Ez: 152-245, Dz: 195-390, 4 Suiten, ⊒
WC ☎ DFÜ, 8✉; Lift ▣ 🚘; **garni**
geschl: 18.12.-4.1.
Zimmer der Kategorie ★★ vorhanden

★ Akzent-Hotel Prinz Anton mit Gästehäusern
Karl-Anton-Str 11 (E 5), ✉ 40211, ☎ (02 11)
35 20 00, Fax 36 20 10, AX DC ED VA
24 Zi, Ez: 170-450, Dz: 220-450, 2 Suiten,
14 App, ⊒ WC ☎ DFÜ; Lift ▣ 🚘 1✪12;
garni

★ Orangerie am Spee'schen Palais
Bäckergasse 1 (B 5), ✉ 40213, ☎ (02 11)
86 68 00, Fax 8 66 80 99, AX DC ED VA
27 Zi, Ez: 195-245, Dz: 245-295, ⊒ WC ☎,
10✉; Lift 3✪30
Designer Einrichtung

★ Cornelius
Corneliusstr 82, ✉ 40215, ☎ (02 11)
38 65 60, Fax 38 20 50, AX DC ED VA
52 Zi, Ez: 120-210, Dz: 160-240, ⊒ WC ☎;
Lift ▣ 1✪30 Fitneßraum Sauna Solarium;
garni
geschl: 19.12.-4.1.

★ Stadt München
Pionierstr 6 (D 6), ✉ 40215, ☎ (02 11)
38 65 50, Fax 37 96 95, DC ED VA
42 Zi, Ez: 140-310, Dz: 180-410, 3 Suiten,
2 App, ⊒ WC ☎; Lift ; **garni**
geschl: 14.12.-2.3.
Zimmer der Kategorie ★★ verfügbar.

★ Börsenhotel
Kreuzstr 19a (D 5), ✉ 40210, ☎ (02 11)
17 37 00, Fax 36 53 38, AX DC ED VA
73 Zi, Ez: 110-340, Dz: 150-370, ⊒ WC ☎,
13✉; Lift 1✪80

★ Wieland
Wielandstr 8 (E 4), ✉ 40211, ☎ (02 11)
1 73 00-0, Fax 1 73 00-40, AX DC ED VA
24 Zi, Ez: 95-320, Dz: 120-350, ⊒ WC ☎
DFÜ; Lift 1✪30 ĭ○↑

★ City-Hotel
Bismarckstr 73 (D 5), ✉ 40210, ☎ (02 11)
36 50 23, Fax 36 53 43, AX DC ED VA
54 Zi, Ez: 148-300, Dz: 198-400, ⊒ WC ☎,
5✉; Lift; **garni**

★ Mondial
Graf-Adolf-Str 82 (D 6), ✉ 40210, ☎ (02 11)
1 73 99 20, Fax 16 26 78, AX DC ED VA
29 Zi, Ez: 110-450, Dz: 150-450, ⊒ WC ☎;
Lift; **garni**

★ Minerva
Cantadorstr 13 a (D 4), ✉ 40211, ☎ (02 11)
17 24 50, Fax 35 63 98, AX DC ED VA
16 Zi, Ez: 125-185, Dz: 165-275, ⊒ WC ☎;
Lift 🚘; **garni**

★★★ Victorian mit Bistro
Königstr 3 a (C 5), ✉ 40212, ☎ (02 11)
8 65 50 22, Fax 8 65 50 13, AX DC ED VA
Hauptgericht 62; geschl: so+feiertags

★★ Weinhaus Tante Anna
⊗ Andreasstr 2 (C 4), ✉ 40213, ☎ (02 11)
13 11 63, Fax 13 29 74, AX DC ED VA
Hauptgericht 40; Terrasse;
Historisches Gebäude von 1590

★★ La Terrazza
Königsallee 30, im Kö-Center (C 5),
✉ 40212, ☎ (02 11) 32 75 40, Fax 32 09 75,
AX DC ED VA
Hauptgericht 38; Terrasse; geschl: so+fei-
ertags

★★ La Lampada ✣
Hüttenstr 9 (C 6), ✉ 40215, ☎ (02 11)
37 46 92, Fax 37 77 99
Hauptgericht 32; Terrasse; geschl: Sa mittags, So

★★ Napalai
Königsallee 60 c, Eingang Grünstr (C 5),
✉ 40212, ☎ (02 11) 32 50 81
Hauptgericht 35
Thailändische Küche

★★ Tse-Yang
Immermannstr 65 (D 5), ✉ 40210, ☎ (02 11)
36 90 20, Fax 1 64 94 23, AX DC ED VA
Hauptgericht 30
Chinesische Küche

★ Breuer's Restaurant
Hammer Str 38, ✉ 40219, ☎ (02 11)
39 31 13, Fax 30 79 79, AX DC ED VA
Hauptgericht 38; Terrasse; nur abends;
geschl: So

☛ Heinemann
Bahnstr 16 (CD 6), ✉ 40212, ☎ (02 11)
13 13 50

Düsseldorf

Angermund (15 km ↑)
★★ Haus Litzbrück
Bahnhofstr 33, ✉ 40489, ☎ (02 03) 99 79 60,
Fax 9 97 96 53, AX DC ED VA
17 Zi, Ez: 135-220, Dz: 215-295, 4 Suiten, ⌐
WC ☎; 🅿 2⇔25 ≘ Sauna Solarium
Rezeption: 7-14.30
★★ Hauptgericht 35; 🅿 Terrasse

Benrath (11 km ↘)
★★ Lignano
Hildener Str 43, ✉ 40597, ☎ (02 11)
7 11 89 36, Fax 71 89 59, AX DC ED VA
Hauptgericht 40; nur abends; geschl: So,
3 Wochen in den Sommerferien

Bilk (3 km ↓)
★★ Sorat
Volmerswerther Str 35, ✉ 40221, ☎ (02 11)
3 02 20, Fax 3 02 25 55, AX DC ED VA
142 Zi, Ez: 215-390, Dz: 290-510, S;
18 Suiten, ⌐ WC ☎, 60🖂; Lift 🅿 3⇔300
Fitneßraum Sauna Solarium
★★ Hauptgericht 25

★★ Grand Hotel Golden Tulip
Varnhagenstr 3, ✉ 40225, ☎ (02 11)
31 08 00, Fax 31 66 67, AX DC ED VA
70 Zi, Ez: 175-495, Dz: 175-495, S; 1 Suite, ⌐
WC ☎ DFÜ, 20🖂; Lift 🅿 1⇔50 Sauna;
garni

★★ Garden Hotel
Suitbertusstr 22, ✉ 40223, ☎ (02 11)
93 40 60, Fax 9 34 06 86, AX DC ED VA
30 Zi, Ez: 120-410, Dz: 140-440, S; 1 Suite, ⌐
WC ☎, 10🖂; Lift 🅿 1⇔15; garni
geschl: 23.12.-4.1.

★ Aida
Ubierstr 36, ✉ 40223, ☎ (02 11) 1 59 90,
Fax 1 59 91 03, AX DC ED VA
93 Zi, Ez: 128-265, Dz: 158-298, ⌐ WC ☎;
Lift 2⇔30 Sauna Solarium; garni

★ Himmel und Erde
Konkordiastr 89, ✉ 40219, ☎ (02 11)
30 77 70, Fax 9 30 47 36, AX ED
Terrasse; geschl: So

Derendorf (2 km ↑)
★★★★ Villa Viktoria
♚ Blumenthalstr 12 (C 1), ✉ 40476,
☎ (02 11) 46 90 00, Fax 46 90 06 01,
AX DC ED VA
40 Suiten, 295-955, ⌐ WC ☎ DFÜ, 10🖂; Lift
🅿 🅿 2⇔16 Sauna Solarium; garni
Nur Suiten

**★★★ Lindner Hotel Rhein
Residence**
Kaiserswerther Str 20 (C 2), ✉ 40477,
☎ (02 11) 4 99 90, Fax 4 99 94 99, AX DC ED VA
126 Zi, Ez: 238-653, Dz: 301-681, S; 2 Suiten,
24 App, ⌐ WC ☎ DFÜ, 46🖂; Lift 2⇔18 Fitneßraum Sauna Solarium 🍽 ☕

★★ Gildors Hotel
Collenbachstr 51 (D 1), ✉ 40476, ☎ (02 11)
48 80 05, Fax 44 48 44, AX DC ED VA
50 Zi, Ez: 175-270, Dz: 290-360, ⌐ WC ☎;
Lift 🅿 🅿; garni

★ Michelangelo
Roßstr 61 (C 1), ✉ 40476, ☎ (02 11)
94 85 30, Fax 9 48 53 77, AX DC ED VA
70 Zi, Ez: 105-345, Dz: 135-395, ⌐ WC ☎
DFÜ, 30🖂; Lift 🅿; garni

★★ La Capannina
Frankenstr 27 (C 1), ✉ 40476, ☎ (02 11)
44 16 52, Fax 44 69 21, AX DC ED VA
Hauptgericht 40
italienische Küche

★★ Gatto Verde
Rheinbabenstr 5 (D 1), ✉ 40476, ☎ (02 11)
46 18 17, Fax 46 29 33, AX DC ED VA
Hauptgericht 39; Terrasse; geschl: sa + fei-
ertags mittags, So
Italienische Küche

Golzheim (3 km ↑)
★★★ Radisson SAS
Karl-Arnold-Platz 5 (B 1), ✉ 40474,
☎ (02 11) 4 55 30, Fax 4 55 31 10, AX DC ED VA
309 Zi, Ez: 215-690, Dz: 215-692, S;
16 Suiten, ⌐ WC ☎ DFÜ, 120🖂; Lift 🅿 🅿
17⇔800 ≘ Fitneßraum Sauna Solarium 🍽
☕

★★★ Hilton
Georg-Glock-Str 20, ✉ 40474, ☎ (02 11)
4 37 70, Fax 4 37 76 50, AX DC ED VA
363 Zi, Ez: 335-675, Dz: 365-695, S; 9 Suiten,
⌐ WC ☎, 84🖂; Lift 🅿 🅿 22⇔1500 ≘ Fitneßraum Sauna Solarium 🍽 ☕

★★ Rosati
Felix-Klein-Str 1, ✉ 40474, ☎ (02 11)
4 36 05 03, Fax 45 29 63, AX DC ED VA
Hauptgericht 40; 🅿 Terrasse; geschl: So

Holthausen (8 km ↘)
★ Concorde Hotel Schumann
Bonner Str 15, ✉ 40589, ☎ (02 11) 79 11 16,
Fax 79 24 39, AX DC ED VA
38 Zi, Ez: 145-245, Dz: 195-260, ⌐ WC ☎,
8🖂; Lift; garni

★ Elbroich
Bonner Str 7, ✉ 40589, ☎ (02 11) 79 90 71,
Fax 7 90 00 88, AX DC ED VA
51 Zi, Ez: 130-210, Dz: 165-250, 1 Suite, ⌐
WC ☎, 15🖂; Lift 🅿; garni

Kaiserswerth (9 km ↑)
★ Ambrosius
Friedrich-von-Spee-Str 44, ✉ 40489,
☎ (02 11) 94 00 50, Fax 9 40 05 32
12 Zi, Ez: 130, Dz: 150, ⌐ WC ☎

★★★★ Im Schiffchen 🍴 🍷🍷
Kaiserswerther Markt 9, ✉ 40489, ☎ (02 11)
40 10 50, Fax 40 36 67, AX DC ED VA
Hauptgericht 65; nur abends; geschl: So,
Mo, 5.7. - 27.7.
Französische und vegetarische Küche

★★★ Aalschokker 🍴 🍷
Hauptgericht 44; nur abends; geschl: So,
Mo, 5.7. - 27.7.
→

Düsseldorf

Lörick (5 km ←)

** Fischerhaus ♛
⌖ Bonifatiusstr 35, ✉ 40547, ☎ (02 11)
59 79 79, Fax 5 97 97 59, AX DC ED VA
40 Zi, Ez: 149-329, Dz: 198-349, 1 App, ⌐ WC ☎; 🅿
geschl: 18.12.-3.1.

*** Hummerstübchen 🍴
Hauptgericht 62; nur abends; geschl: So + Mo, 2 Wochen in den Sommerferien

Lohausen (7 km ↑)

** Arabella Sheraton Airport Hotel
Im Flughafen, ✉ 40474, ☎ (02 11) 4 17 30,
Fax 4 17 37 07, AX DC ED VA
200 Zi, Ez: 203-621, Dz: 249-647, S; ⌐ WC ☎
DFÜ, 60; Lift 12⇔200 🍽

* Messehotel Medici
Lohauser Dorfstr 3, ✉ 40470, ☎ (02 11)
47 99 50, Fax 43 33 40, AX ED VA
24 Zi, Ez: 95-250, Dz: 145-360, ⌐ WC ☎
DFÜ; Lift; garni

* Villa Fiore City Partner Hotels
Niederrheinstr 270, ✉ 40489, ☎ (02 11)
4 08 90 17, Fax 4 08 90 19, AX DC ED VA
11 Zi, Ez: 110-201, Dz: 130-261, ⌐ WC ☎; 🅿
; garni

Mörsenbroich (3 km ↗)

*** Düsseldorf Renaissance Hotel
Nördlicher Zubringer 6, ✉ 40470, ☎ (02 11)
6 21 60, Fax 6 21 66 66, AX DC ED VA
237 Zi, Ez: 179-620, Dz: 179-620, S; 8 Suiten,
⌐ WC ☎ DFÜ, 70; Lift 10⇔520 ≙
Sauna Solarium 9 Golf

*** Summertime
Hauptgericht 30

** Haus am Zoo
Sybelstr 21 (E 1), ✉ 40239, ☎ (02 11)
6 16 96 10, Fax 61 69 61 69, AX DC ED VA
23 Zi, Ez: 180-210, Dz: 250-300, ⌐ WC ☎
DFÜ, 15; Lift 🅿 1⇔20 ≋ Sauna
Solarium; garni

* Merkur
Mörsenbroicher Weg 49, ✉ 40470,
☎ (02 11) 63 40 31, Fax 62 25 25, AX DC ED VA
26 Zi, Ez: 110-190, Dz: 170-290, 1 Suite,
1 App, ⌐ WC ☎; 🅿 ; garni
geschl: 23.12.-2.1.

Obergärige Bierstuben

Zum Schiffchen
🍷 Hafenstr 5 (BC 5), ✉ 40213, ☎ (02 11)
13 24 21, Fax 13 45 96, AX DC ED VA
Hauptgericht 27; Biergarten; geschl: so + feiertags

Uerige
🍷 Berger Str 1 (C 5), ✉ 40213, ☎ (02 11)
86 69 90, Fax 13 28 86
Hauptgericht 10

Oberkassel (3 km ←)

*** Lindner Rheinstern
⌖ Emanuel-Leutze-Str 17, ✉ 40547,
☎ (02 11) 5 99 70, Fax 5 99 73 39, AX DC ED VA
254 Zi, Ez: 273-653, Dz: 351-731, S; 2 Suiten,
⌐ WC ☎, 90; Lift 🅿 11⇔450 ≙ Fitneßraum Sauna Solarium 🍽

*** Courtyard by Marriott
Am Seestern 16, ✉ 40547, ☎ (02 11)
59 59 59, Fax 59 35 69, AX DC ED VA
217 Zi, Ez: 134-617, Dz: 134-644, S; 2 Suiten,
⌐ WC ☎, 60; Lift 🅿 11⇔200 ≙ Sauna
Solarium 🍽

** Hanseat
Belsenstr 6, ✉ 40545, ☎ (02 11) 57 50 60,
Fax 58 96 62, AX DC ED VA
37 Zi, Ez: 180-290, Dz: 250-350, ⌐ WC ☎;
garni
Einrichtung mit Stilmöbeln

** La Capannina
Hansa-Allee 30, ✉ 40547, ☎ (02 11)
55 26 72, Fax 55 26 46, AX DC ED VA
Hauptgericht 35
Italienische Küche

Pempelfort (1 km ↑)

* Doria
Duisburger Str 1 a (C 3), ✉ 40477, ☎ (02 11)
49 91 92, Fax 4 91 04 02, AX DC ED VA
41 Zi, Ez: 120-225, Dz: 160-295, 7 App, ⌐
WC ☎ DFÜ; Lift; garni
geschl: 23.12.-4.1.

* Imperial
Venloer Str 9 (C 3), ✉ 40477, ☎ (02 11)
4 92 19 08, Fax 4 98 27 78, AX DC ED VA
61 Zi, Ez: 129-270, Dz: 159-320, ⌐ WC ☎;
Lift 1⇔25; garni
geschl: 23.12.-1.1.

* Am Hofgarten
Arnoldstr 5 (C 3), ✉ 40479, ☎ (02 11)
49 19 90, Fax 4 91 99 49, AX DC ED VA
24 Zi, Ez: 135-275, Dz: 180-299, ⌐ WC ☎
DFÜ; 1⇔20; garni
Zimmereinrichtung im Designerstil

Reisholz (8 km ↘)

* Novotel Düsseldorf Süd
Am Schönenkamp 9, ✉ 40599, ☎ (02 11)
7 40 80, Fax 74 55 12, AX DC ED VA
120 Zi, Ez: 114-270, Dz: 138-320, S; ⌐ WC
☎, 29; Lift 🅿 8⇔300 ≋ 🍽

Unterbach (10 km →)

** Landhotel Am Zault
Gerresheimer Landstr 40, ✉ 40627,
☎ (02 11) 20 94-0, Fax 25 47 18, AX DC ED VA
57 Zi, Ez: 120-260, Dz: 150-360, 2 Suiten, ⌐
WC ☎ DFÜ; 🅿 8⇔150 Fitneßraum Sauna
Solarium 🍽

**   Hauptgericht 25; Terrasse

Unterrath (7 km ↑)

*** Lindner Airport
Unterrather Str 108, ✉ 40468, ☎ (02 11)
95 16-0, Fax 9 51 65 16, AX DC ED VA
198 Zi, Ez: 305-580, Dz: 383-580, S; 3 Suiten,
38 App, ⌐ WC ☎, 80; Lift 🅿 7⇔140
Fitneßraum Sauna Solarium 🍽

Duisburg

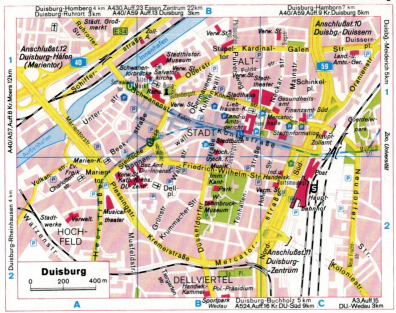

Wittlaer (11 km ↑)
* Brand's Jupp
⊗ Kalkstr 49, ⌧ 40489, ☎ (02 11) 40 40 49, Fax 4 79 04 03, DC ED VA
Hauptgericht 35; geschl: Mo, Di mittags

Duisburg 32→

Nordrhein-Westfalen — Stadtkreis — 33 m — 535 000 Ew — Essen 16, Krefeld 24, Düsseldorf 25 km

ℹ ☎ (02 03) 3 05 25 61, Fax 3 05 25 62 — Stadtinformation, Königstr 53 (C 1), 47051 Duisburg; Industriestadt an Rhein und Ruhr; größter Binnenhafen der Welt; Universität; Theater. Sehenswert: Ev. Salvatorkirche; Abteikirche Duisburg-Hamborn; Hafen Duisburg-Ruhrort; Schwanentorbrücke: Hebebrücke; Dreigiebelhaus; Mercator-Halle; Wilhelm Lehmbruck Museum; Kultur- und Stadthistorisches Museum; Museum der Deutschen Binnenschiffahrt; Zoo; Delphinarium, Chinesischer Garten; Sportpark Werdau; Revierpark Mattlerbusch: Niederrhein-Therme

✱✱ Plaza
Düsseldorfer Str 54 (B 2), ⌧ 47051,
☎ (02 03) 2 82 20, Fax 2 82 23 00, AX DC ED VA
75 Zi, Ez: 159-349, Dz: 199-489, 3 Suiten, 16 App, ≜ WC ☎, 25✉; Lift P 🚗 3⇌60 ≋ Fitneßraum Sauna Solarium ⓄⅠ

🚗 Unterstellmöglichkeiten für Fahrzeuge oder Einzelgaragen

✱✱ Conti
Düsseldorfer Str 131-137 (B 2), ⌧ 47051,
☎ (02 03) 28 70 05, Fax 28 81 48, AX DC ED VA
50 Zi, Ez: 169-269, Dz: 209-369, 1 Suite, ≜ WC ☎, 12✉; Lift P 🚗 2⇌50 Sauna Solarium; garni

✱✱ Regent/Haus Hammerstein
Dellplatz 1 (B 2), ⌧ 47051, ☎ (02 03) 29 59 00, Fax 2 22 88, AX DC ED VA
65 Zi, Ez: 109-209, Dz: 129-289, 2 Suiten, 3 App, ≜ WC ☎, 10✉; Lift 1⇌30 ≋ Fitneßraum Sauna Solarium

✱✱ Akzent-Hotel Stadt Duisburg
Düsseldorfer Str 122-124 (B 2), ⌧ 47051,
☎ (02 03) 28 70 85, Fax 28 77 54, AX DC ED VA
30 Zi, Ez: 150-235, Dz: 189-275, S; ≜ WC ☎ DFÜ; Lift P 🚗 2⇌50 Sauna Solarium ⓄⅠ

✱ Le Mirage
Ulrichstr 28, ⌧ 47051, ☎ (02 03) 28 68 50, Fax 2 86 85 59, AX DC ED
38 Zi, Ez: 100-160, Dz: 170-195, 1 Suite, ≜ WC ☎; Lift P 🚙

⊨ Ibis
Mercatorstr 15 (C 2), ⌧ 47051, ☎ (02 03) 30 00 50, Fax 34 00 88, AX DC ED VA
95 Zi, Ez: 94-158, Dz: 94-173, S; ≜ WC ☎, 24✉; Lift P 3⇌25 Kegeln; garni

✱✱ La Provence
Hohe Str 29 (C 2), ⌧ 47051, ☎ (02 03) 2 44 53, Fax 2 44 52
Hauptgericht 58; geschl: Sa mittags, so+feiertags, 22.12.-6.1. →

Duisburg

** ** **Rôtisserie Laterne**
Mülheimer Str 38, im Klöcknerhaus (C 1),
⌧ 47058, ☎ (02 03) 35 15 15, Fax 3 07 50 04,
AX ED
Hauptgericht 30

☕ **Caféhaus Dobbelstein**
Sonnenwall 8 (B 1), ⌧ 47051, ☎ (02 03)
2 02 30, Fax 28 74 82
Terrasse; geschl: So

☕ **Kö-Café Dobbelstein**
Königstr 23 (B 1), ⌧ 47051, ☎ (02 03)
2 02 30, Fax 28 74 82

Buchholz (6 km ↓)
** ** **Sittardsberg City Partner Hotels**
Sittardsberger Allee 10, ⌧ 47249, ☎ (02 03)
70 00 01, Fax 70 11 25, AX DC ED VA
40 Zi, Ez: 82-169, Dz: 82-199, 1 Suite, 2 App,
⌐ WC ☎, 15✉; Lift P 🍽 10♨70 Fitneß-
raum Sauna Solarium
** ** **La Gioconda**
Hauptgericht 35

Friemersheim
* **Gasthof Brendel** ✤
⊗ Kaiserstr 81, ⌧ 47229, ☎ (0 20 65) 4 70 16,
Fax 4 01 92
Hauptgericht 35; Kegeln P Terrasse;
geschl: Sa mittags, Mo

Großenbaum (10 km ↓)
** ** **Ramor**
Angermunder-Str 37, ⌧ 47269, ☎ (02 03)
99 80 60, Fax 9 98 06 55, AX DC ED VA
20 Zi, Ez: 150-250, Dz: 180-280, 4 App, ⌐
WC ☎; P 1♨80; garni

Homberg (5 km ↖)
** ** **Akzent-Hotel Rheingarten**
◂ Königstr 78, ⌧ 47198, ☎ (0 20 66) 5 50 01,
Fax 5 50 04, AX DC ED VA
28 Zi, Ez: 135-193, Dz: 180-230, 3 Suiten, ⌐
WC ☎; Lift P 🍽 3♨160 ☕
** ** **Apfel**
◂ Hauptgericht 30; Terrasse

Huckingen
*** ** **Landhaus Milser**
◂ Zur Sandmühle, ⌧ 47259, ☎ (02 03)
7 58 00, Fax 75 80-1 99, AX DC ED VA
57 Zi, Ez: 95-270, Dz: 145-380, 3 Suiten, ⌐
WC ☎, 20✉; Lift P 🍽 5♨100 Fitneßraum
Sauna Solarium
Landhaus mit toskanischem Flair
** ** **Da Vinci**
Hauptgericht 32; Biergarten

Ruhrort (4 km ↖)
** ** **La Vigie**
Kasteelstr 1, ⌧ 47119, ☎ (02 03) 80 05 50,
Fax 8 00 55 50, AX DC ED VA
11 Zi, Ez: 139-180, Dz: 169-229, ⌐ WC ☎;
Lift P 1♨30
** ** ◂ Hauptgericht 35

Wanheimerort (3 km ↓)
* **Am Sportpark**
Buchholzstr 27, ⌧ 47055, ☎ (02 03)
77 03 40, Fax 77 12 50, AX DC ED VA
20 Zi, Ez: 88-125, Dz: 132-179, ⌐ WC ☎; Lift
P 🍽 ≋ Sauna; garni

** ** **Dettmann's Restaurant**
Kalkweg 26, ⌧ 47055, ☎ (02 03) 72 57 90,
Fax 72 92 13, AX ED
Hauptgericht 40; Gartenlokal P; geschl: Sa
mittags, Mo, 1.-15.1.

Durbach 60 ↓

Baden-Württemberg — Ortenaukreis —
220 m — 3 800 Ew — Offenburg 7 km
ℹ ☎ (07 81) 21 53, Fax 4 39 89 — Verkehrsverein / Tourist-Information, Talstr 36,
77770 Durbach; Erholungs- und Weinbauort am Rande des Schwarzwaldes zur Oberrheinebene. Sehenswert: Schloß Staufenberg ◂ (1 km ↗); Wein- und Heimatmuseum

*** ** **Ritter**
Talstr 1, ⌧ 77770, ☎ (07 81) 9 32 30,
Fax 9 32 31 00, AX DC ED VA
48 Zi, Ez: 85-185, Dz: 148-280, 7 Suiten, ⌐
WC ☎; Lift P 🍽 4♨30 ≋ Sauna Solarium

☕
Auch einfachere Zimmer vorhanden
** ** ⊗ Hauptgericht 42; Terrasse
* **Ritterkeller**
Hauptgericht 22; nur abends; geschl: So,
Mitte Jan-Mitte Feb

* **Linde**
Lindenplatz 1, ⌧ 77770, ☎ (07 81) 9 36 30,
Fax 93 63 39, AX DC ED VA
14 Zi, Ez: 110, Dz: 160, 6 App, ⌐ WC ☎, 9✉;
P 3♨200
* Hauptgericht 30

Halbgütle (2 km ↗)
** ** **Rebstock**
♀ Halbgütle 30, ⌧ 77770, ☎ (07 81) 48 20,
Fax 48 21 60, AX ED VA
38 Zi, Ez: 80-150, Dz: 150-220, 2 Suiten, ⌐
WC ☎ DFÜ, 8✉; Lift P 🍽 3♨40 Sauna
Solarium ☕
** ** Hauptgericht 30; Gartenlokal;
geschl: Mo, 2.1.-4.2.

Ebelsbach 57 ↖

Bayern — Kreis Haßberge — 232 m —
4 073 Ew — Eltmann 2, Haßfurt 13 km
ℹ ☎ (0 95 22) 72 50, Fax 7 25 66 — Verwaltungsgemeinschaft, Georg-Schäfer-
Str 56, Schloß Gleisenau, 97500 Ebelsbach

Steinbach (3 km ↖)
* **Landgasthof Neeb**
Dorfstr 1, ⌧ 97500, ☎ (0 95 22) 9 23 10,
Fax 92 31 44, AX DC ED VA
16 Zi, Ez: 67, Dz: 112, ⌐ WC ☎; P 🍴
geschl: Mo

Ebendorf 28 ↗

Sachsen-Anhalt — Ohrekreis — 55 m —
855 Ew — Magdeburg 6, Wolmirstadt 10 km
ℹ ☎ (03 92 03) 6 03 03 — Gemeindeverwaltung, Haldensleber St 9, 39179 Ebendorf

** Astron Hotel Magdeburg
Olvenstedter Str 2a, ✉ 39179, ☏ (03 92 03) 7 00, Fax 7 01 00, AX DC ED VA
143 Zi, Ez: 125-210, Dz: 158-233, S; ⊿ WC ☎ DFÜ, 53✉; Lift 🅿 9⇌260 Fitneßraum Sauna Solarium ⑃ 🚗

Ebensfeld 57 ↑

Bayern — Kreis Lichtenfels — 254 m — 5 700 Ew — Lichtenfels 11, Bamberg 20 km
🛈 ☏ (0 95 73) 50 63, Fax 3 12 25 — Fremdenverkehrsverein, St.-Veit-Str 11, 96250 Ebensfeld; Ort am oberen Main. Sehenswert: Ansberg: Veitskapelle, Lindengruppe

* Pension Veitsberg
⚘ Prächtinger Str 14, ✉ 96250, ☏ (0 95 73) 64 00, Fax 3 14 30
18 Zi, Ez: 40-60, Dz: 80-90, 8 App, ⊿ WC; 🅿 🚗
geschl: Di, 10.1.-1.2.
Restaurant für Hausgäste

Prächting (2 km ↘)
* Landgasthof Hummel
Prächtinger Hauptstr 6, ✉ 96250, ☏ (0 95 73) 30 33, Fax 3 48 84, ED
10 Zi, Ez: 45, Dz: 80, 2 App, ⊿ WC ☎; 🅿 Sauna Solarium ⑃
Rezeption: 8-11

Eberbach 55 ⤢

Baden-Württemberg — Rhein-Neckar-Kreis — 131 m — 15 600 Ew — Mosbach 24, Michelstadt 26, Heidelberg 27 km
🛈 ☏ (0 62 71) 48 99, Fax 13 19 — Verkehrsamt -Touristinformation-, Kellereistr 36, 69412 Eberbach; Stadt im Odenwald, am Neckar; Heilquellen-Kurbetrieb. Sehenswert: Alter Markt; Museum; Burgruine; Stadtmauer mit 4 Türmen; Altes Badhaus; Zinnfigurenkabinett im Haspelturm; Katzenbuckel, 626 m ⩽ (11 km →)

* Krone-Post
Hauptstr 1, ✉ 69412, ☏ (0 62 71) 20 13, Fax 16 33, AX DC ED VA
35 Zi, Ez: 85-135, Dz: 123-220, ⊿ WC ☎, 1✉; Lift 🅿 1⇌20
geschl: Nov-Feb Sa
Zimmer verschiedener Kategorien vorhanden
* Hauptgericht 28; Terrasse; geschl: Jan-Feb Sa

** Altes Badhaus ✣
⛨ Am Lindenplatz 1, ✉ 69412, ☏ (0 62 71) 9 23 00, Fax 92 30 40, AX ED VA
Hauptgericht 52; Terrasse; geschl: Mo
* Badstube
Hauptgericht 25; geschl: Mo
* ⛨ 6 Zi, Ez: 125, Dz: 195, ⊿ WC ☎; 🚗

⚘ Viktoria
Friedrichstr 5, ✉ 69412, ☏ (0 62 71) 20 18, Fax 7 21 92, AX DC ED VA
Hauptgericht 11
Spezialität: Viktoria-Torte

Ebermannstadt 57 □

Bayern — Kreis Forchheim — 292 m — 6 600 Ew — Forchheim 13, Pegnitz 37 km
🛈 ☏ (0 91 94) 5 06 40, Fax 5 06 41 — Städt. Verkehrsamt, Bahnhofstr 5, 91320 Ebermannstadt; Erholungsort in der Fränkischen Schweiz

* Gasthof Schwanenbräu
Marktplatz 2, ✉ 91320, ☏ (0 91 94) 2 09, Fax 58 36, DC ED VA
13 Zi, Ez: 70-75, Dz: 100-120, 2 Suiten, ⊿ WC ☎; 2⇌40 ⑃

* Brauereigasthof Sonne
Hauptstr 29, ✉ 91320, ☏ (0 91 94) 3 42, Fax 45 48, ED VA
16 Zi, Ez: 60-70, Dz: 100-110, 1 Suite, ⊿ WC ☎; 3⇌40 ⑃
Auch Zimmer der Kategorie ** vorhanden

* Resengörg mit Gästehäusern
Hauptstr 36, ✉ 91320, ☏ (0 91 94) 7 39 30, Fax 73 93 73, DC ED VA
31 Zi, Ez: 72-75, Dz: 112-120, 3 Suiten, ⊿ WC ☎, 6✉; Lift 🅿 🚗 3⇌50 ⑃ 🚗
geschl: Mo 10-17, 15.2.-28.2.

Ebersberg 72 □

Bayern — Kreis Ebersberg — 520 m — 10 000 Ew — Wasserburg am Inn 23, München 33 km
🛈 ☏ (0 80 92) 82 55-0, Fax 8 25 5-99 — Stadtverwaltung, Marienplatz, 85560 Ebersberg; Erholungsort

* Hölzerbräu
Sieghartstr 1, ✉ 85560, ☏ (0 80 92) 2 40 20, Fax 2 40 31, DC ED VA
37 Zi, Ez: 100-160, Dz: 140-190, 5 Suiten, 7 App, ⊿ WC ☎; Lift 🚗 2⇌50
Auch Zimmer der Kategorie ** vorhanden
* Hauptgericht 25; Biergarten 🅿

* Klostersee
⚘ Am Priel 3, ✉ 85560, ☏ (0 80 92) 8 28 50, Fax 82 85 50, AX DC ED VA
25 Zi, Ez: 85-120, Dz: 130-170, ⊿ WC ☎; 🅿 🚗 2⇌42 Strandbad Seezugang 18Golf 🚗
geschl: 22.12.-6.1.
* Klostersee-Stuben
Hauptgericht 28; Terrasse; geschl: 22.12.-6.1.

Ebersburg 46 □

Hessen — Kreis Fulda — 450 m — 4 500 Ew — Gersfeld 10, Fulda 12 km
🛈 ☏ (0 66 56) 98 20, Fax 9 82 26 — Gemeindeverwaltung, Schulstr 3, 36157 Ebersburg; Ort in der Rhön →

Ebersburg

Weyhers
* **Rhönhotel Alte Mühle**
⚜ ⬥ Alte Mühle 4, ✉ 36157, ☎ (0 66 56) 81 00, Fax 77 48
55 Zi, Ez: 70-85, Dz: 115-135, 2 App, ⌑ WC ☎, 10◱; P 2⇔40 Fitneßraum Sauna Solarium ⦾ ≋

Eberstadt 55 ↓

Baden-Württemberg — Kreis Heilbronn — 191 m — 3 000 Ew — Neckarsulm 8, Heilbronn 10 km
ℹ ☎ (0 71 34) 9 80 80, Fax 98 08 25 — Gemeindeverwaltung, Hauptstr 39, 74246 Eberstadt

* **Landgasthof Krone**
Hauptstr 47, ✉ 74246, ☎ (0 71 34) 9 86 00, Fax 98 60 30, AX DC ED VA
16 Zi, Ez: 75-95, Dz: 100-135, ⌑ WC ☎; P 2⇔60
** Hauptgericht 25

Ebingen siehe Albstadt

Ebnisee siehe Kaisersbach

Ebrach 56 ↗

Bayern — Kreis Bamberg — 320 m — 2 000 Ew — Bamberg 34, Würzburg 47 km
ℹ ☎ (0 95 53) 9 22 00, Fax 92 20 20 — Verkehrsamt, Rathausplatz 2, 96157 Ebrach; Erholungsort im Steigerwald. Sehenswert: Abtei; Klosterkirche; Kaisersaal, Treppenhaus

** **Klosterbräu Landidyll**
Marktplatz 4, ✉ 96157, ☎ (0 95 53) 1 80, Fax 18 88, AX DC ED VA
40 Zi, Ez: 94-114, Dz: 168-188, 1 Suite, ⌑ WC ☎; Lift P 🖃 4⇔150 Fitneßraum Sauna Solarium ≋

* **Mönchstube**
Hauptgericht 20

* **Zum alten Bahnhof**
Bahnhofstr 4, ✉ 96157, ☎ (0 95 53) 12 41, Fax 14 68
15 Zi, Ez: 46, Dz: 82, 1 App, ⌑ WC; P 🖃 Sauna Solarium ⦾ ≋
geschl: 6.1.-6.2.

Ebsdorfergrund 45 ↖

Hessen — Kreis Marburg-Biedenkopf — 8 836 Ew — Marburg 7, Fronhausen 11, Homberg 11 km
ℹ ☎ (0 64 24) 30 40, Fax 48 33 — Gemeinde Ebsdorfergrund, Dreihäuser Str 17, 35085 Ebsdorfergrund

Frauenberg
* **Zur Burgruine Frauenberg**
Cappeler Str 10, ✉ 35085, ☎ (0 64 24) 13 79, Fax 44 72, ED VA
34 Zi, Ez: 65-95, Dz: 130-150, ⌑ WC ☎; P 🖃 1⇔50 Sauna Solarium ⦾
Auch einfache Zimmer vorhanden

Ebstorf 18 ↖

Niedersachsen — Kreis Uelzen — 66 m — 4 790 Ew — Uelzen 12, Bevensen 15, Lüneburg 27 km
ℹ ☎ (0 58 22) 29 96, Fax 29 96 — Fremdenverkehrsverein, Winkelplatz, 29574 Ebstorf; Luftkurort in der Lüneburger Heide. Sehenswert: Im ehem. Kloster Nachbildung der Ebstorfer Weltkarte (13. Jh.); Klosterkirche: Kreuzgang

* **Gasthof Zur Tannenworth**
Lutherstr 5, ✉ 29574, ☎ (0 58 22) 39 92, Fax 39 92, ED
Hauptgericht 25; P; ⇌; geschl: Mi, Sa mittags, Anfang Jan

⦾ **Altes Rauchhaus**
Am Winkelplatz 4, ✉ 29574, ☎ (0 58 22) 51 33, Fax 51 33, ED
Hauptgericht 20; P Terrasse; geschl: Di, 1.3.-15.3.

Eching 72 ↖

Bayern — Kreis Freising — 465 m — 12 000 Ew — Freising 17, München 21 km
ℹ ☎ (0 89) 3 19 00 00, Fax 3 19 21 18 — Gemeindeverwaltung, Untere Hauptstr 3, 85386 Eching

*** **Olymp Golden Tulip Hotel**
Wielandstr 3, ✉ 85386, ☎ (0 89) 3 27 10-0, Fax 32 71 01 12, AX DC ED VA
64 Zi, Ez: 185-380, Dz: 220-480, 1 Suite, 27 App, ⌑ WC ☎ DFÜ, 11◱; Lift P 🖃 8⇔100 ≋ Seezugang Sauna Solarium 18 Golf
Auch Zimmer der Kategorie ** vorhanden
** Hauptgericht 26; Terrasse; geschl: 4.1.-10.1.

* **Höckmayr**
Obere Hauptstr 2 a, ✉ 85386, ☎ (0 89) 3 19 74 20, Fax 31 97 42 34, AX DC ED VA
18 Zi, Ez: 90-130, Dz: 130-160, ⌑ WC ☎; Lift; garni
Auch Zimmer der Kategorie ** vorhanden

Eching 72 ↗

Bayern — Kreis Landshut — 483 m — 2 800 Ew — Landshut 7 km
ℹ ☎ (0 87 09) 20 74, Fax 32 51 — Gemeindeverwaltung, im Ortsteil Viecht, Hauptstr 12, 84174 Eching-Viecht

Kronwinkl (4 km ←)
* **Schloß Wirtschaft Kronwinkl**
Hofmark 1, ✉ 84174, ☎ (0 87 09) 91 30, Fax 9 13 13, AX ED VA
14 Zi, Ez: 78-118, Dz: 128-158, ⌑ WC ☎; 2⇔80 ⦾

Eckenhagen siehe Reichshof

Eckental 57 □

Bayern — Kreis Erlangen-Höchstadt — 345 m — 15 000 Ew — Erlangen 18 km
🛈 ☎ (0 91 26) 90 30, Fax 57 54 — Gemeindeverwaltung Markt Eckental, Rathausplatz 1, 90542 Eckental

* Landhotel Weißer Löwe
♣ Herrengasse 5, ✉ 90542, ☎ (0 91 26) 2 79 40, Fax 27 94 27, AX VA
10 Zi, Ez: 95, Dz: 150, ⌐ WC ☎; P 🍽

Eckernförde 10 □

Schleswig-Holstein — Kreis Rendsburg-Eckernförde — 14 m — 23 000 Ew — Schleswig 21, Rendsburg 26, Kiel 29 km
🛈 ☎ (0 43 51) 7 17 90, Fax 62 82 — Kurverwaltung, Am Exer 1/Stadthalle, 24340 Eckernförde; Ostseebad an der Eckernförder Bucht. Sehenswert: Nikolaikirche: Barockaltar; Altstadt; Hafen

** Stadthotel
⋖ Am Exer 3, ✉ 24340, ☎ (0 43 51) 60 44, Fax 60 43, AX ED VA
65 Zi, Ez: 132-202, Dz: 172-252, 7 Suiten, 6 App, ⌐ WC ☎, 10✉; Lift 🚗 5⟲80 Seezugang Sauna Solarium; **garni**

** Seelust
⋖ Preußerstr 3, ✉ 24340, ☎ (0 43 51) 50 75, Fax 27 14, AX ED VA
30 Zi, Ez: 100-172, Dz: 162-222, 2 Suiten, ⌐ WC ☎; Lift P 1⟲100 Strandbad Seezugang ⛵
geschl: 1.12.-31.3.
Auch Zimmer der Kategorie * vorhanden
* Hauptgericht 25

** Ratskeller
Rathausmarkt 8, ✉ 24340, ☎ (0 43 51) 24 12, Fax 71 28 24, AX DC ED VA
Hauptgericht 33; Terrasse; geschl: 3.2.-16.2.

Edelsfeld 58 □

Bayern — Kreis Amberg-Sulzbach — 528 m — 1 809 Ew — Sulzbach-Rosenberg 10, Auerbach 18 km
🛈 ☎ (0 96 65) 91 33-0, Fax 91 33-22 — Gemeindeverwaltung, Hirschbachstr 8, 92265 Edelsfeld

** Goldener Greif
Sulzbacher Str 5, ✉ 92265, ☎ (0 96 65) 9 14 90, Fax 9 14 91 00
24 Zi, Ez: 48-65, Dz: 80-95, ⌐ WC ☎; Lift P 2⟲100 ≋ Fitneßraum Kegeln Sauna Solarium
Auch Zimmer der Kategorie * vorhanden
* Hauptgericht 10

Edenkoben 54 ∠

Rheinland-Pfalz — Kreis Südliche Weinstraße — 150 m — 6 000 Ew — Neustadt a.d. Weinstraße 10, Landau 10, Speyer 23 km
🛈 ☎ (0 63 23) 95 92 22, Fax 95 92 88 — Büro für Tourismus, Poststr 23, 67480 Edenkoben; Luftkurort an der Haardt. Sehenswert: Schloß Ludwigshöhe mit Slevogt-Dauerausstellung, 326 m ⋖ (3 km ←), von hier Sesselbahn zur Ruine Rietburg, 544 m ⋖

** Park Hotel
♣ ⋖ Unter dem Kloster 1, ✉ 67480, ☎ (0 63 23) 9 52-0, Fax 95 22 22, AX ED VA
44 Zi, Ez: 98-109, Dz: 165-188, ⌐ WC ☎; Lift 🚗 4⟲50 ≋ Fitneßraum Sauna Solarium 🍽

* Gutshof Ziegelhütte
Luitpoldstr 79, ✉ 67480, ☎ (0 63 23) 70 51 + 15 51, Fax 8 11 08, AX DC VA
15 Zi, Ez: 70-90, Dz: 90-130, 3 Suiten, ⌐ WC ☎, 4✉; P 🐎 1⟲25 🍽 ⛵

Edesheim 54 ∠

Rheinland-Pfalz — Kreis Südliche Weinstraße — 150 m — 2 300 Ew — Landau/Pfalz 6, Neustadt a.d. Weinstraße 10 km
🛈 ☎ (0 63 23) 95 92 22, Fax 95 92 88 — Verbandsgemeindeverwaltung, Poststr 23, 67480 Edenkoben; Weinbauort mit sehenswerten Gebäuden und Hoftoren aus Barock- und Rokokozeit

** Wein-Castell
Staatsstr 21, an der B 38, ✉ 67483, ☎ (0 63 23) 23 92, Fax 8 16 76
Hauptgericht 30
* 13 Zi, Ez: 75, Dz: 130, ⌐ WC; P
Eigenes Weingut und Brennerei

Edewecht 16 ↓

Niedersachsen — Kreis Westerstede — 10 m — 17 613 Ew — Bad Zwischenahn 7, Frisoyte 13, Oldenburg 15 km
🛈 ☎ (0 44 05) 9 16-2 22, Fax 93 90 39 — Fremdenverkehrsverein Edewecht e.V., Rathausstrasse 7, 26188 Edewecht

* Ammerländer Hof
Hauptstr 162, ✉ 26188, ☎ (0 44 05) 92 87-0, Fax 92 87-87, AX ED VA
30 Zi, Ez: 75, Dz: 130, 2 App, ⌐ WC ☎; P 3⟲250 Sauna Solarium 🍽

Ediger-Eller 43 ∠

Rheinland-Pfalz — Kreis Cochem-Zell — 92 m — 1 400 Ew — Cochem 7, Zell 15 km
🛈 ☎ (0 26 75) 13 44, Fax 16 43 — Verkehrsamt, im Ortsteil Ediger, Pelzerstr 1, 56814 Ediger-Eller; Weinbauort im Moseltal. Sehenswert: Kreuzkapelle, spätgotische Pfarrkirche

→

Ediger-Eller

Ediger
* **Weinhaus Feiden**
⋖ Moselweinstr 22, ✉ 56814, ☏ (0 26 75) 2 59, Fax 15 83, ED VA
17 Zi, Ez: 58-85, Dz: 110-140, ⇩ WC; **P** 🚗 1⇌25 ⌶
Auch einfache Zimmer vorhanden

Effelder 36 ↘

Thüringen — Kreis Eichsfeld — 370 m — 1 480 Ew — Dingelstädt 16, Leinefelde 30, Duderstadt 46 km
ℹ ☏ (03 60 76) 41 04 — Verwaltungsgemeinschaft Westerwald-Obereichsfeld, Kirchstr 11, 37359 Effelder. Sehenswert: Kirche St. Alban (Eichsfelder Dom); Maria-Hilf-Kapelle

Effelder-Außerhalb 2 km ↖
** **Waldhotel Klostermühle**
einzeln ♂ Klostermühle 1, ✉ 37359, ☏ (03 60 75) 3 90-0, Fax 3 90 20, ED
27 Zi, Ez: 75-85, Dz: 130-140, ⇩ WC ☏; **P** 2⇌50 ⌂ Kegeln Sauna Solarium ⌶ ⋖
geschl: 5.1.-27.1.

Efringen-Kirchen 67 ↙

Baden-Württemberg — Kreis Lörrach — 240 m — 7 818 Ew — Lörrach 9, Müllheim 23 km
ℹ ☏ (0 76 28) 80 60, Fax 7 04 — Bürgermeisteramt, Friedrich-Rotta-Str 49, 79588 Efringen-Kirchen. Sehenswert: Freskenkirchen; hist. Ortskern

Blansingen (6 km ↑)
** **Gasthof Traube** ☕
Ⓥ Alemannenstr 19, ✉ 79588, ☏ (0 76 28) 82 90, Fax 87 36, AX
Hauptgericht 40; Gartenlokal **P**; geschl: Mi mittags, Di,
Restauriertes Bauernhaus von 1811
** ♂ 7 Zi, Ez: 125, Dz: 170-210, ⇩ WC ☏, 7🅿; 1⇌20

Egringen (2,5 km ↗)
* **Gasthaus Rebstock**
Kanderner Str 21, ✉ 79588, ☏ (0 76 28) 9 03 70, Fax 90 37 37, ED VA
Hauptgericht 30; Gartenlokal **P**; geschl: Mo, Di, 2 Wochen im Feb
Eigenbauweine
9 Zi, Ez: 70-100, Dz: 100-150, 1 App, ⇩ WC ☏; 🚗
geschl: 2 Wochen im Feb

Egestorf 18 ↓

Niedersachsen — Kreis Harburg — 110 m — 2 100 Ew — Lüneburg 30, Soltau 31, Hamburg 45 km
ℹ ☏ (0 41 75) 15 16, Fax 15 16 — Verkehrsverein, Barkhof 1 b, 21272 Egestorf; Erholungsort in der Lüneburger Heide. Sehenswert: Heidekirche: Glockenturm; Heidebauernsiedlung; Wilseder Berg, 169 m
⋖ (130 Min ↩)

* Acht Linden
Alte Dorfstr 1, ✉ 21272, ☏ (0 41 75) 8 43 33, Fax 84 33 59, AX DC ED VA
28 Zi, Ez: 85-100, Dz: 140-195, 3 App, ⇩ WC ☏ DFÜ; **P** 6⇌80 Fitneßraum Sauna Solarium ⌶

Eggenfelden 73 ↑

Bayern — Kreis Rottal-Inn — 406 m — 13 500 Ew — Pfarrkirchen 14, Altötting 25, Landau a.d.Isar 36 km
ℹ ☏ (0 87 21) 7 08 35, Fax 73 88 — Stadtverwaltung - Tourismusbüro - Rathausplatz 1, 84307 Eggenfelden; Stadt an der Rott

** Bachmeier
Schönauer Str 2, ✉ 84307, ☏ (0 87 21) 97 10-0, Fax 97 10-1 00, AX ED VA
Hauptgericht 28; Biergarten **P** Terrasse
🛏 40 Zi, Ez: 80-95, Dz: 120-130, 3 Suiten, ⇩ WC ☏; 🚗 2⇌30 Fitneßraum Sauna Solarium

Eggenstein-Leopoldshafen 60 ↗

Baden-Württemberg — Kreis Karlsruhe — 111 m — 12 713 Ew — Karlsruhe 9 km
ℹ ☏ (07 21) 9 78 86-0, Fax 9 78 86-23 — Gemeindeverwaltung, im Ortsteil Eggenstein, Friedrichstr 32, 76344 Eggenstein-Leopoldshafen

Eggenstein
*** **Zum Löwen** ☕
Hauptstr 51, ✉ 76344, ☏ (07 21) 7 80 07-0, Fax 78 00 7-99, ED VA
Hauptgericht 45; geschl: Sa mittags, So
* 11 Zi, Ez: 95, Dz: 150, ⇩ WC ☏, 11🅿; **P**

Eggesin 22 ↑

Mecklenburg-Vorpommern — Uecker-Randow-Kreis — 7 m — 8 350 Ew — Ueckermünde 6, Torgelow 8 km
ℹ ☏ (03 97 79) 2 64 40, Fax 2 64 42 — Stadtverwaltung, Bahnhofstr 7 a, 17367 Eggesin. Sehenswert: Fachwerkkirche von 1731; Ziegelei-Ringofen

* Garni-Hotel Gutgesell
Ueckermünder Str 2a, ✉ 17367, ☏ (03 97 79) 26 60, Fax 2 66 40
20 Zi, Ez: 70, Dz: 90, ⇩ WC ☏, 2🅿; Kegeln; garni

* Waldidyll
♂ Luckower Str 11, ✉ 17367, ☏ (03 97 79) 2 05 31, Fax 2 05 31, ED VA
12 Zi, Ez: 70, Dz: 100, ⇩ WC ☏; Solarium ⌶

Eggesin-Außerhalb (1 km ↑)
** **Stadt Eggesin**
Stettiner Str 47 b, ✉ 17367, ☏ (03 97 79) 2 18 00, Fax 2 18 05, AX DC ED VA
46 Zi, Ez: 85-120, Dz: 120-150, 1 Suite, ⇩ WC ☏, 5🅿; **P** 1⇌50 Kegeln Sauna Solarium ⌶ ⋖

Eggstätt 73 ←

Bayern — Kreis Rosenheim — 539 m —
2 700 Ew — München 99, Rosenheim 23,
Traunstein 28 km
🛈 ☎ (0 80 56) 15 00, Fax 14 22 — Verkehrsamt, Obinger Str 7, 83125 Eggstätt

** Landhaus Eggstätt
Frühlingsstr 17, ✉ 83125, ☎ (0 80 56) 8 96,
Fax 2 06
Hauptgericht 40; geschl: Do

Egloffstein 58 ←

Bayern — Kreis Forchheim — 400 m —
2 200 Ew — Gräfenberg 8, Forchheim 20,
Nürnberg 40 km
🛈 ☎ (0 91 97) 2 02, Fax 2 02 — Tourist Information, Felsenkellerstr 20, 91349 Egloffstein; Luftkurort im Trubachtal; Sehenswert: Burg Egloffstein, Wildgehege, Schloß Hundshaupten

* Gasthof-Pension Schäfer
♣ Markgrafenstr 48, ✉ 91349, ☎ (0 91 97)
2 95, Fax 12 00, ED
27 Zi, Ez: 45-55, Dz: 80-90, 2 App, ⇰ WC ☎;
Restaurant für Hausgäste

⇲ Häfner
Badstr 131, ✉ 91349, ☎ (0 91 97) 5 35,
Fax 88 25, AX ED VA
22 Zi, Ez: 60-100, Dz: 120-130, ⇰ WC ☎;
2⇌45 🍴 🍺

Ehingen (Donau) 69 ↗

Baden-Württemberg — Alb-Donau-Kreis
— 515 m — 25 000 Ew — Ulm 25, Biberach an der Riß 26 km
🛈 ☎ (0 73 91) 50 30, Fax 50 32 22 — Stadtverwaltung, Marktplatz 1, 89584 Ehingen.
Sehenswert: Konviktskirche; kath. Kirche St Blasius; Liebfrauenkirche; Ritterhaus; Ständehaus; Schloß Mochental: Besenmuseum, Kunstgalerie; Stadtmuseum; Marktbrunnen

** Adler
Hauptstr 116, ✉ 89584, ☎ (0 73 91) 70 66-0,
Fax 70 66-5 00, AX ED VA
38 Zi, Ez: 85-100, Dz: 110-150, ⇰ WC ☎
DFÜ; Lift 🅿 3⇌300 Kegeln
geschl: 2 Wochen im Aug
Zimmer unterschiedlicher Kategorien vorhanden
* Hauptgericht 32; 🅿; geschl: So
nachmittags, Mo, 2 Wochen im Aug

** Gasthof zum Ochsen
Schulgasse 3, ✉ 89584, ☎ (0 73 91) 5 35 68,
Fax 5 28 67, ED VA
20 Zi, Ez: 96, Dz: 135-150, ⇰ WC ☎; 🅿

🍺 Café Höchstädter
Hauptstr 69, ✉ 89584, ☎ (0 73 91) 5 34 02
Terrasse; geschl: So

Kirchen (8 km ←)
* Zum Hirsch
Osterstr 3, ✉ 89584, ☎ (0 73 93) 9 50 10,
Fax 41 01, AX ED VA
17 Zi, Ez: 63-88, Dz: 95-130, 2 Suiten, ⇰ WC
☎; Lift 🅿 1⇌120
* Hauptgericht 18; Terrasse;
geschl: Mo

Nasgenstadt (2 km →)
** Panorama
⇲ Karpfenweg 7, ✉ 89584, ☎ (0 73 91)
5 45 00, Fax 5 44 15, AX DC ED VA
32 Zi, Ez: 70-85, Dz: 110-140, ⇰ WC ☎ DFÜ;
Lift 🅿 🍴 Fitneßraum Sauna; garni

Ehlscheid 43 □

Rheinland-Pfalz — Kreis Neuwied — 365 m
— 1 300 Ew — Neuwied 16, Bad Hönningen 21 km
🛈 ☎ (0 26 34) 22 07, Fax 84 89 — Kurverwaltung, Parkstr 2, 56581 Ehlscheid; Heilklimatischer Kurort

* Westerwald
Parkstr 3, ✉ 56581, ☎ (0 26 34) 65 60,
Fax 6 5610, AX ED VA
60 Zi, Ez: 75-95, Dz: 129-149, ⇰ WC ☎; Lift
🅿 🍴 5⇌60 🛏 Bowling Sauna Solarium 🍴
🍺
Auch einfachere Zimmer vorhanden

* Franke's Park-Hotel
Parkstr 17, ✉ 56581, ☎ (0 26 34) 96 87-0,
Fax 24 21
12 Zi, Ez: 60-70, Dz: 130-150, ⇰ WC ☎; 🅿 🍴
🍺
geschl: 15.-26.11.

Ehrenfriedersdorf 50 □

Sachsen — Kreis Annaberg — 5 925 Ew
🛈 ☎ (03 73 41) 30 60 — Touristinformation,
Max-Wenzel-Str 1, 09427 Ehrenfriedersdorf

* Rübezahl
Annaberger Str 30, ✉ 09427, ☎ (03 73 41)
1 40, Fax 1 41 41, AX ED VA
39 Zi, Ez: 88-110, Dz: 140-170, 2 Suiten, ⇰
WC ☎; Lift 1⇌65 🅿 Fitneßraum Sauna
Solarium 🍴 🍺

Ehrenkirchen 67 □

Baden-Württemberg — Kreis Breisgau-Hochschwarzwald — 570 m — 6 300 Ew —
Bad Krozingen 3, Staufen 5, Freiburg 13 km
🛈 ☎ (0 76 33) 80 40, Fax 8 04 20 — Gemeindeverwaltung, Jengerstr 6, 79238 Ehrenkirchen; Ort am Rande des Schwarzwaldes zur Oberrheinebene. Sehenswert: Kath. Kirche

Kirchhofen
** Gasthaus Krone
▽ Herrenstr 5, ✉ 79238, ☎ (0 76 33) 52 13,
Fax 8 35 50, DC ED VA
Hauptgericht 35; Gartenlokal, ⇲; geschl:
Di, Mi mittags, im Winter Di + Mi →

Ehrenkirchen

* **Gasthof-Restaurant Sonne Winzerstuben**
Schwendistr 20, ⌧ 79238, ☎ (0 76 33) 70 70, Fax 60 60, AX DC ED VA
Hauptgericht 25; Gartenlokal 🅿; ⇌;
geschl: Do abends, Fr, Ende Dez-Mitte Jan

Eibau 41 ↗

Sachsen — Löbau-Zittau — 3 744 Ew
🛈 ☎ (0 35 86) 7 80 40 — Gemeindeverwaltung, Hauptstr 62, 02739 Eibau

* **Landgasthof zum Hirsch**
Hauptstr 118, ⌧ 02739, ☎ (0 35 86) 7 83 70, Fax 78 37 11, ED VA
14 Zi, Ez: 80-95, Dz: 120-130, ⌐ WC ☎ DFÜ; 🅿 Kegeln 🍽 ⇌

Eibenstock 50 ↙

Sachsen — Kreis Aue/Schwarzenberg — 640 m — 6 800 Ew — Schönheide 12, Aue 17, Chemnitz 47 km
🛈 ☎ (03 77 52) 22 44, Fax 30 04 — Tourist Information, Postplatz 4, 08309 Eibenstock

** **Am Bühl**
Am Bühl 1, ⌧ 08309, ☎ (03 77 52) 5 60, Fax 56-8 88, AX DC ED VA
115 Zi, Ez: 80-140, Dz: 105-175, 14 App, ⌐ WC ☎, 21✉; 6⇌300 Lift; 🅿 🍽
Direkter Zugang zu den Badegärten Eibenstock

* **Bühlhaus**
♂ Bühlstr 16, ⌧ 08309, ☎ (03 77 52) 21 27, Fax 29 24, AX ED VA
21 Zi, Ez: 65-100, Dz: 110-140, 1 Suite, ⌐ WC ☎; 🅿 🍽 ⇌

* **Ratskeller**
Schönheider Str 9, ⌧ 08309, ☎ (03 77 52) 67 89-0, Fax 67 89-50, AX DC ED VA
23 Zi, Ez: 50-80, Dz: 90-160, ⌐ WC ☎, 6✉; 1⇌25 🍽 ⇌
geschl: 7.-10.1.

Blauenthal
* **Forelle**
⊛ Wasserfallweg 2, ⌧ 08318, ☎ (03 77 52) 63 00+63 01, Fax 63 29
6 Zi, Ez: 60-108, Dz: 100-120, 4 Suiten, ⌐ WC ☎, 2✉; 🅿 🚗 🍽 ⇌
geschl: 15.1.-15.2.

Eichendorf 65 →

Bayern — Kreis Dingolfing-Landau — 354 m — 5 850 Ew — Landau 18, Vilshofen 27 km
🛈 ☎ (0 99 52) 3 01 — Gemeindeverwaltung, Marktplatz 5, 94428 Eichendorf

Exing (6 km ←)
* **Zum alten Brauhaus**
Haus Nr 7, ⌧ 94428, ☎ (0 99 56) 3 50, Fax 3 71
16 Zi, Ez: 54, Dz: 90-100, ⌐ WC ☎; 🅿 🚗 2⇌200 🍽
geschl: Mi

Eichenzell 46 □

Hessen — Kreis Fulda — 2850 m — 8 200 Ew — Wiesbaden 135, Würzburg 100, Fulda 8 km
🛈 ☎ (0 66 59) 97 90, Fax 9 79-13 — Gemeindeverwaltung, Schloßgasse 4, 36124 Eichenzell

* **Kramer**
Fuldaer Str 4, ⌧ 36124, ☎ (0 66 59) 16 91, Fax 40 91, ED VA
34 Zi, Ez: 60-70, Dz: 120-130, ⌐ WC ☎; 🅿 🚗 🍽 ⇌
Rezeption: 6.30-14, 16-23 geschl: Do

Löschenrod (2,5 km ←)
** **Zur Alten Brauerei**
Frankfurter Str 1, ⌧ 36124, ☎ (0 66 59) 12 08, Fax 40 36, VA
Hauptgericht 44

Eichstätt 64 ←

Bayern — Kreis Eichstätt — 388 m — 12 500 Ew — Weißenburg 24, Ingolstadt 27, Augsburg 70 km
🛈 ☎ (0 84 21) 98 80-0, Fax 98 80-30 — Tourist Information Eichstätt, Kardinal-Preysing-Platz 14, 85072 Eichstätt; Stadt an der Altmühl; Kath. Universität. Sehenswert: Stadtbild; Dom: Kreuzgang; Kloster St. Walburg; Schutzengelkirche; Kapuzinerkirche; Residenz: Treppenhaus und Spiegelsaal; Sommerresidenz mit Hofgarten; Diözesan-Museum; Residenzplatz mit Mariensäule; Marktplatz: Rathaus, Willibaldsbrunnen; Kloster Rebdorf; Willibaldsburg: Jura-Museum ⋖ (1 km ←); Info-Zentrum Naturpark Altmühltal

** **Adler**
Marktplatz 22, ⌧ 85072, ☎ (0 84 21) 67 67, Fax 82 83, AX DC ED VA
28 Zi, Ez: 120-140, Dz: 160-210, 8 Suiten, ⌐ WC ☎, 4✉; Lift 🚗 1⇌20 Sauna Solarium; garni
geschl: 1 Woche im Nov, 15.12.-15.1.
Barockbau aus dem 17. Jh.

* **Klosterstuben**
Pedettistr 26, ⌧ 85072, ☎ (0 84 21) 35 00 + 75 73, Fax 39 00
22 Zi, Ez: 70-110, Dz: 95-140, 4 Suiten, ⌐ WC ☎, 10✉; 🚗;
* Hauptgericht 15

* **Fuchs**
Ostenstr 8, ⌧ 85072, ☎ (0 84 21) 67 88, Fax 8 01 17, AX DC ED VA
22 Zi, Ez: 65-90, Dz: 100-140, 1 Suite, ⌐ WC ☎; Lift 🅿; garni ⇌
geschl: Mi ab 19, 7.-14.1.

*** **Domherrnhof**
Domplatz 5, ⌧ 85072, ☎ (0 84 21) 61 26, Fax 8 08 49, AX ED
Hauptgericht 40; Terrasse; geschl: Mo, Barockhaus von 1715 mit Rokoko-Stuckarbeiten

☛ **Konditorei-Cafe
im Hotel Fuchs**
Ostenstr 8, ✉ 85072, ☎ (0 84 21) 67 88,
Fax 8 01 17
🅿 Terrasse; geschl: Mi abends

Eichstätt-Außerhalb (9 km ↘)
✱ **Waldgasthof Geländer**
einzeln ♂ an der B 13, ✉ 85132, ☎ (0 84 21)
67 61, Fax 26 14, ED VA
31 Zi, Ez: 54-64, Dz: 90-109, ⇘ WC ☎; 🅿 🚗
2⇔40 🍴
geschl: 27.1.-19.2.

Eichstätt-Außerhalb (1 km ←)
✱ **Burgschänke**
♂ ⌙ auf der Willibaldsburg, ✉ 85072,
☎ (0 84 21) 49 70, Fax 83 49
8 Zi, Ez: 65, Dz: 110, ⇘ WC ☎; 🍴

Landershofen (3 km ↘)
✱ **Haselberg**
Am Haselberg 1, ✉ 85072, ☎ (0 84 21)
67 01, Fax 9 98 80
26 Zi, Ez: 62-89, Dz: 94-112, ⇘ WC ☎; 🅿
2⇔50 🍴 ☛
geschl: 15.1.-15.2.

Wasserzell (4 km ↙)
✱ **Gasthof Zum Hirschen mit
Gästehaus**
Brückenstr 9, ✉ 85072, ☎ (0 84 21) 96 80,
Fax 96 88 88
40 Zi, Ez: 65-70, Dz: 100-110, ⇘ WC ☎ DFÜ;
Lift 🅿 3⇔40 🍴 ☛
geschl: 20.12.-1.2.

Eichstetten 67 □

Baden-Württemberg — Kreis Breisgau-
Hochschwarzwald — 189 m — 2 980 Ew —
Emmendingen 10, Breisach 16, Freiburg
27 km
🛈 ☎ (0 76 63) 9 32 30, Fax 93 23-32 —
Gemeindeverwaltung, Hauptstr 43,
79356 Eichstetten. Sehenswert: Rathaus
mit Staffelgiebel; Steinbrücke 18. Jh.; Dorfmuseum

✱ **Zum Ochsen** ✤
Altweg 2, ✉ 79356, ☎ (0 76 63) 15 16,
Fax 10 20
Hauptgericht 27; Gartenlokal 🅿; geschl:
Mo, Di mittags, 15.6.-30.6.

Eichwalde 30 ↘

Brandenburg — Kreis Königs Wusterhausen — 36 m — 5 127 Ew — Königs Wusterhausen 9, Berlin 24 km
🛈 ☎ (0 30) 67 50 20 — Gemeindeamt, Grü-
nauer Str 49, 15732 Eichwalde. Sehenswert:
Ev. und kath. Kirche; Büdnerhaus; Wasserturm; Bruno-Traut-Siedlung

✤ Besonders beachtenswertes
Restaurant

✱ **Eichwalde**
Bahnhofstr 10, ✉ 15732, ☎ (0 30)
6 75 09 40, Fax 675094 22, ED
11 Zi, Ez: 95-125, Dz: 135-150, ⇘ WC ☎; 🅿;
garni

✱✱ **C + W Gourmet** ✤
Bahnhofstr 9, ✉ 15732, ☎ (0 30) 6 75 84 23,
Fax 6 75 84 23
Hauptgericht 32; nur abends; geschl: Mo,
Di, im Winter So abends, 22.12.-10.1.

Eigeltingen 68 ↘

Baden-Württemberg — Kreis Konstanz —
450 m — 3 232 Ew — Stockach 10, Engen
12 km
🛈 ☎ (0 77 74) 9 32 20, Fax 93 22 30 —
Gemeindeverwaltung, Krumme Str 1,
78253 Eigeltingen; Erholungsort im Hegau

Eigeltingen-Außerhalb (1 km ↑)
✱ **Lochmühle**
einzeln, Hinterdorfstr 44, ✉ 78253,
☎ (0 77 74) 70 86, Fax 68 65, ED VA
35 Zi, Ez: 85-90, Dz: 130-150, 2 Suiten,
3 App, ⇘ WC ☎; 🅿 🚗 3⇔40 ≋ Sauna
Solarium ☛
geschl: Feb
Erlebnis-Freizeitanlage mit Bauernhof
✱ **Mühlenstube**
☒ Hauptgericht 25; Biergarten; geschl: Feb

Eilenburg 39 □

Sachsen — Kreis Eilenburg — 150 m —
20 500 Ew — Leipzig 20, Delitzsch 23 km
🛈 ☎ (0 34 23) 65 21 78, Fax 38 58 — Amt für
Fremdenverkehr, Markt 1, 04838 Eilenburg.
Sehenswert: Rathaus; Burggelände mit
Sorbenturm

✱✱ **Il-Burg**
♂ Puschkinstr 33, ✉ 04838, ☎ (0 34 23)
75 95 28 + 75 94 04, Fax 75 94 05, AX DC ED VA
34 Zi, Ez: 120-150, Dz: 150-180, ⇘ WC ☎,
5⌂; Lift 🚗 1⇔25; garni 🍴
Rezeption: Sa + So 6-10, 17-21; geschl:
Ende Dez-Anfang Jan

Eilsen, Bad 25 ↓

Niedersachsen — Kreis Schaumburg —
80 m — 2 170 Ew — Bückeburg 8, Hameln
27 km
🛈 ☎ (0 57 22) 8 86 50, Fax 8 86 51 — Kurverwaltung, Bückeburger Str 2, 31707 Bad Eilsen; Kurort im Weserbergland; Schlamm-
und Schwefelbäder

✱ **Pension Landhaus Lahmann**
Harrlallee 3, ✉ 31707, ☎ (0 57 22) 83 33,
Fax 8 11 32
19 Zi, Ez: 60-125, Dz: 100-180, 3 App, ⇘ WC,
19⌂; 🅿 🚗 Sauna Solarium

Eimke 18 ↘

Niedersachsen — Kreis Uelzen — 40 m — 988 Ew — Uelzen 17, Munster 19, Lüneburg 40 km
🛈 ☏ (0 58 73) 13 18 — Verkehrsverein Gerdautal, Mühlenfeld 2, 29578 Eimke

*   Akzent-Hotel Wacholderheide
Dorfstr 6, ⌧ 29578, ☏ (0 58 73) 3 29, Fax 14 50, AX ED VA
24 Zi, Ez: 55-75, Dz: 100-145, ⌐ WC ☏; P 2⇔120 Kegeln ⓘ

Einbeck 36 ↑

Niedersachsen — Kreis Northeim — 114 m — 29 600 Ew — Northeim 17, Alfeld 24 km
🛈 ☏ (0 55 61) 91 61 21, Fax 91 63 00 — Tourist-Information, Marktplatz 6, 37574 Einbeck. Sehenswert: Ev. ehem. Stiftskirche; Ev. Marktkirche; Rathaus; Ratswaage; Ratsapotheke; Brodhaus; Reste der Stadtbefestigung; Fachwerkhäuser; Fahrradmuseum; Kuventhaler Straßenbrücke (6 km ↑, an der B 3)

**   Akzent-Hotel Panorama
◄ Mozartstr 2, ⌧ 37574, ☏ (0 55 61) 93 77-0, Fax 7 40 11, AX DC ED VA
40 Zi, Ez: 120-140, Dz: 150-180, 1 App, ⌐ WC ☏ DFÜ, 5⊠; Lift P 🚗 4⇔250 Fitneßraum Kegeln Sauna Solarium
**   Hauptgericht 25; Gartenlokal

*   Hasenjäger
einzeln ♂ ◄ Hubeweg 119, ⌧ 37574, ☏ (0 55 61) 9 30 20, Fax 7 36 67, AX DC ED VA
19 Zi, Ez: 110, Dz: 115-160, ⌐ WC ☏; P 🚗 2⇔50 9Golf ═
**   ◄ Hauptgericht 26

*   Goldener Löwe
Mönchplatz 10, ⌧ 37574, ☏ (0 55 61) 7 40 50, Fax 7 52 95, ED VA
12 Zi, Ez: 95-130, Dz: 130-150, ⌐ WC ☏, 3⊠; P 1⇔30 ⓘ ═

**   Der Schwan
Tiedexer Str 1, ⌧ 37574, ☏ (0 55 61) 46 09, Fax 7 23 66, DC ED VA
Hauptgericht 32; P Terrasse; nur abends; geschl: So
**   12 Zi, Ez: 95-122, Dz: 130-170, ⌐ WC ☏, 4⊠; 🚗

<mark>Negenborn</mark> (6 km ↗)
**   Einbecker Sonnenberg
einzeln ♂ ◄ ⌧ 37574, ☏ (0 55 61) 79 50, Fax 79 51 00, AX ED VA
28 Zi, Ez: 115-135, Dz: 165-205, 28 Suiten, 28 App, ⌐ WC ☏; P 3⇔50 ≋ Sauna Solarium
Hotelanlage bestehend aus mehreren Bungalows
**   ◄ Hauptgericht 30

Eisenach 46 ↗

Thüringen — Kreis Wartburgkreis — 250 m — 45 300 Ew — Erfurt 58, Kassel 76 km
🛈 ☏ (0 36 91) 79 23-0, Fax 79 23-20 — Tourismus Eisenach GmbH, Markt (C 1), 99817 Eisenach. Sehenswert: Wartburg; Markt; Marktbrunnen; Stadtschloß; Rathaus; Lutherhaus; Lutherdenkmal; St.-Georgen-Kirche; Predigerkirche; St.-Annen-Kirche; St.-Elisabeth-Kirche; Nikolaikirche; Bachhaus; Reuter-Wagner-Museum; Automobilbaumuseum; Kartausgarten mit Teezimmer

***   Arkona Hotel Thüringer Hof
Karlsplatz 11 (B 1), ⌧ 99817, ☏ (0 36 91) 2 80, Fax 28 19 00, AX DC ED VA
126 Zi, Ez: 150-175, Dz: 195-235, S; 1 Suite, ⌐ WC ☏ DFÜ, 63⊠; Lift P 🚗 5⇔200 Fitneßraum Sauna Solarium ⓘ

***   Romantik Hotel Kaiserhof
Wartburgallee 2 (B 1), ⌧ 99817, ☏ (0 36 91) 21 35 13, Fax 20 36 53, AX ED VA
64 Zi, Ez: 115-150, Dz: 150-220, 2 Suiten, ⌐ WC ☏, 30⊠; Lift 3⇔150 Fitneßraum Sauna Solarium
Auch Zimmer der Kategorie ****** vorhanden
**   Historisches Weinrestaurant Turmschänke
⊗ Hauptgericht 35; P; nur abends; geschl: So, 3 Wochen im Jan

**   Villa Anna
♂ ◄ Fritz-Koch-Str 12, ⌧ 99817, ☏ (0 36 91) 2 39 50, Fax 23 95 30, AX ED VA
14 Zi, Ez: 100-165, Dz: 120-210, ⌐ WC ☏; 🚗; garni
Auch Zimmer der Kategorie ******* vorhanden. Jugendstilvilla

**   Schloßhotel Eisenach
Markt 10 (A 1), ⌧ 99817, ☏ (0 36 91) 21 42 60, Fax 21 42 59, AX ED VA
40 Zi, Ez: 110-180, Dz: 150-220, 3 Suiten, ⌐ WC ☏; Lift P 3⇔60 Fitneßraum Sauna Solarium ⓘ ═
Auch Zimmer der Kategorie ******* vorhanden

**   Burgfried
Marienstr 60 (B 3), ⌧ 99817, ☏ (0 36 91) 21 42 21, Fax 21 42 24, AX DC ED VA
18 Zi, Ez: 90-130, Dz: 130-170, 1 Suite, ⌐ WC ☏; P; garni
Jugendstilvilla

**   Sophien Hotel
Sophienstr 41 (B 1), ⌧ 99817, ☏ (0 36 91) 25 10, Fax 2 51 11, AX ED VA
56 Zi, Ez: 110-130, Dz: 160-185, S; 1 Suite, 2 App, ⌐ WC ☏, 6⊠; Lift 🚗 3⇔40 Sauna Solarium ⓘ
**   Hauptgericht 22

Eisenach

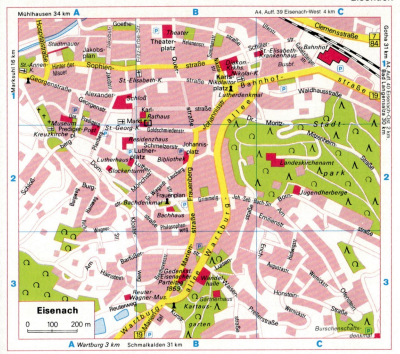

** Haus Hainstein
♂ ⫷ Am Hainstein 16 (A 3), ✉ 99817,
☎ (0 36 91) 24 20, Fax 24 21 09, AX DC ED VA
46 Zi, Ez: 70-115, Dz: 130-150, ⌐ WC ☎; Lift
🅿 5⇌100 ⊙⊡

** Logotel
Karl-Marx-Str 30 (außerhalb), ✉ 99817,
☎ (0 36 91) 23 50, Fax 23 51 00, AX DC ED VA
48 Zi, Ez: 110, Dz: 140, 2 App, ⌐WC☎DFÜ,
24 📠; Lift 🅿 🚗 2⇌80 Solarium ⊙⊡ ⊜

** Andersen
Clemensstr 31-33 (C 1), ✉ 99817,
☎ (0 36 91) 25 50, Fax 25 53 00, AX DC ED VA
48 Zi, Ez: 99-149, Dz: 129-168, ⌐ WC ☎,
14 📠; Lift 🅿 🚗 4⇌80 ⊙⊡

* Hellgrafenhof mit Gästehaus
Katharinenstr 13, ✉ 99817, ☎ (0 36 91)
2 93 90, Fax 29 39 26, AX DC ED VA
39 Zi, Ez: 70-108, Dz: 100-144, 1 Suite, ⌐
WC ☎; 🅿 🚗 2⇌70 Sauna Solarium ⊙⊡ ⊜

* Pension Klostergarten
♂ Am Klosterholz 23, ✉ 99817, ☎ (0 36 91)
78 51 66, Fax 78 51 48, AX ED VA
19 Zi, Ez: 70-90, Dz: 100-120, ⌐ WC ☎; 🅿;
garni

* Haus Waldblick
♂ Albrechtstr 1, ✉ 99817, ☎ (0 36 91)
21 47 51, Fax 21 47 52
10 Zi, Ez: 65-75, Dz: 98-110, ⌐ WC ☎; 🅿 🚗;
garni ⊜

* Villa Elisabeth
⫷ Reuterweg 1 (B 3), ✉ 99817, ☎ (0 36 91)
7 70 52, Fax 74 36 52
8 Zi, Ez: 70-100, Dz: 130-150, 1 Suite, ⌐ WC
☎, 8 📠; 🅿; garni
Rezeption: 8-12, 15-19

Eisenach-Außerhalb (3 km ✓)
*** Auf der Wartburg
einzeln ♂ ⫷ Auf der Wartburg, ✉ 99817,
☎ (0 36 91) 79 70, Fax 79 71 00, AX DC ED VA
35 Zi, Ez: 195-275, Dz: 260-395, ⌐ WC ☎,
4 📠; 🅿 🚗 2⇌120 ⊜
Gebührenpflichtiger Parkplatz unterhalb
des Burgkegels (Pendelbus bei Bedarf),
Pkw-Zufahrt von 17-9 Uhr
** Landgrafenstube
▨ Hauptgericht 33; Terrasse

Hötzelsroda
* Birkenhof
♂ Schillerplatz 8, ✉ 99819, ☎ (0 36 91)
61 19 27, Fax 61 18 12, AX ED VA
14 Zi, Ez: 70-85, Dz: 110-130, ⌐ WC ☎; 🅿
Restaurant für Hausgäste →

Eisenach

Stedtfeld (3 km ←)
*** Courtyard by Marriott
Weinbergstr 5, ✉ 99819, ☎ (0 36 91) 81 50, Fax 81 51 00, AX DC ED VA
138 Zi, Ez: 140-160, Dz: 160-180, ⊣ WC ☎, 40⊠; Lift 🅿 5⇌250 Fitneßraum Sauna Solarium ▓

Stockhausen (5 km ↗)
* Quality
Am Weinberg 1, ✉ 99817, ☎ (0 36 91) 86 80, Fax 86 82 00, AX DC ED VA
60 Zi, Ez: 99-159, Dz: 99-159, S; ⊣ WC ☎ DFÜ, 15⊠, Lift, 3⇌150 🅿 🍴 Fitneßraum Sauna Solarium ▓
Zimmer der Kategorie ****** vorhanden

* Comfort Hotel Eisenach
Am Grundbach 1, ✉ 99819, ☎ (0 36 92) 8 21 00, Fax 8 22 99, AX DC ED VA
99 Zi, Ez: 79-89, Dz: 98-119, S; ⊣ WC ☎, 50⊠; 🅿; garni
Restaurant für Hausgäste

siehe auch **Creuzburg**

Eisenberg 54 ←

Rheinland-Pfalz — Donnersbergkreis — 250 m — 8 000 Ew — Grünstadt 10, Kirchheimbolanden 15, Mannheim 40 km
ℹ ☎ (0 63 51) 4 07 60, Fax 4 07 55 — Verbandsgemeindeverwaltung, Hauptstr 86, 67304 Eisenberg; Erholungsort. Sehenswert: Besucherbergwerk Reindlstollen

** Waldhotel
♦ Martin-Luther-Str 20, ✉ 67304, ☎ (0 63 51) 14 30, Fax 14 31 00, AX DC ED VA
39 Zi, Ez: 105, Dz: 160, ⊣ WC DFÜ; Lift 🅿 3⇌ Kegeln Sauna Solarium
** Eisenberger Stuben
Hauptgericht 30; Terrasse

Eisenberg 70 ↘

Bayern — Kreis Ostallgäu — 850 m — 1 162 Ew — Pfronten 7, Füssen 12 km
ℹ ☎ (0 83 64) 12 37, Fax 98 71 54 — Touristikbüro, Pröbstener Str 9, 87637 Eisenberg; Erholungsort im Ostallgäu

Pröbsten (1 km ↗)
** Gockelwirt mit Gästehaus
Pröbstener Str 23, ✉ 87637, ☎ (0 83 64) 8 30, Fax 83 20, ED
22 Zi, Ez: 75-120, Dz: 122-174, 4 Suiten, ⊣ WC ☎; 🅿 🍴 ≋ Sauna Solarium 2Tennis ▓
geschl: 9.11.-Mitte Dez

Unterreuten (3 km ↘)
** Landhotel Magnushof
♦ Unterreuten 51, ✉ 87637, ☎ (0 83 63) 9 11 20, Fax 91 12 50
7 Zi, Dz: 140-220, 1 Suite, 1 App, ⊣ WC ☎; 🅿 1⇌50 ≋ Sauna Solarium ▓

Eisenberg 48 ↗

Thüringen — Saale-Holzland-Kreis — 275 m — 12 428 Ew — Gera 16, Jena 26 km
ℹ ☎ (03 66 91) 7 34 54, Fax 7 34 60 — Eisenberg-Information, Markt 13/14, 07607 Eisenberg. Sehenswert: Barocke Schloßkirche

Serba (6 km ↙)
* Zu den grauen Ziegenböcken
Alten Regensburger Str 48, ✉ 07616, ☎ (03 66 01) 4 22 77, Fax 4 22 78, ED
11 Zi, Ez: 90-120, Dz: 140, ⊣ WC ☎; 🅿 ▓

Eisenhüttenstadt 31 ↘

Brandenburg — Oder-Spree-Kreis — 26 m — 48 538 Ew — Frankfurt/Oder 28, Guben 29 km
ℹ ☎ (0 33 64) 41 36 90, Fax 41 36 87 — Fremdenverkehrsverband, Oder-Neiße-Region e.V., Beeskower Str 114, 15890 Eisenhüttenstadt. Sehenswert: Gotische Pfarrkirche St Nikolai; Kunstgalerie; Feuerwehrmuseum; Zwillingsschachtschleuse; Städt. Museum; Arboretum; Freizeit- und Erholungspark „Insel"

** Fürstenberg
Gubener Str 12, ✉ 15890, ☎ (0 33 64) 7 54 40, Fax 75 01 32, AX DC ED VA
24 Zi, Ez: 105-120, Dz: 135-150, 10 App, ⊣ WC ☎, 18⊠; Lift 🅿 🍴 2⇌25 Bowling Fitneßraum Sauna Solarium ▓

* Berlin
Beeskower Str 114, ✉ 15890, ☎ (0 33 64) 42 60, Fax 41 47 50, AX DC ED VA
80 Zi, Ez: 109-121, Dz: 109-143, 4 Suiten, 20 App, ⊣ WC ☎, 22⊠; Lift 🅿 Sauna ▓

Eisenschmitt 42 ↘

Rheinland-Pfalz — Kreis Bernkastel-Wittlich — 320 m — 540 Ew — Wittlich 18, Bitburg 21 km
ℹ ☎ (0 65 72) 92 15 49, Fax 92 15 51 — Kurverwaltung, Grafenstr, 54531 Manderscheid; Erholungsort in der Eifel. Sehenswert: Abtei Himmerod (4 km ↘)

Eichelhütte (3 km →)
** Molitors Mühle
einzeln ♦ ≋ ✉ 54533, ☎ (0 65 67) 96 60, Fax 96 61 00, AX ED VA
27 Zi, Ez: 75-125, Dz: 140-180, 4 Suiten, 6 App, ⊣ WC DFÜ, 2⊠; Lift 🅿 🍴 3⇌30 ≋ Strandbad Seezugang Sauna Solarium 1Tennis ▓
geschl: 7.1.-10.2., 5.-17.12.
** Hauptgericht 25; Gartenlokal Terrasse; geschl: 7.1.-10.2., 5.12.-17.12.

Eisleben Lutherstadt 38 □

Sachsen-Anhalt — Mansfelder Land — 128 m — 23 000 Ew — Sangerhausen 20, Halle 34 km
🛈 ☎ (0 34 75) 60 21 24, Fax 60 26 34 — Fremdenverkehrsverein, Bahnhofstr. 36, 06295 Eisleben. Sehenswert: Hist. Stadtkern; St.-Petri-Pauli-Kirche; St.-Andreas-Kirche; St.-Annen-Kirche mit Steinbilderbibel; Luther-Haus und Luther-Denkmal; Heimatmuseum; Kloster Helfta

**✱✱ Mansfelder Hof
Flair Hotel**
Hallesche Str 33, ✉ 06295, ☎ (0 34 75) 66 90, Fax 66 92 21, AX DC ED VA
32 Zi, Ez: 85-110, Dz: 145, ⊣ WC ☎ DFÜ, 2🖂; Lift 🅿 3⟷120 Bowling 🍽 ⚫

✱ Gerichtslaube
Friedensstr 2, ✉ 06295, ☎ (0 34 75) 60 22 34, Fax 68 00 13, AX DC ED VA
15 Zi, Ez: 80-110, Dz: 135-145, ⊣ WC ☎; 🅿 1⟷50 🍽

✱ Alter Simpel
Glockenstr 7, ✉ 06295, ☎ (0 34 75) 69 65 07, Fax 69 63 20, AX DC ED VA
17 Zi, Ez: 65-95, Dz: 110-135, ⊣ WC ☎; 🅿 🍽
Rezeption: 7-21

Helfta (3 km ↘)
✱ Zur Lutherstadt
Goethestr 46, ✉ 06295, ☎ (0 34 75) 71 91 40, Fax 71 91 42, AX DC ED VA
14 Zi, Ez: 45-95, Dz: 90-140, ⊣ WC ☎; Fitneßraum Sauna Solarium 🍽

Eislingen (Fils) 62 □

Baden-Württemberg — Kreis Göppingen — 336 m — 19 000 Ew — Göppingen 4, Schwäbisch Gmünd 11 km
🛈 ☎ (0 71 61) 80 42 66, Fax 80 42 99 — Stadtverwaltung, Hauptstr 61, 73054 Eislingen

✱✱ Eichenhof
Leonhardstr 81, ✉ 73054, ☎ (0 71 61) 85 20, Fax 85 21 62, AX DC ED VA
124 Zi, Ez: 89-125, Dz: 150-185, ⊣ WC ☎ DFÜ, 45🖂; Lift 🚗 20⟷400 Fitneßraum Kegeln 🍽
Auch Zimmer der Kategorie ✱ vorhanden

✱✱ Schönblick
⬅ Höhenweg 11, ✉ 73054, ☎ (0 71 61) 98 44 30, Fax 9 84 43 18, ED VA
Hauptgericht 25; 🅿 Terrasse; geschl: Mo, Di

Eitorf 43 ↑

Nordrhein-Westfalen — Rhein-Sieg-Kreis — 89 m — 18 500 Ew — Siegburg 22, Waldbröl 31 km
🛈 ☎ (0 22 43) 1 94 33, Fax 8 91 79 — Gemeindeverwaltung, Markt 1, 53783 Eitorf; Ort an der Sieg. Sehenswert: Kath. Kirche im Ortsteil Merten (4 km ←)

Alzenbach (3 km ↗)
✱ Schützenhof
Windecker Str 2, ✉ 53783, ☎ (0 22 43) 88 70, Fax 88 73 32, ED VA
90 Zi, Ez: 40-80, Dz: 70-140, ☎; Lift 🅿 6⟷50 🏊 Kegeln Sauna Solarium 🍽 ⚫
Auch einfachere Zimmer vorhanden

Niederottersbach (10 km →)
✱ Haus Steffens
Ottersbachtalstr 15, ✉ 53783, ☎ (0 22 43) 9 19 40, Fax 91 94 44
17 Zi, Ez: 60, Dz: 120, 1 App, ⊣ WC ☎; 🅿 1⟷50 Kegeln Sauna Solarium 🍽

Elchingen 62 ↘

Bayern — Kreis Neu-Ulm — 500 m — 9 900 Ew — Ulm 14, Günzburg 16 km
🛈 ☎ (07 31) 2 06 60, Fax 20 66 34 — Gemeindeverwaltung, im Ortsteil Thalfingen, Pfarrgäßle 2, 89275 Elchingen. Sehenswert: Ehem. Klosterkirche

Unterelchingen
✱ Zahn
Hauptstr 35, ✉ 89275, ☎ (0 73 08) 30 07, 4 23 89
16 Zi, Ez: 90, Dz: 125, ⊣ WC ☎; 🅿 2⟷50 Kegeln
geschl: Fr
✱ Hauptgericht 20; Terrasse; geschl: Fr

Elend 37 ↘

Sachsen-Anhalt — Kreis Wernigerode — 506 m — 510 Ew — Braunlage 6, Elbingerode 10 km
🛈 ☎ (03 94 55) 3 75, Fax 3 75 — Kurbetriebsgesellschaft Brocken mbH, Hauptstr 19, 38875 Elend; Erholungsort. Sehenswert: kleinste Holzkirche Deutschlands

✱ Waldesruh
Hauptstr 30, ✉ 38875, ☎ (03 94 55) 3 77, Fax 2 81, VA
21 Zi, Ez: 60-135, Dz: 100-170, 2 Suiten, ⊣ WC; 🅿 2⟷60 🍽

Mandelholz (3 km →)
✱ Grüne Tanne
Mandelholz 1, ✉ 38875, ☎ (03 94 54) 4 60, Fax 4 61 55
23 Zi, Ez: 75-80, Dz: 100-130, 1 App, ⊣ WC ☎; Lift 🅿 1⟷15 🍽

Elfershausen 46 ↓

Bayern — Kreis Bad Kissingen — 199 m — 4 645 Ew — Hammelburg 8, Bad Kissingen 14 km
🛈 ☎ (0 97 04) 9 11 00, Fax 91 10 44 — Verwaltungsgemeinschaft, Marktstr 17, 97725 Elfershausen. Sehenswert: Ruine Trimburg ⬅ (3 km ↘) →

Elfershausen

** Ullrich
◂ August-Ullrich-Str 42, ⌧ 97725,
☎ (0 97 04) 2 81, Fax 61 07, AX DC ED VA
66 Zi, Ez: 110, Dz: 138-160, WC ☏, 10✉; Lift
🅿 🖶 5♡100 ≙ Kegeln Sauna Solarium
18Golf ☕
Auch Zimmer der Kategorie ***** vorhanden
* Hauptgericht 30; Biergarten Terrasse; geschl: 20.12.-27.12.

⌂ Landgasthof Zum Stern
August-Ullrich-Str 5, ⌧ 97725, ☎ (0 97 04)
2 74, Fax 73 71, ED
20 Zi, Ez: 45, Dz: 80; ⁂

Elkenroth 43 ↗

Rheinland-Pfalz — Kreis Altenkirchen/Westerwald — 500 m — 1 900 Ew
ℹ ☎ (0 27 47) 80 90, Fax 8 09 17 — Verbandsgemeinde, Rathausplatz 1, 57580 Gebhardshain

** Landhaus Krombach
Rainstr 10, ⌧ 57578, ☎ (0 27 47) 92 06-0,
Fax 92 06 49, AX DC ED VA
21 Zi, Ez: 95, Dz: 160, ⊿ WC ☏, 3✉, 🅿
1♡20 ≙ Sauna Solarium ⁂ ☕

Ellefeld 49 □

Sachsen — Vogtlandkreis — 500 m —
3 300 Ew — Auerbach 5, Klingenthal 18 km
ℹ ☎ (0 37 45) 53 56, Fax 53 78 — Gemeindeverwaltung, Hauptstr 21, 08236 Ellefeld

* Ellefelder Hof
Marktplatz 1a, ⌧ 08236, ☎ (0 37 45) 7 81 50,
Fax 52 40, AX DC ED VA
25 Zi, Ez: 65-90, Dz: 90-140, ⊿ WC ☏, 7✉;
Lift 3♡150 ⁂
geschl: 5.-18.1.

Ellerbek 18 ↘

Schleswig-Holstein — Kreis Pinneberg —
14 m — 4 190 Ew — Pinneberg 5, Hamburg 15 km
ℹ ☎ (0 41 01) 3 21 39, Fax 3 12 46 — Gemeindeverwaltung, Rugenbergener Mühlenweg, 25474 Ellerbek

** Stock's Fischrestaurant
Hauptstr 1, ⌧ 25474, ☎ (0 41 01) 38 35 65,
Fax 38 35 67, AX ED VA
Hauptgericht 30; geschl: Sa mittags, Mo

Ellwangen (Jagst) 62 ↗

Baden-Württemberg — Ostalbkreis —
434 m — 25 000 Ew — Aalen 18, Dinkelsbühl 22, Crailsheim 23 km
ℹ ☎ (0 79 61) 8 43 03, Fax 5 52 67 — Fremdenverkehrsamt, Spitalstr 4, 73479 Ellwangen (Jagst); Erholungsort. Sehenswert: Basilika; ev. Kirche; Wallfahrtskircheauf dem Schönenberg; Schloß: Museum; Römerkastell (8 km ↓)

** Roter Ochsen mit Gästehaus
Schmiedstr 16, ⌧ 73479, ☎ (0 79 61) 40 71,
Fax 5 36 13, AX ED VA
30 Zi, Ez: 50-120, Dz: 105-180, ⊿ WC ☏,
4✉; Lift 🅿 🖶 1♡25 ☕
Im Hauptaus auch Zimmer der Kategorie
* vorhanden
** Hauptgericht 25

* Stadthotel Germania
Wolfgangstr 4, ⌧ 73479, ☎ (0 79 61)
98 80-0, Fax 98 80-49, AX DC ED VA
31 Zi, Ez: 80-95, Dz: 130-150, 1 Suite, 1 App,
⊿ WC ☏ DFÜ, 14✉; Lift 🅿 🖶 2♡12 ☕
Restaurant für Hausgäste

Espachweiler 4 km ↙
* Seegasthof
Bussardweg 1, ⌧ 73479, ☎ (0 79 61) 77 60,
Fax 5 38 46, AX ED VA
Hauptgericht 25; 🅿 Terrasse; geschl: Fr,
9.-31.1.
* 7 Zi, Ez: 55-65, Dz: 95-115, ⊿ WC ☏
geschl: 9.-31.1.

Elmshorn 18 ↘

Schleswig-Holstein — Kreis Pinneberg —
10 m — 47 000 Ew — Itzehoe 23, Hamburg 36 km
ℹ ☎ (0 41 21) 26 88 32, Fax 2 56 27 — Verkehrs-und Bürgerverein, 25336 Elmshorn-Torhaus

* Royal
Lönsweg 5, ⌧ 25335, ☎ (0 41 21) 4 26 40,
Fax 42 64 94, AX DC ED VA
63 Zi, Ez: 85-110, Dz: 145-170, ⊿ WC ☏
DFÜ; 🅿 🖶 9♡500 ≙ Kegeln Sauna Solarium ⁂
Auch Zimmer der Kategorie ****** vorhanden

Elmstein 53 ↘

Rheinland-Pfalz — Kreis Bad Dürkheim —
225 m — 3 000 Ew — Neustadt a. d. Weinstraße 22, Kaiserslautern 28 km
ℹ ☎ (0 63 28) 2 34, Fax 82 33 — Verkehrsamt, Bahnhofstr 14, 67471 Elmstein; Erholungsort im Naturpark „Pfälzer Wald"

Iggelbach (2 km ↙)
* Heller's Waldhotel
♂ Schloßgasse 31, ⌧ 67471, ☎ (0 63 28)
9 82 00, Fax 98 20 20, ED VA
8 Zi, Dz: 96-120, 1 App, ⊿ WC ☏, 2✉; 🅿 ⁂

Elster, Bad 49 ↙

Sachsen — Vogtlandkreis — 500 m —
4 700 Ew — Plauen 9, Schönberg 33 km
ℹ ☎ (03 74 37) 7 14 61, Fax 7 12 60 — Bad Elster Information, Badstr 6, 08645 Bad Elster; Mineral- und Moorheilbad im „Bäderwinkel" des Vogtlandes. Sehenswert: Kurhaus und -park; Brunnentempel der Marienquelle; Pfarrkirche St.Trinitatis; Albertbad

Eltville am Rhein

** Quellenpark
♂ Ascher Str 20, ⊠ 08645, ☎ (03 74 37) 56 00, Fax 5 60 56, ED VA
20 Zi, Ez: 70-120, Dz: 120-170, 1 App, ⊿ WC ☎ DFÜ; P 🚗 Sauna
Rezeption: 9-20; geschl: 2.-22.11.
Restaurant für Hausgäste; Auch Zimmer der Kategorie * vorhanden

** Parkhotel Helene
Parkstr 33, ⊠ 08645, ☎ (03 74 37) 50-0, Fax 50 99, DC ED VA
25 Zi, Ez: 61-105, Dz: 94-180, ⊿ WC ☎ DFÜ; Lift P 🚗 1⇄32 Sauna ▯◉▮
Auch Zimmer der Kategorie * vorhanden

Mühlhausen (2,5 km ↗)
* Vogtland
Brambacher Str 38, ⊠ 08626, ☎ (03 74 37) 4 60 24, Fax 34 84, ED VA
30 Zi, Ez: 50-110, Dz: 80-160, ⊿ WC ☎; Lift P 🚗 1⇄40 Sauna Solarium ▯◉▮
Auch Zimmer der Kategorie ** vorhanden

Elsterberg 49 ↑

Sachsen — Kreis Plauen — 350 m — 5 800 Ew
ℹ️ ☎ (03 66 21) 88 10, Fax 8 81 11 — Stadtverwaltung, Markt 1, 07985 Elsterberg

* Burghotel
Karl-Marx-Str 43, ⊠ 07985, ☎ (03 66 21) 2 06 53, Fax 2 06 52
13 Zi, Ez: 85, Dz: 125, ⊿ WC ☎; ▯◉▮

Elsterwerda 40 □

Brandenburg — Kreis Elbe-Elster — 93 m — 11 000 Ew — Lauchhammer 23, Riesa 26, Dresden 60 km
ℹ️ ☎ (0 35 33) 6 50, Fax 6 51 09 — Stadtverwaltung, Hauptstr 12, 04910 Elsterwerda.
Sehenswert: Pfarrkirche St. Katharina; Barockschloß; Kleine Galerie „Hans Nadler"

** Arcus
Hauptstr 14, ⊠ 04910, ☎ (0 35 33) 16 23 55, Fax 16 23 54, AX DC ED VA
16 Zi, Ez: 90-120, Dz: 130-160, 1 App, ⊿ WC ☎, 10🖂; P ▯◉▮ 🚗

* City-Hotel
Denkmalsplatz 4, ⊠ 04910, ☎ (0 35 33) 16 18 18, Fax 39 67, AX ED VA
20 Zi, Ez: 65-85, Dz: 100-130, 1 Suite, 1 App, ⊿ WC ☎; P 4⇄35 Sauna
Restaurant für Hausgäste

Elten siehe Emmerich

Eltmann 56 ↗

Bayern — Kreis Haßberge — 240 m — 5 600 Ew — Haßfurt 15, Bamberg 19 km
ℹ️ ☎ (0 95 22) 8 99 24, Fax 8 99 60 — Fremdenverkehrsamt, Marktplatz 1, 97483 Eltmann; Stadt am Main. Sehenswert: Ruine Wallburg ⊰; Wallfahrtskirche Maria Limbach (4 km ←)

* Haus Am Wald
♂ ⊰ Georg-Göpfert-Str 31, ⊠ 97483, ☎ (0 95 22) 2 31, Fax 7 06 20
15 Zi, Ez: 50-65, Dz: 85-98, ⊿ WC ☎, 3🖂; P ≋
geschl: 1.-31.3.
Restaurant für Hausgäste

* Wallburg
Wallburgstr 1, ⊠ 97483, ☎ (0 95 22) 60 11, Fax 81 38
16 Zi, Ez: 45-60, Dz: 94-100, ⊿ WC ☎, 16🖂; P 🚗 1⇄25 Fitneßraum Sauna Solarium ▯◉▮
Rezeption: 7-13, 16-21; geschl: Anfang Jan

Eltville am Rhein 54 ↖

Hessen — Rheingau-Taunus-Kreis — 100 m — 17 000 Ew — Wiesbaden 14, Rüdesheim 15, Mainz 15 km
ℹ️ ☎ (0 61 23) 69 71 54, Fax 8 11 87 — Kultur- und Gästeamt, Schmittstr 2, 65343 Eltville.
Sehenswert: Altstadt mit alten Adelshöfen; Kath. Kirche; Kurfürstl. Burg (14. Jh); Marktplatz mit Fachwerkensemble; ehem. Kloster Eberbach; Bubenhäuser Höhe ⊰

** Frankenbach Mainzer Hof
Wilhelmstr 13, ⊠ 65343, ☎ (0 61 23) 90 40, Fax 6 36 02, AX ED VA
23 Zi, Ez: 100-140, Dz: 160-200, 2 Suiten, ⊿ WC ☎; P 3⇄150 ▯◉▮ 🚗

* Sonnenberg
♂ Friedrichstr 65, ⊠ 65343, ☎ (0 61 23) 30 81, Fax 6 18 29, AX ED
30 Zi, Ez: 105-125, Dz: 155-170, 1 Suite, ⊿ WC ☎; Lift P 🚗; garni

** Piccolo Mondo
Schmittstr 1, ⊠ 65343, ☎ (0 61 23) 21 24, AX ED VA
Hauptgericht 35

Erbach (2 km ←)
**** Schloss Reinhartshausen 👑 Relais & Châteaux
⊰ Hauptstr 43, ⊠ 65346, ☎ (0 61 23) 67 60, Fax 67 64 00, AX DC ED VA
39 Zi, Ez: 360-550, Dz: 390-550, 15 Suiten, ⊿ WC ☎ DFÜ; Lift P 🚗 11⇄180 ≋ Sauna Solarium 🚗
Eigenbauweine
***** Marcobrunn 🍷🍷
Hauptgericht 50; Terrasse; nur abends, Sa + So auch mittags; geschl: Jan, 3 Wochen im Sommer
** Wintergarten
⊰ Hauptgericht 40; Terrasse; im Winter nur mittags
** Schloßkeller
♕ Hauptgericht 40; nur abends; geschl: in den Sommerferien →

325

Eltville am Rhein

**   **Pan zu Erbach**
Eberbacher Str 44, ⊠ 65346, ☎ (0 61 23)
6 35 38, Fax 42 09, AX DC ED VA
Hauptgericht 32; Terrasse; nur abends,
So + Fr auch mittags; geschl: Mi,
Eigenes Weingut

Hattenheim (4 km ←)
***   **Kronenschlößchen**
L'Art de Vivre-Residenz
Rheinallee, ⊠ 65347, ☎ (0 67 23) 6 40,
Fax 76 63, AX DC ED VA
6 Zi, Ez: 230-290, Dz: 250-320, 12 Suiten, ⌐
WC ☎; P 4↔80
Auch Zimmer der Kategorie ******** vorhanden
***   Hauptgericht 54; Gartenlokal
Terrasse; nur abends, sa, so + feiertags
auch mittags; geschl: Feb
**   **Bistro**
Hauptgericht 32; Biergarten

**   **Zum Krug**
Hauptstr 34, ⊠ 65347, ☎ (0 67 23) 9 96 80,
Fax 99 68 25, AX DC ED VA
Hauptgericht 36; geschl: So abends + Mo,
24.12.-24.1., 16.7.-30.7.
Eigenbauweine
**   10 Zi, Ez: 110, Dz: 200, 1 Suite, ⌐
WC ☎, 10⌂; P
geschl: Mo, 24.12.-24.1., 16.7.-30.7.

Martinsthal (3 km ↑)
*   **Zur Krone**
Hauptstr 27, ⊠ 65344, ☎ (0 61 23) 9 95 20,
Fax 99 52 52, ED
9 Zi, Ez: 80, Dz: 150-170, ⌐ WC ☎, 9⌂; P
⚑
geschl: Mi

Elzach   67 ↗

Baden-Württemberg — Kreis Emmendingen — 370 m — 6 700 Ew — Waldkirch 14, Haslach 15, Triberg 25 km
ℹ ☎ (0 76 82) 12 85, Fax 62 96 — Touristinformation Elztal, Schulstr. 8, 79215 Elzach-Oberprechtal; Luftkurort im Schwarzwald.
Sehenswert: Kath. Kirche; Neunlindenkapelle; Rohrhardsberg, 1150 m ◂ (7 km + 30 Min ↘); Landwassermühle in Oberprechtal

Oberprechtal (6 km ↗)
*   **Gasthof Adler**
Waldkircher Str 2, ⊠ 79215, ☎ (0 76 82)
12 91, Fax 12 25, ED VA
12 Zi, Ez: 60-95, Dz: 110-180, ⌐ WC ☎, 6⌂;
P
geschl: 18.1.-10.2.
Auch Zimmer der Kategorie ****** vorhanden
**   Hauptgericht 30; geschl: Di,
18.1.-10.2.

*   **Hirschen**
Triberger Str 8, ⊠ 79215, ☎ (0 76 82)
80 56 00, Fax 80 56 99, DC ED VA
14 Zi, Ez: 55-70, Dz: 110-140, ⌐ WC ☎;
1↔30 ⚑
Gasthof mit moderner Einrichtung

Elze   26 ↙

Niedersachsen — Kreis Hildesheim — 90 m — 10 000 Ew — Hildesheim 19, Hannover 30, Hameln 32 km
ℹ ☎ (0 50 68) 46 40, Fax 4 64-77 — Stadtverwaltung, Hauptstr 61, 31008 Elze; Städtchen an der Leine

*   **Papenhof**
♥ Papendahlweg 14, ⊠ 31008, ☎ (0 50 68)
40 45, Fax 22 60, AX ED VA
18 Zi, Ez: 80-120, Dz: 140-180, ⌐ WC ☎; P
1↔20 Sauna ⚑
geschl: 24.12.-1.1.
Restaurant für Hausgäste

Mehle (3 km ←)
***   **Schökel**
Alte Poststr 35, ⊠ 31008, ☎ (0 50 68) 30 66,
Fax 30 69, AX
Hauptgericht 35; Biergarten; geschl: Mo,
Di, Mi + Sa mittags, 1.1.-8.1.
*   10 Zi, Ez: 75-90, Dz: 130-180, ⌐
WC ☎; 1↔40
geschl: 1.1.-8.1.99

Emden   15 □

Niedersachsen — Stadtkreis — 4 m — 52 000 Ew — Aurich 23, Leer 29, Oldenburg 100 km
ℹ ☎ (0 49 21) 9 74 00, Fax 9 74 09 — Verkehrsverein, Info-Pavillon am Stadtgarten (B 2), 26723 Emden; Viertgrößter deutscher Nordseehafen, nahe der Mündung der Ems; Endpunkt des Dortmund-Ems- und Ems-Jade-Kanals. Sehenswert: Rathaus mit Ostfriesischem Landesmuseum: Rüstkammer; Kunsthalle; Museumsschiffe: Feuerschiff Deutsche Bucht, Rettungskreuzer „Georg Breusing"; Otto-Huus; Wall mit Windmühlen; Umgebung: Wasserburg Hinte (5 km ↑)

***   **Parkhotel Upstalsboom**
Friedrich-Ebert-Str 73 (C 3), ⊠ 26725,
☎ (0 49 21) 82 80, Fax 82 85 99, AX DC ED VA
94 Zi, Ez: 168-190, Dz: 215-240, 1 Suite, ⌐
WC ☎, 26⌂; Lift P ⛽ 5↔70 Fitneßraum
Sauna Solarium
Auch Zimmer der Kategorie ****** vorhanden
**   **Park-Bistro**
Hauptgericht 25; Terrasse

**   **Faldernpoort**
mit Gästehaus
Courbièrestr 6 (C 3), ⊠ 26725, ☎ (0 49 21)
9 75 20, Fax 2 87 61, AX DC ED VA
41 Zi, Ez: 130-140, Dz: 200-220, ⌐ WC ☎;
3↔200 Kegeln ⚑

*   **Heerens-Hotel**
Friedrich-Ebert-Str 67 (C 3), ⊠ 26725,
☎ (0 49 21) 23 74 0 + 2 30 36, Fax 2 31 58,
AX DC ED VA
21 Zi, Ez: 100-160, Dz: 135-200, 1 Suite, ⌐
WC ☎; P ⛽ 1↔30
Auch Zimmer der Kategorie ****** vorhanden
**   Hauptgericht 35; geschl: Sa, So
abends, 27.7.-27.8.

Emmelshausen

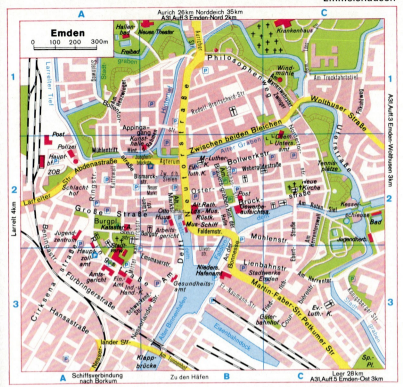

Emden

---

*   Am Boltentor
Hinter dem Rahmen 10 (A 2), ✉ 26721,
☎ (0 49 21) 9 72 70, Fax 97 27 33, ED
19 Zi, Ez: 115, Dz: 165, 2 Suiten, ⌐ WC ☎;
garni
Auch Zimmer der Kategorie ****** vorhanden

*   Goldener Adler
Neutorstr 5 (B 2), ✉ 26721, ☎ (0 49 21)
9 27 30, Fax 92 73 39, AX ED VA
17 Zi, Ez: 140, Dz: 170, 1 Suite, ⌐ WC ☎;
Auch Zimmer der Kategorie ****** vorhanden
**   Hauptgericht 30

*   Deutsches Haus
Neuer Markt 7 (B 2), ✉ 26721, ☎ (0 49 21)
9 27 60, Fax 92 76 40, AX ED VA
26 Zi, Ez: 120, Dz: 160-180, ⌐ WC ☎; P 🍴

*   Prinz Heinrich
Wolthuser Str 17 (C 1), ✉ 26725,
☎ (0 49 21) 9 31 80, Fax 4 25 59
10 Zi, Ez: 90, Dz: 120, ⌐ WC ☎; P 🛏 ≋;
garni
Rezeption: 16.30-23 geschl: So

*   Großer Kurfürst
Neutorstr 41 (B 2), ✉ 26721, ☎
2 03 03, Fax 3 28 24, AX DC ED VA
20 Zi, Ez: 100, Dz: 135, ⌐ WC ☎; garni

*   Alt-Emder Bürgerhaus
Friedrich-Ebert-Str 33 (C 2), ✉ 26725,
☎ (0 49 21) 97 61 00, Fax 2 42 49, AX DC ED VA
Hauptgericht 38; P; geschl: So abends
*   12 Zi, Ez: 95-110, Dz: 120-160, ⌐
WC ☎ DFÜ; Sauna

Emmelshausen   43 ↓

Rheinland-Pfalz — Rhein-Hunsrück-Kreis
— 450 m — 4 400 Ew — Boppard 13, St.
Goar 16, Simmern 20 km
ℹ ☎ (0 67 47) 18 17, Fax 17 16 — Tourist
Information, Rhein-Mosel-Str 45,
56281 Emmelshausen; Luftkurort im Hunsrück. Sehenswert: agrarhist. Museum;
Spinnwebmuseum; Hunsrückbahn zum
Rhein

*   Union-Hotel
Rhein-Mosel-Str 71, ✉ 56281, ☎ (0 67 47)
15 67, Fax 10 12, AX ED VA
35 Zi, Ez: 74, Dz: 120, ⌐ WC ☎; Lift 🛏 3🔁60
Kegeln
Rezeption: 12-14, 18-21.30; geschl: 24.3.-
1.4., 5.7.-19.7.
Restaurant für Hausgäste   →

Emmelshausen

*   Münster
Waldstr 3 a, ✉ 56281, ☎ (0 67 47) 9 39 40,
Fax 93 94 13, ED VA
18 Zi, Ez: 60-75, Dz: 105-120, ⌐ WC ☎ DFÜ;
🅿 🚃 Sauna
Restaurant für Hausgäste

Emmendingen 67 □

Baden-Württemberg — Kreis Emmendingen — 201 m — 24 500 Ew — Waldkirch 12, Freiburg 15, Offenburg 48 km
ℹ ☎ (0 76 41) 45 23 26, Fax 45 23 06 — Tourist-Information, Rasthaus - Landvogtei 10, 79312 Emmendingen; Stadt am Rande des Schwarzwaldes. Sehenswert: Wohnhaus und Grab der Goethe-Schwester Cornelia Schlosser; Burgruine Landeck ⦁≼ (5 km ↑); Burgruine Hochburg ⦁≼ (5 km →)

Maleck (4 km ↗)
**   Park-Hotel Krone
Brandelweg 1, ✉ 79312, ☎ (0 76 41) 84 96, Fax 5 25 76, AX DC ED VA
17 Zi, Ez: 85-95, Dz: 140-150, ⌐ WC ☎; Lift
🅿 2↔20 Sauna ⚬
geschl: 1 Woche im Feb
*** ≼ Hauptgericht 40

Windenreute (2 km →)
**   Windenreuter Hof
♂ ⦁≼ Rathausweg 19, ✉ 79312, ☎ (0 76 41) 9 30 83-0, Fax 9 30 83-4 44, AX DC ED VA
67 Zi, Ez: 85-120, Dz: 170, 3 Suiten, 15 App, ⌐ WC ☎, 15✉; 🅿 🚃 3↔100 Sauna ⚬
Auch Zimmer der Kategorie * vorhanden
**   Panorama Restaurant
    im Windenreuter Hof
≼ Hauptgericht 38; Terrasse

Emmerich 32 ↑

Nordrhein-Westfalen — Kreis Kleve — 19 m — 30 000 Ew — Anrheim 34, Wesel 39 km
ℹ ☎ (0 28 22) 7 54 00, Fax 7 54 17 — Stadtwerbung/Gästebetreuung, Martinikirchgang 2, 46446 Emmerich; Stadt am Niederrhein, nahe der holländischen Grenze. Sehenswert: St. Aldegundis (15. Jh.), ev. Christuskirche, St. Martini mit Schatzkammer, Heilig-Geist-Kirche; Rheinbrücke, Deutschlands längste Hängebrücke; Skulpturen an d. Rheinpromenade, Rheinmuseum; Museum für Kaffeetechnik; Plakatmuseum; Schlößchen Borghees; Stiftskirche St. Vitus, Gerritzens Mühle im Ortsteil Elten (7 km ↖)

🍴   **Köpping**
≼ Rheinpromenade 2, ✉ 46446, ☎ (0 28 22) 38 59, Fax 79 18 50, AX ED
Hauptgericht 30; 🅿 Terrasse

Elten (Erholungsort - 7 km ↖)
**   Waldhotel Hoch-Elten
♂ ≼ Lindenallee 34, ✉ 46446, ☎ (0 28 28) 70 41, Fax 71 22, AX DC ED VA
32 Zi, Ez: 98-155, Dz: 170-230, 3 Suiten, ⌐ WC ☎; Lift 3↔10 ≋ Fitneßraum Sauna Solarium

**   Auf der Heide
Luitgardisstr 8, ✉ 46446, ☎ (0 28 28) 9 14 20, Fax 73 36, DC ED VA
23 Zi, Ez: 88-128, Dz: 128-178, ⌐ WC ☎ DFÜ, 3✉; 🅿 3↔45 Sauna Solarium 🍴 ⚬
Auch Zimmer der Kategorie * vorhanden

Ems, Bad 43 ↘

Rheinland-Pfalz — Rhein-Lahn-Kreis — 75 m — 10 500 Ew — Koblenz 18, Montabaur 20, Wiesbaden 60 km
ℹ ☎ (0 26 03) 9 41 50, Fax 44 88 — Kur- und Erholungslandschaft, Römerstr 1, 56130 Bad Ems; Kreisstadt, heilklimatischer Kurort an der Lahn. Sehenswert: Alte Post; Bismarcksäule; Benedettistein; Marmorsaal; Theatersaal; Kaiserdenkmal; Kath. Kirche; Martinskirche; Russisch-Orthodoxe Kirche; Mainzer Haus; Wasser- u. Quellenturm; Römischer Wachtturm; Haus zu den „Vier Türmen"; Spielbank; Bismarckhöhe

***   Best Western Kurhotel
≼ Römerstr 1-3, ✉ 56130, ☎ (0 26 03) 79 90, Fax 79 92 52, AX DC ED VA
107 Zi, Ez: 195, Dz: 260, S; 4 Suiten, ⌐ WC ☎, 20✉; Lift 7↔400 ≋ Sauna Solarium ⚬
**   Benedetti
Hauptstr 24; Biergarten Terrasse

⚬   **Cafe Maxeiner**
Römerstr 37, ✉ 56130, ☎ (0 26 03) 25 90

Emsbüren 23 □

Niedersachsen — Kreis Emsland — 65 m — 9 052 Ew — Lingen 15, Rheine 20 km
ℹ ☎ (0 59 03) 93 05-32, Fax 93 05-55 — VVV Emsbüren e. V., Markt 18, 48488 Emsbüren; Freilichtmuseum „Heimathof"; Mehringer Hünensteine; St.-Andreas-Kirche; Kornbrennerei Kuipers

*   Kamphues
Lange Str 5, ✉ 48488, ☎ (0 59 03) 3 62, Fax 10 52, AX DC ED VA
11 Zi, Ez: 55, Dz: 110, ⌐ WC ☎; 🅿 1↔100 Kegeln 🍴

Emsdetten 23 ↘

Nordrhein-Westfalen — Kreis Steinfurt — 44 m — 35 000 Ew — Rheine 14, Münster 30 km
ℹ ☎ (0 25 72) 93 07-0, Fax 93 07-50 — Verkehrsverein, Friedrichstr 1-2, 48282 Emsdetten; Stadt im Münsterland. Sehenswert: St.-Servatius-Kirche; Wannenmacher-Museum; August-Holländer-Museum

**   Kloppenborg
Frauenstr 15, ✉ 48282, ☎ (0 25 72) 92 10, Fax 92 11 50, ED VA
23 Zi, Ez: 97-110, Dz: 155-165, ⌐ WC ☎ DFÜ; Lift 🅿 🚃 2↔20 Kegeln 🍴
geschl: 24.12.-1.1.
*   Hauptgericht 25; geschl: So, 14.7.-9.8., 24.12.-1.1.

** Lindenhof
Alte Emsstr 7, ⊠ 48282, ☎ (0 25 72) 92 60, Fax 92 62 00, AX
27 Zi, Ez: 95, Dz: 150, ᴴWC ☎ DFÜ; Lift ℙ 🖭 Sauna 🍽
geschl: 24.12.-10.1.
Auch Zimmer der Kategorie * vorhanden

* Wefer's Hotel
Emsstr 19, ⊠ 48282, ☎ (0 25 72) 9 36 10, Fax 93 61 20, ED VA
12 Zi, Ez: 90, Dz: 135, ᴴWC ☎; ℙ 1⇔100 🍽

Hembergen (6 km ↘)
** Altes Gasthaus Lanvers
♦ Dorfstr 11, ⊠ 48282, ☎ (0 25 72) 1 50 90, Fax 15 09 90, AX ED VA
30 Zi, Ez: 90-120, Dz: 150-190, ᴴWC ☎; Lift ℙ 🖭 3⇔100 Kegeln 🍺
* Hauptgericht 30; Biergarten; nur abends, so+feiertags auch mittags

Emstal, Bad 35 ↘

Hessen — Kreis Kassel — 300 m — 6 000 Ew — Fritzlar 13, Wolfhagen 14, Kassel 21 km
ℹ ☎ (0 56 24) 99 97 26, Fax 55 41 — Kurverwaltung, im Ortsteil Sand, Karlsbader Str 4, 34308 Bad Emstal; Heilbad

Sand
** Parkhotel Emstaler Höhe
♦ ᴴ Kissinger Str 2, ⊠ 34308, ☎ (0 56 24) 50 90, Fax 50 92 00, AX DC ED VA
48 Zi, Ez: 95-130, Dz: 180, 4 Suiten, ᴴWC ☎, 5🖭; Lift 8⇔200 Fitneßraum Kegeln Sauna Solarium 🍽 🍺

Emstek 24 ↑

Niedersachsen — Cloppenburg — 60 m — 9 800 Ew
ℹ ☎ (0 44 73) 9 48 40, Fax 94 84-25 — Gemeindeverwaltung, Am Markt 1, 49685 Emstek

Hoheging
* Waldesruh
Am Baumweg 2, ⊠ 49685, ☎ (0 44 71) 9 48 50, Fax 94 85 16, AX DC ED VA
19 Zi, Ez: 79, Dz: 120-135, ᴴWC; ℙ 2⇔100 🍽

Endbach, Bad 44 ↗

Hessen — Kreis Marburg-Biedenkopf — 300 m — 8 795 Ew
ℹ ☎ (0 27 76) 8 01-13, Fax 10 42 — Kurverwaltung Bad Endbach, Herborner Str 1, 35080 Bad Endbach

Endbach, Bad
 Minerva
Sebastian-Kneipp-Str 11, ⊠ 35080, ☎ (0 27 76) 13 48, Fax 60 01, ED VA
20 Zi, Ez: 48-54, Dz: 85-97, ᴴWC ☎; ℙ 🖭 ≋ Fitneßraum Solarium 🍽
geschl: Di, 15.12.-10.2.

Endersbach siehe Weinstadt

Endingen 67 ↖

Baden-Württemberg — Kreis Emmendingen — 300 m — 8 600 Ew — Freiburg 27, Offenburg 47 km
ℹ ☎ (0 76 42) 68 99 90, Fax 68 99 99 — Kaiserstühler Verkehrsbüro, Adelshof 20, 79346 Endingen; Weinbaustädtchen am Kaiserstuhl. Sehenswert: Kath. St.-Martins-Kirche; kath. St.-Peters-Kirche; Altes Rathaus: Saal; Neues Rathaus; Käserei-Museum Rathausbrunnen; Kornhaus; Heimatmuseum

* Kaiserstuhl
Alfred-Herr-Str 1, ⊠ 79346, ☎ (0 76 42) 91 90, Fax 91 91 09, AX ED VA
34 Zi, Ez: 98-110, Dz: 140-160, ᴴWC ☎, 1🖭; Lift 1⇔40 Sauna
* Hauptgericht 35

* Pfauen mit Gästehaus Barbara
Hauptstr 78, ⊠ 79346, ☎ (0 76 42) 9 02 30, Fax 90 23-40, VA
35 Zi, Ez: 70-120, Dz: 106-180, ᴴWC ☎; Lift 1⇔20
Rezeption: 7-12, 13-23
Restaurant für Hausgäste

** Schindlers Ratsstube
Marktplatz 10, ⊠ 79346, ☎ (0 76 42) 34 58, Fax 4 02 70, AX ED
Hauptgericht 25; Gartenlokal ℙ; geschl: So abends, Mo

Kiechlingbergen (6 km ↗)
** Stube ✤
Winterstr 28, ⊠ 79346, ☎ (0 76 42) 17 86, Fax 42 86, ED
geschl: Mo, Di, 2 Wochen im Jan, 2 Wochen im Aug; 🏠
Restauriertes Fachwerkhaus aus dem 16. Jh

Endorf, Bad 73 ←

Bayern — Kreis Rosenheim — 525 m — 7 300 Ew — Prien 8, Rosenheim 16, Wasserburg am Inn 20 km
ℹ ☎ (0 80 53) 30 08 22, Fax 30 08 30 — Kurverwaltung, Bahnhofstr 6, 83093 Bad Endorf; Kurort, Heilbad mit Jod-Thermalsolebädern

** Appart-Hotel
♦ Breitensteinstr 29, ⊠ 83093, ☎ (0 80 53) 40 70, Fax 40 72 10
49 Zi, Ez: 65-70, Dz: 130-140, ᴴWC ☎, 49🖭; Lift ℙ 🖭 Solarium 18Golf; garni
Rezeption: 8-20
Boardinghaus

* Haus Elisabeth
Kirchplatz 2, ⊠ 83093, ☎ (0 80 53) 8 37, Fax 28 02
30 Zi, Ez: 75-90, Dz: 108-140, ᴴWC ☎; Lift ℙ 🖭 Sauna Solarium 18Golf
geschl: 20.12.-5.1.
Restaurant für Hausgäste →

Endorf, Bad

Eisenbartling (1 km →)
* **Zum Alten Ziehbrunnen**
♂ ◄ Bergstr 30, ✉ 83093, ☎ (0 80 53) 93 29, Fax 4 94 17
10 Zi, Ez: 50-110, Dz: 100-160, ⌐ WC; 🅿 ⏚
geschl: Mi, 1.11.-24.12., Nov
Restaurant für Hausgäste

Kurf (1 km ↓)
** **Der Kurfer Hof**
♂ Haus Nr 1, ✉ 83093, ☎ (0 80 53) 20 50, Fax 20 52 19
31 Zi, Ez: 85-145, Dz: 150-240, 2 Suiten, ⌐ WC ☎; Lift 2⇔30 ≙ Fitneßraum Sauna Solarium ⍎⏚

Pelham (5 km ↗)
* **Pension Seeblick**
◄ Pelham 4, ✉ 83093, ☎ (0 80 53) 30 90, Fax 30 95 00
78 Zi, Ez: 55-95, Dz: 100-195, ⌐ WC ☎; Lift 🅿 ⎕ 1⇔40 Strandbad Seezugang Fitneßraum Sauna Solarium ⍎⏚
Rezeption: 8-20; geschl: 16.11.-17.12.

Eng siehe Hinterriß

Engelsdorf 39

Sachsen — Kreis Leipziger Land — 7 499 Ew
🅘 ☎ (03 41) — Gemeindeverwaltung, 04439 Engelsdorf

* **Alt Engelsdorf**
Hauptstr 16, ✉ 04439, ☎ (03 41) 6 56 10, Fax 6 56 11 51, AX ED VA
26 Zi, Ez: 115, Dz: 135, ⌐ WC ☎; 🅿 Bowling ⍎

Engelskirchen 43 ↑

Nordrhein-Westfalen — Oberbergischer Kreis — 121 m — 21 529 Ew — Gummersbach 31, Köln 38 km
🅘 ☎ (0 22 63) 8 31 37, Fax 16 10 — Verkehrsamt, Engelsplatz 4, 51766 Engelskirchen; Stadt an der Agger. Sehenswert: Industriemuseum; Oelchenshammer -hist. Wasserhammer von 1787; Aggertalhöhle

** **Alte Schlosserei**
Engelsplatz 7, ✉ 51766, ☎ (0 22 63) 2 02 12, Fax 22 25, AX DC ED VA
Hauptgericht 35

Engelthal 57

Bayern — Kreis Nürnberger Land — 368 m — 1 153 Ew — Hersbruck 6, Nürnberg 30 km
🅘 ☎ (0 91 58) 3 80, Fax 86 94 24 — Gemeindeverwaltung, Hauptstr 41, 91238 Engelthal

* **Grüner Baum**
Hauptstr 9, ✉ 91238, ☎ (0 91 58) 2 62, Fax 16 15, AX ED
Hauptgericht 20; 🅿 Terrasse; geschl: Mo, Di
* 5 Zi, Ez: 50, Dz: 90, ⌐ WC ☎

Enger 24

Nordrhein-Westfalen — Kreis Herford — 103 m — 20 052 Ew — Herford 9 km
🅘 ☎ (0 52 24) 98 00 40, Fax 98 00 66 — Stadtverwaltung, Bahnhofstr 44, 32130 Enger

* **Brünger in der Wörde** ✿
Herforder Str 14, ✉ 32130, ☎ (0 52 24) 23 24, Fax 57 27, AX DC ED VA
Hauptgericht 21; geschl: Mo

Enge-Sande 9

Schleswig-Holstein — Kreis Nordfriesland — 1 050 Ew — Niebüll 10, Flensburg 30 km
🅘 ☎ (0 46 62) 34 64 — Gemeindeverwaltung, Dorfstr 37, 25917 Enge-Sande

Enge
** **De ole Stuuv**
Dorfstr 28, ✉ 25917, ☎ (0 46 62) 31 90, ED VA
Hauptgericht 30; Kegeln; geschl: Mo

Enkenbach-Alsenborn 53

Rheinland-Pfalz — Kreis Kaiserslautern — 289 m — 7 462 Ew — Kaiserslautern 13, Grünstadt 26 km
🅘 ☎ (0 63 03) 60 66, Fax 55 07 — Verkehrsverein, im Ortsteil Alsenborn, Burgstr 33, 67677 Enkenbach-Alsenborn; Ort im Pfälzer Wald

Enkenbach
** **Schläfer**
Hauptstr 3, ✉ 67677, ☎ (0 63 03) 30 71, Fax 44 85, AX DC ED VA
Hauptgericht 35
** 16 Zi, Ez: 85, Dz: 130, ⌐ WC ☎

Enkirch 53

Rheinland-Pfalz — Kreis Bernkastel-Wittlich — 105 m — 1 850 Ew — Traben-Trarbach 6, Zell 13 km
🅘 ☎ (0 65 41) 92 65, Fax 52 69 — Verkehrsbüro, Brunnenplatz 2, 56850 Enkirch; Weinbauort an der Mosel; Erholungsort. Sehenswert: Fachwerkhäuser; Weinhöfe; Starkenburger Höhe ◄ (4 km ↓)

* **Gästehaus Hotel Anker**
Zum Herrenberg 1, ✉ 56850, ☎ (0 65 41) 62 04, Fax 51 95, DC ED VA
24 Zi, Ez: 50-85, Dz: 100-140, ⌐ WC ☎, 10⎕; 🅿 ⎕ ⍎⏚
geschl: Di (Nov-Apr)
Anmeldung im Hotel Steffensberg, Brunnenplatz 1

⊨ **Dampfmühle**
Minotel
Am Steffensberg 80, ✉ 56850, ☏ (0 65 41)
68 67, Fax 49 04, AX DC ED VA
18 Zi, Ez: 65-80, Dz: 110-140, ⇩ WC, 6⋈; **P**
1⇔ ≋ ⫟
Rezeption: 8-20; geschl: Mi, 2. Hälfte
Nov + 2. Hälfte Jan

Enkrich-Außerhalb (2 km ↘)
*   **Neumühle**
♂ Großbachtal 17, ✉ 56850, ☏ (0 65 41)
15 50, Fax 37 35
40 Zi, Ez: 60-75, Dz: 90-120, ⇩ WC; **P**
Kegeln Solarium ⫟ ⫸

Ennigerloh 34 ↑

Nordrhein-Westfalen — Kreis Warendorf —
102 m — 20 600 Ew — Beckum 10, Warendorf 17 km
ℹ ☏ (0 25 24) 83 00, Fax 44 13 — Verkehrsamt, Rathaus, Marktplatz 1 / Dorfstr 20, 59320 Ennigerloh; Ort im östlichen Münsterland

*   **Haus Hubertus**
Enniger Str 4, ✉ 59320, ☏ (0 25 24) 9 30 80, Fax 93 08 40, AX DC ED VA
19 Zi, Ez: 85-95, Dz: 130-140, ⇩ WC 🕾; **P** 🚗
2⇔50 Kegeln Sauna Solarium
**   Hauptgericht 30; Terrasse;
geschl: Sa mittags, Do

Ostenfelde (5 km ↗)
*   **Kröger**
Hessenknapp 17, ✉ 59320, ☏ (0 25 24)
93 19 0, Fax 93 19 10, ED
14 Zi, Ez: 75, Dz: 120, 1 Suite, ⇩ WC 🕾; **P** 🚗
2⇔40 Kegeln 18Golf ⫟

Enzklösterle 60 →

Baden-Württemberg — Kreis Calw — 650 m
— 1 500 Ew — Wildbad 12, Freudenstadt 29 km
ℹ ☏ (0 70 85) 75 16, Fax 13 98 — Kurverwaltung, Friedenstr 16, 75337 Enzklösterle; Luftkurort im Schwarzwald

*** **Enztalhotel** 👑
⋜ Freudenstädter Str 67, ✉ 75337,
☏ (0 70 85) 1 80, Fax 16 42
47 Zi, Ez: 129-155, Dz: 190-250, 3 Suiten, ⇩ WC 🕾; Lift **P** 🚗 ≋ Bowling Sauna Solarium ⫸
**   Hauptgericht 35; Gartenlokal

*   **Gästehaus Am Lappach**
♂ Aichelberger Weg 4, ✉ 75337,
☏ (0 70 85) 75 11, Fax 76 11
30 Zi, Ez: 75-90, Dz: 120-150, ⇩ WC 🕾; Lift **P** ≋; garni
geschl: Mitte Nov-20.12.

*   **Schwarzwaldschäfer**
♂ Am Dietersberg 2, ✉ 75337, ☏ (0 70 85)
17 12, Fax 75 02
24 Zi, Ez: 80-120, Dz: 150-160, 2 Suiten,
2 App, ⇩ WC 🕾; **P** 🚗 2⇔30 ≋ Sauna
Solarium
Restaurant für Hausgäste

*   **Wiesengrund**
♂ Friedenstr 1, ✉ 75337, ☏ (0 70 85)
9 23 20, Fax 92 32 43
24 Zi, Ez: 70-90, Dz: 120-144, ⇩ WC 🕾; Lift
P 🚗 2⇔50 ⫸
geschl: 10.11.-15.12.
Auch Zimmer der Kategorie ** vorhanden
*   **Flößerstube**
Hauptgericht 18; Biergarten Terrasse;
geschl: 10.11.-15.12.

Eppelborn 52 ↘

Saarland — Neunkirchen — 280 m —
19 500 Ew — St Wendel 9, Saarlouis 22,
Saarbrücken 25 km
ℹ ☏ (0 68 81) 96 91 00, Fax 96 92 22 —
Gemeindeverwaltung, Rathausstr 27,
66571 Eppelborn

** **Eppelborner Hof**
Rathausstr 1, ✉ 66571, ☏ (0 68 81) 89 50,
Fax 89 52 00, AX ED VA
30 Zi, Ez: 105-115, Dz: 160, 3 Suiten, ⇩ WC
🕾; Lift **P** 6⇔70 Fitneßraum Sauna
Solarium
**   Hauptgericht 30; Biergarten
Terrasse

Eppenbrunn 60 ↘

Rheinland-Pfalz — Kreis Pirmasens —
350 m — 1 700 Ew — Pirmasens 13 km
ℹ ☏ (0 63 35) 51 55, Fax 59 55 — Verkehrsamt, Haus des Gastes, Haus des Gastes,
Im Freizeitpark, 66957 Eppenbrunn; Luftkurort im Pfälzerwald

*   **Kupper**
♂ Himbaumstr 22, ✉ 66957, ☏ (0 63 35)
9 13-0, Fax 91 31 13, ED
24 Zi, Ez: 65, Dz: 106-116, ⇩ WC 🕾; **P**
2⇔150 ≋ Kegeln Sauna Solarium ⫟

Eppendorf 50 ↗

Sachsen — Kreis Freiberg — 515 m —
4 046 Ew — Augustusburg 8, Freiberg 14,
Chemnitz 22 km
ℹ ☏ (03 72 93) 7 80, Fax 7 81 50 — Gemeindeverwaltung, Großwaltersdorfer Str 8,
09575 Eppendorf

*   **Prinz Albert**
Albertplatz 1, ✉ 09575, ☏ (03 72 93) 2 53,
Fax 5 26, AX DC ED VA
10 Zi, Ez: 40-65, Dz: 70-100, ⇩ WC 🕾; **P**
4⇔250 ⫟
geschl: Do

Eppertshausen 54 ↗

Hessen — Kreis Darmstadt-Dieburg —
130 m — 6 000 Ew — Dieburg 6, Rodgau 8,
Darmstadt 25 km
🛈 ☏ (0 60 71) 30 09-0, Fax 30 09-55 —
Gemeindeverwaltung, Franz-Gruber-
Platz 14, 64859 Eppertshausen

∗ **Am Rotkäppchenwald**
♘ Jahnstr 22, ✉ 64859, ☏ (0 60 71) 3 90 40,
Fax 39 04 44, ED VA
18 Zi, Ez: 80-100, Dz: 115-135, ⊿ WC ☏,
11⛌; Lift P 🚗; garni

Eppingen 61 ↑

Baden-Württemberg — Kreis Heilbronn —
178 m — 19 000 Ew — Bretten 20, Heilbronn
26, Pforzheim 38 km
🛈 ☏ (0 72 62) 92 20, Fax 92 21 77 — Bürgermeisteramt, Rathausstr 14, 75031 Eppingen. Sehenswert: Kath. Kirche: Wandmalereien; Rathaus; Alte Universität: Stadt- und
Fachwerkmuseum; Baumannshaus;
Alte Postschenke; Pfeiferturm; hist. Altstadt

∗∗ **Altstadthotel Wilde Rose** ♛
♘ Kirchgasse 29, ✉ 75031, ☏ (0 72 62)
9 14 00, Fax 91 40 90, AX ED VA
10 Zi, Ez: 133, Dz: 180, ⊿ WC ☏; ⛾
Fachwerkhaus von 1582

∗ **Villa Waldeck**
♘ Waldstr 80, ✉ 75031, ☏ (0 72 62) 61 80-0,
Fax 33 66, AX DC ED VA
18 Zi, Ez: 65-85, Dz: 140, ⊿ WC ☏ DFÜ; P 🚗
3✧100 Kegeln ⛾ ⚬
geschl: Mo, 1.-20.1.

∗∗ **Palmbräuhaus**
Rappenauer Str 5, ✉ 75031, ☏ (0 72 62)
84 22, Fax 84 22, ED
Hauptgericht 40; Biergarten; geschl: Mo
abends, Di, 2 Wochen Ende Aug

Erbach Alb-Donau-Kreis 69 ↗

Baden-Württemberg — Alb-Donau-Kreis
— 550 m — 12 300 Ew — Ulm 10, Ehingen
14 km
🛈 ☏ (0 73 05) 96 76-0, Fax 96 76 76 —
Gemeindeverwaltung, Erlenbachstr 50,
89155 Erbach; Ort an der Donau. Sehenswert: Barockkirche; Schloß

∗ **Kögel**
Ehinger Str 44, ✉ 89155, ☏ (0 73 05) 80 21,
Fax 50 84, DC ED VA
18 Zi, Ez: 80-90, Dz: 110-120, 1 Suite, 1 App,
⊿ WC ☏, 12⛌; P 🚗 3✧20
geschl: 24.12.-10.1., 5.-20.8.
∗∗ **Trüffel**
Hauptgericht 27; geschl: so+feiertags,
24.12.-10.1., 5.8.-20.8.

∗ **Zur Linde**
Bahnhofstr 8, ✉ 89155, ☏ (0 73 05)
9 31 10-0, Fax 9 31 10-20, ED VA
12 Zi, Ez: 80-90, Dz: 110-120, ⊿ WC ☏, 5⛌,
P 🚗 ⛾

∗∗ **Schloßrestaurant**
Am Schloßberg 1, ✉ 89155, ☏ (0 73 05)
69 54, Fax 69 63, AX ED
Hauptgericht 36; P Terrasse; geschl:
Mo+Di mittags, 4.1.-26.1., 2.8.-17.8.

Dellmensingen (3 km ↘)
⌂ **Brauerei-Gasthof Adler**
Adlergasse 2, ✉ 89155, ☏ (0 73 05) 73 42,
Fax 73 74, VA
13 Zi, Ez: 55, Dz: 90-98, ⊿ WC; P 1✧ ⛾ ⚬

Erbach Odenwaldkreis 55 ←

Hessen — Odenwaldkreis — 240 m —
13 000 Ew — Michelstadt 3, Amorbach 21,
Eberbach 24 km
🛈 ☏ (0 60 62) 64 39-64 44, Fax 64 66 — Touristik Information der Kreisstadt Erbach,
Marktplatz 1, 64711 Erbach; Kreisstadt,
Luftkurort. Sehenswert: Gräfliche Sammlungen im Schloß; hist. Stadtkern; Elfenbeinmuseum in der Werner-Borchers-
Halle; Rathaus; Elfenbeinschnitzereien

∗ **Odenwälder Wappenstube**
Am Schloßgraben 30, ✉ 64711, ☏ (0 60 62)
22 36, Fax 47 89, AX DC ED VA
Hauptgericht 25; Gartenlokal P; geschl:
Mo, Feb
∗   14 Zi, Ez: 80-110, Dz: 120-180, ⊿
WC ☏
geschl: Mo, 1.2.-28.2.99

Erlenbach (2 km ↘)
∗ **Erlenhof**
⛄ Bullauer Str 10, ✉ 64711, ☏ (0 60 62)
31 74, Fax 6 26 66
27 Zi, Ez: 98, Dz: 138-142, ⊿ WC ☏; P
2✧70 Fitneßraum Kegeln Sauna Solarium
∗   Hauptgericht 23

Erbendorf 58 ↗

Bayern — Kreis Tirschenreuth — 510 m —
5 300 Ew — Kemnath 14, Bayreuth 40,
Weiden 24 km
🛈 ☏ (0 96 82) 92 10-0, Fax 92 10 92 — Verkehrsamt, Bräugasse 2, 92681 Erbendorf;
Erholungsort. Sehenswert: Naturpark
Steinwald; Oberpfalzturm

Pfaben (6 km ↑)
∗∗ **Steinwaldhaus**
♘ ⛄ Pfaben 18, ✉ 92681, ☏ (0 96 82) 93 30,
Fax 93 31 99, AX DC ED VA
59 Zi, Ez: 65-85, Dz: 115-145, 1 Suite,
31 App, ⊿ WC ☏ DFÜ; Lift P 🚗 3✧40 ⚐
Kegeln Solarium ⚬
geschl: 12.1.-13.2.
∗   ⛄ Hauptgericht 24; Biergarten;
geschl: 12.1.-13.2.

Erbenhausen 46 →

Thüringen — Kreis Meiningen — 570 m — 752 Ew — Fulda 45 km
🛈 ☎ (03 69 46) 21 60, Fax 2 16 19 — Fremdenverkehrsinformation, der Verw.gemeinschaft „Hohe Rhön", Gerthäuser Str 8, 98634 Kaltensundheim

Erbenhausen-Außerhalb (4 km ✓)
** **Eisenacher Haus**
Landidyll Hotel
einzeln ♁ ◁ Frankenheimer Str 84,
✉ 98634, ☎ (03 69 46) 3 02 31, Fax 3 02 33, AX DC ED VA
44 Zi, Ez: 65-100, Dz: 98-140, ⊿ WC ☎, 4🖼;
🅿 4⇌50 Sauna Solarium ⦿
Im Berggasthof Zimmer der Kategorie * vorhanden
** Hauptgericht 23; Biergarten; geschl: Mo, Di

Erding 72 ↗

Bayern — Kreis Erding — 464 m — 27 000 Ew — Freising 17, München 37 km
🛈 ☎ (0 81 22) 40 80, Fax 40 82 50 — Stadtverwaltung, Landshuter Str 1, 85435 Erding. Sehenswert: Kath. Kirche St. Johann; Schöner Turm

** **Best Western Parkhotel**
Am Bahnhof 3, ✉ 85435, ☎ (0 81 22) 49 90, Fax 49 94 99, AX ED VA
64 Zi, Ez: 165-195, Dz: 195-235, S; ⊿ WC ☎, 11🖼; Lift 🚗 5⇌90
** Hauptgericht 30

** **Kastanienhof**
Golden Tulip Hotel
Am Bahnhof 7, ✉ 85435, ☎ (0 81 22) 9 80-0, Fax 4 24 77, AX DC ED VA
84 Zi, Ez: 99-230, Dz: 139-290, 3 Suiten, ⊿ WC ☎ DFÜ, 18🖼; Lift 🚗 6⇌120 Fitneßraum Sauna Solarium ⦿
** **Kupferpfanne**
Hauptgericht 25; 🅿 Terrasse

Aufhausen (3 km ↓)
** **Am Schloßberg**
Schloßallee 26, ✉ 85435, ☎ (0 81 22) 96 20, Fax 96 22 22, AX DC ED VA
30 Zi, Ez: 90-120, Dz: 130-160, 4 App, ⊿ WC ☎ DFÜ; Lift 🅿 1⇌20 Sauna Solarium ⦿

Flughafen (8 km ↘)
**** **Kempinski Hotel**
Airport München
✈ Terminalstr /Mitte 20, ✉ 85356, ☎ (0 89) 9 78 20, Fax 97 82 26 10, AX DC ED VA
343 Zi, Ez: 321-471, Dz: 352-502, S; 16 Suiten, ⊿ WC ☎ DFÜ, 150🖼; Lift 🚗 30⇌500 ≋ Fitneßraum Sauna Solarium ⦿
** **Charles Lindbergh**
Hauptgericht 39; Biergarten Terrasse

** **Il Mondo**
Terminal B, Ebene 6, ✉ 85356, ☎ (0 89) 9 75-9 32 22, Fax 97 59 32 26, AX DC ED VA
Hauptgericht 35

Erdmannsdorf 50 ☐

Sachsen — Freiberg — 280 m — 2 137 Ew — Chemnitz 13 km
🛈 ☎ (03 72 91) 2 02 32, Fax 2 02 39 — Gemeindeverwaltung, Rathausstr 3, 09573 Erdmannsdorf

* **Landhaus Puschke**
Chemnitzer Str 62, ✉ 09573, ☎ (03 72 91) 2 94 60, Fax 2 94 61, AX ED
26 Zi, Ez: 90-100, Dz: 120-130, 2 Suiten, ⊿ WC ☎, 2🖼; Lift 🅿 1⇌60 Sauna Solarium ⦿

Erftstadt 42 ↗

Nordrhein-Westfalen — Erftkreis — 100 m — 48 500 Ew — Euskirchen 17, Düren 20, Köln 22 km
🛈 ☎ (0 22 35) 40 90, Fax 40 95 05 — Stadtverwaltung, Holzdamm 10, 50374 Erftstadt; Stadt in der Erftniederung. Sehenswert: Landesburg im Stadtteil Lechenich; Wasserburg Konradsheim; Schloß Gracht im Stadtteil Liblar; Schloß Gymnich

Kierdorf
** **Hans Josef Zingsheim**
Goldenbergstr 30, ✉ 50374, ☎ (0 22 35) 8 53 32
Hauptgericht 32; Kegeln 🅿; nur abends, So+feiertags auch mittags; geschl: Mo, Mi

Lechenich
*** **Husarenquartier** 🍴
Schloßstr 10, ✉ 50374, ☎ (0 22 35) 50 96, Fax 69 11 43, AX DC ED VA
Hauptgericht 47; 🅿 Terrasse; geschl: Mo, Di
* 7 Zi, Ez: 90, Dz: 150, ⊿ WC ☎; 🚗 1⇌25
Rezeption: 10-14, 18-22

Erfurt 47 ↗

Thüringen — Kreisfreie Stadt — 200 m — 212 000 Ew — Erfurt-Bindersleben (Flughafen) 7, Eisenach 58, Gera 82 km
🛈 ☎ (03 61) 1 94 33, Fax 5 62 33 55 — Fremdenverkehrsamt, Krämerbrücke 3 (B 2), 99084 Erfurt; Landeshauptstadt; Blumenstadt; hist. Handelsmetropole; eine der ältesten Universitätsstädte Deutschlands, heute pädagogische Hochschule.
Sehenswert: Hist. Altstadt; Dom; Severi-, Kaufmanns-, Regler-, Prediger-, Barfüßer- und Ägidienkirche; Augustinerkirche und -kloster; Krämerbrücke; Fischmarkt; Roland; Haus Zum Roten Ochsen; Bartholomäusturm; Haus Zum Breiten Herd; Anger; Zitadelle Petersberg; Naturkundemuseum; Angermuseum; Statthalterei

Cityplan siehe Seite 334 →

Erfurt

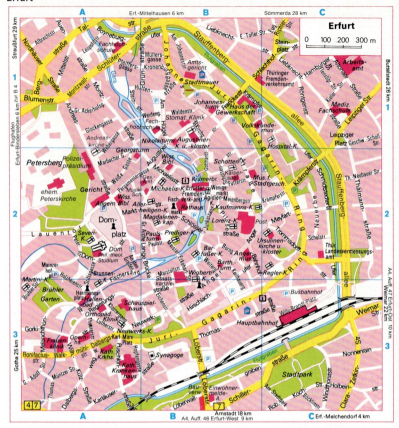

** **Dorint Hotel**
Meienbergstr 26-27 (B 2), ✉ 99084,
☎ (03 61) 5 94 90, Fax 59 49-1 00,
AX DC ED VA

139 Zi, Ez: 201-251, Dz: 223-273, S; 3 Suiten,
⇨ WC ☎, 46🛏; Lift P 🚗 9⇨180 Sauna
Solarium

** **Zum Rebstock**
Ⓥ Hauptgericht 17; Terrasse

** **Zumnorde**
Anger 50 (B 2), ✉ 99084, ☎ (03 61) 5 68 00,
Fax 5 68 04 00, AX DC ED VA

46 Zi, Ez: 170-210, Dz: 220-250, 3 Suiten,
1 App, ⇨ WC ☎ DFÜ, 10🛏; 🚗 4⇨50 🍽
Auch Zimmer der Kategorie ******* vorhanden

** **Best Western**
Bauer Hotel Excelsior
Bahnhofstr 35 (C 3), ✉ 99084, ☎ (03 61)
5 67 00, Fax 5 67 01 00, AX DC ED VA

74 Zi, Ez: 125-205, Dz: 165-265, S; 3 Suiten,
⇨ WC ☎ DFÜ, 24🛏; Lift P 2⇨50 Fitneß-
raum Sauna Solarium 🍽
Auch Zimmer der Kategorie ******* vorhanden

** **Sorat Hotel Erfurt**
Gotthardtstr 27 (B 2), ✉ 99084, ☎ (03 61)
6 74 00, Fax 6 74 04 44, AX DC ED VA

85 Zi, Ez: 180-275, Dz: 220-315, S; ⇨ WC ☎
DFÜ, 25🛏; Lift P 🚗 3⇨100 Fitneßraum
Sauna Solarium

** **Zum alten Schwan** ✿
Hauptgericht 30; Terrasse; geschl: So, Mo
mittags

** **Carat**
☉ ⇚ Hans-Grundig-Str 40 (außerhalb C 3),
✉ 99084, ☎ (03 61) 3 43 00, Fax 3 43 01 00,
AX DC ED VA

60 Zi, Ez: 117-170, Dz: 127-220, ⇨ WC ☎
DFÜ, 20🛏; Lift P 🚗 4⇨60 Fitneßraum
Sauna Solarium
Restaurant für Hausgäste

** **Radisson SAS**
⇚ Juri-Gagarin-Ring 127 (C 2), ✉ 99084,
☎ (03 61) 55 10-0, Fax 55 10-2 10,
AX DC ED VA

317 Zi, Ez: 160-225, Dz: 190-255, S; 4 Suiten,
⇨ WC ☎, 46🛏; Lift P 11⇨380 🍽

★★ Am Spielbergtor
Am Spielbergtor 20 (C 3), ✉ 99096,
☎ (03 61) 3 48 10, Fax 3 48 11 34, AX DC ED VA
20 Zi, Ez: 115-190, Dz: 180-230, 1 Suite,
1 App, 🛁 WC ☎; Lift 🅿; garni

★ Apartment-Hotel Lindeneck
Triftstr 36, ✉ 99086, ☎ (03 61) 7 39 56,
Fax 7 39 58 88, AX DC ED VA
Ez: 108-158, Dz: 138-178, 12 Suiten, 29 App,
🛁 WC ☎, 6🛋; 🅿 1↔20 🍴

★ InterCityHotel Erfurt
Willy-Brandt-Platz 11 (C 3), ✉ 99084,
☎ (03 61) 5 60 00, Fax 5 60 09 99, AX DC ED VA
161 Zi, Ez: 175-196, Dz: 220-240, S; 1 Suite,
🛁 WC ☎ DFÜ, 40🛋; Lift 🅿 🛌 6↔100 🍴 🍺

★ Aparthotel + Boarding-House Solitaire
Lassallestr 47, ✉ 99086, ☎ (03 61) 5 60 70,
Fax 5 60 71 00, AX DC ED VA
54 Zi, Ez: 99-110, Dz: 115-155, S; 12 Suiten,
30 App, 🛁 WC ☎ DFÜ; Lift 🅿 🍴
Rezeption: 7-12, 16-22

★ Erfurtblick
🌲 Nibelungenweg 20, ✉ 99092, ☎ (03 61)
22 06 60, Fax 2 20 66 22, AX ED
11 Zi, Ez: 110, Dz: 130, 🛁 WC ☎; 🅿; garni

★ Gartenstadt
Bindersleber Landstr 212, ✉ 99092,
☎ (03 61) 2 10 45 12, Fax 2 10 45 13,
AX DC ED VA
13 Zi, Ez: 95, Dz: 125, 🛁 WC ☎; 🅿 Sauna Solarium 🍴

★★ Alboth's Restaurant im Kaisersaal ✣
Futterstr 15/16, ✉ 99084, ☎ (03 61)
5 68 82 07, Fax 5 68 81 81, AX ED VA
Hauptgericht 30

★★ Weinrestraurant Horst Kohl
Neuwerkstr 31 (A 3), ✉ 99084, ☎ (03 61)
6 42 25 61, Fax 6 42 25 61
Hauptgericht 25; geschl: Mo

Bindersleben (3 km ←)
★★ Airport Hotel Erfurt
Bindersleberner Landstr 100, ✉ 99092,
☎ (03 61) 6 56 11 11, Fax 6 56 10 60,
AX DC ED VA
72 Zi, Ez: 115, Dz: 145, S; 🛁 WC ☎ DFÜ,
36🛋; 🅿 🛌 6↔180 Sauna Solarium 🍴 🍺

Kerspleben (5,5 km ↗)
★ Weißer Schwan
Erfurter Str 179, ✉ 99198, ☎ (03 62 03) 5 80,
Fax 5 81 00, AX DC ED VA
44 Zi, Ez: 85-125, Dz: 110-150, 🛁 WC ☎; Lift
🅿 🛌 2↔50 Bowling Fitneßraum Sauna Solarium 🍴

Linderbach (4 km →)
★★ Linderhof Landidyll
Straße des Friedens 12, ✉ 99198, ☎ (03 61)
4 41 80, Fax 41 63 33, AX DC ED VA
52 Zi, Ez: 98-178, Dz: 136-196, 🛁 WC ☎ DFÜ,
26🛋; Lift 🅿 🛌 3↔80 Sauna Solarium 🍺
★★ Hauptgericht 27; Terrasse

★★ Sleep & Meet Hotel
Auf der großen Mühle 4, ✉ 99198,
☎ (03 61) 4 38 30, Fax 4 38 34 00,
AX DC ED VA
94 Zi, Ez: 98-120, Dz: 130-148, 🛁 WC ☎,
54🛋; Lift 🅿 🛌 6↔90 🍴
geschl: 23.12.-4.1.

★ Comfort-Hotel
Über den Feldgarten 9, ✉ 99198, ☎ (03 61)
4 41 21 00, Fax 4 41 22 99, AX DC ED VA
100 Zi, Ez: 69-104, Dz: 98-148, S; 🛁 WC ☎,
50🛋; Lift 🅿

Molsdorf (6 km ↙)
★ Landhotel Burgenblick
Am Zwetschgenberg 1, ✉ 99198,
☎ (03 62 02) 8 11 11, Fax 8 11 12, AX DC ED VA
23 Zi, Ez: 118-138, Dz: 148-178, 1 Suite, 🛁
WC ☎; 🅿 1↔20 Fitneßraum Sauna 🍴 🍺

Erfweiler 60 ↘

Rheinland-Pfalz — Kreis Südwestpfalz —
215 m — 1 250 Ew — Dahn 3, Bad Bergzabern 18, Pirmasens 21 km
ℹ ☎ (0 63 91) 58 11, Fax 13 62 — Tourist-Information Dahner Felsenland,
Schulstr 29, 66994 Dahn; Erholungsort.
Sehenswert: Fachwerkbauten

★ Die kleine Blume
🌲 Winterbergstr 106, ✉ 66996, ☎ (0 63 91)
9 23 00, Fax 92 30 30
26 Zi, Ez: 110, Dz: 190, 🛁 WC ☎; Lift 🅿 🛌
Sauna Solarium 🍴 🍺

Erkelenz 32 ↓

Nordrhein-Westfalen — Kreis Heinsberg —
97 m — 43 500 Ew — Mönchengladbach 15,
Aachen 40 km
ℹ ☎ (0 24 31) 8 50, Fax 8 53 07 — Stadtverwaltung, H.-J.-Gormanns-Str. 14,
41812 Erkelenz. Sehenswert: Kath. Kirche
St. Lambertus; Burg; Altes Rathaus; Haus
Spiess; ehem. Kreuzherrnkloster Hohenbusch; ehem. Leonhardskapelle; Neumühle; Immerather Windmühle

★★ Am Weiher
Nordpromenade 7, ✉ 41812, ☎ (0 24 31)
96 93-0, Fax 96 93-2 99, ED VA
20 Zi, Ez: 140, Dz: 200, 4 Suiten, 🛁 WC ☎
DFÜ; Lift 🅿 2↔25 🍴

★★ Rheinischer Hof
Kölner Str 18, ✉ 41812, ☎ (0 24 31) 22 94
+ 7 41 24, Fax 7 46 66, AX DC ED VA
15 Zi, Ez: 95-150, Dz: 160-220, 2 Suiten,
3 App, 🛁 WC ☎; Solarium; garni
Auch Zimmer der Kategorie ★ vorhanden

→

Erkelenz

∗ Oerather Mühle
Roermonder Str 36, ⌧ 41812, ☎ (0 24 31) 24 02, Fax 7 28 57, AX DC ED VA
Hauptgericht 28

Erkheim 70 ↑

Bayern — Kreis Unterallgäu — 595 m —
2 693 Ew — Memmingen 14, Mindelheim 14 km
ℹ️ ☎ (0 83 36) 8 02 40, Fax 80 24 34 — Verwaltungsgemeinschaft, Marktstr 1, 87746 Erkheim

∗ Gästehaus Herzner
♂ Färberstr 37, ⌧ 87746, ☎ (0 83 36) 3 00, Fax 8 07 29
14 Zi, Ez: 44-56, Dz: 78-95, ⊣ WC, 🅿 🚗 ≋ Sauna
geschl: 19.12.-11.1.
Restaurant für Hausgäste

Erkrath 33 ✓

Nordrhein-Westfalen — Kreis Mettmann — 76 m — 50 000 Ew — Mettmann 9, Düsseldorf 10 km
ℹ️ ☎ (02 11) 2 40 70, Fax 24 07-10 33 — Stadtverwaltung, Bahnstr 16, 40699 Erkrath. Sehenswert: Neandertalmuseum; kath. Pfarrkirche; Wasserburg HausBrück; Wasserburg Haus Unterbach (2 km ↓)

∗∗ Europa Parkhotel
Neanderstr 4, ⌧ 40699, ☎ (02 11) 9 27 50, Fax 92 75-6 66, AX DC ED VA
62 Zi, Ez: 139-470, Dz: 169-490, 2 Suiten, 19 App, ⊣ WC ☎ DFÜ, 20✉; Lift 🅿 🚗 4⇆130 Fitneßraum Sauna Solarium 36Golf 🍽 🚲
geschl: 21.12.-3.1.

Hochdahl (2 km →)
∗ Akzent-Hotel Schildseide
♂ Schildsheider Str 47, ⌧ 40699,
☎ (0 21 04) 4 60 81, Fax 4 60 83, AX DC ED VA
37 Zi, Ez: 120-298, Dz: 170-318, 1 Suite, 1 App, ⊣ WC ☎, 18✉; 🅿 1⇆15 ≋ Fitneßraum Sauna Solarium 🍽

Unterfeldhaus (3 km ↓)
∗ Unterfeldhaus
Millrather Weg 21, ⌧ 40699, ☎ (02 11) 2 09 90-10, Fax 2 09 90-34, ED VA
13 Zi, Ez: 90-130, Dz: 130-180, ⊣ WC; 🅿 🚗; garni

Erlabrunn 56 ↖

Bayern — Kreis Würzburg — 179 m —
1 552 Ew — Würzburg 12, Karlstadt 17 km
ℹ️ ☎ (09 31) 4 68 62-0, Fax 46 29 28 — Verwaltungsgemeinschaft, Mainstr 15, 97276 Margetshöchheim; Weinort am Main

∗∗ Weinhaus Flach
Würzburger Str 14, ⌧ 97250, ☎ (0 93 64) 53 19, Fax 53 10
37 Zi, Ez: 80-100, Dz: 120-150, 2 Suiten, ⊣ WC ☎; Lift 🅿 1⇆50 🍽
geschl: Di, 15.1.-8.2., 16.8.-27.8.
Im Gästehaus Zimmer der Kategorie ∗ vorhanden

Erlangen 57 □

Bayern — Stadtkreis — 279 m —
101 000 Ew — Nürnberg 18, Bamberg 40 km
ℹ️ ☎ (0 91 31) 89 51-0, Fax 89 51-51 — Verkehrsverein Erlangen e.V., Rathausplatz 1, 91052 Erlangen. Sehenswert: Hugenottenkirche mit Barockorgel; Neustädter (Universitäts-) Kirche; Altstädter (Dreifaltigkeits-) Kirche; Schloß mit Schloßgarten; Hugenottenbrunnen; Stadtmuseum

∗∗∗ Bayerischer Hof
♂ Schuhstr 31 (B 3), ⌧ 91052, ☎ (0 91 31) 78 50, Fax 2 58 00, AX DC ED VA
153 Zi, Ez: 160-225, Dz: 190-255, 5 Suiten, ⊣ WC, 55✉; Lift 🅿 🚗 5⇆250 Fitneßraum Sauna Solarium 🍽
∗∗ Hauptgericht 35

∗∗ Luise
♂ Sophienstr 10 (C 3), ⌧ 91052, ☎ (0 91 31) 12 20, Fax 12 21 00, AX DC ED VA
100 Zi, Ez: 119-189, Dz: 149-199, 2 Suiten, ⊣ WC ☎ DFÜ, 40✉; Lift 🅿 🚗 1⇆12 ≋ Fitneßraum; garni
geschl: 24.12.-2.1.
Auch Zimmer der Kategorie ∗∗∗ vorhanden

∗∗ Rokokohaus
♂ Theaterplatz 13 (B 2), ⌧ 91054,
☎ (0 91 31) 78 30, Fax 78 31 99, AX DC ED VA
37 Zi, Ez: 125-155, Dz: 189-199, ⊣ WC ☎; Lift 🚗 Solarium; garni
Haus von 1760. Dreiachsiger Quaderbau

∗ Fränkischer Hof
Goethestr 34 (B2), ⌧ 91054, ☎ (0 91 31) 8 72-0, Fax 2 37 98, AX DC ED VA
40 Zi, Ez: 98-140, Dz: 150-180, ⊣ WC ☎, 15✉; Lift 🚗; garni
Auch Zimmer der Kategorie ∗∗ vorhanden

∗ Silberhorn
♂ Wöhrstr 13 (B 1), ⌧ 91054, ☎ (0 91 31) 8 09 90, Fax 20 69 69, AX ED VA
21 Zi, Ez: 80-130, Dz: 135-195, 1 App, ⊣ WC ☎; 🅿 Solarium; garni
Auch Zimmer der Kategorie ∗∗ vorhanden

∗ Grauer Wolf
Hauptstr 80 (B 1-2), ⌧ 91054, ☎ (0 91 31) 8 10 60, Fax 81 06 47, AX DC ED VA
25 Zi, Ez: 75-139, Dz: 130-189, 8 App, WC ☎, 2✉; Lift 🅿 🚗 2⇆20 Sauna 🍽

Erlangen

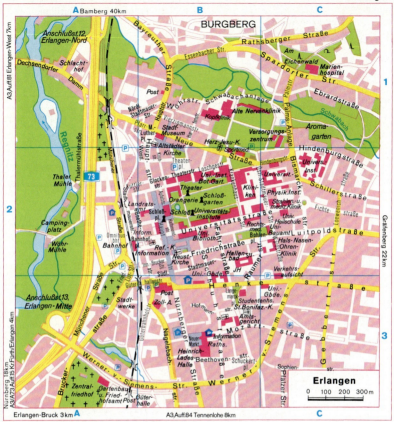

✱ Hotelchen Am Theater
Theaterstr 10 (B 2), ✉ 91054, ☎ (0 91 31)
8 08 60, Fax 80 86 86, AX DC ED VA
12 Zi, Ez: 95-135, Dz: 155-180, 1 Suite,
1 App, WC ☎, 1; P Sauna; **garni**
Rezeption: 7-20, Sa + So 7-12, 17-20

✱✱ Altmann's Stube
Theaterplatz 9 (B 2), ✉ 91054, ☎ (0 91 31)
8 91 60, Fax 89 16 66, AX DC ED VA
Hauptgericht 32; Gartenlokal; geschl: So,
feiertags, 1.-6.1.
✱ 14 Zi, Ez: 86-110, Dz: 140-160,
WC ☎, 3;
Auch einfachere Zimmer vorhanden

✱✱ da Pippo
Paulistr 12 (B 2), ✉ 91054, ☎ (0 91 31)
20 73 94, Fax 98 43, AX DC ED VA
Hauptgericht 35; Terrasse; geschl: So

✱ Weinhaus Kach
Kirchenstr 2 (B 1), ✉ 91054, ☎ (0 91 31)
20 31 91, ED VA
Hauptgericht 25

Zur Kanne
Goethestr 26 (AB 2), ✉ 91054, ☎ (0 91 31)
2 26 26, Fax 2 26 26, ED
Hauptgericht 15

Bruck (3 km ↓)
✱✱ Art Hotel Erlangen
Äußere Brucker Str 90 (Außerhalb A3),
✉ 91052, ☎ (0 91 31) 7 14 00, Fax 71 40 13,
AX DC ED VA
32 Zi, Ez: 115-194, Dz: 152-274, WC ☎,
2; P 1⇔30 Sauna Solarium
geschl: Sa + So 11-16, 24.12.-3.1.

Eltersdorf (4 km ↓)
✱ Rotes Roß
Eltersdorfer Str 15 a, ✉ 91058, ☎ (0 91 31)
6 90 81-0, Fax 6 90 81-57, AX DC ED VA
31 Zi, Ez: 87-114, Dz: 128-160, WC ☎,
9; P Sauna Solarium; **garni** →

Abweichungen zwischen Datenteil und
Reisekartenteil ergeben sich durch verschiedene Redaktionsschlußzeiten.

Erlangen

Frauenaurach (4 km ✓)

* **Schwarzer Adler**
Herdegenplatz 1, ✉ 91056, ☎ (0 91 31)
99 20 51, Fax 99 31 95, AX DC ED VA
13 Zi, Ez: 120-160, Dz: 180-200, 1 Suite, ⊒
WC ☎; garni
geschl: 21.12.-6.1., Aug
Weinstube
Gartenlokal; geschl: 21.12.-6.1.99, 8/99
Denkmalgeschütztes Fachwerkhaus von
1703

Kosbach (4 km ←)

*** **Gasthaus Polster**
Am Deckersweiher 26, ✉ 91056, ☎ (0 91 31)
7 55 40, Fax 75 54 45, AX DC ED VA
Hauptgericht 38; Gartenlokal P
** **Polster-Stube**
Hauptgericht 30; Terrasse
** 12 Zi, Ez: 135, Dz: 165-185, ⊒ WC
☎; Lift 3↔70

Tennenlohe (6 km ↓)

** **Transmar Event Hotel
Golden Tulip**
Wetterkreuzstr 7, ✉ 91058, ☎ (0 91 31)
60 80, Fax 60 81 00, AX DC ED VA
124 Zi, Ez: 194-294, Dz: 224-324, 1 Suite, ⊒
WC ☎, 10✉; Lift P 6↔250 Fitneßraum
Sauna Solarium ⌘

** **Lachnerhof**
Märterleinsweg 2, ✉ 91058, ☎ (0 91 31)
7 70 70, Fax 77 07 47, AX DC ED VA
28 Zi, Ez: 95-115, Dz: 130-145, ⊒ WC ☎,
5✉; Lift P 3↔35; garni

* **Tennenloher Hof**
Wetterkreuz 32, ✉ 91058, ☎ (0 91 31) 69 60,
Fax 69 62 95, AX DC ED VA
34 Zi, Ez: 100-120, Dz: 120-150, ⊒ WC ☎,
9✉; Lift 30 ≘ Sauna ⌘
Auch Zimmer der Kategorie ** vorhanden.
Im Gästehaus Greißinger (Hollerweg 4)
Zimmer der Kategorie * vorhanden

Erlbach 49 ↓

Sachsen — Vogtlandkreis — 550 m —
1 730 Ew — Mark-Neukirchen 3, Klingenthal 16 km
ℹ ☎ (03 74 22) 62 25, Fax 62 25 — Fremdenverkehrsamt, Klingenthaler Str 1, 08265 Erlbach

* **Landhotel Lindenhöhe**
♂ ◄ Hetzschen 10, ✉ 08265, ☎ (03 74 22)
60 66, Fax 61 65, ED
25 Zi, Ez: 75-85, Dz: 98-120, ⊒ WC, 3✉;
P 1↔25 Sauna Solarium ⌘
Auch Zimmer der Kategorie ** vorhanden

Erlenbach am Main 55 ↘

Bayern — Kreis Miltenberg — 125 m —
8 617 Ew — Miltenberg 16, Aschaffenburg
20 km
ℹ ☎ (0 93 72) 70 40, Fax 7 04 10 — Stadtverwaltung, Bahnstr 26, 63906 Erlenbach am
Main; Erholungsort, Weinbauort

* **Fränkische Weinstuben**
Mechenharder Str 5, ✉ 63906, ☎ (0 93 72)
50 49, Fax 50 48, ED VA
17 Zi, Ez: 75-95, Dz: 115-135, ⊒ WC ☎; P
2↔60 ⌘

* **Zum Unkelbach**
Klingenberger Str 13, ✉ 63906, ☎ (0 93 72)
42 01, AX ED VA
Hauptgericht 28

Erlensee 45 ✓

Hessen — Main-Kinzig-Kreis — 130 m —
12 450 Ew — Hanau 8 km
ℹ ☎ (0 61 83) 9 15 10, Fax 91 51 77 —
Gemeindeverwaltung, Am Rathaus 3,
63526 Erlensee

Rückingen

* **New City**
Langendiebacher Str 47-51, ✉ 63526,
☎ (0 61 81) 29 20 30, Fax 92 03 20, AX ED VA
29 Zi, Ez: 85-120, Dz: 140-200, ⊒ WC ☎,
29✉; P 🍴 1↔30; garni
Auch Zimmer der Kategorie ** vorhanden

Erndtebrück 44 ↑

Nordrhein-Westfalen — Kreis Siegen-Wittgenstein — 8 128 Ew
ℹ ☎ (0 27 53) 8 53, Fax 40 60 — Gemeindeverwaltung, Talstr 27, 57339 Erndtebrück

* **Edermühle**
Mühlenweg 5, ✉ 57339, ☎ (0 27 53)
59 83 70
8 Zi, Ez: 140, Dz: 200, ⊒ WC

Ernst 43 ✓

Rheinland-Pfalz — Kreis Cochem-Zell —
85 m — 625 Ew — Cochem 5 km
ℹ ☎ (0 26 71) 73 34 — Verkehrsverein, Weingartenstr 67, 56814 Ernst;
Weinbauort an der Mosel

* **Haus Pollmanns**
◄ Moselstr 54, ✉ 56814, ☎ (0 26 71) 86 83,
Fax 56 46
79 Zi, Ez: 73-100, Dz: 110-130, ⊒ WC; Lift P
1↔50 Kegeln ⌘
Auch einfachere Zimmer vorhanden

Erolzheim 70 ↘

Baden-Württemberg — Kreis Biberach —
600 m — 2 905 Ew — Ochsenhausen 11,
Memmingen 20 km
ℹ ☎ (0 73 54) 93 18-0, Fax 93 18-34 — Bürgermeisteramt, Marktplatz 7, 88453 Erolzheim. Sehenswert: Pfarrkirche; Frohberg-
kapelle; Rathaus

** **Schloß Erolzheim**
◄ Schloßstr 6, ✉ 88453, ☎ (0 73 54) 9 30 50,
Fax 93 05 40, AX ED VA
12 Zi, Ez: 115-135, Dz: 155-185, ⊒ WC; P
2↔25 ⌘

✱ Gästehaus Marktschmiede
Marktplatz 8, ✉ 88453, ☏ (0 73 54) 4 05,
Fax 25 05, DC ED VA
13 Zi, Ez: 69-79, Dz: 108-118, ⌐∃ WC, 9◨;
🅿 🚗 ¶❍¦

Erpfingen siehe Sonnenbühl

Erwitte 34 →

Nordrhein-Westfalen — Kreis Soest —
110 m — 15 665 Ew — Lippstadt 7, Soest
17 km
ℹ ☏ (0 29 43) 89 60, Fax 8 96-3 70 — Stadtverwaltung, Am Markt 13, 59597 Erwitte.
Sehenswert: Kath. Kirche St Laurentius;
Burg Erwitte; Altes Rathaus

✱ Büker
Am Markt 14, ✉ 59597, ☏ (0 29 43) 23 36,
Fax 41 68, AX ED
22 Zi, Ez: 75-90, Dz: 120-135, ⌐∃ WC; 🅿 🚗
4⇔170 12Tennis ¶❍¦

Westernkotten, Bad (Heilbad, 3 km ↗)
✱✱ Kurpension Grüttner
♂ Salzstr 15, ✉ 59597, ☏ (0 29 43) 80 70,
Fax 80 72 90
54 Zi, Ez: 80, Dz: 150, ⌐∃ WC, 54◨; Lift 🅿
≋ Sauna Solarium
geschl: 28.11.-21.12.
Restaurant für Hausgäste

✱ Kurpension Haus am Park
♂ Griesestr 4, ✉ 59597, ☏ (0 29 43) 9 70 10,
Fax 97 01 50
28 Zi, Ez: 70-90, Dz: 130-150, 5 Suiten, ⌐∃
WC, 28◨; 🅿 🚗 ≋ Fitneßraum Sauna
Solarium; **garni**
Rezeption: 7.30-20; geschl: 2.1.-15.2.

Erzhausen 54 ↗

Hessen — Darmstadt-Dieburg — 6 480 Ew
— Darmstadt 9, Dieburg 16 km
ℹ Tourist-Information, 64390 Erzhausen

✱✱ Landhotel Margaretenhof
♂ Am Dornbusch 8, ✉ 64390, ☏ (0 61 50)
80 80, Fax 8 49 20, AX ED VA
33 Zi, Ez: 130, Dz: 195, ⌐∃ WC; Lift 🅿
3⇔25 Sauna Solarium ¶❍¦ ⬟

Eschau 55 □

Bayern — Kreis Miltenberg — 171 m —
4 098 Ew — Obernburg 8, Miltenberg 16 km
ℹ ☏ (0 93 74) 3 50, Fax 76 00 — Gemeindeverwaltung, Rathausstr 13, 63863 Eschau;
Ort im Spessart

Hobbach (4 km ↑)
✱ Gasthof Engel
Bayernstr 47, ✉ 63863, ☏ (0 93 74) 3 88,
Fax 78 31, ED
25 Zi, Ez: 70-75, Dz: 120-140, ⌐∃ WC; 🅿
3⇔26 ¶❍¦
geschl: Fr, 2.-13.8.99 + 20.-24.12.99

Eschenbach i. d. OPf.

Eschbach 43 ↘

Rheinland-Pfalz — Rhein-Lahn-Kreis —
350 m — 220 Ew — St. Goarshausen 9,
Nastätten 14 km
ℹ ☏ (0 67 72) 32 10 — Verbandsgemeindeverwaltung, Bahnhofstr 1, 56355 Nastätten;
Ort im hinteren Taunus

✱ Zur Suhle
♂ ⚔ Talstr 2, ✉ 56357, ☏ (0 67 71) 79 21,
Fax 3 65, ED
19 Zi, Ez: 75-90, Dz: 140-170, 1 Suite, ⌐∃ WC
☏; Lift 🅿 1⇔20 ≋ Kegeln Sauna ¶❍¦
geschl: Ende Jul-Anfang Aug

Eschborn 44 ↘

Hessen — Main-Taunus-Kreis — 138 m —
19 119 Ew — Frankfurt/Main 10 km
ℹ ☏ (0 61 96) 49 00, Fax 49 03 00 — Stadtverwaltung, Rathausplatz 36, 65760 Eschborn

Niederhöchstadt (2 km ↘)
✱✱ Bommersheim
Hauptstr 418, ✉ 65760, ☏ (0 61 73)
60 08 00, Fax 60 08-40, AX ED VA
35 Zi, Ez: 170-210, Dz: 200-260, ⌐∃ WC;
Lift 🅿 Sauna
Rezeption: 7-21; geschl: 24.12.-3.1.99
✱✱ Hauptgericht 28; Gartenlokal; nur
abends; geschl: So

Eschede 26 ↗

Niedersachsen — Celle — 3 897 Ew —
Lachendorf 13, Hankensbüttel 25 km
ℹ ☏ (0 51 42) 4 11-0, Fax 4 11-38 — Tourist-
Information, Am Glockenkolk 1,
29348 Eschede

✱ Deutsches Haus
Albert-König-Str 8, ✉ 29348, ☏ (0 51 42)
22 36, Fax 25 05, ED
11 Zi, Ez: 80, Dz: 120, ⌐∃ WC; 🅿 🚗 Kegeln
¶❍¦
geschl: Mo, 11.2.-11.3., 22.7.-5.8.

Eschenbach i. d. OPf. 58 ↗

Bayern — Kreis Neustadt a. d. Waldnaab —
430 m — 3 735 Ew — Bayreuth 24, Weiden
25, Pegnitz 30 km
ℹ ☏ (0 96 45) 2 24 — Stadtverwaltung,
Marienplatz 42, 92676 Eschenbach

Kleinkotzenreuth (3 km ↘)
✱ Obersee
einzeln ♂ Obersee 1, ✉ 92676, ☏ (0 96 45)
60 00, Fax 61 54, AX ED
17 Zi, Ez: 65-70, Dz: 110-120, ⌐∃ WC;
1⇔25 Strandbad Seezugang ⬟
✱ Hauptgericht 18

Eschenlohe

Eschenlohe 71 ↓

Bayern — Kreis Garmisch-Partenkirchen — 636 m — 1 616 Ew — Murnau 9, Garmisch-Partenkirchen 16, Oberammergau 17 km
🛈 ☎ (0 88 24) 82 28, Fax 89 56 — Verkehrsamt, Murnauer Str 1, 82438 Eschenlohe; Ort am Alpenrand, an der Loisach

∗ Zur Brücke
Loisachstr 1, ⌧ 82438, ☎ (0 88 24) 2 10, Fax 2 32
18 Zi, Ez: 70, Dz: 126, 4 Suiten, ⌂ WC ☎; 🅿
2⇌340 ⛛
geschl: Di

∗∗ Tonihof ✤
🍃 Walchenseestr 42, ⌧ 82438, ☎ (0 88 24) 92 93 0, Fax 92 93-99, DC ED VA
Hauptgericht 30; 🅿 Terrasse
∗∗ ♂ 🍃 25 Zi, Ez: 109, Dz: 218-238, ⌂ WC ☎; 🅿 1⇌20 Fitneßraum Sauna Solarium

🏠 **Landgasthof Alter Wirt**
Dorfplatz 4, ⌧ 82438, ☎ (0 88 24) 14 06, Fax 14 97, ED VA
11 Zi, Ez: 45-73, Dz: 90-116, ⌂ WC; 🅿
2⇌100 ⛛
geschl: Mo, 15.11.-10.12.

Wengen (1 km ↓)
∗ Wengererhof
♂ 🍃 Haus Nr 1, ⌧ 82438, ☎ (0 88 24) 9 20 30, Fax 92 03-45
23 Zi, Ez: 76-86, Dz: 106-136, ⌂ WC ☎; Fitneßraum; **garni**

Eschwege 36 ↘

Hessen — Werra-Meißner-Kreis — 160 m — 24 000 Ew — Bebra 39, Göttingen 54, Kassel 56 km
🛈 ☎ (0 56 51) 30 42 10, Fax 5 02 91 — Tourist-Information, Hospitalplatz 16, 37269 Eschwege; Kreisstadt an der Werra. Sehenswert: hist. Altstadt; Altes Rathaus; ehem. Landgrafenschloß mit Dietemann-Kunstuhr; Nikolaiturm; Neustädter u. Altstädter Kirche; Raiffeisenhaus; Fachwerkbauten

∗∗ Ringhotel Dölle's Nr. 1
Friedrich-Wilhelm-Str 2, ⌧ 37269, ☎ (0 56 51) 74 44-0, Fax 74 44-77, AX DC ED VA
38 Zi, Ez: 85-140, Dz: 128-190, S; ⌂ WC ☎, 8🛏; Lift 🅿 🚗 2⇌120 Kegeln Sauna Solarium
Auch Zimmer der Kategorie ∗ vorhanden
∗∗∗ Hauptgericht 35; geschl: So

∗ Zur Struth
Struthstr 7 a, ⌧ 37269, ☎ (0 56 51) 92 28 13, Fax 27 88, DC ED VA
37 Zi, Ez: 65-85, Dz: 110-130, ⌂ WC ☎; 🅿 🚗
geschl: So 15-Mo 18, 15.-30.7.
∗ Hauptgericht 30; Gartenlokal; geschl: So abends, Mo mittags, 15.-30.7.

∗ Gasthaus Zur Krone
Stad 9, ⌧ 37269, ☎ (0 56 51) 3 00 66, Fax 62 52, AX DC ED VA
13 Zi, Ez: 75, Dz: 110, 1 Suite, 3 App, ⌂ WC ☎; 🚗 ⛛

Eschweiler 42 ↗

Nordrhein-Westfalen — Kreis Aachen — 140 m — 56 059 Ew — Düren 16, Aachen 20, Köln 60 km
🛈 ☎ (0 24 03) 7 10, Fax 7 13 84 — Stadtverwaltung, Rathausplatz 1, 52249 Eschweiler. Sehenswert: Leder-Pieta in der kath. Kirche St Peter und Paul; Burg Röthgen (16. Jh.)

∗∗ Günnewig Hotel de Ville
Dürener Str 5, ⌧ 52249, ☎ (0 24 03) 86 10, Fax 86 11 50, AX DC ED VA
66 Zi, Ez: 170-195, Dz: 210-235, 1 App, ⌂ WC ☎ DFÜ, 23🛏; Lift 🚗 4⇌100 18Golf
∗∗ Altes Rathaus
Hauptgericht 30; 🅿 Terrasse; geschl: Mo, Di

🍽 **Birfeld**
Grabenstr 42, ⌧ 52249, ☎ (0 24 03) 2 23 31
geschl: So

Esens-Bensersiel 16 ↗

Niedersachsen — Kreis Wittmund — 5 m — 6 150 Ew — Neuharlingersiel 9, Wittmund 14, Langeoog 5 km
🛈 ☎ (0 49 71) 9 15-0, Fax 49 88 — Kurverwaltung, im Ortsteil Esens, Kirchplatz, 26427 Esens-Bensersiel; Nordseebad. Sehenswert: St.-Magnus-Kirche; Holarium; Rathaus mit Ahnensaal

Achtung: Schiffsfahrten ab Bensersiel - Hafen-Ostseite zur Insel Langeoog
🛈 ☎ (0 49 71) 25 01

Bensersiel
∗ Hörn van Diek
Lammertshörn 1, ⌧ 26427, ☎ (0 49 71) 24 29, Fax 24 29
Ez: 75-120, Dz: 120-160, 20 App, ⌂ WC; 🅿 ⌬ Solarium; **garni**
geschl: 15.11.-15.12.

∗ Röttgers
♂ Am Wattenmeer 6, ⌧ 26427, ☎ (0 49 71) 30 18, Fax 38 67
20 Zi, Ez: 60-90, Dz: 90-150, ⌂ WC DFÜ; 🅿; **garni**

∗ Störtebeker
♂ Am Wattenmeer 4, ⌧ 26427, ☎ (0 49 71) 9 19 00, Fax 91 90 55
32 Zi, Ez: 43-53, Dz: 85-140, 8 App, ⌂ WC ☎, 8🛏; 🅿 Sauna Solarium; **garni**
geschl: 10.1.-10.2.

Esens
∗∗ Krögers Hotel
Bahnhofstr 18, ⌧ 26427, ☎ (0 49 71) 30 65 68, Fax 42 65, AX DC ED VA
44 Zi, Ez: 76-110, Dz: 156-210, 1 Suite, ⌂ WC ☎, 12🛏; Lift 3⇌150 Fitneßraum Kegeln Sauna Solarium ⛛

⌂ **Wietings Hotel**
Am Markt 7, ✉ 26427, ☎ (0 49 71) 45 68,
Fax 41 51, AX DC ED VA
23 Zi, Ez: 80-100, Dz: 130-140, 1 Suite, ⌐⌐
WC ☎, 4🛏; Fitneßraum Sauna Solarium 🍴

Eslohe 34 ↘

Nordrhein-Westfalen — Hochsauerland-
kreis — 350 m — 9 000 Ew — Meschede 19,
Schmallenberg 20, Lennestadt 24 km
ℹ ☎ (0 29 73) 4 42, Fax 25 10 — Kur- und
Verkehrsverein, Kupferstr 30, 59889 Eslohe;
Luftkurort im Sauerland

∗ **Forellenhof Poggel**
Homertstr 21, ✉ 59889, ☎ (0 29 73) 9 71 80,
Fax 97 18 78, VA
25 Zi, Ez: 65-110, Dz: 110-170, ⌐⌐ WC ☎; Lift
🅿 🚗 2↻45 ⏺
∗ Hauptgericht 25; Gartenlokal

⌂ **Haus Stoetzel**
♂ St.-Rochus-Weg 1 a, ✉ 59889,
☎ (0 29 73) 97 65 24, Fax 97 65 14
11 Zi, Ez: 47-65, Dz: 84-130, ⌐⌐ WC; 🅿 2↻30
∗ **Domschänke**
⊗ Hauptgericht 22; nur abends, Sa + So
auch mittags; geschl: Mo, Di,
Rustikales Sauerländer Fachwerkhaus mit
Hausbrauerei

Cobbenrode (8 km ↓)
∗∗ **Hennemann**
Olper Str 28, ✉ 59889, ☎ (0 29 73) 37 01,
Fax 37 03, AX DC ED VA
26 Zi, Ez: 95, Dz: 180, 4 Suiten, ⌐⌐ WC ☎,
2🛏; Lift 🅿 🚗 2↻25 ≘ Fitneßraum Kegeln
Sauna Solarium 5Tennis ⏺
geschl: Mo, 20.-24.12., 20.6.-7.7.
∗∗ Hauptgericht 28; Gartenlokal;
geschl: Mo, 20.6.-7.7.99

Wenholthausen (5 km ↑)
∗ **Sauerländer Hof**
Südstr 35, ✉ 59889, ☎ (0 29 73) 7 77,
Fax 23 63, DC ED VA
18 Zi, Ez: 72-86, Dz: 154-196, 3 Suiten, ⌐⌐
WC ☎; 🅿 🚗 ≘ Sauna Solarium 18Golf
geschl: 22.-25.12., 8.-28.3.99
∗ Hauptgericht 25; Biergarten;
geschl: Do, 08.03.-28.03.99

Espelkamp 25 ←

Nordrhein-Westfalen — Kreis Minden-
Lübbecke — 50 m — 27 200 Ew —
Rahden 6, Lübbecke 9, Diepholz 34 km
ℹ ☎ (0 57 72) 56 20, Fax 80 11 — Stadtverwaltung, Wilhelm-Kern-Platz 1,
32339 Espelkamp. Sehenswert: Ev. Thomaskirche; Schloß Benkhausen; Ev. Kirche
Isenstedt; Alte Klus Frotheim; Ellerburger
Mühle; Speicher von 1900 in Fabbenstedt

∗ **Mittwald-Hotel**
Ostlandstr 23, ✉ 32339, ☎ (0 57 72)
40 29 + 40 20 + 61 51, Fax 71 49, AX DC ED VA
46 Zi, Ez: 100-118, Dz: 125-175, ⌐⌐ WC ☎
DFÜ, 5🛏; Lift 🅿 🚗 3↻50 Fitneßraum
Sauna Solarium ⏺
Auch Zimmer der Kategorie ∗∗ vorhanden
∗ **MCM**
Hauptgericht 25; Terrasse; geschl: Sa

Frotheim (4 km ↘)
∗ **Birkenhof**
Schmiedestr 4, ✉ 32339, ☎ (0 57 43) 80 00,
Fax 45 00, AX DC ED VA
24 Zi, Ez: 50-65, Dz: 100-130, ⌐⌐ WC ☎; 🍴

∗ **Im Loh**
Diepenauer Str 53, ✉ 32339, ☎ (0 57 43)
4 09-0, Fax 4 09-30, ED VA
19 Zi, Ez: 80, Dz: 130, ⌐⌐ WC ☎ DFÜ; 🅿
1↻150 🍴 ⏺

Espenau 36 ↙

Hessen — Kreis Kassel — 275 m —
4 872 Ew — Fuldatal 8, Kassel 10, Hofgeismar 14 km
ℹ ☎ (0 56 73) 9 99 30, Fax 99 93 31 —
Gemeindeverwaltung, Im Ort 1,
34314 Espenau

Espenau-Außerhalb an der Gabelung B 7
und B 83
∗∗ **Ringhotel Waldhotel
Schäferberg**
Wilhelmsthaler Str 14, ✉ 34314, ☎ (0 56 73)
79 51, Fax 79 73, AX DC ED VA
92 Zi, Ez: 150-180, Dz: 180-240, S; 6 Suiten,
⌐⌐ WC ☎, 30🛏; Lift 🅿 🚗 15↻200 Fitneß-
raum Kegeln Sauna Solarium ⏺
∗∗ **Blaue Ente**
Hauptgericht 30; Terrasse

Essel 26 ↖

Niedersachsen — Kreis Soltau-Fallingbostel — 41 m — 560 Ew — Walsrode 25, Celle
33, Nienburg 34 km
ℹ ☎ (0 50 71) 86 88, Fax 86 89 — Tourist
Information, Bahnhofstr 15,
29690 Schwarmstedt; Ort im Allertal.
Sehenswert: Sieben Steinhäuser (Hünengräber, 16 km ↗, Besuch nur am 1. und
3. Wochenende im Monat von 8-18 Uhr
möglich); Serengetipark Hodenhagen
(12 km); Vogelpark Walsrode

Essel-Außerhalb (6 km ↗)
∗∗∗ **Heide-Kröpke**
einzeln ♂ Ostenholzer Moor/Esseler
Damm 1, ✉ 29690, ☎ (0 51 67) 97 90,
Fax 97 92 91, AX DC ED VA
53 Zi, Ez: 85-175, Dz: 198-240, 9 Suiten, ⌐⌐
WC ☎, 9🛏; Lift 🅿 🚗 6↻50 ≘ Kegeln
Sauna Solarium 18Golf 1Tennis ⏺
∗∗ einzeln, Hauptgericht 35; Terrasse

Essen

Nordrhein-Westfalen — Stadtkreis — 116 m — 613 000 Ew — Duisburg 23, Düsseldorf 31, Dortmund 34 km

ℹ️ ☎ (02 01) 1 94 33, Fax 88-7 20 44 — Touristikzentrale Essen im Handelshof, Rathaus, Am Hauptbahnhof 2 (C 1-2), 45127 Essen; Verwaltungs- und Wirtschaftszentrum, Messe- und Kongreßstadt an der Ruhr; Universität; Folkwang-Hochschule für Musik, Theater, Tanz; Colosseum: Musicaltheater, Aalto-Theater; Opernhaus, Grugshalle. Sehenswert: Münster: Münsterschatz mit Goldener Madonna; Basilika St. Ludgerus in Essen-Werden; Museum Folkwang: Gemälde d. 19./20. Jh.; Deutsches Plakatmuseum; Ruhrlandmuseum; Design Zentrum ↘; Industriedenkmal Zeche Zollverein; Villa Hügel; Ausstellungen im Kleinen Haus Historische Sammlung Krupp; Grugapark; Botanischer Garten, Bonsai-Sammlung; Baldeneysee: Ruhrstausee (10 km ↓)

Messen:
IPM 29.-31.1.99
Equitana 6.-14.3.99
Techno Classica 7.-11.4.99
IKK 7.-9.10.99

*** Sheraton
Huyssenallee 55 (B 4), ✉ 45128, ☎ (02 01) 1 00 70, Fax 1 00 77 77, AX DC ED VA
205 Zi, Ez: 255-540, Dz: 280-590, 12 Suiten, ⌐ WC ☎, 90⬛; Lift 6🔄100 ≋ Fitneßraum Sauna Solarium 🍽

*** Mövenpick Hotel Essen
Am Hauptbahnhof 2 (C 2), ✉ 45127, ☎ (02 01) 1 70 80, Fax 1 70 81 73, AX DC ED VA
192 Zi, Ez: 242-298, Dz: 326-361, S; 6 Suiten, ⌐ WC ☎, 80⬛; Lift 6🔄60 🍽

** Balance Hotel
Frohnhauser Str 6 (B2), ✉ 45127, ☎ (02 01) 2 40 70, Fax 2 40 72 40, AX DC ED VA
127 Zi, Ez: 185, Dz: 185, S; 19 Suiten, 21 App, ⌐ WC ☎ DFÜ, 86⬛; Lift 🚗 5🔄129 Sauna Solarium 🍽

** Essener Hof
Top International Hotel
Teichstr 2 (C 2), ✉ 45127, ☎ (02 01) 2 42 50, Fax 2 42 57 51, AX DC ED VA
130 Zi, Ez: 135-190, Dz: 215-260, S; 4 Suiten, 2 App, ⌐ WC ☎ DFÜ; Lift 5🔄100
geschl: 24.12.-4.1.

** Treff Langeoog
Hauptgericht 17; nur abends; geschl: Sa, So, 24.12.-4.1.99

* Europa
Hindenburgstr 35 (B 2), ✉ 45127, ☎ (02 01) 23 20 41, Fax 23 26 56, AX DC ED VA
50 Zi, Ez: 125-180, Dz: 160-220, ⌐ WC ☎; Lift; **garni**
geschl: 21.12.-4.1.

* Atelier
Niederlei 13 (A 1), ✉ 45141, ☎ (02 01) 31 30 14, Fax 32 55 48, AX DC ED VA
24 Zi, Ez: 98-138, Dz: 125-165, ⌐ WC ☎; Lift; **garni**
Rezeption: 6-12, 15-22; geschl: So, 2 Wochen im Sommer

* Luise
Dreilindenstr 96 (B 3), ✉ 45128, ☎ (02 01) 23 92 53, Fax 20 02 19, AX DC ED VA
29 Zi, Ez: 98, Dz: 148, ⌐ WC ☎; Lift 🚗; **garni**

** Zeitungsente
Sachsenstr 30, im NRZ Pressehaus (B 3), ✉ 45128, ☎ (02 01) 23 66 08, Fax 23 66 63, AX DC ED VA
Hauptgericht 43

** L'Opera
Theaterpassage, Eingang Hirschlandplatz (C 2), ✉ 45127, ☎ (02 01) 23 91 24, Fax 22 91 13, AX DC ED VA
Hauptgericht 35

** La Grappa
Rellinghauser Str 4 (C 4), ✉ 45128, ☎ (02 01) 23 17 66, Fax 22 91 46, AX DC ED VA
Hauptgericht 25; geschl: Sa mittags, So

** Bonne Auberge
Witteringstr 92 (C 4), ✉ 45130, ☎ (02 01) 78 39 99, Fax 78 39 99, AX DC ED VA
Hauptgericht 45; Terrasse; geschl: Sa mittags, So

** Rôtisserie im Saalbau
Huyssenallee 53 (C 3), ✉ 45128, ☎ (02 01) 2 47 04-0, Fax 2 47 04-99, AX DC ED VA
Hauptgericht 32; Gartenlokal 🅿; geschl: So abends, Sa, in den Sommerferien

* Hannappel
Dahlhauser Str 173, ✉ 45279, ☎ (02 01) 53 45 06, Fax 53 45 06, AX DC ED VA
Hauptgericht 30; nur abends; geschl: Di, 13.7.-3.8.99

🍴 Café Overbeck
Kettwiger Str 15 (C 2), ✉ 45127, ☎ (02 01) 23 71 71, Fax 23 27 07
Hauptgericht 17; Terrasse

Altenessen (4 km ↑)
** Astoria Classic
Wilhelm-Nieswand-Allee 175, ✉ 45326, ☎ (02 01) 8 35 84, Fax 8 35 80 40, AX DC ED VA
102 Zi, Ez: 175-275, Dz: 190-350, S; 3 Suiten, ⌐ WC ☎, 6⬛; Lift 🅿 🚗 4🔄100 Fitneßraum Sauna Solarium 🍽
Im Stammhaus Astoria und Gästehaus auch Zimmer der Kategorie * vorhanden

Borbeck (5 km ←)
** Am Schloßpark
Gasthof Krebs
Borbecker Str 183, ✉ 45355, ☎ (02 01) 67 50 01, Fax 68 77 62, AX ED VA
16 Zi, Ez: 110-195, Dz: 140-235, ⌐ WC ☎; 🅿 🚗 Kegeln 🍽

** Haus Gimken
Schloßstr 182, ✉ 45355, ☎ (02 01) 86 70 80, Fax 8 67 08 88, AX DC ED VA
25 Zi, Ez: 140-190, Dz: 175-220, ⌐ WC ☎; 🅿 🚗 1🔄30 Fitneßraum Sauna Solarium 🍽
Auch Zimmer der Kategorie * vorhanden

Bredeney (5 km ↓)
** Holiday Inn
Theodor-Althoff-Str 5, ✉ 45133, ☎ (02 01) 76 90, Fax 7 69 31 43, AX DC ED VA
287 Zi, Ez: 258-298, Dz: 316-356, S; 6 Suiten, ⌐ WC ☎, 151⬛; Lift 🅿 🚗 15🔄400 ≋ Fitneßraum Kegeln Sauna Solarium

** Le Bisou
Hauptgericht 40; Terrasse ➡

342

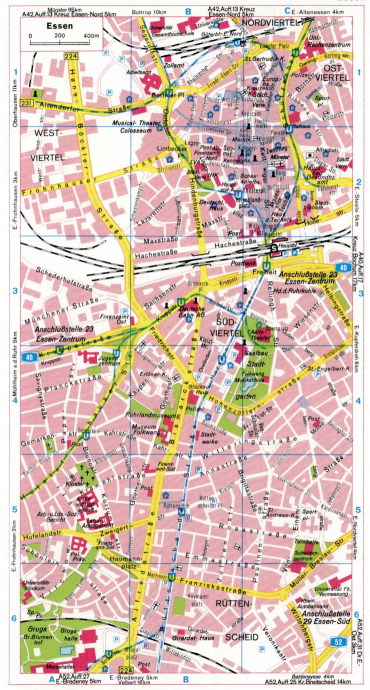

Essen

** Waldhaus Langenbrahm
♂ Wiedfeldtstr 23, ✉ 45133, ☎ (02 01) 4 50 40, Fax 4 50 42 99, AX ED VA
30 Zi, Ez: 180-240, Dz: 280-340, ⊿ WC ☎; Lift 1↔60; garni

Gnau im Alten Stiftshaus
Stiftsplatz 3, ✉ 45134, ☎ (02 01) 47 27 36, Fax 47 27 98, AX ED
Hauptgericht 30

Burgaltendorf (11 km ↘)

** Mintrops Burghotel City Line & Country Line Hotels
♂ Schwarzensteinweg 79-83, ✉ 45289, ☎ (02 01) 57 17 10, Fax 5 71 71 47, AX DC ED VA
60 Zi, Ez: 145-300, Dz: 245-300, S; ⊿ WC ☎ DFÜ, 12✉; Lift 🅿 5↔40 ≋ Sauna Solarium

Frintrop (6 km ←)

* Wilhelmshöhe
Im Wulve 2-4, ✉ 45359, ☎ (02 01) 60 64 04, Fax 69 07 51, AX DC ED VA
30 Zi, Ez: 95-180, Dz: 140-210, 3 App, ⊿ WC ☎; 🅿; garni
Rezeption: 6-18, so + feiertags 8-12; geschl: 21.12.-3.1.

Frohnhausen (3 km ↗)

* Oehler
Liebigstr 8, ✉ 45145, ☎ (02 01) 70 53 27, Fax 73 37 92, ED VA
12 Zi, Ez: 80-90, Dz: 130-140, ⊿ WC ☎; 🅿; garni
geschl: 22.12.-7.1.

** Kölner Hof
Duisburger Str 20, ✉ 45145, ☎ (02 01) 76 34 30, Fax 8 76 14 95, AX DC
Hauptgericht 40; Gartenlokal Kegeln; geschl: Di mittags, Mo

Kettwig (11 km ↗)

** Residence 👑👑👑
Auf der Forst 1, ✉ 45219, ☎ (0 20 54) 9 55 90, Fax 8 25 01, AX DC ED VA
16 Zi, Ez: 169, Dz: 219-299, 2 Suiten, 1 App, ⊿ WC ☎; 🅿 🚗

*** Residence/Benedikt ₽ 🍴🍴🍴
Hauptgericht 65; Gartenlokal Terrasse; nur abends; geschl: So + Mo, 3 Wo Sommerferien, 1.1.-8.1.99

* Diening
Kirchfeldstr 34, ✉ 45219, ☎ (0 20 54) 45 77, Fax 54 03, AX DC ED VA
15 Zi, Ez: 110-130, Dz: 130-180, ⊿ WC ☎; 🚗; garni
Rezeption: 7-10, 17-23

* Knappmann
Ringstr 198, ✉ 45219, ☎ (0 20 54) 78 09, Fax 97 06 28, AX ED VA
13 Zi, Ez: 115-125, Dz: 155-175, 2 Suiten, ⊿ WC ☎ DFÜ, 2✉; 🅿 🚗 🍴
geschl: Do, 22.12.-3.1.

* Schmachtenbergshof
Schmachtenbergstr 157, ✉ 45219, ☎ (0 20 54) 89 33-35, Fax 1 65 47, ED
22 Zi, Ez: 110-170, Dz: 170-180, 1 Suite, ⊿ WC ☎; 🅿 🚗 2↔70 Kegeln 🍴

** Jägerhof
Hauptstr 23, ✉ 45219, ☎ (0 20 54) 8 40 11, Fax 8 09 84, AX DC ED VA
Hauptgericht 35; Terrasse; geschl: Sa mittags, so + feiertags

** Le petit restaurant
Ruhrtalstr 417, ✉ 45219, ☎ (0 20 54) 1 85 78
Hauptgericht 35; Biergarten; geschl: Di + Sa mittags, 1. Hälfte Sommerferien

* Ange d'Or Junior
Ruhrtalstr 326, ✉ 45219, ☎ (0 20 54) 23 07, Fax 63 43
Hauptgericht 30; 🅿 Terrasse; nur abends; geschl: Mo, Di, in den Weihnachtsferien, Osterferien und Herbstferien
Restaurant-Bistro mit originellem Konzept

Kettwig-Außerhalb (2 km ←)

**** Schloß Hugenpoet 👑
Relais & Châteaux
⫷ ⊗ August-Thyssen-Str 51, ✉ 45219, ☎ (0 20 54) 1 20 40, Fax 12 04 50, AX DC ED VA
24 Zi, Ez: 330-370, Dz: 395-595, 1 Suite, ⊿ WC ☎ DFÜ; Lift 🅿 5↔60 18Golf 1Tennis 🚗
Auch Zimmer der Kategorie ******* vorhanden

*** ⊗ Hauptgericht 55; Terrasse; 300 Jahre altes Wasserschloß aus der Spätrenaissance. Alte Gemälde. Hist. wertvolle Sandsteinkamine in der Halle

Rüttenscheid (2 km ↓)

** Best Western Hotel Ypsilon
Müller-Breslau-Str 18 c (C 6), ✉ 45130, ☎ (02 01) 8 96 90, Fax 8 96 91 00, AX DC ED VA
93 Zi, Ez: 136-288, Dz: 158-309, S; 2 Suiten, 6 App, ⊿ WC ☎, 28✉; Lift 🅿 🚗 2↔80 27Golf 🍴

** An der Gruga
Eduard-Lucas-Str 17, ✉ 45131, ☎ (02 01) 4 19 10, Fax 42 51 02, AX DC ED VA
40 Zi, Ez: 145-165, Dz: 197-235, ⊿ WC ☎ DFÜ; Lift 🅿 🚗; garni

** Maximilian
Manfredstr 10, ✉ 45131, ☎ (02 01) 45 01 70, Fax 4 50 17 99, AX DC ED VA
31 Zi, Ez: 150-180, Dz: 200-240, ⊿ WC ☎; Lift 🅿; garni

** Im Girardet-Haus
Girardetstr 2 (B 6), ✉ 45131, ☎ (02 01) 87 88 00, Fax 8 78 80 88, AX DC ED VA
42 Zi, Ez: 205-255, Dz: 250-310, 1 Suite, 42 App, ⊿ WC ☎ DFÜ, 8✉; Lift 3↔100; garni

** Ruhr-Hotel
Krawehlstr 42 (A 5), ✉ 45130, ☎ (02 01) 77 80 53, Fax 78 02 83, AX ED VA
29 Zi, Ez: 120-170, Dz: 180-250, ⊿ WC ☎, 4✉; Lift; garni

* Alma
Almastr 7 (B 5), ✉ 45130, ☎ (02 01) 7 24 00, Fax 7 24 01 06, AX DC ED VA
41 Zi, Ez: 160-220, Dz: 200-300, ⊿ WC ☎; Lift 🚗; garni

Esslingen am Neckar

✻ Arosa
Rüttenscheider Str 149 (B 6), ✉ 45130, ☎ (02 01) 7 22 60, Fax 7 22 61 00, AX DC ED VA
88 Zi, Ez: 148-208, Dz: 198-300, S; ⊣ WC ☎, 34⊠; Lift 🅿 2⇔60 Kegeln 🍽

✻ Messehotel
Eduard-Lucas Str 8, ✉ 45131, ☎ (02 01) 42 11 00, Fax 42 50 72, AX ED VA
15 Zi, Ez: 120-160, Dz: 160-190, ⊣ WC ☎; 🍽 geschl: 1.-18.8.

✻ Behr's Parkhotel
Alfredstr 118, ✉ 45131, ☎ (02 01) 77 90 95, Fax 78 98 16, AX ED VA
17 Zi, Ez: 100-150, Dz: 150-200, ⊣ WC ☎; 🅿 🍴 🍽

✻ Rüttenscheider Hof
Klarastr 18, ✉ 45130, ☎ (02 01) 79 10 51, Fax 79 28 75, AX ED VA
24 Zi, Ez: 75-135, Dz: 135-180, ⊣ WC ☎; 🍽 ☕

✻ Emile ✣
Emilienstr 2 (C 4), ✉ 45128, ☎ (02 01) 79 13 18, Fax 79 13 31
Hauptgericht 25; 🅿; geschl: So, Sa mittags, Tischreservierung empfehlenswert

Weinhaus Michl
Elfriedenstr, Ecke Julienstr (B 6), ✉ 45130, ☎ (02 01) 77 27 56, Fax 77 27 56, AX ED VA
Hauptgericht 30

Werden (8 km ↓)
✻ Gastgeb ♛
Hammerstr 17, ✉ 45239, ☎ (02 01) 4 00 35, Fax 40 11 14, AX DC ED VA
12 Zi, Ez: 120, Dz: 180, ⊣ WC ☎; garni

Werden-Außerhalb
✻✻ Landhaus Rutherbach
einzeln, Ruhrtalstr 221, ✉ 45219, ☎ (02 01) 49 52 46, Fax 49 52 46, AX ED VA
Hauptgericht 30

Essen, Bad 24 ↘

Niedersachsen — Kreis Osnabrück — 70 m — 3 800 Ew — Osnabrück 25, Diepholz 40, Herford 41 km
ℹ ☎ (0 54 72) 9 41 90, Fax 94 19 51 — Kurverwaltung, Ludwigsweg 6, 49152 Bad Essen; Heilbad am Wiehengebirge. Sehenswert: Alte Wassermühle; hist. Kirchplatz

✻✻ Landhotel Buchenhof ♛
Bergstr 22/26, ✉ 49152, ☎ (0 54 72) 93 90, Fax 9 39-2 00, AX DC ED VA
25 Zi, Ez: 155, Dz: 165-230, 4 App, ⊣ WC ☎ DFÜ, 9⊠; 🅿 🍴 1⇔26 Fitneßraum Sauna Solarium; garni ☕
Rezeption: 7-20
Restaurierte Fachwerkhäuser im Landhausstil eingerichtet

Essing 64 ↗

Bayern — Kreis Kelheim — 359 m — 1 000 Ew — Kelheim 7, Riedenburg 10 km
ℹ ☎ (0 94 47) 92 00 93, Fax 92 00 92 — Gemeindeverwaltung, Marktplatz 1, 93343 Essing; Ort im Altmühltal

✻ Schneider's Kleines Brauhaus
Altmühlgasse 10, ✉ 93343, ☎ (0 94 47) 9 18 00, Fax 91 80 20
Hauptgericht 25

Essing-Außerhalb (1 km ←)
✻ Pension Weihermühle
Weihermühle 4, ✉ 93343, ☎ (0 94 47) 3 55, Fax 6 83, AX DC ED VA
22 Zi, Ez: 65-120, Dz: 90-170, 1 App, ⊣ WC ☎; Lift 🅿 🍴 1⇔20 ♒ Sauna Solarium
geschl: 20.11.-23.12., 3.1.-10.3.
Restaurant für Hausgäste

Esslingen am Neckar 61 →

Baden-Württemberg — Kreis Esslingen — 230 m — 90 000 Ew — Stuttgart 14, Göppingen 28, Ulm 77 km
ℹ ☎ (07 11) 35 12 24 41, Fax 35 12 29 39 — Stadt Esslingen am Neckar - Amt für Freizeit, Amt für Touristik, Marktplatz 16 (A 1), 73728 Esslingen am Neckar; Schauspielhaus. Sehenswert: Stadtkirche St. Dionys (Glasmalereien); Frauenkirche; Münster St. Paul; Altes Rathaus; Burg ◂; Tore und Türme der ehem. Stadtbefestigung

Cityplan siehe Seite 346

✻✻ Am Schelztor
Schelztorstr 5 (A 1), ✉ 73728, ☎ (07 11) 3 96 96 40, Fax 35 98 87, AX DC ED VA
33 Zi, Ez: 100-130, Dz: 153-190, ⊣ WC ☎; Lift 🅿 🍴 1⇔25 Fitneßraum Sauna; garni

✻✻ Am Schillerpark
Neckarstr 60 (B 2), ✉ 73728, ☎ (07 11) 93 13 30, Fax 93 13 31 00, AX DC ED VA
49 Zi, Ez: 105-145, Dz: 150-190, 2 Suiten, ⊣ WC ☎; Lift 🍴 🍽
geschl: 23.12.-6.1.

✻ Rosenau
Plochinger Str 65 (C 2), ✉ 73730, ☎ (07 11) 31 63 97, Fax 3 16 13 44, AX ED VA
57 Zi, Ez: 95-150, Dz: 160-180, ⊣ WC ☎; Lift 🅿 ♒ Sauna Solarium 🍽
Auch Zimmer der Kategorie ✻✻ vorhanden

✻✻ Dicker Turm
◂ Auf der Burg (B 1), ✉ 73728, ☎ (07 11) 35 50 35, Fax 3 50 85 96, DC ED VA
Hauptgericht 35; geschl: So (Mai-Okt), 24.7.-9.8.

Berkheim (3 km ↓)
✻✻ Linde
Ruiter Str 2, ✉ 73734, ☎ (07 11) 34 53 05, Fax 3 45 41 25, AX DC ED VA
85 Zi, Ez: 90-180, Dz: 130-215, ⊣ WC ☎, 7⊠; Lift 🅿 🍴 3⇔90 ♒ Sauna Solarium
Im Stammhaus auch Zimmer der Kategorie ✻ vorhanden
✻✻ Hauptgericht 25; Terrasse; geschl: Sa, 22.12.-10.1. →

Esslingen am Neckar

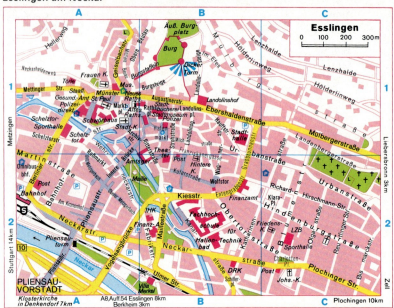

Liebersbronn (2 km ↗)
✱ Traube
Im Gehren 6, ✉ 73732, ☎ (07 11) 37 03 10,
Fax 3 70 31 30, ED VA
52 Zi, Ez: 85-105, Dz: 130-150, ⊣ WC ☎; Lift
🅿 2⇔70 ≋ Kegeln Sauna Solarium ⑩
auch einfache Zimmer vorhanden

Neckarhalde (2 km ↘)
✱ Kelter
◄ Kelterstr 104, ✉ 73733, ☎ (07 11)
9 18 90 60, Fax 91 89 06 28, ED VA
Hauptgericht 29; Biergarten 🅿 Terrasse;
geschl: Mo
✱
♦ ◄ 12 Zi, Ez: 60-80, Dz: 120-150,
⊣ WC ☎; Lift

Zell (5 km ↘)
✱✱ Zeller Zehnt
Hauptstr 97, ✉ 73730, ☎ (07 11) 93 08 10-0,
Fax 36 75 45, AX DC ED VA
28 Zi, Ez: 110-120, Dz: 180-200, 1 App, ⊣
WC ☎; Lift 🅿 🛌 Sauna ⑩

Esterwegen 16

Niedersachsen — Kreis Emsland — 35 m —
4 907 Ew — Oldenburg 45, Papenburg 20,
Sögel 20 km
ℹ ☎ (0 59 55) 20 00, Fax 2 00 20 — Gemeindeverwaltung, Poststr 13, 26897 Esterwegen; Erholungsort

✱ Graf Balduin
♦ Am Sportpark, ✉ 26897, ☎ (0 59 55)
2 02 00, Fax 2 02 99, AX DC ED VA
30 Zi, Ez: 70, Dz: 120, ⊣ WC ☎, 7✉; Lift 🅿
🛌 2⇔80 2Tennis ⑩
✱✱ Hauptgericht 25

Ettal 71

Bayern — Kreis Garmisch-Partenkirchen —
900 m — 1 000 Ew — Oberammergau 5,
Garmisch-Partenkirchen 15 km
ℹ ☎ (0 88 22) 35 34, Fax 63 99 — Gemeindeverwaltung, Ammergauer Str 8,
82488 Ettal; Luftkurort und Wintersportplatz. Sehenswert: Klosterkirche; Schloß
Linderhof (10 km ←)

✱✱ Blaue Gams
♦ ◄ Vogelherdweg 12, ✉ 82488,
☎ (0 88 22) 64 49, Fax 8 69
52 Zi, Ez: 55-75, Dz: 95-180, ⊣ WC ☎; Lift 🅿
⑩ 🛌

✱ Zur Post
Kaiser-Ludwig-Platz 18, ✉ 82488,
☎ (0 88 22) 35 96, Fax 69 71
21 Zi, Ez: 65-120, Dz: 110-180, 4 App, ⊣ WC;
🅿 🛌 18Golf ⑩
Rezeption: 8-21; geschl: 1.11.-20.12.

Linderhof (10 km ←)
✱✱ Schloßhotel Linderhof
Haus Nr 14, ✉ 82488, ☎ (0 88 22) 7 90,
Fax 43 47, AX DC ED VA
29 Zi, Ez: 71-91, Dz: 142-162, ⊣ WC ☎; Lift
🅿 1⇔50 ⑩ 🛌

Bei den Ferienzeit-Angaben für Hotels und
Restaurants bedeuten „Anfang" 1. bis 10.,
„Mitte" 11. bis 20. und „Ende" 21. bis 31.
des jeweiligen Monats. Innerhalb dieser
Zeiträume liegen Beginn und Ende der
Ferienzeit.

Ettlingen 60 ↗

Baden-Württemberg — Kreis Karlsruhe — 136 m — 38 000 Ew — Karlsruhe 7 km
🛈 ☎ (0 72 43) 10 12 21, Fax 10 14 30 — Stadtinformation, Schillerstr 7-9, Albarkaden, 76275 Ettlingen; Stadt am Nordrand des Schwarzwaldes. Sehenswert: Kath. Kirche St.Martin; Schloß: Asam-Saal, Albgau-Museum; Karl-Hofer-Museum; Karl-Albiker-Museum; Ostasien-Museum; Rathaus und Narrenbrunnen
Achtung: Schloß-Festspiele

*** Erbprinz
Rheinstr 1, ✉ 76275, ☎ (0 72 43) 32 20, Fax 1 64 71, AX DC ED VA
41 Zi, Ez: 198, Dz: 295, 7 Suiten, ⌐ WC ☎; Lift P ⌂ 3⬡50 ☛
**** Hauptgericht 40; Terrasse

** Stadthotel Engel
Kronenstr 13, ✉ 76275, ☎ (0 72 43) 33 00, Fax 33 01 99, AX DC ED VA
90 Zi, Ez: 165, Dz: 195, 4 App, ⌐ WC ☎, 18✉; Lift ⌂ 4⬡ Fitneßraum Sauna Solarium; garni

* Holder
Lindenweg 16, ✉ 76275, ☎ (0 72 43) 1 60 08 + 3 29 92, Fax 7 95 95, AX ED VA
29 Zi, Ez: 106-148, Dz: 146-172, ⌐ WC ☎; P Fitneßraum Sauna Solarium
Restaurant für Hausgäste; Auch Zimmer der Kategorie ** vorhanden

* Drei Mohren
Rheinstr 15, ✉ 76275, ☎ (0 72 43) 1 60 31, Fax 1 57 91, AX DC ED VA
31 Zi, Ez: 158-168, Dz: 175-185, ⌐ WC ☎; Lift P 1⬡30 Kegeln
geschl: Mitte/Ende Mai, 27.12.-6.1.
Einfachere Zimmer vorhanden
** Hauptgericht 30; Terrasse; geschl: Sa, So

** Ratsstuben
Kirchenplatz 1, ✉ 76275, ☎ (0 72 43) 7 61 30, Fax 76 13 20, AX DC ED VA
Hauptgericht 28; Terrasse

Ettlingen-Außerhalb (5 km ↘)
*** Holiday Inn
Beim Runden Plom, ✉ 76275, ☎ (0 72 43) 38 00, Fax 38 06 66, AX DC ED VA
195 Zi, Ez: 184-240, Dz: 184-315, S; 4 Suiten, ⌐ WC ☎, 80✉; Lift P 19⬡300 ≋ Fitneßraum Kegeln Sauna Solarium 18Golf ☛
** Rhapsody
Hauptgericht 32; Terrasse; nur abends, so + feiertags mittags

Ettringen 43 ↙

Rheinland-Pfalz — Mayen-Koblenz — 200 m — 2 645 Ew — Mayen 4, Mendig 6 km
🛈 ☎ (0 26 51) 23 62 — Gemeindeverwaltung, 56729 Ettringen

*** Parkhotel am Schloß
♂ ⌘ Im Nettetal, ✉ 56729, ☎ (0 26 51) 80 84 04, Fax 80 84 00, AX ED VA
18 Zi, Ez: 125-220, Dz: 300-354, 4 Suiten, ⌐ WC ☎ DFÜ; P ⌂ 1⬡16 ☛
** Hauptgericht 30

Eurasburg 71 →

Bayern — Kreis Bad Tölz-Wolfratshausen — 614 m — 3 634 Ew — Wolfratshausen 7, Penzberg 13, München 27 km
🛈 ☎ (0 81 79) 7 01 — Gemeindeverwaltung, 82547 Eurasburg

Beuerberg-Außerhalb (3 km ↓) Richtung Penzberg
** Gut Faistenberg
einzeln ⌂, ✉ 82547, ☎ (0 81 79) 16 16, Fax 0 81 79, AX ED
Hauptgericht 45
*** einzeln ♂ ⌘ 10 Zi, Ez: 159-238, 💒 Dz: 198-339, 2 Suiten, ⌐ WC ☎; P 2⬡30

Euskirchen 42 ↗

Nordrhein-Westfalen — Kreis Euskirchen — 150 m — 52 000 Ew — Bonn 26, Düren 30, Köln 36 km
🛈 ☎ (0 22 51) 1 40, Fax 1 42 49 — Stadtverwaltung, Kölner Str 75, 53879 Euskirchen; Kreisstadt zwischen Rhein und Eifel. Sehenswert: Kath. Martinskirche; Stadtbefestigung: Dicker Turm mit Stadtmuseum; Burg Veynau; Hardtburg; Burg Ringsheim; Waldfreibad; Steinbach-Talsperre (11 km ↘)

* Bei Rothkopfs
Kommerner Str 76, ✉ 53879, ☎ (0 22 51) 5 56 11, Fax 30 60, AX DC ED VA
25 Zi, Ez: 110-125, Dz: 130-180, 7 App, ⌐ WC ☎; P
geschl: 18.12.-10.1.
Auch einfachere Zimmer vorhanden
* Hauptgericht 25; geschl: Fr, 18.12.-10.10.99

Eutin 11 ↙

Schleswig-Holstein — Kreis Ostholstein — 34 m — 19 435 Ew — Lübeck 37, Kiel 52 km
🛈 ☎ (0 45 21) 7 09 70, Fax 70 97 20 — Kur & Touristik Eutin GmbH, Bleekergang 6, 23701 Eutin; Kreisstadt und Luftkurort „Rosenstadt" am Großen Eutiner See. Sehenswert: St.-Michaelis-Kirche; Schloß mit Park; Ukleisee (6 km ↑)

** L' Etoile ☎
Lübecker Landstr 36, ✉ 23701, ☎ (0 45 21) 70 28 60, Fax 70 28 61, AX DC ED VA
Hauptgericht 40; P Terrasse; geschl: Mo + Di, 1.1.-5.2.
Le Bistro
Hauptgericht 30; Terrasse; geschl: Mo + Di, 1.1.-5.2.

☛ Carl Maria von Weber
Lübecker Str 48, ✉ 23701, ☎ (0 45 21) 7 82 50, Fax 7 82 51
Spezialität: Freischütztorte →

Eutin

Fissau (2 km ↑)
* **Fissauer Fährhaus**
◄ Leonhard-Boldt Str 8, ⊠ 23701,
☎ (0 45 21) 23 83, Fax 7 38 81
Hauptgericht 34; 🅿 Terrasse

Extertal 25 ↓

Nordrhein-Westfalen — Kreis Lippe —
100 m — 14 375 Ew — Rinteln 13, Bad
Pyrmont 25 km
🅸 ☎ (0 52 62) 40 20, Fax 4 02 58 — Verkehrsamt, im Ortsteil Bösingfeld, Mittelstr 33, 32699 Extertal. Sehenswert: Hist. Dampf- und Elektrozüge; Hohe Asch, 371 m; ◄
(2 km ↘); Burg Sternberg (4 km ←)

Linderhofe
* **Burg Sternberg**
Sternberg Str 37, ⊠ 32699, ☎ (0 52 62)
94 40, Fax 94 41 44, ED
40 Zi, Ez: 68-94, Dz: 108-160, 1 Suite, 1 App,
⊣ WC ☎ DFÜ, 10⊠; Lift 🅿 🅰 4⇌60 ≘
Sauna Solarium ¶◉¦ ⛌
Auch einfachere Zimmer vorhanden

Falkenau 50 □

Sachsen — Kreis Freiberg — 400 m —
2 250 Ew — Chemnitz 12 km
🅸 ☎ (0 37 26) 23 74, Fax 72 84 13 — Gemeindeverwaltung, Ernst-Thälmann-Str 18, 09569 Falkenau

* **Falkenhöhe**
Dresdner Str 4, ⊠ 09569, ☎ (0 37 26) 62 62,
Fax 62 63, AX DC ED VA
15 Zi, Ez: 70-90, Dz: 120-150, ⊣ WC ☎, 5⊠;
Lift 🅿 1⇌35 ¶◉¦ ⛌

Falkenberg (Elster) 40 ←

Brandenburg — Kreis Herzberg — 83 m —
6 797 Ew — Bad Liebenwerda 19, Torgau 20, Finsterwalde 37 km
🅸 ☎ (03 53 65) 26 01 — Stadtverwaltung, Lindenstr 7 a, 04895 Falkenberg

* **Lindenstraße**
Lindenstr 55 b, ⊠ 04895, ☎ (03 53 65) 40 10,
Fax 4 01 24
11 Zi, Ez: 75, Dz: 105, 1 Suite, 1 App, ⊣ WC
☎

Falkenhagen 31 □

Brandenburg — Kreis Märkisch-Oderland
— 20 m — 861 Ew — Frankfurt/Oder 19, Fürstenwalde 26 km
🅸 ☎ (03 36 03) 2 38 — Gemeindeverwaltung, Ernst-Thälmann-Str 11, 15306 Falkenhagen

Falkenhagen-Außerhalb (2 km ↓)
** **Seehotel Luisenhof**
einzeln ⚲ ◄ Am Gabelsee, ⊠ 15306,
☎ (03 36 03) 4 00, Fax 4 04 00, AX ED VA
28 Zi, Ez: 85-105, Dz: 135-155, 4 Suiten, ⊣
WC ☎; 🅿 2⇌40 Strandbad Seezugang
Fitneßraum Kegeln Sauna Solarium
2Tennis ¶◉¦

Falkenhagen 20 ↘

Brandenburg — Kreis Prignitz — 116 m —
425 Ew — Pritzwalk 7, Plau 39 km
🅸 ☎ (03 39 86) 2 67 — Gemeindeverwaltung, Hauptstr 48, 16928 Falkenhagen

* **Falkenhagen**
Rapshagener Str 10, ⊠ 16928, ☎ (03 39 86)
8 21 23, Fax 8 21 25, AX DC VA
45 Zi, Ez: 85-95, Dz: 120-130, ⊣ WC ☎; 🅿
2⇌45 ¶◉¦

Falkensee 30 ↘

Brandenburg — Havelland — 30 m —
27 051 Ew — Berlin 30, Potsdam 23 km
🅸 ☎ (03 321) 40 31 43, Fax 40 35 55 — Fremdenverkehrsverb.Havelland e.V./Info-Büro Nauen, Fremdenverkehrsverband Havelland, Goethestr 59-60, 14641 Nauen

* **Falkensee**
Spandauer Str 6, ⊠ 14612, ☎ (0 33 22)
2 50 10, Fax 25 01 55, AX ED VA
26 Zi, Ez: 90-130, Dz: 119-169, ⊣ WC ☎; Lift
🅿 1⇌25 ¶◉¦

Falkenstein 65 ↑

Bayern — Kreis Cham — 628 m — 3 170 Ew
— Roding 14, Straubing 35, Regensburg 39 km
🅸 ☎ (0 94 62) 2 44, Fax 53 10 — Verkehrsamt, Marktplatz 1, 93167 Falkenstein; Luftkurort im Bayerischen Wald. Sehenswert:
Burg: Park, ◄(1 km ↘); Klosterkirche in Frauenzell (12 km ↗)

** **Am Schloßpark**
Rodinger Str 5, ⊠ 93167, ☎ (0 94 62)
9 40 40, Fax 16 64, AX DC ED VA
17 Zi, Ez: 75, Dz: 110-130, 2 Suiten, ⊣ WC
☎; Lift 🅿 🅰 1⇌35 Sauna Solarium ⛌
* Hauptgericht 20; Biergarten

* **Pension Schwarz**
⚲ ◄ Arracher Höhe 1, ⊠ 93167, ☎ (0 94 62)
2 50, Fax 6 74
23 Zi, Ez: 50-55, Dz: 90-110, ⊣ WC; 🅿 🅰 ≘
Sauna Solarium ¶◉¦ ⛌
geschl: 16.11.-10.12.

Falkenstein (Vogtl.) 49 □

Sachsen — Vogtlandkreis — 575 m —
10 000 Ew — Klingenthal 18, Reichenbach 22 km
🅸 ☎ (0 37 45) 60 76, Fax 60 76 — Museum und Fremdenverkehrsamt, Schlossplatz 1, 08223 Falkenstein

** **Falkenstein**
⚲ Amtstr 1, ⊠ 08223, ☎ (0 37 45) 74 20,
Fax 74 24 44, AX DC ED VA
50 Zi, Ez: 115-165, Dz: 135-185, ⊣ WC ☎
DFÜ, 12⊠; Lift 🅿 🅰 3⇌100 Sauna ¶◉¦

Fallersleben siehe Wolfsburg

Fallingbostel 26 ↘

Niedersachsen — Kreis Soltau-Fallingbostel — 50 m — 11 500 Ew — Soltau 18, Nienburg/Weser 47 km
🛈 ☎ (0 51 62) 40 00, Fax 40 05 00 — Kurverwaltung, Sebastian-Kneipp-Platz 1, 29683 Fallingbostel; Kreisstadt; Kneippheilbad und Schrothkurort in der Lüneburger Heide. Sehenswert: Hermann-Löns-Grab im Tietlinger Wacholderhain; Sieben Steinhäuser (Hünengräber, 15 km ↘, Besuch nur am 1. und 3. Wochenende im Monat von 8-18 Uhr)

** Berlin
Düshorner Str 7, ⌧ 29683, ☎ (0 51 62) 30 66, Fax 16 36, AX DC ED VA
20 Zi, Ez: 115, Dz: 125-155, ⌑ WC ☎, 10✉; 🅿 🛏 2✪30 ☛
** Hauptgericht 28

* Haus am Walde
Soltauer Str 4-16, ⌧ 29683, ☎ (0 51 62) 60 11, Fax 60 14, AX DC ED VA
29 Zi, Ez: 75-120, Dz: 120-148, ⌑ WC ☎; 🅿 🛏 Sauna Solarium
Restaurant für Hausgäste

* Karpinski
Kirchplatz 1, ⌧ 29683, ☎ (0 51 62) 9 60 50, Fax 64 05, AX DC ED VA
22 Zi, Ez: 75-95, Dz: 115-125, ⌑ WC ☎; Lift
🅿 🛏; garni
geschl: 11.12.-10.1.

Farchant 71 ↙

Bayern — Kreis Garmisch-Partenkirchen — 700 m — 3 900 Ew — Garmisch-Partenkirchen 5 km
🛈 ☎ (0 88 21) 96 16 96, Fax 96 16 22 — Verkehrsamt, Am Gern 1, 82490 Farchant; Erholungsort

** Appartementhaus Farchanter Alm
♣ ⛷ Esterbergstr 37, ⌧ 82490, ☎ (0 88 21) 68 40, Fax 6 84 49, DC ED
22 Zi, Ez: 88-102, Dz: 130-150, 22 App, ⌑ WC ☎; ♨ Sauna Solarium 🍴 ☛
geschl: 1.11.-10.12.

* Föhrenhof
♣ Frickenstr 2, ⌧ 82490, ☎ (0 88 21) 66 40, Fax 6 13 40
18 Zi, Ez: 55-65, Dz: 95-160, 4 App, ⌑ WC; 🅿 🛏 1✪20 Kegeln 🍴
geschl: 11.-28.1., 12.4.99-4.5., 25.10.-16.12.

* Kirchmayer
Hauptstr 14, ⌧ 82490, ☎ (0 88 21) 6 87 33, Fax 63 45, AX ED VA
17 Zi, Ez: 70-85, Dz: 110-150, ⌑ WC ☎; Lift 🅿 ≋
geschl: 4.11.-13.12.
🍴 Hauptgericht 20; Biergarten; geschl: 4.11.-13.12.

* Alter Wirt
Bahnhofstr 1, ⌧ 82490, ☎ (0 88 21) 62 38, Fax 6 14 55, AX DC ED VA
35 Zi, Ez: 50-75, Dz: 90-140, ⌑ WC ☎; 🅿 3✪350 ≋ Kegeln 🍴 ☛
Auch einfachere Zimmer vorhanden

* Gästehaus Zugspitz
⛷ Mühldörflstr 4, ⌧ 82490, ☎ (0 88 21) 9 62 60, Fax 96 26 36
14 Zi, Ez: 55-65, Dz: 100-110, ⌑ WC ☎; Fitneßraum Sauna Solarium; garni

Faßberg 26 ↗

Niedersachsen — Kreis Celle — 65 m — 6 583 Ew — Hermannsburg 11, Munster 13, Uelzen 35 km
🛈 ☎ (0 50 53) 3 29, Fax 16 09 — Verkehrsbüro im Ortsteil Müden, Hauptstr 6, 29328 Faßberg; Erholungsort in der Lüneburger Heide

Müden (Erholungsort, 5 km ↙)
** Niemeyer's Posthotel
Hauptstr 7, ⌧ 29328, ☎ (0 50 53) 9 89 00, Fax 98 90 64, ED VA
38 Zi, Ez: 90-150, Dz: 140-200, ⌑ WC ☎ DFÜ, 8✉; 🅿 🛏 3✪60 Sauna Solarium
Auch Zimmer der Kategorie *** vorhanden
** Schäferstuben
Hauptgericht 30; Gartenlokal; geschl: So abends

** Landhotel Bauernwald
♣ Alte Dorfstr 8, ⌧ 29328, ☎ (0 50 53) 5 88, Fax 15 56, VA
37 Zi, Ez: 110-130, Dz: 150-185, 1 App, ⌑ WC ☎, 14✉; 🅿 🛏 3✪50 Sauna ☛
** Hauptgericht 27; Gartenlokal Terrasse

Örtze
* Eichhornkobel
Eichhornkobel 1, ⌧ 29328, ☎ (0 50 53) 15 58
9 Zi, Ez: 70-75, Dz: 105-110, ⌑ WC; 🅿; garni

Faulbach 55 □

Bayern — Miltenberg — 135 m — 2 721 Ew — Wertheim 12, Miltenberg 22 km
🛈 ☎ (0 93 92) 92 82-0, Fax 92 82-22 — Gemeindeverwaltung, Hauptstr 121, 97906 Faulbach

** Goldener Engel
Hauptstr 128, ⌧ 97906, ☎ (0 93 92) 25 15, Fax 25 16, ED VA
Hauptgericht 33; 🅿; nur abends, so+feiertags auch mittags; geschl: Mo, Di, Sa mittags, Ende Jan, Aug

Fehmarn

Ostseeinsel, mit einer Eisenbahn-Straßen-Brücke (⛴) über den 1,2 km breiten Fehmarnsund mit dem Festland verbunden; von Puttgarden Eisenbahn- und Autofähre nach Rödbyhavn
🛈 Insel-Information, ☎ (04371) 3054, Fax 5 06 81 →

Fehmarn

Burg auf Fehmarn
🛈 ☎ (0 43 71) 30 54, Fax 5 06 81 — Insel-Information, Breite Str 28, 23769 Burg auf Fehmarn; Ostsee-Heilbad. Sehenswert: Nikolaikirche, Hafen Burgstaaken

* Burg-Klause
Blieschendorfer Weg 1, ✉ 23769,
☎ (0 43 71) 67 82, Fax 17 35, DC ED VA
15 Zi, Ez: 100, Dz: 130-150, ⌐ WC ☎; 30 Sauna Solarium 🍴

Glaeßer Appartements
Ahornweg 3, ✉ 23769, ☎ (0 43 71) 92 22, Fax 18 15
Ez: 80-160, Dz: 160-200, 10 Suiten, 1 App, ⌐ WC ☎; 🅿 Fitneßraum Sauna Solarium 9 Golf; **garni**
geschl: Nov
Ferienwohnungen, auch Einzelübernachtung möglich

** Der Lachs
Landkirchner Weg 1a, ✉ 23769, ☎ (0 43 71) 8 72 00, Fax 8 72 00
Hauptgericht 30; 🅿 Terrasse; nur abends, So nur mittags; geschl: Mo

Burgstaaken
* Schützenhof
Menzelweg 2, ✉ 23769, ☎ (0 43 71) 50 08-0, Fax 50 08 14, ED
32 Zi, Ez: 65-80, Dz: 120-150, ⌐ WC; 🅿 🚗 1⟷120 🍴
Rezeption: 7-14, 16.30-22.30; geschl: Di (Sept-Mai), 4.1.-4.2.

Burgtiefe (3 km ↘)
** Intersol
•≼ Südstrandpromenade, ✉ 23769,
☎ (0 43 71) 86 53, Fax 37 65, DC ED VA
40 Zi, Ez: 97-248, Dz: 137-277, 4 Suiten, 1 App, ⌐ WC ☎; Lift 🅿 🚗 3⟷100 Seezugang Solarium 🍴 ⚓
geschl: 4.1.-1.3.

Neue Tiefe
* Strand-Hotel
•≼ Am Binnensee 2, ✉ 23769, ☎ (0 43 71) 31 42, Fax 69 50, ED
9 Zi, Ez: 69-79, Dz: 118-138, 13 App, ⌐ WC ☎; **garni**

Landkirchen
🛈 — Tourist-Information, 23769 Landkirchen

Neujellingsdorf (2 km ←)
* Margaretenhof
⊗ Dorfstr 7, ✉ 23769, ☎ (0 43 71) 39 75, Fax 45 22
Hauptgericht 27

Westfehmarn
🛈 — Tourist-Information, 23769 Westfehmarn

Lemkenhafen
* Haus Meeresfrieden
•≼ Am Hafen 20, ✉ 23769, ☎ (0 43 72) 18 15, Fax 15 12
5 Zi, Ez: 89-119, Dz: 118-178, 5 App, ⌐ WC;
🅿 🍴 ⚓
geschl: 1.11.-1.4.99, ausgen. Weihnachten + Sylvester

Petersdorf
Südermühle
⊗ Mühlenweg 2, ✉ 23769, ☎ (0 43 72) 6 36, Fax 12 91, AX DC ED VA
Hauptgericht 20

Fehrbellin 29 ↖

Brandenburg — Kreis Ostprignitz-Ruppin — 3 680 Ew
🛈 — Tourist-Information, 16833 Fehrbellin

* Am Rhin
Johann-Sebastian-Bach-Str 9, ✉ 16833,
☎ (03 39 32) 99 30, Fax 9 93 50, ED VA
24 Zi, Ez: 70-90, Dz: 110-130, ⌐ WC ☎, 2✉;
🅿 🚗 1⟷30 Solarium 🍴 ⚓

Fehrenbach 47 □

Thüringen — Kreis Hildburghausen — 650 m — 857 Ew — Hildburghausen 20, Neuhaus am Rennweg 22 km
🛈 ☎ (03 68 70) 5 03 78, Fax 5 02 95 — Gemeindeverwaltung, Ernst-Thälmann-Str 9, 98666 Fehrenbach

* Werra Park Hotel Am Sommerberg
♦ •≼ Schulstr 23, ✉ 98666, ☎ (03 68 74) 9 40 00, Fax 9 47 77
62 Zi, Ez: 73-83, Dz: 110-136, 19 Suiten, ⌐ WC ☎; Lift 3⟷120 Fitneßraum Sauna Solarium 🍴
24 Ferienhäuser vohanden

Feilnbach, Bad 72 ↘

Bayern — Kreis Rosenheim — 514 m — 6 000 Ew — Bad Aibling 11, Rosenheim 15 km
🛈 ☎ (0 80 66) 14 44, Fax 8 87 50 — Kurverwaltung, Bahnhofstr 5, 83075 Bad Feilnbach; Moorheilbad am Wendelstein. Sehenswert: Kath. Kirche im Ortsteil Lippertskirchen (1 km ↖)

** Kur- und Sporthotel mit Kurmittelhaus
♦ Am Heilholz 3, ✉ 83075, ☎ (0 80 66) 88 80, Fax 8 88 55, AX DC ED VA
24 Zi, Ez: 77-109, Dz: 159-189, 3 App, ⌐ WC ☎, 6✉; 🅿 🚗 1⟷20 ⚓ Fitneßraum Kegeln Sauna Solarium; **garni**

* Gästehaus Funk
♦ Nordweg 21, ✉ 83075, ☎ (0 80 66) 80 15, Fax 84 42
12 Zi, Ez: 45-85, Dz: 86-100, ⌐ WC ☎; 🅿 Fitneßraum Sauna Solarium; **garni**

Au bei Bad Aibling (5 km ↖)
** Zur Post
Hauptstr 48, ✉ 83075, ☎ (0 80 64) 7 42, ED
Hauptgericht 45; 🅿 Terrasse; nur abends, So nur mittags; geschl: Mo, 2 Wochen Ende Aug-Anfang Sep
Nur Menüs

Feldafing 71 □

Bayern — Kreis Starnberg — 650 m —
4 093 Ew — Starnberg 8, München 33 km
🛈 ☎ (0 81 57) 9 31 10, Fax 10 52 — Gemeindeverwaltung, Possenhofener Str 5,
82340 Feldafing; Ort am Starnberger See

* **Golf-Hotel Kaiserin Elisabeth**
◄ Tutzinger Str 2, ⌧ 82340, ☎ (0 81 57)
9 30 90, Fax 9 30 9-333, AX DC ED VA
68 Zi, Ez: 130-190, Dz: 190-300, 3 Suiten, ⌐
WC ☎, 2🖃; Lift 🅿 🖃 3⇔80 Strandbad Seezugang 18Golf 1Tennis ☛
** Hauptgericht 35; Terrasse

Feldberg (Schwarzwald) 67 □

Baden-Württemberg — Kreis Breisgau-Hochschwarzwald — 1 m — 1 700 Ew —
Todtnau 11, Freiburg 37 km
🛈 ☎ (0 76 55) 80 19, Fax 8 01 43 — Tourist-Information, im Ortsteil Altglashütten,
Kirchgasse 1, 79868 Feldberg; Luftkurort
und Wintersportplatz am Feldberg, 1493 m
◄ (Sesselbahn+30 Min ↘)

Altglashütten (8 km →)
* **Pension Schlehdorn**
◄ Am Sommerberg 4, ⌧ 79868, ☎ (0 76 55)
9 10 50, Fax 91 05 43
16 Zi, Ez: 55-100, Dz: 110-170, 1 Suite,
4 App, ⌐ WC ☎; 🅿 🖃 Sauna Solarium ☛.
geschl: 5.11.-11.12.
Restaurant für Hausgäste; Auch Zimmer
der Kategorie ** vorhanden

* **Waldeck**
mit Gästehaus
Windgfällstr 19, ⌧ 79868, ☎ (0 76 55) 3 64,
Fax 2 31, DC ED VA
30 Zi, Ez: 62-80, Dz: 92-148, ⌐ WC ☎; 🅿 🖃
Sauna Solarium
geschl: Mi, 1.11.-15.12.
* Hauptgericht 30

* **Haus Sommerberg** ❀
Am Sommerweg 14, ⌧ 79868, ☎ (0 76 55)
14 11, Fax 16 40, ED
Hauptgericht 30; 🅿 Terrasse; ⇌

Bärental (5 km →)
* **Akzent-Hotel Adler**
◐ ⊗ Feldbergstr 4, ⌧ 79868, ☎ (0 76 55)
2 30, Fax 12 28, AX DC ED VA
16 Zi, Ez: 95-130, Dz: 140-200, 7 App, ⌐ WC
☎, 2🖃; 🅿 🖃 ☛
Historischer Schwarzwaldgasthof
* Hauptgericht 25

* **Diana**
◄ Panoramaweg 11, ⌧ 79868, ☎ (0 76 55)
5 88, Fax 10 34, AX ED
23 Zi, Ez: 90-110, Dz: 160-220, 1 Suite, ⌐
WC ☎; Lift 🅿 🖃 2⇔20 🛇 Kegeln Sauna
Solarium
Rezeption: 8-21; geschl: 1.11.-20.12.
* **Bärentalstuben**
◄ Hauptgericht 35; Terrasse; nur abends;
geschl: 1.11.-20.12.

Falkau (10 km →)
* **Peterle**
◐ ◄ Schuppenhörnlestr 18, ⌧ 79868,
☎ (0 76 55) 6 77, Fax 17 71, ED VA
14 Zi, Ez: 37-50, Dz: 86-100, ⌐ WC ☎, 14🖃;
🅿 🖃 Sauna ⑨ ☛
geschl: Do, Mitte Nov-Mitte Dez

* **Sporthotel Falkau**
Skiclub Bayer Ürdingen
◐ Haslachstr 12, ⌧ 79868, ☎ (0 76 55)
90 81 20, Fax 9 08 12 20
25 Zi, Ez: 65-70, Dz: 106-116, ⌐ WC; 🖃
1⇔40 Bowling Sauna ⑨
geschl: 1.-18.12.

Neuglashütten (6 km →)
* **Grüner Baum**
◐ ◄ Bärhaldeweg 2, ⌧ 79868, ☎ (0 76 55)
13 95, Fax 17 36, AX ED VA
12 Zi, Ez: 65, Dz: 116, ⌐ WC; 🅿 Sauna
Solarium ⑨

Feldkirchen 72 □

Bayern — Kreis München — 523 m —
3 900 Ew — München 13, Markt Schwaben
13 km
🛈 ☎ (0 89) 9 09 97 40, Fax 90 99 74 36 —
Gemeindeverwaltung, Münchner Str 1,
85622 Feldkirchen

** **Bauer**
Münchner Str 6, ⌧ 85622, ☎ (0 89) 9 09 80,
Fax 9 09 84 14, AX DC ED VA
102 Zi, Ez: 175-275, Dz: 236-330, 3 Suiten, ⌐
WC ☎, 20🖃; Lift 🅿 🖃 5⇔300 🛇 Sauna
Solarium
** Hauptgericht 30; Terrasse

Feldkirchen-Westerham 72 □

Bayern — Kreis Rosenheim — 550 m —
9 500 Ew — Glonn 10, Bad Aibling 13 km
🛈 ☎ (0 80 63) 97 03 37, Fax 97 03 44 —
Gemeindeverwaltung, Ollinger Str 10,
83620 Feldkirchen-Westerham;
Erholungsort

Aschbach (3 km ↘)
** **Berggasthof Aschbach**
◄ Haus Nr 3, ⌧ 83620, ☎ (0 80 63) 80 66-0,
Fax 80 66-20, ED VA
Hauptgericht 25; 🅿 Terrasse; geschl: Mo,
Mitte Jan-Mitte Mär
* ◄ 9 Zi, Ez: 90-120, Dz: 120-180, ⌐
WC ☎; 2⇔30
geschl: Mo, Mitte Jan-Mitte Mär

Fellbach 61 →

Baden-Württemberg — Rems-Murr-Kreis
— 210 m — 42 000 Ew — Waiblingen 3,
Stuttgart 8 km
🛈 ☎ (07 11) 5 85 14 16, Fax 5 85 12 60 —
Pressereferat, Marktplatz 3, 70734 Fellbach
→

Fellbach

*** Classic Congress Hotel
Tainerstr 7, ✉ 70734, ☎ (07 11) 5 85 90,
Fax 5 85 93 04, AX DC ED VA
146 Zi, Ez: 149-195, Dz: 198-260, 2 Suiten, ⌐⌐
WC ☎, 15🛏; Lift 🅿 🍽 10⇔1600 Fitneß-
raum Kegeln Sauna Solarium
** Alt Württemberg
Hauptgericht 35; Terrasse

* City
Bruckstr 3, ✉ 70734, ☎ (07 11) 9 57 98 60,
Fax 95 79 86 55, AX DC ED VA
26 Zi, Ez: 90, Dz: 145; 🅿; garni

* Am Kappelberg
Karlstr 37, ✉ 70734, ☎ (07 11) 5 78 84 00,
Fax 58 12 18, AX DC ED VA
42 Zi, Ez: 105-120, Dz: 140-160, ⌐⌐ WC ☎,
4🛏; Lift 🅿 🍽 1⇔20 ≋ Bowling Fitneßraum
Kegeln Sauna Solarium
Restaurant für Hausgäste

⌐ Alte Kelter
Kelterweg 7, ✉ 70734, ☎ (07 11) 5 78 82 70,
Fax 58 29 41, AX DC ED VA
30 Zi, Ez: 90-95, Dz: 140-150, ⌐⌐ WC ☎; 🅿
1⇔30 Kegeln 🍴
geschl: Mo

** Zum Hirschen
Hirschstr, ✉ 70734, ☎ (07 11) 95 79 37-0,
Fax 95 79 37 10
Hauptgericht 42; 🅿 Terrasse; geschl: Sa
mittags, So, Mo,
Designerausstattung in historischem Fachwerkhaus
* 9 Zi, Ez: 120, Dz: 180, ⌐⌐ WC ☎;
1⇔40

* Weinstube Germania
Schmerstr 6, ✉ 70734, ☎ (07 11) 58 20 37,
Fax 58 20 77
Hauptgericht 35; geschl: So, Mo,
2 Wochen zu Fasching, 3 Wochen in den
Sommerferien
* 7 Zi, Ez: 80-85, Dz: 140, ⌐⌐ WC ☎
geschl: 2 Wochen zu Fasching, 3 Wochen
in den Sommerferien

* Weinstube Mack
Hintere Str 47, ✉ 70734, ☎ (07 11)
58 17 51, Fax 58 17 51, AX ED
Hauptgericht 25; Gartenlokal; nur abends,
So auch mittags

Schmiden (2 km ↑)
** Hirsch
Fellbacher Str 2-6, ✉ 70736, ☎ (07 11)
9 51 30, Fax 5 18 10 65, AX DC ED VA
107 Zi, Ez: 98-130, Dz: 150-190, 5 Suiten,
3 App, ⌐⌐ WC, 22🛏; Lift 🅿 🍽 1⇔25 ≋
Sauna Solarium
Im 50 m entfernten Gästehaus Zimmer der
Kategorie ******* vorhanden
* Hauptgericht 25; Biergarten

Fernwald 45 ←

Hessen — Kreis Gießen — 236 m —
6 932 Ew — Lich 5, Gießen 8 km
ℹ ☎ (0 64 04) 91 29-0, Fax 91 29 12 —
Gemeindeverwaltung, im Ortsteil Steinbach, Oppenröder Str 1, 35463 Fernwald

Annerod
** Anneröder Mühlchen
Tiefenweg 61, ✉ 35463, ☎ (06 41) 4 47 63,
Fax 4 52 69, AX ED VA
Hauptgericht 35; Biergarten 🅿 Terrasse

Feucht 57 ↓

Bayern — Nürnberger Land — 358 m —
14 145 Ew
ℹ ☎ (0 91 28) 91 67-13, Fax 91 67-61 — Tourist-Information, Hauptstr 33, 90537 Feucht

* Waldhof
♣ Waldstr 12, an der Sportplatzanla-
ge SC Feucht, ✉ 90537, ☎ (0 91 28) 9 19 30,
Fax 91 93 33, AX ED VA
13 Zi, Ez: 90, Dz: 120, ⌐⌐ WC ☎, 2🛏; 1⇔80
Kegeln 10Tennis 🍴

Feuchtwangen 63 ↘

Bayern — Kreis Ansbach — 460 m —
11 000 Ew — Dinkelsbühl 12, Crailsheim 21,
Ansbach 26 km
ℹ ☎ (0 98 52) 9 04 44, Fax 9 04 32 — Verkehrsamt, Marktplatz 1, 91555 Feuchtwangen; Erholungsort. Sehenswert: Ev. Kirche,
ehem. Stiftskirche: Kreuzgang; Marktplatz
Achtung: Kreuzgangspiele

** Romantik Hotel
Greifen-Post ♛
Marktplatz 8, ✉ 91555, ☎ (0 98 52) 68 00,
Fax 6 80 68, AX DC ED VA
38 Zi, Ez: 140-170, Dz: 199-259, 3 Suiten, ⌐⌐
WC ☎, 6🛏; Lift 🍽 3⇔20 ≋ Sauna Solarium
9Golf
Auch Zimmer der Kategorie ******* vorhanden
*** Hauptgericht 32

* Gasthof Lamm
Marktplatz 5, ✉ 91555, ☎ (0 98 52) 25 00,
Fax 28 84
8 Zi, Ez: 65-95, Dz: 120-145, ⌐⌐ WC ☎; 2⇔60 🍴

** Gasthof Goldener Löwe
Untere Tor Str 21, ✉ 91555, ☎ (0 98 52)
45 05, ED VA
Hauptgericht 30; Biergarten; geschl: Mo

Dorfgütingen (6 km ↑)
* Landgasthof Zum Ross
Haus Nr 37, ✉ 91555, ☎ (0 98 52) 6 74 30,
Fax 6 74 31 16
12 Zi, Ez: 70, Dz: 103-120, ⌐⌐ WC ☎ DFÜ; 🅿
1⇔20 Sauna Solarium 🍽
geschl: So abends, Mo, 1.11.-10.11., 26.12.-
10.1.
* Hauptgericht 18; Biergarten;
geschl: So abends, Mo, 1.11.-10.11., 26.12.-10.1.

Fichtelberg 58 ↗

Bayern — Kreis Bayreuth — 684 m —
2 900 Ew — Wunsiedel 14, Bayreuth 29 km
ℹ ☎ (0 92 72) 9 70 32, Fax 9 70 04 — Verkehrsamt, Bayreuther Str 4, 95686 Fichtelberg; Luftkurort und Wintersportplatz im
Fichtelgebirge. Sehenswert: Fichtelsee
(3 km ↑), Ochsenkopf, 1024 m ⛷ (6 km ↘)

Finowfurt

** **   **Schönblick**
Gustav-Leutelt-Str 18, ✉ 95686,
☎ (0 92 72) 9 78 00, Fax 97 80-2 00
40 Zi, Ez: 70-120, Dz: 110-170, 14 App, WC, 4; Lift 4⟲60 Fitneßraum Sauna Solarium
Auch Zimmer der Kategorie * vorhanden

** **   **Restaurant bei Heusingers**
Hauptgericht 22

Neubau (2 km ↑)
*   **Gasthof-Pension Specht**
Fichtelberger Str 41, ✉ 95686,
☎ (0 92 72) 9 73-0, Fax 9 73 20
24 Zi, Ez: 40-55, Dz: 70-90, WC; 1⟲40

Fichtenau 62 ↗

Baden-Württemberg — Kreis Schwäbisch Hall — 528 m — 4 800 Ew — Dinkelsbühl 5, Feuchtwangen 16, Ellwangen 17 km
ℹ ☎ (0 79 62) 89 20, Fax 14 41 — Gemeindeverwaltung, Hauptstr 2, 74579 Fichtenau; Erholungsort. Sehenswert: in Wildenstein Schloß; in Matzenbach: Läuteturm; Bildkapelle; in Lautenbach: St.-Anna-Kirche; Bernhardsweiler

Lautenbach (2 km ↑)
*   **Storchenmühle**
Buckenweilerstr 42, ✉ 74579,
☎ (0 79 62) 5 66, Fax 12 34,
10 Zi, Ez: 75, Dz: 115, WC; 1⟲30 Fitneßraum Sauna Solarium

Fiefbergen 10 →

Schleswig-Holstein — Kreis Plön — 350 Ew
ℹ Gemeindeverwaltung, 24217 Fiefbergen

*   **Sommerhof**
Am Dorfteich 11, ✉ 24217, ☎ (0 43 44) 66 85, Fax 44 98
Hauptgericht 32; Terrasse; nur abends; geschl: Mo + Di, 3 Wochen im Okt, 2 Wochen im Feb

Filderstadt 61 ↘

Baden-Württemberg — Kreis Esslingen — 370 m — 39 894 Ew — Nürtingen 12, Stuttgart 16, Tübingen 25 km
ℹ ☎ (07 11) 70 03-2 83, Fax 70 03-3 30 — Stadtverwaltung Filderstadt, Martinstr 5, 70794 Filderstadt

Bernhausen
*   **Schwanen**
Obere Bachstr 5, ✉ 70794, ☎ (07 11) 70 82-0, Fax 70 82-4 11,
39 Zi, Ez: 112-150, Dz: 150-180, 10 App, WC, 4; Lift 1⟲27
geschl: Sa + So ab 12

*   **Schumacher**
Volmarstr 19, ✉ 70794, ☎ (07 11) 70 30 83, Fax 70 44 20,
25 Zi, Ez: 105, Dz: 150, WC; Lift; garni

Bonlanden
** **   **Best Western Hotel Stuttgart Airport**
Rainäckerstr 61, ✉ 70794, ☎ (07 11) 7 78 30, Fax 7 78 33 87,
62 Zi, Ez: 115-139, Dz: 145-168, S; WC; Lift Fitneßraum Sauna; garni

** **   **Astron Hotel Stuttgart-Airport Am Schinderbuckel**
Bonlander Hauptstr 145, ✉ 70794,
☎ (07 11) 7 78 10, Fax 7 78 15 55,
117 Zi, Ez: 154-195, Dz: 185-250, S; WC, 11; Lift 4⟲100 Fitneßraum Sauna Solarium

** **   Hauptgericht 30

Plattenhardt
*   **Crystal**
Uhlbergstr 54, ✉ 70794, ☎ (07 11) 77 89 90, Fax 7 78 89 50,
18 Zi, Ez: 105-125, Dz: 150-175, WC; Lift

Sielmingen
** **   **Zimmermann**
Wieland-/Brühlstr, ✉ 70794, ☎ (0 71 58) 93 30, Fax 93 32 75,
36 Zi, Ez: 96-118, Dz: 165, WC, 16; Lift 1⟲20
Auch Zimmer der Kategorie * vorhanden

Fincken 20 →

Mecklenburg-Vorpommern — Landkreis Müritz — 84 m — 300 Ew — Röbel 12, Malchow 15, Wittstock 26 km
ℹ ☎ (03 99 22) 4 41 — Gemeindeverwaltung, Dorfstr 2, 17209 Fincken

*   **Schloßhotel Fincken**
Hofstr 11, ✉ 17209, ☎ (03 99 22) 7 50, Fax 7 51 31,
63 Zi, Ez: 85-95, Dz: 115-150, WC; 4⟲40 Seezugang Fitneßraum Sauna
geschl: 20.12.-10.1.

Finning 71 ↘

Bayern — Kreis Landsberg am Lech — 560 m — 1 381 Ew — Landsberg am Lech 10, Dießen 12 km
ℹ ☎ (0 88 06) 75 79 — Gemeindeverwaltung, Findingstr 4, 86923 Finning

Oberfinning
   Zum Staudenwirt
Staudenweg 6, ✉ 86923, ☎ (0 88 06) 74 08, Fax 12 29
7 Zi, Ez: 35-38, Dz: 60-65, WC; 2⟲150

Finowfurt 30 ↗

Brandenburg — Kreis Barnim — 33 m — 7 041 Ew — Eberswalde 8 km
ℹ ☎ (0 33 35) 4 53 40, Fax 45 34 44 — Gemeinde, Hauptstr. 116, 16244 Finowfurt. Sehenswert: Konzerthalle; Luftfahrthistorisches Museum
→

Finowfurt

*　　　Partnerhotel Finowfurt
Finowfurter Ring 2, ⌧ 16244, ☎ (0 33 35)
3 09 20 + 3 09 22, Fax 3 09 19, AX DC ED VA
30 Zi, Ez: 75-85, Dz: 99-110, ⌁ WC ☎, 2⌧; P
2⇆55 ⌾ ⚑

Eichhorst-Außerhalb (5 km ↑)
****　　　Jagdschloß Hubertusstock
　　　　City Line & Country Line Hotels**
einzeln ♂ ⌁ ⌧ 16244, ☎ (03 33 63) 5 00,
Fax 5 02 55, AX DC ED VA
79 Zi, Ez: 150-250, Dz: 180-250, 2 Suiten, ⌁
WC ☎; P 25⇆320 Strandbad Seezugang
Kegeln Sauna
****　　　** Hauptgericht 25

Finsterwalde　　　　　　　　　40 □

Brandenburg — Landkreis Elbe-Elster —
103 m — 24 000 Ew — Lübbenau 55,
Dresden 80 km
ℹ ☎ (0 35 31) 70 30 79, Fax 70 30 79 —
Fremdenverkehrsbüro, Rathaus, Markt 1,
03238 Finsterwalde

*　　　Zum Vetter
♂ Lange Str 15, ⌧ 03238, ☎ (0 35 31) 22 69,
Fax 32 05, ED VA
20 Zi, Ez: 55-99, Dz: 90-139, ⌁ WC ☎; P ⌸;
garni

Fischach　　　　　　　　　　　63 ↓

Bayern — Kreis Augsburg — 500 m —
4 480 Ew — Augsburg 19, Krumbach 29 km
ℹ ☎ (0 82 36) 58 10, Fax 5 81 40 —
Gemeindeverwaltung, Hauptstr 16,
86850 Fischach

*　　　Lehner's Landgasthof
Werner-von-Siemens-Str 12, ⌧ 86850,
☎ (0 82 36) 96 02-0, Fax 17 75, ED VA
7 Zi, Ez: 60, Dz: 110, ⌁ ☎; P ⌾

⌸　　　Posthalterei
Poststr 14, ⌧ 86850, ☎ (0 82 36) 95 99 70,
Fax 3 06, DC
9 Zi, Ez: 60, Dz: 95, ⌁ WC ☎; P ⌾
geschl: Do

Fischbachau　　　　　　　　　72 ↘

Bayern — Miesbach — 800 m — 5 300 Ew
ℹ ☎ (0 80 28) 8 76, Fax 20 40 — Tourist-Information, Kirchplatz 10, 83730 Fisch-bachau

Winkl (3 km ↑)
⚑　　　Winkelstüberl
⌧ 83730, ☎ (0 80 28) 7 42, Fax 15 86
Hauptgericht 15; Gartenlokal P

Fischbachtal　　　　　　　　　54 →

Hessen — Kreis Darmstadt-Dieburg —
350 m — 2 700 Ew — Dieburg 14, Bensheim
17, Darmstadt 19 km
ℹ ☎ (0 61 66) 9 30 00, Fax 88 88 — Gemeindeverwaltung, Darmstädter Str 8,
64405 Fischbachtal. Sehenswert: Schloß in
Lichtenberg

Lichtenberg
***　　　Landhaus Baur　　　　⚐ ♛
Lippmannweg 15, ⌧ 64405, ☎ (0 61 66)
83 13, Fax 88 41, AX ED
Hauptgericht 56; P Terrasse; geschl: Mo,
Di, 2 Wochen im Jan, 2 Wochen im Okt
****　　　** ♂ ⌁ 5 Zi, Ez: 120-190,　　　　♛
Dz: 160-250, ⌁ WC ☎
geschl: 2 Wochen im Jan, 2 Wochen im Okt

Fischen i. Allgäu　　　　　　　70 ↓

Bayern — Kreis Oberallgäu — 761 m —
2 860 Ew — Paßstraße nach Balderschwang 16, Oberstdorf 6, Sonthofen 7 km
ℹ ☎ (0 83 26) 36 46-0, Fax 36 46 56 — Kurverwaltung, Am Anger 15, 87538 Fischen i.
Allgäu; Heilklimatischer Kurort und Wintersportplatz. Sehenswert: Pfarrkirche St.
Verena; Frauenkapelle; Skimuseum

**　　　Burgmühle
⌁ Auf der Insel 4, ⌧ 87538, ☎ (0 83 26)
99 50, Fax 73 52
22 Zi, Ez: 84-120, Dz: 160-270, 2 Suiten,
3 App, ⌁ WC ☎, 22⌧; P ⌸ ≋ Fitneßraum
Sauna Solarium
geschl: 1.11.-18.12.
Restaurant für Hausgäste

**　　　Rosenstock
♂ ⌁ Berger Weg 14, ⌧ 87538, ☎ (0 83 26)
18 95, Fax 96 76
43 Zi, Ez: 78-109, Dz: 126-210, ⌁ WC ☎; Lift
P ≋ Sauna Solarium
geschl: 2.11.-17.12., 11.-25.4.
Restaurant für Hausgäste

*　　　Gästehaus Maria Theresia
♂ ⌁ ⌧ 87538, ☎ (0 83 26) 6 66, Fax 6 66, ED
6 Zi, Ez: 43-46, Dz: 85-91, 3 App, ⌁ WC;
Solarium; garni

*　　　Pension Haus Alpenblick
♂ ⌁ Maderhalmer Weg 10, ⌧ 87538,
☎ (0 83 26) 97 91, Fax 97 94
20 Zi, Ez: 71-75, Dz: 132-185, 1 Suite, 2 App,
⌁ WC ☎; P ⌸ Solarium ⌾ ⚑
geschl: Mi, 1.11.-15.12.

Langenwang (3 km ↓)
**　　　Sonnenbichl am Rotfischbach
♂ ⌁ Sägestr 19, ⌧ 87538, ☎ (0 83 26)
9 94-0, Fax 99 41 80
53 Zi, Ez: 90-187, Dz: 141-264, 1 Suite, ⌁
WC ☎; Lift P ⌸ 1⇆30 ≋ Fitneßraum
Sauna Solarium 18Golf 1Tennis ⚑
Rezeption: 7-21; geschl: 1.11.-18.12., 17.-30.4.
****　　　** ⌁ Hauptgericht 25; Biergarten
Terrasse; geschl: 1.11.-18.12., 17.4.-30.4.

*　　　Frohsinn
♂ ⌁ Wiesenweg 4, ⌧ 87538, ☎ (0 83 26)
18 48, Fax 18 40
54 Zi, Ez: 90-100, Dz: 158-226, 6 App, ⌁ WC
☎; Lift ≋ Kegeln Sauna Solarium ⌾ ⚑
geschl: Mo, 2.11.-20.12.

Maderalhalm (1 km ↓)

** Kur- und Sporthotel Tanneck
◄ Haus Nr 20, ✉ 87538, ☎ (0 83 26) 99 90, Fax 99 91 33, AX
57 Zi, Ez: 121-225, Dz: 198-336, 3 Suiten, 3 App, ⊒ WC ☏; Lift 🅿 🅵 2⇆40 Fitneßraum Sauna Solarium 1 Tennis 🍴 ⚓
geschl: 1.11.-19.12., 10.-30.4.

* Café-Pension Maderalhalm
♂ ◄ Haus Nr 19, ✉ 87538, ☎ (0 83 26) 3 60 50, Fax 74 92
13 Zi, Ez: 65-90, Dz: 122-130, ⊒ WC ☏; 🅵 🍴 ⚓

Fischerbach 60 ↓

Baden-Württemberg — Ortenaukreis — 220 m — 1 650 Ew — Haslach 5, Wolfach 11, Offenburg 32 km
ℹ ☎ (0 78 32) 9 19 00, Fax 52 72 — Gemeindeverwaltung, Hauptstr 38, 77716 Fischerbach; Erholungsort im Schwarzwald.
Sehenswert: Brandenkopf, 931 m ◄ (5 km + 30 Min ↗)

* Gasthof Krone
♂ ◄ Vordertalstr 17, ✉ 77716, ☎ (0 78 32) 29 97, Fax 55 75, AX ED VA
19 Zi, Ez: 55-65, Dz: 110-120, ⊒ WC ☏; Lift 🅿 🅵 Kegeln ⚓
geschl: Mo, 26.10.-10.11., 3.-17.3.

* ◄ Hauptgericht 21; Terrasse; geschl: Mo, 26.10.-10.11., 3.-17.3.99

Fischingen 67 ↙

Baden-Württemberg — Kreis Lörrach — 270 m — 590 Ew — Efringen-Kirchen 3, Lörrach 10 km
ℹ ☎ (0 76 28) 18 70, Fax 82 23 — Gemeindeverwaltung, Kirchplatz 6, 79592 Fischingen

* Zur Tanne
Dorfstr 15, ✉ 79592, ☎ (0 76 28) 3 63 + 9 10 10, Fax 9 53 21, AX ED VA
19 Zi, Ez: 60-90, Dz: 100-140, ⊒ WC ☏; 🅿 2⇆80 ⚓

* Hauptgericht 30; Terrasse; nur abends, sa, so + feiertags auch mittags

Fladungen 46 →

Bayern — Rhön-Grabfeld-Kreis — 414 m — 2 425 Ew — Mellrichstadt 18, Kaltennordheim 20, Bad Brückenau 45 km
ℹ ☎ (0 97 78) 80 24, Fax 6 82 — Verkehrsamt, Rathaus, 97650 Fladungen; Ort in der Rhön.
Sehenswert: Kath. Kirche; Rathaus; mittelalterlicher Stadtkern mit Fachwerkhäusern; Stadtmauer; Rhön-Museum; Fränk. Freilandmuseum

** Pension Sonnentau
♂ ◄ Wurmberg 3, ✉ 97650, ☎ (0 97 78) 9 12 20, Fax 91 22 55
50 Zi, Ez: 53-80, Dz: 86-136, ⊒ WC ☏; Lift 🅵 2⇆40 Fitneßraum Sauna Solarium 🍴 ⚓
geschl: 11.-31.1.
Im Haupthaus einfachere Zimmer vorhanden

Fladungen-Außerhalb (4 km ←)

🛏 Berggasthof Sennhütte
einzeln ♂ ◄ an der Hochrhönstr, ✉ 97650, ☎ (0 97 78) 2 27, Fax 81 65
28 Zi, Ez: 50-65, Dz: 86-100, ⊒ WC; Lift 🅿 🅵 Sauna Solarium 🍴
Rezeption: 9-19; geschl: 2.11.-25.12.

Fleckenberg siehe Schmallenberg

Flein 61 ↗

Baden-Württemberg — Kreis Heilbronn — 210 m — 5 725 Ew — Heilbronn 6 km
ℹ ☎ (0 71 31) 5 00 70, Fax 50 07 69 — Gemeindeverwaltung, Kellergasse 1, 74223 Flein

** Wo der Hahn kräht
♂ ◄ Altenbergweg 11, ✉ 74223, ☎ (0 71 31) 5 08 10, Fax 50 81 66, ED VA
50 Zi, Ez: 115-145, Dz: 160-180, 10 App, ⊒ WC ☏; 🅿 3⇆110 Bowling Kegeln
* Hauptgericht 30

Flensburg 9 ↑

Schleswig-Holstein — Kreisfreie Stadt — 20 m — 87 000 Ew — Schleswig 36, Husum 44, Niebüll 44 km
ℹ ☎ (04 61) 2 30 90, Fax 1 73 52 — Touristinformation, Speicherlinie 40 (B 3), 24937 Flensburg; Ostsee-Hafenstadt an der Flensburger Förde. Sehenswert: Marien-, Nikolai-, Johannis- und Hl.-Geist-Kirche; Nordertor; Hist. Altstadt; Marineschule Mürwik; hist. Reeder- u. Kaufmannshöfe; Schleswig-Holstein-Musikfestival

Cityplan siehe Seite 356

** Ramada
◄ Norderhofenden 6 (B 3), ✉ 24937, ☎ (04 61) 8 41 10, Fax 8 41 12 99, AX DC ED VA
91 Zi, Ez: 137-157, Dz: 174-204, S; 4 Suiten, ⊒ WC ☏, 29🅵; Lift 4⇆100 Sauna; garni

** Central
Neumarkt 1 (B 4), ✉ 24937, ☎ (04 61) 8 60 00, Fax 2 25 99, AX DC ED VA
52 Zi, Ez: 97-145, Dz: 130-185, 1 Suite, ⊒ WC ☏, 4🅵; Lift 🅿 🅵 1⇆30 🍴

* Prodomo
Wilhelmstr 1 (B 3), ✉ 24937, ☎ (04 61) 8 60 80, Fax 8 60 82 00, AX DC ED VA
29 Zi, Ez: 95-135, Dz: 149, 22 Suiten, ⊒ WC ☏; Lift 🅵 3⇆60; garni

* Am Rathaus
Rote Str 32-34 (B 4), ✉ 24937, ☎ (04 61) 1 73 33, Fax 18 13 82, ED
37 Zi, Ez: 89-99, Dz: 140-155, ⊒ WC ☏; Lift 🅿 🅵; garni

* Piet Henningsen
🍷 Schiffbrücke 20 (B 2), ✉ 24939, ☎ (04 61) 2 45 76, Fax 2 87 77, AX DC ED VA
Hauptgericht 30; Gartenlokal Terrasse

* Borgerforeningen
Holm 17 (B 3), ✉ 24937, ☎ (04 61) 2 33 85, Fax 2 33 85, AX DC ED VA
Hauptgericht 20; Biergarten 🅿; geschl: So →

Flensburg

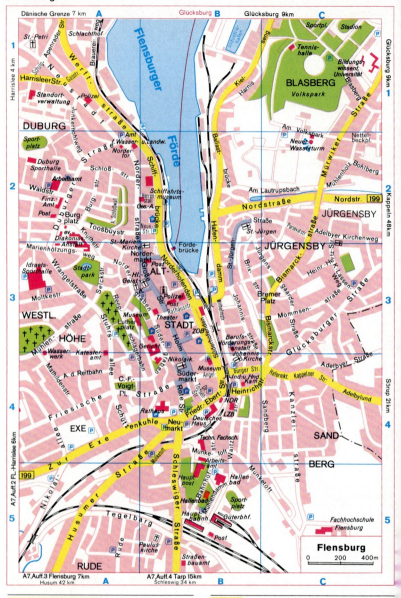

Flensburg-Außerhalb (3 km ←)
** **Marienhölzung**
Marienhölzungsweg 150, ✉ 24939,
☎ (04 61) 58 22 94, ED
Hauptgericht 30; Biergarten; geschl: Mo, Feb, Mär

≋ Hoteleigenes Hallenbad

Mürwik (3,5 km ↗)
* **Am Wasserturm**
⚓ Blasberg 13 (C 1), ✉ 24943, ☎ (04 61) 3 15 06 00, Fax 31 22 87, AX DC ED VA
34 Zi, Ez: 95-130, Dz: 175-185, 2 Suiten, 🛏 WC ☎, 5🛁; P 🚗 ≋ Sauna
* Hauptgericht 25; Gartenlokal

siehe auch **Harrislee**

siehe auch **Krusaa**

Flintsbach a. Inn 72 ↘

Bayern — Kreis Rosenheim — 480 m —
2 400 Ew — Rosenheim 17, Kufstein 19 km
🛈 ☎ (0 80 34) 18 13, Fax 20 62 — Verkehrsamt, Kirchstr 9, 83126 Flintsbach; Erholungsort. Sehenswert: Kath. Kirche St. Martin; Wallfahrtskirche St. Peter auf dem Petersberg, 847 m ◄ (60 Min ←); Burgruine Falkenstein; Wendelstein (2 km ← + Zahnradbahn bis 1724 m + 20 Min), 1838 m ◄

*   **Gasthof Dannerwirt**
Kirchplatz 4, ✉ 83126, ☎ (0 80 34) 9 06 00,
Fax 90 60 50, ED
26 Zi, Ez: 70-75, Dz: 100-110, 1 Suite, ⊟ WC
☎; 1✪20
geschl: Do, 2.-20.11.
*   Hauptgericht 20; Biergarten 🅿;
geschl: Do, 2.-20.11.

Flörsheim am Main 54 ↑

Hessen — Main-Taunus-Kreis — 95 m —
17 747 Ew — Rüsselsheim 2, Mainz 11,
Wiesbaden 20 km
🛈 ☎ (0 61 45) 9 55-0, Fax 9 55-2 99 — Stadtverwaltung, Bahnhofstr 12, 65439 Flörsheim am Main

*   **Herrnberg**
Bürgermeister-Lauck-Str, ✉ 65439,
☎ (0 61 45) 9 53-0, Fax 9 53-2 22, AX DC ED VA
36 Zi, Ez: 115-145, Dz: 145-175, ⊟ WC ☎;
Lift 🖴 1✪16
*   Hauptgericht 18; 🅿 Terrasse; nur
abends, So auch mittags; geschl: Fr,
3 Wochen in den Sommerferien

Bad Weilbach
***   **Airport Country Hotel**
Alleestr 18, ✉ 65439, ☎ (0 61 45) 93 00,
Fax 93 02 30, AX DC ED VA
56 Zi, Ez: 140-280, Dz: 160-390, S; ⊟ WC ☎
DFÜ; Lift 🅿 4✪90
geschl: 22.12.-2.1.
Auch Zimmer der Kategorie ** vorhanden.
**   **Die Jahreszeiten**
Hauptgericht 30; Terrasse; geschl: Ende
Dez-Anfang Jan

Flöthe 26 ↘

Niedersachsen — Wolfenbüttel — 980 Ew
— Braunschweig 25, Salzgitter 15, Goslar
22 km
🛈 ☎ (0 53 34) 7 90 70 — Samtgemeinde
Oderwald, Dahlgrundweg 5, 38312 Börßum

Klein-Flöthe
*   **Kutscherstuben**
Lindenstr 5, ✉ 38312, ☎ (0 53 39) 7 00,
Fax 7 09, ED VA
20 Zi, Ez: 65-80, Dz: 110-140, ⊟ WC; 3✪120
Kegeln 🍽

Floß 59 ←

Bayern — Kreis Neustadt a. d. Waldnaab —
500 m — 3 744 Ew — Flossenburg 6, Neustadt a. d. Waldnaab 8, Weiden 11 km
🛈 ☎ (0 96 03) 9 21 10, Fax 92 11 50 — Verkehrsamt, Rathausplatz 3, 92685 Floß

*   **Goldener Löwe**
Marktplatz 2, ✉ 92685, ☎ (0 96 03) 10 74,
Fax 10 76, AX DC ED VA
25 Zi, Ez: 68-98, Dz: 108-148, 1 Suite, ⊟ WC
☎; Lift 2✪150 Sauna Solarium 🍽 🏊

Fockbek 10 ←

Schleswig-Holstein — Kreis Rendsburg-Eckernförde — 16 m — 6 021 Ew — Rendsburg 3, Schleswig 25, Eckernförde 28 km
🛈 ☎ (0 43 31) 6 67 70, Fax 66 77 66 —
Gemeindeverwaltung, Rendsburger Str 42,
24787 Fockbek

*   **Schützenhaus**
an der B 202, ✉ 24787, ☎ (0 43 31) 6 12 30,
Fax 6 19 12, ED VA
16 Zi, Ez: 70-95, Dz: 110-150, ⊟ WC ☎; 🅿
4✪88 🍽
geschl: 22.12.-8.1.
Im Gästehaus Zimmer der Kategorie **
vorhanden

Föckelberg 53 □

Rheinland-Pfalz — Kreis Kusel — 450 m —
394 Ew — Kusel 10, Kaiserslautern 25 km
🛈 ☎ (0 63 81) 4 20 90, Fax 42 09 49 — Verbandsgemeindeverwaltung, Schulstr 7,
66885 Altenglan; Ort im Nordpfälzer Bergland

Föckelberg-Außerhalb (1,5 km ←)
*   **Turm-Hotel Auf dem Potzberg**
einzeln ☼ ◄ Auf dem Potzberg, ✉ 66887,
☎ (0 63 85) 7 20, Fax 7 21 56
44 Zi, Ez: 70-76, Dz: 116-124, 2 Suiten,
1 App, ⊟ WC ☎; 🅿 🖴 6✪50 Sauna 🍽 🏊

Föhr

Achtung: Ganzjährig Schiffsverbindung mit
dem Festlandhafen Dagebüll und der
Nachbarinsel Amrum - Anmeldung zur
Autoverladung bei der Wyker Dampfschiffs-Reederei Föhr/Amrum
🛈 ☎ (0 46 81) 8 01 40

Nieblum
Schleswig-Holstein — Kreis Nordfriesland
— 5 m — 800 Ew
🛈 ☎ (0 46 81) 25 59, Fax 34 11 — Kurverwaltung, Poststraat 2, 25938 Nieblum (Föhr);
Nordseebad   →

Föhr

** Landhotel Witt
Alkersumstieg 4, ✉ 25938, ☎ (0 46 81)
5 87 70, Fax 58 77 58
16 Zi, Ez: 135-185, Dz: 190-240, ⌑ WC ☎,
5✉; **P** 1⟷35 Fitneßraum Sauna Solarium
18Golf
Rezeption: 10-21; geschl: Mo (außer
Saison), 10.1.-10.2.
** Hauptgericht 35; Gartenlokal ✣
Terrasse; geschl: Mo (außer Hochsaison),
10.1.-10.2.

Oevenum
Schleswig-Holstein — Kreis Nordfriesland
— 5 m
ℹ ☎ (0 46 81) 25 90 — Gemeindeverwaltung,
25938 Oevenum (Föhr)

** Landhaus Laura
♥ ⊗ Buurnstrat 49, ✉ 25938, ☎ (0 46 81)
5 97 90, Fax 59 79 35
11 Zi, Ez: 95-195, Dz: 170-280, 4 Suiten, ⌑
WC ☎ DFÜ, 2✉; **P** Sauna Solarium 18Golf
🍴 ⚓
geschl: 8.11.-24.12., 10.1.

Süderende
Schleswig-Holstein — Kreis Nordfriesland
— 5 m
ℹ ☎ (0 46 83) 4 44 — Fremdenverkehrsamt,
Haus Nr 15, 25938 Süderende (Föhr)

** Landhaus Altes Pastorat
♥ ⊗ ✉ 25938, ☎ (0 46 83) 2 26, Fax 2 50
4 Zi, Ez: 145-195, Dz: 190-275, 2 Suiten, ⌑
WC ☎, 4✉; **P** 1⟷15 18Golf; **garni**

Wyk
Schleswig-Holstein — Kreis Nordfriesland
— 5 m
ℹ ☎ (0 46 81) 1 94 33, Fax 30 66 — Kurbetrieb,
Hafenstr 23, 25938 Wyk (Föhr); Nordseeheilbad.
Sehenswert: Dr.-Carl-Häberlin-Friesenmuseum,
Naturkundliches Informationszentrum
der Nationalparkverwaltung;
Wattenmeerraum mit Diorama im Umweltzentrum

** Kurhaus Hotel
♥ ⚓ Sandwall 40, ✉ 25938, ☎ (0 46 81) 7 92,
Fax 15 91
35 Zi, Ez: 93-216, Dz: 140-277, 1 Suite, ⌑ WC
☎; Lift **P** Seezugang Fitneßraum Kegeln
Sauna; **garni**
Rezeption: 8-20; geschl: 9.11.-20.3.

* Atlantis Kurhotel
⚓ Sandwall 29, ✉ 25938, ☎ (0 46 81)
5 99 1-00, Fax 59 94 44
45 Zi, Ez: 95-170, Dz: 140-245, ⌑ WC ☎, 5✉;
Lift 2⟷40 Seezugang Fitneßraum Sauna
18Golf ⚓
Restaurant für Hausgäste

* Duus
⚓ Hafenstr 40, ✉ 25938, ☎ (0 46 81) 5 98 10,
Fax 59 81 40, 𝔸𝕏 𝔻ℂ 𝔼𝔻 𝕍𝔸
22 Zi, Ez: 90-140, Dz: 110-190, 1 App, ⌑ WC ☎
geschl: Do
Auch Zimmer der Kategorie ****** vorhanden
* Austernfischer
Hauptgericht 28; geschl: Do

** Alt Wyk ✣
Große Str 4, ✉ 25938, ☎ (0 46 81) 32 12,
Fax 5 91 72
Hauptgericht 40; nur abends; geschl: Di, Mitte
Nov-Anfang Dez, Anfang Feb-Anfang Mär

Forchheim 57

Bayern — Kreis Forchheim — 265 m —
30 000 Ew — Bamberg 25, Nürnberg 33 km
ℹ ☎ (0 91 91) 71 43 38, Fax 71 42 06 — Tourist-Information,
Rathaus, Hauptstr. 24,
91301 Forchheim; Kreisstadt an Regnitz und
Rhein-Main-Donau-Kanal; Tor zur Fränkischen
Schweiz. Sehenswert: Kaiserpfalz;
Stadtmauern mit Kasematten; Rathaus;
Kath. Martinskirche; Nürnberger Tor;
Schloß Jägersburg ⚓ (4 km ↗)

* Am Kronengarten
Bamberger Str 6 a, ✉ 91301, ☎ (0 91 91)
6 67 68, Fax 6 63 31, 𝔸𝕏 𝔼𝔻 𝕍𝔸
25 Zi, Ez: 90, Dz: 120, ⌑ WC ☎; Lift ⌂ 1⟷40;
garni
Rezeption: 6-12,16-19

* Franken
♥ Ziegeleistr 17, ✉ 91301, ☎ (0 91 91) 62 40,
Fax 6 24 80, 𝔸𝕏 𝔻ℂ 𝔼𝔻 𝕍𝔸
40 Zi, Ez: 74-84, Dz: 109, ⌑ WC ☎; **P** ⌂
1⟷50 🍴

* Pilatushof
♥ Kapellenstr 13, ✉ 91301, ☎ (0 91 91)
8 99 70, Fax 6 58 35, 𝔸𝕏 𝔻ℂ 𝔼𝔻 𝕍𝔸
8 Zi, Ez: 75-95, Dz: 130, ⌑ WC ☎; **P**; **garni**

Burk (1 km ↗)
* Schweizergrom
Röthenstr 5, ✉ 91301, ☎ (0 91 91) 39 55,
Fax 39 55, 𝔸𝕏 𝔻ℂ 𝕍𝔸
30 Zi, Ez: 60-85, Dz: 100-120, ⌑ WC ☎; **P**
2⟷40 🍴 ⚓
geschl: Fr, 2.-26.6.

Forchtenberg 62

Baden-Württemberg — Hohenlohekreis —
223 m — 4 900 Ew — Künzelsau 12, Öhringen
15 km
ℹ ☎ (0 79 47) 91 11-21, Fax 91 11-35 — Bürgermeisteramt,
Hauptstr 14, 74670 Forchtenberg;
Mittelalterliches Weinstädtchen
im Kochertal. Sehenswert: Ev. Stadtkirche:
Kanzel; Stadtmauer

Sindringen (7 km ←)
* Krone
Untere Str 2, ✉ 74670, ☎ (0 79 48) 9 10 00,
Fax 24 92, 𝔼𝔻
27 Zi, Ez: 70-80, Dz: 100-130, 2 App, ⌑ WC
☎; **P** ⌂ 1⟷40 Sauna 🍴 ⚓
geschl: Di, 10.1.-27.1.

Forst 61

Baden-Württemberg — Kreis Karlsruhe —
113 m — 6 700 Ew — Bruchsal 5, Karlsruhe
21, Heidelberg 30 km
ℹ ☎ (0 72 51) 78 00, Fax 7 80 37 — Bürgermeisteramt,
Weiherer Str 1, 76694 Forst.
Sehenswert: Pfarrhaus; Pfarrkirche St. Barbara;
Jägerhaus; Barockschloß in Bruchsa

Frankenhausen, Bad

** Forst
Gottlieb-Daimler-Str 6, ✉ 76694,
☎ (0 72 51) 71 35-0, Fax 8 39 94, AX DC ED VA
26 Zi, Ez: 102-160, Dz: 165-190, ⊣ WC ☎,
4🛏; P 🍴 Seezugang
Auch Zimmer der Kategorie ***** vorhanden
**   Hauptgericht 35; nur abends,
so+feiertags auch mittags

Forst (Lausitz) 41 ↑

Brandenburg — Spree-Neiße-Kreis — 78 m
— 26 000 Ew — Cottbus 22 km
ℹ ☎ (0 35 62) 98 93 27, Fax 98 93 27 — Fremdenverkehrsverein Forst (Lausitz) e.V., Promenade 9, 03149 Forst; Grenzstadt zu Polen. Sehenswert: Rosengarten; Wassermühle Noßdorf; Stadtkirche

* Haufe
Cottbuser Str 123, ✉ 03149, ☎ (0 35 62)
28 44, Fax 28 45, ED VA
26 Zi, Ez: 80, Dz: 120, ⊣ WC ☎, 7🛏; P 🍴
Sauna Solarium
Restaurant für Hausgäste

Domsdorf
** Wiwo
Domsdorfer Kirchweg 14, im Gewerbegebiet, ✉ 03149, ☎ (0 35 62) 95 10,
Fax 98 43 79, AX ED VA
76 Zi, Ez: 85-110, Dz: 110-125, 1 Suite, ⊣
WC ☎, 16🛏; Lift P 3✪150 🍴

Frammersbach 55 ↑

Bayern — Kreis Main-Spessart — 221 m —
5 108 Ew — Lohr 12, Bad Orb 30 km
ℹ ☎ (0 93 55) 48 00, Fax 97 12 33 — Verkehrsverein, Rathaus, Marktplatz 3,
97833 Frammersbach; Erholungsort im Spessart. Sehenswert: Heiligkreuzkapelle auf dem Auberg (387 m)

* Landgasthof Kessler
Orber Str 23, ✉ 97833, ☎ (0 93 55) 12 36,
Fax 9 97 41
14 Zi, Ez: 60-72, Dz: 99-119, ⊣ WC ☎, 5🛏;
P 🍴 1✪30 Fitneßraum Solarium ⚐
geschl: Mi ab 14
*   Hauptgericht 25; geschl: Mi,
11.1.-11.2.

* Schwarzkopf   ✚
Loherstr 80, ✉ 97833, ☎ (0 93 55) 3 07,
Fax 44 12, ED
Hauptgericht 30; Gartenlokal P; geschl:
Mo, 6.1.-20.1.

Frankenberg 50 ↑

Sachsen — Mittwaida — 262 m —
17 000 Ew — Chemnitz 12, Dresden 55 km
ℹ ☎ (03 72 06) 7 22 67, Fax 7 22 37 — Tourist-Information, Schloßstr. 5, 09669 Frankenberg

* Landhotel Kaiser
Am Dammplatz, ✉ 09669, ☎ (03 72 06)
7 73, Fax 7 75 99, AX DC ED VA
76 Zi, Ez: 135, Dz: 189, ⊣ WC ☎ DFÜ, 40🛏;
Lift P 4✪120 Fitneßraum Sauna Solarium
🍴

* Lützelhöhe
♿ Dr.-Wilhelm-Klütz-Str 53, ✉ 09669,
☎ (03 72 06) 53 20, Fax 53 00, ED VA
17 Zi, Ez: 90, Dz: 130, ⊣ WC ☎, 6🛏; 1✪25

Frankenberg (Eder) 35 ↙

Hessen — Kreis Waldeck-Frankenberg —
280 m — 18 956 Ew — Korbach 31, Marburg
37 km
ℹ ☎ (0 64 51) 50 51 13, Fax 50 51 00 — Verkehrsamt, Obermarkt 7-13, 35066 Frankenberg. Sehenswert: Ev. Liebfrauenkirche;
ehem. Kloster Georgenberg; Rathaus;
Fachwerkhäuser

** Sonne
Marktplatz 2, ✉ 35066, ☎ (0 64 51) 7 50-0,
Fax 2 21 41, AX DC ED VA
41 Zi, Ez: 98-180, Dz: 160-250, 1 Suite, ⊣
WC ☎, 5🛏; Lift 🍴 4✪160 Fitneßraum
Sauna Solarium; geschl: So abends
**   Hauptgericht 30; geschl: So
abends

* Rats-Schänke
Marktplatz 7, ✉ 35066, ☎ (0 64 51) 7 26 60,
Fax 72 66 55, AX DC ED VA
32 Zi, Ez: 92-105, Dz: 160-190, 1 Suite,
3 App, ⊣ WC ☎; Lift 🍴
geschl: 4.1.-18.1.
Auch Zimmer der Kategorie ****** vorhanden

Frankenhain 47 □

Thüringen — Ilm-Kreis — 500 m — 1 048 Ew
— Ilmenau 13, Arnstadt 18, Gotha 24 km
ℹ ☎ (03 62 05) 3 66, Fax 3 66 — Gemeindeverwaltung, Hauptstr 9, 99330 Frankenhain.
Sehenswert: Kirche St. Leonhardi

* Am Gisselgrund
Ohrdrufer Str 9, ✉ 99330, ☎ (03 62 05)
7 43-0, Fax 7 43 34, AX DC ED VA
17 Zi, Ez: 70-75, Dz: 100-120, ⊣ WC ☎; P
1✪25 Fitneßraum Sauna Solarium 🍴 ⚐

Frankenhausen, Bad 37 ↘

Thüringen — Kyffhäuserkreis — 138 m —
10 000 Ew — Sangerhausen 30, Weimar
47 km
ℹ ☎ (03 46 71) 7 17 16, Fax 7 17 19 — Kyffhäuser-Information, Anger 14, 06567 Bad Frankenhausen; Erholungsort und Soleheilbad. Sehenswert: Bauernkriegspanorama; Kyffhäuserdenkmal; Barbarossahöhle; Schloß; schiefer Kirchturm →

Frankenhausen, Bad

*** Residence Frankenburg
◄ Am Schlachtberg, ⌧ 06567, ☎ (03 46 71)
7 50, Fax 7 53 00, AX DC ED VA
72 Zi, Ez: 130-165, Dz: 190-205, 15 Suiten, ⊔
WC ☎, 8⊞; Lift P 6⇔60 ☎ Fitneßraum
Sauna Solarium
*** Hauptgericht 35

** Reichental
Rottleber Str 4, ⌧ 06567, ☎ (03 46 71) 6 80,
Fax 6 81 00, AX DC ED VA
48 Zi, Ez: 120-140, Dz: 165-185, 1 Suite,
3 App, ⊔ WC ☎, 9⊞; Lift P 3⇔120 ☎ Fitneßraum Kegeln Sauna Solarium ▬
** Hauptgericht 30; Biergarten

* Grabenmühle
Am Wallgraben 1, ⌧ 06567, ☎ (03 46 71)
6 24 75, Fax 7 98 83, ED VA
14 Zi, Ez: 80, Dz: 100-120, ⊔ WC ☎; ⦿

* Am Weinberg
♂ Am Weinberg 2, ⌧ 06567, ☎ (03 46 71)
6 40 30, Fax 6 40 30, AX DC ED VA
9 Zi, Ez: 65-95, Dz: 130, 2 Suiten, ⊔ WC ☎;
garni

Frankenstein 50 ↗

Sachsen — Kreis Flöha — 460 m —
1 150 Ew — Oederan 10, Freiberg 16 km
ℹ ☎ (03 73 21) 2 29 — Gemeindeverwaltung, Dorfweg 7, 09569 Frankenstein

Memmendorf (2 km ↙)
* Goldener Stern
Dorfstr 52 a, ⌧ 09569, ☎ (03 72 92) 2 19 51,
Fax 2 19 52, AX ED VA
18 Zi, Ez: 68, Dz: 90, ⊔ WC ☎; P 🚗 2⇔40
⦿ ▬

Frankenthal 54 □

Rheinland-Pfalz — Kreisfreie Stadt — 107 m
— 49 730 Ew — Worms 12, Ludwigshafen
10 km
ℹ ☎ (0 62 33) 8 93 95, Fax 8 94 00 — Stadtverwaltung, Rathausplatz 2-7, 67227 Frankenthal. Sehenswert: Romanisches Portal des ehem. Augustiner-Chorherrenstifts;
kath. Dreifaltigkeitskirche; Zwölfapostelkirche; Stadttore; Porzellan-Sammlung im
Rathaus; Erkenbert-Museum

**** Best Western
Bauer Hotel Residenz**
Mina-Karcher-Platz, ⌧ 67227, ☎ (0 62 33)
34 30, Fax 34 34 34, AX DC ED VA
104 Zi, Ez: 95-185, Dz: 130-245, S; 8 Suiten,
⊔ WC ☎ DFÜ, 42⊞; Lift 3⇔40 Fitneßraum
Sauna Solarium; garni ▬

** Central
Karolinenstr 6, ⌧ 67227, ☎ (0 62 33) 87 80,
Fax 2 21 51, AX DC ED VA
80 Zi, Ez: 99-159, Dz: 169-189, 5 App; Lift
5⇔80 ☎ Kegeln Sauna Solarium
Auch Zimmer der Kategorie ***** vorhanden
** Rôtisserie Zum Winzer
Hauptgericht 28; geschl: So

* Achat
Mahlastr 18, ⌧ 67227, ☎ (0 62 33) 49 20,
Fax 49 29 99, AX ED VA
126 Zi, Ez: 119-129, Dz: 159-169, S; 126 App,
⊔ WC ☎ DFÜ, 48⊞; Lift P 🚗 1⇔12; garni

* Filling
Rheinstr 8, ⌧ 67227, ☎ (0 62 33) 3 16 60,
Fax 2 82 59, ED VA
33 Zi, Ez: 52-85, Dz: 95-110, ⊔ ☎; P 1⇔70;
garni
Auch einfache Zimmer vorhanden

** Adamslust
An der Adamslust 10, ⌧ 67227, ☎ (0 62 33)
6 17 16, Fax 6 82 49, DC ED VA
Hauptgericht 38

Frankfurt am Main 44 ↘

Hessen — Stadtkreis — 95 m — 650 000 Ew
— Wiesbaden 38, Heidelberg 90,
Würzburg 120 km
ℹ ☎ (0 69) 21 23 88 00, Fax 21 23 07 76 —
Tourismus+Congress GmbH Frankfurt am
Main, Kaiserstr 56 (C 4-5), 60329 Frankfurt;
Handels- und Messestadt; Bank- und
Finanzplatz (Börse); bedeutendster deutscher Flughafen; Universität, Katholische
Philosophisch-Theologische Hochschule,
Hochschule für bildende Künste, Hochschule für Musik und darstellende Kunst; Oper, Schauspiel,
Kammerspiel, Komödie; Fritz-Rémond-Theater im Zoo; Volkstheater; Satirisches
Kabarett; Die Maininger.
Sehenswert: Dom ◄; ev. Katharinenkirche;
Glasfenster; chem. Paulskirche; kath. St.
Leonhards-Kirche; ev. Nikolaikirche; kath.
Liebfrauenkirche; Deutschordenskirche in
Sachsenhausen; ehem. Dominikanerkirche; ehem. Karmeliterkirche; Römerberg
mit Altem Rathaus (Römer); Alte Oper;
Hauptwache; Eschenheimer Turm; Goethehaus und Goethemuseum; Struwwelpetermuseum; Städelsches Kunstinstitut:
Gemäldegalerie; Schirn-Kunsthalle; Liebieghaus: Museum alter Plastik; Hist.
Museum; Museum für Vor- und Frühgeschichte (Holzhausen-Schlößchen);
Museum für Moderne Kunst

Messen:
Buchmesse 7.-12.10.98
Heimtextil 13.-16.1.99
Beauty-,Paper-,Christmasworld 29.1.-2.2.99
Ambiente 19.-23.2.99
Musikmesse 3.-7.3.99
ISH 23.-27.3.99
Interstoff 13.-15.4.99
Fur & Fashion 15.-18.4.99
Marketing Services 5.-8.5.99
Tendence IFH 27.-31.8.99
IAA 16.-26.9.99
Buchmesse Oktober 99
Interstoff Oktober 99

Cityplan siehe Seiten 362-363

Frankfurt am Main

Hilton
Hochstr 4 (D 3), ✉ 60313, ☎ (0 69)
13 38-0 00, Fax 13 38-13 38, AX DC ED VA
328 Zi, 14 Suiten, ⇛ WC ☎ DFÜ, 60🛏; Lift
🚻 16⇌600 🕿 Fitneßraum Sauna Solarium 🍽
Eröffnung voraussichtlich im Winter

**** Steigenberger Frankfurter Hof
♘ Kaiserplatz (D 4), ✉ 60311, ☎ (0 69)
2 15 02, Fax 21 59 00, AX DC ED VA
299 Zi, Ez: 395-595, Dz: 450-650, S;
33 Suiten, ⇛ WC ☎ DFÜ, 74🛏; Lift 16⇌450
Auch einfachere Zimmer vorhanden

**** Français
Hauptgericht 50; geschl: So, Mo, 30.3.-
20.4., 16.7.-29.8., 24.12.-7.1.

Oskar's
Hauptgericht 25; Terrasse

**** Arabella Sheraton Grand Hotel
Konrad-Adenauer-Str 7 (E 3), ✉ 60313,
☎ (0 69) 2 98 10, Fax 2 98 18 10, AX DC ED VA
367 Zi, Ez: 268-695, Dz: 268-695, 11 Suiten,
⇛ WC ☎, 116🛏; Lift 🚻 13⇌500 🕿 Fitneßraum Sauna Solarium

*** Premiere
Hauptgericht 52; geschl: 4 Wochen in den
Sommerferien

**** Hessischer Hof
The Leading Hotels of the World
Friedrich-Ebert-Anlage 40 (B 4), ✉ 60325,
☎ (0 69) 7 54 00, Fax 75 40 29 24, AX DC ED VA
103 Zi, Ez: 395-620, Dz: 465-620, S;
14 Suiten, ⇛ WC ☎ DFÜ, 21🛏; Lift 🅿 🚻
11⇌300 Fitneßraum
Auch Zimmer der Kategorie *** vorhanden

*** Sèvres
Hauptgericht 46

**** Intercontinental Frankfurt
↙ Wilhelm-Leuschner-Str 43 (C 5), ✉ 60329,
☎ (0 69) 2 60 50, Fax 25 24 67, AX DC ED VA
434 Zi, Ez: 379-629, Dz: 409-629, S;
35 Suiten, ⇛ WC ☎ DFÜ, 40🛏; Lift 🚻
16⇌800 🕿 Fitneßraum Sauna Solarium 🍽

**** Maritim Hotel Frankfurt
♘ ↙ Theodor-Heuss-Allee 3 (A 4), ✉ 60327,
☎ (0 69) 7 57 80, Fax 75 78 10 00, AX DC ED VA
519 Zi, Ez: 365-650, Dz: 420-650, S;
24 Suiten, ⇛ WC ☎, 239🛏; Lift 🚻 24⇌2207
🕿 Fitneßraum Sauna Solarium 18Golf 🍽

*** Le Meridien Parkhotel
Wiesenhüttenplatz 28-38 (C 5), ✉ 60329,
☎ (0 69) 2 69 70, Fax 2 69 78 84, AX DC ED VA
299 Zi, Ez: 235-704, Dz: 285-704, S;
16 Suiten, ⇛ WC ☎ DFÜ, 150🛏; Lift 🅿 🚻
14⇌250 Fitneßraum Sauna Solarium
Auch Zimmer der Kategorie **** vorhanden

** Le Parc
Hauptgericht 35; Terrasse;
Teile der Fassade stehen unter Denkmalschutz und stammen aus der Zeit der Jahrhundertwende

*** Sofitel
Savignystr 14-16 (B 4), ✉ 60325, ☎ (0 69)
7 53 30, Fax 7 53 31 75, AX DC ED VA
155 Zi, Ez: 360-500, Dz: 420-550, S; 3 App, ⇛
WC ☎, 52🛏; Lift 3⇌120

** Savigny's
Hauptgericht 35

** An der Messe
Westendstr 104 (B 3), ✉ 60325, ☎ (0 69)
74 79 79, Fax 74 83 49, AX DC ED VA
46 Zi, Ez: 230-370, Dz: 250-480, S; 2 Suiten,
⇛ WC ☎; Lift 🚻; garni
Zimmer der Kategorie *** vorhanden

** Forum Hotel Frankfurt
Wilhelm-Leuschner-Str 34 (C 5), ✉ 60329,
☎ (0 69) 26 06-0, Fax 25 24 67, AX DC ED VA
301 Zi, Ez: 299-529, Dz: 299-529, ⇛ WC ☎
DFÜ, 16🛏; Lift 🚻 🍽
Freizeiteinrichtungen und Konferenzbereich im gegenüberliegenden Hotel Inter-
continental

** Best Western Alexander am Zoo
Waldschmidtstr 59-61 (F 3), ✉ 60316,
☎ (0 69) 94 96 00, Fax 94 96 07 20,
AX DC ED VA
50 Zi, Ez: 147-395, Dz: 182-390, S; 9 Suiten,
⇛ WC ☎, 20🛏; Lift 🚻 3⇌30 Sauna; garni

** Palmenhof
Bockenheimer Landstr 89-91 (B 3),
✉ 60325, ☎ (0 69) 7 53 00 60,
Fax 75 30 06 66, AX DC ED VA
44 Zi, Ez: 115-350, Dz: 175-415, 2 Suiten,
37 App, ⇛ WC ☎ DFÜ; Lift 🅿 🚻
geschl: 23.12.-2.1.

*** Bastei mit Bistro
Hauptgericht 42; Terrasse; geschl: Sa, So,
23.12.-02.01.

** Scandic Crown Hotel Savoy
Wiesenhüttenstr 42 (C 5), ✉ 60329,
☎ (0 69) 27 39 60, Fax 27 39 67 95,
AX DC ED VA
144 Zi, Ez: 155-260, Dz: 175-335, S; ⇛ WC
☎, 63🛏; Lift 7⇌120 🕿 Fitneßraum Sauna
Solarium 🍽

** Mercure & Residenz
Voltastr 29 (A 3), ✉ 60486, ☎ (0 69) 7 92 60,
Fax 79 26 16 06, AX DC ED VA
334 Zi, Ez: 206-378, Dz: 274-443, S;
12 Suiten, 80 App, ⇛ WC ☎, 78🛏; Lift 🚻
4⇌100 Fitneßraum Sauna Solarium

** L'Arc en Ciel
Hauptgericht 30; 🅿 Terrasse

** Best Western Imperial
Sophienstr 40 (A 2), ✉ 60487, ☎ (0 69)
7 93 00 30, Fax 79 30 03 88, AX DC ED VA
60 Zi, Ez: 190-450, Dz: 210-480, S; ⇛ WC ☎,
10🛏; Lift 🅿 🚻 1⇌25

* La Provence
Hauptgericht 35

→

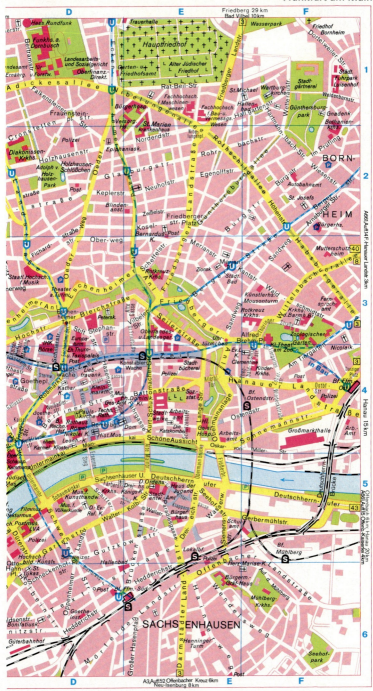

Frankfurt am Main

★★ Blattl's Comfort Aparthotel
Launhardtstr 2-4, ✉ 60314, ☎ (0 69)
94 99 00, Fax 9 49 90-8 00, AX DC ED VA
Ez: 99-300, Dz: 138-320, S; 1 Suite, 170 App,
⇃ WC ☎ DFÜ, 27✉; Lift 🖫 Fitneßraum
Sauna 🍴
Langzeitvermietung möglich

★★ Manhattan
Düsseldorfer Str 10 (C 4), ✉ 60329, ☎ (0 69)
23 47 48, Fax 23 45 32, AX DC ED VA
59 Zi, Ez: 145-400, Dz: 175-450, 2 Suiten,
1 App, ⇃ WC ☎, 5✉; Lift 1⇌20; garni

★★ Astron Hotel Die Villa
Emil-Sulzbach-Str 14-16 (A 3), ✉ 60486,
☎ (0 69) 9 79 90 70, Fax 97 99 07 11,
AX DC ED VA
20 Zi, Ez: 250-350, Dz: 290-450, S; 2 Suiten,
⇃ WC ☎; 🅿; garni

★ Novotel Frankfurt City West
Lise-Meitner-Str 2 (A 3), ✉ 60486, ☎ (0 69)
79 30 30, Fax 79 30 39 30, AX DC ED VA
235 Zi, Ez: 130-303, Dz: 170-346, S; ⇃ WC
☎, 70✉; Lift 🅿 🖫 12⇌250 Fitneßraum
Sauna Solarium 🍴 ☕

★ Victoria
Elbestr 24 (C 4), ✉ 60329, ☎ (0 69) 27 30 60,
Fax 27 30 61 00, AX DC ED VA
73 Zi, Ez: 160-369, Dz: 190-380, S; 2 Suiten,
⇃ WC ☎; Lift; garni

★ Cosmos
Weserstr 17 (C 5), ✉ 60329, ☎ (0 69)
31 08 10, Fax 31 08 15 55, AX DC ED VA
55 Zi, Ez: 160-350, Dz: 190-350, ⇃ WC ☎
DFÜ, 25✉

★ Columbus
Moselstr 23 (C 5), ✉ 60329, ☎ (0 69)
27 28 00, Fax 27 28 05 55, AX DC ED VA
45 Zi, Ez: 160-350, Dz: 190-350, ⇃ WC ☎
DFÜ, 27✉

★ Liebig
Liebigstr 45 (C 3), ✉ 60323, ☎ (0 69)
72 75 51, Fax 72 75 55, AX DC ED VA
19 Zi, Ez: 185-290, Dz: 235-395, ⇃ WC ☎
DFÜ, 5✉; 🖫; garni
geschl: 23.12.-2.1.

★ Best Western Bauer Hotel Domicil
Karlstr 14 (C 4), ✉ 60329, ☎ (0 69) 27 11 10,
Fax 25 32 66, AX DC ED VA
70 Zi, Ez: 120-294, Dz: 150-309, S; ⇃ WC ☎,
10✉; Lift; garni
Zimmer der Kategorie ★★ verfügbar

★ Concorde
Karlstr 9 (C 4), ✉ 60329, ☎ (0 69) 23 32 30,
Fax 23 78 28, AX DC ED VA
45 Zi, Ez: 120-160, Dz: 140-200, ⇃ WC ☎;
Lift; garni
Auch Zimmer der Kategorie ★★ vorhanden

★ Ambassador Top International Hotel
Moselstr 12 (C 5), ✉ 60329, ☎ (0 69)
25 10 77, Fax 23 59 87
94 Zi, Ez: 120-180, Dz: 135-220, S; ⇃ WC ☎;
Lift 1⇌20 Sauna; garni

★ Bauer Hotel Scala
Schäfergasse 31 (D 3), ✉ 60313, ☎ (0 69)
1 38 11 10, Fax 28 42 34, AX DC ED VA
40 Zi, Ez: 120-250, Dz: 150-265, ⇃ WC ☎,
10✉; Lift; garni

★ Premier
Ludwigstr 27 (B 4), ✉ 60327, ☎ (0 69)
97 40 41-0, Fax 97 40 41-40, AX DC ED VA
60 Zi, Ez: 110-420, Dz: 140-420, 3 Suiten,
4 App, ⇃ WC ☎, 15✉; Lift 🅿; garni ☕

★ Florentina
Westendstr 23 (C 4), ✉ 60325, ☎ (0 69)
97 40 37-0, Fax 97 40 37-99, AX DC ED VA
35 Zi, Ez: 100-250, Dz: 140-350, ⇃ WC ☎,
5✉; Lift 🅿 🖫; garni

★ Astoria
Rheinstr 25 (B 4), ✉ 60325, ☎ (0 69)
97 56 00, Fax 97 56 01 40, AX DC ED VA
50 Zi, Ez: 99-180, Dz: 140-240, ⇃ WC ☎; 🅿
1⇌15 Sauna Solarium; garni
geschl: 21.12.-2.1.

★ Robert Mayer
Robert-Mayer-Str 44 (A 3), ✉ 60486,
☎ (0 69) 9 70 91 00, Fax 97 09 10 10,
AX DC ED VA
11 Zi, Ez: 170-350, Dz: 190-350, 1 Suite,
1 App, ⇃ WC ☎; 🅿 🖫 Solarium 18Golf;
garni
Gründerzeitvilla, Zimmergestaltung durch
bildende Künstler aus Frankfurt

★ Am Dom
Kannengießergasse 3 (E 4), ✉ 60311,
☎ (0 69) 13 81 03-0, Fax 28 32 37, AX VA
22 Zi, Ez: 150-275, Dz: 185-280, 4 Suiten,
4 App, ⇃ WC ☎; Lift; garni

★ Mondial
Heinestr 13 (D 2), ✉ 60322, ☎ (0 69)
59 04 22, Fax 59 04 24, AX DC ED VA
20 Zi, Ez: 150-170, Dz: 180-220, ⇃ WC ☎;
Lift; garni

★ Nizza
Elbestr 10 (C 5), ✉ 60329, ☎ (0 69)
2 42 53 80, Fax 24 25 38 30, ED
24 Zi, Ez: 135-215, Dz: 190-235, ⇃ WC ☎
DFÜ, 5✉; Lift; garni
geschl: 23.12.-3.1.
Künstlerhotel

★ Mozart
Parkstr 17 (C 2), ✉ 60322, ☎ (0 69) 55 08 31,
Fax 5 96 45 59, AX DC ED VA
35 Zi, Ez: 145-160, Dz: 210, ⇃ WC ☎; Lift 🅿;
garni

★★★ Humperdinck ☎
Grüneburgweg 95 (C 2), ✉ 60323, ☎ (0 69)
97 20 31 54, Fax 97 20 31 55, AX DC ED VA
Hauptgericht 60; Terrasse; geschl: Sa mittags, so + feiertags, Ende Dez-Anfang Jan,
2 Wochen in den Sommerferien

★★ Tigerpalast ☎
Heiligenkreuzgasse 16-20 (E 4), ✉ 60313,
☎ (0 69) 92 00 22 25, Fax 92 00 22 17,
AX DC ED VA
Hauptgericht 56; nur abends; geschl: Mo,
18.7.-31.8.
→

IHR WEIN ZUR JAHRTAUSENDWENDE
Jetzt reserviert – Im Dezember 1999 geliefert

*W*ir kaufen für Sie ein:
Nationale, europäische und internationale Weine von Weltruf.

Wir lagern für Sie.
Weine, Sekte und Champagner.

Wir pflegen sie mit Kompetenz und besonderer Sorgfalt in unseren Kellern.

Wir liefern pünktlich im Dezember 1999.
Damit Sie zur Jahrtausendwende edle Tropfen in optimaler Qualität genießen können.

Unser Rent a Cave-Angebot 2000:

Für **500,- DM   1.000,- DM,   2.000,- DM**
oder mehr (Gegenwert in Euro) stellen wir Ihre Auswahl zusammen.

Rufen Sie uns einfach an. Oder faxen Sie uns.

Telefon 0 61 46 / 9 03-10 · Fax 0 61 46 / 9 03-17

Rent a Cave

Burgeffstraße 19, 65239 Hochheim im Rheingau

Frankfurt am Main

** Weinhaus Brückenkeller
⊗ Schützenstr 6 (E 4), ✉ 60311, ☏ (0 69) 28 42 38, Fax 29 60 68, AX DC ED VA
Hauptgericht 38;
Traditionsreiches Weinlokal

** Union Club
Am Leonhardsbrunn 12 (B 2), ✉ 60487, ☏ (0 69) 70 30 33, Fax 7 07 38 20, AX DC ED VA
Hauptgericht 38; Terrasse; geschl: Sa, So abends, Ende Dez-Anfang Jan

** Lauda mit Bistro
Große Bockenheimer Str 52 (D 4), ✉ 60313, ☏ (0 69) 29 46 94, Fax 44 03 48, AX DC ED VA
Hauptgericht 35
in der Freßgass

** Alte Kanzlei
Niedenau 50 (C 4), ✉ 60325, ☏ (0 69) 72 14 24, Fax 17 38 54, AX DC ED VA
Hauptgericht 29; geschl: Sa mittags, So

** Aubergine
Alte Gasse 14 (E 3), ✉ 60313, ☏ (0 69) 9 20 07 80, Fax 9 20 07 86, AX DC ED VA
Hauptgericht 48; geschl: Sa, So, 30.7.-25.8.

* Erno's Bistro
Liebigstr 15 (C 3), ✉ 60323, ☏ (0 69) 72 19 97, Fax 17 38 38, AX ED VA
Hauptgericht 52; Terrasse; geschl: Sa,So, 23.12.-10.1., 24.7.-15.8.

* Rosa
Grüneburgweg 25 (C 3), ✉ 60322, ☏ (0 69) 72 13 80, Fax 6 31 40 16
Hauptgericht 35

* Avocado
Hochstr 27 (D 3), ✉ 60313, ☏ (0 69) 29 28 67, Fax 4 63 09, AX ED VA
Hauptgericht 42

* Gargantua
Liebigstr 38 (C 3), ✉ 60323, ☏ (0 69) 72 07 18, Fax 72 07 17, AX DC ED VA
Hauptgericht 49; Terrasse; geschl: Sa mittags, So, feiertags, Ende Dez-Anf Jan

Altes Café Schneider
Kaiserstr 12 (C 4-5), ✉ 60311, ☏ (0 69) 28 14 47, Fax 28 14 47, AX DC ED VA
Hauptgericht 12; geschl: So (Mai-Sep)

Laumer
Bockenheimer Landstr 67 (BC 3), ✉ 60325, ☏ (0 69) 72 79 12, Fax 72 61 42, AX
Hauptgericht 25; Gartenlokal 🅿 Terrasse

==Apfelweinstuben i. Sachsenhausen==

Adolf Wagner
⊗ Schweizer Str 71 (D 6), ✉ 60594, ☏ (0 69) 61 25 65, Fax 61 14 45
Hauptgericht 20

Zum Gemalten Haus
⊗ Schweizer Str 67 (D 6), ✉ 60594, ☏ (0 69) 61 45 59, Fax 6 03 14 57
Hauptgericht 25; Gartenlokal; geschl: Mo + Di, 20.7.-11.8.

Zum Eichkatzerl
⊗ Dreieichstr 29 (E 5), ✉ 60594, ☏ (0 69) 61 74 80
Hauptgericht 15; Gartenlokal; ab 15; geschl: Mo, Ende Dez
Eigene Kelterei

Zur Buchscheer
⊗ Schwarzsteinkautweg 17, ✉ 60598, ☏ (0 69) 63 51 21, Fax 63 86 83
Hauptgericht 16; Gartenlokal; ab 15, sa, so + feiertags auch mittags; geschl: Di

==Bergen-Enkheim== (7 km ↗)

*** Avalon Hotel Amadeus
Röntgenstr 5, ✉ 60388, ☏ (0 61 09) 37 00, Fax 37 07 20, AX DC ED VA
124 Zi, Ez: 195-315, Dz: 235-345, 4 Suiten, 32 App, ⌐⌐ WC ☏, 82🛏, Lift 🅿 🚗 4↻120 ⚒

* Borger
Triebstr 51, ✉ 60388, ☏ (0 61 09) 3 09 00, Fax 30 90 30, AX DC ED VA
33 Zi, Ez: 110-180, Dz: 140-240, 1 App, ⌐⌐ WC ☏; 🅿 🚗; garni
geschl: 24.12.-4.1.
Zimmer der Kategorie ****** vorhanden

* Schöne Aussicht
◁ Im Sperber 24, ✉ 60388, ☏ (0 61 09) 28 13, Fax 2 17 85, AX DC ED VA
39 Zi, Ez: 110-240, Dz: 140-300, ⌐⌐ WC ☏, 13🛏; Lift 🅿 3↻90 Kegeln ⚒

* Klein - City Partner Hotels
Vilbeler Landstr 55, ✉ 60388, ☏ (0 61 09) 73 46-0, Fax 73 46-4 21, AX DC ED VA
57 Zi, Ez: 108-188, Dz: 148-260, 2 Suiten, ⌐⌐ WC ☏; Lift 🅿 4↻40 ⚒

==Bockenheim== (2 km ←)

*** Marriott
♂ ◁ Hamburger Allee 2 (A 3-4), ✉ 60486, ☏ (0 69) 7 95 50, Fax 79 55 24 32, AX DC ED VA
564 Zi, Ez: 298-695, Dz: 298-695, S; 24 Suiten, ⌐⌐ WC ☏ DFÜ, 240🛏; Lift 🅿 🚗 10↻1450 Fitneßraum Sauna Solarium ⚒

==Flughafen== (12 km ✈)

*** Arabella Sheraton
Hugo-Eckener-Ring 15, ✉ 60549, ☏ (0 69) 6 97 70, Fax 69 77 22 09, AX DC ED VA
1020 Zi, Ez: 285-630, Dz: 285-660, S; 30 Suiten, ⌐⌐ WC ☏, 300🛏; Lift 37↻1200 ⌂ Fitneßraum Sauna Solarium ⚒

*** Papillon
Hauptgericht 65; nur abends; geschl: so + feiertags

* Maxwell's Bistro
Hauptgericht 45

*** Steigenberger Airport Hotel
♂ ◁ Unterschweinstiege 16, ✉ 60549, ☏ (0 69) 6 97 50, Fax 69 75 25 05, AX DC ED VA
420 Zi, Ez: 205, Dz: 270, S; 37 Suiten, ⌐⌐ WC ☏, 60🛏; Lift 🅿 32↻500 ⌂ Sauna Solarium
Zimmer der Kategorie ******** im Executive Tower

** Waldrestaurant Unterschweinstiege
Hauptgericht 40

==Harheim== (10 km ↑)

** Harheimer Hof
♂ ◁ Alt Harheim 15, ✉ 60437, ☏ (0 61 01) 40 50, Fax 40 54 11, AX DC ED VA
46 Zi, Ez: 120-350, Dz: 190-350, S; ⌐⌐ WC ☏, 12🛏; Lift 🅿 🚗 5↻100 ⌂ Sauna Solarium ⚒

** Einhornstube
Hauptgericht 30; geschl: So abends

Frankfurt am Main

Höchst (10 km ←)

** Lindner Congress Hotel
Bolongarostr 100, ✉ 65929, ☎ (0 69)
3 30 02 00, Fax 3 30 02-9 99, AX DC ED VA
281 Zi, Ez: 190-590, Dz: 240-538, S; 4 Suiten,
9 App, ⌐ WC ☎, 82🛏; Lift 🅿 13♨320 Fitneßraum Sauna Solarium 🍽 🍹
Zimmer der Kategorie *** vorhanden,
Multimedia-Hotel

** Avalon Hotel Höchster Hof
☾ ⤋ Mainberg 3, ✉ 65929, ☎ (0 69) 3 00 40,
Fax 3 00 46 80, AX DC ED VA
137 Zi, Ez: 110-255, Dz: 150-380, 1 Suite,
6 App, ⌐ WC ☎, 28🛏; Lift 🅿 7♨100 Fitneßraum Sauna Solarium 🍽
Auch Zimmer der Kategorie * vorhanden

Mertonviertel (7 km ↑)

** Relexa
Lurgiallee 2, ✉ 60439, ☎ (0 69) 95 77 80,
Fax 95 77 88 95, AX DC ED VA
152 Zi, Ez: 158-468, Dz: 183-498, S; 5 Suiten,
6 App, ⌐ WC ☎, 76🛏; Lift 🅿 🍴 14♨240
Fitneßraum Sauna 🍽 🍹

Nied (8 km ←)

*** Ramada
⤋ Oeserstr 180, ✉ 65933, ☎ (0 69) 3 90 50,
Fax 3 80 82 18, AX DC ED VA
236 Zi, Ez: 99-400, Dz: 99-400, S; 1 Suite, ⌐
WC ☎ DFÜ, 47🛏; Lift 🅿 10♨350 ≋ Fitneß-
raum Sauna Solarium 🍽

Nieder-Erlenbach (14 km ↑)

* Alte Scheune
Alt-Erlenbach 44, ✉ 60437, ☎ (0 61 01)
54 40 00, Fax 8 96 50, AX ED VA
25 Zi, Ez: 145-185, Dz: 185-225, 8 App, ⌐
WC ☎ DFÜ, 8🛏; 🅿 🍴 1♨40 🍹
geschl: 28.12.-11.1.
** Hauptgericht 35; Gartenlokal; nur
abends; geschl: So, feiertags, 28.12.-11.1.

* Erlenbach 33
Alt Erlenbach 33, ✉ 60437, ☎ (0 61 01) 4 80 98
Hauptgericht 33; geschl: Di

Nieder-Eschbach (12 km ↑)

* Darmstädter Hof
An der Walkmühle 1, ✉ 60437, ☎ (0 69)
50 91 09-0, Fax 50 91 09-50, AX DC VA
16 Zi, Ez: 135-155, Dz: 175-195, ⌐ WC ☎
DFÜ; 🅿 3♨120 Kegeln
* Hauptgericht 28; Terrasse; nur
abends, so+feiertags auch mittags;
geschl: Mo, 2 Wochen in den Sommerferien

* Markgraf
Deuil-la-Barre-Str 103, ✉ 60437, ☎ (0 69)
9 50 76 30, Fax 95 07 63 15, AX DC ED VA
22 Zi, Ez: 95-140, Dz: 140-200, ⌐ WC ☎,
8🛏; 🅿 🍴 🍽

Niederrad (3 km ↙)

*** Dorint Hotel
Hahnstr 9, ✉ 60528, ☎ (0 69) 66 30 60,
Fax 66 30 66 00, AX DC ED VA
183 Zi, Ez: 280-415, Dz: 365-525, S; 8 Suiten,
⌐ WC ☎, 28🛏; Lift 🅿 🍴 5♨250 ≋ Sauna
Solarium 9Golf 🍹
** Opal
Hauptgericht 37

*** Weidemann
Kelsterbacher Str 66, ✉ 60528, ☎ (0 69)
67 59 96, Fax 67 39 28, AX DC ED VA
Hauptgericht 45; Gartenlokal 🅿 Terrasse;
geschl: Sa mittags, so+feiertags

Niederrad-Außerhalb (3 km ↙)

*** Queens Hotel Frankfurt
Isenburger Schneise 40, ✉ 60528, ☎ (0 69)
6 78 40, Fax 6 78 41 90, AX DC ED VA
292 Zi, Ez: 170-540, Dz: 200-540, S; 3 Suiten,
⌐ WC ☎, 50🛏; Lift 🅿 12♨450 Fitneßraum
Sauna Solarium 🍹
** Hauptgericht 30

Niederursel (8 km ↖)

***** Courtyard By Marriott
Frankfurt Nordwest Zentrum**
Walter-Möller-Platz, ✉ 60439, ☎ (0 69)
58 09 30, Fax 58 24 47, AX DC ED VA
93 Zi, Ez: 139-242, Dz: 139-242, S; ⌐ WC ☎,
38🛏; Lift 🅿 1♨18; garni

Rödelheim (4 km ↖)

** Osteria Enoteca
Arnoldshainer Str 2, ✉ 60489, ☎ (0 69)
7 89 22 16, AX ED VA
Hauptgericht 45

Sachsenhausen (1 km ↓)

***** Holiday Inn Crowne Plaza
Frankfurt Conference Center**
⤋ Mailänder Str 1, ✉ 60598, ☎ (0 69)
6 80 20, Fax 6 80 23 33, AX DC ED VA
436 Zi, Ez: 272-470, Dz: 342-586, S; 3 Suiten,
⌐ WC ☎ DFÜ, 153🛏; Lift 🅿 🍴 19♨400 Fitneßraum Sauna Solarium 18Golf
** geschl: So, feiertags

** Maingau
Schifferstr 38 (E 5), ✉ 60594, ☎ (0 69)
61 07 52, Fax 62 07 90, AX DC ED VA
Hauptgericht 45; geschl: So abends, Mo,
3 Wochen im Jul-Aug
Preisgünstigere Mittagskarte

** Bistrot 77
Ziegelhüttenweg 1, über Mörfelder
Landstr (D 6), ✉ 60598, ☎ (0 69) 61 40 40,
Fax 61 59 98, AX ED VA
Hauptgericht 55; Terrasse; geschl: Sa mit-
tags, So, Ende Dez-Anfang Jan

** Die Gans
Schweizer Str 76 (D 6), ✉ 60594, ☎ (0 69)
61 50 75, Fax 62 26 25, AX DC ED VA
Hauptgericht 40; Terrasse; nur abends;
geschl: So, 22.12.-6.1.

Sindlingen (13 km ←)

**** Post Airport
Top International Hotel**
Sindlinger Bahnstr 12, ✉ 65931, ☎ (0 69)
3 70 10, Fax 3 70 15 02, AX DC ED VA
103 Zi, Ez: 120-260, Dz: 170-290, S; 7 App, ⌐
WC ☎, 20🛏; Lift 🅿 🍴 5♨40 ≋ Fitneßraum
Kegeln Sauna Solarium 🍽

siehe auch **Neu-Isenburg**

Frankfurt (Oder)

Frankfurt (Oder) 31 →

Brandenburg — Kreis Frankfurt (Oder) — 22 m — 80 000 Ew — Berlin 90, Dresden 200 km

🛈 ☎ (03 35) 32 52 16, Fax 2 25 65 — Fremdenverkehrsverein, Karl-Marx-Str 8 a (B 2), 15230 Frankfurt (Oder); Wichtige Grenz- und Messestadt; Europa-Universität „Viadrina". Sehenswert: Rathaus; St.-Marien-Kirche; Franziskaner Klosterkirche (Konzerthalle „Carl Philipp Emanuel Bach") in norddeutscher Backsteingotik; Kleist-Museum

✶✶ City Park Hotel
Blue Band Hotels
Lindenstr 12 (C 4), ✉ 15230, ☎ (03 35) 5 53 20, Fax 5 53 26 05, AX DC ED VA
90 Zi, Ez: 138-211, Dz: 176-226, S; ⊣ WC ☎, 18✉; Lift 🅿 2✧80 🍴 🍷

✶ Graham's
August-Bebel-Str 11 (außerhalb), ✉ 15234, ☎ (03 35) 4 33 54 29, Fax 4 33 39 91, AX ED VA
12 Zi, Ez: 100-120, Dz: 120, 4 App, ⊣ WC ☎; 🅿 🍴 🍷

🍷 Brunnencafé
Karl-Marx-Str 8 (B 2), ✉ 15230, ☎ (03 35) 2 36 83

Gubener Vorstadt
✶ Zur Alten Oder
Fischerstr 32 (C 4), ✉ 15230, ☎ (03 35) 55 62 20, Fax 32 44 39, AX DC ED VA
28 Zi, Ez: 85-130, Dz: 115-160, ⊣ WC ☎; Sauna; **garni**

Lichtenberg (8 km ↙)
✶✶✶ Holiday Inn
einzeln, Turmstr 1, ✉ 15234, ☎ (03 35) 5 56 50, Fax 5 56 51 00, AX DC ED VA
143 Zi, Ez: 130-170, Dz: 130-170, 17 Suiten, 8 App, ⊣ WC ☎, 65✉; Lift 🅿 10✧600 Fitneßraum Sauna Solarium 🍷
✶✶ Hauptgericht 30; Terrasse

Nuhnen-Vorstadt
✶✶ Ringhotel Messehotel
Nuhnenstr 47, ✉ 15234, ☎ (03 35) 41 47 00, Fax 41 47 47, AX DC ED VA
65 Zi, Ez: 110-130, Dz: 130-150, S; 8 Suiten, ⊣ WC ☎ DFÜ, 15✉; Lift 🅿 3✧40 Solarium 🍴

Pagram (7 km ↙)
✶ Landhotel Pagram
Bodenreformstr 21, ✉ 15234, ☎ (03 35) 41 30 00, Fax 41 03 90, ED
16 Zi, Ez: 70, Dz: 90, ⊣ WC ☎, 2✉; 🅿 1✧60 🍴

Frankweiler 54 ↙

Rheinland-Pfalz — Kreis Südliche Weinstraße — 160 m — 1 016 Ew — Landau i.d. Pfalz 8, Pirmasens 42 km

🛈 ☎ (0 63 45) 35 31 — Südliche Weinstraße e. V., Büro für Tourismus Landau-Land, Rathaus, 76829 Leinsweiler

✶✶ Robichon
Orensfelsstr 31, ✉ 76833, ☎ (0 63 45) 32 68, Fax 85 29
Hauptgericht 32; 🅿 Terrasse; geschl: Mo abends, Di, Anfang-Mitte Jan, Ende Jul-Mitte Aug

Frasdorf 73 ↙

Bayern — Kreis Rosenheim — 700 m — 2 800 Ew — Aschau 5, Prien am Chiemsee 12, Rosenheim 18 km

🛈 ☎ (0 80 52) 7 71, Fax 6 35 — Verkehrsbüro, Schulstr 7, 83112 Frasdorf; Erholungsort im Chiemgau. Sehenswert: Wallfahrtskirche St Florian (2 km ↗)

✶ Landgasthof Karner
Flair Hotel
♺ Nußbaumstr 6, ✉ 83112, ☎ (0 80 52) 40 71, Fax 47 11, AX DC ED VA
26 Zi, Ez: 110-150, Dz: 175-205, 1 Suite, 1 App, ⊣ WC ☎; 🅿 🍽 2✧60 ≘ Sauna
Zimmer der Kategorie ✶✶ vorhanden
✶✶✶ Hauptgericht 45 👨‍🍳

✶ Alpenhof ✿
Hauptstr 31, ✉ 83112, ☎ (0 80 52) 22 95, Fax 51 18
Hauptgericht 30; 🅿 Terrasse; geschl: Mi

Umrathshausen (2 km ↗)
✶ Goldener Pflug
♺ ⬅ Humprehtstr 1, ✉ 83112, ☎ (0 80 52) 90 78-0, Fax 46 84, AX ED VA
29 Zi, Ez: 95-160, Dz: 120-200, 1 Suite, 1 App, ⊣ WC ☎, 4✉; 🅿 2✧40 Sauna Solarium 🍷
✶✶ Pflug Gewölbe
Hauptgericht 15

Frauenau 66 ✝

Bayern — Kreis Regen — 616 m — 3 200 Ew — Zwiesel 8, Grafenau 21 km

🛈 ☎ (0 99 26) 7 10, Fax 17 99 — Tourist-Information, Hauptstr 12, 94258 Frauenau; Erholungsort im Bayerischen Wald. Sehenswert: Glashütten, Glasmuseum; Trinkwasser-Talsperre; höchstgelegener Stausee der Bundesrepublik (4 km ↗); Großer Rachel, 1453 m ⬅; (150 Min →)

✶✶ St. Florian
Althüttenstr 22, ✉ 94258, ☎ (0 99 26) 95 20, Fax 82 66
21 Zi, Ez: 49-83, Dz: 130-136, 5 Suiten, ⊣ WC ☎, 4✉; Lift 🅿 ≘ Fitneßraum Sauna Solarium 🍴
geschl: 1.11.-18.12.
Im Stammhaus auch einfache Zimmer vorhanden

✶✶ Eibl-Brunner
Hauptstr 18, ✉ 94258, ☎ (0 99 26) 95 10, Fax 7 26, ED VA
54 Zi, Ez: 48-73, Dz: 96-162, 2 Suiten, ⊣ WC ☎; Lift 🅿 🍽 ≘ Fitneßraum Sauna Solarium 🍷
Auch Zimmer der Kategorie ✶ vorhanden
✶ Hauptgericht 20

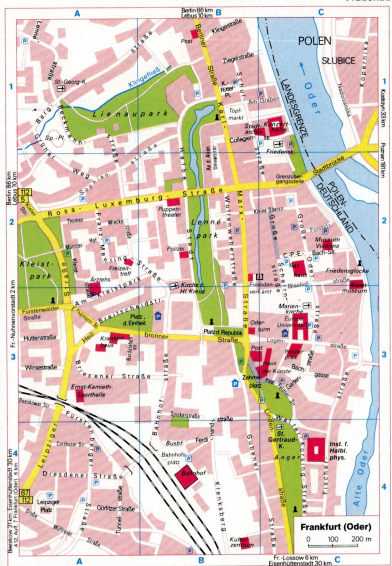

*	**Landgasthof Hubertus**

🛏 Loderbauerweg 2, ✉ 94258, ☎ (0 99 26)
95 00, Fax 81 87, AX ED VA
41 Zi, Ez: 48-53, Dz: 86, 4 Suiten, 6 App, 🚻
WC ☎; Lift P 🚌 2⇄80 Fitneßraum Sauna
Solarium 🍽
Auch Zimmer der Kategorie ✱✱ vorhanden

🛏 Betrieb verfügt über eine Anzahl ruhiger
Zimmer

*	**Gästehaus Falkenau**

🛏 ⬅ Godehardstr 18, ✉ 94258, ☎ (0 99 26)
7 15, Fax 9 01 15
14 Zi, Ez: 46-52, Dz: 84-92, 2 Suiten, 🚻 WC
☎; P 🚌 Fitneßraum Sauna Solarium 🍽
Rezeption: 8-20
Restaurant für Hausgäste →

⊗ Alte, beachtenswerte Architektur oder
Einrichtung

Frauenau

* Waldhotel Prucker
♂ ⋖ Spitzhiebelweg 26, ✉ 94258,
☏ (0 99 26) 9 40 90, Fax 94 09 29
9 Zi, Ez: 40-45, Dz: 70-100, 1 Suite, ⌐ WC
☏; garni

Frauenstein 51 ←

Sachsen — Freiburg — 650 m — 1 290 Ew
— Dippoldiswalde 18, Freiberg 19, Dresden
35 km
ℹ ☏ (03 73 26) 93 35, Fax 13 05 — Stadtverwaltung/Fremdenverkehrsamt, Markt 28, 09623 Frauenstein. Sehenswert: Burgruine; Postmeilensäule; Gottfried-Silbermann-Museum

* Frauensteiner Hof
Freiberger Str 22, ✉ 09623, ☏ (03 73 26)
91 14, Fax 91 15, AX ED VA
25 Zi, Ez: 65-85, Dz: 95-125, ⌐ WC ☏; P
1↔20 18Golf ⋙
** Hauptgericht 20; Biergarten

Frechen 42 ↗

Nordrhein-Westfalen — Erftkreis — 109 m
— 45 000 Ew — Köln 11, Düren 27 km
ℹ ☏ (0 22 34) 50 10, Fax 50 12 19 — Stadtverwaltung, Johann-Schmitz-Platz 1, 50226 Frechen. Sehenswert: Keramion - Ausstellung zeitgenössischer Keramik; Keramikmuseum - Ausstellung hist. Keramik

** Halm Schützenhaus
Johann-Schmitz-Platz 22, ✉ 50226,
☏ (0 22 34) 95 70 00, Fax 5 22 32, AX DC ED VA
39 Zi, Ez: 150-200, Dz: 230-300, ⌐ WC ☏,
2✉; Lift P 🚗 4↔220
** Hauptgericht 25; Biergarten;
geschl: Mo mittags

* Bartmannkrug
Kölner Str 78, ✉ 50226, ☏ (0 22 34) 1 84 60,
Fax 18 46 50, AX ED VA
40 Zi, Ez: 125-275, Dz: 175-325, ⌐ WC ☏;
Lift P 3↔120 Kegeln
geschl: So
* geschl: Sa mittags, So abends

Königsdorf
** Königsdorfer Hof
Augustinusstr 15, ✉ 50226, ☏ (0 22 34)
6 00 70, Fax 60 07 70, AX DC ED VA
34 Zi, Ez: 140-200, Dz: 190-295, 3 Suiten, ⌐
WC ☏, 15✉; P 🚗 1↔30 Fitneßraum Sauna
Solarium ▯
Auch Zimmer der Kategorie ******* vorhanden

Fredeburg 19 ↖

Schleswig-Holstein — Kreis Herzogtum
Lauenburg — 20 m — 48 Ew — Ratzeburg 5, Mölln 7, Lübeck 20 km
ℹ ☏ (0 45 41) 8 00 20, Fax 80 02 40 — Amt
Ratzeburg-Land, Fünfhausen 1, 23909 Ratzeburg

* Fredenkrug
Am Wildpark 5, ✉ 23909, ☏ (0 45 41) 35 55,
Fax 45 55, ED
15 Zi, Ez: 79-90, Dz: 120-130, ⌐ WC ☏; P 🚗
2↔100 ▯

Fredersdorf-Vogelsdorf 30 →

Brandenburg — Kreis Märkisch Oderland
— 75 m — 7 500 Ew — Berlin 10, Strausberg 13 km
ℹ ☏ (03 34 39) 83 50, Fax 8 35 30 — Gemeindeverwaltung Fredersdorf-Vogelsdorf, Lindenallee 3, 15370 Fredersdorf-Vogelsdorf

** Flora
♂ Mittelstr, ✉ 15370, ☏ (03 34 39) 8 30,
Fax 8 31 13, AX DC ED VA
55 Zi, Ez: 95-155, Dz: 110-180, 14 App, ⌐
WC ☏ DFÜ, 7✉; P 3↔150 ≋ Fitneßraum
Kegeln Sauna Solarium 18Golf ▯ ▮

Freiamt 67 ↑

Baden-Württemberg — Kreis Emmendingen — 400 m — 4 100 Ew — Emmendingen 10, Freiburg 21, Lahr 33 km
ℹ ☏ (0 76 45) 91 03-0, Fax 91 03 99 — Verkehrsbüro, Badstr 1, 79348 Freiamt; Erholungsort. Sehenswert: Kapelle in Tennenbach (5 km ↓); Hünersedel, 744 m ⋖
(8 km + 15 Min ↗); Skulpturenausstellung im Kurgarten

Brettental
** Ludinmühle mit Gästehaus ♛
♂ Brettental 31, ✉ 79348, ☏ (0 76 45)
9 11 90, Fax 91 19 99, AX DC ED VA
43 Zi, Ez: 90-160, Dz: 146-280, 2 Suiten, ⌐
WC ☏ DFÜ, 16✉; P 🚗 3↔50 ≋ Fitneßraum Sauna Solarium ▮
Auch Zimmer der Kategorie ***** vorhanden, moderner Bade- und Saunagarten
** Hauptgericht 30; Terrasse

Mussbach
▯ **Zur Krone**
✉ 79348, ☏ (0 76 45) 2 27, Fax 2 27
Hauptgericht 28; nur abends, so+feiertags auch mittags; geschl: Mi

Freiberg 50 ↗

Sachsen — Kreis Freiberg — 400 m —
48 000 Ew — Dresden 33, Chemnitz 35 km
ℹ ☏ (0 37 31) 2 36 02, Fax 27 32 60 — Freiberg-Information, Burgstr 1, 09599 Freiberg. Sehenswert: Historische Altstadt; Spätgotische Hallenkirche Dom St. Marien: Tulpenkanzel, Goldene Pforte (1230), bedeutendste Silbermann-Orgel; Bergakademie mit Mineralogischer Sammlung; Silberbergwerk; Hammerwerk; Stadttheater

** Silberhof
Silberhofstr 1, ✉ 09599, ☏ (0 37 31)
2 39 70 + 26 88-0, Fax 26 88 78, AX ED VA
27 Zi, Ez: 90-145, Dz: 130-185, 3 Suiten, ⌐
WC ☏; Lift P 1↔20 ▯

Freiburg im Breisgau

✳ Kreller
Fischerstr 5, ✉ 09599, ☎ (0 37 31) 3 59 00, Fax 2 32 19, AX DC ED VA
28 Zi, Ez: 85-120, Dz: 130-160, ⌐ WC ☎, 2🛏; Lift P 2🔄60 ¶○¹
Auch Zimmer der Kategorie ✳✳ vorhanden

✳ Am Obermarkt
Waisenhausstr 2, ✉ 09599, ☎ (0 37 31) 3 43 61, Fax 3 43 38, AX DC ED VA
33 Zi, Ez: 89-130, Dz: 150-180, ⌐ WC ☎, 🚗 1🔄20 ¶○¹

✳ Kronprinz
Bahnhofstr 19, ✉ 09599, ☎ (0 37 31) 35 52 50, Fax 35 52 16, AX ED VA
20 Zi, Ez: 75-95, Dz: 100-160, ⌐ WC ☎; Lift P 🚗 ¶○¹

✳ Mauck'sches Gut
Hornstr 20, ✉ 09599, ☎ (0 37 31) 3 39 78, Fax 3 39 78, AX ED VA
19 Zi, Ez: 95, Dz: 135, ⌐ WC ☎; P; garni

✳ Brauhof
Körnerstr 2, ✉ 09599, ☎ (0 37 31) 2 32 81, Fax 35 30 22, AX DC ED VA
8 Zi, Ez: 80, Dz: 110, ⌐ WC ☎; 4🔄180 ¶○¹

Weinhaus Blasius
⊗ Burgstr 26, ✉ 09599, ☎ (0 37 31) 2 22 35, AX DC ED VA
Hauptgericht 20; Terrasse; nur abends; geschl: So,
Renaissance-Gebäude von 1537

Freiberg am Neckar 61 ↗

Baden-Württemberg — Kreis Ludwigsburg — 254 m — 14 814 Ew — Ludwigsburg 5, Bietigheim 5 km
ℹ ☎ (0 71 41) 27 80, Fax 27 81 37 — Stadtverwaltung, Marktplatz 2, 71691 Freiberg

✳ Am Wasen
Wasenstr 7, ✉ 71691, ☎ (0 71 41) 2 74 70, Fax 27 47 67, AX DC ED VA
25 Zi, Ez: 95-122, Dz: 130-170, ⌐ WC ☎, 1🛏; 🚗 1🔄15 ¶○¹
Auch Zimmer der Kategorie ✳✳ vorhanden

✳ Schober
Bahnhofstr 63, ✉ 71691, ☎ (0 71 41) 2 76 70, Fax 2 76 74 44, AX ED VA
47 Zi, Ez: 108-138, Dz: 168-188, ⌐ WC ☎, 3🛏; Lift P 🚗 ¶○¹
Auch Zimmer der Kategorie ✳✳ vorhanden

✳ Baumann
Ruitstr 67, ✉ 71691, ☎ (0 71 41) 7 81 50, Fax 78 15 50
24 Zi, Ez: 70-78, Dz: 100-118, ⌐ WC ☎, 8🛏; Lift P 🚗 Sauna Solarium ¶○¹

✳✳ Schwabenstuben
Marktplatz 5, ✉ 71691, ☎ (0 71 41) 7 50 37, Fax 7 50 38, AX DC ED VA
Hauptgericht 30; Kegeln P Terrasse; geschl: Mo, Sa mittags, 2 Wochen im Jan-Feb, 3 Wochen im Aug

Freiburg (Elbe) 17 ↗

Niedersachsen — Kreis Stade — 2 m — 8 200 Ew — Wischhafen/Elbe 7, Stade 32 km
ℹ ☎ (0 47 79) 9 23 10, Fax 92 31 34 — Samtgemeindeverwaltung, Nordkehdingen, Hauptstr 31, 21729 Freiburg; Erholungsort

✳✳ Gut Schöneworth
♣ Landesbrücker Str 42, ✉ 21729, ☎ (0 47 79) 9 23 50, Fax 82 03
15 Zi, Ez: 98-118, Dz: 148-198, 2 Suiten, ⌐ WC ☎; P 🚗 3🔄24 Sauna Solarium
Restaurant für Hausgäste

Freiburg im Breisgau 67 □

Baden-Württemberg — Kreisfreie Stadt — 278 m — 200 000 Ew — Titisee 30, Basel 65, Karlsruhe 140 km
ℹ ☎ (07 61) 38 81-8 80, Fax 3 70 03 — Freiburg Wirtschaft und Touristik GmbH & Co. KG, Rottecking 14 (B 2), 79098 Freiburg; Regierungsbezirkshauptstadt am Fuße des Schwarzwaldes; Universität, Hochschule für Musik; Pädagogische Hochschule; originelle „Straßenbächle"; Mineral-Thermalbad; Stadttheater; Alemannische Bühne.
Sehenswert: Münster: Turm ≼; ehem. Klosterkirche St. Martin; Haus zum Walfisch; Rathaus: Glockenspiel; hist. Kaufhaus; Kornhaus; Wentzingerhaus; Schwabentor; Martinstor; Augustinermuseum: Kunst und Kulturgeschichte des Oberrheins; Naturkundemuseum; Museum für Völkerkunde, für Neue Kunst, für Ur- und Frühgeschichte; Planetarium; Botanischer Garten; Schloßberg (Seilbahn), 463 m ≼; Umgebung: Schauinsland (Seilbahn: Fahrzeit 16 Min oder 19 km ↓), 1284 m ≼

Cityplan siehe Seite 372

✳✳✳✳ Colombi-Hotel 👑
L'Art de Vivre-Residenz
Am Colombi-Park 16 (B 2), ✉ 79098, ☎ (07 61) 2 10 60, Fax 3 14 10, AX DC ED VA
94 Zi, Ez: 274-354, Dz: 438-478, 34 Suiten, ⌐ WC ☎, 79🛏; Lift P 🚗 4🔄300 🌡 Sauna Solarium ⚬
Auch Zimmer der Kategorie ✳✳✳ vorhanden

✳✳✳✳ Zirbelstube 🍴
Hauptgericht 53; Terrasse

✳✳✳ Dorint Kongress-Hotel
Konrad-Adenauer-Platz 2 (A 3), ✉ 79098, ☎ (07 61) 3 88 90, Fax 3 88 91 00, AX DC ED VA
210 Zi, Ez: 257-287, Dz: 279-309, S; 9 Suiten, ⌐ WC ☎, 63🛏; Lift P 🚗 9🔄200 🌡 Sauna Solarium ⚬

✳✳ La Rotonde
Hauptgericht 25; Terrasse

✳✳ Rheingold
Eisenbahnstr 47 (A 2), ✉ 79098, ☎ (07 61) 2 82 10, Fax 2 82 11 11, AX DC ED VA
49 Zi, Ez: 155-210, Dz: 175-260, ⌐ WC ☎, 13🛏; Lift 🚗 4🔄250 ¶○¹ ⚬
→

Freiburg im Breisgau

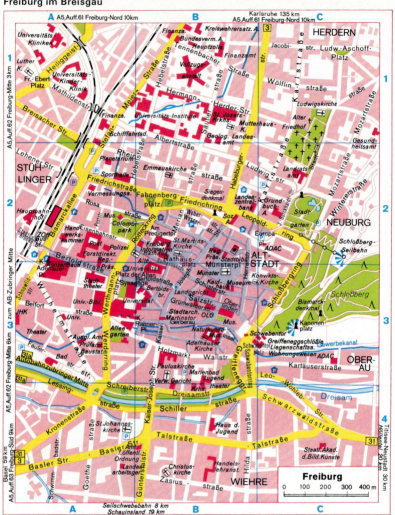

**   **Park-Hotel Post**
Eisenbahnstr 35 (A 2), ✉ 79098, ☎ (07 61)
38 54 80, Fax 3 16 80, AX ED VA
43 Zi, Ez: 159-189, Dz: 229-289, ⌐ WC ☎;
Lift 🚗 18Golf; **garni**

**   **Ringhotel Zum Roten Bären**
Oberlinden 12 (B 3), ✉ 79098, ☎ (07 61)
38 78 70, Fax 3 87 87 17, AX DC ED VA
24 Zi, Ez: 195-205, Dz: 253-280, S; 1 Suite, ⌐
WC ☎; Lift 🚗 2⇌45 Sauna 18Golf
Ältestes Gasthaus Deutschlands (12. Jh.)
**   ⚑ Hauptgericht 35; Terrasse;
geschl: So abends, Mo

**   **Oberkirch**
Münsterplatz 22 (B 3), ✉ 79098, ☎ (07 61)
3 10 11, Fax 3 10 31, AX ED VA
23 Zi, Ez: 105-195, Dz: 230-275, 3 Suiten, ⌐
WC ☎; Lift 🚗 🚤
geschl: Jan
Auch Zimmer der Kategorie ***** vorhanden
*   **Oberkirchs Weinstuben**
⚑ Hauptgericht 35; Terrasse; geschl: So, Jan

**   **InterCityHotel Freiburg**
Bismarckallee 3 (A 2), ✉ 79098, ☎ (07 61)
3 80 00, Fax 3 80 09 99, AX DC ED VA
152 Zi, Ez: 185-210, Dz: 230-250, S; ⌐ WC
☎, 68✉; Lift 8⇌75 🍴

Freiburg im Breisgau

★★ Victoria
Eisenbahnstr 54 (A 2), ✉ 79098, ☎ (07 61)
2 07 34-0, Fax 20 73 44 44, AX DC ED VA
63 Zi, Ez: 155-195, Dz: 195-249, 1 Suite,
WC DFÜ, 12🍴; Lift 🅿 🍴 1⇌25; garni

★ Novotel
Am Europaplatz (B 2), ✉ 79098, ☎ (07 61)
3 85 10, Fax 3 07 67, AX DC ED VA
114 Zi, Ez: 181, Dz: 212, S; WC, 47🍴;
Lift 🍴 4⇌80 🍽

★ Schiller
Hildastr 2 (B 4), ✉ 79102, ☎ (07 61)
70 33 70, Fax 7 03 37 77, AX ED VA
Ez: 130, Dz: 170, 1 Suite, WC; Lift 🍴
Hauptgericht 35; Terrasse;
geschl: Sa+So mittags,
Französisches Jugendstilbistro

★ City Hotel
Weberstr 3 (B 2), ✉ 79098, ☎ (07 61)
38 80 70, Fax 3 88 07 65, AX DC ED VA
40 Zi, Ez: 120-140, Dz: 160-198, 1 App,
WC; Lift 🍴; garni

★ Best Western Hotel & Boardinghaus
Breisacher Str 84 (A 1), ✉ 79110, ☎ (07 61)
8 96 80, Fax 8 09 50 30, AX DC ED VA
123 Zi, Ez: 120-150, Dz: 150-185, 44 App,
WC, 90🍴; Lift 🅿 🍴
Restaurant für Hausgäste
Langzeitvermietung möglich

★ Atlanta
Rheinstr 29 (A 2), ✉ 79104, ☎ (07 61)
27 20 06, Fax 28 90 90, AX DC ED VA
45 Zi, Ez: 120-185, Dz: 160-195, WC,
15🍴; Lift ≘; garni

★ Kolpinghaus
Karlstr 7 (C 2), ✉ 79098, ☎ (07 61) 3 19 30,
Fax 3 19 32 02, AX DC ED VA
94 Zi, Ez: 122, Dz: 154, WC; Lift 🅿
6⇌200 🍽
Auch Zimmer der Kategorie ★★ vorhanden

★ Am Rathaus
Rathausgasse 4 (B 2), ✉ 79098, ☎ (07 61)
29 61 60, Fax 2 96 16 66, AX DC ED VA
39 Zi, Ez: 120-155, Dz: 185-220, WC,
10🍴; Lift 🍴; garni
geschl: 24.12.-1.1.

⇌ Schwarzwälder Hof
Herrenstr 43, ✉ 79098, ☎ (07 61) 38 03-0,
Fax 3 81 31 35, AX DC ED VA
46 Zi, Ez: 68-125, Dz: 128-175, 1 Suite, ☎;
Lift 🅿 🍽

★★ Wolfshöhle ✿
Konviktstr 8 (C 3), ✉ 79098, ☎ (07 61)
3 03 03, Fax 28 88 84, AX DC ED VA
Hauptgericht 35; Terrasse; geschl: So

★★ Markgräfler Hof
Gerberau 22 (B 3), ✉ 79098, ☎ (07 61)
3 25 40, Fax 3 79 47, AX DC ED VA
Hauptgericht 45
★ 18 Zi, Ez: 120-160, Dz: 140-195,
WC ☎

★★ Enoteca
Gerberau 21 (B 3), ✉ 79098, ☎ (07 61)
3 89 91 30, Fax 38 99 13 24, AX DC ED VA
Hauptgericht 44

Enoteca Trattoria
Hauptgericht 20

★★ Alte Weinstube Zur Traube
Schusterstr 17 (B 3), ✉ 79098, ☎ (07 61)
3 21 90, Fax 2 63 13, AX VA
Hauptgericht 42; Terrasse; geschl: Mo mittags, So, 2 Wochen im Aug

★ Kleiner Meyerhof
Rathausgasse 27 (B 2-3), ✉ 79098,
☎ (07 61) 2 69 41, Fax 28 60 52, ED VA
Hauptgericht 28

⇌ Café und Confiserie Graf Anton
Am Colombi-Park 16, im Colombi-Hotel
(B 2), ✉ 79098, ☎ (07 61) 2 10 60,
Fax 3 14 10, AX DC ED VA
Hauptgericht 24; 🅿 Terrasse; 8-19

⇌ Steinmetz
Kaiser-Joseph-Str 193 (B 3), ✉ 79098,
☎ (07 61) 3 66 66
🅿; geschl: so+feiertags

⇌ Kornhaus
Münsterplatz 11 (B 2), ✉ 79098, ☎ (07 61)
3 25 65

Freiburg im Breisgau-Außerhalb

★★ Schloßberg-Restaurant Dattler
≼ Am Schloßberg 1 (C 2), ✉ 79104,
☎ (07 61) 3 17 29, Fax 2 62 43, AX DC VA
Hauptgericht 45; Kegeln 🅿 Terrasse;
geschl: Di, 1.2.-20.2.

Herdern (1 km ↗)

★★ Panorama Hotel Mercure
einzeln ◐ ≼ Wintererstr 89 (C 2), ✉ 79104,
☎ (07 61) 5 10 30, Fax 5 10 33 00, AX DC ED VA
84 Zi, Ez: 177-252, Dz: 198-314, S; WC,
28🍴; Lift 🅿 🍴 7⇌160 ≘ Fitneßraum Sauna
Solarium 2Tennis 🍽
★★ ≼ Hauptgericht 45; Terrasse

★★ Eichhalde
Stadtstr 91, ✉ 79104, ☎ (07 61) 5 48 17,
Fax 5 43 86, ED
Hauptgericht 40; Gartenlokal; geschl: Di,
Sa mittags, 1.-12.1., 1.-15.9.

Kappel (7 km ↘)

★ Gasthaus Zum Kreuz
◐ Kleintalstr 6, ✉ 79117, ☎ (07 61) 62 05 50,
Fax 6 20 55 40, ED VA
19 Zi, Ez: 85-95, Dz: 130-170, 1 App, WC
☎, 2🍴; 🅿 🍴 1⇌25 Fitneßraum Sauna
Solarium
Rezeption: 7-21
★ Hauptgericht 28; Gartenlokal;
geschl: Mo, Di, 2 Wochen im Jan

Lehen (2,5 km ↘)

★ Hirschengarten
Breisgauer Str 51, ✉ 79110, ☎ (07 61)
8 03 03, Fax 8 83 33 39, AX ED VA
20 Zi, Ez: 85-95, Dz: 115-130, WC, 8🍴;
Lift 🅿 🍴; garni
geschl: 24.12.-7.1.
Auch Zimmer der Kategorie ★★ vorhanden →

Freiburg im Breisgau

* **Gasthaus Hirschen**
Breisgauer Str 47, ✉ 79110, ☎ (07 61)
8 21 18, Fax 8 79 94
Hauptgericht 35; 🅿

Littenweiler (4 km ↘)
** **Schwärs Hotel Löwen Minotel**
Kappler Str 120, ✉ 79117, ☎ (07 61) 6 30 41, Fax 6 06 90, AX DC ED VA
68 Zi, Ez: 70-170, Dz: 106-220, 3 Suiten, WC ☎; Lift 🅿 🚗 5⇌130
Im Stammhaus auch einfache Zimmer vorhanden
* Hauptgericht 30; Terrasse

Munzingen (13 km ↙)
** **Schloß Reinach**
St.-Erentrudis-Str 12, ✉ 79112, ☎ (0 76 64) 40 70, Fax 40 71 55, AX ED VA
72 Zi, Ez: 110-190, Dz: 170-180, 4 App, WC ☎, 5✉; Lift 🅿 🚗 4⇌400 Solarium 🍴
Auch Zimmer der Kategorie * vorhanden

St. Georgen (4 km ↙)
*** **Dorint Hotel An den Thermen**
♂ An den Heilquellen 8, ✉ 79111, ☎ (07 61) 4 90 80, Fax 4 90 81 00, AX DC ED VA
130 Zi, Ez: 200-220, Dz: 240-260, S; WC ☎, 12✉; Lift 🅿 🚗 6⇌120
Direkter Zugang zum Mineral-Thermal-Bad
** **Goguette**
Hauptgericht 35; Terrasse

** **Zum Schiff**
Basler Landstr 37, ✉ 79111, ☎ (07 61) 47 30 41, Fax 47 55 63, AX ED VA
65 Zi, Ez: 115-165, Dz: 155-205, 1 Suite, WC ☎; Lift 🅿 🚗 1⇌60 Sauna Solarium
* Hauptgericht 25

* **Ritter St. Georg**
Basler Landstr 82, ✉ 79111, ☎ (07 61) 4 35 93, Fax 4 49 46, ED VA
13 Zi, Ez: 90-99, Dz: 120-150, WC ☎, 4✉; 🅿; garni

Wiehre (2 km ↘)
** **Klösterle**
Dreikönigstr 8 (B 4), ✉ 79102, ☎ (07 61) 7 57 84, Fax 7 37 88
Hauptgericht 35; Gartenlokal; nur abends; geschl: So, Mo, 1.1.-15.1., 1.9.-15.9.

Zähringen (4 km ↑)
** **Zähringer Burg**
Reutebachgasse 19, ✉ 79108, ☎ (07 61) 5 40 41, Fax 55 57 95, AX ED VA
Hauptgericht 35

Freiensteinau 45 ↘

Hessen — Vogelsbergkreis — 450 m — 400 Ew — Schlüchtern 15, Gedern 21 km
ℹ ☎ (0 66 44) 72 38, Fax 76 91 — Verkehrsverein, Moosbachstr. 9, 36399 Freiensteinau - Nieder-Moos; Ort im Vogelsberg. Sehenswert: Ev. Kirche: Rokoko-Orgel

Nieder-Moos (6 km ↑)
** **Gästehaus Jöckel**
Zum See 5, ✉ 36399, ☎ (0 66 44) 3 43, Fax 18 86, ED VA
27 Zi, Ez: 50-65, Dz: 100-130, WC; Lift 🅿 🚗 1⇌50 Seezugang Fitneßraum Kegeln Sauna Solarium 🍴
geschl: Nov, 15.2.-15.3.
Anmeldung im Gasthof gegenüber. Dort sind auch einfachere Zimmer vorhanden

Freienwalde, Bad 31 ↘

Brandenburg — Kreis Bad Freienwalde — 80 m — 11 000 Ew — Eberswalde 28, Frankfurt/Oder 65 km
ℹ ☎ (0 33 44) 34 02, Fax 34 02 — Touristeninformation der Stadt Bad Freienwalde, Gesundbrunnenstr 47, 16259 Bad Freienwalde. Sehenswert: Schloß und Park; Pfarrkirche St. Nikolai; Oderland-Museum

Falkenberg
* **Villa Fontane**
Fontaneweg 4, ✉ 16259, ☎ (03 34 58) 3 03 80, Fax 3 03 81, ED VA
8 Zi, Ez: 70-90, Dz: 100-130, WC ☎; 🅿 🚗 1⇌20 Sauna Solarium 🍴

Freigericht 45 ↓

Hessen — Main-Kinzig-Kreis — 150 m — 14 500 Ew — Alzenau 10, Gelnhausen 13, Hanau 19 km
ℹ ☎ (0 60 55) 91 60, Fax 91 62 22 — Gemeindeverwaltung, im Ortsteil Somborn, Bahnhofstr 13, 63579 Freigericht; Erholungsort

Horbach
* **Vorspessart**
Geiselbacher Str 11, ✉ 63579, ☎ (0 60 55) 8 30 74, Fax 8 34 90, AX ED VA
16 Zi, Ez: 70-80, Dz: 120-130, WC ☎; Lift 🅿 1⇌15 Solarium 18Golf 🍴
geschl: 23.12.-10.1.

Freilassing 73 →

Bayern — Kreis Berchtesgadener Land — 423 m — 15 000 Ew — Salzburg 7, Bad Reichenhall 19, Traunstein 29 km
ℹ ☎ (0 86 54) 23 12, Fax 17 95 — Verkehrsverein, Bahnhofstr 2, 83395 Freilassing; Erholungsort

* **Krone**
Hauptstr 26, ✉ 83395, ☎ (0 86 54) 6 01 70, Fax 60 17 17, AX DC ED VA
32 Zi, Ez: 105, Dz: 160, WC ☎ DFÜ; Lift 🅿 🚗

* **Post**
Hauptstr 30, ✉ 83395, ☎ (0 86 54) 97 68, Fax 6 11 01
12 Zi, Ez: 85, Dz: 145, WC ☎, 5✉; 🅿 🚗; garni

Brodhausen (3 km ←)
** **Gasthof Moosleitner**
Wasserburger Str 52, ✉ 83395, ☎ (0 86 54)
6 30 60, Fax 63 06 99, AX DC ED VA
53 Zi, Ez: 99-140, Dz: 185-235, 1 Suite, 2 App,
⊿ WC ☎, 10🖃; Lift 🅿 🖃 2↔40 Sauna
Solarium 18Golf 4Tennis
geschl: Sa
** Hauptgericht 25; Gartenlokal ✤

Freinsheim 54 ↙

Rheinland-Pfalz — Kreis Bad Dürkheim —
120 m — 4 500 Ew — Bad Dürkheim 7, Grünstadt 10, Frankenthal 12 km
🛈 ☎ (0 63 53) 17 79, Fax 45 77 — Verkehrsverein, Hauptstr 2, 67251 Freinsheim.
Sehenswert: Hist. Altstadt und Befestigungsanlage; Eisentor; Rathaus

** **Luther** ♛
♠ Hauptstr 29, ✉ 67251, ☎ (0 63 53) 20 21,
Fax 83 88, AX ED VA
23 Zi, Ez: 120-150, Dz: 180-250, ⊿ WC ☎
DFÜ, 🅿 3↔30 Sauna
geschl: So, 2 Wochen in den Sommerferien
*** Hauptgericht 45; Terrasse; 🍲
geschl: So

** **Von-Busch-Hof**
⊗ Buschhof 5, ✉ 67251, ☎ (0 63 53) 77 05,
Fax 37 41, ED VA
Hauptgericht 30
* **Klosterkeller**
⊗ Hauptgericht 25

Freising 72 ↑

Bayern — Kreis Freising — 441 m —
43 006 Ew — München 34, Landshut
35 km
🛈 ☎ (0 81 61) 5 41 22, Fax 5 42 31 — Touristinformation, Marienplatz 7, 85354 Freising;
Ehem. Bischofs- und Residenzstadt an der
Isar; Bayer. Staatsbrauerei Weihenstephan
(Älteste Brauerei der Welt); Fakultäten für
Brauwesen, Landwirtschaft und Gartenbau
der TU München. Sehenswert: Dom;
Johanneskirche; ehem. fürstbischöfliche
Residenz mit Asamsaal und Diözesanmuseum auf dem Domberg ◂⋄; Kloster-kirche
St. Peter und Paul mit Hochaltar; Heimatmuseum

*** **München Airport Marriott**
Alois-Steinecker-Str 20, ✉ 85354,
☎ (0 81 61) 96 60, Fax 96 62 81, AX DC ED VA
252 Zi, Ez: 199-299, Dz: 199-299, S,
17 Suiten, ⊿ WC ☎ DFÜ, 41🖃; Lift 🖃
16↔350 ≋ Fitneßraum Sauna Solarium ⚓
** **Domberg**
Hauptgericht 30
Asamstube
Hauptgericht 20

🄰 Unterstellmöglichkeiten für Fahrzeuge
oder Einzelgaragen

*** **Dorint Hotel**
Dr.-von-Daller-Str 1-3, ✉ 85356, ☎ (0 81 61)
53 20, Fax 53 21 00, AX DC ED VA
137 Zi, Ez: 255-325, Dz: 300-350, S,
18 Suiten, ⊿ WC ☎ DFÜ, 21🖃; Lift 🅿 🖃
8↔120 Sauna Solarium
** **Zur alten Schießstätte**
Hauptgericht 30; Biergarten

** **Isar-Hotel**
Isarstr 4, ✉ 85356, ☎ (0 81 61) 86 50,
Fax 86 55 55, AX DC ED VA
53 Zi, Ez: 90-165, Dz: 170-195, 2 App, ⊿ WC
☎, 18🖃; Lift 🅿 🖃 1↔30
** Hauptgericht 25; Terrasse

* **Bayerischer Hof**
Untere Hauptstr 3, ✉ 85354, ☎ (0 81 61)
30 37, Fax 9 48 38, AX ED VA
68 Zi, Ez: 99, Dz: 134-140,⊿ WC ☎; Lift 🅿 🖃 ⚓

Bräustüberl Weihenstephan
⊗ Weihenstephan 1, ✉ 85354, ☎ (0 81 61)
1 30 04, Fax 4 10 66, AX DC ED VA
Hauptgericht 20; Biergarten 🅿

Haindlfing (6 km ↖)
* **Gasthaus Landbrecht**
Freisinger Str 1, ✉ 85354, ☎ (0 81 67) 89 26,
Fax 86 47
Hauptgericht 20

Freital 51 ↖

Sachsen — Weisseritzkreis — 184 m —
39 000 Ew — Dresden 11, Freiberg 24 km
🛈 ☎ (03 51) 6 47 61 12, Fax 6 47 61 11 — Fremdenverkehrsbüro, Dresdner Str 56, 01705 Freital. Sehenswert: ehem. Renaissanceschloß;
Bergbauschauanlage; Porzellanmanufaktur
mit Schauwerkstatt; Windberg ◂⋄ 352 m

Wurgwitz (5 km ↖)
** **Best Western Solar Parkhotel**
♠ ◂⋄ Pesterwitzer Str 8, ✉ 01705, ☎ (03 51)
6 56 60, Fax 6 50 29 51, AX DC ED VA
71 Zi, Ez: 168, Dz: 186, ⊿ WC ☎; Lift 6↔120
Sauna Solarium 🍽

Fremdingen 63 ↖

Bayern — Donau-Ries-Kreis — 446 m — 2 300 Ew
🛈 ☎ (0 90 86) 9 00 91, Fax 8 56 — Gemeindeverwaltung, Kirchberg 1, 86742 Fremdingen.
Sehenswert: Pfarrkirche St. Gallus; kettenumspannte St. Leonhardskapelle mit Votivtafeln;
Dominikanerinnenkloster von 1721 mit Kräuterstube; St.-Blasius-Kirche mit wertvoller
Rokoko-Ausstattung; Leonhardi-Ritt im Nov

Raustetten (2 km ←)
⌂ **Gasthof Waldeck**
Haus Nr 12, ✉ 86742, ☎ (0 90 86) 2 30,
Fax 14 00
20 Zi, Ez: 38-40, Dz: 66-74, ⊿ WC; 🅿 🖃 ≋
geschl: Jan, Feb

Freren 23 →

Niedersachsen — Kreis Emsland — 34 m —
10 483 Ew
🛈 ☎ (0 59 02) 9 50-1 00, Fax 9 50-1 15 — Tourist-Information, Markt 1, 49832 Freren →

Freren

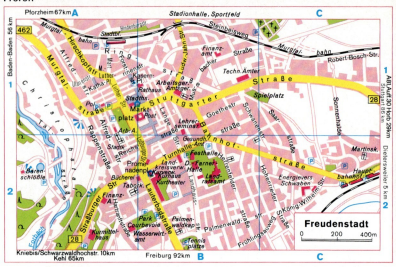

Freren-Außerhalb (5 km ↑)
** ** Saller See
☼ ⋲ Saller See 3, ✉ 49832, ☎ (0 59 04)
95 50, Fax 95 52 22, AX DC ED VA
34 Zi, Ez: 148, Dz: 155-230, 10 Suiten, ⊒ WC
☎, 8✉; P 6⟳300 Seezugang Sauna
Solarium ⚬
** ** Panorama
⋲ Hauptgericht 29; Terrasse

Freudenberg (Main) 55 □

Baden-Württemberg — Main Tauber-Kreis
— 127 m — 4 200 Ew — Miltenberg 8, Wertheim 22 km
ℹ ☎ (0 93 75) 9 20 00, Fax 92 00 50 — Stadtverwaltung, Hauptstr 152, 97896 Freudenberg; Erholungsort am Main. Sehenswert: hist. Stadtkern; Burgruine; Burgschauspiele
** ** Goldenes Faß
⋲ Faßgasse 3, ✉ 97896, ☎ (0 93 75) 6 24/
6 51, Fax 12 44, ED
14 Zi, Ez: 77, Dz: 125; ⌘

Boxtal (9 km ↗)
⌂   Gasthof Rose
Kirchstr 15, ✉ 97896, ☎ (0 93 77) 12 12,
Fax 14 27, ED
22 Zi, Ez: 36-65, Dz: 35-110, ☎; P ⌘
geschl: Mo

Freudenberg (Westfalen) 44 ↘

Nordrhein-Westfalen — Kreis Siegen-Wittgenstein — 300 m — 18 000 Ew — Siegen 12, Olpe 21 km
ℹ ☎ (0 27 34) 4 31 64, Fax 4 31 64 — Kultur- und Touristikbüro, Krottorfer Str 25,
57258 Freudenberg; Luftkurort. Sehenswert: Hist. Stadtkern „Alter Flecken"; Freilichtbühne (Jun-Sep)

** ** Zur Altstadt
Oranienstr 41, ✉ 57258, ☎ (0 27 34) 49 60,
Fax 4 96 49, AX DC ED VA
26 Zi, Ez: 129, Dz: 180, 2 Suiten, ⊒ WC ☎;
Lift P ✉ 3⟳120 Fitneßraum Sauna
Solarium 18Golf ⚬
Auch Zimmer der Kategorie ✱ vorhanden
** ** Hauptgericht 20

Freudenberg-Außerhalb (2 km ↗)
** ** Waldhotel Wilhelmshöhe
Krumme Birke 7, ✉ 57258, ☎ (0 27 34)
27 80, Fax 27 81 00, AX DC ED VA
23 Zi, Ez: 140, Dz: 155-175, 2 Suiten, ⊒ WC
☎; 2⟳30 Sauna Solarium ⌘

Freudenberg-Außerhalb (1 km ↓)
*   Siegerland Haus im Walde
☼ Schützenstr 31, ✉ 57258, ☎ (0 27 34)
46 70, Fax 46 72 51, AX DC ED VA
50 Zi, Ez: 90-135, Dz: 120-180, 4 Suiten, ⊒
WC ☎, 6✉; Lift P ✉ 8⟳40 ⚬ Fitneßraum
Sauna Solarium ⚬
*   Hauptgericht 20

Freudenstadt 60 ↘

Baden-Württemberg — Kreis Freudenstadt
— 740 m — 23 000 Ew — Baden-Baden 60,
Stuttgart 86, Freiburg 92 km
ℹ ☎ (0 74 41) 8 64-7 30, Fax 8 51 76 — Gäste-Büro / Kongress-Touristik-Kur, Am Promenadeplatz 1 (B 2), 72250 Freudenstadt; Heilklimatischer Kurort und Wintersportplatz im Schwarzwald. Sehenswert: Ev. Stadtkirche: Taufbecken, Lesepult; Marktplatz mit Laubengängen (Süddeutschlands größter Marktplatz)

** Ringhotel Palmenwald
◄ Lauterbadstr 56 (B 2), ✉ 72250,
☎ (0 74 41) 80 70, Fax 80 74 00, AX DC ED VA
82 Zi, Ez: 117-148, Dz: 198-219, 11 Suiten, ⊣
WC ☎, 5⌂; Lift ℙ ⬛ 5⇔100 🡥 Fitneßraum
Sauna Solarium 18Golf 12Tennis ⛧ ⚮
Auch Zimmer der Kategorie *** vorhanden

** Chateau Marquette
Lauterbadstr 92 (B 2), ✉ 72250, ☎ (0 74 41)
89 30, Fax 89 36 66, AX DC ED VA
60 Zi, Ez: 120-165, Dz: 160-195, 7 Suiten, ⊣
WC ☎; Lift ℙ ⬛ 8⇔220 Fitneßraum Sauna
Solarium ⛧ ⚮
Auch Zimmer der Kategorie *** vorhanden

** Schwarzwaldhotel Birkenhof
◄ Wildbader Str 95 (A 1), ✉ 72250,
☎ (0 74 41) 89 20, Fax 47 63, AX DC ED VA
63 Zi, Ez: 113-151, Dz: 202-228, ⊣ WC ☎,
14⌂; Lift ℙ ⬛ 3⇔100 🡥 Kegeln Sauna
Solarium 18Golf ⛧ ⚮

** Hohenried
♂ Zeppelinstr 5 (B 2), ✉ 72250, ☎ (0 74 41)
24 14, Fax 25 59, AX DC ED VA
27 Zi, Ez: 80-105, Dz: 150-220, 1 Suite, ⊣ WC
☎; ℙ ⬛ 3⇔65 🡥 Sauna Solarium 18Golf ⛧ ⚮

* Schwanen
Forststr 6 (A 1), ✉ 72250, ☎ (0 74 41)
91 55-0, Fax 91 55 44, ED VA
15 Zi, Ez: 62-80, Dz: 124-140, ⊣ WC ☎, 3⌂;
ℙ ⬛
* Hauptgericht 25; Gartenlokal

* Bären
Lange Str 33 (B 1-2), ✉ 72250, ☎ (0 74 41)
27 29, Fax 28 87, DC ED VA
26 Zi, Ez: 75-90, Dz: 150-170, ⊣ WC ☎, 6⌂;
ℙ ⬛ ⛧

** Warteck ✜
Stuttgarter Str 14, ✉ 72250, ☎ (0 74 41)
91 92-0, Fax 91 92 93, ED VA
Hauptgericht 40; geschl: Di
** 13 Zi, Ez: 75, Dz: 110-150, ⊣ WC ☎
geschl: Di

⚮ Bacher Zum Falken
Loßburger Str 5 (B 2), ✉ 72250, ☎ (0 74 41)
25 87, Fax 39 50

Freudenstadt-Außerhalb (2 km ↙)
** Langenwaldsee
einzeln, Straßburger Str 99, ✉ 72250,
☎ (0 74 41) 22 34, Fax 41 91, DC ED VA
43 Zi, Ez: 70-140, Dz: 130-250, 3 Suiten, ⊣
WC ☎; ℙ ⬛ 2⇔70 ≋ 🡥 Seezugang Fitneßraum Sauna Solarium ⚮
geschl: 3.11.-19.12.
Zimmer der Kategorie * vorhanden
** Hauptgericht 30; Terrasse; geschl:
3.11.-19.12.

Igelsberg (11 km ↑)
** Krone
Hauptstr 8, ✉ 72250, ☎ (0 74 42) 84 28-0,
Fax 5 03 72, ED
27 Zi, Ez: 87-127, Dz: 114-192, ⊣ WC ☎; Lift
ℙ 2⇔30 🡥 Seezugang Fitneßraum ⚮
Rezeption: 8-20; geschl: 30.11.-19.12.
Auch Zimmer der Kategorie * vorhanden
* Hauptgericht 35

Kniebis (10 km ←)
** Waldblick
♂ Eichelbachstr 47, ✉ 72250, ☎ (0 74 42)
83 40, Fax 30 11, ED
32 Zi, Ez: 97-149, Dz: 160-250, ⊣ WC ☎; Lift
ℙ 2⇔80 🡥 Fitneßraum Sauna Solarium
geschl: Di, 2 Wochen im Frühjahr, Anfang
Nov-Mitte Dez
Auch Zimmer der Kategorie * und *** vorhanden
** Hauptgericht 30; geschl: Di,
2 Wochen im Frühjahr, Anfang Nov-Mitte
Dez

* Kniebishöhe
♂ Alter Weg 42, ✉ 72250, ☎ (0 74 42) 23 97,
Fax 5 02 76
14 Zi, Ez: 57-60, Dz: 96-140, ⊣ WC ☎; Lift ℙ
Sauna Solarium
* Hauptgericht 20; geschl: 8.11.-
20.12., 15.4.-30.4.99

Lauterbad (3 km ↓)
** Kur & Sporthotel Lauterbad
♂ ◄ Amselweg 5, ✉ 72250, ☎ (0 74 41)
8 60 17-0, Fax 8 60 17-10, AX DC ED VA
35 Zi, Ez: 92-152, Dz: 184-258, 2 Suiten, ⊣
WC ☎; ℙ 2⇔30 🡥 Fitneßraum Sauna
Solarium 18Golf ⚮
Auch Zimmer der Kategorie *** vorhanden
** Hauptgericht 30; Terrasse;
geschl: Do

** Grüner Wald Minotel
♂ ◄ Kinzigtalstr 23, ✉ 72250, ☎ (0 74 41)
86 05 40, Fax 8 60 54 25, ED VA
35 Zi, Ez: 95-140, Dz: 140-210, 2 Suiten, ⊣
WC ☎, 10⌂; ℙ ⬛ 2⇔25 🡥 Solarium ⚮
Auch Zimmer der Kategorie *** vorhanden
** Hauptgericht 28; Gartenlokal Terrasse

Freyburg (Unstrut) 38 ↓

Sachsen-Anhalt — Burgenlandkreis —
120 m — 5 000 Ew — Naumburg 8, Weißenfels 17 km
ℹ ☎ (03 44 64) 2 72 60, Fax 2 73 76 — Freyburger Fremdenverkehrsverein, Markt 2,
06632 Freyburg

** Unstruttal
Markt 11, ✉ 06632, ☎ (03 44 64) 70 70,
Fax 7 07 40, ED VA
17 Zi, Ez: 95-115, Dz: 150, ⊣ WC ☎; Lift ℙ
1⇔60 ⛧ ⚮
Rezeption: im Winter 11-20

** Zum Künstlerkeller
Breite Str 14, ✉ 06632, ☎ (03 44 64) 7 07-50,
Fax 7 07-99, ED VA
32 Zi, Ez: 85-150, Dz: 135, 2 Suiten, ⊣ WC
☎; 2⇔80
* ⌘ Hauptgericht 20; Gartenlokal;
Hist. Jahnstube - Turnvater Jahn war hier
Stammgast →

Freyburg (Unstrut)

* **Pension Unstrutperle**
Oberstr 39, ✉ 06632, ☎ (03 44 64) 2 80 58
8 Zi, Ez: 70-80, Dz: 100-130, ⊿ WC ☎; P
Sauna ⌊⊚⌉

Freyburg-Außerhalb (3 km ↘)
** **Berghotel zum Edelacker**
einzeln ♂ ◂ Schloß 25, ✉ 06632,
☎ (03 44 64) 3 50, Fax 3 53 33, AX DC ED VA
80 Zi, Ez: 150, Dz: 175, ⊿ WC ☎, 12🖻; Lift P
4⇔100 Fitneßraum Sauna Solarium ⌊⊚⌉ ⛴

* **Rebschule**
einzeln ♂ ◂ Ehrauberge, ✉ 06632,
☎ (03 44 64) 2 76 47, ED VA
23 Zi, Ez: 88-95, Dz: 125-135, ⊿ WC ☎; ⌊⊚⌉

Freystadt 58 ✓

Bayern — Kreis Neumarkt (Oberpfalz) —
410 m — 8 000 Ew — Hilpoltstein 11, Neumarkt/Oberpfalz 15, Nürnberg 38 km
ℹ ☎ (0 91 79) 9 49 00, Fax 94 90 90 — Stadtverwaltung, Marktplatz 1, 92342 Freystadt.
Sehenswert: Asam-Wallfahrtskirche Maria
Hilf; Stadttore; hist. Marktplatz

* **Gasthof Pietsch**
Marktplatz 55, ✉ 92342, ☎ (0 91 79) 51 04,
Fax 27 58, AX ED VA
59 Zi, Ez: 73-90, Dz: 95-120, ⊿ WC ☎; Lift P
3⇔60 ≋
geschl: So
* Hauptgericht 20

Freyung 66 ↗

Bayern — Kreis Freyung-Grafenau —
655 m — / 500 Ew — Grafenau 19, Passau
40 km
ℹ ☎ (0 85 51) 5 88 50, Fax 5 88 55 — Touristinformation/Kurverwaltung, Rathausplatz 2, 94078 Freyung; Kreisstadt. Luftkurort und Wintersportplatz im Bayerischen Wald. Sehenswert: Jagd- und
Fischereimuseum mit Galerie im Schloß
Wolfstein; Buchberger Leite (Wildbachklamm)

** **Zur Post**
Stadtplatz 2, ✉ 94078, ☎ (0 85 51)
40 25 + 68 97, Fax 77 52, ED VA
40 Zi, Ez: 38-65, Dz: 76-130, ⊿ WC ☎; Lift P
🖃 Fitneßraum Sauna Solarium ⌊⊚⌉
geschl: 1.-15.11.
Zimmer der Kategorie * vorhanden

* **Gasthof Brodinger
Am Freibad**
Zuppingerstr 3, ✉ 94078, ☎ (0 85 51) 43 42,
Fax 79 73, DC ED VA
23 Zi, Ez: 55-85, Dz: 110-150, 1 Suite, ⊿ WC
☎; Lift P 1⇔100 ≋ ≙ Kegeln Sauna
Solarium ⌊⊚⌉
geschl: So abends, Mo, 2 Wochen im
Nov + Mär

Ort (1,5 km ←)
** **Landgasthaus Schuster** ✿
Haus Nr 19, ✉ 94078, ☎ (0 85 51) 71 84,
Fax 71 84
Hauptgericht 30; P; geschl: Mo

Frickenhausen 56 ▫

Bayern — Kreis Würzburg — 180 m —
1 399 Ew — Ochsenfurt 3, Kitzingen 13 km
ℹ ☎ (0 93 31) 27 26 — Gemeindeverwaltung, Babenbergplatz 6, 97252 Frickenhausen; Weinbauort am Main. Sehenswert:
Kath. Kirche; Rathaus; Ringmauer; Tore

** **Meintzinger**
Babenbergplatz 2-4, ✉ 97252, ☎ (0 93 31)
8 72 10, Fax 75 78, AX ED VA
22 Zi, Ez: 95-145, Dz: 135-240, 2 Suiten,
1 App, ⊿ WC ☎; 🖃 1⇔25; **garni**
Eigenbauweine

** **Ehrbar's Fränkische
Weinstube**
⚐ Hauptstr 19, ✉ 97252, ☎ (0 93 31) 6 51,
Fax 52 07
Hauptgericht 25; Biergarten; geschl: Mo,
Jan

Frickhofen siehe Dornburg

Frickingen 69 ✓

Baden-Württemberg — Bodenseekreis —
605 m — 2 700 Ew — Überlingen 11, Pfullendorf 23 km
ℹ ☎ (0 75 54) 9 83 00, Fax 98 30 12 —
Gemeindeverwaltung, Kirchstr 7,
88699 Frickingen

* **Gasthof Paradies**
Kirchstr 8, ✉ 88699, ☎ (0 75 54) 81 71,
Fax 10 42
19 Zi, Ez: 50-55, Dz: 95-110, 1 App, ⊿ WC
☎; P 1⇔ ⌊⊚⌉
geschl: Fr 14 - Sa 18, 24.12.-20.1.

Fridingen an der Donau 68 →

Baden-Württemberg — Kreis Tuttlingen —
626 m — 3 361 Ew — Tuttlingen 14, Sigmaringen 36 km
ℹ ☎ (0 74 63) 83 70, Fax 8 37 50 — Gemeindeverwaltungsverband Donau-Heuberg,
Kirchplatz 2, 78567 Fridingen; Erholungsort. Sehenswert: Donauversickerung; Heimatmuseum

Bergsteig (2,5 km ✓)
* **Landhaus Donautal**
◂ Bergsteig 1, ✉ 78567, ☎ (0 74 63) 4 69,
Fax 50 99, ED VA
Hauptgericht 20; Gartenlokal P Terrasse;
geschl: Mo + Fr abends, 2.-15.11.
* 7 Zi, Ez: 95, Dz: 140, 1 App, ⊿ WC
☎; 🖃
geschl: Mo, 2.-15.11.

Friedberg 45 ↙

Hessen — Wetteraukreis — 159 m —
25 000 Ew — Frankfurt/Main 29, Gießen
33 km
🛈 ☎ (0 60 31) 8 82 05, Fax 6 12 70 — Fremdenverkehrsamt, Am Seebach 2,
61169 Friedberg; Kreisstadt. Sehenswert:
Ev. Kirche; Burg mit Adolfsturm ◂; Burgmannenhäuser; Judenbad; Wetterau-Museum; Bibliothekszentrum

✶✶ Stadt Friedberg
♀ Am Seebach 2, ⊠ 61169, ☎ (0 60 31)
60 70, Fax 60 71 00, AX ED VA
85 Zi, Ez: 145, Dz: 198, ⊿ WC ☎ DFÜ; Lift 🅿
🚗 10⇔1320 Kegeln Sauna ▮◉▮

Dorheim (5 km ↗)
✶ Dorheimer Hof
Wetteraustr 70, ⊠ 61169, ☎ (0 60 31)
73 70-0, Fax 73 70-40, AX ED VA
19 Zi, Ez: 90, Dz: 120-148, ⊿ WC ☎ DFÜ,
2✉; 🅿 1⇔20 ▮◉▮

Friedberg 63 ↘

Bayern — Aichbach-Friedberg — 514 m —
29 885 Ew — Augsburg 7, München 75,
Ulm 87 km
🛈 ☎ (08 21) 6 00 22 13, Fax 6 00 22 05 — Verkehrsbüro, Marienplatz 14, 86316 Friedberg

✶ Kussmühle
Pappelweg 14, ⊠ 86316, ☎ (08 21) 26 75 80,
Fax 2 67 58 88, DC ED VA
27 Zi, Ez: 89, Dz: 138, ⊿ WC ☎; 🅿 ▮◉▮

✶ Gästehaus Café Frey
Münchner Str 11, ⊠ 86316, ☎ (08 21)
60 50 61, Fax 60 50 62
8 Zi, Ez: 78, Dz: 125, ⊿ WC ☎; 🅿 🚗; garni ⚓

Friedeburg 16 □

Niedersachsen — Kreis Wittmund — 10 m
— 9 909 Ew — Wittmund 15, Wilhelmshaven 25, Leer 40 km
🛈 ☎ (0 44 65) 14 15, Fax 14 16 — Tourist Information, Hauptstr 60, 26446 Friedeburg; Erholungsort

✶ Bio-Pension Eichenhorst
♀ Margaretenstr 19, ⊠ 26446, ☎ (0 44 65)
14 82, Fax 82 31
16 Zi, Ez: 72-105, Dz: 130-180, 1 App, ⊿ WC
☎, 16✉; 🅿 Sauna ▮◉▮ ⚓
geschl: 1.11.-24.12.98, 5.1.-1.3.
Nichtraucherpension

✶ Oltmanns
☗ Hauptstr 79, ⊠ 26446, ☎ (0 44 65) 2 05,
Fax 83 66, ED
Hauptgericht 25; ⚐

Marx (3,5 km ↓)
✶✶ Landhaus Rippen
Hauptstr 33, ⊠ 26446, ☎ (0 44 65) 2 32,
Fax 86 03, AX ED VA
14 Zi, Ez: 75, Dz: 110-120, ⊿ WC ☎, 4✉; 🅿
🚗 2⇔150 Kegeln
✶ Hauptgericht 21; nur abends;
geschl: So

Friedenweiler 67 →

Baden-Württemberg — Kreis Breisgau-Hochschwarzwald — 900 m — 2 000 Ew —
Titisee-Neustadt 7 km
🛈 ☎ (0 76 51) 50 34, Fax 41 30 — Kurverwaltung, Rathausstr 16, 79877 Friedenweiler;
Kneipp-Kurort und Wintersportplatz.
Sehenswert: Rötenbachschlucht; Peter-Thumb-Kirche

Rötenbach (4 km ↘)
**✶ Gasthaus zum Rössle
mit Gästehaus**
Hauptstr 14, ⊠ 79877, ☎ (0 76 54) 70 42,
Fax 70 41, ED VA
29 Zi, Ez: 55-60, Dz: 110-120, ⊿ WC ☎; Lift
🅿 Fitneßraum Kegeln Sauna Solarium ▮◉▮
geschl: 18.11.-18.12.
Im Gasthaus einfachere Zimmer vorhanden

Friedewald 46 ↑

Hessen — Kreis Hersfeld-Rotenburg —
390 m — 2 511 Ew — Bad Hersfeld 13 km
🛈 ☎ (0 66 74) 9 21 00, Fax 92 10 50 —
Gemeindeverwaltung, Motzfelder Str 12,
36289 Friedewald. Sehenswert: Schloßbrunnen; Sternwarte

**✶✶✶✶ Prinz von Hessen
Meirotels**
Schlossplatz 1, ⊠ 36289, ☎ (0 66 74)
92 24-0, Fax 92 24-2 50, AX DC ED VA
46 Zi, Ez: 245, Dz: 320-450, 18 Suiten, ⊿ WC
☎, 20✉; Lift 🅿 🚗 4⇔140 ⚓ Sauna
Solarium ⚓
✶✶✶ Prinzenstube 👨‍🍳
Hauptgericht 49; Terrasse
✶✶ Ritterklause
Hauptgericht 28; Terrasse

✶✶ Zum Löwen ✤
Hauptstr 17, ⊠ 36289, ☎ (0 66 74) 9 22 20,
Fax 92 22 59, AX DC ED VA
Hauptgericht 25; Biergarten 🅿
✶ 19 Zi, Ez: 78-95, Dz: 120-140, ⊿
WC ☎; 🚗 2⇔100
Im Gästehaus Zimmer der Kategorie ✶✶
vorhanden

Friedland 36 □

Niedersachsen — Kreis Göttingen — 140 m
— 7 700 Ew — Göttingen 15, Münden
24 km
🛈 ☎ (0 55 04) 80 20, Fax 8 02 39 — Gemeindeverwaltung, 37133 Friedland. Sehenswert: Europ. Brotmuseum im Ortsteil
Mollenfelde (5 km ↙) →

Friedland

Groß Schneen (2 km ↗)
** Schillingshof
Lappstr 14, ✉ 37133, ☎ (0 55 04) 2 28,
Fax 4 27, AX ED VA
Hauptgericht 35; Gartenlokal P; geschl: Di
mittags, Mo, Anfang-Mitte Jan, 3 Wochen
in den Sommerferien

Friedland 22 ↖

Mecklenburg-Vorpommern — Mecklenburg-Strelitz — 8 079 Ew
🛈 ☎ (03 96 01) 27 70 — Stadtverwaltung,
Carl-Leuschner-Str 10, 17098 Friedland

* Vredeland
Mühlstr 87, ✉ 17098, ☎ (03 96 01) 27 10,
Fax 2 71 30, AX ED VA
15 Zi, Ez: 65-90, Dz: 90-120, ⇩ WC ☎, 5🛏;
P 🚗 1⇔35 🍴 ☕

* Haus Seeblick
Woldegker Chaussee 1, ✉ 17098,
☎ (03 96 01) 2 07 23, Fax 2 07 23
13 Zi, Ez: 65, Dz: 95, ⇩ WC ☎; garni

Friedrichroda 47 ↖

Thüringen — Kreis Gotha — 430 m —
6 000 Ew — Eisenach 27, Ohrdruf 14 km
🛈 ☎ (0 36 23) 20 06 93, Fax 20 06 94 — Kur- und Tourismus GmbH, Marktstr 13/15,
99894 Friedrichroda; Erholungsort. Sehenswert: Schloß Reinhardsbrunn mit großem
Landschaftspark; Marienglashöhle - größte
Gipskristallhöhle Europas

** Treff Hotel Thüringer Wald
Burchardtsweg 1, ✉ 99894, ☎ (0 36 23)
35 20, Fax 35 25 00, AX DC ED VA
142 Zi, Ez: 135-150, Dz: 180-200, 12 App, ⇩
WC ☎; Lift P 8⇔300 ≋ Sauna Solarium 🍴 ☕

* Landhaus Machold
Im Grund 8, ✉ 99894, ☎ (0 36 23) 20 08 99,
Fax 30 48 08
15 Zi, Ez: 60, Dz: 90, ⇩ WC ☎; P 1⇔30 🍴

* Pension Phönix
Tabarzer Str 3, ✉ 99894, ☎ (0 36 23)
20 08 80, Fax 20 08 81, ED
7 Zi, Ez: 70, Dz: 90-110, ⇩ WC ☎; 🍴
Rezeption: 7-14, 17-23; geschl: So, 15.-30.11.

Friedrichroda-Außerhalb (6 km ↙)
**** Kavaliershaus beim
Schloßhotel Reinhardsbrunn
Travel Charme Hotel**
einzeln ⚘ ⊗ ✉ 99894, ☎ (0 36 23) 30 42 53,
Fax 30 42 51, AX DC ED VA
19 Zi, Ez: 123-180, Dz: 155-240, ⇩ WC ☎,
2🛏; P 1⇔15 Sauna Solarium 🍴 ☕
Rezeption: 7-20; geschl: 1.11.-20.12.

* Berggasthof Tanzbuche
einzeln ⚘ Auf den Höhenfang, ✉ 99894,
☎ (0 36 23) 30 44 38, Fax 20 08 46, ED
23 Zi, Ez: 75, Dz: 90, 2 Suiten, 3 App, ⇩ WC;
P 1⇔50 🍴 ☕

Friedrichsbrunn 37 ↗

Sachsen-Anhalt — Quedlinburg — 500 m
— Thale 12, Quedlinburg 19 km
🛈 ☎ (03 94 87) — Tourist-Information,
06507 Friedrichsbrunn

** Promenaden-Kurhotel
Hauptstr 118, ✉ 06507, ☎ (03 94 87) 3 72,
Fax 5 34
28 Zi, Ez: 90-120, Dz: 120, 1 Suite, ⇩ WC ☎,
28🛏; Lift P 2⇔40 Sauna Solarium 🍴 ☕

* Harzresidenz
Infang 4, ✉ 06507, ☎ (03 94 87) 75 20,
Fax 7 52 12
21 Zi, Ez: 85, Dz: 115, ⇩ WC ☎ DFÜ; P 🚗
1⇔20 Fitneßraum Sauna Solarium 🍴 ☕

Friedrichsdorf 44 ↘

Hessen — Hochtaunuskreis — 200 m —
24 000 Ew — Bad Homburg 4, Frankfurt/
Main 19 km
🛈 ☎ (0 61 77) 73 10, Fax 73 12 88 — Stadtverwaltung, Hugenottenstr 55, 61381 Friedrichsdorf; Ehem. Hugenottensiedlung

** Queens Hotel
Im Dammweg 1, ✉ 61381, ☎ (0 61 72)
73 90, Fax 73 98 52, AX DC ED VA
124 Zi, Ez: 122-275, Dz: 174-345, S; 1 Suite,
⇩ WC ☎, 18🛏; Lift P 🚗 10⇔120 ≋ Fitneßraum Kegeln Sauna Solarium
** Kabinett
** Arkadia
Am Houiller Platz 2, ✉ 61381, ☎ (0 61 72)
76 20, Fax 76 24 44, AX DC ED VA
51 Zi, Ez: 114-248, Dz: 146-254, 3 Suiten,
15 App, ⇩ WC ☎ DFÜ; Lift 🚗 1⇔15 Sauna;
garni

** Lindenhof
Hugenottenstr 47, ✉ 61381, ☎ (0 61 72)
76 60, Fax 76 66 66, AX ED VA
40 Zi, Ez: 135-150, Dz: 180-200, ⇩ WC ☎
DFÜ, 3🛏; Lift P 🚗 1⇔20
Auch Zimmer der Kategorie * vorhanden
* Hauptgericht 25; Biergarten; nur
abends; geschl: Sa, So, 18.7.-8.8.

Friedrichshafen 69 ↓

Baden-Württemberg — Bodenseekreis —
400 m — 56 433 Ew — Lindau 22, Ravensburg 20 km
🛈 ☎ (0 75 41) 3 00 10, Fax 7 25 88 — Tourist-Information, Bahnhofplatz 2 (B 2),
88045 Friedrichshafen; Kreisstadt mit Hafen
am Bodensee. Sehenswert: Barocke
Schloßkirche; Zeppelin-Museum „Technik
und Kunst"; Schulmuseum; Schiffsfahrt
nach Meersburg und zur Insel Mainau

Achtung: Autofähre nach Romanshorn
(Schweiz) Mär-Nov 5.43-20.43 Uhr jede
Stunde; Nov-Mär jede 2. Stunde ☎ (0 75 41)
20 13 89

Messen:
AERO 21.-25.4.99
INTERBOOT 18.-26.9.99

Friedrichshafen

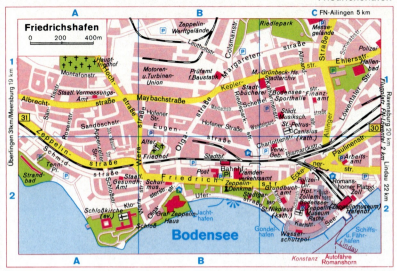

*** Ringhotel Buchhorner Hof
Friedrichstr 33 (B 2), ✉ 88045, ☎ (0 75 41)
20 50, Fax 3 26 63, AX DC ED VA
90 Zi, Ez: 119-189, Dz: 159-260, 8 Suiten,
2 App, ⊌ WC ☎, 10🛏; Lift 🅿 🍴 6⇔160
Sauna Solarium ≋
Auch Zimmer der Kategorie ** vorhanden
** Hauptgericht 30

*** Seehotel
⊰ Bahnhofplatz 2 (B 2), ✉ 88045,
☎ (0 75 41) 30 30, Fax 30 31 00, AX DC ED VA
132 Zi, Ez: 150-200, Dz: 200-335, ⊌ WC ☎
DFÜ, 57🛏; Lift 3⇔120 Fitneßraum Sauna
Solarium 🍴
Moderne Architektur und moderne Einrichtung

** Föhr
⊰ Albrechtstr 73 (A 1), ✉ 88045, ☎ (0 75 41)
30 50, Fax 2 72 73, AX DC ED VA
65 Zi, Ez: 85-180, Dz: 119-220, 2 App, ⊌ WC
☎, 20🛏; Lift 🅿 🍴 ≋
** Hauptgericht 24

** City-Krone
Schanzstr 7 (C 2), ✉ 88045, ☎ (0 75 41)
7 05-0, Fax 7 05-1 00, AX DC ED VA
80 Zi, Ez: 120-179, Dz: 140-240, 4 Suiten,
1 App, 17🛏; Lift 🍴 2⇔60 ≋ Sauna
Solarium 🍴

Ailingen (5 km ↑)
** Gasthof Gerbe
Hirschlatter Str 14, ✉ 88048, ☎ (0 75 41)
50 90, Fax 5 51 08, ED VA
70 Zi, Ez: 65-150, Dz: 105-230; Lift 🅿 🍴 ≋
Fitneßraum Sauna Solarium 2Tennis ≋
geschl: Fr 11-17, 22.12.-11.1.
Zimmer der Kategorie * vorhanden
* Hauptgericht 20; Gartenlokal;
geschl: im Winter Fr, 22.12.-11.1.

* Sieben Schwaben
Hauptstr 37, ✉ 88048, ☎ (0 75 41) 60 90,
Fax 6 09 40, AX DC ED VA
27 Zi, Ez: 90-120, Dz: 135-160, 2 Suiten, ⊌
WC ☎; Lift 1⇔25
* Sieben-Schwaben-Keller
Hauptgericht 20; nur abends, so + feiertags
auch mittags

Fischbach (6 km ←)
*** Traube
Meersburger Str 13, ✉ 88048, ☎ (0 75 41)
9 58-0, Fax 9 58-8 88, AX DC ED VA
87 Zi, Ez: 100-190, Dz: 160-250, ⊌ WC ☎
DFÜ; Lift 🅿 🍴 4⇔80 ≋ Fitneßraum Sauna
Solarium ≋
geschl: Ende Dez
Auch Zimmer der Kategorie ** vorhanden
* Hauptgericht 30; Terrasse

** Maier
Poststr 13, ✉ 88048, ☎ (0 75 41) 40 40,
Fax 40 41 00, AX DC ED VA
50 Zi, Ez: 90-160, Dz: 150-210, ⊌ WC ☎
DFÜ, 5🛏; Lift 🅿 🍴 Sauna Solarium
** Hauptgericht 25; Gartenlokal

Manzell (4 km ←)
** Waldhorn
Dornierstr 2, ✉ 88048, ☎ (0 75 41) 95 70,
Fax 95 73 33, AX DC ED VA
40 Zi, Ez: 95-150, Dz: 150-230, ⊌ WC ☎,
5🛏; Lift 3⇔70 Sauna Solarium 🍴
Auch Zimmer der Kategorie * vorhanden →

Abweichungen zwischen Datenteil und
Reisekartenteil ergeben sich durch verschiedene Redaktionsschlußzeiten.

Friedrichshafen

Schnetzenhausen (4 km ↖)
*** **Ringhotel Krone mit Haus Sonnbüchel und Silberdistel**
Schnetzenhausen, ⌧ 88045, ☎ (0 75 41) 40 80, Fax 4 36 01, AX DC ED VA
118 Zi, Ez: 135-200, Dz: 174-270, S; 2 Suiten, ⊣ WC ☏, 20🛌; Lift 🅿 🍴 5✥60 ≋ 🏊 Fitneßraum Kegeln Sauna Solarium 4Tennis
Auch Zimmer der Kategorie ** vorhanden
** **Krone**
Hauptgericht 30; Biergarten Terrasse

** **Kachlofe**
Manzeller Str 30, ⌧ 88045, ☎ (0 75 41) 4 16 92, Fax 4 38 15, AX DC ED VA
Hauptgericht 25; Biergarten; nur abends, so+feiertags auch mittags

Waggershausen (2 km ↖)
** **Traube**
◂ Sonnenbergstr 12, ⌧ 88045, ☎ (0 75 41) 60 60, Fax 6 06-1 69, AX DC ED VA
47 Zi, Ez: 85-130, Dz: 130-170, 1 Suite, 2 App, ⊣ WC; Lift 🅿 🍴 1✥30 Kegeln Sauna Solarium
geschl: Ende Dez
Auch Zimmer der Kategorie * vorhanden
* Hauptgericht 21; Gartenlokal; geschl: Mo bis 17, Ende Dez, 7.2.-17.2.

Friedrichshall, Bad 61 ↗

Baden-Württemberg — Kreis Heilbronn — 130 m — 16 000 Ew — Heilbronn 10, Mosbach 24 km
ℹ ☎ (0 71 36) 83 20, Fax 8 32 88 — Stadtverwaltung, Friedrichshaller Str 35, 74177 Bad Friedrichshall; Drei-Flüsse-Stadt an Kocher, Jagst und Neckar; Sole-Freibad. Sehenswert: Salzbergwerk; hist. Gebäude

Jagstfeld (2,5 km ↑)
** **Zur Sonne** ✤
Deutschordenstr 16, ⌧ 74177, ☎ (0 71 36) 9 56 10, Fax 95 61 11, AX ED VA
Hauptgericht 28; 🅿 Terrasse
* ◂ 13 Zi, Ez: 88-98, Dz: 162-152, ⊣ WC ☏; 2✥60

Kochendorf (1 km ↓)
** **Schloß Lehen European Castle** ♛
Hauptstr 2, ⌧ 74177, ☎ (0 71 36) 98 97-0, Fax 98 97-20, AX ED VA
26 Zi, Ez: 90-145, Dz: 165-260, ⊣ WC ☏; Lift 🅿 3✥10
*** **Lehenstube** 🍷
Hauptgericht 42; geschl: Mo, so+feiertags
** **Rittersaal**
Hauptgericht 30; Terrasse

Friedrichstadt 9 □

Schleswig-Holstein — Kreis Nordfriesland — 1 m — 2 600 Ew — Husum 14, Heide 25 km
ℹ ☎ (0 48 81) 1 94 33, Fax 70 93 — Tourist-Information, Am Markt 9, 25840 Friedrichstadt; Ehem. holländische Siedlung (Grachten); hist. Altstadt; Luftkurort. Sehenswert: Alte Münze; backsteinerne Treppengiebelhäuser

** **Ringhotel Aquarium**
Am Mittelburgwall 4, ⌧ 25840, ☎ (0 48 81) 6 91, Fax 70 64, AX DC ED VA
38 Zi, Ez: 110-140, Dz: 160-216, S; ⊣ WC ☏, 3🛌; 🅿 5✥170 🏊 Sauna Solarium
* Hauptgericht 30; Terrasse

* **Holländische Stube**
Am Mittelburgwall 22, ⌧ 25840, ☎ (0 48 81) 9 39 00, Fax 93 90 22, AX DC ED VA
Hauptgericht 25
* 10 Zi, Ez: 100-120, Dz: 120-160, 1 Suite, ⊣ WC ☏

Friesenheim 67 ↑

Baden-Württemberg — Ortenaukreis — 161 m — 12 381 Ew — Lahr 5, Offenburg 14 km
ℹ ☎ (0 78 21) 6 33 70, Fax 63 37 59 — Bürgermeisteramt, Friesenheimer Hauptstr. 71-73, 77948 Friesenheim; Weinbauort am Schwarzwald. Sehenswert: Freilichtmuseum: römische Straßenstation

Oberweier (1 km →)
** **Mühlenhof**
Hauptstr 33, ⌧ 77948, ☎ (0 78 21) 63 20, Fax 63 21 53, AX ED VA
32 Zi, Ez: 60-78, Dz: 100-136, ⊣ WC ☏; Lift 🅿 🍴
Auch Zimmer der Kategorie * vorhanden
** Hauptgericht 25; Terrasse; ✤ geschl: Di, 4.1.-26.1., 2.8.-24.8.

Friesoythe 16 ↙

Niedersachsen — Kreis Cloppenburg — 9 m — 19 191 Ew — Cloppenburg 24, Oldenburg 30, Leer 45 km
ℹ ☎ (0 44 91) 92 93-0, Fax 92 93-20 — Stadtverwaltung, Rathaus, 26169 Friesoythe. Sehenswert: Tierpark Thüle (9 km ↓); Thülsfelder Stausee (12 km ↓); St. Vitus-Kirche

* **Stadt Friesoythe**
♂ Willohstr 12, ⌧ 26169, ☎ (0 44 91) 39 85, Fax 14 65
11 Zi, Ez: 85-120, Dz: 140-160, 1 Suite, ⊣ WC ☏, 2🛌; 1✥15 Sauna; **garni**

Fritzlar 35 ↖

Hessen — Schwalm-Eder-Kreis — 230 m — 15 521 Ew — Bad Wildungen 15, Kassel 28 km
ℹ ☎ (0 56 22) 9 88-6 43, Fax 9 88-6 38 — Touristinformation, im Rathaus, Zwischen den Krämen 5, 34560 Fritzlar; Stadt an der Eder. Sehenswert: hist. Stadtbild; St.-Petri-Dom: Domschatz, Minoritenkirche; Marktplatz mit Rolandsbrunnen; got. Steinhäuser u. Stadtmauer mit Türmen; Fachwerkhäuser; Regionalmuseum im Hochzeits- und Patrizierhaus; Steinkammergrab in Züschen (7 km ↖)

Ungedanken (4,5 km ←)
* Zum Büraberg
Bahnhofstr 5, ✉ 34560, ☎ (0 56 22) 99 80, Fax 99 81 60, AX DC ED VA
34 Zi, Ez: 80-90, Dz: 120-130, ⌐ WC ☎, 2🖼; 🅿 🚗 6↔50 Kegeln 🍴
geschl: So ab 15

Fünfstetten 63 □

Bayern — Donau-Ries-Kreis — 530 m — 1 370 Ew — Wemding 7, Donauwörth 15 km
ℹ ☎ (0 90 91) 4 36, Fax 28 16 — Gemeindeverwaltung, Schulberg 6, 86681 Fünfstetten

* Landgasthof zur Sonne
Marktplatz 13, ✉ 86681, ☎ (0 90 91) 10 14, Fax 38 00, ED
Hauptgericht 20; Biergarten 🅿; geschl: Di
🛏 6 Zi, Ez: 60-70, Dz: 90-110, 1 Suite, 1 App, ⌐ WC ☎, 2🖼; 🚗 2↔150
geschl: Di

Fürstenau 24 ←

Niedersachsen — Kreis Osnabrück — 52 m — 9 934 Ew — Lingen 27, Meppen 37, Osnabrück 43 km
ℹ ☎ (0 59 01) 93 20 10, Fax 93 20 12 — Stadtverwaltung, Schloßplatz 1, 49584 Fürstenau. Sehenswert: Schloß

* Gasthof Wübbel
Osnabrücker Str 56, ✉ 49584, ☎ (0 59 01) 27 89, Fax 41 55, ED
10 Zi, Ez: 60, Dz: 120, ⌐ WC ☎; 🅿 1↔30 Kegeln 🍴
geschl: Di, 1.-31.9.

🛏 Stratmann
Große Str 29, ✉ 49584, ☎ (0 59 01) 31 39, Fax 76 12, ED
12 Zi, Ez: 55-60, Dz: 110-120, ⌐ WC ☎; 🅿 🚗 1↔50 🍴

Fürstenberg 35 ↗

Niedersachsen — Kreis Holzminden — 200 m — 1 330 Ew — Höxter 6, Beverungen 10 km
ℹ ☎ (0 52 71) 51 01, Fax 4 92 74 — Verkehrsamt, Meinbrexener Str 2, 37699 Fürstenberg; Erholungsort an der Weser. Sehenswert: Schloß Fürstenberg (Porzellan-Museum)

* Hubertus
♘ ◄ Derentaler Str 58, ✉ 37699, ☎ (0 52 71) 59 11, Fax 52 56, AX DC ED VA
23 Zi, Ez: 85, Dz: 140, 1 Suite, ⌐ WC ☎; 🅿 1↔70 Kegeln 🍴

Fürstenberg/Hessen
siehe **Lichtenfels**

Fürstenberg/Havel 21 ↘

Brandenburg — Oberhavel — 62 m — 5 000 Ew — Neustrelitz 18, Gransee 22 km
ℹ ☎ (03 30 93) 3 22 54 — Touristikverband Kreis Overhavel, Am Bahnhof, 16798 Fürstenberg/Havel

* Haus an der Havel
Schliemannstr 6, ✉ 16798, ☎ (03 30 93) 3 90 69, Fax 3 90 69, ED
7 Zi, Ez: 70, Dz: 100, 1 Suite, ⌐ WC ☎, 3🖼; 🅿 Seezugang Fitneßraum Sauna Solarium 🍴 ⚓

* Fürstenberger Freizeit Hotel
Bornmühlenstr 44, ✉ 16798, ☎ (03 30 93) 3 79 97, Fax 3 71 85, AX ED VA
9 Zi, Ez: 60-70, Dz: 80-100, ⌐ WC ☎; 🅿 Sauna Solarium 🍴 ⚓

Fürstenfeldbruck 71 ↑

Bayern — Kreis Fürstenfeldbruck — 528 m — 32 000 Ew — München 26, Landsberg 38, Augsburg 41 km
ℹ ☎ (0 81 41) 2 81 07, Fax 2 83 44 — Verkehrsamt, Hauptstr 31, 82256 Fürstenfeldbruck; Kreisstadt an der Amper. Sehenswert: Klosterkirche Fürstenfeld; St.-Leonhard-Kirche; Altes Rathaus; Marktplatz

* Post
Hauptstr 7, ✉ 82256, ☎ (0 81 41) 31 42-0, Fax 1 67 55, AX DC ED VA
40 Zi, Ez: 130, Dz: 140-200, ⌐ WC ☎, 14🖼; Lift 🅿 🚗 1↔50 🍴
geschl: 23.12.-6.1.

* Brucker Gästehaus
Kapellenstr 3, ✉ 82256, ☎ (0 81 41) 4 09 70, Fax 40 97 99, AX ED VA
12 Zi, Ez: 98, Dz: 140-145, 1 Suite, ⌐ WC ☎; 🅿 🚗; garni

Fürstenwalde 31 ←

Brandenburg — Landkreis Oder-Spree — 90 m — 34 000 Ew — Königs Wusterhausen 21, Frankfurt (Oder) 28 km
ℹ ☎ (0 33 61) 55 70, Fax 55 71 89 — Stadtverwaltung, Am Markt 4, 15517 Fürstenwalde. Sehenswert: Domkirche St. Marien (15. Jh.); Altes Rathaus mit Ausstellungszentrum; Heimatmuseum und Tierpark

** Kaiserhof
Eisenbahnstr 144 / Friedrich Engels Str 1 A, ✉ 15517, ☎ (0 33 61) 55 00, Fax 55 01 75, AX DC ED VA
71 Zi, Ez: 140, Dz: 180-200, ⌐ WC ☎ DFÜ; Lift 🚗 5↔100

** Voltaire
Hauptgericht 32; 🅿 Terrasse →

Fürstenwalde

*   Zille-Stuben
Schloßstr 26, ✉ 15517, ☎ (0 33 61) 5 77 25,
Fax 5 77 26, AX ED
27 Zi, Ez: 80-110, Dz: 130-145, ⚐ WC ☎;
1⇌24 ⎚
Auch Zimmer der Kategorie ****** vorhanden

Fürth   54 ↗

Hessen — Kreis Bergstraße — 280 m —
10 700 Ew — Mannheim 33, Heidelberg 36,
Darmstadt 42 km
ℹ ☎ (0 62 53) 20 01 16, Fax 20 01-12 —
Gemeinde Fürth - Verkehrsamt -,
Hauptstr. 19, 64658 Fürth; Erholungsort im
Odenwald

Weschnitz
*   Erbacher Hof
Hammelbacher Str 2, ✉ 64658, ☎ (0 62 53)
40 20, Fax 48 04, AX DC ED VA
45 Zi, Ez: 55-95, Dz: 95-160, 2 Suiten, ⚐ WC
☎ DFÜ; Lift 🅿 🚌 4⇌120 ⎠ Sauna Solarium
⎚ ⎚

Fürth   57 ↙

Bayern — Kreisfreie Stadt — 297 m —
108 696 Ew — Nürnberg 7 km
ℹ ☎ (09 11) 7 40 66 15, Fax 7 40 66 17 —
Tourist-Information, Maxstr. 42,
90762 Fürth. Sehenswert: Altstadtviertel
und St.-Michael-Kirche; Rathaus; Stadttheater; Centauren-Brunnen; Schloß Burg-
farmbach mit Rundfunkmuseum

***   Pyramide
◂ Europaallee 1, ✉ 90763, ☎ (09 11)
9 71 00, Fax 9 71 01 11, AX DC ED VA
94 Zi, Ez: 189-249, Dz: 208-268, 7 Suiten, ⚐
WC ☎, 16⎙; Lift 🅿 🚌 6⇌500 Fitneßraum
Sauna Solarium 18Golf ⎚
41 Meter hoher Glaspyramidenbau
**   Hauptgericht 11

***   Astron Suite-Hotel
Königstr 140 (C3), ✉ 90762, ☎ (09 11)
7 40 40, Fax 7 40 44 00, AX DC ED VA
118 Zi, Ez: 157-255, Dz: 175-353, S;
118 Suiten, ⚐ WC ☎ DFÜ, 32⎙; Lift 🚌 10
Sauna Solarium; garni

**   Hotel am Forum
Förstermühle 2, ✉ 90762, ☎ (09 11)
7 59 99 99, Fax 7 59 99 91, AX DC ED VA
48 Zi, Ez: 120-250, Dz: 155-300, 2 Suiten,
11 App, ⚐ WC ☎, 24⎙; Lift 🅿 🚌 3⇌40 Fitneßraum Sauna Solarium ⎚
Langzeitvermietung möglich

**   Park-Hotel
Rudolf-Breitscheid-Str 15 (B 3), ✉ 90762,
☎ (09 11) 77 66 66, Fax 7 49 90 64,
AX ED VA
70 Zi, Ez: 128-178, Dz: 158-248, 6 Suiten, ⚐
WC ☎, 20⎙; Lift 🅿 🚌 5⇌80; garni

**   Bavaria mit Gästehaus
Nürnberger Str 54 (C 3), ✉ 90762, ☎ (09 11)
77 49 41, Fax 74 80 15, AX DC ED VA
52 Zi, Ez: 80-145, Dz: 120-185, 4 Suiten,
2 App, ⚐ WC ☎, 8⎙; Lift 🅿 1⇌20 ⎠ Sauna
Solarium ⎚ ⎚

Fürth

✱✱ O'Haras Family Lodge
Kaiserstr 120, ☎ (09 11) 7 87 02 75,
Fax 70 68 82, AX ED VA
Ez: 145, Dz: 190-460, 40 Suiten, ⌐ WC ☎;
Lift P 🖨; garni 🍴
Boardinghaus

✱ Novotel
Laubenweg 6 (außerhalb C1), ✉ 90765,
☎ (09 11) 9 76 00, Fax 9 76 01 00, AX DC ED VA
128 Zi, Ez: 114-222, Dz: 138-222, S; ⌐ WC
☎, 56🛏; Lift P 8⟷300 ≋ Sauna Solarium
🍴

✱ Werners Appartement Hotel
Friedrichstr 22 (B 3), ✉ 90762, ☎ (09 11)
74 05 60, Fax 7 40 56 30, AX DC ED VA
Ez: 85-148, Dz: 144-194, 2 Suiten, 17 App, ⌐
WC ☎; P 🖨 1⟷45 🍴
Werners Bistro
Hauptgericht 18; Gartenlokal; geschl:
so + feiertags

✱ Schwarzes Kreuz
♥ Königstr 81 (B 3), ✉ 90762, ☎ (09 11)
74 09 10, Fax 7 41 81 67, AX DC ED VA
22 Zi, Ez: 125-185, Dz: 175-285, ⌐ WC ☎;
3⟷150
Historisches Gasthaus seit 1620
✱ Frankenstübchen

✱ Baumann
Schwabacher Str 131 (B 3), ✉ 90763,
☎ (09 11) 77 76 50, Fax 74 68 59, AX DC ED VA
26 Zi, Ez: 90-160, Dz: 120-175, ⌐ WC ☎; Lift
P 🍴

✱ Appart-Hotel
Mathildenstr 26 (B2), ✉ 90762, ☎ (09 11)
74 01 50, Fax 7 40 16 00, AX DC ED VA
39 Zi, Ez: 80-280, Dz: 140-280, 1 App, ⌐ WC
☎, 8🛏; Lift P; garni
Rezeption: 8-20 geschl: So

✱✱ Kupferpfanne
Königstr 85 (B 2), ✉ 90762, ☎ (09 11)
77 12 77, Fax 77 76 37, AX ED VA
Hauptgericht 40; geschl: so + feiertags

✱✱ Taverna Romana
Schwabacher Str 113 (außerhalb B3),
✉ 90763, ☎ (09 11) 77 21 26, Fax 77 21 26,
AX DC ED VA
Hauptgericht 36; geschl: So

✱✱ Minneci Ristorante La Palma
Karlstr 22-24, ✉ 90763, ☎ (09 11) 74 75 00,
Fax 7 41 88 30, AX DC ED VA
Biergarten P; geschl: Mo, Aug

<mark>Dambach</mark> (2 km ✓)
✱✱✱ Astron Hotel Forsthaus
Zum Vogelsang 20, ✉ 90768, ☎ (09 11)
77 98 80, Fax 72 08 85, AX DC ED VA
100 Zi, Ez: 190-210, Dz: 270, 3 Suiten, 4 App,
⌐ WC ☎, 25🛏; Lift P 7⟷250 ≋ Fitneß-
raum Sauna Solarium 18Golf 🍴
Auch Zimmer der Kategorie ✱✱ vorhanden
✱✱✱ Hauptgericht 35 →

Foto: Erich Malter

Dreiklang aus Tradition, Lebensart und Zukunft

Umrahmt von weiten Flußtälern präsentiert sich die Stadt in einer gelungenen Symbiose von Tradition und Moderne. Historische Altstadtbezirke, liebevoll saniert, wechseln mit attraktiven Einkaufsmöglichkeiten. Das hochmoderne Klinikum, das Euro-Med-Zentrum, bedeutende Elektroindustriebetriebe und Spielwarenfirmen, Europas größtes Versandhaus „Quelle", eine lebendige Kulturszene sowie ein vielfältiges Freizeitangebot machen Fürth zu einem gefragten Standort weit über die Region hinaus. Das neobarocke Stadttheater ist eines der schönsten Theater Bayerns.
Mit der Stadthalle verfügt Fürth über ein multifunktionales Veranstaltungszentrum mit allen technischen und organisatorischen Voraussetzungen für erfolgreiche Ausstellungen, Tagungen, Präsentationen und gesellschaftliche Ereignisse.

Sommerfeste, die berühmte „Michaeliskärwa" im Oktober, bunte „Grafflmärkte" und viele andere Veranstaltungen sind beliebte Anziehungspunkte für den gesamten nordbayerischen Raum.

Vielfalt ist unsere Stärke!

STADTHALLE FÜRTH
Weitere Infos: Stadt-Information, Rathaus,
90744 Fürth, Tel.: 0911/974-1210 oder 1201

Fürth

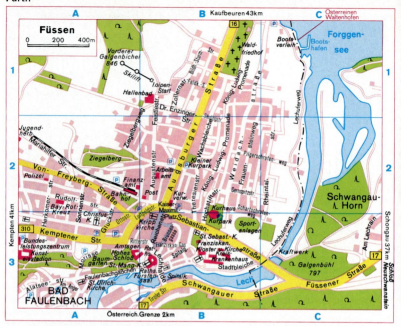

Ronhof (2 km ↗)
* Hachmann
Ronhofer Hauptstr 191, ⊠ 90765, ☎ (09 11) 7 90 80 05-06, Fax 7 90 80 07, DC ED VA
24 Zi, Ez: 78-98, Dz: 140-165, ⊣ WC ☎; 🚗
1⇔20 ≘ Sauna Solarium ¥◎¶

Füssen 70 ↘

Bayern — Kreis Ostallgäu — 800 m — 16 400 Ew — Schongau 38, Kempten 41 km
🅹 ☎ (0 83 62) 9 38 50, Fax 93 85 20 — Kurverwaltung, Kaiser-Maximilian-Platz 1, 87629 Füssen; Kneippkurort, Mineral- und Moorheilbad am Lech. Sehenswert: Kirche und ehem. Kloster St. Mang mit Stadtmuseum; Staatsgalerie im Hohen Schloß; Hist. Altstadt; Lechfall; Königsschlösser Neuschwanstein und Hohenschwangau ⇐ (5 km ↘); Spital- und Krippkirche

*** Treff Hotel Luitpoldpark
Luitpoldstr, ⊠ 87629, ☎ (0 83 62) 90 40, Fax 90 46 78, AX DC ED VA
123 Zi, Ez: 148-224, Dz: 236-338, S; 8 Suiten, ⊣ WC ☎, 19⊞; Lift 🚗 5⇔154 Fitneßraum Sauna Solarium 🍷
** Kurfürst von Bayern
Hauptgericht 33; 🅿 Terrasse

Wer nicht zu zweit im Doppelbett schlafen möchte, sollte ausdrücklich ein Zimmer mit zwei getrennten Betten verlangen.

** Landhaus Sommer Minotel
⇐ Weidachstr 74, ⊠ 87629, ☎ (0 83 62) 9 14 70, Fax 91 47 14, ED VA
34 Zi, Ez: 71-102, Dz: 144-192, 2 Suiten, 1 App, ⊣ WC ☎; Lift 🅿 🚗 ≘ Seezugang Sauna Solarium ¥◎¶
geschl: 22.11.-18.12.

* Kurcafé
Bahnhofstr 4, ⊠ 87629, ☎ (0 83 62) 63 69, Fax 3 94 24, AX ED VA
18 Zi, Ez: 95-179, Dz: 119-199, 1 Suite, 5 App, ⊣ WC ☎, 4⊞; 🅿 🚗 1⇔20 Sauna Solarium ¥◎¶ 🍷
auch Zimmer der Kategorie ** verfügbar

* Hirsch
Kaiser-Maximilian-Platz 7 (B 2-3), ⊠ 87629, ☎ (0 83 62) 50 80, Fax 50 81 13, AX DC VA
48 Zi, Ez: 117-167, Dz: 165-220, ⊣ WC ☎, 6⊞; 🅿 🚗 1⇔25 ¥◎¶ 🍷

* Christine
☘ Weidachstr 31 (B 2), ⊠ 87629, ☎ (0 83 62) 72 29, Fax 94 05 54
15 Zi, Ez: 120-180, Dz: 160-220, ⊣ WC ☎; 🅿 🚗
Restaurant für Hausgäste

* Fürstenhof
Kemptener Str 23 (A 3), ⊠ 87629, ☎ (0 83 62) 9 14 80, Fax 3 90 48, AX ED VA
15 Zi, Ez: 68-82, Dz: 104-130, ⊣ WC ☎; garni
geschl: 1.11.-20.12.

Füssing, Bad

☕ Kurcafé
Bahnhofstr 4, ✉ 87629, ☏ (0 83 62) 63 69,
Fax 3 94 24, AX ED VA
Hauptgericht 25; Gartenlokal 🅿 Terrasse

Faulenbach, Bad (1 km ✓)

★★ Parkhotel
♠ Fischhausweg 5 (A 3), ✉ 87629,
☏ (0 83 62) 9 19 80, Fax 91 98 49, DC ED VA
21 Zi, Ez: 85-125, Dz: 138-178, 2 Suiten,
2 App, ⌐ WC ☏; Lift 🅿 1⇔40 Sauna
Solarium ☕
geschl: Mo, 1.11.-12.12.
Restaurant für Hausgäste

★ Kur- und Ferienhotel Berger
♠ 🍴 Alatseestr 26 (A 3), ✉ 87629,
☏ (0 83 62) 9 13 30, Fax 91 33 99, AX DC ED VA
35 Zi, Ez: 72-92, Dz: 126-162, ⌐ WC ☏; Lift
🅿 ≘ Sauna Solarium 🍽
geschl: 1.11.-19.12.

★★ Alpen-Schlößle ✿
Alatseestr 28 (A 3), ✉ 87629, ☏ (0 83 62)
40 17, Fax 3 98 47, ED
Hauptgericht 29; 🅿 Terrasse; geschl: Di
★★ ♠ 11 Zi, Ez: 75-98, Dz: 140-160, ⌐
WC ☏

Hopfen am See (5 km ↑) 🛈 ☏ (0 83 62) 74
58, Verkehrsamt, Uferstr 21

★★ Alpenblick mit Residenz und Aparthotel
🍴 Uferstr 10, ✉ 87629, ☏ (0 83 62) 5 05 70,
Fax 50 57 73, AX DC ED VA
52 Zi, Ez: 79-180, Dz: 138-240, 4 Suiten,
18 App, ⌐ WC ☏, 3🛁; Lift 🅿 🚗 Seezugang
Sauna Solarium 🍽 ☕
Auch Zimmer der Kategorie ★★★ vorhanden

★★ Geiger
🍴 Uferstr 18, ✉ 87629, ☏ (0 83 62) 70 74,
Fax 3 88 38
13 Zi, Ez: 60-120, Dz: 120-210, 13 Suiten, ⌐
WC ☏; 🅿 🍽 ☕
geschl: Anfang Nov-Mitte Dez

Weißensee (6 km ←) 🛈 ☏ (0 83 62) 65 09,
Verkehrsamt

★★ Bergruh
🍴 Alte Steige 16, ✉ 87629, ☏ (0 83 62)
90 20, Fax 9 02 12, ED VA
29 Zi, Ez: 73-97, Dz: 140-220, 5 Suiten, ⌐
WC ☏; Lift 🅿 ≘ Fitneßraum Sauna
Solarium ☕
Restaurant für Hausgäste

Füssing, Bad 66 ↓

Bayern — Kreis Passau — 324 m —
7 170 Ew — Passau 35 km
🛈 ☏ (0 85 31) 97 55 40, Fax 2 13 67 — Kurverwaltung, Rathausstr 8, 94072 Bad Füssing; Thermal-Mineralheilbad. Sehenswert:
Wallfahrtskirche in Aigen (7 km ✓)

★★★ Kurhotel Wittelsbach 👑
Beethovenstr 8, ✉ 94072, ☏ (0 85 31)
9 52 01, Fax 2 22 56, AX ED VA
66 Zi, Ez: 140, Dz: 250, 3 Suiten, ⌐ WC ☏;
Lift 🅿 🚗 1⇔50 ≈ ≘ Fitneßraum Sauna
Solarium 18Golf
geschl: 12.-26.12.
Restaurant für Hausgäste

★★★ Kurhotel Quellenhof
Dr-Koch-Str 2, ✉ 94072, ☏ (0 85 31) 29 90,
Fax 29 91 00
71 Zi, Ez: 72-88, Dz: 138-152, 5 Suiten, ⌐
WC ☏, 5🛁; Lift ≈ ≘ Fitneßraum Sauna
Solarium; garni
Rezeption: 8-20; geschl: 1.11.-1.2.

★★★ Kurhotel Holzapfel
Thermalbadstr 5, ✉ 94072, ☏ (0 85 31)
95 70, Fax 95 72 80, ED
76 Zi, Ez: 118-148, Dz: 216-288, 3 Suiten, ⌐
WC ☏; Lift 🅿 1⇔30 ≈ ≘ Fitneßraum
Sauna Solarium ☕
Preise inklusive Halbpension. Auch Zimmer
der Kategorie ★★ vorhanden
★★ Hauptgericht 24; Terrasse ✿

★★ Kurhotel Mürz
♠ Birkenallee 9, ✉ 94072, ☏ (0 85 31) 95 80,
Fax 2 98 76, AX DC ED
63 Zi, Ez: 102-157, Dz: 244-264, 2 Suiten, ⌐
WC ☏; Lift 🅿 ≘ Fitneßraum Sauna
Solarium
Restaurant für Hausgäste; Preise inklusive
Vollpension

★★ Park-Hotel
♠ Waldstr 16, ✉ 94072, ☏ (0 85 31) 9 28 0,
Fax 20 61
105 Zi, Ez: 102-130, Dz: 204-294, 3 Suiten, ⌐
WC ☏, 25🛁; Lift 🅿 1⇔80 ≈ ≘ Fitneßraum
Solarium ☕
Preise inklusive Vollpension
★★ Schönbrunn
Hauptgericht 28

★★ Kur- und Badehotel Ludwig Thoma
Ludwig-Thoma-Weg 23, ✉ 94072,
☏ (0 85 31) 22 80, Fax 22 81 07, AX ED VA
15 Suiten, 77 App, ⌐ WC ☏; Lift 🅿 🚗 ≘
Fitneßraum Sauna Solarium 🍽

★★ Kurhotel Zink
Thermalbadstr 1, ✉ 94072, ☏ (0 85 31)
92 70, Fax 92 76 99
103 Zi, Ez: 141-171, Dz: 212-235, 12 Suiten,
⌐ WC ☏; Lift 🅿 🚗 3⇔15 ≈ ≘ Fitneßraum
Solarium
Restaurant für Hausgäste; Preise inklusive
Vollpension

★★ Promenade
Kurallee 20, ✉ 94072, ☏ (0 85 31) 94 40,
Fax 29 58 00
22 Zi, Ez: 77-110, Dz: 154, ⌐ WC ☏; Lift;
garni ☕
Auch Zimmer der Kategorie ★★★ vorhanden ➜

Füssing, Bad

** Vogelsang
Ludwig-Thoma-Weg 13, ✉ 94072,
☎ (0 85 31) 9 50 50, Fax 95 05 55
21 Zi, Ez: 70-78, Dz: 102-120, 2 App, ⇘ WC
☎; Lift 🅿 Solarium; **garni**

---

* Bayerischer Hof
Kurallee 18, ✉ 94072, ☎ (0 85 31) 95 66,
Fax 95 68 00, AX DC ED VA
59 Zi, Ez: 111-121, Dz: 190-210, ⇘ WC ☎;
Lift 🅿 🛏 ≋ Solarium 🍴 🍺
geschl: Dez, Jan

---

* Kurhotel Sonnenhof
Schillerstr 4, ✉ 94072, ☎ (0 85 31) 2 26 40,
Fax 2 26 42 07, ED
96 Zi, Ez: 116-142, Dz: 202-209, 3 Suiten, ⇘
WC ☎; Lift 🅿 🛏 ≋ ≋ Fitneßraum Solarium
🍴 🍺
Rezeption: 7.30-21.30; geschl: 26.11.-8.1.

---

* Pension Lorenz
Goethestr 1, ✉ 94072, ☎ (0 85 31) 9 21 10,
Fax 92 11 13
23 Zi, Ez: 68, Dz: 92-102, ⇘ WC ☎; Lift 🅿 🛏
🍴 🍺
geschl: Sa, 21.12.-10.1.

Riedenburg (1 km ↘)
* Zur Post
Inntalstr 36, ✉ 94072, ☎ (0 85 31) 2 90 90,
Fax 2 90 92 27
56 Zi, Ez: 58-69, Dz: 83-148, ⇘ WC ☎; Lift 🅿
🍴 🍺
geschl: Mitte Nov-Ende Dez
Auch Zimmer der Kategorie ** vorhanden

Safferstetten (1,5 km ↓)
** Kurhotel Am Mühlbach
Bachstr 15, ✉ 94072, ☎ (0 85 31) 27 80,
Fax 27 84 27
61 Zi, Ez: 80-160, Dz: 200-270, 1 Suite, ⇘
WC ☎; Lift 🅿 🛏 ≋ ≋ Fitneßraum Sauna
Solarium
Restaurant für Hausgäste

Fulda 46 □

Hessen — Kreis Fulda — 273 m —
62 524 Ew — Kassel 110, Würzburg 110 km
🛈 ☎ (06 61) 10 23 45, Fax 10 27 75 — Städtisches Verkehrsbüro Fulda, Schloßstr 1 (B 2),
36037 Fulda; Stadt zwischen Rhön und
Vogelsberg; Katholische Philosophisch-
Theologische Hochschule. Sehenswert:
Michaeliskirche; Dom: Bonifatiusgruft, Dommuseum; Stadtpfarrkirche; Kloster Frauenberg ⋖; Klosterkirche St. Andreas in Neuenberg, ehem. Propsteikirche Johannesberg
(5 km ↓); Orangerie: Floravase; Vonderaumuseum; Schloß: Fürstensaal, Garten, Spiegelkabinett; Landesbibliothek; Petersberg, 401
m ⋖ (4 km →); Schloß Fasanerie: Antiken- und Porzellanmuseum (7 km ↓)

*** Romantik Hotel Goldener Karpfen
Simpliziusbrunnen 1 (B 4), ✉ 36037,
☎ (06 61) 86 80-0, Fax 86 80-1 00,
AX DC ED VA
45 Zi, Ez: 180-250, Dz: 280-350, 5 Suiten, ⇘
WC ☎ DFÜ, 20🚭; Lift 🅿 🛏 5⇄80 Sauna
Solarium
Auch Zimmer der Kategorie ** vorhanden
** Hauptgericht 29; Terrasse

*** Holiday Inn
Lindenstr 45 (C 3), ✉ 36037, ☎ (06 61)
8 33 00, Fax 8 33 05 55, AX DC ED VA
134 Zi, Ez: 140-198, Dz: 160-221, 4 Suiten, ⇘
WC ☎, 67🚭; Lift 🛏 10⇄160 Fitneßraum
Sauna Solarium 🍴

*** Maritim Am Schloßgarten
♂ Paulspromenade 2 (B 2), ✉ 36037,
☎ (06 61) 28 20, Fax 28 24 99, AX DC ED VA
113 Zi, Ez: 195-285, Dz: 254-344, S; 2 Suiten,
⇘ WC ☎, 11🚭; Lift 🛏 13⇄899 ≋ Kegeln
Sauna Solarium 🍺
** Dianakeller
Hauptgericht 32

** Zum Ritter
Kanalstr 18 (B 3), ✉ 36037, ☎ (06 61) 81 65,
Fax 7 14 31, AX DC ED VA
33 Zi, Ez: 149-179, Dz: 189-249, 2 Suiten, ⇘
WC ☎, 17🚭; Lift 🅿 🛏 4⇄50
** ⓥ Hauptgericht 25; Biergarten

** Am Dom
Wiesenmühlenstr 6 (A 3), ✉ 36037,
☎ (06 61) 9 79 80, Fax 9 79 85 00, AX ED VA
45 Zi, Ez: 115-125, Dz: 165-175, ⇘ WC ☎,
15🚭; Lift 🅿 2⇄15; **garni**

** Bachmühle
Künzeller Str 133, ✉ 36043, ☎ (06 61)
3 40 01, Fax 3 44 65, AX DC ED VA
51 Zi, Ez: 120, Dz: 190, 3 Suiten, ⇘ WC ☎;
Lift 🅿 2⇄120
Im Stammhaus Zimmer der Kategorie * vorhanden
** Hauptgericht 32; Terrasse

** Lenz
Leipziger Str 122 (C 1), ✉ 36037, ☎ (06 61)
6 20 40, Fax 6 20 44 00, AX DC ED VA
51 Zi, Ez: 124-140, Dz: 190-240, S; 1 App, ⇘
WC ☎ DFÜ, 6🚭; Lift 🅿 3⇄40 Sauna
Solarium 18Golf 🍴
Auch Zimmer der Kategorie * vorhanden

---

* Am Rosenbad
Johannisstr 5 (B4), ✉ 36041, ☎ (06 61)
92 82 60, Fax 9 28 26-48, DC ED VA
18 Zi, Ez: 110-130, Dz: 150-180, 1 App, ⇘
WC ☎; 🅿 1⇄14 🍴

---

* Wiesen-Mühle
♂ Wiesenmühlenstr 13 (A 3), ✉ 36037,
☎ (06 61) 92 86 80, Fax 9 28 68 39, AX ED VA
26 Zi, Ez: 98-105, Dz: 140-160, 1 Suite, ⇘
WC ☎; 🅿 3⇄80 🍴

Fulda

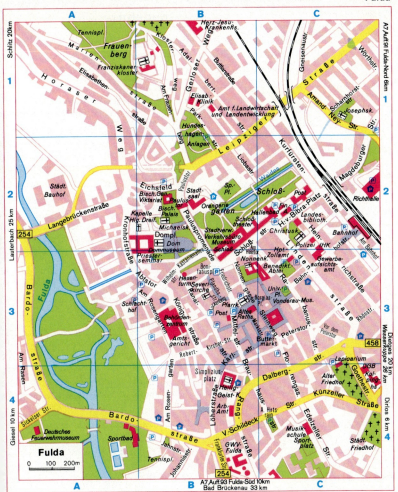

✶ Hessischer Hof
Nikolausstr 22 (C 3), ✉ 36037, ☎ (06 61)
7 80 11, Fax 7 22 89, AX ED VA
27 Zi, Ez: 90-110, Dz: 125-150, ⌂ WC ☎,
6🛏; 🚗; garni

✶ Kolpinghaus
Goethestr 13 (C 4), ✉ 36043, ☎ (06 61)
8 65 00, Fax 8 65 01 11, AX DC ED VA
55 Zi, Ez: 99-109, Dz: 150-170, ⌂ WC ☎, Lift
🅿 8⇄350 Fitneßraum Kegeln

✶ Prälat
Hauptgericht 25; Terrasse

✶ Peterchens Mondfahrt
Rabanusstr 7 (C 3), ✉ 36037, ☎ (06 61)
9 02 35-0, Fax 9 02 35-44, AX DC VA
24 Zi, Ez: 85-125, Dz: 100-170, ⌂ WC ☎
DFÜ, 10🛏; Lift 🅿 1⇄20; garni

Weinstube Dachsbau ✤
Pfandhausstr 8, ✉ 36037, ☎ (06 61)
7 41 12, Fax 7 41 10
Hauptgericht 40; Terrasse; geschl: Mo mittags, So,
Älteste Weinstube Fuldas

Thiele
Mittelstr 2 (B 3), ✉ 36037, ☎ (06 61) 7 27 74,
Fax 7 27 74
Terrasse
Spezialität: Creme Giovanni

Kämmerzell (6 km ↘)

✶ Zum Stiftskämmerer
Kämmerzeller Str 10, ✉ 36041, ☎ (06 61)
5 23 69, Fax 5 95 45, AX DC ED VA
Hauptgericht 30; 🅿; geschl: Di →

Fulda

Trätzhof (3 km ↘)
* **Am Trätzhof**
Trätzhofstr. 23, ✉ 36041, ☎ (06 61)
5 37 86, Fax 5 87 48, ED VA
37 Zi, Ez: 80, Dz: 91, 1 App, ⊣ WC ☎; P 🚗
2✪90 ♨
geschl: So, 23.12.-15.1.

Furth 65 ↙

Bayern — Kreis Landshut — 500 m —
3 000 Ew
ℹ ☎ (0 87 04) 91 19-0, Fax 82 40 — Gemeindeverwaltung Furth, Landshuter Str. 12,
84095 Furth

* **Gasthof Linden**
♂ ⦿ Linden 8, ✉ 84095, ☎ (0 87 04) 83 56,
Fax 84 35, DC ED VA
46 Zi, Ez: 75-85, Dz: 130, ⊣ WC ☎ DFÜ, 7⌂;
P 2✪60 ♨ ⛱
geschl: Fr, 27.12.-8.1.

Furth i. Wald 59 ↘

Bayern — Kreis Cham — 450 m — 9 500 Ew
— Cham 19, Lam 23 km
ℹ ☎ (0 99 73) 80 10 80, Fax 80 10 81 — Tourist-Information, Schloßplatz 1,
93437 Furth; Erholungsort im Bayerischen
Wald, Grenzübergang zur Tschechien.
Sehenswert: Leonhardi-Ritt (Ostermon-
tag); Drachenstich (August)

* **Hohenbogen**
Bahnhofstr. 25, ✉ 93437, ☎ (0 99 73) 15 09,
Fax 15 02
38 Zi, Ez: 54-59, Dz: 108-118, 1 Suite, 1 App,
⊣ WC ☎; Lift P 🚗 3✪180
* Hauptgericht 20

* **Zur Post**
Stadtplatz 1, ✉ 93437, ☎ (0 99 73) 15 06,
Fax 18 57, ED VA
Hauptgericht 25

Furtwangen 67 →

Baden-Württemberg — Schwarzwald-
Baar-Kreis — 850 m — 11 000 Ew — Tri-
berg 17, Titisee-Neustadt 25, Freiburg
45 km
ℹ ☎ (0 77 23) 93 91 11, Fax 93 91 99 — Ver-
kehrsamt, Marktplatz 4, 78120 Furtwangen;
Erholungsort und Wintersportplatz.
Sehenswert: Deutsches Uhrenmuseum;
Brend, 1148 m ⦿ (6 km ↘); Hexenloch-
Schlucht (9 km ↙)

* **Zum Ochsen**
Marktplatz 1, ✉ 78120, ☎ (0 77 23) 9 31 16,
Fax 93 11 55, ED VA
34 Zi, Ez: 66-88, Dz: 108-150, ⊣ WC ☎; P 🚗
Sauna
Auch Zimmer der Kategorie ** vorhanden
* Hauptgericht 25; Terrasse;
geschl: Fr mittags, 3 Wochen im Nov

Gädebehn 20 ↘

Mecklenburg-Vorpommern — Kreis Parchim — 237 Ew
ℹ ☎ (0 38 63) 54 54 00 — Amt Crivitz,
19089 Crivitz

Basthorst (3 km ↗)
* **Schloß Basthorst**
einzeln ♂ ⦿ ✉ 19089, ☎ (0 38 63) 22 22 02,
Fax 52 55 55
48 Zi, Ez: 150-180, Dz: 180-260, ⊣ WC ☎
Denkmalgeschütztes Ensemble, um 1850
erbaut, 12 ha Park mit Biotop und See

Gägelow 12 ↙

Mecklenburg-Vorpommern — Nordwest
Mecklenburg — 1 581 Ew
ℹ — Tourist-Information, 23968 Gägelow

** **Treff-Hotel Wismar**
♂ ⦿ Bellevuestr 1, ✉ 23968, ☎ (0 38 41) 66 00,
Fax 66 05 00, AX DC ED VA
180 Zi, Ez: 160, Dz: 190-220, S; ⊣ WC ☎,
30⌂; Lift P 9✪350 ⛱ Fitneßraum Sauna
Solarium 18Golf 2Tennis ⛱
** Hauptgericht 25

Gärtringen 61 □

Baden-Württemberg — Kreis Böblingen —
460 m — 11 022 Ew — Herrenberg 7,
Böblingen 8 km
ℹ ☎ (0 70 34) 9 23-0, Fax 9 23-2 00 —
Gemeindeverwaltung, Rohrweg 2,
71116 Gärtringen. Sehenswert: Ev. Kirche;
Sandmühlen-Museum; Literarisches
Museum

* **Bären**
Daimlerstr 11, ✉ 71116, ☎ (0 70 34) 27 60,
Fax 27 62 22, AX DC ED VA
31 Zi, Ez: 88-108, Dz: 118-168, 2 App, ⊣ WC
☎, 9⌂; P 🚗 2✪20 Kegeln
geschl: 24.12.-2.1.
* Hauptgericht 24; Gartenlokal
geschl: Sa, So, 24.12.-10.1.

* **Kerzenstüble**
an der B 14, ✉ 71116, ☎ (0 70 34) 9 24 00,
Fax 92 40 40, AX DC ED VA
28 Zi, Ez: 80-120, Dz: 110-160, ⊣ WC ☎; Lift
P 🚗 1✪30 Bowling
* Hauptgericht 26

Gäufelden 61 ↙

Baden-Württemberg — Kreis Böblingen —
428 m — 8 556 Ew — Herrenberg 6, Tübingen 15, Nagold 16 km
ℹ ☎ (0 70 32) 78 02 00, Fax 78 02 11 —
Gemeindeverwaltung, Öschelbronn,
71126 Gäufelden

Nebringen (1 km ↑)
** **Sporthotel Aramis**
Siedlerstr 40-44, ✉ 71126, ☎ (0 70 32) 78 10, Fax 78 15 55, AX DC ED VA
54 Zi, Ez: 96-168, Dz: 138-220, 1 App, ♿ WC ☎; Lift 🅿 8⟷200 Fitneßraum Kegeln Sauna Solarium 🌊
geschl: 21.12.-10.1.
* Hauptgericht 35; geschl: 21.12.-9.1.

* **Gäufelden**
Siedlerstr 46, ✉ 71126, ☎ (0 70 32) 97 40, Fax 97 41 50, AX DC ED VA
37 Zi, Ez: 80-90, Dz: 100-135, ♿ WC ☎, 2✉; 🅿 🔲 2⟷45 ⌑

Gaggenau 60→

Baden-Württemberg — Kreis Rastatt — 142 m — 30 000 Ew — Rastatt 10, Baden-Baden 16 km
ℹ ☎ (0 72 25) 7 96 69, Fax 7 96 69 — Tourist-Info, im Stadtteil Bad Rotenfels, Rathausstr 11, 76571 Gaggenau; Stadt im romantischen Murgtal, im Nördlichen Schwarzwald, Thermal-Mineral-Badezentrum

*** **Parkhotel**
Konrad-Adenauer-Str 1, ✉ 76571, ☎ (0 72 25) 6 70, Fax 7 62 05, AX DC ED VA
63 Zi, Ez: 140-198, Dz: 240, 9 Suiten, ♿ WC ☎, 6✉; Lift 6⟷220
Auch Zimmer der Kategorie ****** vorhanden
** Hauptgericht 50

Michelbach (3 km ↗)
** **Traube**
🌀 Lindenstr 10, ✉ 76571, ☎ (0 72 25) 7 62 63, Fax 7 02 13, ED VA
Hauptgericht 45; 🅿 Terrasse; geschl: Mo

Ottenau (2 km ↘)
** **Gasthaus Adler**
Hauptstr 255, ✉ 76571, ☎ (0 72 25) 37 06
Hauptgericht 35; 🅿 Terrasse; geschl: Mo, 1 Woche Fasnacht, 3 Wochen Sommerferien

Rotenfels, Bad (Heilbad, 2 km ↑)
* **Ochsen**
Murgtalstr 22, ✉ 76571, ☎ (0 72 25) 9 69 90, Fax 96 99 50, AX ED VA
25 Zi, Ez: 90-100, Dz: 140-150, ♿ WC ☎; 🅿 🔲 1⟷60 ⌑
geschl: So, Sa mittags, 1.-16.8., 1.-15.1.
Auch Zimmer der Kategorie ****** vorhanden

Gahlenz 50 ↗

Sachsen — Kreis Flöha — 484 m — 1 049 Ew — Oederan 4, Chemnitz 17 km
ℹ ☎ (03 72 92) 2 09 73, Fax 6 03 05 — Gemeindeverwaltung, Hauptstr 118, 09569 Gahlenz

* **Landhotel**
Hauptstr 130, ✉ 09569, ☎ (03 72 92) 6 02 77, Fax 6 02 77, AX DC ED VA
14 Zi, Ez: 45-75, Dz: 90-120, 1 Suite, ♿ WC ☎; 🅿 🔲 1⟷20 ⌑

Gaienhofen 68 ↘

Baden-Württemberg — Kreis Konstanz — 400 m — 4 000 Ew — Öhningen 8, Radolfzell 12 km
ℹ ☎ (0 77 35) 8 18 23, Fax 8 18 18 — Kultur- und Gästebüro, Im Kohlgarten 1, 78343 Gaienhofen; Badeort am Untersee (Bodensee), Erholungsort. Sehenswert: Höri-Museum; Otto-Dix-Haus; Herrmann-Hesse-Haus

Horn (1 km ↗)
* **Gasthof Hirschen**
Kirchgasse 1, ✉ 78343, ☎ (0 77 35) 30 51, Fax 16 34
30 Zi, Ez: 59-89, Dz: 102-160, 1 App, ♿ WC; 🅿 ⌑ 🌊

Gaildorf 62 ↑

Baden-Württemberg — Kreis Schwäbisch Hall — 329 m — 12 200 Ew — Schwäbisch Hall 17, Murrhardt 20, Schwäbisch Gmünd 29 km
ℹ ☎ (0 79 71) 25 30, Fax 25 31 88 — Stadtverwaltung, Schloßstr 20, 74405 Gaildorf. Sehenswert: Schloß; Rathaus; Fachwerkhäuser; Kernerturm

Unterrot (2 km ↓)
** **Gasthof Kocherbähnle**
Schönberger Str 8, ✉ 74405, ☎ (0 79 71) 70 54, Fax 2 10 88, AX DC ED VA
🅿 Terrasse; geschl: So abends, Mo, 3 Wochen im Aug
* 9 Zi, Ez: 68-70, Dz: 120-130, ♿ WC ☎; 🔲
geschl: 3 Wochen Aug

Gaimersheim 64 ←

Bayern — Kreis Eichstätt — 377 m — 9 511 Ew — Ingolstadt 8, Eichstätt 20 km
ℹ ☎ (0 84 58) 32 44-0, Fax 32 44-13 — Marktverwaltung, Marktplatz 3, 85080 Gaimersheim

Gaimersheim-Außerhalb (3 km ↓)
** **Parkhotel Heidehof**
Ingolstädter Str 121, ✉ 85080, ☎ (0 84 58) 6 40, Fax 6 42 30, AX DC ED VA
110 Zi, Ez: 159-195, Dz: 215-251, 5 Suiten, ♿ WC ☎; Lift 🅿 🔲 7⟷150 ≋ 🏊 Bowling Fitneßraum Sauna Solarium 🌊
** Hauptgericht 25; Gartenlokal Terrasse; geschl: So abends

Gallmersgarten

Gallmersgarten 56 ↘

Bayern — Neustadt/Aisch-Bad Windsheim
— 350 m — 830 Ew
i ☎ (0 98 43) 9 79 99, Fax 9 79 97 —
Gemeindeverwaltung, Höhenweg 13,
91605 Gallmersgarten

Steinach a.d.Enz
✱ **Landgasthof Sämann**
Bahnhofstr 18, ✉ 91605, ☎ (0 98 43) 93 70,
Fax 93 72 22, AX ED VA
23 Zi, Ez: 50-70, Dz: 88-105, 1 Suite, WC
DFÜ, 4; Lift 3 80 Kegeln Sauna
Solarium
Zimmer der Kategorie ✱✱ vorhanden

Gammelby 10 □

Schleswig-Holstein — Kreis Rendsburg-
Eckernförde — 30 m — 453 Ew — Eckernförde 5, Schleswig 16 km
i ☎ (0 43 51) 7 17 90, Fax 62 82 — Kurverwaltung, Am Exer 1, 24340 Eckernförde

✱ **Gammelby**
Dorfstr 6, ✉ 24340, ☎ (0 43 51) 88 10,
Fax 8 81 66, AX DC VA
33 Zi, Ez: 86-110, Dz: 125-170, WC;
1 120 Kegeln Sauna Solarium 3Tennis
✱ Hauptgericht 28

Gammertingen 69 ↖

Baden-Württemberg — Kreis Sigmaringen
— 666 m — 6 795 Ew — Albstadt 18, Sigmaringen 24, Hechingen 26 km
i ☎ (0 75 74) 40 60, Fax 4 06 23 — Bürgermeisteramt, Hohenzollernstr 5, 72501 Gam-
mertingen; Luftkurort. Sehenswert: Rathaus; Karlshöhle mit Bärenhöhle (19 km ↑)

✱ **Gästehaus Kreuz**
Marktstr 6, ✉ 72501, ☎ (0 75 74) 9 32 90,
Fax 46 80, ED VA
19 Zi, Ez: 45-85, Dz: 90-135, WC;
Kegeln

Ganderkesee 16 ↘

Niedersachsen — Kreis Oldenburg — 32 m
— 30 800 Ew — Delmenhorst 6, Wildeshausen 19, Oldenburg 26 km
i ☎ (0 42 22) 4 44 12, Fax 4 44 30 —
Gemeinde Ganderkesee, Abt. Fremdenverkehr, Rathausstr 24, 27777 Ganderkesee;
Erholungsort

✱ **Akzent-Hotel Jägerklause**
♂ Neddenhüsen 16, ✉ 27777, ☎ (0 42 22)
93 02-0, Fax 93 02 50, AX ED VA
23 Zi, Ez: 75-110, Dz: 120-160, WC,
6; 2 25
Rezeption: ab 16; geschl: 22.12.-4.1.
Im Gästehaus Zimmer der Kategorie ✱✱
vorhanden

Hoyerswege (4 km ↘)
✱✱ **Menkens' Restaurant**
Wildeshauser Landstr 66, ✉ 27777,
☎ (0 42 22) 9 31 00, Fax 93 10 55, AX DC ED VA
Hauptgericht 30; Gartenlokal **P**; geschl:
Mo mittags

Stenum (6 km ↗)
✱ **Backenköhler-Stenum**
♂ Dorfring 40, ✉ 27777, ☎ (0 42 23) 7 30,
Fax 86 04, AX DC ED VA
51 Zi, Ez: 87-105, Dz: 130-155, WC;
8 600 Kegeln Solarium
geschl: 13.7.-24.7.99

Gandersheim, Bad 36 ↗

Niedersachsen — Kreis Northeim — 125 m
— 12 500 Ew — Seesen 14, Einbeck 22,
Northeim 34 km
i ☎ (0 53 82) 7 34 79, Fax 7 34 40 — Tourist-
Information, Stiftsfreiheit 12, 37581 Bad
Gandersheim; Heilbad. Sehenswert: Ev.
ehem. Stiftskirche und Abtei; St.-Georgs-
Kirche; Rathaus; Burg; Marktplatz; Kloster-
kirchen; Kaisersaal.
Achtung: Domfestspiele im Sommer,
i ☎ (0 53 82) 7 24 47

✱✱ **Kurpark-Hotel Bartels**
Dr.-Heinrich-Jasper-Str 2, ✉ 37581,
☎ (0 53 82) 7 50, Fax 7 51 47, ED VA
110 Zi, Ez: 60-130, Dz: 115-180, WC;
Lift 6 80 Fitneßraum Sauna Solarium
geschl: Anfang Dez-Ende Jan
Restaurant für Hausgäste

 Gerichtsschänke
Burgstr 10, ✉ 37581, ☎ (0 53 82) 9 80 10,
Fax 98 01 98, AX ED VA
25 Zi, Ez: 70-90, Dz: 125-150, WC;
geschl: Mo

Ackenhausen (5 km ↗)
✱✱ **Seminar-Hotel Alte Mühle**
einzeln, Am Mühlenteich 1, ✉ 37581,
☎ (0 53 82) 59 90, Fax 55 60
32 Zi, Ez: 100-130, Dz: 140-220, WC;
4 Sauna
Einzelreservierungen nur auf Anfrage

Garbsen 26 ←

Niedersachsen — Kreis Hannover — 50 m
— 60 910 Ew — Hannover 12, Wunstorf
14 km
i ☎ (0 51 37) 70 40, Fax 70 45 55 — Stadtverwaltung, im Stadtteil Berenbostel, Birkenweg 1, 30827 Garbsen

Wenn Hotels das Frühstück extra berechnen, geben wir den Frühstückspreis
in Klammern hinter dem Einzelzimmerpreis an.

Garlstorf

∗ Waldhotel Garbsener Schweiz
Garbsener Schweiz 1-5, ✉ 30823,
☎ (0 51 37) 8 98 10, Fax 1 36 20, AX ED VA
58 Zi, Ez: 98-230, Dz: 170-260, 1 Suite, ⇗
WC ☎; P 🍴 5⇔90 ≋ Kegeln Sauna ⌘ ⇌
geschl: 24.12.-10.1.
Auch Zimmer der Kategorie ∗∗ vorhanden

Berenbostel (2 km ↑)
∗∗ Landhaus am See
einzeln ☘ ⇌ Seeweg 27, ✉ 30827,
☎ (0 51 31) 4 68 60, Fax 46 86 66, AX DC ED VA
39 Zi, Ez: 110-150, Dz: 150-280, 1 Suite, ⇗
WC ☎; P 4⇔ ≋ Sauna Solarium
Auch Zimmer der Kategorie ∗ vorhanden
∗∗ Hauptgericht 25; Biergarten ✤
Terrasse; geschl: So

⇌ Abseits
Siemensstr 19, ✉ 30827, ☎ (0 51 31) 80 01,
Fax 46 51 53, ED VA
12 Zi, Ez: 70-120, Dz: 140-180, ⇗ WC ☎; P
⌘

Frielingen (8 km ↘)
∗∗ Hotel Bullerdieck
Bürgermeister-Wehrmann-Str 21, ✉ 30826,
☎ (0 51 31) 4 58-0, Fax 4 58-2 22, AX DC ED VA
54 Zi, Ez: 99-160, Dz: 140-220, 3 Suiten,
1 App, ⇗ WC ☎, 6✉; Lift P 🍴 3⇔30 Sauna
Solarium ⇌
Auch Zimmer der Kategorie ∗∗∗ vorhanden
∗ Hauptgericht 30; Biergarten

Havelse (2 km ↘)
∗ Wildhage
Hannoversche Str 45, ✉ 30823, ☎ (0 51 37)
70 37-0, Fax 70 37-30, AX DC ED VA
25 Zi, Ez: 108-180, Dz: 156-240, ⇗ WC ☎; P
🍴 2⇔80 Fitneßraum Kegeln Sauna
Solarium ⇌
∗∗ Hauptgericht 30; geschl: So

Stelingen (6 km ↗)
∗ Hof Münkel
☘ Engelbosteler Str 51, ✉ 30827,
☎ (0 51 31) 4 69 50, Fax 46 95 46, AX ED VA
40 Zi, Ez: 80-180, Dz: 120-240, 2 App, ⇗ WC
☎ DFÜ, 20✉; garni

Garching b. München   72 ↖

Bayern — Kreis München — 481 m —
15 558 Ew — München 14, Freising 18 km
ℹ ☎ (0 89) 32 08 90, Fax 32 08 92 98 —
Stadtverwaltung, Rathausplatz 3,
85748 Garching b. München

∗∗ Hoyacker Hof
Freisinger Landstr 9 a, ✉ 85748, ☎ (0 89)
3 20 69 65, Fax 3 20 72 43, ED VA
61 Zi, Ez: 130-150, Dz: 180-220, ⇗ WC ☎;
Lift P 🍴; garni

∗ Coro
Heideweg 1, ✉ 85748, ☎ (0 89) 3 29 27 70,
Fax 3 29 17 77, AX DC ED VA
22 Zi, Ez: 80-120, Dz: 160-180, ⇗ WC ☎; Lift
P; garni

∗ König Ludwig II.
Bürgerplatz 3, ✉ 85748, ☎ (0 89) 3 20 50 46,
Fax 3 29 15 10, AX DC ED VA
24 Zi, Ez: 120-160, Dz: 150-220, ⇗ WC ☎
DFÜ, 2✉; Lift 🍴 1⇔20 ⇌
∗∗ Hauptgericht 25; P Terrasse;
geschl: Sa, So

∗ Am Park
Bürgermeister-Amon-Str 2, ✉ 85748,
☎ (0 89) 3 20 40 84, Fax 3 20 40 89,
AX DC ED VA
44 Zi, Ez: 125-145, Dz: 195, 2 Suiten, 8 App,
⇗ WC ☎; 1⇔10; garni

Gardelegen   27 →

Sachsen-Anhalt — Kreis Gardelegen —
49 m — 13 000 Ew — Wolfsburg 40, Stendal
35 km
ℹ ☎ (0 39 07) 4 22 66 — Gardelegen-Information, Bahnhofstr 1, 39638 Gardelegen.
Sehenswert: Rathaus; Salzwedeler Tor;
Kloster Neuendorf; Pfarrkirche St. Marien

∗∗ Reutterhaus
Sandstr 80, ✉ 39638, ☎ (0 39 07) 4 17 95,
Fax 4 19 64, AX ED VA
23 Zi, Ez: 93, Dz: 105-154, 13✉; P 1⇔25
Sauna ⌘

∗ Altes Zollhaus
Stendaler Str 21, ✉ 39638, ☎ (0 39 07)
71 29 36, Fax 05 37 2/ 72 34, AX ED VA
9 Zi, Ez: 45-70, Dz: 90-95, ⇗; ⌘

Zienau (1 km ↘)
∗ Heide-Hotel
Am Wald 1, ✉ 39638, ☎ (0 39 07) 71 25 94,
Fax 71 25 94
15 Zi, Ez: 80-90, Dz: 100-110, 2 Suiten, ⇗;
⌘ ⇌

Garlstorf   18 □

Niedersachsen — Kreis Harburg — 60 m —
800 Ew — Winsen (Luhe) 17, Lüneburg
21 km
ℹ ☎ (0 41 72) 71 20, Fax 98 02 53 — Verkehrsverein, Egestorfer Landstr 24,
21376 Garlstorf; Ort in der Lüneburger
Heide

**∗ Niemeyers Heidehof
Flair Hotel**
Winsener Landstr 4, ✉ 21376, ☎ (0 41 72)
71 27, Fax 79 31, DC ED VA
12 Zi, Ez: 95-118, Dz: 138-148, 1 Suite,
1 App, ⇗ WC ☎, 3✉; P 🍴 1⇔12
Rezeption: 7-14, 16-23 geschl: Do
∗ Hauptgericht 26; geschl: Do,
21.12.-24.12.

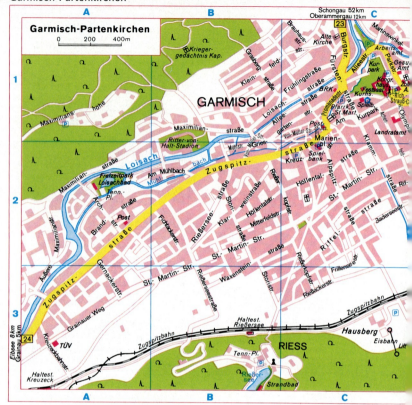

Garmisch-Partenkirchen 71

Bayern — Garmisch-Partenkirchen — 720 m — 26 400 Ew — Oberammergau 20, Mittenwald 25, München 95 km

🛈 ☎ (0 88 21) 18 06, Fax 18 07 55 — Verkehrsamt, im Stadtteil Garmisch, Richard-Strauss-Platz (C 1), 82467 Garmisch-Partenkirchen; Heilklimatischer Kurort und Wintersportplatz; Theater; Spielbank. Sehenswert: Alte kath. Kirche; neue kath. Kirche; Wallfahrtskirche St. Anton; Werdenfelser Heimatmuseum; Stiftung Aschenbrenner im Kurhaus (Meissner und Höchster Porzellan, Puppen); Zugspitze 2963 m ⛷ (Zahnradbahn vom Zugspitzbahnhof in D 2 zum Schneefernerhaus, von dort Seilbahn zum Gipfel, oder direkt zum Gipfel mit der Seilbahn vom Eibsee 7 km ✓); Wank, 1780 m ⛷ (Seilbahn-Talstation in F 1); Kreuzeck, 1652 m ⛷ (Seilbahn-Talstation südlich A 3); Osterfelder Kopf, 2050 m ⛷ (Seilbahn-Talstation südlich A 3); Eckbauer, 1236 m ⛷ (Seilbahn-Talstation in F 3); Hausberg, 1230 m ⛷ (Seilbahn-Talstation in D 3); Partnachklamm, Naturschutzgebiet; Höllentalklamm (4 km + 15 Min ✓); Eibsee, 972 m (7 km ✓)

Garmisch

★★★ Grand-Hotel Sonnenbichl
⛷ Burgstr 97 (C 1), ✉ 82467, ☎ (0 88 21) 70 20, Fax 70 21 31, AX DC ED VA
93 Zi, Ez: 175-230, Dz: 250-350, S; 3 Suiten, ⌁ WC ☎ DFÜ, 8⌬; Lift P 4⟲120 ⌂ Sauna Solarium 18Golf
Auch Zimmer anderer Kategorien vorhanden

★★★ Blauer Salon
Hauptgericht 46; Terrasse; nur abends, so + feiertags auch mittags

★★ Zugspitze
⛷ Klammstr 19 (C 1), ✉ 82467, ☎ (0 88 21) 90 10, Fax 9 01-3 33, ED VA
48 Zi, Ez: 120-160, Dz: 170-280, 3 Suiten, 3 App, ⌁ WC ☎; Lift 🅿 ⌂ Fitneßraum Sauna Solarium ⌘

★★ Clausings Posthotel
Marienplatz 12 (C 1), ✉ 82467, ☎ (0 88 21) 70 90, Fax 70 92 05, AX DC ED VA
44 Zi, Ez: 100-180, Dz: 160-280, 1 Suite, ⌁ WC ☎; Lift P 2⟲30 9Golf ⌘
Auch Zimmer der Kategorien ★ vorhanden

★★ Stüberl
⌘ Hauptgericht 30; Biergarten Terrasse

Garmisch-Partenkirchen

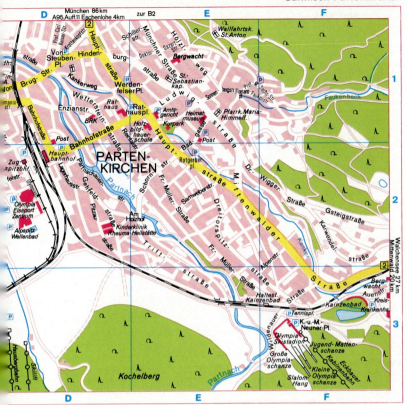

** Alpina
Alpspitzstr 12 (C 2), ✉ 82467, ☎ (0 88 21) 78 30, Fax 7 13 74, AX DC ED VA
69 Zi, Ez: 120-190, Dz: 150-330, 1 Suite, 🛁 WC ☎, 15🖼; Lift 🅿 🚗 2⇔28 ≘ Fitneßraum Sauna Solarium
* Hauptgericht 30; Gartenlokal

**** Wittelsbach
Top International Hotel**
◄ Von-Brug-Str 24 (D 1), ✉ 82467, ☎ (0 88 21) 5 30 96, Fax 5 73 12, AX DC ED VA
60 Zi, Ez: 125-235, Dz: 230-280, S; 🛁 WC ☎ DFÜ, 30🖼; Lift 🅿 🚗 1⇔40 ≘ Sauna Solarium
geschl: 1.11.-20.12.
** Hauptgericht 30; Terrasse

** Staudacherhof
♠ ◄ Höllentalstr 48 (C 2), ✉ 82467, ☎ (0 88 21) 9 29-0, Fax 92 93 33, ED VA
37 Zi, Ez: 85-290, Dz: 195-350, 1 Suite, 🛁 WC ☎; Lift 🅿 🚗 ≋ ≘ Sauna Solarium; **garni** 🍹

Die von uns genannten Ruhetage und Ruhezeiten werden von den Betrieben gelegentlich kurzfristig geändert.

**** Rheinischer Hof
mit Gästehaus Windrose**
Zugspitzstr 76 (A 2), ✉ 82467, ☎ (0 88 21) 91 20, Fax 5 91 36, VA
32 Zi, Ez: 120-197, Dz: 170-210, 8 Suiten, 🛁 WC ☎ DFÜ, 5🖼; Lift 🅿 🚗 ≋ Fitneßraum Sauna Solarium 9Golf 🍽

* Aschenbrenner
Loisachstr 46 (C 1), ✉ 82467, ☎ (0 88 21) 9 59 70, Fax 95 97 95, AX DC ED VA
23 Zi, Ez: 98-140, Dz: 150-220, 🛁 WC ☎, 7🖼; Lift 🅿 1⇔14; **garni**

* Brunnthaler
◄ Klammstr 31 (C 2), ✉ 82467, ☎ (0 88 21) 5 80 66, Fax 7 66 96
22 Zi, Ez: 63-128, Dz: 146-166, 7 App., 🛁 WC ☎; Lift 🅿 🚗 Sauna; **garni**
Rezeption: 8-21

** Husar ✠
☘ Fürstenstr 27, ✉ 82467, ☎ (0 88 21) 17 13, Fax 94 81 90, AX DC ED VA
Hauptgericht 35; 🅿 Terrasse; geschl: Mo, Di mittags,
Historisches Gebäude aus dem 16. Jh. mit sehenswerter Fassadenmalerei →

Garmisch-Partenkirchen

* **Alpenhof**
Am Kurpark 10 (C 1), ✉ 82467, ☎ (0 88 21) 5 90 55, Fax 92 93 99, AX ED VA
Hauptgericht 25; **P** Terrasse

☕ **Café Krönner**
Achenfeldstr 1 (C 1), ✉ 82467, ☎ (0 88 21) 30 07, Fax 7 46 48, AX ED VA
Gartenlokal Terrasse
Spezialität: Agnes-Bernauer-Torte

Partenkirchen
*** **Reindl's Partenkirchner Hof**
Bahnhofstr 15 (D 1), ✉ 82467, ☎ (0 88 21) 5 80 25, Fax 7 34 01, AX DC ED VA
58 Zi, Ez: 140-190, Dz: 190-250, 7 Suiten, 16 App, ⇛ WC ☎, 8⌧; Lift 🅿 3✪35 ≋ Fitneßraum Sauna Solarium 18Golf 13Tennis
geschl. 15.11.-15.12.
Zimmer unterschiedlicher Kategorien vorhanden
** **Reindl's Restaurant** ✤
Hauptgericht 30; **P**; geschl. 15.11.-15.12.

*** **Dorint Sporthotel**
♂ ◂ Mittenwalder Str 59 (F 3), ✉ 82467, ☎ (0 88 21) 70 60, Fax 70 66 18, AX DC ED VA
78 Zi, Ez: 245-345, Dz: 330-400, S; 12 Suiten, 64 App, ⇛ WC ☎; Lift 🅿 🚗 6✪300 ≋ Fitneßraum Sauna Solarium 6Tennis ☕
Überwiegend Ein- und Mehrraumappartements
** **Zirbelstube/Bayernland**
Hauptgericht 30; Biergarten

** **Queens Hotel Residence**
Mittenwalder Str 2 (E 2), ✉ 82467, ☎ (0 88 21) 75 60, Fax 7 42 68, AX DC ED VA
117 Zi, Ez: 130-226, Dz: 198-302, S; 5 Suiten, ⇛ WC ☎, 13⌧; Lift 🅿 5✪200 ≋ Fitneßraum Sauna Solarium ☕
** **Bayerische Botschaft**
Hauptgericht 40

** **Posthotel Partenkirchen**
◂ Ⓥ Ludwigstr 49 (E 1), ✉ 82467, ☎ (0 88 21) 5 10 67, Fax 7 85 68, AX DC ED VA
59 Zi, Ez: 100-195, Dz: 200-280, 1 Suite, ⇛ WC ☎, 10⌧; Lift 🅿 3✪80 ☕
** **Alte Posthalterei**
Ⓥ Hauptgericht 35

* **Leiner Landidyll**
Wildenauer Str 20 (F 3), ✉ 82467, ☎ (0 88 21) 95 28-0, Fax 95 28-1 00, AX DC ED VA
49 Zi, Ez: 85-120, Dz: 158-176, 2 App, ⇛ WC ☎ DFÜ; Lift 🅿 ≋ Sauna Solarium 🍴 ☕
Rezeption: 8-21; geschl: Anfang Nov-Mitte Dez

* **Boddenberg**
♂ Wildenauer Str 21 (F 3), ✉ 82467, ☎ (0 88 21) 9 32 60, Fax 5 29 11, AX DC ED VA
24 Zi, Ez: 50-85, Dz: 150-190, 1 Suite, ⇛ WC ☎ DFÜ, 2⌧; **P** 🚗 ≋ Solarium; garni
geschl: 1.11.-15.12.

* **Gasthof Fraundorfer mit Gästehaus Barbara**
Ludwigstr 24 (E 1), ✉ 82467, ☎ (0 88 21) 21 76-92 70, Fax 9 27 99, AX ED VA
26 Zi, Ez: 70-120, Dz: 130-190, 5 Suiten, 3 App, ⇛ WC ☎; **P** 1✪15 Sauna Solarium 🍴
geschl: 3.11.-3.12.

☕ **Kneitinger**
Bahnhofstr 7 (D 1), ✉ 82467, ☎ (0 88 21) 24 51

Rieß (1 km ↓)
*** **Ramada Sporthotel**
♂ ◂ Am Rieß 5 (B 3), ✉ 82467, ☎ (0 88 21) 75 80, Fax 38 11, AX DC ED VA
162 Zi, Ez: 150-260, Dz: 190-360, 53 Suiten, ⇛ WC ☎, 23⌧; Lift 🅿 🚗 12✪200 ≋ Strandbad Seezugang Fitneßraum Sauna Solarium 18Golf ☕
Auch Zimmer der Kategorie **vorhanden
** Hauptgericht 25; Biergarten Terrasse

🍴 **Riessersee**
◂ Rieß 6 (B 3), ✉ 82467, ☎ (0 88 21) 9 54 40, Fax 7 25 89, AX ED VA
Hauptgericht 20; Gartenlokal **P** Terrasse; geschl: Mo, 15.11.-15.12.
* ♂ ◂ 5 Zi, Ez: 100-140, Dz: 128-220, ⇛ WC ☎; 🚗 9Golf ≋ Strandbad Seezugang 9Golf
Rezeption: 8.30-18; geschl: Mo (außer Hochsaison), 15.11.-15.12.

Garrel 24 ↑

Niedersachsen — Kreis Cloppenburg — 20 m — 10 917 Ew — Cloppenburg 13, Friesoythe 16 km

ℹ ☎ (0 44 74) 89 90, Fax 8 99 30 — Gemeindeverwaltung, Hauptstr 15, 49681 Garrel

* **Zur Post**
Hauptstr 34, ✉ 49681, ☎ (0 44 74) 80 00, Fax 78 47, AX DC ED VA
27 Zi, Ez: 68-75, Dz: 120-140, ⇛ WC ☎; **P** 2✪80 Solarium 18Golf 🍴

Garrel-Außerhalb (1,5 km)
** **Auehof**
Nikolausdorfer Str 21, ✉ 49681, ☎ (0 44 74) 9 48 40, Fax 94 84 30, ED VA
20 Zi, Ez: 75-85, Dz: 125-135, ⇛ WC ☎, 15⌧; Lift 🅿 3✪100 Kegeln 🍴

Petersfeld
** **Sport- u. Tagungshotel Dreibrücken City Line & Country Line Hotels**
Dreibrückenweg 10, ✉ 49681, ☎ (0 44 95) 89-0, Fax 8 91 00, AX ED VA
54 Zi, Ez: 113-123, Dz: 168-227, 7 Suiten, ⇛ WC ☎, 8⌧; Lift 🅿 7✪200 ≋ Fitneßraum Kegeln Sauna Solarium 27Golf 🍴 ☕

Garstedt 18 □

Niedersachsen — Kreis Harburg —
1 132 Ew — Sulzhausen 6, Winsen/Luhe 9,
Lüneburg 22 km
🛈 ☎ (0 41 73) 3 60, Fax 3 60 — Gemeindeverwaltung, Hauptstr 9, 21441 Garstedt

✻ **Schmidt's Gasthaus**
Hauptstr 1, ✉ 21441, ☎ (0 41 73) 2 35,
Fax 62 61, AX DC ED VA
22 Zi, Ez: 110-200, Dz: 145-260, 1 Suite, ⌁
WC ☎; 4⇔80 ⍓

Gartow 19 ↘

Niedersachsen — Kreis Lüchow-Dannenberg — 27 m — 1 400 Ew — Lüchow 24,
Dannenberg 26, Wittenberge 30 km
🛈 ☎ (0 58 46) 3 33, Fax 22 88 — Kurverwaltung, Nienwalder Weg 1, 29471 Gartow;
Luftkurort in der Elbtalaue

✻✻ **Seeblick**
◂⃪ Hauptstr 36, ✉ 29471, ☎ (0 58 46) 96 00,
Fax 9 60 60, AX ED VA
25 Zi, Ez: 95, Dz: 140, ⌁ WC ☎; **P** Seezugang; **garni** ⛵

🛏 **Wendland**
Hauptstr 11, ✉ 29471, ☎ (0 58 46) 4 11,
Fax 4 20
16 Zi, Ez: 75-90, Dz: 130, ⌁ WC ☎; 🚗
✻ **Jägerstube**
Hauptgericht 25

✻ **Gartower Hof**
Springstr 2, ✉ 29471, ☎ (0 58 46) 3 95
Hauptgericht 23; **P** Terrasse; geschl: Di,
6.1.-6.2.

Garz siehe Rügen

Gaste siehe Hasbergen

Gattendorf 49 ↙

Bayern — Kreis Hof — 500 m — 1 000 Ew —
Hof 6 km
🛈 ☎ (0 92 81) 4 07 30, Fax 4 50 01 — Gemeindeverwaltung, Kirchstr 24, 95185 Gattendorf

✻✻ **Schloßhotel Gattendorf**
♂ ◂⃪ Schloßplatz 6, ✉ 95185, ☎ (0 92 81)
4 12 54, Fax 4 50 59, ED
31 Zi, Ez: 80-95, Dz: 130-180, ⌁ WC ☎, 3⌸
P 1⇔40 🛎 1Tennis ⍓
Rezeption: 7-12, 16-22; geschl: Fr, So
abends, 24.12.-6.1.
✻ Hauptgericht 25; Terrasse;
geschl: Fr, So abends, 24.12.-6.1.

Gau-Algesheim 54 ↘

Rheinland-Pfalz — Kreis Mainz-Bingen —
6 502 Ew
🛈 ☎ (0 67 25) 9 10-0, Fax 9 10-1 10 — Verbandsgemeindeverwaltung, Hospitalstr 22,
55435 Gau-Algesheim

✻ **Am Heljerhaisje**
Appenheimer Str 36, ✉ 55435, ☎ (0 67 25)
30 60, Fax 30 64 44, ED VA
39 Zi, Ez: 95-160, Dz: 150-230, 3 Suiten,
4 App, ⌁ WC ☎ DFÜ; **P** Solarium; **garni**

Gauangelloch siehe Leimen

Gau-Bischofsheim 54 ↘

Rheinland-Pfalz — Kreis Mainz-Bingen —
90 m — 2 100 Ew — Mainz 13 km
🛈 ☎ (0 61 35) 28 80, Fax 28 80 — Gemeindeverwaltung, Unterhofstr 10, 55296 Gau-Bischofsheim

✻✻✻ **Weingut Nack**
Pfarrstr 13, ✉ 55296, ☎ (0 61 35) 30 43,
Fax 83 82, AX DC ED VA
Hauptgericht 40; nur abends, so+feiertags
auch mittags; geschl: Di

Gauting 72 ←

Bayern — Kreis Starnberg — 584 m —
18 100 Ew — Starnberg 10, München 17 km
🛈 ☎ (0 89) 85 79 70 — Gemeindeverwaltung, Bahnhofstr 7, 82131 Gauting

✻ **Gästehaus Bauer**
♂ Unterbrunner Str 9, ✉ 82131, ☎ (0 89)
8 50 12 30, Fax 8 50 97 10, ED
13 Zi, Ez: 95-145, Dz: 138-168, 1 Suite, ⌁
WC ☎, 3⌸; **garni**

Geesthacht 18 →

Schleswig-Holstein — Herzogtum Lauenburg — 30 m — 29 000 Ew — Lauenburg 15,
Hamburg 29 km
🛈 ☎ (0 41 52) 1 32 78, Fax 7 89 67 — Tourist-Information, Bergedorfer Str 28,
21502 Geesthacht. Sehenswert: St.-Salvatoris-Kirche; Krügersches Haus (Heimatmuseum); Elbe-Staustufe mit Schleusenanlagen; Pumpspeicherwerk ◂⃪; Alte-Dampfzüge; bronzezeitliches Totenhaus in
Tesperhude

✻✻ **Kleines Theaterhotel**
Schillerstr 33, ✉ 21502, ☎ (0 41 52)
88 08 80, Fax 88 08 81, ED VA
25 Zi, Ez: 95-155, Dz: 120-180, ⌁ WC ☎,
17⌸; Lift **P** 3⇔30 Sauna Solarium; **garni**
Rezeption: 7-21
Auch Zimmer der Kategorie ✻ vorhanden

✻ **Fährhaus Ziehl**
◂⃪ Fährstieg 20, ✉ 21502, ☎ (0 41 52) 30 41,
Fax 7 07 88, AX DC ED VA
18 Zi, Ez: 80-99, Dz: 107-150, ⌁ WC ☎; **P** 🚗
1⇔16 ⍓ →

Geesthacht

Tesperhude (5 km ↘)
* **Landhaus Tesperhude**
 Elbuferstr 100, ⌧ 21502, ☎ (0 41 52)
7 22 44, Fax 7 22 45, AX ED
11 Zi, Ez: 80-105, Dz: 130, ⌐ WC ☎; P 🖹 ¶⊙¶ ⚓

Gehlberg 47 □

Thüringen — Ilmkreis — 600 m — 887 Ew —
Oberhof 10, Suhl 12, Ilmenau 26 km
🛈 ☎ (03 68 45) 5 04 14, Fax 5 04 14 — Fremdenverkehrsamt, Hauptstr 41, 98559 Gehlberg

* **Gasthof Beerberg**
Hauptstr 17, ⌧ 98559, ☎ (03 68 45) 58 10,
Fax 5 81 13
21 Zi, Ez: 65-75, Dz: 100-120, 2 App, ⌐ WC ☎; ¶⊙¶

* **Gasthof Daheim**
Ritterstr 16, ⌧ 98559, ☎ (03 68 45) 5 02 39,
Fax 5 10 91, ED VA
24 Zi, Ez: 65-75, Dz: 100-120, ⌐ WC ☎; Lift
P 2↔100 ☂ Sauna Solarium ¶⊙¶ ⚓

Gehrden 26 ↙

Niedersachsen — Kreis Hannover — 70 m
— 15 000 Ew — Hannover 12, Bad Nenndorf 16 km
🛈 ☎ (0 51 08) 6 40 40, Fax 64 04 13 — Stadtverwaltung Gehrden, Kirchstr 1-3,
30989 Gehrden

* **Ratskeller**
Am Markt 6, ⌧ 30989, ☎ (0 51 08) 20 98,
Fax 20 08, AX DC ED VA
16 Zi, Ez: 110-180, Dz: 160-220, 1 App, ⌐
WC ☎, 2🖃; Lift 2↔50
Rezeption: 10-22 geschl: Mo
* Hauptgericht 25; Biergarten;
geschl: Mo, Sa mittags, In den Sommerferien

Geilenkirchen 42 ↖

Nordrhein-Westfalen — Kreis Heinsberg —
75 m — 24 307 Ew — Aachen 30 km
🛈 ☎ (0 24 51) 6 70 71 — Stadtverwaltung,
Kulturamt, Markt 13, 52511 Geilenkirchen

* **City Hotel**
Theodor-Heuss-Ring 15, ⌧ 52511,
☎ (0 24 51) 62 70, Fax 62 73 00, AX DC ED VA
21 Zi, Ez: 105-148, Dz: 145-155, 14 Suiten,
5 App, ⌐ WC ☎; Lift 🖹 1↔40 Sauna ¶⊙¶ ⚓

Geiselwind 56 ↗

Bayern — Kreis Kitzingen — 345 m —
2 320 Ew — Ebrach 11, Schlüsselfeld 11 km
🛈 ☎ (0 95 56) 9 22 20, Fax 9 22 20 — Gemeindeverwaltung, Marktplatz 1, 96160 Geiselwind; Ort im Steigerwald

** **Landhotel Steigerwald**
♂ Friedrichstr 10, ⌧ 96160, ☎ (0 95 56)
9 22 50, Fax 9 22 5-50, AX ED VA
30 Zi, Ez: 100, Dz: 170, 4 App, ⌐ WC ☎, 5🖃
P 3↔60 Fitneßraum Sauna Solarium
18Golf ¶⊙¶ ⚓

* **Gasthof Krone**
Kirchplatz 2, ⌧ 96160, ☎ (0 95 56) 9 22 40,
Fax 92 24 11, AX DC ED VA
65 Zi, Ez: 65-77, Dz: 88-98, 1 Suite, 1 App, ⌐
WC ☎; Lift P 🖹 3↔120 ¶⊙¶
Auch Zimmer im 300 m entfernten Gästehaus vorhanden

Geisenheim 53 ↗

Hessen — Rheingau-Taunus-Kreis — 96 m
— 12 000 Ew — Rüdesheim 3, Wiesbaden
23 km
🛈 ☎ (0 67 22) 70 10, Fax 70 11 20 — Verkehrsamt, Rüdesheimer Str 48, 65366 Geisenheim. Sehenswert: Kath. Kirche; Stockheimer Hof; Ostein-Palais; ehem. Klosterkirche im Stadtteil Johannisberg (4 km ↗);
Schloß Johannisberg

Johannisberg (2 km ↑)
** **Burg Schwarzenstein**
 Haus Nr. 5, ⌧ 65366, ☎ (0 67 22) 9 95 00,
Fax 99 50 99
Hauptgericht 35; Mo-Mi nur abends;
geschl: Jan
*** ♂ 5 Zi, Ez: 150, Dz: 220-390, ⌐
☎ DFÜ; 1↔10
Rezeption: 9-21; geschl: 1.-30.1.

* **Gutsschänke
Schloß Johannisberg**
 ⌧ 65366, ☎ (0 67 22) 9 60 90, Fax 73 92,
AX DC ED VA
Hauptgericht 25; P

Johannisberg-Außerhalb (2 km ↘)
* **Haus Neugebauer**
einzeln ♂ ⌧ 65366, ☎ (0 67 22) 96 05-0,
Fax 74 43, ED VA
20 Zi, Ez: 100-105, Dz: 160, WC ☎; 1↔20 ¶⊙¶ ⚓

Marienthal (7 km ↑)
* **Akzent-Hotel Waldhotel Gietz**
♂ Marienthaler Str 20, ⌧ 65366, ☎ (0 67 22)
99 60 26, Fax 99 60 99, AX DC ED VA
44 Zi, Ez: 125-160, Dz: 173-220, 1 Suite, ⌐
WC ☎, 10🖃; Lift P 4↔55 ☂ Sauna ⚓
Auch Zimmer der Kategorie ** vorhanden
* Hauptgericht 25; Terrasse

Geising 51 □

Sachsen — Weißeritzkreis — 700 m —
3 750 Ew — Dresden 40 km
🛈 ☎ (03 50 56) 3 89 12, Fax 3 89 13 — Stadt Geising, Hauptstr 25, 01778 Geising.
Sehenswert: Hist. Stadtkern; Bergbauschauanlage Silberstollen; Bauernmuseum

Gelnhausen

* Schellhaus Baude
♦ Altenberger Str 14, ⌧ 01778, ☎ (03 50 56) 3 12 71, Fax 3 12 13, AX ED VA
18 Zi, Ez: 90-128, Dz: 119-135, 2 Suiten, 2 App, ⊿ WC ☎, 10⌧; Sauna

⌂ Ratskeller
Hauptstr 31, ⌧ 01778, ☎ (03 50 56) 3 80-0, Fax 3 80-20
17 Zi, Ez: 65-68, Dz: 82-98, 1 Suite, ⊿ WC ☎ DFÜ; **P** 1✧45 ✴

Geisingen 68 ☐

Baden-Württemberg — Kreis Tuttlingen — 645 m — 6 300 Ew — Donaueschingen 13, Tuttlingen 16 km
i ☎ (0 77 04) 80 70, Fax 8 07 32 — Stadtverwaltung, Hauptstr 36, 78187 Geisingen; Ort an der oberen Donau

Kirchen-Hausen (2 km ↘)
* Sternen mit Gästehäusern
Ringstr 2, ⌧ 78187, ☎ (0 77 04) 80 39, Fax 80 38 88, AX DC VA
83 Zi, Ez: 88-130, Dz: 90-160, 2 App, ⊿ WC ☎; **P** ⌹ 6✧150 ≋ Fitneßraum Kegeln Sauna Solarium
im Haus Kirchberg Zimmer der Kategorie ****** vorhanden
* Hauptgericht 16; Terrasse

Geislingen a. d. Steige 62 ☐

Baden-Württemberg — Göppingen — 464 m — 28 200 Ew — Göppingen 18, Ulm 31 km
i ☎ (0 73 31) 2 42 66, Fax 2 43 76 — Städt. Verkehrsamt in der MAG, Schillerstr 2, 73312 Geislingen; Stadt am Steilabfall der Schwäbischen Alb. Sehenswert: Ev. Stadtpfarrkirche; Fachwerkhäuser; Alter Zoll; Alter Bau; Ödenturm ✦; Ruine Helfenstein ✦ (3 km →)

* Krone
Stuttgarter Str 148, ⌧ 73312, ☎ (0 73 31) 6 10 71, Fax 6 10 75, ED VA
34 Zi, Ez: 76-91, Dz: 115-153, ⊿ WC ☎; Lift 2✧200 ✴

** Götz-Stube
Ostmarkstr 17, ⌧ 73312, ☎ (0 73 31) 4 22 25, Fax 4 22 25, DC VA
Hauptgericht 25

Eybach (5 km ↗)
* Landgasthof Ochsen
von-Degenfelder-Str 23, ⌧ 73312, ☎ (0 73 31) 6 20 51, Fax 6 20 51
33 Zi, Ez: 80-95, Dz: 150-170, ⊿ WC; Lift **P** ⌹ 1✧35 ✴
geschl: Fr
* Hauptgericht 22; Terrasse;
geschl: Fr

Weiler ob Helfenstein (3 km →)
** Burghotel ♛
♦ Burggasse 41, ⌧ 73312, ☎ (0 73 31) 4 10 51, Fax 4 10 53, ED VA
23 Zi, Ez: 105-150, Dz: 165-210, ⊿ WC ☎; **P** ⌹ 1✧15 ≋ Fitneßraum Sauna 18Golf; **garni**

** Burgstüble ✤
Dorfstr 12, ⌧ 73312, ☎ (0 73 31) 4 21 62, Fax 4 21 75 1, AX ED VA
Hauptgericht 33; Gartenlokal **P**; nur abends; geschl: So, 10.8.-27.8.

Geithain 39 ↓

Sachsen — Leipziger Land — 225 m — 7 200 Ew — Chemnitz 30, Leipzig 45 km
i ☎ (03 43 41) 4 46 02, Fax 4 46 02 — Fremdenverkehrsamt, Altenburger Str 2, 04643 Geithain. Sehenswert: Stadtmauer mit Stadttor; Nikolaikirche mit Kalandstube; Zollhaus; Pulverturm; Postmeilensäulen

** Andersen
Bahnhofstr 11 a, ⌧ 04643, ☎ (03 43 41) 4 43 17, Fax 4 43 16, AX DC ED VA
23 Zi, Ez: 110, Dz: 145, ⊿ WC ☎ DFÜ, 5⌧; Lift 1✧35; **garni**

Geldern 32 ☐

Nordrhein-Westfalen — Kreis Kleve — 27 m — 32 000 Ew — Wesel 28, Krefeld 30, Kleve 34 km
i ☎ (0 28 31) 39 80, Fax 39 81 30 — Stadtverwaltung, Issumer Tor 36, 47608 Geldern; Stadt nahe der holländischen Grenze

* See Hotel
♦ Danziger Str 5, ⌧ 47608, ☎ (0 28 31) 92 90, Fax 92 92 99, AX DC ED VA
62 Zi, Ez: 98-120, Dz: 154-186, 2 Suiten, ⊿ WC ☎, 34⌧; Lift **P** 5✧700 ≋ Bowling Kegeln Sauna Solarium 18Golf ✴ ✴

⌂ Rheinischer Hof
Bahnhofstr 40, ⌧ 47608, ☎ (0 28 31) 55 22, Fax 98 08 11, AX DC ED VA
26 Zi, Ez: 52-68, Dz: 95-110, ⊿ WC ☎; ✴

Walbeck
** Alte Bürgermeisterei
Walbeckerstr 2, ⌧ 47608, ☎ (0 28 31) 8 99 33, Fax 98 01 72
Hauptgericht 42; Biergarten **P**; geschl: Mo, 2.7.-24.7.

Gelnhausen 45 ↓

Hessen — Main-Kinzig-Kreis — 141 m — 21 000 Ew — Wächtersbach 11, Hanau 21 km
i ☎ (0 60 51) 83 03 00, Fax 83 03 03 — Fremdenverkehrsamt, Obermarkt, 63571 Gelnhausen; Stadt im Kinzigtal. Sehenswert: Ev. Marienkirche: Lettner, Wandmalereien; Kaiserpfalz (Barbarossaburg); alter Stadtkern, Rathaus; Romanisches Haus; Stadtbefestigung; Hexenturm →

Gelnhausen

✶✶ Burg-Mühle
Burgstr 2, ✉ 63571, ☎ (0 60 51) 8 20 50,
Fax 82 05 54, AX DC ED VA
42 Zi, Ez: 105-125, Dz: 145-175, ⊣ WC ☎; 🅿
3✪60 Sauna Solarium 🍺
✶✶ Hauptgericht 28; Terrasse;
geschl: So abends,
Die Gebäudegeschichte reicht zurück bis in
die Zeit Barbarossas. Im Restaurant dreht
sich noch am Originalplatz ein Mühlrad

✶ Stadt-Schänke
Fürstenhofstr 1, ✉ 63571, ☎ (0 60 51)
1 60 51, Fax 1 60 53, DC ED VA
13 Zi, Ez: 110-120, Dz: 160-190, ⊣ WC ☎; 🚗
🍽
geschl: Sa vormittags
Zimmer der Kategorie ✶✶ vorhanden

✶ Grimmelshausen-Hotel
Schmidtgasse 12, ✉ 63571, ☎ (0 60 51)
9 24 20, Fax 92 42 42, AX DC ED VA
31 Zi, Ez: 60-100, Dz: 90-140, ⊣ ☎; 🚗; garni
Auch Zimmer der Kategorie ✶✶ vorhanden

✶ Altes Weinkellerchen
Untermarkt 17, ✉ 63571, ☎ (0 60 51) 31 80,
Fax 35 81, AX ED VA
Hauptgericht 30

Meerholz (6 km ↙)
✶✶ Schießhaus ✤
Schießhausstr 10, ✉ 63571, ☎ (0 60 51)
6 69 29, Fax 6 60 97, DC ED
Hauptgericht 33; Gartenlokal 🅿; geschl:
Mi, 1.1.-20.1.99, 2 Wochen in den Sommerferien

siehe auch **Linsengericht**

Gelsenkirchen 33 ←

Nordrhein-Westfalen — Stadtkreis — 28 m
— 293 000 Ew — Essen 9, Bochum 11, Dortmund 29 km
🛈 ☎ (02 09) 1 47 40 22, Fax 2 96 98 — Verkehrsverein, Hans-Sachs-Haus, Ebertstr 13-17, 45879 Gelsenkirchen; Industriestadt im Ruhrgebiet am Rhein-Herne-Kanal (7 Häfen); Musiktheater; Künstlersiedlung Halfmannshof. Sehenswert: Buerscher Grüngürtel mit Berger See (Schloß Berge); Schloß Horst; Wasserburg Lüttinghof; Städtisches Museum: Kunstsammlung; Ruhrzoo

✶ InterCityHotel Gelsenkirchen
Ringstr 1-5 (B 2), ✉ 45879, ☎ (02 09)
9 25 50, Fax 9 25 59 99, AX DC ED VA
135 Zi, Ez: 122-195, Dz: 153-235, S; ⊣ WC ☎
DFÜ, 45🛏; Lift 🅿 🚗 4✪70 🍽 🍺
Designer Ausstattung

🛏 Ibis
Bahnhofsvorplatz 12 (B 2), ✉ 45879,
☎ (02 09) 17 02-0, Fax 20 98 82, AX DC ED VA
104 Zi, Ez: 115, Dz: 130, S; ⊣ WC ☎ DFÜ,
52🛏; Lift 6✪80 🍽

✶ Hüller Mühle
Hüller Mühle 111, ✉ 45888, ☎ (02 09)
8 55 06, Fax 87 30 28, AX ED
Hauptgericht 35; geschl: Sa mittags, So

Buer (9 km ↑)
✶✶ Buerer Hof
Hagenstr 4, ✉ 45894, ☎ (02 09) 9 33 43-00,
Fax 9 33 43-50, AX DC ED VA
24 Zi, Ez: 119-146, Dz: 159-215, ⊣ WC ☎
DFÜ, 10🛏; Lift 🅿 🚗; garni

✶ Zum Schwan
Urbanusstr 40, ✉ 45894, ☎ (02 09) 3 18 33-0,
Fax 3 18 33-10, AX ED VA
14 Zi, Ez: 127, Dz: 152, 1 Suite, ⊣ WC ☎,
2🛏; Lift 🅿 🍽

✶ Monopol
Springstr 9, ✉ 45894, ☎ (02 09) 93 06 40,
Fax 37 86 75, AX DC ED VA
29 Zi, Ez: 95-130, Dz: 140-175, ⊣ WC ☎; Lift
🚗 1✪25 18Golf 🍽 🍺
Auch Zimmer der Kategorie ✶✶ vorhanden

Geltow 29 □

Brandenburg — Kreis Potsdam-Mittelmark
— 45 m — 2 760 Ew — Potsdam 6 km
🛈 ☎ (0 33 27) 56 82 89, Fax 56 82 89 — Fremdenverkehrsverein Schwielowsee e.V.,
Caputher Chaussee 3, 14542 Gettow

✶✶ Landhaus Geliti
☎ Wentorfstr 2, ✉ 14542, ☎ (0 33 27) 59 70,
Fax 59 71 00, AX DC ED VA
40 Zi, Ez: 110-120, Dz: 150-160, 1 Suite, ⊣
WC ☎ DFÜ, 5🛏; 🅿 2✪50 🍽 🍺

✶ Hofer
☎ Obstweg 1a, ✉ 14542, ☎ (0 33 27)
5 61 76, Fax 5 55 96
8 Zi, Ez: 100, Dz: 120, ⊣ WC ☎; 🅿 🚗; garni

Gemmingen 61 ↑

Baden-Württemberg — Kreis Heilbronn —
200 m — 4 650 Ew — Sinsheim 16, Heilbronn 17, Bretten 26 km
🛈 ☎ (0 72 67) 80 80, Fax 8 08 43 — Gemeindeverwaltung, Hausener Str 1, 75050 Gemmingen; Ort im Kraichgau

✶✶ Restaurant am Park Krone ✤
Richener Str 3, ✉ 75050, ☎ (0 72 67) 2 56,
Fax 83 06, AX ED
Hauptgericht 25; Kegeln 🅿; geschl: Di,
27.12.-5.1., 3 Wo in den Sommerferien

Gemünden a. Main 55 ↗

Bayern — Kreis Main-Spessart — 160 m —
11 000 Ew — Lohr 13, Karlstadt 16, Hammelburg 18 km
🛈 ☎ (0 93 51) 38 30, Fax 48 54 — Fremdenverkehrsamt, Stadt Gemünden am Main
mbH, Hofweg 9, 97737 Gemünden a. Main;
Erholungsort; Fränkische Drei-Flüsse-Stadt (Main, Saale, Sinn). Sehenswert:
Kath. Dreifaltigkeitskirche; Ruine Scherenburg; Unterfränkisches Verkehrsmuseum;
Kloster Schönau (4 km ↗)

Genthin

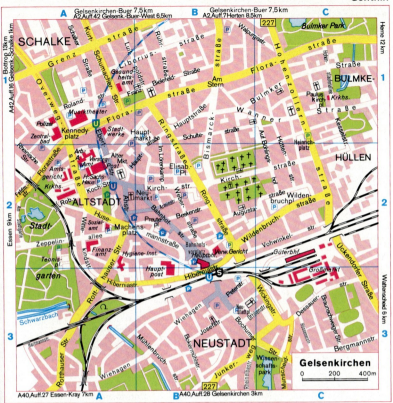

**   **Atlantis Main-Spessart-Hotel**
Hofweg 11, ✉ 97737, ☎ (0 93 51) 8 00 40, Fax 80 04 30, DC ED VA
50 Zi, Ez: 80-105, Dz: 120-140, 1 Suite, 🛏 WC ☎, 12🛁; Lift 🅿 6🚗80 Kegeln 🍴

*   **Schäffer**
Bahnhofstr 28, ✉ 97737, ☎ (0 93 51) 20 81, Fax 46 09, AX DC ED VA
28 Zi, Ez: 80, Dz: 110-125, 🛏 WC ☎; 🅿 🚗 2🚗80

*   Hauptgericht 18; Biergarten; geschl: So abends

Gengenbach 60 ↓

Baden-Württemberg — Ortenaukreis — 172 m — 11 000 Ew — Offenburg 10, Lahr 25 km

ℹ️ ☎ (0 78 03) 93 01 43, Fax 93 01 42 — Tourist-Information, Im Winzerhof, 77723 Gengenbach; Erholungsort im Kinzigtal mit hist. Stadtbild. Sehenswert: Kath. ehem. Klosterkirche; kath. Friedhofskirche; Rathaus; Stadttore und Türme; Fachwerkbauten; Narrenmuseum im Niggelturm; Verkehrs- und Flößermuseum

**   **Gästehaus Pfeffermühle**
Oberdorfstr 24a, ✉ 77723, ☎ (0 78 03) 9 33 50, Fax 66 28, AX DC ED VA
23 Zi, Ez: 68-75, Dz: 96-120, 1 App, 🛏 WC ☎, 4🛁; 🅿 🚗 🍴

*   **Pfeffermühle**
Victor-Kretz-Str 17, ✉ 77723, ☎ (0 78 03) 9 33 50, Fax 66 28, AX DC ED VA
Hauptgericht 22; Biergarten; geschl: Do

▪   **Discher**
Leutkirchstr 44, ✉ 77723, ☎ (0 78 03) 36 06, Fax 4 01 90
geschl: So, Mo

Genthin 28 →

Sachsen-Anhalt — Kreis Jerichower Land — 355 m — 15 379 Ew — Brandenburg 30, Magdeburg 53 km

ℹ️ ☎ (0 39 33) 80 22 25, Fax 80 22 25 — Tourist Information, Bahnhofstr 8, 39307 Genthin. Sehenswert: dreischiffige Hallenkirche; Figurengrabstein; Straßeder Romanik; Kreisheimatmuseum; Bockwindmühlen →

401

Genthin

** Müller
Ziegeleistr 1, ✉ 39307, ☎ (0 39 33) 9 69 00,
Fax 96 90 145, AX ED VA
33 Zi, Ez: 95-115, Dz: 150-180, ⇗ WC ☎
DFÜ, 2🛏; 🅿 🚗 3⇔150 Sauna Solarium 🍽

** Stadt Genthin
Mühlenstr 3, ✉ 39307, ☎ (0 39 33) 90 09-0,
Fax 90 09-10, AX DC ED VA
24 Zi, Ez: 52-85, Dz: 90-120, 1 Suite, ⇗ WC
☎, 8🛏; 🅿 2⇔40 🍽

Brettin (6 km ↗)
** Grüner Baum
Stremmestr 14, ✉ 39307, ☎ (0 39 33) 48 23,
Fax 80 31 35, AX ED VA
15 Zi, Ez: 85-95, Dz: 125-145, 4 App, ⇗ WC
☎; 🅿 1⇔30 🍽

Dunkelforth
** Rasthof Dunkelforth
An der B1, ✉ 39307, ☎ (0 39 33) 22 65-66,
Fax 22 67, AX ED VA
21 Zi, Ez: 90-110, Dz: 140, ⇗ WC ☎; 🅿
1⇔24 ≋ 🍽

Georgenthal 47 ↖

Thüringen — Kreis Gotha — 430 m —
2 780 Ew — Ohrdruf 5, Gotha 14, Eisenach
35 km
ℹ ☎ (03 62 53) 3 81 08, Fax 3 81 02 — Verwaltungsgemeinschaft Apfelstädtaue,
Tambacher Straße 2, 99887 Georgenthal

** Rodebachmühle
einzeln ♂ ✉ 99887, ☎ (03 62 53) 3 40,
Fax 3 45 11, AX ED VA
61 Zi, Ez: 105, Dz: 140-190, 4 Suiten, ⇗ WC
☎; 🅿 3⇔40 Fitneßraum Sauna Solarium 🍽
Auch Zimmer der Kategorie * vorhanden
* Gourmesa
Hauptgericht 22; Biergarten

Gera 49 ↖

Thüringen — Kreis Gera — 205 m —
121 156 Ew — Zwickau 45, Jena 45 km
ℹ ☎ (03 65) 61 93 01, Fax 61 93 04 — Gera-Information, Ernst-Toller-Str. 14 (B 3),
07545 Gera; Stadt am Mittellauf der Weißen
Elster; ehem. Tuchmacher- und Gerberstadt. Sehenswert: Markt; Rathaus; Reste
der mittelalterlichen Stadtbefestigung;
Stadtapotheke; Simsonbrunnen; ehem.
Regierungsgebäude (Barock); Ferbersches
Haus; Schreibersches Haus mit Naturkundemuseum; Stadtmuseum; Otto-Dix-
Haus; Salvatorkirche, Trinitatiskriche, Pfarrkirche St. Marien; Orangerie; Bergfried
Schloß Obersteinn

*** Courtyard by Marriott
Gutenbergstr 2 a, ✉ 07548, ☎ (03 65)
2 90 90, Fax 29 01 00, AX DC ED VA
165 Zi, Ez: 99-162, Dz: 99-162, S; 1 Suite, ⇗
WC ☎ DFÜ, 82🛏; Lift 🅿 🚗 10⇔350 Fitneßraum Sauna Solarium 🍽 🍺

*** Dorint Hotel
Berliner Str 38 (B 1), ✉ 07545, ☎ (03 65)
4 34 40, Fax 4 34 41 00, AX DC ED VA
251 Zi, Ez: 208-239, Dz: 228-259, S; 2 Suiten,
29 App, ⇗ WC ☎, 74🛏; Lift 🅿 🚗 11⇔340 ≋
Fitneßraum Sauna Solarium 🍺
* Wintergarten
Hauptgericht 26; Terrasse

** Schillerhöhe
Schillerstr 9 (C 3), ✉ 07545, ☎ (03 65)
83 98 80, Fax 8 39 88 80, AX DC ED VA
27 Zi, Ez: 125-155, Dz: 165-240, 1 Suite,
1 App, ⇗ WC ☎, 10🛏; Lift 1⇔20; garni
Restaurant für Hausgäste; Auch Zimmer
der Kategorie *** vorhanden

**** Best Western
Bauer Hotel Regent**
Schülerstr 22, ✉ 07545, ☎ (03 65) 8 27 50,
Fax 8 27 51 00, AX DC ED VA
81 Zi, Ez: 100-199, Dz: 130-259, S; 4 Suiten,
10 App, ⇗ WC ☎, 23🛏; Lift 🅿 🚗 6⇔100
Fitneßraum Sauna Solarium 🍽 🍺

** Stadt Hotel
Gagarinstr 81, ✉ 07545, ☎ (03 65) 43 44 50,
Fax 4 34 45 11, AX DC ED VA
112 Zi, Ez: 94, Dz: 128, 9 App, ⇗ WC ☎,
20🛏; Lift 🅿; garni

Debschwitz
* An der Elster
Südstr 12, ✉ 07548, ☎ (03 65) 7 10 61 61,
Fax 7 10 61 71, AX ED VA
17 Zi, Ez: 95, Dz: 135, 6 App, ⇗ WC ☎, 12🛏;
🅿 Sauna; garni

Dürrenebersdorf (7 km ↙)
* Comfort Inn
Hofer Str 12 d, ✉ 07548, ☎ (03 65) 8 21 50,
Fax 8 21 52 00, AX DC ED VA
59 Zi, Ez: 79-109, Dz: 89-119, S; 10 Suiten,
⇗ WC ☎, 5🛏; Lift 🅿 3⇔45; garni 🍺
Auch Zimmer der Kategorie ** vorhanden

Frankenthal (6 km ←)
* Pension Frankenthal
♂ Frankenthaler Str 74, ✉ 07548, ☎ (03 65)
8 26 66-0, Fax 8 26 66-34, ED VA
20 Zi, Ez: 70, Dz: 99, ⇗ WC ☎, 5🛏; 🍽

Langenberg (6 km ↘)
* Harmonie
Platz des Friedens 8, ✉ 07552, ☎ (03 65)
41 41 51, Fax 41 41 51, AX ED VA
16 Zi, Ez: 85-110, Dz: 110-138, ⇗ WC ☎
DFÜ; 🅿 Sauna Solarium 🍽 🍺
geschl: 24.12.-2.1.

Untermhaus
* Galerie-Hotel
Leibnizstr 21, ✉ 07548, ☎ (03 65) 2 01 50,
Fax 20 15 22, AX DC ED VA
17 Zi, Ez: 75-135, Dz: 95-165, ⇗ WC ☎, 5🛏;
garni
Ausstellungen zeitgemäßer Künstler

siehe auch **Großebersdorf**

Gerlingen

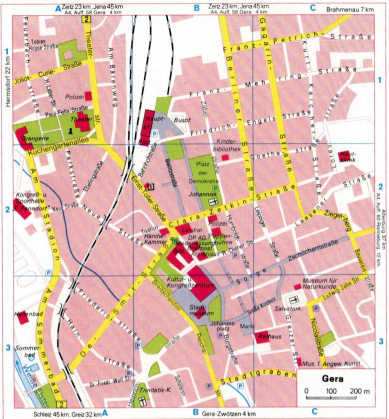

Geretsried 71 →

Bayern — Kreis Bad Tölz-Wolfratshausen — 605 m — 21 970 Ew — Wolfratshausen 8, Bad Tölz 15 km
🛈 ☎ (0 81 71) 62 98 26, Fax 62 98 69 — Stadtverwaltung, Karl-Lederer-Platz 1, 82538 Geretsried. Sehenswert: Naturschutzgebiet der Isar-Auen

Gelting (2 km ↘)
*   Zum Alten Wirth
⚓ Buchberger Str 4, ✉ 82538, ☎ (0 81 71) 71 96, Fax 7 67 58, AX DC ED VA
40 Zi, Ez: 90-100, Dz: 150, ⊟ WC ☎; 1⟲30 Sauna Solarium ☂
** Hauptgericht 25; Biergarten 🅿; geschl: Di, 2.-10.1.99, 15.8.-5.9.99

Teilen Sie bitte der Redaktion des Varta mit, wenn Sie sich in einem Haus besonders wohlgefühlt haben oder wenn Sie unzufrieden waren.

Gerlingen 61 □

Baden-Württemberg — Kreis Ludwigsburg — 350 m — 18 500 Ew — Leonberg 4, Stuttgart 14 km
🛈 ☎ (0 71 56) 20 50, Fax 20 53 80 — Stadtverwaltung, Hauptstr 42, 70839 Gerlingen. Sehenswert: Schloß Solitude ⫷ (4 km ↘)

**   Krone
Hauptstr 28, ✉ 70839, ☎ (0 71 56) 43 11-0, Fax 4 31 11 00, AX DC ED VA
49 Zi, Ez: 142-163, Dz: 192-265, 6 Suiten, ⊟ WC ☎, 6🛁; Lift 🅿 🚗 4⟲100 Kegeln Sauna Solarium
** Hauptgericht 35; geschl: So, Mo, feiertags, in den Sommerferien

**   Ramada
Dieselstr 2, ✉ 70839, ☎ (0 71 56) 43 13 00, Fax 43 13 43, AX DC ED VA
96 Zi, Ez: 87-141, Dz: 98-163, ⊟ WC ☎, 32🛁; Lift 🅿 4⟲150 Bowling Fitneßraum Sauna Solarium; **garni**   →

Gerlingen

* Artemis
Dieselstr 31, ✉ 70839, ☎ (0 71 56) 94 20,
Fax 94 22 99, AX DC ED VA
153 Zi, Ez: 85-142, Dz: 99-175, 14 App, ⌐
WC ☎, 14✉; Lift 🅿 🚗 5↔40; garni

* Comfort Inn
Weilimdorfer Str 70, ✉ 70839, ☎ (0 71 56)
4 31 80, Fax 4 31 84 00, AX DC ED VA
120 Zi, Ez: 99-129, Dz: 99-149, S; ⌐ WC ☎,
60✉; Lift 🅿 🚗 6↔100 Fitneßraum Sauna
Solarium 🍽 ≋
Modernes Design

* Toy
Raiffeisenstr 5, ✉ 70839, ☎ (0 71 56)
9 44 10, Fax 94 41 41, AX DC ED VA
22 Zi, Ez: 85-95, Dz: 98-120, 2 Suiten, ⌐ WC
☎ DFÜ, 6✉; 🅿 🚗 1↔25; garni

* Balogh
Max-Eyth-Str 16, ✉ 70839, ☎ (0 71 56)
94 45 00, Fax 2 91 40, AX ED VA
46 Zi, Ez: 90-100, Dz: 145, ⌐ WC ☎, 4✉; Lift
🅿 🚗; garni

* Lamm
Leonberger Str 2, ✉ 70839, ☎ (0 71 56)
2 22 51, Fax 4 88 15, DC ED VA
Hauptgericht 25; 🅿 Terrasse; geschl: Di

Germering 71 ↑

Bayern — Kreis Fürstenfeldbruck — 541 m
— 36 000 Ew — Fürstenfeldbruck 10, München 15 km
ℹ ☎ (0 89) 89 41 90, Fax 8 41 56 89 — Stadtverwaltung, Rathausplatz 1, 82110 Germering

** Mayer
Augsburger Str 45, ✉ 82110, ☎ (0 89)
84 40 71, Fax 84 40 94, AX DC ED VA
64 Zi, Ez: 98-165, Dz: 165-210, ⌐ WC ☎,
10✉; Lift 🚗 5↔250 ≋ Kegeln Solarium
** Hauptgericht 27; 🅿 Terrasse;
geschl: Mo

Unterpfaffenhofen (1 km ↓)
* Huber
Bahnhofsplatz 8, ✉ 82110, ☎ (0 89)
89 41 70, Fax 89 41 73 33, AX ED VA
34 Zi, Ez: 109, Dz: 163, ⌐ WC ☎; Lift 🅿 🚗
1↔30 🍽
Auch einfache Zimmer vorhanden

Germersheim 60 ↗

Rheinland-Pfalz — Kreis Germersheim —
101 m — 2 100 Ew — Speyer 15, Landau 20,
Bruchsal 24 km
ℹ ☎ (0 72 74) 9 60-2 18, Fax 9 60-2 47 —
Stadtverwaltung, Kolpingplatz 3,
76726 Germersheim; Stadt am Rhein.
Sehenswert: Kath. Kirche; Ludwigstor und
Weißenburger Tor

** Germersheimer Hof
Josef-Probst-Str 15 a, ✉ 76726, ☎ (0 72 74)
50 50, Fax 5 05 11, AX DC ED VA
21 Zi, Ez: 95-110, Dz: 120-130, 6 Suiten, WC
☎; 🅿 🚗 2↔40 🍽

* Post
♂ Sandstr 8, ✉ 76726, ☎ (0 72 74) 7 01 60,
Fax 70 16 66, AX ED
17 Zi, Ez: 90, Dz: 135, ⌐ WC ☎; garni

Gernrode 37 ↗
Kr. Quedlinburg

Sachsen-Anhalt — Kreis Quedlinburg —
250 m — 3 783 Ew — Quedlinburg 11 km
ℹ ☎ (03 94 85) 2 87, Fax 2 41 — Stadt Gernrode, Marktstr 20, 06507 Gernrode; Ort am
Nordrand des Ostharzes. Sehenswert:
Stiftskirche „Sankt Cyriakus"; Rathaus; Stephanie-Kirchturm; 110-jährige Selketal-
Schmalspurbahn.

** Stubenberg
◄ Stubenberg 1, ✉ 06507, ☎ (03 94 85)
6 11 86, Fax 6 11 87
17 Zi, Ez: 70-100, Dz: 100-140, 2 Suiten, ⌐
WC ☎, 2✉; 🅿 2↔50 Sauna Solarium 🍽 ≋

* Gasthof Zum Bären
Marktstr 21, ✉ 06507, ☎ (03 94 85) 6 07 40,
Fax 6 07 40, ED VA
28 Zi, Ez: 55-95, Dz: 95-135, ⌐ WC ☎; 🅿
Bowling 🍽 ≋

Gernsbach 60 →

Baden-Württemberg — Kreis Rastatt —
168 m — 15 000 Ew — Gaggenau 5, Baden-
Baden 11, Bad Herrenalb 12 km
ℹ ☎ (0 72 24) 6 44 44, Fax 64 44 64 — Kultur-
und Verkehrsamt, Igelbachstr 11,
76593 Gernsbach; Luftkurort an der Murg,
im nördlichen Schwarzwald. Sehenswert:
Hist. Altstadt; altes Rathaus; Kirchen;
Schloß Eberstein; Kurpark

** Sonnenhof
◄ Loffenauer Str 33, ✉ 76593, ☎ (0 72 24)
64 80, Fax 6 48 60, AX ED VA
42 Zi, Ez: 90-120, Dz: 115-145, 2 Suiten, ⌐
WC ☎; Lift 🅿 2↔40 ≋ Sauna 🍽 ≋

Gernsbach-Außerhalb (4 km ↙)
* Nachtigall
Müllenbild 1, ✉ 76593, ☎ (0 72 24) 21 29,
Fax 6 96 26, AX DC ED VA
Hauptgericht 35; Gartenlokal 🅿; geschl:
Mo, Anfang Feb-Anfang Mär
Eigenes Jagdrevier
* einzeln, 16 Zi, Ez: 60-75,
Dz: 110-150, ⌐ WC ☎, 6✉; 🚗 1↔20
Rezeption: 9-24; geschl: 1.2.-1.3.

Kaltenbronn (16 km ↘)
* Sarbacher
♂ ◄ Kaltenbronner Str 598, ✉ 76593,
☎ (0 72 24) 9 33 90, Fax 93 39 93, AX DC ED VA
15 Zi, Ez: 80-120, Dz: 160-250, 1 Suite, ⌐
WC ☎ DFÜ; 🅿 🚗 2↔25 Fitneßraum Sauna
Solarium 🍽 ≋

Gernsheim 54 □

Hessen — Kreis Groß-Gerau — 90 m —
9 215 Ew — Pfungstadt 12, Groß-Gerau 20,
Mannheim 35 km
🛈 ☎ (0 62 58) 10 80, Fax 30 27 — Stadtverwaltung, Stadthausplatz 1, 64579 Gernsheim

✱ Hubertus
Am Waldfrieden, ✉ 64579, ☎ (0 62 58)
22 57, Fax 5 22 29, AX DC ED VA
40 Zi, Ez: 58-110, Dz: 88-135, 1 Suite, 1 App,
⊟ WC ☎ DFÜ; 🅿 🍴 2⇔80 Sauna Solarium
🍽
Auch Zimmer der Kategorie ✱✱ vorhanden

Gerolsbach 64 ↙

Bayern — Pfaffenhofen a.d. Ilm — 460 m —
2 903 Ew — Schrobenhausen 10, Pfaffenhofen 12 km
🛈 ☎ (0 84 45) 10 84, Fax 12 60 — Gemeindeverwaltung, St.-Andreas-Str 19,
85302 Gerolsbach

✱✱ Zur Post
St.-Andreas-Str 3, ✉ 85302, ☎ (0 84 45)
5 02, Fax 5 02, AX DC ED VA
Hauptgericht 40; Gartenlokal 🅿; nur
abends, so + feiertags auch mittags;
geschl: Mo, Di

Gerolstein 42 ↘

Rheinland-Pfalz — Kreis Daun — 362 m —
7 100 Ew — Daun 21, Prüm 20 km
🛈 ☎ (0 65 91) 13 80, Fax 13 86 — TW Gerolsteiner Land GmbH, Kyllweg 1, 54568 Gerolstein; Luftkurort in der Eifel. Sehenswert:
Erlöserkirche; Röm. Villa Sarabodis; Ruine
Löwenburg, 436 m ∢; Papenkaule: vulkan.
Krater; Dolomitfelsen; Ruine Gerolstein ∢
(2 km ↘); Ruine Kasselburg (4 km ↗): Adler-
und Wolfspark; Mausefallenmuseum
Neroth; Bertrada Burg Mürlenbach; Naturkundliches Museum Gerolstein

Müllenborn (4 km ↘)
✱✱ Landhaus Müllenborn
einzeln ♂ ∢ Auf dem Sand 45, ✉ 54568,
☎ (0 65 91) 9 58 80, Fax 95 88 77, AX DC ED VA
17 Zi, Ez: 105, Dz: 188, 2 App, ⊟ WC ☎; 🅿
🍴 1⇔30 Fitneßraum Sauna Solarium
✱✱ Zwölfender
∢ Hauptgericht 26

Gerolzhofen 56 ↗

Bayern — Kreis Schweinfurt — 235 m —
7 000 Ew — Schweinfurt 21, Würzburg
42 km
🛈 ☎ (0 93 82) 6 07 34, Fax 6 07 51 — Verkehrsamt, Marktplatz 20, 97447 Gerolzhofen. Sehenswert: Kath. Kirche; Altes Rathaus; doppelter Stadtmauerring; 1. bayer.
Schulmuseum

✱ An der Stadtmauer
Rügshöfer Str 25, ✉ 97447, ☎ (0 93 82)
60 90, Fax 60 91 79, AX ED VA
41 Zi, Ez: 82-98, Dz: 125-150; Lift 🍽

Gersfeld 46 □

Hessen — Kreis Fulda — 500 m — 6 000 Ew
— Bad Brückenau 25, Fulda 27, Neustadt
a.d.Saale 32 km
🛈 ☎ (0 66 54) 17 80, Fax 17 88 — Kurverwaltung, Brückenstr 1, 36129 Gersfeld; Kneipp-Heilbad und Wintersportort im Naturpark
Rhön. Sehenswert: Ev. Barockkirche (Kanzelwand); Barock-Schloß; Wachtküppel,
706 m ∢ (6 km ↑); Wasserkuppe: Segelflugmuseum, Segelfluggelände 950 m ∢
(9 km ↘); Hochwildschutzpark „Ehrengrund" (1 km ↘)

✱✱ Gersfelder Hof
Auf der Wacht 14, ✉ 36129, ☎ (0 66 54)
18 90, Fax 74 66, AX ED VA
65 Zi, Ez: 100-125, Dz: 158-200, 3 Suiten,
17 App, ⊟ WC ☎; Lift 🅿 🍴 6⇔70 🏊 Fitneßraum Kegeln Sauna Solarium 1 Tennis
Im gegenüberliegenden Apart-Hotel Sternkuppe anspruchsvolle Ferienwohnungen
✱✱ Hauptgericht 28; Terrasse

✱ Sonne
Amelungstr 1, ✉ 36129, ☎ (0 66 54) 96 27-0,
Fax 76 49
20 Zi, Ez: 48-56, Dz: 86-95, 10 App, ⊟ WC ☎
DFÜ; 🅿 🍴 1⇔25 Sauna Solarium 🍽
Auch einfache Zimmer vorhanden

Gersheim 53 ↙

Saarland — Saarpfalz-Kreis — 220 m —
7 000 Ew — Saarbrücken 30, Blieskastel 10,
Zweibrücken 20 km
🛈 ☎ (0 68 43) 8 01 40, Fax 8 01 38 — Gewerbe- und Verkehrsverein Gersheim,
Bliesstr 19a, 66453 Gersheim; Ort im Bliesgau; gallo-römische Ausgrabungen

Herbitzheim (2 km ↗)
✱ Bliesbrück
Rubenheimer Str, ✉ 66453, ☎ (0 68 43)
18 81, Fax 87 31, AX DC ED VA
29 Zi, Ez: 75-98, Dz: 120-159, 1 Suite, ⊟ WC
☎, 9🚭; Lift 🅿 2⇔100 Sauna Solarium
18 Golf 🍽
Rezeption: 7-11, 16-23

Gersthofen 63 ↘

Bayern — Kreis Augsburg — 462 m —
18 000 Ew — Augsburg 6 km
🛈 ☎ (08 21) 24 91-0, Fax 24 91-1 04 — Stadtverwaltung/Kulturamt, Rathausplatz 1,
86368 Gersthofen; Stadt am Lech und an
der „Romantischen Straße". Sehenswert:
Ballonmuseum ➔

Gersthofen

** Räter Hotel Via Claudia
Augsburger Str 130, ✉ 86368, ☎ (08 21)
4 98 50, Fax 4 98 55 06, AX DC ED VA
89 Zi, Ez: 90-131, Dz: 105-141, 1 Suite, ⌐
WC ☎, 24🖂; Lift 🅿 6🔄80
geschl: 23.12.-6.1.
Restaurant für Hausgäste

* Römerstadt
Donauwörther Str 42, ✉ 86368, ☎ (08 21)
24 79 00, Fax 49 71 56, AX DC ED VA
37 Zi, Ez: 75-105, Dz: 100-155, 1 App, ⌐ ☎;
Lift 🚗 Sauna; **garni**

Gerswalde 22 ↓

Brandenburg — Uckermark — 40 m —
1 245 Ew
ℹ ☎ (03 98 87) 2 89, Fax 2 89 — Tourismusverein Region Gerswalde e. V., Kaakstedter
Str 25, 17268 Gerswalde

Herrenstein
** Schloß Herrenstein
einzeln, ✉ 17268, ☎ (03 98 87) 7 10,
Fax 7 12 00, AX ED VA
54 Zi, Ez: 110-145, Dz: 140-190, ⌐ WC ☎,
10🖂; Lift 🅿 2🔄60 ≋ Seezugang Sauna
Solarium 2Tennis 🌱
Auch Zimmer der Kategorie ***** vorhanden.
Historisches Haus, eingerichtet im Land-
hausstil, umgeben von parkähnlicher
Sport- und Freizeitanlage

Gescher 33 ↖

Nordrhein-Westfalen — Kreis Borken —
50 m — 16 500 Ew — Coesfeld 13, Borken
19, Ahaus 20 km
ℹ ☎ (0 25 42) 9 80 11, Fax 9 80 12 — Stadtinformation, Lindenstr 2, 48712 Gescher.
Sehenswert: Glockengießerei und -
museum; Hist. Stadtkern; Museumshof mit
Kutschenmuseum; Kunstprojekt Rathaus-
galerie

*** Domhotel
Flair Hotel**
Kirchplatz 6, ✉ 48712, ☎ (0 25 42) 9 30 10,
Fax 76 58, AX DC ED VA
19 Zi, Ez: 85-120, Dz: 135-170, ⌐ WC ☎; 🅿
2🔄40
Auch Zimmer der Kategorie ****** vorhanden
** Elsässer Stuben
Hauptgericht 29; Biergarten

⌐ Tenbrock
Hauskampstr 12, ✉ 48712, ☎ (0 25 42)
78 18, Fax 50 67, ED
10 Zi, Ez: 65-120, Dz: 130, WC ☎; 🚗 400
Kegeln 🌱
geschl: So ab 13

Geseke 34 →

Nordrhein-Westfalen — Kreis Soest —
103 m — 20 000 Ew — Düsseldorf 138,
Paderborn 18, Soest 30 km
ℹ ☎ (0 29 42) 50 00 — Stadtverwaltung,
59590 Geseke

** Feldschlößchen
Salzkotter Str 42, an der B 1, ✉ 59590,
☎ (0 29 42) 98 90, Fax 98 93 99, AX DC ED VA
62 Zi, Ez: 95, Dz: 160, ⌐ WC ☎ DFÜ, 15🖂;
Lift 🅿 4🔄60 Fitneßraum Kegeln Sauna
Solarium 🌱

Gettorf 10 □

Schleswig-Holstein — Kreis Rendsburg-
Eckernförde — 15 m — 5 615 Ew — Eckernförde 13, Kiel 16 km
ℹ ☎ (0 43 46) 91 01, Fax 9 11 15 — Gemeindeverwaltung, Karl-Kolbe-Platz 1,
24214 Gettorf; Ort im Dänischen Wohld.
Sehenswert: Kirche: Kanzel; Holländer
Mühle; Tierpark

* Stadt Hamburg
Süderstr 1, ✉ 24214, ☎ (0 43 46) 4 16 60,
Fax 41 66 41
18 Zi, Ez: 85-95, Dz: 120-150, ⌐ WC ☎; 🅿 🚗
3🔄200 Kegeln 🌱
Rezeption: 9-14, 16-23 geschl: So

Gevelsberg 33 ↓

Nordrhein-Westfalen — Ennepe-Ruhr-
Kreis — 200 m — 32 861 Ew — Hagen 10,
Wuppertal 11 km
ℹ ☎ (0 23 32) 7 10, Fax 7 12 30 — Stadtverwaltung, Rathausplatz 1, 58285 Gevelsberg.
Sehenswert: Wasserburg Rocholz; Kluterth-
höhle (3 km ↓)

* Alte Redaktion
Hochstr 10, ✉ 58285, ☎ (0 23 32) 7 09 70,
Fax 70 97 50, AX DC ED VA
43 Zi, Ez: 95-129, Dz: 139-185, 1 Suite, ⌐
WC ☎, 10🖂; 3🔄100 🌱

Giengen a. d. Brenz 62 ↖

Baden-Württemberg — Kreis Heidenheim
— 464 m — 20 200 Ew — Heidenheim 12,
Ulm 33 km
ℹ ☎ (0 73 22) 95 20, Fax 95 22 51 — Stadtverwaltung, Marktstr 11, 89537 Giengen.
Sehenswert: Ev. Stadtkirche; Charlotten-
höhle (5 km ↙)

* Salzburger Hof
Richard-Wagner-Str 5, ✉ 89537,
☎ (0 73 22) 9 68 80, Fax 96 88 88, AX DC ED VA
31 Zi, Ez: 75-98, Dz: 115, ⌐ WC ☎, 5🖂; Lift
🅿 🚗 3🔄30 🌱 🍺

* Lamm
Marktstr 19, ✉ 89537, ☎ (0 73 22) 96 78-0,
Fax 96 78-1 50, AX DC ED VA
38 Zi, Ez: 81-105, Dz: 130-180, 3 Suiten, ⌐
WC ☎ DFÜ, 14🖂; Lift 🅿 2🔄80 Bowling 🌱 🍺
Gästehaus City Hotel in der Lange Str. 37

Gierstädt 47 ↑

Thüringen — Kreis Gotha — 380 m —
900 Ew
ℹ ☎ (03 61) 5 62 34 36, Fax 5 62 11 16 —
Tourist-Information, Krämerbrücke 3,
99100 Gierstädt

Gießen

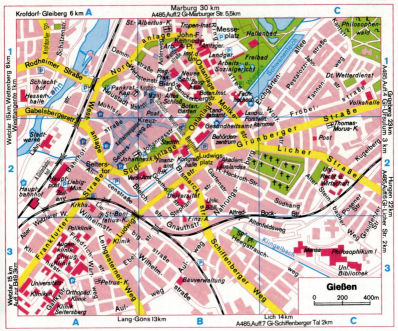

* Fahner Höhe Minotel

Gewerbepark Fahner Höhe, ✉ 99100,
☎ (03 62 06) 22-0, Fax 22-1 50, AX DC ED VA
62 Zi, Ez: 115-125, Dz: 155-175, WC ☎,
8 ; Lift P 5 120

Gießen 44 →

Hessen — Kreis Gießen — 157 m —
79 000 Ew — Wetzlar 15, Marburg 30,
Frankfurt/Main 67 km

ℹ ☎ (06 41) 1 94 33, Fax 7 69 57 — Stadt-
und Touristikinformation, Berliner Platz 2
(B 2), 35390 Gießen; Regierungsbezirks-
hauptstadt an der Lahn, Universitätsstadt,
Stadttheater. Sehenswert: Neues Schloß;
Altes Schloß, Zeughaus; Burgmannenhäu-
ser; Stadtkirchenturm; Liebig-Museum;
Oberhess. Museum; Botanischer Garten;
Alter Friedhof; Klosterruine Schiffenberg

** Tandreas

Licher Str 55, ✉ 35394, ☎ (06 41) 9 40 70,
Fax 9 40 74 99, AX ED VA
30 Zi, Ez: 158-168, Dz: 176-196, WC ☎
DFÜ; Lift P
** Hauptgericht 35; Terrasse;
geschl: 2 Wochen Im Aug, 1 Woche Im Jan

34 ↗ Der Ort befindet sich im Reisekartenteil auf Seite 34 im nordöstlichen Planfeld.

** Best Western Steinsgarten

Hein-Heckroth-Str 20 (B 2), ✉ 35390,
☎ (06 41) 3 89 90, Fax 3 89 92 00, AX DC ED VA
126 Zi, Ez: 135-235, Dz: 160-280, S ; 4 Suiten,
WC ☎, 21 ; Lift P 10 200 Sauna
Solarium
Auch Zimmer der Kat *** vorhanden
** Hauptgericht 32

* Residenz

Wiesecker Weg 12 (außerhalb B1),
✉ 35396, ☎ (06 41) 3 99 80, Fax 39 98 88,
AX ED VA
29 Zi, Ez: 116-156, Dz: 170-186, 4 Suiten,
33 App, WC ☎; Lift P ; garni

* Parkhotel Sletz

Wolfstr 26 (C 2), ✉ 35394, ☎ (06 41)
40 10 40, Fax 40 10 41 40, AX DC ED VA
20 Zi, Ez: 110, Dz: 140, WC ☎, 9 ;
Solarium; garni

* Köhler

Westanlage 35 (A 2), ✉ 35390, ☎ (06 41)
97 99 90, Fax 9 79 99 77, AX DC ED VA
45 Zi, Ez: 100-160, Dz: 140-180, WC ☎,
10 ; Lift P 14 90

Dornberger

Kreuzplatz 2, ✉ 35390, ☎ (06 41) 93 23 70,
Fax 9 32 37 27, DC ED VA
12 Zi, Ez: 75-95, Dz: 120-160, 1 Suite, WC
☎; 1 ; garni →

Gießen

** Da Michele
Grünberger Str 4 (B 2), ✉ 35390, ☎ (06 41)
3 23 26, AX ED
Hauptgericht 35; geschl: Mo mittags,So

Gifhorn 27 ←

Niedersachsen — Kreis Gifhorn — 54 m —
45 000 Ew — Wolfsburg 25, Braunschweig
29, Celle 43 km
🛈 ☎ (0 53 71) 8 81 75, Fax 8 83 11 — Tourismus GmbH Gifhorn, Marktplatz 1,
38518 Gifhorn; Erholungsort an der Aller.
Sehenswert: Renaissanceschloß; Internationaler Mühlenpark; Fachwerkhäuser

** Morada Skan-Tours-Hotel
Isenbütteler Weg 56, ✉ 38518, ☎ (0 53 71)
93 00, Fax 93 04 99, AX DC ED VA
63 Zi, Ez: 98-149, Dz: 155-199, ⇨ WC ☎,
8✉; Lift 🅿 5⇔90 Sauna Solarium
Restaurant für Hausgäste

* Deutsches Haus Landidyll
Torstr 11, ✉ 38518, ☎ (0 53 71) 81 80,
Fax 5 46 72, AX DC ED VA
46 Zi, Ez: 90-120, Dz: 120-160, ⇨ WC ☎
DFÜ; 🅿 3⇔100
Einfachere Zimmer im Gästehaus vor-
handen
* Hauptgericht 27; Biergarten;
geschl: So abends

* Grasshoff
Weißdornbusch 4, ✉ 38518, ☎ (0 53 71)
94 63-0, Fax 94 63-40, AX ED VA
19 Zi, Ez: 98-123, Dz: 140-160, ⇨ WC ☎; 🅿
🍽; garni

** Ratsweinkeller
⊗ Cardenap 1, ✉ 38518, ☎ (0 53 71) 5 91 11,
Fax 38 28, AX ED
Hauptgericht 32; Terrasse; geschl: Mo,
12.1.-25.1.99

Gifhorn-Außerhalb (2 km ←)
** Ringhotel Heidesee
einzeln ♂ Celler Str 159, ✉ 38518,
☎ (0 53 71) 95 10, Fax 5 64 82, AX DC ED VA
45 Zi, Ez: 109-203, Dz: 160-255, S; ⇨ WC ☎,
3✉; Lift 🅿 3⇔60 ≘ Sauna Solarium
geschl: Ende Dez
* einzeln, Hauptgericht 27;
Terrasse; geschl: Jan-Mitte Febr

Gilching 71 ↑

Bayern — Kreis Starnberg — 580 m —
15 571 Ew — München 20 km
🛈 ☎ (0 81 05) 3 86 60, Fax 38 66 59 —
Gemeindeverwaltung, Rathausstr 2,
82205 Gilching. Sehenswert: Pfarrkirche St.
Vitus mit Arnoldusglocke

* Thalmeier
Sonnenstr 55, ✉ 82205, ☎ (0 81 05) 50 41,
Fax 98 99
16 Zi, Ez: 110, Dz: 155, ⇨ WC ☎; 🅿 🍽

Geisenbrunn 3 km ↘
* Am Waldhang
Am Waldhang 22, ✉ 82205, ☎ (0 81 05)
3 72 40, Fax 37 24 37, AX DC ED VA
12 Zi, Ez: 100-125, Dz: 130-160, ⇨ WC ☎,
3✉; 🅿 🍽; garni
geschl: 24.12.-6.1.

Gingst siehe Rügen

Ginsheim-Gustavsburg 54 ↑

Hessen — Kreis Groß-Gerau — 84 m —
15 000 Ew — Mainz 5, Rüsselsheim 8 km
🛈 ☎ (0 61 34) 58 50, Fax 56 53 88 — Gemeindeverwaltung, im Ortsteil Gustavsburg, Dr.-
Herrmann-Str 32, 65462 Ginsheim-
Gustavsburg; Ort an der Mündung des
Mains in den Rhein

Ginsheim
* Weinhaus Wiedemann
Frankfurter Str 31, ✉ 65462, ☎ (0 61 44)
9 35 50, Fax 93 55 25
12 Zi, Ez: 70-100, Dz: 90-160, 1 App, ⇨ WC
☎, 3✉; 🅿 1⇔30 🍽

* Rheinischer Hof
Hauptstr 51, ✉ 65462, ☎ (0 61 44) 21 48,
Fax 3 17 65, AX ED VA
30 Zi, Ez: 100-140, Dz: 140-180, 10 Suiten,
7 App, ⇨ WC ☎, 5✉; 🅿 2⇔100
Auch Zimmer der Kategorie ** vorhanden
* ⊗ Hauptgericht 30; Biergarten
Terrasse; geschl: So abends, Mo

Gustavsburg
** Alte Post
Dr.-Herrmann-Str 28, ✉ 65462, ☎ (0 61 34)
7 55 50, Fax 5 26 45, AX ED VA
38 Zi, Ez: 90-160, Dz: 130-180, ⇨ WC ☎; Lift
🅿 ≘ Sauna; garni
geschl: 24.12.-4.1.
Auch Zimmer der Kategorie * vorhanden

Girbigsdorf 41 ↘

Sachsen — Kreis Görlitz — 253 m —
Görlitz 3 km
🛈 — Gemeindeverwaltung, Dorfstr 52,
02829 Girbigsdorf

* Mühlenhotel
♂ Dorfstr 86, ✉ 02829, ☎ (0 35 81) 31 40 49,
Fax 31 50 37, AX ED VA
22 Zi, Ez: 75-85, Dz: 110, 1 Suite, ⇨ WC ☎;
🅿 ≋ Fitneßraum
Restaurant für Hausgäste

Gisselberg siehe Marburg

Gladbeck 33 ←

Nordrhein-Westfalen — Kreis Recklinghausen — 81 m — 80 073 Ew — Gelsenkirchen 10, Dorsten 10, Essen 14 km
🛈 ☎ (0 20 43) 99 27 25, Fax 99 11 30 —
Stadtverwaltung, Willy-Brandt-Platz 2,
45964 Gladbeck; Industriestadt im Ruhrgebiet. Sehenswert: Wasserschloß
Wittringen

Gleiszellen-Gleishorbach

∗ Schultenhof
Schultenstr 10, ✉ 45966, ☎ (0 20 43)
5 12 70, Fax 98 32 40, AX DC ED VA
18 Zi, Ez: 80, Dz: 110, ⌐ WC ☎ DFÜ; 🅿 🚗
2⇄120 ⧫

∗∗ Wasserschloß Wittringen
⌐ ⦻ Burgstr 64, ✉ 45964, ☎ (0 20 43)
2 23 23, Fax 6 74 51, AX DC ED VA
Hauptgericht 30

Ellinghorst (4 km ↗)
∗∗∗ Gladbeck
Bohmerstr 333, ✉ 45964, ☎ (0 20 43) 69 80,
Fax 68 15 17, AX DC ED VA
120 Zi, Ez: 125, Dz: 140, 36 App, ⌐ WC ☎;
Lift 🅿 16⇄800 ⧫

Gladenbach 44 ↗

Hessen — Kreis Marburg-Biedenkopf —
300 m — 13 000 Ew — Biedenkopf 18, Marburg 19, Herborn 28 km
🛈 ☎ (0 64 62) 20 12 11, Fax 20 12 22 — Kur- und Verkehrsgesellschaft Gladenbach mbH, Karl-Waldschmidt-Str. 5, 35075 Gladenbach; Kneipp-Heilbad, Luftkurort.
Sehenswert: Ev. Martinskirche; Handweberei; Fachwerkhäuser

∗ Gästehaus Mondie
☼ Hoherainstr 47, ✉ 35075, ☎ (0 64 62)
93 94-0, Fax 24 88, AX DC ED VA
5 Zi, Ez: 65-95, Dz: 145, ⌐ WC ☎; 🅿 Sauna Solarium; **garni**

∗ Gladenbacher Hof
Bahnhofstr 72, ✉ 35075, ☎ (0 64 62) 60 36,
Fax 52 36, AX ED VA
34 Zi, Ez: 65-95, Dz: 110-170, ⌐ WC ☎, 5✉;
🅿 5⇄45 ⦿ Fitneßraum Kegeln Sauna Solarium ⧫

Glashütte siehe Laasphe

Glashütten 44 ↘

Hessen — Hochtaunuskreis — 510 m —
5 302 Ew — Königstein/Ts. 7, Idstein 16 km
🛈 ☎ (0 61 74) 29 20, Fax 68 03 — Gemeindeverwaltung, Schloßborner Weg 2,
61239 Glashütten. Sehenswert: Großer Feldberg, 880 m ⌐ (8 km ↗)

∗∗ Glashüttener Hof
Limburger Str 84, ✉ 61479, ☎ (0 61 74)
69 22, Fax 69 46, AX ED VA
Hauptgericht 44; 🅿 Terrasse; geschl: Mo,
3.8.-19.8.
∗ 9 Zi, Ez: 90, Dz: 180, ⌐ WC ☎;
1⇄80
Rezeption: 12-15, 18-24; geschl: Mo, 3.-19.8.

Schloßborn (4 km ↗)
∗∗ Schützenhof
Langstr 13, ✉ 61479, ☎ (0 61 74) 6 10 74,
Fax 96 40 12
Hauptgericht 50; 🅿 Terrasse; nur abends,
Do-Sa auch mittags; geschl: Mo,
4 Wochen im Sommer

Glauchau 49 ↗

Sachsen — Chemnitzer Land — 260 m —
27 896 Ew — Zwickau 12, Chemnitz 34, Gera 40 km
🛈 ☎ (0 37 63) 6 50, Fax 6 52 50 — Stadtverwaltung, Markt 1, 08371 Glauchau. Sehenswert: Doppelschloß Glauchau mit Kunstsammlung und Museum; Hist. Stadtkern; Kirche St. Georg (Barock, mit Silbermann-Orgel)

∗∗∗ Erikson
Auestr 16, ✉ 08371, ☎ (0 37 63) 6 60,
Fax 6 66 66, AX DC ED VA
75 Zi, Ez: 155, Dz: 155, 1 Suite, ⌐ WC ☎,
20✉; Lift 🅿 3⇄80 ⧫ ⦿

∗ Wettiner Hof
☼ Wettinerstr 13, ✉ 08371, ☎ (0 37 63)
50 20, Fax 50 22 99, AX DC ED VA
45 Zi, Ez: 90-105, Dz: 125-165, 1 App, ⌐ WC
☎, 8✉; Lift 🚗 4⇄85 ⧫

∗ Meyer
☼ Agricolastr 6, ✉ 08371, ☎ (0 37 63) 24 55,
Fax 1 50 38, AX DC ED VA
19 Zi, Ez: 90-98, Dz: 125-160, 1 App, ⌐ WC
☎; 🅿 1⇄40 ⧫ ⦿
Zimmer der Kategorie ∗∗ vorhanden

Glees 43 ↙

Rheinland-Pfalz — Kreis Ahrweiler — 250 m
— 625 Ew — Mendig 7, Andernach 15 km
🛈 ☎ (0 26 36) 97 40-0, Fax 8 01 46 — Verbandsgemeindeverw. Brohltal, Touristinformation, Kapellenstr 12, 56651 Niederzissen;
Ort in der Eifel. Sehenswert: Abtei Maria Laach am Laacher See = Naturschutzgebiet: vulkanischer Explosionskrater (5 km ↘)

Maria Laach (5 km ↘)
∗∗ Seehotel Maria Laach
☼ ⌐ ✉ 56653, ☎ (0 26 52) 58 40,
Fax 58 45 22, AX ED VA
65 Zi, Ez: 160-200, Dz: 240-310, 1 Suite, ⌐
WC ☎, 5✉; Lift 🅿 🚗 9⇄240 ⦿ Fitneßraum Sauna Solarium ⧫ ⦿
∗∗ Hauptgericht 40; Terrasse

Gleiszellen-Gleishorbach 60 ↑

Rheinland-Pfalz — Kreis Südliche Weinstraße — 230 m — 850 Ew — Bad Bergzabern 4, Landau 15, Annweiler 15 km
🛈 ☎ (0 63 43) 47 11 — Bürgermeisteramt, Winzergasse 55, 76889 Gleiszellen-Gleishorbach; Erholungsort am Fuß des Pfälzerwaldes. Sehenswert: St.-Dionysius-Kapelle; Fachwerkhäuser

Gleiszellen
∗∗ Südpfalz-Terrassen
☼ ⌐ Winzergasse 42, ✉ 76889, ☎ (0 63 43)
70 00-0, Fax 59 52, AX ED VA
56 Zi, Ez: 90-145, Dz: 140-250, 5 App, ⌐ WC
☎ DFÜ; Lift 🅿 🚗 3⇄50 ⦿ Sauna Solarium ⧫ ⦿
geschl: Mo, 3.-31.1., 18.-25.12.
Auch Zimmer der Kategorie ∗ vorhanden →

Gleiszellen-Gleishorbach

✳ Gasthof Zum Lam
Winzergasse 37, ✉ 76889, ☎ (0 63 43) 93 92 12, Fax 93 92 13, ED
12 Zi, Ez: 80-90, Dz: 100-140, 1 App, ⊣ WC ☎; P
geschl: Mi, 4.-27.1.
Zimmer der Kategorie ✳✳ vorhanden
✳ Hauptgericht 30; Gartenlokal
Terrasse; Nov-Apr nur abends; geschl: Mi, 4.1.-27.1.

Glesien 39 ←

Sachsen — Kreis Delitzsch — 250 m —
1 500 Ew — Schkeuditz 8, Delitzsch 13 km
🛈 ☎ (03 42 07) 21 13, Fax 4 12 19 — Gemeindeverwaltung, Kolsaerstr 1, 04509 Glesien

✳✳ Airporthotel Arriva
Lilienthalstr, ✉ 04509, ☎ (03 42 07) 4 80, Fax 4 82 00, AX DC ED VA
78 Zi, Ez: 99-127, Dz: 120-145, ⊣ WC ☎, 48✉; P 4↻30 🍽
Auch Zimmer der Kategorie ✳ vorhanden

Glienicke (Nordbahn) 30 ↑

Brandenburg — Kreis Oranienburg — 66 m
— 4 958 Ew — Berlin 3, Oranienburg 16 km
🛈 ☎ (03 30 56) 8 03 70, Fax 8 03 69 —
Gemeindeverwaltung, Hauptstr 19, 16548 Glienicke

✳✳ Waldschlößchen
Karl-Liebknecht-Str 55, ✉ 16548,
☎ (03 30 56) 8 20 00, Fax 8 24 06, ED
Hauptgericht 20
✳ 23 Zi, Ez: 108, Dz: 138, ⊣ WC ☎; P

Glindenberg 28 ↙

Sachsen-Anhalt — Kreis Wolmirstedt —
40 m — 1 127 Ew — Wolmirstedt 4, Magdeburg 14 km
🛈 ☎ (03 92 01) 2 16 04, Fax 2 16 04 —
Gemeindeverwaltung, 39326 Glindenberg

✳ Haus Retter
Wolmirstedter Str 3, ✉ 39326, ☎ (03 92 01) 2 18 36, Fax 2 29 17, VA
23 Zi, Ez: 85-95, Dz: 115-125, ⊣ WC ☎; P
3↻120 1Tennis 🍽 ⛐

Glottertal 67 □

Baden-Württemberg — Kreis Breisgau-Hochschwarzwald — 329 m — 3 000 Ew —
Waldkirch 12, Emmendingen 14, Freiburg 14 km
🛈 ☎ (0 76 84) 9 10 40, Fax 91 04 13 — Verkehrsamt, Rathausweg 12, 79286 Glottertal; Erholungsort. Sehenswert: Pfarrkirche; Barockkirche in St. Peter (9 km ↘); Hilzingermühle von 1621

✳✳✳ Silencehotel Hirschen mit Gästehaus
♘ Rathausweg 2, ✉ 79286, ☎ (0 76 84) 8 10, Fax 17 13, AX ED VA
52 Zi, Ez: 90-150, Dz: 200-260, 2 App, ⊣ WC ☎; Lift 3↻60 Sauna Solarium
Auch Zimmer der Kategorie ✳ und ✳✳ vorhanden
✳✳ Hauptgericht 42; P; ✤
geschl: Mo.

✳✳ Gasthof zum Kreuz Landidyll Hotel
♘ Landstr 14, ✉ 79286, ☎ (0 76 84) 8 00 80, Fax 80 08 39, AX DC ED VA
37 Zi, Ez: 85-120, Dz: 140-190, ⊣ WC ☎; Lift
P 1↻25 Sauna Solarium
Rezeption: 7.30-11.30,16-21; geschl: Mitte Jan
Auch Zimmer der Kategorie ✳ vorhanden
✳ Terrasse; geschl: Mitte Jan

✳✳ Schwarzenberg's Traube
Kirchstr 25, ✉ 79286, ☎ (0 76 84) 13 13, Fax 7 38, AX ED VA
12 Zi, Ez: 95-125, Dz: 150-190, ⊣ WC ☎; Lift
P 2↻30
✳✳ Hauptgericht 40

✳✳ Schloßmühle
Talstr 22, ✉ 79286, ☎ (0 76 84) 2 29, Fax 14 85, AX DC ED VA
10 Zi, Ez: 88, Dz: 145, ⊣ WC ☎; Lift
✳✳ 🍷 Hauptgericht 30; geschl: Mi

✳✳ Tobererhof Landidyll Hotel
♘ ◁ Kandelstr 34, ✉ 79286, ☎ (0 76 84) 91 05-0, Fax 10 13, ED VA
16 Zi, Ez: 95-120, Dz: 130-180, ⊣ WC ☎, 4✉; P; garni
Rezeption: 7-21
Auch Zimmer der Kategorie ✳ vorhanden

✳ Pension Faller
♘ ◁ Talstr 9, ✉ 79286, ☎ (0 76 84) 2 26, Fax 14 53, ED
11 Zi, Ez: 60-85, Dz: 90-140, ⊣ WC ☎, 5✉;
P 🚗; garni
geschl: 27.11.-6.12.

✳ Wisser's Sonnenhof
♘ ◁ Schurhammerweg 7, ✉ 79286,
☎ (0 76 84) 2 64, Fax 10 93, VA
17 Zi, Ez: 70-80, Dz: 100-160, ⊣ WC ☎; P 🍽
Auch Zimmer der Kategorie ✳✳ vorhanden

✳ Schwarzenberg
Talstr 24, ✉ 79286, ☎ (0 76 84) 13 24, Fax 17 91, AX DC ED VA
20 Zi, Ez: 80-90, Dz: 150-170, ⊣ WC ☎; Lift
🚗 ⛐ Sauna Solarium
Restaurant für Hausgäste

✳✳ Zum Adler ✤
🍷 Talstr 11, ✉ 79286, ☎ (0 76 84) 10 81, Fax 10 83, AX DC ED VA
Hauptgericht 39; Gartenlokal P; geschl: Di, Schwarzwaldgasthaus mit rustikaler Einrichtung
🛏 10 Zi, Ez: 40-100, Dz: 100-160, 1 Suite, ⊣ ☎; 1↻30

Glowe siehe Rügen

Glücksburg 10 ↖

Schleswig-Holstein — Kreis Schleswig-Flensburg — 10 m — 6 500 Ew — Flensburg 11, Kappeln/Schlei 43 km
🛈 ☎ (0 46 31) 6 00 70, Fax 33 01 — Kurverwaltung, im Stadtteil Sandwig, Sandwigstr 1a, 24960 Glücksburg; Ostsee-Heilbad an der Flensburger Förde, Hanseatische Yachtschule. Sehenswert: Schloß; Rosarium; Ökologiepark

Alter Meierhof
Vitalhotel
Uferstr 1, ✉ 24960, ☎ (0 46 31) 61 99-0, AX DC ED VA
54 Zi, Ez: 198-210, Dz: 286-298, ⊣ WC ☎ DFÜ; Lift 🅿 🍴 5⇔250 ≋ Strandbad Seezugang Fitneßraum Sauna Solarium 18Golf 🍽 ⚓
Voraussichtliche Eröffnung im Winter

Holnis (4 km ↗)
* Cafe Drei
⚓ Drei 5, ✉ 24960, ☎ (0 46 31) 6 10 00, Fax 29 83, ED
9 Zi, Ez: 85-95, Dz: 130-160, 14 App, ⊣ WC ☎; 🅿 1⇔100 Strandbad Seezugang ⚓
* ◁ Hauptgericht 25

Sandwig (1 km ↑)
** Intermar
⚓ ◁ Förderstr 2, ✉ 24960, ☎ (0 46 31) 4 90, Fax 4 95 25, AX DC ED VA
80 Zi, Ez: 135-180, Dz: 200-250, 3 Suiten, 5⌨; Lift 🅿 🍴 8⇔210 ≋ Strandbad Seezugang Fitneßraum Sauna Solarium ⚓
** König von Dänemark
Hauptgericht 35

Glückstadt 17 ↗

Schleswig-Holstein — Kreis Steinburg — 3 m — 12 400 Ew — Itzehoe 21, Elmshorn 23, Brunsbüttel 33 km
🛈 ☎ (0 41 24) 93 75 85, Fax 93 75 86 — Tourist Information, Große Nübelstr. 31, 25348 Glückstadt; Stadtdenkmal an der Unterelbe. Sehenswert: Stadtkirche; Marktplatz; Rathaus; Brockdorff-Palais; Detlefsen-Museum; Königliche: ehem. Zuchthaus; Palais Am Hafen „Quasi non possidentes"; Störsperrwerk (5 km ↖).

Achtung: Autofähre halbstündlich nach Wischhafen

** Ratskeller Glückstadt
Am Markt 4, ✉ 25348, ☎ (0 41 24) 24 64, Fax 41 54, AX ED VA
Hauptgericht 30; Terrasse

Der kleine Heinrich
⊗ Am Markt 2, ✉ 25348, ☎ (0 41 24) 36 36, Fax 36 16, AX DC ED VA
Hauptgericht 25; Terrasse

Gnaschwitz-Doberschau

Café Neumann
Große Kremper Str 18, ✉ 25348, ☎ (0 41 24) 21 50
geschl: Mo bis 14,
Spezialität: Königsberger-Marzipan

Gmund a. Tegernsee 72 ↓

Bayern — Kreis Miesbach — 740 m — 6 349 Ew — Miesbach 13, Bad Tölz 15 km
🛈 ☎ (0 80 22) 75 05 27, Fax 75 05 20 — Verkehrsamt, Kirchenweg 6, 83703 Gmund; Erholungsort, Anlegeplatz der Tegernsee-Schiffahrt. Sehenswert: Ortskern mit Kirche St. Ägidius

Dürnbach (1 km ↑)
** Alte Schmiede
Münchner Str 119, ✉ 83703, ☎ (0 80 22) 72 24
Hauptgericht 39, nur abends, So auch mittags; geschl: Mo

Finsterwald (1 km ↖)
* Feichtner Hof
Kaltenbrunner Str 2, ✉ 83703, ☎ (0 80 22) 73 22, Fax 7 49 64
Hauptgericht 20
***** 10 Zi, Ez: 75-130, Dz: 150-220, ⊣ WC ☎

Gut Steinberg (8 km ←, über Marienstein)
*** Margarethenhof
Golf und Country Club Hotel
einzeln ⚓ ◁ ✉ 83703, ☎ (0 80 22) 7 50 60, Fax 7 48 18, AX ED VA
31 Zi, Ez: 155-215, Dz: 235-380, 31 Suiten, ⊣ WC ☎ DFÜ, 5⌨; 🅿 5⇔150 Fitneßraum Sauna Solarium 18Golf
geschl: 19.12.-15.2.
Zufahrt über Waakirchen / Marienstein
* ◁ Hauptgericht 25; Terrasse; geschl: 19.12.-15.2.

Kaltenbrunn (3 km ↙)
* Gut Kaltenbrunn
◁ 7, ✉ 83703, ☎ (0 80 22) 79 69, Fax 7 45 36, AX ED
Hauptgericht 27; Biergarten 🅿 Terrasse; geschl: im Winter Fr

Gnarrenburg 17 □

Niedersachsen
🛈 ☎ (0 47 63) 8 80, Fax 88 22 — Verkehrsverein, Bahnhofstr 1, 27442 Gnarrenburg

Kuhstedt
* Kuhstedter Landhaus
Giehler Str 1, ✉ 27442, ☎ (0 47 63) 9 49 50, Fax 94 95 96
32 Zi, Ez: 65, Dz: 110, ⊣ WC ☎; 🅿 1⇔100 🍽

Gnaschwitz-Doberschau 41 ↙

Sachsen — Kreis Bautzen — 240 m — 2 455 Ew — Bautzen 5, Gaußig 6 km
🛈 ☎ (03 59 30) 5 09 10, Fax 5 09 14 — Gemeindeverwaltung, Hauptstr 13, 02692 Gnaschwitz-Doberschau →

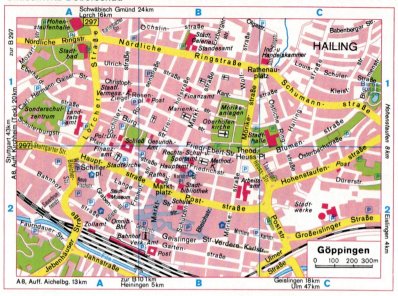

Grubschütz (2 km ↘)
* **Zur guten Einkehr und Spreetal**
Hs.Nr. 1, ✉ 02692, ☎ (0 35 91) 30 39 30, Fax 30 39 19, AX ED VA
16 Zi, Ez: 85-95, Dz: 110-130, 1 Suite, 1 App, ⌂ WC ☎; P 2⇔300 †○¶ ≤

Goch 32 ↘

Nordrhein-Westfalen — Kreis Kleve — 17 m — 30 500 Ew — Kleve 13, Rees 21, Geldern 22 km
ℹ ☎ (0 28 23) 32 02 02, Fax 32 02 51 — Tourist-Information, Markt 15, 47574 Goch.
Sehenswert: Kath. Kirche; Haus zu den fünf Ringen; Steintor; Langenberghaus; Museum für Kunst- und Kulturgeschichte; Kultur- und Kongreßzentrum Kastell

** **Ringhotel Sporthotel de Poort**
Jahnstr 6, ✉ 47574, ☎ (0 28 23) 96 00, Fax 8 07 86, AX DC ED VA
75 Zi, Ez: 95-140, Dz: 135-195, ⌂ WC ☎, 6✉; Lift P 6⇔140 ≘ Bowling Kegeln Sauna Solarium 6Tennis
Auch Zimmer der Kategorie * vorhanden
** Hauptgericht 15; Biergarten

* **Litjes**
Pfalzdorfer Str 2, ✉ 47574, ☎ (0 28 23) 9 49 90, Fax 94 99 49, AX ED VA
17 Zi, Ez: 78-82, Dz: 125-135, ⌂ WC ☎; P Kegeln †○¶

Gögging, Bad
siehe **Neustadt a. d. Donau**

Göhren siehe Rügen

Göppingen 62 □

Baden-Württemberg — Kreis Göppingen — 319 m — 57 000 Ew — Geislingen 20, Schwäbisch Gmünd 22, Stuttgart 45 km
ℹ ☎ (0 71 61) 65 02 92, Fax 65 02 99 — Tourist Information, Marktstr 2 (B 2), 73033 Göppingen; Stadt an der Fils.
Sehenswert: Ev. Stadtkirche; Oberhofenkirche; Schloß; Dokumentationsraum für Staufische Geschichte; Naturkundliches Museum; Städtisches Museum im „Storchen"; Städtische Galerie; Märklin-Museum; Stiftskirche in Faurndau; Hohenstaufen, 684 m ⋖ (8 km ↘)

** **Ringhotel Hohenstaufen**
Freihofstr 64 (B 1), ✉ 73033, ☎ (0 71 61) 67 00, Fax 7 00 70, AX DC ED VA
50 Zi, Ez: 135-165, Dz: 180-210, 1 App, ⌂ WC ☎ DFÜ, 12✉; 🚗 2⇔40
** Hauptgericht 28; Gartenlokal P; geschl: Sa mittags

* **Alte Kellerei**
Kellereistr 16 (A 2), ✉ 73033, ☎ (0 71 61) 97 80 60, Fax 9 78 06 13, AX DC ED VA
19 Zi, Ez: 99-130, Dz: 153-180, ⌂ WC ☎; Lift P 🚗 †○¶

Görlitz

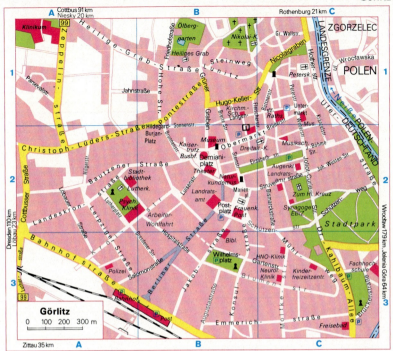

Heidle
Lange Str 16 (AB 2), ✉ 73033, ☏ (0 71 61) 7 33 77

Görlitz 41 ↘

Sachsen — 200 m — 70 000 Ew — Bautzen 43 km

🛈 ☏ (0 35 81) 47 57-0, Fax 47 57 27 — Euro-Tour-Zentrum, Obermarkt 29 (B 2), 02826 Görlitz. Sehenswert: Hist. Altstadt (Spätgotik, Renaissance, Barock); Pfarrkirche St. Peter und Paul; Dreifaltigkeitskirche; Rathaustreppe; Schönhof; Heiliges Grab; Biblisches Haus

✶✶✶ Mercure Parkhotel
Uferstr 17 f, ✉ 02826, ☏ (0 35 81) 6 62-0, Fax 66 26 62, AX DC ED VA
186 Zi, Ez: 164-214, Dz: 206-266, S; ⊣ WC ☏, 38✉; Lift 🅿 🚗 9↻200 Fitneßraum Sauna Solarium ❦ ☕

✶✶ Sorat Hotel Görlitz
Struvestr 1 (C 2), ✉ 02826, ☏ (0 35 81) 40 65 77, Fax 40 65 79, AX DC ED VA
46 Zi, Ez: 145-180, Dz: 185-220, S; ⊣ WC ☏, 6✉; Lift 🅿 1↻20 ❦
Auch Zimmer der Kategorie ✶✶✶ vorhanden

✶✶ Bon-Apart-Hotel
Elisabethstr 41, ✉ 02826, ☏ (0 35 81) 4 80 80, Fax 48 08 11, AX ED VA
30 Zi, Ez: 150, Dz: 200, 11 Suiten, 11 App, ⊣ WC ☏, 10✉; 🅿 🚗 2↻60 ❦ ☕
Appartements ausgestattet mit indischen Antiquitäten, Bonapart-Stilmöbeln und modernen Stahl-Glasmöbeln. Auch Zimmer der Kategorie ✶✶✶ vorhanden

✶✶ Zum Grafen Zeppelin
Jauernicker Str 15, ✉ 02826, ☏ (0 35 81) 40 35 74, Fax 40 04 47, AX ED VA
42 Zi, Ez: 95-125, Dz: 130-160, ⊣ WC ☏; 🅿
Restaurant für Hausgäste; Auch Zimmer der Kategorie ✶ vorhanden

✶✶ Europa
Berliner Str 2 (B 3), ✉ 02826, ☏ (0 35 81) 42 35-0, Fax 42 35 30, AX ED VA
17 Zi, Ez: 130-150, Dz: 180-240, ⊣ WC ☏, 3✉; 🚗; garni
Zufahrt zum Hotelparkplatz über Jakobstr

✶ Silesia
Biesnitzer Str 11, ✉ 02826, ☏ (0 35 81) 4 81 00, Fax 48 10 10, AX ED VA
21 Zi, Ez: 95-130, Dz: 130-170, 3 Suiten, ⊣ WC ☏; Lift 🅿 2↻60 ❦
Auch Zimmer der Kategorie ✶✶ vorhanden →

Görlitz

✱ Schellergrund
Martin-Opitz-Str 2, ✉ 02826, ☎ (0 35 81)
40 16 87, Fax 40 16 87, AX ED VA
15 Zi, Ez: 95-125, Dz: 110-135; 🅿 🚗 1✧18
Sauna 🍴
Auch einfachere Zimmer vorhanden

✱ Meridian
Bismarckstr 21 (C 2), ✉ 02826, ☎ (0 35 81)
4 73 00, Fax 47 30 36, AX ED VA
17 Zi, Ez: 115-145, Dz: 135-165, ⊣ WC ☎; 🅿
Sauna Solarium; garni

Biesnitz
✱ Kulmbacher Postillion
Aufgangstr 6 (außerhalb), ✉ 02827,
☎ (0 35 81) 74 09 66, Fax 74 09 48, AX ED VA
Hauptgericht 15; Biergarten 🅿
✱✱ 5 Zi, Ez: 70-90, Dz: 100-140, ⊣ WC
☎; 2✧60

Holtendorf
✱✱ Zum Marschall Duroc
Girbigsdorfer Str 3, ✉ 02829, ☎ (0 35 81)
73 44 + 7 84 44, Fax 73 42 22, AX DC ED VA
52 Zi, Ez: 100-125, Dz: 140-165, ⊣ WC ☎,
4✉; Lift 🅿 🚗 1✧60 Sauna 🍴

siehe auch **Girbigsdorf**

Gößweinstein 57 ↗

Bayern — Kreis Forchheim — 493 m —
4 400 Ew — Ebermannstadt 16, Pegnitz
22 km

🛈 ☎ (0 92 42) 4 56, Fax 18 63 — Verkehrsamt,
Burgstr 6, 91327 Gößweinstein; Luftkurort in
der Fränkischen Schweiz. Sehenswert: Wallfahrtsbasilika Balthasar Neumann; Burg

✱ Fränkischer Hahn
Badanger Str 35, ✉ 91327, ☎ (0 92 42) 4 02,
Fax 73 29, ED
11 Zi, Ez: 70, Dz: 90-110, ⊣ WC ☎; 🅿; garni

✱ Zur Post
Balthasar-Neumann-Str 10, ✉ 91327,
☎ (0 92 42) 2 58, Fax 5 78
14 Zi, Ez: 48-53, Dz: 84-94, ⊣ WC; 🅿 🚗 🍴

✱ Regina
◂ Sachsenmühler Str 1, ✉ 91327,
☎ (0 92 42) 2 50, Fax 73 62
16 Zi, Ez: 48-65, Dz: 76-106, ⊣ WC; 🅿 🚗
1✧40; garni

⊟ Zur Rose
Pezoldstr 2, ✉ 91327, ☎ (0 92 42) 9 23 89,
Fax 9 23 90
18 Zi, Ez: 45-50, Dz: 80-90; 🍴
Rezeption: 9-22; geschl: Mo, 1.11.-15.12.

Behringersmühle (2 km ↑)
✱✱ Das Schulhaus
✉ 91327, ☎ (0 92 42) 98 40, Fax 98 41 00,
AX ED VA
38 Zi, Ez: 119-179, Dz: 198-240, ⊣ WC ☎,
8✉; Lift 🅿 4✧150 Sauna 2Tennis
Multimedia-Tagungshotel, Zimmer mit PC
ausgestattet, auch Zimmer der Kategorie ✱
vorhanden.
✱ Das Wirtshaus
Hauptgericht 20

✱ Frankengold
Pottensteiner Str 29, ✉ 91327, ☎ (0 92 42)
15 05, Fax 71 14, AX ED VA
17 Zi, Ez: 57-85, Dz: 108-140, ⊣ WC ☎; Lift
🅿 🚗 1✧20 2Tennis 🍴
geschl: 15.1.-30.1.
Auch Zimmer der Kategorie **✱✱** vorhanden

Göttingen 36 □

Niedersachsen — Kreis Göttingen — 150 m
— 132 645 Ew — Northeim 22, Duderstadt
31, Kassel 47 km

🛈 ☎ (05 51) 5 40 00, Fax 4 00 29 98 — Tou-
rist-Information, Altes Rathaus, Markt 9
(A 2), 37073 Göttingen. Sehenswert: Ev.
Johanniskirche; ev. Marienkirche mit
Kommende des Deutschen Ritterordens;
ev. Jacobikirche: Altar; ev. Albanikirche;
Altes Rathaus mit Gänseliesel-Brunnen;
Fachwerkhäuser: Junkernschänke, Rats-
apotheke, Schrödersches Haus, Borne-
mannsches Haus; Alte Universitätsbiblio-
thek; Bismarckhäuschen; Städtisches
Museum; Museum am Thie, Museum der
Chemie; Völkerkundemuseum; Zoologi-
sches Museum; Botanischer Garten;
Bismarckturm, 330 m ◂ (3 km →)

✱✱✱ Gebhards Hotel
Goetheallee 22 (A 1), ✉ 37073, ☎ (05 51)
4 96 80, Fax 4 96 81 10, AX DC ED VA
60 Zi, Ez: 160-250, Dz: 210-290, 3 Suiten, ⊣
WC ☎, 2✉; Lift 🅿 🚗 4✧120 Sauna
Auch Zimmer der Kategorie **✱✱** vorhanden
✱✱ Georgia-Augusta Stuben
Hauptgericht 29; Terrasse

✱✱ Eden
Reinhäuser Landstr 22 a (B 2), ✉ 37083,
☎ (05 51) 7 60 07, Fax 7 67 61, AX DC ED VA
99 Zi, Ez: 125-295, Dz: 178-367, 1 App, ⊣
WC ☎ DFÜ, 10✉; Lift 🅿 🚗 8✧180 🏊 Sauna
Solarium 🍴
Auch Zimmer der Katergorie **✱✱✱** vor-
handen

✱✱ Leine Hotel-Boarding House
Groner Landstr 55 (außerhalb), ✉ 37081,
☎ (05 51) 50 51-0, Fax 5 05 11 70,
AX DC ED VA
101 Zi, Ez: 104-140, Dz: 165-220, ⊣ WC ☎,
20✉; Lift 🚗; garni
Auch Langzeitvermietung möglich

✱ Stadt Hannover
Goetheallee 21 (A 1), ✉ 37073, ☎ (05 51)
4 59 57, Fax 4 54 70, AX DC ED VA
30 Zi, Ez: 110-155, Dz: 155-195, ⊣ WC ☎
DFÜ, 8✉; Lift 🅿 🚗; garni
geschl: 22.12.-6.1.

✱ Schwarzer Bär
🍷 Kurze Str 12 (B 2), ✉ 37073, ☎ (05 51)
5 82 84, Fax 5 82 84, AX DC ED VA
Hauptgericht 30

Göttingen

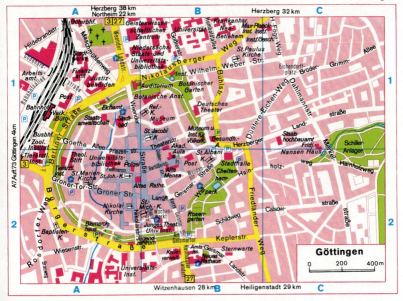

∗ **Ratskeller**
Am Markt 4 (B 2), ⊠ 37073, ☎ (05 51)
5 64 33, Fax 4 57 33, AX DC ED VA
Hauptgericht 25

☕ **Café Cron und Lanz**
Weender Str 25 (B 2), ⊠ 37073, ☎ (05 51)
5 60 22, Fax 5 60 24

Grone (3 km ←)
∗∗∗ **Clarion**
Kasseler Landstr 45, ⊠ 37081, ☎ (05 51)
90 20, Fax 90 21 66, AX DC ED VA
133 Zi, Ez: 145-290, Dz: 220-290, S ;
11 Suiten, ⌐ WC, 11⌂; Lift 13⇔400 ≘
Kegeln Sauna Solarium
Auch Zimmer der Kategorie ∗∗ vorhanden
∗∗∗ Hauptgericht 35

∗∗ **Schweizer Hof**
Kasseler Landstr 118/120, ⊠ 37081,
☎ (05 51) 5 09 60, Fax 5 09 61 00, AX DC ED VA
44 Zi, Ez: 108-178, Dz: 148-268, ⌐ WC ☎
DFÜ, 25⌂; Lift 🅿 🚗 3⇔40 Sauna Solarium
geschl: 22.12.-6.1.
∗ Hauptgericht 20; geschl: Fr, So
abends, 27.12.-10.1.

∗ **Atrium Hotel und Boardinghouse**
Kasseler Landstr 25 c, ⊠ 37081, ☎ (05 51)
9 00 50, Fax 9 00 54 00, AX DC ED VA
51 Zi, Ez: 110-205, Dz: 160-255, 2 Suiten,
13 App, ⌐ WC ☎ DFÜ, 9⌂; Lift 🅿 🚗 1⇔30
Sauna Solarium ⓘ

☎ Lobenswerte Küchenleistung

∗ **Novostar**
Kasseler Landstr 25 d, ⊠ 37081, ☎ (05 51)
9 97 70, Fax 9 97 74 00, AX DC ED VA
72 Zi, Ez: 89-158, Dz: 162, ⌐ ☎, 8⌂; Lift 🅿
Restaurant für Hausgäste

∗ **Rennschuh**
Kasseler Landstr 93, ⊠ 37081, ☎ (05 51)
9 00 90, Fax 9 00 91 99, AX DC ED VA
110 Zi, Ez: 70-90, Dz: 100-130, 1 Suite, ⌐
WC ☎; Lift 🅿 🚗 3⇔80 ≘ Kegeln Sauna
Solarium; **garni** ⓘ
geschl: 24.12.-2.1.

Groß Ellershausen (5 km ←)
∗∗ **Freizeit In**
Dransfelder Str 3, ⊠ 37079, ☎ (05 51)
9 00 10, Fax 9 00 11 00, AX DC ED VA
206 Zi, Ez: 155-299, Dz: 195-349, S ; 4 Suiten,
⌐ WC ☎ DFÜ, 24⌂; Lift 🅿 🚗 38⇔1200 ≋
≘ Fitneßraum Kegeln Sauna Solarium
6 Tennis ☕
∗∗ Hauptgericht 27; Biergarten Terrasse

Niklausberg (5 km ↑)
∗ **Beckmann**
♂ Ulrideshuser Str 44, ⊠ 37077, ☎ (05 51)
20 90 80, Fax 2 09 08 10, AX DC ED VA
28 Zi, Ez: 45-95, Dz: 90-155, 4 App, ⌐ WC ☎,
8⌂; Lift 🅿 🚗 2⇔24 Sauna Solarium ⓘ ☕
Auch einfachere Zimmer vorhanden

Weende
∗∗ **Am Papenberg Top International Hotel**
Hermann-Rein-Str, ⊠ 37075, ☎ (05 51)
3 05 50, Fax 3 05 52 00
72 Zi, Ez: 140-220, Dz: 190-220, S ; 6 Suiten,
⌐ WC ☎ DFÜ, 24⌂; Lift 🅿 🚗 5⇔90 ⓘ →

Göttingen

** **Astoria**
Hannoversche Str 51, ✉ 37075, ☎ (05 51)
3 05 00, Fax 3 05 01 00, AX ED VA
82 Zi, Ez: 105-190, Dz: 175-220, 8 Suiten,
67 App, ⇔ 18🛏; Lift 🅿 🚗 14⇨220
Sauna Solarium
Restaurant für Hausgäste; Auch Zimmer
der Katergorie * vorhanden und Langzeitvermietung möglich

Götz 29 ←

Brandenburg — Potsdam-Mittelmark —
950 Ew — Brandenburg 15, Potsdam 22,
Nauen 30 km
ℹ ☎ (03 32 07) 3 26 60 — Gemeindeverwaltung, Dorfstr 51, 14778 Götz

* **Götz**
Ringstr 7, ✉ 14778, ☎ (03 32 07) 6 90 00,
Fax 6 91 00,
39 Zi, Ez: 89-109, Dz: 139-159, ⇔ WC ☎,
8🛏; 🅿 1⇨20; garni
geschl: 23.12.-4.1.

Gohrisch 51 ↗

Sachsen — Landkreis Sächsische Schweiz
— 250 m — 2 200 Ew — Bad Schandau 3,
Pirna 13 km
ℹ ☎ (03 50 21) 6 61 16, Fax 6 61 15 — Fremdenverkehrsamt Gohrisch,
Neue Hauptstr. 116b, 01824 Gohrisch; Luftkurort in der Sächsischen Schweiz

* **Parkhotel Margartenhof**
♦ Pfaffenbergstr 89,
☎ (03 50 21) 62 30, Fax 6 25 99, AX DC ED VA
45 Zi, Ez: 80-100, Dz: 110-150, 1 Suite, ⇔
WC ☎; Lift 🅿 🚗 2⇨40 Fitneßraum Kegeln
Sauna Solarium 🍽 ☕

* **Anna's Hof**
Hauptstr 118, ✉ 01824, ☎ (03 50 21)
6 82 91, Fax 6 70 98, AX ED VA
13 Zi, Ez: 55-65, Dz: 85-100, ⇔ WC ☎; 🅿 🍽

Cunnersdorf
🛏 **Deutsches Haus**
Cunnersdorfer Str 20, ✉ 01824,
☎ (03 50 21) 6 89 37, Fax 6 76 84
29 Zi, Ez: 60-70, Dz: 90-100, ⇔ WC ☎; 🅿 🚗
🍽
geschl: Feb

Papstdorf
Erblehngericht
Alte Hauptstr 42, ✉ 01824, ☎ (03 50 21)
6 64 10, Fax 6 64 30, ED
26 Zi, Ez: 65, Dz: 98, ⇔ WC ☎; 🅿 3⇨100
Sauna Solarium 🍽

Goldbach 55 ↖

Bayern — Kreis Aschaffenburg — 140 m —
10 100 Ew — Aschaffenburg 4 km
ℹ ☎ (0 60 21) 5 00 60, Fax 50 06 45 —
Gemeindeverwaltung, Sachsenhausen 19,
63773 Goldbach

* **Bacchusstube**
Aschaffenburger Str 2, ✉ 63773,
☎ (0 60 21) 5 10 34, Fax 5 10 37, AX DC ED VA
12 Zi, Ez: 90, Dz: 150, ⇔ WC ☎; 🅿 🍽

* **MaSell**
Aschaffenburger Str 54, ✉ 63773,
☎ (0 60 21) 59 53, Fax 5 95 59, DC ED VA
8 Zi, Ez: 90-120, Dz: 150-170, 3 App, ⇔ WC
☎; 🅿 2⇨20 Solarium 🍽 ☕
Auch Zimmer der Kategorie ** vorhanden

Goldberg 20 ↗

Mecklenburg-Vorpommern — Parchim —
67 m — 5 000 Ew — Dobbertin 3, Lübz 14,
Güstrow 28 km
ℹ ☎ (03 87 36) 8 20 31, Fax 8 20 36 — Fremdenverkehrsamt, Lange Str 66, 19399 Goldberg

Goldberg-Außerhalb (2 km ↑)
* **Seelust**
♦ ☕ am Goldberger See, ✉ 19399,
☎ (03 87 36) 8 23-0, Fax 8 23-58, AX ED VA
27 Zi, Ez: 90-125, Dz: 125-145, 1 Suite,
3 App, ⇔ WC ☎, 3🛏; 🅿 🚗 2⇨85 Strandbad Seezugang Sauna Solarium 🍽 ☕

Goldkronach 58 ↑

Bayern — Kreis Bayreuth — 444 m —
3 200 Ew — Bad Berneck 5, Bayreuth 10 km
ℹ ☎ (0 92 73) 98 40, Fax 16 63 — Stadtverwaltung, Marktplatz, 95497 Goldkronach;
Erholungsort

* **Alexander von Humbold
mit Gästehäusern
Meister Bär's Privat Hotels**
Bernecker Str 4, ✉ 95497, ☎ (0 92 73) 9 79-0,
Fax 9 79-9 99, AX DC ED VA
40 Zi, Ez: 88-198, Dz: 128-198, 1 Suite,
6 App, ⇔ WC ☎, 10🛏; Lift 🅿 5⇨200 ⛳ Fitneßraum Sauna Solarium ☕
* ⓥ Hauptgericht 25

Golßen 30 ↘

Brandenburg — Dahme-Spreewald — 50 m
— 2 400 Ew — Luckau 15, Zossen 33 km
ℹ ☎ (0 35 44) 30 50, Fax 30 50 — Fremdenverkehrsverein, Lindenstr 5, 15926 Luckau

* **Motel Golßen**
Hauptstr 19, ✉ 15938, ☎ (0 35 45 2) 1 55 00,
Fax 1 55 35, ED VA
42 Zi, Ez: 89-99, Dz: 134-144, 4 Suiten, ⇔
WC ☎; 🅿 Seezugang 18Golf 🍽 ☕

Gomadingen 62 ↙

Baden-Württemberg — Kreis Reutlingen —
648 m — 2 100 Ew — Münsingen 9, Bad
Urach 14, Reutlingen 24 km
ℹ ☎ (0 73 85) 96 96 33, Fax 96 96 22 — Tourist-Information, Marktplatz 2, 72532 Goma-
dingen; Lufkurort auf der Schwäbischen
Alb

Offenhausen (2 km ←)

Landhaus Gulewitsch
⮞ Ziegelbergstr 24, ⌧ 72532, ☎ (0 73 85) 96 79-0, Fax 96 79-96
22 Zi, Ez: 78-92, Dz: 109-150, 2 App, ⊣ WC ☎, 4🛏; Lift 2⇆30 Fitneßraum Sauna Solarium
Restauration im Gestütsgasthof

Gomaringen 61 ↓

Baden-Württemberg — Kreis Tübingen — 470 m — 7 600 Ew — Tübingen 10, Reutlingen 12 km
ℹ ☎ (0 70 72) 9 15 50, Fax 91 55 40 — Gemeindeverwaltung, Rathausstr 4, 72810 Gomaringen

✱✱ Arcis
Bahnhofstr 10, ⌧ 72810, ☎ (0 70 72) 91 80, Fax 91 81 91, AX ED VA
39 Zi, Ez: 98-108, Dz: 128-138, ⊣ WC ☎, 10🛏; Lift 🅿 🍴 2⇆35; **garni**

Gommern 28 ↓

Sachsen-Anhalt — Kreis Burg — 50 m — 6 355 Ew — Schönebeck 10, Magdeburg 20 km
ℹ ☎ (03 92 00) 5 13 61, Fax 5 14 18 — Stadtverwaltung, Platz des Friedens 10, 39245 Gommern. Sehenswert: Mittelalterliche Wasserburg

✱ Drei Linden
Am Walde 1, ⌧ 39245, ☎ (03 92 00) 5 13 28, Fax 5 01 80, AX ED VA
32 Zi, Ez: 75, Dz: 118, 1 Suite, 1 App, ⊣ WC ☎, 10🛏; 🅿 🍴 Strandbad 🍽 ⚓

Gondorf 52 ↑

Rheinland-Pfalz — Kreis Bitburg-Prüm — 300 m — 368 Ew — Bitburg 10, Wittlich 26 km
ℹ ☎ (0 65 61) 94 34-0, Fax 94 34-20 — Tourist-Information Bitburger Land, Bitburger Land, Im Graben 2, 54634 Bitburg; Ort in der Südeifel

✱ Eifel-Sport-Hotel Minotel
Philippsheimer Str 8, ⌧ 54647, ☎ (0 65 65) 92 50, Fax 92 51 04, AX DC ED VA
50 Zi, Ez: 96-128, Dz: 152-216, 1 Suite, 1 App, ⊣ WC ☎; Lift 🅿 5⇆150 ≈ Bowling Kegeln Sauna Solarium 🍽
Erlebnisbad mit 42 m Rutsche

✱ Silencehotel Waldhaus Eifel
Am Eifelpark, ⌧ 54647, ☎ (0 65 65) 92 40, Fax 92 41 23, AX DC ED VA
50 Zi, Ez: 86-100, Dz: 140-158, 2 Suiten, 1 App, ⊣ WC ☎; Lift 🅿 1⇆30 ≈ Fitneßraum Kegeln Sauna Solarium 🍽 ⚓

Goslar 37 ↘

Niedersachsen — Kreis Goslar — 320 m — 46 000 Ew — Hildesheim 50, Braunschweig 50, Göttingen 70 km
ℹ ☎ (0 53 21) 7 80 60, Fax 78 06 44 — Tourist-Information, Markt 7 (B 2), 38640 Goslar; Tausendjährige Kaiserstadt am Nordhang des Oberharzes mit mittelalterlichem Stadtbild. Sehenswert: Kaiserpfalz mit Ulrichskapelle; Domvorhalle; ehem. Klosterkirche Neuwerk; kath. Kirche St. Jakobi; ev. Marktkirche; ev. Pfarrkirche St. Peter und Paul (auf dem Frankenberg); Stift zum Großen Heiligen Kreuz; Marktplatz: Glocken- und Figurenspiel; Rathaus mit Huldigungssaal; Bürger- und Gildehäuser: Brusttuch, Bäckergildehaus, Kaiserworth, Siemenshaus, Zur Börse, Rammelsberger Bergbaumuseum; Stadtbefestigung: Breites Tor, Zwinger; ehem. Stiftskirche im Grauhof (5 km ↑); Ruine der Stiftskirche Riechenberg (2 km ↘)

Cityplan siehe Seite 418

✱✱ Der Achtermann
Rosentorstr 20 (B 1), ⌧ 38640, ☎ (0 53 21) 2 10 01, Fax 4 27 48, AX DC ED VA
152 Zi, Ez: 129-229, Dz: 219-368, S; ⊣ WC ☎; Lift 🅿 🍴 12⇆650 ≈ Fitneßraum Sauna Solarium 🍽 ⚓
Auch Zimmer der Kategorie ✱✱✱ vorhanden

✱✱ Niedersächsischer Hof
Klubgartenstr 1, ⌧ 38640, ☎ (053 21) 31 60, Fax 31 64 44, AX DC ED VA
63 Zi, Ez: 130, Dz: 160, ⊣ WC ☎, 21🛏; Lift 3⇆80 ⚓
Auch Zimmer der Kategorie ✱✱✱ vorhanden

✱✱ Altdeutsche Stube
🍴 Hauptgericht 27; Terrasse

✱✱ Kaiserworth
Markt 3, ⌧ 38640, ☎ (0 53 21) 2 11 11, Fax 2 11 14, AX DC ED VA
50 Zi, Ez: 95-165, Dz: 180-240, ⊣ WC ☎, 7🛏; 🅿 3⇆120 🍽
Über 500 Jahre altes Arkadengebäude am mittelalterlichen Markt

✱ Treff Hotel Das Brusttuch
Hoher Weg 1 (B 2), ⌧ 38640, ☎ (0 53 21) 3 46 00, Fax 34 60 99, AX DC ED VA
13 Zi, Ez: 129-199, Dz: 199-279, S; ⊣ WC ☎; Lift 🅿 1⇆30 ≈ 🍽
Patrizierhaus von 1521

✱ Goldene Krone
Breite Str 6, ⌧ 38640, ☎ (0 53 21) 3 44 90, Fax 34 49 50, AX DC ED VA
18 Zi, Ez: 80-140, Dz: 145-195, 1 App, ⊣ WC ☎; 🅿 50 🍽
Fachwerkfassade von 1733 →

Goslar

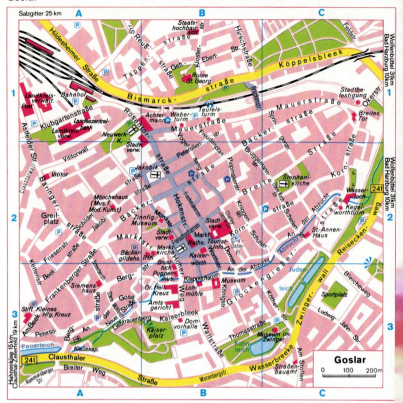

* **Aubergine**
Marktstr 4, ✉ 38640, ☎ (0 53 21) 4 21 36, Fax 4 21 36, AX ED VA
Terrasse

☕ **Barock-Café Anders**
Hoher Weg (B 2-3), ✉ 38640, ☎ (0 53 21) 2 38 14
Spezialität: Schlesische Backwaren

Hahnenklee (17 km ✓)
** **Hotels Am Kranichsee**
Parkstr 4-6, ✉ 38644, ☎ (0 53 21) 70 30, Fax 7 03 10, AX DC ED VA
27 Zi, Ez: 125, Dz: 166-196, 5 Suiten, 18 App, 🛁 WC ☎; Lift 🖻 1⇔30 ≋ Sauna Solarium 🍴
Im Jagdhof Appartements der Kategorie ***

** **Hahnenkleer Hof**
♂ ≼ Parkstr 24 a, ✉ 38644, ☎ (0 53 25) 5 11 10, Fax 51 11 99, AX DC ED VA
46 Zi, Ez: 200, Dz: 200-220, 4 Suiten, 4 App, 🛁 WC ☎ DFÜ, 5🖳; Lift 🅿 4⇔100 ≋ Fitneßraum Sauna Solarium 4Tennis 🍴

* **Der Harz Treff Kur- und Sporthotel**
♂ Triftstr 25, ✉ 38644, ☎ (0 53 25) 7 20, Fax 7 21 35, AX DC ED VA
208 Zi, Ez: 97-160, Dz: 144-250, 4 Suiten, 🛁 WC ☎, 40🖳; Lift 🅿 10⇔300 ≋ Fitneßraum Sauna Solarium 2Tennis 🍴
Auch Zimmer der Kategorie ** vorhanden

* **Walpurgishof**
Am Bocksberg 1, ✉ 38644, ☎ (0 53 25) 70 90, Fax 30 81, AX DC ED VA
58 Zi, Ez: 110-125, Dz: 160-190, 10 App, 🛁 WC ☎; Lift 🅿 🖼 3⇔40 Fitneßraum Kegeln Sauna Solarium
Auch Zimmer der Kategorie ** vorhanden
* Hauptgericht 25

* **Apparthotel Bocksbergblick**
♂ Brünneleweg 4, ✉ 38644, ☎ (0 53 25) 28 08, Fax 5 29 31, AX DC ED VA
30 Zi, Ez: 85-125, Dz: 150-250, 16 App, 🛁 WC ☎; 🅿 🖼 3⇔30 ≋ Sauna Solarium 🍴
Auch Ferienappartements

Gotha

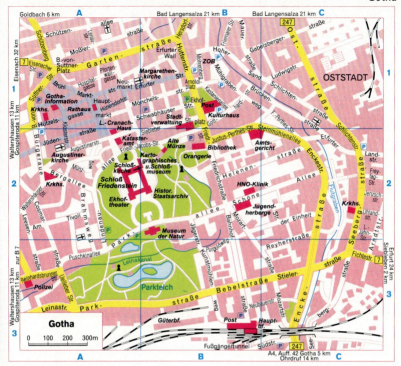

Hahnenklee-Außerhalb (3 km ↘)
*** Dorint Hotel Kreuzeck
einzeln ☎ ⋅⋖ Kreuzeck 1-3, ✉ 38644, ☎ (0 53 25) 7 40, Fax 7 48 39, AX DC ED VA
96 Zi, Ez: 167-238, Dz: 238-298, S; 8 App, ⌐ WC ☎, 10🛏; Lift P 🍴 9🛏120 ⛱ Seezugang Fitneßraum Kegeln Sauna Solarium 1 Tennis
** Hauptgericht 37

Jürgenohl (3 km ↗)
* Treff Hotel Bären
Krugwiese 11 a, ✉ 38640, ☎ (0 53 21) 78 20, Fax 78 23 04, AX DC ED VA
165 Zi, Ez: 122-182, Dz: 172-252, S; ⌐ WC ☎; Lift P 🍴 10🛏350 ⛱ Sauna Solarium ⓘ

Gotha 47 ↑

Thüringen — Kreis Gotha — 306 m — 52 000 Ew — Erfurt 24, Eisenach 32 km
ⓘ ☎ (0 36 21) 85 40 36, Fax 8 22 21 34 — Gotha-Information, Blumenbachstr 1-3, 99867 Gotha. Sehenswert: Schloß Friedenstein (Frühbarock); Schloßkirche; Ekhof-Theater; Schloßmuseum; Forschungsbibliothek; Naturkundemuseum; Kartographisches Museum - bislang einzig in Europa; hist. Hauptmarkt mit Wasserkunst; Rathaus; Klosterkirche mit Kreuzgang; Margarethenkirche

*** Hotel Am Schloßpark
Lindenauallee 20, ✉ 99867, ☎ (0 36 21) 44 20, Fax 44 24 52, AX DC ED VA
80 Zi, Ez: 135-170, Dz: 190-220, S; 16 Suiten, ⌐ WC ☎ DFÜ, 12🛏; Lift P 🍴 9🛏100 Fitneßraum Sauna Solarium
*** Orangerie

** Best Western Hotel Der Lindenhof
Schöne Aussicht 5, ✉ 99867, ☎ (0 36 21) 7 72-0, Fax 77 24 10, AX DC ED VA
90 Zi, Ez: 129-156, Dz: 172-188, S; ⌐ WC ☎, 49🛏; Lift P 🍴 5🛏120 Sauna Solarium ⓘ ⓘ

** Waldbahn Hotel
Bahnhofstr, ✉ 99867, ☎ (0 36 21) 23 40, Fax 23 41 30, AX DC ED VA
53 Zi, Ez: 85-132, Dz: 140-160, 3 App, ⌐ WC ☎ DFÜ; Lift P 3🛏60 Bowling Sauna Solarium ⓘ
** Hauptgericht 15

** Turmhotel Gotha
Am Luftschiffhafen 2, ✉ 99867, ☎ (0 36 21) 71 60, Fax 71 64 30, AX DC ED VA
104 Zi, Ez: 120-165, Dz: 135-195, ⌐ WC ☎, 20🛏; Lift P 🍴 6🛏150 ⓘ ⓘ →

Gotha

*   Economy Hotel Gotha
Ordruffer Str 2 b, ⌧ 99867, ☎ (0 36 21)
71 70, Fax 71 75 00, AX DC VA
120 Zi, Ez: 100-110, Dz: 130-150, S; ⊣ WC
☎, 30⌧; Lift ▣ 4⇔160 Fitneßraum Sauna
Solarium ¶◎❙ ⚓

Gotha-Außerhalb
**   Herzog Ernst ⚜
Florschützstr 10 (Am Seeberg), ⌧ 99867,
☎ (0 36 21) 72 39-0, Fax 72 39-37,
AX DC ED VA
Hauptgericht: 33
*   Alte Sternwarte
11 Zi, Ez: 115-140, Dz: 140-240, ⊣ WC ☎,
11⌧; ▣

Gospiteroda (11 km ↙)
*   Thüringer Waldblick
einzeln ✿ ⋖ Am Boxberg 86, ⌧ 99880,
☎ (0 36 22) 90 02 34, Fax 90 02 34, AX ED VA
21 Zi, Ez: 75-100, Dz: 110-130, 5 Suiten, ⊣
WC ☎, ▣ 2⇔100 Fitneßraum Sauna
Solarium ¶◎❙ ⚓

Siebleben (2 km →)
*   Landhaus ♕
Salzgitterstr 76, ⌧ 99867, ☎ (0 36 21)
36 49-0, Fax 36 49 49, AX ED VA
13 Zi, Ez: 95-110, Dz: 120-150, 1 Suite, ⊣
WC ☎, 3⌧; ▣ 🚗 1⇔15

Gottleuba, Bad   51 □

Sachsen — Sächsische Schweiz — 320 m
— 2 863 Ew — Königstein 15, Pirna 19,
Dresden 35 km
🛈 ☎ (03 50 23) 6 68 41, Fax 6 23 90 — Kommunale Dienstleistungsges. Bad Gottleuba
mbH, Hauptstr 5, 01816 Bad Gottleuba;
Kurort. Sehenswert: Marktbrunnen; Postmeilensäule; Talsperre

Gottleuba, Bad-Außerhalb (3 km →)
**   Berghotel Augustusberg
einzeln ✿ ⋖, ⌧ 01816, ☎ (03 50 23) 6 25 04,
Fax 6 24 80, AX ED VA
24 Zi, Ez: 90, Dz: 95-135, ⊣ WC ☎, ▣ 2⇔35
Fitneßraum Sauna Solarium ¶◎❙

Gottmadingen   68 ↘

Baden-Württemberg — Kreis Konstanz —
432 m — 9 833 Ew — Singen 7, Schaffhausen 14, Konstanz 38 km
🛈 ☎ (0 77 31) 9 08-0, Fax 9 08-1 00 — Bürgermeisteramt, Johann-Georg-Fahr-Str 10,
78244 Gottmadingen

**   Sonne
Hauptstr 61, ⌧ 78244, ☎ (0 77 31) 9 71 80,
Fax 7 37 51, AX DC ED VA
39 Zi, Ez: 75-95, Dz: 120-150, ⊣ WC ☎; Lift
▣ ¶◎❙
Auch Zimmer der Kategorie ***** vorhanden

**   Kranz
Hauptstr 37, ⌧ 78244, ☎ (0 77 31) 70 61,
Fax 7 39 94, ED VA
32 Zi, Ez: 90, Dz: 150, ⊣ WC ☎; Lift ▣ 🚗
1⇔20 ¶◎❙
geschl. So, feiertags

Bietingen (3 km ←)
*   Landgasthof Wider
Ebringer Str 11, ⌧ 78244, ☎ (0 77 34)
9 40 00, Fax 94 00 99, ED VA
15 Zi, Ez: 55-65, Dz: 95-110, ⊣ WC ☎; Lift
Kegeln ¶◎❙

Graal-Müritz   12 →

Mecklenburg-Vorpommern — Bad Doberan — 8 m — 3 800 Ew — Ribnitz-Damgarten 14, Rostock 20 km
🛈 ☎ (03 82 06) 70 30, Fax 7 03 20 — Tourismus- u. Kurbetrieb, Rostocker Str 3,
18181 Graal-Müritz; Erholungs- und Luftkurort, Seeheilbad

**   Ifa Grand-Hotel
⋖ Waldstr, ⌧ 18181, ☎ (03 82 06) 7 30,
Fax 7 32 27, AX ED VA
90 Zi, Ez: 120-190, Dz: 150-230, 20 Suiten, ⊣
WC ☎; Lift ▣ 🚗 5⇔80 ≋ Seezugang Sauna
Solarium ¶◎❙
Auch Zimmer der Kategorie ******* vorhanden

**   Residenz an der Seebrücke
Zur Seebrücke 34, ⌧ 18181, ☎ (03 82 06)
7 72 07 + 7 73 31, Fax 7 92 46, AX ED VA
67 Zi, Ez: 88-120, Dz: 120-250, 1 Suite,
12 App, ⊣ WC ☎; ▣ 1⇔16 Seezugang
Sauna Solarium ¶◎❙ ⚓

*   Haus am Meer
⋖ Zur Seebrücke 36, ⌧ 18181, ☎ (03 82 06)
73 90, Fax 7 39 39, AX ED VA
32 Zi, Ez: 80-130, Dz: 120-170, 5 App, ⊣ WC
☎; ▣ 1⇔35 Seezugang Sauna ¶◎❙

Müritz
**   Ostseewoge
⋖ An der Seebrücke 35, ⌧ 18181,
☎ (03 82 06) 7 10, Fax 7 17 77, AX DC ED VA
29 Zi, Ez: 160, Dz: 160-210, 2 Suiten, ⊣ WC
☎, 1⌧; Lift ▣ 1⇔ Seezugang Sauna
Solarium ¶◎❙ ⚓

*   Kähler
Zur Seebrücke 18, ⌧ 18181, ☎ (03 82 06)
7 98 06, Fax 7 74 12
10 Zi, Ez: 90, Dz: 120-130, 1 Suite, 2 App, ⊣
WC ☎; 1⇔20 ¶◎❙

Gräfelfing   71 ↗

Bayern — Kreis München — 540 m —
13 500 Ew — München 12, Fürstenfeldbruck 16, Starnberg 17 km
🛈 ☎ (0 89) 8 58 20 — Gemeindeverwaltung,
Ruffiniallee 2, 82166 Gräfelfing

Lochham (1 km ↗)
✱ Würmtaler Gästehaus
Rottenbucher Str 55, ✉ 82166, ☎ (0 89) 8 54 50 56, Fax 85 38 97, ED VA
53 Zi, Ez: 110-160, Dz: 145-240, ⌐ WC ☎, 2🛏; 🚗 2⇔50 Sauna ⚫

✱✱ Lochhamer Einkehr
Lochhamer Str 4, ✉ 82166, ☎ (0 89) 85 54 22, Fax 8 54 17 61, AX ED VA
Hauptgericht 30; nur abends; geschl: Mo

Grafenau 66 □

Bayern — Kreis Freyung-Grafenau — 650 m — 9 016 Ew — Freyung 16, Regen 31, Passau 41 km
ℹ ☎ (0 85 52) 96 23 43, Fax 46 90 — Verkehrsamt, Rathausgasse 1, 94481 Grafenau; Luftkurort und Wintersportplatz im Bayerischen Wald

✱✱✱ Sporthotel Sonnenhof
♂ ◁ Sonnenstr 12, ✉ 94481, ☎ (0 85 52) 44 80, Fax 46 80, AX DC ED VA
193 Zi, Ez: 99-173, Dz: 168-256, 4 Suiten, ⌐ WC ☎, 48🛏; Lift 🅿 🚗 9⇔180 ≋ ≙ Fitneßraum Kegeln Sauna Solarium 7Tennis ⚫
Auch Zimmer der Kategorie ✱✱ vorhanden
✱✱ Hobelspan
Hauptgericht 25; Terrasse

✱✱ Parkhotel
♂ ◁ Freyunger Str 51, ✉ 94481, ☎ (0 85 52) 44 90, Fax 44 91 61, AX DC ED VA
42 Zi, Ez: 75-120, Dz: 160-230, ⌐ WC ☎; Lift 🅿 ≙ Fitneßraum Sauna Solarium ⚫
✱✱ Zum Postillion
◁ Hauptgericht 18; Terrasse

✱✱✱ Säumerhof
◁ Steinberg 32, ✉ 94481, ☎ (0 85 52) 40 89 90, Fax 4 08 99 50, AX DC ED VA
Hauptgericht 38; 🅿 Terrasse
✱
◁ 8 Zi, Ez: 75-100, Dz: 150-180, 👑 1 Suite, ⌐ WC ☎, 1🛏; 🚗 1⇔20 Sauna Solarium

Grüb (1 km ↑)
✱✱ Hubertus
♂ Grüb 20, ✉ 94481, ☎ (0 85 52) 9 64 90, Fax 52 65
35 Zi, Ez: 70-80, Dz: 120-160, ⌐ WC ☎, 6🛏; Lift 🅿 🚗 1⇔30 ≙ Fitneßraum Sauna Solarium ⚫
Auch Zimmer der Kategorie ✱ vorhanden

Grafenhausen 67 ↘

Baden-Württemberg — Kreis Waldshut — 900 m — 2 300 Ew — Schluchsee 9, Bonndorf 15, Waldshut 28 km
ℹ ☎ (0 77 48) 5 20 41, Fax 5 20 42 — Kurverwaltung, Schulstr 1, 79865 Grafenhausen; Luftkurort im südlichen Schwarzwald

Rothaus (4 km ↘)
✱ Kurhaus Rothaus mit Gästehaus
Haus Nr 2, ✉ 79865, ☎ (0 77 48) 12 51, Fax 55 42, ED VA
50 Zi, Ez: 98-108, Dz: 165-195, 2 Suiten, ⌐ WC ☎; 1⇔35 Sauna
geschl: 15.11.-20.12.99
✱ Hauptgericht 32; 🅿; geschl: 15.11-20.12

Grafenwiesen 65 ↗

Bayern — Kreis Cham — 520 m — 1 700 Ew — Kötzting 4, Lam 13, Viechtach 16
ℹ ☎ (0 99 41) 16 97, Fax 47 83 — Verkehrsamt, Rathausplatz 6, 93479 Grafenwiesen; Erholungsort im Bayerischen Wald, am Weißen Regen

✱✱ Birkenhof
♂ ◁ Auf der Rast 7, ✉ 93479, ☎ (0 99 41) 15 82, Fax 49 61
50 Zi, Ez: 75-85, Dz: 140-170, ⌐ WC; Lift 🅿 🚗 ≙ Sauna Solarium ⚫
geschl: So ab 20, 10.1.-24.1.

Grafing b. München 72 →

Bayern — Kreis Ebersberg — 522 m — 11 609 Ew — Ebersberg 4, Wasserburg/Inn 27, München 32 km
ℹ ☎ (0 80 92) 70 30, Fax 7 03 37 — Stadtverwaltung, Marktplatz 28, 85567 Grafing

✱ Kastenwirt
Marktplatz 21, ✉ 85567, ☎ (0 80 92) 50 83, Fax 58 70, AX DC ED VA
18 Zi, Ez: 85-95, Dz: 125-135, ⌐ WC ☎; 🅿 3⇔150

✱ Aquarium
Am Eisstadion, ✉ 85567, ☎ (0 80 92) 91 06, Fax 39 72, AX DC ED VA
Hauptgericht 28; 🅿; geschl: 1.8.-24.8.

Grainau 71 ↙

Bayern — Kreis Garmisch-Partenkirchen — 750 m — 3 700 Ew — Garmisch-Partenkirchen 6 km
ℹ ☎ (0 88 21) 98 18 50, Fax 98 18 55 — Kurverwaltung, Parkweg 8, 82491 Grainau; Luftkurort und Wintersportplatz. Sehenswert: Zugspitze, 2963 m ◁ (entweder mit Zahnradbahn bis Sonn-Alpin, von dort Seilbahn zum Gipfel, oder Seilbahn ab Eibsee direkt zum Gipfel); Höllentalklamm (3 km ↓); Eibsee (4 km ↙)

✱✱✱ Alpenhof Grainau 👑
♂ ◁ Alpspitzstr 34, ✉ 82491, ☎ (0 88 21) 98 70, Fax 9 87 77, DC ED VA
36 Zi, Ez: 105-170, Dz: 240-350, ⌐ WC ☎, 25🛏; Lift 🅿 ≙ Fitneßraum Sauna Solarium 18Golf ⚫
✱✱ Hauptgericht 34; Terrasse; geschl: 5.11.-17.12. →

Grainau

** Waxenstein Kur- und Sporthotel
♂ ⋖ Höhenrainweg 3, ✉ 82491, ☎ (0 88 21) 98 40, Fax 84 01, AX DC ED VA
48 Zi, Ez: 125-200, Dz: 200-290, 6 Suiten, ⊣ WC ☎ DFÜ, 6🍽; Lift 🅿 🚗 3⟲80 ☂ Fitneßraum Sauna Solarium 18Golf 17Tennis

*** Kupferkessel
Hauptgericht 25; Terrasse; geschl: Mo, Di mittags

* Längenfelder Hof
♂ ⋖ Längenfelder Str 8, ✉ 82491, ☎ (0 88 21) 98 58 80, Fax 9 85 88 30
20 Zi, Ez: 71-150, Dz: 126-184, 4 App, ⊣ WC ☎; 🅿 🚗 ☂ Fitneßraum Sauna Solarium; garni
geschl: 2.11.-15.12.

* Bergland
♂ ⋖ Alpspitzstr 14, ✉ 82491, ☎ (0 88 41) 88 66, Fax 14 66, AX DC ED VA
14 Zi, Ez: 55-110, Dz: 101-160, 3 Suiten, ⊣ WC ☎; 🅿
Restaurant für Hausgäste

* Wetterstein
Waxensteinstr 26, ✉ 82491, ☎ (0 88 21) 98 58 00, Fax 9 85 80 38
15 Zi, Ez: 70-76, Dz: 116-154, 2 App, ⊣ WC ☎; 🅿 🚗 Sauna Solarium; garni

* Alpspitz
Loisachstr 56, ✉ 82491, ☎ (0 88 21) 98 21-0, Fax 98 21-13, ED VA
Ez: 45-75, Dz: 130-160, ⊣ WC ☎; Fitneßraum Sauna Solarium 🍽
Rezeption: 8-15, 18-22; geschl: Mi, 1.11.-20.12.
Auch Zimmer der Kategorie ** vorhanden

* Sonneneck
Waxensteinstr 23, ✉ 82491, ☎ (0 88 21) 89 40, Fax 8 28 38, ED
17 Zi, Ez: 75-100, Dz: 130-180, ⊣ WC ☎; 🅿; garni

* Haus Bayern
♂ ⋖ Zugspitzstr 72, ✉ 82491, ☎ (0 88 21) 89 85, Fax 89 10
8 Zi, Ez: 80, Dz: 100-120, 2 Suiten, 2 App, ⊣ WC ☎; 🅿 ☂; garni

Grainau-Außerhalb (4 km ↙)
*** Eibsee Hotel
einzeln ♂ ⋖ Am Eibsee 1, ✉ 82491, ☎ (0 88 21) 98 81-0, Fax 8 25 85, AX DC ED VA
115 Zi, Ez: 115-195, Dz: 170-290, 5 Suiten, 1 App, ⊣ WC ☎, 20🍽; Lift 🅿 7⟲180 ☂ Strandbad Seezugang Fitneßraum Sauna Solarium 3Tennis 🍽
** ⋖ Hauptgericht 30; Biergarten Terrasse

Gramkow 11 ↘

Mecklenburg-Vorpommern — Kreis Nordwestmecklenburg — 1 000 Ew — Wismar 16, Grevesmühlen 11, Boltenhagen 18 km
ℹ ☎ (03 84 28) 3 20, Fax 3 20 — Gemeindeverwaltung, Dorfstraße 17, 23968 Gramkow.
Sehenswert: Dorfkirche

Hohen Wieschendorf
** Golf Hotel
einzeln ♂ ⋖ Am Golfplatz 1, ✉ 23968, ☎ (03 84 28) 6 60, Fax 66 66, AX ED VA
16 Zi, Ez: 98-195, Dz: 123-245, 32 App, ⊣ WC ☎; 🅿 🚗 100 Seezugang 18Golf 🍽 🍽

Grasbrunn 72 ▢

Bayern — Kreis München — 560 m — 3 900 Ew — München 14 km
ℹ ☎ (0 89) 46 10 02-29, Fax 46 10 02-33 — Gemeindeverwaltung, im Ortsteil Neukeferloh, Lerchenstr 1, 85630 Grasbrunn

Keferloh (3 km ↑)
* Gasthof Kreitmair
einzeln, Haus Nr 28, ✉ 85630, ☎ (0 89) 46 46 57, Fax 4 60 37 68, DC ED VA
Hauptgericht 30; geschl: Mo

Grasellenbach 54 →

Hessen — Kreis Bergstraße — 450 m — 690 Ew — Wald-Michelbach 6, Fürth/Odw. 12, Hirschhorn/Neckar 27 km
ℹ ☎ (0 62 07) 25 54, Fax 8 23 33 — Kurverwaltung, Am Kurpark 1, 64689 Grasellenbach; Kneippheilbad im Odenwald.
Sehenswert: Siegfriedbrunnen; Walburgiskapelle; Hirtenhäuschen; Nibelungenhalle

** Ringhotel Siegfriedbrunnen
♂ Hammelbacher Str 2, ✉ 64689, ☎ (0 62 07) 60 80, Fax 15 77, AX ED VA
58 Zi, Ez: 136-178, Dz: 208-230, S; 2 Suiten, ⊣ WC ☎ DFÜ; Lift 🅿 🚗 8⟲80 ≋ ☂ Sauna Solarium 1Tennis
** Hauptgericht 30; Biergarten Terrasse

* Gassbachtal
♂ Hammelbacher Str 16, ✉ 64689, ☎ (0 62 07) 9 40 00, Fax 94 00 13, ED
22 Zi, Ez: 74-87, Dz: 148-174, ⊣ WC ☎; Lift 🅿 🚗 Fitneßraum Sauna Solarium 🍽
geschl: Mo, 20.1.-20.2.
Restaurant für Hausgäste; Auch Zimmer der Kategorie ** vorhanden

* Landhaus Muhn
♂ ⋖ Im Erzfeld 10, ✉ 64689, ☎ (0 62 07) 9 40 20, Fax 94 02 19, ED VA
15 Zi, Ez: 68, Dz: 130, ⊣ WC ☎; 🅿 🚗 Fitneßraum Sauna Solarium 🍽
Restaurant für Hausgäste; Auch Zimmer der Kategorie ** vorhanden

Nibelungen - Café
Hammelbacher Str 16, im Hotel Grassbachtal, ⌧ 64689, ☎ (0 62 07) 9 40 00,
Fax 94 00 13
🅿 Terrasse; geschl: Mo,
Spezialität: Nibelungen-Torte, Krimhildes-Früchtetraum

Wahlen
** **Burg Waldau**
Volkerstr 1, ⌧ 64689, ☎ (0 62 07) 9 45-0,
Fax 94 51 26, AX DC ED VA
31 Zi, Ez: 120, Dz: 160, 1 Suite, WC ☎,
10; Lift 🅿 2⇔40 Sauna

Grassau Kr. Traunstein 73

Bayern — Kreis Traunstein — 540 m —
6 000 Ew — Prien 14, Reit im Winkl 18,
Traunstein 25 km
ℹ ☎ (0 86 41) 23 40, Fax 40 08 41 — Verkehrsamt, Kirchplatz 3, 83224 Grassau im Chiemgau; Luftkurort im Chiemgau.
Sehenswert: Kath. Kirche Mariä Himmelfahrt; Soleleitungsmuseum

*** **Astron Sporthotel Achental**
Mietenkamer Str 65, ⌧ 83224, ☎ (0 86 41)
40 10, Fax 17 58, AX DC ED VA
200 Zi, Ez: 185, Dz: 230, S; WC ☎, 52;
Lift 🅿 17⇔250 ≋ ≘ Fitneßraum Kegeln Sauna Solarium
** Hauptgericht 30

* **Hansbäck**
Kirchplatz 18, ⌧ 83224, ☎ (0 86 41) 40 50,
Fax 4 05 80, AX DC ED VA
33 Zi, Ez: 77-97, Dz: 110-150, 8 App, WC
☎; Lift 🅿 2⇔50 Kegeln Sauna

Grassau-Außerhalb (6 km ↘) über Rottau
* **Berggasthof Adersberg**
einzeln ⌧ 83224, ☎ (0 86 41) 30 11,
Fax 59 84 12
30 Zi, Ez: 55-60, Dz: 90-110, WC ☎, ≋ Fitneßraum Sauna Solarium
geschl: Di, 20.11.-24.12.
Auch einfachere Zimmer vohanden

Grebenhain 45 □

Hessen — Vogelsberg — 400 m — 5 350 Ew
ℹ ☎ (0 66 44) 96 27-0, Fax 96 27-22 —
Tourist-Information, Hauptstr 51,
36355 Grebenhain

Bermutshain
* **Deutsches Haus**
Fuldaer Str 5, ⌧ 36355, ☎ (0 66 44) 12 34,
Fax 17 13, ED VA
23 Zi, Ez: 55-70, Dz: 90-130, WC ☎; 🅿
3⇔70 Sauna Solarium 18Golf 1Tennis

Greding 64

Bayern — Kreis Roth — 400 m — 7 000 Ew
— Eichstätt 31, Ingolstadt 35, Neumarkt i. d. Oberpfalz 38 km
ℹ ☎ (0 84 63) 9 04 20, Fax 9 04 50 — Kultur- und Verkehrsamt, Marktplatz 13, 91171 Greding; Erholungsort im Fränkischen Jura.
Sehenswert: Roman. Basilika mitKarner; Marktplatz; Schloß; Stadtmauer

* **Am Markt**
Marktplatz 2, ⌧ 91171, ☎ (0 84 63) 10 51,
Fax 16 02, AX DC ED VA
29 Zi, Ez: 50-76, Dz: 94-106, WC ☎;

Greetsiel siehe Krummhörn

Grefrath 32 □

Nordrhein-Westfalen — Kreis Viersen —
35 m — 15 700 Ew — Viersen 10, Krefeld
21 km
ℹ ☎ (0 21 58) 91 81 23, Fax 91 81 08 —
Gemeindeverwaltung, Rathausplatz 3,
47929 Grefrath. Sehenswert: Laurentius-Kirche; Freilichtmuseum Dorenburg; Haus Niershoff; im Stadtteil Oedt: Kirche und Burgruine Uda

** **Akzent-Hotel Grefrather Hof**
Am Waldrand 1, ⌧ 47929, ☎ (0 21 58)
40 70, Fax 40 72 00, AX DC ED VA
79 Zi, Ez: 95-140, Dz: 145-210, WC ☎; Lift
🅿 10⇔80 ≋ Fitneßraum Kegeln Sauna Solarium 3Tennis
Restaurant für Hausgäste
* Hauptgericht 24; Terrasse

Greifswald 13 ↘

Mecklenburg-Vorpommern — Hansestadt Greifswald — 6 m — 70 700 Ew — Stralsund 31, Anklam 37 km
ℹ ☎ (0 38 34) 34 60, Fax 37 88 — Fremdenverkehrsverein, Schuhhagen 22,
17489 Greifswald; Hansestadt. Sehenswert: Zweitälteste Universität Nordeuropas; Dom; Kirchen St.-Marien, St.-Jakobi und St.-Josef; Fangelturm; Befestigungsanlagen; Zisterzienserkloster; Ortsteil Wieck: Klappbrücke; Fischer- und Kapitänshäuser; Universitätsgebäude im Barock

** **Best Western Europa**
Hans-Beimler-Str 1, ⌧ 17491, ☎ (0 38 34)
80 10, Fax 80 11 00, AX DC ED VA
51 Zi, Ez: 162-187, Dz: 194-204, 4 App,
WC ☎, 16; Lift 🅿 3⇔120 Fitneßraum Sauna Solarium
** **Galloway**
Hauptgericht 26 →

Greifswald

** Dorint Hotel Greifswald
Am Gorzberg, ✉ 17489, ☎ (0 38 34) 54 40,
Fax 54 44 44, AX DC ED VA
114 Zi, Ez: 148, Dz: 186, 4 Suiten, ⌐ WC ☎
DFÜ, 58🖃; Lift 🅿 3⇔200 Fitneßraum
Sauna Solarium ⍾⊙⎮

* Kronprinz
Lange Str 22, ✉ 17489, ☎ (0 38 34) 7 90-0,
Fax 7 90-1 11, AX ED VA
29 Zi, Ez: 110-138, Dz: 150-196, 2 Suiten, ⌐
WC ☎ DFÜ, 9🖃; Lift 🅿 2⇔80 ⍾⊙⎮ 🚤

* Möller
♂ Hans-Fallada-Str 4, ✉ 17489, ☎ (0 38 34)
50 23 23, Fax 50 23 24, ED
16 Zi, Ez: 90-150, Dz: 140-160, ⌐ WC ☎; 🅿
⍾⊙⎮

Wieck (6 km →)
** Ryck-Hotel
♂ Rosenstr 17 b, ✉ 17493, ☎ (0 38 34)
8 33 00, Fax 83 30 32, AX ED VA
23 Zi, Ez: 90-140, Dz: 150-190, 2 Suiten, ⌐
WC ☎; 🅿 ≋ Sauna Solarium ⍾⊙⎮

* Maria
♂ Dorfstr 45 a, ✉ 17493, ☎ (0 38 34)
84 14 26, Fax 84 01 36, ED
10 Zi, Ez: 80-105, Dz: 120-130, 1 Suite,
1 App, ⌐ WC ☎; 🅿
* Hauptgericht 20; Terrasse; Sep-
Apr nur abends, Sa + So auch mittags

siehe auch **Mesekenhagen**

siehe auch **Neuenkirchen**

Greiz 49 ↘

Thüringen — Kreis Greiz — 325 m —
29 000 Ew — Reichenbach 9, Zwickau
25 km
🛈 ☎ (0 36 61) 70 32 92, Fax 70 32 91 — Greiz-
Information, Burgplatz, Unteres Schloß,
07973 Greiz; Stadt im Vogtland. Sehenswert: Schloß; Theater; Rathaus; Pulverturm
⛵

** Schloßberg Hotel
Von-Westernhagen-Platz, ✉ 07973,
☎ (0 36 61) 62 21 23, Fax 62 21 66, ED VA
27 Zi, Ez: 80-110, Dz: 130-160, 6 Suiten, ⌐
WC ☎, 10🖃; Lift 🅿 🚗 3⇔60; **garni**

* Ambiente
Bahnhofstr 7, ✉ 07973, ☎ (0 36 61)
67 20 54, Fax 66 34, DC ED VA
7 Zi, Ez: 90, Dz: 100-130, 1 Suite, ⌐ WC ☎;
🅿 ⍾⊙⎮

Untergrochlitz (3 km ↙)
* Am Wald
♂ Untergrochlitzer Str 8, ✉ 07973,
☎ (0 36 61) 67 08 03, Fax 67 08 05, ED
13 Zi, Ez: 75-90, Dz: 100-130, ⌐ WC ☎ DFÜ,
11🖃; 🅿 ≋ Bowling
Restaurant für Hausgäste

Gremsdorf 57 ←

Bayern — Kreis Erlangen-Höchstadt —
272 m — 1 419 Ew — Höchstadt a. d.
Aisch 3, Forchheim 22 km
🛈 ☎ (0 91 93) 83 43, Fax 69 85 88 — Gemeindeverwaltung, Hauptstr 12, 91350 Grems-
dorf

* Gasthof Scheubel
Hauptstr 1, ✉ 91350, ☎ (0 91 93) 6 39 80,
Fax 63 98 55, ED VA
33 Zi, Ez: 44-78, Dz: 78-118, ⌐ WC ☎; Lift 🚗
3⇔90 ⍾⊙⎮
Rezeption: 6.30-22
Auch einfachere Zimmer vorhanden

Grenzach-Wyhlen 67 ↙

Baden-Württemberg — Kreis Lörrach —
560 m — 13 525 Ew — Basel 6, Lörrach
12 km
🛈 ☎ (0 76 24) 3 20, Fax 3 22 11 — Bürgermeisteramt, im Ortsteil Grenzach,
Hauptstr 10, 79639 Grenzach-Wyhlen

Grenzach
* Eckert
Basler Str 20, ✉ 79639, ☎ (0 76 24) 9 17 20,
Fax 24 14, ED VA
27 Zi, Ez: 105-110, Dz: 160-180, 2 Suiten, ⌐
WC ☎; Lift 🅿
* Hauptgericht 38; Terrasse;
geschl: Do 15-Sa 16, 27.12.-6.1.

Greußen 37 ↘

Thüringen — Kreis Sondershausen —
230 m — Sömmerda 18, Sondershausen
20 km
🛈 ☎ (0 36 36) 2 96 — Stadtverwaltung,
Marktplatz 1, 99718 Greußen

* Am Steingraben
Flattigstr 21, ✉ 99718, ☎ (0 36 36) 70 11 45,
Fax 70 11 43, AX DC ED VA
20 Zi, Ez: 75, Dz: 120, ⌐ WC ☎; **garni**

Greven 23 ↘

Nordrhein-Westfalen — Kreis Steinfurt —
50 m — 33 000 Ew — Münster 15, Rheine
31, Osnabrück 38 km
🛈 ☎ (0 25 71) 13 00 + 4 05 45, Fax 5 52 34 —
Verkehrsverein Greven e. V., Alte Münsterstr 23, 48268 Greven; Stadt an der Ems.
Sehenswert: Kath. Kirche St. Martin; Sachsenhof Pentrup

** Zur Kroner Heide
Kronerheide 5, ✉ 48268, ☎ (0 25 71) 9 39 60,
Fax 93 96 66
32 Zi, Ez: 100-110, Dz: 150-200, ⌐ WC ☎;
4⇔30
Restaurant für Hausgäste

** **Eichenhof**
Hansaring 70, ✉ 48268, ☎ (0 25 71) 5 20 07, Fax 5 20 00, AX DC ED VA
27 Zi, Ez: 115, Dz: 165, ⊿ WC ☎; **P** 2⇔25
9 Golf
** **Hauptgericht** 20; Biergarten; geschl: Sa, So mittags

* **Hoeker Hof**
Münsterstr 44, ✉ 48268, ☎ (0 25 71) 9 36 40, Fax 93 64 40, ED VA
22 Zi, Ez: 90-95, Dz: 140-160, ⊿ WC ☎; Lift **P** 🍴
Zimmereinrichtung im Designer-Stil

Greven-Außerhalb (3,5 km ←)
* **Wermelt**
Nordwalder Str 160, ✉ 48268, ☎ (0 25 71) 92 70, Fax 92 71 52, AX DC ED VA
16 Zi, Ez: 80, Dz: 120, 13 App, ⊿ WC ☎; 🍴

Gimbte (5 km ↘)
* **Schraeder mit Gästehaus**
Dorfstr 29, ✉ 48268, ☎ (0 25 71) 92 20, Fax 9 22 57, ED
32 Zi, Ez: 78-83, Dz: 125-135, ⊿ WC ☎; 4⇔40 Kegeln 🍴
geschl: So 15-Mo 17

* **Altes Wirtshaus mit Gästehaus**
Alter Fährweg 6, ☎ (0 25 71) 95 42-0, Fax 95 42 10, AX ED
16 Zi, Ez: 75-85, Dz: 140, ⊿ WC ☎, 8🛏; **P** 2⇔60 🍴
geschl: Mi

** **Altdeutsche Schänke**
Dorfstr 18, ✉ 48268, ☎ (0 25 71) 22 61, AX ED
Hauptgericht 28; **P** Terrasse; geschl: Di

Grevenbroich 32 ↘

Nordrhein-Westfalen — Kreis Neuss — 60 m — 61 800 Ew — Neuss 16, Köln 29 km
i ☎ (0 21 81) 60 80, Fax 60 82 02 — Stadtverwaltung, Am Markt 1, 41515 Grevenbroich; Stadt an der Erft. Sehenswert: Museum im Stadtpark; Schloß Hülchrath im Stadtteil Neukirchen (8 km ↗)

** **Montanushof**
Montanusstr 100, ✉ 41515, ☎ (0 21 81) 60 90, Fax 60 96 00, AX DC ED VA
114 Zi, Ez: 160-480, Dz: 240-540, 2 Suiten, 39🛏; Lift **P** 🍴 9⇔220 Bowling Kegeln Sauna Solarium
Restaurant für Hausgäste

* **Stadt Grevenbroich**
Röntgenstr 40, ✉ 41515, ☎ (0 21 81) 30 48, Fax 37 05, AX ED
27 Zi, Ez: 85-110, Dz: 140-160, ⊿ WC ☎; **P**; garni
geschl: Ende Dez-Anfang Jan

**** **Zur Traube L'Art de Vivre-Restaurant** 🍷🍷
Bahnstr 47, ✉ 41515, ☎ (0 21 81) 6 87 67, Fax 6 11 22, DC ED VA
Hauptgericht 60; geschl: So, Mo, 1 Woche vor Ostern, Mitte Jul-Anfang Aug, Ende Dez-Mitte Jan
*** 4 Zi, Ez: 220-360, Dz: 290-360, 👑
2 Suiten, ⊿ WC ☎; **P** 🍴 2⇔24
geschl: So, Mo, 1 Woche vor Ostern, Mitte Jul-Anfang Aug, Ende Dez-Mitte Jan

** **Harlekin**
Lilienthalstr 16, ✉ 41515, ☎ (0 21 81) 6 35 34, Fax 6 48 32, AX DC ED VA
Hauptgericht 44; **P** Terrasse; geschl: Mo, 29.6.-20.7

Kapellen (7 km ↗)
** **Drei Könige**
Neusser Str 49, ✉ 41516, ☎ (0 21 82) 27 84, Fax 27 84, AX ED
Hauptgericht 40; **P**; geschl: Mo

Grevenstein siehe Meschede

Grevesmühlen 19 ↑

Mecklenburg-Vorpommern — Kreis Grevesmühlen — 50 m — Wismar 21, Lübeck 42 km
i ☎ (0 38 81) 71 12 58 — Stadtinformation, Große Seestr, 23936 Grevesmühlen

** **Ringhotel am See**
Klützer Str 17, ✉ 23936, ☎ (0 38 81) 7 27-0, Fax 7 27-11 00, AX DC ED VA
28 Zi, Ez: 95-110, Dz: 140-150, ⊿ WC ☎, 5🛏; Lift **P** 1⇔12 🍴

* **Alte Bäckerei**
Große Alleestr 51 (B 105), ✉ 23936, ☎ (0 38 81) 7 83 00, Fax 7 90 69, ED
11 Zi, Ez: 90, Dz: 140, 1 App, ⊿ WC ☎ DFÜ; **P** 1⇔20 🍴
geschl: 27.12.-11.1.

Hamberge (3 km →)
🍴 **Rabe**
♂ Dorfstr, ✉ 23936, ☎ (0 38 81) 71 14 94, Fax 71 14 94
10 Zi, Ez: 50-60, Dz: 80-100, 1 Suite, ⊿ WC; **P** 🍴 🚙

Griesbach i. Rottal 66 ↙

Bayern — Kreis Passau — 460 m — 9 000 Ew — Pfarrkirchen 19, Passau 30 km
i ☎ (0 85 32) 7 92 40, Fax 76 14 — Kurverwaltung, Stadtplatz 1, 94086 Griesbach; Heilbad und Luftkurort; Golfzentrum

*** **Columbia Hotel** 👑
← Passauer Str 39 a, ✉ 94086, ☎ (0 85 32) 30 90, Fax 30 91 54, AX ED VA
110 Zi, Ez: 190, Dz: 260-290, 1 Suite, ⊿ WC ☎; Lift **P** 🍴 3⇔80 🏊 🧖 Fitneßraum Sauna Solarium 🚙
** Hauptgericht 30 →

Griesbach i. Rottal

** **Residenz Griesbach**
⊰ Prof.-Baumgartner-Str 1, ⊠ 94086,
☎ (0 85 32) 70 80, Fax 70 86 35, AX DC ED VA
60 Zi, Ez: 70-84, Dz: 110-138, 20 Suiten,
43 App, ⊣ WC ☎, 30⊠; Lift 🅿 1⇌50 ⌂
Sauna Solarium ⚐
Rezeption: 7-21
** **Zum Wastl**
Hauptgericht 19; Biergarten Terrasse

* **Rottaler Hof**
⊰ Kronberger Str 11, ⊠ 94086, ☎ (0 85 32)
9 60 40, Fax 96 04 33
19 Zi, Ez: 35-50, Dz: 90-110, WC; 🅿 🚗 Fitneßraum Sauna Solarium; **garni**
geschl: 1.12.-30.1.

Griesbach, Bad Im Thermalbadzentrum
Dreiquellenbad (4 km ↓)
**** **Golfhotel Maximilian**
♂ Kurallee 1, ⊠ 94086, ☎ (0 85 32) 79 50,
Fax 79 51 51, AX DC ED VA
207 Zi, Ez: 182-212, Dz: 304-364, **S**;
22 Suiten, ⊣ ☎, 50⊠; Lift 🅿 13⇌140 ≋ ⌂
Fitneßraum Sauna Solarium 18Golf ⚐
** **Ferrara**
Hauptgericht 35; Terrasse

*** **König Ludwig**
♂ ⊰ Am Kurwald 2, ⊠ 94086, ☎ (0 85 32)
79 90, Fax 79 97 99, AX DC ED VA
184 Zi, Ez: 185-215, Dz: 300-340, 10 Suiten,
⊣ WC ☎, 28⊠; Lift 🅿 🚗 1⇌280 ≋ ⌂ Fitneßraum Kegeln Sauna Solarium 18Golf ⚐
Restaurant für Hausgäste
*** Hauptgericht 30; Terrasse
* **Zum Heurigen**
Hauptgericht 20; Gartenlokal; nur abends

*** **Parkhotel
Thermen-Vitalzentrum**
♂ ⊰ Am Kurwald 10, ⊠ 94086, ☎ (0 85 32)
2 80, Fax 2 82 04, AX DC ED VA
157 Zi, Ez: 182-217, Dz: 314-364, 5 Suiten, ⊣
WC ☎, 35⊠; Lift 1⇌25 ≋ ⌂ Fitneßraum
Sauna Solarium 18Golf 4Tennis
** **Classico**
Hauptgericht 43; Terrasse

*** **Fürstenhof**
♂ ⊰ Thermalbadstr 28, ⊠ 94086,
☎ (0 85 32) 98 10, Fax 98 11 35, AX DC ED VA
140 Zi, Ez: 120-192, Dz: 220-296, 8 Suiten,
25⊠; Lift ≋ ⌂ Fitneßraum Sauna Solarium
Zimmerpreise inkl. Halbpension
** ⊰ Hauptgericht 35; 🅿 Terrasse

** **Drei Quellen Therme**
♂ Thermalbadstr 3, ⊠ 94086, ☎ (0 85 32)
79 80, Fax 75 47, AX DC ED VA
99 Zi, Ez: 105-165, Dz: 160-240, 5 Suiten, ⊣
WC ☎; Lift 🚗 Fitneßraum Sauna Solarium
18Golf 9Tennis ⚐
Auch Zimmer der Kategorie ******* vorhanden
** Hauptgericht 22; 🅿 Terrasse

** **Konradshof**
♂ ⊰ Thermalbadstr 30, ⊠ 94086,
☎ (0 85 32) 70 20, Fax 70 21 98
71 Zi, Ez: 81-102, Dz: 87-93, ⊣ WC ☎; Lift 🚗
≋ ⌂ Fitneßraum Sauna Solarium 🍽 ⚐
Rezeption: 7.30-20; geschl: 30.11.-24.12.

** **Glockenspiel**
♂ ⊰ Thermalbadstr 21, ⊠ 94086,
☎ (0 85 32) 70 60, Fax 7 06 53, AX ED
52 Zi, Ez: 80-90, Dz: 136-150, 9 App, ⊣ WC
☎; Lift 🚗 ≋ ⌂ Sauna Solarium; **garni**
Restaurant für Hausgäste

Schwaim (5 km ↓)
** **Gutshof Sagmühle**
♂ ⊰ Schwaim 52, im Golfgelände,
⊠ 94086, ☎ (0 85 32) 9 61 40, Fax 34 35,
AX DC ED VA
22 Zi, Ez: 55-110, Dz: 110-220, ⊣ WC ☎; 🅿
1⇌40 ⚐
geschl: 15.11.-10.12.99
** **Sonne**
⊰ Hauptgericht 27; Terrasse; geschl: 15.11-10.12.99

Griesheim 54 ↗

Hessen — Kreis Darmstadt-Dieburg —
130 m — 25 000 Ew — Darmstadt 6, Groß-Gerau 8 km
ℹ ☎ (0 61 55) 70 10, Fax 7 01-2 16 — Stadtverwaltung, Wilhelm-Leuschner-Str 75,
64347 Griesheim

** **Achat**
Flughafenstr 2, ⊠ 64347, ☎ (0 61 55) 88 20,
Fax 88 29 99, AX ED VA
96 Zi, Ez: 139-169, Dz: 169-209, **S**; 5 Suiten,
66 App, ⊣ WC ☎, 38⊠; Lift 🅿 🚗 2⇌25 🍽
⚐

** **Prinz Heinrich**
♂ Am Schwimmbad 12, ⊠ 64347,
☎ (0 61 55) 6 00 90, Fax 6 00 92 88, AX ED VA
79 Zi, Ez: 90-130, Dz: 120-158, 1 Suite,
32 App, ⊣ WC ☎, 45⊠; Lift 🅿 🚗 2⇌30
Sauna Solarium
geschl: 24.12.-3.1.99
Auch Zimmer der Kategorie ***** vorhanden
** Hauptgericht 27; Terrasse;
geschl: Sa mittags, Ende Dez-Anfang Jan

* **Nothnagel**
Wilhelm-Leuschner-Str 67, ⊠ 64347,
☎ (0 61 55) 8 37 00, Fax 40 34, ED VA
31 Zi, Ez: 75-125, Dz: 120-160, ⊣ WC ☎; Lift
🅿 ⌂ Fitneßraum Sauna Solarium; **garni** ⚐
Auch Zimmer der Kategorie ****** vorhanden

Grießen siehe Klettgau

Grillenberg 38 ←

Sachsen-Anhalt — Sangerhausen — 230 m
— 320 Ew — Sangerhausen 8 km
ℹ ☎ (0 34 64) 58 20 36 — Gemeindeverwaltung, Hauptstr 12e, 06528 Grillenberg

* **Berghotel Grillenberg**
einzeln ♂ ⋅≼ Hühnerweg 47, ✉ 06528,
☎ (0 34 64) 58 00, Fax 58 01 00, ED VA
21 Zi, Ez: 70-100, Dz: 100-140, ⊣ WC ☎; P
2⇌40 ⎮◉⎮ ⛟

Grimma 39 ↓

Sachsen — Kreis Grimma — 155 m —
18 200 Ew — Leipzig 28, Dresden 110 km
🛈 ☎ (0 34 37) 91 98 53, Fax 91 98 53 — Fremdenverkehrsamt, Markt 23, 04668 Grimma;
Kreisstadt im Muldental. Sehenswert: hist. Altstadt: Frauenkirche, Rathaus, Hängebrücke; Göschenhaus; Wasser- und Schiffmühle Höfgen; Klosterruine Nimbschen

Höfgen (5 km ↘)
* **Zur Schiffsmühle**
einzeln ♂ ⋅≼ Zur Schiffsmühle Nr 1,
✉ 04668, ☎ (0 34 37) 91 02 86, Fax 91 02 87,
AX ED
31 Zi, Ez: 85-120, Dz: 150-200, 1 Suite, ⊣
WC ☎; P 3⇌160 Sauna Solarium ⎮◉⎮

Gröditz 40 ☐

Sachsen — Kreis Riesa-Großenhain — 92 m
— 9 000 Ew
🛈 ☎ (03 52 63) 32 80, Fax 3 28 68 — Stadtverwaltung Gröditz, Reppiser Str. 10,
01609 Gröditz

*** **Spanischer Hof**
Hauptstr 15, ✉ 01609, ☎ (03 52 63) 44-0,
Fax 44-4 44, AX DC ED VA
46 Zi, Ez: 118, Dz: 158-178, 6 Suiten, ⊣ WC
☎, 16🍽; Lift P 5⇌150 Fitneßraum Sauna
Solarium
Landhaus im spanischen Stil, handbemalte Fliesen und Terrakotta kennzeichnen die Innenausstattung
** Hauptgericht 28; Terrasse

Grömitz 11 ↓

Schleswig-Holstein — Kreis Ostholstein —
10 m — 7 400 Ew — Neustadt/Holst. 11,
Oldenburg/Holst. 22 km
🛈 ☎ (0 45 62) 25 62 55, Fax 25 62 46 — Kurverwaltung, Kurpromenade 58, 23743 Grömitz; Ostsee-Heilbad an der Lübecker Bucht

*** **Carat Club- und Sporthotel**
⋅≼ Strandallee 4, ✉ 23743, ☎ (0 45 62) 39 10,
Fax 39 12 55, AX DC VA
151 Zi, Ez: 143-184, Dz: 226-348, 2 Suiten, ⊣
WC ☎; Lift P 🍴 10⇌250 ⇌ Fitneßraum
Sauna Solarium 18Golf 6Tennis
geschl: 2.1.-1.3.
** **Zur Pinie**
Hauptgericht 30

** **Landhaus Langbehn**
Neustädter Str 43, ✉ 23743, ☎ (0 45 62)
18 50, Fax 1 85 99, ED VA
40 Zi, Ez: 100-165, Dz: 160-250, ⊣ WC ☎,
20🍽; P Sauna
Restaurant für Hausgäste

** **Strandidyll**
♂ ⋅≼ Uferstr 26, ✉ 23743, ☎ (0 45 62) 18 90,
Fax 1 89 89
26 Zi, Ez: 105-188, Dz: 156-245, 5 Suiten,
50 App, ⊣ WC ☎; Lift P 2⇌25 ⇌ Seezugang Sauna Solarium 18Golf ⛟
geschl: 2.11.-3.12.
** ⋅≼ Hauptgericht 31; Terrasse;
geschl: 2.11.-3.12.

** **Kurhotel Villa am Meer**
⋅≼ Seeweg 6, ✉ 23743, ☎ (0 45 62) 25 50,
Fax 25 52 99
36 Zi, Ez: 90-169, Dz: 168-208, 3 Suiten, ⊣
WC ☎; Lift P Sauna ⎮◉⎮
geschl: Mitte Okt-Mittwoch vor Ostern

* **Pinguin**
Christian-Westphal-Str 52, ✉ 23743,
☎ (0 45 62) 98 27, Fax 17 17
21 Zi, Ez: 85-130, Dz: 160-210, ⊣ WC ☎; P
🍴 Sauna Solarium
geschl: 2 Wochen im Nov, 6.1.-6.3.99
*** **La Marée**
Hauptgericht 35; nur abends, So auch mittags; geschl: Mo, 16.11.-6.12., 6.1.-6.4.

* **Golf- und Sporthotel Grömitz**
Am Schoor 46, ✉ 23743, ☎ (0 45 62) 39 90,
Fax 39 92 45, ED
93 Zi, Ez: 108-154, Dz: 186-268, 28 App, ⊣
WC ☎, 4🍽; Lift P 3⇌80 ⇌ Fitneßraum
Kegeln Sauna Solarium 1Tennis ⎮◉⎮ ⛟

* **Seedeich**
Blankwasserweg 6, ✉ 23743, ☎ (0 45 62)
26 80, Fax 26 82 00
25 Zi, Ez: 75-95, Dz: 140-180, ⊣ WC ☎; P 🍴
geschl: Di, 6.1.-15.2.
* Hauptgericht 30

* **Hof Krähenberg**
einzeln ♂ Nienhagener Weg, ✉ 23743,
☎ (0 45 62) 2 27 22, Fax 22 72 50
25 Zi, Ez: 82-125, Dz: 130-195, 1 Suite,
4 App, ⊣ WC ☎; P 1⇌20 ⇌ Fitneßraum
Sauna Solarium 3Tennis; **garni**
Rezeption: 8-13, 15-20; geschl: 1.12.-31.1.
Restaurant für Hausgäste

Grönenbach, Bad 70 ☐

Bayern — Kreis Unterallgäu — 700 m —
5 035 Ew — Memmingen 14, Kempten
24 km
🛈 ☎ (0 83 34) 77 11, Fax 61 33 — Kurverwaltung, Marktplatz 5, 87730 Bad Grönenbach;
Kneippkurort im Alpenvorland. Sehenswert: Stiftskirche; Schloß

*** **Allgäuer Tor**
♂ ⋅≼ Sebastian-Kneipp-Allee 7, ✉ 87730,
☎ (0 83 34) 60 80, Fax 60 81 99, AX DC ED VA
156 Zi, Ez: 150-200, Dz: 280, 10 Suiten, ⊣
WC ☎ DFÜ; Lift P 🍴 3⇌ ⇌ Fitneßraum
Sauna Solarium ⎮◉⎮ ⛟ →

Grönenbach, Bad

* **Landhotel Grönenbach**
Ziegelbergerstr 1, ⊠ 87730, ☎ (0 83 34)
9 84 80, Fax 98 48 58, AX DC ED VA
21 Zi, Ez: 110-125, Dz: 170, 2 Suiten, ⊴ WC
☎, 10🖃; 2🔄25 ≋ 🏊 Fitneßraum Sauna
Solarium
Restaurant für Hausgäste

** **Badische Weinstube** 🍴
Marktplatz 8, ⊠ 87730, ☎ (0 83 34) 5 05,
Fax 63 90, ED VA
Hauptgericht 35; Terrasse

Gronau (Leine) 26 ↙

Niedersachsen — Kreis Hildesheim — 78 m
— 5 525 Ew — Alfeld 17, Hannover 44 km
🛈 ☎ (0 51 82) 9 02-0, Fax 9 02-1 99 — Samtgemeindeverwaltung, Blankestr 16,
31028 Gronau (Leine)

* **Gasthof Zur Grünen Aue**
Leintor 19, ⊠ 31028, ☎ (0 51 82) 24 72,
Fax 24 52
Hauptgericht 27; Biergarten 🅿; geschl: Mi;
🛏

Gronau (Westf.) 23 ↙

Nordrhein-Westfalen — Kreis Borken —
40 m — 42 000 Ew — holländische
Grenze 3, Ahaus 10, Bad Bentheim 21 km
🛈 ☎ (0 25 62) 9 90 06, Fax 9 90 08 — WTG
GmbH - Touristic-Service, Konrad-Adenauer-Str 45, 48599 Gronau (Westf.); Erholungsort. Sehenswert: Stadtkirche; Erholungsgebiet Dreiländersee

* **Gronauer Sporthotel**
Jöbkesweg 5, ⊠ 48599, ☎ (0 25 62) 70 40,
Fax 7 04 99, AX DC ED VA
48 Zi, Ez: 85-95, Dz: 125-140, 10 Suiten,
12 App, ⊴ WC ☎, 6🖃; Sauna Solarium 🍴

Gronau-Außerhalb (4,5 km ↗)
** **Driland**
einzeln, Gildehauser Str 350, ⊠ 48599,
☎ (0 25 62) 36 00, Fax 41 47, AX DC ED VA
Hauptgericht 25; 🅿 Terrasse; geschl: Di

Epe (4 km ↙)
** **Schepers**
Ahauser Str 1, ⊠ 48599, ☎ (0 25 65) 9 33 20,
Fax 9 33 25, AX DC ED VA
24 Zi, Ez: 98-120, Dz: 155-170, ⊴ WC ☎; Lift
🅿 🚗 2🔄30
geschl: 23.12.-3.1.
Auch Zimmer der Kategorie * vorhanden
** Hauptgericht 30; geschl: So,
23.12.-6.1.

* **Ammertmann**
Nienborger Str 23, ⊠ 48599, ☎ (0 25 65)
9 33 70, Fax 93 37 55, AX DC ED VA
23 Zi, Ez: 75-95, Dz: 130-150, 1 App, ⊴ WC
☎; 🅿 3🔄60
* Hauptgericht 25

Epe-Außerhalb (4 km ←)
* **Moorhof**
einzeln ♂ Amtsvennweg 60, ⊠ 48599,
☎ (0 25 62) 9 39 20, Fax 8 02 00, AX DC ED VA
24 Zi, Ez: 98-110, Dz: 158, ⊴ WC ☎, 3🖃; 🅿
1🔄40 🍴 🚗

*** **Heidehof**
einzeln, Amtsvenn 1, ⊠ 48599, ☎ (0 25 65)
13 30, Fax 30 73, AX DC ED VA
Hauptgericht 40; Biergarten 🅿 Terrasse;
geschl: Mo, 30.6.-15.7.

Großalmerode 36 ↓

Hessen — Werra-Meißner-Kreis — 300 m
— 8 500 Ew — Witzenhausen 10, Kassel
26 km
🛈 ☎ (0 56 04) 12 55, Fax 86 16 — Verkehrsverein, Marktplatz 9, 37247 Großalmerode;
Erholungsort. Sehenswert: Glasmuseum;
Bilstein, 643 m ⬦

🛏 **Zur Krone**
Am Marktplatz 1, ⊠ 37247, ☎ (0 56 04)
79 52, Fax 86 16
24 Zi, Ez: 35-70, Dz: 60-120, ⊴ WC ☎; 🅿
1🔄80 🍴 🚗
Rezeption: 9-14, 17-22 geschl: So ab 14

Großaspach siehe Aspach

Großbeeren 29 →

Brandenburg — Kreis Teltow-Fläming —
40 m — 2 498 Ew — Ludwigsfelde 8, Berlin
14, Potsdam 18 km
🛈 ☎ (03 37 01) 5 53 05 — Gemeindeverwaltung, Dorfau 4, 14979 Großbeeren

** **Ringhotel Großbeeren**
Dorfaue 9, ⊠ 14979, ☎ (03 37 01) 7 70,
Fax 7 71 00, ED VA
43 Zi, Ez: 100-120, Dz: 125-155, 3 Suiten, ⊴
WC ☎ DFÜ, 7🖃; Lift 🅿 3🔄80 🍴

** **Comfort Hotel Berlin Süd**
Berliner Str 121, ⊠ 14979, ☎ (03 37 01) 7 00,
Fax 5 76 04, AX DC ED VA
54 Zi, Ez: 60-138, Dz: 115-165, 1 Suite, ⊴
WC ☎, 39🖃; 🅿 2🔄50 🍴 🚗
geschl: 23.12.-1.1.

Großbettlingen 61 ↘

Baden-Württemberg — Kreis Esslingen —
325 m — 3 944 Ew — Bempflingen 4, Nürtingen 6 km
🛈 ☎ (0 70 22) 9 43 45-0, Fax 9 43 45-40 —
Bürgermeisteramt, Schweizerhof 2,
72663 Großbettlingen

** **U-No 1**
Nürtinger Str 92, ⊠ 72663, ☎ (0 70 22)
94 32 10, Fax 9 43 21 44, AX ED VA
50 Zi, Ez: 85-115, Dz: 140-160, ⊴ WC ☎,
7🖃; Lift 🅿 🚗 3🔄80 🍴
geschl: 23.12.-3.1.
Designereinrichtung

* **Cafe Bauer**
Nürtinger Str 41, ✉ 72663, ☎ (0 70 22) 9 44 10, Fax 4 57 29, ED
15 Zi, Ez: 85, Dz: 120, 2 App, WC ☎; P 2↔23
geschl: So ab 18, 1 Woche im Jan

Groß Beuchow 40 ↗

Brandenburg — Kreis Calau — 65 m — 377 Ew — Lübbenau 5 km
ℹ ☎ (0 35 42) 24 82 — Gemeindeverwaltung, Hauptstr 15, 03222 Groß Beuchow

* **Acron Landhaus-Hotel**
LPG-Str, ✉ 03222, ☎ (0 35 42) 87 50, Fax 87 51 25, AX ED VA
86 Zi, Ez: 98-133, Dz: 133-168, 2 Suiten, 2 App, WC ☎ DFÜ, 43; Lift P 3↔150 18Golf

Großbottwar 61 ↗

Baden-Württemberg — Kreis Ludwigsburg — 215 m — 8 000 Ew — Heilbronn 24, Stuttgart 28 km
ℹ ☎ (0 71 48) 3 10, Fax 31 77 — Stadtverwaltung, Marktplatz 1, 71723 Großbottwar.
Sehenswert: Renaissance-Rathaus; Marktplatz; Fachwerkhäuser; Stadtmauer; Burg Lichtenberg

* **Pension Bruker**
Kleinaspacher Str 18, ✉ 71723, ☎ (0 71 48) 80 63, Fax 61 90, ED VA
12 Zi, Ez: 58, Dz: 90, WC ☎; Sauna Solarium; **garni**
Eigenbauweine, Straußwirtschaft

** **Stadtschänke Johannespfründe**
Hauptstr 36, ✉ 71723, ☎ (0 71 48) 80 24, Fax 49 77, AX DC ED VA
Hauptgericht 37; Biergarten
* 5 Zi, Ez: 70, Dz: 120, WC ☎

Groß Breese 20 ↓

Brandenburg — Kreis Perleberg — 30 m — 347 Ew — Wittenberge 3, Perleberg 10 km
ℹ ☎ (0 38 77) 7 28 21 — Gemeindeverwaltung, 19322 Groß Breese

* **Eichenkrug**
Dorfstr 15, ✉ 19322, ☎ (0 38 77) 7 28 24, Fax 7 28 24, AX ED VA
7 Zi, Ez: 70, Dz: 100, 1 Suite, 1 App, WC ☎, 1; 2↔80

Groß Briesen 29 ↙

Brandenburg — Kreis Belzig — 50 m — 240 Ew — Brandenburg 22, Belzig 11 km
ℹ ☎ (0 33 46) 3 56 — Gemeindeverwaltung, 14806 Groß-Briesen

Pension Wolter
Blumenstr 15, ✉ 14806, ☎ (03 38 46) 59 70, Fax 5 97 22, ED
9 Zi, Ez: 50-55, Dz: 85-95, WC ☎; P 1↔

Klein Briesen (2 km ↘)
** **Juliushof**
einzeln ✉ 14806, ☎ (03 38 46) 4 02 45, Fax 4 02 45, AX ED
14 Zi, Ez: 95-115, Dz: 130-150, WC ☎, 2; P 2↔25
Im Wald gelegenes, ehemaliges Jagdhaus

Großburgwedel siehe Burgwedel

Groß Dölln 22 ↙

Brandenburg — Kreis Uckermark — 60 m — Templin 24, Eberswalde-Finow 31 km
ℹ ☎ (03 98 83) 2 57 — Gemeindeverwaltung, 17268 Groß Dölln

Groß Dölln-Außerhalb
*** **Döllnsee-Schorfheide**
einzeln Döllnkrug 2, ✉ 17268, ☎ (03 98 82) 6 30, Fax 6 34 02, AX DC ED VA
101 Zi, Ez: 180, Dz: 235, 6 Suiten, WC ☎ DFÜ, 20; Lift P 8↔130 Seezugang Fitneßraum Sauna Solarium 1Tennis

Großefehn 16 ←

Niedersachsen — Kreis Aurich — 5 m — 11 000 Ew — Wiesmoor 10, Aurich 13, Leer 22 km
ℹ ☎ (0 49 43) 9 19 30, Fax 91 93 19 — Verkehrs- u. Heimatverein Großefehn e. V., Kanalstraße Nord 82, 26629 Großefehn; Ort im ostfriesischen Fehngebiet. Sehenswert: Großefehner Mühlenstraße (5 Windmühlen); Timmeler Meer, Alte Seefahrtschule im Ortsteil Timmel

Mittegroßefehn
* **Landhaus Feyen**
Auricher Landstr 8, ✉ 26629, ☎ (0 49 43) 91 90-0, Fax 44 07, AX DC ED VA
26 Zi, Ez: 70, Dz: 120, WC ☎; P 3↔50

Großenaspe 10 ↘

Schleswig-Holstein — Kreis Segeberg — 20 m — 2 056 Ew — Bad Bramstedt 10, Neumünster 13 km
ℹ ☎ (0 43 27) 3 30 — Gemeindeverwaltung, 24623 Großenaspe

Brokenlande (5 km ↑)
** **Rosengarten**
Hamburger Chaussee 16, ✉ 24623, ☎ (0 43 27) 9 97 90, Fax 99 79 32, AX ED VA
10 Zi, Ez: 97, Dz: 137, WC ☎; P 2↔40
Restaurant für Hausgäste

Großenbrode 11 □

Schleswig-Holstein — Kreis Ostholstein — 5 m — 1 900 Ew — Heiligenhafen 11, Burg auf Fehmarn 12 km
🛈 ☎ (0 43 67) 9 97 10, Fax 99 71 26 — Kurverwaltung, Teichstr 12, 23775 Großenbrode; Ostseeheilbad, Fischereihafen an der Ostsee, gegenüber der Insel Fehmarn. Sehenswert: Eisenbahn- und Straßenbrücke nach Fehmarn; St.-Katharinen-Kirche

★★ Ostsee-Hotel
♂ ◂€ Am Südstrand, ⊠ 23775, ☎ (0 43 67) 71 90, Fax 7 19 50, AX DC ED VA
25 Zi, Ez: 58-162, Dz: 144-232, ⌐ WC ☎; Lift 🅿 1♻30 Strandbad Seezugang 🍽 🚃
Auch Zimmer der Kategorie ★★★ vorhanden

Großendrescheid siehe Altena

Großenkneten 16 ↘

Niedersachsen — Kreis Oldenburg — 40 m — 12 394 Ew — Wildeshausen 15, Cloppenburg 23, Oldenburg 26 km
🛈 ☎ (0 44 35) 60 00, Fax 6 00 40 — Gemeindeverwaltung, Markt 3, 26197 Großenkneten. Sehenswert: Ahlhorner Heide; Huntloser Moor; Hünengräber: Visbeker Braut und Bräutigam; Huntloser Kirche; Mühle Hengstlage

Moorbeck (6 km →)
★ Zur Wassermühle
♂ Amelhauser Str 56, ⊠ 26197, ☎ (0 44 33) 2 55, Fax 2 55
14 Zi, Ez: 110, Dz: 165, ⌐ WC ☎; 🅿 4♻60 Sauna Solarium

★ Gut Moorbeck
⊗ Hauptgericht 25; geschl: Do (Nov-Apr)

Großenlüder 46 ←

Hessen — Kreis Fulda — 250 m — 8 433 Ew — Lauterbach 13, Fulda 13 km
🛈 ☎ (0 66 48) 95 00 12, Fax 95 00-95 — Gemeindeverwaltung, St.-Georg-Str. 2, 36137 Großenlüder. Sehenswert: Burg; Teufelskaute

★★ Landhotel Kleine Mühle
St.-Georg-Str 21, ⊠ 36137, ☎ (0 66 48) 9 51 00, Fax 6 11 23, AX DC ED VA
12 Zi, Ez: 85-115, Dz: 160-185, 1 App, ⌐ WC ☎; 🅿 1♻25 🍽 🚃

★ Weinhaus Schmitt
Am Bahnhof 2, ⊠ 36137, ☎ (0 66 48) 74 86, Fax 87 62
8 Zi, Ez: 55, Dz: 95, ⌐ WC; 🍽

♂ Betrieb verfügt über eine Anzahl ruhiger Zimmer

Kleinlüder-Außerhalb (3 km ↘)
★ Hessenmühle
einzeln ♂ ⊠ 36137, ☎ (0 66 50) 9 88 00, Fax 9 88 88, AX ED
54 Zi, Ez: 70, Dz: 120, 2 App, ⌐ WC ☎; 4♻60 🍽 🚃

Großenseebach 57 ←

Bayern — Kreis Erlangen-Höchstadt — 290 m — 2 300 Ew — Herzogenaurach 6, Erlangen 12 km
🛈 ☎ (0 91 35) 86 15, Fax 36 07 — Gemeindeverwaltung, Am Hirtenberg 1, 91091 Großenseebach

★ Seebach
Hauptstr 2, ⊠ 91074, ☎ (0 91 35) 71 60, Fax 71 61 05, AX DC ED VA
22 Zi, Ez: 90-110, Dz: 130-175, 1 App, ⌐ WC ☎, 5🖂; 🅿 2♻25 🍽
Auch Zimmer der Kategorie ★★ vorhanden

Groß-Gerau 54 ↗

Hessen — Kreis Groß-Gerau — 90 m — 22 668 Ew — Rüsselsheim 11, Darmstadt 15 km
🛈 ☎ (0 61 52) 71 60, Fax 71 63 09 — Stadtverwaltung, Am Marktplatz 1, 64521 Groß-Gerau. Sehenswert: Ev. Kirche; Rathaus

★★ Adler
Frankfurter Str 11, ⊠ 64521, ☎ (0 61 52) 80 90, Fax 80 95 03, AX DC ED VA
76 Zi, Ez: 95-170, Dz: 200-230, 5 Suiten, ⌐ WC ☎, 9🖂; Lift 🅿 3♻280 ⌂ Fitneßraum Kegeln Sauna Solarium
★★ Hauptgericht 25

Groß Grönau 19 ↘

Schleswig-Holstein — Kreis Herzogtum Lauenburg — 16 m — 4 000 Ew — Lübeck 10, Ratzeburg 16 km
🛈 ☎ (0 45 09) 87 44 01, Fax 87 44 24 — Gemeindeverwaltung, Am Torfmoor 2, 23627 Groß Grönau

St. Hubertus (2 km ↑)
★ Forsthaus St. Hubertus Minotel
An der Alten Salzstr, ⊠ 23627, ☎ (0 45 09) 87 78 77, Fax 24 61, AX DC ED VA
20 Zi, Ez: 95-105, Dz: 150-160, ⌐ WC ☎ DFÜ, 3🖂; 🅿 1♻15
★★ Hauptgericht 28; Terrasse; geschl: Di

Großhartau 41 ↙

Sachsen — Kreis Bautzen — 3 047 Ew
🛈 — Touristinformation, 01909 Großhartau

★ Kyffhäuser
Dresdner Str 3, ⊠ 01909, ☎ (03 59 54) 5 80-0, Fax 58 0-15, ED
26 Zi, Ez: 98, Dz: 120, ⌐ WC ☎; 🅿 🍽 🚃
Rezeption: 15-23

Großheirath 47 ↘

Bayern — Kreis Coburg — 275 m —
2 300 Ew — Coburg 11, Lichtenfels 11 km
🛈 ☎ (0 95 65) 70 80, Fax 70 93 — Gemeindeverwaltung, Schulstr 34, 96269 Großheirath

** **Gasthof Steiner**
Hauptstr 5, ✉ 96269, ☎ (0 95 65) 79 40,
Fax 7 94 97, AX ED VA
70 Zi, Ez: 42-98, Dz: 76-146, 5 Suiten, ⇨ WC
☎, 5🛌; Lift 🅿 🍽 5⇔350 ≳ Fitneßraum
Kegeln Sauna Solarium 🍴 ☕
Im Altbau einfachere Zimmer vorhanden

Großheubach 55 □

Bayern — Miltenberg — 150 m — 5 040 Ew
— Miltenberg 4 km
🛈 ☎ (0 93 71) 40 99 43, Fax 40 99 88 —
Tourist-Information, Kirchstr 6, Abendanzsches Haus, 63920 Großheubach; Wein- und Erholungsort. Sehenswert: Rathaus; Kloster Engelberg (◂ 253 m, 1 km →)

*   **Weinklause Rosenbusch**
Engelbergweg 6, ✉ 63920, ☎ (0 93 71)
81 42, Fax 6 98 38
19 Zi, Ez: 85, Dz: 112-145, 1 Suite, ⇨ WC ☎,
6🛌; 🅿 Sauna 🍴

** **Zur Krone**
Miltenberger Str, ✉ 63920, ☎ (0 93 71)
26 63, Fax 6 53 62, ED
Hauptgericht 26; Gartenlokal 🅿 Terrasse;
geschl: Mo mittags, Fr mittags, 3 Wochen
im Jan-Feb
*   8 Zi, Ez: 70, Dz: 115-130, ⇨ WC ☎;
🍽
Rezeption: 7-15, 17-0; geschl: 3 Wochen im Jan/Feb

Großkarlbach 54 ↙

Rheinland-Pfalz — Kreis Bad Dürkheim —
110 m — 1 160 Ew — Grünstadt 6, Frankenthal 11, Bad Dürkheim 14 km
🛈 ☎ (0 62 38) 6 95, Fax 8 58 06 — Gemeindeverwaltung, Kändelgasse 4, 67229 Großkarlbach. Sehenswert: ev. Kirche; kath. Kirche; Fachwerkhäuser; alte Mühle

*   **Winzergarten**
Hauptstr 17, ✉ 67229, ☎ (0 62 38) 9 26 80-0,
Fax 9 26 80-90, VA
15 Zi, Ez: 70-78, Dz: 102-112, ⇨ WC ☎ DFÜ;
Lift 🅿 1⇔60 🍴

*   **Pfälzer Hof**
Hauptstr 46, ✉ 67229, ☎ (0 62 38) 21 15,
Fax 10 95, ED
12 Zi, Ez: 70-75, Dz: 98-110; 🅿 🍴

:* **Gebr. Meurer**
Hauptstr 67, ✉ 67229, ☎ (0 62 38) 6 78,
Fax 10 07, AX ED
Hauptgericht 35; Gartenlokal 🅿 Terrasse;
nur abends

Großostheim

** **Historische Gaststätte Karlbacher**
⊗ Hauptstr 57, ✉ 67229, ☎ (0 62 38) 37 37,
Fax 45 35, ED VA
Hauptgericht 40; 🅿 Terrasse; nur abends,
So auch mittags; geschl: Di

Groß Köris 30 ↘

Brandenburg — Kreis Königs Wusterhausen — 60 m — 1 769 Ew — Teupitz 5,
Königs Wusterhausen 24, Lübbenau 39 km
🛈 ☎ (03 37 62) 43 90 — Gemeindeverwaltung, Berliner Str 1, 15746 Groß Köris

Klein Köris
** **Lindengarten**
♂ ◂ Chausseestr 57, ✉ 15746, ☎ (3 37 66)
4 20 63, Fax 4 20 62
29 Zi, Ez: 145, Dz: 150-165, 4 Suiten, ⇨ WC
☎; Lift 🅿 2⇔87 Seezugang 🍴 ☕

Groß Mohrdorf 13 □

Mecklenburg-Vorpommern — Nordvorpommern — 23 m — 623 Ew — Stralsund 12, Barth 20 km
🛈 ☎ (03 83 23) 8 14 42, Fax 8 14 42 — Freizeitinformation Klausdorf, Inspektorengang 3, 18445 Klausdorf

Hohendorf b. Stralsund (2 km ↗)
** **Schloßpark-Hotel Hohendorf**
einzeln ♂ ⊗ ✉ 18445, ☎ (03 83 23) 25 00,
Fax 2 50 61, AX DC ED VA
42 Zi, Ez: 135, Dz: 146, 5 Suiten, 9 App, ⇨
WC ☎; 🅿 2⇔100 ≳ Fitneßraum Sauna
Solarium 🍴 ☕
Auch Zimmer der Kategorie ★★★ vorhanden. Park

Groß Nemerow 21 ↗

Mecklenburg-Vorpommern — Kreis Neubrandenburg — 94 m — 868 Ew — Neubrandenburg 12 km
🛈 ☎ (03 96 05) 2 06 — Gemeindeverwaltung, Dorfstr 17, 17094 Groß Nemerow

Groß Nemerow-Außerhalb (2 km ↙)
** **Bornmühle**
einzeln ♂ ◂ Bornmühle 35, ✉ 17094,
☎ (03 96 05) 6 00, Fax 60-3 99, AX DC ED VA
59 Zi, Ez: 140-155, Dz: 180-198, 4 Suiten, ⇨
WC ☎, 10🛌; Lift 🅿 4⇔120 ≳ Seezugang
Sauna Solarium ☕
**   Hauptgericht 28; Terrasse

Großostheim 55 ↘

Bayern — Kreis Aschaffenburg — 137 m —
14 330 Ew — Aschaffenburg 9, Darmstadt 33 km
🛈 ☎ (0 60 26) 5 00 40, Fax 50 04 43 —
Gemeindeverwaltung, Schaafheimer Str 33,
63762 Großostheim
→

Großostheim

Ringheim (3 km ↘)
* **Landhaus Hotel**
♀ Ostring 8 b, ✉ 63762, ☎ (0 60 26) 60 81, Fax 22 12, AX DC ED VA
20 Zi, Ez: 82-92, Dz: 126-136, 🛁 WC ☎; **P**
geschl: 23.12.-6.1.
  Weinstube Zimmermann
Hauptgericht 20; Gartenlokal; nur abends; geschl: So, 1.-21.8.

Groß Plasten 21 ↘

Mecklenburg-Vorpommern — Landkreis Müritz — 822 Ew — Waren 11, Neubrandenburg 25 km
i ☎ (03 99 34) 72 74 — Gemeindeverwaltung, 17192 Groß Plasten

*** **Schloß Groß Plasten**
♀ ⚓ Dorfstr 43, ✉ 17192, ☎ (03 99 34) 80 20, Fax 8 02 99, AX ED VA
31 Zi, Ez: 100-150, Dz: 170-240, 🛁 WC ☎; **P**
2↻60 Sauna Solarium ⛰
Auch Zimmer der Kategorie ** vorhanden
** **Seerose**
Hauptgericht 20; Terrasse

Großrosseln 52 ↘

Saarland — Kreis Saarbrücken — 200 m — 10 250 Ew — Völklingen 9, Saarbrücken 14 km
i ☎ (0 68 98) 44 90, Fax 44 91 30 — Gemeindeverwaltung, Klosterplatz 2, 66352 Großrosseln; Grenzübergang nach Frankreich

** **Seimetz**
Ludweiler Str 34, am Deutsch-Französischen Platz, ✉ 66352, ☎ (0 68 98) 46 12, Fax 40 01 27, ED VA
Hauptgericht 35; **P**; geschl: Mo, Sa mittags

Groß Schauen 31 ↙

Brandenburg — Kreis Oder/Spree — 90 m — 192 Ew — Fürstenwalde 20, Berlin 80 km
i ☎ (03 36 78) 21 02, Fax 21 24 — Amt Storkow, Ernst-Thälmann-Str 1, 15859 Groß Schauen

Groß Schauen-Außerhalb
* **Köllnitzer Fischerstuben**
⚓ Hauptstr 19, ✉ 15859, ☎ (03 36 78) 6 10 84, Fax 6 20 06, ED
Hauptgericht 20

Groß-Umstadt 55 ↘

Hessen — Kreis Darmstadt-Dieburg — 180 m — 21 715 Ew — Dieburg 7, Aschaffenburg 23 km
i ☎ (0 60 78) 78 12 60, Fax 78 12 26 — Fremdenverkehrsamt, Markt 1, 64823 Groß-Umstadt. Sehenswert: Ev. Pfarrkirche; Rathaus; Burgmannenhäuser; Marktbrunnen

** **Akzent-Hotel Carat**
♀ Lise-Meitner-Str 12, ✉ 64823, ☎ (0 60 78) 7 80 10, Fax 78 01 55, AX ED VA
17 Zi, Ez: 98-120, Dz: 140-160, 2 Suiten, 🛁 WC ☎; Lift **P** 🚗 3↻30 ⛰

* **Haus Jakob**
♀ ⚓ Zimmerstr 43, ✉ 64823, ☎ (0 60 78) 7 80 00, Fax 7 41 56, AX DC ED VA
36 Zi, Ez: 78-120, Dz: 125-140, 1 Suite, 🛁 WC ☎, 12✉; **P** 🚗 1↻14; garni
geschl: So ab 13
Zimmer der Kategorie ** vorhanden

Groß Wittensee 10 □

Schleswig-Holstein — Kreis Rendsburg-Eckernförde — 10 m — 1 000 Ew — Eckernförde 9, Rendsburg 15 km
i ☎ (0 43 56) 4 42 — Fremdenverkehrsverein, Dorfstr 54, 24361 Groß Wittensee

* **Schützenhof**
 Minotel
Rendsburger Str 2, ✉ 24361, ☎ (0 43 56) 1 70, Fax 17 66, AX DC ED VA
49 Zi, Ez: 98-158, Dz: 148-208, 3 Suiten, 13 App, 🛁 WC ☎, 5✉; **P** 🚗 4↻150 Seezugang Fitneßraum Sauna Solarium ⛰
geschl: 20.12.-6.1.
* Hauptgericht 25; Gartenlokal; geschl: Do, 26.12.-6.1.

Gross Ziethen 30 ↘

Brandenburg — Kreis Oberhavel — 225 Ew
i ☎ (03 30 55) — Gemeindeverwaltung, 16766 Gross Ziethen

** **Schloss Ziethen**
♀ ⊗ ✉ 16766, ☎ (03 30 55) 9 50, Fax 95 59, AX ED VA
30 Zi, Ez: 135-200, Dz: 155-215, 1 Suite, 8 App, 🛁 WC ☎; Lift **P** 3↻90 Sauna 18Golf ⛰
Auch Zimmer der Kategorie *** vorhanden. Schöner Schloßbau mit großer Parkanlage, Orangerie und alter Bibliothek

Groß-Zimmern 54 ↗

Hessen — Kreis Darmstadt-Dieburg — 168 m — 13 400 Ew — Dieburg 4, Darmstadt 15 km
i ☎ (0 60 71) 9 70 20, Fax 7 19 76 — Gemeindeverwaltung, Rathausplatz, 64846 Groß-Zimmern

* **An der Waldstraße**
Waldstr 42, ✉ 64846, ☎ (0 60 71) 97 00-0, Fax 97 00 11, AX DC ED VA
36 Zi, Ez: 99-115, Dz: 148-160, 🛁 WC ☎; Lift **P** 1↻35 ⛰

Grundhof

** ** **Richter's Restaurant Georgi**
Bahnhofstr 7, ✉ 64846, ☎ (0 60 71) 4 12 79,
Fax 4 41 25, AX DC ED VA
Hauptgericht 28; Gartenlokal 🅿; geschl: Sa
mittags, So abends

Großzöberitz 38→

Sachsen-Anhalt — Kreis Bitterfeld — 89 m
— 574 Ew — Bitterfeld 8, Köthen 22, Halle
24 km
🛈 ☎ (03 49 56) 2 02 76 — Gemeindeverwaltung, Schmiedeweg 2, 06780 Großzöberitz

** ** **Gut Tannepöls**
Bitterfelder Str 7, ✉ 06780, ☎ (03 49 56)
2 55 60, Fax 2 22 88
11 Zi, Ez: 60-120, Dz: 100-170, 4 Suiten, ⊣
WC ☎; 🅿; **garni**
Rezeption: sa, so + feiertags 7-12, 18-22;
geschl: Ende Dez

Grünberg 45←

Hessen — Kreis Gießen — 273 m —
14 292 Ew — Gießen 21, Alsfeld 30 km
🛈 ☎ (0 64 01) 80 40, Fax 8 04 77 — Fremdenverkehrsamt, Rabegasse 1, 35305 Grünberg; Luftkurort am Vogelsberg. Sehenswert: Rathaus; Diebsturm

Grünberg-Außerhalb (2 km →)
** ** **Sporthotel**
♦ Am Tannenkopf 1, ✉ 35305, ☎ (0 64 01)
80 20, Fax 80 21 66, ED VA
51 Zi, Ez: 92, Dz: 166, 1 Suite, ⊣ WC ☎; Lift
🅿 13⟷100 ≙ Fitneßraum Kegeln Sauna
Solarium 🍽
geschl: 27.12.-7.1.
** ** Hauptgericht 33; Terrasse;
geschl: So abends

Grünheide (Mark) 31←

Brandenburg — Kreis Fürstenwalde —
43 m — 2 500 Ew — Fürstenwalde 21, Berlin
28 km
🛈 ☎ (0 33 62) 7 59 33 — Fremdenverkehrsverein, Fangschleusenstr 1 b, 15537 Erkner;
Erholungsort

Alt Buchhorst
* **Prisod**
♦ ≼ Am Reiherhorst 8, ✉ 15537,
☎ (0 33 62) 5 81 90, Fax 58 19 10, ED
17 Zi, Ez: 135, Dz: 148, ⊣ WC ☎, 10🛏; 🅿
Strandbad Seezugang Fitneßraum Sauna
Solarium 2Tennis 🍽

Grünstadt 54←

Rheinland-Pfalz — Kreis Bad Dürkheim —
146 m — 14 028 Ew — Bad Dürkheim 13,
Worms 22 km
🛈 ☎ (0 63 59) 80 50, Fax 8 56 88 — Stadtverwaltung, Tourist-Information, Kreuzerweg 2, 67269 Grünstadt; Erholungsort

** ** **Villa Roos**
Poststr 19, ✉ 67269, ☎ (0 63 59) 8 50 32,
Fax 93 41 41, AX DC ED VA
13 Zi, Ez: 98-150, Dz: 160-240, ⊣ WC ☎,
3🛏; 🅿 1⟷20
Bistro Babette
Hauptgericht 30; geschl: So abends

Asselheim (2 km ↑)
** ** **Pfalzhotel Asselheim
Landidyll**
Holzweg 6, ✉ 67269, ☎ (0 63 59) 8 00 30,
Fax 80 03 99, AX DC ED VA
40 Zi, Ez: 115-125, Dz: 188, 3 App, ⊣ WC ☎;
Lift 🅿 6⟷120 ≙ Kegeln Sauna
** ** **Scharfes Eck**
Hauptgericht 25; Gartenlokal

Grünwald 71↗

Bayern — Kreis München — 583 m —
10 016 Ew — München 14, Wolfratshausen
18 km
🛈 ☎ (0 89) 64 16 20, Fax 6 41 62-1 02 —
Gemeindeverwaltung, Rathausstr 3,
82031 Grünwald; Erholungsort an der Isar.
Sehenswert: Burg; Bavaria Filmstudios

** ** **Tannenhof**   👑
Marktplatz 3, ✉ 82031, ☎ (0 89) 6 41 89 60,
Fax 6 41 56 08, AX DC ED VA
19 Zi, Ez: 160-180, Dz: 190-220, 2 Suiten, ⊣
WC ☎, 6🛏; 1⟷12; **garni**
geschl: 22.12.-6.1.

** ** **Gasthof Alter Wirt
Landidyll**
Marktplatz 1, ✉ 82031, ☎ (0 89) 6 41 93 40,
Fax 64 19 34 99, AX ED VA
50 Zi, Ez: 120-210, Dz: 170-230, 2 App, ⊣
WC ☎, 12🛏; Lift 🅿 🍴 3⟷100
** ** Hauptgericht 28; Biergarten Terrasse

* **Brasserie Bunuel**
Am Marktplatz 9, ✉ 82031, ☎ (0 89)
6 41 18 57, Fax 69 58 19, AX DC ED VA
Hauptgericht 35; Gartenlokal

Geiselgasteig (2 km ↗)
** ** **Ritterhof**
♦ Nördliche Münchner Str 6, ✉ 82031,
☎ (0 89) 6 49 00 90, Fax 6 49 30 12, AX ED VA
12 Zi, Ez: 125-145, Dz: 160-200, 1 Suite, ⊣
WC ☎; ≈ Solarium; **garni**

Grundhof 10↘

Schleswig-Holstein — Kreis Schleswig-
Flensburg — 35 m — 860 Ew — Flensburg 19 km
🛈 ☎ (0 46 36) 88 36, Fax 88 37 — Fremdenverkehrsverein, Amt Langballig, Süderende 1, 24977 Langballig; Luftkurort.
Sehenswert: Museumsdorf Unewatt   →

Grundhof

** Grundhof-Krug
Holnisser Weg 4, ✉ 24977, ☎ (0 46 36) 10 88, Fax 10 89, AX ED VA
Hauptgericht 30; Terrasse; geschl: Mi

Gschwend 62 □

Baden-Württemberg — Ostalbkreis — 500 m — 4 800 Ew — Gaildorf 10, Murrhardt 15, Schwäbisch Gmünd 19 km
ℹ ☎ (0 79 72) 6 81-10, Fax 6 81 85 — Gemeindeverwaltung, Gmünder Str 2, 74417 Gschwend; Erholungsort im Schwäbischen Wald

** Herrengass mit Bistro
Welzheimer Str 11, ✉ 74417, ☎ (0 79 72) 4 50, Fax 64 34, AX ED VA
Hauptgericht 30; Terrasse; geschl: Mo, 2 Wochen in den Sommerferien, 1 Woche im Feb

Gstadt a. Chiemsee 73 ←

Bayern — Kreis Rosenheim — 530 m — 1 053 Ew — Prien 11, Rosenheim 29 km
ℹ ☎ (0 80 54) 4 42, Fax 79 97 — Verkehrsamt, Seeplatz 5, 83257 Gstadt; Erholungsort. Sehenswert: Insel Herrenchiemsee mit Schloß; Insel Frauenchiemsee, Überfahrt ab Gstadt

* Pension Jägerhof
Breitbrunner Str 5, ✉ 83257, ☎ (0 80 54) 2 42, Fax 73 92
27 Zi, Ez: 56-73, Dz: 92-138, ⊿ WC ☎; 🅿 🚗
Fitneßraum Sauna Solarium; garni
geschl: 1.11.-15.12., 15.1.-15.3

* Gästehaus Grünäugl am See
⚓ ⛵ Seeplatz 7, ✉ 83257, ☎ (0 80 54) 5 35, Fax 77 43
16 Zi, Ez: 68-122, Dz: 105-155, 2 App, ⊿ WC ☎, 10🛏; 🅿 🚗 Seezugang Sauna Solarium; garni
Rezeption: 8-21

* Gästehaus Heistracher
⛵ Seeplatz 1, ✉ 83257, ☎ (0 80 54) 2 51, Fax 5 62
26 Zi, Ez: 51-86, Dz: 92-142, ⊿ WC; garni

Guben 41 ↑

Brandenburg — Spree-Neiße-Kreis — 45 m — 28 950 Ew — Cottbus 35, Eisenhüttenstadt 20, Frankfurt/O. 60 km
ℹ ☎ (0 35 61) 39 10, Fax 38 67 — Fremdenverkehrsverein, Berliner Str 26, 03172 Guben; Grenzstadt zu Polen. Sehenswert: Ev. Kirche; Klosterkirche; hist. Stadtkern auf polnischer Seite

Groß Breesen
* Waldow
⚓ Hinter der Bahn 20, ✉ 03172, ☎ (0 35 61) 4 06-0, Fax 21 71, ED VA
62 Zi, Ez: 80-90, Dz: 120, ⊿ WC ☎; 3⇌140
🎳 Kegeln Sauna Solarium 🍴

Güglingen 61 ↑

Baden-Württemberg — Kreis Heilbronn — 206 m — 6 200 Ew — Heilbronn 19, Bretten 20, Stuttgart 45 km
ℹ ☎ (0 71 35) 1 08 24, Fax 1 08 57 — Stadtverwaltung, Marktstr 19, 74363 Güglingen. Sehenswert: Stadtkern; Mauritiuskirche

**** Herzogskelter
Top International Hotel**
Deutscher Hof 1, ✉ 74363, ☎ (0 71 35) 17 70, Fax 1 77 77, AX DC ED VA
33 Zi, Ez: 95-125, Dz: 145-165, ⊿ WC ☎, 4🛏; Lift 🅿 5⇌500 Bowling 🚗
Auch Zimmer der Kategorie ******* vorhanden
** Hauptgericht 25

Frauenzimmern (2 km →)
* Zum Löwen
Brackenheimer Str 23, ✉ 74363, ☎ (0 71 35) 98 34-0, Fax 98 34 40, ED
14 Zi, Ez: 75-85, Dz: 125-135, ⊿ WC ☎; 🅿 🍴
geschl: 20.12.-10.1.

Gülzow Kr. Güstrow 20 ↑

Mecklenburg-Vorpommern — Güstrow — 1 024 Ew
ℹ ☎ (0 38 43) 48 41 — Stadt, Pferdemarkt 58, 18273 Güstrow

* Akzent-Hotel Am Krebssee
⛵ Boldebucker Weg 5, ✉ 18276, ☎ (0 38 43) 76 00, Fax 7 60 33, ED VA
42 Zi, Ez: 75, Dz: 98-110, ⊿ WC ☎; 🅿 Seezugang Sauna Solarium 🍴 🚗

Güntersberge 37 □

Sachsen-Anhalt — Kreis Quedlinburg — 450 m — 1 130 Ew
ℹ ☎ (03 94 88) 3 21, Fax 3 21 — Touristinformation, Marktstr. 52, 06507 Güntersberge

* Zur Güntersburg
Marktstr 24, ✉ 06507, ☎ (03 94 88) 3 30, Fax 7 10 13
24 Zi, Ez: 75, Dz: 110-120, 1 Suite, ⊿ WC ☎; 🅿 3⇌40 🍴 🚗

Günzburg 63 ↗

Bayern — Kreis Günzburg — 465 m — 20 000 Ew — Ulm 25, Krumbach 26, Augsburg 54 km
ℹ ☎ (0 82 21) 3 66336, Fax 36 63 37 — Tourist Information, Lannionplatz, 89312 Günzburg. Sehenswert: Altstadt, Marktplatz; Liebfrauenkirche; ehem. Schloß, Hofkirche Römerfunde

** Zettlers City Line & Country Line Hotels
♂ Ichenhauser Str 26 a, ✉ 89312,
☎ (0 82 21) 3 64 80, Fax 67 14, AX DC ED VA
47 Zi, Ez: 140-160, Dz: 190-210, 2 Suiten, ⌐
WC ☎, 11✉; Lift P 🚗 5⟷80 Fitneßraum
Sauna ⚌
geschl: 1.-10.1., 9.-15.8.
** Hauptgericht 39; Terrasse;
geschl: so + feiertags ab 15, 1.-10.1., 9.-15.8.

** Ramada
Am Hofgarten, ✉ 89312, ☎ (0 82 21) 35 10,
Fax 35 13 33, AX DC ED VA
100 Zi, Ez: 105-152, Dz: 130-194, ⌐ WC ☎,
43✉; Lift 🚗 4⟷40 18Golf; garni

* Bettina
Augsburger Str 68, ✉ 89312, ☎ (0 82 21)
3 20 39, Fax 36 22 36, AX ED VA
11 Zi, Ez: 80-90, Dz: 120-130, ⌐ WC ☎ DFÜ,
2✉; P; garni
geschl: 23.12.-11.1.99

Güsten 38 ↘

Sachsen-Anhalt — Kreis Bernburg —
4 651 Ew
ℹ ☎ (03 92 62) 2 07 — Stadtverwaltung,
39439 Güsten

* Bürgerhaus
Am Ratsteich 8, ✉ 39439, ☎ (03 92 62)
93 10, Fax 9 31 33, AX ED VA
11 Zi, Ez: 55-70, Dz: 80-105, ⌐ WC ☎; P
3⟷100 Kegeln 🍴 ⚌

Güstrow 20 ↗

Mecklenburg-Vorpommern — Kreis
Güstrow — 8 m — 38 000 Ew — Teterow 25,
Schwerin 62 km
ℹ ☎ (0 38 43) 68 10 23, Fax 68 20 79 —
Güstrow-Information, Domstr. 9,
18273 Güstrow. Sehenswert: Schloß mit
Schloßmuseum und Renaissancegarten;
Dom St. Maria, St. Johannes Evangelista
und St. Cäcilia; Markt mit Rathaus; Ernst-
Barlach-Gedenkstätten: Gertrudenkapelle,
Atelierhaus; Dom

** Best Western Stadt Güstrow
♂ Pferdemarkt 58, ✉ 18273, ☎ (0 38 43)
78 00, Fax 78 01 00, AX DC ED VA
71 Zi, Ez: 130-155, Dz: 180-195, S; ⌐ WC ☎,
20✉; Lift P 4⟷100 Sauna Solarium ⚌
Auch Zimmer der Kategorie *** vorhanden
** Hauptgericht 25; Terrasse

** Am Güstrower Schloss
Schloßberg 1, ✉ 18273, ☎ (0 38 43) 76 70,
Fax 76 71 00, AX ED VA
45 Zi, Ez: 105-140, Dz: 140-160, 2 Suiten, ⌐
WC ☎ DFÜ, 10✉; Lift P 2⟷80 Sauna
Solarium 🍴

** Altstadt
Baustr 10, ✉ 18273, ☎ (0 38 43) 68 60 03,
Fax 68 61 06, AX DC ED VA
43 Zi, Ez: 89-98, Dz: 98-139, ⌐ WC ☎; Lift P;
garni

* Am Tierpark
Verbindungschaussee 7, ✉ 18273,
☎ (0 38 43) 21 59 80, Fax 21 59 85,
AX DC ED VA
60 Zi, Ez: 79-89, Dz: 98-119, ⌐ WC ☎; P 🚗
1⟷60 🍴

* Rubis
Schweriner Str 89, ✉ 18273, ☎ (0 38 43)
6 93 80, Fax 69 38 50, ED VA
18 Zi, Ez: 75-95, Dz: 110-128, 1 App, ⌐ WC
☎; P 🚗 🍴

* Villa Camenz
Lange Stege 13, ✉ 18273, ☎ (0 38 43)
21 49 93, Fax 21 25 41
15 Zi, Ez: 60-75, Dz: 80-90, ⌐ WC ☎; P;
garni

🍴 Barlach Stuben
Hageböcker Str 109, ✉ 18273, ☎ (0 38 43)
68 48 81, Fax 8 23 43, ED
Hauptgericht 24

Heidberg (3 km ↘)
** Kurhaus am Inselsee
♂ Haus Nr 1, ✉ 18273, ☎ (0 38 43) 85 00,
Fax 8 50-1 00, AX ED VA
24 Zi, Ez: 115-145, Dz: 160-225, ⌐ WC ☎
DFÜ, 6✉; Lift P 1⟷30 Strandbad Seezu-
gang 🍴 ⚌

Gütersloh 34 ↗

Nordrhein-Westfalen — Kreis Gütersloh —
78 m — 93 000 Ew — Rheda-Wiedenbrück 9, Bielefeld 17 km
ℹ ☎ (0 52 41) 82 27 49, Fax 82 21 39 — Verkehrsverein, Berliner Str 70, 33330 Gütersloh. Sehenswert: Botanischer Garten;
Mohn's Park; Veerhoff-Haus; alter Kirchplatz; Freilichtbühne; Stadtmuseum

Cityplan siehe Seite 436

*** Parkhotel
Kirchstr 27 (B 2), ✉ 33330, ☎ (0 52 41)
87 70, Fax 87 74 00, AX DC ED VA
98 Zi, Ez: 230-290, Dz: 260-320, 5 Suiten, ⌐
WC ☎; Lift P 🚗 8⟷170 Sauna Solarium
18Golf
*** Parkrestaurant
Hauptgericht 26; Terrasse; geschl: Sa
** Brasserie
Hauptgericht 32; nur abends, Sa auch mit-
tags; geschl: So, 2 Wochen im Sommer

** Stadt Gütersloh
Kökerstr 23 (B 1), ✉ 33330, ☎ (0 52 41) 1 05-0,
Fax 1 05-1 00, AX DC ED VA
55 Zi, Ez: 135-194, Dz: 180-260, 2 Suiten, ⌐
WC ☎, 10✉; Lift P 🚗 4⟷80 Sauna 18Golf
*** Schiffchen
Hauptgericht 42; Terrasse; nur abends;
geschl: So, 3 Wochen in Sommerferien →

Gütersloh

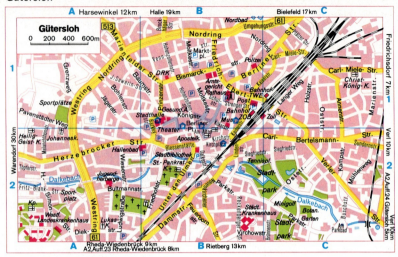

✶ Appelbaum
Neuenkirchener Str 59 (B 2), ✉ 33330,
☎ (0 52 41) 9 55 10, Fax 95 51 23, AX DC ED VA
23 Zi, Ez: 90-125, Dz: 140-170, ⇨ WC ☎,
2⌨; 🅿 🚗 Kegeln ⌨

☕ Stadt-Café
Hohenzollernstr 14 (B 1), ✉ 33330,
☎ (0 52 41) 2 09 07, Fax 1 36 35
Hauptgericht 11; Terrasse

Guldental 53 ↗

Rheinland-Pfalz — Kreis Bad Kreuznach —
120 m — 2 756 Ew — Bingen 12, Bad Kreuznach 13 km
ℹ ☎ (0 67 04) 9 29-43, Fax 9 29-45 — Tourist-Information, Naheweinstr 80,
55450 Langenlonsheim

✶✶ Der Kaiserhof
Hauptstr 2, ✉ 55452, ☎ (0 67 07) 94 44-0,
Fax 94 44-15
10 Zi, Ez: 80-105, Dz: 135-165, ⇨ WC ☎; 🅿
⌨ Hauptgericht 28; 🅿 Terrasse

✶ Enk
Naheweinstr 36, ✉ 55452, ☎ (0 67 07) 91 20,
Fax 9 12 41
15 Zi, Ez: 65-70, Dz: 100-110, ⇨ WC ☎, 15⌨; 🅿
geschl: 18.12.-10.1.
Restaurant für Hausgäste

Gummersbach 43 ↗

Nordrhein-Westfalen — Oberbergischer
Kreis — 450 m — 52 000 Ew — Olpe 29,
Remscheid 39, Lüdenscheid 40 km
ℹ ☎ (0 22 61) 8 70, Fax 8 76 00 — Stadtverwaltung, Rathausplatz 1, 51643 Gummersbach; Kreisstadt. Sehenswert: Ev. Pfarrkirche; ehem. Vogteihaus; ev. Kirche im Stadtteil Lieberhausen (10 km ↗); Aggerstausee (6 km ↗)

☕ Rebhan
Moltkestr 1, ✉ 51643, ☎ (0 22 61) 2 23 77,
Fax 2 47 41
Gartenlokal
Spezialität: Oberbergische Tannenzapfen

Becke (3 km ↗)
✶ Stremme
Beckestr 55, ✉ 51647, ☎ (0 22 61) 9 26 40,
Fax 2 95 21, AX DC ED VA
Hauptgericht 30; Biergarten Kegeln 🅿
✶ ♦ 19 Zi, Ez: 90-99 Ez: 90-99,
Dz: 140-180, Dz: 140-180, ⇨ WC ☎
geschl: Fr
Im Gästehaus auch Zimmer der Kategorie
✶✶ vorhanden

Dieringhausen (9 km ↙)
✶✶✶ Die Mühlenhelle 🍴
Hohler Str 1, ✉ 51645, ☎ (0 22 61) 7 50 97,
Fax 7 24 01, AX DC ED VA
Hauptgericht 45; 🅿; geschl: So abends,
Mo, 3 Wochen im Sep
✶✶ 6 Zi, Ez: 85-120, Dz: 170, 1 Suite,
⇨ WC ☎
geschl: So abend, Mo, 3 Wochen im Sep

Hülsenbusch (6 km ←)
✶✶ Schwarzenberger Hof
Schwarzenberger Str 48, ✉ 51647,
☎ (0 22 61) 2 21 75, Fax 2 19 07, ED
Hauptgericht 40; Gartenlokal 🅿; geschl:
Mo, 2 Wochen im Jan

Rospe (2 km ↓)
✶ Tabbert
Hardtstr 28, ✉ 51643, ☎ (0 22 61) 60 25-0,
Fax 2 85 65, DC VA
22 Zi, Ez: 70-100, Dz: 135-160, ⇨ ☎; 🅿 🚗
2⌨50; **garni**

Windhagen (3 km ↑)
✱✱ Heedt
♂ Windhagen 4, ✉ 51647, ☎ (0 22 61)
6 50 21, Fax 2 81 61, AX DC ED VA
130 Zi, Ez: 95-170, Dz: 187-255, 6 Suiten, ⊿ WC ☎; Lift 16✧200 ⌬ Sauna Solarium
Auch Zimmer der Kategorie ✱ vorhanden

Gundelfingen 63 ✓

Bayern — 7 200 Ew
i ☎ (0 90 73) 99 90 — Bürgermeisteramt, Postfach 28, 89423 Gundelfingen

Echenbrunn (2 km →)
✱ Sonne Echenbrunn
Lauingerstr 52, ✉ 89423, ☎ (0 90 73) 20 55, Fax 28 61
32 Zi, Ez: 78, Dz: 130; ¶⊙¶
Auch einfachere Zimmer vorhanden

Gundelsheim 55 ✓

Baden-Württemberg — Kreis Heilbronn — 155 m — 7 400 Ew — Mosbach 13, Heilbronn 20 km
i ☎ (0 62 69) 96 12, Fax 96 96 — Stadtverwaltung, Tiefenbacher Str 16, 74831 Gundelsheim; Stadt am Neckar. Sehenswert: Schloß Horneck; Siebenbürgisches Museum; Hist. Altstadt

✱ Zum Lamm mit Gästehaus
Schloßstr 25, ✉ 74831, ☎ (0 62 69) 4 20 20, Fax 42 02 99, AX DC ED VA
33 Zi, Ez: 70-130, Dz: 100-180, ⊿ WC ☎; **P**
🚗 3✧
✱ Hauptgericht 30; Terrasse

Gunzenhausen 63 ↑

Bayern — Kreis Weißenburg-Gunzenhausen — 420 m — 17 000 Ew — Weißenburg 22, Ansbach 28 km
i ☎ (0 98 31) 5 08 76, Fax 5 08 79 — Verkehrsamt, Marktplatz 25, 91710 Gunzenhausen; Stadt an der Altmühl. Sehenswert: Ev. Kirche; kath. Kirche; Blasturm, Färberturm; Altmühlsee mit Vogelinsel

✱✱✱ Parkhotel Altmühltal CityLine & CountryLine
♂ Zum Schießwasen 15, ✉ 91710,
☎ (0 98 31) 50 40, Fax 8 94 22, AX ED VA
62 Zi, Ez: 130-180, Dz: 180-270, 4 Suiten, 1 App, ⊿ WC ☎, 14⊠; Lift **P** 🚗 8✧850 ⌬ Fitneßraum Kegeln Sauna Solarium
✱✱ Chicorée ⚜
Hauptgericht 27; Terrasse

✱✱ Zur Post
Bahnhofstr 15, ✉ 91710, ☎ (0 98 31) 6 74 70, Fax 67 47-2 22, AX DC ED VA
26 Zi, Ez: 80-90, Dz: 150-160, 5⊠; **P** 🚗
1✧80 ¶⊙¶

✱ Grauer Wolf
Marktplatz 9, ✉ 91710, ☎ (0 98 31) 90 58, Fax 90 58, DC ED VA
15 Zi, Ez: 70-80, Dz: 100-110, 3 App, ⊿ WC ☎

Gustow siehe Rügen

Gutach im Breisgau 67 □

Baden-Württemberg — Kreis Emmendingen — 300 m — 4 200 Ew — Waldkirch 3, Elzach 8, Freiburg 15 km
i ☎ (0 76 85) 91 01-28, Fax 91 01-27 — Verkehrsamt / Tourist Information, im Ortsteil Bleibach, Im Bahnhof Bleibach, 79261 Gutach im Breisgau; Erholungsort im Schwarzwald, an der Elz

Bleibach (2 km ↗)
✱✱ Dreitälerblick
Ölbergweg 10, ✉ 79261, ☎ (0 76 85)
9 10 90, Fax 4 20, ED
Hauptgericht 30
✱ ♂ 9 Zi, Ez: 65, Dz: 110, ⊿ WC ☎

Bleibach-Außerhalb
✱✱ Ringhotel Der Silberkönig
einzeln ♂ ◂ Am Silberwald 24, ✉ 79261,
☎ (0 76 85) 70 10, Fax 70 11 00, AX DC ED VA
41 Zi, Ez: 103-117, Dz: 170-192, **S**; 2 Suiten, ⊿ WC ☎, 7⊠; Lift **P** 5✧140 Kegeln Sauna Solarium 1 Tennis 🏊
✱✱ Vier Jahreszeiten
Hauptgericht 32; Terrasse

Siegelau (2 km ↑)
✱ Zum Bären
Talstr 17, ✉ 79261, ☎ (0 76 85) 2 74, Fax 77 55
12 Zi, Ez: 50-100, Dz: 80-120, ⊿ WC; ¶⊙¶ 🏊

Stollen
✱✱ Romantik Hotel Stollen
Am Stollen 2, ✉ 79261, ☎ (0 76 85) 2 07, Fax 15 50, AX ED VA
Hauptgericht 44
✱✱ 9 Zi, Ez: 120-140, Dz: 180-220, 1 Suite, ⊿ WC ☎, 2⊠; **P** 🚗 1✧25 9 Golf

Gutach (Schwarzwaldbahn) 13 ↘

Baden-Württemberg — Ortenaukreis — 250 m — 2 170 Ew — Triberg 17, Offenburg 40, Freudenstadt 46 km
i ☎ (0 78 33) 93 88-50, Fax 93 88-11 — Verkehrsamt, Hauptstr 38, 77793 Gutach (Schwarzwaldbahn); Erholungsort

✱ Gasthof Linde
♂ Ramsbachweg 2, ✉ 77793, ☎ (0 78 33)
3 08, Fax 81 26, AX ED VA
23 Zi, Ez: 70, Dz: 130, ⊿ WC; Lift 2✧130 ⌬ Fitneßraum Sauna Solarium ¶⊙¶ →

Gutach (Schwarzwaldbahn)

* **Gasthof Engel**
Steingrün 11, ✉ 77793, ☎ (0 78 33) 3 57,
Fax 9 58 90, AX VA
12 Zi, Ez: 50-60, Dz: 90-100, ⊣ WC; P 🖃
3↔150 ⚭
Restaurant für Hausgäste

Gutenzell-Hürbel 70 ↖

Baden-Württemberg — Kreis Biberach an
der Riß — 550 m — 1 600 Ew — Ochsenhausen 6, Schwendi 9 km
🛈 (0 73 52) 9 23 50, Fax 92 35 22 —
Gemeindeverwaltung, im Ortsteil Gutenzell, Kirchberger Str 8, 88484 Gutenzell-
Hürbel. Sehenswert: Barockklosterkirche
mit Barockkrippe

Gutenzell
** **Gasthof Klosterhof**
Schloßbezirk 2, ✉ 88484, ☎ (0 73 52) 30 21,
Fax 77 79, ED
Hauptgericht 30; P; geschl: Mo, Ende Aug.
- Anf. Sept.
* ♂ 18 Zi, Ez: 40-60, Dz: 115, ⊣ WC
☎; 1↔25
geschl: Ende Aug-Anfang Sep

Gyhum 17 ↘

Niedersachsen — Rotenburg (Wümme) —
2 089 Ew
🛈 27404 Gyhum

** **Landhaus Gyhum**
Bergstr 21, ✉ 27404, ☎ (0 42 86) 9 30 50,
Fax 93 05 13, AX ED VA
18 Zi, Ez: 82, Dz: 130, ⊣ WC ☎, 2🖃; Lift P
2↔150 ⚭
** Hauptgericht 27

Sick
** **Niedersachsenhof**
Sick 13, ✉ 27404, ☎ (0 42 86) 94 00,
Fax 14 00, AX DC ED VA
28 Zi, Ez: 72-100, Dz: 117-150, ⊣ WC ☎,
2🖃; P 🖃 2↔50 Sauna Solarium ⚭
Im Stammhaus Zimmer der Kategorie *
vorhanden
* Hauptgericht 25; Biergarten;
geschl: Fr

Haan 33 ↙

Nordrhein-Westfalen — Kreis Mettmann —
165 m — 30 500 Ew — Wuppertal 10, Düsseldorf 14 km
🛈 ☎ (0 21 29) 9 11-4 20, Fax 9 11-5 91 —
Stadtverwaltung, Kaiserstr 85, 42781 Haan

** **CM CityClass Hotel Savoy
Top International Hotel**
Neuer Markt 23, ✉ 42781, ☎ (0 21 29) 92 20,
Fax 92 22 99, AX DC ED VA
86 Zi, Ez: 110-240, Dz: 150-340, S; 1 Suite, ⊣
WC ☎ DFÜ, 21🖃; Lift P 🖃 3↔80 ≋ Sauna
Solarium; garni

* **Im Park**
Nordstr 28, ✉ 42781, ☎ (0 21 29) 5 00 71,
Fax 91 41 58, AX ED VA
34 Zi, Ez: 70-140, Dz: 100-180, ⊣ WC ☎; 🍽

* **Sohn**
♂ Neustr 11, ✉ 42781, ☎ (0 21 29) 3 40 45,
Fax 24 32, ED
7 Zi, Ez: 85-110, Dz: 130-150, ⊣ WC ☎; 🖃;
garni
geschl: 15.12.-10.1.

Außerhalb (Industriegebiet Ost) (4 km ↗)
** **Schallbruch**
Schallbruch 15, ✉ 42781, ☎ (0 21 29) 92 00,
Fax 92 01 11, AX DC ED VA
46 Zi, Ez: 125-200, Dz: 160-260, ⊣ WC ☎,
5🖃; Lift P 🖃 ≋ Sauna Solarium 🍽
Auch Zimmer der Kategorie * vorhanden

* **Gut Hahn**
⚐ Rheinische Str 13, ✉ 42781, ☎ (0 21 29)
3 40 08, Fax 5 92 30, AX DC ED VA
Hauptgericht 36;
Fachwerkgutshof von 1700

Haar 72 □

Bayern — Kreis München — 541 m —
18 060 Ew — München 14, Ebersberg 18 km
🛈 ☎ (0 89) 46 00 20, Fax 46 00 21 11 —
Gemeindeverwaltung, Bahnhofstr 7,
85540 Haar

* **Wiesbacher**
Waldluststr 25, ✉ 85540, ☎ (0 89)
4 56 04 40, Fax 45 60 44 60, AX ED VA
32 Zi, Ez: 135-188, Dz: 165-210, ⊣ WC ☎
DFÜ; Lift P 1↔ ≋ Kegeln Sauna 🍽
geschl: 20.12.-7.1.

Hackenheim 53 ↗

Rheinland-Pfalz — Kreis Bad Kreuznach —
160 m — 1 800 Ew — Bad Kreuznach 5 km
🛈 ☎ (06 71) 6 34 43, Fax 91 39 — Gemeindeverwaltung, Ringstr 33, 55546 Hackenheim

*** **Metzlers Gasthof** 🍴
Hauptstr 69, ✉ 55546, ☎ (06 71) 6 53 12,
Fax 6 53 10, AX ED
Hauptgericht 35; P Terrasse; nur abends,
So auch mittags; geschl: Mo, 4 Wochen in
den Sommerferien
* **Weinstube** ⚜
Hauptgericht 26; Terrasse; geschl: Mo

Hadamar 44 ↙

Hessen — Kreis Limburg-Weilburg —
131 m — 11 324 Ew — Limburg 10, Westerburg 18 km
🛈 ☎ (0 64 33) 8 91 57-0, Fax 89-1 35 —
Stadtverwaltung, Untermarkt 1,
65589 Hadamar; Erholungsort im Westerwald. Sehenswert: Kath. Liebfrauenkirche,
Renaissance-Schloß; Rathaus; Fachwerkhäuser

** **Nassau-Oranien**
Borngasse 21, ✉ 65589, ☎ (0 64 33) 91 90, Fax 91 91 00, AX DC ED VA
61 Zi, Ez: 125-140, Dz: 180-220, 1 Suite, 🍴 WC ☎ DFÜ; Lift 🅿 🚗 6🔄120 🎳 Kegeln Sauna Solarium ⚡
Auch Zimmer der Kategorie * vorhanden
** 🍽 Hauptgericht 25; Biergarten

Häusern 67 ↘

Baden-Württemberg — Kreis Waldshut — 900 m — 1 300 Ew — Waldshut 21, Freiburg 58 km
ℹ ☎ (0 76 72) 93 14 15, Fax 93 14 22 — Tourist-Information, Spitzacker 1, 79837 Häusern; Luftkurort und Wintersportplatz im südlichen Schwarzwald. Sehenswert: Abteikirche in St. Blasien (4 km ←); Schluchsee (8 km ↑)

*** **Schwarzwald-Hotel Adler** 👑
🍴 🍽 St.-Fridolin-Str 15, ✉ 79837, ☎ (0 76 72) 41 70, Fax 41 71 50, ED VA
31 Zi, Ez: 105-174, Dz: 180-292, 16 Suiten, 🍴 WC ☎; Lift 🅿 🚗 2🔄20 🎳 Fitneßraum Sauna Solarium 5Tennis
geschl: 22.11.-16.12.
Hallenbad mit großzügigem Saunabereich und Kneipp-Anlage. Auch Zimmer der Kategorie ** vorhanden
*** 🍽 Hauptgericht 45; Terrasse; 🍺
geschl: Mo, Di, 8.11.-16.12.

** **Albtalblick Landidyll**
🍽 St Blasier-Str 9, ✉ 79837, ☎ (0 76 72) 9 30 00, Fax 93 00 90, AX ED VA
29 Zi, Ez: 61-105, Dz: 110-180, 3 Suiten, 9 App, 🍴 WC ☎, 2🔄; Lift 🅿 🚗 2🔄30 Fitneßraum Sauna Solarium ⚡
** 🍽 Hauptgericht 36; Terrasse

* **Gasthof Schöpperle**
Klemme 3, ✉ 79837, ☎ (0 76 72) 21 61, Fax 96 01
15 Zi, Ez: 70-80, Dz: 140-160, 🍴 WC ☎; 🅿 🚗
🍽 ⚡
geschl: Mi, 15.11.-15.12.

Hagen 33 ↘

Nordrhein-Westfalen — Stadtkreis — 200 m — 213 000 Ew — Dortmund 17, Wuppertal 23, Lüdenscheid 27 km
ℹ ☎ (0 23 31) 20 70, Fax 2 07 24 73 — Hagen-Information, Rathaus, Friedrich-Ebert-Platz, 58095 Hagen; Industriestadt am Nordrand des Sauerlandes; Theater Hagen. Sehenswert: Karl-E.-Osthaus-Museum; Westfälisches Freilichtmuseum; Schloß Hohenlimburg 🍽; Stiftskirche in Hohenlimburg-Elsey (8 km →) →

Die von uns genannten Cafés bieten neben Konditoreiwaren und Getränken häufig auch kleine Gerichte an.

Hagen

** **Queens Hotel**
♂ Wasserloses Tal 4 (C 2), ✉ 58093,
☎ (0 23 31) 39 10, Fax 39 11 53, AX DC ED VA
145 Zi, Ez: 186-242, Dz: 249-305, S; 1 Suite,
⌐⌐ WC ☎, 40✉; Lift 7⟷300 ≈ Kegeln Sauna Solarium
Auch Zimmer der Kategorie ******* vorhanden

** **Felsengarten**
Hauptgericht 35; Terrasse

* **Lex**
Elberfelder Str 71 (B 2), ✉ 58095,
☎ (0 23 31) 3 20 30, Fax 2 77 93, AX VA
38 Zi, Ez: 105-140, Dz: 170-190, ⌐⌐ WC ☎;
Lift ⓟ 🚍 ¶⊙¶

☗ **Dreisbach**
Elberfelder Str 22 (B 2), ✉ 58095,
☎ (0 23 31) 2 38 95

Halden (4 km →)
* **Landhotel Halden**
Berchumer Str 82, ✉ 58093, ☎ (0 23 31)
58 65 39, Fax 58 63 82, AX DC ED VA
22 Zi, Ez: 120, Dz: 180, ⌐⌐ WC ☎; ⓟ 2⟷30 Kegeln
** Hauptgericht 35

Haspe (2 km ↙)
** **Alte Reichsbank**
Haenelstr 52, ✉ 58135, ☎ (0 23 31) 4 59 86,
Fax 4 59 51
Hauptgericht 39; Gartenlokal

Hohenlimburg (8 km →)
* **Reher Hof**
Alter Reher Weg 13, ✉ 58119, ☎ (0 23 34)
5 11 83, Fax 5 18 81, AX DC ED VA
22 Zi, Ez: 95-125, Dz: 170, 1 App, ⌐⌐ WC ☎;
🚍 1⟷50 Kegeln ¶⊙¶

Selbecke (3 km ↓)
* **Schmidt**
Selbecker Str 220, ✉ 58091, ☎ (0 23 31)
97 83 00, Fax 97 83 30, AX DC ED VA
28 Zi, Ez: 90-110, Dz: 140-160, 8 App, ⌐⌐ WC ☎, 6✉; ⓟ 🚍 Sauna Solarium ¶⊙¶
Auch Zimmer der Kategorie ****** vorhanden

Hagen am Teutoburger Wald 24 ↓

Niedersachsen — Osnabrück — 110 m — 14 200 Ew
ℹ ☎ (0 54 01) 9 77 40, Fax 9 77 60 — Tourist-Information, Schulstr. 7, 49170 Hagen a. T. W.

** **Landhotel Buller**
Iburger Str 35, ✉ 49170, ☎ (0 54 01) 88 40,
Fax 88 42 00, ED VA
32 Zi, Ez: 60-95, Dz: 120-158, 1 Suite, 1 App,
⌐⌐ WC ☎, 6✉; Lift 🚍 ≈ Sauna Solarium ¶⊙¶
☗

Hagenow 19 ▫

Mecklenburg-Vorpommern — Kreis Ludwigslust — 25 m — 13 600 Ew — Ludwigslust 29, Schwerin 31, Lüneburg 70 km
ℹ ☎ (0 38 83) 72 90 96, Fax 72 90 96 — Hagenow-Information, Möllner Str 61, 19230 Hagenow. Sehenswert: Stadtkirche; Stadtmuseum; Altstadt

* **Zum Maiwirth**
Teichstr 7, ✉ 19230, ☎ (38 83) 72 91 02,
Fax 61 41 17, ED
24 Zi, Ez: 90, Dz: 120, 1 Suite, 1 App, ⌐⌐ WC ☎; ¶⊙¶

* **Mecklenburg**
Lange Str 94, ✉ 19230, ☎ (0 38 83) 72 21 01,
Fax 51 00 66, AX ED VA
24 Zi, Ez: 75-85, Dz: 110-120, ⌐⌐ WC ☎; ⓟ ¶⊙¶

Hagnau 69 ↗

Baden-Württemberg — Bodenseekreis — 400 m — 1 450 Ew — Meersburg 4, Friedrichshafen 14, Überlingen 18 km
ℹ ☎ (0 75 32) 43 00 21, Fax 43 00 20 — Tourist-Information, Seestr 16, 88709 Hagnau; Erholungsort und altes Winzer- und Fischerdorf am Bodensee. Sehenswert: Spätgotische Pfarrkirche St. Johann, ehem. Klosterhöfe

** **Erbguths Villa am See**
♂ Meersburger Str 4, ✉ 88709, ☎ (0 75 32)
62 02, Fax 69 97
6 Zi, Ez: 130-250, Dz: 198-400, 1 Suite,
2 App, ⌐⌐ WC ☎, 6✉; ⓟ 🚍 Seezugang Sauna Solarium 18Golf; **garni**
Nichtraucherhaus

** **Hansjakob**
♂ ⋖ Hansjakobstr 17, ✉ 88709, ☎ (0 75 32)
63 66, Fax 51 35
24 Zi, Ez: 80-85, Dz: 148-158, ⌐⌐ WC ☎; ⓟ 🚍;
garni
geschl: 1.11.-15.3.

** **Alpina**
Höhenweg 10, ✉ 88709, ☎ (0 75 32) 4 50 90,
Fax 45 09 45, AX DC ED VA
18 Zi, Ez: 120, Dz: 160-190, 3 Suiten, 3 App,
⌐⌐ WC ☎; ⓟ 🚍
geschl: 20.12.-15.1.
Restaurant für Hausgäste

** **Der Löwen**
Hansjakobstr 2, ✉ 88709, ☎ (0 75 32) 62 41,
Fax 90 48
16 Zi, Ez: 68-98, Dz: 136-198, 1 App, ⌐⌐ WC ☎, 5✉; ⓟ 🚍 Strandbad Seezugang ☗
Rezeption: 9-12, 13-22; geschl: Mi, Anfang Nov-Mitte Mär
** Hauptgericht 25; Gartenlokal; nur abends, so+feiertags auch mittags; geschl: Anfang Nov-Mitte Mär

Haigerloch

* Gästehaus Schmäh
Kapellenstr 7, ✉ 88709, ☎ (0 75 32) 62 10, Fax 14 03
15 Zi, Ez: 74-78, Dz: 124-135, 2 Suiten, ⌐ WC ☎; **P** 🍴 Fitneßraum; **garni**
geschl: 1.11.-1.3.

* Landhaus Messmer
☼ ◄ Meersburger Str 12, ✉ 88709, ☎ (0 75 32) 43 31 14, Fax 66 98
14 Zi, Ez: 75-120, Dz: 145-190, ⌐ WC ☎, 2🛏; **P** Strandbad Seezugang Sauna; **garni**

* Seeblick
◄ Seestr 1, ✉ 88709, ☎ (0 75 32) 62 82, Fax 58 01
Hauptgericht 25; Gartenlokal **P** Terrasse;
geschl: Mi, 1.11.-31.3.99

Hahnenklee siehe Goslar

Haibach 55 ↑

Bayern — Kreis Aschaffenburg — 280 m — 8 209 Ew — Aschaffenburg 5 km
🛈 ☎ (0 60 21) 64 80, Fax 6 48 50 — Gemeindeverwaltung, Hauptstr 6, 63808 Haibach

* Zur Post
Industriestr Ost 19, ✉ 63808, ☎ (0 60 21) 6 30 40, Fax 63 04 13, AX DC ED VA
18 Zi, Ez: 95, Dz: 138, ⌐ WC ☎, 5🛏; 🍴;
garni

* Frankenhof
Würzburger Str, ✉ 63808, ☎ (0 60 21) 6 36 00, Fax 63 60 10, ED
9 Zi, Ez: 80, Dz: 135, 1 App, ⌐ WC ☎; **P** 🍴

* Edel
Zum Stadion 17, ✉ 63808, ☎ (0 60 21) 6 30 30, Fax 6 60 70, AX DC ED VA
10 Zi, Ez: 60-95, Dz: 110-140, ⌐ WC ☎, 4🛏;
P 🍴; **garni**

* Spessartstuben
Jahnstr 7, ✉ 63808, ☎ (0 60 21) 6 36 60, Fax 63 66 66, ED VA
28 Zi, Ez: 98-105, Dz: 135-145, ⌐ WC ☎; **P** 🍴 1⟳10 Sauna
* Hauptgericht 31; Terrasse;
geschl: Sa, 2 Wochen im Feb, 2 Wochen im Aug

Haidmühle 66 →

Bayern — Kreis Freyung-Grafenau — 900 m — 1 800 Ew — Freyung 24, Wegscheid 32, Passau 52 km
🛈 ☎ (0 85 56) 1 94 33, Fax 10 32 — Tourismusbüro der Gemeinde Haidmühle, Schulstr 39, 94145 Haidmühle; Erholungsort im Bayerischen Wald. Sehenswert: Dreisesselstein, 1312 m ◄ (12 km →)

** Haidmühler Hof
Max-Pangerl-Str 11, ✉ 94145, ☎ (0 85 56) 97 00, Fax 10 28, ED VA
47 Zi, Ez: 70-95, Dz: 110-160, ⌐ WC ☎; Lift
P 2⟳50 🏛 Sauna Solarium 🍴
Auch Zimmer der Kategorie ***** vorhanden

Auersbergsreut (3 km ↘)
** Haus Auersperg ♛
☼ ◄ ✉ 94145, ☎ (0 85 56) 96 06-0, Fax 96 06-9, ED
19 Zi, Ez: 59-76, Dz: 89-114, ⌐ WC ☎; **P** 🍴
Sauna
geschl: Di, 5.11.-5.12.
* Hauptgericht 25; Gartenlokal Terrasse; geschl: Di, 5.11.-5.12.

Bischofsreut (6 km ↘)
** Haus Märchenwald
einzeln ☼ ◄ Langreut 42, ✉ 94145, ☎ (0 85 50) 2 25, Fax 6 48
18 Zi, Ez: 53-67, Dz: 88-135, 3 Suiten, 13 App, ⌐ WC ☎, 5🛏; **P** 🍴 1⟳30 Fitneßraum Sauna Solarium 🍴
geschl: Mo, 2.11.-17.12., 12.4.-30.4.99
Auch Zimmer der Kategorie ***** vorhanden

Haiger 44 ↑

Hessen — Lahn-Dill-Kreis — 289 m — 20 325 Ew — Dillenburg 7, Siegen 23 km
🛈 ☎ (0 27 73) 81 10, Fax 8 11 66 — Stadtverwaltung, Marktplatz 7, 35708 Haiger; Stadt im Westerwald. Sehenswert: Ev. Pfarrkirche: 500 Jahre alte Fresken

Flammersbach
* Tannenhof
Am Schimberg 1, ✉ 35708, ☎ (0 27 73) 50 11, Fax 7 13 17, AX DC ED VA
60 Zi, Ez: 98-138, Dz: 160-190, ⌐ WC ☎, 4🛏; Lift **P** 🍴 8⟳120 🏛 Fitneßraum Kegeln Sauna Solarium 🍴

Haigerloch 61 ↙

Baden-Württemberg — Zollernalbkreis — 500 m — 10 800 Ew — Hechingen 15, Balingen 16, Horb 18 km
🛈 ☎ (0 74 74) 6 97 27, Fax 60 68 — Verkehrsamt, Oberstadtstr 11, 72401 Haigerloch.
Sehenswert: Altstadt; Wallfahrtskirche St. Anna; Schloß; Schloßkirche; Atomkeller-Museum; Weilerkapelle im Stadtteil Owingen

*** Historisches Gasthaus Schwanen ♛♛
Marktplatz 5, ✉ 72401, ☎ (0 74 74) 9 54 60, Fax 95 46 10, AX ED VA
Hauptgericht 45; Terrasse; geschl: Mo, Di
** 24 Zi, Ez: 135-175, Dz: 180-260, ♛
1 Suite, ⌐ WC ☎; **P** 🍴 1⟳18
geschl: 10 Tage in den Herbstferien
In der Dependance Leda auch Zimmer der Kategorie ******* vorhanden →

Haigerloch

Haigerloch-Außerhalb (1 km ↑)
**** Gastschloß Haigerloch
Gast im Schloß**
♂ ∙⇦ Schloßstr 3, ✉ 72401, ☎ (0 74 74)
69 30, Fax 6 93 82, AX DC ED VA
30 Zi, Ez: 140-160, Dz: 230-260, ⇨ WC ☎; P
5⇄90 🍽
geschl: Jan 2-3 Wochen, Juli/Aug 2-
3 Wochen
** Hauptgericht 40; Terrasse;
geschl: So

Hainburg 55 ↘

Hessen — Kreis Offenbach — 112 m —
15 672 Ew — Seligenstadt 5, Hanau 9,
Frankfurt 20 km
🛈 ☎ (0 61 82) 7 80 90 — Gemeindeverwaltung, im Ortsteil Hainstadt, Hauptstr 44,
63512 Hainburg

Hainstadt (1 km ↗)
** Hessischer Hof
Hauptstr 56, ✉ 63512, ☎ (0 61 82) 44 11,
Fax 75 47, AX ED VA
11 Zi, Ez: 90-140, Dz: 170-220, 1 Suite, ⇨
WC ☎; Lift 2⇄80 🍽

Halberstadt 37 ↗

Sachsen-Anhalt — Kreis Halberstadt —
125 m — 43 500 Ew — Magdeburg 53,
Braunschweig 62, Göttingen 115 km
🛈 ☎ (0 39 41) 55 18 15, Fax 55 10 89 — Fremdenverkehrsbüro, Düsterngraben 3,
38820 Halberstadt; Mittelalterliche
Bischofsstadt. Sehenswert: Dom St. Stephanus: Domschatz; Liebfrauen-, Martini-
und St. Laurentiuskirche; Literaturmuseum
Gleimhaus; Vogelkundemuseum Heineanum; Städt. Museum

***** Romantik Parkhotel
Unter den Linden**
Klamrothstr 2, ✉ 38820, ☎ (0 39 41)
60 00 77, Fax 60 00 78, AX DC ED VA
43 Zi, Ez: 130-165, Dz: 180-225, 2 Suiten, ⇨
WC ☎ DFÜ; Lift P 🍽 2⇄40 Sauna
** Hauptgericht 27; Terrasse ⚜

** Antares
Sternstr 6, ✉ 38820, ☎ (0 39 41) 60 02 50,
Fax 60 02 49, AX ED VA
24 Zi, Ez: 90-105, Dz: 120-145, ⇨ WC ☎,
1📧; Lift P 1⇄20
Auch Zimmer der Kategorie ******* vorhanden
* Hauptgericht 23; Terrasse;
geschl: So abends

** Halberstädter Hof
Trillgasse 5, ✉ 38820, ☎ (0 39 41) 2 70 80,
Fax 2 61 89, AX ED VA
23 Zi, Ez: 95-130, Dz: 170-190, ⇨ WC ☎, P
🍽

** Am Grudenberg
Grudenberg 10, ✉ 38820, ☎ (0 39 41)
6 91 20, Fax 69 12 69, ED
21 Zi, Ez: 85-120, Dz: 120-155, ⇨ WC ☎,
5📧; P Fitneßraum Sauna Solarium; garni
Auch Zimmer der Kategorie ***** vorhanden

* Gästehaus Abtshof
Abtshof 27a, ✉ 38820, ☎ (0 39 41) 6 88 30,
Fax 68 83 68, AX VA
24 Zi, Ez: 80, Dz: 110, 1 App, ⇨ WC ☎; P;
garni 🍽

* Wehrstedter Hof
Schulstr 1-1a, ✉ 38820, ☎ (0 39 41) 69 61-0,
Fax 69 61 69, AX ED VA
18 Zi, Ez: 85-125, Dz: 120-165, ⇨ WC ☎,
4📧; P 1⇄30 Fitneßraum Sauna Solarium
🍽

Halblech 71 ↙

Bayern — Kreis Ostallgäu — 810 m —
3 400 Ew — Füssen 15, Schongau 22 km
🛈 ☎ (0 83 68) 2 85, Fax 72 21 — Verkehrsamt, im Ortsteil Buching, Bergstr 2,
87642 Halblech; Erholungsort am Alpenrand

Buching
** Bannwaldsee
Sesselbahnstr 10, ✉ 87642, ☎ (0 83 68)
90 00, Fax 90 01 50, AX DC ED VA
63 Zi, Ez: 100, Dz: 120-180, 1 Suite, ⇨ WC
☎; Lift P 3⇄40 ≋ Kegeln Sauna Solarium
🍽
geschl: 2.11.-19.12.
Auch Zimmer der Kategorie ***** vorhanden

Trauchgau
* Sonnenbichl
einzeln ♂ ∙⇦ Sonnenbichl 1, ✉ 87642,
☎ (0 83 68) 9 13 30, Fax 72 39
23 Zi, Ez: 65-115, Dz: 130-220, ⇨ WC ☎; P
🍽 ≋ Fitneßraum Sauna Solarium 3Tennis
🍽

Haldem siehe Stemwede

Haldensleben 28 ↙

Sachsen-Anhalt — Ohrekreis — 57 m —
21 990 Ew — Magdeburg 19, Braunschweig
65 km
🛈 ☎ (0 39 04) 4 04 11, Fax 7 17 70 — Haldensleben-Information, Stendaler Turm,
39340 Haldensleben. Sehenswert: Hist.
Markt mit einzigem reitendem Roland auf
deutschem Boden; Landschaftspark; Pfarrkirche St. Marien; alte Stadtbefestigung
mit Stendaler und Bülstringer Tor; hist.
Quadratmeile, Großsteingräber; Hundisburg (5 km ↓) mit Schloßruine

** Behrens
Bahnhofstr 28, ✉ 39340, ☎ (0 39 04) 34 21,
Fax 34 21, AX ED VA
19 Zi, Ez: 98-130, Dz: 160, ⇨ WC ☎, 8📧; P
🍽 2⇄35 🍽
Auch Zimmer der Kategorie ***** vorhanden

*   Waldring Hotel
Waldring 115, ✉ 39340, ☎ (0 39 04) 63 33,
AX DC ED VA
36 Zi, Ez: 95, Dz: 140, ⊣ WC ☎, 10🛏; Lift
2↔30 ⛾

●   Pfeiffer
Bülstringer Str 5, ✉ 39340, ☎ (0 39 04)
4 01 89

Halfing 73 ←

Bayern — Kreis Rosenheim — 502 m —
2 530 Ew — Prien 15, Wasserburg 15,
Rosenheim 18 km
🅸 ☎ (0 80 55) 90 53-0, Fax 90 53-33 —
Gemeindeverwaltung, Wasserburger Str 1,
83128 Halfing. Sehenswert: Kirche Mariä
Himmelfahrt

*   Gasthof Schildhauer
Chiemseestr 3, ✉ 83128, ☎ (0 80 55) 94 13,
Fax 94 14
32 Zi, Ez: 55-80, Dz: 100-140, 4 App, ⊣ WC;
Lift 🅿 1↔30 ≘ Fitneßraum Sauna Solarium
***   Hauptgericht 20; Terrasse;
geschl: Di, 10.-30.11.

Hallbach 50 →

Sachsen — Mittlerer Erzgebirgskr. — 580 m
— 660 Ew — Olbernhau 3 km
🅸 ☎ (03 73 60) 7 22 86, Fax 7 52 13 —
Gemeindeverwaltung, Dorfstr 120,
09526 Hallbach

*   Bielatal
Dresdner Str 10, ✉ 09526, ☎ (03 73 60)
7 28 53, Fax 7 48 30
10 Zi, Ez: 60-75, Dz: 100-110, ⊣ WC ☎; ⛾

Hallbergmoos 72 ↑

Bayern — Kreis Freising — 445 m —
5 738 Ew — Freising 9, München 18 km
🅸 ☎ (08 11) 55 22-0, Fax 55 22-4 — Gemeindeverwaltung, Theresienstr 7, 85399 Hallbergmoos

***   Mövenpick München Airport
Ludwigstr 43, ✉ 85399, ☎ (08 11) 88 80,
Fax 88 84 44, AX DC ED VA
165 Zi, Ez: 159-274, Dz: 183-298, S; 9 App, ⊣
WC ☎, 82🛏; Lift 🅿 4↔50 Sauna Solarium
⛾ ●

*   Regent
Wilhelmstr 1, ✉ 85399, ☎ (08 11) 5 50 40,
Fax 55 04 55, AX ED VA
14 Zi, Ez: 80-150, Dz: 120-170, ⊣ WC ☎; 🅿
⛾

Goldach (2 km ↓)
**   Daniel's
Hauptstr 11, ✉ 85399, ☎ (08 11) 5 51 20,
Fax 55 12 13, AX DC ED VA
26 Zi, Ez: 115-160, Dz: 170-200, 13 App, ⊣
WC ☎ DFÜ, 6🛏; 🅿 2↔20; garni ●

**   Gästehaus Alter Wirt
Hauptstr 66, ✉ 85399, ☎ (08 11) 5 51 40,
Fax 9 50 50, ED VA
14 Zi, Ez: 99, Dz: 149, ⊣ WC ☎, 6🛏; 🅿
1↔14 ⛾

Halle 24 ↘

Nordrhein-Westfalen — Kreis Gütersloh —
128 m — 19 500 Ew — Bielefeld 16, Gütersloh 18, Herford 24 km
🅸 ☎ (0 52 01) 18 30, Fax 18 31 10 — Stadtverwaltung, Ravensberger Str. 1,
33790 Halle; Stadt am Teutoburger Wald.
Sehenswert: Museum für Kindheits- und
Jugendwerke bedeutender Künstler; Wasserschloß Tatenhausen (3 km ↙)

***   Sportpark
Weststr 16, ✉ 33790, ☎ (0 52 01) 89 90,
Fax 89 94 40, AX DC ED VA
98 Zi, Ez: 178-198, Dz: 236-266, 5 Suiten, ⊣
WC ☎, 36🛏; Lift 🅿 3↔120 Sauna Solarium
18Golf 19Tennis ●
**   La Fontana
Hauptgericht 35

**   Gästehaus Schmedtmann
➔ Bismarck-Str 2-4, ✉ 33790, ☎ (0 52 01)
8 10 50, Fax 81 05 26, AX DC ED VA
12 Zi, Ez: 120-130, Dz: 160-180, ⊣ WC ☎; 🅿
🖼 Sauna Solarium 9Golf; garni
Auch Zimmer der Kategorie ******* vorhanden
****   Hauptgericht 30

*   St. Georg
➔ Winnebrockstr 2, ✉ 33790, ☎ (0 52 01)
8 10 40, Fax 8 10 41 32, ED VA
27 Zi, Ez: 76, Dz: 111-121, ⊣ WC ☎, 12🛏;
🅿; garni
Rezeption: 6.30-12.30, 15.30-22

Hallenberg 35 ↙

Nordrhein-Westfalen — Hochsauerlandkreis — 420 m — 2 700 Ew — Winterberg 15, Frankenberg/Eder 23 km
🅸 ☎ (0 29 84) 82 03 — Verkehrsverein, Merklinghauser Str 1, 59969 Hallenberg; Erholungsort im Sauerland. Sehenswert: Pfarrkirche St Heribert; kath. Wallfahrtskirche;
Marktplatz; Fachwerkhäuser; Backhaus

**   Diedrich
Nuhnestr 2, ✉ 59969, ☎ (0 29 84) 9 33 00,
Fax 22 38, ED
48 Zi, Ez: 90-100, Dz: 140-170, 4 App, ⊣ WC
☎; Lift 🅿 3↔40 Sauna Solarium ●
****   Hauptgericht 30

**   Sauerländer Hof
◁ Merklinghauser Str 27, an der B 236,
✉ 59969, ☎ (0 29 84) 9 23 70, Fax 25 56, ED
27 Zi, Ez: 80-100, Dz: 140-160, ⊣ WC ☎
Auch Zimmer der Kategorie ***** vorhanden
****   Hauptgericht 25; Terrasse   →

Hallenberg

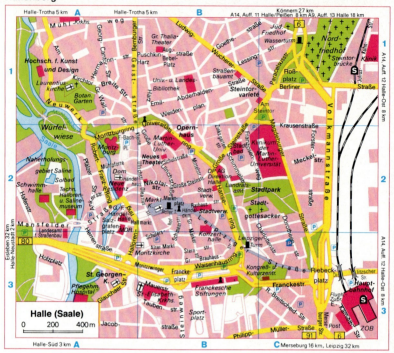

Hesborn (4 km †)
* **Zum Hesborner Kuckuck**
♂ Ölfestr 22, ✉ 59969, ☎ (0 29 84) 4 75,
Fax 5 73, AX DC ED VA
53 Zi, Ez: 89-101, Dz: 148-172, ⌂ WC ☎; Lift
🅿 3⟲60 ⌂ Kegeln Sauna Solarium 🍴 ⚓

Halle (Saale) 38→

Sachsen-Anhalt — Kreis Halle — 100 m —
285 000 Ew — Leipzig 31, Magdeburg 90 km
ℹ ☎ (03 45) 2 02 33 40, Fax 50 27 98 —
Tourist-Information, Marktplatz 1 (B 2),
06108 Halle; Wichtiger Industriestandort an
der Saale; frühere Salz- und Hansestadt;
Stadt der Händelfestspiele; Universität.
Sehenswert: Marktplatz: Roter Turm; Alter
Markt: Eselsbrunnen; Leipziger Turm;
Dom; Hallmarkt; Händel-Denkmal;
Geburtshaus Georg Friedrich Händels mit
großer Sammlung von Musikinstrumenten
aus fünf Jahrhunderten; Marktkirche; Pfarrkirche St. Ulrich; Halloren- und Salinenmuseum; staatliche Galerie Moritzburg;
Burg Giebichenstein

*** Dorint Hotel Charlottenhof
Dorotheenstr 12 (C 3), ✉ 06108, ☎ (03 45)
29 23-0, Fax 29 23-1 00, AX DC ED VA
162 Zi, Ez: 208-243, Dz: 228-261, S; 4 Suiten,
⌂ WC ☎ DFÜ, 84✉; Lift 🅿 11⟲140 Fitneßraum Sauna Solarium 🍴

*** Maritim
Riebeckplatz 4 (C 3), ✉ 06110, ☎ (03 45)
5 10 10, Fax 5 10 17 77, AX DC ED VA
346 Zi, Ez: 150-218, Dz: 228-282, S; 2 Suiten,
⌂ WC ☎, 36✉; Lift 🅿 🅱 11⟲850 ⌂ Fitneßraum Sauna Solarium
Auch Zimmer der Kategorie ** vorhanden

** Le Grand
Hauptgericht 30

** Ankerhof
Ankerstr 2 a, ✉ 06108, ☎ (03 45) 23 23-2 00,
Fax 23 23-2 19, AX DC ED VA
49 Zi, Ez: 135-189, Dz: 195-230, ⌂ WC ☎,
15✉; Lift 🅿 4⟲100 Sauna Solarium 🍴
Auch Zimmer der Kategorie *** vorhanden

** Rotes Ross
Leipziger Str 76 (BC 3), ✉ 06108, ☎ (03 45)
2 92 20, Fax 2 92 22 22, AX DC ED VA
60 Zi, Ez: 160-210, Dz: 225-295, 9 Suiten, ⌂
WC ☎ DFÜ; Lift 🅿 9⟲1000 Fitneßraum
Sauna Solarium 🍴 ⚓
Hotelparkplatz über Frankestr zu erreichen

** Best Western Europa
Delitzscher Str 17 (C 3), ✉ 06112, ☎ (03 45)
5 71 20, Fax 571 21 61, AX DC ED VA
109 Zi, Ez: 160-170, Dz: 190-200, S; 1 Suite,
⌂ WC ☎, 20✉; Lift 🅿 4⟲40 ⚓

** Saale-Restaurant
Hauptgericht 25; 🅿

** Martha Haus
Adam-Kuckhoff-Str 5 (B 1), ✉ 06108,
☎ (03 45) 5 10 80, Fax 5 10 85 15, AX DC ED VA
20 Zi, Ez: 90-155, Dz: 180-190, ⊿ WC ☎; Lift
🅿 1↔30 Sauna; garni 🚲

** Schweizer Hof
Waisenhausring 15 (B 3), ✉ 06108,
☎ (03 45) 2 02 63 92, Fax 50 30 68, AX ED VA
18 Zi, Ez: 145-168, Dz: 168-195, ⊿ WC ☎,
5🍴; Lift 2↔40 🍽

** Am Steintor
Krukenbergstr 29 (C 2), ✉ 06112, ☎ (03 45)
50 09 60, Fax 5 00 96 13, AX DC ED VA
49 Zi, Ez: 105-135, Dz: 140-170, ⊿ WC ☎;
Lift 🅿 2↔30 🍽

** Apart
Kohlschütter Str 5 (außerhalb A/B 1),
✉ 06114, ☎ (03 45) 52 59-0, Fax 52 59-2 00,
AX DC ED VA
50 Zi, Ez: 102-135, Dz: 124-135, 1 App, ⊿
WC ☎, 12🍴; Lift 🅿 2↔60 Sauna Solarium;
garni
Auch Zimmer der Kategorie * vorhanden

** Aparthotel + Boarding-House Solitaire
Torstr 19 (außerhalb B 3), ✉ 06110,
☎ (03 45) 2 13 93, Fax 2 13 94 00, AX DC ED VA
45 Zi, Ez: 88-110, Dz: 115-148, S; 9 Suiten,
11 App, ⊿ WC DFÜ; Lift 🅿; garni 🍽 🚲
Rezeption: 7-12, 16-22 geschl: So
Auch Zimmer der Kategorie * vorhanden

* Akzent-Hotel Am Wasserturm
Lessingstr 8 (C 1), ✉ 06114, ☎ (03 45)
2 98 20, Fax 5 12 65 43, AX DC ED VA
52 Zi, Ez: 110-135, Dz: 150-180, S; 23 App, ⊿
WC ☎ DFÜ; Lift 1↔35 Sauna Solarium;
garni
Restaurant für Hausgäste

* Westfalia
Grenzstr 35 (außerhalb C 3), ✉ 06112,
☎ (03 45) 5 60 62 91, Fax 5 60 62 96,
AX DC ED VA
36 Zi, Ez: 70-100, Dz: 100-150, 2 Suiten, ⊿
WC ☎, 14🍴; Lift 🅿 🍽 1↔40 🍽 🚲
geschl: So, 21.12.-5.1.

* Kröllwitzer Hof
Schinkelstr 7 (außerhalb A 1), ✉ 06120,
☎ (03 45) 5 51 14 37, Fax 5 51 14 35
12 Zi, Ez: 90, Dz: 110, ⊿ WC ☎; 1↔40 ≋ 🍽

Neustadt
* Steigenberger Esprix
Neustädter Passage 5, ✉ 06122, ☎ (03 45)
6 93 10, Fax 6 93 16 26, AX DC ED VA
186 Zi, Ez: 121-161, Dz: 151-212, S; ⊿ WC
☎, 45🍴; Lift 🍽 5↔130 Solarium 🚲
* Hauptgericht 25; 🅿 Terrasse

Peißen
*** Treff Hansa Hotel Halle
Hansaplatz 1, ✉ 06188, ☎ (03 45) 5 64 70,
Fax 5 64 75 50, AX DC ED VA
301 Zi, Ez: 105-150, Dz: 140-198, S; ⊿ WC
☎, 123🍴; Lift 16↔450 Fitneßraum Sauna
Solarium

** Alba Hotel
An der Mühle 180, ✉ 06188, ☎ (03 45)
5 75 00, Fax 5 75 01 00, AX ED VA
168 Zi, Ez: 110-155, Dz: 140-195, S; ⊿ WC ☎,
80🍴; Lift 🅿 6↔300 Fitneßraum Solarium 🍽

Trotha (3 km ↑)
* Pension Am Krähenberg
Am Krähenberg 1, ✉ 06118, ☎ (03 45)
5 22 55 06, Fax 5 22 55 59, AX ED VA
16 Zi, Ez: 90-118, Dz: 120-158, ⊿ WC ☎; 🅿;
garni 🚲

Hallstadt 57 ↖

Bayern — Kreis Bamberg — 239 m —
8 500 Ew — Bamberg 5 km
ℹ ☎ (09 51) 75 00, Fax 7 50 39 — Stadtverwaltung, Marktplatz 2, 96103 Hallstadt;
Stadt am oberen Main

** Holiday Inn Garden Court
Lichtenfelser Str 35, ✉ 96103, ☎ (09 51)
9 72 70, Fax 97 27 90, AX DC ED VA
57 Zi, Ez: 135-165, Dz: 135-185, S; 4 App, ⊿
WC ☎, 23🍴; 🅿 🍽 2↔30 Sauna 🍽

* Frankenland
Bamberger Str 76, ✉ 96103, ☎ (09 51)
7 12 22, Fax 7 36 85, AX ED VA
38 Zi, Ez: 74-78, Dz: 108-115, 1 Suite, ⊿ WC
☎, 5🍴; Lift 🅿 🍽 2↔60 🍽 🚲

Haltern 33 ↑

Nordrhein-Westfalen — Kreis Recklinghausen — 40 m — 36 200 Ew — Dülmen 12,
Recklinghausen 13, Lüdinghausen 21 km
ℹ ☎ (0 23 64) 93 33 66, Fax 93 33 64 —
Stadtagentur, Altes Rathaus, Markt 1,
45721 Haltern; Stadt an der Lippe. Sehenswert: Kath. Pfarrkirche mit Schnitzaltar;
Römermuseum; Annaberg; Halterner und
Hullerner Stausee

Sythen (4 km ↗)
* Sythener Flora
Am Wehr 71 VA, ✉ 45721, ☎ (0 23 64) 96 22-0,
Fax 96 22-96, AX DC ED VA
Hauptgericht 30; 🅿 Terrasse; geschl: Do,
7.6.-3.7.
* Pfeiffer
11 Zi, Ez: 75-80, Dz: 130-140, ⊿ WC ☎; Lift 🍽
geschl: 7.6.-3.7.

Hamberge 19 ↖

Schleswig-Holstein — Kreis Stormarn —
16 m — Reinfeld 5, Lübeck 10,
Bad Oldesloe 14 km
ℹ ☎ (0 45 33) 2 00 90, Fax 20 09 75 — Amt
Nordstormarn, Am Schiefen Kamp 10,
23858 Reinfeld

* Oymanns Hotel
🚲 Stormarnstr 12, an der B 75, ✉ 23619,
☎ (04 51) 89 13 51, Fax 89 29 75, AX DC ED VA
19 Zi, Ez: 69-80, Dz: 110, ⊿ WC ☎; 🅿 🍽

Hamburg

Hamburg — 1 680 000 Ew — Lübeck 65, Kiel 93, Bremen 120 km

🛈 ☎ (0 40) 30 05 13 00, Fax 30 05 13 33 — Tourismus-Zentrale Hamburg, Steinstr 7 (E 5), 20095 Hamburg; Tourist-Information im Hauptbahnhof (E4), ☎ (0 40) 30 05 12 30; Flughafen Fuhlsbüttel ☎ (0 40) 30 05 12 40. Freie und Hansestadt, heute Bundesland an der Elbe - wichtigster Seehandelsplatz und zweitgrößte Industriestadt der Bundesrepublik; Universität, Technische Universität, Hochschule für Wirtschaft und Politik, Hochschule für bildende Künste, Musik und Theater: Staatsoper; Schauspielhaus; Thalia-Theater; Neue Flora, Operettenhaus; Ohnsorg-Theater; Schmidt-Theater; Spielbank.

Sehenswert: St.-Michaelis-Kirche: „Michel", bedeutendster Barockbau Norddeutschlands und Wahrzeichen der Stadt, Lift zur Aussichtsplattform im Turm ⋅≤; St.-Jacobi-Kirche: Arp-Schnitger-Orgel; St.-Petri-Kirche; St.-Katharinen-Kirche; Turm der Nikolaikirche - Hafen; Köhlbrandbrücke ⋅≤; Elbtunnel; Binnenalster: Jungfernstieg, Lombardsbrücke ⋅≤; Außenalster; Fleete; Kanäle; Rathaus; Börse; Krameramtswohnungen; Fassade des Görtz-Palais; Chilehaus - Kunsthalle: Gemälde, Deichtorhallen-Ausstellungen; Museum für Kunst und Gewerbe; Museum für Hamburgische Geschichte; Museum für Völkerkunde; Altonaer Museum: Volkskunde u.a.; Hamburger Museum für Archäologie und Geschichte; Museumsdorf Volksdorf; Planetarium; Automuseum Hillers; „electrum" - Museum für Elektrizität; Johannes-Brahms-Gedenkräume; St. Pauli: Reeperbahn, Fischmarkt (Sonntag früh), Erotic-Art-Museum, Bismarck-Denkmal; Hagenbecks Tierpark; Botanischer Garten; Park „Planten un Blomen"; Alsterpark an der Außenalster; Stadtpark - Jenischpark; Ernst-Barlach-Haus; Hirschpark - Blankenese (14 km ←): Süllberg ⋅≤ und Bismarckstein ⋅≤; Wedel (25 km ←): Schulauer Fährhaus ⋅≤ Schiffsbegrüßungsanlage „Willkomm-Höft"; Curslack (27 km ↘): Vierländer Freilichtmuseum Rieckhaus; bei Harburg (15 km ↓): Freilichtmuseum am Kiekeberg; Im Alten Land (40 km ←): Baumblüte; Seefahrten nach Helgoland

Messen:
Internorga 12.-17.3.99
Hanseboot 23.-31.10.99

Citypläne siehe Seiten 448 und 449

Ein im Betriebseintrag dargestelltes S zeigt an, daß Sie hier bei einer Buchung über den Varta Travel-Service zu Sonderkonditionen übernachten können.

***** Vier Jahreszeiten ♛
♂ ⋅≤ ⓥ Neuer Jungfernstieg 9 (D 3), ✉ 20354, ☎ (0 40) 3 49 40, Fax 3 49 46 02, AX DC ED VA
158 Zi, Ez: 375-495, Dz: 475-595, S; 11 Suiten, ⌐ WC ☎, 4📺; Lift 🅿 5⇔150 🍴
Auch Zimmer anderer Kategorien vorhanden

**** Haerlin   🐾 🍴
⋅≤ Hauptgericht 60

*** Jahreszeiten Grill
Hauptgericht 35;
Historische Ausstellung im Art-Deko-Stil

***** Kempinski Hotel Atlantic Hamburg
♂ ⋅≤ ⓥ An der Alster 72 (E 3), ✉ 20099, ☎ (0 40) 2 88 80, Fax 24 71 29, AX DC ED VA
241 Zi, Ez: 375-445, Dz: 425-495, S; 13 Suiten, 1 App, ⌐ WC, 15📺; Lift 🅿 12⇔800 🅟 Fitneßraum Sauna Solarium
Auch Zimmer anderer Kategorien vorhanden

*** Atlantic-Restaurant
Hauptgericht 49

** Atlantic-Mühle
Hauptgericht 35; 🅿; geschl: So

**** Park Hyatt Hamburg
♂ Bugenhagenstr 8-10, ✉ 20095, ☎ (0 40) 33 32 12 34, Fax 33 32 12 35, AX DC ED VA
254 Zi, Ez: 355-435, Dz: 395-475, S; 34 Suiten, 31 App, ⌐ WC ☎ DFÜ, 108📺; Lift 9⇔250 🅟 Fitneßraum Sauna Solarium 🍴
Langzeitvermietung möglich

** Apples
Hauptgericht 30

**** Steigenberger
Heiligengeistbrücke 4 (C 5), ✉ 20459, ☎ (0 40) 36 80 60, Fax 36 80 67 77, AX DC ED VA
222 Zi, Ez: 324-384, Dz: 403-463, S; 12 Suiten, ⌐ WC ☎, 130📺; Lift 🅿 10⇔265 🍴

*** Calla   🍴
Hauptgericht 40; 🅿; nur abends; geschl: in den Sommerferien
Euro-asiatische Küche, hervorragende Desserts

Bistro am Fleet
Hauptgericht 26; 🅿 Terrasse

**** Elysee   ♛
♂ Rothenbaumchaussee 10 (C 2), ✉ 20148, ☎ (0 40) 41 41 20, Fax 41 41 27 33, AX DC ED VA
305 Zi, Ez: 277-357, Dz: 339-419, S; 6 Suiten, ⌐ WC ☎, 45📺; Lift 🅿 10⇔450 🅟 Fitneßraum Sauna Solarium 🍴

** Piazza Romana
Hauptgericht 35

* Brasserie
Hauptgericht 30

Hamburg

**** Marriott
ABC-Str 52 (C 4), ⌧ 20354, ☎ (0 40)
3 50 50, Fax 35 05 17 77, AX DC ED VA
277 Zi, Ez: 295-370, Dz: 295-370, S; 5 Suiten,
WC ☎, 150; Lift 7⇔280 Fitneß-
raum Sauna Solarium

**** Inter-Continental
Fontenay 10 (D 1), ⌧ 20354, ☎ (0 40)
41 41 50, Fax 41 41 51 86, AX DC ED VA
286 Zi, Ez: 285-385, Dz: 285-385, 18 Suiten,
1 App, WC ☎, 90; Lift P 10⇔500
Sauna Solarium
Zimmer der Kategorie ******* vorhanden
*** Dachgarten-Restaurant Fontenay-Grill
Hauptgericht 45
** Orangerie
Hauptgericht 32; Terrasse

*** Holiday Inn Crowne Plaza
Graumannsweg 10, ⌧ 22087, ☎ (0 40)
22 80 60, Fax 2 20 87 04, AX DC ED VA
278 Zi, Ez: 260-400, Dz: 290-400, S; 7 Suiten,
WC ☎ DFÜ, 169; Lift P 9⇔200
Sauna Solarium
Auch Zimmer der Kategorie ****** vorhanden
*** Lord Nelson
Hauptgericht 40

*** Radisson SAS Hamburg
Marseiller Str 2 (C 2), ⌧ 20355, ☎ (0 40)
3 50 20, Fax 35 02 35 30, AX DC ED VA
560 Zi, Ez: 285-330, Dz: 335-380, S;
26 Suiten, WC ☎, 125; Lift 11⇔650
Fitneßraum Sauna Solarium

*** Madison City Line & Country Line Hotels
Schaarsteinweg 4 (B 5), ⌧ 20459,
☎ (0 40) 37 66 60, Fax 37 66 61 37, AX ED VA
146 Zi, Ez: 225-330, Dz: 309-499, 19 Suiten,
146 App, WC ☎, 42; Lift 3⇔70
Fitneßraum Sauna Solarium
Langzeitvermietung möglich

*** Europäischer Hof
Kirchenallee 45 (E 4), ⌧ 20099, ☎ (0 40)
24 82 48, Fax 24 82 47 99, AX DC ED VA
320 Zi, Ez: 190-350, Dz: 250-430, S; WC
☎, 120; Lift 5⇔200 Fitneßraum
Sauna Solarium
Freizeit- und Badespaß auf 7 Etagen
(2.100 qm) in der Euro Therme mit einer
150 m Wasserrutsche. Auch Zimmer der
Kategorie ****** vorhanden

*** Residenz Hafen Hamburg
Seewartenstr 9 (A 5), ⌧ 20459, ☎ (0 40)
31 11 90, Fax 31 45 05, AX DC ED VA
125 Zi, Ez: 220-250, Dz: 270-300, WC ☎,
25; Lift P 4⇔160 Sauna ➔

HAMBURG IST BUCHBAR!

Möchten Sie Ihren Aufenthalt in Ruhe
und ganz unkompliziert planen
und buchen – oder suchen Sie noch
kurzfristig ein Hotelzimmer in Hamburg?
Die Hamburg-Profis der
Tourismus-Zentrale Hamburg
bieten Ihnen

Täglich von 8-20 Uhr
HAMBURG 040/300 51 300 HOTLINE

den Hamburg-Rundum-Service:

Hotels
Über 170 Hotels, von der gemütlichen
Pension bis zum Luxus-Hotel, in
allen Preislagen, mit aktuellen Son-
derraten und Wochenendangeboten

Tickets
Eintrittskarten für Musicals, Theater,
Oper, Kabarett, Konzerte, Ausstellungen
Sportveranstaltungen, Rundfahrten,
Hamburg-CARD

Pauschalprogramm "Happy Hamburg Reisen"
Das umfangreichste
Pauschalangebot für Hamburg

Oder buchen Sie
direkt in Ihrem
Reisebüro
über START

Buchbar in Ihrem Reisebüro über start

 Tourismus-Zentrale Hamburg GmbH
Fax: 040/300 51-333

Hamburg

Hamburg

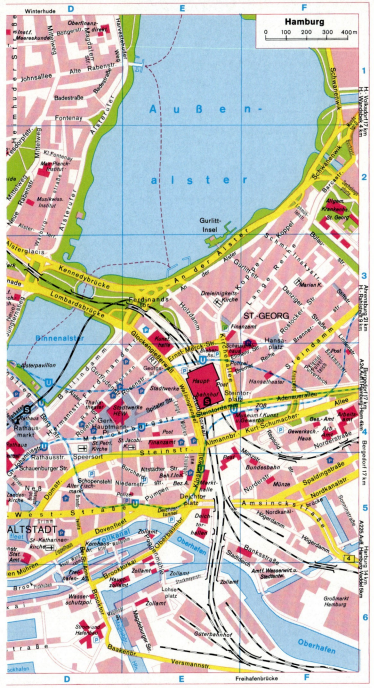

Hamburg

** Prem 👑
An der Alster 9 (F 2), ✉ 20099, ☎ (0 40) 24 17 26, Fax 2 80 38 51, AX DC ED VA
53 Zi, Ez: 220-370, Dz: 279-454, 3 Suiten, ⊟ WC ☎; Lift 1↔30 Sauna
Auch Zimmer der Kategorie *** vorhanden

*** La Mer
Hauptgericht 56; 🅿 Terrasse; geschl: Sa + So mittags

** Bellevue
Travel Charme Hotel
◂ An der Alster 14 (F2), ☎ (0 40) 28 44 40, Fax 28 44 42 22, AX DC ED VA
92 Zi, Ez: 190-220, Dz: 290-330, S; 1 Suite, ⊟ WC ☎, 23⊠; Lift 🅿 🍴 3↔60 ¶⊙¶ 🛥

** Continental
Kirchenallee 37 (E 4), ✉ 20099, ☎ (0 40) 2 84 43-0, Fax 2 80 31 74, AX DC ED VA
35 Zi, Ez: 195-250, Dz: 250-300, 4 Suiten, ⊟ WC ☎, 6⊠; Lift 🍴; garni
Auch Zimmer der Kategorie *** vorhanden

** Best Western
St. Raphael
Adenauerallee 41 (F 4), ✉ 20097, ☎ (0 40) 24 82 00, Fax 24 82 03 33, AX DC ED VA
130 Zi, Ez: 198-258, Dz: 248-308, S; 2 Suiten, ⊟ WC ☎, 20⊠; Lift 🅿 3↔70 Fitneßraum Sauna Solarium ¶⊙¶
Auch Zimmer der Kategorie * vorhanden

** Hafen Hamburg
◂ Seewartenstr 9 (A 5), ✉ 20459, ☎ (0 40) 31 11 30, Fax 3 11 13-7 55, AX DC ED VA
240 Zi, Ez: 182-197, Dz: 204-229, 8 App, ⊟ WC ☎; Lift 🅿 🍴 7↔100 ¶⊙¶
Auch Zimmer der Kategorie * vorhanden

** Senator
Lange Reihe 18 (F 3), ✉ 20099, ☎ (0 40) 24 12 03, Fax 2 80 37 17, AX DC ED VA
56 Zi, Ez: 185-210, Dz: 260-285, S; ⊟ WC ☎, 28⊠; Lift 🍴 4↔80
Restaurant für Hausgäste; Auch Zimmer der Kategorie * vorhanden

* Baseler Hof
Verband Christlicher Hotels
Esplanade 11 (C 3), ✉ 20354, ☎ (0 40) 35 90 60, Fax 35 90 69 18, AX DC ED VA
153 Zi, Ez: 150-205, Dz: 200-225, 2 Suiten, ⊟ WC ☎, 24⊠; Lift 🍴 6↔60
Auch Zimmer der Kategorie ** vorhanden

Kleinhuis Weinbistro
Hauptgericht 28; geschl: in den Sommerferien

* Novotel Hamburg City Süd
Amsinckstr 53 (F 5), ✉ 20097, ☎ (0 40) 23 63 80, Fax 23 42 30, AX DC ED VA
173 Zi, Ez: 124-284, Dz: 158-326, S; 12 Suiten, ⊟ WC ☎, 74⊠; Lift 🅿 🍴 6↔80 Sauna Solarium
Restaurant für Hausgäste

* Am Holstenwall
Holstenwall 19 (B4), ✉ 20355, ☎ (0 40) 31 80 80, Fax 31 80 82 22, AX DC ED VA
50 Zi, Ez: 140-240, Dz: 198-355, S; ⊟ WC ☎ DFÜ; Lift 🍴 Kegeln
Zimmer der Kategorie ** vorhanden

** Wildgänse
Hauptgericht 30

* Wedina
Gurlittstr 23 (F 3), ✉ 20099, ☎ (0 40) 24 30 11, Fax 2 80 38 94, AX DC ED VA
38 Zi, Ez: 145-180, Dz: 170-260, S; 5 App, ⊟ WC☎; 🅿; garni 🛥
Auch Zimmer der Kategorie ** vorhanden

* Aussen Alster
🔹 Schmilinskystr 11 (F 3), ✉ 20099, ☎ (0 40) 24 15 57, Fax 2 80 32 31, AX DC ED VA
27 Zi, Ez: 175-195, Dz: 270-295, ⊟ WC ☎; Lift 🍴 Sauna Solarium ¶⊙¶
geschl: 21.-27.12.

* Fürst Bismarck
City Partner Hotels
Kirchenallee 49 (E4), ✉ 20099, ☎ (0 40) 2 80 10 91, Fax 2 80 10 96, AX DC ED VA
100 Zi, Ez: 120-170, Dz: 170-198, ⊟ WC ☎, 6⊠; Lift; garni

*** Wollenberg
Alsteruferer 35 (D 2), ✉ 20354, ☎ (0 40) 4 50 18 50, Fax 45 01 85 11
Hauptgericht 40; geschl: Sa mittags

*** Cölln's Austernstuben
Brodschrangen 1 (D 5), ✉ 20457, ☎ (0 40) 32 60 59, Fax 32 60 59, AX DC ED
Hauptgericht 60; geschl: Sa mittags, So

** Il Ristorante
Große Bleichen 16 (C 4), ✉ 20354, ☎ (0 40) 34 33 35, Fax 34 57 48, AX DC ED VA
Hauptgericht 40

** Zippelhaus
Zippelhaus 3, ✉ 20457, ☎ (0 40) 30 38 02 80, Fax 32 17 17, AX ED VA

** Ratsweinkeller
🍷 Große Johannisstr 2 (D 4), ✉ 20457, ☎ (0 40) 36 41 53, Fax 37 22 01, AX DC ED VA
Hauptgericht 28

** Anna
Bleichenbrücke 2 (C 4), ✉ 20354, ☎ (0 40) 36 70 14, Fax 37 50 07 36, AX DC ED VA
Hauptgericht 57; geschl: So, feiertags

* Bistro Rive
◂ Van der Smissen Str 1 (A 6), ✉ 22767, ☎ (0 40) 3 80 59 19, Fax 3 89 47 75, AX
Hauptgericht 32

Hamburg

✱ Fischküche
Kajen 12 (C 5), ✉ 20459, ☎ (0 40) 36 56 31,
AX DC ED VA
Hauptgericht 34

✱ Jena Paradies
⊗ Klosterwall 23 (E 5), ✉ 20095, ☎ (0 40)
32 70 08, Fax 32 75 98
Hauptgericht 24

✱ Dominique
Karl-Muck-Platz 11 (B 3), ✉ 20355, ☎ (0 40)
34 45 11, Fax 34 45 11
Hauptgericht 42; geschl: Sa mittags, So

Le Plat du Jour
Dornbuschstr 4, ✉ 20095, ☎ (0 40) 32 14 14,
Fax 4 10 58 57, AX DC ED VA
Hauptgericht 30

Zur Schlachterbörse
⊗ Kampstr 42 (A 2), ✉ 20357, ☎ (0 40)
43 65 43, Fax 4 39 96 56, AX ED
Hauptgericht 35
Traditionelle Gaststätte am Schlachthof

Condi im Hotel Vier Jahreszeiten
Neuer Jungfernstieg 9-14 (D 3), ✉ 20354,
☎ (0 40) 3 49 46 42, Fax 3 49 46 02,
AX DC ED VA
Hauptgericht 25; geschl: So

Andersen
Jungfernstieg 26 (C 4), ✉ 20354, ☎ (0 40)
68 40 42, Fax 68 03 94, AX ED
Terrasse

Allermöhe (13 km ↘; BAB 25, Abfahrt HH-Nettelnburg)

✱ Am Deich
♂ Allermöher Werftstegel 3, ✉ 21037,
☎ (0 40) 72 37 37-0, Fax 7 23 24 24
13 Zi, Ez: 99, Dz: 145, ⊣ WC ☎; ▯ 1↔16 ╏◎╏

Alsterdorf (6 km ↑)

✱✱ Best Western Alsterkrug
Alsterkrugchaussee 277, ✉ 22297, ☎ (0 40)
51 30 30, Fax 51 30 34 03, AX DC ED VA
105 Zi, Ez: 215-255, Dz: 257-297, S; 1 App, ⊣
WC ☎ DFÜ, 51✉; Lift ▯ 🚗 6↔50 Fitneßraum Kegeln Sauna Solarium ╏◎╏

Altona (4 km ←)

✱✱ Best Western Raphael Hotel Altona
Präsident-Krahn-Str 13, ✉ 22765, ☎ (0 40)
38 02 40, Fax 38 02 44 44, AX DC ED VA
39 Zi, Ez: 150-190, Dz: 180-220, S; ⊣ WC ☎;
Lift ▯ Sauna Solarium ╏◎╏
geschl: 23.12.-2.1.
Zimmer der Kategorie ✱ vorhanden

✱ Cabo
Holstenstr 119, ✉ 22767, ☎ (0 40)
4 30 60 35, Fax 4 30 59 88, AX DC ED VA
13 Zi, Ez: 150, Dz: 190, ⊣ WC ☎, 7✉; Lift 🚗;
garni ⚓

✱ InterCityHotel Hamburg
Paul-Nevermann-Platz 17, ✉ 22765,
☎ (0 40) 38 03 40, Fax 38 03 49 99,
AX DC ED VA
133 Zi, Ez: 190-220, Dz: 240-270, S; ⊣ WC
☎, 54✉; Lift 5↔100 ╏◎╏

✱✱✱ Fischereihafen-Restaurant
⊰ Große Elbstr 143, ✉ 22767, ☎ (0 40)
38 18 16, Fax 3 89 30 21, AX DC ED VA
Hauptgericht 45

✱✱ Landhaus Dill ✤
Elbchaussee 94, ✉ 22763, ☎ (0 40)
3 90 50 77, Fax 3 90 09 75, AX DC ED VA
Hauptgericht 43; ▯ Terrasse; geschl: Mo

✱ Das Weisse Haus
Neumühlen 50, ✉ 22763, ☎ (0 40)
3 90 90 16, Fax 3 90 87 99
Hauptgericht 30

Bahrenfeld (4 km ↘)

✱ Novotel Hamburg West
Albert-Einstein-Ring 2, ✉ 22761, ☎ (0 40)
89 95 20, Fax 89 95 23 33, AX DC ED VA
127 Zi, Ez: 124-194, Dz: 158-233, S;
10 Suiten, ⊣ WC ☎, 65✉; Lift ▯ 🚗 6↔100
⊜ Sauna Solarium ╏◎╏

✱✱ Tafelhaus ♛
Holstenkamp 71, ✉ 22525, ☎ (0 40)
89 27 60, Fax 8 99 33 24
Hauptgericht 40; Terrasse; geschl: Sa mittags, So, Mo, Anfang-Mitte Jan, 2 Wochen
in den Sommerferien

Barmbek-Nord (City-Nord - 6 km ↗)

✱✱ Queens Hotel Hamburg
Mexikoring 1, ✉ 22297, ☎ (0 40) 63 29 40,
Fax 6 32 24 72, AX DC ED VA
180 Zi, Ez: 156-286, Dz: 220-356, S; 1 Suite,
⊣ WC ☎, 72✉; Lift ▯ 🚗 7↔200 Fitneß-
raum Sauna Solarium

✱✱ Windsor
Hauptgericht 32; Biergarten Terrasse;
geschl: So abends

Bergedorf (16 km ↘)

✱✱ Treff Hotel
Holzhude 2, ✉ 21029, ☎ (0 40) 72 59 50,
Fax 72 59 51 87, AX DC ED VA
205 Zi, Ez: 185-205, Dz: 235-255, S; 3 App, ⊣
WC ☎ DFÜ, 54✉; Lift 16↔1000 Fitneß-
raum Sauna Solarium ╏◎╏
Auch Zimmer der Kategorie ✱✱✱ vor-
handen

✱ Alt-Lohbrügger Hof
Leuschnerstr 76, ✉ 21031, ☎ (0 40)
7 39 60 00, Fax 7 39 00 10, AX DC ED VA
66 Zi, Ez: 120-159, Dz: 160-199, 1 Suite, ⊣
WC ☎, 2✉; ▯ 8↔300 Kegeln
✱ Hauptgericht 30; Terrasse

✱ Forsthaus Bergedorf
Reinbeker Weg 77, ✉ 21029, ☎ (0 40)
7 25 88 90, Fax 72 58 89 25, ED VA
17 Zi, Ez: 145-170, Dz: 195-220, ⊣ WC ☎
DFÜ, 3✉; ▯ 1↔20 18Golf ╏◎╏ →

Hamburg

* Sachsentor
Bergedorfer Schloßstr 10, ✉ 21029,
☎ (0 40) 7 24 30 11, Fax 7 24 30 14,
AX DC ED VA
35 Zi, Ez: 120-140, Dz: 150-190, ⌐ WC ☎,
10✉; Lift; **garni**

** Laxy's Restaurant
Bergedorfer Str 138, ✉ 21029, ☎ (0 40)
7 24 76 40, AX ED VA
Hauptgericht 40; Terrasse; nur abends;
geschl: So

Billbrook (10 km ↘)
***** Böttcherhof
          Top International Hotels**
♂ Wöhlerstr 2, ✉ 22113, ☎ (0 40) 73 18 70,
Fax 73 18 78 99, AX ED VA
138 Zi, Ez: 212-344, Dz: 274-334, S; 6 Suiten,
8 App, ⌐ WC ☎, 69✉; Lift ⌂ 13⇔270 Fit-
neßraum Sauna Solarium
**   Hauptgericht 29; P

Billstedt
** Panorama
Billstedter Hauptstr 44, ✉ 22111, ☎ (0 40)
73 35 90, Fax 73 35 99 50, AX DC ED VA
104 Zi, Ez: 160-190, Dz: 190-210, 7 Suiten, ⌐
WC ☎ DFÜ, 18✉; Lift P ⌂ 7⇔200 ≙; **garni**

Blankenese (14 km ←) - **Achtung:** Die
Zufahrt zu den Häusern im Strandweg und
zum Blankeneser Landungssteg ist von
Ostern bis Sep So und Sa von 10-20 Uhr
gesperrt

* Blankenese mit Gästehäusern
Schenefelder Landstr 164, ✉ 22589,
☎ (0 40) 87 47 42, Fax 8 70 32 33, AX DC ED VA
63 Zi, Ez: 80-130, Dz: 120-160, 1 Suite,
2 App, ⌐ WC ☎, 10✉; P ⌂; **garni**

* Flic-Flac Bistro
Blankeneser Landstr 27, ✉ 22587, ☎ (0 40)
86 53 45, Fax 8 66 36 77, ED
Hauptgericht 35

Borgfelde (3 km →)
**** Berlin
        Top International Hotel**
Borgfelder Str 1, ✉ 20537, ☎ (0 40)
25 16 40, Fax 25 16 44 13, AX DC ED VA
93 Zi, Ez: 180-205, Dz: 210-235, S; ⌐ WC ☎;
Lift P ⌂ 3⇔30 ⦿
Auch Zimmer der Kategorie ***** vorhanden

Duvenstedt (20 km ↗)
* Zur Kastanie
♂ Specksaalredder 14, ✉ 22397, ☎ (0 40)
6 07 08 73, Fax 6 07 18 89, ED
24 Zi, Ez: 85-95, Dz: 125-145, ⌐ WC ☎; ⌂
⦿

** Le Relais de France
Poppenbütteler Chaussee 3, ✉ 22397,
☎ (0 40) 6 07 07 50, Fax 6 07 26 73
Hauptgericht 35; P Terrasse; nur abends;
geschl: 2 Wochen im Feb, 2 Wochen im Sep
Bistro auch mittags geöffnet

Eimsbüttel (4 km ↘)
**** Norge
        Golden Tulip**
Schäferkampsallee 49, ✉ 20357, ☎ (0 40)
44 11 50, Fax 44 11 55 77, AX DC ED VA
130 Zi, Ez: 170-274, Dz: 229-294, S; 2 Suiten,
⌐ WC ☎, 19✉; Lift P 7⇔180 ≙ Sauna ⦿
⦿
Auch Zimmer der Kategorie ***** vorhanden

Eppendorf (4 km ↑)
** Sellmer
Ludolfstr 50, ✉ 20249, ☎ (0 40) 47 30 57,
Fax 4 60 15 69, AX DC ED VA
Hauptgericht 35;
Vorwiegend Fischgerichte

** Il Gabbiano
Eppendorfer Landstr 145, ✉ 20251,
☎ (0 40) 4 80 21 59, Fax 4 80 79 21, AX DC VA
Hauptgericht 36; geschl: So

Fuhlsbüttel/Flughafen (10 km ↑)
*** Airport Hotel Hamburg
Flughafenstr 47, ✉ 22415, ☎ (0 40) 53 10 20,
Fax 53 10 22 22, AX DC ED VA
145 Zi, Ez: 240-295, Dz: 285-330, S;
14 Suiten, ⌐ WC ☎, 30✉; Lift P ⌂ 12⇔280
≙ Sauna Solarium ⦿
*** Concorde
Hauptgericht 33; Biergarten

** Top Air
Airport Hamburg - Terminal 4, ✉ 22335,
☎ (0 40) 50 75 33 24, Fax 15 75 18 42,
AX DC ED VA
Hauptgericht 40; geschl: Sa

Groß-Borstel
** Entrée
Borsteler Chaussee 168, ✉ 22453, ☎ (0 40)
5 57 78 80, Fax 55 77 88 10, AX ED VA
20 Zi, Ez: 151-179, Dz: 188-216, ⌐ WC ☎,
7✉; Lift ⌂; **garni**

Groß-Flottbek (8 km ←)
** Landhaus Flottbek
Baron-Voght-Str 179, ✉ 22607, ☎ (0 40)
8 22 74 10, Fax 82 27 41 51, AX DC ED VA
24 Zi, Ez: 175, Dz: 235-295, 1 Suite, ⌐ WC
☎; P 3⇔20 ⦿
**   Hauptgericht 45; geschl: So ✣

Harburg (15 km ↓)
*** Lindtner   ♛
♂ Heimfelder Str 123, ✉ 21075, ☎ (0 40)
79 00 90, Fax 79 00 94 82, AX DC ED VA
105 Zi, Ez: 175-285, Dz: 235-395, S;
10 Suiten, ⌐ WC ☎ DFÜ, 30✉; Lift P
15⇔750
** Lilium   ✣
Hauptgericht 32; Gartenlokal
* Diele
Hauptgericht 40; Gartenlokal

** **Panorama**
Harburger Ring 8, ✉ 21073, ☎ (0 40)
76 69 50, Fax 76 69 51 83, AX DC ED VA
87 Zi, Ez: 110-180, Dz: 150-210, 3 Suiten,
8 App., WC ☎, 28, Lift 6 150
Auch Zimmer der Kategorie *** vorhanden
* Hauptgericht 35; Terrasse;
geschl: So abends

** **Marinas**
Schellerdamm 26, ✉ 21079, ☎ (0 40)
7 65 38 28, Fax 7 65 14 91, AX DC ED VA
Hauptgericht 40; geschl: Sa mittags, So

Harvestehude (3 km ↑)
** **Abtei**
Relais & Châteaux
Abteistr 14, ✉ 20149, ☎ (0 40) 44 29 05,
Fax 44 98 20, AX DC ED VA
11 Zi, Ez: 260-350, Dz: 350-450, 1 Suite,
WC; 18Golf
Elegante Stadtvilla mit Antiquitäten
*** Hauptgericht 56; nur abends;
geschl: Ende Dez-Anfang Jan

* **Mittelweg**
Mittelweg 59 (D 1), ✉ 20149, ☎ (0 40)
4 14 10 10, Fax 41 41 01 20
30 Zi, Ez: 130-165, Dz: 180-250, 2 App.,
WC ☎; P ; garni

Kirchwerder
** **Zollenspieker Fährhaus**
Zollenspieker Hauptdeich 143, ✉ 21037,
☎ (0 40) 7 93 13 30, Fax 79 31 33 88
Hauptgericht 30; Biergarten P Terrasse;
nur abends; geschl: Mo, Di
** 9 Zi, Ez: 165-195, Dz: 225-255,
WC ☎

Langenhorn (12 km ↑)
** **Dorint Hamburg-Airport**
Langenhorner Chaussee 183, ✉ 22415,
☎ (0 40) 53 20 90, Fax 53 20 96 00,
AX DC ED VA
144 Zi, Ez: 225-300, Dz: 275-340, S; 2 Suiten,
WC ☎, 31; Lift 8 130 Sauna
Solarium

* **Kock's**
Langenhorner Chaussee 79, ✉ 22415,
☎ (0 40) 5 32 88 10, Fax 53 28 81 11, AX ED VA
29 Zi, Ez: 133-139, Dz: 177-188, WC ☎,
14; P ; garni

* **Schümann**
Langenhorner Chaussee 157, ✉ 22415,
☎ (0 40) 5 31 00 20, Fax 53 10 02 10,
AX ED VA
45 Zi, Ez: 138-178, Dz: 165-215, WC ☎,
6; P ; garni

** **Zum Wattkorn**
Tangstedter Landstr 230, ✉ 22417,
☎ (0 40) 5 20 37 97, Fax 5 20 90 44
Hauptgericht 42; Gartenlokal P; geschl:
Mo →

HAMBURG IST MEHR ALS EINE REISE WERT!

Hamburg ist immer ein Erlebnis. Und wer auf seiner Reise auch noch die REISEN '98 oder '99 besuchen kann, der kommt voll auf seine Kosten.

Internationale Ausstellung
TOURISMUS • CARAVAN • AUTOVISION
7.–15. Februar 1998
tägl. 10–18 Uhr

PARTNERLAND '98

Die schönste Seite des Mittelmeers

REISEN '99: 13.2.–21.2.99

Hamburg Messe

Hamburg Messe und Congress GmbH · St. Petersburger Str. 1
20355 Hamburg · Tel. (0 40) 35 69-0

Hamburg

Lemsahl-Mellingstedt (17 km ↗)
*** Marriott Hotel Treudelberg
Lemsahler Landstr 45, ✉ 22397, ☎ (0 40)
60 82 20, Fax 60 82 24 44, AX DC ED VA
133 Zi, Ez: 215-275, Dz: 215-275, S; 2 Suiten,
⌐ WC ☏ DFÜ, 27✉; Lift ℗ 14↔260 ≘ Fitneßraum Sauna Solarium 18Golf ¶◎! ☛
Auch Zimmer der Kategorie ******** vorhanden

Lokstedt (6 km ↑)
** Engel
Niendorfer Str 59, ✉ 22529, ☎ (0 40)
5 54 26-0, Fax 5 54 26-5 00, AX ED VA
95 Zi, Ez: 185, Dz: 233, 4 Suiten, ⌐ WC ☏;
Lift ℗ 📠 4↔45 Fitneßraum Sauna Solarium
¶◎!
Zimmer der Kategorie ***** vorhanden

Neugraben (14 km ↙)
** Scheideholzer Hof
Bauernweide 11, ✉ 21149, ☎ (0 40)
70 20 40, Fax 7 01 23 68, AX ED VA
29 Zi, Ez: 115-130, Dz: 150-190, ⌐ WC ☏
DFÜ, 20✉; Lift ℗ 📠; garni
geschl: 20.12.-3.1.

Niendorf
** Lutz & König ✿
König-Heinrich-Weg 200, ✉ 22455,
☎ (0 40) 55 59 95 53, Fax 55 59 95 54,
AX DC ED VA
Hauptgericht 35; Gartenlokal ℗; nur
abends

Nienstedten (10 km ←)
**** Louis C. Jacob 👑
♂ ⦿ ⊗ Elbchaussee 401-403, ✉ 22609,
☎ (0 40) 8 22 55-0, Fax 8 22 55-4 44,
AX DC ED VA
75 Zi, Ez: 319-619, Dz: 408-708, S; 11 Suiten,
⌐ WC ☏ DFÜ, 6✉; Lift 📠 6↔140 Sauna
Solarium 18Golf ☛
**** Jacobs Restaurant 🍴 🎩🎩
⦿ Hauptgericht 50; Biergarten ℗
* Weinlokal Kleines Jacob
Hauptgericht 29; Biergarten; nur abends;
geschl: so + feiertags

** Marktplatz
⊗ Nienstedtener Marktplatz 21, ✉ 22609,
☎ (0 40) 82 98 48, Fax 82 84 43
Hauptgericht 29; Gartenlokal ℗; geschl: So
mittags

Ottensen (5 km ←)
**** Landhaus Scherrer 🍴 🎩🎩
Relais & Châteaux
Elbchaussee 130, ✉ 22763, ☎ (0 40)
8 80 13 25, Fax 8 80 62 60, AX DC ED VA
Hauptgericht 55; ℗; geschl: So
** Bistro
Hauptgericht 40; nur mittags

*** Le Canard 🎩
⦿ Elbchaussee 11, ✉ 22763, ☎ (0 40)
8 80 50 57, Fax 31 77 74 30, AX DC ED VA
Hauptgericht 58; ℗ Terrasse; geschl: So,
Anfang-Mitte Jan

Poppenbüttel (13 km ↗)
** Poppenbütteler Hof
Poppenbütteler Weg 236, ✉ 22339,
☎ (0 40) 60 87 80, Fax 60 87 81 78,
AX DC ED VA
31 Zi, Ez: 155-195, Dz: 195-265, 1 Suite, ⌐
WC ☏, 4✉; Lift ℗ 3↔80 ¶◎! ☛

* Rosengarten
Poppenbütteler Landstr 10 b, ✉ 22391,
☎ (0 40) 60 87 14-0, Fax 60 87 14-37,
AX ED VA
10 Zi, Ez: 148, Dz: 188, 1 Suite, 2 App, ⌐ WC
☏, 3✉; Sauna; garni
geschl: 28.6.-19.7. u. 22.12.-6.1.99

Rahlstedt (11 km ↗)
*** Herrenhaus
♂ ⊗ Sieker Landstr 119, ✉ 22143, ☎ (0 40)
6 75 66 40, Fax 6 75 30 13, AX DC ED VA
12 Zi, Ez: 170, Dz: 220, 2 Suiten, ⌐ WC ☏;
3↔40 ¶◎!

* Eggers
City Line & Country Line Hotels
Rahlstedter Str 78, ✉ 22149, ☎ (0 40)
6 75 78-0, Fax 6 75 78-4 44, AX ED VA
102 Zi, Ez: 150-195, Dz: 160-195, ⌐ WC ☏
DFÜ, 60✉; Lift ℗ 📠 4↔100 ≘ Fitneßraum
Kegeln Sauna Solarium ☛
* Biergarten Terrasse

Rothenburgsort
*** Forum Hotel
⦿ Billwerder Neuer Deich 14, ✉ 20539,
☎ (0 40) 7 88 40, Fax 78 84 10 00, AX DC ED VA
373 Zi, Ez: 210-275, Dz: 260-320, 12 Suiten,
104 App, ⌐ WC ☏, 124✉; Lift ℗ 📠 14↔160
≘ Fitneßraum Sauna Solarium ¶◎!
Auch Langzeitvermietung

Rotherbaum (2 km ↑)
** Garden Hotels Pöseldorf 👑
Magdalenenstr 60 (D 1), ✉ 20148, ☎ (0 40)
41 40 40, Fax 4 14 04 20, AX ED VA
60 Zi, Ez: 180-320, Dz: 280-440, 3 Suiten,
8 App, ⌐ WC ☏ DFÜ, 10✉; Lift ℗ 📠 2↔20;
garni ☛
Hotelkomplex bestehend aus drei Patrizier-
villen. Auch Zimmer der Kategorie *******
vorhanden, moderne Zimmereinrichtung

** Vorbach
Johnsallee 63-67, ✉ 20146, ☎ (0 40)
44 18 20, Fax 44 18 28 88, AX ED VA
101 Zi, Ez: 150-230, Dz: 200-260, 5 Suiten,
10 App, ⌐ WC ☏, 25✉; Lift 📠 2↔20; garni

* Heimhude
Heimhuder Str 16 (D 1), ✉ 20148, ☎ (0 40)
4 13 33 00, Fax 41 33 30 40, AX DC ED VA
24 Zi, Ez: 125-180, Dz: 175-252, ⌐ WC ☏;
Lift ℗; garni

** Ventana
Grindelhof 77, ✉ 20146, ☎ (0 40) 45 65 88,
Fax 45 58 82, AX DC
Hauptgericht 36; Terrasse; geschl: So

Hamburg

** **L'Auberge Francaise**
Rutschbahn 34, ✉ 20146, ☎ (0 40)
4 10 25 32, Fax 4 50 50 15, AX DC ED VA
Hauptgericht 38; geschl: So, Ende Dez-
Anfang Jan

** **La Vite**
Heimhuder Str 5 (D 1-2), ✉ 20148, ☎ (0 40)
45 84 01, Fax 45 42 53, AX DC ED VA
Hauptgericht 40

Bistro Zeik ✿
Oberstr 14 a, ✉ 20144, ☎ (0 40) 4 20 40 14,
Fax 4 20 40 16, AX DC ED VA
Hauptgericht 30; P Terrasse

Sankt Pauli (2 km ←)

*** **Astron Suite Hotel**
Feldstr 53-58, ✉ 20357, ☎ (0 40) 43 23 20,
Fax 43 23 23 00, AX DC ED VA
Ez: 250-370, Dz: 280-390, S; 119 Suiten, ⊣
WC ☎ DFÜ; Lift 🅿 1⇔12 Fitneßraum
Sauna Solarium; garni ⚓

** **Bavaria Blick**
⋖ Bernhard-Nocht-Str 99, ✉ 20359,
☎ (0 40) 31 16 31 16, Fax 31 16 31 99,
AX DC ED VA
Hauptgericht 35

* **Erich Restaurant & Bar** ✿
Erichstr 19, ✉ 20359, ☎ (0 40) 31 78 49 99,
Fax 31 78 06 32, ED VA
Hauptgericht 32; nur abends, So 10-16;
geschl: Mo,
Beim Erotic Art Museum gelegen

Sasel (14 km ↗)

* **Ringhotel Mellingburger Schleuse**
einzeln ♂ Mellingbrugredder 1, ✉ 22395,
☎ (0 40) 6 02 40 01, Fax 6 02 79 12,
AX ED VA
40 Zi, Ez: 135-180, Dz: 175-225, S; ⊣ WC ☎;
9⇔250 ☎ Fitneßraum Kegeln Sauna
Solarium ⓘ

Schnelsen (11 km ↘)

* **Novotel Hamburg Nord**
Oldesloer Str 166, ✉ 22457, ☎ (0 40)
55 99 30, Fax 5 59 20 20, AX DC ED VA
122 Zi, Ez: 124-190, Dz: 158-232, S; ⊣ WC
☎, 30📧; Lift 🅿 10⇔200 ≈ ⓘ

* **Ausspann**
Holsteiner Chaussee 428, ✉ 22457,
☎ (0 40) 5 59 87 00, Fax 55 98 70 60,
AX DC ED VA
28 Zi, Ez: 105-125, Dz: 150-165, ⊣ WC ☎
DFÜ, 7📧; 🅿 1⇔16 ⓘ
Auch Zimmer der Kategorie ****** vorhanden

* **Ökotel**
Holsteiner Chaussee 347, ✉ 22457,
☎ (0 40) 5 59 73 00, Fax 55 97 30 99,
17 Zi, Ez: 99-185, Dz: 149-210, 3 Suiten,
3 App, ⊣ WC ☎ DFÜ, 14📧; Lift 🅿 🖨 1⇔20
Sauna; garni
Auch Zimmer der Kategorie ****** vohanden

Stellingen (6 km ↘)

** **Holiday Inn**
Kieler Str 333, ✉ 22525, ☎ (0 40) 54 74 00,
Fax 54 74 01 00, AX DC ED VA
105 Zi, Ez: 165-232, Dz: 165-254, S; ⊣ WC ☎
DFÜ, 48📧; Lift 🅿 🖨 2⇔25 Fitneßraum
Sauna Solarium ⓘ ⚓

** **Helgoland**
Kieler Str 177, ✉ 22525, ☎ (0 40) 85 70 01,
Fax 8 51 14 45, AX DC ED VA
107 Zi, Ez: 140-180, Dz: 170-230, S; 2 Suiten,
1 App, ⊣ WC ☎, 5📧; Lift 🅿 2⇔150 ⓘ ⚓
Auch Zimmer der Kategorie ***** vorhanden

Stillhorn

*** **Le Meridien**
Stillhorner Weg 40, ✉ 21109, ☎ (0 40)
7 50 15-3, Fax 75 15-4 44, AX DC ED VA
146 Zi, Ez: 205-275, Dz: 255-345, S; ⊣ WC
☎, 43📧; Lift 🅿 13⇔200 Sauna Solarium ⚓

** **Moorwerder Stube**
Hauptgericht 30

Uhlenhorst (3 km ↑)

** **Parkhotel Alster-Ruh**
♂ Am Langenzug 6, ✉ 22085, ☎ (0 40)
22 45 77, Fax 2 27 89 66, AX ED VA
23 Zi, Ez: 150-195, Dz: 220-325, ⊣ WC ☎, 🖨;
garni
Auch Zimmer der Kategorie ***** vorhanden

** **Mühlenkamper Fährhaus**
⊗ Hans-Henny-Jahnn-Weg 1, ✉ 22085,
☎ (0 40) 2 20 69 34 + 2 20 73 90,
Fax 2 20 69 32, AX DC ED VA
Hauptgericht 30

** **La Fayette**
Zimmerstr 30, ✉ 22085, ☎ (0 40) 22 56 30,
Fax 22 56 30, AX
Hauptgericht 42; 🅿 Terrasse; nur abends

** **Ristorante Roma**
Hofweg 7, ✉ 22085, ☎ (0 40) 2 20 25 54,
Fax 2 27 92 25, AX DC VA
Hauptgericht 36; geschl: So, Sa mittags

* **Made in Italy**
Hofweg 25, ✉ 22085, ☎ (0 40) 22 27 01,
AX DC ED VA
Hauptgericht 40; Gartenlokal; nur abends

Veddel (8 km ↓)

** **Ryan Carat Hotel**
Sieldeich 5, ✉ 20539, ☎ (0 40) 78 96 60,
Fax 78 61 96, AX DC ED VA
90 Zi, Ez: 195-215, Dz: 235-255, S; ⊣ WC ☎,
22📧; Lift 🅿 🖨 5⇔40 Sauna Solarium ⓘ

Wandsbek (5 km ↗)

* **Kröger**
Ahrensburger Str 107, ✉ 22045, ☎ (0 40)
6 56 69 94, Fax 6 56 74 23, AX DC ED VA
34 Zi, Ez: 149-159, Dz: 185-205, 1 Suite,
2 App, ⊣ WC ☎; 🅿 🖨 1⇔25   →

Hamburg

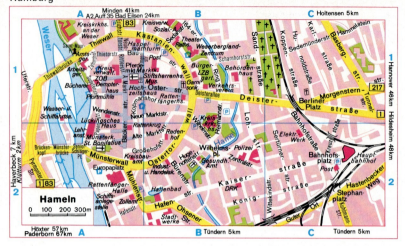

Winterhude (4 km ↑)
** Hanseatic
◯ Sierichstr 150, ✉ 22299, ☎ (0 40)
48 57 72, Fax 48 57 73, AX ED
12 Zi, Ez: 260-280, Dz: 310-380, 1 Suite, ⌐⌐
WC ☎ DFÜ, 4✉; **garni**
Klassizistische Villa

*   Am Stadtpark
Flüggestr 6, ✉ 22303, ☎ (0 40) 27 84 00,
Fax 27 84 01 10, DC ED VA
48 Zi, Ez: 111-129, Dz: 144-156, ⌐⌐ WC ☎,
19✉; Lift P 1⌒30; **garni**

** Borsalino
Barmbeker Str 165, ✉ 22299, ☎ (0 40)
47 60 30, Fax 47 02 49, AX DC ED VA
Hauptgericht 35

Hameln   25 ↘

Niedersachsen — Kreis Hameln-Pyrmont —
68 m — 60 000 Ew — Minden 40, Hannover
46, Hildesheim 51 km
ℹ ☎ (0 51 51) 20 26 17, Fax 20 25 00 —
Hameln Marketing und Tourismus GmbH,
Deisterallee 3, 31785 Hameln; Kreisstadt an
der Weser. Sehenswert: Ev. Münsterkirche,
ev. Marktkirche; Osterstraße und Hochzeitshaus: Rattenfänger-Kunstuhr und Glockenspiel; Rattenfängerhaus; Rattenfänger-
brunnen; Stiftsherrenhaus; Leistsches
Haus: Museum; Dempterhaus; Schloß
Hämelschenburg (11 km ↓)

Achtung: Rattenfänger-Freilichtspiele (nur
sonntags 12 Uhr) von Mitte Mai - Mitte Sep
auf der Hochzeitshaus-Terrasse)

In der Vergangenheit hat sich oft gezeigt,
daß einige Hotels ihre Preise im Laufe des
Jahres anheben. Daher ist es ratsam, sich
bei der Buchung die Preise bestätigen zu
lassen.

***** Best Western
        Stadt Hameln**
◯ ⋖ Münsterwall 2 (A 2), ✉ 31787,
☎ (0 51 51) 90 10, Fax 90 13 33, AX DC ED VA
85 Zi, Ez: 152-389, Dz: 202-389, S; ⌐⌐ WC ☎
DFÜ; Lift P ⌨ 6⌒150 ⌂ Sauna ⌧
Diese ehemalige Gefängnisanlage am
Weserufer wurde in einen schloßartigen
Hotelkomplex mit schön angelegtem
Innenhofgarten gewandelt
**   ⋖ Hauptgericht 30; Biergarten
Terrasse

** Akzent-Hotel Jugendstil
Wettorstr 15 (Außerhalb B 1), ✉ 31785,
☎ (0 51 51) 9 55 80, Fax 95 58 66, AX ED VA
18 Zi, Ez: 140-250, Dz: 165-285, ⌐⌐ WC ☎
DFÜ, 3✉; Lift P ⌨; **garni**
Rezeption: 7-21; geschl: 20.12.-4.1.
Renoviertes Großbürgerhaus aus der Grün-
derzeit

** Christinenhof
◯ Alte Marktstr 18 (B 2), ✉ 31785,
☎ (0 51 51) 9 50 80, Fax 4 36 11, AX ED VA
30 Zi, Ez: 150, Dz: 185-220, ⌐⌐ WC ☎; P ⌨
1⌒ ⌂ Sauna Solarium; **garni**
geschl: 21.12.-3.1.
Hinter der äußeren alten Fachwerkfassade
verbirgt sich ein Hotel, das mit modernstem
Komfort ausgestattet ist.

** Dorint
164er Ring 3 (B 1), ✉ 31785, ☎ (0 51 51)
79 20, Fax 79 21 91, AX DC ED VA
105 Zi, Ez: 175-399, Dz: 245-424, S; ⌐⌐ WC
☎, 16✉; Lift P 13⌒500 ⌂ Sauna Solarium
**   Hauptgericht 27; Terrasse

*   Zur Krone
Osterstr 30 (B 1), ✉ 31785, ☎ (0 51 51)
90 70, Fax 90 72 17, AX DC ED VA
31 Zi, Ez: 125-280, Dz: 170-360, 2 Suiten, ⌐⌐
WC ☎, 6✉; Lift P 3⌒120 ⌧
Auch Zimmer der Kategorie ****** vorhanden

* **Zur Post**
Am Posthof 6 (B 1), ✉ 31785, ☎ (0 51 51) 76 30, Fax 76 41, AX ED VA
34 Zi, Ez: 95-160, Dz: 159-289, ⌐ WC ☎; Lift
P 🖃; garni

* **Bellevue**
Klütstr 34, ✉ 31787, ☎ (0 51 51) 9 89 10, Fax 98 91 99, AX DC ED VA
19 Zi, Ez: 98-140, Dz: 140-210, ⌐ WC ☎
DFÜ, 4✉; P 🖃; garni
Guterhaltene Villa aus der Jugendstil-Zeit.

* **An der Altstadt**
Deisterallee 16, ✉ 31785, ☎ (0 51 51) 75 91, Fax 4 20 25, ED VA
17 Zi, Ez: 85-145, Dz: 120-175, ⌐ WC ☎, 3✉; P; garni
Renoviertes Jugendstilgebäude

🏠 **Birkenhof**
Hugenottenstr 1a, ✉ 31785, ☎ (0 51 51) 2 87 52, Fax 4 30 14, AX ED VA
17 Zi, Ez: 75-120, Dz: 130-180, ⌐ WC ☎, 2✉; P; garni

Rattenfängerhaus
🍴 Osterstr 28 (B 1), ✉ 31785, ☎ (0 51 51) 38 88, Fax 2 67 42, AX DC ED VA
Hauptgericht 22;
Historisches, 1602 erbautes Fachwerkgebäude, rustikal mit individuellem Ambiente
Spezialitäten: „Rattenschwänze", Rattenfängerschmaus

🍴 **Museumscafé**
🍴 Osterstr 8 (B 1), ✉ 31785, ☎ (0 51 51) 2 15 53, Fax 2 43 30
Hauptgericht 20; Terrasse
Im 15. Jh. erbautes Stiftsherrenhaus im Fachwerkstil, reich ausgestattet mit Schnitzereien und nostalgischem Ambiente. Spezialität: Rattenfängertorte

<mark>Hameln-Außerhalb</mark> (2 km ←)
** **Klütturm**
◂ Auf dem Klüt, ✉ 31787, ☎ (0 51 51) 6 16 44, Fax 96 30 71, AX ED VA
Hauptgericht 38; Terrasse

<mark>Klein Berkel</mark> (4 km ↓)
** **Klein Berkeler Warte**
an der B 1, ✉ 31785, ☎ (0 51 51) 99 00, Fax 99 02 22, AX ED VA
58 Zi, Ez: 95-130, Dz: 130-180, ⌐ WC ☎, 13✉; 6⟿60 Kegeln
geschl: 1.1.-17.1.
Auch Zimmer der Kategorie * vorhanden
* Hauptgericht 25

* **Ohrberg**
♂ Schulstr/Margeritenweg 1, ✉ 31789, ☎ (0 51 51) 6 50 55, Fax 6 59 79, AX DC ED VA
18 Zi, Ez: 95-135, Dz: 145-195, ⌐ WC ☎; P 🖃; garni

Hamfelde 18 ↗

Schleswig-Holstein — Kreis Herzogtum Lauenburg — 466 Ew — Mölln 21, Hamburg 39 km
ℹ ☎ (0 41 54) 24 71 — Gemeindeverwaltung, Dorfstr 8, 22929 Hamfelde

* **Pirsch-Mühle**
♂ Möllner Str 2, ✉ 22929, ☎ (0 41 54) 23 00, Fax 42 03, AX ED VA
14 Zi, Ez: 80-98, Dz: 128-138, ⌐ WC ☎;
Sauna 🍴

Hammelburg 56 ↘

Bayern — Kreis Bad Kissingen — 189 m — 12 300 Ew — Gemünden am Main 20, Schweinfurt 30, Würzburg 52 km
ℹ ☎ (0 97 32) 90 21 49, Fax 90 21 84 — Tourist-Information, Kirchgasse 4, 97762 Hammelburg; Stadt an der Fränkischen Saale.
Sehenswert: Kath. Kirche; Marktbrunnen; Kellereischloß; Barockkloster; Stadtmuseum Herrenmühle; Schloß Saaleck (2 km ←)

* **Pension Kaiser**
An der Walkmühle 11, ✉ 97762, ☎ (0 97 32) 9 11 30, Fax 11 33 00, ED
11 Zi, Ez: 63, Dz: 98, ⌐ WC; P 🖃 🍴 ⚓
geschl: 1.1.-15.1.

* **Stadtcafé**
Am Marktplatz 8, ✉ 97762, ☎ (0 97 32) 9 11 90, Fax 16 79
17 Zi, Ez: 65, Dz: 110, 2 App, ⌐ WC ☎ DFÜ;
Lift P 🖃; garni ⚓

siehe auch **Wartmannsrot**

Hamminkeln 32 ↗

Nordrhein-Westfalen — Kreis Wesel — 33 m — 27 800 Ew — Wesel 9, Bocholt 10 km
ℹ ☎ (0 28 52) 8 80, Fax 8 81 30 — Stadtverwaltung, Brüner Str. 9, 46499 Hamminkeln.
Sehenswert: Turmwindmühlen; Schloß Ringenberg; ev. Kirche; Klosterkirche im OT Marienthal

<mark>Marienthal</mark> (7 km →)
** **Romantik Hotel Haus Elmer**
♂ An der Klosterkirche 12, ✉ 46499, ☎ (0 28 56) 91 10, Fax 9 11 70, DC ED VA
30 Zi, Ez: 140-180, Dz: 198-280, 7 App, ⌐ WC ☎; P 5⟿80 Kegeln Sauna 18Golf ⚓
Auch Zimmer der Kategorie *** vorhanden
** Hauptgericht 35; Gartenlokal, P Terrasse

* **Marienthaler Gasthof**
Pastor-Winkelmann-Str 2, ✉ 46499, ☎ (0 28 56) 6 49, Fax 7 45, AX DC ED VA
Hauptgericht 30; Biergarten P Terrasse;
geschl: Di
* 7 Zi, Ez: 97, Dz: 155, ⌐ WC ☎, 4✉;
Lift 🖃 18Golf 2⟿100 18Golf
geschl: Di

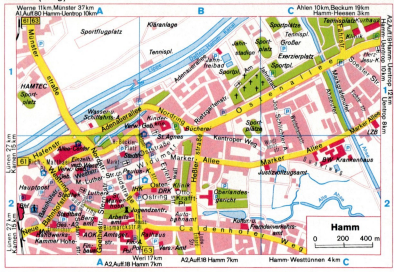

Hamm (Sieg) 43 ↗

Rheinland-Pfalz — Kreis Altenkirchen — 200 m — 3 300 Ew — Siegen 48, Siegburg 55 km

ℹ️ ☎ (0 26 82) 60 25 — Verbandsgemeindeverwaltung, Rathaus, Lindenallee 2, 57577 Hamm (Sieg)

* **Alte Vogtei**
⊗ Lindenallee 3, ✉ 57577, ☎ (0 26 82) 2 59, Fax 89 56, AX DC ED VA
Hauptgericht 32; Biergarten Kegeln 🅿;
geschl: Do mittags, Mi, 20.7.-10.8.
** 15 Zi, Ez: 80-120, Dz: 150-210, ⊴ WC ☎, 2⌧; 🚗 2⇔14
geschl: 20.7.-10.8.
Geburtshaus Friedrich Wilhelm Raiffeisens

Hamm (Westf) 34 ↘

Nordrhein-Westfalen — Stadtkreis — 50 m — 189 000 Ew — Soest 32, Münster 37, Dortmund 40 km

ℹ️ ☎ (0 23 81) 17-55 11, Fax 17-29 01 — Kultur- und Verkehrsamt, Caldenhofer Weg 159, 59063 Hamm (Westf); Stadt an der Lippe. Sehenswert: Ev. Pauluskirche; Gustav-Lübcke-Museum; Eisenbahnmuseum; Maximilian-Park; Glaselefant; Öko-Zentrum; Waldbühne

*** **Queens Hotel**
Neue Bahnhofstr 3 (A 2), ✉ 59065, ☎ (0 23 81) 9 19 20, Fax 9 19 28 33, AX DC ED VA
139 Zi, Ez: 196-222, Dz: 252-277, S; 8 Suiten, ⊴ WC ☎, 26⌧; Lift 🚗 11⇔450 ≘ Kegeln Sauna Solarium 🍴 🍸

** **Stadt Hamm**
Südstr 9 (A 2), ✉ 59065, ☎ (0 23 81) 2 90 91, Fax 1 52 10, AX DC ED VA
30 Zi, Ez: 95-180, Dz: 190-210, 2 Suiten, ⊴ WC ☎; Lift 1⇔30
** **Harvey's Restaurant**
Hauptgericht 30; Biergarten;
Italienisches Restaurant

* **Herzog**
Caldenhofer Weg 22 (B 2), ✉ 59065, ☎ (0 23 81) 2 00 50, Fax 1 38 02, AX DC ED VA
25 Zi, Ez: 70-120, Dz: 155-160, ⊴ WC ☎; 🅿 🚗; garni
Auch einfache Zimmer vorhanden

Rhynern (7 km ↘)
** **Haus Helm**
Reginenstr 5, ✉ 59069, ☎ (0 23 85) 80 61, Fax 9 10 05 20, AX ED VA
Hauptgericht 34; 🅿 Terrasse; nur abends; geschl: So, Mo

Hanau 45 ↙

Hessen — Main-Kinzig-Kreis — 100 m — 92 000 Ew — Frankfurt/Main 20, Aschaffenburg 28 km

ℹ️ ☎ (0 61 81) 25 24 00, Fax 29 56 02 — Verkehrsbüro, Am Markt 14, 63450 Hanau; Kreisstadt. Sehenswert: Ev. Marienkirche; Niederländisch-Wallonische Kirche; Deutsches Goldschmiedehaus; Neustädter Rathaus mit Brüder-Grimm-Denkmal; Schloß Philippsruhe; Historische Kuranlagen und Puppenmuseum in Wilhelmsbad (2 km ↘); im Stadtteil Steinheim (2 km ↙) am jenseitigen Mainufer: Altstadt; Schloß; im Stadtteil Klein-Auheim: Wildpark „Alte Fasanerie"

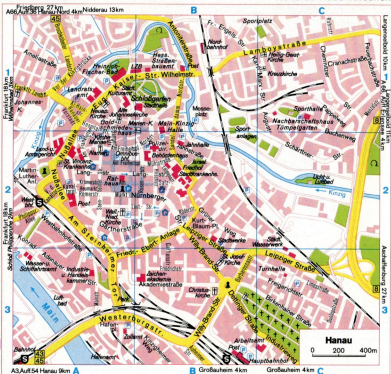

✶✶ Zum Riesen
Heumarkt 8 (A 2), ✉ 63450, ☎ (0 61 81)
25 02 50, Fax 25 02 59, ED VA
28 Zi, Ez: 125-200, Dz: 160-210, ⌐ WC ☎
DFÜ, 14⌷; Lift P 2⇔50; garni
Auch Zimmer der Kategorie ✶ vorhanden

Steinheim (1 km ↓)
✶✶✶ Best Western Villa Stokkum
Steinheimer Vorstadt 70, ✉ 63456,
☎ (0 61 81) 66 40, Fax 66 15 80, AX DC ED VA
136 Zi, Ez: 129-285, Dz: 175-375, S; 2 Suiten,
⌐ WC ☎, 31⌷; Lift P ⊟ 4⇔120
✶✶   Hauptgericht 35

✶ Zur Linde
Steinheimer Vorstadt 31, ✉ 63456,
☎ (0 61 81) 96 43 20, Fax 65 90 74, ED VA
30 Zi, Ez: 110-160, Dz: 130-180, 1 Suite, ⌐
WC, 6⌷; P ⊟ ⊺⊙⫶
Auch Zimmer der Kategorie ✶✶ vorhanden

✶ Birkenhof
Von-Eiff-Str 37, ✉ 63456, ☎ (0 61 81)
6 48 80, Fax 64 88 39, AX ED VA
23 Zi, Ez: 130, Dz: 150-180, 3 Suiten, ⌐; P ⊟
Fitneßraum
geschl: 20.12.-5.1.
Auch Zimmer der Kategorie ✶✶ vorhanden

Handeloh   18 ▫

Niedersachsen — Kreis Harburg — 40 m —
2 200 Ew — Buchholz 13, Schneverdingen
19 km

ℹ ☎ (0 41 88) 2 19 — Gemeindeverwaltung,
Lohbergenweg 5, 21256 Handeloh; Ort in
der Lüneburger Heide

✶ Zum Lindenheim
Hauptstr 38, ✉ 21256, ☎ (0 41 88) 89 39-0,
Fax 89 39 39, AX DC ED VA
13 Zi, Ez: 80-100, Dz: 120-140, ⌐ WC ☎,
2⌷; P ⊟ 1⇔40 ⫶⊙⊺
Rezeption: 7-21; geschl: 22.2.-24.3.
Auch einfachere Zimmer vorhanden

Hanerau-Hademarschen   9 ↘

Schleswig-Holstein — Kreis Rendsburg-
Eckernförde — 40 m — 3 100 Ew — Itzehoe 27, Heide 27, Rendsburg 30 km

ℹ ☎ (0 48 72) 91 91, Fax 27 81 — Fremdenver-
kehrsverein/Tourist-Information, Hanerau-
Hademarschen und Umgebung, Bergstr 8,
25557 Hanerau-Hademarschen   →

👑 Hervorragende Hotelleistung

Hanerau-Hademarschen

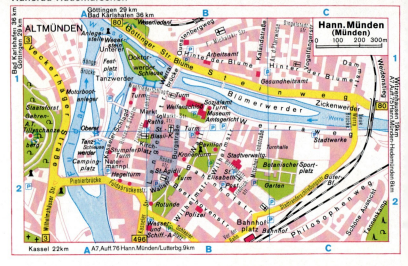

* Landgasthof Köhlbarg
Kaiserstr 33, ✉ 25557, ☎ (0 48 72) 33 33,
Fax 91 19, ED VA
13 Zi, Ez: 70, Dz: 120, 2 App, ⌐ WC ☎ DFÜ;
P 🚗 2🔄40
** Hauptgericht 25; Terrasse;
geschl: Di

Hankensbüttel 27 ↘

Niedersachsen — Kreis Gifhorn — 40 m —
4 200 Ew — Hannover 83, Braunschweig 62,
Celle 40 km
ℹ️ ☎ (0 58 32) 70 66, Fax 70 68 — Fremdenverkehrsverein, Heidmark Hankensbüttel,
Bahnhofstr 32, 29386 Hankensbüttel

* Deutsches Haus
Hindenburgstr 1, ✉ 29386, ☎ (0 58 32)
17 01, Fax 16 55
22 Zi, Ez: 72, Dz: 110, ⌐ WC; P 3🔄300
Kegeln Sauna Solarium 🍽
Rezeption: 7-14, 17-23; geschl: 15.-30.7.

Repke
* Dierks
Celler Str 6, ✉ 29386, ☎ (0 58 32) 60 82,
Fax 60 84, AX ED VA
17 Zi, Ez: 55-95, Dz: 109-120, ⌐ WC ☎ DFÜ;
P 🚗 2🔄80 🍽 ⚑

Übernachtungspreise sind auch Markt-
preise. Aus diesem Grund werden zum
Beispiel zu Messezeiten an Messeplätzen
oder zu Festspielzeiten an Festspielorten
häufig höhere als die angegebenen Preise
berechnet und in verkehrsarmen Zeiten
niedrigere Preise. Die Preise sollten jeweils
vor der Buchung erfragt werden.

Hann. Münden 36 ☐

Niedersachsen — Kreis Göttingen — 130 m
— 27 400 Ew — Kassel 22, Göttingen 30 km
ℹ️ ☎ (0 55 41) 7 53 13, Fax 7 54 04 — Touristik Naturpark Münden e. V., im Rathaus,
Lotzestr. 2/Rathaus (AB 1), 34346 Hann
Münden; Erholungsort am Zusammenfluß
von Fulda und Werra zur Weser. Sehenswert: Ev. St.-Blasii-Kirche; Welfenschloß;
Museum; Rathaus; Stadtbefestigung;
Fachwerkhäuser; Botanischer Garten; Tilly-
schanze ⚐; Werrabrücke ⚐; Weserlied-
Anlage ⚐; Doktor-Eisenbart-Spiele
ℹ️ ☎ (0 55 41) 7 53 13

* Schmucker Jäger
Wilhelmshäuser Str 45 (A 2), ✉ 34346,
☎ (0 55 41) 9 81 00, Fax 29 01, AX DC ED VA
30 Zi, Ez: 72-98, Dz: 96-150, ⌐ WC ☎; P 🚗
3🔄200 🍽
geschl: 2.1.-11.1.
Auch einfache Zimmer vorhanden

Hann. Münden-Außerhalb (4,5 km →)
** Letzter Heller
Letzter Heller 7, an der B 80, ✉ 34346,
☎ (0 55 41) 64 46, Fax 60 71, AX DC ED VA
Hauptgericht 30; Gartenlokal; geschl: Do

Laubach (4 km ↘)
** Werratal-Hotels
Buschweg 40, ✉ 34346, ☎ (0 55 41) 99 80,
Fax 99 81 40, AX DC ED VA
42 Zi, Ez: 110, Dz: 160, 1 Suite, ⌐ WC ☎
DFÜ, 8💻; P 🚗 2🔄60 Sauna ⚑
Hotelanlage bestehend aus drei Häusern
* Hauptgericht 22; Biergarten Ter-
rasse

Hannover

26 ←

Niedersachsen — Stadtkreis — 55 m — 526 300 Ew — Bremen 110, Hamburg 170, Köln 325 km

i ☎ (05 11) 30 14 22, Fax 30 14 14 — Hannover Tourist Information, Ernst-August-Platz 2 (D 3), ⊠ 30159 Landes- und Regierungsbezirkshauptstadt an der Leine und am Mittellandkanal; Messestadt; Universität, Tierärztliche und Medizinische Hochschule, Hochschule für Musik und Theater; Opernhaus, Schauspielhaus, Landesbühne; Flughafen Langenhagen (9 km ↑) Sehenswert: Ev. Marktkirche; ev. St. Johanniskirche; kath. Propsteikirche; Altes Rathaus; Neues Rathaus; Leineschloß; Ballhof; Landesmuseum: Gemälde, Plastiken, Naturgeschichte, Urgeschichte; Sprengel Museum: Kunst des 20. Jh.; Kestner-Museum: Ägypt. Sammlung u. a.; Hist. Museum am Hohen Ufer; Wilhelm-Busch-Museum mit Zille-Sammlung; Elektrotechnisches Museum -Parkanlagen: Königliche Gärten Herrenhausen; Botanischer Garten; Eilenriede mit zoologischem Garten; Stadtpark; Hermann-Löns-Park; Maschsee; Busstops

Messen:
EuroTier 10.-13.11.98
DOMOTEX 16.-19.1.99
CeBIT 18.-24.3.99
Hannover Messe 19.-24.4.99
LIGNA 10.-15.5.99
INTERHOSPITAL 8.-11.6.99
Schützenfest Juli 99
INTERGEO 1.-3.9.99

Citypläne siehe Seiten 462 und 463

**** Kastens Hotel Luisenhof
Luisenstr 1 (D 3), ⊠ 30159, ☎ (05 11) 3 04 40, Fax 3 04 48 07, AX DC ED VA
153 Zi, Ez: 209-475, Dz: 268-598, S; 5 Suiten, ⌐ WC ☎, 21⌐; Lift 🅿 🖃 10↔250
Auch Zimmer der Kategorie ******* vorhanden

** **Luisenstube**
Hauptgericht 40

*** **Maritim Grand Hotel**
Friedrichswall 11 (D 4), ⊠ 30159, ☎ (05 11) 3 67 70, Fax 32 51 95, AX DC ED VA
246 Zi, Ez: 255-495, Dz: 308-588, S;
25 Suiten, ⌐ WC ☎, 50⌐; Lift 9↔550
Solarium
*** Hauptgericht 30

*** **Forum Hotel Schweizerhof**
Hinüberstr 6 (E 3), ⊠ 30175, ☎ (05 11) 3 49 50, Fax 3 49 51 23, AX DC ED VA
197 Zi, 3 Suiten, ⌐ WC ☎ DFÜ, 85⌐; Lift 🖃 8↔350 Kegeln
Auch Zimmer der Kategorie ******** vorhanden. Preisangabe in Euro EZ 185-345, DZ 205-355
** **Schweizer Stuben**
geschl: Mo
* **Gourmet's Büffet**

*** **Maritim Stadthotel**
Hildesheimer Str 34 (E 5), ⊠ 30169, ☎ (05 11) 9 89 40, Fax 9 89 49 00, AX DC ED VA
283 Zi, Ez: 245-485, Dz: 303-638, S; 2 Suiten, ⌐ WC ☎, 43⌐; Lift 🅿 🖃 9↔650 Sauna Solarium
*** **Le Cordon Rouge**
Hauptgericht 37; Terrasse

** **Mercure**
Willy-Brandt-Allee 3 (D 4), ⊠ 30169, ☎ (05 11) 8 00 80, Fax 8 09 37 04, AX DC ED VA
145 Zi, Ez: 139-455, Dz: 159-485, S; ⌐ WC ☎, 48⌐; Lift 🖃 5↔150 Fitneßraum Sauna Solarium

** **Grand Hotel Mussmann**
Ernst-August-Platz 7 (D 3), ⊠ 30159, ☎ (05 11) 3 65 60, Fax 3 65 61 45, AX DC ED VA
140 Zi, Ez: 178-518, Dz: 318-518, S; ⌐ WC ☎, 60⌐; Lift 🖃 4↔70 Sauna; **garni**
Auch einfachere Zimmer und Zimmer der Kategorie ******* vorhanden

** **Loccumer Hof**
Verband Christlicher Hotels
Kurt-Schumacher-Str 16 (D 3), ⊠ 30159, ☎ (05 11) 1 26 40, Fax 13 11 92, AX DC ED VA
87 Zi, Ez: 165-310, Dz: 180-430, ⌐ WC ☎; Lift 🅿 🖃 3↔45

** **Concorde Hotel**
Am Leineschloß
Am Markte 12 (D 4), ⊠ 30159, ☎ (05 11) 32 71 45, Fax 32 55 02, AX DC ED VA
81 Zi, Ez: 196-360, Dz: 265-450, ⌐ WC ☎ DFÜ, 26⌐; Lift 🖃

** **Congress-Hotel am Stadtpark**
⊲ Clausewitzstr 6 (F 3), ⊠ 30175, ☎ (05 11) 2 80 50, Fax 81 46 52, AX DC ED VA
248 Zi, Ez: 190-430, Dz: 298-498, S; 4 Suiten, ⌐ WC ☎, 36⌐; Lift 🅿 🖃 27↔4000 Fitneßraum Sauna Solarium
Auch Zimmer der Kategorie ***** vorhanden

** **Königshof**
Königstr 12 (E 3), ⊠ 30175, ☎ (05 11) 31 20 71, Fax 31 20 79, AX DC ED VA
79 Zi, Ez: 138-368, Dz: 168-398, 4 Suiten, ⌐ WC ☎ DFÜ, 24⌐; Lift 3↔40; **garni**

* **Thüringer Hof**
Osterstr 37 (D 4), ⊠ 30159, ☎ (05 11) 3 60 60, Fax 3 60 62 77, AX DC ED VA
45 Zi, Ez: 155-275, Dz: 205-345, ⌐ WC ☎, 7⌐; Lift; **garni**
geschl: 22.12.-4.1.

* **Atlanta**
Hinüberstr 1 (E 3), ⊠ 30175, ☎ (05 11) 33 86-0, Fax 34 59 28, AX ED VA
36 Zi, Ez: 135-220, Dz: 185-325, 1 App, ⌐ WC ☎ DFÜ, 14⌐; Lift 🅿 🖃; **garni**
geschl: 21.12.-4.1.

* **Alpha**
Friesenstr 19 (E 2), ⊠ 30161, ☎ (05 11) 34 15 35, Fax 34 15-88, AX DC ED VA
40 Zi, Ez: 98-298, Dz: 150-398, 2 Suiten, 8 App, ⌐ WC ☎, 6⌐; Lift 🅿; **garni** →

Hannover

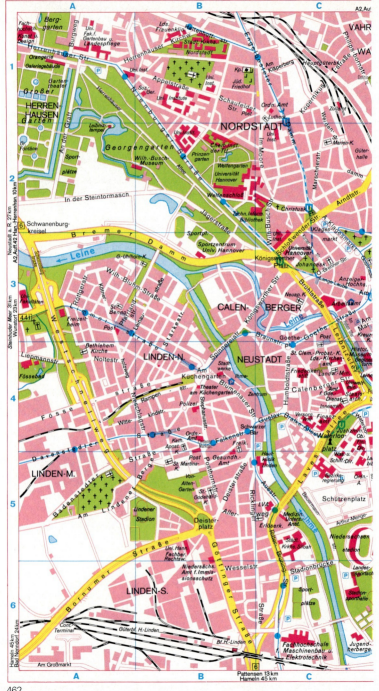

462

Hannover

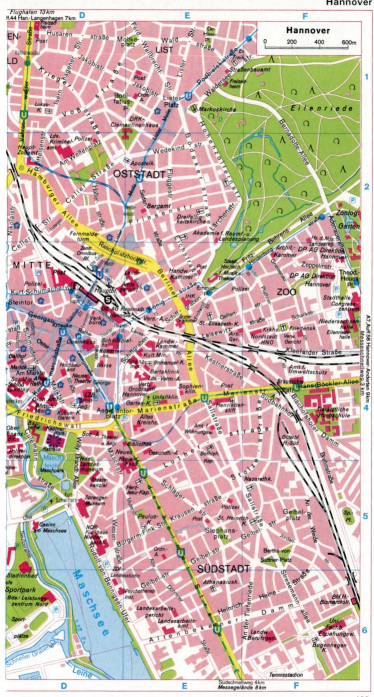

Hannover

Flora 🛏
Heinrichstr 36, ✉ 30175, ☎ (05 11) 38 39 10,
Fax 3 83 91 91, ED VA
26 Zi, Ez: 65-120, Dz: 110-200, ☎; **garni**

*** Feuchter's Lila Kranz
Berliner Allee 33 (E 3), ✉ 30175, ☎ (05 11)
85 89 21, Fax 85 43 83, AX DC VA
Hauptgericht 42; Gartenlokal ▣; geschl: Sa mittags
** 5 Zi, Ez: 180-340, Dz: 200-380, ⌐ WC ☎

*** Clichy
Weißekreuzstr 31 (E 2), ✉ 30161, ☎ (05 11)
31 24 47, Fax 31 82 83, AX VA
Hauptgericht 49; geschl: So

Mövenpick - Café Kröpcke
Georgstr 35 (D 3), ✉ 30159, ☎ (05 11)
32 62 85, Fax 3 63 25 39, AX DC ED VA
Gastronomischer Komplex mit unterschiedlichen Betriebsteilen
** Opus 1

** Gattopardo ✤
Hainhölzer Str 1 (C 2), ✉ 30159, ☎ (05 11)
1 43 75, Fax 31 82 83, AX VA
Hauptgericht 32; Terrasse

* Neue Zeiten ✤
Jakobistr 24 (DE 1), ✉ 30163, ☎ (05 11)
39 24 47
Hauptgericht 32; Terrasse; nur abends;
geschl: So, Mo, 3 Wochen in den Sommerferien

* Biesler Weinstube
Sophienstr 6 (D 4), ✉ 30159, ☎ (05 11)
32 10 33, Fax 32 10 34
Hauptgericht 28; geschl: Sa abends, So,
Mo, 2 Wochen Anfang Aug

* Enrico Leone
Königstr 46 (E 3), ✉ 30175, ☎ (05 11)
3 88 53 45, Fax 85 43 83, AX DC ED VA
Hauptgericht 34; Gartenlokal Terrasse;
geschl: So mittags

* Goldene Kartoffel
Alemannstr 11 (C 1), ✉ 30165, ☎ (05 11)
3 50 00 02, Fax 35 16 00
Hauptgericht 25; Terrasse; nur abends, So
auch mittags; geschl: 29.7.-20.8.

* Milano
Hallerstr 34 (D 2), ✉ 30161, ☎ (05 11)
33 23 09, Fax 33 23 09, AX DC ED VA
Hauptgericht 30

* Leineschloß
Hinrich-Wilhelm-Kopf-Platz 1 (D 4),
✉ 30159, ☎ (05 11) 32 03 32, Fax 32 03 72
Hauptgericht 32

* Broyhan-Haus
♥ Kramerstr 24 (D 4), ✉ 30159, ☎ (05 11)
32 39 19, Fax 2 10 80 82, AX DC ED VA
Hauptgericht 20; geschl: So mittags,
Historisches Bürgerhaus aus dem 14. Jh.

* Altdeutsche Bierstube
♥ Lärchenstr 4 (E 2), ✉ 30161, ☎ (05 11)
34 49 21, Fax 3 88 34 09, AX DC ED VA
Hauptgericht 25

* Brauhaus Ernst August
Schmiedestr 13 (D 3), ✉ 30159, ☎ (05 11)
36 59 50, Fax 32 57 41
Hauptgericht 30; Biergarten

● Holländische Kakao-Stube
Ständehausstr 2 (D 3), ✉ 30159, ☎ (05 11)
30 41 00, Fax 32 69 01
Hauptgericht 13; Terrasse; geschl: So,
Spezialität: Rheinische Baisertorte

● Café an der Marktkirche
Am Markte 9 (D 4), ✉ 30159, ☎ (05 11)
32 68 49, Fax 32 68 40
geschl: So,
Spezialität: Kanzler-Torte

Ahlem

* Lukullus
Wunstorfer Landstr 47, ✉ 30453, ☎ (05 11)
48 24 71, AX DC ED VA
Hauptgericht 20; Gartenlokal ▣
Griechische Küche

Bemerode (10 km ↘)

** Best Western Parkhotel Kronsberg
Laatzener Str 18, ✉ 30539, ☎ (05 11)
8 74 00, Fax 86 71 12, AX DC ED VA
167 Zi, Ez: 115-240, Dz: 150-295, 2 Suiten, ⌐
WC ☎, 42🛏; Lift ▣ 14⇔250 ☎ Fitneßraum Kegeln Sauna Solarium ●
Auch Zimmer der Kategorie ******* vorhanden
** Hauptgericht 35; geschl: Ende Dez-Anfang Jan

** Treff Hotel Europa
Bergstr 2, ✉ 30539, ☎ (05 11) 9 52 80,
Fax 9 52 84 88, AX DC ED VA
179 Zi, Ez: 130-600, Dz: 161-600, S; 4 Suiten,
⌐ WC ☎ DFÜ, 30🛏; Lift ▣ 9⇔400 Fitneßraum Sauna Solarium
** Ländertreff
Hauptgericht 28

* Kronsberger Hof
einzeln ♂ Wasseler Str 1, ✉ 30539,
☎ (05 11) 9 53 99 0, Fax 52 50 25, AX DC ED VA
25 Zi, Ez: 125-240, Dz: 185-360, ⌐ WC ☎; ▣
4⇔150 Kegeln ●
Auch Zimmer der Kategorie ****** vorhanden
** Hauptgericht 30; Biergarten
geschl: So abends

Bothfeld (7 km ↗)

** Residenz Minotel
♂ Im Heidkampe 80, ✉ 30659, ☎ (05 11)
6 47 50-0, Fax 6 47 55-15, AX DC ED VA
44 Zi, Ez: 140-300, Dz: 170-390, ⌐ WC ☎,
10🛏; ▣ ● Sauna Solarium; **garni**
geschl: 23.12.-2.1.
Auch Zimmer der Kategorie ***** vorhanden

Hannover

✶✶ Landgasthof Witten's Hop
⊗ Gernsstr 4, ✉ 30659, ☏ (05 11) 64 88 44,
Fax 64 88 13, AX DC ED VA
Hauptgericht 33; 🅿 Terrasse; geschl: Feb

Döhren (4 km ↘)
✶✶ Am Park-Wiehbergers Hotel
♂ Wiehbergstr 55 a, ✉ 30519, ☏ (05 11)
87 99 90, Fax 8 79 99 99, AX ED VA
18 Zi, Ez: 149-450, Dz: 169-475, ⌐ WC ☏,
7🖂; 🅿 1⇌14 1Tennis; garni
Futuristische Designerausstattung

✶✶ Gastwirtschaft Wichmann
⊗ Hildesheimer Str 230, ✉ 30519, ☏ (05 11)
83 16 71, Fax 8 37 98 11, AX ED VA
Hauptgericht 45; Gartenlokal 🅿

✶✶ Titus ✤
Wiehbergstr 98, ✉ 30519, ☏ (05 11)
83 55 24, Fax 8 38 65 38, AX ED VA
Hauptgericht 40; Terrasse

Groß Buchholz (6 km ↗)
✶✶✶ Pannonia Atrium
& Apartments
Karl-Wiechert-Allee 68, ✉ 30625, ☏ (05 11)
5 40 70, Fax 5 40 78 26, AX DC ED VA
184 Zi, Ez: 125-400, Dz: 180-500, S; 7 Suiten,
32 App, ⌐ WC ☏; Lift 🅿 🚗 8⇌300 Fitneßraum Sauna Solarium ⌠◌⌡

✶ Novotel
Feodor-Lynen-Str 1, ✉ 30625, ☏ (05 11)
9 56 60, Fax 9 56 63 33, AX DC ED VA
112 Zi, Ez: 175-320, Dz: 225-360, S; ⌐ WC
☏, 28🖂; Lift 🚗 6⇌140 ≋ Fitneßraum
Sauna Solarium ⌠◌⌡

🛏 Eilenriede
Guerickestr 32, ✉ 30655, ☏ (05 11)
5 47 66 52, Fax 5 49 92 71, AX ED VA
18 Zi, Ez: 79-179, Dz: 119-199, ⌐ WC ☏;
garni

✶✶ Gallo Nero
Groß Buchholzer Kirchweg 72 b, ✉ 30655,
☏ (05 11) 5 46 34 34, Fax 54 82 83, ED VA
Hauptgericht 45; 🅿 Terrasse; geschl: So,
feiertags, 1.-21.8., 3.-10.1.

✶✶ Buchholzer Windmühle
⊗ Pasteurallee 30, ✉ 30655, ☏ (05 11)
64 91 38, Fax 6 47 89 30, AX ED VA
Hauptgericht 30; 🅿 Terrasse; geschl: So,
Mo, feiertags, 23.12.-4.1.

Herrenhausen (4 km ↘)
✶ Hotel in Herrenhausen
♂ Markgrafenstr 5, ✉ 30419, ☏ (05 11)
79 07-60, Fax 2 79 57 66, AX ED VA
42 Zi, Ez: 125-350, Dz: 180-380, ⌐ WC ☏,
6🖂; Lift 🅿 5⇌60; garni

✶✶✶ Stern's Restaurant
Herrenhäuser Kirchweg 20 (B 1), ✉ 30167,
☏ (05 11) 70 22 44, Fax 70 85 59, AX DC ED VA
Hauptgericht 65; 🅿 Terrasse

Isernhagen Süd (9 km ↗)
✶ Parkhotel Welfenhof
Prüßentrift 85, ✉ 30657, ☏ (05 11) 6 54 06,
Fax 65 10 50, AX DC ED VA
110 Zi, Ez: 135-300, Dz: 195-400, S; ⌐ WC
☏, 10🖂; Lift 🅿 7⇌80 ≋

✶ Welfenstube
Hauptgericht 28; Gartenlokal Terrasse

Kirchrode (7 km →)
✶✶ Queens Hotel
♂ Tiergartenstr 117, ✉ 30559, ☏ (05 11)
5 10 30, Fax 52 69 24, AX DC ED VA
178 Zi, Ez: 135-600, Dz: 165-595, S; 3 Suiten,
⌐ WC ☏, 42🖂; Lift 🚗 7⇌350 Fitneßraum
Sauna Solarium ≋
Auf der „Belle Etage" auch Zimmer der
Kategorie ✶✶✶ vorhanden
✶✶ Hauptgericht 35; 🅿;
Mittags nur Lunchbuffet

✶✶ Alte Mühle
⊗ Hermann-Löns-Park 3, ✉ 30559,
☏ (05 11) 55 94 80, Fax 55 26 80, AX ED
Hauptgericht 40; Gartenlokal; geschl: Di,
18.1.-12.2.

Kleefeld (5 km →)
✶✶ Kleefelder Hof
Top International Hotel
Kleestr 3 a, ✉ 30625, ☏ (05 11) 5 30 80,
Fax 5 30 83 33, AX DC ED VA
86 Zi, Ez: 170-270, Dz: 210-270, S; ⌐ WC ☏,
20🖂; Lift 🅿 🚗 1⇌20; garni
Auch Zimmer der Kategorie ✶ vorhanden

Lahe (8 km ↗)
✶✶ Holiday Inn
Oldenburger Allee 1, ✉ 30659, ☏ (05 11)
6 15 50, Fax 6 15 55 55, AX DC ED VA
150 Zi, Ez: 135-520, Dz: 187-520, S; ⌐ WC ☏
DFÜ, 81🖂; Lift 🅿 🚗 11⇌450 Sauna
Solarium ⌠◌⌡ ≋

✶✶ Best Western
Föhrenhof
Kirchhorster Str 22, ✉ 30659, ☏ (05 11)
6 15 40, Fax 61 97 19, AX DC ED VA
77 Zi, Ez: 110-180, Dz: 155-225, S; 1 Suite, ⌐
WC ☏, 8🖂; Lift 🅿 🚗 6⇌100 ≋
✶✶ Hauptgericht 35; Terrasse;
geschl: Ende Dez-Anfang Jan

List (2 km ↗)
✶✶✶ Arabella Sheraton Pelikan
Hotel
Podbielskistr 145 (F 1), ✉ 30177, ☏ (05 11)
9 09 30, Fax 9 09 35 55, AX DC ED VA
125 Zi, Ez: 242-520, Dz: 272-550, 8 Suiten,
7 App, ⌐ WC ☏ DFÜ, 24🖂; Lift 🚗 6⇌250
Fitneßraum Sauna Solarium
✶✶ Edo
Hauptgericht 50; 🅿; geschl: So
Japanische Küche
✶✶ Signatur
Hauptgericht 30; 🅿 Terrasse →

Hannover

** Dorint Hotel
Podbielskistr 21-23 (E 1), ✉ 30163,
☎ (05 11) 3 90 40, Fax 39 04-1 00,
AX DC ED VA
202 Zi, Ez: 205-595, Dz: 205-595, S; 4 Suiten,
⌐ WC ☎ DFÜ, 84✉; Lift 🅿 9↔300 Sauna
Solarium
** Intermezzo
Hauptgericht 25

* Martens
Waldstr 8 A (E 1), ✉ 30163, ☎ (05 11)
9 65 77-0, Fax 9 65 77 77, AX DC ED VA
37 Zi, Ez: 148-265, Dz: 168-400, 2 Suiten, ⌐
WC ☎, 4✉; Lift 🅿; garni

* Waldersee
♂ Walderseestr 39, ✉ 30177, ☎ (05 11)
90 99 10, Fax 9 09 91 49, AX DC ED VA
29 Zi, Ez: 120-320, Dz: 170-360, 1 App, ⌐
WC ☎ DFÜ; Lift 🅿 🚗 ≙ Fitneßraum Sauna
Solarium; garni

Mittelfeld (9 km ↘, an der Messe)
* Atrium
Am Mittelfelde 65, ✉ 30519, ☎ (05 11)
87 97 20, Fax 8 79 72 97, AX DC ED VA
25 Zi, Ez: 169-395, Dz: 189-445, ⌐ WC ☎; 🅿;
garni
Auch Zimmer der Kategorie ** vorhanden

Ricklingen (3 km ↙)
* La Provence
☘ Beekestr 95, ✉ 30459, ☎ (05 11) 41 33 77,
Fax 42 73 47
Hauptgericht 38; Gartenlokal; nur abends;
geschl: Mo, Di

Stöcken (6 km ↘)
** Am Entenfang
♂ Eichsfelder Str 4, ✉ 30419, ☎ (05 11)
9 79 50, Fax 9 79 52 99, VA
64 Zi, Ez: 130-190, Dz: 172-222, 1 Suite,
4 App, ⌐ WC ☎, 6✉; Lift 🅿 🚗 2↔85 Sauna
Solarium 🍴

Vahrenwald (2 km ↑)
** Fora
Großer Kolonnenweg 19, ✉ 30163,
☎ (05 11) 6 70 60, Fax 6 70 61 11, AX DC ED VA
104 Zi, Ez: 130-600, Dz: 160-750, 2 Suiten,
36 App, ⌐ WC ☎ DFÜ, 32✉; Lift 🚗
15↔200 Fitneßraum Sauna Solarium
** Hauptgericht 30; 🅿 Terrasse

* Haus Sparkuhl
Hischestr 4 (D 1), ✉ 30165, ☎ (05 11)
9 37 80, Fax 9 37 81 99, AX DC ED VA
25 Zi, Ez: 115-125, Dz: 155, ⌐ WC ☎; 🅿;
garni

* Vahrenwald
Vahrenwalder Str 205, ✉ 30165, ☎ (05 11)
63 30 77, Fax 67 31 63, DC ED VA
26 Zi, Ez: 100-150, Dz: 140-190, ⌐ WC ☎;
Lift 3↔80 Sauna Solarium; garni
Rezeption in der 1. Etage eines Geschäfts-
gebäudes

** Basil
Dragoner Str 30 a, ✉ 30163, ☎ (05 11)
62 26 36, Fax 3 94 14 34
Hauptgericht 30; nur abends; geschl: So

Vinnhorst (9 km ↘)
* Mecklenheide
Schulenburger Landstr 262, ✉ 30419,
☎ (05 11) 74 09 50, Fax 7 40 95 32, VA
42 Zi, Ez: 95-250, Dz: 140-290, ⌐ WC ☎; Lift
🅿 🚗 🍴

Waldhausen (3 km ↘)
*** Landhaus Ammann ♛
Relais & Châteaux
Hildesheimer Str 185, ✉ 30173, ☎ (05 11)
83 08 18, Fax 8 43 77 49, AX DC ED VA
4 Zi, Ez: 235-340, Dz: 290-450, 2 Suiten, ⌐
WC ☎; Lift 🅿 5↔250 Sauna 🍴
*** Ammanns Restaurant
Hauptgericht 64; Terrasse

* Hubertus
Adolf-Ey-Str 11, ✉ 30519, ☎ (05 11)
98 49 70, Fax 83 06 81, AX ED VA
25 Zi, Ez: 98-120, Dz: 130-160, ⌐ WC ☎
DFÜ; 🅿; garni
Restaurant für Hausgäste

** Die Insel ✤
◀ Rudolf-von-Bennigsen-Ufer 81, ✉ 30519,
☎ (05 11) 83 12 14, Fax 83 13 22, AX VA
Hauptgericht 36; Biergarten 🅿; geschl: Mo

siehe auch **Laatzen**

siehe auch **Langenhagen**

Hanstedt 18 □

Niedersachsen — Kreis Harburg — 40 m —
4 595 Ew — Harburg 32, Lüneburg 32 km
ℹ ☎ (0 41 84) 1 94 33, Fax 5 25 — Verkehrsverein, Am Steinberg 2, 21271 Hanstedt;
Erholungsort in der Lüneburger Heide.
Sehenswert: Rathaus; St.-Jacobi-Kirche;
Hanstedter Platz

** Ringhotel Sellhorn
Winsener Str 23, ✉ 21271, ☎ (0 41 84)
80 10, Fax 8 01-3 33, AX DC ED VA
56 Zi, Ez: 133-163, Dz: 172-216, S; 4 Suiten,
6 App, ⌐ WC ☎, 12✉; Lift 🅿 🚗 3↔50 ≙
Sauna Solarium
** Hauptgericht 35; Terrasse

Hanstedt-Außerhalb (2 km ↓)
* Hanstedter Heideforelle
Ollsener Str 63, ✉ 21271, ☎ (0 41 84) 78 62,
Fax 18 75, ED
Hauptgericht 28; Gartenlokal 🅿 Terrasse;
geschl: Di

Happurg 58 □

Bayern — Kreis Nürnberger Land — 354 m — 3 650 Ew — Hersbruck 4, Nürnberg 23 km
🛈 ☎ (0 91 51) 8 38 30, Fax 83 83 83 — Gemeindeverwaltung, Hersbrucker Str 6, 91230 Happurg; Erholungsort in der Fränkischen Alb

---

Kainsbach (3 km ↓)
** Kainsbacher Mühle
Flair Hotel
♂ ✉ 91230, ☎ (0 91 51) 72 80, Fax 72 81 62, DC ED VA
35 Zi, Ez: 120-145, Dz: 210, 1 Suite, 23 App, ⌐ WC ☎, 6⌧; Lift P 3✪38 ≋ Fitneßraum Sauna Solarium 18Golf ⚓
** Hauptgericht 30

Hardegsen 36 □

Niedersachsen — Kreis Northeim — 175 m — 8 000 Ew — Northeim 18, Uslar 19, Göttingen 20 km
🛈 ☎ (0 55 05) 5 03 17, Fax 5 03 33 — Fremdenverkehrs-GmbH, Vor dem Tore 1, 37181 Hardegsen; Luftkurort am Solling. Sehenswert: Burg

---

Goseplack (6 km ←)
** Altes Forsthaus
Goseplack 8, ✉ 37181, ☎ (0 55 05) 9 40-0, Fax 94 04 44, AX DC ED VA
16 Zi, Ez: 88-140, Dz: 165-185, 3 Suiten, ⌐ WC ☎; Lift P 3✪45 ⓘ⚓
geschl: Mitte Jan-Mitte Feb

Hardheim 55 □

Baden-Württemberg — Neckar-Odenwald-Kreis — 350 m — 7 500 Ew — Tauberbischofsheim 17, Miltenberg 23 km
🛈 ☎ (0 62 83) 58 26, Fax 58 55 — Verkehrsamt, Schloßplatz 6, 74736 Hardheim; Erholungsort

---

Hardheim-Außerhalb (2 km ↘)
** Wohlfahrtsmühle
einzeln, Wohlfahrtsmühle 1, ✉ 74736, ☎ (0 62 83) 2 22 20, Fax 22 22 40
Hauptgericht 25; geschl: Mo,Di
* einzeln ♂ 15 Zi, Ez: 70, Dz: 105; P 🚗

Schweinberg (3 km →)
* Gasthof zum Ross
Königheimer Str 23, ✉ 74736, ☎ (0 62 83) 10 51, Fax 5 03 22
25 Zi, Ez: 60, Dz: 100, ⌐ WC ☎; Lift P 1✪30
Rezeption: 7-13, 16-23; geschl: So 15-Mo 17, 15.8.-10.9.
* Hauptgericht 35; geschl: So abends, Mo mittags, 15.8.-10.9.

* Grüner Baum
Königheimer Str 19, ✉ 74736, ☎ (0 62 83) 62 03, Fax 5 03 16, AX ED
10 Zi, Ez: 50, Dz: 80; ⓘ

Haren (Ems) 23 ↑

Niedersachsen — Kreis Emsland — 25 m — 21 664 Ew — Meppen 14, Papenburg 50 km
🛈 ☎ (0 59 32) 7 13 13, Fax 7 13 15 — Tourist-Information Haren (Ems), Rathaus Neuer Markt 1, 49733 Haren (Ems)

---

* Greive mit Gästehaus
Nordstr 10, ✉ 49733, ☎ (0 59 32) 7 27 70, Fax 72 77 50, ED VA
23 Zi, Ez: 73, Dz: 115-140, ⌐ WC ☎, 8⌧; 🚗 2✪30 Fitneßraum Kegeln Sauna ⓘ

Harpstedt 25 ↖

Niedersachsen — Kreis Oldenburg — 20 m — 4 710 Ew — Wildeshausen 11, Bassum 12, Delmenhorst 20 km
🛈 ☎ (0 42 44) 10 08, Fax 80 94 — V V V Harpstedt, Amtsfreiheit 4, 27243 Harpstedt; Erholungsort

---

* Akzent-Hotel Zur Wasserburg
Amtsfreiheit 4, ✉ 27243, ☎ (0 42 44) 10 08, Fax 80 94, AX DC ED VA
30 Zi, Ez: 85-100, Dz: 150-170, ⌐ WC ☎, 12⌧; P 3✪40 Kegeln ⚓
Im Gästehaus Zimmer der Kategorie ** vorhanden
* Hauptgericht 25; Terrasse

Harrislee 9 ↑

Schleswig-Holstein — Kreis Schleswig-Flensburg — 10 m — 10 700 Ew — Dänische Grenze 2, Flensburg 4 km
🛈 ☎ (04 61) 70 60, Fax 7 06 53 — Gemeindeverwaltung, Süderstr 101, 24955 Harrislee

---

Wassersleben (4 km ↑)
* Wassersleben
City Line & Country Line Hotels
⛵ Haus Nr 4, ✉ 24955, ☎ (04 61) 7 74 20, Fax 7 74 21 33, AX DC ED VA
25 Zi, Ez: 105-165, Dz: 190-225, ⌐ WC ☎, 3⌧; P 4✪130 Strandbad Seezugang ⚓
** ⛵ Hauptgericht 30

Harsefeld 17 →

Niedersachsen — Kreis Stade — 33 m — 10 432 Ew — Buxtehude 17, Stade 17, Bremervörde 28 km
🛈 ☎ (0 41 64) 8 87-1 12, Fax 8 87-2 01 — Gemeindeverwaltung, Herrenstr 25, 21698 Harsefeld; Luftkurort. Sehenswert: Ehem. Benediktiner-Kloster; St.-Marien- und Bartholomäikirche

➔

Harsefeld

✳ Meyers Gasthof
Marktstr 17-21, ✉ 21698, ☎ (0 41 64)
8 14 60, Fax 30 22, AX DC ED VA
26 Zi, Ez: 83-108, Dz: 130-180, ⌁ WC ☎,
6✉; P 🚗 1✺50 ⌁
Auch Zimmer der Kategorie ✳✳ vorhanden

✳ Eichhorn mit Gästehaus
Herrenstr 44-46, ✉ 21698, ☎ (0 41 64) 22 57,
Fax 36 39, ED
12 Zi, Ez: 55-70, Dz: 90-120, ⌁ WC ☎; P 🚗
150 ⌁

Harsewinkel 34 ↗

Nordrhein-Westfalen — Kreis Gütersloh —
80 m — 23 217 Ew — Gütersloh 13, Warendorf 19 km
ℹ ☎ (0 52 47) 93 51 82, Fax 93 51 70 — Verkehrsamt, Münsterstr 14, 33428 Harsewinkel. Sehenswert: Abteikirche des ehem.
Zisterzienserklosters Marienfeld; Motorrad-Museum im OT Greffen

✳✳✳ Poppenborg
Brockhäger Str 9, ✉ 33428, ☎ (0 52 47)
22 41, Fax 17 21, AX DC ED VA
Hauptgericht 44; Gartenlokal P; geschl: Mi

Greffen (6 km ↘)
✳ Zur Brücke
Hauptstr 38, ✉ 33428, ☎ (0 25 88) 8 90,
Fax 89 89, AX DC ED VA
45 Zi, Ez: 80-110, Dz: 140-180, ⌁ WC ☎
DFÜ; Lift P 3✺70 ☂ Kegeln Sauna
Solarium ⌁

Marienfeld (4 km ↘)
✳✳ Klosterpforte
♂ Klosterhof 2, ✉ 33428, ☎ (0 52 47) 70 80,
Fax 8 04 84, AX DC ED VA
110 Zi, Ez: 120-195, Dz: 170-250, 5 Suiten, ⌁
WC ☎; Lift P 6✺120 Kegeln Sauna
Solarium 18Golf
geschl: Di
✳✳ Hauptgericht 30; Terrasse; nur
abends, so+feiertags auch mittags;
geschl: Di, Ende Dez-Anfang Jan,
3 Wochen in den Sommerferien

Hartenstein 49 ↗

Sachsen — Zwickauer Land — 3 774 Ew
ℹ ☎ (03 76 05) 2 51 — Stadtverwaltung,
Marktplatz 9, 08118 Hartenstein

✳✳ Romantik Hotel Jagdhaus Waldidyll
Talstr 1, ✉ 08118, ☎ (03 76 05) 84-0,
Fax 84-4 44, AX DC ED VA
22 Zi, Ez: 120-165, Dz: 185-240, 4 Suiten, ⌁
WC ☎ DFÜ, 8✉; P 🚗 3✺70 Fitneßraum
Sauna Solarium ⚑
✳✳ Hauptgericht 25

Hartha 39 ↘

Sachsen — Kreis Döbeln — 200 m —
8 658 Ew — Döbeln 10, Grimma 30, Chemnitz 34 km
ℹ ☎ (03 43 28) 5 20 — Stadtverwaltung,
Karl-Marx-Str 32, 04746 Hartha

✳✳ Flemmingener Hof
Leipziger Str 1, ✉ 04746, ☎ (03 43 28) 53-0,
Fax 5 34 44, AX DC ED VA
40 Zi, Ez: 75-130, Dz: 120-150, ⌁ WC ☎
DFÜ, 24✉; Lift P 1✺35 Fitneßraum Sauna
Solarium ⌁ ⚑

Hartha 51 ↘

Sachsen — Kreis Freital — 380 m —
2 562 Ew — Freital 12, Dresden 24 km
ℹ ☎ (03 52 03) 3 76 16, Fax 3 76 17 — Touristinformation, Talmühlenstr 11,
01737 Hartha; Kurort

✳✳ Parkhotel Forsthaus
Am Kurplatz 13, ✉ 01737, ☎ (03 52 03) 3 40,
Fax 3 41 50, AX ED VA
37 Zi, Ez: 105, Dz: 130, 1 Suite, ⌁ WC ☎,
14✉; Lift P 3✺100 Sauna Solarium ⌁

✳ Kirchner
Talmühlenstr 14, ✉ 01737, ☎ (03 52 03)
24 48, Fax 24 47, ED VA
26 Zi, Ez: 80-90, Dz: 110-130, 2 Suiten, ⌁
WC ☎ DFÜ; P 1✺15 Fitneßraum Sauna
Solarium ⌁
Rezeption: 7-9, 17-22

Harth-Pöllnitz 49 ↘

Thüringen — Kreis Greiz — 310 m —
3 500 Ew — Niederpöllnitz 2, Gera 15, Weimar 70 km
ℹ ☎ (03 66 07) 23 68, Fax 25 64 — Gemeindeverw. Harth-Pöllnitz, Am Porstendorfer Weg 1, 07570 Harth-Pöllnitz

Großebersdorf
✳✳ Zum Adler Landidyll Hotel
Hauptstr 22, ✉ 07589, ☎ (03 66 07) 50 00,
Fax 5 01 00, AX DC ED VA
42 Zi, Ez: 130, Dz: 160, ⌁ WC ☎, 13✉; Lift P
🚗 4✺80 Sauna Solarium
✳ Hauptgericht 23; Terrasse

Hartmannsdorf 50 ↘

Sachsen — Kreis Mittweida — 300 m —
4 600 Ew — Chemnitz 9 km
ℹ ☎ (03 72 2) 9 30 45, Fax 9 23 33 —
Gemeindeverwaltung, Untere Hauptstr 111,
09232 Hartmannsdorf

Harzburg, Bad

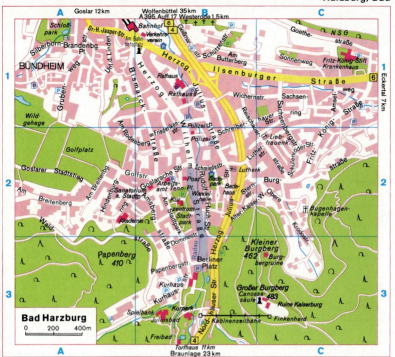

Bad Harzburg
0 200 400m

** **Domizil**
Am Berg 3, ✉ 09232, ☎ (0 37 22) 40 50,
Fax 40 54 05, AX DC ED VA
85 Zi, Ez: 99-149, Dz: 119-179, 1 Suite, ⌂
WC ☎ DFÜ, 36🛏; Lift 🅿 🚗 2⇆80 Sauna
Solarium

** **Refugium** ✤
Hauptgericht 32; Terrasse

Harzburg, Bad 37 ↘

Niedersachsen — Kreis Goslar — 280 m —
23 000 Ew — Goslar 12, Braunschweig
50 km

ℹ ☎ (0 53 22) 7 53 30, Fax 7 53 29 — Tourist
Information, Herzog-Wilhelm-Str 86,
38667 Bad Harzburg; Heilbad am Nordrand
des Oberharzes; Spielbank. Sehenswert:
GroßerBurgberg (Seilbahn), 483 m ≼; Reste
der Harzburg; Radau-Wasserfall

*** **Ringhotel
Braunschweiger Hof**
Herzog-Wilhelm-Str 54 (B 1-2), ✉ 38667,
☎ (0 53 22) 78 80, Fax 78 84 99, AX DC ED VA
84 Zi, Ez: 149-199, Dz: 228-278, S; 4 Suiten,
⌂ WC ☎, 10🛏; Lift 🅿 🚗 10⇆100 ⇌ Fitneß-
raum Kegeln Sauna Solarium 9Golf 🍴
Auch Zimmer der Kategorie ****** vorhanden
** Hauptgericht 35; Terrasse

** **Germania
Minotel** ♛
♂ Berliner Platz 2 (B 3), ✉ 38667,
☎ (0 53 22) 95 00, Fax 95 01 95, AX DC ED VA
34 Zi, Ez: 100-200, Dz: 180-250, 1 Suite, ⌂
WC ☎ DFÜ, 1🛏; Lift 🅿 Sauna Solarium
9Golf; garni

** **Seela**
Nordhäuser Str 5 (B 3), ✉ 38667,
☎ (0 53 22) 79 60, Fax 79 61 99, DC ED VA
120 Zi, Ez: 99-215, Dz: 158-318, 6 Suiten, ⌂
WC ☎, 9🛏; Lift 🅿 🚗 10⇆100 ⇌ Fitneßraum Kegeln Sauna Solarium

** **Schlemmerstube**
Hauptgericht 25

* **Tannenhof**
Nordhäuser Str 6 (B 3), ✉ 38667,
☎ (0 53 22) 9 68 80, Fax 96 88 99, AX DC ED VA
16 Zi, Ez: 89-115, Dz: 130-170, ⌂ WC ☎; Lift
🅿 1⇆25 🍴
Auch Zimmer der Kategorie ****** vorhanden

* **Parkhotel**
♂ Hindenburgring 12 a (A 2), ✉ 38667,
☎ (0 53 22) 78 60, Fax 78 62 28, AX DC ED VA
45 Zi, Ez: 145-180, Dz: 185-250, 3 Suiten, ⌂
WC ☎; Lift 🅿 8⇆60 ≋ Solarium 9Golf 🍴 →

Harzburg, Bad

Peters
Herzog-Wilhelm-Str 106 (B 2), ✉ 38667,
☎ (0 53 22) 28 27
Terrasse
Spezialität: Sponblätter

Café Winuwuk
Ⓥ Waldstr 9, ✉ 38667, ☎ (0 53 22) 14 59,
Fax 5 40 68
Hauptgericht 18; P Terrasse; ab mittags;
geschl: Mo,
1922 von Worpsweder Künstlern erbaut

Westerrode (3 km ↑)
✱ **Tennispark Bad Harzburg**
Tennisweg 46, ✉ 38667, ☎ (0 53 22) 9 07-0,
Fax 9 07-1 99, AX DC ED VA
20 Zi, Ez: 66-76, Dz: 112-132, ⊣ WC ☎,
10✉; P Kegeln 9 Golf 8 Tennis ⛔
geschl: 29.6.-1.7.

✱✱ **Burghotel**
Ⓥ Steintorstr 7, ✉ 49740, ☎ (0 59 61)
9 43 30, Fax 94 33 40, AX DC ED VA
28 Zi, Ez: 109-144, Dz: 159-218, 2 Suiten,
2 App, ⊣ WC ☎ DFÜ, 5✉; Lift P 3↻50 Fitneßraum Sauna Solarium; **garni**
Historisches Stadtpalais

✱ **Parkhotel am See**
einzeln ♂ ◄ Am See 2, ✉ 49740, ☎ (0 59 61)
94 25-0, Fax 94 25-25, ED VA
12 Zi, Ez: 80-95, Dz: 135, ⊣ WC ☎, 4✉; P
Seezugang ◻
✱ Hauptgericht 20; Gartenlokal Terrasse

✱✱ **Jagdhaus Wiedehage**
Ⓥ Steintorstr 9, ✉ 49740, ☎ (0 59 61) 79 22,
Fax 41 41
Hauptgericht 30; geschl: Mo,
Historisches Ackerbürgerhaus aus dem 18. Jh.

Harzgerode 37→

Sachsen-Anhalt — Kreis Quedlinburg —
400 m — 5 500 Ew — Quedlinburg 20, Eisleben 42, Braunlage 44 km
🛈 (03 94 84) 3 24 21, Fax 3 24 21 — Stadtverwaltung, Markt 7, 06493 Harzgerode;
Erholungsort. Sehenswert: St-Marien-Kir-
che; Schloß; Fachwerkhäuser; Stadtmauer; Selketalbahn

Alexisbad (4 km ←)
✱✱ **Habichtstein**
Kreisstr 4, ✉ 06493, ☎ (03 94 84) 7 80,
Fax 7 83 80, AX DC ED VA
61 Zi, Ez: 90-110, Dz: 126-140, 8 Suiten, ⊣
WC ☎, 10✉; Lift P ◼ 5↻150 Fitneßraum
Sauna Solarium ⛔ ≋

Hasel 67↓

Baden-Württemberg — Kreis Lörrach —
400 m — 1 067 Ew — Bad Säckingen 15,
Lörrach 20 km
🛈 ☎ (0 77 62) 93 07, Fax 73 94 — Gemeindeverwaltung, Hofstr 2, 79686 Hasel. Sehenswert: Erdmannshöhle; Haselbachtal; Doli-
nenlandschaft; Natur-Lehrpfad

✱ **Landgasthof Erdmannshöhle**
Hauptstr 14, ✉ 79686, ☎ (0 77 62) 5 21 80,
Fax 52 18-14, AX DC ED VA
Hauptgericht 40; P Terrasse
✱ 18 Zi, Ez: 70-100, Dz: 100-160,
1 App, ⊣ WC ☎ DFÜ; 🚗 1↻60 18 Golf

Haselmühl siehe Kümmersbruck

Haselünne 23↗

Niedersachsen — Kreis Emsland — 20 m —
11 862 Ew — Meppen 14, Löningen 20, Lingen 21 km
🛈 (0 59 61) 50 90, Fax 5 09 50 — Stadtverwaltung, Krummer Dreh 18, 49740 Haselünne. Sehenswert: Kath. Kirche; Brenne-
reimuseum; Wacholderhain (30 Min↓)

Haslach im Kinzigtal 67↗

Baden-Württemberg — Ortenaukreis —
220 m — 6 200 Ew — Offenburg 27, Freiburg 44, Freudenstadt 48 km
🛈 (0 78 32) 7 06 70, Fax 59 09 — Verkehrsamt, Im Alten Kapuzinerkloster, 77716 Haslach; Erholungsort. Sehenswert: Schwarzwälder Trachtenmuseum; Dr-Heinrich-
Hansjakob-Museum; hist. Fachwerkalt-
stadt

✱ **Gasthof Ochsen**
Mühlenstr 39, ✉ 77716, ☎ (0 78 32)
99 58 90, Fax 99 58 99
Hauptgericht 28; geschl: Mo, Do abends,
15.-30.3., 15.9.-1.10.
✱ 7 Zi, Ez: 65-75, Dz: 120-140, ⊣ WC
☎, 3✉; P 🚗
geschl: Mo, 15.-30.3., 15.9.-1.10.

Hasselfelde 37 □

Sachsen-Anhalt — Kreis Wernigerode —
462 m — 2 708 Ew — Nordhausen 28, Wernigerode 28, Quedlinburg 29 km
🛈 ☎ (03 94 59) 7 13 69, Fax 7 60 55 — Kurverwaltung Hasselfelde, Lindenstr. 3a,
38899 Hasselfelde

✱ **Hagenmühle**
♂ ◄ Hagenstr 6, ✉ 38899, ☎ (03 94 59)
7 13 39, Fax 7 13 36
17 Zi, Ez: 66-86, Dz: 116-136, ⊣ WC ☎; P
2↻55 Sauna ⛔
geschl: 14.-29.11.

Haßfurt 56↗

Bayern — Kreis Haßberge — 224 m —
12 500 Ew — Schweinfurt 23, Bamberg
34 km
🛈 ☎ (0 95 21) 68 82 27, Fax 68 82 80 — Verkehrsamt, Marktplatz 1, 97437 Haßfurt;
Kreisstadt am Main. Sehenswert: Kath.
Stadtpfarrkirche; Ritterkapelle; Rathaus;
Stadttore; ehem. Klosterkirche Mariaburg-
hausen (2 km ↓)

Augsfeld (5 km ↘)
* **Goger**
Bamberger Str 22, ✉ 97437, ☎ (0 95 21)
92 50, Fax 53 39, ED VA
45 Zi, Ez: 65-75, Dz: 110-120, ⊒ WC ☎; Lift
🅿 5⇆180 Fitneßraum Sauna Solarium ⌘

Haßloch 54 ↙

Rheinland-Pfalz — Kreis Bad Dürkheim —
114 m — 20 038 Ew — Neustadt 10, Speyer
16 km
ℹ ☎ (0 63 24) 5 99 22 25, Fax 5 99 23 00 —
Tourist Information, Rathausplatz 1,
67454 Haßloch. Sehenswert: Rathaus;
Fachwerkhäuser; Holiday-Park; Vogelpark;
Mühlenwanderweg

** **Silencehotel Sägmühle**
einzeln ♂ Sägmühlweg 140, ✉ 67454,
☎ (0 63 24) 92 91-0, Fax 92 91-60,
AX DC ED VA
27 Zi, Ez: 85-115, Dz: 135-165, ⊒ WC ☎
DFÜ; Lift 🅿 🚘 3⇆20
** Hauptgericht 25; Gartenlokal;
geschl: Mo, Di mittags

** **Pfalz Hotel
Minotel**
Lindenstr 50, ✉ 67454, ☎ (0 63 24) 40 47,
Fax 8 25 03, AX DC ED VA
38 Zi, Ez: 86-150, Dz: 130-180, ⊒ WC ☎,
7🛏; Lift 🅿 🚘 1⇆30 ≋ Sauna Solarium
geschl: 18.12.-3.1., 12.-21.2.
Restaurant für Hausgäste

* **Pälzer Buwe**
Rathausplatz 2, ✉ 67454, ☎ (0 63 24) 42 80,
Fax 42 21, AX DC ED VA
Hauptgericht 25; geschl: Mi
** 10 Zi, Ez: 80-97, Dz: 135-147,
2 Suiten, 1 App, ⊒ WC ☎; Lift 1⇆20 Fitneßraum Sauna Solarium

Hattersheim 54 ↑

Hessen — Main-Taunus-Kreis — 103 m —
25 535 Ew — Frankfurt/Main 16 km
ℹ ☎ (0 61 90) 9 70-1 03, Fax 9 70-1 34 —
Stadtverwaltung, Rathausstr 10, 65795 Hat-
tersheim; Stadt am unteren Main

** **Parkhotel am Posthof**
Am Markt 17, ✉ 65795, ☎ (0 61 90) 8 99 90,
Fax 89 99 99, AX DC ED VA
58 Zi, Ez: 169-248, Dz: 189-278, ⊒ WC ☎;
Lift 🅿 3⇆50 Fitneßraum Sauna ⌘

* **Am Schwimmbad**
♂ Staufenstr 35, ✉ 65795, ☎ (0 61 90)
9 90 50, Fax 9 90 51 55, DC ED VA
17 Zi, Ez: 95-160, Dz: 140-195, ⊒ WC ☎
DFÜ, 1🛏; 🅿
Restaurant für Hausgäste

Hattingen 33 ▫

Nordrhein-Westfalen — Ennepe-Ruhr-
Kreis — 64 m — 61 151 Ew — Bochum 12,
Essen 21 km
ℹ ☎ (0 23 24) 20 12 28, Fax 2 50 56 — Verkehrsverein, Bahnhofstr 5, 45525 Hattingen; Stadt an der Ruhr. Sehenswert: Fachwerkhäuser; Burg Blankenstein; Wasserburg Haus Kemnade (6 km →)

** **Avantgarde**
Welperstr 49, ✉ 45525, ☎ (0 23 24) 5 09 70,
Fax 2 38 27, AX DC ED VA
29 Zi, Ez: 99-150, Dz: 120-190, 5 App, ⊒ WC
☎, 2🛏; Lift 🅿 🚘 3⇆80 Fitneßraum Sauna
Solarium ⌘

🍴 **Adele**
Steinhagenstr 1, ✉ 45525, ☎ (0 23 24)
2 54 79
Terrasse; 9-18.30
so + feiertags ab 12

Blankenstein (6 km →)
** **Burgstube Haus Kemnade**
▨ An der Kemnade 10, ✉ 45527, ☎ (0 23 24)
9 33 10, Fax 93 31 99, AX ED VA
Hauptgericht 30; Gartenlokal 🅿; geschl:
Mo, 21.12.-20.1., 2 Wochen in den Sommer-
ferien

Holthausen (3 km ↘)
* **An de Krüpe**
Dorfstr 27, ✉ 45527, ☎ (0 23 24) 9 33 50,
Fax 93 35 55, ED VA
20 Zi, Ez: 93-100, Dz: 150-170, ⊒ WC ☎,
4🛏; 🅿 🚘 2⇆30 Kegeln ⌘

Niederelfringhausen (9 km ↓)
*** **Landhaus Huxel**
▨ Felderbachstr 9, ✉ 45529, ☎ (0 20 52)
64 15, AX DC ED VA
Hauptgericht 35; 🅿 Terrasse; geschl:
Mo + Di

Oberelfringhausen (12 km ↓)
** **Landhaus Felderbachtal**
◂ Felderbachstr 133, ✉ 45529, ☎ (02 02)
52 20 11, Fax 52 67 02, AX DC ED VA
Hauptgericht 38

Oberstüter (8 km ↓)
** **Zum Hackstück**
♂ Hackstückstr 123, ✉ 45527, ☎ (0 23 24)
90 66-0, Fax 90 66-55, AX ED VA
23 Zi, Ez: 120-135, Dz: 189-198, 1 Suite,
1 App, ⊒ WC ☎; 🅿 🚘 4⇆30 🍴
** Hauptgericht 30; Gartenlokal;
geschl: Di, Mitte-Ende Juli

Welper (3 km ↗)
** **Diergardts Kühler Grund**
Am Büchsenschütz 15, ✉ 45527,
☎ (0 23 24) 96 03-0, Fax 96 03-33, DC ED VA
Hauptgericht 30; Gartenlokal Kegeln;
geschl: Do, 3 Wochen in den Sommerferien

Hauenstein 60 ↘

Rheinland-Pfalz — Kreis Südwestpfalz — 250 m — 4 400 Ew — Pirmasens 23, Landau 24 km
🅘 ☎ (0 63 92) 91 51 10, Fax 91 51 60 — Verkehrsamt, Schulstr 4, 76846 Hauenstein; Luftkurort im Wasgau. Sehenswert: St.-Katharinen-Kapelle mit Pieta (1460); domartige Christ-Königs-Kirche; Bartholomäuskirche mit klassizistischem Turm (13. Jh.); Schuhmuseum „Die Schuhfabrik"; Schuhmacherdenkmal

✱✱ Ringhotel Felsentor
Bahnhofstr 88, ✉ 76846, ☎ (0 63 92) 40 50, Fax 40 51 45, AX ED VA
21 Zi, Ez: 97, Dz: 168, S; ⌂ WC ☎, 21✉; 🅿
3⟲85 Sauna Solarium ⚭
geschl: Mo
✱✱ Hauptgericht 20; Terrasse; geschl: Mo

✱ Zum Ochsen
Marktplatz 15, ✉ 76846, ☎ (0 63 92) 5 71, Fax 72 35
20 Zi, Ez: 70-95, Dz: 110-165; 🅿 1⟲90 Sauna Solarium ⚭
✱✱ Hauptgericht 25; Biergarten Terrasse; geschl: Do

Haunstetten siehe Augsburg

Hausach 67 ↗

Baden-Württemberg — Ortenaukreis — 249 m — 5 750 Ew — Haslach 8, Triberg 19, Offenburg 33 km
🅘 ☎ (0 78 31) 79 75, Fax 79 56 — Verkehrsamt, Hauptstr 40, 77756 Hausach; Erholungsort im Kinzigtal, im Schwarzwald. Sehenswert: Friedhofskirche; Burgruine Husen; Freilichtmuseum Vogtsbauernhof (4 km ↘); Brandenkopf, 931 m ⚐ (4 km + 60 Min ↑); Farrenkopf, 789 m ⚐ (2 km + 60 Min ↓)

✱ Gasthaus Zur Blume
Eisenbahnstr 26, ✉ 77756, ☎ (0 78 31) 2 86, Fax 89 33, AX ED VA
16 Zi, Ez: 39-75, Dz: 80-105, ⌂ WC ☎; 🅿 ⚭
geschl: 1.-15.1.

✱ Zur Eiche
Wilhelm-Zangen-Str 30, ✉ 77756,
☎ (0 78 31) 29/68 83, Fax 89 47, AX DC ED VA
Hauptgericht 20; Biergarten 🅿; geschl: Im Winter Mi; 🛏

Hausberge siehe Porta Westfalica

Hausen 46 →

Bayern — Rhön-Grabfeld — 443 m — 826 Ew — Bad Neustadt a. d. Saale 25 km
🅘 ☎ (0 97 78) 16 31, Fax 16 31 — Gemeinde Hausen, Fladunger Str 1, 97647 Hausen

Roth
✱✱ Landhaus König
◐ ⚐ Rhönweg 7, ✉ 97647, ☎ (0 97 79) 8 11 80, Fax 81 18 18, ED VA
17 Zi, Ez: 60-75, Dz: 96-126, ⌂ WC ☎; 🅿
1⟲20 Sauna Solarium ⚭

Hausen ob Verena 68 □

Baden-Württemberg — Kreis Tuttlingen — 807 m — 695 Ew — Spaichingen 5, Trossingen 15, Tuttlingen 18 km
🅘 ☎ (0 74 24) 22 08, Fax 22 18 — Gemeindeverwaltung, Hauptstr. 34, 78595 Hausen

Hausen ob Verena-Außerhalb (2 km ↓)
✱✱ Hofgut Hohenkarpfen
einzeln ◐ ⚐ ⚑ Am Hohen Karpfen, ✉ 78595, ☎ (0 74 24) 94 50, Fax 94 52 45, AX DC ED VA
19 Zi, Ez: 95-105, Dz: 160-180, 2 Suiten, ⌂ WC ☎ DFÜ, 10✉; 🅿 2⟲40 ⚭
Restaurierter Gutshof mit moderner Einrichtung. Kunststiftung Hohenkarpfen mit wechselnden Ausstellungen
✱✱ Hauptgericht 30; Terrasse ✣

Hauzenberg 66 →

Bayern — Kreis Passau — 545 m — 12 500 Ew — Passau 18 km
🅘 ☎ (0 85 86) 30 30, Fax 30 58 — Verkehrsamt, Schulstr 2, 94051 Hauzenberg; Erholungs- und Wintersportort. Sehenswert: Marienbrunnen; kath. Pfarrkirche: Freudenseer Flügelaltar; Besucherbergwerk Kropfmühl mit Museum und geologischem Lehrpfad; Schnapsmuseum

Penzenstadl (4 km ↗)
✱ Landhotel Rosenberger
einzeln ◐ ⚐ Prenzenstadl 31, ✉ 94051, ☎ (0 85 86) 97 00, Fax 55 63, AX ED
50 Zi, Ez: 55-82, Dz: 90-144, 10 Suiten, 20 App, ⌂ WC ☎; 🅿 ⚭ Kegeln Sauna Solarium ⚭

Havelberg 28 ↑

Sachsen-Anhalt — Kreis Havelberg — 50 m — 8 000 Ew — Wittenberge 37, Rathenow 43 km
🅘 ☎ (03 93 87) 8 82 24, Fax 8 82 24 — Tourist Information, Salzmarkt 1, 39539 Havelberg. Sehenswert: Dom St. Marien; Stiftsgebäude; Prignitz-Museum; Fachwerkhäuser

✱ Am Schmokenberg
⚐ Schonberger Weg 6, ✉ 39539, ☎ (03 93 87) 8 91 77, Fax 2 14 44, AX ED VA
28 Zi, Ez: 75-90, Dz: 110-130, 1 Suite, 2 App, ⌂ WC ☎, 2✉; 🅿 🚗 4⟲300 Fitneßraum Sauna Solarium ⚭

Haverlah 26 ↘

Niedersachsen — Kreis Wolfenbüttel — 158 m — 1 600 Ew — Bad Salzgitter 4 km
🅘 ☎ (0 53 41) 3 33 63 — Gemeindeverwaltung, Gänsemarkt 1, 38275 Haverlah

Steinlah (2 km ↑)
** **Gutshof Steinlah**
♦ ⚑ Lindenstr 5, ⊠ 38275, ☎ (0 53 41)
33 84 41, Fax 33 84 42, AX DC ED VA
21 Zi, Ez: 89-179, Dz: 148-198, 2 App, ⊣ WC
☎, 1✉; 🅿 4⇔30
** ⚑ Hauptgericht 30; nur abends,
feiertags auch mittags

* **Reiterhof Steinlah**
Weststr 6, ⊠ 38275, ☎ (0 53 41) 33 13 33,
Fax 33 81 50, ED
18 Zi, Ez: 85-160, Dz: 110-190, ⊣ WC ☎; 🅿;
garni

Havixbeck 23 ↘

Nordrhein-Westfalen — Kreis Coesfeld —
182 m — 10 740 Ew — Münster 19, Coesfeld
20 km
🛈 ☎ (0 25 07) 75 10, Fax 41 34 — Verkehrsverein Havixbeck, Schulstr 10, 48329 Havixbeck. Sehenswert: Kirchplatz: Pfarrkirche, Pestkapelle; Wasserburgen: Droste-Museum; Sandstein-Museum; Haus Sudhues

* **Akzent-Hotel Kemper**
Altenberger Str 14, ⊠ 48329, ☎ (0 25 07)
12 40, Fax 92 62, AX ED VA
16 Zi, Ez: 89-98, Dz: 130-155, 3 App, ⊣ WC
☎; 🅿 1⇔20 Kegeln ⓘ

* **Beumer**
Hauptstr 46, ⊠ 48329, ☎ (0 25 07) 9 85 40,
Fax 91 81, AX DC ED VA
21 Zi, Ez: 85-95, Dz: 140-170, ⊣ WC ☎, 2✉;
🅿 1⇔ ⌂ Kegeln Sauna
geschl: 20.-29.12.
* Hauptgericht 20; Terrasse;
geschl: 20.-29.12.

Hayingen 69 ↑

Baden-Württemberg — Kreis Reutlingen —
662 m — 2 150 Ew — Riedlingen 18, Münsingen 21, Ehingen 23 km
🛈 ☎ (0 73 86) 97 77-23, Fax 97 77-33 — Verkehrsamt, Kirchstr 15, 72534 Hayingen;
Luftkurort auf der Schwäbischen Alb.
Sehenswert: Wimsener Höhle (4 km ↓);
Münster in Zwiefalten (7 km ↓)

Indelhausen (3 km ↑)
* **Gasthof Hirsch
Flair Hotel**
Wannenweg 2, ⊠ 72534, ☎ (0 73 86)
9 77 80, Fax 97 78 99
35 Zi, Ez: 54-72, Dz: 85-138, 1 Suite, ⊣ WC
☎; Lift 🅿 🍴 2⇔100 Fitneßraum Sauna
Solarium ⓘ ⚓
Rezeption: 8-15, 17-22; geschl: Mo, 15.11.-
15.12.
m Gästehaus Kloker Zimmer der Kategorie
** vorhanden

Hebsack siehe Remshalden

Hechingen 61 ↓

Baden-Württemberg — Zollernalbkreis —
510 m — 19 000 Ew — Tübingen 22, Rottweil 39 km
🛈 ☎ (0 74 71) 94 01 14, Fax 94 01 08 —
Kultur- und Verkehrsamt, Marktplatz 1,
72379 Hechingen; Stadt am Fuße des
Hohenzollern. Sehenswert: Stiftskirche;
hist. Stadtrundgang; Synagoge; Unterer
Turm; Rathaus; Franziskaner-Klosterkirche;
Villa Eugenia, Römische Gutsanlage
(3 km ↘); Klosterkirche Stetten (2 km ↘);
Burg Hohenzollern, 855 m ◄ (6 km ↓); Städt.
Museum

* **Klaiber**
Obertorplatz 11, ⊠ 72379, ☎ (0 74 71) 22 57,
Fax 1 39 18, ED VA
27 Zi, Ez: 75-85, Dz: 140, ⊣ WC ☎; 🍴 ⓘ ⚓

Hechingen-Außerhalb (2 km ↓)
** **Brielhof**
an der B 27, ⊠ 72379, ☎ (0 74 71) 23 24 +
40 97, Fax 1 69 08, AX DC ED VA
24 Zi, Ez: 90-140, Dz: 180-220, 1 App, ⊣ WC
☎; 🅿 🍴 3⇔60
Auch Zimmer der Kategorie *** vorhanden
** Hauptgericht 30; Terrasse;
geschl: 22.12.-30.12.

Stein
* **Gasthof Lamm**
Römerstr 29, ⊠ 72379, ☎ (0 74 71) 9 25-0,
Fax 9 25-42, AX DC ED VA
22 Zi, Ez: 80-82, Dz: 130-125, ⊣ WC ☎, 4✉;
🅿 🍴 2⇔80 ⓘ

Heede 15 ↘

Niedersachsen — Kreis Emsland — 6 m —
2 229 Ew — Holländische Grenze 11,
Papenburg 12 km
🛈 ☎ (0 49 63) 40 20, Fax 4 02 30 — Samtgemeinde, Hauptstr 25, 26892 Dörpen

* **Zur Linde**
Dörpener Str 1, ⊠ 26892, ☎ (0 49 63) 81 78,
Fax 16 53, AX DC ED VA
28 Zi, Ez: 60, Dz: 95, 1 App, ⊣ WC ☎; 🅿
1⇔50 Seezugang ⓘ
geschl: im Winter Mo

Heide 9 ↙

Schleswig-Holstein — Kreis Dithmarschen
— 14 m — 20 703 Ew — Husum 36, Rendsburg 41, Nordsee 17 km
🛈 ☎ (04 81) 6 85 01 17, Fax 6 77 67 — Tourist-Information Heide & Umgebung,
Postelweg 1, 25746 Heide; Erholungsort
und Kreisstadt. Sehenswert: Kirche St.
Jürgen; Museum Dithmarscher Vorgeschichte; Klaus-Groth-Museum; Brahmshaus; größter Marktplatz Norddeutschlands; St.-Georg-Brunnen; Wasserturm;
Tivoli, Ball- und Festsaal; hist. Stadtbild →

Heide

** Berlin
♣ Österstr 18, ✉ 25746, ☎ (04 81) 8 54 50,
Fax 8 54 53 00, AX DC ED VA
70 Zi, Ez: 111-197, Dz: 182-297, ⌐ WC ☎,
12🖂; Lift 🅿 🚗 5⟳110 Sauna Solarium 🍴
Auch Zimmer der Kategorie ******* vorhanden

* Heider Hof
Markt 74, ✉ 25746, ☎ (04 81) 25 05,
Fax 16 02, AX DC ED VA
29 Zi, Ez: 80, Dz: 150, 2 Suiten, ⌐ WC ☎; 🅿
🚗 3⟳150 🍴

** Am Kamin
Rüsdorfer Str 3, ✉ 25746, ☎ (04 81)
85 09 80, Fax 8 50 98 45, AX ED VA
Hauptgericht 30; geschl: Sa abends

** Berliner Hof
Berliner Str 46, ✉ 25746, ☎ (04 81) 55 51,
Fax 55 51, ED
Hauptgericht 35; Biergarten 🅿

Heidelberg 54 ↘

Baden-Württemberg — Rhein-Neckar-
Kreis — 113 m — 140 000 Ew — Mannheim 15, Eberbach 33, Karlsruhe 55 km
🛈 ☎ (0 62 21) 1 94 33, Fax 14 22 22 — Verkehrsverein Heidelberg e.V. Tourist Information, Willy-Brandt-Platz (B 3), 69115 Heidelberg; Stadt im Neckartal, älteste Universität in der Bundesrepublik; Hochschule für Musik und Theater, Pädagogische Hochschule; Stadttheater. Sehenswert: Ev. Heiliggeist-, ev. Peters- und Jesuitenkirche; Schloß ◄ Hotel Zum Ritter; Haus Zum Riesen; ehem. Wormser Hof; Karlstor; Brückentor - Kurpfälzisches Museum; Völkerkunde-Museum; Apothekenmuseum (im Schloß); Museum des Zoologischen Instituts; Philosophenweg ◄; Zoologischer Garten; Botanischer Garten; Königstuhl, 568 m ◄ (Bergbahn, 7 km ↘); kath. Kirche in Handschuhsheim (3 km ↑); Klosterkirche Neuburg in Ziegelhausen (4 km →, auf dem rechten Neckarufer)

Achtung: Schloßfestspiele Ende Jul-Ende Aug 🛈 ☎ (0 62 21) 58 35 14

Cityplan siehe Seiten 476-477

****** Der Europäische Hof 👑
Hotel Europa**
Friedrich-Ebert-Anlage 1 (D 3), ✉ 69117,
☎ (0 62 21) 51 50, Fax 51 55 06, AX DC ED VA
118 Zi, Ez: 259-419, Dz: 320-510, 11 Suiten,
5 App, ⌐ WC ☎, 30🖂; Lift 🚗 10⟳400
Auch Zimmer der Kategorie ******* vorhanden
*** Kurfürstenstube
Ⓥ Hauptgericht 58; Terrasse

*** Crowne Plaza
Kurfürstenanlage 1 (D 3), ✉ 69115,
☎ (0 62 21) 91 70, Fax 2 10 07, AX DC ED VA
232 Zi, Ez: 240-310, Dz: 270-340, S; 4 Suiten,
⌐ WC ☎ DFÜ, 119🖂; Lift 🚗 8⟳300 🏊
Sauna Solarium
** Atrium
Hauptgericht 30; 🅿

*** Heidelberg Renaissance Hotel
•◄ Vangerowstr 16 (B 3), ✉ 69115,
☎ (0 62 21) 90 80, Fax 90 86 98, AX DC ED VA
236 Zi, Ez: 199-250, Dz: 199-250, S; 3 Suiten,
12 App, ⌐ WC ☎ DFÜ, 57🖂; Lift 🚗
16⟳350 🏊 Fitneßraum Sauna Solarium
** Globetrotter
Hauptgericht 32; Terrasse

** Best Western Rega
Bergheimer Str 63 (C 3), ✉ 69115,
☎ (0 62 21) 50 80, Fax 50 85 00, AX DC ED VA
124 Zi, Ez: 235-265, Dz: 290-310, S; ⌐ WC
☎, 9🖂; Lift 🚗 3⟳80 🍴

**** Romantik Hotel
Zum Ritter St. Georg**
Hauptstr 178 (EF 2), ✉ 69117, ☎ (0 62 21)
13 50, Fax 13 52 30, AX DC ED VA
37 Zi, Ez: 170-265, Dz: 275-375, 2 Suiten, ⌐
WC ☎; Lift
Auch Zimmer der Kategorie ***** vorhanden
** Ⓥ Hauptgericht 40; Terrasse;
Renaissance-Haus

**** Holländer Hof
City Partner Hotels**
Neckarstaden 66 (E2), ✉ 69117, ☎ (0 62 21)
60 50-0, Fax 60 50 60, AX DC ED VA
38 Zi, Ez: 155-230, Dz: 190-290, 1 Suite, ⌐
WC ☎, 17🖂; Lift 1⟳18 🍴

** Nassauer Hof
Plöck 1 (D 3), ✉ 69117, ☎ (0 62 21) 16 30 24,
Fax 18 38 93, AX DC ED VA
23 Zi, Ez: 145-175, Dz: 185-195, ⌐ WC ☎,
6🖂; Lift 🅿 1⟳14; garni

* Central
Kaiserstr 75, ✉ 69115, ☎ (0 62 21) 2 06 41,
Fax 2 06 42, AX ED VA
44 Zi, Ez: 145-165, Dz: 170-230, 4 App, ⌐
WC ☎, 8🖂; Lift 🚗 2⟳40; garni

* Am Rathaus
Heiliggeiststr 1 (F 2), ✉ 69117, ☎ (0 62 21)
1 47 30, Fax 14 73 37, AX DC ED VA
17 Zi, Ez: 160-170, Dz: 205-225, ⌐ WC ☎;
garni
Auch Zimmer der Kategorie ****** vorhanden

* Goldener Falke
Hauptstr 204, ✉ 69117, ☎ (0 62 21) 14 33-0,
Fax 14 33-66, ED VA
18 Zi, Ez: 160, Dz: 200, ⌐ WC ☎; 🅿

Heidelberg

* Goldener Hecht
Steingasse 2 (E2), ✉ 69117, ☎ (0 62 21)
16 60 25, Fax 53 68 99, AX ED VA
14 Zi, Ez: 115-165, Dz: 180-220, ⌐ WC ☎; ¶○¦
Auch Zimmer der Kategorie ****** vorhanden

* Gasthaus Backmulde
Schiffgasse 11 (E 2), ✉ 69117, ☎ (0 62 21)
5 36 60, Fax 53 66 60, AX DC ED VA
13 Zi, Ez: 130, Dz: 165, ⌐ WC ☎; **P**
Fußgängerzone: Hotelzufahrt möglich
** ⊗ Hauptgericht 35; geschl: So, Mo mittags

* Parkhotel Atlantic
○ ⋖ Schloß-Wolfsbrunnen-Weg 23 (G 2),
✉ 69118, ☎ (0 62 21) 6 04 20, Fax 60 42 60,
AX DC ED VA
22 Zi, Ez: 140-170, Dz: 190-220, 1 Suite, ⌐
WC ☎ DFÜ, 6⌧; 1⇌20; garni
geschl: 20.12.-5.1.

* Am Schloß
⋖ Zwingerstr 20 (F 2), ✉ 69117, ☎ (0 62 21)
1 41 70, Fax 14 17 37, AX DC ED VA
22 Zi, Ez: 160-200, Dz: 205-255, ⌐ WC ☎;
Lift; garni

* Schnookeloch
Haspelgasse 8 (E 2), ✉ 69117, ☎ (0 62 21)
13 80 80, Fax 2 23 77, AX DC ED VA
11 Zi, Ez: 120-140, Dz: 150-170, ⌐ WC ☎; ¶○¦

* Krokodil
Kleinschmidtstr 12 (C 3), ✉ 69115,
☎ (0 62 21) 16 64 72, Fax 60 22 21, AX ED VA
16 Zi, Ez: 130-150, Dz: 160-195, ⌐ WC ☎;
geschl: 24.12.-7.1.
* Hauptgericht 25

* Acor
Friedrich-Ebert-Anlage 55 (E 3), ✉ 69117,
☎ (0 62 21) 2 20 44, Fax 2 86 09, AX ED VA
18 Zi, Ez: 155-165, Dz: 195-235, ⌐ WC ☎;
Lift **P** ⎕ 18Golf; garni
geschl: 22.12.-6.1.

* Perkeo
Hauptstr 75 (E 2), ✉ 69117, ☎ (0 62 21)
14 13-0, Fax 14 13 37, AX DC ED VA
24 Zi, Ez: 150-160, Dz: 190-200, ⌐ WC ☎;
garni
geschl: Ende Dez-Anfang Jan

*** Zur Herrenmühle
⊗ Hauptstr 237 (F 2), ✉ 69117, ☎ (0 62 21)
60 29 09, Fax 2 20 33, AX DC ED VA
Hauptgericht 48; Gartenlokal **P**; nur
abends; geschl: So

** Weißer Bock ✤
Große Mantelgasse 24, ✉ 69117,
☎ (0 62 21) 9 00 00, Fax 90 00 99, AX DC ED VA
Hauptgericht 30
** 18 Zi, Ez: 150-220, Dz: 190-220, ♕
1 Suite, ⌐ WC ☎, 18⌧; Lift 2⇌30

** Simplicissimus
Ingrimstr 16 (E 2), ✉ 69117, ☎ (0 62 21)
18 33 36, Fax 18 19 80, AX ED VA
Hauptgericht 39

** Graimberg im Hotel Alt Heidelberg
Rohrbacher Str 29 (D 2), ✉ 69115,
☎ (0 62 21) 91 51 00, Fax 16 42 72,
AX DC ED VA
Hauptgericht 30; geschl: so + feiertags,
24.12.-6.1.; ⊨

* Plöck-Stube
Friedrichstr 15, ✉ 69117, ☎ (0 62 21)
2 02 45, Fax 18 43 98, AX ED
Hauptgericht 36; nur abends; geschl: So,
2 Wochen im Sommer

Zum Roten Ochsen
⊗ Hauptstr 217 (F 2), ✉ 69117, ☎ (0 62 21)
2 09 77, Fax 16 43 83
Hauptgericht 25; geschl: so + feiertags,
Ende Dez-Mitte Jan
Hist. Studentenlokal von 1703

☕ Café Schafheutle
Hauptstr 94 (DE 2), ✉ 69117, ☎ (0 62 21)
1 46 80, Fax 14 68 50, VA
Hauptgericht 16; Gartenlokal; geschl: So,
feiertags

☕ Café Knösel
Haspelgasse (E 2), ✉ 69117, ☎ (0 62 21)
2 23 45, Fax 60 01 60
Spezialität: Studentenkuß

Grenzhof (7 km ←)

** Landhaus Grenzhof
○ Haus Nr 9, ✉ 69123, ☎ (0 62 02) 94 30,
Fax 94 31 00, AX ED VA
26 Zi, Ez: 135-180, Dz: 180-250, 2 Suiten, ⌐
WC ☎; Lift **P** 1⇌25 ☕
** Hauptgericht 39; geschl: So

Handschuhsheim

* Elen
Dossenheimer Landstr 61, ✉ 69121,
☎ (0 62 21) 4 59 10, Fax 45 91 45, VA
27 Zi, Ez: 98-118, Dz: 128-155, ⌐ WC ☎,
10⌧; **P**; garni

Kirchheim (4 km ↓)

*** Queens Hotel
Pleikartsförsterstr 101, ✉ 69124, ☎ (0 62 21)
78 80, Fax 78 84 99, AX DC ED VA
167 Zi, Ez: 161-326, Dz: 232-400, S; 2 Suiten,
⌐ WC ☎ DFÜ, 51⌧; Lift **P** 5⇌360 Fitneßraum Sauna Solarium ¶○¦

Neuenheim (1 km ↑)

*** Die Hirschgasse
○ Hirschgasse 3 (F 1), ✉ 69120, ☎ (0 62 21)
4 54-0, Fax 45 41 11, AX DC ED VA
19 Zi, Ez: 295-350, Dz: 350-450, 19 Suiten, ⌐
WC ☎ DFÜ; Lift **P** 1⇌35
*** Le Gourmet ♟
Hauptgericht 40; nur abends; geschl:
So + feiertags, 1.-21.2.
→

Heidelberg

* le coq
Brückenstr 17, ⌧ 69120, ☎ (0 62 21) 41 11 33
Hauptgericht 28

Pfaffengrund (3 km ✓)
* Neu Heidelberg
Kranichweg 15, ⌧ 69123, ☎ (0 62 21) 70 70 05, Fax 70 03 81, AX ED VA
22 Zi, Ez: 98-148, Dz: 158-188, ⌾ WC ☎ DFÜ, 5⌧; P Sauna ⌾

Rohrbach (3 km ↓)
* Ebert Park Hotel
Karlsruher Str 130, ⌧ 69126, ☎ (0 62 21) 31 03 00, Fax 31 03 10, AX DC ED VA
50 Zi, Ez: 125, Dz: 160-180, ⌾ WC ☎; Lift ⌾
Langzeitvermietung möglich

Wer nicht zu zweit im Doppelbett schlafen möchte, sollte ausdrücklich ein Zimmer mit zwei getrennten Betten verlangen.

Heidenau 18 ←

Niedersachsen — Kreis Harburg — 45 m — 1 847 Ew — Tostedt 7, Sittensen 13 km
ℹ 41 60 — Gemeindeverwaltung, Hauptstr 22, 21258 Heidenau

* Heidenauer Hof
Hauptstr 23, ⌧ 21258, ☎ (0 41 82) 41 44, Fax 47 44, ED VA
37 Zi, Ez: 70-95, Dz: 110-160, ⌾ WC ☎, 10⌧; P ⌾ 200 Bowling ⌾ ⌾
Im Gästehaus Zimmer der Kategorie ** vorhanden

Heidenau 51 ↖

Sachsen — Kreis Pirna/Sebnitz — 213 m — 18 646 Ew — Pirna 4, Dresden 14 km
ℹ ☎ (0 35 29) 51 10 15, Fax 52 26 19 — Tourismusverein, Güterbahnhofstr 10, 01809 Heidenau

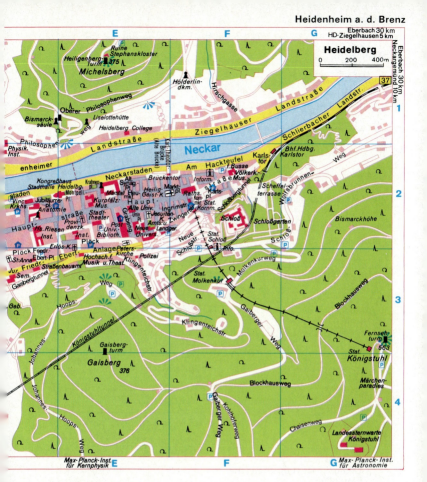

* Mühlenhof
Mühlenstr 4/6, ✉ 01809, ☎ (0 35 29)
51 76 00, Fax 51 36 38, AX ED
27 Zi, Ez: 70-100, Dz: 100-120, ⌐ WC ☎,
5✉; P 🅿 ⍾

Heidenheim a. d. Brenz 62→

Baden-Württemberg — Kreis Heidenheim
a. d. Brenz — 495 m — 52 000 Ew —
Aalen 23, Nördlingen 40, Ulm 40 km
ℹ ☎ (0 73 21) 32 73 40, Fax 32 76 87 — Touristinformation, Hauptstr 34, 89522 Heidenheim an der Brenz; Stadt auf der Schwäbischen Alb. Sehenswert: Michaelskirche; Schloß Hellenstein ◄; Museum im Römerbad; Landesmuseum; Stadtgalerie: Picasso-Plakatsammlung; Naturtheater mit Freilichtbühne

Cityplan siehe Seite 478

** Astron Hotel Aquarena
Friedrich-Pfenning-Str 30 (A 1), ✉ 89518,
☎ (0 73 21) 98 00, Fax 98 01 00, AX DC ED VA
84 Zi, Ez: 130-220, Dz: 150-250, S; 7 App, ⌐
WC ☎ DFÜ, 30✉; Lift P 5♻250 ≈ ☂ Fitneßraum Sauna Solarium
Kostenloser Zugang für Hotelgäste ins
angrenzende Freizeitbad Aquarena

** Barbarossa
Hauptgericht 30

** Weinstube zum Pfauen ✢
Schloßstr 26, ✉ 89518, ☎ (0 73 21) 4 52 95,
ED VA
Hauptgericht 38; geschl: Sa, Mo mittags,
Mai-Okt So, 1.1.-8.1., in den Pfingstferien →

🅿 Unterstellmöglichkeiten für Fahrzeuge
oder Einzelgaragen

Heidenheim a. d. Brenz

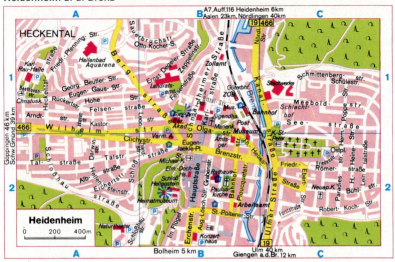

Mergelstetten (3 km ↓)
** Hirsch
Buchhofsteige 3, ✉ 89522, ☎ (0 73 21)
95 40, Fax 95 43 30, AX DC ED VA
40 Zi, Ez: 100-140, Dz: 130-185, ⇨ WC ☎,
15🛏; Lift 🅿 🚂
Restaurant für Hausgäste

Mittelrain (4 km ↘)
* Rembrandt-Stuben
Rembrandtweg 9, ✉ 89520, ☎ (0 73 21)
6 54 34, Fax 6 66 46, ED VA
Hauptgericht 35

Oggenhausen (9 km →)
* Landgasthof Oggenhausener Bierkeller
✉ 89522, ☎ (0 73 21) 5 22 30, Fax 5 48 46,
AX DC ED VA
Hauptgericht 26

siehe auch **Steinheim am Albuch**

Heidersdorf 50→

Sachsen — Kreis Freiberg — 680 m —
2 500 Ew — Olbernhau 5, Marienberg 22,
Freiberg 32 km
ℹ ☎ (03 73 65) 4 70, Fax 4 70 — Fremdenverkehrsamt, Dresdner Str 53, 09619 Sayda

* Flöhatalbaude
Olbernhauer Str 40, ✉ 09526, ☎ (03 73 61)
43 03, Fax 4 54 79, ED
14 Zi, Ez: 38-85, Dz: 70-125, ⇨ WC ☎; 🅿
1⇔25 Fitneßraum Sauna 🍴 🍺
Auch einfachere Zimmer vorhanden

Heidesheim 54 ↖

Rheinland-Pfalz — Kreis Mainz-Bingen —
100 m — 6 500 Ew — Mainz 12, Bingen
17 km
ℹ ☎ (0 61 32) 95 30 95, Fax 95 30 96 — Verkehrsverein, Mainzer Str 64, 55262 Heidesheim; Erholungsort. Sehenswert: Burg Windeck; Schloßmühle; St.-Georgs-Kapelle

* Mainzer Hof
Binger Str 41, ✉ 55262, ☎ (0 61 32) 51 31,
Fax 51 33, AX DC ED VA
16 Zi, Ez: 80, Dz: 120, ⇨ WC ☎; 🅿 2⇔60 🍴
Rezeption: 6.30-10, 16-23; geschl: 15.7.-7.8.

Heigenbrücken 55 ↑

Bayern — Kreis Aschaffenburg — 300 m —
2 500 Ew — Lohr 21, Aschaffenburg 26 km
ℹ ☎ (0 60 20) 13 81, Fax 97 10 50 — Verkehrsamt, Hauptstr 7, 63869 Heigenbrücken; Luftkurort im Spessart

* Landgasthof Hochspessart Flair Hotel
Lindenallee 40-42, ✉ 63869, ☎ (0 60 20)
9 72 00, Fax 26 30, ED VA
33 Zi, Ez: 69-89, Dz: 118-138, 1 Suite, ⇨ WC
☎, 12🛏; 🅿 🚂 4⇔80 Fitneßraum Sauna
Solarium 🍺
Rezeption: 8-21
* Hauptgericht 23

***** Hotel mit außergewöhnlich anspruchsvoller Ausstattung

Heilbronn

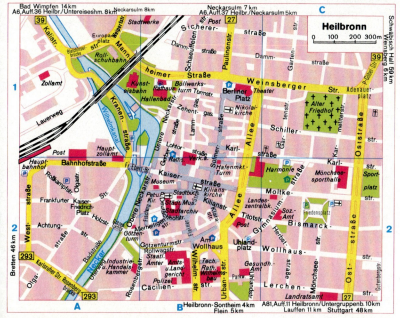

Heilbronn 61 ↗

Baden-Württemberg — Stadtkreis — 157 m — 119 500 Ew — Schwäbisch Hall 44, Stuttgart 50, Heidelberg 65 km
ℹ ☏ (0 71 31) 56 22 70, Fax 56 31 40 — Verkehrsverein Heilbronn e.V., Marktplatz, 74072 Heilbronn; Kreisstadt am Neckar.
Sehenswert: Kilianskirche mit Hochaltar; Rathaus mit astronomischer Kunstuhr; Kulturzentrum Deutschhof mit Deutschordensmünster St. Peter und Paul; Käthchenhaus; Hafenmarkt-, Götzen- und Bollwerksturm - Umgebung: Wartberg, 309 m
∢ (4 km ↑); Freizeitpark Tripsdrill; Steinsalzbergwerk; Greifvogelwarte Burg Guttenberg mit Flugvorführung

★★★ Insel-Hotel
Friedrich-Ebert-Brücke (AB 2), ✉ 74072, ☏ (0 71 31) 63 00, Fax 62 60 60, AX DC ED VA
120 Zi, Ez: 148-198, Dz: 228-268, 4 Suiten, ⌐ WC ☏, 35🛏; Lift 🅿 🍴 10⇔150 ≘ Sauna Solarium 🍽
★★ Schwäbisches Restaurant
Hauptgericht 30; Terrasse

★★ Park-Villa mit Gästehaus
♂ Gutenbergstr 30 (C 2), ✉ 74074,
☏ (0 71 31) 9 57 00, Fax 95 70 20, AX DC ED VA
25 Zi, Ez: 158, Dz: 198-235, ⌐ WC ☏; garni

∢ Schöner, interessanter Ausblick

★★ Ringhotel Burkhardt
Lohtorstr 7 (B 1), ✉ 74072, ☏ (0 71 31) 6 22 40, Fax 62 78 28, AX DC ED VA
82 Zi, Ez: 149-173, Dz: 210-250, S; ⌐ WC ☏; Lift 🅿 🍴 7⇔100
Auch Zimmer der Kategorie ★ vorhanden
★★   Hauptgericht 35

★ Nestor
Jakobgasse 9 (B 1), ✉ 74072, ☏ (0 71 31) 65 60, Fax 65 61 13, AX DC ED VA
42 Zi, Ez: 121-140, Dz: 141-185, S; ⌐ WC ☏ DFÜ, 14🛏; Lift 🅿 🍴 1⇔30; garni 🍽

★ Stadthotel
Neckarsulmer Str 36, ✉ 74076, ☏ (0 71 31) 9 52 20, Fax 95 22 70, AX DC ED VA
44 Zi, Ez: 108-125, Dz: 148-160, ⌐ WC ☏; Lift 1⇔25; garni

★ City-Hotel
Allee 40, ✉ 74072, ☏ (0 71 31) 93 53-0, Fax 93 53-53, AX DC ED VA
16 Zi, Ez: 98-120, Dz: 150-180, ⌐ WC ☏, 4🛏; Lift 🍴; garni
geschl: 20.12.-7.1.

★ Grüner Kranz
Lohtorstr 9 (B 1), ✉ 74072, ☏ (0 71 31) 9 61 70, Fax 96 17 55, ED VA
18 Zi, Ez: 96-98, Dz: 152-156, ⌐ WC ☏; 🅿 🍴
geschl: 3 Wochen im Aug
★★   Hauptgericht 30; geschl: Mo, 3 Wochen im Aug →

Heilbronn

** Ratskeller
Marktplatz 7 (B 2), ✉ 74072, ☎ (0 71 31) 8 46 28, Fax 16 34 12
Hauptgericht 30

Böckingen (4 km ←)
* Kastell
Kastellstr 64, ✉ 74080, ☎ (0 71 31) 91 33 10, Fax 91 33 12 99, AX DC ED VA
70 Zi, Ez: 92-150, Dz: 155, ⊣ WC ☎, 12⊠; Lift ⏚ 3⇔40 Sauna ⌘ ⚘
im Industriegebiet

* Rebstock ✤
Eppinger Str 43, ✉ 74080, ☎ (0 71 31) 3 09 09, Fax 3 09 09
Hauptgericht 30; Gartenlokal; geschl: Mo, Sa mittags, feiertags, 1. Wochenende im Monat, Ende Dez-Anfang Jan, 2 Wochen in den Pfingstferien, 1 Woche in den Sommerferien

Neckargartach (2 km ↗)
⏚ Leintal
Obereisenheimerstr 3, ✉ 74078, ☎ (0 71 31) 7 21 80, Fax 72 18 29, AX DC ED VA
22 Zi, Ez: 70-80, Dz: 110-120, ⊣ WC ☎ DFÜ, 5⊠; **P**; garni
Rezeption: 6-12, 14-20

Sontheim (4 km ↙)
** Altes Theater
Lauffener Str 2, ✉ 74081, ☎ (0 71 31) 5 92 20, Fax 59 22 44, AX DC ED VA
14 Zi, Ez: 110-128, Dz: 140-164, ⊣ WC ☎, 7⊠; **P** 2⇔180 ⌘
Designerhotel im alten Stadttheater mit regelmäßig stattfindenden kulturellen Veranstaltungen

Heiligenberg 69 ↙

Baden-Württemberg — Bodenseekreis — 750 m — 3 100 Ew — Pfullendorf 15, Überlingen 20, Meersburg 22 km
ℹ ☎ (0 75 54) 94 13, Fax 92 60 — Fremdenverkehrsamt, Pfullendorfer Str 1, 88633 Heiligenberg; Luftkurort. Sehenswert: Schloß mit Rittersaal; Wallfahrtskirche Betenbrunn; Freundschaftshöhle

* Silence-Berghotel Baader
Salemer Str 5, ✉ 88633, ☎ (0 75 54) 80 20, Fax 8 02-1 00, AX DC ED VA
17 Zi, Ez: 75-125, Dz: 145-160, ⊣ WC ☎; **P** 1⇔70 ⚘ Sauna Solarium
Auch Zimmer der Kategorie ****** vorhanden
*** Hauptgericht 44; Gartenlokal; geschl: Di

* Galerie De Weiss
Postplatz 5, ✉ 88633, ☎ (0 75 54) 7 65, Fax 7 65, ED
Hauptgericht 24; **P** Terrasse; geschl: Mo, 10.11.-18.11., Feb
Kunstgalerie

⚘ Schloß-Café
Postplatz 6, ✉ 88633, ☎ (0 75 54) 2 04, Fax 2 04
Gartenlokal; geschl: Di

Steigen (1 km ←)
* Gasthof Hack
⚥ Am Bühl 11, ✉ 88633, ☎ (0 75 54) 86 86, Fax 83 69
11 Zi, Ez: 62-75, Dz: 98-120, ⊣ WC ☎; **P**
geschl: 21.10.-10.11., 18.1.-9.2.
* Hauptgericht 26; Terrasse; ✤
geschl: Mo, Di, 21.10.-10.11., 18.1.-9.2.

Heiligenhafen 11 □

Schleswig-Holstein — Kreis Ostholstein — 3 m — 9 100 Ew — Oldenburg in Holstein 14, Neustadt in Holstein 38 km
ℹ ☎ (0 43 62) 90 72-0, Fax 39 38 — Kurverwaltung, Bergstr 43, 23774 Heiligenhafen; Ostsee-Heilbad und Fischereihafen mit den vorgelagerten Landzungen Steinwarder und Graswarder. Sehenswert: Vogelschutzgebiet Graswarder mit Informationszentrum des Deutschen Bundes für Vogelschutz

** Stadt Hamburg
Hafenstr 17, ✉ 23774, ☎ (0 43 62) 90 27-0, Fax 58 36, ED VA
12 Zi, Ez: 100, Dz: 145, 1 App, ⊣ WC ☎, 5⊠; 2⇔40
Auch Zimmer der Kategorie ***** vorhanden
** La Locanda Camerini
Hauptgericht 27; Terrasse

** Weberhaus
Kirchenstr 4, ✉ 23774, ☎ (0 43 62) 28 40, Fax 90 01 80, AX VA
Hauptgericht 32; Biergarten; nur abends, Fr-So auch mittags; geschl: Mo, Mitte Jan-Mitte Feb

Heiligenhaus 33 ↙

Nordrhein-Westfalen — Kreis Mettmann — 190 m — 29 049 Ew — Düsseldorf 18, Mülheim 19, Wuppertal 22 km
ℹ ☎ (0 20 56) 1 30, Fax 1 33 95 — Stadtverwaltung, Hauptstr 157, 42579 Heiligenhaus

** Ringhotel Waldhotel Heiligenhaus
⚥ Parkstr 38, ✉ 42579, ☎ (0 20 56) 59 70, Fax 59 72 60, AX DC ED VA
78 Zi, Ez: 165-230, Dz: 270-310, S; 3 Suiten, 6 App, ⊣ WC ☎, 16⊠; Lift **P** ⏚ 8⇔60 Fitneßraum Sauna Solarium ⚘
** Parkrestaurant
Hauptgericht 40; Terrasse; geschl: So

** In der Blume
In der Blume 2, ✉ 42579, ☎ (0 20 56) 9 80 70, Fax 98 07 30, AX DC ED VA
6 Zi, Ez: 140-180, Dz: 230-280, ⊣ ☎; **P** 1⇔15 Sauna Solarium; **garni**

480

* **Jagdhütte**
einzeln, Ruhrstr 34, ✉ 42579, ☎ (0 20 56) 34 31
Hauptgericht 25

Heiligenrode siehe Niestetal

Heiligenstadt 57 □

Bayern — Kreis Bamberg — 380 m — 3 700 Ew — Ebermannstadt 12, Bamberg 26 km
i ☎ (0 91 98) 92 99 24, Fax 99 79 66 — Verkehrsamt, Marktplatz 20, 91332 Heiligenstadt; Ort in der Fränkischen Schweiz. Sehenswert: Schloß Greifenstein (2 km ↑)

** **Heiligenstadter Hof**
Marktplatz 9, ✉ 91332, ☎ (0 91 98) 7 81, Fax 81 00, ED VA
24 Zi, Ez: 60-70, Dz: 80-105, 2 Suiten, WC ☎; Lift 2⇔100 🍴 ☕
geschl: Okt-Apr Mo

Veilbronn (4 km ↓)
* **Gasthof Sponsel-Regus**
♥ Haus Nr 9, ✉ 91332, ☎ (0 91 98) 9 29 70, Fax 14 83
42 Zi, Ez: 50-80, Dz: 100, 2 Suiten, ⊿ WC ☎; Lift 🅿 🚃 1⇔80 🍴 ☕
Auch Zimmer der Kategorie ** vorhanden

Heiligenstadt, Heilbad 36 ↘

Thüringen — Landkreis Eichsfeld — 260 m — 17 102 Ew — Göttingen 41, Erfurt 88 km
i ☎ (0 36 06) 67 71 41-42, Fax 67 71 40 — Tourist Information, Wilhelmstr 50 (Rathaus), 37308 Heilbad Heiligenstadt; Kneipp-Heilbad. Sehenswert: Schloß; Neues Rathaus (Barock); Storm-Literaturmuseum; Propsteikirche St. Marien; Pfarrkirche St. Ägidien; Maria-Hilf-Kapelle; Redemptoristenkloster; St.-Gerhardus-Kirche; Stiftskirche St. Martin; Stadtmauer; Fachwerkhäuser

** **Eichsfelder Hof**
Wilhelmstr 56, ✉ 37308, ☎ (0 36 06) 6 60 30, Fax 66 03 83, AX DC ED VA
33 Zi, Ez: 98, Dz: 140, ⊿ WC ☎; Lift 🅿 2⇔200 Solarium 🍴

** **Stadthotel**
Dingelstädter Str 43, ✉ 37308, ☎ (0 36 06) 66 60, Fax 66 62 22, AX ED VA
25 Zi, Ez: 80-125, Dz: 120-160, ⊿ WC ☎; 🅿 1⇔40 ☕
** Hauptgericht 25; Terrasse

* **Traube**
Bahnhofstr 2, ✉ 37308, ☎ (0 36 06) 61 22 53, Fax 60 45 09
11 Zi, Ez: 70-85, Dz: 100-120, ⊿ WC ☎; 🅿 🚃 2⇔25 🍴

Heiligenstedten 10 ↙

Schleswig-Holstein — Kreis Steinburg — 7 m — 1 350 Ew — Itzehoe 3, Hamburg 60 km
i ☎ (0 48 21) 7 88 55 — Gemeindeverwaltung, Wiesengrund 21, 25524 Heiligenstedten

*** **Schloß Heiligenstedten European Castle**
♥ Schloßstr 13, ✉ 25524, ☎ (0 48 21) 8 73 35, Fax 8 73 38, AX DC ED VA
15 Zi, Ez: 180-360, Dz: 220-450, 4 Suiten, ⊿ WC ☎; 🅿 2⇔50 ☕
** **Orangerie**
Hauptgericht 40; Biergarten

Heiligkreuzsteinach 54 ↘

Baden-Württemberg — Rhein-Neckar-Kreis — 262 m — 2 888 Ew — Neckarsteinach 12, Schriesheim 13, Wald-Michelbach 15 km
i ☎ (0 62 20) 65 55, Fax 74 04 — Verkehrsamt, Silberne Bergstr 3, 69253 Heiligkreuzsteinach; Erholungsort im Odenwald

Eiterbach (3 km ↑)
** **Goldener Pflug** ☎
Ortsstr 40, ✉ 69253, ☎ (0 62 20) 85 09, Fax 74 80, AX DC ED VA
Hauptgericht 52; 🅿 Terrasse; nur abends, sa, so + feiertags auch mittags; geschl: Mo, Di

Heilsbronn 57 ↙

Bayern — Kreis Ansbach — 423 m — 9 000 Ew — Ansbach 17, Nürnberg 25 km
i ☎ (0 98 72) 80 60, Fax 8 06 66 — Verkehrsamt, Kammereckerplatz 1, 91560 Heilsbronn. Sehenswert: Münster mit Hohenzollerngrablege; Spitalkapelle

* **Goldener Stern**
Ansbacher Str 3, ✉ 91560, ☎ (0 98 72) 12 62, Fax 69 25, AX ED VA
28 Zi, Ez: 40-80, Dz: 80-130, 1 Suite, WC; 🅿 🚃 ≈ 🍴
geschl: 24.12.-4.1.

Heimbach 42 □

Nordrhein-Westfalen — Kreis Düren — 210 m — 4 500 Ew — Schleiden 18, Düren 24 km
i ☎ (0 24 46) 80 80, Fax 8 08 88 — Verkehrsamt, Seerandweg, 52396 Heimbach; Luftkurort in der Eifel, an der Rur. Sehenswert: Burg Hengebach; Wallfahrtskirche; Glasbläserei; Kloster Mariawald (4 km ↓); Rurtalsperre (4 km ←); Jugendstil-Wasserkraftwerk mit RWE-Industriemuseum (2 km ←) →

Heimbach

** Klostermühle
Hengebachstr 106 a, ✉ 52396, ☎ (0 24 46)
80 60-0, Fax 80 65 00, ED
33 Zi, Ez: 85-125, Dz: 120-145, 15 Suiten,
13 App, ⊿ WC ☎; Lift 🅿 3⇄30 Kegeln
Sauna Solarium 🍽

* Eifeler Hof
Hengebachstr 43, ✉ 52396, ☎ (0 24 46)
4 42, Fax 13 54, AX DC ED VA
Hauptgericht 40; Biergarten; geschl: Mo,
Di, 20.10.-30.10., 6.1.-25.1.

Hasenfeld (3 km ←)
* Haus Diefenbach
☼ ⋖ Brementhaler Str 44, ✉ 52396,
☎ (0 24 46) 31 00, Fax 38 25
14 Zi, Ez: 64-80, Dz: 102-138, ⊿ WC; 🅿 🛏
1⇄20 ≘ Fitneßraum Sauna Solarium; garni
Rezeption: 9-20; geschl: Mitte Nov-27.12.

** Landhaus Weber ✣
Schwammenaueler Str 8, ✉ 52396,
☎ (0 24 46) 2 22, Fax 38 50
Hauptgericht 36; 🅿 Terrasse; nur abends,
So auch mittags; geschl: Di, Mi, 2 Wochen
im Feb, 2 Wochen im Sep
* ☼ 11 Zi, Ez: 60-70, Dz: 95-130, ⊿
WC, 1🛁; 🛏 Sauna
geschl: 2 Wochen im Feb

Heimbuchenthal 55 ↑

Bayern — Kreis Aschaffenburg — 220 m —
2 040 Ew — Aschaffenburg 20, Obernburg
20 km
ℹ ☎ (0 60 92) 15 15, Fax 55 11 — Verkehrsverein, Hauptstr 190, 63872 Heimbuchenthal; Erholungsort im Spessart. Sehenswert: 1000jährige Eichen; Wasserschloß
Mespelbrunn (2 km ↗)

** Lamm
St.-Martinus-Str 1, ✉ 63872, ☎ (0 60 92)
94 40, Fax 94 41 00
66 Zi, Ez: 82-99, Dz: 152-162, ⊿ WC ☎ DFÜ;
Lift 🅿 🛏 6⇄80 ≘ Kegeln Sauna Solarium
** Hauptgericht 25; Gartenlokal

** Panorama Hotel
Heimbuchenthaler Hof
☼ ⋖ Am Eichenberg 1, ✉ 63872, ☎ (0 60 92)
60 70, Fax 68 02, AX DC ED VA
35 Zi, Ez: 90-135, Dz: 165-175, ⊿ WC ☎; Lift
🅿 🛏 5⇄ ≘ Kegeln Sauna Solarium 🍽

* Zum Wiesengrund
☼ Elsavastr 9, ✉ 63872, ☎ (0 60 92) 15 64,
Fax 69 77
25 Zi, Ez: 73, Dz: 130, ⊿ WC ☎; 🅿 2⇄40
Sauna Solarium 🍽

* Pension Christel
Hauptstr 3, ✉ 63872, ☎ (0 60 92) 97 14-0,
Fax 97 14-99
58 Zi, Ez: 50-90, Dz: 86-150, ⊿ WC ☎; Lift 🅿
🛏 2⇄50 Fitneßraum Sauna Solarium 🍽
Rezeption: 8-13
Auch Zimmer der Kategorie ** vorhanden

Heinsberg 32 ↙

Nordrhein-Westfalen — Kreis Heinsberg —
76 m — 40 000 Ew — Geilenkirchen 11,
Erkelenz 20 km
ℹ ☎ (0 24 52) 1 40, Fax 1 42 60 — Stadtverwaltung, Apfelstr 60, 52525 Heinsberg;
Kreisstadt. Sehenswert: Burgruine und
Reste der Stadtbefestigung auf dem Kirchberg; Selfkantdom mit Krypta und Hochgrab der Herren von Heinsberg; Torbogenhaus; Propstei; Burg Randerath; Windmühlen

* Corsten
Hochstr 160, ✉ 52525, ☎ (0 24 52) 18 60,
Fax 18 64 00, AX DC ED VA
37 Zi, Ez: 70-105, Dz: 140, 1 Suite, 1 App, ⊿
WC ☎; Lift 🛏 3⇄100 Fitneßraum Sauna
Solarium
Auch Zimmer der Kategorie ** vorhanden
* Hauptgericht 30

Randerath (9 km ↘)
** Burgstuben Residenz
Feldstr 50, ✉ 52525, ☎ (0 24 53) 8 02,
Fax 35 26, AX DC ED VA
Hauptgericht 46; 🅿 Terrasse; nur abends,
so + feiertags auch mittags; geschl: Mo,
4 Wochen in den Sommerferien

Unterbruch (3 km ↗)
** Altes Brauhaus
Wurmstr 4, ✉ 52525, ☎ (0 24 52) 6 10 35,
Fax 6 74 86, AX DC ED VA
Hauptgericht 40; Biergarten; geschl: Mo

Heitersheim 67 ↙

Baden-Württemberg — Kreis Breisgau-
Hochschwarzwald — 246 m — 5 200 Ew —
Müllheim 9, Freiburg 20 km
ℹ ☎ (0 76 34) 4 02 12, Fax 4 02 34 — Verkehrsamt, Hauptstr. 9, 79423 Heitersheim;
Ort im Markgräfler Land. Sehenswert: Pfarrkirche, Johanniter- und Malteser-Museum
im Malteserschloß (ehem. Malteserschloß);
Ausgrabung einer Römervilla

** Landhotel Krone
Hauptstr 7, ✉ 79423, ☎ (0 76 34) 5 10 70,
Fax 51 07 66
20 Zi, Ez: 90-145, Dz: 138-185, 4 Suiten, ⊿
WC ☎ DFÜ, 8🛁; 🅿 🛏 1⇄30
** Die guten Stuben
Hauptgericht 35; Gartenlokal

* Gasthof Ochsen
Flair Hotel
Am Ochsenplatz 9, ✉ 79423, ☎ (0 76 34)
22 18, Fax 30 25, ED VA
30 Zi, Ez: 90-110, Dz: 120-180, ⊿ WC ☎,
6🛁; 🅿 🛏
geschl: 23.12.-23.1.
* Hauptgericht 30; geschl: Mo, Fr
mittags, 23.12.-23.1.

* **Löwen mit Gästehaus**
Hauptstr 58, ✉ 79423, ☎ (0 76 34) 22 84, Fax 18 59, AX DC ED VA
23 Zi, Ez: 40-100, Dz: 100-140, 1 Suite, ⌐ WC; P 🖃 ⌐
geschl: Mo, Fr bis 17, So ab 14

Heldenbergen siehe Nidderau

Helgoland 8 ✓

Schleswig-Holstein — Kreis Pinneberg — 56 m — 1 750 Ew
ℹ ☎ (0 47 25) 8 14 30, Fax 81 43 25 — Kurverwaltung, Lung Wai 28, 27498 Helgoland; Einzige deutsche Felseninsel in der Nordsee; Seeheilbad. Sehenswert: Orts-Wiederaufbau: Ober- und Unterland; Aquarium; Klippenrandweg : Vogelfelsen; Kirche und Leuchtturm.

Achtung: Auf der Insel gilt die Zollfreiheit. Bitte informieren Sie sich über die gültigen Zollbestimmungen. Anreise: PKW werden nicht zur Insel befördert. Ganzjährig Schiffsverbindungen von Cuxhaven, im Sommer auch von Wilhelmshaven, Bremerhaven, Büsum und den Inseln. Garagen und Parkplätze befinden sich unmittelbar am Anleger. Die Zollkontrolle erfolgt mit den Seebäderschiffen im Sommer ab Seebäderbrücke und im Winterhalbjahr ab „Alte Liebe" (Hafen). ℹ (0 47 25) 8 08 50. Ganzjährig mit dem Flugzeug. Linienmaschinen fliegen Helgoland von Bremen, Hamburg, Bremerhaven, Wilhelmshaven, Büsum und Wangerooge an. ℹ (0 47 25) 8 08 50

Unterland
Atoll
Kurpromenade, ✉ 27498, ☎ (0 47 25) 80 00
47 Zi, Ez: 160-230, Dz: 200-320, 3 Suiten, 28 App, ⌐ WC ☎ DFÜ, 20◻; 3◯70 ⌐ Fitneßraum Sauna Solarium ⌐
Eröffnung voraussichtlich Okt 98

** **Insulaner City Line & Country Line Hotels**
☼ ⌐ Am Südstrand 2, ✉ 27498, ☎ (0 47 25) 8 14 10, Fax 81 41 81
37 Zi, Ez: 83-198, Dz: 150-240, 1 Suite, 4 App, ⌐ WC ☎; 1◯16 Fitneßraum Sauna Solarium ⌐ ⌐
Auch Zimmer der Kategorie * vorhanden

* **Haus Hanseat**
☼ ⌐ Am Südstrand 21, ✉ 27498, ☎ (0 47 25) 6 63, Fax 74 04
21 Zi, Ez: 88-130, Dz: 165-190, 3 App, ⌐ WC ☎; garni ⌐

* **Seehotel**
☼ ⌐ Lung Wai 23, ✉ 27498, ☎ (0 47 25) 8 13 10, Fax 4 46, AX DC ED VA
15 Zi, Ez: 95-150, Dz: 175-195, ⌐ WC ☎; ⌐

* **Helgoland-Schwan**
☼ ⌐ Am Südstrand 16-17, ✉ 27498, ☎ (0 47 25) 8 15 30, Fax 81 53 55, ED VA
30 Zi, Ez: 90-140, Dz: 148-196, ⌐ WC ☎; 🖃 1◯40 ⌐
* Hauptgericht 28

* **Weddig's Fischerstube**
Friesenstr 61, ✉ 27498, ☎ (0 47 25) 72 35, Fax 81 14 64, ED VA
Hauptgericht 25;
Fischrestaurant

Hellenthal 42 ◻

Nordrhein-Westfalen — Kreis Euskirchen — 500 m — 8 800 Ew — Schleiden 6, Blankenheim 21 km
ℹ ☎ (0 24 82) 8 51 15, Fax 8 51 14 — Verkehrsamt, Rathausstr 2, 53940 Hellenthal; Wintersportplatz in der nördlichen Eifel. Sehenswert: Olef-Talsperre (1 km ←); Wildgehege mit Greifvogelstation (1,5 km ↑); Besucherbergwerk

Hollerath (6 km ✓)
* **Hollerather Hof**
⌐ Luxemburger Str 44, ✉ 53940, ☎ (0 24 82) 71 17, Fax 78 34, DC ED VA
12 Zi, Ez: 55-65, Dz: 90-130, 1 Suite, ⌐ ☎; P 🖃 ⌐ Sauna Solarium ⌐
geschl: 3 Wochen im Nov
* Hauptgericht 18; Terrasse;
geschl: 3 Wochen im Nov

Hellwege 17 ↘

Niedersachsen — 885 Ew
ℹ ☎ (0 42 64) 8 32 00 — Samtgemeinde Sottrum, Am Eichkamp 12, 27367 Sottrum

* **Prüser's Gasthof**
Dorfstr 5, ✉ 27367, ☎ (0 42 64) 99 90, Fax 9 99 45, DC ED VA
30 Zi, Ez: 73-125, Dz: 120-125, ⌐ WC ☎; Lift P 3◯200 ⌐ Fitneßraum Kegeln Sauna Solarium 1Tennis ⌐ ⌐
geschl: 24.12.-6.1.

Helmbrechts 48 ↘

Bayern — Kreis Hof — 616 m — 10 000 Ew — Münchberg 8, Schwarzenbach 11, Naila 13 km
ℹ ☎ (0 92 52) 7 01 50, Fax 7 01 11 — Verkehrsamt, Luitpoldstr 21, 95233 Helmbrechts; Ort im Frankenwald. Sehenswert: Textilmuseum

* **Deutsches Haus**
Friedrichstr 6, ✉ 95233, ☎ (0 92 52) 10 68, Fax 60 11, ED
15 Zi, Ez: 99, Dz: 130, 1 Suite, ⌐ WC ☎; P ⌐ →

Helmbrechts

* Zeitler
Kulmbacher Str 15, ✉ 95233, ☎ (0 92 52)
9 62-0, Fax 9 62-1 13, ED
24 Zi, Ez: 78-94, Dz: 116-145, ⊣ WC ☎ DFÜ;
P 🚗
* Hauptgericht 23; Terrasse

Helmstadt 55→

Bayern — Kreis Würzburg — 310 m —
2 720 Ew
ℹ️ ☎ (0 93 69) 23 00, Fax 29 44 — Gemeindeverwaltung, Im Kies 4, 97264 Helmstadt

* Zur Krone
Würzburgerstr 23, ✉ 97264, ☎ (0 93 69)
9 06 40, Fax 90 64 40, ED VA
26 Zi, Ez: 55-75, Dz: 90-120, ⊣ WC, 10✉;
P 1↔24 Kegeln 🍴
Auch Zimmer der Kategorie ** vorhanden

Helmstedt 27↓

Niedersachsen — Kreis Helmstedt — 140 m
— 28 205 Ew — Braunschweig 36, Magdeburg 40, Berlin 187 km
ℹ️ ☎ (0 53 51) 1 71 33, Fax 1 71 02 — Fremdenverkehrsamt, Markt 1, 38350 Helmstedt.
Sehenswert: Renaissancebau der ehem.
Universität (Juleum), Reste der alten Stadtbefestigung mit Hausmannsturm;
Rohr'sches Haus am Markt; Rathaus; Großsteingräber aus der Jungsteinzeit

** Holiday Inn Garden Court
Chardstr 2, ✉ 38350, ☎ (0 53 51) 12 80,
Fax 12 81 28, AX DC ED VA
63 Zi, Ez: 130-190, Dz: 130-210, S; 2 Suiten,
⊣ WC ☎, 22✉; Lift P 🚗 2↔40 Sauna;
garni ⚓

Hemdingen 18↘

Schleswig-Holstein — Kreis Pinneberg —
5 m — 1 381 Ew — Barmstedt 6, Quickborn
6, Elmshorn 12 km
ℹ️ ☎ (0 41 23) 68 80, Fax 68 81 44 — Amtsverwaltung Rantzau, Chemnitzstr 30,
25355 Barmstedt

* Hemdinger Hof
Barmstedter Str 2, ✉ 25485, ☎ (0 41 23)
20 58, Fax 46 84, AX ED VA
29 Zi, Ez: 80, Dz: 135, ⊣ WC ☎; P 4↔100
🍴

Hemer 34↙

Nordrhein-Westfalen — Märkischer Kreis
— 208 m — 35 000 Ew — Iserlohn 6, Menden 6 km
ℹ️ ☎ (0 23 72) 1 08 68, Fax 43 60 — Kulturamt+Verkehrsverein Hemer,
Hauptstr 185+209, 58675 Hemer; Stadt im nördlichen Sauerland. Sehenswert: Heinrichshöhle (1 km ↘); Felsenmeer (1 km ↘),
Felsenmeer-Museum

Becke (1 km ↗)
** Zum Bären
Urbecker Str 110, ✉ 58675, ☎ (0 23 72)
1 07 65, Fax 18 15, AX DC ED VA
Hauptgericht 35; Gartenlokal P; geschl: Sa mittags, Mo, 2 Wochen in den Sommerferien

Hemer-Außerhalb (4 km ↓)
** Haus Winterhof
Stephanopel 30, ✉ 58675, ☎ (0 23 72)
89 81, Fax 8 19 25, AX ED
Hauptgericht 33; Gartenlokal P Terrasse;
geschl: Di

Hemmingen 26↙

Niedersachsen — Kreis Hannover — 55 m
— 18 000 Ew — Hannover 5 km
ℹ️ ☎ (05 11) 4 10 31 34, Fax 4 10 31 30 —
Gemeindeverwaltung, im Ortsteil Westerfeld, Rathausplatz 1, 30966 Hemmingen

Westerfeld (2 km ↖)
* Concorde Hotel Berlin
Berliner Str 4, ✉ 30966, ☎ (05 11) 42 30 14,
Fax 23 28 70, AX DC ED VA
39 Zi, Ez: 99-310, Dz: 160-370, 23 App, ⊣
WC ☎, 7✉; Lift P Sauna Solarium; garni
Auch Zimmer der Kategorie ** vorhanden

Hemsbach 54→

Baden-Württemberg — Rhein-Neckar-Kreis — 100 m — 12 600 Ew — Weinheim 5,
Heppenheim 7, Mannheim 22 km
ℹ️ ☎ (0 62 01) 7 07 26, Fax 7 07 45 — Stadtverwaltung, Schloßgasse 41, 69502 Hemsbach; Ort an der Bergstraße

Balzenbach (4 km →)
** Silencehotel Watzenhof
♦ ✉ 69502, ☎ (0 62 01) 77 67, Fax 7 37 77,
AX DC ED VA
16 Zi, Ez: 125, Dz: 165, 2 Suiten, ⊣ WC ☎; P
🚗 1↔50
Rezeption: 8-14.30, 17.30-22.30; geschl: So abends, Mo mittags, Anfang-Mitte Jan
** Hauptgericht 25; Gartenlokal Terrasse; geschl: Anfang-Mitte Jan

Hengersberg 66←

Bayern — Kreis Deggendorf — 400 m —
7 350 Ew — Deggendorf 11, Vilshofen 22,
Grafenau 38 km
ℹ️ ☎ (0 99 01) 9 30 70, Fax 9 30 740 — Verkehrsamt, Mimminger Str 2, 94491 Hengersberg; Erholungsort an der Donau am Rande des Bayerischen Waldes. Sehenswert: Klosterkirche in Niederaltaich
(3 km ↙)

* **Niederalteicher Hof**
Marktplatz 9, ✉ 94491, ☎ (0 99 01) 61 12 +
29 11, Fax 38 11
29 Zi, Ez: 45-50, Dz: 90-100, ⌐ WC ☎; Lift 🅿
2⇔250 🍽

* **Erika**
Am Ohewehr, ✉ 94491, ☎ (0 99 01) 60 01,
Fax 67 62, AX DC VA
26 Zi, Ez: 55-68, Dz: 98-110, ⌐ WC ☎; 🅿
2⇔120 Kegeln Sauna Solarium 🍽

Hennef 43 ↘

Nordrhein-Westfalen — Rhein-Sieg-Kreis
— 69 m — 40 000 Ew — Bonn 16, Altenkirchen 32 km
ℹ ☎ (0 22 42) 88 81 59, Fax 88 82 38 —
Stadtverwaltung, Frankfurter Str 97,
53773 Hennef; Ort an der Sieg. Sehenswert:
Burgstadt Blankenberg ≼ (7 kmS→); Marienwallfahrtskirche in Bödingen (3 km →)

** **Im Euro Park**
Reutherstr 1, ✉ 53773, ☎ (0 22 42) 87 60,
Fax 87 61 99, AX DC ED VA
77 Zi, Ez: 99-290, Dz: 120-310, ⌐ WC ☎,
24🛏; Lift 🅿 8⇔200 🍷
Auch Zimmer der Kategorie ✱✱✱ vorhanden
** **Ambiente**
Hauptgericht 25; geschl: Sa, So

🛏 **Marktterrassen**
Frankfurter Str 98, ✉ 53773, ☎ (0 22 42)
9 13 37-0, Fax 9 13 37-29, ED VA
15 Zi, Ez: 97-155, Dz: 116-189, ⌐ WC ☎; Lift
🚗 10⇔ Sauna Solarium; **garni**

** **Haus Steinen**
Hanftalstr 94, ✉ 53773, ☎ (0 22 42) 32 16,
Fax 8 32 09, AX ED
Hauptgericht 38; Biergarten Kegeln 🅿 Terrasse; geschl: Mo + Di mittags

** **Rôtisserie Christine**
🍷 Frankfurter Str 55, ✉ 53773, ☎ (0 22 42)
29 07, Fax 86 69 04, AX DC ED VA
Hauptgericht 47; Gartenlokal 🅿 Terrasse;
geschl: Sa mittags, so + feiertags

Stadt Blankenberg (7 km ↘)
* **Haus Sonnenschein**
♂ 🍷 Mechtildisstr 16, ✉ 53773, ☎ (0 22 48)
23 58, Fax 9 20 17, AX DC ED VA
15 Zi, Ez: 99, Dz: 130, ⌐ WC ☎; Lift
* Hauptgericht 25

* **Galerie Hotel**
♂ ≼ Mechtildisstr 13, ✉ 53773, ☎ (0 22 48)
92 00, Fax 9 20 17, AX ED VA
13 Zi, Ez: 99, Dz: 140, ⌐ WC ☎; Lift 🅿 1⇔30
Kegeln 🍽

Süchterscheid
* **Landhaus Süchterscheid**
Mühlental 3, ✉ 53773, ☎ (0 22 48) 7 93,
Fax 46 26, ED
Hauptgericht 38; 🅿; nur abends; geschl:
Mo, 1.-15.1.
* 6 Zi, Ez: 105, Dz: 160, ⌐ WC ☎;
2⇔30
geschl: 1.-15.1.

---

siehe auch **Ruppichteroth**

Hennigsdorf 30 ↘

Brandenburg — 45 m — 25 306 Ew — Potsdam 26, Berlin 15 km
ℹ ☎ (0 33 02) 87 70, Fax 87 72 90 — Stadtverwaltung, Neuendorfstr. 23 a, 16761 Hennigsdorf

✱✱✱ **Pannonia**
Fontanestr 110, ✉ 16761, ☎ (0 33 02) 87 50,
Fax 87 54 45, AX DC ED VA
112 Zi, Ez: 85-185, Dz: 103-250, S; ⌐ WC ☎,
14🛏; Lift 🅿 4⇔100 Fitneßraum Sauna
Solarium 🍷
** Hauptgericht 25

Hennstedt Kr. Steinburg 10 ↙

Schleswig-Holstein — Kreis Steinburg —
535 Ew — Itzehoe 18, Nortorf 22 km
ℹ ☎ (0 48 77) 4 30 — Bürgermeisteramt,
Tönsheider Str 8, 25581 Hennstedt

Seelust (1 km ↓)
* **Seelust**
♂ ≼ Seelust 6, ✉ 25581, ☎ (0 48 77) 6 77,
Fax 7 66, ED VA
13 Zi, Ez: 90, Dz: 130, ⌐ WC; 🅿 ≘ Strandbad Seezugang Sauna Solarium 🍷
Rezeption: 8-12, 14.30-22
* Hauptgericht 25; geschl: Di,
15.2.-15.3.

Henstedt-Ulzburg 18 ↑

Schleswig-Holstein — Kreis Segeberg —
32 m — 23 500 Ew — Kaltenkirchen 4, Norderstedt 10, Hamburg 20 km
ℹ ☎ (0 41 93) 9 63-0, Fax 9 63-1 90 —
Gemeindeverwaltung, Ortsteil Ulzburg,
Rathausplatz 1, 24558 Henstedt-Ulzburg

Ulzburg
* **Wiking**
Hamburger Str 81, ✉ 24558, ☎ (0 41 93)
90 80, Fax 9 23 23, AX ED VA
62 Zi, Ez: 90-100, Dz: 140-180, 1 Suite,
5 App, ⌐ WC ☎, 13🛏; Lift 2⇔100 Fitneßraum Sauna Solarium; **garni**

Heppenheim 54→

Hessen — Kreis Bergstraße — 110 m — 25 000 Ew — Bensheim 5, Weinheim 11, Worms 22 km
ℹ️ ☎ (0 62 52) 1 31 71, Fax 1 31 23 — Fremdenverkehrsbüro, Großer Markt 3, 64646 Heppenheim; Kreisstadt an der Bergstraße. Sehenswert: Kirche St. Peter; Marktplatz mit Rathaus; Liebig-Apotheke; Barockbrunnen; Museum für Stadtgeschichte; Ruine Starkenburg mit Sternwarte (294 m ⋖; 2 km ↗)
Achtung: Festspiele Heppenheim
ℹ️ ☎ (0 62 52) 82 03

** Am Bruchsee
⋖ Am Bruchsee 1, ✉ 64646, ☎ (0 62 52) 96 00, Fax 96 02 50, AX DC ED VA
72 Zi, Ez: 160, Dz: 210, 1 Suite, ⇰ WC ☎ DFÜ, 15🖥; Lift 🅿 🚗 8⇔200 Seezugang Fitneßraum Sauna Solarium ⚓
** ⋖ Hauptgericht 30; Terrasse; geschl: Ende Dez

** Ramada
Siegfriedstr 1, ✉ 64646, ☎ (0 62 52) 12 90, Fax 12 91 00, AX DC ED VA
112 Zi, Ez: 163-168, Dz: 201-206, ⇰ WC ☎ DFÜ, 42🖥; Lift 🅿 🚗 3⇔100 18Golf; garni

Herbolzheim 67 ↘

Baden-Württemberg — Kreis Emmendingen — 179 m — 8 984 Ew — Lahr 14, Emmendingen 15 km
ℹ️ ☎ (0 76 43) 91 77 81, Fax 91 77 88 — Stadtverwaltung, 79336 Herbolzheim

** Highway Hotel
Breisgauallee, an der Ausfahrt der A5 Herbolzheim, ✉ 79336, ☎ (0 76 43) 4 00 31, Fax 4 00 38, AX DC ED VA
76 Zi, Ez: 114-180, Dz: 150-180, ⇰ WC ☎, 12🖥; Lift 🅿 🚗 80 Fitneßraum Sauna Solarium; garni 🍴
Reservierung von Tageszimmern möglich

Herborn 44 ▯

Hessen — Lahn-Dill-Kreis — 208 m — 21 500 Ew — Dillenburg 7, Wetzlar 24, Gladenbach 28 km
ℹ️ ☎ (0 27 72) 70 82 24, Fax 70 85 00 — Verkehrsamt, Hauptstr 39, 35745 Herborn. Sehenswert: Ev. Kirche; Schloß; Rathaus; hist. Altstadt; Heimatmuseum

** Schloß-Hotel
Schloßstr 4, ✉ 35745, ☎ (0 27 72) 70 60, Fax 70 66 30, AX DC ED VA
68 Zi, Ez: 139-165, Dz: 218-253, 2 Suiten, ⇰ WC ☎, 19🖥; Lift 🅿 🚗 6⇔100 18Golf
Auch Zimmer der Kategorie * vorhanden
** Le Bistro
Hauptgericht 32; Terrasse

* Zum Löwen
Turmstr 2, ✉ 35745, ☎ (0 27 72) 9 27 00, Fax 92 70 25, AX ED VA
12 Zi, Ez: 100-125, Dz: 130-170, ⇰ WC ☎; 🅿 🍴

* Hohe Schule
🌿 Schulhofstr 5, ✉ 35745, ☎ (0 27 72) 28 15, Fax 92 79 21, AX ED VA
Hauptgericht 32; Biergarten; geschl: Sa mittags, So abends, Mo
** 8 Zi, Ez: 130, Dz: 180, 1 Suite, ⇰ WC ☎; 🅿 🚗 2⇔50

* Theis ✤
Westerwaldstr 2, ✉ 35745, ☎ (0 27 72) 22 08, Fax 22 08, ED
Hauptgericht 39

Herbrechtingen 62 ↘

Baden-Württemberg — Kreis Heidenheim an der Brenz — 470 m — Heidenheim a.d. Brenz 7, Ulm 33 km
ℹ️ ☎ (0 73 24) 9 55-0, Fax 9 55-1 40 — Stadtverwaltung, Lange Str 58, 89542 Herbrechtingen; Stadt an der Brenz

* Grüner Baum
Lange Str 46, ✉ 89542, ☎ (0 73 24) 95 40, Fax 95 44 00, AX DC ED VA
40 Zi, Ez: 85-95, Dz: 140-150, ⇰ WC ☎ DFÜ, 🅿
* Hauptgericht 20; Gartenlokal; geschl: So, 30.7.-20.8.

Herbstein 45 ▯

Hessen — Vogelsbergkreis — 450 m — 5 250 Ew — Lauterbach 11, Gedern 29 km
ℹ️ ☎ (0 66 43) 96 00 19, Fax 96 00 20 — Kurbetriebsgesellschaft, Rathaus, 36358 Herbstein; Luftkurort. Sehenswert: Stadtmauer mit 3 Wehrtürmen (13. Jh.); hist. Ortskern; Fachwerkhäuser; kath. Kirche; Fastnachtsmuseum; Schloß Stockhausen (9 km →)

* Landhotel Weismüller
♘ Blücherstr 4, ✉ 36358, ☎ (0 66 43) 9 62 30, Fax 75 18, ED
24 Zi, Ez: 70-75, Dz: 110-130, ⇰ WC ☎, 4🖥; 🅿 🚗 3⇔100 Sauna Solarium 🍴 ⚓
geschl: Di
Auch Zimmer der Kategorie ** vorhanden

Herdecke 33 ▯

Nordrhein-Westfalen — Ennepe-Ruhr-Kreis — 110 m — 25 948 Ew — Hagen 5, Dortmund 12, Bochum 24 km
ℹ️ ☎ (0 23 30) 61 13 25, Fax 1 26 14 — Stadtverwaltung, Kirchplatz 3, 58313 Herdecke; Stadt an der Ruhr zwischen Harkort- und Hengsteysee. Sehenswert: Ev. Kirche; alte Schiefer- und Fachwerkhäuser

Herford

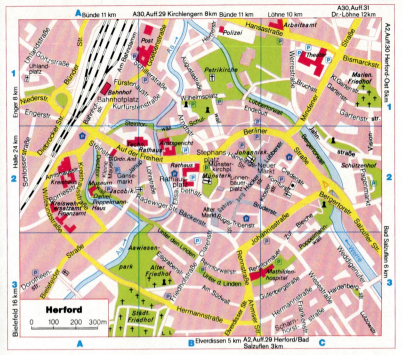

★★ Ringhotel Zweibrücker Hof
Zweibrücker-Hof-Str 4, ⊠ 58313,
☎ (0 23 30) 60 55 55, Fax 60 55 55, AX DC ED VA
71 Zi, Ez: 153-165, Dz: 183-197, S; 8 App, ⊣
WC ☎, 32🅿; Lift 🅿 6⟲350 🛋 Fitneßraum
Kegeln Sauna Solarium
★★ Hauptgericht 30; Terrasse

★★ Schiffswinkel
Im Schiffswinkel 35, ⊠ 58313, ☎ (0 23 30)
21 55, Fax 12 95 77, AX DC ED VA
Biergarten 🅿 Terrasse

Herford 25 ↙

Nordrhein-Westfalen — Kreis Herford —
68 m — 65 919 Ew — Bielefeld 15, Detmold
25, Minden 37 km
🅘 ☎ (0 52 21) 18 96 66, Fax 18 96 94 — Stadt-
Info Herford, Hämelinger Str. 4/Neuer
Markt, 32052 Herford; Stadt zwischen Wiehengebirge und Teutoburger Wald. Sehenswert: Münster; Jacobi-, Johannis- und Marienkirche; Wittekindsdenkmal; Stadttheater;
Hist. Bürgerhäuser und Fachwerkbauten

★★ Dohm-Hotel
Löhrstr 4 (B 2), ⊠ 32052, ☎ (0 52 21) 10 25-0,
Fax 10 25-50, AX DC ED VA
36 Zi, Ez: 145, Dz: 190, ⊣ WC ☎, 4🅿; Lift 🅿
🚃 3⟲100
Auch Zimmer der Kategorie ★ vorhanden
★★ Hauptgericht 25; geschl: Sa

★★ Stadthotel Pohlmann
Mindener Str 1 (C 1), ⊠ 32049, ☎ (0 52 21)
98 00, Fax 98 01 62, AX DC ED VA
36 Zi, Ez: 95-125, Dz: 150-170, ⊣ WC ☎,
12🅿; Lift 🅿 3⟲80 Sauna
Auch Zimmer der Kategorie ★ vorhanden

★ Schinkenkrug
Paracelsusstr 14, ⊠ 32049, ☎ (0 52 21)
92 00, Fax 92 02 00, AX ED VA
23 Zi, Ez: 75-90, Dz: 120-150, ⊣ WC ☎; 🅿
3⟲100 🍴

★ Hansa
Brüderstr 40 (B 2), ⊠ 32052, ☎ (0 52 21)
5 97 20, Fax 59 72 59, AX ED
16 Zi, Ez: 60-95, Dz: 130-140, ⊣ WC ☎; Lift
🅿; garni
Rezeption: 7-20; geschl: So, 28.6.-25.7.
Auch Zimmer der Kategorie ★★ vorhanden

★ Münchner Hof
Berliner Str 29, ⊠ 32052, ☎ (0 52 21) 10 58-0,
Fax 52 91 02, AX DC ED VA
17 Zi, Ez: 98-115, Dz: 145-165, 2 Suiten,
1 App, ⊣ WC ☎, 4🅿; Lift 🅿 1⟲95 🍴 🛋

Herford-Außerhalb (4 km →)
★ Waldesrand
♂ Zum Forst 4, ⊠ 32049, ☎ (0 52 21)
9 23 20, Fax 9 23 24 29, AX DC ED VA
51 Zi, Ez: 75-125, Dz: 120-170, 1 Suite, ⊣
WC ☎ DFÜ, 4🅿; Lift 🅿 3⟲50 Sauna
Solarium 🍴 🛋
Auch Zimmer der Kategorie ★★ vorhanden
→

Herford

Eickum (3 km ←)
** Tönsings Kohlenkrug
Diebrocker Str 316, ⊠ 32051, ☎ (0 52 21) 3 28 36, Fax 3 38 83, AX
Hauptgericht 35; P Terrasse; nur abends, So auch mittags; geschl: Mo, Di, 4 Wochen in den Sommerferien

Falkendiek (4 km ↑)
* Stille-Falkendiek
Löhner Str 157, ⊠ 32049, ☎ (0 52 21) 96 70-00, Fax 6 75 83, ED VA
19 Zi, Ez: 85-95, Dz: 135-155, ᴴ WC ☎; P 3⇔150 Kegeln ⊌

Hergensweiler 69 ↘

Bayern — Kreis Lindau — 550 m — 1 500 Ew — Lindau 10, Wangen 11 km
ℹ ☎ (0 83 88) 2 17, Fax 7 24 — Gemeindeverwaltung, Friedhofweg 7, 88138 Hergensweiler; Erholungsort

Stockenweiler (1,5 km ↗)
** Lanz Stockenweiler
Haus Nr 32 an der B 12, ⊠ 88138, ☎ (0 83 88) 2 43 + 9 90 35, AX ED
Hauptgericht 52; P; nur abends; geschl: Mi, Do, 12.2.-26.2.

Heringsdorf siehe Usedom

Herleshausen 46 ↗

Hessen — Werra-Meißner-Kreis — 220 m — 3 021 Ew — Bad Hersfeld 45, Kassel 74, Eisenach 14 km
ℹ ☎ (0 56 54) 98 95-0, Fax 98 95-33 — Gemeindeverwaltung/Der Gemeindevorstand, Bahnhofstr. 15, 37293 Herleshausen. Sehenswert: Ev. Kirche, Schloß Augustenau; Schloß im Ortsteil Nesselröden (4 km ↘); Burgruine Brandenfels beim Ortsteil Markershausen (6 km ↘)

≙ **Schneider**
Anger 7, ⊠ 37293, ☎ (0 56 54) 64 28, Fax 14 47, DC ED VA
17 Zi, Ez: 50-70, Dz: 60-90, 2 App, ᴴ WC ☎; P 🚗 1⇔100 ≋ ⊌
geschl: So ab 15, Feb

Hohenhaus-Holzhausen (6 km ↘)
*** Hohenhaus
Relais & Châteaux
einzeln ♂ ⛉ ⊠ 37293, ☎ (0 56 54) 98 70, Fax 13 03, AX ED VA
26 Zi, Ez: 225-275, Dz: 370-450, ᴴ WC ☎; Lift P 🚗 2⇔40 ≙ Fitneßraum Sauna Solarium ≋
*** Hauptgericht 45; Terrasse; geschl: So abends, Mo + Di mittags

Hermannsburg 26 ↗

Niedersachsen — Kreis Celle — 50 m — 8 000 Ew — Celle 27, Soltau 33, Uelzen 48 km
ℹ ☎ (0 50 52) 80 55, Fax 84 23 — Verkehrsverein, Harmsstr 3 a, 29320 Hermannsburg; Erholungsort in der Lüneburger Heide. Sehenswert: Ludwig-Harms-Haus; Missionsausstellungen

** Heidehof
Billingstr 29, ⊠ 29320, ☎ (0 50 52) 970 0, Fax 33 32, AX DC ED VA
104 Zi, Ez: 129-169, Dz: 189-219, ᴴ WC ☎, 27🛏; Lift P 🚗 12⇔220 ≙ Fitneßraum Kegeln Sauna Solarium ≋
Auch Zimmer der Kategorie ***** vorhanden
** Atrium im Heidehof
Hauptgericht 28; Terrasse

* Völkers Hotel
Billingstr 7, ⊠ 29320, ☎ (0 50 52) 9 87 40, Fax 98 74 74, AX DC ED VA
17 Zi, Ez: 70-125, Dz: 130-168, ᴴ WC ☎; P 🚗 3⇔30
* Hauptgericht 26; Biergarten

Baven (2 km ↘)
* Drei Linden
Billingstr 102, ⊠ 29320, ☎ (0 50 52) 98 87-0, Fax 98 87 34, ED VA
14 Zi, Ez: 65-75, Dz: 120-130, 1 Suite, ᴴ WC ☎; P 🚗 ⊌

Oldendorf-Außerhalb (7 km ↘)
* Zur Alten Fuhrmanns
Schänke
einzeln ♂ Dehningshof 1, ⊠ 29320, ☎ (0 50 54) 9 89 70, Fax 98 97 98, AX ED VA
19 Zi, Ez: 80-85, Dz: 130-140, 5 Suiten, ᴴ WC ☎; P Kegeln
** ⊗ Hauptgericht 25; geschl: im Winter Di

Hermsdorf 48 ↗

Thüringen — Holzlandkreis — 350 m — 10 000 Ew — Gera 20, Jena 20 km
ℹ ☎ (03 66 01) 4 22 41, Fax 5 77 50 — Fremdenverkehrsinformation im Kulturhaus, Eisenberger Str 83, 07629 Hermsdorf

* Zur Linde
Alte Regensburger Str 45, ⊠ 07629, ☎ (03 66 01) 8 36 95, Fax 8 36 95, ED VA
9 Zi, Ez: 75, Dz: 100, ᴴ WC ☎; 1⇔35 ⊌

Hermsdorf/Erzgebirge 51 ←

Sachsen — Weißeritzkreis — 750 m — 1 130 Ew — Dippoldiswalde 18, Dresden 35, Prag 110 km
ℹ ☎ (03 50 57) 5 12 10, Fax 5 12 10 — Gemeindeverwaltung, Kirchplatz 2, 01776 Hermsdorf/Erzgebirge

Heroldsberg

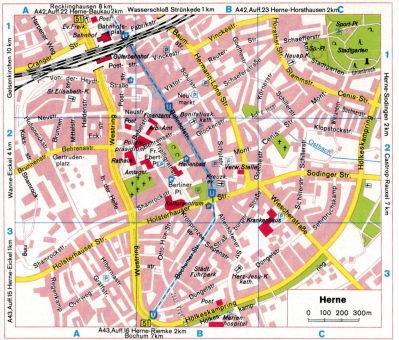

Neuhermsdorf (4 km ↓)
** Altes Zollhaus
Altenberger Str 7, ✉ 01776, ☎ (03 50 57) 5 40, Fax 5 12 64, AX DC ED VA
41 Zi, Ez: 90-120, Dz: 110-160, 4 Suiten, ⌁ WC ☎; Lift P 4⇨169 Fitneßraum Sauna Solarium
Auch Zimmer der Kategorie *** vorhanden
* Hauptgericht 25; Terrasse

* Wettin
Altenberger Str 24, ✉ 01776, ☎ (03 50 57) 51-2 17, Fax 51-2 18
29 Zi, Ez: 85, Dz: 120, ⌁ WC ☎; P 1⇨70 Sauna

Herne 33 □

Nordrhein-Westfalen — Kreisfreie Stadt — 61 m — 177 500 Ew — Bochum 7, Recklinghausen 8, Gelsenkirchen 10 km
ℹ ☎ (0 23 23) 16 28 44, Fax 16 29 77 — Verkehrsverein Zukunft Herne e.V., Berliner Platz 11, 44623 Herne; Industriestadt im Ruhrgebiet. Sehenswert: Wasserschloß Strünkede

** Parkhotel
Schaeferstr 111 (C 1), ✉ 44623, ☎ (0 23 23) 95 50, Fax 95 52 22, AX DC ED VA
40 Zi, Ez: 105-120, Dz: 160-180, ⌁ WC ☎; 1⇨45 Fitneßraum Sauna Solarium

* Sicking
Bahnhofstr 26 (B 2), ✉ 44623, ☎ (0 23 23) 1 49 10, Fax 14 91 91, AX DC ED VA
23 Zi, Ez: 105, Dz: 150-160, ⌁ WC ☎; P ⌁; garni
Zufahrt über Glockenstrasse

Heroldsberg 57 □

Bayern — Kreis Erlangen-Höchstadt — 380 m — 7 400 Ew — Nürnberg 13, Erlangen 15, Fürth 20 km
ℹ ☎ (09 11) 5 18 57-0, Fax 5 18 57 40 — Gemeindeverwaltung, Kirchenweg 4, 90562 Heroldsberg; Ort im Nürnberger Reichswald

* Rotes Roß
Hauptstr 10, ✉ 90562, ☎ (09 11) 9 56 50, Fax 9 56 52 00, AX DC ED VA
45 Zi, Ez: 95-115, Dz: 130-155, ⌁ WC ☎; P ⌁ 5⇨150
geschl: 24.12.-6.1.
* Hauptgericht 20; Biergarten; geschl: Fr, 3.8.-20.8., 24.12.-6.1.

* Landgasthof Gelber Löwe
Hauptstr 42, ✉ 90562, ☎ (09 11) 95 65 80, Fax 9 56 58 88, AX DC ED VA
34 Zi, Ez: 99-120, Dz: 120-150, 1 Suite, 8 App, ⌁ WC ☎; Lift P ⌁ 1⇨30 Sauna
* Hauptgericht 20; geschl: So, Sa, 2 Wochen im Aug

Heroldstatt 62 ✓

Baden-Württemberg — Alb-Donau-Kreis — 650 m — 2 200 Ew
🄸 ☎ (0 73 89) 90 90-0, Fax 90 90-90 — Touristinformation, Am Berg 1, 72535 Heroldstatt

Sontheim
* **Landhotel Wiesenhof**
Lange Str 35, ⌧ 72535, ☎ (0 73 89) 9 09 50, Fax 15 01, ⒺⒹ
16 Zi, Ez: 75-85, Dz: 120-150, ⊿ WC ☎ DFÜ, 2🛌; 🅿 🚗 2⇔15 Sauna Solarium ☕
* Hauptgericht 29; geschl: Di

Herrenalb, Bad 60 →

Baden-Württemberg — Kreis Calw — 400 m — 7 500 Ew — Baden-Baden 22, Karlsruhe 26, Pforzheim 30 km
🄸 ☎ (0 70 83) 79 33, Fax 89 43 — Kurverwaltung, Rathausplatz 11, 76332 Bad Herrenalb; Heilbad und Heilklimatischer Kurort im nördlichen Schwarzwald. Sehenswert: Hist. Klosterstraße mit ehem. Klosteranlage, Klosterkirche; Spielzeugmuseum

*** **Mönchs Posthotel** 👑
Relais & Châteaux
♂ ⓥ Dobler Str 2, ⌧ 76332, ☎ (0 70 83) 74 40, Fax 74 41 22, ⒶⓍ ⒹⒸ ⒺⒹ ⓋⒶ, 6 App, ⊿
18 Zi, Ez: 208-318, Dz: 278-373, 6 App, ⊿ WC ☎; Lift 🅿 2⇔40 ♨ Fitneßraum 9Golf ☕
*** **Klosterschänke**
ⓥ Hauptgericht 45
** **Locanda**
Hauptgericht 25

** **Landhaus Marion**
♂ ⓢ Bleichweg 1, ⌧ 76332, ☎ (0 70 83) 74 00, Fax 74 06 02, ⒶⓍ ⒹⒸ ⒺⒹ ⓋⒶ
55 Zi, Ez: 80-150, Dz: 150-270, 7 Suiten, ⊿ WC ☎ DFÜ, 10🛌; Lift 🅿 🚗 4⇔60 ☂ Kegeln Sauna Solarium 9Golf 🍽 ☕
Rezeption: 8-21
Auch Zimmer der Kategorie * vorhanden

** **Lacher am Park**
♂ Rehteichweg 2, ⌧ 76332, ☎ (0 70 83) 74 90, Fax 74 99 08, ⒺⒹ ⓋⒶ
64 Zi, Ez: 85-107, Dz: 166-196, 2 Suiten, 6 App, ⊿ WC ☎; Lift 🅿 🚗 ☂ Sauna Solarium 🍽 ☕
Auch Zimmer der Kategorie * vorhanden

** **Höfer's Hotel**
Harzer am Kurpark
Kurpromenade 1, ⌧ 76332, ☎ (0 70 83) 92 56-0, Fax 92 56-99, ⒶⓍ ⒺⒹ ⓋⒶ
27 Zi, Ez: 68-150, Dz: 112-190, ⊿ WC ☎; Lift 🚗 ☂ Sauna 9Golf
geschl: 20.11.-15.12.
Restaurant für Hausgäste

☕ **Lacher**
Rehteichweg 2, ⌧ 76332, ☎ (0 70 83) 74 90, Fax 74 99 08
Hauptgericht 30

☕ **Café Zoller**
Ettlinger Str 16, ⌧ 76332, ☎ (0 70 83) 31 06, Fax 5 18 12
Hauptgericht 21; 🅿; geschl: Mo, Mitte Jan-Anfang Feb
Spezialität: Käsekuchen

Gaistal (2 km ↓)
** **Äolus Parkhotel**
Gaistaler Hof
♂ Gaistalstr 143/I, ⌧ 76332, ☎ (0 70 83) 5 00 90, Fax 5 00 91 40, ⒶⓍ ⒺⒹ ⓋⒶ
35 Zi, Ez: 70-140, Dz: 100-180, ⊿ WC ☎, 2🛌; Lift 🅿 3⇔50 Fitneßraum 9Golf ☕
Restaurant für Hausgäste

Rotensol (5 km ↗)
** **Lamm**
♂ ⓢ Mönchstr 31, ⌧ 76332, ☎ (0 70 83) 9 24 40, Fax 92 44 44, ⒶⓍ ⒺⒹ ⓋⒶ
22 Zi, Ez: 85-100, Dz: 150-170, 1 Suite, ⊿ WC ☎, 8🛌; 🅿 🚗 3⇔35 18Golf ☕
** Hauptgericht 25; Terrasse ✤

Herrenberg 61 ✓

Baden-Württemberg — Kreis Böblingen — 450 m — 29 350 Ew — Calw 20, Tübingen 20, Stuttgart 34 km
🄸 ☎ (0 70 32) 92 42 24, Fax 92 43 33 — Touristen-Information, Marktplatz 5, 71083 Herrenberg. Sehenswert: 700 Jahre alte Stiftskirche auf dem Schloßberg mit Chorgestühl, Glockenmuseum im Turm; Mittelalterliche Innenstadt; Marktplatz, Fachwerkhäuser, Marktbrunnen; Naturpark Schönbuch.

** **Residence**
Daimlerstr 1, ⌧ 71083, ☎ (0 70 32) 27 10, Fax 27 11 00, ⒶⓍ ⒹⒸ ⒺⒹ ⓋⒶ
159 Zi, Ez: 225, Dz: 250, 24 Suiten, ⊿ WC ☎ DFÜ, 31🛌; Lift 🅿 9⇔180 Fitneßraum Sauna Solarium 27Golf ☕
** **Bellevue**
Hauptgericht 30; Terrasse

** **Ringhotel Gasthof Hasen**
Hasenplatz 6, ⌧ 71083, ☎ (0 70 32) 20 40, Fax 20 41 00, ⒶⓍ ⒹⒸ ⒺⒹ ⓋⒶ
65 Zi, Ez: 90-190, Dz: 130-195, 1 Suite, 2 App, ⊿ WC ☎, 32🛌; Lift 🅿 🚗 5⇔150 Sauna Solarium 27Golf
** Hauptgericht 30; Gartenlokal

Pension Kirchgasse
♂ Kirchgasse 1, ✉ 71083, ☏ (0 70 32) 95 21 18, Fax 2 49 78, AX DC ED VA
7 Zi, Ez: 70-88, Dz: 110-130, 1 App, ⊿ WC; garni

✶✶ Historischer Weinkeller Alt Herrenberg
✠ Schuhgasse 23, ✉ 71083, ☏ (0 70 32) 2 33 44, Fax 2 86 62, AX ED
Hauptgericht 42;
Original erhaltener Gewölbekeller aus dem Jahre 1460

▬ Café Neumann
Reinhold-Schick-Platz 2, ✉ 71083,
☏ (0 70 32) 51 39, Fax 95 20 29
Hauptgericht 25; P

Mönchberg (3 km ↘)
✶ Euro Ring Hotel Kaiser
♂ Kirchstr 10, ✉ 71083, ☏ (0 70 32) 9 78 80, Fax 97 88 30, AX DC ED VA
30 Zi, Ez: 95-130, Dz: 150-190, ⊿ WC ☏ DFÜ, 6⌂; P ▤ 1✧25 Sauna Solarium 18 Golf ⚑
geschl: 28.12.-10.1.
✶✶ Hauptgericht 25; Terrasse;
geschl: Fr, Sa, 28.12.-16.1.

Herrendeich siehe Nordstrand

Herrieden 56 ↘

Bayern — Kreis Ansbach — 420 m — 7 382 Ew — Ansbach 11, Feuchtwangen 20 km
🛈 ☏ (0 98 25) 80 80, Fax 8 08 30 — Stadtverwaltung, Herrnhof 10, 91567 Herrieden; Stadt an der Altmühl. Sehenswert: Kath. Kirchen St. Vitus und St. Martin

✶✶ Gasthaus Limbacher ✤
Vordere Gasse 34, ✉ 91567, ☏ (0 98 25) 53 73
Hauptgericht 33; Biergarten; geschl: Mo

Schernberg (1 km ↑)
✶ Gasthof zum Bergwirt
Haus Nr 1, ✉ 91567, ☏ (0 98 25) 84 69, Fax 49 25
30 Zi, Ez: 60-65, Dz: 85-95, ⊿ WC ☏ DFÜ; P 4✧200 Fitneßraum Sauna Solarium Kegeln
✶ Hauptgericht 20; Gartenlokal

Herrischried 67 ↘

Baden-Württemberg — Kreis Waldshut — 874 m — 2 350 Ew — Todtmoos 11, Bad Säckingen 18 km
🛈 ☏ (0 77 64) 92 00 40, Fax 92 00 49 — Kurverwaltung, Hauptstr 28, 79737 Herrischried. Sehenswert: Hotzenhaus; Hornberg, 969 m ◂; Gugelturm ◂; Hornberg-Becken

Kleinherrischwand (2 km ↑)
▭ Pension Waldheim
♂ ◂ Haus Nr 26, ✉ 79737, ☏ (0 77 64) 2 42, Fax 13 29
16 Zi, Ez: 50, Dz: 94-108, 12 App, ⊿ WC ☏; P ▤ 1✧20 Fitneßraum
Rezeption: 9-23; geschl: 15.11.-15.12.
Restaurant für Hausgäste

Herrsching 71 ↑

Bayern — Kreis Starnberg — 568 m — 9 228 Ew — Starnberg 18, Weilheim 18 km
🛈 ☏ (0 81 52) 52 27 — Verkehrsbüro, Bahnhofplatz 3, 82211 Herrsching; Luftkurort am Ammersee. Sehenswert: Pfarrkirche St. Martin; Klosterkirche in Andechs (5 km ↓)

✶ Ammersee
◂ Summerstr 32, ✉ 82211, ☏ (0 81 52) 20 11, Fax 53 74, AX ED VA
40 Zi, Ez: 95-170, Dz: 195-235, ⊿ WC ☏; Lift P 4✧80 Strandbad Seezugang Fitneßraum Sauna Solarium ¶⊙¶ ⚑

✶ Seehof Herrsching
Seestr 58, ✉ 82211, ☏ (0 81 52) 93 50, Fax 93 51 00
39 Zi, Ez: 98-145, Dz: 150-160, ⊿ WC ☏, 5⌂; Lift P 2✧80 Seezugang ¶⊙¶ ⚑

✶ Landgasthaus Mühlfeld-Bräu
✠ Mühlfeld 13, ✉ 82211, ☏ (0 81 52) 55 78, Fax 80 18
Hauptgericht 17; Biergarten

Hersbruck 58 ↙

Bayern — Kreis Nürnberger Land — 340 m — 12 150 Ew — Sulzbach-Rosenberg 23, Nürnberg 28 km
🛈 ☏ (0 91 51) 47 55, Fax 44 73 — Verkehrsamt, Stadthaus am Schloßplatz, 91217 Hersbruck; Erholungsort an der Pegnitz, in der Frankenalb. Sehenswert: Ev. Kirche; ehem. Spitalkirche; Stadtmauerreste, Tortürme; Hirtenmuseum

✶✶ Petit Hotel Panorama
♂ ◂ Höhenweg 10, ✉ 91217, ☏ (0 91 51) 38 04, Fax 45 60, ED VA
9 Zi, Ez: 87-145, Dz: 140-240, 2 Suiten, 1 App, ⊿ WC ☏; P ▤ 1✧8 ⚐ Sauna; garni
Auch Zimmer der Kategorie ✶ vorhanden

▭ Gasthof Schwarzer Adler
Martin-Luther-Str 26, ✉ 91217, ☏ (0 91 51) 22 31, Fax 22 36, DC ED VA
18 Zi, Ez: 40-60, Dz: 70-100, ⊿ WC ☏; ¶⊙¶
geschl: 2.-17.7.

Herscheid

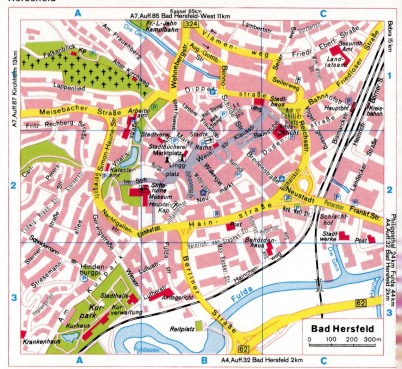

Herscheid 33 ↘

Nordrhein-Westfalen — Märkischer Kreis — 450 m — 7 000 Ew — Lüdenscheid 9, Plettenberg 15 km

🛈 ☎ (0 23 57) 24 58 — Verkehrsverein, Nieder-Holte 1, 58849 Herscheid; Erholungsort im Ebbegebirge. Sehenswert: Kirche; Fachwerkhäuser; Museumseisenbahn Nordhelle, 663 m ⊰ (5 km + 20 Min ↓); Östertalsperre

Reblin (3 km ↓)

* **Jagdhaus Weber**
⊰ Reblin 11, ✉ 58849, ☎ (0 23 57) 9 09 00, Fax 90 90 90, AX DC ED VA
14 Zi, Ez: 90-120, Dz: 140-180, ⌐ WC ☎; P ⊟ 1↻30
* Hauptgericht 30; Biergarten; geschl: Di

Wellin (5 km ↗)

* **Waldhotel Schröder**
einzeln ♂ Haus Nr 4, ✉ 58849, ☎ (0 23 57) 41 88, Fax 10 78, DC ED VA
13 Zi, Ez: 79, Dz: 140, ⌐ WC ☎; 2↻30
geschl: Mo
* Hauptgericht 25; Terrasse; geschl: Mo

Hersfeld, Bad 46 ↖

Hessen — Kreis Hersfeld-Rotenburg — 220 m — 32 000 Ew — Alsfeld 37, Fulda 45, Herleshausen 59 km

🛈 ☎ (0 66 21) 20 12 74, Fax 20 12 44 — Touristik-Information, Am Markt 1, 36251 Bad Hersfeld; Kreisstadt an der Fulda, Heilbad, Erholungsort. Sehenswert: Stiftsruine; ev. Kirche; Rathaus; alte Bürgerhäuser; Haus Mährisch Schönberg

Achtung: Bad Hersfelder Festspiele Jun-Aug 🛈 ☎ (0 66 21) 7 20 66

** **Am Kurpark Meirotels**
♂ Am Kurpark 19 (A 3), ✉ 36251, ☎ (0 66 21) 16 40, Fax 16 47 10, AX DC ED VA
93 Zi, Ez: 155-165, Dz: 235-255, 10 Suiten, ⌐ WC ☎, 20🗐; Lift P ⊟ 7↻320 ≋ Kegeln Sauna Solarium ☛
Direktzugang zum Erlebnisbad „Römer-Therme"

** **Lukullus am Kurpark**
Hauptgericht 38; Terrasse

✽ Besonders beachtenswertes Restaurant

Herzlake

** **Romantik Hotel**
Zum Stern
☎ Linggplatz 11 (B 2), ✉ 36251, ☎ (0 66 21)
18 90, Fax 18 92 60, AX DC ED VA
55 Zi, Ez: 88-139, Dz: 198-250, 2 Suiten, ⌐
WC ☎, 6🛏; Lift 🅿 🚗 6❋120 🏊 Sauna
Solarium
Zimmer verschiedener Kategorien vorhanden
** Hauptgericht 30; Terrasse;
geschl: Fr mittags, 3.1.-22.1.

** **Vitalis**
☎ Lüderitzstr 37 (außerhalb A2), ✉ 36251,
☎ (0 66 21) 9 29 20, Fax 92 92 15
9 Zi, Ez: 95-105, Dz: 130-140, ⌐ WC ☎ DFÜ,
3🛏; 🅿 🚗; garni

** **Haus am Park**
☎ Am Hopfengarten 2 (A 3), ✉ 36251,
☎ (0 66 21) 9 26 20, Fax 92 62 30, AX ED VA
16 Zi, Ez: 89-139, Dz: 120-205, 1 Suite,
3 App, ⌐ WC ☎; 🅿 🚗 1❋25 Fitneßraum
Sauna Solarium; garni
Direktzugang zum Sole-Erlebnisbad im
Hotel „Am Kurpark"

Herten   33 □

Nordrhein-Westfalen — Kreis Recklinghausen — 60 m — 70 000 Ew — Recklinghausen 5, Bochum 18, Bottrop 25 km
🛈 ☎ (0 23 66) 3 52 56 — Verkehrsverein,
Antoniusstr 26, 45699 Herten. Sehenswert:
Wasserschloß

** **Am Schlosspark**
City Partner Hotels
Resser Weg 36, ✉ 45699, ☎ (0 23 66)
8 00 50, Fax 8 34 96, AX DC ED VA
47 Zi, Ez: 110-140, Dz: 145-170, 2 App, ⌐
WC ☎, 15🛏; 🅿 2❋30 Sauna Solarium
** Hauptgericht 25

Westerholt (7 km ←)
** **Schloß Westerholt**
Schloßstr 1, ✉ 45701, ☎ (02 09) 96 19 80,
Fax 96 19 82 22, AX DC ED VA
24 Zi, Ez: 140-200, Dz: 160-240, 3 Suiten, ⌐
WC ☎; 2❋60
Auch Zimmer der Kategorie ******* vorhanden

Herxheim bei Landau   60 ↗

Rheinland-Pfalz — Kreis Südliche Weinstraße — 130 m — 10 000 Ew — Landau 12 km
🛈 ☎ (0 72 76) 50 10, Fax 5 01 66 — Verbandsgemeindeverwaltung, Obere Hauptstr 2, 76863 Herxheim

Hayna (3 km ↓)
** **Silencehotel zur Krone** ♕
Hauptstr 62, ✉ 76863, ☎ (0 72 76) 50 80,
Fax 5 08 14, ED VA
50 Zi, Ez: 150-198, Dz: 200-258, 3 Suiten, ⌐
WC ☎ DFÜ, 20🛏; Lift 🚗 3❋50 🏊 Sauna
Solarium
Rezeption: 9-21
Im Haus Katharina auch Zimmer der Kategorie ******* vorhanden
*** **Kronen-Restaurant** ♕
Hauptgericht 50; nur abends; geschl: Mo,
Di,, Anfang-Mitte Jan, Ende Jul-Mitte Aug
** **Pfälzer Stube** ⚜
Hauptgericht 35; geschl: Di

Herzberg am Harz   37 ←

Niedersachsen — Kreis Osterode — 233 m
— 17 700 Ew — Osterode 11, Duderstadt
20, Braunlage 30 km
🛈 ☎ (0 55 21) 85 21 11, Fax 85 21 20 — Amt
für Touristik und Kultur, Marktplatz 30/32,
37412 Herzberg; Erholungsort am Harz.
Sehenswert: Schloßberg mit Welfenschloß; Nikolai- und St.-Josef-Kirche;
Lonau-Wasserfall; Juessee; Felsgruppe
Hanskühnenburg, 811 m (11 km ↑); Einhornhöhle (4 km ↘)

** **Gasthof zum Schloß**
Osteroderstr 7, ✉ 37412, ☎ (0 55 21)
8 99 40, Fax 89 94 38, AX DC ED VA
20 Zi, Ez: 83-125, Dz: 125-165, ⌐ WC ☎; 🅿
Auch Zimmer der Kategorie ***** vorhanden
** Hauptgericht 30; Gartenlokal;
geschl: 2.7.-9.8.

🛏 **Jägerhof**
Sägemühlenstr 34, ✉ 37412, ☎ (0 55 21)
30 68, Fax 48 45, ED
10 Zi, Ez: 56-66, Dz: 96-110, ⌐ WC ☎; 🅿
1❋60 Kegeln 🍴

Herzlake   24 ↘

Niedersachsen — Kreis Emsland — 30 m
— 8 823 Ew — Haselünne 9, Löningen
13 km
🛈 ☎ (0 59 62) 8 80, Fax 21 30 — Samtgemeindeverwaltung, Neuer Markt 2,
49770 Herzlake. Sehenswert: St.-Nikolauskirche; St.-Clemenskirche; Steingräber;
Windmühle; Waldbühne Ahmsen

** **Flora**
Zuckerstr 43, ✉ 49770, ☎ (0 59 62)
20 15 + 20 16, Fax 20 97, ED VA
13 Zi, Ez: 138, Dz: 138, 2 Suiten, ⌐ WC ☎,
3🛏; 🅿 1❋10 Sauna Solarium; garni
Rezeption: 7-13, 15-22   →

Aselage (5 km →)
***** Romantik Hotel
Aselager Mühle**
einzeln ♂ Zur alten Mühle 12, ✉ 49770,
☎ (0 59 62) 20 21, Fax 20 26, AX DC ED VA
65 Zi, Ez: 150-200, Dz: 200-295, 6 Suiten, ⇌
WC ☎; Lift P 6⇔200 ≋ Sauna Solarium
18Golf 5Tennis
** Hauptgericht 33; Terrasse

Herzogenaurach 57 ←

Bayern — Kreis Erlangen-Höchstadt —
296 m — 23 000 Ew — Erlangen 12, Nürnberg 23 km
ℹ ☎ (0 91 32) 90 11 20, Fax 90 11 19 —
Stadtverwaltung, Marktplatz 11, 91074 Herzogenaurach. Sehenswert: Stadttürme;
altes Rathaus; Fränkischer Marktplatz;
Pfarrkirche St. Magdalena

*** Herzogspark
Beethovenstr 6, ✉ 91074, ☎ (0 91 32) 77 80,
Fax 4 04 30, AX DC ED VA
77 Zi, Ez: 190-235, Dz: 235-280, 3 Suiten,
12 App, ⇌ WC ☎, 70✉; Lift P ▤ 8⇔300 ≋
Sauna Solarium
Auch Zimmer der Kategorie ****** vorhanden
*** Mondial
Hauptgericht 45; Terrasse
** Stüberl ✣
Hauptgericht 35; Terrasse

** Akazienhaus
Beethovenstr 16-18, ✉ 91074, ☎ (0 91 32)
7 84 50, Fax 4 04 30, AX DC ED VA
25 Zi, Ez: 115, Dz: 155, 2 App, ⇌ WC ☎;
garni

siehe auch **Großenseebach**

Herzogenrath 42 ↘

Nordrhein-Westfalen — Kreis Aachen —
128 m — 43 300 Ew — Aachen 12, Geilenkirchen 12 km
ℹ ☎ (0 24 06) 8 30, Fax 1 29 54 — Stadtverwaltung, Rathausplatz 1, 52134 Herzogenrath

* Stadthotel
Rathausplatz 5, ✉ 52134, ☎ (0 24 06) 30 91,
Fax 41 89
19 Zi, Ez: 80, Dz: 120, ⇌ WC ☎; P 1⇔18 ✐

Kohlscheid (3 km ↓)
** Parkrestaurant Laurweg
Kaiserstr 101, ✉ 52134, ☎ (0 24 07) 35 71,
Fax 5 94 36, AX DC ED VA
Hauptgericht 35; P Terrasse; geschl: Mo

Hesel 15 →

Niedersachsen — Kreis Leer — 40 m —
9 213 Ew — Leer 13, Aurich 21, Westerstede
26 km
ℹ ☎ (0 49 50) 93 70 80, Fax 93 70 81 — Tourist-Information, Leeraner Str 1, 26835 Hesel

* Jagdhaus Kloster-Barthe
Stiekelkamper Str 19, ✉ 26835, ☎ (0 49 50)
9 39 60, Fax 93 96 96, AX DC ED VA
38 Zi, Ez: 64, Dz: 110, 2 App, ⇌ WC ☎; P ▤
4⇔350 Kegeln ✐ ✐

Heselbach siehe Baiersbronn

Hessisch Oldendorf 25 ↘

Niedersachsen — Kreis Hameln-Pyrmont —
65 m — 20 000 Ew — Hameln 12, Rinteln
13 km
ℹ ☎ (0 51 52) 1 94 33, Fax 78 21 88 — Tourist Information, Kirchplatz 4, 31840 Hessisch
Oldendorf; Stadt an der Weser. Sehenswert: Ev. Stadtkirche; Münchhausenhof;
Fachwerkhäuser; Stift Fischbeck (5 km ↘)

** Baxmann
Segelhorster Str 3, ✉ 31840, ☎ (0 51 52)
9 41 00, Fax 94 10 99, AX ED VA
29 Zi, Ez: 80-100, Dz: 130-160, ⇌ WC ☎,
1✉; Bowling Kegeln Sauna; garni
* Hauptgericht 25;
Zwei Gehminuten vom Hotel entfernt

🛏 **Lichtsinn**
Bahnhofsallee 2, ✉ 31840, ☎ (0 51 52)
24 62, Fax 5 10 71, ED
11 Zi, Ez: 70-90, Dz: 120, ⇌ WC; P ✐ ✐

Fuhlen (2 km ↓)
🛏 **Weserterrasse**
⸙ Brüggenanger 14, ✉ 31840, ☎ (0 51 52)
9 43 00, Fax 94 30 33, ED
15 Zi, Ez: 75-125, Dz: 135-165, 1 Suite, ⇌
WC ☎, 8✉; P ▤ 1⇔80 ✐ ✐
geschl: Mi

Zersen
🛏 **Pappmühle**
einzeln, Pappmühle 1, ✉ 31840, ☎ (0 51 52)
86 01, Fax 6 18 01, AX DC ED VA
12 Zi, Ez: 95, Dz: 140, 1 Suite, 1 App, ⇌ WC
☎; P 3⇔40 ✐ ✐
geschl: Do

Hettigenbeuern siehe Buchen

Hetzdorf 50 ↗

Sachsen — Kreis Freiberg — 380 m —
2 000 Ew — Freiberg 13, Freital 20 km
ℹ ☎ (03 52 09) 4 25, Fax 4 25 — Fremdenverkehrsamt, Herrndorfer Str 3, 09600 Niederschöna

* Bergschlößchen
♂ ⸙ Am Bergschlößchen 14, ✉ 09600,
☎ (03 52 09) 2 38-0, Fax 2 38-19, AX ED VA
18 Zi, Ez: 69-95, Dz: 99-148, ⇌ WC ☎ DFÜ;
P 2⇔50 ✐ ✐

Heubach 62→

Baden-Württemberg — Ostalbkreis — 460 m — 9 700 Ew — Schwäbisch Gmünd 14, Aalen 19 km
i ☎ (0 71 73) 18 10, Fax 1 81 49 — Stadtverwaltung, Hauptstr 53, 73540 Heubach.
Sehenswert: Rathaus; Blockturm; Heimat- u. Miedermuseum; Burgruine Rosenstein, 686 m ⇇ (45 Min →)

* **Deutscher Kaiser**
Hauptstr 42, ✉ 73540, ☎ (0 71 73) 87 08, Fax 80 89, AX DC ED VA
Hauptgericht 35
** 9 Zi, Ez: 75, Dz: 110, ⌐ WC ☎, 1🛏

Heubach-Außerhalb
* **Jägerhaus**
einzeln, Bartholomäer Str 41, ✉ 73540, ☎ (0 71 73) 69 07, Fax 69 07
Hauptgericht 35

Heubach 47 □

Thüringen — Kreis Hildburghausen — 590 m — 920 Ew — Hildburghausen 20, Neuhaus am Rennweg 22 km
i ☎ (03 68 74) 5 10, Fax 5 95 — Gemeindeverwaltung, Ernst-Thälmann-Str 31, 98666 Heubach

* **Werrapark Hotel Heubacher Höhe**
♂ ⇇ Rudolf-Breitscheid-Str 41, ✉ 98666, ☎ (03 68 74) 9 30 00, Fax 9 37 77
122 Zi, Ez: 73-92, Dz: 114-154, 20 Suiten, ⌐ WC ☎; Lift 3⇔60 ≋ Bowling Fitneßraum Sauna Solarium ⛢

Heusenstamm 54 ↗

Hessen — Kreis Offenbach am Main — 112 m — 19 500 Ew — Offenbach am Main 8, Neu-Isenburg 8 km
i ☎ (0 61 04) 60 70, Fax 60 72 78 — Stadtverwaltung, Im Herrngarten 1, 63150 Heusenstamm

** **Rainbow**
Seligenstädter Grund 15, ✉ 63150, ☎ (0 61 04) 99 30, Fax 93 31 20, AX DC ED VA
68 Zi, Ez: 135-185, Dz: 180-238, 4 Suiten, ⌐ WC ☎, 5🛏; Lift 🅿 🚗 3⇔60 ⛢

* **Schloßhotel**
Frankfurter Str 9, ✉ 63150, ☎ (0 61 04) 31 31, Fax 6 15 32, AX DC ED VA
30 Zi, Ez: 98-136, Dz: 146-176, ⌐ WC ☎; Lift 🅿 2⇔60 ⛢

Heusweiler 52 ↘

Saarland — Stadtverband Saarbrücken — 200 m — 20 000 Ew — Saarbrücken 15, Saarlouis 15 km
i ☎ (0 68 06) 91 10, Fax 91 11 09 — Gemeindeverwaltung, Saarbrücker Str 35, 66265 Heusweiler

Eiweiler (2 km ↑)
** **Elsässische Stuben** ✤
Lebacher Str 73, ✉ 66265, ☎ (0 68 06) 9 18 90, AX DC ED VA
Hauptgericht 22; Gartenlokal 🅿; geschl: Sa mittags, So, Anfang Jan, 3 Wochen im Aug

Heuweiler 67 □

Baden-Württemberg — Kreis Breisgau-Hochschwarzwald — 289 m — 997 Ew — Waldkirch 10, Emmendingen 10, Freiburg 11 km
i ☎ (0 76 66) 22 80, Fax 76 91 — Bürgermeisteramt, Dorfstr 21, 79194 Heuweiler

** **Zur Laube**
Glottertalstr 1, ✉ 79194, ☎ (0 76 66) 22 67, Fax 81 20, ED VA
Hauptgericht 30; Biergarten Kegeln 🅿
** 7 Zi, Ez: 98, Dz: 158, ⌐ WC ☎; Lift

Hiddenhausen 25 ↙

Nordrhein-Westfalen — Kreis Herford — 92 m — 20 000 Ew — Bünde 5, Herford 8 km
i ☎ (0 52 21) 69 30, Fax 69 34 80 — Gemeindeverwaltung, im Ortsteil Lippinghausen, Rathausstr 1, 32120 Hiddenhausen.
Sehenswert: Ev. Pfarrkirche St. Gangolf, Westturm, Uhrwerk; Gut Bustedt, Wandmalereien; Haus Hiddenhausen

Schweicheln-Bermbeck (6 km ↘)
* **Freihof**
♂ Herforder Str 118/B 239, ✉ 32120, ☎ (0 52 21) 6 12 75, Fax 6 76 43, AX DC ED VA
35 Zi, Ez: 80-100, Dz: 140-160, ⌐ WC ☎; 🅿 🚗 1⇔40 Fitneßraum Sauna Solarium
* Hauptgericht 25

Sundern (5 km ↓)
** **Am Felsenkeller**
Bünder Str 38, ✉ 32120, ☎ (0 52 21) 6 22 24, Fax 69 08 14, AX ED
Hauptgericht 29; Gartenlokal Kegeln 🅿; geschl: Di+Mi abends

Hiddensee siehe Rügen

Hilchenbach 44 ↑

Nordrhein-Westfalen — Kreis Siegen-Wittgenstein — 350 m — 17 200 Ew — Kirchhundem 12, Siegen 16, Olpe 28 km
i ☎ (0 27 33) 2 88 77, Fax 2 88 80 — Verkehrsbüro, Markt 13, 57271 Hilchenbach; Reizklimatischer Ferienort im Rothaargebirge. Sehenswert: Fachwerkhäuser am Markt; Ruine Ginsburg, 653 m (5 km ↘); Breitenbachsperre (5 km ↙); Schaubergwerk in Müsen (7 km ←); Stiftskirche Keppel (4 km ↙)

→

Hilchenbach

✱ Haus am Sonnenhang
einzeln ♂ ◄ Wilhelm-Münker-Str 21,
✉ 57271, ☎ (0 27 33) 70 04, Fax 42 60,
AX DC ED VA
21 Zi, Ez: 92-130, Dz: 142-182, 3 Suiten, ⌐⌐
WC ☎; P 🚗 1↻
Auch Zimmer der Kategorie ✱✱ vorhanden
✱ ◄ Hauptgericht 25; Terrasse; nur
abends; geschl: Fr

Müsen (5 km ←)
✱✱ **Gasthof Stahlberg**
Hauptstr 85, ✉ 57271, ☎ (0 27 33) 62 97,
Fax 6 03 29, AX DC ED VA
Hauptgericht 30; Gartenlokal; geschl: Mo,
15.1.-30.1.
✱ 12 Zi, Ez: 85-115, Dz: 130-175, ⌐⌐
WC ☎; P 1↻50

Hildburghausen 47 ☐

Thüringen — Kreis Hildburghausen —
381 m — 12 700 Ew
ℹ ☎ (0 36 85) 40 36 89 — Stadtinformation
im Stadtmuseum Alte Post, Apotheker-
gasse 11, 98646 Hildburghausen. Sehenswert: Rathaus; Hennebergisches Museum

✱ Eschenbach
Häselriether Str 19, ✉ 98646, ☎ (0 36 85)
7 94 30, Fax 7 94 34 34, AX ED
26 Zi, Ez: 65-105, Dz: 120-150, 1 Suite, ⌐⌐
WC ☎, 3✉; Lift P 1↻20; garni

Gerhardtsgereuth (5 km ↑)
✱✱ **Am Schwanenteich**
♂ ✉ 98646, ☎ (0 36 85) 70 07 44,
Fax 70 07 46, AX DC ED VA
23 Zi, Ez: 85-115, Dz: 120-150, 3 Suiten,
3 App, ⌐⌐ WC ☎; Lift P 2↻30 Sauna
Solarium 🍴 ☕

Hilden 33 ↗

Nordrhein-Westfalen — Kreis Mettmann —
80 m — 55 383 Ew — Solingen 12, Düsseldorf 14, Leverkusen 17 km
ℹ ☎ (0 21 03) 7 20, Fax 7 26 01 — Stadtverwaltung, Am Rathaus 1, 40721 Hilden.
Sehenswert: Ev. Kirche; Wilhelm-Fabry-
Museum: Kornbrennerei; Ringwallanlage

✱✱✱ Am Stadtpark
Klotzstr 22, ✉ 40721, ☎ (0 21 03) 57 90,
Fax 57 91 02, AX DC ED VA
110 Zi, Ez: 139-205, Dz: 215-395, ⌐⌐ WC ☎;
Lift 🚗 4↻50 ☕ Sauna
Auch Zimmer der Kategorie ✱✱ vorhanden
✱✱ **Voyage/Römertopf**
Hauptgericht 28

✱✱ Amber Hotel Bellevue
Schwanenstr 27, ✉ 40721, ☎ (0 21 03)
50 30, Fax 50 34 44, AX DC ED VA
85 Zi, Ez: 149-289, Dz: 189-349, 8 Suiten, ⌐⌐
WC ☎, 27✉; Lift P 🚗 10↻175 🍴 ☕

Hilders 46 ☐

Hessen — Kreis Fulda — 460 m — 5 300 Ew
— Tann 10, Gersfeld 20, Fulda 29 km
ℹ ☎ (0 66 81) 76 12, Fax 76 13 — Verkehrsamt, Schulstr 2, 36115 Hilders; Luftkurort in
der Rhön. Sehenswert: Kath. Barockkirche;
Auersburg, Ruine; Burg Eberstein, Ruine;
Mariengrotte; Rhöner Museumsdorf in
Tann (9 km ↑); Milseburg, 835 m ◄
(11 km ←); Wasserkuppe, 950 m; Wachs-
museum

✱ Engel
Marktstr 12, ✉ 36115, ☎ (0 66 81) 97 70,
Fax 97 73 00, AX DC ED VA
26 Zi, Ez: 76, Dz: 88-122, 1 Suite, ⌐⌐ WC ☎,
8✉; 2↻100 Sauna Solarium 🍴
geschl: So ab 15
Zimmer der Kategorie ✱✱ vorhanden

Hildesheim 26 ↓

Niedersachsen — Kreis Hildesheim — 90 m
— 111 371 Ew — Hannover 35, Seesen 41,
Braunschweig 43, Göttingen 66 km
ℹ ☎ (0 51 21) 17 98-0, Fax 17 98-88 —
Verkehrsverein, Am Ratsbauhof 1 c (C 2),
31134 Hildesheim; Stadttheater. Sehenswert: Dom: 1000jähriger Rosenstock, Domschatz, Annenkapelle, Bernwardstüren,
Christussäule, Taufbecken; ev. Michaeliskirche; ev. Andreaskirche (mit 114,5 m
hohem Turm ◄, dem Wahrzeichen der
Stadt); kath. Godehardikirche; kath. Mauritiuskirche: Kreuzgang; kath. Heiligkreuz-
kirche; ev. Lambertikirche; Rathaus: Relief
des 1945 zerstörten Knochenhauer-Amts-
hauses; Tempelhaus; Fachwerkhäuser:
Hinterer Brühl, Lappenberg; Marktplatz:
Kochenhauer-Amtshaus, Wedekindhaus,
Lüntzelhaus; Rolandsstift; Roemer-
Pelizaeus-Museum; Diözesanmuseum;
Galgenberg ◄ (2 km ↘)

**✱✱✱ Le Méridien
    Forte Hotel**
♂ Markt 4 (C 2), ✉ 31134, ☎ (0 51 21) 30 00,
Fax 30 04 44, AX DC ED VA
109 Zi, Ez: 180-450, Dz: 210-470, S; ⌐⌐ WC
☎, 31✉; Lift 🚗 180 ☕ Fitneßraum Sauna
Solarium ☕
✱✱ **Gildehaus**
Hauptgericht 26; Terrasse

✱✱ Parkhotel Berghölzchen
♂ Am Berghölzchen 1 (A 3), ✉ 31139,
☎ (0 51 21) 97 90, Fax 97 94 00, AX DC ED VA
80 Zi, Ez: 140-278, Dz: 160-298, ⌐⌐ WC ☎,
19✉; Lift P 6↻636 ☕
Auch Zimmer der Kategorie ✱✱✱ vorhanden
✱✱ Hauptgericht 30; Terrasse

Die von uns genannten Ruhetage und
Ruhezeiten werden von den Betrieben gelegentlich kurzfristig geändert.

Hildesheim

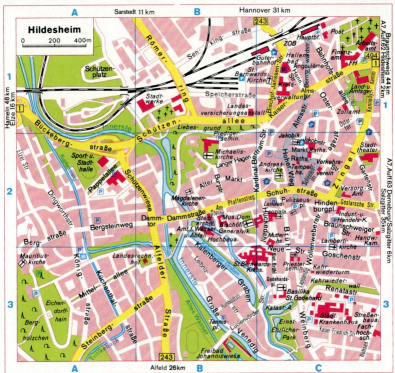

✱✱ Gollart's Hotel Deutsches Haus
Bischof-Janssen-Str 5, ✉ 31134,
☎ (0 51 21) 1 58 90, Fax 3 40 64, AX ED VA
47 Zi, Ez: 95-220, Dz: 180-280, 3 Suiten, ⌐
WC ☎; Lift P 🚗 2⇔25 🍴 Fitneßraum
Sauna Solarium; garni
geschl. 23.12.-3.1.

✱ Concorde Hotel Schweizer Hof
Hindenburgplatz 6 (C 2), ✉ 31134,
☎ (0 51 21) 3 90 81, Fax 3 87 57, AX DC ED VA
50 Zi, Ez: 165-360, Dz: 225-360, 1 Suite, ⌐
WC ☎, 8🛏; Lift P; garni
Auch Zimmer der Kategorie ✱✱ vorhanden

✱ Bürgermeisterkapelle
Rathausstr 8 (C 2), ✉ 31134, ☎ (0 51 21)
1 40 21, Fax 3 88 13, AX DC ED VA
40 Zi, Ez: 110-150, Dz: 160-210, ⌐ WC ☎;
Lift 🚗 1⇔30
✱✱ Hauptgericht 35; P

✱ Gästehaus Klocke
♣ Humboldtstr 11 (B 3), ✉ 31134,
☎ (0 51 21) 3 70 61, Fax 3 78 20, AX ED VA
19 Zi, Ez: 105-120, Dz: 145-160, ⌐ WC ☎; P
🚗; garni
geschl. 10.-20.9

✱✱ Knochenhauer Amtshaus
⊗ Markt 7 (C 2), ✉ 31134, ☎ (0 51 21)
3 23 23, Fax 3 23 23, AX DC ED VA
Hauptgericht 25;
Rekonstruiertes Knochenhauer Amtshaus
von 1529. Das Gebäude zählt zu den schönsten Fachwerkhäusern der Welt

✱ Der Ratskeller
⊗ Markt 1 (C 2), ✉ 31134, ☎ (0 51 21)
1 44 41, Fax 1 23 72, AX ED VA
Hauptgericht 35; Terrasse; geschl: Mo,
Jan-Apr auch So abends

✱ Weinstube Schlegel
⊗ Am Steine 4 (B 2), ✉ 31134, ☎ (0 51 21)
3 31 33, Fax 3 31 23, AX ED VA
Hauptgericht 30

☕ Café am Dom
Schuhstr 2 (C 2), ✉ 31134, ☎ (0 51 21)
3 77 80
9-19, so+feiertags 11-18

Ochtersum (3 km ↓)
✱ Am Steinberg
Adolf-Kolping-Str 6, ✉ 31139, ☎ (0 51 21)
26 11 42, Fax 26 77 55, AX DC ED VA
28 Zi, Ez: 95-185, Dz: 135-185, ⌐ WC ☎,
8🛏; P 🚗 1⇔40; garni
geschl: 19.12.-4.1.

→

Hildesheim

*** **Restaurant Kupferschmiede** 🍷
einzeln, Steinberg 6, ✉ 31139, ☎ (0 51 21)
26 30 25, Fax 26 30 70, AX DC ED VA
Hauptgericht 37; 🅿 Terrasse; geschl: So,
Mo,
Jugendstilhaus in ruhiger Waldlage

Hildfeld siehe Winterberg

Hillegossen siehe Bielefeld

Hillesheim 42 ↘

Rheinland-Pfalz — Kreis Daun — 450 m —
3 300 Ew — Blankenheim 24, Daun 22 km
ℹ ☎ (0 65 93) 8 01 16, Fax 8 01 18 — Tourist-
Information, Burgstr 6, 54576 Hillesheim;
Sehenswürdigkeiten: Stadtmauer mit
begehbarem Wehrgang; Kath. Pfarrkirche
mit Stumm-Orgel; Burg Kerpen

*** **Golf- und Sporthotel Augustiner Kloster**
Augustiner Str 2, ✉ 54576, ☎ (0 65 93)
98 10, Fax 98 14 50, AX DC ED VA
53 Zi, Ez: 135, Dz: 180-260, ⌁ WC ☎, 10🅿;
Lift 🅿 🚗 7↔350 ≋ Fitneßraum Sauna
Solarium

** **Klostergarten**
Hauptgericht 30; Terrasse

Hiltrup siehe Münster

Himmelkron 58 ↑

Bayern — Kreis Kulmbach — 330 m —
3 500 Ew — Bad Berneck 6, Bayreuth 16,
Kulmbach 16 km
ℹ ☎ (0 92 27) 93 10, Fax 7 31 10 — Gemeindeverwaltung, Klosterberg 9, 95502 Him-
melkron. Sehenswert: Klosterkirche mit
spätgotischer Kreuzgang; Stiftskirche; in
Lanzendorf Pfarrkirche

Himmelkron-Außerhalb 1 km ↘, im Gewerbegebiet Ost

🏨 **Galerie Hotel**
Bayreuther Str 3a, ✉ 95502, ☎ (0 92 73)
9 88-0, Fax 9 88-1 14, AX DC ED VA
95 Zi, Ez: 59-79, Dz: 79, ⌁ WC; Lift 🅿 1↔20
Solarium 🍴 🍺

Hindelang 70 ↓

Bayern — Kreis Oberallgäu — 850 m —
5 000 Ew — Sonthofen 8, Oberstdorf 21,
Kempten 37 km
ℹ ☎ (0 83 24) 89 20, Fax 80 55 — Kurverwaltung, Marktstr 9, 87541 Hindelang; Heilklimatischer und Kneippkurort, Wintersportplatz. Sehenswert: Kath. Kirche; Rathaus;
Kanzel, ⩘ (6 km ↗); Liebfrauenkirche:
Schnitzaltar, Madonna; Hammerschmiede;
Schaukäserei

** **Romantik Hotel Bad-Hotel Sonne**
Marktstr 15, ✉ 87541, ☎ (0 83 24) 89 70,
Fax 89 74 99, AX DC ED VA
57 Zi, Ez: 92-127, Dz: 184-252, 2 Suiten,
46 App, ⌁ WC ☎; Lift 🅿 🚗 1↔45 ≋ Kegeln
Sauna Solarium
Rezeption: 7-21; geschl: 28.11.-20.12.

** **Chesa Schneider**
Hauptgericht 29; Gartenlokal Terrasse;
geschl: Mo, 28.11.-20.12.

** **Sonneck**
♂ ⩘ Rosengasse 10, ✉ 87541, ☎ (0 83 24)
93 11-0, Fax 87 98
23 Zi, Ez: 166, Dz: 186-250, 1 Suite, 1 App, ⌁
WC ☎; Lift 🅿 🚗 Fitneßraum Solarium 🍴 🍺
Rezeption: 7-22; geschl: Mo, 8.11.-20.12.

Bad Oberdorf (1 km →)

*** **Prinz-Luitpold-Bad**
♂ ⩘ Andreas-Groß-Str, ✉ 87541,
☎ (0 83 24) 89 00, Fax 89 03 79, ED VA
115 Zi, Ez: 130-166, Dz: 240-334, 2 Suiten, ⌁
WC ☎; Lift 🅿 🚗 1↔25 ≋ ≈ Fitneßraum
Sauna Solarium 🍴 🍺

* **Bären**
♂ Bärengasse 1, ✉ 87541, ☎ (0 83 24)
9 30 40, Fax 93 04 32, ED
30 Zi, Ez: 85, Dz: 170, 4 Suiten, ⌁ WC ☎; Lift
🅿 1↔ Fitneßraum Sauna Solarium 🍺
Restaurant für Hausgäste; Auch Zimmer
der Kategorie ****** vorhanden

* **Haus Helgard**
♂ ⩘ Luitpoldstr 20, ✉ 87541, ☎ (0 83 24)
20 64, Fax 15 30
18 Zi, Ez: 57-73, Dz: 106-140, 3 App, ⌁ WC
☎; 🅿 🚗; garni 🍺
geschl: 1.11.-18.12., 12.-30.4.

Oberjoch (7 km ↗)

**** **Alpenhotel**
♂ ⩘ Am Prinzenwald 3, ✉ 87541,
☎ (0 83 24) 70 90, Fax 70 92 00, AX DC ED VA
174 Zi, Ez: 138-168, Dz: 216-296, 2 Suiten, ⌁
WC ☎, 174🅿; Lift 🅿 🚗 2↔ Fitneß-
raum Kegeln Sauna Solarium 🍺
** Hauptgericht 30; Terrasse

** **Alpengasthof Löwen**
♂ Paßstr 17, ✉ 87541, ☎ (0 83 24) 97 30,
Fax 75 15
37 Zi, Ez: 70-85, Dz: 120-200, ⌁ WC ☎,
10🅿; Lift 🅿 🚗 1↔50 Sauna Solarium 🍴 🍺
Rezeption: 8-21; geschl: Sommer Mo, 2.11.-
17.12., 12.-30.4.
Auch Zimmer der Kategorie ***** vorhanden

** **Lanig**
♂ ⩘ Ornachstr 11, ✉ 87541, ☎ (0 83 24)
70 80, Fax 70 82 00, AX ED VA
35 Zi, Ez: 105-198, Dz: 160-330, 5 Suiten, ⌁
WC ☎; Lift 🅿 🚗 2↔50 ≋ ≈ Fitneßraum
Sauna Solarium 1 Tennis 🍺
geschl: 1.11.-20.12.
Übernachtungspreise inkl. Halbpension
* ⩘ Hauptgericht 25; Terrasse;
geschl: 1.11.-20.12., Ostern-Pfingsten

Hinterzarten

* Heckelmiller
♂ ⋖ Ornachstr 8, ✉ 87541, ☏ (0 83 24)
98 20 30, Fax 9 82 03 30
18 Zi, Ez: 60-80, Dz: 120-170, 5 App, ⏛ WC
☏; 🅿 Fitneßraum Sauna Solarium 18 Golf;
garni ⚬
geschl: Do, 20.5.-6.6., 1.11.-20.12.

Unterjoch
* Edelsberg
♂ ⋖ Am Edelsberg 10, ✉ 87541, ☏ (0 83 24)
98 00 00, Fax 98 00 50
26 Zi, Ez: 83-108, Dz: 166-212, 2 Suiten, ⏛
WC ☏, 14⌧; Lift 🅿 ⌂ Sauna Solarium ⛾ ⚬
geschl: 14.11.-19.12.

Hinsbeck siehe Nettetal

Hinte 15 □

Niedersachsen — Kreis Aurich — 7 633 Ew
🅸 ☏ (0 49 25) 92 11-0, Fax 23 37 — Fremdenverkehrszentrale Mühle, Osterhuser Str. 15, 26759 Hinte

** Novum
Am Tennis Treff 1, ✉ 26759, ☏ (0 49 25)
9 21 80, Fax 92 18 77, ED VA
31 Zi, Ez: 130-170, Dz: 160-300, 2 Suiten, ⏛
WC ☏; Lift 🅿 🍴 4⇔120 ⌂ Kegeln Sauna
Solarium 7 Tennis ⛾ ⚬

Hinterriss 71 ↘

Tirol — 1 m — 4 000 Ew — Mittenwald 30,
Bad Tölz 40 km
🅸 ☏ (0 52 42) 6 26 16, Fax 7 27 97 — Tourismusverband, Dorf 69, 6134 Vomp; Einzige ganzjährig bewohnte Siedlung im Naturpark Karwendel; Grenzübergang in Vorderriss. Sehenswert: Großer Ahornboden und Talabschluß; Schaukäserei Engalm

* Zur Post
einzeln ♂ ⋖ Haus Nr 10, ✉ A-6215,
☏ (00 43 52 45) 2 06, Fax 2 06
34 Zi, Ez: 55-60, Dz: 110-120, ⏛ WC, 1⌧;
Lift 🅿 Sauna 1 Tennis ⛾ ⚬

Hinterriss-Außerhalb (2 km ↘)
** Herzoglicher Alpenhof
einzeln ♂ ⋖ Haus Nr 11, ✉ A-6215,
☏ (0 52 45) 2 07, Fax 20 78
52 Zi, Ez: 75-78, Dz: 130-136, ⏛ WC ☏,
15⌧; 🅿 🍴 1⇔30 Fitneßraum Sauna
Solarium 2 Tennis ⛾ ⚬
geschl: 30.10.-15.12., 30.3.-15.5.

Eng (15 km ↘) über die Mautstr in 1216 m Höhe
** Alpengasthof Eng
Eng 1, ✉ A-6215, ☏ (52 45) 2 31-2 28,
Fax 2 31 80
50 Zi, Ez: 65, Dz: 105, 1 Suite, ⏛ WC;
geschl: Nov-Apr

Hinterzarten 67 →

Baden-Württemberg — Kreis Breisgau-Hochschwarzwald — 885 m — 2 450 Ew — Neustadt im Schwarzwald 11, Freiburg 25 km
🅸 ☏ (0 76 52) 12 06 42, Fax 12 06 49 —
Tourist Information, beim Kurhaus, Freiburger Str. 1, 79856 Hinterzarten; Heilklimatischer Kurort und Wintersportplatz. Sehenswert: kath. Pfarrkirche; ev. Kirche; Schwarzwälder Skimuseum; Heimatpfad; Kingensäge; Hochmoor (Naturschutzgebiet); Ravennaschlucht (5 km + 15 Min ↖);
Feldberg, 1493 m ⋖ (12 km + Sesselbahn + 30 Min ↗); Titisee (5 km →)

**** Parkhotel Adler
♂ Adlerplatz 3, ✉ 79856, ☏ (0 76 52) 12 70,
Fax 12 77 17, AX DC ED VA
46 Zi, Ez: 165-285, Dz: 310-480, 32 Suiten, ⏛
WC ☏, 5⌧; Lift 🅿 🍴 4⇔120 ⌂ Sauna
Solarium 2 Tennis ⚬
Auch einfache Zimmer vorhanden
*** ⊗ Hauptgericht 40; Gartenlokal

*** Reppert ♛
♂ ⋖ Adlerweg 23, ✉ 79856, ☏ (0 76 52)
1 20 80, Fax 12 08 11, AX DC ED VA
39 Zi, Ez: 133-205, Dz: 220-390, 5 Suiten, ⏛
WC ☏, 10⌧; Lift 🅿 🍴 1⇔20 ⌂ Fitneßraum
Sauna Solarium 27 Golf ⛾ ⚬
geschl: 20.11.-10.12.
Auch Zimmer der Kategorie ** vorhanden.
Erlebnisbad mit Solebad

** Kesslermühle ♛
♂ ⋖ Erlenbrucker Str 45, ✉ 79856, ☏ (0 76 52)
12 90, Fax 12 91 59, ED VA
35 Zi, Ez: 90-200, Dz: 210-284, ⏛ WC ☏; Lift
🅿 ⌂ Fitneßraum Sauna Solarium 27 Golf ⚬
geschl: 7.11.-17.12.
Restaurant für Hausgäste; Erlebnisbad

** Thomahof
♂ ⋖ Erlenbrucker Str 16, ✉ 79856,
☏ (0 76 52) 12 30, Fax 12 32 39, DC ED VA
34 Zi, Ez: 110-130, Dz: 210-270, 7 Suiten, ⏛
WC ☏; Lift 🅿 🍴 ⌂ Fitneßraum Sauna
Solarium 18 Golf ⚬
Auch Zimmer der Kategorie *** vorhanden
** Hauptgericht 35; Terrasse

** Bergfried mit Gästehaus
♂ ⋖ Sickingerstr 28, ✉ 79856, ☏ (0 76 52)
12 80, Fax 1 28 88
36 Zi, Ez: 99-165, Dz: 178-290, 1 Suite,
8 App, ⏛ WC ☏, 3⌧; Lift 🅿 🍴 1⇔20 ⌂ Fitneßraum Sauna Solarium
geschl: 15.11.-15.12.
Restaurant für Hausgäste

* Sassenhof
♂ Adlerweg 17, ✉ 79856, ☏ (0 76 52) 15 15,
Fax 4 84
17 Zi, Ez: 102-128, Dz: 178-188, 6 Suiten,
4 App, ⏛ WC ☏; Lift 🅿 🍴 ⌂ Sauna
Solarium; **garni**
geschl: 15.11.-15.12. →

Hinterzarten

* **Gästehaus Sonne**
♂ Rathausstr, ⌂ 79856, ☎ (0 76 52) 1 20 30, Fax 12 03-22, ED VA
17 Zi, Ez: 80-98, Dz: 120-180, ⊿ WC ☏; Lift 🅿 🍴 Sauna Solarium; **garni**
Reservierung über Schwarzwaldhof

Alpersbach (6 km ←)
* **Esche** ✠
Haus Nr 9, ⌂ 79856, ☎ (0 76 52) 2 11, Fax 17 20, VA
Hauptgericht 24; 🅿; geschl: Mi, Mitte Nov-Mitte Dez
** ♂ ⋖ 13 Zi, Ez: 68-85, Dz: 124-164, 4 App, ⊿ WC ☏; 🍴 Sauna
Rezeption: 9-21; geschl: 16.11.-17.12.

Bruderhalde (5 km ↘)
** **Alemannenhof**
einzeln ⋖ Bruderhalde 21, ⌂ 79856, ☎ (0 76 52) 9 11 80, Fax 7 05, AX DC ED VA
22 Zi, Ez: 98-160, Dz: 196-270, 11 App, ⊿ WC ☏, 1⌧; Lift 🅿 🍴 1↔20 ⋘ Seezugang Sauna Solarium
** ⋖ Hauptgericht 25; Terrasse

** **Heizmannshof**
einzeln, Bruderhalde 35, ⌂ 79856, ☎ (0 76 52) 14 36, Fax 54 68, AX DC ED VA
Hauptgericht 25; 🅿 Terrasse
*** einzeln ♂ ⋖ 15 Zi, Ez: 80-120, Dz: 154-180, 6 Suiten, ⊿ WC ☏, 2⌧; 1↔20 Sauna Solarium 18Golf

Oberzarten
** **Sonnenberg**
♂ ⋖ Am Kesslerberg 9, ⌂ 79856, ☎ (0 76 52) 1 20 70, Fax 12 07 91, AX
20 Zi, Ez: 100-165, Dz: 160-230, ⊿ WC ☏, 10⌧; Lift 🅿 🍴 1↔12 ⋘ Fitneßraum Sauna
Restaurant für Hausgäste

Hirschaid 57 ▢

Bayern — Kreis Bamberg — 250 m — 9 500 Ew — Bamberg 12, Forchheim 13 km
ℹ ☎ (0 95 43) 8 22 50, Fax 56 20 — Gemeindeverwaltung, Rathausstr 13, 96114 Hirschaid; Ort an der Regnitz und am Main-Donau-Kanal

** **Göller**
Nürnberger Str 96, ⌂ 96114, ☎ (0 95 43) 82 40, Fax 82 44 28, AX DC ED VA
63 Zi, Ez: 75-120, Dz: 110-150, ⊿ WC ☏, 5⌧; Lift 🅿 🍴 4↔100 ⋘ Seezugang Sauna Solarium
geschl: 2.-10.1.
Auch Zimmer der Kategorie * vorhanden
** Hauptgericht 20; Terrasse; geschl: So abends, 2.1.-10.1.

* **Jagdhaus**
Luitpoldstr 6, ⌂ 96114, ☎ (0 95 43) 8 40 50, Fax 84 05 40
8 Zi, Ez: 60, Dz: 100, ⊿ WC ☏, 🅿 2↔75 Solarium; **garni**

* **Brauereigasthof Kraus**
Luitpoldstr 11, ⌂ 96114, ☎ (0 95 43) 91 82, Fax 62 75
20 Zi, Ez: 50-60, Dz: 80-100, ⊿ WC ☏; 1↔200 🍽

Friesen (6 km ↗)
* **Landhaus Friesen**
♂ Ahornstr 17, ⌂ 96114, ☎ (0 95 45) 5 04 14, Fax 5 02 93, AX ED
10 Zi, Ez: 45-60, Dz: 80-90, 1 App, ⊿ WC ☏, 🅿; **garni**

Hirschau 58 →

Bayern — Kreis Amberg-Sulzbach — 430 m — 6 500 Ew — Amberg 18, Weiden 21 km
ℹ ☎ (0 96 22) 81-0, Fax 81 81 — Stadtverwaltung, Rathausplatz 1, 92242 Hirschau. Sehenswert: Quarz-Sandberg Monte Kaolino

** **Schloß-Hotel**
Hauptstr 1, ⌂ 92242, ☎ (0 96 22) 70 10-0, Fax 70 10-40, AX DC ED VA
13 Zi, Ez: 90-115, Dz: 140-165, 1 App, ⊿ WC ☏; Lift 🅿 🍴 🍽

Hirschbach 58 ▢

Bayern — Kreis Amberg-Sulzbach — 500 m — 1 300 Ew — Hersbruck 11, Sulzbach-Rosenberg 20 km
ℹ ☎ (0 91 52) 80 72 — Verkehrsverein, Alte Dorfstr 25, 92275 Hirschbach; Ort in der Frankenalb

⌂ **Goldener Hirsch**
♂ Hirschbacher Dorfplatz 1, ⌂ 92275, ☎ (0 91 52) 85 07, Fax 85 24, DC
15 Zi, Ez: 20-37, Dz: 64-74, 2 App, ⊿ WC ☏, 🅿 🍴 🍽
geschl: 17.1.-5.3.

Hirschberg an der Bergstraße 54 ↘

Baden-Württemberg — Rhein-Neckar-Kreis — 125 m — 9 700 Ew — Weinheim 5, Heidelberg 12 km
ℹ ☎ (0 62 01) 5 98 25, Fax 5 98 50 — Bürgermeisteramt, Großsachsener Str 14, 69493 Hirschberg. Sehenswert: Wallfahrtskirche; römische Ausgrabungen

Großsachsen
* **Krone**
Landstr 9, ⌂ 69493, ☎ (0 62 01) 50 50, Fax 54 50 00, AX DC ED VA
100 Zi, Ez: 95-135, Dz: 130-180, ⊿ WC ☏; Lift 🅿 7↔80 ⋘ Fitneßraum Sauna Solarium
** Hauptgericht 32; Gartenlokal Terrasse

Leutershausen

** Astron
Brandenburger Str 30, ⊠ 69493, ☎ (0 62 01) 50 20, Fax 5 71 76, AX DC ED VA
114 Zi, Ez: 187-231, Dz: 230-250, S; ⊣ WC ☎ DFÜ, 20🖃; Lift P 7✧100 Fitneßraum Sauna Solarium ⑲ ⚁

* Hirschberg
Goethestr 2, ⊠ 69493, ☎ (0 62 01) 59 67-0, Fax 5 81 37, AX ED VA
32 Zi, Ez: 90-100, Dz: 130, ⊣ WC ☎; P 🚗 1✧20 ⑲

Hirschegg siehe Kleinwalsertal

Hirschhorn (Neckar) 55 ↙

Hessen — Kreis Bergstraße — 131 m — 3 900 Ew — Eberbach 9, Heidelberg 22 km
🅸 ☎ (0 62 72) 92 31 40, Fax 17 42 — Verkehrsamt, Alleeweg 2, 69434 Hirschhorn; Luftkurort. Sehenswert: Burganlage: Schloß, Turm ◂; ehem. Karmeliterkloster und Kirche; Pfarrkirche mit Mitteltorturm; Altstadt; Neckarstaustufe mit Kraftwerk und 2 Schleusen; Ersheimer Kapelle mit Elendstein; Langbein-Museum

** Schloßhotel European Castle
einzeln ♁ ◂ Auf der Burg, ⊠ 69434, ☎ (0 62 72) 13 73, Fax 32 67, AX ED VA
23 Zi, Ez: 150-160, Dz: 195-240, 2 Suiten, ⊣ WC ☎; Lift P 3✧20
** ◂ Hauptgericht 35; Terrasse; geschl: Mo

* Haus Panorama
◂ Schießbuckel 8, ⊠ 69434, ☎ (0 62 72) 15 15, Fax 17 67
6 Zi, Ez: 60-70, Dz: 90-120, ⊣ WC ☎; P ⚞ Sauna Solarium; **garni**

Hittfeld siehe Seevetal

Hitzacker 19 ↓

Niedersachsen — Kreis Lüchow-Dannenberg — 75 m — 7 350 Ew — Dannenberg/Elbe 8, Uelzen 45, Lüneburg 47 km
🅸 ☎ (0 58 62) 9 69 70, Fax 96 97 24 — Kurverwaltung Hitzacker/Elbe, Weinbergsweg 2, 29456 Hitzacker/Elbe; Luftkurort am linken Elbufer. Sehenswert: Altstadt; Weinberg ◂; Riesenkastanie

** Parkhotel
Am Kurpark 3, ⊠ 29456, ☎ (0 58 62) 80 81, Fax 83 50, AX DC VA
30 Zi, Ez: 100-155, Dz: 145-210, 4 Suiten, 2 App, ⊣ WC ☎, 5🖃; Lift 7✧120 ⚞ Fitneßraum Sauna Solarium ⚁
Auch Zimmer der Kategorie ***** vorhanden
* Pavillon
Hauptgericht 26; P Terrasse

* Waldfrieden
♁ ◂ Weinbergsweg 25, ⊠ 29456, ☎ (0 58 62) 9 67 20, Fax 96 72 72, AX ED VA
22 Zi, Ez: 75-95, Dz: 125, ⊣ WC ☎, 2🖃; P 🚗 2✧200 Kegeln ⚁
* Hauptgericht 30; Terrasse

* Zur Linde
Drawehnertorstr 22-24, ⊠ 29456, ☎ (0 58 62) 3 47, Fax 3 45, VA
10 Zi, Ez: 80, Dz: 115, ⊣ WC ☎; P 🚗 ⑲ geschl: 1.3.-28.3.

Hoberge-Uerentrup
siehe **Bielefeld**

Hochheim am Main 54 ↑

Hessen — Main-Taunus-Kreis — 120 m — 17 500 Ew — Mainz 6, Wiesbaden 11, Frankfurt/Main 25 km
🅸 ☎ (0 61 46) 90 00, Fax 90 01 99 — Stadtverwaltung, Burgeffstr. 30/Le Pontet-Platz, 65239 Hochheim; Wein- und Sektstädtchen. Sehenswert: Altstadt, Pfarrkirche, Madonnenstandbild am Plan; Barockkirche

** Rheingauer Tor
Taunusstr 9, ⊠ 65239, ☎ (0 61 46) 8 26 20, Fax 40 00, AX ED VA
25 Zi, Ez: 125, Dz: 155, ⊣ WC ☎, 6🖃; Lift P; **garni**
geschl: 23.12.-10.1.

* Hochheimer Riesling-Stuben
⊗ Wintergasse 9, ⊠ 65239, ☎ (0 61 46) 8 33 10, Fax 83 31 66, AX DC ED VA
Hauptgericht 35

Hochkirch 41 ↓

Sachsen — Kreis Bautzen — 350 m — 2 691 Ew — Bautzen 7, Löbau 10 km
🅸 ☎ (03 59 39) 2 26, Fax 3 43 — Gemeindeverwaltung, Otto-Grotewohl-Str 1, 02627 Hochkirch. Sehenswert: Kirche, Kuppritzer Park, Windmühle in Pommritz, Schanze in Niethen, Orchideenwiese in Lehn

* Gasthof Zur Post
Schulstr 1, ⊠ 02627, ☎ (03 59 39) 8 24-0, Fax 8 24-10, AX ED VA
22 Zi, Ez: 50-90, Dz: 80-120, ⊣ WC ☎; P 🚗 1✧25 Kegeln ⑲

Hockenheim 54 ↘

Baden-Württemberg — Rhein-Neckar-Kreis — 101 m — 19 300 Ew — Mannheim 24, Karlsruhe 41 km
🅸 ☎ (0 62 05) 21-0, Fax 2 12 60 — Stadtverwaltung Hockenheim, Rathausstr 1, 68766 Hockenheim. Sehenswert: Hockenheimring; Motorsportmuseum; Tabakmuseum; Aquadrom →

Hockenheim

** Treff Page Hotel
Heidelberger Str 8, ✉ 68766, ☎ (0 62 05) 29 40, Fax 29 41 50, AX DC ED VA
80 Zi, Ez: 160-450, Dz: 200-240, S; 9 App, ⊒ WC ☎, 27🛌; Lift 🅿 7⟳1000 Bowling Kegeln; garni
Restaurant und Konferenzräume in der angrenzenden Stadthalle

* Kanne
Karlsruher Str 3, ✉ 68766, ☎ (0 62 05) 9 46 46, Fax 94 64 44, AX ED VA
29 Zi, Ez: 85-103, Dz: 120-150, ⊒ WC ☎, 4🛌; Lift 🅿 🍴
Rezeption: 7-12, 15.30-22

Hockenheim-Außerhalb (6 km ←)
* Rheinhotel Luxhof
  Top International Hotel
An der Speyerer Rheinbrücke, ✉ 68766, ☎ (0 62 05) 30 30, Fax 3 03 25, AX DC ED VA
44 Zi, Ez: 90-140, Dz: 140-160, S; 2 Suiten, ⊒ WC ☎ DFÜ, 10🛌; 🅿 🚗 2⟳60 Fitneßraum Sauna Solarium
* Hauptgericht 25; Terrasse; geschl: 06.01.-20.01.

Hockenheim-Außerhalb (2 km ↗)
** Best Western Hotel am Hockenheimring
Am Hockenheimring, ✉ 68766, ☎ (0 62 05) 29 80, Fax 29 82 22, AX ED VA
56 Zi, Ez: 100-130, Dz: 145-190, 2 Suiten, ⊒ WC ☎, 2🛌; Lift 🅿 5⟳250 Kegeln Sauna Solarium 🍴
Auch Zimmer der Kategorie * vorhanden

Talhaus
** Achat
Gleisstr 8/1, ✉ 68766, ☎ (0 62 05) 29 70, Fax 29 79 99, AX ED VA
64 Zi, Ez: 99-240, Dz: 99-280, S; 20 App, ⊒ WC ☎, 20🛌; Lift 🅿 2⟳20 🍴 🚗
geschl: 23.12.-4.1.

Hodenhagen 26 ↘

Niedersachsen — Kreis Soltau-Fallingbostel — 25 m — 2 617 Ew
ℹ ☎ (0 51 64) 6 59, Fax 3 23 — Gemeindeverwaltung, 29693 Hodenhagen

** Domicil-Hotel Hudemühle
Hudemühlenburg 18, ✉ 29693, ☎ (0 51 64) 80 90, Fax 80 91 99, AX DC ED VA
125 Zi, Ez: 140-350, Dz: 190-350, ⊒ WC ☎, 45🛌; Lift 🅿 7⟳300 🏊 Fitneßraum Sauna Solarium 🍴

Höchberg 56 ↘

Bayern — Kreis Würzburg — 300 m — 9 500 Ew — Würzburg 4, Wertheim 28 km
ℹ ☎ (09 31) 49 70 70, Fax 4 97 07 98 — Gemeindeverwaltung, Hauptstr 58, 97204 Höchberg; Ältester Wallfahrtsort Frankens. Sehenswert: kath. Kirche Mariä Geburt

** Zum Lamm
Hauptstr 76, ✉ 97204, ☎ (09 31) 40 90 94, Fax 40 89 73, ED VA
37 Zi, Ez: 85-110, Dz: 130-170, ⊒ WC ☎, 17🛌; Lift 🅿 2⟳80
geschl: 27.12.-12.1.
* Hauptgericht 28; 🅿 Terrasse; geschl: Mi, 27.12.-12.1.

Höchenschwand 67 ↘

Baden-Württemberg — Kreis Waldshut — 1015 m — 2 200 Ew — St. Blasien 7, Waldshut 18 km
ℹ ☎ (0 76 72) 25 47, Fax 94 89 — Tourist-Information Kurverwaltung, Dr.-Rudolf-Eberle-Str 3, 79862 Höchenschwand; Heilklimatischer Kurort und Wintersportplatz im südlichen Schwarzwald

** Alpenblick
St.-Georg-Str 9, ✉ 79862, ☎ (0 76 72) 41 80, Fax 41 84 44, ED VA
23 Zi, Ez: 70-100, Dz: 130-170, 3 Suiten, ⊒ WC ☎; Lift 🅿 🚗 1⟳70 🚗
** Hauptgericht 27

* Berghotel Steffi
☼ ⛷ Panoramastr 22, ✉ 79862, ☎ (0 76 72) 8 55 + 3 16, Fax 95 57
16 Zi, Ez: 80-110, Dz: 140, 1 Suite, 1 App, ⊒ WC ☎, 16🛌; 🅿 🍴 🚗

* Pension Nägele
Bürgermeister-Huber-Str 11, ✉ 79862, ☎ (0 76 72) 9 30 30, Fax 93 03-1 54, ED VA
34 Zi, Ez: 50-60, Dz: 100-106, 3 Suiten, ⊒ WC ☎; Lift 🅿 🚗 1⟳18 Sauna Solarium 🍴 🚗
Rezeption: 8-20; geschl: 15.11.-15.12.

🛏 Im Brühl
Waldshuter Str 1, ✉ 79862, ☎ (0 76 72) 9 31 00, Fax 93 10 30
44 Zi, Ez: 48-55, Dz: 55-65, ⊒ WC ☎; 🅿;
garni 🚗
Rezeption: 8-18

*** Hubertusstuben ✤
Kurhausplatz 1, ✉ 79862, ☎ (0 76 72) 41 10, Fax 41 12 40, AX DC ED VA
Hauptgericht 30; Kegeln 🅿 Terrasse; geschl: Di, 7.1.-3.2.

Höchst i. Odw. 55 ↘

Hessen — Odenwaldkreis — 200 m — 10 000 Ew — Obernburg 15, Erbach/Odenwald 17, Dieburg 18 km
ℹ ☎ (0 61 63) 7 08 23, Fax 7 08 32 — Verkehrsamt, Montmelianer Platz 4, 64739 Höchst; Erholungsort

* Burg Breuberg
Aschaffenburger Str, ✉ 64739, ☎ (0 61 63) 51 33, Fax 51 38
23 Zi, Ez: 90, Dz: 144, ⊒ WC ☎, 1🛌; 🅿 1⟳40
** Hauptgericht 30; Gartenlokal

Hönow

Hetschbach (2 km ↘)
∗ Zur Krone
Rondellstr 20, ✉ 64739, ☎ (0 61 63)
93 10 00, Fax 8 15 72, AX DC ED VA
20 Zi, Ez: 78, Dz: 145, ⌐⌐ WC ☎; **P** 2⇌30 Fitneßraum Sauna Solarium
geschl: 1 Woche im Jan, 2 Wochen in den
Sommerferien, 1 Woche im Nov
∗∗ Hauptgericht 45; Gartenlokal;
geschl: Mo, Do mittags, 1 Woche im Jan,
2 Wochen in den Sommerferien, 1 Woche
im Nov

Höckendorf (Weißeritzkreis) 51 ↘

Sachsen — Kreis Weißeritzkreis — 2 965 Ew
i — Gemeindeverwaltung, 01774 Höcken-
dorf

∗ Zum Erbgericht mit Gästehaus
Schenkberg 1, ✉ 01774, ☎ (03 50 55)
6 19 13, Fax 6 23 20, AX DC ED VA
44 Zi, Ez: 85-105, Dz: 150, 8 App, ⌐⌐ WC ☎
DFÜ, 10⌧; Lift **P** 3⇌300 ≘ Fitneßraum
Kegeln Sauna Solarium 2Tennis ⌐⌐
Auch Zimmer der Kategorie **∗∗** vorhanden

Höfen an der Enz 61 ←

Baden-Württemberg — Kreis Calw — 360 m
— 1 600 Ew — Wildbad 7, Pforzheim 18,
Calw 20 km
i ☎ (0 70 81) 7 84 23, Fax 7 84 50 — Verkehrsamt, Wildbader Str 1, 75339 Höfen;
Luftkurort im nördlichen Schwarzwald

∗∗ Ochsen
Bahnhofstr 2, ✉ 75339, ☎ (0 70 81) 79 10,
Fax 79 11 00, DC ED VA
58 Zi, Ez: 72-100, Dz: 112-160, 3 Suiten, ⌐⌐
WC ☎, 1⌧; Lift **P** 3⇌40 ≘ Kegeln
Sauna Solarium ⌐⌐
Im Gästehaus auch Zimmer der Kategorie **∗**
vorhanden
∗ Hauptgericht 27; Gartenlokal

Höhbeck 19 ↘

Niedersachsen — Kreis Lüchow-Dannenberg — 668 m — 650 Ew — Gartow 7,
Lüchow 39 km
i ☎ (0 58 46) 3 33, Fax 22 88 — Kurverwaltung, Nienwalder Weg 1, 29471 Gartow

Pevestorf
⌐⌐ Gästehaus Lindenhof
♂ ⌐⌐ Haus Nr 7 a, ✉ 29478, ☎ (0 58 46) 6 25
10 Zi, Ez: 60-70, Dz: 90-120, ⌐⌐ WC, 10⌧; **P**;
garni
Rezeption: 8-12, 18.30-19.30; geschl: 1.11.-
28.2.

⌐⌐ Landhaus Lindenkrug
Am Dorfplatz, ✉ 29478, ☎ (0 58 46) 15 05,
Fax 15 05
Gartenlokal **P** Terrasse; geschl: Mi, Mitte-
Ende Nov; ⌐⌐

Höhr-Grenzhausen 43 ↘

Rheinland-Pfalz — Westerwaldkreis —
300 m — 14 800 Ew — Neuwied 18, Montabaur 17, Koblenz 18 km
i ☎ (0 26 24) 1 94 33, Fax 1 04 89 — Touristinformation, im Stadtteil Grenzhausen,
Rathausstr 48, 56203 Höhr-Grenzhausen.
Sehenswert: Keramik-Museum; Burgruine
Grenzau ⌐⌐ (1 km ↑)

Grenzau (2 km ↑)
∗∗ Sporthotel Zugbrücke
♂ Am Brexbach 11-17, ✉ 56203, ☎ (0 26 24)
10 50, Fax 10 54 62, AX DC ED VA
138 Zi, Ez: 95-199, Dz: 135-269, 2 Suiten, ⌐⌐
WC ☎, 19⌧; Lift **P** 16⇌250 ≘ Fitneß-
raum Kegeln Sauna Solarium ⌐⌐
Auch Zimmer anderer Kategorien vor-
handen
∗∗ Eysée
Hauptgericht 29; Biergarten Terrasse

Höhr
∗∗ Silencehotel Heinz
♂ ⌐⌐ Bergstr 77, ✉ 56203, ☎ (0 26 24) 30 33,
Fax 59 74, AX DC ED VA
64 Zi, Ez: 95-170, Dz: 169-260, ⌐⌐ WC ☎; Lift
P 5⇌50 ≘ Fitneßraum Sauna Solarium ⌐⌐
geschl: 22.-26.12.
Auch Zimmer anderer Kategorien vor-
handen
∗∗ Kannenbäcker
Hauptgericht 29; Terrasse; geschl:
22.-26.12.

Hönningen, Bad 43 □

Rheinland-Pfalz — Kreis Neuwied — 63 m
— 5 700 Ew — Linz 6, Neuwied 16 km
i ☎ (0 26 35) 22 73, Fax 27 36 — Kurverwaltung, Neustr 2 a, 53557 Bad Hönningen;
Heilbad am Rhein

∗ St. Pierre
Hauptstr 138, ✉ 53557, ☎ (0 26 35) 20 91,
Fax 20 93, AX DC ED VA
20 Zi, Ez: 75-95, Dz: 140-180, ⌐⌐ WC ☎; garni

Hönow 30 ↗

Brandenburg — Märkisch Oderland — 70 m
— 2 203 Ew — Berlin 2 km
i ☎ (0 33 42) 8 03 00, Fax 20 04 98 —
Gemeindeverwaltung, Mahlsdorfer Str 56,
15366 Hönow

∗∗ Andersen
Mahlsdorfer Str 61 a, ✉ 15366, ☎ (0 30)
99 23 20, Fax 99 23 23 00, AX DC ED VA
50 Zi, Ez: 89-148, Dz: 119-178, ⌐⌐ WC ☎
DFÜ, 25⌧; Lift 1⇌250
Restaurant für Hausgäste →

👑👑 Hervorragende Hotelleistung

Hönow

* **Landhaus Hönow**
♂ Dorfstr 23, ✉ 15366, ☏ (0 33 42) 8 32 16, Fax 30 09 38, ED VA
19 Zi, Ez: 86-105, Dz: 140-160, ⊣ WC ☏; P ○|

Hörstel 23 ↘

Nordrhein-Westfalen — Kreis Steinfurt — 50 m — 18 800 Ew — Rheine 10, Ibbenbüren 12 km
ℹ ☏ (0 54 54) 9 11-0, Fax 91 11 02 — Stadt Hörstel-Touristinformation, Kalixtusstr 6, 48477 Hörstel. Sehenswert: Kloster Gravenhorst; Schloß Surenburg; Heimathaus; kath. Pfarrkirche St. Marien; Schleusenanlagen; Knollmanns Mühle

Bevergern
** **Akzent-Hotel Saltenhof**
Kreimershoek 71, ✉ 48477, ☏ (0 54 59) 40 51, Fax 12 51, AX DC ED VA
Hauptgericht 30; Gartenlokal P; geschl: Do mittags, 1.1.-21.1.
* ♂ 12 Zi, Ez: 95, Dz: 140-180, ⊣ WC ☏
geschl: 1.1.-21.1.

Dreierwalde
⌂ **Landgasthaus Wennighoff**
Hauptstr 13, ✉ 48477, ☏ (0 59 78) 2 33, Fax 14 41
10 Zi, Ez: 50-65, Dz: 100-105, ⊣ WC ☏, 5✉; P 2↻200 ○|
Rezeption: 9-13, 15-1 geschl: Di

Hörup 9 ↘

Schleswig-Holstein — Kreis Schleswig-Flensburg — 10 m — 560 Ew — Schaflund 6, Leck 10 km
ℹ ☏ (0 46 39) 3 82 — Gemeindeverwaltung, Grüner Weg 5, 24980 Hörup

⌂ **Höruper Hof**
Dorfstr 17, ✉ 24980, ☏ (0 46 39) 10 18, Fax 15 10, ED VA
12 Zi, Ez: 60-90, Dz: 95-125, 1 Suite, 1 App, ⊣ WC ☏, 1✉; 4↻400 ○|

Hösbach 55 ↘

Bayern — Kreis Aschaffenburg — 145 m — 14 000 Ew — Aschaffenburg 5, Lohr 28 km
ℹ ☏ (0 60 21) 5 00 30, Fax 50 03 59 — Gemeindeverwaltung, Rathausstr 3, 63768 Hösbach

Hösbach-Bahnhof (1 km ↘)
** **Gerber**
Aschaffenburger Str. 12/14, ✉ 63768, ☏ (0 60 21) 59 40, Fax 59 41 00, AX DC ED VA
46 Zi, Ez: 104-129, Dz: 159-179, 4 App, ⊣ WC ☏ DFÜ, 12✉; Lift P 🚗 7↻100 ○|

Winzenhohl-Außerhalb (2,5 km ↓)
* **Klingerhof**
einzeln ♂ ◀ Am Hügel 7, ✉ 63768, ☏ (0 60 21) 64 60, Fax 64 61 80, AX DC ED VA
50 Zi, Ez: 115-125, Dz: 150-190, ⊣ WC ☏, 2✉; Lift P 5↻150 ⌂ Kegeln Sauna Solarium
Auch Zimmer der Kategorie ** vorhanden
** **Galerie**
◀ Hauptgericht 18

Hövelhof 35 ↖

Nordrhein-Westfalen — Kreis Paderborn — 100 m — 15 200 Ew — Paderborn 14, Gütersloh 23, Bielefeld 27 km
ℹ ☏ (0 52 57) 50 09 57, Fax 50 09 31 — Verkehrsverein Hövelhof e.V., Schloßstr 14, 33161 Hövelhof. Sehenswert: Sehr alte Bauerngehöfte; Wassermühlen

** **Gasthof Förster/Hotel Victoria**
♂ Bahnhofstr 35, ✉ 33161, ☏ (0 52 57) 30 18, Fax 65 78, AX ED VA
24 Zi, Ez: 85-130, Dz: 145-175, ⊣ WC ☏; Lift P 3↻250
Auch Zimmer der Kategorie * vorhanden
* Hauptgericht 25; Terrasse

** **Gasthof Brink** ✤
Allee 38, ✉ 33161, ☏ (0 52 57) 32 23, Fax 93 29 37
Hauptgericht 38; P Terrasse; nur abends; geschl: Mo, Jul
* 9 Zi, Ez: 80-110, Dz: 140-165, ♛ ⊣ WC ☏ DFÜ, 1✉; 🚗 2↻70
geschl: Mo, Juli

Höxter 35 ↗

Nordrhein-Westfalen — Kreis Höxter — 151 m — 16 000 Ew — Detmold 53, Hameln 55 km
ℹ ☏ (0 52 71) 9 63-4 32, Fax 9 63-4 35 — Verkehrsamt, Historisches Rathaus, 37671 Höxter; Stadt an der Weser. Sehenswert: Ev. Kilianikirche; Dechanei; Rathaus; Renaissancehäuser; ehem. Kloster Corvey: Westwerk der Schloßkirche, Kreuzgang (2 km →)

** **Ringhotel Niedersachsen**
Möllinger Str 4/Grubestr 3-7, ✉ 37671, ☏ (0 52 71) 68 80, Fax 68 84 44, AX DC ED VA
80 Zi, Ez: 109-202, Dz: 166-238, S; 1 Suite, ⊣ WC ☏, 36✉; Lift P 3↻80 ⌂ Fitneßraum Kegeln Sauna Solarium
Auch Zimmer der Kategorie * vorhanden
** **Huxori Stube**
Hauptgericht 35; Terrasse

* **Wirtshaus Strullenkrug**
♗ Hennekenstr 10, ✉ 37671, ☏ (0 52 71) 77 75, Fax 3 78 69
Hauptgericht 22; Biergarten

Hof

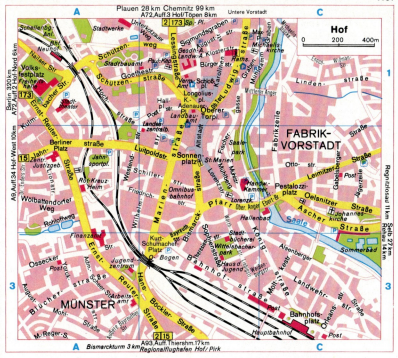

Café Pammel
Marktstr 10, ✉ 37671, ☎ (0 52 71) 79 30, Fax 3 77 23
Hauptgericht 11

Hof 49 ↙

Bayern — Kreisfreie Stadt — 495 m — 53 000 Ew — Plauen 27, Bayreuth 50 km
🛈 ☎ (0 92 81) 81 52 70, Fax 81 54 99 — Tourist-Information, Klosterstr 10, 95028 Hof; Kreisfreie Stadt; Theater. Sehenswert: Ev. Kirchen St. Michael, St. Lorenz und Hospitalkirche; Rathaus; Altes Gymnasium; Stadtpark Theresienstein: Turm ⭐; Bismarckturm, 576 m ⭐; Museum Bayerisches Vogtland

★★★ Central
Kulmbacher Str 4 (A 1), ✉ 95030, ☎ (0 92 81) 60 50, Fax 6 24 40, AX DC ED VA
105 Zi, Ez: 95-180, Dz: 165-220, 2 Suiten, ⌐ WC ☎, 50🖃; Lift 🅿 5⇔580 Kegeln Sauna Solarium ⚓

★★ Kastaniengarten
Hauptgericht 30; Terrasse; nur abends; geschl: So

★ Economy
Ernst-Reuter-Str 137, ✉ 95030, ☎ (0 92 81) 70 30, Fax 70 31 13, AX DC ED VA
111 Zi, Ez: 99-119, Dz: 119-139, S; ⌐ WC ☎ DFÜ, 73🖃; Lift 🅿 5⇔100 Sauna Solarium
🍽⚓

★ Strauß
Bismarckstr 31 (B 2), ✉ 95028, ☎ (0 92 81) 20 66, Fax 8 44 74, ED VA
49 Zi, Ez: 82-105, Dz: 100-145, 5 App, ⌐ WC ☎, 9🖃; Lift 🅿 🚘 2⇔60
★ Hauptgericht 25; Biergarten

★ Am Maxplatz
♁ Maxplatz 7 (B 1), ✉ 95028, ☎ (0 92 81) 17 39, Fax 8 79 13, AX ED VA
18 Zi, Ez: 95-105, Dz: 140-155, ⌐ WC ☎; 🅿 🚘; garni

★ Deutsches Haus
Marienstr 33 (B 2), ✉ 95028, ☎ (0 92 81) 10 48, Fax 14 15 85, AX DC ED VA
10 Zi, Ez: 80-100, Dz: 110-120, ⌐ WC ☎; Lift 🅿 🚘 Sauna Solarium; garni

Haidt (4 km ↗)

★★ Gut Haidt ♛
⭐ Plauener Str 123, ✉ 95028, ☎ (0 92 81) 73 10, Fax 73 11 00, AX DC ED VA
48 Zi, Ez: 140, Dz: 180, 6 Suiten, ⌐ WC ☎ DFÜ, 7🖃; Lift 🅿 🚘 4⇔90 Sauna Solarium 18Golf

★ Reiterstuben
♆ Hauptgericht 24; Biergarten Terrasse →

⌐ Zimmer mit Bad oder Dusche

505

Hof

Unterkotzau (1 km ↑)
* **Brauereigasthof Falter**
♂ Hirschberger Str 6, ✉ 95030, ☎ (0 92 81) 76 75-0, Fax 6 11 78, ED
26 Zi, Ez: 85-110, Dz: 140-170, ⌐ WC ☎ DFÜ, 10✉; P 3⇆100 ⚐
** Hauptgericht 20; Terrasse

Hofbieber 46 □

Hessen — Kreis Fulda — 450 m — 6 000 Ew — Fulda 13 km
ℹ ☎ (0 66 57) 9 87 20, Fax 9 87 32 — Tourist-Information, Schulweg 5, 36145 Hofbieber; Luftkurort in der Rhön. Sehenswert: Schloß Bieberstein; Milseburg, 835 m ⚐ (4 km + 30 Min ↘); Naturlehrgarten Fohlenweide

Hofbieber-Außerhalb (1 km ↓)
** **Fohlenweide**
einzeln ♂ ⚐ ✉ 36145, ☎ (0 66 57) 98 80, Fax 98 81 00
27 Zi, Ez: 115, Dz: 152-199, 1 Suite, 9 App, ⌐ WC ☎; P 2⇆35 18Golf ⚐
** Hauptgericht 28

Hofheim am Taunus 44 ↘

Hessen — Main-Taunus-Kreis — 200 m — 39 492 Ew — Frankfurt/Main 18, Wiesbaden 20 km
ℹ ☎ (0 61 92) 20 23 94, Fax 90 03 31 — Magistrat der Stadt Hofheim, Chinonplatz 2, 65719 Hofheim; Kreisstadt. Sehenswert: Hist. Altstadt; Stadtmuseum; Pfarrkirche Kapellenberg mit Meisterturm und Bergkapelle; Bahai-Tempel (7 km ↘)

** **Burkartsmühle**
♂ Kurhausstr 71, ✉ 65719, ☎ (0 61 92) 9 68-0, Fax 9 68-2 61, AX DC ED VA
26 Zi, Ez: 188-243, Dz: 208-263, 2 Suiten, ⌐ WC ☎ DFÜ; Lift P 2⇆30 ≋ Sauna Solarium 7Tennis
geschl: So
** Hauptgericht 40; Gartenlokal Terrasse; geschl: So

* **Dreispitz**
In der Dreispitz 6, ✉ 65719, ☎ (0 61 92) 9 65 20, Fax 2 69 10, ED VA
24 Zi, Ez: 105-195, Dz: 150-175, ⌐ WC ☎; P ⛾
geschl: Do, Fr, Mitte Jul-Mitte Aug

** **Die Scheuer**
♡ Burgstr 12, ✉ 65719, ☎ (0 61 92) 2 77 74, Fax 18 92, AX DC ED VA
Hauptgericht 40; Gartenlokal; geschl: Mo, Historisches Fachwerkgebäude aus dem 17. Jh.

Zum Türmchen
Burggrabenstr 16, ✉ 65719, ☎ (0 61 92) 2 67 47, Fax 3 95 11
Hauptgericht 18

⚐ **Altes Rathaus**
Hauptstr 40, ✉ 65719, ☎ (0 61 92) 67 33
Terrasse; geschl: Mo

Diedenbergen (4 km ↙)
** **Treff Hansa Hotel Rhein-Main**
⚐ Casteller Str 106, ✉ 65719, ☎ (0 61 92) 95 00, Fax 30 00, AX DC ED VA
157 Zi, Ez: 139-265, Dz: 189-305, S; ⌐ WC ☎ DFÜ, 46✉; Lift P 🍽 7⇆300 Fitneßraum Sauna Solarium ⛾ ⚐

** **Völker's**
Marxheimer Str 4, ✉ 65719, ☎ (0 61 92) 30 65, Fax 3 90 60, AX DC ED VA
Hauptgericht 38; Biergarten P Terrasse; geschl: Mi
* 12 Zi, Ez: 95-160, Dz: 150-190, ⌐ WC ☎
Rezeption: 7-14, 18-24 geschl: Mi

* **Romano** ✤
Casteller Str 68, ✉ 65719, ☎ (0 61 92) 3 71 08, Fax 3 15 76, AX DC ED VA
Hauptgericht 40; Terrasse

Marxheim (2 km ↓)
* **Löwenhof**
Schulstr 5, ✉ 65719, ☎ (0 61 92) 9 93 00, Fax 99 30 99, AX DC ED VA
21 Zi, Ez: 110-195, Dz: 145-250, ⌐ WC ☎; 🍽 2⇆30 ⛾

Wildsachsen (9 km ↘)
** **Alte Rose**
Alt Wildsachsen 37, ✉ 65719, ☎ (0 61 98) 83 82, Fax 3 41 69, AX DC ED VA
Hauptgericht 44; P Terrasse; nur abends, so + feiertags auch mittags

Hofheim (Unterfranken) 56 ↗

Bayern — Kreis Haßberge — 275 m — 5 150 Ew — Haßfurt 13, Schweinfurt 25 km
ℹ ☎ (0 95 32) 92 29-0, Fax 2 67 — Verwaltungsgemeinschaft, Obere Sennigstr 4, 97461 Hofheim (Unterfranken). Sehenswert: Kirche; Stadtmauer; Schloß Bettenburg: Park

Rügheim (4 km ↓)
** **Landhotel Hassberge**
♂ Schloßweg 1, ✉ 97461, ☎ (0 95 23) 9 24-0, Fax 92 41 00, AX DC ED VA
55 Zi, Ez: 82-92, Dz: 135, 1 Suite, ⌐ WC ☎ DFÜ; Lift P 3⇆75 Fitneßraum Sauna Solarium 9Golf ⛾ ⚐
geschl: Anfang bis Mitte Aug

Hohegeiß siehe Braunlage

Hohenau 66 □

Bayern — Kreis Freyung-Grafenau — 812 m — 3 500 Ew — Freyung 8, Grafenau 9, Passau 45 km
ℹ ☎ (0 85 58) 96 04 44, Fax 96 04 40 — Gemeindeverwaltung, Tourismusbüro, Dorfplatz 22, 94545 Hohenau; Ort im Bayerischen Wald. Sehenswert: Burgruine Neubuchenberg ⚐

Hohenroth

* **Gasthof Schreiner**
♂ ⬩⬧ Dorfplatz 17, ✉ 94545, ☎ (0 85 58)
10 62, Fax 27 17
44 Zi, Ez: 41-44, Dz: 72-78, 2 Suiten, 4 App,
⚌ WC; Lift 🅿 ¶⃝
Rezeption: 8-20

* **Gasthof Hohenauer Hof**
♂ ⬩⬧ Dorfplatz 18, ✉ 94545, ☎ (0 85 58)
10 56, Fax 28 56, ED
55 Zi, Ez: 48-50, Dz: 80-90, 1 Suite, ⚌ WC;
Lift 🅿 🛋 Kegeln Sauna Solarium ¶⃝

Bierhütte (2 km ↘)
** **Romantik Hotel Die Bierhütte**
Bierhütte 10, ✉ 94545, ☎ (0 85 58) 9 61 20,
Fax 96 12-70, AX DC ED VA
37 Zi, Ez: 99-139, Dz: 150-220, 5 Suiten,
1 App, ⚌ WC ☎; 🚗 2⇄40 Seezugang
Sauna Solarium ●
Im Landhaus Zimmer der Kategorie *******
vorhanden
** Hauptgericht 35; Terrasse ⚜
Barockbau aus dem 16. Jh. unter Denkmalschutz

Hohenfurch 71 ←

Bayern — Kreis Weilheim-Schongau —
700 m — 1 400 Ew — Schongau 5, Landsberg 30 km
ℹ ☎ (0 88 61) 47 10, Fax 9 07 97 — Gemeindeverwaltung, Hauptplatz 7, 86978 Hohenfurch; Erholungsort

* **Schönachhof**
♂ Kapellenstr 22, ✉ 86978, ☎ (0 88 61)
41 08, Fax 20 09 46
13 Zi, Ez: 47-55, Dz: 88-98, ⚌ WC; ¶⃝ ●

Hohenkammer 64 ↓

Bayern — Kreis Freising — 460 m —
2 160 Ew — Pfaffenhofen 13, München
34 km
ℹ ☎ (0 81 37) 9 38 50, Fax 93 85 10 — Gemeindeverwaltung, Petershauser Str 1,
85411 Hohenkammer

* **Landgasthof Alte Post**
Hauptstr 2, ✉ 85411, ☎ (0 81 37) 50 88,
Fax 25 79
15 Zi, Ez: 90, Dz: 120-130, ⚌ WC ☎; ¶⃝ ●
geschl: Mo, Ende Jan

Hohenlimburg siehe Hagen

Hohen Neuendorf 30 ↑

Brandenburg — Kreis Oberhavel — 54 m —
15 961 Ew — Oranienburg 6, Berlin 9 km
ℹ ☎ (0 33 03) 5 28-0, Fax 50 07 51 —
Gemeindeverwaltung, Oranienburger Str 2,
16540 Hohen Neuendorf; Ort im grünen
Gürtel nördlich Berlins

** **Am Lunik Park**
Stolper Str 8, ✉ 16540, ☎ (0 33 03) 29 10,
Fax 29 14 44, AX DC ED VA
57 Zi, Ez: 100-165, Dz: 140-195, ⚌ WC ☎,
10📺; Lift 🅿 2⇄40 Sauna Solarium ¶⃝ ●

Bergfelde
* **Am Hofjagdrevier**
Hohen Neuendorferstr 48, ✉ 16562,
☎ (0 33 03) 5 31 20, Fax 5 31 22 60, ED VA
34 Zi, Ez: 90-100, Dz: 130-160, 2 Suiten, ⚌
WC ☎, 20📺; Lift 🅿 2⇄30 Bowling Fitneßraum Sauna Solarium ¶⃝

* **Am Stadtrand**
Birkenwerderstr 14, ✉ 16562, ☎ (0 33 03)
5 31 50, Fax 53 15 55
18 Zi, Ez: 85-100, Dz: 135-170, ⚌ WC ☎,
3📺; 🅿 2⇄30 Sauna ¶⃝ ●

Borgsdorf (3 km ↑)
* **Landgasthaus Borgsdorf**
Friedensallee 2, ✉ 16556, ☎ (0 33 03)
50 01 91, Fax 50 01 92, AX DC ED VA
11 Zi, Ez: 130, Dz: 180, 1 Suite, ⚌ WC ☎; 🅿
3⇄150
* Hauptgericht 20

Hohenroda 46 ↑

Hessen — Kreis Hersfeld-Rotenburg —
300 m — 4 000 Ew — Bad Hersfeld 22 km
ℹ ☎ (0 66 76) 9 20 00, Fax 92 00 40 —
Gemeindeverwaltung, im Ortsteil Oberbreitzbach, Schloßstr 45, 36284 Hohenroda

Schwarzengrund
** **Hessen Hotelpark Hohenroda**
einzeln ♂ ⬩⬧ Im Schwarzengrund 9,
✉ 36284, ☎ (0 66 76) 1 81, Fax 14 87,
AX DC ED VA
207 Zi, Ez: 115-120, Dz: 180, ⚌ WC ☎ DFÜ,
140📺; Lift 🅿 15⇄300 🛋 Seezugang Fitneßraum Kegeln Sauna Solarium ¶⃝ ●

Hohenroth 46 ↘

Bayern — Kreis Rhön-Grabfeld — 303 m —
3 539 Ew
ℹ ☎ (0 97 71) 20 44, Fax 54 67 — Gemeindeverwaltung, Hauptstr 12, 97618 Hohenroth

Querbachshof (4 km ↑)
¶⃝ **Gasthof zu Sonne**
Querbachshof 4, ✉ 97618, ☎ (0 97 71)
68 90 40, Fax 6 38 90 49
Hauptgericht 22; Gartenlokal 🅿; nur
abends, so + feiertags auch mittags;
geschl: Mo
🛏 6 Zi, Ez: 72, Dz: 99, 2 App, ⚌ WC ☎

Hohenstein

Hohenstein 44 ↙

Hessen — Rheingau-Taunus-Kreis — 290 m — 6 720 Ew — Bad Schwalbach 10, Wiesbaden 15 km
i ☎ (0 61 20) 2 90, Fax 29 40 — Gemeindeverwaltung, Schwalbacher Str 1, 65329 Hohenstein. Sehenswert: Burgruine

Burg Hohenstein
** **Burg Hohenstein**
Burgstr 12, in der Burgruine, ✉ 65329, ☎ (0 61 20) 57 72, Fax 50 72, AX DC ED VA
Hauptgericht 25; geschl: Mo, Di

Hohenwarth 66 ↖

Bayern — Kreis Cham — 550 m — 2 200 Ew
i ☎ (0 99 46) 2 85, Fax 90 50 33 — Gemeindeverwaltung, Hauptstr 1, 93480 Hohenwarth

** **Ferien- und Aparthotel Zum Gutshof**
◂ Gutshofweg 2, ✉ 93480, ☎ (0 99 46) 95 00, Fax 15 13, AX DC ED VA
57 Zi, Ez: 60, Dz: 126, 14 Suiten, 36 App, ⊟ WC ☎; Lift ᴾ ᵓ 1⇔50 Fitneßraum Sauna Solarium ⵟ
Rezeption: 8-20; geschl: 10.11.-15.12.
Zimmer der Kategorie *** vorhanden

Hohenwestedt 10 ↙

Schleswig-Holstein — Kreis Rendsburg-Eckernförde — 80 m — 4 966 Ew — Ankrug 8, Itzehoe 20, Neumünster 23 km
i ☎ (0 48 71) 3 60, Fax 36 36 — Gemeindeverwaltung, Am Markt 15, 24594 Hohenwestedt

* **Landhaus**
Itzehoer Str 39, ✉ 24594, ☎ (0 48 71) 9 44, Fax 43 27, AX DC ED VA
25 Zi, Ez: 90-120, Dz: 140-180, 4 App, ⊟ WC ☎; ᴾ ᵓ 4⇔100 Kegeln ⵟ
* Hauptgericht 30

Hohenzieritz 21 □

Mecklenburg-Vorpommern — Kreis Mecklenburg-Strelitz — 65 m — 612 Ew — Neustrelitz 11, Neubrandenburg 20 km
i ☎ (0 39 81) 48 12 70, Fax 48 14 00 — Landratsamt, Woldecker Chaussee 35, 17235 Neustrelitz

Prillwitz (7 km ↗)
* **Jagdschloß Prillwitz**
◂ ⊗ ✉ 17237, ☎ (03 98 24) 2 03 45, Fax 2 03 46
11 Zi, Ez: 90, Dz: 140, 1 Suite, ⊟ WC ☎; ᴾ 1⇔50 Seezugang ⵟ

Hohnhorst 25 ↘

Niedersachsen — Kreis Bad Nenndorf — 2 000 Ew
i ☎ (0 57 23) 70 40, Fax 7 04 55 — Samtgemeinde Bad Nenndorf, Rodenberger Allee 13, 31542 Bad Nenndorf

** **Gasthaus Wille**
Hauptstr 37, ✉ 31559, ☎ (0 57 23) 8 15 34, Fax 98 12 99
Hauptgericht 25; ᴾ; nur abends; geschl: Di, Mi, 2.1.-20.1.

Hohnstein 51 ↗

Sachsen — Kreis Sebnitz — 333 m — 1 042 Ew — Neustadt (Sachs) 9, Pirna Dresden 34 km
i ☎ (03 59 75) 8 68 13, Fax 8 68 10 — Touristinformation Hohnstein, Rathausstr 10, 01848 Hohnstein; Erholungsort. Sehenswert: Burg Hohnstein, Museum, Bärengarten; Rathaus; Kirche von Georg Bähr; ehem. Puppenspielhaus; Gautschgrotte; Hockstein 291 m ◂

* **Zur Aussicht**
◊ ◂ Am Bergborn 7, ✉ 01848, ☎ (03 59 75) 8 12 13, Fax 8 12 13, AX ED VA
12 Zi, Ez: 60, Dz: 130-150, 3 Suiten, ⊟ WC ☎; ᴾ 1⇔20 ⵟ
geschl: Jan

Rathewalde
** **Luk** ♛
Das kleine Landhotel
◊ Basteiweg 7, ✉ 01847, ☎ (03 59 75) 8 00 13, Fax 8 00 14
8 Zi, Ez: 80-105, Dz: 130-160, ⊟ WC ☎; ᴾ
Restaurant für Hausgäste

Hohwacht 11 ←

Schleswig-Holstein — Kreis Plön — 9 m — 911 Ew — Lütjenburg 7, Plön 24, Kiel 36 km
i ☎ (0 43 81) 90 55-0, Fax 90 55-55 — Touristik-Information, Berliner Platz, 24321 Hohwacht; Ostsee-Heilbad mit bewaldeter Steilküste zwischen Hohwachter Bucht und Großem Binnensee

*** **Hohe Wacht**
◊ Ostseering/Am Kurpark, ✉ 24321, ☎ (0 43 81) 9 00 80, Fax 90 08 88, AX DC ED VA
60 Zi, Ez: 170-300, Dz: 240-320, 2 Suiten, 30 App, ⊟ WC ☎; Lift ᴾ 4⇔160 ⌂ Fitneßraum Sauna Solarium ⵟ
** Hauptgericht 30

** **Seeschlößchen**
◊ ◂ Dünenweg 4, ✉ 24321, ☎ (0 43 81) 4 07 60, Fax 40 76-50, AX DC ED VA
34 Zi, Ez: 108-160, Dz: 226-276, 5 Suiten, 16 App, ⊟ WC ☎; Lift ᴾ 2⇔48 ⌂ Strandbad Fitneßraum Sauna Solarium

Holzgerlingen

** Hohwachter Hof
♂ Strandstr 6, ⊠ 24321, ☎ (0 43 81) 40 28-0,
Fax 40 28-30, ED
16 Zi, Ez: 102, Dz: 134, ⊣ WC ☎; 🅿 1♧50 ⚓
geschl: 2.11.-17.12.
* Hauptgericht 35; geschl: 2.11.-17.12.

* Haus am Meer
♂ ⚓ Dünenweg 1, ⊠ 24321, ☎ (0 43 81) 40 74-0, Fax 40 74 74, ED VA
14 Zi, Ez: 150, Dz: 150-260, 4 Suiten, 7 App,
⊣ WC ☎; 🅿 1♧22 ⚓ Sauna Solarium 18Golf ⚓

** De schwatte Gret
⚓ Hauptgericht 25

* Schuberts Strandhotel
♂ Strandstr 10, ⊠ 24321, ☎ (0 43 81) 60 91,
Fax 60 93, DC ED VA
32 Zi, Ez: 55-92, Dz: 104-200, 7 App, ⊣ WC
☎; 🅿 2♧110 Strandbad Seezugang Fitneßraum Sauna Solarium 18Golf 🍴 ⚓

* Haus auf dem Strom
♂ Hinter dem Deich 11, ⊠ 24321,
☎ (0 43 81) 40 23 40, Fax 40 23 50
12 Zi, Ez: 75-120, Dz: 140-170, ⊣ WC ☎; 🅿
1♧25 Solarium 18Golf; garni

* Seelust
♂ Strandstr 8, ⊠ 24321, ☎ (0 43 81) 40 79-0,
Fax 40 79-3 00, ED
14 Zi, Ez: 60-79, Dz: 100-150, 9 App, ⊣ WC
☎; 🅿 🚗 1♧12; garni ⚓

** Genueser Schiff
⚓ Seestr 18, ⊠ 24321, ☎ (0 43 81) 75 33,
Fax 58 02, AX ED
Hauptgericht 45; geschl: Di, Mi
* einzeln ♂ ⚓ 10 Zi, Ez: 100-200,
Dz: 150-250, 3 Suiten, 6 App, ⊣ WC; 🅿 🚗
1♧28 Seezugang 18Golf

Holdorf 24 □

Niedersachsen — Kreis Vechta — 37 m —
6 200 Ew — Damme 10, Lohne 16, Diepholz 20 km
🅸 ☎ (0 54 94) 98 50, Fax 9 85 99 — Gemeindeverwaltung, Große Str 19, 49451 Holdorf

⚓ Zur Post
Große Str 11, ⊠ 49451, ☎ (0 54 94) 2 34,
Fax 82 70, AX DC VA
18 Zi, Ez: 60-65, Dz: 110-120, ⊣ WC ☎; 🅿
3♧ Strandbad 🍴

siehe auch **Steinfeld (Oldenburg)**

Hollenstedt 18 ←

Niedersachsen — Kreis Harburg — 24 m —
2 628 Ew — Buxtehude 14, Harburg 30 km
🅸 ☎ (0 41 65) 80 04 44, Fax 8 04 81 —
Gemeindeverwaltung, Am Markt 10,
21279 Hollenstedt

* Hollenstedter Hof Minotel
Am Markt 1, ⊠ 21279, ☎ (0 41 65) 2 13 70,
Fax 83 82, AX DC ED VA
32 Zi, Ez: 95, Dz: 135-155, ⊣ WC ☎, 5🛌; 🅿
4♧50 Kegeln 18Golf
* Hauptgericht 29; Terrasse

* Ristorante Casagrande
Alte Dorfstr 10a, ⊠ 21279, ☎ (0 41 65)
8 18 71, AX DC ED VA
Hauptgericht 30

Hollfeld 58 ↖

Bayern — Kreis Bayreuth — 402 m —
5 400 Ew — Bayreuth 23, Bamberg 38 km
🅸 ☎ (0 92 74) 9 80 10, Fax 9 80 29 — Verkehrsamt, Marienplatz 18, 96142 Hollfeld;
Erholungsort in der nördlichen Fränkischen Schweiz

* Wittelsbacher Hof
Langgasse 8, ⊠ 96142, ☎ (0 92 74) 6 11,
Fax 8 05 16
Hauptgericht 30; 🅿 Terrasse; geschl: Mo, 11.-24.1.
* 14 Zi, Ez: 70-85, Dz: 110-125, ⊣
WC ☎; 1♧30
geschl: Mo, 11.-24.1.

Treppendorf (2 km ↓)
* Bettina
⚓ Treppendorf 22, ⊠ 96142, ☎ (0 92 74)
7 47, Fax 14 08, AX ED
23 Zi, Ez: 65-85, Dz: 100-130, 1 App, ⊣ WC
☎ DFÜ, 6🛌; 🅿 3♧40 Fitneßraum Sauna Solarium 2Tennis 🍴 ⚓
geschl: Mo

Holzgerlingen 61 □

Baden-Württemberg — Kreis Böblingen —
464 m — 11 450 Ew — Böblingen 6, Tübingen 19, Stuttgart 25 km
🅸 ☎ (0 70 31) 6 80 80, Fax 68 08 17 — Stadtverwaltung, Böblinger Str 5, 71088 Holzgerlingen

** Gärtner
Römerstr 29, ⊠ 71088, ☎ (0 70 31) 74 56,
Fax 74 57 00, AX DC ED VA
47 Zi, Ez: 95-120, Dz: 140-175, 4 App, ⊣ WC
☎; Lift 🅿 🚗 3♧100 🍴

* Bühleneck
Bühlenstr 81, ⊠ 71088, ☎ (0 70 31) 7 47 50,
Fax 60 53 45, DC ED VA
15 Zi, Ez: 98, Dz: 145, 3 Suiten, 2 App, ⊣ WC
☎, 5🛌; 🅿 Fitneßraum Sauna Solarium;
garni
Rezeption: 7-13, 17-22

Holzhau 51 ←

Sachsen — Kreis Brand-Erbisdorf — 700 m — 500 Ew — Neuhausen 16, Freiberg 29, Dippoldiswalde 32 km
🛈 ☎ (03 73 27) 15 04, Fax 16 19 — Fremdenverkehrsamt, Bergstr 9, 09623 Holzhau; Erholungsort

** Lindenhof
♦ Bergstr 4, ✉ 09623, ☎ (03 73 27) 8 20, Fax 73 95, AX ED VA, Dz: 144-160, 3 Suiten, 1 App, ⌐ WC ☎; Lift 🅿 6✿120 Fitneßraum Kegeln Sauna Solarium ☛
Auch Zimmer der Kategorie * vorhanden
** Hauptgericht 20

** Berghotel Talblick
Flair Hotel
♦ ◄ Alte Str 32, ✉ 09623, ☎ (03 73 27) 74 16, Fax 74 29, AX ED VA
30 Zi, Ez: 80-100, Dz: 100-140, ⌐ WC ☎; 🅿 2✿50 Fitneßraum Sauna Solarium 🍽

Holzhausen siehe Burbach

Holzkirchen 72 □

Bayern — Kreis Miesbach — 667 m — 12 264 Ew — Bad Tölz 19, München 33 km
🛈 ☎ (0 80 24) 64 20, Fax 87 58 — Gemeindeverwaltung, Marktplatz 1, 83607 Holzkirchen

** Landhotel Konrad
Rosenheimer Str 16, ✉ 83607, ☎ (0 80 24) 90 50, Fax 90 52 15, AX ED VA
36 Zi, Ez: 120-150, Dz: 160-190, ⌐ WC ☎; 8🖂; Lift 🅿 🖳; garni ☛

** Alte Post
Marktplatz 10 a, ✉ 83607, ☎ (0 80 24) 3 00 50, Fax 3 00 55 55
44 Zi, Ez: 140, Dz: 175, ⌐ WC ☎; Lift 🅿 🖳 1✿40
Auch Zimmer der Kategorie * vorhanden
* Hauptgericht 35; Terrasse; geschl: Di, im Jan, Anfang-Mitte Aug

Holzminden 36 ↘

Niedersachsen — Kreis Holzminden — 99 m — 21 000 Ew — Höxter 10, Einbeck 36, Hameln 48 km
🛈 ☎ (0 55 31) 93 64 12, Fax 93 64 30 — Stadtinformation, Obere Str 30, 37603 Holzminden; Stadt an der Weser. Sehenswert: Museumsschiff „Stör"; Puppen- und Spielzeugmuseum; Ackerbürgerhäuser

* Parkhotel Interopa
Altendorferstr 9, ✉ 37603, ☎ (0 55 31) 20 01, Fax 6 12 66, AX ED VA
42 Zi, Ez: 85-120, Dz: 140-170, ⌐ WC ☎; 2🖂; 🅿; garni

* Schleifmühle
♦ Schleifmühle 3, ✉ 37603, ☎ (0 55 31) 50 98, Fax 12 06 60
17 Zi, Ez: 90, Dz: 130, ⌐ WC ☎; 🅿 🖳 🌊 Solarium 🍽

** Hellers Krug
Ⓥ Altendorfer Str 19, ✉ 37603, ☎ (0 55 31) 21 15, Fax 21 15, AX ED VA
Hauptgericht 40; 🅿; geschl: Sa mittags, So

Holzminden-Silberborn Außerhalb
(11 km ↘) 🛈 ☎ (0 55 36) 2 23

* Sollingshöhe
♦ ◄ Dasseler Str 15, ✉ 37603, ☎ (0 55 36) 9 50 80, Fax 14 22, ED
22 Zi, Ez: 60-65, Dz: 110-140, 2 Suiten, 1 App, ⌐ WC ☎; 🅿 1✿20 🌊 Sauna Solarium ☛
Rezeption: 9-1
* Hauptgericht 24; Terrasse

Neuhaus im Solling (12 km ↓)
🛈 ☎ (0 55 36) 10 11

* Schatte
Am Wildenkiel 15, ✉ 37603, ☎ (0 55 36) 10 55, Fax 15 60, AX DC ED VA
38 Zi, Ez: 69-86, Dz: 137-167, ⌐ WC ☎; Lift 🅿 🖳 🌊 Fitneßraum Sauna Solarium 🍽 ☛ geschl: 15.-29.11., 10.1.-10.2.
Auch Zimmer anderer Kategorien vorhanden

Holzschlag siehe Bonndorf

Holzwickede 33 →

Nordrhein-Westfalen — Kreis Unna — 152 m — 17 312 Ew — Unna 7, Dortmund 10 km
🛈 ☎ (0 23 01) 18 10, Fax 1 33 32 — Gemeindeverwaltung, Allee 5, 59439 Holzwickede

* Lohenstein
Hauptstr 21, ✉ 59439, ☎ (0 23 01) 91 30 30 +86 17, Fax 1 42 80, AX ED VA
12 Zi, Ez: 55, Dz: 130, ⌐ WC ☎; 🅿 🖳; garni
Rezeption: 6.30-12; geschl: So ab 12, 21.12.-3.1.

Homberg siehe Duisburg

Homburg 53 ↙

Saarland — Saarpfalz-Kreis — 250 m — 46 000 Ew — Zweibrücken 10, Saarbrücken 31 km
🛈 ☎ (0 68 41) 10 11 66-10 11 73, Fax 12 08 99 — Kultur- und Verkehrsamt, Am Forum, 66424 Homburg; Kreisstadt. Sehenswert: Hist. Marktplatz mit Rathaus und Brunnen; Burgruine Hohenburg ◄; Schloßberghöhlen; Römermuseum Schwarzenacker (4 km ↓)

Homburg v. d. Höhe, Bad

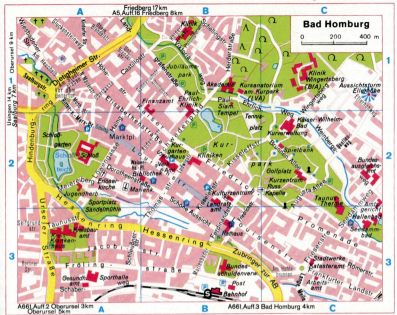

★★★ Schweizerstuben
Kaiserstr 72, ✉ 66424, ☎ (0 68 41) 9 24 00, Fax 9 24 02 20, AX DC ED VA
25 Zi, Ez: 125-190, Dz: 215-280, 3 Suiten, ⊿ WC ☎; Lift P 1⇔120 ⌂ Sauna Solarium
Auch Zimmer der Kategorie ★★ vorhanden
★★★ Hauptgericht 35; Terrasse; nur abends; geschl: Sa+So

★★★ Schloßberghotel Sympathie Hotel
einzeln ⚲ ◅ Schloßberghöhenstr, ✉ 66424, ☎ (0 68 41) 66 60, Fax 6 20 18, AX DC ED VA
76 Zi, Ez: 155-165, Dz: 210-230, 7 App, WC; Lift P 8⇔450 ⌂ Sauna Solarium ⓘ
Auch Zimmer der Kategorie ★★ vorhanden

★★ Stadt Homburg
Ringstr 80, ✉ 66424, ☎ (0 68 41) 13 31, Fax 6 49 94, DC ED VA
40 Zi, Ez: 113-118, Dz: 168, 1 Suite, 1 App, ⊿ WC ☎; Lift P ▤ 3⇔150 ⌂ Sauna Solarium
★★ Le Connaisseur
Hauptgericht 35

★ Euler
Talstr 40, ✉ 66424, ☎ (0 68 41) 93 33-0, Fax 93 33-2 22, AX DC ED VA
50 Zi, Ez: 90, Dz: 135-140, ⊿ WC ☎; ▤;
garni
geschl: 24.12.-2.1.

Sanddorf (3 km →)
★★ Auberge du Chasseur
Sickinger Str 44, ✉ 66424, ☎ (0 68 41) 1 52 11, Fax 12 01 53, AX DC ED VA
Hauptgericht 40; P; geschl: Sa mittags, Mi, Mitte Sep-Anfang Okt, 2 Wochen im Feb

Homburg v. d. Höhe, Bad 44 ↘

Hessen — Hochtaunuskreis — 195 m — 52 000 Ew — Frankfurt/Main 17, Wiesbaden 35 km

ⓘ ☎ (0 61 72) 6 75-1 10, Fax 6 75-1 27 — Verkehrsamt, im Kurhaus, Louisenstr 58 (B 2), 61348 Bad Homburg v. d. Höhe; Kur- und Kongreßstadt; Taunus-Therme; Seedammbad; Spielbank. Sehenswert: Erlöser- und Marienkirche; Sinclair-Haus; Schloß mit Weißem Turm ◅; Kurpark mit Kaiser-Wilhelms-Bad; Siamesischer Tempel; Römerkastell Saalburg (7 km ↘); Russische Ka-pelle; Gotisches Haus mit Städt. Museum

★★★★ Steigenberger Bad Homburg
⚲ Kaiser-Friedrich-Promenade 69 (B 2), ✉ 61348, ☎ (0 61 72) 18 10, Fax 1 81-6 30, AX DC ED VA
152 Zi, Ez: 273-403, Dz: 310-440, S;
17 Suiten, ⊿ WC ☎ DFÜ, 52▤; Lift ▤ 8⇔300 Sauna Solarium
★★★ Hauptgericht 40; P

★★★ Maritim Kurhaushotel
Ludwigstr (B 2), ✉ 61348, ☎ (0 61 72) 66 00, Fax 66 01 00, AX DC ED VA
148 Zi, Ez: 255-475, Dz: 298-498, S; ⊿ WC ☎, 63▤; Lift ▤ 11⇔722 ⌂ Fitneßraum Sauna Solarium ⓘ ⚐ →

P Hoteleigene Parkplätze

Homburg v. d. Höhe, Bad

** **Comfort Hotel am Kurpark**
Ferdinandstr 2-4, ✉ 61348, ☎ (0 61 72) 92 63 00, Fax 92 63 99, AX ED VA
41 Zi, Ez: 159-199, Dz: 199-299, 2 App, ⊴ WC ☎ DFÜ, 9✉; Lift P 🖨 4⇔18; garni

** **Parkhotel**
☾ Kaiser-Friedrich-Promenade 53 (B 2), ✉ 61348, ☎ (0 61 72) 80 10, Fax 80 14 00, AX DC ED VA
110 Zi, Ez: 144-298, Dz: 184-348, 10 App, ⊴ WC ☎ DFÜ, 25✉; Lift P 🖨 3⇔60 Fitneßraum Sauna Solarium ⓘ
Auch Zimmer der Kategorie ******* vorhanden

** **Villa am Kurpark**
☾ Kaiser-Friedrich-Promenade 57 (B 2), ✉ 61348, ☎ (0 61 72) 18 00-0, Fax 18 00-20, AX ED VA
24 Zi, Ez: 110-205, Dz: 205-310, ⊴ WC ☎; Lift P 1⇔20; garni

** **Silence Hardtwald Hotel**
☾ Philosophenweg 31, ✉ 61350, ☎ (0 61 72) 82 98 80, Fax 8 25 12, AX DC ED VA
42 Zi, Ez: 115-275, Dz: 195-355, ⊴ WC ☎ DFÜ, 7✉; P 3⇔30 ⓘ
geschl: 21.12.-3.1.
Zimmer der Kategorie ***** vorhanden
** Hauptgericht 28; Terrasse; geschl: So abends, 21.12.-10.1.

* **Haus Daheim**
Elisabethenstr 42 (B 2), ✉ 61348, ☎ (0 61 72) 67 73 50, Fax 67 73 55 00, AX DC ED VA
19 Zi, Ez: 125-185, Dz: 185-285, ⊴ WC ☎ DFÜ; P 🖨 18Golf; garni

*** **Sängers Restaurant**
Kaiser-Friedrich-Promenade 85 (B 2), ✉ 61348, ☎ (0 61 72) 92 88 39, Fax 92 88 59, AX VA
Hauptgericht 52; Gartenlokal; geschl: 1.1.-20.1.

*** **Oberle's**
Obergasse 1 (A 1), ✉ 61348, ☎ (0 61 72) 2 46 62, Fax 2 46 62, AX ED VA
Hauptgericht 44; P Terrasse; geschl: Mo, Sa mittags

** **Assmann's**
Kisseleffstr 27, im Kurpark (B 2), ✉ 61348, ☎ (0 61 72) 2 47 10, Fax 2 91 85
Hauptgericht 38; geschl: Mi

** **Da Alfonso**
Louisenstr 109 a, ✉ 61348, ☎ (0 61 72) 2 97 35, Fax 45 73 63, AX DC ED VA
Hauptgericht 35; P Terrasse

** **Golfhaus**
Kaiser-Friedrich-Promenade 84, ✉ 61348, ☎ (0 61 72) 69 08 53, Fax 69 08 53, AX DC ED VA
Hauptgericht 45; geschl: Mo

** **Bauer's Walhalla**
✉ 61348, ☎ (0 61 72) 2 93 05, Fax 2 93 05, AX DC ED VA
Hauptgericht 40; geschl: Sa mittags

Gasthaus zum Wasserweibchen
⊗ Am Mühlberg 57 (A 2), ✉ 61348, ☎ (0 61 72) 2 98 78, Fax 30 50 93, AX ED VA
Hauptgericht 25; Gartenlokal; nur abends; geschl: Sa, 31.7.-20.8., 24.-31.12.

ⓘ **Peter Kofler**
Louisenstr 42 (B 2), ✉ 61348, ☎ (0 61 72) 2 15 30, Fax 92 44 44, AX ED
Biergarten P; im Sommer 14-23, im Winter 14-18.30; geschl: Mo,
Spezialität: Papageno-Torte

<mark>Dornholzhausen</mark> (2 km ↘)
* **Sonne**
Landwehrweg 3, ✉ 61350, ☎ (0 61 72) 96 52-0, Fax 96 52 13, AX DC ED VA
30 Zi, Ez: 98-135, Dz: 145-185, 4 App, ⊴ WC ☎; P 🖨 ⓘ

<mark>Ober-Erlenbach</mark> (5 km →)
** **Katharinenhof**
☾ Ober-Erlenbacher Str 16, ✉ 61352, ☎ (0 61 72) 40 00, Fax 40 03 00, AX DC ED VA
31 Zi, Ez: 120-180, Dz: 200-280, ⊴ WC ☎ DFÜ, 11✉; P 🖨; garni
Rezeption: 7-20; geschl: 18.12.-3.1.

Honau siehe Lichtenstein (Württ)

Honnef, Bad 43 □

Nordrhein-Westfalen — Rhein-Sieg-Kreis — 78 m — 24 000 Ew — Bonn 18, Neuwied 34 km
ⓘ ☎ (0 22 24) 90 06 36, Fax 7 96 87 — Verkehrsbüro, Hauptstr 28 a, 53604 Bad Honnef; Erholungsort und Heilbad im Siebengebirge. Sehenswert: In Honnef: Pfarrkirche; in Rhöndorf: Adenauer-Haus; Kapelle und Fachwerkhäuser; Ruine Drachenfels, 321 m ⁂ (5 km + 60 Min; auch Zahnradbahn, Esel oder Pferd); Löwenburg, 455 m ⁂ (3 km ↗)

** **Seminaris**
Alexander-von-Humboldt-Str 20, ✉ 53604, ☎ (0 22 24) 77 10, Fax 77 15 55, AX DC ED VA
194 Zi, Ez: 126-165, Dz: 198-220, 19 Suiten, ⊴ WC ☎, 48✉; Lift P 🖨 24⇔400 ≘ Kegeln Sauna Solarium ⓘ
** **Alexanders Restaurant**
Hauptgericht 27; Terrasse

*** **Das kleine Restaurant**
Hauptstr 16 a, ✉ 53604, ☎ (0 22 24) 44 50, Fax 7 85 40, AX ED VA
Hauptgericht 40; P Terrasse; nur abends; geschl: So, 3 Wochen im Aug

Horgau

** Jagdhaus im Schmelztal
einzeln, Schmelztalstr 50, ⊠ 53604,
☎ (0 22 24) 26 26, Fax 7 54 43, ED
Hauptgericht 35; P Terrasse

Rhöndorf (1 km ↑)
** Bellevue
⦁ Karl-Broel-Str 41, ⊠ 53604, ☎ (0 22 24)
30 11, Fax 30 31, AX ED VA
85 Zi, Ez: 159-230, Dz: 190-360, 10 Suiten, ⌐
WC ☎, 8⌐; Lift P ⌐ 8⟷200 ⦁
Restaurant für Hausgäste; Auch Zimmer
der Kategorie * vorhanden

* Hoff
Löwenburgstr 35, ⊠ 53604, ☎ (0 22 24)
23 42, Fax 7 50 91, ED VA
14 Zi, Ez: 75-95, Dz: 140-160, 1 Suite, 1 App,
⌐ WC ☎; **garni** ⦁
Rezeption: 9-12, 17-20; geschl: 17.12.-10.1.

** Caesareo
Rhöndorfer Str 39, ⊠ 53604, ☎ (0 22 24)
7 56 39, Fax 7 56 39, AX DC ED VA
Hauptgericht 45; Terrasse; geschl: Mo

Hopsten 24 ←

Nordrhein-Westfalen — Kreis Steinfurt —
45 m — 7 050 Ew — Ibbenbüren 15, Rheine
16, Fürstenau 17 km
ℹ ☎ (0 54 58) 93 25-0, Fax 93 25-93 —
Gemeindeverwaltung, Bunte Str 35,
48496 Hopsten

* Kiepenkerl
Ibbenbürener Str 2, ⊠ 48496, ☎ (0 54 58)
9 31 10, Fax 93 11 11
19 Zi, Ez: 40-60, Dz: 80-100, ⌐ WC ☎ DFÜ,
2⌐; Lift P 4⟷200 Solarium ⦁
* Hauptgericht 25; Biergarten Terrasse; geschl: Di

Horb am Neckar 61 ↙

Baden-Württemberg — Kreis Freudenstadt
— 420 m — 24 000 Ew — Nagold 19, Freudenstadt 24, Tübingen 36 km
ℹ ☎ (0 74 51) 36 11, Fax 90 12 90 — Verkehrsbüro, Marktplatz 12, 72160 Horb.
Sehenswert: Kath. Kirche Heiligkreuz; kath.
Spitalkirche; Rathaus

⌐ Steiglehof
Hohenberg, ⊠ 72160, ☎ (0 74 51) 5 55 00,
Fax 55 50 15
13 Zi, Ez: 70, Dz: 110, ⌐ WC ☎; P ⟨⟩
geschl: 20.12.-8.1.
Ehemaliger Bauernhof

Isenburg (2 km ↙)
* Waldeck
⦁ Mühlsteige 33, ⊠ 72160, ☎ (0 74 51)
38 80, Fax 49 50, DC ED VA
23 Zi, Ez: 95, Dz: 145, ⌐ WC ☎; Lift P 1⟷80
Sauna Solarium ⦁
geschl: Mo, Mitte Aug, Ende Dez-Anf Jan
Auch Zimmer der Kategorie ** vorhanden

Horben 67 □

Baden-Württemberg — Kreis Breisgau-
Hochschwarzwald — 600 m — 920 Ew —
Freiburg i. Breisgau 9 km
ℹ ☎ (07 61) 2 94 11, Fax 29 06 11 — Gemeindeverwaltung, Im Dorf 1, 79289 Horben; Ort
am Schauinsland, 1284 m ⦁ (15 km ↘ oder
Seilbahn in 16 Min)

Langackern (1 km ↑)
** Luisenhöhe
einzeln ⦁ Langackern 45, ⊠ 79289,
☎ (07 61) 2 96 90, Fax 29 04 48, AX DC ED VA
41 Zi, Ez: 145-170, Dz: 190-240, 4 Suiten, ⌐
WC ☎; Lift P ⌐ 2⟷25 ⌐ Fitneßraum
Sauna Solarium 1Tennis ⦁
** ⦁ Hauptgericht 28

* Engel
⦁ Haus Nr 14, ⊠ 79289, ☎ (07 61)
29 29 90, Fax 29 06 27, AX VA
20 Zi, Ez: 85-95, Dz: 130-155, 2 Suiten, ⌐
WC ☎; P ⌐ 2⟷30 ⦁
geschl: Mo
* ⦁ Hauptgericht 30

Horbruch 53 ↘

Rheinland-Pfalz — Kreis Birkenfeld —
460 m — 360 Ew — Morbach 12, Bernkastel-Kues 18, Kirn 28 km
ℹ ☎ (0 65 43) 22 10 — Gemeindeverwaltung, Unterdorf 4 a, 55483 Horbruch; Ort im
Hunsrück

*** Scherers Hunsrücker
Wirtschaft**
Oberdorf 2, ⊠ 55483, ☎ (0 65 43) 40 60,
Fax 68 48, AX DC ED VA
Hauptgericht 18; P Terrasse; geschl: Di,
Jan-Anfang Feb
** Alter Posthof
3 Zi, Ez: 70-90, Dz: 120-140, ⌐ WC ☎; 1⟷30
geschl: Jan-Anfang Feb

Horbruch-Außerhalb (1 km ↓)
** Historische Schloßmühle ♛
**mit Dependance
European Castle**
einzeln ⦁ An der L190, ⊠ 55483,
☎ (0 65 43) 40 41, Fax 31 78
17 Zi, Ez: 120-175, Dz: 190-275, 1 Suite, ⌐
WC ☎; P 2⟷20 ⦁
** ⦁ Hauptgericht 38; Terrasse; nur
abends, so+feiertags auch mittags;
geschl: Mo

Horgau 63 ↓

Bayern — Kreis Augsburg — 465 m —
2 500 Ew
ℹ ☎ (0 82 94) 14 41, Fax 25 61 — Gemeindeverwaltung, Martinsplatz 7, 86497 Horgau
→

Horgau

* **Zum Schwarzen Reiter**
  Flair Hotel
Hauptstr 1, ✉ 86497, ☎ (0 82 94) 20 08,
Fax 27 90, AX ED VA
40 Zi, Ez: 68-140, Dz: 140-185, 1 Suite,
1 App, 🍴 WC ☎, 15🛁; Lift 🅿 🚗 9↔120 Fitneßraum Sauna 🍽
Im Gasthof Platzer einfache Zimmer vorhanden

Horn-Bad Meinberg 35 ↑

Nordrhein-Westfalen — Kreis Lippe —
210 m — 19 155 Ew — Detmold 10 km
ℹ️ ☎ (0 52 34) 20 12 62, Fax 20 12 22 — Verkehrsbüro, im Stadtteil Horn, Rathausplatz 2, 32805 Horn-Bad Meinberg; Heilbad und Luftkurort am Teutoburger Wald.
Sehenswert: Länderwaldpark; Externsteine (2 km ✓)

Billerbeck (4 km →)
* **Zur Linde**
♂ Steinheimer Str 219, ✉ 32805,
☎ (0 52 33) 94 40, Fax 64 04, ED VA
53 Zi, Ez: 84-94, Dz: 143-158, 🍴 WC ☎; Lift
🅿 🚗 5↔200 ☂ Kegeln Sauna Solarium 🍽
geschl: Di

Holzhausen-Externsteine (3 km ←)
** **Kurhotel Bärenstein**
♂ ⚔ Am Bärenstein 44, ✉ 32805,
☎ (0 52 34) 20 90, Fax 20 92 69
74 Zi, Ez: 70-101, Dz: 148-174, 2 Suiten, 🍴
WC ☎; Lift 🅿 1↔24 ☂ Fitneßraum Sauna Solarium 🍽 ⚓
geschl: Mo

Leopoldstal (5 km ↓)
** **Gut Rothensiek**
einzeln ♂ Rothensieker Weg 50, ✉ 32805,
☎ (0 52 34) 2 00 70, Fax 20 07 66, ED VA
39 Zi, Ez: 98, Dz: 168-196, 🍴 WC ☎, 10🛁; 🅿
3↔90 🍽 ⚓
Auch einfachere Zimmer vorhanden

Meinberg, Bad
*** **Kurhotel Parkblick**
♂ Parkstr 63, ✉ 32805, ☎ (0 52 34) 90 90,
Fax 90 91 50, AX DC ED VA
74 Zi, Ez: 110-135, Dz: 170-186, 4 Suiten, 🍴
WC ☎; Lift 🚗 3↔90 ☂ Fitneßraum Sauna Solarium ⚓
Auch Zimmer der Kategorie ** vorhanden
** **Parkstube**
Hauptgericht 30

** **Kurhaus Zum Stern**
♂ Brunnenstr 84, ✉ 32805, ☎ (0 52 34)
90 50, Fax 90 53 00, AX ED VA
130 Zi, Ez: 125-145, Dz: 185-195, 5 Suiten, 🍴
WC ☎, 10🛁; Lift 🅿 🚗 7↔250 ☂ Fitneßraum Kegeln Sauna Solarium ⚓
** Hauptgericht 35

* **Gästehaus Mönnich** 👑
Brunnstr 55, ✉ 32805, ☎ (0 52 34)
8 40 00, Fax 84 00 40
12 Zi, Ez: 68-80, Dz: 135-150, 3 Suiten, 🍴
WC ☎ DFÜ, 8🛁; 🅿 🚗 Fitneßraum Solarium; garni
Rezeption: 8-14; geschl: 15.11.-15.3.
Fotogalerie und ständige Kunstausstellungen

* **Teutonia**
Allee 19, ✉ 32805, ☎ (0 52 34) 9 88 66,
Fax 9 14 53, DC ED VA
11 Zi, Ez: 75-83, Dz: 140-160, 6 App, 🍴 WC
☎; Lift ☂ Sauna Solarium
geschl: Mo
** Hauptgericht 30; Biergarten 🅿;
nur abends, sa, so + feiertags auch mittags;
geschl: Mo

Hornberg 67 ↗

Baden-Württemberg — Ortenaukreis —
400 m — 4 900 Ew — Villingen 30, Offenburg 48 km
ℹ️ ☎ (0 78 33) 7 93-44, Fax 7 93 29 — Verkehrsamt, Bahnhofstr 3, 78132 Homburg a.d Schwarzwald; Erholungsort im mittleren Schwarzwald. Sehenswert: Freilichtspiele „Hornberger Schießen"; Viadukt der Schwarzwaldbahn; Burgruine auf dem Schloßberg, 456 m ⚔ (2 km ←); Althornberg, 726 m ⚔ (5km ↓); Wasserfall in Triberg (11 km ↓)

** **Adler**
Hauptstr 66, ✉ 78132, ☎ (0 78 33) 3 67,
Fax 5 48, AX DC ED VA
19 Zi, Ez: 70, Dz: 110-140, 🍴 WC ☎, 5🛁; Lift
Rezeption: 9-20; geschl: Fr, Mitte Jan-Mitte Feb
** Hauptgericht 20; geschl: Fr, Mitte Jan-Mitte Feb

Fohrenbühl (5 km ↗)
* **Café Lauble**
♂ Haus Nr 65, ✉ 78132, ☎ (0 78 33) 9 36 60,
Fax 93 66 66, ED VA
23 Zi, Ez: 45-60, Dz: 80-110, 🍴 WC ☎; 🅿 🚗 🍽 ⚓
geschl: Mo, 20.11.-24.12.

Niederwasser (9 km ✓)
* **Schöne Aussicht**
einzeln ♂ ⚔ Am Karlstein, ✉ 78132,
☎ (0 78 33) 14 90 + 2 90, Fax 16 03,
AX DC ED VA
23 Zi, Ez: 100, Dz: 160-180, 1 App, 🍴 WC ☎;
Lift 🅿 3↔80 ☂ Fitneßraum Sauna Solarium 🍽 ⚓
Gasthof und Sporthotel auf 971 m Höhe

Hoya 25 ↑

Niedersachsen — Kreis Nienburg/Weser —
20 m — 3 923 Ew — Verden 21, Nienburg 24 km
ℹ️ ☎ (0 42 51) 81 50, Fax 8 15 50 — Samtgemeinde Grafschaft Hoya, Schloßplatz 2, 27318 Hoya/Weser

** Graf von Hoya
Von-Kronenfeld-Str 13, ✉ 27318,
☎ (0 42 51) 4 05, Fax 4 07, AX ED VA
25 Zi, Ez: 100, Dz: 150, 1 App, ⊣ WC ☎, 2✉;
P 1❍25 🍴

Hoyerswerda 41 ←

Sachsen — Kreisfreie Stadt — 118 m —
56 300 Ew — Bautzen 44 km
ℹ ☎ (0 35 71) 45 69 20, Fax 45 69 25 — Tourist- und Stadtinformation, Schlossergasse 1, 02977 Hoyerswerda

** Akzent-Hotel
Congresshotel Lausitz
Dr.-Wilhelm-Külz-Str 1, ✉ 02977,
☎ (0 35 71) 46 30, Fax 46 34 44, AX DC ED VA
134 Zi, Ez: 99-130, Dz: 140-200, 4 App, ⊣
WC ☎ DFÜ, 32✉; Lift **P** 🚗 9❍820 Fitneßraum Sauna Solarium 🍴 🍺

** Zur Mühle
An der Mühle 4, ✉ 02977, ☎ (0 35 71) 47 70,
Fax 47 72 00, AX ED VA
20 Zi, Ez: 160, Dz: 140-170, ⊣ WC ☎; **P**
1❍24 Bowling 🍴 🍺

* Achat
Bautzener Allee 1a, ✉ 02977, ☎ (0 35 71)
47 00, Fax 47 09 99, AX ED VA
79 Zi, Ez: 106, Dz: 136, S; 11 App, ⊣ WC ☎,
38✉; Lift **P** 1❍25 🍴
Langzeitvermietung möglich

* Zum Gewölbe
Dresdener Str 36, ✉ 02977, ☎ (0 35 71)
4 84 00, Fax 48 40 29, AX ED
9 Zi, Ez: 90, Dz: 130, 1 Suite, ⊣ WC ☎; **P** 🍴
Auch Zimmer der Kategorie ** vorhanden

Hubertusstock siehe Finowfurt

Hude 16 ↘

Niedersachsen — Kreis Oldenburg — 10 m
— 14 400 Ew — Delmenhorst 16, Oldenburg 20, Bremen 30 km
ℹ ☎ (0 44 08) 9 21 30, Fax 92 13 99 — Bürger Service Büro, Parkstr 53, 27798 Hude; Erholungsort. Sehenswert: Klosterruine; Urwald Hasbruch; Heimatmuseum Vielstedter Bauernhaus (4 km ↓)

* Klosterschänke
Hurreler Str 3, ✉ 27798, ☎ (0 44 08) 77 77,
Fax 22 11, AX DC ED VA
Hauptgericht 23; Terrasse
* ♂ 10 Zi, Ez: 96, Dz: 119, ⊣ WC ☎; **P** 2❍12 Kegeln

Hückelhoven 32 ↓

Nordrhein-Westfalen — Kreis Heinsberg —
0 m — 38 900 Ew — Heinsberg 15, Mönchengladbach 23, Jülich 24 km
ℹ ☎ (0 24 33) 8 20, Fax 8 22 65 — Stadtverwaltung, Parkhofstr 76, 41836 Hückelhoven; Stadt an der Rur

** Europa Haus
Dr.-Ruben-Str, ✉ 41836, ☎ (0 24 33) 83 70,
Fax 83 71 01, AX DC ED VA
38 Zi, Ez: 110-150, Dz: 160-250, 1 App, ⊣
WC ☎, 3✉; Lift **P** 2❍70 Fitneßraum Sauna Solarium; garni

Ratheim (3 km ←)
* Ohof
♂ Burgstr 48, ✉ 41836, ☎ (0 24 33) 50 91,
Fax 50 91, AX DC ED VA
31 Zi, Ez: 75-90, Dz: 120-150, 1 App, ⊣ WC
☎, 2✉; **P** 1❍30 Sauna Solarium

Hückeswagen 33 ↓

Nordrhein-Westfalen — Oberbergischer Kreis — 260 m — 16 100 Ew — Remscheid 15, Lüdenscheid 23, Leverkusen 29 km
ℹ ☎ (0 21 92) 8 80, Fax 8 81 09 — Stadtverwaltung, Auf'm Schloß 1, 42499 Hückeswagen; Erholungsort. Sehenswert: Schloß; hist. Stadtkern

* Kniep
Bahnhofstr 4, ✉ 42499, ☎ (0 21 92) 91 50,
Fax 91 53 99, AX ED
30 Zi, Ez: 75-110, Dz: 115-160, ⊣ WC ☎
DFÜ; Lift **P** 🚗 2❍25 🍴
geschl: Sa, 19.12.-6.1.

➥ Strandcafé
einzeln ⊲ Wefelsen 4, ✉ 42499, ☎ (0 21 92)
66 00, Fax 57 37, ED
8 Zi, Ez: 65, Dz: 120, ⊣ WC ☎; **P** 🚗 ≈ Seezugang 🍴 🍺

Hüfingen 68 ←

Baden-Württemberg — Schwarzwald-Baar-Kreis — 684 m — 7 500 Ew — Donaueschingen 4, Blumberg 14, Schaffhausen 30 km
ℹ ☎ (07 71) 6 00 90, Fax 60 09 22 — Bürgermeisteramt, Hauptstr 18, 78183 Hüfingen. Sehenswert: Römerbad, Badruine; Altstadt; Stadtmuseum

Behla
* Kranz
mit Gästehaus
Römerstr 18, ✉ 78183, ☎ (07 71) 9 22 80,
Fax 92 28 82, ED
30 Zi, Ez: 60, Dz: 100, 1 App, ⊣ WC ☎; **P**
2❍80 Sauna Solarium 🍴

Fürstenberg
➥ Zum Rößle
Zähringerstr 12, ✉ 78183, ☎ (07 71) 6 00 10,
Fax 6 00-1 22, AX ED VA
36 Zi, Ez: 50-70, Dz: 85-110, ⊣ WC ☎; **P** 🍴
geschl: Do, 3 Wochen im Feb
Im Gästehaus Zimmer der Kategorie ** vorhanden

Hügelsheim 60 ☐

Baden-Württemberg — Kreis Rastatt — 121 m — 4 400 Ew — Iffezheim 4, Rastatt 9, Baden-Baden 11 km
ℹ️ ☎ (0 72 29) 3 04 40, Fax 30 44 10 — Bürgermeisteramt, Hauptstr 34, 76549 Hügelsheim

∗ Hirsch
Hauptstr 28, ✉ 76549, ☎ (0 72 29) 22 55, Fax 22 29, AX ED VA
25 Zi, Ez: 90-100, Dz: 130-170, 4 Suiten, ⌐ WC ☎; Lift 🅿 ≋ ⌂ Sauna
Auch Zimmer der Kategorie ∗∗ vorhanden
∗ Hauptgericht 25; Gartenlokal; geschl: Mi, 2 Wochen Ende Feb-Anf März, die ersten 2 Wochen im Aug

∗ Waldhaus
♂ Am Hecklehamm 20, ✉ 76549, ☎ (0 72 29) 3 04 30, Fax 30 43 43, ED VA
13 Zi, Ez: 99, Dz: 140, 1 Suite, ⌐ WC ☎, 8✉; 🅿 Sauna Solarium; **garni**

∗ Zum Schwan
Hauptstr 45, ✉ 76549, ☎ (0 72 29) 3 06 90, Fax 30 69 69, AX ED VA
21 Zi, Ez: 70, Dz: 110, ⌐ WC ☎; 🅿 🚗 2↔25
∗ Hauptgericht 32; geschl: Mo

Hüllhorst 25 ↗

Nordrhein-Westfalen — Kreis Minden-Lübbecke — 330 m — 13 289 Ew — Lübbecke 8, Bünde 15, Minden 20 km
ℹ️ ☎ (0 57 41) 9 31 50, Fax 93 15 70 — Verkehrsverein, Löhner Str 1, 32609 Hüllhorst

Oberbauerschaft (6 km ←)
∗ Kahle Wart
Oberbauerschafter Str 220, ✉ 32609, ☎ (0 57 41) 85 25, Fax 1 28 71
11 Zi, Ez: 85, Dz: 150, ⌐ WC ☎; 🅿 🚗 ¶☺¡
Auch Zimmer der Kategorie ∗∗ vorhanden

∗ Struckmeyer (Wiehen-Therme)
Ginsterweg 4, ✉ 32609, ☎ (0 57 41) 34 466, Fax 34 46 44, ED
16 Zi, Ez: 80-90, Dz: 120-140, 1 Suite, ⌐ WC ☎; 🅿 3↔130 ⌂ Sauna Solarium ¶☺¡

Hünfeld 46 ☐

Hessen — Kreis Fulda — 295 m — 14 700 Ew — Fulda 17, Bad Hersfeld 29 km
ℹ️ ☎ (0 66 52) 18 00, Fax 18 01 88 — Stadtverwaltung, Konrad-Adenauer-Platz 1, 36088 Hünfeld; Stadt an der Rhön

Michelsrombach (10 km ↙)
⌂ Zum Stern
Biebergasse 2, ✉ 36088, ☎ (0 66 52) 25 75, Fax 7 28 51
31 Zi, Ez: 52-56, Dz: 84-88, 5 App, ⌐ WC; 🅿 🚗 2↔40 ¶☺¡

Hürtgenwald 42 ↑

Nordrhein-Westfalen — Kreis Düren — 370 m — 8 500 Ew — Düren 8, Aachen 12 km
ℹ️ ☎ (0 24 29) 30 90, Fax 3 09 70 — Gemeindeverwaltung, im Ortsteil Kleinhau, August-Scholl-Str 5, 52393 Hürtgenwald; Ort in der Voreifel. Sehenswert: Wehebachstausee (von Kleinhau 4 km ↘); Mestringer Mühle im Kalltal; Krawutschke-Turm ⌖

Simonskall
∗∗ Silence Landhotel Kallbach
♂ Haus Nr. 24-26, ✉ 52393, ☎ (0 24 29) 9 44 40, Fax 20 69, AX ED VA
45 Zi, Ez: 100-120, Dz: 160-180, ⌐ WC ☎, 2✉; Lift 6↔150 ⌂ Sauna Solarium 18Golf
∗∗ Hauptgericht 26; Gartenlokal

∗ Talschenke
Haus Nr 1, ✉ 52393, ☎ (0 24 29) 71 53, Fax 20 63, ED
Hauptgericht 22; 🅿; geschl: Mo, 2.1.-30.1.
∗ ♂ 12 Zi, Ez: 80, Dz: 120, ⌐ WC; 1↔20
geschl: Mo, 1.1.-30.1.

Vossenack
∗∗ Zum Alten Forsthaus Landidyll Hotel
Germeter Str 49, ✉ 52393, ☎ (0 24 29) 9 21 04, DC ED VA
38 Zi, Ez: 100-135, Dz: 150-195, 2 Suiten, ⌐ WC ☎; 🅿 🚗 4↔100 ⌂ Fitneßraum Kegeln Sauna Solarium 3Tennis ⌖
Auch Zimmer der Kategorie ∗ vorhanden
∗∗ Hauptgericht 26; Terrasse

Hürth 42 ↗

Nordrhein-Westfalen — Erftkreis — 96 m — 53 000 Ew — Erftstadt 10, Köln 11 km
ℹ️ ☎ (0 22 33) 5 31 05, Fax 5 31 42 — Pressereferat, Rathaus, 50354 Hürth. Sehenswert: Wasserburgen Kendenich und Gleuel (mit Oldtimer-Museum); Burg Efferen; Burgruine Fischenich; Römerkanal - Wanderweg und Reste der 100 km langen Eifelwasserleitung nach Köln

∗∗ Hansa-Hotel Treff Hotel
Theresienhöhe/Ecke Friedrich-Ebert-Str, ✉ 50354, ☎ (0 22 33) 9 44 00, Fax 9 44 01 50 AX DC ED VA
155 Zi, Ez: 145-379, Dz: 205-439, S; 9 Suiten 12 App, ⌐ WC ☎ DFÜ, 50✉; Lift 🅿 🚗 8↔250 Fitneßraum Sauna Solarium 18Golf ¶☺¡

Fischenich (2 km ↘)
∗∗ Breitenbacher Hof
Raiffeisenstr 64, ✉ 50354, ☎ (0 22 33) 4 70 10, Fax 47 01 11, AX DC ED VA
36 Zi, Ez: 110-160, Dz: 145-260, ⌐ WC ☎; 🅿 2↔60
∗∗ Hauptgericht 40; Biergarten

Iburg, Bad

Kalscheuren (2 km →)
** Euro Media
♂ Ursulastr 29, ✉ 50354, ☎ (0 22 33) 97 40 20, Fax 9 74 02 99, AX DC ED VA
50 Zi, Ez: 99-269, Dz: 149-319, 7 Suiten, ⇨ WC ☎ DFÜ, 16⊟; Lift 🅿 4⇨110 ⛶

Hüttgeswasen siehe Allenbach

Husum 9↘

Schleswig-Holstein — Kreis Nordfriesland — 5 m — 21 000 Ew — Schleswig 35, Flensburg 42 km
ℹ ☎ (0 48 41) 89 87 30, Fax 47 28 — Tourist-Information, Geschäftsst. Husumer Buchte e.V., Großstr 27, 25813 Husum/Nordsee; Hafenstadt an der Westküste. Erholungsort. Sehenswert: Marienkirche; Nissenhaus: Nordfriesisches Museum; Ostenfelder Bauernhaus: Freilichtmuseum; Storm-Museum; Schloßgarten; Schiffahrtsmuseum; Roter Haubarg (10 km ↙); Altstadt

**** Romantik Hotel ♛
Altes Gymnasium
Süderstr 6, ✉ 25813, ☎ (0 48 41) 83 30, Fax 8 33 12, AX DC ED VA
72 Zi, Ez: 215-235, Dz: 245-300, ⇨ WC ☎ DFÜ, 20⊟; Lift 🅿 5⇨160 ≋ Fitneßraum Sauna Solarium 9Golf ⬤
Bade und Fitnessbereich „Club Balnea"
Unter Denkmalschutz stehendes Gebäude von 1867 in neugotischem Stil
*** Eucken ♟
Hauptgericht 36; geschl: Mo, Di
** Wintergarten ✣
Hauptgericht 24; Terrasse
** Theodor Storm
Neustadt 66-68, ✉ 25813, ☎ (0 48 41) 8 96 60, Fax 8 19 33, DC ED VA
56 Zi, Ez: 105-155, Dz: 160-200, ⇨ WC ☎, 8⊟; Lift 🅿 🍴 2⇨100
Restaurant für Hausgäste

* Am Schloßpark
Hinter der Neustadt 76, ✉ 25813, ☎ (0 48 41) 20 22-24, Fax 6 20 62, AX ED VA
36 Zi, Ez: 85-115, Dz: 139-185, ⇨ WC ☎; 🅿 🍴 Solarium 18Golf; garni

* Osterkrug
Osterende 56, ✉ 25813, ☎ (0 48 41) 28 85, Fax 28 81, ED
31 Zi, Ez: 90-110, Dz: 140, ⇨ WC ☎, 10⊟; 🅿 2⇨100 ⛶

* Hinrichsen
mit mehreren Gästehäusern
Süderstr 35, ✉ 25813, ☎ (0 48 41) 20 51, Fax 28 01
43 Zi, Ez: 69-110, Dz: 110-140, 3 App, ⇨ WC ☎; 🅿 🍴 Sauna; garni

* Rosenburg
Schlesiger Chaussee 65, ✉ 25813, ☎ (0 48 41) 96 05-0, Fax 7 38 93, AX DC ED VA
24 Zi, Ez: 80-115, Dz: 125-150, ⇨ WC ☎ DFÜ; 🅿 9Golf
** Hauptgericht 27; Terrasse

Ibach 67↘

Baden-Württemberg — Kreis Waldshut — 900 m — 390 Ew — St. Blasien 6, Bad Säckingen 34 km
ℹ ☎ (0 76 72) 8 42, Fax 24 97 — Bürgermeisteramt, Ober-Ibach 6, 79837 Ibach; Erholungsort im südlichen Schwarzwald. Sehenswert: Kath. Kirche; Gletschermühle

Mutterslehen (6 km ↑)
* Schwarzwaldgasthof
Hirschen
♂ ⛷ ✉ 79837, ☎ (0 76 72) 8 66, Fax 94 12, AX ED VA
15 Zi, Ez: 74-83, Dz: 128-146, ⇨ WC ☎; 🅿 Sauna Solarium ⛶
* Hauptgericht 30; Gartenlokal; geschl: Nov-Apr Di

Ibbenbüren 24↙

Nordrhein-Westfalen — Kreis Steinfurt — 70 m — 49 312 Ew — Tecklenburg 8, Greven 22, Rheine 24 km
ℹ ☎ (0 54 51) 93 17 77, Fax 93 12 44 — Tourist-Information, Alte Münster Str 16, 49477 Ibbenbüren; Stadt am Teutoburger Wald. Sehenswert: Christuskirche; Ludwig-Kirche; Botanischer Garten; Auto-Museum ☎ (0 54 51) 68 06; Motorrad-Museum ☎ (054 51) 64 54; Dörenther Klippen ⛷ (6 km ↓)

* Brügge
Münsterstr 201, ✉ 49479, ☎ (0 54 51) 9 40 50, Fax 94 05 32, ED VA
16 Zi, Ez: 96, Dz: 140, ⇨ WC ☎; 🅿 🍴 1⇨25 Kegeln ⛶ ⛶

Lehen (3 km ↓)
** Residence Hubertushof
Münsterstr 222, ✉ 49479, ☎ (0 54 51) 9 41 00, Fax 94 10 90, AX DC ED VA
21 Zi, Ez: 90-135, Dz: 140-180, 2 Suiten, 2 App, ⇨ WC ☎ DFÜ; 🅿 🍴 2⇨40 ⛶
Auch Zimmer der Kategorie ******* vorhanden
* Hauptgericht 26; Terrasse; geschl: Di, 27.12.-31.1.

Iburg, Bad 24↓

Niedersachsen — Kreis Osnabrück — 125 m — 11 300 Ew — Osnabrück 16, Warendorf 26, Münster 42 km
ℹ ☎ (0 54 03) 40 16 12, Fax 60 25 — Amt für Stadtmarketing, Kultur u. Tourismus, Schloßstr. 20, 49186 Bad Iburg; Kneippheilbad im Osnabrücker Land. Sehenswert: Schloß: ehem. Benediktinerabtei (Rittersaal, Bennoturm, Klosterkirche, Schloßkirche);Fleckenskirche St. Nikolaus; Altes Forsthaus Freudenthal; Märchenwald; Uhrenmuseum; Töpferei- und Münz-Museum; Roller- und Kleinwagenmuseum ➞

Iburg, Bad

** Gasthof zum Freden
Zum Freden 41, ✉ 49186, ☎ (0 54 03) 40 50,
Fax 17 06, AX ED VA
39 Zi, Ez: 65-80, Dz: 110-120, ⌐ WC ☎; Lift
🅿 🚗 3✪25 Fitneßraum Sauna Solarium ☛
** Hauptgericht 30; Biergarten;
geschl: Do

Bad Iburg-Außerhalb (2 km ↑)
* Zum Dörenberg
◀ Osnabrücker Str 145, ✉ 49186,
☎ (0 54 03) 7 32 40, Fax 73 24-66, ED VA
21 Zi, Ez: 62-66, Dz: 124-132, ⌐ WC ☎; 🅿 🚗
2✪20 Sauna ¶◉¶ ☛
geschl: 1.-31.1., 26.7.-12.8.

Ichenhausen 63 ↙

Bayern — Kreis Günzburg — 470 m —
8 600 Ew — Günzburg 10, Krumbach 15 km
ℹ ☎ (0 82 23) 4 00 50, Fax 40 05-43 — Stadt,
Heinrich-Sinz-Str 14, 89335 Ichenhausen

* Zum Hirsch
Heinrich-Sinz-Str 1, ✉ 89335, ☎ (0 82 23)
20 33 + 9 68 70, Fax 9 68 72 35, ED VA
25 Zi, Ez: 55-60, Dz: 99-106, 1 Suite, ⌐ WC
☎; 🅿 🚗 3✪60 ¶◉¶

Ichtershausen 47 ↗

Thüringen — Kreis Arnstadt — 200 m —
4 000 Ew — Arnstadt 5, Erfurt 16 km
ℹ ☎ (0 36 28) — Gemeindeverwaltung,
99334 Ichtershausen

Eischleben (1,5 km ↗)
* Krone
Erfurter Str 22, ✉ 99334, ☎ (0 36 28)
7 55 79 + 7 58 77, Fax 64 03 75, AX DC ED VA
10 Zi, Ez: 98, Dz: 130, ⌐ WC ☎; 🅿 ¶◉¶

Idar-Oberstein 53 ↖

Rheinland-Pfalz — Kreis Birkenfeld —
350 m — 36 000 Ew — Kirn 17, Birkenfeld
20 km
ℹ ☎ (0 67 81) 6 44 21, Fax 6 44 25 — Städtisches Fremdenverkehrsamt, Georg-Maus-Str 2, 55743 Idar-Oberstein; Stadt an der Nahe; Edelstein- und Schmuckindustrie.
Sehenswert: Deutsches Edelsteinmuseum in der Hauptstr. 118 (denkmalgeschützte Gründerzeitvilla); Edelsteinmine und -schleifereien, hist. Weiherschleife, Felsenkirche, Burg Bosselstein, Schloß Oberstein Stadtmuseum

Messen:
INTERGEM 24.-27.9.99

Idar
* Zum Schwan
Hauptstr 25, ✉ 55743, ☎ (0 67 81) 9 44 30,
Fax 4 14 40, AX DC ED VA
15 Zi, Ez: 95-110, Dz: 140-160, ⌐ WC ☎
DFÜ; 3✪150 9Golf
geschl: so + feiertags
* Hauptgericht 35; geschl: so + feiertags

Oberstein
* City-Hotel
Otto-Decker-Str 15, ✉ 55743, ☎ (0 67 81)
50 55-0, Fax 50 55-50, AX ED VA
15 Zi, Ez: 90, Dz: 130, ⌐ WC ☎; 🚗; garni

* Edelstein Hotel
Hauptstr 302, ✉ 55743, ☎ (0 67 81) 2 30 58,
Fax 2 64 41, AX DC ED VA
17 Zi, Ez: 90, Dz: 135, ⌐ WC ☎; 🅿 1✪30 ≘
Sauna
Restaurant für Hausgäste

Idstein 44 ↓

Hessen — Rheingau-Taunus-Kreis — 400 m
— 22 500 Ew — Wiesbaden 18, Frankfurt/
Main 30 km
ℹ ☎ (0 61 26) 7 82 15, Fax 7 82 80 — Fremdenverkehrsamt, König-Adolf-Platz 2,
65510 Idstein; Städtchen im Taunus.
Sehenswert: Ev. Unionskirche: Grabmale; Schloß; Bergfried (Hexenturm); Rathaus; Killingerhaus

** Höerhof ♛
♪ ☒ Obergasse 26, ✉ 65510, ☎ (0 61 26)
5 00 26, Fax 50 02 26, AX DC ED VA
10 Zi, Ez: 240, Dz: 240-340, 4 Suiten, ⌐ WC
☎, 6🚿; 🅿 2✪20 18Golf ☛
Hist. Fachwerkhaus - Inneneinrichtung in modernem Design
** ☒ Hauptgericht 45

* Goldenes Lamm
Himmelgasse 7, ✉ 65510, ☎ (0 61 26)
93 12-0, Fax 13 66, AX DC ED VA
31 Zi, Ez: 80-100, Dz: 130, ⌐ WC ☎ DFÜ; ☛

* Gasthof Zur Peif
Himmelgasse 2, ✉ 65510, ☎ (0 61 26)
5 73 57, ED VA
Hauptgericht 35; Terrasse; geschl: Mi

Iffeldorf 71 □

Bayern — Kreis Weilheim-Schongau —
605 m — 2 401 Ew — Penzberg 4, Weilheim 21 km
ℹ ☎ (0 88 56) 28 00, Fax 8 22 22 — Verkehrsamt, Hofmark 9, 82393 Iffeldorf

** Landgasthof Osterseen
♪ ◀ Hofmark 9, ✉ 82393, ☎ (0 88 56) 10 11,
Fax 96 06, AX DC ED VA
24 Zi, Ez: 109-140, Dz: 182-212, ⌐ WC ☎;
1✪20 Kegeln Sauna
** Hauptgericht 30; Terrasse;
geschl: Di, Jan

Igel 52 ⊏

Rheinland-Pfalz — Kreis Trier-Saarburg —
133 m — 2 050 Ew — Trier 8 km
ℹ ☎ (0 65 01) 1 24 47, Fax 1 24 47 —
Gemeindeverwaltung, Trierer Str. 39,
54298 Igel; Erholungsort an der Mosel.
Sehenswert: Igeler Säule (römisches Grabmal)

Ilmenau

* Igeler Säule
Trierer Str 41, ✉ 54298, ☎ (0 65 01) 92 61-0, Fax 92 61-40, ED VA
47 Zi, Ez: 75-90, Dz: 120-160, 1 Suite, ⊣ WC ☎, 10🛏; 🅿 🚗 3↔120 ≋ Kegeln Sauna 🍴
geschl: Mo bis 17

Igelsberg siehe Freudenstadt

Ihringen 67 ←

Baden-Württemberg — Kreis Breisgau-Hochschwarzwald — 204 m — 4 900 Ew — Breisach 6, Freiburg 28 km
🅸 ☎ (0 76 68) 93 43, Fax 99 90 20 — Fremdenverkehrsbüro, Bachenstr 38, 79241 Ihringen; Größte Weinbaugemeinde Badens, am Südhang des Kaiserstuhls, mit dem wärmsten Klima Deutschlands

** Bräutigam
Bahnhofstr 1, ✉ 79241, ☎ (0 76 68) 9 03 50, Fax 90 35 69, AX ED VA
41 Zi, Ez: 50-100, Dz: 140-180, 1 Suite, WC ☎, 5🛏; 🅿 Solarium
mit Gästehaus Hotel Luise
** Bräutigam's Weinstuben
Hauptgericht 30

** Winzerstube
Wasenweiler Str 36, ✉ 79241, ☎ (0 76 68) 50 51, Fax 93 79, AX ED VA
Hauptgericht 30; geschl: Mo mittags, Di, Ende Jan; 🛏

Illertissen 70 ↘

Bayern — Kreis Neu-Ulm — 513 m — 14 500 Ew — Ulm 22, Memmingen 30 km
🅸 ☎ (0 73 03) 1 72 11, Fax 1 72 28 — Stadtverwaltung, Hauptstr 4, 89257 Illertissen. Sehenswert: St.-Martin-Kirche; Vöhlinschloß; Bienenmuseum; Heimatmuseum; hist. Zehentstadel

* Illertisser Hof
Carnac Platz 9, ✉ 89257, ☎ (0 73 03) 95 00, Fax 95 05 00, VA
26 Zi, Ez: 99-111, Dz: 142-182, ⊣ WC ☎; 🅿 🚗 🍴
geschl: 24.12.-6.1.

** Gasthof Krone
Auf der Spöck 2, ✉ 89257, ☎ (0 73 03) 34 01, Fax 4 25 94, ED
Hauptgericht 35; Biergarten; geschl: Mi

Rau
Hauptstr 17, ✉ 89257, ☎ (0 73 03) 34 94, Fax 29 79
Terrasse; geschl: Mo

** Hotel oder Gasthaus mit sehr guter Ausstattung

Dornweiler
** Dornweiler Hof
Dietenheimer Str 91, ✉ 89257, ☎ (0 73 03) 27 81, Fax 78 11, AX ED VA
Hauptgericht 28; Gartenlokal 🅿; geschl: Di

Illschwang 58 ↓

Bayern — Kreis Amberg Sulzbach — 540 m — 1 530 Ew — Sulzbach-Rosenberg 9 km
🅸 ☎ (0 96 66) 2 35 — Gemeindeverwaltung, 92278 Illschwang

* Weißes Roß
Am Kirchberg 1, ✉ 92278, ☎ (0 96 66) 2 23 + 13 34, Fax 2 84, AX DC ED VA
32 Zi, Ez: 65-75, Dz: 100-130, 1 Suite, ⊣ WC ☎; Lift 🅿 🚗 3↔80 🛏
Auch Zimmer der Kategorie ** vorhanden
* Hauptgericht 22

Ilmenau 47 □

Thüringen — Ilmkreis — 500 m — 27 000 Ew — Erfurt 40, Coburg 71 km
🅸 ☎ (0 36 77) 6 21 32, Fax 20 25 02 — Ilmenau-Information, Lindenstr 12, 98693 Ilmenau; Stadt an der Klassikerstraße Thüringen. Sehenswert: Goethestadt mit Goethe-Gedenkstätten; Rathaus; Stadtkirche; Jagdhaus auf dem Kickelhahn; Goethe-Wanderweg

** Lindenhof
Lindenstr 5-11, ✉ 98693, ☎ (0 36 77) 6 80 00, Fax 68 00 88, AX DC ED VA
45 Zi, Ez: 130, Dz: 140-160, ⊣ WC ☎; Lift 🅿 🚗 2↔80 Fitneßraum Sauna Solarium 🍴 🛏

* Pension Melanie
Heinrich-Heine-Str 3, ✉ 98693, ☎ (0 36 77) 67 01 45, Fax 89 42 46
6 Zi, Ez: 55-65, Dz: 80-85, 1 Suite, ⊣ WC ☎; 🅿; garni

Ilmenau-Außerhalb (4,5 km ↓, Richtung Neuhaus am Rennsteig)
*** Berg- und Jagdhotel Gabelbach
City Line & Country Line Hotels
einzeln ☉ ≼ Waldstr 23 a, ✉ 98693, ☎ (0 36 77) 20 25 55, Fax 89 31 06, AX ED VA
70 Zi, Ez: 120-165, Dz: 160-180, 17 Suiten, 4 App, ⊣ WC ☎, 12🛏; Lift 🅿 🚗 5↔120 ≋ Bowling Fitneßraum Sauna Solarium 🛏
** Hauptgericht 25; Terrasse

Manebach (6 km ↙)
** Moosbach
☉ Schmücker-Str 112, ✉ 98693, ☎ (0 36 77) 6 19 79, Fax 89 42 72, AX ED VA
27 Zi, Ez: 109, Dz: 128-158, ⊣ WC ☎; Lift 🅿 🚗 3↔60 Fitneßraum Sauna Solarium 🍴 🛏 →

Ilmenau

Unterpörlitz (3 km ↗)
* **Pörlitz**
Hohe Str 2, ⊠ 98693, ☎ (0 36 77) 6 32 25,
Fax 6 32 25, AX DC ED VA
18 Zi, Ez: 80-100, Dz: 100-120, ⊿ WC ☎; ⊤○⊢

Ilsenburg 37 ↘

Sachsen-Anhalt — Kreis Wernigerode —
240 m — 7 200 Ew — Wernigerode 10, Bad
Harzburg 14 km
i ☎ (03 94 52) 8 41 52, Fax 8 41 54 — Tourismus GmbH, Marktplatz 1, 38871 Ilsenburg.
Sehenswert: Klosterkirche; Marienkirche;
Hüttenmuseum; Fürst-Stolberg-Hütte;
Ilsestein-Ilsefälle; Wanderweg zum Brokken

*** **Zu den Rothen Forellen** ♛
Marktplatz 2, ⊠ 38871, ☎ (03 94 52) 93 93,
Fax 93 99, AX DC ED VA
49 Zi, Ez: 180-260, Dz: 250-310, 3 Suiten, ⊿
WC ☎, 4⊠; Lift ℗ 6↻100 ⊆ Bowling Sauna ⛱
*** Hauptgericht 38; Biergarten ⊕
Terrasse

* **Stadt Stolberg**
Faktoreistr 5, ⊠ 38871, ☎ (03 94 52) 95 10,
Fax 9 51 55
28 Zi, Ez: 80-90, Dz: 130-145, ⊿ WC ☎; ℗ 🖃
4↻70 ⊤○⊢
Auch Zimmer der Kategorie ** vorhanden

* **Kurpark-Hotel Im Ilsetal**
Flair Hotel
Ilsetal 16, ⊠ 38871, ☎ (03 94 52) 95 60,
Fax 9 56 66, AX ED VA
25 Zi, Ez: 80-95, Dz: 140-150, 7 Suiten, ⊿
WC ☎, 3⊠; ℗ 🖃 2↻40 Fitneßraum Sauna
Solarium 1 Tennis ⊤○⊢

Ilsfeld 61 ↗

Baden-Württemberg — Kreis Heilbronn —
249 m — 7 900 Ew — Heilbronn 13, Ludwigsburg 25 km
i ☎ (0 70 62) 9 04 20, Fax 90 42 19 —
Gemeindeverwaltung, Rathausstr 8,
74360 Ilsfeld

* **Ochsen**
König-Wilhelm-Str 31, ⊠ 74360, ☎ (0 70 62)
68 01, Fax 6 49 96, ED
30 Zi, Ez: 86, Dz: 106-110, ⊿ WC ☎; Lift ℗ 🖃
2↻30 Kegeln ⊤○⊢
geschl: Anfang Jan

* **Zum Lamm**
Auensteiner Str 8, ⊠ 74360, ☎ (0 70 62)
6 15 27, Fax 6 38 02, AX DC
27 Zi, Ez: 55-95, Dz: 80-140, ⊿ WC ☎, 3⊠;
🖃 1↻20 Kegeln

Auenstein (3,5 km ↘)
* **Akzent-Hotel Skala**
Im Mühlhof 5, ⊠ 74360, ☎ (0 70 62) 9 06 00,
Fax 90 60 50, ED VA
14 Zi, Ez: 100, Dz: 125, ⊿ WC ☎; 1↻18 ⊤○⊢

Ilshofen 62 ↗

Baden-Württemberg — Kreis Schwäbisch
Hall — 435 m — 5 720 Ew — Crailsheim 14,
Schwäbisch Hall 18 km
i ☎ (0 79 04) 70 20, Fax 7 02 12 — Stadtverwaltung, Am Markt 6, 74532 Ilshofen.
Sehenswert: Haller Torturm; Burgruine
Leofels (6 km ↑)

** **Parkhotel**
⊰ Parkstr 2, ⊠ 74532, ☎ (0 79 04) 70 30,
Fax 70 32 22, AX DC ED VA
64 Zi, Ez: 139-175, Dz: 185-225, 6 Suiten, ⊿
WC ☎, 6⊠; Lift ℗ 🖃 8↻250 ⊆ Kegeln
Sauna Solarium ⛱
** **Panorama-Restaurant**
Hauptgericht 30

Immenstaad 69 ↙

Baden-Württemberg — Bodenseekreis —
400 m — 5 700 Ew — Friedrichshafen 9,
Meersburg 9 km
i ☎ (0 75 45) 20 11 10, Fax 20 12 08 — Verkehrsamt, Dr.-Zimmermann-Str 1,
88090 Immenstaad; Erholungsort am
Bodensee. Sehenswert: „Schwörerhaus",
Schloß Kirchberg (18. Jh.), Schloß Hersberg
(16. Jh.), Museum „Zum Puppenhaus" in
Kippenhausen; Schiffsfahrt nach Meersburg und zur Insel Mainau

** **Heinzler**
♂ ⊰ Am Strandbad 3, ⊠ 88090, ☎ (0 75 45)
93 19-0, Fax 32 61, AX ED VA
28 Zi, Ez: 100-130, Dz: 185-195, 7 Suiten, ⊿
WC ☎; Lift ℗ 🖃 1↻20 ≋ Strandbad Seezugang Fitneßraum Sauna Solarium ⛱
geschl: Anfang Jan-Anfang Feb
** ⊰ Hauptgericht 36; ✿
Gartenlokal Terrasse; geschl: Anfang Jan-
Anfang Feb

* **Seehof**
♂ ⊰ Am Yachthafen, ⊠ 88090, ☎ (0 75 45)
93 60, Fax 93 61 33, AX ED VA
36 Zi, Ez: 99-145, Dz: 155-215, ⊿ WC ☎; ℗
🖃 Strandbad Seezugang ⛱
** Hauptgericht 33; Gartenlokal ✿
Terrasse; geschl: Nov-Mai Mo, Fasching

* **Adler**
Dr.-Zimmermann-Str 2, ⊠ 88090,
☎ (0 75 45) 14 79, Fax 13 11, ED VA
33 Zi, Ez: 80-90, Dz: 100-130, ⊿ WC; ℗
Sauna Solarium
⊤○⊢ Hauptgericht 25

Immenstadt i. Allgäu 70

Bayern — Kreis Oberallgäu — 732 m —
14 000 Ew — Sonthofen 7, Oberstaufen 16,
Kempten 21 km
🛈 ☎ (0 83 23) 91 41 76, Fax 91 41 95 —
Gästeamt, Marienplatz 3, 87509 Immenstadt; Luftkurort und Wintersportplatz.
Sehenswert: Kirche St. Nikolaus, Großer
Alpsee (3 km ↘), Stadtschloß am Marienplatz, Burgruine Laubenbergerstein

* Lamm
Kirchplatz 2, ✉ 87509, ☎ (0 83 23) 61 92,
Fax 5 12 17
28 Zi, Ez: 50-75, Dz: 100-140, ⌐ WC ☎;
Restaurant für Hausgäste; Auch Zimmer
der Kategorie ** vorhanden

* Steineberg
Edmund-Probst-Str 1, ✉ 87509, ☎ (0 83 23)
96 46-0, Fax 96 46-99
16 Zi, Ez: 68, Dz: 116, 15 App, ⌐ WC ☎; Lift
🍽

* Deutsches Haus
Färberstr 10, ✉ 87509, ☎ (0 83 23) 89 94, ED
Hauptgericht 20; P Terrasse; geschl: Mi

● Park-Café
Hofgartenstr 12, ✉ 87509, ☎ (0 83 23) 63 15,
Fax 63 18
Hauptgericht 15; Terrasse; geschl: Sa

Bühl (3 km ↘)
* Rothenfels
◂ Missener Str 60, ✉ 87509, ☎ (0 83 23)
9 19-0, Fax 91 91 91, AX DC ED VA
33 Zi, Ez: 130, Dz: 120-218, ⌐ WC ☎; Lift P
🖨 1↻20 ≋ Sauna Solarium 🍽
geschl: in der Nebensaison Fr, Nov
Zimmer der Kategorie ** vorhanden

Knottenried (7 km ↘)
** Bergstätter Hof
♂ ◂ Haus Nr 17, ✉ 87509, ☎ (0 83 20) 92 30,
Fax 9 23 46
21 Zi, Ez: 70-90, Dz: 110-150, ⌐ WC ☎; P 🖨
≋ Sauna Solarium
geschl: Mo, Di bis 15, Anfang Nov-Mitte
Dez
** ◂ Hauptgericht 25; geschl: Mo,
Di mittags

Stein (2,5 km ↗)
* Krone
✉ 87509, ☎ (0 83 23) 88 54, Fax 5 11 37,
AX ED VA
33 Zi, Ez: 70-110, Dz: 110-160, 1 Suite,
1 App, ⌐ WC ☎, 5🛏; Lift P 🖨 2↻55 Fitneßraum Sauna Solarium 🍽
Auch Zimmer der Kategorie ** vorhanden

* Eß
♂ Daumenweg 9, ✉ 87509, ☎ (0 83 23)
81 04, Fax 96 21 20
16 Zi, Ez: 53-80, Dz: 120-132, ⌐ WC ☎; P
Sauna Solarium; **garni**

Ingelfingen 55 ↘

Baden-Württemberg — Hohenlohekreis —
220 m — 5 700 Ew — Künzelsau 4, Bad Mergentheim 32 km
🛈 ☎ (0 79 40) 1 30 90, Fax 67 16 — Stadtverwaltung, Schloßstr. 12, 74653 Ingelfingen;
Ort im Kochertal. Sehenswert: Ev. Kirche;
Burgruine Lichteneck; hist. Altstadt

** Schloß-Hotel
Schloßstr 14, ✉ 74653, ☎ (0 79 40) 60 77,
Fax 5 75 78, AX DC ED VA
23 Zi, Ez: 110, Dz: 150, ⌐ WC ☎; 1↻20 🍽

* Haus Nicklass
Mariannenstr 47, ✉ 74653, ☎ (0 79 40)
9 10 10, Fax 91 01 99, AX DC ED VA
33 Zi, Ez: 70-90, Dz: 120-150, 2 App, ⌐ WC
☎ DFÜ; P 🖨 1↻40 Fitneßraum Sauna
Solarium ●
Im 100 m entfernten Gästehaus auch Zimmer der Kategorie ** vorhanden
* Hauptgericht 21; Gartenlokal;
geschl: Fr, 27.12.- 23.1.

Ingelheim am Rhein 54 ↘

Rheinland-Pfalz — Kreis Mainz-Bingen —
130 m — 23 000 Ew — Bingen 14, Mainz 17 km
🛈 ☎ (0 61 32) 78 20, Fax 78 21 34 — Stadtverwaltung, Neuer Markt 1, 55218 Ingelheim am Rhein

** Rheinkrone
Dammstr 14, ✉ 55218, ☎ (0 61 32) 98 21 10,
Fax 9 82 11 33, AX DC ED VA
19 Zi, Ez: 140, Dz: 160-198, 2 Suiten, 1 App,
⌐ WC ☎; Lift 1↻20 🍽

* Erholung
Binger Str 92, ✉ 55218, ☎ (0 61 32) 7 30 63,
Fax 7 31 59, AX DC ED VA
13 Zi, Ez: 98, Dz: 125-145, ⌐ WC ☎; P;
garni
Rezeption: 7-21; geschl: 18.12.-10.1.

** Arabesque
Dammstr 14 (im Hotel Rheinkrone),
✉ 55218, ☎ (0 61 32) 8 89 00, AX ED VA
Hauptgericht 28; Gartenlokal P

Ingolstadt 64 □

Bayern — Stadtkreis — 374 m —
113 597 Ew — Donauwörth 57, Regensburg
73, München 80 km
🛈 ☎ (08 41) 3 05 10 98, Fax 3 05 10 99 —
Städtisches Fremdenverkehrsamt, Tourist-Informat., Rathausplatz 2 (B 2), 85049 Ingolstadt; Stadt an der Donau; Stadttheater.
Sehenswert: Asamkirche Maria de Victoria;
Liebfrauenmünster; Moritzkirche; Franziskanerkirche; turmreiche Stadtmauer:
Kreuztor; Neues Schloß : Bayerisches
Armeemuseum; Medizinhist. Museum;
Spielzeugmuseum; Museum für Konkrete
Kunst

Cityplan siehe Seite 522 →

Ingolstadt

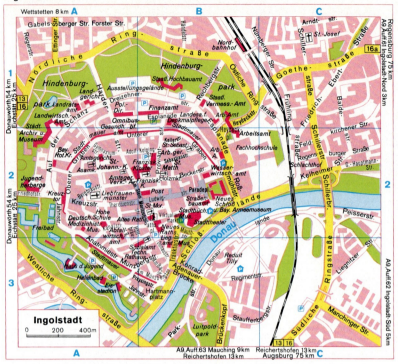

✱✱✱ Ambassador Ingolstadt
Goethestr 153 (außerhalb C 1), ✉ 85055,
☎ (08 41) 50 30, Fax 50 37, AX DC ED VA
119 Zi, Ez: 140-228, Dz: 170-296, S; ⇨ WC
☎, 12✉; Lift P 9✪160 Sauna Solarium
✱✱ Maximilian
Hauptgericht 30

✱✱ Mercure
Hans-Denck-Str 21, ✉ 85051, ☎ (0 84 50)
92 20, Fax 92 21 00, AX DC ED VA
71 Zi, Ez: 110-162, Dz: 132-182, S; 3 Suiten,
⇨ WC ☎, 10✉; Lift P 2✪60 Fitneßraum
Sauna Solarium ⌇
✱✱ Gasthof Widmann
Hauptgericht 30; P Terrasse

✱✱ Domizil Hummel
♂ Feldkirchener Str 69 (außerhalb C 1),
✉ 85055, ☎ (08 41) 5 60 03, Fax 5 92 11,
AX DC ED VA
39 Zi, Ez: 98-110, Dz: 130-145, 3 Suiten,
2 App, ⇨ WC ☎ DFÜ, 6✉; P 4✪150 Fitneßraum Sauna Solarium ¡◎¡ ⌇

Teilen Sie bitte der Redaktion des Varta
mit, wenn Sie sich in einem Haus besonders wohlgefühlt haben oder wenn Sie
unzufrieden waren.

✱ Pius Hof Minotel
Gundekarstr 4 (außerhalb A 1), ✉ 85057,
☎ (08 41) 4 30 11, Fax 4 45 33, AX ED VA
50 Zi, Ez: 99-147, Dz: 135-187, ⇨ WC ☎; Lift
P 2✪200 Fitneßraum Kegeln Sauna
Solarium ⌇
geschl: 20.12.-6.1.
✱✱ Thomas Stub'n
Hauptgericht 30; Terrasse; geschl: So

✱ Bavaria
♂ Feldkirchener Str 67 (außerhalb C 1),
✉ 85055, ☎ (08 41) 9 53 40, Fax 5 88 02,
AX DC ED VA
40 Zi, Ez: 75-120, Dz: 135-145, ⇨ WC ☎
DFÜ, 10✉; Lift P 🚗 ≙ Fitneßraum Sauna
Solarium; garni

✱ Pfeffermühle
Manchinger Str 68, ✉ 85053, ☎ (08 41)
96 50 20, Fax 6 61 42, AX DC ED VA
28 Zi, Ez: 120, Dz: 130, 1 Suite, 1 App, ⇨ WC
☎; P 3✪90 Sauna Solarium ¡◎¡ ⌇

✱ Ammerland
Ziegeleistr 64 (außerhalb C 1), ✉ 85055,
☎ (08 41) 95 34 50, Fax 9 53 45 45, AX ED VA
28 Zi, Ez: 88-98, Dz: 140, ⇨ WC ☎ DFÜ, 2✉;
P 🚗
Restaurant für Hausgäste

* **Bayerischer Hof**
Münzbergstr 12 (B 3), ✉ 85049, ☎ (08 41)
14 03, Fax 1 77 02, ⌐ WC ☎ DFÜ; Lift 🅿
34 Zi, Ez: 95, Dz: 150, ⌐ WC ☎ DFÜ; Lift 🅿
Sauna Solarium 🍽
geschl: 1.-10.1.

* **Donau-Hotel**
Münchener Str 10 (außerhalb B 3),
✉ 85051, ☎ (08 41) 6 20 55, Fax 6 87 44,
AX DC ED VA
52 Zi, Ez: 100, Dz: 140-160, 2 Suiten, ⌐ WC
☎ DFÜ; Lift 🅿 🚗 2↔110 Sauna
** **Wilder Wein** ✿
Hauptgericht 28

** **Restaurant im Stadttheater**
⊰ Schloßlände 1 (B 2), ✉ 85049, ☎ (08 41)
93 51 50, Fax 9 35 15 20, DC ED VA
Hauptgericht 30; Terrasse; geschl: So
abends, Mo, 9.8.-8.9.

Unsernherrn (2 km ↓)
* **Pension Eisinger**
♂ Dorfstr 17 a, ✉ 85051, ☎ (08 41) 97 36 60,
Fax 9 73 66 24
19 Zi, Ez: 60, Dz: 98, ⌐ WC ☎; 🚗 Sauna
Solarium; garni
geschl: 23.12.-10.1.

Inning a. Ammersee 71 ↘

Bayern — Kreis Starnberg — 550 m —
4 110 Ew — Fürstenfeldbruck 15, Starnberg
20, Landsberg am Lech 23 km
🅸 ☎ (0 81 43) 70 22, Fax 84 82 — Verkehrsverein, Marktplatz 1, 82266 Inning; Erholungsort. Sehenswert: Kath. Kirche;
Ammersee; Wörthsee (3 km ↘)

* **Pension Broslhof**
Bruckerstr 3, ✉ 82266, ☎ (0 81 43) 70 41,
Fax 9 54 82
18 Zi, Ez: 60-75, Dz: 90-110, 2 Suiten, 5 App,
⌐ WC ☎; 🚗 ≋ Fitneßraum Solarium; garni

Stegen (2 km ←)
* **Gasthof Seehaus Schreyegg**
⊰ Landsberger Str 78, ✉ 82266, ☎ (0 81 43)
80 86, Fax 73 70
14 Zi, Ez: 85-105, Dz: 120-145, ⌐ WC; 🅿
2↔30 Seezugang 🏊
geschl: Mär-Mai Di+Mi, Jan, Feb
** **Seerestaurant**
⊰ Hauptgericht 35; Biergarten Terrasse;
geschl: Mär-Mai Di+Mi, Jan, Feb

Insel Hiddensee siehe Rügen

Insul 42 →

Rheinland-Pfalz — Kreis Ahrweiler — 240 m
— 470 Ew — Adenau 8, Altenahr 11 km
🅸 ☎ (0 26 95) 4 29 — Gemeindeverwaltung,
Hauptstr 39, 53520 Insul

* **Haus Ewerts**
♂ Ahrstr 13, ✉ 53520, ☎ (0 26 95) 3 80,
Fax 17 23, ED
24 Zi, Ez: 65, Dz: 80-130, ⌐ WC; 🅿
geschl: Di
* Hauptgericht 21; Biergarten;
geschl: Di

Inzell 73 ↘

Bayern — Kreis Traunstein — 700 m —
4 000 Ew — Bad Reichenhall 16 km
🅸 ☎ (0 86 65) 9 88 50, Fax 98 85 30 — Inzeller
Touristik GmbH, Rathausplatz 5,
83334 Inzell; Luftkur- und Wintersportort,
Bundesleistungszentrum im Eis- und Roll-
schnellauf

** **Sport- und Kurhotel Zur Post**
Reichenhaller Str 2, ✉ 83334, ☎ (0 86 65)
9 85-0, Fax 98 51 00, ED VA
47 Zi, Ez: 90-155, Dz: 170-220, 2 Suiten,
16 App, ⌐ WC ☎, 5✉; Lift 🅿 🚗 2↔100 ≋
Fitneßraum Sauna Solarium 🏊
** Hauptgericht 21; Biergarten Ter-
rasse

** **Bayerischer Hof**
♂ ⊰ Kreuzfeldstr 55, ✉ 83334, ☎ (0 86 65)
67 70, Fax 67 72 19, AX DC ED VA
33 Zi, Ez: 75-100, Dz: 70-180, 10 Suiten,
54 App, ⌐ WC ☎, 2✉; Lift 🅿 🚗 1↔100 ≋
Fitneßraum Sauna Solarium 🍽 🏊
Hotelanlage mit 4 Gebäudeteilen, Ferienwohnungen und Appartements

🏊 **Am Rathaus**
Traunsteiner Str 4, ✉ 83334, ☎ (0 86 65)
16 23
geschl: 1.11.-15.12, 1.4.-30.4.

Schmelz (2 km ←)
* **Gasthof Schmelz**
Schmelzer Str 132, ✉ 83334, ☎ (0 86 65)
98 70, Fax 17 18
34 Zi, Ez: 75-145, Dz: 130-170, 2 Suiten,
6 App, ⌐ WC ☎; Lift 🅿 🚗 1↔40 ≋ Fitneßraum Sauna Solarium
* Hauptgericht 20

Inzlingen 67 ↙

Baden-Württemberg — Kreis Lörrach —
340 m — 2 700 Ew — Lörrach 4 km
🅸 ☎ (0 76 21) 4 05 50, Fax 8 71 50 —
Gemeindeverwaltung, Riehenstr 5,
79594 Inzlingen. Sehenswert: Wasserschloß

* **Krone**
Riehenstr 92, ✉ 79594, ☎ (0 76 21) 22 26,
Fax 22 45, ED VA
15 Zi, Ez: 85-180, Dz: 130-280, ⌐ WC ☎
DFÜ, 4✉; 🅿 3↔60 🍽
geschl: 2.8.-16.8.

→

Inzlingen

*** Inzlinger Wasserschloß
⊗ Riehenstr 5, ⌧ 79594, ☏ (0 76 21) 4 70 57, Fax 1 35 55, ED VA
Hauptgericht 58; Gartenlokal P; geschl: Di + Mi

** Gästehaus am Wasserschloß
12 Zi, Ez: 110, Dz: 180, ⌐ WC ☏

Inzlingen-Außerhalb (1 km ↗)
** Landgasthaus Waidhof
⊗ an der B 316, ⌧ 79594, ☏ (0 76 21) 26 29, Fax 12 22 65
Hauptgericht 40; Gartenlokal P; geschl: Sa mittags, So abends, Mo, Feb

Iphofen 56 □

Bayern — Kreis Kitzingen — 226 m —
5 300 Ew — Kitzingen 8, Würzburg 28, Neustadt a. d. Aisch 31 km
🛈 ☏ (0 93 23) 87 15 44, Fax 87 15 55 — Verkehrsbüro, Marktplatz 26, 97346 Iphofen, Weinstadt. Sehenswert: Kath. Kirche; Rathaus; Knauf-Museum; Stadtmauer mit 3 Toren; Fränkisches Bauern- und Handwerkermuseum in Mönchsondheim (6 km ↓)

** Romantik Hotel Zehntkeller
Bahnhofstr 12, ⌧ 97346, ☏ (0 93 23) 8 44-0, Fax 8 44-1 23, AX DC ED VA
46 Zi, Ez: 120-160, Dz: 150-240, 4 Suiten, ⌐ WC ☏; P 🚗 5⇔38
geschl: 11.-31.1.
Zimmer der Kategorie * vorhanden
**   ⊗ Hauptgericht 45; Terrasse; ✤
geschl: 11.-31.1.
1436 zum erstenmal urkundlich erwähnt. Eigenbauweine. Die Weinkeller liegen bis zu drei Stockwerken tief unter der Erde

* Goldene Krone
Marktplatz 2, ⌧ 97346, ☏ (0 93 23) 33 30, Fax 33 48, ED
24 Zi, Ez: 75-85, Dz: 100-130, 1 App, ⌐ WC; P 🚗 1⇔60 ⚌
geschl: Ende Dez-Mitte Jan
*   Hauptgericht 16; geschl: Di, Ende Dez-Mitte Jan
Eigenbauweine

* Huhn Das kleine Hotel ♛
Mainbernheimer Str 10, ⌧ 97346,
☏ (0 93 23) 8 12 46, Fax 10 76, ED VA
8 Zi, Ez: 55-90, Dz: 130, 1 App, ⌐ WC ☏, 6⌧; 2⇔12; garni

* Wirtshaus zum Kronsberg
⌖ Schwanbergweg 14, ⌧ 97346,
☏ (0 93 23) 8 02 03, Fax 8 02 04, AX ED VA
8 Zi, Ez: 75, Dz: 98-110, ⌐ WC ☏, 8⌧; ¶⚌
geschl: Mo

* Deutscher Hof
Ludwigstr 10, ⌧ 97346, ☏ (0 93 23) 33 48, Fax 33 48, ED VA
Hauptgericht 22

Irrel 52 ↖

Rheinland-Pfalz — Kreis Bitburg-Prüm —
300 m — 1 400 Ew
🛈 ☏ (0 65 25) 5 00, Fax 5 00 — Tourist-Information Verkehrsverein Irrel e.V., Hauptstr. 4, 54666 Irrel

* Koch-Schilt
Prümzurlayer Str 1, ⌧ 54666, ☏ (0 65 25) 92 50, Fax 92 52 22, ED VA
45 Zi, Ez: 75-95, Dz: 120, ⌐ WC ☏; Lift P 🚗 1⇔20 Solarium ¶⚌

Irsee 70 ↗

Bayern — Kreis Ostallgäu — 780 m —
1 300 Ew — Kaufbeuren 7, Bad Wörishofen 14 km
🛈 ☏ (0 83 41) 56 15 — Fremdenverkehrsverein, Frühlingstr 5, 87660 Irsee. Sehenswert: Kath. Kirche

** Klosterbräu
Klosterring 1, ⌧ 87660, ☏ (0 83 41) 43 22 00, Fax 43 22 69
55 Zi, Ez: 92-108, Dz: 144-168, ⌐ WC ☏; 🚗 2⇔40 ¶⚌

Isenbüttel 27 ←

Niedersachsen — Kreis Gifhorn — 60 m —
6 000 Ew — Gifhorn 7, Wolfsburg 21, Braunschweig 22 km
🛈 ☏ (0 53 74) 8 80, Fax 88 88 — Samtgemeindeverwaltung, Gutsstr 11, 38550 Isenbüttel; Ort am Tankumsee

Isenbüttel-Außerhalb (3 km ↗)
** Seehotel am Tankumsee
einzeln ⌖ ⌖ Eichenpfad 2, ⌧ 38550,
☏ (0 53 74) 91 00, Fax 9 10 91, AX DC ED VA
65 Zi, Ez: 109-175, Dz: 150-210, ⌐ WC ☏, 6⌧; P 7⇔250 ⚓ Strandbad Seezugang Fitneßraum Kegeln Sauna Solarium 6 Tennis
Auch Zimmer der Kategorie ******* vorhanden
** Seerose
⌖ Hauptgericht 35

Isenburg 43 ↘

Rheinland-Pfalz — Kreis Neuwied — 300 m — 812 Ew — Neuwied 16, Koblenz 21 km
🛈 ☏ (0 26 01) 24 06 — Gemeindeverwaltung, Caanerstr 3, 56271 Isenburg

* Haus Maria
⌖ Caaner Str 6, ⌧ 56271, ☏ (0 26 01) 29 80, Fax 29 64, AX DC ED VA
14 Zi, Ez: 50-65, Dz: 95-130, 1 App, ⌐ WC; 2⇔20
Hauptgericht 30; P Terrasse; geschl: Mo

✤ Besonders beachtenswertes Restaurant

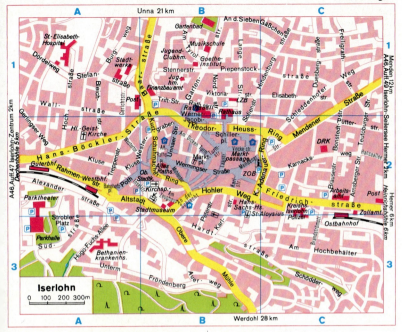

Iserlohn 33 ↘

Nordrhein-Westfalen — Märkischer Kreis — 250 m — 100 000 Ew — Menden 12, Hagen 19, Dortmund 28 km
🛈 ☎ (0 23 71) 1 32 33, Fax 14 92 32 — Verkehrsbüro, Konrad-Adenauer-Ring 15 (C 2), 58636 Iserlohn. Sehenswert: Bauern-, Johannes-, Kilians- und Oberste Stadtkirche; Dechenhöhle mit Höhlenmuseum; Stadtmuseum; Hist. Fabrikanlage mit Nadelmuseum; Kalkfelsen Pater und Nonne; Danzturm; Bismarckturm

✶✶ Engelbert
Poth 4 (A 2), ✉ 58638, ☎ (0 23 71) 1 23 45, Fax 2 21 58, AX DC ED VA
30 Zi, Ez: 135-170, Dz: 198-230, ⌐ WC ☎; Lift 1✪25 Sauna Solarium; **garni**

✶✶ An der Isenburg
Theodor-Heuss-Ring 54 (B 2), ✉ 58636, ☎ (0 23 71) 2 64 51, Fax 2 64 54, AX DC ED VA
36 Zi, Ez: 135-180, Dz: 175-235, 2 Suiten, ⌐ WC ☎, 6✉; Lift 🅿 🚗 3✪40 🍽 ☕

Iserlohn-Außerhalb (2 km ↗)
✶ Korth
einzeln ♣ In der Calle 4, ✉ 58636, ☎ (0 23 71) 9 78 70, Fax 97 87 67, AX DC ED VA
21 Zi, Ez: 110-145, Dz: 185-195, 1 App, ⌐ WC ☎ DFÜ, 5✉; 🅿 2✪80 ♨ Sauna Solarium ☕

✶✶ Puntino
Hauptgericht 35; Terrasse; geschl: So, Mo Italienische Küche

Franzosenhohl (2 km ↓)
✶✶ Waldhaus Graumann
📞 Danzweg 29, ✉ 58644, ☎ (0 23 71) 2 36 05, Fax 2 65 61, ED
Hauptgericht 30; Gartenlokal Terrasse; geschl: Do, 3 Wochen Ende Feb-Anfang Mär

Kesbern (5 km ↓)
✶ Zur Mühle
einzeln ♣ Grüner Talstr 400, ✉ 58644, ☎ (0 23 52) 9 19 60, Fax 2 16 09, AX ED VA
17 Zi, Ez: 85-105, Dz: 140-160, 1 App, ⌐ WC ☎; 🅿 🚗 Kegeln
✶ Hauptgericht 35

Lössel (5 km ↙)
✶✶ Neuhaus
Lösseler Str 149, ✉ 58644, ☎ (0 23 74) 9 78 00, Fax 76 64, AX DC ED VA
Hauptgericht 30; Kegeln 🅿 Terrasse; geschl: Di
✶ 18 Zi, Ez: 90-140, Dz: 130-190, 3 App, ⌐ WC ☎; 🚗 4✪80 Fitneßraum Sauna Solarium

Isernhagen 26 □

Niedersachsen — Kreis Hannover — 54 m — 21 485 Ew — Langenhagen 6, Hannover 12 km
🛈 ☎ (05 11) 6 15 30, Fax 6 15 34 80 — Gemeinde Isernhagen, Bothfelder Str 29, 30916 Isernhagen →

Isernhagen

Altwarmbüchen
* Hennies
Hannoversche Str 40, ✉ 30916, ☏ (05 11) 9 01 80, Fax 9 01 82 99, AX DC ED VA
100 Zi, Ez: 85-100, Dz: 125-150, ⌐⌐ WC ☏; Lift 6⇔100 Fitneßraum Kegeln Sauna Solarium ¶☉¶
Auch einfachere Zimmer vorhanden

Farster Bauerschaft
* Grapenkieker
⊗ Hauptstr 56, ✉ 30916, ☏ (0 51 39) 8 80 68, Fax 20 72, AX DC ED VA
Hauptgericht 20; Biergarten; nur abends; geschl: So, Mo
Auf Bestellung: rustikales mittelalterliches Bauernessen

Horster Bauerschaft
* Engel
Burgwedeler Str 151, ✉ 30916, ☏ (05 11) 97 25 60, Fax 9 72 56 46, AX DC ED VA
26 Zi, Ez: 95-180, Dz: 140-220, 1 App, ⌐⌐ WC ☏; P 1⇔20; **garni**

** Leonardo da Vinci
Weizenkamp 4, ✉ 30916, ☏ (05 11) 77 57 64, P
Hauptgericht 46; P Terrasse; geschl: Mo

Kircher Bauerschaft
** Hopfenspeicher
⊗ Dorfstr 16, ✉ 30916, ☏ (0 51 39) 89 29 15, Fax 89 29 13, ED
Hauptgericht 42; Gartenlokal Terrasse; nur abends; geschl: So, 14 Tage in den Sommerferien, 14 Tage im Jan

* Antiochia
Dorfstr 87, ✉ 30916, ☏ (05 11) 9 73 53 05, Fax 7 24 20 49, DC ED VA
Hauptgericht 28; P Terrasse

Kirchhorst
◡ Kirchhorster Kaffeestuben
Großhorst 2, ✉ 30916, ☏ (0 51 36) 8 70 66

Niederhägener Bauerschaft
* Comfort Hotel
Dieselstr 3 a, ✉ 30916, ☏ (05 11) 97 28 40, Fax 9 72 84 10, AX DC ED VA
42 Zi, Ez: 125-295, Dz: 159-395, 2 Suiten, ⌐⌐ WC ☏ DFÜ, 10◨; Lift P ⌂ 3⇔80 Fitneßraum Sauna Solarium 6Tennis ¶☉¶

Ising siehe Chieming

Ismaning 72 ↖

Bayern — Kreis München — 485 m — 13 500 Ew — München 14, Erding 20, Dachau 21 km
ℹ ☏ (0 89) 9 60 90 00, Fax 96 34 68 — Gemeinde Ismaning, Schloßstr 2, 85737 Zwillingshof; Ort an der Isar

** Am Schloßpark mit Gasthof Neuwirt
Schloßstr 7 a, ✉ 85737, ☏ (0 89) 96 10 20, Fax 9 61 26 81, AX ED VA
72 Zi, Ez: 170-210, Dz: 260, 3 Suiten, 20 App, ⌐⌐ WC ☏; P ⌂ 3⇔200 Fitneßraum Sauna Solarium
Auch einfachere Zimmer vorhanden

** Neuwirt
Hauptgericht 17; Gartenlokal Terrasse

** Zur Mühle
Kirchplatz 5, ✉ 85737, ☏ (0 89) 96 09 30, Fax 96 09 31 10, AX DC ED VA
110 Zi, Ez: 135-200, Dz: 175-270, 3 Suiten, ⌐⌐ WC ☏; Lift P ⌂ 3⇔30 ≋ Sauna Solarium ◡
* Hauptgericht 20; Biergarten Terrasse

* Frey
Hauptstr 15, ✉ 85737, ☏ (0 89) 9 62 42 30, Fax 96 24 23 40, AX DC ED VA
23 Zi, Ez: 140-170, Dz: 180-250, ⌐⌐ WC ☏ DFÜ; P Sauna Solarium; **garni**

* Fischerwirt
Schloßstr 17, ✉ 85737, ☏ (0 89) 96 26 26-0, Fax 96 26 26-10, AX ED VA
41 Zi, Ez: 110-165, Dz: 160-270, ⌐⌐ WC ☏ DFÜ; Lift P ⌂ 1⇔40 ¶☉¶
geschl: 22.12.-7.1.

* Sternhotel Soller
Münchner Str 54, ✉ 85737, ☏ (0 89) 9 61 20 31, Fax 96 44 74, AX ED VA
60 Zi, Ez: 100-190, Dz: 130-260, ⌐⌐ WC ☏; Lift P

Isny 70 ↙

Baden-Württemberg — Kreis Ravensburg — 720 m — 13 800 Ew — Leutkirch 18, Wangen 24, Kempten 25 km
ℹ ☏ (0 75 62) 9 84-1 10, Fax 9 84-1 72 — Kurverwaltung, Unterer Grabenweg 18, 88316 Isny; Heilklimatischer Kurort und Wintersportplatz im Allgäu. Sehenswert: St.-Georg-Kirche; Nikolaikirche; Rathaus; Stadtmauer (13. Jh.); Naturschutzgebiet Eistobel, Urseen

** Hohe Linde
Lindauer Str 75, ✉ 88316, ☏ (0 75 62) 9 75 97, Fax 97 59 69, AX DC ED VA
31 Zi, Ez: 87-115, Dz: 150-200, 3 Suiten, 2 App, ⌐⌐ WC ☏ DFÜ; P ⌂ 1⇔15 ≋ Solarium ¶☉¶
geschl: Fr

* Am Roßmarkt
Am Roßmarkt 8, ✉ 88316, ☏ (0 75 62) 40 51, Fax 40 52, DC ED VA
14 Zi, Ez: 67-95, Dz: 114-150, 14 App, ⌐⌐ WC ☏; P ⌂ Fitneßraum Sauna Solarium; **garni**
geschl: 20.11.-4.12.

Jena

Isny-Außerhalb (7 km ←, über Neutrauchburg)
** **Berghotel Jägerhof**
einzeln ♂ ⁓ ⌂ 88316, ☎ (0 75 62) 7 70, Fax 7 72 02, AX DC ED VA
85 Zi, Ez: 135-235, Dz: 190-305, 7 Suiten, ⌂ WC ☎, 21▫; Lift P 4⇔100 ☂ Fitneßraum Sauna Solarium ⚓
** ⁓ Hauptgericht 25; Terrasse

Neutrauchburg (1 km ↑)
* **Schloßgasthof Sonne**
Schloßstr 7, ⌂ 88316, ☎ (0 75 62) 32 73, Fax 51 89, AX ED VA
Hauptgericht 25
* 6 Zi, Ez: 80, Dz: 145, ⌂ WC ☎; P

Isselburg 32 ↗

Nordrhein-Westfalen — Kreis Borken — 17 m — 10 600 Ew — Rees 10, Bocholt 15 km
🛈 ☎ (0 28 74) 91 10, Fax 40 81 — Stadtverwaltung, Markt 14/16, 46419 Isselburg. Sehenswert: Festungsturm; Wasserburg mit Museum und Park; Biotopwildpark Anholter Schweiz; Rathäuser in Anholt und Werth; St. Pankratiuskirche

Anholt (4 km ↘)
** **Parkhotel Wasserburg Anholt European Castle**
♂ ⁓ Klever Str 2, ⌂ 46419, ☎ (0 28 74) 45 90, Fax 40 35, AX DC ED VA
26 Zi, Ez: 110-250, Dz: 220-300, 2 Suiten, ⌂ WC ☎; Lift P 3⇔120 18Golf ⚓
geschl: Jan
*** **Schloßrestaurant** 🍴
Hauptgericht 45; nur abends, So auch mittags; geschl: So abends, Mo, Jan
* **Treppchen**
Hauptgericht 35; Terrasse; nur mittags; geschl: Jan

Issum 32 ↓

Nordrhein-Westfalen — Kreis Kleve — 50 m — 11 340 Ew — Geldern 8, Wesel 20 km
🛈 ☎ (0 28 35) 1 00 — Gemeindeverwaltung, Herrlichkeit 7, 47661 Issum

Issum-Außerhalb (3 km ↗)
* **Landhaus Heinen**
Weseler Str 179, ⌂ 47661, ☎ (0 28 35) 22 28
10 Zi, Ez: 95, Dz: 180, 1 Suite, 5 App, ⌂ WC; 1⇔60 🍴

Itzehoe 10 ↙

Schleswig-Holstein — Kreis Steinburg — 20 m — 33 978 Ew — Neumünster 47, Heide 54, Hamburg 61 km
🛈 ☎ (0 48 21) 6 13 09, Fax 6 54 23 — Verkehrsverein, Reichenstr 23, 25524 Itzehoe; Kreisstadt. Sehenswert: St.-Laurentii-Kirche; Klosterhof; St.-Jürgen-Kapelle: Deckengemälde; Schloß Breitenburg (4 km ↘); Schloß Heiligenstedten (4 km ←); Germanengrab

** **Mercure Klosterforst**
Hanseatenplatz 2, ⌂ 25524, ☎ (0 48 21) 1 52 00, Fax 15 20 99, AX DC ED VA
70 Zi, Ez: 110-180, Dz: 140-230, 8 App, ⌂ WC ☎ DFÜ, 30▫; Lift P 🚗 3⇔200 🍴 ⚓

** **Adler**
Lindenstr 72, ⌂ 25524, ☎ (0 48 21) 7 20 31, Fax 7 20 33, AX DC ED VA
Hauptgericht 27

siehe auch **Oelixdorf**

Jagsthausen 55 ↘

Baden-Württemberg — Kreis Heilbronn — 212 m — 1 400 Ew — Schöntal 4, Möckmühl 13 km
🛈 ☎ (0 79 43) 91 23 45, Fax 91 24 40 — Verkehrsverein, Schloßstr 12, 74249 Jagsthausen; Erholungsort. Sehenswert: Götzenburg: Eiserne Hand des Götz von Berlichingen
Achtung: Burgfestspiele
🛈 ☎ (0 79 43) 91 23 45, Fax 91 24 40

** **Burghotel Götzenburg**
⁓ 🅟 Schloßstr 20, ⌂ 74249, ☎ (0 79 43) 22 22, Fax 82 00, AX DC ED VA
Hauptgericht 35
* ♂ 17 Zi, Ez: 75-100, Dz: 110-200, 1 Suite, ⌂ WC ☎; P 2⇔50

Jena 48 ↗

Thüringen — Kreisfreie Stadt — 140 m — 100 000 Ew — Gera 39, Erfurt 45 km
🛈 ☎ (0 36 41) 58 63-0, Fax 58 63 22 — Fremdenverkehrsamt, Johannisstr. 1, 07743 Jena; Alte thüringische Universitätsstadt; Zentrum der Optik und Feinmechanik. Sehenswert: Marktplatz; Rathaus; Stadtkirche St. Michael; Schillerkirche; Burschenschaftsdenkmal; Zeiss-Planetarium und Optisches Museum; Phyletisches Museum; Botanischer Garten; Schiller-Gedenkstätte; Goethe-Gedenkstätte; Romantikerhaus; Umgebung: Dornburger Schlösser (12 km ↗)

Cityplan siehe Seite 528

*** **Esplanade Jena**
Top International Hotels
Carl-Zeiss-Platz 4 (A 2), ⌂ 07743,
☎ (0 36 41) 80 00, Fax 80 01 50, AX DC ED VA
179 Zi, Ez: 145-280, Dz: 180-280, S; 7 Suiten, 26 App, ⌂ WC ☎ DFÜ, 58▫; Lift 🚗 9⇔420 Fitneßraum Sauna Solarium 🍴 ⚓

** **Schwarzer Bär**
Lutherplatz 2 (C 1), ⌂ 07743, ☎ (0 36 41) 40 60, Fax 40 61 13, AX ED VA
64 Zi, Ez: 95-140, Dz: 150-200, 2 Suiten, ⌂ WC ☎, 1▫; Lift P 3⇔120 Solarium ⚓
Auch Zimmer der Kategorie * vorhanden
* Hauptgericht 18; Terrasse →

Jena

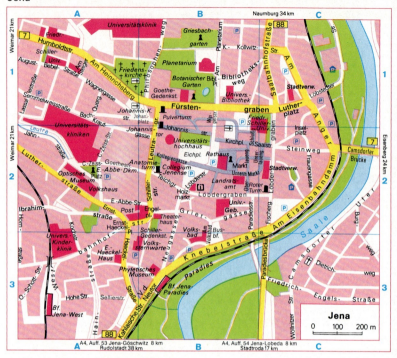

** Papiermühle
Erfurter Str 102, ✉ 07743, ☎ (0 36 41)
4 59 80, Fax 45 98 45, AX ED VA
15 Zi, Ez: 90, Dz: 140, 4 App, 🚿 WC ☎; P 🍴

Jenaer Hof
Bachstr 24 (A 1), ✉ 07743, ☎ (0 36 41)
44 38 55/44 38 66, Fax 44 38 66, AX DC ED VA
geschl: Ende Dez
* 13 Zi, Ez: 75-95, Dz: 105-135, 🚿
WC ☎; P; garni
geschl: 23.12.-1.1.

Drackendorf (6 km ↘)
* Burgblick
Dorfstr 20 a, ✉ 07751, ☎ (0 36 41) 33 67 16,
Fax 33 67 09, AX ED
7 Zi, Ez: 60-80, Dz: 90-100, 2 App, 🚿 WC ☎;
P 1⇄30 🍴

Lobeda (6 km ↓)
*** Holiday Inn
◂ Otto-Militzer-Str 1, ✉ 07747, ☎ (0 36 41)
30 10, Fax 33 45 75, AX DC ED VA
159 Zi, Ez: 120-203, Dz: 140-283, S;
11 Suiten, 🚿 WC ☎ DFÜ, 56🍽; Lift P
5⇄120 Fitneßraum Sauna Solarium 🍴

*** Restaurant mit sehr guter
Ausstattung

** Steigenberger Maxx
◂ Stauffenbergstr 59, ✉ 07747, ☎ (0 36 41)
30 00, Fax 30 08 88, AX DC ED VA
208 Zi, Ez: 134-149, Dz: 168-203, S;
12 Suiten, 🚿 WC ☎, 74🍽; Lift 🅿 8⇄60 Fitneßraum Sauna Solarium
Geschäftshotel im amerikanischen Stil der
30er, 40er und 50er Jahre
** Hauptgericht 20; P Terrasse

Winzerla (2,5 km ↓)
** Best Western Hotel Jena
◂ Rudolstädter Str 82, ✉ 07745, ☎ (0 36 41)
6 60, Fax 66 10 10, AX DC ED VA
295 Zi, Ez: 129-179, Dz: 149-199, S; 42 App,
🚿 WC ☎, 100🍽; Lift P 4⇄300 🍴 🍽

* Zur Weintraube
Rudolstädter Str 76, ✉ 07745, ☎ (0 36 41)
60 57 70, Fax 60 65 83, AX DC ED VA
18 Zi, Ez: 100-130, Dz: 140-155, 1 Suite, 🚿
WC ☎ DFÜ; P 🚗 3⇄35 🍴

Ziegenhain (4 km →)
** Ziegenhainer Tal
☼ Ziegenhainer Str 107, ✉ 07749,
☎ (0 36 41) 39 58 40/41, Fax 39 58 42,
AX ED VA
19 Zi, Ez: 100, Dz: 140, 1 App, 🚿 WC ☎; P
Fitneßraum Sauna Solarium; garni

Jerichow 28 □

Sachsen-Anhalt — Kreis Genthin — 30 m — 2 317 Ew — Genthin 13, Stendal 21 km
i ☎ (03 93 43) 2 88, Fax 2 83 — Stadtverwaltung, Karl-Liebknecht-Str 10, 39319 Jerichow. Sehenswert: Mittelalterliche Klosteranlage

⇔ Pension Landhäuser
Rosa-Luxemburg-Str 21, ✉ 39319,
☎ (03 93 43) 3 30
10 Zi, Ez: 50, Dz: 85, ⌐ WC ☎; ⊺⊙⏐

⇔ Zur Klosterklause
Lindenstr 19, ✉ 39319, ☎ (03 93 43) 2 76, AX DC ED VA
9 Zi, Ez: 60, Dz: 100-110, ⌐ WC ☎; ᴘ 1⇔50 ⊺⊙⏐ ⊜

Jessen 39 ↗

Sachsen-Anhalt — Kreis Wittenberg — 76 m — 11 400 Ew — Pretzsch 11, Wittenberg 20, Jüterbog 29 km
i ☎ (0 35 37) 26 23 22 — Fremdenverkehrsverein der Region Jessen e.V., Robert-Koch-Str 18, 06917 Jessen. Sehenswert: Schloß Hemsendorf; mittelalterliche Weinpresse

** Schwarzenbach
Rosa-Luxemburg-Str 36, ✉ 06917,
☎ (0 35 37) 27 60, Fax 21 22 31, AX ED VA
34 Zi, Ez: 120-145, Dz: 168-190, 2 Suiten, ⌐ WC ☎ DFÜ, 3✉; Lift ᴘ 2⇔70 Fitneßraum Sauna Solarium ⊺⊙⏐

Jessern 31 ↓

Brandenburg — Kreis Lübben — 40 m — 201 Ew — Cottbus 40, Fürstenwalde 48 km
i ☎ (03 54 78) 5 26 — Gemeindeverwaltung, Dorfstr 3, 15913 Jessern; Ort am Schwielochsee

** Haus Babenberg
♂ ⋞ Am Babenberg 6, ✉ 15913,
☎ (03 54 78) 3 12, Fax 3 06, AX ED VA
55 Zi, Ez: 78-110, Dz: 116-160, ⌐ WC ☎; ᴘ 3⇔180 Strandbad Seezugang Kegeln Sauna Solarium ⊺⊙⏐
Auch Zimmer der Kategorie ✱ vorhanden

Jesteburg 18 □

Niedersachsen — Kreis Harburg — 40 m — 6 000 Ew — Harburg 18, Buxtehude 37, Lüneburg 40 km
i ☎ (0 41 83) 53 63, Fax 53 40 — Verkehrsverein, 21266 Jesteburg; Luftkurort im Norden der Lüneburger Heide

✱ Jesteburger Hof
Kleckerwaldweg 1, ✉ 21266, ☎ (0 41 83) 20 08, Fax 33 11, AX DC ED VA
21 Zi, Ez: 80-95, Dz: 110-150, ⌐ WC ☎; ᴘ ⇔ 1⇔30 18Golf
Auch einfachere Zimmer vorhanden
✱ Hauptgericht 22; Terrasse

✱ Haus Deutscher Ring
einzeln ♂ Itzenbütteler Str 35, ✉ 21266,
☎ (0 41 83) 93 90, Fax 93 91 00
100 Zi, Ez: 75-160, Dz: 110-180, ⌐ WC ☎, 2✉; ᴘ 10⇔200 Fitneßraum
Restaurant für Hausgäste

✱ Ringhotel Niedersachsen
Hauptstr 60, ✉ 21266, ☎ (0 41 83) 9 30 30, Fax 93 03 11, AX ED VA
44 Zi, Ez: 99-120, Dz: 174-188, S; 1 Suite, ⌐ WC ☎, 5✉; ᴘ ⇔ 2⇔50 ⇐ Sauna
** Hauptgericht 32

Jestetten 68 ↓

Baden-Württemberg — Waldshut — 438 m — 5 126 Ew — Stuttgart 174, Schaffhausen 8, Waldshut-Tiengen 34 km
i ☎ (0 77 45) 92 09-0, Fax 92 09-40 — Gemeindeverwaltung, Hombergstr 2, 79798 Jestetten

✱ Zum Löwen
Hauptstr 20, ✉ 79798, ☎ (0 77 45) 92 11-0, Fax 92 11 88, AX ED VA
25 Zi, Ez: 52-80, Dz: 140, ⌐ WC ☎; Lift ᴘ ⇔ 2⇔100 Sauna; **garni**
geschl: 24.1.-15.2.
Im 200 Jahre alten Gasthof auch einfache Zimmer vorhanden

Jettingen-Scheppach 63 ↙

Bayern — Günzburg — 490 m — 6 800 Ew
i ☎ (0 82 25) 30 60, Fax 3 06-32 — Gemeindeverwaltung, Hauptstr.55, 89343 Jettingen-Scheppach

** Best Hotel Mindeltal
Robert Bosch Str 3, an der BAB 8, Gewerbegiet, ✉ 89343, ☎ (0 82 25) 99 70, Fax 99 71 00, AX DC ED VA
74 Zi, Ez: 79-119, Dz: 99-149, 4 Suiten, 4 App, ⌐ WC ☎ DFÜ, 37✉; Lift ᴘ ⇔ 6⇔60 18Golf; **garni**
ab 23 Uhr Check-In am Automaten

Jever 16 ↖

Niedersachsen — Kreis Friesland — 12 m — 13 000 Ew — Wilhelmshaven 19, Aurich 33 km
i ☎ (0 44 61) 7 10 10, Fax 93 92 99 — Verkehrsbüro, Alter Markt 18, 26441 Jever; Kreisstadt. Sehenswert: Ev. Kirche; Edo-Wiemken-Denkmal; Schloß; Rathaus; Mühlenmuseum; Friesisches Brauhaus mit Brauereimuseum

✱ Friesen
♂ Harlinger Weg 1, ✉ 26441, ☎ (0 44 61) 9 34-0, Fax 93 41 11, AX DC ED VA
33 Zi, Ez: 79-110, Dz: 139-169, ⌐ WC ☎, 4✉; ᴘ ⇔ 2⇔25; **garni**
Auch Zimmer der Kategorie ****** vorhanden →

Jever

* **Marienstadt**
Schützenhofstr 47, ⌧ 26441, ☏ (0 44 61)
93 70, Fax 93 72 99, ED
26 Zi, Ez: 85-95, Dz: 130-150, 6 Suiten, ᗡ
WC ☏ DFÜ, 4🖂, 🅿 4⟳300 Kegeln 🍽 ⛴

* **Pellmühle**
Mühlenstr 55, ⌧ 26441, ☏ (0 44 61) 9 30 00,
Fax 7 11 11, AX DC ED VA
19 Zi, Ez: 60-86, Dz: 108-169, ᗡ WC; 🅿 🚗;
garni
Rezeption: 7-20

** **Alte Apotheke** ✜
⊗ Apothekerstr 1, ⌧ 26441, ☏ (0 44 61)
40 88, Fax 7 38 57, AX DC ED VA
Hauptgericht 35; geschl: Mo, Ende Jan
1540 erbaut, über Jahrhunderte hinweg als
Apotheke betrieben. Gut erhaltene alte Einrichtung. Weinkeller

* **Haus der Getreuen**
⊗ Schlachtstr 1, ⌧ 26441, ☏ (0 44 61) 30 10,
Fax 7 23 73, AX DC ED VA
Hauptgericht 25; Biergarten Kegeln Terrasse

Jöhstadt 50 ↘

Sachsen — Kreis Annaberg — 700 m —
1 700 Ew — Annaberg-Buchholz 6, Marienberg 18, Chemnitz 40 km
🛈 ☏ (03 73 43) 26 12 — Stadtverwaltung,
Markt 185, 09477 Jöhstadt

* **Schlösselmühle**
Schlösselstr 60, ⌧ 09477, ☏ (03 73 43)
26 66, Fax 26 65, ED
12 Zi, Ez: 52, Dz: 84, 2 Suiten, ᗡ WC ☏; 🅿
🍽

* **Rathaus-Hotel**
Markt 177, ⌧ 09477, ☏ (03 73 43) 26 05,
Fax 26 07, AX ED VA
18 Zi, Ez: 64-79, Dz: 68-158, ᗡ WC ☏; 🍽

Jößnitz 49 ←

Sachsen — Vogtlandkreis — 400 m —
2 330 Ew
🛈 ☏ (0 37 41) 52 11 88, Fax 52 11 88 —
Gemeindeverwaltung Jößnitz, Gerhart-Hauptmann-Str 2b, 08547 Jößnitz

** **Landhotel Zur Warth**
Steinsdorfer Str 8, ⌧ 08547, ☏ (0 37 41)
5 71 10, Fax 5 71 15, AX DC ED VA
22 Zi, Ez: 108, Dz: 138, 1 Suite, 3 App, ᗡ WC
☏, 5🖂; Lift 🅿 3⟳70 Fitneßraum Sauna
Solarium 🍽 ⛴

Johannesberg 55 ↘

Bayern — Kreis Aschaffenburg — 370 m —
4 000 Ew — Aschaffenburg 8 km
🛈 ☏ (0 60 21) 34 85-0, Fax 34 85-20 —
Gemeindeverwaltung, Oberafferbacher
Str 12, 63867 Johannesberg; Ort im Spessart

** **Meier's Restaurant**
Hauptstr 2, ⌧ 63867, ☏ (0 60 21) 47 00 77,
Fax 41 39 64, AX DC ED VA
Hauptgericht 55; Gartenlokal 🅿; geschl:
Ende Aug-Mitte Sept
* **Sonne**
8 Zi, Ez: 78-88, Dz: 123, 1 Suite, ᗡ WC ☏; 🚗
2⟳40
geschl: Mo bis 18, Ende Aug bis Mitte Sep

Rückersbach (2 km ↘)
* **Rückersbacher Schlucht**
Hörsteiner Str 33, ⌧ 63867, ☏ (0 60 29)
14 41, Fax 77 98
15 Zi, Ez: 45-65, Dz: 80-110, ᗡ WC ☏; 🅿
Auch einfachere Zimmer vorhanden
* Hauptgericht 27; Biergarten Terrasse; geschl: Mo, Di mittags, 2 Wochen zu
Pfingsten, 2 Wochen in den Sommerferien

Johanngeorgenstadt 49 →

Sachsen — Kreis Schwarzenberg — 900 m
— 8 400 Ew — Schwarzenberg 11, Klingenthal 42 km
🛈 ☏ (0 37 73) 88 30 30, Fax 88 82 80 — Fremdenverkehrsamt, Eibenstocker Str 52,
08349 Johanngeorgenstadt; Erholungsort
im Erzgebirge

* **An der Kammloipe**
◂⛷ Schwefelwerkstr 28, ⌧ 08349, ☏ (0 37 73)
88 29 59, Fax 88 29 59
23 Zi, Ez: 40, Dz: 80, ᗡ WC ☏; 🍽

Johannisberg siehe Geisenheim

Jonsdorf 41 ↙

Sachsen — Löbau-Zittau — 450 m —
1 904 Ew
🛈 ☏ (03 58 44) 7 06 16, Fax 7 00 64 —
Tourist-Information, Auf der Heide 11,
02796 Kurort Jonsdorf; Kurort

* **Gondelfahrt**
Großschönauer Str 38, ⌧ 02796,
☏ (03 58 44) 73 60, Fax 7 36 59, AX DC ED VA
36 Zi, Ez: 66-95, Dz: 98-190, 3 Suiten, ᗡ WC
☏, 2🖂; 🅿 🚗 2⟳112 ⛱ Sauna Solarium 🍽
⛴

Jork 18 ↘

Niedersachsen — Kreis Stade — 1 m —
11 600 Ew — Buxtehude 9, Stade 21 km
🛈 ☏ (0 41 62) 9 14 70, Fax 54 61 — Gemeindeverwaltung, Am Gräfengericht 2,
21635 Jork; Ort im Alten Land. Sehenswert:
Ortsbild mit reetgedeckten Ziegel-Fachwerkhäusern; Rathaus; Museum Altes
Land; Windmühle Aurora

* **Zum Schützenhof**
◐ Schützenhofstr 16, ✉ 21635, ☏ (0 41 62) 9 14 60, Fax 91 46 91, AX DC ED VA
15 Zi, Ez: 88, Dz: 129-139, ♨ WC ☏; 🅿
2⇔30 Kegeln 4Tennis
Rezeption: 7-21

** **Ollanner Buurhuus**
Hauptgericht 20; Gartenlokal; geschl: Do, 31.12.-7.1.

** **Herbstprinz**
▽ Osterjork 76, ✉ 21635, ☏ (0 41 62) 74 03, Fax 57 29
Hauptgericht 28; Gartenlokal 🅿 Terrasse; geschl: Mo
300jährige reetgedeckte Altländer Bauernkate

Estebrügge (3 km ↘)
** **Estehof**
▽ Estebrügger Str 87, ✉ 21635, ☏ (0 41 62) 2 75, Fax 80 62
Hauptgericht 40

Jübek 9 ↗

Schleswig-Holstein — Kreis Schleswig-Flensburg — 14 m — 2 100 Ew — Silberstedt 5, Schleswig 12, Husum 30 km
🅘 ☏ (0 46 26) 96 22, Fax 96 96 — Amtsverwaltung, Hauptstr 41, 24887 Silberstedt

* **Goos**
Große Str 92, ✉ 24855, ☏ (0 46 25) 70 41, Fax 10 84, ED VA
20 Zi, Ez: 70, Dz: 120, 1 Suite, ♨ WC ☏; 🅿 🚗
4⇔200
geschl: So ab 13

Jüchen 32 ↘

Nordrhein-Westfalen — Kreis Neuss — 70 m — 22 080 Ew — Neuss 20, Mönchen-Gladbach 20, Düsseldorf 35 km
🅘 ☏ (0 21 65) 91 50, Fax 91 51 18 — Gemeindeverwaltung, Odenkirchner Str 24, 41363 Jüchen. Sehenswert: Schloß Dyck

Damm (10 km ↗)
* **Dycker Weinhaus**
Klosterstr 1, ✉ 41363, ☏ (0 21 82) 8 50 50, Fax 5 00 57, AX DC ED VA
Hauptgericht 30; Biergarten 🅿; geschl: 27.12.-26.1.
* 14 Zi, Ez: 150-170, Dz: 165-220, ♨ WC ☏; 4⇔200
geschl: 27.12.-26.1.

Jügesheim siehe Rodgau

Jülich 42 ↑

Nordrhein-Westfalen — Kreis Düren — 83 m — 32 000 Ew — Düren 16, Aachen 28 km
🅘 ☏ (0 24 61) 6 32 43, Fax 6 33 54 — Stadtverwaltung, Verkehrsamt, Altes Rathaus, Marktplatz 1, 52428 Jülich. Sehenswert: Zitadelle; Hexenturm

** **Kaiserhof**
Bahnhofstr 5, ✉ 52428, ☏ (0 24 61) 6 80 70, Fax 68 07 77, AX ED VA
41 Zi, Ez: 115-130, Dz: 170-190, ♨ WC ☏, 5🛏; Lift 🅿 🚗 2⇔70 ⓘ

🍴 **Schilling**
Kölnstr 30, ✉ 52428, ☏ (0 24 61) 20 23
geschl: 12.7.-26.7., 24.12.-4.1.

Jürgenstorf 21 ↘

Mecklenburg-Vorpommern — Kreis Demmin — 80 m — 1 000 Ew — Stavenhagen 4, Waren 26, Neubrandenburg 29 km
🅘 ☏ (03 99 55) 2 02 19 — Gemeindeverwaltung, Warener Str 37 a, 17153 Jürgenstorf

** **Unkel Bräsig Minotel**
Warener Str 1 a, ✉ 17153, ☏ (03 99 55) 3 80, Fax 3 82 22, AX DC ED VA
18 Zi, Ez: 80-95, Dz: 120-130, ♨ WC ☏; 🅿 🚗 2⇔100 ⓘ 🍴

Jüterbog 30 ↙

Brandenburg — Kreis Luckenwalde — 76 m — 11 560 Ew — Luckenwalde 15, Wittenberg 52 km
🅘 ☏ (0 33 72) 46 31 13, Fax 46 31 13 — Stadtverwaltung - Stadtinformation, Markt 21, 14913 Jüterbog. Sehenswert: Stadtmauer mit Dammtor, Neumarkter Tor und Zinnaer Tor; Rathaus; Nikolaikirche; Mönchenkirche (ehem. Franziskaner-Klosterkirche); Liebfrauenkirche; Kloster Zinna (3 km); Schloß Wiepersdorf (20 km)

** **Best Western Hotel Am Schloßpark**
Schloßstr 87, ✉ 14913, ☏ (0 33 72) 46 60, Fax 46 61 62, AX ED VA
75 Zi, Ez: 90-160, Dz: 130-190, S; 6 Suiten, 6 App, 11🛏; Lift 🅿 6⇔190 Sauna Solarium

** 🍴 **Turmrestaurant**
Hauptgericht 25

* **Park Hotel**
Zinnaer Vorstadt 48, ✉ 14913, ☏ (0 33 72) 40 17 76, Fax 40 15 91, AX ED VA
24 Zi, Ez: 75-95, Dz: 120-140, ♨ WC ☏, 4🛏; 🅿 1⇔20; garni

* **Zum Goldenen Stern**
Markt 14, ✉ 14913, ☏ (0 33 72) 40 14 76, Fax 40 16 14, ED VA
25 Zi, Ez: 79-94, Dz: 108-148, ♨ WC ☏ DFÜ, 13🛏; 🅿 ⓘ

Jugenheim 54 ↘

Rheinland-Pfalz — Mainz-Bingen — 160 m — 1 424 Ew
🅘 ☏ (0 61 30) 14 88, Fax 78 53 — Gemeindeverwaltung, Schulstr 3, 55270 Jugenheim →

Jugenheim

** Weedenhof
Mainzerstr 6, ✉ 55270, ☏ (0 61 30) 94 50 51, Fax 18 63, ED
Hauptgericht 32; Terrasse; nur abends; geschl: Mo, Di, 1.8.-15.8.
** 8 Zi, Ez: 95, Dz: 130, ⌐ WC ☏; P
geschl: 1.-15.8.

Juist 15 ↑

Niedersachsen — Kreis Aurich — 3 m — 1 626 Ew
ℹ ☏ (0 49 35) 80 92 22, Fax 80 92 23 — Kurverwaltung, Postfach 1464, 26571 Juist; Nordsee-Heilbad; 17 km lange ostfriesische Insel; Flugplatz
Achtung: Kraftfahrzeuge nicht zugelassen; Schiff in 75 Min von Norddeich;
ℹ Kurverwaltung ☏ (0 49 35) 80 92 22

*** Historisches Kurhaus
Strandpromenade 2, ✉ 26571, ☏ (0 49 35) 91 60, Fax 91 62 22
Dz: 242-767, 75 Suiten, ⌐ WC ☏ DFÜ; Lift 5⇔55 Fitneßraum Sauna Solarium 🍴 ⚫;
geschl: 4.1.-7.2.

*** Romantik Hotel Achterdiek 👑
♂ Wilhelmstr 36, ✉ 26571, ☏ (0 49 35) 80 40, Fax 17 54
34 Zi, Ez: 105-210, Dz: 250-490, 3 Suiten, 14 App, ⌐ WC ☏; Lift 2⇔30 ≋ Sauna Solarium ⚫
geschl: Mitte Nov-22.12.
Auch Zimmer der Kategorie ****** vorhanden

*** Die gute Stube
Hauptgericht 43; Terrasse; nur abends; geschl: Mo, Nov-März

*** Ringhotel Pabst
♂ Strandstr 15, ✉ 26571, ☏ (0 49 35) 8 05-4 20, Fax 80 51 55, AX DC ED VA
52 Zi, Ez: 155-275, Dz: 260-520, S; 8 Suiten, 6 App, ⌐ WC ☏; Lift 2⇔40 ≋ Strandbad Fitneßraum Sauna Solarium ⚫
geschl: 1.12.-20.12.
Auch Zimmer der Kategorie ****** vorhanden

** Brasserie
Hauptgericht 35; Terrasse; geschl: 1.-20.12.

** Friesenhof
♂ Strandstr 21, ✉ 26571, ☏ (0 49 35) 80 60, Fax 18 12
76 Zi, Ez: 115-165, Dz: 186-272, ⌐ WC ☏; Lift 1⇔12
Rezeption: 8.30-20.30; geschl: Ende Okt-Mitte Mär
Auch einfache Zimmer vorhanden

* Hauptgericht 30; geschl: Mitte Okt-Mitte März

** Nordseehotel Freese
Wilhelmstr 60, ✉ 26571, ☏ (0 49 35) 80 10, Fax 18 03
68 Zi, Ez: 150-300, Dz: 240-330, 13 Suiten, 5 App, ⌐ WC ☏; Lift ≋ Fitneßraum Sauna Solarium 🍴
geschl: 1.11.-27.12., 10.1.-15.3.

* Westfalenhof
♂ Friesenstr 24, ✉ 26571, ☏ (0 49 35) 91 22-0, Fax 91 22-50
28 Zi, Ez: 95-154, Dz: 164-264, 2 Suiten, 3 App, ⌐ WC ☏;
geschl: 18.10.-26.12., 10.1.-12.3.
Restaurant für Hausgäste; Zimmer der Kategorie ****** vorhanden

Jungholz/Tirol 70 ↘

Tirol — 1058 m — 380 Ew — Hindelang 15, Immenstadt 26, Kempten 30 km
ℹ ☏ (0 83 65) 81 20, Fax 82 87 — Verkehrsamt, Im Gemeindehaus 55, 87491 Jungholz/Tirol; (von Österreich aus PLZ A-6691, ☏ 0 56 76) Luftkurort und Wintersportplatz im Allgäu
Achtung: gehört hoheitsrechtlich zu Österreich (Tirol), Zahlungsmittel: Deutsche Mark

*** Vital-Hotel Tirol
♂ ◄ Haus Nr 48, ✉ 87491, ☏ (0 83 65) 81 61, Fax 82 10, AX DC ED VA
81 Zi, Ez: 95-145, Dz: 270-310, 3 Suiten, ⌐ WC ☏, 34⌂; Lift P 4⇔100 ≋ Fitneßraum Kegeln Sauna Solarium 🍴 ⚫

** Sporthotel Adler
♂ ◄ Haus Nr 27, ✉ 87491, ☏ (0 83 65) 81 02, Fax 81 63
53 Zi, Ez: 112, Dz: 224, ⌐ WC ☏; Lift P 1⇔25 ≋ Fitneßraum Sauna Solarium 🍴 ⚫
Auch Zimmer der Kategorie ***** vorhanden

** Ferien- und Sporthotel Waldhorn
♂ ◄ Haus Nr 78, ✉ 87491, ☏ (0 83 65) 81 35, Fax 82 65, DC
32 Zi, Ez: 85-110, Dz: 170-220, 2 Suiten, ⌐ WC ☏; P 1⇔20 ≋ Fitneßraum Sauna Solarium 🍴
geschl: 1.11.-15.12.

* Alpenhof
◄ Hauptstr 23, ✉ 87491, ☏ (0 83 65) 8 11 40, Fax 82 01 50, AX DC
29 Zi, Ez: 75-130, Dz: 110-180, 8 Suiten, 2 App, ⌐ WC ☏; P 1⇔25 Fitneßraum Sauna Solarium 🍴 ⚫
Rezeption: 9-23; geschl: Anfang Nov-Mitte Dez, Ende Apr-Mitte Mai

Kaarst 32 ↘

Nordrhein-Westfalen — Kreis Neuss — 42 m — 41 800 Ew — Neuss 6, Mönchengladbach 15, Krefeld 16 km
ℹ ☏ (0 21 31) 9 87-0, Fax 98 75 00 — Stadtverwaltung, Am Neumarkt 2, 41564 Kaarst

*** Holiday Inn Düsseldorf/Kaarst
Königsberger Str 20, ✉ 41564, ☏ (0 21 31) 96 90, Fax 96 94 45, AX DC ED VA
192 Zi, Ez: 155-385, Dz: 185-465, S; 12 Suiten, 3 App, ⌐ WC ☏ DFÜ, 59⌂; Lift P 12⇔400 ≋ Fitneßraum Sauna Solarium 🍴

Kaisersbach

★★ Classic Hotel
♂ Friedensstr 12, ✉ 41564, ☎ (0 21 31) 66 80 91, Fax 60 18 33, AX DC ED VA
22 Zi, Ez: 159-219, Dz: 219-279, ⌐ WC ☎, 6⌂; Lift P 1⇔40; garni

★ Landhaus Michels
Kaiser-Karl-Str 10, ✉ 41564, ☎ (0 21 31) 7 67 80, Fax 76 78 19, AX DC ED VA
20 Zi, Ez: 105-140, Dz: 130-170, ⌐ WC ☎ DFÜ; P ⌧ 18Golf; garni
geschl: Ende Dez-Anfang Jan
Auch einfache Zimmer vorhanden

Büttgen (3,5 km ↓)
★ Jan van Werth
Rathausplatz 20, ✉ 41564, ☎ (0 21 31) 7 58 80, Fax 51 14 33, DC ED VA
28 Zi, Ez: 95-125, Dz: 155-185, ⌐ WC ☎; Lift P ⌧ Kegeln ⫯
geschl: 23.12.-2.1.

Holzbüttgen (1 km ↓)
★ Open Air
August-Thyssen-Str 13, ✉ 41564, ☎ (0 21 31) 76 47 00, Fax 7 64 75 22, AX DC ED VA
35 Zi, Ez: 120-195, Dz: 145-260, 1 App, ⌐ WC ☎, 10⌂; Lift P ⌧ 5⇔70 Fitneßraum Kegeln Sauna Solarium 18Golf 14Tennis
Auch Zimmer der Kategorie ★★ vorhanden
★★ Hauptgericht 28; Biergarten

Kälberbronn
siehe **Pfalzgrafenweiler**

Kämpfelbach 61 ↘

Baden-Württemberg — Enzkreis — 210 m — 5 800 Ew — Pforzheim 8, Karlsruhe 25 km
🛈 ☎ (0 72 31) 8 90 78, Fax 8 10 88 — Gemeindeverwaltung, Kelterstr 1, 75236 Kämpfelbach

Bilfingen
★ Langer
♂ Talstr 9, ✉ 75236, ☎ (0 72 32) 40 40, Fax 4 04 20, AX DC ED VA
22 Zi, Ez: 96, Dz: 145-165, 2 App, ⌐ WC ☎, 1⌂; Lift 2⇔20 Kegeln
★★ Hauptgericht 28; Biergarten P Terrasse

Kagar 21 ↙

Brandenburg — Kreis Neuruppin — 80 m — 191 Ew — Neuruppin 26 km
🛈 ☎ (03 39 23) 2 18 — Gemeindeverwaltung, Grävenitzstr 3, 16837 Flecken Zechlin

★ Landhaus Schröder
Wallitzer Str, ✉ 16837, ☎ (03 39 23) 4 84/5 20, Fax 4 84/5 20, ED VA
20 Zi, Ez: 75, Dz: 110, 1 Suite, ⌐ WC ☎; Kegeln Sauna ⫯

Kahla 48 ↗

Thüringen — Holzlandkreis — 170 m — 8 050 Ew — Jena 11, Rudolstadt 21, Weimar 28 km
🛈 ☎ (03 64 24) 7 71 07, Fax 7 71 04 — Tourist Information, Markt 10, 07768 Kahla.
Sehenswert: Stadtmauer; Saalewehr; Floßgasse; Metznersches Haus

Leubengrund (5 km ↘)
★★ Waldhotel Linzmühle Flair Hotel
einzeln ♂ Im Leubengrund, ✉ 07768, ☎ (03 64 24) 8 40, Fax 8 42 20, AX DC ED VA
46 Zi, Ez: 70-100, Dz: 100-140, ⌐ WC ☎ DFÜ, 10⌂; P 3⇔25 ⫯ ⌧

Löbschütz (2 km ↘)
★ Saalehotel
Neustädter Str 18 a, ✉ 07768, ☎ (03 64 24) 2 24 79 + 7 01-0, Fax 2 24 69, AX ED VA
14 Zi, Ez: 70-80, Dz: 100-110, ⌐ WC ☎; P ⫯

Kahl a. Main 55 ↘

Bayern — Kreis Aschaffenburg — 107 m — 7 136 Ew — Hanau 10, Aschaffenburg 16, Frankfurt am Main 24 km
🛈 ☎ (0 61 88) 94 40, Fax 9 44 29 — Gemeindeverwaltung, Aschaffenburger Landstr 1, 63796 Kahl; Erholungsort

★★ Zeller
Aschaffenburger Str 2, ✉ 63796, ☎ (0 61 88) 91 80, Fax 91 81 00, AX ED VA
60 Zi, Ez: 116-124, Dz: 174, ⌐ WC ☎; P Fitneßraum Sauna Solarium
geschl: Sa,So ab mittags, 22.12.-7.1.
★★ Hauptgericht 30; Terrasse;
geschl: So + Sa mittags, 22.12.-07.01.

★ Dörfler
Westring 10, ✉ 63796, ☎ (0 61 88) 9 10 10, Fax 91 01 33, AX DC ED VA
18 Zi, Ez: 90-100, Dz: 144-160, ⌐ WC ☎; P ⫯
geschl: 24.12.-10.1.

Kahl a. Main-Außerhalb (2 km ←)
★ Am Leinritt
Leinrittstr 2, ✉ 63796, ☎ (0 61 88) 9 11 88-0, Fax 9 11 88-88, AX ED
23 Zi, Ez: 105-120, Dz: 155, ⌐ WC ☎, 6⌂; P ≋ Fitneßraum; **garni**

Kaisersbach 62 □

Baden-Württemberg — Rems-Murr-Kreis — 570 m — 2 500 Ew — Welzheim 7, Murrhardt 12 km
🛈 ☎ (0 71 84) 93 83 80, Fax 9 38 38 21 — Bürgermeisteramt, Dorfstr 5, 73667 Kaisersbach; Erholungsort →

Kaisersbach

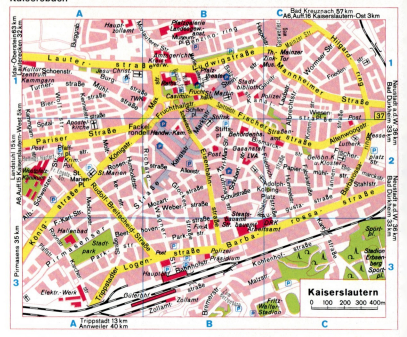

Ebnisee (3 km ←)
*** **Schassbergers Kur-und Sporthotel**
♂ Winnender Str 10, ⊠ 73667, ☎ (0 71 84) 29 20, Fax 29 22 04, AX ED VA
46 Zi, Ez: 120-265, Dz: 180-360, 3 Suiten, 1 App, ⊿ WC ☎; Lift P 🚗 4⇔150 ≋ ≋ Seezugang Fitneßraum Sauna Solarium 3 Tennis ●
Auch Zimmer der Kategorie ****** vorhanden
*** **Hirschstube**
Hauptgericht 39; Terrasse; geschl: So, Mo, 7.1.-20.3.
Nur Menüs
** **Flößerstube**
Hauptgericht 30; Gartenlokal Terrasse

Kaisersesch 43 ↙

Rheinland-Pfalz — Kreis Cochem-Zell — 438 m — 2 637 Ew — Cochem 17, Mayen 15, Koblenz 36 km
🅸 ☎ (0 26 53) 99 96 15, Fax 9 99 69 18 — Tourist-Information-Verkehrsamt Kaisersesch, Bahnhofstr. 47, 56759 Kaisersesch; Ort in der Eifel

* **Kurfürst**
♂ Auf der Wacht 21, ⊠ 56759, ☎ (0 26 53) 65 66, Fax 60 91
25 Zi, Ez: 65-100, Dz: 90-130, ⊿ WC ☎, 14✉; Lift P 🚗 🍴

Kaiserslautern 53 ↘

Rheinland-Pfalz — Stadtkreis — 233 m — 100 000 Ew — Ludwigshafen 58, Saarbrücken 68 km
🅸 ☎ (06 31) 3 65 23 17, Fax 3 65 27 23 — (Verkehrsamt) Touristeninformation im Rathaus, Willy-Brandt-Platz 1 (B 1), 67657 Kaiserslautern; Kreisstadt im Pfälzer Wald; Universität, Pfalztheater. Sehenswert: Ev. Stiftskirche; kath. Kirche St. Martin; Fruchthalle; Pfalzgalerie in der Landesgewerbeanstalt; Burgruine Hohenecken ⦁< (7 km ⦁); Kaiserbrunnen

*** **Dorint Hotel**
St.-Quentin-Ring 1 (außerhalb C 3), ⊠ 67663, ☎ (06 31) 2 01 50, Fax 1 49 08, AX DC ED VA
149 Zi, Ez: 213-233, Dz: 275-305, S; 1 Suite, 3 App, ⊿ WC ☎, 47✉; Lift P 🚗 13⇔225 ≋ ≋ Sauna Solarium ●
** **Dorado**
Hauptgericht 30; Terrasse

** **Schulte Minotel**
Malzstr 7 (B 3), ⊠ 67663, ☎ (06 31) 20 16 90, Fax 2 01 69 19, AX DC ED VA
2 Zi, Ez: 175-195, Dz: 180-290, 15 Suiten, ⊿ WC ☎, 11✉; Lift P 1⇔30 Fitneßraum Sauna
geschl: 20.12.-7.1.
Restaurant für Hausgäste

Kalletal

* **City Hotel**
Rosenstr 28 (A 2), ✉ 67655, ☎ (06 31)
1 30 25, Fax 1 33 41
18 Zi, Ez: 110, Dz: 150, 🛁 WC ☎; Lift 🅿 ⛱
Sauna Solarium; **garni**

* **Altstadt-Hotel**
Steinstr 51 (B 1), ✉ 67657, ☎ (06 31)
3 64 30, Fax 3 64 31 00, AX ED VA
22 Zi, Ez: 98, Dz: 140, 🛁 WC ☎; 🚗; **garni**

* **Lautertaler Hof**
Mühlstr 31 (A 1), ✉ 67659, ☎ (06 31)
37 26-0, Fax 7 30 33, AX DC ED VA
20 Zi, Ez: 100, Dz: 140, 1 App, 🛁; 🅿 🍽

** **Uwe's Tomate** 🍷
Schillerplatz 4 (B 1), ✉ 67655, ☎ (06 31)
9 34 06, Fax 69 61 87, ED
Hauptgericht 40; Terrasse; geschl: So, Mo,
3 Wochen im Sep

* **Stadthotel**
Friedrichstr 39 (B 2), ✉ 67655, ☎ (06 31)
36 26 30, Fax 3 62 63 50, AX ED VA
Hauptgericht 28
*   9 Zi, Ez: 115, Dz: 140, 🛁 WC ☎; 🅿
🚗

Dansenberg (7 km ↙)
* **Gasthof Fröhlich**
⌀ Dansenberger Str 10, ✉ 67661, ☎ (06 31)
3 57 16-0, Fax 3 57 16 66, AX ED VA
20 Zi, Ez: 85, Dz: 130, 🛁 WC ☎; 🅿 2↻40 Fitneßraum Kegeln Sauna Solarium 🛌
*   Hauptgericht 26; Biergarten Terrasse

Kaiserslautern-Außerhalb (3 km ←)
** **Blechhammer**
einzeln ⌀ Am Hammerweiher 1, ✉ 67659,
☎ (06 31) 3 72 50, Fax 3 72 51 00, AX DC ED VA
30 Zi, Ez: 115, Dz: 175, 🛁 WC ☎; 2↻35 🍽

Kaiserstuhl
siehe **Vogtsburg im Kaiserstuhl**

Kaiserswerth siehe Düsseldorf

Kalbach 46 □

Hessen — Kreis Fulda — 380 m — 6 100 Ew
— Schlüchtern 16, Fulda 18, Bad Brückenau
26 km
ℹ ☎ (0 66 55) 96 54-0, Fax 96 54 33 — Verkehrsamt, Hauptstr 12, 36148 Kalbach

Grashof
* **Landhotel Grashof**
⌀ 🍴 Haus Nr 4, ✉ 36148, ☎ (0 66 55) 97 70,
Fax 9 77 55, AX ED VA
21 Zi, Ez: 74-89, Dz: 125-135, 🛁 WC ☎; 🅿
3↻60 Kegeln 🛌
*   Hauptgericht 25; Biergarten;
geschl: Mo

Kalbe (Milde) 27 ↗

Sachsen-Anhalt — Altmarkkreis Salzwedel
— 25 m — 3 500 Ew
ℹ ☎ (03 90 80) 9 71-22, Fax 9 71-53 —
Touristinformation, Schulstr. 11,
39624 Kalbe (Milde); Wasserburganlage
aus dem 9.-10. Jahrhundert, Altes Wach-
haus von 1584, Kirche St. Nicolai von 1170,
historische Altstadt, Kurpark

** **Altmark Hotel**
Ernst-Thälmann-Str 6, ✉ 39624,
☎ (03 90 80) 30 77, Fax 20 77, AX ED VA
43 Zi, Ez: 75-110, Dz: 110-145, 🛁 WC ☎,
5🛏; Lift 🅿 2↻70 🍽

Kalkar 32 ↑

Nordrhein-Westfalen — Kreis Kleve — 20 m
— 12 000 Ew — Rees 9, Goch 12, Kleve
14 km
ℹ ☎ (0 28 24) 1 31 20, Fax 1 32 34 — Verkehrsamt, Markt 20, 47546 Kalkar. Sehenswert: Kath. Kirche: Hochaltar, Schnitz-
werke; Rathaus; Treppengiebelhäuser;
Städt. Museum: Sachsenspiegel; Rom.
Doppelturmbasilika in Wissel; Dorfkirche
in Hanselaer (2 km →)

* **Siekmann**
Kesselstr 32, ✉ 47546, ☎ (0 28 24) 92 45-0,
Fax 31 05, AX ED VA
14 Zi, Ez: 70-80, Dz: 120-140, 🛁 WC ☎, 2🛏;
🚗 1↻180 🍴 Kegeln Sauna Solarium 🍽
geschl: Mi

** **Ratskeller** ✤
Markt 25, ✉ 47546, ☎ (0 28 24) 24 60,
Fax 20 92, DC VA
Hauptgericht 32; Biergarten 🅿; geschl: Mo

Kehrum (5 km ↘)
* **Landhaus Beckmann**
Römerstr 1, ✉ 47546, ☎ (0 28 24) 20 86,
Fax 23 92, AX DC ED VA
22 Zi, Ez: 90-110, Dz: 150-170, 🛁 WC ☎,
2🛏; 🅿 🚗
*   Hauptgericht 30

Kalkhorst 11 ↓

Mecklenburg-Vorpommern — Nordwestmecklenburg — 1 415 Ew
ℹ Gemeindeverwaltung, 23942 Kalkhorst

Hohen Schönberg (2 km ↗)
** **Landhotel Leonorenwald**
⌀ Kalkhorster Str 5, ✉ 23948, ☎ (03 88 27)
2 37, Fax 2 37
13 Zi, Ez: 70-90, Dz: 100-120, 3 Suiten,
1 App, 🛁 WC ☎; 🅿 2↻35 🍽

Kalletal 25 ↓

Nordrhein-Westfalen — Lippe — 60 m —
15 600 Ew
ℹ ☎ (0 52 64) 14 95, Fax 6 51 22 — Tourist-Information, Corves Mühle, 32689 Kalletal →

Kalletal

Henstorf
* **Tannenhof**
Tannenhofstr 1, ✉ 32689, ☎ (0 52 64)
6 47 00, Fax 64 70 22, AX ED
10 Zi, Ez: 45-85, Dz: 70-140, ⌐ WC ☎; 🅿
2⇄200 Kegeln 🏵

Kallstadt 54 ✓

Rheinland-Pfalz — Kreis Bad Dürkheim —
150 m — 1 130 Ew — Bad Dürkheim 4,
Grünstadt 9, Ludwigshafen 15 km
ℹ ☎ (0 63 53) 93 57 73, Fax 93 57 70 — Verbandsgemeinde Freinsheim, Verkehrsamt, Bahnhofstr 12, 67251 Freinsheim; Weinbauort an der Haardt

** **Kallstadter Hof**
Weinstr 102, ✉ 67169, ☎ (0 63 22) 89 49,
Fax 6 60 40, AX ED VA
Hauptgericht 30; Gartenlokal 🅿 Terrasse;
geschl: Mi, 1 Woche über Fasching,
2 Wochen in den Sommerferien
** 13 Zi, Ez: 90-120, Dz: 110-190, ⌐
WC ☎ DFÜ; 1⇄30

** **Weinkastell Zum Weißen Roß**
Weinstr 80, ✉ 67169, ☎ (0 63 22) 50 33,
Fax 6 60 91, AX ED
Hauptgericht 44; geschl: 4 Wochen im Jan-Feb, 1 Woche im Jul-Aug
Eigenbauweine
* 13 Zi, Ez: 100-125, Dz: 160-190,
1 Suite, ⌐ WC ☎
geschl: 4 Wochen im Jan-Feb

* **Gutsausschank Breivogel**
Freinsheimer Str, ✉ 67169, ☎ (0 63 22)
6 11 08, Fax 98 09 50, ED
Hauptgericht 35; 🅿 Terrasse

Gutsschänke Henninger
🅥 Weinstr 101, ✉ 67169, ☎ (0 63 22) 6 34 69
Hauptgericht 25
Eigenbauweine

Kaltenborn 43 ←

Rheinland-Pfalz — Kreis Ahrweiler — 500 m
— 350 Ew — Adenau 10, Bad Neuenahr
18 km
ℹ ☎ (0 26 91) 18 35 — Verkehrsverein,
Waldstr 1, 53520 Kaltenborn; Ort in der Eifel

Jammelshofen (2 km ↘)
* **Waldhotel**
⌐ Bergstr 18, ✉ 53520, ☎ (0 26 91) 20 31,
Fax 76 30, AX ED
23 Zi, Ez: 60-90, Dz: 100-150, 1 Suite, ⌐ WC
☎; Solarium
* ⌐ Hauptgericht 25

Kaltenengers 43 □

Rheinland-Pfalz — Kreis Mayen-Koblenz —
64 m — 1 816 Ew — Mülheim-Kärlich 6,
Koblenz 11 km
ℹ ☎ (0 26 30) 63 54 — Gemeindeverwaltung, Hauptstr 77, 56220 Kaltenengers

** **Rheinhotel Larus**
⌐ In der Obermark 7, ✉ 56220, ☎ (0 26 30)
9 89 80, Fax 98 98 98, AX DC VA
32 Zi, Ez: 135-180, Dz: 135-250, 8 App, ⌐
WC ☎, 16📺; Lift 🅿 🚗 2⇄60
** **Larus Pavillon**
⌐ Hauptgericht 25

Kaltenkirchen 18 ↑

Schleswig-Holstein — Kreis Segeberg —
28 m — 18 000 Ew — Bad Bramstedt 12,
Hamburg 36 km
ℹ ☎ (0 41 91) 93 90, Fax 9 39-1 00 — Stadtverwaltung, Holstenstr 14, 24568 Kaltenkirchen

* **Kaltenkirchener Hof Minotel**
Alvesloher Str 2, ✉ 24568, ☎ (0 41 91)
78 61, Fax 69 10, AX DC ED VA
28 Zi, Ez: 90, Dz: 130, ⌐ WC ☎, 5📺; 🅿 🚗
2⇄90 Kegeln 🏵

* **Kleiner Markt**
Königstr 7, ✉ 24568, ☎ (0 41 91) 9 99 20,
Fax 8 97 85, AX DC ED VA
9 Zi, Ez: 90, Dz: 130, ⌐ WC ☎; 🅿 🏵

Kaltennordheim 46 →

Thüringen — Wartburgkreis — 440 m —
2 100 Ew — Meiningen 21, Schmalkalden
37, Fulda 46 km
ℹ ☎ (03 69 66) 77 80, Fax 7 78 31 — Verwaltungsgemeinschaft Oberes Feldatal, Kaltennordheim, Wilhelm-Külz-Platz 2,
36452 Kaltennordheim; Erholungort.
Sehenswert: Schloßanlage; Kilianskirche;
Nikolaikirche; Schnitzschule in Empfertshausen, Schnitzerbetriebe

* **Zum Löwen**
August-Bebel-Str 1, ✉ 36452, ☎ (03 69 66)
8 43 50, Fax 8 51 26, ED VA
15 Zi, Ez: 50-75, Dz: 90-120, ⌐ WC ☎;
Solarium 🏵

Kaltensundheim 46 →

Thüringen — Schmalkalden/Meiningen —
460 m — 6 172 Ew — Kaltennordheim 3,
Meiningen 27 km
ℹ ☎ (03 69 46) 21 60, Fax 2 16 19 — Verwaltungsgemeinschaft „Hohe Rhön", Gerthäuser Str 8, 98634 Kaltensundheim. Sehenswert: Kirchenburg mit Taufstein von 1440
und Barockorgel

* **Zur guten Quelle**
Hauptstr 7, ✉ 98634, ☎ (03 69 46) 38 50,
Fax 3 85 38, ED
8 Zi, Ez: 45-75, Dz: 70-110, 1 App, ⌐ WC ☎
DFÜ, 4📺; 🅿 2⇄50 Kegeln 🏵 ⚒

Kamen 34 ←

Nordrhein-Westfalen — Kreis Unna — 62 m
— 49 300 Ew — Unna 8, Lünen 12, Hamm
16 km
i ☎ (0 23 07) 14 81 05, Fax 14 81 40 —
Stadtverwaltung, Rathausplatz 1,
59174 Kamen; Stadt am Ostrand des Ruhrgebietes. Sehenswert: Ev. Kirche in Methler
(4 km ←)

** Holiday Inn
Kamen Karrée 2/3, ✉ 59174, ☎ (0 23 07)
96 90, Fax 96 96 66, AX DC ED VA
120 Zi, Ez: 135-179, Dz: 135-179, S; 3 Suiten,
⊟ WC ☎, 68⌧; Lift **P** 14⇔250 Fitneßraum
Sauna Solarium ⫶

* Stadt Kamen
Markt 11, ✉ 59174, ☎ (0 23 07) 97 29 00,
Fax 9 72 90 10, DC ED VA
35 Zi, Ez: 109-120, Dz: 180, ⊟ WC ☎ DFÜ;
3⇔60 ⫶

* Kautz
Ängelholmer Str 16, ✉ 59174, ☎ (0 23 07)
2 61 11-0, Fax 1 80 17, AX ED VA
10 Zi, Ez: 90-95, Dz: 150-170, ⊟ WC ☎; **P** 🚗
2⇔80 Kegeln Sauna Solarium ⫶

⬛ Ebbinghaus
Weststr 18, ✉ 59174, ☎ (0 23 07) 1 02 21
geschl: Mi, 8.8.-24.8.

Kamenz 41 ↙

Sachsen — Kreis Kamenz — 200 m —
17 000 Ew — Hoyerswerda 25, Dresden
35 km
i ☎ (0 35 78) 30 43 00, Fax 30 43 00 —
Kamenz-Information, Markt 1,
01917 Kamenz

*** Goldner Hirsch ♛
Markt 10, ✉ 01917, ☎ (0 35 78) 30 12 21,
Fax 30 44 97, AX DC ED VA
37 Zi, Ez: 160-325, Dz: 235-400, 1 Suite,
2 App, ⊟ WC ☎; **P** 🚗 2⇔60 Sauna
Solarium
Restauriertes Gebäude aus dem 16. Jh. In
der Dépendance auch Zimmer der Kategorie ** vorhanden
*** al fresco
Hauptgericht 28

** Zur Westlausitz
Nebelschützer Str 11, ✉ 01917, ☎ (0 35 78)
30 13 13, Fax 31 53 01, AX ED VA
35 Zi, Ez: 125, Dz: 140, ⊟ WC ☎; Lift **P**
2⇔50 Sauna Solarium ⫶

* Stadt Dresden
Weststr 10, ✉ 01917, ☎ (0 35 78) 34 450,
Fax 34 45 44, AX DC ED VA
18 Zi, Ez: 95-110, Dz: 150-160, ⊟ WC ☎;
3⇔420 Sauna ⫶

* Lessingstuben
Rosa-Luxemburg-Str 9, ✉ 01917,
☎ (0 35 78) 30 42 11, Fax 30 42 11, AX ED VA
Hauptgericht 32; Kegeln

Kammerstein 57 ↙

Bayern — Kreis Roth — 398 m — 2 657 Ew
— Schwabach 5, Roth 12, Nürnberg 15 km
i ☎ (0 91 22) 92 55-0, Fax 92 55-40 —
Gemeindeverwaltung Kammerstein,
Dorfstr. 10, 91126 Kammerstein

Haag (2 km ↗)
* Meyerle
Schwabacher Str 30, ✉ 91126, ☎ (0 91 22)
51 58, Fax 1 58 58, ED VA
23 Zi, Ez: 85-90, Dz: 120-125, ⊟ WC ☎; **P** 🚗
1⇔25 ⫶

Kampen siehe Sylt

Kamp-Lintfort 32 →

Nordrhein-Westfalen — Kreis Wesel —
28 m — 40 000 Ew — Duisburg 24, Wesel
27 km
i ☎ (0 28 42) 1 94 33, Fax 9 12-4 33 — Stadtverwaltung, Am Rathaus 2, 47475 Kamp-Lintfort; Stadt am Niederrhein. Sehenswert: Kloster Kamp, Zisterzienser-Kloster,
Terrassengarten

*** Parkhotel Niederrhein
Neuendickstr 96, ✉ 47475, ☎ (0 28 42)
21 04, Fax 21 09, AX DC ED VA
44 Zi, Ez: 140-220, Dz: 230-320, 1 Suite, ⊟
WC ☎; Lift **P** 🚗 5⇔80 ≋ ⌂ Kegeln Sauna
Solarium ⫶
Auch Zimmer der Kategorie ** vorhanden
** Hauptgericht 33; Terrasse

Kandel 60 ↗

Rheinland-Pfalz — Kreis Germersheim —
226 m — 8 595 Ew — Karlsruhe 16, Landau
17 km
i ☎ (0 72 75) 96 00, Fax 96 01 01 — Verbandsgemeindeverwaltung, Gartenstr 8,
76870 Kandel; Ort am Bienwald. Sehenswert: Kirche St. Georg; Rathaus; Fachwerkhäuser; Saubrunnen am ehem. Saumarkt

* Zur Pfalz
Marktstr 57, ✉ 76870, ☎ (0 72 75) 50 21,
Fax 82 68, AX DC ED VA
44 Zi, Ez: 103-125, Dz: 146-160, ⊟ WC ☎;
Lift Fitneßraum Sauna Solarium ⫶
Auch Zimmer der Kategorie ** vorhanden
* Hauptgericht 27; Gartenlokal **P**;
geschl: Mo mittags

Kandern 67

Baden-Württemberg — Kreis Lörrach — 350 m — 3 600 Ew — Lörrach 11, Müllheim 15, Basel 21 km
🛈 ☎ (0 76 26) 8 99 60, Fax 8 99 60 — Verkehrsamt, Hauptstr 18, 79400 Kandern; Erholungsort im südlichen Schwarzwald. Sehenswert: Schloß Bürgeln, 665 m ⋖ (5 km ↑); Blauen, 1165 m ⋖ (16 km ↗); Hist. Dampfeisenbahn

✶✶ Zur Weserei
♂ Hauptstr 70, ⌧ 79400, ☎ (0 76 26) 70 00, Fax 65 81, AX ED VA
25 Zi, Ez: 62-100, Dz: 92-181, 1 Suite, ⌸ WC ☎; Lift ℗ 🖷 1⇔20 Sauna Solarium 18Golf
Rezeption: 6.30-21
Im Gasthof einfache Zimmer vorhanden
✶✶ Historisches Gasthaus zur Weserei
Hauptgericht 40; Gartenlokal; geschl: Mo, Di mittags, 14 Tage vor Fasching

✶✶✶ Villa Umbach
Am Golfplatz 1, ⌧ 79400, ☎ (0 76 26) 91 41 30, Fax 9 14 13 23, DC VA
Hauptgericht 40; Gartenlokal ℗ Terrasse; geschl: Di; 🛌
Italienische Küche

Kappel-Grafenhausen 67

Baden-Württemberg — Ortenaukreis — 160 m — 4 300 Ew — Rust 3, französische Grenze 5, Lahr 14 km
🛈 ☎ (0 78 22) 86 30, Fax 8 63-29 — Bürgermeisteramt, Rathausstr 2, 77966 Kappel-Grafenhausen

Grafenhausen
✶ Gästehaus Engel
Hauptstr 92, ⌧ 77966, ☎ (0 78 22) 6 10 51, Fax 6 10 56, AX ED VA
16 Zi, Ez: 80, Dz: 120, ⌸ WC ☎; 🍽

✶ Euro
Hauptstr 198, ⌧ 77966, ☎ (0 78 22) 86 38-0, Fax 86 38-38
60 Zi, Ez: 102-122, Dz: 134-154, ⌸; garni

Kappeln 10

Schleswig-Holstein — Kreis Schleswig-Flensburg — 17 m — 10 000 Ew — Schleswig 33, Flensburg 40 km
🛈 ☎ (0 46 42) 40 27, Fax 54 41 — Tourist-Information, Schleswiger Str 1, 24376 Kappeln; Fischerstädtchen an der Schlei, Erholungsort. Sehenswert: Kirche; einzige funktionstüchtige Heringszäune Europas; Holländer Windmühle

✶ Thomsen's Motel
Theodor-Storm-Str 2, ⌧ 24376, ☎ (0 46 42) 10 52, Fax 71 54, ED
28 Zi, Ez: 80-100, Dz: 140, 10 App, ⌸ WC ☎; ℗; garni

✶✶ Stadt Kappeln ✣
Schmiedestr 36, ⌧ 24376, ☎ (0 46 42) 40 21, Fax 55 55, AX VA
Hauptgericht 30; ℗
Italienische Küche
✶✶ 8 Zi, Ez: 85-100, Dz: 140-145, ⌸ WC ☎; 3⇔200

Kappelrodeck 60 ↓

Baden-Württemberg — Ortenaukreis — 220 m — 5 900 Ew — Achern 6, Offenburg 21, Baden-Baden 31 km
🛈 ☎ (0 78 42) 8 02 10, Fax 8 02 75 — Verkehrsamt-Tourist-Information, Hauptstr 65, 77876 Kappelrodeck; Erholungs- und Weinbauort am Rande des Schwarzwaldes zur Oberrheinebene. Sehenswert: Schloß Rodeck, Zauberschloß; Fachwerkhäuser

✶ Zum Prinzen
Hauptstr 86, ⌧ 77876, ☎ (0 78 42) 9 47 50, Fax 94 75 30, AX DC ED VA
14 Zi, Ez: 80-85, Dz: 120-125, ⌸ WC ☎; Lift ℗ 2⇔30 Kegeln
geschl: 4.-22.1.
✶✶ Hauptgericht 25; Terrasse; geschl: Mo, 4.1.99-22.1.99

✶ Hirsch
Grüner Winkel 24, ⌧ 77876, ☎ (0 78 42) 21 90, Fax 36 90, AX ED VA
15 Zi, Ez: 60-75, Dz: 120, ⌸ WC ☎; ℗ 🖷
geschl: 20.3.99-28.3.99, Mitte Nov-Anf. Dez
✶✶ Hauptgericht 25; geschl: Mo

Waldulm
✶✶ Rebstock ✣
Kutzendorf 1, ⌧ 77876, ☎ (0 78 42) 94 80, Fax 9 48 20
Hauptgericht 25; ℗ Terrasse; geschl: Mo, 2 Wochen im Feb
✶ ♂ 11 Zi, Ez: 55-85, Dz: 98-144, ⌸ WC ☎
Rezeption: 8-18; geschl: Mo, 2 Wochen im Feb

Karben 45

Hessen — Wetteraukreis — 160 m — 20 300 Ew — Friedberg 14, Frankfurt/Main 17 km
🛈 ☎ (0 60 39) 48 10, Fax 4 81 30 — Stadtverwaltung, Rathausplatz 1, 61184 Karben

Groß-Karben
✶ Comfort Hotel Stadt Karben
St.-Egrève-Str 25, ⌧ 61184, ☎ (0 60 39) 80 10, Fax 80 12 22, AX DC ED VA
36 Zi, Ez: 95-195, Dz: 135-255, ⌸ WC ☎; Lift ℗ 🖷 1⇔25 Solarium 🍽 🏊
geschl: 23.12.-27.12.

Karlsdorf-Neuthard 61 ↘

Baden-Württemberg — Kreis Karlsruhe — 110 m — 9 000 Ew — Bruchsal 5, Karlsruhe 18 km
ℹ️ ☎ (0 72 51) 44 30, Fax 4 06 12 — Gemeindeverwaltung, im Ortsteil Karlsdorf, Amalienstr 1, 76689 Karlsdorf-Neuthard.
Sehenswert: Rathaus; Heimatmuseum

Karlsdorf
* **Karlshof**
Bruchsaler Str 1, ✉ 76689, ☎ (0 72 51) 9 44 10, Fax 94 41 32, AX DC ED VA
54 Zi, Ez: 90, Dz: 130, ⌁ WC ☎, 5▣; Lift 🅿 🚗
geschl: Mo
Auch Zimmer im 600 m entfernten Gästehaus vorhanden
** Hauptgericht 35; geschl: So abends

Karlsfeld 71 ↗

Bayern — Kreis Dachau — 486 m — 17 000 Ew — Dachau 5, München 9, Freising 25 km
ℹ️ ☎ (0 81 31) 9 91 51, Fax 9 91 03 — Gemeindeverwaltung, Gartenstr 7, 85757 Karlsfeld

* **Schwertfirm**
Adalbert-Stifter-Str 5, ✉ 85757, ☎ (0 81 31) 9 00 50, Fax 90 05 70, AX ED VA
50 Zi, Ez: 100-150, Dz: 130-160, ⌁ WC ☎, 10▣; Lift 🚗 Fitneßraum; **garni**
Auch Zimmer der Kategorie ** vorhanden

Karlshafen, Bad 36 ↘

Hessen — Kreis Kassel — 120 m — 4 725 Ew — Höxter 23, Holzminden 31, Münden 41 km
ℹ️ ☎ (0 56 72) 99 99 22, Fax 99 99 25 — Kurverwaltung, Hafenplatz 8, 34385 Bad Karlshafen; Soleheilbad an der Mündung der Diemel in die Weser; ursprünglich Hugenottensiedlung. Sehenswert: Barocke Stadtanlage; Rathaus; Invalidenhaus; Deutsches Hugenotten-Museum; Ruine Krukenburg ≼ (3 km ↓)

** **Zum Schwan**
Conradistr 3, ✉ 34385, ☎ (0 56 72) 10 44, Fax 10 46, AX DC ED VA
31 Zi, Ez: 105-130, Dz: 190-210, ⌁ WC ☎; Lift 🚗 2⇄30 🍴
** ⓥ Hauptgericht 35; Gartenlokal Terrasse

* **Hessischer Hof**
Carlstr 13, ✉ 34385, ☎ (0 56 72) 10 59, Fax 25 15, AX ED VA
18 Zi, Ez: 65, Dz: 110, ⌁ WC ☎; 2⇄80
* Hauptgericht 23; Gartenlokal

Karlsruhe 60 ↗

Baden-Württemberg — Stadtkreis — 116 m — 270 000 Ew — Stuttgart 80, Frankfurt/Main 140, Saarbrücken 145 km
ℹ️ ☎ (07 21) 3 55 30, Fax 35 53 43 99 — Verkehrsverein, Bahnhofplatz 6 (B 6), 76137 Karlsruhe; Regierungsbezirkshaupt- und Kreisstadt mit fächerförmig angelegtem Straßennetz im Stadtkern; Universität, Akademie der bildenden Künste, Hochschule für Musik, Pädagogische Hochschule; Badisches Staatstheater; Kammertheater.
Sehenswert: Kath. Kirche St. Stephan; ev. Stadtkirche; Schloß: Landesmuseum; Rathaus; Gemäldesammlung in der Staatlichen Kunsthalle: Hans-Thoma-Museum; Städt. Galerie; Badischer Kunstverein: Ausstellungen; Museum am Friedrichsplatz (Naturkunde); Verkehrsmuseum; Pyramide; Schloßplatz; Schwarzwaldhalle; Nancyhalle; Stadtgarten mit Zoo; Schloßgarten; Botanischer Garten; Schloß und ev. Kirche in Durlach (6 km →)

Cityplan siehe Seite 541

*** **Schlosshotel**
Bahnhofplatz 2 (B 6), ✉ 76137, ☎ (07 21) 38 32-0, Fax 38 32-3 33, AX DC ED VA
93 Zi, Ez: 200-300, Dz: 300-340, S; 3 Suiten, ⌁ WC ☎ DFÜ, 26▣; Lift 🅿 4⇄100 Fitneßraum Sauna Solarium
*** **Zum Großherzog**
Hauptgericht 38; geschl: So abends
* **Schwarzwaldstube**
Hauptgericht 24

*** **Karlsruhe Renaissance Hotel**
Mendelssohnplatz (C 3), ✉ 76131, ☎ (07 21) 3 71 70, Fax 37 71 56, AX DC ED VA
215 Zi, Ez: 226-292, Dz: 305-388, S; 8 Suiten, ⌁ WC ☎, 74▣; Lift 🚗 7⇄250 18Golf 🍴 ≈

** **Queens Hotel Karlsruhe**
Ettlinger Str 23 (B 4), ✉ 76137, ☎ (07 21) 3 72 70, Fax 3 72 71 70, AX DC ED VA
141 Zi, Ez: 135-247, Dz: 135-287, S; 5 Suiten, 1 App, ⌁ WC ☎, 64▣; Lift 7⇄300 🍴
Zimmerpreise ohne Frühstück

** **Ringhotel Residenz**
Bahnhofplatz 14 (B 6), ✉ 76137, ☎ (07 21) 3 71 50, Fax 3 71 51 13, AX DC ED VA
103 Zi, Ez: 132-197, Dz: 178-234, S; 1 Suite, ⌁ WC ☎, 20▣; Lift 🅿 🚗 9⇄120 ≈
** **Ketterer**
Hauptgericht 35; Terrasse

** **Allee-Hotel**
Kaiserallee 91, ✉ 76185, ☎ (0 721) 98 56 10, Fax 9 85 61 11, AX DC ED VA
27 Zi, Ez: 125-168, Dz: 160-230, ⌁ WC ☎; Lift 🚗 2⇄60 ≈
Maiers Bistro
Hauptgericht 20; Terrasse; geschl: So →

Karlsruhe

** Alfa
Bürgerstr 4/Ludwigsplatz (A 3), ✉ 76133,
☎ (07 21) 2 99 26, Fax 2 99 29, AX ED VA
38 Zi, Ez: 180-210, Dz: 240-260, 1 Suite, ⌐
WC ☎; Lift 🍴 ⓘ ⇌

** Ambassador mit Gästehaus
Hirschstr 34 (A 3), ✉ 76133, ☎ (07 21)
1 80 20, Fax 1 80 21 70, AX ED VA
72 Zi, Ez: 110-200, Dz: 180-260, ⌐ WC ☎,
10⋈; Lift P 🍴; garni
Im Gästehaus Alte Münze (Sophienstr 24)
Zimmer der Kategorie * vorhanden

** Avisa
Am Stadtgarten 5 (B 5), ✉ 76137, ☎ (07 21)
3 49 77, Fax 3 49 79, AX ED VA
27 Zi, Ez: 150-180, Dz: 200-240, ⌐ WC ☎,
2⋈; Lift; garni

** Rio
Hans-Sachs-Str 2, ✉ 76133, ☎ (07 21)
8 40 80, Fax 8 40 81 00, AX ED VA
119 Zi, Ez: 151-175, Dz: 201-212, ⌐ WC ☎;
Lift 🍴 1⇌15 ⓘ
Im Gästehaus Zimmer der Kategorie * vorhanden

** Kübler
Bismarckstr 39 (A 2), ✉ 76133, ☎ (07 21)
14 40, Fax 14 44 41, AX ED VA
120 Zi, Ez: 118-168, Dz: 160-200, 2 Suiten,
16 App, ⌐ WC ☎ DFÜ; Lift P 🍴 2⇌25 Fitneßraum Sauna Solarium ⓘ
Zimmer unterschiedlicher Kategorien in mehreren Gebäuden vorhanden

* Santo
Karlstr 69 (A 4), ✉ 76137, ☎ (07 21) 3 83 70,
Fax 3 83 72 50, AX ED VA
52 Zi, Ez: 120-165, Dz: 165-185, ⌐ WC ☎
DFÜ; Lift 🍴 2⇌60 Fitneßraum Sauna
Solarium 18Golf ⓘ ⇌

* Eden
Bahnhofstr 15 (A 5), ✉ 76137, ☎ (07 21)
1 81 80, Fax 1 81 82 22, AX DC ED VA
68 Zi, Ez: 105-150, Dz: 148-208, ⌐ WC ☎;
Lift 🍴 5⇌60
** Hauptgericht 32; Gartenlokal

* Blankenburg
Kriegsstr 90 (B 4), ✉ 76133, ☎ (07 21)
93 26 90, Fax 9 32 69 60, AX ED VA
36 Zi, Ez: 100-145, Dz: 125-165, 1 App, ⌐
WC ☎, 7⋈; Lift P 🍴 2⇌30 Sauna Solarium
ⓘ ⇌
Auch Zimmer der Kategorie ** vorhanden

* Kaiserhof
Karl-Friedrich-Str 12 (B 3), ✉ 76133,
☎ (07 21) 9 17 00, Fax 9 17 01 50, AX DC ED VA
44 Zi, Ez: 160-175, Dz: 220-230, 2 Suiten,
3 App, ⌐ WC ☎; Lift P 🍴 2⇌60 Fitneßraum
Sauna Solarium
geschl: 23.12.-2.1.
** Hauptgericht 45

* Hasen
Gerwigstr 47, ✉ 76131, ☎ (07 21) 9 63 70,
Fax 9 63 71 23, AX ED VA
38 Zi, Ez: 110-170, Dz: 185-225, ⌐ WC ☎;
Lift 2⇌50
geschl: 23.12.-2.1.
Einfachere Zimmer vorhanden
** Hauptgericht 30; nur abends;
geschl: Sa, So, Ende Dez-Anfang Jan, Aug

* Berliner Hof
City Partner Hotels
Douglasstr 7 (A 3), ✉ 76133, ☎ (07 21)
18 28 0, Fax 1 82 81 00, AX ED VA
55 Zi, Ez: 105-155, Dz: 150-180, ⌐ WC ☎;
Lift P Sauna Solarium; garni

* Acora Hotel und Wohnen
Sophienstr 69-71, ✉ 76133, ☎ (07 21)
85 09-0, Fax 84 85 51, AX DC ED VA
157 Zi, Ez: 95-175, Dz: 132-175, 157 App, ⌐
WC ☎ DFÜ, 25⋈; Lift 🍴; garni
Dependance mit Appartements für Langzeitvermietung möglich

** Oberländer Weinstube
Akademiestr 7 (A 2), ✉ 76133, ☎ (07 21)
2 50 66, Fax 2 11 57, AX DC ED VA
Hauptgericht 46; Terrasse; geschl: So,
2 Wochen in den Sommerferien

** O'Henry's
Breite Str 24 (A 6), ✉ 76135, ☎ (07 21)
38 55 51, Fax 38 79 30, AX ED VA
Hauptgericht 32; Terrasse; geschl: Mo, Sa mittags

** La Gioconda
Akademiestr 26 (A 3), ✉ 76133, ☎ (07 21)
2 55 40, AX DC ED VA
Hauptgericht 48; geschl: so+feiertags,
1.1.-10.1., 27.7.-10.8.

* Dudelsack
Walstr 79 (A 3), ✉ 76133, ☎ (07 21)
20 50 00, Fax 20 50 56, AX DC ED VA
Hauptgericht 40; Gartenlokal; nur abends

ⓘ Hoepfner Burghof
Haid-und-Neu-Str 18, ✉ 76131, ☎ (07 21)
61 83-4 00, Fax 61 83-4 03, AX ED VA
Hauptgericht 20
** 12 Zi, Ez: 160, Dz: 185, 4 Suiten, ⌐
WC ☎ DFÜ, 6⋈; P 🍴 4⇌180

Blüthner's Weinbar & Restaurant
Gutenbergstr 5, ✉ 76135, ☎ (07 21) 84 22 28
Hauptgericht 37; Terrasse; nur abends;
geschl: Mo, 3 Wochen im Sommer
Im französischen Bistrostil gehalten

Hansjakob Stube
Ständehausstr 4 (B 3), ✉ 76133, ☎ (07 21)
2 71 66, ED VA
Hauptgericht 25; Kegeln; geschl: Mi,
so+feiertags abends

⇌ Am Tiergarten
Bahnhofplatz 6 (B 6), ✉ 76137, ☎ (07 21)
93 22 20, VA
* 14 Zi, Ez: 100-160, Dz: 140-230,
5 App, ⌐ WC ☎; Liftva →

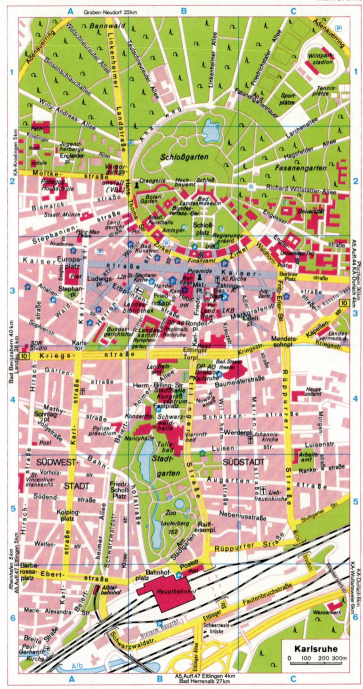

Karlsruhe

■ **Jäck**
Karlstr 37 (A 3), ⊠ 76133, ☏ (07 21) 2 71 49, Fax 2 06 31
Terrasse; geschl: 3.8.-30.8.

Daxlanden (5 km ←)
★★ **Steuermann**
Hansastr 13, ⊠ 76189, ☏ (07 21) 95 09 00, Fax 9 50 90 50, AX ED VA
18 Zi, Ez: 135-145, Dz: 160-190, ⇒ WC ☏, 5✉; ▣
★★ Hauptgericht 35

★★ **Künstlerkneipe Zur Krone**
♀ Pfarrstr 18, ⊠ 76189, ☏ (07 21) 57 22 47, Fax 57 23 41, AX ED VA
Hauptgericht 51; Biergarten; geschl: Mo

Durlach (6 km →)
★★★ **Zum Ochsen**   ♪ ♿
Pfinzstr 64, ⊠ 76227, ☏ (07 21) 94 38 60, Fax 9 43 86 43, AX DC ED VA
Hauptgericht 45; Gartenlokal ▣; geschl: Mo, Di abends
★★★ 6 Zi, Ez: 220, Dz: 280, ⇒ WC ☏ ♛
geschl: Mo, Di abends

Grötzingen (8 km →)
Zum Bundschuh
Grötzinger Weinstube
♀ Friedrichstr 14, ⊠ 76229, ☏ (07 21) 48 17 72, Fax 48 17 72, ED VA
Hauptgericht 34; Biergarten; nur abends; geschl: So, 2 Wochen im Apr, 2 Wochen im Aug

Knielingen (8 km ↖)
★ **Burgau**
Neufeldstr 10, ⊠ 76187, ☏ (07 21) 5 65 10-0, Fax 5 65 10-35, AX ED VA
17 Zi, Ez: 110-176, Dz: 140-230, ⇒ WC ☏, 5✉; ▣ 🚗 1⇄16 Sauna Solarium
★ **Besoldstube**
Hauptgericht 26; Biergarten; geschl: Sa, So, feiertags, 24.12.-6.1.

Neureut (6 km ↑)
★★ **Achat**
An der Vogelhardt 10, ⊠ 76149, ☏ (07 21) 7 83 50, Fax 78 35-3 33, AX ED VA
84 Zi, Ez: 106-149, Dz: 146-189, S; 84 App, ⇒ WC ☏, 42✉; ▣ 🚗; garni
geschl: 23.12.98-2.1.99
Auch Zimmer der Kategorie ★ vorhanden

★★ **Nagel's Kranz**
Neureuter Hauptstr 210, ⊠ 76149, ☏ (07 21) 70 57 42 + 7 83 62 53, Fax 7 83 62 54
Hauptgericht 38; Gartenlokal; geschl: so + feiertags, Sa + Mo mittags, 1 Woche zu Ostern

Karlstadt 55 ↗

Bayern — Kreis Main-Spessart — 163 m — 130 000 Ew — Gemünden 15, Würzburg 24 km
🛈 ☏ (0 93 53) 79 32 34, Fax 79 32 52 — Informationszentrale für Touristik, Marktplatz 8, 97753 Karlstadt; Kreisstadt am Main.
Sehenswert: Andreaskirche, Rathaus, Befestigungsring

★★ **Alte Brauerei**
Hauptstr 58, ⊠ 97753, ☏ (0 93 53) 97 71-0, Fax 97 71-71, AX ED VA
20 Zi, Ez: 95, Dz: 130-160, ⇒ WC ☏; Lift ▣ 2⇄50 ■
★★ Hauptgericht 25; Biergarten

Karoxbostel siehe Seevetal

Karsdorf 38 ↓

Sachsen-Anhalt — Kreis Nebra — 116 m — 2 900 Ew — Naumburg 30, Merseburg 33 km
🛈 ☏ (03 44 61) 52 36, Fax 52 43 — Gemeindeverwaltung, Breite Str 6, 06638 Karsdorf

★★ **Trias**
Straße der Einheit 29, ⊠ 06638, ☏ (03 44 61) 7 00, Fax 7 01 04, AX ED VA
50 Zi, Ez: 75-96, Dz: 80-120, 3 Suiten, ⇒ WC ☏, 2✉; Lift ▣ 3⇄60 🍴

Karwitz 19 ↓

Niedersachsen — Kreis Lüchow Dannenberg
🛈 — Tourist-Information, 29481 Karwitz

★ **Landgasthof Karwitz**
An der Bundesstr 5 (B191), ⊠ 29481, ☏ (0 58 61) 67 00, Fax 67 20, AX DC ED VA
11 Zi, Ez: 90, Dz: 135-155, 1 Suite, 1 App, ⇒ WC ☏; ▣ 1⇄40 Sauna Solarium 2 Tennis ■
geschl: Di
🍴 Hauptgericht 22; Biergarten; geschl: Di

Kassel 36 ↙

Hessen — Kreisfreie Stadt — 373 m — 200 000 Ew — Hannover 155, Frankfurt/Main 190, Würzburg 220 km
🛈 ☏ (05 61) 70 77-07, Fax 7 07 72 00 — Kassel Service Ges. f. Tourismus u. Marketing mbH, Königsplatz 53 (B 2), 34117 Kassel; Regierungsbezirkshauptstadt im Fuldatal, Universität/Gesamthochschule; Staatstheater; Flughafen bei Calden (14 km ↖). Sehenswert: Ev. Brüderkirche; ev. Martinuskirche; ref. Karlskirche: Glockenspiel (Mo, Mi, Fr 17.30-18 Uhr, So 9.30-10 Uhr); Schloß Wilhelmshöhe: Staatl. Kunstsammlungen; Löwenburg; documenta-Halle Fridericianum; Neue Galerie; Hess. Landesmuseum; Deutsches Tapetenmuseum; Murhardsche und Landesbibliothek: Hildebrandslied; Brüder-Grimm-Museum im Schloß Bellevue; Naturkundemuseum im Ottoneum (ältestes Theatergebäude Deutschlands); Thermalsolebad Kurhessen-Therme; Parkanlagen: Bundesgartenschau-Areal Karls-/Fuldaaue mit Orangerie (Museum für Astronomie und Technik); Blumeninsel Siebenbergen; Bergpark Wilhelmshöhe ⩻ Herkules, Wasserkünste (vom Himmelfahrtstag bis Ende Sep Mi, So + feiertags 14.30-15.45 Uhr); Botanischer Garten; Museen für Astronomie- und Technikgeschichte sowie Grabmalskunst

Kassel

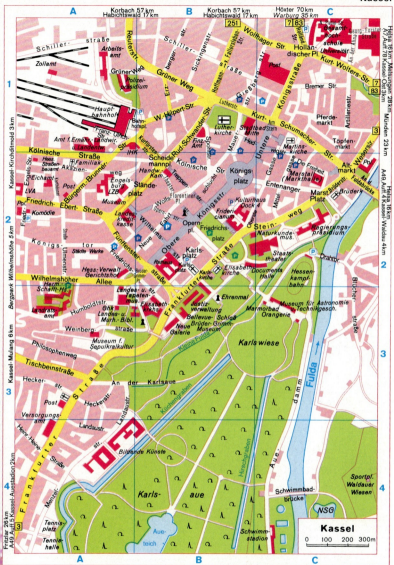

★★★ La Strada
Top International Hotel
Raiffeisenstr 10, ✉ 34121, ☎ (05 61) 2 09 00, Fax 2 09 05 00, AX DC ED VA
205 Zi, Ez: 98-142, Dz: 133-177, S; 5 Suiten, 15 App, ⌐ WC ☎ DFÜ, 30🛏; Lift 🚗
14↔400 ⌂ Sauna Solarium 🍽 🍺

⌀ Alte, beachtenswerte Architektur oder Einrichtung

★★★ Mövenpick
Spohrstr 4 (B 1), ✉ 34117, ☎ (05 61) 72 85-0, Fax 72 85-1 18, AX DC ED VA
128 Zi, Ez: 152-237, Dz: 174-299, S; 2 Suiten, ⌐ WC ☎, 55🛏; Lift 🅿 🚗 5↔300 🍽 🍺

★★ Mercure Hotel Hessenland
Obere Königsstr 2 (B 2), ✉ 34117, ☎ (05 61) 9 18 10, Fax 9 18 11 60, AX DC ED VA
48 Zi, Ez: 169-204, Dz: 191-226, S; ⌐ WC ☎ DFÜ, 13🛏; Lift; **garni** →

Kassel

** Domus
Erzberger Str 1 (B 1), ✉ 34117, ☎ (05 61) 7 29 60, Fax 7 29 64 98, AX DC ED VA
55 Zi, Ez: 115-145, Dz: 150-205, ⌐ WC ☎ DFÜ, 10🖂; Lift 🅿 4⇔60 18Golf 🍴 ⚡
Auch Zimmer der Kategorie ***** vorhanden

* City Hotel
Wilhelmshöher Allee 38-42, ✉ 34119, ☎ (05 61) 7 28 10, Fax 7 28 11 99, AX DC ED VA
42 Zi, Ez: 118-198, Dz: 178-248, 1 Suite, ⌐ WC ☎, 16🖂; Lift 🅿 🚗 4⇔50 Fitneßraum Sauna Solarium 🍴
Auch Zimmer der Kategorie ****** vorhanden

* Astoria
Friedrich-Ebertstr 135, ✉ 34119, ☎ (05 61) 7 28 30, Fax 7 28 31 99, AX DC ED VA
50 Zi, Ez: 108-178, Dz: 148-298, ⌐ WC ☎ DFÜ, 20🖂; Lift 🅿 2⇔40; **garni**
geschl: 22.12.-6.1.
Auch Zimmer der Kategorie ****** vorhanden

* Chassalla
Wilhelmshöher Allee 99, ✉ 34121, ☎ (05 61) 9 27 90, Fax 9 27 91 01, AX DC ED VA
44 Zi, Ez: 120, Dz: 150, ⌐ WC ☎ DFÜ, 5🖂; Lift 🅿 🚗 3⇔50 🍴

** Park Schönfeld
Bosestr 13, ✉ 34121, ☎ (05 61) 2 20 50, Fax 2 75 51, AX ED
Hauptgericht 33; 🅿 Terrasse; geschl: So

** La Frasca
Jordanstr 11 (A 2), ✉ 34117, ☎ (05 61) 1 44 94, VA
Hauptgericht 40; 🅿 Terrasse; nur abends; geschl: So

⚡ Cafe Paulus
Obere Königstr 28 a (B 2), ✉ 34117, ☎ (05 61) 97 88 90, Fax 78 05 54, AX DC ED VA

Bettenhausen (5 km →)
** Queens Hotel
Heiligenröder Str 61, ✉ 34123, ☎ (05 61) 5 20 50, Fax 52 74 00, AX DC ED VA
142 Zi, Ez: 125-180, Dz: 145-220, S; ⌐ WC ☎, 35🖂; Lift 🅿 10⇔200 🏊 Sauna Solarium 🍴

Niederzwehren (6 km ↓)
** Gude
Frankfurter Str 299, ✉ 34134, ☎ (05 61) 4 80 50, Fax 4 80 51 01, AX DC ED VA
87 Zi, Ez: 130-200, Dz: 180-260, 3 Suiten, ⌐ WC ☎ DFÜ, 12🖂; Lift 🅿 🚗 6⇔200 🏊 Fitneßraum Sauna Solarium 🍴
Auch Zimmer der Kategorie ******* vorhanden

Wilhelmshöhe (5 km ←; Kneippheilbad)
** Ramada Kassel
Wilhelm-Schmidt-Str 4, ✉ 34131, ☎ (05 61) 9 33 90, Fax 93 39 11 00, AX DC ED VA
137 Zi, Ez: 139-215, Dz: 139-235, S; ⌐ WC ☎ DFÜ, 73🖂; Lift 🚗 8⇔70 Fitneßraum Sauna Solarium 🍴

** Schloßhotel Wilhelmshöhe
⊰ Schloßpark 8, ✉ 34131, ☎ (05 61) 3 08 80, Fax 3 08 84 28, AX DC ED VA
97 Zi, Ez: 150-215, Dz: 200-290, 9 Suiten, 4 App, ⌐ WC ☎; Lift 5⇔100 🏊 Fitneßraum Sauna Solarium 🍴

** Kurparkhotel
Wilhelmshöher Allee 336, ✉ 34131, ☎ (05 61) 3 18 90, Fax 3 18 91 24, AX ED VA
87 Zi, Ez: 160-190, Dz: 220-280, 7 Suiten, ⌐ WC ☎ DFÜ, 13🖂; Lift 🅿 🚗 1⇔40 🏊 Fitneßraum Sauna Solarium ⚡
** Hauptgericht 25; Terrasse; geschl: so+feiertags abends

* Best Western Kurfürst Wilhelm I
Wilhelmshöher Allee 257, ✉ 34131, ☎ (05 61) 3 18 70, Fax 31 87 77, AX DC ED VA
42 Zi, Ez: 160-200, Dz: 230-250, S; 1 Suite, ⌐ WC ☎, 9🖂; Lift 5⇔18 🍴
Auch Zimmer der Kategorie ****** vorhanden

* InterCityHotel Kassel
Wilhelmshöher Allee 241, ✉ 34131, ☎ (05 61) 9 38 80, Fax 9 38 89 99, AX DC ED VA
147 Zi, Ez: 192-222, Dz: 232-262, S; ⌐ WC ☎, 40🖂; Lift 5⇔130 🍴

* Schweizer Hof City Partner Hotels
Wilhelmshöher Allee 288, ✉ 34131, ☎ (05 61) 9 36 90, Fax 9 36 99, AX DC ED VA
63 Zi, Ez: 153-193, Dz: 206-226, 3 Suiten, 35 App, ⌐ WC ☎, 10🖂; Lift 🅿 3⇔70 🍴

* Wilhelmshöher Tor
Heinrich-Schütz-Allee 24, ✉ 34131, ☎ (05 61) 93 89-0, Fax 93 89-1 11, AX DC ED VA
30 Zi, Ez: 110-130, Dz: 145-160, ⌐ WC ☎ DFÜ, 15🖂; Lift 🅿 🚗 5⇔100; **garni**
geschl: Ende Dez-Anfang Jan

* Haus Rothstein
Heinrich-Schütz-Allee 56, ✉ 34131, ☎ (05 61) 3 37 84, Fax 3 37 84, AX DC ED VA
Hauptgericht 30; Terrasse

Wolfsanger (3 km ↗)
** Landhaus Meister
Fuldatalstr 140, ✉ 34125, ☎ (05 61) 9 87 99 87, Fax 9 78 99 33, AX DC ED VA
Hauptgericht 25; Biergarten Kegeln 🅿 Terrasse; nur abends, So nur mittags; geschl: Mo, 2 Wochen Anfang Jan

Kastellaun 53 ↑

Rheinland-Pfalz — Rhein-Hunsrück-Kreis — 450 m — 5 000 Ew — Simmern 13, Zell 28, St. Goar 30 km
ℹ ☎ (0 67 62) 4 03 20, Fax 4 03 40 — Tourist-Information, Kirchstr 1, 56288 Kastellaun; Städtchen im Hunsrück, Erholungsort.
Sehenswert: Ev. Kirche; Burgruine, Burgbühne

Kauschwitz

✱ Zum Rehberg
♂ Mühlenweg 1, ✉ 56288, ☎ (0 67 62) 13 31, Fax 26 40, ED VA
35 Zi, Ez: 65-100, Dz: 110-200, 7 Suiten, 6 App., ⊿ WC ☎; 🅿 🚗 1⇌60 Sauna Solarium
Restaurant für Hausgäste

⌂ Altes Stadtor
Marktstr 4 a, ✉ 56288, ☎ (0 67 62) 9 31 30, Fax 93 13 22, DC ED VA
10 Zi, Ez: 95, Dz: 135, ⊿ WC ☎; 🍽 ⚭
Restauriertes Fachwerkhaus an einer Stadtmauer, Antikambiente

Katzenelnbogen 44 ↙

Rheinland-Pfalz — Rhein-Lahn-Kreis — 300 m — 8 500 Ew — Nastätten 10, Limburg 17 km
ℹ ☎ (0 64 86) 91 79-0, Fax 91 79-21 — Verbandsgemeindeverwaltung, Burgstr 1, 56368 Katzenelnbogen

Berghausen (3 km →)
✱ Berghof
Bergstr 3, ✉ 56368, ☎ (0 64 86) 9 12 10, Fax 18 37, ED
38 Zi, Ez: 52-59, Dz: 84-98, 4 App., ⊿ WC ☎; 🅿 🚗 2⇌50 Kegeln 🍽
geschl: Mo

Katzhütte-Oelze 48 ←

Thüringen — Kreis Rudolstadt — 714 m — 2 373 Ew — Gross Breitenbach 8, Neuhaus 11, Saalfeld 30 km
ℹ ☎ (03 67 05) 6 70, Fax 6 71 10 — Verwaltungsgemeinschaft, Bergbahn Region Schwarztal, Markt 5, 98744 Oberweisbach

Oelze
✱ Zum Ritter
♂ Eisfelder Str 22, ✉ 98746, ☎ (03 67 81) 32 20, Fax 3 22 55, ED
14 Zi, Ez: 70-80, Dz: 98-120, ⊿ WC ☎, 2⌂; 🅿 🚗 Sauna 🍽 ⚭

Kaub 53 ↗

Rheinland-Pfalz — Rhein-Lahn-Kreis — 64 m — 1 243 Ew — St. Goarshausen 10, Rüdesheim 19 km
ℹ ☎ (0 67 74) 2 22, Fax 82 30 — Verkehrsamt, Metzgergasse 26, 56349 Kaub; Stadt im Rheindurchbruchstal, Erholungsort. Sehenswert: Stadtmauer mit Wehrgang; Blücher-Denkmal/-Museum; Pfalz im Rhein; Burg Gutenfels ⚐ (1 km ↘)

Achtung: Autofähre Sommer: von 6-20, so+feiertags 8-20; Winter: 6-19, so+feiertags 8-19 ℹ (0 67 74) 364

✱ Haus Berlin
Hochstr 44, ✉ 56349, ☎ (0 67 74) 9 10-0, Fax 9 10 30, VA
10 Zi, Ez: 120-185, Dz: 165-185, 1 Suite, ⊿ WC ☎; ⚭
Restaurant für Hausgäste

✱ Zum Turm
Zollstr 50, ✉ 56349, ☎ (0 67 74) 92 20-0, Fax 92 20-11, DC ED VA
Hauptgericht 30

Kaufbeuren 70 →

Bayern — Stadtkreis — 678 m — 44 000 Ew — Marktoberdorf 12, Mindelheim 26, Landsberg 33 km
ℹ ☎ (0 83 41) 4 04 05, Fax 7 39 62 — Verkehrsverein Tourist Information, Kaiser-Max-Str 1, 87600 Kaufbeuren; Stadt an der Wertach. Sehenswert: St.-Blasius-Kapelle: Jörg-Lederer-Altar; Stadtmauer, hist. Altstadt; Klosterkirche in Irsee (8 km ↘); Museen: Stadt-, Puppen-, Industrie- und Schmuckmuseum

✱✱ Goldener Hirsch
Kaiser-Max-Str 39-41, ✉ 87600, ☎ (0 83 41) 4 30 30, Fax 43 03 75, AX ED VA
42 Zi, Ez: 70-118, Dz: 120-167, ⊿ WC ☎, 10⌂; Lift 🚗 3⇌200 Fitneßraum Sauna 🍽 ⚭

✱✱ Am Kamin
Flair Hotel
Füssener Str 62, ✉ 87600, ☎ (0 83 41) 93 50, Fax 93 52 22, AX ED VA
32 Zi, Ez: 105-145, Dz: 149-175, ⊿ WC ☎; Lift 🅿 🚗 3⇌40 Kegeln 🍽 ⚭

✱ Hasen
Ganghoferstr 7, ✉ 87600, ☎ (0 83 41) 89 41, Fax 7 44 51, AX DC ED VA
65 Zi, Ez: 57-99, Dz: 88-152, ⊿ WC; Lift 🅿 🚗 3⇌60 🍽 ⚭

⚭ Rathauscafe
Kaiser-Max-Str, ✉ 87600, ☎ (0 83 41) 23 46, Fax 1 65 81, AX DC ED VA
🅿 Terrasse; geschl: So

Kaufering 71 ↘

Bayern — Kreis Landsberg — 600 m — 8 990 Ew — Landsberg 4, Augsburg 33 km
ℹ ☎ (0 81 91) 66 40, Fax 6 64 50 — Gemeindeverwaltung, Pfälzer Str 1, 86916 Kaufering; Ort am Lech

✱ Rid
Bahnhofstr 24, ✉ 86916, ☎ (0 81 91) 71 16, Fax 65 83 29, AX ED VA
101 Zi, Ez: 45-75, Dz: 80-130, 11 App., ⊿ WC ☎; Lift 🅿 🚗 2⇌60 Kegeln 🍽
geschl: So
Auch einfachere Zimmer vorhanden

Kauschwitz 49 ←

Sachsen — Vogtlandkreis — 435 m — 981 Ew — Plauen 5, Greiz 17, Hof 31 km
ℹ ☎ (0 37 41) 52 37 18, Fax 52 38 19 — Gemeindeverwaltung, Zwoschwitzer Str 19, 08525 Kauschwitz. Sehenswert: Ev.-Luth. Kirche mit Kapelle; Umgebindehaus →

Kauschwitz

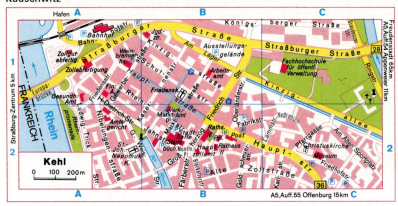

Zwoschwitz (3 km ↓)
* **Landhotel Gasthof Zwoschwitz**
⚓ Talstr 1, ✉ 08525, ☎ (0 37 41) 13 16 74, Fax 13 41 36, AX DC ED VA
25 Zi, Ez: 45-92, Dz: 75-134, ⌁ WC ☎; P
2⚬100 🍴 🍺
Auch Zimmer der Kategorie ** vorhanden

Kayhude 18 ↑

Schleswig-Holstein — Kreis Segeberg — 25 m — 942 Ew — Norderstedt 12, Bad Segeberg 25, Lübeck 39 km
ℹ ☎ (0 45 35) 50 90, Fax 5 09 99 — Amtsverwaltung, Segeberger Str 41, 23845 Itzstedt

* **Alter Heidkrug**
Segeberger Str 10, ✉ 23863, ☎ (0 40) 6 07 02 52
Hauptgericht 25; Biergarten P Terrasse; geschl: Do, So abends

Kehl 60 ↙

Baden-Württemberg — Ortenaukreis — 139 m — 33 580 Ew — Straßburg 6, Offenburg 19 km
ℹ ☎ (0 78 51) 8 82 26, Fax 48 02 48 — Kultur- und Verkehrsamt, Großherzog-Friedrich-Str 19, 77694 Kehl; Stadt am Oberrhein, Rheinbrücke

* **Europa**
Straßburger Str 9 (B 1), ✉ 77694, ☎ (0 78 51) 9 36-0, Fax 9 36-4 00, AX DC ED VA
56 Zi, Ez: 99-139, Dz: 139-169, ⌁ WC ☎, 9🍽; Lift 4⚬100

* **Grieshaber's Rebstock**
Hauptstr 183, ✉ 77694, ☎ (0 78 51) 9 10 40, Fax 7 85 68, ED VA
31 Zi, Ez: 70-98, Dz: 102-140, ⌁ WC ☎; P 🛁
** Hauptgericht 30; Gartenlokal; geschl: So abends, Mo

** **Milchkutsch**
Hauptstr 147 a, ✉ 77694, ☎ (0 78 51) 7 61 61, Fax 6 21, AX ED VA
Hauptgericht 37; Terrasse; geschl: Sa, So, Anfang-Mitte Jan, 2 Wochen im Sep

Kork (5 km →)
* **Landgasthof Schwanen**
Landstr 3, ✉ 77694, ☎ (0 78 51) 79 60, Fax 79 62 22, ED VA
39 Zi, Ez: 65-85, Dz: 98-112, ⌁ WC ☎; Lift P 🛁
geschl: 3 Wochen im Juli/Aug
* Hauptgericht 30; geschl: Mo

Marlen (6 km ↓)
** **Landgasthof Wilder Mann**
Schlossergasse 28, ✉ 77694, ☎ (0 78 54) 9 69 90, Fax 96 77 77
Hauptgericht 30
** 12 Zi, Ez: 98-128, Dz: 158-188, ⌁ WC ☎, 6🍽; P Kegeln
Zimmer in zwei Gästehäusern auf der gegenüberliegenden Straßenseite

Sundheim
* **Schwanen**
Hauptstr 329, ✉ 77694, ☎ (0 78 51) 34 62, Fax 7 34 78, AX DC ED VA
23 Zi, Ez: 85-105, Dz: 125-155, ⌁ WC ☎; P;
garni
Rezeption: 7-12, 15-24 geschl: So abends

Keitum siehe Sylt

Kelbra 37 ↘

Sachsen-Anhalt — Kreis Sangerhausen — 200 m — 3 200 Ew — Bad Frankenhausen 13, Nordhausen 19, Sangerhausen 21 km
ℹ ☎ (03 46 51) 65 28, Fax 5 32 53 — Stadtinformation, Lange Str 10, 06537 Kelbra; Erholungsort am Rande des Harzes, am Fuße des Kyffhäusers. Sehenswert: Rathaus; St.-Martini-Kirche

** **Kaiserhof**
Frankenhäuser Str 1, ✉ 06537, ☎ (03 46 51) 65 31, Fax 62 15, DC ED VA
38 Zi, Ez: 80-110, Dz: 130-190, ⊿ WC ☎; Lift 2⟲90 ≘ Sauna Solarium ¶⊙¶
Auch Zimmer der Kategorie ✱ vorhanden

** **Barbarossa**
einzeln ☼ ✦ Am Stausee, ✉ 06537, ☎ (03 46 51) 4 20, Fax 42 33, AX DC VA
27 Zi, Ez: 80-90, Dz: 120, 3 Suiten, ⊿ WC ☎; 🅿 3⟲50 Strandbad Seezugang Fitneßraum Sauna Solarium ¶⊙¶

✱ **Landhotel Sachsenhof**
Marktstr 38, ✉ 06537, ☎ (03 46 51) 41 40, Fax 62 89, AX DC ED VA
18 Zi, Ez: 60-90, Dz: 90-115, ⊿ WC ☎ DFÜ; 🅿 2⟲30 ¶⊙¶

✱ **Pension Weidemühle**
Nordhäuser Str 3, ✉ 06537, ☎ (03 46 51) 37 40, Fax 3 74 99
19 Zi, Ez: 68, Dz: 96, ⊿ WC ☎; 🅿 1⟲25 ¶⊙¶

✱ **Heinicke**
Jochstr, ✉ 06537, ☎ (03 46 51) 61 83, Fax 63 83, DC ED VA
16 Zi, Ez: 75-90, Dz: 100-120, ⊿ WC ☎; 🅿 2⟲40 Seezugang Kegeln Sauna ¶⊙¶

Kelheim (Bayern) 64 ↗

Bayern — Kreis Kelheim — 354 m — 15 500 Ew — Regensburg 26, Ingolstadt 51 km
🛈 ☎ (0 94 41) 70 12 34, Fax 70 12 29 — Verkehrsbüro, Ludwigsplatz 14, 93309 Kelheim; Stadt an der Mündung der Altmühl in die Donau. Sehenswert: Archäologisches Museum; Befreiungshalle, 451 m ✦ (3 km ←); Kloster Weltenburg (5 km ←); Tropfsteinhöhle Schulerloch

✱ **Aukoferbräu**
Alleestr 27, ✉ 93309, ☎ (0 94 41) 20 20, Fax 2 14 37
50 Zi, Ez: 52-85, Dz: 100-132, ⊿ WC; Lift 🅿 🍴 3⟲100 ¶⊙¶ ☛

** **Gasthof Stockhammer Ratskeller**
Am Oberen Zweck 2, ✉ 93309, ☎ (0 94 41) 7 00 40, Fax 70 04 31, AX DC ED VA
Hauptgericht 30
✱ 13 Zi, Ez: 65-90, Dz: 120-160, ⊿ WC ☎, 1 🖃

Kelkheim (Hessen) 54 ↑

Hessen — Main-Taunus-Kreis — 250 m — 26 300 Ew — Höchst/Main 7, Frankfurt/Main 18, Wiesbaden 25 km
🛈 ☎ (0 61 95) 80 30, Fax 80 31 33 — Stadtverwaltung, Gagernring 6, 65779 Kelkheim; Stadt am Südhang des Taunus

✱ **Arkadenhotel**
Frankenallee 12, ✉ 65779, ☎ (0 61 95) 20 88, Fax 20 55, AX DC ED VA
35 Zi, Ez: 129-210, Dz: 189-290, ⊿ WC ☎; Lift 🍴 2⟲25 Sauna Solarium ¶⊙¶

✱ **Post**
Breslauer Str 42, ✉ 65779, ☎ (0 61 95) 20 58, Fax 20 55, AX DC ED VA
18 Zi, Ez: 115-190, Dz: 160-250, ⊿ WC ☎; Lift
** **Die Kutscherstube**
Hauptgericht 35

✱ **Kelkheimer Hof**
Großer Haingraben 7, ✉ 65779, ☎ (0 61 95) 9 93 20, Fax 40 31, AX ED VA
19 Zi, Ez: 118-170, Dz: 158-220, 4 Suiten, ⊿ WC ☎; 🅿 1⟲15 ¶⊙¶ ☛

Fischbach (5 km ↘)
** **Schloßhotel Rettershof**
einzeln ☼ an der B 455, ✉ 65779, ☎ (0 61 74) 2 90 90, Fax 2 53 52, AX DC ED VA
35 Zi, Ez: 165-190, Dz: 255-290, ⊿ WC ☎; 🅿 🍴 5⟲35 Kegeln Sauna Solarium 1 Tennis
** **Le Duc**
✦ Hauptgericht 42; Terrasse; geschl: So abends

✱ **Zum fröhlichen Landmann**
✦ einzeln an der B 455, ✉ 65779, ☎ (0 61 74) 2 15 41, Fax 2 53 52
Hauptgericht 25

Münster (2 km ↘)
✱ **Becker's Waldhotel**
☼ Unter den Birken 19, ✉ 65779, ☎ (0 61 95) 9 90 40, Fax 99 04 44, DC ED VA,
20 Zi, Ez: 98-180, Dz: 165-205, ⊿ WC ☎; 🅿 🍴 2⟲48 Sauna Solarium; **garni** Restaurant für Hausgäste

✱ **Zum Goldenen Löwen**
Alte Königsteiner Str 1, ✉ 65779, ☎ (0 61 95) 9 90 70, Fax 7 39 17, DC ED VA
26 Zi, Ez: 96-102, Dz: 138-148, ⊿ WC ☎; 🅿 2⟲100 Kegeln ¶⊙¶

Kell 52 →

Rheinland-Pfalz — Kreis Trier-Saarburg — 441 m — 1 831 Ew — Hermeskeil 11, Trier 36 km
🛈 ☎ (0 65 89) 10 44, Fax 1 79 13 — Verkehrsamt, Alte Mühle, 54427 Kell; Luftkurort am Stausee im Südwest-Hunsrück

** **St. Michael**
Kirchstr 3, ✉ 54427, ☎ (0 65 89) 9 15 50, Fax 91 55 50
41 Zi, Ez: 65-80, Dz: 130-160, 1 Suite, 1 App, ⊿ WC ☎, 12 🖃; Lift 🅿 🍴 4⟲210 Fitneßraum Sauna Solarium ☛
** Hauptgericht 20; Biergarten Terrasse ➡

Kell

* Haus Doris
♦ Nagelstr 8, ⌂ 54427, ☎ (0 65 89) 71 10,
Fax 14 16, ED VA
16 Zi, Ez: 65, Dz: 110, ⌐ WC ☎, 8⌂; P
2✪50 Fitneßraum Kegeln Sauna Solarium
¶◎¦
geschl: 1.-20.11.

Kellenhusen 11 ↘

Schleswig-Holstein — Kreis Ostholstein —
5 m — 850 Ew — Grömitz 15, Oldenburg in
Holstein 17 km
ℹ ☎ (0 43 64) 10 81, Fax 18 64 — Kurverwaltung, Strandpromenade, 23746 Kellenhusen. Sehenswert: Fischerdenkmal; 1000jährige Eiche

* Erholung
Am Ring 31, ⌂ 23746, ☎ (0 43 64) 2 36,
Fax 17 05, ED
34 Zi, Ez: 65-115, Dz: 136-150, 7 App, ⌐ WC
☎, 3⌂; Lift P ¶◎¦
geschl: 20.10.-26.12., 5.1.-20.3.

Kelsterbach 54 ↗

Hessen — Kreis Groß-Gerau — 107 m —
15 500 Ew — Rüsselsheim 11, Frankfurt/
Main 12 km
ℹ ☎ (0 61 07) 77 31, Fax 13 82 — Stadtverwaltung, Mörfelder Str 33, 65451 Kelsterbach; Stadt am unteren Main

** Astron Hotel Frankfurt Airport
Mörfelder Str 113, ⌂ 65451, ☎ (0 61 07)
93 80, Fax 93 81 00, AX DC ED VA
154 Zi, Ez: 140-390, Dz: 180-390, S; ⌐ WC
☎, 38⌂; Lift P ⌐ 3✪25 Fitneßraum Sauna
Solarium ¶◎¦ ⚓

* Novotel Frankfurt Airport
Am Weiher 20, ⌂ 65451, ☎ (0 61 07) 76 80,
Fax 80 60, AX DC ED VA
150 Zi, Ez: 126-333, Dz: 158-333, S; 2 Suiten,
⌐ WC ☎, 90⌂; Lift P 7✪250 ♨ Fitneßraum Sauna Solarium ¶◎¦ ⚓

* Lindenhof
An der Siedlung 1, ⌂ 65451, ☎ (0 61 07)
93 30, Fax 6 26 55, AX DC ED VA
58 Zi, Ez: 75-145, Dz: 150-200, ☎; Lift P
3✪100
* Hauptgericht 20; Gartenlokal; nur
abends, So nur mittags

* Airport-Hotel-Tanne
Tannenstr 2, ⌂ 65451, ☎ (0 61 07) 93 40,
Fax 54 84, AX DC ED VA
36 Zi, Ez: 104-224, Dz: 154-224, ⌐ WC ☎,
8⌂; P ⌐ ¶◎¦ ⚓

** Alte Oberförsterei
Staufenstr 16, ⌂ 65451, ☎ (0 61 07) 6 16 73,
Fax 6 46 27, AX DC ED VA
Hauptgericht 37; Terrasse; geschl: Sa mittags, Mo, 1.-6.1.

Keltern 61 ←

Baden-Württemberg — Enzkreis — 270 m
— 8 800 Ew — Pforzheim 11, Ettlingen 16,
Karlsruhe 18 km
ℹ ☎ (0 72 36) 70 30, Fax 7 03 35 — Gemeindeverwaltung, Lindenstr 7, 75210 Keltern

Ellmendingen
** Goldener Ochsen
Durlacher Str 8, ⌂ 75210, ☎ (0 72 36) 81 42,
Fax 71 08
Hauptgericht 25; geschl: Do
* 13 Zi, Ez: 75-85, Dz: 130-160,
1 Suite, ⌐ WC ☎

Kemmenau 43 ↘

Rheinland-Pfalz — Rhein-Lahn-Kreis —
450 m — 520 Ew — Bad Ems 5, Koblenz
15 km
ℹ ☎ (0 26 03) 1 42 62, Fax 1 44 16 —
Gemeindeverwaltung, Im Kirschengarten 40, 56132 Kemmenau; Erholungsort im
Westerwald

** Kupferpfanne ✠
Hauptstr 17, ⌂ 56132, ☎ (0 26 03) 96 13-0,
Fax 1 41 98, AX DC ED VA
Hauptgericht 39; P Terrasse; geschl:
2 Wochen nach Fasching
* Gästehaus Kupferpfanne
♦ ⚓ 12 Zi, Ez: 60-80, Dz: 120-160, ⌐ WC ☎;
⌐ 2✪50
Rezeption: 10-22 geschl: Di

Kemmern 57 ↘

Bayern — Bamberg — 2 500 Ew — Würzburg 75, Nürnberg 50, Schweinfurt 60 km
ℹ ☎ (0 95 44) 50 15, Fax 50 90 — Gemeindeverwaltung, Hauptstr 2, 96164 Kemmern.
Sehenswert: Kirche, St. Helenenkapelle

** Rosenhof
Hauptstr 68, ⌂ 96164, ☎ (0 95 44) 92 40,
Fax 92 42 40, AX DC ED VA
36 Zi, Ez: 89-99, Dz: 129-149, 1 App, ⌐ WC
☎ DFÜ, 5⌂; Lift P 1✪25 ¶◎¦

Kemnat siehe Ostfildern

Kemnitz 30 ←

Brandenburg — Kreis Potsdam — 88 m —
421 Ew — Potsdam 17 km
ℹ ☎ (0 33 27) 32 77 — Gemeindeverwaltung, Seestr 1, 14542 Kemnitz

* Landgasthof am Golfplatz
♦ Seestr 9, ⌂ 14542, ☎ (0 33 27) 46 46,
Fax 46 47 47, AX DC ED VA
28 Zi, Ez: 98-129, Dz: 140-166, ⌐ WC ☎; P
1✪100 Seezugang

Kempten (Allgäu)

Kempen 32 □

Nordrhein-Westfalen — Kreis Viersen — 68 m — 34 010 Ew — Grefrath 7, Krefeld 14 km

🄸 ☎ (0 21 52) 49 46, Fax 34 05 — Verkehrsamt, Engerstr 3, 47906 Kempen. Sehenswert: Kath. Kirche St. Maria: Hochaltar, Chorgestühl; Kramermuseum

★★ Thomasstadt
Hülser Str 9, ✉ 47906, ☎ (0 21 52) 20 95 50, Fax 51 76 23, AX ED VA
6 Zi, Ez: 85-110, Dz: 135, 4 Suiten, ⌂ WC ☎; 🅿 🖃; garni
geschl: 23.12.-5.1.

★★ et kemp'sche huus
⌾ Neustr 31, ✉ 47906, ☎ (0 21 52) 5 44 65, AX DC ED VA

Hauptgericht 40; Terrasse; geschl: Mo, Sa mittags, 15.6.-29.6.

Kempfeld 53 ↖

Rheinland-Pfalz — Kreis Birkenfeld — 520 m — 1 000 Ew — Morbach 10, Idar-Oberstein 13 km

🄸 ☎ (0 67 85) 7 91 03, Fax 7 91 20 — Tourist Information Deutsche Edelstein Straße, Brühlstr 16, 55756 Herrstein; Erholungsort. Sehenswert: Ruine Wildenburg, 665 m ◂• (2 km ↘); hist. Wasserschleiferei

★★ Silencehotel Hunsrücker Faß
Hauptstr 70, ✉ 55758, ☎ (0 67 86) 97 00, Fax 9 70-1 00, AX DC ED VA
20 Zi, Ez: 95-140, Dz: 140-196, ⌂ WC ☎; 12🖃; 🅿 2✪30 Sauna Solarium ⚓
Auch Zimmer der Kategorie ★ vorhanden
★★ Hauptgericht 45; Terrasse

★ Wildenburger Hof
einzeln ☀ ◂• Wildenburger Str 17, ✉ 55758, ☎ (0 67 86) 70 33, Fax 71 31
10 Zi, Ez: 80, Dz: 80-120, 1 App, ⌂ WC ☎; 🅿 🍴

Kempten (Allgäu) 70 □

Bayern — Stadtkreis — 689 m — 62 000 Ew — Marktoberdorf 25, Isny 28, Sonthofen 30 km

🄸 ☎ (08 31) 1 94 33, Fax 2 52 54 27 — Amt für Tourismus, Rathausplatz 24, 87435 Kempten. Sehenswert: Kath. Kirche St. Lorenz-Basilika; ev. Kirche St. Mang, ehem. Fürstäbtliche Residenz; Burghalde ◂•; Naturkunde- und Römisches Museum im Zumsteinhaus; Alpinmuseum und Alpenländische Galerie im Marstall; Archäolog. Park Cambodunum

★★ Fürstenhof
Rathausplatz 8 (B 1), ✉ 87435, ☎ (08 31) 2 53 60, Fax 2 53 61 20, AX ED VA
57 Zi, Ez: 99-127, Dz: 128-148, 3 Suiten, 1 App, ⌂ WC ☎, 8🖃; 5✪200

★★ Ratsherren
Hauptgericht 30; nur abends

★★ Akzent-Hotel Bayerischer Hof
Füssener Str 96 (C 2), ✉ 87437, ☎ (08 31) 5 71 80, Fax 5 71 81 00, AX DC ED VA
51 Zi, Ez: 104-145, Dz: 168-200, ⌂ WC ☎; Lift 🅿 🖃 Fitneßraum Sauna Solarium 🍴

★★ Park Hotel Kempten
Bahnhofstr 1 (B 2), ✉ 87435, ☎ (08 31) 25 27-5, Fax 25 27-7 77, AX DC ED VA
30 Zi, Ez: 100-130, Dz: 150-190, 1 Suite, ⌂ WC ☎, 9🖃; Lift 🅿 🖃 3✪120 18Golf ⚓

★ Skyline
◂• Hauptgericht 30; Terrasse; geschl: So abends →

Kempten (Allgäu)

✱ Peterhof
Salzstr 1 (A 1), ✉ 87435, ☎ (08 31) 5 24 40, Fax 52 44 20, ED VA
51 Zi, Ez: 98-128, Dz: 165-178, ⊿ WC ☎, 10🛏; Lift 🅿 🍴 3⇔70 🍽 🍺

✱ Graf
Kotterner Str 72, ✉ 87435, ☎ (08 31) 52 18 70, Fax 5 21 87 55, AX ED VA
23 Zi, Ez: 87-95, Dz: 140-170, ⊿ WC ☎ DFÜ; 🍴; garni

✱ Gasthof Waldhorn
♂ Steufzger Str 80, ✉ 87435, ☎ (08 31) 58 05 80, Fax 5 80 58 99
56 Zi, Ez: 60-70, Dz: 90-110, ⊿ WC ☎ DFÜ; Lift 🅿 🍴 1⇔100 🍽 🍺
geschl: 24.8.-13.9.

✱✱ M&M Restaurant ✤
Mozartstr 8 (B 2), ✉ 87435, ☎ (08 31) 2 63 69
Hauptgericht 34; geschl: So, Mo, Sa abends

✱✱ Haubenschloss
Haubenschloßstr 37, ✉ 87435, ☎ (08 31) 2 35 10, Fax 1 60 82, AX DC ED VA
Hauptgericht 25; Gartenlokal 🅿 🍺; geschl: Mo

🍺 Hummel
Immenstädter Str 2 (B 2), ✉ 87435, ☎ (08 31) 2 22 86, Fax 13 69, AX DC ED VA
Hauptgericht 24; 🅿 Terrasse; geschl: Mo

Lenzfried (2 km →)

✱ Landhotel Hirsch
Lenzfrieder Str 55, ✉ 87437, ☎ (08 31) 57 40 00, Fax 57 00 41, ED VA
25 Zi, Ez: 95, Dz: 126, ⊿ WC ☎; 🅿 1⇔40 🍽

siehe auch **Lauben**

siehe auch **Wiggensbach**

Kenzingen 67 ↖

Baden-Württemberg — Kreis Emmendingen — 178 m — 8 900 Ew — Freiburg i.Br. 23, Lahr 23 km
ℹ ☎ (0 76 44) 9 00-1 13, Fax 9 00-1 60 — Verkehrsamt, Hauptstr 15, 79341 Kenzingen

✱ Gasthof Schieble
Offenburger Str 6, ✉ 79341, ☎ (0 76 44) 84 13, Fax 43 30, DC ED VA
27 Zi, Ez: 80, Dz: 110, ⊿ WC ☎, 4🛏; Sauna geschl: So abends, Mo
✱ 🅿 Terrasse; geschl: So abends, Mo, 2 Wochen im Feb, 2 Wochen im Jun

✱ Sport- und Tagungshotel
Breitenfelderstr 51, ✉ 79341, ☎ (0 76 44) 80 90, Fax 8 09 94, AX ED VA
43 Zi, Ez: 89, Dz: 147, ⊿ WC ☎, 10🛏; Lift 3⇔70 ♨ 🏊 Fitneßraum Kegeln Sauna Solarium 🍽

✱ Beller
Hauptstr 41, ✉ 79341, ☎ (0 76 44) 5 26, Fax 45 39, ED VA
14 Zi, Ez: 65-100, Dz: 80-120, ⊿ WC ☎; 🅿 🍽

✱✱ Scheidels Restaurant zum Kranz ✤
Offenburger Str 18, an der B 3, ✉ 79341, ☎ (0 76 44) 68 55, Fax 93 10 77, AX ED VA
Hauptgericht 36; Biergarten 🅿 🍴; geschl: Mo abends, Di, 1 Woche über Fastnacht, 3 Wochen im Nov

Kerken 32 □

Nordrhein-Westfalen — Kreis Kleve — 35 m — 12 000 Ew — Kempen 9, Geldern 11, Krefeld 15 km
ℹ ☎ (0 28 33) 92 20, Fax 92 21 23 — Gemeindeverwaltung, Dionysiusplatz 4, 47647 Kerken

Aldekerk

✱✱ Haus Thoeren
Marktstr 14, ✉ 47647, ☎ (0 28 33) 44 31, Fax 49 87, ED VA
12 Zi, Ez: 95, Dz: 140-150, ⊿ WC ☎;
✱✱ Hauptgericht 30; Terrasse; geschl: Mo, Sa mittags

Nieukerk

✱ Landgasthaus Wolters
Sevelener Str 15, ✉ 47647, ☎ (0 28 33) 22 06, Fax 51 54, DC ED VA
16 Zi, Ez: 70-120, Dz: 100-160, 1 App, ⊿ WC ☎, 1🛏; 🅿 🍴
✱ Hauptgericht 19; Terrasse; geschl: Sa

Stenden

✱✱ Via Stenden
einzeln ♂ St.-Huberter-Str 11, ✉ 47647, ☎ (0 28 33) 18-0, Fax 1 81 50, AX ED VA
84 Zi, Ez: 80-130, Dz: 100-160, ⊿ WC ☎, 10🛏; Lift 🅿 6⇔200 Fitneßraum Sauna Solarium 🍽
Auch einfache Zimmer vorhanden

Kernen im Remstal 61 →

Baden-Württemberg — Rems-Murr-Kreis — 270 m — 14 400 Ew — Fellbach 4, Waiblingen 6, Esslingen 10 km
ℹ ☎ (0 71 51) 4 01 40, Fax 4 01 41 25 — Gemeindeverwaltung, Stettener Str 12, 71394 Kernen. Sehenswert: Villa Rustica in Rommelshausen; Altes Schloß und Ruine Yburg in Stetten; Weinbaulehrpfad

Stetten

✱✱ Romantik Restaurant Zum Ochsen ✤
♒ Kirchstr 15, ✉ 71394, ☎ (0 71 51) 94 36-0, Fax 94 36-19, AX DC ED VA
Hauptgericht 35; geschl: Mi
✱ ♂ 29 Zi, Ez: 70-98, Dz: 130-170, 1 App, ⊿ WC ☎; 1⇔40; garni

Kevelaer

** **Weinstube Bayer** ✤
Gartenstr 5, ✉ 71394, ☎ (0 71 51) 4 52 52, Fax 4 33 80
Hauptgericht 30; ▪ Terrasse; geschl: So abends, Mo, 1 Woche im Feb, 3 Wochen in den Sommerferien

* **Idler**
⦶ Dinkelstr 1-3, ✉ 71394, ☎ (0 71 51) 94 91 30, Fax 9 49 13 41, AX DC ED VA
Hauptgericht 30; ▪; geschl: Mo

Kerpen 42 ↗

Nordrhein-Westfalen — Erftkreis — 80 m — 60 890 Ew — Düren 16, Köln 20 km
ℹ ☎ (0 22 37) 5 80, Fax 5 81 02 — Stadtverwaltung, Jahnplatz 1, 50171 Kerpen; Stadt an der Erft

** **St. Vinzenz**
Stiftsstr 65, ✉ 50171, ☎ (0 22 37) 92 31 40, Fax 9 23 14 14, AX DC ED VA
19 Zi, Ez: 110-130, Dz: 160-180, ⦶ WC ☎; ▪
* ⦶ Hauptgericht 30

Horrem (6 km ↗)
* **Rosenhof**
Hauptstr 119, ✉ 50169, ☎ (0 22 73) 9 34 40, Fax 93 44 49
20 Zi, Ez: 84-110, Dz: 128-160, ⦶ WC ☎, 2✉; ▪ 🄿 2⇔80 Kegeln 🍴
geschl: 22.12.-5.1., 3 Wochen in den Sommerferien

Kerpen-Außerhalb (1 km →)
*** **Schloß Loersfeld** 🔑 🍷
einzeln ⦶ 4, ✉ 50171, ☎ (0 22 73) 5 77 55, Fax 5 74 66
Hauptgericht 44; ▪ Terrasse; geschl: So, Mo, 21.6.-28.6., 20.12.-13.1.

Sindorf (3 km ↑)
* **Parkhotel**
Kerpener Str 183, ✉ 50170, ☎ (0 22 73) 98 58-0, Fax 5 49 85, AX DC ED VA
23 Zi, Ez: 86-115, Dz: 120-165, 2 App, ⦶ WC ☎; Lift ▪ 🄿 🍴

Kesselsdorf 40 ↓

Sachsen — Weißeritzkreis — 326 m — 1 000 Ew — Dresden 15, Freiberg 21 km
ℹ ☎ (03 52 04) 99 20, Fax 9 92 99 — Gemeindeverwaltung, Am Markt 1, 01723 Kesselsdorf

** **Intor**
Zschoner Ring 6, im Gewerbegebiet, ✉ 01723, ☎ (03 52 04) 45 90, Fax 45 91 13, AX DC ED VA
126 Zi, Ez: 125, Dz: 165, 4 Suiten, ⦶ WC ☎, 34✉; Lift ▪ 🄿 6⇔200 Sauna Solarium 🍴

Kestert 43 ↘

Rheinland-Pfalz — Rhein-Lahn-Kreis — 71 m — 850 Ew — St. Goarshausen 7, Lahnstein 18 km
ℹ ☎ (0 67 73) 71 42, Fax 71 24 — Verkehrsverein, Rheinstr 37, 56348 Kestert; Erholungsort im Rheindurchbruchstal

* **Krone**
◂€ Rheinstr 37, an der B 42, ✉ 56348, ☎ (0 67 73) 71 42 + 71 41, Fax 71 24, AX DC ED VA
24 Zi, Ez: 55-65, Dz: 80-120, 3 Suiten, 1 App, ⦶ WC ☎, 2✉; 2⇔100 Sauna Solarium
geschl: 14.-25.11., 18.2.-18.3.
Zimmer der Kategorie ** vorhanden
* Hauptgericht 20; ▪ Terrasse; geschl: Mo, 18.2.-18.3.99

🛏 **Goldener Stern**
◂€ Rheinstr 38, ✉ 56348, ☎ (0 67 73) 71 02, Fax 71 04, ED
12 Zi, Ez: 50-65, Dz: 78-110, ⦶ WC ☎; 🄿 2⇔80 Kegeln 🍴 🍷
geschl: Mo, 2.-10.11., 12.1.-10.2.

Ketsch 54 ↘

Baden-Württemberg — Rhein-Neckar-Kreis — 110 m — 12 500 Ew — Schwetzingen 4, Speyer 10, Ludwigshafen 16 km
ℹ ☎ (0 62 02) 60 60, Fax 6 06 16 — Gemeindeverwaltung, Hockenheimer Str 5, 68775 Ketsch

* **Seehotel**
♂ Kreuzwiesenweg 2, ✉ 68775, ☎ (0 62 02) 69 70, Fax 69 71 99, AX ED VA
42 Zi, Ez: 115-165, Dz: 175-225, ⦶ WC ☎ DFÜ, 17✉; ▪ 4⇔40 Seezugang 🍴

** **Hirsch**
Hockenheimer Str 47, ✉ 68775, ☎ (0 62 02) 6 14 39, Fax 60 90 26, AX ED
Hauptgericht 35; geschl: Di, 1.8.-21.8.99

Kettwig siehe Essen

Kevelaer 32 □

Nordrhein-Westfalen — Kreis Kleve — 22 m — 26 000 Ew — Holländ. Grenze 8, Geldern 10, Goch 12 km
ℹ ☎ (0 28 32) 12 21 51, Fax 43 87 — Verkehrsbüro, im Rathaus, Peter-Plümpe-Platz 12, 47623 Kevelaer; Wallfahrtsort. Sehenswert: Gnadenkapelle; Marienbasilika; Niederrheinisches Museum für Volkskunde und Kulturgeschichte

** **Parkhotel Kevelaer**
Neustr 3, ✉ 47623, ☎ (0 28 32) 9 53 30, Fax 79 93 79, AX DC ED VA
47 Zi, Ez: 95-110, Dz: 150, ⦶ WC ☎; Lift ▪ 🄿 8⇔70 🛁 Fitneßraum Sauna Solarium 🍴 🍷

→

Kevelaer

* **Am Bühnenhaus**
Bury-St.-Edmunds-Str 13, ⌧ 47623,
☎ (0 28 32) 44 67, Fax 40 42 39, AX ED VA
27 Zi, Ez: 75-90, Dz: 120-150, 1 App, ⌐ WC
☎; P ⌷ 1↔15; garni

* **Gelder Dyck**
Gelderner Str 43, ⌧ 47623, ☎ (0 28 32)
14 14, Fax 37 58, ED
6 Zi, Ez: 68, Dz: 98, 1 App, ⌐ WC ☎; P ⌷
Kegeln ⌘ ⌶

** **Zur Brücke**
Bahnstr 44, ⌧ 47623, ☎ (0 28 32) 23 89,
Fax 23 88, AX DC ED VA
Hauptgericht 38; Gartenlokal P; geschl: Di,
2 Wochen im Feb
**   10 Zi, Ez: 110-120, Dz: 160, ⌐ WC
☎; ⌷

Schravelen (2 km ↑)
* **Konferenz- und Sporthotel
Schravelsche Heide**
♂ Grotendonker Str 54, ⌧ 47626,
☎ (0 28 32) 8 05 51, Fax 8 09 32, AX DC ED VA
40 Zi, Ez: 89, Dz: 159, ⌐ WC ☎; 3↔40 ≋
Kegeln Sauna Solarium
**   Hauptgericht 30

Kiedrich 54 ↘

Hessen — Rheingau-Taunus-Kreis — 164 m
— 3 700 Ew — Eltville 3, Wiesbaden 15 km
ℹ ☎ (0 61 23) 9 05 00, Fax 42 21 — Gemeindeverwaltung, Marktstr 27, 65399 Kiedrich; Erholungs- und Weinbauort am Südhang des Taunus, im Rheingau. Sehenswert: St.-Valentin-Kirche; Totenkapelle St. Michael; Adelshöfe; Rathaus; Fachwerkhäuser

* **Nassauer Hof**
Bingerpfortenstr 17, ⌧ 65399, ☎ (0 61 23)
24 76, Fax 6 22 20, AX DC ED VA
27 Zi, Ez: 95-110, Dz: 150-170, ⌐ ☎; P
1↔25 ⌘

Kiefersfelden 72 ↘

Bayern — Kreis Rosenheim — 500 m —
6 600 Ew — Kufstein 5, Rosenheim 33 km
ℹ ☎ (0 80 33) 97 65 27, Fax 97 65 44 — Kur- und Verkehrsamt, Dorfstr 23, 83088 Kiefersfelden; Luftkurort und Wintersportplatz am Kaisergebirge. Sehenswert: König-Otto-Kapelle; ältestes Volkstheater Deutschlands (1618); Museumseisenbahn

* **Gruberhof**
◁ König-Otto-Str 2, ⌧ 83088, ☎ (0 80 33)
70 40, Fax 75 50, AX DC ED VA
32 Zi, Ez: 86-95, Dz: 120-150, 3 App, ⌐ WC
☎; P ⌷ 2↔150 ≋ Sauna ⌘ ⌶
Rezeption: 9-14, 17-23

* **Zur Post**
Bahnhofstr 26, ⌧ 83088, ☎ (0 80 33) 70 51,
Fax 85 73, AX DC ED VA
39 Zi, Ez: 84-94, Dz: 112-144, ⌐ WC ☎; Lift
P ⌷ Sauna Solarium ⌘

Kiel 10 →

Schleswig-Holstein — Stadtkreis — 5 m —
240 000 Ew — Lübeck 75, Flensburg 83,
Hamburg 95 km
ℹ ☎ (04 31) 67 91 00, Fax 67 54 39 — Tourist Information Kiel e. V., Sophienblatt 30, 24103 Kiel; Landeshauptstadt, an der Kieler Förde; Universität, Pädagogische Hochschule; Opernhaus; Schauspielhaus; „Kieler Woche" (Segelregatten) im Jun; tägl. Autofähren nach Dänemark, Norwegen und Schweden, wöchentl. nach Rußland, Lettland und Litauen. Sehenswert: Ev. Nikolaikirche; Rathaus: Turm ◁; Hindenburgufer ◁; Kunsthalle; Botanischer Garten; Zoologisches Museum; Meeresaquarium; Museum für Völkerkunde; Archäologische Sammlung; Kieler Stadt- und Schiffahrtsmuseum; Schleswig-Holsteinisches Freilichtmuseum bei Rammsee (6 km ✓); Olympia-Zentrum in Schilksee (15 km ↑); Marine-Denkmal Laboe (20 km →)

Achtung: Schleswig-Holstein Musik
Festival ℹ ☎ (04 31) 56 70 48

** **Best Western
Kieler Yacht-Club**
◁ Hindenburgufer 70 (C 1), ⌧ 24105,
☎ (04 31) 8 81 30, Fax 8 81 34 44, AX DC ED VA
61 Zi, Ez: 175-260, Dz: 230-325, S; ⌐ WC ☎;
Lift 5↔250 ⌘
Auch Zimmer der Kategorie *** vorhanden

** **Ringhotel Parkhotel
Kieler Kaufmann**
♂ Niemannsweg 102 (C 1), ⌧ 24105,
☎ (04 31) 8 81 10, Fax 8 81 11 35, AX DC ED VA
46 Zi, Ez: 182-230, Dz: 240-320, S; ⌐ WC ☎,
7⌷; P 3↔80 ≋ Sauna ⌶
Auch Zimmer der Kategorie *** vorhanden
**   **im Park**
Hauptgericht 35; Terrasse

** **InterCityHotel Kiel**
Kaistr 54-56 (A 5), ⌧ 24114, ☎ (04 31)
6 64 30, Fax 6 64 34 99, AX DC ED VA
124 Zi, Ez: 181-213, Dz: 221-253, S; ⌐ WC ☎
DFÜ, 40⌷; Lift P 3↔100 ⌘
Auch Zimmer der Kategorie * vorhanden

* **Berliner Hof**
Ringstr 6 (A 5), ⌧ 24103, ☎ (04 31) 6 63 40,
Fax 6 63 43 45, AX DC ED VA
85 Zi, Ez: 100-125, Dz: 150-180, ⌐ WC ☎,
16⌷; Lift P ⌷; garni →

Kiel

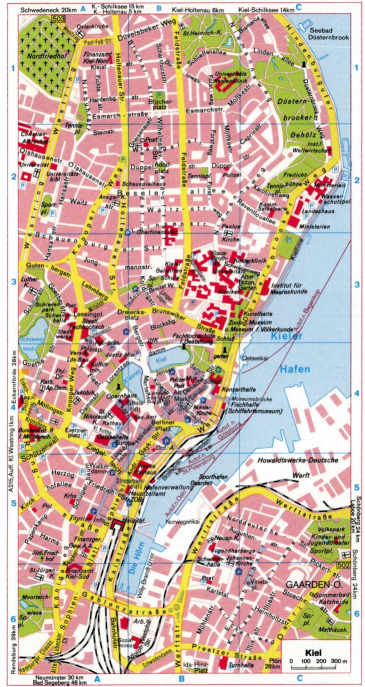

Kiel

* Erkenhof
Dänische Str 12 (B 4), ✉ 24103, ☎ (04 31)
9 50 08, Fax 97 89 65, AX DC ED VA
29 Zi, Ez: 110-125, Dz: 150-200, ⌐ WC ☎;
Lift P; garni
geschl: 20.12.-6.1.

* Astor
⊰ Am Holstenplatz 1-2 (B 4), ✉ 24103,
☎ (04 31) 9 30 17, Fax 9 63 78, AX DC ED VA
59 Zi, Ez: 90-135, Dz: 160-180, ⌐ WC ☎; Lift
🚗 3⇌60; garni

⌂ Rabe's Hotel Minotel
Ringstr 30, ✉ 24103, ☎ (04 31) 66 30 70,
Fax 6 63 07 10, AX DC ED VA
26 Zi, Ez: 75-165, Dz: 125-225, 1 Suite, ☎;
🚗; garni

** Restaurant im Schloß
⊰ Am Wall 74 (B 4), ✉ 24103, ☎ (04 31)
9 11 55, Fax 9 11 57, AX DC ED VA
Hauptgericht 35; P Terrasse; geschl: Sa
mittags, So abends, Mo

■ Fiedler
Holstenstr 92, ✉ 24103, ☎ (04 31) 9 33 14

Hasseldiekdamm (5 km ←)
** Ringhotel Birke
Martensdamm 8, ✉ 24109, ☎ (04 31)
5 33 10, Fax 5 33 13 33, AX DC ED VA
64 Zi, Ez: 117-244, Dz: 152-262, S; 3 App, ⌐
WC ☎ DFÜ; Lift P 🚗 4⇌100 Fitneßraum
Sauna Solarium 18Golf
* Waldesruh
Hauptgericht 35; geschl: So

Holtenau (5 km ↑)
* Waffenschmiede
♂ ⊰ Friedrich-Voß-Ufer 4, ✉ 24159,
☎ (04 31) 36 96 90, Fax 36 39 94, ED VA
12 Zi, Ez: 95-140, Dz: 140-195, ⌐ WC ☎; P
geschl: 20.12.-10.1.
*
⊰ Hauptgericht 30; Terrasse;
geschl: 20.12.-10.1.

Wellsee (4 km ↘)
* Sporthotel Avantage
Braunstr 40, ✉ 24145, ☎ (04 31) 71 79 80,
Fax 7 17 98 20, AX DC ED VA
20 Zi, Ez: 120-135, Dz: 165-175, ⌐ WC ☎
DFÜ; P 1⇌35 Sauna Solarium 18Golf
16Tennis 🍴 ■

siehe auch **Molfsee**

Kierdorf siehe Erftstadt

Kinderbeuern 52 ↗

Rheinland-Pfalz — Kreis Bernkastel-Wittlich — 170 m — 1 025 Ew — Wittlich 12, Traben-Trarbach 17, Daun 33 km
ℹ ☎ (0 65 41) 70 61 11, Fax 70 61 01 — Verkehrsbüro Mittelmosel-Kondelwald, Rathaus, 54536 Kröv; Ort im Alftal

* Alte Dorfschänke
Dorfstr 14, ✉ 54538, ☎ (0 65 32) 24 94,
Fax 15 32, DC ED VA
12 Zi, Ez: 59, Dz: 98, ⌐ WC; 1⇌80
geschl: Mi
** Hauptgericht 18; Gartenlokal P
Terrasse; geschl: Mi

Kinding 64 ↘

Bayern — Kreis Eichstätt — 520 m —
2 785 Ew — Beilngries 10, Eichstätt 25, Ingolstadt 28 km
ℹ ☎ (0 84 67) 8 40 10, Fax 84 01 20 — Gemeindeverwaltung, Kipfenberger Str 4, 85125 Kinding; Ort an der Altmühl

* Gästehaus Biedermann
Kipfenberger Str 10, ✉ 85125, ☎ (0 84 67)
2 82, Fax 2 82
22 Zi, Ez: 38-55, Dz: 70-90, 2 Suiten, 4 App,
⌐ WC; P 🚗 Fitneßraum; garni

* Gasthof Zum Krebs
Marktplatz 1, ✉ 85125, ☎ (0 84 67) 3 39,
Fax 2 07
40 Zi, Ez: 58-64, Dz: 88-98, ⌐ WC; P 🚗 🍴
geschl: Mi (Nov-April), 7.11.-4.12.
Einfachere Zimmer vorhanden

Enkering (2 km ↙)
** Gasthof zum Bräu
Rumburger 1a, ✉ 85125, ☎ (0 84 67) 85 00,
Fax 8 50 57
16 Zi, Ez: 75-80, Dz: 115-125, ⌐ WC ☎; Lift
P 2⇌140
geschl: Mo, 19.-25.12.
** Hauptgericht 20; Terrasse;
geschl: Mo

Kinheim-Kindel 52 ↗

Rheinland-Pfalz — Kreis Bernkastel-Wittlich — 110 m — 1 100 Ew — Bernkastel-Kues 14, Zell 29 km
ℹ ☎ (0 65 32) 34 44, Fax 14 99 — Tourist-Information, Moselweinstr. 14, 54538 Kinheim-Kindel; Wein- und Erholungsort an der Mosel

* Pohl zum Rosenberg
⊰ Moselweinstr 3, ✉ 54538, ☎ (0 65 32)
21 96, Fax 10 54
31 Zi, Ez: 72-77, Dz: 122-130, ⌐ WC; ≋
Sauna Solarium
Rezeption: 9-22; geschl: Do (Nov-Mai),
10.1.-5.2.
** ⊰ Hauptgericht 18; Biergarten P
Terrasse; geschl: Do (Nov-Mai), 10.1.-5.2.

Kipfenberg 64 ↘

Bayern — Kreis Eichstätt — 376 m —
5 452 Ew — Beilngries 16, Eichstätt 25, Ingolstadt 28 km
ℹ ☎ (0 84 65) 94 10 41-42, Fax 94 10 43 — Tourist-Information, Marktplatz 2, 85110 Kipfenberg; Erholungsort im Altmühltal

Arnsberg (6 km ✓)
* **Schloß Arnsberg**
einzeln ♂ ◄ ⌧ 85110, ☏ (0 84 65) 31 54,
Fax 10 15
20 Zi, Ez: 75-90, Dz: 120-140, ᗡ WC; 🅿
2⟷20 Solarium 🎐 ⛴
geschl: Mo, 20.12.-6.1., 15.2.-15.3.

Pfahldorf (5 km ↘)
* **Landhotel Geyer**
Alte Hauptstr 10, ⌧ 85110, ☏ (0 84 65)
90 50 11, Fax 33 96, ED
35 Zi, Ez: 55-70, Dz: 90-100, 1 Suite, 4 App,
ᗡ WC, 2⍍; Lift 🅿 🚗 2⟷80 Sauna 🎐
geschl: Do, 16.-29.11.

Kirchberg an der Jagst 62 ↗

Baden-Württemberg — Kreis Schwäbisch
Hall — 4 290 Ew
ℹ ☏ (0 79 54) 98 01-0, Fax 98 01-19 — Bürgermeisteramt, Schloßstr. 10, 74592 Kirchberg an der Jagst

* **Landhotel Kirchberg**
Eichenweg 2, ⌧ 74592, ☏ (0 79 54) 9 88 80,
Fax 98 88 88, ED VA
17 Zi, Ez: 100, Dz: 120, ᗡ WC ☏, 7⍍; 🅿 🚗
2⟷20 🎐

Kirchen 44 ↖

Rheinland-Pfalz — Kreis Altenkirchen —
350 m — 10 100 Ew — Betzdorf 5, Siegen
21 km
ℹ ☏ (0 27 41) 9 57 21, Fax 6 21 03 —
Gemeindeverwaltung, Lindenstr 7,
57548 Kirchen; Luftkurort an der Sieg.
Sehenswert: Jugendburg Freusburg ◄
(3 km ↑); Druidenstein in Herkersdorf
(2 km ←); Ottoturm in Herkersdorf ◄

Katzenbach (2 km →)
** **Zum Weißen Stein**
◄ Dorfstr 50, ⌧ 57548, ☏ (0 27 41) 9 59 50,
Fax 6 25 81, AX DC ED VA
35 Zi, Ez: 90-98, Dz: 149-159, 12 Suiten, ᗡ
WC ☏ DFÜ; 🅿 🚗 3⟷50
** Hauptgericht 25

Kirchenlamitz 49 ✓

Bayern — Kreis Wunsiedel — 591 m —
4 400 Ew — Selb 13, Wunsiedel 16, Hof
21 km
ℹ ☏ (0 92 85) 9 59 15, Fax 9 59 59 — Stadtverwaltung, Marktplatz 3, 95158 Kirchenlamitz; Erholungsort im Fichtelgebirge.
Sehenswert: Epprechtstein ◄ mit Burgruine 799 m (2 km ✓)

* **Gasthof Deutsches Haus**
Hofer Str 23, ⌧ 95158, ☏ (0 92 85) 3 76,
Fax 58 11, AX DC ED VA
Hauptgericht 20

Kirchenlamitz-Außerhalb (6 km ↗)
* **Jagdschloß Fahrenbühl**
einzeln ♂ Fahrenbühl 13, ⌧ 95158,
☏ (0 92 84) 3 64, Fax 3 58, AX ED
14 Zi, Ez: 50-74, Dz: 80-118, ᗡ WC ☏; 🅿 ≋
Sauna Solarium
geschl: Nov
Restaurant für Hausgäste; Auch Zimmer
anderer Kategorien vorhanden

Kirchensittenbach 57 →

Bayern — Kreis Nürnberger Land — 355 m
— 2 150 Ew — Hersbruck 7, Pegnitz 26,
Nürnberg 28 km
ℹ ☏ (0 91 51) 8 64 00, Fax 86 40 40 —
Gemeindeverwaltung, Rathausgasse 1,
91241 Kirchensittenbach; Ort in der Fränkischen Alb

Kleedorf (3 km ↘)
** **Zum Alten Schloß
Landidyll Hotel**
♂ Haus Nr 5, ⌧ 91241, ☏ (0 91 51) 86 00,
Fax 86 01 46, AX DC ED VA
54 Zi, Ez: 95-110, Dz: 140-160, 2 Suiten,
1 App, ᗡ WC ☏, 20⍍; Lift 🚗 8⟷50 Fitneßraum Sauna Solarium 🎐 ⛴
Auch Zimmer der Kategorie * vorhanden

Kirchham 66 ↓

Bayern — Kreis Passau — 325 m —
2 384 Ew — Rotthalmünster 4, Bad Füssing
6 km
ℹ ☏ (0 85 33) 17 23, Fax 71 46 — Verkehrsamt, Kirchplatz 3, 94148 Kirchham

** **Haslinger Hof**
einzeln ♂ Ed 1, ⌧ 94148, ☏ (0 85 31) 29 50,
Fax 29 52 00
110 Zi, Ez: 65-110, Dz: 88-150, ᗡ WC ☏; Lift
🅿 🚗 1⟷40 Fitneßraum Sauna Solarium 🎐
⛴

Kirchhasel 48 □

Thüringen — Kreis Rudolstadt — 200 m —
246 Ew — Rudolstadt 4, Kahla 18, Pößneck
20 km
ℹ ☏ (0 36 72) 2 20 31, Fax 2 20 31 —
Gemeindeverwaltung, 07407 Kirchhasel

Kolkwitz (3 km ↘)
* **Thüringer Landhotel Edelhof**
♂ Ortsstr 27, ⌧ 07407, ☏ (0 36 72) 42 26 26,
Fax 42 26 28, ED
36 Zi, Ez: 70, Dz: 90, 2 Suiten, ᗡ WC ☏; 🅿
2⟷80 ≋ Fitneßraum Kegeln Sauna 🎐 ⛴

Kirchheim am Neckar 61 ↗

Baden-Württemberg — Kreis Ludwigsburg
— 180 m — 4 635 Ew — Heilbronn 15, Ludwigsburg 25 km
ℹ ☏ (0 71 43) 8 95 50, Fax 9 11 56 — Tourist-Information, Hauptstr. 78, 74366 Kirchheim
→

Kirchheim am Neckar

* **Gästehaus Ullmannshof**
Wasenstr 7, ✉ 74366, ☎ (0 71 43) 9 40 01,
Fax 9 37 41, AX ED VA
13 Zi, Ez: 75, Dz: 100, ⌂ WC; **P**; garni

Kirchheim am Ries 63 ←

Baden-Württemberg — Ostalbkreis —
497 m — 1 870 Ew — Bopfingen 5, Nördlingen 8 km
i ☎ (0 73 62) 30 28, Fax 30 69 — Bürgermeisteramt, Auf dem Wörth 7, 73467 Kirchheim am Ries. Sehenswert: Keltenschanze; römische Gutshöfe; alemannisches Gräberfeld, Alemannenmuseum; Klosteranlage

* **Landhotel Engelhard**
Schulgasse 1, ✉ 73467, ☎ (0 73 62) 31 18, Fax 31 36
10 Zi, Ez: 48-65, Dz: 95-105, 3 App, ⌂ WC ☎,
3 ✉; **P** 🛏; garni

Kirchheim b. München 72 ↑

Bayern — Kreis München (Land) — 500 m
— 13 000 Ew — Vaterstetten 4, München 20 km
i ☎ (0 89) 90 90 90 — Gemeindeverwaltung, Münchener Str 6, 85551 Kirchheim b. München

Heimstetten (2 km ↓)
** **Räter-Park Hotel**
Räterstr 9, ✉ 85551, ☎ (0 89) 90 50 40,
Fax 9 04 46 42, AX DC ED VA
150 Zi, Ez: 150-320, Dz: 190-360, 5 App, ⌂
WC ☎, 44 ✉; Lift **P** 🛏 6⟲150 Fitneßraum Sauna Solarium
** **Räter-Stuben**
Hauptgericht 24

Kirchheimbolanden 53 →

Rheinland-Pfalz — Donnersbergkreis —
250 m — 7 500 Ew — Alzey 13, Worms 32, Kaiserslautern 37 km
i ☎ (0 63 52) 17 12, Fax 71 02 62 — Touristik-Verband, Uhlandstr 2, 67292 Kirchheimbolanden; Kreisstadt, Luftkurort.
Sehenswert: Ev. Kirchen St. Peter und St.Paul; Hochzeitszimmer, Mozartorgel; ehem. Schloß; Reste der Stadtbefestigung: Wehrgang, Apothekerturm, Grauer Turm, Rotes Tor; Drosselfels, 452m ⛷ (6 km ←); Donnersberg, 687m ⛷

* **Braun**
Uhlandstr 1, ✉ 67292, ☎ (0 63 52) 23 43,
Fax 62 28, AX DC ED VA
40 Zi, Ez: 84-96, Dz: 125-135, 1 Suite, ⌂ WC ☎; Lift **P** 🛏 2⟲40 Kegeln Sauna 18Golf

Schillerhain (1 km ←)
* **Schillerhain**
♂ ⛷ Schillerhain 1, ✉ 67292, ☎ (0 63 52) 71 20, Fax 71 21 39
20 Zi, Ez: 75-85, Dz: 130-145, 2 Suiten, ⌂ WC ☎; Lift **P** 🛏 3⟲50 🍴

Kirchheim/Hessen 46 ↖
Kr. Hersfeld-Rotenburg

Hessen — Kreis Hersfeld-Rotenburg —
245 m — 4 200 Ew — Bad Hersfeld 11, Alsfeld 23 km
i ☎ (0 66 25) 91 95 95, Fax 91 95 96 — Touristik-Service Kirchheim, Hauptstr 20, 36275 Kirchheim; Ort im Knüllgebirge

** **Hattenberg**
Am Hattenberg 1, ✉ 36275, ☎ (0 66 25) 9 22 60, Fax 83 11, AX ED VA
45 Zi, Ez: 109, Dz: 159, ⌂ WC ☎, 6 ✉; Lift 2⟲50; garni

* **Eydt**
Hauptstr 21, ✉ 36275, ☎ (0 66 25) 70 01 + 9 22 50, Fax 92 25 70, ED VA
60 Zi, Ez: 71-89, Dz: 109-139, ⌂ WC ☎; Lift 3⟲120 🍴

In der Freizeitanlage Seepark
** **Seehotel Meirotels**
einzeln ⛷ ✉ 36275, ☎ (0 66 28) 8 80,
Fax 8 81 19, AX DC ED VA
106 Zi, Ez: 150-175, Dz: 195-230, 2 Suiten, 30 App, ⌂ WC ☎ DFÜ, 8 ✉; Lift **P** 14⟲400
⛵ Seezugang Kegeln Sauna Solarium
6Tennis 🍴 ⛴

Kirchheim unter Teck 62 ↙

Baden-Württemberg — Kreis Esslingen —
311 m — 38 000 Ew — Göppingen 18, Stuttgart 32 km
i ☎ (0 70 21) 30 27, Fax 48 05 38 — Verkehrsamt, Max-Eyth-Str 15, 73230 Kirchheim unter Teck; Stadt an der Schwäb. Alb.
Sehenswert: Renaissance-Schloß; Stadtmauer mit Bastei; Fachwerk-Rathaus mit Kassettendecke; gotische Martinskirche; Museum und Galerie im Kornhaus; Literarisches Museum im Max-Eyth-Haus; Museum Hauff (Erdgeschichte) in Holzmaden

** **Zum Fuchsen**
Schlierbacher Str 28, ✉ 73230, ☎ (0 70 21) 57 80, Fax 57 84 44, AX DC ED VA
80 Zi, Ez: 145-177, Dz: 180-240, 1 Suite, 1 App, ⌂ WC ☎, 14 ✉; Lift **P** 🛏 6⟲60
Sauna Solarium 18Golf 🍴
Zimmer der Kategorie *** vorhanden

** **Holiday Inn Garden Court**
Eichendorffstr 99, ✉ 73230, ☎ (0 70 21) 8 00 80, Fax 80 08 88, AX DC ED VA
52 Zi, Ez: 125-182, Dz: 149-182, **S**; ⌂ WC DFÜ, 13 ✉; Lift **P** 🛏 6⟲40 Sauna Solarium
** Hauptgericht 20; Terrasse

* **Stadthotel Waldhorn**
♂ Marktplatz 8, ✉ 73230, ☎ (0 70 21) 9 22 40, Fax 92 24 50, AX DC ED VA
14 Zi, Ez: 130-145, Dz: 160-190, 1 Suite, ⌂ WC ☎, 6 ✉; Lift 🛏 18Golf
* Hauptgericht 20; Gartenlokal **P**

Nabern (5 km ↘)
* **Arthotel**
Weilheimer Str 18-20, ✉ 73230, ☏ (0 70 21)
9 50 59-0, Fax 5 32 42, AX ED
8 Zi, Ez: 170-200, Dz: 200-250, 1 Suite,
4 App, ⊣ WC ☏; P 3↻20 18Golf ⵏ⃝
Designerausstattung

Ötlingen
* **Teck**
Stuttgarter Str 173, ✉ 73230, ☏ (0 70 21)
4 50 46, Fax 4 35 99
17 Zi, Ez: 90, Dz: 130, ⊣ WC ☏; **garni**

Kirchhofen siehe Ehrenkirchen

Kirchhundem 34 ↓

Nordrhein-Westfalen — Kreis Olpe —
400 m — 13 300 Ew — Lennestadt 3, Kreuztal 24, Schmallenberg 25 km
🛈 ☏ (0 27 23) 40 90, Fax 4 09 55 — Verkehrsamt, Hundemstr 35, 57399 Kirchhundem;
Luftkurort zwischen Rothaar- und Ebbegebirge. Sehenswert: Rhein-Weser Turm, 720 m ⧭; Stickereimuseum Altes Pastorat;
Schloß Adolfsburg bei Oberhundem
(8 km →)

Heinsberg (11 km ↘)
** **Schwermer**
Talstr 60, ✉ 57399, ☏ (0 27 23) 76 38,
Fax 7 33 00, ED VA
Hauptgericht 35; Biergarten Kegeln P; ⍨

Kirchlinteln 25 ↗

Niedersachsen — Kreis Verden — 53 m —
10 500 Ew — Verden 7, Visselhövede 19 km
🛈 ☏ (0 42 36) 8 70, Fax 87 26 — Gemeindeverwaltung, Am Rathaus 1, 27308 Kirchlinteln

Schafwinkel (10 km ↗)
* **Landhaus Badenhoop**
♆ Zum Keenmoor 13, ✉ 27308, ☏ (0 42 37)
93 90, Fax 93 93 00, AX ED VA
18 Zi, Ez: 80-110, Dz: 125-160, ⊣ WC ☏; Lift
P 3↻200 ≌ Kegeln Sauna Solarium ⵏ
* **Keenspieker**
Hauptgericht 25; Biergarten

Kirchzarten 67 □

Baden-Württemberg — Kreis Breisgau-Hochschwarzwald — 326 m — 9 400 Ew —
Freiburg 9, Titisee-Neustadt 23, Todtnau
27 km
🛈 ☏ (0 76 61) 39 39, Fax 3 93 45 — Verkehrsamt, Hauptstr 24, 79199 Kirchzarten; Luftkurort. Sehenswert: Kath. Kirche St. Gallus;
Grabmal; Talvogtei; Kapelle auf dem Giersberg, 486 m (1 km ↘)

☸ Lobenswerte Hotelleistung

* **Sonne**
Hauptstr 28, ✉ 79199, ☏ (0 76 61) 6 20 15,
Fax 75 35, AX DC ED VA
24 Zi, Ez: 80-98, Dz: 110-145, ⊣ WC ☏, 7✉;
P 🞰 1↻30 ⵏ
geschl: Fr, 1.-20.11.
* Hauptgericht 30; Terrasse;
geschl: Fr, Sa mittags, 1.-20.11.

* **Fortuna**
Hauptstr 7, ✉ 79199, ☏ (0 76 61) 39 80,
Fax 39 81 00
35 Zi, Ez: 80-125, Dz: 115-125, ⊣ WC ☏; Lift
P 🞰 1↻100 Kegeln ⵏ⃝

Dietenbach (1 km ↓)
* **Landgasthof Zum Rössle**
Ⓥ Dietenbach 1, ✉ 79199, ☏ (0 76 61) 22 40,
Fax 98 00 22, AX DC ED
Hauptgericht 26; ⍨
Historisches Gasthaus seit 1750

Kirkel 53 ∠

Saarland — Saarpfalz-Kreis — 250 m —
10 000 Ew — Homburg 10, Saarbrücken
17 km
🛈 ☏ (0 68 41) 8 09 80, Fax 80 98-10 — Verkehrsamt, im Ortsteil Limbach, Hauptstr 10,
66459 Kirkel

Neuhäusel (1 km ←)
*** **Ressmann's Residence**
Kaiserstr 87, ✉ 66459, ☏ (0 68 49) 90 00 12,
Fax 90 00-50, ED VA
Hauptgericht 38; P; ⍨; geschl: Sa mittags, Di, Faschingswoche

** **Rützelerie Geiß**
Blieskasteler Str 25, ✉ 66459, ☏ (0 68 49)
13 81, Fax 9 13 71, ED VA
Hauptgericht 34; P; nur abends; geschl:
So, Mo, 2 Wochen im Mär, 3 Wochen in
den Sommerferien

Kirn 53 □

Rheinland-Pfalz — Kreis Bad Kreuznach —
300 m — 9 500 Ew — Idar-Oberstein 16, Bad
Kreuznach 33 km
🛈 ☏ (0 67 52) 9 34 00, Fax 93 40 30 — Verkehrsbüro, Am Bahnhof, 55606 Kirn;
Städtchen an der Nahe, zwischen Hunsrück
und Nordpfälzer Bergland. Sehenswert:
Ev. Kirche; Rathaus; Kyrburg ⧭

** **Kyrburg**
⧭ ✉ 55606, ☏ (0 67 52) 9 36 60, Fax 9 36 67,
AX DC ED VA
Hauptgericht 34

Kissing 71 ↘

Bayern — Aichach-Friedberg — 9 570 Ew
🛈 ☏ (0 82 33) 7 90 70, Fax 52 90 — Gemeindeverwaltung, Pestalozzistr 5, 86438 Kissing →

Kissing

* Hubertus
Gewerbering 5, ✉ 86438, ☎ (0 82 33)
7 90 20, Fax 2 64 83, ED VA
11 Zi, Ez: 90, Dz: 135, ⇨ WC ☎; **P**; garni

* Kühner's Landhaus
Gewerbering 3, ✉ 86438, ☎ (0 82 33)
2 00 05, Fax 2 09 82, ED VA
Hauptgericht 27; **P** Terrasse; geschl: Mo

Kissingen, Bad 46 ↘

Bayern — Kreis Bad Kissingen — 201 m —
23 200 Ew — Hammelburg 18, Schweinfurt
25, Bad Neustadt a. d. Saale 28 km
i ☎ (09 71) 8 04 80, Fax 80 48 40 — Kurverwaltung, Am Kurgarten 1, 97688 Bad Kissingen; Mineral- und Moorheilbad an der Fränkischen Saale. Spielbank. Sehenswert: Regentenbau; Altes Rathaus; Kurtheater

*** Steigenberger Kurhaushotel
♂ Kurgarten 3 (B 1), ✉ 97688, ☎ (09 71)
8 04 10, Fax 8 04 15 97, AX DC ED VA
99 Zi, Ez: 152-242, Dz: 242-409, **S**; 1 Suite, ⇨
WC ☎, 40✉; Lift **P** 🚗 5⇔80 ≋ Fitneßraum
Sauna Solarium 18Golf 🍷
Auch Zimmer der Kategorie ★★★★ vorhanden

*** Kurhaus Restaurant
Hauptgericht 36; Gartenlokal **P** Terrasse

* Kissinger Stüble
Hauptgericht 19; Gartenlokal **P**

*** Landhaus Baunach
♂ Bismarckstr 44, ✉ 97688, ☎ (09 71)
91 64 00, Fax 91 64 30, AX DC ED VA
51 Zi, Ez: 148-198, Dz: 228-368, 3 Suiten, ⇨
WC ☎, 14✉; Lift **P** 3⇔35 ≋ Sauna
Solarium 🍷

** Landhaus Baunach

*** Frankenland
♂ Frühlingstr 11 (C 1), ✉ 97688, ☎ (09 71)
8 10, Fax 81 28 10, AX ED VA
433 Zi, Ez: 101-177, Dz: 176-249, 2 Suiten,
63 App, ⇨ WC ☎ DFÜ, 200✉; Lift 🚗
15⇔500 ≋ ≋ Fitneßraum Sauna Solarium 🍷

** Rôtisserie
Hauptgericht 29; Terrasse

*** Residenz am Rosengarten
♂ Theresienstr 8, ✉ 97688, ☎ (09 71)
7 12 60, Fax 6 60 49
Ez: 98-169, Dz: 118-209, 25 App, ⇨ WC ☎;
Lift **P** 🚗; garni
Rezeption: Mo-Sa 9-12
Auch Zimmer der Kategorie ★★★★ vorhanden

** Bristol Hotel ♛
♂ Bismarckstr 8 (B 1), ✉ 97688, ☎ (09 71)
82 40, Fax 8 24-58 24, AX ED VA
40 Zi, Ez: 150-200, Dz: 235-275, 10 Suiten, ⇨
WC ☎, 9✉; Lift **P** 🚗 5⇔70 ≋ Fitneßraum
Sauna 18Golf 🍷
Zimmer der Kategorie ★★★ vorhanden

** Hauptgericht 25; Terrasse

** Laudensacks Parkhotel
♂ Kurhausstr 28 (B 2), ✉ 97688, ☎ (09 71)
7 22 40, Fax 72 24 44, AX DC ED VA
18 Zi, Ez: 125-150, Dz: 220-260, 1 Suite, ⇨
WC ☎; Lift **P** 🚗 Fitneßraum Sauna
Solarium 18Golf 13Tennis
geschl: 7.12.-16.1.

*** Hauptgericht 38; Terrasse; nur abends, So auch mittags; geschl: Do, 7.12.-16.1.

** Kissinger Hof
♂ Bismarckstr 14-16 (B 1), ✉ 97688,
☎ (09 71) 92 70, Fax 92 75 55, AX DC ED VA
99 Zi, Ez: 98-148, Dz: 156-196, ⇨ WC ☎; Lift
P 🚗 5⇔40 Fitneßraum Sauna Solarium 🍽
🍷

** Rixen Hotel
Frühlingstr 18 (C 1), ✉ 97688, ☎ (09 71)
82 30, Fax 82 36 00, AX DC ED VA
94 Zi, Ez: 115-135, Dz: 197-224, ⇨ WC ☎,
11✉; Lift **P** 8⇔100 Fitneßraum Sauna
Solarium 🍽

* Kurhaus Erika
♂ Prinzregentenstr 23 (B 2), ✉ 97688,
☎ (09 71) 7 10 40, Fax 71 04 99, ED VA
30 Zi, Ez: 75-105, Dz: 140-180, 1 App, ⇨ WC
☎, 5✉; Lift **P** Fitneßraum Sauna Solarium
🍷
Rezeption: 7-21; geschl: Nov-Feb
Restaurant für Hausgäste

* Vier Jahreszeiten
♂ Bismarckstr 23 (B 2), ✉ 97688, ☎ (09 71)
92 60, Fax 9 26 90, ED VA
71 Zi, Ez: 80-130, Dz: 150-205, 1 Suite, ⇨
WC ☎; Lift **P** 🍽

* Weinhaus Schubert
♈ Kirchgasse 2 (B 1), ✉ 97688, ☎ (09 71)
26 24, AX DC ED VA
Hauptgericht 25

Reiterswiesen (2 km ↘)
* Am Ballinghain
Kissinger Str 129, ✉ 97688, ☎ (09 71) 27 63,
Fax 24 95
12 Zi, Ez: 70-85, Dz: 130, ⇨ WC ☎; **P** 🍽 🍷

Kißlegg 69 ↘

Baden-Württemberg — Ravensburg —
695 m — 8 500 Ew — Leutkirch 13, Wangen
14, Bad Waldsee 22 km
i ☎ (0 75 63) 9 36-1 42, Fax 9 36-1 99 —
Gäste- u. Kulturamt, Neues Schloß,
88353 Kißlegg; Luftkurort. Sehenswert:
Altes Schloß; Neues Schloß; Heimatstube;
Kath. Kirche St. Gallus und Ullrich; Gottesackerkapelle St. Anna; Treppengalerie;
Museum Expressiver Realismus

* Sonnenstrahl
♂ Sebastian-Kneipp-Str 1, ✉ 88353,
☎ (0 75 63) 18 90, Fax 74 43, VA
62 Zi, Ez: 120-130, Dz: 180-210, ⇨ WC ☎,
15✉; Lift **P** 7⇔250 ≋ Sauna Solarium 🍽
🍷
Erholungszentrum mit Heilpraxis und esoterischen Seminaren

Kleinbartloff

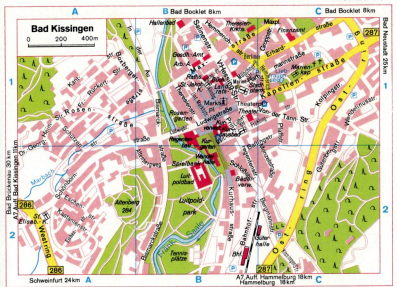

* Gasthof Ochsen
Herrnstr 21, ✉ 88353, ☎ (0 75 63) 9 10 90, Fax 91 09 50, AX DC ED VA
35 Zi, Ez: 55-75, Dz: 80-100, ⌐WC ☎; P 🍴
3↔100 Fitneßraum Sauna Solarium
geschl: Di + Mi (Nov-Apr)
* Hauptgericht 25; Terrasse;
geschl: Di, Mi (Nov-Apr)

Kittendorf 21 ↖

Mecklenburg-Vorpommern — Kreis Stavenhagen — 50 m — 480 Ew — Stavenhagen 10, Waren 21, Neubrandenburg 30 km
ℹ ☎ (03 99 55) 2 04 53 — Gemeindeverwaltung, Dorfstr 23, 17153 Kittendorf

** Schloßhotel Kittendorf
⊰ ⊗ ✉ 17153, ☎ (03 99 55) 5 00, Fax 5 01 40
24 Zi, Ez: 130, Dz: 160-240, 7 Suiten, ⌐WC ☎; 3↔25; **garni**
Auch Zimmer der Kategorie ******* vorhanden. Gebäude mit weitläufigem Landschaftspark wurde nach Plänen des Schinkelschülers F. Hitzig im Tudor-Stil errichtet

Kitzingen 56 □

Bayern — Kreis Kitzingen — 200 m — 20 400 Ew — Ochsenfurt 17, Würzburg 19 km
ℹ ☎ (0 93 21) 2 02 05, Fax 2 11 46 — Verkehrsamt, Schrannenstr 1, 97318 Kitzingen; Stadt am Main. Sehenswert: Fastnachtsmuseum im Falterturm; Klosterkeller; Kreuzkapelle; Stadtpfarrkirche Petrini; Pfarrkirche St. Johannes

** Esbach-Hof
Repperndorfer Str 3, ✉ 97318, ☎ (0 93 21) 2 20 90-0, Fax 2 20 90-91, AX DC ED VA
32 Zi, Ez: 98-125, Dz: 130-165, ⌐WC ☎; Lift
P 1↔35
** Hauptgericht 24; Biergarten Terrasse

⇌ Bayerischer Hof
Herrnstr 2, ✉ 97318, ☎ (0 93 21) 1 44-0, Fax 1 44-88, AX DC ED VA
30 Zi, Ez: 80-95, Dz: 120-140, ⌐WC ☎, 2✉; 🍴 2↔25 ☕ 🍽
geschl: 20.12.-9.1. + Faschingstage

Klaffenbach siehe Chemnitz

Klausdorf 30 ↘

Brandenburg — Kreis Zossen — 98 m — 1 470 Ew — Luckenwalde 23, Königs Wusterhausen 27 km
ℹ ☎ (03 83 72) 8 14 42 — Freizeitinformation Klausdorf, Strandbad Klausdorf, Inspektorengang 3, 18445 Klausdorf

** Imperator
♥ ⊰ Zossener Str 76, ✉ 15838, ☎ (03 37 03) 9 90, Fax 9 91 17, AX ED VA
65 Zi, Ez: 120, Dz: 140, 4 Suiten, ⌐WC ☎, 3✉; P 3↔70 Strandbad Seezugang 18Golf 🍽 🛥

Kleinbartloff 37 ✓

Thüringen — Kreis Worbis — 420 m — 500 Ew — Leinefelde 7, Mühlhausen 16 km
ℹ ☎ (03 60 76) 2 22 — Gemeindeverwaltung, 37355 Kleinbartloff →

Kleinbartloff

Reifenstein (2 km ←)
** Reifenstein
einzeln ♂ ◂ Am Sonder, ⌧ 37355,
☎ (03 60 76) 4 70, Fax 4 72 02, AX ED
41 Zi, Ez: 80-100, Dz: 140, 2 Suiten, 10 App,
⌐ WC ☏ DFÜ, 6✉; Lift 🅿 🍴 4↔180 Seezugang Fitneßraum Kegeln Sauna Solarium
🍴⚫

Kleinblittersdorf 52 ↘

Saarland — Stadtverband Saarbrücken —
195 m — 13 131 Ew — Saarbrücken 11 km
ℹ️ ☎ (0 68 05) 2 00 80, Fax 20 08 65 —
Gemeindeverwaltung, Rathausstr 16,
66271 Kleinblittersdorf; Ort an der Saar

* Roter Hahn
Saarbrücker Str 20, ⌧ 66271, ☎ (0 68 05)
30 55, Fax 2 23 89, ED VA
Hauptgericht 30; geschl: Mo abends, Di

Kleinburgwedel
siehe **Burgwedel**

Kleinich 53 ↖

Rheinland-Pfalz — Kreis Bernkastel-Wittlich — 420 m — 200 Ew — Morbach 11,
Bernkastel-Kues 16, Kirchberg 17 km
ℹ️ ☎ (0 65 36) 5 21, Fax 84 33 — Verkehrsverein, Hauptstr 1, 54483 Kleinich; Ort im
Hunsrück

* Landhaus Arnoth
♂ ◂ Auf dem Pütz, ⌧ 54483, ☎ (0 65 36)
9 39 90, Fax 12 17, ED
24 Zi, Ez: 100-130, Dz: 140-160, ⌐ WC ☏; 🅿
5↔45 Fitneßraum Sauna 9Golf
* Alter Gasthof Faust
Hauptgericht 29; Gartenlokal; nur abends,
so+feiertags auch mittags; geschl: So
abends, Mo

Kleinmachnow 30 ☐

Brandenburg — Kreis Potsdam — 60 m —
13 200 Ew — Potsdam 8, Berlin 10 km
ℹ️ ☎ (0 33 29) 2 20 68 — Gemeindeamt,
Meiereifeld 35, 14532 Kleinmachnow

** Astron
♂ Zehlendorfer Damm 190, ⌧ 14532,
☎ (03 32 03) 4 90, Fax 4 99 00, AX DC ED VA
243 Zi, Ez: 133-288, Dz: 156-311, S; ⌐ WC ☏
DFÜ; Lift 🅿 🍴 18↔250 Fitneßraum Sauna
Solarium 🍴⚫

🛏 **Bäkemühle**
Zehlendorfer Damm 217, ⌧ 14532,
☎ (03 32 03) 7 80 08, Fax 7 80 73, AX ED VA
5 Zi, Ez: 110, Dz: 140, ⌐ WC ☏; 2↔60 🍴⚫ ⚫

***** Restaurant mit außergewöhnlich
anspruchsvoller Ausstattung

Kleinolbersdorf-Altenhain
siehe **Chemnitz**

Kleinwalsertal 70 ✓

Achtung: Luftkurortgebiet, das hoheitsrechtlich zu Österreich (Voralberg) gehört,
jedoch dem deutschen Wirtschaftsgebiet
angeschlossen ist; zum Besuch ist nur der
Personalausweis nötig. Zahlungsmittel ist
die Deutsche Mark

Hirschegg
Vorarlberg — Bregenz — 1150 m —
1 500 Ew — Oberstdorf 13, Sonthofen 25,
Immenstadt 32 km
ℹ️ ☎ (0 83 29) 5 11 40, Fax 51 14 21 — Verkehrsamt im Walserhaus, Walserstr 64,
87568 Hirschegg

*** Ifen-Hotel
◂ Oberseitestr 6, ⌧ 87568, ☎ (0 83 29)
5 07 10, Fax 34 75, AX DC ED VA
54 Zi, Ez: 159-239, Dz: 298-498, 5 Suiten,
2 App, ⌐ WC ☏; Lift 🅿 🍴 2↔80 ≏ Fitneßraum Sauna Solarium ⚫
geschl: Ab 11.4.99 4 Wochen
Auch Zimmer der Kategorie ****** vorhanden
*** ◂ Hauptgericht 40

** Walserhof
♂ ◂ Walserstr 11, ⌧ 87568, ☎ (0 83 29)
56 84, Fax 59 38
39 Zi, Ez: 85-135, Dz: 170-276, 3 Suiten,
10 App, ⌐ WC ☏; Lift 🅿 🍴 ≏ Fitneßraum
Sauna Solarium ⚫
geschl: 2.11.-18.12.
** Hauptgericht 15; Terrasse

** Gemma
♂ ◂ Schwarzwassertalstr 21, ⌧ 87568,
☎ (0 83 29) 53 60, Fax 68 61, ED VA
27 Zi, Ez: 97-150, Dz: 176-254, 2 Suiten,
2 App, ⌐ WC ☏, 2✉; Lift 🅿 🍴 ≏ Fitneßraum Sauna Solarium
geschl: 1.11.-10.12.
Restaurant für Hausgäste

* Der Sonnenberg
♂ ◂ 🌲 Am Berg 26, ⌧ 87568, ☎ (0 83 29)
54 78 + 54 33, Fax 54 33 33
17 Zi, Ez: 95-150, Dz: 171-263, 1 App, ⌐ WC
☏; 🅿 🍴 ≏ Fitneßraum Sauna Solarium
geschl: Mi, 10.4.-19.5., 26.10.-18.12.
Restaurant für Hausgäste; Übernachtungspreise inkl. Halbpension. Renoviertes 400
Jahre altes Bauernhaus

*** Adler
mit Gästehaus**
Walserstr 51, ⌧ 87568, ☎ (0 83 29) 54 24,
Fax 36 21, ED VA
19 Zi, Ez: 65-130, Dz: 98-270, ⌐ WC ☏; 🅿 🍴
Sauna Solarium ⚫
geschl: Mi, 11.4.-20.5., 31.10.-16.12.
* ◂ Hauptgericht 25; Terrasse;
geschl: Mi, 11.4.-20.5., 31.10.-10.12.

Kleinwalsertal

∗ Haus Tanneneck
⊰ Walserstr 25, ✉ 87568, ☏ (0 83 29) 57 67, Fax 30 03
16 Zi, Ez: 85-145, Dz: 150-270, 1 Suite, ⌐╝ WC ☏; 🅿 ≋ Solarium
geschl: 1.11.-15.12., 10.4.-15.5.
Restaurant für Hausgäste; Übernachtungspreise inkl. Halbpension

Mittelberg
Vorarlberg — Kreis Bregenz — 1250 m — 1 580 Ew — Oberstdorf 15, Sonthofen 27, Immenstadt 34 km
🛈 ☏ (0 83 29) 5 11 40, Fax 51 14 21 — Verkehrsamt im Walserhaus, Walserstr 64, 87568 Hirschegg; Seilschwebebahn auf das Walmendingerhorn, 1993 m, ⊰

∗∗∗ Alpenhof Wildental
einzeln ☼ ⊰ Höfle 8, ✉ 87569, ☏ (0 83 29) 6 54 40, Fax 6 54 48
57 Zi, Ez: 120-266, Dz: 192-344, 31 App, ⌐╝ WC ☏, 3☒; Lift 🅿 🍴 1⟲10 ≋ Fitneßraum Sauna Solarium 🍽
Rezeption: 9-21; geschl: Anfang Apr-Mitte Mai, Ende Okt-Mitte Dez
Übernachtungspreise inkl. Halbpension. Auch Zimmer der Kategorie ∗∗ vorhanden

∗∗ Happy Austria
☼ ⊰ von Klenzeweg 5, ✉ 87569, ☏ (0 83 29) 55 51, Fax 38 00, AX ED VA
53 Zi, Ez: 99-185, Dz: 156-330, 33 Suiten, 3 App, ⌐╝ WC ☏; Lift 🅿 1⟲40 ≋ Fitneßraum Kegeln Sauna Solarium 🍽 ⚓

∗∗ Ifa Hotel Alpenrose
☼ ⊰ Walserstr 46, ✉ 87569, ☏ (0 83 29) 3 36 40, Fax 3 36 48 88
99 Zi, Ez: 90-148, Dz: 170-266, ⌐╝ WC ☏, 4☒; Lift 🅿 🍴 ≋ Fitneßraum Sauna Solarium 🍽
geschl: 1.11.-19.12., 10.-24.4.
Kinderbetreuung; Übernachtungspreise inkl. Halbpension

∗∗ Lärchenhof
☼ ⊰ Schützenbühl 2, ✉ 87569, ☏ (0 83 29) 65 56, Fax 65 00
14 Zi, Ez: 54-125, Dz: 110-190, 3 Suiten, 8 App, ⌐╝ WC ☏, 4☒; 🅿 🍴 Fitneßraum Sauna Solarium
Rezeption: 8-20; geschl: Di, Mitte Okt-20.Dez, Mitte Apr- Mitte Mai
Restaurant für Hausgäste; Naturhotel

∗∗ Steinbock
☼ ⊰ Bödmerstr 46, ✉ 87569, ☏ (0 83 29) 50 33, Fax 31 64
15 Zi, Ez: 78-86, Dz: 138-168, 7 Suiten, ⌐╝ WC ☏, 🍴 1⟲ Fitneßraum Sauna Solarium 🍽 ⚓

∗∗ Leitner
⊰ Walserstr 55, ✉ 87569, ☏ (0 83 29) 5 78 80, Fax 57 88-39
26 Zi, Ez: 86-125, Dz: 156-320, 4 Suiten, 4 App, ⌐╝ WC ☏; Lift 🍴 ≋ Fitneßraum Sauna Solarium
Rezeption: 8-20; geschl: So, 28.10.-15.12., 15.4.-15.5.
Restaurant für Hausgäste

∗∗ Rosenhof Flair Hotel
☼ ⊰ An der Halde 15, ✉ 87569, ☏ (0 83 29) 51 94, Fax 65 85 40
12 Zi, Ez: 140-150, Dz: 130-160, 28 Suiten, ⌐╝ WC ☏, 12☒; Lift 🅿 🍴 3⟲60 ≋ Fitneßraum Sauna Solarium 🍽 ⚓
Kinderbetreuung; Ferienhotel mit Gästehäusern

Riezlern
Vorarlberg — Kreis Bregenz — 1088 m — 2 080 Ew — Oberstdorf 11, Sonthofen 22, Immenstadt 30 km
🛈 ☏ (0 83 29) 51 14, Fax 51 14 21 — Verkehrsamt im Walserhaus, Walserstr 64, 87568 Hirschegg. Sehenswert: Kanzelwand, Seilschwebebahn, 2059m ⊰; Walser-Museum; Spielcasino

∗∗ Jagdhof
Walserstr 27, ✉ 87567, ☏ (0 83 29) 56 03, Fax 33 48, ED
45 Zi, Ez: 105-119, Dz: 180-220, 14 Suiten, ⌐╝ WC ☏, 12☒; Lift 🅿 🍴 1⟲40 ≋ ≋ Fitneßraum Sauna Solarium 9Golf 1Tennis 🍽 ⚓

∗∗ Almhof Rupp
Walserstr 83, ✉ 87567, ☏ (0 83 29) 50 04, Fax 32 73
24 Zi, Ez: 119-190, Dz: 160-370, 6 Suiten, ⌐╝ WC ☏, 14☒; Lift 🅿 🍴 ≋ Fitneßraum Sauna Solarium
geschl: Mitte Apr-Mitte Mai, AnfangNov-Mitte Dez
Auch Zimmer der Kategorie ∗∗∗ vorhanden
∗∗   ⊰ Hauptgericht 28; Terrasse; ✤
nur abends; geschl: Mitte Apr-Mitte Mai, Anfang Nov-Mitte Dez

∗∗ Erlebach
☼ ⊰ Eggstr 21, ✉ 87567, ☏ (0 83 29) 53 69, Fax 34 44
42 Zi, Ez: 95-100, Dz: 170-300, 5 Suiten, ⌐╝ WC ☏; Lift 🅿 🍴 1⟲20 ≋ Fitneßraum Kegeln Sauna Solarium 🍽 ⚓
geschl: Mitte Nov-Mitte Dez, Mitte Apr-Mitte Mai

∗∗ Riezler Hof
⊰ Walserstr 57, ✉ 87567, ☏ (0 83 29) 5 37 70, Fax 53 77 50, AX DC ED VA
27 Zi, Ez: 80-145, Dz: 136-220, ⌐╝ WC ☏; Lift 🅿 1⟲25 Sauna Solarium
geschl: 2.11.-18.12.
∗   Hauptgericht 18; Terrasse;
geschl: im Sommer Mi, 2.11.-18.12.

∗ Wagner
Walserstr 1, ✉ 87567, ☏ (0 83 29) 52 48, Fax 32 66
20 Zi, Ez: 90-120, Dz: 140-200, 1 Suite, 6 App, ⌐╝ WC ☏; 🍴 ≋ Fitneßraum Sauna Solarium
Restaurant für Hausgäste   →

Kleinwalsertal

*   **Kirsch's Gute Stube**
Zwerwaldstr 28, ✉ 87567, ☎ (0 83 29) 52 76, Fax 38 50, AX DC ED VA
Hauptgericht 25; Gartenlokal P Terrasse; geschl: Mi, Do mittags, 6.4.-29.4., 14.6.-10.7., 25.10.-22.12.

*   **Alpenhof Kirsch**
5 Zi, Ez: 70-90, Dz: 120-160, WC ☎, 5
geschl: Mi, Do mittags, 6.4.-29.4., 14.6.-10.7., 25.10.-22.12.99

Klein Wittensee 10 □

Schleswig-Holstein — Kreis Rendsburg-Eckernförde — 10 m — 170 Ew — Alt Duvenstedt 9, Eckernförde 12, Rendsburg 13 km
i ☎ (0 43 56) 4 42 — Fremdenverkehrsverein, Dorfstr 54, 24361 Klein Wittensee

** **Landhaus Wolfskrug**
Dorfstr 11, ✉ 24361, ☎ (0 43 56) 3 54, Fax 3 54, AX
Hauptgericht 35; P Terrasse; geschl: Di

Klettgau, Erzingen 68 ↙

Baden-Württemberg — Kreis Waldshut — 400 m — 7 263 Ew — Waldshut 20, Schaffhausen (Schweiz) 20 km
i ☎ (0 77 42) 9 35-0, Fax 9 36-1 50 — Gemeindeverwaltung, im Ortsteil Erzingen, Degernauer Str 22, 79771 Klettgau

Grießen
** **Landgasthof Mange**   ✢
Kirchstr 2, ✉ 79771, ☎ (0 77 42) 54 17, Fax 31 69, AX DC ED VA
Hauptgericht 30; P; geschl: Do
Regionale Gerichte in der Dorfstube

Kleve 32 ↖

Nordrhein-Westfalen — Kreis Kleve — 106 m — 49 000 Ew — Emmerich 9, Kalkar 12, Holländische Grenze 13 km
i ☎ (0 28 21) 8 42 67, Fax 2 37 59 — Verkehrsamt, Kavarinerstr 20-22, 47533 Kleve; Stadt am Niederrhein. Sehenswert: Schwanenburg ≼, geologische Sammlung; romanische und gotische Kirchen; Amphitheater; Museum Haus Koekkoek; Tiergarten; Prinz-Moritz-Grab; Ehrenfriedhöfe; Johanna-Sebus-Denkmal; Festung Schenkenschanz

*** **Cleve**
Tichelstr 11, ✉ 47533, ☎ (0 28 21) 71 70, Fax 71 71 00, AX DC ED VA
110 Zi, Ez: 160, Dz: 210, 8 Suiten, WC ☎, 48; Lift P 6⇔120 ≋ Bowling Fitneßraum Sauna Solarium
*** **Lohengrin**
Hauptgericht 46; Terrasse
** **Bistro**
Hauptgericht 22; Terrasse

** **Parkhotel Schweizerhaus**
Materborner Allee 3, ✉ 47533, ☎ (0 28 21) 80 70, Fax 80 71 00, AX DC ED VA
136 Zi, Ez: 95-130, Dz: 130-165, WC ☎, 2; Lift P 8⇔300 Kegeln
Auch Zimmer der Kategorie * vorhanden
** **Schweizer Stube**
Hauptgericht 35; Biergarten Terrasse; geschl: So abends

** **Heek**
Lindenallee 37, ✉ 47533, ☎ (0 28 21) 72 63-0, Fax 1 21 98, AX ED
33 Zi, Ez: 95-102, Dz: 140-160, WC ☎; Lift P ≋; garni

Kleve 9 ↓

Schleswig-Holstein — Kreis Dithmarschen
i — Tourist-Information, 25554 Kleve

** **Gut Kleve**
Hauptstr 34, an der B 431, ✉ 25554, ☎ (0 48 23) 86 85, Fax 68 48, AX ED
Hauptgericht 30; Gartenlokal P Terrasse; nur abends, sa,so + feiertags auch mittags; geschl: Mo, Di, Jan

Klieken 39 ↖

Sachsen-Anhalt — Landkreis Anhalt-Zerbst — 70 m — 1 200 Ew — Coswig 8, Roßlau 10, Dessau 16 km
i ☎ (03 49 03) 6 71 67, Fax 6 10 58 — Stadtinformation der VWG Coswig/Anhalt, Rathaus, Friederikenstr 2, 06869 Coswig/Anhalt

** **Waldschlößchen**
Hauptstr 10, ✉ 06869, ☎ (03 49 03) 6 84 80, Fax 6 25 02, AX ED VA
35 Zi, Ez: 85-95, Dz: 110-130, WC ☎; P 2⇔60 Fitneßraum Sauna Solarium ▮⊘▮

Klingenberg a. Main 55 □

Bayern — Kreis Miltenberg — 128 m — 6 000 Ew — Miltenberg 12, Aschaffenburg 23 km
i ☎ (0 93 72) 1 33 11, Fax 1 23 54 — Fremdenverkehrsamt, Bahnhofstr 3, 63911 Klingenberg; Erholungsort und „Rotweinstadt Frankens". Sehenswert: Burgruine ≼; Germanenschanze ≼

*   **Fränkischer Hof**
Lindenstr 13, ✉ 63911, ☎ (0 93 72) 23 55, Fax 1 26 47, AX ED VA
17 Zi, Ez: 100, Dz: 130-150, WC ☎; P 1⇔15 ▮⊘▮

** **Zum Alten Rentamt**   ♛
Hauptstr 25 a, ✉ 63911, ☎ (0 93 72) 26 50, Fax 29 77, AX DC ED VA
Hauptgericht 50; Terrasse; nur abends, Sa + So auch mittags; geschl: Mo, Di, Mitte Aug-Anfang Sep

Klosterlausnitz, Bad

Röllfeld-Außerhalb (2 km →) Richtung Rölldach
** Paradeismühle
einzeln ♻ Paradeismühle 1, ✉ 63911,
☎ (0 93 72) 25 87, Fax 15 87, AX DC ED VA
41 Zi, Ez: 77-92, Dz: 130-160, ⌐ WC ☎; P 🚗
3🔑55 ≋ Fitneßraum Sauna Solarium 🌊
* Hauptgericht 30

Trennfurt (1 km ←)
* Schöne Aussicht
Bahnhofstr 18, ✉ 63911, ☎ (0 93 72) 30 07, Fax 30 12, AX ED VA
28 Zi, Ez: 85-95, Dz: 130-150, 2 App, ⌐ WC ☎; Lift P 🚗 1🔑25
geschl: Do, Fr 11-16, 20.2.-18.3.
* Hauptgericht 25; Terrasse;
geschl: Do, Fr mittags, 20.2.-18.3.

Klingenbrunn siehe Spiegelau

Klingenthal 49 ↓

Sachsen — Vogtlandkreis — 650 m —
11 000 Ew — Markneukirchen 11, Aue 40 km
🛈 ☎ (03 74 67) 6 48-32, Fax 6 48-25 — Tourist-Information, Schloßstr 3, 08248 Klingenthal; Erholungs- und Wintersportort.
Sehenswert: Schaumanufaktur; Pfarrkirche Zum Friedefürsten; Skulptur „Der Akkordeonspieler"

🍽 Gasthof zum Döhlerwald
Markneukirchner Str 80, ✉ 08248,
☎ (03 74 67) 2 21 09, Fax 2 21 09
12 Zi, Ez: 56-75, Dz: 95, ⌐ WC ☎; 1🔑30 🍴
Rezeption: 10-22

Klink 21 ←

Mecklenburg-Vorpommern — Landkreis Müritz — 88 m — 1 200 Ew — Waren 8, Malchow 16 km
🛈 ☎ (0 39 91) 29 22 — Gemeindeverwaltung, Gemeindeweg 16, 17192 Klink

Klink-Außerhalb (1 km ↗)
** Müritz
♻ ⚓ Am Seeblick 1, ✉ 17192, ☎ (0 39 91) 1 40, Fax 14 18 54, AX DC ED VA
362 Zi, Ez: 71-132, Dz: 114-168, 50 Suiten, ⌐ WC ☎, 38📠; Lift P 8🔑250 ⚓ Strandbad Seezugang Fitneßraum Sauna Solarium 2Tennis 🍴 🌊

Sembzin (3 km ↓)
* Sembziner Hof
Dorfstr, ✉ 17192, ☎ (0 39 91) 73 32 02 +12 19 90, Fax 73 32 04, ED
30 Zi, Ez: 80-100, Dz: 99-140, 2 Suiten, ⌐ WC ☎; P 2🔑60 Fitneßraum 🍴 🌊

Klipphausen 40 ↓

Sachsen — Kreis Meißen — 200 m —
2 300 Ew — Wilsdruff 5, Meißen 10, Dresden 20 km
🛈 ☎ (03 52 04) 51 90, Fax 51 90 — Gemeindeverwaltung, Talstr 3, 01665 Klipphausen.
Sehenswert: Lehmannmühle

Sora (1,5 km ←)
** Zur Ausspanne
An der Silberstr 2, ✉ 01665, ☎ (03 52 04) 52 06 08, Fax 52 09, AX DC ED VA
30 Zi, Ez: 99-130, Dz: 130-150, ⌐ WC ☎; Lift P 3🔑60
* Hauptgericht 18

Klötze 27 ↗

Sachsen-Anhalt — Altmarkkreis Salzwedel — 55 m — 6 300 Ew — Salzwedel 33, Wolfsburg 55 km
🛈 ☎ (0 39 09) 40 30, Fax 40 32 11 — Stadtverwaltung, Schulplatz 1, 38486 Klötze

* Braunschweiger Hof
Neustädter Str 49, ✉ 38486, ☎ (0 39 09) 23 51, Fax 4 11 14, AX DC ED VA
14 Zi, Ez: 65, Dz: 115, ⌐ WC ☎ DFÜ, 3📠; P 2🔑100 Bowling 🍴

Klosterlausnitz, Bad 48 ↗

Thüringen — Saal-Holzland-Kreis — 330 m — 3 200 Ew — Hermsdorf 2, Eisenberg 8, Gera 15 km
🛈 ☎ (03 66 01) 8 00 50, Fax 8 00 51 — Kurbetriebsgesellschaft Bad Klosterlausnitz mbH, Hermann-Sachse-Str 44, 07639 Bad Klosterlausnitz

* Lausnitzer Hof
Bahnhofstr 6, ✉ 07639, ☎ (03 66 01) 4 45 50, Fax 4 45 49, AX DC ED VA
21 Zi, Ez: 110, Dz: 130, ⌐ WC ☎; P 3🔑60 Kegeln 🍴 🌊

* Zu den drei Schwänen
Köstritzer Str 13, ✉ 07639, ☎ (03 66 01) 4 11 22, Fax 8 01 58, AX ED VA
13 Zi, Ez: 93-100, Dz: 136-150, ⌐ WC ☎, 5📠; P 🍴 🌊

* Haus am Park
Eisenberger Str 9, ✉ 07639, ☎ (03 66 01) 4 20 81, Fax 4 20 84, AX DC ED VA
18 Zi, Ez: 50-80, Dz: 100-120, ⌐ WC ☎, 6📠; P Sauna Solarium; **garni** 🍴 🌊

siehe auch **Tautenhain**

Klostermansfeld

Klostermansfeld 38 ←

Sachsen-Anhalt — Kreis Eisleben — 230 m — 3 418 Ew — Helbra 5, Hettstedt 12, Eisleben 14 km
🛈 ☎ (03 47 72) 2 52 07 — Verwaltungsgemeinschaft, Kirchstr 1, 06308 Klostermansfeld

* **Am Park**
Siebigeröder Str 3, ✉ 06308, ☎ (03 47 72) 5 40, Fax 2 53 19, AX DC ED VA
30 Zi, Ez: 80-95, Dz: 120-140, 1 Suite, ⏤ WC ☎, 2✉; Lift P 2⇌40 Sauna Solarium ⋔

* **Zur Stadt Breslau**
Chausseestr 1, ✉ 06308, ☎ (03 47 72) 2 56 22, Fax 2 56 22, AX ED VA
8 Zi, Ez: 60-90, Dz: 110-135, ⏤ WC ☎; P 🚗 1⇌30 ⋔

Klosterreichenbach
siehe **Baiersbronn**

Kloster Zinna 29 ↘

Brandenburg — Teltow-Fläming — 60 m — 1 100 Ew — Jüterbog 4, Luckenwalde 15 km
🛈 ☎ (0 33 72) 43 26 10, Fax 43 95 05 — Museum Kloster Zinna, Am Kloster 6, 14913 Kloster Zinna; Zisterzienserkloster, Kirche, Abteigebäude; Webersiedlung

* **Romantik Hotel Alte Försterei**
Markt 7, an der B 101, ✉ 14913, ☎ (0 33 72) 4 65-0, Fax 4 65-2 22, AX ED VA
18 Zi, Ez: 108-148, Dz: 188-198, 2 Suiten, ⏤ WC ☎, P 3⇌30
Auch Zimmer der Kategorie ** vorhanden
** ⓧ Hauptgericht 25
Hist. Försterei aus dem 18. Jh.

Klotten 43 ↙

Rheinland-Pfalz — Kreis Cochem-Zell — 92 m — 1 600 Ew — Cochem 3, Boppard 34 km
🛈 ☎ (0 26 71) 51 99, Fax 89 10 — Verkehrsverein, Am Kapellenberg 10, 56818 Klotten. Sehenswert: spätgotische Pfarrkirche St. Maximilian; Burgberg mit Burgruine

* **Zur Post**
◂ Bahnhofstr 24, ✉ 56818, ☎ (0 26 71) 71 16, Fax 13 11
14 Zi, Dz: 100-140, ⏤ WC ☎; P 🚗 3⇌200 Kegeln
geschl: Do, Werktage im Jan, Feb
* Hauptgericht 30; Terrasse; im Winter nur abends, Sa+So auch mittags; geschl: Do, Jan, Feb

Klütz 11 ↘

Mecklenburg-Vorpommern — Kreis Nordwestmecklenburg — 9 m — 3 255 Ew — Wismar 23, Lübeck 34 km
🛈 ☎ (03 88 25) 2 22 95, Fax 2 22 95 — Fremdenverkehrs- und Informationszentrum, Schloßstr 34, 23948 Klütz. Sehenswert: Pfarrkirche St. Marien; Schloß Bothmer (Barock); Klützer Mühle

Stellshagen
* **Gutshaus Stellshagen**
Lindenstr 1, ✉ 23948, ☎ (03 88 25) 4 41 00, Fax 4 43 33, ED
26 Zi, Ez: 98-140, Dz: 116-180, 1 Suite, ⏤ WC ☎, 26✉; P 3⇌80 Sauna ⋔
Rezeption: 8.30-20
Bio-und Gesundheitshotel, Nichtraucher-Haus

Wohlenberg (7 km ↘)
* **Landhaus Wohlenberg**
An der Chaussee 11, ✉ 23948, ☎ (03 88 25) 2 23 26, Fax 2 23 26
10 Zi, Ez: 90-120, Dz: 120-160, 2 Suiten, 1 App, ⏤ WC ☎; P 1⇌40 Sauna ⋔
Rezeption: 7-12, 15-22; geschl: 1.11.-31.3.

Kniebis siehe **Freudenstadt**

Knittelsheim 60 ↗

Rheinland-Pfalz — Kreis Germersheim — 123 m — 890 Ew — Landau 12, Karlsruhe 24 km
🛈 ☎ (0 72 72) 70 08 23, Fax 70 08 55 — Verbandsgemeindeverwaltung, Schubertstr 18, 76756 Bellheim

** **Steverding's Isenhof**
Hauptstr 15 a, ✉ 76879, ☎ (0 63 48) 57 00, Fax 59 17
Hauptgericht 40; P Terrasse; nur abends, so+feiertags auch mittags; geschl: Di, Mi, Anfang-Ende Aug

Kobern-Gondorf 43 ↓

Rheinland-Pfalz — Kreis Mayen-Koblenz — 75 m — 3 000 Ew — Koblenz 16, Mayen 22 km
🛈 ☎ (0 26 07) 1 94 33, Fax 40 45 — Kulturistik Abteilhof St. Marien, Kirchstr 1, 56330 Kobern-Gondorf; Erholungsort. Sehenswert: Matthiaskapelle; Abteihof

Kobern
* **Simonis**
Marktplatz 4, ✉ 56330, ☎ (0 26 07) 2 03, Fax 2 04, AX ED
15 Zi, Ez: 80-150, Dz: 150-185, 2 Suiten, ⏤ WC ☎, 3✉; P 1⇌25
geschl: 1.-30.1.
* Hauptgericht 27; Gartenlokal; geschl: Mo, 01.01.-30.01.99

Oberburg
**** **Marais**
einzeln, ✉ 56330, ☏ (0 26 07) 86 11,
Fax 86 47, AX ED
Hauptgericht 45; Gartenlokal 🅿; geschl:
Mo, Di, Jan

Koblenz 43 ↘

Rheinland-Pfalz — Kreisfreie Stadt — 65 m
— 109 000 Ew — Montabaur 21, Nürburg-
ring 53, Bonn 59 km
🛈 ☏ (02 61) 3 13 04, Fax 1 29 38 00 —
Koblenz-Touristik, Verkehrspavillon am
Hauptbahnhof (A 3-4), 56068 Koblenz;
Regierungsbezirkshauptstadt und Sitz der
Kreisverwaltung Mayen-Koblenz an der
Mündung der Mosel in den Rhein; Stadt-
theater. Sehenswert: Basilika St. Kastor; ev.
Florinskirche; kath. Liebfrauenkirche;
Deutschherrenhaus; ehem. Kurfürstliche
Burg und Schloß; Rathaus; Mittelrhein.
Museum; Wehrtechn. Studiensammlung;
Museum Ludwig; Deutsches Eck mit Rei-
terstandbild Kaiser Wilhelms I. ◂≤; Schän-
gelbrunnen; Rheinanlagen ◂≤; Schloß Stol-
zenfels ◂≤ (5 km ↓); Festung Ehrenbreitstein
◂≤ mit Landesmuseum; Alte kath. Kirche in
Güls (5 km ←)

Cityplan siehe Seite 566

***** **Mercure**
◂≤ Julius-Wegeler-Str 6 (B 3), ✉ 56068,
☏ (02 61) 13 60, Fax 1 36 11 99, AX DC ED VA
168 Zi, Ez: 175-212, Dz: 197-254, S; 1 Suite,
⌐ WC ☎, 58🛏; Lift 13↔140 Sauna
Solarium

**** **Rhapsody**
◂≤ Hauptgericht 30

**** **Im Stüffje**
Hohenzollernstr 5-7, ✉ 56068, ☏ (02 61)
91 52 20, Fax 9 15 22 44, ED VA
10 Zi, Ez: 110-160, Dz: 160-180, ⌐ WC ☎;
Lift 🅿 🍴 1↔30 🍽
geschl: 23.12.-15.1.
Das gesamte Haus ist rollstuhlgerecht ausgestattet

**** **Brenner**
Rizzastr 20 (A 3), ✉ 56068, ☏ (02 61)
9 15 78-0, Fax 3 62 78, AX DC ED VA
24 Zi, Ez: 120-150, Dz: 165-230, S; ⌐ WC ☎,
2🛏; Lift 🅿 🍴 1↔20; garni

*** **Hohenstaufen**
Top International Hotel
Emil-Schüller-Str 41 (A 3), ✉ 56068,
☏ (02 61) 3 01 40, Fax 3 01 44 44, AX DC ED VA
53 Zi, Ez: 115-149, Dz: 165-235, S; 1 App, ⌐
WC ☎; Lift 🅿 2↔18; garni

*** **Top Hotel Krämer**
City Partner Hotels
Kardinal-Krementz-Str 12 (A 3), ✉ 56073,
☏ (02 61) 40 62 00, Fax 4 13 40, AX ED VA
21 Zi, Ez: 98-150, Dz: 140-210, ⌐ WC ☎,
3🛏; Lift 🅿 🍴 1↔20; garni
Auch Zimmer der Kategorie **** vorhanden

*** **Kleiner Riesen**
◂≤ Kaiserin-Augusta-Anlagen 18 (B 4),
✉ 56068, ☏ (02 61) 3 03 46-0, Fax 16 07 25,
AX DC ED VA
28 Zi, Ez: 100-150, Dz: 150-220, ⌐ WC ☎,
8🛏; Lift 🅿 🍴; garni

*** **Trierer Hof**
Clemensstr 1 (B 2), ✉ 56068, ☏ (02 61)
1 00 60, Fax 1 00 61 00, AX DC ED VA
36 Zi, Ez: 99-110, Dz: 145-175, ⌐ WC ☎; Lift
1↔20; garni

*** **Continental Pfälzer Hof**
Bahnhofsplatz 1 (A 3), ✉ 56068, ☏ (02 61)
30 16-0, Fax 30 16-10, AX DC ED VA
37 Zi, Ez: 90-150, Dz: 140-250, 1 App, ⌐ WC
☎ DFÜ; 2🛏; 🍴 2↔30 Sauna 🍽
geschl: 20.12-20.1

**** **Wacht am Rhein**
Rheinzollstr 6, Adenauer-Ufer (B 2),
✉ 56068, ☏ (02 61) 1 53 13, Fax 70 24 84, AX
Hauptgericht 25; Terrasse

**** **Stresemann**
Rheinzollstr 8 (B 2), ✉ 56068, ☏ (02 61)
1 54 64, Fax 16 05 53, AX DC ED VA
Hauptgericht 27

**** **Gigis Ristorante**
Rheinstr 2 a (B2), ✉ 56068, ☏ (02 61)
16 05 16, AX
Hauptgericht 36; Terrasse

**** **Loup de mer**
Neustadt 12, Schlossrondell (B2), ✉ 56068,
☏ (02 61) 1 61 38, AX DC ED VA
Hauptgericht 36; Gartenlokal; geschl: Sa,
So (Okt-Apr)
Fischrestaurant

— **Konditorei-Café Baumann**
Löhrstr 93 (A 3), ✉ 56068, ☏ (02 61) 3 14 33,
Fax 3 39 29
Hauptgericht 14; Terrasse

Ehrenbreitstein (2 km →)
**** **Diehls Hotel**
◂≤ Am Pfaffendorfer Tor 10 (C 2), ✉ 56077,
☏ (02 61) 97 07-0, Fax 97 09-2 13,
AX DC ED VA
60 Zi, Ez: 128-298, Dz: 180-260, 8 Suiten, ⌐
WC ☎, 5🛏; Lift 🅿 🍴 6↔200 🛋 Sauna
Solarium 🍽
Auch Zimmer der Kategorie *** vor-
handen

**** **Rheinterrasse**
◂≤ Hauptgericht 35; Gartenlokal

*** **Hoegg**
Hofstr 281 (C 1), ✉ 56077, ☏ (02 61) 7 36 29,
Fax 7 79 61, AX ED VA
24 Zi, Ez: 80-100, Dz: 120-130, ⌐ WC ☎;
1↔20 🍽   →

Koblenz

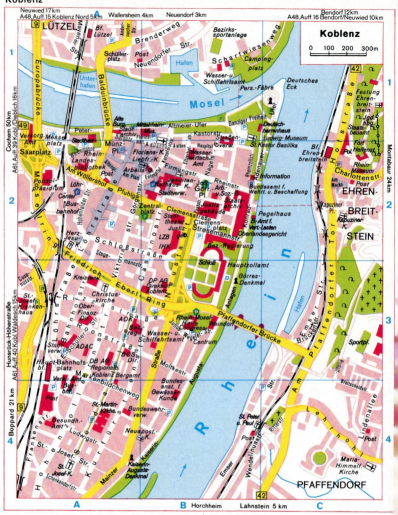

Güls (5 km ⚓)
**   Avantgarde
Stauseestr 27, ✉ 56072, ☎ (02 61) 46 09 00,
Fax 4 60 90 40, AX ED VA
20 Zi, Ez: 85-115, Dz: 138-180, 2 Suiten, ⌐
WC ☎, 5🛁; 🅿 2⇔200 Solarium 🍴 🍺

*   Gülser Weinstube
In der Laach 5, ✉ 56072, ☎ (02 61) 40 15 88,
Fax 4 27 32, AX ED VA
13 Zi, Ez: 70-90, Dz: 130-170, 3 Suiten,
3 App, ⌐ WC ☎ DFÜ; 🅿 🔁 1⇔60 Kegeln
🍴 🍺
geschl: Mo

Metternich (2 km ←)
**   Fährhaus am Stausee
⚓ ⚓ an der Fähre 3, ✉ 56072, ☎ (02 61)
9 27 29-0, Fax 92 72 9-90, AX DC ED VA
20 Zi, Ez: 90-115, Dz: 130-180, ⌐ WC ☎; 🅿
2⇔60
**   ⚓ Hauptgericht 30; Gartenlokal;
geschl: Mo, 22.12-30.12.

Bei den Ferienzeit-Angaben für Hotels und
Restaurants bedeuten „Anfang" 1. bis 10.,
„Mitte" 11. bis 20. und „Ende" 21. bis 31.
des jeweiligen Monats. Innerhalb dieser
Zeiträume liegen Beginn und Ende der
Ferienzeit.

Moselweiß (2 km ←)
* **Zum Schwarzen Bären**
Koblenzer Str 35, ⊠ 56073, ☎ (02 61)
4 60 27 00, Fax 4 60 27 13, ⟨AX⟩⟨ED⟩⟨VA⟩
23 Zi, Ez: 85-98, Dz: 120-150, ⌐WC ☎, 8⌷;
🅿 2✥40 ⑨
geschl: 16.7.-7.8.

* **Oronto**
Ferdinand-Sauerbruch-Str 27, ⊠ 56073,
☎ (02 61) 4 80 81, Fax 40 31 92, ⟨AX⟩⟨ED⟩⟨VA⟩
41 Zi, Ez: 98-110, Dz: 135-160, ⌐WC ☎; Lift
🗐; **garni**
geschl: 22.12.-10.1.

Rauental (1 km ←)
* **Scholz**
Moselweißer Str 121, ⊠ 56073, ☎ (02 61)
94 26-0, Fax 40 80 26, ⟨AX⟩⟨DC⟩⟨ED⟩⟨VA⟩
65 Zi, Ez: 95, Dz: 150, ⌐WC ☎; Lift 🅿 2✥60
Kegeln ⑨
geschl: Ende Dez-Anfang Jan

Kochel a. See   71 □

Bayern — Kreis Bad Tölz-Wolfratshausen —
600 m — 4 200 Ew — Bad Tölz 23, Mittenwald 33 km
ℹ ☎ (0 88 51) 3 38, Fax 55 88 — Verkehrsamt, Kalmbachstr 11, 82431 Kochel; Luftkurort am Ostufer des Kochelsees. Sehenswert: Franz-Marc-Museum; Walchensee-
Kraftwerk (4 km ↙); Walchensee, 802 m
(9 km ↓); Herzogstand (Bergbahn), 1731 m
-≼ (13 km ↙); Oberbayerisches Freilichtmuseum Glentleiten bei Großweil (7 km ↖)

* **Alpenhof Postillion**
Kalmbachstr 1, ⊠ 82431, ☎ (0 88 51) 18 20,
Fax 18 21 61, ⟨AX⟩⟨ED⟩⟨VA⟩
35 Zi, Ez: 75-120, Dz: 180-220, 6 App, ⌐WC
☎; Lift 🅿 🗐 ✥50 ≋ Fitneßraum Sauna
Solarium ⑨ ⛱

* **Schmied von Kochel**
Schlehdorfer Str 6, ⊠ 82431, ☎ (0 88 51)
90 10, Fax 73 71, ⟨ED⟩⟨VA⟩
34 Zi, Ez: 85-95, Dz: 130-150, ⌐WC ☎; Lift
🅿 1✥80 ⑨ ⛱
geschl: Mo (Nov-Mär)

Kochel a. See-Außerhalb (1 km ↓)
* **Seehotel Grauer Bär**
-≼ Mittenwalder Str 82, ⊠ 82431,
☎ (0 88 51) 92 50-0, Fax 92 50-15,
⟨AX⟩⟨DC⟩⟨VA⟩
26 Zi, Ez: 70-85, Dz: 130-175, 4 App, ⌐WC
☎ DFÜ; 🅿 🗐 1✥22 Seezugang ⑨ ⛱
geschl: Mi, 13.1.-27.2.99

Ried (5 km ↗)
* **Zum Rabenkopf**
Kocheler Str 23, ⊠ 82431, ☎ (0 88 57)
2 08-82 85, Fax 91 67, ⟨AX⟩⟨ED⟩⟨VA⟩
Hauptgericht 25; Gartenlokal 🅿; geschl:
Do, 5.11.-15.12., 15.2.-15.3.
*   16 Zi, Ez: 48-88, Dz: 96-136, 1 App,
⌐WC ☎

Köln   43 ↖

Nordrhein-Westfalen — Stadtkreis — 36 m
— 1 011 504 Ew — Bonn 30, Düsseldorf 50,
Aachen 70 km
ℹ ☎ (02 21) 2 21 33 45, Fax 2 21 33 20 —
Köln Tourismus Office, am Dom, Unter Fet-
tenhennen 19 (D 2), 50667 Köln
Flughafen Köln Wahn (15 km ↘) ☎ (0 22 03)
4 00
Regierungsbezirkshauptstadt am Rhein,
Kunst- und Musikstadt, Universität, Hoch-
schule für Musik, Neue Philharmonie;
Opern- und Schauspielhaus, Kammer-
spiele; Hänneschen-Puppenspiele; Theater
am Dom; Theater Der Keller; Deutsche
Sporthochschule.
Sehenswert: Dom: Chor, Dreikönigs-
schrein, Altarbild, Schatzkammer und
Bronzetüren, Südturm -≼; Ausgrabungen
des römischen Praetoriums; Gürzenich:
Städtisches Festhaus mit Ruine St. Alban
(Trauernde Eltern nach Käthe Kollwitz);
Rathaus
Alte Kirchen: Antoniterkirche: Schweben-
der Engel von Barlach; St. Aposteln; St.
Georg; St. Gereon: Dekagon; St. Maria im
Kapitol: Holztüren; St. Maria in Lyskirchen:
Wandmalereien; Groß St. Martin; St. Pan-
taleon; St. Severin; St. Ursula: Goldene
Kammer; St. Kunibert; St. Andreas; St.
Cäcilien
Neue Kirchen: St. Columba: Trümmerma-
donna; St. Maria Königin (Marienburg); St.
Josef (Braunsfeld); St. Mechtern und St.
Anna (Ehrenfeld); St. Theresia (Mülheim)
u.a.
Museen: Wallraf-Richartz-Museum:
Gemälde; Museum Ludwig (beide im
neuen Museumskomplex zwischen Dom
und Rhein); Rautenstrauch-Joest-
Museum: Völkerkunde; Kölnisches Stadt-
museum im Zeughaus; Schnütgen-
Museum: kirchliche Kunst des Mittelalters;
Diözesan-Museum; Röm.-Germ. Museum:
Dionysos-Mosaik und Poblicius-Grabmal;
Ostasiatisches Museum; Kunstgewerbe-
museum; Käthe-Kollwitz-Museum;
Besteckmuseum Bodo Glaub; Motoren-
museum; Eigelstein-Tor; Hahnentor;
Severinstor; Parkanlagen: Zoologischer
Garten mit Aquarium; Rheinpark mit Tanz-
brunnen; Botanischer Garten, Grüngürtel;
Stadtwald

Messen:
Int. Möbelmesse 18.-24.1.99
ISM 31.1.-4.2.99
Herren-Mode-Woche 5.-7.2.99
DOMTECHNICA 22.-25.2.99
Eisenwarenmesse 7.-10.3.99
FARBE 25.-28.3.99
IDS 13.-17.4.99
Herren-Mode-Woche 23.-25.7.99
SPOGA-GAFA 5.-7.9.99

Citypläne siehe Seiten 570 und 571 →

Köln

**** Excelsior Hotel Ernst ♛
The Leading Hotels of the World
Trankgasse 1-5 (D 2), ✉ 50667, ☏ (02 21) 27 01, Fax 13 51 50, AX DC ED VA
140 Zi, Ez: 315-540, Dz: 415-660, S;
20 Suiten, ⇨ WC ☏; Lift 13✪300
Auch einfachere Zimmer vorhanden
*** Hanse-Stube ⚜
Hauptgericht 65

**** Hyatt Regency
⚜ Kennedy-Ufer 2 a (E 2), ✉ 50679,
☏ (02 21) 8 28 12 34, Fax 8 28 13 70,
AX DC ED VA
307 Zi, Ez: 333-623, Dz: 401-691, S;
18 Suiten, ⇨ WC ☏ DFÜ, 58🛏; Lift 🅿 🚫
12✪700 ≙ Fitneßraum Sauna Solarium
*** Graugans
⚜ Hauptgericht 45
** Glashaus
⚜

**** Dom-Hotel
⚜ Domkloster 2 a (D 2), ✉ 50667, ☏ (02 21) 2 02 40, Fax 2 02 44 44, AX DC ED VA
111 Zi, Ez: 369-474, Dz: 503-808, S;
12 Suiten, ⇨ WC ☏; Lift 9✪100
Auch Zimmer der Kategorie ******* vorhanden. Eingang von der Domplatte, PKW-Anfahrt möglich
** Atelier am Dom
⚜ Hauptgericht 46; Terrasse

**** Maritim
⚜ Heumarkt 20 (E 3), ✉ 50667, ☏ (02 21) 2 02 70, Fax 2 02 78 26, AX DC ED VA
426 Zi, Ez: 228-550, Dz: 292-575, S;
24 Suiten, 4 App, ⇨ WC ☏ DFÜ, 80🛏; Lift 🚫 26✪1600 ≙ Fitneßraum Sauna Solarium
🍷
*** Bellevue
⚜ Hauptgericht 46; Terrasse
Bistro La Galerie
Hauptgericht 41; nur abends; geschl: So, Mo

*** Im Wasserturm ♛♛
Design Hotel
⚜ Kaygasse 2 (C 4), ✉ 50676, ☏ (02 21) 2 00 80, Fax 2 00 88 88, AX DC ED VA
48 Zi, Ez: 320-490, Dz: 390-590, 42 Suiten, ⇨ WC ☏, 18🛏; Lift 🅿 🚫 4✪70 Fitneßraum Sauna Solarium
Denkmalgeschützter hundertjähriger Wasserturm. Innenausstattung: Design Andrée Putman. Auch Maisonnetten der Kategorie ******** vorhanden
*** Im Wasserturm 🍷
⚜ Hauptgericht 45

*** Holiday Inn Crowne Plaza
Habsburgerring (A 3), ✉ 50674, ☏ (02 21) 2 28-0, Fax 25 12 06, AX DC ED VA
301 Zi, Ez: 305-610, Dz: 355-710, S; 6 Suiten, ⇨ WC ☏ DFÜ, 155🛏; Lift 🅿 🚫 7✪450 ≙ Fitneßraum Sauna Solarium 🍷
** Le Bouquet

*** Renaissance
♂ Magnusstr 20 (B 2), ✉ 50672, ☏ (02 21) 2 03 40, Fax 2 03 47 77, AX DC ED VA
227 Zi, Ez: 235-710, Dz: 235-750, S; 8 Suiten, 1 App, ⇨ WC ☏, 31🛏; Lift 🚫 10✪350 ≙ Sauna Solarium
*** Raffael/Valentino
Hauptgericht 34; Terrasse

*** Dorint Kongreß-Hotel
Helenenstr 14 (B 2), ✉ 50667, ☏ (02 21) 2 75-0, Fax 2 75-18 01, AX DC ED VA
257 Zi, Ez: 270-330, Dz: 300-360, S;
28 Suiten, 1 App, ⇨ WC ☏ DFÜ, 70🛏; Lift 🚫 12✪1000 ≙ Fitneßraum Sauna Solarium
🍷
** Bergische Stube
Hauptgericht 35; Terrasse

** Savoy
Turiner Str 9 (D 1), ✉ 50668, ☏ (02 21) 1 62 30, Fax 1 62 32 00, AX DC ED VA
95 Zi, Ez: 175-400, Dz: 265-550, 8 App, ⇨ WC ☏, 42🛏; Lift 🅿 🚫 5✪110 Fitneßraum Sauna Solarium
Restaurant für Hausgäste; Zimmer der Kategorie ******* vorhanden

---

** Euro Plaza
Breslauer Platz 2 (D 1), ✉ 50668, ☏ (02 21) 1 65 10, Fax 1 65 13 33, AX DC ED VA
110 Zi, Ez: 130-450, Dz: 175-545, 6 Suiten, ⇨ WC ☏; Lift 3✪80 🍽

** Best Western
Ascot
Hohenzollernring 95 (A 2), ✉ 50672,
☏ (02 21) 9 52 96 50, Fax 95 29 65-1 00,
AX DC ED VA
46 Zi, Ez: 174-394, Dz: 259-418, S; 1 App, ⇨ WC ☏, 12🛏; Lift Fitneßraum Sauna Solarium 🍽
geschl: 24.12.-3.1.
Auch Zimmer der Kategorie ******* vorhanden

** Consul
Belfortstr 9, ✉ 50668, ☏ (02 21) 7 72 10, Fax 7 72 12 59, AX DC ED VA
120 Zi, Ez: 276-518, Dz: 299-541, S; ⇨ WC ☏ DFÜ, 26🛏; Lift 🅿 7✪200 ≙ Sauna Solarium 🍽
Zimmer der Kategorie ******* verfügbar

** Dorint Hotel Köln
Friesenstr 44-48 (B 2), ✉ 50670, ☏ (02 21) 1 61 40, Fax 1 61 41 00, AX DC ED VA
103 Zi, Ez: 223-380, Dz: 299-444, S; 6 Suiten, ⇨ WC ☏, 43🛏; Lift 🅿 🚫 4✪250
** Hauptgericht 25; Terrasse

** Senats-Hotel
Unter Goldschmied 9 (D 3), ✉ 50667,
☏ (02 21) 2 06 20, Fax 2 06 22 00, AX ED VA
53 Zi, Ez: 135-390, Dz: 190-450, 6 Suiten, ⇨ WC ☏, 19🛏; Lift 5✪350 🍽

Köln

** Euro Garden
Domstr 10-16 (D 1), ✉ 50668, ☏ (02 21)
1 64 90, Fax 1 64 93 33, AX DC ED VA
85 Zi, Ez: 130-450, Dz: 175-545, S; ⊿ WC ☏,
16🖂; Lift 🚗 3↻70 Sauna; **garni**

** Mercure Severinshof
Severinstr 199 (D 5), ✉ 50676, ☏ (02 21)
2 01 30, Fax 2 01 36 66, AX DC ED VA
189 Zi, Ez: 150-345, Dz: 170-450, S;
23 Suiten, 40 App, ⊿ WC ☏, 30🖂; Lift 🚗
4↻120 Fitneßraum Sauna Solarium
** Severinshöfchen
Hauptgericht 29; Biergarten

** Coellner Hof
Hansaring 100, ✉ 50670, ☏ (02 21) 16 66-0,
Fax 1 66 61 66, AX DC ED VA
70 Zi, Ez: 150-280, Dz: 190-360, ⊿ WC ☏,
35🖂; Lift 🚗 2↻35
** Hauptgericht 30

** Sofitel Köln Mondial am Dom
Kurt-Hackenberg-Platz 1 (D 2), ✉ 50667,
☏ (02 21) 2 06 30, Fax 2 06 35 22, AX DC ED VA
205 Zi, Ez: 261-442, Dz: 312-470, S; 1 Suite,
⊿ WC ☏, 40🖂; Lift 🚗 7↻500
** Symphonie
Hauptgericht 35

** Mado
City Partner Hotels
Moselstr 36, ✉ 50674, ☏ (02 21) 92 41 90,
Fax 92 41 91 01, AX DC ED VA
44 Zi, Ez: 148-268, Dz: 188-368, 3 Suiten,
3 App, ⊿ WC ☏ DFÜ, 7🖂; Lift 🅿 2↻44 Fitneßraum Sauna Solarium

** Insel Hotel
Constantinstr 96, ✉ 50679, ☏ (02 21)
880 34 50, Fax 880 34 90, AX DC ED VA
42 Zi, Ez: 130-300, Dz: 180-360, ⊿ WC ☏
DFÜ, 10🖂; Lift 1↻20 🍽

** Viktoria
Select Marketing Hotels
Worringer Str 23, ✉ 50668, ☏ (02 21)
97 31 72-0, Fax 72 70 67, AX DC ED VA
47 Zi, Ez: 175-320, Dz: 220-485, S; ⊿ WC ☏
DFÜ; Lift 🅿; **garni**
geschl: 24.12.-4.1.
Gelungene Kombination eines Hauses aus der Jahrhundertwende mit moderner Einrichtung. Zimmer der Kategorie ***** vorhanden.

** Antik-Hotel Bristol
Kaiser-Wilhelm-Ring 48 (B 1), ✉ 50672,
☏ (02 21) 12 01 95, Fax 13 14 95, AX DC ED VA
44 Zi, Ez: 165-285, Dz: 195-350, S; 4 Suiten,
⊿ WC ☏; Lift; **garni**
Zimmer mit antiken Möbeln unterschiedlicher Stilepochen eingerichtet

** CM CityClass Hotel Europa am Dom
Top International Hotel
Am Hof 38 (D 2), ✉ 50667, ☏ (02 21)
2 05 80, Fax 2 58 20 32, AX DC ED VA
91 Zi, Ez: 150-299, Dz: 190-399, S; 1 Suite, ⊿
WC ☏ DFÜ, 12🖂; Lift 🍽

** CM CityClass Hotel Residence
Top International Hotel
Alter Markt 55 (D 3), ✉ 50667, ☏ (02 21)
9 20 19 80, Fax 92 01 98 99, AX DC ED VA
56 Zi, Ez: 140-250, Dz: 180-345, S; 6 Suiten,
⊿ WC ☏ DFÜ, 14🖂; Lift 1↻12; **garni**

** Ringhotel Haus Lyskirchen
Filzengraben 26 (E 4), ✉ 50676, ☏ (02 21)
2 09 70, Fax 2 09 77 18, AX DC ED VA
94 Zi, Ez: 185-275, Dz: 235-370, S; ⊿ WC ☏,
14🖂; Lift 🚗 4↻100 ☂ Kegeln Sauna Solarium
Zimmer der Kategorie ***** vorhanden
* Pratolino
Hauptgericht 35; 🅿; geschl: Sa mittags, so+feiertags

** Flandrischer Hof
Flandrische Str 3-5 (A 3), ✉ 50674,
☏ (02 21) 25 20 95, Fax 25 10 52, AX DC ED VA
142 Zi, Ez: 125-260, Dz: 185-380, 1 Suite, ⊿
WC ☏, 23🖂; Lift 🅿 🚗 1↻20 🍽
auch Zimmer der Kategorie ***** vorhanden

** Ambassador
Barbarossaplatz 4 a (B 5), ✉ 50674,
☏ (02 21) 23 51 81, Fax 23 51 85, AX DC ED VA
51 Zi, Ez: 122-297, Dz: 177-360, 15 Suiten,
1 App, ⊿ WC ☏ DFÜ, 5🖂; Lift 🅿 🚗 2↻30
🍽
Auch Zimmer der Kategorie ***** vorhanden

* Hopper Hotel et cetera
Brüsseler Str 26 (A 4), ✉ 50674, ☏ (02 21)
92 44 00, Fax 92 44 06, AX DC ED VA
47 Zi, Ez: 158-387, Dz: 217-387, 2 Suiten, ⊿
WC ☏ DFÜ, 5🖂; Lift 🚗 1↻15 Fitneßraum Sauna Solarium 🍽 🍺
Designerausstattung in dem ehemaligen Kloster

* Merian
Allerheiligenstr 1 (D 1), ✉ 50668, ☏ (02 21)
1 66 50, Fax 1 66 52 00, AX DC ED VA
31 Zi, Ez: 120-250, Dz: 160-375, 1 Suite, ⊿
WC ☏; Lift 🅿 🚗; **garni**
geschl: 20.12.-5.1.

* Eden-Hotel am Dom
Top International Hotel
Am Hof 18 (D 2), ✉ 50667, ☏ (02 21)
2 58 04 91, Fax 2 58 04 95, AX DC ED VA
35 Zi, Ez: 165-385, Dz: 195-395, S; ⊿ WC ☏,
10🖂; Lift; **garni**

→

Köln

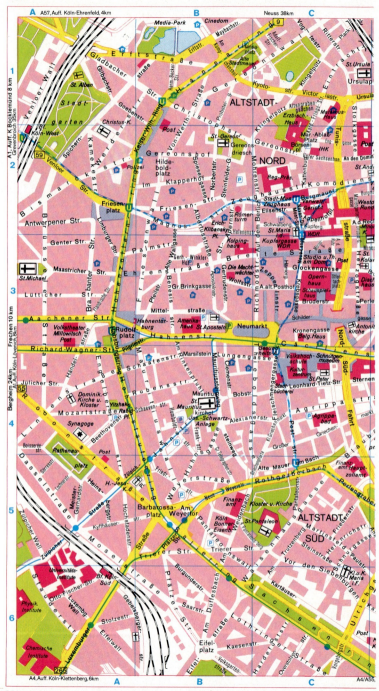

Köln

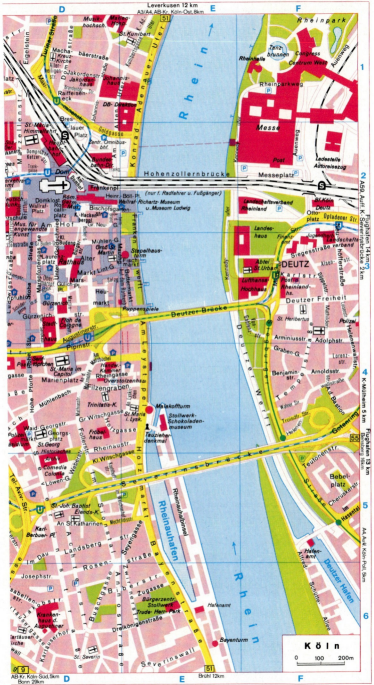

Köln

✱ Dom Business Hotel
Auf dem Rothenberg 7, ✉ 50667,
☎ (0 21 61) 8 25 10, AX DC ED VA
53 Zi, Ez: 139-299, Dz: 179-399, S; 2 Suiten,
⊿ WC ☎, 30🖂; Lift 2↔30 Sauna Solarium;
garni

✱ Esplanade
Hohenstaufenring 56 (A 4), ✉ 50674,
☎ (02 21) 9 21 55 70, Fax 21 68 22,
AX DC ED VA
33 Zi, Ez: 125-265, Dz: 165-320, 1 Suite, ⊿
WC ☎; Lift; **garni**

✱ Amsterdam
Ursulastr 4-8, ✉ 50668, ☎ (02 21) 13 60 77,
Fax 13 60 70, AX DC ED VA
37 Zi, Ez: 145-295, Dz: 185-345, 1 Suite,
1 App., ⊿ WC ☎, 6🖂; Lift 🔲 1↔25 Sauna
Solarium; **garni**
Auch Zimmer der Kategorie ✱✱ vorhanden

✱ Astor und Aparthotel Concorde
Friesenwall 68-72 (B 3), ✉ 50672, ☎ (02 21)
25 31 01, Fax 25 31 06, AX DC ED VA
44 Zi, Ez: 165-330, Dz: 255-360, 1 Suite,
6 App., ⊿ WC ☎ DFÜ, 9🖂; Lift 🔲 Sauna;
garni
Langzeitvermietung möglich

✱ Drei Kronen
Auf dem Brand 6 (E 3), ✉ 50667, ☎ (02 21)
2 58 06 92, Fax 2 58 06 01, AX DC ED VA
20 Zi, Ez: 99-149, Dz: 119-169, ⊿ WC ☎; Lift
🍴

✱ Cerano
Elisenstr 16 (C 2), ✉ 50667, ☎ (02 21)
9 25 73 00, Fax 92 57 30 30, AX DC ED VA
18 Zi, Ez: 149-195, Dz: 195-215, ⊿ WC ☎;
Lift 🔲 1↔12 Sauna; **garni**

✱ Königshof Top International Hotel
Richartzstr 14 (D 2), ✉ 50667, ☎ (02 21)
2 57 87 71, Fax 2 57 87 62, AX DC ED VA
81 Zi, Ez: 155-285, Dz: 215-390, S; 1 Suite, ⊿
WC ☎, 5🖂; Lift; **garni**

✱ Kolpinghaus International
St.-Apern-Str 32 (B 3), ✉ 50667, ☎ (02 21)
2 09 30, Fax 2 09 32 54, AX DC ED VA
55 Zi, Ez: 145, Dz: 210, ⊿ WC ☎, 12🖂; Lift 🅿
🔲 10↔240 Kegeln Solarium 🍴

✱ Central-Hotel am Dom
An den Dominikanern 3 (D 2), ✉ 50668,
☎ (02 21) 13 50 88, Fax 13 50 80, AX DC ED VA
61 Zi, Ez: 145-245, Dz: 189-345, 1 App., ⊿
WC ☎; Lift 1↔20 🚃

✱ Buchholz
Kunibertsgasse 5 (E 1), ✉ 50668, ☎ (02 21)
12 18 24, Fax 13 16 65, AX DC ED VA
17 Zi, Ez: 95-160, Dz: 140-310, ⊿ WC ☎
DFÜ; Lift 18Golf; **garni**
geschl: 23.12.-3.1.

✱✱✱ Ambiance am Dom im Excelsior Hotel Ernst
Trankgasse 1 (D 2), ✉ 50667, ☎ (02 21)
1 39 19 12, AX DC ED VA
Hauptgericht 48; geschl: Sa, So, feiertags,
20.7.-8.8.

Börsen-Restaurant
Unter Sachsenhausen 10-26 (C 2), ✉ 50667,
☎ (02 21) 13 30 21, Fax 13 30 40, AX DC ED VA
✱✱✱ Maître
Hauptgericht 42; Terrasse; geschl: so + feiertags, 21.6.-18.7.
✱✱ Börsen-Stube
Hauptgericht 28; Terrasse; geschl: Sa
abends, So, feiertags

✱✱ La Societe
Kyffhäuser Str 53 (B 5), ✉ 50674, ☎ (02 21)
23 24 64, Fax 21 04 51, AX DC VA
Hauptgericht 42

✱✱ Grande Milano mit Bistro Pinot di Pinot
Hohenstaufenring 29 (A 4), ✉ 50674,
☎ (02 21) 24 21 21, Fax 24 48 46, AX DC ED VA
Hauptgericht 40; Terrasse; geschl: Sa mittags, so + feiertags

✱✱ Alfredo
Tunisstr 3 (C 3), ✉ 50667, ☎ (02 21)
2 57 73 80, Fax 2 57 73 80, AX
Hauptgericht 49; geschl: Sa, So

✱✱ Messeturm
◅ Kennedy-Ufer (F 1), ✉ 50679, ☎ (02 21)
88 10 08, Fax 81 85 75, AX DC ED VA
Hauptgericht 35
Turmrestaurant in 75 m Höhe

✱✱ Em Krützche
🌿 Am Frankenturm 1 (E 3), ✉ 50667,
☎ (02 21) 2 58 08 39, Fax 25 34 17,
AX DC ED VA
Hauptgericht 40; Biergarten Terrasse;
geschl: Mo

✱✱ Alter Wartesaal
🌿 Johannisstr 11, im Hauptbahnhof (D 2),
✉ 50668, ☎ (02 21) 9 12 88 50,
Fax 91 28 85 10, AX DC ED VA
Hauptgericht 30; nur abends, So auch mittags

✱ Bistro Schönberner
Kleiner Griechenmarkt 23 (C 4), ✉ 50676,
☎ (02 21) 21 45 12, Fax 21 45 12, DC ED VA
Hauptgericht 50; geschl: So, Mo

✱ Artischocke
Moltkestr 50, ✉ 50674, ☎ (02 21) 25 28 61,
AX DC ED VA
Hauptgericht 39; nur abends, geschl: So,
Mo

✱ Le Moissonnier ☎
Krefelder Str 25, ✉ 50670, ☎ (02 21)
72 94 79, Fax 7 32 54 61
Hauptgericht 42; geschl: So, Mo, 3 Wochen
im Sommer

Köln

Vintage ✤
Pfeilstr 31, ✉ 50672, ☎ (02 21) 2 58 29 18,
Fax 2 58 28 37, AX DC ED VA
Hauptgericht 30; Terrasse; geschl: So

Wackes
Benesisstr 57 (B 3), ✉ 50672, ☎ (02 21)
2 57 34 56, Fax 2 57 34 56
Hauptgericht 30; nur abends

🍽 Reichard
Unter Fettenhennen 11 (D 2), ✉ 50667,
☎ (02 21) 2 57 85 42, Fax 2 08 17 50
Hauptgericht 30; Terrasse

🍽 Konditorei Cafe Eigel
Brückenstr 3 (D 3), ✉ 50667, ☎ (02 21)
2 57 58 58, Fax 2 57 13 24

🍽 Cafe Franck
Rudolfplatz 12 (A 3), ✉ 50674, ☎ (02 21)
9 25 77 10, Fax 92 57 71 25, AX DC ED VA
Terrasse

Köln-Altkölsche Kneipen („Kölsche Weetschafte"). In meist großen, aber dennoch behaglichen Räumen werden an blankgescheuerten Tischen einheimische Spezialitäten geboten. Der Kellner heißt hier „Köbes".

Gaffel-Haus
⚭ Alter Markt 20 (D 3), ✉ 50667, ☎ (02 21)
2 57 76 92, Fax 25 38 79, AX DC ED VA
Hauptgericht 25

Gasthaus Alt-Köln
⚭ Trankgasse 7-9 (D 2), ✉ 50667, ☎ (02 21)
13 74 71, Fax 13 68 85, AX DC ED VA
Hauptgericht 28; Terrasse

Brauhaus Früh am Dom
Am Hof 12 (D 2), ✉ 50667, ☎ (02 21)
2 58 03 97, Fax 25 63 26
Hauptgericht 20; Biergarten; geschl: Mo

Brauhaus Sion
Unter Taschenmacher 5 (D 3), ✉ 50667,
☎ (02 21) 2 57 85 40, Fax 2 08 17 50
Hauptgericht 20; Biergarten Kegeln Terrasse

Haus Töller
⚭ Weyer Str 96 (B 5), ✉ 50676, ☎ (02 21)
2 40 91 87
Hauptgericht 20
Haus Töller besteht seit 1862 fast unverändert in Einrichtung und Abwicklung. Das Kölsch wird aus Holzfässern ohne Kohlensäure gezapft. Spezialität: Hämchen und in Schmalz gebackene Reibekuchen

Küppers Brauhaus
⚭ Alteburger Str 157, ✉ 50968, ☎ (02 21)
93 47 81-0, Fax 93 47 81-9, AX DC ED VA
Hauptgericht 20

Braunsfeld (4 km ←)
✶✶✶ Best Western Regent International
🍽 Melatengürtel 15, ✉ 50933, ☎ (02 21)
5 49 90, Fax 5 49 99 98, AX DC ED VA
142 Zi, Ez: 161-382, Dz: 161-442, S; 6 Suiten,
⛨ WC ☎, 53✉; Lift 🅿 4⟲130 Sauna
Solarium; **garni**
geschl: 24.12.-4.1.
Zimmer der Kategorie ✶✶ vorhanden

✶ Select Hotel 2000 Select Marketing Hotels
Eupener Str 152, ✉ 50933, ☎ (02 21)
49 70 20, Fax 49 57 78, AX DC ED VA
29 Zi, Ez: 159-265, Dz: 199-398, S; ⛨ WC ☎
DFÜ, 8✉; Lift 🅿 Fitneßraum Sauna
Solarium 🍽

✶✶ Haus Marienbild
Aachener Str 561, ✉ 50933, ☎ (02 21)
9 49 88 30, Fax 9 48 83 33
Hauptgericht 28; 🅿

Brück (8 km →)
✶✶ Silencium
Olpener Str 1031, ✉ 51109, ☎ (02 21)
89 90 40, Fax 8 99 04 89, AX DC ED VA
67 Zi, Ez: 165-295, Dz: 215-355, 1 Suite, ⛨
WC ☎, 31✉; Lift 🅿 2⟲20 Solarium 18Golf;
garni
geschl: 23.12.-3.1., 1.4.-5.4.
Auch Zimmer der Kategorie ✶ vorhanden

✶✶ Weinhaus Zur alten Schule
Olpener Str 928, ✉ 51109, ☎ (02 21)
84 48 88, Fax 84 48 08, AX DC ED
geschl: So, Mo, 19.7.-4.8.

Buchforst (5 km →)
✶✶ Kosmos-Hotel
Waldecker Str 11, ✉ 51065, ☎ (02 21)
6 70 90, Fax 6 70 93 21, AX DC ED VA
161 Zi, Ez: 175-326, Dz: 247-408, S; 6 App, ⛨
WC ☎, 19✉; Lift 🅿 🛒 9⟲130 ≋ Sauna 🍽
Auch Zimmer der Kategorie ✶ vorhanden

Dellbrück (9 km ↗)
✶ Uhu
Dellbrücker Hauptstr 201, ✉ 51069,
☎ (02 21) 6 89 34 10, Fax 6 80 50 37,
AX DC ED VA
35 Zi, Ez: 96-153, Dz: 142-225, ⛨ WC ☎; Lift
1⟲20; **garni**

✶ Haus An den sieben Wegen
Grafenmühlenweg 220, ✉ 51069, ☎ (02 21)
68 28 50, Fax 68 93 00 20, AX ED VA
15 Zi, Ez: 80-250, Dz: 150-260, ⛨ WC ☎; 🅿;
garni
Auch Zimmer der Kategorie ✶✶ vorhanden

Ehrenfeld (4 km ←)
✶ Imperial
Barthelstr 93, ✉ 50823, ☎ (02 21) 51 70 57,
Fax 52 09 93, AX DC ED VA
35 Zi, Ez: 180-260, Dz: 298-360, ⛨ WC ☎
DFÜ, 4✉; Lift 🅿 🛒 2⟲45 Fitneßraum
Sauna Solarium 🍽 →

Köln

Hochkirchen (6 km ↓)
* An der Tennisanlage Schmitte
Großrotter Weg 1, ✉ 50997, ☎ (0 22 33)
92 10 00, Fax 2 39 61, AX DC ED VA
18 Zi, Ez: 118-170, Dz: 160-220, ⌐ WC ☎; P
7 Tennis ⫶

Holweide (7 km ↗)
*** Isenburg
Johann-Bensberg-Str 49, ✉ 51067,
☎ (02 21) 69 59 09, Fax 69 87 03, AX VA
Hauptgericht 39; P Terrasse; geschl: So,
Mo, Sa mittags, Anfang Jul-Anfang Aug,
Ende Dez

Immendorf (8 km ↓)
** Bitzerhof
⊗ Immendorfer Hauptstr 21, ✉ 50997,
☎ (0 22 36) 6 19 21, Fax 6 29 87, AX ED
Hauptgericht 35; P Terrasse

Junkersdorf (7 km ←)
* Brenner'scher Hof
Wilhelm-von-Capitaine-Str 15-17, ✉ 50858,
☎ (02 21) 9 48 60 00, Fax 94 86 00 10,
AX DC ED VA
26 Zi, Ez: 255-375, Dz: 310-450, 14 Suiten,
8 App, ⌐ WC ☎ DFÜ; Lift ⌘ 3✪60 ⫶
Auch Zimmer der Kategorie ******* vorhanden

** Vogelsanger Stübchen
Vogelsanger Weg 28, ✉ 50858, ☎ (02 21)
48 14 78
Hauptgericht 43; Gartenlokal; geschl: So,
Mo, 08.03.-24.03./08.09.-22.09.

Klettenberg (4 km ↙)
** Filippo Nisi
Gottesweg 108, ✉ 50939, ☎ (02 21)
42 86 18, Fax 41 42 14, AX DC ED VA
Hauptgericht 40; Terrasse; geschl: Di

Lindenthal (3 km ←)
** Queens Hotel Köln
♂ ◂ Dürener Str 287, ✉ 50935, ☎ (02 21)
4 67 60, Fax 43 37 65, AX DC ED VA
147 Zi, Ez: 169-290, Dz: 199-377, S; ⌐ WC
☎, 30⊠; Lift P ⌘ 7✪600 ☛
** Im Stadtwald
Hauptgericht 42; Biergarten

*** Rôtisserie Zum Krieler Dom
Bachemer Str 233, ✉ 50935, ☎ (02 21)
43 29 43
Hauptgericht 40

** Philomena's
Bachemer Str 201-207, ✉ 50935, ☎ (02 21)
43 77 89, Fax 9 43 46 14, AX ED VA
Hauptgericht 40; Terrasse; geschl: Sa mittags+Mo

** Bruno Lucchesi
Dürener Str 218, ✉ 50931, ☎ (02 21)
40 80 22, AX DC ED VA
Hauptgericht 40; P; geschl: 15.07.-05.08.

Lövenich (8 km ←)
* Landhaus Gut Keuchhof
♂ Braugasse 14, ✉ 50859, ☎ (0 22 34)
94 60 00, Fax 9 46 00 58, AX DC ED VA
43 Zi, Ez: 130-180, Dz: 180-280, ⌐ WC ☎; P
Fitneßraum Sauna Solarium ⫶

Marienburg (4 km ↓)
** Marienburger Bonotel
Bonner Str 478-482, ✉ 50968, ☎ (02 21)
3 70 20, Fax 3 70 21 32, AX DC ED VA
89 Zi, Ez: 135-395, Dz: 185-425, 4 Suiten,
1 App, ⌐ WC ☎; Lift P ⌘ 2✪120 Sauna
Solarium
** Lenny's
Hauptgericht 35; nur abends

** Grand Duc mit Weinstube
Bonner Str 471, ✉ 50968, ☎ (02 21)
37 37 25, Fax 38 37 16, AX DC ED VA
Hauptgericht 38

** Ruckes Restaurant
Bonner Str 391, ✉ 50968, ☎ (02 21)
37 31 33, ED
Hauptgericht 40

Marsdorf (8 km ←)
* Novotel
Horbeller Str 1, ✉ 50858, ☎ (0 22 34) 51 40,
Fax 51 41 06, AX DC ED VA
199 Zi, Ez: 198-345, Dz: 249-396, S; ⌐ WC
☎, 80⊠; Lift P 8✪300 ≈ ☂ Fitneßraum
Sauna Solarium ⫶

Merheim (7 km →)
*** Goldener Pflug   ♛
Olpener Str 421, ✉ 51109, ☎ (02 21)
89 61 24+89 55 09, Fax 8 90 81 76, AX ED VA
Hauptgericht 59; Gartenlokal P; geschl: Sa
mittags, So, feiertags

** Ristorante Gatti
Güterslohner Str 16, ✉ 51109, ☎ (02 21)
6 99 99 10, Fax 6 99 99 16, AX ED
Hauptgericht 38; Gartenlokal P; geschl: Sa
mittags, So
⌂ Engelshof
15 Zi, Ez: 110-160, Dz: 160-210, ⌐; 1✪18

Müngersdorf (6 km ←)
*** Landhaus Kuckuck   ⚜
Im Stadtwald
einzeln, Olympiaweg 2, ✉ 50933, ☎ (02 21)
49 31 71, Fax 4 97 28 47, AX DC ED VA
Hauptgericht 45; P Terrasse; geschl: Mo,
Fasching
Zufahrt nur über Junkersdorfer Str

Nippes (2 km ↑)
** Paul's Restaurant
Bülowstr 2, ✉ 50733, ☎ (02 21) 76 68 39,
Fax 7 39 03 54, AX ED
Hauptgericht 39; geschl: Mo, 2 Wochen in
den Sommerferien

Köngen

Porz (12 km ↘)

*** Holiday Inn
Waldstr 255, ✉ 51147, ☎ (0 22 03) 56 10, Fax 56 19, AX DC ED VA
177 Zi, Ez: 336-620, Dz: 376-516, S; ⊟ WC ☎, 53🛏; Lift 🅿 2⇔110

** Vivaldi
Hauptgericht 40; Biergarten

** Concorde Hotel Terminal
Theodor-Heuss-Str 78, ✉ 51149, ☎ (0 22 03) 3 70 30, Fax 3 70 39, AX DC ED VA
61 Zi, Ez: 155-310, Dz: 205-335, ⊟ WC ☎, 13🛏; Lift 🅿 2⇔80 Sauna Solarium 🍴
geschl: 19.12.-4.1.99

** Ambiente
Oberstr 53, in Porz-Westhoven, ✉ 51149, ☎ (0 22 03) 91 18 60, Fax 9 11 86 36, AX DC ED VA
27 Zi, Ez: 125-180, Dz: 170-230, ⊟ WC ☎; Lift 🅿 1⇔25; garni

* Mercure Relais Köln-Airport
Hauptstr 369, ✉ 51143, ☎ (0 22 03) 5 50 36, Fax 5 59 31, AX DC ED VA
59 Zi, Ez: 139-299, Dz: 139-399, S; ⊟ WC ☎, 11🛏; Lift 🅿 🍴 2⇔60; garni
geschl: 24.12.-4.1.99
Auch Zimmer der Kategorie ** vorhanden

* Spiegel
Hermann-Löns-Str 122, in Porz-Grengel, ✉ 51147, ☎ (0 22 03) 6 10 46, Fax 69 56 53, AX ED VA
27 Zi, Ez: 98-130, Dz: 160-280, ⊟ WC ☎, 5🛏; 🅿 🍴 1⇔20
geschl: 26.12.-5.1., 3 Wochen im Jun/Jul
Auch Zimmer der Kategorie ** vorhanden
** Hauptgericht 45; Gartenlokal Terrasse; geschl: Fr, 26.12.-05.01.99

* Art-Hotel
Heide Str 225, in Porz-Wahnheide, ✉ 51147, ☎ (0 22 03) 96 64 10, Fax 96 64 19, AX DC ED VA
12 Zi, Ez: 94-194, Dz: 144-294, ⊟ WC ☎, 4🛏; 🅿; garni

* Geisler
Frankfurter Str 172, in Porz-Wahn, ✉ 51147, ☎ (0 22 03) 6 10 27, Fax 6 15 97, AX DC ED VA
25 Zi, Ez: 85-220, Dz: 140-235, ⊟ WC ☎; Lift 🅿 1⇔45; garni 🚭

*** Zur Tant
Rheinbergstr 49, in Porz-Langel, ✉ 51143, ☎ (0 22 03) 8 18 83, Fax 8 73 27, AX DC ED VA
Hauptgericht 45; 🅿 Terrasse; geschl: Do, 1.-16.2.99
Fachwerkhaus, unter Denkmalschutz

Hütter's Piccolo
Hauptgericht 26; geschl: Do, 1.-16.2.

Rheinkassel (14 km ↑)

** Rheinkasseler Hof
♦ Amandusstr 8, ✉ 50769, ☎ (02 21) 70 92 70, Fax 70 10 73, AX DC ED VA
41 Zi, Ez: 157-297, Dz: 197-327, 5 Suiten, ⊟ WC ☎; Lift 🅿 3⇔40 Kegeln Sauna Solarium

** Wintergarten
Hauptgericht 35

Rodenkirchen (5 km ↓)

* Rheinblick
♦ ⚓ Uferstr 20, ✉ 50996, ☎ (02 21) 39 12 82, Fax 39 21 39, AX DC ED VA
16 Zi, Ez: 120-140, Dz: 140-170, 11 App; 🚗 ♨ Sauna Solarium; garni

🍴 Zum Treppchen
🍽 Kirchstr 15, ✉ 50996, ☎ (02 21) 39 21 79, Fax 39 41 52
Hauptgericht 20

Sürth (7 km ↓)

** Falderhof
♦ Falderstr 29, ✉ 50999, ☎ (0 22 36) 9 66 99-0, Fax 9 66 99-8, AX DC ED VA
33 Zi, Ez: 140-235, Dz: 185-295, ⊟ WC ☎ DFÜ, 6🛏; 🅿 2⇔120 9Golf 🍴
geschl: 23.12.-3.1.
Unter Denkmalschutz stehender Gutshof

Weiden (8 km ←)

* Gartenhotel Ponick
♦ Königsberger Str 9, ✉ 50858, ☎ (0 22 34) 4 08 70, Fax 40 87 87, AX ED VA
33 Zi, Ez: 110-130, Dz: 160-180, ⊟ WC ☎, 11🛏; Lift 🚗; garni
geschl: 23.-31.12.

* Triton
Aachener Str 1128, ✉ 50858, ☎ (0 22 34) 7 77 29, Fax 4 75 48
18 Zi, Ez: 100-150, Dz: 150-200, ⊟ WC ☎; 🍴

Zollstock (3 km ↙)

* Christina
Bischofsweg 52, ✉ 50968, ☎ (02 21) 37 63 10, Fax 3 76 31 99, AX DC ED VA
67 Zi, Ez: 98-218, Dz: 138-248, ⊟ WC ☎, 3🛏; Lift 🅿 🚗; garni
geschl: 22.12.-7.1.

Kölpinsee siehe Usedom

Köngen 62 ←

Baden-Württemberg — Kreis Esslingen — 281 m — 9 000 Ew — Plochingen 6, Nürtingen 7, Kirchheim unter Teck 8 km
ℹ ☎ (0 70 24) 8 00 70, Fax 80 07 60 — Gemeindeverwaltung, Oberdorfstr 2, 73257 Köngen; Ort am Neckar. Sehenswert: Römerpark, Museum; Spätgot. Kirche mit Deckenbemalung aus der Renaissance-Zeit; hist. Ulrichsbrücke →

Köngen

** Zum Schwanen mit Gästehaus
Schwanenstr 1, ⊠ 73257, ☎ (0 70 24) 88 64, Fax 8 36 07, AX DC ED VA
44 Zi, Ez: 90-125, Dz: 135-165, 1 Suite, ⊣ WC ☎; Lift ▣ 2⇔80
** Schwanen
Hauptgericht 28

* Neckartal
Bahnhofstr 19, ⊠ 73257, ☎ (0 70 24) 9 72 20, Fax 97 22 22, AX ED VA
39 Zi, Ez: 58-115, Dz: 95-155, ⊣ ☎; Lift 3⇔60
Auch einfachere Zimmer vorhanden
* Hauptgericht 30; geschl: Fr

König, Bad 55 ←

Hessen — Odenwaldkreis — 250 m — 9 500 Ew — Höchst 6, Erbach 8 km
🛈 ☎ (0 60 63) 5 81 82, Fax 55 17 — Verkehrsbüro, Elisabethenstr 13, 64732 Bad König; Thermal-Heilbad im Odenwald. Sehenswert: Altes und Neues Schloß; Ev. Kirche, Orgel; Seeanlage

** Büchner
♂ Frankfurter Str 6, ⊠ 64732, ☎ (0 60 63) 7 29, Fax 5 71 01, AX ED VA
33 Zi, Ez: 66-120, Dz: 110-150, 1 Suite, 1 App, ⊣ WC ☎; ▣ 🅿 2⇔30 🐟 Fitneßraum Sauna Solarium
* Hauptgericht 28; Terrasse; geschl: Do, 1.11.-5.12.

Königsbach-Stein 61 ↘

Baden-Württemberg — Enzkreis — 190 m — 9 200 Ew — Pforzheim 10, Bretten 13, Karlsruhe 20 km
🛈 ☎ (0 72 32) 3 00 80, Fax 30 08 99 — Gemeindeverwaltung, Marktstr 15, 75203 Königsbach-Stein. Sehenswert: Burgruine und Fachwerkhäuser; Schloß

Königsbach
** Europäischer Hof
Steiner Str 100, ⊠ 75203, ☎ (0 72 32) 10 05, Fax 46 97, AX DC ED VA
20 Zi, Ez: 95, Dz: 160, 1 App, ⊣ ☎;
geschl: Ende Dez, Mitte-Ende Feb, Ende Jul-Mitte Aug
** Hauptgericht 40; geschl: Sa mittags, So abends, 23.-29.12.,15.-28.2.,26.7.-16.8.

Königsberg 56 ↗

Bayern — Kreis Haßberge — 276 m — 4 200 Ew — Haßfurt 7, Hofheim/Ufr. 8, Bamberg 30 km
🛈 ☎ (0 95 25) 92 22, Fax 92 22 29 — Stadtverwaltung, Marktplatz, 97486 Königsberg; Stadt am Hang der Haßberge. Sehenswert: Marienkirche; Rathaus; Fachwerkhäuser; Glockenspiel; Regiomontanushaus; Burgruine auf dem Schloßberg

* Goldner Stern
Marktplatz 6, ⊠ 97486, ☎ (0 95 25) 9 22 10, Fax 92 21 33, ED VA
14 Zi, Ez: 85-105, Dz: 145-185, 1 Suite, ⊣ WC ☎ DFÜ; ▣ 2⇔50 9Golf 🍴 🍺
geschl: 2 Wochen im Jan
Auch Zimmer der Kategorie ****** vorhanden

⇌ Hof-Café Herrenschenke
Marienstr 3, ⊠ 97486, ☎ (0 95 25) 92 32-0, Fax 92 32-22, ED
8 Zi, Ez: 53, Dz: 87, ⊣ WC ☎; 1⇔30 🍴

Königsberg siehe Biebertal

Königsbrunn 71 ↘

Bayern — Kreis Augsburg — 515 m — 26 130 Ew — Augsburg 13, Landsberg 24 km
🛈 ☎ (0 82 31) 60 60, Fax 60 61 61 — Stadtverwaltung, Marktplatz 7, 86343 Königsbrunn

** Arkadenhof
Rathausstraße, ⊠ 86343, ☎ (0 82 31) 9 68 30, Fax 8 60 20, AX DC ED VA
57 Zi, Ez: 85-145, Dz: 99-165, 3 Suiten, 5 App, ⊣ WC ☎, 28🛏; Lift ▣ 🅿 3⇔60 Fitneßraum Sauna 9Golf; **garni**

* Zeller
Hauptstr 78, ⊠ 86343, ☎ (0 82 31) 99 60, Fax 99 62 22, AX DC ED VA
76 Zi, Ez: 98-112, Dz: 135-152, ⊣ WC ☎, 10🛏; Lift ▣ 🅿 6⇔250 Kegeln 9Golf 🍺
* Hauptgericht 25

Königsdorf 72 ↙

Bayern — Kreis Bad Tölz-Wolfratshausen — 625 m — 2 800 Ew — Bad Tölz 10, Wolfratshausen 12 km
🛈 ☎ (0 81 79) 93 12-0, Fax 93 12-22 — Gemeindeverwaltung, Hauptstr 54, 82549 Königsdorf. Sehenswert: Kirche

** Posthotel Hofherr Landidyll
Hauptstr 31 a, ⊠ 82549, ☎ (0 81 79) 50 90, Fax 6 59, AX DC ED VA
60 Zi, Ez: 70-110, Dz: 120-176, ⊣ WC ☎, 8🛏; Lift ▣ 🅿 4⇔35 Kegeln Sauna Solarium 18Golf 🍴 🍺

Königsfeld im Schwarzwald 68 ↘

Baden-Württemberg — Schwarzwald-Baar-Kreis — 800 m — 6 000 Ew — Villingen 10, Schramberg 13 km
🛈 ☎ (0 77 25) 80 09 45, Fax 80 09 44 — Tourist-Info, Friedrichstr 5, 78126 Königsfeld; Heilklimatischer Kurort und Kneippkurort. Sehenswert: 1000jähriges Kirchlein in Buchenberg (5 km ↘)

Königstein im Taunus

** **Fewotel Schwarzwald Treff**
einzeln ◐ Klimschpark,
☎ (0 77 25) 80 80, Fax 80 88 08, AX DC ED VA
130 Zi, Ez: 128-153, Dz: 216-266, S;
18 Suiten, 86 App, ⊿ WC ☎, 19🍽; Lift
4⇔120 ⇧ Fitneßraum Sauna Solarium 🏊
** **Markgraf**
Hauptgericht 25; Terrasse

* **Pension Schiller**
◐ Albert-Schweitzer-Weg 4, ⊠ 78126,
☎ (0 77 25) 9 38 70, Fax 93 87 70
5 Zi, Ez: 60-130, Dz: 120-140, 3 Suiten,
2 App, ⊿ WC ☎, **P** Strandbad
Rezeption: 7-12, 18-20; geschl: Nov
Restaurant für Hausgäste

Königslutter am Elm 27 ✓

Niedersachsen — Kreis Helmstedt — 150 m
— 16 947 Ew — Helmstedt 16, Braunschweig 22, Wolfsburg 23 km
i (0 53 53) 91 21 29, Fax 91 21 55 —
Stadtverwaltung -Fremdenverkehrsamt-,
Am Markt 1, 38154 Königslutter am Elm.
Sehenswert: Ev. ehem. Stiftskirche: Grabdenkmäler u.a. Kaiser Lothars II, Kreuzgang

** **Avalon Hotelpark Königshof**
Braunschweiger Str 21 a, ⊠ 38154,
☎ (0 53 53) 50 30, Fax 50 32 44, AX DC ED VA
175 Zi, Ez: 120-205, Dz: 180-285, 8 App, ⊿
WC ☎, 4🍽; Lift **P** 15⇔650 ⇧ Bowling Fitneßraum Kegeln Sauna Solarium 8Tennis
Auch Zimmer der Kategorie ***** vorhanden
*** **La Trevise**
Hauptgericht 42; Terrasse; geschl: So, Mo

* **Kärntner Stub'n**
Fallersleber Str 23, ⊠ 38154, ☎ (0 53 53)
9 54 60, Fax 95 46 95, AX ED VA
27 Zi, Ez: 75-100, Dz: 120-140, ⊿ WC ☎; **P**
🍴 2⇔20 Kegeln 🍽
Auch einfachere Zimmer vorhanden

Bornum (5 km ←)
* **Lindenhof**
Im Winkel 23, ⊠ 38154, ☎ (0 53 53) 9 20-0,
Fax 9 20-20, ED VA
18 Zi, Ez: 89-99, Dz: 100-125, 1 Suite, ⊿ WC
☎; 2⇔60 🍽

Königssee

siehe **Schönau am Königssee**

Königstein 51 ↑

Sachsen — Kreis Pirna — 127 m — 3 000 Ew
— Bad Schandau 5, Dresden 35 km
i ☎ (03 50 21) 6 82 61, Fax 6 88 87 — Haus
des Gastes-Touristinformation, Schreiberberg 2, 01824 Königstein; Erholungsort.
Sehenswert: Festung Königstein

Ebenheit
🏠 **Panoramahotel Lilienstein**
einzeln, Ebenheit 7, ⊠ 01824, ☎ (03 50 22)
53-0, Fax 53-1 10, AX ED VA
31 Zi, Ez: 80-105, Dz: 120-140, 2 Suiten, ⊿
WC ☎, **P** 2⇔50 🍽
Zufahrt über Waltersdorf

Königstein 58 □

Bayern — Kreis Amberg-Sulzbach — 530 m
— 950 Ew — Sulzbach-Rosenberg 20, Pegnitz 24 km
i (0 96 65) 17 64, Fax 91 31-30 — Gemeindeverwaltung, Oberer Markt 20,
92281 Königstein; Erholungsort in der
Frankenalb. Sehenswert: Ossinger, 653 m
◄; Maximiliansgrotte; Romanische Doppelkapelle; Botanischer Lehrpfad

* **Wilder Mann**
Oberer Markt 1, ⊠ 92281, ☎ (0 96 65) 2 37,
Fax 6 47, ED VA
24 Zi, Ez: 46-62, Dz: 84-98, 6 Suiten, ⊿ WC
☎; Lift **P** 🍴 1⇔30 Fitneßraum Sauna
Solarium 18Golf 🍽 🏊
Auch Zmmeri der Kategorie ****** vorhanden

* **Königsteiner Hof**
Marktplatz 10, ⊠ 92281, ☎ (0 96 65) 9 14 20,
Fax 91 42 70
19 Zi, Ez: 49-52, Dz: 87-92, 1 App, ⊿ WC ☎;
Lift **P** Fitneßraum Sauna Solarium 🍽 🏊

* **Gasthof Reif**
Oberer Markt 5, ⊠ 92281, ☎ (0 96 65) 2 52,
Fax 86 72
16 Zi, Ez: 40-50, Dz: 72-80, 4 Suiten, 1 App,
⊿ WC; **P** 🍴 Fitneßraum Sauna Solarium
1Tennis 🍽
Rezeption: 8-21; geschl: 5.11.-15.12.

Königstein im Taunus 44 ↘

Hessen — Hochtaunuskreis — 450 m —
17 900 Ew — Frankfurt/Main 21, Wiesbaden 25 km
i ☎ (0 61 74) 20 22 51, Fax 20 22 84 — Kurund Stadtinformation, Hauptstr 21,
61462 Königstein im Taunus; Heilklimatischer Kurort am Südhang des Taunus.
Sehenswert: Burgruine ◄; Burgruine Falkenstein ◄ (1 km ↑); Opelzoo (1,5 km→)

*** **Sonnenhof**
einzeln ◐ ◄ ⊗ Falkensteiner Str 9, ⊠ 61462,
☎ (0 61 74) 2 90 80, Fax 29 08 75, AX DC ED VA
44 Zi, Ez: 135-200, Dz: 260-310, ⊿ WC ☎
DFÜ; **P** 🍴 3⇔40 ⇧ Sauna Solarium 1Tennis 🏊
Ehemalige Villa und Sommerresidenz der
Bankiersfamilie von Rothschild. Erbaut
1888-1894.
** Hauptgericht 38; Terrasse →

Königstein im Taunus

** Königshof
♂ Wiesbadener Str 30, ⊠ 61462,
☎ (0 61 74) 2 90 70, Fax 29 07 52, AX ED VA
26 Zi, Ez: 145-195, Dz: 215-245, ⊣ WC ☏; **P**
1⇔30 Fitneßraum Sauna Solarium; **garni**
geschl: Sa, So ab 13, 20.12.-4.1., 20.7.-8.8.

* Zum Hirsch
Burgweg 2, ⊠ 61462, ☎ (0 61 74) 50 34,
Fax 50 19
28 Zi, Ez: 85-130, Dz: 150-200, ⊣ WC ☏;
garni
Rezeption: 8-20

** Leimeister
Hauptstr 27, ⊠ 61462, ☎ (0 61 74) 2 18 37,
Fax 2 28 41, AX DC ED VA
Hauptgericht 38; Terrasse; geschl: Sa mittags, So abends, Aug

Königswartha 41 ↙

Sachsen — Kreis Bautzen — 150 m —
5 000 Ew — Kamenz 14, Hoyerswerda 19 km
ℹ (03 59 31) 2 02 25, Fax 2 02 26 —
Gemeindeverwaltung, 02699 Königswartha

* Heidehof
Hermsdorfer Str 32, ⊠ 02699, ☎ (03 59 31)
2 300, Fax 2 3015
18 Zi, Ez: 79-89, Dz: 139, ⊣ WC ☏; ⃝

Königswinter 43 ☐

Nordrhein-Westfalen — Rhein-Sieg-Kreis
— 60 m — 39 000 Ew — Bonn 12, Linz 17 km
ℹ ☎ (0 22 23) 91 77 11, Fax 91 77 20 — Tourismus Siebengebirge GmbH, Bad Honnef-Königsw., Drachenfelsstr 11, 53639 Königswinter; Stadt am Rhein und Siebengebirge.
Sehenswert: Naturschutzgebiet Siebengebirge mit Ruine Drachenfels, 321 m ◀
(60 Min, auch Zahnradbahn, Esel); Schloß Drachenburg; Nibelungenhalle; Siebengebirgsmuseum; Ruine Kloster Heisterbach (4 km ↗); kath. Kirche in Oberpleis
(12 km ↗)

Achtung: Autofähre nach Bonn-Bad Godesberg-Mehlem von 5.45-21.45 alle 10-15 Minuten, So ab 7.45;
ℹ ☎ (0 22 23) 2 15 95 und von Königswinter Niederdollendorf nach Bonn-Bad Godesberg von 6.05-21.50, So ab 7.50 ständig;
ℹ ☎ (02 28) 36 22 37

**** Gästehaus Petersberg
einzeln ♂ ◀ Auf dem Petersberg, ⊠ 53639,
☎ (0 22 23) 7 40, Fax 7 44 43, AX DC ED VA
87 Zi, Ez: 205-390, Dz: 355-525, 12 Suiten, ⊣
WC ☏, 21⃞; Lift **P** 🚗 8⇔500 ≋ Sauna ⌘
Wird zeitweise als Gästehaus der Regierung genutzt. Anmeldung empfehlenswert

**** Rheinterrassen
◀ einzeln Hauptgericht 50; Terrasse; nur abends

*** Maritim
◀ Rheinallee 3, ⊠ 53639, ☎ (0 22 23) 70 70,
Fax 70 78 11, AX DC ED VA
248 Zi, Ez: 212-399, Dz: 273-470, S;
32 Suiten, ⊣ WC, 66⃞; Lift 🚗 10⇔500 ≋
Fitneßraum Sauna Solarium

*** Rheinterrassen
◀ Hauptgericht 45; **P** Terrasse

** Rheinhotel Loreley
◀ Rheinallee 12, ⊠ 53639, ☎ (0 22 23)
92 50, Fax 92 51 00, AX DC ED VA
50 Zi, Ez: 150-160, Dz: 190-200, 2 Suiten, ⊣
WC ☏, 6⃞; Lift 🚗 2⇔50 ⌘

** Monopol
Hauptstr 28; **P** Terrasse

* Krone
Hauptstr 374, ⊠ 53639, ☎ (0 22 23) 2 24 00,
Fax 48 04, ED VA
18 Zi, Ez: 95-120, Dz: 150-180, ⊣ WC ☏; **P**
🚗 1⇔40 ⃝
Rezeption: 7-15, 17-22.30

* Rheingold
Drachenfelsstr 36, ⊠ 53639, ☎ (0 22 23)
9 20 20, Fax 92 02 20, ED VA
24 Zi, Ez: 80-130, Dz: 110-170, ⊣ WC ☏; Lift
P 50

* Hauptgericht 20

* Hindenburg
Hauptstr 357, ⊠ 53639, ☎ (0 22 23) 2 19 54,
Fax 2 48 57, ED VA
14 Zi, Ez: 95-120, Dz: 150-170, ⊣ WC ☏; **P**
🚗 Solarium; **garni**
Rezeption: 7-14, 16-24; geschl: 23.12.-2.1.

Margarethenhöhe (6 km →)
** Im Hagen
♂ ◀ Ölbergringweg 45, ⊠ 53639,
☎ (0 22 23) 92 13-0, Fax 92 13 99,
AX DC ED VA
19 Zi, Ez: 95-120, Dz: 150-180, ⊣ WC ☏; **P**
1⇔12
* ◀ Hauptgericht 30

Oberdollendorf (4 km ↑)
** Weinhaus Zur Mühle
Lindenstr 7, ⊠ 53639, ☎ (0 22 23) 2 18 13,
Fax 2 25 66, AX DC ED VA
Hauptgericht 28; **P**; geschl: Mo

Königs Wusterhausen 30 ↘

Brandenburg — Landkreis Dahme-Spreewald LDS — 51 m — 17 700 Ew — Berlin
25 km
ℹ ☎ (0 33 75) 29 12 69, Fax 25 20-11 —
Kultur- und Tourismusverband Dahmeland
e. V., Dahmeland, Am Bahnhof,
15711 Königs Wusterhausen

** Sophienhof
Kirchplatz 3, ⊠ 15711, ☎ (0 33 75) 29 05 00,
Fax 29 06 99, AX DC ED VA
60 Zi, Ez: 95-150, Dz: 120-210, S; ⊣ WC ☏,
20⃞; **P** 🚗 6⇔50 Fitneßraum Sauna
Solarium ⃝ ⌘

Köthen/Anhalt

** **Brandenburg**
Karl-Liebknecht-Str 10, ✉ 15711,
☎ (0 33 75) 67 60, Fax 6 76 66, AX DC ED VA
34 Zi, Ez: 95-135, Dz: 120-150, ⊣ WC ☏,
2🛏; Lift P 🚗 2⇔25 Solarium; **garni**

Könnern 38 □

Sachsen-Anhalt — Kreis Bernburg — 104 m
— 3 600 Ew — Köthen 20, Halle 26 km
ℹ️ ☎ (03 46 91) 2 02 23, Fax 2 02 24 — Stadtverwaltung, 06420 Könnern

** **Henning Hof**
Große Freiheit 78, ✉ 06420, ☎ (03 46 91)
29 00, Fax 29 03 10, AX ED VA
45 Zi, Ez: 120, Dz: 150, ⊣ WC ☏; Lift P 🚗
3⇔120 Fitneßraum Sauna 🍴 🍺

Kösen, Bad 38 ↓

Sachsen-Anhalt — Kreis Naumburg —
115 m — 5 300 Ew — Naumburg 7, Jena
26 km
ℹ️ ☎ (03 44 63) 2 82 89, Fax 2 82 80 — Kurverwaltung, Loreleypromenade, 06628 Bad Kösen; Kurort. Sehenswert: Romanisches Haus; Soleförderanlagen, Radhaus, Soleschacht, Gradierwerk; Zisterzienserkloster; Schulpforte; Rudelsburg; Burg Saaleck

** **Schoppe**
Naumburger Str 1, ✉ 06628, ☎ (03 44 63)
2 85 85, Fax 2 85 86
9 Zi, Ez: 80, Dz: 120, ⊣ WC ☏; P 🚗 🍺
geschl: 20.12.-10.1.

* **Villa Ilske**
☀ ❄ Ilskeweg 2, ✉ 06628, ☎ (03 44 63)
2 73 63, Fax 2 73 63, AX DC ED VA
16 Zi, Ez: 70-80, Dz: 100-140, ⊣ WC ☏; P ≋
Kegeln Sauna Solarium 🍴 🍺

* **Berghotel Wilhelmsburg**
einzeln ❄ Eckartsbergaerstr 20, an der B 87,
✉ 06628, ☎ (03 44 63) 2 76 79, Fax 2 73 47,
AX DC ED VA
39 Zi, Ez: 60-80, Dz: 100-150, ⊣ WC ☏; P
2⇔50 ≋ Kegeln Sauna Solarium 🍴 🍺

* **Schöne Aussicht**
einzeln ☀ ❄ Ilskeweg 1, ✉ 06628,
☎ (03 44 63) 2 73 63, AX ED VA
21 Zi, Ez: 75, Dz: 110, ⊣ WC ☏; P 3⇔100
Fitneßraum Sauna Solarium 🍴

* **Zum Wehrdamm**
❄ Loreleypromenade 3, ✉ 06628,
☎ (03 44 63) 2 84 05, Fax 2 83 96
4 Zi, Ez: 75-100, Dz: 100-130, 4 Suiten, ⊣
WC ☏; P 🍴

P Hoteleigene Parkplätze

Kössen 73 ↙

Tirol — Bezirk Kitzbühel — 600 m —
3 800 Ew — Reit im Winkel 5, Kiefersfelden
22 km
ℹ️ ☎ (00 43 53 75) 62 87, Fax 69 89 —
Tourismusverband, Postfach 127, Dorf 15,
A-6345 Kössen. Sehenswert: Pfarrkirche
Zum hl. Petrus; Wallfahrtskirche Maria
Klobenstein; Kössener Schichten; Lüftlmalereien

Kössen-Außerhalb (4,5 km →)
*** **Peternhof**
einzeln ☀ ❄ ✉ A-6345, ☎ (00 43 53 75)
62 85, Fax 69 44, AX
106 Zi, Ez: 113-128, Dz: 200-240, 3 Suiten, ⊣
WC ☏; Lift P 🚗 2⇔60 🏊 Fitneßraum
Sauna Solarium
Fußweg nach Reit im Winkel, 50 m. Preise
inkl. Halbpension
*** Hauptgericht 30

Köstritz, Bad 49 ↖

Thüringen — Kreis Greiz — 299 m —
3 791 Ew — Gera 12 km
ℹ️ ☎ (03 66 05) 8 81 17 — Kulturamt, Heinrich-Schütz Str. 4, 07586 Bad Köstritz

** **Schloßhotel**
Julius-Sturm-Platz 9, ✉ 07586, ☎ (03 66 05)
3 30, Fax 3 33 33, AX DC ED VA
86 Zi, Ez: 110, Dz: 130, 1 Suite, 1 App, ⊣ WC
☏, 24🛏; Lift P 3⇔90 Sauna Solarium
** **Hubertus**
Hauptgericht 25

* **Pension Egerer**
Bahnhofstr 60, ✉ 07586, ☎ (03 66 05) 26 71,
Fax 80 23, ED VA
13 Zi, Ez: 70-85, Dz: 85-105, ⊣ WC ☏, 6🛏;
P 1⇔28 ≋ Solarium
geschl: 23.12.-3.1.

Köthen/Anhalt 38 ↗

Sachsen-Anhalt — Köthen/Anhalt — 88 m
— 33 800 Ew — Bernburg 19, Bitterfeld
34 km
ℹ️ ☎ (0 34 96) 21 62 17, Fax 21 62 17 —
Köthen-Information, Hallesche Str 10,
06366 Köthen/Anhalt; Einstige Residenzstadt des Fürstentums Anhalt-Köthen.
Sehenswert:Kirchen St. Jakob, St.-Agnus
und St.-Marien; Spiegelsaal, Schloßkapelle
und Naumann-Museum im Schloß; Rathaus; Bachgedenkstätte im Hist. Museum

** **Anhalt**
Ludwigstr 53, ✉ 06366, ☎ (0 34 96)
55 00 11 + 12, Fax 55 00 10, AX ED VA
68 Zi, Ez: 90-110, Dz: 110-130, 1 App, ⊣ WC
☏, 10🛏; Lift P 2⇔40 🍴

Kötschlitz 38 →

Sachsen-Anhalt — Merseburg-Querfurt — 110 m — 767 Ew — Leipzig 13, Merseburg 15 km
🄸 ☎ (03 46 38) 5 60, Fax 56 01 23 — Verwaltungsgemeinschaft Kötzschau, Gemeindeholz 2, 06254 Zöschen

Günthersdorf (1 km ↓)
** Holiday Inn Garden Court
♂ Aue-Park-Allee 3-7, ✉ 06254, ☎ (03 46 38) 5 10, Fax 5 12 20, AX DC ED VA
89 Zi, Ez: 98-148, Dz: 128-178, 1 Suite, 🚿 WC ☎ DFÜ, 40🚗; Lift 🅿 🚙 9⟳300 Fitneßraum Sauna Solarium 🍴 ⚓

Kötzting 65 ↗

Bayern — Kreis Cham — 440 m — 7 100 Ew — Viechtach 15, Cham 23 km
🄸 ☎ (0 99 41) 60 21 50, Fax 60 21 55 — Kurverwaltung und Tourist-Information, Herrenstr 10, 93444 Kötzting; Luftkurort im Bayerischen Wald. Sehenswert: Kath. Kirche; Wallfahrtskirche in Weißenregen (1 km ↓); Altes Rathaus, Glockenspiel; 1000jährige Linde; Höllenstein-Stausee (10 km ↓)

** Gasthof Amberger Hof
Torstr 2, ✉ 93444, ☎ (0 99 41) 95 00, Fax 95 01 10, ED
33 Zi, Ez: 75, Dz: 120, 🚿 WC ☎; Lift 🅿 🚙 Solarium
* Hauptgericht 15; Terrasse; geschl: Sa

Kötzting-Außerhalb (1,5 km ↙)
* Am Steinbachtal
Steinbach 2, ✉ 93444, ☎ (0 99 41) 16 94, Fax 82 12
57 Zi, Ez: 50, Dz: 100, 🚿 WC ☎; Lift ♒ Fitneßraum Solarium 🍴 ⚓
geschl: 1.11.-15.12.

Liebenstein (5 km ↑)
** Bayerwaldhof
♂ Liebenstein 1, ✉ 93444, ☎ (0 99 41) 13 97, Fax 48 06
47 Zi, Ez: 65-120, Dz: 130-220, 1 Suite, 🚿 ☎; Lift 🅿 2⟳50 ⚓ Fitneßraum Sauna Solarium 🍴 ⚓

Kohlgrub, Bad 71 ↙

Bayern — Kreis Garmisch-Partenkirchen — 850 m — 2 200 Ew — Murnau 13, Schongau 25, Garmisch-Partenkirchen 32 km
🄸 ☎ (0 88 45) 7 42 20, Fax 7 51 36 — Kurverwaltung, 82433 Bad Kohlgrub; Moorheilbad am Alpenrand. Sehenswert: Hörnle, 1550 m ⛷, Seilbahn; Echelsbacher Brücke (8 km ↖); Klosterkirche in Rottenbuch (12km ↖); Staffelsee (12 km →)

** Astron Resort Hotel Schillingshof
♂ ⛷ Fallerstr 11, ✉ 82433, ☎ (0 88 45) 70 10, Fax 83 49, AX DC ED VA
131 Zi, Ez: 169-179, Dz: 266-276, S; 🚿 WC ☎; Lift 🅿 🚙 ⚓ Fitneßraum Kegeln Sauna Solarium 🍴 ⚓

* Gertraud
⛷ Kehrerstr 22, ✉ 82433, ☎ (0 88 45) 8 50, Fax 85 44
18 Zi, Ez: 50-70, Dz: 100-146, 1 App, 🚿 WC ☎; Solarium; garni
geschl: 1.11.-31.1.

** Pfeffermühle ✤
Trillerweg 10, ✉ 82433, ☎ (0 88 45) 7 40 60, Fax 10 47
Hauptgericht 30; Terrasse; geschl: Do, Nov-Weihnachten, 7.1.-1.2. Pfeffermühlensammlung
* ♂ 7 Zi, Ez: 48-68, Dz: 110-130, 2 Suiten, 🚿 WC; 🅿
Rezeption: 8-14, 17-22; geschl: Nov-Ende Dez

Kohren-Sahlis 49 ↗

Sachsen — Kreis Geithain — 230 m — 2 200 Ew — Geithain 10, Altenburg 20 km
🄸 ☎ (03 43 44) 6 12 58, Fax 6 16 13 — Fremdenverkehrsverband, Kohrener Land e.V., Dorfstr 20a, 04655 Gnandstein. Sehenswert: Töpfermuseum; Töpferbrunnen; Reste einer Burganlage; Mühlen; im Ortsteil Rüdigsdorf Schwindpavillon mit Fresken

Terpitz (2 km →)
* Elisenhof
Haus Nr 27, ✉ 04655, ☎ (03 43 44) 6 14 39, Fax 6 28 15, AX ED
Hauptgericht 22; 🅿 Terrasse; geschl: 4.1.-22.1.
** ♂ 8 Zi, Ez: 120, Dz: 160-250, 🚿 WC ☎; 🚙

Kolbermoor 72 ↘

Bayern — Kreis Rosenheim — 465 m — 17 150 Ew — Bad Aibling 4, Rosenheim 5 km
🄸 ☎ (0 80 31) 2 96 80, Fax 29 22 19 — Stadtverwaltung, Rosenheimer Str 30 b, 83059 Kolbermoor

* Heider
Rosenheimer Str 35, ✉ 83059, ☎ (0 80 31) 9 60 76, Fax 9 14 10, ED VA
38 Zi, Ez: 85-98, Dz: 149-189, 3 Suiten, 3 App, 🚿 WC ☎, 6🚗; Lift; garni
Rezeption: 6-11, 15-23; geschl: Mitte Dez-Mitte Jan

Konstanz

Kolkwitz 41 ↘

Brandenburg — Landkreis Spree-Neiße — 58 m — 3 400 Ew — Cottbus 6 km
i ☎ (03 55) 2 42 54, Fax 79 19 31 — Cottbus-Information, Karl-Marr-Str 68, 03044 Cottbus

Kolkwitz-Außerhalb (1,5 km →)
* **Haus Irmer**
Berliner Str 90 c, ✉ 03099, ☎ (03 55) 28 74 74, Fax 28 74 77, AX ED VA
34 Zi, Ez: 98-110, Dz: 120-140, ⌐ WC ☎, 3 ✉; Lift P ⌂ 50 Sauna Solarium
* Hauptgericht 30; Terrasse

Kollnburg 65 ↙

Bayern — Kreis Regen — 670 m — 2 950 Ew — Viechtach 4 km
i ☎ (0 99 42) 94 12-14, Fax 94 12-99 — Tourist-Information, Schulstr 1, 94262 Kollnburg; Erholungsort im Bayerischen Wald. Sehenswert: Barockpfarrkirche; Burgruine; Aussichtsturm; Höllenstein-Stausee (12 km ↑)

≋ Hoteleigenes Freibad

* **Zum Bräu**
Viechtacher Str 6, ✉ 94262, ☎ (0 99 42) 50 71, Fax 50 74, ED
45 Zi, Ez: 37-58, Dz: 60-90, ⌐ WC ☎; Lift P
1 ⌂ 30 ≋ Fitneßraum Kegeln Sauna Solarium ¶ ⌐
geschl: 2.-30.11.

Konstanz 69 ↙

Baden-Württemberg — Kreis Konstanz — 400 m — 78 000 Ew — Singen 31, Schaffhausen 48, Zürich 60 km
i ☎ (0 75 31) 13 30 30, Fax 13 30 60 — Tourist-Information, Bahnhofplatz 13, 78462 Konstanz; Hist. Stadt am Bodensee; Universität; Stadttheater; Spielbank; Grenzübergang zur Schweiz. Sehenswert: Münster (◄), Hl. Grab, Kreuzgang; ehem. Augustinerkirche; ehem. Dominikanerkloster (heute Inselhotel: Kreuzgang); kath. Kirche St. Stephan; altkath. Christuskirche; Konzilgebäude; Insel Mainau (6 km↑), Insel Reichenau (11km←)

Achtung: Autofähre von Konstanz-Staad (4 km ↗) nach Meersburg alle 15 Min. von 6-22 Uhr, **i** (0 75 31) 80 33 66 →

Konstanz

**** Steigenberger Inselhotel
◁ Auf der Insel 1 (B 2), ✉ 78462, ☏ (0 75 31) 12 50, Fax 2 64 02, AX DC ED VA
100 Zi, Ez: 190-320, Dz: 300-420, S; 2 Suiten, ⌐ WC ☏, 10🍽; Lift 🅿 5↔400 Strandbad Seezugang Sauna Solarium 🚭
Auch Zimmer der Kategorie ******* vorhanden

*** Seerestaurant
◁ Hauptgericht 39; Terrasse; geschl: Nov-Feb

** Dominikaner-Stube
🚭 Hauptgericht 39

*** Ramada Hotel Halm
◁ Bahnhofplatz 6 (B 3), ✉ 78462,
☏ (0 75 31) 12 10, Fax 2 18 03, AX DC ED VA
85 Zi, Ez: 162-274, Dz: 220-297, S; 14 Suiten, ⌐ WC ☏, 20🍽; Lift 4↔80 Sauna Solarium 🍴

** Parkhotel am See
♥ ◁ Seestr 25 a (C 1), ✉ 78464, ☏ (0 75 31) 89 90, Fax 89 94 00, AX DC ED VA
39 Zi, Ez: 160-230, Dz: 200-350, 6 Suiten, ⌐ WC ☏; Lift 🅿 2↔50 Sauna Solarium
** Hauptgericht 30

* Stadthotel
Bruderturmgasse 2 (A 3), ✉ 78462,
☏ (0 75 31) 9 04 60, Fax 90 46 46, AX DC ED VA
24 Zi, Ez: 110-130, Dz: 150-185, ⌐ WC ☏; Lift; **garni**
geschl: 20.12.-10.1.

* Barbarossa
Obermarkt 8 (A 2), ✉ 78462, ☏ (0 75 31) 2 20 21, Fax 2 76 30, AX DC ED VA
53 Zi, Ez: 97-115, Dz: 130-195, ⌐ WC ☏; Lift 2↔70 🍴

* Bayrischer Hof
Rosgartenstr 30 (B 3), ✉ 78462, ☏ (0 75 31) 13 04-0, Fax 13 04-13, AX ED VA
25 Zi, Ez: 115-150, Dz: 175-188, ⌐ WC ☏, 6🍽; Lift 🅿; **garni**
geschl: 23.12.-8.1.

* Waldhaus Jakob
◁ Eichhornstr 84 (C 1), ✉ 78464, ☏ (0 75 31) 8 10 00, Fax 81 00 67, AX DC ED VA
37 Zi, Ez: 90-140, Dz: 160-180, ⌐ WC ☏, 13🍽; Lift 🅿 4↔100 Seezugang Solarium 🚭
* ◁ Hauptgericht 30; Biergarten

*** Siber L'Art de Vivre-Restaurant 👑
Seestr 25 (C 1), ✉ 78464, ☏ (0 75 31) 6 30 44, Fax 6 48 13, ED VA
Hauptgericht 48; Terrasse; geschl: 2 Wochen über Fasching

*** Seehotel Relais & Châteaux 👑
♥ ◁ 11 Zi, Ez: 170-410, Dz: 200-410, 1 Suite, ⌐ WC ☏; 🚗 18Golf
geschl: 2 Wochen über Fasching
Jugendstilvilla direkt am See

** Casino-Restaurant
Seestr 21 (C 1), ✉ 78464, ☏ (0 75 31) 81 57 65, Fax 81 57 70, AX DC ED VA
Hauptgericht 35; 🅿 Terrasse; nur abends

* Pinocchio
Untere Laube 47 (A 2), ✉ 78462, ☏ (0 75 31) 1 57 77, Fax 19 18 40, AX DC ED VA
Hauptgericht 30; Gartenlokal

Insel Mainau (4 km ↑)

* Schwedenschenke
✉ 78465, ☏ (0 75 31) 30 30, Fax 30 32 73, AX DC ED VA
Hauptgericht 30; 🅿 Terrasse
Busverbindung vom Parkplatz zur Insel

Staad (4 km ↗)

** Ringhotel Schiff am See
◁ William-Graf-Platz 2, ✉ 78464,
☏ (0 75 31) 3 10 41, Fax 3 19 81, AX DC ED VA
23 Zi, Ez: 104-175, Dz: 160-240, 5 Suiten, ⌐ WC ☏; Lift 🅿 1↔25 🚭
** ◁ Hauptgericht 22; geschl: Mo, 27.12.-24.1.99

** Staader Fährhaus
Fischerstr 30, ✉ 78464, ☏ (0 75 31) 3 31 18, Fax 3 31 18, AX DC ED VA
Hauptgericht 35; Gartenlokal; geschl: Di, Mi, Anfang-Mitte Feb, 1 Woche Ende Sep-Anfang Okt

Wallhausen (10 km ↖)

* Haus Seehang
◁ Seehang 20, ✉ 78465, ☏ (0 75 33) 93 10-0, Fax 93 10-44
14 Zi, Ez: 65-75, Dz: 100-150, ⌐ WC ☏; Lift 🅿 🚗; **garni**

Wollmatingen (4 km ↖)

** Tweer Hotel Goldener Adler
Fürstenbergstr 70, ✉ 78467, ☏ (0 75 31) 9 75 00, Fax 97 50 90, AX DC ED VA
49 Zi, Ez: 110-160, Dz: 190-260, ⌐ WC ☏, 6🍽; Lift 🅿 2↔50
** Hauptgericht 30

Korb 61 →

Baden-Württemberg — Rems-Murr-Kreis — 300 m — 10 000 Ew — Waiblingen 3, Winnenden 5 km
ℹ ☏ (0 71 51) 9 33 40, Fax 93 34 23 — Bürgermeisteramt, J-F-Weishaar-Str 7-9, 71404 Korb

** Hahnen
Heppacher Str 24, ✉ 71404, ☏ (0 71 51) 93 90 20, Fax 9 39 02 55, ED VA
25 Zi, Ez: 110, Dz: 130, ⌐ WC ☏; 🅿 🚗 1↔35 🍴

** Rommel
Boschstr 7, ✉ 71404, ☏ (0 71 51) 93 10, Fax 93 12 40, ED VA
47 Zi, Ez: 110-135, Dz: 158-180, ⌐ WC ☏, 8🍽; Lift 🅿 1↔20 🍴
geschl: Fr ab 16, sa, so+feiertags 12.30-18, 23.12.-6.1.
Auch Zimmer der Kategorie ***** vorhanden

Steinreinach (0,5 km ↘)

* Zum Lamm
Buocher Str 34, ✉ 71404, ☏ (0 71 51) 3 25 77
Hauptgericht 25; 🅿; geschl: Mo, Di, Jan, Aug

Korbach 35 ↙

Hessen — Kreis Waldeck-Frankenberg — 400 m — 24 000 Ew — Waldeck 26, Kassel 59 km
🛈 ☎ (0 56 31) 5 32 32, Fax 5 32 00 — Tourist-Information, im Rathaus, Stechbahn 1, 34497 Korbach; Kreisstadt. Sehenswert: Ev. Kilianskirche: Südportal; ev. Kirche St. Nikolai; Rathaus mit Roland; Stadtbefestigung

** Zum Rathaus Landidyll
Stechbahn 8, ✉ 34497, ☎ (0 56 31) 5 00 90, Fax 3 65 52 12, AX ED VA
33 Zi, Ez: 85-150, Dz: 149-180, 2 Suiten, 2 App, ⊰ WC ☎, 1⌺; Lift P 🅱 2✡60 Sauna Solarium ⛨

** Touric
Medebacher Landstr 10, ✉ 34497, ☎ (0 56 31) 95 85, Fax 95 84 50, AX DC ED VA
40 Zi, Ez: 88-102, Dz: 146-195, ⊰ WC ☎; Lift 5✡800 ≋ 🏊 Kegeln Sauna Solarium ⛨

Kordel 52 ↑

Rheinland-Pfalz — Kreis Trier-Saarburg — 200 m — 2 500 Ew — Trier 18, Bitburg 22 km
🛈 ☎ (0 65 05) 17 44 — Gemeindeverwaltung, Kreuzfeld, 54306 Kordel; Erholungsort im Kylltal in der Eifel

* Neyses am Park
Kreuzfeld 1, ✉ 54306, ☎ (0 65 05) 5 99, Fax 5 09, AX ED
15 Zi, Ez: 59-74, Dz: 110-134, ⊰ WC ☎; Lift P 2✡30 ⚙
** Hauptgericht 25; Gartenlokal; geschl: Do + Mo mittags, 2.11.-13.11. / 15.-26.4.99

Korntal-Münchingen 61 ☐

Baden-Württemberg — Kreis Ludwigsburg — 345 m — 17 364 Ew — Stuttgart 11 km
🛈 ☎ (07 11) 8 36 70, Fax 8 36 73 00 — Stadtverwaltung, Saalplatz 4, 70825 Korntal-Münchingen. Sehenswert: Schloß Solitude ≼ (6 km ↙)

Münchingen
** Mercure
Siemensstr 50, ✉ 70825, ☎ (0 71 50) 1 30, Fax 1 32 66, AX DC ED VA
200 Zi, Ez: 121-195, Dz: 155-227, S; 6 Suiten, ⊰ WC ☎, 28⌺; Lift P 14✡350 🏊 Sauna Solarium
** Rebkammer
Hauptgericht 35; Biergarten Terrasse

** Strohgäu-Hotel
Stuttgarter Str 60, ✉ 70825, ☎ (0 71 50) 9 29 30, Fax 92 93 99, AX DC ED VA
88 Zi, Ez: 117-138, Dz: 148-190, ⊰ WC ☎; P 3✡50 Sauna Solarium
Auch Zimmer der Kategorie * vorhanden
** Hauptgericht 30; Biergarten

Kornwestheim 61 →

Baden-Württemberg — Kreis Ludwigsburg — 300 m — 30 000 Ew — Stuttgart 12 km
🛈 ☎ (0 71 54) 20 20, Fax 20 22 22 — Stadtverwaltung, Jakob-Sigle-Platz 1, 70806 Kornwestheim. Sehenswert: Ev. Kirche St. Martin; Rathaus-Wasserturm; Galerie; Schulmuseum; Salamander-Stadtpark

** Domizil
Stuttgarter Str 1, ✉ 70806, ☎ (0 71 54) 80 90, Fax 80 92 00, AX DC ED VA
42 Zi, Ez: 119-139, Dz: 149-165, ⊰ WC ☎, 3⌺; Lift P 🅱 4✡60 ⛨

* Hasen
Christofstr 22, ✉ 70806, ☎ (0 71 54) 81 35 00, Fax 81 38 70, AX DC ED VA
22 Zi, Ez: 75-80, Dz: 98-105, ⊰ WC ☎; P ⛨

Weinstube Grashöfle
Lange Str 24, ✉ 70806, ☎ (0 71 54) 48 78
Hauptgericht 25; Gartenlokal
Tischreservierung erforderlich

Korschenbroich 32 ↘

Nordrhein-Westfalen — Kreis Neuss — 39 m — 32 000 Ew — Mönchengladbach 6, Neuss 13 km
🛈 ☎ (0 21 61) 61 30, Fax 61 31 08 — Stadtverwaltung, Sebastianusstr 1, 41352 Korschenbroich. Sehenswert: Schloß Myllendonk (2 km ↑); hist. Stadtteil Liedberg

Kleinenbroich (4 km →)
* Gästehaus Bienefeld
☙ Im Kamp 5, ✉ 41352, ☎ (0 21 61) 9 98 30-0, Fax 9 98 30 99, AX DC ED VA
15 Zi, Ez: 99-120, Dz: 170, ⊰ WC ☎; **garni**

Kraiburg a. Inn 73 ↖

Bayern — Mühldorf a. Inn — 404 m — 4 000 Ew — Waldkraiburg 4, Mühldorf 8 km
🛈 ☎ (0 86 38) 7 20 08, Fax 7 32 09 — Gemeindeverwaltung, Marktplatz 1, 84559 Kraiburg a. Inn. Sehenswert: Hist. Marktplatz; Schloßbergkirche; neuromanische Kirche Hardthaus

** Hardthaus ✤
Marktplatz 31, ✉ 84559, ☎ (0 86 38) 7 30 67, Fax 7 30 68
Hauptgericht 34; Terrasse; geschl: Mo, Di

Krakow am See 20 ↗

Mecklenburg-Vorpommern — Güstrow — 48 m — 3 500 Ew — Güstrow 12, Plau 22 km
🛈 ☎ (03 84 57) 2 22 58, Fax 2 36 13 — Krakow-Information, Schulplatz 1, 18292 Krakow am See. Sehenswert: Wassermühle Kuchelmiß; Synagoge; Wolhynisches Umsiedlermuseum →

Krakow am See

** Ich weiß ein Haus am See
⋅≼ Altes Forsthaus 2, ✉ 18292, ☎ (03 84 57) 2 32 73, Fax 2 32 74
Hauptgericht 40; **P**; geschl: Mo
* einzeln ♂ ⋅≼ 8 Zi, Ez: 180-200, Dz: 200-220, ⊣ WC ☎, 6🛏; 1⇨12 Strandbad Seezugang

Kranichfeld 47 ↗

Thüringen — Kreis Weimar — 300 m — 3 300 Ew — Erfurt 20, Weimar 20 km
🛈 ☎ (03 64 50) 4 20 21, Fax 4 20 21 — Verkehrsamt, Markt 4 a, 99448 Kranichfeld.
Sehenswert: Oberschloß; Baumbachhaus

* Zum alten Kurhaus
Ilmenauer Str 21, ✉ 99448, ☎ (03 64 50) 3 12 15, Fax 3 12 18, AX DC ED VA
12 Zi, Ez: 85-120, Dz: 130-200, 1 Suite, ⊣ WC ☎
* Hauptgericht 15

Krausenbach siehe Dammbach

Krausnick 31 ↙

Brandenburg — Lübben — Berlin 80, Cottbus 60, Lübben 16 km
🛈 ☎ (03 54 72) 2 36 — Gemeindeverwaltung, 15910 Krausnick

** Landhotel Krausnick
Dorfstr 94, ✉ 15910, ☎ (03 54 72) 6 10, Fax 6 11 22, AX DC ED VA
38 Zi, Ez: 85, Dz: 130, ⊣ WC ☎; **P** 2⇨50 Sauna Solarium 🍴
geschl: Mo (Nov-April)

Krefeld 32 ↘

Nordrhein-Westfalen — 40 m — 245 000 Ew — Duisburg 20, Düsseldorf 26 km
🛈 ☎ (0 21 51) 86 15 01, Fax 86 15 10 — Verkehrs- und Werbeamt, Rathaus, Von-der-Leyen-Platz, 47798 Krefeld; Rheinhafen; Stadttheater. Sehenswert: Rathaus; alte Patrizierhäuser; Burg Linn; Kaiser-Wilhelm- Museum und Haus Lange (alte und moderne Kunst); Textilmuseum; Zoologischer und Botanischer Garten

*** Best Western Parkhotel Krefelder Hof
♂ Uerdinger Str 245, ✉ 47800, ☎ (0 21 51) 58 40, Fax 5 84 35, AX DC ED VA
141 Zi, Ez: 230, Dz: 310, S; 9 Suiten, ⊣ WC ☎ DFÜ, 24🛏; Lift **P** 🅿 11⇨450 🏊 Fitneßraum Sauna Solarium 18Golf ⛳
*** Im Park
Hauptgericht 35; Biergarten Terrasse
* Niederrheinische Altbierstube
Hauptgericht 25; Biergarten Terrasse

*** Hansa-Hotel
Am Hauptbahnhof (B 3), ☎ 47798, ☎ (0 21 51) 82 90, Fax 82 91 50, AX DC ED VA
102 Zi, Ez: 185-355, Dz: 245-415, 5 Suiten, 5 App, ⊣ WC ☎, 36🛏; Lift 🅿 4⇨150 Fitneßraum Sauna Solarium; **garni**

** Garden
Schönwasserstr 12 A, ✉ 47800, ☎ (0 21 51) 59 02 96, Fax 59 02 99, AX DC ED VA
51 Zi, Ez: 85-240, Dz: 125-270, S; ⊣ WC ☎, 8🛏; Lift 🅿 18Golf
geschl: 24.12.-2.1.
Restaurant für Hausgäste

** City Hotel Krefeld
Philadelphiastr 63 (C 2), ✉ 47799, ☎ (0 21 51) 6 26-0, Fax 6 26-1 00, AX DC ED VA
68 Zi, Ez: 90-280, Dz: 140-320, 4 Suiten, ⊣ WC ☎, 16🛏; Lift **P** 🅿 2⇨30 🍴

** Koperpot 🍷
Rheinstr 30 (B 2), ✉ 47799, ☎ (0 21 51) 61 48 14, AX ED
Hauptgericht 36; Gartenlokal; geschl: Mo

** Le Crocodile
Uerdinger Str 336, ✉ 47800, ☎ (0 21 51) 50 01 10, Fax 50 01 10, AX
Hauptgericht 35

** Aquilon
Ostwall 199 (B 2), ✉ 47798, ☎ (0 21 51) 80 02 07, Fax 80 02 07, AX
Hauptgericht 34; Terrasse; geschl: Sa mittags, So

Bockum (3 km →)
* Alte Post
Uerdinger Str 550 a, ✉ 47800, ☎ (0 21 51) 5 88 40, Fax 50 08 88, AX DC ED VA
33 Zi, Ez: 105-160, Dz: 160-250, ⊣ WC ☎, 6🛏; Lift **P** 🅿; **garni**
geschl: 24.12.-2.1.
Auch Zimmer der Kategorie ****** vorhanden

* Benger
Uerdinger Str 620, ✉ 47800, ☎ (0 21 51) 9 55 40, Fax 95 54 44, AX DC ED VA
20 Zi, Ez: 100-130, Dz: 150-180, ⊣ WC ☎; **P** 🅿 🍴
geschl: 24.12.-2.1.

** Sonnenhof
Uerdinger Str 421, ✉ 47800, ☎ (0 21 51) 59 35 40, Fax 50 51 65, AX ED VA
Hauptgericht 36; Kegeln **P**

** La Capannina
Uerdinger Str 552, ✉ 47800, ☎ (0 21 51) 59 14 61, Fax 50 12 29, AX DC ED VA
Hauptgericht 35

Fichtenhain (5 km ↓)
* Sol Inn Hotel
Europark Fichtenhain A 1, ✉ 47807, ☎ (0 21 51) 83 60, Fax 83 64 44, AX DC ED VA
96 Zi, Ez: 110-240, Dz: 125-257, S; 3 Suiten, ⊣ WC ☎, 25🛏; Lift **P** 3⇨120 Sauna Solarium 🍴 🏊

Kreischa

Traar (6 km ↗)
*** **Dorint Hotel**
Sport & Country Hotel
Elfrather Weg 5, ✉ 47802, ☎ (0 21 51)
95 60, Fax 95 61 00, AX ED VA
158 Zi, Ez: 255-355, Dz: 311-396, S; 4 Suiten,
⌐ WC ☎, 18⌂; Lift P 🅿 12⇔280 ≘ Fitneß-
raum Sauna Solarium 18Golf
** Hauptgericht 35; Terrasse

Traar-Außerhalb (4 km ←)
** **Landhaus Fischerheim**
Nieper Str 275, ✉ 47802, ☎ (0 21 51)
56 48 35, Fax 56 40 25, AX ED
Hauptgericht 33; P Terrasse; geschl: Sa
mittags, Mo

Uerdingen (7 km →)
* **Imperial**
Bahnhofstr 60 a, ✉ 47829, ☎ (0 21 51)
4 92 80, Fax 49 28 49
26 Zi, Ez: 95-140, Dz: 140-180, ⌐ WC ☎
DFÜ; Lift P; **garni**
geschl: 25.12.-1.1.

einzeln — Haus liegt naturnah, reizvoll

Verberg (4 km ↑)
* **Gut Heyenbaum**
⊗ Zwingenbergstr 2, ✉ 47802, ☎ (0 21 51)
56 47 66, Fax 56 39 78, AX DC ED VA
Hauptgericht 29; Biergarten P; nur
abends; geschl: Sa, 23.12.-31.12.

Kreischa 51 ↖

Sachsen — Kreis Freital — 425 m —
3 312 Ew — Dippoldiswalde 10, Dresden
15 km

ℹ ☎ (03 52 06) 52 65 — Gemeindeverwaltung, Dresdner Str 10, 01731 Kreischa

* **Kreischaer Hof**
Alte Str 4, ✉ 01731, ☎ (03 52 06) 2 20 51,
Fax 2 20 51, AX ED VA
49 Zi, Ez: 85-98, Dz: 110-130, ⌐ WC ☎; Lift
P 2⇔45 Sauna 🍴

Gombsen (2 km ↗)
* **Landhotel Rosenschänke**
Baumschulenstr 17, ✉ 01731, ☎ (03 52 06)
2 18 70, Fax 2 18 58, AX DC ED VA
10 Zi, Ez: 80, Dz: 110, ⌐ WC ☎; P 🍴

585

Krempe 17 ↗

Schleswig-Holstein — Kreis Itzehoe — 3 m — 2 087 Ew — Glückstadt 8, Itzehoe 10 km
🛈 ☎ (0 48 24) 8 16 — Stadtverwaltung, Am Markt 1, 25361 Krempe

*   Ratskeller zu Krempe
🍴 Am Markt 1, ✉ 25361, ☎ (0 48 24) 3 81 54, Fax 3 81 55, AX DC VA
Hauptgericht 22
Rathausbau aus dem 16. Jh.

Kremperheide 17 ↗

Schleswig-Holstein — Itzehoe — 2 350 Ew
🛈 — Gemeindeverwaltung, 25569 Kremperheide

*   Gästehaus Steffens
Dorfstr 9, ✉ 25569, ☎ (0 48 21) 8 99 10, Fax 89 91 14, AX DC ED VA
8 Zi, Ez: 95, Dz: 150, 1 App, ⊿ WC ☎; 🅿;
garni
Rezeption: 6-13, 15-20

Kressbronn a. Bodensee 69 ↓

Baden-Württemberg — Bodenseekreis — 420 m — 7 200 Ew — Lindau 10, Friedrichshafen 12 km
🛈 ☎ (0 75 43) 9 66 50, Fax 96 65-15 — Verkehrsamt, Seestr 20, 88079 Kressbronn; Erholungsort

**   Strandhotel
⌖ ⋖ Uferweg 5, ✉ 88079, ☎ (0 75 43) 68 41, Fax 70 02
34 Zi, Ez: 125-150, Dz: 170-200; Lift 🅿
Strandbad Seezugang 🏊
*   Am Kretzergrund
⋖ Hauptgericht 28

*   Krone
Hauptstr 41-45, ✉ 88079, ☎ (0 75 43) 9 60 80, Fax 96 08 15, AX DC ED VA
24 Zi, Ez: 66-120, Dz: 90-170, 2 App, ⊿ WC ☎ DFÜ; 🅿 🍽 ≋ Kegeln 🍴
geschl: 23.10.-17.11., 23.12.-6.1.
Im Neubau Zimmer der Kategorie ****** vorhanden

*   Seehof
⌖ ⋖ Seestr 25, ✉ 88079, ☎ (0 75 43) 96 36-0, Fax 96 36 40
16 Zi, Ez: 83-105, Dz: 140-156, ⊿ WC ☎; 🅿 🍴
Von Apr bis Okt Zimmervermietung nur mit Abendessen

Kreuth 72 ↓

Bayern — Kreis Miesbach — 800 m — 3 700 Ew — Tegernsee 10 km
🛈 ☎ (0 80 29) 18 19, Fax 18 28 — Kurverwaltung, Nördliche Hauptstr 3, 83708 Kreuth; Heilklimatischer Kurort, Wintersportplatz.
Sehenswert: Leonhardi-Kirche

**   Zur Post
⌖ Nördliche Hauptstr 5, ✉ 83708, ☎ (0 80 29) 9 95 50, Fax 3 22, AX ED VA
81 Zi; Ez: 85-140, Dz: 140-180, 1 Suite, ⊿ WC ☎; Lift 🅿 🍽 6✪100 Sauna 🍴
Auch Zimmer der Kategorie ***** vorhanden

Scharling (3 km ↓)
**   Gasthof Hirschberg   ✠
Nördliche Hauptstr 89, ✉ 83708, ☎ (0 80 29) 3 15, Fax 10 04
Hauptgericht 25; 🅿 Terrasse; geschl: Mo, Di, 2 Wochen im Nov

Scharling-Außerhalb (1 km ←)
*   Almgasthaus Aibl
⋖ einzeln Berghaus 49, ✉ 83708, ☎ (0 80 29) 4 37, Fax 12 42

Kreuznach, Bad 53 ↗

Rheinland-Pfalz — Kreis Bad Kreuznach — 104 m — 44 000 Ew — Bingen 15, Alzey 27, Mainz 40 km
🛈 ☎ (06 71) 8 36 00 50, Fax 8 36 00 80 — Bad Kreuznach Tourismus- u. Marketing GmbH, Kurhausstr 28, 55543 Bad Kreuznach; Radon-Solbad an der Nahe. Sehenswert: Altstadt; ev. Paulus-Kirche; kath. Kirche St. Nikolai; Alte Nahebrücke: Brückenhäuser; Dr.-Faust-Haus; Mosaikboden in der Römerhalle; Kauzenburg; Schloßparkmuseum; Salinental

***   Parkhotel Kurhaus
⌖ Kurhausstr 28, ✉ 55543, ☎ (06 71) 80 20, Fax 3 54 77, AX DC ED VA
106 Zi, Ez: 155-175, Dz: 240-260, 4 Suiten, ⊿ WC ☎, 15🖂; Lift 🅿 10✪450 ≋ ⌂ Fitneßraum Sauna Solarium 🏊
Direkter, kostenloser Zugang zu den Crucenia-Thermen
**   Parkrestaurant
Hauptgericht 25

**   Landhotel Kauzenberg
einzeln ⌖ Auf dem Kauzenberg, ✉ 55545, ☎ (06 71) 38 00-0, Fax 38 00-1 24, AX DC ED VA
46 Zi, Ez: 125-165, Dz: 160-240, ⊿ WC ☎, 4🖂; 🅿 3✪35 Fitneßraum Sauna Solarium 🏊
Auch Zimmer der Kategorie ******* vorhanden. Zufahrt über Hüffelsheimer Str. in Richtung Kauzenburg.
**   Die Kauzenburg
⋖ Hauptgericht 30
5 Gehminuten vom Hotel entfernt. Nach Voranmeldung „Essen wie im Mittelalter"

****   Insel-Stuben
        Flair Hotel**
Kurhausstr 10, ✉ 55543, ☎ (06 71) 83 79 90, Fax 8 37 99 55, ED VA
22 Zi, Ez: 112-130, Dz: 170-190, ⊿ WC ☎, 3🖂; Lift 🅿 🍴

Kronach

** Victoria
Kaiser-Wilhelm-Str 16, ✉ 55543, ☎ (06 71) 8 44 50-0, Fax 8 44 50-10, AX ED VA
21 Zi, Ez: 105-160, Dz: 180-210, ⌐ WC ☎, 6🛏; Lift 🅿 🚗 1✪30 🍽 🍺

** Kurhotel Der Quellenhof
♠ Nachtigallenweg 2, ✉ 55543, ☎ (06 71) 83 83 30, Fax 3 52 18, DC VA
36 Zi, Ez: 80-140, Dz: 190-240, 3 Suiten, ⌐ WC ☎; 🅿 🚗 ≋ Sauna Solarium 🍽 🍺

** Engel im Salinental
Heinrich-Held-Str 10, ✉ 55543, ☎ (06 71) 38 10, Fax 4 38 05, AX ED VA
28 Zi, Ez: 110-135, Dz: 158-190, ⌐ WC ☎;
Lift 🅿 2✪40 Fitneßraum Sauna
Restaurant für Hausgäste

* Michel Mort
Eiermarkt 9, ✉ 55543, ☎ (06 71) 83 93 30, Fax 8 39 33 10, AX DC ED VA
18 Zi, Ez: 99, Dz: 149, ⌐ WC ☎; 🅿 🚗 1✪14 🍽 🍺

*** Im Gütchen ♛
Hüffelsheimer Str 1, ✉ 55545, ☎ (06 71) 4 26 26, Fax 48 04 35, AX ED
Hauptgericht 40; 🅿 Terrasse; nur abends, so + feiertags auch mittags; geschl: Di, 15.2.-3.3.

** Sultan
Wilhelmstr 48, ✉ 55543, ☎ (06 71) 2 63 40, ED VA
Hauptgericht 30; nur abends, so + feiertags auch mittags; geschl: Mo, 5.8.-26.8.
Spezialitäten aus dem Lehmbackofen
Türkische Küche

Historisches Dr.-Faust-Haus ⚑
Magister-Faust-Gasse 47, ✉ 55545, ☎ (06 71) 2 87 58
Hauptgericht 21; nur abends, sa, so + feiertags auch mittags; geschl: Di

siehe auch **Hackenheim**

Kreuzwertheim 55 ↗

Bayern — Kreis Main-Spessart — 140 m —
4 033 Ew — Wertheim 1, Marktheidenfeld 12 km
🛈 ☎ (0 93 42) 92 62-0, Fax 92 62-33 — Gemeindeverwaltung, Lengfurter Str 8, 97892 Kreuzwertheim; Ort am Main

* Lindenhof
◁ Lindenstr 41, ✉ 97892, ☎ (0 93 42) 10 41, Fax 43 53
14 Zi, Ez: 120-135, Dz: 145-210, 1 Suite, ☎, 10🛏; 🅿 🚗 Fitneßraum Solarium 🍺
Auch Zimmer der Kategorie ** vorhanden
** ◁ Hauptgericht 30

* Herrnwiesen ♛
◁ In den Herrnwiesen 4, ✉ 97892, ☎ (0 93 42) 3 70 31, Fax 2 28 63, AX ED VA
20 Zi, Ez: 90-130, Dz: 140-180, 2 App, ⌐ WC ☎, 10🛏; 🅿 🚗
Restaurant für Hausgäste; Auch Zimmer der Kategorie ** vorhanden

Kriftel 44 ↘

Hessen — Main-Taunus-Kreis — 120 m —
10 500 Ew — Frankfurt/Main 16, Wiesbaden 20 km
🛈 ☎ (0 61 92) 4 00 40, Fax 4 55 14 — Gemeindeverwaltung, Frankfurter Str 33-37, 65830 Kriftel

* Mirabell
♠ Richard-Wagner-Str 33, ✉ 65830, ☎ (0 61 92) 4 20 88, Fax 4 51 69, ED VA
45 Zi, Ez: 115-155, Dz: 180-220, ⌐ WC ☎, 15🛏; Lift 🅿 🚗 ≋ Fitneßraum Sauna Solarium; **garni**
geschl: 20.12.-4.1.

Krippehna 39 ←

Sachsen — Kreis Delitzsch — 108 m —
504 Ew — Delitzsch 15, Leipzig 25 km
🛈 — Tourist-Information, 04838 Krippehna

* Alpha Hotel
Am Dorfplatz 4, ✉ 04838, ☎ (0 34 23) 60 26 13, Fax 60 26 14, ED VA
18 Zi, Ez: 49-89, Dz: 120-131, 1 Suite, 1 App, ⌐ WC ☎; 🅿 🚗 2✪24 Fitneßraum Sauna 18Golf; **garni**
Rezeption: 7-21

Krippen 51 ↗

Sachsen — Kreis Pirna — 125 m — 790 Ew — Bad Schandau 6, Dresden 25 km
🛈 ☎ (03 50 28) 8 04 01, Fax 8 03 66 — Gemeindeverwaltung, Friedrich-Gottlob-Keller-Str 54, 01814 Krippen

* Erbgericht
Bächelweg 4, ✉ 01814, ☎ (03 50 28) 8 09 41, Fax 8 09 43, AX ED VA
47 Zi, Ez: 95, Dz: 98-158, 2 Suiten, 8 App, ⌐ WC ☎, 2🛏; 🅿 3✪180 Sauna Solarium 🍽

* Grundmühle
Friedrich-Gottlob-Keller-Str 69, ✉ 01814, ☎ (03 50 28) 8 07 18, Fax 8 03 66, AX ED VA
41 Zi, Ez: 60-95, Dz: 98-138, 1 Suite, ⌐ WC ☎, 4🛏; 🅿 Sauna Solarium 🍽

Kronach 48 ↓

Bayern — Kreis Kronach — 320 m —
20 000 Ew — Kulmbach 22, Coburg 33 km
🛈 ☎ (0 92 61) 9 72 36, Fax 9 72 89 — Fremdenverkehrsbüro, Lucas-Cranach-Str 19, 96317 Kronach. Sehenswert: Kath. Kirche St.-Johannes-Bapt.; Festung Rosenberg ◁; Altstadt mit Mauerringen: Bamberger Tor; Altes Rathaus; Geburtshaus von Lucas Cranach d. Ä.

** Bauer's ✠
Kulmbacher Str 7, ✉ 96317, ☎ (0 92 61) 9 40 58, Fax 5 22 98, AX DC ED VA
Hauptgericht 25; Gartenlokal 🅿; geschl: Sa mittags, so abends, 1.-10.1., 13.-22.8.
* ♠ 18 Zi, Ez: 88-99, Dz: 139-147, ⌐ WC ☎

Kronberg im Taunus 44 ↘

Hessen — Hochtaunuskreis — 200 m —
18 000 Ew — Königstein 3, Frankfurt/Main
20 km
🛈 ☏ (0 61 73) 7 03-2 20, Fax 7 03-2 00 — Verkehrs- und Kulturamt, Katharinenstr 7,
61476 Kronberg; Luftkurort am Südhang
des Taunus. Sehenswert: Ev. Johannis-Kirche; Burg ⦿; Opelzoo (1,5 km ←); Altkönig,
798 m (90 Min ↑)

****   Schloßhotel Kronberg   ♛
The Leading Hotels of the
World
einzeln ♂ ⦿ ⓥ Hainstr 25, ⌧ 61476,
☏ (0 61 73) 7 01 01, Fax 70 12 67, Ⓐ Ⓓ Ⓔ Ⓥ
51 Zi, Ez: 385-780, Dz: 475-860, 7 Suiten, ⌐⌐
WC ☏ DFÜ, 5⌧; Lift 🅿 9⟲60 18Golf 4Tennis
Erbaut von 1891-1894 als Alterssitz für die
Kaiserinwitwe Viktoria. Noch heute fasziniert die Stilmischung - englisches Tudor
und deutsches Fachwerk
****   einzeln ⓥ Hauptgericht 52; Terrasse

**   Concorde Hotel Viktoria
♂ Viktoriastr 7, ⌧ 61476, ☏ (0 61 73) 40 73,
Fax 28 63, Ⓐ Ⓓ Ⓔ Ⓥ
37 Zi, Ez: 195-310, Dz: 240-370, 2 Suiten,
3 App, 10⌧; Lift 🅿 🚗 2⟲25 Sauna; **garni**
🍴

*   Kronberger Hof
Bleichstr 12, ⌧ 61476, ☏ (0 61 73) 7 96 22,
Fax 59 05, Ⓐ Ⓔ Ⓥ
7 Zi, Ez: 95-120, Dz: 170-180, 3 Suiten, ⌐⌐
WC ☏, 🅿 1⟲60 Sauna
*   Hauptgericht 27; Gartenlokal;
geschl: Sa

*   Frankfurter Hof
Frankfurter Str 1, ⌧ 61476, ☏ (0 61 73)
7 95 96, Fax 57 76, Ⓔ Ⓥ
11 Zi, Ez: 80-130, Dz: 150-180, ⌐⌐ WC ☏; 🅿
🚗 18Golf 🍴
geschl: 3 Wochen in den hess. Sommerferien

*   Zum Feldberg
Grabenstr 5, ⌧ 61476, ☏ (0 61 73) 7 91 19,
Fax 43 93, Ⓐ
Hauptgericht 25

Kronburg 70 □

Bayern — Kreis Unterallgäu — 630 m —
1 630 Ew — Memmingen 10, Kempten
25 km
🛈 ☏ (0 83 94) 2 06, Fax 15 92 — Gemeindeverwaltung, im Ortsteil Illerbeuren, Museumstr 1, 87758 Kronburg

Illerbeuren (2 km ←)
*   Museumsgasthof Gromerhof
ⓥ Im Bauernhofmuseum, ⌧ 87758,
☏ (0 83 94) 5 94, Fax 14 70, Ⓔ
Biergarten 🅿

Kronshagen 10 →

Schleswig-Holstein — Rendsburg-Eckernförde — 15 m — 12 200 Ew
🛈 ☏ (04 31) 5 86 60 — Gemeindeverwaltung, Kieler Str. 72, 24119 Kronshagen

*   Königstein
Kielerstr 2, ⌧ 24119, ☏ (04 31) 5 85 10-0,
Fax 58 51 02 41
33 Zi, Ez: 80-100, Dz: 120-150, ⌐⌐ WC ☏;
2⟲30 🍴

Kropp 10 ←

Schleswig-Holstein — Kreis Schleswig-Flensburg — 15 m — 5 800 Ew — Schleswig 11, Rendsburg 13 km
🛈 ☏ (0 46 24) 7 20, Fax 72 50 — Gemeinde
Kropp, Am Markt 10, 24848 Kropp

**   Wikingerhof
Tetenhusener Chaussee 1, ⌧ 24848,
☏ (0 46 24) 7 00, Fax 26 13, Ⓐ Ⓓ Ⓔ Ⓥ
56 Zi, Ez: 98-110, Dz: 170, ⌐⌐, 2⌧; 3⟲70
Sauna Solarium, Rezeption: 7-20
**   Hauptgericht 30

Krozingen, Bad 67 ←

Baden-Württemberg — Kreis Breisgau-Hochschwarzwald — 233 m — 14 000 Ew —
Freiburg 15, Müllheim 15 km
🛈 ☏ (0 76 33) 40 08-63, Fax 40 08 22 —
Kur- und Bäderverwaltung, Herbert-Hellmann-Allee 12, 79189 Bad Krozingen;
Mineral-Thermalheilbad zwischen Rhein
und südlichem Schwarzwald. Sehenswert:
Schloß mit hist. Tasteninstrumenten;
Litschgihaus; Glöcklehof-Kapelle in
Oberkrozingen

**   Akzent-Hotel Barthels
Hotellerie
an den Thermen
♂ Thürachstr 1, ⌧ 79189, ☏ (0 76 33)
1 00 50, Fax 10 05 50, Ⓐ Ⓓ Ⓔ Ⓥ
35 Zi, Ez: 110-150, Dz: 190-250, 3 Suiten,
10 App, ⌐⌐ WC ☏, 2⌧; Lift 🅿 1⟲30 Sauna
🍴
**   Hauptgericht 30

**   Haus Pallotti
Thürachstr 3, ⌧ 79189, ☏ (0 76 33) 4 00 60,
Fax 40 06 10, Ⓐ Ⓔ Ⓥ
61 Zi, Ez: 70-110, Dz: 150-180, 1 Suite, ⌐⌐
WC ☏; Lift 🅿 🚗 1⟲25 18Golf 🍴 🍴

*   Hofmann Zur Mühle
Litschgistr 6, ⌧ 79189, ☏ (0 76 33)
9 08 85 90, Fax 21 23, Ⓐ Ⓓ Ⓔ Ⓥ
17 Zi, Ez: 65-95, Dz: 140-150, 2 Suiten,
1 App, ⌐⌐ WC ☏, 5⌧; 🅿 🚗 Fitneßraum
Sauna; **garni**

Krumbach (Schwaben)

✱ Biedermeier
In den Mühlenmatten 12, ✉ 79189,
☎ (0 76 33) 91 03 00, Fax 91 03 40, ED VA
25 Zi, Ez: 65-95, Dz: 105-130, 2 Suiten,
10 App, ⊣ WC ☎; P 🅿 Fitneßraum Sauna;
garni

✱ Vier Jahreszeiten
Herbert-Hellmann-Allee 24, ✉ 79189,
☎ (0 76 33) 31 86, Fax 1 44 38
21 Zi, Ez: 55-120, Dz: 115-170, ⊣ WC ☎; P
🅿 ⊠
geschl: Do

☕ Café Mohrenköpfle
Schwarzwaldstr 1, ✉ 79189, ☎ (0 76 33)
37 64, Fax 1 39 14
P Terrasse; geschl: Mo

Biengen (3 km ↑)
✱ Gästehaus Rosi
In der Breite 21, ✉ 79189, ☎ (0 76 33)
36 52, Fax 15 01 02
8 Zi, Ez: 44-69, Dz: 88-125, 1 App, ⊣ WC; P
🅿 ≋ Sauna Solarium; garni

✱✱ Krone ☕
Hauptstr 18, ✉ 79189, ☎ (0 76 33) 39 66,
Fax 10 11 77, AX ED VA
Hauptgericht 39; Gartenlokal P; geschl:
So, Mo, 2 Wochen im Feb

Schmidhofen (2 km ↘)
✱ Gasthaus Storchen
✠ Felix-Nabor-Str 2, ✉ 79189, ☎ (0 76 33)
53 29, Fax 70 19
Hauptgericht 36; Gartenlokal; geschl: Mo,
Di mittags, 2 Wochen Mitte Feb, 2 Wochen
Ende Aug
Traditioneller Landgasthof aus dem 17.
Jahrhundert mit anspruchsvoller Küche

Krün 71 ↓

Bayern — Kreis Garmisch-Partenkirchen —
875 m — 2 000 Ew — Mittenwald 5, Garmisch-Partenkirchen 14 km
🛈 ☎ (0 88 25) 10 94, Fax 22 44 — Verkehrsamt, Rathaus, 82494 Krün; Erholungsort
und Wintersportplatz. Sehenswert: Barmsee (1 km ←); Walchensee (10 km ↑)

✱ Alpenhof
Edelweißstr 11, ✉ 82494, ☎ (0 88 25)
10 14, Fax 10 16, AX VA
37 Zi, Ez: 60-98, Dz: 113-176, 2 Suiten,
1 App, ⊣ WC ☎, 5⊠; P 🅿 2✪25 ≋ Fitneßraum Sauna 9Golf ⬛
Rezeption: 8-21; geschl: So, 3.11.-17.12., 8.-
30.4.
Restaurant für Hausgäste

✱ Gästehaus Bayern
Esterbergstr 2, ✉ 82494, ☎ (0 88 25)
10 39, Fax 10 39, ED
11 Zi, Ez: 60-75, Dz: 120-132, 8 App, ⊣ WC;
Lift P ≋ Fitneßraum Sauna Solarium; garni

Gerold (7 km ↙)
✱ Pension Simon
Haus Nr 6, ✉ 82493, ☎ (0 88 23) 54 44,
Fax 9 42 55
17 Zi, Ez: 51, Dz: 82-92, 4 App, ⊣ WC; P 🅿
Fitneßraum; garni

Klais (4 km ↙)
✱ Post
Bahnhofstr 7, ✉ 82493, ☎ (0 88 23) 22 19,
Fax 9 40 55, ED
10 Zi, Ez: 45-80, Dz: 90-150, ⊣ WC; P 🅿 ⊠
geschl: Mo, 2.11.-18.12., 12.4.-23.4.

Krün-Außerhalb (2 km ↙)
✱ Alpengasthof Barmsee
✉ 82494, ☎ (0 88 25) 20 34, Fax 8 79
22 Zi, Ez: 57-73, Dz: 114-145, 2 App, ⊣ WC
☎; P 🅿 Seezugang Fitneßraum Sauna
Solarium ⊠ ⬛
geschl: Mi, 25.10.-19.12., 11.-30.4.

Krugsdorf 22 ↗

Mecklenburg-Vorpommern — Kreis Pasewalk — 50 m — 360 Ew — Pasewalk 8,
Prenzlau 22 km
🛈 ☎ (03 97 43) 2 41 — Gemeindeverwaltung, Dorfstr 2, 17309 Krugsdorf

✱✱ Schloßpark-Hotel
Zerrenthiner Str 3, ✉ 17309, ☎ (03 97 43)
5 02 85, Fax 5 02 37, ED
40 Zi, Ez: 80-100, Dz: 130-150, 1 Suite, ⊣
WC ☎, 2⊠; Lift 2✪70 Strandbad ⊠

✱✱ Schloßhotel
Zerrenthiner Str 2, ✉ 17309, ☎ (03 97 43)
5 02 54, Fax 5 02 54, AX ED
11 Zi, Ez: 70-80, Dz: 120-150, 1 Suite, ⊣ WC
☎; P Seezugang
✱✱ Hauptgericht 30; Biergarten Terrasse

Krumbach (Schwaben) 70 ↑

Bayern — Kreis Günzburg — 512 m —
12 650 Ew — Ulm 38, Memmingen 39,
Augsburg 49 km
🛈 ☎ (0 82 82) 90 20, Fax 9 02 33 — Stadtverwaltung, Nattenhauser Str 5, 86381 Krumbach. Sehenswert: Kath. Kirche St.
Michael; Schloß; hist. Fachwerk-Rathaus;
Wasserschlößchen

✱ Falk
Heinrich-Sinz-Str 4, ✉ 86381, ☎ (0 82 82)
20 11, Fax 20 24, AX ED VA
18 Zi, Ez: 62, Dz: 112, ⊣ WC ☎; P 🅿 3✪40
Solarium ⊠

✱ Gasthof Diem
Kirchenstr 5, ✉ 86381, ☎ (0 82 82) 88 82-0,
Fax 88 82-50, AX ED
3 Zi, Ez: 60-75, Dz: 100-135, 3 App, ⊣ WC ☎,
8⊠; P 🅿 3✪80 Sauna Solarium 18Golf ⊠
⬛ →

Krumbach (Schwaben)

∗ **Traubenbräu**
Marktplatz 14, ⊠ 86381, ☎ (0 82 82) 20 93,
Fax 58 73, AX ED VA
10 Zi, Ez: 68, Dz: 110, ⊣ WC ☎, 2✉; P 🚗
2⇔86 Kegeln ⑆

Krummbek 11 ←

Schleswig-Holstein — Kreis Plön — 25 m —
300 Ew — Schönberg 3, Lütjenburg 20, Kiel 21 km
ℹ ☎ (0 43 44) 3 80 — Gemeindeverwaltung,
Knüll 4, 24217 Schönberg

∗ **Witt's Gasthof**
Im Dorfe 9, ⊠ 24217, ☎ (0 43 44) 15 68,
Fax 66 15, ED
geschl: Mi
∗ ♂ 45 Zi, Ez: 65-85, Dz: 100-110, ⊣
WC ☎, 2✉; P 🚗 2⇔125 Kegeln
Rezeption: 7-14, 16-24 geschl: Mi

Krummhörn 15 □

Niedersachsen — Kreis Aurich — 1 m —
14 000 Ew — Emden 20, Norden 16 km
ℹ ☎ (0 49 26) 9 18 80, Fax 20 29 — Verkehrsbüro, Zur Hauener Hooge 15, 26736 Greetsiel; Erholungsort. Sehenswert: Ostfriesisches Freilichtmuseum in Pewsum; Hist. Orgeln aus 6 Jahrhunderten; Leuchtturm Campen; Krabbenkutterhafen; Zwillingsmühlen; hist. Giebelhäuser; Museen für Landwirtschaft, Fischerei und Buddelschiffe; älteste spielbare Orgel der Welt in Rysum

Greetsiel
∗∗ **Landhaus Steinfeld**
♂ Kleinbahnstr 16, ⊠ 26736, ☎ (0 49 26) 9 18 10, Fax 20 39
21 Zi, Ez: 165-295, Dz: 225-325, ⊣ WC ☎; P
1⇔20 ≋ Sauna Solarium
Rezeption: 8-21; geschl: 10.-31.1.
∗∗ Hauptgericht 30; Terrasse; nur abends; geschl: So + Mo, 10.1.-31.1.

∗ **Hohes Haus**
Hohe Str 1, ⊠ 26736, ☎ (0 49 26) 18 10,
Fax 1 81 99, AX ED VA
33 Zi, Ez: 80-110, Dz: 150-200, ⊣ WC ☎;
1⇔80
∗ Hauptgericht 20; Terrasse

∗ **Witthus** ♛
Kattrepel 7, ⊠ 26736, ☎ (0 49 26) 9 20 00,
Fax 92 00 92, ED VA
14 Zi, Ez: 110-130, Dz: 150-230, 2 Suiten, ⊣
WC ☎, 8✉; P 🚗
∗ Hauptgericht 27; Terrasse; geschl: Do

Krusaa 9 ↑

Jütland — 10 m — Deutsche Grenze 1,
Flensburg 8 km
ℹ ☎ (00 45) 74 67 21 71, Fax 74 67 14 67 —
Turistbureau, DK-6340 Krusaa

Kollund (5 km →)
∗∗ **Fakkelgaarden**
♂ ⊰ Fjordvejen 44, ⊠ DK-6340, ☎ (00 45 74) 67 83 00, Fax 67 83 63, DC ED VA
21 Zi, Ez: 239, Dz: 279, ⊣ WC ☎, 1✉; P
2⇔60 Strandbad Seezugang 18Golf
geschl: 21.-29.12., 1.-6.1.
∗∗ ⊰ Hauptgericht 58; Terrasse;
geschl: 21.12.-29.12, 1.1.-6.1.

Kuchelmiß 20 ↗

Mecklenburg-Vorpommern — Güstrow —
800 Ew
ℹ ☎ (03 84 56) 6 01 53 — Gemeindeverwaltung, 18292 Kuchelmiß

Serrahn-Außerhalb (1,5 km ↓)
∗∗ **Landhaus am Serrahner See**
einzeln ♂ Dobbiner Weg 24, ⊠ 18292,
☎ (03 84 56) 6 50, Fax 6 52 55, AX DC ED VA
33 Zi, Ez: 119-160, Dz: 210-270, 3 Suiten, ⊣
WC ☎, 3✉; P 2⇔90 ≋ Strandbad Seezugang Fitneßraum Sauna Solarium 9Golf 2Tennis 💬
∗∗ **Zum Ritter**
einzeln, Hauptgericht 28

Kühlungsborn 12 ↙

Mecklenburg-Vorpommern — Kreis Bad Doberan — 20 m — 7 500 Ew — Rostock 35,
Wismar 44 km
ℹ ☎ (03 82 93) 84 90, Fax 62 03 — Kurverwaltung, Poststr 20, 18225 Kühlungsborn;
Ostseebad, Erholungsort. Sehenswert: Kleinbahn „Molli" Kühlungsborn-Bad Doberan; Bastorfer Leuchtturm (6 km ↗)

∗∗ **Europa Hotel**
Ostseeallee 8, ⊠ 18225, ☎ (03 82 93) 8 80,
Fax 8 84 44, AX DC ED VA
54 Zi, Ez: 99-195, Dz: 99-235, 8 App, ⊣ WC ☎, 23✉; Lift P 3⇔100 Fitneßraum Sauna Solarium 💬
Auch Zimmer der Kategorie ∗∗∗ vorhanden
∗∗ **Godewind**
Hauptgericht 25; Terrasse

∗∗ **Appartmenthotel Seeschloß**
Ostseeallee 7, ⊠ 18225, ☎ (03 82 93) 1 80,
Fax 1 84 44, AX DC ED VA
Ez: 110-180, Dz: 150-260, 14 Suiten, 52 App,
⊣ WC ☎, 13✉; Lift P 1⇔45 Fitneßraum Sauna Solarium; **garni**

∗∗ **Am Strand**
Ostseeallee 16, ⊠ 18225, ☎ (03 82 93) 80-0,
Fax 8 01 18, AX DC ED VA
36 Zi, Ez: 130, Dz: 140-200, 30 Suiten, ⊣ WC ☎; Lift 1⇔40 Fitneßraum Sauna Solarium
∗∗ Hauptgericht 28; Terrasse; im Winter nur abends

Kühlungsborn

★★ Ringhotel Strandblick
Ostseeallee 6, ✉ 18225, ☎ (03 82 93) 6 33, Fax 6 35 00, AX DC ED VA
34 Zi, Ez: 99-190, Dz: 140-240, S; 6 Suiten, ⊣ WC ☎, 12⊠; ℗ 3♻70 Seezugang Fitneßraum Sauna Solarium 18Golf ۞

★★ Strandhotel Sonnenburg
Ostseeallee 15, ✉ 18225, ☎ (03 82 93) 83 90, Fax 8 39 13, AX DC ED VA
29 Zi, Ez: 100-160, Dz: 130-195, 19 App, ⊣ WC ☎, 5⊠; Lift ℗ 🕮 1♻30 ۞

★★ Schweriner Hof
◁ Ostseeallee 46, ✉ 18225, ☎ (03 82 93) 7 90, Fax 7 94 10, AX ED VA
28 Zi, Ez: 110-165, Dz: 140-280, 2 Suiten, 13 App, ⊣ WC ☎, 15⊠; Lift ℗ 1♻25 Sauna Solarium ۞

★★ Esplanade
◁ Hermann-Häcker-Str 44, ✉ 18225, ☎ (03 82 93) 83 50, Fax 8 35 32, ED VA
23 Zi, Ez: 70-130, Dz: 120-170, 2 Suiten, ⊣ WC ☎, 10⊠; ℗ 1♻18 Fitneßraum Solarium; garni

★★ Rosenhof
Poststr 18, ✉ 18225, ☎ (03 82 93) 7 86, Fax 7 87 87, AX ED VA
22 Zi, Ez: 70-150, Dz: 98-170, 4 Suiten, 17 App, ⊣ WC ☎, 6⊠; Lift ℗ 🕮 1♻30 Sauna ۞

★★ Villa Verdi
◁ Ostseeallee 26, ✉ 18225, ☎ (03 82 93) 85 70, Fax 8 57 11
18 Zi, Ez: 90-120, Dz: 159-175, 5 App, ⊣ WC ☎; Lift; garni

★★ Neptun
Strandstr 37, ✉ 18225, ☎ (03 82 93) 6 30, Fax 6 32 99, AX ED VA
24 Zi, Ez: 110-170, Dz: 130-200, 1 Suite, ⊣ WC ☎; Lift ℗ 🕮 2♻50 Fitneßraum Sauna Solarium 18Golf ۞

★★ Westfalia
Ostseeallee 17, ✉ 18225, ☎ (03 82 93) 1 21 95, Fax 1 21 96
9 Zi, Ez: 80-135, Dz: 100-185, 5 Suiten, 1 App, ⊣ WC ☎, 4⊠; Lift ℗ Seezugang; garni
geschl: 10.11.-26.12.

★★ Arendsee Travel Charme Hotel
Ostseeallee 30, ✉ 18225, ☎ (03 82 93) 7 03 00, Fax 7 04 00, AX DC ED VA
60 Zi, Ez: 115-200, Dz: 145-230, S; 6 App, ⊣ WC ☎, 15⊠; Lift ℗ 3♻60 Seezugang Fitneßraum Sauna Solarium ۞

★★ Wilhelmine
Strandstr 53, ✉ 18225, ☎ (03 82 93) 80 90, Fax 8 09 99
Ez: 95-105, Dz: 155-170, ⊣ WC ☎; Lift ۞

★★ Nordischer Hof
Ostseeallee 25, ✉ 18225, ☎ (03 82 93) 76 00, Fax 76 04, AX DC ED VA
11 Zi, Ez: 85-130, Dz: 140-160, 27 App, ⊣ WC ☎; Lift ℗ Seezugang Fitneßraum Sauna Solarium ۞
Rezeption: 8-18
Auch Zimmer der Kategorie ★ vorhanden

★ Von Jutrzenka
Dünenstr 1, ✉ 18225, ☎ (03 82 93) 85 60, Fax 8 56 12, AX ED
12 Zi, Ez: 85-110, Dz: 110-160, ⊣ WC ☎; ℗ 🕮 ۞
geschl: 2.1.-8.2.

★ Schloß am Meer
◁ Tannenstr 8, ✉ 18225, ☎ (03 82 93) 8 53 00, Fax 8 53 06, AX ED VA
27 Zi, Ez: 105-140, Dz: 130-200, 6 App, ⊣ WC ☎, 3⊠; ℗ 2♻30 Seezugang Sauna Solarium; garni

★ Nordwind
Hermannstr 23, ✉ 18225, ☎ (03 82 93) 72 07, Fax 1 22 11, AX ED VA
27 Zi, Ez: 75-105, Dz: 80-150, 1 Suite, ⊣ WC ☎; ℗ ۞
geschl: 5.1.99-15.2.99
Auch Zimmer der Kategorie ★★ vorhanden

★ Villa Ludwigsburg
Doberaner Str 34, ✉ 18225, ☎ (03 82 93) 85 90, Fax 8 59 59, AX DC ED VA
16 Zi, Ez: 80-120, Dz: 120-200, 2 Suiten, 1 App, ⊣ WC ☎, 2⊠; ℗ ۞

★ Antik-Hotel Villa Patricia
◁ ۞ Ostseeallee 2, ✉ 18225, ☎ (03 82 93) 85 40, Fax 8 54 85, AX ED VA
19 Zi, Ez: 70-140, Dz: 100-199, 8 Suiten, ⊣ WC ☎; ℗ Seezugang 18Golf; garni
Auch Zimmer anderer Kategorien vorhanden

★ Poseidon
Hermannstr 6, ✉ 18225, ☎ (03 82 93) 71 82, Fax 75 25, AX ED VA
21 Zi, Ez: 75-115, Dz: 99-160, 2 Suiten, ⊣ WC ☎; ℗ ۞
geschl: 1.-30.11.

★ Polar-Stern
Ostseeallee 24, ✉ 18225, ☎ (03 82 93) 82 90, Fax 8 29 99, AX DC ED VA
25 Zi, Ez: 90-110, Dz: 100-170, ⊣ WC ☎; ℗ 2♻50 Seezugang ۞

★ Brunshöver Möhl
۞ An der Mühle 3, ✉ 18225, ☎ (03 82 93) 9 37, Fax 9 37, AX DC ED VA
Hauptgericht 22; ℗

→

Kühlungsborn

Café Röntgen
Strandstr 30 a, ⌧ 18225, ☎ (03 82 93) 78 10, Fax 7 81 99, AX ED VA
🅿 Terrasse
Appartementhaus mit 17 Fewo

Kümmersbruck 58 ↘

Bayern — Kreis Amberg-Sulzbach — 374 m — 8 955 Ew — Amberg 3 km
ℹ ☎ (0 96 21) 70 80, Fax 7 08 40 — Gemeindeverwaltung, Schulstr 37, 92245 Kümmersbruck. Sehenswert: Bergbau- und Industrie-Museum Ostbayern in Theuern (5 km ↘)

Haselmühl (0,5 km ↙)
** **Gasthof Zur Post**
Vilstalstr 82, ⌧ 92245, ☎ (0 96 21) 77 50, Fax 7 47 30, AX DC ED VA
29 Zi, Ez: 95-108, Dz: 145-150, ⌁ WC ☎;
** Hauptgericht 25

Künzell 46 □

Hessen — Kreis Fulda — 340 m — 15 877 Ew — Fulda 2 km
ℹ ☎ (06 61) 39 00, Fax 3 90 49 — Gemeindeverwaltung, Unterer Ortesweg 23, 36093 Künzell

*** **Bäder-Park-Hotel/Rhön-Therme**
Harbacher Weg 1, ⌧ 36093, ☎ (06 61) 39 70, Fax 39 71 51, AX DC ED VA
98 Zi, Ez: 160-190, Dz: 230-260, 8 Suiten, ⌁ WC ☎; Lift 🅿 🍴 11✪320 ≈ ≋ Kegeln Sauna Solarium 9 Golf 15 Tennis ⛉
Direkter, freier Zugang zum Freizeitbad Rhön-Therme

* **Landgasthof Reith**
Keuloser Str 10, ⌧ 36093, ☎ (06 61) 9 39 70, Fax 9 39 71 97
24 Zi, Ez: 79, Dz: 122, ⌁ WC ☎; 🅿 🍴 2✪100 Sauna ⛉

Küps 48 ↓

Bayern — Kreis Kronach — 291 m — 7 500 Ew — Kronach 7, Lichtenfels 16 km
ℹ ☎ (0 92 64) 6 80, Fax 68 10 — Gemeindeverwaltung, Bahnhofstr 1, 96328 Küps

Oberlangenstadt (1 km ↙)
* **Hubertus**
♂ Hubertusstr 7, ⌧ 96328, ☎ (0 92 64) 96 00, Fax 9 60 55, DC ED VA
24 Zi, Ez: 81, Dz: 131, ⌁ WC ☎, 11⌧; 🅿 🍴 1✪40 ≋ Fitneßraum Sauna ⛉
geschl: 2.1.-10.1.99

Küsten 19 ↓

Niedersachsen — Kreis Lüchow-Dannenberg — 1 396 Ew — Lüchow 7, Uelzen 35 km
ℹ ☎ (0 58 41) 12 62 49, Fax 12 62 81 — Gästeinformation im Amtshaus, Theodor-Körner-Str 4, 29439 Lüchow. Sehenswert: wendisches Rundlingsdorf im Ortsteil Lübeln

* **Wirtshaus Belitz**
Belitz 11, ⌧ 29482, ☎ (0 58 41) 31 82, Fax 7 01 98
14 Zi, Ez: 60-70, Dz: 90-130, ⌁ WC; 🅿
Restaurant für Hausgäste; Alter Gutshof, der im Dorfinneren liegt

Lübeln (2 km →)
* **Avoessel**
♂ Haus Nr 10, ⌧ 29482, ☎ (0 58 41) 93 40, Fax 9 34 44, AX DC ED VA
24 Zi, Ez: 85-115, Dz: 150-195, ⌁ WC ☎; 🅿 3✪80 ⛉
Restaurierter Fachwerkhof, teilweise mit Antiquitäten ausgestattet

* **1. Deutsches Kartoffelhotel**
♂ Haus Nr 1, ⌧ 29482, ☎ (0 58 41) 13 60, Fax 16 88, AX DC ED VA
31 Zi, Ez: 85-95, Dz: 150-200, 4 Suiten, 3 App, ⌁ WC ☎; 🅿 2✪18 Seezugang Fitneßraum Sauna Solarium 🍴
Schöner Fachwerkhof aus dem 18. Jh.
* ⚐ Hauptgericht 20;
Vorwiegend Kartoffelgerichte

Kuhs 20 ↗

Mecklenburg-Vorpommern — Kreis Güstrow — 47 m — Güstrow 8, Rostock 25 km
ℹ ☎ (03 84 54) 4 19 — Gemeindeverwaltung, An der Chaussee 5, 18299 Weitendorf

* **Landhotel Kuhs**
Güstrower Str 39, ⌧ 18276, ☎ (03 84 54) 31 00, Fax 2 07 60, AX ED VA
20 Zi, Ez: 95-155, Dz: 125-155, 1 Suite, 1 App, ⌁ WC ☎; 🅿 2✪35 ⛉ 🍴

Kulmain 58 ↗

Bayern — Kreis Tirschenreuth — 580 m — 2 400 Ew — Kemnath 2, Marktredwitz 24, Bayreuth 25 km
ℹ ☎ (0 96 42) 9 12 46, Fax 9 12 47 — Gemeindeverwaltung, Hauptstr 28, 95508 Kulmain; Ort am Rande des Fichtelgebirges. Sehenswert: Armesberg mit Wallfahrtskirche; Pfarrkirche Maria Himmelfahrt

* **Post/Gasthof Wiesend**
Hauptstr 15, ✉ 95508, ☎ (0 96 42) 93 00,
Fax 93 03 00, AX DC ED VA
29 Zi, Ez: 58-88, Dz: 90-140, ⇨ WC ☎, 9✉;
1⇔20 Fitneßraum Sauna Solarium 1 Tennis
Im Hotel Post auch Zimmer der Kategorie
** vorhanden
* Hauptgericht 15; P

Kulmbach 48 ↓

Bayern – Kreisstadt – 306 m – 30 000 Ew
– Bayreuth 22, Münchberg 28, Nürnberg
120 km
🛈 ☎ (0 92 21) 9 58 80, Fax 95 88 44 – Tourist-Information in der Stadthalle, Sutte 2,
95326 Kulmbach. Sehenswert: Ev. Petri-Kirche; Plassenburg ⋖; Zinnfigurenmuseum;
Rathaus; Langheimer Amtshof; Brauereimuseum

** **Astron Hotel**
⬥ Luitpoldstr 2, ✉ 95326, ☎ (0 92 21) 60 30,
Fax 60 31 00, AX DC ED VA
102 Zi, Ez: 170, Dz: 190-240, S; 1 Suite, ⇨ ☎,
16✉; Lift 6⇔150 Sauna Solarium
** Hauptgericht 30

** **Hansa-Hotel**
Weltrichstr 2 a, ✉ 95326, ☎ (0 92 21) 79 95,
Fax 6 68 87, AX DC ED VA
30 Zi, Ez: 130-160, Dz: 175-220, ⇨ WC ☎,
3✉; Lift P 🚗 2⇔40
Das Haus wurde von dem Designer Dirk
Obliess gestaltet
** Hauptgericht 30; geschl: Sa, So

* **Kronprinz**
Fischergasse 4, ✉ 95326, ☎ (0 92 21)
92 18-0, Fax 92 18-36, AX DC ED VA
19 Zi, Ez: 98-130, Dz: 130-180, ⇨ WC ☎
DFÜ; 1⇔25 ▮◉❙ 🚃

* **Purucker**
Melkendorfer Str 4, ✉ 95326, ☎ (0 92 21)
9 02 00, Fax 90 20 90, AX DC ED VA
23 Zi, Ez: 89-125, Dz: 135-175, ⇨ WC ☎
DFÜ; Lift P 🚗 ≘ Fitneßraum Sauna
Solarium ▮◉❙
geschl: 4.-10.1., 16.8.-5.9.

* **Ertl**
Hardenbergstr 3, ✉ 95326, ☎ (0 92 21)
97 40 00, Fax 97 40 50, AX DC ED VA
35 Zi, Ez: 100-130, Dz: 150-180, ⇨ WC ☎; P
🚗 2⇔50
geschl: 19.-28.12.
* Hauptgericht 20; Biergarten;
geschl: Fr abends, Sa, So, Mitte-Ende Dez

* **Christl**
Bayreuther Str 7, ✉ 95326, ☎ (0 92 21)
79 55, Fax 6 64 02, AX ED VA
24 Zi, Ez: 65-80, Dz: 125, 2 Suiten, WC; P 🚗
Restaurant für Hausgäste

Zum Mönchshof Bräuhaus
Hofer Str 20, ✉ 95326, ☎ (0 92 21) 42 64,
Fax 8 05 15
Hauptgericht 25; Biergarten P Terrasse;
geschl: Mo, Feb
Im Haus befindet sich das bayrische
Brauereimuseum

🍵 **Café am Holzmarkt**
Klostergasse 12, ✉ 95326, ☎ (0 92 21)
8 17 22, Fax 8 30 51

Höferänger (4 km ↘)
** **Dobrachtal
Flair Hotel**
Haus Nr 10, ✉ 95326, ☎ (0 92 21) 94 20,
Fax 94 23 55, AX DC ED VA
57 Zi, Ez: 75-130, Dz: 140-190, ⇨ WC ☎; Lift
P 🚗 3⇔60 ≘ Sauna Solarium
geschl: Fr, 20.12.-6.1.
Auch Zimmer der Kategorie * vorhanden
** Hauptgericht 32; geschl: Fr,
20.12.-06.01.

Kunreuth 57 □

Bayern – Kreis Forchheim – 385 m –
1 341 Ew – Erlangen 18 km
🛈 ☎ (0 91 91) 90 11 – Verwaltungsgemeinschaft Gosberg, 91358 Kunreuth

Regensberg (5 km ↘)
* **Berg-Gasthof Hötzelein**
⬥ ⋖ Auf dem Regensberg 10, ✉ 91358,
☎ (0 91 91) 80 90, Fax 8 09 99, ED VA
32 Zi, Ez: 85-95, Dz: 110-140, 1 App, ⇨ WC
☎; Lift P 3⇔30 Sauna 🚃
geschl: 24.11.-24.12.
Auch Zimmer der Kategorie ** vorhanden
* ⋖ Hauptgericht 33; Terrasse;
geschl: Di, 24.11.-24.12.

Kuppenheim 60 →

Baden-Württemberg – Kreis Rastatt –
129 m – 7 492 Ew – Rastatt 5, Baden-Baden 10, Karlsruhe 20 km
🛈 ☎ (0 72 22) 94 62-0, Fax 94 62-37 – Stadtverwaltung, Schloßstr 6, 76456 Kuppenheim

* **Zur Blume**
Rheinstr 7, ✉ 76456, ☎ (0 72 22) 9 47 80,
Fax 94 78 80, ED VA
Hauptgericht 25; geschl: Mo
* 15 Zi, Ez: 65-85 Dz: 110-140, ⇨ WC
☎
geschl: 2 Wochen im Sommer, 2 Wochen
im Winter

Oberndorf (2 km ↘)
*** **Raub's Restaurant** 🍵
Hauptstr 41, ✉ 76456, ☎ (0 72 25) 7 56 23,
Fax 7 93 78
Hauptgericht 50; P Terrasse; geschl: So,
Mo
** **Kreuz-Stübl** ✤
Hauptgericht 29; Terrasse; geschl: So, Mo

Kuppentin 20 →

Mecklenburg-Vorpommern — Kreis Parchim — 20 m — 225 Ew
🛈 ☎ (03 87 32) 2 05 95 — Bürgermeisteramt, Mühlbach 9, 19386 Kuppentin

Daschow (1 km ↗)
* **Landhotel Schloß Daschow**
einzeln ♂ ⊷ Schloßstr 5, ✉ 19386, ☎ (03 87 32) 5 00-0, Fax 5 00-91, DC ED VA
16 Zi, Ez: 98, Dz: 136, ⊔ WC ☎; 🅿 4⇔80
Seezugang 📖 ⏺
Rezeption: 9-22
12 ha Parklandschaft mit See

Kusterdingen 61 ↘

Baden-Württemberg — Tübingen — 410 m — 7 800 Ew — Tübingen 6, Reutlingen 8 km
🛈 ☎ (0 70 71) 1 30 80, Fax 13 08 10 — Gemeindeverwaltung, Kirchentellinsfurter Str 9, 72127 Kusterdingen

Mähringen (3 km ↙)
* **Mayer's Waldhorn**
Neckar-Alb-Str 47, ✉ 72127, ☎ (0 70 71) 1 33 30, Fax 13 33 99, ED VA
18 Zi, Ez: 90-120, Dz: 150-170, ⊔ WC ☎; Lift 🅿 2⇔70 📖
geschl: Mo, 2.8.-17.8.

Kyritz 20 ↘

Brandenburg — Kreis Kyritz — 40 m — 10 000 Ew — Pritzwalk 30 km
🛈 ☎ (0 33 97) 20 05 — Stadtverwaltung, Marktplatz 1, 16866 Kyritz

** **Landhaus Muth**
Pritzwalker Str 40, ✉ 16866, ☎ (03 39 71) 7 15 12, Fax 7 15 13, AX DC ED VA
19 Zi, Ez: 85-100, Dz: 115-130, ⊔ WC ☎; 🅿 1⇔20
* Hauptgericht 21; Terrasse; geschl: So abends

Laasphe, Bad 44 ↗

Nordrhein-Westfalen — Kreis Siegen-Wittgenstein — 330 m — 15 000 Ew — Marburg 38, Siegen 41 km
🛈 ☎ (0 27 52) 8 98, Fax 77 89 — Kurverwaltung, im Haus des Gastes, Wilhelmsplatz, 57334 Bad Laasphe; Kneippheilbad an der oberen Lahn. Sehenswert: Schloß Wittgenstein; Fachwerkbauten; Radiomuseum; Pilzmuseum

Feudingen (9 km ←)
** **Landhotel Doerr**
Sieg-Lahn-Str 8, ✉ 57334, ☎ (0 27 54) 37 00, Fax 37 01 00, AX DC ED VA
42 Zi, Ez: 103-145, Dz: 230-290, 5 Suiten, ⊔ WC ☎, 7📺; Lift 🅿 🖃 3⇔80 ♨ Kegeln Sauna Solarium 6Tennis ⏺
Zimmerpreise inkl. Halbpension
** **Wittgenstein**
Hauptgericht 35

** **Lahntalhotel**
Sieg-Lahn-Str 23, ✉ 57334, ☎ (0 27 54) 12 85, Fax 12 86, AX ED VA
25 Zi, Ez: 125-155, Dz: 250-320, 3 Suiten, ⊔ WC ☎, 15📺; Lift 🅿 2⇔120 Fitneßraum Sauna Solarium 📖 ⏺
Auch Zimmer der Kategorie ******* vorhanden

* **Pension im Auerbachtal**
♂ Wiesenweg 5, ✉ 57334, ☎ (0 27 54) 5 88, Fax 81 98
15 Zi, Ez: 70, Dz: 128-140, 1 Suite, ⊔ WC ☎, 15📺; 🅿 🖃 1⇔20 ♨ Sauna Solarium 📖
geschl: 23.12.-31.1.

Glashütte (14 km ←)
*** **Jagdhof Glashütte** 👑👑👑
♂ Glashütter Str 20, ✉ 57334, ☎ (0 27 54) 39 90, Fax 39 92 22, AX DC ED VA
19 Zi, Ez: 198-300, Dz: 390-440, 10 Suiten, ⊔ WC ☎; Lift 🅿 3⇔80 ♨ Kegeln Sauna Solarium ⏺
*** **Jagdhof-Stuben**
⊗ Hauptgericht 45; Biergarten Terrasse

Hesselbach (8,5 km ↙)
*** **L'école** 👑👑
Hesselbacher Str 23, ✉ 57334, ☎ (0 27 52) 53 42, Fax 69 00, AX ED
Hauptgericht 45; 🅿 Terrasse; geschl: Mo, Di, Sa mittags, Jan, 2 Wochen in den Sommerferien

Laatzen 26 ↙

Niedersachsen — Kreis Hannover — 50 m — 39 000 Ew — Hannover 6, Hildesheim 20 km
🛈 ☎ (05 11) 8 20 50, Fax 8 20 53 73 — Stadtverwaltung, Rathaus, Marktplatz 13, 30880 Laatzen

*** **Copthorne**
Würzburger Str 21, ✉ 30880, ☎ (05 11) 9 83 60, Fax 9 83 66 66, AX DC ED VA
215 Zi, Ez: 143-443, Dz: 194-534, 7 Suiten, ⊔ WC ☎, 107📺; Lift 🅿 🖃 10⇔700 ♨ Fitneßraum Sauna Solarium ⏺
** **Bentleys**
Hauptgericht 15; Biergarten Terrasse

** **Europa Congresshotel Hannover**
Karlsruher Str 8a, ✉ 30880, ☎ (05 11) 8 75 73-0, Fax 8 75 73-5 55, AX DC ED VA
118 Zi, Ez: 129-475, Dz: 188-498, 2 Suiten, 54 App, ⊔ WC ☎ DFÜ, 30📺; Lift 🅿 7⇔150 📖
Direkt am Messegelände, gegenüber der Halle 13

** **Treff Hotel Britannia**
Karlsruher Str 26, ✉ 30880, ☎ (05 11) 8 78 20, Fax 86 34 66, AX DC ED VA
96 Zi, Ez: 130-600, Dz: 161-600, S; 4 Suiten, ⊔ WC ☎; Lift 🅿 5⇔200 Fitneßraum Sauna Solarium 4Tennis 📖

Lahnau

Grasdorf (2 km ↓)
** Am Kamp
Am Kamp 12, ✉ 30880, ☎ (05 11) 98 29 40, Fax 9 82 94 66, AX DC ED VA
44 Zi, Ez: 169-395, Dz: 189-445, 1 Suite, 1 App, ⊣ WC, 4⌧; Lift 🅿 🚗; garni

* Haase
Am Thie 4, ✉ 30880, ☎ (05 11) 8 20 16-0, Fax 8 20 16-66, AX DC VA
43 Zi, Ez: 80-170, Dz: 120-290, ⊣ WC ☎ DFÜ; Lift 🅿 2↔46
Auch einfachere Zimmer vorhanden
* Hauptgericht 23; Terrasse

Laboe 10→

Schleswig-Holstein — Kreis Plön —
4 649 Ew — Kiel 18 km
🛈 ☎ (0 43 43) 42 75-53, Fax 17 81 — Kurverwaltung, Strandstr 25, 24235 Laboe; Ostseebad an der Kieler Außenförde. Sehenswert: Marine-Ehrenmal ◂ (85 m hoch, Seefahrtsmuseum), U-Boot-Museum „U 995"

* Seeterrassen
♦ ◂ Strandstr 84/88, ✉ 24235, ☎ (0 43 43) 60 70, Fax 6 07 70, AX DC ED VA
40 Zi, Ez: 65-85, Dz: 124-150, ⊣ WC ☎; Lift 🅿 Fitneßraum Sauna Solarium 🍽 ⚓
geschl: 1.12.-31.1.

Ladbergen 24 ↙

Nordrhein-Westfalen — Kreis Steinfurt —
60 m — 6 000 Ew — Greven 10, Lengerich 11, Emsdetten 17 km
🛈 ☎ (0 54 85) 81 40, Fax 81 44 — Gemeindeverwaltung, Jahnstr 5, 49549 Ladbergen; Sehenswert: Restaurierte Getreidemühle Erpenbeck

** Rolinck's Alte Mühle
🍴 Mühlenstr 17, ✉ 49549, ☎ (0 54 85) 14 84, AX
Hauptgericht 42; 🅿 Terrasse; geschl: Di

** Waldhaus an de Miälkwellen
einzeln, Grevener Str 43, ✉ 49549, ☎ (0 54 85) 9 39 90, Fax 93 99 93, AX DC ED VA
Hauptgericht 25; Biergarten 🅿 Terrasse
** einzeln ♦ 7 Zi, Ez: 85-105, Dz: 95-155, ⊣ WC ☎ DFÜ; 4↔150

Ladenburg 54 ↘

Baden-Württemberg — Rhein-Neckar-Kreis — 103 m — 12 000 Ew — Mannheim 7, Heidelberg 7, Weinheim 10 km
🛈 ☎ (0 62 03) 7 00, Fax 7 02 50 — Bürgermeisteramt, Hauptstr 7, 68526 Ladenburg; Stadt am unteren Neckar, in der Oberrheinebene. Sehenswert: St.-Gallus-Kirche; St.-Sebastians-Kapelle; Bischofshof mit Lobdengaumuseum; Carl-Benz-Haus; Fachwerkhäuser

** Nestor
Benzstr 21, ✉ 68526, ☎ (0 62 03) 93 90, Fax 93 91 13, AX DC ED VA
113 Zi, Ez: 140-187, Dz: 162-239, S;
15 Suiten, ⊣ WC ☎ DFÜ, 64⌧; Lift 🅿 🚗 8↔250 Sauna Solarium
** Trajan
Hauptgericht 30; Terrasse

* Cronberger Hof
Cronberger Gasse 10, ✉ 68526, ☎ (0 62 03) 9 26 10, Fax 92 61 50, AX DC ED VA
17 Zi, Ez: 115-145, Dz: 165-195, ⊣ WC ☎; 🅿 🚗; garni

* Sackpfeife
🍴 Kirchenstr 45, ✉ 68526, ☎ (0 62 03) 31 45, Fax 31 45
Hauptgericht 30; Gartenlokal; geschl: Sa mittags, so+feiertags
Holzbau von 1598 mit Galerien und bleiverglasten Schiebefenstern, Beispiel alemannisch-oberrheinischer Hauskultur der Renaissancezeit

Laer, Bad 24 ↓

Niedersachsen — Kreis Osnabrück —
208 m — 8 548 Ew — Bad Rothenfelde 6, Iburg 8 km
🛈 ☎ (0 54 24) 29 11 88, Fax 29 11 89 — Kurverwaltung, Glandorfer Str 5, 49196 Bad Laer; Sole-Heilbad im Osnabrücker Land. Sehenswert: Fachwerkhäuser; Kirchturm; Puppen- und Trachtenmuseum

** Becker
Thieplatz 13, ✉ 49196, ☎ (0 54 24) 90 96, Fax 91 95, ED
30 Zi, Ez: 76-98, Dz: 150-190, 3 Suiten, ⊣ WC ☎; Lift 🅿 🚗 ⚓ Fitneßraum Sauna Solarium
geschl: Ende Nov-Mitte Feb
Restaurant für Hausgäste

⚓ Aschenberg
Thieplatz 10, ✉ 49196, ☎ (0 54 24) 91 70

Lahnau 44→

Hessen — Lahn-Dill-Kreis — 176 m —
8 659 Ew — Wetzlar 6, Gießen 10 km
🛈 ☎ (0 64 41) 9 64 40, Fax 96 44 44 — Gemeindeverwaltung, im Ortsteil Dorlar, Rathausstr 1/3, 35633 Lahnau

Atzbach
** Bergschenke ✿
◂ Bergstr 27, ✉ 35633, ☎ (0 64 41) 96 43-0, Fax 96 43 26, ED
Hauptgericht 40; 🅿 Terrasse; geschl: Sa mittags, Do, 10.10.-18.10.

Waldgirmes
* Triangel
Rodheimer Str 50 a, ✉ 35633, ☎ (0 64 41) 6 51 77, Fax 6 52 92, AX ED VA
15 Zi, Ez: 99, Dz: 149, 1 App, ⊣ WC ☎; 🅿 1↔36; garni

Lahnstein 43

Rheinland-Pfalz — Rhein-Lahn-Kreis — 72 m — 19 384 Ew — Koblenz 7, St. Goarshausen 28 km
i ☏ (0 26 21) 91 41 71-1 72, Fax 91 43 40 — Tourist-Information, Stadthallenpassage, 56112 Lahnstein; Stadt an der Mündung der Lahn in den Rhein. Sehenswert: Altes Rathaus mit Marktbrunnen, Martinsburg in Oberlahnstein; Burg Lahneck ◂≼ (3 km →), Allerheiligenberg ◂≼ (2 km →); kath. St.-Johannis-Kirche in Niederlahnstein

Lahnstein auf der Höhe
*** **Dorint Hotel Rhein-Lahn**
♀ ◂≼ im Kurzentrum, ✉ 56112, ☏ (0 26 21) 91 20, Fax 91 21 00, AX DC ED VA
200 Zi, Ez: 172-222, Dz: 262-283, S;
10 Suiten, ᴥ WC, 72⬜; Lift P 🍽 18✥400 ≋ 💆 Fitneßraum Kegeln Sauna Solarium
Auch Zimmer der Kategorie ** vorhanden. Direkter Zugang am Dorimar-Erlebnisbad
** **Panorama**
◂≼ Hauptgericht 33

Lahr (Schwarzwald) 60

Baden-Württemberg — Ortenaukreis — 172 m — 42 000 Ew — Offenburg 18 km
i ☏ (0 78 21) 9 10-01 30, Fax 9 10-01 32 — Tourist-Info, Rathausplatz 4, 77933 Lahr. Sehenswert: Ev. ehem. Stiftskirche; Museum der Stadt Lahr; Villa Jamm im Stadtpark und Schutterlindenberg ◂≼; ev. Kirche im Stadtteil Brugheim (3 km →)

** **Euro Ring Hotel Schulz**
Alte Bahnhofstr 6, ✉ 77933, ☏ (0 78 21) 91 50, Fax 2 26 74, AX DC ED VA
50 Zi, Ez: 98-135, Dz: 155-195, ᴥ WC ☏; Lift P 🍽 2✥30
** Hauptgericht 35; Gartenlokal; geschl: Sa mittags

* **Schwanen Minotel**
Gärtnerstr 1, ✉ 77933, ☏ (0 78 21) 2 10 74, Fax 3 76 17, AX DC ED VA
55 Zi, Ez: 100-125, Dz: 145-185, 5 Suiten, ᴥ WC ☏; Lift P 🍽 2✥60 💆
Auch Zimmer der Kategorie ** vorhanden
** Hauptgericht 30; Gartenlokal Terrasse; geschl: Sa mittags, So

* **Zum Löwen**
Obertorstr 5, ✉ 77933, ☏ (0 78 21) 2 30 22, Fax 15 14, AX DC ED VA
30 Zi, Ez: 85-100, Dz: 110-130, WC ☏; 🍽 1✥70
* Hauptgericht 25; geschl: So

* **Am Westend**
Schwarzwaldstr 97, ✉ 77933, ☏ (0 78 21) 9 50 40, Fax 5 17 09, ED VA
34 Zi, Ez: 105, Dz: 145-165, ᴥ WC ☏, 4⬜; Lift P 🍽 Fitneßraum Sauna Solarium 🍴 💆
geschl: 24.12.-6.1.

Reichenbach (6 km →)
** **Adler**
Hauptstr 18, ✉ 77933, ☏ (0 78 21) 90 63 90, Fax 9 06 39 33, AX ED VA
24 Zi, Ez: 105-120, Dz: 170, 1 Suite, ᴥ WC ☏, 5⬜; P 🍽 1✥25
geschl: 2 Wochen über Fasching
*** Hauptgericht 42; Terrasse; 🍷
geschl: Di, 2 Wochen über Fasching

Sulz (3 km ↓)
* **Dammenmühle**
Dammenmühle 1, ✉ 77933, ☏ (0 78 21) 9 39 30, Fax 93 93 93, ED VA
Hauptgericht 30; Biergarten P; geschl: Mo, 25.1.-14.2., 27.9.-10.10.
* ♀ Zi, Ez: 78-108, Dz: 135-195, 2 Suiten, ᴥ WC ☏, 🍽 4✥80 ≋
Auch Zimmer anderer Kategorien vorhanden

Laichingen 62

Baden-Württemberg — Alb-Donau-Kreis — 800 m — 9 000 Ew — Blaubeuren 14, Münsingen 23, Bad Urach 26 km
i ☏ (0 73 33) 8 50, Fax 85 25 — Stadtverwaltung, Bahnhofstr 26, 89150 Laichingen; Ort auf der Schwäbischen Alb. Sehenswert: Laichinger Tiefenhöhle; Höhlenmuseum

** **Krehl Zur Ratstube**
Radstr 7, ✉ 89150, ☏ (0 73 33) 9 66 50, Fax 96 65 11, DC ED VA
29 Zi, Ez: 70-93, Dz: 112-124, 2 App, ᴥ WC ☏; Lift P 🍽 2✥40 Sauna
* **Zirbelstube**
Hauptgericht 32; Gartenlokal; nur abends; geschl: Sa, So

Feldstetten (5 km ✓)
* **Zur Post**
an der B 28, ✉ 89150, ☏ (0 73 33) 96 35-0, Fax 96 35-20, ED
32 Zi, Ez: 60-79, Dz: 95-120, 6 Suiten, 6 App, ᴥ WC ☏ DFÜ, 10⬜; Lift P 🍽 4✥180 Fitneßraum Sauna Solarium 🍴 💆

Lalendorf 20

Mecklenburg-Vorpommern — Kreis Güstrow — 82 m — 1 660 Ew — Teterow 12, Güstrow 15 km
i ☏ (03 84 52) 2 02 49, Fax 2 02 40 — Gemeindeamt, Hauptstr 5, 18279 Lalendorf

* **Im Wiesengrund**
Hauptstr 3, ✉ 18279, ☏ (03 84 52) 2 05 42, Fax 2 05 42, ED
10 Zi, Ez: 60-80, Dz: 110-115, ᴥ WC ☏; 🍴

Lam 66

Bayern — Kreis Cham — 570 m — 3 000 Ew — Kötzting 18, Furth i. W. 23, Zwiesel 33 km
i ☏ (0 99 43) 7 77, Fax 81 77 — Verkehrsamt, Marktplatz 1, 93462 Lam; Luftkurort und Wintersportplatz im Bayerischen Wald. Sehenswert: Mineralien-Museum; Osser, 1293 m ◂≼ (130 Min →); Märchen- und Gespensterschloß in Lambach (3 km ↗)

*** Steigenberger Hotel
einzeln ♂ ⋅≼ Im Himmelreich 13, ✉ 93462,
☎ (0 99 43) 3 70, Fax 81 91, AX DC ED VA
169 Zi, Ez: 128-163, Dz: 196-266, S; 4 Suiten,
⇩ WC ☎, 80⌂; Lift ⓟ 🚗 7⇨200 ≋ ≋ Fitneßraum Kegeln Sauna Solarium 9Golf 6Tennis

** Petrusstube ✤
Hauptgericht 25; Terrasse

** Ferienhotel Bayerwald
⋅≼ Arberstr 73, ✉ 93462, ☎ (0 99 43) 95 30,
Fax 83 66, AX DC ED
52 Zi, Ez: 60-78, Dz: 110-160, 1 Suite, 1 App,
⇩ WC ☎; ⓟ 🚗 1⇨80 ≋ Sauna Solarium
geschl: So ab 14, 20.11.-17.12.

* Hauptgericht 17; Gartenlokal Terrasse; geschl: 20.11.-17.12.

* Sonnbichl
♂ ⋅≼ Lambacher Str 31, ✉ 93462,
☎ (0 99 43) 7 33, Fax 82 49
35 Zi, Ez: 65, Dz: 110, 5 App, ⇩ WC ☎; Lift
ⓟ 🚗 Fitneßraum Sauna Solarium ⌘

Lambrechtshagen 12 ↘

Mecklenburg-Vorpommern — Kreis Bad
Doberan — 10 m
ℹ ☎ (03 82 07) 2 66, Fax 7 10 63 — Amt
Warnow West / Tourismusinformation,
Satowerstr. 76, 18198 Kritzmow

Sievershagen
** Atrium Hotel Krüger
Ostsee-Park-Str 2, an der B 105, ✉ 18069,
☎ (03 81) 8 00 23 43, Fax 8 00 23 42,
AX DC ED VA
57 Zi, Ez: 95, Dz: 130-150, 2 Suiten, ⇩ WC
☎, 8⌂; Lift ⓟ 2⇨40
Restaurant für Hausgäste

* Ziegenkrug
An der B 105, ✉ 18069, ☎ (03 81) 77 04-0,
Fax 7 69 74 67, AX ED VA
62 Zi, Ez: 85, Dz: 130, ⇩ WC ☎, 5⌂; ⓟ
4⇨200 Sauna Solarium ⌘

Lampertheim 54 ☐

Hessen — Kreis Bergstraße — 94 m —
32 100 Ew — Mannheim 6, Worms 9 km
ℹ ☎ (0 62 06) 93 50, Fax 93 53 00 — Stadtverwaltung, Römerstr 102, 68623 Lampertheim, Stadt in der Oberrheinebene, an
einem Altrhein. Sehenswert: Rathaus;
Fachwerkhäuser

** Treff Page Hotel
Andreasstr 4, ✉ 68623, ☎ (0 62 06) 5 20 97,
Fax 5 20 98, AX DC ED VA
67 Zi, Ez: 135-155, Dz: 165-185, S; ⇩ WC ☎,
12⌂; Lift 🚗 1⇨25

* Flair
Industriestr 25, ✉ 68623, ☎ (0 62 06)
9 29 80, Fax 1 33 88
20 Zi, Ez: 80-90, Dz: 120-140, ⇩ WC ☎;
1⇨40; garni

* Deutsches Haus
Kaiserstr 47, ✉ 68623, ☎ (0 62 06) 93 60,
Fax 93 61 00, AX DC ED VA
31 Zi, Ez: 75-95, Dz: 110-150, ⇩ WC ☎; Lift
ⓟ 1⇨20
geschl: 1.-10.1.

* Hauptgericht 25; Gartenlokal;
geschl: Fr, Sa abends, 1.1.-10-1.

*** Waldschlössl ♛
Luisenstr 2 a, ✉ 68623, ☎ (0 62 06) 5 12 21,
Fax 1 26 30, AX DC VA
Hauptgericht 48; ⓟ Terrasse; nur abends;
geschl: Mo, So, 2 Wochen zu Fasching

** Geo's Stube ✤
Hauptgericht 30; Terrasse; geschl: Sa mittags, So, Mo, 2 Wochen zu Fasching

** Zum Fährhaus
Biedensandstr 58, ✉ 68623, ☎ (0 62 06)
22 60, Fax 5 26 97, AX DC ED VA
Hauptgericht 38; Gartenlokal Terrasse;
geschl: Di, Mi + Sa mittags, 3.2.-17.2.,
14.9.-28.9

Landau a. d. Isar 65 ↘

Bayern — Kreis Dingolfing-Landau —
390 m — 12 200 Ew — Dingolfing 16, Plattling 22, Straubing 27 km
ℹ ☎ (0 99 51) 9 41-1 08, Fax 94 12 10 —
Stadtverwaltung, Oberer Stadtplatz 1,
94405 Landau a. d. Isar. Sehenswert: Stadtpfarrkirche St. Maria Himmelfahrt; Steinfels-Wallfahrtskirchlein; Museum Kastenhof; Wachsender Felsen bei Usterling

* Gästehaus Numberger
♂ Dr.-Aicher-Str 2, ✉ 94405, ☎ (0 99 51)
9 80 20, Fax 9 80 22 00, AX DC ED VA
19 Zi, Ez: 75, Dz: 98-125, ⇩ WC ☎, 1⌂; ⓟ 🚗
9Golf; garni
geschl: So nachmittags

Landau in der Pfalz 60 ↑

Rheinland-Pfalz — 144 m — 42 000 Ew —
Neustadt a. d. Weinstraße 16, Speyer 28,
Karlsruhe 34 km
ℹ ☎ (0 63 41) 13-1 80, Fax 1 31 95 — Büro für
Tourismus, Marktstr 50, 76829 Landau in
der Pfalz. Sehenswert: Ev. ehem. Stiftskirche; kath. ehem. Klosterkirche; Deutsches Tor; Galeerenturm; Frank-Loebsches
Haus; Strieffler-Haus

Cityplan siehe Seite 598

** Parkhotel
⋅≼ Mahlastr 1 (C 2), ✉ 76829, ☎ (0 63 41)
14 50, Fax 14 54 44, AX ED VA
78 Zi, Ez: 145-160, Dz: 190-220, ⇩ WC ☎,
9⌂; Lift 🚗 8⇨600 ≋ Fitneßraum Kegeln
Sauna Solarium 18Golf ⌘

** Landauer
Hauptgericht 28; Biergarten Terrasse →

Landau in der Pfalz

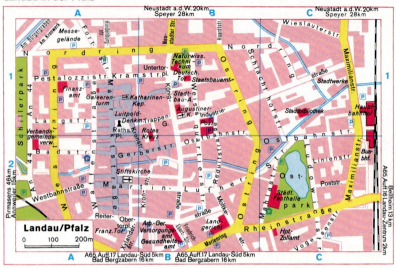

Landau/Pfalz

Godramstein (4 km ↘)
** **Keller**
Bahnhofstr 28, ⊠ 76829, ☎ (0 63 41)
6 03 33, Fax 6 27 92
Hauptgericht 27; Gartenlokal 🅿; geschl:
Mi + Do, 3 Wochen im Sommer, 2 Wochen
im Winter

Nußdorf (4 km ↑)
** **Landhaus Herrenberg
Gutsrestaurant**
Lindenbergstr 72, ⊠ 76829, ☎ (0 63 41)
6 02 05, Fax 6 07 09
Hauptgericht 27; Gartenlokal 🅿
** 9 Zi, Ez: 115, Dz: 170-210, 1 Suite,
WC ☎; 2⇌70

Queichheim (1 km →)
** **Provencal**
Queichheimer Hauptstr 136, ⊠ 76829,
☎ (0 63 41) 5 05 57, Fax 5 07 11, AX DC ED VA
Hauptgericht 40; 🅿; geschl: Mo, 3 Wochen
in den Sommerferien

Landesbergen 25 □

Niedersachsen — Kreis Nienburg (Weser)
— 35 m — 8 403 Ew — Nienburg 12, Rehburg-Loccum 14 km
ℹ ☎ (0 50 25) 98 08-0, Fax 98 08-70 — Samtgemeindeverwaltung, Hinter den Höfen 13,
31628 Landesbergen; Ort an der Mittelweser.
Sehenswert: Hochzeitsmühle mit Trauzim-
mer, „Münchhausen-Schloß" in Brokeloh

Brokeloh (6 km →)
* **Der Dreschhof**
📞 Haus Nr 48, ⊠ 31628, ☎ (0 50 27) 98 08-0,
Fax 98 08-55, ED VA
23 Zi, Ez: 70-115, Dz: 130-165, WC ☎; 🅿
1⇌36
* Hauptgericht 20

Landsberg a. Lech 71 ↖

Bayern — Große Kreisstadt — 600 m —
24 000 Ew — Schongau 30, Augsburg
36 km
ℹ ☎ (0 81 91) 12 82 46, Fax 12 81 60 — Kul-
tur- und Fremdenverkehrsamt, Hauptplatz 1, 86899 Landsberg. Sehenswert:
Kath. Stadtpfarrkirche: Chorfenster; kath.
Johannis-Kirche; kath. Hl.-Kreuz-Kirche;
Rathaus: Schmalzturm; Bayertor; Mutter-
turm: Herkomer-Sammlung; Stadtmauer;
Neues Stadtmuseum

* **Goggl**
Herkomer Str 19, ⊠ 86899, ☎ (0 81 91)
32 40, Fax 32 41 00, AX DC ED VA
55 Zi, Ez: 70-180, Dz: 120-250, WC ☎,
7; Lift 3⇌400 Fitneßraum Sauna
Solarium 9 Golf
Auch Zimmer der Kategorie ** vorhanden
* Hauptgericht 23; Biergarten;
geschl: Mo

* **Landhotel Endhart**
Erpftinger Str 19, ⊠ 86899, ☎ (0 81 91)
9 20 74, Fax 3 23 46, ED VA
16 Zi, Ez: 82-105, Dz: 115-125, WC ☎; 🅿
; garni
geschl: 1.-15.1.

* **Landsberger Hof**
Weilheimer Str 5, ⊠ 86899, ☎ (0 81 91)
3 20 20, Fax 3 20 21 00, AX DC ED VA
33 Zi, Ez: 50-110, Dz: 100-170, WC ☎; 🅿

* **Am Hexenturm**
Vordere Mühlgasse 190, ⊠ 86899,
☎ (0 81 91) 18 74, Fax 51 63
Hauptgericht 27

Außerhalb (2 km)
** Ramada
Graf-Zeppelin-Str 6, ⊠ 86899, ☎ (0 81 91) 9 29 00, Fax 9 29 04 44, AX DC ED VA
107 Zi, Ez: 139-173, Dz: 139-216, S; ⇉ WC ☎, 38⌂; Lift P 4⇔120
Restaurant für Hausgäste

Pitzling (5 km ↓)
* Aufeld
♂ Aufeldstr 3, ⊠ 86899, ☎ (0 81 91) 94 75-0, Fax 94 75-50, ED VA
19 Zi, Ez: 60-70, Dz: 90-110, 1 Suite, ⇉ WC ☎; P 1⇔20 Fitneßraum Sauna Solarium; garni

Landshut 65 ⌒

Bayern — Stadtkreis — 393 m — 59 697 Ew — Flughafen München II 40, Regensburg 62, München 69 km
ℹ️ ☎ (08 71) 92 20 50, Fax 8 92 75 — Verkehrsverein Landshut e.V., Altstadt 315, 84028 Landshut. Sehenswert: Stadtbild; kath. St.-Martins-Kirche: Chorgestühl, Muttergottes, Turm (mit 131 m der höchste Backsteinturm der Welt); kath. Hl-Geist- (= Spital-)Kirche; Abteikirche Seligenthal; ehem. Dominikanerkirche; ehem. Jesuitenkirche; Burg Trausnitz (◅), Stadtresidenz: Stadt- und Kreismuseum; Hofgarten mit Tiergehege (◅); Niederbayrisches Automobil- und Motorrad-Museum in Adlkofen (9km→), geöffnet So 13.30-16.30 Uhr, sonst nach Vereinbarung

Cityplan siehe Seite 600

** Romantik Hotel Fürstenhof
♂ Stethaimer Str 3 (B 1), ⊠ 84034, ☎ (08 71) 92 55-0, Fax 92 55 44, AX DC ED VA
22 Zi, Ez: 140-180, Dz: 185-210, 2 Suiten, ⇉ WC ☎, 3⌂; P 🍴 1⇔18 Sauna Solarium 18 Golf ☕
** Hauptgericht 40; Gartenlokal 🍷 Terrasse; geschl: So

** Lindner Kaiserhof
◅ Papiererstr 2 (B 2), ⊠ 84034, ☎ (08 71) 68 70, Fax 68 74 03, AX DC ED VA
144 Zi, Ez: 155-265, Dz: 155-265, S; ⇉ WC ☎, 48⌂; Lift P 🍴 10⇔250 Fitneßraum Sauna Solarium ☕
** Herzog Ludwig
◅ Hauptgericht 30; Biergarten Terrasse

* Lifestyle
Flurstr 2 (außerhalb A 1), ⊠ 84034, ☎ (08 71) 9 72 70, Fax 9 7 27-27, AX DC ED VA
46 Zi, Ez: 130-160, Dz: 180-220, 10 Suiten, ⇉ WC ☎ DFÜ, 16⌂; P 🍴 5⇔100 ☕
Restaurant für Hausgäste

* Goldene Sonne
Neustadt 520 (B 2), ⊠ 84028, ☎ (08 71) 92 53-0, Fax 92 53-3 50, AX DC ED VA
55 Zi, Ez: 115-130, Dz: 170-190, 2 App, ⇉ WC ☎, 5⌂; P 2⇔100 🍽
geschl: Fr ab 15
Auch Zimmer der Kategorie ** vorhanden

● Belstner
Altstadt 295 (B 3), ⊠ 84028, ☎ (08 71) 2 21 90, Fax 27 36 90
Hauptgericht 15; Terrasse; 9-18; geschl: So

Schönbrunn
** Schloß Schönbrunn
Schönbrunn 1, ⊠ 84036, ☎ (08 71) 9 52 20, Fax 9 52 22 22, AX DC ED VA
33 Zi, Ez: 90-150, Dz: 160-200, ⇉ WC ☎; Lift P 4⇔85 🍽 ☕

Landstuhl 53 ↓

Rheinland-Pfalz — Kreis Kaiserslautern — 248 m — 9 533 Ew — Kaiserslautern 16, Pirmasens 33 km
ℹ️ ☎ (0 63 71) 83-0, Fax 8 31 01 — Verbandsgemeindeverwaltung, Kaiserstr 47, 66849 Landstuhl; Erholungsort. Sehenswert: Kath. Kirche: Grabmal Franz von Sickingens; Burg Nanstein ◅ (1 km ↘)

** Schloßcafé
einzeln ♂ Burgweg 10, ⊠ 66849, ☎ (0 63 71) 9 21 40, Fax 92 14 29, AX ED VA
39 Zi, Ez: 110, Dz: 150, ⇉ WC ☎ DFÜ; Lift P 3⇔60 Sauna Solarium ☕
** Hauptgericht 35

** Moorbad
♂ ◅ Hauptstr 39, ⊠ 66849, ☎ (0 63 71) 1 40 66, Fax 1 79 90, AX DC ED VA
24 Zi, Ez: 120, Dz: 170, ⇉ WC ☎; Lift P; garni

** Landhaus Schattner
Kaiserstr 143, ⊠ 66849, ☎ (0 63 71) 91 23 45, Fax 1 62 49
20 Zi, Ez: 90, Dz: 140, ⇉ WC ☎; garni

* Christine
Kaiserstr 3, ⊠ 66849, ☎ (0 63 71) 90 20, Fax 90 22 22, AX DC ED VA
25 Zi, Ez: 95-110, Dz: 150, 17 App, ⇉ WC ☎; Lift; garni
Rezeption: 6-21

Langdorf 66 ↘

Bayern — Kreis Regen — 645 m — 1 990 Ew — Regen 6, Bodenmais 7, Zwiesel 7 km
ℹ️ ☎ (0 99 21) 94 11 13, Fax 94 11 20 — Verkehrsamt, im Rathaus, Hauptstr 8, 94264 Langdorf; Erholungsort im „Zwieseler Winkel" - Bayerischer Wald

** Zur Post
Regener Str 2, ⊠ 94264, ☎ (0 99 21) 30 43, Fax 82 78
44 Zi, Ez: 47-75, Dz: 82-144, ⇉ WC ☎, 1⌂; Lift P 🍴 1⇔120 🏊 Fitneßraum Sauna Solarium ☕
geschl: Di, 15.11.-15.12.

Langebrück

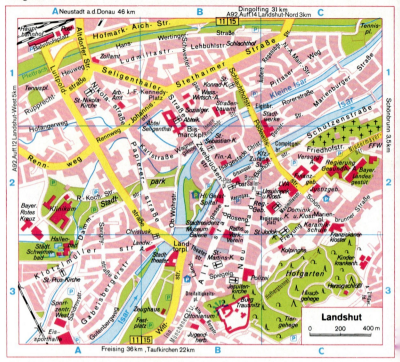

Langebrück 40 ↘

Sachsen — Kreis Kamenz — 3 500 Ew —
Kamenz 55, Dresden 15 km
🛈 ☎ (03 52 01) 7 02 30, Fax 7 05 37 —
Gemeindeverwaltung, Schillerstr 5,
01465 Langebrück

∗ Euro Ring Hotel Lindenhof
Dresdner Str 36, ✉ 01465, ☎ (03 52 01)
7 02 39, Fax 7 51 11, AX ED VA
35 Zi, Ez: 98, Dz: 140, ⊣ WC ☎ DFÜ, 3✉;
Lift P 🚘 3⇔100 Sauna 🍴

Langelsheim 36 ↗

Niedersachsen — Kreis Goslar — 300 m —
14 700 Ew — Goslar 8, Seesen 15 km
🛈 ☎ (0 53 25) 44 44, Fax 69 17 — Kurverwaltung Lautenthal (Oberharz), Harzstr 8,
38685 Langelsheim; Stadt am nördlichen
Harzrand. Sehenswert: Niedersächs. Bergbaumuseum in Lautenthal; Innerste-Stausee (4 km ↗); Grane-Stausee (3 km ↘)

In der Zeit der Messen oder Festspiele
erhöhen viele Hotels und Restaurants ihre
Preise erheblich. Es ist daher immer
ratsam, sich bei der Buchung die Preise
bestätigen zu lassen.

Wolfshagen (Erholungsort, 5 km ↓)
∗ Wolfshof
⋖ Kreuzallee 22, ✉ 38685, ☎ (0 53 26) 79 90,
Fax 79 91 19, AX ED VA
52 Zi, Ez: 110-150, Dz: 180-260, 3 Suiten,
12 App, ⊣ WC ☎; Lift P 1⇔60 🛏 Fitneßraum Kegeln Sauna Solarium
Auch Zimmer der Kategorie ∗∗ vorhanden
∗∗ Hauptgericht 35; Terrasse

∗ Berghotel Wolfshagen
⋖ Heimbergstr 1, ✉ 38685, ☎ (0 53 26)
40 62, Fax 44 32, ED
51 Zi, Ez: 72-125, Dz: 127-180, ⊣ WC ☎; Lift
P 2⇔50 🛏 Fitneßraum Sauna Solarium 🍴

Langen 54 ↗

Hessen — Kreis Offenbach — 140 m —
34 000 Ew — Darmstadt 12, Frankfurt/Main
10 km
🛈 ☎ (0 61 03) 20 30, Fax 2 63 02 — Stadtverwaltung, Südliche Ringstr 80, 63225 Langen

∗∗ Victoria Park Inn
♦ Rheinstr 25-29, ✉ 63225, ☎ (0 61 03)
50 50, Fax 50 51 00, AX DC ED VA
90 Zi, Ez: 163-263, Dz: 201-301, ⊣ WC ☎
DFÜ, 45✉; Lift P 🚘 6⇔18 Fitneßraum
Sauna Solarium 🍴

*   Deutsches Haus
Darmstädter Str 23, ✉ 63225, ☎ (0 61 03)
2 20 51, Fax 5 42 95, AX DC ED VA
40 Zi, Ez: 98-128, Dz: 128-178, ⊣ WC ☎,
13🛏; Lift 🅿 🖃 ⑂

*   Dreieich
Frankfurter Str 49, ✉ 63225, ☎ (0 61 03)
91 50, Fax 5 20 30, AX DC ED VA
100 Zi, Ez: 80-150, Dz: 100-190, 11 App, ⊣
WC ☎, 5🛏; Lift 🅿 🖃
*   Fantastico
Hauptgericht 15; Terrasse; geschl: Mo

Langen-Außerhalb (2 km →)
** Merzenmühle
Haus Nr 12, ✉ 63225, ☎ (0 61 03) 5 35 33,
Fax 5 36 55, DC ED
Hauptgericht 36; 🅿 Terrasse; geschl: Mo,
Sa mittags

Neurott (1 km ↖)
** Steigenberger Maxx
♂ Robert-Bosch-Str 26, ✉ 63225,
☎ (0 61 03) 97 20, Fax 97 25 45, AX DC ED VA
208 Zi, Ez: 199-299, Dz: 239-299, S; ⊣ WC ☎
DFÜ, 68🛏; Lift 🅿 🖃 6⇔100 Sauna
Solarium ⑂ ☛

** Achat
♂ Robert-Bosch-Str 58, ✉ 63225,
☎ (0 61 03) 75 60, Fax 75 69 99, AX ED VA
169 Zi, Ez: 88-250, Dz: 110-290, 10 Suiten,
169 App, ⊣ WC ☎ DFÜ, 90🛏; Lift 🅿 🖃
13⇔80 ⑂
geschl: 24.12.-2.1.

Langenargen   69 ↓

Baden-Württemberg — Bodenseekreis —
400 m — 7 000 Ew — Friedrichshafen 10,
Lindau 15 km
🛈 ☎ (0 75 43) 93 30 92, Fax 46 96 — Kultur-
und Verkehrsamt, Obere Seestr 2/2,
88085 Langenargen; Erholungsort am
Bodensee. Sehenswert: Kath. St.-Martin-
Kirche; Schiffsfahrten zu allen Orten an der
Linie Bregenz-Konstanz

** Engel
◁ Marktplatz 3, ✉ 88085, ☎ (0 75 43) 24 36,
Fax 42 01, DC ED VA
38 Zi, Ez: 90-150, Dz: 160-220, 5 App, ⊣ WC
☎; Lift 🅿 🖃 Strandbad Seezugang ☛
**   Grillstube Graf Anton
Hauptgericht 25; Terrasse; geschl: Mi, Do
mittags, 1.1.-15.3.

** Akzent-Hotel Löwen
◁ Obere Seestr 4, ✉ 88085, ☎ (0 75 43)
30 10, Fax 3 01 51, AX DC ED VA
27 Zi, Ez: 140-190, Dz: 190-250, ⊣ WC ☎;
Lift 🅿 🖃 2⇔25 ☛
geschl: 3.1.-10.2.
**   ◁ Hauptgericht 30; Biergarten;
geschl: Di, 3.1.-10.2.

** Schiff
◁ Marktplatz 1, ✉ 88085, ☎ (0 75 43) 24 07,
Fax 45 46, ED VA
45 Zi, Ez: 110-190, Dz: 170-280, 4 Suiten, ⊣
WC ☎; Lift Sauna Solarium
geschl: 30.10.-15.3.
**   ◁ Hauptgericht 28; Terrasse;
geschl: 30.10.-15.03.

** Seeterrasse
♂ ◁ Obere Seestr 52, ✉ 88085, ☎ (0 75 43)
9 32 90, Fax 93 29 60, ED VA
41 Zi, Ez: 100-170, Dz: 190-270, 4 Suiten,
1 App, ⊣ WC ☎, 38🛏; Lift 🅿 🖃 30 ≋ Seezugang ⑂ ☛
geschl: Mo, bis Anf Mai auch Di, Feb, Mär

*   Litz
◁ Obere Seestr 11, ✉ 88085, ☎ (0 75 43)
93 11-0, Fax 93 11-2 00, ED VA
39 Zi, Ez: 120-170, Dz: 160-280, 1 Suite,
11 App, ⊣ WC ☎, 2🛏; Lift 🅿 🖃 Solarium
geschl: 1.11.-1.4.
Restaurant für Hausgäste

*   Klett
◁ Obere Seestr 15, ✉ 88085, ☎ (0 75 43)
43 80, Fax 91 23 77, VA
18 Zi, Ez: 100-120, Dz: 145-195, ⊣ WC; ☛
geschl: Mo, 6.1.-28.2.
*   Hauptgericht 32; Gartenlokal; nur
abends; geschl: Mo, 6.1.-28.2.

*** Adler Gourmet-Restaurant ♛
Oberdorfer Str 11, ✉ 88085, ☎ (0 75 43)
30 90, Fax 3 09 50, AX ED VA
Hauptgericht 42; Terrasse; geschl: So, Mo
mittags, im Winter auch Mo abends
*   15 Zi, Ez: 90-140, Dz: 140-200, ⊣
WC ☎; 🅿

Langenargen-Außerhalb (2,5 km ↖)
*   Schwedi
♂ ◁ ✉ 88085, ☎ (0 75 43) 21 42, Fax 46 67,
ED
28 Zi, Ez: 98-140, Dz: 160-220, 1 Suite, ⊣
WC ☎; Lift 🅿 ≋ Seezugang Sauna
Solarium ☛
geschl: Di, 2.11.-4.2.
Auch Zimmer der Kategorie ** vorhanden
*   ◁ Hauptgericht 36; Terrasse;
geschl: Di, 2.11.-4.2.

Oberdorf (3 km ↗)
*   Hirsch
♂ Ortsstr 1, ✉ 88085, ☎ (0 75 43) 9 30 30,
Fax 16 20, DC ED VA
23 Zi, Ez: 70-80, Dz: 120-150, 2 Suiten, ⊣
WC ☎; 🅿 ☛
geschl: Fr, 23.12.-10.2.
*   Hauptgericht 25; Terrasse; nur
abends so + feiertags auch mittags; geschl:
Fr, 23.12 - 10.2.

Langenau   62 ↖

Baden-Württemberg — Alb-Donau-Kreis
— 461 m — 13 241 Ew — Ulm 19, Günzburg
20, Heidenheim 24 km
🛈 ☎ (0 73 45) 96 22-0, Fax 96 22-45 — Stadtverwaltung, Marktplatz 1, 89129 Langenau.
Sehenswert: Ev. Martinskirche   →

Langenau

** **Lobinger-Hotel Weißes Roß**
Hindenburgstr 29, ✉ 89129, ☎ (0 73 45)
80 10, Fax 80 15 51, AX DC ED VA
81 Zi, Ez: 108-138, Dz: 128-178, ⇃ WC ☎;
Lift 🅿 🍴 7↔100
Restaurant für Hausgäste

* **Gasthof zum Bad**
Burghof 11, ✉ 89129, ☎ (0 73 45) 9 60 00,
Fax 96 00 50, ED VA
16 Zi, Ez: 72-81, Dz: 112, ⇃ WC ☎; Lift 🅿 🍴
2↔150 Kegeln ⓎⒾ
geschl: Anfang Aug 2 Wochen

Langenbrücken, Bad
siehe **Schönborn, Bad**

Langen-Brütz 20 ↘

Mecklenburg-Vorpommern — Kreis
Schwerin — 54 m — 349 Ew — Schwerin
17 km
ℹ ☎ (0 38 66) 5 00 — Gemeindeverwaltung,
Amt Ostufer Schweriner See, Hauptstr 1,
19067 Leezen

* **Landhaus Bondzio**
♂ Hauptstr 21 a, ✉ 19067, ☎ (0 38 66)
46 05-0, Fax 7 45, AX ED VA
15 Zi, Ez: 69-79, Dz: 98-104, 2 App, ⇃ WC
☎; Sauna; **garni** ⓎⒾ ♨

Langenfeld 33 ↙

Nordrhein-Westfalen — Kreis Mettmann —
44 m — 57 700 Ew — Solingen 13, Düsseldorf 19, Köln 24 km
ℹ ☎ (0 21 73) 79 40, Fax 79 42 22 — Stadtverwaltung, Konrad-Adenauer-Platz 1,
40764 Langenfeld. Sehenswert: Wasserburg Haus Graven; Kath. Kirche in Richrath

** **Romantik Hotel Gravenberg**
Elberfelder Str 45, ✉ 40764, ☎ (0 21 73)
9 22 00, Fax 2 27 77, AX DC ED VA
45 Zi, Ez: 155-230, Dz: 230-330, 3 Suiten, ⇃
WC ☎ DFÜ, 9✉; 🅿 🍴 3↔60 ≋ Fitneßraum
Sauna Solarium ♨
geschl: Ende Dez-Anfang Jan
** Hauptgericht 39; Gartenlokal;
geschl: So abends, Mo, Ende Dez-Anfang
Jan, 3 Wochen in den Sommerferien

** **Landhotel Lohmann**
Opladener Str 19, ✉ 40764, ☎ (0 21 73)
9 16 10, Fax 1 45 43, AX DC ED VA
25 Zi, Ez: 135-165, Dz: 175-205, ⇃ WC ☎,
4✉; 🅿 2↔150
geschl: 3 Wochen in den Sommerferien
** Hauptgericht 25; Gartenlokal;
geschl: Mi, 3 Wochen in den Sommerferien

Langenhagen 26 ←

Niedersachsen — Kreis Hannover — 51 m
— 50 400 Ew — Hannover 9, Celle 39 km
ℹ ☎ (05 11) 7 30 70, Fax 73 07-1 30 —
Stadtverwaltung, Marktplatz 1, 30853 Langenhagen; Flughafen Hannover-Langenhagen, ☎ (05 11) 97 70

** **Ringhotel Ambiente**
Walsroder Str 70, ✉ 30853, ☎ (05 11)
7 70 60, Fax 7 70 61 11, AX DC ED VA
67 Zi, Ez: 158-378, Dz: 190-398, S; 10 App, ⇃
WC ☎, 14✉; Lift 🍴 3↔60
** Hauptgericht 35

* **Grethe**
Walsroder Str 151, ✉ 30853, ☎ (05 11)
7 26 29 10, Fax 77 24 18, AX ED VA
51 Zi, Ez: 140-255, Dz: 185-300, ⇃ WC ☎,
10✉; Lift 🅿 🍴 3↔80 Sauna ⓎⒾ ♨
geschl: 22.12.-6.1.

* **Zollkrug**
Walsroder Str 36, ✉ 30851, ☎ (05 11)
78 67 10, Fax 74 43 75, AX ED VA
23 Zi, Ez: 109-199, Dz: 185-285, ⇃ WC ☎
DFÜ; 🅿; **garni**
geschl: 18.12.-3.1.

🛏 **Wegner**
Walsroder Str 39, ✉ 30851, ☎ (05 11)
72 69 10, Fax 7 26 91-90, DC ED VA
56 Zi, Ez: 59-109, Dz: 118-160, ☎; Lift 🅿 🍴
garni

Langenhagen-Flughafen (3 km ←)
**** **Maritim Airport Hotel**
✈ Flughafenstr 5, ✉ 30669, ☎ (05 11)
9 73 70, Fax 9 73 75 90, AX DC ED VA
490 Zi, Ez: 238, Dz: 273, S; 40 Suiten, ⇃ WC
☎ DFÜ, 258✉; Lift 🅿 🍴 24↔1400 ≋ Fitneßraum Sauna Solarium ♨
*** **Bistro Bottaccio**
Hauptgericht 35; 🅿; geschl: So, Mo
** **Rôtisserie**
Hauptgericht 32; 🅿; nur mittags, So+Mo
auch abends

*** **Holiday Inn Crowne Plaza
Hannover Airport**
Petzelstr 60, ✉ 30855, ☎ (05 11) 7 70 70,
Fax 73 77 81, AX DC ED VA
208 Zi, Ez: 211-530, Dz: 211-570, S; 2 Suiten,
⇃ WC ☎, 39✉; Lift 🅿 13↔150 ≋ Fitneßraum Sauna Solarium ♨
** Hauptgericht 30; Terrasse

* **Mövenpick**
✈ Flughafenstr, im Flughafengebäude,
✉ 30669, ☎ (05 11) 9 77 25 09,
Fax 9 77 27 09, AX DC ED VA
Hauptgericht 20

Godshorn (2 km ↙)
* **Frick's Restaurant**
Alt-Godshorn 45, ✉ 30855, ☎ (05 11)
78 48 12, Fax 74 89 99
Hauptgericht 35; Kegeln 🅿; geschl: Mo

Krähenwinkel (2 km ↑)
**   Jägerhof
Walsroder Str 251, ✉ 30855, ☎ (05 11)
7 79 60, Fax 7 79 61 11, AX DC ED VA
76 Zi, Ez: 90-185, Dz: 180-320, 1 Suite, ⊣
WC ☎ DFÜ, 10🖃; 🅿 🚗 4↔100 Sauna
Auch Zimmer der Kategorie * vorhanden
**   Hauptgericht 30; Terrasse;
geschl: so+feiertags, 23.12.-6.1.

Langensalza, Bad 37 ↙

Thüringen — Kreis Bad Langensalza —
21 051 Ew — Gotha 16, Eisenach 23, Erfurt
27 km
🅘 ☎ (0 36 03) 85 90 — Stadtverwaltung,
Neumarkt 13, 99947 Bad Langensalza;
Heilbad. Sehenswert: Altstadt mit Bürgerhäusern, z. B. Klopstockhaus; Marktkirche
St. Bonifatius; Marktbrunnen; Herkules-
haus; Museum

***   Alpha Hotel
        Hermann von Salza
        Treff Hotel**
Kurpromenade 1, ✉ 99947, ☎ (0 36 03)
8 58 00, Fax 81 56 92, AX DC ED VA
75 Zi, Ez: 67-120, Dz: 98-160, 3 Suiten, ⊣
WC ☎, 3🖃; Lift 🅿 🚗 12↔100 🍴 ⚓

Aschara
*   Ortris
einzeln, Hauptstr 50, ✉ 99958, ☎ (0 36 03)
84 85 14, Fax 84 85 83, AX DC VA
12 Zi, Ez: 50-78, Dz: 80-118, ⊣ WC ☎, 2🖃;
🅿 1↔20 🍴

Thamsbrück
*   Im Thielschen Grund
♂ Unterm Berge 5, ✉ 99947, ☎ (0 36 03)
84 61 51, Fax 84 61 51, AX DC ED VA
12 Zi, Ez: 65-75, Dz: 80-90, ⊣ WC ☎; 🅿
1↔50 🍴 ⚓

Langenselbold 45 ↙

Hessen — Kreis Main-Kinzig — 120 m —
12 300 Ew — Hanau 25, Gelnhausen 25 km
🅘 ☎ (0 61 84) 8 02 12+8 02 13, Fax 8 02 53
— Stadtverwaltung, Schloßpark 2,
63505 Langenselbold

**   Holiday Inn Garden Court
Gelnhäuser Str 5, ✉ 63505, ☎ (0 61 84)
92 60, Fax 92 61 10, AX DC ED VA
81 Zi, Ez: 100-340, Dz: 130-350, ⊣ WC ☎
DFÜ, 25🖃; Lift 🅿 🚗 8↔250 Fitneßraum
Sauna 🍴 ⚓

Langenweißbach 49 □

Sachsen — Kreis Zwickauer Land — 350 m
— 3 160 Ew — Zwickau 13 km
🅘 ☎ (03 76 03) 82 79, Fax 26 85 — Gemeindeverwaltung im Ortsteil Langenbach,
Hauptstr 52, 08134 Langenweißbach.
Sehenswert: Salvatorkirche; Peter-Breuer-
Altar

*   Landhotel Schnorrbusch
Schulstr 9, ✉ 08134, ☎ (03 76 03) 32 12,
Fax 30 46, AX ED VA
19 Zi, Ez: 85-100, Dz: 120-160, 1 Suite, ⊣
WC ☎; 🅿 1↔30 🍴

Langeoog 15 ↗

Niedersachsen — Kreis Wittmund — 6 m —
2 150 Ew — Aurich 28, Leer 63 km
🅘 ☎ (0 49 72) 6 93-2 01, Fax 6 93-2 05 — Kur-
verwaltung, Hauptstr 28, 26465 Langeoog;
Ostfriesische Insel, Nordsee-Heilbad.
Sehenswert: Schiffahrtsmuseum; Vogel-
kolonie
Achtung: Flugplatz, Informationen über
Flugverbindungen ☎ (0 49 72) 4 00, nur Mai-
Sep, PKW nicht zugelassen, mit Schiff und
Inselbahn in 45 Min. von Bensersiel mit den
Schiffen der Inselgemeinde 🅘 ☎ (0 49 71)
25 01 oder Inselbahnhof Langeoog
☎ (0 49 72) 2 26 (Garagen in Bensersiel)

**   La Villa
♂ Vormann-Otten-Weg 12, ✉ 26465,
☎ (0 49 72) 7 77, Fax 13 90
10 Zi, Ez: 145-165, Dz: 220-260, 6 Suiten, ⊣
WC ☎ DFÜ, 1🖃; Sauna Solarium
geschl: Nov, Dez
Restaurant für Hausgäste

**   Flörke
♂ Hauptstr 17, ✉ 26465, ☎ (0 49 72) 9 22 00,
Fax 16 90
46 Zi, Ez: 105-140, Dz: 170-220, 4 Suiten, ⊣
WC ☎; Lift Sauna Solarium
geschl: 3.11.-15.3.
Restaurant für Hausgäste

*   Kolb
♂ Barkhausenstr 32, ✉ 26465, ☎ (0 49 72)
9 10 40, Fax 91 04 90
20 Zi, Ez: 135-180, Dz: 180-220, 1 Suite, ⊣
WC ☎; Fitneßraum Sauna Solarium 🍴

*   Upstalsboom
♂ Am Wasserturm, ✉ 26465, ☎ (0 49 72)
68 60, Fax 8 78, AX DC ED VA
36 Zi, Ez: 79-170, Dz: 160-250, ⊣ WC ☎;
Sauna Solarium 🍴 ⚓

*   Lamberti
Hauptstr 31, ✉ 26465, ☎ (0 49 72) 9 10 70,
Fax 91 07 70
18 Zi, Ez: 120-140, Dz: 160-240, 2 Suiten, ⊣
WC ☎, 1🖃; 1↔30 Fitneßraum Sauna
Solarium 🍴 ⚓

⚓   Ostfriesische Teestube
⟡ ▽ Am Hafen 27, ✉ 26465, ☎ (0 49 72)
61 56, Fax 18 80
Terrasse; ab 12; geschl: Do, 3.11.-24.12.,
8.1.-10.3.
Spezialität: Sanddornkuchen

Langerringen 70 ↗

Bayern — Kreis Augsburg — 560 m —
3 455 Ew — Schwabmünchen 4, Buchloe
13 km
ℹ️ ☎ (0 82 32) 9 60 30, Fax 96 03 21 —
Gemeindeverwaltung, Hauptstr 16,
86853 Langerringen. Sehenswert: Wallfahrtskirche in Klosterlechfeld (5 km →)

Schwabmühlhausen (5 km ↓)
** Untere Mühle
♂ Haus Nr 1, ✉ 86853, ☎ (0 82 48) 12 10,
Fax 72 79, AX DC ED VA
39 Zi, Ez: 78-98, Dz: 145-160, ⊣ WC ☎; Lift
🅿 🚗 5⟷40 ⌂ Solarium
geschl: 10.8.-23.8.
Auch Zimmer der Kategorie ✱ vorhanden
✱   Hauptgericht 30; Terrasse;
geschl: 10.8.-23.8.

Langwedel 17 ↓

Niedersachsen — Verden — 11 960 Ew —
Verden 8, Bremen 30, Hamburg 100 km
ℹ️ ☎ (0 42 32) 3 90 — Gemeindeverwaltung,
Große Str 1, 27299 Langwedel

✱   Gästehaus Lange
Hollenstr 71, ✉ 27299, ☎ (0 42 32) 79 84,
Fax 82 08
10 Zi, Ez: 65-90, Dz: 90-110, ⊣ WC ☎; 🅿;
garni

Lanke 30 ↗

Brandenburg — Kreis Larke — 66 m —
719 Ew — Bernau 11, Eberswalde-Finow 20,
Berlin 25 km
ℹ️ ☎ (03 33 97) 66 31, Fax 66 31 — Fremdenverkehrsverein, Märkische Seenlandschaft
Wandlitz e.V., Prenzlauer Chaussee 157,
16348 Wandlitz

** Seeschloß
Am Obersee, ✉ 16359, ☎ (0 33 37) 20 43,
Fax 34 12, AX ED VA
22 Zi, Ez: 90-100, Dz: 120-130, 2 Suiten, ⊣
WC ☎; 🅿 2⟷40 ≈ Seezugang Sauna
Solarium 🍽 🍺

Lathen 23 ↗

Niedersachsen — Kreis Emsland — 20 m —
5 500 Ew — Meppen 20, Papenburg 26 km
ℹ️ ☎ (0 59 33) 66 47, Fax 66 66 — Gäste-Info-
Service, Große Str 3, 49762 Lathen; Ort an
der Ems. Sehenswert: Kirche; Taufstein;
Versuchsstrecke der Magnet-Schwebe-
bahn „Transrapid"; Hilter Mühle; Naturpark
Hilterberg; Gut „Junkern Beel"

✱   Pingel-Anton
       Team Hotel
Sögeler Str 2, ✉ 49762, ☎ (0 59 33) 9 33 30,
Fax 93 33 39, AX DC ED VA
25 Zi, Ez: 60-95, Dz: 110-150, ⊣ WC ☎, 5✉;
🅿 🚗 3⟷110 🍽 🍺

Laubach 45 ←

Hessen — Kreis Gießen — 350 m —
10 500 Ew — Grünberg 10, Schotten 13 km
ℹ️ ☎ (0 64 05) 9 21-3 21, Fax 92 13 13 — Kul-
tur- u. Tourismusbüro, Friedrichstr 11,
35321 Laubach; Luftkurort im Naturpark
Hoher Vogelsberg. Sehenswert: Ev. Stadtkirche; Schloß: Bibliothek, gotische
Räume, Park; Engelsbrunnen

Laubach-Außerhalb (1,5 km →)
** Waldhaus
♂ An der Ringelshöhe 7, ✉ 35321,
☎ (0 64 05) 9 14 00, Fax 91 40 44, AX ED VA
31 Zi, Ez: 87-105, Dz: 140-150, ⊣ WC ☎; Lift
🅿 2⟷60 ⌂ Sauna 🍺
Auch Zimmer der Kategorie ✱ vorhanden
** Hessenstube
Hauptgericht 30; Biergarten; geschl: So
abends

Münster (6 km ←)
✱   Zum Hirsch
Licher Str 32, ✉ 35321, ☎ (0 64 05) 14 56,
Fax 74 67, AX DC ED VA
18 Zi, Ez: 45-65, Dz: 90-100, ⊣ WC ☎; 🅿
1⟷20 Fitneßraum 🍽
geschl: Mo, 1.2.-15.2., 19.7.-4.8.

Lauben 70 □

Bayern — Kreis Oberallgäu — 677 m —
3 214 Ew — Dietmannsried 4, Kempten
7 km
ℹ️ ☎ (0 83 74) 5 82 20, Fax 64 88 — Gemeindeverwaltung, im Ortsteil Heising,
Dorfstr 2, 87493 Lauben

Heising
** Andreashof
♂ ⚜ Sportplatzstr 15, ✉ 87493, ☎ (0 83 74)
93 02-0, Fax 93 02-3 00, ED VA
41 Zi, Ez: 104-127, Dz: 160-180, 3 Suiten, ⊣
WC ☎, 25✉; Lift 🅿 🚗 3⟷100 Sauna
Solarium 🍽

Laucha an der Unstrut 38 ↓

Sachsen-Anhalt — Burgenlandkreis —
112 m — 3 000 Ew — Naumburg 12,
Weißenfels 27 km
ℹ️ ☎ (03 44 62) 2 05 09, Fax 2 02 02 — Stadtverwaltung, Markt 1, 06636 Laucha

** Schützenhaus
Nebraer Str 4, ✉ 06636, ☎ (03 44 62) 2 03 25
14 Zi, Ez: 80, Dz: 120, 1 Suite, ⊣ WC ☎; 🍽

Lauchhammer 40 □

Brandenburg — Kreis Senftenberg — 100 m
— 22 500 Ew — Elsterwerda 15, Finsterwalde 23 km
ℹ️ ☎ (0 35 74) 48 80, Fax 4 88-6 50 — Stadtverwaltung, Weinbergstr 15, 01979 Lauchhammer

Lauchhammer-West (2,5 km ✓)
* **Mückenberger Hof**
Senftenberger Str 2, ✉ 01979, ☎ (0 35 74)
76 80, Fax 76 80, AX DC ED VA
26 Zi, Ez: 90-110, Dz: 130-150, 2 Suiten, ⌐⌐
WC; P Fitneßraum Sauna Solarium ⒤

Lauchringen 67 ↘

Baden-Württemberg — Kreis Waldshut —
364 m — 7 000 Ew — Waldshut 8 km
ℹ ☎ (0 77 41) 6 09 50, Fax 60 95 43 —
Gemeindeverwaltung, Hohrainstr 59,
79787 Lauchringen

* **Feldeck**
Klettgaustr 1 - an der B 34, ✉ 79787,
☎ (0 77 41) 83 07-0, Fax 83 07-50, ED VA
36 Zi, Ez: 65-90, Dz: 110-140, ⌐⌐ WC ☎, 2⌐;
Lift P ⌐ 2⌐45 ⌐ Sauna ⒤

Lauchstädt, Bad 38 □

Sachsen-Anhalt — Kreis Merseburg —
117 m — 4 400 Ew — Merseburg 3, Halle
15 km
ℹ ☎ (03 46 35) 2 16 34, Fax 2 16 34 — Fremdenverkehrsamt, Markt 1, 06246 Bad Lauchstädt

* **Lauchstädter Hof**
Markt 15, ✉ 06246, ☎ (03 46 35) 2 05 87,
Fax 2 05 87, AX DC ED VA
10 Zi, Ez: 85-110, Dz: 130-140, ⌐⌐ WC ☎; P
⒤ ⌐

Lauda-Königshofen 55 ↘

Baden-Württemberg — Main-Tauber-Kreis
— 250 m — 15 100 Ew — Tauberbischofsheim 8, Bad Mergentheim 12 km
ℹ ☎ (0 93 43) 50 11 28, Fax 50 11 00 — Bürgermeisteramt, im Stadtteil Lauda, Marktplatz 1, 97922 Lauda-Königshofen; Stadt im Taubertal. Sehenswert: Kath. Pfarrkirche; Fachwerkhäuser; Tauberbrücke und Oberes Tor; kath. ehem. Klosterkirche im Stadtteil Gerlachsheim (2 km ↗); Pulverturm; Dampflokdenkmal; hochbarocker Kreuzweg im Stadtfriedhof

Beckstein (Erholungsort, 3 km ↓)
* **Gästehaus Birgit**
⌐ ⌐ Am Nonnenberg 12, ✉ 97922,
☎ (0 93 43) 9 98, Fax 9 90
16 Zi, Ez: 65-75, Dz: 95-110, ⌐⌐ WC ☎, 6⌐;
P ⌐; garni
geschl: 1.-30.1.

Königshofen
* **Landhaus Gemmrig**
Hauptstr 68, ✉ 97922, ☎ (0 93 43) 70 51,
Fax 70 53
Hauptgericht 20; P Terrasse; geschl: So abends + Mo, 1.1.-10.1., 2 Wochen im Aug
* 5 Zi, Ez: 58-70, Dz: 100-120, ⌐⌐ WC
☎
Rezeption: 8-14, 17-23; geschl: So abends, Mo, 1.1.-10.1., 2 Wochen im Aug

Lauda
* **Ratskeller**
Josef-Schmitt-Str 17, ✉ 97922, ☎ (0 93 43)
6 20 70, Fax 28 20, AX ED VA
Hauptgericht 28; Biergarten P; geschl: Mo mittags
** 11 Zi, Ez: 75-90, Dz: 115-140, ⌐⌐
WC ☎, 10⌐; 1⌐40

Laudenbach 55 □

Bayern — Kreis Miltenberg — 130 m —
1 510 Ew — Miltenberg 6 km
ℹ ☎ (0 93 72) 22 69, Fax 1 22 29 — Verkehrsverein, Im Bruch 4, 63925 Laudenbach; Ort am Main, zwischen Spessart und Odenwald. Sehenswert: Schloß, Park; Kirche

* **Romantik Hotel Zur Krone**
Obernburger Str 4, ✉ 63925, ☎ (0 93 72)
24 82, Fax 1 01 12, AX DC ED VA
5 Zi, Ez: 180, Dz: 160-200, 9 Suiten, 2 App,
⌐⌐ WC ☎, 2⌐; Lift P ⌐ 1⌐20
geschl: 19.2.-12.3., 2 Wochen im Aug
Auch Zimmer der Kategorie ** vorhanden
** Hauptgericht 35; geschl: Do, Fr mittags, 19.2.-12.3., 2 Wochen im Aug

Lauenburg (Elbe) 19 ←

Schleswig-Holstein — Kreis Herzogtum Lauenburg — 55 m — 11 000 Ew — Lüneburg 25, Hamburg 44, Lübeck 69 km
ℹ ☎ (0 41 53) 59 09 80, Fax 58 24 22 — Stadt Lauenburg/Elbe, Touristik + Kultur, Amtsplatz 6, 21481 Lauenburg; Alte Schifferstadt an der Elbe und am Elbe-Lübeck-Kanal. Sehenswert: Schloßberg ⌐, Backsteinhäuser auf Granit-Bollwerken (Unterstadt). Palmschleuse im ehem. Stecknitz-Kanal (älteste Schleuse Europas, von 1724); Elbschiffahrtsmuseum

** **Lauenburger Mühle**
⌐ ⌐ Bergstr 17, ✉ 21481, ☎ (0 41 53) 58 90,
Fax 5 55 55, ED VA
34 Zi, Ez: 110-130, Dz: 150-180, ⌐⌐ WC ☎
DFÜ; Lift P ⌐ 2⌐80 ⒤
Historische Windmühle mit Mühlenmuseum

Lauenstein siehe Ludwigsstadt

Lauf a. d. Pegnitz 57 □

Bayern — Kreis Nürnberger Land — 303 m
— 26 100 Ew — Nürnberg 16, Amberg 47 km
ℹ ☎ (0 91 23) 18 41 13, Fax 18 41 84 — Fremdenverkehrsverein, Urlasstr 22, 91207 Lauf a. d. Pegnitz; Kreisstadt. Sehenswert: Ev. Kirche; Rathaus; Hersbrucker und Nürnberger Tor; Marktplatz; Kaiserburg; Industrie-Museum →

Lauf a. d. Pegnitz

** Zur Post
Friedensplatz 8, ⌧ 91207, ☎ (0 91 23) 95 90,
Fax 95 94 00, AX DC ED VA
40 Zi, Ez: 115, Dz: 165, 1 Suite, ⌐ WC ☎
DFÜ, 14🖂; Lift 🅿 2⇔35
* Hauptgericht 18; Gartenlokal;
geschl: Mo

Letten (3 km ↓)
** Waldgasthof Am Letten
♠ Am Letten 13, ⌧ 91207, ☎ (0 91 23) 95 30,
Fax 20 64, AX ED
52 Zi, Ez: 110-130, Dz: 140-165, ⌐ WC ☎;
Lift 🅿 5⇔150 Fitneßraum Sauna Solarium
🍴
geschl: 23.12.-10.1.
** Hauptgericht 30; geschl: So,
23.12.-10.1.

Lauffen am Neckar 61 ↗

Baden-Württemberg — Kreis Heilbronn —
172 m — 10 950 Ew — Heilbronn 11, Stuttgart 38 km
ℹ️ ☎ (0 71 33) 10 60, Fax 1 06 19 — Stadtverwaltung, Rathausstr 10, 74348 Lauffen.
Sehenswert: Ev. Regiswindis-Kirche; alte
Neckarbrücke; Römische Gutshofanlage;
Pfalzgrafenhaus; Rathaus

* Gästehaus Kraft
Nordheimer Str 50, ⌧ 74348, ☎ (0 71 33)
9 82 50, Fax 98 25 23, AX ED VA
21 Zi, Ez: 65, Dz: 105, ⌐ WC ☎; 🅿; **garni**
geschl: 20.12.-6.1.
Zimmer der Kategorie ** verfügbar

* Elefanten
Bahnhofstr 12, ⌧ 74348, ☎ (0 71 33) 5123
+ 1 41 35, Fax 1 78 17, AX DC ED VA
13 Zi, Ez: 106-115, Dz: 170-190, ⌐ WC ☎,
2🖂; Lift 🅿 🍴
geschl: Fr, 1.-20.1.
** Hauptgericht 35; Terrasse;
geschl: Fr, 1.1.-20.1.

Lauingen (Donau) 63 ↙

Bayern — Kreis Dillingen — 437 m —
9 950 Ew — Dillingen 5, Günzburg 20 km
ℹ️ ☎ (0 90 72) 70 30, Fax 26 82 — Stadtverwaltung, Herzog-Georg-Str 17, 89415 Lauingen. Sehenswert: Kath. Kirche St.-Martin;
Marktplatz mit Rathaus und Schimmelturm
·⋖

** Kannenkeller
Dillinger Str 26, ⌧ 89415, ☎ (0 90 72) 70 70,
Fax 70 77 07, AX ED VA
26 Zi, Ez: 120, Dz: 160, 1 Suite, ⌐ WC ☎
DFÜ, 10🖂; Lift 🅿 🍴 2⇔20
* Hauptgericht 25; Biergarten;
geschl: Fr mittags

* Gasthof Reiser
Bahnhofstr 4, ⌧ 89415, ☎ (0 90 72) 9 60 30,
Fax 30 97, ED
26 Zi, Ez: 65-90, Dz: 125-130, 1 Suite, ⌐ WC
☎; 🅿 1⇔40 🍴
geschl: Sa, Mitte Aug - Anfang Sept

Laupheim 69 ↗

Baden-Württemberg — Kreis Biberach an
der Riß — 515 m — 18 000 Ew — Biberach 18, Ulm 24 km
ℹ️ ☎ (0 73 92) 70 40, Fax 70 42 56 — Stadt
Laupheim, Marktplatz 1, 88471 Laupheim.
Sehenswert: Kath. Kirche und Schloß Groß-
Laupheim; Planetarium

** Zum Rothen Ochsen ✝
⊗ Kapellenstr 23, ⌧ 88471, ☎ (0 73 92)
60 41, Fax 1 67 65
Hauptgericht 32; Terrasse; geschl: Sa mittags, Di, Anfang-Mitte Jan, Aug
* ⊗ 7 Zi, Ez: 82, Dz: 125, ⌐ WC ☎

Lausick, Bad 39 ↓

Sachsen — Muldentalkreis — 176 m —
8 500 Ew — Borna 12, Grimma 15 km
ℹ️ ☎ (03 43 45) 1 94 33, Fax 2 24 66 — Kur
GmbH, Straße der Einheit 17, 04651 Bad
Lausick. Sehenswert: St.-Kilians-Kirche mit
Silbermannsorgel

*** Ringhotel Kurhaus
Badstr 35, ⌧ 04651, ☎ (03 43 45) 3 21 00,
Fax 3 22 00, AX DC ED VA
108 Zi, Ez: 115-185, Dz: 145-200, S; 8 Suiten,
4 App, ⌐ WC ☎, 16🖂; Lift 🅿 5⇔300 🏊 Fitneßraum Sauna Solarium 🍴 🍴

* Ränker Am Kurpark
Badstr 36, ⌧ 04651, ☎ (03 43 45) 70 70,
Fax 7 07 88, ED
21 Zi, Ez: 90, Dz: 120, ⌐ WC ☎ DFÜ, 7🖂; 🅿
1⇔15 🍴 🍴

* Am Markt
Straße der Einheit 23, ⌧ 04651,
☎ (03 43 45) 50 60, Fax 5 06 66, AX DC ED VA
50 Zi, Ez: 55-89, Dz: 90-128, ⌐ WC ☎, 15🖂;
Lift 2⇔30; **garni**
Auch Zimmer der Kategorie ** vorhanden

Lautenbach 60 ↓

Baden-Württemberg — Ortenaukreis —
500 m — 1 871 Ew — Oberkirch 3, Oppenau
7, Offenburg 20 km
ℹ️ ☎ (0 78 02) 92 59 50, Fax 92 59 59 — Verkehrsamt, Hauptstr 48, 77794 Lautenbach;
Luftkurort im Renchtal, im Mittleren
Schwarzwald. Sehenswert: spätgotische
Wallfahrtskirche Mariä Krönung; Hochaltar

** Zur Sonne
Hauptstr 51, ⌧ 77794, ☎ (0 78 02) 9 27 60,
Fax 92 76 62, AX DC ED VA
Hauptgericht 20; 🅿 Terrasse; geschl: Mi,
1.11.-10.12.
** Gästehaus Sonnenhof
23 Zi, Ez: 62-96, Dz: 116-150, ⌐ WC ☎; Lift
🍴 1⇔
geschl: Mi; 1.11.-10.12.

Lauter 50

Sachsen — Kreis Aue — 480 m — 5 300 Ew — Aue 3, Schwarzenberg 5, Annaberg-Buchholz 30 km
🛈 ☏ (0 37 71) 25 62 01, Fax 25 62 04 — Stadtverwaltung, Rathausstr 11, 08280 Aue.
Sehenswert: Kirche, Glockenturm

* Danelchristelgut
einzeln ♁ ⊲ Antonsthaler Str 44, ✉ 08312, ☏ (0 37 71) 2 22 57, Fax 2 29 77, AX ED VA
36 Zi, Ez: 95, Dz: 130, 1 Suite, ⊣ WC ☏, 17

Lauterbach siehe Rügen (Putbus)

Lauterbach 45 →

Hessen — Vogelsbergkreis — 300 m — 14 000 Ew — Alsfeld 17, Fulda 25 km
🛈 ☏ (0 66 41) 18 41 12, Fax 18 41 67 — Verkehrsamt, im Rathaus, Marktplatz 14, 36341 Lauterbach; Kreisstadt und Luftkurort am Vogelsberg. Sehenswert: Ev. Kirche; Hohhaus-Museum; Schloß Eisenbach (4 km ↓)

** Ringhotel Schubert
Kanalstr 12, ✉ 36341, ☏ (0 66 41) 9 60 70, Fax 51 71, AX DC ED VA
40 Zi, Ez: 97-175, Dz: 162-220, S; 2 Suiten, ⊣ WC ☏, 10; P 2⇔30 18Golf
** Hauptgericht 30; Gartenlokal;
geschl: So, Mo, 2 Wochen im Aug

Maar (3 km ↘)
* Jägerhof
Hauptstr 9, ✉ 36341, ☏ (0 66 41) 9 65 60, Fax 6 21 32, AX ED VA
28 Zi, Ez: 70-95, Dz: 90-135, ⊣ WC ☏; P 3⇔80 Kegeln 18Golf
** Hauptgericht 25

Rimlos
* Zur Mühle
Lauterbacher Str 10, ✉ 36341, ☏ (0 66 41) 9 64 80, Fax 96 48 96, ED
7 Zi, Ez: 70, Dz: 110, ⊣ WC ☏; P ≋ Kegeln 18Golf

Lauterberg, Bad 37 ←

Niedersachsen — Kreis Osterode — 350 m — 14 000 Ew — Braunlage 18, Osterode 23, Duderstadt 27 km
🛈 ☏ (0 55 24) 9 20 40, Fax 55 06 — Kurverwaltung, Haus des Kurgastes, Ritscherstr 4, 37431 Bad Lauterberg; Kneippheilbad im Südharz. Sehenswert: Oder-Stausee (2 km ↗); Stöberhai, 718 m ⊲ (7 km ↗); Burgruine Scharzfels, Einhornhöhle (5 km ↘)

Leck

*** Revita
⊲ Promenade 56, ✉ 37431, ☏ (0 55 24) 8 31, Fax 8 04 12
271 Zi, Ez: 126-189, Dz: 107-133, 6 Suiten, ⊣ WC ☏, 238; Lift P 🚗 21⇔450 ≋ ≘ Fitneßraum Kegeln Sauna Solarium 2Tennis
Auch Zimmer anderer Kategorien vorhanden
** Dachgarten-Restaurant
⊲ Hauptgericht 35; geschl: So, Mo, Ende Jun-Ende Aug

* St. Hubertusklause
Wiesenstr 16, ✉ 37431, ☏ (0 55 24) 86 90, Fax 8 69 50, AX ED VA
31 Zi, Ez: 72, Dz: 144, ⊣ WC ☏; Lift Sauna Solarium

Bad Lauterberg-Außerhalb (2 km ↘)
* Kneippkurhotel Wiesenbeker Teich
einzeln ♁ ⊲ ✉ 37431, ☏ (0 55 24) 29 95, Fax 29 94, AX DC ED VA
50 Zi, Ez: 100, Dz: 200, 2 Suiten, ⊣ WC ☏; Lift 1⇔30 ≋ ≘ Seezugang Fitneßraum Sauna Solarium
* Hauptgericht 20

Lauterecken 53 □

Rheinland-Pfalz — Kreis Kusel — 163 m — 2 472 Ew — Kusel 24, Idar-Oberstein 30, Kaiserslautern 32 km
🛈 ☏ (0 63 82) 7 91 65, Fax 7 91 49 — Verbandsgemeindeverwaltung, Schulstr 6 a, 67742 Lauterecken; Städtchen am Glan

* Pfälzer Hof
Hauptstr 12, ✉ 67742, ☏ (0 63 82) 73 38, Fax 66 52
21 Zi, Ez: 70, Dz: 96, ⊣ WC; P 🚗 1⇔80 Fitneßraum Kegeln Sauna Solarium
geschl: So abends, 2.-20.1., 24.7.-8.8.
* Hauptgericht 20; Terrasse;
geschl: So abends, 2.1.-20.1. + 24.7.-8.8.

Lebach 52 ↘

Saarland — Kreis Saarlouis — 280 m — 8 772 Ew
🛈 ☏ (0 68 81) 5 33 33, Fax 5 33 33 — Verkehrsverein Lebach, Marktstr 22, 66822 Lebach

** Locanda Grappolo d'oro
Mottener Str 94, ✉ 66822, ☏ (0 68 81) 33 39, Fax 5 35 23, ED VA
Hauptgericht 35; P Terrasse; geschl: Mo, Sa mittags, in den Sommerferien

Lechenich siehe Erftstadt

Leck 9 ↘

Schleswig-Holstein — Kreis Nordfriesland — 6 m — 7 862 Ew — Niebüll 8, Flensburg 26 km
🛈 ☏ (0 46 62) 8 10, Fax 81 50 — Gemeindeverwaltung, Marktstr. 7-9, 25917 Leck →

Leck

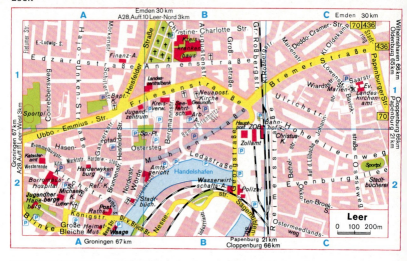

📯 **Deutsches Haus
mit Gästehäusern Friesland
und Nordfriesland**
Hauptstr 8, ✉ 25917, ☎ (0 46 62) 8 71 10,
Fax 73 41, AX ED VA
30 Zi, Ez: 58-68, Dz: 98-120, ⌐ WC ☎; 🅿
Kegeln Solarium 🍴

Leer 15 ↘

Niedersachsen — Kreis Leer — 3 m —
32 909 Ew — Holländische Grenze 20,
Papenburg 21, Emden 29 km
🄸 ☎ (04 91) 97 82-0, Fax 97 82-2 39 — Stadtverwaltung, Rathausstr 1, 26789 Leer;
Hafenstadt nahe der Emsmündung.
Sehenswert: Ref. Kirche; Rathaus:Glockenspiel; Waage; Harderwykenburg; Haneburg; Haus Samson u. a. Bürgerhäuser;
Drehbrücke über die Ems ⚓ (3 km ←);
Ledasperrwerk (2 km ↓)

*** Best Western Hotel Frisia
Bahnhofsring 16-20 (B 1), ✉ 26789,
☎ (04 91) 9 28 40, Fax 9 28 44 00, AX DC ED VA
76 Zi, Ez: 99-154, Dz: 148-183, S; 2 App, ⌐
WC ☎ DFÜ, 34🛏; Lift 🅿 3🚗60 Sauna
Solarium 🍴
Auch Zimmer der Kategorie ****** vorhanden

** Akzent-Hotel Ostfriesen Hof
Groninger Str 109, ✉ 26789, ☎ (04 91)
6 09 10, Fax 6 09 11 99, AX DC ED VA
57 Zi, Ez: 108-150, Dz: 160-200, 3 Suiten, ⌐
WC ☎, 10🛏; Lift 🅿 5🚗160 🛁 Kegeln
Sauna Solarium
Auch Zimmer der Kategorie ***** vorhanden
* Hauptgericht 25; Biergarten Terrasse

** Zur Waage und Börse 🌸
◍ Neue Str 1 (A 2), ✉ 26789, ☎ (04 91)
6 22 44, Fax 46 65
Hauptgericht 35; Terrasse; geschl: Mo, Di,
3 Wochen im Nov

Logabirum (4 km →)
* Parkhotel Waldkur
♠ Zoostr 14, ✉ 26789, ☎ (04 91) 9 79 60,
Fax 7 21 81, AX DC ED VA
39 Zi, Ez: 85, Dz: 135, 1 App, ⌐ WC ☎; 🅿
5🚗500 Solarium 🍴 🛁

Nettelburg (4 km ↘)
** Lange
einzeln ♠ Zum Schöpfwerk 1, ✉ 26789,
☎ (04 91) 1 20 11, Fax 1 20 16, AX DC ED VA
48 Zi, Ez: 95-140, Dz: 150-195, 1 Suite, ⌐
WC ☎, 10🛏; Lift 🅿 2🚗60 🛁 Seezugang
Sauna Solarium 🍴
Auch einfache Zimmer vorhanden

Leese 25 ☐

Niedersachsen — Kreis Nienburg (Weser)
— 1 853 Ew
🄸 ☎ (0 50 25) 98 08-0, Fax 98 08-70 — Samtgemeindeverwaltung Landesbergen, Hinter den Höfen 13, 31628 Landesbergen

* Asche
Loccumer Str 35, ✉ 31633, ☎ (0 57 61)
22 62 + 8 71, Fax 77 70, AX DC ED VA
13 Zi, Ez: 70-120, Dz: 120-180, ⌐ WC ☎; Lift
🅿 🛏 3🚗250 🍴
geschl: Fr

**** Hotel mit anspruchsvoller
Ausstattung

Leezen 10 ↘

Schleswig-Holstein — Kreis Segeberg — 28 m — 1 400 Ew — Bad Segeberg 10, Bad Oldesloe 13 km
🛈 ☎ (0 45 52) 9 97 70, Fax 99 77 25 — Amtsverwaltung, Hamburger Str 28, 23816 Leezen

* **Teegen**
Heiderfelder Str 5, ✉ 23816, ☎ (0 45 52) 9 96 70, Fax 91 69, AX DC ED VA
15 Zi, Ez: 45-65, Dz: 80-120, 1 App, ⇌ WC ☎; 🅿 🖃 1⇌100 ☺ Sauna 🍴 ⚓
geschl: Mo bis 18

Leezen 19 ↗

Mecklenburg-Vorpommern — Kreis Schwerin — 68 m — 1 338 Ew — Schwerin 16 km
🛈 ☎ (0 38 66) 2 36 — Gemeindeverwaltung, Amt Ostufer Schweriner See, Seestr 19, 19067 Leezen

Rampe (3 km ↑)
* **Zum Ramper Moor**
Dorfplatz 3 a, ✉ 19067, ☎ (0 38 66) 4 62 90, Fax 46 29 30, ED
13 Zi, Ez: 78-80, Dz: 95-98, ⇌ WC ☎, 2🖃; 1⇌20 Sauna 🍴

Legden 23 ↓

Nordrhein-Westfalen — Kreis Borken — 55 m — 6 200 Ew — Coesfeld 7 km
🛈 ☎ (0 25 66) 91 02 37, Fax 91 02 22 — Verkehrsverein, Amtshausstr. 1, 48739 Legden. Sehenswert: rom. Pfarrkirche in Asbeck; Buntglasfenster d. St.- Brigida-Kirche; Wasserschloß; Dahlienkulturen

** **Hotel und Freizeitpark Dorf Münsterland**
Haidkamp 1, ✉ 48739, ☎ (0 25 66) 20 80, Fax 20 81 04, AX ED VA
118 Zi, Ez: 80-150, Dz: 130-240, 1 Suite, 66 App, ⇌ WC ☎; Lift 🅿 4⇌800 🍴 ⚓
Hotel- und Freizeitpark im Fachwerkstil

Legden-Außerhalb (2 km ↓)
* **Hermannshöhe**
Haulingort 30, ✉ 48739, ☎ (0 25 66) 9 30 00, Fax 93 00 60
41 Zi, Ez: 60-80, Dz: 120-160; 7⇌180 ☺ Sauna 🍴

Lehndorf 49 ↑

Thüringen — Kreis Altenburg — 230 m — 1 050 Ew — Altenburg 6, Crimmitschau 15 km
🛈 ☎ (0 34 47) 50 14 34 — Gemeindeverwaltung, An der Schule, 04603 Lehndorf

Gleina
* **Kertscher Hof**
Dorfstr 1, ✉ 04603, ☎ (0 34 47) 50 23 51, Fax 50 23 53, AX ED
12 Zi, Ez: 60-80, Dz: 100-120, ⇌ WC, 1🖃; 🅿
Restaurant für Hausgäste; Auch Zimmer der Kategorie ** vorhanden

Lehnin 29 □

Brandenburg — Kreis Potsdam-Mittelmark — 70 m — 3 118 Ew — Groß Kreutz 10, Beelitz-Heilstätten 18 km
🛈 ☎ (0 33 82) 73 07-0 — Gemeinde Lehnin über Amt Lehnin, Friedensstr 3, 14797 Lehnin. Sehenswert: Gut erhaltene Anlage des ersten märkischen Zisterzienserklosters, Klosterkirche

** **Markgraf**
Friedensstr 13, ✉ 14797, ☎ (0 33 82) 76 50, Fax 76 54 30, AX ED VA
40 Zi, Ez: 85-115, Dz: 130-160, 3 Suiten, ⇌ WC ☎, 4🖃; Lift 3⇌140
* Hauptgericht 17; Biergarten 🅿 Terrasse

Lehrte 26 □

Niedersachsen — Kreis Hannover — 60 m — 44 202 Ew — Burgdorf 9, Peine 20, Hannover 21 km
🛈 ☎ (0 51 32) 50 50, Fax 50 51 50 — Stadtverwaltung, Rathausplatz 1, 31275 Lehrte

** **Median**
Zum Blauen See 3, ✉ 31275, ☎ (0 51 32) 82 90 90, Fax 82 90 99, AX DC ED VA
51 Zi, Ez: 140-190, Dz: 170-260, 5 App, ⇌ WC DFÜ, 24🖃; Lift 🅿 3⇌90 Fitneßraum Sauna Solarium
** **Vivaldi**
Hauptgericht 35; geschl: Sa mittags, So abends

Ahlten (4 km ↙)
* **Trend-Hotel**
Raiffeisenstr 18, ✉ 31275, ☎ (0 51 32) 8 69 10, Fax 86 91 70, ED VA
46 Zi, Ez: 105-120, Dz: 155-170, ⇌ WC ☎; Lift 🅿 1⇌25 Sauna Solarium; **garni**

Leibsch 31 ↙

Brandenburg — 40 m — 253 Ew — Lübben 20, Beeskow 34 km
🛈 ☎ (03 54 73) 7 67 — Gemeindeverwaltung, Hauptstr 21, 15910 Leibsch

* **Zum goldenen Stern**
♂ Hauptstr 30, ✉ 15910, ☎ (03 54 73) 8 83-0, Fax 6 82
23 Zi, Ez: 65-85, Dz: 110-130, ⇌ WC ☎; 🅿 3⇌100 🍴

Leichlingen

Leichlingen 33 ↙

Nordrhein-Westfalen — Rheinisch-Bergischer Kreis — 60 m — 26 600 Ew — Remscheid 20, Köln 25, Düsseldorf 28 km
🛈 ☏ (0 21 75) 99 21 13, Fax 99 21 75 — Verkehrsverein, Rathaus, Am Büscherhof 1, 42799 Leichlingen; Stadt an der Wupper

Witzhelden (8 km →)
** **Landhaus Lorenzet**
Neuenhof 1, ✉ 42799, ☏ (0 21 74) 3 86 86, Fax 3 95 18, AX DC ED VA
Hauptgericht 35; 🅿 Terrasse

Leidersbach 55 ↖

Bayern — Kreis Miltenberg — 192 m — 4 700 Ew — Aschaffenburg 14 km
🛈 ☏ (0 60 28) 9 74 10, Fax 38 17 — Gemeindeverwaltung, Hauptstr 123, 63849 Leidersbach; Ort im Spessart

* **Gasthof Zur Krone**
Hauptstr 106, ✉ 63849, ☏ (0 60 28) 14 62, Fax 84 23
10 Zi, Ez: 50-60, Dz: 80-100; ⇨ WC ☏, 🅿 🚗
🍴

Leimen 54 ↘

Baden-Württemberg — Rhein-Neckar-Kreis — 250 m — 25 000 Ew — Heidelberg 7 km
🛈 ☏ (0 62 24) 70 42 15, Fax 70 41 50 — Fremdenverkehrsamt, Rathausstr 8, 69181 Leimen. Sehenswert: mittelalterliche Stadtmauer; Ausgrabungen und Funde der Römerzeit; Klosteranlage im Stadtteil St. Ilgen

** **Engelhorn**
Ernst-Naujoks-Str 2, ✉ 69181, ☏ (0 62 24) 70 70, Fax 70 72 00, AX DC ED VA
37 Zi, Ez: 115-125, Dz: 160, 3 Suiten, 7 App, ⇨ WC ☏; Lift 🅿 1⇔80; **garni**
Auch Zimmer der Kategorie * vorhanden

** **Kurpfalz-Residenz/ Markgrafen**
Markgrafenstr 4, ✉ 69181, ☏ (0 62 24) 70 80, Fax 70 81 14, AX ED VA
153 Zi, Ez: 135, Dz: 170, 10 Suiten, 116 App, ⇨ WC ☏ DFÜ; Lift 🅿 6⇔60 Sauna Solarium 🍴
Rezeption: Mo-Fr 7-21, So 8-21, Sa 8-17
Im Hotel Kurpfalz-Residenz Langzeitvermietung möglich

** **Seipel**
Bürgermeister-Weidemaier-Str 26, ✉ 69181, ☏ (0 62 24) 98 20, Fax 98 22 22, AX DC ED VA
23 Zi, Ez: 100-135, Dz: 150-175, ⇨ WC ☏; Lift 🅿 Fitneßraum Sauna; **garni**
geschl: 23.12.-11.1.

** **Bären**
Rathausstr 20, ✉ 69181, ☏ (0 62 24) 98 10, Fax 98 12 22, AX ED VA
26 Zi, Ez: 105-120, Dz: 165, ⇨ WC ☏ DFÜ; Lift 🅿 1⇔30
Rezeption: 7-21
* Hauptgericht 29; Gartenlokal; geschl: Mo, 1.1.-7.1.

Gauangelloch (8 km →)
*** **Zum Schwanen**
Hauptstr 38, ✉ 69181, ☏ (0 62 26) 32 19, Fax 69 19, AX DC ED VA
Hauptgericht 45; 🅿; nur abends, so+feiertags auch mittags; geschl: Di, Feb
** ⚓ 5 Zi, Ez: 110-125, Dz: 140-165, ⇨ WC ☏; 🚗
geschl: Di, Feb

Lingental (3 km ↗, Richtung Gaiberg)
* **Lingentaler Hof**
Kastanienweg 2, ✉ 69181, ☏ (0 62 24) 9 70 10, Fax 97 01 19
14 Zi, Ez: 95-105, Dz: 145-160, ⇨ WC ☏; Lift 🅿 🍴 🚗
geschl: So ab 17, Mo, 1.-18.1., Aug

Leinefelde 36 →

Thüringen — Kreis Worbis — 340 m — 16 700 Ew — Heiligenstadt 14, Nordhausen 41 km
🛈 ☏ (0 36 05) 8 40 — Stadtverwaltung, Triftstr 2, 37327 Leinefelde. Sehenswert: Leineringquelle; Kath. Pfarrkirche St. Maria Magdalena; Luther-Kirche; Kirche St. Bonifatius

🛏 **Zur Leine-Quelle**
Johann-Carl-Fuhlrott-Str 50, ✉ 37327, ☏ (0 36 05) 50 23 10
5 Zi, Ez: 70, Dz: 120, ⇨ WC ☏; 1⇔60 🍴

Leinfelden-Echterdingen 61 ↘

Baden-Württemberg — Kreis Esslingen — 495 m — 35 200 Ew — Stuttgart 12, Tübingen 28 km
🛈 ☏ (07 11) 1 60 02 37, Fax 1 60 02 69 — Stadtverwaltung, Amt für Öffentlichkeitsarbeit, im Stadtteil Leinfelden, Neuer Markt 3, 70771 Leinfelden-Echterdingen; Kreisstadt, Flughafen Stuttgart ☏ (07 11) 94 80. Sehenswert: Spielkarten-Museum; hist. Turmuhr

Echterdingen
** **Filderland**
Tübinger Str 16, ✉ 70771, ☏ (07 11) 9 49 46, Fax 9 49 48 88, AX DC ED VA
48 Zi, Ez: 104-135, Dz: 150-180, ⇨ WC ☏ DFÜ, 12🖃; Lift 🅿 🚗 1⇔15; **garni**
geschl: 22.12.-9.1.

* **Sonne**
Hauptstr 86, ✉ 70771, ☏ (07 11) 94 96 50, Fax 9 49 65 40, AX ED VA
24 Zi, Ez: 85-110, Dz: 120-150, ⇨ WC ☏; 🅿 🚗; **garni**

Leipheim

* Martins Klause
Martin-Luther-Str 1, ✉ 70771, ☎ (07 11) 94 95 90, Fax 9 49 59 59, AX ED VA
18 Zi, Ez: 100-110, Dz: 140-160, ⊣ WC ☎; Lift 🅿 Kegeln 🍽

* Ratsstuben
Bernhäuser Str 16, ✉ 70771, ☎ (07 11) 79 17 25
Hauptgericht 30

Echterdingen-Außerhalb (2 km →) am Flughafen
*** Stuttgart-Airport Mövenpick Hotel
Randstr, ✉ 70771, ☎ (07 11) 7 90 70, Fax 79 35 85, AX DC ED VA
229 Zi, Ez: 180-298, Dz: 180-338, S; ⊣ WC ☎, 83⌂; Lift 🅿 9⇆50 Fitneßraum Sauna Solarium
** Hauptgericht 25; Terrasse

*** Top AirAirport Stuttgart 🌿🍷
◂ im Flughafengebäude, Terminal 1, ✉ 70629, ☎ (07 11) 9 48 21 37, Fax 7 97 92 10, AX DC VA
Hauptgericht 48; geschl: 1.8.-30.8.

Leinfelden

* Hotel am Park
Lessingstr 4-6, ✉ 70771, ☎ (07 11) 90 31 00, Fax 9 03 10 99, AX DC ED VA
43 Zi, Ez: 136, Dz: 165-187, ⊣ WC ☎ DFÜ; Lift 🅿 1⇆30 🍽
geschl: 23.12.-6.1.

* Drei Morgen
Bahnhofstr 39, ✉ 70771, ☎ (07 11) 16 05 60, Fax 1 60 56 46, AX ED VA
27 Zi, Ez: 105, Dz: 145, 1 App; Lift; **garni** 🍺

Stetten (3 km ↘)
** Alber
Stettener Hauptstr 25, ✉ 70771, ☎ (07 11) 9 47 43, Fax 9 47 44 00, AX DC ED VA
36 Zi, Ez: 115-135, Dz: 150-165, 2 Suiten, ⊣ WC ☎, 16⌂; Lift 🅿 3⇆50 🍽 🍺
geschl: 24.12.-6.1.

** Nödingerhof
Unterer Kasparswald 22, ✉ 70771, ☎ (07 11) 99 09 40, Fax 9 90 94 94, AX DC ED VA
52 Zi, Ez: 122-132, Dz: 185-195, ⊣ WC ☎; Lift 🅿 3⇆60 Kegeln 🍺
** ◂ Hauptgericht 35

Leingarten 61 ↗

Baden-Württemberg — Kreis Heilbronn — 171 m — 9 000 Ew — Schwaigern 5, Heilbronn 8 km
🛈 ☎ (0 71 31) 4 06 10, Fax 40 61 38 — Gemeindeverwaltung, Heilbronner Str 38, 74211 Leingarten

** Löwen 🍷
Heilbronner Str 43, ✉ 74211, ☎ (0 71 31) 40 36 78, Fax 90 00 60
Hauptgericht 40; Gartenlokal; nur abends, so+feiertags auch mittags; geschl: Mo
im Dorfkrug (auch mittags geöffnet) preiswerte Regionalküche

Leinsweiler 60 ↑

Rheinland-Pfalz — Kreis Südliche Weinstraße — 260 m — 450 Ew — Annweiler 10, Landau 10, Bad Bergzabern 12 km
🛈 ☎ (0 63 45) 91 90 84, Fax 91 90 85 — Verkehrsverein, Slevogtstr 30, 76829 Leinsweiler; Staatlich anerkannter Erholungsort. Weinbauort. Sehenswert: Kirche; Rathaus; Slevogthof; Ruine Madenburg, 473 m ◂
(30 Min ↗)

** Silencehotel Leinsweiler Hof
◂ Weinstr, ✉ 76829, ☎ (0 63 45) 40 90, Fax 36 14, DC ED VA
50 Zi, Ez: 110-135, Dz: 190-198, 3 Suiten, 14 App, ⊣ WC ☎, 12⌂; 🅿 🚗 3⇆30 ♨ Sauna Solarium 18Golf 🍺
geschl: So abends, Mo, 3.-17.1.
** Hauptgericht 35; Biergarten Terrasse; geschl: So abends, Mo, Anfang-Mitte Jan

** Castell
Hauptstr 24 a, ✉ 76829, ☎ (0 63 45) 70 03, Fax 70 04, ED VA
16 Zi, Ez: 95-120, Dz: 150-175, ⊣ WC ☎; 🅿 🚗 🍺
* Hauptgericht 28; Terrasse; geschl: Di

* Gasthof Rebmann
Weinstr 8, ✉ 76829, ☎ (0 63 45) 25 30, Fax 77 28, DC ED VA
10 Zi, Ez: 80-90, Dz: 130-140, 1 App, ⊣ WC ☎; 🚗 1⇆40 🍽 🍺
geschl: Mi (Nov-März)

Leipheim 62 ↘

Bayern — Kreis Günzburg — 470 m — 6 500 Ew — Günzburg 5, Ulm 19 km
🛈 ☎ (0 82 21) 70 70, Fax 7 07 90 — Stadtverwaltung, Marktstr 5, 89340 Leipheim; Stadt an der Donau. Sehenswert: Altstadt; St.-Veits-Kirche; Schloß; Stadtmauer mit Wehrtürmen

* Gasthof Zur Post
Bahnhofstr 6, ✉ 89340, ☎ (0 82 21) 27 70, Fax 27 72 00, AX DC ED VA
54 Zi, Ez: 75-78, Dz: 120-125, ⊣ WC ☎; Lift 🅿 🚗 2⇆100 Kegeln 🍽

Leipheim-Außerhalb
* Landgasthof Waldvogel
Grüner Weg 1, ✉ 89340, ☎ (0 82 21) 2 79 70, Fax 27 97 34, ED VA
33 Zi, Ez: 68-75, Dz: 110-125, 2 App, ⊣ WC ☎, 12⌂; 🅿 🚗 4⇆140 🍽

Leipzig 39

Sachsen — Kreis Leipzig — 118 m — 470 000 Ew — Leipzig-Schkeuditz (Flughafen) 12, Berlin 170, Nürnberg 260 km
i ☏ (03 41) 7 10 42 60, Fax 7 10 42 71 — Leipzig Tourist Service e.V., Richard-Wagner-Str 1, 04109 Leipzig; Messestadt; seit dem Mittelalter bedeutendes Handelszentrum; Zentrum der Kultur und Wissenschaft.

Sehenswert: Markt mit Renaissancerathaus (Altes Rathaus); Neues Rathaus (Neorenaissancebau); Alte Handelsbörse; Alte Waage; Naschmarkt; Thomaskirche; Nikolaikirche; Russische Kirche; Bachdenkmal; Mendebrunnen; Mädlerpassage mit Porzellanglockenspiel; „Auerbachs Keller"; Leibnizdenkmal; Schinkeltor; Goethedenkmal; Völkerschlachtdenkmal; Deutsche Bücherei; Deutsches Buch- und Schriftmuseum; Hauptbahnhof (größter Kopfbahnhof Europas); Bayerischer Bahnhof; Moritzbastei; Gewandhaus; Gohliser Schlößchen, Bathels Hof, Specks Hof, Clara-Zetkin-Park

Messen:
Mode Messe 13.-15.2.99
TerraTec 2.-5.3.99
Buchmesse 25.-28.3.99
AUTO MOBIL 10.-18.4.99
DACH+WAND 12.-15.5.99
Mode Messe 7.-9.8.99
EXPOPHARM 30.9.-3.10.99
Bau-Fachmesse 20.-24.10.99

**** Kempinski Hotel Fürstenhof Leipzig
♦ ☏ Tröndlinring 8 (A 2), ✉ 04105, ☏ (03 41) 1 40-0, Fax 1 40-37 00, 88 Zi, Ez: 230-561, Dz: 294-592, S; 4 Suiten, ⌐ WC ☏ DFÜ, 44✉; Lift **P** 🅿 6↔90 ≘ Fitneßraum Sauna Solarium
Auch Zimmer der Kategorie ***** vorhanden
*** Hauptgericht 28; Gartenlokal

*** Leipzig Marriott
Am Hallischen Tor 1 (B 2), ✉ 04109, ☏ (03 41) 96 53-0, Fax 96 53-9 99, AX DC ED VA
220 Zi, Ez: 199-330, Dz: 199-360, 11 Suiten, ⌐ WC ☏ DFÜ, 105✉; Lift 🅿 6↔400 ≘ Fitneßraum

*** Renaissance
Querstr 12 (C 3), ✉ 04103, ☏ (03 41) 1 29 20, Fax 1 29 28 00, AX DC ED VA
295 Zi, Ez: 180-366, Dz: 180-422, S; 61 Suiten, ⌐ WC ☏ DFÜ, 84✉; Lift 🅿 15↔500 ≘ Fitneßraum Sauna Solarium
Auch Zimmer der Kategorie **** vorhanden
*** Hauptgericht 30; **P**

Abweichungen zwischen Datenteil und Reisekartenteil ergeben sich durch verschiedene Redaktionsschlußzeiten.

*** Inter-Continental
◄ Gerberstr 15 (B 1), ✉ 04105, ☏ (03 41) 98 80, Fax 9 88 12 29, AX DC ED VA
426 Zi, Ez: 182-397, Dz: 182-466, S; 21 Suiten, ⌐ WC ☏, 108✉; Lift **P** 15↔600 ≘ Bowling Fitneßraum Sauna Solarium
*** Brühl
Hauptgericht 35
* Yamato
Hauptgericht 40

** Seaside Park Hotel
Richard-Wagner-Str 7 (B 2), ✉ 04109, ☏ (03 41) 9 85 20, Fax 98 52 75 0, AX DC ED VA
288 Zi, Ez: 150-230, Dz: 188-268, S; 9 Suiten, 48 App, ⌐ WC ☏, 78✉; Lift 🅿 6↔140 Fitneßraum Sauna Solarium ¶©¶ ⚓

** Dorint Hotel
Stephanstr 6 (C 4), ✉ 04103, ☏ (03 41) 9 77 90, Fax 9 77 91 00, AX DC ED VA
177 Zi, Ez: 223-284, Dz: 243-304, S; 1 Suite, 2 App, ⌐ WC ☏, 80✉; Lift 🅿 9↔220 Fitneßraum Sauna Solarium

** Leipziger Hof
Hedwigstr 1-3 (außerhalb C 1), ✉ 04315, ☏ (03 41) 6 97 40, Fax 6 97 41 50, AX DC ED VA
69 Zi, Ez: 99-195, Dz: 149-235, 1 Suite, 4 App, ⌐ WC ☏ DFÜ, 19✉; Lift **P** 3↔60 Fitneßraum Sauna Solarium ¶©¶

** Ramada
Gutenbergplatz 1-5 (außerhalb C 4), ✉ 04103, ☏ (03 41) 12 93-0, Fax 1 29 34 44
Ez: 133, Dz: 151, S; ⌐ WC ☏; Lift; garni

** Michaelis Verband Christlicher Hotels
Paul-Gruner-Str 44 (B 6), ✉ 04107, ☏ (03 41) 26 78-0, Fax 26 78-1 00, AX DC ED VA
58 Zi, Ez: 135-180, Dz: 160-220, 1 Suite, 1 App, ⌐ WC ☏, 20✉; Lift 🅿 3↔70
** Hauptgericht 26; **P** Terrasse; geschl: Sa mittags+So

** Markgraf
Körnerstr 36 (außerhalb B 6), ✉ 04107, ☏ (03 41) 30 30 30, Fax 3 03 03 99, AX DC ED VA
48 Zi, Ez: 95-275, Dz: 138-275, S; 5 Suiten, 5 App, ⌐ WC ☏ DFÜ, 16✉; Lift **P** 🅿 ⚓
Restaurant für Hausgäste

** Holiday Inn Garden Court City Center
Rudolf-Breitscheid-Str 3 (B 2), ✉ 04105, ☏ (03 41) 1 25 10, Fax 1 25 11 00, AX DC ED VA
113 Zi, Ez: 160-250, Dz: 200-270, 8 Suiten, ⌐ WC ☏, 38✉; Lift **P** 1↔25 Fitneßraum Sauna Solarium ¶©¶ ⚓

** Mercure
Augustusplatz 5/6 (B 3), ✉ 04109, ☏ (03 41) 2 14 60, Fax 9 60 49 16, AX DC ED VA
273 Zi, Ez: 99-170, Dz: 139-210, S; 10 Suiten, ⌐ WC ☏, 41✉; Lift **P** 4↔150 ¶©¶ →

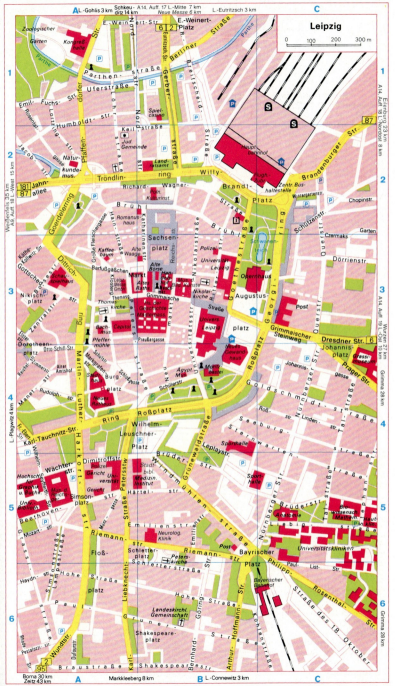

Leipzig

* Novotel Stadt Leipzig
Goethestr 11 (B 2), ⌧ 04109, ☎ (03 41)
9 95 80, Fax 9 95 82 00, AX DC ED VA
180 Zi, Ez: 114-193, Dz: 138-225, S; 2 Suiten,
18 App, ⌐ WC ☎, 84⌧; Lift 9⇔150 Fitneßraum Sauna Solarium ⍟

* Ringhotel Adagio Leipzig
Seeburgstr 96 (C 4), ⌧ 04103, ☎ (03 41)
21 66 99, Fax 9 60 30 78, AX DC ED VA
30 Zi, Ez: 170-250, Dz: 235-270, S; 1 Suite,
2 App, ⌐ WC ☎; Lift ⌂ 1⇔30 ⍟
Auch Zimmer der Kategorie ** vorhanden

* Berlin
Riebeckstr 30 (außerhalb C 4), ⌧ 04317,
☎ (03 41) 2 67 30 00, Fax 2 67 32 80,
AX DC ED VA
49 Zi, Ez: 119-149, Dz: 139-159, S; 2 Suiten,
⌐ WC ☎, 11⌧; Lift 2⇔25; **garni**

* Völkerschlachtdenkmal
Prager Str 153 (außerhalb C 4), ⌧ 04317,
☎ (03 41) 26 99 00, Fax 9 90 20 99, AX ED VA
27 Zi, Ez: 95-115, Dz: 135-155, 3 App, ⌐ WC
☎, 13⌧; ℗ 2⇔50 ⍟
Jugendstilgebäude mit stilvoller Antiqui-
täteneinrichtung

** Stadtpfeiffer
Augustusplatz 8 (B 3), ⌧ 04109, ☎ (03 41)
9 60 51 86, Fax 2 11 35 94, AX ED VA
Hauptgericht 26; Terrasse

** Kaiser Maximilian
im Messehaus Städtisches Kaufhaus Neumarkt 9, ⌧ 04109, ☎ (03 41) 9 98 69 00,
AX ED
Hauptgericht 30; Terrasse

** Classico
Nikolaistr 16, ⌧ 04109, ☎ (03 41) 2 11 13 55,
Fax 2 11 13 55
Hauptgericht 39; Terrasse; geschl: So

* Medici
Nikolaikirchhof 5 (B 3), ⌧ 04109, ☎ (03 41)
2 11 38 78, Fax 9 26 22 00, AX DC ED VA
Hauptgericht 32; Terrasse; geschl: so+fei-
ertags, 23.12.-3.1.

**Auerbachs Keller mit
Mephisto Bar**
Grimmaischestr 2-4, Mädler-Passage (B 3),
⌧ 04109, ☎ (03 41) 21 61 00, Fax 2 16 10 11,
AX DC ED VA
** Historische Weinstuben
⍟ Hauptgericht 35; nur abends; geschl: So
* Großer Keller
⍟ Hauptgericht 25

*** Paulaner im
Mückenschlösschen**
⍟ Waldstr 86, ⌧ 04105, ☎ (03 41)
9 83 20 51, Fax 9 83 20 52
Hauptgericht 25

* Apels Garten
Kolonnadenstr 2, über Dorotheenplatz
(A 4), ⌧ 04109, ☎ (03 41) 9 60 77 77,
Fax 9 60 77 77, AX ED VA
Hauptgericht 25; Terrasse; geschl: So
abends

Thüringer Hof
Burgstr 19 (A 3), ⌧ 04109, ☎ (03 41)
9 94 49 99, Fax 9 94 49 33, AX ED VA
Hauptgericht 20; Biergarten

Zur Neuberin
⍟ Richard-Wagner-Platz 1 (A 2), ⌧ 04105,
☎ (03 41) 9 60 43 79, Fax 9 60 43 70,
AX DC ED VA
Hauptgericht 20

Kabarett-Gastronomie
Academixer
Kupfergasse 3-5, ⌧ 04109, ☎ (03 41)
9 60 48 48 + 2 11 42 74, Fax 2 11 42 58
Hauptgericht 12; nur abends

Leipziger Funzel
Nikolaistr 12-14 (B 3), ⌧ 04109, ☎ (03 41)
9 60 32 32, Fax 9 60 20 44
Hauptgericht 15

Breitenfeld
**** Breitenfelder Hof
Top International Hotel**
Lindenallee 8, ⌧ 04466, ☎ (03 41) 46 51-0,
Fax 46 51-1 33, AX DC ED VA
72 Zi, Ez: 130-195, Dz: 140-225, S; ⌐ WC ☎
DFÜ, 40⌧; ℗ 5⇔50 Fitneßraum Sauna
Solarium ⍟ ⇌

Connewitz (5 km ↗)
*** Leonardo Hotel und Residenz
Windscheidstr 21/23, ⌧ 04277, ☎ (03 41)
30 33-0, Fax 3 03 35 55, AX DC ED VA
50 Zi, Ez: 95-165, Dz: 120-195, 3 Suiten,
14 App, ⌐ WC ☎; Lift ⌂ 1⇔40 Sauna
Solarium
** Mona Lisa ✤
Hauptgericht 25

* Avantgarde
Arno-Nitzsche-Str 14, ⌧ 04277, ☎ (03 41)
3 08 06-0, Fax 3 08 06 99, AX ED VA
28 Zi, Ez: 120-180, Dz: 140-210, 1 App, ⌐
WC ☎, 6⌧; Lift ℗ ⌂ 1⇔ Sauna Solarium;
garni

* Alt Connewitz
Meusdorfer Str 47 a, ⌧ 04277, ☎ (03 41)
3 01 37 70, Fax 3 01 38 00, AX ED VA
33 Zi, Ez: 89-130, Dz: 140-180, ⌐ WC ☎
DFÜ, 6⌧; Lift ℗ 2⇔20 Sauna ⍟

Leipzig

Dölitz (8 km ↓)
🛏 **Pension Petit**
Am Eichwinkel 8b, ✉ 04279, ☎ (03 41)
33 60 70, Fax 3 36 07 20
8 Zi, Ez: 60-80, Dz: 90-120, ⌐ WC ☎; P;
garni

Eutritzsch (2 km ↑)
** **Vivaldi**
Wittenberger Str 87, ✉ 04129, ☎ (03 41)
90 36-0, Fax 90 36-2 34 AX DC ED VA
107 Zi, Ez: 255-385, Dz: 245-385, 9 App, ⌐
WC ☎, 20🅿; Lift 🅿 2⟲40 Fitneßraum
Sauna Solarium; garni

* **Am St. Georg**
Brodauer Weg 25, ✉ 04129, ☎ (03 41)
9 12 27 35, Fax 9 12 32 27, AX ED VA
14 Zi, Ez: 65-126, Dz: 90-156, ⌐ WC ☎, 5🅿;
P; garni

Gohlis (3 km ↑)
* **De Saxe**
Gohliser Str 25, ✉ 04155, ☎ (03 41) 5 93 80,
Fax 5 93 82 99, AX DC ED VA
33 Zi, Ez: 98-130, Dz: 120-175, 1 Suite, ⌐
WC ☎, 9🅿; Lift P 🄿 🍽
Auch Zimmer der Kategorie * vorhanden

* **Schaarschmidts**
Coppistr 32, ✉ 04157, ☎ (03 41) 9 12 05 17,
Fax 9 12 05 17
Hauptgericht 20

Großzschocher (8 km ↙)
** **Best Western Hotel Windorf**
♂ Gerhard-Ellrodt-Str 21, ✉ 04249,
☎ (03 41) 4 27 70, Fax 4 27 72 22, AX DC ED VA
97 Zi, Ez: 115-165, Dz: 136-185, S; 1 Suite, ⌐
WC ☎, 38🅿; Lift P 3⟲65 9Golf 🍽 🍺

Hohenheida
** **Residenz**
Residenzstr 43, ✉ 04356, ☎ (03 42 98) 4 50,
Fax 6 92 41, AX ED VA
50 Zi, Ez: 110-150, Dz: 150-180, ⌐ WC ☎,
10🅿; Lift P 🄿 3⟲60 Fitneßraum Sauna
Solarium 🍽

Leutzsch (4 km ↖)
*** **Lindner Leipzig**
Hans-Driesch-Str 27, ✉ 04179, ☎ (03 41)
4 47 80, Fax 4 47 84 78, AX DC ED VA
178 Zi, Ez: 125-322, Dz: 175-325, S;
15 Suiten, 7 App, ⌐ WC ☎ DFÜ, 22🅿; Lift
🄿 8⟲160 Fitneßraum Sauna Solarium
geschl: 27.12.-11.1.99
** **Am Wasserschloß**
Hauptgericht 19; Biergarten Terrasse;
geschl: 27.12.-11.1.

* **Solitaire**
Hans-Driesch-Str 52, ✉ 04179, ☎ (03 41)
4 48 40, Fax 4 48 41 00, AX DC ED VA
43 Zi, Ez: 88-158, Dz: 95-148, S; 37 App, ⌐
WC ☎; Lift P; garni 🍽
Rezeption: 7-12, 16-22

* **Am Auewald**
Paul-Michael-Str 12-14, ✉ 04179, ☎ (03 41)
4 51 10 03, Fax 4 51 24 55, AX ED VA
37 Zi, Ez: 75-160, Dz: 100-200, 1 Suite, ☎; P
3⟲70 🍽 🍺

Lindenau (3 km ←)
** **City Hotel Leipzig-Lindenau**
Georg-Schwarz-Str 33-35, ✉ 04177,
☎ (03 41) 4 48 03 10, Fax 4 48 03 00,
AX DC ED VA
52 Zi, Ez: 135, Dz: 160, S; ⌐ WC ☎, 3🅿; Lift
P 1⟲20 Sauna Solarium 🍽

** **Merseburger Hof**
Merseburgerstr 107/ Ecke Hebelstr 24,
✉ 04177, ☎ (03 41) 4 77 44 62,
Fax 4 77 44 13, AX ED VA
50 Zi, Ez: 99-168, Dz: 128-228, ⌐ WC ☎,
2🅿; Lift P Bowling 🍽

Lindenthal
* **Pension Möller**
Hauptstr 46, ✉ 04466, ☎ (03 41) 4 67 47-0,
Fax 4 67 47 10, AX ED VA
23 Zi, Ez: 85-95, Dz: 130-145, ⌐ WC ☎; P
Sauna 🍽 🍺

Möckern (4 km ↘)
** **Silencium**
Georg-Schumann-Str 268, ✉ 04159,
☎ (03 41) 9 01 29 90, Fax 9 01 29 91, AX ED VA
35 Zi, Ez: 94-149, Dz: 140-169, ⌐ WC ☎,
5🅿; Lift 🄿 2⟲45; garni
Auch Zimmer der Kategorie * vorhanden

Paunsdorf (7 km →)
*** **Treff Hotel**
Schongauerstr 39, ✉ 04329, ☎ (03 41)
25 40, Fax 2 54 15 50, AX DC ED VA
291 Zi, Ez: 129-269, Dz: 179-339, S; 144 App,
⌐ WC ☎ DFÜ, 90🅿; Lift P 18⟲850 Fitneß-
raum Sauna Solarium 🍽 🍺
Langzeitvermietung möglich

Plagwitz (3 km ↙)
* **Ratskeller Plagwitz**
Weißenfelser Str 10, ✉ 04229, ☎ (03 41)
4 79 60 35, Fax 4 79 60 55, AX ED VA
28 Zi, Ez: 98-138, Dz: 168-178, 2 Suiten, ⌐
WC ☎; Lift 🄿 1⟲40 🍽 🍺

* **Da Vito**
Nonnenstr 11 b, ✉ 04229, ☎ (03 41)
4 80 26 26
Hauptgericht 25; geschl: Fr mittags

Portitz (7 km ↗)
** **Accento**
Tauchaer Str 260, ✉ 04349, ☎ (03 41)
9 26 20, Fax 9 26 21 00, AX DC ED VA
111 Zi, Ez: 179-249, Dz: 179-249, S; 4 Suiten,
⌐ WC ☎ DFÜ, 40🅿; Lift P 🄿 5⟲80 Fitneßraum Sauna Solarium
geschl: Ende Dez - Anfang Jan
Restaurant für Hausgäste →

Leipzig

Probstheida (6 km ↘)
★★ Parkhotel Diani
♠ Connewitzer Str 19, ✉ 04289, ☎ (03 41)
86 74-0, Fax 8 67 42 50, AX DC ED VA
69 Zi, Ez: 130-160, Dz: 175-195, ⇨ WC ☎
DFÜ, 33✉; Lift 🅿 🅟 2↔50 Sauna Solarium
★★ Hauptgericht 22; Terrasse

Rückmarsdorf (3 km ←)
★★ 3 Linden
Merseburger Str 12, ✉ 04430, ☎ (03 41)
9 41 01 24, Fax 9 41 01 29, AX DC ED VA
40 Zi, Ez: 110-135, Dz: 130-165, ⇨ WC ☎,
8✉; Lift 🅿 1↔30 Bowling Fitneßraum
Sauna Solarium ✦ ⊑

★ Ratskeller
Wenckstr 1, ✉ 04347, ☎ (03 41) 2 33 09 65,
Fax 2 33 09 65, ED
Hauptgericht 20

Seehausen
★★ Im Sachsenpark
Walter-Köhn-Str 3, ✉ 04356, ☎ (03 41)
5 25 20, Fax 5 25 25 28, AX DC ED VA
112 Zi, Ez: 169-239, Dz: 228-298, S; ⇨ WC
☎, 20✉; Lift 🅿 4↔60 Sauna Solarium ✦

Sellerhausen (2 km →)
★★★ Artis Suite Hotel
Permoserstr 50, ✉ 04328, ☎ (03 41) 2 58 90,
Fax 25 89-4 44, AX ED VA
Ez: 120-230, Dz: 160-280, 82 Suiten, ⇨ WC
☎, 🅟 1↔20 Sauna Solarium ✦
Originell gestaltete Appartments. Langzeit-
vermietungen möglich

Stötteritz
**★★ Balance-Hotel
Golden Tulip**
♠ Wasserturmstr 33, ✉ 04299, ☎ (03 41)
8 67 90, Fax 8 67 94 44, AX DC ED VA
126 Zi, Ez: 130-265, Dz: 130-265, S; 9 Suiten,
7 App, ⇨ WC ☎ DFÜ, 33✉; Lift 🅟 3↔46
Sauna Solarium ✦
Auch Zimmer der Kategorie **★★** vorhanden

Wiederitzsch
★★ Hiemann
Delitzscher Landstr 75, ✉ 04448, ☎ (03 41)
5 25 30, Fax 5 25 31 54, AX DC ED VA
36 Zi, Ez: 135, Dz: 160-185, 1 Suite, ⇨ WC
☎, 3✉; Lift 🅿 🅟 1↔30 Sauna Solarium ⊑
★★ Hauptgericht 25; Biergarten

**★★ Atrium
Minotel**
Seehausener Str 29, ✉ 04448, ☎ (03 41)
5 24 00, Fax 5 24 01 33, AX DC ED VA
54 Zi, Ez: 90-190, Dz: 130-230, ⇨ WC ☎,
20✉; Lift 🅿 🅟 4↔200 Bowling Fitneßraum
Sauna ✦

★ Papilio
Delitzscher Landstr 100, ✉ 04448, ☎ (03 41)
52 61 10, Fax 52611 10, AX DC ED VA
28 Zi, Ez: 95-145, Dz: 140-180, 2 App, ⇨ WC
☎ DFÜ, 10✉; 🅿 Sauna; garni ⊑
Restaurant für Hausgäste

★ Achat Hotel
Rosmarienweg 2, ✉ 04448, ☎ (03 41)
5 24 60, Fax 52 46-9 99, AX ED VA
99 Zi, Ez: 120-170, Dz: 160-220, S; ⇨ WC ☎,
40✉; Lift 🅿 2↔45 ✦

★ Sachsenstern
Podelwitzer Str 23, ✉ 04448, ☎ (03 41)
5 26 19-0, Fax 5 21 72 17, AX DC ED VA
14 Zi, Ez: 115-140, Dz: 135-160, 1 Suite,
1 App, ⇨ WC ☎; 🅿 🅟
Restaurant für Hausgäste

Leißling 38 ↘

Sachsen-Anhalt — Weißenfels — 1940 m
— 1 379 Ew — Weißenfels 6, Naumburg
10 km
ℹ ☎ (0 34 43) 8 40 38 — Gemeindeverwaltung, Schönburger Str 16, 06667 Leißling

★★ Schöne Aussicht
Naumburger Landstr 1, ✉ 06667,
☎ (0 34 43) 80 41 37, Fax 80 54 10,
AX DC ED VA
20 Zi, Ez: 110-120, Dz: 140, 1 Suite, ⇨ WC
☎; 🅿 ✦ ⊑

Leiwen 52 ↗

Rheinland-Pfalz — Kreis Trier-Saarburg —
119 m — 1 600 Ew — Bernkastel-Kues 29,
Trier 32 km
ℹ ☎ (0 65 07) 31 00, Fax 30 52 — Tourist-
Information, Römerstr, 54340 Leiwen;
Staatlich anerkannter Weinbau- und Erholungsort an der Mosel

★ Weinhaus Weis
Römerstr 10, ✉ 54340, ☎ (0 65 07) 9 36 10,
Fax 93 61 50, AX DC ED VA
18 Zi, Ez: 55-65, Dz: 90-105, ⇨ WC ☎; Lift 🅿
✦ ⊑

Leiwen-Außerhalb (3 km ↘)
★ Zummethof
einzeln ♠ ⇐ Panoramaweg 1, ✉ 54340,
☎ (0 65 07) 9 35 50, Fax 93 55 44, ED VA
25 Zi, Ez: 70-85, Dz: 98-140, ⇨ WC ☎ DFÜ;
🅿 2↔130 Fitneßraum Sauna Solarium ⊑
geschl: 4.1.-5.3.
★ einzeln, Hauptgericht 25; Gartenlokal Terrasse; geschl: 4.1.99-5.3.99

Lembruch 24 →

Niedersachsen — Kreis Diepholz — 37 m —
949 Ew — Lemförde 8, Diepholz 10 km
ℹ ☎ (0 54 47) 2 42, Fax 2 42 — Fremdenverkehrsamt, Große Str 142, 49459 Lembruch;
Erholungsort am Dümmersee. Sehenswert:
Evang.-luth. St. Marienkirche in Burlage;
Dümmer-Museum

Lengerich

** **Ringhotel Seeschlößchen**
⊴ Große Str 154, ✉ 49459, ☎ (0 54 47) 9 94 40, Fax 17 96, AX DC ED VA
20 Zi, Ez: 98-125, Dz: 140-175, S; 2 App, ⇌ WC ☎, 🅿 🚗 3⇔120 Seezugang Fitneßraum Kegeln Sauna Solarium 🍽
** Hauptgericht 35

* **Seeblick**
Birkenallee, ✉ 49459, ☎ (0 54 47) 9 95 80, Fax 14 41, DC ED VA
♂ ⊴ 30 Zi, Ez: 65-140, Dz: 92-280, 1 Suite, 2 App, ⇌ WC ☎, 10🛏; 3⇔50 ⛵ Seezugang Sauna Solarium
Rezeption: 9-20
* Hauptgericht 40; Biergarten 🅿

* **Dümmerhotel Standlust**
♂ ⊴ Seestr 51, ✉ 49459, ☎ (0 54 47) 9 93 30, Fax 99 33 44, DC ED VA
13 Zi, Ez: 75-115, Dz: 120-180, ⇌ WC ☎; 🅿 🚗 3⇔100 Seezugang 🍽 🍽
geschl: 14.-24.12.

*** **Landhaus Götker** 🍷
🍇 Tiemanns Hof 1, ✉ 49459, ☎ (0 54 47) 12 57, Fax 10 57, AX DC ED VA
Hauptgericht 50; 🅿 Terrasse; geschl: Mo, Di, Anfang-Mitte Jan, 2 Wochen in den Herbstferien

Lemförde 24 →

Niedersachsen — Kreis Diepholz — 43 m — 639 Ew — Lemförde 3, Diepholz 18 km
ℹ️ ☎ (0 54 43) 20 90, Fax 2 09 50 — Samtgemeindeverwaltung, Altes Amt Lemförde, Bahnhofstr 10 a, 49448 Lemförde

** **Tiemann's Hotel**
An der Brücke 26, ✉ 49448, ☎ (0 54 43) 99 90, Fax 9 99 50, AX DC ED VA
27 Zi, Ez: 90-95, Dz: 150-160, 2 Suiten, ⇌ WC ☎; 🅿 🚗 2⇔60 Kegeln Sauna
geschl: Mitte-Ende Jul
Auch Zimmer der Kategorie ***** vorhanden
** Hauptgericht 30; Gartenlokal Terrasse

Lemgo 25 ✓

Nordrhein-Westfalen — Kreis Lippe — 100 m — 42 000 Ew — Detmold 12, Bielefeld 29 km
ℹ️ ☎ (0 52 61) 21 33 47, Fax 21 34 92 — Lemgo-Information, Papenstraße 7, 32657 Lemgo. Sehenswert: Stadtbild; ev. Kirchen St. Nikolai, St. Marien: Orgel; Rathaus; Hexenbürgermeisterhaus; Weserrenaissance-Museum Schloß Brake

Kirchheide (8 km ↑)
* **Im Borke**
♂ Salzufler Str 132, ✉ 32657, ☎ (0 52 66) 16 91, Fax 12 31, ED VA
37 Zi, Ez: 75-100, Dz: 130-150, ⇌ WC ☎; Lift 🅿 3⇔80 Kegeln Sauna 🍽

Matorf (5 km ↑)
* **An der Ilse**
Vlothoer Str 77, ✉ 32657, ☎ (0 52 66) 80 90, Fax 10 71, AX DC ED VA
40 Zi, Ez: 65-74, Dz: 105-119, 3 App, ⇌ WC ☎; 🅿 4⇔300 ⛵ Sauna Solarium
* **Gasthof Hartmann**
Hauptgericht 25

Lengefeld 37 ✓

Thüringen — Kreis Mühlhausen — 318 m — 728 Ew — Mühlhausen 8, Heiligenstadt 30 km
ℹ️ ☎ (03 60 23) 50 2 46, Fax 50 2 46 — Gemeindeverwaltung, Bei der Kirche 7, 99976 Lengefeld. Sehenswert: St.-Johannes-Kirche

Lengefeld-Außerhalb
* **Lengefelder Warte**
♂ Lengefelder Warte, an der B 247, ✉ 99976, ☎ (03 60 23) 5 02 06, Fax 5 23 01
11 Zi, Ez: 60-70, Dz: 90-110, 1 Suite, ⇌ WC ☎; 🅿 1⇔60 🍽 🍽

Stein (1 km ↘)
* **Hagemühle**
⊴ Hagemühle 1, ✉ 99976, ☎ (03 60 27) 7 00 80, Fax 7 00 82, DC ED VA
16 Zi, Ez: 68, Dz: 120-130, ⇌ WC ☎; 🅿 2⇔150 ≋ Fitneßraum Kegeln Sauna Solarium 🍽

Lengenfeld 49 □

Sachsen — Kreis Vogtlandkreis — 387 m — 7 900 Ew — Reichenbach 10, Plauen 23, Zwickau 28 km
ℹ️ ☎ (03 76 06) 30 50, Fax 3 05 46 — Stadtverwaltung, Hauptstr 1, 08485 Lengenfeld

* **Lengenfelder Hof**
Auerbacher Str 2, ✉ 08485, ☎ (03 76 06) 87 70, Fax 22 43, AX DC ED VA
51 Zi, Ez: 95-98, Dz: 128, 2 Suiten, ⇌ WC ☎ DFÜ, 10🛏; 🅿 2⇔150 Sauna Solarium 🍽 🍽

Lengerich 24 ✓

Nordrhein-Westfalen — Kreis Steinfurt — 52 m — 22 700 Ew
ℹ️ ☎ (0 54 81) 8 24 22, Fax 78 80 — Verkehrsamt, Rathausplatz 1, 49525 Lengerich

*** **Hinterding** 🍷
Bahnhofstr 72, ✉ 49525, ☎ (0 54 81) 9 42 40, Fax 94 24 21, DC ED VA
Hauptgericht 45; 🅿 Terrasse; geschl: Do, Fr mittags, Ende Dez, 2 Wochen in den Sommerferien
Restaurierte Stadtvilla von 1904
** 6 Zi, Ez: 130, Dz: 180, ⇌ WC ☎, 4🛏
geschl: Do, Ende Dez, 2 Wochen in den Sommerferien →

Lengerich

** Römer
Rathausplatz 4, ✉ 49525, ☎ (0 54 81)
3 78 50, Fax 9 55 31
Hauptgericht 30; geschl: Jul
Fachwerkhaus, Restaurant in der 1. Etage

Lenggries 72 ↙

Bayern — Kreis Bad Tölz-Wolfratshausen —
700 m — 9 000 Ew — Bad Tölz 9 km
🛈 ☎ (0 80 42) 50 08 20, Fax 50 08 40 — Verkehrsamt, Rathausplatz 1, 83661 Lenggries;
Luftkurort und Wintersportplatz an der Isar.
Sehenswert: Brauneck (Seilbahn), 1555 m
⋖; Sylvenstein-Stausee (13 km ↓)

* Altwirt
Marktstr 13, ✉ 83661, ☎ (0 80 42) 80 85,
Fax 53 57, ED VA
20 Zi, Ez: 70-80, Dz: 90-120, 1 App, ⇨ WC
☎, P 🚗 1✪80 Sauna Solarium 🍴 ☕
geschl: 15.11.-18.12.

* Alpenrose
Brauneckstr 1, ✉ 83661, ☎ (0 80 42) 9 15 50,
Fax 52 00, DC ED VA
27 Zi, Ez: 66-75, Dz: 98-120, ⇨ WC ☎, 7✉;
P 🚗 Sauna 🍴

Fall (15 km ↓)
** Jäger vom Fall
♂ Ludwig-Ganghofer-Str 8, ✉ 83661,
☎ (0 80 45) 1 30, Fax 1 32 22, AX DC ED VA
69 Zi, Ez: 100-145, Dz: 140-180, 1 App, ⇨
WC ☎, 10✉; Lift P 7✪150 Seezugang Fitneßraum Sauna Solarium 🍴 ☕

Schlegldorf (3 km ↖)
** Schweizer Wirt
Hausnr 83, ✉ 83661, ☎ (0 80 42) 89 02,
Fax 34 83, AX DC ED VA
Hauptgericht 35; geschl: Mo, Di

Lennestadt 34 ↓

Nordrhein-Westfalen — Kreis Olpe —
450 m — 28 375 Ew — Olpe 23, Werdohl
34 km
🛈 ☎ (0 27 23) 60 88 01, Fax 60 81 19 — Verkehrsamt, im Stadtteil Altenhundem, Helmut-Kumpf-Str 25, 57368 Lennestadt; Luftkurort im Sauerland. Sehenswert: Kath.
Pfarrkirche; Kloster; Hohe Bracht, 584 m ⋖
(13 km ↓)
Achtung: Karl-May-Festspiele; Burgruine
Peperburg; Burg Bilstein

Bilstein (6 km ←)
*** Faerber-Luig
Freiheit 42, ✉ 57368, ☎ (0 27 21) 9 83-0,
Fax 9 83-2 99, AX DC ED VA
80 Zi, Ez: 98-148, Dz: 178-260, ⇨ WC ☎
DFÜ; Lift P 7✪120 🏊 Fitneßraum Kegeln
Sauna Solarium ☕
Auch Zimmer der Kategorie ****** vorhanden
** Hauptgericht 32

Bonzel (3 km ←)
* Kramer
♂ Bonzeler Str 7, ✉ 57368, ☎ (0 27 21)
9 84 20, Fax 98 42 20, AX ED
27 Zi, Ez: 69, Dz: 126, ⇨ WC ☎; Lift P 2✪80
🏊 Kegeln Sauna Solarium 🍴
geschl: 16.-23.11.

Oedingen (9 km ↗)
* Haus Buckmann
Rosenweg 10, ✉ 57368, ☎ (0 27 25) 2 51,
Fax 73 40, AX ED VA
17 Zi, Ez: 76-105, Dz: 136-170, ⇨ WC ☎; P
1✪100 Fitneßraum Kegeln Sauna Solarium
** Hauptgericht 35; Biergarten;
geschl: Mi

Saalhausen (6 km →)
** Haus Hilmeke
einzeln ♂ ⋖ Lennestr 14, ✉ 57368,
☎ (0 27 23) 9 14 10, Fax 8 00 16
30 Zi, Ez: 98-125, Dz: 144-196, ⇨ WC ☎; Lift
P 🚗 🏊 Sauna Solarium 🍴 ☕
geschl: 8.11.-26.12., 14.-25.6.

* Voss
Winterberger Str 36, ✉ 57368, ☎ (0 27 23)
81 14, Fax 82 87
19 Zi, Ez: 78-108, Dz: 155-185, ⇨ WC ☎; Lift
P 🚗 1✪20 🏊 Fitneßraum Sauna Solarium
* Hauptgericht 25

Lenzen (Elbe) 20 ↙

Brandenburg — Kreis Prignitz — 2 600 Ew
🛈 ☎ (03 87 92) 98 80, Fax 9 88 60 — Gemeindeverwaltung, Kellerstr 4, 19309 Lenzen
(Elbe)

* Am Rudower See
Mühlenweg 6, ✉ 19309, ☎ (03 87 92) 99 10,
Fax 99 11 24, DC ED VA
16 Zi, Ez: 80, Dz: 120, 5 App, ⇨ WC ☎, 3✉;
P 2✪20 Seezugang 🍴 ☕

Lenzkirch 67 →

Baden-Württemberg — Kreis Breisgau-
Hochschwarzwald — 810 m — 4 900 Ew —
Titisee-Neustadt 11, Bonndorf 16 km
🛈 ☎ (0 76 53) 6 84 39, Fax 6 84 20 — Kur &
Touristik Lenzkirch, Am Kurpark 1,
79853 Lenzkirch; Heilklimatischer Kurort im
Schwarzwald. Sehenswert: Naturschutzgebiet Ursee (3 km ←), Titisee (10 km ↖),
Schluchsee (12 km ↓)

** Vogt Am Kurpark
♂ Am Kurpark 7, ✉ 79853, ☎ (0 76 53) 7 06,
Fax 67 78, DC VA
8 Zi, Ez: 85-110, Dz: 130-156, 2 Suiten,
5 App, ⇨ WC ☎; Lift P ☕
Auch Zimmer der Kategorie ******* vorhanden. Jugendstilvilla
* Hauptgericht 25; Biergarten;
geschl: Mo, 10.11.-10.12.

Kappel (3 km ↗)
* **Schwarzwald-Gasthof Pfauen**
◄ Mühlhaldeweg 1, ✉ 79853, ☏ (0 76 53)
7 88, Fax 62 57, AX DC ED VA
25 Zi, Ez: 70-80, Dz: 110-130, ⌐ WC ☏; Lift
P ⟲ 1⇔20 Fitneßraum Sauna Solarium ⌐⌐
Auch Zimmer der Kategorie ****** vorhanden

* **Gasthof Straub**
◄ Neustadt Str 3, ✉ 79853, ☏ (0 76 53)
2 22, Fax 94 29
33 Zi, Ez: 44-77, Dz: 74-154, 4 Suiten,
19 App, ⌐ WC ☏; Lift P ⟲ 1⇔30 Fitneßraum Sauna Solarium ⌐⌐
geschl: 15.11.-20.12.

Raitenbuch (3 km ←)
* **Grüner Baum**
Haus Nr 17, ✉ 79853, ☏ (0 76 53) 2 63,
Fax 4 66
16 Zi, Ez: 59-63, Dz: 100-112, 2 App, ⌐ WC;
P ⟲ ⌐

geschl: Mo, 2.11.-11.12., 12.4.-30.4.

Saig (6 km ↘)
** **Saigerhöh**
einzeln ♂ ◄ Saigerhöh 12, ✉ 79853,
☏ (0 76 53) 68 50, Fax 7 41, AX DC ED VA
90 Zi, Ez: 110-250, Dz: 210-330, 16 Suiten, ⌐
WC ☏; Lift P ⟲ 8⇔130 ☂ Fitneßraum
Kegeln Sauna Solarium 3Tennis ⌐
Auch Zimmer der Kategorie ******* vor-
handen
* Hauptgericht 35; Terrasse

** **Schwarzwald-Gasthof Ochsen**
◄ Dorfplatz 1, ✉ 79853, ☏ (0 76 53) 9 00 10,
Fax 90 01 70, AX ED VA
36 Zi, Ez: 80-104, Dz: 144-204, ⌐ WC ☏; Lift
P ⟲ ☂ Fitneßraum Sauna Solarium 1Ten-
nis ⌐⌐
geschl: Di, Mi bis 17, 9.11.-17.12.
Zimmer der Kategorie ***** vorhanden

* **Hochfirst**
Dorfplatz 5, ✉ 79853, ☏ (0 76 53) 7 51,
Fax 5 05
25 Zi, Ez: 60-95, Dz: 90-190, 2 Suiten, ⌐ WC
☏; P ⟲ ☂ Sauna Solarium ⌐
geschl: Do, 2.11.-20.12.
Auch Zimmer der Kategorie ****** vorhanden
* Hauptgericht 20; Gartenlokal Ter-
rasse; geschl: Mi abends + Do, 2.11.-20.12.

Leonberg 61 □

Baden-Württemberg — Kreis Böblingen —
386 m — 44 000 Ew — Böblingen 15, Stuttgart 17 km
🛈 ☏ (0 71 52) 7 30 22, Fax 97 55 97 — Verkehrsverein, Römerstr 110, 71229 Leonberg.
Sehenswert: Ev. Stadtkirche; Marktplatz
mit Fachwerkhäusern; Rathaus; Engelberg,
506 m ◄ (2 km →); Schloß Solitude ◄
(7 km →); Pomeranzengarten (Renaissancegarten)

Eltingen (2 km ←)
* **Hirsch**
Hindenburgstr 1, ✉ 71229, ☏ (0 71 52)
9 76 60, Fax 97 66 88, AX DC ED VA
60 Zi, Ez: 105-165, Dz: 160-260, 1 App; Lift P
5⇔80 Fitneßraum Sauna Solarium ⌐
Auch Zimmer der Kategorie ****** vorhanden
** Hauptgericht 35
Weinstube Alt Eltingen
Hauptgericht 25; Gartenlokal

* **Kirchner**
Leonberger Str 14-16, ✉ 71229, ☏ (0 71 52)
6 06 30, Fax 60 63 60, AX DC ED VA
35 Zi, Ez: 104-126, Dz: 140-190, ⌐ WC ☏
DFÜ; Lift 3⇔50 ⌐⌐
Im Stammhaus auch Zimmer der Kategorie
** vorhanden

Höfingen (2 km ↑)
** **Schloß Höfingen** ♕
Am Schloßberg 17, ✉ 71229, ☏ (0 71 52)
2 10 49, Fax 2 81 41, AX DC ED VA
Hauptgericht 45; geschl: Mo, so+feier-
tags, Mi mittags, Aug
* ◄ 9 Zi, Ez: 95, Dz: 140, ⌐ WC ☏;
1⇔12
geschl: So, Mo, feiertags, Aug
Burg aus dem 11. Jh.

Ramtel (2 km ↓)
** **Best Western**
Hotel Eiss
Neue Ramtelstr 28, ✉ 71229, ☏ (0 71 52)
94 40, Fax 94 44 40, AX DC ED VA
70 Zi, Ez: 130-175, Dz: 170-260, S; 5 Suiten,
1 App, ⌐ WC ☏, 12⌐; Lift P ⟲ 7⇔150 Fitneßraum Sauna Solarium
** Hauptgericht 25; Gartenlokal Terrasse; geschl: 2.-10.1.

* **Online**
Böblinger Str 9, ✉ 71229, ☏ (0 71 52)
97 98 70, Fax 9 79 87 50, AX ED VA
23 Zi, Ez: 98-115, Dz: 120, ⌐ WC ☏, 10⌐; P
1⇔40; garni

Leun 44 □

Hessen — Kreis Lahn-Dill — 130 m —
5 845 Ew
🛈 ☏ (0 64 73) 91 44-0, Fax 91 44-50 — Tourist-Information, Bahnhofstr 25, 35638 Leun

Biskirchen
* **Landhotel Adler**
♂ Am Hain 13, ✉ 35638, ☏ (0 64 73) 9 29 20,
Fax 92 92 92, AX DC ED VA
21 Zi, Ez: 80-100, Dz: 125-170, ⌐ WC ☏,
14⌐; Lift P 2⇔40 Kegeln
Restaurant für Hausgäste; Auch Zimmer
der Kategorie ****** vorhanden

Leutershausen

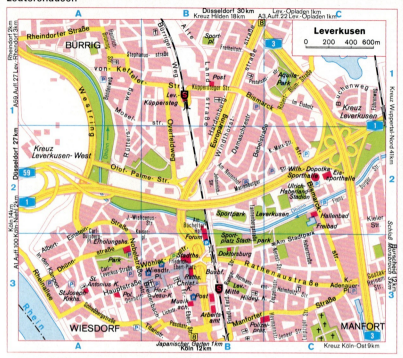

Leutershausen 56

Bayern — Kreis Ansbach — 450 m —
5 474 Ew — Ansbach 15 km
🛈 ☎ (0 98 23) 95 10, Fax 9 51 50 — Stadtverwaltung, Am Markt 1-3, 91578 Leutershausen. Sehenswert: Gotische Stadtkirche St. Peter; Stadtmauer; Fachwerkbauten; Gustav-Weißkopf-Museum und -Denkmal; Handwerkermuseum; Motorradmuseum

🏠 Neue Post
Mühlweg 1, ✉ 91578, ☎ (0 98 23) 89 11, Fax 82 68
14 Zi, Ez: 45-50, Dz: 70, ⊣ WC; 🍴

Leutershausen
siehe **Hirschberg an der Bergstraße**

Leuth siehe Nettetal

Leverkusen 43

Nordrhein-Westfalen — Stadtkreis — 56 m — 161 000 Ew — Köln 15, Düsseldorf 28 km
🛈 ☎ (02 14) 4 06-33 07 — Information im Rathaus, Friedrich-Ebert-Platz 1, 51373 Leverkusen; Stadt am Rhein. Sehenswert: Schloß Morsbroich mit Museum (1 km →); Japanischer Garten; Schulbiologiezentrum Gut Ophoven; Diepentalsperre

*** Ramada
Am Büchelter Hof 11 (B 2), ✉ 51373, ☎ (02 14) 38 30, Fax 38 38 00, AX DC ED VA
200 Zi, Ez: 160-420, Dz: 160-420, S; ⊣ WC ☎, 75🛏; Lift P 6⇔110 ♨ Sauna Solarium

** Tenne
Hauptgericht 30

* City-Hotel
Wiesdorfer Platz 8 (B 3), ✉ 51373, ☎ (02 14) 4 20 46, Fax 4 30 25, AX DC ED VA
71 Zi, Ez: 145-295, Dz: 195-380, ⊣ WC ☎, 7🛏; Lift P 1⇔30; **garni**
geschl: Ende Dez-Anfang Jan

*** La Concorde
Hardenbergstr 91, westl parallel zum Europaring (B 2), ✉ 51373, ☎ (02 14) 6 39 38, Fax 6 39 38, AX DC ED VA
Hauptgericht 40; P Terrasse; geschl: Sa mittags, So, 3 Wochen in den Sommerferien

Fettehenne (5 km →)
* Fettehenne
Berliner Str 40, ✉ 51377, ☎ (02 14) 9 10 43, Fax 9 10 45, ED VA
37 Zi, Ez: 85-105, Dz: 130-170, ⊣ WC ☎; P 1⇔30 ♨ Kegeln 🍴
Auch einfache Zimmer verfügbar

Lichtenberg

Opladen (6 km ↑)
* **Astor**
Bahnhofstr 16, ✉ 51379, ☎ (0 21 71) 71 20, Fax 7 12 55, AX DC ED VA
16 Zi, Ez: 102-165, Dz: 165-260, 3 App, ⊿ WC ☎, 3🗲; 🅿 2⇔30; **garni**
Auch Zimmer der Kategorie ** vorhanden

Schlebusch (6 km →)
* **Kürten**
Saarstr, ✉ 51375, ☎ (02 14) 5 50 51, Fax 5 70 97, ED VA
29 Zi, Ez: 110-170, Dz: 150-190, ⊿ WC ☎; 🅿 1⇔20 ≘ Sauna; **garni**
geschl: 24.12-6.1.

Lich 45 ←

Hessen — Kreis Gießen — 170 m — 13 400 Ew — Gießen 14, Bad Nauheim 28, Marburg 50 km
ℹ ☎ (0 64 04) 80 60, Fax 80 62 24 — Stadtverwaltung, Unterstadt 1, 35423 Lich; Staatlich anerkannter Erholungsort.
Sehenswert: Marienstiftskirche; Schloß mit Parkanlage; Stadtturm; Fachwerkhäuser; Kloster Arnsburg (4 km ↙)

** **Ambiente**
Hungener Str 46, ✉ 35423, ☎ (0 64 04) 9 15 00, Fax 91 50 50, ED VA
19 Zi, Ez: 99-125, Dz: 130-160, ⊿ WC ☎ DFÜ, 5🗲; 🅿 27 Golf; 🍴

* **Bergfried**
Kreuzweg 25, ✉ 35423, ☎ (0 64 04) 9 11 70, Fax 91 17 55, ED VA
24 Zi, Ez: 70-85, Dz: 130-150, ⊿ WC ☎, 4🗲; 🅿 Sauna; **garni**

Arnsburg (4 km ↙)
** **Landhaus Klosterwald**
an der B 488, ✉ 35423, ☎ (0 64 04) 9 10 10, Fax 91 01 34, AX ED VA
18 Zi, Ez: 115-130, Dz: 160-180, ⊿ WC ☎; Lift 🅿 3⇔100 Sauna 🍴 🍺

** **Alte Klostermühle**
⚘ ⊗ ✉ 35423, ☎ (0 64 04) 9 19 00, Fax 9 19 00, AX DC ED VA
26 Zi, Ez: 95-140, Dz: 170-235, ⊿ WC ☎; 4⇔30
**   Hauptgericht 42; Gartenlokal

Lichtenau 35 □

Nordrhein-Westfalen — Kreis Paderborn — 280 m — 10 500 Ew — Paderborn 17, Warburg 25 km
ℹ ☎ (0 52 95) 89 65, Fax 89 70 — Stadtverwaltung, Lange Str 39, 33165 Lichtenau.
Sehenswert: Ehem. Klosterkirche im Stadtteil Dalheim (9 km ↙); Wallfahrtskirche im Stadtteil Kleinenberg (7 km ↘); rekonstruiertes neolithisches Steinkammergrab mit Schutzdach und Grünanlage im Stadtteil Atteln (9 km ↙)

Herbram-Wald (9 km ↗)
* **Silencehotel Hubertushof**
⚘ Hubertusweg 5, ✉ 33165, ☎ (0 52 59) 8 00 90, Fax 80 09 99, AX DC ED VA
50 Zi, Ez: 105-115, Dz: 140-150, ⊿ WC ☎; 🅿 3⇔30 ≘ Fitneßraum Kegeln Sauna Solarium
*   Hauptgericht 25; Terrasse

Lichtenau 60 □

Baden-Württemberg — Kreis Rastatt — 127 m — 4 950 Ew — Bühl 12, Achern 16, Rastatt 22 km
ℹ ☎ (0 72 27) 9 57 70, Fax 95 77 95 — Stadtverwaltung, Hauptstr 15, 77839 Lichtenau; Städtchen in der Oberrheinebene

Scherzheim (2 km ↙)
* **Gasthaus Zum Rössel**
⚘ Rösselstr 6, ✉ 77839, ☎ (0 72 27) 9 59 50, Fax 95 95 50, AX ED VA
16 Zi, Ez: 85, Dz: 130, ⊿ WC ☎ DFÜ; Lift 🅿 3⇔50 Kegeln
geschl: 8.-16.2.
*   Hauptgericht 28; Gartenlokal; geschl: Di, 8.-16.2.

Lichtenberg siehe **Fischbachtal**

Lichtenberg 51 ↑

Sachsen — Kamenz — 123 m — 1 820 Ew — Pulsnitz 4, Dresden 15 km
ℹ ☎ (03 59 55) 4 46 43, Fax 4 51 03 — Gemeindeverwaltung, Hauptstr 11, 01896 Lichtenberg

* **Zum Tor des Ostens**
⚘ Hauptstr 69, ✉ 01896, ☎ (03 59 55) 4 41 15, Fax 4 41 15, AX ED VA
33 Zi, Ez: 110, Dz: 140, WC ☎; 🅿 2⇔40 Fitneßraum Sauna Solarium 🍴
Auch Zimmer der Kategorie ** vorhanden

Lichtenberg 48 ↘

Bayern — Kreis Hof/Saale — 570 m — 1 176 Ew — Naila 7, Lobenstein 10 km
ℹ ☎ (0 92 88) 97 37-0, Fax 97 37-37 — Verkehrsamt, Rathaus, Marktplatz 16, 95192 Lichtenberg; Luftkurort. Sehenswert: Döbraberg ⌂ 795 m (15 km ↙); Höllental (2 km ↗)

** **Burghotel**
⚘ Schloßberg 1, ✉ 95192, ☎ (0 92 88) 51 51, Fax 54 59, AX DC ED VA
25 Zi, Ez: 78, Dz: 136, ⊿ WC ☎; Lift 🅿 1⇔40 Seezugang 🍺
**   Hauptgericht 20; Biergarten

** **Burgrestaurant Harmonie** ✣
⊗ Schloßberg 2, ✉ 95192, ☎ (0 92 88) 2 46, Fax 2 46, ED
Hauptgericht 35; Gartenlokal; geschl: Di abends, Mi, 7.-14.1.

Lichtenfels

Lichtenfels 35 ↙

Hessen — Kreis Waldeck-Frankenberg —
400 m — 4 400 Ew — Medebach 7, Korbach
10, Frankenberg 19 km
🛈 ☎ (0 56 36) 97 97-0, Fax 97 97-20 — Verkehrsamt, im Stadtteil Goddelsheim, Aarweg 10, 35104 Lichtenfels

Fürstenberg (Erholungsort)
∗   Zur Igelstadt
♂ Mittelstr 2, ✉ 35104, ☎ (0 56 36) 97 99-0,
Fax 97 99-49, AX DC ED VA
34 Zi, Ez: 85, Dz: 120, 1 Suite, ⊣ WC ☎, 6✉;
Lift ▣ 🚗 1↔150 ☂ Kegeln Sauna Solarium
🍴 🏊

Lichtenfels 48 ↙

Bayern — Kreis Lichtenfels — 272 m —
21 000 Ew — Coburg 19, Bamberg 33 km
🛈 ☎ (0 95 71) 79 50, Fax 7 95-1 92 — Verkehrsamt, Marktplatz 1, 96215 Lichtenfels;
Städtchen am oberen Main, Korbstadt.
Sehenswert: Kath. Kirche; Rathaus; Tortürme; Stadtschloß; Wallfahrtskirche Vierzehnheiligen (3 km ↙); ehem. Kloster Banz
(5 km ↙)

∗∗   City Hotel
Bahnhofstr 5, ✉ 96215, ☎ (0 95 71) 9 24 30,
Fax 92 43 40, ED
26 Zi, Ez: 69-79, Dz: 112-125, 16✉; Lift ▣
1↔20; garni

∗   Preußischer Hof
Bamberger Str 30, ✉ 96215, ☎ (0 95 71)
50 15, Fax 28 02, AX ED VA
40 Zi, Ez: 59-92, Dz: 96-128, 2 Suiten, ⊣
WC ☎, 5✉;
Lift ▣ 1↔30 Sauna Solarium 🍴
Auch Zimmer der Kategorie ∗∗ vorhanden

Reundorf (4 km ↙)
∗   Gasthof Müller
♂ Kloster-Banz-Str 4, ✉ 96215, ☎ (0 95 71)
60 21, Fax 7 09 47
41 Zi, Ez: 53-57, Dz: 86-94, ⊣ WC ☎; ▣
Sauna Solarium 🍴
geschl: Ende Okt - Mitte Nov

Lichtenstein (Sa.) 50 ←

Sachsen — Landkreis Chemnitzer Land —
314 m — 15 000 Ew — Glauchau 13,
Zwickau 14 km
🛈 ☎ (03 72 04) 8 33 41, Fax 8 33 40 — Lichtenstein Information, Mühlgraben 1,
09350 Lichtenstein. Sehenswert: Schloß;
Laurentiuskirche; Lutherkirche

∗∗   Goldener Helm
Innere Zwickauer Str 6, ✉ 09350,
☎ (03 72 04) 6 20, Fax 6 21 10, AX DC ED VA
40 Zi, Ez: 120-140, Dz: 150-170, 2 Suiten, ⊣
WC ☎, 5✉; Lift ▣ 🚗 4↔120 Fitneßraum
Sauna Solarium 🏊
Großzügige Badelandschaft im Römerbad-Stil im Haus vorhanden
∗∗   Hauptgericht 20; Biergarten Terrasse

Lichtenstein-Außerhalb (2 km ↙)
∗   Alberthöhe
einzeln ♂ ⬩ Niclaser Str 51, ✉ 09350,
☎ (03 72 04) 8 34 74, Fax 8 34 75, AX ED VA
8 Zi, Ez: 75-95, Dz: 80-120, ⊣ WC ☎, 4✉; ▣
🍴

Lichtenstein (Württ) 61 ↘

Baden-Württemberg — Kreis Reutlingen —
510 m — 9 728 Ew — Reutlingen 10, Tübingen 20 km
🛈 ☎ (0 71 29) 69 60, Fax 63 89 — Gemeindeverwaltung, im Ortsteil Unterhausen, Rathausplatz 17, 72805 Lichtenstein.
Sehenswert: Wilhelm-Hauff-Museum in
Honau; Schloß Lichtenstein, 813 m ⬩
(4 km + 15 Min ↙ vom Ortsteil Honau);
Traifelbergfelsen, 795 m ⬩ (beim Ortsteil
Honau); Olgahöhle (Tuffsteinhöhle); Ruine
Greifenstein (Ortsteil Holzelfingen); Nebelhöhle

Honau
∗   Forellenhof Rößle
Heerstr 20, ✉ 72805, ☎ (0 71 29) 9 29 70,
Fax 92 97 50
27 Zi, Ez: 70-95, Dz: 105-140, 1 App, ⊣ WC
☎, 13✉; Lift ▣ 4↔80 🍴
Auch Zimmer der Kategorie ∗∗ vorhanden

∗   Adler
Heerstr 26, ✉ 72805, ☎ (0 71 29) 40 41,
Fax 6 02 20, ED VA
55 Zi, Ez: 65-120, Dz: 90-180, 8 Suiten,
9 App, ⊣ WC ☎, 20✉; Lift ▣ 🚗 4↔100 Fitneßraum Kegeln Sauna Solarium 🍴 🏊
Auch Zimmer der Kategorie ∗∗ vorhanden

Lichtentanne 49 ↗

Sachsen — Kreis Zwickauer Land — 370 m
— 3 310 Ew — Zwickau 8 km
🛈 ☎ (03 75) 56 97-0, Fax 56 97-1 00 —
Gemeindeverwaltung, Hauptstr 69,
08115 Lichtentanne

∗∗   Am Weissenbrunner Park
Kohlenstr 33, ✉ 08115, ☎ (03 75) 5 67 30,
Fax 5 67 34 00, AX DC ED VA
113 Zi, Ez: 95-135, Dz: 120-160, 7 Suiten,
24 App, ⊣ WC ☎, 32✉; Lift ▣ 15↔60 Fitneßraum Sauna 🍴 🏊

Schönfels
∗   Zum Löwen
Zwickauer Str 25, ✉ 08115, ☎ (03 76 00)
7 01 45, Fax 7 01 52
13 Zi, Ez: 80-90, Dz: 120-130, ⊣ WC ☎; ▣
1↔120
∗   Hauptgericht 19; Biergarten

Liebenau 25 □

Niedersachsen — Kreis Nienburg — 25 m
— 6 625 Ew — Nienburg 13 km
🛈 ☎ (0 50 23) 2 90, Fax 17 22 — Gemeindeverwaltung, Ortstr 28, 31618 Liebenau.
Sehenswert: Ev. Kirche; Schloß Eickhof

* **Schweizerlust**
einzeln ♂ Am Sündern 272, ✉ 31618,
☎ (0 50 23) 5 88, Fax 45 91, AX ED VA
9 Zi, Ez: 70, Dz: 120, ⍁ WC ☎; ℗ 5↻250 Fitneßraum Kegeln Sauna Solarium ⁄⃝⃞
geschl: Mo

Liebenstein, Bad 47 ↖

Thüringen — Wartburgkreis — 340 m —
4 235 Ew — Eisenach 30 km
ℹ ☎ (03 69 61) 5 60, Fax 5 61 01 — Kurverwaltung, Herzog-Georg Str 39, 36448 Bad Liebenstein

*** **Akzent-Hotel Herzog Georg**
Herzog-Georg-Str 36, ✉ 36448,
☎ (03 69 61) 5 50, Fax 5 52 22, ED VA
38 Zi, Ez: 115, Dz: 150-190, ⍁ WC ☎, 12✉;
Lift ▣ 1↻25 ⁄⃝⃞

Liebenwalde 29 ↗

Brandenburg — Kreis Oberhavel — 40 m —
4 500 Ew — Eberswalde 33, Berlin 42, Neuruppin 48 km
ℹ ☎ (03 30 54) 6 02 46, Fax 6 02 47 — Amt Liebenwalde, Marktplatz 20, 16559 Liebenwalde. Sehenswert: Marktplatz mit Rathaus; hist. Dorfkirchen; Jagdgebiet Schorfheide

Bischofswerder
* **Preußischer Hof**
City Line & Country Line
Hotels
einzeln, Bischofwerder Weg 12, ✉ 16559,
☎ (03 30 54) 8 70, Fax 8 71 87, AX DC ED VA
93 Zi, Ez: 150-180, Dz: 230-280, S; 3 Suiten,
⍁ WC ☎; ℗ 15↻250 Fitneßraum Kegeln
Sauna Solarium ⁄⃝⃞

Liebenzell, Bad 61 ↘

Baden-Württemberg — Kreis Calw — 340 m
— 9 100 Ew — Calw 7, Pforzheim 21 km
ℹ ☎ (0 70 52) 40 80, Fax 40 81 08 — Kurverwaltung, Kurhausdamm 4, 75378 Bad Liebenzell; Heilbad und Luftkurort im nördlichen Schwarzwald, im Tal der Nagold.
Sehenswert: Kurpark; Burg Liebenzell ⋖⃒
(2 km ←); Klosterruine mit Eulenturm in Hirsau (4 km ↓)

** **Kronen-Hotel**
Badweg 7, ✉ 75378, ☎ (0 70 52) 40 90,
Fax 40 94 20
43 Zi, Ez: 112-200, Dz: 224-284, ⍁ WC ☎;
Lift ℗ 1↻35 ⁓ Sauna Solarium 18Golf
Auch Zimmer der Kategorie *** vorhanden
*** Hauptgericht 49; Terrasse

* **Waldhotel-Post**
♂ ⋖⃒ Hölderlinstr 1, ✉ 75378, ☎ (0 70 52)
93 20-0, Fax 93 20-99, AX ED VA
52 Zi, Ez: 98-115, Dz: 150-210, ⍁ WC ☎; Lift
℗ ▣ 3↻30 ⁓ Sauna Solarium ⁄⃝⃞
Auch Zimmer der Kategorie ** vorhanden

* **Am Bad-Wald**
♂ ⋖⃒ Reuchlinweg 19, ✉ 75378, ☎ (0 70 52)
92 70, Fax 30 14
33 Zi, Ez: 49-59, Dz: 98-118, 4 App, ⍁ WC
☎; Lift ▣ ⁓ Sauna Solarium; **garni**
geschl: 6.-26.12.

▬ **Schweigert**
Kurhausdamm 11, ✉ 75378, ☎ (0 70 52)
44 04
Spezialität: Schwarzwälder Kirschtorte

▬ **Maletsch**
Baumstr 13, ✉ 75378, ☎ (0 70 52) 14 50,
Fax 14 50
℗ Terrasse
Spezialität: Victoria-Torte

Liebertwolkwitz 39 ↙

Sachsen — Kreis Leipzig — 130 m —
4 680 Ew — Leipzig 10, Naunhof 10 km
ℹ ☎ (03 42 97) 4 27 14 — Gemeindeverwaltung, Markt 1, 04445 Liebertwolkwitz

* **Liebethal**
Leipziger Str 44, ✉ 04445, ☎ (03 42 97)
4 85 15, Fax 4 22 61
11 Zi, Ez: 95-130, Dz: 150, ⍁ WC ☎; ℗
2↻35 ⁄⃝⃞ ▬

Liederbach 54 ↑

Hessen — Main-Taunus-Kreis — 150 m —
7 638 Ew — Kelkheim 1, Frankfurt/Main
16 km
ℹ ☎ (0 69) 30 09 80, Fax 3 00 98 35 —
Gemeindeverwaltung, Villebon-Platz 9,
65835 Liederbach

Oberliederbach
** **Liederbacher Hof**
♂ Höchster Str 9, ✉ 65835, ☎ (0 69)
31 00 74, Fax 31 00 75, DC ED VA
20 Zi, Ez: 120-200, Dz: 195-260, ⍁ WC ☎; ℗;
garni

Lieser 52 ↗

Rheinland-Pfalz — Kreis Bernkastel-Wittlich — 110 m — 1 600 Ew — Bernkastel-Kues 6, Wittlich 15 km
ℹ ☎ (0 65 31) 87 46, Fax 30 27 — Verkehrsbüro, Paulsstr 113, 54470 Lieser; Weinbauort an der Mosel

* **Weinhaus Stettler**
⋖⃒ Moselstr 41, ✉ 54470, ☎ (0 65 31) 75 50,
Fax 73 25, AX ED VA
20 Zi, Ez: 71-76, Dz: 108-120, ⍁ WC ☎; ℗
Sauna Solarium; **garni** ▬
Auch Zimmer der Kategorie ** vorhanden

* **Rosenlay**
♂ Beethovenstr 3, ✉ 54470, ☎ (0 65 31)
33 22, Fax 86 84
14 Zi, Ez: 45-60, Dz: 70-90, ⍁ WC; ℗ Sauna
Solarium
geschl: 1.11.-1.4.

Lietzow siehe Rügen

Lilienthal 17

Niedersachsen — Kreis Osterholz — 12 m — 16 500 Ew — Bremen 11, Osterholz 23 km
i ☎ (0 42 98) 92 90, Fax 92 92 92 — Gemeindeverwaltung, Hauptstr 31, 28865 Lilienthal. Sehenswert: Ehem. Klosterkirche; Nieders. Kutschenmuseum; Schulmuseum

* **Schomacker Landidyll Hotel**
♂ Heidberger Str 25, ✉ 28865, ☎ (0 42 98) 93 74-0, Fax 42 91, AX DC ED VA
28 Zi, Ez: 92-112, Dz: 150-180, ⊿ WC ☎, 4✉; **P** ⌂ 1✧20 Kegeln
* Hauptgericht 25; Terrasse

* **Rohdenburg Akzent Hotels**
Trupermoorer Landstr 28, ✉ 28865, ☎ (0 42 98) 36 10, Fax 32 69, AX DC ED VA
23 Zi, Ez: 99-120, Dz: 155-180, ⊿ WC ☎, 10✉; **P** ⌂ 1✧18 Kegeln 18Golf
geschl: Mo, Mi
* Hauptgericht 28; Gartenlokal; geschl: Mo, Mi mittags, 2.-20.8.

* **Alte Posthalterei**
Klosterstr 5, ✉ 28865, ☎ (0 42 98) 21 21, Fax 56 74
Hauptgericht 40; ab 15, So auch mittags, geschl: Mo, Di

Limbach 55

Baden-Württemberg — Neckar-Odenwald-Kreis — 468 m — 4 700 Ew — Buchen 12, Mosbach 15 km
i ☎ (0 62 87) 9 20 00, Fax 92 00 28 — Bürgermeisteramt, Muckentalerstr 9, 74838 Limbach; Erholungsort

* **Volk Landidyll**
♂ Baumgarten 3, ✉ 74838, ☎ (0 62 87) 93 00, Fax 93 01 80, AX DC ED VA
27 Zi, Ez: 70-105, Dz: 130-150, 1 Suite, ⊿ WC ☎; **P** 2✧30 ≘ Kegeln Sauna Solarium 18Golf
* Hauptgericht 23; Gartenlokal Terrasse

Limbach 43

Rheinland-Pfalz — Westerwaldkreis — 358 m — 400 Ew — Hachenburg 4, Altenkirchen 9, Siegen 35 km
i ☎ (0 26 62) 27 04, Fax 93 90 45 — Gemeindeverwaltung, Hardtweg 3, 57629 Limbach

** **Peter Hilger**
Hardtweg 5, ✉ 57629, ☎ (0 26 62) 71 06, Fax 93 92 31, ED
Hauptgericht 38; **P** Terrasse

Limbach-Oberfrohna 50

Sachsen — Kreis Chemnitzer Land — 350 m — 21 000 Ew — Chemnitz 15 km
i ☎ (0 37 22) 7 80, Fax 7 83 03 — Fremdenverkehrsamt, Rathausplatz 1, 09212 Limbach-Oberfohna

* **Cityhotel**
Jägerstr 11, ✉ 09212, ☎ (0 37 22) 9 55 12, Fax 9 54 77, AX DC ED VA
44 Zi, Ez: 70-90, Dz: 90-110, 2 Suiten, ⊿ WC ☎, 6✉; Lift **P** ⌂ 1✧40 Sauna

** **Zur Spindel**
Körnerstr 14, ✉ 09212, ☎ (0 37 22) 9 22 94, Fax 9 54 26, AX ED VA
Hauptgericht 18; Kegeln **P** Terrasse; geschl: Sa mittags, So, 1.1.-10.1.
* 7 Zi, Ez: 95-120, Dz: 100-140, 1 Suite, ⊿ WC ☎, ⌂ 1✧30

Limburg a. d. Lahn 44

Hessen — Kreis Limburg-Weilburg — 130 m — 30 200 Ew — Weilburg 21, Montabaur 23, Wiesbaden 40 km
i ☎ (0 64 31) 20 32 22, Fax 32 93 — Verkehrsamt, Hospitalstr 2, 65549 Limburg; Kreisstadt mit altem Stadtkern. Sehenswert: Dom: Ausmalung, Taufstein, Stifter-Grabmal; ehem. Burg: Stadtarchiv, Diözesan-Museum: Kreuzreliquiar; kath. ehem. Franziskanerkirche; Alte Lahnbrücke ≼; Fachwerkbauten

** **Romantik Hotel Zimmermann**
Blumenröder Str 1, ✉ 65549, ☎ (0 64 31) 46 11, Fax 4 13 14, AX DC ED VA
26 Zi, Ez: 138-210, Dz: 168-268, 4 Suiten, ⊿ WC ☎ DFÜ, 8✉; **P** 1✧12
geschl: 21.12.-5.1.
Auch Zimmer der Kategorie *** vorhanden

** **Dom-Hotel**
Grabenstr 57, ✉ 65549, ☎ (0 64 31) 9 01-0, Fax 68 56, AX DC ED VA
46 Zi, Ez: 140-200, Dz: 190-250, 2 Suiten, ⊿ WC ☎, 9✉; Lift **P** 4✧70
geschl: 21.12.-6.1.

** **Nassauer Hof**
Brückengasse 1, ✉ 65549, ☎ (0 64 31) 99 60, Fax 99 66 55, AX ED VA
37 Zi, Ez: 135-175, Dz: 185-220, 1 Suite, ⊿ WC ☎; Lift **P** 2✧50
** **Zum Enteneck**
Hauptgericht 30; Gartenlokal

** **Ramada**
Schiede 10, ✉ 65549, ☎ (0 64 31) 20 70, Fax 20 74 44, AX DC ED VA
100 Zi, Ez: 191, Dz: 191-206, **S**; ⊿ WC ☎ DFÜ, 25✉; Lift **P** ⌂ 3✧60; **garni**

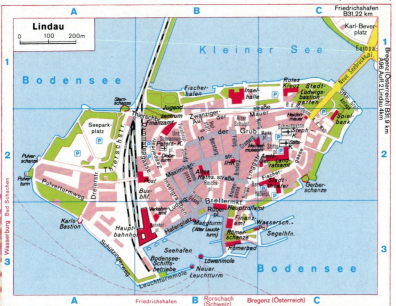

* Martin
Holzheimer Str 2, ✉ 65549, ☎ (0 64 31)
4 10 01, Fax 4 31 85, AX DC VA
27 Zi, Ez: 93-150, Dz: 140-156, 2 Suiten, WC
☎; Lift P
Restaurant für Hausgäste

* Huss
Bahnhofsplatz 3, ✉ 65549, ☎ (0 64 31)
9 33 50, Fax 2 51 36, AX DC ED VA
32 Zi, Ez: 95-115, Dz: 140-180, ⊿ WC ☎; Lift

* Die Gabel
Rütsche 5, ✉ 65549, ☎ (0 64 31) 69 42,
Fax 69 42, AX DC ED VA
Hauptgericht 30; Terrasse; nur abends, sa,
so + feiertags auch mittags

Limburgerhof 54 ↓

Rheinland-Pfalz — Ludwigshafen — 97 m
— 10 800 Ew
☎ (0 62 36) 69 10, Fax 69 11 73 — Gemeindeverwaltung, Burgunderplatz 2,
67117 Limburgerhof

** Residenz Limburgerhof Hotel & Appartements
Rheingönheimer Weg 1, ✉ 67117,
☎ (0 62 36) 47 10, Fax 47 11 00, AX DC ED VA
132 Zi, Ez: 120-220, Dz: 160-250, S; 6 Suiten,
140 App, ⊿ WC ☎ DFÜ, 15⊠; Lift P
120 Fitneßraum Solarium

Limpach siehe Deggenhausertal

Lindau (Bodensee) 69 ↓

Bayern — Kreis Lindau — 400 m —
24 000 Ew — Bregenz (Österreich) 8, Friedrichshafen 21 km
ℹ ☎ (0 83 82) 26 00 30, Fax 26 00 26 — Verkehrsverein, am Hauptbahnhof, Ludwigstr 68, 88131 Lindau; Ferieninsel und Gartenstadt im Bodensee. Sehenswert: Mittelalterliches Stadtbild; Hafen, Löwe, Leuchtturm; Bodenseeschiffahrt zur Insel Mainau

Auf dem Festland Aeschach (2 km ↗)
* Am Holdereggenpark
Giebelbachstr 1, ✉ 88131, ☎ (0 83 82)
60 66, Fax 56 79, ED
29 Zi, Ez: 80-89, Dz: 140-170, ⊿ WC ☎;
geschl: 1.11.-31.3.
Restaurant für Hausgäste

* Schöngarten
Schöngartenstr 15, ✉ 88131, ☎ (0 83 82)
9 34 00, Fax 93 40 30, DC ED VA
12 Zi, Ez: 120, Dz: 120-150, ⊿ WC ☎; Lift P
Sauna Solarium; garni

Ebner
Friedrichshafener Str 19, ✉ 88131,
☎ (0 83 82) 9 30 70, Fax 93 07 40, AX DC ED VA
P Terrasse; geschl: Mo
** 18 Zi, Ez: 80-98, Dz: 140-195, ⊿
WC ☎, 2⊠; Fitneßraum; garni →

Lindau (Bodensee)

Auf der Insel

*** Bayerischer Hof
⬳ Seepromenade (B 3), ✉ 88131,
☎ (0 83 82) 91 50, Fax 91 55 91, DC ED VA
104 Zi, Ez: 155-260, Dz: 260-535, 2 Suiten, ⊔
WC ☎; Lift 🅿 🅐 8⟷300 ≋ Sauna Solarium
*** ⬳ Hauptgericht 36; nur abends

** Reutemann mit Seegarten
⬳ 64 Zi, Ez: 130-180, Dz: 210-350, ⊔ WC ☎;
8⟷300 ≋ Sauna Solarium
** ⬳ Hauptgericht 30

** Lindauer Hof
⬳ Seepromenade (B 3), ✉ 88131,
☎ (0 83 82) 40 64, Fax 2 42 03, AX ED VA
25 Zi, Ez: 100-175, Dz: 170-345, 2 Suiten, ⊔
WC ☎; Lift
Auch Zimmer der Kategorie ******* vorhanden
** ⬳ Hauptgericht 28; Gartenlokal;
geschl: 7.1.-28.2.

* Insel-Hotel
Maximilianstr 42 (B 2), ✉ 88131, ☎ (0 83 82)
50 17, Fax 67 56, AX DC ED VA
26 Zi, Ez: 98-104, Dz: 170-190, ⊔ WC ☎; Lift
🅿 🅐; garni

* Bei der Brugger
Bei der Heidenmauer 11 (C 2), ✉ 88131,
☎ (0 83 82) 93 41-0, Fax 41 33, AX DC ED VA
23 Zi, Ez: 80-105, Dz: 140-170, ⊔ WC ☎; 🅐;
garni

** Seeterrasse
⬳ Oskar-Groll-Anlage 2, in der Spielbank
(C 2), ✉ 88131, ☎ (0 83 82) 52 00,
Fax 2 19 43, AX DC ED VA
Hauptgericht 42; 🅿 Terrasse; geschl: Do,
Mitte Jan-Mitte Feb

* Alte Post
Fischergasse 3 (C 3), ✉ 88131, ☎ (0 83 82)
9 34 60, Fax 93 46 46
Biergarten; geschl: 22.12.-1.3.
* 12 Zi, Ez: 85-130, Dz: 160, ⊔ WC ☎
Rezeption: 10-14,17-23; geschl: 22.12.-1.3.

Hoyren (4 km ↑)

** Villino 👑
einzeln ♂ Hoyerberg 34, ✉ 88131,
☎ (0 83 82) 93 44 50, Fax 93 45 12, ED VA
16 Zi, Ez: 150-220, Dz: 220-300, 8 Suiten, ⊔
WC ☎, 5🅐; 🅿 Sauna Solarium
geschl: 2 Wochen im Jan
** Hauptgericht 52; Terrasse; nur
abends; geschl: Mo, 2 Wochen im Jan

*** Hoyerberg Schlößle 🔑 🏮
⬳ einzeln Hoyerbergstr 64, ✉ 88131,
☎ (0 83 82) 2 52 95, Fax 18 37, DC ED VA
Hauptgericht 50; 🅿 Terrasse; geschl: Mo,
Di mittags, Feb

Reutin (3 km ↗)

** Reulein
♂ ⬳ Steigstr 28, ✉ 88131, ☎ (0 83 82)
96 45-0, Fax 7 52 62, AX ED VA
26 Zi, Ez: 130-180, Dz: 190-280, 6 Suiten; Lift
🅿; garni
geschl: 20.11.-1.2.

* Gasthof Köchlin
▽ Kemptener Str 41, ✉ 88131, ☎ (0 83 82)
96 60-0, Fax 96 60 43, AX DC ED VA
Hauptgericht 25; Biergarten 🅿; geschl: Mo,
2..-16.11.
* 22 Zi, Ez: 65-90, Dz: 140, ☎
geschl: Mo, 2.-16.11.

Schachen (5 km ↘)

*** Bad Schachen 👑
einzeln ♂ ⬳ Bad Schachen 1, ✉ 88131,
☎ (0 83 82) 29 80, Fax 2 53 90, AX VA
110 Zi, Ez: 203-281, Dz: 308-412, 4 Suiten,
14 App, ⊔ WC ☎; Lift 🅿 🅐 5⟷225 ≋ 🌊
Strandbad Seezugang Solarium 18Golf
2Tennis ; geschl: Ende Okt-Ende Mär
Traditionshotel im großen Park am See
gelegen
*** ⬳ einzeln Hauptgericht 40;
geschl: Ende Okt-Ende Mär

* Lindenhof
♂ Dennenmoos 3, ✉ 88131, ☎ (0 83 82)
9 31 90, Fax 93 19 31, ED VA
18 Zi, Ez: 95-180, Dz: 150-238, 1 Suite, ⊔
WC ☎ DFÜ, 3🅐; 🅿 1⟷15 🌊 Seezugang
Fitneßraum Sauna Solarium 18Golf 2Tennis
🍽
geschl: 30.11.-31.12., 1.1.-5.3.
Auch Zimmer der Kategorie ****** vorhanden

* Parkhotel Eden
♂ Schachener Str 143, ✉ 88131, ☎ (0 83 82)
58 16, Fax 2 37 30, AX ED VA
26 Zi, Ez: 85-90, Dz: 170-180, ⊔ WC ☎; Lift
🅿 🍽
geschl: 1.11.-15.3.

** Schachener Hof
Schachener Str 76, ✉ 88131, ☎ (0 83 82)
31 16, Fax 54 95, ED
Hauptgericht 38; Biergarten 🅿 Terrasse;
nur abends, so + feiertags auch mittags;
geschl: Di, Mi, Anfang Jan-Mitte Feb
* 8 Zi, Ez: 100, Dz: 150-180, ⊔ WC
geschl: Anfang Jan-Mitte Feb

Lindberg 66 ↘

Bayern — Kreis Regen — 700 m — 2 390 Ew
— Zwiesel 4 km
ℹ ☎ (0 99 22) 12 00, Fax 84 34 30 — Verkehrsamt, Zwieselauer Str 1, 94227 Lindberg; Erholungsort im Bayerischen Wald.
Sehenswert: Großer Falkenstein1312 m ⬳
(5 km + 1 Std ↑); Naturschutzgebiet Höllbachgespreng (5 km + 1,5 Std ↑); Waldmuseum in Zwiesel (4 km ↗); 18-Loch-Golfpark

Lingen (Ems)

Lehen
** Kur- und Sporthotel Ahornhof
⋞ Lehen 35 A, ✉ 94227, ☎ (0 99 22) 85 30,
Fax 85 35 00, AX DC ED VA
156 Zi, Ez: 68-113, Dz: 120-184, ⊿ WC ☎,
50🛏; Lift P 🍴 3⇔136 ≈ ≘ Fitneßraum
Sauna Solarium 18Golf 🍽 ☛

* Riesberghof
♂ Riesweg 4, ✉ 94227, ☎ (0 99 22) 85 20,
Fax 85 21 00, AX DC ED VA
Ez: 60-80, Dz: 80-110, 2 Suiten, 66 App, ⊿
WC ☎; Fitneßraum Sauna Solarium 🍽
Auch Zimmer der Kategorie ****** vorhanden

Zwieslerwaldhaus (10 km ↑, über die B11 Richtung Bayerisch-Eisenstein)
* Zwieseler Waldhaus
♂ Haus Nr 28, ✉ 94227, ☎ (0 99 25)
18 12 80, Fax 18 11 81
7 Zi, Ez: 58-80, Dz: 96-140, 48 App, ⊿ WC; P
1⇔45 Fitneßraum Sauna; garni ☛
geschl: 1.11.-15.12.
Historisches Gasthaus von 1768
* ⊗ Hauptgericht 20; Biergarten P
Terrasse; geschl: 1.11.-15.12.

* Waldhotel Naturpark
♂ Haus Nr 42, ✉ 94227, ☎ (0 99 25) 9 41 10,
Fax 94 11 49
17 Zi, Ez: 75, Dz: 130-150, ⊿ WC ☎; 🍴 ≈
Fitneßraum Sauna Solarium 🍽 ☛
geschl: 1.11.-20.12.

Linden 44 →

Hessen — Kreis Gießen — 180 m —
11 800 Ew — Gießen 7, Butzbach 12 km
🅘 ☎ (0 64 03) 60 50, Fax 6 05 25 — Stadtverwaltung, Konrad-Adenauer-Str 25,
35440 Linden

🛏 Etap
Gottlieb-Daimler-Str 8, ✉ 35440,
☎ (0 64 03) 7 53 73, AX ED VA
62 Zi, Ez: 58, Dz: 70, ⊿ WC, 12🛏; P; garni
Rezeption: 6.30-10, 17-23

Leihgestern (2 km →)
* Gästehaus Zum Löwen
Schulstr, ✉ 35440, ☎ (0 64 03) 6 26 95,
Fax 6 48 52, AX ED VA
16 Zi, Ez: 80, Dz: 130, 2 App, ⊿ WC ☎; P
3⇔50 🍽
geschl: 20.-30.8.
Anmeldung und Frühstück im 100 m entfernten Gasthof in der Rathausstr 6

Lindenfels 54 →

Hessen — Kreis Bergstraße — 400 m —
5 500 Ew — Bensheim 21, Weinheim 23,
Michelstadt 24 km
🅘 ☎ (0 62 55) 24 25, Fax 27 80 — Kur- und
Touristikservice, Burgstr. 37, 64678 Lindenfels; Heilklimatischer Kurort im Odenwald.
Sehenswert: Burgruine ⋞

Winkel (3 km ↘)
* Wiesengrund
Talstr 3, ✉ 64678, ☎ (0 62 55) 96 01-0,
Fax 34 69, DC ED VA
35 Zi, Ez: 68-84, Dz: 106-132, ⊿ WC ☎, 2🛏;
P 🍴 3⇔60 ≘ Sauna Solarium 🍽 ☛
geschl: Mo, 10.1.-29.1.

Winterkasten (3 km ↑)
* Landhaus Sonne
♂ ⋞ Bismarckturmstr 24, ✉ 64678,
☎ (0 62 55) 25 23, Fax 25 86
8 Zi, Ez: 74-98, Dz: 134-146, 2 Suiten, ⊿ WC
☎; P ≘ Fitneßraum Sauna Solarium; garni

Linderhofe siehe Extertal

Lindlar 43 ↑

Nordrhein-Westfalen — Oberbergischer
Kreis — 240 m — 21 000 Ew — Gummersbach 24, Köln 35 km
🅘 ☎ (0 22 66) 9 64 07, Fax 47 05 43 — Verkehrsamt, Hauptstr. 1 (Marktplatz),
51789 Lindlar. Sehenswert: Hist. Ortskern;
St.-Severin-Kirche; Wasserburg Eibach,
Ruine;Bergisches Freilichtmuseum; Kuriositätenmuseum

* Zum Holländer
Kölner Str 6, ✉ 51789, ☎ (0 22 66) 66 05,
Fax 4 43 88, ED VA
Hauptgericht 25; nur abends
* 12 Zi, Ez: 90, Dz: 120-140, ⊿ WC
☎; 1⇔35 P

Lindow 21 ↓

Brandenburg — Kreis Neuruppin — 40 m —
2 600 Ew — Gransee 15, Neuruppin 23 km
🅘 ☎ (03 39 33) 7 02 97, Fax 7 03 27 — Fremdenverkehrsamt, „Stadt der drei Seen",
Straße des Friedens 20, 16835 Lindow;
Erholungsort. Sehenswert: Ehem. Prämonstratenser Nonnenkloster im Landschaftsschutzgebiet gelegen - gute Wandermöglichkeiten

* Krone
Straße des Friedens 11, ✉ 16835,
☎ (03 39 33) 61 10, Fax 6 11 21, AX ED VA
Hauptgericht 25;
* 4 Zi, Ez: 70, Dz: 100, 2 Suiten, ⊿
WC ☎; 1⇔15

Lingen (Ems) 23 □

Niedersachsen — Kreis Emsland — 27 m —
54 279 Ew — Meppen 20, Nordhorn 20,
Rheine 33 km
🅘 ☎ (05 91) 91 44-1 44, Fax 9 14 41 31 —
Stadtverwaltung Stadt Lingen (Ems), Elisabethstr. 14-16, 49808 Lingen. Sehenswert:
Marktplatz mit Rathaus: Glockenspiel; Bürgerhäuser; Palais Danckelmann; Emslandmuseum Lingen →

Lingen (Ems)

** Van Olfen
Frerener Str 4, ✉ 49809, ☏ (05 91) 80 01 00,
Fax 5 90 52, AX DC ED VA
21 Zi, Ez: 74-85, Dz: 118-128, ⌐ WC ☏;
Sauna; **garni**
geschl: 20.12.-6.1.

** Park-Hotel
Marienstr 29, ✉ 49808, ☏ (05 91) 91 21 60,
Fax 5 44 55, AX DC ED VA
29 Zi, Ez: 121-130, Dz: 165-190, 4 Suiten, ⌐
WC ☏; Lift P 3↔135 Sauna Solarium ▮

* Altes Landhaus
Lindenstr 45, ✉ 49808, ☏ (05 91) 80 40 90,
Fax 5 91 34, AX DC ED VA
21 Zi, Ez: 75-125, Dz: 135-195, ⌐ WC ☏; P
1↔25 Solarium ●
* Hauptgericht 23; Gartenlokal

** Altes Forsthaus
Georgstr 22, ✉ 49809, ☏ (05 91) 37 98,
Fax 5 10 95
Hauptgericht 45; P Terrasse; nur abends,
So nur mittags; geschl: Mo, 2 Wochen im
Sommer, 2 Wochen im Jan

Schepsdorf (2 km ↙)
* Hubertushof
Nordhorner Str 18, ✉ 49808, ☏ (05 91)
91 29 20, Fax 9 12 92 90, DC VA
40 Zi, Ez: 80-110, Dz: 140-160, ⌐ WC ☏; P
🅿 3↔60 Kegeln ▮
Auch Zimmer der Kategorie ****** vorhanden

Lingen-Außerhalb (8 km ↓)
** Am Wasserfall
◂ Am Wasserfall 2 (Hanekenfähr),
✉ 49808, ☏ (05 91) 80 90, Fax 22 78,
AX DC ED VA
58 Zi, Ez: 74-115, Dz: 112-129, 3 Suiten, 4⌴;
Lift P 9↔200 ≋ Fitneßraum Kegeln Sauna
Solarium ▮
Auch Zimmer der Kategorie ***** vorhanden

Linnich 42 ↑

Nordrhein-Westfalen — Kreis Düren —
67 m — 12 300 Ew — Jülich 11, Aachen 27,
Mönchengladbach 28 km
ℹ ☏ (0 24 62) 9 80-0, Fax 99 08 18 — Stadtverwaltung, Rurdorfer Str 64, 52441 Lin-
nich. Sehenswert: Kath. Kirche, Flandrischer Schnitzaltar; ev. Kirche, Orgel

* Rheinischer Hof
Rurstr 21, ✉ 52441, ☏ (0 24 62) 10 32,
Fax 71 37, DC ED VA
Hauptgericht 30; Terrasse; geschl: Mo+Di,
15.7.-15.8.

Linsengericht 45 ↓

Hessen — Main-Kinzig-Kreis — 159 m —
9 399 Ew — Gelnhausen 2, Hanau 22 km
ℹ ☏ (0 60 51) 70 90, Fax 70 91 00 — Gemeindeverwaltung, Amtshofstr 1, 63589 Linsengericht; Gemeinde Linsengericht im Naturpark Spessart

Eidengesäß (4 km ↘)
** Der Löwe
Hauptstr 20, ✉ 63589, ☏ (0 60 51) 7 13 43,
Fax 7 53 39, AX ED VA
Hauptgericht 25; nur abends, So auch mit-
tags; geschl: Mo, Di

Linz 43 □

Rheinland-Pfalz — Kreis Neuwied — 50 m
— 6 113 Ew — Bonn 28, Koblenz 40 km
ℹ ☏ (0 26 44) 25 26, Fax 98 11 26 — Verkehrsamt, Marktplatz 14, 53545 Linz; Städtchen rechts des Rheins. Sehenswert: Alte
kath. St.-Martins-Kirche, Fresken; Neue
kath. Marienkirche, Altar; Rathaus; Neutor;
Rheintor; Fachwerkhäuser; Kaiserberg
178 m ◂
Achtung: Autofähre nach Remagen-Kripp
von 6-24 Uhr, ☏ (0 26 44) 56 07 50; Burg
Linz; röm. Glashütte, Waffen- und Folter-
kammer

* Haus Bucheneck
◂ Linzhausenstr 1, ✉ 53545, ☏ (0 26 44)
94 20, Fax 94 21 55, AX DC ED VA
18 Zi, Ez: 105-135, Dz: 150-230, ⌐ WC ☏;
2↔50 ●
** ◂ Hauptgericht 20

* Café Weiss
Mittelstr. 7-11, ✉ 53545, ☏ (0 26 44)
96 24 12, Fax 96 24 30
8 Zi, Ez: 100, Dz: 140-150, ⌐ WC ☏; Lift;
garni ●

Lippetal 34 □

Nordrhein-Westfalen — Kreis Soest — 70 m
— 12 403 Ew — Beckum 12, Soest 15,
Hamm 19 km
ℹ ☏ (0 29 23) 9 80-0, Fax 9 80-2 32 —
Gemeindeverwaltung, im Ortsteil Hovestadt, Bahnhofstr 6, 59510 Lippetal.
Sehenswert: Wallfahrtskirche St. Ida; Wasserschlösser Hovestadt und Assen

Lippborg
** Gasthof Willenbrink ❀
Hauptstr 10, ✉ 59510, ☏ (0 25 27) 2 08,
Fax 14 02
Hauptgericht 30; P Terrasse; nur abends;
geschl: Mo, 22.12.-5.1., Mitte Jul-Mitte Aug
* 6 Zi, Ez: 80-85, Dz: 140, ⌐ WC ☏,
2⌴; 18Golf
geschl: Mo, 22.12.-5.1., Mitte Jul-Mitte Aug

Lippspringe, Bad 35

Nordrhein-Westfalen — Kreis Paderborn — 150 m — 13 000 Ew — Paderborn 9, Detmold 21 km

ℹ ☎ (0 52 52) 5 03 03, Fax 93 01 83 — Touristik & Marktling Bad Lippspringe GmbH, Peter-Hartmann-Allee 1, 33175 Bad Lippspringe; Heilbad und Heilklimatischer Kurort am Südhang des Teutoburger Waldes. Sehenswert: Prinzenpalais; Lippequelle; Burgruine; Portal der kath. Kirche; Kurparks; Westfalen-Therme

*** Best Western Parkhotel
♦ Peter-Hartmann-Allee 4, ✉ 33175, ☎ (0 52 52) 9 63-0, Fax 96 31 11, AX DC ED VA
101 Zi, Ez: 130-228, Dz: 170-285, ⇨ WC ☎, 16⌂; Lift 🅿 10✪350 ≈ Sauna Solarium 18Golf ●

** Parkrestaurant
◂ Hauptgericht 29; Terrasse

** Vital-Hotel
Schwimmbadstr 14, ✉ 33175, ☎ (0 52 52) 96 41 00, Fax 96 41 70, AX ED VA
47 Zi, Ez: 145, Dz: 190, 1 Suite, ⇨ WC ☎ DFÜ, 24⌂; Lift 3✪250 ≋ ≈ Fitneßraum Sauna Solarium ⁌

* Gästehaus Scherf
♦ Arminiusstr 23, ✉ 33175, ☎ (0 52 52) 20 40, Fax 20 41 88, AX ED VA
32 Zi, Ez: 70-140, Dz: 120-180, 4 Suiten, 6 App, ⇨ WC ☎; Lift 🅿 🚗 ≈ Fitneßraum Sauna Solarium; garni

* Aparthotel am Kurpark
Arminusstr 39, ✉ 33175, ☎ (0 52 52) 96 55 80, Fax 96 55 88, AX DC ED VA
Ez: 80-100, Dz: 140-180, 21 App, ⇨ WC ☎ DFÜ, 6⌂; Lift 🅿 Sauna Solarium ⁌

Lippstadt 34 ↗

Nordrhein-Westfalen — Kreis Soest — 80 m — 70 000 Ew — Rheda-Wiedenbrück 19, Soest 25, Paderborn 32 km

ℹ ☎ (0 29 41) 5 85 15, Fax 7 97 17 — Verkehrsverein, Lange Str 14, 59555 Lippstadt. Sehenswert: Ruine der Stiftskirche; ev. Große Marienkirche, Hochaltar, Sakramentshäuschen; kath. Kirche im Stadtteil Benninghausen (8 km ←); ev. Stiftskirche im Stadtteil Cappel (4 km ↖); Wasserschlösser Overhagen (4 km ↙) und Schwarzenraben (6 km ↘)

** Lippe Residenz
Lipper Tor 1, ✉ 59555, ☎ (0 29 41) 98 90, Fax 98 95 29, AX DC ED VA
80 Zi, Ez: 150, Dz: 225, S; 3 Suiten, ⇨ WC ☎, 20⌂; Lift 🅿 4✪170 ⁌

* Lippischer Hof
Cappelstr 3, ✉ 59555, ☎ (0 29 41) 9 72 20, Fax 9 72 24 99, AX DC ED VA
49 Zi, Ez: 95-130, Dz: 130-160, ⇨ WC ☎ DFÜ, 6⌂; Lift 🚗 2✪80 18Golf ⁌

● Peters
Am Markt, ✉ 59555, ☎ (0 29 41) 40 37, Fax 40 38
Hauptgericht 8; 8.30-19, Sa 8-17, So 14-18

Bad Waldliesborn (Heilbad - 5 km ↑)
* Jonathan
Parkstr 13, ✉ 59556, ☎ (0 29 41) 88 80, Fax 8 23 10, AX DC ED VA
68 Zi, Ez: 98, Dz: 170, ⇨ WC ☎; 4✪80 ⁌ ●
Auch Zimmer der Kategorie ** verfügbar

List siehe Sylt

Lobbe siehe Rügen

Lobberich siehe Nettetal

Lobenstein 48

Thüringen — Saale-Orla-Kreis — 650 m — 7 500 Ew — Hof 33, Saalfeld 40 km

ℹ ☎ (03 66 51) 25 43, Fax 25 43 — Fremdenverkehrsamt Moorbad Lobenstein, Graben 18, 07356 Lobenstein. Sehenswert: Kirche St. Michaelis; hist. Altstadt; Wasserkraftmuseum in Ziegenrück (20 km ↑)

* Oberland
Topfmarkt 2, ✉ 07356, ☎ (03 66 51) 24 94, Fax 25 77, ED VA
19 Zi, Ez: 85-95, Dz: 140-150, ⇨ WC ☎; Lift 🅿 2✪35 Sauna Solarium ●
Auch Zimmer der Kategorie ** vorhanden
** Hauptgericht 20; Biergarten Terrasse; nur abends, sa, so + feiertags auch mittags

* Schwarzer Adler
Wurzbacher Str 1, ✉ 07356, ☎ (03 66 51) 8 89 29, Fax 8 89 31, AX ED VA
16 Zi, Ez: 70-90, Dz: 120-140, ⇨ WC ☎; 🅿 Sauna Solarium ⁌ ●

* Markt-Stuben
Markt 24, ✉ 07356, ☎ (03 66 51) 24 88, Fax 3 00 25, AX DC ED VA
Hauptgericht 15; Terrasse
** 13 Zi, Ez: 65-95, Dz: 110-150, ⇨ WC ☎

Löbau 41

Sachsen — Landkreis Löbau-Zittau — 266 m — 17 074 Ew — Bautzen 19, Görlitz 21, Zittau 25 km

ℹ ☎ (0 35 85) 45 04 50, Fax 45 04 52 — Stadtverwaltung, Löbau Information, Altmarkt 1, 02708 Löbau. Sehenswert: Rathaus; Johanniskirche; Kirche St. Nikolai ➔

Löbau

✱ Kaiserhof
Breitscheidstr 2, ✉ 02708, ☎ (0 35 85)
86 22 30, Fax 86 22 33, AX DC ED VA
23 Zi, Ez: 100-120, Dz: 150, 1 Suite, ⊣ WC
☎; 1⟳24; garni

✱ Stadt Löbau
Elisenstr 1, ✉ 02708, ☎ (0 35 85) 86 18 30,
Fax 86 20 86, ED VA
33 Zi, Ez: 95, Dz: 130, 2 Suiten, ⊣ WC ☎;
1⟳35 ⑩

Löf 43 ↓

Rheinland-Pfalz — Kreis Mayen-Koblenz —
80 m — 2 200 Ew — Cochem 22, Koblenz
28 km
ℹ ☎ (0 26 05) 28 91, Fax 8 42 70 — Gemeindeverwaltung, Moselufer 13, 56332 Löf;
Erholungsort an der Mosel. Sehenswert:
Burgen Thurant, Ehrenburg, Bischofstein
und Eltz

✱ Traube
⋖ Moselufer 2, ✉ 56332, ☎ (0 26 05) 6 80,
Fax 83 19
65 Zi, Ez: 73, Dz: 116, ⊣ WC; Sauna
Solarium ⑩

Löffingen 68 ←

Baden-Württemberg — Kreis Breisgau-
Hochschwarzwald — 800 m — 6 500 Ew —
Titisee-Neustadt 12, Donaueschingen
16 km
ℹ ☎ (0 76 54) 8 02 70, Fax 7 72 50 — Kurverwaltung, Rathausplatz 14, 79843 Löffingen;
Erholungsort im Hochschwarzwald.
Sehenswert: Rathaus; Maienländertor;
Wutachschlucht mit Lothenbachklamm
(7 km + 2 Std ↓); Schwarzwaldpark (Wild- u.
Freizeitpark)

Löffingen-Außerhalb (2 km ↑)
✱ Schwarzwald-Parkhotel
einzeln ⌂ am Wildgehege, ✉ 79843,
☎ (0 76 54) 2 39, Fax 7 73 25, ED VA
23 Zi, Ez: 80-90, Dz: 136-152, ⊣ WC ☎; 🅿 🍽
2⟳25 ⌂ Fitneßraum Solarium ⋍
✱ Hauptgericht 30

Löhnberg 44 ☐

Hessen — Kreis Limburg-Weilburg —
170 m — 4 710 Ew — Weilburg 5, Wetzlar
18 km
ℹ ☎ (0 64 71) 9 86 60, Fax 98 66 44 —
Gemeindeverwaltung, Obertorstr 5,
35792 Löhnberg

✱✱ Zur Krone
Obertorstr 1, ✉ 35792, ☎ (0 64 71) 6 07-0,
Fax 6 21 07, AX ED VA
42 Zi, Ez: 95-105, Dz: 138-158, 3 Suiten, WC
☎, 10🍽; Lift 🅿 3⟳120 Sauna Solarium
Auch einfachere Zimmer vorhanden
✱✱ Hauptgericht 25; Biergarten

Löhne 25 ↙

Nordrhein-Westfalen — Kreis Herford —
65 m — 42 000 Ew — Bielefeld 20 km
ℹ ☎ (0 57 32) 10 05 56, Fax 10 05 52 — Stadt
Löhne-Kultur-u. Verkehrsamt, im Stadtteil
Gohfeld, Alte Bünder Str. 14, 32584 Löhne;
Erholungsort. Sehenswert: Wasserschloß
Ulenburg; Haus Beck; Mühlenhof „Vom
Korn zum Brot"

✱✱ Entenhof
Bünder Str 290 + 292, ✉ 32584, ☎ (0 57 32)
8 10 55, Fax 89 17 44, AX DC ED VA
38 Zi, Ez: 110-165, Dz: 195-250, 2 Suiten, ⊣
WC ☎, 4🍽; 🅿 3⟳50 ⑩ ⋍
Historische Mühlengebäude

Löningen 24 ↘

Niedersachsen — Kreis Cloppenburg —
36 m — 13 750 Ew — Haselünne 20, Cloppenburg 22 km
ℹ ☎ (0 54 32) 42 22, Fax 9 20 78 — Stadtverwaltung, Verkehrsverein, Lindenallee 1,
49624 Löningen. Sehenswert: St.-Vitus-Kirche (größte pfeilerlose Saalkirche Deutschlands); Skulpturengarten; Adventsbläserbrunnen; Jubiläumsbrunnen; Hucklerieder
Windmühle; Dornenkrone; Alte Wasserpumpe

✱✱ Le Cha-Cha-Cha ✿
Langenstr 53, ✉ 49624, ☎ (0 54 32) 5 85 60,
Fax 5 85 62, DC ED VA
Hauptgericht 35; Biergarten 🅿; geschl: Mo

Löpten 30 ↘

Brandenburg — Kreis Dahme-Spreewald —
60 m — 285 Ew — Groß Köris 2 km
ℹ ☎ (03 37 66) 68 90, Fax 6 89 54 — Amt
Schenkenländchen, Markt 9, 15755 Groß
Köris

✱ Eichenhof
⌂ Eichenweg 35, ✉ 15757, ☎ (03 37 66)
4 16 70, Fax 4 20 76
12 Zi, Ez: 40-90, Dz: 80-140, 1 Suite, ⊣ WC
☎; 🅿 🍽 2⟳35 Kegeln ⑩ ⋍
Rezeption: 10-20, Saison 10-22; geschl: Mo,
2.1.-31.1.
Reiterhof mit Reitschule

Lörrach 67 ↙

Baden-Württemberg — Kreis Lörrach —
294 m — 44 600 Ew — Basel 10 km
ℹ ☎ (0 76 21) 41 56 20, Fax 31 99 — Touristund Stadtinformation Lörrach, Bahnhofsplatz 6, 79539 Lörrach; Kreisstadt an der
Schweizer Grenze; Berufsakademie.
Sehenswert: Ev. Stadtkirche; Fridolins-Kirche; Museum; Schloßruine Rötteln, 417 m
⋖ (4 km ↑); Wasserschloß in Inzlingen
(6 km ↘)

Lohmar

** Parkhotel David
Turmstr 24, ✉ 79539, ☎ (0 76 21) 30 41-0,
Fax 8 88 27, AX DC ED VA
34 Zi, Ez: 125-250, Dz: 160-320, 1 Suite, ⌐
WC ☎; Lift 2⇔100; **garni**

** Stadt-Hotel
Weinbrennerstr 2, ✉ 79539, ☎ (0 76 21)
4 00 90, Fax 40 09 66, AX DC ED VA
28 Zi, Ez: 125-230, Dz: 160-250, 1 App, ⌐
WC ☎, 12⊠; Lift P; **garni**

** Villa Elben
☉ ⋅⋖ Hünerbergweg 26, ✉ 79539,
☎ (0 76 21) 20 66, Fax 4 32 80, AX ED VA
34 Zi, Ez: 110-140, Dz: 140-170, ⌐ WC ☎,
4⊠; Lift P 🖳; **garni**

** Meyerhof
Basler Str 162, ✉ 79539, ☎ (0 76 21) 9 34 30,
Fax 93 43 43, AX DC ED VA
31 Zi, Ez: 95-125, Dz: 160-180, ⌐ WC ☎,
10⊠; Lift 🖳; **garni**

** Zum Kranz
Basler Str 90, ✉ 79540, ☎ (0 76 21) 8 90 83,
Fax 1 48 43, AX DC ED VA
Hauptgericht 38; Kegeln P Terrasse;
geschl: So + Mo
* 9 Zi, Ez: 85-110, Dz: 140-180, ⌐
WC ☎; 1⇔70

Löwenstein 61 ↗

Baden-Württemberg — Kreis Heilbronn —
360 m — 3 141 Ew — Heilbronn 17, Schwäbisch Hall 31 km
ℹ ☎ (0 71 30) 2 20, Fax 22 50 — Bürgermeisteramt, Maybachstr 32, 74245 Löwenstein;
Erholungsort. Sehenswert: Burgruine, Breitenauer See

* Gasthof Lamm
Maybachstr 43, ✉ 74245, ☎ (0 71 30) 5 42,
Fax 5 14
Hauptgericht 25; P; geschl: Mo
* 8 Zi, Ez: 70-80, Dz: 110-120, ⌐ WC
☎
geschl: Mo, 14.-21.2., 3.-22.8.

Hößlinsülz (3 km ↑)
* Roger
Flair Hotel
☉ ⋅⋖ Heiligenfeldstr 56, ✉ 74245,
☎ (0 71 30) 2 30, Fax 60 33, ED VA
45 Zi, Ez: 85-120, Dz: 110-170, 2 Suiten, ⌐
WC ☎; Lift P 🖳 3⇔80 Seezugang 🍽 ⇌

Loffenau 60 →

Baden-Württemberg — Kreis Rastatt —
400 m — 2 700 Ew — Gernsbach 4, Bad Herrenalb 8 km
ℹ ☎ (0 70 83) 92 33 18, Fax 92 33 20 — Verkehrsamt, Untere Dorfstr 1, 76597 Loffenau; Erholungsort im nördlichen Schwarzwald

* Zur Sonne
Obere Dorfstr 4, ✉ 76597, ☎ (0 70 83)
9 23 80, Fax 20 66, ED VA
20 Zi, Ez: 50-70, Dz: 90-130, ⌐ WC ☎; Lift
2⇔35 🍽
geschl: 1.-31.8.

Lohberg 66 ↘

Bayern — Kreis Cham — 700 m — 2 100 Ew
— Lam 5, Kötzting 24, Zwiesel 27 km
ℹ ☎ (0 99 43) 94 13 13, Fax 94 13 14 — Verkehrsamt-Tourist-Info, Rathausweg 1 a,
93470 Lohberg; Erholungsort und Wintersportplatz im Bayerischen Wald. Sehenswert: Osser, 1293 m ⋅⋖ (2 Std ↑)

Silbersbach (5 km ↘)
* Osserhotel
einzeln ☉ ⋅⋖ Haus Nr 12, ✉ 93470,
☎ (0 99 43) 7 41 + 9 40 60, Fax 28 81
40 Zi, Ez: 54-82, Dz: 84-124, ⌐ WC, 7⊠; P
🖳 Sauna Solarium 🍽 ⇌
geschl: Mi, 2.11.-20.12., 6.-29.4.

Zackermühle (1 km ↙)
* Pension Grüne Wiese
☉ Sommerauer Str 10, ✉ 93470, ☎ (0 99 43)
12 08, Fax 81 10
27 Zi, Ez: 56-66, Dz: 90-100, ⌐ WC, 2⊠; P 🛌
Fitneßraum Sauna Solarium ⇌
geschl: Di, 1.11.-24.12.
Restaurant für Hausgäste

Lohmar 43 ↘

Nordrhein-Westfalen — Rhein-Sieg-Kreis
— 75 m — 30 000 Ew — Siegburg 4, Bonn
16, Köln 24 km
ℹ ☎ (0 22 46) 15-4 21, Fax 15-4 25 — Stadt
Lohmar, Rathausstr 4, 53797 Lohmar.
Sehenswert: Pfarrkirche und Burg

Heide
* Franzhäuschen
Franzhäuschenstr 67, ✉ 53797, ☎ (0 22 41)
38 50 19, Fax 38 23 19, AX DC ED VA
9 Zi, Ez: 80-110, Dz: 110-150, ⌐ WC ☎; P 🍽

Wahlscheid (7 km ↗)
** Schloß Auel
einzeln ⊠ ✉ 53797, ☎ (0 22 06) 6 00 30,
Fax 6 00 32 22, AX DC ED VA
18 Zi, Ez: 165-195, Dz: 250-300, 2 Suiten, ⌐
WC ☎; P 6⇔120
Auch Zimmer der Kategorie ******* vorhanden. Barockschloß mit Barockkapelle.

* Zur alten Linde
Bartholomäusstr 8, ✉ 53797, ☎ (0 22 06)
9 59 30, Fax 95 93 45, AX DC ED VA
26 Zi, Ez: 125-170, Dz: 190-240, 1 App, ⌐
WC ☎; P 3⇔40 Fitneßraum
** Hauptgericht 35; Biergarten
Kegeln Terrasse; geschl: so + feiertags,
Ende Dez
→

Lohmar

* **Haus Säemann**
Am Alten Rathaus 17, ⊠ 53797,
☎ (0 22 06) 77 87, Fax 8 30 17, AX ED
17 Zi, Ez: 70-90, Dz: 120-150, ⇨ WC; 1⇨
Auch einfachere Zimmer vorhanden
* Hauptgericht 35; P; geschl: Mo

** **Haus Stolzenbach**
an der B 484, ⊠ 53797, ☎ (0 22 46) 9 20 80,
Fax 92 08 20, ED VA
Hauptgericht 35

Wahlscheid-Außerhalb (4 km ↗)
** **Naafs Häuschen**
⊠ 53797, ☎ (0 22 06) 8 00 81, Fax 8 21 65,
AX DC ED VA
45 Zi, Ez: 175, Dz: 210, ⇨ WC ☎; P 🏠 6⇨80
Kegeln Sauna Solarium
** Hauptgericht 28; Gartenlokal Terrasse; geschl: Do
Bit-Schänke
Im alten Kuhstall
Hauptgericht 25; Biergarten; nur abends

Lohme siehe Rügen

Lohmen 51 ↑

Sachsen — Sächsische Schweiz — 108 m
— 3 200 Ew — Dresden 25, Sebnitz 10,
Pirna 5 km
ℹ ☎ (0 35 01) 5 81 00, Fax 58 10 25 —
Gemeindeverwaltung, Basteistr 79,
01847 Lohmen

** **Landhaus Nicolai**
Basteistr 22, ⊠ 01847, ☎ (0 35 01) 5 81 20,
Fax 58 12 88, AX ED VA
38 Zi, Ez: 90-135, Dz: 130-164, 2 Suiten,
2 App, ⇨ WC ☎, 15⬛; Lift P 1⇨40 🍽

Lohmen 20 ↗

Mecklenburg-Vorpommern — Kreis
Güstrow — 99 m — 555 Ew — Dobbertin 7,
Güstrow 16 km
ℹ ☎ (03 84 58) 2 03 15, Fax 2 00 19 —
Gemeindeverwaltung, Dorfstr 20 A,
18276 Lohmen

** **Mecklenburg**
Zum Suckwitzer See 1, ⊠ 18276,
☎ (03 84 58) 30 10, Fax 3 01 55, AX ED VA
32 Zi, Ez: 85, Dz: 100, ⇨ WC ☎ DFÜ, 13⬛;
P 1⇨40 Strandbad 🍽

Lohne 24 ↗

Niedersachsen — Kreis Vechta — 44 m —
23 910 Ew — Vechta 8, Diepholz 14, Cloppenburg 27 km
ℹ ☎ (0 44 42) 88 60, Fax 88 62 45 — Stadtverwaltung, Vogtstr 26, 49393 Lohne.
Sehenswert: St.-Gertrud-Kirche; Wasserburg Hopen; St.-Anna-Klus; Industrie-Museum; Waldbad

* **Ibis**
Am Bahnhof 12, ⊠ 49393, ☎ (0 44 42)
9 34 30, Fax 93 43 10, AX DC ED VA
37 Zi, Ez: 90-120, Dz: 90-120, S; ⇨ WC ☎,
10⬛; P 1⇨25 Solarium; **garni**

Lohne-Außerhalb (6 km ←)
** **Landhaus Stuben**
Dinklager Str 132, an der Autobahnabfahrt Richtung, ⊠ 49393, ☎ (0 44 43) 43 83,
Fax 37 67, AX DC ED VA
Hauptgericht 30; Gartenlokal P; geschl: So
abends, Mo, 2 Wochen im Jan

Lohr 55 ↗

Bayern — Kreis Main-Spessart — 162 m —
15 700 Ew — Hammelburg 31, Aschaffenburg 38, Würzburg 41 km
ℹ ☎ (0 93 52) 51 52, Fax 7 02 95 — Verkehrsverein, Schloßplatz 5, 97816 Lohr; Erholungsort am Main. Sehenswert: Kath. Kirche St. Michael; Schloß, Spessartmuseum;
Rathaus; Stadtturm; kath. Kirche und
Schloß im Stadtteil Steinbach (3 km ↗);
Wallfahrtskirche Maria Buchen (4 km ↘)

** **Parkhotel Leiss**
Jahnstr 2, ⊠ 97816, ☎ (0 93 52) 60 90,
Fax 60 94 09, AX DC ED VA
57 Zi, Ez: 80-120, Dz: 160, ⇨ WC ☎, 27⬛;
Lift 1⇨17 Sauna; **garni**

* **Bundschuh**
Am Kaibach 7, ⊠ 97816, ☎ (0 93 52)
25 06, Fax 25 06, AX DC ED VA
35 Zi, Ez: 88-135, Dz: 145-200, ⇨ WC ☎,
10⬛; Lift P 1⇨45
geschl: 23.12.-15.1.
Restaurant für Hausgäste; Auch Zimmer
der Kategorie ** vorhanden

Sendelbach (1 km ↓)
* **Landhotel Zur alten Post**
Steinfelder Str 1, ⊠ 97816, ☎ (0 93 52)
87 52-0, Fax 87 52 24, AX ED
12 Zi, Ez: 85, Dz: 115-120, 1 Suite, ⇨ WC ☎;
P 2⇨60
Rezeption: 8-14, 17-23; geschl: 7.-31.1.
* **Postillion-Stuben**
Hauptgericht 25; Biergarten; nur abends;
geschl: Mi, 7.1.-31.1.

Steinbach (3 km ↗)
⌂ **Gasthof Adler**
Steinbacher Str 14, ⊠ 97816, ☎ (0 93 52)
87 50-0, Fax 87 50-50, ED VA
19 Zi, Ez: 48-90, Dz: 86-125, WC ☎; P 🍽
geschl: Do, 18.2.-18.3.99

Loiching 65 □

Bayern — Kreis Dingolfing-Landau —
353 m — 3 000 Ew — Dingolfing 5 km
ℹ ☎ (0 87 31) 80 94, Fax 4 00 99 — Gemeindeverwaltung, Kirchplatz 4, 84180 Loiching;
Ort an der Isar

Lossburg

Oberteisbach (4 km ↘)
*　　　**Gasthof Räucherhansl**
♦ Haus Nr 2, ⌧ 84180, ☎ (0 87 31) 32 00, Fax 4 06 70, AX ED VA
55 Zi, Ez: 85-115, Dz: 140-160, ⌐ WC ☎, 8🛁; Lift 🅿 🚗 2⇔80 Kegeln Sauna Solarium 🍽 🍺

Loitz 13 ↘

Mecklenburg-Vorpommern — Kreis Demmin — 8 m — 4 568 Ew — Demmin 13, Grimmen 29 km
🅸 ☎ (03 99 98) 1 53-0, Fax 1 53 20 — Stadtverwaltung, Langestr 83, 17121 Loitz

**　　　**Am Markt**
Marktstr 162, ⌧ 17121, ☎ (03 99 98) 30 10, Fax 3 01 28, ED
15 Zi, Ez: 75, Dz: 95, 1 App, ⌐ WC ☎; Restaurant für Hausgäste

Rustow (6 km ←)
*　　　**Peenetal**
Demminer Str 17, ⌧ 17121, ☎ (03 99 98) 1 01 55, Fax 1 01 56
13 Zi, Ez: 90, Dz: 130, ⌐ WC ☎; 🍽

Longuich 52 ↗

Rheinland-Pfalz — Kreis Trier-Saarburg — 125 m — 1 300 Ew — Trier 10, Wittlich 25 km
🅸 ☎ (0 65 02) 17 16 — Tourist Information, Maximinstr 17, 54340 Longuich; Ort an der Mosel

📪　　　**Zur Linde**
Cerisiersstr 10, ⌧ 54340, ☎ (0 65 02) 55 82, Fax 78 17
13 Zi, Ez: 56, Dz: 95, 4 App, ⌐ WC ☎; 🅿 2⇔50 🍽
Rezeption: 12-14, 18-22; geschl: Mo, Feb 2 Wochen

Lorch 62 □

Baden-Württemberg — Ostalbkreis — 285 m — 11 000 Ew — Schwäb. Gmünd 9, Schorndorf 13, Göppingen 16 km
🅸 ☎ (0 71 72) 18 01 19, Fax 18 01 59 — Verkehrsamt, Rathaus, Hauptstr 19, 73547 Lorch; Stauferstadt im Remstal; Sehenswert: ehem. Benediktinerkloster

Weitmars
**　　　**Ambiente**
Teckstr 62, ⌧ 73547, ☎ (0 71 72) 1 80 90, Fax 18 09 99, AX DC ED VA
13 Zi, Ez: 98, Dz: 148, 2 Suiten, 9 App, ⌐ WC ☎, 2🛁; 🅿 🚗; garni
Rezeption: 7-12, 17-20; geschl: Ende Dez-Anfang Jan, Aug

Lorch 53 ↗

Hessen — Rheingau-Taunus-Kreis — 80 m — 4 500 Ew — Rüdesheim 13, St. Goarshausen 16 km
🅸 ☎ (0 67 26) 18 15, Fax 7 44 — Verkehrsamt, Markt 5, 65391 Lorch; Erholungsort im Rheindurchbruchstal. Sehenswert: Kath. St.-Martins-Kirche, Hochaltar; Hilchenhaus; Skulpturenmuseum

Achtung: Autofähre nach Niederheimbach von Mo-Fr 6.10-20, Sa ab 7, So ab 8, im Winter bis 18.30 (nach Bedarf) 🅸 ☎ (0 67 43) 60 32

*　　　**Arnsteiner Hof**
Schwalbacher Str 8, ⌧ 65391, ☎ (0 67 26) 93 71, Fax 80 41 37, AX DC ED VA
16 Zi, Ez: 75, Dz: 120-140, ⌐ WC ☎; 🅿 🍽 geschl: Mo

Lorsch 54 →

Hessen — Kreis Bergstraße — 90 m — 11 500 Ew — Bensheim 5, Heppenheim 5, Worms 16 km
🅸 ☎ (0 62 51) 59 67 50, Fax 59 67 60 — Verkehrsamt, Marktplatz 1, 64653 Lorsch; Ort in der Oberrheinebene. Sehenswert: Karolingische Torhalle; Reste der Abteikirche; Rathaus; Kloster Altenmünster

**　　　**Zum Schwanen**
Nibelungenstr 52, ⌧ 64653, ☎ (0 62 51) 5 22 53, Fax 58 88 42, AX
Hauptgericht 45; Gartenlokal; nur abends; geschl: Mo, Mitte Aug-Anfang Sep

Losheim am See 52 □

Saarland — Kreis Merzig-Wadern — 300 m — 15 000 Ew — Merzig 11, Wadern 14, Trier 36 km
🅸 ☎ (0 68 72) 61 69, Fax 84 89 — Verkehrsbüro, Saarbrücker Str 13, 66679 Losheim; Erholungsort

Losheim-Außerhalb (1,5 km ↘)
**　　　**Seehotel**
♦ ◄ Zum Stausee 202, ⌧ 66679, ☎ (0 68 72) 6 00 80, Fax 60 08 11, AX ED VA
42 Zi, Ez: 90-95, Dz: 145-150, ⌐ WC ☎, 3🛁; Lift 2⇔35 Seezugang Sauna Solarium

Lossburg 60 ↘

Baden-Württemberg — Kreis Freudenstadt — 600 m — 6 300 Ew — Freudenstadt 7 km
🅸 ☎ (0 74 46) 95 06-0, Fax 95 06-14 — Lossburg Information im Kinzighaus, Hauptstr 46, 72290 Lossburg; Luftkurort im Schwarzwald. Sehenswert: Klosterkirche in Alpirsbach (8 km ↓); Marktplatz mit Stadtkirche in Freudenstadt (8 km ↑) →

Lossburg

** Landgasthof Hirsch
Hauptstr 5, ✉ 72290, ☎ (0 74 46) 9 50 50,
Fax 95 05 55, ED VA
45 Zi, Ez: 65-122, Dz: 130-180, ⌐ WC ☎; Lift
P 🚗 ۞
geschl: 3.-10.1.99
Auch Zimmer der Kategorie ***** vorhanden

🛏 Zur Traube
♂ Gartenweg 3, ✉ 72290, ☎ (0 74 46) 15 14,
Fax 32 97
35 Zi, Ez: 65-75, Dz: 120-130, ⌐ WC; Lift P
🚗 ≋ Solarium ۞
Rezeption: 8-14, 15-24; geschl: Mo, 15.11.-30.11.

Lostau 28 ↙

Sachsen-Anhalt — Landkreis Jerichower Land — 56 m — 926 Ew — Burg 13, Magdeburg 20 km
ℹ ☎ (03 92 22) 90 80, Fax 9 08 14 — Vewaltungsgemeinschaft Möser, Thälmann Str 59, 39291 Möser

* Landgasthof Zur Erholung
Möserstr 27, ✉ 39291, ☎ (03 92 22) 90 10,
Fax 9 01 16, AX ED VA
17 Zi, Ez: 80-120, Dz: 150, ⌐ WC ☎; P
* Hauptgericht 20; Gartenlokal

Luckenwalde 29 ↘

Brandenburg — Kreis Teltow-Fläming — 46 m — 25 000 Ew — Berlin 50 km
ℹ ☎ (0 33 71) 63 21 12, Fax 63 21 12 — Tourist- und Stadtinformation, Markt 12, 14943 Luckenwalde. Sehenswert: Stadtkern mit Marktturm; St. Johanniskirche; Rathaus; Stadt- und Tierpark

** Vierseithof
Haag 19-20, ✉ 14943, ☎ (0 33 71) 6 26 80,
Fax 62 68 68, AX DC ED VA
44 Zi, Ez: 145-195, Dz: 165-295, ⌐ WC ☎,
9✉; P 2✪40 ≋ Bowling Sauna Solarium
Auch Zimmer der Kategorie ******* vorhanden. Denkmalgeschützte ehemalige Tuchfabrik. 1782 erbaut. Angeschlossene Kunsthalle und Kunstseminare im Hause
** Hauptgericht 32; Terrasse

** Märkischer Hof
Poststr 8, ✉ 14943, ☎ (0 33 71) 60 40,
Fax 60 44 44, AX DC ED VA
49 Zi, Ez: 80-110, Dz: 100-150, ⌐ WC ☎,
4✉; Lift P 1✪60; garni

** Luckenwalder Hof
♂ Dahmer Str 34, ✉ 14943, ☎ (0 33 71)
61 01 45, Fax 61 01 46, AX DC ED VA
19 Zi, Ez: 94-125, Dz: 145, ⌐ WC ☎ DFÜ,
4✉; P
geschl: 23.12.-5.1.
Bistro
Hauptgericht 35; nur abends; geschl: Sa, So

* Pelikan
Puschkinstr 27, ✉ 14943, ☎ (0 33 71)
61 29 96, Fax 61 29 96, DC ED VA
19 Zi, Ez: 80-90, Dz: 110-150, ⌐ WC ☎; P
1✪16
Restaurant für Hausgäste

Kolzenburg (5 km ↓)
* Zum Eichenkranz
♂ Unter den Eichen 1, ✉ 14943, ☎ (0 33 71)
61 07 29, Fax 61 07 30, ED
21 Zi, Ez: 85-90, Dz: 110-130, ⌐ WC ☎, 5✉;
1✪35 ۞

Ludwigsburg 61 ↗

Baden-Württemberg — Kreis Ludwigsburg — 280 m — 86 000 Ew — Stuttgart 14 km
ℹ ☎ (0 71 41) 91 02 52, Fax 91 07 74 — Tourist-Information, Wilhelmstr 10, 71638 Ludwigsburg; Heilbad am Neckar; Pädagogische Hochschule; Sport-Akademie.
Sehenswert: Marktplatz; Residenzschloß; Gartenschau „Blühendes Barock" mit „Märchengarten" und Großvoliere (März-Okt); Favoriteschloß und Wildpark; Seeschloß Monrepos (4 km ↖)

Achtung: Schloßfestspiele

** Nestor
Stuttgarter Str 35/2 (B3), ✉ 71638,
☎ (0 71 41) 9 67-0, Fax 9 67-1 13, AX DC ED VA
151 Zi, Ez: 147-187, Dz: 169-229, S; ⌐ WC
☎, 62✉; Lift P 5✪200 Fitneßraum Sauna Solarium
** Orangerie
Hauptgericht 35; Terrasse

** Favorit
Verband Christlicher Hotels
Gartenstr 18 (A 2), ✉ 71638, ☎ (0 71 41)
9 00 51, Fax 90 29 91, AX DC ED VA
92 Zi, Ez: 90-150, Dz: 140-200, ⌐ WC ☎,
44✉; Lift 🚗 2✪24 Sauna Solarium; garni

* Economy Hotel
Schillerstr 19, ✉ 71638, ☎ (0 71 41) 94 10-0,
Fax 90 22 59, AX DC ED VA
44 Zi, Ez: 85-135, Dz: 130-160, S; ⌐ WC ☎;
Lift P; garni

*** Alte Sonne 🍴
Bei der kath. Kirche 3 (B 2), ✉ 71634,
☎ (0 71 41) 92 52 31, Fax 90 26 35, AX ED VA
Hauptgericht 58; geschl: So (März-Sep)
Mittags schwäbische Küche mit Lilien-Niveau

*** Le Carat 🍴
Schwieberdinger Str 60, ✉ 71636,
☎ (0 71 41) 4 76 00, Fax 47 60 60, AX ED VA
Hauptgericht 45; P Terrasse; geschl: Sa mittags, So

** Post-Cantz ✿
Eberhardstr 6 (B 2), ✉ 71634, ☎ (0 71 41)
92 35 63, Fax 90 56 07, AX DC ED VA
Hauptgericht 30; geschl: Mi, Do, 3 Wochen in den Sommerferien

Ludwigsdorf

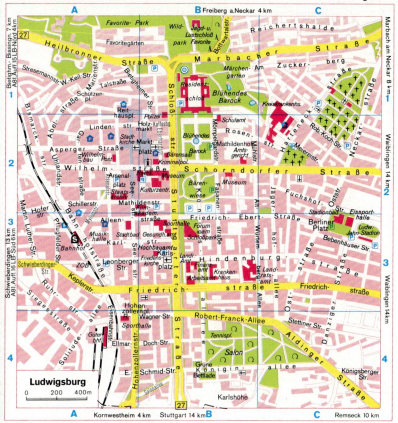

** Zum Postillion
Asperger Str 12, ✉ 71634, ☎ (0 71 41)
92 47 77, Fax 92 47 70, AX DC ED VA
Hauptgericht 20; Terrasse; geschl: feiertags, So abends, Mo + Sa mittags, 23.12.-6.1.

Kunzi
Myliusstr 13 (A 3), ✉ 71638, ☎ (0 71 41)
92 19 47, Fax 92 28 71
Hauptgericht 16; Terrasse

Ludwigsburg-Außerhalb (4 km ↘)
*** Schlosshotel Monrepos
Schloß Monrepos 22, ✉ 71634,
☎ (0 71 41) 30 20, Fax 30 22 00, AX DC ED VA
79 Zi, Ez: 160-300, Dz: 260-320, 2 Suiten,
WC ☎; Lift 9 ⌘ 200 ≙ Seezugang Fitneßraum Sauna Solarium

Hoheneck (2 km ↑)
* Krauthof
Beihinger Str 27, ✉ 71642, ☎ (0 71 41)
5 08 80, Fax 50 88 77, AX DC ED VA
40 Zi, Ez: 125-150, Dz: 170-200, WC ☎;
3 ⌘; Lift P 5 ⌘ 100 Sauna Solarium

* Hoheneck
Uferstr, ✉ 71642, ☎ (0 71 41) 5 11 33,
Fax 5 20 77, ED VA
15 Zi, Ez: 116, Dz: 170-180, WC ☎; P
geschl: 20.12.-9.1.

Pflugfelden (1 km ←)
** Stahl
Dorfstr 4, ✉ 71636, ☎ (0 71 41) 4 41 10,
Fax 44 11 42, AX DC ED VA
24 Zi, Ez: 130-150, Dz: 170-190, WC ☎;
Lift P 2 ⌘ 15; garni

Ludwigsdorf 41 ↘

Sachsen — Niederschles. Oberlausitzkreis
— 190 m — 1 200 Ew
☎ (0 35 81) 31 70 20, Fax 31 48 30 —
Gemeindeamt, Dorfstr 116, 02829 Ludwigsdorf →

34 □ Der Ort befindet sich im Reisekartenteil auf Seite 34 im mittleren Planfeld.

Ludwigsdorf

*** Gewölberestaurant 🍴
Dorfstr 114, ⊠ 02829, ☎ (0 35 81) 3 80 00, Fax 38 00 20, AX ED VA
Hauptgericht 38; P Terrasse; geschl: So, Mo, 1.-18.2.

** Gutshof Hedicke 👑
♦ 12 Zi, Ez: 109-124, Dz: 159-179, 2 Suiten, ⊣ WC ☎, 2✉; 2⟡25

Ludwigsfelde 30 □

Brandenburg — Teltow-Fläming — 43 m — 20 400 Ew
ℹ ☎ (0 33 78) 82 71 12, Fax 82 71 14 — Kulturamt im Kulturhaus, Th-Fontane-Str 42, 14974 Ludwigsfelde

Löwenbruch
** Landhotel Löwenbruch
Dorfstr 3, ⊠ 14974, ☎ (0 33 78) 8 62 70, Fax 26 77, AX ED VA
30 Zi, Ez: 99-132, Dz: 122-165, ⊣ WC ☎ DFÜ, 8✉; P 2⟡35 Sauna Solarium 🍴 ☕

Ludwigshafen am Rhein 54 ↓

Rheinland-Pfalz — Stadtkreis — 96 m — 171 374 Ew — Mannheim 1, Heidelberg 22, Karlsruhe 67 km
ℹ ☎ (06 21) 51 20 35, Fax 62 42 95 — Tourist-Information, Pavillon am Hauptbahnhof, Bahnhofstr 119, 67059 Ludwigshafen; Kreisstadt; Rheinhafen; Theater im Pfalzbau; Prinzregenten Theater im Hemshof. Sehenswert: Wallfahrtskirche und Schillerhaus im StadtteilOggersheim; kath. Kirche im Stadtteil Mundenheim (4 km ↙); Wilhelm-Hack-Museum; Ebert-Park, Stadtpark am Rhein; Lutherkirche mit Lutherplatz

*** Ramada Hotel Ludwigshafen
Pasadena Allee 4 (A 3), ⊠ 67059, ☎ (06 21) 5 95 10, Fax 51 19 13, AX DC ED VA
189 Zi, Ez: 235-250, Dz: 260-275, S; 3 Suiten, ⊣ WC ☎, 80✉; Lift P 🚗 8⟡200 ≋ Sauna Solarium

*** Bibliothek im Landhaus
Hauptgericht 36

** Europa Hotel
Top International Hotel
Am Ludwigsplatz 5 (B 2), ⊠ 67059,
☎ (06 21) 5 98 70, Fax 5 98 71 22, AX DC ED VA
113 Zi, Ez: 195-228, Dz: 240-288, S; 2 Suiten, ⊣ WC ☎; Lift P 🚗 5⟡250 ≋ Fitneßraum Sauna Solarium
Auch Zimmer der Kategorie ******* vorhanden

** Windrose
Hauptgericht 35; geschl: Sa, So

** Excelsior
Lorientallee 16, ⊠ 67059, ☎ (06 21) 5 98 50, Fax 5 98 55 00, AX DC ED VA
160 Zi, Ez: 80-115, Dz: 98-140, ⊣ WC ☎, 10✉; Lift P 🚗 3⟡50; garni 🍴

Friesenheim (3 km ↖)
* Ebertpark
Kopernikusstr 67, ⊠ 67063, ☎ (06 21) 6 90 60, Fax 6 90 66 01, AX DC ED VA
93 Zi, Ez: 125-130, Dz: 150-160, ⊣ WC ☎; Lift P 🍴

Gartenstadt (2 km ↙)
* Gartenstadt-Hotel
Maudacher Str 188, ⊠ 67065, ☎ (06 21) 55 10 51, Fax 55 10 54, AX DC ED VA
50 Zi, Ez: 105-120, Dz: 160-200, ⊣ WC ☎; Lift P 🚗 1⟡ ≋ Sauna Solarium
Restaurant für Hausgäste

Ludwigslust 19→

Mecklenburg-Vorpommern — Kreis Ludwigslust — 36 m — 12 800 Ew — Perleberg 36, Schwerin 37 km
ℹ ☎ (0 38 74) 2 90 76 — Ludwigslust-Information, Schloßfreiheit 8, 19288 Ludwigslust. Sehenswert: Eine der wertvollsten Stadtanlagen aus dem 18./19. Jh. in Deutschland; Schloß (Spätbarock) und Schloßpark; Stadtkirche; kath. Kirche; klassizistische Mausoleen

*** Erbprinz
Schweriner Str 38, ⊠ 19288, ☎ (0 38 74) 4 71 74, Fax 2 91 60, AX ED VA
38 Zi, Ez: 129-170, Dz: 160-198, 1 Suite, ⊣ WC ☎, 4✉; Lift P 🚗 3⟡100 Fitneßraum Sauna Solarium

** Ferdinand Franz I
Hauptgericht 25

** Romantik Landhotel de Weimar
Schloßstr 15, ⊠ 19288, ☎ (0 38 74) 41 80, Fax 41 81 90, AX DC ED VA
49 Zi, Ez: 129-150, Dz: 165-245, 3 Suiten, ⊣ WC ☎, 6✉; Lift P 🚗 4⟡100 ☕

** Ambiente
Hauptgericht 25; Biergarten Terrasse

** Mecklenburger Hof
Lindenstr 40, ⊠ 19288, ☎ (0 38 74) 41 00, Fax 41 01 00, AX DC ED VA
37 Zi, Ez: 88-146, Dz: 154-185, ⊣ WC ☎, 2✉; Lift P 🚗 3⟡50

* Stadt Hamburg
Letzte Str 4, ⊠ 19288, ☎ (0 38 74) 41 50, Fax 2 30 57, AX DC ED VA
33 Zi, Ez: 75-95, Dz: 90-110, ⊣ WC ☎; 1⟡20

** Fürst Blücher
Hauptgericht 30

* Parkhotel
Kanalstr 19, ⊠ 19288, ☎ (0 38 74) 2 20 15, Fax 2 01 56, ED
19 Zi, Ez: 65-90, Dz: 110-120, ⊣ WC ☎; P 🍴

Lübbecke

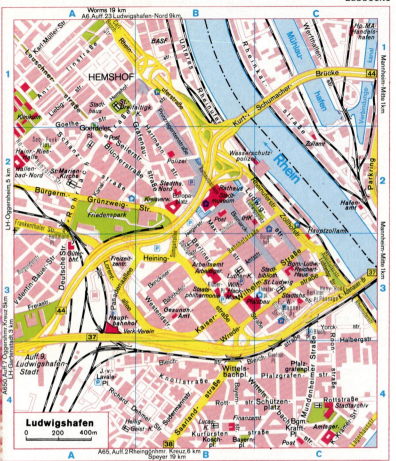

* **Café Wulff**
Johannes-Gillhoff-Str 19, ✉ 19288,
☎ (0 38 74) 4 22 40, Fax 42 24 44
9 Zi, Ez: 85, Dz: 95, ⌐ WC ☎ DFÜ; 🅿 🍽 🛥

Ludwigsstadt 48 □

Bayern — Kreis Kronach — 600 m —
4 200 Ew — Kronach 32, Saalfeld 34 km
ℹ ☎ (0 92 63) 9 49 30, Fax 9 49 40 — Fremdenverkehrsbüro-Touristinformation, Lauensteiner Str 1, 96337 Ludwigsstadt; Erholungsort im Frankenwald. Sehenswert: Marienkapelle; Schiefermuseum; Burg Lauenstein, 550 m (4 km ↑), Aussichtsturm Thüringer Warte, 678 m ◀ (2 km ←)

***** Restaurant mit außergewöhnlich anspruchsvoller Ausstattung

Lauenstein (2 km ↑)
** **Posthotel**
◀ Orlamünder Str 2, ✉ 96337, ☎ (0 92 63)
99 13-0, Fax 99 13-99, DC ED VA
25 Zi, Ez: 70-88, Dz: 110-140, ⌐ WC ☎ DFÜ;
Lift 🅿 2⇔30 🛎 Sauna Solarium
Auch Zimmer der Kategorie * vorhanden
** ◀ Hauptgericht 20; Terrasse

Lübbecke 25 ✓

Nordrhein-Westfalen — Kreis Minden-Lübbecke — 90 m — 25 000 Ew — Minden 23, Herford 23, Osnabrück 45 km
ℹ ☎ (0 57 41) 27 60, Fax 9 05 61 — Stadtverwaltung, Kreishausstr. 2-4, 32312 Lübbecke; Ort am Wiehengebirge. Sehenswert: St.-Andreas-Kirche; Rathaus; Burgmannshof mit Museum →

Lübbecke

∗ Quellenhof
♂ Obernfelder Allee 1, ✉ 32312, ☎ (0 57 41)
3 40 60, Fax 34 06 59, DC ED VA
23 Zi, Ez: 100-106, Dz: 150-230, 1 Suite, ⌐
WC ☎, 2🛏; Lift 2⇔50 Fitneßraum
Solarium 🍴
geschl: Fr, 1.1.-12.1.99, 15.7.-31.7.99
∗ Hauptgericht 30; 🅿 Terrasse;
geschl: So abends, Fr, 1.1.-12.1.99, 15.7.-31.7.99

Industriegebiet (2 km ↑)
∗ Borchard
Langekamp 26, ✉ 32312, ☎ (0 57 41) 10 45,
Fax 10 38, AX DC ED VA
27 Zi, Ez: 100-130, Dz: 160-190, ⌐ WC ☎;
3⇔50 Kegeln 🍴

Lübbenau 40 ↗

Brandenburg — Kreis Calau — 51 m —
19 800 Ew — Lübben 13, Cottbus 31 km
🛈 ☎ (0 35 42) 36 68, Fax 36 68 — Fremdenverkehrsverein, Ehm-Welk-Str 15,
03222 Lübbenau. Sehenswert: Stadtkirche
St. Nikolai (Barockbau); Schloßbezirk;
Spreewaldmuseum

∗∗∗ Schloß Lübbenau
♂ 🌳 Schloßbezirk 6, ✉ 03222, ☎ (0 35 42)
87 30, Fax 87 36 66, AX ED VA
47 Zi, Ez: 90-220, Dz: 150-290, 6 Suiten, ⌐
WC ☎, 4🛏; Lift 🅿 🚗 4⇔100 🍴
Auch Zimmer der Kategorie ∗∗ vorhanden.

∗∗ Turmhotel
Nach Stottoff 1, ✉ 03222, ☎ (0 35 42)
8 91 00, Fax 89 10 47, AX ED VA
12 Zi, Ez: 120-140, Dz: 180-200, ⌐ WC ☎; 🅿
2⇔20 Sauna Solarium 🍴

∗ Spreewaldeck
Dammstr 31, ✉ 03222, ☎ (0 35 42) 8 90 10,
Fax 89 01 10, AX ED VA
26 Zi, Ez: 110-130, Dz: 160-190, 1 Suite, ⌐
WC ☎; Lift 🅿 2⇔40 🍴 🍴

Boblitz (4 km ↘)
∗ Motel 5
Spreewaldhotel
an der B 115, ✉ 03222, ☎ (0 35 42) 8 91 50,
Fax 8 91 53 03, AX DC ED VA
30 Zi, Ez: 95, Dz: 120-140, ⌐ WC ☎; 🍴

Leipe (10 km →)
∗ Spreewaldhotel Leipe
einzeln ♂ Dorfstr 29, ✉ 03226, ☎ (0 35 42)
22 34, Fax 38 91, AX DC ED VA
21 Zi, Ez: 95-125, Dz: 130-190, ⌐ WC ☎
DFÜ; 🅿 1⇔35 🍴 🍴
geschl: Jan/Feb
Hoteleigener Bootshafen, Kahnfahrten

Lübben (Spreewald) 31 ↙

Brandenburg — Kreis Dahme-Spreewald —
53 m — 15 100 Ew — Frankfurt/Oder 68,
Leipzig 138 km
🛈 ☎ (0 35 46) 7 90, Fax 7 92 22 — Stadtverwaltung, Bahnhofstr 31/32, 15907 Lübben
(Spreewald). Sehenswert: Ehem. Stadtmauer mit Eckturm und Trutzer; Paul-Gerhard-Kirche; ehem. Ständehaus; Schloß
mit Spätrenaissancegiebel; Schloßturm
mit Wappensaal; Postmeilensäule; Kirche
Steinkirchen

∗ Spreeufer
Hinter der Mauer 4, ✉ 15907, ☎ (0 35 46)
27 26-0, Fax 27 26-34
23 Zi, Ez: 98, Dz: 148, ⌐ WC ☎; garni

∗ Steinkirchener Hof
Cottbuser Str 16, ✉ 15907, ☎ (0 35 46)
2 33-0, Fax 2 33-1 60, DC ED VA
16 Zi, Ez: 65-100, Dz: 120-140, ⌐ WC ☎; 🅿
1⇔25 🍴

∗ Spreeblick
Gubener Str 53, ✉ 15907, ☎ (0 35 46) 23 20,
Fax 23 22 00
28 Zi, Ez: 80-90, Dz: 100-130, ⌐ WC ☎; 🅿
2⇔50 Sauna Solarium 🍴

Lübeck 19 ↖

Schleswig-Holstein — Stadtkreis — 18 m
— 238 276 Ew — Hamburg 65, Kiel 75, Puttgarden 92 km
🛈 ☎ (04 51) 7 23 00, Fax 70 48 90 — Verkehrsverein Tourist Service, Holstenstr. 20,
23552 Lübeck; Hansestadt an der Trave
(Elbe-Lübeck-Kanal). Sehenswert: Stadtbild; Dom: Triumphkreuz; St.-Marien-Kirche: Totentanzorgel, Astronomische Uhr;
Heiligen-Geist-Hospital; St.-Jakobi-Kirche:
Figuren von Barlach; St.-Petri-Kirche ⛵
(Turm mit Lift); St. Aegidien-Kirche; Rathaus; Holstentor, Burgtor; Buddenbrookhaus; Stiftshöfe: Füchtingshof, Hasenhof;
ehem. St.-Annen-Kloster: Museum für
Kunst- und Kulturgeschichte; Behnhaus:
Museum für moderne Kunst, Naturhistorisches Museum; Terrakotten am Hause
Musterbahn 3; Haus der Schiffergesellschaft; Bürgerhäuser; Salzspeicher; Hubbrücken über den Elbe-Lübeck-Kanal

∗∗∗ Radisson SAS
Senator Hotel Lübeck
⛵ Willy-Brandt-Allee 6 (A 3), ✉ 23554,
☎ (04 51) 14 20, Fax 1 42 22 22, AX DC ED VA
221 Zi, Ez: 180-250, Dz: 230-290, S; 3 Suiten,
⌐ WC ☎, 22🛏; Lift 🚗 8⇔320 🏊 Fitneßraum Sauna Solarium 🍴

∗ Hotel oder Gasthaus mit guter
Ausstattung, über dem Durchschnitt

Lübeck

★★★ Holiday Inn
Travemünder Allee 3 (C 1), ✉ 23568,
☎ (04 51) 3 70 60, Fax 3 70 66 66, AX DC ED VA
155 Zi, Ez: 155-225, Dz: 185-295, S; 3 Suiten,
⌂ WC ☎, 59🛏; Lift P 🚗 10⟷300 🪑 Fitneßraum Sauna Solarium 🛥

★★ Rhapsody
Hauptgericht 30; Terrasse

★★★ Mövenpick
Beim Holstentor 1 (A 3), ✉ 23554, ☎ (04 51)
1 50 40, Fax 1 50 41 11, AX DC ED VA
197 Zi, Ez: 172-222, Dz: 224-294, S; 3 Suiten,
⌂ WC ☎, 80🛏; Lift P 12⟷600
Auch Zimmer der Kategorie ★ vorhanden

★★ Hauptgericht 25; Terrasse

★★ Kaiserhof ♛
Kronsforder Allee 11-13 (C 4), ✉ 23560,
☎ (04 51) 70 33 01, Fax 79 50 83, AX DC ED VA
54 Zi, Ez: 145-215, Dz: 195-250, 6 Suiten, ⌂
WC ☎; Lift P 🚗 3⟷25 🪑 Fitneßraum
Sauna Solarium; garni
Auch Zimmer der Kategorie ★★★ vorhanden

★ Ringhotel Jensen
An der Obertrave 4 (C 3), ✉ 23552,
☎ (04 51) 7 16 46, Fax 7 33 86, AX DC ED VA
40 Zi, Ez: 125-165, Dz: 165-210, S; 2 Suiten,
⌂ WC ☎; Lift P 🚗 3⟷80 🛥

★★ Yachtzimmer
Hauptgericht 30; Terrasse →

Lübeck

*   Park-Hotel
Lindenplatz 2 (A 3), ✉ 23554, ☎ (04 51) 87 19 70, Fax 8 71 97 29, AX DC ED VA
18 Zi, Ez: 110-145, Dz: 150-198, ⌐ WC ☎, 4🛏; **P** 🚗; garni

---

*   Alter Speicher
Beckergrube 91-93 (B 2), ✉ 23552, ☎ (04 51) 7 10 45, Fax 70 48 04, DC ED VA
43 Zi, Ez: 130-190, Dz: 180-250, 3 Suiten, ⌐ WC ☎, 7🛏; Lift 2⟳50 Fitneßraum Sauna Solarium; garni
Auch Zimmer der Kategorie ** vorhanden

---

*   Klassik Altstadt Hotel
City Line & Country Line
Hotels
Fischergrube 52 (B 2), ✉ 23552, ☎ (04 51) 7 02 98-0, Fax 7 37 78, AX DC ED VA
28 Zi, Ez: 85-155, Dz: 185-240, ⌐ ☎ DFÜ; **P** 1⟳18; garni 🍴

***   Wullenwever
🍷 Beckergrube 71 (B 2), ✉ 23552, ☎ (04 51) 70 43 33, Fax 7 06 36 07, AX DC
Hauptgericht 45; geschl: Sa mittags, So, Mo

**   Das kleine Restaurant ❀
An der Untertrave 39 (B 2), ✉ 23552, ☎ (04 51) 70 59 59, Fax 70 59 59, AX DC ED VA
Hauptgericht 35

**   Historischer Weinkeller unter
dem Heiligen Geist Hospital
🍷 Koberg 8-9 (C 2), ✉ 23552, ☎ (04 51) 7 62 34, Fax 7 53 44, DC ED VA
Hauptgericht 18; Gartenlokal **P** Terrasse

**   Lübecker Hanse
🍷 Kolk 3 (B 3), ✉ 23552, ☎ (04 51) 7 80 54, Fax 7 13 26, AX DC ED VA
Hauptgericht 33; geschl: Sa,So, 1. Woche Jan

---

*   Lachstisch
Große Petersgrube 8, ✉ 23552, ☎ (04 51) 7 00 72, Fax 7 00 72
Hauptgericht 25; Terrasse; 10-19, Sa+Fr 10-22; geschl: so+feiertags
Weinhandlung mit Tages-Bistro

---

*   Haus der Schiffergesellschaft
🍷 Breite Str 2 (B 2), ✉ 23552, ☎ (04 51) 7 67 76 + 7 67 70, Fax 7 32 79
Hauptgericht 40

🍰   Niederegger
Breite Str 89 (C 3), ✉ 23552, ☎ (04 51) 53 01-1 26 /1 27, Fax 7 76 24
Hauptgericht 22; Terrasse
Spezialität: Marzipan; Nußtorte

Israelsdorf (2 km ↖)
*   Waldhotel Twiehaus
♂ Waldstr 41, ✉ 23568, ☎ (04 51) 39 87 40, Fax 3 98 74 30, AX DC ED VA
10 Zi, Ez: 100-120, Dz: 150-170, ⌐ WC ☎ DFÜ, 10🛏; **P** 🚗 1⟳20 🍴 ☕

Kücknitz (9 km ↗)
*   Waldhusen
Waldhusener Weg 22, ✉ 23569, ☎ (04 51) 39 87 30, Fax 3 98 77 33
Hauptgericht 25; Biergarten Kegeln **P** Terrasse; geschl: Mo
*   10 Zi, Ez: 80, Dz: 120, 2 Suiten, ⌐ WC ☎;
geschl: Mo

Moisling (4 km ↙)
**   Treff Hotel
Dr.-Luise-Klinsmann-Str 1, ✉ 23558, ☎ (04 51) 8 80 20, Fax 8 40 33, AX DC ED VA
123 Zi, Ez: 125-150, Dz: 160-185, S; 2 Suiten, 45 App, ⌐ WC ☎, 20🛏; Lift **P** 3⟳15
Langzeitvermietung möglich
*   Goode Stuv'
Hauptgericht 22

St. Gertrud
*   Pergola
Adolfstr 2, ✉ 23568, ☎ (04 51) 3 53 56, Fax 3 88 76 20, ED VA
7 Zi, Ez: 85, Dz: 135, ⌐ WC ☎; garni

St. Lorenz-Nord (3 km ↖)
*   Zum Ratsherrn
Herrendamm 2, ✉ 23556, ☎ (04 51) 4 33 39, Fax 4 79 16 62, AX DC ED VA
30 Zi, Ez: 95-140, Dz: 150-180, ⌐ WC ☎, 9🛏; **P** 1⟳60 🍴
Auch einfachere Zimmer vorhanden

Travemünde
20 km ↗ - 12 m - 11500 Ew - Ostsee-Heilbad an der Lübecker Bucht; Fährschiffverbindungen vom Skandinavienkai nach Dänemark, Schweden, Finnland und Polen - **i** Kurverwaltung, im Strandbad-Centrum, Strandpromenade 16, 23570 Travemünde, ☎ (0 45 02) 8 04 30

***   Maritim Strandhotel
♂ ◂ Trelleborgallee 2, ✉ 23570, ☎ (0 45 02) 8 90, Fax 89 20 20, AX DC ED VA
230 Zi, Ez: 159-279, Dz: 228-338, S;
10 Suiten, ⌐ WC ☎, 24🛏; Lift 🚗 12⟳1200 ⚓ Seezugang Fitneßraum Kegeln Sauna Solarium ☕
**   Ostseerestaurant
◂ Hauptgericht 35; **P** Terrasse

---

*   Strand-Schlößchen
♂ ◂ Strandpromenade 7, ✉ 23570, ☎ (0 45 02) 7 50 35, Fax 7 58 22, ED VA
33 Zi, Ez: 90-180, Dz: 150-240, ⌐ WC ☎;
Auch Zimmer der Kategorie ** vorhanden

Lüdenscheid

✱ **Atlantic**
◅ Kaiserallee 2 a, ✉ 23570, ☎ (0 45 02) 7 50 57, Fax 7 35 08, AX DC ED VA
30 Zi, Ez: 73-143, Dz: 123-193, 4 Suiten, ⌐ WC ☏; **P** Seezugang Solarium; **garni**

✱ **Lord Nelson**
Vorderreihe 56, ✉ 23570, ☎ (0 45 02) 63 69, Fax 63 37, AX DC ED VA
Hauptgericht 25

● **Niederegger**
Vorderreihe 56, ✉ 23570, ☎ (0 45 02) 20 31

Lübstorf 19 ↗

Mecklenburg-Vorpommern — Kreis Schwerin — 65 m — 1 152 Ew — Schwerin 11 km
i ☎ (0 38 67) 2 35 — Gemeindeverwaltung, Wiligrader Str 1, 19069 Lübstorf

Seehof
✱ **Pension am See**
♣ Eschenweg 30, ✉ 19069, ☎ (03 85) 55 76 50, Fax 55 76 52
11 Zi, Ez: 65-68, Dz: 82-90, ⌐ WC ☏; Strandbad Seezugang; **garni** ●

Lübz 20 □

Mecklenburg-Vorpommern — Parchim — 46 m — 7 200 Ew
i ☎ (03 87 31) 2 35 81, Fax 2 22 34 — Stadtverwaltung Lübz, Am Markt 22, 19386 Lübz

✱ **Zum Stadtturm**
Am Markt 13, ✉ 19386, ☎ (03 87 31) 50 30, Fax 5 03 55, ED
32 Zi, Ez: 85, Dz: 110, ⌐ WC ☏

Lüchow 19 ↓

Niedersachsen — Kreis Lüchow-Dannenberg — 18 m — 10 055 Ew — Dannenberg 19, Schnackenburg 33, Uelzen 42 km
i ☎ (0 58 41) 12 62 49-2 51, Fax 12 62 81 — Gästeinformation, Theodor-Körner-Str 4, 29439 Lüchow/Wendland; Kreisstadt im Wendland. Sehenswert: Ev. Johannis-Kirche; Amtsturm; Fachwerkbauten; Dorfkirche in Plate (2 km ↑); wendische Rundlingsdörfer in der Umgebung z.B. Satemin (5 km ←)

✱ **Alte Post**
Kirchstr 15, ✉ 29439, ☎ (0 58 41) 20 86 + 97 54-0, Fax 50 48, AX ED VA
14 Zi, Ez: 90, Dz: 150, ⌐ WC ☏, 3✉; **P**
✱ Hauptgericht 26; Gartenlokal ✤

✱ **Katerberg**
Bergstr 6, ✉ 29439, ☎ (0 58 41) 9 77 60, Fax 97 76 60, AX ED VA
27 Zi, Ez: 60-75, Dz: 120, ⌐ WC ☏; **P** 🚗 2⇄150 ≈ Fitneßraum Sauna Solarium ¶⊘¶ ●

Dangenstorf
✱ **Landgasthof Rieger**
✉ 29488, ☎ (0 58 83) 6 38, Fax 13 30, AX ED
9 Zi, Ez: 60-90, Dz: 90-130, 2 Suiten, ⌐ WC ☏, 3✉; **P** 2⇄24 Fitneßraum Sauna Solarium ¶⊘¶

siehe auch **Küsten**

Lüdenscheid 33 ↘

Nordrhein-Westfalen — Märkischer Kreis — 400 m — 81 600 Ew — Hagen 27, Iserlohn 29, Plettenberg 30 km
i ☎ (0 23 51) 1 70, Fax 17 17 17 — Stadtverwaltung, Rathausplatz 2 (B 1), 58507 Lüdenscheid; Kreisstadt im märkischen Sauerland. Sehenswert: Verse-Stausee (5 km ↘); Wasserschloß Neuenhof (3 km ↓); Homert, 539 m ◅ (7 km ↓)

Cityplan siehe Seite 642

✱✱ **Queens Hotel am Stadtpark**
♣ ◅ Parkstr 66 (A 1), ✉ 58509, ☎ (0 23 51) 15 60, Fax 3 91 57, AX DC ED VA
164 Zi, Ez: 199-219, Dz: 280-300, **S**;
10 Suiten, ⌐ WC ☏, 18✉; Lift **P** 🚗 ≈
Kegeln Sauna Solarium
Auch Zimmer der Kategorie ✱✱✱ vorhanden

✱✱ **Wintergarten**
Hauptgericht 35; Terrasse

✱ **Zur Altstadt**
Grabenstr 20, ✉ 58511, ☎ (0 23 51) 1 77 90, Fax 17 79 90, ED VA
10 Zi, Ez: 115, Dz: 170, ⌐ WC ☏; **P**; **garni**
Rezeption: 8-20, Sa+So 8-13 geschl: feiertags

✱ **Bergstadt**
Kalverstr 36, ✉ 58511, ☎ (0 23 51) 9 48 00, Fax 94 80 80, AX DC ED VA
26 Zi, Ez: 95-115, Dz: 145-165, 2 Suiten, ⌐ WC ☏ DFÜ, 20✉; **P** 🚗 2⇄100 Kegeln 18Golf 2Tennis ¶⊘¶

● **Kersting**
Rathausplatz 15 (B 1), ✉ 58509, ☎ (0 23 51) 2 34 47, Fax 3 90 73
geschl: So

Brügge (5 km ←)
✱✱ **Passmann**
Volmestr 83, ✉ 58515, ☎ (0 23 51) 9 79 80, Fax 97 98 99, AX DC ED VA
33 Zi, Ez: 95-160, Dz: 165-180, ⌐ WC ☏ DFÜ, 5✉; **P** 🚗 2⇄100 Fitneßraum Kegeln 18Golf

✱✱ **Gute Stube**
Hauptgericht 48

Oberrahmede (3 km ↑)
⇨ **Zum Markgrafen**
Altenaer Str 209, ✉ 58513, ☎ (0 23 51) 59 04, Fax 5 45 21, AX DC ED VA
16 Zi, Ez: 95, Dz: 145, 1 Suite, 1 App, ⌐ WC ☏; **P** 3⇄60 ¶⊘¶

Lüdersfeld

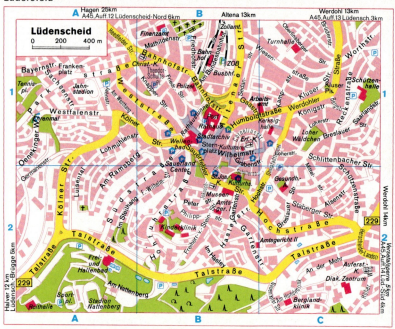

Lüdersfeld 25 ↘

Niedersachsen — Kreis Schaumburg —
52 m — 1 090 Ew
🛈 ☎ (0 57 25) 82 13, Fax 84 72 — Gemeindeverwaltung, Niedernhagen 10,
31702 Lüdersfeld

***   Zum dicken Heinrich
       Heinrichs Gästehof**
Am Hülsenbrink 10, ✉ 31702, ☎ (0 57 25)
3 97, Fax 42 48, ED VA
29 Zi, Ez: 95, Dz: 135, WC ☎, 4; P
2↔50 Kegeln Sauna Solarium ¶⊘❘
geschl: Anfang Jan

Lüdinghausen 33 ↗

Nordrhein-Westfalen — Kreis Coesfeld —
50 m — 21 500 Ew — Münster 28, Dortmund 36 km
🛈 ☎ (0 25 91) 7 80 08, Fax 7 80 10 — Verkehrsverein Lüdinghausen e.V., Münsterstr 37, 59348 Lüdinghausen; Erholungsort im Münsterland. Sehenswert: Kath. Kirche St. Felizitas; Wasserburg Vischering; Amthaus; Wasserschloß Nordkirchen (8 km ↘) im Ortsteil Seppenrade: weltgrößter Ammonit

*   Borgmann
Münsterstr 17, ✉ 59348, ☎ (0 25 91)
9 18 10, Fax 91 81 30, AX DC ED VA
14 Zi, Ez: 85-95, Dz: 130-150, WC ☎; P 🚗
¶⊘❘

Seppenrade (4 km ←)
*   Schulzenhof
✉ 59348, ☎ (0 25 91) 9 86 50, Fax 8 80 82,
AX DC ED VA
10 Zi, Ez: 75-80, Dz: 145-150, WC ☎; ¶⊘❘ ⋍
geschl: Jul

Lügde 35 ↗

Nordrhein-Westfalen — Kreis Lippe —
250 m — 11 700 Ew — Bad Pyrmont 3, Höxter 28, Detmold 38 km
🛈 ☎ (0 52 81) 7 80 29 — Fremdenverkehrsring, Vordere Str 81, 32676 Lügde; Erholungsort im Weserbergland. Sehenswert: Stadtbild, kath. St.-Kilian-Kirche, Wandmalereien; Herlingsburg; Osterberg (Sitte der brennenden Osterräder); Stadtmauer, Wehrtürme; Kloster Falkenhagen; romanische Kirche in Elbrinxen; 1000jährige Linde

*   Sonnenhof
⋖ Zum Golfplatz 2, ✉ 32676, ☎ (0 52 81)
9 80 30, Fax 98 03 60, VA
25 Zi, Ez: 60-75, Dz: 100-130, WC ☎; P
1↔40 Kegeln ¶⊘❘ ⋍
geschl: Di

Elbrinxen (6 km ↓)
*   Landhotel Lippischer Hof
Untere Dorfstr 3, ✉ 32676, ☎ (0 52 83)
98 70, Fax 98 71 89, ED VA
36 Zi, Ez: 72-95, Dz: 122-150, WC ☎; P
3↔60 Kegeln Sauna Solarium 18Golf ¶⊘❘
Auch Zimmer der Kategorie ** vorhanden

Lüneburg 18 ↘

Niedersachsen — Kreis Lüneburg — 17 m — 65 000 Ew — Uelzen 36, Soltau 50, Hamburg 60 km
🛈 ☎ (0 41 31) 30 95 93, Fax 30 95 98 — Touristik-Information, Rathaus, Am Markt (B 2), 21335 Lüneburg; Regierungsbezirkshauptstadt am Nordrand der Lüneburger Heide; Sole- und Moorbad; Stadttheater. Sehenswert: Ev. Johannis-Kirche, Barockorgel; ev. Michaelis-Kirche; ev. Nicolai-Kirche; Kloster Lüne; Rathaus, Gerichtslaube, Ratssilber; Backsteinbauten, Staffelgiebel; Museum für das Fürstentum Lüneburg, Vorgeschichte, Stadt- und Landesgeschichte; Brauereimuseum; Deutsches Salzmuseum; Ostpreußisches Landesmuseum; Alter Kran an der Ilmenau; Kalkberg; Altstadt, Senkungsgebiet; Dom in Bradowick (6 km ↑), Schiffshebewerk in Scharnebeck (10 km ↗)

Cityplan siehe Seite 644

*** Mövenpick Hotel Bergström
♠ ⬤ Bei der Lüner Mühle (C 2), ✉ 21335, ☎ (0 41 31) 30 80, Fax 30 84 99, AX DC ED VA
71 Zi, Ez: 175-220, Dz: 215-260, S; 4 Suiten, ⇌ WC ☎, 7🛏; Lift 🅿 🚗 17⬖180 Fitneßraum Sauna Solarium ⚬
** Brasserie
Hauptgericht 30; Terrasse

** Bargenturm
Lambertiplatz (A 3), ✉ 21335, ☎ (0 41 31) 72 90, Fax 7 29 499, DC ED VA
40 Zi, Ez: 127-162, Dz: 157-202, S; 4 Suiten, ⇌ WC ☎; Lift 🅿 🚗 7⬖300 🍽

** Zum Heidkrug
🟉 Am Berge 5 (B 2), ✉ 21335, ☎ (0 41 31) 24 16-0, Fax 24 16-20, ED VA
Hauptgericht 32; geschl: So, 1.-15.8.99
Bürgerhaus von 1455

⚑* Klosterkrug ✤
🟉 Am Domänenhof 1, ✉ 21337, ☎ (0 41 31) 5 17 04, Fax 5 96 33
Hauptgericht 22; Biergarten 🅿 Terrasse; geschl: Di
Fachwerkgebäude von 1570

* Ratskeller
🟉 Am Markt 1 (B 2), ✉ 21335, ☎ (0 41 31) 3 17 57, Fax 3 45 26, AX ED VA
Hauptgericht 22; Biergarten; geschl: Mi, 6.1.-20.1.

Kronen-Brauhaus zu Lüneburg
🟉 Heiligengeiststr 39-41 (B 3), ✉ 21335, ☎ (0 41 31) 71 32 00, Fax 4 18 61, AX DC ED VA
Hauptgericht 18; Biergarten 🅿 Terrasse

Lüneburg-Kurgebiet
** Seminaris
Soltauer Str 3 (A 4), ✉ 21335, ☎ (0 41 31) 71 30, Fax 71 31 28, AX DC ED VA
161 Zi, Ez: 125-170, Dz: 160-215, 24 Suiten, ⇌ WC ☎, 48🛏; Lift 🚗 19⬖350 ≋ ⌂ Fitneßraum Sauna Solarium ⚬
** Catalpa
Hauptgericht 27; Kegeln 🅿 Terrasse

** Ringhotel Residenz
♠ Munstermannskamp 10, ✉ 21335, ☎ (0 41 31) 75 99 10, Fax 7 59 91 75, AX DC ED VA
35 Zi, Ez: 135-185, Dz: 210-260, S; ⇌ WC ☎ DFÜ, 10🛏; Lift 🅿 🚗 2⬖35 27Golf
Auch Zimmer der Kategorie ✱ vorhanden
** Die Schnecke
Hauptgericht 35; Terrasse

siehe auch **Brietlingen**

siehe auch **Reinstorf**

Lünen 33 ↗

Nordrhein-Westfalen — Kreis Unna — 100 m — 92 600 Ew — Dortmund 14, Münster 45 km
🛈 ☎ (0 23 06) 10 45 77, Fax 10 43 45 — Stadtverwaltung, Willy-Brandt-Platz 1, 44532 Lünen; Stadt am Nordrand des Ruhrgebietes. Sehenswert: Hansesaal, Kunstsammlung Hansetuch; ev. Stadtkirche St. Georg; St. Marien-Kirche, Mariengnadenbild

** Ringhotel Am Stadtpark
Kurt-Schumacher-Str 43, ✉ 44532, ☎ (0 23 06) 2 01 00, Fax 20 10 55, AX DC ED VA
65 Zi, Ez: 145-178, Dz: 170-198, S; 5 Suiten, ⇌ WC DFÜ, 30🛏; Lift 🅿 🚗 8⬖500 ⌂ Fitneßraum Kegeln Sauna Solarium ⚬
** Flamingo
Hauptgericht 38; Biergarten Terrasse

* Akzent-Hotel Stadthotel
Dortmunder Str 10, ✉ 44536, ☎ (0 23 06) 10 70, Fax 10 74 40, AX DC ED VA
85 Zi, Ez: 98-128, Dz: 145-176, ⇌ WC ☎, 20🛏; Lift 🅿 8⬖80 Kegeln
geschl: 17.12.-5.1.
Restaurant für Hausgäste; Auch Zimmer der Kategorie ** vorhanden

Lünen-Außerhalb (1,5 km ↘)
** Schloß Schwansbell
🟉 Schwansbeller Weg 32, ✉ 44532, ☎ (0 23 06) 20 68 10, Fax 2 34 54, AX ED
Hauptgericht 40; Gartenlokal 🅿; nur abends, feiertags auch mittags; geschl: Mo, 3 Wochen in den Sommerferien

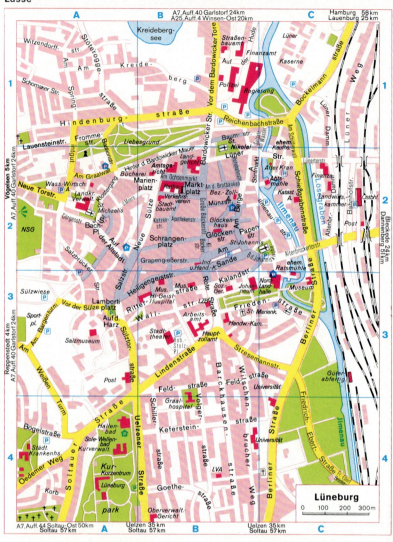

Lüsse 29

Brandenburg — Potsdam-Mittelmark — 165 Ew
☎ (03 38 41) 82 08 — Gemeindeverwaltung, Dorfstr 32, 14806 Lüsse

✱ Zum Landhaus Sternberg
Dorfstr 31, ✉ 14806, ☎ (03 38 41) 81 45, Fax 3 40 75
9 Zi, Ez: 65-90, Dz: 96-125, 2 App, WC ☎; P; ❢

Lütjenburg 11

Schleswig-Holstein — Kreis Plön — 30 m — 5 600 Ew — Hohwacht 7, Plön 20, Oldenburg i. H. 21 km
☎ (0 43 81) 41 99 41, Fax 41 99 43 — Touristinformation, Markt 4, 24321 Lütjenburg; Luftkurort. Sehenswert: Ev. St.-Michaels-Kirche, Schnitzaltar, Reventlow-Grab; Färberhaus am Markt; Vogelberg mit Bismarckturm ; Pilsberg 128 m (5 km ↘); Gut Kletkamp (7 km ↓); Schloß Panker (5 km ↑)

Ostseeblick ★★
♂ ◅ Am Bismarckturm 3, ✉ 24321,
☎ (0 43 81) 66 88, Fax 72 40
25 Zi, Ez: 90-125, Dz: 145-170, 5 Suiten, ⇔
WC ☎, 4🅿; 🅿 ≋ Kegeln Sauna Solarium
18Golf 🍽 ⚒

Lüttje Burg ✱
Markt 20, ✉ 24321, ☎ (0 43 81) 40 50,
Fax 48 14, AX DC ED VA
33 Zi, Ez: 75-80, Dz: 110-130, ⇔ WC ☎; 🅿 🚗
3⟳120 Fitneßraum Sauna Solarium 🍽

Gutgesell ★★ ✚
⊘ Kurze Twiete 4, ✉ 24321, ☎ (0 43 81)
94 98, AX ED VA
Hauptgericht 35; Terrasse; nur abends

Lütjensee 18 ↗

Schleswig-Holstein — Kreis Stormarn —
40 m — 2 725 Ew — Trittau 11, Ahrensburg
14, Hamburg 27 km
ℹ ☎ (0 41 54) 8 07 90, Fax 80 79 75 — Amtsverwaltung, Europaplatz 5, 22946 Trittau;
Luftkurort

Fischerklause ★★
◅ Am See 1, ✉ 22952, ☎ (0 41 54) 79 22 00,
Fax 7 51 85, ED
Hauptgericht 57; Terrasse; geschl: Do
✱ ♂ ◅ 15 Zi, Ez: 100, Dz: 140-160, ⇔
WC ☎; Seezugang
Auch Zimmer der Kategorie ★★ vorhanden

Lütjensee-Außerhalb (1,5 km ↗)
Seehof ★★
◅ am Lütjensee / Seeredder 22, ✉ 22952,
☎ (0 41 54) 71 00, Fax 71 01, ED
Hauptgericht 30; geschl: Feb
Fische aus eigener Teichwirtschaft. Eigene
Fischräucherei
Gästehaus ★★
einzeln ♂
6 Zi, Ez: 95-105 Ez: 95-105, Dz: 190-220,
Dz: 190-220, ⇔ WC ☎
geschl: Feb

Lütjensee-Außerhalb (1,5 km ←)
Forsthaus Seebergen ★★
◅ Seebergen 9-15, ✉ 22952, ☎ (0 41 54)
7 92 90, Fax 7 06 45, AX DC ED VA
Hauptgericht 25; Terrasse; geschl: Mo
✱ ♂ ◅ 11 Zi, Ez: 65-115, Dz: 110-170,
⇔ WC ☎; 2⟳30
Rezeption: 12-21.30 geschl: Mo

Lüttenhagen 21 →

Mecklenburg-Vorpommern — Mecklenburg-Strelitz — 90 m — 350 Ew — Feldberg 6, Neustrelitz 25 km
ℹ ☎ (0 39 31) 2 03 43, Fax 2 03 43 — Verkehrsbüro Feldberger Seenlandschaft,
Strelitzer Str 15a, 17258 Feldberg

Cantnitz (5 km ↑)
Iris ✱
♂ Dorfstr 18, ✉ 17258, ☎ (0 39 64) 21 02 22,
Fax 21 02 24, AX DC ED VA
11 Zi, Ez: 80-115, Dz: 110-145, 6 Suiten, ⇔
WC ☎; 🅿 Seezugang Sauna Solarium ⚒
✱ Hauptgericht 20; ab 15, Sa + So
ab 12

Lützen 38 ↘

Sachsen-Anhalt — Weißenfels — 200 m —
7 500 Ew
ℹ ☎ (03 44 44) 2 03 51, Fax 2 04 48 — Tourist-Information, 06686 Lützen

Landhotel Lützen ✱
Merseburger Str 16, ✉ 06686, ☎ (03 44 44)
4 00, Fax 4 02 00, AX DC ED VA
38 Zi, Ez: 85-110, Dz: 110-140, ⇔ WC ☎,
12🅿; 🅿 1⟳30 🍽

Lützenhardt siehe Waldachtal

Luhden 25 ↓

Niedersachsen — Kreis Schaumburg —
60 m — 935 Ew — Bückeburg 5, Rinteln
7 km
ℹ ☎ (0 57 22) 8 86 50, Fax 8 86 51 — Kurverwaltung, Bückeburger Str 2, 31707 Bad Eilsen. Sehenswert: Klippenturm

Schermbeck (2 km ←)
Landhaus Schinken-Kruse ★★
⊘ Steinbrink 10, ✉ 31711, ☎ (0 57 22) 44 04,
Fax 88 11 59, AX DC ED VA
Hauptgericht 25; 🅿 Terrasse; geschl: Mo

Luisenthal 47 ↘

Thüringen — Kreis Gotha — 520 m —
1 580 Ew — Ohrdruf 7, Gotha 21 km
ℹ ☎ (03 62 57) 4 02 27, Fax 4 02 27 —
Gemeindeverwaltung - Fremdenverkehrsbüro, 99885 Luisenthal; Am Nordhang des
Thüringer Waldes; 130 km Wanderwege.
Sehenswert: Ohra-Talsperre

Der Berghof ★★
einzeln ♂ Langenburgstr 18, ✉ 99885,
☎ (0 36 24) 37 70, Fax 37 74 44, AX DC ED VA
93 Zi, Ez: 110, Dz: 180, 12 App, ⇔ WC ☎,
29🅿; Lift 🅿 🚗 6⟳250 Fitneßraum Kegeln
Sauna Solarium 1Tennis 🍽 ⚒

Zum Luchs ✱
Friedrich-Engels-Str 59, ✉ 99885,
☎ (03 62 57) 4 01 00, Fax 4 04 33, AX DC ED VA
36 Zi, Ez: 80-100, Dz: 120-150, ⇔ WC ☎; 🚗
1⟳30 Solarium 🍽 ⚒

Lychen 21 ↘

Brandenburg — Kreis Uckermark — 60 m —
3 500 Ew — Neustrelitz 35 km
ℹ ☎ (03 98 88) 22 55 — Information, Für-
stenberger Str 11a, 17279 Lychen. Sehenswert: Gotische Feldsteinkirche St. Johannes; barockes Rathaus
→

Lychen

<mark>Wurlgrund</mark> (1 km ←)
* Waldhaus Grünheide
♂ Wurlweg 1, ✉ 17279, ☎ (03 98 88) 32 32, Fax 32 35
17 Zi, Ez: 70-90, Dz: 100-120, ⊣ WC ☎; 🅿
1✧40 Seezugang Sauna Solarium ¥⊚¶
Auch Zimmer der Kategorie ****** vorhanden

Maasholm 10 ↗

Schleswig-Holstein — Kreis Schleswig-Flensburg — 5 m — 700 Ew — Kappeln 12 km
🅘 ☎ (0 46 42) 62 28, Fax 63 02 — Fremdenverkehrsverein Ostsee-Hasselberg-Maasholm, 24376 Hasselberg-Kieholm; Erholungsort an der Schleimündung

* Maasholm
♂ Hauptstr 38, ✉ 24404, ☎ (0 46 42) 60 42, Fax 6 91 37, AX DC ED VA
18 Zi, Ez: 100-120, Dz: 120-150, ⊣; ¥⊚¶
geschl: 15.1-3.3.

<mark>Maasholm-Bad</mark> (2 km ↑)
* Schulz
Schleimünder Str 253, ✉ 24404, ☎ (0 46 42) 62 16, Fax 60 86
Hauptgericht 20; 🅿; geschl: Mo, 4.1.-1.2.99
*   ♂ 5 Zi, Ez: 70-95, Dz: 110-140,
1 App, ⊣ WC ☎
geschl: 4.1.99-1.2.99

Machern 39 ↙

Sachsen — Kreis Wurzen — 170 m — 2 236 Ew — Leipzig 18 km
🅘 — Gemeindeverwaltung, 04827 Machern

* Gästehaus am Schloßpark
♂ An der Ritterburg 31, ✉ 04827, ☎ (03 42 92) 70 00, Fax 7 00 11, AX DC ED VA
4 Zi, Ez: 95-125, Dz: 125-145, 4 App, ⊣ WC ☎; 🅿; garni

Magdeburg 28 ↙

Sachsen-Anhalt — Stadtkreis — 55 m — 258 000 Ew — Haldensleben 25, Berlin 137 km
🅘 ☎ (03 91) 5 40 49 03, Fax 5 40 49 10 — Magdeburg-Information, Alter Markt 12 (B 2), 39104 Magdeburg; Landeshauptstadt. Sehenswert: Dom, Domplatz; Johanniskirche; Magdalenenkapelle; Kloster Unser Lieben Frauen; Magdeburger Reiter; Alter Markt; Lukasturm; Elbuferpromenade; Doktor-Eisenbart-Denkmal; Otto-von-Guericke-Denkmal; Herrenkrugpark

**** Maritim
Otto-von-Guericke-Str 87 (A 2), ✉ 39104, ☎ (03 91) 5 94 99 90, Fax 5 94 99 90, AX DC ED VA
501 Zi, Ez: 222-335, Dz: 288-390, S;
13 Suiten, ⊣ WC ☎ DFÜ, 150🖂; Lift 🚗
18✧1550 ≘ Fitneßraum Sauna Solarium ⚓
** Da Capo
Hauptgericht 40; nur abends

*** Upstalsboom Hotel Ratswaage
Ratswaageplatz 1 (B 2), ✉ 39104, ☎ (03 91) 5 92 60, Fax 5 61 96 15, AX DC ED VA
167 Zi, Ez: 236, Dz: 288, S; 7 Suiten, ⊣ WC ☎ DFÜ, 85🖂; Lift 🚗 10✧400 ≘ Fitneßraum Sauna Solarium ¥⊚¶

** Geheimer Rat von G
Goethestr 38, ✉ 39108, ☎ (03 91) 7 38 03, Fax 7 38 05 99, AX DC ED VA
65 Zi, Ez: 165, Dz: 195, S; 2 Suiten, ⊣ WC ☎, 19🖂; Lift 🅿 🚗 2✧25 Sauna ¥⊚¶
Auch Zimmer der Kategorie ***** vorhanden

** Residenz Joop 👑
♂ Jean-Burger-Str 16 (außerhalb), ✉ 39112, ☎ (03 91) 6 26 20, Fax 6 26 21 00, AX ED VA
25 Zi, Ez: 165-195, Dz: 200-240, S; ⊣ WC ☎ DFÜ, 20🖂; Lift 🅿 🚗 9 Golf; garni

* InterCityHotel Magdeburg
Bahnhofstr 69 (A 2), ✉ 39104, ☎ (03 91) 5 96 20, Fax 5 96 24 99, AX DC ED VA
170 Zi, Ez: 130-210, Dz: 160-250, S; 5 Suiten, ⊣ WC ☎ DFÜ, 38🖂; Lift 🅿 🚗 5✧90 ¥⊚¶ ⚓

** Savarin
Breiter Weg 226 (A 4), ✉ 39104, ☎ (03 91) 5 41 44 25, Fax 3 01 87, AX ED VA
Hauptgericht 30

<mark>Magdeburg-Außerhalb</mark> (3,5 km ↗)
*** Herrenkrug Parkhotel
einzeln ♂ Herrenkrug 3, ✉ 39104, ☎ (03 91) 8 50 80, Fax 8 50 85 01, AX DC ED VA
140 Zi, Ez: 189-219, Dz: 238-278, 15 Suiten, ⊣ WC ☎ DFÜ, 49🖂; Lift 🅿 9✧400 Fitneßraum Sauna Solarium ⚓
Auch Zimmer der Kategorie ******** vorhanden. Hotel in einem von P.J. Lenné gestalteten, weitläufigen Park gelegen
** Die Saison
✪ Hauptgericht 32; Biergarten Kegeln Terrasse

<mark>Ottersleben</mark> (7 km ↙)
* Löwenhof
Halberstädter Chaussee 19, ✉ 39116, ☎ (03 91) 6 31 35 76, Fax 6 31 35 83, AX DC ED VA
22 Zi, Ez: 70-90, Dz: 90-120, ⊣ WC ☎; 1✧30 ¥⊚¶

<mark>Prester</mark> (6 km ↘)
* Alt Prester
♂ Alt Prester 102, ✉ 39114, ☎ (03 91) 8 19 30, Fax 8 19 31 18, AX ED VA
35 Zi, Ez: 90-125, Dz: 120-170, ⊣ WC ☎, 8🖂; Lift 🅿 2✧60 ¥⊚¶

<mark>Reform</mark> (4 km ↓)
* Merkur
Kometenweg 69, ✉ 39118, ☎ (03 91) 62 86 80, Fax 6 28 68 26, AX ED VA
14 Zi, Ez: 110-135, Dz: 150, ⊣ WC ☎; Lift 🅿 1✧35

Magdeburg

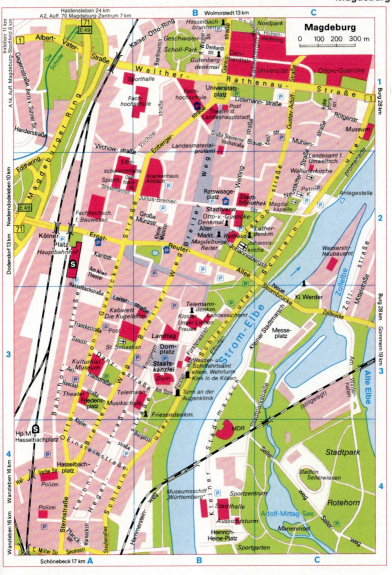

Sudenburg (4,5 km ✓)
*** Treff Hansa Hotel
Hansapark 2, ✉ 39116, ☎ (03 91) 6 36 30, Fax 6 36 35 50, AX DC ED VA
237 Zi, Ez: 169-205, Dz: 219-255, S; 6 Suiten, ⌐ WC ☎ DFÜ, 69⌂; Lift P 🚗 9⟲500 ☂ Fitneßraum Sauna Solarium 🍴 🍸 🍺

✤ Besonders beachtenswertes Restaurant

** Plaza
Halberstädter Str 146-150, ✉ 39112, ☎ (03 91) 6 05 10, Fax 6 05 11 00, AX ED VA
99 Zi, Ez: 98-185, Dz: 165-210, 5 Suiten, ⌐ WC ☎, 20⌂; P 🚗 4⟲120 Fitneßraum Sauna

** Orangerie
Hauptgericht 25 →

🍴🍴🍴 Erstklassige Küchenleistung

Magdeburg

✱ Scivias
Fermersleber Weg 71, ⌧ 39112, ☏ (03 91)
62 52 60, Fax 6 25 26 66, ED VA
14 Zi, Ez: 100-135, Dz: 130-160, ⊿ WC ☏; P
1✿16 ⦿

siehe auch **Beyendorf**

siehe auch **Ebendorf**

Mahlberg 60

Baden-Württemberg — Ortenaukreis —
170 m — 4 418 Ew — Lahr 7 km
🅘 ☏ (0 78 25) 8 43 80, Fax 12 34 — Stadtverwaltung, Rathausplatz 7, 77972 Mahlberg;
Ort am Westrand des Schwarzwaldes.
Sehenswert: Tabakmuseum

✱✱ Löwen
Karl-Kromer-Str 8, ⌧ 77972, ☏ (0 78 25)
10 06, Fax 28 30, AX DC ED VA
26 Zi, Ez: 95-135, Dz: 150-220, ⊿ WC ☏,
13⌹; P 🚗 2✿30 Kegeln
✱✱   Hauptgericht 40; Terrasse

Mahlow 30

Brandenburg — Kreis Teltow-Fläming —
50 m — 6 100 Ew — Berlin 16, Königs Wusterhausen 17 km
🅘 ☏ (0 33 79) 33 31 35, Fax 37 23 94 — Amt
Blankenfelde-Mahlow, Karl-Marx-Str 4,
15827 Blankenfelde

✱✱ Mahlow
Bahnhofstr 3, ⌧ 15831, ☏ (0 33 79) 33 60,
Fax 33 64 00, AX DC ED VA
100 Zi, Ez: 120-135, Dz: 160-180, ⊿ WC ☏,
22⌹; Lift P 🚗 4✿48; **garni**

Maierhöfen 70

Bayern — Kreis Lindau (Bodensee) — 745 m
— 1 531 Ew — Isny 5 km
🅘 ☏ (0 83 83) 9 80 40, Fax 9 80 42 — Verkehrsamt, Brunnenweg 2, 88167 Maierhöfen; Erholungsort

Maierhöfen-Außerhalb (3 km ↑)
✱ Zur Grenze
⦿ Schanz 2, ⌧ 88167, ☏ (0 75 62) 97 55 10,
Fax 9 75 51 29
14 Zi, Ez: 95, Dz: 130-150, ⊿ WC ☏ DFÜ; P
🚗 1✿30 ⦿

Maikammer 54

Rheinland-Pfalz — Kreis Südliche Weinstraße — 300 m — 3 900 Ew — Neustadt an der Weinstraße 7 km
🅘 ☏ (0 63 21) 58 99 17, Fax 58 99 16 — Büro für Tourismus, Marktstr 1, 67487 Maikammer; Weinbauort an der Haardt. Sehenswert: Kath. Kirche; Kropsburg, 364 m ⦿
(3 km + 20 Min ←); Kalmit, 673 m ⦿
(8 km ←); Alsterweiler Kapelle; Historienpfad „Maikammerer Traube"

✱✱ Residenz Immenhof
⦿ Immengartenstr 26, ⌧ 67487, ☏ (0 63 21)
95 50, Fax 95 52 00, AX DC ED VA
51 Zi, Ez: 88-98, Dz: 130-155, 33 App, ⊿ WC
☏; P 🚗 4✿40 ⦿ Fitneßraum Kegeln Sauna
Solarium ⦿

✱ Motel Am Immengarten
⦿ Marktstr 71, ⌧ 67487, ☏ (0 63 21)
95 83 00, Fax 95 83 20, DC VA
13 Zi, Ez: 80, Dz: 118, ⊿ WC ☏ DFÜ; P;
garni
geschl: 23.12.-7.1.

✱ Zum Goldenen Ochsen
Marktstr 4, ⌧ 67487, ☏ (0 63 21) 5 81 01
+ 5 81 02, Fax 5 86 73, DC ED VA
24 Zi, Ez: 72-82, Dz: 120-132, ⊿ WC; Lift P
1✿30 ⦿
geschl: Mitte Dez-Ende Jan
Auch einfachere Zimmer vorhanden

Maikammer-Außerhalb (2 km ←)
✱ Waldhaus Wilhelm
einzeln ⦿ ⦿ Kalmithöhenstr 6, ⌧ 67487,
☏ (0 63 21) 5 80 44, Fax 5 85 64, AX DC ED VA
22 Zi, Ez: 65-95, Dz: 130-150, ⊿ WC ☏; P
1✿15
geschl: Mo
✱✱   Hauptgericht 30; Terrasse;
geschl: Mo

Mainburg 64

Bayern — Kreis Kelheim — 456 m —
13 500 Ew — Freising 32, Regensburg
51 km
🅘 ☏ (0 87 51) 70 40, Fax 7 04 25 — Stadtverwaltung, Marktplatz 1, 84048 Mainburg

✱ Seidlbräu
Liebfrauenstr 3, ⌧ 84048, ☏ (0 87 51)
86 29-0, Fax 40 00, AX DC ED VA
37 Zi, Ez: 58, Dz: 93, ⊿ WC ☏; Lift P ⦿
geschl: 9.-22.8., 24.12.-1.1.99

Mainhardt 62

Baden-Württemberg — Kreis Schwäbisch
Hall — 500 m — 5 000 Ew — Schwäbisch
Hall 16, Backnang 19 km
🅘 ☏ (0 79 03) 9 15 00, Fax 91 50 50 — Bürgermeisteramt, Hauptstr 1, 74535 Mainhardt; Luftkurort mit Mineral-Freibad im
Schwäbischen Wald

Stock (1 km →)
✱✱ Gasthof Löwen mit Gästehaus
an der B 14, ⌧ 74535, ☏ (0 79 03) 93 10,
Fax 14 98, ED VA
35 Zi, Ez: 80, Dz: 130, ⊿ WC ☏; ⦿ Fitneßraum Sauna Solarium ⦿

Maintal 54 ↗

Hessen — Main-Kinzig-Kreis — 100 m — 40 000 Ew — Frankfurt/Main 10, Hanau 10 km
i ☎ (0 61 81) 40 00, Fax 40 02 06 — Stadtverwaltung, Alt Bischofsheim 28, 63477 Maintal

Bischofsheim
** Ratsstuben
Dörnigheimer Weg 21, im Bürgerhaus, ✉ 63477, ☎ (0 61 09) 6 36 84, Fax 6 86 80, AX ED
Hauptgericht 38; Kegeln **P** Terrasse; geschl: So abends, Mo, Anfang-Mitte Jan, Aug

Dörnigheim
* Pension Irmchen
Berliner Str 4, ✉ 63477, ☎ (0 61 81) 4 30 00, Fax 43 00 43, AX ED VA
20 Zi, Ez: 95-120, Dz: 150-160, 3 App, ⌐ WC, 10✉; Lift **P** 🚗; garni
Auch Zimmer der Kategorie ** vorhanden

**** Hessler 🍷
Am Bootshafen 4, ✉ 63477, ☎ (0 61 81) 4 30 30, Fax 43 03 33, AX ED VA
Hauptgericht 49; **P** Terrasse; geschl: 3 Wochen im Juli
*** 7 Zi, Ez: 180-285, Dz: 235-395, ⌐ WC ☎
geschl: 3 Wochen im Juli

Mainz 54 ↖

Rheinland-Pfalz — Stadtkreis — 87 m — 190 000 Ew — Wiesbaden 11, Bingen 28, Darmstadt 33 km
i ☎ (0 61 31) 28 62 10, Fax 2 86 21 55 — Touristik Centrale Mainz, Brückenturm / Rheinstraße (A 3), 55116 Mainz; Landeshaupt- und Kreisstadt des Kreises Mainz-Bingen am Rhein, gegenüber der Mainmündung; Universität, Hochschulinstitute für Kunst-, Werk-, und Leibeserziehung; Staatstheater. Sehenswert: Dom: Erzbischofsdenkmäler, Dom-Museum; Kath. Pfarrkirche St. Stephan: Glasgemälde von Chagall, Kreuzgang; kath. Pfarrkirche St. Peter; Kath. Augustinerkirche; Ev. Christuskirche; Kurfürstliches Schloß: Römisch-Germanisches Zentralmuseum; Gutenberg-Museum: Welt-Druckmuseum; Landesmuseum; Naturhistor. Museum; Sektmuseum Kupferberg; Rathaus; Zitadelle: Drusus-Denkmal; Alte Universität; Deutschhaus; Landtag; Neues Zeughaus: Staatskanzlei, Stresemanndenkmal; Holzturm; Eisenturm; Gutenbergdenkmal; Marktbrunnen; Fastnachtsbrunnen; Jupiter-Säule; Dativius-Victor-Bogen

Cityplan siehe Seite 650

Mainz

**** Hyatt Regency Mainz
Malakoff-Terrasse 1, ✉ 55116, ☎ (0 61 31) 73 12 34, Fax 73 12 35, AX DC ED VA
264 Zi, Ez: 200-470, Dz: 240-470, S; 3 Suiten, 1 App, ⌐ WC ☎ DFÜ, 169✉; Lift 🚗 8⟲600 🏊 Fitneßraum Sauna Solarium 🚗
** Bell Pepper
Hauptgericht 40

**** City Hilton
Münsterstr 3 (A 3), ✉ 55116, ☎ (0 61 31) 27 80, Fax 27 85 67, AX DC ED VA
126 Zi, Ez: 240-495, Dz: 240-495, S; ⌐ WC ☎, 30✉; Lift 🚗 5⟲180 🚗
** Davor & Danach
Hauptgericht 30; Biergarten **P**

*** Dorint Hotel
Augustusstr 6 (A 4), ✉ 55131, ☎ (0 61 31) 95 40, Fax 95 41 00, AX DC ED VA
217 Zi, Ez: 285-325, Dz: 310-350, S; 5 Suiten, ⌐ WC ☎, 90✉; Lift 🚗 12⟲150 🏊 Fitneßraum Sauna Solarium 🚗
** Bajazzo
Hauptgericht 35; Terrasse
** Kasematten
🚭 Hauptgericht 35

** Favorite Parkhotel
◄ Karl-Weiser-Str 1 (D4), ✉ 55131, ☎ (0 61 31) 8 01 50, Fax 8 01 54 20, AX DC ED VA
46 Zi, Ez: 170-215, Dz: 270-310, 3 Suiten, ⌐ WC ☎; Lift 🚗 4⟲200 🏊 Sauna Solarium 🚗
** Stadtparkrestaurant
Hauptgericht 30; Biergarten **P** Terrasse; geschl: Mo,So abends

** Best Western Europa Hotel
Kaiserstr 7 (A 2), ✉ 55116, ☎ (0 61 31) 97 50, Fax 97 55 55, AX DC ED VA
86 Zi, Ez: 159-207, Dz: 298, S; 3 Suiten, 22 App, ⌐ WC ☎, 12✉; Lift 🚗 5⟲100 🚗
** Walderdorff
Hauptgericht 35

** Mainzer Hof
Kaiserstr 98 (B 1), ✉ 55116, ☎ (0 61 31) 28 89 90, Fax 22 82 55, AX DC ED VA
92 Zi, Ez: 155-190, Dz: 180-290, S; 1 Suite, ⌐ WC ☎, 3✉; Lift 3⟲60 Sauna Solarium; garni 🚗

** Hammer Top International Hotel
Bahnhofplatz 6 (A 2), ✉ 55116, ☎ (0 61 31) 9 65 28-0, Fax 9 65 28-88, AX DC ED VA
40 Zi, Ez: 138-175, Dz: 168-230, S; ⌐ WC ☎, 15✉; Lift **P** 2⟲40 Fitneßraum Sauna Solarium
Restaurant für Hausgäste

* Stiftswingert
Am Stiftswingert, ✉ 55131, ☎ (0 61 31) 8 24 41 + 98 26 40, Fax 83 24 78, AX DC ED VA
30 Zi, Ez: 128-240, Dz: 180-240, ⌐ WC ☎ DFÜ, 5✉; **P** 🚗 ▶

Mainz

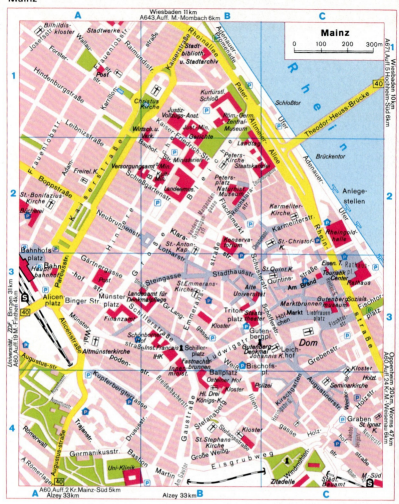

* **Moguntia**
Nackstr 48, ✉ 55118, ☎ (06131) 67 10 41,
Fax 67 10 58, AX DC ED VA
18 Zi, Ez: 115-140, Dz: 130-170, ⌐ WC ☎;
Lift 🛗; garni

*** **Drei Lilien**
Ballplatz 2 (B 4), ✉ 55116, ☎ (06131)
22 50 68, Fax 23 77 23, AX DC ED VA
Hauptgericht 38; Terrasse; geschl: So, Mo

* **Gebert's Weinstuben**
Frauenlobstr 94, ✉ 55118, ☎ (06131)
61 16 19, Fax 61 16 62, AX DC ED VA
Hauptgericht 35

☕ **Dom-Café**
Markt 12 (C 3), ✉ 55116, ☎ (06131)
22 23 65, Fax 22 23 65
Terrasse; 8-18; geschl: So, feiertags

Bretzenheim (3 km ✓)
* **Novotel**
Haifa Allee 8, ✉ 55128, ☎ (06131) 93 42 40,
Fax 36 67 55, AX DC ED VA
121 Zi, Ez: 152, Dz: 194, S; ⌐ WC ☎, 70;
Lift P 7🚗250 ≋

Teilen Sie bitte der Redaktion des Varta
mit, wenn Sie sich in einem Haus besonders wohlgefühlt haben oder wenn Sie
unzufrieden waren.

Malchow

* Römerstein
♂ Draiser Str 136 f, ✉ 55128, ☎ (0 61 31)
93 66 60, Fax 9 35 53 35, AX DC ED VA
25 Zi, Ez: 117-153, Dz: 166-188, ⊣ WC ☎; P
Fitneßraum Sauna Solarium ❙⓿❙ ⟿

Finthen (6 km ←)
** Atrium Hotel Kurmainz
Flugplatzstr 44, ✉ 55126, ☎ (0 61 31) 49 10,
Fax 49 11 28, AX DC ED VA
75 Zi, Ez: 175-235, Dz: 210-270, 35 App, ⊣
WC ☎ DFÜ, 12✉; Lift P 🚗 4⇔90 ≋ Fitneß-
raum Sauna Solarium ⟿
geschl: 23.12.-4.1.
Zimmer der Kategorie *** vorhanden
** Heinrich's
Hauptgericht 28; Gartenlokal; nur abends;
geschl: So, 23.12.-4.1.99

** Gänsthaler's Kuchlmasterei
Kurmainzstr 35, ✉ 55126, ☎ (0 61 31)
47 42 75, Fax 47 42 78, ED
Hauptgericht 35; Biergarten P; geschl:
So,Mo

Hechtsheim (5 km ↓)
* Hechtsheimer Hof
Alte Mainzer Str 31, ✉ 55129, ☎ (0 61 31)
9 16-0, Fax 91 61 00, AX DC ED VA
24 Zi, Ez: 105-120, Dz: 135-160, ⊣ WC ☎,
3✉; P; garni
geschl: 24.12.-3.1.

* Am Hechenberg
Am Schinnergraben 82, ✉ 55129,
☎ (0 61 31) 50 70 01, Fax 50 70 03,
AX DC ED VA
68 Zi, Ez: 71-96, Dz: 135, ⊣ WC ☎ DFÜ; P
Fitneßraum Sauna Solarium; garni

Kastel (3 km ↗)
* Alina
Wiesbadener Str 124, ✉ 55252, ☎ (0 61 34)
29 50, Fax 6 93 12, AX ED VA
35 Zi, Ez: 119, Dz: 159, ⊣ WC ☎; Lift P;
garni
geschl: 20.12.-6.1.

Lerchenberg (8 km ↙)
* Am Lerchenberg
Hindemithstr 5, ✉ 55127, ☎ (0 61 31)
93 43 00, Fax 9 34 30 99, AX DC ED VA
53 Zi, Ez: 120-130, Dz: 195, 1 App, ⊣ WC ☎;
Lift P 1⇔40 Sauna ❙⓿❙

Weisenau (4 km ↘)
** Günnewig Bristol
Friedrich-Ebert-Str 20, ✉ 55130, ☎ (0 61 31)
80 60, Fax 80 61 00, AX DC ED VA
75 Zi, Ez: 175-245, Dz: 210-340, S; 3 Suiten,
⊣ WC ☎ DFÜ, 20✉; Lift P 7⇔100 ≋ Sauna
Solarium
** Hauptgericht 30; nur abends

Maisach 71 ↑

Bayern — Kreis Fürstenfeldbruck — 516 m
— 11 400 Ew — Fürstenfeldbruck 6 km
🛈 ☎ (0 81 41) 93 70, Fax 93 72 50 — Gemeindeverwaltung, Schulstr 1, 82216 Maisach

Gernlinden (2 km →)
** Parkhotel
Hermann-Löns-Str 27, ✉ 82216, ☎ (0 81 42)
28 50, Fax 1 28 04, AX ED VA
68 Zi, Ez: 110-180, Dz: 140-200, ⊣ WC ☎,
24✉; Lift P 🚗 8⇔80 Sauna Solarium ❙⓿❙

Malberg 52 ↑

Rheinland-Pfalz — Kreis Bitburg-Prüm —
320 m — 900 Ew — Kyllburg 2, Bitburg
11 km
🛈 ☎ (0 65 63) 21 45 — Gemeindeverwaltung, Alte Kirche 12, 54655 Malberg; Ort im
Kylltal. Sehenswert: Schloß

Mohrweiler (3 km ↑)
* Waldhotel
♂ ⋖ Höhenstr 60, ✉ 54655, ☎ (0 65 63)
21 47
10 Zi, Ez: 65-72, Dz: 90-104, ⊣ WC, 5✉; P
❙⓿❙
geschl: Di, 20.11.-20.12.

Malchow 20 →

Mecklenburg-Vorpommern — Kreis Müritz
— 80 m — 8 000 Ew — Waren 26, Teterow
31 km
🛈 ☎ (03 99 32) 8 31 86 — Tourist Information, An der Drehbrücke, 17213 Malchow.
Sehenswert: Fachwerkrathaus; Kloster mit
Klosterkirche; Drehbrücke; Stadtkirche;
Botanischer Garten

** Insel-Hotel
⋖ Lange Str 7, An der Drehbrücke,
✉ 17213, ☎ (03 99 32) 86 00, Fax 8 60 30,
ED VA
16 Zi, Ez: 90-115, Dz: 120-140, 2 Suiten,
1 App, ⊣ WC ☎; P ❙⓿❙ ⟿

* Am Fleesensee
♂ Strandstr 4 a, ✉ 17213, ☎ (03 99 32)
16 30, Fax 1 63 10, ED VA
11 Zi, Ez: 110, Dz: 120-140, 4 App, ⊣ WC ☎;
P 1⇔12 Seezugang ❙⓿❙ ⟿
geschl: Jan 99

Malchow-Außerhalb (1 km ←)
** Sporthotel
Friedensstr 56 b, ✉ 17213, ☎ (03 99 32)
8 90, Fax 8 92 22, AX ED VA
40 Zi, Ez: 105, Dz: 120-140, ⊣ WC ☎, 4✉;
Lift P Fitneßraum Kegeln Sauna Solarium
2Tennis ❙⓿❙ ⟿

Malente-Gremsmühlen, Bad 11

Schleswig-Holstein — Kreis Ostholstein — 36 m — 11 000 Ew — Eutin 6, Plön 13, Lütjenburg 17 km
🛈 ☏ (0 45 23) 98 99-0, Fax 98 99-99 — Fremdenverkehrs- u. Kneippverein, Bahnhofstr 3, 23714 Bad Malente-Gremsmühlen; Kneippheilbad und Luftkurort in der Holsteinischen Schweiz, zwischen Kellersee und Diecksee. Sehenswert: Kirche; Museum Alte Räucherkate; Holzberg, 88 m ⬤; Fünf-Seen-Fahrt

Gremsmühlen
** Diecksee
⬤ Dieckseepromenade 13-15, ✉ 23714, ☏ (0 45 23) 99 50, Fax 99 52 00, ED VA
69 Zi, Ez: 95-135, Dz: 140-205, 1 Suite, ⌐⌐ WC 🕾 DFÜ; Lift P 🚗 2⇔30 ≋ Sauna Solarium
geschl: Anfang Jan-Mitte Mär
** ⬤ Hauptgericht 30; Gartenlokal Terrasse; geschl: 1.1.-1.3.

** See-Villa ♛
Frahmsallee 11, ✉ 23714, ☏ (0 45 23) 18 71, Fax 99 78 14
9 Zi, Ez: 80-110, Dz: 120-190, 3 Suiten, ⌐⌐ WC 🕾 DFÜ; P Sauna; garni

** Diecksee-Hörn
Olandsweg 27, ✉ 23714, ☏ (0 45 23) 9 92 30, Fax 99 23 24
Ez: 70-85, Dz: 110-180, 11 App, ⌐⌐ WC 🕾; P 🚗; garni

** Seerose
⬤ Dieckseepromenade, ✉ 23714, ☏ (0 45 23) 30 81, Fax 67 38
37 Zi, Ez: 77-110, Dz: 120-140, ⌐⌐ WC 🕾; P 🍴 ▭
geschl: 1.11.-1.3.

Krummsee (5 km ↗)
* Bruhnskoppel Seminar und Ferienhotel
einzeln ⬤ Bruhnskoppeler Weg, ✉ 23714, ☏ (0 45 23) 20 80, Fax 20 82 02, VA
48 Zi, Ez: 76-101, Dz: 128-176, ⌐⌐ WC 🕾, 29✉; P 7⇔70 ≋ Seezugang
Restaurant für Hausgäste

Bad Malente
** Weisser Hof
Voßstr 45, ✉ 23714, ☏ (0 45 23) 9 92 50, Fax 68 99
14 Zi, Ez: 150, Dz: 200-260, 5 Suiten, ⌐⌐ WC 🕾; Lift 1⇔30 ≋ Sauna Solarium

* Pfeffermühle ⚜
Kampstr 12, ✉ 23714, ☏ (0 45 23) 33 23, Fax 75 12, ED
Hauptgericht 27; Biergarten P Terrasse; geschl: Mi, 2 Wo im Nov

Malsfeld 36

Hessen — Schwalm-Eder-Kreis — 500 m — 4 200 Ew — Melsungen 5, Homberg (Efze) 13, Kassel 35 km
🛈 ☏ (0 56 64) 87 26 — Heimat- und Verkehrsverein, Mühlenstr 2, 34323 Malsfeld; Luftkurort im Fuldatal. Sehenswert: Märchenmühle; Korbmachermuseum in Beiseförth (2 km ↓)

Beiseförth (3 km ↓)
* Park-Café
⬤ ✉ 34323, ☏ (0 56 64) 9 48 20, Fax 94 82 82, AX DC ED VA
14 Zi, Ez: 70, Dz: 100, ⌐⌐ WC 🕾; P 2⇔100 Sauna Solarium 🍴 ▭

Malterdingen 67

Baden-Württemberg — Kreis Emmendingen — 191 m — 2 500 Ew — Emmendingen 7, Lahr 22 km
🛈 ☏ (0 76 44) 91 11-0, Fax 81 89 — Gemeindeverwaltung, Hauptstr 18, 79364 Malterdingen; Wein- und Ferienort am Rande des Schwarzwaldes

** De Charme
⬤ Gartenstr 21, ✉ 79364, ☏ (0 76 44) 41 30, Fax 41 46, AX ED VA
16 Zi, Ez: 115-140, Dz: 165-190, ⌐⌐ WC 🕾 DFÜ, 6✉; P 🚗 1⇔30
geschl: 25.7.-20.8.
Elegantes Interieur
** ' **Landhaus Keller**
Hauptgericht 33; Gartenlokal; geschl: So, 25.7.-20.8.

Manderscheid 42

Rheinland-Pfalz — Kreis Bernkastel-Wittlich — 400 m — 1 280 Ew — Daun 16, Wittlich 20 km
🛈 ☏ (0 65 72) 92 15 49, Fax 92 15 51 — Kurverwaltung, Grafenstr, 54531 Manderscheid; Heilklimatischer und Kneipp-Kurort in der Vulkaneifel. Sehenswert: Oberburg, 355 m ⬤; Niederburg, 325 m ⬤; Mosenberg, 519 m ⬤ (3 km ←); Meerfelder Maar (5 km ←)

* Zens
⬤ Kurfürstenstr 35, ✉ 54531, ☏ (0 65 72) 9 23 20, Fax 92 32 52, AX ED
30 Zi, Ez: 60-98, Dz: 122-196, ⌐⌐ WC 🕾; P 🚗 ≋ Sauna Solarium
Auch Zimmer der Kategorie ****** vorhanden
* Hauptgericht 30

* Haus Burgblick
⬤ ⬤ Klosterstr 18, ✉ 54531, ☏ (0 65 72) 7 84, Fax 7 84, ED
22 Zi, Ez: 48-58, Dz: 100-102, ⌐⌐ WC; 🚗 1⇔50
geschl: Do, Anfang Nov-Mitte Mär
Restaurant für Hausgäste

Mannheim 54

Baden-Württemberg — Stadtkreis — 97 m — 326 085 Ew — Ludwigshafen 1, Heidelberg 20, Karlsruhe 70 km
🛈 ☎ (06 21) 10 10 11, Fax 2 41 41 — Tourist-Information, Willy-Brandt-Platz 3, 68161 Mannheim; Stadt an der Mündung des Neckars in den Rhein; bedeutender Binnenhafen; Universität; Nationaltheater. Sehenswert: Jesuitenkirche; ev. Konkordienkirche; Schloßkirche; Kurfürstliches Residenzschloß: Hist. Räume, u.a. Rittersaal; Altes Rathaus/Untere Pfarrkirche; Dalberghaus; Palais Bretzenheim - Reiß-Museum: Kunst- und Stadtgeschichte, völkerkundliche und archäologische Sammlungen; Städt. Kunsthalle: Gemälde und Plastiken des 19. und 20. Jh.; Landesmuseum für Technik und Arbeit; Museumsschiff Mannheim; Planetarium; Friedrichsplatz mit Wasserturm: Wasserspiele-Parkanlagen; Luisenpark mit Pflanzenschauhaus; Schloßgarten; Herzogenriedpark mit Multihalle

Achtung: quadratische Aufteilung der Innenstadt und Bezeichnung der Straßen nach Buchstaben und Ziffern: A 1 bis U 6

Cityplan siehe Seite 654

✶✶✶ Holiday Inn
N 6,3 Kurfürstenarkade (B 3), ✉ 68161, ☎ (06 21) 1 07 10, Fax 1 07 11 67, AX DC ED VA
146 Zi, Ez: 247-449, Dz: 324-475, S; 1 Suite, 🍴 WC ☎, 35🛏; Lift 🅿 🍴 5⟳180 ≋ Fitneßraum Sauna Solarium

✶✶ Le Pavillon
Hauptgericht 24; Terrasse

✶✶✶ Dorint Kongress Hotel
Friedrichsring 6 (C 3), ✉ 68161, ☎ (06 21) 1 25 10, Fax 1 25 11 00, AX DC ED VA
282 Zi, Ez: 234-339, Dz: 263-363, S; 5 Suites, 🍴 WC ☎ DFÜ, 141🛏; Lift 🍴 13⟳600 ≋ Fitneßraum Sauna Solarium

✶✶
Hauptgericht 28; Terrasse

✶✶✶ Maritim Parkhotel
Friedrichsplatz 2 (B 3), ✉ 68165, ☎ (06 21) 1 58 80, Fax 1 58 88 00, AX DC ED VA
187 Zi, Ez: 169-351, Dz: 228-420, S; 3 Suites, 🍴 WC ☎, 16🛏; Lift 🅿 6⟳200 ≋ Fitneßraum Sauna Solarium
Auch Zimmer der Kategorie ✶✶ vorhanden

✶✶✶ Parkrestaurant
Hauptgericht 35

✶✶✶ Steigenberger Mannheimer Hof
Augustaanlage 4-8 (C 3), ✉ 68165, ☎ (06 21) 4 00 50, Fax 4 00 51 90, AX DC ED VA
155 Zi, Ez: 145-379, Dz: 170-404, S; 9 Suites, 🍴 WC ☎, 49🛏; Lift 🍴 7⟳310 Kegeln
Auch Zimmer der Kategorie ✶✶ vorhanden

✶✶ Avalon
Hauptgericht 35; Gartenlokal

✶✶ Best Western Delta Parkhotel
Keplerstr 24 (C 4), ✉ 68165, ☎ (06 21) 4 45 10, Fax 4 45 18 88, AX DC ED VA
130 Zi, Ez: 232-292, Dz: 290-390, S; 5 Suiten, 🍴 WC ☎ DFÜ, 25🛏; Lift 🍴 11⟳200 🍽
Auch Zimmer der Kategorie ✶✶✶ vorhanden

✶✶ Wartburg Top International Hotel
F 4,4 (A 2), ✉ 68159, ☎ (06 21) 2 89 91, Fax 10 13 37, AX DC ED VA
150 Zi, Ez: 145-170, Dz: 190-230, S; 2 Suiten, 🍴 WC ☎, 20🛏; Lift 🅿 🍴 9⟳500 🍽
Auch Zimmer der Kategorie ✶ vorhanden

✶✶ Augusta Hotel
Augustaanlage 43 (außerhalb C 4), ✉ 68165, ☎ (06 21) 4 20 70, Fax 4 20 71 99, AX DC ED VA
105 Zi, Ez: 190, Dz: 225, S; 1 Suite, 🍴 WC ☎, 24🛏; Lift 🍴 6⟳150

✶✶ Mannemer Stubb
Hauptgericht 28; Terrasse; geschl: Sa, So+feiertags

✶✶ Treff Page Hotel
L 12,15 (B 3), ✉ 68161, ☎ (06 21) 1 27 40-0, Fax 1 27 40-99, AX DC ED VA
62 Zi, Ez: 145-179, Dz: 179-210, S; 🍴 WC ☎, 20🛏; Lift 🍴 1⟳25; garni

✶ Novotel
Friedensplatz, ✉ 68165, ☎ (06 21) 4 23 40, Fax 41 73 43, AX DC ED VA
180 Zi, Ez: 114-224, Dz: 138-224, S; 🍴 WC ☎, 18🛏; Lift 🅿 10⟳300 ≋ 🍽

✶ Acora Hotel und Wohnen
C 7, 9-11 (A 2), ✉ 68159, ☎ (06 21) 15 92-0, Fax 2 22 48, AX DC ED VA
142 Zi, Ez: 86-190, Dz: 132-205, S; 10 Suiten, 🍴 WC ☎ DFÜ, 29🛏; Lift 🅿 🍴 3⟳35 🍽

✶ Wegener
Tattersallstr 16 (B 4), ✉ 68165, ☎ (06 21) 44 09-0, Fax 40 69 48, VA
54 Zi, Ez: 72-155, Dz: 105-195, 🍴 WC ☎, 18🛏; Lift; garni
geschl: 24.12.-6.1.
Auch einfachere Zimmer vorhanden

✶ Am Bismarck
Bismarckplatz 9 (B 4), ✉ 68165, ☎ (06 21) 40 30 96, Fax 44 46 05, AX DC ED VA
50 Zi, Ez: 118-130, Dz: 155-175, S; 🍴 WC ☎; Lift; garni

✶✶✶ Da Gianni
R 7,34 (B 2), ✉ 68161, ☎ (06 21) 2 03 26, AX ED
Hauptgericht 52; geschl: Mo

✶✶✶ Dobler's Restaurant L'Epi d'Or
H 7,3 (A 1), ✉ 68159, ☎ (06 21) 1 43 97, Fax 2 05 13, AX DC ED VA
Hauptgericht 46; 🅿; geschl: So, Mo, 27.12.-8.1., 15.6.-5.7.

✶✶✶ Blass
Friedrichsplatz 12 (C 3), ✉ 68165, ☎ (06 21) 44 80 04, Fax 44 80 05, AX ED VA
Hauptgericht 52; geschl: Sa mittags, So, 15.8.-7.9.99 →

Mannheim

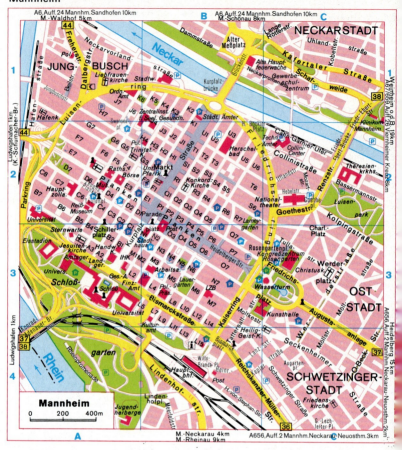

★★ Kopenhagen
Friedrichsring 2 a (C 3), ✉ 68161, ☎ (06 21) 1 48 70, Fax 15 51 69, AX DC ED VA
Hauptgericht 45; Terrasse; geschl: so + feiertags

★★ Alchimia
G 7,7 (A 2), ✉ 68159, ☎ (06 21) 1 49 63, ED VA
Hauptgericht 40; nur abends; geschl: Mo

★★ Grissini
M 3, 6, (B 3), ✉ 68161, ☎ (06 21) 1 56 57 24, Fax 1 60 11, AX ED VA
Hauptgericht 40; geschl: Sa mittags, so + feiertags, 1.8.-22.8., 23.12.-4.1.

⚐ Kiemle
P 6,25 (B 3), ✉ 68161, ☎ (06 21) 2 39 48
Spezialität: Mannemer Dreck

⚐ Walter
O 4,11 (B 3), ✉ 68161, ☎ (06 21) 2 46 20

⚐ Café Herrdegen
E 2,8 (A 2), ✉ 68159, ☎ (06 21) 2 01 85, Fax 2 78 89
8-18.30; geschl: So, feiertags
Spezialität: Biertorte

Feudenheim (6 km →)

★ Gasthof Zum Ochsen
Hauptstr 70, ✉ 68259, ☎ (06 21) 79 95 50, Fax 7 99 55 33, AX DC ED VA
Hauptgericht 36; 🅿 Terrasse; geschl: 1.1.-6.1.

★ 12 Zi, Ez: 120-135, Dz: 155-185, ⇱ WC ☎ DFÜ
geschl: 1.-6.1.

Neckarstadt (1 km ↑)

★★ Martin
Lange Rötterstr 53 (außerhalb C 1), ✉ 68167, ☎ (06 21) 33 38 14, Fax 33 52 42, AX DC ED VA
Hauptgericht 39; 🅿 Terrasse; geschl: Mi, Mitte Aug-Mitte Sep

Sandhofen (8 km ↑)
**　Weber
Frankenthaler Str 85, ✉ 68307, ☏ (06 21)
7 70 10, Fax 7 70 11 13, AX DC ED VA
140 Zi, Ez: 99-188, Dz: 135-237, 3 Suiten,
14 App, ⌐ WC DFÜ; Lift P 7⌐50 ≘ Fitneßraum Sauna Solarium ⓘ ▬
Auch Zimmer der Kategorie * vorhanden

Seckenheim (7 km ↘)
**　Löwen
Seckenheimer Hauptstr 159, ✉ 68239,
☏ (06 21) 4 80 80, Fax 4 81 41 54, AX ED VA
67 Zi, Ez: 75-165, Dz: 135-215, ⌐ WC ☏,
3▩; Lift ▬ 1⌐40
geschl: 23.12.-7.1.
Auch Zimmer der Kategorie * vorhanden
**　Hauptgericht 25; Terrasse;
geschl: Sa + Mo mittags, so + feiertags,
23.12.-7.1., 3 Wochen in den Sommerferien

siehe auch **Viernheim**

Marbach am Neckar 61 ↗

Baden-Württemberg — Kreis Ludwigsburg
— 229 m — 14 000 Ew — Ludwigsburg 8,
Stuttgart 25 km
ⓘ ☏ (0 71 44) 10 20, Fax 10 23 00 — Bürgermeisteramt, Marktstr 23, 71672 Marbach
am Neckar. Sehenswert: Schiller-Geburts-
haus; Schiller-Nationalmuseum; Altstadt:
Stadtmauer, Fachwerkhäuser, Stadtburg,
Wehranlagen; spätgotische Alexanderkirche

*　Parkhotel
♦ Schillerhöhe 14, ✉ 71672, ☏ (0 71 44)
90 50, Fax 9 05 88, AX ED VA
44 Zi, Ez: 105-125, Dz: 164-200, 1 Suite, ⌐
WC ☏, 5▩; Lift ▬; garni

Marburg 45 ↘

Hessen — Kreis Marburg-Biedenkopf —
213 m — 75 500 Ew — Kassel 90, Frankfurt/
Main 95 km
ⓘ ☏ (0 64 21) 9 91 20, Fax 99 12 12 — Marburg Tourismus und Marketing GmbH, Pilgrimstein 26, 35037 Marburg; Kreis- und
Universitätsstadt an der Lahn; Nordhessi-
sches Landestheater. Sehenswert: St.-Eli-
sabeth-Kirche: Elisabethschrein und -
Standbild, Hochaltar, Grabmäler, Kruzifix
von E. Barlach, Glasmalereien, luth. Marienkirche; ref. Dominikanerkirche (Universitätskirche); Landgrafenschloß ◄; Alte
Universität; Markt mit Rathaus: Kunstuhr;
Universitätsmuseum; Emil-von-Behring-
Ausstellung (Hess. Gesundheitszentrum);
Brüder-Grimm-Stube; Botanischer Garten

Cityplan siehe Seite 656

**　Sorat Hotel Marburg
Pilgrimstein 29 (B 2), ✉ 35037, ☏ (0 64 21)
91 80, Fax 91 84 44, AX DC ED VA
146 Zi, Ez: 185-245, Dz: 225-285, S; ⌐ WC
☏, 42▩; Lift 6⌐350 Fitneßraum Sauna
Solarium 9Golf ⓘ ▬

*　Europäischer Hof
Elisabethstr 12 (B 2), ✉ 35037, ☏ (0 64 21)
69 60, Fax 6 64 04, AX DC ED VA
100 Zi, Ez: 85-220, Dz: 140-285, 5 Suiten, ⌐
WC ☏; Lift ▬ 5⌐120
**　Atelier
Hauptgericht 30; geschl: 2.-25.8.
italienische Küche

*　Waldecker Hof
Bahnhofstr 23 (C 1), ✉ 35037, ☏ (0 64 21)
6 00 90, Fax 60 09 59, AX DC ED VA
40 Zi, Ez: 75-165, Dz: 155-250, ⌐ WC ☏
DFÜ, 6▩; Lift P ▬ 3⌐80 ≘ Fitneßraum
Sauna Solarium; **garni** ▬
Auch Zimmer der Kategorie ** vorhan-
den

**　Das kleine Restaurant ✤
Barfüßertor 25, am Wilhelmsplatz (A 4),
✉ 35037, ☏ (0 64 21) 2 22 93, Fax 5 14 95, ED
Hauptgericht 30; geschl: Mo

**　Alter Ritter
Steinweg 44 (B2), ✉ 35037, ☏ (0 64 21)
6 28 38, Fax 6 67 20, AX DC ED VA
Hauptgericht 30; Terrasse

Gisselberg (5 km ↓)
**　Fasanerie
◄ Zur Fasanerie 15, ✉ 35043, ☏ (0 64 21)
97 41-0, Fax 97 41-77, ED VA
40 Zi, Ez: 90-195, Dz: 160-230, 1 Suite, ⌐
WC ☏, 8▩; P 2⌐60 Sauna Solarium ⓘ
Im Haupthaus Zimmer der Kategorie * vor-
handen

Michelbach (7 km ↘)
*　Stümpelstal
Stümpelstal 2, ✉ 35041, ☏ (0 64 20) 90 70,
Fax 5 14, ED VA
51 Zi, Ez: 85-120, Dz: 160-180, ⌐ WC ☏; P
▬ 2⌐80 ⓘ

Wehrshausen-Außerhalb (2 km ↙)
*　Dammühle
einzeln ♦ Dammühlenstr 1, ✉ 35041,
☏ (0 64 21) 9 35 60, Fax 3 61 18, ED VA
20 Zi, Ez: 95-120, Dz: 160-180, 1 Suite,
1 App, ⌐ WC ☏, 3▩; P ▬ 1⌐45 ⓘ ▬
geschl: Fr
Im Gästehaus Zimmer der Kategorie **
vorhanden

March 67 □

Baden-Württemberg — Kreis Breisgau-
Hochschwarzwald — 200 m — 8 000 Ew —
Emmendingen 8, Freiburg 10 km
ⓘ ☏ (0 76 65) 4 22 20, Fax 4 22 45 — Bürgermeisteramt, im Ortsteil Hugstetten,
Am Felsenkeller 2, 79232 March. Sehenswert: Kath. Kirche im Ortsteil Neuershau-
sen →

March

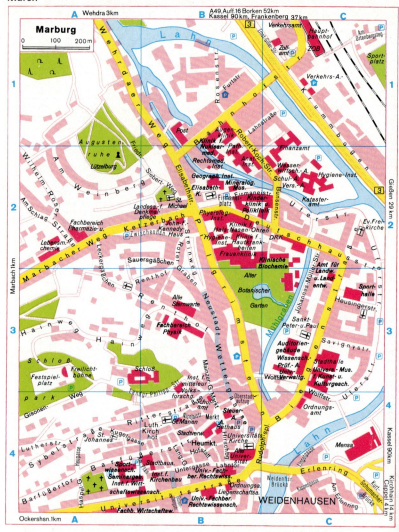

Hugstetten
*   **Gästehaus Zum Roten Kreuz**
Landstr 3, ✉ 79232, ☏ (0 76 65) 12 42,
Fax 9 55 18, ED VA
16 Zi, Ez: 60-85, Dz: 95-150, 2 App, ⌐ WC
☏; Lift ✸

Neuershausen
*   **Zum Löwen**
Eichstetter Str 4, ✉ 79232, ☏ (0 76 65)
9 20 90, Fax 9 20 99 99
14 Zi, Ez: 80-98, Dz: 140-170, 1 Suite, ⌐ WC
☏, 7✉; P 1✪40 ☕
*   Hauptgericht 30; geschl: Mo

Margetshöchheim 56 ↘

Bayern — Kreis Würzburg — 178 m —
3 250 Ew — Würzburg 8, Karlstadt 15 km
ℹ ☏ (09 31) 46 86 20, Fax 46 29 28 —
Gemeindeverwaltung, Mainstr 15,
97276 Margetshöchheim

**   **Eckert**
       City Line & Country Line Hotels
♂ ⧫ Friedenstr 41, ✉ 97276, ☏ (09 31)
4 68 50, Fax 4 68 51 00, AX ED VA
36 Zi, Ez: 109-119, Dz: 165, 1 Suite, ⌐ WC
☏, 7✉; Lift P 2✪40 Sauna Solarium ✸

Maria Laach siehe Glees

Marienberg 50 →

Sachsen — Mittlerer Erzgebirgskrs. — 600 m — 11 700 Ew — Chemnitz 30 km
i ☎ (0 37 35) 9 05 14, Fax 9 05 65 — Fremdenverkehrsamt, Am frischen Brunnen 1, 09496 Marienberg. Sehenswert: Zschopauer Torturm mit Heimatmuseum; hist. Altstadt

Wolfsberg (3 km ←)
* Berghotel Drei Brüder Höhe
einzeln ♂ ⌧ 09496, ☎ (0 37 35) 60 00, Fax 6 00 50, AX ED
31 Zi, Ez: 65-90, Dz: 100-120, 1 Suite, ⊿ WC ☎, 13⊠; Lift 1⇌30 Bowling Fitneßraum Sauna ¶⊚¶

Marienberg, Bad 44 ↘

Rheinland-Pfalz — Westerwaldkreis — 550 m — 6 000 Ew — Hachenburg 12, Herborn 25, Montabaur 27 km
i ☎ (0 26 61) 70 31, Fax 6 15 65 — Kurverwaltung, Wilhelmstr 10, 56470 Bad Marienberg; Kneippheilbad und Schroth-Kurort im Hohen Westerwald

* Westerwälder Hof
Wilhelmstr 21, ⌧ 56470, ☎ (0 26 61) 9 11 10, Fax 91 11 10, AX DC ED VA
15 Zi, Ez: 65-85, Dz: 120-160, 1 Suite, ⊿ WC ☎ DFÜ; **P** ¶⊚¶

* Kristall
♂ ⌧ Goethestr 21, ⌧ 56470, ☎ (0 26 61) 9 57 60, Fax 95 76 50, ED
20 Zi, Ez: 65-90, Dz: 120-180, 1 App, ⊿ WC ☎; Lift **P** 2⇌30 ☕
* Hauptgericht 35

☕ **Café Wäller**
Bismarckstr 14, ⌧ 56470, ☎ (0 26 61) 54 91, Fax 93 91 84
6-18; geschl: Mo
Spezialität: Trüffel

Marienheide 33 ↘

Nordrhein-Westfalen — Oberbergischer Kreis — 450 m — 13 326 Ew — Gummersbach 9, Meinerzhagen 11, Wipperfürth 13 km
i ☎ (0 22 64) 22 40, Fax 22 61 — Der Gemeindedirektor, Hauptstr 20, 51709 Marienheide. Sehenswert: Schloß Gimborn; Kloster- und Wallfahrtskirche: Holzschnitzereien, frühgotisches Chorgestühl; Wehrkirche Müllenbach: Freskomalereien; Lingese Talsperre (1,5 km ↗); Brucher Talsperre (2 km ↘)

Rodt (3 km ↘)
** Landhaus Wirth
Friesenstr 8, ⌧ 51709, ☎ (0 22 64) 2 70, Fax 27 88, AX DC ED VA
50 Zi, Ez: 110-220, Dz: 140-280, ⊿ WC ☎, 10⊠; **P** 🚗 4⇌80 ≘ Kegeln Sauna Solarium
Auch Zimmer der Kategorie ***** vorhanden
** Im Krug
Hauptgericht 35; Biergarten

Marienmünster 35 ↗

Nordrhein-Westfalen — Kreis Höxter — 220 m — 5 180 Ew — Höxter 14, Bad Driburg 26, Detmold 29 km
i ☎ (0 52 76) 9 51 50, Fax 9 51 55 — Tourist-Information, Niederntr 7, 37696 Marienmünster; Erholungsort

Vörden
* Gasthof Weber
Marktstr 2, ⌧ 37696, ☎ (0 52 76) 9 89 60, Fax 98 96 44, AX DC ED VA
12 Zi, Ez: 70, Dz: 105, ⊿ WC ☎; **P** 🚗 Kegeln ¶⊚¶

Maring-Noviand 52 ↗

Rheinland-Pfalz — Kreis Bernkastel-Wittlich — 120 m — 1 430 Ew — Bernkastel-Kues 8, Piesport 10, Wittlich 12 km
i ☎ (0 65 35) 6 89 — Verkehrsbüro, im Ortsteil Maring, Moselstr 24, 54484 Maring-Noviand

Maring
* Weinhaus Liesertal
Moselstr 39, ⌧ 54484, ☎ (0 65 35) 8 48, Fax 12 45, AX ED VA
26 Zi, Ez: 80-90, Dz: 120-150, ⊿ WC ☎; 1⇌60
geschl: 2.1.-10.2.
* Hauptgericht 25; **P** Terrasse; geschl: Mo, 2.1.-10.2.

Markdorf 69 ↙

Baden-Württemberg — Bodenseekreis — 550 m — 11 500 Ew — Meersburg 9, Friedrichshafen 16, Ravensburg 20 km
i ☎ (0 75 44) 50 02 90, Fax 50 02 89 — Fremdenverkehrsverein, Gehrenberg-Bodensee e. V., Marktstr 1, 88677 Markdorf. Sehenswert: Kath. ehem. Stiftskirche St. Nikolaus

***** Bischofschloß
        Gast im Schloß**
Schloßweg 2, ⌧ 88677, ☎ (0 75 44) 81 41, Fax 7 23 13, AX DC ED VA
29 Zi, Ez: 130-150, Dz: 210-240, 2 Suiten, ⊿ WC ☎; Lift 🚗 2⇌60 Sauna Solarium ¶⊚¶
geschl: Sa abends

Markgröningen 61 □

Baden-Württemberg — Kreis Ludwigsburg — 280 m — 14 700 Ew — Stuttgart 18, Heilbronn 39 km
ℹ ☎ (0 71 45) 1 30, Fax 1 31 31 — Stadtverwaltung, Marktplatz 1, 71706 Markgröningen. Sehenswert: Stadtbild; ev. Stadtkirche St. Bartholomäus; kath. ehem. Spitalkirche; Rathaus

✱ **Zum treuen Bartel**
Am Marktplatz 11, ✉ 71706, ☎ (0 71 45) 9 62 90, Fax 96 29 29, AX DC ED VA
24 Zi, Ez: 88-98, Dz: 118-138, ⊣ WC ☎; Lift 2✿100 ≋
✱ Hauptgericht 30; P Terrasse; geschl: Do

✱ **Schwäbischer Hof**
Bahnhofstr 39, ✉ 71706, ☎ (0 71 45) 53 83, Fax 32 80, AX DC ED VA
11 Zi, Ez: 95, Dz: 150, ⊣ WC ☎; P ⍾

Markkleeberg 39 ✓

Sachsen — Kreis Leipziger Land — 120 m — 21 000 Ew — Leipzig 12 km
ℹ ☎ (03 41) 3 53 32 15, Fax 32 40 83 — Stadtverwaltung, Rathausplatz 1, 04416 Markkleeberg

✱✱ **Markkleeberger Hof**
Städtelner Str 122, ✉ 04416, ☎ (03 41) 2 17 00, Fax 21 72 22, AX ED VA
60 Zi, Ez: 90-135, Dz: 105-165, ⊣ WC ☎, 10🍴; Lift P 2✿70 6Golf ⍾

Wachau (3 km →)
✱✱✱ **Atlanta Park Inn International**
Südring 21, ✉ 04445, ☎ (03 42 97) 8 40, Fax 84-9 99, AX DC ED VA
191 Zi, Ez: 110-140, Dz: 135-165, S; 6 Suiten, ⊣ WC ☎, 58🍴; Lift P 11✿250 Fitneßraum Sauna Solarium ≋
✱✱ **Pavillon**
Hauptgericht 25; Biergarten

Markranstädt 39 ✓

Sachsen — Kreis Leipziger Land — 100 m — 11 093 Ew — Leipzig 11 km
ℹ ☎ (03 42 05) 61-0 — Stadtverwaltung, Markt 1, 04420 Markranstädt

✱✱ **Consul Park Hotel**
Krakauer Str 49, ✉ 04420, ☎ (03 42 05) 6 00, Fax 6 02 00, AX DC ED VA
58 Zi, Ez: 135-175, Dz: 165-215, S; ⊣ WC ☎, 30🍴; Lift P 6✿120 Fitneßraum Sauna Solarium ⍾ ≋

✱ **Apart Hotel Am Grünen Zweig**
Am Grünen Zweig 1, ✉ 04420, ☎ (03 42 05) 7 46 00, Fax 7 46 30, AX DC VA
24 Zi, Ez: 99-112, Dz: 105-155, 9 App, ⊣ WC ☎, 3🍴; Lift P; garni ⍾

Quesitz
✱✱ **Kastanienhof**
Lützner str 116, ✉ 04420, ☎ (03 42 05) 79 50, Fax 7 95-1 51, ED VA
30 Zi, Ez: 90-115, Dz: 120-140, ⊣ WC ☎; P 3✿50 ⍾ ≋

Marktbreit 56 □

Bayern — Kreis Kitzingen — 208 m — 3 700 Ew — Ochsenfurt 6, Kitzingen 11 km
ℹ ☎ (0 93 32) 40 50, Fax 4 05 42 — Verwaltungsgemeinschaft, Marktstr 4, 97340 Marktbreit; Historische Stadt am Main. Sehenswert: Rathaus, Innenausstattung; Maintor

✱ **Zum Goldenen Stern**
Bahnhofstr 9, ✉ 97340, ☎ (0 93 32) 13 16, Fax 13 99, ED VA
23 Zi, Ez: 43-78, Dz: 85-135, ⊣ WC ☎; 1✿30 ⍾
Im Altbau auch einfache Zimmer vorhanden

Marktheidenfeld 55 ↗

Bayern — Kreis Main-Spessart — 153 m — 10 000 Ew — Wertheim 13, Lohr 18, Würzburg 32 km
ℹ ☎ (0 93 91) 50 04 41 — Fremdenverkehrsverein, Marktplatz 24, 97828 Marktheidenfeld; Stadt am Main. Sehenswert: Kirche St. Laurentius; alte Mainbrücke

✱✱ **Anker**
Obertorstr 6, ✉ 97828, ☎ (0 93 91) 6 00 40, Fax 60 04 77, AX ED VA
35 Zi, Ez: 119-155, Dz: 178-225, 4 Suiten, ⊣ WC ☎ DFÜ, 9🍴; Lift P 🛏 4✿120 18Golf; garni ⍾ ≋

✱✱ **Villa Christalina**
♂ Am Lauterpfad 2, ✉ 97828, ☎ (0 93 91) 8 11 36, Fax 88 91
8 Zi, Ez: 85-100, Dz: 130-150, ⊣ WC ☎, 8🍴; P 1✿20 Sauna; garni

✱ **Zum Löwen**
Marktplatz 3, ✉ 97828, ☎ (0 93 91) 15 71, Fax 17 21, ED VA
30 Zi, Ez: 70-90, Dz: 110-140, ⊣ WC, 2🍴; P 🛏 ⍾

✱ **Zur Schönen Aussicht**
Brückenstr 8, ✉ 97828, ☎ (0 93 91) 30 55, Fax 37 22, AX DC ED VA
48 Zi, Ez: 85-100, Dz: 130-150, ⊣ WC ☎, 8🍴; Lift P 🛏 3✿55 Kegeln ⍾ ≋

✱✱ **Weinhaus Anker**
⊗ Obertorstr 13, ✉ 97828, ☎ (0 93 91) 17 36, Fax 17 42, AX DC ED VA
Hauptgericht 50; geschl: Mo, Di mittags
Eigenbauweine

Gasthof Mainblick
* Mainkai 11, ✉ 97828, ☎ (0 93 91) 9 86 50, Fax 98 65 44, AX ED VA
Hauptgericht 20; Terrasse; geschl: Mo, 7.1.-20.1.
** ⋖ 18 Zi, Ez: 95, Dz: 125-130, ⌐ WC ☎

<u>Altfeld</u> (4 km ↙)
* **Spessarttor**
♂ Michelriether Str 38, ✉ 97828,
☎ (0 93 91) 6 00 30, Fax 60 03 99, AX DC ED VA
20 Zi, Ez: 90-140, Dz: 140-200, ⌐ WC ☎,
18⌧; Lift 🅿 🖃 1↔33 Sauna Solarium
18Golf; **garni** ⌫

* **Löwensteiner Haus**
Wertheimer Str 2, ✉ 97828, ☎ (0 93 91)
9 80 20, Fax 98 02 22, AX DC ED
16 Zi, Ez: 75-85, Dz: 120-140, ⌐ WC ☎;

Marktleugast 48 ↘

Bayern — Kreis Kulmbach — 554 m —
3 970 Ew — Münchberg 13, Kulmbach
17 km
🛈 ☎ (0 92 55) 94 70, Fax 9 47 50 — Gemeindeverwaltung, Kulmbacher Str 2, 95352 Marktleugast; Ort im Frankenwald. Sehenswert: Wallfahrtsbasilika im Ortsteil Marienweiher (1 km ↓)

<u>Hermes</u> (4 km ↙)
* **Landgasthof Haueis**
♂ Haus Nr 1, ✉ 95352, ☎ (0 92 55) 2 45, Fax 72 63, ED VA
42 Zi, Ez: 51-56, Dz: 90-110, ⌐ WC ☎; 🅿 🖃
1↔25 ⌫
geschl: 10.1.-28.2.
* Hauptgericht 15; Biergarten Terrasse; geschl: 10.1.-28.2.

Marktleuthen 49 ↙

Bayern — Kreis Wunsiedel — 550 m —
4 100 Ew — Wunsiedel 12, Schwarzenbach 13 km
🛈 ☎ (0 92 85) 96 90, Fax 9 69 69 — Stadtverwaltung, Marktplatz 3, 95168 Marktleuthen. Sehenswert: hist. Altstadtkern; St.-Nikolaus-Kirche; einzige und älteste Zinngießerei

* **Gasthof Aulinger**
Lindenweg 18, ✉ 95168, ☎ (0 92 85) 12 67, ED VA
11 Zi, Ez: 40-75, Dz: 60-130, ⌐ WC ☎; 🅿 ⍾
geschl: 3 Wochen im Nov

Marktoberdorf 70 →

Bayern — Kreis Ostallgäu — 730 m —
18 000 Ew — Kaufbeuren 13, Schongau 25, Kempten 25 km
🛈 ☎ (0 83 42) 40 08 45, Fax 40 08 65 — Stadtverwaltung, Jahnstr 1, 87616 Marktoberdorf; Kreisstadt, Erholungsort. Sehenswert: kath. Kirche St. Martin

** **Sepp**
Bahnhofstr 13, ✉ 87616, ☎ (0 83 42) 70 90, Fax 70 91 00, ED
64 Zi, Ez: 90-120, Dz: 135-160, ⌐ WC ☎,
5⌧; Lift 🅿 6↔80 Fitneßraum Kegeln Sauna Solarium ⍾ ⌫

* **St. Martin**
Wiesenstr 21, ✉ 87616, ☎ (0 83 42) 9 62 60, Fax 96 26 96, AX ED VA
26 Zi, Ez: 75-85, Dz: 100-120, ⌐ WC ☎ DFÜ,
2⌧; Lift 🅿 🖃 Sauna Solarium; **garni**
Restaurant für Hausgäste

<u>Leuterschach</u> (6 km ↙)
* **Voglerwirt**
Mühlbichel 24, ✉ 87616, ☎ (0 83 42) 25 07, Fax 25 49
20 Zi, Ez: 45-60, Dz: 80-110, ⌐ WC; 🅿 🖃

Marktredwitz 58 ↗

Bayern — Kreis Wunsiedel — 539 m —
19 000 Ew — Hof 50, Weiden 52, Bayreuth 53 km
🛈 ☎ (0 92 31) 50 11 28, Fax 50 11 29 — Verkehrsbüro, Markt 29, 95615 Marktredwitz; Stadt im Fichtelgebirge. Sehenswert: St. Bartholomäuskirche; Theresienkirche; Hist. Rathaus; Neues Rathaus: Goethezimmer; Egerland-Museum

* **Marktredwitzer Hof**
Meister Bär's Privat Hotels
Scherdelstr 7, ✉ 95615, ☎ (0 92 31) 95 60, Fax 95 61 50, AX DC ED VA
50 Zi, Ez: 79-158, Dz: 118-178, 2 Suiten,
2 App, ⌐ WC ☎, 8⌧; Lift 🅿 3↔100 Sauna Solarium ⍾ ⌫

* **Bairischer Hof**
Markt 40-42, ✉ 95615, ☎ (0 92 31) 6 20 11, Fax 6 35 50, AX DC ED VA
55 Zi, Ez: 85-135, Dz: 135-190, 1 Suite,
3 App, ⌐ WC ☎, 3⌧; Lift 🅿 3↔80 Kegeln ⍾ ⌫
Hotelanfahrt über Leopoldstr

Marktrodach 48 ↓

Bayern — Kreis Kronach — 340 m —
4 076 Ew — Kronach 8, Kulmbach 20 km
🛈 ☎ (0 92 61) 6 03 10, Fax 60 31 50 — Markt Marktrodach, Kirchplatz 3, 96364 Marktrodach; Flößermuseum

<u>Unterrodach</u>
** **Flößerhof**
♂ ⋖ Kreuzbergstr 35, ✉ 96364, ☎ (0 92 61)
6 06 10, Fax 60 61 62, AX ED VA
37 Zi, Ez: 75-165, Dz: 114-192, 10 Suiten,
3 App, ⌐ WC ☎; 🅿 2↔60 ≋ ⌂ Fitneßraum Sauna Solarium 2Tennis ⌫
** Hauptgericht 23; Terrasse

Marktschellenberg 73 ↘

Bayern — Kreis Berchtesgadener Land —
500 m — 1 850 Ew — Berchtesgaden 10 km
ℹ ☎ (0 86 50) 99 88 30, Fax 98 88 31 — Verkehrsamt, Salzburger Str 2, 83487 Marktschellenberg; Heilklimatischer Kurort.
Sehenswert: Beim Gasthof Zur Kugelmühle (4 km ↓) die letzten Marmorkugelmühlen Deutschlands; Schellenberger Eishöhle, 1570 m, im Untersberg (3,5 Std ↖)

Marktschellenberg-Außerhalb (4 km ↓)
* **Gasthaus Kugelmühle**
♂ Kugelmühlweg 18, ✉ 83487, ☎ (0 86 50) 4 61, Fax 4 16
16 Zi, Ez: 50-75, Dz: 90-130, ⊿ WC, 8⌧; P
†○† ☙
Rezeption: 9-20; geschl: 1.11.-25.12., 10.1.-10.2.

Markt Schwaben 72 ↗

Bayern — Kreis Ebersberg — 509 m —
10 450 Ew — Erding 15, Ebersberg 15, München 27 km
ℹ ☎ (0 81 21) 41 80, Fax 4 18 99 — Markt Markt Schwaben, Schloßplatz 2, 85570 Markt Schwaben

** **Georgenhof**
Bahnhofstr 39, ✉ 85570, ☎ (0 81 21) 92 00, Fax 9 20 60, AX DC ED VA
35 Zi, Ez: 100-150, Dz: 180-200, 2 App, ⊿ WC ☎, 10⌧; Lift P 🚗 2⇔35 †○† ☙

Marktzeuln 48 ↙

Bayern — Kreis Lichtenfels — 290 m —
1 660 Ew — Lichtenfels 12, Kronach 16 km
ℹ ☎ (0 95 74) 6 23 60, Fax 62 36 36 — Gemeindeverwaltung, Am Flecken 29, 96275 Marktzeuln

* **Landgasthof Mainblick**
♂ ≼ Schwürbitzer Str 25, ✉ 96275, ☎ (0 95 74) 30 33, Fax 40 05, VA
18 Zi, Ez: 58-75, Dz: 94-110, WC ☎; P 🚗 Sauna ☙
* Hauptgericht 22

Marl 33 □

Nordrhein-Westfalen — Kreis Recklinghausen — 60 m — 93 240 Ew — Recklinghausen 8, Dorsten 9 km
ℹ ☎ (0 23 65) 99 27 82, Fax 99 21 11 — Stadtverwaltung, Strukturförderung/Fremdenverkehr, Creiler Platz 1, 45768 Marl.
Sehenswert: Rathaus; Skulpturenmuseum Glaskasten; Hügelhäuser; alte Zechensiedlungen Hüls und Brassert; Philharmonia Hungarica; Adolf-Grimme-Institut

Hüls (4 km →)
** **Loemühle**
Loemühlenweg 221, ✉ 45770, ☎ (0 23 65) 41 45-0, Fax 41 45-1 99, AX DC ED VA
55 Zi, Ez: 105-180, Dz: 185-235, 1 Suite, 1 App, ⊿ WC ☎ DFÜ, 4⌧; P 🚗 4⇔100 ≋ ⌂ Sauna Solarium ☙
** Hauptgericht 35; Biergarten Terrasse

Marquartstein 73 ↙

Bayern — Kreis Traunstein — 545 m —
3 200 Ew — Reit im Winkl 15, Traunstein 26, Rosenheim 35 km
ℹ ☎ (0 86 41) 82 36, Fax 6 17 01 — Verkehrsamt, Bahnhofstr 3, 83250 Marquartstein; Luftkurort und Wintersportplatz am Alpenrand

Pettendorf (1 km ↑)
** **Weßnerhof**
≼ Pettendorf 11, ✉ 83250, ☎ (0 86 41) 9 78 40, Fax 6 19 62, ED
28 Zi, Ez: 51-79, Dz: 110-134, 3 Suiten, ⊿ WC ☎, 7⌧; Lift P 🚗 3⇔30 †○† ☙
Rezeption: 8-21.30; geschl: Mi, 2.11.-4.12.

Maschen siehe Seevetal

Maselheim 69 ↗

Baden-Württemberg — Kreis Biberach an der Riß — 600 m — 4 400 Ew — Biberach an der Riß 10, Laupheim 15 km
ℹ ☎ (0 73 51) 78 31, Fax 1 31 34 — Gemeindeverwaltung, Wennedacher Str 3, 88437 Maselheim. Sehenswert: St. Peter und Paul Kirche; Barockkirchen

* **Landhotel Maselheimer Hof**
Kronenstr 1, ✉ 88437, ☎ (0 73 51) 7 12 99, Fax 7 25 93, AX DC ED VA
23 Zi, Ez: 85-125, Dz: 135-165, ⊿ WC ☎, 2⌧; Lift P 2⇔30 Fitneßraum Sauna Solarium †○†

Masserberg 47 □

Thüringen — Kreis Hildburghausen —
810 m — 890 Ew — Neuhaus am Rennweg 25, Suhl 37 km
ℹ ☎ (03 68 70) 5 33 73, Fax 5 33 75 — Kurverwaltung u. Touristinformation Masserberg, Kurhausstr 8, 98666 Masserberg; Höhenluftkurort im Thüringer Wald am Rennsteig. Sehenswert: Eselsberg mit Rennsteigwarte ≼

** **Rennsteig**
≼ Rennsteigstr 5, ✉ 98666, ☎ (03 68 70) 5 04 31-34, Fax 5 03 88, AX ED VA
87 Zi, Ez: 110-150, Dz: 160-180, 3 Suiten, ⊿ WC ☎; Lift P 5⇔150 ≋ ⌂ Kegeln Sauna Solarium †○† ☙

Maßweiler 53 ↓

Rheinland-Pfalz — Kreis Pirmasens — 370 m — 1 147 Ew — Thaleischweiler-Fröschen 4, Zweibrücken 16, Kaiserslautern 34 km
ℹ️ ☎ (0 63 34) 44 10, Fax 44 11 11 — Verbandsgemeindeverwaltung, Hauptstr 52, 66987 Thaleischweiler-Fröschen

✻✻ Borst ❀
Luitpoldstr 4, ✉ 66506, ☎ (0 63 34) 14 31, Fax 14 31
Hauptgericht 40; 🅿 Terrasse; geschl: Mo, Di

Maulbronn 61 ↖

Baden-Württemberg — Enzkreis — 253 m — 6 400 Ew — Bretten 9, Mühlacker 9, Pforzheim 17 km
ℹ️ ☎ (0 70 43) 10 30, Fax 1 03 45 — Stadtverwaltung, Klosterhof 31, 75433 Maulbronn; Erholungsort. Sehenswert: Ehem. Zisterzienserkloster: Kirche, Kreuzgang mit Brunnenhaus

✻ Klosterpost
Frankfurter Str 2, ✉ 75433, ☎ (0 70 43) 10 80, Fax 10 82 99, AX DC ED VA
44 Zi, Ez: 100-130, Dz: 151-199, ⊣ WC ☎ DFÜ; Lift 🚗 2✺100
✻✻ Hauptgericht 30; 🅿 Terrasse

✻ Gasthof Birkenhof
Bahnhofstr 1, ✉ 75433, ☎ (0 70 43) 4 00 67, Fax 77 26, AX DC ED VA
19 Zi, Ez: 75-95, Dz: 130-140, ⊣ WC ☎; 🅿 🚗 2✺100 ♨
Rezeption: 9-23, Di 17-20; geschl: 10.-23.2.
✻ Hauptgericht 25; Gartenlokal; geschl: Di, 10.2.-23.2.

Maulburg 67 ↙

Baden-Württemberg — Kreis Lörrach — 353 m — 3 900 Ew — Schopfheim 4, Lörrach 8 km
ℹ️ ☎ (0 76 22) 3 99 10, Fax 39 91 27 — Bürgermeisteramt, Hermann-Burte-Str 55, 79689 Maulburg; Ort im Tal der Wiese, im südlichen Schwarzwald

✻ Murperch
Hotzenwaldstr 1, ✉ 79689, ☎ (0 76 22) 6 78 70, Fax 67 87 30, AX DC VA
14 Zi, Ez: 75-110, Dz: 98-160, ⊣ WC ☎ DFÜ; garni

✻ Wiesenthäler Hof
Hauptstr 49, ✉ 79689, ☎ (0 76 22) 20 44, Fax 6 45 45, AX ED VA
Hauptgericht 25; Biergarten 🅿; geschl: Sa, So mittags, 01.01.-15.01.99
✻ 6 Zi, Ez: 88, Dz: 145, ⊣ WC ☎
Rezeption: 11.30-14,17-24; geschl: Sa,So bis 17, 1.-15.1.

Mauth 66 ↗

Bayern — Kreis Freyung-Grafenau — 1000 m — 2 800 Ew — Freyung 9, Grafenau 23 km
ℹ️ ☎ (0 85 57) 96 00 85, Fax 96 00 15 — Verkehrsamt, Giesekestr 2, 94151 Mauth; Erholungs- und Wintersportort am Nationalpark Bayerischer Wald. Sehenswert: Freilichtmuseum im Ortsteil Finsterau (6 km ↑)

✻ Fuchs
☙ ⛰ Mühlweg 8, ✉ 94151, ☎ (0 85 57) 2 30, Fax 2 30
11 Zi, Ez: 39, Dz: 80, 2 App, ⊣ WC; 🅿 🚗
Restaurant für Hausgäste

Finsterau (6 km ↑)
✻ Gasthof Bärnriegel
☙ ⛰ Halbwaldstr 32, ✉ 94151, ☎ (0 85 57) 9 60 20, Fax 96 02 49
23 Zi, Ez: 70-90, Dz: 90-110, ⊣ WC ☎; 🅿
1✺70 Fitneßraum Sauna Solarium ♨
geschl: 10.11.-15.12.
Im Gästehaus Zimmer der Kategorie **✻✻** vorhanden
✻ Hauptgericht 28; Terrasse; geschl: 10.11.-15.12.

Mayen 43 ↙

Rheinland-Pfalz — Kreis Mayen-Koblenz — 240 m — 20 000 Ew — Laacher See 14, Nürburgring 26, Koblenz 28 km
ℹ️ ☎ (0 26 51) 8 82 60, Fax 8 83 66 — Verkehrsamt, im Alten Rathaus, Am Markt, - Altes Rathaus, 56727 Mayen; Stadt in der Eifel. Sehenswert: Kath. St.-Clemens-Kirche; kath. St.-Veit-Kirche; Genovevaburg (Eifelmuseum); Rathaus; Brückentor; Schloßbürresheim (5 km ↖)

✻ Maifelder Hof
Polcher Str 74, ✉ 56727, ☎ (0 26 51) 9 60 40, Fax 7 65 58, AX DC ED VA
13 Zi, Ez: 82-110, Dz: 130-180, ⊣ WC ☎; 🅿 🚗 Kegeln 🍴
Rezeption: 7-14, 17-23

✻ Traube
Bäckerstr 6, ✉ 56727, ☎ (0 26 51) 9 60 10, Fax 7 21 87, AX DC ED VA
21 Zi, Ez: 65-90, Dz: 110-125, ⊣ WC ☎; 🚗; garni

✻ Im Römer
🌣 Marktstr 46, ✉ 56727, ☎ (0 26 51) 23 15, Fax 90 02 94
Hauptgericht 25; geschl: So mittags, Mo

Mayschoß 43 ←

Rheinland-Pfalz — Kreis Ahrweiler — 150 m — 1 050 Ew — Altenahr 3, Bad Neuenahr 11, Adenau 23 km
ℹ️ ☎ (0 26 43) 83 08, Fax 93 60 93 — Verkehrsverein, Tourist-Service, Ahr-Rotweinstr. 42, 53508 Mayschoß. Sehenswert: Weinkeller der ältesten Winzergenossenschaft Deutschlands; Ruine Saffenburg ⛰ →

Mayschoß

Laach (1 km ⟋)
** **Lochmühle**
⊸ Ahrrotweinstr 62, ✉ 53508, ☏ (0 26 43)
80 80, Fax 80 84 45, AX DC ED VA
103 Zi, Ez: 109-152, Dz: 215-242, 1 Suite, ⊿
WC ☎; Lift 🅿 🚗 9🔄150 ☂ Fitneßraum
Sauna Solarium
Auch Zimmer der Kategorie ***** vorhanden
** Hauptgericht 36; Terrasse

Mechernich 42 →

Nordrhein-Westfalen — Kreis Euskirchen
— 310 m — 25 000 Ew — Euskirchen 12,
Gemünd/Eifel 12 km
ℹ ☏ (0 24 43) 4 91 67, Fax 4 02 50 — Stadt
Mechernich Tourismus und Wirtschaftsförderung, im Stadtteil Kommern, Bergstr.,
53894 Mechernich. Sehenswert: Alte kath.
Kirche; Rheinisches Freilichtmuseum und
Hochwildpark im Stadtteil Kommern
(4 km ↑); Burg Satzvey (6 km ⟋); Kakushöhlen beim Stadtteil Dreimühlen (8km ↓)

Kommern (4 km ↑)
** **Sport-Hotel Kommern am See**
Ernst-Becker-Weg, ✉ 53894, ☏ (0 24 43)
99 09 90, Fax 99 09 55, AX DC ED VA
30 Zi, Ez: 85-150, Dz: 145-210, ⊿ WC ☎,
8⊠; 🚗 2🔄30 ☂ Fitneßraum Kegeln Sauna
Solarium 5Tennis ⇌
** **Pfeffermühle**
Hauptgericht 30; Terrasse; geschl: 24.12.-
25.12.98

Meckenbeuren 69 ↓

Baden-Württemberg — Bodenseekreis —
417 m — 12 900 Ew — Tettnang 5, Ravensburg 10, Friedrichshafen 13 km
ℹ ☏ (0 75 42) 40 30, Fax 40 31 00 — Gemeindeverwaltung, Theodor-Heuss-Platz 1,
88074 Meckenbeuren

Buch
* **Zum Löwen**
Hauptstr 136, ✉ 88074, ☏ (0 75 42) 94 02-0,
Fax 94 02-80, AX DC ED VA
40 Zi, Ez: 95-130, Dz: 140-180, ⊿ WC ☎; Lift
🅿 Sauna Solarium 🍽

Liebenau (4 km ⟋)
** **Sporthotel Amselhof**
♂ Berger Halde 50, ✉ 88074, ☏ (0 75 42)
9 40 10, Fax 94 01 48, AX DC ED VA
20 Zi, Ez: 90-110, Dz: 140-160, 2 App, ⊿ WC
☎, 8⊠; 🅿 2🔄30 ≋ Fitneßraum Kegeln
Sauna Solarium 11Tennis 🍽 ⇌

Madenreute (4 km ⟋)
** **Jägerhaus**
♂ Madenreute 13, ✉ 88074, ☏ (0 75 42)
9 45 50, Fax 94 55 56, DC ED VA
40 Zi, Ez: 90-130, Dz: 130-170, ⊿ WC ☎; Lift
Sauna 🍽

Meckenheim 43 ←

Nordrhein-Westfalen — Rhein-Sieg-Kreis
— 200 m — 24 500 Ew — Rheinbach 5,
Bonn 26 km
ℹ ☏ (0 22 25) 91 71 43, Fax 91 71 00 —
Stadtverwaltung, Hauptstr. 29, 53340 Meckenheim. Sehenswert: Wasserburg Lüftelberg; Stephanskapelle

** **City-Hotel**
Bonner Str 25, ✉ 53340, ☏ (0 22 25) 60 95,
Fax 1 77 20, AX DC ED VA
89 Zi, Ez: 100-140, Dz: 140-210, 1 Suite, ⊿
WC ☎, 9⊠; Lift 🅿 12🔄100 ☂ Fitneßraum
Kegeln Sauna Solarium ⇌
* **Zum Brotbäcker**
Hauptgericht 25; Biergarten Terrasse

* **Zwei Linden**
Merler Str 1, ✉ 53340, ☏ (0 22 25) 60 22,
Fax 1 28 92, AX DC ED VA
18 Zi, Ez: 100-110, Dz: 150-160, 1 Suite, ⊿
WC ☎; 🅿 1🔄25; garni

Medebach 35 ⟋

Nordrhein-Westfalen — Hochsauerlandkreis — 411 m — 8 300 Ew — Düsseldorf 195, Kassel 76, Marburg 61 km
ℹ ☏ (0 29 82) 4 00 48, Fax 4 00 38 — Touristik-Gesellschaft Medebach, Oberstraße 26, 59964 Medebach

* **Brombach**
Oberstr 6, ✉ 59964, ☏ (0 29 82) 85 70,
Fax 34 52, AX DC ED VA
Hauptgericht 35; 🅿 Terrasse
⇌ 8 Zi, Ez: 60-65, Dz: 90-100, ⊿ WC;
Lift 🚗 1🔄20 Kegeln

Meerane 49 ↑

Sachsen — Chemnitzer Land — 224 m —
20 000 Ew — Zwickau 13, Altenburg 20 km
ℹ ☏ (0 37 64) 5 42 88, Fax 71 04 19 — Stadtverwaltung, Leipziger Str 32-34,
08393 Meerane; Westsächsische Industriestadt. Sehenswert: hist. Stadtkern; Rathaus

*** **Meerane**
         Top International Hotel
An der Hohen Str 3, ✉ 08393, ☏ (0 37 64)
59 10, Fax 59 15 91, AX DC ED VA
117 Zi, Ez: 130-190, Dz: 160-240, 20 Suiten,
⊿ WC ☎ DFÜ, 56⊠; Lift 🅿 🚗 14🔄300 Fitneßraum Sauna Solarium 🍽 ⇌

** **Schwanefeld**
Schwanefelder Str 22, ✉ 08393, ☏ (0 37 64)
24 15, Fax 43 67, AX DC ED VA
63 Zi, Ez: 90-120, Dz: 155, ⊿ WC ☎; Lift
5🔄200 Bowling Fitneßraum Sauna
Solarium 🍽

Meersburg

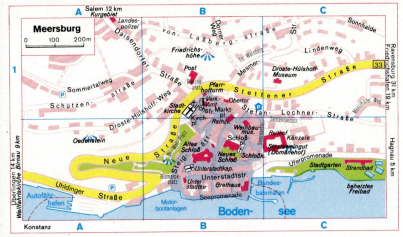

Parkhotel
♠ Martinstr 54, ✉ 08393, ☎ (0 37 64)
4 72 77, Fax 4 72 78, AX DC ED VA
41 Zi, Ez: 115, Dz: 135, ⌂ WC ☎; P 🚗 3✧80
Solarium

Meerbusch 32 ↘

Nordrhein-Westfalen — Kreis Neuss —
33 m — 52 930 Ew — Neuss 8, Düsseldorf 9,
Krefeld 16 km
🛈 ☎ (0 21 32) 91 60, Fax 91 63 20 — Stadtverwaltung, im Stadtteil Büderich, Moerser Str 28, 40667 Meerbusch; Stadt am Niederrhein. Sehenswert: Teloy-Mühle; Alter Kirchturm; Pfarrkirche St. Nikolaus
Achtung: Autofähre nach Düsseldorf-Kaiserswerth, Sommer: 7-20 Uhr, Wochenende ab 9 Uhr; Winter bis 19 Uhr, Wochenende ab 10 Uhr nach Bedarf, ☎ (0 21 32) 10 02

Büderich
∗ **Zum Deutschen Eck**
Düsseldorfer Str 87, ✉ 40667, ☎ (0 21 32)
9 92 20, Fax 99 22 20, DC ED VA
24 Zi, Ez: 140-225, Dz: 180-275, 2 App, ⌂
WC ☎; Lift 🚗 ⎸◯⎹
geschl: 22.12.-4.1.99

∗∗∗ **Landhaus Mönchenwerth**
⋖ Niederlöricker Str 56, an der Schiffsanlegestelle, ✉ 40667, ☎ (0 21 32) 7 79 31,
Fax 7 18 99, AX ED VA
Hauptgericht 30; P Terrasse; geschl: Mo, Sa mittags

∗ **Lindenhof**
Dorfstr 48, ✉ 40667, ☎ (0 21 32) 26 64,
Fax 1 01 96, AX VA
Hauptgericht 30; Terrasse; geschl: Mo

Langst-Kierst
∗∗∗ **Best Western Rheinhotel Vier Jahreszeiten**
⋖ Zur Rheinfähre 14-15, ✉ 40668,
☎ (0 21 50) 91 40, Fax 91 49 00, AX DC ED VA
65 Zi, Ez: 190-330, Dz: 240-370, S; 8 Suiten,
⌂ WC ☎, 11⎸; Lift P 6✧200 Sauna
Solarium ⎯
∗∗∗ **Bellevue**
⋖ Hauptgericht 43

Osterath
∗ **Osterather Hof**
Kirchplatz 30, ✉ 40670, ☎ (0 21 59) 24 90,
Fax 5 12 49, AX DC ED VA
26 Zi, Ez: 128, Dz: 190, ⌂; P 🚗 2✧50
∗ Hauptgericht 35

∗∗ **Gschwind**
Hochstr 29, ✉ 40670, ☎ (0 21 59) 24 53,
Fax 24 22, AX DC ED VA
Hauptgericht 30; geschl: sa+so mittags, Mo

Meersburg 69 ↙

Baden-Württemberg — Bodenseekreis —
410 m — 5 000 Ew — Überlingen 14, Friedrichshafen 18 km
🛈 ☎ (0 75 32) 43 11 10, Fax 43 11 20 — Kur- und Verkehrsverwaltung, Kirchstr 4, 88709 Meersburg; Stadt am Bodensee, Erholungsort. Sehenswert: Stadtbild; Altes Schloß; Neues Schloß: Treppenhaus, Dornier-Museum; Altes Kloster; Fürstenhäuschen; Droste-Museum; Schiffahrt zur Insel Mainau
Achtung: Autofähre nach Konstanz-Staad alle 15 Min. von 6-22 Uhr 🛈 ☎ (0 75 32) 80 33 36 →

Meersburg

** 3 Stuben
Kirchstr 7 (B 1), ✉ 88709, ☎ (0 75 32)
8 00 90, Fax 13 67, AX ED VA
25 Zi, Ez: 145-195, Dz: 225-265, ⌐ ☎; Lift P
🖻 1🔄10 Sauna
geschl: 15.12.-1.3.99
*** Hauptgericht 52; nur abends;
geschl: Di, 15.12.-15.2.99

** Romantik Hotel 👑
Residenz am See
⋖ Uferpromenade 11 (C 2), ✉ 88709,
☎ (0 75 32) 8 00 40, Fax 80 04 70, AX DC ED VA
18 Zi, Ez: 136-196, Dz: 194-316, 1 Suite, ⌐
WC ☎, 6🖻; Lift P 2🔄20 🍷
geschl: 25.10.-20.12.
** ⋖ Hauptgericht 40; Terrasse;
geschl: 25.10.-20.12.

** Villa Bellevue
♠ ⋖ Am Rosenhag 5, ✉ 88709, ☎ (0 75 32)
97 70, Fax 13 67, AX ED VA
11 Zi, Ez: 105-145, Dz: 210-240, ⌐ WC ☎; P
🖻; garni
geschl: 15.10.-1.4.

* Wilder Mann
⋖ Bismarckplatz 2 (B 2), ✉ 88709,
☎ (0 75 32) 90 11 +90 12, Fax 90 14, AX ED VA
31 Zi, Ez: 110-245, Dz: 140-260, 2 App, ⌐
WC ☎; P 🖻 Strandbad Seezugang 🍴 🍷
Auch Zimmer der Kategorie ** vorhanden

* Seehof
⋖ Unterstadtstr 36 (B 2), ✉ 88709,
☎ (0 75 32) 43 35-0, Fax 24 06, ED VA
21 Zi, Ez: 95-160, Dz: 160-190, 1🖻; Lift 🖻;
garni 🍷

* Off
♠ ⋖ Uferpromenade 51 (C 2), ✉ 88709,
☎ (0 75 32) 44 74-0, Fax 44 74-44, DC ED VA
21 Zi, Ez: 99-140, Dz: 160-215, ⌐ WC ☎; Lift
P 1🔄30 Seezugang 🍷
Auch Zimmer der Kategorie ** vorhanden
* Café Off
Hauptgericht 30; Terrasse; geschl: 7.1.-
31.1.

* Weinstube Löwen
Marktplatz 2 (B 1), ✉ 88709, ☎ (0 75 32)
4 30 40, Fax 43 04 10, AX DC ED VA
21 Zi, Ez: 85-140, Dz: 150-220, ⌐ WC ☎,
4🖻;
geschl: Mi (Okt-Apr)
** 🌿 Hauptgericht 32; Gartenlokal;
geschl: Okt-Apr Mi

* Seegarten
♠ ⋖ Uferpromenade 47 (C 2), ✉ 88709,
☎ (0 75 32) 8 00 30, Fax 80 03 33
15 Zi, Ez: 110, Dz: 140-220, 9 App, ⌐ WC ☎;
Lift P Seezugang Sauna Solarium; garni

* Seehotel Zur Münz
⋖ Seestr 7 (B 1), ✉ 88709, ☎ (0 75 32) 90 90,
Fax 77 85, AX ED VA
11 Zi, Ez: 75-86, Dz: 160-190, 1 Suite, ⌐ WC
☎, 1🖻; Lift P 🖻 🍴
Rezeption: 8-20; geschl: 1.11.-1.3.

** Winzerstube Zum Becher ✠
🌿 Höllgasse 4, beim Neuen Schloß (B 2),
✉ 88709, ☎ (0 75 32) 90 09, Fax 16 99,
AX DC VA
Hauptgericht 35; Terrasse; geschl: Mo,
20.12.-20.1.

🍴 Ratskeller
Marktplatz (B 2), ✉ 88709, ☎ (0 75 32)
90 04, Fax 18 86, AX ED VA
Hauptgericht 38; Terrasse; geschl: Mi, Jan

Mehring 52 ↗

Rheinland-Pfalz — Kreis Trier-Saarburg —
126 m — 2 300 Ew — Trier 20, Bernkastel-
Kues 42 km
ℹ ☎ (0 65 02) 14 13, Fax 12 53 — Verkehrsverein, Bachstr 47, 54346 Mehring; Erholungsort an der Mosel

🏠 Weinhaus Molitor
Maximinstr 7, ✉ 54346, ☎ (0 65 02) 27 88,
ED
10 Zi, Ez: 65, Dz: 95-120, 1 Suite, ⌐ WC; P
geschl: 10.11.-10.1.

Mehring 73 ↗

Bayern — Kreis Altötting — 430 m —
2 087 Ew — Burghausen 6 km
ℹ ☎ (0 86 79) 12 67, Fax 54 73 — Verwaltungsgemeinschaft, Untere Dorfstr 3,
84561 Emmerting

Hohenwart (1 km ↑)
* Schwarz
Hohenwart 10, ✉ 84561, ☎ (0 86 77)
9 84 00, Fax 14 40, ED VA
22 Zi, Ez: 67-78, Dz: 106-128, ⌐ WC ☎; P
1🔄250 🍷
geschl: Di
* Hauptgericht 20; Biergarten Terrasse; geschl: Di, 28.3.-3.4.99, 16.8.-29.8.99

Meinberg, Bad
siehe Horn-Bad Meinberg

Meinersdorf 50 □

Sachsen — Stollberg — 1 725 Ew
ℹ ☎ (0 37 21) 2 20 60 — Gemeindeverwaltung, Tourist Information, Am Markt 3,
09390 Meinersdorf

* Waldperle
♠ Waldstr 31, ✉ 09390, ☎ (0 37 21) 2 25 10,
Fax 2 29 23, AX ED VA
12 Zi, Ez: 70-120, Dz: 90-130, 5 Suiten,
6 App, ⌐ WC ☎; P 2🔄30 🍴 🍷
Auch Zimmer der Kategorie ** vorhanden.
Hotelanlage mit 11 Bungalows

Meinerzhagen 33 ↘

Nordrhein-Westfalen — Märkischer Kreis — 405 m — 21 767 Ew — Gummersbach 15, Lüdenscheid 20, Attendorn 23 km
i ☎ (0 23 54) 7 71 32, Fax 7 72 20 — Verkehrsamt, Bahnhofstr 11, 58540 Meinerzhagen; Wintersportplatz im Sauerland

* La Provence
Kirchstr 11, ✉ 58540, ☎ (0 23 54) 1 21 06, AX DC ED VA
Hauptgericht 30; **P** Terrasse; geschl: Mo, 5.-18.7.

Willertshagen (3 km →)
* Bauer
Willertshagen 10, ✉ 58540, ☎ (0 23 54) 9 26 90, Fax 92 69 70
Ez: 85, Dz: 130-140

Meinhard 36 ↘

Hessen — Werra-Meißner-Kreis — 250 m — 5 880 Ew — Eschwege 4 km
i ☎ (0 56 51) 7 48 00, Fax 74 80 55 — Gemeindeverwaltung, im Ortsteil Grebendorf, Sandstr 15, 37276 Meinhard

Schwebda-Außerhalb (1,5 km ↗)
*** Schloß Wolfsbrunnen European Castle
einzeln ☽ ◄ ⌧ ✉ 37276, ☎ (0 56 51) 30 50, Fax 30 53 33, AX DC ED VA
60 Zi, Ez: 150-240, Dz: 250-320, 5 Suiten, ⌐ ☎; Lift **P** 5♦80 ≘ Sauna Solarium
Auch Zimmer der Kategorie ** vorhanden.
Herrensitz von 1904
*** Spiegelsaal
Hauptgericht 40; Terrasse

Meiningen 47 ←

Thüringen — Kreis Meiningen — 286 m — 27 000 Ew — Eisenach 52, Bad Kissingen 58 km
i ☎ (0 36 93) 27 70, Fax 27 70 — Tourist Information, Bernhardstr 6, 98617 Meiningen. Sehenswert: Theater; Schloß Elisabethenburg; Bürgerhäuser: Büchnersches Hinterhaus, Alte Posthalterei, Steinernes Haus, Rautenkranz; Otto-Ludwig-Denkmal; Brahms-Denkmal; Literaturmuseum Baumbachhaus

** Romantik Hotel Sächsischer Hof
Georgstr 1, ✉ 98617, ☎ (0 36 93) 45 70, Fax 4 57-4 01, AX DC ED VA
38 Zi, Ez: 135-145, Dz: 180-195, 3 Suiten, ⌐ WC ☎, 22⌧; Lift **P** 1♦150 ¶ ☛

** Altstadthotel
Nachtigallenstr/Baumbachstr, ✉ 98617, ☎ (0 36 93) 8 76 90, Fax 87 69 40, AX ED VA
14 Zi, Ez: 95-100, Dz: 130-150, ⌐ WC ☎; Lift **P** 1♦14 Sauna Solarium; garni

** Schlundhaus mit Gästehaus Rautenkranz
Schlundgasse 4, ✉ 98617, ☎ (0 36 93) 4 27 76, Fax 4 10 53, AX DC ED VA
12 Zi, Ez: 85-125, Dz: 120-180, 2 Suiten, 8 App, ⌐ WC ☎; Lift ⚑ 3♦100 Kegeln Sauna Solarium ¶ ☛

** Im Kaiserpark
Günther-Raphael-Str 9, ✉ 98617, ☎ (0 36 93) 47 18 16, Fax 47 18 20, ED VA
37 Zi, Ez: 85-110, Dz: 135-150, ⌐ WC ☎, 7⌧; Lift **P** ⚑ 1♦85; garni

* An der Kapelle Verband Christlicher Hotels
Anton-Ulrich-Str 19, ✉ 98617, ☎ (0 36 93) 4 49 20, Fax 47 01 74, AX DC ED VA
17 Zi, Ez: 60-90, Dz: 90-120, ⌐ WC ☎; **P** 35 ¶ ☛

* Wolke 7
Goethestr 18, ✉ 98617, ☎ (0 36 93) 8 46 50, Fax 84 65 65, AX ED VA
14 Zi, Ez: 70-95, Dz: 90-100, ⌐ WC ☎; garni

Meiningen-Außerhalb (5 km ↖)
*** Schloß Landsberg Gast im Schloß
einzeln ☽ ◄ ⌧ Landsberger Str 150, ✉ 98617, ☎ (0 36 93) 44 09-0, Fax 44 09-44, AX DC ED VA
15 Zi, Ez: 100-200, Dz: 170-250, 6 Suiten, ⌐ WC ☎; Lift **P** ⚑ 2♦80 Sauna Solarium ☛
Historische Schloßanlage in neugotischem Stil. Möblierung nach Vorbildern des 19. Jh.
** ⌧ Hauptgericht 20; Biergarten Terrasse

Meisdorf 38 ↘

Sachsen-Anhalt — Aschersleben-Staßfurt — 1 042 Ew — Aschersleben 12 km
i ☎ (03 47 43) 82 00 — Tourist-Info, Hauptstr. 31, 06463 Meisdorf

** Parkhotel Schloß Meisdorf
☽ Allee 5, ✉ 06463, ☎ (03 47 43) 9 80, Fax 9 83 33, AX DC ED VA
72 Zi, Ez: 95-195, Dz: 126-223, 2 Suiten, 1 App, ⌐ WC ☎, 23⌧; Lift **P** 6♦180 ≘ Bowling Kegeln Sauna Solarium 18Golf 2Tennis ¶ ☛
Auch Zimmer der Kategorie *** vorhanden.

** Forsthaus Meisdorf
einzeln ☽ ◄ Allee 4, ✉ 06463, ☎ (03 47 43) 81 38, Fax 82 31, AX DC ED VA
10 Zi, Ez: 175-195, Dz: 223-282, 1 Suite, ⌐ WC ☎; **P** 1♦10 ≘ Sauna Solarium 18Golf ¶

Meißen

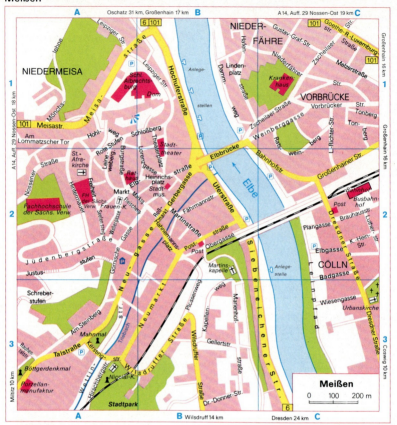

Meißen 40 ↓

Sachsen — Kreis Meißen — 109 m — 32 000 Ew — Dresden 25, Riesa 26 km
ℹ️ ☎ (0 35 21) 45 44 70, Fax 45 82 40 — Tourist-Information Meißen GmbH, Markt 3 (A 2), 01662 Meißen; Porzellan- und Weinstadt. Sehenswert: Burgberg mit Dom und Albrechtsburg; Großer Wendelstein; Frauenkirche; Brauhaus; Tuchmachertor; Porzellan-Manufaktur; Nikolaikirche; historische Altstadt

---

★★★ Parkhotel Pannonia
♂ ⸱≼ Hafenstr 27-31 (B 1), ✉ 01662, ☎ (0 35 21) 7 22 50, Fax 72 29 04, AX DC ED VA
92 Zi, Ez: 152-177, Dz: 192-227, 5 Suiten, ⟂ WC ☎, 26✉; Lift 🅿 🚗 7✪60 Fitneßraum Sauna Solarium
Auch Zimmer der Kategorie ★★ vorhanden
★★ ⸱≼ Hauptgericht 25; Terrasse

🚗 Unterstellmöglichkeiten für Fahrzeuge oder Einzelgaragen

★★ Ross
Großenhainer Str 9 (C 2), ✉ 01662, ☎ (0 35 21) 75 10, Fax 75 19 99, AX ED VA
41 Zi, Ez: 100-150, Dz: 150-220, 1 Suite, 10 App, ⟂ WC ☎, 14✉; Lift 🅿 🚗 3✪50 Fitneßraum Sauna Solarium 🍽
Auch Langzeitvermietung. Auch Zimmer der Kategorie ★ vorhanden

★★ Am Markt 6
Am Markt 6, ✉ 01662, ☎ (0 35 21) 4 10 70, Fax 41 07 20, AX DC ED VA
11 Zi, Ez: 95-115, Dz: 145-185, ⟂ WC ☎, 3✉; 🅿 🍽

★★ Goldgrund
einzeln ♂ Goldgrund 14, ✉ 01662, ☎ (0 35 21) 4 79 30, Fax 47 93 44, AX DC ED VA
22 Zi, Ez: 75-95, Dz: 95-150, 1 Suite, ⟂ WC ☎, 4✉; 1✪16
Restaurant für Hausgäste; Zimmer der Kategorie ★ vorhanden. Berglage, über 70 Stufen zu erreichen

* **Siebeneichen**
Wilsdruffer Str 35, ⌧ 01662, ☎ (0 35 21)
4 77 60, Fax 4776 50, AX DC ED VA
66 Zi, Ez: 90-105, Dz: 130-160, ⊣ WC ☎; Lift
🚗 2↔40 Sauna ⛉
Auch Zimmer der Kategorie ** vorhanden

* **Andree**
Ferdinandstr 2, ⌧ 01662, ☎ (0 35 21) 75 50,
Fax 75 51 30, AX DC ED VA
86 Zi, Ez: 98-190, Dz: 150-210, ⊣ WC ☎,
33🛏; Lift P 3↔50 ⛉
Auch Zimmer der Kategorie ** vorhanden

* **Feder**
◂ Siebeneichener Str 44, ⌧ 01662,
☎ (0 35 21) 4 70 50, Fax 47 05 10, AX ED VA
9 Zi, Ez: 90-125, Dz: 120-170, ⊣ WC ☎; P ≋
Sauna ⛉

**Romantik Restaurant
Vincenz Richter**
⊗ An der Frauenkirche 12 (A 2), ⌧ 01662,
☎ (0 35 21) 45 32 85, Fax 45 37 63,
AX DC ED VA
Hauptgericht 25; Terrasse; nur abends,
sa,so + feiertags auch mittags; geschl: Mo,
8.1.-24.1.
Historisches Gebäude von 1523. Seit 1873
Weinstube. Ausstattung mit Antiquitäten.
Eigenbauweine

Oberspaar (2 km ↘)
Weinstube Bauernhäusl
⊗ Oberspaarer Str 20, ⌧ 01662, ☎ (0 35 21)
73 33 17, Fax 73 87 15, AX DC ED VA
Hauptgericht 20; Gartenlokal P;
Historisches Weinstube seit 1850

Meldorf 9 ✓

Schleswig-Holstein — Kreis Dithmarschen
— 6 m — 7 200 Ew — Heide 12, Itzehoe
39 km
ℹ ☎ (0 48 32) 70 45, Fax 70 46 — Verkehrsverein, Nordermarkt 10, 25704 Meldorf.
Sehenswert: Dom; Dithmarsches Landesmuseum; Landwirtschaftsmuseum; historische Handweberei; Südermühle

⇌ **Zur Linde mit Gästehaus
Flair Hotel**
Südermarkt 1, ⌧ 25704, ☎ (0 48 32) 9 59 50,
Fax 43 12, AX DC ED VA
7 Zi, Ez: 85-93, Dz: 128-143, ⊣ WC ☎;
* Hauptgericht 25

Mellingen 48 ↑

Thüringen — Kreis Weimarer Land — 200 m
— 1 284 Ew — Weimar 5 km
ℹ ☎ (03 64 53) 8 03 50 — Verwaltungsgemeinschaft, Karl-Alexanderstr 134 a,
99441 Mellingen

** **Ilmtal**
Hirtentorstr, ⌧ 99441, ☎ (03 64 53) 86 00,
Fax 8 60 86, AX DC ED VA
44 Zi, Ez: 113-123, Dz: 127-137, 1 Suite,
6 App, ⊣ WC ☎ DFÜ, 21🛏; P 3↔65 Sauna
⛉ ⌇

Mellrichstadt 46 →

Bayern — Kreis Rhön-Grabfeld — 272 m —
6 300 Ew — Ostheim vor der Rhön 8, Bad
Neustadt a.d. Saale 13, Meiningen 20 km
ℹ ☎ (0 97 76) 92 41, Fax 73 42 — Aktives
Mellrichstadt e.V., Marktplatz 2,
97638 Mellrichstadt. Sehenswert: Altes
Schloß; Kirche St. Kilian; Kapellen;
Museum „Salzhaus"; Stadtmauer; Wasserschloß in Roßrieth (5 km →)

* **Sturm
mit Gästehäusern
Christa & Bettina**
Ignaz-Reder-Str 3, ⌧ 97638, ☎ (0 97 76)
8 18 00, Fax 81 80 40, AX DC ED VA
48 Zi, Ez: 78-118, Dz: 111-148, ⊣ WC ☎,
12🛏; Lift P 5↔50 Sauna Solarium
geschl: 3.1.-24.1.
Auch Zimmer der Kategorie ** vorhanden
** Hauptgericht 22; geschl: 3.1.-24.1.

Melsungen 36 ✓

Hessen — Schwalm-Eder-Kreis — 180 m —
14 900 Ew — Kassel 20, Fritzlar 24, Bebra
30 km
ℹ ☎ (0 56 61) 70 81 09, Fax 70 81 19 — Tourist Information, Am Markt 1, 34212 Melsungen; Luftkurort im Fuldatal.
Sehenswert: Ev. Stadtkirche; Schloß; Rathaus mit „Bartenwetzer"-Figur (erscheint
um 12 + 18 Uhr am Turm); „Bartenwetzer"-
Brücke; Fachwerkhäuser und Mauerreste

* **Sonnenhof**
Franz-Gleim-Str 11, ⌧ 34212, ☎ (0 56 61)
73 89 99, Fax 73 89 98, AX ED VA
24 Zi, Ez: 75-150, Dz: 125-180, 1 Suite,
1 App, ⊣ WC ☎ DFÜ, 8🛏; Lift P 2↔40
geschl: So
Restaurant für Hausgäste

* **Hessischer Hof**
Rotenburger Str 22, ⌧ 34212, ☎ (0 56 61)
60 94, Fax 60 93, AX DC ED VA
29 Zi, Ez: 107-122, Dz: 132-152, ⊣ WC ☎; P
🚗 3↔35 ⛉

* **Comfort Hotel Melsungen**
Am Bürstoß 2a, ⌧ 34212, ☎ (0 56 61)
73 91 00, Fax 73 92 99, AX DC ED VA
99 Zi, Ez: 119, Dz: 139, ⊣ WC ☎, 52🛏; P
2↔22; **garni**

** **Gasthaus Alte Apotheke**
Brückenstr 5, ⌧ 34212, ☎ (0 56 61) 73 81 18,
Fax 73 81 12
Hauptgericht 30; Terrasse; geschl: So, Mo
mittags

Memmelsdorf 57 ↘

Bayern — Kreis Bamberg — 250 m —
8 498 Ew — Bamberg 8, Scheßlitz 13 km
🛈 ☎ (09 51) 4 09 60, Fax 40 96 96 — Gemeindeverwaltung, Pödelorfer Str 11,
96117 Memmelsdorf

✱ **Drei Kronen**
Flair Hotel
Hauptstr 19, ⌧ 96117, ☎ (09 51) 94 43 30,
Fax 9 44 33 66, AX ED VA
32 Zi, Ez: 67-95, Dz: 110-150, ⚄ WC ☎ DFÜ,
6🛏; 🅿 2⇆40 ⑲
Auch Zimmer der Kategorie ✱✱ vorhanden

Memmingen 70 ↘

Bayern — Stadtkreis — 595 m — 40 000 Ew
— Mindelheim 27, Kempten 34, Biberach
a.d. Riß 37 km
🛈 ☎ (0 83 31) 85 01 72, Fax 85 01 78 — Fremdenverkehrsamt, Marktplatz 3, 87700 Memmingen; Landestheater Schwaben.
Sehenswert: Ev. Martins-Kirche: Chorgestühl; ev. Frauenkirche: Wandmalereien;
hist. Stadtmauer; Rathaus; Steuerhaus;
ehem. Kloster in Buxheim (5 km ←)

✱✱ **Falken**
Roßmarkt 3, ⌧ 87700, ☎ (0 83 31) 4 70 81,
Fax 4 70 86, AX DC ED VA
39 Zi, Ez: 115-165, Dz: 185-215, ⚄ WC ☎,
12🛏; Lift 🚗; garni
geschl: Aug, Weihnachten - Anfang Jan

✱ **Parkhotel an der Stadthalle**
Ulmer Str 7, ⌧ 87700, ☎ (0 83 31) 93 20,
Fax 4 84 39, AX ED VA
89 Zi, Ez: 103-133, Dz: 164-184, 2 Suiten, ⚄
WC ☎, 60🛏; Lift 🚗 5⇆35 Sauna Solarium
⑲
auch Zimmer der Kategorie ✱✱ verfügbar

✱ **Weinhaus Knöringer**
Weinmarkt 6, ⌧ 87700, ☎ (0 83 31) 27 15,
Fax 8 42 01, ED
Hauptgericht 30; Gartenlokal; geschl: Di,
Sa mittags, Mitte Aug

Menden 34 ✓

Nordrhein-Westfalen — Märkischer Kreis
— 139 m — 57 904 Ew — Hagen 31, Dortmund 31, Soest 32 km
🛈 ☎ (0 23 73) 90 30, Fax 90 33 86 — Stadtverwaltung, Neumarkt 5, 58706 Menden;
Stadt im nördlichen Sauerland. Sehenswert: Vincenz-Kirche; Bergkapelle; Teufelsturm; Ritterhaus-Denkmal; Altstadt;
Geschichtsbrunnen; Techn. Denkmal
„Alter Hammer"

✱ **Central**
Unnaer Str 33, ⌧ 58706, ☎ (0 23 73)
92 84 50, Fax 55 31, AX DC ED VA
16 Zi, Ez: 98, Dz: 150, ⚄ WC ☎ DFÜ, 5🛏;
Lift; garni
geschl: 23.12.-4.1.

Mengen 69 ←

Baden-Württemberg — Kreis Sigmaringen
— 560 m — 9 800 Ew — Saulgau 15, Sigmaringen 16 km
🛈 ☎ (0 75 72) 60 70, Fax 6 07 61 — Stadtverwaltung, Hauptstr 90, 88512 Mengen.
Sehenswert: Kath. Liebfrauen-Kirche;
Fachwerkhäuser und zwei alte Wehrhäuser
(„Fuchs" und „Kazede"); Pfarrkirche im
Stadtteil Ennetach

✱ **Zum Lamm**
Hauptstr 131, ⌧ 88512, ☎ (0 75 72) 7 66 10,
Fax 76 61 23, ED VA
10 Zi, Ez: 70-82, Dz: 124-150, ⚄ WC ☎ DFÜ,
3🛏; Lift 🅿 ⑲

✱✱ **Rebstock**
Hauptstr 93, ⌧ 88512, ☎ (0 75 72) 7 66 80,
Fax 76 68 37, DC ED VA
Hauptgericht 30; 🅿; geschl: Mo, 22.12.-5.1.,
22.5.-3.6.

Mengeringhausen
siehe **Arolsen**

Mengerskirchen 44 ☐

Hessen — Kreis Limburg-Weilburg —
420 m — 6 000 Ew — Weilburg 12, Herborn
22 km
🛈 ☎ (0 64 76) 91 36-0, Fax 91 36-25 — Marktflecken Mengerskirchen, Schloßstr 3,
35794 Mengerskirchen

Probbach (4,5 km ↘)
✱ **Landhaus Höhler**
Flair Hotel
einzeln ☼ -⚄ Am Waldsee 3, ⌧ 35794,
☎ (0 64 76) 80 31, Fax 88 86, AX ED VA
22 Zi, Ez: 85-125, Dz: 160-210, ⚄ WC ☎; 🅿
2⇆40 ⚓ Sauna Solarium ⚑
✱ Hauptgericht 29; Terrasse;
geschl: Mo

✱ **Tannenhof**
einzeln ☼ -⚄ Am Waldsee 1, ⌧ 35794,
☎ (0 64 76) 9 10 60, Fax 9 10 62
12 Zi, Ez: 75, Dz: 120, ⚄ WC; 🅿 1⇆30 ⑲ ⚑

Mengkofen 65 ☐

Bayern — Kreis Dingolfing/Landau —
393 m — 5 180 Ew — Straubing 23, Landshut 30 km
🛈 ☎ (0 87 33) 6 19, Fax 13 22 — Gemeindeverwaltung, Von-Haniel-Allee 12,
84152 Mengkofen

✱✱ **Zur Post**
Hauptstr 20, ⌧ 84152, ☎ (0 87 33) 9 22 70,
Fax 9 22 71 70, AX DC ED VA
20 Zi, Ez: 80-120, Dz: 130-165, 2 App, ⚄ WC
☎ DFÜ, 8🛏; Lift 🅿 🚗 2⇆120 Sauna
Solarium
geschl: Fr, 1 Woche im Jan, 2 Wochen
Mitte Aug
✱✱ Hauptgericht 36; Biergarten;
geschl: Fr, 2 Wochen im Jan + Aug

Menzenschwand
siehe **Sankt Blasien**

Meppen 23 ↗

Niedersachsen — Kreis Emsland — 20 m — 34 000 Ew — Holländische Grenze 16, Lingen 20, Papenburg 47 km
i ☎ (0 59 31) 15 31 06, Fax 15 33 30 — Verkehrsverein, Markt 43, 49716 Meppen; Kreisstadt an der Ems und am Dortmund-Ems-Kanal. Sehenswert: Kath. Propsteikirche; kath. Gymnasialkirche; Rathaus; Moormuseum in Groß-Hesepe (10 km ↙)

** Pöker
Herzog-Arenberg-Str 15 a, ✉ 49716,
☎ (0 59 31) 4 91-0, Fax 4 91-1 00, AX DC ED VA
47 Zi, Ez: 75-95, Dz: 120-140, 5 Suiten,
3 App, ⇨ WC ☎, 4✉; Lift P 🖨 5⇔80 ⊘
Auch Zimmer der Kategorie ***** vorhanden

* Altstadt-Hotel
Nicolaus-Augustin-Str 3, ✉ 49716,
☎ (0 59 31) 1 80 48, Fax 8 72 14, DC ED VA
15 Zi, Ez: 80-95, Dz: 130-140, ⇨ WC ☎; Lift;
garni ⊘

* Hülsmann
Hüttenstr 2, ✉ 49716, ☎ (0 59 31) 92 22-0,
Fax 92 22-13, ED
26 Zi, Ez: 70-92, Dz: 120-150, 1 Suite, ⇨ WC
☎; Lift P 🖨 1⇔50 Kegeln Solarium ⊘

* Schmidt am Markt
Am Markt 17, ✉ 49716, ☎ (0 59 31) 9 81 00,
Fax 98 10 10, AX DC ED VA
19 Zi, Ez: 70-110, Dz: 130-150, 1 Suite, ⇨
WC ☎; Lift P 🖨 ⊘
Hotelanfahrt über Nikolaus-Augustin-Str

* Park-Hotel
♦ Lilienstr 21, ✉ 49716, ☎ (0 59 31) 1 80 11,
Fax 8 94 94, AX DC ED VA
31 Zi, Ez: 65-95, Dz: 120-150, 1 Suite, 1 App,
⇨ WC ☎; Lift 1⇔150

Nödike (2 km ↓)
* Tiek
Junkersstr 2, ✉ 49716, ☎ (0 59 31) 1 20 51,
Fax 1 40 54, AX DC ED VA
15 Zi, Ez: 85, Dz: 140, ⇨ WC ☎; P 🖨
Restaurant für Hausgäste

Merching 71 ↘

Bayern — Aichach-Friedberg — 529 m — 2 450 Ew — Aichach 30, Augsburg 18 km
i ☎ (0 82 33) 40 11, Fax 40 14 — Gemeindeverwaltung, Hauptstr 26, 86504 Merching

Steinach (3 km ↘)
* Dominikus Hof
Kapellenweg 1, ✉ 86504, ☎ (0 82 02)
9 60 90, Fax 96 09 40
16 Zi, Ez: 65-70, Dz: 100-120; P 🖨; garni

Mergentheim, Bad 55 ↘

Baden-Württemberg — Main-Tauber-Kreis — 210 m — 22 500 Ew — Tauberbischofsheim 16, Künzelsau 30, Würzburg 45 km
i ☎ (0 79 31) 5 71 35, Fax 5 73 00 — Kultur- und Verkehrsamt, Marktplatz 3, 97980 Bad Mergentheim; Heilbad im Taubertal an der „Romantischen Straße". Sehenswert: Schloß mit Schloßkirche; Rathaus; Altstadt; Münster St. Johannes; Marienkirche; Kapuzinerkirche; Deutschordensmuseum; Ottmar-Mergentheimer-Museum im Ortsteil Hachtal (6 km ↓); Dorfkirche: Altarbild in Happach (6km↓)

*** Victoria
L'Art de Vivre-Residenz
Poststr 2, ✉ 97980, ☎ (0 79 31) 59 30,
Fax 59 35 00, AX DC ED VA
75 Zi, Ez: 160-240, Dz: 218-330, S; 3 Suiten,
⇨ WC ☎, 4✉; Lift P 🖨 6⇔200 Sauna
Solarium 9Golf 6Tennis ⊘
*** Zirbelstube
L'Art de Vivre-Restaurant
Hauptgericht 42; nur abends; geschl: sa,
so+feiertags, 2 Wochen Anfang Jan,
2 Wochen Anfang Aug
** Vinothek Markthalle
Hauptgericht 24; Terrasse

*** Maritim Parkhotel
♦ Lothar-Daiker-Str 6, ✉ 97980, ☎ (0 79 31)
53 90, Fax 53 91 00, AX DC ED VA
116 Zi, Ez: 149-249, Dz: 175-275, S; 2 Suiten,
⇨ WC ☎, 15✉; Lift P 🖨 6⇔260 ≋ Fitneßraum Kegeln Sauna Solarium 18Golf ⊘
Auch Zimmer der Kategorie ****** vorhanden
** Fränkische Hofstube
Hauptgericht 40; Terrasse

** Silencehotel Bundschu
Cronbergstr 15, ✉ 97980, ☎ (0 79 31) 93 30,
Fax 93 36 33, AX DC ED VA
50 Zi, Ez: 115-150, Dz: 160-210, ⇨ WC ☎
DFÜ, 10✉; P 3⇔20
geschl: 4.-20.1.
Auch Zimmer der Kategorie ***** vorhanden
** Hauptgericht 30; Gartenlokal; ✢
geschl: Mo

** Gästehaus Alte Münze
Münzgasse 12, ✉ 97980, ☎ (0 79 31) 56 60,
Fax 56 62 22, ED VA
29 Zi, Ez: 88, Dz: 140-160, 2 Suiten, 2 App,
⇨, 10✉; Lift 🖨 ⊘

Markelsheim (6 km →)
** Weinstube Lochner
Flair Hotel
Hauptstr 39, ✉ 97980, ☎ (0 79 31) 93 90,
Fax 93 91 93, ED VA
55 Zi, Ez: 70-100, Dz: 140-180, ⇨ WC ☎; Lift
🖨 5⇔60 ≋ Kegeln Sauna ⊘
Auch Zimmer der Kategorie ***** vorhanden
* Hauptgericht 25

Mering 71

Bayern — Kreis Aichach-Friedberg — 526 m — 11 680 Ew — Augsburg 15, München 51 km
i ☎ (0 82 33) 3 80 10, Fax 28 — Gemeindeverwaltung, Kirchplatz 4, 86415 Mering

⌂ **Schlosserwirt**
Münchener Str 29, ✉ 86415, ☎ (0 82 33) 95 04
21 Zi, Ez: 65-70, Dz: 110, ⊣ WC; **P** ⨿ ¶
geschl: Sa, So, 25.7.-26.8.

Merklingen 62 ↓

Baden-Württemberg — Alb-Donau-Kreis — 694 m — 1 800 Ew — Laichingen 7, Ulm 26 km
i ☎ (0 73 37) 96 20-0, Fax 96 20-90 — Bürgermeisteramt, Hauptstr 31, 89188 Merklingen; Ort auf der Schwäbischen Alb.
Sehenswert: Ev. Kirche: Hochaltar

* **Ochsen**
Hauptstr 12, ✉ 89188, ☎ (0 73 37) 2 83, Fax 2 00, AX ED VA
19 Zi, Ez: 95-105, Dz: 135-150, ⊣ WC ☎; **P** ⨿
Rezeption: 7.30-14, 17-23; geschl: So, Mo mittags, 2. Nov-hälfte, 2. Maihälfte
*   Hauptgericht 35; Terrasse;
geschl: So, Mo mittags, 2. Nov-hälfte, 2. Maihälfte

Merseburg 38 ↘

Sachsen-Anhalt — Kreis Merseburg/Querfurt — 86 m — 42 000 Ew — Halle 17, Weißenfels 19, Leipzig 30 km
i ☎ (0 34 61) 21 41 70, Fax 21 41 77 — Tourist Information, Burgstr 5, 06217 Merseburg. Sehenswert: Dom- und Schloßensemble; Kirchenruine St. Sixt; Stadtwehranlagen

*** **Radisson SAS**
Oberaltenburg 4, ✉ 06217, ☎ (0 34 61) 4 52 00, Fax 45 21 00, AX DC ED VA
135 Zi, Ez: 140-250, Dz: 160-270, **S**; 6 Suiten, ⊣ WC ☎ DFÜ, 50⌂; Lift **P** ⨿ 5⇔300 Fitneßraum Sauna Solarium ¶⦿ ⚭

** **C'est la vie**
König-Heinrich-Str 47, ✉ 06217, ☎ (0 34 61) 20 44 20, Fax 20 44 44
13 Zi, Ez: 90-115, Dz: 130-150, ⊣ WC ☎; **P**;
garni

* **Zum Goldenen Löwen**
v.-Harnack-Str 3, ✉ 06217, ☎ (0 34 61) 20 15 91, Fax 20 15 92, AX DC ED VA
16 Zi, Ez: 95, Dz: 120, ⊣ WC ☎; ¶⦿
geschl: So

Meuschau (2 km ↑)
⌂ **Check-Inn**
Dorfstr 12, ✉ 06217, ☎ (0 34 61) 44 70, Fax 44 71 20, AX DC ED VA
54 Zi, Ez: 99-139, Dz: 119-169, 16 App, ⊣ WC ☎, 18⌂; Lift **P** ⨿ 2⇔50 Fitneßraum Sauna Solarium ¶⦿ ⚭

Mertesdorf 52 □

Rheinland-Pfalz — Kreis Trier-Saarburg — 150 m — 1 735 Ew — Trier 9 km
i ☎ (06 51) 5 51 24, Fax 5 51 59 — Touristinformation Ruwer, Rheinstr 44, 54292 Trier-Ruwer; Erholungsort im Ruwertal

** **Weis**
Eitelsbacher Str 4, ✉ 54318, ☎ (06 51) 9 56 10, Fax 9 56 11 50, AX DC ED VA
57 Zi, Ez: 75-120, Dz: 100-160, 2 Suiten, 2 App, ⊣ WC ☎, 30⌂; Lift **P** ⨿ 4⇔100 ⚭
geschl: 2.-15.1.
Auch Zimmer der Kategorie * vorhanden
**   Hauptgericht 23; geschl: 2.1.-15.1.
Eigenbauweine

** **Grünhäuser Mühle**
♛ Hauptstr 4, ✉ 54318, ☎ (06 51) 5 24 34, Fax 5 39 46, AX DC ED VA
Hauptgericht 35; **P** Terrasse; nur abends; geschl: Di, 2 Wochen im Feb, 1 Woche im Okt

Merzenich 42 ↗

Nordrhein-Westfalen — Kreis Düren — 130 m — 8 535 Ew — Düren 4, Köln 30 km
i ☎ (0 24 21) 39 90 — Gemeindeverwaltung, Valdersweg 1, 52399 Merzenich

** **Schöne Aussicht**
Kölner Landstr 16, an der B 264, ✉ 52399, ☎ (0 24 21) 7 36 35, Fax 7 56 89
Hauptgericht 39

Meschede 34 ↘

Nordrhein-Westfalen — Hochsauerlandkreis — 460 m — 34 000 Ew — Brilon 23, Lippstadt 41 km
i ☎ (02 91) 20 52 77, Fax 20 51 35 — Städt. Verkehrsamt, Rathausstr 2, 59872 Meschede; Kreisstadt. Sehenswert: Kath. Kirche: Karolingische Krypta; kath.Friedenskirche der Benediktiner-Abtei Königsmünster (modern); Wasserschloß Laer (1 km ←); Henne-Stausee (1 km ↙)

** **Hennedamm**
Am Stadtpark, an der B 55, ✉ 59872, ☎ (02 91) 9 96 00, Fax 99 60 60, AX DC VA
33 Zi, Ez: 75-160, Dz: 120-190, 3 Suiten, ⊣ WC ☎; **P** ⨿ 3⇔40 ⚓ Sauna

Metelen

** Von Korff
Le-Puy-Str 19, Nähe Bahnhof, ✉ 59872, ☎ (02 91) 9 91 40, Fax 99 14 24, AX DC ED VA
Hauptgericht 25; Terrasse
* 11 Zi, Ez: 100-165, Dz: 150-225, ᗡ WC ☎

Freienohl (10 km ←)
* Haus Luckai
Christine-Koch-Str 11, ✉ 59872, ☎ (0 29 03) 97 52-0, Fax 97 52 52, ED
12 Zi, Ez: 60-78, Dz: 105-132, 1 App, ᗡ WC ☎ DFÜ, 2🛏; 🅿 🚗 1⇌60 Kegeln 🍴

Grevenstein (14 km ←)
* Gasthof Becker
⊰ Burgstr 9, ✉ 59872, ☎ (0 29 34) 9 60 10, Fax 16 06, AX DC ED VA
11 Zi, Ez: 95-115, Dz: 140-160, ᗡ WC ☎; 🅿 1⇌30 🚗
** Hauptgericht 28; Gartenlokal

* Holländer Hof
Ohlstr 4, ✉ 59872, ☎ (0 29 34) 2 60, Fax 16 30, ED
17 Zi, Ez: 57-61, Dz: 104-112, ᗡ WC ☎; 🅿 Kegeln
* Terrasse

Mesekenhagen 13 ↘

Mecklenburg-Vorpommern — Kreis Greifswald — 7 m — 363 Ew — Greifswald 7, Reinberg 9 km
ℹ ☎ (03 83 51) 2 18 — Gemeindeverwaltung, Greifswalder Str 25, 17498 Mesekenhagen

** Terner
einzeln, Greifswalder Str 40, ✉ 17498, ☎ (03 83 51) 5 54-0, Fax 55 44 33, AX DC ED VA
14 Zi, Ez: 110-150, Dz: 150-170, ᗡ WC ☎; 🅿 🚗

Mespelbrunn 55 ↑

Bayern — Kreis Aschaffenburg — 300 m — 2 500 Ew — Aschaffenburg 20, Marktheidenfeld 24 km
ℹ ☎ (0 60 92) 3 19, Fax 55 37 — Verkehrsverein, Hauptstr 164, 63875 Mespelbrunn; Erholungsort im Spessart. Sehenswert: Wasserschloß; moderne Wallfahrtskirche: Kreuzigungsgruppe, Tilman Riemenschneider Altar im Ortsteil Hessenthal (2 km ↑)

** Schloßhotel
♂ Schloßallee 25, ✉ 63875, ☎ (0 60 92) 60 80, Fax 60 81 00, AX DC ED VA
40 Zi, Ez: 95-145, Dz: 155-265, ᗡ WC ☎, 8🛏; Lift 🅿 🚗 3⇌45 Sauna Solarium 🚗
* Hauptgericht 25; Terrasse

Meßkirch 68 →

Baden-Württemberg — Kreis Sigmaringen — 600 m — 8 800 Ew — Sigmaringen 21, Stockach 23 km
ℹ ☎ (0 75 75) 2 06 46, Fax 47 32 — Verkehrsamt, Schloßstr 1, 88605 Meßkirch

Menningen (5 km ↗)
* Adler Leitishofen
Leitishofen 35, ✉ 88605, ☎ (0 75 75) 31 57, Fax 47 56, ED
15 Zi, Ez: 68-78, Dz: 107-119, ᗡ WC ☎; 🅿 🚗 1⇌50
geschl: Di, Anfang-Mitte Jan
* Hauptgericht 25; Terrasse; ✤
geschl: Di, Anfang Jan

Meßstetten 68 ↗

Baden-Württemberg — Zollernalb — 989 m — 10 800 Ew — Pfullingen 25 km
ℹ ☎ (0 74 31) 6 34 90, Fax 6 20 43 — Stadtverwaltung, Fremdenverkehr, Hauptstr. 9, 72469 Meßstetten

* Schwane
Hauptstr 11, ✉ 72469, ☎ (0 74 31) 9 49 40, Fax 94 94 94, ED VA
22 Zi, Ez: 80-95, Dz: 130-160, ᗡ WC ☎ DFÜ; Lift 🅿 1⇌140
geschl: Sa mittags, 2 Wochen im Aug
Regionaler Gasthof mit moderner Einrichtung
** Hauptgericht 28; Terrasse; ✤
geschl: Sa mittags, 2 Wochen im Aug

Metelen 23 ↓

Nordrhein-Westfalen — Kreis Steinfurt — 58 m — 5 981 Ew — Steinfurt 12, Gronau 16, Ahaus 18 km
ℹ ☎ (0 25 56) 77 88, Fax 5 33 — Verkehrsverein, Sendplatz 20, 48629 Metelen. Sehenswert: Kath. Pfarrkirche: Apostelplastik; Stiftshaus, Vogelpark Metelener Heide (3 km →)

* Haus Herdering Hülso
Neutor 13, ✉ 48629, ☎ (0 25 56) 93-9 50, Fax 10 11, AX ED
15 Zi, Ez: 65-75, Dz: 90-120, ᗡ WC ☎, 2🛏; 1⇌40 Sauna Solarium; **garni** 🚗
Rezeption: 7-11, 15-21; geschl: Ende Dez-Anfang Jan

** Pfefferkörnchen
Viehtor 2, ✉ 48629, ☎ (0 25 56) 13 99, ED
Hauptgericht 40; 🅿 Terrasse;
Mittags nur Menüs

Ein im Betriebseintrag dargestelltes S zeigt an, daß Sie hier bei einer Buchung über den Varta Hotel-Service zu Sonderkonditionen übernachten können.

Mettingen 24

Nordrhein-Westfalen — Kreis Steinfurt — 70 m — 11 900 Ew — Ibbenbüren 9, Osnabrück 24, Rheine 30 km

i ☎ (0 54 52) 5 20, Fax 52 18 — Gemeindeverwaltung - Tourist Information, Rathausplatz 1, 49497 Mettingen; Erholungsort. Sehenswert: Kirche: Fresken; Tüötten-Museum; Schulmuseum

** Romantik Hotel Telsemeyer
Markt 6, ⌂ 49497, ☎ (0 54 52) 91 10, Fax 91 11 21, AX DC ED VA
50 Zi, Ez: 110-185, Dz: 170-280, 1 Suite, ⊿ WC ☎, 20✉; Lift **P** 🅿 5✆100 ⚐ Kegeln
Besonderheit ist das dem Haus angeschlossene Tüöttenmuseum
** Hauptgericht 33; Biergarten

Mettlach 52

Saarland — Kreis Merzig-Wadern — 300 m — 12 000 Ew — Merzig 8 km

i ☎ (0 68 64) 83 34, Fax 83 29 — Saarschleife Touristik, Freiherr-vom-Stein-Str 64, 66693 Mettlach; Ort an der großen Saarschleife. Sehenswert: Ehem. Benediktinerabtei: heute Keramik-Fabrik, Alter Turm, Park; Keramisches Museum Schloß Ziegelberg, Burgruine Montclair, 324 m ◄ (2 km + ¾ Std ←); Aussichtspunkt Cloef bei Orscholz ◄ auf die Saarschleife (6 km ↘)

* Zum Schwan mit Gästehaus
Freiherr-vom-Stein-Str 34, ⌂ 66693, ☎ (0 68 64) 72 79, Fax 72 77, ED VA
17 Zi, Ez: 88-110, Dz: 130-150, ⊿ WC ☎; Lift **P** 2✆50
Auch Zimmer der Kategorie ** vorhanden
* Hauptgericht 25; Terrasse

Orscholz (6 km ↘)
* Zur Saarschleife mit Gästehaus Landidyll
Cloefstr 44, ⌂ 66693, ☎ (0 68 65) 17 90, Fax 1 79 30, AX DC ED VA
48 Zi, Ez: 95-150, Dz: 135-210, 2 Suiten, 3 App, ⊿ WC ☎, 2✉; Lift **P** 🅿 2✆30 ⚐ Fitneßraum Sauna Solarium
Auch Zimmer der Kategorie ** vorhanden
** Hauptgericht 32; Biergarten Terrasse

Mettmann 33

Nordrhein-Westfalen — Kreis Mettmann — 127 m — 39 219 Ew — Düsseldorf 15, Wuppertal 16 km

i ☎ (0 21 04) 98 00, Fax 9 80-1 69 — Stadtverwaltung, Neanderstr 85, 40822 Mettmann. Sehenswert: Urgeschichtliches Museum mit Skelett des Neandertalmenschen

** Treff Hansa Hotel Mettmann
Peckhauser Str 5, ⌂ 40822, ☎ (0 21 04) 98 60, Fax 98 61 50, AX DC ED VA
178 Zi, Ez: 205-355, Dz: 265-375, S; 12 App, ⊿ WC ☎, 43✉; Lift **P** 🅿 6✆200 Fitneßraum Sauna Solarium 🕮
Auch Langzeitvermietung möglich

* Cavallino
Nordstr 3, ⌂ 40822, ☎ (0 21 04) 7 57 67, AX DC ED VA
Hauptgericht 48; geschl: Mo
Italienische Küche

Mettmann-Außerhalb (2 km ←)
*** Gut Höhne Flair Hotel
Düsseldorfer Str 253, ⌂ 40822, ☎ (0 21 04) 77 80, Fax 7 56 25, AX DC ED VA
129 Zi, Ez: 140-210, Dz: 270-440, 5 Suiten, ⊿ WC ☎ DFÜ, 30✉; Lift **P** 18✆350 ≈ ⚐ Fitneßraum Kegeln Sauna Solarium 3Tennis
Rustikales Landgut
* Hauptgericht 35

Metzingen 61

Baden-Württemberg — Kreis Reutlingen — 350 m — 21 000 Ew — Reutlingen 8, Stuttgart 36 km

i ☎ (0 71 23) 92 50, Fax 92 52 10 — Stadtverwaltung, Stuttgarter Str 2-4, 72555 Metzingen. Sehenswert: Platz mit sieben hist. Keltern; Alte ev. Stadtkirche; Rathaus

** Schwanen Landidyll
Bei der Martinskirche 10, ⌂ 72555, ☎ (0 71 23) 9 46-0, Fax 94 61 00, AX DC ED VA
37 Zi, Ez: 95-185, Dz: 130-195, 1 Suite, ⊿ WC ☎; **P** 🅿 2✆60 Sauna Solarium
* Hauptgericht 30; Biergarten

Glems-Außerhalb (1,5 km ↗)
* Stausee-Hotel
einzeln ☼ ◄ Unterer Hof 3, ⌂ 72555, ☎ (0 71 23) 9 23 60, Fax 92 36 63, AX DC ED VA
20 Zi, Ez: 98-105, Dz: 150, 1 App, ⊿ WC ☎ DFÜ; **P** 2✆40 Kegeln
* ◄ Hauptgericht 35; Terrasse; geschl: Mo

Meuro 40

Brandenburg — Kreis Oberspreewald-Lausitz — 482 Ew

i ☎ (03 57 54) 93 74 — Amt Schipkau, Klettwitzer Str 1, 01993 Schipkau

*** Landhaus Meuro
☼ Drochower Str 4, ⌂ 01994, ☎ (03 57 54) 74 40, Fax 744 24, AX DC ED VA
16 Zi, Ez: 155, Dz: 225, 1 App, ⊿ WC ☎, 4✉; Lift 1✆30 🕮

Michendorf

Meuselbach-Schwarzmühle
47 →

Thüringen — Saale-Schwarza-Kreis — 550 m — 1 700 Ew — Neuhaus am Rennweg 15 km

🛈 ☎ (03 67 05) 6 00 07, Fax 6 00 63 — Fremdenverkehrsbüro, im Ortsteil Meuselbach, Hauptstr 82, 98746 Meuselbach-Schwarzmühle; Erholungsort. Sehenswert: Kuppenberg 789 m ⋘

Schwarzmühle
✱ Waldfrieden ♛
Flair Hotel
♂ Mellenbacher Str 2, ✉ 98746,
☎ (03 67 05) 6 10 00, Fax 6 10 13, AX ED VA
20 Zi, Ez: 80-110, Dz: 120-150, ⊟ WC ☎,
4🍽; 🅿 🖥 1↺30 Sauna Solarium ☛
geschl: 4.-15.1., 2.-11.11.99
Auch Zimmer der Kategorie ✱✱ vorhanden
✱   Hauptgericht 18; Terrasse

Meuselwitz
49 ↑

Thüringen — Kreis Altenburger Land — 170 m — 11 000 Ew — Zeitz 14, Altenburg 15 km

🛈 ☎ (0 34 48) 4 43-0, Fax 34 98 — Stadtverwaltung, Rathausstr 1, 04610 Meuselwitz. Sehenswert: Barocke Martinskirche; Kirche Zipsendorf; Schloßpark; Wirkerpark

✱   Zur Börse
Friedrich-Naumann-Str 1, ✉ 04610,
☎ (0 34 48) 80 31, Fax 80 32, ED VA
10 Zi, Ez: 70-90, Dz: 100-120, ⊟ WC ☎; 🍽

Meuselwitz-Außerhalb (2 km ↗)
✱   Hainberg - See
einzeln ♂ ⋘ Am Hainbergsee 1, ✉ 04610,
☎ (0 34 48) 4 41 50, Fax 44 15 18, AX DC ED VA
7 Zi, Ez: 75-95, Dz: 100-140, ⊟ WC ☎; 🅿
1↺15 Seezugang 🍽

Michelfeld siehe Angelbachtal

Michelsrombach siehe Hünfeld

Michelstadt
55 ←

Hessen — Odenwaldkreis — 208 m — 18 000 Ew — Eberbach 25, Miltenberg 31, Bensheim 40 km

🛈 ☎ (0 60 61) 7 41 46, Fax 7 41 30 — Verkehrsamt, Marktplatz 1, 64720 Michelstadt; Luftkurort im Odenwald. Sehenswert: Kellerei; hist. Altstadt; Stadtkirche; 500jähriges Fachwerkrathaus; Marktbrunnen; Stadtmauer mit Diebsturm; Einhardsbasilika; Schloß Fürstenau; Englischer Garten mit Steinzeugen aus der Römerzeit; Wildpark; Jagdschloß Eulbach; Odenwald-Museum; Jüdisches Museum (ehem. Synagoge); Elfenbeinkunstkabinett; Spielzeugmuseum; Motorrad-Museum

✱   Akzent-City-Hotel
Mark Michelstadt
Friedrich-Ebert-Str 83, ✉ 64720, ☎ (0 60 61) 7 00 40, Fax 1 22 69, AX DC ED VA
49 Zi, Ez: 99-150, Dz: 130-165, ⊟ WC ☎,
6🍽; Lift 🅿 18Golf; **garni** 🍽
Auch Zimmer der Kategorie ✱✱ vorhanden

✱   Drei Hasen
Braunstr 5, ✉ 64720, ☎ (0 60 61) 7 10 17,
Fax 7 25 96, AX DC ED VA
21 Zi, Ez: 85, Dz: 150, ⊟ WC ☎;
geschl: Mo, letzte Jun-Woche
✱   Hauptgericht 30

☕   Cafe Siefert
Braunstr 17, ✉ 64720, ☎ (0 60 61) 30 68,
Fax 1 21 18
Biergarten; 9-18; geschl: Mo (Jan-Apr)

☕   Leyhausen
Marktplatz 1, ✉ 64720, ☎ (0 60 61) 7 34 23

Vielbrunn (13 km ↗)
✱   Talblick
Ohrnbachtalstr 61, ✉ 64720, ☎ (0 60 66) 2 15, Fax 16 73
7 Zi, Ez: 50-80, Dz: 90-130, 1 Suite, 3 App, ⊟ WC; **garni** ☛
geschl: Do (Dez-März), Nov

Vielbrunn-Außerhalb (2 km ↘, Richtung Ohrnbach)
✱✱   Geiersmühle
einzeln, 5, ✉ 64720, ☎ (0 60 66) 7 21,
Fax 7 21
Hauptgericht 40; Gartenlokal 🅿; geschl: Mo, Di
✱   einzeln ♂ 8 Zi, Ez: 100, Dz: 140, ⊟ WC; Sauna Solarium
geschl: Mo, Di

Weiten-Gesäß (6 km ↗)
✱   Berghof
♂ ⋘ Dorfstr 106, ✉ 64720, ☎ (0 60 61) 37 01,
Fax 7 35 08, AX DC ED VA
16 Zi, Ez: 65-90, Dz: 120-135, ⊟ WC ☎; 🅿 🖥
2↺30 18Golf ☛
geschl: Mitte Feb-Mitte Mär
✱   Hohenzollernstube
Hauptgericht 28; Kegeln Terrasse; geschl: Di, Mitte Feb-Mitte Mär

Michendorf
29 ☐

Brandenburg — Potsdam-Mittelmark — 2 500 Ew

🛈 ☎ (03 32 05) 5 98 33 — Amt Michendorf, Potsdamer Str 33-37, 14552 Michendorf

✱   Sol Inn
Potsdamer Str 96, ✉ 14552, ☎ (03 32 05) 7 80, Fax 78 444, AX DC ED VA
122 Zi, Ez: 95-250, Dz: 120-250, 3 Suiten, ⊟ WC ☎, 60🍽; Lift 🅿 4↺250 Fitneßraum
Sauna Solarium 🍽

Middelhagen

Middelhagen siehe Rügen

Miesbach 72 ↘

Bayern — Kreis Miesbach — 697 m — 10 800 Ew — Bad Tölz 22, Rosenheim 32 km
i ☎ (0 80 25) 70 00-0, Fax 70 00-11 — Kultur- u. Fremdenverkehrsamt, Schlierseer Str 16, 83714 Miesbach; Stadt am Alpenrand. Sehenswert: Kath. Kirche; Altstadt

*** Bayerischer Hof
Oskar-von-Miller-Str 2, ✉ 83714,
☎ (0 80 25) 28 80, Fax 28 82 88, AX DC ED VA
122 Zi, Ez: 120-210, Dz: 180-300, 12 Suiten, ⊿ WC ☎, 10⌂; Lift P 12↔500 Fitneßraum Sauna Solarium 🍴
** Hauptgericht 25; Biergarten Terrasse

* Gästehaus Wendelstein
Bayrischzeller Str 19, ✉ 83714, ☎ (0 80 25) 78 02, Fax 86 68
11 Zi, Ez: 70-80, Dz: 90-110, ⊿ WC; **garni**
geschl. 16.10.-16.11.

Miltenberg 55 □

Bayern — Kreis Miltenberg — 128 m — 9 800 Ew — Michelstadt 29, Wertheim 30, Aschaffenburg 40 km
i ☎ (0 93 71) 4 04-1 19, Fax 4 04-1 05 — Tourist Information, im Rathaus, Engelplatz 69, 63897 Miltenberg; Stadt im Maintal, zwischen Odenwald und Spessart. Sehenswert: Stadtbild; Marktplatz; Altes Rathaus; Mildenburg

* Brauerei Keller
Hauptstr 66-70, ✉ 63897, ☎ (0 93 71) 50 80, Fax 50 81 00, ED VA
32 Zi, Ez: 92-99, Dz: 152-166, ⊿ WC ☎; Lift 🚗 3↔60
* Hauptgericht 23; geschl: Mo, 4.1.-26.1.99

*** Jagdhotel Rose
Minotel**
◂ Hauptstr 280, ✉ 63897, ☎ (0 93 71) 4 00 60, Fax 40 06 17, AX DC ED VA
23 Zi, Ez: 118-155, Dz: 168-195, ⊿ WC ☎; 4↔50
** Hauptgericht 40; Terrasse; geschl: So abends, Mo mittags

* Weinhaus Am Alten Markt
Marktplatz 185, ✉ 63897, ☎ (0 93 71) 55 00, Fax 6 55 11
9 Zi, Ez: 68-74, Dz: 108-160, WC ☎; **garni**
Weinstube
🍷 Hauptgericht 15

*** Hopfengarten
Flair Hotel**
Ankergasse 16, ✉ 63897, ☎ (0 93 71) 9 73 70, Fax 6 97 58, ED VA
13 Zi, Ez: 65-90, Dz: 110-140, ⊿ WC ☎;
Rezeption: 8-12, 17-20 geschl: Di
* Hauptgericht 20; Gartenlokal, geschl: Mi mittags, Di

** Altes Bannhaus
🍷 Hauptstr 211, ✉ 63897, ☎ (0 93 71) 30 61, Fax 6 87 54, AX DC ED VA
Hauptgericht 30; P; geschl: Do, 3.1.99-23.1.99
* 10 Zi, Ez: 88-128, Dz: 174-184, ⊿ WC ☎; Lift 🚗 1↔20
geschl: 3.-23.1.

🍴 Cafe Sell
Hauptstr 152, ✉ 63897, ☎ (0 93 71) 30 71, Fax 30 74
Terrasse

Mindelheim 70 ↗

Bayern — Kreis Unterallgäu — 607 m — 14 000 Ew — Memmingen 28, Landsberg 28 km
i ☎ (0 82 61) 99 15 69, Fax 99 15 70 — Verkehrsbüro, Beim Rathaus, 87719 Mindelheim; Kreisstadt. Sehenswert: Kath. Pfarrkirche; Jesuitenkirche; ehem. Jesuitencollege: Krippenmuseum, Textilmuseum; Liebfrauenkapelle: Mindelheimer Sippe; ehem. Silvesterkirche: Turmuhrenmuseum; Herrgottsruh-Kapelle, Katharinenkapelle ◂; Schloß Mindelburg ◂ (1,5 km ✗)

* Gasthof Stern
Frundsbergstr 17, ✉ 87719, ☎ (0 82 61) 50 55, Fax 18 03
55 Zi, Ez: 70-90, Dz: 125-150, ⊿ WC ☎; P 🚗 🍽

* Weberhaus
Mühlgasse 1, ✉ 87719, ☎ (0 82 61) 36 35, Fax 2 15 34
Hauptgericht 33; Terrasse; geschl: Di

Minden 25 ✗

Nordrhein-Westfalen — Kreis Minden-Lübbecke — 45 m — 82 767 Ew — Hameln 41, Bielefeld 46, Nienburg (Weser) 52 km
i ☎ (05 71) 8 93 85, Fax 8 96 79 — Verkehrsamt, Großer Domhof 3 (B 3), 32423 Minden; Kreisstadt am Wasserstraßenkreuz Weser - Mittellandkanal. Sehenswert: Kath. Dom: Domschatz; ev. Marien-Kirche; ev. Martini-Kirche; Altes Rathaus: Laubengang; Museum; alte Bürgerhäuser; Altstadt mit Hanse-Haus; Schwedenschänke und Windloch; Alte Münze; Mittellandkanal: Kanalbrücke, Schachtschleuse; Museums-Eisenbahn - Umgebung: Porta Westfalica (7 km ↓) mit Wittekindsberg, 270 m ◂, Kaiser-Wilhelm-I.-Denkmal (5 km, Auffahrt von Barkhausen), Besucherbergwerk Kleinenbremen (12 km →)

*** Holiday Inn
Lindenstr 52 (B 3), ✉ 32423, ☎ (05 71) 87 06-0, Fax 87 06-1 60, AX DC ED VA
101 Zi, Ez: 190-260, Dz: 220-260, S; ⊿ WC ☎ DFÜ, 29⌂; Lift P 🚗 8↔220 Sauna
** Hauptgericht 30; Terrasse

Mittelbach

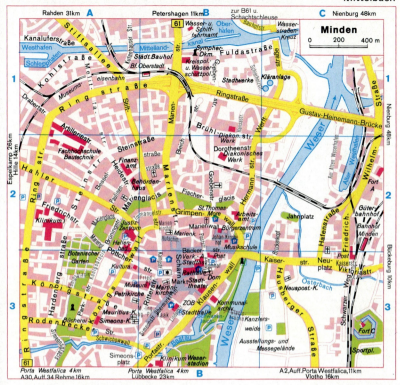

★★ Bad Minden
Portastr 36, ✉ 32429, ☎ (05 71) 9 56 33 00, Fax 9 56 33 69, AX DC ED VA
27 Zi, Ez: 96-190, Dz: 130-218, 3 Suiten, ⌂ WC ☎ DFÜ, 20🛏, 🅿 3⌂150 Fitneßraum Sauna Solarium
Auch Zimmer der Kategorie ★ vorhanden
★★ Hauptgericht 25; Biergarten Terrasse; geschl: Sa mittags

★★ Altes Gasthaus Grotehof
Wettinerallee 14, ✉ 32429, ☎ (05 71) 5 04 50, Fax 5 04 51 50, AX DC ED VA
34 Zi, Ez: 90-185, Dz: 135-245, ⌂ WC ☎ DFÜ, 12🛏; Lift 🅿 🍴 3⌂40 Fitneßraum Sauna Solarium 🍽
Auch Zimmer der Kategorie ★ vorhanden

★★ Kronprinz
Friedrich-Wilhelm-Str 1 (C 3), ✉ 32423, ☎ (05 71) 93 40 80, Fax 9 34 08 99, AX DC ED VA
32 Zi, Ez: 140, Dz: 180, 1 Suite, 2 App, ⌂ WC ☎; Lift 🍽

★★ Parkhotel
Marienstr 108 (außerhalb B 1), ✉ 32425, ☎ (05 71) 9 45 80, Fax 9 45 82 22, AX DC ED VA
30 Zi, Ez: 140, Dz: 180-185, ⌂ WC ☎, 3🛏 🍽

★ Silke
♂ Fischerglacis 21 (B 2), ✉ 32423, ☎ (05 71) 82 80 70, Fax 8 28 07 12, ED VA
16 Zi, Ez: 116, Dz: 160-180, 4 Suiten, ⌂ WC ☎; 🅿 🍴 🛌 Sauna; garni

Mingolsheim, Bad
siehe **Schönborn, Bad**

Mittegroßefehn
siehe **Großefehn**

Mittelbach 50 ↖

Sachsen — Kreis Chemnitz — 399 m — 1 543 Ew — Chemnitz 3 km
ℹ ☎ (03 71) 85 01 14 — Gemeindeverwaltung, Hofer Str 17, 09224 Mittelbach

★ Abendroth
♂ Hofer Str 11 a, ✉ 09224, ☎ (03 71) 85 52 13, Fax 85 52 95, AX ED VA
34 Zi, Ez: 100-120, Dz: 138-150, ⌂ WC ☎, 7🛏; 🅿 1⌂18 Sauna 🍽 🍺

---

34 ↗ Der Ort befindet sich im Reisekartenteil auf Seite 34 im nordöstlichen Planfeld.

Mittelberg

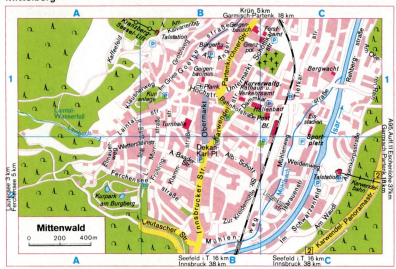

Mittelberg siehe **Kleinwalsertal**

Mittelzell siehe **Reichenau**

Mittenaar 44 □

Hessen — Lahn-Dill-Kreis — 300 m — 5 000 Ew — Herborn 6 km
ℹ ☎ (0 27 72) 9 65 00, Fax 96 50 50 — Rathaus, im Ortsteil Bicken, Postfach 30, Leipziger Str 1, 35756 Mittenaar

Bicken

✱ Thielmann
♂ ◄ Wiesenstr 5, ✉ 35756, ☎ (0 27 72) 65 90 20, Fax 6 59 02 44, AX DC ED VA
18 Zi, Ez: 65-105, Dz: 110-180, ⊟ WC ☎, 3◨; 1✪30; geschl: Fr, Sa bis 18

✱✱ Walliser Stuben
Hauptgericht 30; Gartenlokal 🅿; geschl: Fr, Sa mittags

Mittenwald 71 ↓

Bayern — Kreis Garmisch-Partenkirchen — 920 m — 8 500 Ew — Garmisch-Partenkirchen 18, Innsbruck 38, München 110 km
ℹ ☎ (0 88 23) 3 39 81, Fax 27 01 — Kurverwaltung, Dammkarstr 3, 82481 Mittenwald; Luftkurort und Wintersportplatz; Geigenbau. Sehenswert: Kath. Pfarrkirche; Ortsteil „Im Gries"; Lüftlmalereien; Geigenbaumuseum; Kurpark; Westliche Karwendelspitze, 2385 m ◄ (Seilbahn bis 2250 m); Lautersee (2 km ←)

In vielen im Varta aufgeführten Hotels sind neben den dargestellten Restaurants auch andere Restaurantkonzepte zu finden.

✱ Rieger
◄ Dekan-Karl-Platz 28 (B 2), ✉ 82481, ☎ (0 88 23) 9 25 00, Fax 9 25 02 50, AX DC ED VA
44 Zi, Ez: 87-124, Dz: 142-210, 7 Suiten, ⊟ WC ☎; 🖼 1✪30 ≘ Sauna Solarium 🍽 ☂ geschl: 26.10.-19.12.

✱ Der Bichlerhof Minotel
♂ ◄ Adolf-Baader-Str 5 (B 2), ✉ 82481, ☎ (0 88 23) 91 90, Fax 45 84, AX DC ED VA
24 Zi, Ez: 65-150, Dz: 128-185, 2 Suiten, 2 App, ⊟ WC ☎; 🅿 🖼 ≘ Fitneßraum Sauna Solarium

✱ Gästehaus Sonnenbichl
◄ Klausnerweg 32 (AB 1), ✉ 82481, ☎ (0 88 23) 9 22 30, Fax 58 14
19 Zi, Ez: 57-80, Dz: 110-160, 7 App, ⊟ WC ☎; Lift 🅿 Sauna Solarium; **garni** geschl: 1.11.-15.12.

✱ Gästehaus Franziska
♂ ◄ Innsbrucker Str 24 (B 2), ✉ 82481, ☎ (0 88 23) 9 20 30, Fax 38 93, AX VA
16 Zi, Ez: 65-120, Dz: 120-155, 2 Suiten, 2 App, ⊟ WC ☎, 4◨; 🅿 🖼 Fitneßraum Sauna Solarium; **garni** geschl: 7.11.99-15.12.99

✱✱ Arnspitze ✿
Innsbrucker Str 68, ✉ 82481, ☎ (0 88 23) 24 25, AX
Hauptgericht 35; 🅿 Terrasse; geschl: Di, Mi mittags, 25.10.-18.12., 6.4.-30.4.

Möhrendorf

Mittenwald-Außerhalb (2 km ↘)
* **Berggasthof Gröbl-Alm**
einzeln ♥ ⋖ ✉ 82481, ☏ (0 88 23) 91 10, Fax 29 21
26 Zi, Ez: 85-105, Dz: 130-180, 1 Suite, 2 App, ⌐ WC ☏; **P** Sauna Solarium ⍫
geschl: 26.10.-18.12., 12.4.-30.4.

Mittenwald-Außerhalb (2 km ←)
* **Lautersee**
einzeln ♥ ⋖ Am Lautersee 1, ✉ 82481, ☏ (0 88 23) 10 17, Fax 52 46
6 Zi, Ez: 90-95, Dz: 180-190, 1 Suite, 1 App, ⌐; **P** Seezugang ⍫
geschl: 1.11.-20.12., nach Ostern bis Anfang Mai
Zufahrt über private Forststraße für Übernachtungsgäste möglich
* **Lautersee-Stub'n**
Hauptgericht 38

Mittweida 50 ↑

Sachsen — Kreis Mittweida — 270 m — 16 300 Ew — Chemnitz 21 km
i ☏ (0 37 27) 28 04, Fax 28 06 — Fremdenverkehrsamt, Mittweida-Information, Rochlitzer Str 58, 09648 Mittweida. Sehenswert: Stadtkirche; Bürger-u. Handwerkshäuser im denkmalgeschützten Stadtkern

* **Deutsches Haus**
Rochlitzer Str 5, ✉ 09648, ☏ (0 37 27) 9 29 71/2/3, Fax 62 45 11, AX DC ED VA
23 Zi, Ez: 90, Dz: 120, ⌐ WC ☏; ⍫
Auch Zimmer der Kategorie * vorhanden

Mitwitz 48 ↙

Bayern — Kreis Kronach — 313 m — 3 200 Ew — Kronach 9, Coburg 23 km
i ☏ (0 92 66) 18 76, Fax 18 00 — Fremdenverkehrsverein, Coburger Str 14, 96268 Mitwitz. Sehenswert: Wasserschloß

* **Wasserschloß**
L.-Frhr.-v.-Würzburg-Str 14, ✉ 96268, ☏ (0 92 66) 86 35, Fax 87 51, ED
40 Zi, Ez: 58-75, Dz: 96-105, ⌐ WC ☏, 5✉;
P 🖃 ≋ ⍫
geschl: 11.1.-4.2.

Mitwitz-Außerhalb (4 km ↗)
** **Waldhotel Bächlein Flair Hotel**
♥ ✉ 96268, ☏ (0 92 66) 96 00, Fax 9 60 60, AX ED VA
75 Zi, Ez: 75-150, Dz: 120-190, 2 Suiten, 5 App, ⌐ WC ☏, 6✉; **P** 2⟲120 ≎ Sauna Solarium ⍫
Auch Zimmer der Kategorie * vorhanden
Hauptgericht 30; Biergarten Kegeln Terrasse

Möckmühl 55 ↓

Baden-Württemberg — Kreis Heilbronn — 180 m — 8 253 Ew — Heilbronn 32, Bad Mergentheim 51 km
i ☏ (0 62 98) 20 20, Fax 2 02 70 — Stadtverwaltung, Hauptstr 23, 74219 Möckmühl; Städtchen im Jagsttal. Sehenswert: Stadtmauer; Burg; Rathaus; Altstadt

* **Württemberger Hof**
Bahnhofstr 11, ✉ 74219, ☏ (0 62 98) 50 02, Fax 77 79, AX DC ED VA
Hauptgericht 25; **P** Terrasse; geschl: Sa + So abends, 18.12.-10.01.99

Möglingen 61 □

Baden-Württemberg — Kreis Ludwigsburg — 300 m — 10 300 Ew — Ludwigsburg 6, Stuttgart 17 km
i ☏ (0 71 41) 4 86 40, Fax 48 64 64 — Gemeindeverwaltung, Rathausplatz 3, 71696 Möglingen

** **Zur Traube**
Rathausplatz 5, ✉ 71696, ☏ (0 71 41) 2 44 70, Fax 24 47 40, AX DC ED VA
18 Zi, Ez: 120, Dz: 150, ⌐ WC ☏ DFÜ; Lift 🖃 1⟲20 ⍫

Möhnesee 34 □

Nordrhein-Westfalen — Kreis Soest — 413 m — 9 000 Ew — Soest 12, Arnsberg 17 km
i ☏ (0 29 24) 4 97, Fax 17 71 — Tourist-Information, im Ortsteil Körbecke, Küerbiker Str 1, 59519 Möhnesee. Sehenswert: Körbecker Kirche: Altar; Sperrmauer; Wameler Brücke; Drüggelter Kapelle

Delecke-Außerhalb (1,5 km ←)
*** **Haus Delecke**
einzeln ♥ ⋖ Linkstr 10, ✉ 59519, ☏ (0 29 24) 80 90, Fax 8 09 67, AX DC ED VA
35 Zi, Ez: 110-190, Dz: 200-290, 4 Suiten, ⌐ WC ☏, 3✉; Lift **P** 🖃 5⟲100 Seezugang Fitneßraum Kegeln Solarium 2Tennis ⍫
Auch Zimmer der Kategorie ** vorhanden
*** ⋖ Hauptgericht 45; Terrasse

Möhrendorf 57 □

Bayern — Kreis Erlangen-Höchstadt — 304 m — 4 030 Ew — Bubenreuth 2, Erlangen 6 km
i ☏ (0 91 31) 7 55 10, Fax 75 51 30 — Gemeindeverwaltung, Kirchenweg 1 u. 3, 91096 Möhrendorf

* **Landhotel Schützenhof**
Hauptstr 26, ✉ 91096, ☏ (0 91 31) 7 54 00, Fax 75 40 75, AX DC ED VA
19 Zi, Ez: 93-135, Dz: 135-165, ⌐ WC ☏, 6✉; 🖃 2⟲30 Sauna; **garni** ⍫

Möllenbeck

Möllenbeck 21 →

Mecklenburg-Vorpommern — Mecklenburg-Strelitz — 114 m — 213 Ew — Feldberg 10, Neubrandenburg 23 km
🛈 ☎ (0 39 81) 4 57 50, Fax 45 75 12 — Amt Neustrelitz-Land Gemeinde Möllenbeck, Kirschenallee 27, 17235 Neustrelitz

Quadenschönfeld-Außerhalb (5 km ↑)
* **Farmland**
einzeln ♂ Haus Nr 1, ✉ 17237, ☎ (0 39 64) 2 55 00, Fax 25 50 30
11 Zi, Ez: 50-80, Dz: 80-120, 1 Suite, ⌐ WC ☎; 2⇔20 Sauna Solarium ⎮◎⎮

Möllenhagen 21 ↑

Mecklenburg-Vorpommern — Landkreis Müritz — 94 m — 2 226 Ew — Waren 17, Neubrandenburg 26 km
🛈 ☎ (03 99 28) 80 10, Fax 8 01 30 — Amt Möllenhagen, Am Markt 2, 17219 Möllenhagen

* **Zum Eichenhof**
Chaussee 9, ✉ 17219, ☎ (03 99 28) 53 93, AX ED VA
8 Zi, Ez: 100, Dz: 135, ⌐ WC ☎; P ⎮◎⎮ ⎯

Mölln 19 ↖

Schleswig-Holstein — Kreis Herzogtum Lauenburg — 18 m — 17 000 Ew — Ratzeburg 10, Lauenburg 38, Hamburg 55 km
🛈 ☎ (0 45 42) 70 90, Fax 8 86 56 — Kurverwaltung, Hindenburgstr, 23879 Mölln; Kneippkurort. Sehenswert: Nikolai-Kirche; Marktplatz mit Rathaus und Gerichtslaube; Eulenspiegelbrunnen; Fachwerkhäuser; Wildpark; Naturkundliches Museum

** **Quellenhof**
Hindenburgstr 16, ✉ 23879, ☎ (0 45 42) 30 28, Fax 72 26, AX DC ED VA
18 Zi, Ez: 90-110, Dz: 140-170, ⌐ WC ☎; P 5⇔450 Kegeln ⎮◎⎮

** **Beim Wasserkrüger**
Wasserkrüger Weg 115, ✉ 23879, ☎ (0 45 42) 70 91, Fax 18 11, AX ED VA
25 Zi, Ez: 90-115, Dz: 130-150, 2 Suiten, 3 App, ⌐ WC ☎, 4✉; P ⎯ 1⇔16 Sauna Solarium; garni

** **Silencehotel Schwanenhof**
einzeln ♂ ⚓ Am Schulsee, ✉ 23879, ☎ (0 45 42) 84 83-0, Fax 84 83 83, AX DC ED VA
30 Zi, Ez: 105-130, Dz: 175-180, ⌐ WC ☎; Lift P 2⇔30 Strandbad Seezugang Sauna Solarium 18Golf ⎮◎⎮ ⎯

* **Haus Hubertus**
♂ Villenstr 15, ✉ 23879, ☎ (0 45 42) 8 57 70, Fax 27 32
34 Zi, Ez: 75-95, Dz: 120-140, 3 Suiten, 4 App, ⌐ WC, 6✉; P Sauna Solarium; garni

Mömbris 55 ↖

Bayern — Kreis Aschaffenburg — 160 m — 12 159 Ew — Alzenau 11, Aschaffenburg 13 km
🛈 ☎ (0 60 29) 7 05-55, Fax 7 05 59 — Gemeindeverwaltung, Schimborner Str 6, 63776 Mömbris; Ort im Vorspessart

** **Ölmühle**
Markthof 2, ✉ 63776, ☎ (0 60 29) 9 50-0, Fax 95 05 09, AX DC ED VA
26 Zi, Ez: 95-170, Dz: 120-170, ⌐ WC ☎, 4✉; Lift P ⎯ 2⇔40 Solarium ⎮◎⎮

Mönchberg 55 □

Bayern — Kreis Miltenberg — 252 m — 2 350 Ew — Obernburg 11, Miltenberg 13 km
🛈 ☎ (0 93 74) 70 00, Fax 76 40 — Tourist Information, Hauptstr 42, 63933 Mönchberg; Luftkurort im Spessart. Sehenswert: Kirche, Rathaus, Bartholomäusmarkt

* **Schmitt**
♂ ⚓ Urbanusstr 12, ✉ 63933, ☎ (0 93 74) 20 90, Fax 20 92 50, ED VA
40 Zi, Ez: 70-76, Dz: 128-140, ⌐ WC ☎; Lift P ⎯ 4⇔30 ⎯ Fitneßraum Sauna Solarium ⎮◎⎮
geschl: 8.1.-5.2.

* **Gästehaus Ulrike**
Jahnstr 2, ✉ 63933, ☎ (0 93 74) 71 17, Fax 71 19
9 Zi, Ez: 45-60, Dz: 64-98, ⌐ WC ☎; P
Restaurant für Hausgäste

Mönchengladbach 32 ↓

Nordrhein-Westfalen — Stadtkreis — 50 m — 270 000 Ew — Krefeld 22, Düsseldorf 30, Köln 54 km
🛈 ☎ (0 21 61) 25 25 92, Fax 25 26 09 — Stadt Mönchengladbach, Rathaus Abtei (A 2), 41061 Mönchengladbach; Schauspielhaus; Opernhaus. Sehenswert: Münster (12. Jh.): Glasmalereien, Schatzkammer; ehem. Klosterkirche Neuwerk (12. Jh.); Rathaus; Wasserturm; Botanischer Garten im Bunten Garten; Tierpark Odenkirchen; Museum Abteiberg (Kunst des 20. Jh.); Museum Schloß Rheydt (Kultur-, Stadt- und Industriegeschichte)

*** **Dorint Hotel**
Hohenzollernstr 5 (B 1), ✉ 41061, ☎ (0 21 61) 89 30, Fax 8 72 31, AX DC ED VA
146 Zi, Ez: 175-347, Dz: 175-345, S;
15 Suiten, 62✉; Lift P ⎯ 15⇔150 ⎯ Sauna Solarium

** **Wintergarten**
Hauptgericht 30; P Terrasse →

Mönchengladbach

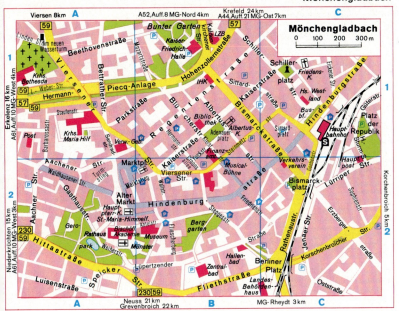

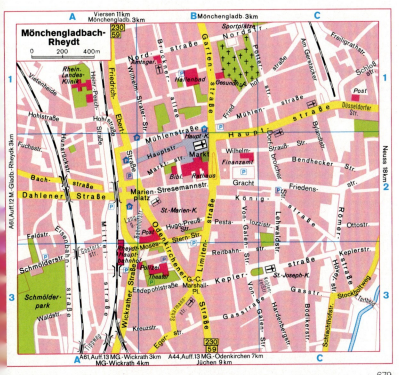

Mönchengladbach

*** Queens Hotel
Speicker Str 49 (A 2), ✉ 41061, ☎ (0 21 61)
93 80, Fax 93 88 07, AX DC ED VA
126 Zi, Ez: 126-375, Dz: 161-425, S; 6🛏; Lift
🅿 14🔄200 🍽 Sauna Solarium

** L'Image
Hauptgericht 30

** Golden Tulip
Aachener Str 120 (A 2), ✉ 41061,
☎ (0 21 61) 30 60, Fax 30 61 40, AX DC ED VA
97 Zi, Ez: 105-320, Dz: 150-390, ⌐ WC ☎,
14🛏; Lift 🅿 🍴 4🔄150 ⓘ

** Cerano
Waldhauserstr 122-128 (A 2), ✉ 41061,
☎ (0 21 61) 93 63, Fax 93 65 36, AX DC ED VA
60 Zi, Ez: 99-199, Dz: 99-225, S; 3 Suiten,
4 App, ⌐ WC ☎, 25🛏; Lift 🅿 2🔄35 Sauna;
garni

* Burgund
Kaiserstr 85 (B 1), ✉ 41061, ☎ (0 21 61)
1 85 97-0, Fax 1 85 97-40, AX DC ED VA
14 Zi, Ez: 90-120, Dz: 140-150, 1 Suite, ⌐
WC ☎; Lift 🅿; garni
geschl: 24.12.-10.1., 1.-30.7.

🍴 Heinemann
Bismarckstr 91 (B 1), ✉ 41061, ☎ (0 21 61)
1 70 31, Fax 20 51 63
9-18.30, So 10.30-17.30

Hardt (6 km ←)
** Lindenhof
Vorsterstr 535, ✉ 41169, ☎ (0 21 61)
55 93 40, Fax 55 11 22
Hauptgericht 45; 🅿; nur abends, so+feiertags auch mittags; geschl: Do, Fr
* 10 Zi, Ez: 86-102, Dz: 125-149, ⌐
WC ☎; 🍴

Hockstein (5 km ↓)
** Elisenhof
Klusenstr 97, ✉ 41239, ☎ (0 21 66) 93 30,
Fax 93 34 00, AX DC ED VA
68 Zi, Ez: 100-148, Dz: 140-198, 2 Suiten, ⌐
WC ☎ DFÜ, 10🛏; Lift 🅿 🍴 4🔄80 🍽 Kegeln
ⓘ
Auch Zimmer der Kategorie * vorhanden

Mülfort (6 km ↘)
*** Ringhotel Coenen
Giesenkirchener Str 41, ✉ 41238,
☎ (0 21 66) 1 60 06, Fax 18 67 95, AX DC ED VA
47 Zi, Ez: 169-225, Dz: 198-278, S; 3 Suiten,
⌐ WC ☎ DFÜ, 5🛏; Lift 🅿 🍴 2🔄80 🍽 Fitneßraum Kegeln Sauna Solarium
geschl: 3 Wochen in den Sommerferien
** Jürgens
Hauptgericht 43; Gartenlokal; nur abends,
So auch mittags; geschl: Mi, 3 Wochen in
den Sommerferien

Rheindahlen-Genhülsen (5 km ↙)
* Haus Heinen
♂ Genhülsen 112, ✉ 41179, ☎ (0 21 61)
5 86 00, Fax 58 44 43, AX DC ED VA
28 Zi, Ez: 95-120, Dz: 150-180, ⌐ WC ☎
DFÜ; 3🔄70 🍽 Fitneßraum Sauna
🍴 Hauptgericht 25; Biergarten
Kegeln; geschl: Di, Anfang Jan

Rheydt (4 km ↓)
** Spickhofen
Dahlener Str 88 (A 2), ✉ 41239, ☎ (0 21 66)
4 30 71, Fax 4 22 34, AX DC ED VA
55 Zi, Ez: 90-129, Dz: 130-160, 3 Suiten, ⌐
WC ☎, 2🛏; Lift 🅿 🍴 4🔄80 Kegeln ⓘ

** Rheydter Residenz
♂ Lehwaldstr 27 (C 2), ✉ 41236, ☎ (0 21 66)
62 96-0, Fax 62 96 99, AX DC ED VA
22 Zi, Ez: 109-199, Dz: 139-249, ⌐; Lift
1🔄30 Fitneßraum Sauna Solarium

** Weinkirch Gewölbekeller
Hauptgericht 28; nur abends; geschl: So,
Mo

Windberg (1 km ↖)
** Haus Baues
Bleichgrabenstr 23, ✉ 41063, ☎ (0 21 61)
8 73 73, Fax 89 63 21, AX DC ED VA
Hauptgericht 30; Kegeln 🅿 Terrasse;
geschl: Di, Anfang-Mitte Aug

Mörfelden-Walldorf 54 ↗

Hessen — Kreis Groß-Gerau — 100 m —
31 000 Ew — Langen 8, Groß-Gerau 10,
Rüsselsheim 11 km
ℹ ☎ (0 61 05) 93 80, Fax 93 88 88 — Stadtverwaltung, im Stadtteil Mörfelden, Westendstr 8, 64546 Mörfelden-Walldorf

Mörfelden
** Astron
Hessenring 9, ✉ 64546, ☎ (0 61 05) 20 40,
Fax 2 04-1 00, AX DC ED VA
299 Zi, Ez: 230-495, Dz: 230-495, S; ⌐ WC ☎
DFÜ, 106🛏; Lift 🅿 🍴 22🔄550 Fitneßraum
Sauna Solarium ⓘ

* Burisch
Karlstr 3, ✉ 64546, ☎ (0 61 05) 2 20 82,
Fax 2 20 60, AX ED VA
11 Zi, Ez: 110, Dz: 160, 1 Suite, 2 App, ⌐ WC
☎; 🅿; garni

Walldorf
** Airport-Domizil
Top International Hotel
Nordendstr 4a, ✉ 64546, ☎ (0 61 05) 9 57-0,
Fax 9 57-2 22, AX DC ED VA
65 Zi, Ez: 150-250, Dz: 180-260, S; 2 Suiten,
20 App, ⌐ WC ☎ DFÜ, 18🛏; Lift 🅿 🍴
6🔄12
Restaurant für Hausgäste; Langzeitvermietung und Tagesnutzung möglich

** Zum Löwen
Langstr 68, ✉ 64546, ☎ (0 61 05) 94 90,
Fax 94 91 44, AX DC ED VA
50 Zi, Ez: 110-170, Dz: 150-220, 4 App, ⌐
WC ☎ DFÜ, 3🛏; Lift 🅿 4🔄120 🍽 Sauna;
garni

* Walldorf
Nordendstr 42, ✉ 64546, ☎ (0 61 05)
9 60 10, Fax 50 33, AX DC ED VA
20 Zi, Ez: 105-130, Dz: 135-160, ⌐ WC ☎;
Lift 🅿; garni

Mössingen

* **Comfort Inn Frankfurt Airport**
Am Zollstock 10, ✉ 64546, ☎ (0 61 05)
70 50, Fax 7 05 80, AX DC ED VA
39 Zi, Ez: 140-180, Dz: 180-220, S; ⌐⌐ WC ☎
DFÜ, 6⌂; Lift 2↔60; **garni**

* **Brücke**
An der Brücke 8, ✉ 64546, ☎ (0 61 05)
70 10, Fax 7 52 95, AX DC ED VA
90 Zi, Ez: 110-200, Dz: 140-280, 2 Suiten, ⌐⌐
WC ☎; Lift P 2↔30 ⋔

** **La Fattoria**
Jourdanallee 4, ✉ 64546, ☎ (0 61 05)
7 41 01, Fax 7 65 92, AX DC ED VA
Hauptgericht 40; P Terrasse; geschl: Mo

⋔ **Gasthaus Waldenserhof**
Langstr 71, ✉ 64546, ☎ (0 61 05) 4 18 31
Hauptgericht 20

Mörnsheim 63 →

Bayern — Kreis Eichstätt — 450 m —
1 927 Ew — Treuchtlingen 16, Eichstätt
21 km
ℹ ☎ (0 91 45) 4 94, Fax 66 46 — Verkehrsamt, Kastnerplatz 1, 91804 Mörnsheim.
Sehenswert: ehem. Befestigungsmauer;
Burgruine; Dorfkirche

** **Gästehaus Lindenhof**
Marktstr 12, ✉ 91804, ☎ (0 91 45) 8 38 00,
Fax 71 59, AX DC ED VA
15 Zi, Ez: 65-75, Dz: 98-110, ⌐⌐ WC ☎;
geschl: Di, 11.-29.1.

** **Lindenhof**
Marktstr 25, ✉ 91804, ☎ (0 91 45) 8 38 00,
Fax 71 59, AX DC ED VA
Hauptgericht 25

Moers 32 →

Nordrhein-Westfalen — Kreis Wesel —
26 m — 106 591 Ew — Duisburg 13, Krefeld
20, Wesel 29 km
ℹ ☎ (0 28 41) 20 17 77, Fax 20 17 21 —
Stadtinformation, Unterwallstr 9,
47441 Moers; Schloßtheater. Sehenswert:
Altstadt; Wallanlagen; Schloß mit Grafschafter Museum; Schloßpark; Motorrad-Museum

** **Kurlbaum**
Burgstr 7, ✉ 47441, ☎ (0 28 41) 2 72 00, AX
Hauptgericht 39; Terrasse; geschl: Di,
Sa + So mittags, 3 Wochen in den Sommerferien

Asberg (2 km ↘)
* **Moerser Hof**
Römerstr 464, ✉ 47441, ☎ (0 28 41) 9 52 10,
Fax 95 21 16, AX ED VA
33 Zi, Ez: 98-140, Dz: 128-190, ⌐⌐ WC ☎; Lift
P ⌐ 1↔20; **garni**

Repelen (4 km ↑)
** **Wellings Hotel Zur Linde**
An der Linde 2, ✉ 47445, ☎ (0 28 41) 97 60,
Fax 9 76 66, AX DC ED VA
35 Zi, Ez: 125-240, Dz: 170-270, 4 Suiten,
1 App, ⌐⌐ WC ☎, 12⌂; Lift P ⌐ 6↔80 Fitneßraum Sauna Solarium
*** **Wildente**
Hauptgericht 30; geschl: Sa mittags,So
abends

Schwafheim (3 km ↓)
* **Schwarzer Adler**
Düsseldorfer Str 309, ✉ 47447, ☎ (0 28 41)
38 21, Fax 3 46 30, AX DC ED VA
40 Zi, Ez: 96-105, Dz: 140-155, ⌐⌐ WC ☎,
20⌂; Lift P 5↔250 Kegeln ⋔ ⋐

Mörschied 53 ↘

Rheinland-Pfalz — Kreis Birkenfeld —
400 m — 600 Ew — Kempfeld, Morbach
15, Birkenfeld 45 km
ℹ ☎ (0 67 85) 7 91 03, Fax 7 91 20 — Tourist
Information Deutsche Edelstein Straße,
Brühlstr 16, 55756 Herrstein

Asbacherhütte (4,5 km ↘)
** **Zur Scheune**
Harfenmühle, ✉ 55758, ☎ (0 67 86) 13 04,
Fax 13 23
Hauptgericht 35; P; geschl: Di, 01.01.-01.04.99

Möser 28 ↙

Sachsen-Anhalt — Kreis Jerichower Land
— 80 m — 1 651 Ew — Burg 6, Magdeburg
19 km
ℹ ☎ (03 92 22) 90 80 — Verwaltungsgemeinschaft, Thälmannstr 59, 39291 Möser

* **Pension Neu Külzau**
Schermener Weg 21a, ✉ 39291,
☎ (03 92 22) 20 55, Fax 36 74, ED
21 Zi, Ez: 75-90, Dz: 80-100, 2 Suiten, ⌐⌐ WC
☎; P
Restaurant für Hausgäste

Mössingen 61 ↓

Baden-Württemberg — Kreis Tübingen —
475 m — 18 600 Ew — Hechingen 10,
Tübingen 15 km
ℹ ☎ (0 74 73) 94 88 10, Fax 94 88 24 — Verkehrsbüro, Freiherr-vom-Stein-Str 20,
72116 Mössingen; Heilbad. Sehenswert:
Peter- und Paul-Kirche, Barockorgel; Fachwerkhäuser; Kirche im Ortsteil Belsen
(2 km ↙)

⌐ **Fischer's Brauhaus**
Auf der Lehr 30, ✉ 72116, ☎ (0 74 73) 60 23,
Fax 2 66 73
30 Zi, Ez: 75, Dz: 120, ⌐⌐ WC ☎; Lift ⌐; **garni**

Mohlsdorf 49 □

Thüringen — Kreis Greiz — 385 m —
3 102 Ew — Greiz 6, Werdau 9, Zwickau
16 km
ℹ️ ☎ (0 36 61) 43 00 63, Fax 4 20 18 —
Gemeindeverwaltung, Straße der Einheit 6,
07987 Mohlsdorf. Sehenswert: Dorfkirchen
Mohlsdorf und Gottesgrün

* **Gudd**
Raasdorfer Str 2, ⌧ 07987, ☎ (0 36 61)
43 00 25 + 43 00 26, Fax 43 00 27, AX VA
15 Zi, Ez: 65-88, Dz: 90-130, ⊿ WC ☎; P 🚗
1⇔40 Kegeln 🍽

Molbergen 24 ↑

Niedersachsen — Kreis Cloppenburg —
38 m — 6 275 Ew — Cloppenburg 9,
Lastrup 10 km
ℹ️ ☎ (0 44 75) 94 94-0, Fax 94 94-90 —
Gemeindeverwaltung, Cloppenburger
Str 22, 49696 Molbergen

Dwergte (4 km ↑)
** **Zum Dorfkrug**
Molberger Str 1, ⌧ 49696, ☎ (0 44 75)
18 07, Fax 53 94
Hauptgericht 22; Biergarten P; geschl: Mo
🛏 5 Zi, Ez: 65, Dz: 95, ⊿ ☎; 2⇔50
Fitneßraum Sauna 18Golf
geschl: Mo

Molfsee 10 ↘

Schleswig-Holstein — Kreis Rendsburg-
Eckernförde — 40 m — 5 100 Ew — Kiel 7,
Neumünster 23 km
ℹ️ ☎ (04 31) 65 00 90, Fax 65 09 14 —
Gemeindeverwaltung, Mielkendor-
fer Weg 2, 24113 Molfsee. Sehenswert:
Freilichtmuseum im Ortsteil Rammsee
(2 km ↑)

** **Bärenkrug**
Hamburger Chaussee 10, ⌧ 24113,
☎ (0 43 47) 7 12 00, Fax 71 20 13, AX DC ED VA
Hauptgericht 30; Gartenlokal Kegeln P;
geschl: 24.12.-3.1.99
** 22 Zi, Ez: 90-140, Dz: 160-200, ⊿
WC ☎ DFÜ, 7✉; 🚗 Sauna
geschl: 24.12.-3.1.

Rammsee (2 km ↑)
* **Drathenhof**
🍴 Hamburger Landstr 99, ⌧ 24113,
☎ (04 31) 65 08 89, Fax 65 07 23, ED
Hauptgericht 35; P Terrasse; geschl: So
abends, Mo, 2.1.-1.2.

Molmerswende 37 →

Sachsen-Anhalt — Landkreis Mansfelder
Land — 330 m — 317 Ew — Harzgerode 8,
Hettstedt 24 km
ℹ️ ☎ (03 47 79) 2 02 12 — Gemeindeverwaltung, Bürgerstr, 06543 Molmerswende

Leinemühle (4 km ↗)
** **Leinemühle**
einzeln, Am Leineberg, ⌧ 06543,
☎ (03 47 79) 2 03 48
10 Zi, Ez: 50-60, Dz: 70-80, 1 Suite, 5 App, ⊿
WC ☎; P 60 Sauna 🍽
Rezeption: 9-20; geschl: 10.1.99-5.2.99

Monheim am Rhein 33 ✓

Nordrhein-Westfalen — Kreis Mettmann —
40 m — 44 000 Ew — Düsseldorf 18, Remscheid 28 km
ℹ️ ☎ (0 21 73) 95 11 31, Fax 95 11 39 —
Stadtverwaltung, Rathausplatz 2,
40789 Monheim am Rhein. Sehenswert:
Schelmenturm; Haus Bürgel; Deusser
Haus; Pfarrkirche St. Gereon; Altstadt

* **Zum Vater Rhein**
An der Kapell 4, ⌧ 40789, ☎ (0 21 73) 59 80,
Fax 5 23 68, AX ED VA
21 Zi, Ez: 130-150, Dz: 160-220, 1 App, ⊿
WC ☎ DFÜ; P 1⇔20 🍽

* **Am Wald**
An der alten Ziegelei 4 (Gewerbegebiet),
⌧ 40789, ☎ (0 21 73) 5 80 11, Fax 3 00 76,
AX DC ED VA
44 Zi, Ez: 119-189, Dz: 159-239, ⊿ WC ☎;
1⇔ 🍽

Baumberg (3 km ↑)
* **Sporthotel Baumberg**
Sandstr 84, ⌧ 40789, ☎ (0 21 73) 68 80,
Fax 68 81 10, AX DC ED VA
40 Zi, Ez: 130-150, Dz: 180, ⊿ WC ☎; P 🚗
Bowling Kegeln 🍽
Rezeption: 7-15, 16-22

* **Lehmann
mit Gästehaus**
Thomasstr 24, ⌧ 40789, ☎ (0 21 73) 9 66 10,
Fax 96 61 11
24 Zi, Ez: 99, Dz: 130, ⊿ WC ☎; P Sauna
Solarium; **garni**
Rezeption: 6-21

Monschau 42 ←

Nordrhein-Westfalen — Kreis Aachen —
450 m — 13 300 Ew — Schleiden 24,
Aachen 34 km
ℹ️ ☎ (0 24 72) 33 00, Fax 45 34 — Tourist-
Information, Stadtstr 1, 52156 Monschau;
Stadt an der Rur zwischen Eifel und Hohem
Venn. Sehenswert: Stadtbild: historische
Altstadt, „alte Pfarrkirche"; Burg; Bürger-
häuser; Rotes Haus; Senfmühle; Glasmu-
seum

** **Carat**
Laufenstr 82, ⌧ 52156, ☎ (0 24 72) 8 60,
Fax 86-1 99, AX ED VA
95 Zi, Ez: 135-155, Dz: 155-195, 2 Suiten, ⊿
WC ☎, 11✉; Lift P 7⇔200 ≋ Fitneßraum
Kegeln Sauna Solarium
* **Wiesenthal**
Hauptgericht 30

Moritzburg

*　Lindenhof
Laufenstr 77, ✉ 52156, ☎ (0 24 72) 41 86, Fax 31 34
12 Zi, Ez: 75, Dz: 100-120, ⇘ WC ☎; 🅿
Restaurant für Hausgäste

***　Remise im Alten Getreidehaus ☎
Stadtstr 14, ✉ 52156, ☎ (0 24 72) 80 08 00, Fax 8 00 80 20, AX ED VA
🅿; nur abends; geschl: Di, 2 Wochen im Nov, 2 Wochen im Feb

Heidgen (1 km ↓)
*　Aquarium
♂ Heidgen 34, ✉ 52156, ☎ (0 24 72) 16 93, Fax 41 93
13 Zi, Ez: 90-110, Dz: 90-150, 1 App, ⇘ WC ☎; 🅿 🚗 ≋ Fitneßraum Sauna Solarium
Restaurant für Hausgäste

Montabaur 43→

Rheinland-Pfalz — Westerwaldkreis — 231 m — 12 834 Ew — Limburg 21, Koblenz 22 km
ℹ ☎ (0 26 02) 30 01-0, Fax 52 45 — Westerwald Gäste-Service e.V., Kirchstr 48 a, 56410 Montabaur. Sehenswert: Schloß ⋖ 321 m; Rathaus; Fachwerkbauten

**　Am Peterstor
Peterstorstr 1, ✉ 56410, ☎ (0 26 02) 16 07 20, Fax 16 07 30, VA
16 Zi, Ez: 110-125, Dz: 150-170, 2 App, ⇘ WC ☎; Lift 🅿 1❤60 Sauna
Rezeption: 7-13, 15-23

*　Schlemmer
Kirchstr 18, ✉ 56410, ☎ (0 26 02) 50 22
28 Zi, Ez: 80-90, Dz: 140-160, ⇘ WC ☎ 🍴

Moos 68 ↘

Baden-Württemberg — Kreis Konstanz — 400 m — 3 000 Ew — Radolfzell 4, Singen 9 km
ℹ ☎ (0 77 32) 99 96 17, Fax 99 96 20 — Verkehrsamt, Bohlinger Str 18, 78345 Moos; Erholungsort am Bodensee

*　Gottfried Silencehotel
♂ Böhringer Str 1, ✉ 78345, ☎ (0 77 32) 41 61, Fax 5 25 02, AX DC ED VA
15 Zi, Ez: 110, Dz: 160, 2 Suiten, 2 App, ⇘ WC ☎, 8✉; 🅿 🚗 ≋ Sauna 2Tennis
** Hauptgericht 29; Gartenlokal; ✤ geschl: Do, Fr mittags, 7.-25.1.
Beachtenswertes Angebot an Bodenseefischgerichten

Moraas 19→

Mecklenburg-Vorpommern — Kreis Hagenow — 25 m — Hagenow 10, Schwerin 51 km
ℹ ☎ (0 38 83) 2 41 29 — Gemeindeverwaltung, 19230 Moraas

*　Heidehof
♂ Hauptstr 15, ✉ 19230, ☎ (0 38 83) 72 21 40, Fax 72 91 18, ED VA
11 Zi, Ez: 75-95, Dz: 125-145, ⇘ WC ☎; 1❤15
** Hauptgericht 20; 🅿 Terrasse

Morbach 53 ↘

Rheinland-Pfalz — Kreis Bernkastel-Wittlich — 500 m — 11 000 Ew — Bernkastel-Kues 17, Idar-Oberstein 21 km
ℹ ☎ (0 65 33) 71 18, Fax 30 03 — Verkehrsamt, Unterer Markt 1, 54497 Morbach; Luftkurort im Hunsrück

*　Landhaus am Kirschbaum
Am Kirschbaum 55a, ✉ 54497, ☎ (0 65 33) 9 39 50, Fax 93 95 22
22 Zi, Ez: 65, Dz: 100-110, 9 Suiten, 11 App, ⇘ WC ☎; 🅿 Sauna Solarium 🍴
Zimmer der Kategorie ****** vorhanden. Ferienwohnungen

*　Hochwald-Café
Unterer Markt 4, ✉ 54497, ☎ (0 65 33) 33 78, Fax 20 76, ED
14 Zi, Ez: 65, Dz: 110, ⇘ WC ☎; 🅿 🚗 1❤60; garni 🍺

Moringen 36 ▫

Niedersachsen — Kreis Northeim — 179 m — 7 200 Ew — Northeim 9 km
ℹ ☎ (0 55 54) 2 02 10, Fax 2 02 14 — Stadtverwaltung, Amtsfreiheit 8, 37186 Moringen. Sehenswert: Romanische Taufkirche St. Martini; Kunsthandwerkerdorf (Ortschaft Fredelsloh)

Fredelsloh (8 km ↘)
**　Pfeffermühle
Schafanger 1, ✉ 37186, ☎ (0 55 55) 4 10, Fax 10 28, AX DC ED
Hauptgericht 25; Biergarten; geschl: Mo, 15.2.-15.3.
*　Jägerhof
4 Zi, Ez: 85, Dz: 130, ⇘ WC ☎; 🅿
geschl: Mo, 15.2.-15.3.

Moritzburg 40 ↘

Sachsen — Meißen — 200 m — 2 800 Ew — Dresden 18 km
ℹ ☎ (03 52 07) 85 40, Fax 8 54 20 — Tourist-Information, Schloßallee 3 B, 01468 Moritzburg. Sehenswert: Schloß Moritzburg; Fasanerieschlößchen mit Museum für Vogelkunde und Vogelschutz; Käthe-Kollwitz-Gedenkstätte; Schmalspurbahn; Hengstleistungsparaden →

***** Hotel mit außergewöhnlich anspruchsvoller Ausstattung

Moritzburg

** Landhaus
♿ Schloßalle 37, ✉ 01468, ☎ (03 52 07)
8 16 02/8 16 03, Fax 8 16 04, ED VA
16 Zi, Ez: 130-180, Dz: 190, 1 Suite, 3 App, ⌐
WC ☎, 3✉; P 1⇔15 Sauna ✱

* Eisenberger Hof
♿ Kötzschenbrodaer Str 8, ✉ 01468,
☎ (03 52 07) 8 16 73/8 16 83, Fax 8 16 84,
AX ED VA
25 Zi, Ez: 90-110, Dz: 140-160, 1 Suite, ⌐
WC ☎; P 2⇔40 Sauna Solarium ✱
Auch Zimmer der Kategorie ****** vorhanden

* Pension Schloßallee
Schloßallee 35, ✉ 01468, ☎ (03 52 07)
85 60, Fax 8 15 51, AX DC ED VA
8 Zi, Ez: 75-90, Dz: 130-150, ⌐ WC ☎; P
Sauna Solarium ✱

Moritzburg-Außerhalb (1,5 km →)
** Churfürstliche Waldschaenke
einzeln ♿ Große Fasanenstr, ✉ 01468,
☎ (03 52 07) 8 60-0, Fax 8 60-93, AX DC ED VA
33 Zi, Ez: 125-155, Dz: 158-260, 4 Suiten, ⌐
WC ☎; P 2⇔35 18Golf ✱ ⚓

Morsbach 43 ↗

Nordrhein-Westfalen — Oberbergischer
Kreis — 250 m — 11 000 Ew — Waldbröl 16,
Freudenberg 19 km
ℹ ☎ (0 22 94) 69 90, Fax 69 91 87 — Gemeindeverwaltung, Bahnhofstr 2, 51597 Morsbach; Erholungsort. Sehenswert: Kath.
Pfarrkirche; Burg Volperhausen; Fachwerkhäuser

* Goldener Acker
♿ Zum Goldenen Acker 44, ✉ 51597,
☎ (0 22 94) 80 24, Fax 73 75, DC VA
33 Zi, Ez: 84-95, Dz: 138-145, ⌐ WC ☎;
5⇔50 Kegeln Sauna Solarium
geschl: 4.-14.1., 11.7.-1.8.
Zimmer der Kategorie ******vorhanden
** Hauptgericht 30; ✤
geschl: So abends, Mo, 4.1.-14.1.99, 11.7.-
1.8.99

Morsum siehe Sylt

Mosbach 55 ↙

Baden-Württemberg — Neckar-Odenwald-
Kreis — 250 m — 24 800 Ew — Eberbach 28,
Heilbronn 32 km
ℹ ☎ (0 62 61) 8 22 36, Fax 8 22 49 — Verkehrsamt, Hauptstr 29, 74821 Mosbach;
Kreisstadt. Sehenswert: Stiftskirche; Rathaus; hist. Altstadt

Nüstenbach (4 km ↘)
** Zum Ochsen ✤
Im Weiler 6, ✉ 74821, ☎ (0 62 61) 1 54 28
Hauptgericht 30; Gartenlokal; geschl: Di,
20.2.-10.3., 25.8.-10.9.

Mossautal 55 ←

Hessen — Odenwaldkreis — 400 m —
2 600 Ew — Erbach 7, Beerfelden 12 km
ℹ ☎ (0 60 62) 40 19, Fax 91 20 26 — Gemeindeverwaltung, im Ortsteil Unter-Mossau,
Ortsstr 124, 64756 Mossautal; Erholungsort
im Odenwald

Güttersbach
* Zentlinde
Hüttenthaler Str 37, ✉ 64756, ☎ (0 60 62)
20 80, Fax 59 00, ED VA
35 Zi, Ez: 85-105, Dz: 160-170, 9 App, ⌐ WC
☎; Lift P 7⇔40 ⚓ Kegeln Sauna Solarium
✱ ⚓
geschl: Mo, 3.-23.1.

* Haus Schönblick
Hüttenthäler Str 30, ✉ 64756, ☎ (0 60 62)
53 80, Fax 6 12 42
24 Zi, Ez: 40-80, Dz: 80-130, 3 Suiten, 8 App,
⌐ WC ☎, 1✉; 2⇔30 Fitneßraum Kegeln
Sauna Solarium ✱ ⚓
geschl: Di, 3.1.99-20.1.99

Ober-Mossau
* Brauerei Gasthof Schmucker
Hauptstr 91, ✉ 64756, ☎ (0 60 61) 94 11-0,
Fax 28 61, AX ED
25 Zi, Ez: 85, Dz: 140-150, 1 App, ⌐ WC ☎;
P 2⇔25 ≋ Kegeln Solarium 1Tennis ✱

Motzen 30 ↘

Brandenburg — Kreis Königs Wusterhausen — 70 m — 991 Ew — Bestensee 6, Teupitz 11, Königs Wusterhausen 17 km
ℹ ☎ (03 37 69) 5 02 13 — Amtsverwaltung,
Bahnhofstr. 3a, 15749 Mittenwalde

*** Residenz am Motzener See ♛
♿ ⚓ Töpchiner Str 4, ✉ 15741, ☎ (03 37 69)
8 50, Fax 8 51 00, AX ED VA
60 Zi, Ez: 135-165, Dz: 195-245, 12 App, ⌐
WC ☎ DFÜ; Lift P 🚗 6⇔100 ⚓ Strandbad
Seezugang Sauna Solarium 18Golf ⚓
*** ⚓ Hauptgericht 28; Terrasse

Much 43 ↑

Nordrhein-Westfalen — Rhein-Sieg-Kreis
— 250 m — 14 500 Ew — Siegburg 22,
Gummersbach 24, Köln 38 km
ℹ ☎ (0 22 45) 66 80, Fax 68 50 — Verkehrsverein, Hauptstr 57, 53804 Much. Sehenswert:
Kath. Pfarrkirche St. Martin

Bövingen (3 km ↘)
** Activotel Kranichhöhe
⚓ Bövingen 129, ✉ 53804, ☎ (0 22 45)
60 80, Fax 60 81 00, AX DC ED VA
112 Zi, Ez: 139-229, Dz: 180-298, 3 Suiten, ⌐
WC ☎; Lift P 16⇔250 ⚓ Fitneßraum Sauna
Solarium 18Golf 6Tennis; ⚓
** Terracotta
Hauptgericht 45; Biergarten Terrasse

Mudau 55 □

Baden-Württemberg — Neckar-Odenwald
— 450 m — 5 160 Ew
🛈 ☎ (0 62 84) 78-34, Fax 78-20 — Tourist-
Information, Schloßauer Str 2,
69427 Mudau

✱ Zum Löwen
Hauptstr 25, ✉ 69427, ☎ (0 62 84)
4 05-9 21 10, Fax 92 11 55, VA
22 Zi, Ez: 35-48, Dz: 70-90, ᶓ; P 🖹 ⑲
geschl: Fr
Auch einfache Zimmer vorhanden

Mücke 45 □

Hessen — Vogelsbergkreis — 280 m —
10 000 Ew
🛈 ☎ (0 64 00) 9 10 20 — Tourist-Information,
35325 Mücke

✱ Gärtner
Bahnhofstr 116, ✉ 35325, ☎ (0 64 00) 81 91,
Fax 63 60, AX ED VA
14 Zi, Ez: 89-98, Dz: 125-150, ᶓ WC ☎; P 🖹
3❈150 Kegeln ●
✱   Hauptgericht 17; Biergarten Terrasse; geschl: Mo, Feb

Müden (Mosel) 43 ↓

Rheinland-Pfalz — Kreis Cochem-Zell —
80 m — 800 Ew — Cochem 19, Koblenz
36 km
🛈 ☎ (0 26 72) 21 10 — Ortsgemeinde
Müden, Bergstr 2, 56254 Müden (Mosel).
Sehenswert: Pfarrkirche St. Stephanus;
Fachwerkhäuser; Dreifaltigkeitskapelle;
Halfenhaus; Staustufe; Straßenweinfest
(letztes Wochenende im Aug); Burg Eltz ⦿
(1½Std ↗)

✱ Sewenig
⦿ Moselweinstr 82, ✉ 56254, ☎ (0 26 72)
13 34, Fax 17 30, DC ED VA
30 Zi, Ez: 65-70, Dz: 120-130, 6 App, ᶓ WC
☎; Lift P 🖹 2❈80 Fitneßraum Sauna
Solarium ⑲ ●
geschl: Di, 2.-31.1.

Müden (Örtze) siehe Faßberg

Mühbrook 10 ↘

Schleswig-Holstein — Kreis Rendsburg-
Eckernförde — 40 m — 477 Ew — Bordes-
holm 3, Neumünster 9 km
🛈 ☎ (0 43 22) 69 50, Fax 69 51 64 — Amt
Bordesholm-Land, Marktplatz, 24582 Bor-
desholm; An der Nordspitze des Einfelder
Sees gelegen

✱ Seeblick/Seeschlößchen
◐ Dorfstr 18, ✉ 24582, ☎ (0 43 22) 59 43-4,
Fax 30 40, AX DC ED VA
37 Zi, Ez: 68, Dz: 98, 2 Suiten, 1 App, ᶓ WC
☎, 6▱; P 3❈250 Sauna Solarium ⑲

Mühlhausen

Mühlacker 61 ↘

Baden-Württemberg — Enzkreis — 230 m
— 25 000 Ew — Pforzheim 13, Stuttgart
34 km
🛈 ☎ (0 70 41) 8 76-10, Fax 8 76-3 21 —
Stadtverwaltung, Kelterplatz 7, 75417 Mühlacker. Sehenswert: Ruine Löffelstelz;
Schloß Mühlhausen

✱ Scharfes Eck
Konrad-Adenauer-Platz 2, ✉ 75417,
☎ (0 70 41) 60 27, Fax 8 37 46, AX DC ED VA
28 Zi, Ez: 80-90, Dz: 120-140, ᶓ WC ☎; Lift
P 🖹 2❈160 ⑲

Mühldorf a. Inn 73 ↘

Bayern — Kreis Mühldorf a. Inn — 411 m —
17 000 Ew — Altötting 12, Wasserburg am
Inn 36 km
🛈 ☎ (0 86 31) 61 22 26, Fax 61 22 22 —
Stadtverwaltung, Stadtplatz 21,
84453 Mühldorf. Sehenswert: St.-Nikolaus-
Kirche mit Heigl-Fresken; St.-Laurentius-
Kirche (Flügelaltar) im Stadtteil Altmühl-
dorf; hist. Altstadt; Rathaus (Holzdecke,
Hexenkammer)

✱✱ Komfort Hotel
Rheinstr 44, ✉ 84453, ☎ (0 86 31) 38 10,
Fax 38 14 81, AX DC ED VA
102 Zi, Ez: 85-150, Dz: 120-200, ᶓ WC ☎
DFÜ, 35▱; P 🖹 3❈100 Solarium ●
Restaurant für Hausgäste

✱ Bastei
Münchener Str 69, ✉ 84453, ☎ (0 86 31)
3 67 80, Fax 36 78 10, AX ED VA
26 Zi, Ez: 70-80, Dz: 98-120, ᶓ WC ☎, 4▱;
Lift P 2❈40 ⑲

Mühlhausen 37 ↙

Thüringen — Kreis Mühlhausen — 230 m —
41 000 Ew — Eschwege 33, Sondershausen
41 km
🛈 ☎ (0 36 01) 45 23 35, Fax 45 23 16 —
Mühlhausen - Information, Ratsstr 20,
99974 Mühlhausen. Sehenswert: Altstadt
mit Stadtmauer, Rathaus; Pfarrkirche St.
Marien; Pfarrkirche Divi-Blasii mit Bach-
orgel; Kornmarktkirche; Annenkapelle;
Museum am Lindenbühl; Brunnenhaus
Popperode; Bürgerhäuser

✱✱ Mirage
Karl-Marx-Str 9, ✉ 99974, ☎ (0 36 01) 43 90,
Fax 43 91 00, AX DC ED VA
70 Zi, Ez: 89-119, Dz: 129, 4 Suiten, ᶓ WC ☎
DFÜ, 30▱; Lift P 🖹 2❈90
Restaurant für Hausgäste

✱✱ Brauhaus Zum Löwen
Kornmarkt 3, ✉ 99974, ☎ (0 36 01) 47 10,
Fax 44 07 59, AX DC ED VA
22 Zi, Ez: 110, Dz: 140-160, ᶓ WC ☎; Lift P
2❈50 ⑲   →

Mühlhausen

* An der Stadtmauer
Breitenstr 15, ✉ 99974, ☎ (0 36 01) 4 65 00,
Fax 46 50 50, AX DC ED VA
19 Zi, Ez: 88-135, Dz: 125-155, ⇩ WC ☎,
8⌂; P 🚌 1⇨20 Fitneßraum Solarium 🍴 🍺

* Ammerscher Bahnhof
Ammerstr 83, ✉ 99974, ☎ (0 36 01)
87 31 32, Fax 44 07 50, AX ED VA
14 Zi, Ez: 90, Dz: 130, ⇩ WC ☎ DFÜ; P
2⇨50 🍺
Restaurant für Hausgäste

* Weinbergschlößchen
Altenburgstr 22, ✉ 99974, ☎ (0 36 01)
44 21 09, Fax 44 45 69, AX DC ED VA
8 Zi, Ez: 60-90, Dz: 90-130, 1 Suite, ⇩ WC
☎; P 1⇨25 🍴

Rezeption: 11-14, 17-24

Felchta (3 km ↓)
* Zum alten Bahndamm
Siedlung Felchta 21, ✉ 99974, ☎ (0 36 01)
81 56 97/ 44 00 89, Fax 81 56 97, AX DC ED VA
11 Zi, Ez: 60-90, Dz: 90-130, ⇩ WC ☎; P
3⇨400 Kegeln 🍴
Auch einfache Zimmer vorhanden

* Wiesenhof
♂ Henningsgasse 152, ✉ 99974,
☎ (0 36 01) 81 56 90, Fax 44 22 89, AX ED
11 Zi, Ez: 80; Dz: 130, ⇩ WC ☎; P Fitneßraum Sauna Solarium 🍴

Mühlhausen im Täle 62 ⬈

Baden-Württemberg — Kreis Göppingen
— 545 m — 1 070 Ew — Wiesensteig 3,
Geislingen a.d. Steige 21, Göppingen 24 km
ℹ ☎ (0 73 35) 9 60 10, Fax 96 01 25 — Bürgermeisteramt, Gosbacher Str 16,
73347 Mühlhausen im Täle

** Bodoni
Flair Hotel
Bahnhofstr 4, ✉ 73347, ☎ (0 73 35) 9 62 50,
Fax 96 25 29, AX ED VA
15 Zi, Ez: 100, Dz: 150, ⇩ WC ☎; Sauna
Solarium 🍴
Rezeption: 6-12,15-22

* Höhenblick mit Gästehaus
♂ ⬩ Obere Sommerbergstr 10, ✉ 73347,
☎ (0 73 35) 50 66, Fax 50 69, AX DC ED VA
65 Zi, Ez: 70, Dz: 130-150, ⇩ WC ☎; Lift
P 🚌 5⇨80 Kegeln Sauna Solarium 🍴 🍺
Im Stammhaus auch einfache Zimmer

Mühlhausen 57 ⬅
Kr. Erlangen-Höchstadt

Bayern — Kreis Erlangen-Höchstadt —
356 m — 1 530 Ew — Höchstadt 6, Bamberg
20 km
ℹ ☎ (0 95 48) 2 02, Fax 92 10 28 — Verwaltungsgemeinschaft, Schloßberg 9,
91315 Höchstadt a. d. Aisch. Sehenswert:
Altes Wasserschloß; Ev. Kirche

* Gästehaus Hiltel
Hauptstr 18, ✉ 96172, ☎ (0 95 48) 60 66,
Fax 62 37, ED VA
8 Zi, Ez: 60-65, Dz: 95, ⇩ WC ☎ DFÜ; P 🍴

Mühlheim am Main 45 ⬋

Hessen — Kreis Offenbach — 103 m —
25 000 Ew — Offenbach 6, Hanau 7 km
ℹ ☎ (0 61 08) 60 10, Fax 60 11 25 — Stadtverwaltung, Friedensstr 20, 63165 Mühl-
heim

* Dreispitz
Offenbacher Str 86, ✉ 63165, ☎ (0 61 08)
7 50 22 + 90 98-0, Fax 13 75, AX DC ED VA
17 Zi, Ez: 70-130, Dz: 120-180, ⇩ WC ☎; P
2⇨60
*   Hauptgericht 24

* Adam
Albertstr 7-11, ✉ 63165, ☎ (0 61 08) 6 09 11,
Fax 6 76 65, ED
21 Zi, Ez: 80-135, Dz: 120-180, ⇩ WC ☎; P;
garni

** Abthof
Pfarrgasse 10, ✉ 63165, ☎ (0 61 08) 6 75 53,
Fax 6 88 18, AX DC ED VA
Hauptgericht 33; P Terrasse; nur abends,
so+feiertags auch mittags; geschl: Mo,
1 Woche zu Fasching

Lämmerspiel (5 km ⬊)
*** Landhaus-Hotel Waitz
Bischof-Ketteler-Str 26, ✉ 63165,
☎ (0 61 08) 60 60, Fax 60 64 88, AX DC ED VA
67 Zi, Ez: 165-195, Dz: 230, 7 Suiten, ⇩ WC
☎; Lift P 🚌 6⇨100 18Golf 5Tennis
geschl: 27.12.-10.1.
**   Hauptgericht 45; Gartenlokal Terrasse; geschl: Sa mittags, So abends,
27.12.-10.1.

Mühltal 54 ⬈

Hessen — Kreis Darmstadt-Dieburg —
250 m — 13 500 Ew — Darmstadt 6 km
ℹ ☎ (0 61 51) 1 41 70, Fax 14 17 38 —
Gemeindeverwaltung, im Ortsteil Nieder-
Ramstadt, Ober-Ramstädter-Str 2,
64367 Mühltal. Sehenswert: Burg Frankenstein, Ruine

Nieder-Beerbach
** Burg Frankenstein
⬩ einzeln 5, ✉ 64367, ☎ (0 61 51) 5 46 18,
Fax 5 49 85, AX ED VA
Hauptgericht 25; P; geschl: Mo

Trautheim
* Waldesruh
♂ Am Bessunger Forst 28, ✉ 64367,
☎ (0 61 51) 9 11 50, Fax 91 15-63, ED
36 Zi, Ez: 82-100, Dz: 130-140, ⇩ WC ☎; Lift
P 1⇨10 🏊 Fitneßraum Solarium 🍴 🍺

Mülheim an der Ruhr

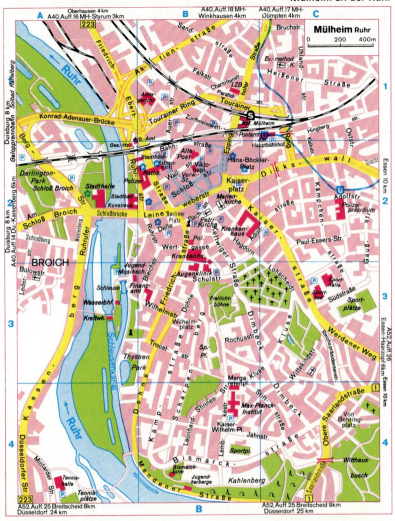

Mühltroff 49 ←

Sachsen — Stadtkreis — 483 m — 2 138 Ew — Schleiz 8, Plauen 19, Zeulenroda 20 km
ℹ ☎ (03 66 45) 3 03-0, Fax 3 03 33 — Stadtverwaltung, Markt 16, 07919 Mühltroff

✱   Villa am Gutsweg
Gutsweg 6, ✉ 07919, ☎ (03 66 45) 2 22 24, Fax 2 22 24, 🆔
7 Zi, Ez: 75-85, Dz: 98-120, ⌐ WC ☎; 🅿
1○18 ⫟⚭ 🚗

🚘 Unterstellmöglichkeiten für Fahrzeuge oder Einzelgaragen

Mülheim an der Ruhr 33 ←

Nordrhein-Westfalen — Stadtkreis — 50 m — 176 353 Ew — Oberhausen 7, Duisburg 10, Essen 10 km
ℹ ☎ (02 08) 4 55-80 80, Fax 4 55-80 99 — Stadtinformation City-Shop, Hans-Böckler-Platz, 45468 Mülheim an der Ruhr; Industriestadt am Rande des Ruhrgebietes. Sehenswert: Ev. Petri-Kirche; Stadthalle; Rathaus; Wasserbahnhof; Kloster im Stadtteil Saarn; Schloß Broich; Schloß Styrum; Aquarius Wassermuseum →

▶ Geschulter, erstklassiger Service

Mülheim an der Ruhr

***** Clipper Hotel
Top International Hotel**
Hans-Böckler-Platz 19 (B 2), ⌧ 45468,
☎ (02 08) 30 86 30, Fax 30 86 31 13,
AX DC ED VA
51 Zi, Ez: 155-195, Dz: 195-235, ⊿ WC ☎;
Lift 1⟳15 Sauna; **garni**

** Gartenhotel Luisental
Trooststr 2 (B 3), ⌧ 45468, ☎ (02 08)
99 21 40, Fax 9 92 14 40, AX ED VA
20 Zi, Ez: 118-228, Dz: 148-228, ⊿ WC ☎;
Lift 🅿 🍽; **garni**

** Noy
Schloßstr 28 (B 2), ⌧ 45468, ☎ (02 08)
4 50 50, Fax 4 50 53 00, AX DC ED VA
50 Zi, Ez: 116-230, Dz: 256-340, ⊿ WC ☎;
Lift 🍽 2⟳50 Solarium

* Friederike
Friedrichstr 32 (B 3), ⌧ 45468, ☎ (02 08)
99 21 50, Fax 38 32 15 + 9 92 15 45, AX ED VA
28 Zi, Ez: 98-178, Dz: 138-198, 8 Suiten, ⊿
WC ☎, 18✉; 🍽 Sauna; **garni**

* Am Ruhrufer
Dohne 74, ⌧ 45468, ☎ (02 08) 99 18 50,
Fax 9 91 85 99, AX DC ED VA
38 Zi, Ez: 148-258, Dz: 192-292, 4 Suiten, ⊿
WC ☎, 7✉; Lift 🅿 1⟳50 18Golf
* Müller-Flora
Hauptgericht 30

** Am Kamin
☖ Striepensweg 62, ⌧ 45473, ☎ (02 08)
76 00 36, Fax 76 07 69, AX DC ED VA
Hauptgericht 45; Biergarten Kegeln;
geschl: Sa mittags

Dümpten (5 km ↑)
* Kuhn
Mellinghofer Str 277, ⌧ 45475, ☎ (02 08)
79 00 10, Fax 7 90 01 68, AX ED VA
61 Zi, Ez: 95-160, Dz: 120-180, WC ☎; Lift 🅿
1⟳ 🏊 Fitneßraum Kegeln Sauna Solarium
18Golf
** Distel
Hauptgericht 30; nur abends; geschl: So,
13.7.-1.8.

Menden (4 km ↓)
* Müller-Menden
Mendener Str 109, ⌧ 45470, ☎ (02 08)
37 40 15, Fax 3 79 33, ED VA
Hauptgericht 35; Biergarten 🅿

Mintard (8 km ↓)
* Mintarder Wasserbahnhof
☖ ⚓ August-Thyssen-Str 129, ⌧ 45481,
☎ (0 20 54) 9 59 50, Fax 95 95 55, AX DC ED VA
33 Zi, Ez: 84-90, Dz: 140-185, 1 App, ⊿ WC
☎, 4✉; 🅿 🍽 18Golf ⚐ ⛴

Speldorf (4 km ←)
** Altes Zollhaus ✣
Duisburger Str 228, ⌧ 45478, ☎ (02 08)
5 03 49, Fax 5 03 49
Hauptgericht 33; 🅿; geschl: Mo, Sa mittags

Mülheim-Kärlich   43 ↘

Rheinland-Pfalz — Kreis Mayen-Koblenz —
80 m — 10 000 Ew — Koblenz 10, Andernach 10 km
🛈 ☎ (0 26 30) 94 55-0, Fax 94 55-49 — Stadtverwaltung, Kapellnstr 16, 56218 Mülheim-Kärlich

Kärlich
* Zur Krone
Schweizerstr 2, ⌧ 56218, ☎ (0 26 30)
9 42 60, Fax 94 26 55, AX ED VA
34 Zi, Ez: 85, Dz: 145, 2 Suiten, ⊿ WC ☎; 🅿
2⟳80 Sauna Solarium ⚐

Mülheim
* Grüters
Ringstr 1, ⌧ 56218, ☎ (0 26 30) 94 16-0,
Fax 4 94 67, AX ED
39 Zi, Ez: 80, Dz: 130, ⊿ WC ☎; Lift 🅿
2⟳100 ⚐
geschl: 20.12.-10.1.

** Zur Linde
Bachstr 12, ⌧ 56218, ☎ (0 26 30) 41 30,
Fax 41 29, ED VA
Hauptgericht 32; Gartenlokal 🅿; geschl: Di,
Sa mittags, 16 Tage zu Fasching

Mülheim (Mosel)   52 ↗

Rheinland-Pfalz — Kreis Bernkastel-Wittlich — 117 m — 980 Ew — Bernkastel-Kues 5 km
🛈 ☎ (0 65 34) 3 69, Fax 13 87 — Verkehrsbüro, Hauptstr 52, 54486 Mülheim (Mosel);
Weinbauort

** Landhaus Schiffmann
☖ Veldenzer Str 49 a, ⌧ 54486, ☎ (0 65 34)
9 39 40, Fax 1 82 01
23 Zi, Ez: 85-95, Dz: 135-150, ⊿ WC ☎,
23✉; 🅿 Fitneßraum Sauna Solarium 3Tennis
Rezeption: 7-20; geschl: 29.11.-3.1.
Restaurant für Hausgäste

* Zur Post
Hauptstr 65, ⌧ 54486, ☎ (0 65 34) 9 39 20,
Fax 93 92 91
Hauptgericht 22; Biergarten 🅿 Terrasse;
nur abends, So auch mittags; geschl: Di,
21.12-12.2.
* 11 Zi, Ez: 69-75, Dz: 98-112, 1 App,
⊿ WC ☎; 1⟳30
geschl: 4.1.-12.2.

Müllheim 67 ↙

Baden-Württemberg — Kreis Breisgau-Hochschwarzwald — 300 m — 15 000 Ew — Badenweiler 7, Freiburg 28, Basel 34 km
🅘 ☏ (0 76 31) 40 70, Fax 1 66 54 — Verkehrsamt, Werderstr 48, 79379 Müllheim

* **Bauer
 mit Gästehaus**
Eisenbahnstr 2, ⌧ 79379, ☏ (0 76 31) 24 62, Fax 40 73, ED VA
56 Zi, Ez: 65-95, Dz: 120-150, ⊒ WC ☏; Lift
🅿 🚗 ⁍◎⁌
geschl: 18.12.-11.1.

Feldberg (6 km ↘)
* **Ochsen**
🅥 Bürglstr 32, ⌧ 79379, ☏ (0 76 31) 35 03, Fax 1 09 35, ED VA
Hauptgericht 30; Gartenlokal; geschl: Do, 3 Wochen im Jan
Eigenbauweine, Gasthof von 1763

Niederweiler (2 km →)
* **Pension Weilertal**
Weilertalstr 15, ⌧ 79379, ☏ (0 76 31) 57 94, Fax 148 26, ED VA
10 Zi, Ez: 60-100, Dz: 120-150, 3 App, ⊒ WC ☏; 🅿; garni

Münchberg 48 ↘

Bayern — Kreis Hof — 525 m — 12 500 Ew — Hof 20, Bayreuth 38 km
🅘 ☏ (0 92 51) 8 74 12, Fax 8 74 24 — Fremdenverkehrsamt, Ludwigstr 15, 95213 Münchberg; Textilzentrum mit Textilfachschule. Sehenswert: Großer Waldstein 880 m ⦂< (10 km ↘); Aussichtsturm am Rohrbühl

* **Braunschweiger Hof**
Bahnhofstr 13, ⌧ 95213, ☏ (0 92 51) 9 94 00, Fax 64 04, DC ED VA
21 Zi, Ez: 70-85, Dz: 100-150, ⊒ WC ☏; 🅿 🚗
geschl: 8.-22.1.
* Hauptgericht 25; Terrasse;
geschl: 8.1.-22.1.

Münchberg-Außerhalb (1 km ↓)
** **Seehotel Hintere Höhe**
♻ ⦂< Hintere Höhe 7, ⌧ 95213, ☏ (0 92 51) 94 61-0, Fax 39 76, AX DC ED VA
33 Zi, Ez: 115-145, Dz: 175-205, S; ⊒ WC ☏; 🅿 🚗 4⟲120 Sauna Solarium ⁌
** ⦂< Hauptgericht 22; Terrasse;
geschl: Nov-Mär Fr

Müncheberg 31 ↘

Brandenburg — Kreis Märkisch Oderland — 65 m — 6 017 Ew — Berlin 28, Frankfurt/Oder 36 km
🅘 ☏ (03 34 32) 8 11 47, Fax 7 09 31 — Amt Müncheberg, Stadtinformation, Rathausstr 1, 15374 Müncheberg. Sehenswert: Stadtpfarrkirche St. Marien; Reste der Stadtmauer, Küstriner und Berliner Tor

* **Landhotel Sternthaler**
Poststr 6, ⌧ 15374, ☏ (03 34 32) 8 94 40, Fax 8 94 43
13 Zi, Ez: 66-86, Dz: 122-146, ⊒ WC ☏, 13🚗; 1⟲30 ⁌
* **Nikita**
🅥 Hauptgericht 21; Gartenlokal; geschl: Mo

* **Pension Mönchsberg**
♻ Florastr 25 c, ⌧ 15374, ☏ (03 34 32) 3 67, Fax 5 05, ED VA
12 Zi, Ez: 50-99, Dz: 80-130, ⊒ WC ☏, 1🚗;
🅿 ⁍◎⁌
geschl: 20.12.-2.1.99

München 72 ↖

Bayern — Stadtkreis — 528 m — 1 300 000 Ew — Nürnberg 155, Karlsruhe 280 km
🅘 ☏ (0 89) 2 33 03 00, Fax 2 39 13 13 — Verkehrsamt, Sendlinger Str 1, 80331 München; Landeshauptstadt, Regierungsbezirkshauptstadt von Oberbayern und Kreisstadt an der Isar, bedeutendste Kunststadt der Bundesrepublik; Universität; Technische Universität; Katholische Hochschule für Philosophie; Akademie der bildenden Künste; Hochschule für Fernsehen, Film und Musik; Gasteig Kulturzentrum (Philharmonie); Nationaltheater (Staatsoper); Staatstheater am Gärtnerplatz; Residenz-Theater; Deutsches Theater, Theater im Marstall, Kammerspiele, Kleine Komödie, Münchner Volkstheater

Sehenswert: Im Stadtzentrum: Kath. Kirche St. Peter: Turm ⦂<; kath. Kirche Hl. Geist; Jesuitenkirche St. Michael; Theatinerkirche; Dreifaltigkeitskirche; Franziskaner-Klosterkirche St. Anna im Lehel; Asamkirche; kath. Kirche St. Ludwig: Jüngstes Gericht
Residenz: Wittelsbacher Brunnen; Königsplatz; Odeonsplatz: Feldherrnhalle; Ludwigstraße; Alter Hof; Münze; Neues Rathaus: Glockenspiel, Turm ⦂<; Maximilianeum (Landtag); Hofgarten: Kriegerdenkmal; Englischer Garten: Japan. Teehaus, Chines. Turm; Hofbräuhaus; Karlsplatz mit Karlstor; Isartor; Sendlinger Tor; Theresien-Wiese mit Ruhmeshalle und Bavaria

Sammlungen:
Bayerische Staatsgemäldesammlungen in der Alten Pinakothek (1994-96 geschl.), in der Neuen Pinakothek, im Haus der Kunst und in der Schackgalerie; Antikensammlungen in der ehem. Neuen Staatsgalerie und der Glyptothek; Deutsches Museum: Entwicklung der Technik und Naturwissenschaft; Bayerisches Nationalmuseum; Residenz-Museum: Schatzkammer; Cuvilliés-Theater; Staatl. Sammlung Ägyptischer Kunst; Museum für Völkerkunde; Münchener Stadtmuseum; Theatermuseum; Prähistorische Staatssammlung/Museum für Vor- und Frühgeschichte; Staatl. Graphische Sammlung; Staatl. →

München

Münzsammlung; Städt. Galerie im Lenbach-Haus; Neue Sammlung/Staatl. Museum für angewandte Kunst; Museum Villa Stuck; Jagd- und Fischereimuseum in der ehem. Augustinerkirche; Bayer. Staatssammlung für allgem. und angewandte Geologie; Bayer. Staatssammlung für Paläontologie und hist. Geologie; Mineralogische Staatssammlung; BMW-Bayerische Motoren Werke - Werksmuseum, geöffnet täglich 9-17 Uhr; Siemens-Museum; Karl-Valentin-Musäum; „Komödie" im Hotel Bayerischer Hof

Sehenswert in den Außenbezirken: Im Nordwesten: Schloß Nymphenburg: Sammlungen; mit Amalienburg, Pagodenburg, Badenburg, Marstallmuseum, Park und Botanischer Garten; Schloß und Kirche in Blutenburg; kath. Kirche in Pipping- Im Norden: Oympiapark und Olympiaturm (290m) ◄- Im Osten: kath. Michaelskirche in Berg am Laim; Wallfahrtskirche in Ramersdorf; kath. St.-Georg-Kirche in Bogenhausen; kath. Mariahilfkirche in der Au - Im Süden: Tierpark Hellabrunn; Wallfahrtskirche in Thalkirchen; Wallfahrtskirche in Harlaching

Messen:
Oktoberfest 19.9.-4-10.98
Systems 19.-23.10.98
electronica 10.-13.11.98
BAU 19.-24.1.99
ispo 7.-10.2.99
inhorgenta 26.2.-1.3.98
I.H.M. 18.-24.3.99
IFAT 4.-8.5.99
transport 8.-12.6.99
LASER 14.-18.6.99
ispo 1.-4.8.99

Cityplan siehe Seiten 692-693

***** Rafael
♂ ◄ Neuturmstr 1 (E 5), ✉ 80331, ☏ (0 89) 29 09 80, Fax 0 89, AX DC ED VA
53 Zi, Ez: 470-590, Dz: 680-750, 20 Suiten, ◔ WC ☏ DFÜ; Lift 🛗 3↻70 ≋ Fitneßraum
**** Mark's Restaurant
Hauptgericht 52

**** Kempinski Hotel Vier Jahreszeiten München
Maximilianstr 17 (E 5), ✉ 80539, ☏ (0 89) 2 12 00, Fax 21 25 20 00, AX DC ED VA
266 Zi, Ez: 430-730, Dz: 500-700, 48 Suiten, 2 App, ◔ WC ☏ DFÜ, 45✉; Lift P 🛗 10↻450 ≙ Fitneßraum Sauna Solarium
Auch Zimmer anderer Kategorien vorhanden
**** Vier Jahreszeiten
Hauptgericht 45; nur abends
** Bistro-Eck
Hauptgericht 30

**** Hotel mit anspruchsvoller Ausstattung

**** Bayerischer Hof
Promenadeplatz 2-6 (CD 4), ✉ 80333, ☏ (0 89) 2 12 00, Fax 2 12 09 06, AX DC ED VA
428 Zi, Ez: 290-360, Dz: 390-520, 45 Suiten, 1 App, ◔ WC ☏, 13✉; Lift 🛗 33↻1200 ≋ ≙ Fitneßraum Sauna Solarium
Zimmer unterschiedlicher Kategorien vorhanden
*** Garden-Restaurant
Hauptgericht 45

**** Königshof
L'Art de Vivre-Residenz
Karlsplatz 25 (B4), ✉ 80335, ☏ (0 89) 55 13 60, Fax 55 13 61 13, AX DC ED VA
80 Zi, Ez: 387-432, Dz: 464-619, 10 Suiten, ◔ WC ☏ DFÜ, 24✉; Lift 🛗 4↻100
***** Hauptgericht 50

**** Park Hilton
♂ ◄ Am Tucherpark 7, ✉ 80538, ☏ (0 89) 3 84 50, Fax 38 45 25 88, AX DC ED VA
457 Zi, Ez: 282-514, Dz: 556-618, S;
20 Suiten, 1 App, ◔ WC ☏, 60✉; Lift 🛗 15↻2700 ≙ Fitneßraum Sauna Solarium
*** Hilton Grill
Hauptgericht 62; geschl: 2.1.-8.1., 28.3.-2.4.,26.7.-13.8.
* Isar-Terrassen
Hauptgericht 30; Gartenlokal

**** City Hilton
Rosenheimer Str 15 (F 6), ✉ 81667, ☏ (0 89) 4 80 40, Fax 48 04 48 04, AX DC ED VA
458 Zi, Ez: 383-493, Dz: 476-616, S;
20 Suiten, 1 App, ◔ WC ☏, 218✉; Lift P 🛗 8↻350
Auch Zimmer der Kategorie *** vorhanden. Direkter Zugang zur S-Bahn Richtung Flughafen

*** Palace
Trogerstr 21, ✉ 81675, ☏ (0 89) 41 97 10, Fax 41 97 18 19, AX DC ED VA
64 Zi, Ez: 245-485, Dz: 335-520, S; 7 Suiten, ◔ WC ☏ DFÜ, 18✉; Lift 🛗 3↻40 Fitneßraum Sauna
Auch Zimmer der Kategorie **** vorhanden. Idyllischer Innengarten
** Das Palace
Hauptgericht 35

*** Excelsior
Schützenstr 11 (B 4), ✉ 80335, ☏ (0 89) 55 13 70, Fax 55 13 71 21, AX DC ED VA
109 Zi, Ez: 252-322, Dz: 354-429, S; 4 Suiten, ◔ WC ☏ DFÜ, 7✉; Lift 🛗 2↻30
Geisels Vinothek
Hauptgericht 25; Terrasse

*** Marriott
Berliner Str 93, ✉ 80805, ☏ (0 89) 36 00 20, Fax 36 00 22 00, AX DC ED VA
348 Zi, Ez: 199-485, Dz: 199-485, S;
32 Suiten, ◔ WC ☏, 170✉; Lift 🛗 13↻500 ≙ Fitneßraum Sauna Solarium
*** California Grill
Hauptgericht 25

München

★★★ Arabella Sheraton
⌔ Arabellastr 6, ✉ 81925, ☎ (0 89) 9 26 40, Fax 91 68 77, AX DC ED VA
637 Zi, Ez: 250-490, Dz: 250-490, S; 17 Suiten, ⌐ WC ☎; Lift 14⇄1250 ⌂ Fitneßraum Sauna Solarium
Auch Zimmer der Kategorie ★★★★ vorhanden. Im „Gardenwings" auch Zimmer der Kategorie ★★
★★ Alt-Bayern Stube
Hauptgericht 30

★★★ Holiday Inn Crowne Plaza
Leopoldstr 194 (E 1), ✉ 80804, ☎ (0 89) 38 17 90, Fax 38 17 98 88, AX DC ED VA
365 Zi, Ez: 190-587, Dz: 220-619, S; 2 Suiten, ⌐ WC ☎, 86✉; Lift 🅿 15⇄600 ⌂ Sauna Solarium ⚓
★★ Oma's Küche
Hauptgericht 35

★★★ Arabella Sheraton Bogenhausen
⌔ Arabellastr 5, ✉ 81925, ☎ (0 89) 9 23 20, Fax 92 32 44 49, AX DC ED VA
467 Zi, Ez: 238-403, Dz: 306-471, S; 45 Suiten, 39 App, ⌐ WC ☎, 60✉; Lift 🅿 🅿 19⇄500 ⌂ Fitneßraum Sauna Solarium ⚓
★★ Brasserie
Hauptgericht 27; Terrasse

★★★ Maritim
Goethestr 7 (B 4), ✉ 80336, ☎ (0 89) 55 23 50, Fax 55 23 59 00, AX DC ED VA
336 Zi, Ez: 199-454, Dz: 274-530, S; 11 Suiten, ⌐ WC ☎ DFÜ, 62✉; Lift 🅿 9⇄ ⌂ Fitneßraum Sauna
★★★ Hauptgericht 38; Terrasse

★★★ Renaissance Hotel München
⌔ Theodor-Dombart-Str 4, ✉ 80805, ☎ (0 89) 36 09 90, Fax 36 09 96 84, AX DC ED VA
180 Zi, Ez: 165-519, Dz: 169-548, S; 80 Suiten, ⌐ WC ☎, 50✉; Lift 🅿 7⇄80 Fitneßraum Sauna Solarium
★★ Parkrestaurant
Hauptgericht 30

★★★ Eden-Hotel-Wolff
Arnulfstr 4 (B 4), ✉ 80335, ☎ (0 89) 55 11 50, Fax 55 11 55 55, AX DC ED VA
209 Zi, Ez: 220-410, Dz: 280-460, S; 2 Suiten, ⌐ WC ☎, 50✉; Lift 🅿 10⇄240 ⚓
Auch Zimmer der Kategorie ★★ vorhanden
★★ Zirbelstube
Hauptgericht 25

★★★ SKH-Trustee Parkhotel
⌔ Parkstr 31, ✉ 80339, ☎ (0 89) 51 99 50, Fax 51 99 54 20, AX DC ED VA
26 Zi, Ez: 160-350, Dz: 180-350, S; 6 Suiten, 3 App, ⌐ WC ☎, 3✉; Lift 🅿 🅿 3⇄35; garni
Auch Langzeitvermietungen

★★★ Arabella Sheraton Westpark
Garmischer Str 2, ✉ 80339, ☎ (0 89) 5 19 60, Fax 51 96 30 00, AX DC ED VA
239 Zi, Ez: 177-417, Dz: 217-476, S; 15 Suiten, 4 App, ⌐ WC ☎ DFÜ, 98✉; Lift 🅿 🅿 9⇄135 ⌂ Sauna Solarium ⚓
geschl: 21.12.-7.1.
★★ Ambiente
Hauptgericht 30; geschl: 21.12.-7.1.

★★ Regent
Seidlstr 2 (A 3), ✉ 80335, ☎ (0 89) 55 15 90, Fax 55 15 91 54, AX DC ED VA
172 Zi, Ez: 205-240, Dz: 280-330, 11 Suiten, ⌐ WC ☎, 14✉; Lift 🅿 2⇄140
★★ Hauptgericht 30

★★ Prinzregent
Ismaninger Str 42, ✉ 81675, ☎ (0 89) 41 60 50, Fax 41 60 54 66, AX DC ED VA
64 Zi, Ez: 310, Dz: 340-380, S; 2 Suiten, ⌐ WC ☎ DFÜ, 20✉; Lift 🅿 🅿 1⇄40 Sauna; garni
geschl: 31.12.-7.1.
Auch Zimmer der Kategorie ★★★ vorhanden

★★ Rothof
⌔ Denninger Str 114, ✉ 81925, ☎ (0 89) 91 50 61, Fax 91 50 66, AX DC ED VA
35 Zi, Ez: 168-298, Dz: 198-360, 2 Suiten, ⌐ WC ☎; Lift Fitneßraum Sauna ⓘ
Fitneßbereich befindet sich ca. 100 m hinter dem Haus im „Rothof Sportanger"

★★ Vitalis
Kathi-Kobus-Str 24, ✉ 80797, ☎ (0 89) 12 00 80, Fax 1 29 83 82, AX DC ED VA
102 Zi, Ez: 160-360, Dz: 210-420, 1 App, ⌐ WC ☎, 13✉; Lift 🅿 🅿 5⇄100 ≈ ⓘ ⚓

★★ Exquisit
Pettenkoferstr 3 (B 5), ✉ 80336, ☎ (0 89) 5 51 99 00, Fax 55 19 94 99, AX DC ED VA
39 Zi, Ez: 195-260, Dz: 280-320, 11 Suiten, ⌐ WC ☎, 5✉; Lift 1⇄30 Sauna Solarium; garni

★★ Mercure City
Senefelderstr 9 (B 4), ✉ 80336, ☎ (0 89) 55 13 20, Fax 59 64 44, AX DC ED VA
149 Zi, Ez: 205-305, Dz: 255-355, S; ⌐ WC ☎, 69✉; Lift 5⇄100 ⓘ

★★ Ringhotel Platzl
Sparkassenstr 10 (E 5), ✉ 80331, ☎ (0 89) 23 70 30, Fax 23 70 38 00, AX DC ED VA
167 Zi, Ez: 235-325, Dz: 310-430, S; ⌐ WC ☎ DFÜ, 50✉; Lift 🅿 7⇄120 Fitneßraum Sauna Solarium
Auch Zimmer der Kategorie ★★★ vorhanden
★★ Pfistermühle
Hauptgericht 38; 🅿 Terrasse; geschl: So, 2 Wochen im Aug →

München

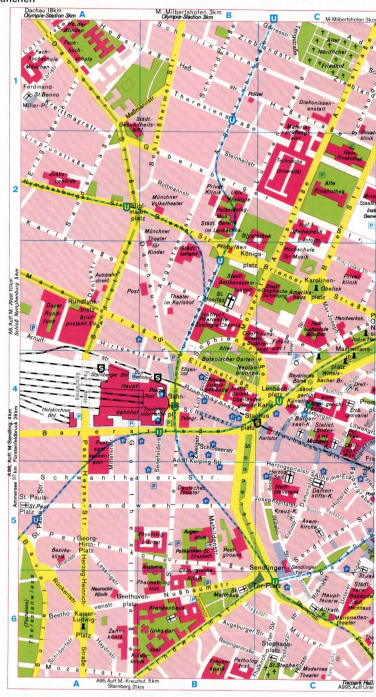

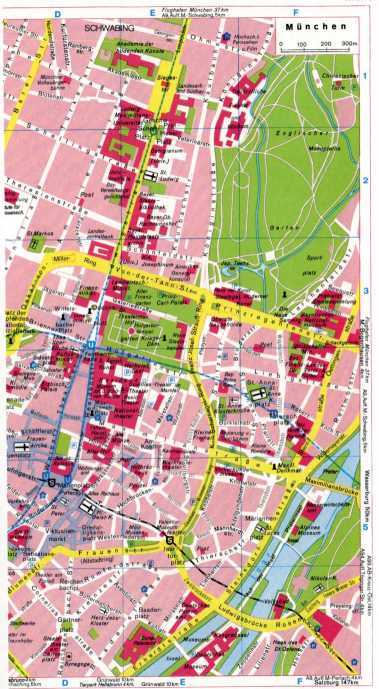

München

** Opera
St.-Anna-Str 10 (F 4), ✉ 80538, ☎ (0 89) 22 55 33, Fax 22 55 38, AX DC ED VA
23 Zi, Ez: 260-360, Dz: 280-400, 2 Suiten, ⌐ WC ☎ DFÜ; Lift 1↔12; garni

** Prinz
Top International Hotel
Hochstr 45, ✉ 81541, ☎ (0 89) 4 80 29 81, Fax 48 41 37, AX DC ED VA
40 Zi, Ez: 135-305, Dz: 175-385, S; 1 Suite, ⌐ WC ☎, 10✉; Lift 🅿 🚗 2↔30 ⍟
Auch Zimmer der Kategorie *** vorhanden

** Forum Hotel
◄ Hochstr 3 (F 6), ✉ 81669, ☎ (0 89) 4 80 30, Fax 4 48 82 77, AX DC ED VA
570 Zi, Ez: 220-385, Dz: 220-385, 12 Suiten, ⌐ WC ☎; Lift 🚗 13↔600 ≋ Sauna Solarium ⍟

** Four Points Hotel München
Central
Schwanthaler Str 111 (A 5), ✉ 80339, ☎ (0 89) 51 08 30, Fax 5 10 88 00, AX DC ED VA
91 Zi, Ez: 147-369, Dz: 187-430, 11 App, ⌐ WC ☎, 19✉; Lift 🚗 4↔60 Sauna Solarium; garni
Auch Zimmer der Kategorie *** vorhanden

** Four Points Hotel München
Olympiapark
◄ Helene-Mayer-Ring 12, ✉ 80809, ☎ (0 89) 35 75 10, Fax 35 75 18 00, AX DC ED VA
105 Zi, Ez: 147-348, Dz: 187-388, ⌐ WC ☎, 25✉; Lift 🅿 🚗 3↔40 ▄
geschl: 21.12.-6.1.99
Auch Zimmer der Kategorie *** vorhanden

** Bayer'n Stub'n
Hauptgericht 27

** Queens Hotel München
Effnerstr 99, ✉ 81925, ☎ (0 89) 92 79 80, Fax 98 38 13, AX DC ED VA
150 Zi, Ez: 141-465, Dz: 192-525, 2 Suiten, ⌐ WC ☎, 25✉; Lift 🚗 5↔320 Fitneßraum Sauna Solarium ⍟

** Max Emanuel
Appartement - Residenz
Rablstr 10, ✉ 81669, ☎ (0 89) 45 83 00, Fax 45 83 08 15, AX DC ED VA
68 Zi, Ez: 170-185, Dz: 138-203, 267 App, ⌐ WC ☎, 47✉; Lift 🚗 1↔10 Fitneßraum Sauna Solarium ⍟ ▄
Langzeitvermietung möglich

** Torbräu
Select Marketing Hotels
Tal 41 (E 5), ✉ 80331, ☎ (0 89) 22 50 16, Fax 22 50 19, AX ED VA
83 Zi, Ez: 198-350, Dz: 280-410, S; 3 Suiten, ⌐ WC ☎ DFÜ, 55✉; Lift 🅿 🚗 1↔14 Kegeln ⍟ ▄

** Astron Hotel
Deutscher Kaiser
◄ Arnulfstr 2 (B 4), ✉ 80335, ☎ (0 89) 5 45 30, Fax 54 53 22 55, AX DC ED VA
174 Zi, Ez: 155-443, Dz: 178-541, S; ⌐ WC ☎ DFÜ, 64✉; Lift 🚗 4↔120 Fitneßraum Sauna; garni

** Ambiente
Schillerstr 12 (B5), ✉ 80336, ☎ (0 89) 54 51 70, Fax 54 51 72 00, AX DC ED VA
45 Zi, Ez: 120-250, Dz: 150-250, ⌐ WC ☎, 18✉; Lift 🚗; garni

** Krone
Theresienhöhe 8, ✉ 80339, ☎ (0 89) 50 40 52, Fax 50 67 06, DC ED VA
30 Zi, Ez: 120-310, Dz: 140-360, ⌐ WC ☎; Lift 1↔20; garni

** Erzgießerei Europe
Top International Hotel
Erzgießereistr 15 (A 2), ✉ 80335, ☎ (0 89) 12 68 20, Fax 1 23 61 98, AX DC ED VA
106 Zi, Ez: 170-265, Dz: 200-300, S; 1 Suite, ⌐ WC ☎, 20✉; Lift 🅿 2↔70

** Alt Württemberg
Hauptgericht 30

** Best Western König Ludwig
Hohenzollernstr 3, ✉ 80801, ☎ (0 89) 33 59 95, Fax 39 46 58, AX DC ED VA
48 Zi, Ez: 170-370, Dz: 250-380, S; 1 Suite, ⌐ WC ☎, 3✉; Lift 🚗; garni

** King's Hotel
Dachauer Str 13 (B 4), ✉ 80335, ☎ (0 89) 55 18 70, Fax 55 18 73 00, AX DC ED VA
96 Zi, Ez: 220-255, Dz: 275-305, S; 8 Suiten, 4 App, ⌐ WC ☎ DFÜ, 48✉; Lift 🅿 🚗 2↔40 Fitneßraum Sauna Solarium; garni

** Domus
St.-Anna-Str 31 (F 4), ✉ 80538, ☎ (0 89) 22 17 04, Fax 2 28 53 59, AX DC ED VA
43 Zi, Ez: 198-230, Dz: 230-260, 2 Suiten, ⌐ WC ☎, 18✉; Lift 🚗; garni

** Deutsches Theater
Schwanthaler Str 15 (B 5), ✉ 80336, ☎ (0 89) 5 52 24 90, Fax 5 52 24 96 14, AX DC ED VA
24 Zi, Ez: 170-210, Dz: 210-260, 1 Suite, ⌐ WC ☎, 5✉; Lift 1↔20 ⍟

** Admiral ♛
Select Marketing Hotels
Kohlstr 9 (E 6), ✉ 80469, ☎ (0 89) 21 63 50, Fax 29 36 74, AX DC ED VA
33 Zi, Ez: 195-295, Dz: 245-345, ⌐ WC ☎ DFÜ, 6✉; Lift 🅿; garni

** Deutsches Theater
Landwehrstr 18 (B 5), ✉ 80336, ☎ (0 89) 5 45 85 25, Fax 54 58 52-61, AX DC ED VA
27 Zi, Ez: 150-240, Dz: 160-320, 1 Suite, ⌐ WC ☎, 12✉; Lift 🅿; garni

München

★★ Best Western Cristal
Schwanthaler Str 36 (B 5), ✉ 80336,
☎ (0 89) 55 11 10, Fax 55 11 19 92,
AX ED VA
100 Zi, Ez: 215-299, Dz: 250-370, S; 4 Suiten,
2 App, ⏋ WC ☎ DFÜ; Lift 🅿 🍴 4⇔100;
garni
Restaurant für Hausgäste

★★ Daniel
Sonnenstr 5 (B4), ✉ 80331, ☎ (0 89)
54 82 40, Fax 55 34 20, AX ED VA
77 Zi, Ez: 139-499, Dz: 189-549, ⏋ WC ☎
DFÜ, 41✉; Lift 1⇔40; garni ☕
geschl: 20.-27.12.

★★ Senator
Martin-Greif-Str 11, ✉ 80336, ☎ (0 89)
53 04 68, Fax 5 38 04 44, AX DC VA
47 Zi, Ez: 100-240, Dz: 130-290, ⏋ WC ☎,
8✉; Lift 🅿 🍴 1⇔ Solarium; garni ☕

★★ Altmünchen
Mariahilf Platz 4, ✉ 81541, ☎ (0 89)
45 84 40, Fax 45 84 44 00, AX DC ED VA
31 Zi, Ez: 107-248, Dz: 154-266, S; ⏋ WC ☎;
Lift 🅿 1⇔40; garni ☕

★★ Apollo
Mittererstr 7 (A 4-5), ✉ 80336, ☎ (0 89)
53 95 31, Fax 53 40 33, AX DC ED VA
74 Zi, Ez: 120-230, Dz: 158-295, ⏋ WC ☎
DFÜ; Lift 🅿 🍴; garni

★★ Sol Inn
Paul-Heyse-Str 24 (A 5), ✉ 80336, ☎ (0 89)
51 49 00, Fax 51 49 07 01, AX DC ED VA
182 Zi, Ez: 144-327, Dz: 161-344, S; ⏋ WC
☎, 11✉; Lift 🍴 2⇔80 🍽

★ Schlicker
Zum goldenen Löwen
Tal 8 (E5), ✉ 80331, ☎ (0 89) 22 79 41,
Fax 29 60 59, DC VA
68 Zi, Ez: 130-180, Dz: 180-280, 3 Suiten, ⏋
WC ☎; 🅿; garni
geschl: 23.12.-6.1.
Auch Zimmer der Kategorie ★★ vorhanden

★ Cosmopolitan
Hohenzollernstr 5, ✉ 80801, ☎ (0 89)
38 38 10, Fax 38 38 11 11, AX DC ED VA
71 Zi, Ez: 190, Dz: 190, 8 Suiten, ⏋ WC ☎,
15✉; Lift 🅿 🍴; garni ☕

★ Astoria
Nikolaistr 9, ✉ 80802, ☎ (0 89) 3 83 96 30,
Fax 38 39 63 63, AX DC ED VA
26 Zi, Ez: 140-190, Dz: 170-190, ⏋ WC ☎;
Lift 🅿; garni

★ Olympic ♕
Hans-Sachs-Str 4 (C 6), ✉ 80469, ☎ (0 89)
23 18 90, Fax 23 18 91 99, AX DC ED VA
32 Zi, Ez: 155-195, Dz: 215-280, 1 Suite, ⏋
WC ☎; garni

★ Carmen
Top International Hotel
♣ Hansastr 146, ✉ 81373, ☎ (0 89)
7 60 10 99, Fax 7 60 58 43, AX DC ED VA
63 Zi, Ez: 150-299, Dz: 165-385, S; ⏋ WC ☎,
21✉; Lift 🅿 2⇔30 🍽 ☕

★ Savoy
Amalienstr 25 (D 2), ✉ 80333, ☎ (0 89)
28 10 61, Fax 28 01 61, AX DC ED VA
72 Zi, Ez: 120-390, Dz: 140-420, 1 App, ⏋
WC ☎, 8✉; Lift 🅿 🍴; garni

★ Fidelio
Schwanthaler Str 82 (A 5), ✉ 80336,
☎ (0 89) 53 02 31, Fax 53 56 57, AX DC ED VA
36 Zi, Ez: 105-340, Dz: 140-420, S; ⏋ WC ☎,
2✉; Lift 🍴; garni

★ Advokat
Baaderstr 1, ✉ 80469, ☎ (0 89) 21 63 10,
Fax 2 16 31 90, AX DC ED VA
49 Zi, Ez: 145-245, Dz: 195-295, 1 Suite, ⏋
WC ☎ DFÜ, 9✉; Lift; garni

★ Astor
City Partner Hotels
Schillerstr 24, ✉ 80336, ☎ (0 89) 5 48 37-0,
Fax 5 48 37-6 66, AX DC ED VA
46 Zi, Ez: 120-180, Dz: 140-280, ⏋ WC ☎
DFÜ, 9✉; Lift 🅿 🍴

★ Acanthus
An der Hauptfeuerwache 14 (C 6), ✉ 80331,
☎ (0 89) 23 18 80, Fax 2 60 73 64, AX ED VA
36 Zi, Ez: 155-195, Dz: 165-230, ⏋ WC ☎;
Lift 🍴; garni

★ An der Oper
Falkenturmstr 10 (E 4), ✉ 80331, ☎ (0 89)
2 90 02 70, Fax 29 00 27 29, AX ED VA
55 Zi, Ez: 160-190, Dz: 220-320, 6 Suiten, ⏋
WC ☎; Lift 1⇔16; garni

★ Blattl's Parkhotel in Lehel
Unsöldstr 10 (F 4), ✉ 80538, ☎ (0 89)
21 10 50, Fax 21 10 51 29, AX DC ED VA
56 Zi, Ez: 119-240, Dz: 178-290, 3 Suiten, ⏋
WC ☎, 14✉; Lift 🅿 🍴 1⇔20; garni

★ Wallis
Schwanthalerstr 8, ✉ 80336, ☎ (0 89)
59 16 64, Fax 5 50 37 52, AX DC ED VA
54 Zi, Ez: 129-229, Dz: 149-299, 2 Suiten, ⏋
WC ☎, 16✉; Lift 🅿 🍴; garni ☕

★ Mercure
Leopoldstr 120, ✉ 80802, ☎ (0 89) 39 05 50,
Fax 34 93 44, AX DC ED VA
65 Zi, Ez: 171-272, Dz: 232-307, S; ⏋ WC ☎,
11✉; Lift 🍴; garni

★ Maria
Schwanthalerstr 112, ✉ 80339, ☎ (0 89)
50 30 23, Fax 50 55 20, AX DC ED VA
80 Zi, Ez: 89-250, Dz: 98-280, 8 App, ⏋ WC
☎; Lift 🅿 2⇔35; garni
geschl: 22.12.-4.1.

➜

München

✱ Rivoli
Albert-Roßhaupter-Str 18, ⌧ 81369,
☎ (0 89) 74 35 150, Fax 7 69 71 38, AX ED VA
52 Zi, Ez: 150-245, Dz: 195-315, ⌐ WC ☏;
Lift 🖻 1↔40 ☜

✱ Akzent-Hotel Bavaria
Gollierstr 9, ⌧ 80339, ☎ (0 89) 50 10 78,
Fax 5 02 68 56, AX DC ED VA
50 Zi, Ez: 125-280, Dz: 180-280, 3 App, ⌐
WC ☏; Lift 🖻 2↔50; **garni**

✱ Leopold
Leopoldstr 119 (E 1), ⌧ 80804, ☎ (0 89)
36 70 61 + 3 60 43-0, Fax 36 04 31 50,
AX DC ED VA
75 Zi, Ez: 175-225, Dz: 180-285, 2 Suiten, ⌐
WC ☏, 10☷; Lift 🅿 🖻 1↔20 Fitneßraum
Sauna Solarium ☜ ☞

✱ Einhorn
Paul-Heyse-Str 10 (A 5), ⌧ 80336, ☎ (0 89)
53 98 20, Fax 53 98 26 63, AX DC ED VA
112 Zi, Ez: 125-250, Dz: 180-350, ⌐ WC ☏,
30☷; Lift 🖻 1↔25 Solarium; **garni**

✱ Müller
Fliegenstr 4, ⌧ 80337, ☎ (0 89) 26 60 63,
Fax 26 86 24, AX DC ED VA
44 Zi, Ez: 121-165, Dz: 131-248, ⌐ WC ☏;
Lift 🅿; **garni**

✱ Herzog
Häberlstr 9, ⌧ 80337, ☎ (0 89) 53 04 95,
Fax 5 32 81 18, AX DC ED VA
80 Zi, Ez: 138-225, Dz: 168-298, ⌐ WC ☏;
Lift 🅿; **garni**

✱ Stachus
Bayerstr 7 (B 4), ⌧ 80335, ☎ (0 89) 59 28 81,
Fax 5 50 38 33, AX DC ED VA
64 Zi, Ez: 85-168, Dz: 145-280, 1 Suite, ⌐
WC ☏; Lift 1↔30; **garni**

✱✱✱✱ Tantris
Johann-Fichte-Str 7, ⌧ 80805, ☎ (0 89)
3 61 95 90, Fax 3 61 84 69, AX DC ED VA
Hauptgericht 62; Gartenlokal 🅿; geschl:
Mo, so+feiertags, 1 Woche im Jan

✱✱✱ Massimiliano
Rablstr 10, im Hotel Max Emanuel (außer-
halb F 6), ⌧ 81669, ☎ (0 89) 4 48 44 77,
Fax 4 48 44 05
Hauptgericht 50; geschl: Sa mittags

✱✱✱ Bogenhauser Hof
Ismaninger Str 85, ⌧ 81675, ☎ (0 89)
98 55 86, Fax 9 81 02 21, AX DC VA
Hauptgericht 42; Terrasse; geschl: So, feiertags, 23.12.-8.1.

✱✱ Weinhaus Neuner
♉ Herzogspitalstr 8 (C 5), ⌧ 80331, ☎ (0 89)
2 60 39 54, Fax 26 69 33, AX ED VA
Hauptgericht 35; geschl: so+feiertags

✱✱ Hunsinger's Pacific
Maximiliansplatz 5 (C 3), ⌧ 80333, ☎ (0 89)
55 02 97 41, Fax 55 02 97 42, AX ED VA
Hauptgericht 30; geschl: So (Mai-Sep)

✱✱ Käferschänke
Prinzregentenstr 73, ⌧ 81675, ☎ (0 89)
4 16 82 47, Fax 4 16 86 23, AX DC ED VA
Hauptgericht 40;
Delikatessengeschäft mit rustikal-regional
eingerichteten Stuben

✱✱ Gasthaus Glockenbach
Kapuzinerstr 29 (A 6), ⌧ 80337, ☎ (0 89)
53 40 43 + 5 38 97 31, Fax 53 40 43, AX ED VA
Hauptgericht 45; 🅿; geschl: So, Mo, feiertags, 22.-28.12.

✱✱ Halali
Schönfeldstr 22 (E 3), ⌧ 80539, ☎ (0 89)
28 59 09, Fax 28 27 86, AX ED VA
Hauptgericht 40; geschl: Sa mittags, So,
feiertags

✱✱ Acquarello
Mühlbaurstr 36, ⌧ 81677, ☎ (0 89)
4 70 48 48, Fax 47 64 64, AX ED
Hauptgericht 42; Terrasse; geschl: Sa, So
mittags, Anfang Jan

✱✱ Seehaus
◅ Kleinhesselohe 3, Anfahrt über Isarring
(außerhalb F 1), ⌧ 80802, ☎ (0 89)
3 81 61 30, Fax 34 18 03, AX ED VA
Hauptgericht 29; Biergarten 🅿 Terrasse

✱✱ Dallmayr
Dienerstr 14 (D 4), ⌧ 80331, ☎ (0 89)
2 13 51 00, Fax 2 13 51 67, AX DC ED VA
Hauptgericht 30; geschl: so+feiertags

✱✱ Locanda Picolit
Siegfriedstr 11, ⌧ 80803, ☎ (0 89) 39 64 47,
Fax 34 66 53, AX DC ED VA
Hauptgericht 36; nur abends

✱✱ Galleria
Sparkassenstr 2 (D 5), ⌧ 80331, ☎ (0 89)
29 79 95, Fax 2 91 36 53, AX DC ED VA
Hauptgericht 44; geschl: So, 10.8.-30.8.,
24.-26.12.

✱✱ Casale
Ostpreußenstr 42, ⌧ 81927, ☎ (0 89)
93 62 68, Fax 9 30 67 22, AX DC ED VA
Hauptgericht 40; Terrasse

✱✱ Osteria Gallo Nero
Grillparzerstr 1, ⌧ 81675, ☎ (0 89)
4 70 54 72, Fax 4 70 13 21, AX ED
Hauptgericht 35; geschl: Sa mittags, So

✱✱ Zum Alten Markt
Dreifaltigkeitsplatz 3 (D 5), ⌧ 80331,
☎ (0 89) 29 99 95, Fax 2 28 50 78
Hauptgericht 30; Gartenlokal 🅿; geschl:
so+feiertags, Ende Dez-Anfang Jan

München

✱✱ Katzlmacher
Kaulbachstr 48, ✉ 80539, ☎ (0 89)
33 33 60 + 34 81 29, Fax 33 11 04, ED
Hauptgericht 40; Biergarten P; geschl: So,
Mo, in den Pfingstferien

✱✱ Il Borgo
Georgenstr 144, ✉ 80797, ☎ (0 89)
1 29 21 19, Fax 12 39 15 75, AX
Hauptgericht 35; geschl: Sa mittags, So

✱✱ Austernkeller
Stollbergstr 11 (E 5), ✉ 80539, ☎ (0 89)
29 87 87, Fax 22 31 66, AX DC ED VA
Hauptgericht 35; nur abends

✱ Bistro Terrine
Amalienstr 89, ✉ 80799, ☎ (0 89) 28 17 80,
Fax 2 80 93 16, AX ED VA
Hauptgericht 37; geschl: Sa mittags, Mo
mittags, So, feiertags

✱ Käfer's am Hofgarten
Odeonsplatz 6, ✉ 80333, ☎ (0 89)
2 90 75 30, AX ED VA
Hauptgericht 30; Gartenlokal Terrasse

✱ Trattoria Centrale
Thierschstr 5, ✉ 80538, ☎ (0 89) 22 23 72
Hauptgericht 29

Hundskugel
⊗ Hotterstr 18 (C 5), ✉ 80331, ☎ (0 89)
26 42 72
Hauptgericht 20;
Älteste Gaststätte Münchens

Boeuf la mode
Thalkirchner Str 50, ✉ 80337, ☎ (0 89)
53 47 79, Fax 53 47 79
Hauptgericht 26; Biergarten P; Nov-April
nur abends; geschl: Mo, 2 Wochen im Okt,
2 Wochen im Jan

Rottenhöfer
Residenzstr 25 (D 4), ✉ 80333, ☎ (0 89)
22 29 15, Fax 29 86 08

Luitpold
Brienner Str 11 (D 3), ✉ 80333, ☎ (0 89)
29 28 65, Fax 29 77 24, ED VA
Hauptgericht 29; geschl: 24.12.-1.1.

Arzmiller
Salvatorstr 2, im Theatinerhof (D 4),
✉ 80333, ☎ (0 89) 29 42 73, Fax 22 59 01,
AX ED
Terrasse; geschl: So, feiertags

Schumann's
Maximilianstr 36 (E 4), ✉ 80539, ☎ (0 89)
22 90 60, Fax 2285688
Hauptgericht 30; geschl: Sa

Kay's Bistro
Utzschneiderstr 1, ✉ 80469, ☎ (0 89)
2 60 35 84, Fax 2 60 55 26, AX ED
Hauptgericht 38; Terrasse; nur abends, Terrasse ab mittags

Brauerei-Gaststätten

Andechser am Dom
Weinstr 7 (D 4), ✉ 80333, ☎ (0 89) 29 84 81,
Fax 29 54 42, AX DC ED VA
Hauptgericht 25

Zum Dürnbräu
⊗ Dürnbräugasse 2, ✉ 80331, ☎ (0 89)
22 21 95, Fax 22 14 17, AX DC ED VA
Hauptgericht 25; Gartenlokal

Augustiner Großgaststätten
Neuhauser Str 27 (C 4), ✉ 80331, ☎ (0 89)
23 18 32 57, Fax 2 60 53 79, AX DC ED VA
Hauptgericht 28;
In den traditionsreichen Räumen wurde
schon im Jahr 1328 Augustiner-Bier ausgeschenkt

Spatenhaus
Residenzstr 12 (D 4), ✉ 80333, ☎ (0 89)
2 90 70 60, Fax 2 91 30 54, AX DC ED VA
Hauptgericht 30

Zum Franziskaner
Perusastr 5 (D 4), ✉ 80333, ☎ (0 89)
2 31 81 20, Fax 23 18 12 44, AX DC ED VA
Hauptgericht 30; Biergarten Terrasse

Paulaner Bräuhaus
⊗ Kapuzinerplatz 5 (A 6), ✉ 80337, ☎ (0 89)
5 44 61 10, Fax 54 46 11 18, ED VA
Hauptgericht 30; Biergarten

Allach (12 km ↖)
✱ Lutter
Eversbuschstr 109, ✉ 80999, ☎ (0 89)
8 92 67 80, Fax 89 26 78 10, ED VA
26 Zi, Ez: 110-190, Dz: 140-210, 2 App, ⊿
WC ☎; Lift P; garni
geschl: 24.12.-4.1.

Au (2 km ↓)
✱✱ Aurbacher
Aurbacher Str 5, ✉ 81547, ☎ (0 89)
48 09 10, Fax 48 09 16 00, AX ED VA
59 Zi, Ez: 115-280, Dz: 130-360, S; 1 Suite,
15 App, ⊿ WC ☎ DFÜ, 20✉; Lift 🚗; garni
Auch Zimmer der Kategorie ✱ vorhanden

Aubing (13 km ←)
✱ Pollinger
♂ Aubinger Str 162, ✉ 81243, ☎ (0 89)
8 71 40 44, Fax 8 71 22 03, AX DC ED VA
53 Zi, Ez: 110-130, Dz: 140-250, 2 Suiten, ⊿
WC ☎; Lift 🚗 4↔50 Sauna Solarium; garni
¶◎¶

✱ Grünwald
Altostr 38, ✉ 81245, ☎ (0 89) 86 30 10,
Fax 8 63 01-2 22, AX ED VA
32 Zi, Ez: 98-150, Dz: 148-178, 2 App, ⊿ WC
☎, 9✉; Lift P 🚗; garni
geschl: 18.12.-7.1.99, 7.8.-24.8.

✱ Zur Aubinger Einkehr
Gößweinsteinplatz, ✉ 81249, ☎ (0 89)
87 55 81, Fax 87 29 95
Hauptgericht 18; Biergarten P Terrasse;
geschl: Mo

→

München

Englschalking (8 km ↗)

* Kent
Englschalkinger Str 245, ✉ 81927, ☎ (0 89)
93 99 63-0, Fax 93 99 63-70, AX DC ED VA
39 Zi, Ez: 150-205, Dz: 198-335, 1 Suite,
8 App, ⊟ WC ☎ DFÜ, 12✉; Lift 🚗 1⇨20
Sauna Solarium; **garni**

** La Vigna
Wilhelm-Dieß-Weg 2, ✉ 81927, ☎ (0 89)
93 14 16, Fax 92 40 16 49, AX ED VA
Hauptgericht 40; geschl: Sa

Giesing

* München Appart Hotel
Heimgartenstr 14, ✉ 81539, ☎ (0 89)
62 03 90, Fax 62 03 96 14, AX DC ED VA
266 Zi, Ez: 199-279, Dz: 247-337, 266 App, ⊟
WC ☎ DFÜ, 25✉; Lift 🚗 1⇨15 Sauna
Solarium; **garni** ⌘

Großhadern (10 km ↙)

* Säntis
Waldfriedhofstr 90, ✉ 81377, ☎ (0 89)
7 41 52 50, Fax 74 15 25-55, AX ED VA
52 Zi, Ez: 130-200, Dz: 180-300, ⊟ WC ☎
DFÜ, 15✉; Lift 🅿 ⌘ ☙
Auch Zimmer der Kategorie ****** vorhanden

Haidhausen

** Preysing
Preysingstr 1 (F 6), ✉ 81667, ☎ (89)
4 58 45-0, Fax 4 58 45-4 44, AX DC ED VA
71 Zi, Ez: 169-260, Dz: 298, 5 Suiten, 14 App,
⊟ WC ☎; Lift 🚗 🅿 2⇨50 ≋ Sauna
geschl: 23.12.-7.1.

*** Preysing-Keller ♙
Hauptgericht 45; Kegeln; geschl: So,
23.12.-7.1.

Harlaching (8 km ↓)

* Gutshof Menterschwaige
Menterschwaigstr 4, ✉ 81545, ☎ (0 89)
64 07 32, Fax 6 42 29 71, AX ED VA
Hauptgericht 25

Johanneskirchen (8 km →)

** Country Inn By Carlson
Musenbergstr 25-27, ✉ 81929, ☎ (0 89)
95 72 90, Fax 9 57 29-400, AX DC ED VA
167 Zi, Ez: 149-289, Dz: 149-329, 5 Suiten, ⊟
WC ☎ DFÜ, 47✉; Lift 🚗 1⇨20 Fitneßraum
Sauna ⌘

Laim (5 km ←)

** Park Hotel Laim
Zschokkestr 55, ✉ 80686, ☎ (0 89) 57 93 60,
Fax 57 93 61 00, AX DC ED VA
74 Zi, Ez: 120-290, Dz: 180-310, 2 Suiten, ⊟
WC ☎; Lift 🚗 2⇨40 Sauna; **garni**

* Petri
♂ Aindorferstr 82, ✉ 80689, ☎ (0 89)
58 10 99, Fax 5 80 86 30, AX DC ED VA
42 Zi, Ez: 135-195, Dz: 175-210, 1 Suite, ⊟
WC ☎; Lift 🚗 ≋; **garni**

** Il Sorriso
Gotthardstr 8, ✉ 80686, ☎ (0 89) 5 80 31 70,
Fax 5 80 31 70, AX DC ED VA
Hauptgericht 33; 🅿 Terrasse; geschl: So

** Hundertjähriges Haus
Säulingstr 16, ✉ 80686, ☎ (0 89) 57 55 18
Hauptgericht 30; geschl: so+feiertags

* Conviva
Friedenheimer Str 59a, ✉ 80686, ☎ (0 89)
54 77 99 00, Fax 54 77 99 93, AX DC ED VA
Hauptgericht 42; geschl: Sa, So mittags, Di
abends

Milbertshofen (13 km ↑)

** Country Inn By Carlson
Frankfurter Ring 20-22, ✉ 80807, ☎ (0 89)
35 71 70, Fax 35 71 77 00, AX DC ED VA
79 Zi, Ez: 149-289, Dz: 149-329, 2 Suiten, ⊟
WC ☎, 18✉; Lift 🚗; **garni** ⌘
Auch Langzeitvermietung möglich

** Königstein
Frankfurter Ring 28, ✉ 80807, ☎ (0 89)
35 03 60, Fax 35 03 61 00, DC ED VA
42 Zi, Ez: 160-200, Dz: 195-280, ⊟ WC ☎,
3✉; Lift 🅿 🚗; **garni**
geschl: Ende Dez-Anfang Jan

Moosach

** Mayerhof
Dachauer Str 421, ✉ 80992, ☎ (0 89)
14 36 60, Fax 1 40 24 17, AX DC ED VA
64 Zi, Ez: 128-237, Dz: 168-277, 3 Suiten, ⊟
WC ☎, 23✉; Lift 🅿 🚗 1⇨25; **garni**

Neuhausen (3 km ↖)

*** Pannonia Hotel
Königin Elisabeth**
Leonrodstr 79, ✉ 80636, ☎ (0 89) 12 68 60,
Fax 12 68 64 59, AX DC ED VA
79 Zi, Ez: 190-230, Dz: 280-300, S; ⊟ WC ☎;
Lift 🚗 1⇨60 Fitneßraum Sauna Solarium;
garni

* Nymphenburg
Nymphenburger Str 141 (A 2), ✉ 80636,
☎ (0 89) 12 15 97-0, Fax 18 25 40,
AX DC ED VA
41 Zi, Ez: 110-198, Dz: 160-280, S; 3 Suiten,
⊟ WC ☎, 3✉; Lift 🅿 🚗; **garni** ⌘

* Rotkreuzplatz
Rotkreuzplatz 2, ✉ 80634, ☎ (0 89)
13 99 08-0, Fax 16 64 69, AX DC ED VA
56 Zi, Ez: 130-200, Dz: 200-280, ⊟ WC ☎
DFÜ, 9✉; Lift 🅿 🚗; **garni** ⌘
geschl: 23.12.-6.1.

*** Karl Theodor
Derag Hotel**
Paschstr 46, ✉ 80637, ☎ (0 89) 15 70 80,
Fax 15 70 86 00, AX DC ED VA
70 Zi, Ez: 98-178, Dz: 125-195, 44 Suiten,
134 App, ⊟ WC ☎, 20✉; Lift 🅿 🚗 1⇨8 Fitneßraum Sauna Solarium ⌘ ☙
Boardinghouse. Langzeitvermietung möglich

München

Neuperlach (8 km ↘)

** Mercure Orbis
Karl-Marx-Ring 87, ✉ 81735, ☎ (0 89)
6 32 70, Fax 6 32 74 07, AX DC ED VA
184 Zi, Ez: 207-302, Dz: 232-352, S; 3 Suiten,
⊣ WC ☎, 59🍴; Lift 🅿 🚗 7⇔160 ≋ Fitneßraum Sauna Solarium 🍽

** Ambient Hotel Colina
Stemplinger Anger 20, ✉ 81737, ☎ (0 89)
62 70 10, Fax 62 70 11 60, AX DC ED VA
73 Zi, Ez: 98-270, Dz: 130-270, 8 App, ⊣ WC
☎, 10🍴; Lift 🅿 🚗 2⇔70 Fitneßraum Sauna
Solarium 🍽
Restaurant für Hausgäste

Oberföhring (8 km ↗)

* Wirtshaus im Grüntal
🍷 Grüntal 15, ✉ 81925, ☎ (0 89) 98 09 84,
Fax 98 18 67, AX DC ED VA
Hauptgericht 25

* Freisinger Hof ✜
Oberföhringer Str 189, ✉ 81925, ☎ (0 89)
95 23 02, Fax 9 57 85 16, AX DC ED VA
Hauptgericht 28

Obermenzing (10 km ↘)

* Villa am Schloßpark
Hieberplatz 3, ✉ 81247, ☎ (0 89) 8 11 90 73,
Fax 8 11 02 99, AX DC ED VA
10 Zi, Ez: 130, Dz: 160-180, 4 App, ⊣ WC ☎,
🚗; garni
Langzeitvermietung möglich

* Blutenburg
Verdistr 130, ✉ 81247, ☎ (0 89) 8 11 20 35,
Fax 8 11 19 25, AX DC ED VA
19 Zi, Ez: 110-130, Dz: 150-190, ⊣ WC ☎, 🅿
🚗; garni

* Weichandhof
🍷 Betzenweg 81, ✉ 81247, ☎ (0 89)
8 91 16 00, Fax 89 11 60 12, AX ED VA
Hauptgericht 22; Gartenlokal 🅿; geschl: Sa

Obersendling (8 km ↙)

** Holiday Inn München-Süd
Kistlerhofstr 142, ✉ 81379, ☎ (0 89)
78 00 20, Fax 78 00 26 72, AX DC ED VA
320 Zi, Ez: 155-415, Dz: 185-501, S;
14 Suiten, ⊣ WC ☎ DFÜ, 70🍴; Lift 🚗
11⇔180 ≋ Sauna Solarium 🍽
Auch Zimmer der Kategorie *** vorhanden

** Ambassador Parkhotel
Plinganser Str 102, ✉ 81369, ☎ (0 89)
72 48 90, Fax 72 48 91 00, AX DC ED VA
42 Zi, Ez: 135-295, Dz: 165-345, 1 Suite, ⊣
WC ☎, 12🍴; Lift 🅿 🚗 1⇔20 🍽

*** Best Western
K+K Hotel am Harras**
Albert-Roßhaupter-Str 4, ✉ 81369, ☎ (0 89)
77 00 51, Fax 7 21 28 20, AX DC ED VA
120 Zi, Ez: 125-390, Dz: 170-390, S; ⊣ WC ☎
DFÜ, 39🍴; Lift 🚗 1⇔35; garni

* Amenity
Passauer Str 28, ✉ 81369, ☎ (0 89)
74 34 70-0, Fax 7 69 48 43, AX DC ED VA
42 Zi, Ez: 139-238, Dz: 188-335, ⊣ WC ☎;
Lift 🚗; garni 🍽
geschl: 22.12.-6.1.

Pasing (8 km ←)

** Econtel
Bodenseestr 227, ✉ 81243, ☎ (0 89)
87 18 90, Fax 87 18 94 00, AX ED VA
69 Zi, Ez: 99-218, Dz: 99-235, S; 2 Suiten, ⊣
WC ☎, 39🍴; Lift 🅿 🚗 4⇔100 Solarium;
garni 🍽

* Zur Post
Bodenseestr 4, ✉ 81241, ☎ (0 89) 89 69 50,
Fax 83 73 19, AX DC ED VA
96 Zi, Ez: 135-195, Dz: 160-270, ⊣ WC ☎
DFÜ; Lift 🅿 🚗 3⇔200 🍽
Restaurant für Hausgäste

* Petra
Marschnerstr 73, ✉ 81245, ☎ (0 89)
83 20 41, Fax 83 87 73
18 Zi, Ez: 90-98, Dz: 125-140, ⊣ WC ☎; 🚗;
garni
geschl: 23.12.-7.1.

** Zur Goldenen Gans ✜
🍷 Planegger Str 31, ✉ 81241, ☎ (0 89)
83 70 33, Fax 8 20 46 80, ED VA
Hauptgericht 30; 🅿 Terrasse; geschl:
so+feiertags
Ehem. Bauernhaus aus dem 17. Jh.

Perlach (7 km ↘)

* Altperlach
Pfanzeltplatz 11, ✉ 81737, ☎ (0 89)
6 70 02 20, Fax 6 70 02 23 11, AX DC ED VA
29 Zi, Ez: 98-193, Dz: 134-241, 1 App, ⊣ WC
☎; Lift 🅿

Ramersdorf (4 km ↘)

** Astron Appartements
Ottobrunner Str 1, ✉ 81829, ☎ (0 89)
68 95 30, Fax 68 95 36 00, AX DC ED VA
161 Zi, Ez: 120-410, Dz: 120-410, S; 7 App, ⊣
WC ☎; Lift 🚗 Sauna Solarium; garni
Langzeitvermietung möglich

Riem (10 km →)

** Landhotel Martinshof
♂ Martin-Empl-Ring 8, ✉ 81829, ☎ (0 89)
92 20 80, Fax 92 20 84 00, AX DC ED VA
15 Zi, Ez: 145-250, Dz: 175-310, ⊣ WC ☎; 🚗
🍽

Solln (10 km ↙)

* Pegasus
Wolfratshauser Str 211, ✉ 81479, ☎ (0 89)
7 49 15 30, Fax 7 91 29 70, AX DC ED VA
22 Zi, Ez: 118-150, Dz: 158-195, ⊣ WC ☎; 🅿
🚗 Fitneßraum Sauna Solarium; garni →

München

* Sollner Hof
Herterichstr 63-65, ✉ 81479, ☎ (0 89)
74 98 29-0, Fax 7 90 03 94, AX DC ED VA
29 Zi, Ez: 115-160, Dz: 155-210, ⊿ WC ☎
DFÜ; **P** 🚗; garni

* Heigl
♂ Bleibtreustr 15, ✉ 81479, ☎ (0 89)
7 49 83 70, Fax 7 90 09 71, AX DC ED VA
38 Zi, Ez: 98-165, Dz: 148-205, ⊿ WC ☎
DFÜ; Lift **P** 🚗 1⇔20 9Golf; garni 🍴

* Villa Solln
♂ Wilhelm-Leibl-Str 16, ✉ 81479, ☎ (0 89)
74 98 28-0, Fax 7 90 04 28, AX ED VA
24 Zi, Ez: 115-160, Dz: 155-210, ⊿ WC ☎; **P**
🚗 1⇔25 Sauna; garni
geschl: 23.12.-6.1.

** Al Pino
Franz-Hals-Str 3, ✉ 81479, ☎ (0 89)
79 90 85, Fax 79 98 72, AX ED
Hauptgericht 30; Terrasse

** Zum Hirschen
Sollner Str 43, ✉ 81479, ☎ (0 89) 7 49 83 50,
Fax 74 98 35 14, ED VA
Hauptgericht 30; Biergarten **P**; geschl: Sa
mittags

* Gasthaus Sollner Hof
Herterichstr 65, ✉ 81479, ☎ (0 89)
74 98 29 10, Fax 7 90 03 94
Hauptgericht 20; Gartenlokal **P**; geschl:
Sa, 23.12.-6.1.99, 2.8.-24.8.99

Thalkirchen
*** Appartement Hotel
Brudermühlstraße**
Brudermühlstr 33, ✉ 81371, ☎ (0 89)
72 49 40, Fax 72 49 47 00, AX ED VA
92 Zi, Ez: 209-289, Dz: 257-347, 6 Suiten,
98 App, ⊿ WC ☎, 5🍴; Lift 🚗 Fitneßraum
Sauna Solarium 🍴
Auch Langzeitvermietung möglich

Trudering (8 km →)
** Am Moosfeld
Am Moosfeld 35, ✉ 81829, ☎ (0 89)
42 91 90, Fax 42 46 62, AX DC ED VA
168 Zi, Ez: 171-368, Dz: 190-368, 4 App, ⊿
WC ☎, 73🍴; Lift **P** 🚗 1⇔40 ☂ Fitneßraum
Sauna Solarium

* Kaminstube
Hauptgericht 25; geschl: Sa, So mittags

* Am Schatzbogen
Truderinger Str 198, ✉ 81825, ☎ (0 89)
42 09 04-0, Fax 4 2 09 04-30, AX DC ED VA
20 Zi, Ez: 120-310, Dz: 140-310, ⊿ WC ☎,
4🍴; **P** 🚗; garni
geschl: 24.12.-6.1.

* Obermaier
Truderinger Str 304 b, ✉ 81825, ☎ (0 89)
42 90 21, Fax 42 64 00, AX DC ED VA
32 Zi, Ez: 115-340, Dz: 155-340, 3 App, ⊿
WC ☎; Lift **P**

* Friedenspromenade
Friedenspromenade 13 a, ✉ 81827,
☎ (0 89) 4 30 90 44, Fax 4 30 90 47, AX ED VA
25 Zi, Ez: 95-220, Dz: 140-260, ⊿ WC ☎; 🚗;
garni

Untermenzing (11 km ↖)
** Romantik Hotel Insel-Mühle
Von-Kahr-Str 87, ✉ 80999, ☎ (0 89) 8 10 10,
Fax 8 12 05 71, DC ED VA
32 Zi, Ez: 165-300, Dz: 220-340, 7 Suiten, ⊿
WC ☎; **P** 🚗 3⇔60
** ⓥ Hauptgericht 35; Biergarten
Terrasse; geschl: so+ feiertags
Ehem. Wassermühle

Waldperlach
** Villa Waldperlach
Putzbrunner Str 250, ✉ 81739, ☎ (0 89)
6 60 03 00, Fax 66 00 30 66, AX DC ED VA
21 Zi, Ez: 150-220, Dz: 180-280, ⊿ WC ☎
DFÜ, 4🍴; Lift 🚗; garni 🍴

Zamdorf (8 km →)
** Astron
Eggenfelder Str 100, ✉ 81929, ☎ (0 89)
99 34 50, Fax 99 34 54 00, AX DC ED VA
261 Zi, Ez: 120-400, Dz: 120-400, **S**; 2 Suiten,
⊿ WC ☎, 30🍴; Lift **P** 🚗 9⇔200 Fitneßraum Sauna Solarium 🍴

siehe auch **Erding**

siehe auch **Freising**

siehe auch **Hallbergmoos**

siehe auch **Oberding**

Münchweiler a. d. Alsenz 53 →

Rheinland-Pfalz — Donnersbergkreis —
350 m — 1 074 Ew — Enkenbach-Alsenborn 11, Kaiserslautern 20 km
ℹ️ ☎ (0 63 02) 22 23 — Gemeindeverwaltung, Jahnstr 5, 67728 Münchweiler

* Klostermühle
Mühlstr 19, ✉ 67728, ☎ (0 63 02) 92 20-0,
Fax 92 20-20, AX ED VA
8 Zi, Ez: 75-85, Dz: 132-148, ⊿ WC ☎ DFÜ,
2🍴; **P** 1⇔25 🍴

Münder a. Deister, Bad 25 ↘

Niedersachsen — Kreis Hameln-Pyrmont —
140 m — 8 000 Ew — Hameln 16, Hannover
33 km
ℹ️ ☎ (0 50 42) 1 94 33, Fax 92 98 05 — Kurverwaltung (Haus des Kurgastes), Hannoversche Str. 14a, 31848 Bad Münder; Bad
mit Heilquellen-Kurbetrieb zwischen Deister und Süntel. Sehenswert: Weserrenais-
sance-Bauten; Süntelbuchen; Süntelturm,
437 m ▸◂ (7 km ⤴)

** Kastanienhof
Am Süntel, ✉ 31848, ☎ (0 50 42) 30 63,
Fax 38 85, ED VA
40 Zi, Dz: 125-250, 2 Suiten, ⊿ WC ☎; Lift ☂
Sauna Solarium
** Hauptgericht 35; Kegeln Terrasse

Münster

* Goldenes M
♂ Lange Str 70 a, ✉ 31848, ☏ (0 50 42) 27 17, Fax 61 66
22 Zi, Ez: 85-120, Dz: 140-170, ⌙ WC, 10🛏; 🅿 2✧36; garni

* Deutsches Haus
Bahnhofstr 1, ✉ 31848, ☏ (0 50 42) 36 20, Fax 7 51 11, ED VA
12 Zi, Ez: 90, Dz: 150, ⌙ WC ☏; 🅿 2✧120 Kegeln 🍽

Klein Süntel (8 km ✓)
* Zur Schönen Aussicht
♂ ⬧ Klein Sünteler Str 6, ✉ 31848, ☏ (0 50 42) 95 59-0, Fax 95 59-66, ED VA
17 Zi, Ez: 88-130, Dz: 125-160, ⌙ WC ☏; 🅿 1✧60 ⚓
geschl: Mitte-Ende Nov
** Hauptgericht 32; Gartenlokal; geschl: Di, Mitte-Ende Nov

Münnerstadt 46 ↘

Bayern — Kreis Bad Kissingen — 234 m — 8 300 Ew — Bad Neustadt 11, Bad Kissingen 14 km
ℹ ☏ (0 97 33) 81 05 28, Fax 81 05 45 — Tourismusbüro, Marktplatz 1, 97702 Münnerstadt. Sehenswert: Kath. Stadtpfarrkirche; Augustiner-Klosterkirche; Marktplatz mit Rathaus, Stadtmauer und Tortürme

* Tilman
Riemenschneiderstr 42, ✉ 97702, ☏ (0 97 33) 8 13 30, Fax 81 33 66, ED VA
21 Zi, Ez: 55-75, Dz: 98-120, ⌙ WC ☏; 🅿 🍴 3✧80 🍽 ⚓

* Bayerischer Hof
Marktplatz 9, ✉ 97702, ☏ (0 97 33) 2 25, Fax 2 27, AX DC ED VA
23 Zi, Ez: 94-98, Dz: 134-138, ⌙ WC ☏, 2🛏; 🍴 2✧40 Fitneßraum Sauna Solarium 18Golf ⚓
* Hauptgericht 30; 🅿 Terrasse

* Pension Hubertushof
Friedhofstr 5, ✉ 97702, ☏ (0 97 33) 81 15-0, Fax 81 15-25
12 Zi, Ez: 45-55, Dz: 86-106, ⌙ WC ☏; 🅿
geschl: 1.2.-13.3.
Restaurant für Hausgäste

Münsing 71 □

Bayern — Kreis Bad Tölz-Wolfratshausen — 660 m — 3 700 Ew — Wolfratshausen 7, Starnberg 15 km
ℹ ☏ (0 81 77) 9 30 10, Fax 93 01 99 — Gemeindeverwaltung, Weipertshausener Str 5, 82541 Münsing

* Limm
Hauptstr 29, ✉ 82541, ☏ (0 81 77) 4 11, Fax 88 68, ED
Hauptgericht 25; Biergarten; geschl: So abends, Mi abends, 3 Wochen Ende Aug-Anfang Sep, Mitte-Ende Dez

St. Heinrich (9 km ↓)
* Schöntag
Beuerberger Str 7, ✉ 82541, ☏ (0 88 01) 9 06 10, Fax 90 61 33, AX ED VA
13 Zi, Ez: 85, Dz: 139, ⌙ WC ☏; 🅿 Fitneßraum Sauna Solarium 🍽 ⚓

Münsingen 62 ✓

Baden-Württemberg — Kreis Reutlingen — 700 m — 13 500 Ew — Bad Urach 13, Ehingen 27 km
ℹ ☏ (0 73 81) 18 21 45, Fax 18 21 01 — Tourist-Information, Bachwiesenstr 7, 72525 Münsingen. Sehenswert: Ev. Stadtkirche (Martinskirche); Altes Schloß mit Schloßhof; hist. Innenstadt; Altes und Neues Rathaus (Fachwerkbauten); Naturreservat Beutenlay; Erholungsgebiet Lautertal

* Gasthof Herrmann
Ernst-Bezler-Str 1, ✉ 72525, ☏ (0 73 81) 22 02, Fax 62 82, DC ED VA
33 Zi, Ez: 78-95, Dz: 128-162, ⌙ WC ☏, 7🛏; Lift 🅿 🍴 3✧140 Sauna Solarium ⚓
Mit Gästehäusern auch Zimmer der Kategorie ****** vorhanden
** Hauptgericht 20; Terrasse; ✢ geschl: Fr

Münster 34 ↘

Nordrhein-Westfalen — 62 m — 280 000 Ew — Rheine 38, Osnabrück 58, Dortmund 65 km
ℹ ☏ (02 51) 4 92 27 10, Fax 4 92 77 43 — Stadtwerbung und Touristik, Klemensstr 9 (C 2), 48143 Münster; Regierungsbezirkshauptstadt am Dortmund-Ems-Kanal; Universität, Hochschule für Musik; Stadttheater, Wolfgang-Borchert-Theater. Sehenswert: Altstadtkern; Dom: Paradies, Astronomische Uhr, Kreuzgang; kath. Clemenskirche; kath. Stadt- und Marktpfarrkirche St. Lamberti: Wiedertäuferkäfige; kath. Kirche Liebfrauen, sog. Überwasserkirche; kath. Kirche St. Ludgeri; kath. Kirche St. Mauritz; kath. Gymnasialkirche St. Petri; Altes Rathaus: Friedenssaal von 1648; Schloß: Universität; Prinzipalmarkt (Bogenhäuser); Erbdrostenhof; Krameramtshaus; Landesmuseum für Kunst und Kulturgeschichte; Museum für Archäologie; Museum für Naturkunde: größte Ammoniten der Welt; Geol.-Paläontologisches Museum; Freilichtmuseum Mühlenhof; Allwetterzoo mit überdachten Rundwegen, Wallpromenade mit Aa-(Stau) See; Wasserburgen des Münsterlandes u.a.: Rüschhaus: Annette-von-Droste-Hülshoff-Museum in Nienberge (7 km ↘); Haus Hülshoff in Roxel (10 km ←); Drostenhof, Westpreußen-Museum in Wolbeck (9 km ↘)

Cityplan siehe Seite 702 →

Münster

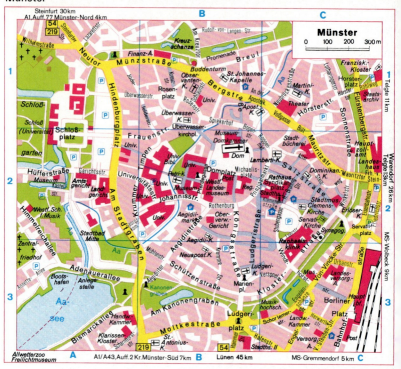

★★★ Mövenpick
⚲ Kardinal-von-Galen-Ring 65, ✉ 48149,
☎ (02 51) 8 90 20, Fax 8 90 26 16, AX DC ED VA
218 Zi, Ez: 181-278, Dz: 244-341, S; 4 Suiten,
⌐ WC ☎, 88🛏; Lift 🅿 🚗 18⇔400 Fitneßraum Sauna Solarium
Auch Zimmer der Kategorie ★★ verfügbar

★★ Chesa Rössli
Hauptgericht 35; Terrasse

★★ Dorint Hotel
Engelstr 39 (C 3), ✉ 48143, ☎ (02 51)
4 17 10, Fax 4 17 11 00, AX DC ED VA
156 Zi, Ez: 230-270, Dz: 290-330, S; 2 Suiten,
⌐ WC ☎, 51🛏; Lift 🚗 8⇔200 Sauna Solarium 🍴 🍷

★★ Mauritzhof Design Hotel
Eisenbahnstr 15 (C 2), ✉ 48143, ☎ (02 51)
4 17 20, Fax 4 66 86, AX DC ED VA
39 Zi, Ez: 185-240, Dz: 245-280, 1 Suite, ⌐
WC ☎; Lift 3⇔50 🍴
Designerausstattung mit Mobiliar von Phillippe Starck

★★ Windsor
Warendorfer Str 177 (außerhalb C 2),
✉ 48145, ☎ (02 51) 13 13 30, Fax 39 16 10,
AX DC ED VA
29 Zi, Ez: 128-148, Dz: 168-188, 1 Suite, ⌐
WC ☎, 2🛏; Lift

★★ Am Schloßpark
Schmale Str 2 (A 1), ✉ 48149, ☎ (02 51)
2 05 41, Fax 2 29 77, AX DC ED VA
25 Zi, Ez: 145-185, Dz: 195-235, 3 Suiten, ⌐
WC ☎ DFÜ; Lift 🅿 18Golf; garni

★★ Windthorst
Windthorststr 19 (C 3), ✉ 48143, ☎ (02 51)
48 45 90, Fax 4 08 37, AX DC ED VA
20 Zi, Ez: 150-160, Dz: 185-210, ⌐ WC ☎;
Lift 1⇔20; garni

★★ Europa
Kaiser-Wilhelm-Ring 26, ✉ 48145,
☎ (02 51) 3 70 62, Fax 39 43 39, AX DC ED VA
61 Zi, Ez: 109-189, Dz: 159-198, 2 Suiten, ⌐
WC ☎, 6🛏; Lift 🚗 3⇔80; garni
Auch Zimmer der Kategorie ★ vorhanden

★★ Überwasserhof
Überwasserstr 3 (B 1), ✉ 48143, ☎ (02 51)
4 17 70, Fax 4 17 71 00, AX DC ED VA
60 Zi, Ez: 150-180, Dz: 190-230, 3 Suiten, ⌐
WC ☎ DFÜ; Lift 🅿 🚗 3⇔70 🍴
geschl: 24.12.-6.1.
Auch Zimmer der Kategorie ★ vorhanden

👑 Lobenswerte Hotelleistung

Münster

* Central
Aegidiistr 1 (B 2), ✉ 48143, ☎ (02 51)
51 01 50, Fax 5 10 15 50, AX DC ED VA
15 Zi, Ez: 150-195, Dz: 185-225, 5 Suiten, ⌐⌐
WC ☎, 5✉; Lift P 🚗; garni
geschl: 20.12.-2.1.
Garagenanfahrt über Lütke Gasse. Auch
Zimmer der Kategorie ** vorhanden

* Kolping Tagungshotel
Aegidiistr 21 (B 3), ✉ 48143, ☎ (02 51)
4 81 20, Fax 4 81 21 23, AX DC ED VA
107 Zi, Ez: 125-145, Dz: 170-190, ⌐⌐ WC ☎,
32✉; Lift P 8✿180 ¶◎¶

* Feldmann
♠ An der Clemenskirche 14 (C 2), ✉ 48143,
☎ (02 51) 4 14 49-0, Fax 4 14 49 10, AX ED VA
24 Zi, Ez: 118-168, Dz: 158-218, ⌐⌐ WC ☎;
Lift 🚗
**   Hauptgericht 30; Terrasse;
geschl: So, feiertags, Jul

🛏 Martinihof
Hörsterstr 25 (C 1), ✉ 48143, ☎ (02 51)
41 86 20, Fax 5 47 43, DC ED VA
55 Zi, Ez: 65-115, Dz: 116-172, ⌐⌐ WC ☎; Lift
P Kegeln ¶◎¶
geschl: 29.6.99-30.7.99

** Villa Medici
Ostmarkstr 15, ✉ 48145, ☎ (02 51) 3 42 18,
Fax 39 30 94, AX
Hauptgericht 40; nur abends; geschl: So,
Mo

**** Kleines Restaurant im
       Oerschen Hof**   ♛
⊗ Königstr 42 (B 3), ✉ 48143, ☎ (02 51)
4 20 61, Fax 4 20 61
Hauptgericht 40; Gartenlokal; geschl: So,
Mo

** Steinburg
◂ Mecklenbecker Str 80, am Aa-See,
✉ 48151, ☎ (02 51) 7 71 79 + 79 80 70,
Fax 7 22 67, AX ED VA
Hauptgericht 27; P Terrasse; geschl: Mo,
in den Schulferien Mo+Di
*   ◂ 11 Zi, Ez: 100-125, Dz: 155-165,
⌐⌐ WC ☎

** Il Cucchiaio D'Argento
Warendorfer Str 177, im Hotel Windsor
(außerhalb C2), ✉ 48145, ☎ (02 51)
39 20 45, AX DC ED VA
Hauptgericht 40; geschl: Mo, Sa mittags
Sizilianisches Restaurant

☕ Café Grotemeyer
Salzstr 24 (C 2), ✉ 48143, ☎ (02 51) 4 24 77,
Fax 51 92 80
9-19

☕ Krimphove
Ludgeristr 85 (B 2), ✉ 48163, ☎ (02 51)
4 32 82, Fax 4 32 73

Münster-Außerhalb (3 km ↘)

***   Schloß Wilkinghege   ♛
         Relais & Châteaux
einzeln ◂ ⊗ Steinfurter Str 374, ✉ 48159,
☎ (02 51) 21 30 45, Fax 21 28 98, AX DC ED VA
23 Zi, Ez: 195-320, Dz: 270-305, 13 Suiten, ⌐⌐
WC ☎; P 4✿50
Auch Zimmer anderer Kategorien vorhanden. Wasserschloß der Spätrenaissance mit zum Teil antikem Mobiliar.
Dependance in den ehemaligen Wirt-
schaftsgebäuden
***   ⊗ Hauptgericht 44; Terrasse

Münster-Außerhalb (2 km ↑)

* Wienburg
einzeln, Kanalstr 237, ✉ 48147, ☎ (02 51)
2 01 28 00, Fax 2 01 28 15, AX DC ED VA
Hauptgericht 35
*   ♠ 7 Zi, Ez: 98, Dz: 160, ⌐⌐ WC ☎;
2✿150

Amelsbüren (10 km ↓)

* Zur Davert
Davertstr 40, ✉ 48163, ☎ (0 25 01) 9 61 10,
Fax 96 11 96, AX ED VA
17 Zi, Ez: 90-99, Dz: 139-149, ⌐⌐ WC ☎; P 🚗
1✿16 ¶◎¶

*** Davert Jagdhaus   ♛
Wiemannstr 4, ✉ 48163, ☎ (0 25 01)
5 80 58, Fax 5 80 59, AX DC ED VA
Hauptgericht 50; Terrasse; geschl: Mo, Di,
2 Wochen im Jan

Brauerei-Gaststätten

Wielers Kleiner Kiepenkerl
⊗ Spiekerhof 47 (B 1), ✉ 48143, ☎ (02 51)
4 34 16, Fax 4 34 17, AX DC ED VA
Hauptgericht 30; Terrasse; geschl: Mo

Altes Gasthaus Leve
⊗ Alter Steinweg 37 (C 2), ✉ 48143,
☎ (02 51) 4 55 95, Fax 5 78 37
Hauptgericht 17

Altbierhaus Pinkus Müller
⊗ Kreuzstr 4-10 (B 1), ✉ 48143, ☎ (02 51)
4 51 51, Fax 5 71 36
Hauptgericht 25; geschl: So, feiertags
Spezialbrauereiausschank, der auf das Jahr
1860 zurückgeht

Drübbelken
⊗ Buddenstr 14 (B 1), ✉ 48143, ☎ (02 51)
4 21 15, Fax 4 21 95
Hauptgericht 20

Stuhlmacher
⊗ Prinzipalmarkt 6 (C 2), ✉ 48143, ☎ (02 51)
4 48 77, Fax 51 91 72, AX ED VA
Hauptgericht 25; Kegeln Terrasse   →

Münster

Gievenbeck (3 km ←)
**** **Bakenhof**
Roxeler Str 376, ✉ 48161, ☎ (02 51)
86 15 06, Fax 86 17 49, AX ED
Hauptgericht 30; Biergarten 🅿 Terrasse;
geschl: Mo, Di, 3 Wochen im Juli/Aug

Gremmendorf (3 km ↓)
* **Münnich**
Heeremannstr 13, ✉ 48167, ☎ (02 51)
6 18 70, Fax 6 18 71 99, AX ED VA
70 Zi, Ez: 95-109, Dz: 135-155, ⌐ WC ☎,
20🛏; Lift 🅿 🍴 3↔55 Kegeln 🍽 ⛱

Handorf (7 km ↗)
**** **Romantik Hotel**   ♛
Hof Zur Linde
♂ ⊗ Handorfer Werseufer 1, ✉ 48157,
☎ (02 51) 3 27 50, Fax 32 82 09, AX DC ED VA
39 Zi, Ez: 160-250, Dz: 210-250, 10 Suiten, ⌐
WC ☎, 8🛏; Lift 🅿 🍴 5↔40 Fitneßraum
Sauna Solarium ⛱
Im „Landhaus am Werseufer" Zimmer der
Kategorie **** und Suiten vorhanden.
**** ⊗ Hauptgericht 45; Terrasse;
geschl: 23.12.-25.12.

* **Deutscher Vater**
Handorfer Str 4, ✉ 48157, ☎ (02 51)
93 20 90, Fax 9 32 09 44, AX DC ED VA
27 Zi, Ez: 80-110, Dz: 130-190, ⌐ WC ☎,
1🛏; Lift 🅿 🍴 3↔60 Sauna ⛱
Auch Zimmer der Kategorie **** vorhanden
* Hauptgericht 30; Gartenlokal

* **Handorfer Hof**
Handorfer Str 22, ✉ 48157, ☎ (02 51)
93 20 50, Fax 9 32 05 55, ED VA
15 Zi, Ez: 90, Dz: 130-160, ⌐ WC ☎; 🅿
2↔25 🍽
geschl: in den Osterferien

Handorf-Außerhalb (4 km ↑)
**** **Ringhotel Haus Eggert**
einzeln ♂ ⊲ Zur Haskenau 81, ✉ 48157,
☎ (02 51) 32 80 40, Fax 3 28 04 59,
AX DC ED VA
38 Zi, Ez: 125-145, Dz: 196-240, 3 Suiten, ⌐
WC ☎; 🅿 🍴 5↔80 Fitneßraum Sauna
Solarium ⛱
**** Hauptgericht 32; Biergarten Terrasse

Hiltrup (7 km ↓)
**** **Zur Prinzenbrücke**
Osttor 16, ✉ 48165, ☎ (0 25 01) 4 49 70,
Fax 44 97 97, AX ED VA
35 Zi, Ez: 109-139, Dz: 160-179, 1 Suite, ⌐
WC ☎, 9🛏; Lift 2↔30 🍽
geschl: 21.12.-10.1.

* **Ambiente**
Marktallee 44, ✉ 48165, ☎ (0 25 01) 27 76-0,
Fax 27 76 10, AX DC ED VA
21 Zi, Ez: 120-130, Dz: 160-180, ⌐ WC ☎,
5🛏; Lift 🅿 🍴; garni

**** **Gästehaus Landgraf**
einzeln, Thierstr 26, ✉ 48165, ☎ (0 25 01)
12 36, Fax 34 73, AX DC ED VA
Hauptgericht 37; 🅿 Terrasse; geschl: Mo
* ♂ 10 Zi, Ez: 100, Dz: 140, ⌐ WC ☎;
2↔30

Hiltrup-Außerhalb (2 km ↓)
***** **Krautkrämer**
Relais & Châteaux
einzeln ♂ ⊲ Zum Hiltruper See 173,
✉ 48165, ☎ (0 25 01) 80 50, Fax 80 50 14,
AX DC ED VA
68 Zi, Ez: 190-250, Dz: 270-320, 4 Suiten, ⌐
WC ☎ DFÜ; Lift 🅿 🍴 6↔200 🏊 Sauna
Solarium 27 Golf 11 Tennis ⛱
geschl: 22.-27.12.
***** ⊲ Hauptgericht 48; Terrasse;
geschl: 22.-27.12.

Roxel-Hohenfeld (4 km ←)
**** **Parkhotel Schloß Hohenfeld**
einzeln ♂ Dingbängerweg 400, ✉ 48161,
☎ (0 25 34) 80 80, Fax 71 14, AX DC ED VA
89 Zi, Ez: 155-210, Dz: 245, 1 Suite, 9 App, ⌐
WC ☎ DFÜ, 20🛏; Lift 🅿 5↔180 🏊 Kegeln
Sauna Solarium ⛱
Auch Zimmer der Kategorie ***** vorhanden
**** **Landhausrestaurant**
Hauptgericht 30; Terrasse
Börneken
⊗ Hauptgericht 22; Terrasse

St. Mauritz (4 km →)
**** **Tannenhof**
Prozessionsweg 402, ✉ 48155, ☎ (02 51)
3 13 73, Fax 3 11 14 06
Hauptgericht 30; Kegeln 🅿 Terrasse;
geschl: Mo, Anfang-Ende Feb
* 8 Zi, Ez: 110-138, Dz: 160-188,   ♛
⌐ WC ☎, 2🛏; Solarium
geschl: Anfang-Ende Feb
Zimmereinrichtung im Designerstil

Wolbeck (10 km ↘)
* **Thier-Hülsmann**
Münsterstr 33, ✉ 48167, ☎ (0 25 06)
83 10-0, Fax 83 10-35, AX DC ED VA
35 Zi, Ez: 98-215, Dz: 145-255, 2 Suiten, ⌐
WC ☎, 4🛏; 🅿 🍴 3↔60
Auch Zimmer der Kategorie **** vorhanden.
Hist. Fachwerkhaus von 1676
**** ⊗ Hauptgericht 40

Münster   54 ↗

Hessen — Kreis Darmstadt-Dieburg —
135 m — 14 000 Ew — Darmstadt 16,
Aschaffenburg 21, Frankfurt 27 km
ℹ ☎ (0 60 71) 3 00 20, Fax 30 02 40 — Gemeindeverwaltung, Mozartstr 8, 64839 Münster.
Sehenswert: Kath. Kirche im Ortsteil Münster; ev. Kirche im Ortsteil Altheim

Münstertal

* Am Rathaus
Leibnizstr 6, ✉ 64839, ☎ (0 60 71) 30 40,
Fax 30 44 30, AX ED VA
35 Zi, Ez: 90-110, Dz: 140-160, 1 Suite, ⌐
WC ☎; Lift P 1⇔18 ⎸⊚⎹

Münster a. Stein, Bad 53 ↗

Rheinland-Pfalz — Kreis Bad Kreuznach —
117 m — 4 200 Ew — Bad Kreuznach 4, Meisenheim/Glan 26 km
ℹ ☎ (0 67 08) 39 93, Fax 39 99 — Verkehrsverein Rheingrafenstein, Berliner Str. 60, 55583 Bad Münster; Heilklimatischer Kurort an der Nahe. Sehenswert: Kurpark mit Salinen; Künstlerbahnhof Ebernburg; Ebernburg ⊰ (1,5 km); Ruine Rheingrafenstein ⊰ (25 Min); Rotenfels ⊰

** Krone
Berliner Str 73, ✉ 55583, ☎ (0 67 08) 8 40,
Fax 8 41 89, AX DC ED VA
62 Zi, Ez: 95-125, Dz: 119-159, 4 Suiten, ⌐
WC ☎; Lift P 🚗 5⇔100 ⎈ Sauna Solarium
⎸⊚⎹

** Am Kurpark
♠ Kurhausstr 10, ✉ 55583, ☎ (0 67 08)
62 90 00, Fax 46 48
31 Zi, Ez: 65-98, Dz: 130-194, ⌐ WC ☎; P
Sauna Solarium
geschl: 1.11.-21.12., 5.1.-15.3.
Restaurant für Hausgäste

Ebernburg
* Weinhotel Schneider
♠ Gartenweg 2, ✉ 55583, ☎ (0 67 08) 20 43
9 Zi, Ez: 65-70, Dz: 95-105, ⌐ WC ☎; P ⎸⊚⎹

Münstereifel, Bad 42 →

Nordrhein-Westfalen — Kreis Euskirchen
— 300 m — 18 000 Ew — Ahrweiler 32,
Bonn 39 km
ℹ ☎ (0 22 53) 50 51 82, Fax 50 51 14 — Kurverwaltung, Langenhecke 2, 53902 Bad Münstereifel; Kneippheilbad. Sehenswert: Ehem. Stiftskirche; Rathaus; Burgruine; Stadtbefestigung; Haus Windeck; Römische Kalkbrennerei im Stadtteil Iversheim (4 km ↑)

** Kur- und Kongreßhotel
♠ ⊰ Nöthener Str 10, ✉ 53902, ☎ (0 22 53)
5 40 00, Fax 64 08, AX ED VA
34 Zi, Ez: 150, Dz: 160-218, ⌐ WC ☎, 10⎈;
Lift P 7⇔200 ⎈ Fitneßraum Sauna
Solarium ⚫
** Eifelgarten
Hauptgericht 30; Biergarten Terrasse

* Park-Hotel
♠ im Kurpark Schleid, ✉ 53902, ☎ (0 22 53)
31 40, Fax 3 14-1 80, AX DC ED VA
40 Zi, Ez: 118-148, Dz: 160-220, 5 Suiten, ⌐
WC ☎; P 4⇔120 ⎈ Sauna Solarium 18Golf
⎸⊚⎹ ⚫

* Waldhotel Brezing
Am Quecken 7-10, ✉ 53902, ☎ (0 22 53)
9 53 00, Fax 95 30 30, AX ED VA
20 Zi, Ez: 80-100, Dz: 110-160, 2 Suiten, ⌐
WC ☎; P 1⇔20 Fitneßraum Sauna
Solarium
Restaurant für Hausgäste

Langscheid (8 km ↓)
** Megaplan Centrum
♠ Irmgardweg 1, ✉ 53902, ☎ (0 22 53)
50 80, Fax 58 10, AX ED VA
56 Zi, Ez: 95-150, Dz: 150-250, 3 Suiten, ⌐
WC ☎, 12⎈; Lift P 6⇔180 Fitneßraum
Kegeln Sauna Solarium
Rezeption: 7.30-21
Restaurant für Hausgäste

Münster-Sarmsheim 53 ↗

Rheinland-Pfalz — Kreis Mainz-Bingen —
2 770 Ew — Mainz 30 km
ℹ ☎ (0 67 21) 99 41 01, Fax 99 47 06 —
Gemeindeverwaltung, Rathaus, Kirchstr 14,
55424 Münster-Sarmsheim;

* Münsterer Hof
Rheinstr 35, ✉ 55424, ☎ (0 67 21)
4 10 23-24, Fax 4 10 25, AX ED
10 Zi, Ez: 95, Dz: 145, ⌐ WC ☎; 🚗 1⇔40;
garni

Münstertal 67 □

Baden-Württemberg — Kreis Breisgau-
Hochschwarzwald — 400 m — 5 000 Ew —
Staufen 6, Müllheim 21, Freiburg i. Br.
23 km
ℹ ☎ (0 76 36) 7 07 30, Fax 7 07 48 — Kurverwaltung, im Ortsteil Untermünstertal,
Wasen 47, 79244 Münstertal; Luftkurort.
Sehenswert: Klosterkirche St Trudpert,
Schaubergwerk, Teufelsgrund; Bienenkunde-Museum; Kohlenmeiler; Schnitzerstube; Waldmuseum

Obermünstertal
*** Romantik Hotel Spielweg ♛
♠ ⊰ Spielweg 61, ✉ 79244, ☎ (0 76 36)
70 9-0, Fax 7 09-66, AX DC ED VA
36 Zi, Ez: 80-210, Dz: 190-460, 5 App, ⌐ WC
☎ DFÜ; Lift 🚗 1⇔15 ≋ ⎈ Sauna Solarium
Auch Zimmer der Kategorie ** vorhanden.
Gasthof seit 1705. Traditionell gewachsener
Familienbetrieb seit 1861. Weitläufige
Anlage mit Stammhaus und 2 verbundenen
Häusern.
** ⊛ Hauptgericht 50; Terrasse; ⎔
geschl: Mo, Di
Hauseigene Käserei

* Historisches Landgasthaus
Zur Linde
Krumlinden 13, ✉ 79244, ☎ (0 76 36) 4 47,
Fax 16 32, VA
12 Zi, Ez: 66-132, Dz: 144-188, 2 Suiten, ⌐
WC ☎; P ⚫
* Hauptgericht 24; Terrasse;
geschl: Mo (im Sommer geöffnet) →

Münstertal

Untermünstertal
** **Ringhotel Gasthof Adler-Stube**
Münster 59, ⌧ 79244, ☎ (0 76 36) 2 34, Fax 73 90, AX ED VA
14 Zi, Ez: 95-113, Dz: 95-113, Dz: 136-178, S; 4 Suiten, ⊣ WC ☎; P 1⇔20 Fitneßraum Sauna Solarium ⊨
** Hauptgericht 40

** **Schmidt's Gasthof zum Löwen**
Wasen 54, ⌧ 79244, ☎ (0 76 36) 5 42, Fax 7 79 19, VA
Hauptgericht 38; Gartenlokal P; geschl: Di, Mi, 20.1.-28.2

* **Gasthof Münstertäler Hof**
Hofstr 49, ⌧ 79244, ☎ (0 76 36) 2 28, Fax 7 70 13, ED VA
Hauptgericht 25; Gartenlokal P; geschl: Mi, Do, 15.2.-15.3.; ⊨

Müssen 19 ←

Schleswig-Holstein — Kreis Herzogtum Lauenburg — 10 m — 890 Ew — Lauenburg 17, Mölln 22 km
ℹ ☎ (0 41 55) 79 11 — Gemeindeverwaltung, im Ortsteil Louisenhof, Louisenhof 2, 21493 Müssen

* **Landgasthof Lüchau**
Dorfstr 1, ⌧ 21516, ☎ (0 41 55) 8 13 00, Fax 81 30 40
Hauptgericht 30; Biergarten Kegeln P; nur abends, Sa+So auch mittags; geschl: Di
** 16 Zi, Ez: 75, Dz: 110, ⊣ WC ☎

Muggendorf siehe Wiesenttal

Muggensturm 60 ↗

Baden-Württemberg — Kreis Rastatt — 123 m — 5 200 Ew — Rastatt 7, Ettlingen 14 km
ℹ ☎ (0 72 22) 90 93-28, Fax 90 93-90 — Gemeindeverwaltung, Hauptstr 33, 76461 Muggensturm

* **Bürgerstube**
⌀ Friedrich-Ebert-Str 11, ⌧ 76461, ☎ (0 72 22) 9 55 80, Fax 95 58 48, AX DC ED VA
25 Zi, Ez: 70-75, Dz: 120-130, ⊣ WC ☎; P ⊟ 1⇔35 Kegeln ⏏
Rezeption: 7-14, 17-22

Muldenberg 49 □

Sachsen — Vogtlandkreis — 700 m — 214 Ew — Klingenthal 9, Plauen 27 km
ℹ ☎ (03 74 65) 67 61, Fax 67 61 — Tourist-Information Fremdenverkehrsamt, Schönecker Str 8, 08269 Muldenberg

* **Flösserstube**
Klingenthaler Str 3, ⌧ 08269, ☎ (03 74 65) 67 64, Fax 60 40, ED VA
11 Zi, Ez: 95-115, Dz: 140-160, ⊣ WC ☎; Lift P 1⇔25 ⏏
geschl: Mo

Mulfingen 56 ↙

Baden-Württemberg — Hohenlohekreis — 268 m — 3 933 Ew — Künzelsau 17, Bad Mergentheim 24 km
ℹ ☎ (0 79 38) 90 40-0, Fax 90 40-13 — Bürgermeisteramt, Rathaus, Kirchweg 1, 74673 Mulfingen. Ort an der Jagst. Sehenswert: St.-Anna-Kapelle; 1000jährige Linde in Hollenbach (5 km ↑); Burg in Buchenbach (5 km ↓)

Heimhausen (2,5 km ↓)
* **Jagstmühle**
⌀ Mühlenweg 10, ⌧ 74673, ☎ (0 79 38) 9 03 00, Fax 75 69, AX DC ED VA
21 Zi, Ez: 118-128, Dz: 138-148, 1 Suite, 1 App, ⊣ WC ☎ DFÜ; P ⊟ 2⇔30 Seezugang
Auch Zimmer der Kategorie ** vorhanden
* Hauptgericht 22; ab 15, Sa, so+feiertags ab mittags

Munkmarsch siehe Sylt

Munster 18 ↓

Niedersachsen — Kreis Soltau-Fallingbostel — 88 m — 18 000 Ew — Soltau 20, Uelzen 36 km
ℹ ☎ (0 51 92) 13 02 48, Fax 13 02 15 — Tourist-Information Munster, Wilh-Bockelmann-Str 32, 29633 Munster; Stadt in der Lüneburger Heide. Sehenswert: Museumsanlage „Öllershof" mit Wassermühle und Mühlenteich; St.-Urbani-Kirche und Schafstallkirche; Panzermuseum

* **Kaiserhof**
Breloher Str 50, ⌧ 29633, ☎ (0 51 92) 9 85 50, Fax 70 79, AX DC ED VA
20 Zi, Ez: 70-85, Dz: 120-150, ⊣ WC ☎; P ⊟ 2⇔140 Sauna ⏏

Oerrel (7 km ↘)
* **Kaminhof**
⌀ Salzwedeler Str 5, ⌧ 29633, ☎ (0 51 92) 28 41
18 Zi, Ez: 65-75, Dz: 106-110, ⊣ WC ☎, 2⊠; P ⊟ 1⇔10 9Golf ⏏ ⊨
geschl: 1.-28.7.

Der Hinweis auf andere Zimmerkategorien im Zusatztext informiert Sie über Zimmer, die in ihrer Größe und Ausstattung von der Gesamtdarstellung des Betriebes abweichen.

Murnau a. Staffelsee 71 □

Bayern — Kreis Garmisch-Partenkirchen — 700 m — 12 000 Ew — Weilheim 19, Garmisch-Partenkirchen 25 km
🛈 ☏ (0 88 41) 6 14 10, Fax 34 91 — Verkehrsamt, im Kurgästehaus, Kohlgruber Str 1, · 82418 Murnau; Erholungsort mit Moorkurbetrieb. Sehenswert: Kath. Kirche; Schloßmuseum; Münterhaus; Staffelsee (2 km ↖); Ramsachkirchl ◄ (2 kmS←); Oberbayerisches Freilichtmuseum Glentleiten bei Großweil (10 km →); Naturschutzgebiet Murnauer Moos

***   Alpenhof Murnau
            Relais & Châteaux
♔ ◄ Ramsachstr 8, ✉ 82418, ☏ (0 88 41) 49 10, Fax 54 38, AX ED VA
25 Zi, Ez: 170-195, Dz: 260-395, 5 Suiten, ⩗ WC ☏ DFÜ; 🅿 3✿70 ≋ 🍴
geschl: Jan-Feb
Auch Zimmer der Kategorie ** vorhanden
**   Hauptgericht 40; Terrasse;
geschl: 1.1.-28.2.

*   Klausenhof am Kurpark
Burggraben 8, ✉ 82418, ☏ (0 88 41) 6 11 60, Fax 50 43, ED VA
23 Zi, Ez: 86-120, Dz: 138-190, ⩗ WC ☏; Lift 🅿 🚗 2✿18 Sauna Solarium 🍴
Auch Zimmer der Kategorie ** vorhanden

*   Post
Obermarkt 1, ✉ 82418, ☏ (0 88 41) 18 61, Fax 9 94 11, AX ED VA
20 Zi, Ez: 90, Dz: 150, ⩗ WC ☏; 🅿; garni
geschl: 7.11.-7.12.

Froschhausen (2 km ↗)
*   Pension St. Leonhard
Leonhardistr 2, ✉ 82418, ☏ (0 88 41) 12 53, Fax 6 22 37
19 Zi, Ez: 38-66, Dz: 70-112, ⩗ WC, 🅿 Seezugang Sauna
Restaurant für Hausgäste

Murr 61 ↗

Baden-Württemberg — Ludwigsburg — 200 m — 5 000 Ew — Ludwigsburg 8, Backnang 14 km
🛈 ☏ (0 71 44) 2 69 90, Fax 26 99 30 — Bürgermeisteramt, Hindenburgstr 60, 71711 Murr. Sehenswert: Ev. Peterskirche; Mineralfreibad „Wellarium"; Katz- und Maus-Brunnen

**   Trollinger
Dorfplatz 2, ✉ 71711, ☏ (0 71 44) 20 84 76, Fax 28 18 36, AX DC ED VA
Hauptgericht 33; Gartenlokal; geschl: Mi., 2.-21.8.

Murrhardt 62 ↘

Baden-Württemberg — Rems-Murr-Kreis — 289 m — 14 000 Ew — Backnang 15, Schwäbisch Hall 36 km
🛈 ☏ (0 71 92) 21 31 24, Fax 52 83 — Verkehrsamt, Marktplatz 10, 71540 Murrhardt; Erholungsort. Sehenswert: Ev. Kirche mit Walterichskapelle; Carl-Schweizer-Museum; Waldsee

Fornsbach (6 km →)
*   Landgasthof Krone
Rathausplatz 3, ✉ 71540, ☏ (0 71 92) 54 01, Fax 2 07 61, AX VA
Hauptgericht 25; Gartenlokal 🅿; geschl: Mo+Di, 12.-23.2., 21.5.-1.6.
*   7 Zi, Ez: 65-70, Dz: 115-130, ⩗ WC
geschl: 12.-23.2.+21.5.-1.6.99

Muskau, Bad 41 □

Sachsen — Oberlausitz/Niederschl. — 110 m — 3 850 Ew — Weißwasser 8, Cottbus 40 km
🛈 ☏ (03 57 71) 5 04 92, Fax 5 04 92 — Kurgesellschaft mbH/Fremdenverkehrsbüro, Schloßstr. 3, 02953 Bad Muskau; Heilbad an der Polnischen Grenze. Sehenswert: Schloßruine; Tropenhaus; Altes Schloß mit Stadt- und Parkmuseum; Pücklerscher Landschaftspark

*   Am Schloßbrunnen
Köbelner Str 68, ✉ 02953, ☏ (03 57 71) 52 30, Fax 5 23 50, AX DC ED VA
11 Zi, Ez: 75-95, Dz: 100-130, ⩗ WC ☏; 🅿 🚗 1✿35 🍴 🍺
Auch Zimmer der Kategorie ** vorhanden

Berg
*   Gasthof Bergkristall
♔ Holteweg 5, ✉ 02953, ☏ (03 57 71) 5 11 00, Fax 5 11 37, ED
7 Zi, Ez: 70-85, Dz: 95-120, ⩗ WC ☏; 🅿 2✿50 🍴 🍺
Schau-Glasschleiferei im Restaurant

Mutterstadt 54 ↓

Rheinland-Pfalz — Kreis Ludwigshafen am Rhein — 95 m — 12 759 Ew — Ludwigshafen/Rhein 10, Speyer 15 km
🛈 ☏ (0 62 34) 8 30, Fax 8 32 48 — Gemeindeverwaltung, Oggersheimer Str 10, 67112 Mutterstadt

*   Ebnet
Neustadter Str 53, ✉ 67112, ☏ (0 62 34) 9 46 00, Fax 94 60 60, AX ED VA
22 Zi, Ez: 60-95, Dz: 110-120, ⩗ WC ☏; 🅿 2✿30
**   Hauptgericht 25; Gartenlokal; geschl: Do, Fr mittags

**   Roma
Neustadter Str 11, ✉ 67112, ☏ (0 62 34) 36 50
Hauptgericht 30

Mylau 49 □

Sachsen — Vogtlandkreis — 365 m — 3 837 Ew — Reichenbach (Vogtl.) 2, Zwickau 19, Plauen 27 km
🛈 ☎ (0 37 65) 3 42 47, Fax 38 51 24 — Fremdenverkehrsverein Nördliches Vogtland, Burg 1, 08499 Mylau

✽ Meisinger
Markt 5, ✉ 08499, ☎ (0 37 65) 3 42 62, Fax 3 10 18, ED VA
13 Zi, Ez: 75-95, Dz: 100-120, 1 Suite, ⌐⌐ WC ☎; Lift 🅿 ⫶ ⚊

Nabburg 59 ↙

Bayern — Kreis Schwandorf — 407 m — 6 300 Ew — Oberviechtach 19, Schwandorf 19, Amberg 24 km
🛈 ☎ (0 94 33) 1 80, Fax 18 33 — Stadtverwaltung, Unterer Markt 6, 92507 Nabburg; Stadt an der Naab. Sehenswert: Stadtbild; kath. Kirche; Rathaus; Jagdmuseum; Oberpfälzer Freilandmuseum in Neusath-Perschen (3 km ↑); Wehranlagen

✽ Pension Ruhland
♂ ⚜ Am Kastanienbaum 1, ✉ 92507, ☎ (0 94 33) 5 34, Fax 5 35
15 Zi, Ez: 40-50, Dz: 70-80, ⌐⌐ WC ☎; 🅿 ⚊; garni

Nachrodt-Wiblingwerde 34 ↙

Nordrhein-Westfalen — Märkischer Kreis — 150 m — 6 900 Ew — Altena 6, Iserlohn 10, Hagen 19 km
🛈 ☎ (0 23 52) 9 38 30, Fax 93 83 50 — Gemeindeverwaltung, im Ortsteil Nachrodt, Hagener Str 76, 58769 Nachrodt-Wiblingwerde. Sehenswert: Kirche in Wiblingwerde, Fresken (6 km ↙); Kornspeicher

Veserde (8 km ←)
✽ Holzrichter
♂ ⚜ Hohenlimburger Str 15, ✉ 58769, ☎ (0 23 34) 25 71, Fax 15 15, AX ED VA
24 Zi, Ez: 110, Dz: 160, ⌐⌐ WC ☎; ⚊ Kegeln ⫶
geschl: Do

Nackenheim 54 ↑

Rheinland-Pfalz — Kreis Mainz-Bingen — 88 m — 5 000 Ew — Oppenheim 9, Mainz 12 km
🛈 ☎ (0 61 35) 56 25, Fax 8 02 57 — Ortsgemeinde, Postfach 47, Carl-Zuckmayer-Platz, 55299 Nackenheim

✽✽ Apart Hotel Actuell
Im Brühl 1, ✉ 55299, ☎ (0 61 35) 9 28 80, Fax 92 88 11, ED
13 Zi, Ez: 110-150, Dz: 130-150, ⌐⌐ WC ☎; Lift 🅿 2✧75 Sauna Solarium ⚊

✽ St. Gereon
Carl-Zuckmayer-Platz 3, ✉ 55299, ☎ (0 61 35) 9 29 90, Fax 92 99 92, AX DC ED VA
14 Zi, Ez: 95-115, Dz: 145-170, ⌐⌐ WC ☎, 6✉; 🅿 2✧100
✽ Weinstube
Hauptgericht 28; Gartenlokal

Nagold 61 ↙

Baden-Württemberg — Kreis Calw — 400 m — 22 000 Ew — Herrenberg 13, Horb 16, Calw 26 km
🛈 ☎ (0 74 52) 68 10, Fax 68 11 22 — Verkehrsamt, im Rathaus, Marktstr 27, 72202 Nagold; Stadt im nördlichen Schwarzwald. Sehenswert: Remigiuskirche, Wandmalereien; Rathaus; Fachwerkbauten; Burgruine Hohennagold ⚜

✽✽ Adler
♂ Badstr 1, ✉ 72202, ☎ (0 74 52) 6 75 34, Fax 6 70 80, AX ED
32 Zi, Ez: 90-110, Dz: 145-175, ⌐⌐ WC ☎; 🅿 ⚊ 1✧120 ⫶ ⚊

✽✽ Eles ✾
Neuwiesenweg 44, ✉ 72202, ☎ (0 74 52) 54 85, Fax 97 08 98
Hauptgericht 32; Gartenlokal 🅿; nur abends; geschl: So, Mo, 3 Wochen im Feb-Mär

✽✽ Alte Post
✉ Bahnhofstr 2, ✉ 72202, ☎ (0 74 52) 8 45 00, Fax 84 50 50
Hauptgericht 35; geschl: Mo
Regionale Küche in den Kutscherstuben

✽ Burg
Burgstr 2, ✉ 72202, ☎ (0 74 52) 37 35, Fax 6 62 91
Hauptgericht 30; geschl: Mo, Di

Pfrondorf (6 km ↑)
✽✽ Pfrondorfer Mühle
an der B 463, ✉ 72202, ☎ (0 74 52) 8 40 00, Fax 84 00 48, AX DC ED VA
19 Zi, Ez: 94-130, Dz: 146-210, 2 Suiten, ⌐⌐ WC ☎ DFÜ; 🅿 1✧32 Fitneßraum 1Tennis
✽ Hauptgericht 28; Biergarten

Naila 48 ↘

Bayern — Kreis Hof/Saale — 560 m — 9 115 Ew — Hof 19, Münchberg 23, Kronach 37 km
🛈 ☎ (0 92 82) 68 29 + 1 94 33, Fax 68 37 — Verkehrsamt - Tourist-Information, Peuntgasse 5, 95119 Naila; Luftkurort (Ortsteil Hölle) im Frankenwald

✽ Grüner Baum
Marktplatz 5, ✉ 95119, ☎ (0 92 82) 70 61, Fax 73 56, ED VA
28 Zi, Ez: 65-80, Dz: 108-120, ⌐⌐ WC ☎, 7✉; 🅿 ⚊ Sauna Solarium ⫶
geschl: 20.8.-10.9.

Narsdorf 50 ↘

Sachsen — Kreis Geithain — 260 m —
1 104 Ew — Geithain 6, Niederhain 8,
Chemnitz 30 km
🛈 ☎ (03 43 46) 6 02 74 — Gemeindeverwaltung, Siedlung Nr 13, 04657 Narsdorf

✱ Zum Heiteren Blick
Hauptstr 21, ✉ 04657, ☎ (03 43 46) 6 17 10,
Fax 6 17 11, AX DC ED VA
9 Zi, Ez: 80-90, Dz: 135-150, ⌐ WC ☎; ⊗

Nassau 43 ↘

Rheinland-Pfalz — Rhein-Lahn-Kreis —
90 m — 5 502 Ew — Koblenz 24, Limburg
32 km
🛈 ☎ (0 26 04) 97 02 30, Fax 97 02 24 — Touristik im Nassauer Land, Schloßstr. 6,
56377 Nassau; Luftkurort im Lahntal.
Sehenswert: Rathaus; Stammburg Nassau-Oranien ◂, Steinsches Schloß

✱ Rüttgers
♂ Dr-Haupt-Weg 4, ✉ 56377, ☎ (0 26 04)
95 37-0, Fax 95 37-30, AX ED VA
15 Zi, Ez: 50-80, Dz: 90-130, ⌐ WC ☎; 🅿;
garni

Nassau 51 ←

Sachsen — Freiberg — 600 m — 1 200 Ew
— Freiberg 22, Dresden 35, Chemnitz 50 km
🛈 ☎ (03 73 27) 71 04, Fax 71 16 — Heimat- und Fremdenverkehrsverein, Dorfstr 133,
09623 Nassau

✱✱ Gasthof Conrad
Dorfstr 116, ✉ 09623, ☎ (03 73 27) 71 25,
Fax 13 11, AX DC ED VA
24 Zi, Ez: 55-80, Dz: 90-120, 1 Suite, ⌐ WC
☎, 15✉; 🅿 🚗 1↔20 Fitneßraum ⚓
✱ Hauptgericht 15; Biergarten

✱ Pension Schmidt
♂ Dorfstr 134, ✉ 09623, ☎ (03 73 27) 71 89,
Fax 71 89
9 Zi, Ez: 40-70, Dz: 78-110, ⌐ WC ☎; 🅿 ⚓
Restaurant für Hausgäste

Nastätten 44 ✓

Rheinland-Pfalz — Kreis Rhein-Lahn —
15 300 Ew — St. Goarshausen 13, Wiesbaden 35, Koblenz 35 km
🛈 ☎ (0 67 72) 32 10, Fax 65 60 — Fremdenverkehrsverein e. V., Im Museum,
56355 Nastätten

✱ Oranien
Oranienstr 10, ✉ 56355, ☎ (0 67 72) 10 35,
Fax 29 62, AX ED
Hauptgericht 25; Gartenlokal 🅿; geschl:
Mo, 15.7.-30.7.

Nauheim, Bad

Natternberg siehe Deggendorf

Nattheim 62 →

Baden-Württemberg — Kreis Heidenheim
— 560 m — 6 400 Ew — Heidenheim 8,
Nördlingen 31 km
🛈 ☎ (0 73 21) 9 78 40, Fax 97 84 32 —
Gemeindeverwaltung, Fleinheimer Str 2,
89564 Nattheim. Sehenswert: Korallenmuseum; Martinskirche; St.-Georgs-Kirche im
Ortsteil Auernheim; Petruskirche im Ortsteil Fleinheim

✱ Adlerstube
Neresheimer Str 8-16, ✉ 89564, ☎ (0 73 21)
97 90 11, Fax 97 90 16
10 Zi, Ez: 75, Dz: 130, ⌐ WC ☎; ⊗

Nauheim, Bad 45 ✓

Hessen — Wetteraukreis — 144 m —
28 000 Ew — Friedberg 4, Gießen 29, Frankfurt/Main 40 km
🛈 ☎ (0 60 32) 3 44-0, Fax 34 42 39 — Kurverwaltung, Ludwigstr 20-22, 61231 Bad Nauheim; Heilbad am Ostrand des Taunus.
Sehenswert: Sprudelhof; Kurpark; Salzmuseum; Johannisberg, 268 m ◂, Sternwarte;
Rosenanbaugebiet bei Steinfurth (3 km ↑)

Cityplan siehe Seite 710

**✱✱✱ Best Western
Parkhotel am Kurhaus**
♂ Nördlicher Park 16 (B 1), ✉ 61231,
☎ (0 60 32) 30 30, Fax 33 34 19, AX DC ED VA
146 Zi, Ez: 185-235, Dz: 240-290, S;
13 Suiten, ⌐ WC ☎, 19✉; Lift 🅿 🚗 22↔750
🍴 Fitneßraum Sauna Solarium ⚓
✱✱ Theaterrestaurant
Hauptgericht 30

✱ Sportpark
In der Aue, ✉ 61231, ☎ (0 60 32) 40 04,
Fax 18 15, AX DC ED VA
25 Zi, Ez: 154, Dz: 208, ⌐ WC ☎; Lift 🅿
3↔60 Fitneßraum Sauna Solarium ⊗ ⚓

✱ Brunnenhof
♂ Ludwigstr 13 (C 2), ✉ 61231, ☎ (0 60 32)
20 17, Fax 54 08, AX DC ED VA
26 Zi, Ez: 85-120, Dz: 135-180, 1 Suite,
1 App, WC ☎; Lift 🅿 1↔10; garni

✱ Rex
Reinhardstr 2 (B 2), ✉ 61231, ☎ (0 60 32)
20 47, Fax 20 50, AX DC ED VA
23 Zi, Ez: 112, Dz: 175, ⌐ WC ☎; Lift 🅿 🚗;
Rezeption: 6-21
Restaurant für Hausgäste

✱ Bayerischer Hof
Mittelstr 17, ✉ 61231, ☎ (0 60 32) 9 11 00,
Fax 91 10 20, VA
6 Zi, Ez: 80-100, Dz: 130-150, ⌐ WC ☎; 🅿;
⊗ →

Nauheim, Bad

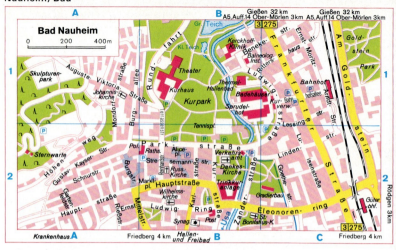

** **Elsass**
Mittelstr 17, ✉ 61231, ☎ (0 60 32) 12 10, AX DC ED VA
Hauptgericht 35; nur abends, so + feiertags auch mittags; geschl: Di

* **La Toscana**
Friedrichstr 8, ✉ 61231, ☎ (0 60 32) 51 21, AX ED
Hauptgericht 30

■ **Café Müller**
Aliceplatz 6 (B 2), ✉ 61231, ☎ (0 60 32) 91 29 00, Fax 91 29 18
geschl: Mo

Steinfurth (4 km ↑)
*** **Herrenhaus von Löw** ♛
♠ Steinfurther Hauptstr 36, ✉ 61231, ☎ (0 60 32) 9 69 50, Fax 96 95 50, AX ED VA
20 Zi, Ez: 190, Dz: 240, WC, 4; P
2◇25 Fitneßraum Sauna Solarium
** Hauptgericht 35; P Terrasse; nur abends, So auch mittags

Naumburg (Saale) 38 ↓

Sachsen-Anhalt — Burgenlandkreis — 120 m — 31 000 Ew — Weißenfels 33, Weimar 39 km
ℹ ☎ (0 34 45) 20 16 14, Fax 26 60 47 — Fremdenverkehrsamt, Markt 6, 06618 Naumburg. Sehenswert: Dom St. Peter und Paul; Stadtkirche "St. Wenzel" mit Hildebrandt-Orgel; Moritzkirche; Othmarskirche; Marientor; Rathaus; Schlößchen; Nietzsche-Haus; Rudelsburg (7 km ↓)

** **Siedlungsklause**
Friedrich-Nietzsche-Str 21, ✉ 06618, ☎ (0 34 45) 7 17 90, Fax 7 17 93 01, ED VA
13 Zi, Ez: 80, Dz: 125, WC, 7; P
1◇50

** **Stadt Aachen**
Markt 11, ✉ 06618, ☎ (0 34 45) 24 70, Fax 24 71 30, AX DC ED VA
38 Zi, Ez: 85-125, Dz: 140-175, 1 Suite, WC ☎; Lift P 1◇60

* **Kaiserhof**
Bahnofstr 35-37, ✉ 06618, ☎ (0 34 45) 24 40, Fax 24 41 00, AX DC ED VA
80 Zi, Ez: 89-109, Dz: 135-155, WC ☎
DFÜ, 24; Lift P Fitneßraum Sauna Solarium 3◇80

* **Zur alten Schmiede**
Lindenring 36-37, ✉ 06618, ☎ (0 34 45) 24 36-0, Fax 24 36-66, AX ED VA
36 Zi, Ez: 85-115, Dz: 110-160, 5 App, WC ☎; Lift 1◇20 Sauna

* **Zum Alten Krug**
Lindenring 44, ✉ 06618, ☎ (0 34 45) 20 04 06, ED VA
9 Zi, Ez: 80, Dz: 110, WC ☎;
geschl: So

Gieckau (8 km ↘)
* **Falkenhof**
Am Trichterholz, ✉ 06618, ☎ (03 44 45) 2 02 76 + 2 14 21, Fax 2 02 76, ED VA
10 Zi, Ez: 98, Dz: 138, 1 Suite, WC P;
garni

Kleinjena-Außerhalb (4,5 km ↘)
* **Kuni's Wasserschlößchen**
♠ an der B 180, ✉ 06618, ☎ (03 44 45) 20 83 37, Fax 20 83 37
6 Zi, Ez: 85-95, Dz: 135, 1 Suite, WC ☎; P
≋ Seezugang

Naunhof 39

Sachsen — Muldentalkreis — 7 050 Ew — Grimma 12, Leipzig 18 km
ℹ ☎ (03 42 93) 42-0, Fax 4 21 68 — Stadtverwaltung, Markt 1, 04683 Naunhof

Neckarwestheim

✱✱ Estrela
♂ Mühlgasse 2, ✉ 04683, ☎ (03 42 93)
3 20 45-48, Fax 3 20 49, AX ED VA
34 Zi, Ez: 105-130, Dz: 130-160, 4 Suiten, ⌐
WC ☎; P 2⇔30 Sauna Solarium 🍴

✱✱ Carolinenhof
Bahnhofstr 32, ✉ 04683, ☎ (03 42 93)
6 13 00, Fax 3 08 35, AX ED
34 Zi, Ez: 89-145, Dz: 165-195, 1 App, ⌐ WC
☎ DFÜ, 7🖂; Lift P 🚗 2⇔50 Sauna
Solarium 🍴
Auch Zimmer der Kategorie ✱ vorhanden

✱ Rosengarten
Nordstr 22, ✉ 04683, ☎ (03 42 93) 4 30,
Fax 2 91 79, ED
29 Zi, Ez: 120-145, Dz: 150-195, ⌐ WC ☎,
1🖂; P 1⇔25 Sauna Solarium
geschl: Ende Dez
Auch Zimmer der Kategorie ✱✱ vorhanden

Naurath (Wald) 52 ↗

Rheinland-Pfalz — Kreis Trier-Saarburg —
300 m — 178 Ew — Trittenheim 8, Hermeskeil 15, Trier 23 km
ℹ ☎ (0 65 03) 80 92 90, Fax 80 92 00 —
Tourist-Information, Langer Markt 17,
54411 Hermeskeil; Ort im Hunsrück

Büdlicherbrück (1 km ↗)
✱✱ Landhaus St. Urban 🍷
einzeln, Haus Nr 1, ☎ (0 65 09)
9 14 00, Fax 91 40 40, AX ED VA
Hauptgericht 50; P Terrasse; geschl: Di,
Mi, 5.1.-25.1.
✱✱   einzeln ♂ 10 Zi, Ez: 90-100,
Dz: 150-180, ⌐ WC ☎; 1⇔80
geschl: 5.-25.1.

Nebel siehe Amrum

Neckargemünd 54 ↘

Baden-Württemberg — Rhein-Neckar-
Kreis — 127 m — 15 000 Ew — Heidelberg 10, Eberbach 17 km
ℹ ☎ (0 62 23) 35 53, Fax 80 42 80 — Fremdenverkehrsamt, Hauptstr 25, 69151 Nek-
kargemünd. Sehenswert: Dilsberg, über
dem Neckartal ◄ (5 km ↗)

Dilsberg (4 km →)
✱ Zur Sonne
Obere Str 14, ✉ 69151, ☎ (0 62 23) 22 10,
Fax 64 52, AX ED VA
Hauptgericht 26; Terrasse

Kleingemünd (1 km ↑)
✱✱ Zum Schwanen
◄ Uferstr 16, ✉ 69151, ☎ (0 62 23) 92 40-0,
Fax 24 13, AX ED VA
20 Zi, Ez: 140-195, Dz: 180-250, 1 Suite, ⌐
WC ☎; P 2⇔25 🍴
✱✱ ◄ Hauptgericht 35

Rainbach (3 km →)
✱✱ Die Rainbach
⊗ Ortsstr 9, ✉ 69151, ☎ (0 62 23) 24 55,
Fax 7 14 91, ED
Hauptgericht 33; Biergarten P Terrasse;
geschl: Mo

Neckarsteinach 54 ↘

Hessen — Kreis Bergstraße — 126 m —
3 957 Ew
ℹ ☎ (0 62 29) 9 20 00, Fax 3 18 — Stadtverwaltung, Hauptstr. 7, 69239 Neckarsteinach

✱✱ Ambtman
⊗ Hirschgasse 1, ✉ 69239, ☎ (0 62 29)
21 15, Fax 21 15, AX ED VA
Hauptgericht 49; nur abends, So auch mittags; geschl: Di

Neckarsulm 61 ↗

Baden-Württemberg — Kreis Heilbronn —
170 m — 26 000 Ew — Heilbronn 6 km
ℹ ☎ (0 71 32) 3 52 08, Fax 3 53 64 — Stadtverwaltung, Marktstr 18, 74172 Neckarsulm. Sehenswert: Kath. Kirche und Rathaus; Deutsches Zweiradmuseum im
ehem. Deutschordensschloß, geöffnet
täglich 9-12 und 13.30-17 (Sa + So durch-
gehend geöffnet)

✱✱ Astron
Sulmstr 2, ✉ 74172, ☎ (0 71 32) 38 80,
Fax 38 81 13, AX DC ED VA
84 Zi, Ez: 139-177, Dz: 161-229, S; 2 Suiten,
⌐ WC ☎, 46🖂; Lift P 🚗 7⇔180 Sauna
Solarium 🍴

✱✱ Ramada
Heiner-Fleischmann-Str 8, im Gewerbegebiet, ✉ 74172, ☎ (0 71 32) 91 00,
Fax 91 04 44, AX DC ED VA
96 Zi, Ez: 157-210, Dz: 200, ⌐ WC ☎ DFÜ,
36🖂; Lift P 🚗 6⇔80
Restaurant für Hausgäste

✱ An der Linde
Stuttgarter Str 11, ✉ 74172, ☎ (0 71 32)
9 86 60, Fax 9 86 62 22, AX ED VA
28 Zi, Ez: 105-145, Dz: 160-188, ⌐ WC ☎; P
1⇔40
geschl: 1.-7.1.
✱✱   Hauptgericht 25; Gartenlokal;
geschl: Fr abends, Sa, 1.1.-1.7.

Neckarwestheim 61 ↗

Baden-Württemberg — Kreis Heilbronn —
266 m — 3 300 Ew — Heilbronn 10 km
ℹ ☎ (0 71 33) 18 40, Fax 1 84 30 — Bürgermeisteramt, Marktplatz 1, 74382 Neckar-
westheim. Sehenswert: Schloß Liebenstein: Kapelle (1 km ↓)

→

Neckarwestheim

* **Am Markt**
✉ 74382, ☎ (0 71 33) 9 81 00, Fax 1 44 23, AX ED VA
14 Zi, Ez: 95, Dz: 140, 2 App, ⌐ WC ☎; Lift
🚗 27 Golf; garni

Neckarwestheim-Außerhalb (1 km ↓)
** **Schlosshotel Liebenstein**
♂ Liebenstein 1, ✉ 74382, ☎ (0 71 33) 9 89 90, Fax 60 45, AX ED VA
24 Zi, Ez: 140-175, Dz: 205-240, ⌐ WC ☎, 11✉; Lift 3✪100 ⚡

*** **Lazuli**
◄ Hauptgericht 40; nur abends; geschl: Sa, So

** **Kurfürst**
◄ Hauptgericht 30

Neckarzimmern 55 ↙

Baden-Württemberg — Neckar-Odenwald-Kreis — 220 m — 1 700 Ew — Mosbach 8, Heilbronn 25 km
🛈 ☎ (0 62 61) 92 31-0, Fax 92 31-30 — Gemeindeverwaltung, Hauptstr 4, 74865 Neckarzimmern. Sehenswert: Burg Hornberg, 251 m ◄ (1 km ↘); Glaskunst; Kaspar und Brost

Neckarzimmern-Außerhalb (1,5 km ↘)
* **Burg Hornberg**
European Castle
◄ ✉ 74865, ☎ (0 62 61) 9 24 60, Fax 92 46 44, ED VA
22 Zi, Ez: 145-180, Dz: 195-250, 2 Suiten, ⌐ WC ☎; 🅿 3✪40 ⚡
geschl: Jan-Feb
Zimmer der Kategorie ****** vorhanden
** **Im Alten Marstall**
European Castle
◄ ⓥ Hauptgericht 31; Terrasse; geschl: Jan, Feb

Neheim-Hüsten siehe Arnsberg

Nehren 43 ↙

Rheinland-Pfalz — Kreis Cochem-Zell — 60 m — 100 Ew — Cochem 9, Zell 17 km
🛈 ☎ (0 26 75) 13 44, Fax 16 43 — Verkehrsamt Moselkrampen, Pelzer Str 1, 56814 Ediger-Eller; Erholungsort an der Mosel.
Sehenswert: Römergräber

* **Quartier Andre**
◄ Moselstr 2, an der B 49, ✉ 56820, ☎ (0 26 73) 40 15, Fax 41 68, AX DC ED VA
9 Zi, Ez: 70, Dz: 120, 4 App, ⌐ WC ☎ DFÜ; 🅿 ⓨ ⚡
geschl: Di, 8.11.-20.12., 4.1.-15.3.

Nellingen 62 ↓

Baden-Württemberg — Alb-Donau-Kreis — 692 m — 1 703 Ew — Laichingen 11, Geislingen 14, Ulm 28 km
🛈 ☎ (0 73 37) 96 30-0, Fax 96 30 90 — Bürgermeisteramt, Schulplatz 17, 89191 Nellingen; Ort auf der Schwäbischen Alb

* **Landgasthof Krone**
Aicher Str 7, ✉ 89191, ☎ (0 73 37) 9 69 60, Fax 96 96 96, AX ED VA
40 Zi, Ez: 50-85, Dz: 85-125, 2 Suiten, 3 App, ⌐ WC ☎, 10✉; Lift 🅿 🚗 3✪60 ⚡
geschl: 24.12.-6.1.
Im Gästehaus Zimmer der Kategorie ****** vorhanden
* Hauptgericht 20; Gartenlokal; geschl: So, 24.12.-10.1.

Nellingen siehe Ostfildern

Nenndorf siehe Rosengarten

Nenndorf, Bad 25 ↘

Niedersachsen — Kreis Schaumburg — 71 m — 10 666 Ew — Stadthagen 12, Hannover 28 km
🛈 ☎ (0 57 23) 34 49, Fax 14 35 — Kur- und Verkehrsverein e. V., Kurhausstr 4, 31542 Bad Nenndorf; Heilbad am Deister

** **Akzent-Hotel Hannover**
Buchenallee 1, ✉ 31542, ☎ (0 57 23) 79 20, Fax 79 23 00, AX ED VA
70 Zi, Ez: 95-300, Dz: 140-330, ⌐ WC ☎ DFÜ, 20✉; Lift 🅿 9✪200 Fitneßraum Sauna Solarium ⓨ ⚡

** **Harms**
♂ Gartenstr 5, ✉ 31542, ☎ (0 57 23) 95 00, Fax 95 02 80, ED VA
60 Zi, Ez: 78-95, Dz: 130-180, 2 App, ⌐ WC ☎; Lift 🅿 🚗 ≋ Sauna Solarium ⚡
Restaurant für Hausgäste; Auch Zimmer der Kategorie ***** vorhanden

* **Parkhotel Deutsches Haus**
Bahnhofstr 22, ✉ 31542, ☎ (0 57 23) 94 37-0, Fax 94 37-5 00, AX DC ED VA
41 Zi, Ez: 75-230, Dz: 110-250, 2 Suiten, 5 App, ⌐ WC ☎ DFÜ, 12✉; Lift 🅿 🚗 3✪40 Fitneßraum Kegeln Sauna ⓨ ⚡

* **Tallymann**
Hauptstr 59, ✉ 31542, ☎ (0 57 23) 61 67, Fax 70 78 69, AX ED VA
52 Zi, Ez: 119, Dz: 139, ⌐ WC ☎, 15✉; Lift 🅿 5✪200 ≋ Kegeln Sauna Solarium ⚡
** Hauptgericht 30; Terrasse; geschl: Do

* **Aparthotel Berlin**
Hauptstr 35a, ✉ 31542, ☎ (0 57 23) 9 45 60, Fax 94 56 99, AX ED VA
31 Zi, Ez: 85-220, Dz: 128-250, 10 App, ⌐ WC ☎, 2✉; Lift 🅿 2✪20 Sauna Solarium

* **Esplanade**
Bahnhofstr 8, ✉ 31542, ☎ (0 57 23) 7 02-4 60, Fax 7 02-5 90, AX ED VA
94 Zi, Ez: 107-285, Dz: 177-355, ⌐ WC ☎, 5✉; Lift 🅿 🚗 12✪550 Fitneßraum Sauna Solarium ⓨ ⚡

* **Schaumburg Diana mit Gästehaus Gartenhaus**
Rodenberger Allee 28, ⊠ 31542, ☎ (0 57 23) 50 94, Fax 35 85, AX DC ED VA
44 Zi, Ez: 105-175, Dz: 150-220, 3 Suiten, ⇨ WC ☎, 4⊠; P 🚗 2⇔25
Auch Zimmer der Kategorie ** vorhanden

* **DLRG Tagungshotel Delphin**
Im Niedernfeld 2, ⊠ 31542, ☎ (0 57 23) 95 51 55, Fax 95 51 99, ED VA
41 Zi, Ez: 75-195, Dz: 125-270, ⇨ WC ☎ DFÜ, 20⊠; P 9⇔120 Sauna ¥☺!
Rezeption: 7-19

* **Wille Minotel**
Rodenberger Allee 23, ⊠ 31542, ☎ (0 57 23) 9 43 40, Fax 94 30 20, AX DC ED VA
25 Zi, Ez: 79-195, Dz: 135-255, ⇨ WC ☎, 5⊠; P 2⇔60 Kegeln ¥☺!

Riepen (3 km ←)
* **Schmiedegasthaus Gehrke**
♂ Riepener Str 21, ⊠ 31542, ☎ (0 57 25) 50 55, Fax 72 82, AX DC VA
19 Zi, Ez: 68-220, Dz: 130-320, ⇨ WC ☎; P 🚗 4⇔300 Kegeln
geschl: 2 Wochen in den niders. Sommerferien
Im Gästehaus Gauther Rouhe Zimmer der Kategorie *** vorhanden
*** **La forge**
Hauptgericht 56; Gartenlokal; nur abends; geschl: Mo + Di, 2 Wochen im Jan, 2 Wochen in den Sommerferien
** **Schmiede-Restaurant**
Hauptgericht 31; Gartenlokal; geschl: Mo, 2 Wochen in den Sommerferien

Waltringhausen (3 km ↗)
* **Deisterblick**
♂ Finkenweg 1, ⊠ 31542, ☎ (0 57 23) 30 36, Fax 46 86
20 Zi, Ez: 85, Dz: 126, ⇨ WC ☎; 1⇔20; garni

Nentershausen 46 ↑

Hessen — Kreis Hersfeld-Rotenburg — 320 m — 3 500 Ew — Sontra 9, Bebra 15 km
🛈 ☎ (0 66 27) 9 20 20, Fax 92 02 20 — Gemeindeverwaltung, Burgstr 2, 36214 Nentershausen; Luftkurort. Sehenswert: Ev. Kirche; Burg Tannenberg; Heimat- und Bergbaumuseum

Weißenhasel (3 km ↑)
* **Johanneshof**
Kupferstr 24, ⊠ 36214, ☎ (0 66 27) 9 20 00, Fax 92 00 99, AX DC ED VA
21 Zi, Ez: 80-90, Dz: 120-165, ⇨ WC ☎; P 2⇔60 ¥☺!

♕ Lobenswerte Hotelleistung

Neppermin siehe Usedom

Neresheim 63 ←

Baden-Württemberg — Ostalbkreis — 500 m — 8 000 Ew — Nördlingen 18, Heidenheim 20, Aalen 24 km
🛈 ☎ (0 73 26) 81 49, Fax 81 46 — Fremdenverkehrsamt, Hauptstr 28, 73450 Neresheim; Erholungsort. Sehenswert: Benediktiner-Abteikirche, Kuppelfresken; Härtsfeld-Museum

Ohmenheim (3 km ↑)
* **Zur Kanne Landidyll**
Brühlstr 2, ⊠ 73450, ☎ (0 73 26) 80 80, Fax 8 08 80, AX DC ED VA
56 Zi, Ez: 77-100, Dz: 98-160, ⇨ WC ☎; Lift P 🚗 4⇔35 Kegeln Sauna
auch einfache Zimmer vorhanden
* Hauptgericht 27

Nesselwang 70 ↘

Bayern — Kreis Ostallgäu — 867 m — 3 500 Ew — Füssen 18, Kempten 24 km
🛈 ☎ (0 83 61) 92 30 40, Fax 92 30 44 — Gästeinformation, Lindenstr 16, 87484 Nesselwang; Luftkurort und Wintersportplatz am Alpenrand

* **Alpenrose Minotel**
◀ Jupiterstr 9, ⊠ 87484, ☎ (0 83 61) 9 20 40, Fax 92 04 40, AX DC ED VA
25 Zi, Ez: 80-120, Dz: 110-170, 9 Suiten, 3 App, ⇨ WC ☎; Lift P 🚗 1⇔25 Sauna Solarium ¥☺! ⚓
auch Zimmer der Kategorie ** vorhanden

* **Post Flair Hotel**
Hauptstr 25, ⊠ 87484, ☎ (0 83 61) 3 09 10, Fax 3 09 73, ED VA
22 Zi, Ez: 72-95, Dz: 140-150, 1 Suite, ⇨ WC ☎; P 🚗 1⇔40 ¥☺!

Netphen 44 ↑

Nordrhein-Westfalen — Kreis Siegen-Wittgenstein — 400 m — 25 500 Ew — Siegen 11, Hilchenbach 16 km
🛈 ☎ (0 27 38) 90 30, Fax 60 31 25 — Gemeindeverwaltung Netphen -Verkehrsamt-, Lahnstr. 47, 57250 Netphen; Erholungsort. Sehenswert: Obernau-Stausee (2 km →); Kohlenmeiler Walpersdorf (10 km →); Siegquelle (16 km →)

Lahnhof (16 km ↘)
* **Forsthaus Lahnquelle**
◀, ⊠ 57250, ☎ (0 27 37) 2 41, Fax 2 43
Hauptgericht 30; P
* einzeln ♂ 22 Zi, Ez: 75-115, Dz: 150-190, ⇨ WC ☎, 9⊠; 4⇔120 Fitneßraum Sauna Solarium

713

Nettetal 32 □

Nordrhein-Westfalen — Kreis Viersen —
60 m — 41 000 Ew — Holländische
Grenze 3, Viersen 13, Krefeld 22 km
🅸 ☎ (0 21 53) 89 86 03, Fax 89 88 98 — Verkehrsamt, im Stadtteil Lobberich,
Hochstr 2, 41334 Nettetal. Sehenswert:
Weiher Kastell; Haus Baerlo; Schaager
Windmühle; Stammenmühle; Haus Bey;
Schloß Krickenbeck; Gut Altenhof; Rokokopavillon; Burg Ingenhoven; Burg Bocholtz;
Kirchen

Breyell
✱✱ Hermitage
Lobbericher Str 51, ⌂ 41334, ☎ (0 21 53)
97 80, Fax 97 81 78, AX DC ED VA
34 Zi, Ez: 130-175, Dz: 140-190, 4 Suiten, ⌁
WC ☎, 3✉; 🅿 3↔80 🍴

Hinsbeck
✱✱ Haus Josten
Wankumer Str 3, ⌂ 41334, ☎ (0 21 53)
9 16 70, Fax 1 31 88, AX DC ED VA
18 Zi, Ez: 95-105, Dz: 140-160, ⌁ WC ☎
DFÜ, 3✉; 🅿 🖥 4↔100
geschl: Mi, 3 Wochen im Jul
✱✱ Hauptgericht 30; Biergarten; nur
abends, so + feiertags auch mittags;
geschl: Mi, 3 Wochen im Jul

Hinsbeck - außerhalb
✱✱ Haus Bey mit Bistro
An Haus Bey 16, ⌂ 41334, ☎ (0 21 53)
91 97 11, DC ED VA
Hauptgericht 37; Biergarten 🅿 Terrasse;
geschl: Mo, 2 Wochen zu Fasching
am Golfplatz

Leuth
✱✱ Leuther Mühle
Hinsbecker Str 34, ⌂ 41334, ☎ (0 21 57)
13 20 61, Fax 13 25 27, AX ED VA
26 Zi, Ez: 105, Dz: 150, ⌁ WC ☎; 🅿 2↔20
Kegeln 🍺
geschl: 21.-28.12.
✱✱ Hauptgericht 39; Terrasse

Lobberich
⌂ Stadt Lobberich
Hochstr 37, ⌂ 41334, ☎ (0 21 53) 51 00,
Fax 8 96 43, AX DC ED VA
15 Zi, Ez: 65, Dz: 110, ⌁ WC ☎; 🅿 🍴

✱✱ Burg Ingenhoven
⌂ 41334, ☎ (0 21 53) 91 25 25, Fax 91 25 26
Hauptgericht 29; 🅿 Terrasse; geschl: Mo,
1.- 9.1.

Lobberich-Außerhalb (3 km ↓)
✱ Zum Schänzchen
Am Schänzchen 5, ⌂ 41334, ☎ (0 21 53)
91 51 70, Fax 91 57 42, AX ED VA
20 Zi, Ez: 85, Dz: 140, ⌁ WC ☎; 🅿 🖥 1↔40
Auch Zimmer der Kategorie ✱✱ vorhanden
✱ Hauptgericht 28

Netzeband 21 ✓

Brandenburg — 60 m — Neuruppin 14,
Wittstock 23 km
🅸 ☎ (03 39 24) 2 06 — Gemeindeverwaltung, Dorfstr 76, 16818 Netzeband

✱ Landhotel Märkische Höfe
Dorfstr 11, ⌂ 16818, ☎ (03 39 24) 89 80,
Fax 8 98 60, ED
28 Zi, Ez: 95-130, Dz: 120-140, 10 App, ⌁
WC ☎, 🖥 5↔120 Sauna Solarium 🍺
Aktiv- und Kreativurlaubsangebote
✱ Die Enklave
Hauptgericht 20; Biergarten Terrasse

Netzen 29 ✓

Brandenburg — Potsdam-Mittelmark —
653 Ew — Brandenburg 13, Potsdam 30 km
🅸 ☎ (0 33 82) 73 07-0 — Gemeinde Netzen
über Amt Lehnin, Friedensstr. 3, 14797 Lehnin

Netzen-Außerhalb (1,5 km →)
✱✱ Seehof
einzeln ☼ ⌂ 14797, ☎ (0 33 82) 7 67-0,
Fax 8 42, AX ED VA
32 Zi, Ez: 80-130, Dz: 120-170, ⌁ WC ☎
DFÜ, 3✉; 🅿 2↔40 Seezugang 🍴 🍺

Neualbenreuth 59 ↖

Bayern — Kreis Tirschenreuth — 557 m —
1 540 Ew — Waldsassen 11, Tirschenreuth
15 km
🅸 ☎ (0 96 38) 93 32 50, Fax 93 32 60 —
Gästeinformation, Marktplatz 10,
95698 Neualbenreuth. Sehenswert: Pfarrkirche, Blendaltar; Wallfahrtskirche „Kleine
Kappl"; Grenzlandturm; Egerländer Fachwerk; Gedenkstein „Mittelpunkt Europas";
Naturfelsen; Heimatmuseum

Ernestgrün (1 km ↓)
✱✱ Schloßhotel Ernestgrün
einzeln ☼ Rothmühle 15, ⌂ 95698,
☎ (0 96 38) 93 00, Fax 93 04 00
67 Zi, Ez: 80-88, Dz: 130-146, 2 Suiten,
1 App, ⌁ WC ☎, 11✉; Lift 🅿 3↔50 ≋ Fitneßraum Sauna Solarium 9Golf
Rezeption: 7-21
✱✱ Hauptgericht 18; Biergarten Terrasse

Neuberg 45 ✓

Hessen — Main-Kinzig-Kreis — 145 m —
5 500 Ew — Langenselbold 6, Hanau 12,
Frankfurt 28 km
🅸 ☎ (0 61 83) 80 10, Fax 8 01 80 — Gemeindeverwaltung, im Ortsteil Ravolzhausen,
Bahnhofstr 21, 63543 Neuberg. Sehenswert: Ev. Kirche; Wehrkirchhof im Ortsteil
Ravolzhausen; ev. Kirche und Johanniterkommende im Ortsteil Rüdigheim

Neubrandenburg

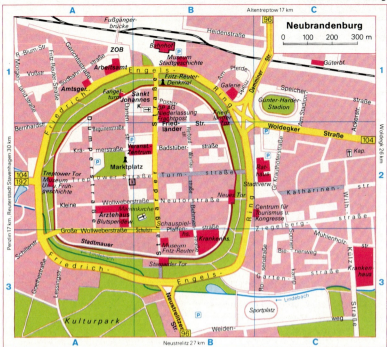

Ravolzhausen
** Bei den Tongruben
Im Unterfeld 19, ✉ 63543, ☎ (0 61 83) 20 40,
Fax 7 41 31, AX DC ED VA
28 Zi, Ez: 98-120, Dz: 130-170, ⌐ WC ☎,
7✉; 1⇆20 Sauna; **garni**
geschl: 20.12.-4.1.

Neubeuern 72 ↘

Bayern — Kreis Rosenheim — 487 m —
4 000 Ew — Raubling 4, Rosenheim 11 km
ℹ ☎ (0 80 35) 20 15, Fax 20 17 — Verkehrsamt, Marktplatz 4, 83115 Neubeuern; Erho-
lungs- und Ferienort am Alpenrand

* Burghotel
◁ Marktplatz 23, ✉ 83115, ☎ (0 80 35)
24 56, Fax 13 12, AX DC ED VA
16 Zi, Ez: 70-110, Dz: 120-170, ⌐ WC ☎; Lift
Sauna Solarium
* Burgdacherl
◁ Hauptgericht 22; Biergarten; geschl: Mo

Neubiberg 72 □

Bayern — Kreis München — 554 m —
9 765 Ew — München 12, Rosenheim 50 km
ℹ ☎ (0 89) 60 01 20, Fax 6 01 17 38 —
Gemeindeverwaltung, Rathausplatz 12,
85579 Neubiberg

* Rheingoldhof
♂ Rheingoldstr 4, ✉ 85579, ☎ (0 89)
6 60 04 40, Fax 66 00 44 55, ED VA
18 Zi, Ez: 88-145, Dz: 140-198, ⌐ WC ☎; **P**;
garni
geschl: 19.12.-15.1.

Neubrandenburg 21 ↗

Mecklenburg-Vorpommern — Stadt Neubrandenburg — 40 m — 78 000 Ew —
Rostock 117, Berlin 138 km
ℹ ☎ (03 95) 1 94 33, Fax 5 82 22 67 — Tourist-Information, Marktplatz, 17033 Neubrandenburg. Sehenswert: Stadt der vier
Tore, Stadtbefestigung mit Neuem Tor,
Friedländer Tor, Stargarder Tor und Treptower Tor; Stadtkirche St. Marien; Franziskaner-Klosterkirche St. Johannes; Spitalkapelle St. Georg; Wiekhäuser

** Radisson SAS
Treptower Str 1 (A 2), ✉ 17033, ☎ (03 95)
5 58 60, Fax 5 58 66 05, AX DC ED VA
180 Zi, Ez: 155-195, Dz: 185-225, S;
10 Suiten, ⌐ WC ☎, 46✉; Lift **P** 4⇆110 🍴
** Vier Tore
Hauptgericht 25; Gartenlokal →

♂ Betrieb verfügt über eine Anzahl ruhiger
Zimmer

Neubrandenburg

** Andersen Hotel
Große Krauthöfer Str 1 (C 2), ✉ 17033,
☏ (03 95) 55 60, Fax 5 56 26 82, AX DC ED VA
180 Zi, Ez: 99-125, Dz: 128-150, S; 5 Suiten,
⊿ WC ☏, 28🝰; Lift 🚗 5⇔170 Kegeln
Sauna Solarium 🍽 🍺

** St. Georg
Sankt Georg 6, ✉ 17033, ☏ (03 95)
5 44 37 88, Fax 5 60 70 50, AX DC ED VA
27 Zi, Ez: 100-115, Dz: 130-140, 4 Suiten, ⊿
WC ☏, 🅿 1⇔20 Sauna Solarium 🍽 🍺
Auch Zimmer der Kategorie ***** vorhanden

* Borchert
Friedrich-Engels-Ring 40 (A 3), ✉ 17033,
☏ (03 95) 5 44 20 03, Fax 5 44 20 04, ED
30 Zi, Ez: 98-125, Dz: 128-154, 1 Suite, ⊿
WC ☏;
Auch Zimmer der Kategorie ****** vorhanden
** Hauptgericht 18

* Jahnke
Rostocker Str 12, ✉ 17033, ☏ (03 95)
58 17 00, Fax 5 81 70 10
19 Zi, Ez: 95, Dz: 120-135, ⊿ WC ☏; Fitneßraum; garni
Auch Zimmer der Kategorie ****** vorhanden

* Weinert
Ziegelbergstr 23, ✉ 17033, ☏ (03 95)
58 12 30, Fax 5 81 23 11, AX DC ED VA
18 Zi, Ez: 80-115, Dz: 100-130, ⊿ WC ☏; 🅿
1⇔20; garni

* Gasthaus Werderbruch
Lessingstr 14 (A 3), ✉ 17033, ☏ (03 95)
5 82 37 95, Fax 5 82 37 95, ED
Hauptgericht 20; 🅿 Terrasse

🍺 Café im Reuterhaus
Stargarder Str 35 (B 2), ✉ 17033, ☏ (03 95)
5 82 32 45, Fax 5 82 32 45
Hauptgericht 22

Weitin (4 km ↘)
* Horizont
Otto-von-Guericke-Str 7, ✉ 17033,
☏ (03 95) 5 69 84 28, Fax 5 69 81 97,
AX DC ED VA
71 Zi, Ez: 70-109, Dz: 90-150, ⊿ WC ☏; 🅿 🚗
4⇔100 Fitneßraum Sauna Solarium 🍽
geschl: 19.-29.12.
Auch Zimmer der Kategorie ****** vorhanden

Neubrunn 55→

Bayern — Kreis Würzburg — 290 m —
2 460 Ew — Wertheim 14, Tauberbischofsheim 18, Würzburg 23 km
ℹ ☏ (0 93 07) 14 00, Fax 81 88 — Gemeindeverwaltung, Hauptstr 27, 97277 Neubrunn

Böttigheim (2 km ↓)
* Berghof
einzeln ☽ ✥ Neubrunner Weg 15, ✉ 97277,
☏ (0 93 49) 12 48, Fax 14 69
13 Zi, Ez: 52-62, Dz: 95-105, ⊿ WC ☏; 🍽
geschl: Mo, Mitte Jan-Mitte Feb

Neubukow 12↙

Mecklenburg-Vorpommern — Kreis Bad
Doberan — 40 m — 4 720 Ew — Bad Doberan 13, Wismar 23 km
ℹ ☏ (03 82 94) 5 23, Fax 5 22 — Tourist-
Information, Mühlenstr 7, 18233 Neubu-
kow. Sehenswert: Heinrich-Schliemann-
Gedenkstätte, Holländer-Windmühle

Jörnsdorf (3 km ↗)
* Störtebeker
an der B 105, ✉ 18233, ☏ (03 82 94) 71 09,
Fax 71 60, ED VA
30 Zi, Ez: 45-115, Dz: 120-145, 1 Suite, ⊿
WC ☏; 🅿 1⇔40 🍽 🍺

Neuburg a. d. Donau 64←

Bayern — Kreis Neuburg-Schrobenhausen
— 383 m — 27 700 Ew — Ingolstadt 23,
Donauwörth 34 km
ℹ ☏ (0 84 31) 5 52 40, Fax 5 52 42 — Information, Residenzstr A 65, 86633 Neuburg a.
d. Donau. Sehenswert: Ehem. Hofkirche;
Schloß; Rathaus; Mauergürtel; Wallfahrtskirche Heiligkreuz im Stadtteil Bergen
(8 km ↘)

** Am Fluß
Ingolstadter Str 2, an der Donaubrücke,
✉ 86633, ☏ (0 84 31) 6 78 60, Fax 67 68 30,
ED VA
22 Zi, Ez: 95-120, Dz: 140-180, 1 App, ⊿ WC
☏; 🅿 🚗 1⇔35 Sauna Solarium 18Golf;
garni 🍺
Rezeption: 7-21

* Bergbauer
Fünfzehnerstr 11, ✉ 86633, ☏ (0 84 31)
4 70 95, Fax 4 70 90, ED VA
22 Zi, Ez: 70-115, Dz: 120-170, ⊿ WC ☏;
Sauna Solarium
* Hauptgericht 20; Biergarten;
geschl: Fr, Sa

* Kieferlbräu
Eybstr 32, ✉ 86633, ☏ (0 84 31) 6 73 40,
Fax 67 34 44, AX ED VA
23 Zi, Ez: 55-78, Dz: 90-107, ⊿ WC ☏; 🅿
1⇔55 🍽

🛏 Hotel Garni
Schrannenplatz C 153 1/2, ✉ 86633,
☏ (0 84 31) 67 21-0, Fax 4 17 99, ED
13 Zi, Ez: 60, Dz: 90, ⊿ WC ☏; **garni**
Rezeption: 6-18; geschl: 23.12.-6.1.

Bergen (8 km ↘)
** **Zum Klosterbräu**
Flair Hotel
Kirchplatz 1, ✉ 86633, ☎ (0 84 31) 67 75-0, Fax 4 11 20, ED VA
27 Zi, Ez: 75-102, Dz: 105-152, ⊣ WC ☎; Lift 🅿 🚗 1⇄50 Fitneßraum Sauna 2Tennis 🟰
geschl: Ende Dez-Mitte Jan, 1 Woche Ende Aug
Auch Zimmer der Kategorie * vorhanden
* Hauptgericht 20; Gartenlokal;
geschl: So abends, Mo, Ende Dez-Mitte Jan, 1 Woche Ende Aug

Bittenbrunn (1,5 km ↘)
🛏 **Kirchbaur Hof**
Monheimer Str 119, ✉ 86633, ☎ (0 84 31) 25 32+61 99 80, Fax 4 11 22
31 Zi, Ez: 60-110, Dz: 90-150, ⊣ WC ☎; 🅿 🚗 2⇄50 18Golf 🍽 🟰
geschl: 24.12.-3.1. u. 2 Wochen im Aug 99

Neuburg a. Inn 66 ↘

Bayern — Kreis Passau — 430 m — 3 480 Ew — Passau 13 km
ℹ ☎ (0 85 02) 9 00 80, Fax 90 08 30 — Gemeindeverwaltung, Raiffeisenstr 6, 94127 Neuburg a. Inn. Sehenswert: Schloß

Dommelstadl (1 km ↘)
* **Kreuzhuber**
Passauer Str 36, ✉ 94127, ☎ (0 85 07) 2 40, Fax 4 15
29 Zi, Ez: 50-52, Dz: 90-110, 2 Suiten, ⊣ WC; 🅿 🚗 Sauna 🍽

Neukirchen (6 km ↘)
* **Wirtshaus Beim Bräu**
Kirchplatz 7, ✉ 94127, ☎ (0 85 02) 4 00, Fax 2 48, ED
Hauptgericht 19; Biergarten 🅿; geschl: Jan-Mär Mo + Di, Mär-Dez Di, 10.1.-2.2.

Neudrossenfeld 57 ↗

Bayern — Kreis Kulmbach — 385 m — 3 200 Ew — Kulmbach 9, Bayreuth 11 km
ℹ ☎ (0 92 03) 99 30, Fax 9 93 19 — Gemeindeverwaltung, Adam-Seiler-Str 1, 95512 Neudrossenfeld. Sehenswert: Markgrafenkirche; ev. Kirche Langenstadt; Schloß, Terrassengärten

Altdrossenfeld (0,5 km ↙)
* **Brauerei-Gasthof Schnupp**
Altdrossenfeld 8, ✉ 95512, ☎ (0 92 03) 9 92-0, Fax 9 92 50, AX ED VA
27 Zi, Ez: 82-160, Dz: 118-230, 2 Suiten, ⊣ WC ☎, 8🛏; Lift 🅿 🚗 2⇄80
Im Brauhaus auch Zimmer der Kategorie ****** vorhanden
* Hauptgericht 15; Biergarten

Neuenahr-Ahrweiler, Bad 43 ←

Rheinland-Pfalz — Kreis Ahrweiler — 100 m — 28 000 Ew — Bonn 25, Euskirchen 32, Koblenz 42 km
ℹ ☎ (0 26 41) 97 73 50, Fax 2 97 58 — Kur- und Verkehrsverein, im Stadtteil Bad Neuenahr, Hauptstr 60, 53474 Bad Neuenahr-Ahrweiler; Mineralheilbad im Rotweintal der Ahr; Kreisstadt; Spielbank. Sehenswert: Stadtbefestigung, Tore, Türme; Museum Roemervilla

****** Rodderhof
Oberhutstr 48, ✉ 53474, ☎ (0 26 41) 39 90, Fax 39 93 33, AX DC ED VA
49 Zi, Ez: 125-145, Dz: 190-210, ⊣ WC ☎; Lift 🅿 🚗 4⇄25 Fitneßraum Sauna 18Golf 🍽
Auch Zimmer der Kategorie ****** vorhanden

Ahrweiler
* **Zum Stern**
Marktplatz 9, ✉ 53474, ☎ (0 26 41) 9 78 90, Fax 97 89 55, AX DC ED VA
19 Zi, Ez: 110, Dz: 180, ⊣ WC ☎; 🍽

* **Zum Ännchen**
⌬ Niederhutstr 11, ✉ 53474, ☎ (0 26 41) 9 77 70, Fax 97 77 99, AX DC ED VA
23 Zi, Ez: 80-85, Dz: 125-130, ⊣ WC ☎; Lift 🅿 🍽

** **Gasthaus Prümer Hof, Ahrweinstuben**
⌘ Markt 12, ✉ 53474, ☎ (0 26 41) 47 57, Fax 90 12 18, ED VA
Hauptgericht 32; Terrasse; geschl: Mo, 1.1.-15.1.

* **Altes Zunfthaus**
⌘ Oberhutstr 34, ✉ 53474, ☎ (0 26 41) 47 51, Fax 3 76 42, AX DC ED VA
Hauptgericht 35; 🅿; geschl: Mo, 2 Wochen in den Sommerferien

* **Historisches Gasthaus Eifelstube**
⌘ Ahrhutstr 6, ✉ 53474, ☎ (0 26 41) 3 48 50, Fax 3 60 22, ED
Hauptgericht 29; geschl: Di, Mi

Ahrweiler-Außerhalb (1 km ←)
** **Hohenzollern**
einzeln ⌬ ◁ Silberberg 50, ✉ 53474, ☎ (0 26 41) 97 30, Fax 59 97, DC ED VA
25 Zi, Ez: 90-125, Dz: 140-230, ⊣ WC ☎, 20🛏; Lift 🅿 1⇄30 🚗
Auch Zimmer der Kategorie ***** vorhanden
*** ◁ Hauptgericht 35; Biergarten Terrasse →

🚗 Unterstellmöglichkeiten für Fahrzeuge oder Einzelgaragen

Neuenahr-Ahrweiler, Bad

Heppingen (2 km →)
Steinheuers
Zur alten Post
Landskroner Str 110, ✉ 53474, ☎ (0 26 41) 70 11, Fax 70 13
✳✳✳ **Steinheuers**
L'Art de Vivre-Restaurant
Hauptgericht 50; geschl: Di, Mi mittags, 3 Wochen im Jul-Aug
✳✳ **Zur Alten Post**
6 Zi, Ez: 160, Dz: 240-260, ⌐ WC ☎; P 🚗 18Golf
✳✳ **Landgasthof Poststuben**
Hauptgericht 30; geschl: Di, Mi mittags

Neuenahr, Bad
✳✳✳ **Steigenberger**
◂ Kurgartenstr 1, ✉ 53474, ☎ (0 26 41) 94 10, Fax 70 01, AX DC ED VA
211 Zi, Ez: 195-235, Dz: 320-360, S;
13 Suiten, ⌐ WC ☎, 80🅿; Lift P 13⇔800 ⌂ Sauna
Auch Zimmer der Kategorie ✳✳✳✳ vorhanden
✳✳ **Parkrestaurant**
Hauptgericht 30; Terrasse
✳✳ **Kurhaus-Restaurant**
Hauptgericht 30; Biergarten; geschl: Mo, Di

✳✳✳ **Dorint**
Parkhotel & Kongress-Zentrum
⚘ Am Dahliengarten, ✉ 53474, ☎ (0 26 41) 89 50, Fax 89 58 34, AX DC ED VA
250 Zi, Ez: 185-250, Dz: 235-300, S; 9 Suiten, ⌐ WC ☎, 60🅿; Lift P 🚗 28⇔800 ⌂ Fitneßraum Kegeln Sauna Solarium 18Golf
✳✳ ◂ Hauptgericht 32; Terrasse

✳✳ **Villa Aurora**
Georg-Kreuzberg-Str 8, ✉ 53474, ☎ (0 26 41) 94 32 00, Fax 94 32 00, AX DC ED VA
52 Zi, Ez: 115-180, Dz: 230-290, 4 Suiten, ⌐ WC ☎; Lift P 🚗 1⇔20 ⌂ Sauna Solarium
geschl: Mitte Nov-Mitte Dez
Restaurant für Hausgäste; Auch Zimmer der Kategorie ✳✳✳ vorhanden

✳✳ **Ringhotel Giffels**
Goldener Anker
Mittelstr 14, ✉ 53474, ☎ (0 26 41) 80 40, Fax 8 04-4 00, AX DC ED VA
80 Zi, Ez: 119-210, Dz: 190-295, S; 4 Suiten, ⌐ WC ☎, 5🅿; Lift P 🚗 6⇔250 ⌂ Fitneßraum Kegeln Sauna Solarium 18Golf
✳✳ Hauptgericht 35; Gartenlokal Terrasse

✳✳ **Fürstenberg mit**
Beethovenhaus
Mittelstr 4-6, ✉ 53474, ☎ (0 26 41) 9 40 70, Fax 94 07 11, AX
27 Zi, Ez: 85-90, Dz: 149-180, ⌐ WC ☎; Lift P 🍴

✳ **Ahrbella**
Hauptstr 45, ✉ 53474, ☎ (0 26 41) 7 50 30, Fax 75 03 50, ED
13 Zi, Ez: 75-85, Dz: 130-140, ⌐ WC ☎; P 🚗; garni s

✳✳ **Idille**
◂ Am Johannisberg 101, ✉ 53474, ☎ (0 26 41) 2 84 29, Fax 2 50 09
Hauptgericht 33; P Terrasse; geschl: Mo, Di, 1.1.-15.1.

✳ **Milano da Gianni**
Kreuzstr 8 c, ✉ 53474, ☎ (0 26 41) 2 43 75, AX DC ED VA
Hauptgericht 28

Café Küpper
Konditorei Im Hofgarten
Poststr 2, ✉ 53474, ☎ (0 26 41) 66 68, Fax 94 05 50

Walporzheim (2 km ←)
Romantik Restaurant
Brogsitter's Sanct Peter
Walporzheimer Str 134, ✉ 53474, ☎ (0 26 41) 9 77 50, Fax 97 75 25, AX DC ED VA
✳✳✳ Hauptgericht 45; Gartenlokal P Terrasse

Neuenbürg 61 ←

Baden-Württemberg — Enzkreis — 360 m — 8 000 Ew — Pforzheim 10, Wildbad 16 km
ℹ ☎ (0 70 82) 79 10-0, Fax 79 10-65 — Stadtverwaltung, Rathausstr 2, 75305 Neuenbürg

Neuenbürg-Außerhalb (5 km ↙)
✳✳ **Zur alten Mühle**
einzeln ⚘ Im Gänsebrunnen, ✉ 75305, ☎ (0 70 82) 9 24 00, Fax 92 40 99, AX DC ED VA
26 Zi, Ez: 93, Dz: 148, ⌐ WC ☎, 5🅿; Lift 2⇔25 Bowling
✳✳ einzeln, Hauptgericht 35;
Eigene Fischzucht

Neuenburg am Rhein 67 ↙

Baden-Württemberg — Kreis Breisgau-Hochschwarzwald — 229 m — 10 266 Ew — Müllheim 6, Basel 32, Freiburg 33 km
ℹ ☎ (0 76 31) 7 91-0, Fax 7 22 13 — Stadtverwaltung, Rathausplatz 5, 79395 Neuenburg am Rhein; Stadt am Oberrhein, Straßenbrücke nach Frankreich

✳ **Am Stadthaus**
Marktplatz 1, ✉ 79395, ☎ (0 76 31) 7 90 00, Fax 78 37, AX ED VA
24 Zi, Ez: 91-96, Dz: 142-152, ⌐ WC ☎, 4🅿; Lift P; garni
geschl: Mitte Dez-Mitte Jan

Neuenstein Hohenlohekreis

* **Krone**
 Breisacher Str 1, ✉ 79395, ☎ (0 76 31) 78 04, Fax 78 03, DC ED VA
28 Zi, Ez: 88-100, Dz: 130-140, 1 Suite, 1 App, ⌐WC ☎, 4✉; Lift P 🍴 ⑂

* **Anika**
Freiburger Str 2a, ✉ 79395, ☎ (0 76 31) 79 09-0, Fax 7 39 56, AX ED VA
32 Zi, Ez: 60-100, Dz: 110-150, WC ☎, 4✉; P 🍴; garni

Neuendettelsau 57 ↙

Bayern — Kreis Ansbach — 437 m — 7 800 Ew — Heilsbronn 6, Windsbach 7, Ansbach 17 km
ℹ ☎ (0 98 74) 50 20, Fax 5 02 47 — Gemeindeverwaltung, Johann-Flierl-Str 19, 91564 Neuendettelsau. Sehenswert: Ev. theol. Hochschule; Missionsmuseum; Zollhundeschule; Hostienbäckerei

* **Gasthof Sonne**
Hauptstr 43, ✉ 91564, ☎ (0 98 74) 50 80, Fax 5 08 18, AX ED VA
37 Zi, Ez: 55-85, Dz: 100-150, ⌐WC ☎ DFÜ; Lift P 🍴 4⌂150 Kegeln ⚓
geschl: 2.-10.1., 9.-31.8.
* Hauptgericht 20; Terrasse;
geschl: Mo mittags, 2.1.-10.1., 9.8.-31.8.

Neuenhaus 23 ▢

Niedersachsen — Kreis Grafschaft Bentheim — 17 m — 8 215 Ew — Nordhorn 10, Lingen 25 km
ℹ ☎ (0 59 41) 9 11-0, Fax 9 11-2 60 — Stadtverwaltung, Veldhausener Str 26, 49828 Neuenhaus. Sehenswert: Ref. Kirche; Rathaus

** **Haus Brünemann**
Kirchstr 11, ✉ 49828, ☎ (0 59 41) 50 25, Fax 45 95, AX DC ED VA
Hauptgericht 35
** 7 Zi, Ez: 85, Dz: 150, ⌐WC ☎;
1⌂40

Neuenkirchen 13 ↘
Kr. Ostvorpommern

Mecklenburg-Vorpommern — Kreis Ostvorpommern — 7 m — 1 306 Ew — Greifswald 4 km
ℹ ☎ (0 38 34) 34 60 — Greifswald-Information, Schuhhagen 126, 17498 Greifswald

** **Stettiner Hof**
Theodor-Körner-Str 20, ✉ 17498, ☎ (0 38 34) 89 96 24, Fax 89 96 27, AX DC ED VA
23 Zi, Ez: 80-130, Dz: 120-160, 1 Suite, ⌐WC ☎; P 1⌂25 ⚓
** Hauptgericht 13

Neuenkirchen 18 ↙
Kr. Soltau-Fallingbostel

Niedersachsen — Kreis Soltau-Fallingbostel — 70 m — 5 576 Ew — Soltau 11, Visselhövede 10, Schneverdingen 11 km
ℹ ☎ (0 51 95) 51 39, Fax 51 28 — Tourist-Information, Kirchstr 9, 29643 Neuenkirchen; Luftkurort. Sehenswert: Stallanlage, Heidschnuckenherde; Schroers-Hof

🛏 **Tödter's Hotel**
Hauptstr 2, ✉ 29643, ☎ (0 51 95) 12 47, Fax 12 98
12 Zi, Ez: 65, Dz: 120, ⌐WC ☎; P 🍴 3⌂60 Kegeln ⑂

Tewel (4 km ↘)
** **Landhaus Tewel**
Dorfstr 17, an der B 71, ✉ 29643, ☎ (0 51 95) 18 57, Fax 27 46, AX DC ED VA
Hauptgericht 25; Biergarten P; geschl: Di (Nov-April), Mo, Jan
* 7 Zi, Ez: 65-75, Dz: 100-120, ⌐WC ☎
geschl: Mo, Jan 99

Neuenkirchen 23 ↘
Kr. Steinfurt

Nordrhein-Westfalen — Kreis Steinfurt — 84 m — 12 500 Ew — Rheine 7, Steinfurt 14, Emsdetten 15 km
ℹ ☎ (0 59 73) 54 54, Fax 57 92 — Verkehrsverein, Alphons-Hecking-Platz 1, 48485 Neuenkirchen

** **Kleines Restaurant Thies** ✤
Sutrum-Harum 9, ✉ 48485, ☎ (0 59 73) 27 09, Fax 7 80
Hauptgericht 35; Gartenlokal P; nur abends; geschl: Mo + Di, 23.12.-30.12. Osterferien, 1 Woche im Juli

** **Wilminks Parkhotel
Landidyll Hotel**
Wettringer Str 46, ✉ 48485, ☎ (0 59 73) 94 96-0, Fax 18 17, AX DC ED VA
30 Zi, Ez: 120, Dz: 155-170, ⌐WC ☎, 5✉; P 🍴 4⌂60 Sauna Solarium 2Tennis
Auch Zimmer der Kategorie * vorhanden
** Hauptgericht 30

Neuenstein 62 ↘
Hohenlohekreis

Baden-Württemberg — Hohenlohekreis — 284 m — 6 000 Ew — Öhringen 4, Heilbronn 28 km
ℹ ☎ (0 79 42) 10 50, Fax 1 05 66 — Stadtverwaltung, Schloßstr 20, 74632 Neuenstein. Sehenswert: Renaissance-Schloß, Möbel-, Bilder-, Waffensammlung, Kunstkammer; Hohenlohe Zentralarchiv; historischer Stadtkern; Burgruine Neufels; Kirche zur Heiligen Maria in Kesselfeld →

Neuenstein Hohenlohekreis

∗ Café am Schloß
Hintere Str 18, ✉ 74632, ☎ (0 79 42) 20 95,
Fax 40 84, AX DC ED VA
11 Zi, Ez: 85, Dz: 130, ⊣ WC ☎; **P** Kegeln ❘○❘
🍺
Auch Zimmer der Kategorie **∗∗** vorhanden

∗∗ Goldene Sonne
Vorstadt 2, ✉ 74632, ☎ (0 79 42) 30 55
Hauptgericht 34; geschl: Mo, 1 Woche im Jan

Neuenstein Kr. Hersfeld-Rotenburg 46 ↖

Hessen — Kreis Hersfeld-Rotenburg —
350 m — 3 530 Ew — Hersfeld 12, Homberg 20 km
i ☎ (0 66 77) 92 10-0, Fax 92 10-21 — Verkehrsamt, im Ortsteil Aua, Freiherr-vom-Stein-Str 5, 36286 Neuenstein; Ort im Knüllgebirge

Aua
∗ Landgasthof Hess
Geistalstr 8, ✉ 36286, ☎ (0 66 77) 4 44,
Fax 13 22, AX DC ED VA
47 Zi, Ez: 75-130, Dz: 110-200, ⊣ WC ☎,
5✉; Lift 4⇔60 Sauna Solarium ❘○❘ 🍺

Neufahrn b. Freising 72 ↑

Bayern — Kreis Freising — 463 m —
17 000 Ew — Freising 13, München 22 km
i ☎ (0 81 65) 60 70, Fax 6 22 88 — Gemeindeverwaltung, Bahnhofstr 32, 85375 Neufahrn. Sehenswert: Kath. Kirche

∗∗ Landhotel Amadeus
Dietersheimer Str 58, ✉ 85375, ☎ (0 81 65) 63 00, Fax 63 01 00, AX DC ED VA
154 Zi, Ez: 128-178, Dz: 158-248, ⊣ WC ☎,
19✉; Lift **P** 🚗 4⇔60 Fitneßraum Sauna Solarium ❘○❘

∗∗ Maisberger
Bahnhofstr 54, ✉ 85375, ☎ (0 81 65)
6 20 03, Fax 6 11 90, AX DC ED VA
39 Zi, Ez: 100-140, Dz: 140-200, ⊣ WC ☎;
Lift 1⇔20 Sauna ❘○❘

∗∗ Gumberger
Echinger Str 1, ✉ 85375, ☎ (0 81 65) 94 80,
Fax 94 84 99, AX DC ED VA
55 Zi, Ez: 110-140, Dz: 140-180, ⊣ WC ☎;
Lift **P** 🚗 3⇔150 Kegeln ❘○❘
geschl: 24.12.-2.1., 8.-21.8.

Neufahrn i. NB. 65 ←

Bayern — Kreis Landshut (Land) — 400 m
— 4 051 Ew — Landshut 25, Regensburg 35 km
i ☎ (0 87 73) 96 06-0, Fax 15 65 — Gemeindeverwaltung, Hauptstr 40, 84088 Neufahrn

∗∗ Schloßhotel European Castle
Schloßweg 2, ✉ 84088, ☎ (0 87 73) 70 90,
Fax 15 59, AX DC ED VA
60 Zi, Ez: 110-140, Dz: 180-220, ⊣ WC ☎;
4⇔150 Fitneßraum Sauna Solarium
Auch Zimmer der Kategorie **∗** vorhanden

∗∗ Montgelas
Hauptgericht 30; Gartenlokal **P** Terrasse;
geschl: So abends, 1. Woche im Jan

Neuferchau 27 □

Sachsen-Anhalt — Kreis Altmarkkreis Salzwedel — 60 m — 430 Ew — Klötze 10, Wolfsburg 16 km
i — Tourist-Information, 38486 Neuferchau

∗ Landhaus Birkenmoor
Kuseyer Str 1, ✉ 38486, ☎ (03 90 08) 7 61,
Fax 7 62
13 Zi, Ez: 65-100, Dz: 120, 1 App, ⊣ WC ☎;
P 🚗
geschl: 21.12.-2.1.

Neuffen 61 ↘

Baden-Württemberg — Kreis Esslingen —
408 m — 6 000 Ew — Metzingen 9, Nürtingen 10, Bad Urach 13 km
i ☎ (0 70 25) 10 60, Fax 50 07 — Stadtverwaltung, Hauptstr 19, 72639 Neuffen.
Sehenswert: Ev. Kirche; Rathaus; Burgruine Hohenneuffen, 743 m ⦅ (12 km →)

∗ Traube
Hauptstr 24, ✉ 72639, ☎ (0 70 25) 9 20 90,
Fax 92 09 29, AX DC ED VA
Hauptgericht 28; Gartenlokal **P**; geschl:
Sa+Fr abends
∗∗ 16 Zi, Ez: 90-120, Dz: 150,
2 Suiten, ⊣ WC ☎; 🚗 Sauna

Neu Golm 31 ↙

Brandenburg — Kreis Fürstenwalde — 30 m
— 285 Ew — Bad Saarow-Pieskow 2, Fürstenwalde 6 km
i ☎ (03 36 31) 21 23 — Gemeindeverwaltung, Dorfstr, 15526 Neu Golm

∗∗ Landhaus Neu Golm
♣ Dorfstr 4, ✉ 15526, ☎ (03 36 31) 20 77,
Fax 20 69, AX ED VA
22 Zi, Ez: 75-85, Dz: 100-125, ⊣ WC ☎; **P**
2⇔50 ❘○❘
geschl: 24.12.-30.12.

Neuhardenberg 31 ↖

Brandenburg — Seelow 13, Strausberg 28 km
i ☎ (03 34 76) 5 09 39 — Amtsverwaltung, Karl-Marx-Allee 119, 15320 Neuhardenberg

Wulkow (2,5 km ↓)
*** Parkhotel Schloß Wulkow
♂ ⊠ 15320, ☏ (03 34 76) 5 80, Fax 5 84 44, AX DC ED VA
50 Zi, Ez: 88-148, Dz: 128-198, ⊣ WC ☎ DFÜ; Lift ℙ 4⇔150 Fitneßraum Sauna Solarium 36Golf ⓘ◯ι ☜
Im Schloß auch Zimmer der Kategorie **, in der Remise Zimmer der Kategorie * vorhanden

Neuharlingersiel 16 ↖

Niedersachsen — Kreis Wittmund — 5 m — 1 200 Ew — Esens 9 km
ⓘ ☏ (0 49 74) 1 88 12, Fax 7 88 — Kurverein, Hafenzufahrt West 1, 26427 Neuharlingersiel; Kleines Nordseebad und Fischerdorf.
Sehenswert: Buddelschiffmuseum
Achtung: Überfahrt nach Spiekeroog, ⓘ Fährbüro, ☏ (0 49 74) 2 14

* Mingers Hotel
◁ Am Hafen West 1, ⊠ 26427, ☏ (0 49 74) 9 13-0, Fax 14 80
26 Zi, Ez: 99-125, Dz: 172-200, 8 App, ⊣ WC ☎; ℙ 🚗 ⓘ◯ι
Rezeption: 8-12, 14-21; geschl: Mi, 15.11.-15.3.
Auch Zimmer der Kategorie ** vorhanden

* Janssens Hotel
◁ Am Hafen West 1, ⊠ 26427, ☏ (0 49 74) 9 19 50, Fax 7 02, AX DC ED
27 Zi, Ez: 105-125, Dz: 148-168, ⊣ WC ☎ DFÜ; Lift ℙ Seezugang Solarium
geschl: 10.1.-10.2., 30.11.-25.12.
Restaurant für Hausgäste

** Poggenstool
Addenhausen 1, ⊠ 26427, ☏ (0 49 74) 9 19 10, Fax 91 91 20
Hauptgericht 40; Gartenlokal ℙ; geschl: Mo abends, Di
* 7 Zi, Ez: 85-100, Dz: 158-206, 1 Suite, ⊣ WC ☎, 2🛁; 🚗 1⇔14 Seezugang
geschl: Di

Neuhaus a. Inn 66 ↘

Bayern — Kreis Passau — 310 m — 3 700 Ew — Pocking 10, Passau 20 km
ⓘ ☏ (0 85 03) 9 11 10, Fax 91 11 91 — Gemeindeverwaltung, Klosterstr 1, 94152 Neuhaus a. Inn; Brücke nach Österreich; Erholungsort. Sehenswert: Schloß; altes Zollamt; Benediktinerabtei mit Klosterkirche im Ortsteil Vornbach (3 km↑); Rottbrücke bei Mittich (3 km ↙)

* Gästehaus Alte Innbrücke
Finkenweg 7, ⊠ 94152, ☏ (0 85 03) 80 01, Fax 83 23, ED VA
46 Zi, Ez: 45-56, Dz: 76-86, 6 App, ⊣ WC ☎; Lift ℙ 2⇔30 Fitneßraum Kegeln Sauna Solarium ⓘ◯ι ☜

Neuhaus am Rennweg 48 ←

Thüringen — Kreis Sonneberg — 835 m — 7 334 Ew — Eisfeld 22, Saalfeld 25, Coburg 43 km
ⓘ ☏ (0 36 79) 72 20 61, Fax 70 02 28 — Fremdenverkehrsbüro/Tourist-Information, Passage am Markt, 98724 Neuhaus am Rennweg; Erholungs-u. Wintersportort auf dem Kamm des Thüringer Waldes.
Sehenswert: Schieferhäuser; Glaskunst

** Schieferhof
♂ Eisfelder Str 26, ⊠ 98724, ☏ (0 36 79) 77 40, Fax 77 41 00, AX ED VA
39 Zi, Ez: 115-140, Dz: 140-200, ⊣ WC ☎, 20🛁; Lift 4⇔100 Fitneßraum Sauna Solarium ☜
** Hauptgericht 25

** An der alten Porzelline
◁ Eisfelder Str 16, ⊠ 98724, ☏ (0 36 79) 72 40 41, Fax 72 40 44, AX DC ED VA
22 Zi, Ez: 55-95, Dz: 110-150, ⊣ WC ☎, 15🛁; ℙ 🏠 Sauna Solarium ⓘ◯ι

* Oberland
Schwarzburger Str 11, ⊠ 98724, ☏ (0 36 79) 72 22 28, Fax 72 21 61, AX ED VA
11 Zi, Ez: 59-69, Dz: 90-110, ⊣ WC ☎; ℙ Sauna Solarium ⓘ◯ι ☜

Neuhausen auf den Fildern 61 ↘

Baden-Württemberg — Esslingen — 320 m — 10 700 Ew — Esslingen 10, Nürtingen 10 km
ⓘ ☏ (0 71 85) 1 70 00, Fax 17 00 77 — Bürgermeisteramt, Schloßplatz 1, 73765 Neuhausen auf den Fildern

** Ochsen
Kirchstr 12, ⊠ 73765, ☏ (0 71 58) 6 70 16
Hauptgericht 35

Neuhaus im Solling
siehe **Holzminden**

Neuhof 46 ↙

Hessen — Fulda — 505 m — 11 595 Ew
ⓘ ☏ (0 66 55) 9 70-0, Fax 970-50 — Tourist-Information, Lindenplatz 4, 36119 Neuhof

⊟ Schmitt
Michaelstr 2, ⊠ 36119, ☏ (0 66 55) 28 45, Fax 27 79
24 Zi, Ez: 44, Dz: 78, 1 App, ⊣ WC; ℙ 🚗 3⇔60 Sauna ⓘ◯ι

Neuhof a. d. Zenn 56 ↘

Bayern — Kreis Neustadt Aisch-Bad Windsheim — 342 m — 2 000 Ew — Markt Erlbach 4, Langenzenn 12, Neustadt a. d. Aisch 15 km
🄸 ☎ (0 91 07) 13 91, Fax 14 71 — Gemeindeverwaltung, Marktplatz 10, 90616 Neuhof.
Sehenswert: Wasserschloß

**** **Riesengebirge**
Marktplatz 14, ✉ 90616, ☎ (0 91 07) 92 00, Fax 92 03 00, AX DC ED VA
56 Zi, Ez: 100-135, Dz: 164-184, 2 Suiten, ⌁ WC ☎; Lift 🚗 6⇔80 Kegeln Sauna Solarium
geschl: im Jan
Auch Zimmer der Kategorie * vorhanden
***** **Rübezahl**
Hauptgericht 40; geschl: So abends, 2 Wochen im Jan
** **Fränkische Bierstube**
Hauptgericht 30; geschl: So abends, 2 Wochen im Jan

Neuhütten 52 →

Rheinland-Pfalz — Kreis Trier-Saarburg — 580 m — 863 Ew — Hermeskeil 8 km
🄸 ☎ (0 65 03) 80 92 90, Fax 80 92 00 — Tourist Information, Langer Markt 17, 54411 Hermeskeil

**** **Le temple du gourmet** 🍴
Saarstr 2, ✉ 54422, ☎ (0 65 03) 76 69, Fax 76 69, ED
Hauptgericht 42; 🅿; nur abends, so+feiertags auch mittags; geschl: Mi, 3 Wochen im Jul

Neu-Isenburg 54 ↗

Hessen — Kreis Offenbach — 123 m — 38 400 Ew — Frankfurt/Main 10, Offenbach 12, Darmstadt 17 km
🄸 ☎ (0 61 02) 24 11, Fax 24 12 41 — Stadtverwaltung, Hugenottenallee 53, 63263 Neu-Isenburg, schachbrettförmig angelegte ehem. Hugenotten-Siedlung.
Sehenswert: Zeppelin-Museum im Stadtteil Zeppelinheim

***** **Balance-Hotel**
Wernher-von-Braun-Str 12, ✉ 63263, ☎ (0 61 02) 74 60, Fax 74 67 46, AX DC ED VA
147 Zi, Ez: 210-410, Dz: 210-410, 10 Suiten, 14 App, ⌁ WC ☎ DFÜ, 50🖥; Lift 🅿 🚗 8⇔200 Sauna Solarium
geschl: 23.12.-1.1.
**** **Orangerie**
Hauptgericht 35; geschl: 23.12.-01.01.
**** **Hugenottenhof City Line & Country Line Hotels**
Carl-Ulrich-Str 161, ✉ 63263, ☎ (0 61 02) 1 70 53, Fax 2 52 12, AX DC ED VA
86 Zi, Ez: 110-200, Dz: 140-240, 3 Suiten, ⌁ WC ☎, 23🖥; Lift 🚗 1⇔25 🍽
geschl: 23.12.-3.1.

**** **Wessinger Minotel**
Alicestr 2, ✉ 63263, ☎ (0 61 02) 80 80, Fax 80 82 80, AX DC VA
37 Zi, Ez: 120-189, Dz: 189-265, ⌁ WC ☎; Lift 🅿 🚗 2⇔50
Auch Zimmer der Kategorie ** vorhanden
**** Hauptgericht 35; Gartenlokal

**** **Neuer Haferkasten**
Frankfurter Str 18, ✉ 63263, ☎ (0 61 02) 3 53 29, Fax 3 45 42, AX DC ED VA
Hauptgericht 39; 🅿 Terrasse

Frankfurter Haus
♨ Darmstädter Landstr 741, ✉ 63263, ☎ (0 61 02) 3 14 66, Fax 32 68 99, AX
Hauptgericht 25; Biergarten 🅿

Gravenbruch (2 km →)
***** **Kempinski Hotel Gravenbruch Frankfurt**
♘ ✉ 63263, ☎ (0 61 02) 50 50, Fax 5 05-9 00, AX DC ED VA
284 Zi, Ez: 228-521, Dz: 273-602, S; 29 Suiten, ⌁ WC ☎, 35🖥; Lift 🅿 🚗 19⇔600 🏊 ♨ Fitneßraum Sauna Solarium 2Tennis 🍽

siehe auch **Frankfurt am Main**

Neujellingsdorf siehe Fehmarn

Neukalen 13 ↓

Mecklenburg-Vorpommern — Landkreis Demmin — 20 m — 2 470 Ew — Malchin 13, Teterow 20, Demmin 22 km
🄸 ☎ (03 99 56) 25 10, Fax 2 02 29 — Stadtverwaltung, Rathaus 1, 17154 Neukalen

Warsow (3,5 km ↗)
** **Moll**
Dorfstr 44, ✉ 17154, ☎ (03 99 56) 2 08 27, Fax 2 01 54, ED VA
18 Zi, Ez: 70, Dz: 80, ⌁ WC ☎; 🅿 2⇔20 🍽

Neu Kaliß 19 ↘

Mecklenburg-Vorpommern — Ludwigslust — 2 150 Ew
🄸 ☎ (03 87 58) 2 21 12 — Gemeindeverwaltung, 19294 Neu Kaliß

Heiddorf
**** **Eichenhof Heiddorf**
Ludwigsluster Str 2, ✉ 19294, ☎ (03 87 58) 31 50, Fax 3 15 92, AX DC ED VA
39 Zi, Ez: 85-110, Dz: 140-160, 1 Suite, ⌁ WC ☎, 20🖥; Lift 🅿 7⇔300 ♨ Fitneßraum Sauna Solarium 2Tennis 🍽
** Hauptgericht 25; Biergarten

Neukirch 41 ↙

Sachsen — Bautzen — 325 m — 6 200 Ew — Bischofswerda 10, Bautzen 15, Dresden 35 km
🛈 ☎ (03 59 51) 2 51 19, Fax 2 51 14 — Fremdenverkehrsverein, Hauptstr 20, 01904 Neukirch. Sehenswert: Valtenbert ⋖; Umgebindehäuser; Töpferei; Weiberei

∗ Hofgericht
Hauptstr 64, ✉ 01904, ☎ (03 59 51) 38 80, Fax 3 88 88, AX DC ED VA
41 Zi, Ez: 80-90, Dz: 110-140, 1 Suite, ⊿ WC ☎; Lift 🅿 3⇌250

Neukirchen 50 □

Sachsen — Kreis Stolberg — 357 m — 5 100 Ew — Chemnitz 6, Stolberg 9 km
🛈 ☎ (03 71) 27 10 20, Fax 21 70 93 — Gemeindeverwaltung, Hauptstr 77, 09221 Neukirchen

∗∗ Almenrausch
Bahnhofstr 5, ✉ 09221, ☎ (03 71) 26 66 60, Fax 2 66 66 40, AX ED VA
16 Zi, Ez: 125, Dz: 150, ⊿ WC ☎, 1✉; 🅿 🍴 1⇌35 ¶

Neukirchen b. Hl. Blut 66 ↖

Bayern — Kreis Cham — 490 m — 4 300 Ew — Lam 11, Furth i. Wald 13, Kötzting 17 km
🛈 ☎ (0 99 47) 94 08-21, Fax 94 08-44 — Gemeindeverwaltung, Marktplatz 10, 93453 Neukirchen b. Hl. Blut. Sehenswert: Wallfahrtskirche; Wallfahrtsmuseum, Ausgrabungen der ehem. Kirchenburganlage

∗∗ Klosterhof
Marktstr 49, ✉ 93453, ☎ (0 99 47) 95 10, Fax 95 11 00, AX DC ED VA
213 Zi, Ez: 75-90, Dz: 105-120, 4 Suiten, 90 App, ⊿ WC ☎, 108✉; Lift 🅿 🍴 3⇌250 ≋ Fitneßraum Sauna Solarium ¶

Kolmstein (5 km ↘)
∗ Kolmsteiner Hof
♂ ⋖ Kreuzwegstr 9, ✉ 93453, ☎ (0 99 47) 4 44, Fax 25 95
13 Zi, Ez: 35-40, Dz: 70-80, ⊿ WC; 🅿 Fitneßraum Sauna ¶ ⚓
geschl: Mo, 15.11.-15.12.

Neukirchen Kr. Nordfriesland 9 ↖

Schleswig-Holstein — Kreis Nordfriesland — 1 m — 1 200 Ew — Niebüll 14, Flensburg 58 km
🛈 ☎ (0 46 68) 3 13, Fax 3 19 — Informationszentrum Wiedingharde, Toft 1, 25927 Klanxbüll. Sehenswert: Nolde-Museum im Ortsteil Seebüll: Mär-Nov täglich von 10-18 geöffnet (5 km ↗)

⌂ Fegetasch
Osterdeich 65, ✉ 25927, ☎ (0 46 64) 2 02, Fax 9 55 99
22 Zi, Ez: 38-65, Dz: 68-95; ¶ ⚓
geschl: So (Okt-März), 22.12.-5.1.

Neukirchen/Pleiße 49 ↑

Sachsen — Kreis Zwickauer Land — 300 m — 4 500 Ew — Crimmitschau 4, Zwickau 12 km
🛈 ☎ (0 37 62) 9 52 40, Fax 95 24 24 — Gemeindeverwaltung, Pestalozzistr 40, 08459 Neukirchen/Pleiße. Sehenswert: Koberbachtalsperre in Langenhessen

∗ Zum Anger
Am Pleißenanger 2, ✉ 08459, ☎ (0 37 62) 9 50 40, Fax 95 04 53
21 Zi, Ez: 80-90, Dz: 120-140, ⊿ WC ☎; 🅿 2⇌50 Kegeln ¶ ⚓
Auch Zimmer der Kategorie ∗∗ vorhanden

Neukirchen Schwalm-Eder-Kreis 45 ↗

Hessen — Schwalm-Eder-Kreis — 250 m — 7 900 Ew — Schwalmstadt 9, Alsfeld 18, Bad Hersfeld 31 km
🛈 ☎ (0 66 94) 8 08 12, Fax 8 08 38 — Kurverwaltung, Am Rathaus 10, 34626 Neukirchen; Kneipp- und Luftkurort im Knüllgebirge

∗ Combecher
Kurhessenstr 32, ✉ 34626, ☎ (0 66 94) 9 78-0, Fax 97 82 00, AX DC ED VA
40 Zi, Ez: 60-90, Dz: 90-150, ⊿ WC ☎ DFÜ, 4✉; 🅿 🍴 4⇌100 Fitneßraum Kegeln Sauna Solarium ¶ ⚓

Neukloster siehe Buxtehude

Neuleiningen 54 ↙

Rheinland-Pfalz — Kreis Bad Dürkheim — 262 m — 911 Ew — Grünstadt 3, Mannheim 25 km
🛈 ☎ (0 63 59) 94 33 13, Fax 94 33 25 — Verbandsgemeindeverwaltung, Industriestr 11, 67269 Grünstadt. Sehenswert: Ortsbild: kath. Kirche, Mauergürtel, Burgruine

∗∗∗ Alte Pfarrey
Untergasse 54, ✉ 67271, ☎ (0 63 59) 8 60 66, Fax 8 60 60, DC ED VA
Hauptgericht 40
∗   ♂ 9 Zi, Ez: 180, Dz: 160-280, ⊿ WC ☎
geschl: 2 Wochen im Aug

∗ Burgschänke
🍷 im Keller der Burgruine, ✉ 67271, ☎ (0 63 59) 29 34, Fax 8 20 59, AX DC
Hauptgericht 30 →

Neuleiningen

Neuleiningen-Außerhalb
* **Haus Sonnenberg**
  ◅ Am Sonnenberg 1, ⊠ 67271, ☎ (0 63 59) 8 26 60, Fax 8 30 02
  7 Zi, Ez: 75, Dz: 100-115, ⌐ WC ☎; **P** ≙
  Sauna Solarium
  Eigenbauweine
* ◅ Hauptgericht 25

Neumagen-Dhron 52 ↗

Rheinland-Pfalz — Kreis Bernkastel-Wittlich — 112 m — 2 700 Ew — Bernkastel-Kues 22, Trier 40 km
ℹ ☎ (0 65 07) 65 55, Fax 65 50 — Tourist-Information, im Ortsteil Neumagen, Hinterburg 8, 54347 Neumagen-Dhron; Dorf an der Mosel, ältester Weinbauort Deutschlands. Sehenswert: Nachbildung des Neumagener Weinschiffs

** **Gutshotel Reichsgraf von Kesselstatt**
  ♂ ◅ Balduinstr 1, ⊠ 54347, ☎ (0 65 07) 20 35, Fax 56 44, AX ED VA
  17 Zi, Ez: 115-160, Dz: 160-240, 6 Suiten, ⌐ WC ☎; **P** 1↻18 ≙ Sauna Solarium 🛥
  geschl: 11.1.-9.2.
** ◅ Hauptgericht 35; Gartenlokal;
  geschl: 11.1.-9.2.

* **Zum Anker**
  ◅ Moselstr 14, ⊠ 54347, ☎ (0 65 07) 63 97, Fax 63 99, AX DC ED VA
  15 Zi, Ez: 54-60, Dz: 95-105, 1 Suite, ⌐ WC ☎; **P** 1↻80 🛥
  geschl: Mi (Nov-März), 4.1.-19.2.
* Hauptgericht 24; Terrasse;
  geschl: Nov-März Mi, 4.1.-19.2.

* **Haus Berghof**
  ♂ ◅ Bergstr 10, ⊠ 54347, ☎ (0 65 07) 21 08, Fax 21 04
  9 Zi, Ez: 50-55, Dz: 70-90, 2 Suiten, 4 App, ⌐ WC; **garni**
  geschl: Nov-April

* **Zur Post mit Gästehaus**
  Römerstr 1, ⊠ 54347, ☎ (0 65 07) 21 14, Fax 65 35
  16 Zi, Ez: 40-70, Dz: 80-110, ⌐ WC ☎; **P** 🍽 ⍟
  Rezeption 9-22; geschl: Mo, Feb 99

Neumarkt i. d. Oberpfalz 58 ↙

Bayern — Kreis Neumarkt (Oberpfalz) — 425 m — 39 000 Ew — Nürnberg 38, Amberg 41, Regensburg 68 km
ℹ ☎ (0 91 81) 25 51 16, Fax 25 51 98 — Stadtverwaltung, Untere Marktstr 16, 92318 Neumarkt; Kreisstadt. Sehenswert: Kath. Kirche St. Johannes; Residenzplatz, Pfalzgrafenschloß, Hofkirche, Reitstadl; Burgruine Wolfstein; Wallfahrtskirche auf dem Mariahilfberg

** **Gasthof Lehmeier Landidyll**
  Oberer Markt 12, ⊠ 92318, ☎ (0 91 81) 2 57 30, Fax 25 73-37, AX DC ED VA
  20 Zi, Ez: 99-115, Dz: 135-145, 1 Suite, ⌐ WC ☎ DFÜ, 2🛏; 🍽 100
  geschl: Di mittags
* Hauptgericht 20; **P** Terrasse;
  geschl: Di mittags, 27.2.-7.3.

* **Mehl**
  Kirchengasse 3, ⊠ 92318, ☎ (0 91 81) 2 92-0, Fax 2 92-1 10, AX DC ED VA
  23 Zi, Ez: 95-99, Dz: 120-140, ⌐ WC ☎ DFÜ, 4🛏; **P** 🍽 18Golf ⍟
  geschl: 23.12-12.1.

* **Ostbahn**
  Bahnhofstr 4, ⊠ 92318, ☎ (0 91 81) 2 58 70, Fax 25 87 49, AX DC ED VA
  20 Zi, Ez: 95-115, Dz: 120-160, ⌐ WC ☎ DFÜ, 6🛏; Lift **P** 🍽 🛥
  geschl: 1.-12.1.
* Hauptgericht 20; Terrasse;
  geschl: Di, 1.-12.1.

* **Stern**
  Oberer Markt 32, ⊠ 92318, ☎ (0 91 81) 25 30, Fax 25 32 00, AX DC ED VA
  28 Zi, Ez: 85-120, Dz: 120-140, 1 Suite, 6 App, ⌐ WC ☎, 10🛏; Lift **P** 🍽 ⍟ 🛥

* **Nürnberger Hof**
  Nürnberger Str 28 a, ⊠ 92318, ☎ (0 91 81) 3 24 28+48 40-0, Fax 4 44 67, ED VA
  59 Zi, Ez: 90-110, Dz: 130-160, ⌐ WC ☎; **P** 🍽 Sauna ⍟
  geschl: So, 24.12.-6.1.

* **Oberer Ganskeller**
  Ringstr 2, ⊠ 92318, ☎ (0 91 81) 90 74 86, Fax 2 09 38, AX DC ED VA
  Hauptgericht 22; Biergarten

Neumünster 10 ↘

Schleswig-Holstein — kreisfr. Stadt in Mittelholst. — 22 m — 81 717 Ew — Bad Segeberg 27, Kiel 31, Plön 35 km
ℹ ☎ (0 43 21) 9 42-25 75, Fax 9 42-26 06 — Amt für Wirtschaft, Verkehr u. Liegenschaften, Verkehrspavillon, Brachenfelder Str 1-3, 24534 Neumünster. Sehenswert: Vicelin-Kirche; Anschar-Kirche, Offenbarungsaltar; Textilmuseum

** **Prisma**
  Max-Johannsen-Brücke 1, ⊠ 24537, ☎ (0 43 21) 90 40, Fax 90 44 44, AX DC ED VA
  93 Zi, Ez: 142-195, Dz: 172-260, **S**; ⌐ WC ☎ DFÜ, 22🛏; Lift **P** 🍽 6↻150 Fitneßraum Sauna Solarium 🛥
  Restaurant für Hausgäste

Neumünster

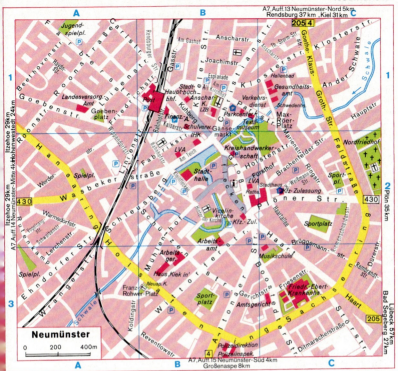

** Am Teich
Am Teich 5-6 (B 2), ✉ 24534, ☎ (0 43 21)
4 90 40, Fax 49 04 44, AX DC ED VA
16 Zi, Ez: 139-149, Dz: 159-179, ⊿ WC ☎
DFÜ, 4⌧; Lift P; garni

** Team Parkhotel
Parkstr 29 (B 1), ✉ 24534, ☎ (0 43 21) 94 06,
Fax 4 30 20, AX DC ED VA
53 Zi, Ez: 129-149, Dz: 159-189, ⊿ WC ☎;
Lift P; garni ⚓

* Firzlaff's Hotel
Rendsburger Str 183, ✉ 24537, ☎ (0 43 21)
9 07 80, Fax 5 42 48, ED VA
18 Zi, Ez: 70-90, Dz: 120-135, ⊿ WC ☎; P;
garni

* Pries
Luisenstr 3 (B 1), ✉ 24534, ☎ (0 43 21)
9 17 00, Fax 1 63 55, AX DC ED VA
17 Zi, Ez: 80-90, Dz: 130-140, ⊿ WC ☎; P;
garni

** Presse-Keller
Gänsemarkt 1 (B 2), ✉ 24534, ☎ (0 43 21)
4 23 93, Fax 4 81 41, AX DC ED VA
Hauptgericht 30; Gartenlokal P

** Am Kamin
Propstenstr 13 (B 3), ✉ 24534, ☎ (0 43 21)
4 28 53, Fax 4 29 19, AX ED
Hauptgericht 38; P; geschl: So, feiertags

Einfeld (4 km ↑)

* Tannhof
Kieler Str 452, an der B 4, ✉ 24536,
☎ (0 43 21) 52 91 97, Fax 52 91 90, AX ED VA
33 Zi, Ez: 95, Dz: 145, 3 Suiten, ⊿ WC ☎; ≋
⁌

* Einfelder Hof
Einfelder Schanze 2, an der B 4, ✉ 24536,
☎ (0 43 21) 52 92 17, Fax 52 81 68,
AX DC ED VA
33 Zi, Ez: 60-70, Dz: 95-110, ⊿ WC ☎; P
Kegeln Sauna Solarium ⁌

** Zur Alten Schanze
⊻ Einfelder Schanze 96, ✉ 24536,
☎ (0 43 21) 95 95 80, Fax 95 95 82,
AX DC ED VA
Hauptgericht 40 →

Die von uns genannten Cafés bieten neben
Konditoreiwaren und Getränken häufig
auch kleine Gerichte an.

Neumünster

Gadeland (3 km ↓)
*   Kühl
Segeberger Str 74, an der B 205, ⊠ 24534,
☎ (0 43 21) 70 80, Fax 7 08 80
34 Zi, Ez: 75-85, Dz: 110-120, ⇨ WC ☎;
3⇨120 ۩

Neunkirchen a. Brand   57 □

Bayern — Kreis Forchheim — 315 m —
7 200 Ew — Erlangen 11 km
ℹ ☎ (0 91 34) 70 50, Fax 7 05 80 — Gemeindeverwaltung, Innerer Markt 1,
91077 Neunkirchen a. Brand

**   Selau
♂ In der Selau 5, ⊠ 91077, ☎ (0 91 34)
70 10, Fax 7 01-1 87, AX DC ED VA
62 Zi, Ez: 110, Dz: 140, 1 Suite, ⇨ WC ☎; Lift
P 6⇨250 ≋ Kegeln Sauna Solarium 4 Tennis ۩

Neunkirchen   55 ↙
Neckar-Odenwald-Kreis

Baden-Württemberg — Neckar-Odenwald-Kreis — 300 m — 1 600 Ew — Eberbach 13, Mosbach 17 km
ℹ ☎ (0 62 62) 92 12-0, Fax 92 12-33 — Bürgermeisteramt, Marktplatz 1, 74867 Neunkirchen; Erholungsort

**   Stumpf
♂ ⊰ Zeilweg 16, ⊠ 74867, ☎ (0 62 62) 8 98,
Fax 44 98, AX DC ED VA
44 Zi, Ez: 105-142, Dz: 198-248, 4 Suiten, ⇨
WC ☎ DFÜ; Lift P 3⇨25 ≋ Sauna Solarium
18 Golf 1 Tennis
Auch Zimmer der Kategorie ******* vorhanden
**   Hauptgericht 26; Biergarten Terrasse

Neunkirchen (Saar)   53 ↙

Saarland — Kreis Neunkirchen — 252 m —
52 000 Ew — Homburg 15, St. Wendel 16,
Saarbrücken 20 km
ℹ ☎ (0 68 21) 20 20, Fax 2 15 30 — Stadtverwaltung, Oberer Markt 16, 66538 Neunkirchen. Sehenswert: Zoo; Neunkircher Hüttenweg, Hüttenpark

*   Am Zoo
♂ Zoostr 29, ⊠ 66538, ☎ (0 68 21) 2 70 74,
Fax 2 52 72, AX ED VA
34 Zi, Ez: 75-90, Dz: 145, 2 Suiten, ⇨ WC ☎,
12⊠; Lift P 2⇨60 ۩
geschl: 20.12.-5.1.

**   Villa Medici
Zweibrücker Str 86, ⊠ 66538, ☎ (0 68 21)
8 63 16
Hauptgericht 30

Kohlhof (4 km ↘)
*** Hostellerie Bacher
Limbacher Str 2, ⊠ 66539, ☎ (0 68 21)
3 13 14, Fax 3 34 65, AX DC ED VA
Hauptgericht 36; P Terrasse; geschl: So,
Mo, 3 Wochen in den Sommerferien
**   4 Zi, Ez: 85, Dz: 160, ⇨ WC ☎
geschl: So, Mo, 3 Wochen in den Sommerferien

Neunkirchen-Seelscheid 43 ↑

Nordrhein-Westfalen — Rhein-Sieg-Kreis
— 220 m — 18 000 Ew — Siegburg 12, Bonn
23 km
ℹ ☎ (0 22 47) 30 30, Fax 3 03 70 — Gemeindeverwaltung, im Ortsteil Neunkirchen,
Hauptstr 78, 53819 Neunkirchen-Seelscheid. Sehenswert: Katholische Pfarrkirche; Wahnbach-Stausee (2 km ←); Burg
Herrenstein (7 km →)

Neunkirchen
*   Kurfürst
Hauptstr 13, ⊠ 53819, ☎ (0 22 47) 30 80,
Fax 3 08-88, AX DC ED VA
22 Zi, Ez: 85-95, Dz: 150, ⇨ WC ☎; P
3⇨100 Kegeln
*   Hauptgericht 30

Seelscheid
*   Gasthof Röttgen
Kirchweg 6, ⊠ 53819, ☎ (0 22 47) 61 53,
Fax 61 53, ED
Hauptgericht 30; Kegeln Terrasse; geschl:
Do, in den Sommerferien
⇌   5 Zi, Ez: 48-55, Dz: 96-110, ⇨; P
geschl: Do, in den Sommerferien

Neupetershain   41 ←

Brandenburg — 130 m — 2 176 Ew — Senftenberg 16, Cottbus 22 km
ℹ ☎ (03 57 51) 4 36 — Gemeindeverwaltung, 03103 Neupetershain

Neupetershain Nord
**   Zum Gutshof
Karl-Marx-Str 6, ⊠ 03103, ☎ (03 57 51)
25 60, Fax 2 56 80, AX DC ED VA
33 Zi, Ez: 90-110, Dz: 140-180, ⇨ WC ☎,
1⊠; P 3⇨80 ۩
Im 20 m entfernten Gästehaus auch Zimmer
der Kategorie ***** vorhanden

Neureichenau   66 →

Bayern — Kreis Freyung-Grafenau — 980 m
— 4 700 Ew — Waldkirchen 16, Freyung
20 km
ℹ ☎ (0 85 83) 9 60 10, Fax 96 01 10 —
Gemeindeverwaltung, Dreisesselstr 8,
94089 Neureichenau; Erholungsort und
Wintersportgebiet im Bayerischen Wald.
Sehenswert: Dreisselberg, 1312 m ⊰
(18 km ↗)

Lackenhäuser (7 km →)
** **Bergland-Hof**
   Landidyll
einzeln ♂ ◄ ✉ 94089, ☎ (0 85 83) 17 16, Fax 25 86, AX ED VA
45 Zi, Ez: 59-87, Dz: 98-154, 5 App, ⊿ WC; Lift ℗ 1⇔25 ≋ ≌ Sauna Solarium 2Tennis ⍟ ⚓
geschl: Di, 12.-30.4., 7.11.-12.12.

Neuried 60 ✓

Baden-Württemberg — Ortenaukreis — 146 m — 8 630 Ew — Offenburg 12, Kehl 14, Lahr 17 km
🛈 ☎ (0 78 07) 9 70, Fax 97 77 — Bürgermeisteramt, im Ortsteil Altenheim, Kirchstr 21, 77743 Neuried; Ort in der Oberrheinebene

Altenheim (3 km ↑)
* **Gasthof Zum Ratsstüble**
♂ Kirchstr 38, ✉ 77743, ☎ (0 78 07) 9 28 60, Fax 92 86 50
31 Zi, Ez: 55-65, Dz: 100, ⊿ ☎; ℗ 🚗 1⇔80 Kegeln ⍟
geschl: 21.2.-7.3., 4.-22.8.

Neuruppin 29 ↑

Brandenburg — Kreis Ostprignitz-Ruppin — 40 m — 32 500 Ew — Potsdam 60, Berlin 65, Rostock 150 km
🛈 ☎ (0 33 91) 4 54 60, Fax 45 46 66 — Bürger Bahnhof, Karl-Marx-Str. 1, 16816 Neuruppin. Sehenswert: Stadt am Ruppiner See; Klosterkirche; 650 Jahre alte Wichmannlinde; Hospitalkapelle St. Lazarus; Pfarrkirche St. Marien; Hospitalkapelle St. Georg; Tempelgarten; Karl-Friedrich-Schinkel-Denkmal;Theodor-Fontane-Denkmal

** **Altes Kasino**
   am See
♂ ◄ Seeufer 11, ✉ 16816, ☎ (0 33 91) 30 59, Fax 35 86 84, AX ED VA
20 Zi, Ez: 75-135, Dz: 100-195, ⊿ WC ☎; ℗ 🚗 1⇔40 Seezugang ⚓
* Hauptgericht 18; Terrasse

* **Zum alten Siechenhospital**
Siechenstr 4, ✉ 16816, ☎ (0 33 91) 65 08 00, Fax 39 88 44
14 Zi, Ez: 60-90, Dz: 80-140, ⊿ WC ☎; ℗ ⍟ ⚓
Zufahrt über Fischbänkenstr

Alt Ruppin (4 km ↗)
** **Seehotel Gildenhall**
einzeln ◄ Wuthenower Str 10, ✉ 16827, ☎ (0 33 91) 752 42, Fax 752 43
45 Zi, Ez: 100-125, Dz: 140-220, 3 Suiten, ⊿ WC ☎; Strandbad Seezugang Sauna ⍟ ⚓
Hotel mit Parkanlage am Ruppiner See

* **Am alten Rhin**
Friedrich-Engels-Str 12, ✉ 16827, ☎ (0 33 91) 76 50, Fax 7 65-15, AX DC ED VA
35 Zi, Ez: 95-120, Dz: 125-140, 5 Suiten, 10 App, ⊿ WC ☎ DFÜ, 15✉; ℗ 4⇔120 Fitneßraum Sauna Solarium ⍟ ⚓

Gühlen-Glienicke (18 km ↑)
* **Boltenmühle**
einzeln, ✉ 16818, ☎ (03 39 92) 7 05 00, Fax 7 01 03
10 Zi, Ez: 95-105, Dz: 130-150, ⊿ WC ☎; ⍟ ⚓
Rekonstruierte Wassermühle aus dem 17. Jh., rustikal-stilvolles Ambiente, in landschaftlich schöner Umgebung

Stöffin (8 km ↙)
* **Landhaus Wittemans**
  Kiek In
♂ Dorfstr 23 a, ✉ 16833, ☎ (03 39 32) 7 11 68, Fax 7 22 27, AX ED VA
16 Zi, Ez: 80-90, Dz: 120, ⊿ WC ☎; ℗ ⍟ ⚓

Neusäß 63 ↘

Bayern — Kreis Augsburg — 485 m — 21 694 Ew — Augsburg 6 km
🛈 ☎ (08 21) 4 60 60, Fax 4 60 62 88 — Stadtverwaltung, Hauptstr 28, 86356 Neusäß. Sehenswert: Kirche Mariä Himmelfahrt; Hammeler Schloß; St. Stephans-Kirche und Schloß im Stadtteil Hainhofen; Bismarckturm in Steppach

Steppach (5 km ↙)
* **Brauerei-Gasthof Fuchs**
Alte Reichsstr 10, ✉ 86356, ☎ (08 21) 48 10 57-58, Fax 48 58 45
34 Zi, Ez: 85-110, Dz: 125-170, ⊿ WC ☎; 🚗 1⇔70
geschl: Mo
⍟   ⌧ Hauptgericht 20; Biergarten Terrasse; geschl: Mo, Ende Dez-Mitte Jan

Neuss 32 ↘

Nordrhein-Westfalen — Kreis Neuss — 40 m — 148 500 Ew — Düsseldorf 10, Krefeld 22, Köln 38 km
🛈 ☎ (0 21 31) 27 32 42, Fax 22 25 59 — Tourist-Information, Markt 4 (B 3), 41460 Neuss; Industrie- und Hafenstadt am Niederrhein; Rheinisches Landestheater. Sehenswert: Kath. ehem. Stiftskirche St. Quirin; kath. Dreikönigskirche, Fenster von Thorn Prikker; kath. St.-Konrads- und kath. Christ-Königs-Kirche; Obertor (Clemens-Sels-Museum: Römische Funde); Stadtarchiv; Vogt- und Dinghaus; Zeughaus: Konzertsaal; Stadthalle; Gasthaus „Em Schwatte Päd"; alte Bürgerhäuser; Erftschlösser

Cityplan siehe Seite 728   →

Neuss

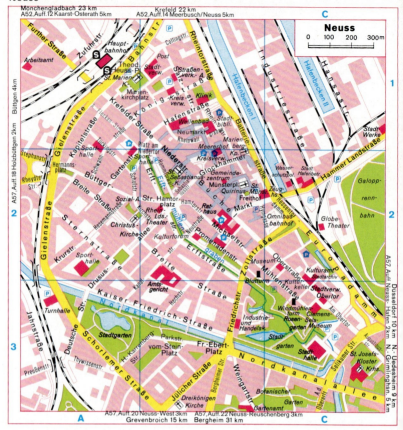

✱✱✱ Swissôtel Düsseldorf/Neuss
◁ Rheinallee 1, ✉ 41460, ☎ (0 21 31) 77 00,
Fax 77 13 66, AX DC ED VA
246 Zi, Ez: 293-543, Dz: 371-621, 6 Suiten, ⌐
WC ☎, 80✉; Lift P 🚗 15⇔2000 ≘ Fitneß-
raum Sauna Solarium

✱✱ Petit Paris
Hauptgericht 35;
Über Hammer Landstraße im Rheinpark Center

✱✱✱ Dorint Kongress-Hotel
Selikumer Str 25 (C 3), ✉ 41460, ☎ (0 21 31)
26 20, Fax 26 21 00, AX DC ED VA
204 Zi, Ez: 215-435, Dz: 253-435, S; 5 Suiten,
⌐ WC ☎, 100✉; Lift P 🚗 20⇔1200 Fitneßraum Sauna Solarium
✱✱ Hauptgericht 30; Biergarten Terrasse; geschl: Mo,
Mittags Buffetangebot

✱✱ Balance
Anton-Kux-Str 1 (außerhalb C 3), ✉ 41460,
☎ (0 21 31) 18 40, Fax 18 41 84, AX DC ED VA
220 Zi, Ez: 205-340, Dz: 205-340, S;
47 Suiten, 11 App, ⌐ WC ☎ DFÜ, 92✉; Lift
P 🚗 6⇔300 Sauna ¶⃝

✱ Park Hotel Viktoria
♘ Kaiser-Friedrich-Str 2 (A 2), ✉ 41460,
☎ (0 21 31) 2 39 90, Fax 2 39 91 00,
AX DC ED VA
75 Zi, Ez: 161-184, Dz: 198-260, S; ⌐ WC ☎,
25✉; Lift P 🚗; garni
auch Zimmer der Kategorie ✱✱ vorhanden

✱✱ Herzog von Burgund
▽ Erftstr 88 (B 2), ✉ 41460, ☎ (0 21 31)
2 35 52, Fax 2 35 52, AX ED
Hauptgericht 45; Gartenlokal; geschl: Do,
Sa mittags, So mittags, 2 Wochen im Feb,
2 Wochen im Sep

✱✱ Mayer's Bistrorant Zum Stübchen
Preußenstr 73 (A 3), ✉ 41464, ☎ (0 21 31)
8 22 16, Fax 8 23 25, AX DC
Hauptgericht 35; P Terrasse; geschl: Mo,
Sa mittags

◆ Heinemann
Krefelder Str 57 (B 1), ✉ 41460, ☎ (0 21 31)
2 57 33

Neustadt a. d. Waldnaab

≡ Calvis
Krefelder Str 29 (A 1), ⊠ 41460, ☎ (0 21 31) 22 25 73

Erfttal (4 km ↘)
∗ Novotel
Am Derikumer Hof 1, ⊠ 41469, ☎ (0 21 31) 13 80, Fax 12 06 87, AX DC ED VA
110 Zi, Ez: 165-270, Dz: 205-320, S; 6 App, ⌐⌐ WC ☎, 20⌧; Lift P ⊟ 6✧130 ≋ Fitneß-raum Sauna Solarium ⓘ

Gnadental (2 km ↘)
∗ Marienhof
Kölner Str 187 a, ⊠ 41468, ☎ (0 21 31) 15 05 41, Fax 12 08 50, DC ED VA
23 Zi, Ez: 100-145, Dz: 165-180, ⌐⌐ WC ☎, 10⌧; P; garni

Grimlinghausen (5 km ↘)
∗∗ Landhaus Hotel
Top International Hotel
Hüsenstr 17, ⊠ 41468, ☎ (0 21 31) 3 10 10, Fax 31 01 51, AX ED VA
28 Zi, Ez: 149-290, Dz: 173-330, S; 1 Suite, 1 App, ⌐⌐ WC ☎, 6⌧; Lift P ⊟ 2✧80 ⓘ ≡

Neustadt a. d. Donau 64→

Bayern — Kreis Kelheim — 355 m — 11 000 Ew — Kelheim 18, Ingolstadt 33 km
ℹ ☎ (0 94 45) 80 66, Fax 86 09 — Kurverwaltung, 93333 Bad Gögging. Sehenswert: Kath. Kirche St. Lorenz; Rathaus; kath. Kirche im Stadtteil Bad Gögging (3 km ↗); Römerkastell Abusina (6 km ↑); Limes-Therme im Stadtteil Bad Gögging

Gögging, Bad (Heilbad 3 km ↗)
∗∗∗∗ Kur- u. Sporthotel
Vier Jahreszeiten
Kaiser-Augustus-Str 36, ⊠ 93333, ☎ (0 94 45) 9 80, Fax 9 88 88, ED VA
280 Zi, Ez: 159, Dz: 159, 40 Suiten, ⌐⌐ WC ☎; Lift P ⊟ 5✧80 ≋ ≙ Fitneßraum Sauna Solarium ⓘ ≡

∗∗∗∗ Marc Aurel
♂ Heiligenstädter Str 36, ⊠ 93333, ☎ (0 94 45) 9 58-0, Fax 9 58-4 44, AX DC ED VA
165 Zi, Ez: 145-185, Dz: 240-280, 16 Suiten, ⌐⌐ WC ☎, 55⌧; Lift P ⊟ 5✧220 ≋ ≙ Bowling Fitneßraum Kegeln Sauna Solarium ⓘ
≡
Außergewöhnliche Bäder-Erlebniswelt

∗∗∗ Kurhotel Eisvogel
♂ An der Abens 20, ⊠ 93333, ☎ (0 94 45) 96 90, Fax 84 75, AX DC ED VA
34 Zi, Ez: 83-140, Dz: 140-210, ⌐⌐ WC ☎; Lift P ⊟ 4✧100 ≋ Fitneßraum Kegeln Sauna Solarium ≡
Auch Zimmer der Kategorie ∗∗ vorhanden
ⓘ Hauptgericht 20; Terrasse

∗∗ Kurhotel Centurio
♂ Am Brunnenforum 6, ⊠ 93333, ☎ (0 94 45) Fax 20 54 20, AX DC ED VA
65 Zi, Ez: 80-120, Dz: 120-200, 3 Suiten, ⌐⌐ WC ☎, 5⌧; Lift P ⊟ 1✧40 ≋ ≙ Fitneßraum Sauna Solarium ⓘ ≡

Neustadt 46 ↘
a. d. Saale, Bad

Bayern — Kreis Rhön-Grabfeld — 234 m — 15 000 Ew — Schweinfurt 40, Fulda 57 km
ℹ ☎ (0 97 71) 13 84, Fax 99 11 58 — Kurverwaltung, Löhriether Str 2, 97616 Bad Neustadt; Kreisstadt, Heilbad. Sehenswert: Kath. Kirche, Salzburg ◄ (4 km →)

∗∗ Kur- und Schloßhotel
Neuhaus
♂ ◄ Kurhausstr 37, ⊠ 97616, ☎ (0 97 71) 6 16 10, Fax 25 33, AX DC ED VA
13 Zi, Ez: 120-160, Dz: 180-250, 4 Suiten, ⌐⌐ WC ☎, 2⌧; Lift P 2✧60 Fitneßraum Sauna Solarium ≡
∗∗ Hauptgericht 27; Terrasse

∗∗ Schwan & Post
Hohnstr 35, ⊠ 97616, ☎ (0 97 71) 9 10 70, Fax 91 07-67, AX ED VA
28 Zi, Ez: 85-123, Dz: 140-180, 3 Suiten, ⌐⌐ WC ☎, 4⌧; P ⊟ 5✧180 Fitneßraum Sauna Solarium ≡
∗∗ Postkutsche
Hauptgericht 24; Biergarten Terrasse

∗ Fränkischer Hof
Spörleinstr 3, ⊠ 97616, ☎ (0 97 71) 6 10 70, Fax 99 44 52, AX ED VA
11 Zi, Ez: 96, Dz: 138-158, ⌐⌐ WC ☎, 2⌧; P
ⓘ

∗ Stadthotel Geis
An der Stadthalle 6, ⊠ 97616, ☎ (0 97 71) 9 19 80, Fax 91 98 50, AX ED VA
34 Zi, Ez: 65-90, Dz: 110-130, ⌐⌐ WC ☎, 14⌧; P ⊟ 3✧70 ⓘ

∗ Zum goldenen Löwen
Hohnstr 26, ⊠ 97616, ☎ (0 97 71) 6 15 20, Fax 61 52 40, ED
29 Zi, Ez: 60-80, Dz: 110-130, ⌐⌐ WC ☎; P ⊟ geschl. Mo
∗ Hauptgericht 25; Terrasse; geschl. Mo

∗ Rhönperle
Spörleinstr 18, ⊠ 97616, ☎ (0 97 71) 25 50, Fax 99 45 11, AX DC ED VA
9 Zi, Ez: 69-79, Dz: 119-129, ⌐⌐ WC ☎; P ⊟ ⓘ ≡

Neustadt a. d. Waldnaab
59 ←

Bayern — Kreis Neustadt a. d. Waldnaab — 450 m — 6 050 Ew — Weiden 5, Amberg 36 km
ℹ ☎ (0 96 02) 70 21, Fax 70 50 — Stadtverwaltung, Stadtplatz 2, 92660 Neustadt →

Neustadt a. d. Waldnaab

** Am Hofgarten
Knorrstr 18, ✉ 92660, ☎ (0 96 02) 9 21-0,
Fax 85 48, AX DC ED VA
27 Zi, Ez: 80-90, Dz: 115-130, ⊟ WC ☎, 2◨;
Lift **P** 🚗 1↔30 Sauna Solarium
** Hauptgericht 20; nur abends;
geschl: Fr, Sa, So

** Grader
Freyung 39, ✉ 92660, ☎ (0 96 02) 9 41 80,
Fax 28 42, AX ED VA
44 Zi, Ez: 65-85, Dz: 100-110, ⊟ WC ☎, 4◨;
Lift **P** 🚗 1↔25 ⚓
Auch Zimmer der Kategorie ***** vorhanden
** Hauptgericht 33; Gartenlokal;
geschl: Fr

Neustadt a. Rübenberge 25 →

Niedersachsen — Kreis Hannover — 37 m
— 43 000 Ew — Hannover 24, Nienburg
24 km
i ☎ (0 50 32) 8 41 76, Fax 6 72 01 — Amt für
Wirschaftsförderung, Marktstr 23,
31535 Neustadt am Rübenberge. Sehenswert: Ev. Liebfrauen Kirche; Bastion Erichs-
berg; Schloß Ladestrost, Torfmuseum;
Zisterzienser-Kloster Mariensee

* Neustädter Hof
Königsberger Str 43, ✉ 31535, ☎ (0 50 32)
20 44, Fax 6 30 00, AX DC ED VA
23 Zi, Ez: 98-160, Dz: 145-185, 1 Suite, ⊟
WC ☎, 11◨; Lift 1↔50; **garni**

* Scheve
Marktstr 21, ✉ 31535, ☎ (0 50 32) 9 51 60,
Fax 95 16 95, AX ED VA
27 Zi, Ez: 95-160, Dz: 160, 2 Suiten, ⊟ WC
☎; Lift **P** 🚗 1↔110 Kegeln 🍴
geschl: So 15 - Mo 16, 10.-31.8.

* City-Hotel Brunnenhof
Wallstr 1, ✉ 31535, ☎ (0 50 32) 98 170,
Fax 98 17 98, AX DC ED VA
12 Zi, Ez: 99-199, Dz: 149-299, 1 App, ⊟ WC
☎, 6◨; Lift 1↔20 🍴
Denkmalgeschütztes renoviertes Fachwerk
von 1854, ehemaliges Auktionshaus.

Neustadt a. d. Weinstraße 54 ↙

Rheinland-Pfalz — Stadtkreis — 200 m —
56 000 Ew — Bad Dürkheim 14, Landau 19,
Speyer 24 km
i ☎ (0 63 21) 92 68 92, Fax 92 68 91 — Tou-
rist-Kongress und Saalbau GmbH,
Exterstr 2, 67433 Neustadt an der Weinstraße; Regierungsbezirkshauptstadt von
Rheinhessen-Pfalz, größte deutsche Weinbaugemeinde, Erholungsort. Sehenswert:
Altstadt, Stiftskirche; Rathaus; Eisenbahnmuseum; Elwedritschebrunnen; Herren-
hof, Weinbaumuseum; Kuckucksbähnel;
Hambacher Schloß (Maxburg), 381 m

** Treff Page Kongreßhotel
Exterstr 2 (B 2), ✉ 67433, ☎ (0 63 21) 89 80,
Fax 89 81 50, AX ED VA
116 Zi, Ez: 125-185, Dz: 145-225, **S**; 7 Suiten,
⊟ WC ☎, 36◨; Lift **P** 6↔170 Fitneßraum
Sauna Solarium 18Golf 🍴

Diedesfeld (3 km ↓)
*** Beckers Gut
Weinstr, ✉ 67434, ☎ (0 63 21) 21 95,
Fax 21 01, AX DC ED VA
Hauptgericht 35; Terrasse; nur abends;
geschl: Di, je 10 Tage in den Oster- und
Herbstferien

Haardt (2 km ↑)
** Tenner Minotel
☼ 🕯 Mandelring 216, ✉ 67433, ☎ (0 63 21)
96 60, Fax 96 61 00, AX ED VA
38 Zi, Ez: 100-130, Dz: 145-180, 2 App, ⊟
WC ☎; **P** 🚗 1↔25 ⚓ Sauna; **garni**
geschl: 20.12.-3.1.
Auch Zimmer der Kategorie ***** vorhanden

Neustadt b. Coburg 48 ↙

Bayern — Kreis Coburg — 344 m —
17 200 Ew — Coburg 13, Kronach 21 km
i ☎ (0 95 68) 8 11 33, Fax 8 12 22 — Verkehrsamt, Georg-Langbein-Str 1,
96465 Neustadt; Bayerische Puppenstadt.
Sehenswert: Museum der Deutschen
Spielzeugindustrie; Märchen-Park; Mupp-
berg 516 m Aussichtsturm

Fürth am Berg (7 km ↘)
** Grenzgasthof
☼ 🕯 Allee 37, ✉ 96465, ☎ (0 95 68) 30 96,
Fax 75 95, ED VA
65 Zi, Ez: 55-95, Dz: 90-150, 1 App, ⊟ WC
☎; Lift **P** 🚗 2↔150 Sauna Solarium 🍴 ⚓
Auch einfachere Zimmer vorhanden

Wellmersdorf (5 km ↓)
* Heidehof
☼ 🕯 Wellmersdorfer Str 50, ✉ 96465,
☎ (0 95 68) 21 55-56, Fax 40 42, AX ED VA
42 Zi, Ez: 68-75, Dz: 90-120, ⊟ WC ☎, 2◨;
P 🚗 3↔50 🍴 ⚓

Neustadt (Dosse) 28 ↗

Brandenburg — Kreis Ostprignitz-Ruppin
— 41 m — 3 464 Ew — Kyritz 15, Rhinow 15,
Berlin 71 km
i ☎ (03 39 70) 9 50, Fax 1 34 45 — Gemeindeverwaltung, Bahnhofstr 6, 16845 Neustadt (Dosse). Sehenswert: Barockkirche;
Brandenburgisches Haupt- und Landes-
gestüt

** Parkhotel St. Georg
Prinz-v-Homburg-Str 35, ✉ 16845,
☎ (03 39 70) 97-0, Fax 97-40, AX DC ED VA
16 Zi, Ez: 95-109, Dz: 139-149, ⊟ WC ☎;
1↔25 Fitneßraum Sauna Solarium 🍴 ⚓

Neustadt in Holstein

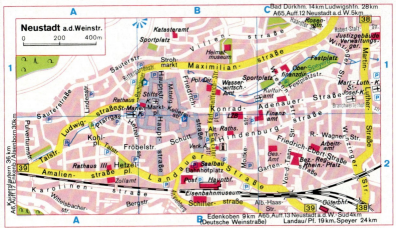

Neustadt-Glewe 20 ←

Mecklenburg-Vorpommern — Kreis Ludwigslust — 33 m — 7 600 Ew
🛈 ☎ (03 87 57) 50 00, Fax 5 00 12 — Markt 1, 19306 Neustadt-Glewe

*** Europa Schloßhotel Neustadt-Glewe
Schloßfreiheit 1, ✉ 19306, ☎ (03 87 57) 53 20, Fax 5 32-99, AX DC ED VA
32 Zi, Ez: 260, Dz: 210-290, 10 Suiten, ⌐ WC ☎, 15✉; Lift P 3✧130 Sauna 🍴 🍺
Herzögliches Barockschloß von 1717, 1600 qm Deckenstukkaturen in Zimmern und Sälen

Neustadt (Harz) 37 □

Thüringen — Kreis Nordhausen — 260 m — 1 200 Ew — Nordhausen 11 km
🛈 ☎ (0 36 31) 4 62 77, Fax 4 62 77 — Verwaltungsgemeinschaft Hohnstein/Südharz, Ilgerstr 23, 99768 Ilfeld; Erholungsort.
Sehenswert: Rolandfigur; Altes Stadttor; St. Georgskirche; Burgruine Hohenstein; Pfarrhaus; Lönspark; Poppenberg 600 m. ü.NN

** Silence-Landhotel Neustädter Hof
♣ Burgstr 17, ✉ 99762, ☎ (03 63 31) 3 09 12, Fax 3 09 16, AX DC ED VA
26 Zi, Ez: 85-145, Dz: 125-165, 1 Suite, 20 App, ⌐ WC ☎; Lift P 🍴 3✧40 Fitneßraum Sauna Solarium 🍺
** Hauptgericht 24; Terrasse

Teilen Sie bitte der Redaktion des Varta mit, wenn Sie sich in einem Haus besonders wohlgefühlt haben oder wenn Sie unzufrieden waren.

Neustadt i. Sachsen 51 ↗

Sachsen — Kreis Pirna-Sebnitz — 400 m — 12 440 Ew
🛈 ☎ (0 35 96) 22 40, Fax 50 15 16 — Touristinformation, Markt 24, 01844 Neustadt i. Sachsen

* Parkhotel Neustadt
Johann-Sebastian-Bach-Str 20, ✉ 01844, ☎ (0 35 96) 56 20, Fax 56 25 00, AX ED VA
52 Zi, Ez: 89-124, Dz: 120-158, ⌐ WC ☎ DFÜ, 20✉; Lift P 4✧400 Bowling
Restaurant für Hausgäste; Auch Zimmer der Kategorie ** vorhanden

Neustadt in Holstein 11 ↙

Schleswig-Holstein — Kreis Ostholstein — 15 000 Ew — Eutin 17, Oldenburg i. H. 23, Lübeck 33 km
🛈 ☎ (0 45 61) 70 11, Fax 70 13 — Kurverwaltung, im Stadtteil Pelzerhaken, Strandpromenade, 23730 Neustadt; Ostseebad und Hafenstadt an der Lübecker Bucht. Sehenswert: Stadtkirche; Kirche in Altenkrempe (4 km ↑); Kremper Tor; klassizistisches Rathaus; Pagodenspeicher

Pelzerhaken (5 km ↘)
** Ringhotel Eichenhain
♣ ⌐ ✉ 23730, ☎ (0 45 61) 5 37 30, Fax 53 73 73, ED VA
21 Zi, Ez: 130-150, Dz: 170-200, S; 8 Suiten, ⌐ WC ☎; P 2✧20 ≋ 🏊 Seezugang 🍺
** Hauptgericht 28; geschl: Nov, Jan, Feb

* Eos
Pelzerhakener Str 43, ✉ 23730, ☎ (0 45 61) 72 16, Fax 79 71, AX ED VA
18 Zi, Ez: 65-100, Dz: 120-160, 7 App, ⌐ WC ☎; P 🍴

Neustadt (Orla)

Neustadt (Orla) 48 ↗

Thüringen — Saale-Orla — 300 m —
10 000 Ew — Pößneck 10, Großebersdorf
17 km
🛈 ☎ (03 64 81) 85 01 21, Fax 8 51 04 — Fremdenverkehrsamt, Markt 1, 07806 Neustadt

** Ringhotel Schlossberg
Ernst-Thälmann-Str 62, ✉ 07806,
☎ (03 64 81) 6 60, Fax 6 61 00
31 Zi, Ez: 90-115, Dz: 140-175, 2 Suiten, ⊿
WC ☎, 4📺; Lift 🅿 3⬄60
Auch Zimmer der Kategorie * vorhanden
** Hauptgericht 24 ✤

** Stadt Neustadt
Ernst-Thälmann-Str 1, ✉ 07806,
☎ (03 64 81) 2 27 49 + 2 21 98, Fax 2 39 29,
AX ED VA
24 Zi, Ez: 60-90, Dz: 100-120, ⊿ WC ☎; 🅿
2⬄60 Sauna 🍽 ☕

Neustrelitz 21 ☐

Mecklenburg-Vorpommern — Kreis Mecklenburg-Strelitz — 74 m — 25 000 Ew —
Neubrandenburg 28, Berlin 109 km
🛈 ☎ (0 39 81) 25 31 19, Fax 20 54 43 —
Stadtinformation, Markt 1, 17235 Neustrelitz. Sehenswert: Marktplatz; klassizist. Rathaus; Stadtkirche; Schloßgartenensemble mit Orangerie, Schloßkirche, Hebetempel; Theater

** Kiefernheide
Lessingstr 70, ✉ 17235, ☎ (0 39 81) 4 77-0,
Fax 4 77-2 99, AX DC ED VA
52 Zi, Ez: 85-125, Dz: 120-160, 26📺; Lift 🅿
2⬄100 Fitneßraum Kegeln Sauna Solarium
🍽 ☕

** Schloßgarten
⬥ Tiergartenstr 15, ✉ 17235, ☎ (0 39 81)
24 50-0, Fax 24 50 50, AX ED VA
24 Zi, Ez: 85-94, Dz: 120-136, ⊿ WC ☎, 8📺;
🅿 🍽 ☕

** Parkhotel
⬥ ⬧ Karbe-Wagner-Str 59, ✉ 17235,
☎ (0 39 81) 44 36 00, Fax 44 35 53,
AX ED VA
70 Zi, Ez: 95-150, Dz: 110-150, 1 App, ⊿ WC
☎ DFÜ, 5📺; Lift 🅿 5⬄100 🍽 ☕

* Pinus
Ernst-Moritz-Arndt-Str 55, ✉ 17235,
☎ (0 39 81) 44 53 50, Fax 44 53 52,
AX DC ED VA
23 Zi, Ez: 72-90, Dz: 108-120, ⊿ WC ☎; Lift
🅿 1⬄25; garni ☕
Auch Zimmer der Kategorie ** vorhanden

* Haegert
Zierkerstr 44, ✉ 17235, ☎ (0 39 81) 20 03 05,
Fax 20 31 57, AX ED VA
24 Zi, Ez: 57-85, Dz: 84-120, 2 App, ⊿ WC
☎; 🅿 2⬄25 🍽
geschl: So

Neu-Ulm 62 ↘

Bayern — Kreis Neu-Ulm — 460 m — 50 000
Ew — Ulm 1 km
🛈 ☎ (07 31) 1 61 28 30, Fax 1 61 16 41 —
Ulm/Neu-Ulm Touristinformation, Neue Str
45, 89073 Ulm. Stadt an der Donau, gegenüber von Ulm. Sehenswert: Kath. Kirche St.
Johann; Edwin-Scharff-Museum; Glacis-
Stadtpark.

Stadtplan siehe Ulm

*** Mövenpick
⬥ ⬧ Silcherstr 40 (B 3), ✉ 89231, ☎ (07 31)
8 01 10, Fax 8 59 67, AX DC ED VA
135 Zi, Ez: 161-261, Dz: 161-301, S; 5 Suiten,
⊿ WC ☎, 36📺; Lift 🅿 🚗 12⬄845 ⚓
Solarium 🍽 ☕

** Römer Villa
⬧ ⌘ Parkstr 1 (B 3), ✉ 89231, ☎ (07 31)
80 00 40, Fax 8 00 04 50, AX ED VA
23 Zi, Ez: 118-158, Dz: 169-212, ⊿ WC ☎,
1📺; 🅿 2⬄40 Sauna Solarium ☕
** Hauptgericht 22; Gartenlokal Terrasse

* City Hotel
Ludwigstr 27 (C 3), ✉ 89231, ☎ (07 31)
97 45 20, Fax 9 74 52 99, AX DC ED VA
20 Zi, Ez: 125-130, Dz: 160, 1 App, ⊿ WC ☎
DFÜ; Lift 🅿; garni
Rezeption: 6-20; geschl: 20.12.-6.1., 9.-22.8.

Finningen (7 km →)
* Landgasthof Hirsch Minotel
Dorfstr 4, ✉ 89233, ☎ (07 31) 97 07 44,
Fax 72 41 31, AX DC ED VA
22 Zi, Ez: 115-140, Dz: 150-180, ⊿ WC ☎
DFÜ, 6📺; Lift 🅿 🚗 3⬄55 Kegeln
* Hauptgericht 25; Terrasse

Pfuhl (3 km ↗)
* Sonnenkeller
Leipheimer Str 97, ✉ 89233, ☎ (07 31)
7 17 70, Fax 71 77 60, AX ED VA
42 Zi, Ez: 85-125, Dz: 115-150, ⊿ WC ☎; Lift
🅿 🚗 1⬄25 🍽
geschl: 24.12.-6.1.
Auch Zimmer der Kategorie ** vorhanden

Reutti (7 km ↘)
** Silence-Landhotel Meinl
⬥ Marbacher Str 4, ✉ 89233, ☎ (07 31)
7 05 20, Fax 7 05 22 22, AX DC ED VA
30 Zi, Ez: 98-137, Dz: 130-170, ⊿ WC ☎,
4📺; Lift 🅿 🚗 1⬄16 Fitneßraum 🍽
geschl: 24.12.-15.1.

Schwaighofen (3 km ↘)
** **Zur Post**
Reuttier Str 172, ⊠ 89233, ☎ (07 31) 9 76 70, Fax 9 76 71 00, AX ED VA
28 Zi, Ez: 110-140, Dz: 150-180, ⊣ WC ☎, 6🛁; Lift 🅿 🍽 2⇔35
geschl: 2.-7.1.
** Hauptgericht 25; Biergarten; geschl: Fr, Sa. mittags, 2.1-7.1.

Neuweier siehe Baden-Baden

Neuweilnau siehe Weilrod

Neuwied 43 □

Rheinland-Pfalz — Kreis Neuwied — 62 m — 70 000 Ew — Koblenz 20, Bonn 50 km
ℹ ☎ (0 26 31) 80 22 60, Fax 2 13 26 — Verkehrsamt, Kirchstr 50, 56564 Neuwied.
Sehenswert: Burg Altwied; Schloß Neuwied; Schloß Engers; Eiszeitmuseum; Abtei Rommersdorf

* **Stadthotel**
Pfarrstr 1 a, ⊠ 56564, ☎ (0 26 31) 2 21 96 + 2 21 95, Fax 2 13 35, AX DC ED VA
16 Zi, Ez: 105-155, Dz: 129-175, ⊣ WC ☎; Lift 🍽 1⇔30 18Golf; **garni**
geschl: 23.12.-2.1.

* **Stadtpark-Hotel**
Heddesdorfer Str 84, ⊠ 56564, ☎ (0 26 31) 3 23 33, Fax 3 23 32, AX DC ED VA
10 Zi, Ez: 100-105, Dz: 140-155, ⊣ WC ☎; **garni**

** **Deichkrone**
◅ Deichstr 14, ⊠ 56564, ☎ (0 26 31) 2 38 93, AX DC ED VA
Hauptgericht 35

Engers (6 km →)
* **Euro Hotel Fink**
Werner-Egk-Str 2, ⊠ 56566, ☎ (0 26 22) 92 80, Fax 8 36 78
65 Zi, Ez: 45-75, Dz: 90-150, ⊣ WC ☎; 🍽

Oberbieber (7 km ↗)
Waldhaus Wingertsberg
♦ ◅ Wingertsbergstr 48, ⊠ 56566, ☎ (0 26 31) 92 20, Fax 92 22 55, AX DC ED VA
28 Zi, Ez: 109, Dz: 144, 1 Suite, ⊣ WC ☎
** ◅ Hauptgericht 30; Biergarten 🅿 Terrasse; geschl: Di, Anfang-Mitte Jan

Neu Wulmstorf 18 ↘

Niedersachsen — Kreis Harburg — 20 m — 18 500 Ew — Buxtehude 9, Hamburg 23 km
ℹ ☎ (0 40) 7 00 40 80, Fax 70 04 08 89 — Gemeindeverwaltung, Bahnhofstr 39, 21629 Neu Wulmstorf

* **Residenz Hotel**
Bahnhofstr 18, ⊠ 21629, ☎ (0 40) 7 00 40 40, Fax 70 04 04 70, ED VA
24 Zi, Ez: 105, Dz: 150, 10 App, ⊣ WC ☎; Lift; **garni**

Nidda 45 ✓

Hessen — Wetteraukreis — 160 m — 19 200 Ew — Schotten 15, Büdingen 17, Friedberg 25 km
ℹ ☎ (0 60 43) 80 06 52, Fax 80 06 68 — Verkehrsamt Nidda, Schloßgasse 34, 63667 Nidda; Stadt am Vogelsberg.
Sehenswert: Ev. Kirche; Markt mit Brunnen; Johanniterturm

Geiß-Nidda (2 km ↙)
* **Gottmann**
Bergwerksring 9, ⊠ 63667, ☎ (0 60 43) 4 08 04, Fax 4 08 24, ED
8 Zi, Ez: 65-70, Dz: 120-130, ⊣ WC ☎; Solarium 🍽

Salzhausen, Bad (Heilbad, 2 km ←) 👑
*** **Jäger**
♦ Kurstr 9-13, ⊠ 63667, ☎ (0 60 43) 40 20, Fax 40 21 00, AX DC ED VA
29 Zi, Ez: 120-200, Dz: 200-280, ⊣ WC ☎; Lift 🅿 🍽 3⇔40 Fitneßraum Sauna Solarium
*** Hauptgericht 38; Terrasse

Nidderau 45 ✓

Hessen — Main-Kinzig-Kreis — 125 m — 16 480 Ew — Hanau 12, Friedberg 19, Frankfurt/Main 23 km
ℹ ☎ (0 61 87) 2 01 10, Fax 20 11 32 — Stadtverwaltung, Am Steinweg 1, 61130 Nidderau. Sehenswert: gotische Pfarrkirche; Rathaus; Schloß (Stadtteil Heldenbergen); Schloß Naumburg

Heldenbergen
* **Adler**
Windecker Str 2, ⊠ 61130, ☎ (0 61 87) 92 70, Fax 92 72 23, ED
33 Zi, Ez: 70-90, Dz: 120-140, ⊣ WC ☎; 🅿 🍽
Im Gästehaus (ca 150 m entfernt) auch Zimmer der Kategorie ** vorhanden

Nideggen 42 □

Nordrhein-Westfalen — Kreis Düren — 325 m — 9 712 Ew — Düren 14, Euskirchen 26 km
ℹ ☎ (0 24 27) 80 90, Fax 8 09 47 — Verkehrsamt, Zülpicher Str 1, 52385 Nideggen; Stadt an der Rur, Luftkurort in der nördlichen Eifel. Sehenswert: Kath. Kirche; Burgruine: Burgmuseum ◅, Stadtbefestigung: Dürener Tor, Zülpicher Tor →

Nideggen

Rath (2 km ↑)
* **Gästehaus Thomé**
♂ Im Waldwinkel 25, ✉ 52385, ☎ (0 24 27) 61 73, Fax 88 17
10 Zi, Ez: 65, Dz: 120, ⌐ WC ☎; 🅿 Solarium; garni

* **Forsthaus Rath**
Rather Str 126, ✉ 52385, ☎ (0 24 27) 9 40 20, Fax 94 02 80, AX ED
20 Zi, Ez: 75, Dz: 120, ⌐ WC ☎; 🅿 3✡30 🍽 🍺

Niebüll 9 ↘

Schleswig-Holstein — Kreis Nordfriesland — 2 m — 7 500 Ew — Dänische Grenze 13, Husum 40, Flensburg 45 km
ℹ ☎ 85 95 — Fremdenverkehrsverein, im Rathaus, Hauptstr 44, 25899 Niebüll; Luftkurort. Sehenswert: Kirche; Nordfriesisches Heimatmuseum; Richard-Haizmann-Museum; Nolde-Museum in Seebüll: März-Nov täglich von 10-18 Uhr geöffnet (19 km ↑)
Achtung: Autoverladung mit der Eisenbahn über den Hindenburgdamm nach Westerland auf Sylt (40 km ↘)

⌂ **Inselpension**
Gotteskoogstr 4, ✉ 25899, ☎ (0 46 61) 21 45, Fax 94 20 30
9 Zi, Ez: 77, Dz: 110, ⌐ WC ☎; 🅿 🚗

Niederaula 46 ↘

Hessen — Kreis Hersfeld-Rotenburg — 200 m — 6 006 Ew — Bad Hersfeld 11, Schlitz 17, Alsfeld 26 km
ℹ ☎ (0 66 25) 9 20 30, Fax 92 03 22 — Gemeindeverwaltung, Bahnhofstr 34, 36272 Niederaula; Ort an der Fulda

** **Schlitzer Hof**
▽ Hauptstr 1, ✉ 36272, ☎ (0 66 25) 33 41, Fax 33 55, ED
Hauptgericht 25; 🅿; geschl: Di, 1.1.-31.1.
⌂ 9 Zi, Ez: 68, Dz: 120, ⌐ WC ☎; 🚗
Rezeption: 7-14, 17-24; geschl: Di, Jan

Niederdorfelden 45 ↙

Hessen — Main-Kinzig-Kreis — 110 m — 3 000 Ew — Schöneck 5, Bad Vilbel 5, Frankfurt 10 km
ℹ ☎ (0 61 01) 5 35 30, Fax 53 53 30 — Gemeindeverwaltung, Burgstr 5, 61138 Niederdorfelden

* **Schott**
♂ Hainstr 19, ✉ 61138, ☎ (0 61 01) 3 36 66, Fax 3 36 60, ED VA
10 Zi, Ez: 90-95, Dz: 140-150, ⌐ WC ☎, 4✉; 🅿; garni
geschl: 25.12.-3.1., 2.-10.4.

Niederelfringhausen

siehe **Hattingen**

Niederfinow 31 ↘

Brandenburg — Kreis Eberswalde — 32 m — 704 Ew — Eberswalde-Finow 10, Bad Freienwalde 12 km
ℹ ☎ (03 33 62) 2 53, Fax 2 53 — Gemeindeverwaltung, F.-Böhme-Str 43, 16248 Niederfinow

* **Am Schiffshebewerk**
Hebewerkstr 43, ✉ 16248, ☎ (03 33 62) 7 00 99, Fax 2 09
20 Zi, Ez: 70-95, Dz: 110-125, ⌐ WC ☎; 🚗 1✡26 Kegeln 🍽

Niederfischbach 44 ↘

Rheinland-Pfalz — Kreis Altenkirchen — 250 m — 4 766 Ew — Freudenberg 5, Betzdorf 11, Siegen 17 km
ℹ ☎ (0 27 34) 54 83, Fax 5 57 34 — Gemeindeverwaltung, Hahnseifenstr 6, 57572 Niederfischbach; Erholungsort

* **Fuchshof**
Siegener Str 22, ✉ 57572, ☎ (0 27 34) 54 77, Fax 6 09 48, ED
17 Zi, Ez: 75, Dz: 150, 1 App, ⌐ WC ☎, 1✉; 🅿 🚗 1✡25 🍽 Kegeln Sauna Solarium 🍽
geschl: 21.-28.12.

Fischbacherhütte (1 km ↙)
** **Landhotel Bähner Landidyll**
♂ ⌂ Konrad-Adenauer-Str 26, ✉ 57572, ☎ (0 27 34) 5 79-0, Fax 5 52 71, AX DC ED VA
38 Zi, Ez: 132-145, Dz: 172-242, 2 Suiten, ⌐ WC ☎; 🅿 3✡80 🍽 Kegeln Sauna Solarium 🍺

** **Giebelwald**
Hauptgericht 30

Niederfrohna 50 ↘

Sachsen — Kreis Glauchau-Chemnitzer Land — 260 m — 2 400 Ew — Oberfrohna 2, Chemnitz 15 km
ℹ ☎ (0 37 22) 9 22 45, Fax 9 22 45 — Gemeindeverwaltung, Obere Hauptstr 20, 09243 Niederfrohna. Sehenswert: Christuskirche; Johanniskirche; Rittergut, Portal; Wetzelmühle; Galgenlinde

⌂ **Fichtigsthal**
Limbacher Str, ✉ 09243, ☎ (0 37 22) 61 16, Fax 61 18, ED VA
16 Zi, Ez: 55-70, Dz: 90-110, ⌐ WC ☎; garni

Niedergurig 41 ↓

Sachsen — Kreis Bautzen — 180 m — 756 Ew — Bautzen 6 km
ℹ ☎ (0 35 91) 2 37 24 — Gemeindeverwaltung, 02694 Niedergurig

* **Park Hotel**
Am Stausee, am Gewerbepark Niedergurig, ✉ 02694, ☎ (0 35 91) 2 17 80, Fax 21 78 75, AX DC ED VA
65 Zi, Ez: 90-120, Dz: 160, 25 App, ⌐ WC ☎ DFÜ, 20🛏, 🅿 2⇔120 ≋ Sauna ⚓
Restaurant für Hausgäste

Niederkassel 43 ↖

Nordrhein-Westfalen — Rhein-Sieg-Kreis — 50 m — 29 000 Ew — Bonn 12, Siegburg 15, Köln 24 km
🛈 ☎ (0 22 08) 94 66-0, Fax 94 66-2 04 — Stadtverwaltung, Rathausstr 19, 53859 Niederkassel

Uckendorf (2 km →)
*** **Clostermanns Hof**
♂ Heerstr, ✉ 53859, ☎ (0 22 08) 9 48 00, Fax 9 48 01 00, AX DC ED VA
66 Zi, Ez: 170-285, Dz: 190-380, 2 Suiten, ⌐ WC ☎, 15🛏, Lift 🅿 6⇔140 Fitneßraum Sauna Solarium 18Golf 🍽 ⚓
geschl: 20.12.-9.1

Niederkrüchten 32 ↙

Nordrhein-Westfalen — Kreis Viersen — 65 m — 13 300 Ew — Holländische Grenze 13, Mönchengladbach 24 km
🛈 ☎ (0 21 63) 9 80-0, Fax 9 80-1 11 — Gemeindeverwaltung, Laurentiusstr 19, 41372 Niederkrüchten. Sehenswert: Spätgotische Hallenkirche; Kapellen in Overhetfeld und Brempt; Naturschutzgebiet Elmpter Bruch

Brempt (1 km ↑)
** **Kupferpfanne** ⚜
Wiesenstr 29, ✉ 41372, ☎ (0 21 63) 8 04 28, Fax 89 84 43, AX DC ED VA
Hauptgericht 40; 🅿 Terrasse; geschl: Mi + Sa mittags

🛏 **Pension Haus Andrea**
Kahrstr 24, ✉ 41372, ☎ (0 21 63) 8 20 87, Fax 8 31 25
10 Zi, Ez: 60-70, Dz: 110, 5 App, ⌐ WC ☎; 🅿 🚗; garni

Overhetfeld (3 km ↘)
🍽 **Zur Kapelle an der Heide**
An der Heiden 1-3, ✉ 41372, ☎ (0 21 63) 8 32 62, Fax 8 25 20, DC VA
Hauptgericht 25; Biergarten Kegeln 🅿
🛏 **Haus Hildegard**
10 Zi, Ez: 55-60, Dz: 90-92, ⌐ WC ☎; 25
geschl: Do

Venekoten (3 km ↘)
** **Venekotensee**
♂ Venekotenweg 4, ✉ 41372, ☎ (0 21 63) 98 33 00, Fax 9 83 30 77, ED VA
12 Zi, Ez: 119, Dz: 149, 3 Suiten, 4 App, ⌐ WC ☎, 🅿 2⇔30 6Tennis 🍽 ⚓

Niedermülsen 49 ↗

Sachsen — Kreis Zwickau — 265 m — 450 Ew — Mosel 4, Zwickau 6, Glauchau 7 km
🛈 ☎ (03 76 04) 22 83 — Gemeindeverwaltung, Hauptstr 36, 08138 Niedermülsen

* **Nordsee**
Hauptstr 45, ✉ 08138, ☎ (03 76 04) 26 60, Fax 26 67, AX ED VA
52 Zi, Ez: 85-106, Dz: 115-140, ⌐ WC ☎; 🅿 2⇔45 Sauna Solarium
* Hauptgericht 17

siehe auch **Glauchau**

Niedernhall 55 ↘

Baden-Württemberg
🛈 ☎ (0 79 40) 9 12 50, Fax 91 25 31 — Bürgermeisteramt, Hauptstr 30, 74676 Niedernhall

** **Zum Rößle**
Hauptstr 12, ✉ 74676, ☎ (0 79 40) 91 65-0, Fax 91 65-50
Hauptgericht 33
* 16 Zi, Ez: 86-96, Dz: 120-140, 1 Suite, 4 App, ⌐ WC ☎ DFÜ, 6🛏; 🅿 🚗 1⇔10
geschl: 2 Wochen im Jan + Aug

Niedernhausen 44 ↓

Hessen — Rheingau-Taunus-Kreis — 300 m — 15 350 Ew — Idstein 9, Wiesbaden 13 km
🛈 ☎ (0 61 27) 90 31 24, Fax 9 03-1 82 — Gemeindeverwaltung, Wilrijkplatz, 65527 Niedernhausen

Engenhahn (8 km ↖)
** **Wildpark-Hotel**
♂ Trompeterstr 21, ✉ 65527, ☎ (0 61 28) 97 40, Fax 7 38 74, AX DC ED VA
39 Zi, Ez: 90-145, Dz: 150-260, 3 Suiten, ⌐ WC ☎; 🅿 🚗 3⇔50 Fitneßraum Sauna Solarium ⚓
geschl: 1.-9.1., 3 Wochen in den Sommerferien
** Hauptgericht 30; Terrasse; geschl: Sa, So abends, Anfang Jan, 3 Wo in den Sommerferien

Niedernhausen-Außerhalb (2 km ↓)
** **Micador Taunushotel**
einzeln ♂ Zum grauen Stein 1, ✉ 65527, ☎ (0 61 27) 90 10, Fax 90 16 41, AX DC ED VA
244 Zi, Ez: 170-255, Dz: 220-340, 15 Suiten, 35 App, ⌐ WC ☎, 40🛏; Lift 🅿 🚗 12⇔500 Sauna Solarium ⚓
** **Stradivari**
Hauptgericht 35; Terrasse

Niedernwöhren 25 □

Niedersachsen — Kreis Schaumburg —
58 m — 1 784 Ew — Stadthagen 5, Bad
Nenndorf 15 km
🅘 ☎ (0 57 21) 9 70 60, Fax 97 06 18 —
Gemeindeverwaltung, Hauptstr 46,
31712 Niedernwöhren

✱ **Landhaus Heine**
Brunnenstr 17, ✉ 31712, ☎ (0 57 21) 21 21,
Fax 7 13 19
Hauptgericht 25; Gartenlokal 🅿; geschl:
Mo abends, Di, 2 Wochen im Jan,
2 Wochen im Jul

Nieder-Olm 54 ↖

Rheinland-Pfalz — Kreis Mainz-Bingen —
123 m — 6 700 Ew — Mainz 13, Alzey 21 km
🅘 ☎ (0 61 36) 6 90, Fax 6 92 10 — Verbandsgemeindeverwaltung, Pariser Str 110,
55268 Nieder-Olm

✱✱ **Dietrich**
♂ Maler-Metten-Weg 20, ✉ 55268,
☎ (0 61 36) 50 85, Fax 38 87, DC ED VA
29 Zi, Ez: 160-180, Dz: 190-220, 1 App, ⊣
WC ☎; Lift 🅿 🚗 2🛏25 ≋ Sauna Solarium;
garni
Auch Zimmer der Kategorie ✱ vorhanden

✱ **CB Hotel Becker**
Backhausstr 12, ✉ 55268, ☎ (0 61 36) 75 55,
Fax 75 00, AX ED VA
12 Zi, Ez: 110-140, Dz: 125-180, ⊣ WC ☎; 🅿;
garni 🍴

Niedersfeld siehe Winterberg

Niederstetten 56 ↙

Baden-Württemberg — Main-Tauber-Kreis
— 300 m — 5 500 Ew — Bad Mergentheim 20, Rothenburg o. d. Tauber 25 km
🅘 ☎ (0 79 32) 91 02-38, Fax 91 02-40 — Infor-
mations- und Kulturamt, Bahnhofstr 15,
97996 Niederstetten. Sehenswert: Ev. Kirche, Schloß Haltenbergstetten mit Jagd-
und Naturkunde-Museum, Albert-Sammt-
Zeppelin-Museum; Weinbaumuseum und
Mörike-Stube im Ortsteil Wermutshausen

✱✱ **Krone**
Minotel
Marktplatz 3, ✉ 97996, ☎ (0 79 32) 89 90,
Fax 8 99 60, AX DC ED VA
31 Zi, Ez: 110, Dz: 160, ⊣ WC ☎, 6✉; Lift 🅿
🚗 2🛏60 Kegeln
geschl: 1.1.-28.2.
✱ **Gute Stube**
Hauptgericht 35; Biergarten; geschl: 1.1.-
28.2.

Niederstotzingen 62 ↘

Baden-Württemberg — Kreis Heidenheim
— 470 m — 4 605 Ew — Günzburg 10, Heidenheim 25, Ulm 25 km
🅘 ☎ (0 73 25) 10 20, Fax 1 02 36 — Stadtverwaltung, Im Städtle 25, 89168 Niederstotzingen. Sehenswert: Schloß und Martinskirche im Ortsteil Oberstotzingen; Kirche
und Vogelherdhöhle im Lonetal

✱ **Zur Krone**
Im Städtle 9, ✉ 89168, ☎ (0 73 25) 50 61,
Fax 50 65, ED VA
29 Zi, Ez: 65-75, Dz: 115, ⊣ WC ☎; 🅿 🚗
3🛏150 🍴

Oberstotzingen (2 km ←)
✱✱ **Vila Vita Schloßhotel** 👑
Oberstotzingen
European Castle
♂ ❋ ✍ Stettener Str 37, ✉ 89168,
☎ (0 73 25) 10 30, Fax 1 03 70, AX DC ED VA
15 Zi, Ez: 220-240, Dz: 295-340, 2 Suiten, ⊣
WC ☎; 🅿 5🛏100 Sauna Solarium 18Golf
2Tennis
geschl: 2.-31.1.
✱✱✱ **Vogelherd**
Hauptgericht 55; Terrasse; nur abends,
so + feiertags auch mittags; geschl: Mo,
2.-31.1.
✱ **Schloßschenke**
Hauptgericht 35; Biergarten; geschl: Mi,
2.-31.1.

Niederwinkling 65 ↗

Bayern — Kreis Straubing-Bogen — 322 m
— 1 880 Ew — Deggendorf 14, Straubing
18 km
🅘 ☎ (0 99 62) 18 58 — Gemeindeverwaltung, Hauptstr 20, 94559 Niederwinkling

Welchenberg (2 km ↙)
✱✱ **Landgasthof Buchner** 🍷
Freymannstr 15, ✉ 94559, ☎ (0 99 62) 7 30,
Fax 24 30, AX DC ED VA
Hauptgericht 30; Biergarten 🅿; geschl: Mo,
Di, 1.11.-15.11.

Niederwürschnitz 50 ←

Sachsen — Kreis Stollberg — 427 m —
3 500 Ew — Chemnitz 15 km
🅘 ☎ (03 72 96) 52 30 — Gemeindeverwaltung, Stollberger Str 2, 09399 Niederwür-
schnitz

✱ **Weinhotel Vinum**
Chemnitzer Str 29, ✉ 09399, ☎ (03 72 96)
1 51 26, Fax 1 51 29, VA
13 Zi, Ez: 92-115, Dz: 124-195, ⊣ WC ☎; 🅿
🚗 1🛏30 🍴

Niederwürzbach
siehe **Blieskastel**

Niefern-Öschelbronn 61 ↖

Baden-Württemberg — Enzkreis — 242 m — 11 000 Ew — Pforzheim 7 km
i ☎ (0 72 33) 9 62 20, Fax 15 02 — Gemeindeverwaltung, im Ortsteil Niefern, Friedenstr 11, 75223 Niefern-Öschelbronn. Sehenswert: Ev. Kirche in Niefern; ev. Kirche in Öschelbronn

Niefern
✱✱   Krone
Schloßstr 1, ✉ 75223, ☎ (0 72 33) 70 70, Fax 7 07 99, AX DC ED VA
45 Zi, Ez: 98-190, Dz: 148-188, 1 Suite, 3 App, ⌐ WC, 15▦; Lift ▣ ▤ 3↔48
geschl: 27.12.-10.1.
Zimmer der Kategorie ✱ vorhanden
✱   Hauptgericht 22; Terrasse;
geschl: Sa, 27.12.-10.1.

Niefern-Außerhalb (1 km ←)
✱✱   Queens Hotel Niefern
Pforzheimer Str 52, ✉ 75223, ☎ (0 72 33) 7 09 90, Fax 53 65, AX DC ED VA
67 Zi, Ez: 119-180, Dz: 139-235, S; 4 Suiten, ⌐ WC, 8▦; Lift ▣ ▤ 7↔80 ⚭
✱✱   Hauptgericht 18; Terrasse

Nienburg (Weser) 25 ↗

Niedersachsen — Kreis Nienburg — 25 m — 33 000 Ew — Verden 36, Hannover 47 km
i ☎ (0 50 21) 8 73 55, Fax 8 73 01 — Touristbüro, Lange Str 18, 31582 Nienburg. Sehenswert: Martins-Kirche; Rathaus; Postturm; Stockturm; Wall ◂; Giebichenstein (Riesenfindling) im Kräher Forst (8 km →)

✱✱   Weserschlößchen
♂ ◂ Mühlenstr 20, ✉ 31582, ☎ (0 50 21) 6 20 81, Fax 6 32 57, AX DC ED VA
36 Zi, Ez: 140-170, Dz: 155-200, 3 Suiten, ⌐ WC, 16▦; Lift ▣ ▤ 4↔600 ⚭ ⌂ Fitneßraum Kegeln Sauna Solarium ⚭
✱✱   Brückenrestaurant
◂ Hauptgericht 20

✱   Nienburger Hof
Hafenstr 3, ✉ 31582, ☎ (0 50 21) 1 30 48, Fax 1 35 08, AX DC ED VA
20 Zi, Ez: 115-135, Dz: 160-180, 1 Suite, ⌐ WC; Lift ▮◉▮

✱   Am Posthof
Poststr 2, ✉ 31582, ☎ (0 50 21) 9 70 70, Fax 97 07 16, AX DC ED VA
10 Zi, Ez: 88-98, Dz: 130-150, ⌐ WC; 1↔50; garni

✱   Daube
Hannoversche Str 118, ✉ 31582, ☎ (0 50 21) 56 11, Fax 66 793
12 Zi, Ez: 78, Dz: 130, ⌐ WC; garni

▪   Meinecke
Friedrich-Ludwig-Jahn-Str 12, ✉ 31582, ☎ (0 50 21) 33 29, Fax 91 29 95
Terrasse
Spezialität: Nienburger Bärentatzen

Nienhagen 12 ↓

Mecklenburg-Vorpommern — Kreis Bad Doberan — 15 m — 950 Ew — Bad Doberan 6, Warnemünde 10, Rostock 15 km
i — Kurverwaltung, Strandstr 16, 18211 Nienhagen; Ostseebad

✱   Villa Aranka
♂ Strandstr 7, ✉ 18211, ☎ (03 82 03) 8 11 25, ED VA
9 Zi, Ez: 80, Dz: 120, ⌐ WC; 1↔50 Sauna Solarium ▮◉▮

✱   Pension am Teich
Strandstr 14, ✉ 18211, ☎ (03 82 03) 8 11 82, Fax 8 11 83, ED VA
8 Zi, Ez: 60-85, Dz: 90-125, 1 Suite, 2 App, ⌐ WC, 5▦; ▣ ▤; garni ⚭

Nienstädt 25 □

Niedersachsen — Kreis Schaumburg — 120 m — 4 900 Ew — Stadthagen 3, Obernkirchen 4 km
i ☎ (0 57 24) 39 80, Fax 3 98 30 — Gemeindeverwaltung, Sülbecker Str 8, 31688 Nienstädt

Sülbeck (2 km ←)
✱   Sülbecker Krug
◂ Mindener Str 6, ✉ 31688, ☎ (0 57 24) 9 55 00, Fax 95 50 50, AX DC ED VA
12 Zi, Ez: 85, Dz: 130, ⌐ WC; ▣ ▤ 18Golf
Rezeption: 7-15, 17-23
✱✱   Hauptgericht 38; Terrasse; ⌒
geschl: Sa mittags, So abends, Mo

✱   Berghotel Sülbeck
Bergstr 4, ✉ 31688, ☎ (0 57 24) 82 32, Fax 5 19 61
10 Zi, Ez: 75, Dz: 110, ⌐ WC; ▣ 1↔60 ▮◉▮

Nierstein 54 ↑

Rheinland-Pfalz — Kreis Mainz-Bingen — 89 m — 7 140 Ew — Mainz 17, Darmstadt 23, Worms 28 km
i ☎ (0 61 33) 51 11, Fax 51 81 — Verkehrsamt, Bildstockstr 10, 55283 Nierstein; Weinbauort am Rhein. Sehenswert: Ev. Kirche; Marktplatz; Römisches Sironabad
Achtung: Autofähre nach Kornsand (Richtung Groß-Gerau und Darmstadt) von 6-22 alle 20 Min →

Nierstein

** Villa Spiegelberg
♂ ◂ Hinter Saal 21, ⌧ 55283, ☎ (0 61 33) 51 45, Fax 5 74 32
12 Zi, Ez: 140, Dz: 190, 1 Suite, ⌐ WC ☎,
3⌧; 🅿 1⇔30 ≋
Restaurant für Hausgäste; Vorzugsweise Reservierungen für Klausurtagungen. Nur Halb- oder Vollpension

Niesky 41 ↘

Sachsen — Niederschlesischer-Oberlausitzkreis — 160 m — 12 500 Ew — Görlitz 20, Cottbus 76 km
🛈 ☎ (0 35 88) 2 82 60, Fax 28 26 81 — Stadtverwaltung Niesky, Muskauer Str. 20/22, 02906 Niesky. Sehenswert: Holzhaussiedlungen; Wartturm; Denkmalgeschütze Zinzendorfplatz

⌂ Bürgerhaus
Muskauer Str 31, ⌧ 02906, ☎ (0 35 88) 20 09 10, Fax 20 09 09, AX ED
24 Zi, Ez: 80-112, Dz: 90-120, ⌐ WC ☎;
3⇔500 Sauna ⍒

Niestetal 36 ↙

Hessen — Kreis Kassel — 240 m — 10 200 Ew — Kassel 4 km
🛈 ☎ (05 61) 5 20 20, Fax 52 02 60 — Gemeindeverwaltung, Heiligenröder Str 70, 34266 Niestetal

Heiligenrode
* Althans
Friedrich-Ebert-Str 65, ⌧ 34266, ☎ (05 61) 52 50 61 + 52 27 09, Fax 52 69 81, ED
22 Zi, Ez: 70-90, Dz: 110-150, ⌐ WC ☎ DFÜ,
3⌧; 🅿 🖳; garni ⍟
geschl: 20.12.-7.1.

* Zum Niestetal
Niestetalstr 16, ⌧ 34266, ☎ (05 61) 95 22 60, Fax 9 52 26 34, AX DC ED VA
19 Zi, Ez: 90-95, Dz: 135-150, ⌐ WC ☎; 🅿
3⇔80 Sauna Solarium ⍒ ⍟

Niewitz 31 ↙

Brandenburg — Kreis Lübben — 53 m — Lübben 9 km
🛈 ☎ (03 54 74) 7 51 — Gemeindeverwaltung, 15910 Niewitz

Rickshausen (6 km →)
*** Spreewald-Park-Hotel
einzeln ♂ ⌧ 15910, ☎ (03 54 74) 2 70, Fax 2 74 44, AX DC ED VA
93 Zi, Ez: 100-170, Dz: 140-170, 5 Suiten, ⌐ WC ☎, 8⌧; Lift 🅿 10⇔320 Sauna ⍒

Nittel 52 □

Rheinland-Pfalz — Kreis Trier-Saarburg — 160 m — 1 800 Ew — Saarburg 14, Konz 17 km
🛈 ☎ (0 65 84) 3 45 — Verkehrsverein, Moselstr 29, 54453 Nittel; Erholungsort an der Mosel

* Zum Mühlengarten
◂ Uferstr 5, ⌧ 54453, ☎ (0 65 84) 3 87, Fax 8 37, AX ED VA
24 Zi, Ez: 60-75, Dz: 90-100, ⌐ WC ☎; 🅿
2⇔80 Fitneßraum Sauna Solarium ⍒ ⍟

Nittenau 65 ↖

Bayern — Kreis Schwandorf — 352 m — 8 300 Ew — Roding 21, Regensburg 34 km
🛈 ☎ (0 94 36) 3 09 24, Fax 26 80 — Touristikbüro, Hauptstr 14, 93149 Nittenau; Ort am Regen, im Bayerischen Wald

** Aumüller
Brucker Str 7, ⌧ 93149, ☎ (0 94 36) 5 34, Fax 24 33, AX DC ED VA
40 Zi, Ez: 75-120, Dz: 120-170, ⌐ WC ☎,
6⌧; 🅿 🖳 3⇔100
*** Hauptgericht 32; Terrasse; geschl: So abends

Nördlingen im Ries 63 ←

Bayern — Kreis Donau-Ries — 431 m — 20 800 Ew — Donauwörth 28, Dinkelsbühl 31, Aalen 36 km
🛈 ☎ (0 90 81) 43 80, Fax 8 41 13 — Verkehrsamt, Marktplatz 2, 86720 Nördlingen im Ries; Stadt im Ries (fruchtbare Beckenlandschaft, durch Einschlag einesMeteoriten). Sehenswert: Hallenkirche St Georg, Kirchturm Daniel ◂; kath. Pfarrkirche St Salvator; Rathaus; Tanzhaus; Gerberviertel; historische Altstadt; Stadtmauer, Wehrtürme, Tore, Bastionen

** Klösterle
Beim Klösterle 1 (B 1), ⌧ 86720, ☎ (0 90 81) 8 80 54, Fax 2 27 40, AX DC ED VA
98 Zi, Ez: 177-207, Dz: 227-257, ⌐ WC ☎,
10⌧; Lift 🖳 8⇔500 Fitneßraum Sauna Solarium
Auch Zimmer der Kategorie *** vorhanden
** Hauptgericht 28; Terrasse; geschl: So abends

** Kaiserhof Hotel Sonne
Marktplatz 3 (B 1), ⌧ 86720, ☎ (0 90 81) 50 67, Fax 2 39 99, AX ED VA
40 Zi, Ez: 65-95, Dz: 125-230, ⌐ WC ☎;
2⇔35
Auch Zimmer der Kategorie * vorhanden

Nohfelden

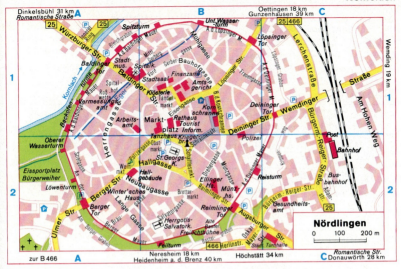

Nördlingen

✱ Am Ring
Bürgermeister-Reiger-Str 14 (C 2),
✉ 86720, ☎ (0 90 81) 40 28, Fax 2 31 70,
AX DC ED VA
39 Zi, Ez: 80-95, Dz: 120-160, ⌐ WC ☎, 5⌂;
Lift 4✥40
✱ Hauptgericht 25

✱ Goldene Rose
Baldinger Str 42 (A 1), ✉ 86720, ☎ (0 90 81)
8 60 19, Fax 2 45 91, AX ED VA
16 Zi, Ez: 65-80, Dz: 100-120, ⌐ WC ☎; P;
garni ⌘

✱✱ Meyer's Keller
Marienhöhe 8, ✉ 86720, ☎ (0 90 81) 44 93,
Fax 2 49 31, AX ED VA
Hauptgericht 45; Biergarten P; geschl:
Mo + Di mittags, 2 Wochen im Feb

Café Altreuter
Marktplatz 11, ✉ 86720, ☎ (0 90 81) 43 19,
AX
Hauptgericht 12; Terrasse

Nörten-Hardenberg 36 ▫

Niedersachsen — Kreis Northeim — 165 m
— 8 654 Ew — Northeim 10, Göttingen
11 km
ℹ ☎ (0 55 03) 80 80, Fax 8 08 25 — Gemeindeverwaltung, Burgstr 2, 37176 Nörten-Hardenberg. Sehenswert: Martini-Kirche;
Krypta der ehem. Klosterkirche im Ortsteil
Marienstein; Burgruine Hardenberg ⌇

🅿 Unterstellmöglichkeiten für Fahrzeuge
oder Einzelgaragen

✱✱✱ Burghotel Hardenberg European Castle
einzeln ☼ Im Hinterhaus 11a, ✉ 37176,
☎ (0 55 03) 9 81-0, Fax 9 81-6 66, AX DC ED VA
44 Zi, Ez: 160-190, Dz: 240-270, 1 Suite, ⌐
WC ☎ DFÜ, 6⌂; Lift P 🅿 7✥120 Fitneßraum Sauna Solarium 18Golf
✱✱✱ Novalis ⌘ ☎
Hauptgericht 42; Terrasse; geschl: So
✱✱ Hardenberger Mühle
Hauptgericht 26; Terrasse; geschl: Mo

Nohfelden 53 ←

Saarland — Kreis St. Wendel — 500 m —
11 500 Ew — St.Wendel 16, Hermeskeil 21,
Idar-Oberstein 25 km
ℹ ☎ (0 68 52) 88 50, Fax 88 51 25 — Verkehrsamt, An der Burg, 66625 Nohfelden.
Sehenswert: Stausee beim Ortsteil Bosen

Bosen (7 km ⌇)
✱✱ Ringhotel Seehotel Weingärtner
⌇ Bostalstr 12, ✉ 66625, ☎ (0 68 52) 88 90,
Fax 8 16 51, AX DC ED VA
99 Zi, Ez: 98-185, Dz: 174-268, ⌐ WC ☎; Lift
P 🅿 8✥120 ≏ Kegeln Sauna Solarium
1Tennis ⌇
Auch Zimmer der Kategorie ✱✱✱ vorhanden
✱✱ Hauptgericht 30; Terrasse

✱ Merker's Bostal-Hotel
Bostalstr 46, ✉ 66625, ☎ (0 68 52) 67 70,
Fax 5 48, AX DC ED VA
20 Zi, Ez: 70, Dz: 105, ⌐ WC ☎
✱ Hauptgericht 20; P →

Nohfelden

Neunkirchen (7,5 km ↗)
* **Landhaus Mörsdorf**
Nahestr 27, ⌂ 66625, ☎ (0 68 52) 9 01 20,
Fax 90 12 90, AX DC ED VA
17 Zi, Ez: 87, Dz: 120, ⌂ WC ☎; **P** 2⟳40
* Hauptgericht 25; Terrasse

Nomborn 52 ↙

Rheinland-Pfalz — Westerwaldkreis —
630 Ew — Montabaur 6, Koblenz 25, Limburg 12 km
i ☎ (0 64 85) 2 28 — Tourist-Information, Hauptstr 25 (DM), 56412 Nomborn

* **Silencehotel
Studenten-Mühle**
Mühlenstr zum Eisenbachtal, ⌂ 56412,
☎ (0 64 85) 9 12 20, Fax 9 12 23 00
36 Zi, Ez: 90, Dz: 150, ⌂ WC ☎; 2⟳40

Nonnenhorn 69 ↓

Bayern — Kreis Lindau — 400 m — 1 500 Ew
— Lindau 8, Friedrichshafen 14 km
i ☎ (0 83 82) 82 50, Fax 8 90 76 — Verkehrsamt, Seehalde 2, 88149 Nonnenhorn; Luftkurort am Bodensee

** **Seewirt**
♂ ◄ Seestr 15, ⌂ 88149, ☎ (0 83 82)
98 85 00, Fax 8 93 33, ED VA
30 Zi, Ez: 86-115, Dz: 160-245, ⌂ WC ☎; Lift
P 🚗 Seezugang Sauna Solarium
geschl: Mo, Di (bis Ostern), 23.11.-12.2.
** Hauptgericht 40; geschl: Mo,Di, 23.12.-12.2.

* **Haus am See**
♂ ◄ Uferstr 15, ⌂ 88149, ☎ (0 83 82)
98 85 10, Fax 9 88 51 75
26 Zi, Ez: 80-95, Dz: 153-200, ⌂ WC ☎; Seezugang
geschl: 15.11.-1.3.
Auch Zimmer der Kategorie ** vorhanden

* **Zum Torkel**
Seehalde 14, ⌂ 88149, ☎ (0 83 82) 98 62-0,
Fax 98 62 62
23 Zi, Ez: 60-80, Dz: 110-160, ⌂ WC ☎; 🚗
geschl: 24.12.-30.1.
* Hauptgericht 20; **P**; geschl: Mi, Ende Dez

* **Gasthof zur Kapelle**
Kapellenplatz 3, ⌂ 88149, ☎ (0 83 82) 82 74,
Fax 8 91 81, ED VA
Hauptgericht 25; Biergarten; geschl:
Anfang Nov-Mitte Dez, Mitte Jan-Anfang Mär
** 17 Zi, Ez: 74-110, Dz: 112-170, ⌂
WC ☎; **P**
geschl: Anfang Nov-Mitte Dez, Anfang Jan-Anfang März

Nonnweiler 52 →

Saarland — Kreis Sankt Wendel — 400 m —
9 000 Ew — Hermeskeil 6, Idar-Oberstein 40 km
i ☎ (0 68 73) 6 60 35, Fax 6 41 71 — Kur- und Verkehrsamt, Trierer Str 5,
66620 Nonnweiler; Heilklimatischer Kurort im Schwarzwälder Hochwald (Hunsrück).
Sehenswert: Hunnenring, größter keltischer Ringwall, 612 m (45 min ↗)

* **Parkschenke Simon**
Auensbach 68, ⌂ 66620, ☎ (0 68 73) 60 44,
Fax 60 55, AX DC ED VA
17 Zi, Ez: 60-65, Dz: 110-120, ⌂ WC ☎; **P** 🚗
1⟳40

Norddorf siehe Amrum

Norden 15 ↗

Niedersachsen — Kreis Aurich — 1 m —
25 000 Ew — Aurich 27, Emden 32 km
i ☎ (0 49 31) 9 86-02, Fax 9 86-2 90 — Verkehrsbüro/Kurverwaltung, im Stadtteil Norddeich, Dörper Weg 22, 26506 Norden;
See-Badeort. Sehenswert: Ev. Ludgeri Kirche: Orgel; Altes Rathaus; Seehund-Aufzuchtstation in Norddeich; Erstes Teemuseum der Bundesrepublik

Achtung: Schiffe nach Juist. Auf der Insel Pkw nicht zugelassen. Großgaragen im Stadtteil Norddeich. Fährschiffe nach Norddeich **i** ☎ (0 49 31) 98 70, Flüge zu den Inseln Norderney und Juist. **i** ☎ (0 49 31) 9 33 20

* **Reichshof
mit Gästehaus**
Neuer Weg 53, ⌂ 26506, ☎ (0 49 31) 1 75-0,
Fax 1 75 75, AX DC ED VA
37 Zi, Ez: 75-110, Dz: 150-200, 3 Suiten,
1 App., ⌂ WC ☎ **P** 🚗 4⟳350
Auch Zimmer der Kategorie ** vorhanden

Norddeich (4 km ↖)
** **Regina Maris**
♂ Badestr 7 c, ⌂ 26506, ☎ (0 49 31) 1 89 30,
Fax 18 93 75, AX ED VA
62 Zi, Ez: 90-200, Dz: 160-240, 6 Suiten, ⌂
WC ☎, 8🛁; Lift **P** 5⟳350 🚗 Fitneßraum
Sauna Solarium
geschl: 4.1.-14.2.

** **Ringhotel Fährhaus**
◄ Hafenstr 1, ⌂ 26506, ☎ (0 49 31) 9 88 77,
Fax 98 87 88
40 Zi, Ez: 100-140, Dz: 180-220, S; ⌂ WC ☎,
9🛁; Lift **P** 🚗
* ◄ Hauptgericht 27

* **Deichkrone**
♂ Muschelweg 21, ⌂ 26506, ☎ (0 49 31)
80 31, Fax 0 49 31/80 30
30 Zi, Ez: 90-110, Dz: 130-220, 8 App, ⌂ WC
☎; 🛥 Strandbad Seezugang Fitneßraum
Sauna Solarium
geschl: 3.11.-3.12.

Norderney

Nordenau siehe Schmallenberg

Nordenham 16→

Niedersachsen — Kreis Wesermarsch — 2 m — 29 100 Ew — Brake 25, Oldenburg i. O. 52, Bremen 70 km
i ☎ (0 47 31) 9 36 40, Fax 93 64 46 — Verkehrsverein Nordenham e.V., Poststr. 4, 26954 Nordenham; Hafenstadt an der Unterweser

Achtung: Autofähre von Nordenham-Blexen nach Bremerhaven Mo-Fr von 19.30-23.30 stündlich, von 4.30-19.30 halbstündlich, Sa 4.30-8.30 stündlich, danach wie werktags, So von 4.30-12.30 stündlich (im Sommer halbstündlich), danach wie werktags; **i** ☎ (0 47 31) 2 16 93

** Am Markt
Marktplatz, ⌧ 26954, ☎ (0 47 31) 9 37 20, Fax 93 72 55, AX DC ED VA
33 Zi, Ez: 120, Dz: 160, 3 Suiten, ⌐ WC ☎, 6⌧; Lift ▣ 3✧80 Fitneßraum Sauna Solarium
** Marktrestaurant
Hauptgericht 38

Abbehausen (8 km ✓)
* **Butjadinger Tor**
Butjadinger Str 67, ⌧ 26954, ☎ (0 47 31) 9 38 80, Fax 88 88 88, AX DC ED VA
17 Zi, Ez: 85, Dz: 120, ⌐ WC ☎; 1✧80 Kegeln ‖

Norderney 15↑

Niedersachsen — Kreis Aurich — 2 m — 6 500 Ew — von Norddeich nach Aurich 27, von Norddeich nach Emden 32 km
i ☎ (0 49 32) 9 18 50, Fax 8 24 94 — Verkehrsbüro, Bülowallee 5, 26548 Norderney; Ostfriesische Insel, Nordsee-Heilbad, Spielbank Norderney

Achtung: Schiffs- und Flugverbindungen siehe Ortstext Norden. Fahrverbotszonen für Kraftfahrzeuge während der Saison erfragen.

*** Kurhotel
Weststrandstr 4, ⌧ 26548, ☎ (0 49 32) 88 30 00, Fax 88 33 33, AX DC ED VA
14 Zi, Ez: 150-260, Dz: 300-320, 5 Suiten, ⌐ WC ☎; Lift ▣ ⇌
geschl: 1.11.-25.3.
** Kurhotel Norderney
Hauptgericht 30; Terrasse; geschl: 1.11.-25.3.

** Villa Ney ♛
♂ ⋞ Gartenstr 59, ⌧ 26548, ☎ (0 49 32) 91 70, Fax 9 17 31, AX DC ED VA
Ez: 140-220, Dz: 260-380, 10 Suiten, ⌐ WC ☎ DFÜ; Lift Sauna Solarium 9Golf
geschl: je 2 Wochen Dez und Jan
Restaurant für Hausgäste

** Haus am Meer
♂ ⋞ Kaiserstr 3, ⌧ 26548, ☎ (0 49 32) 89 30, Fax 36 73, ED
23 Zi, Ez: 90-214, Dz: 185-298, 10 Suiten, 15 App, ⌐ WC ☎; Lift ▣ ⌧ ≋ Seezugang Sauna; **garni** ⇌

** Hanseatic-Hotel
♂ Gartenstr 47, ⌧ 26548, ☎ (0 49 32) 93 60-0, Fax 92 70 33
36 Zi, Ez: 140-230, Dz: 190-260, 6 Suiten, ⌐ WC ☎; Lift ≋ Sauna Solarium; **garni**
geschl: 3.-24.11., 11.1.-5.2.

** Inselhotel König
Bülowallee 8, ⌧ 26548, ☎ (0 49 32) 80 10, Fax 80 11 25, DC ED VA
50 Zi, Ez: 100-150, Dz: 150-260, ⌐ WC ☎; Lift 2✧450 Sauna Solarium ‖ ⇌

** Strandhotel an der Georgshöhe
♂ ⋞ Kaiserstr 24, ⌧ 26548, ☎ (0 49 32) 89 80, Fax 89 82 00
79 Zi, Ez: 50-150, Dz: 121-290, 16 Suiten, ⌐ WC ☎ DFÜ; Lift ▣ ≋ Seezugang Fitneßraum Sauna Solarium 7Tennis ‖ ⇌
Rezeption: 8-21; geschl: 23.11.-20.12., 11.1.-7.2.

** Belvedere am Meer
Viktoriastr 13/Ecke Strandstr, ⌧ 26548, ☎ (0 49 32) 9 23 90, Fax 8 35 90
10 Zi, Ez: 140-210, Dz: 230-290, 2 Suiten, 9 App, ⌐ WC ☎; Lift ▣ ⌧ ≋ Seezugang Sauna; **garni**
geschl: 15.10.-28.3.
Denkmalgeschützte Villa von 1870 im Tudorstil

** Ennen
Luisenstr 16, ⌧ 26548, ☎ (0 49 32) 91 50, Fax 8 21 10
61 Zi, Ez: 120, Dz: 190-250, ⌐ WC ☎; Lift 1✧30 Sauna Solarium ‖

** Strandhotel Pique
♂ ⋞ Am Weststrand 3-4, ⌧ 26548, ☎ (0 49 32) 9 39 30, Fax 93 93 93
18 Zi, Ez: 80-178, Dz: 150-296, 3 Suiten, 4 App, ⌐ WC ☎ DFÜ; Lift ▣ 1✧14 ≋ Seezugang Fitneßraum Sauna Solarium 9Golf ‖ ⇌
geschl: Di

* Seeschlößchen
Damenpfad 13, ⌧ 26548, ☎ (0 49 32) 9 38 50, Fax 96 86 36, ED
14 Zi, Ez: 64-79, Dz: 144-204, 1 App, ⌐ WC ☎; Lift Sauna Solarium; **garni**

* Am Rathaus
Friedrichstr 10, ⌧ 26548, ☎ (0 49 32) 9 38 40, Fax 96 86 36, ED
15 Zi, Ez: 60-91, Dz: 140-184, ⌐ WC ☎; Sauna Solarium; **garni** →

Norderney

* Friese
Friedrichstr 34, ⊠ 26548, ☏ (0 49 32) 80 20, Fax 8 02 34
63 Zi, Ez: 98-138, Dz: 118, ⊿ WC ☏; Lift 1⇔ Sauna ⵗⵗ ⴷ
geschl: Mi, Mitte Jan-Anfang Mär
mit Gästehaus Friese up Anner Siet

** Lenz
Benekestr 3, ⊠ 26548, ☏ (0 49 32) 22 03, Fax 22 03, ED
Hauptgericht 45; geschl: Mo (außer im Sommer), Mitte Jan-Mitte Feb

** Veltins-Stübchen
Jann-Berghaus-Str 78, ⊠ 26548, ☏ (0 49 32) 34 99, Fax 8 42 29, AX DC ED VA
Hauptgericht 40; nur abends; geschl: Mi, 19.11.-20.12.

Norderney-Außerhalb (5 km →)

** Golf-Hotel
einzeln ☀ ⵗ Am Golfplatz 1, ⊠ 26548, ☏ (0 49 32) 89 60, Fax 8 96 66, AX DC ED VA
26 Zi, Ez: 98-198, Dz: 196-336, 9 Suiten, 2 App, ⊿ WC ☏; ▣ ▣ 2⇔60 ≘ Fitneßraum Sauna Solarium ⴷ
** Hauptgericht 35; Terrasse

Norderstedt 18 ↑

Schleswig-Holstein — Kreis Segeberg — 26 m — 70 890 Ew — Hamburg 22 km
ℹ ☏ (0 40) 5 35 95-0, Fax 5 26 44 32 — Stadtverwaltung, Rathausallee 50, 22846 Norderstedt

*** Park-Hotel
Buckhörner Moor 100, ⊠ 22846, ☏ (0 40) 52 65 60, Fax 52 65 64 00, AX DC ED VA
71 Zi, Ez: 155-190, Dz: 175-220, 7 Suiten, ⊿ WC ☏, 8⴪; Lift ▣ ▣ 3⇔130 Fitneßraum Sauna Solarium; garni

** Friesenhof
Segeberger Chaussee 84a-b, ⊠ 22850, ☏ (0 40) 52 99 20, Fax 52 99 21 00, AX DC ED VA
40 Zi, Ez: 170-200, Dz: 200-270, 7 App, ⊿ WC ☏, 8⴪; Lift ▣ ▣; garni

** Avalon Hotel Wilhelm Busch
Wilhelm-Busch-Platz, ⊠ 22850, ☏ (0 40) 5 29 90 00, Fax 52 99 00 19, DC ED VA
68 Zi, Ez: 165, Dz: 195, ⊿ WC ☏, 2⴪; Lift 3⇔40 ⴷ

Garstedt (2 km ⵗ)
* Heuberg
Kahlenkamp 2, ⊠ 22848, ☏ (0 40) 52 80 70, Fax 5 23 80 67, AX DC ED VA
43 Zi, Ez: 110-140, Dz: 150-175, 4 Suiten, ⊿ WC ☏, 3⴪; Lift ▣ ▣ 1⇔15; garni
Auch Zimmer der Kategorie ** vorhanden

* Maromme
Marommer Str 58, ⊠ 22850, ☏ (0 40) 52 10 90, Fax 5 21 09 30, AX DC ED VA
18 Zi, Ez: 125, Dz: 160, ⊿ WC ☏; 1⇔12; garni

Glashütte (2 km →)
** Am Stadtrand
Tangstedter Landstr 508, ⊠ 22851, ☏ (0 40) 52 99 90, Fax 52 99 92 99, AX DC ED VA
27 Zi, Ez: 140, Dz: 170-200, ⊿ WC ☏, 5⴪; Lift ▣ ▣ 1⇔25 Sauna Solarium; garni
Auch Zimmer der Kategorie * vorhanden

** Norderstedter Hof
Mittelstr 54, ⊠ 22851, ☏ (0 40) 5 24 00 46, Fax 5 24 83 66, AX DC ED VA
85 Zi, Ez: 120-170, Dz: 145-200, ⊿ WC ☏ DFÜ, 5⴪; Lift ▣ 1⇔ Sauna Solarium
geschl: 23.12.-1.1.
Auch Zimmer der Kategorie * vorhanden
** Eichenstuben
Hauptgericht 27; Terrasse; nur abends; geschl: Sa, So, 23.12.-1.1.

* Zur Glashütte
Segeberger Chaussee 309, ⊠ 22851, ☏ (0 40) 5 29 86 60, Fax 52 98 66 35, ED VA
16 Zi, Ez: 80-90, Dz: 130-140, ⊿ WC ☏, ▣ ▣ 200 ≘ ⵗⵗ
Rezeption: 6-21
Auch Zimmer der Kategorie ** vorhanden

Harksheide (1 km ↑)
*** Best Western Hotel Schmöker Hof
Oststr 18, ⊠ 22844, ☏ (0 40) 52 60 70, Fax 5 26 22 31, AX DC ED VA
122 Zi, Ez: 165-195, Dz: 195-225, 2 Suiten, ⊿ WC ☏, 21⴪; Lift ▣ 9⇔100 Sauna Solarium 27Golf
Auch Zimmer der Kategorie ** vorhanden
** Hauptgericht 28; Biergarten ▣

** Nordic
Ulzburger Str 387-389, ⊠ 22846, ☏ (0 40) 5 26 85 80, Fax 5 26 67 08, AX DC ED VA
30 Zi, Ez: 125, Dz: 150, ⊿ WC ☏ DFÜ; ▣ 1⇔15; garni

Nordhausen 37 □

Thüringen — Kreis Nordhausen — 180 m — 47 500 Ew — Göttingen 82, Halle 90 km
ℹ ☏ (0 36 31) 90 21 53, Fax 90 21 53 — Tourismus-Informations-Zentrum, Bahnhofsplatz 3a, 99734 Nordhausen; „Tor zum Südharz". Sehenswert: Stadtmauer; Dom zum Heiligen Kreuz; Pfarrkirche St. Blasii; Markt, Altes Rathaus; Finkenburg; Umgebung: Salza-Quellbad, Salza-Spring

** Handelshof
Bahnhofsstr 12, ⊠ 99734, ☏ (0 36 31) 62 50, Fax 62 51 00, AX DC ED VA
38 Zi, Ez: 95-130, Dz: 155-170, 1 Suite, ⊿ WC ☏, 18⴪; Lift 2⇔55 Fitneßraum Sauna Solarium; garni

Northeim

✶ City-Hotel
Wolfstr 11, ✉ 99734, ☎ (0 36 31) 98 02 88, Fax 98 04 81, AX DC ED VA
42 Zi, Ez: 70-86, Dz: 120-135, 3 Suiten, ⌐ WC ☎; Lift 🅿 1↔40; garni

✶ Avena
Hallesche Str 13, ✉ 99734, ☎ (0 36 31) 60 20 60, Fax 60 20 06, AX ED VA
46 Zi, Ez: 70-90, Dz: 110-135, ⌐ WC ☎; 🅿 1↔15; garni

✶ Zur Sonne
Hallesche Str 8, ✉ 99734, ☎ (0 36 31) 60 21 10, Fax 99 89 37, AX ED VA
35 Zi, Ez: 50-95, Dz: 100-140, 1 App, ⌐ WC ☎; Lift 🅿 2↔100 ‽☕
geschl: So

Bielen (2 km ↘)
✶ Zur Goldenen Aue
Nordhäuser Str 135, ✉ 99735, ☎ (0 36 31) 60 30 21, Fax 60 30 23, AX DC ED VA
40 Zi, Ez: 65-93, Dz: 100-140, 2 Suiten, 1 App, ⌐ WC ☎, 7🍴; 🅿 🖳 3↔40 Fitneßraum Sauna Solarium ☕
✶ Hauptgericht 10; Gartenlokal Terrasse

Nordheim a. Main 56 ↑

Bayern — Kreis Kitzingen — 200 m — 1 000 Ew — Volkach 2, Kitzingen 15, Würzburg 25 km
ℹ ☎ (0 93 81) 4 01 12, Fax 4 01 16 — Verkehrsamt, Rathaus, 97332 Volkach

✶ Gasthof Markert
Am Rain 22, ✉ 97334, ☎ (0 93 81) 47 00, Fax 33 08, ED
24 Zi, Ez: 70-75, Dz: 100-110, ⌐ WC ☎; 🅿 🖳 1↔50 ☕
✶ Hauptgericht 25

✶ Gästehaus Weininsel
♂ Mainstr 17, ✉ 97334, ☎ (0 93 81) 80 36 90, Fax 80 36 91
12 Zi, Ez: 55-65, Dz: 85-120, ⌐ ☎, 3🍴; 🅿 🖳 🍴
geschl: Mi, 26.12.-20.1.

Zehnthof-Weinstuben
☗ Hauptstr 2, ✉ 97334, ☎ (0 93 81) 17 02, Fax 43 79
Hauptgericht 22; 🅿; geschl: Mo

Nordhorn 23 □

Niedersachsen — Kreis Grafschaft Bentheim — 22 m — 52 000 Ew — holländische Grenze 4, Bad Bentheim 16, Lingen 20 km
ℹ ☎ (0 59 21) 3 40 30, Fax 3 22 83 — Verkehrsverein (VVV), Firnhaberstr 17, 48529 Nordhorn; Kreisstadt. Sehenswert: Ref. Kirche; Kornmühle; Alte Schleuse; Kloster Frenswegen (3 km ↘)

✶✶ Am Stadtring
Stadtring 31, ✉ 99734, ☎ (0 59 21) 8 83 30, Fax 7 53 91, AX DC ED VA
41 Zi, Ez: 135, Dz: 100-170, ⌐ WC ☎, 5🍴; Lift 🅿 🖳 4↔80 Kegeln
✶ Hauptgericht 27

✶ Eichentor
Bernhard-Niehues-Str 12, ✉ 48529, ☎ (0 59 21) 8 98 60, Fax 7 79 48, AX DC ED VA
47 Zi, Ez: 85-110, Dz: 125-170, ⌐ WC ☎; Lift 🅿 🖳 2↔100 ☕ Sauna Solarium 🍴 ☕

Nordrach 60 ↓

Baden-Württemberg — Ortenaukreis — 300 m — 1 993 Ew — Wolfach 29, Offenburg 29 km
ℹ ☎ (0 78 38) 92 99 21, Fax 92 99 24 — Verkehrsamt, Im Dorf 26, 77787 Nordrach; Luftkurort im Schwarzwald. Sehenswert: Pfarrkirche St Ulrich; Mooskopf 875 m ◄; Getreidemühle; Schmiede; „Das Nordracher Puppenmuseum"

✶ Gasthof Stube
Im Dorf 28, ✉ 77787, ☎ (0 78 38) 2 02
Hauptgericht 25

Northeim 36 ↗

Niedersachsen — Kreis Northeim — 110 m — 33 000 Ew — Osterode 20, Göttingen 21, Hildesheim 66 km
ℹ ☎ (0 55 51) 91 30 66, Fax 91 30 67 — Tourist Information, Am Münster 6, 37154 Northeim; Stadt im westlichen Harzvorland. Sehenswert: Spätgotische Hallenkirche St. Sixti (1519); ehem. Hl.-Geist-Hospital; Fachwerkbauten; Teile der Stadtbefestigung (Brauereiturm)

✶✶ Schere
Breite Str 24, ✉ 37154, ☎ (0 55 51) 96 90, Fax 96 91 96, AX DC ED VA
39 Zi, Ez: 110-200, Dz: 160-220, ⌐ WC ☎ DFÜ, 7🍴; Lift 🅿 🖳 3↔40 18Golf
✶ Hauptgericht 20; Biergarten Terrasse

Northeim-Außerhalb (2 km ←)
✶ Leineturm
Leineturm 1, ✉ 37154, ☎ (0 55 51) 9 78 50, Fax 97 85 22, AX DC ED VA
Hauptgericht 25; Biergarten 🅿 Terrasse; geschl: Mo, 1.-10.1.
✶ 8 Zi, Ez: 95, Dz: 150-160, ⌐ WC ☎; 2↔40
geschl: Mo, 1.1.-10.1.

Northeim-Außerhalb (2 km →)
✶ Waldhotel Gesundbrunnen
einzeln ♂ ✉ 37154, ☎ (0 55 51) 60 70, Fax 60 72 00, AX DC ED VA
82 Zi, Ez: 110-135, Dz: 165-195, S; ⌐ WC ☎; Lift 🅿 🖳 7↔120 Kegeln Sauna 18Golf 🍴 ☕
geschl: So ab 18

Nortorf 10 ↓

Schleswig-Holstein — Kreis Rendsburg-Eckernförde — 32 m — 6 900 Ew — Neumünster 16, Rendsburg 24 km
ℹ️ ☏ (0 43 92) 8 96 20, Fax 8 96 11 — Fremdenverkehrsverein Naturpark Westensee e.V., Niederstr 6, 24589 Nortorf

★★ Kirchspiels Gasthaus mit Gästehaus
Große Mühlenstr 9, ✉ 24589, ☏ (0 43 92) 49 22, Fax 34 54, AX DC ED VA
14 Zi, Ez: 70-130, Dz: 100-170, 1 Suite, ⊣ WC ☏; P 2↔50 Kegeln
★★ Hauptgericht 30; Terrasse

Nothweiler 60 ↘

Rheinland-Pfalz — Kreis Südwestpfalz — 272 m — 219 Ew — Bad Bergzabern 20, Pirmasens 30 km
ℹ️ ☏ (0 63 91) 58 11, Fax 13 62 — Tourist-Information Dahner Felsenland, Schulstr 29, 66994 Dahn; Erholungsort im Naturpark Pfälzer Wald. Sehenswert: Eisenerzbergwerk; Burgruine Wegelnburg

★ Wegelnburg
Hauptstr 15, ✉ 76891, ☏ (0 63 94) 2 84, Fax 50 49
8 Zi, Ez: 60-80, Dz: 100-130, ⊣ WC ☏, 8🅿; P 🍽 🍺

Nottuln 33 ↑

Nordrhein-Westfalen — Kreis Coesfeld — 100 m — 18 200 Ew — Coesfeld 11, Dülmen 16, Münster 26 km
ℹ️ ☏ (0 25 02) 9 42-0, Fax 9 42-2 22 — Gemeindeverwaltung, Stiftsplatz 7, 48301 Nottuln; Ort im Münsterland. Sehenswert: Kath. Kirche St. Martin; Ortskern

Nottuln-Außerhalb (2 km ↗)
★★ Steverburg
-< einzeln ⊗ Baumberg 6, ✉ 48301, ☏ (0 25 02) 94 30, Fax 98 76, DC ED VA
Hauptgericht 35; geschl: Do
★★ einzeln ⚥ -< 19 Zi, Ez: 80-100, Dz: 150-160, ⊣ WC ☏, 4🅿; 2↔30

Schapdetten (5 km →)
★ Landhaus Schapdetten
Roxeler Str 7, ✉ 48301, ☏ (0 25 09) 9 90 50, Fax 99 05 33, AX ED VA
17 Zi, Ez: 75-85, Dz: 135-150, 1 Suite, ⊣ WC ☏, 2🅿; P 🚗 3↔50 Kegeln 🍺
★ Biergarten Terrasse

Stevern (3 km →)
★ Gasthaus Stevertal
Stevern 36, ✉ 48301, ☏ (0 25 02) 9 40 10, Fax 94 01 49
Hauptgericht 25; P Terrasse
★ 7 Zi, Ez: 75, Dz: 140, ⊣ WC ☏; 2↔70

Nümbrecht 43 ↗

Nordrhein-Westfalen — Oberbergischer Kreis — 360 m — 17 043 Ew — Waldbröl 8, Gummersbach 22, Siegburg 37 km
ℹ️ ☏ (0 22 93) 5 18, Fax 5 10 — Kur- und Gäste-Information, Lindchenweg 1, 51588 Nümbrecht; Heilklimatischer Kurort im Oberbergischen Land; Sportpark inkl. öffentl. Golf-Center. Sehenswert: Schloßkirche; Schloß Homburg; hist. Postkutschenlinie

★★★ Park-Hotel Nümbrecht
⚥ Parkstr, ✉ 51588, ☏ (0 22 93) 30 30, Fax 30 33 65, AX DC ED VA
89 Zi, Ez: 168, Dz: 234, ⊣ WC ☏ DFÜ, 10🅿; Lift P 12↔350 🏊 Fitneßraum Kegeln Sauna Solarium 🍺
★★ Park-Stuben
Hauptgericht 38; Terrasse

★★ Derichsweiler Hof
⚥ -< Jacob-Engel-Str 22, ✉ 51588, ☏ (0 22 93) 9 11 10, Fax 42 22, AX ED
55 Zi, Ez: 120-140, Dz: 160, ⊣ WC ☏; Lift P 6↔80 Fitneßraum Sauna Solarium
geschl: Jul
★★ Hauptgericht 30; Terrasse; geschl: Mo, Jul

★★ Olivers Gasthaus
Hauptstr 52, ✉ 51588, ☏ (0 22 93) 9 11 10, Fax 9 11 19, ED VA
Hauptgericht 40; P Terrasse; geschl: Mo, 3 Wo im Feb
★★ 4 Zi, Ez: 120-190, Dz: 150-240, ⊣ WC ☏ DFÜ
geschl: Mo, 3 Wochen Feb

Nürburg 43 ↙

Rheinland-Pfalz — Kreis Ahrweiler — 620 m — 200 Ew — Daun 22, Blankenheim 31, Cochem 40 km
ℹ️ ☏ (0 26 91) 23 04, Fax 86 84 — Verkehrsverein, Neuhausstr 4, 53520 Nürburg; Luftkurort in der Eifel. Sehenswert: Nürburg -<; Nürburgring mit Grand-Prix-Strecke und der historischen Rennstrecke „Nordschleife". Rundfahrten mit eigenem Pkw sind möglich. Informationen ☏ (0 26 91) 30 20; Rennsportmuseum, geöffnet täglich 10-1

★★★ Dorint Hotel Nürburgring
-< Grand-Prix-Strecke, ✉ 53520, ☏ (0 26 91) 30 90, Fax 30 94 60, AX DC ED VA
138 Zi, Ez: 230-280, Dz: 285-340, S; 3 Suiten, ⊣ WC ☏; Lift P 🚗 6↔280 🏊 Kegeln Sauna Solarium 🍺
★★ Fascination
-< Hauptgericht 35

★ Am Tiergarten
Kirchweg 4, ✉ 53520, ☏ (0 26 91) 9 22 00, Fax 79 11, AX DC ED VA
33 Zi, Ez: 70-130, Dz: 100-180, ⊣ WC ☏ DFÜ, 5🅿; P 🚗 1↔25 🍽 🍺

✱ Zur Burg
⚜ ⛳ Burgstr 4, ✉ 53520, ☎ (0 26 91) 75 75, Fax 77 11, AX DC ED VA
34 Zi, Ez: 70-120, Dz: 100-200, 1 Suite, ⎯ WC, 🅿 2⟷50 Sauna Solarium 🍽 🚲
geschl: 20.11.-25.12.
Auch einfachere Zimmer vorhanden

Nürnberg 57 ↓

Bayern — Stadtkreis — 340 m —
496 000 Ew — Würzburg 105, München 165, Stuttgart 190 km
ℹ ☎ (09 11) 2 33 60, Fax 2 33 61 66 — Congress- und Tourismus-Zentrale, Frauentorgraben 3, 90443 Nürnberg; Stadt an der Pegnitz mit wertvollen Kunstschätzen; Universität; Fachhochschule; Akademie der bildenden Künste; Opernhaus; Schauspielhaus, Kammerspiele; Flughafen (6 km ↑), Hafen am Main-Donau-Kanal (3 km ↓)
Sehenswert: Ev. Sebalduskirche mit Sebaldusgrab; ev. Lorenzkirche: Engelsgruß und Sakramentshäuschen; kath. Frauenkirche: Tucheraltar und Vorhalle, täglich 12 Uhr „Männleinlaufen" des Kunstuhrwerks; ev. Kirche St. Egidien; kath. Kirche St. Elisabeth; Hl.-Geist-Spital mit Innenhöfen; Johannisfriedhof (Grabdenkmäler: Dürer u.a.); Kaiserburg ⛳; Stadtmauer (5 km) mit Toren und Türmen; Rathaus; Weinstadel mit Henkersteg; Mauthalle; Unschlitthaus; Nassauer Haus; Handwerkerhof „Nürnberg" (am Königstor); Planetarium Brunnen: Schöner Brunnen; Tugendbrunnen; Gänsemännchenbrunnen; Hanselbrunnen; Apollobrunnen; Neptunbrunnen; Hans-Sachs-Brunnen („Ehekarusel"); Puttenbrunnen
Museen: Germanisches Nationalmuseum; Albrecht-Dürer-Haus; Stadtmuseum im Fembohaus; Museum Natur und Mensch; Gewerbemuseum (Kunstgewerbe); Museum Industriekultur; Verkehrsmuseum; Spielzeugmuseum; Uhrenmuseum; Schulmuseum; Kunsthalle; Tucherschlößchen; Altstadthof mit Museumsbrauerei und Felsengängen
Außenbezirke: Tiergarten und Delphinarium (5 km →); ev. Kirche in Katzwang: Hochaltar (10 km ↓); Wehrkirche in Krafthof (8 km ↑); Patrizierschlößchen (Jagdsammlung) in Neunhof (9 km ↑)

Messen:
Int. Spielwarenmesse 4.-10.2.99
Auto Salon 99 27.2.-7.3.99
FREIZEIT 99 Garten + Touristik 27.2.-7.3.99
HOLZHANDWERK 18.-21.3.99
Hotel- und Gaststättenausstellung 17.-21.4.99
ELTEC 16.-18.6.99

Cityplan siehe Seiten 746-747

✱✱✱ Restaurant mit großzügiger Ausstattung

✱✱✱✱ Le Méridien Grand Hotel
Bahnhofstr 1-3 (D 3), ✉ 90402, ☎ (09 11) 2 32 20, Fax 2 32 24 44, AX DC ED VA
182 Zi, Ez: 199-385, Dz: 320-410, S; 4 Suiten, ⎯ WC ☎, 41🛌; Lift 🅿 🍴 5⟷250 Fitneßraum Sauna Solarium
Auch Zimmer der Kategorie ✱✱✱ vorhanden
✱✱✱ Brasserie
Hauptgericht 23

✱✱✱ Holiday Inn Crowne Plaza
⚜ Valznerweiherstr 200, ✉ 90480, ☎ (09 11) 4 02 90, Fax 40 40 67, AX DC ED VA
149 Zi, Ez: 200-400, Dz: 300-500, S; 3 Suiten, ⎯ WC ☎, 52🛌; Lift 🅿 20⟷350 ≋ 🏊 Fitneßraum Sauna Solarium 🚲
✱✱✱ Rhapsody
Hauptgericht 30

✱✱✱ Maritim
Frauentorgraben 11 (D 4), ✉ 90443, ☎ (09 11) 2 36 30, Fax 2 36 38 36, AX DC ED VA
307 Zi, Ez: 259-399, Dz: 298-478, S; 9 Suiten, ⎯ WC ☎, 94🛌; Lift 9⟷850 🏊 Fitneßraum Sauna Solarium
✱✱ Nürnberger Stuben
Hauptgericht 40; 🅿

✱✱✱ Atrium Hotel
⚜ ⛳ Münchener Str 25, ✉ 90478, ☎ (09 11) 4 74 80, Fax 4 74 84 20, AX DC ED VA
200 Zi, Ez: 159-329, Dz: 180-368, 5 Suiten, ⎯ WC ☎, 50🛌; Lift 🅿 🍴 5⟷200 🏊 Fitneßraum Sauna Solarium 18Golf
Direkter Zugang zur Meistersingerhalle
✱✱ Rôtisserie Médoc
Hauptgericht 35; Terrasse

✱✱ Carlton Hotel Mercure
Eilgutstr 13-15 (D 4), ✉ 90443, ☎ (09 11) 2 00 30, Fax 2 00 35 32, AX DC ED VA
130 Zi, Ez: 121-299, Dz: 143-354, S; 3 Suiten, ⎯ WC ☎, 32🛌; Lift 🅿 6⟷180 Fitneßraum Sauna Solarium
✱✱ Zirbel-Stube
Hauptgericht 35; Biergarten

✱✱ Nestor
Bucherstr 125, ✉ 90419, ☎ (09 11) 3 47 60, Fax 3 47 61 13, AX DC ED VA
74 Zi, Ez: 137-290, Dz: 159-340, S; 1 Suite, ⎯ WC ☎, 15🛌; Lift 🍴 2⟷60 Sauna Solarium 🍽

✱✱ Queens City Hotel
Kaulbachstr 1 (außerhalb CV1), ✉ 90408, ☎ (09 11) 3 65 70, Fax 3 65 74 88, AX DC ED VA
121 Zi, Ez: 121-340, Dz: 161-410, S; 2 Suiten, 12 App, ⎯ WC ☎, 29🛌; Lift 🍴 Fitneßraum Sauna 🍽

✱✱ Wöhrdersee Hotel Mercure
Dürrenhofstr 8 (F3), ✉ 90402, ☎ (09 11) 9 94 90, Fax 9 94 94 44, AX DC ED VA
145 Zi, Ez: 131-267, Dz: 151-318, S; 3 Suiten, ⎯ WC ☎ DFÜ, 31🛌; Lift 🍴 5⟷180 Fitneßraum Sauna Solarium 🍽 →

Nürnberg

** Ringhotel Loews Merkur
Pillenreuther Str 1 (D 4), ✉ 90459, ☏ (09 11)
44 02 91, Fax 45 90 37, AX DC ED VA
190 Zi, Ez: 160-260, Dz: 190-350, S; 1 Suite,
⌐ WC ☏, 9🖂; Lift P 🚗 12⇔170 ≏ Sauna
Solarium 🍽

** Akzent-Hotel
Am Heideloffplatz
Heideloffplatz 7-11, ✉ 90478, ☏ (09 11)
9 44 53-0, Fax 4 46 96 61, AX DC ED VA
32 Zi, Ez: 165-210, Dz: 210-265, S; ⌐ WC ☏,
10🖂; Lift P 🚗 1⇔20 Sauna Solarium;
garni
geschl: 23.12.-6.1.

** Appart Hotel Tassilo
Tassilostr 21, ✉ 90429, ☏ (09 11) 3 26 66,
Fax 3 26 67 99, AX DC ED VA
78 Zi, Ez: 155-210, Dz: 210-285, 1 Suite, ⌐
WC ☏, 7🖂; Lift 🚗 2⇔56 Sauna
Restaurant für Hausgäste

** Dürer Hotel
Top International Hotel
Neutormauer 32 (C 1), ✉ 90403, ☏ (09 11)
20 80 91, Fax 22 34 58, AX DC ED VA
100 Zi, Ez: 180-210, Dz: 215-275, S; 5 Suiten,
⌐ WC ☏, 20🖂; Lift 🚗 1⇔40 Fitneßraum
Sauna Solarium; **garni**

Nürnberg

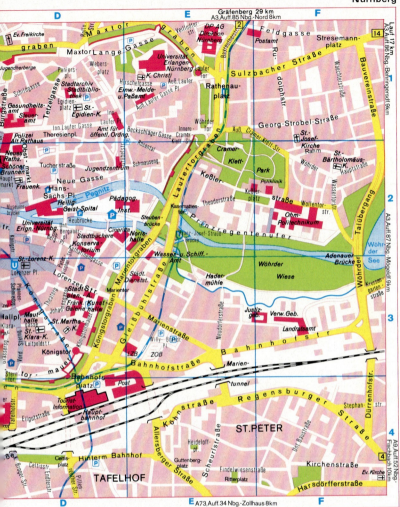

**   **Agneshof**
Agnesgasse 10 (C 1), ⊠ 90403, ☎ (09 11)
21 44 40, Fax 21 44 41 44, AX DC ED VA
74 Zi, Ez: 125-225, Dz: 168-298, ⌐ WC ☎
DFÜ, 22✉; Lift P 🚗 2⇆60 Sauna
Solarium; **garni** 🍷

**   **InterCity Hotel Nürnberg**
Eilgutstr 8 (D 4), ⊠ 90443, ☎ (09 11) 2 47 80,
Fax 2 47 89 99, AX DC ED VA
158 Zi, Ez: 190-290, Dz: 240-365, S; ⌐ WC
☎, 47✉; Lift 5⇆90 ⦿
Im Zimmerpreis ist die Nutzung des öffentlichen Nahverkehrs enthalten

**   **Garden-Hotel**
Vordere Ledergasse 12 (C 2), ⊠ 90403,
☎ (09 11) 20 50 60, Fax 2 05 06 60,
AX DC ED VA
33 Zi, Ez: 128-180, Dz: 180-235, ⌐ WC ☎,
20✉; Lift; **garni**

**   **Avenue**
Josephsplatz 10 (C 2), ⊠ 90403, ☎ (09 11)
24 40 00, Fax 24 36 00, AX DC ED VA
40 Zi, Ez: 145-205, Dz: 205-250, S; 1 Suite, ⌐
WC ☎, 10✉; Lift P 🚗 1⇆25; **garni**
geschl: 23.12.-11.1.   →

⦿ Kostengünstige Mahlzeit

Nürnberg

** Romantik Hotel Am Josephsplatz
Josephsplatz 30-32 (C 2), ✉ 90403,
☎ (09 11) 21 44 70, Fax 21 44 72 00, AX ED VA
30 Zi, Ez: 150-220, Dz: 200-300, 6 Suiten, ⌐
WC ☎, 9✉; Lift 1⇔12 Fitneßraum Sauna
Solarium; **garni**
geschl: 24.12.-10.1.

** Advantage
Dallinger Str 5, ✉ 90459, ☎ (09 11) 9 45 50,
Fax 9 45 52 00, AX DC ED VA
50 Zi, Ez: 115-175, Dz: 155-225, 2 Suiten,
3 App, ⌐ WC ☎; Lift **P** Fitneßraum Sauna
Solarium ⚑
Auch Zimmer der Kategorie * vorhanden

** Senator Top International Hotel
Landgrabenstr 25, ✉ 90443, ☎ (09 11)
4 18 09 71, Fax 4 18 09 78, AX DC ED VA
70 Zi, Ez: 85-360, Dz: 100-235, 4 Suiten, ⌐
WC ☎; Lift **P** 🍴 1⇔ Sauna Solarium; **garni**
⚓
geschl: 22.12.-8.1.

* Concorde Hotel Viva
Sandstr 4-8 (C 4), ✉ 90443, ☎ (09 11)
24 00-0, Fax 2 40 04 99, AX DC ED VA
153 Zi, Ez: 125-350, Dz: 155-460, ⌐ WC ☎
DFÜ, 32✉; Lift 🍴 2⇔80 Sauna Solarium
Restaurant für Hausgäste; Auch Zimmer
der Kategorie ** vorhanden

* Prinzregent
Prinzregentenufer 11 (E 2), ✉ 90489,
☎ (09 11) 5 88 18-8, Fax 55 62 36,
AX DC ED VA
34 Zi, Ez: 98-195, Dz: 140-245, S; ⌐ WC ☎,
8✉; Lift **P**; **garni**
geschl: 24.12.-7.1.
Auch Zimmer der Kategorie ** vorhanden

* Victoria
Königstr 80 (D3), ✉ 90402, ☎ (09 11)
2 40 50, Fax 22 74 32, AX DC ED VA
64 Zi, Ez: 109-229, Dz: 139-299, 1 Suite,
1 App, ⌐ WC ☎ DFÜ, 15✉; Lift **P** 2⇔50;
garni
geschl: 24.12.-6.1.

* Amare
Zufuhrstr 10 (B4), ✉ 90443, ☎ (09 11)
9 29 40, Fax 9 29 41 00, AX DC ED VA
35 Zi, Ez: 98-239, Dz: 118-285, ⌐ WC ☎,
9✉; Lift **P** Sauna ⚑

* Am Jakobsmarkt City Partner Hotels
Schottengasse 5 (C3), ✉ 90402, ☎ (09 11)
2 00 70, Fax 2 00 72 00, AX DC ED VA
72 Zi, Ez: 146-178, Dz: 194-224, S; 5 App, ⌐
WC ☎, 12✉; Lift **P** 🍴 Fitneßraum Sauna
Solarium 18Golf; **garni**

* Astoria
Weidenkellerstr 4 (C 4), ✉ 90443, ☎ (09 11)
20 85 05, Fax 24 36 70, AX DC ED VA
30 Zi, Ez: 110-180, Dz: 140-220, ⌐ WC ☎;
Lift 1⇔80
Kleine Speisen im Cafe-Bistro

* Amas
Allersberger Str 34, ✉ 90461, ☎ (09 11)
9 44 40, Fax 9 44 44 44, AX DC ED VA
59 Zi, Ez: 99-218, Dz: 119-238, ⌐ WC ☎,
10✉; Lift **P** 3⇔40 ⚑

* Fackelmann
Essenweinstr 10 (C 4), ✉ 90443, ☎ (09 11)
20 68 40, Fax 2 06 84 60, AX DC ED VA
34 Zi, Ez: 98-140, Dz: 165-198, ⌐ WC ☎; Lift
P Fitneßraum Sauna Solarium; **garni**
geschl: 24.12.-6.1.

* Marienbad
Eilgutstr 5 (D4), ✉ 90443, ☎ (09 11)
22 69 12, Fax 20 42 60, AX DC ED VA
53 Zi, Ez: 120-160, Dz: 160-250, 1 Suite, ⌐
WC ☎, 8✉; Lift **P** 🍴
Restaurant für Hausgäste

* Merian
Unschlittplatz 7 (C 2), ✉ 90403, ☎ (09 11)
20 41 94, Fax 22 12 74, AX DC ED VA
21 Zi, Ez: 130-165, Dz: 180-210, ⌐ WC ☎
DFÜ; **P** 🍴 ⚑

* Transmar Lux Inn Hotel
Zufuhrstr 22 (B 4), ✉ 90443, ☎ (09 11)
2 77 60, Fax 2 77 61 00, AX DC ED VA
102 Zi, Ez: 99-359, Dz: 139-399, 1 Suite,
1 App, ⌐ WC ☎, 37✉; Lift **P** 1⇔20 Sauna
Solarium ⚓
Restaurant für Hausgäste; In der Bar werden kleine Gerichte für Hausgäste serviert

* Ibis Marientor
Königstorgraben 9 (D 3), ✉ 90402,
☎ (09 11) 2 40 90, Fax 2 40 94 13, AX DC ED VA
152 Zi, Ez: 135-185, Dz: 150-250, S; ⌐ WC
☎, 72✉; Lift 🍴 2⇔50; **garni**

* Drei Raben
Königstr 63 (D 3), ✉ 90402, ☎ (09 11)
20 45 83, Fax 23 26 11, AX DC ED VA
32 Zi, Ez: 80-160, Dz: 100-200, ⌐ WC ☎,
16✉; Lift; **garni**

* Weinhaus Steichele Flair Hotel
Knorrstr 2 (C 3), ✉ 90402, ☎ (09 11)
2 02 28-0, Fax 22 19 14, AX DC ED VA
52 Zi, Ez: 90-140, Dz: 140-200, ⌐ WC ☎; Lift
geschl: 24.12.-6.1.
Weinhaus
🍷 Hauptgericht 18; Gartenlokal; geschl:
so+feiertags

Nürnberg

* Burgschmiet
Burgschmietstr 8 (C1), ✉ 90419, ☎ (09 11)
93 33 60, Fax 9 33 36 20, AX ED VA
40 Zi, Ez: 85-195, Dz: 129-198, 2 App, ⌐ WC
☎, 9🛏; Lift 🅿 🍴; garni

* Ibis Plärrer
Steinbühler Str 2 (B 3/4), ✉ 90443,
☎ (09 11) 2 37 10, Fax 22 33 19, AX DC ED VA
155 Zi, Ez: 125-190, Dz: 140-190, S; ⌐ WC
☎, 50🛏; Lift 🍴 5✪100 🍽

* Petzengarten
Wilhelm-Spaeth-Str 47, ✉ 90461, ☎ (09 11)
94 95 60, Fax 9 49 56 99, AX DC VA
32 Zi, Ez: 100-165, Dz: 145-190, ⌐ WC ☎;
Lift 🅿 🍴 2✪120 🍽

** Essigbrätlein 👨‍🍳
🍷 Weinmarkt 3 (C 1), ✉ 90403, ☎ (09 11)
22 51 31, Fax 22 51 31, AX DC ED VA
Hauptgericht 42; geschl: So, Mo, 24.12.-
7.1., 2.4.-6.4., 15.8.-31.8.

** Zum Sudhaus
Bergstr 20 (C1), ✉ 90403, ☎ (09 11)
20 43 14, Fax 2 41 83 73, AX DC ED VA
Hauptgericht 36; Terrasse; geschl: so+fei-
ertags

** Ishihara
Schottengasse 3 (C3), ✉ 90402, ☎ (09 11)
22 63 95, Fax 2 05 99 57, AX DC ED VA
Hauptgericht 38; geschl: So
Japanische Teppanyaki-Küche

** Hirschmann's
An der Fleischbrücke 1 (C 2), ✉ 90403,
☎ (09 11) 22 26 33, Fax 20 91 08, AX ED VA
Hauptgericht 30

** Goldenes Posthorn
Glöckleinsgasse 2 (C1), ✉ 90403, ☎ (09 11)
22 51 53, Fax 2 41 82 83, AX DC ED VA
Hauptgericht 30; 🅿; geschl: So

* Irrer Elch ✤
🍷 Irrer Str 9 (C1), ✉ 90403, ☎ (09 11)
20 95 45, Fax 2 41 93 04, AX ED VA
Hauptgericht 35; nur abends; geschl: So
abends, 1.-15.8.

Biss
Johannisstr 38 (B1), ✉ 90419, ☎ (09 11)
39 62 15, Fax 39 62 56
Hauptgericht 28

Barfüßer
🍷 Hallplatz 2 (D3), ✉ 90402, ☎ (09 11)
20 42 42, Fax 20 41 86, AX ED VA
Hauptgericht 15; Biergarten;
Originelle Brauhausatmosphäre im Keller
der historischen Mauthalle. Eigene Bierher-
stellung in der Schaubrauerei

Sommer
Hochstr 41 (A2), ✉ 90429, ☎ (09 11)
26 85 91, Fax 26 40 15, ED
Hauptgericht 28; Terrasse; nur abends;
geschl: so+feiertags, Mitte Juli-Anfang
Aug

Kröll
🍷 Hauptmarkt 6 (D 2), ✉ 90403, ☎ (09 11)
22 75 11, Fax 2 41 96 08
Spezialität: Elisenlebkuchen

Bratwurstküchen

Bratwursthäusle
Rathausplatz 1 (C 1/2), ✉ 90403, ☎ (09 11)
22 76 95, Fax 22 76 45, VA
Hauptgericht 12; Biergarten Terrasse;
geschl: So

Bratwurstglöcklein
Im Handwerkerhof (D3), ✉ 90402, ☎ (09 11)
22 76 25, Fax 22 76 45, ED VA
Hauptgericht 13; Biergarten; geschl: So,
25.12.-23.3.

Bratwurst - Röslein
Rathausplatz 6 (C 1/2), ✉ 90403, ☎ (09 11)
21 48 60, Fax 2 14 86 66, AX DC ED VA
Hauptgericht 11; Gartenlokal

**Historische Bratwurstküche
St. Lorenz**
🍷 Zirkelschmiedsgasse 26 (C 3), ✉ 90402,
☎ (09 11) 22 22 97, Fax 22 76 45
Hauptgericht 15

Altenfurt (8 km ↘)
** Treff Landhotel
Oelser Str 2, ✉ 90475, ☎ (09 11) 9 84 64 90,
Fax 9 84 64 95 00, AX DC ED VA
70 Zi, Ez: 180-360, Dz: 220-360, S; ⌐ WC ☎,
10🛏; Lift 🅿 4✪150 Fitneßraum Sauna
Solarium 🍽

Boxdorf (8 km ↑)
** Landhotel Schindlerhof 👑
Landidyll
♂ Steinacher Str 8, ✉ 90427, ☎ (09 11)
9 30 20, Fax 9 30 26 20, AX DC ED VA
71 Zi, Ez: 172-220, Dz: 234-280, ⌐ WC ☎,
10🛏; 🅿 🍴 3✪38 Fitneßraum Sauna 18Golf
** Hauptgericht 35; Gartenlokal

Buch (6 km ↘)
** Bammes
Bucher Hauptstr 63, ✉ 90427, ☎ (09 11)
38 13 03, Fax 34 63 13, AX DC ED VA
Hauptgericht 40; Gartenlokal 🅿; geschl: So

Eibach (7 km ↓)
** Arotel
Eibacher Hauptstr 135, ✉ 90451, ☎ (09 11)
9 62 90, Fax 6 49 30 52, AX DC ED VA
50 Zi, Ez: 170-210, Dz: 215-280, 21 App, ⌐
WC ☎, 6🛏; Lift 🅿 🍴 5✪100 Sauna
Solarium 🍽
** Frankenland
Hauptgericht 32; Biergarten Terrasse ➔

Nürnberg

* Am Hafen
Isarstr 37, ✉ 90451, ☎ (09 11) 6 49 30 78, Fax 64 47 78, AX DC ED VA
29 Zi, Ez: 105-140, Dz: 145-180, ⌐ WC ☎, 19🛏; 🅿 Sauna; garni
Rezeption: 6-21, Sa + So 7-13; geschl: 25.12.-9.1.
Es gibt ein separates Nichtraucherhaus

* Eibacher Hof
Eibacher Hauptstr 2, ✉ 90451, ☎ (09 11) 64 61 23, Fax 6 49 26 57, AX DC ED VA
30 Zi, Ez: 85-175, Dz: 145-215, ⌐ WC ☎, 3🛏; garni 🚭
geschl: sa, so + feiertags ab 19

Erlenstegen (5 km ↗)
** Goldener Stern
Erlenstegenstr 95, ✉ 90491, ☎ (09 11) 59 94 88, Fax 59 97 00, ED
Hauptgericht 26

Fischbach (9 km ↘)
* Fischbacher Stuben
Hutbergstr 2, ✉ 90475, ☎ (09 11) 83 10 11, Fax 83 24 73, AX ED
7 Zi, Ez: 100-140, Dz: 125-170, 5 App, ⌐ WC ☎; 🅿 🚭; garni

*** Schelhorn ✤
Am Schloßpark 2, ✉ 90475, ☎ (09 11) 83 24 24, Fax 9 83 73 98, AX DC ED VA
Hauptgericht 32; 🅿 Terrasse; geschl: Mo

Gebersdorf (8 km ↙)
*** Süd-West-Park Hotel
◄ Südwestpark 5, ✉ 90449, ☎ (09 11) 6 70 60, Fax 67 20 71, AX ED VA
252 Zi, Ez: 140-160, Dz: 188-200, ⌐ WC ☎ DFÜ, 10🛏; Lift 🚭 8⇄250 Sauna ⁇
geschl: 24.12.-6.1.

Gleißhammer (4 km ↘)
*** Queens Hotel
Münchener Str 283, ✉ 90471, ☎ (09 11) 9 46 50, Fax 46 88 65, AX DC ED VA
141 Zi, Ez: 131-455, Dz: 161-535, S; 1 Suite, ⌐ WC ☎, 26🛏; Lift 🅿 7⇄200 Fitneßraum Sauna Solarium
** Puppenstube
Hauptgericht 33

Gostenhof (1 km ←)
** Maximilian Derag Hotel
Obere Kanalstr 11 (A 3), ✉ 90429, ☎ (09 11) 9 29 50, Fax 9 29 56 10, AX DC ED VA
56 Zi, Ez: 93-198, Dz: 110-216, 38 Suiten, 191 App, ⌐ WC ☎, 10🛏; Lift 🚭 1⇄15 Fitneßraum Sauna Solarium ⁇
Auch Zimmer der Kategorie * vorhanden.
Appartements nur für Langzeitvermietung

Großgründlach/Reutles (10 km ↑)
* Höfler
⚐ Reutleser Str 77, ✉ 90427, ☎ (09 11) 9 30 39 60, Fax 93 03 96 99, AX DC ED VA
35 Zi, Ez: 135-190, Dz: 150-220, ⌐ WC ☎ DFÜ; 🅿 🚭 3⇄25 ≋ Fitneßraum Sauna Solarium ⁇
geschl: 24.12.-6.1.

* Käferstein
⚐ Reutleser Str 67, ✉ 90427, ☎ (09 11) 9 36 93-0, Fax 9 36 93 69, AX DC ED VA
42 Zi, Ez: 100-190, Dz: 140-230, ⌐ WC ☎ DFÜ, 10🛏; 🅿 🚭 1⇄20 ≋ Fitneßraum Sauna Solarium; garni

Großreuth (4 km ↘)
** Rottner
⚐ Winterstr 15, ✉ 90431, ☎ (09 11) 61 20 32, Fax 61 37 59, AX DC ED VA
Hauptgericht 38; Biergarten 🅿; geschl: Sa mittags, So, 24.12.-10.1.

Kraftshof (8 km ↑)
*** Schwarzer Adler
⚐ Kraftshofer Hauptstr 166, ✉ 90427, ☎ (09 11) 30 58 58, Fax 30 58 67, AX DC ED VA
Hauptgericht 49; Biergarten; geschl: 22.12.-10.1.

** Gasthof Alte Post
⚐ Kraftshofer Hauptstr 164, ✉ 90427, ☎ (09 11) 30 58 63, Fax 30 56 54, AX DC ED VA
Hauptgericht 24; Biergarten

Langwasser (7 km ↘)
** Best Western Arvena Park
Görlitzer Str 51, ✉ 90473, ☎ (09 11) 8 92 20, Fax 8 92 21 15, AX DC ED VA
244 Zi, Ez: 112-369, Dz: 164-449, S; 6 Suiten, ⌐ WC ☎, 53🛏; Lift 🅿 15⇄580 Fitneßraum Sauna Solarium 🚭
** Arve
Hauptgericht 38; geschl: So, feiertags

** Best Western Arvena Messe
Bertolt-Brecht-Str 2, ✉ 90471, ☎ (09 11) 8 12 30, Fax 8 12 31 15, AX DC ED VA
101 Zi, Ez: 115-340, Dz: 165-390, S; ⌐ WC ☎, 9🛏; Lift 🅿 3⇄80 Sauna Solarium; garni
geschl: 22.12.-4.1., 2.-16.8.
Auch Zimmer der Kategorie * vorhanden

* Novotel
Münchener Str 340, ✉ 90471, ☎ (09 11) 8 12 60, Fax 8 12 61 37, AX DC ED VA
117 Zi, Ez: 189, Dz: 232, S; ⌐ WC ☎, 32🛏; Lift 🅿 8⇄200 ≋ Sauna ⁇

Laufamholz (7 km ↗)
* Park Hotel
Brandstr 64, ⌧ 90482, ☏ (09 11) 95 07 00, Fax 9 50 70 70, AX ED VA
21 Zi, Ez: 110-140, Dz: 140-170, ⇨ WC ☏; **P**; garni
geschl: Ende Dez-Anfang Jan

** Krone
Moritzbergstr 29, ⌧ 90482, ☏ (09 11) 50 25 28, AX DC ED VA
Hauptgericht 29; **P** Terrasse; nur abends, Sa + So auch mittags
Böhmische Küche

Lohe (5 km ↑)
*** Mövenpick Hotel Nürnberg Airport
Flughafenstr 100, ⌧ 90411, ☏ (09 11) 3 50 10, Fax 3 50 13 50, AX DC ED VA
150 Zi, Ez: 144-220, Dz: 167-237, **S**; ⇨ WC ☏, 75⌧; Lift ⌧ 23↔200 Fitneßraum Sauna Solarium ⊙

⊨ Gasthof Schlötzer
Loher Hauptstr 118, ⌧ 90427, ☏ (09 11) 34 57 18, Fax 34 72 14, AX ED VA
24 Zi, Ez: 85-98, Dz: 125-140, ⇨ WC ☏, 6⌧; **P** ⊙
Rezeption: 10-22; geschl: So abends

Mögeldorf
** Am Tiergarten Top International Hotel
einzeln ⊙ ⌘ Am Tiergarten 8, ⌧ 90480, ☏ (09 11) 54 70 71, Fax 5 44 18 66, AX DC ED VA
63 Zi, Ez: 115-310, Dz: 132-330, ⇨ WC ☏, 9⌧; Lift **P** 6↔600 ⊙
Auch Zimmer der Kategorie ***** vorhanden

Doktorshof
⊙ Mögeldorfer Hauptstr 47, ⌧ 90482, ☏ (09 11) 5 43 03 09
Hauptgericht 28; Biergarten; geschl: So + feiertags abends, Mo, Ende Dez-Anfang Jan
Altfränkisches Wirtshaus

Sankt Jobst (4 km ↗)
* Erlenstegen
Äußere Sulzbacher Str 157, ⌧ 90491, ☏ (09 11) 59 10 33, Fax 59 10 36, AX ED VA
40 Zi, Ez: 115-165, Dz: 165-225, ⇨ WC ☏; Lift **P**; garni
geschl: 15.-30.8.

Schoppershof (3 km ↗)
* Hotel-Wirtsstuben Drei Linden Minotel
Äußere Sulzbacher Str 1-3, ⌧ 90489, ☏ (09 11) 53 32 33, Fax 55 40 47, AX ED VA
28 Zi, Ez: 100-130, Dz: 150-180, ⇨ WC ☏; **P** ⌧ 1↔25
Auch Zimmer der Kategorie ****** vorhanden
** Hauptgericht 25; geschl: Mo (Juli-Mitte Sep)

* Cristal
Willibaldstr 7, ⌧ 90491, ☏ (09 11) 9 51 19-0, Fax 9 51 19-2 70, AX DC ED VA
42 Zi, Ez: 110-125, Dz: 120-160, ⇨ WC ☏ DFÜ, 4⌧; Lift **P** ⌧ 20 Sauna Solarium; garni

* Klughardt
⊙ Tauroggenstr 40, ⌧ 90491, ☏ (09 11) 91 98 80, Fax 59 59 89, AX DC ED VA
27 Zi, Ez: 99-145, Dz: 150-190, ⇨ WC ☏ DFÜ;
geschl: 24.12.-6.1.
Auch Zimmer der Kategorie ****** vorhanden

** Quo Vadis Bei Pino
Elbinger Str 28, ⌧ 90491, ☏ (09 11) 51 55 53, Fax 5 10 90 33, AX ED VA
Hauptgericht 30; **P** Terrasse; geschl: Mi, 1.8-30.8.

Worzeldorf (15 km ↓)
*** Zirbelstube
Friedrich-Overbeck-Str 1, ⌧ 90455, ☏ (09 11) 99 88 20, Fax 9 98 82 20
Hauptgericht 45; **P** Terrasse; geschl: So, Mo
* 8 Zi, Ez: 135-155, Dz: 190-220, ⇨ WC ☏
geschl: So, 3 Wochen in den Sommerferien, 1 Woche Jan/Feb

Ziegelstein (4 km ↗)
* Alpha
Ziegelsteinstr 197, ⌧ 90411, ☏ (09 11) 95 24 50, Fax 9 52 45 45, AX DC ED VA
24 Zi, Ez: 105-120, Dz: 150, ⇨ WC ☏, 4⌧; Lift ⌧; garni

Nürtingen 61 ↘

Baden-Württemberg — Kreis Esslingen — 291 m — 39 000 Ew — Reutlingen 25, Stuttgart 28 km
ℹ ☏ (0 70 22) 7 50, Fax 7 53 80 — Stadtverwaltung, Marktstr 7, 72622 Nürtingen;
Stadt am Neckar. Sehenswert: Ev. Kirche St. Laurentius; Rathaus; hist. Stadtkern; Hölderlin-Ausstellung

*** Best Western Hotel am Schloßberg
Europastr, ⌧ 72622, ☏ (0 70 22) 70 40, Fax 70 43 43, AX DC ED VA
171 Zi, Ez: 185-215, Dz: 220-240, **S**; 1 Suite, ⇨ WC ☏ DFÜ, 53⌧; Lift ⌧ 16↔450 ⚓ Fitneßraum Kegeln Sauna Solarium 18Golf ⊙ ⊙

* Vetter
⊙ Marienstr 59, ⌧ 72622, ☏ (0 70 22) 9 21 60, Fax 3 26 17, AX DC ED VA
40 Zi, Ez: 98-110, Dz: 155, ⇨ WC ☏; Lift **P** 1↔20
geschl: 22.12.-6.1.
Restaurant für Hausgäste; Auch Zimmer der Kategorie ****** vorhanden →

Nürtingen

* Pflum mit Gästehaus
Steinengrabenstr 6, ⊠ 72622, ☎ (0 70 22) 92 80, Fax 92 81 50, ED
45 Zi, Ez: 95-130, Dz: 140-160, ⇨ WC ☎;
Fitneßraum Sauna Solarium
* Hauptgericht 28; **P**

Hardt (4 km ↘)
*** Die Ulrichshöhe
⇥ Herzog-Ulrich-Str 14, ⊠ 72622,
☎ (0 70 22) 5 23 36, Fax 5 49 40, DC VA
Hauptgericht 48; **P** Terrasse; geschl: So, Mo, 3 Wochen im Jan

Nußdorf a. Inn 72 ↘

Bayern — Kreis Rosenheim — 486 m —
2 619 Ew — Brannenburg 4, Rosenheim 17 km
ℹ ☎ (0 80 34) 90 79-20, Fax 90 79 21 — Verkehrsamt, Brannenburger Str 10, 83131 Nußdorf am Inn

** Residenz Nußdorfer Hof
Hauptstr 4, ⊠ 83131, ☎ (0 80 34) 75 66, Fax 15 32, AX DC ED VA
5 Zi, Ez: 80-120, Dz: 160-190, 8 Suiten, 7 App, ⇨ WC ☎; Lift 5⟳250
** ⊗ Hauptgericht 25

Oberammergau 71 ↙

Bayern — Kreis Garmisch-Partenkirchen — 850 m — 5 300 Ew — Garmisch-Partenkirchen 20, Schongau 33, München 90 km
ℹ ☎ (0 88 22) 9 23 10, Fax 92 31 90 — Verkehrs- u. Reisebüro, Gemeinde Oberammergau OHG, Eugen-Papst-Str 9a, 82487 Oberammergau; Erholungsort, Luftkurort und Wintersportplatz, weltberühmtes Passionsspiele; Holzschnitzereien. Sehenswert: Kath. Kirche; Passionsspielhaus; buntbemalte Hausfassaden; Heimatmuseum, Krippenschau; kath. Kirche in Unterammergau; Benediktiner-Abtei Ettal (5 km ↘); Schloß Linderhof (11 km ↙)

** Landhaus Feldmeier
Ettaler Str 29, ⊠ 82487, ☎ (0 88 22) 30 11, Fax 66 31, ED VA
21 Zi, Ez: 85-100, Dz: 150-190, ⇨ WC ☎; Lift **P** 🍴 1⟳30 Fitneßraum Sauna
geschl: Di (Jan-Mitte Mai), 5.11.-19.12. Restaurant für Hausgäste

** Parkhotel Sonnenhof
☽ ⇥ König-Ludwig-Str 12, ⊠ 82487, ☎ (0 88 22) 91 30, Fax 30 47, AX DC ED VA
65 Zi, Ez: 95-110, Dz: 170-190, 2 Suiten, ⇨ WC ☎, 67⌂; Lift **P** 1⟳20 ≋ Kegeln Sauna
🍽

** Landhotel Böld
König-Ludwig-Str 10, ⊠ 82487, ☎ (0 88 22) 91 20, Fax 71 02, AX DC ED VA
57 Zi, Ez: 127-140, Dz: 160-200, ⇨ WC ☎, 4⌂; **P** 🍴 3⟳100 Sauna Solarium 🍱
** Hauptgericht 27; Terrasse

* Turmwirt Minotel
Ettaler Str 2, ⊠ 82487, ☎ (0 88 22) 9 26 00, Fax 14 37, AX DC ED VA
22 Zi, Ez: 100-120, Dz: 140-190, ⇨ WC ☎ DFÜ, 2⌂; **P** 2⟳25 18Golf 🍽 🍱
geschl: 15.11.-18.12.

* Wolf
Dorfstr 1, ⊠ 82487, ☎ (0 88 22) 30 71, Fax 10 96, AX DC ED VA
32 Zi, Ez: 80-98, Dz: 120-180, ⇨ WC ☎; Lift **P** ≋ Sauna Solarium 🍽 🍱
geschl: 7.-28.1.

* Wittelsbach
Dorfstr 21, ⊠ 82487, ☎ (0 88 22) 9 28 00, Fax 92 80-1 00, AX DC ED VA
46 Zi, Ez: 85-100, Dz: 120-180, ⇨ WC ☎; Lift 🍽
geschl: 15.11.-20.12.

* Friedenshöhe
☽ ⇥ König-Ludwig-Str 31, ⊠ 82487, ☎ (0 88 22) 35 98, Fax 43 45, AX DC ED VA
14 Zi, Ez: 50-90, Dz: 80-160, ⇨ WC ☎; **P** 🍽 🍱
geschl: Do, Nov-Mitte Dez

Oberasbach 57 ↙

Bayern — Kreis Fürth — 320 m — 17 753 Ew — Nürnberg 10 km
ℹ ☎ (09 11) 9 69 10, Fax 69 31 74 — Stadtverwaltung, Rathausplatz 1, 90522 Oberasbach

* Jesch
Am Rathaus 5, ⊠ 90522, ☎ (09 11) 96 98 60, Fax 9 69 86 99, AX DC ED VA
35 Zi, Ez: 89-129, Dz: 119-159, ⇨ WC ☎ DFÜ, 4⌂; Lift **P** 🍴 2⟳30 Fitneßraum 🍽

Oberaudorf 72 ↘

Bayern — Kreis Rosenheim — 500 m — 4 681 Ew — Kufstein 9, Rosenheim 27 km
ℹ ☎ (0 80 33) 3 01 20, Fax 3 01 29 — Verkehrsamt, Kufsteiner Str 6, 83080 Oberaudorf; Luftkurort und Wintersportplatz. Sehenswert: Luegsteinsee (1 km ↓); Klosterkirche St. Theresa und Schloß Urfarn im Ortsteil Reisach (3 km ↑)

** Sporthotel Wilder Kaiser
Naunspitzstr 1, ⊠ 83080, ☎ (0 80 33) 40 15, Fax 31 06, AX ED VA
97 Zi, Ez: 66-81, Dz: 100-130, 1 Suite, ⇨ WC ☎; Lift **P** 2⟳80 🍽

Oberding

* **Am Rathaus**
Kufsteiner Str 4, ✉ 83080, ☎ (0 80 33) 14 70, Fax 44 56
20 Zi, Ez: 70, Dz: 110, ⇩ WC ☎; ⦿
geschl: Mi, 15.11.-15.12.
Im Haus des Gastes

* **Lambacher**
Rosenheimer Str 4, ✉ 83080, ☎ (0 80 33) 10 46, Fax 39 48, AX ED VA
22 Zi, Ez: 58-116, Dz: 126-156, 1 App, ⇩ WC ☎; Lift ₽ 🖶; garni

** **Gasthof Alpenrose**
⊗ Rosenheimer Str 3, ✉ 83080, ☎ (0 80 33) 32 41, Fax 46 23, ED VA
Hauptgericht 28

Oberaudorf-Außerhalb (10 km ↘)
* **Feuriger Tatzlwurm**
einzeln ☀ ◂ ✉ 83080, ☎ (0 80 34) 3 00 80, Fax 21 20, AX DC ED VA
27 Zi, Ez: 75-105, Dz: 130-220, 5 Suiten, 4 App, ⇩ WC ☎; ₽ 4⇔40 Fitneßraum Sauna Solarium ⦿ ☕
Auch Zimmer der Kategorie ****** vorhanden

Oberaula 46 ↘

Hessen — Schwalm-Eder-Kreis — 350 m — 3 700 Ew — Schwalmstadt 20, Bad Hersfeld 23 km
🛈 ☎ (0 66 28) 92 08 18, Fax 92 08 88 — Verkehrsbüro, Hersfelder Str 4, 36280 Oberaula; Luftkurort im Knüllgebirge

** **Zum Stern mit Gästehaus Flair Hotel**
Hersfelder Str 1, ✉ 36280, ☎ (0 66 28) 9 20 20, Fax 92 02 35, AX ED VA
66 Zi, Ez: 76-100, Dz: 124-170, 2 App, ⇩ WC ☎ DFÜ, 11🖂; Lift ₽ 🖶 6⇔80 ♨ Fitneßraum Kegeln Sauna Solarium 18Golf 4Tennis
** Hauptgericht 22; Biergarten

* **Haus Berlin**
Borgmannstr 2, ✉ 36280, ☎ (0 66 28) 12 41, Fax 89 44
33 Zi, Ez: 67-79, Dz: 115-131, ⇩ WC ☎, 3🖂; ₽ 2⇔60 Kegeln 4Tennis ⦿ ☕
Rezeption: 8-22 geschl: Mo ab 13

Oberaurach 56 ↗

Bayern — Kreis Haßberge — 360 m — 4 300 Ew — Eltmann 6, Bamberg 25 km
🛈 ☎ (0 95 22) 74 00, Fax 92 20 60, DC ED VA — Fremdenverkehrsamt, im Ortsteil Tretzendorf, Rathausstr 25, 97514 Oberaurach

Oberschleichach
* **Landhaus Oberaurach**
☀ ◂ Steigerwaldstr 23, ✉ 97514, ☎ (0 95 29) 9 22 00, Fax 92 20 60, DC ED VA
16 Zi, Ez: 75-90, Dz: 135, 1 App, ⇩ WC ☎; ₽ 20 ♨ Sauna Solarium ⦿ ☕

Oberbergen
siehe **Vogtsburg im Kaiserstuhl**

Oberboihingen 62 ←

Baden-Württemberg — Kreis Esslingen — 300 m — 5 108 Ew — Nürtingen 4, Kirchheim unter Teck 9 km
🛈 ☎ (0 70 22) 6 00 00, Fax 60 00 70 — Gemeindeverwaltung, Rathausgasse 3, 72644 Oberboihingen; Ort am Neckar

* **Traube**
Steigstr 45, ✉ 72644, ☎ (0 70 22) 6 68 46, Fax 6 74 02, VA
Hauptgericht 25; Kegeln ₽ Terrasse; geschl: Mi
* 6 Zi, Ez: 75-83, Dz: 95-125, ⇩ WC ☎; 1⇔25

Oberderdingen 61 ↘

Baden-Württemberg — Kreis Karlsruhe — 194 m — 9 900 Ew — Bretten 8, Eppingen 15 km
🛈 ☎ (0 70 45) 4 30, Fax 4 32 50 — Bürgermeisteramt, Amthof 13, 75038 Oberderdingen. Sehenswert: Gotische Grabkirche; Amthof; Metternich'sches Wasserschloß

* **Landhotel Gillardon**
◂ Im Hemrich 7, ✉ 75038, ☎ (0 70 45) 9 62 40, Fax 89 07, AX DC ED VA
28 Zi, Ez: 60-115, Dz: 100-160, ⇩ WC ☎, 8🖂; Lift

Oberding 72 ↗

Bayern — Kreis Erding — 468 m — 3 500 Ew — Erding 7, Freising 14, München 20 km
🛈 ☎ (0 81 22) 9 70 10, Fax 97 01 40 — Verwaltungsgemeinschaft, Tassilostr 17, 85445 Oberding

Aufkirchen (3 km ↙)
** **Comfort Hotel München Airport**
Dorfstr 15 a, ✉ 85445, ☎ (0 81 22) 86 70, Fax 86 78 67, AX DC ED VA
75 Zi, Ez: 130-205, Dz: 145-225, 4 Suiten, 49 App, ⇩ WC ☎ DFÜ, 21🖂; Lift ₽ 3⇔70 Sauna Solarium 18Golf ⦿ ☕
Langzeitvermietung möglich

Schwaig (2 km ↑)
*** **Arabella Sheraton Airport Hotel**
☀ Freisinger Str 80, ✉ 85445, ☎ (0 89) 9 27 22-7 50, Fax 9 27 22-8 00, AX DC ED VA
162 Zi, Ez: 142-345, Dz: 182-385, 7 Suiten, 1 App, ⇩ WC ☎ DFÜ, 66🖂; Lift ₽ 🖶 14⇔200 ♨ Sauna Solarium ☕
*** Hauptgericht 30; Terrasse →

Oberding

** Astron München-Airport
Lohstr 21, ✉ 85445, ☎ (0 81 22) 96 70,
Fax 96 71 00, AX DC ED VA
236 Zi, Ez: 150-495, Dz: 175-495, S; ⌐ WC
☎, 100🛏; Lift P 12↔400 Fitneßraum
Sauna Solarium ❙◎❙ 🍽

Oberdorf, Bad siehe Hindelang

Oberelbert 43 ↘

Rheinland-Pfalz — Westerwaldkreis —
300 m — 966 Ew — Montabaur 8, Bad Ems
11 km
ℹ ☎ (0 26 02) 30 01-0, Fax 52 45 — Westerwald Gäste-Service e.V., Kirchstr 48 a,
56412 Montabaur

Oberelbert-Außerhalb (2 km ↓)
* Forellenhof
einzeln ♂ ✉ 56412, ☎ (0 26 08) 5 59,
Fax 8 03
Ez: 58, Dz: 116, 1 App, ⌐ WC ☎; Fitneßraum Sauna Solarium ❙◎❙
geschl: Ende Dez-Anfang Jan

Oberelfringhausen
siehe **Hattingen**

Oberelsbach 46 ↘

Bayern — Kreis Rhön-Grabfeld — 450 m —
3 400 Ew — Bischofsheim 10, Mellrichstadt
20 km
ℹ ☎ (0 97 74) 92 40, Fax 92 41 — Verkehrsamt, Am Marktplatz, 97656 Oberelsbach

Unterelsbach (3 km ↘)
** Hubertus
♂ ⋖ Röderweg 9, ✉ 97656, ☎ (0 97 74) 4 32,
Fax 17 93
17 Zi, Ez: 75-95, Dz: 120-160, 4 Suiten, ⌐
WC ☎; P 🅿 ≋ Sauna Solarium 18Golf
4Tennis ❙◎❙
geschl: Mi

Oberhaching 71 ↗

Bayern — Kreis München — 567 m —
10 825 Ew — München 9 km
ℹ ☎ (0 89) 61 37 70, Fax 6 13 11 28 —
Gemeindeverwaltung, Alpenstr 11,
82041 Oberhaching

** Hachinger Hof
♂ Pfarrer-Socher-Str 39, ✉ 82041, ☎ (0 89)
61 37 80, Fax 61 37 82 00, AX DC ED VA
75 Zi, Ez: 110-165, Dz: 140-240, ⌐ WC ☎,
20🛏; Lift P 🅿 Fitneßraum Sauna Solarium
❙◎❙
Auch Zimmer der Kategorie * vorhanden

Oberharmersbach 67 ↗

Baden-Württemberg — Ortenaukreis —
350 m — 2 400 Ew — Offenburg 30, Freudenstadt 36 km
ℹ ☎ (0 78 37) 2 77, Fax 6 78 — Verkehrsverein, Reichstalhalle, 77784 Oberharmersbach; Luftkurort im Schwarzwald. Sehenswert: Brandenkopf, hist. Speicher - Alte
Mühle, 931 m ⋖ (6 km ↓)

* Grünwinkel
Grünwinkel 5, ✉ 77784, ☎ (0 78 37) 16 11,
Fax 16 13
46 Zi, Ez: 65-115, Dz: 110-210, ⌐ WC ☎; Lift
P 🅿 Sauna Solarium ❙◎❙ 🍽

Riersbach-Außerhalb (3 km ↗)
* Schwarzwald-Idyll
♂ Obertal 50, ✉ 77784, ☎ (0 78 37) 9 29 90,
Fax 92 99 15, AX DC ED VA
23 Zi, Ez: 43-78, Dz: 72-134; Lift P 1↔25
Solarium ❙◎❙ 🍽
geschl: Di, 15.11.-15.12., 10.-20.1.

Oberhausen 33 ←

Nordrhein-Westfalen — Stadtkreis — 40 m
— 225 658 Ew — Essen 12, Duisburg 12 km
ℹ ☎ (02 08) 82 45 70, Fax 8 24 57 11 — Tourismus und Verkehrsverein Oberhausen
GmbH, Willy-Brandt-Platz 2, 46045 Oberhausen. Sehenswert: Schloß Oberhausen:
Städt. Galerie; Wasserburg Vondern (16.
Jhd.), Kastell Holten (12. Jhd.)

** Residenz Oberhausen
Hermann-Albertz-Str 69 (A 2), ✉ 46045,
☎ (02 08) 8 20 80, Fax 8 20 81 50, AX DC ED VA
97 Zi, Ez: 104-164, Dz: 144-184, 8 Suiten,
97 App, ⌐ WC ☎ DFÜ; Lift P 🅿 3↔70 Fitneßraum Solarium ❙◎❙

* Sol Inn Hotel
Centroallee 280, ✉ 46047, ☎ (02 08) 8 20 20,
Fax 8 20 24 44, AX DC ED VA
140 Zi, Ez: 169-340, Dz: 169-340, S; 3 Suiten,
⌐ WC ☎ DFÜ, 34🛏; Lift P 3↔100 ❙◎❙

* Haus Hagemann
Buschhausener Str 84, ✉ 46049, ☎ (02 08)
8 57 50, Fax 8 57 51 99, AX DC ED VA
20 Zi, Ez: 110, Dz: 150-180, 1 Suite, 6 App, ⌐
WC ☎; P Kegeln
Auch Zimmer der Kategorie ** vorhanden
* Hauptgericht 25; nur abends;
geschl: So

Dümpten (4 km ↘)
** Frintrop
Mühlenstr 116, ✉ 46047, ☎ (02 08) 87 09 75,
Fax 86 30 78
Hauptgericht 35; Gartenlokal P; geschl:
So, Ende Dez-Anfang Jan

Obermaiselstein

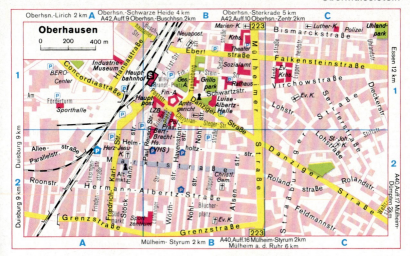

Romantik Hotel
✶✶ Zur Oberen Linde
Hauptstr 25-27, ✉ 77704, ☎ (0 78 02) 80 20, Fax 30 30, AX DC ED VA
37 Zi, Ez: 130-195, Dz: 195-260, 1 Suite, ⌐ WC ☎, 3⌂; Lift 🅿 🚗 5⟷200 Kegeln 2Tennis ⚫
✶✶ Hauptgericht 40; Gartenlokal Terrasse

✶✶ Gasthof Pflug
Fernacher Platz 1, ✉ 77704, ☎ (0 78 02) 92 90, Fax 9 29-3 00, AX ED VA
34 Zi, Ez: 82-105, Dz: 122-156, ⌐ WC ☎; Lift 🅿 🚗 1⟷40
Rezeption: 7-14,17-23; geschl: Mi, Do mittag, 6.1.-27.1.
Zimmer der Kategorie ✶ vorhanden
✶ Hauptgericht 25; Biergarten; geschl: Mi, Do mittags

✶ Gasthof Pfauen
Josef-Geldreich-Str 18, ✉ 77704,
☎ (0 78 02) 9 39 40, Fax 45 29, AX DC ED VA
11 Zi, Ez: 60-70, Dz: 105-125, ⌐ WC ☎; 🅿 🚗 2⟷40 Kegeln 🍴

Gaisbach (2,5 km ↖)
✶ **Gasthof Lamm**
♦ Haus Nr 1, ✉ 77704, ☎ (0 78 02) 9 27 80, Fax 59 66, AX DC ED VA
19 Zi, Ez: 79, Dz: 139, ⌐ WC ☎, 3⌂; Lift 🅿 🚗 1⟷80 ⚫

Oberkirch-Außerhalb
✶✶ **Haus am Berg**
einzeln ◂ Am Rebhof 5, ✉ 77704,
☎ (0 78 02) 47 01, Fax 29 53
Hauptgericht 30; 🅿 Terrasse; geschl: Mo(Nov-März), Di, 2 Wochen im Feb, 2 Wochen im Nov
✶ einzeln ♦ ◂ 9 Zi, Ez: 95, Dz: 108-160, ⌐ WC
geschl: Di, 2 Wochen im Feb/2 Wochen im Nov

Oedsbach (5 km ↓)
✶✶ **Ringhotel**
Waldhotel Grüner Baum
♦ Alm 33, ✉ 77704, ☎ (0 78 02) 80 90, Fax 8 09 88, AX DC ED VA
53 Zi, Ez: 98-160, Dz: 160-300, S; 2 Suiten, ⌐ WC ☎; Lift 🅿 🚗 4⟷50 ≋ Fitneßraum Kegeln Sauna Solarium 2Tennis ⚫
Auch Zimmer der Kategorie ✶ vorhanden
✶✶ Hauptgericht 40; Gartenlokal Terrasse

Oberkirchen siehe Schmallenberg

Oberkochen 62→

Baden-Württemberg — Ostalbkreis — 494 m — 8 600 Ew — Aalen 8 km
ℹ ☎ (0 73 64) 2 70, Fax 27 27 — Stadtverwaltung, Eugen-Bolz-Platz 1, 73447 Oberkochen; Stadt am Kocher. Sehenswert: Optisches Museum, Römerkeller, Karstquellen-Rundwanderweg, Naturschutzgebiet Volkmarsberg

✶ Am Rathaus
♦ Eugen-Bolz-Platz 2, ✉ 73447, ☎ (0 73 64) 3 95, Fax 59 55, AX DC ED VA
45 Zi, Ez: 92-150, Dz: 120-170, ⌐ WC ☎ DFÜ; Lift 🅿 🚗 2⟷20 🍴
geschl: Fr, 2 Wochen im Aug
Auch Zimmer der Kategorie ✶✶ vorhanden

Oberkreuzberg siehe Spiegelau

Obermaiselstein 70↓

Bayern — Kreis Oberallgäu — 860 m — 870 Ew — Fischen 3, Oberstdorf 9 km
ℹ ☎ (0 83 26) 2 77, Fax 94 08 — Verkehrsamt, Am Scheid 18, 87538 Obermaiselstein; Erholungsort. Sehenswert: Sturmannshöhle; Hirschsprung; Riedbergpaß →

Obermaiselstein

** Berwanger Hof
Flair Hotel
◂€ Niederdorf 11, ✉ 87538, ☎ (0 83 26)
3 63 30, Fax 36 33 36
28 Zi, Ez: 80-95, Dz: 170-190, 6 App, ⌐ WC
☎; Lift 🅿 🚲 Fitneßraum Sauna Solarium ⚓
geschl: Do, 1.11.-17.12., 11.-30.4.

** Berwanger Hof
Zum Heuwirt
Hauptgericht 25; Terrasse; geschl: Do, 11.-30.04.

** Langer's Schlemmerstuben 🍷
Paßstr 2, ✉ 87538, ☎ (0 83 26) 95 00,
Fax 94 96
Hauptgericht 30; 🅿 Terrasse; geschl: Di, Mi mittags, 2 Wochen im Nov, 1 Woche nach Ostern

Ober-Mörlen 44 ↘

Hessen — Wetteraukreis — 250 m —
1 000 Ew — Butzbach 10, Bad Nauheim 10 km
ℹ ☎ (0 60 02) 5 02 34, Fax 5 02 32 —
Gemeindeverwaltung, Frankfurter Str 31, 61239 Ober-Mörlen

<mark>Ziegenberg</mark> (6 km ←)
** Landhaus Lindenhof Möckel
Usinger Str 149/146, ✉ 61239, ☎ (0 60 02)
99 00, Fax 9 90-1 52, AX ED VA
21 Zi, Ez: 72-185, Dz: 125-156, ⌐ WC ☎; Lift
🅿 4⟷130 🍴 ⚓

Ober-Mossau siehe Mossautal

Obernburg a. Main 55 ↖

Bayern — Kreis Miltenberg — 125 m —
8 800 Ew — Höchst i.O. 15, Miltenberg 18, Aschaffenburg 20 km
ℹ ☎ (0 60 22) 61 91-0, Fax 61 91-39 — Stadtverwaltung, Römerstr 62, 63785 Obernburg.
Sehenswert: Kath. Kirche; Runder Turm ◂€;
Römerhaus

* Zum Karpfen
Mainstr 8, ✉ 63785, ☎ (0 60 22) 86 45,
Fax 52 76, AX ED VA
27 Zi, Ez: 95, Dz: 135, ⌐ WC ☎; Lift 🅿 1⟷25
🍴
geschl: 1.-15.8.
Auch Zimmer der Kategorie ** vorhanden

* Zum Anker
Mainstr 3, ✉ 63785, ☎ (0 60 22) 6 16 70,
Fax 61 67 60, AX DC ED VA
35 Zi, Ez: 115, Dz: 160, ⌐ WC ☎, 8🛏; 🅿
1⟷20
* Hauptgericht 25; Biergarten;
geschl: So abends

🍴 Römerhof
Römerstr 83, ✉ 63785, ☎ (0 60 22) 6 15 50,
Fax 61 55 21, ED VA
Hauptgericht 30; Gartenlokal; geschl:
27.12.-15.1.
* 8 Zi, Ez: 95, Dz: 145, ⌐ WC ☎
DFÜ; 🅿 🚲
geschl: 27.12.-15.1.

Oberndorf am Neckar 68 ↑

Baden-Württemberg — Kreis Rottweil —
500 m — 14 700 Ew — Schramberg 20, Rottweil 20, Horb 27 km
ℹ ☎ (0 74 23) 7 70, Fax 7 71 11 — Stadtverwaltung, Klosterstr 3, 78727 Oberndorf am Neckar. Sehenswert: Restaurierte ehem. Augustiner-Klosterkirche; Burgruine Waseneck beim Stadtteil Altoberndorf (3 km ↓); Heimat- und Waffenmuseum

* Gasthof Zum Wasserfall
mit Gästehaus
Lindenstr 60, ✉ 78727, ☎ (0 74 23) 92 80,
Fax 92 81 13, AX ED VA
35 Zi, Ez: 70-100, Dz: 110-140, ⌐ WC ☎; Lift
🅿 2⟷30 Fitneßraum Kegeln Sauna ⚓
* Hauptgericht 25; Terrasse;
geschl: Fr, Sa mittags, 1.-15.8.

<mark>Lindenhof</mark> (2 km ←)
* Bergcafé Link
Mörikeweg 1, ✉ 78727, ☎ (0 74 23) 34 91,
Fax 66 91, ED VA
15 Zi, Ez: 60-70, Dz: 80-110, ⌐ WC ☎; 🅿 🚲
1⟷20; garni ⚓
geschl: Sa

Obernkirchen 25 ↓

Niedersachsen — Kreis Schaumburg —
121 m — 10 500 Ew — Bückeburg 6, Stadthagen 8, Rinteln 12 km
ℹ ☎ (0 57 24) 39 50, Fax 3 95 49 — Stadtverwaltung, Marktplatz 4, 31683 Obernkirchen; Stadt am Nordwesthang der Bückeberge. Sehenswert: Altstadt, Fachwerkbauten, Stiftskirche, Klostergebäude, Berg- und Stadtmuseum

** Zum Stadttor
Lange Str 53, ✉ 31683, ☎ (0 57 24) 40 16,
Fax 40 17, ED VA
13 Zi, Ez: 85-95, Dz: 170-180, 1 App, ⌐ WC
☎; Lift 🅿; garni

Obernzell 66 ↘

Bayern — Kreis Passau — 460 m —
3 500 Ew — Wegscheid 15, Passau 17 km
ℹ ☎ (0 85 91) 18 77 — Verkehrsamt, Marktplatz 42, 94130 Obernzell; Erholungsort im Donautal. Sehenswert: Kath. Pfarrkirche; Schloß: Keramikmuseum

Treff Hotel Fohlenhof ✱✱
♦ ◄ Matzenberger Str 36, ✉ 94130,
☎ (0 85 91) 91 65, Fax 91 66, AX ED
32 Zi, Ez: 70-85, Dz: 130-160, S; 66 App, ⇩
WC ☎; P ≋ Sauna Solarium ⎈

Gasthof Zur Post/Alte Schiffspost ✱
♦ ◄ Marktplatz 1, ✉ 94130, ☎ (0 85 91)
10 30, Fax 25 76, ED
17 Zi, Ez: 65-95, Dz: 85-140, ⇩ WC ☎; P ≋
1⇔120 ⎈ ⏚
Denkmalgeschütztes Gebäude von 1808 an der Donau

Erlau (6 km ←)
Zum Edlhof ✱
Edlhofstr 10, ✉ 94130, ☎ (0 85 91) 4 66,
Fax 5 22
29 Zi, Ez: 55-65, Dz: 85-100, ⇩ WC ☎; P ⎈
geschl: Di, Feb

Oberorke siehe Vöhl

Oberpframmern 72 □

Bayern — Kreis Ebersberg — 613 m —
1 800 Ew — Grafing 18, München 21 km
ℹ ☎ (0 80 93) 9 09 70, Fax 23 20 — Verwaltungsgemeinschaft Glonn, Marktplatz 1, 85625 Glonn

Bockmaier ✱
Münchner Str 3, ✉ 85667, ☎ (0 80 93) 57 80,
Fax 5 78 50, AX ED VA
28 Zi, Ez: 80-90, Dz: 110-120, 2 App, ⇩ WC
☎, 10⚑; P ≋ Solarium; garni

Ober-Ramstadt 54 ↗

Hessen — Kreis Darmstadt-Dieburg —
250 m — 15 508 Ew — Darmstadt 10, Dieburg 13 km
ℹ ☎ (0 61 54) 70 20, Fax 7 02 55 — Stadtverwaltung, Darmstädter Str 29, 64372 Ober-Ramstadt

Hessischer Hof ✱
Schulstr 14, ✉ 64372, ☎ (0 61 54) 6 34 70,
Fax 63 47 50, AX DC ED VA
19 Zi, Ez: 65-90, Dz: 130-150, ⇩ WC ☎; P ≋
2⇔80

Galerie ✱
Hauptgericht 28; Gartenlokal

Oberreute 69 ↘

Bayern — Kreis Lindau (Bodensee) — 800 m
— 1 511 Ew — Oberstaufen 10, Lindau 30 km
ℹ ☎ (0 83 87) 12 33 — Gästeamt, 88179 Oberreute

Martinshöhe ✱
♦ Freibadweg 4, ✉ 88179, ☎ (0 83 87)
13 13, Fax 28 83, ED
13 Zi, Ez: 52-65, Dz: 90-98, ⇩ WC, 2⚑; P ≋
9Tennis ⎈ ⏚

Oberried 67 □

Baden-Württemberg — Kreis Breisgau-Hochschwarzwald — 500 m — 2 605 Ew —
Kirchzarten 5, Freiburg 14, Todtnau 18 km
ℹ ☎ (0 76 61) 93 05 66, Fax 93 05 88 — Verkehrsbüro, Klosterplatz 4, 79254 Oberried;
Erholungsort. Sehenswert: Kath. Pfarr- und Wallfahrtskirche; Schniederlihof; Bergwildpark Steinwasen mit Sommersportrodelbahn; Schauinsland, 1284 m ◄ (15 km ↙)

Gasthof Zum Hirschen ✱
Hauptstr 5, ✉ 79254, ☎ (0 76 61) 70 14,
Fax 70 16, DC ED VA
14 Zi, Ez: 70-80, Dz: 98-120, ⇩ WC ☎; ⎈
geschl: 5.11.-5.12.

Weilersbach (1 km ←)
Zum Schützen ✱
♦ Weilersbacher Str 7, ✉ 79254,
☎ (0 76 61) 98 43-0, Fax 98 43 18, AX ED VA
13 Zi, Ez: 75, Dz: 110-140, 2 App, ⇩ WC ☎;
P ⎈ ⏚
geschl: Di, Mi bis 16, 7.1.-7.2.

Ober-Roden siehe Rödermark

Oberröblingen 38 ←

Sachsen-Anhalt — Kreis Sangerhausen —
158 m — 1 480 Ew — Sangerhausen 3, Artern 9 km
ℹ ☎ (0 34 64) 52 18 44, Fax 51 79 58 — Gemeindeverwaltung, Hauptstr 22, 06528 Oberröblingen

Zum Löwen ✱✱
Sangerhäuser Str 24, ✉ 06528, ☎ (0 34 64)
67 42 62, Fax 67 42 30, AX ED VA
28 Zi, Ez: 65-95, Dz: 100-140, ⇩ WC ☎, 4⚑;
P 1⇔50 Kegeln ⎈ ⏚

Oberschleißheim 72 ↘

Bayern — Kreis München — 480 m —
11 200 Ew — Dachau 9, München 15, Freising 25 km
ℹ ☎ (0 89) 3 15 61 30, Fax 31 56 13 21 —
Gemeindeverwaltung, Freisinger Str 15, 85764 Oberschleißheim. Sehenswert: Altes Schloß; Neues Schloß: Staatsgalerie; Schloß Lustheim mit Meißener Porzellan-Sammlung; Flugwerft (Zweigmuseum des Deutschen Museums München) →

Oberschleißheim

** **Blauer Karpfen**
Dachauer Str 1, ✉ 85764, ☎ (0 89)
3 15 71 50, Fax 31 57 15 50, AX ED VA
37 Zi, Ez: 140, Dz: 170, ⊿ WC ☎; Lift 🅿 🚗 ▮◎▮

Lustheim (2 km →)
** **Zum Kurfürst**
♂ Kapellenweg 5, ✉ 85764, ☎ (0 89)
31 57 90, Fax 31 57 94 00, AX DC ED VA
90 Zi, Ez: 105-150, Dz: 140-190, 2 Suiten, ⊿
WC ☎ DFÜ, 11▦; Lift 🅿 🚗 1♻45 ≘ Kegeln
Sauna Solarium
Auch Zimmer der Kategorie * vorhanden
** Hauptgericht 25; Gartenlokal;
geschl: Ende Juli-Mitte Aug

Oberschönau 47 ↘

Thüringen — Kreis Schmalkalden — 550 m
— 1 031 Ew — Oberhof 12, Schmalkalden
15 km
ℹ ☎ (03 68 47) 3 04 25, Fax 3 04 25 —
Gästeinformation, Hauptstr 59, 98587 Oberschönau; Erholungsort

** **Berghotel Simon**
♂ Am Hermannsberg 13, ✉ 98587,
☎ (03 68 47) 3 03 28, Fax 3 36 25, AX ED
34 Zi, Ez: 68 75, Dz: 90-120, ⊿ WC ☎; 🅿
1♻30 Sauna Solarium ▮◎▮
Auch Zimmer der Kategorie * vorhanden

Oberstaufen 70 ↙

Bayern — Kreis Oberallgäu — 800 m —
7 200 Ew — Sonthofen 24, Lindau 41 km
ℹ ☎ (0 83 86) 9 30 00, Fax 93 00 20 — Kurverwaltung, Hugo-von-Königsegg-Str 8,
87534 Oberstaufen; Schrothheilbad und
Heilklimatischer-Kurort; Wintersportplatz.
Sehenswert: Bauernhausmuseum im Ortsteil Knechtenhofen (3 km ↗); Kapelle St.
Bartholomäus im Ortsteil Zell (2 km ↑);
Hochgrat (Seilbahn) 833 m ◂; Hündelalp
(Sesselbahn 2 km ↗), 1112 m ◂; Imberg
(Sesselbahn vom Ortsteil Steibis aus
5 km↓), 1225 m ◂

*** **Lindner Parkhotel** 👑
Argenstr 1, ✉ 87534, ☎ (0 83 86) 70 30,
Fax 70 37 04, AX DC
81 Zi, Ez: 140-242, Dz: 274-364, 10 Suiten, ⊿
WC ☎ DFÜ, 12▦; Lift 🅿 🚗 1♻15 ≘ Fitneßraum Sauna Solarium 18Golf
Restaurant für Hausgäste

*** **Allgäu Sonne mit Gästehäusern**
♂ ◂ Am Stießberg 1, ✉ 87534, ☎ (0 83 86)
70 20, Fax 78 26, AX DC ED VA
113 Zi, Ez: 140-295, Dz: 380-470, 4 Suiten,
48 App, ⊿ WC ☎; Lift 🅿 🚗 2♻25 ≈ ≘ Fitneßraum Sauna Solarium ▬
** Hauptgericht 38

*** **Concordia** 👑
◂ Im Pfalzen 8, ✉ 87534, ☎ (0 83 86) 48 40,
Fax 48 41 30
56 Zi, Ez: 135-170, Dz: 230-300, 3 Suiten, ⊿
WC ☎, 4▦; Lift 🅿 🚗 1♻15 ≘ Fitneßraum
Sauna Solarium 18Golf 6Tennis
Restaurant für Hausgäste

*** **Allgäuer Rosen Alp**
♂ ◂ Am Lohacker 5, ✉ 87534, ☎ (0 83 86)
70 60, Fax 70 64 35
77 Zi, Ez: 150-350, Dz: 300-375, 5 Suiten, ⊿
WC ☎ DFÜ, 19▦; Lift 🅿 🚗 1♻20 ≈ ≘
Bowling Fitneßraum Sauna Solarium
18Golf 12Tennis ▬
geschl: 15.11.-25.12.
Restaurant für Hausgäste

*** **Alpenkönig**
♂ Kalzhofer Str 25, ✉ 87534, ☎ (0 83 86)
9 34 50, Fax 43 44
20 Zi, Ez: 100-160, Dz: 210-280; Lift 🅿 🚗 ≘
Sauna Solarium
Restaurant für Hausgäste

** **Kurhotel Hirsch**
Kalzhofer Str 4, ✉ 87534, ☎ (0 83 86) 49 10,
Fax 4 91 44
36 Zi, Ez: 100-195, Dz: 190-290, 4 Suiten, ⊿
WC ☎; Lift 🅿 🚗 ≘ Fitneßraum Sauna
Solarium
Restaurant für Hausgäste

** **Bayerischer Hof**
♂ ◂ Hochgratstr 2, ✉ 87534, ☎ (0 83 86)
49 50, Fax 49 54 14
61 Zi, Ez: 110-270, Dz: 200-420, 6 Suiten,
6 App, ⊿ WC ☎; Lift 🅿 🚗 20 ≘ Fitneßraum
Sauna Solarium ▮◎▮ ▬

** **Kurhotel Alpina**
◂ Am Kurpark 7, ✉ 87534, ☎ (0 83 86)
9 32 00, Fax 29 91, VA
14 Zi, Ez: 80-140, Dz: 140-240, 1 Suite, ⊿
WC ☎; ≘ Sauna Solarium; **garni**

* **Landhaus Lässer**
Kalzhofer Str 30, ✉ 87534, ☎ (0 83 86)
9 32 90, Fax 93 29 11
21 Zi, Ez: 75-130, 1 App, ⊿ WC ☎, 19▦; 🅿
Sauna Solarium ▮◎▮ ▬

* **Zum Adler mit Gästehaus**
Kirchplatz 6, ✉ 87534, ☎ (0 83 86) 9 32 10,
Fax 47 63, AX DC VA
Ez: 85-135, Dz: 170-190, ⊿ WC ☎; Sauna
Solarium
Zimmer der Kategorie ** vorhanden
* **Zum Adler**
Hauptgericht 25; 🅿 Terrasse; geschl: Di,
15.11.-15.12.

** **Posttürmle**
Bahnhofsplatz 4, ✉ 87534, ☎ (0 83 86)
74 12, Fax 18 82
Hauptgericht 42; geschl: Di, Mi mittags,
2 Wochen im Jun, 2 Wochen im Dez

Oberstdorf

Princess
Lindauer Str 6, ✉ 87534, ☎ (0 83 86) 22 13, Fax 73 85
9-18, So 11-18
Spezialität: Nußkranz

Buflings (2 km ↑)
★★ Kurhotel Engel
◄ Buflings 3, ✉ 87534, ☎ (0 83 86) 70 90, Fax 70 94 82
56 Zi, Ez: 91-220, Dz: 200-260, 3 Suiten, ⌐ WC ☎; Lift P 🖳 1⇔40 ⇔ Bowling Fitneßraum Kegeln Sauna Solarium 18Golf 1Tennis
Rezeption: 7.30-21; geschl: 15.11.-18.12.
Zimmer der Kategorie ★★★ vorhanden
★ Hauptgericht 20; Terrasse; geschl: Mo+Di

Hinterreute
★ Am Kamin
einzeln ◄ Haus Nr 12 1/2, ✉ 87534, ☎ (0 83 86) 76 86, Fax 76 86
Hauptgericht 30; P Terrasse; geschl: So abends, Mo, 20.11.-20.12.
mittags preiswerte bürgerliche Gerichte

Rain, Bad (1,5 km ↘)
★ Alpengasthof Bad Rain
einzeln ♂ ✉ 87534, ☎ (0 83 86) 9 32 40, Fax 92 24 99
24 Zi, Ez: 70-120, Dz: 160-220, 1 Suite, ⌐ WC ☎ DFÜ, 5⌂; P 🖳 ⇔ Sauna Solarium 18Golf
geschl: 15.11.-10.12.
★ einzeln, Hauptgericht 25; Biergarten Terrasse; geschl: 15.11.-10.12.

Steibis (6 km ↓)
★★ Kur- und Sporthotel Burtscher
♂ Im Dorf 29, ✉ 87534, ☎ (0 83 86) 89 10, Fax 89 13 17
71 Zi, Ez: 125-250, Dz: 220-400, 7 Suiten, ⌐ WC ☎; Lift ≋ ⇔ Fitneßraum Sauna Solarium
Rezeption: 8-21; geschl: Mitte Nov-Mitte Dez
Restaurant für Hausgäste

★ Landhaus Birkenhof
einzeln ◄ Am Anger 30, ✉ 87534, ☎ (0 83 86) 9 80 80, Fax 98 08 20
18 Zi, Ez: 70-150, Dz: 75-110, 3 Suiten, ⌐ WC ☎, 18⌂; P Sauna Solarium ¶◑

Thalkirchdorf (6 km →)
★ Ringhotel
Kur- und Ferienhotel Traube
♂ ⊗ ✉ 87534, ☎ (0 83 25) 92 00, Fax 9 20 39, AX DC ED VA
29 Zi, Ez: 96-137, Dz: 142-200, S; ⌐ WC ☎ DFÜ; P 🖳 ⇔ Fitneßraum Sauna Solarium 18Golf 4Tennis
geschl: Di, Anfang Nov-Mitte Dez
★ Hauptgericht 30; Biergarten; geschl: Di, Anfang Nov.-Mitte Dez.

Weißach (1 km ↓)
★★★ Kur- u. Sporthotel Königshof
♂ ◄ Mühlenstr 16, ✉ 87534, ☎ (0 83 86) 49 30, Fax 49 31 25, AX DC ED VA
60 Zi, Ez: 115-195, Dz: 240-340, 2 Suiten, ⌐ WC ☎, 28⌂; Lift P 🖳 ⇔ Fitneßraum Sauna Solarium 18Golf ¶◑

★★ Weissacher Hof
♂ ◄ Mühlenstr 15, ✉ 87534, ☎ (0 83 86) 70 80, Fax 13 17
35 Zi, Ez: 150-170, Dz: 280-344, 1 App, ⌐ WC ☎; Lift P ⇔ Fitneßraum Sauna Solarium
Restaurant für Hausgäste

Willis
★★ Bergkristall
◄ Willis Nr.8, ✉ 87534, ☎ (0 83 86) 91 10, Fax 91 11 50, AX ED VA
34 Zi, Ez: 80-200, Dz: 160-280, 1 Suite, ⌐ WC ☎; Lift P 🖳 1⇔16 ⇔ Fitneßraum Sauna Solarium ¶◑
geschl: 1.-12.12.
Zimmer der Kategorie ★★★ vorhanden

Oberstdorf 70 ↓

Bayern — Kreis Oberallgäu — 815 m — 11 000 Ew — Sonthofen 14, Kempten 39 km
ℹ ☎ (0 83 22) 70 00, Fax 70 02 36 — Kurverwaltung, Marktplatz 7, 87561 Oberstdorf; Luftkurort, Heilklimatischer und Kneipp-Kurort; Wintersportzentrum (Skiflugschanze und Eisstadion). Sehenswert: Nebelhorn (Seilbahn) 2224 m ◄; Fellhorn (Seilbahn von Faistenoy, 9 km ↓), 2039 m ◄; Schönblick (Sesselbahn, 4 km ↙), 1350 m ◄; Breitachklamm (7 km ↙); Freibergsee, 928 m (3 km↓); (Die Bergbahnen Nebelhorn, Fellhorn und Schönblick haben Sommer- und Winterbetrieb)

Cityplan siehe Seite 760

★★★ Parkhotel Frank
♂ Sachsenweg 11 (B 2), ✉ 87561, ☎ (0 83 22) 70 60, Fax 70 62 86
57 Zi, Ez: 145-302, Dz: 306-434, 5 Suiten, ⌐ WC ☎ DFÜ, 2⌂; Lift P 🖳 1⇔80 ⇔ Fitneßraum Sauna Solarium 9Golf
★★★ Hauptgericht 42; nur abends

★★★ Kur- und Ferienhotel Filser
♂ Freibergstr 15 (A 2), ✉ 87561, ☎ (0 83 22) 70 80, Fax 70 85 30
88 Zi, Ez: 108-148, Dz: 216-296, 3 Suiten, ⌐ WC ☎; Lift P 🖳 ⇔ Fitneßraum Sauna Solarium
geschl: Mitte Nov - Mitte Dez
Auch Zimmer der Kategorie ★★ vorhanden
★★ Hauptgericht 30; Terrasse; geschl: Anfang Nov-Mitte Dez →

Oberstdorf

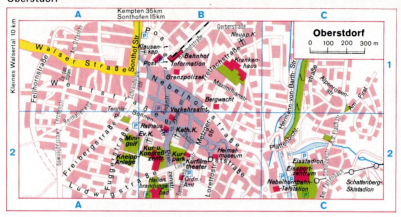

★★ Kur- und Sporthotel Exquisit
♂ ⁓ Prinzenstr 17 (B 2), ✉ 87561,
☏ (0 83 22) 9 63 30, Fax 96 33 60, AX DC VA
34 Zi, Ez: 137-210, Dz: 200-430, 2 Suiten, ⊟
WC ☏; Lift P 1✧30 ≋ Sauna Solarium
9Golf ⚐
geschl: 1.11.-17.12.

★★ Mohren
Marktplatz 6, ✉ 87561, ☏ (0 83 22) 91 20,
Fax 91 24 44, AX ED VA
50 Zi, Ez: 98-180, Dz: 180-300, 5 Suiten, ⊟
WC ☏, 10⊠; Lift 🅷 2✧50 Sauna Solarium
⚐
★★ Hauptgericht 30; Terrasse

★★ Wittelsbacher Hof
♂ ⁓ Prinzenstr 24, ✉ 87561, ☏ (0 83 22)
60 50, Fax 60 53 00, AX DC ED VA
76 Zi, Ez: 90-180, Dz: 156-240, 10 Suiten, ⊟
WC ☏; Lift P 🅷 4✧70 ≋ 9Golf ⚐
geschl: 24.10.-18.12., 11.4.-14.5.
Auch Zimmer der Kategorie ★★★ vorhanden

★★ Sporthotel Menning
♂ ⁓ Oeschlesweg 18, ✉ 87561, ☏ (0 83 22)
25 36 + 9 60 90, Fax 85 32, AX
22 Zi, Ez: 80, Dz: 150-200, 1 Suite, ⊟ WC ☏;
Lift P 🅷 ≋ Fitneßraum Sauna Solarium
5Tennis; garni
Restaurant für Hausgäste

★ Gerberhof
♂ Zweistapfenweg 7 (A 2), ✉ 87561,
☏ (0 83 22) 70 70, Fax 70 71 00, AX DC ED VA
45 Zi, Ez: 83-150, Dz: 138-186, 5 Suiten,
4 App, ⊟ WC ☏; Lift P 🅷 ≋ Sauna
Solarium 9Golf; garni
geschl: 2.11.-17.12.

★ Adler
Fuggerstr 1 (A 2), ✉ 87561, ☏ (0 83 22)
9 61 00, Fax 81 87
33 Zi, Ez: 99-150, Dz: 180-250, ⊟ WC ☏; P
🅷
geschl: 8.11.-15.12., 17.4.-5.5.
★ Hauptgericht 28; Terrasse;
geschl: Di, 8.11.-15.12., 17.4.-5.5.

★ Kurparkhotel
Prinzenstr 1 (B 2), ✉ 87561, ☏ (0 83 22)
96 56-0, Fax 96 56 19
22 Zi, Ez: 75-95, Dz: 126-178, ⊟ WC ☏;
Sauna Solarium; garni

★ Fuggerhof
♂ ⁓ Speichackerstr 2, ✉ 87561, ☏ (0 83 22)
9 64 30, Fax 96 43 30
18 Zi, Ez: 65-125, Dz: 126-220, ⊟ WC ☏; P
Fitneßraum Solarium ⚐
geschl: 7.11.-18.12.

★★ Maximilians
Freibergstr 21 (A 2), ✉ 87561, ☏ (0 83 22)
9 67 80, Fax 96 78-43
Hauptgericht 45; P Terrasse

★★ 7 Schwaben
Pfarrstr 9 (B 2), ✉ 87561, ☏ (0 83 22) 38 70,
Fax 8 01 63, AX DC ED VA
Hauptgericht 30; Biergarten

★ Bacchus-Stuben
Freibergstr 4 (A 2), ✉ 87561, ☏ (0 83 22)
47 87, Fax 47 60
Hauptgericht 21; P Terrasse; geschl: So
abends (im Sommer), Mo, 7.4.-7.5., 18.10.-
19.12.

⚐ Franziskus
Oststr 1 (B 2), ✉ 87561, ☏ (0 83 22) 9 84 50

Oberstdorf-Außerhalb (Zufahrt nur über
Walser Str, A 1, möglich)

★ Haus Wiese
⁓ Stillachstr 4 a, ✉ 87561, ☏ (0 83 22)
30 30, Fax 31 35
10 Zi, Ez: 100-130, Dz: 170-190, 3 App, ⊟
WC ☏; P ≋; garni

★ Waldesruhe
einzeln ♂ ⁓ Alte Walserstr 20, ✉ 87561,
☏ (0 83 22) 60 10, Fax 60 11 00
38 Zi, Ez: 80-125, Dz: 160-246, 2 Suiten, ⊟
WC ☏; Lift P 1✧25 ≋ Fitneßraum Sauna
Solarium 9Golf ⚐
geschl: 10.11.-12.12.

Kornau (6 km ↗)
** **Silencehotel Nebelhornblick**
Kornau 49, ✉ 87561, ☎ (0 83 22) 9 64 20,
Fax 96 42 50
27 Zi, Ez: 70-95, Dz: 140-300, 2 Suiten,
3 App, ⌐ WC ☎; Lift 🅿 🚗 🛁 Fitneßraum
Sauna Solarium
geschl: 8.11.-11.12.
Restaurant für Hausgäste

Tiefenbach (6 km ←)
*** **Alpenhotel Vollmann**
♠ ⋖ Falkenstr 15, ✉ 87561, ☎ (0 83 22)
70 20, Fax 70 22 22, AX ED VA
30 Zi, Ez: 125-247, Dz: 216-272, 18 Suiten,
16 App, ⌐ WC ☎, 3🍴; Lift 🅿 🚗 1⟲50 ≋ 🛁
Fitneßraum Sauna Solarium 🍽
Auch Zimmer der Kategorie ** vorhanden

** **Bergruh**
♠ ⋖ Im Ebnat 2, ✉ 87561, ☎ (0 83 22) 91 90,
Fax 91 92 00, AX DC ED VA
33 Zi, Ez: 98-140, Dz: 196, 8 Suiten, 6 App,
⌐ WC ☎; 🅿 🚗 Fitneßraum Sauna Solarium
geschl: 7.11.-15.12.
* Hauptgericht 25; Terrasse

Oberstenfeld 61 ↗

Baden-Württemberg — Kreis Ludwigsburg
— 250 m — 7 800 Ew — Heilbronn 19, Ludwigsburg 20 km
ℹ ☎ (0 70 62) 26 10, Fax 2 61 13 — Bürgermeisteramt, Großbottwarer Str 20,
71720 Oberstenfeld; Weinbauort. Sehenswert: Ev. ehem. Stiftskirche; Burg Lichtenberg, 371 m ⋖ (2 km ↘)

** **Gasthof Zum Ochsen**
Großbottwarer Str 31, ✉ 71720, ☎ (0 70 62)
93 90, Fax 93 94 44, AX DC ED VA
30 Zi, Ez: 75-109, Dz: 135-190, ⌐ WC ☎,
9🍴; Lift 🅿 🚗 3⟲35 Sauna Solarium
Auch Zimmer der Kategorie * vorhanden
** Hauptgericht 30; geschl: Di,
3 Wochen im Jan

Oberstreu 46 ↘

Bayern — Kreis Rhön-Grabfeld — 249 m —
1 500 Ew — Mellrichstadt 3 km
ℹ ☎ (0 97 73) 2 32 — Gemeindeverwaltung,
im Ortsteil Mittelstreu, 97640 Oberstreu.
Sehenswert: Gardenkirchenburg; Schulhaus (17. Jh.); zentraler Ausgangspunkt für
Ausflüge in die bayerische, hessische und
thüringische Rhön und in das Grabfeld

Mittelstreu (1 km ↗)
** **Gästehaus zum Wilden Mann**
Hauptstr 18, ✉ 97640, ☎ (0 97 73) 50 17,
Fax 89 01 99
12 Zi, Ez: 45-60, Dz: 90-120, 1 Suite; 🍽

Obersulm 61 ↗

Baden-Württemberg — Kreis Heilbronn —
203 m — 12 667 Ew — Öhringen 10, Heilbronn 12 km
ℹ ☎ (0 71 30) 2 80, Fax 2 81 99 — Gemeindeverwaltung, Bernhardstr 1, 74182 Obersulm

Sülzbach
** **Alter Klosterhof Herrmann**
Eberstädter Str 7, ✉ 74182, ☎ (0 71 34)
1 88 55, Fax 90 11 35, AX ED
Hauptgericht 40; 🅿; nur abends; geschl:
So, Mo, 1.1.-10.1., 3 Wochen im Aug

Oberthal 52 →

Saarland — Kreis St. Wendel — 400 m —
6 600 Ew — St. Wendel 8, Saarlouis 34 km
ℹ ☎ (0 68 54) 9 01 70, Fax 90 17 17 —
Gemeindeverwaltung, Brühlstr 4,
66649 Oberthal. Sehenswert: Oberthaler
Bruch (Naturschutz-Hochmoorgebiet)

Steinberg-Deckenhard (5 km ↗)
** **Zum Blauen Fuchs**
Walhausener Str 1, ✉ 66649, ☎ (0 68 52)
67 40, Fax 8 13 03, ED VA
Hauptgericht 40; Gartenlokal; nur abends,
so+feiertags auch mittags; geschl:
1 Woche im Jan, 1 Woche im Herbst

Oberthulba 46 ↓

Bayern — Kreis Bad Kissingen — 256 m —
4 950 Ew — Bad Kissingen 9, Hammelburg
14, Bad Brückenau 22 km
ℹ ☎ (0 97 36) 8 12 20, Fax 81 22 55 — Verkehrsverein Thulbatal, Kirchgasse 16,
97723 Oberthulba; Ort in der südlichen
Rhön

** **Rhöner Land**
Zum Weißen Kreuz 20, ✉ 97723,
☎ (0 97 36) 7 07-0, Fax 7 07-4 44, AX ED VA
27 Zi, Ez: 92-101, Dz: 125-135, 1 Suite,
4 App, ⌐ WC ☎; 🅿 🚗 4⟲40 Fitneßraum
Sauna 🍹
* Hauptgericht 25; Biergarten Terrasse

Obertraubling 65 ↘

Bayern — Kreis Regensburg (Land) —
336 m — 5 900 Ew — Regensburg 8,
Straubing 44 km
ℹ ☎ (0 94 01) 9 60 10, Fax 96 01 19 —
Gemeindeverwaltung, Landshuter Str 1,
93083 Obertraubling

* **Stocker**
St.-Georg-Str 2, ✉ 93083, ☎ (0 94 01)
5 00 45, Fax 62 73, AX DC ED VA
32 Zi, Ez: 62, Dz: 74-98, ⌐ WC ☎; 🍽

Obertshausen

Obertshausen 54 ↗

Hessen — Kreis Offenbach am Main — 110 m — 25 150 Ew — Hanau 8, Offenbach 9, Seligenstadt 10 km
🛈 ☎ (0 61 04) 70 30, Fax 70 31 88 — Stadtverwaltung, Schubertstr 11, 63179 Obertshausen

** Parkhotel
Münchener Str 12, ⌧ 63179, ☎ (0 61 04) 9 50 20, Fax 95 02 99, AX DC ED VA
40 Zi, Ez: 97-158, Dz: 148-220, ⌐ WC ☎; P 2⇔60

** Lederstubb
Hauptgericht 26; Terrasse

* Haus Dornheim
Bieberer Str 141, ⌧ 63179, ☎ (0 61 04) 9 50 50, Fax 4 50 22, AX DC ED VA
16 Zi, Ez: 105-150, Dz: 150-170, 2 App, ⌐ WC ☎; P; garni

Oberursel (Taunus) 44 ↘

Hessen — Hochtaunuskreis — 400 m — 45 000 Ew — Bad Homburg 5, Frankfurt am Main 17 km
🛈 ☎ (0 61 71) 50 23 07, Fax 50 24 30 — Stadtverwaltung, Rathausplatz 1, 61440 Oberursel; Stadt am Osthang des Taunus, Lutherische Theol. Hochschule. Sehenswert: Mittelalterlicher Stadtkern; Kath. Kirche St. Ursula; hist. Rathaus; Hans-Thoma-Gedächtnisstätte im Vortaunus-Museum; Großer Feldberg, 882 m ◄ (17 km ↘)

Mövenpick
Zimmersmühlenweg 35, ⌧ 61440, ☎ (0 61 71) 5 00-0, Fax 5 00-6 00, AX DC ED VA
158 Zi, Ez: 150-265, Dz: 150-305, ⌐ WC ☎ DFÜ, 124⌧; Lift P 11⇔250 Fitneßraum Sauna Solarium ⛾
Eröffnung nach Redaktionsschluß

** Parkhotel Waldlust
Hohemarkstr 168, ⌧ 61440, ☎ (0 61 71) 92 00, Fax 2 66 27, AX ED VA
105 Zi, Ez: 142-182, Dz: 196-280, 28 App, ⌐ WC ☎; Lift P 7⇔100 ⛾ 🍽
geschl: 24.12.-1.1.
Auch Zimmer der Kategorie * vorhanden

* Ratskeller Weinstuben
⌘ Marktplatz 1, ⌧ 61440, ☎ (0 61 71) 33 11, Fax 33 27, ED
Hauptgericht 38; Gartenlokal P; geschl: so+feiertags, 24.12.-7.1.

Oberstedten
* Sonnenhof
♂ Weinbergstr 94, ⌧ 61440, ☎ (0 61 72) 96 29 30, Fax 30 12 72, ED VA
Ez: 100-130, Dz: 140-180, 12 App, ⌐ WC ☎; P; garni

Oberweißenbrunn

siehe **Bischofsheim a. d. Rhön**

Oberwesel 43 ↘

Rheinland-Pfalz — Rhein-Hunsrück-Kreis — 70 m — 5 000 Ew — Bingen 21, Koblenz 42 km
🛈 ☎ (0 67 44) 15 21, Fax 15 40 — Verkehrsamt, Rathausstr 3, 55430 Oberwesel; Weinstädtchen im Rheindurchbruchstal, Erholungsort. Sehenswert: Kath. Liebfrauenkirche: Hochaltar, Lettner, Marienbild, Orgel; kath. St-Martins-Kirche: Reliquienbüsten; Wernerkapelle; guterhaltene Ringmauer: 18 Türme; Schönburg ◄ (2 km ↓)

* Goldener Pfropfenzieher
Am Plan 1, ⌧ 55430, ☎ (0 67 44) 2 07
29 Zi, Ez: 85-95, Dz: 100-260, ⌐ WC ☎; Lift ⛾

** Römerkrug Gast im Schloß
⌘ Marktplatz 1, ⌧ 55430, ☎ (0 67 44) 70 91, Fax 16 77, AX ED VA
Hauptgericht 28; Terrasse; geschl: Mi, 1.1.-20.1.
* 6 Zi, Ez: 80-100, Dz: 140-170, 1 Suite, ⌐ WC ☎
geschl: Mi, 1.-20.1.

* Weinhaus Weiler
Marktplatz 4, ⌧ 55430, ☎ (0 67 44) 9 30 50, Fax 93 05 20, AX ED VA
Hauptgericht 25; P Terrasse; geschl: Mitte Dez.-Mitte Feb.
* ◄ 10 Zi, Ez: 75-100, Dz: 110-160, ⌐ WC ☎, 1 🍽
geschl: Mitte Dez-Mitte Feb

Historische Weinwirtschaft
⌘ Liebfrauenstr 17, ⌧ 55430, ☎ (0 67 44) 81 86, Fax 70 49, AX DC ED VA
Hauptgericht 27; Terrasse; nur abends, Mai-Sep So auch mittags; geschl: Di, Jan

Oberwesel-Außerhalb (1 km ↘)
** Burghotel Auf Schönburg ♛
European Castle
einzeln ◄ ⌘ ⌧ 55430, ☎ (0 67 44) 9 39 30, Fax 16 13, AX DC ED VA
20 Zi, Ez: 115-300, Dz: 250-340, 2 Suiten, ⌐ WC ☎; Lift P 2⇔24
geschl: 3.1.-25.3.
** einzeln, Hauptgericht 40; Terrasse; geschl: Mo, 3.1.-25.3.

Oberwiesenthal 50 ↓

Sachsen — Kreis Annaberg-Buchholz — 914 m — 3 600 Ew — Chemnitz 51, Hof 105 km
🛈 ☎ (03 73 48) 6 14, Fax 77 98 — Fichtelberg Schwebebahn und Fremdenverkehrs GmbH, Markt 8, 09484 Oberwiesenthal; Erholungsort. Sehenswert: Fichtelberg (1214 m) mit Fichtelberghaus, Fichtelberg-Schwebebahn; Martin-Luther-Kirche; Postdistanzsäule; Fichtelbergschanze; Rennrodelbahn; Sommerrodelbahn; dampfbetriebene Schmalspurbahn

** Birkenhof
♂ ⇐ Vierenstr 18, ✉ 09484, ☎ (03 73 48) 84 81, Fax 84 85, AX DC ED VA
148 Zi, Ez: 125-160, Dz: 170-200, 30 Suiten, 7 App, ⊒ WC ☎, 30🛏; Lift 🅿 11⇔300 Fitneßraum Sauna Solarium ☕
* Hauptgericht 25

** Ringhotel Panorama
♂ ⇐ Vierenstr 11, ✉ 09484, ☎ (03 73 48) 71 90, Fax 71 98, AX DC ED VA
100 Zi, Ez: 130-150, Dz: 170-200, S; 25 Suiten, ⊒ WC ☎, 13🛏; Lift 🅿 6⇔150 ☂ Bowling Fitneßraum Kegeln Sauna Solarium 4Tennis ☕
** ⇐ Hauptgericht 35; Biergarten Bowling

** Zum Alten Brauhaus
Brauhausstr 2, ✉ 09484, ☎ (03 73 48) 86 88, Fax 86 88, DC ED VA
17 Zi, Ez: 60, Dz: 100, 9 Suiten, ⊒ WC ☎; 🅿 🍽

* Am Kirchberg
Annaberger Str 9, ✉ 09484, ☎ (03 73 48) 71 32, Fax 84 86, AX ED VA
25 Zi, Ez: 95-115, Dz: 130-145, 2 Suiten, ⊒ WC ☎, 6🛏; 🅿 2⇔22 🍽

* Pension Riedel
Annaberger Str 81, ✉ 09484, ☎ (03 73 48) 72 25, Fax 72 85
8 Zi, Ez: 55, Dz: 80, 4 Suiten, ⊒ WC ☎; Sauna Solarium 🍽

Oberwiesenthal-Außerhalb (3 km ↖)
* Hotelbaude Berg-Kristall
Philosophenweg 1, ✉ 09484, ☎ (03 73 48) 75 88, Fax 73 01
9 Zi, Ez: 55-80, Dz: 100-130, 3 Suiten, 1 App, ⊒ WC ☎; 🅿 Sauna 🍽 ☕
geschl: 1.-30.11.

Oberwolfach 67 ↗

Baden-Württemberg — Ortenaukreis — 300 m — 2 700 Ew — Wolfach 2, Freudenstadt 33 km
ℹ ☎ (0 78 34) 8 38 30, Fax 44 37 — Bürgermeisteramt, Rathausstr 1, 77709 Oberwolfach; Luftkurort im Tal der Wolf, im mittleren Schwarzwald. Sehenswert: Mineralien-Museum; Burgruine Wolfach ⇐ (1 km + 15 Min ↓)

** Schacher
Alte Str 2 a, ✉ 77709, ☎ (0 78 34) 60 13, Fax 93 50
13 Zi, Ez: 70-80, Dz: 116-126, 4 App, ⊒ WC ☎, 13🛏; Lift 🅿 🍽 ☕

* Drei Könige
Wolftalstr 28, ✉ 77709, ☎ (0 78 34) 83 80-0, Fax 2 85, AX DC ED VA
42 Zi, Ez: 80-95, Dz: 122-136, ⊒ WC ☎, 42🛏; Lift 🅿 🚗 2⇔60 Fitneßraum ☕
Auch Zimmer der Kategorie ** vorhanden
* Hauptgericht 25

Walke (3 km ↑)
** Hirschen Landidyll
Schwarzwaldstr 2, ✉ 77709, ☎ (0 78 34) 8 37-0, Fax 67 75, AX DC ED VA
41 Zi, Ez: 70-95, Dz: 116-160, ⊒ WC ☎, 5🛏; Lift 🅿 🚗 4⇔50 Bowling Fitneßraum Kegeln Sauna Solarium 3Tennis ☕
geschl: 10.-24.1.
Auch Zimmer der Kategorie *** vorhanden
** Hauptgericht 25; Biergarten; geschl: Mo, 10.1.-24.1.

* Zum Walkenstein
Burgfelsen 1, ✉ 77709, ☎ (0 78 34) 3 95, Fax 46 70
30 Zi, Ez: 55, Dz: 100, ⊒ WC, 6🛏; Lift 🅿 160 ☕
* Hauptgericht 12; Gartenlokal

Obing 73 ←

Bayern — Kreis Traunstein — 560 m — 3 900 Ew — Trostberg 14, Wasserburg am Inn 18 km
ℹ ☎ (0 86 24) 89 86 25, Fax 89 86 33 — Verwaltungsgemeinschaft Obing, Kienberger Str 5, 83119 Obing. Sehenswert: Pfarrkirche; Kirchen im Albertaich und Diepoldsberg; Hochaltar der Kirche in Rabenden (5 km →)

* Oberwirt
Kienberger Str 14, ✉ 83119, ☎ (0 86 24) 42 96, Fax 29 79, ED VA
37 Zi, Ez: 80-85, Dz: 100-132, 5 App, ⊒ WC ☎; Lift 🅿 🚗 4⇔80 Strandbad Seezugang Fitneßraum Sauna Solarium ☕
* Hauptgericht 22; geschl: Mi

Obrigheim 55 ↙

Baden-Württemberg — Neckar-Odenwald-Kreis — 220 m — 5 277 Ew — Mosbach 6, Bad Wimpfen 19, Eberbach 24 km
ℹ ☎ (0 62 61) 64 60, Fax 6 46 40 — Bürgermeisteramt, Hauptstr 7, 74847 Obrigheim; Ort am Neckar

Obrigheim-Außerhalb (1 km ↓)
** Schloß Neuburg
einzeln ♂ ⇐ 👑 Schloßstr 19, ✉ 74847, ☎ (0 62 61) 9 73 30, Fax 97 33 99, DC VA
14 Zi, Ez: 105-145, Dz: 195-245, ⊒ WC ☎, 3🛏; 🅿 1⇔20
geschl: Anfang Jan
Auch Zimmer der Kategorie *** vorhanden
** Hauptgericht 35; Gartenlokal; geschl: Anfang Jan

Ochsenfurt

Ochsenfurt 56 □

Bayern — Kreis Würzburg — 185 m —
12 000 Ew — Würzburg 19, Rothenburg ob
der Tauber 41 km
i ☏ (0 93 31) 58 55, Fax 74 93 — Verkehrsbüro, Hauptstr 39, 97199 Ochsenfurt.
Sehenswert: Rathaus; Stadtpfarrkirche St.
Andreas; Michaelskapelle; Trachtenmuseum; Mauergürtel

≊ **Zum Schmied**
Hauptstr 26, ⊠ 97199, ☏ (0 93 31) 24 38,
Fax 2 02 03, AX DC ED VA
20 Zi, Ez: 60-85, Dz: 100-130, ⌐; 🚗 ⑂

⑂ **Kauzen**
Hauptstr 37, ⊠ 97199, ☏ (0 93 31) 22 37
Hauptgericht 25
** 6 Zi, Ez: 95, Dz: 115; **P**

Ochsenfurt-Außerhalb (2 km →)
** **Wald- und Sporthotel Polisina
Landidyll**
einzeln ⩽ Marktbreiter Str 265, ⊠ 97199,
☏ (0 93 31) 84 40, Fax 76 03, AX DC ED VA
87 Zi, Ez: 165-180, Dz: 240, 6 Suiten, ⌐ WC
☏ DFÜ; Lift **P** 8⇔200 ≊ Sauna Solarium
18Golf 4Tennis ⑂ ⇌
Auch Zimmer der Kategorie * vorhanden

Ochsenhausen 69→

Baden-Württemberg — Kreis Biberach —
585 m — 8 000 Ew — Biberach a.d. Riß 16,
Memmingen 23 km
i ☏ (0 73 52) 92 20 26, Fax 92 20 19 — Städtisches Verkehrsamt, Marktplatz 1,
88416 Ochsenhausen; Erholungsort.
Sehenswert: Klosterkonzerte in der ehem.
Reichsabtei; Kunstausstellungen im hist.
„Fruchtkasten"

** **Ringhotel Mohren**
Grenzenstr 1, ⊠ 88416, ☏ (0 73 52) 92 60,
Fax 92 61 00, AX DC ED VA
26 Zi, Ez: 99-132, Dz: 150-205, S; 2 Suiten,
⌐ WC ☏; Lift **P** 🚗 6⇔100 Kegeln Sauna
Solarium
Auch Zimmer der Kategorie * vorhanden
** Hauptgericht 30

* **Gasthof zum Adler**
Schloßstr 7, ⊠ 88416, ☏ (0 73 52) 9 21 40,
Fax 92 14 60, ED VA
9 Zi, Ez: 75, Dz: 125, ⌐ WC ☏
geschl: Anfang Feb
* Hauptgericht 25

Ochtendung 43↓

Rheinland-Pfalz — Kreis Mayen-Koblenz —
190 m — 4 900 Ew — Mayen 13, Koblenz
15 km
i ☏ (0 26 25) 45 77, Fax 52 04 — Gemeindeverwaltung, Raiffeisenplatz 1, 56299 Ochtendung. Sehenswert: Kath. Kirche: Glasmalereien

** **Gutshof Arosa**
Koblenzer Str 2, ⊠ 56299, ☏ (0 26 25) 44 71,
Fax 52 61, AX ED
Hauptgericht 45; geschl: Mo ≊

Ochtrup 23↓

Nordrhein-Westfalen — Kreis Steinfurt —
63 m — 19 000 Ew — Gronau 11, Bad Bentheim 13, Steinfurt 13 km
i ☏ (0 25 53) 9 81 80, Fax 9 81 81 — Verkehrs-/Werbegemeinschaft, Touristikinformation, Ochtrup e.V., Töpferstr 10,
48607 Ochtrup; Stadt im Münsterland.
Sehenswert: Töpferei, Töpfereimuseum;
Villaim Winkel; Windmühle; ehem. Stiftskirche im Stadtteil Langenhorst (2 km →);
Wasserburg Haus Welbergen; Alte Dorfkirche (11. Jh.) (4 km ↘)

* **Akzent-Hotel
Münsterländer-Hof**
Bahnhofstr 7, ⊠ 48607, ☏ (0 25 53) 92 10,
Fax 92 11 00, AX DC VA
23 Zi, Ez: 95-110, Dz: 160-180, 1 Suite, ⌐
WC ☏, 3⌂; **P** 🚗 Kegeln Sauna Solarium
⑂ ⇌

Ochtrup-Außerhalb (4 km ↘)
⑂ **Alter Posthof
Haus Welbergen**
⊗ Bökerhook 4, an der B 54, ⊠ 48607,
☏ (0 25 53) 34 87, Fax 8 07 87, DC ED VA
Hauptgericht 22; geschl: Mo, Di

Ockfen 52 □

Rheinland-Pfalz — Kreis Trier-Saarburg —
155 m — 628 Ew — Saarburg 5, Trier 16 km
i ☏ (0 65 81) 37 59, Fax 37 59 — Fremdenverkehrsgemeinde, Herrenbergstr,
54441 Ockfen

* **Klostermühle**
Hauptstr 1, ⊠ 54441, ☏ (0 65 81) 92 93-0,
Fax 92 93-20
22 Zi, Ez: 65-85, Dz: 104-118, ⌐ WC ☏; **P** 🚗
Sauna ⑂
geschl: Di, 5.-29.1.

Odelzhausen 71↑

Bayern — Kreis Dachau — 500 m —
3 642 Ew — München 25, Augsburg 29 km
i ☏ (0 81 34) 93 08-0, Fax 73 76 — Verwaltungsgemeinschaft, Schulstr 14,
85235 Odelzhausen

** **Staffler**
Hauptstr 3, ⊠ 85235, ☏ (0 81 34) 60 06,
Fax 77 37
28 Zi, Ez: 80-85, Dz: 115, ⌐ WC ☏ DFÜ;
garni
geschl: 22.12.-20.1.

** **Schloßhotel**
Am Schloßberg 3, ⊠ 85235, ☎ (0 81 34)
65 98, Fax 51 93, AX ED
7 Zi, Ez: 125-150, Dz: 170-200, ⊣ WC ☎,
7✉; **P** 🚗 ≋ Sauna Solarium 18Golf
Rezeption: 7-20

* **Schloßbrauerei mit Gutshaus**
Am Schloßberg 1, ⊠ 85235, ☎ (0 81 34)
60 21, Fax 72 60
8 Zi, Ez: 95-110, Dz: 140-160, ⊣ WC ☎; **P** 🚗
≋ Sauna Solarium; **garni**
* **Bräustüberl**
Hauptgericht 27; Biergarten

Odenthal 43 ↘

Nordrhein-Westfalen — Rheinisch-Bergischer Kreis — 155 m — 14 500 Ew — Bergisch Gladbach 5, Leverkusen 11, Wermelskirchen 18 km
i ☎ (0 22 02) 71 00, Fax 7 40-1 90 —
Gemeindeverwaltung, Altenberger-Dom-Str 31, 51519 Odenthal. Sehenswert: im Ortsteil Altenberg: „Bergischer Dom"; St. Pankratius; hist. Ortskern; Märchenwald; Wildpark

** **La bonne Auberge**
Altenberger Domstr 36, ⊠ 51519,
☎ (0 22 02) 7 19 57, Fax 7 17 56, AX ED
Hauptgericht 38; **P** Terrasse; geschl: Mo

** **Alte Post**
Altenberger Domstr 32, ⊠ 51519,
☎ (0 22 02) 7 81 24, Fax 7 17 32, AX DC ED VA
Hauptgericht 38; **P** Terrasse

Altenberg (3 km ↗)
*** **Altenberger Hof**
♦ ⊗ Eugen-Heinen-Platz 7, ⊠ 51519,
☎ (0 21 74) 49 70, Fax 49 71 23, AX DC ED VA
37 Zi, Ez: 165-250, Dz: 225-360, 1 Suite, ⊣
WC ☎; Lift **P** 4⟳100 ⌥
Im Gästehaus Zimmer der Kategorie ****** vorhanden
** Hauptgericht 45; Biergarten Terrasse

Eikamp (7 km →)
* **Eikamper Höhe**
⊰ Schallemicher Str 11, ⊠ 51519,
☎ (0 22 07) 23 21, Fax 47 40, AX DC ED VA
21 Zi, Ez: 70-160, Dz: 110-190, 1 App, ⊣ WC
☎; **P** 🚗 1⟳15 Sauna Solarium ⦿
geschl: 20.12.-6.1.

Oederan 50 ↗

Sachsen — Kreis Freiberg — 430 m —
7 000 Ew — Freiberg 13, Chemnitz 18 km
i ☎ (03 72 92) 2 23 10, Fax 2 23 10 — Stadtinformation, Markt 9, 09569 Oederan.
Sehenswert: Kirche, Silbermannorgel; Altstadt; Freiluft-Miniaturausstellung „Klein Erzgebirge"; hist. Handweberei

** **Andersen Hotel Oederan**
Durchfahrt 1 a, ⊠ 09569, ☎ (03 72 92)
6 03 30, Fax 6 06 07, AX DC VA
24 Zi, Ez: 85-95, Dz: 120-135, 1 App, ⊣ WC
☎, 10✉; Lift **P** 1⟳30; **garni**
Restaurant für Hausgäste

Öhningen 68 ↘

Baden-Württemberg — Kreis Konstanz —
450 m — 3 600 Ew — Radolfzell 14, Schaffhausen 23 km
i ☎ (0 77 35) 8 19 20, Fax 8 19 30 — Verkehrsamt, Klosterplatz 1, 78337 Öhningen;
Erholungsort am Untersee (Bodensee).
Sehenswert: ehem. Augustiner-Chorherrenstift; romanische Wallfahrtskirche;
Schiffsfahrt zur Insel Reichenau, Konstanz, Schaffhausen

Wangen (3 km →)
** **Residenz am See** ♛
♦ ⊰ Seeweg 2, ⊠ 78337, ☎ (0 77 35)
9 30 00, Fax 93 00 20, AX ED VA
9 Zi, Ez: 130-190, Dz: 140-220, 2 Suiten, ⊣
WC ☎; **P** 1⟳20 Strandbad Seezugang ⌥
geschl: 1.11.-15.3.
** **Seeterrasse**
⊰ Hauptgericht 39; Terrasse; geschl: Mo, nach Feiertagen Di

Öhringen 62 ↘

Baden-Württemberg — Hohenlohekreis —
232 m — 21 600 Ew — Heilbronn 24,
Schwäbisch Hall 26 km
i ☎ (0 79 41) 68-1 18, Fax 68-1 22 — Stadtverwaltung, Marktplatz 15, 74613 Öhringen.
Sehenswert: Renaissanceschloß; Ev. Stiftskirche: Krypta, Hochaltar; Weygang-Museum, ☎ 3 53 94, geöffnet: Di-So 10-12 und 14-16 Uhr; Motor-Museum, ☎ 80 27, geöffnet: Mo-Fr 9-12 und 13-17 Uhr, 1. Apr-31. Okt auch Sa und So 13-17 Uhr

* **Sporthotel Öhringen**
An der Lehmgrube 17, ⊠ 74613, ☎ (0 79 41)
94·33 10, Fax 94 33 99, ED VA
Ez: 85-90, Dz: 140, ⊣ WC ☎; **P** 🚗 3⟳200
Kegeln Sauna Solarium ⦿ ⌥
im Gewerbegebiet

siehe auch **Zweiflingen**

Oelde 34 ↗

Nordrhein-Westfalen — Kreis Warendorf —
80 m — 28 500 Ew — Beckum 10, Rheda-Wiedenbrück 14, Warendorf 22 km
i ☎ (0 25 22) 7 20, Fax 7 24 60 — Stadtverwaltung, Ratsstiege 1, 59302 Oelde.
Sehenswert: St.-Johannes-Pfarrkirche;
Wallfahrtskirche im Stadtteil Stromberg
(5 km ↘); Höhenburganlage →

Oelde

** Engbert
Lange Str 26, über Paulsburg, ⌂ 59302,
☏ (0 25 22) 93 39-0, Fax 93 39 39,
AX DC ED VA
35 Zi, Ez: 90-110, Dz: 135-155, ⊣ WC ☏,
6🛏; Lift 🅿 🚗
Restaurant für Hausgäste

** Mühlenkamp
Geiststr 36, ⌂ 59302, ☏ (0 25 22) 9 35 60,
Fax 93 56 45, AX DC ED VA
30 Zi, Ez: 110-130, Dz: 145-160, ⊣ WC ☏;
Lift 🅿 🚗 1⇌45 Kegeln
** Hauptgericht 30

** Altes Gasthaus Kreft
⊗ Eickhoff 25, ⌂ 59302, ☏ (0 25 22) 44 22,
Fax 8 16 34, AX DC ED VA
Hauptgericht 50; geschl: So

Oelixdorf 10

Schleswig-Holstein — Kreis Steinburg —
30 m — 2 200 Ew — Itzehoe 4 km
ℹ ☏ (0 48 21) 9 11 51 — Gemeindeverwaltung, Horststr 12, 25524 Oelixdorf

* Auerhahn
♂ ⊰ Horststr 31 a, ⌂ 25524, ☏ (0 48 21)
9 10 61, Fax 9 10 62, ED
19 Zi, Ez: 90-110, Dz: 130, ⊣ WC ☏; 🍽

Oelsnitz (Vogtl) 49

Sachsen — Vogtlandkreis — 390 m —
13 011 Ew
ℹ ☏ (03 74 21) 2 07 85 — Stadtverwaltung/Kultur- und Fremdenverkehrsamt, Grabenstr. 31, 08606 Oelsnitz (Vogtl)

* Altdeutsche Bierstube
Feldstr 9, ⌂ 08606, ☏ (03 74 21) 2 22 48,
Fax 2 76 64, ED VA
22 Zi, Ez: 70-110, Dz: 100-170, ⊣ WC ☏; Lift
🅿 🚗 🍽
Rezeption: 6-10, 16-20

Taltitz Außerhalb (2 km ←)
* Seeblick
einzeln ⊰ Waldweg 3, ⌂ 08606,
☏ (03 74 36) 22 55, Fax 22 56
41 Zi, Ez: 95, Dz: 125, ⊣ WC ☏; Sauna 🍽
Im Altbau einfachere Zimmer

Oer-Erkenschwick 33

Nordrhein-Westfalen — Kreis Recklinghausen — 85 m — 28 500 Ew — Recklinghausen 7, Datteln 8 km
ℹ ☏ (0 23 68) 69 11, Fax 69 12 98 — Stadtverwaltung, Agnesstr 1, 45739 Oer-Erkenschwick

** Giebelhof
Friedrichstr 5, ⌂ 45739, ☏ (0 23 68) 9 10-0,
Fax 9 10-2 22, AX DC ED VA
31 Zi, Ez: 115, Dz: 170, 4🛏; Lift 🅿 3⇌40
Kegeln Sauna Solarium 🍽 ⊛

** Stimbergpark
♂ ⊰ Am Stimbergpark 78, ⌂ 45739,
☏ (0 23 68) 10 67, Fax 5 82 06, AX DC ED VA
91 Zi, Ez: 130, Dz: 140-160, ⊣ WC ☏, 54🛏;
🅿 🚗 11⇌400 ≋ Fitneßraum Kegeln Sauna
Solarium 🍽 ⊛

Oestrich-Winkel 54

Hessen — Rheingau-Taunus-Kreis — 150 m
— 12 000 Ew — Rüdesheim 9, Wiesbaden
18 km
ℹ ☏ (0 67 23) 1 94 33, Fax 99 90 32 — Verkehrsamt, im Stadtteil Oestrich, An der Basilika 11a, 65375 Oestrich-Winkel, Erholungsort am Rhein, Weinbau. Sehenswert:
Kath. St.-Martins-Kirche, Rathaus; Alter
Kran, in Oestrich; Graues Haus (ältestes
erhaltenes steinernes Wohngebäude
Deutschlands, aus dem 11. Jh.) und Brentanohaus: Goethezimmer, in Winkel; kath.
Kirche: Madonna mit der Scherbe, im
Stadtteil Hallgarten; ehem. Klosterkirche
St. Ägidius im Stadtteil Mittelheim; Hallgarter Zange, 580 m ⊰ (8 km ↑)

Achtung: Autofähre nach Ingelheim-Nord
6-21 Uhr Uhr halbstündlich, Sa ab 7 Uhr, So
ab 8 Uhr, im Winter bis 20 Uhr

Hallgarten-Außerhalb (1,5 km ↑)
** Zum Rebhang
♂ ⊰ Rebhangstr 53, ⌂ 65375, ☏ (0 67 23)
21 66, Fax 18 13
14 Zi, Ez: 85-100, Dz: 150-170, ⊣ WC ☏
DFÜ; 🅿 🚗 2⇌40
* ⊰ Hauptgericht 30; geschl: Do,
15.1.-15.2.

Oestrich
** Schwan
⊰ ⊗ Rheinallee 5, ⌂ 65375, ☏ (0 67 23)
80 90, Fax 78 20, AX DC ED VA
38 Zi, Ez: 153-181, Dz: 198-239, 4 Suiten, ⊣
WC ☏, 8🛏; Lift 🅿 🚗 4⇌80 ⊛
geschl: 20.12.-5.1.
** Hauptgericht 30; Terrasse;
geschl: 20.12.-4.1.
Eigenbauweine

* Grüner Baum
Rheinstr 45, ⌂ 65375, ☏ (0 67 23) 16 20,
Fax 8 83 43, AX DC ED VA
Hauptgericht 25; Gartenlokal; geschl: Do,
27.12.-15.1.

Winkel
** Nägler am Rhein
⊰ Hauptstr 1, ⌂ 65375, ☏ (0 67 23) 50 51,
Fax 50 54, AX DC ED VA
45 Zi, Ez: 145-165, Dz: 195-230, ⊣ WC ☏,
12🛏; Lift 🅿 4⇌100 Fitneßraum Sauna
Solarium ⊛
Auch Zimmer der Kategorie ***** vorhanden
** Bellevue
⊰ Hauptgericht 32; Terrasse

* Gästehaus Strieth
Hauptstr 128, ⌂ 65375, ☏ (0 67 23) 9 95 80,
Fax 99 58 99, AX ED VA
16 Zi, Ez: 105, Dz: 120-160, ⊣ WC ☏; 🅿;
garni

Östringen 61 ↘

Baden-Württemberg — Kreis Karlsruhe — 200 m — 12 660 Ew — Heidelberg 30, Karlsruhe 38, Bad Schönborn 5 km
i ☎ (0 72 53) 20 70, Fax 2 15 58 — Stadtverwaltung, Rathaus, Am Kirchberg 19, 76684 Östringen; Erholungsort

** Östringer Hof
Hauptstr 113, ✉ 76684, ☎ (0 72 53) 2 10 87, Fax 2 10 80, AX DC ED VA
19 Zi, Ez: 100, Dz: 160, ⊣ WC ☎
*   Hauptgericht 35

Tiefenbach
* Kreuzberghof
einzeln ♂ Am Kreuzbergsee, ✉ 76684, ☎ (0 72 59) 91 10-0, Fax 91 10-13, AX DC ED VA
36 Zi, Ez: 85-120, Dz: 110-195, ⊣ WC ☎, 9⌧; Lift **P** 3⇔200 Sauna Solarium 18Golf

Auch Zimmer der Kategorie ****** vorhanden
*   Hauptgericht 25; Biergarten Terrasse

Oevenum siehe Föhr

Oeversee 9 ↗

Schleswig-Holstein — Kreis Schleswig-Flensburg — 38 m — 1 700 Ew — Flensburg 10, Schleswig 24 km
i ☎ (0 46 30) 89 84 04, Fax 89 84 05 — Gebietsgemeinschaft Grünes Binnenland e.V., Grünes Binnenland e.V., Stapelholmer Weg 13, 24963 Tarp

** Romantik Hotel Historischer Krug
an der B 76, ✉ 24988, ☎ (0 46 30) 94 00, Fax 7 80, AX DC ED VA
30 Zi, Ez: 99-139, Dz: 149-200, 10 Suiten, ⊣ WC ☎; **P** 3⇔30 ≋ ☂ Sauna Solarium ☛
**   ♡ Hauptgericht 35; Terrasse

Frörup (1 km ↓)
* Frörup
Stapelholmer Weg 43, ✉ 24988, ☎ (0 46 38) 8 94 40, Fax 89 45 50, ED VA
32 Zi, Ez: 75-85, Dz: 120-150, ⊣ WC ☎; **P** 🚗 1⇔25 ⊠
Rezeption: 7-12, 17-23; geschl: 23.12.-4.1.

Oeynhausen, Bad 25 ↙

Nordrhein-Westfalen — Kreis Minden-Lübbecke — 89 m — 51 000 Ew — Minden 16, Herford 17 km
i ☎ (0 57 31) 14 16 01, Fax 14 19 04 — Stadtverwaltung, Ostkorso 8, 32545 Bad Oeynhausen; Heilbad am Wiehengebirge; Spielcasino. Sehenswert: Kurpark; Deutsches Märchen- und Wesersagen-Museum; Motortechnica: Auto-Motor-Freizeit-Museum; Heimatmuseumshofanlage; Gradierwerk

** Ramada
Morsbachallee 1, ✉ 32545, ☎ (0 57 31) 25 70, Fax 25 74 44, AX DC ED VA
130 Zi, Ez: 150-190, Dz: 175-215, 3 Suiten, 3 App, ⊣ WC ☎, 89⌧; Lift 🚗 7⇔400 18Golf; **garni** ⊠ ☛

** Stickdorn
Kaiser-Wilhelm-Platz, ✉ 32545, ☎ (0 57 31) 1 75 70, Fax 17 57 40, AX ED VA
28 Zi, Ez: 97-146, Dz: 153-183, ⊣ WC ☎; **P**
*   Hauptgericht 30

* Trollinger Hof
⊰ Detmolder Str 89, ✉ 32545, ☎ (0 57 31) 7 95 70, Fax 79 57 10, AX DC ED VA
20 Zi, Ez: 100-125, Dz: 145-168, ⊣ WC ☎ DFÜ; **P** 2⇔16
**   Terrasse; geschl: So abends, Fr

* Brunnenhof
Brunnenstr 8, ✉ 32545, ☎ (0 57 31) 2 11 11, Fax 2 11 48, AX DC ED VA
21 Zi, Ez: 90-100, Dz: 120-140, ⊣ WC ☎; Lift **P** ⊠

Bergkirchen (6 km ↑)
** Wittekindsquelle
Bergkirchener Str 476, ✉ 32549, ☎ (0 57 34) 9 10 00, Fax 91 00 91, AX DC ED VA
24 Zi, Ez: 95-140, Dz: 160-220, 4 Suiten, ⊣ WC ☎, 1⌧; **P** 2⇔30 ☛
Auch Zimmer der Kategorie ******* vorhanden
**   Hauptgericht 36 ✣

Dehme (4 km ↗)
* Akzent-Hotel Hahnenkamp
Alte Reichsstr 4, ✉ 32545, ☎ (0 57 31) 7 57 40, Fax 75 74 75, AX DC ED VA
27 Zi, Ez: 95-155, Dz: 130-195, ⊣ WC ☎ DFÜ, 2⌧; **P** 4⇔70 ☛
Auch Zimmer der Kategorie ****** vorhanden
*   Hauptgericht 25

Lohe
** Die Windmühle
Detmolder Str 273, ✉ 32545, ☎ (0 57 31) 9 24 62, Fax 9 65 83
Hauptgericht 40; **P** Terrasse; geschl: 01.02.-15.02., 01.09.-15.09.

Offenbach am Main 54 ↗

Hessen — Stadtkreis — 100 m — 117 296 Ew — Frankfurt/Main 8, Darmstadt 27 km
i ☎ (0 69) 80 65 29 46, Fax 80 65 31 99 — Offenbach-Information, Am Stadthof 17, 63065 Offenbach; Hochschule für Gestaltung. Sehenswert: Isenburger Schloß; Deutsches Ledermuseum mit Deutschem Schuhmuseum; Klingspor-Museum: neue Buch-und Schriftkunst; Stadtmuseum; Rumpenheimer Schloß.

Messen:
Lederwaren 20.-22.2.99
Internationales Modeforum 17.4.-19.4.99
Lederwaren 28.-30.8.99

Cityplan siehe Seite 768 →

Offenbach am Main

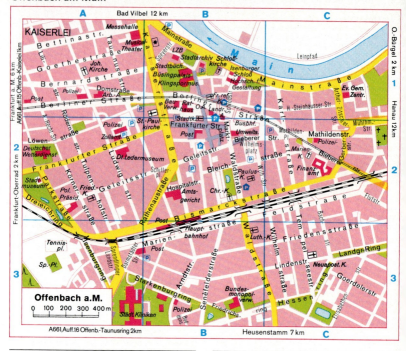

★★★ Arabella Sheraton
Berliner Str 111 (B 1), ✉ 63065, ☏ (0 69) 82 99 90, Fax 82 99 98 00, AX DC ED VA
220 Zi, Ez: 179-478, Dz: 273-478, S; 1 Suite, ⌾ WC ☏ DFÜ, 88🛏; Lift 🅿 🚗 13⇔450 Fitneßraum Sauna Solarium ☕

★★ Juilliard's
Hauptgericht 35; Terrasse

★★★ Holiday Inn
⬧ Kaiserleistr 45 (A 1), ✉ 63067, ☏ (0 69) 8 06 10, Fax 8 00 47 97, AX DC ED VA
245 Zi, Ez: 154-531, Dz: 184-531, S; 1 Suite, ⌾ WC ☏, 80🛏; Lift 🚗 6⇔200 🍽 Sauna Solarium 🍴

★★ Winters Hotel Offenbacher Hof
Ludwigstr 33-37 (A 2), ✉ 63067, ☏ (0 69) 82 98 20, Fax 82 98 23 33, AX DC ED VA
75 Zi, Ez: 99-275, Dz: 99-275, 10 Suiten, 7 App, ⌾ WC ☏, 10🛏; Lift 🅿 3⇔100 Fitneßraum Sauna Solarium
Restaurant für Hausgäste; Auch Zimmer der Kategorie ★★★ vorhanden

★★ Quality Hotel Bismarckhof
Bismarckstr 99 (B 2), ✉ 63065, ☏ (0 69) 82 98 00, Fax 82 98 03 33, AX DC ED VA
51 Zi, Ez: 99-295, Dz: 99-360, S; 1 Suite, ⌾ WC ☏; Lift 🚗 1⇔70

★★ Sydney
Hauptgericht 30; 🅿 Terrasse; nur abends; geschl: So

★ Graf
Ziegelstr 4, ✉ 63065, ☏ (0 69) 81 17 02, Fax 88 79 37, AX DC ED VA
32 Zi, Ez: 99-160, Dz: 140-160, ⌾ WC ☏; Lift 🚗 1⇔30; garni ☕
geschl: 23.12.-1.1.
Restaurant für Hausgäste

★ Dino
Luisenstr 63 (B 2), ✉ 63067, ☏ (0 69) 88 46 45, Fax 88 33 95, AX DC ED VA
Hauptgericht 40; 🅿 Terrasse; geschl: Sa mittags, So (außer Messe), 1.-10.1.

Bürgel (2 km ↗)
★ Parkhotel Lindenhof
⬧ Mecklenburger Str 10, ✉ 63075, ☏ (0 69) 98 64 50-0, Fax 9 8 64 50-13, AX DC ED VA
35 Zi, Ez: 110-160, Dz: 150-210, 1 Suite, ⌾ WC ☏ DFÜ, 4🛏; Lift 🅿 4⇔50
★ Hauptgericht 30; Terrasse

★ Mainbogen
Altkönigstr 4-6, ✉ 63075, ☏ (0 69) 8 60 80, Fax 8 60 86 86, AX DC ED VA
80 Zi, Ez: 89-198, Dz: 109-248, ⌾ WC ☏; Lift 🅿 2⇔40 🍴

Ein im Betriebseintrag dargestelltes S zeigt an, daß Sie hier bei einer Buchung über den Varta Hotel-Service zu Sonderkonditionen übernachten können.

Offenburg

Baden-Württemberg — Ortenaukreis —
142 m — 56 000 Ew — Freudenstadt 59,
Freiburg 67, Karlsruhe 78 km
🛈 ☎ (07 81) 82 22 53, Fax 82 72 51 — Stadtinformation, Gärtnerstr 6, 77652 Offenburg;
Kreisstadt am Rande des Schwarzwaldes
zur Oberrheinebene. Sehenswert: Kath. Kirche Heilig Kreuz; Rathaus; Judenbad;
ehem. Amtshof der Landvogtei Ortenau;
ehem. Ritterhaus mit Museum.

✱✱ Dorint Hotel
Am Messeplatz (A 2), ✉ 77656, ☎ (07 81)
50 50, Fax 50 55 13, AX DC ED VA
126 Zi, Ez: 206-216, Dz: 227-237, S; 4 Suiten,
⊿ WC ☎, 20✉; Lift P 7✪400 ≊ Kegeln
Sauna Solarium ⑂

✱✱ Mercure Hotel Palmengarten
Okenstr 17 (B 1), ✉ 77652, ☎ (07 81) 20 80,
Fax 20 81 00, AX DC ED VA
79 Zi, Ez: 168-208, Dz: 210-250, S; ⊿ WC ☎,
3✉; Lift P 3✪200 Fitneßraum Sauna ⑂

✱✱ Centralhotel
Poststr 5 (B 1), ✉ 77652, ☎ (07 81) 7 20 04,
Fax 2 55 98, AX DC ED VA
20 Zi, Ez: 115-140, Dz: 130-160, ⊿ WC ☎;
garni

✱ Union
Hauptstr 19 (B 2), ✉ 77652, ☎ (07 81)
7 40 91, Fax 7 40 93, ED VA
35 Zi, Ez: 98-125, Dz: 130-160, ⊿ WC ☎; Lift;
garni

Albersbösch (2 km ←, über B 33 in A 2)
✱ Hubertus
Kolpingstr 4, ✉ 77656, ☎ (07 81) 6 13 50,
Fax 61 35 35, AX DC ED VA
24 Zi, Ez: 100-130, Dz: 160-190, 2 App, ⊿
WC ☎ DFÜ, 1✉; Lift P 2✪60 ⑂
Auch Zimmer der Kategorie ✱✱ vorhanden

Rammersweier (3 km ↗)
✱✱ Gasthof Blume ✿
Weinstr 160, ✉ 77654, ☎ (07 81) 3 36 66,
Fax 44 06 03, ED VA
Hauptgericht 35; geschl: So abends, Mo,
2 Wochen im Jan, 2 Wochen im Aug

Zell-Weierbach (3 km →)
✱ Gasthaus zur Sonne
Obertal 1, ✉ 77654, ☎ (07 81) 9 38 80,
Fax 93 88 99, VA
Hauptgericht 42; Gartenlokal P; geschl:
Mi, Faschingswoche
✱ 6 Zi, Ez: 80, Dz: 130, ⊿ WC ☎;
3✪100
geschl: Faschings-Woche

✱ Rebenhof
♗ Talweg 48, ✉ 77654, ☎ (07 81) 46 80, Fax
4 68-1 35
40 Zi, Ez: 85-98, Dz: 135-145, ⊿ WC ☎; Lift
1✪35 ≊ Sauna Solarium ⑂

Ofterschwang

Bayern — Kreis Oberallgäu — 864 m —
1 850 Ew — Sonthofen 5, Oberstdorf 12 km
🛈 ☎ (0 83 21) 8 90 19, Fax 8 97 77 — Verkehrsamt Ofterschwang, im Ortsteil Sigishofen,
Rathaus in Sigishofen, 87527 Ofterschwang;
Erholungsort und Wintersportplatz →

Ofterschwang

Ofterschwang-Außerhalb (4 km ↘)
**** Sonnenalp 👑
einzeln ♂ ⋖ ✉ 87527, ☎ (0 83 21) 27 20,
Fax 27 22 42
175 Zi, Ez: 326-368, Dz: 489-638, 22 Suiten,
28 App, ⊣ WC ☎; Lift 🅿 🚗 6↻100 ≈ 🏠 Fitneßraum Kegeln Sauna Solarium 18Golf 8Tennis 🍴
Restaurant für Hausgäste; Preise inkl. Halbpension. Auch Zimmer der Kategorie ******* vorhanden

Schweineberg (5 km →)
** Dora
♂ Schweineberg 20, ✉ 87527, ☎ (0 83 21) 35 09, Fax 8 42 44
17 Zi, Ez: 80-132, Dz: 140-184, 1 Suite,
2 App, ⊣ WC ☎; 🚗 🏠 Fitneßraum Sauna Solarium 18Golf; garni
Restaurant für Hausgäste

Tiefenberg (5 km ↘)
* Gästehaus Gisela
♂ ⋖ Tiefenberg 43, ✉ 87527, ☎ (0 83 21) 66 94-0, Fax 66 94 68
14 Zi, Ez: 35-60, Dz: 85-100, ⊣ WC ☎; 🅿 🚗 🏠 Sauna Solarium
geschl: Do, 31.10.-15.12.
Restaurant für Hausgäste

Oggenhausen

siehe **Heidenheim a. d. Brenz**

Ohlsbach 67 ↑

Baden-Württemberg — Ortenaukreis —
200 m — 2 400 Ew — Gengenbach 4, Offenburg 6 km
ℹ️ ☎ (0 78 03) 32 50, Fax 51 05 — Verkehrsverein, Dorfstr 1 b, 77797 Ohlsbach

* Kranz
Hauptstr 28, ✉ 77797, ☎ (0 78 03) 33 12, Fax 20 47, AX ED VA
14 Zi, Ez: 85-90, Dz: 120-135, ⊣ WC ☎
* Hauptgericht 30

Ohmden 62 ↙

Baden-Württemberg — Kreis Esslingen —
347 m — 1 750 Ew — Kirchheim/Teck 7, Göppingen 15 km
ℹ️ ☎ (0 70 23) 9 51 00, Fax 95 10 16 — Gemeindeverwaltung, Hauptstr 18, 73275 Ohmden. Sehenswert: hist. Fachwerkhäuser; Schiefer-Steinbrücke

*** Landgasthof am Königsweg
Hauptstr 58, ✉ 73275, ☎ (0 70 23) 20 41, Fax 82 66, AX ED
Hauptgericht 42; geschl: Mo
** 7 Zi, Ez: 130-170, Dz: 180-270, ⊣ WC ☎
geschl: 2 Woche über Fasching

Olbernhau 50 →

Sachsen — Mittl. Erzgebirgskreis — 445 m — 12 550 Ew — Seiffen 10, Annaberg-Buchholz 29, Chemnitz 39 km
ℹ️ ☎ (03 73 60) 1 94 33 + 1 51 35, Fax 1 51 09 — Tourist-Service Olbernhau, Grünthaler Str 28, 09526 Olbernhau

* Lösers Gasthof
Grünthaler Str 85, ✉ 09526, ☎ (03 73 60) 7 42 67, Fax 7 53 54, AX ED
10 Zi, Ez: 85, Dz: 120, ⊣ WC ☎ DFÜ; 🅿 1↻20 🍴
* Hauptgericht 20; Biergarten

* Zum Poppschen Gut
♂ ⋖ Zum Poppschen Gut 5, ✉ 09526, ☎ (03 73 60) 2 00 56, Fax 2 00 58, DC ED VA
18 Zi, Ez: 73-85, Dz: 110-125, ⊣ WC ☎, 4🛏; 🅿 🍽

Olbersdorf 41 ↗

Sachsen — Kreis Löbau-Zittau — 240 m —
7 126 Ew
ℹ️ ☎ (0 35 83) 6 98 50, Fax 69 85 13 — Gemeindeverwaltung, Oberer Viebig 2a, 02785 Olbersdorf

Außerhalb
* Bahnhof Bertsdorf
Am Bahnhof 1, ✉ 02785, ☎ (0 35 83) 6 98 00, Fax 69 80 99
23 Zi, Ez: 80-100, Dz: 130-150, ⊣ WC ☎; 🍽

Olching 71 ↑

Bayern — Kreis Fürstenfeldbruck — 503 m — 20 800 Ew — Fürstenfeldbruck 7, Dachau 16, München 20 km
ℹ️ ☎ (0 81 42) 20 00, Fax 20 01 76 — Gemeindeverwaltung, Rebhuhnstr 18, 82140 Olching

** Schiller
Nöscherstr 20, ✉ 82140, ☎ (0 81 42) 4 73-0, Fax 4 73-3 99, AX DC ED VA
57 Zi, Ez: 85-190, Dz: 130-250, ⊣ WC ☎, 22🛏; Lift 🅿 🚗 2↻50 🏠 Fitneßraum Sauna Solarium 🍽 🍴
geschl: 23.12.-3.1.

Neu-Esting (1 km ↑)
** Am Krone Park
Kemeter Str 55, ✉ 82140, ☎ (0 81 42) 29 20, Fax 1 87 06, AX DC ED VA
37 Zi, Ez: 79-105, Dz: 99-145, ⊣ WC ☎, 12🛏; 🅿 1↻18; garni

Oldenburg in Holstein 11 □

Schleswig-Holstein — Kreis Ostholstein —
10 m — 9 900 Ew — Puttgarden (Dänemark-Fähre) 31, Kiel 55, Lübeck 56 km
ℹ️ ☎ (0 43 61) 49 80, Fax 4 98 48 — Stadtverwaltung, Rathaus, Markt 1, 23758 Oldenburg in Holstein; Stadt auf der Halbinsel Wagrien, Erholungsort. Sehenswert: St.-Johannis-Kirche; Wall-Museum; Ringwall

* **Zur Eule**
Hopfenmarkt 1, ✉ 23758, ☎ (0 43 61) 24 85,
Fax 20 08, AX DC ED VA
22 Zi, Ez: 90-125, Dz: 130-165, 1 App, ⌐⌐ WC
☎; **P**; garni

Oldenburg (Oldb) 16 ↘

Niedersachsen — Stadtkreis — 5 m —
155 000 Ew — Cloppenburg 42, Bremen 48,
Wilhelmshaven 56 km
i ☎ (04 41) 1 57 44, Fax 2 48 92 02 — Verkehrsverein, Wallstr 14, 26122 Oldenburg;
Hauptstadt des Regierungsbezirks Weser-Ems; Universitätsstadt. Sehenswert:
Schloß mit Landesmuseum für Kunst- und Kulturgeschichte; Staatl. Museum für Naturkunde und Vorgeschichte; Stadtmuseum; Staatstheater; St. Lamberti Kirche; Altes Rathaus; Degode Haus; Lappan-Turm; Schloßgarten; Hafen

Cityplan siehe Seite 772

** **City-Club-Hotel**
Europaplatz 4 (C 1), ✉ 26123, ☎ (04 41)
80 80, Fax 80 81 00, AX DC ED VA
86 Zi, Ez: 170, Dz: 220, 2 Suiten, ⌐⌐ WC ☎,
12⌐; Lift **P** 8⇌250 ≘ Fitneßraum Sauna
Solarium ☛
Konferenzbereich in der Weser-Ems-Halle
** **Kiebitz-Stube**
Hauptgericht 30

** **Heide**
Melkbrink 47 (B 1), ✉ 26121, ☎ (04 41)
80 40, Fax 88 40 60, AX DC ED VA
92 Zi, Ez: 98-150, Dz: 160-190, 3 Suiten,
5 App, ⌐⌐ WC ☎, 6⌐; Lift **P** 7⇌120 ≘
Sauna Solarium
Auch Zimmer der Kategorie * vorhanden
** **Heidekate**
Hauptgericht 25; Terrasse

* **Antares-Hotel**
Staugraben 8 (B 2), ✉ 26122, ☎ (04 41)
9 22 50, Fax 9 22 51 00, AX DC ED VA
45 Zi, Ez: 150, Dz: 210, 6 Suiten, ⌐⌐ WC ☎,
10⌐; Lift **P** 2⇌100 Fitneßraum Sauna
Solarium; garni

* **Wieting**
Damm 29 (C 4), ✉ 26135, ☎ (04 41)
92 40 05, Fax 9 24 02 22, AX DC ED VA
69 Zi, Ez: 120-145, Dz: 150-210, ⌐⌐ WC ☎,
2⌐; Lift **P** 🍴 ⛾
Auch Zimmer der Kategorie ** vorhanden

* **Posthalter**
Mottenstr 13 (B 2), ✉ 26122, ☎ (04 41)
21 90 80, Fax 2 19 08 90, AX DC ED VA
34 Zi, Ez: 98-160, Dz: 140-200, 6 App, ⌐⌐ WC
☎; Lift 1⇌16
Auch Zimmer der Kategorie ** vorhanden
* Hauptgericht 25

* **Bavaria**
Bremer Heerstr 196 (C4), ✉ 26135,
☎ (04 41) 2 06 70-0, Fax 2 06 70-10,
AX DC ED VA
40 Zi, Ez: 98-135, Dz: 140-195, ⌐⌐ WC ☎
DFÜ, 3⌐; Lift **P** 🚗 2⇌50 Kegeln Sauna
Solarium ⛾ ☛
Auch einfachere Zimmer vorhanden

** **Le Journal** ✤
Wallstr 13 (B 2), ✉ 26122, ☎ (04 41) 1 31 28,
Fax 88 56 54, AX DC ED VA
Hauptgericht 35; nur abends; geschl: So

** **Klöter**
Herbartgang 6 (B 2), ✉ 26122, ☎ (04 41)
1 29 86, Fax 2 48 81 29, AX DC ED VA
Hauptgericht 25; Kegeln Terrasse; geschl:
So
Restaurant in einem Feinkostgeschäft

* **La Cucina**
Alexanderstr 39 (B 1), ✉ 26121, ☎ (04 41)
8 85 08 85
Hauptgericht 30

☛ **Café Klinge**
Theaterwall 47 (B 3), ✉ 26122, ☎ (04 41)
2 50 12, Fax 2 61 48

Etzhorn (6 km ↑)
** **Der Patentkrug**
Wilhelmshavener Heerstr 359, ✉ 26125,
☎ (04 41) 3 94 71, Fax 39 10 38, AX DC ED VA
Hauptgericht 35; Biergarten Kegeln **P**;
geschl: So abends, Mo

Eversten (3 km ↙)
** **Elsässer Restaurant**
Edewechter Landstr 90, ✉ 26131, ☎ (04 41)
50 24 17, ED
Hauptgericht 30; **P** Terrasse; nur abends,
so + feiertags auch mittags; geschl: Mo, 14
Tage in den Sommerferien

Oldentrup siehe Bielefeld

Oldesloe, Bad 18 ↗

Schleswig-Holstein — Kreis Stormarn —
17 m — 22 300 Ew — Lübeck 23, Bad Segeberg 24, Ratzeburg 35 km
i ☎ (0 45 31) 50 40, Fax 50 41 21 — Bürgerservice, Markt 5, 23843 Bad Oldesloe;
Kreisstadt an der Trave. Sehenswert:
Kirche; Menno-Kate; Parkanlagen; Schloß
Nütschau (5 km ↖)

* **Wiggers Gasthof**
Bahnhofstr 33, ✉ 23843, ☎ (0 45 31)
8 81 41, Fax 8 79 18, AX DC ED VA
26 Zi, Ez: 90, Dz: 125, ⌐⌐ WC ☎; **P** 1⇌25 ⛾
Rezeption: 7-15, 17-24 geschl: So

Olfen

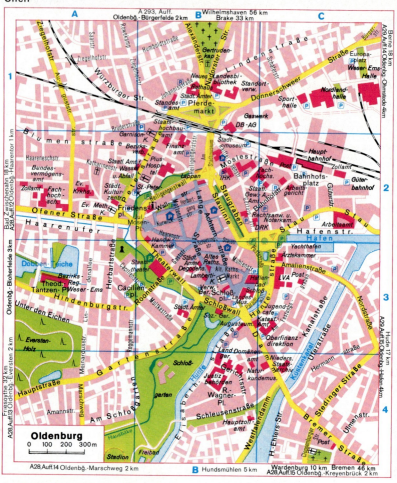

Olfen 33 ↗

Nordrhein-Westfalen — Kreis Coesfeld — 50 m — 10 094 Ew — Datteln 8, Lüdinghausen 10 km

🛈 ☎ (0 25 95) 38 90, Fax 3 89 64 — Stadtverwaltung, Kirchstr 5, 59399 Olfen. Sehenswert: Schloß Sandfort (3 km ↘); Ternscher See (3 km ↗)

★ Gasthof Zum Steverstrand
Lüdinghauser Str 31, ✉ 59399, ☎ (0 25 95) 30 77, Fax 30 70, ED
10 Zi, Ez: 90, Dz: 160, ⌐ WC ☎; Lift 🅿 3⇆80 Kegeln 🍴

Wer nicht zu zweit im Doppelbett schlafen möchte, sollte ausdrücklich ein Zimmer mit zwei getrennten Betten verlangen.

Kökelsum-Außerhalb (1 km ↘)
★★ Füchtelner Mühle
Kökelsum, ✉ 59399, ☎ (0 25 95) 4 30, Fax 4 30
Hauptgericht 34; 🅿 Terrasse; Jan-Mär nur am Wochenende; geschl: Mo, Di

Olpe 44 ↘

Nordrhein-Westfalen — Kreis Olpe — 600 m — 25 000 Ew — Attendorn 15, Gummersbach 29, Siegen 30 km

🛈 ☎ (0 27 61) 83 12 29, Fax 83 13 30 — Verkehrsabteilung, Rathaus, Franziskanerstr 6, 57462 Olpe; Stadt im Sauerland, Erholungsort (Ortsteil Rhode). Sehenswert: Biggesee (2 km ↘)

👑 Hervorragende Hotelleistung

Oppenheim

**   Koch's Hotel
Bruchstr 16, ⌧ 57462, ☎ (0 27 61) 51 71,
Fax 4 04 60, AX DC ED VA
26 Zi, Ez: 98-158, Dz: 138-228, ⌐⌐ WC ☎; P
5↔130 ⏚
Auch Zimmer der Kategorie ***** vorhanden

**   Altes Olpe
Hauptgericht 30; geschl: Sa mittags, So
(außer feiertags), Ende Jul-Anfang Aug

*   Zum Schwanen
Westfälische Str 26, ⌧ 57462, ☎ (0 27 61)
93 89-0, Fax 20 13, AX DC ED VA
24 Zi, Ez: 120-140, Dz: 150-180, ⌐⌐ WC ☎;
Lift P 1↔100
Auch Zimmer der Kategorie ****** vorhanden

*   Hauptgericht 25; Kegeln

Oberveischede (10 km ↗)
**   Haus Sangermann
Veischeder Str 13, ⌧ 57462, ☎ (0 27 22)
81 66, Fax 8 91 00, P
3↔100 Kegeln Solarium ⏚
geschl: Mo bis 18
*   Hauptgericht 30; Biergarten;
geschl: Mo mittags

Olsberg 34 ↘

Nordrhein-Westfalen — Hochsauerlandkreis — 331 m — 16 000 Ew — Brilon 10,
Meschede 14, Winterberg 21 km
i ☎ (0 29 62) 97 37-0, Fax 97 37 37 — Kur-
verwaltung/Haus des Gastes, Ruhrstr 32,
59939 Olsberg; Kneippkurort im Sauerland.
Sehenswert: Borberg, 669 m ◂€ (1Std →);
Bruchhauser Steine (7 km ↘)

***   Kurpark Villa Egert ♕
Mühlenufer 6, ⌧ 59939, ☎ (0 29 62) 9 79 70,
Fax 97 97 97
Ez: 100-150, Dz: 200-240, 1 Suite, 15 App, ⌐⌐
WC ☎ DFÜ, 2🖂; Lift P 1↔15 Fitneß-
raum Sauna Solarium ⏚
Restaurant für Hausgäste

*   Am See
◂€ Carls-Aue-Str 36, ⌧ 59939, ☎ (0 29 62)
27 76, Fax 68 36
35 Zi, Ez: 75-110, Dz: 130-300, ⌐⌐ WC ☎; Lift
P 2↔100 ⌂ Seezugang Fitneßraum
Sauna Solarium 🍴 ⏚
geschl: Do, 15.11.-10.12.

Elleringhausen (4 km ↘)
*   Haus Keuthen
Elleringhauser Str 57, ⌧ 59939, ☎ (0 29 62)
24 51, Fax 8 42 83
20 Zi, Ez: 70-90, Dz: 120-150, 1 Suite, ⌐⌐WC;
P Sauna Solarium 🍴
geschl: Mo

Olzheim 42 ↓

Rheinland-Pfalz — Kreis Bitburg-Prüm —
550 m — 510 Ew — Prüm 8 km
i ☎ (0 65 52) 78 43 — Gemeindeverwaltung, Hauptstr 42, 54597 Olzheim

*   Haus Feldmaus
♣ ◂€ Knaufspescher Str 14, ⌧ 54597,
☎ (0 65 52) 78 14, Fax 71 25, ED VA
10 Zi, Ez: 70-160, Dz: 110-210, ⌐⌐ WC ☎,
4🖂; P 1↔12 Sauna ⏚
Künstlerische Gestaltung der Zimmer
*   Hauptgericht 20; nur abends, So
nur mittags; geschl: Mo

Oppenau 60 ↓

Baden-Württemberg — Ortenaukreis —
268 m — 5 100 Ew — Freudenstadt 24, Kehl
32 km
i ☎ (0 78 04) 91 08 30, Fax 91 08 32 — Verkehrsamt, Allmendplatz 3, 77728 Oppenau;
Luftkurort im Renchtal, Schwarzwald.
Sehenswert: Klosterruine und Wasserfälle
in Allerheiligen (12 km ↑)

Lierbach (5 km ↑)
*   Gasthof Blume
♣ Rotenbachstr 1, ⌧ 77728, ☎ (0 78 04)
30 04, Fax 30 17, AX DC ED VA
10 Zi, Ez: 70-80, Dz: 100-150, 1 App, ⌐⌐ WC
☎; P Sauna Solarium ⏚
geschl: 15.1.-4.2.
🍴   Hauptgericht 25; Terrasse;
geschl: Do, 15.01.-04.02.

Löcherberg (5 km ↓)
***   Schwarzwaldhotel
 Erdrichshof
 Land Flair**
Schwarzwaldstr 57, ⌧ 77728, ☎ (0 78 04)
9 79 80, Fax 97 98 98, AX DC ED VA
15 Zi, Ez: 75-92, Dz: 150-180, ⌐⌐ WC ☎ DFÜ,
2🖂; P 1↔25 ⌂ Fitneßraum Sauna
Solarium ⏚
*   Hauptgericht 27; Biergarten Ter-
rasse

Ramsbach (3 km ↘)
**   Höhenhotel Kalikutt
♣ ◂€ Kalikutt 10, ⌧ 77728, ☎ (0 78 04) 4 50,
Fax 4 52 22, ED VA
31 Zi, Ez: 60-90, Dz: 100-180, ⌐⌐ WC ☎; Lift
P 2↔25 Sauna Solarium ⏚
*   Hauptgericht 30

Oppenheim 54 ↑

Rheinland-Pfalz — Kreis Mainz-Bingen —
90 m — 6 800 Ew — Mainz 19, Worms
26 km
i ☎ (0 61 33) 7 06 99, Fax 24 50 — Tourist
Information, Merianstr 2, 55276 Oppenheim; Stadt am Rhein. Sehenswert: Ev.
Katharinenkirche: Oppenheimer Rose;
Markt; Rathaus: Deutsches Weinbaumuseum; Stadtmauer; Burgruine Landskrone;
Uhrturm; Bartholomäuskirche

**   Rondo
San-Ambrogio-Ring, ⌧ 55276, ☎ (0 61 33)
7 00 01, Fax 20 34, AX DC ED VA
38 Zi, Ez: 116, Dz: 150, 1 Suite, ⌐⌐ WC ☎,
24🖂; Lift P 4↔65 Fitneßraum Sauna
Solarium 18Golf 🍴 ⏚   →

Oppenheim

* Oppenheimer Hof
Friedrich-Ebert-Str 84, ✉ 55276, ☎ (0 61 33)
24 95, Fax 42 70, AX DC ED VA
22 Zi, Ez: 90-115, Dz: 150-165, ⊣ WC ☎; P
🅿 2✧40 ¶◉|
geschl. 24.12.-2.1.

Oppurg 48 □

Thüringen — Kreis Pößneck — 313 m —
1 542 Ew — Pößneck 5, Triptis 11 km
ℹ ☎ (0 36 47) 42 37 83 — Gemeindeverwaltung, Hauptstr 12, 07381 Oppurg

** Landhotel
Hauptstr 2, ✉ 07381, ☎ (0 36 47) 4 370,
Fax 4128 77, ED
35 Zi, Ez: 98-120, Dz: 120-160, 5 Suiten, ⊣
WC ☎; P 2✧100 ¶◉| 🍺
Auch Zimmer der Kategorie * vorhanden

Oranienburg 29 ↗

Brandenburg — Overhavel — 36 m —
29 000 Ew — Berlin 22 km
ℹ ☎ (0 33 01) 60 05, Fax 60 06 02 — Stadtverwaltung, Schloßplatz, 16515 Oranienburg

** An der Havel
Albrecht-Buchmann-Str 1, ✉ 16515,
☎ (0 33 01) 69 20, Fax 6 92-4 44, AX DC ED VA
67 Zi, Ez: 130-165, Dz: 160-195, 4 App, ⊣
WC ☎, 21✉; Lift P 3✧60 Fitneßraum
Sauna Solarium ¶◉|

* Oranienburger Hof
Bernauer Str 48, ✉ 16515, ☎ (0 33 01)
70 20 72, Fax 70 20 76, AX ED VA
40 Zi, Ez: 95-110, Dz: 120-150, 3 Suiten, ⊣
WC ☎; Lift P 2✧50 ¶◉| 🍺
geschl. 23.12.-10.1.
Auch Zimmer der Kategorie ** vorhanden

* Ruperti
Waldstr 14, ✉ 16515, ☎ (0 33 01) 8 59 20,
Fax 85 92 43, VA
30 Zi, Ez: 80-110, Dz: 130-150, 1 Suite,
1 App, ⊣ WC ☎, 5✉; Lift P 2✧45 ¶◉|

Sachsenhausen (4 km ↑)
* Pension Gasthof Oranjehus
Clara-Zetkin-Str 31, ✉ 16515, ☎ (0 33 01)
70 12 44 + 70 12 45, Fax 70 12 46
18 Zi, Ez: 70-90, Dz: 100-120, ⊣ WC ☎ DFÜ;
1✧50 ¶◉|

Orb, Bad 45 ↘

Hessen — Main-Kinzig-Kreis — 170 m —
9 900 Ew — Schlüchtern 24, Hanau 36, Lohr
41 km
ℹ ☎ (0 60 52) 8 60, Fax 86 68 — Stadtverwaltung, Kurparkstr 2, 63619 Bad Orb; Heilbad im Spessart. Sehensw: Kath. Martinskirche; Altstadt; Obertor; Konzerthalle; historische Altstadt; Stadtmuseum in der alten Burg

*** Steigenberger
♂ Horststr 1, ✉ 63619, ☎ (0 60 52) 8 80,
Fax 8 81 35, AX DC ED VA
104 Zi, Ez: 160-249, Dz: 249-373, S; 8 Suiten,
⊣ WC ☎, 52✉; Lift P 🅿 10✧300 ≋ ⊜
Sauna Solarium 18Golf 🍺

** Kurpark
Hauptgericht 32; Terrasse

*** Lorösch
Sauerbornstr 14, ✉ 63619, ☎ (0 60 52)
9 15 50, Fax 65 49, AX DC ED VA
20 Zi, Ez: 120-170, Dz: 210-260, 7 Suiten, ⊣
WC ☎; Lift P 🅿 1✧8 ⊜ Sauna Solarium ¶◉|
🍺
geschl. 1 Woche Anfang Dez

* Parkhotel
Kurparkstr 23, ✉ 63619, ☎ (0 60 52) 80 60,
Fax 80 63 90, AX DC ED VA
60 Zi, Ez: 90-160, Dz: 160-250, 4 Suiten, ⊣
WC ☎, 20✉; Lift P 🅿 2✧28 ⊜ Sauna
Solarium 18Golf
Rezeption: 9-21; geschl. 1.11.-15.3.
Restaurant für Hausgäste

* Rheinland
Lindenallee 36, ✉ 63619, ☎ (0 60 52)
9 14 90, Fax 91 49 88, AX ED VA
35 Zi, Ez: 85-100, Dz: 160-190, ⊣ WC ☎; Lift
P 🅿 2✧ Sauna Solarium
geschl. 15.11.-20.12., 10.1.-28.2.
Restaurant für Hausgäste

* Elisabethpark
Rotahornallee 5, ✉ 63619, ☎ (0 60 52)
30 51, Fax 62 13, AX ED VA
28 Zi, Ez: 90-130, Dz: 150-200, 2 Suiten, ⊣
WC ☎, 10✉; Lift P 🅿 3✧35 ⊜ Sauna
Solarium ¶◉| 🍺

Orsingen-Nenzingen 68 ↘

Baden-Württemberg — Kreis Konstanz —
450 m — 2 596 Ew — Stockach 6, Singen
13, Radolfzell 14 km
ℹ ☎ (0 77 71) 93 41-0, Fax 59 40 — Bürgermeisteramt, im Ortsteil Nenzingen, Stockacher Str 2, 78359 Orsingen-Nenzingen.
Sehensw: Schloß Langenstein; Nellenburg, Ruine; Ortskirche im Ortsteil Orsingen; Pfarrkirche im Ortsteil Nenzingen

Nenzingen
* Landgasthof Ritter
Stockacher Str 69, ✉ 78359, ☎ (0 77 71)
21 14, Fax 57 69, ED VA
23 Zi, Ez: 60-80, Dz: 120-140, ⊣ WC ☎; Lift
P Kegeln Sauna Solarium ¶◉|

Ortenberg 67 ↑

Baden-Württemberg — Ortenaukreis —
163 m — 3 000 Ew — Offenburg 4 km
ℹ ☎ (07 81) 9 33 50, Fax 93 35 40 — Gemeindeverwaltung, Dorfplatz 1, 77799 Ortenberg; Ort im Kinzigtal, am Rande des Schwarzwaldes. Sehensw: Schloß

** Glattfelder
Kinzigtalstr 20, ✉ 77799, ☎ (07 81) 9 34 90, Fax 93 49 29, VA
Hauptgericht 40; geschl: Nov

Ortenburg 66 ✓

Bayern — Kreis Passau — 340 m — 7 000 Ew — Vilshofen 11, Griesbach i. R. 12, Passau 25 km
🛈 ☎ (0 85 42) 1 64 21, Fax 32 77 — Verkehrsamt, Marktplatz 1, 94496 Ortenburg; Erholungsort. Sehenswert: Ev. Kirche; Schloß (Holzdecken); Wildpark; Wallfahrtskirche im Ortsteil Sammarei (5 km ✓); Vogelpark im Ortsteil Irgenöd (3 km); Aquarium im Ortsteil Jaging (8 km ↘)

⌂ Schloß-Pension
♦ ⛌ Vorderschloß 1, ✉ 94496, ☎ (0 85 42) 5 96
Ez: 53, Dz: 85, 6 App, ⌐ WC; **garni**
Nur Appartements von DM 48-85

Osann-Monzel 52 ↗

Rheinland-Pfalz — Kreis Bernkastel-Wittlich — 198 m — 1 650 Ew — Wittlich 10, Bernkastel-Kues 11 km
🛈 ☎ (0 65 35) 2 71, Fax 10 99 — Gemeindeverwaltung, im Ortsteil Monzel, Gartenstr 23, 54518 Osann-Monzel; Erholungsort

Osann
* Landhotel Rosenberg mit Gästehaus
Steinrausch 1, ✉ 54518, ☎ (0 65 35) 9 38 30, Fax 93 83 60
24 Zi, Ez: 60-120, Dz: 120-160, ⌐ WC ☎; P 1⇔30 ⌂ Fitneßraum Sauna Solarium ⍟
Rezeption: 10-24; geschl: Do (Nov-März), 21.2.-14.3.

Oschersleben 37 ↗

Sachsen-Anhalt — Bördekreis — 85 m — 15 618 Ew — Halberstadt 21 km
🛈 ☎ (0 39 49) 91 20, Fax 91 21 59 — Stadt Oschersleben Trägergemeinde, Markt 1, 39387 Oschersleben. Sehenswert: Markt mit Rathaus; Burghof mit Renaissanceschloß; Kirche St. Marien

* Pension Schondelmaier
Schermcker Str 20, ✉ 39387, ☎ (0 39 49) 8 00 00, Fax 91 19 49
9 Zi, Ez: 60-90, Dz: 90-108, ⌐ WC ☎; ⍟

Jakobsberg (3 km ↘)
* Jakobsberger Hof
Jakobsberg 6, ✉ 39387, ☎ (0 39 49) 22 44, Fax 9 65 33, ED
29 Zi, Ez: 95, Dz: 140, ⌐ WC ☎, 6⍓; P 2⇔25 ⍟

Osnabrück 24 ↓

Niedersachsen — Stadtkreis — 64 m — 161 000 Ew — Rheine 46, Bielefeld 53, Münster 55 km
🛈 ☎ (05 41) 3 23 22 02, Fax 27 09 — Stadtmarketing u. Tourismus Osnabrück Information, Krahnstr 54, 49074 Osnabrück; Kreisstadt zwischen Teutoburger Wald und Wiehengebirge; Universität; Städtische Bühnen. Sehenswert: Dom: Domschatz; ev. Marienkirche: Altar, Brautportal; kath. Johanniskirche; ev. Katharinenkirche; ehem. Schloß (Universität); Markt: Rathaus: Friedenssaal von 1648, Ratsschatz; Stadtwaage; Bischöfliche Kanzlei; Fachwerkhäuser in der Bier-, Krahn- und Marienstraße; Kulturgeschichtl. Museum; Museum am Schölerberg (Natur- u. Umwelt); Planetarium; Stadtbefestigung: Vitischanze, Bocksturm, Waterlootor; Bürgerpark; Schölerberg mit Waldzoo; Karlsteine (Steinkammergrab 5 km ↑)

Cityplan siehe Seite 776

*** Remarque
Natruper-Tor-Wall 1 (A 1), ✉ 49076, ☎ (05 41) 6 09 60, Fax 6 09 66 00, AX DC ED VA
139 Zi, Ez: 150-185, Dz: 175-210, 3 Suiten, 9 App, ⌐ WC ☎ DFÜ, 66⍓; Lift 🅿 5⇔400 Fitneßraum Sauna Solarium 18Golf ⍟ ⍟

** Westerkamp
Bremer Str 120, ✉ 49084, ☎ (05 41) 9 77 70, Fax 70 76 21, AX DC ED VA
47 Zi, Ez: 98-165, Dz: 185-204, ⌐ WC ☎ DFÜ, 8⍓; Lift 🅿 6⇔90 Fitneßraum Kegeln Sauna Solarium
Auch Zimmer der Kategorie * vorhanden
* Gartenlokal

** Walhalla
Bierstr 24 (A 1), ✉ 49074, ☎ (05 41) 3 49 10, Fax 3 49 11 44, AX DC ED VA
64 Zi, Ez: 95-145, Dz: 195, S; 1 Suite, ⌐ WC ☎, 6⍓; Lift 🅿 1⇔30 Sauna Solarium
* ⍟ Hauptgericht 30; Biergarten

** Nikolai
Kamp 1 (B 2), ✉ 49074, ☎ (05 41) 33 13 00, Fax 3 31 30 88, AX DC ED VA
29 Zi, Ez: 120-150, Dz: 180-200, 2 App, ⌐ WC ☎, 10⍓; Lift 2⇔18; **garni** ⍟

** Residenz
Johannisstr 138, ✉ 49074, ☎ (05 41) 50 52 50, Fax 5 05 25 55, AX ED VA
22 Zi, Ez: 99-140, Dz: 140-180, ⌐ WC ☎; Lift 🅿; **garni** ⍟

** Parkhotel
Edinghausen 1, am Heger Holz, ✉ 49076, ☎ (05 41) 9 41 40, Fax 9 41 42 00, AX DC ED VA
82 Zi, Ez: 120-170, Dz: 150-190, ⌐ WC ☎; Lift 🅿 ⍟ 7⇔150 ⌂ Kegeln Sauna Solarium ⍟
Auch Zimmer der Kategorie * vorhanden
** Altes Gasthaus Kampmeier
Hauptgericht 30; Biergarten Terrasse →

Osnabrück

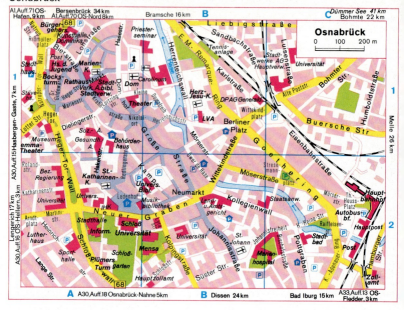

** Kulmbacher Hof
Schloßwall 65-67, ✉ 49074, ☏ (05 41) 3 57 00, Fax 35 70 20, AX DC ED VA
39 Zi, Ez: 95-130, Dz: 140-180, ⌐ WC ☏, 15🛏; Lift P 2⇔50 Kegeln 🍽

* Welp
Natruper Str 227, ✉ 49090, ☏ (05 41) 91 30 70, Fax 9 13 07 34, AX DC ED VA
24 Zi, Ez: 85-100, Dz: 120-160, ⌐ WC ☏; Lift P 🚗 🍽
Auch Zimmer der Kategorie ** vorhanden

* Akzent-Hotel Klute
Lotter Str 30 (A 1), ✉ 49078, ☏ (05 41) 4 50 01, Fax 4 53 02, AX DC ED VA
20 Zi, Ez: 99-145, Dz: 150-190, ⌐ WC ☏, 3🛏; P 🚗 1⇔16
* Hauptgericht 25; geschl: So, 2 Wochen im Aug

* Bürgerbräu
Blumenhaller Weg 41, ✉ 49080, ☏ (05 41) 40 43 50, Fax 4 04 35 30, ED
39 Zi, Ez: 80-100, Dz: 110-135, 5 Suiten, ⌐ WC ☏; Lift P 1⇔100 Kegeln

*** La Vie
Rheiner Landstr 163, ✉ 49078, ☏ (05 41) 43 02 20, Fax 43 26 15, AX DC ED VA
Hauptgericht 50; Terrasse; geschl: So, Mo

Teilen Sie bitte der Redaktion des Varta mit, wenn Sie sich in einem Haus besonders wohlgefühlt haben oder wenn Sie unzufrieden waren.

* Aldermann
Johannisstr 92 (B 2), ✉ 49074, ☏ (05 41) 2 61 33, Fax 2 61 33, AX DC ED VA
Hauptgericht 25; Biergarten P

🍺 Café am Markt
Am Markt 26 (A 1), ✉ 49074, ☏ (05 41) 2 69 35

🍺 Leysieffer
Krahnstr 41 (A 1), ✉ 49074, ☏ (05 41) 2 84 09, Fax 2 10 99, AX DC ED VA

Atter (5 km ←)
** Gensch
Zum Flugplatz 85, ✉ 49076, ☏ (05 41) 12 68 81, AX DC ED VA
Hauptgericht 30; P Terrasse; geschl: Mo, Do abends, Sa mittags, Ende Dez-Anfang Jan, 2 Wochen in den Sommerferien

Nahne
🛏 Himmelreich
Zum Himmelreich 11, ✉ 49082, ☏ (05 41) 5 17 00, Fax 5 30 10, AX DC ED VA
40 Zi, Ez: 65-84, Dz: 114-126, ⌐ WC ☏, 5🛏; P 🚗 ♨ Solarium; garni

Ostbevern 24 ✓

Nordrhein-Westfalen — Kreis Warendorf — 50 m — 7 102 Ew — Telgte 8, Münster 19, Warendorf 23 km
ℹ ☏ (0 25 32) 8 20, Fax 82 46 — Gemeindeverwaltung, Hauptstr 24, 48346 Ostbevern

Osterode am Harz

✱ Beverhof
Hauptstr 35, ⊠ 48346, ☎ (0 25 32) 51 62, Fax 16 88
10 Zi, Ez: 60, Dz: 100, 2 Suiten, ⇨ WC ☎, 4🛏; 🅿 🚂 Kegeln ⛿

⇨ **Alte Post**
Hauptstr 32, ⊠ 48346, ☎ (0 25 32) 2 11
7 Zi, Ez: 60-65, Dz: 100-110, ⇨ WC ☎; ⛿

Osterburg (Altmark) 28 ↘

Sachsen-Anhalt — Stendal — 36 m — 8 249 Ew — Wittenberge 23, Stendal 24 km
ℹ ☎ (0 39 37) 89 50 12, Fax 89 50 13 — Stadtinformation, Wallpromenade 26, 39606 Osterburg

⇨ **Gasthof Haucke**
Mühlenberg 14, ⊠ 39606, ☎ (0 39 37) 8 21 71, ⓔⓓ
4 Zi, Ez: 60, Dz: 70, ⇨ WC; 🅿 ⛿

● **Behrends**
Straße des Friedens 52, ⊠ 39606, ☎ (0 39 37) 8 26 01
Hauptgericht 17

Osterburken 55 ↘

Baden-Württemberg — Neckar-Odenwald-Kreis — 314 m — 6 000 Ew — Mosbach 28, Bad Mergentheim 29, Heilbronn 50 km
ℹ ☎ (0 62 91) 40 10, Fax 4 01 30 — Stadtverwaltung, Marktplatz 3, 74706 Osterburken. Sehenswert: kath. Kirche; Römerkastell; Römermuseum; Mauritiuskirche

✱✱ **Märchenwald**
♦ Boschstr 14, ⊠ 74706, ☎ (0 62 91) 6 42 00, Fax 64 20 40, ⓔⓓ ⓥⓐ
17 Zi, Ez: 75-95, Dz: 120-150, ⇨ WC ☎, 7🛏; 🅿 1⇔30 ⛿

✱ **Römer-Hof**
Wannestr 1, ⊠ 74706, ☎ (0 62 91) 99 19, Fax 4 12 21, ⓔⓓ
15 Zi, Ez: 65-90, Dz: 110-160, ⇨ WC ☎, 5🛏; 🚂 2⇔160 Fitneßraum Kegeln Sauna Solarium ⛿

Osterfeld 38 ↘

Sachsen-Anhalt — Kreis Zeitz — 290 m — 1 700 Ew — Eisenberg 13, Naumburg 17, Leipzig 45 km
ℹ ☎ (03 44 22) 3 35, Fax 5 13 — Stadtverwaltung, Markt 24, 06721 Osterfeld

Osterfeld-Außerhalb
✱✱ **Amadeus**
einzeln ♦ Pretzscher Str 20, ⊠ 06721, ☎ (03 44 22) 2 12 72, Fax 2 12 84, ⒶⓍ ⒹⒸ ⓔⓓ ⓥⓐ
147 Zi, Ez: 128-178, Dz: 158-208, 5 Suiten, ⇨ WC ☎; Lift 🅿 8⇔150 Fitneßraum Sauna Solarium
✱✱ Hauptgericht 20

Osterholz-Scharmbeck 17 ↙

Niedersachsen — Kreis Osterholz — 20 m — 31 000 Ew — Bremen 24, Bremerhaven 43 km
ℹ ☎ (0 47 91) 1 70, Fax 1 73 04 — Stadtverwaltung, Rathausstr 1, 27711 Osterholz-Scharmbeck; Kreisstadt. Sehenswert: Klosterkirche; Wasserturm ⋖; Hünengrab; Gut Sandbeck; Teufelsmoor; St.-Willehadi-Kirche; Wassermühle Ruschkamp

Osterholz-Scharmbeck-Außerhalb
(5 km ↘)
✱ **Tietjen's Hütte/Moordiele**
⋖ einzeln ♥ An der Hamme 1, ⊠ 27711, ☎ (0 47 91) 9 22 00, Fax 92 20 36, ⒶⓍ ⒹⒸ ⓔⓓ ⓥⓐ
Hauptgericht 25; Biergarten 🅿 Terrasse; geschl: Mo
✱ ♦ 8 Zi, Ez: 95-120, Dz: 180, ⇨ WC ☎; 1⇔30

Osterode am Harz 36 ↗

Niedersachsen — Kreis Osterode — 218 m — 28 600 Ew — Goslar 30, Göttingen 48 km
ℹ ☎ (0 55 22) 68 55, Fax 7 54 91 — Reise- und Verkehrsbüro (Tourist-Information), Dörgestr 40, 37520 Osterode; Stadt am Südwesthang des Harzes. Sehenswert: Ev. Marktkirche St. Aegidien, ev. Schloßkirche; hist. Rathaus und neues Rathaus (Harz-Kornmagazin)

✱ **Harzer Hof**
Bahnhofstr 26, ⊠ 37520, ☎ (0 55 22) 90 90-0, Fax 90 90-90 + 7 40 73, ⒶⓍ ⒹⒸ ⓔⓓ ⓥⓐ
29 Zi, Ez: 70-90, Dz: 120-160, 2 Suiten, ⇨ WC ☎; 🅿 🚂 4⇔50 Fitneßraum Kegeln ⛿

✱ **Tiroler Stuben**
Scheerenberger Str 45, ⊠ 37520, ☎ (0 55 22) 20 22, Fax 92 01 84, ⒶⓍ ⒹⒸ ⓔⓓ ⓥⓐ
12 Zi, Ez: 52-75, Dz: 80-110, ⇨ WC ☎; 🅿 1⇔50 ⛿

✱ **Börgener**
♦ Hoelemannpromenade 10 a, ⊠ 37520, ☎ (0 55 22) 9 09 90, Fax 33 45, ⓔⓓ ⓥⓐ
21 Zi, Ez: 75-90, Dz: 110-135, ⇨ WC ☎ DFÜ, 5🛏; 🅿; garni

Lerbach (4 km ↗)
✱✱ **Akzent-Hotel Sauerbrey** 👑
♦ Friedrich-Ebert-Str 129, ⊠ 37520, ☎ (0 55 22) 5 09 30, Fax 50 93 50, ⒶⓍ ⒹⒸ ⓔⓓ ⓥⓐ
29 Zi, Ez: 115-180, Dz: 160-230, 2 Suiten, ⇨ WC ☎; Lift 🅿 🚂 2⇔40 ≋ Fitneßraum Sauna Solarium ⛿
Auch Zimmer der Kategorie ✱ vorhanden
✱✱ **Zum Trost**
Hauptgericht 25; Gartenlokal

Osterwieck 37 ↑

Sachsen-Anhalt — Kreis Halberstadt — 120 m — 4 279 Ew — Bad Harzburg 15, Wolfenbüttel 30 km
🄸 ☎ (03 94 21) 2 94 41 — Heimatmuseum, Am Markt 1, 38835 Osterwieck

✱ Brauner Hirsch
Stephanikirchgasse 1-2, ✉ 38835, ☎ (03 94 21) 79 50, Fax 7 95 99, ⒺⒹ
24 Zi, Ez: 86, Dz: 152, 1 Suite, ⊨ WC, 15🖼; 🅿 Kegeln Sauna 🍴

Ostfildern 61 →

Baden-Württemberg — Kreis Esslingen — 420 m — 30 018 Ew — Esslingen 6, Stuttgart 18 km
🄸 ☎ (07 11) 3 40 42 26, Fax 3 40 42 88 — Stadtverwaltung, im Stadtteil Nellingen, Klosterhof 10, 73760 Ostfildern

Kemnat
✱✱ Am Brunnen
Heumadener Str 19, ✉ 73760, ☎ (07 11) 16 77 70, Fax 1 67 77 99, ⒶⓍ ⒹⒸ ⒺⒹ ⓋⒶ
22 Zi, Ez: 125-145, Dz: 155-185, ⊨ WC ☎ DFÜ, 3🖼; Lift 🅿 🅱; garni
geschl: so + feiertags 12-19

✱✱ Kemnater Hof
Sillenbucher Str 1, ✉ 73760, ☎ (07 11) 45 10 45-0, Fax 4 56 95 16, ⒶⓍ ⒹⒸ ⒺⒹ ⓋⒶ
28 Zi, Ez: 120-155, Dz: 155-195, ⊨ WC ☎; Lift 🅿 2⇌40 12Tennis
✱ Les Oliviers
Hauptgericht 45; Terrasse; geschl: So abends, Mo mittags außerhalb Sommersaison

Nellingen
✱✱ Filderhotel
In den Anlagen 1, ✉ 73760, ☎ (07 11) 3 41 20 91, Fax 3 41 20 01, ⒶⓍ ⒹⒸ ⒺⒹ ⓋⒶ
45 Zi, Ez: 110-180, Dz: 149-225, ⊨ WC ☎ DFÜ, 7🖼; Lift 🅿 7⇌500 Kegeln
✱ Gartenlokal; nur abends, So auch mittags; geschl: Fr, Sa, Aug

✱ Adler
Wilhelmstr 98, ✉ 73760, ☎ (07 11) 3 41 14 24, Fax 3 41 27 67, ⒶⓍ ⒹⒸ ⒺⒹ ⓋⒶ
25 Zi, Ez: 105, Dz: 150, ⊨ WC ☎; 🅿; garni
geschl: 1.-23.8.

Ruit
✱✱ Hirsch Hotel Gehrung
Stuttgarter Str 7, ✉ 73760, ☎ (07 11) 44 20 88, Fax 4 41 18 24, ⒶⓍ ⒹⒸ ⒺⒹ ⓋⒶ
53 Zi, Ez: 118-178, Dz: 178-228, 1 Suite, 6 App, ⊨ WC ☎; Lift 🅿 1⇌50 Kegeln
auch Zimmer der Kategorie ✱ vorhanden
✱✱ Hirschstuben
Hauptgericht 38; geschl: So

Scharnhausen
✱✱ Lamm
Plieninger Str 3, ✉ 73760, ☎ (0 71 58) 1 70 60, Fax 17 06 44, ⒶⓍ ⒹⒸ ⒺⒹ ⓋⒶ
35 Zi, Ez: 98-160, Dz: 118-210, ⊨ WC ☎, 10🖼; Lift 🅿 2⇌150 Sauna Solarium 🍴
Im Gasthof auch einfache Zimmer vorhanden

Ostheim v. d. Rhön 46 →

Bayern — Kreis Rhön-Grabfeld — 420 m — 3 800 Ew — Mellrichstadt 7, Fladungen 10 km
🄸 ☎ (0 97 77) 18 50, Fax 16 43 — Fremdenverkehrsverein, Kirchstr 3, 97645 Ostheim v. d. Rhön; Erholungsort. Sehenswert: Kirchenburg: ev. Kirche, Rathaus; Lichtenburg-Ruine, 505 m ⇇ (3 km ↑); Hansteinsches Schloß mit Orgelbaumuseum

✱✱ Landhotel Thüringer Hof
◐ ⇇ Kleiner Burgweg 3, ✉ 97645, ☎ (0 97 77) 20 31, Fax 17 00, ⒶⓍ ⒺⒹ ⓋⒶ
58 Zi, Ez: 70-75, Dz: 94-130, ⊨ WC ☎, 10🖼; 🅿 3⇌60 Fitneßraum Kegeln Sauna Solarium 🍴 🚴

Ostrach 69 ←

Baden-Württemberg — Kreis Sigmaringen — 620 m — 5 700 Ew — Stuttgart 128, Ravensburg 33, Ulm 83 km
🄸 ☎ (0 75 85) 3 00 18, Fax 3 00 55 — Gemeindeverwaltung, Rathaus, 88356 Ostrach

✱ Gasthof zum Hirsch
Hauptstr 27, ✉ 88356, ☎ (0 75 85) 6 01, Fax 31 59, ⒺⒹ
16 Zi, Ez: 80-88, Dz: 135, ⊨ WC ☎; Lift 🅿 🅱 2⇌50 🚴
Rezeption: 7-14, 17-23 geschl: Fr
**✱ Hauptgericht 28; Biergarten ✝
Terrasse; geschl: Fr

Ottenhöfen im Schwarzwald 60 ↘

Baden-Württemberg — Ortenaukreis — 311 m — 3 500 Ew — Achern 10, Freudenstadt 33 km
🄸 ☎ (0 78 42) 8 04 44, Fax 8 04 45 — Tourist Information, Allerheiligenstr 2, 77883 Ottenhöfen im Schwarzwald; Luftkurort. Sehenswert: Schwarzwaldmühlen; Wasserfälle am Edelfrauengrab (45 Min ↘); hist. Dampfzug

✱ Pflug
Allerheiligenstr 1, ✉ 77883, ☎ (0 78 42) 20 58, Fax 28 46
46 Zi, Ez: 63-95, Dz: 100-170, 12 App, ⊨ WC ☎, 30🖼; Lift 🅱 3⇌70 ⌂ Fitneßraum Sauna Solarium
✱ Mark Twain Stube
Hauptgericht 23; 🅿 Terrasse; geschl: 29.11-20.12.

Otterndorf 17 ↘

Niedersachsen — Kreis Cuxhaven — 5 m — 6 200 Ew — Cuxhaven 19, Bremerhaven 41, Stade 58 km
i ☎ (0 47 51) 91 91 31, Fax 91 91 03 — Tourist-Information, Rathaus, 21762 Otterndorf; Erholungsort nahe der Elbmündung. Sehenswert: Ev. Kirche; Rathaus; Bürgerhäuser; Stadtwall; Schöpfwerk am Elbdeich

** Ratskeller
Rathausplatz 1, ✉ 21762, ☎ (0 47 51) 38 11, Fax 38 11, AX DC ED VA
Hauptgericht 30; Terrasse; geschl. Di, Feb

* Elb-Terrassen
◂ An der Schleuse 18, ✉ 21762, ☎ (0 47 51) 22 13, Fax 62 02, AX DC ED VA .
Hauptgericht 25; Terrasse; geschl. Mo, 2.1.-31.1.

Ottobeuren 70 □

Bayern — Kreis Unterallgäu — 660 m — 8 000 Ew — Memmingen 11, Kempten 28 km
i ☎ (0 83 32) 92 19 51, Fax 92 19 92 — Kurverwaltung, Marktplatz 14, 87724 Ottobeuren; Kneipp-Kurort im Alpenvorland. Sehenswert: Benediktinerabtei: Klosterkirche

** Gästehaus Am Mühlbach
♦ Luitpoldstr 57, ✉ 87724, ☎ (0 83 32) 9 20 50, Fax 85 95, ED VA
20 Zi, Ez: 84-99, Dz: 139-153, ⊣ WC ☎, 10✉; Lift **P** ⌘ 18Golf; **garni**
geschl: Mitte Dez-Mitte Jan

Ottobrunn 72 □

Bayern — Kreis München — 556 m — 18 650 Ew — München 12 km
i ☎ (0 89) 60 80 80, Fax 6 08 08-1 03 — Gemeindeverwaltung, Rathausplatz 1, 85521 Ottobrunn

** Pazific
Rosenheimer Landstr 91, ✉ 85521, ☎ (0 89) 6 09 10 51, Fax 6 08 32 43, AX DC ED VA
54 Zi, Ez: 148-248, Dz: 198-298, 8 Suiten, 8 App, ⊣ WC ☎, 4✉; Lift 1✪40 Solarium; **garni**

** Aigner
Rosenheimer Landstr 118, ✉ 85521, ☎ (0 89) 60 81 70, Fax 6 08 32 13, AX DC ED VA
70 Zi, Ez: 140-320, Dz: 170-320, 3 App, ⊣ WC ☎ DFÜ, 10✉; Lift **P** ⌘; **garni**

* Atlantic
Rosenheimer Landstr 90, ✉ 85521, ☎ (0 89) 60 85 29 00, Fax 6 09 34 43, AX DC ED VA
62 Zi, Ez: 105-210, Dz: 140-230, ⊣ WC ☎, 10✉; Lift **P** ⌘ 1✪20 Fitneßraum Sauna Solarium ⓨ
geschl: 23.12.-3.1.

* Prinz Eugen
Rosenheimer Landstr 26 b, ✉ 85521, ☎ (0 89) 6 09 50 44, Fax 6 08 41 83, ED VA
24 Zi, Ez: 140-170, Dz: 170-200, ⊣ WC ☎; **garni**

Ottweiler 53 ↗

Saarland — Kreis Neunkirchen/Saar — 260 m — 16 000 Ew — Neunkirchen 8, St. Wendel 9 km
i ☎ (0 68 24) 35 11, Fax 35 13 — Tourist-Information, Schloßhof 5, 66564 Ottweiler. Sehenswert: Stadtbild; Ev. Kirche; Rathaus; Schloßplatz, ehem. Witwenpalais; historische Altstadt

** Eisel in der Ziegelhütte
Mühlstr 15a, ✉ 66564, ☎ (0 68 24) 75 77, Fax 82 14, AX ED VA
Hauptgericht 42

Overath 43 ↑

Nordrhein-Westfalen — Rheinisch-Bergischer Kreis — 150 m — 25 000 Ew — Bergisch Gladbach 15, Siegburg 16 km
i ☎ (0 22 06) 60 20, Fax 60 21 93 — Verkehrsamt, Hauptstr 25, 51491 Overath; Luftkurort im Aggertal. Sehenswert: Kath. Kirche; Burgruine Bernsau (2 km ↗)

* Bergischer Hof
Hauptstr 99, ✉ 51491, ☎ (0 22 06) 95 770, Fax 95 77 43, AX ED VA
10 Zi, Ez: 90-250, Dz: 160-300, 1 App, ⊣ WC ☎ DFÜ, 2✉; **P** 1✪20 ⓨ ⌇

Immekeppel (9 km ↘)
*** Sülztaler Hof
Lindlarer Str 83, ✉ 51491, ☎ (0 22 04) 9 75 00, Fax 97 50 50, AX ED
Hauptgericht 45; geschl: Di + Mi mittags

Owschlag 10 ←

Schleswig-Holstein — Kreis Rendsburg-Eckernförde — 15 m — 3 150 Ew — Schleswig 17, Rendsburg 18 km
i ☎ (0 43 53) 99 72 18, Fax 99 72-30 — Verkehrsverein Hüttener Berge, Schulberg 6, 24358 Ascheffel

* Förster-Haus am See
♦ ◂ Beekstr 41, ✉ 24811, ☎ (0 43 36) 9 97 70, Fax 99 77 99, AX DC ED VA
62 Zi, Ez: 90-100, Dz: 150-180, 6 App, ⊣ WC ☎ DFÜ; **P** ⌘ 4✪200 Seezugang Kegeln Sauna Solarium 9Golf ⌇
* Hauptgericht 25; Biergarten Terrasse

Oybin 41 ↗

Sachsen — Löbau-Zittau — 400 m —
1 800 Ew — Zittau 9 km
🅘 ☎ (03 58 44) 7 33 11, Fax 7 33 23 — Tourist-Information, Hauptstr 15, 02797 Oybin; Erholungsort. Sehenswert: Berg Oybin (514 m): Burg- und Klosteranlage, Bergfriedhof, Camera obscura; barocke Bergkirche; Umgebindehäuser

**** Parkhotel
Zur alten Rodelbahn**
Straße der Jugend 4, ✉ 02797, ☎ (03 58 44) 71 20, Fax 7 12 19, AX ED
14 Zi, Ez: 80-100, Dz: 110-130, 2 App, ⊣ WC ☎ DFÜ; 🅿 1✪24 🍴 ☕

** Felsenkeller
Hauptstr 6, ✉ 02797, ☎ (03 58 44) 7 02 35, Fax 7 00 58, AX ED VA
12 Zi, Ez: 90, Dz: 120-140, ⊣ WC ☎; 🅿 🍴

* Café-Pension Meier
Hauptstr 1, ✉ 02797, ☎ (03 58 44) 71 40, Fax 7 14 13
9 Zi, Ez: 62-75, Dz: 104-118, ⊣ WC ☎; 🅿 Fitneßraum Sauna ☕
Rezeption: 8-20 geschl: Do

Oybin-Außerhalb (1 km ↓)
* Teufelsmühle
einzeln ♂ Friedrich-Engels-Str 17, ✉ 02797, ☎ (03 58 44) 7 02 26 / 7 17 10, Fax 7 17 12, AX ED
19 Zi, Ez: 85, Dz: 100, ⊣ WC ☎, 3✉; 🅿 🍴 2✪70 🍴 ☕

Oy-Mittelberg 70 ↘

Bayern — Kreis Oberallgäu — 1000 m —
4 600 Ew — Kempten 19, Füssen 24 km
🅘 ☎ (0 83 66) 2 07, Fax 14 27 — Verkehrsamt, im Ortsteil Oy, Wertacher Str 11, 87466 Oy-Mittelberg — Luft- und Kneippkurort am Alpenrand, Erholungsort. Sehenswert: Kath. Kirche im Ortsteil Maria Rain (4 km →); Grüntensee (2 km ↓); Rottachsee (4 km ←)

Mittelberg
** Die Mittelburg ♛
♂ ⫷ Mittelburgweg 1-3, ✉ 87466, ☎ (0 83 66) 1 80, Fax 18 35
30 Zi, Ez: 100-185, Dz: 190-280, ⊣ WC ☎; 🅿 🍴 ☕ Sauna Solarium 🍴 ☕
geschl: 25.10.-20.12.

Oy
**** Kurhotel Tannenhof
Land Flair**
♂ ⫷ Tannenhofstr 19, ✉ 87466, ☎ (0 83 66) 5 52, Fax 8 94, DC ED VA
19 Zi, Ez: 139-220, Dz: 220-300, 11 Suiten, 3 App, ⊣ WC ☎; Lift ⫷ Fitneßraum Sauna Solarium
auch Zimmer der Kategorie *** vorhanden
** ⫷ Hauptgericht 25

Oyten 17 ↓

Niedersachsen — Kreis Verden (Aller) —
16 m — 14 800 Ew — Bremen 13, Verden (Aller) 27 km
🅘 ☎ (0 42 07) 91 40-0, Fax 91 40-36 — Gemeindeverwaltung, Hauptstr 55, 28876 Oyten

* Oyten am Markt
Hauptstr 85, ✉ 28876, ☎ (0 42 07) 45 54, Fax 41 49, AX ED VA
24 Zi, Ez: 88, Dz: 125, ⊣ WC ☎; Lift 🅿 🍴 ☕
geschl: 21.12.-11.1.

* Am Steendamm
Oyterdamm 29, ✉ 28876, ☎ (0 42 07) 9 17 00, Fax 91 70 50, DC ED VA
19 Zi, Ez: 86-96, Dz: 144, ⊣ WC ☎ DFÜ; 🅿 🍴
geschl: 18.12.-3.1., 1.-4.4.

* Im Forth
♂ Thünen 32, ✉ 28876, ☎ (0 42 07) 50 27, Fax 50 20
13 Zi, Ez: 60-68, Dz: 97-108, ⊣ WC ☎; 🅿 garni

* Fehsenfeld
Hauptstr 50, ✉ 28876, ☎ (0 42 07) 7 00 60, AX DC ED VA
10 Zi, Ez: 73-80, Dz: 109-114, ⊣ WC ☎; 🅿 🍴; garni
Rezeption: 6.30-11.30, 15.30-22; geschl: 24.12.-10.1.

* Motel Höper
Hauptstr 58, ✉ 28876, ☎ (0 42 07) 59 66, Fax 58 38, AX DC ED VA
26 Zi, Ez: 73-78, Dz: 105-120, 1 Suite, 10 App, ⊣ WC ☎; 2✪60
* Hauptgericht 25; 🅿

Paderborn 35 ↖

Nordrhein-Westfalen — Kreis Paderborn —
120 m — 135 000 Ew — Lippstadt 32, Detmold 36 km
🅘 ☎ (0 52 51) 88 29 80, Fax 88 29 90 — Verkehrsverein -Tourist Information-, Marienplatz 2 a, 33098 Paderborn; Stadt zwischen Teutoburger Wald, Sauerland und Eggegebirge; Universität; Westfälische Kammerspiele. Sehenswert: Dom; ev. Abdinghofkirche; kath. Busdorfkirche: Kreuzgang; Franziskanerkirche; kath. Gaukirche; Bartholomäuskapelle, Kaiserpfalzen, Paradiespforte; Rathaus; Altes Bürgerhaus, Diözesan-Museum: Imad-Madonna; 200 Quellen der Pader; Schloß Neuhaus

*** Best Western Hotel Arosa
Westernmauer 38 (A 2), ✉ 33098, ☎ (0 52 51) 12 80, Fax 12 88 06, AX DC ED VA
109 Zi, Ez: 150-260, Dz: 262-320, S; 3 Suiten, ⊣ WC ☎ DFÜ, 32✉; Lift 🅿 4✪140 🍴 Sauna Solarium
Auch Zimmer der Kategorie ** vorhanden
** Chalet
Hauptgericht 32; 🅿

Pampow

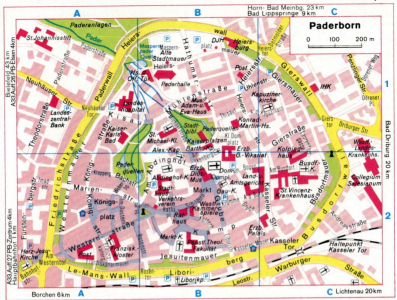

Galerie-Hotel Abdinghof
Bachstr 1a, ✉ 33098, ☎ (0 52 51) 1 22 40,
Fax 12 24 19, AX DC ED VA
13 Zi, Ez: 105-125, Dz: 135-160, ⊒ WC ☎; 🚗;
garni

Zur Mühle
Mühlenstr 2, ✉ 33098, ☎ (0 52 51) 1 07 50,
Fax 1075 45
25 Zi, Ez: 135, Dz: 175, ⊒ WC ☎; garni

Elsen
Zur Heide
Sanderstr 37, ✉ 33106, ☎ (0 52 54) 9 66 50,
Fax 95 65 95-0, AX ED VA
23 Zi, Ez: 90-100, Dz: 130, ⊒ WC ☎; 🅿 🚗
11 Tennis 🍴

Päwesin 29 ←

Brandenburg — Kreis Potsdam-Mittelmark
— 30 m — 643 Ew — Nauen 19, Brandenburg 20, Potsdam 34 km
ℹ ☎ (03 38 38) 4 02 12 — Gemeindeverwaltung, Brandenburg Str 6, 14778 Päwesin

Bollmannsruh
★★ Consul Hotel Bollmannsruh
am Beetzsee
☀ ⛵ Bollmannsruh 10, ✉ 14778,
☎ (03 38 38) 47 90, Fax 47 91 00, AX DC ED VA
79 Zi, Ez: 130-250, Dz: 166-299, 5 App, ⊒
WC ☎, 30🛏; Lift 🅿 4 ⇔ 200 Seezugang Fitneßraum Sauna Solarium 18 Golf 1 Tennis
🍴 🍺 ♨

Palling 73 □

Bayern — Kreis Traunstein — 3 084 Ew
ℹ ☎ (0 86 29) 13 01 — Tourist-Information, 83349 Palling

Michlwirt
Steiner Str 3, ✉ 83349, ☎ (0 86 29) 3 84,
Fax 15 85
30 Zi, Ez: 50-60, Dz: 90-100, ⊒ WC; Lift 🅿 🚗
Kegeln Sauna Solarium ♨
geschl: So, 7.-27.9.
🍴 Hauptgericht 14; geschl: So, 7.9-27.9.

Pampow 19 ↗

Mecklenburg-Vorpommern — Kreis
Schwerin — 46 m — 1 000 Ew — Schwerin 8, Hagenow 18 km
ℹ ☎ (0 38 69) 7 60 00 — Amt Stralendorf, Dorfstr 30, 19073 Stralendorf

Pampower Hof
Schweriner Str 39, ✉ 19075, ☎ (0 38 65)
7 50, Fax 7 57 50, AX DC ED VA
26 Zi, Ez: 99-130, Dz: 110-140, 5 Suiten, ⊒
WC ☎; Lift 6 ⇔ 150 Kegeln 🍴
Rezeption: Wochenende 6-14
Auch Zimmer der Kategorie ★★ vorhanden

Die von uns genannten Ruhetage und
Ruhezeiten werden von den Betrieben gelegentlich kurzfristig geändert.

Panker 11 ←

Schleswig-Holstein — Kreis Plön — 40 m — 1 500 Ew — Lütjenburg 5 km
🛈 ☎ (0 43 81) 41 99 41, Fax 41 99 43 — Luftkurort Lütjenburg, Markt 4, 24321 Lütjenburg. Sehenswert: Schloß und Schloßpark

** Historisches Gasthaus Ole Liese
⊗ Gutshof, ⌧ 24321, ☎ (0 43 81) 43 74, Fax 42 66
Hauptgericht 25; Terrasse; im Winter nur abends; geschl: Mo
Restaurierter Gasthof des Herrenhaus Panker
* ♘ 7 Zi, Ez: 130, Dz: 240, ⌐ WC ☎

Panker-Außerhalb (3 km ←)
** Forsthaus Hessenstein
einzeln ⊗ 1, ⌧ 24321, ☎ (0 43 81) 94 16
Hauptgericht 35
nur Menüs

Papenburg 15 ↘

Niedersachsen — Kreis Emsland — 7 m — 31 000 Ew — Leer 24, Meppen 47, Oldenburg 67 km
🛈 ☎ (0 49 61) 8 22 21, Fax 8 23 30 — Verkehrsverein, Rathausstr. 2, 26871 Papenburg; Älteste Fehnkolonie, Seehafenstadt an der Ems, Erholungsort. Sehenswert: Antoniuskirche; Alter Turm Obenende, Schiffahrtsfreilichtmuseum, Meyerwerft mit größtem Trockendock der Welt

*** Alte Werft
Ölmühlenweg 1, ⌧ 26871, ☎ (0 49 61) 92 00, Fax 92 01 00, [AX][DC][ED][VA]
72 Zi, Ez: 135-178, Dz: 199-246, 8 Suiten, ⌐ WC ☎ DFÜ; Lift [P] 5⌬900 Fitneßraum Sauna Solarium 18Golf ⚑
Hotel mit moderner Einrichtung in ehemaligen Werfthallen aus dem 19 Jh.
*** Graf Götzen
Hauptgericht 35; Biergarten; nur abends
** Schnürboden
Hauptgericht 25; Biergarten

* Graf Luckner
Hümmlinger Weg 2, ⌧ 26871, ☎ (0 49 61) 7 60 57, Fax 7 60 59, [AX][DC][ED]
28 Zi, Ez: 69-85, Dz: 98-135, ⌐ WC ☎; [P] 🚗 1⌬50 Fitneßraum Kegeln Sauna Solarium ¶⊙¶

Pappenheim 63 ↗

Bayern — Kreis Weißenburg-Gunzenhausen — 412 m — 4 200 Ew — Weißenburg 15, Eichstädt 20 km
🛈 ☎ (0 91 43) 62 66, Fax 5 16 — Haus des Gastes, Kirchengasse 1, 91788 Pappenheim; Luftkurort im Altmühltal. Sehenswert: Stadtkirche, Galluskirche, Altes Schloß und Burgruine ⋖; Neues Schloß; ehem. Augustinakloster

* Gasthof Zur Sonne
W.-Deisinger-Str 20, ⌧ 91788, ☎ (0 91 43) 8 31 40, Fax 83 14 50
12 Zi, Ez: 67, Dz: 98-103, ⌐ WC ☎, 2🍴; ¶⊙¶
geschl: Mo, im Winter So ab 14, 25.10.-3.11., 2 Wochen im Jan

Parchim 20 □

Mecklenburg-Vorpommern — Parchim — 23 100 Ew — Schwerin 40, Pritzwalk 42 km
🛈 ☎ (0 38 71) 21 28 43, Fax 21 28 43 — Stadtinformation, Lindenstr 38, 19370 Parchim. Sehenswert: Pfarrkirche St. Georg; Pfarrkirche St. Marien; Fachwerkhäuser; Wockersee

** Wartenbergs Hotel
Bahnhofstr 1- Ebelingplatz, ⌧ 19370, ☎ (0 38 71) 72 80, Fax 72 84 28, [ED][VA]
53 Zi, Ez: 98, Dz: 130, 2 Suiten, ⌐ WC ☎; Lift 1⌬20 ≙ Fitneßraum Sauna Solarium ¶⊙¶

* Stadt Hamburg
Lange Str 87, ⌧ 19370, ☎ (0 38 71) 6 20 40, Fax 62 04 13, [AX][ED][VA]
16 Zi, Ez: 80-98, Dz: 100-135, ⌐ WC ☎ DFÜ, 8🍴; [P] ¶⊙¶

* Stadtkrug
Apothekenstr 12, ⌧ 19370, ☎ (0 38 71) 62 30-0, Fax 26 44 46, [ED][VA]
25 Zi, Ez: 65-88, Dz: 100-120, 1 Suite, 1 App, ⌐ WC ☎, 2🍴; ¶⊙¶

Slate (4 km ↙)
* Zum Fährhaus
♘ Fähre 2, ⌧ 19370, ☎ (0 38 71) 6 26 10, Fax 44 41 44, [DC][ED][VA]
15 Zi, Ez: 90, Dz: 120, 2 App, ⌐ WC ☎; [P] 3⌬80 ¶⊙¶ ⚑

Parsberg 64 ↗

Bayern — Kreis Neumarkt (Oberpfalz) — 550 m — 5 900 Ew — Neumarkt (Oberpfalz) 27, Regensburg 45 km
🛈 ☎ (0 94 97) 64 60, Fax 65 83 — Verkehrsamt, Alte-Seer-Str 2, 92331 Parsberg. Sehenswert: Burg; Museum; Kirche

** Zum Hirschen Flair Hotel
Dr.-Schrettenbrunner-Str 1, ⌧ 92331, ☎ (0 94 92) 60 60, Fax 60 62 22, [ED][VA]
40 Zi, Ez: 94-128, Dz: 130-180, ⌐ WC ☎; Lift [P] 🚗 4⌬200 Fitneßraum Sauna Solarium 18Golf
geschl: 4.1.-8.1.
Im Gästehaus Zimmer der Kategorie * vorhanden
** Hauptgericht 26; Biergarten Terrasse

Pasewalk 22 ↑

Mecklenburg-Vorpommern — Uecker-Randow — 15 166 Ew
🛈 ☎ (0 39 73) 21 39 95 — Stadtinformation, 17309 Pasewalk

Passau

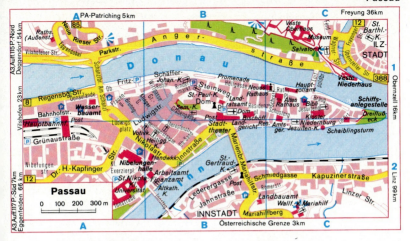

* **Stettiner Platz**
Stettiner Chaussee 1, ✉ 17309, ☎ (0 39 73) 2 07 20, Fax 2 07 20, AX DC ED VA
22 Zi, Ez: 85, Dz: 120, ⌐ WC ☎, 10 ▨; Lift ℗; garni

Passau 66 ↘

Bayern — Stadtkreis — 302 m — 50 000 Ew
— München 180, Nürnberg 225 km
🛈 ☎ (08 51) 9 55 98-0, Fax 3 51 07 —
Passau Tourismus e.V., Bahnhofstr 36, 94032 Passau; Dreiflüssestadt an der Mündung von Inn und Ilz in die Donau; Universität. Sehenswert: Dom, größte Kirchenorgel der Welt; Klosterkirche Niederburg; Kirche St. Michael; Neue bischöfliche Residenz; Rathaus; Veste Oberhaus ◂≼, hist. Stadt-Museum; ehem. Stift St. Nikola (jetzt Universität), Museum Moderner Kunst, Glasmuseum; Römermuseum Kastell Boiotro; Domschatz-Diözesanmuseum; kath. Wallfahrtskirche Mariahilf ◂≼

*** **Holiday Inn**
Bahnhofstr 24 (A 1), ✉ 94032, ☎ (08 51) 5 90 00, Fax 5 90 05 29, AX DC ED VA
127 Zi, Ez: 105-275, Dz: 110-330, S; 2 Suiten, ⌐ WC ☎, 35 ▨; Lift 9 ⇄ 600 Sauna Solarium
** **Batavia**
Hauptgericht 20

** **König**
◂≼ Untere Donaulände 1 (B 1), ✉ 94032, ☎ (08 51) 38 50, Fax 38 54 60, AX DC ED VA
41 Zi, Ez: 115, Dz: 160-220, S; ⌐ WC ☎, 9 ▨; Lift ℗ 1 ⇄ 40 Sauna Solarium; garni
Auch Zimmer der Kategorie ***** vorhanden

** **Weisser Hase**
Ludwigstr 23 (B 1), ✉ 94032, ☎ (08 51) 9 21 10, Fax 9 21 11 00, AX DC ED VA
107 Zi, Ez: 120-170, Dz: 180-250, S; 1 Suite, ⌐ WC ☎, 20 ▨; Lift 4 ⇄ 200 Sauna Solarium
Auch Zimmer der Kategorie ***** vorhanden
* Hauptgericht 28; ℗; nur abends

** **Passauer Wolf**
◂≼ Rindermarkt 6, über Untere Donaulände (B 1), ✉ 94032, ☎ (08 51) 9 31 51 10, Fax 9 31 51 50, AX DC ED VA
42 Zi, Ez: 125-140, Dz: 185-240, ⌐ WC ☎; Lift 🅿 🅖 2 ⇄ 50
Auch Zimmer der Kategorie ***** vorhanden
* ◂≼ Hauptgericht 29

** **Best Western Am Fernsehturm**
Neuburger Str 79 (A 2), ✉ 94036, ☎ (08 51) 9 51 80, Fax 9 51 81 00, AX DC ED VA
62 Zi, Ez: 90-150, Dz: 120-200, S; 2 Suiten, ⌐ WC ☎ DFÜ, 5 ▨; Lift ℗ 🅖 4 ⇄ 100 Fitneßraum Sauna Solarium
Kostenloser Shuttleservice bei An- und Abreise
** **Haferlgucker**
Hauptgericht 18

* **Wilder Mann**
◂≼ Am Rathausplatz (C 1), ✉ 94032, ☎ (08 51) 3 50 71, Fax 3 17 12, AX DC ED VA
48 Zi, Ez: 142, Dz: 144-244, 5 Suiten, ⌐ WC ☎; Lift 2 ⇄ 100 ◾
** Hauptgericht 32; Terrasse ✼

* **Altstadt-Hotel**
◂≼ Bräugasse 23 (C 1), ✉ 94032, ☎ (08 51) 33 70, Fax 33 71 00, AX DC ED VA
56 Zi, Ez: 75-142, Dz: 100-224, ⌐ WC ☎; Lift ℗ 🅖 3 ⇄ 80 ◾
Auch Zimmer der Kategorie ****** vorhanden
* **Donaustuben**
◂≼ Hauptgericht 26; Terrasse

* **Dreiflüssehof**
Danziger Str 42-44 (A 2), ✉ 94036, ☎ (08 51) 7 20 40, Fax 7 24 78, AX DC ED VA
67 Zi, Ez: 80-95, Dz: 120-150, ⌐ WC ☎, 10 ▨; Lift ℗ 🅖 1 ⇄ 30 ◾
** Hauptgericht 20; Terrasse; geschl: So, Mo mittags   ➝

Passau

* **Am Jesuitenschlößl**
Kapuzinerstr 32 (C 2), ✉ 94032, ☎ (08 51)
38 64 01, Fax 38 64 04, AX DC ED VA
160 Zi, Ez: 94-98, Dz: 140-160, S; 2 Suiten,
30 App, ⌐ WC, 35🖃; Lift 🅿 4⇔100 Fitneßraum Sauna Solarium ❧ ≖

* **Spitzberg**
Neuburger Str 29 (A 2), ✉ 94032, ☎ (08 51)
95 54 80, Fax 9 55 48 48, AX DC ED VA
29 Zi, Ez: 85-120, Dz: 110-160, ⌐ WC, 🚗
Fitneßraum Sauna Solarium; garni

* **Herdegen**
Bahnhofstr 5 (A 1), ✉ 94032, ☎ (08 51)
95 51 60, Fax 5 41 78, AX ED VA
35 Zi, Ez: 70-85, Dz: 120-150, ⌐ WC, Lift;
garni

Heilig-Geist-Stift-Schenke
♥ Heiliggeistgasse 4 (B 2), ✉ 94032,
☎ (08 51) 26 07, Fax 3 53 87, AX DC ED VA
Hauptgericht 22; Gartenlokal; geschl: Mi,
5.1.-30.1.

≖ **Simon**
Rindermarkt 10 (B 1), ✉ 94032, ☎ (08 51)
21 01, Fax 3 56 16
Terrasse

<mark>Kohlbruck</mark> (5 km ✓)
* **Albrecht**
Haus Nr 18, ✉ 94036, ☎ (08 51) 95 99 60,
Fax 9 59 96 40, AX DC ED VA
40 Zi, Ez: 80, Dz: 130, ⌐ WC, 20🖃; 🅿 🚗
garni

Pattensen 26 ✓

Niedersachsen — Kreis Hannover — 75 m
— 13 620 Ew — Hannover 14, Hildesheim
25 km
ℹ ☎ (0 51 01) 1 00 10, Fax 10 01 81 — Stadtverwaltung, Auf der Burg 1, 30982 Patten-
sen

** **Leine-Hotel**
♂ Schöneberger Str 43, ✉ 30982,
☎ (0 51 01) 91 80, Fax 1 33 67, AX DC ED VA
80 Zi, Ez: 139-350, Dz: 220-375, ⌐ WC,
18🖃; Lift 🅿 🚗 2⇔80 Fitneßraum Sauna
Solarium

* **Zur Lüchte**
Hauptgericht 25; Terrasse; nur abends

* **Calenberger Hof**
Göttinger Str 26, ✉ 30982, ☎ (0 51 01)
1 20 87, Fax 1 20 87, ED VA
13 Zi, Ez: 65-85, Dz: 150-220, ⌐ WC; 🅿
2⇔90 Kegeln ❧
Rezeption: 10-23

* **Zur Linde**
Göttinger Str 14, ✉ 30982, ☎ (0 51 01)
99 87-0, Fax 99 87 10, AX DC ED VA
40 Zi, Ez: 65-200, Dz: 150-270, 1 Suite, ⌐
WC, 🅿 3⇔150
** Hauptgericht 40; Terrasse

⌂ **Am Fuchsbach**
Göttinger Str 37, ✉ 30982, ☎ (0 51 01)
1 00 40, Fax 10 04 70, AX DC ED VA
25 Zi, Ez: 69-82, Dz: 98-110, ⌐ WC; 🅿 ❧

Pegnitz 58 □

Bayern — Kreis Bayreuth — 486 m —
15 000 Ew — Bayreuth 26, Nürnberg 53 km
ℹ ☎ (0 92 41) 7 23 11, Fax 7 23 55 — Verkehrsamt, Hauptstr 37, 91257 Pegnitz;
Erholungsort in der Fränkischen Schweiz.
Sehenswert: Schloßberg mit Aussichtsturm; Zaußenmühle, Pegnitzquelle; Was-
serberg

*** **Pflaums Posthotel Pegnitz** 👑
Relais & Châteaux
Nürnberger Str 14, ✉ 91257, ☎ (0 92 41)
72 50, Fax 8 04 04, AX DC ED VA
25 Zi, Ez: 195-395, Dz: 195-590, 25 Suiten, ⌐
WC, 25🖃; Lift 🅿 5⇔100 ≋ Fitneßraum
Kegeln Sauna Solarium 18Golf ≖
Auch Zimmer anderer Kategorien vor-
handen. Zimmer und Suiten teilweise von
Designer Dirk Obliers gestaltet
*** **Pflaumen-Garten**
** **Posthalter Stube**
In den Restaurants vorzugsweise Menüs

<mark>Hollenberg</mark> (5 km ↘)
* **Landgasthof Schatz**
♂ Hollenberg 1, ✉ 91257, ☎ (0 92 41) 21 49,
Fax 50 74
16 Zi, Ez: 65, Dz: 120, ⌐ WC; 🅿 🚗 Sauna
❧ ≖
geschl: Mo, Nov

Peine 26 ↘

Niedersachsen — Kreis Peine — 75 m —
48 250 Ew — Braunschweig 24, Hannover
39 km
ℹ ☎ (0 51 71) 4 82 00, Fax 4 82 01 — Verkehrsverein, Bahnhofsplatz 1, 31224 Peine;
Stadt am Mittellandkanal. Sehenswert:
hist. Stadtbild

* **Madz**
Schwarzer Weg 70, ✉ 31224, ☎ (0 51 71)
99 60, Fax 9 96 66, AX DC ED VA
63 Zi, Ez: 87-200, Dz: 123-240, ⌐ WC; Lift
🅿 🚗; garni ❧
geschl: Fr, Sa, So abends

* **Stadthotel**
Duttenstedter Str 13, ✉ 31224, ☎ (0 51 71)
4 89 61, Fax 4 89 63, AX ED VA
17 Zi, Ez: 85, Dz: 120, ⌐ WC; garni

* **Stadtklause**
Schwarzer Weg 98, ✉ 31224, ☎ (0 51 71)
1 38 55, Fax 99 00 20
10 Zi, Ez: 90, Dz: 130, ⌐ WC; ❧

* **Bürgerschänke**
Schwarzer Weg 60, ✉ 31224, ☎ (0 51 71)
7 75 30, Fax 77 53 40, ED VA
22 Zi, Ez: 80-100, Dz: 140-160, ⌐ WC; 🅿
🚗 4⇔70 ❧

* **Gasthof Löns-Krug**
Braunschweiger Str 72, ✉ 31226,
☎ (0 51 71) 5 20 31, Fax 5 59 05, ED
Hauptgericht 40; 🅿; geschl: Sa mittags, So,
24.7.-18.8.
7 Zi, Ez: 80-85, Dz: 150-160, ⇨ WC
☎; 1⇔30

Stederdorf (2 km ↑)
** **Quality Hotel**
Ammerweg 1, ✉ 31228, ☎ (0 51 71) 99 59,
Fax 99 52 88, AX DC ED VA
98 Zi, Ez: 110-195, Dz: 145-255, ⇨ WC ☎,
41✉; Lift 🅿 2⇔40
* Hauptgericht 27; Terrasse

** **Schönau**
Peiner Str 17, ✉ 31228, ☎ (0 51 71) 99 80,
Fax 99 81 66, AX DC ED VA
41 Zi, Ez: 120-220, Dz: 170-280, 5 Suiten, ⇨
WC ☎; 🅿 5⇔300
Auch einfachere Zimmer vorhanden
** Hauptgericht 49; geschl: Sa, So
abends

Peiting 71 ←

Bayern — Weilheim-Schongau — 728 m —
11 500 Ew — München 87, Füssen 33,
Landsberg am Lech 30 km
ℹ ☎ (0 88 61) 65 35, Fax 5 91 40 — Verkehrsverein, Ammergauerstr 2, 86971 Peiting

* **Alpenhotel Pfaffenwinkel**
Am Hauptplatz, ✉ 86971, ☎ (0 88 61)
2 52 60, Fax 25 26 27, ED VA
12 Zi, Ez: 75-90, Dz: 130-150, ⇨ WC ☎, 6✉;
🅿 🍴 Fitneßraum 🍽 🍹

Peitz 41 ↘

Brandenburg — Kreis Spree-Neiße-Kreis —
65 m — 6 422 Ew — Cottbus 12 km
ℹ ☎ (03 56 01) 2 31 03, Fax 2 30 36 — Amtsverwaltung Peitz, Markt 1, 03185 Peitz

* **Zum Goldenen Löwen**
Markt 10, ✉ 03185, ☎ (03 56 01) 8 28 40,
Fax 8 28 41
Ez: 70, Dz: 120, ⇨ WC ☎; 🍽

Pellworm 8 →

Schleswig-Holstein — Kreis Nordfriesland
— 1 m — 1 150 Ew
ℹ ☎ (0 48 44) 1 89 40, Fax 1 89 44 — Kurverwaltung, Uthlandestr 2, 25849 Pellworm;
Marscheninsel im Wattenmeer, See-Badeort. Sehenswert: Alte Kirche: Arp-Schnitger-Orgel; Neue Kirche; Naturkundliches
Informationszentrum Schutzstation Wattenmeer; Nordermühle
Achtung: Hafenort ist Tammensiel; Fährschiffe nach Nordstrand mit Pkw-Verla-
dung. ℹ ☎ (0 48 44) 7 53 täglich von 7-12
und 13-17, Sa 9-12

* **Kiek ut na't Schlut**
⚓ Hooger Fähre 6, ✉ 25849, ☎ (0 48 44)
90 90, Fax 9 09 40
19 Zi, Ez: 58-73, Dz: 100-110, 4 App, ⇨ WC
☎; Lift 🅿 2⇔80 Sauna Solarium; garni 🍽
Rezeption: 7-12, 17-18

Penig 50 ↘

Sachsen — Mittweida — 250 m — 6 700 Ew
— Altenburg 16, Chemnitz 22 km
ℹ ☎ (03 73 81) 95 90 — Stadtverwaltung,
Markt 6, 09322 Penig. Sehenswert: Stadtkirche; Kellerberggänge

Tauscha (2 km ↘)
* **Zur Lochmühle**
einzeln ⚓ Lochmühle 1, ✉ 09322,
☎ (03 73 81) 8 02 46, Fax 8 20 23, AX DC ED VA
22 Zi, Ez: 85-105, Dz: 130-145, ⇨ WC ☎
DFÜ, 1✉; 2⇔ ≋ Sauna 🍽 🍹
Auch einfachere Zimmer vorhanden

Pentling 65 ↘

Bayern — Kreis Regensburg — 350 m —
5 850 Ew — Regensburg 5 km
ℹ ☎ (09 41) 9 20 82-0, Fax 9 20 82-20 —
Gemeindeverwaltung, Schulstr 7,
93080 Pentling

Großberg (1,5 km ↓)
** **Vier Jahreszeiten**
An der Steinernen Bank 10, ✉ 93080,
☎ (0 94 05) 3 30, Fax 3 34 10, AX DC ED VA
226 Zi, Ez: 160, Dz: 160, 3 Suiten, ⇨ WC ☎,
33✉; Lift 🅿 🍴 20⇔600 Kegeln Sauna
Solarium 6Tennis 🍹
** Hauptgericht 30; Biergarten Terrasse

Penzberg 72 ↙

Bayern — Kreis Weilheim-Schongau —
600 m — 15 000 Ew — Weilheim 25,
Wolfratshausen 33 km
ℹ ☎ (0 88 56) 81 30, Fax 81 31 36 — Stadtverwaltung, Karlstr 25, 82377 Penzberg

** **Stadthotel Berggeist**
Bahnhofstr 47, ✉ 82377, ☎ (0 88 56) 80 10,
Fax 8 19 13, AX ED VA
45 Zi, Ez: 128, Dz: 175-195, 14 App, ⇨ WC
☎; Lift 3⇔70 Fitneßraum Sauna Solarium
🍽

** **Bayrischer Hof**
Am Hauptplatz, ✉ 82377, ☎ (0 88 56) 50 65,
Fax 44 35, AX DC ED VA
Hauptgericht 23; Biergarten 🅿; geschl: Di
(Okt-Apr), Mo

Perl

Perl 52

Saarland — Kreis Merzig-Wadern — 429 m — 6 200 Ew — Saarburg 19, Merzig 26 km
🛈 ☎ (0 68 67) 6 60, Fax 6 61 00 — Gemeindeverwaltung, Trierer Str 28, 66706 Perl; Ort im Moseltal im Dreiländereck Deutschland - Frankreich - Luxemburg. Sehenswert: Römische Villa: Mosaikfußboden, in Nennig (9km ↑), Römisch. Ausgrabungen in Borg

Nennig (9 km ↑)
*** **Schloß Berg Victor's Residenz-Hotel**
⌂ ⋖ Schloßhof 7, ✉ 66706, ☎ (0 68 66) 7 90, Fax 7 91 00, AX ED VA
14 Zi, Ez: 195-220, Dz: 330-430, 3 Suiten, ⊒ WC ☎, 1⌂; Lift 🅿 2⟳35 18Golf
Auch Zimmer anderer Kategorien vorhanden
*** Hauptgericht 50; Terrasse; geschl: Mo,Di, 3 Wochen im Jan/ 3 Wochen im Aug

Perleberg 20 ↓

Brandenburg — Kreis Prignitz — 60 m — 14 100 Ew — Freital 7, Berlin 135 km
🛈 ☎ (0 38 76) 61 22 59, Fax 61 22 59 — Informationsbüro, Mönchort 7-10, 19348 Perleberg. Sehenswert: Pfarrkirche St. Jakob; Rathaus; Roland-Standbild

* **Neuer Hennings Hof**
einzeln, Hennings Hof 3, ✉ 19348, ☎ (0 38 76) 61 50 31, Fax 61 50 35, AX ED VA
21 Zi, Ez: 80-135, Dz: 100-160, 3 App, ⊒ WC ☎; 🅿 3⟳200 ≏ Fitneßraum Sauna Solarium 5Tennis 🍽 ⚐

Pesterwitz 51 ↘

Sachsen — Kreis Freital — 120 m — 1 256 Ew — Freital 7, Dresden 8 km
🛈 ☎ (03 51) 6 50 29 07 — Gemeindeverwaltung, Dorfplatz 2, 01705 Pesterwitz

** **Pesterwitzer Siegel**
Dresdner Str 23, ✉ 01705, ☎ (03 51) 6 50 63 67, Fax 6 50 63 69, AX DC ED VA
26 Zi, Ez: 98-115, Dz: 118-138, ⊒ WC ☎ DFÜ; Lift 🅿 1⟳30 Sauna
* **Albertheim**
Hauptgericht 18; Biergarten

Petersberg 46 □

Hessen — Kreis Fulda — 350 m — 14 800 Ew — Fulda 3 km
🛈 ☎ (06 61) 6 20 60, Fax 62 06 50 — Gemeindeverwaltung, Rathausplatz 1, 36100 Petersberg. Sehenswert: Kirche auf dem Petersberg ⋖

* **Am Rathaus**
Am Neuen Garten 1, ✉ 36100, ☎ (06 61) 6 90 03, Fax 6 32 57, AX
20 Zi, Ez: 80, Dz: 116, ⊒ WC ☎; **garni** Anmeldung im Hotel Berghof

Almendorf (2 km ↗)
* **Berghof**
Hubertusstr 2, ✉ 36100, ☎ (06 61) 6 60 03, Fax 6 32 57, AX VA
54 Zi, Ez: 93-98, Dz: 132-138, ⊒ WC ☎, 6⌂; Lift 🅿 5⟳120 ≏ Kegeln Sauna Solarium 🍽

Petersdorf siehe Fehmarn

Petershagen 30 →

Brandenburg — Kreis Märkisch-Oderland — 8 285 Ew — Strausberg 8, Berlin 20, Fürstenwalde 32 km
🛈 ☎ (03 34 39) 4 68 — Gemeindeverwaltung, Rathaus, 15370 Petershagen

Eggersdorf (3 km ↗)
** **Landhaus Villago**
⋖ Altlandsberger Chaussee 88, ✉ 15345, ☎ (0 33 41) 46 90, Fax 46 94 69, AX ED VA
60 Zi, Ez: 145-160, Dz: 180-200, 1 Suite, ⊒ WC ☎; Lift 🅿 5⟳100 ≋ ≏ Strandbad Seezugang Fitneßraum Sauna Solarium
* **Bötz**
Hauptgericht 30

Petershagen 25 □

Nordrhein-Westfalen — Kreis Minden-Lübbecke — 70 m — 26 521 Ew — Minden 12 km
🛈 ☎ (0 57 02) 8 22-0, Fax 8 22-2 98 — Stadtverwaltung, im Stadtteil Lahde, Bahnhofstr 63, 32469 Petershagen; Luftkurort an der Weser

** **Schloß Petershagen Gast im Schloß**
⋖ ⌸ Schloßstr 5, ✉ 32469, ☎ (0 57 07) 93 13-0, Fax 23 73, AX DC ED VA
11 Zi, Ez: 120-150, Dz: 220-250, 1 Suite, ⊒ WC ☎; 🅿 2⟳80 ⚐
*** **Orangerie**
⋖ Hauptgericht 46

Heisterholz (2 km ↓)
* **Waldhotel Morhoff**
Forststr 1, ✉ 32469, ☎ (0 57 07) 9 30 30, Fax 22 07, ED
23 Zi, Ez: 85-110, Dz: 120-160, ⊒ WC ☎; 🅿 200 Kegeln 🍽

Peterstal-Griesbach, Bad 60 ↘

Baden-Württemberg — Ortenaukreis — 400 ⚐ — 3 200 Ew — Freudenstadt 24, Offenburg 36 km
🛈 ☎ (0 78 06) 79 33, Fax 79 50 — Kurverwaltung, Schwarzwaldstr 11, 77740 Bad Peterstal-Griesbach; Erholungsort, Heilbad, Kneipp-Kurort im Renchtal, Schwarzwald

Griesbach, Bad
**** **Kurhotel Adlerbad Landidyll**
Kniebisstr 55, ✉ 77740, ☎ (0 78 06) 10 71, Fax 84 21, [ED] [VA]
30 Zi, Ez: 65-100, Dz: 126-170, ⌐ WC ☎; Lift 🅿 🚗 Fitneßraum Sauna Solarium ●
Auch Zimmer der Kategorie ✱ vorhanden
**** Hauptgericht 27

✱ Döttelbacher Mühle
Kniebisstr 8, ✉ 77740, ☎ (0 78 06) 10 37, Fax 13 19, [ED] [VA]
12 Zi, Ez: 65, Dz: 110-130, ⌐ WC ☎; 🅿 🚗
geschl: Di, 9.11.-9.12.
✱ Hauptgericht 25; Gartenlokal; geschl: Di, 9.11.-9.12.

Griesbach, Bad-Außerhalb (2 km ↗)
***** **Kur- und Sporthotel Dollenberg** 👑
Relais & Châteaux
🌳 ≼ Dollenberg 3, ✉ 77740, ☎ (0 78 06) 7 80, Fax 12 72
31 Zi, Ez: 121-146, Dz: 202-278, 3 Suiten, 28 App, ⌐ WC ☎; Lift 🅿 🚗 1⇔30 ⌂ Fitneßraum Sauna Solarium 1 Tennis ●
Auch Zimmer der Kategorie ✱✱ vorhanden
***** ≼ Hauptgericht 32; Terrasse ✢

Peterstal, Bad
✱ Schauinsland
🌳 ≼ Forsthausstr 21, ✉ 77740, ☎ (0 78 06) 9 87 80, Fax 15 32
27 Zi, Ez: 74-99, Dz: 138-158, ⌐ WC ☎, 2⌂; Lift 🅿 🚗 ⌂ Sauna Solarium 2 Tennis ●
geschl: 15.11.-10.12.
Restaurant für Hausgäste; Auch Zimmer der Kategorie ✱✱ vorhanden

Pettendorf 64 ↗

Bayern — Kreis Regensburg — 370 m — 2 630 Ew — Regensburg 13 km
🛈 ☎ (0 94 09) 85 10 20, Fax 23 13 — Verwaltungsgemeinschaft, Margarethenstr 4, 93186 Pettendorf

Mariaort (6 km ↘)
✱ Krieger
Herbergstr 3, ✉ 93186, ☎ (09 41) 8 10 80, Fax 8 10 81 80, [ED] [VA]
27 Zi, Ez: 60-90, Dz: 100-140, ⌐ WC ☎; Lift 🅿 2⇔80; **garni**
geschl: Ende Dez - 6.1.
✱ Hauptgericht 23; Biergarten; geschl: Mi, 23.12.-5.1., 23.8.-8.9.

Pfäffingen siehe Ammerbuch

Pfaffenweiler 67 □

Baden-Württemberg — Kreis Breisgau-Hochschwarzwald — 250 m — 2 800 Ew — Schallstadt 2, Freiburg 10 km
🛈 ☎ (0 76 64) 52 15, Fax 5 97 01 — Verkehrsverein, Alemannenstr 22, 79227 Schallstadt-Mengen. Sehenswert: Freilichtmuseum; Hist. Steinbrücke

✱✱✱ Zehners Stube
Weinstr 39, ✉ 79292, ☎ (0 76 64) 62 25, Fax 6 16 24, [AX] [ED]
Hauptgericht 45; geschl: Mo, 2 Wochen im Sommer

Pfaffing 72 →

Bayern — Kreis Rosenheim (Land) — 470 m — 4 599 Ew — Wasserburg 6, Grafing 14, Rosenheim 27 km
🛈 ☎ (0 80 76) 9 19 80 — Verwaltungsgemeinschaft, 83539 Pfaffing

Forsting (3 km ↘)
✱ Gasthof Forsting
Münchner Str 21, ✉ 83539, ☎ (0 80 94) 9 09 70, Fax 90 97 40, [DC] [ED] [VA]
23 Zi, Ez: 70-90, Dz: 90-130, ⌐ WC ☎ DFÜ; 🅿 🚗 2⇔200 Solarium 🍽
geschl: Mi

Pfalzgrafenweiler 61 ✓

Baden-Württemberg — Kreis Freudenstadt — 635 m — 6 600 Ew — Freudenstadt 15, Nagold 17, Horb 20 km
🛈 ☎ (0 74 45) 85 18-40, Fax 85 18-53 — Kurverwaltung, Am Marktplatz, 72285 Pfalzgrafenweiler; Luftkurort im Schwarzwald

✱ Thome's Schwanen
Marktplatz 1, ✉ 72285, ☎ (0 74 45) 8 58 07-0, Fax 8 58 07-4 00, [ED]
37 Zi, Ez: 69-93, Dz: 110-150, ⌐ WC ☎; Lift 🅿 🚗 2⇔50
geschl: 3 Wochen Aug
✱ Hauptgericht 28

Herzogsweiler (3 km ↙) - Luftkurort
✱ Sonnenschein mit Gästehaus
🌳 Birkenbuschweg 11, ✉ 72285, ☎ (0 74 45) 22 10, Fax 17 80, [ED] [VA]
31 Zi, Ez: 54-56, Dz: 108-112, ⌐ WC; 🅿 🚗 🍽
geschl: Mi, 9.11.-16.12.

Kälberbronn (7 km ←) - Luftkurort
✱✱ Schwanen
🌳 ≼ Große Tannenstr 10, ✉ 72285, ☎ (0 74 45) 18 80, Fax 1 88 99, [ED] [VA]
60 Zi, Ez: 125-150, Dz: 230-250, 4 Suiten, ⌐ WC, 5⌂; Lift 🅿 3⇔60 ⌂ Fitneßraum Kegeln Sauna Solarium 18 Golf 10 Tennis ● Kinderbetreuung
✱✱ Hauptgericht 35; Terrasse; geschl: 1.11.-1.12.

Pfalzgrafenweiler-Außerhalb (3 km ←)
✱✱ Silencehotel Waldsägmühle
einzeln 🌳 ✉ 72285, ☎ (0 74 45) 8 51 50, Fax 67 50, [ED] [VA]
38 Zi, Ez: 80-105, Dz: 150-195, ⌐ WC ☎; Lift 🅿 50 ⌂ Sauna Solarium ●
geschl: Anfang Jan-Anfang Feb, 2 Wochen im Aug
✱✱ einzeln, Hauptgericht 25; Terrasse; geschl: 1.1.-1.2., 2 Wochen im Aug

Pfarrkirchen

Pfarrkirchen 73 ↗

Bayern — Kreis Rottal-Inn — 377 m —
12 000 Ew — Eggenfelden 15, Simbach 23,
Pocking 30 km
ℹ️ ☎ (0 85 61) 30 60, Fax 30 63 4 — Verkehrsamt, Rathaus, Stadtplatz 2, 84347 Pfarrkirchen; Kreisstadt im Rottal. Sehenswert:
Kath. Kirche; Altes Rathaus; Stadtmauer;
Wallfahrtskirche auf dem Gartlberg ◂;
Kastanien-Ringallee, Stadtmauer; roter
Turm

∗ Münchner Hof
Lindner Str 14, ✉ 84347, ☎ (0 85 61)
96 45-0, Fax 96 45-45, AX DC ED VA
26 Zi, Ez: 90, Dz: 120, ⊿ WC ☎, 8⌧; P 🚗 ⁞

∗ Ederhof
Ziegelstadl 1 a, ✉ 84347, ☎ (0 85 61)
2 38 70, Fax 64 02, AX DC ED VA
20 Zi, Ez: 70, Dz: 115, ⊿ WC ☎, 2⌧; Lift P
2⇌50 ⁞

Pfatter 65 ↖

Bayern — Kreis Regensburg — 325 m —
2 712 Ew — Karlsruhe 21 km
ℹ️ ☎ (0 94 81) 9 40 40, Fax 94 04 25 —
Gemeindeverwaltung, Haidauer Str 40,
93102 Pfatter

∗ Landgasthof Fischer
Haidauer Str 22, ✉ 93102, ☎ (0 94 81) 3 26,
Fax 17 79, DC ED VA
33 Zi, Ez: 42-50, Dz: 80-98, 3 App, ⊿ WC,
8⌧; P 🚗 Kegeln Solarium ⁞ 🍺
geschl: 26.12.-7.1.

Pfeffenhausen 64 →

Bayern — Landshut — 450 m — 4 600 Ew
ℹ️ ☎ (0 87 82) 9 60 00, Fax 96 00 22 — Tourist-Information, Marktplatz 3, 84076 Pfeffenhausen

∗ Gasthof Pöllinger
Moosburger Str 23, ✉ 84076, ☎ (0 87 82)
16 70, Fax 83 80, ED VA
28 Zi, Ez: 60-85, Dz: 100-120, ⊿ WC ☎; P
3⇌500 ⁞ 🍺

Pfinztal 61 ↖

Baden-Württemberg — Kreis Karlsruhe —
130 m — 17 200 Ew — Karlsruhe 13, Pforzheim 21 km
ℹ️ ☎ (0 72 40) 6 20, Fax 62 50 — Gemeindeverwaltung, Hauptstr 70, 76327 Pfinztal

Söllingen
∗∗∗∗ Villa Hammerschmiede 👑
Relais & Châteaux
♂ Hauptstr 162, ✉ 76327, ☎ (0 72 40) 60 10,
Fax 6 01 60, AX DC ED VA
25 Zi, Ez: 191-321, Dz: 304-414, 1 Suite, ⊿
WC ☎ DFÜ, Lift P 🚗 5⇌40 ⌂ Fitneßraum
Sauna Solarium
∗∗∗ Hauptgericht 65; Terrasse 🍳

Pfofeld 63 ↗

Bayern — Kreis Weißenburg-Gunzenhausen — 430 m — 1 350 Ew
ℹ️ ☎ (0 98 34) 2 43 — Gemeindeverwaltung,
91738 Pfofeld

Langlau (3,5 km ↗)
∗∗ Strandhotel Seehof
♂ ◂ Seestr 33, ✉ 91738, ☎ (0 98 34) 98 80,
Fax 9 88-9 88, AX ED VA
82 Zi, Ez: 120-134, Dz: 180-204, 3 Suiten, ⊿
WC ☎ DFÜ, 41⌧; Lift P 🚗 7⇌120 ⌂ Seezugang Fitneßraum Kegeln Sauna Solarium
⁞ 🍺
Zimmer der Kategorie ∗∗∗ verfügbar

Pforzheim 61 ↖

Baden-Württemberg — Stadtkreis — 420 m
— 120 000 Ew — Karlsruhe 30, Stuttgart
45 km
ℹ️ ☎ (0 72 31) 3 99 00, Fax 39 90 30 — Pforzheim Kongress- u. Marketing GmbH Stadtinform., Im Neuen Rathaus, Marktplatz 1,
75175 Pforzheim; Stadt im nördlichen
Schwarzwald, an der Mündung der Nagold
in die Enz; Stadttheater. Sehenswert: Ev.
Schloß- und Stiftskirche; ev. Stadtkirche;
kath. Herz-Jesu-Kirche; Reuchlinhaus:
Schmuckmuseum; Rathaus mit Glockenspiel; im Stadtteil Arlinger: ev. Matthäuskirche; Altstadtkirche St. Martin; Wildpark;
Alpengarten

∗∗∗ Parkhotel Pforzheim
Deimlingstr 36 (B 2), ✉ 75175, ☎ (0 72 31)
16 10, Fax 16 16 90, AX DC ED VA
133 Zi, Ez: 158-218, Dz: 198-268, S;
10 Suiten, ⊿ WC ☎ DFÜ, 43⌧; Lift P 🚗
9⇌300 Fitneßraum Sauna Solarium 🍺
∗∗∗ Gala
Hauptgericht 35; Terrasse
∗∗ Park-Restaurant
Hauptgericht 30; Terrasse

∗∗ Royal
Wilferdinger Str 64, ✉ 75179, ☎ (0 72 31)
1 42 50, Fax 14 25 99, AX DC ED VA
43 Zi, Ez: 135-145, Dz: 175-195, ⊿ WC ☎,
10⌧; Lift 🚗 3⇌50 ⁞ 🍺

∗∗ Ruf
Bahnhofplatz 5 (B 2), ✉ 75175, ☎ (0 72 31)
18 90, Fax 3 31 39, AX DC ED VA
45 Zi, Ez: 95-135, Dz: 115-175, ⊿ WC ☎,
4⌧; Lift 🚗

∗ Hasenmayer
Heinrich-Wieland-Allee 105, ✉ 75177,
☎ (0 72 31) 31 10, Fax 31 13 45, ED VA
44 Zi, Ez: 79-109, Dz: 137-152, ⊿ WC ☎,
2⌧; Lift P Kegeln ⁞ 🍺
geschl: 23.12.-2.1.

∗ Gute Hoffnung
Dillsteiner Str 9 (A 3), ✉ 75173, ☎ (0 72 31)
92 29-0, Fax 92 50 24, DC ED VA
22 Zi, Ez: 89-100, Dz: 130-138, ⊿ WC ☎; P
🚗; garni

Pfronten

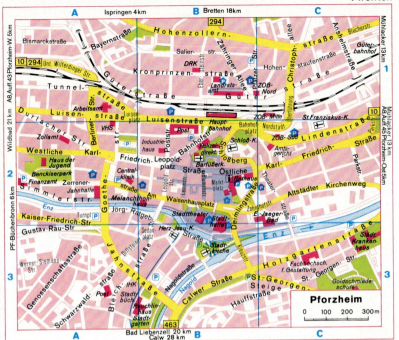

Europa
Kronprinzenstr 1 (B 1), ⊠ 75177, ☎ (0 72 31)
12 58 50, Fax 1 25 85 85, AX DC ED VA
24 Zi, Ez: 95-105, Dz: 125-165, 6 App, ⌐ WC
☎, 3⊠; P ⌐ ۩

** **Goldener Bock**
Ebersteinstr 1 (B 1), ⊠ 75177, ☎ (0 72 31)
10 51 23, AX DC ED VA
Hauptgericht 25; geschl: Do, Fr mittags,
27.12.-8.1., 5.-21.8.

Brötzingen (3 km ←)
** **Silberburg**
Dietlinger Str 27, ⊠ 75179, ☎ (0 72 31)
44 11 59, Fax 46 54 04, AX DC ED VA
Hauptgericht 45; geschl: Mo, Di mittags,
Aug

** **Pyramide**
Dietlinger Str 25, ⊠ 75179, ☎ (0 72 31)
44 17 54, Fax 46 72 61, DC ED VA
Hauptgericht 34; Biergarten; geschl: Sa
mittags, Mo, 4 Wochen im Sommer

Pforzheim-Außerhalb (1,5 km ↓)
*** **Hoheneck**
Huchenfelder Str 70, ⊠ 75180, ☎ (0 72 31)
7 16 33, Fax 76 79 41, AX DC ED VA
Hauptgericht 35; Terrasse

Pfrondorf siehe Nagold

Pfronten

Bayern — Kreis Ostallgäu — 900 m —
7 650 Ew — Füssen 12, Kempten 29 km
ℹ ☎ (0 83 63) 6 98 88, Fax 6 98 66 — Verkehrsamt im Ortsteil Ried, Vilstalstr 2,
87459 Pfronten; Luftkurort und Wintersportplatz am Alpenrand. Sehenswert:
Breitenberg, 1838 m ≺ (Breitenbergbahn + Hochalpbahn); Burgruine Falkenstein, 1268 m ≺ (5 km ↘)

Dorf
*** **Silencehotel Bavaria**
einzeln ☼ ≺ Kienbergstr 62, ⊠ 87459,
☎ (0 83 63) 90 20, Fax 68 15, AX DC ED VA
44 Zi, Ez: 110-159, Dz: 220-318, 3 Suiten, ⌐
WC ☎ DFÜ; Lift P ⌐ 4⇔120 ≋ ≏ Sauna
Solarium ⚌
geschl: 3 Wochen im Nov/Dez
** Hauptgericht 30; Terrasse;
geschl: Ca. 3 Wo Im Nov/Dez

** **Ringhotel Alpenhotel Krone** ♛
Tiroler Str 29, ⊠ 87459, ☎ (0 83 63) 60 76,
Fax 61 64, AX DC ED VA
30 Zi, Ez: 120, Dz: 180-220, S; 2 Suiten, ⌐
WC ☎, 15⊠; Lift P ⌐ 2⇔40
** Hauptgericht 32; Terrasse;
geschl: Mo →

Pfronten

✳ ≤ Christina
🌣 ⋠ Kienbergstr 56, ✉ 87459, ☎ (0 83 63) 60 01, Fax 60 03
19 Zi, Ez: 76-83, Dz: 128-160, 1 App, ⌐⌐ WC ☎; 🅿 🚗 🍽 Fitneßraum Sauna Solarium ☕
geschl: Mi, 11.4.-1.5.
✳ Hauptgericht 25; Gartenlokal Terrasse; geschl: Mi, 11.04.-01.05.

Meilingen
✳✳ Berghof
🌣 ⋠ Falkensteinweg 13, ✉ 87459,
☎ (0 83 63) 9 11 30, Fax 91 13 25
31 Zi, Ez: 70-132, Dz: 142-216, 1 Suite, 12 App, ⌐⌐ WC ☎; Lift 🅿 🚗 1⇔25 🍽 Sauna Solarium 🍴 ☕
geschl: 5.11.-15.12.
Auch Zimmer der Kategorie ✳ vorhanden

Obermeilingen
✳ Schloßanger-Alp
einzeln 🌣 ⋠ Am Schloßanger 1, ✉ 87459,
☎ (0 83 63) 60 86, Fax 66 67, AX DC ED VA
10 Zi, Ez: 98-180, Dz: 190-260, 6 Suiten, 14 App, ⌐⌐ WC ☎, 4📺; 🅿 🚗 2⇔30 🍽 Fitneßraum Sauna Solarium 🍴 ☕
geschl: Di (Nov-April), Mitte Jan-Anfang Feb
Zimmer der Kategorie ✳✳ vorhanden

Steinach
✳✳ Chesa Bader
🌣 ⋠ Enzianstr 12, ✉ 87459, ☎ (0 83 63) 83 96, Fax 86 96
8 Zi, Ez: 78-95, Dz: 130-150, 5 Suiten, ⌐⌐ WC ☎; 🅿 🚗 🍽 Sauna Solarium; **garni**

Weißbach
✳✳ Parkhotel Flora-Concordia
🌣 ⋠ Auf der Geigerhalde 43, ✉ 87459,
☎ (0 83 63) 90 30, Fax 10 02, AX DC ED VA
58 Zi, Ez: 85-135, Dz: 150-184, 1 Suite, 20 App, ⌐⌐ WC ☎, 10📺; Lift 🅿 🚗 🍴 ☕

✳ Post mit Gästehaus
Kemptener Str 14, ✉ 87459, ☎ (0 83 63) 50 32, Fax 50 35, AX DC ED VA
21 Zi, Ez: 75-85, Dz: 120-140, 17 App, ⌐⌐ WC ☎; 🅿 Fitneßraum Sauna Solarium
geschl: 10.11.-15.12.
✳ Hauptgericht 21; geschl: Mo, Mitte Nov-Mitte Dez

Pfullendorf 69 ←

Baden-Württemberg — Kreis Sigmaringen — 671 m — 12 500 Ew — Sigmaringen 22, Überlingen 25 km
ℹ ☎ (0 75 52) 25-1131 2, Fax 93 11 30 — Kultur und Verkehrsamt, Kirchplatz 1, 88630 Pfullendorf. Sehenswert: Kath. Kirche St. Jakob; Spitalkapelle; Rathaus, Schoberhaus, „Oberes Tor" (Wahrzeichen der Stadt); Altes Haus; Fachwerkhäuser

✳✳ Adler Flair Hotel
Heiligberger Str 20, ✉ 88630, ☎ (0 75 52) 9 20 90, Fax 50 05, DC ED VA
44 Zi, Ez: 99-120, Dz: 155-167, 2 Suiten, 2 App, ⌐⌐ WC ☎ DFÜ; Lift 🅿 2⇔50 ☕
✳✳ Hauptgericht 30

✳ Krone
Hauptstr 18, ✉ 88630, ☎ (0 75 52) 9 21 70, Fax 92 17 34, AX DC ED VA
35 Zi, Ez: 76-98, Dz: 130-160, ⌐⌐ WC ☎; 🅿 🚗 2⇔30
✳ Hauptgericht 30; geschl: 23.12.-15.1.

Pfullingen 69 ↘

Baden-Württemberg — Kreis Reutlingen — 426 m — 17 500 Ew — Reutlingen 4 km
ℹ ☎ (0 71 21) 70 32 08, Fax 70 32 13 — Stadtverwaltung, Marktplatz 5, 72793 Pfullingen. Sehenswert: Ehem. Klosterkirche; Martinskirche; Pfullinger Hallen; Württ. Trachtenmuseum; Mühlenmuseum; Stadtgeschichtliches Museum

✳✳ Engelhardt
Hauffstr 111, ✉ 72793, ☎ (0 71 21) 9 92 00, Fax 9 92 02 22, AX ED VA
58 Zi, Ez: 100-127, Dz: 140-160, ⌐⌐ WC ☎ DFÜ; Lift 🅿 1⇔30 Sauna; **garni**

Pfungstadt 54 ↗

Hessen — Kreis Darmstadt-Dieburg — 103 m — 24 397 Ew — Darmstadt 11, Bensheim 21 km
ℹ ☎ (0 61 57) 9 88-0, Fax 9 88-3 00 — Stadtverwaltung, Kirchstr 12, 64319 Pfungstadt. Sehenswert: Altes Rathaus; Pfungstädter Galgen; Synagoge

✳✳ VM 🌶
Borngasse 16, ✉ 64319, ☎ (0 61 57) 8 54 40, Fax 6 98 89
Hauptgericht 32; Terrasse; geschl: So, Mo, Sa mittags, Ende Dez-Mitte Jan, 2 Wochen im Mai

Philippsreut 66 ↗

Bayern — Kreis Freyung-Grafenau — 980 m — 734 Ew — Freyung 14 km
ℹ ☎ (0 85 50) 9 10 17, Fax 9 10 19 — Gemeindeverwaltung, Hauptstr 17, 94158 Phillippsreut; Erholungsort im Bayerischen Wald

Mitterfirmiansreut (4 km ↘)
✳ Zur Alm
einzeln 🌣 ⋠ Alpe 8, ✉ 94158, ☎ (0 85 57) 6 37, Fax 3 77
19 Zi, Ez: 35-45, Dz: 70-90, 17 App, ⌐⌐ WC; 🅿 Sauna Solarium 🍴 ☕

Piding 73 ↘

Bayern — Kreis Berchtesgadener Land — 470 m — 4 300 Ew — Bad Reichenhall 6, Freilassing 11 km
ℹ ☎ (0 86 51) 38 60, Fax 6 34 47 — Verkehrsamt, Petersplatz 2, 83451 Piding; Luftkurort

Mauthausen (2 km ✓)
* **Pension Alpenblick**
Gaisbergstr 9, ✉ 83451, ☎ (0 86 51) 9 88 70, Fax 98 87 35, ED VA
16 Zi, Ez: 67-75, Dz: 100-134, ⊿ WC ☎; P Sauna Solarium
geschl: 1.11.-15.12.
Restaurant für Hausgäste

Piding-Außerhalb (4 km ↖)
** **Berg- und Sporthotel Neubichler Alm**
einzeln ♂ ⋅⋖ Neubichel 5, ✉ 83451, ☎ (0 86 56) 7 00 90, Fax 12 33, DC ED VA
55 Zi, Ez: 88-139, Dz: 144-204, 8 Suiten, 5 App, ⊿ WC ☎, 3⊠; Lift P 🖳 2✿120 Fitneßraum Kegeln Sauna Solarium 18Golf 2Tennis 🚊
** ⋅⋖ Hauptgericht 25; Terrasse

Piesport 52 ↗

Rheinland-Pfalz — Kreis Bernkastel-Wittlich — 120 m — Bernkastel-Kues 18, Wittlich 18, Trier 45 km
ℹ ☎ (0 65 07) 20 28, Fax 20 26 — Gemeindeverwaltung, St-Martin-Str 27, 54498 Piesport; Weindorf

** **Winzerhof**
Bahnhofstr 8 a, ✉ 54498, ☎ (0 65 07) 9 25 20, Fax 92 52 52, AX DC ED VA
15 Zi, Ez: 95-100, Dz: 136-158, ⊿ WC ☎ DFÜ; P; garni
geschl: Mitte Mär

Pilsach 58 ↙

Bayern — Kreis Neumarkt (Oberpfalz) — 560 m — 2 343 Ew — Neumarkt (Oberpfalz) 7, Nürnberg 40 km
ℹ ☎ (0 91 81) 3 06 61 — Gemeindeverwaltung, Raiffeisenstr 10, 92367 Pilsach

* **Gasthof Am Schloß**
Litzloher Str 8, ✉ 92367, ☎ (0 91 81) 3 00 21, Fax 34 03, AX ED VA
16 Zi, Ez: 70, Dz: 95, ⊿ WC ☎; P 🖳 1✿20 🚊
geschl: Mitte Aug 2 Wochen
* Hauptgericht 20; Biergarten;
geschl: Di, 2 Wochen im Aug

Pinneberg 18 ↖

Schleswig-Holstein — Kreis Pinneberg — 16 m — 40 200 Ew — Elmshorn 17, Hamburg 19 km
ℹ ☎ (0 41 01) 21 10, Fax 21 14 44 — Stadtverwaltung, Rathaus, Bismarckstr 8, 25421 Pinneberg. Sehenswert: Rosengarten; Drostei; Neugotische Backsteinkirche

** **Thesdorfer Hof**
Rellinger Str 35, ✉ 25421, ☎ (0 41 01) 5 45 40, Fax 54 54 54, AX DC ED VA
22 Zi, Ez: 130-160, Dz: 150-200, ⊿ WC ☎; P 1✿30 Sauna; garni

* **Quellental**
Rethwiese 2, ✉ 25421, ☎ (0 41 01) 6 20 43, Fax 6 27 47, ED
20 Zi, Ez: 80-90, Dz: 130, ⊿ WC ☎; garni

** **Zur Landdrostei**
Dingstätte 23, ✉ 25421, ☎ (0 41 01) 20 77 72, Fax 59 22 00, AX DC ED VA
Hauptgericht 34; P

Pirmasens 53 ↓

Rheinland-Pfalz — Stadtkreis — 368 m — 51 000 Ew — Zweibrücken 23, Kaiserslautern 35, Landau 46 km
ℹ ☎ (0 63 31) 84 23 55, Fax 84 23 51 — Kultur- und Fremdenverkehrsamt, Rathaus am Exerzierplatz, 66953 Pirmasens; Stadt im Pfälzer Wald. Sehenswert: Schloßtreppenanlage; Wasserkaskaden

Messen:
PLW Frühjahr April 99
IMS 15.-18.9.99
PLW Herbst Oktober 99

** **Landauer Tor**
Landauer Str 7, ✉ 66953, ☎ (0 63 31) 2 46 40, Fax 24 64 44, AX DC ED VA
27 Zi, Ez: 85-150, Dz: 120-180, ⊿ WC ☎; Lift 2✿50
Restaurant für Hausgäste
Auch Zimmer der Kategorie * vorhanden

* **Wasgauland**
Bahnhofstr 35, ✉ 66953, ☎ (0 63 31) 53 10, Fax 53 11 44, ED VA
43 Zi, Ez: 65-95, Dz: 108-125, ⊿ WC ☎; Lift; garni

Winzeln (3 km ←)
** **Kunz**
Bottenbacher Str 74, ✉ 66954, ☎ (0 63 31) 87 50, Fax 87 51 25, AX DC ED VA
46 Zi, Ez: 69-95, Dz: 120-150, 1 Suite, ⊿ WC ☎; P 🖳 3✿100 🚊 Sauna
geschl: 15.-30.7., 24.12.-5.1.
Auch Zimmer der Kategorie *** vorhanden
** Hauptgericht 28; Gartenlokal;
geschl: Fr, Sa mittags, Ende Dez-Anfang Jan, Mitte-Ende Jul

Pirna 51 ↑

Sachsen — Sächsische Schweiz — 110 m — 38 800 Ew — Dresden 20 km
ℹ ☎ (0 35 01) 52 84 97, Fax 52 84 97 — Fremdenverkehrsbüro der Stadt Pirna, Dohnaische Str 31, 01796 Pirna; „Tor zur Sächsischen Schweiz". Sehenswert: Mittelalterliches Marktensemble, Rathaus; Stadtkirche St. Marien; Bürgerhäuser; Festung Sonnenstein; Kirche des ehem. Dominikanerklosters; Postdistanzsäule →

Pirna

**   **Romantik Hotel Deutsches Haus**
♂ ⓥ Niedere Burgstr 1, ✉ 01796,
☎ (0 35 01) 44 34 40, Fax 52 81 04, AX ED VA
40 Zi, Ez: 100-155, Dz: 140-190, ⊣ WC ☎
DFÜ, 4✉; Lift P 1⇔50 ⓨ
Zimmer der Kategorie ***** vorhanden. Denkmalgeschützte Renaissance-Bauten aus dem 16. Jh.

*   **Pirna'scher Hof**
Am Markt 4, ✉ 01796, ☎ (0 35 01) 4 43 80,
Fax 4 43 80, AX ED VA
22 Zi, Ez: 100-130, Dz: 120-150, ⊣ WC ☎;
1⇔30 Solarium
Ständig wechselnde Kunstausstellungen

*   **Galerierestaurant**
Hauptgericht 25; P

*   **Sächsischer Hof**
Gartenstr 21, ✉ 01796, ☎ (0 35 01) 44 75 51,
Fax 44 75 54, AX ED VA
28 Zi, Ez: 122, Dz: 122-142, ⊣ WC ☎; P
1⇔55 Sauna ⓨ

Zehista (2 km ↓)

**   **Gasthof Zur Post**
Liebstädter Str 30, ✉ 01796, ☎ (0 35 01)
55 00, Fax 52 77 12, AX DC ED VA
61 Zi, Ez: 130, Dz: 100-180, ⊣ WC ☎; Lift
2⇔100 ⓖ Fitneßraum Kegeln Sauna
Solarium ⓨ
Auch einfachere Zimmer vorhanden

siehe auch **Wehlen**

Pittenhart 73 ←

Bayern — Traunstein — 563 m — 1 565 Ew
— Obing 3, Seeon-Seebruck 12, Rosenheim
25 km
ⓘ ☎ (0 86 24) 89 86 25, Fax 89 86 23 — Verwaltungsgemeinschaft Obing, Kienberger Str 5, 83132 Pittenhart

*   **Augustiner**
Trostberger Str 1, ✉ 83132, ☎ (0 86 24)
43 17, Fax 12 06
Hauptgericht 20

Pivitsheide siehe Detmold

Planegg 71 ↗

Bayern — Kreis München — 546 m —
10 774 Ew — München 15, Starnberg 15 km
ⓘ ☎ (0 89) 8 99 26-0, Fax 8 99 26-1 02 —
Gemeindeverwaltung, Pasinger Str 8,
82152 Planegg

**   **Planegg**
♂ Gumstr 13, ✉ 82152, ☎ (0 89) 8 57 10 79,
Fax 8 59 60 16, ED VA
41 Zi, Ez: 90-125, Dz: 135-170, ⊣ WC ☎,
5✉; Lift P; garni
geschl: 22.12.-7.1.
Auch Zimmer der Kategorie ***** vorhanden

•   **Confiserie Macher**
Bahnhofstr 22, ✉ 82152, ☎ (0 89)
8 99 22 00, Fax 89 92 20 19, AX DC ED VA

Plattling 65 →

Bayern — Kreis Deggendorf — 324 m —
12 300 Ew — Deggendorf 13, Landau a.d.
Isar 23, Straubing 26 km
ⓘ ☎ (0 99 31) 7 08 65, Fax 7 08 98 — Fremdenverkehrsamt, Preysingplatz 1,
94447 Plattling; Stadt an der Isar

*   **Zur Grünen Isar**
Passauer Str 2, ✉ 94447, ☎ (0 99 31) 95 20,
Fax 95 22 22, AX ED VA
66 Zi, Ez: 87-121, Dz: 144-164, 5 Suiten, ⊣
WC ☎; Lift P ⊟ 3⇔80 ⓦ
Auch Zimmer der Kategorie ****** vorhanden

*   Hauptgericht 19; Terrasse

Pankhofen

**   **Reiterstuben Hutter**
Altholz 6, ✉ 94447, ☎ (09 91) 73 20,
Fax 38 28 87, AX ED
Hauptgericht 30; Terrasse; geschl: Sa mittags, so + feiertags abends

Plau am See 20 →

Mecklenburg-Vorpommern — Parchim —
62 m — 6 200 Ew — Pritzwalk 37, Rostock
87 km
ⓘ ☎ (03 87 35) 23 45, Fax 4 14 21 — Tourist-Information, Burgplatz 2, 19395 Plau am
See; Erholungsort. Sehenswert: Bergfried;
Burgverließ; Plauer See; Fachwerkhäuser;
Bürgerhäuser; Hallenkirche; Eldeschleuse

**   **Parkhotel Klüschenberg**
♂ Klüschenberg 14, ✉ 19395, ☎ (03 87 35)
4 43 79, Fax 4 43 71, AX ED VA
67 Zi, Ez: 89-125, Dz: 125-190, 1 Suite, ⊣
WC ☎; Lift P 6⇔170 Strandbad Fitneßraum Sauna Solarium ⓦ
**   Hauptgericht 25; Gartenlokal Terrasse

Heidenholz

**   **Marianne Kiek In**
♂ Quetziner Str 77, ✉ 19395, ☎ (03 87 35)
82 30, Fax 8 23 40, AX ED VA
18 Zi, Ez: 80-100, Dz: 120-160, ⊣ WC ☎; P
1⇔25 Seezugang ⓨ ⓦ

Plötzenhöhe

**   **Strandhotel**
⚓ Seestr 6, ✉ 19395, ☎ (03 87 35) 4 12 02,
Fax 4 12 02
21 Zi, Ez: 99, Dz: 119-149, ⊣ WC ☎; Seezugang ⓨ

Plettenberg

Quetzin (5 km ↑)
✶✶ Landhotel Rosenhof
♦ ◄ August-Bebel-Str 10, ✉ 19395,
☎ (03 87 35) 8 90, Fax 8 91 89, AX DC ED VA
31 Zi, Ez: 80-109, Dz: 129-169, 🖃 WC ☎; 🅿
1⇌25 Seezugang Sauna 🍴 ☕

Seelust
✶✶ Silence-Seehotel Plau am See
♦ ◄ Hermann-Niemann-Str 6, ✉ 19395,
☎ (03 87 35) 84-0, Fax 84-1 66, AX DC ED VA
68 Zi, Ez: 98-129, Dz: 158-178, 1 Suite,
5 App, 🖃 WC ☎; 🅿 12⇌100 ≋ Strandbad
Seezugang Fitneßraum Kegeln Sauna ☕
✶✶ Hauptgericht 25; Terrasse

✶✶ Gesundbrunn
♦ ◄ Hermann-Niemann-Str 11, ✉ 19395,
☎ (03 87 35) 4 68 38, Fax 4 68 38, ED
16 Zi, Ez: 80-135, Dz: 120-170, 🖃 WC ☎; 🅿
Seezugang 🍴 ☕
Auch Zimmer der Kategorie ✶ vorhanden

✶ Hotel- und Waldrestaurant
einzeln ♦ Philosophenweg 2, ✉ 19395,
☎ (03 87 35) 4 57 37, Fax 4 57 36, ED
9 Zi, Ez: 66-150, Dz: 86-150, 1 App, 🖃 WC ☎,
1🚗; 🅿 🚗 Solarium 🍴 ☕

Plauen 49 ←

Sachsen — Stadt Plauen — 412 m —
68 500 Ew — Hof 27, Zwickau 46 km
ℹ ☎ (0 37 41) 2 91 10 27, Fax 2 91 11 09 —
Tourist-Information, Unterer Graben 1,
08523 Plauen; „Stadt der Plauener Spitze".
Sehenswert: Hauptkirche St. Johannis;
Lutherkirche; Malzhaus; Altes Rathaus;
Nonnenturm als Rest der Stadtbefestigung; Vogtlandmuseum; Alte Elsterbrücke; Friedensbrücke

✶✶ Alexandra
Bahnhofstr 17, ✉ 08523, ☎ (0 37 41)
22 14 14, Fax 22 67 47, AX DC ED VA
70 Zi, Ez: 144, Dz: 144-199, 2 Suiten, 🖃 WC
☎ DFÜ, 20🚗; Lift 🅿 🚗 2⇌90 Sauna
Solarium ☕
Auch Zimmer der Kategorie ✶✶✶ vorhanden
✶✶ Hauptgericht 25

✶✶ Am Theater
Theaterstr 7, ✉ 08523, ☎ (0 37 41) 12 10,
Fax 12 14 44, AX DC ED VA
114 Zi, Ez: 130-155, Dz: 165-200, 4 Suiten, 🖃
WC ☎, 66🚗; Lift 🚗 3⇌80 Sauna Solarium
🍴 ☕

✶✶ Holiday Inn Garden Court
Straßberger Str 37-41, ✉ 08523, ☎ (0 37 41)
25 20, Fax 25 21 00, AX DC ED VA
63 Zi, Ez: 149-169, Dz: 189, 🖃 WC ☎, 29🚗;
Lift 4⇌85 🍴

✶ Parkhotel
Rädelstr 18, ✉ 08523, ☎ (0 37 41) 2 00 60,
Fax 20 06 60, ED VA
16 Zi, Ez: 85-119, Dz: 135-155, 1 Suite, 🖃
WC ☎ DFÜ; 🅿 2⇌20 🍴

Neundorf (3 km ←)
✶ Ambiente
Schulstr 23 b, ✉ 08527, ☎ (0 37 41)
13 41 02, Fax 13 41 68, ED VA
21 Zi, Ez: 65-85, Dz: 100-130, 🖃 WC ☎,
12🚗; 🅿 2⇌25 Bowling Sauna Solarium 🍴
☕

Plech 58 □

Bayern — Kreis Bayreuth — 461 m —
1 200 Ew — Pegnitz 15, Lauf 26 km
ℹ ☎ (0 92 44) 4 77, Fax 13 92 — Verwaltungsgemeinschaft Betzenstein, 91282 Betzenstein; Ort in der Fränkischen Alb

Bernheck (2 km ↑)
✶✶ Veldensteiner Forst
♦ Haus Nr 38, ✉ 91287, ☎ (0 92 44)
98 11 11, Fax 98 11 89, AX ED VA
35 Zi, Ez: 75-95, Dz: 130-150, 4 Suiten, 🖃
WC ☎; Lift 🅿 🚗 4⇌50 ≋ Fitneßraum
Sauna Solarium 🍴 ☕
geschl: Mitte Feb-Mitte Mär

Pleidelsheim 61 ↗

Baden-Württemberg — Ludwigsburg —
212 m — 5 326 Ew — 0 km
ℹ ☎ (0 71 44) 26 40, Fax 26 — Gemeindeverwaltung, Marbacher Str. 5, 74385 Pleidelsheim

✶ Ochsen
Beihinger Str 2, ✉ 74385, ☎ (0 71 44)
8 14 10, Fax 8 14 15, AX DC ED VA
47 Zi, Ez: 110-115, Dz: 145-150, 🖃 WC ☎,
8🚗; 🅿 🚗; garni ☕
geschl: 20.12.-6.1.

Pleinfeld 63 ↗

Bayern — Kreis Weißenburg-Gunzenhausen — 380 m — 7 063 Ew — Weißenburg 9,
Gunzenhausen 18, Roth 19 km
ℹ ☎ (0 91 44) 67 77, Fax 64 96 — Verkehrsbüro, Marktplatz 11, 91785 Pleinfeld; Erholungsort

✶✶ Landgasthof Siebenkäs ✤
Kirchenstr 1, ✉ 91785, ☎ (0 91 44) 82 82,
Fax 83 07, ED
Hauptgericht 35; 🅿 Terrasse; geschl: So
abends, Mo, Anfang Jan, Mitte-Ende Aug

Plettenberg 34 ↙

Nordrhein-Westfalen — Märkischer Kreis
— 221 m — 30 200 Ew — Attendorn 18,
Lüdenscheid 21 km
ℹ ☎ (0 23 91) 9 23-0, Fax 92 31 28 — Stadtverwaltung, Grünestr 12, 58840 Plettenberg. Sehenswert: Ev. Christuskirche;
Burgruine Schwarzenberg ◄ (4 km →); Heiligenstuhl, 584 m ◄ (4 km + 30 Min ↘); Heimatmuseum; Märkische Museumseisenbahn →

Plettenberg

* **Battenfeld**
Landemerter Weg 1, ✉ 58840, ☎ (0 23 91)
9 28 70, Fax 92 87 46, ED VA
26 Zi, Ez: 75-95, Dz: 140-150, ⊣ WC ☎; 🚗
2⇔24 Kegeln
Rezeption: 7-14, 16-22
✱ Hauptgericht 25

Pleystein 59 □

Bayern — Kreis Neustadt a. d. Waldnaab —
576 m — 1 800 Ew — Vohenstrauß 6, Waidhaus 10 km
ℹ (0 96 54) 15 15, Fax 7 45 — Tourismusbüro, Neuenhammer Str 1, 92714 Pleystein;
Erholungsort im Oberpfälzer Wald

🛏 **Gasthof Zum Weißen Lamm**
Neuenhammer Str 11, ✉ 92714, ☎ (0 96 54)
2 73
24 Zi, Ez: 46, Dz: 80, ⊣ WC; 🅿 2⇔120 🍽 🍺

Pliezhausen 61 ↘

Baden-Württemberg — Kreis Reutlingen —
330 m — 8 700 Ew — Metzingen 7, Tübingen 12, Nürtingen 16 km
ℹ ☎ (0 71 27) 97 70, Fax 97 71 60 — Gemeindeverwaltung, Marktplatz 1, 72124 Pliezhausen

** **Schönbuch**
♂ ⛷ Lichtensteinstr 45, ✉ 72124,
☎ (0 71 27) 97 50, Fax 97 51 00, AX DC ED VA
29 Zi, Ez: 130-160, Dz: 220, 2 Suiten, ⊣ WC
☎ DFÜ; Lift 🅿 🚗 3⇔110 ≋ Fitneßraum
Sauna Solarium;
geschl: 1. Jan-Woche, 2 Wochen in den
Sommerferien
** ⛷ Hauptgericht 46; Gartenlokal;
geschl: 1 Woche Jan, 2 Wochen Sommerferien

Plochingen 62 ←

Baden-Württemberg — Kreis Esslingen —
300 m — 13 200 Ew — Kirchheim u. T. 9,
Göppingen 18, Stuttgart 24 km
ℹ ☎ (0 71 53) 70 05-0, Fax 70 05-1 99 —
Stadtverwaltung, Schulstr 7, 73207 Plochingen; Stadt am Neckar. Sehenswert: Ev.
Kirche; Marktplatz mit hist. Fachwerkgebäuden, Glockenspiel; St. Blasiuskirche;
Aussichtsturm

** **Princess**
Widdumstr 3, ✉ 73207, ☎ (0 71 53) 60 50,
Fax 60 54 99, AX DC ED VA
36 Zi, Ez: 106-166, Dz: 166-206, 4 Suiten,
2 App, ⊣ WC ☎; Lift 🅿 🚗 1⇔40
geschl: 24.12.-6.1.
Bistro Nessi
Hauptgericht 15; 17-23; geschl: Fr, Sa

* **Apartment-Hotel Prisma**
Geschwister-Scholl-Str 6, ✉ 73207,
☎ (0 71 53) 83 08 05, Fax 83 08 99,
AX DC ED VA
24 Zi, Ez: 90-120, Dz: 135-155, 24 App, ⊣
WC ☎ DFÜ, 12🛏; Lift 🅿 🚗; garni
Langzeitvermietung möglich

* **Schurwald**
Marktstr 13, ✉ 73207, ☎ (0 71 53) 8 33 30,
Fax 83 33 99, AX DC ED VA
27 Zi, Ez: 85-95, Dz: 120-133, ⊣ WC ☎; Lift
🚗; garni

☕ **Café unterm Regenturm**
Neckarstr, ✉ 73207, ☎ (0 71 53) 7 62 26

Stumpenhof (2 km →)
** **Stumpenhof** ✤
Stumpenhof 1, ✉ 73207, ☎ (0 71 53)
2 24 25, Fax 7 63 75
Hauptgericht 30; 🅿; geschl: Mo, Di, 26.8.-1.9.

Plön 11 ↙

Schleswig-Holstein — Kreis Plön — 22 m —
11 000 Ew — Eutin 15, Kiel 29, Neumünster 35 km
ℹ ☎ (0 45 22) 27 17, Fax 22 29 — Kurverwaltung, Am Lübschen Tor 1, 24306 Plön; Luftkurort in der Holsteinischen Schweiz.
Sehenswert: Schloß ⛷; Prinzenhaus im
Schloßpark; Museum des Kreises Plön;
Parnaß-Aussichtsturm

* **Altes Fährhaus**
⛷ Eutiner Str 4, ✉ 24306, ☎ (0 45 22)
7 67 90, Fax 6 02 14
Hauptgericht 23; 🅿 Terrasse; geschl: Mo,
3 Wochen im Nov, 3 Wochen im Feb

Plüderhausen 62 ←

Baden-Württemberg — Rems-Murr-Kreis
— 275 m — 9 500 Ew — Göppingen 15,
Stuttgart 30 km
ℹ ☎ (0 71 81) 8 00 90, Fax 80 09 55 — Bürgermeisteramt, Am Marktplatz 11,
73655 Plüderhausen

* **Altes Rathaus**
Brühstr 30, ✉ 73655, ☎ (0 71 81) 98 95 65,
Fax 98 95 66
Hauptgericht 32; 🅿 Terrasse; geschl: So,
feiertags, 3 Wochen in den Sommerferien
Fachwerkhaus aus dem 16. Jahrhundert

Pobershau 50 →

Sachsen — Mittlerer Erzgebirgskreis —
600 m — 2 015 Ew — Olbernhau 6, Marienberg 6, Chemnitz 29 km
ℹ ☎ (0 37 35) 2 34 36, Fax 2 34 36 — Fremdenverkehrsbüro, Dorfstr 67, am Huthaus,
09496 Pobershau. Sehenswert: Schaubergwerk „Zum Tiefen Molchner Stollen";
Göpelpyramide; Aussichtsfelsen „Katzenstein"; Grüner Graben: Bergbaulehrpfad

Hinterer Grund
** **Schwarzbeerschänke Flair Hotel**
♂ Haus Nr 2, ⌧ 09496, ☎ (0 37 35) 91 91-0, Fax 91 91 99, AX DC ED VA
32 Zi, Ez: 70-85, Dz: 120-150, 1 Suite, ⊌ WC ☎, 4🛏; 🅿 🚗 2⇔50 ☂ Fitneßraum Sauna Solarium 🍴 ⚓

Pocking 66 ↓

Bayern — Kreis Passau — 323 m —
14 400 Ew — Griesbach i.R. 15, Simbach am Inn 28, Passau 30 km
ℹ ☎ (0 85 31) 70 90, Fax 7 09 24 — Stadtverwaltung, Simbacher Str 16, 94060 Pocking

* **Gasthof Pockinger Hof**
Klosterstr 13, ⌧ 94060, ☎ (0 85 31) 90 70, Fax 88 81
48 Zi, Ez: 61-65, Dz: 91-96, ⊌ WC ☎; Lift 🅿 🍴

Pöcking 71 ↑

Bayern — Kreis Starnberg — 692 m —
5 460 Ew — Starnberg 5, Weilheim 20 km
ℹ ☎ (0 81 57) 9 30 60, Fax 73 47 — Gemeindeverwaltung, Feldafinger Str 4, 82343 Pöcking; Ort am Starnberger See. Sehenswert: Kirche St. Ulrich, Barockzwiebelturm; Basilika St. Pius; Possenhofener Schloß

Niederpöcking (3 km ↗)
** **La Villa**
einzeln ♂ 🍽 ☒ Ferdinand-v.-Miller-Str 39, ⌧ 82343, ☎ (0 81 51) 7 70 60, Fax 77 06 99, AX ED VA
28 Zi, Ez: 230, Dz: 330, 1 Suite, ⊌ WC ☎; Lift 3⇔100 ☂ Seezugang Sauna 18Golf
Übernachtung nur nach Reservierung möglich. Historische Villa von 1854.

Possenhofen (1 km ↘)
** **Forsthaus am See**
einzeln ♂ 🍽 Am See 1, ⌧ 82343, ☎ (0 81 57) 9 30 10, Fax 42 92, ⊌
20 Zi, Ez: 120-200, Dz: 170-270, 1 Suite, ⊌ WC ☎; Lift 🅿 🚗 3⇔20 Seezugang 18Golf ⚓
** 🍽 Hauptgericht 35; Gartenlokal

Pößneck 48 □

Thüringen — Saale-Orla-Kreis — 220 m —
15 000 Ew — Saalfeld 19, Gera 47 km
ℹ ☎ (0 36 47) 41 22 95, Fax 41 22 95 — Stadtverwaltung Pößneck - Fremdenverkehrsamt, Gerberstr. 6 (Glockenturm), 07381 Pößneck. Sehenswert: Markt mit Marktbrunnen; ehem. Stadtbefestigung, Weißer Turm, Pulverturm; Bürgerhäuser; Gänsediebbrunnen; Stadtkirche

* **Hotel Garni**
Naßäckerstr 1, ⌧ 07381, ☎ (0 36 47) 41 26 22, AX ED VA
14 Zi, Ez: 80, Dz: 120, ⊌ WC ☎; Lift

* **Chausseehaus**
Neustädter Str 147, ⌧ 07381, ☎ (0 36 47) 41 26 22, Fax 41 90 21
21 Zi, Ez: 50-78, Dz: 70-100, ⊌ WC ☎; Lift 🅿 🚗 1⇔40 🍴

Pogeez 19 ↖

Schleswig-Holstein — Herzogtum Lauenburg — 380 Ew — Lübeck 15 km
ℹ ☎ (0 45 41) 8 60 60 — Gemeindeverwaltung, Alte Salzstr 7, 23911 Pogeez

* **Erlenhof**
☒ Alte Salzstr 7, ⌧ 23911, ☎ (0 45 41) 8 60 60, Fax 86 06 60, ED VA
Hauptgericht 36; Gartenlokal 🅿

Pohlheim 44 →

Hessen — Kreis Gießen — 220 m —
17 600 Ew — Gießen 8, Butzbach 15 km
ℹ ☎ (0 64 03) 60 60, Fax 6 06 66 — Stadtverwaltung, im Stadtteil Watzenborn-Steinberg, Ludwigstr 31, 35415 Pohlheim

Watzenborn-Steinberg
* **Goldener Stern**
Kreuzplatz 6, ⌧ 35415, ☎ (0 64 03) 6 16 24, Fax 6 84 26, ED
14 Zi, Ez: 80, Dz: 120, ⊌ WC ☎; 🅿
* Hauptgericht 20

Poing 72 ↗

Bayern — Kreis Ebersberg — 516 m —
10 408 Ew — Markt Schwaben 9, München 20 km
ℹ ☎ (0 81 21) 9 79 40 — Gemeindeverwaltung, Rathausstr 3, 85586 Poing

** **Poinger Hof**
Gruber Str, ⌧ 85586, ☎ (0 81 21) 98 80, Fax 98 81 88, AX ED VA
40 Zi, Ez: 135-205, Dz: 175-205, ⊌ WC ☎, 4🛏; Lift 🅿 🚗 3⇔120 🍴

Pommelsbrunn 58 □

Bayern — Kreis Nürnberger Land — 450 m — 4 800 Ew — Hersbruck 7, Sulzbach-Rosenberg 18 km
ℹ ☎ (0 91 54) 91 98 13, Fax 91 98 22 — Fremdenverkehrsverein, Rathaus, 91224 Pommelsbrunn; Luftkurort in der Fränkischen Alb

Hubmersberg (4 km ↘)
** **Ringhotel Lindenhof**
♂ Hubmersberg 2, ⌧ 91224, ☎ (0 91 54) 2 70, Fax 2 73 70, AX DC ED VA
39 Zi, Ez: 99-140, Dz: 175-230, S; 5 Suiten, ⊌ WC ☎; Lift 🅿 🚗 6⇔150 ☂ Fitneßraum Sauna Solarium 🍴 ⚓

Pommersfelden 57 ←

Bayern — Kreis Bamberg — 269 m —
2 573 Ew — Höchstadt an der Aisch 8, Bamberg 21 km
ℹ️ ☏ (0 95 48) 9 22 00, Fax 80 77 — Gemeindeverwaltung, Hauptstr 11, 96178 Pommersfelden. Sehenswert: Schloß Weißenstein: Treppenhaus, Gemäldegalerie, Marmorsaal, Marstall, Park

✻✻ Schloßhotel
♂ ⋖ Im Schloß Weißenstein, ✉ 96178,
☏ (0 95 48) 6 80, Fax 6 81 00, AX ED VA
76 Zi, Ez: 80-120, Dz: 110-170, 3 Suiten,
1 App, ⌑ WC ☏, 35▣; Lift 🅿 10✥100 ≋
Bowling Sauna Solarium ¶©¹
Auch Zimmer der Kategorie ✻ vorhanden

Poppenhausen (Wasserkuppe) 46 □

Hessen — Kreis Fulda — 450 m — 2 600 Ew — Gersfeld 8, Fulda 17 km
ℹ️ ☏ (0 66 58) 96 00 13, Fax 96 00 22 — Tourist-Information, Von-Steinrück-Platz 1, 36163 Poppenhausen; Luftkurort in der Rhön. Sehenswert: Wachtküppel, 706 m ⋖ (5 km ↘), Wasserkuppe, 950 m ⋖ (8 km ↗)

✻ Sonnenhof
Fliegerstr 24, ✉ 36163, ☏ (0 66 58) 9 60 60, Fax 96 06 40
25 Zi, Ez: 60-90, Dz: 60-90, ⌑ WC ☏; ¶©¹

✻ Hof Wasserkuppe
♂ Pferdskopfstr 3, ✉ 36163, ☏ (0 66 58) 98 10, Fax 16 35
16 Zi, Ez: 56-76, Dz: 90-130, 1 Suite, 9 App, ⌑ WC ☏; 🅿 ≋ Fitneßraum Sauna Solarium; garni

Poppenhausen, Außerhalb (2 km ↗)
✻ Grabenhöfchen
Bundesstr 458, ✉ 36163, ☏ (0 66 58) 3 16, Fax 16 98, AX DC ED VA
18 Zi, Ez: 80, Dz: 130, ⌑ WC ☏; Lift 🅿 1✥25 Fitneßraum Sauna Solarium ¶©¹ ☙

Rodholz (2 km →)
✻ Berghotel Rhöndistel
einzeln ♂ ⋖ ✉ 36163, ☏ (0 66 58) 5 81, Fax 5 65, ED
11 Zi, Ez: 75-85, Dz: 105-140, 3 App, ⌑ WC ☏; 🅿 3✥60 ¶©¹ ☙

Schwarzerden (5 km →)
✻✻✻ Rhön-Hotel Sonnenwinkel
⋖ Kohlstöcken 4, ✉ 36163, ☏ (0 66 58) 8 80, Fax 7 96, AX DC ED VA
47 Zi, Ez: 90-165, Dz: 168-198, 1 Suite, ⌑ WC ☏; Lift 🅿 🖃 3✥70 ≋ Fitneßraum Kegeln Sauna Solarium ¶©¹ ☙

Steinwand
✻✻ Landhaus Restaurant Ziegelhof
Ziegelhof 2, ✉ 36163, ☏ (0 66 58) 4 26, Fax 17 52
Hauptgericht 28; geschl: Do
Schweizer Küche

Porschdorf 51 ↗

Sachsen — 300 m — Bad Schandau 5, Pirna 15 km
ℹ️ ☏ (03 50 22) 24 67 — Gemeindeverwaltung, Hauptstr 29 b, 01814 Porschdorf

🛏 Erbgericht
Hauptstr 31, ✉ 01814, ☏ (03 50 22) 4 20 57, Fax 4 06 72
7 Zi, Ez: 75-85, Dz: 90-120, ⌑ WC; 🅿 ¶©¹ ☙

Porta Westfalica 25 ↗

Nordrhein-Westfalen — Kreis Minden-Lübbecke — 48 m — 38 000 Ew — Minden 5, Herford 25 km
ℹ️ ☏ (05 71) 79 12 80, Fax 79 12 79 — Fremdenverkehrsamt, Haus des Gastes, Kempstr 6, 32457 Porta Westfalica; Kneipp- und Luftkurort an der Weser. Sehenswert: Porta Westfalica; Wittekindsberg, 270 m ⋖ (2 km ←) mit Kaiser-Wilhelm-I.-Denkmal; Jacobsberg, 238 m ⋖ mit Bismarck-Gedenkstätte; Ortskern, Fachwerkhäuser

Barkhausen
✻ Friedenstal
Alte Poststr 4, an der B 61, ✉ 32457, ☏ (05 71) 7 01 47, Fax 71 09 23
Hauptgericht 20; Biergarten 🅿; geschl: Fr, 2.1.-30.1.
✻ 21 Zi, Ez: 60-100, Dz: 100-160, ⌑ WC ☏; 🖃 3✥200
geschl: Jan

Hausberge
✻✻ Porta Berghotel
⋖ Hauptstr 1, ✉ 32457, ☏ (05 71) 7 90 90, Fax 7 90 97 89, AX DC ED VA
121 Zi, Ez: 142-195, Dz: 230-290, 3 Suiten, ⌑ WC ☏, 6▣; Lift 🅿 🖃 13✥200 ≋ Fitneßraum Kegeln Sauna Solarium 9 Golf
Auch Zimmer der Kategorie ✻✻✻ vorhanden
✻✻ ⋖ Hauptgericht 32; Biergarten Terrasse

Possendorf 51 ↘

Sachsen — Weißeritzkreis — 330 m —
3 500 Ew — Freital 7, Dresden 10 km
ℹ️ ☏ (03 52 06) 20 40, Fax 20 4 35 — Gemeindeverwaltung, Poisentalstr 3, 01728 Possendorf. Sehenswert: Hollanderwindmühle; Kirche

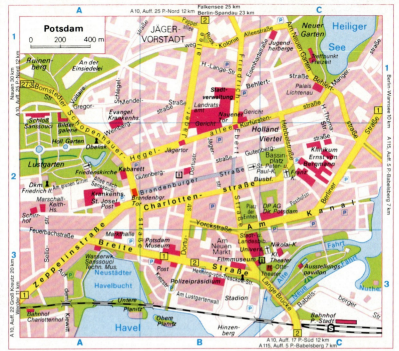

✱ Hähnel
Hauptstr 30, ✉ 01728, ☎ (03 52 06) 2 11 39,
Fax 2 18 61, AX ED VA
12 Zi, Ez: 90-100, Dz: 120-130, 🚿 WC ☎; 🅿
🍴

Posterstein 49 ↘

Thüringen — Kreis Altenburger Land —
351 Ew
ℹ ☎ (03 44 96) 6 00 72 — Gemeindeverwaltung, Haus Nr 44, 04626 Posterstein

✱ Zur Burg
Dorfstr 44 a, ✉ 04626, ☎ (03 44 96) 65 10,
Fax 6 51 39
10 Zi, Ez: 75, Dz: 110, 🚿 WC ☎; 🍴

Postmünster 66 ↗

Bayern — Rottal-Inn — 381 m — 2 313 Ew
— München 115 km
ℹ ☎ (0 85 61) 13 39, Fax 83 90 — Gemeindeverwaltung, Hauptstr 23, 84389 Postmünster

✱✱✱ Landhotel am See
einzeln ♀ ⚓ Seestr 10, ✉ 84389, ☎ (0 85 61)
4 70, Fax 59 04, AX DC ED VA
70 Zi, Ez: 90-119, Dz: 140-208, 4 Suiten, 🚿
WC ☎; Lift 🅿 7⌬120 ≋ Seezugang Fitneßraum Kegeln Sauna Solarium ⚫
✱ Hauptgericht 25; Terrasse

Potsdam 30 ←

Brandenburg — Kreis Potsdam — 37 m —
140 000 Ew — Berlin 40, Magdeburg 150 km
ℹ ☎ (03 31) 2 75 58-55, Fax 2 75 58-99 —
Potsdam-Information, Friedrich-Ebert-
Str 5, 14467 Potsdam; Landeshauptstadt;
Ehem. Residenz der preußischen Herrscher. Sehenswert: Schloß und Park Sanssouci; Neue Kammern; Chinesisches Haus;
Orangerie; Sizilianischer Garten; Paradiesgärtchen; Belvedere; Neues Palais; Schloß
Charlottenhof; Römische Bäder; Neptungrotte; Große Fontäne; Schloß Cecilienhof
(hist.Gedenkstätte des Potsdamer Abkommens im Neuen Garten); Marmorpalais;
ehem.Rathaus am Alten Markt; Nikolaikirche, Pfarrkirche St. Peter und Paul, Französische Kirche, Friedenskirche; Holl. Viertel;
Nauener Tor; Brandenburger Tor; Filmmuseum im barocken Marstall; Schloß Babelsberg; Jagdschloß Stern, Russische Kolonie
„Alexandrowka"

✱✱✱ Dorint Hotel Sanssouci und
Kongresszentrum
Jägeralle 20, ✉ 14469, ☎ (03 31) 27 40,
Fax 2 74 10 00, AX DC ED VA
269 Zi, Ez: 175-285, Dz: 210-315, S; 4 Suiten,
18 App, 🚿 WC ☎ DFÜ, 197✉; Lift 🅿
13⌬800 🛏 Fitneßraum Sauna Solarium
18Golf 🍴 ⚫ →

Potsdam

** Steigenberger Maxx Hotel Sanssouci
Allee nach Sanssouci 1, ✉ 14471, ☎ (03 31) 90 91-0, Fax 90 91-9 09, AX DC ED VA
133 Zi, Ez: 190-210, Dz: 230-250, S; 4 Suiten, ⇘ WC ☎, 63✉; Lift 🅿 🚗 6↔110 Fitneßraum Sauna Solarium 🍽 🚆

** Am Luisenplatz
Luisenplatz 5, ✉ 14471, ☎ (03 31) 9 71 90-0, Fax 9 71 90-19, AX DC ED VA
12 Zi, Ez: 139-199, Dz: 180-260, 3 Suiten, 10 App, ⇘ WC ☎; Lift 🅿 🚗 3↔50 Sauna Solarium; **garni** 🍽
Auch Zimmer der Kategorie *** vorhanden

** Arkona Hotel Voltaire
Friedrich-Ebert-Str 88, ✉ 14467, ☎ (03 31) 23 17-0, Fax 23 17-1 00, AX DC ED VA
143 Zi, Ez: 195-265, Dz: 234-304, S; 5 Suiten, ⇘ WC ☎ DFÜ, 40✉; Lift 🚗 10↔250 Sauna Solarium 18Golf
Auch Zimmer der Kategorie *** vorhanden
** **Hofgarten**
Hauptgericht 35; Terrasse

** Schloß Cecilienhof European Castle
einzeln ⚓ 🌳 Neuer Garten (C 1), ✉ 14469, ☎ (03 31) 3 70 50, Fax 29 24 98, AX DC ED VA
39 Zi, Ez: 195-530, Dz: 290-550, 3 Suiten, ⇘ WC ☎; 🅿 10↔150 Seezugang Sauna
Auch Zimmer der Kategorie * vorhanden
*** 🌳 Hauptgericht 35

** Best Western Parkhotel Potsdam
Forststr 80, ✉ 14471, ☎ (03 31) 9 81 20, Fax 9 81 21 00, AX DC ED VA
91 Zi, Ez: 170-210, Dz: 190-230, S; 1 Suite, ⇘ WC ☎, 15✉; Lift 🅿 🚗 3↔80 Fitneßraum Sauna Solarium 🍽

** Inselhotel Hermannswerder Verband Christlicher Hotels
⚓ Halbinsel Hermannswerder, ✉ 14478, ☎ (03 31) 2 32 00, Fax 2 32 01 00, AX DC ED VA
84 Zi, Ez: 165-195, Dz: 195-220, 4 Suiten, ⇘ WC ☎, 20✉; Lift 🅿 4↔200 🛥 Seezugang Fitneßraum Sauna Solarium 🍽

** art'otel Potsdam Design Hotel
⚓ ⚓ Zeppelinstr 136, ✉ 14471, ☎ (03 31) 9 81 50, Fax 9 81 55 55, AX DC ED VA
116 Zi, Ez: 195-215, Dz: 215-235, S; 7 Suiten, ⇘ WC ☎ DFÜ, 20✉; Lift 🅿 3↔100 Fitneßraum Sauna Solarium
150 jähriger, hist. Kornspeicher. Ausstattung von Designer Jasper Morrison. Auch Zimmer der Kategorie * vorhanden
** **Aqua**
⚓ Hauptgericht 29; Biergarten

* Mercure Potsdam
⚓ Lange Brücke (C 3), ✉ 14467, ☎ (03 31) 27 22, Fax 29 34 96, AX DC ED VA
210 Zi, Ez: 157-177, Dz: 179-199, S; 4 Suiten, ⇘ WC ☎, 16✉; Lift 🅿 🚗 11↔150 🍽 🚆

* Reinhold
Dortustr 10 (B 2), ✉ 14467, ☎ (03 31) 28 49 90, Fax 2 84 99 30, AX DC VA
11 Zi, Ez: 150, Dz: 190, 1 Suite, ⇘ WC ☎; 1↔20 🍽 🚆

* Mark Brandenburg
Heinrich-Mann-Allee 71, ✉ 14478, ☎ (03 31) 88 82 30, Fax 8 88 23 44, ED VA
17 Zi, Ez: 85-130, Dz: 140-170, ⇘ WC ☎ DFÜ; 🅿 🍽

** Speckers Gaststätte Zur Ratswaage
Am neuen Markt 10, ✉ 14467, ☎ (03 31) 2 80 43 11, Fax 2 80 43 19
Hauptgericht 32; geschl: Mo,
Barockbau von 1752

* Juliette
Jägerstr 39, ✉ 14467, ☎ (03 31) 2 70 17 91, Fax 2 70 53 89, DC VA
Hauptgericht 32

Babelsberg

** Griebnitzsee
⚓ Rudolph Breitscheid-Str 190, ✉ 14482, ☎ (03 31) 7 09 10, Fax 70 91 11, AX ED VA
39 Zi, Ez: 170-190, Dz: 210-230, 1 Suite, ⇘ WC ☎, 1✉; Lift 🚗 3↔80 Seezugang 🚆
* Hauptgericht 30

* Zur alten Rennbahn
Lessingstr 35, ✉ 14482, ☎ (03 31) 74 79 80, Fax 7 47 98 18, AX ED VA
14 Zi, Ez: 145, Dz: 150-220, 1 Suite, ⇘ WC ☎ DFÜ; Lift 🅿 🚗 1↔30 Sauna Solarium 🍽 🚆
Auch Zimmer der Kategorie ** vorhanden

* Lili Marleen Film-Hotel
Großbeerenstr 75, ✉ 14482, ☎ (03 31) 74 32 00, Fax 7 43 20-18, AX VA
35 Zi, Ez: 95-140, Dz: 99-155, ⇘ WC ☎, 5✉; 🚗 1↔32 🍽

* Apart Pension Babelsberg
August-Bier-Str 9, ✉ 14482, ☎ (03 31) 74 75 70, Fax 7 47 57 66, DC ED VA
15 Zi, Ez: 75-125, Dz: 99-150, 1 App, ⇘ WC ☎ DFÜ, 5✉; 🅿 🏊 Sauna Solarium; **garni**

Pirschheide (4 km ↙)

** Seminaris SeeHotel
einzeln ⚓ An der Pirschheide, ✉ 14471, ☎ (03 31) 90 90-0, Fax 90 90-9 00, AX DC ED VA
215 Zi, Ez: 135-205, Dz: 210-255, S; 10 Suiten, ⇘ WC ☎ DFÜ, 75✉; Lift 🅿 🚗 27↔450 🏊 Strandbad Seezugang Fitneßraum Kegeln Sauna Solarium 🍽 🚆

Pottenstein 58

Bayern — Kreis Bayreuth — 400 m —
5 600 Ew — Pegnitz 15, Bayreuth 30, Forchheim 37 km
i ☎ (0 92 43) 7 08 41, Fax 7 08 40 — Verkehrsbüro - Kurverwaltung, Forchheimer Str 1, 91278 Pottenstein; Luftkurort in der Fränkischen Schweiz. Sehenswert: hist. Altstadt; kath. Kirche (Hochaltar); Burg; Teufelshöhe (2 km ↘); Fränk.-Schweiz-Museum in Tüchersfeld

✶✶ Ferienhotel Schwan
♂ Am Kurzentrum 6, ⊠ 91278, ☎ (0 92 43) 98 10, Fax 73 51, AX ED VA
27 Zi, Ez: 84-90, Dz: 134-152, ⊣ WC ☎; Lift
🅿 1⟳20 ≋ Sauna Solarium; **garni** ⚓
geschl: im Winter Di, 15.1.-15.2.

Preetz 10→

Schleswig-Holstein — Kreis Plön — 34 m —
15 000 Ew — Kiel 16, Lübeck 64 km
i ☎ (0 43 42) 22 07, Fax 56 98 — Fremdenverkehrsverein Preetz u. Umgebung e.V., An der Mühlenau 5, 24211 Preetz; Luftkurort. Sehenswert: Stadtkirche, Klosterkirche; Circusmuseum

Dammdorf (3 km ↗)
**✶ Neeth
Flair Hotel**
Preetzer Str 1, ⊠ 24211, ☎ (0 43 42) 8 23 74, Fax 8 47 49, DC ED VA
10 Zi, Ez: 95-115, Dz: 125-160, ⊣ WC ☎
DFÜ, 1🛏; 🅿 🚂 1⟳20 🍴 ⚓

Schellhorn (1 km ↘)
✶ Hahn
♂ Am Berg 12, ⊠ 24211, ☎ (0 43 42) 8 60 01, Fax 8 27 91, AX DC ED VA
29 Zi, Ez: 95-98, Dz: 135-139, 1 Suite, ⊣ WC ☎, 6🛏; 🅿 3⟳120 🍴 ⚓
Im Gästehaus Zimmer der Kategorie ✶✶ vorhanden

Prenzlau 22 □

Brandenburg — Landkreis Uckermark —
20 m — 21 700 Ew — Pasewalk 25, Eberswalde 64 km
i ☎ (0 39 84) 27 91, Fax 80 01 74 — Fremdenverkehrsbüro, Marktberg 19, 17291 Prenzlau. Sehenswert: Stadtbefestigung, Blindower Torturm, Steintorturm, Mittelturm; Wiekhäuser; Marienkirche; Nikolaikirche; Jakobikirche; Dominikaner-Klosterkirche; Franziskaner-Klosterkirche; Sabinenkirche; ehem. Richtstein

✶✶ Parkhotel
Grabowstr 14, ⊠ 17291, ☎ (0 39 84) 85 40, Fax 85 41 31, AX DC ED VA
33 Zi, Ez: 90-120, Dz: 140-160, ⊣ WC ☎;
2⟳70 Sauna 🍴

✶✶ Uckermark
Friedrichstr 2, ⊠ 17291, ☎ (0 39 84) 3 64 00, Fax 36 42 99, AX ED VA
30 Zi, Ez: 75-105, Dz: 120-170, ⊣ WC ☎,
3🛏; Lift 🅿 1⟳30 🍴 ⚓

✶ Wendenkönig
Neubrandenburger Str 66, ⊠ 17291,
☎ (0 39 84) 86 00, Fax 86 01 51, AX ED VA
42 Zi, Ez: 75-85, Dz: 125, ⊣ WC ☎, 6🛏; 🅿
1⟳25 🍴

✶ Overdiek
Baustr 33, ⊠ 17291, ☎ (0 39 84) 85 66 00, Fax 85 66 66, ED VA
27 Zi, Ez: 75-105, Dz: 110-140, ⊣ WC ☎; Lift
🅿 1⟳20 Solarium 🍴 ⚓

✶ Pension Sonnenschein
♂ Friedhofstr 21, ⊠ 17291, ☎ (0 39 84)
26 56, Fax 80 19 25, ED VA
8 Zi, Ez: 65-70, Dz: 90-100, ⊣ WC ☎; 🅿 Seezugang Sauna Solarium
Restaurant für Hausgäste

Röpersdorf (2 km ↓)
**✶ Schilfland
Flair Hotel**
Dorfstr 9, ⊠ 17291, ☎ (0 39 84) 67 48, Fax 67 48, ED VA
20 Zi, Ez: 79-120, Dz: 115-160, ⊣ WC ☎,
6🛏; 🅿 1⟳16 Seezugang 🍴

Prerow 13←

Mecklenburg-Vorpommern — Kreis Ribnitz-Damgarten — 1 800 Ew — Barth 20, Ribnitz-Damgarten 40 km
i ☎ (03 82 33) 5 51, Fax 2 27 — Kurverwaltung, Gemeindeplatz 1, 18375 Prerow; Ostseebad. Sehenswert: Darß-Museum; slawischer Burgwall - Hertesburg; Seemannskirche

**✶✶ Travel Charme Hotel
Bernstein**
Buchenstr 42, ⊠ 18375, ☎ (03 82 33) 6 40, Fax 3 29, AX DC ED VA
130 Zi, Ez: 120-195, Dz: 140-250, **S**; 3 Suites,
⊣ WC ☎, 40🛏; Lift 🅿 4⟳80 Fitneßraum
Sauna Solarium 🍴

✶✶ Waldschlösschen
Bernsteinweg 4, ⊠ 18375, ☎ (03 82 33)
61 70, Fax 4 03, ED VA
24 Zi, Ez: 110-150, Dz: 125-210, 5 Suites, ⊣
WC ☎, 3🛏; 🅿 2⟳40 ≋ Sauna Solarium 🍴
⚓

✶ Haus Linden
Gemeindeplatz, ⊠ 18375, ☎ (03 82 33) 6 36, Fax 6 37 36, ED
32 Zi, Ez: 125, Dz: 170, 3 Suites, ⊣ WC ☎,
32🛏; 🅿 1⟳60 Sauna 🍴
Nichtraucherhaus →

Prerow

¶⊙¶   Landhaus Lange
Lange Str 9, ⊠ 18375, ☎ (03 82 33) 2 23,
Fax 2 23
Hauptgericht 20; **P** Terrasse; geschl:
So + Mo (Nov-März), Jan
⊨   4 Zi, Ez: 95, Dz: 120-150, 1 Suite,
⇃ WC ☎
geschl: Jan

Pretzsch (Elbe) 39 ↗

Sachsen-Anhalt — Kreis Wittenberg —
92 m — 2 400 Ew — Bad Schmiedeberg 5,
Dommitzsch 10, Lutherstadt Wittenberg
21 km
i ☎ (03 49 26) 5 74 14, Fax 5 74 15 — Stadtverwaltung, Thälmannstr 1, 06909 Pretzsch

---

∗   Parkhotel
Goetheallee 3, ⊠ 06909, ☎ (03 49 26)
5 73 08, Fax 5 73 32, AX ED VA
42 Zi, Ez: 90, Dz: 120-140, 4 App, ⇃ WC ☎;
🚗 2↻60 Kegeln ¶⊙¶ ⛴

Merschwitz (2 km ←)
∗   Golmer Weinberg
einzeln ♂ Merschwitz Nr. 44, ⊠ 06909,
☎ (03 49 26) 56 00, Fax 5 60 31, AX ED VA
19 Zi, Ez: 55-90, Dz: 110-135, 5 App, ⇃ WC
☎, ˋ19⊠; **P** 2↻40 ¶⊙¶ ⛴

Preußisch Oldendorf 24 ↘

Nordrhein-Westfalen — Kreis Minden-Lübbecke — 60 m — 12 800 Ew — Lübbecke 10,
Osnabrück 35 km
i ☎ (0 57 42) 93 11 30, Fax 56 80 — Verkehrsamt, Rathausstr 3, 32361 Preußisch
Oldendorf; Luftkurort im Wiehengebirge.
Sehenswert: Kirche mit Barockorgel und
Schnitzaltar, Barockschloß; Burgen; Wehrkirche; Gut Hudenbeck; Wassermühle

∗∗   Forsthaus Limberg
einzeln ♂ Burgstr 3, ⊠ 32361, ☎ (0 57 42)
9 69 90, Fax 96 99 40
14 Zi, Ez: 110, Dz: 160, ⇃ WC ☎ DFÜ; Lift **P**
¶⊙¶
Rezeption: 15-22, So 11-22 geschl: Di

∗   Altes Brennhaus
⊗ Spiegelstr 10 (B 65), ⊠ 32361, ☎ (0 57 42)
65 65, Fax 66 37
Hauptgericht 25; Gartenlokal **P**; geschl: Di

Börninghauser-Masch (5 km ↘)
∗   Waidmann's Ruh
Bünder Str 15, ⊠ 32361, ☎ (0 57 42) 96 95-0,
Fax 96 95 21
8 Zi, Ez: 65, Dz: 120, ⇃ WC ☎; **P** 🚗 ¶⊙¶ ⛴
geschl: Do

Prichsenstadt 56 □

Bayern — Kreis Kitzingen — 254 m —
3 000 Ew — Gerolzhofen 12, Kitzingen
14 km
i ☎ (0 93 83) 97 50 11, Fax 97 50 40 —
Stadtverwaltung, Karlsplatz 5, 97357 Prichsenstadt. Sehenswert: Rathaus; Eulenturm; Westtor; Stadtturm; Fachwerkhäuser; Freihof; Altstadt

---

**∗∗   Landgasthof   ✤
              Zum Goldenen Adler**
Karlsplatz 10, ⊠ 97357, ☎ (0 93 83) 60 31,
Fax 60 32, AX DC VA
Hauptgericht 28; Gartenlokal; geschl: Di
(Nov-Apr), Mi, 3 Wochen im Feb
∗   6 Zi, Ez: 50, Dz: 86, ⇃ WC ☎;
1↻80
geschl: Mi, Nov-Apr Di + Mi, 3 Wochen im
Feb

∗   Alte Schmiede
Karlsplatz 7, ⊠ 97357, ☎ (0 93 83) 9 72 20,
Fax 97 22 49
Hauptgericht 20
∗   8 Zi, Ez: 70, Dz: 120-150; 1↻25

∗   Zum Storch
Luitpoldstr 7, ⊠ 97357, ☎ (0 93 83) 65 87,
Fax 67 17
Hauptgericht 20; Gartenlokal **P**; geschl: Di,
Nov-Mär Mo + Di, Jan
∗   9 Zi, Ez: 65-75, Dz: 95-110, ⇃ WC
☎
geschl: Di, im Winter auch Mo, Jan
Eigenbauweine

Neuses am Sand (3 km ↑)
**∗   Steiner's Gästehaus Neuses
              Gourmetstube**
Haus Nr 19, an der B 22, ⊠ 97357,
☎ (0 93 83) 71 55, Fax 65 56, AX ED
Hauptgericht 16
∗   8 Zi, Ez: 50-100, Dz: 80-160,
2 Suiten, ☎; **P**
Auch Zimmer der Kategorie **∗∗** vorhanden

Prien a. Chiemsee 73 ↙

Bayern — Kreis Rosenheim — 550 m —
9 100 Ew — Rosenheim 24, Wasserburg
28 km
i ☎ (0 80 51) 6 90 50, Fax 69 05 40 — Kurverwaltung, Alte Rathausstr 11, 83209 Prien
am Chiemsee; Luft- und Kneippkurort.
Sehenswert: Kath. Kirche; Insel Herrenchiemsee mit Schloß; Insel Frauenchiemsee; kath. Kirche mit Wandmalereien in
Urschalling (2 km ↓); Chiemseebahn,
Dampfeisenbahn; Galerie im Alten Rathaus; Heimatmuseum

Pronstorf

** **Golf-Hotel Reinhart**
♂ ⋖ Seestr 117, ✉ 83209, ☎ (0 80 51) 69 40, Fax 69 41 00, AX DC ED VA
35 Zi, Ez: 120-140, Dz: 160-230, 4 Suiten, ⌐ WC ☎, 14⌨; Lift 🅿 🍴 1⟷150 ⚓ Seezugang Fitneßraum Sauna Solarium ☛
geschl: 1.11.-10.12., 15.1.-31.3.
Zimmer der Kategorie ***** vorhanden
* ⋖ Hauptgericht 35

---

* **Bayerischer Hof**
Bernauer Str 3, ✉ 83209, ☎ (0 80 51) 60 30, Fax 6 29 17, AX ED VA
48 Zi, Ez: 92-130, Dz: 160-165, ⌐ WC ☎, 9⌨; Lift 🅿 🍴 18Golf ☛
* Hauptgericht 25

---

* **Luitpold am See**
⋖ Seestr 110, ✉ 83209, ☎ (0 80 51) 60 91 00, Fax 60 91 75, ED VA
48 Zi, Ez: 80-132, Dz: 145-195, 3 Suiten, ⌐ WC ☎; Lift 🅿 🍴 4⟷60 🍽 ☛

---

* **Villa am See**
⋖ Harrasser Str, ✉ 83209, ☎ (0 80 51) 10 13, Fax 6 43 46
15 Zi, Ez: 85-110, Dz: 150-170, ⌐ WC ☎; 🅿 🍴 🍽

☛ **Kur-Café Heider**
Marktplatz 6, ✉ 83209, ☎ (0 80 51) 15 34, Fax 6 50 24
Hauptgericht 13; geschl: Mo, 20.9.-12.10.

Harras (3 km ↘)
*** **Yachthotel Chiemsee**
♂ ⋖ Harrasser Str 49, ✉ 83209, ☎ (0 80 51) 69 60, Fax 51 71, AX DC ED VA
97 Zi, Ez: 185-255, Dz: 245-315, 5 Suiten, ⌐ WC ☎; Lift 🅿 🍴 9⟷200 ⚓ Strandbad Seezugang Fitneßraum Kegeln Sauna Solarium 18Golf ☛
Eigene Yacht für 24 Personen, eigener Yachthafen
** ⋖ Hauptgericht 21; Terrasse

---

* **Fischer am See**
Harrasser Str 145, ✉ 83209, ☎ (0 80 51) 90 76-0, Fax 6 29 40, AX DC ED VA
Hauptgericht 25
Überwiegend Fischgerichte
* ♂ ⋖ 13 Zi, Ez: 60-100, Dz: 100-148, ⌐ ☎; 🅿 Seezugang

Prieros 30 ↘

Brandenburg — Kreis Dahme Spreewald — 75 m — 885 Ew — Königs Wusterhausen, Storkow 15 km
🛈 ☎ (03 37 67) 7 95-0, Fax 7 95 10 — Amt Friedersdorf, Lindenstr 14 b, 15752 Prieros

Prieros-Außerhalb (2 km ↓)
** **Waldhaus Prieros**
einzeln ♂ am Streganzer See, ✉ 15752, ☎ (03 37 68) 99 90, Fax 5 02 52, ED VA
24 Zi, Ez: 90-125, Dz: 125-160, 3 Suiten, 1 App, ⌐ WC ☎; 🅿 3⟷25 ⚓ Seezugang Sauna ☛
** ⋖ Hauptgericht 20

Prisannewitz 12 ↘

Mecklenburg-Vorpommern — Kreis Bad Doberan — 590 Ew
🛈 ☎ (03 82 08) 6 28 81 — Amt Warnow-Ost, Griebnitzer Weg 2, 18196 Dummerstorf

Groß Potrems
** **Schlosshotel Nordland**
Schloss Nr 9, ✉ 18196, ☎ (03 82 08) 8 50, Fax 85 55, AX DC ED VA
26 Zi, Ez: 90, Dz: 120, 1 Suite, ⌐ WC ☎, 5⌨; 🅿 2⟷70 🍽 ☛
Herrenhaus von 1871, mit großem Parkgelände. Zimmer mit Antiquitäten ausgestattet

---

Pritzwalk 20 ↘

Brandenburg — Landkreis Prignitz — 60 m — 11 300 Ew — Wittstock 22, Perleberg 22 km
🛈 ☎ (0 33 95) 30 60 21, Fax 30 29 30 — Stadtverwaltung, Marktstr 39, 16928 Pritzwalk. Sehenswert: St. Nikolai-Kirche (13. Jh.); Stadtmauer; Trappenberg mit Bismarckturm

---

** **Pritzwalker Hof**
Havelberger Str 59, ✉ 16928, ☎ (0 33 95) 30 20 04, Fax 30 20 03, AX ED VA
9 Zi, Ez: 80-100, Dz: 125, ⌐ WC ☎; 🅿 3⟷200 Kegeln 🍽
geschl: 1.-15.1.

Pritzwalk-Außerhalb (1,5 km ↑)
* **Forsthaus Hainholz**
einzeln ♂ Hainholz 2, ✉ 16928, ☎ (0 33 95) 30 27 95, Fax 30 47 47, ED VA
10 Zi, Ez: 80-90, Dz: 110-120, ⌐ WC ☎; 🅿 2⟷80 🍽 ☛
geschl: Feb

Pronstorf 11 ↙

Schleswig-Holstein — Kreis Segeberg — 35 m — 1 420 Ew — Bad Segeberg 18, Bad Schwartau 22 km
🛈 ☎ (0 45 06) 4 70 — Gemeindeverwaltung, Gemeinde Pronstorf, 23820 Wulfsfelde/Pronstorf. Sehenswert: Vicilin-Kirche; Hünengräber; Herrenhaus →

Pronstorf

* Pronstorfer Krug
♂ Lindenstr 2, ✉ 23820, ☎ (0 45 53) 9 97 90, Fax 3 36, AX DC ED VA
27 Zi, Ez: 65-120, Dz: 100-150, ⛁ WC ☎, 6🛏; 🅿 3✥30 ≋ 18Golf ⚓
Auch Zimmer der Kategorie ** vorhanden
* Hauptgericht 28; Biergarten Terrasse

Strenglin (3 km ↑)
** Akzent-Hotel Strengliner Mühle
♂ Mühlenstr 2, ✉ 23820, ☎ (0 45 56) 99 70 99, Fax 99 70 16, AX ED VA
35 Zi, Ez: 80-120, Dz: 130-190, 1 App, ⛁ WC ☎, 4🛏; Lift 🅿 🍴 3✥70 Fitneßraum Sauna Solarium 18Golf 1Tennis
Auch Zimmer der Kategorie * vorhanden
* Hauptgericht 25; Gartenlokal

Prüm 42 ↓

Rheinland-Pfalz — Kreis Bitburg-Prüm — 490 m — 6 000 Ew — Bitburg 33, Daun 37, Schleiden 49 km
ℹ ☎ (0 65 51) 5 05, Fax 76 40 — Verkehrsamt, Am Hahnplatz 1, 54595 Prüm; Luftkurort in der Eifel. Sehenswert: Ehem. Benediktiner-Abtei; St. Salvator Basilika; Kalvarienberg, 569 m ◂ (2 km ←)

* Tannenhof
♂ Am Kurpark 2, ✉ 54595, ☎ (0 65 51) 24 06, Fax 8 54, DC ED VA
27 Zi, Ez: 65-70, Dz: 100-110, 5 App, ⛁ WC ☎; 🅿 🍴 ≋ Fitneßraum Kegeln Sauna Solarium ⊙
geschl: So 14-Mo 17
Einfachere Zimmer vorhanden

Puchheim 71 ↑

Bayern — Kreis Fürstenfeldbruck — 518 m — 20 000 Ew — Fürstenfeldbruck 8, München 18 km
ℹ ☎ (0 89) 8 00 98-0, Fax 8 00 98-2 22 — Gemeindeverwaltung, Poststr 2, 82178 Puchheim

* Domicil
♂ Lochhauser Str 61, ✉ 82178, ☎ (0 89) 80 00 70, Fax 80 00 74 00, AX ED VA
99 Zi, Ez: 99-249, Dz: 99-249, 1 App, ⛁ WC ☎, 55🛏; Lift 🅿 🍴 4✥90 ⊙

* Parsberg
Augsburger Str 1, ✉ 82178, ☎ (0 89) 8 00 99 00, Fax 80 09 90 60, AX ED VA
43 Zi, Ez: 86-100, Dz: 120-140, ⛁ WC ☎ DFÜ, 5🛏; Lift 🅿 🍴 2✥35 ⊙
Auch einfache Zimmer vorhanden

Püchersreuth 59 ←

Bayern — Kreis Neustadt a. d. Waldnaab — 500 m — 1 487 Ew — Neustadt a. d. Waldnaab 7, Windischeschenbach 10 km
ℹ ☎ (0 96 02) 75 30 — Gemeindeverwaltung, Tannenweg 8, 92715 Püchersreuth

Baumgarten (9 km ↑)
* Igel
Baumgarten 8, ✉ 92715, ☎ (0 96 81) 14 22, Fax 27 98, DC ED VA
35 Zi, Ez: 55-65, Dz: 80-95, ⛁ WC ☎; 🅿 🍴 4✥200 ⊙

Pulheim 42 ↗

Nordrhein-Westfalen — Erftkreis — 46 m — 51 400 Ew — Frechen 11, Grevenbroich 14, Köln 17 km
ℹ ☎ (0 22 38) 80 80, Fax 80 83 45 — Stadtverwaltung, Alte Kölner Str 26, 50259 Pulheim. Sehenswert: Kirche der ehem. Benediktiner-Abtei in Brauweiler (5 km ↓); Museum für Holographie und neue visuelle Medien

Brauweiler (5 km ↓)
* Abtei-Park Hotel
Bernhardstr 1, ✉ 50259, ☎ (0 22 34) 8 10 58, Fax 8 92 32, AX DC ED VA
41 Zi, Ez: 125-165, Dz: 165-220, 1 Suite, 1 App, ⛁ WC ☎; Lift 7✥199 18Golf; **garni**

Dansweiler (6 km ↙)
*** Landhaus Ville 👨‍🍳
Friedenstr 10, ✉ 50259, ☎ (0 22 34) 8 33 45, Fax 8 3345, ED VA
Hauptgericht 43; nur abends; geschl: So, Mo

** Il Paradiso
Zehnthofstr 26, ✉ 50259, ☎ (0 22 34) 8 46 13, Fax 8 46 13
Hauptgericht 38; Gartenlokal 🅿; geschl: Do

Pullach i. Isartal 71 ↗

Bayern — Kreis München — 580 m — 8 400 Ew — München 10, Starnberg 15 km
ℹ ☎ (0 89) 7 44 74 40, Fax 74 47 44 59 — Gemeindeverwaltung, Johann-Bader-Str 21, 82049 Pullach

** Seitner Hof
Habenschadenstr 4, ✉ 82049, ☎ (0 89) 7 44 32-0, Fax 7 44 32-1 00, AX ED VA
38 Zi, Ez: 165-185, Dz: 225-245, ⛁ WC ☎, 3🛏; Lift 🅿 🍴 1✥30 Sauna; **garni**

** Villa Antica
Habenschadenstr 1, ✉ 82049, ☎ (0 89) 7 93 88 61, Fax 7 93 82 35, AX DC ED VA
Hauptgericht 30; 🅿 Terrasse

Pyrmont, Bad

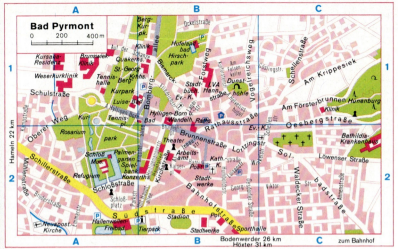

Großhesselohe (2 km ↑)
* **Bittmann**
Pullacher Str 24, ⊠ 82049, ☎ (0 89)
7 49 11 70, Fax 7 49 11 70, AX DC ED VA
17 Zi, Ez: 145, Dz: 195-215, 1 Suite, ⊿ WC
☎; 1⌬20 ¶◊

Pulsnitz 40 ↘

Sachsen — Kamenz — 260 m — 6 700 Ew —
Dresden 24, Bautzen 34 km
ℹ ☎ (03 59 55) 4 42 46, Fax 4 42 46 — Puls-
nitz-Information, Julius-Kuhn-Platz 2,
01896 Pulsnitz

* **Schützenhaus**
Wettinplatz 1, ⊠ 01896, ☎ (03 59 55)
447 92, Fax 725 41, AX DC ED VA
14 Zi, Ez: 97-112, Dz: 159, 1 Suite, ⊿ WC; ¶◊

Friedersdorf
* **Waldblick**
Königsbrücker Str 119, ⊠ 01896,
☎ (03 59 55) 4 52 27, Fax 4 47 70, ED VA
27 Zi, Ez: 60-98, Dz: 110-155, 1 Suite, ⊿ WC
☎; P ⊞ 70 ¶◊

Putbus siehe Rügen

Pyrbaum 57 ↘

Bayern — Kreis Neumarkt (Oberpfalz) —
436 m — 4 576 Ew — Allersberg 10, Neumarkt i.d. Opf. 15, Nürnberg 25 km
ℹ ☎ (0 91 80) 7 77 — Gemeindeverwaltung,
Am Marktplatz 1, 90602 Pyrbaum. Sehenswert: Kath. ehem. Klosterkirche in Seligen-
porten (4 km ↘)

Pyrbaum-Außerhalb (7 km ←)
** **Faberhof**
einzeln ⊰ ⊠ 90602, ☎ (0 91 80) 6 13,
Fax 29 77, AX ED VA
Hauptgericht 40

Pyrmont, Bad 25 ↓

Niedersachsen — Kreis Hameln-Pyrmont —
110 m — 23 660 Ew — Hameln 20, Detmold
36, Paderborn 56 km
ℹ ☎ (0 52 81) 94 05 11, Fax 94 05 55 — Kur-
u. Fremdenverkehrsförderungsgesell-
schaft, Bad Pyrmont mbH, Europaplatz 1,
31812 Bad Pyrmont; Erholungsort, Heilbad
und Schroth-Kurort im Weserbergland;
Spielbank. Sehenswert: Kurpark mit Palmengarten; Brunnenplatz mit Hylligem
Born und Wandelhalle; Dunsthöhle;
Schloß mit Museum; Tierpark

**** **Steigenberger**
♣ ⊰ Heiligenangerstr 2 (B 2), ⊠ 31812,
☎ (0 52 81) 15 02, Fax 15 20 20, AX DC ED VA
145 Zi, Ez: 170-240, Dz: 245-345, S; 6 Suiten,
⊿ WC ☎, 70⊠; Lift P ⊞ 6⌬100 ⌇ Fitneß-
raum Sauna Solarium 18Golf ⚌
*** **Palmengarten**
Hauptgericht 34; Terrasse

** **Bergkurpark**
♣ Ockelstr 11 (B 1), ⊠ 31812, ☎ (0 52 81)
40 01, Fax 40 04, AX ED VA
52 Zi, Ez: 75-195, Dz: 190-350, 8 Suiten, ⊿
WC ☎; Lift P ⊞ 3⌬120 ⌇ Sauna Solarium
18Golf ¶◊ ⚌
Auch Zimmer der Kategorie *** vorhanden →

Pyrmont, Bad

** Haus Dorothea
Seipstr 8, ⊠ 31812, ☎ (0 52 81) 9 40 90,
Fax 94 09 30, ED VA
24 Zi, Ez: 75-190, Dz: 120-220, 24 App, ⊣
WC ☎, 12⊠; Lift P; garni

** Westfalen
Altenauplatz 1 (B 2), ⊠ 31812, ☎ (0 52 81)
9 32 90, Fax 1 84 39, AX DC ED VA
19 Zi, Ez: 95-160, Dz: 160-240, 1 Suite,
9 App, ⊣ WC ☎, 2⊠; Lift P 1↔60; garni
YO!
Restauriertes, denkmalgeschütztes Haus,
das mit modernem Hotelkomfort ausgestattet ist

*** Akzent-Hotel Oldenburg
am Palmengarten**
Schloßstr 4, ⊠ 31812, ☎ (0 52 81) 6 05 40,
Fax 60 54 60, ED VA
20 Zi, Ez: 99-139, Dz: 163-224, 1 App, ⊣ WC
☎; Lift P 🚗 2↔60 Solarium
Restaurant für Hausgäste

*** Villa Fürst von Waldeck
und Königin Luise**
Schloßstr 8, ⊠ 31812, ☎ (0 52 81) 60 41 01,
Fax 60 41 54
Ez: 70-85, Dz: 140-170, 3 Suiten, 2 App, ⊣
WC ☎, 7⊠; Lift P Solarium YO! 🍴
2 historisch gut erhaltene Jugendstilvillen,
teils antike Ausstattung

* Ritter
Altenaustr 8, ⊠ 31812, ☎ (0 52 81) 6 05 60,
Fax 60 56 40, DC VA
25 Zi, Ez: 60-95, Dz: 110-170, ⊣ WC ☎; Lift
P
Restaurant für Hausgäste; Zimmerpreise
inklusive Vollpension

* Zur Krone
Brunnenstr 41 (B 2), ⊠ 31812, ☎ (0 52 81)
60 62 00, Fax 37 47
14 Zi, Ez: 74-100, Dz: 148-180, ⊣ WC ☎; P;
garni
Rezeption: 6.30-20; geschl: 6.-31.1.

* Carolinenhof
Rathausstr 15, ⊠ 31812, ☎ (0 52 81) 9 33 40,
Fax 93 34 34, ED VA
17 Zi, Ez: 70-90, Dz: 130-155, ⊣ WC ☎; Lift
P; garni

Bad Pyrmont-Außerhalb (1 km ↑)
*** Landhaus Stukenbrock
Zu den Erdfällen**
einzeln ☼ ⊰ Erdfällenstr, ⊠ 31812,
☎ (0 52 81) 9 34 40, Fax 93 44 34, AX ED VA
9 Zi, Ez: 99-165, Dz: 168-218, ⊣ WC ☎, 4⊠;
P 🚗 1↔30 Sauna Solarium 18Golf 🍴
* ⊰ Hauptgericht 28; Biergarten
Terrasse; geschl: Di

Holzhausen
* Hamborner Mühle
Hamborner Weg, ⊠ 31812, ☎ (0 52 81)
60 86 60, Fax 60 72 02
12 Zi, Ez: 80-120, Dz: 160-220, ⊣ WC ☎; P
18Golf YO!
Hotel im Landhausstil, inmitten einer reizvollen Teichlandschaft gelegen mit rustikalem Biergarten

Quedlinburg 37 ↗

Sachsen-Anhalt — Kreis Quedlinburg —
124 m — 25 200 Ew — Magdeburg 56, Halle
80 km
i ☎ (0 39 46) 7 73 00, Fax 77 30 16 — Quedlinburg-Information, Markt 2, 06484 Quedlinburg. Sehenswert: Mit reicher Ornamentik versehene Fachwerkhäuser, z. B. Fachwerkmuseum und Stieg 28; Renaissanceschloß mit Museum; Stiftskirche; Wipertikirche; Pfarrkirche St. Blasius; Marktkirche
St. Benedikti; Rathaus; Klopstockhaus

** Am Brühl ♛
Billungstr 11, ⊠ 06484, ☎ (0 39 46) 9 61 80,
Fax 9 61 82 46, AX DC ED VA
46 Zi, Ez: 130-150, Dz: 180-210, 4 Suiten,
1 App, ⊣ WC ☎, 22⊠; Lift P 1↔50 Sauna
Solarium YO!

** Theophano ♛
Markt 13, ⊠ 06484, ☎ (0 39 46) 9 63 00,
Fax 96 30 36, AX ED VA
22 Zi, Ez: 130-170, Dz: 160-220, ⊣ WC ☎,
8⊠; P 🚗 1↔20 YO!
geschl: 22.12.-27.12.
Guterhaltenes Fachwerkgebäude unter
Denkmalschutz aus dem 17. Jh.

** Schlossmühle
Kaiser-Otto-Str 28, ⊠ 06484, ☎ (0 39 46)
7 87-0, Fax 7 87-4 19, AX ED VA
71 Zi, Ez: 120-160, Dz: 180-210, 46⊠; Lift
3↔100 Fitneßraum Sauna Solarium YO! 🍴

** Parkhotel Otto III
Westerhäuser Str 43, ⊠ 06484, ☎ (0 39 46)
7 72 20, Fax 77 22 22, AX DC ED VA
30 Zi, Ez: 125, Dz: 160-180, 15 App, ⊣ WC
☎, 14⊠; Lift P 1↔30 ≋ ≙ Sauna Solarium
1Tennis YO! 🍴

** Zum Bär
Markt 8-9, ⊠ 06484, ☎ (0 39 46) 77 70,
Fax 70 02 68
50 Zi, Ez: 95-165, Dz: 145-195, ⊣ WC ☎,
40⊠; P 1↔50 YO!

* Domschatz
Mühlenstr 20, ⊠ 06484, ☎ (0 39 46)
70 52 70, Fax 70 52 71, ED
15 Zi, Ez: 90-110, Dz: 140-160, ⊣ WC ☎,
1⊠; P ≙ Sauna; garni
Restaurant für Hausgäste; Wohlerhaltener
Fachwerkbau aus dem 17. Jh.

Acron Hotel Quedlinburg
* **Acron Hotel Quedlinburg**
Oeringerstr 7, ✉ 06484, ☎ (0 39 46) 77 02-0,
Fax 77 02 30, ED VA
64 Zi, Ez: 79-89, Dz: 99-109, ⌐ WC, 32🛏; **P**
2⟷20; garni
Zufahrt über Gartenstr

* **Zur goldenen Sonne**
Steinweg 11, ✉ 06484, ☎ (0 39 46) 9 62 50,
Fax 96 25 30, AX ED VA
27 Zi, Ez: 90-125, Dz: 140-160, 1 Suite, ⌐
WC ☎, 5🛏; **P** 🍴 ☕

* **Zum Schloß**
Mühlenstr 22, ✉ 06484, ☎ (0 39 46)
70 74 83, Fax 70 74 84, AX ED VA
6 Zi, Ez: 110-130, Dz: 140-160, ⌐ WC ☎; **P**
2⟷80 Bowling 🍴

🛏 **Zum Alten Fritz**
◅ Pöltkenstr 18, ✉ 06484, ☎ (0 39 46)
70 48 80, Fax 70 48 81, ED
13 Zi, Ez: 105, Dz: 125-140, ⌐ WC ☎; **P**;
garni

Prinz Heinrich
Pölle 29, ✉ 06484, ☎ (0 39 46) 37 07,
AX DC ED VA
Hauptgericht 25

Brauhaus Lüdde
Blasiistr 14, ✉ 06484, ☎ (0 39 46) 32 51,
Fax 32 51
Hauptgericht 16; Biergarten

siehe auch **Warnstedt**

Querfurt 38 ✓

Sachsen-Anhalt — Kreis Merseburg-Querfurt — 180 m — 10 885 Ew — Lutherstadt Eisleben 22, Halle 36 km
ℹ ☎ (03 47 71) 60 01, Fax 2 20 91 — Stadtinformation, Markt 14, 06268 Querfurt.
Sehenswert: Burg Querfurt

* **Querfurter Hof**
Merseburger Str 5, ✉ 06268, ☎ (0 34 71)
52 40, Fax 52 41 99, AX DC ED VA
23 Zi, Ez: 80-100, Dz: 120-130, ⌐ WC ☎,
8🛏; Lift **P** 1⟷20 🍴

Vitzenburg (12 km ↓)
* **Zum Schweizerhaus**
Am Weinberg 4, ✉ 06268, ☎ (03 44 61)
2 25 62, Fax 2 42 55, AX ED VA
10 Zi, Ez: 75, Dz: 110-130, ⌐ WC ☎; **P**
1⟷14 🍴 ☕

Quern 10 ↑

Schleswig-Holstein — Kreis Schleswig-Flensburg — 35 m — 1 350 Ew — Flensburg 25 km
ℹ ☎ (0 46 32) 74 14, Fax 17 76 — Touristikverein, Holmlück 2, 24972 Steinbergkirche.
Sehenswert: St. Nikolai-Kirche (12. Jh.); Bismarckturm-Scheersberg

Nübelfeld (4 km ↗)
** **Landhaus Schütt**
Nübelfeld 34, ✉ 24972, ☎ (0 46 32) 8 43 18,
Fax 84 31 31, AX DC ED VA
Hauptgericht 36; **P** Terrasse; nur abends,
Sa + So auch mittags
* 8 Zi, Ez: 50-60, Dz: 100-120, ⌐
WC; 🛏 2⟷75
geschl: Mo, Di bis 18, 2 Wochen im Jan,
2 Wochen im Juni/Juli

Quickborn 18 ↘

Schleswig-Holstein — Kreis Pinneberg —
12 m — 19 380 Ew — Bad Bramstedt 21,
Elmshorn 21, Hamburg 24 km
ℹ ☎ (0 41 06) 61 10, Fax 8 15 06 — Stadtverwaltung, Rathausplatz 1, 25451 Quickborn.

** **Euro Ring Sporthotel Quickborn**
♣ ◅ Harksheider Weg 258, ✉ 25451,
☎ (0 41 06) 40 91, Fax 6 71 95, AX DC ED VA
27 Zi, Ez: 125-140, Dz: 175, ⌐ WC ☎; 3⟷30
Sauna
** **Seegarten**
◅ Hauptgericht 33; Gartenlokal Kegeln **P**

Heide (4 km ↗)
** **Landhaus Quickborner Heide**
Ulzburger Landstr 447, ✉ 25451,
☎ (0 41 06) 7 76 60, Fax 7 49 69, AX DC ED VA
Hauptgericht 35; Terrasse
** 16 Zi, Ez: 125, Dz: 175, ⌐ WC ☎

Quickborn-Außerhalb (3 km ↑)
** **Romantik Hotel Jagdhaus Waldfrieden**
einzeln ♣ Kieler Str, B4, ✉ 25451,
☎ (0 41 06) 6 10 20, Fax 6 91 96, AX DC ED VA
24 Zi, Ez: 138-188, Dz: 240-285, ⌐ WC ☎
DFÜ; **P** 🛏 2⟷30 🍴 ☕
*** einzeln, Hauptgericht 40; 👨‍🍳
Terrasse

Quierschied 52 ↘

Saarland — Saarbrücken — 230 m —
1 500 Ew
ℹ ☎ (0 68 97) 96 10, Fax 96 11 10 — Gemeindeverwaltung, Rathausstr 7, 66287 Quierschied

Camphausen
** **Altes Casino**
Dudweiler Str 20, ✉ 66287, ☎ (0 68 97)
9 65 70, Fax 96 57 57, ED VA
Hauptgericht 26; **P** Terrasse; geschl: Sa
mittags
* 12 Zi, Ez: 70-85, Dz: 110-135, ⌐
WC ☎; 🛏

Rabenau

Rabenau 51 ↖

Sachsen — Weißeritzkreis — 250 m —
4 831 Ew — Freital 2 km
🛈 ☎ (03 51) 6 47 01 32, Fax 6 47 01 32 —
Fremdenverkehrsamt im Ortsteil Oelsa,
Hauptstr 3, 01734 Rabenau-Oelsa

** König Albert Höhe
♂ ≼ Höhenstr 26, ✉ 01734, ☎ (03 51)
64 47 50, Fax 6 44 75 55, AX DC ED VA
42 Zi, Ez: 75-90, Dz: 125-168, 1 Suite, ⌇ WC
☎, 20✉; 🅿 5⟳170 🍴
Auch Zimmer der Kategorie * vorhanden

* Rabenauer Mühle
♂ Bahnhofstr 23, ✉ 01734, ☎ (03 51)
4 60 20 61, Fax 4 60 20 62, AX ED VA
19 Zi, Ez: 65-85, Dz: 120-140, 2 Suiten,
1 App, ⌇ WC ☎, 6✉; 🅿 1⟳50 Kegeln
Sauna Solarium 🍴

Karsdorf (5 km ↘)
* Heidemühle
♂ Heidestr 73, ✉ 01734, ☎ (0 35 04) 6 48 40,
Fax 64 84 33, AX DC ED VA
10 Zi, Ez: 45-118, Dz: 98-158, 1 Suite, ⌇ WC
☎, 4✉; 🅿 1⟳70 Solarium 🍴

Rackwitz 39 ↙

Sachsen — Kreis Delitzsch — 138 m —
3 000 Ew — Delitzsch 11, Leipzig 12, Halle
40 km
🛈 ☎ (03 42 94) 66 93, Fax 66 94 — Gemeindeverwaltung, Schulweg 3, 04519 Rackwitz

** Schladitzer Hof
Hauptstr 2 a, ✉ 04519, ☎ (03 42 94) 7 66 51,
Fax 7 66 57, AX ED VA
40 Zi, Ez: 130-160, Dz: 195, ⌇ WC ☎, 2✉;
Lift Sauna Solarium 🍴

Radeberg 40 ↘

Sachsen — Kreis Dresden-Land — 240 m —
14 280 Ew — Dresden 13, Bischofswerda
22 km
🛈 ☎ (0 35 28) 45 00 — Stadtverwaltung,
Markt 19, 01454 Radeberg. Sehenswert:
Schloß Klippenstein; Rathaus; Stadtkirche
„Zum Heiligen Namen Gottes"; Volkssternwarte „Erich Bär"; Hüttertal

** Sportwelt
Am Sandberg 2, ✉ 01454, ☎ (0 35 28)
48 80-0, Fax 48 80-88, AX ED VA
43 Zi, Ez: 129, Dz: 165, 1 App, ⌇ WC ☎,
16✉; Lift 3⟳140 🛁 Fitneßraum Sauna
Solarium 🍴

Görner
♂ Lotzdorfer Str 64, ✉ 01454, ☎ (0 35 28)
44 20 72, Fax 44 20 72, ED VA
9 Zi, Ez: 55-70, Dz: 90-100, ⌇ WC ☎, 1✉; 🅿
1⟳35 🍴
Rezeption: 11-14, 17-23 geschl: Mo

Liegau-Augustusbad
* Forellenschänke
Langebrücker Str 88, ✉ 01465, ☎ (0 35 28)
44 58 26, Fax 41 76 15, AX DC ED
Hauptgericht 22; 🅿 Terrasse

Radebeul 40 ↓

Sachsen — Meißen — 115 m — 33 000 Ew
— Moritzburg 8, Dresden 12 km
🛈 ☎ (03 51) 8 31 19 05, Fax 8 31 19 02 —
Tourist-Information, Pestalozzistr 6 a,
01445 Radebeul. Sehenswert: Schloß Wackerbarth; Sternwarte u. Planetarium;
100jährige Schmalspurbahn; Puppentheatersammlung; Karl-May-Museum

*** Steigenberger Parkhotel
♂ ≼ Nizzastr 55, ✉ 01445, ☎ (03 51) 8 32 10,
Fax 8 32 14 45, AX DC ED VA
189 Zi, Ez: 210-250, Dz: 250-290, S;
11 Suiten, 216 App, ⌇ WC ☎ DFÜ, 100✉;
Lift 🅿 14⟳480 🛁 Fitneßraum Sauna
Solarium 🍴
Weitläufiger Komplex mit 9 Villen, Langzeitvermietung möglich
** Lössnitz
Hauptgericht 20

Goldne Weintraube
Meißner Str 152, ✉ 01445, ☎ (03 51)
8 36 34 13, Fax 8 38 18 40
Hauptgericht 20; Gartenlokal 🅿; geschl:
Mo, Jul

Radeburg 40 ↘

Sachsen — Meißen — 150 m — 4 959 Ew —
Dresden 18 km
🛈 ☎ (03 52 08) 9 61 60, Fax 9 61 25 — Stadtverwaltung, Heinrich Zille Str 11,
01471 Radeburg. Sehenswert: Ev.-Luth. Kirche; Heinrich-Zille Museum und Denkmal

* Radeburger Hof
Großenhainer Str 39, ✉ 01471, ☎ (03 52 08)
8 80, Fax 8 84 50, AX DC ED VA
62 Zi, Ez: 80-100, Dz: 100-120, 2 Suiten, ⌇
WC ☎; 🅿 1⟳45 Sauna Solarium 🍴

Radevormwald 33 ↓

Nordrhein-Westfalen — Oberbergischer
Kreis — 400 m — 25 900 Ew — Remscheid 15, Wuppertal 24, Hagen 26 km
🛈 ☎ (0 21 95) 60 60, Fax 60 61 16 — Stadtverwaltung, Hohenfuhrstr 13, 42477 Radevormwald

* Park-Hotel
Telegrafenstr 18, ✉ 42477, ☎ (0 21 95)
4 00 52, Fax 4 00 54, AX DC ED VA
16 Zi, Ez: 125, Dz: 165-170, ⌇ WC ☎; 🅿 🍽;
garni
geschl: Mitte Dez-Anfang Jan

Neuenhof (4 km →)
** Zur Hufschmiede
Neuenhof 1, ✉ 42477, ☎ (0 21 95) 82 38, Fax 87 42
Hauptgericht 30; 🅿; geschl: Do, Fr, Sa mittags, Ende Dez, 3 Wochen in den Sommerferien
** 🛏 20 Zi, Ez: 110-130 Ez: 110-130, Dz: 185, Dz: 185, ⬜ WC ☎, 10📺; 🚗 Fitneßraum Sauna
geschl: 20.12.-2.1., 3 Wochen in den Sommerferien

Radolfzell am Bodensee 68 ↘

Baden-Württemberg — Kreis Konstanz — 400 m — 27 792 Ew — Singen 11, Stockach 14, Konstanz 20 km
ℹ ☎ (0 77 32) 8 15 00, Fax 8 15 10 — Tourist-Information, Im Bahnhof, 78315 Radolfzell; Kneipp-Kurort. Sehenswert: Münsterkirche und Reste der Stadtbefestigung; ehem. Ritterschaftshaus, heute Amtsgericht; Österreichisches Schlößchen; Schiffsfahrt zur Insel Reichenau und nach Konstanz, Stadtmuseum; Städt. Galerie „Villa Bosch"

* Zur Schmiede
◁ Friedrich-Werber-Str 22, ✉ 78315, ☎ (0 77 32) 9 91 40, Fax 99 14 50, AX DC VA
32 Zi, Ez: 98-125, Dz: 150-170, ⬜ WC ☎; Lift; garni
geschl: 22.12.-6.1.

Güttingen (5 km ↑)
🍴 **Gasthof Adler**
Schloßbergstr 1, ✉ 78315, ☎ (0 77 32) 1 50 20, Fax 15 02 50
Hauptgericht 20; Gartenlokal Kegeln 🅿; geschl: Di, 10.1.-30.1.
** Gästehaus Sonnhalde
28 Zi, Ez: 65-75 Ez: 65-75, Dz: 120-160, Dz: 120-160, 1 Suite, ⬜ WC ☎; Lift Sauna Solarium
geschl: Di; Jan

Mettnau (1 km ↘)
* Café Schmid
🛏 ◁ St.-Wolfgang-Str 2, ✉ 78315, ☎ (0 77 32) 9 49 80, Fax 1 01 62, AX ED VA
20 Zi, Ez: 98-150, Dz: 150-200, ⬜ WC ☎; 🅿 🚗; garni 🍴
geschl: 15.12.-10.1.

* Iris am See
🛏 ◁ Rebsteig 2, ✉ 78315, ☎ (0 77 32) 9 47 00, Fax 94 70 30, AX ED VA
17 Zi, Ez: 80-98, Dz: 165-185, ⬜ WC ☎; 🅿; garni

Raguhn 39 ↘

Sachsen-Anhalt — 90 m — Bitterfeld 13, Dessau 15 km
ℹ ☎ (03 49 06) 2 02 88, Fax 2 03 67 — Verwaltungsgemeinschaft Raguhn, Rathausstr 16, 06779 Raguhn. Sehenswert: Irrgarten in Altjeßnitz

* Muldaue
Gartenstr 13 b, ✉ 06779, ☎ (03 49 06) 2 05 55, Fax 2 05 55
8 Zi, Ez: 100, Dz: 120, ⬜ WC ☎; 🅿 🚗 1⇌25 Sauna Solarium 🍴

Lingenau
* Landgasthof Lingenau
Haus Nr 15, ✉ 06779, ☎ (03 49 06) 2 06 34, Fax 2 11 06
20 Zi, Ez: 75-90, Dz: 90-100, ⬜ WC ☎, 2📺; 🅿 1⇌70 🍴

Rahden 25 ←

Nordrhein-Westfalen — Kreis Minden-Lübbecke — 43 m — 15 500 Ew — Lübbecke 15, Minden 28, Diepholz 34 km
ℹ ☎ (0 57 71) 7 35 50 — Stadtverwaltung, Lange Str 9, 32369 Rahden. Sehenswert: Museumshof; Wasserburg-Ruine; Der Große Stein von Tonnenheide (größter Eiszeit-Findling in Norddeutschland); Bockwindmühle im Stadtteil Wehe (4 km ↗)

** Ringhotel Westfalen Hof
Rudolf-Diesel-Str 13, ✉ 32369, ☎ (0 57 71) 97 00-0, Fax 55 39, AX DC ED VA
29 Zi, Ez: 110-125, Dz: 175-185, S; 1 Suite, ⬜ WC ☎, 7📺; 🅿 4⇌120 ≋ Fitneßraum Kegeln Sauna Solarium 18Golf 4Tennis 🚲
** Mühlen-Restaurant
Hauptgericht 27; Terrasse

🛏 Stadt Rahden
Weher Str 16, ✉ 32369, ☎ (0 57 71) 57 74, Fax 57 75, AX ED VA
16 Zi, Ez: 85, Dz: 120, 1 Suite, 2 App, ⬜ WC ☎; 1⇌30 🍴

Rain am Lech 63 ↘

Bayern — Donau-Ries — 420 m — 7 800 Ew
ℹ ☎ (0 90 90) 7 03-0, Fax 45 29 — Stadtverwaltung, Hauptstr 60, 86641 Rain am Lech

***** Dehner Blumenhotel
City Line & Country Line Hotels**
Bahnhofstr 19, ✉ 86641, ☎ (0 90 90) 7 60, Fax 7 64 00, AX DC ED VA
60 Zi, Ez: 145, Dz: 180, 1 Suite, 2 App, ⬜ WC ☎, 20📺; Lift 🅿 🚗 5⇌360 Fitneßraum Sauna Solarium 🚲
** Rosenstube
Hauptgericht 30; Terrasse

Rammingen 62 ↘

Baden-Württemberg — Alb-Donau-Kreis — 512 m — 1 077 Ew — Langenau 4, Niederstotzingen 6 km
ℹ ☎ (0 73 45) 9 12 50, Fax 91 25 12 — Gemeindeverwaltung, Rathausgasse 7, 89192 Rammingen →

Rammingen

* **Romantik Hotel Landgasthof Adler**
♂ Riegestr 15, ⊠ 89192, ☎ (0 73 45) 9 64 10, Fax 96 41 10, AX DC ED VA
14 Zi, Ez: 80-120, Dz: 120-189, ⌁ WC ☎, 6⌂; 2↻35
** Hauptgericht 22; Biergarten 🅿; ✣
geschl: Mo, Di mittags, 5.-19.1., 3.-17.8.

Ramsau 73 ↘

Bayern — Kreis Berchtesgadener Land — 668 m — 1 800 Ew — Berchtesgaden 10, Bad Reichenhall 20, Salzburg 35 km
🛈 ☎ (0 86 57) 98 89 20, Fax 7 72 — Kurverwaltung, Im Tal 2, 83486 Ramsau; Heilklimatischer Kurort und Wintersportplatz.
Sehenswert: Kirche; Wimbachklamm; Hintersee, 790 m (4 km ←)

** **Rehlegg** ♛
♂ ⌁ Holzengasse 16, ⊠ 83486, ☎ (0 86 57) 12 14, Fax 5 01, ED
60 Zi, Ez: 137-288, Dz: 220-310, 1 Suite, ⌁ WC ☎; Lift 🅿 1↻50 ≋ ≘ Fitneßraum Sauna Solarium ⌇
Rezeption: 8-20
Auch Zimmer anderer Kategorien vorhanden
** ⌁ Hauptgericht 30; ✣
Gartenlokal Terrasse

* **Alpenhotel Hochkalter**
Im Tal 4, ⊠ 83486, ☎ (086 57) 98 70, Fax 12 05
66 Zi, Ez: 70-120, Dz: 130-260, 13 Suiten, ⌁ WC ☎; Lift 🅿 ⌂ ≋ ≘ Sauna Solarium ⍾
geschl: Anfang Nov-Mitte Dez

Au (2 km ↘)
* **Wimbachklamm**
♂ Rotheben 1, ⊠ 83486, ☎ (0 86 57) 9 88 80, Fax 98 88 70
26 Zi, Ez: 60-75, Dz: 100-140, ⌁ WC ☎; Lift 🅿 ≘ Sauna Solarium ⍾ ⌇
geschl: 1.11.-20.12., 10.1.-1.2.

Schwarzeck (8 km ↑)
** **Gasthof Nutzkaser**
♂ ⌁ Am Gseng 10, ⊠ 83486, ☎ (0 86 57) 3 88, Fax 6 59, AX ED VA
23 Zi, Ez: 110, Dz: 140-220, ⌁ WC ☎; Lift 1↻20 Sauna Solarium ⍾

Ramstein-Miesenbach 53 ↓

Rheinland-Pfalz — Kreis Kaiserslautern — 250 m — 8 692 Ew — Landstuhl 4, Kaiserslautern 19 km
🛈 ☎ (0 63 71) 59 20, Fax 5 92-1 99 — Verbandsgemeindeverwaltung, im Ortsteil Ramstein, Am Neuen Markt 6, 66877 Ramstein-Miesenbach

Ramstein
** **Landgasthof Pirsch**
Auf der Pirsch 12, ⊠ 66877, ☎ (0 63 71) 59 30, Fax 59 31 99, AX DC ED VA
33 Zi, Ez: 92-135, Dz: 145-155, 3 App, ⌁ WC ☎; Lift 🅿 ⌂ ⍾

* **Ramsteiner Hof**
Miesenbacher Str 26, ⊠ 66877, ☎ (0 63 71) 9 72-0, Fax 5 76 00, AX DC ED VA
22 Zi, Ez: 90, Dz: 140, ⌁ WC ☎; 🅿 ⌂ Solarium
* Hauptgericht 25; Terrasse;
geschl: Sa + So abends

Ramsthal 46 ↘

Bayern — Kreis Bad Kissingen — 252 m — 1 132 Ew — Bad Kissingen 9, Hammelburg 15, Schweinfurt 19 km
🛈 ☎ (0 97 04) 9 13 10, Fax 91 31 50 — Verwaltungsgemeinschaft, Zeilweg 2, 97717 Euerdorf

* **Gasthof Wahler**
Hauptstr 28, ⊠ 97729, ☎ (0 97 04) 15 50, Fax 76 85
12 Zi, Ez: 35, Dz: 65, ⌁ WC; ⍾
geschl: 1.-24.8., ab ca. 20.12.

Randersacker 56 ↖

Bayern — Kreis Würzburg — 180 m — 3 600 Ew — Würzburg 7, Ochsenfurt 12 km
🛈 ☎ (09 31) 70 53-17, Fax 70 53-20 — Touristinform. Fremdenverkehrsv. Randersacker e.V., Maingasse 9, 97236 Randersacker; Weinbauort am Main

** **Zum Löwen**
Ochsenfurter Str 4, ⊠ 97236, ☎ (09 31) 7 05 50, Fax 7 05 52 22, AX ED VA
31 Zi, Ez: 75-100, Dz: 120-150, 1 Suite, 1 App, ⌁ WC ☎; Lift 🅿 ⌂ 40 ⍾ ⌇
Auch Zimmer der Kategorie * vorhanden

** **Gasthof Bären**
Würzburger Str 6, ⊠ 97236, ☎ (09 31) 70 51-0, Fax 70 64 15
36 Zi, Ez: 85-102, Dz: 130-158, ⌁ WC ☎; 🅿 2↻30
Rezeption: geschl: So ab 15
Auch Zimmer der Kategorie * vorhanden
* Hauptgericht 25; Gartenlokal;
geschl: So abends

Ransbach-Baumbach 43 →

Rheinland-Pfalz — Westerwaldkreis — 357 m — 7 300 Ew — Montabaur 10, Koblenz 25 km
🛈 ☎ (0 26 23) 8 60, Fax 86 14 — Stadt, Rheinstr 50, 56235 Ransbach-Baumbach

** **Protennis Sporthotel im Kannenbäckerland**
Zur Fuchshohl, ⊠ 56235, ☎ (0 26 23) 30 51, Fax 8 03 39, AX DC ED VA
23 Zi, Ez: 89-115, Dz: 135-155, ⌁ WC ☎, 4⌂; 🅿 2↻30 Fitneßraum Sauna Solarium 5Tennis ⍾ ⌇
Auch Zimmer der Kategorie * vorhanden

Rastatt

* **Eisbach**
Schulstr 2, ✉ 56235, ☎ (0 26 23) 23 76,
Fax 92 30 92, AX DC ED VA
25 Zi, Ez: 79-99, Dz: 125-159, 1 Suite, ⌐ WC
☎; 🅿 ☕
* Hauptgericht 25; Gartenlokal;
geschl: 22.12.-25.12.

** **Gala**
Rheinstr 103, in der Stadthalle, ✉ 56235,
☎ (0 26 23) 45 41, Fax 44 81, AX DC ED VA
Hauptgericht 35; Kegeln 🅿 Terrasse;
geschl: Mo, 1.8.-31.8.98

Rantum siehe Sylt

Rappenau, Bad   61 ↑

Baden-Württemberg — Kreis Heilbronn —
250 m — 18 000 Ew — Heilbronn 19, Sinsheim 20 km
ℹ ☎ (0 72 64) 8 61 26, Fax 8 61 82 — Verkehrsamt, Salinenstr. 22, 74906 Bad Rappenau; Heilbad. Sehenswert: Wasserschloß;
jüdischer Friedhof; Schloß Heinsheim
(5 km ↗), Burgruine Ehrenberg (6 km ↗);
Salinenmuseum; Burg Guttenberg mit
Greifvogelwarte

** **Salinenhotel**
Salinenstr 7, ✉ 74906, ☎ (0 72 64) 9 16 60,
Fax 91 66 39, ED VA
31 Zi, Ez: 97-150, Dz: 198-240, 3 Suiten, ⌐
WC ☎; Lift 🅿 4⟳40
Auch Zimmer der Kategorie * vorhanden
** Hauptgericht 32; Terrasse

** **Häffner Bräu**
♂ Salinenstr 24, ✉ 74906, ☎ (0 72 64) 80 50,
Fax 80 51 19, AX DC ED VA
62 Zi, Ez: 69-135, Dz: 214, ⌐ WC ☎; Lift 🅿 🚗
3⟳50 Sauna Solarium 🍽
geschl: 22.12.-17.1.
Auch Zimmer der Kategorie * vorhanden

Heinsheim (5 km ↗)
** **Schloßhotel Heinsheim
European Castle**
♂ Gundelsheimer Str 36, ✉ 74906,
☎ (0 72 64) 9 50 30, Fax 42 08, AX DC ED VA
41 Zi, Ez: 120-170, Dz: 140-300, 1 Suite, ⌐
WC ☎; Lift 🅿 🚗 6⟳150 ☕
geschl: Mitte Dez-Anfang Feb
Hochzeitskapelle; Park; Zimmer der Kategorie * vorhanden
*** **Schloßrestaurant**
Hauptgericht 36; Terrasse; geschl: Mo, Di,
22.1.-3.2.
Eigenbauweine

Rastatt   60 ⌂

Baden-Württemberg — Kreis Rastatt —
122 m — 46 000 Ew — Baden-Baden 13,
Karlsruhe 22 km
ℹ ☎ (0 72 22) 97 24 62, Fax 97 21 08 —
Stadtinformation, Marktplatz 1,
76437 Rastatt; Stadt an der Murg, in der
Oberrheinebene. Sehenswert: Schloßkirche; kath. Kirche St. Alexander; Schloß mit
Wehrgeschichtlichem Museum und Freiheitsmuseum; Stadtmuseum; Marktplatz
mit Rathaus; Pagodenburg, Schloß Favorite (5 km ↘)

** **Holiday Inn Garden Court**
Karlsruher Str 29, ✉ 76437, ☎ (0 72 22)
92 40, Fax 92 41 15, AX DC ED VA
129 Zi, Ez: 135, Dz: 165, S; ⌐ WC ☎, 42✉;
Lift 🅿 5⟳300 Fitneßraum Sauna 18Golf 🍽

** **Ringhotel Schwert**
Herrenstr 3 a (B 2), ✉ 76437, ☎ (0 72 22)
76 80, Fax 76 81 20, AX DC ED VA
50 Zi, Ez: 118-179, Dz: 160-226, S; ⌐ WC ☎
DFÜ, 4✉; Lift 🅿 🚗 2⟳50 🍽
Auch Zimmer der Kategorie * vorhanden
** **Sigi's**
Hauptgericht 40; Terrasse; geschl: Sa mittags →

Rastatt

✱✱ Am Schloß
Schloßstr 15 (B 1), ✉ 76437, ☎ (0 72 22)
9 71 70, Fax 97 17 71, ED VA
16 Zi, Ez: 105, Dz: 130-150, 1 Suite, ⌐ WC
☎; 1⟳30 ¶❶

✱ Schiff
Poststr 2 (B 2), ✉ 76437, ☎ (0 72 22) 77 20,
Fax 77 21 27, VA
22 Zi, Ez: 90-95, Dz: 120-140, ⌐ WC ☎, P;
garni

✱ Astra
Dr.-Schleyer-Str 16, ✉ 76437, ☎ (0 72 22)
9 27 70, Fax 6 94 40, AX ED VA
21 Zi, Ez: 109, Dz: 149, 1 Suite, 4 App, ⌐ WC
☎ DFÜ; 1⟳40 Fitneßraum Kegeln Sauna
Solarium; garni

✱ Phönix
Dr.-Schleyer-Str 12, ✉ 76437, ☎ (0 72 22)
9 24 90, Fax 92 49 32
15 Zi, Ez: 80, Dz: 120, ⌐ WC ☎; P; garni

✱✱ Zum Storchennest
Karlstr 24 (C 2), ✉ 76437, ☎ (0 72 22)
3 22 60, Fax 3 22 67, DC ED VA
Hauptgericht 35; Gartenlokal; geschl: Do

Rastede 16 □

Niedersachsen — Kreis Ammerland — 18 m
— 19 663 Ew — Oldenburg 16, Varel 22,
Brake 29 km
ℹ ☎ (0 44 02) 92 02 33, Fax 10 04 — Tourist-
Information, Bahnhof-Ladestraße,
26180 Rastede; Luftkurort. Sehenswert: Ev.
St.-Ulrichs-Kirche; Bauernmuseum; Schloß
mit Schloßpark

✱ Am Ellernteich ♛
Mühlenstr 43, ✉ 26180, ☎ (0 44 02) 9 24 10,
Fax 92 41 92, AX DC ED VA
10 Zi, Ez: 105, Dz: 140-160, ⌐ WC ☎ DFÜ,
4⎕; P 1⟳24 Sauna Solarium; garni
Restaurant für Hausgäste

✱ Petershof
Peterstr 14, ✉ 26180, ☎ (0 44 02) 8 10 64,
Fax 8 11 26, AX DC ED VA
28 Zi, Ez: 78-85, Dz: 146-150, ⌐ WC ☎; P
3⟳100 ¶❶

⌂ Hof von Oldenburg
Oldenburger Str 199, ✉ 26180, ☎ (0 44 02)
10 31, Fax 8 35 45
22 Zi, Ez: 65, Dz: 110, ⌐ WC ☎; 4⟳400 ¶❶

✱✱ Das weiße Haus ✣
Südender Str 1, ✉ 26180, ☎ (0 44 02) 32 43,
Fax 8 47 26
Hauptgericht 35; Gartenlokal P Terrasse;
geschl: Do (außer feiertags)

Kleibrok (2 km ↑)
✱ Zum Zollhaus
Kleibroker Str 139, ✉ 26180, ☎ (0 44 02)
9 38 10, Fax 93 81 19, AX DC ED VA
30 Zi, Ez: 82, Dz: 145, 4⎕; P 🚐 3⟳80
✱ Hauptgericht 23

Ratekau 11 ↓

Schleswig-Holstein — Kreis Ostholstein —
18 m — 14 800 Ew — Bad Schwartau 5, Timmendorfer Strand 7 km
ℹ ☎ (0 45 04) 80 30, Fax 8 03 33 — Gemeindeverwaltung, Bäderstr 19, 23626 Ratekau.
Sehenswert: Kirche; 800-jährige Feldsteinkirche

Kreuzkamp (4 km ↘)
✱ Motel Kreuzkamp
♂ Offendorfer Str 5, ✉ 23626, ☎ (04 51)
39 30 61, Fax 39 66 19, AX DC ED VA
40 Zi, Ez: 75, Dz: 130, ⌐ WC ☎; 1⟳250
✱ Hauptgericht 30; Biergarten Terrasse

Rathen 51 ↗

Sachsen — Sächsische Schweiz — 113 m
— 600 Ew — Pirna 12, Dresden 35 km
ℹ ☎ (03 50 24) 7 04 22, Fax 7 04 22 — Gästeamt Kurort Rathen, Niederra-
then Nr. 17 b, 01824 Kurort Rathen; Kurort.
Sehenswert: Naturtheater Felsenbühne;
Basteibrücke und Basteiaussicht; Burg
Neurathen

✱ Amselgrundschlößchen
Niederrathen 10 b, ✉ 01824, ☎ (03 50 24)
7 43 33, Fax 74 44 44, AX ED VA
40 Zi, Ez: 110-125, Dz: 145-165, 1 Suite, ⌐
WC ☎; Lift P 1⟳50 Kegeln Sauna Solarium
¶❶
Zufahrt nur mit Sondergenehmigung, diese
ist bei Reservierung oder Ankunft erhältlich

✱ Erbgericht
♂ ⌖ ✉ 01824, ☎ (03 50 24) 7 04 54,
Fax 7 04 27, ED VA
42 Zi, Ez: 82-90, Dz: 140-180, ⌐ WC ☎; Lift
P 2⟳80 ≘ Sauna Solarium ¶❶
Zufahrt nur mit Sondergenehmigung, diese
ist bei Reservierung oder Ankunft erhältlich

Rathenow 28 ↗

Brandenburg — Havelland — 32 m —
29 250 Ew — Brandenburg 35 km
ℹ ☎ (0 33 85) 51 23 36, Fax 51 23 36 — Frem-
denverkehrsverband/Informationsbüro,
Märkischer Platz, 14712 Rathenow. Sehenswert: St. Marien-Andreas; St. Georgs; Kur-
fürstendenkmal; Bismarckturm; Heidegrab
von J.H.A. Duncker, Geburtshaus von
Duncker

****** Fürstenhof
Bahnhofstr 13, ✉ 14712, ☎ (0 33 85)
55 80 00, Fax 55 80 80, AX ED VA
47 Zi, Ez: 95-165, Dz: 150-210, ⊣ WC ☎,
12🛏; Lift 🅿 🚗 2✆70 🍴 🍺
Stilvolle Einrichtung mit Antiquitäten

***** Zieten-Hof
♂ Berliner Str 32, ✉ 14712, ☎ (0 33 85)
51 12 23, Fax 51 12 22, ED VA
20 Zi, Ez: 90, Dz: 130, 1 Suite, ⊣ WC ☎; 🅿
Bowling Sauna

Ratingen 33 ↙

Nordrhein-Westfalen — Kreis Mettmann — 70 m — 89 500 Ew — Düsseldorf 9, Essen 25, Wuppertal 25 km
ℹ ☎ (0 21 02) 98 25 35, Fax 9 83 98 — Verkehrsverein, Minoritenstr 3 a, 40878 Ratingen; Stadt im Niederbergischen Land.
Sehenswert: Kath. Kirche St. Peter und Paul; Reste der Stadtbefestigung; hist. Innenstadt; Wasserburg „Haus zum Haus"

****** Quality Inn Hotel
Stadionring 1, ✉ 40878, ☎ (0 21 02) 1 00 20,
Fax 10 02 88, AX DC ED VA
68 Zi, Ez: 119-239, Dz: 150-299, S; ⊣ WC ☎,
7🛏; Lift 🅿 🚗 2✆60 Fitneßraum 🍴

***** Kronenthal
Brachter Str 85, ✉ 40882, ☎ (0 21 02)
8 50 80, Fax 85 08 50, AX DC ED VA
28 Zi, Ez: 97-232, Dz: 153-293, 2 Suiten, ⊣
WC ☎, 11🛏; Lift 🅿 🚗 2✆60 🍴 🍺

***** Astoria
Mülheimer Str 72, ✉ 40878, ☎ (0 21 02)
8 20 05, Fax 84 58 68, AX DC ED VA
27 Zi, Ez: 129-190, Dz: 174-290, ⊣ WC ☎,
10🛏; Lift 🅿; garni
geschl: 20.12.-6.1.

***** Am Düsseldorfer Platz
Düsseldorfer Platz 1-3, ✉ 40878,
☎ (0 21 02) 2 01 80, Fax 20 18 50, AX DC ED VA
42 Zi, Ez: 140-170, Dz: 180-220, 2 Suiten,
5 App, ⊣ WC ☎; Lift 🅿; garni
geschl: 23.12.-2.1.
Auch Zimmer der Kategorie ****** vorhanden

***** Altenkamp
Marktplatz 17, ✉ 40878, ☎ (0 21 02) 9 90 20,
Fax 2 12 17, AX DC ED VA
25 Zi, Ez: 160-190, Dz: 220-290, ⊣ WC ☎
DFÜ, 2🛏; Lift 🚗 1✆30 Fitneßraum 9Golf

***** Allgäuer Hof
Beethovenstr 24, ✉ 40878, ☎ (0 21 02)
9 54 10, Fax 95 41 23, AX DC ED VA
16 Zi, Ez: 117-175, Dz: 175-225, ⊣ WC ☎;
Lift 🅿 🚗 1✆15
* Hauptgericht 30; geschl: Sa,
1.1.-6.1.

****** L'Auberge Fleurie Chez René
Mülheimer Str 61, ✉ 40878, ☎ (0 21 02)
87 06 26, AX DC ED VA
Hauptgericht 33; Terrasse; geschl: Sa mittags, So, Jul

Breitscheid (7 km ↗)
****** Dorint Budget Hotel
An der Pönt 50, ✉ 40885, ☎ (0 21 02) 91 85,
Fax 91 89 00, AX DC ED VA
118 Zi, Ez: 140-190, Dz: 160-210, S; ⊣ WC ☎
DFÜ, 30🛏; Lift 🅿 🚗 7✆80 36Golf 🍴

***** Novotel
Lintorfer Weg 75, ✉ 40885, ☎ (0 21 02)
18 70, Fax 1 84 18, AX DC ED VA
116 Zi, Ez: 114-320, Dz: 138-325, S; ⊣ WC ☎
DFÜ, 33🛏; Lift 🅿 🚗 7✆150 ≋ Sauna 🍴

Lintorf (4 km ↑)
***** Angerland
Lintorfer Markt 10, ✉ 40885, ☎ (0 21 02)
3 50 33, Fax 3 64 15, ED
13 Zi, Ez: 100-130, Dz: 165-190, ⊣ WC ☎; 🅿;
garni

Ratingen West (3 km ←)
******* Holiday Inn
Broichhofstr 3, ✉ 40882, ☎ (0 21 02) 45 60,
Fax 45 64 44, AX DC ED VA
199 Zi, Ez: 181-506, Dz: 211-582, S; ⊣ WC
☎, 40🛏; 🅿 6✆250 ≋ 🏊 Fitneßraum Sauna Solarium 🍴

******* Relexa Hotel Airport Düsseldorf/Ratingen
Berliner Str 95, ✉ 40880, ☎ (0 21 02) 45 80,
Fax 45 85 99, AX DC ED VA
158 Zi, Ez: 235-345, Dz: 340-395, S; 8 Suiten,
⊣ WC ☎, 39🛏; Lift 🅿 🚗 13✆160 Fitneßraum Sauna Solarium 🍴

Tiefenbroich (2 km ↘)
****** Inn-Side Residence
Am Schimmersfeld 9, ✉ 40880, ☎ (0 21 02)
42 70, Fax 42 74 27, AX DC ED VA
74 Zi, Ez: 165-305, Dz: 165-305, S; 25 Suiten,
38 App, ⊣ WC ☎ DFÜ; Lift 🅿 3✆120 Fitneßraum Sauna Solarium 🍴

****** Villa Ratingen
Sohlstättenstr 66, ✉ 40880, ☎ (0 21 02)
44 40 74, Fax 47 55 02, AX DC ED VA
26 Zi, Ez: 95-295, Dz: 125-345, ⊣ WC ☎,
8🛏; 🅿
****** La Villa
Hauptgericht 35; Terrasse; geschl: Sa mittags, So mittags,
Italienische Küche

Rattenberg 65 ↗

Bayern — Kreis Straubing-Bogen — 600 m — 1 850 Ew — St. Englmar 13, Kötzting 19, Cham 24 km
ℹ ☎ (0 99 63) 7 03, Fax 23 85 — Gemeindeverwaltung, Dorfplatz 9, 94371 Rattenberg; Erholungsort im Bayerischen Wald.
Sehenswert: Burgruine; Wallfahrtskirche

→

Rattenberg

** Posthotel Rattenberg
Dorfplatz 2, ✉ 94371, ☎ (0 99 63) 10 00,
Fax 9 50-2 22, ED VA
52 Zi, Ez: 65, Dz: 100-120, 3 Suiten, ⌐ WC
☎; Lift P 3↻60 ≋ Sauna Solarium 2Tennis
* Hauptgericht 15; Terrasse

Ratzeburg 19 ↖

Schleswig-Holstein — Kreis Herzogtum
Lauenburg — 32 m — 12 700 Ew —
Lübeck 24, Lauenburg 50, Hamburg 67 km
ℹ (0 45 41) 80 00 80, Fax 53 27 — Ratzeburg-Information u. Marketing, Schlosswiese 7, 23909 Ratzeburg; Kreisstadt und Luftkurort, Altstadt auf einer Insel im Ratzeburger See. Sehenswert: Dom; Stadtkirche; Barlach-Haus; A. Paul Weber-Museum

** Seehof
♂ ⋦ Lüneburger Damm 1, ✉ 23909,
☎ (0 45 41) 86 01 01, Fax 86 01 02, AX DC VA
45 Zi, Ez: 116-212, Dz: 159-257, ⌐ WC ☎,
10✉; Lift P 3↻160 Seezugang Fitneßraum
Sauna Solarium ☞
Auch Zimmer der Kategorie *** vorhanden
** ⋦ Hauptgericht 35

** Hansa Hotel
Schrangenstr 25, ✉ 23909, ☎ (0 45 41)
20 94, Fax 86 41-41, ED
27 Zi, Ez: 100-130, Dz: 160, ⌐ WC ☎; Lift 🚗
** Hauptgericht 30; geschl: Mo ✣

** Wittlers Hotel mit Gästehaus
Große Kreuzstr 11, ✉ 23909, ☎ (0 45 41)
32 04, Fax 38 15
31 Zi, Ez: 80-140, Dz: 130-220, ⌐ WC ☎; P
🚗 4↻140
Auch Zimmer der Kategorie * und ***
vorhanden
* Hauptgericht 22

* Heckendorf
Gustav-Peters-Platz 1, ✉ 23909, ☎ (0 45 41)
8 89 80, Fax 88 98 99, AX DC ED VA
11 Zi, Ez: 60-90, Dz: 100-150, 2 Suiten, ⌐
WC ☎, 3✉; P
Restaurant für Hausgäste

Farchau (5 km ↓)
** Farchauer Mühle
einzeln ♂ ⋦ ✉ 23909, ☎ (0 45 41) 8 60 00,
Fax 86 00 86, AX DC VA
19 Zi, Ez: 115-130, Dz: 140-220, ⌐ WC ☎,
4✉; P 2↻25 Seezugang Sauna
Am Südende des Küchensees gelegen
* Hauptgericht 28

Rauenberg 54 ↘

Baden-Württemberg — Rhein-Neckar-Kreis — 132 m — 7 164 Ew — Wiesloch 4,
Sinsheim 14 km
ℹ (0 62 22) 61 90, Fax 6 19 16 — Stadtverwaltung, Wieslocher Str 21, 69231 Rauenberg

** Gutshof
Suttenweg 1, ✉ 69231, ☎ (0 62 22) 95 10,
Fax 95 11 00, ED VA
30 Zi, Ez: 115-135, Dz: 165-180, 1 App, ⌐
WC ☎; Lift P ◯
Auch Zimmer der Kategorie *** vorhanden

** Ringhotel Winzerhof
Bahnhofstr 6, ✉ 69231, ☎ (0 62 22) 95 20,
Fax 95 23 50, AX DC ED VA
65 Zi, Ez: 149-163, Dz: 198-208, S; 5 Suiten,
⌐ WC ☎, 16✉; Lift P 🚗 5↻120 ≋ Fitneßraum Kegeln Sauna Solarium
*** Martins Gute Stube 🍷
Hauptgericht 42; nur abends; geschl: So,
Mo, Jan
** Hauptgericht 30; Biergarten

** Kraski
Hohenaspen 58, im Gewerbegebiet,
✉ 69231, ☎ (0 62 22) 6 15 70, Fax 61 57 55,
AX ED VA
27 Zi, Ez: 130-140, Dz: 165-185, ⌐ WC ☎; P
1↻18 Sauna
geschl: So, 23.12.-6.1.
** Hauptgericht 30; Terrasse; nur
abends; geschl: So, 23.12.-06.01.

Raunheim 54 ↑

Hessen — Kreis Groß-Gerau — 90 m —
11 800 Ew — Rüsselsheim 4 km
ℹ ☎ (0 61 42) 40 21, Fax 40 22 28 — Stadtverwaltung, Schulstr 2, 65479 Raunheim

** Astron Hotel Rhein-Main
Kelsterbacher Str 19-21, ✉ 65479,
☎ (0 61 42) 99 00, Fax 99 01 00, AX DC ED VA
309 Zi, Ez: 110-495, Dz: 110-495, S; 2 Suiten,
⌐ WC ☎ DFÜ, 140✉; Lift P 16↻300 ≋ Fitneßraum Sauna Solarium 🍴 ☞

** Best Western Wings Hotel
Anton-Flettner-Str 8, ✉ 65479, ☎ (0 61 42)
7 90, Fax 79 17 91, AX DC ED VA
147 Zi, Ez: 180-240, Dz: 230-290, S; 20 App,
⌐ WC ☎ DFÜ, 63✉; Lift P 🚗 11↻100 Fitneßraum Sauna Solarium 🍴
Langzeitvermietung möglich

* City-Hotel
Ringstr 107, ✉ 65479, ☎ (0 61 42) 4 40 66,
Fax 2 11 38, AX DC ED VA
27 Zi, Ez: 110-145, Dz: 125-165, ⌐ WC ☎,
5✉; P 2↻40 🍴

* Attaché
Frankfurter Str 34, ✉ 65479, ☎ (0 61 42)
20 40, Fax 20 45 00, AX DC ED VA
27 Zi, Ez: 119-155, Dz: 134-179, ⌐ WC ☎; P
≋ ☞
Restaurant für Hausgäste

Ravensburg 69 ↓

Baden-Württemberg — Kreis Ravensburg — 477 m — 47 000 Ew — Friedrichshafen/Bodensee 19, Bad Waldsee 21, Wangen 25 km
ℹ️ ☎ (07 51) 8 23 24, Fax 8 24 66 — Verkehrsamt, Kirchstr 16, 88212 Ravensburg.
Sehenswert: mittelalterlicher Stadtkern; Kirchen; Heimatmuseum; Marienplatz: Rathaus, Waaghaus, Kornhaus, Blaserturm; zahlreiche Tor- und Mauertürme; Veitsburg, 524 m ≤ (½ St ↘); im Stadtteil Weißenau: ehem. Klosterkirche; Benediktinerkloster in Weingarten (4km ↗)

** Rebgarten
Zwergerstr 7, ⌧ 88214, ☎ (07 51) 36 23 30, Fax 36 23 31 10, AX ED VA
29 Zi, Ez: 140, Dz: 180, 1 App, ⌐ WC ☎ DFÜ; Lift 🅿 1⇌40 Fitneßraum Sauna Solarium; garni

---

* Obertor
Marktstr 67, ⌧ 88212, ☎ (07 51) 36 67-0, Fax 36 67 200, AX DC ED VA
30 Zi, Ez: 99-144, Dz: 160-220, 2 App, ⌐ WC ☎; 🅿 🚗 Sauna Solarium
* Hauptgericht 20; Terrasse; geschl: So

---

* Storchen
Wilhelmstr 1, ⌧ 88212, ☎ (07 51) 36 25 10, Fax 3 62 51 20, AX DC ED VA
19 Zi, Ez: 89, Dz: 150, 1 Suite, ⌐ WC ☎; 2⇌50
🍽 Hauptgericht 20

*** Romantik Hotel Waldhorn 🔑 🍴
Altdeutsche Stuben
🍷 Marienplatz 15, ⌧ 88212, ☎ (07 51) 3 61 20, Fax 3 61 21 00, AX DC ED VA
Hauptgericht 50; 🅿 Terrasse
*** Gästehaus Schulgasse
♣ 35 Zi, Ez: 115-195 Ez: 115-195, Dz: 210-280, Dz: 210-280, 2 Suiten, ⌐ WC ☎; Lift 🚗 3⇌150

** Rebleutehaus
🍷 Schulgasse 15, ⌧ 88214, ☎ (07 51) 36 12-0, Fax 3 61 21 00, AX DC ED VA
Hauptgericht 35; 🅿; nur abends

🍽 **Gasthof zum Engel**
Marienplatz 71, ⌧ 88212, ☎ (07 51) 2 34 84, Fax 1 75 00, DC ED VA
Hauptgericht 25; Gartenlokal
* 9 Zi, Ez: 90, Dz: 150, ⌐ WC ☎

Ravensburg-Außerhalb (5 km ↘)
** Waldgasthof am Flappachweiher
◀ Stietach 4, ⌧ 88212, ☎ (07 51) 6 14 40
Hauptgericht 30

Recklinghausen

Rebling
siehe **Bernried im Bayerischen Wald**

Rechlin 21 ←

Mecklenburg-Vorpommern — Kreis Neustrelitz — 10 m — 2 300 Ew — Mirow 14, Neustrelitz 36 km
ℹ️ ☎ (03 98 23) 12 13, Fax 13 42 — Amtsverwaltung, Müritzstr 14, 17248 Rechlin

---

Boek (10 km ↗)
* Müritz-Park
Boeker Str 3, ⌧ 17248, ☎ (03 98 23) 2 15 59, Fax 2 15 60
7 Zi, Ez: 100, Dz: 100-140, 3 Suiten, 3 App, ⌐ WC ☎; 🅿 1⇌25 Strandbad Sauna Solarium 🍽 ♨

Recke 24 ←

Nordrhein-Westfalen — Kreis Steinfurt — 125 m — 11 700 Ew — Mettingen 7, Ibbenbüren 14, Hörstel 15 km
ℹ️ ☎ (0 54 53) 9 10-0, Fax 9 10-11 — Gemeindeverwaltung, Hauptstr 28, 49509 Recke.
Sehenswert: Kirchen; Fachwerkhäuser; Naturschutzgebiet Heiliges Meer und Rechker Moor; Heimat- und Korbmuseum Alte Ruthemühle

---

* Hotel Greve
Markt 1, ⌧ 49509, ☎ (0 54 53) 30 99, Fax 36 89, ED
20 Zi, Ez: 60-80, Dz: 110-130, ⌐ WC ☎; 🅿 🚗 1⇌120 Kegeln 🍽 ♨

Recklinghausen 33 □

Nordrhein-Westfalen — Kreis Recklinghausen — 75 m — 126 500 Ew — Bochum 16, Essen 30, Dortmund 35 km
ℹ️ ☎ (0 23 61) 50 13 51, Fax 50 13 52 — Stadtverwaltung / Amt für Öffentlichkeitsarbeit, im Rathaus, Rathausplatz 3 (C 3), 45657 Recklinghausen; Stadt im Norden des Ruhrgebietes zwischen Emscher und Lippe. Sehenswert: Kath. Propsteikirche; Engelsburg; Rathaus; Ruhrfestspielhaus; Kunsthalle; Ikonen-Museum; Volkssternwarte im Stadtgarten; Vestisches Museum

Achtung: Europäisches Festival Ruhrfestspiele im Mai/Juni

Cityplan siehe Seite 814

*** Best Western Parkhotel Engelsburg
Augustinessenstr 10 (B 3), ⌧ 45657, ☎ (0 23 61) 20 10, Fax 20 11 20, AX DC ED VA
65 Zi, Ez: 185-250, Dz: 225-235, 4 Suiten, 14 App, ⌐ WC ☎, 8✉; Lift 🅿 🚗 4⇌110 Sauna ♨
*** Hauptgericht 30; Terrasse; geschl: Mo mittags →

Recklinghausen

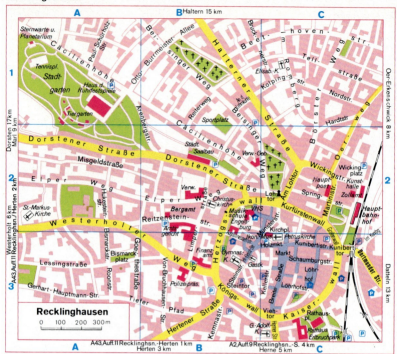

** Die weiße Brust
Münsterstr 4 (C 2), ✉ 45657, ☎ (0 23 61)
2 99 04, Fax 48 32 54, AX ED VA
Biergarten; geschl: Di

Bockholt (3 km ↖)
** Landhaus Scherrer
einzeln, Bockholter Str 385, ✉ 45659,
☎ (0 23 61) 1 03 30, Fax 10 33 17, AX DC ED VA
Hauptgericht 35; Biergarten; geschl: Mo,
Sa mittags
** 12 Zi, Ez: 130-160, Dz: 190-220, ⌐
WC ☎, 8✉; P 2⇔50

Redefin 19 □

Mecklenburg-Vorpommern — Landkreis
Ludwigslust — 18 m — 569 Ew — Hagenow 14, Ludwigslust 21 km
ℹ ☎ (03 88 54) 2 92 — Gemeindeverwaltung
Amt Hagenow-Land, Bahnhofstr. 25,
19230 Hagenow

* Landhaus Redefin
Nr 2, an der B 5, ✉ 19230, ☎ (03 88 54)
54 02, Fax 54 04, AX ED
8 Zi, Ez: 65-100, Dz: 110-130, 1 Suite, ⌐ WC
☎; P Sauna Solarium; **garni**

Rednitzhembach 57 ↓

Bayern — Kreis Roth — 335 m — 6 690 Ew
— Schwabach 4 km
ℹ ☎ (0 91 22) 6 92 23, Fax 6 92 43 —
Gemeindeverwaltung, Rother Str 16,
91126 Rednitzhembach

* Hembacher Hof
Untermainbacher Weg 21, ✉ 91126,
☎ (0 91 22) 70 91, Fax 6 16 30, AX ED
22 Zi, Ez: 80, Dz: 125, ⌐ WC ☎; 1⇔350 Fitneßraum Kegeln Solarium ⌐

Redwitz a. d. Rodach 48 ↗

Bayern — Kreis Lichtenfels — 282 m —
3 600 Ew — Lichtenfels 12, Kronach 13 km
ℹ ☎ (0 95 74) 6 22 40, Fax 62 24 44 —
Gemeindeverwaltung, Kronacher Str 41,
96257 Redwitz; Günstiger Ausgangspunkt
für Ausflüge in Frankenwald, Thüringer
Wald, Fichtelgebirge und umliegende
Städte wie Lichtenfels, Kronach, Coburg,
Kulmbach

* Rösch
♠ Gries 19, ✉ 96257, ☎ (0 95 74) 30 44,
Fax 30 46, AX DC ED VA
10 Zi, Ez: 79-89, Dz: 120-130, 1 Suite, 5 App,
⌐ WC ☎, 4✉; P 1⇔6 9Golf ⌐
geschl: 18.12.-10.1.

Rees 32 ↗

Nordrhein-Westfalen — Kreis Kleve — 15 m — 19 600 Ew — Emmerich 15, Bocholt 20, Wesel 24 km

🛈 ☎ (0 28 51) 51-74, Fax 51 25 — Stadtverwaltung, Markt 1, 46459 Rees; Stadt am Niederrhein. Sehenswert: Stadtbefestigung mit Zoll- und Mühlenturm; Wächtertürmchen; Bärenwall; Pfarrkirche Maria Himmelfahrt; ev. Kirche; Rheinbrücke

* Rheinhotel Dresen
◀ Markt 6, ✉ 46459, ☎ (0 28 51) 12 55, Fax 28 38
12 Zi, Ez: 85, Dz: 150, ⌁ WC ☎; garni 🍺

** Op de Poort
◀ Vor dem Rheintor 5, ✉ 46459, ☎ (0 28 51) 74 22, Fax 91 77 20
Hauptgericht 33; 🅿 Terrasse; geschl. Mo, Di, 27.12.-15.02.

Grietherort (9 km ↘)
** Insel-Gasthof
◀ Haus Nr 1, ✉ 46459, ☎ (0 28 51) 63 24, Fax 60 15
Hauptgericht 31; Gartenlokal Terrasse; geschl. Mo,
Gemälde von namhaften niederrheinischen Malern
** ♥ ◀ 7 Zi, Ez: 70, Dz: 140, ⌁ WC ☎

Halden (3 km →)
* Lindenhof
Isselburgerstr 3, ✉ 46459, ☎ (0 28 50) 9 13 20, Fax 91 32 50, AX DC ED VA
8 Zi, Ez: 75, Dz: 120, ⌁ WC ☎; 🅿 🖃 ¥◯¥
Rezeption: 10.30-14, 17-1

Regen 66 ↘

Bayern — Kreis Regen — 600 m — 11 236 Ew — Zwiesel 12, Deggendorf 23, Viechtach 23 km

🛈 ☎ (0 99 21) 29 29, Fax 6 04 32 — Verkehrsamt, Stadtplatz 2, 94209 Regen; Erholungsort im Bayerischen Wald. Sehenswert: Kath. Kirche St. Michael; Naturschutzgebiet Pfahl mit Burgruine Weißenstein (3 km ↓); Niederbayerisches Landwirtschaftsmuseum; Museum im „Fressenden Haus"

* Brauereigasthof Falter
Am Sand 15, ✉ 94209, ☎ (0 99 21) 43 13, Fax 86 55, AX DC ED VA
17 Zi, Ez: 63-68, Dz: 126-136, ⌁ WC ☎; 🅿 🖃 3✪70 🍺
* Hauptgericht 20

* Regener Platzl
Am Platzl 5, ✉ 94209, ☎ (0 99 21) 22 84, AX DC ED VA
Hauptgericht 20

Schweinhütt (6 km ↗)
** Landhotel Mühl
Köpplgasse 1, ✉ 94209, ☎ (0 99 21) 95 60, Fax 9 56 56, AX DC ED VA
28 Zi, Ez: 57-74, Dz: 88-118, 7 Suiten, ⌁ WC ☎; Lift 🅿 5✪200 Fitneßraum Sauna Solarium ¥◯¥ 🍺

Regensburg 65 ↖

Bayern — kreisfreie Stadt — 333 m — 134 997 Ew — Nürnberg 105, München 130 km

🛈 ☎ (09 41) 5 07 44 10, Fax 5 07 44 19 — Tourist-Information, im Alten Rathaus, Altes Rathaus, 93047 Regensburg; Regierungsbezirkshauptstadt der Oberpfalz, Universität; StadttheaterSehenswert: Altstadt; Dom: Westfassade, Glasgemälde, Kreuzgang; ehem. St.-Ulrichs-Kirche; Klosterkirche St. Emmeram; Alte Kapelle/Stiftskirche; Niedermünster: Kreuzaltar; ehem. Schottenkirche/St. Jakob; ehem. Dominikanerkirche; ehem. Minoritenkirche; St. Kassian; ev. Neupfarrkirche; ev. Dreieinigkeitskirche; Schloß Thurn & Taxis (ehem. Benediktinerkloster St. Emmeram): Schloßmuseum, Marstallmuseum; Altes Rathaus: Reichssaal; Herzogshof; Geschlechtertürme; Steinerne Brücke ◀; Porta Praetoria; Römertum; Diözesanmuseum; Stadtmuseum im ehem. Minoritenkloster; Städt. Galerie; Ostdeutsche Galerie; Kepler-Gedächtnishaus; Umgebung: Klosterkirche (Wandmalereien) in Prüfening (4 km ←); ehem. Klosterkirche in Kumpfmühl-Karthaus (1 km ↓); Walhalla ◀ (11 km →)

Cityplan siehe Seite 816

*** Sorat Insel-Hotel
◀ Müllerstr 7 (B 1), ✉ 93059, ☎ (09 41) 8 10 40, Fax 8 10 44 44, AX DC ED VA
75 Zi, Ez: 200-260, Dz: 240-300, S; 12 Suiten, ⌁ WC ☎, 22🖃; Lift 🖃 4✪130 Fitneßraum Sauna Solarium ¥◯¥

** Hansa Apart Hotel
Friedensstr 7, ✉ 93051, ☎ (09 41) 9 92 90, Fax 9 92 90 95, AX DC ED VA
Ez: 130-185, Dz: 195-215, 20 Suiten, 80 App, ⌁ WC ☎; Lift 🅿 🖃 3✪60 ¥◯¥

** Ringhotel Altstadthotel Arch
Haidplatz 4 (B 2), ✉ 93047, ☎ (09 41) 58 66-0, Fax 58 66-1 68, AX DC ED VA
67 Zi, Ez: 115-190, Dz: 155-220, S; 2 Suiten, ⌁ WC ☎, 4🖃; Lift 🅿 🖃 4✪50 ¥◯¥
Auch Zimmer der Kategorie * vorhanden. Keilförmiges Patrizierhaus

** Bischofshof
Krauterer Markt 3 (B 2), ✉ 93047, ☎ (09 41) 5 90 86, Fax 5 35 08, AX DC ED VA
55 Zi, Ez: 145-180, Dz: 195-230, ⌁ WC ☎; Lift 🖃 3✪45 ¥◯¥
Auch Zimmer der Kategorie * vorhanden

→

Regensburg

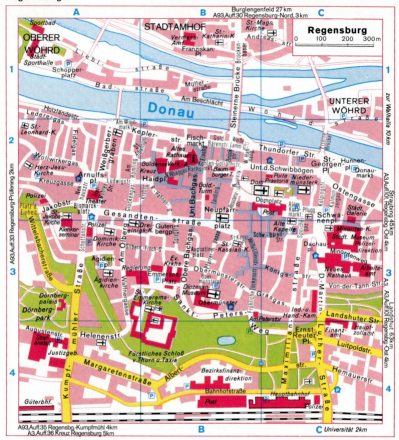

** City Hotel
Grunewaldstr 16, ✉ 93053, ☏ (09 41)
7 88 20, Fax 7 88 22 30, AX ED VA
139 Zi, Ez: 116, Dz: 148, 14 Suiten, 6 App, ⌑
WC ☏, 40⌑; Lift P 🅿 8↔190 Fitneßraum
Sauna Solarium 🍴
Auch Langzeitvermietung möglich

* Münchner Hof
♂ Tändlergasse 9 (B 2), ✉ 93047, ☏ (09 41)
5 84 40, Fax 56 17 09, AX DC ED VA
52 Zi, Ez: 110-130, Dz: 150-180, 1 Suite, ⌑
WC ☏, 10⌑; Lift 1↔30 18Golf 🍴
Auch Zimmer der Kategorie ** vorhanden

* Weidenhof
Maximilianstr 23 (C 3), ✉ 93047, ☏ (09 41)
5 30 31, Fax 56 51 66, AX DC ED VA
49 Zi, Ez: 90-100, Dz: 135-150, ⌑ WC ☏; Lift
🅿 2↔40; **garni**

🔑 Geschulter, erstklassiger Service

*** Historisches Eck
Watmarkt 6 (B 2), ✉ 93021, ☏ (09 41)
5 89 20, Fax 56 29 69, AX DC ED VA
Hauptgericht 42; geschl: Mo, So, 15.8.-30.8.

** Hagens Auberge
⊲ Badstr 54 (A 1), ✉ 93059, ☏ (09 41)
8 44 13, Fax 8 44 14, AX DC ED VA
Hauptgericht 36; Gartenlokal Terrasse; nur
abends; geschl: So

** David
Watmarkt 5 (B 2), ✉ 93047, ☏ (09 41)
56 18 58, Fax 99 04 42, AX DC ED VA
Hauptgericht 35; P Terrasse; nur abends;
geschl: So, Mo
Dachgartenrestaurant

Alte Münz
▽ Fischmarkt 8 (B 2), ✉ 93047, ☏ (09 41)
5 48 86, Fax 56 03 97, DC ED VA
Hauptgericht 25; Terrasse

Beim Dampfnudel-Uli
⌀ Am Watmarkt 4 (B 2), ✉ 93047, ☎ (09 41) 5 32 97, Fax 9 69 10
Hauptgericht 15; geschl: So, Mo, 3 Wochen im Aug
Historische Dampfnudelbäckerei

Prock
Am Kohlenmarkt (B 2), ✉ 93047, ☎ (09 41) 5 44 90
Terrasse

Irl (5 km ↘)
* **Richard Held**
Irl 11, ✉ 93055, ☎ (0 94 01) 9 42-0, Fax 76 82, AX DC ED VA
80 Zi, Ez: 80-110, Dz: 130-165, 2 Suiten, ⌾ WC ☎, 10⌂; Lift P 🚗 3↔80 ≙ Fitneßraum Kegeln Sauna Solarium 🍴
geschl: 20.-30.12.

Pfaffenstein (2 km ↗)
*** **Courtyard by Marriott**
Bamberger Str 28, ✉ 93059, ☎ (09 41) 8 10 10, Fax 8 40 47, AX DC ED VA
125 Zi, Ez: 140-175, Dz: 140-175, S; 7 Suiten, ⌾ WC ☎ DFÜ, 17⌂; Lift P 🚗 4↔180 Fitneßraum Sauna Solarium 🍺
**   Hauptgericht 30; Terrasse

Reinhausen (2 km ↗)
** **Avia-Hotel**
Frankenstr 1-3, ✉ 93059, ☎ (09 41) 4 09 80, Fax 4 20 93, AX DC ED VA
81 Zi, Ez: 135-167, Dz: 148-182, S; 1 Suite, ⌾ WC ☎, 10⌂; Lift P 🚗 2↔70 18Golf
Auch Zimmer der Kategorie ******* vorhanden
**   Hauptgericht 17; Terrasse; geschl: 27.12.-6.1.

** **Best Western Atrium**
Im Gewerbepark D 90, ✉ 93059, ☎ (09 41) 4 02 80, Fax 4 91 72, AX DC ED VA
94 Zi, Ez: 155-170, Dz: 170-185, S; 2 Suiten, ⌾ WC ☎ DFÜ, 18⌂; Lift P 🚗 8↔400 Bowling Fitneßraum Kegeln Sauna Solarium 🍴

Ziegetsdorf (2 km ↙)
* **Ringhotel St. Georg**
Karl-Stieler-Str 8, ✉ 93051, ☎ (09 41) 9 10 90, Fax 94 81 74, AX DC ED VA
62 Zi, Ez: 115-159, Dz: 145-200, S; 1 Suite, ⌾ WC ☎, 6⌂; Lift P 🚗 3↔132 Fitneßraum Sauna Solarium
Auch Zimmer der Kategorie ****** vorhanden

Regenstauf   65 ↘

Bayern — Kreis Regensburg — 400 m — 14 300 Ew — Regensburg 13 km
ℹ ☎ (0 94 02) 50 90, Fax 5 09 50 — Gemeindeverwaltung, Bahnhofstr 15, 93128 Regenstauf. Sehenswert: Sagenbrunnen; Burgruine Forstenberg; alter Bergfried; Geisterburg Stockenfels; Schloßegg, Reste der Burg „Stouff am Reng" ≼; St. Michael Kirche; Schloßkapelle

Heilinghausen (8 km ↑)
** **Landgasthof Heilinghausen**
Alte Regenstr 5, ✉ 93128, ☎ (0 94 02) 42 38, Fax 42 38, AX ED
Hauptgericht 25; Biergarten P; geschl: Di, Nov

Rehau   49 ↙

Bayern — Kreis Hof — 527 m — 10 670 Ew — Selb 14, Hof 14 km
ℹ ☎ (0 92 83) 2 00, Fax 20 60 — Stadtverwaltung, Martin-Luther-Str 1, 95111 Rehau

** **Krone**   ✚
Friedrich-Ebert-Str 13, ✉ 95111, ☎ (0 92 83) 10 01, Fax 53 00, AX ED VA
Hauptgericht 25
*   14 Zi, Ez: 75, Dz: 105, ⌾ WC ☎

Rehburg-Loccum   25 □

Niedersachsen — Kreis Nienburg (Weser) — 60 m — 10 693 Ew — Stadthagen 17, Wunstorf 18 km
ℹ ☎ (0 50 37) 9 70 10, Fax 97 01 18 — Stadtverwaltung, im Stadtteil Rehburg, Heidtorstr 2, 31547 Rehburg-Loccum. Sehenswert: Ehem. Zisterzienserkloster im Stadtteil Loccum; Dinosaurierpark in Münchehagen (3 km ↘); Naturpark „Schwimmende Wiesen" in Winzlar (7 km →)

Loccum
* **Rodes Hotel**
♂ Marktstr 22, ✉ 31547, ☎ (0 57 66) 2 38, Fax 71 32
20 Zi, Ez: 78-94, Dz: 130-148, 4 App, ⌾ WC ☎; P Kegeln 18Golf 🍴
geschl: Fr, 18.12.-10.1.

Rehden   24 ↗

Niedersachsen — Kreis Diepholz — 100 m — 1 589 Ew — Diepholz 8, Osnabrück 46, Bremen 77 km
ℹ ☎ (0 54 46) 20 90, Fax 2 09 60 — Samtgemeindeverwaltung, Schulstr 18, 49453 Rehden

* **Rats-Stuben**
Düversbrucher Str 16, ✉ 49453, ☎ (0 54 46) 7 43 + 8 44, Fax 21 75, AX ED VA
10 Zi, Ez: 70, Dz: 100, ⌾ WC ☎ DFÜ; P 🚗 🍴

Rehlingen-Siersburg   52 ↓

Saarland — Kreis Saarlouis — 170 m — 16 000 Ew — französische Grenze 7, Saarlouis 10 km
ℹ ☎ (0 68 35) 50 80, Fax 50 81 19 — Gemeindeverwaltung, im Ortsteil Siersburg, Bahnhofstr 23, 66780 Rehlingen-Siersburg

Niedaltdorf (7 km ↙)
* **Naturtropfsteinhöhle**
Neunkircher Str 10, ✉ 66780, ☎ (0 68 33) 3 77, Fax 3 77, AX ED VA
Hauptgericht 26; Gartenlokal P; geschl: Mo + Mi abends, 26.8.-12.9.

Rehren

Rehren siehe Auetal

Reichelsheim 54 →

Hessen — Odenwaldkreis — 538 m —
9 200 Ew — Erbach i.O. 22, Bensheim 25,
Darmstadt 36 km
ℹ ☎ (0 61 64) 5 08 26, Fax 5 08 33 —
Gemeindeverwaltung -Verkehrsamt-, Bismarckstr 43, 64385 Reichelsheim; Luftkurort. Sehenswert: Altes Rathaus; Michaelskirche; Schloß Reichenberg ⚐ (1 km →);
Burgruine Rodenstein (3 km ↖)

** Treusch im Schwanen ✤
Rathausplatz 2, ✉ 64385, ☎ (0 61 64) 22 26,
Fax 8 09, AX DC ED VA
Hauptgericht 35; Gartenlokal 🅿; geschl: Fr
mittags, Do, Mitte Jan-Mitte Feb
mit Johann's Stube

Eberbach (3 km ↖)
* Landhaus Lortz
⚐ ⚐ Ortsstr 3, ✉ 64385, ☎ (0 61 64) 49 69,
Fax 5 55 28
25 Zi, Ez: 54-77, Dz: 94-152, 11 App, ⌁ WC
☎; ≋ Sauna Solarium ⚐
geschl: Mo, Di ab 13

Rohrbach
* Lärmfeuer
einzeln ⚐ ⚐ Im Oberdorf 40, ✉ 64385,
☎ (0 61 64) 12 54, Fax 58 46
21 Zi, Ez: 39-51, Dz: 78-102, ⌁ WC; Lift 🅿 🔒
Kegeln 🍴 ⚐
Auch Zimmer der Kategorie ** vorhanden

Reichelshofen siehe Steinsfeld

Reichenau 68 ↘

Baden-Württemberg — Kreis Konstanz —
398 m — 4 800 Ew — Konstanz 10 km
ℹ ☎ (0 75 34) 92 07-0, Fax 92 07-77 — Verkehrsbüro, im Ortsteil Mittelzell, Ergat 5,
78479 Reichenau; Insel im Untersee
(Bodensee), durch einen Straßendamm mit
dem Festland verbunden, Erholungsort.
Sehenswert: Ehem. Stiftskirche St. Georgmit Wandmalereien in Oberzell; Münster in
Mittelzell; ehem. Stiftskirche St. Peter und
Paul in Niederzell; Heimatmuseum

Mittelzell
** Seehotel Seeschau
⚐ ⚐ An der Schiffslände 8, ✉ 78479,
☎ (0 75 34) 72 10, Fax 72 64, AX DC ED VA
23 Zi, Ez: 160-240, Dz: 200-350, ⌁ WC ☎,
2🛏; Lift 🅿 🔒 1↻60 Seezugang ⚐
geschl: Jan/Feb
Auch Zimmer der Kategorie *** vorhanden
** Hauptgericht 35; Terrasse;
geschl: Jan+Feb

** Akzent-Hotel Mohren
Pirminstr 141, ✉ 78479, ☎ (0 75 34) 4 85,
Fax 13 26, AX DC ED VA
36 Zi, Ez: 95-155, Dz: 160-230, ⌁ WC ☎; Lift
🅿 2↻40
** Akzent-Hotel Mohren
Hauptgericht 30

** Strandhotel Löchnerhaus
⚐ ⚐ An der Schiffslände 12, ✉ 78479,
☎ (0 75 34) 80 30, Fax 5 82, AX DC ED VA
42 Zi, Ez: 110-190, Dz: 210-280, ⌁ WC ☎,
6🛏; Lift 🅿 🔒 2↻65 ≋ Strandbad ⚐
geschl: Jan-Feb
** Seeterrassen-Restaurant
Hauptgericht 30; Terrasse; geschl:
Jan+Feb

Reichenbach siehe Waldbronn

Reichenbach 41 ↘

Sachsen — Niederschlesischer Oberlausitzkreis — 240 m — 4 796 Ew — Görlitz 12,
Bautzen 32 km
ℹ ☎ (03 58 28) 2 77, Fax 2 19 — Gemeindeverwaltung, Löbauer Str 19, 02894 Reichenbach. Sehenswert: Hallenkirche; Töpferberg; Napoleonbrücke; Schloß

** Ringhotel Reichenbacher Hof
Oberreichenbach 8a, ✉ 02894, ☎ (03 58 28)
7 50, Fax 7 52 35, AX DC ED VA
50 Zi, Ez: 95-125, Dz: 135-165, S; ⌁ WC ☎,
16🛏; Lift 🅿 🔒 5↻240 ≋ Fitneßraum
Kegeln Sauna 🍴 ⚐

Reichenbach an der Fils 62 ←

Baden-Württemberg — Kreis Esslingen —
446 m — 7 405 Ew — Göppingen 16, Stuttgart 24 km
ℹ ☎ (0 71 53) 5 00 50, Fax 5 00 70 —
Gemeindeverwaltung, Hauptstr 7,
73262 Reichenbach an der Fils

** Apart
Wilhelmstr 47, ✉ 73262, ☎ (0 71 53) 9 55 00,
Fax 95 50 33, AX DC ED VA
12 Zi, Ez: 90-110, Dz: 140-160, ⌁ WC ☎,
5🛏; 🅿 🔒 Kegeln 🍴

* Gasthaus zum Bock
Karlstr 6, ✉ 73262, ☎ (0 71 53) 5 00 40,
Fax 50 04 99, AX DC ED VA
37 Zi, Ez: 100-125, Dz: 150-170, ⌁ WC ☎,
9🛏; Lift 🅿 🔒
🍴 Hauptgericht 20; geschl: Sa, So
mittags

* Gasthaus Goldener Hirsch
Stuttgarter Str 19, ✉ 73262, ☎ (0 71 53)
98 49-0, Fax 98 49-40, AX ED VA
20 Zi, Ez: 95, Dz: 140, ⌁ WC ☎; 🅿 🔒 2↻30 🍴

Reichenbach (Vogtl.) 49 □

Sachsen — Vogtlandkreis — 330 m —
25 000 Ew — Zwickau 18, Gera 30 km
ℹ ☎ (0 37 65) 5 24-0, Fax 5 24-3 00 — Stadtverwaltung, Markt 6, 08468 Reichenbach
(Vogtl.). Sehenswert: Neuberin-Museum;
Neuberin-Haus

Reichenhall, Bad

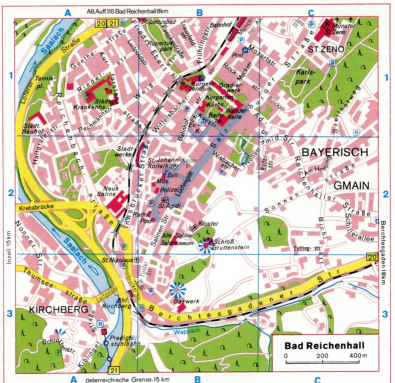

** Burgberg
♂ Am Burgberg 2, ✉ 08468, ☎ (0 37 65) 78 00, Fax 78 01 11, AX DC ED VA
29 Zi, Ez: 110-120, Dz: 130-190, ⌐ WC ☎, 13✉; Lift 🅿 1⇔35 Fitneßraum Sauna Solarium ¶○¦

* Civitas
Lengenfelder Str 1, ✉ 08468, ☎ (0 37 65) 7 83 90, Fax 78 39 45, AX DC ED VA
22 Zi, Ez: 98, Dz: 160, ⌐ WC ☎; Lift 2⇔45, garni ¶○¦
Rezeption: Fr 6-21; geschl: Sa, So, 23.12.-4.1.

Reichenberg 51 ↘

Sachsen — Meißen — 200 m — 3 578 Ew — Dresden 8, Meissen 15 km
ℹ ☎ (03 51) 8 37 77-0, Fax 8 37 77 18 — Gemeindeverwaltung, August-Bebel-Str 43, 01468 Reichenberg

* Sonnenhof
♂ August-Bebel-Str 69, ✉ 01468, ☎ (03 51) 8 30 55 27, Fax 8 30 54 69, AX DC ED VA
17 Zi, Ez: 90-125, Dz: 130-160, ⌐ WC ☎, 10✉; 🅿 Sauna; garni

Boxdorf (4 km ↘)
** Baumwiese Landidyll Hotel
Dresdner Str 2, ✉ 01468, ☎ (03 51) 8 32 50, Fax 8325 252, AX DC ED VA
36 Zi, Ez: 160-190, Dz: 215-250, 3 App, ⌐ WC ☎ DFÜ, 4✉; Lift 🅿 3⇔80 Sauna Solarium 18Golf ¶○¦

Reichenhall, Bad 73 ↘

Bayern — Kreis Berchtesgadener Land — 470 m — 17 500 Ew — Berchtesgaden 19, Salzburg 19 km
ℹ ☎ (0 86 51) 60 63 03, Fax 60 63 11 — Kur- und Verkehrsverein, Wittelsbacherstr 15, 83435 Bad Reichenhall; Kreisstadt, Heilbad; Erholungsort; Luftkurort; Spielbank.
Sehenswert: St.-Zeno-Kirche; Alte Saline und Kuranlagen; Predigtstuhl (Seilbahn), 1614 m ⛷ →

Der Hinweis auf andere Zimmerkategorien im Zusatztext informiert Sie über Zimmer, die in ihrer Größe und Ausstattung von der Gesamtdarstellung des Betriebes abweichen.

Reichenhall, Bad

**** Steigenberger Axelmannstein
♂ Salzburger Str 2 (B 1), ✉ 83435,
☎ (0 86 51) 77 70, Fax 59 32, AX DC ED VA
151 Zi, Ez: 201-403, Dz: 332-495, S; 8 Suiten,
5 App., ⌐ WC ☎, 45🖂; Lift 🅿 🚗 6↔180 ⚿
Fitneßraum Kegeln Sauna Solarium 18Golf 🍺
Auch einfache Zimmer vorhanden
*** Parkrestaurant
Hauptgericht 38; Terrasse
* Axel-Stüberl
Hauptgericht 23; Biergarten; geschl: Mo

*** Parkhotel Luisenbad
♂ Ludwigstr 33 (B 2), ✉ 83435, ☎ (0 86 51)
60 40, Fax 6 29 28, DC ED VA
75 Zi, Ez: 128-198, Dz: 204-344, 8 Suiten, ⌐
WC ☎; Lift 🅿 🚗 3↔120 ⚿ Sauna Solarium
🍺
geschl: 7.1.-6.2.
Zimmer der Kategorie ** vorhanden
** Luisenbad-Restaurant
Hauptgericht 35; Terrasse; geschl: 7.1.-6.2.

** Reseda
♂ Mackstr 2 (B1), ✉ 83435, ☎ (0 86 51)
96 70
Ez: 78-130, Dz: 130-190, ⌐ WC ☎; Lift ⚿
Sauna Solarium 🍽

** Gasthof Bürgerbräu
Waaggasse 2/Am Rathausplatz, ✉ 83435,
☎ (0 86 51) 60 89, Fax 60 85 04, AX DC ED VA
32 Zi, Ez: 92-118, Dz: 168-185, ⌐ WC ☎; Lift
🍽

** Residenz Bavaria
♂ Am Münster 3 (C 1), ✉ 83435, ☎ (0 86 51)
77 60, Fax 6 57 86, AX ED VA
113 Zi, Ez: 125-170, Dz: 210-270, S;
30 App., ⌐ WC ☎; Lift 🅿 🚗 2↔80
⚿ Sauna Solarium 🍺
* St.-Zeno-Stuben
Hauptgericht 23

** Bayerischer Hof
◄ Bahnhofsplatz 14 (B 1), ✉ 83435,
☎ (0 86 51) 60 90, Fax 60 91 11, AX DC ED VA
52 Zi, Ez: 80-170, Dz: 120-240, 10 Suiten, ⌐
WC ☎; Lift 🅿 🚗 2↔100 ⚿ Kegeln Sauna
Solarium 🍽 🍺

** Sonnenbichl
♂ Adolf-Schmid-Str 2 (C 1), ✉ 83435,
☎ (0 86 51) 7 80 80, Fax 78 08 59, AX DC ED VA
35 Zi, Ez: 85-100, Dz: 140-160, 5 App., ⌐ WC
☎; Lift 🅿 🚗 Fitneßraum Sauna Solarium
Restaurant für Hausgäste

** Panorama
♂ ◄ Baderstr 3 (C 2), ✉ 83435, ☎ (0 86 51)
77 90, Fax 7 89 85
83 Zi, Ez: 96-144, Dz: 162-252, ⌐; Lift
2↔150 ⚿ Sauna Solarium 🍽

** Kurhotel Alpina mit Landhaus Friedrichshöhe
♂ ◄ Adolf-Schmid-Str 5 (C 2), ✉ 83435,
☎ (0 86 51) 97 50, Fax 6 53 93
65 Zi, Ez: 73-108, Dz: 140-200, 10 App., ⌐
WC ☎; Lift 🅿 🚗 Sauna Solarium
Restaurant für Hausgäste; Auch Zimmer
der Kategorie * vorhanden

* Hofwirt
♂ Salzburger Str 21 (C 1), ✉ 83435,
☎ (0 86 51) 9 83 80, Fax 98 38 36, ED
20 Zi, Ez: 65-105, Dz: 110-140, ⌐ WC ☎; Lift
🅿 1↔20 🍽
Historisches Gasthaus seit 1583

* Kurhotel Mozart
♂ Mozartstr 8 (C1), ✉ 83435, ☎ (0 86 51)
7 80 30, Fax 6 24 15
27 Zi, Ez: 53-110, Dz: 121-150, ⌐ WC ☎,
27🖂; Lift 🅿 🚗; garni
geschl: 1.11.-28.1.
Auch Zimmer der Kategorie ** vorhanden.
Nichtraucherhaus

* Salzburger Hof
♂ Mozartstr 7 (C1), ✉ 83435, ☎ (0 86 51)
97 69-0, Fax 97 69-99, AX ED VA
25 Zi, Ez: 80-118, Dz: 130-170, 2 Suiten, ⌐
WC ☎, 6🖂; Lift 🅿 🚗 🍽

* Hubertus
♂ ◄ Thumsee 5, ✉ 83435, ☎ (0 86 51) 22 52,
Fax 6 38 45
30 Zi, Ez: 40-50, Dz: 80-100, 2 Suiten, ⌐ WC
☎; 🅿 1↔40 Seezugang Fitneßraum
Restaurant für Hausgäste

* Kurfürst
♂ Kurfürstenstr 11 (A 1), ✉ 83435,
☎ (0 86 51) 27 10, Fax 24 11, AX DC ED VA
13 Zi, Ez: 52-80, Dz: 100-140, ⌐ WC ☎; 🅿
geschl: So, 20.12.-1.2.
Restaurant für Hausgäste

*** Kirchberg-Schlößl
Thumseestr 11 (A 3), ✉ 83435, ☎ (0 86 51)
27 60, Fax 25 24, AX DC ED VA
Hauptgericht 36; 🅿 Terrasse; geschl: Mi,
3 Wochen nach Ostern

🍺 Reber
Ludwigstr 10 (B 2), ✉ 83435, ☎ (0 86 51)
60 03 23, Fax 60 03 45

Nonn (2 km ↘)
** Neu Meran
♂ ◄ Nonn 94, ✉ 83435, ☎ (0 86 51) 40 78,
Fax 7 85 20
17 Zi, Ez: 90-130, Dz: 180, 8 Suiten, ⌐ WC
☎; 🅿 ⚿ Fitneßraum Sauna Solarium 🍺
geschl: Di, Mitte Nov-Mitte Dez, Mitte Jan-
Mitte Feb
Auch Zimmer der Kategorie *** vor-
handen
** ◄ Hauptgericht 29; Terrasse;
geschl: Di, Mi

✱ Landhotel Sonnleiten
♂ ⃞ Haus Nr 27, ✉ 83435, ☎ (0 86 51) 6 10 09, Fax 6 85 85
9 Zi, Ez: 80-120, Dz: 136-170, 1 Suite, 1 App, ⌐⌙ WC ☎; 🅿
Restaurant für Hausgäste

Reichenhall, Bad-Außerhalb (4 km ←)
✱✱ Haus Seeblick
♂ ⃞ Thumsee 10, ✉ 83435, ☎ (0 86 51) 9 86 30, Fax 98 63 88, ED
52 Zi, Ez: 65-100, Dz: 130-200, 12 Suiten, ⌐⌙ WC; Lift 🅿 🟰 Bowling Fitneßraum Kegeln Sauna Solarium 〰
geschl: Anfang Nov-Mitte Dez
Restaurant für Hausgäste; Auch Zimmer der Kategorie ✱ vorhanden

Reichshof 43 ↗

Nordrhein-Westfalen — Oberbergischer Kreis — 250 m — 19 109 Ew — Gummersbach 16, Waldbröl 18, Olpe 24 km
ℹ ☎ (0 22 65) Fax 3 56 — Kurverwaltung, im Ortsteil Eckenhagen, Barbarossastr 5, 51580 Reichshof; Heilklim.-Kurort.
Sehenswert: Rentei mit Kapelle im ErholungsortDenklingen; Vogelpark: Affental; Barockkirche, Puppenausstellung in Eckenhagen; Modelleisenbahn in Heischeid; Kunst Kabinett Hespert; Mineraliengrotte in Eckhagen

Eckenhagen (Luftkurort)
✱ Haus Leyer
♂ ⃞ Am Aggerberg 33, ✉ 51580, ☎ (0 22 65) 90 21, Fax 84 06, AX DC ED VA
16 Zi, Ez: 90-115, Dz: 130-180, ⌐⌙ WC ☎; 1↻15 ≋ Sauna Solarium 🍴

✱ Aggerberg
♂ ⃞ Am Aggerberg 20, ✉ 51580, ☎ (0 22 65) 9 92 50, Fax 87 56
13 Zi, Ez: 80-125, Dz: 130-180, 17 App, ⌐⌙ WC ☎ DFÜ; 🅿 🍴
geschl: So abends

✱ Barbarossa
Hauptstr 26, ✉ 51580, ☎ (0 22 65) 9 92 20, Fax 9 92 23
8 Zi, Ez: 70, Dz: 120, ⌐⌙ WC ☎; 🅿 Kegeln 🍴

Wildbergerhütte-Bergerhof
✱ Landhaus Wuttke
Crottorfer Str 57, ✉ 51580, ☎ (0 22 97) 9 10 50, Fax 78 28, AX ED VA
21 Zi, Ez: 70-85, Dz: 140-170, ⌐⌙ WC ☎, 3⌹; 🅿 2↻35 Sauna 🍴

Reil 53 ↘

Rheinland-Pfalz — Kreis Bernkastel-Wittlich — 110 m — 1 400 Ew — Wittlich 21, Cochem 40 km
ℹ ☎ (0 65 42) 2 10 36, Fax 24 44 — Verkehrsbüro, Moselstr 33, 56861 Reil; Weinbauort an der Mosel

✱ Reiler Hof
⃞ Moselweinstr 27, ✉ 56861, ☎ (0 65 42) 26 29, Fax 14 90, AX ED
29 Zi, Ez: 50-75, Dz: 110-135, ⌐⌙ WC ☎; 🅿 🟰 2↻60
geschl: 20.11.-1.2.
✱ ⃞ Hauptgericht 21; Terrasse;
geschl: 20.11.-1.2.

Reilingen 54 ↘

Baden-Württemberg — Rhein-Neckar-Kreis — 103 m — 7 000 Ew — Hockenheim 5 km
ℹ ☎ (0 62 05) 80 90, Fax 1 42 95 — Gemeindeverwaltung, Hockenheimer Str 1, 68799 Reilingen

✱✱✱ Walkershof
♂ Hockenheimer Str 86, ✉ 68799, ☎ (0 62 05) 95 90, Fax 9 59-4 44, AX DC ED VA
111 Zi, Ez: 185-170, Dz: 208-320, 7 Suiten, ⌐⌙ WC ☎ DFÜ, 59⌹; Lift 🅿 4↻30 Fitneßraum Sauna 27Golf
geschl: 26.12.-2.1.
✱✱✱ Hauptgericht 35; Terrasse;
geschl: 26.12.-9.1.

Reinbek 18 ↗

Schleswig-Holstein — Kreis Stormarn — 22 m — 25 000 Ew — Hamburg 18, Lauenburg 32 km
ℹ ☎ (0 40) 7 27 50-0, Fax 7 22 94 07 — Stadtverwaltung, Hamburger Str 5, 21465 Reinbek; Ausflugsort im Sachsenwald; Erholungsort. Sehenswert: Spätrenaissance Schloß Reinbek

✱✱✱ Waldhaus Reinbek
♂ Loddenallee 2, ✉ 21465, ☎ (0 40) 7 27 52-0, Fax 7 27 52-1 00, AX DC ED VA
44 Zi, Ez: 155-570, Dz: 225-280, 6 Suiten, ⌐⌙ WC ☎ DFÜ, 6⌹; Lift 🅿 🟰 8↻130 Fitneßraum Kegeln Sauna Solarium 18Golf 〰
✱✱ Hauptgericht 32; Terrasse ⚜

✱ Sachsenwald Congress-Hotel
Hamburger Str 4, ✉ 21465, ☎ (0 40) 72 76 10, Fax 72 76 12 15, AX DC ED VA
58 Zi, Ez: 99-109, Dz: 149, 2 Suiten, 2 App, ⌐⌙ WC ☎ DFÜ, 3⌹; Lift 7↻670 Sauna Solarium
Auch Zimmer der Kategorie ✱✱ vorhanden

✱✱ Schloß Reinbek
⃞ Schloßstr 5, ✉ 21465, ☎ (0 40) 7 27 93 15, Fax 727 91 60, AX ED
Hauptgericht 35

Reinfeld (Holstein) 18 ↗

Schleswig-Holstein — Kreis Stormarn — 20 m — 8 033 Ew — Lübeck 14, Hamburg 49 km
ℹ ☎ (0 45 33) 2 00 10, Fax 20 01 69 — Stadtverwaltung, Paul-von-Schönaich-Str 14, 23858 Reinfeld (Holstein); Erholungsort →

Reinfeld (Holstein)

* Stadt Reinfeld
Bischofsteicher Weg 1, ✉ 23858,
☎ (0 45 33) 20 32 03, Fax 20 32 51, ED VA
11 Zi, Ez: 100, Dz: 110-140, ⌐ WC ☎; P 🏠
1↔60 Kegeln ⛔ ⚪
Auch Zimmer der Kategorie ****** vorhanden

* Gästehaus Freyer
♂ Bolande 41 a, ✉ 23858, ☎ (0 45 33)
7 00 10, Fax 70 01 22, ED VA
9 Zi, Ez: 65, Dz: 95, ⌐ WC ☎; P; garni
geschl: 2.-24.1.

* Holsteinischer Hof
Paul-von-Schönaich-Str 50, ✉ 23858,
☎ (0 45 33) 23 41, Fax 6 12 62, ED
Hauptgericht 28; P; geschl: Mo, 2.8.-30.8.
* 9 Zi, Ez: 55, Dz: 100, ⌐ WC
geschl: Mo, 2.-30.8.

Reinhardshagen 36 ←

Hessen — Kreis Kassel — 150 m —
5 200 Ew — Hann. Münden 11 km
ℹ ☎ (0 55 44) 95 07 54, Fax 95 07 50 —
Touristikbüro im Huur, Mündener Str 44,
34359 Reinhardshagen; Luftkurort an der
Weser. Sehenswert: Ehem. Eisenhütte im
OrtsteilVeckerhagen; alte Wehrkirche
(13. Jhd.) im Ortsteil Vaake; Ruine Bram-
burg ◄ (4 km ↑); Ruine Sababurg, 335 m ◄
(16 km ↘); Gierseil-Fähre im Ortsteil
Veckerhagen

Veckerhagen
* Peter
◄ Weserstr 2, ✉ 34359, ☎ (0 55 44) 10 38,
Fax 72 16, DC ED VA
14 Zi, Ez: 115, Dz: 100-160, ⌐ WC; P ⛔ ⚪

Reinhardtsdorf 51 ↗

Sachsen — Kreis Pirna — 250 m — 1 916 Ew
— Bad Schandau 9, Dresden 46 km
ℹ ☎ (03 50 28) 8 07 37, Fax 8 04 34 —
Gemeindeverwaltung Fremdenverkehrs-
amt, Waldbadstr. 52d, 01814 Reinhardts-
dorf-Schöna. Sehenswert: Kirche; höchste
Erhebung der Sächsischen Schweiz „Große
Zschirnstein"

* Panoramahotel Wolfsberg
einzeln ♂ ◄ Wolfsberg 102, ✉ 01814,
☎ (03 50 28) 8 04 44, Fax 8 08 13
30 Zi, Ez: 60-80, Dz: 100-140, ⌐ WC; P
1↔30 ⛔ ⚪

Reinstorf 19 ←

Niedersachsen — Kreis Lüneburg — 63 m
— 1 101 Ew — Lüneburg 10 km
ℹ ☎ (0 41 36) 90 70 — Samtgemeinde Ost-
heide, Schulstr 2, 21379 Barendorf

*** Hof Reinstorf
Alte Schule 6, ✉ 21400, ☎ (0 41 37) 80 90,
Fax 80 91 00, AX DC ED VA
81 Zi, Ez: 120, Dz: 180, 8 Suiten, 5 App., ⌐
WC ☎, 21🏠; Lift 🏠 13↔300 🛁 Bowling
Kegeln Sauna Solarium ⚪

*** Vitus ☎
Hauptgericht 40; Gartenlokal P; nur
abends, Sa+So auch mittags; geschl: Mo,
Di

Reisbach 65 ↘

Bayern — Kreis Dingolfing-Landau —
406 m — 7 200 Ew — Dingolfing 13, Landau
a. d. Isar 16, Eggenfelden 29 km
ℹ ☎ (0 87 34) 4 90, Fax 40 17 — Gemeindeverwaltung, Landauer Str 18, 94419 Reis-
bach. Sehenswert: Kath. Kirche St.
Michael; ehem. Wallfahrtskirche St. Salvator

* Schlappinger Hof
Marktplatz 40, ✉ 94419, ☎ (0 87 34) 9 21 10,
Fax 92 11 92, AX ED VA
26 Zi, Ez: 60-75, Dz: 100-120, ⌐ WC ☎; P
3↔80 ⛔
geschl: 1.1.-18.1.

Reit im Winkl 73 ↙

Bayern — Kreis Traunstein — 700 m —
3 600 Ew — Ruhpolding 24, Prien 33,
Traunstein 41 km
ℹ ☎ (0 86 40) 8 00 20, Fax 8 00 29 — Verkehrsamt, Rathausplatz 1, 83242 Reit im
Winkl; Luftkurort und Wintersportplatz.
Sehenswert: Kirche; Eckkapelle mit Fresken; Walmberg (Sesselbahn), 1060m ◄

*** Unterwirt
Kirchplatz 2, ✉ 83242, ☎ (0 86 40) 80 10,
Fax 80 11 50
66 Zi, Ez: 88-210, Dz: 176-420, 3 Suiten,
1 App., ⌐ WC ☎; Lift P 🏠 🛁 Sauna
Solarium ⚪
Auch Zimmer der Kategorie ****** vorhanden
** Hauptgericht 32

** Sonnhof's Ferienresidenz
Gartenstr 3, ✉ 83242, ☎ (0 86 40) 9 88 00,
Fax 98 80 25
45 Zi, Ez: 65-147, Dz: 108-226, 30 App., ⌐
WC ☎, 7🏠; P 🏠 Sauna Solarium; **garni**
Rezeption: 8-17; geschl: 1.11.-15.12.

* Gästehaus am Hauchen
♂ Am Hauchen 5, ✉ 83242, ☎ (0 86 40)
87 74, Fax 4 10
26 Zi, Ez: 62-154, Dz: 124-164, ⌐ WC ☎; P
1↔20 🛁 Fitneßraum Sauna Solarium; **garni**

* Altenburger Hof
♂ Frühlingstr 3, ✉ 83242, ☎ (0 86 40)
9 88 20, Fax 98 82 27
15 Zi, Ez: 62-100, Dz: 106-190, ⌐ WC ☎,
8🏠; P 🛁 Fitneßraum Sauna Solarium
Restaurant für Hausgäste; geschl: 1.11.-
1.12.

Remscheid

✱ Sonnwinkl
♂ ⋖ Kaiserweg 12, ⊠ 83242, ☏ (0 86 40)
9 84 70, Fax 98 47 50, [ED]
22 Zi, Ez: 49-88, Dz: 92-170, ⇴ WC ☏; **P** ≋
Sauna Solarium; **garni**

✱ Pension Peckelsen
♂ Ahornstr 18, ⊠ 83242, ☏ (0 86 40) 10 61,
Fax 98 50 44
8 Zi, Ez: 75-125, Dz: 126-170, ⇴ WC ☏; **P** 🚗
Fitneßraum Solarium; **garni**
geschl: 17.10.-20.12., 10.4.-20.5.

✱✱ Landgasthof Rosi Mittermaier
Chiemseestr 2 a, ⊠ 83242, ☏ (0 86 40)
10 11, Fax 10 13, [AX][ED]
Hauptgericht 30
✱✱✱ ⋖ 8 Zi, Ez: 120-145, Dz: 210-290,
1 Suite, 7 App, ⇴ WC ☏; Sauna

✱✱ Klausers Weinstube ✦
Birnbacher Str 8, ⊠ 83242, ☏ (0 86 40)
84 24/84 32, Fax 84 64
Hauptgericht 35; **P** Terrasse; geschl: Mo,
31.10.-19.12., nach Ostern-Mitte Mai
Großes Speiseangebot nur abends

✱ Zirbelstube
Am Hauchen 10, ⊠ 83242, ☏ (0 86 40)
82 85, Fax 53 71
Hauptgericht 34; Biergarten **P** Terrasse;
geschl: 5.4.-12.5., 18.10.-16.12.

<u>Blindau</u> (1 km ↓)
✱✱ Silencehotel 👑
Steinbacher Hof
einzeln ♂ ⋖ Steinbachweg 10, ⊠ 83242,
☏ (0 86 40) 80 70, Fax 80 71 00
56 Zi, Ez: 105-317, Dz: 182-422, 1 Suite, ⇴
WC ☏, 6⟐; Lift **P** 🚗 2↻100 ≋ Sauna
Solarium 9Golf 🏇
Auch Zimmer der Kategorie ✱ vorhanden
✱✱ Hauptgericht 25

<u>Reit im Winkl-Außerhalb</u> (9 km →)
✱ Alpengasthof Winklmoosalm
einzeln ♂ ⋖ Dürrnbachhornweg 6,
⊠ 83242, ☏ (0 86 40) 10 97, Fax 2 67, [ED][VA]
16 Zi, Ez: 55-118, Dz: 92-216, 2 App, ⇴ WC
☏; **P** Sauna Solarium 🍴
Rezeption: 8-20; geschl: 18.10.-22.12., 21.3.-
26.3., 11.4.-7.5.
Mautgebühr

Rellingen 18 ↖

Schleswig-Holstein − Kreis Pinneberg −
12 m − 13 700 Ew − Pinneberg 2 km
ℹ ☏ (0 41 01) 56 40, Fax 56 41 65 − Gemeindeverwaltung, Hauptstr 60, 25462 Rellingen; Baumschulen; Rosenzucht. Sehenswert: Kirche

✱ Rellinger Hof
mit Gästehäusern
Hauptstr 31, ⊠ 25462, ☏ (0 41 01) 2 13-0,
Fax 51 21 21
44 Zi, Ez: 98-135, Dz: 150-240, ⇴ WC ☏,
7⟐; **P** 🍴
Auch Zimmer der Kategorie ✱✱ vorhanden

<u>Krupunder</u> (5 km ↘)
✱✱ Fuchsbau
♂ Altonaer Str 357, ⊠ 25462, ☏ (0 41 01)
38 25-0, Fax 3 39 52, [AX][DC][ED][VA]
40 Zi, Ez: 125-135, Dz: 165-175, ⇴ WC ☏; **P**
2↻25 🍴
Auch Zimmer der Kategorie ✱ vorhanden

Remagen 43 ←

Rheinland-Pfalz − Kreis Ahrweiler − 65 m
− 16 434 Ew − Bonn 21, Koblenz 38 km
ℹ ☏ (0 26 42) 2 25 72, Fax 20 01 27 − Touristinformation, Kirchstr 6, 53424 Remagen;
Stadt am Rhein unterhalb der Mündung der
Ahr. Sehenswert: Apollinariskirche und
Pfarrhoftor; Friedensmuseum: Brücke von
Remagen, Künstlerbahnhof Rolandseck;
Rolandsbogen.
Achtung: Autofähre von Remagen-Kripp
nach Linz 6-24 Uhr **ℹ** ☏ (0 26 44) 5 60 07 50
und von Remagen-Rolandseck nach
Honnef 6.30-21 Uhr **ℹ** ☏ (0 22 24) 25 60

<u>Rolandseck</u> (6 km ↑)
✱ Bellevuechen
⋖ ⊗ Bonner Str 68, ⊠ 53424, ☏ (0 22 28)
79 09, Fax 79 09, [AX][DC][ED][VA]
Hauptgericht 35; **P** Terrasse

Remchingen 61 ↘

Baden-Württemberg − Enzkreis − 160 m
− 11 113 Ew − Pforzheim 13 km
ℹ ☏ (0 72 32) 7 97 90, Fax 79 79-23 −
Gemeindeverwaltung, Hauptstr 5,
75196 Remchingen

<u>Wilferdingen</u> (1 km ↘)
✱ Zum Hirsch
Hauptstr 23, ⊠ 75196, ☏ (0 72 32) 7 96 36,
Fax 7 96 38, [AX][ED][VA]
21 Zi, Ez: 85-90, Dz: 120-140, ⇴ WC ☏ DFÜ,
6⟐; **P** Solarium 18Golf 🍴

Remscheid 33 ↙

Nordrhein-Westfalen − Stadtkreis −
300 m − 126 000 Ew − Solingen 12, Wuppertal 15, Köln 41 km
ℹ ☏ (0 21 91) 9 23 20, Fax 92 32 50 − Wirtschaftsförderung Remscheid, Elberfelder
Str 41, 42853 Remscheid. Sehenswert:
Deutsches Werkzeugmuseum; Deutsches
Röntgen-Museum; Müngstener Brücke
(5 km ←), höchste Eisenbahnbrücke
Deutschlands; Remscheider Talsperre:
erste Trinkwassertalsperre Deutschlands
(5 km ↘); historische Altstadt Lennep

Cityplan siehe Seite 824 →

Wird in dem Hoteleintrag auf Tennis hingewiesen, sind dem Hotel ein oder mehrere Tennisplätze angeschlossen. Die Ziffer bezieht sich auf die Anzahl der Tennisplätze.

Remscheid

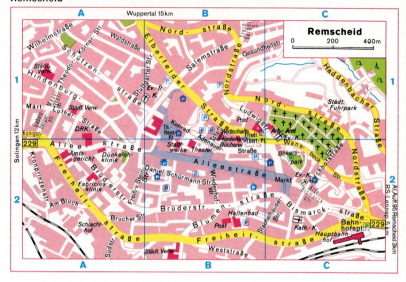

*** **Andersen Hotel Remscheider Hof**
Bismarckstr 39 (C 2), ✉ 42853, ☎ (0 21 91) 43 20, Fax 43 21 58, AX DC ED VA
106 Zi, Ez: 110-180, Dz: 110-220, S; 3 Suiten, ⌕ WC ☎ DFÜ, 22✉; Lift P 🖂 11⇔300 Kegeln

** **Bergischer Löwe**
Hauptgericht 30; geschl: 19.7.-1.8.

🍽 **Café Noll**
Alleestr 85, ✉ 42853, ☎ (0 21 91) 4 70 00, Fax 47 00 13, AX DC ED VA
Hauptgericht 19; Terrasse; geschl: So
*   24 Zi, Ez: 90-120, Dz: 160-180, ⌕ WC ☎
geschl: So

Hasten (3 km ↘)
** **Ascot**
Hastener Str 100, ✉ 42855, ☎ (0 21 91) 88 80, Fax 8 22 09, AX DC ED VA
39 Zi, Ez: 110-155, Dz: 150-210, ⌕ WC ☎, 4✉; garni 🍽

Lennep (6 km →)
* **Berliner Hof**
Mollplatz 1, ✉ 42897, ☎ (0 21 91) 60 92 10, Fax 6 09 21 55, AX DC ED VA
33 Zi, Ez: 60-120, Dz: 120-180, ⌕ ☎; P 🖂; garni 🍽
Rezeption: 8-20 geschl: Sa 11-14, So

Lüttringhausen (8 km ↗)
** **Fischer mit Gästehaus**
Lüttringhauser Str 131, ✉ 42899,
☎ (0 21 91) 9 56 30, Fax 95 63 99, AX DC ED VA
47 Zi, Ez: 95-140, Dz: 145-210, ⌕ WC ☎,
5✉; Lift P 1⇔20 Fitneßraum Kegeln Sauna Solarium 🍴
Auch Zimmer der Kategorie * vorhanden

*   **Kromberg**
Kreuzbergstr 24, ✉ 42899, ☎ (0 21 91) 59 00 31, Fax 5 18 69, AX DC ED VA
Hauptgericht 25; P; geschl: Fr + Sa mittags, Ende Dez-Anfang Jan
**   18 Zi, Ez: 110, Dz: 150, ⌕ WC ☎, 🖂
geschl: 27.12.-4.1.

Remseck am Neckar 61 →

Baden-Württemberg — Kreis Ludwigsburg — 212 m — 19 500 Ew — Waiblingen 7, Ludwigsburg 8 km
ℹ ☎ (0 71 46) 28 90, Fax 28 91 14 — Gemeindeverwaltung, Fellbacher Str 2, 71686 Remseck am Neckar

Aldingen (2 km ↙)
** **Schiff**
Neckarstr 1, ✉ 71686, ☎ (0 71 46) 9 05 40, Fax 9 16 16, ED VA
Hauptgericht 30; geschl: Mi, Do

Hochberg (3 km ↑)
* **Gengenbach's Adler**
Am Schloß 2, ✉ 71686, ☎ (0 71 46) 57 49, ED VA
Hauptgericht 44; P Terrasse; geschl: Mo, 1.8.-25.8.
Haus aus dem 15. Jh. Kaminzimmer mit wertvollem Kachelofen

Remshalden 62 ←

Baden-Württemberg — Rems-Murr-Kreis — 240 m — 13 500 Ew — Waiblingen 7, Schorndorf 9, Stuttgart 17 km
ℹ ☎ (0 71 51) 9 73 10, Fax 9 73 11 24 — Gemeindeverwaltung, im Ortsteil Geradstetten, Rathausstr 24, 73630 Remshalden

Rendsburg

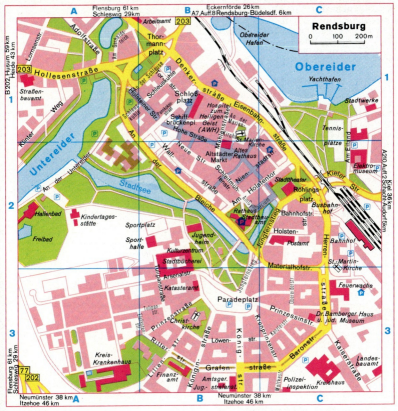

Hebsack
** **Gasthof zum Lamm** ✤
 Flair Hotel
Winterbacher Str 1, ✉ 73630, ☎ (0 71 81)
4 50 61, Fax 4 54 10, AX DC ED VA
Hauptgericht 42; Kegeln 🅿 Terrasse;
geschl: So abends
** **Gästehaus**
23 Zi, Ez: 108-130, Dz: 160-200, ⊿ WC ☎;
Lift 🚗 2⇔30
geschl: So ab 15

Renchen 60 ↓

Baden-Württemberg — Ortenaukreis —
170 m — 6 700 Ew — Offenburg 15, Kehl 21,
Baden-Baden 26 km
ℹ ☎ (07 843) 7 07 18, Fax 7 07 23 — Stadtverwaltung, Hauptstr 57, 77871 Renchen;
Grimmelshausen-Stadt

Abweichungen zwischen Datenteil und
Reisekartenteil ergeben sich durch verschiedene Redaktionsschlußzeiten.

✳ **Hanauer Hof**
Poststr 30, ✉ 77871, ☎ (0 78 43) 3 27,
Fax 8 43 04, DC ED VA
12 Zi, Ez: 69-90, Dz: 120-135, 4 Suiten, ⊿
WC ☎; 🅿 🚗 1⇔25
✳ Hauptgericht 25

Rendsburg 10 □

Schleswig-Holstein — Kreis Rendsburg-
Eckernförde — 7 m — 31 000 Ew — Schles-
wig 28, Neumünster 32, Kiel 39 km
ℹ ☎ (0 43 31) 2 11 20, Fax 2 33 69 —
Fremdenverkehrszentrale Nord-Ostsee-
Kanal, Altes Rathaus, Altstädter Markt,
24768 Rendsburg; Kreisstadt, Binnenhafen
- zwischen Nord-Ostsee-Kanal und der
Eider. Sehenswert: Marienkirche; Christ-
kirche; Altes Rathaus; Eisenbahnhoch-
brücke (42 m hoch) mit Schwebefähre;
Kanaltunnel; Autobahnhochbrücke; Eisen-
Kunstgußmuseum Büdelsdorf; Elektromu-
seum der Schleswag; Norddeutsches
Druckmuseum; hist. Museum; jüd.
Museum/Dr.-Bamberger-Haus →

Rendsburg

* Pelli-Hof
Materialhofstr 1 (C 2-3), ✉ 24768,
☎ (0 43 31) 2 22 16, Fax 2 38 37, AX DC ED VA
28 Zi, Ez: 115; Dz: 165, 1 Suite, 1 App, ⇩ WC ☎; P 🚗 1⇔100
Auch Zimmer der Kategorie ****** vorhanden

* Klöndeel
Hauptgericht 27; Gartenlokal; geschl: So abends, Mo

* Conventgarten
♂ ⊰ Hindenburgstr 38 (B 3), ✉ 24768,
☎ (0 43 31) 5 90 50, Fax 59 05 65, AX DC ED VA
56 Zi, Ez: 105; Dz: 165, 4 Suiten, ⇩ WC ☎,
6✉; Lift 8⇔300 ✠

* Tüxen
Lancasterstr 44, ✉ 24768, ☎ (0 43 31)
2 70 99, Fax 2 70 90, AX DC ED VA
20 Zi, Ez: 95, Dz: 150, ⇩ WC ☎; P; garni
Rezeption: 6-24, Sa 6-21

* Hansen
Bismarckstr 29, ✉ 24768, ☎ (0 43 31)
59 00-0, Fax 2 16 47, AX DC ED VA
26 Zi, Ez: 90, Dz: 140, ⇩ WC ☎, 5✉; P
3⇔100
geschl: So

* Bismarckstube
Hauptgericht 30; geschl: So, Mitte Jul-Mitte Aug

Rengsdorf 43 □

Rheinland-Pfalz — Kreis Neuwied — 350 m
— 2 500 Ew — Neuwied 12, Altenkirchen
32 km
ℹ ☎ (0 26 34) 23 41, Fax 77 06 — Kurverwaltung, Westerwaldstr 32 a, 56579 Rengsdorf; Heilklimatischer Kurort im Westerwald

** Seminar- u. Freizeithotel
♂ Andree 27, ✉ 56579, ☎ (0 26 34) 65 80,
Fax 65 84 10, ED VA
38 Zi, Ez: 98-120, Dz: 148-200, ⇩ WC ☎; P
4⇔60 Kegeln
Restaurant für Hausgäste

Rengsdorf-Außerhalb (2 km ↗, Richtung Hardert)
* Obere Mühle
einzeln ♂ ✉ 56579, ☎ (0 26 34) 22 29,
Fax 75 77
12 Zi, Ez: 60-80, Dz: 140-160, 3 Suiten, ⇩
WC ☎; P 1⇔20 ☀ Sauna Solarium 🍺
Rezeption: 8-21 geschl: Do
* ⊰ Hauptgericht 26; Terrasse;
geschl: Do, 2.11.-24.12.

Rennerod 44 □

Rheinland-Pfalz — Westerwaldkreis —
520 m — 4 008 Ew — Westerburg 11, Herborn 22 km
ℹ ☎ (0 26 64) 5 06 70, Fax 59 57 — Tourist-Information Hoher Westerwald,
Hauptstr 55, 56477 Rennerod; Ort nahe der Fuchskaute, 657 m (9 km ↑). Sehenswert:
Krombach-Talsperre (9 km →)

* Pitton
Hauptstr 54, ✉ 56477, ☎ (0 26 64) 66 35,
Fax 9 01 56
6 Zi, Ez: 80-90, Dz: 130-150, ⇩ WC ☎; Lift P
1⇔30 ✠

* Röttger
Hauptstr 55, ✉ 56477, ☎ (0 26 64) 10 75,
Fax 9 04 53, AX ED VA
14 Zi, Ez: 78-98, Dz: 130-160, ⇩ WC ☎; P 🍺
** Hauptgericht 40; geschl:
So + Mo, 3 Wochen in den Sommerferien

Renningen 61 □

Baden-Württemberg — Kreis Böblingen —
410 m — 16 300 Ew — Leonberg 7, Sindelfingen 10, Pforzheim 36 km
ℹ ☎ (0 71 59) 92 40, Fax 92 41 03 —
Stadtverwaltung, Hauptstr 1, 71272 Renningen

** Walker
Rutesheimer Str 62, ✉ 71272, ☎ (0 71 59)
60 45, Fax 74 55, AX DC ED VA
23 Zi, Ez: 115-155, Dz: 145-185, 2 Suiten, ⇩
WC ☎; Lift 🚗 2⇔50 Kegeln 🍺
** Hauptgericht 30; Terrasse;
geschl: So abends

Reppelin 13 ↙

Mecklenburg-Vorpommern — Kreis
Rostock — 50 m — Sanitz 5, Rostock 20 km
ℹ ☎ (03 82 09) 3 28 — Gemeindeverwaltung, 18190 Reppelin

Neu Wendorf (2 km ↘)
** Gutshaus Neu Wendorf
♂ ✉ 18190, ☎ (03 82 09) 8 02 70, Fax 8 02 71
9 Zi, Ez: 70-110, Dz: 120-150, 3 App, ⇩ WC
☎; P 🚗 9Golf
Restaurant für Hausgäste

Rettenberg 70 ↓

Bayern — Kreis Oberallgäu — 820 m —
3 600 Ew — Immenstadt 7, Sonthofen 9,
Oy-Mittelberg 18 km
ℹ ☎ (0 83 27) 12 09, Fax 71 59 — Gästeinformation, Kranzegger Str 4, 87549 Rettenberg; Erholungsort und Wintersportplatz.
Sehenswert: Grünten, 1738 m ⊰

* Brauereigasthof Adler-Post
Burgberger Str 8, ✉ 87549, ☎ (0 83 27) 2 26,
Fax 12 35
14 Zi, Ez: 60, Dz: 110, 1 App, ⇩ WC ☎; P 🚗
3⇔200
geschl: Mi, Jan-April auch Di, 8.11.-9.12.
* Hauptgericht 32; Biergarten;
geschl: Di (Jan-April), Mi

Rhauderfehn

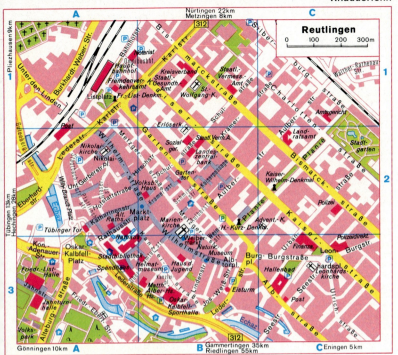

Reutlingen 61 ↘

Baden-Württemberg — Kreis Reutlingen — 376 m — 108 000 Ew — Tübingen 13, Stuttgart 44, Ulm 74 km
ℹ️ ☎ (0 71 21) 3 03 25 26, Fax 33 95 90 — Fremdenverkehrsamt, Listplatz 1, 72764 Reutlingen; Stadt am Rande der Schwäbischen Alb. Sehenswert: Ev. Marienkirche; Tübinger Tor und Gartentor - Achalm, 707 m ⇞ (4 km + ¼ Std →); Städtisches Kunstmuseum Spendhaus Reutlingen

★★ Fora
Am Echazufer (B 3), ✉ 72764, ☎ (0 71 21) 92 40, Fax 92 44 44, AX DC ED VA
153 Zi, Ez: 130-188, Dz: 160-218, 5 Suiten, 47 App, ⌐ WC ☎ DFÜ; Lift P 🚗 10⇔350 Sauna Solarium ⓧ

★★ Fürstenhof
♘ Kaiserpassage 5 (B 2), ✉ 72764, ☎ (0 71 21) 31 80, Fax 31 83 18, AX DC ED VA
51 Zi, Ez: 106-185, Dz: 160-220, 2 Suiten, ⌐ WC ☎, 37✉; Lift 🚗 3⇔60 ⛱ Kegeln Sauna Solarium ⓧ ⛱

★★ Württemberger Hof
Kaiserstr 3 (B 1), ✉ 72764, ☎ (0 71 21) 1 70 56, Fax 4 43 85, AX DC ED VA
50 Zi, Ez: 90-120, Dz: 150-170, ⌐ WC ☎, 10✉; P 1⇔20 ⓧ

★ Germania
Unter den Linden 18 (A 1), ✉ 72762, ☎ (0 71 21) 3 19 00, Fax 31 90 77, AX DC ED VA
42 Zi, Ez: 86-112, Dz: 155-175, 1 Suite, ⌐ WC ☎; Lift P 🚗 ⓧ
geschl. 24.12.-2.1.

● Café Finckh
Wilhelmstr 122 (B 3), ✉ 72764, ☎ (0 71 21) 34 65 08
Terrasse; geschl: Mo

● Conditorei-Cafe Sommer
Wilhelmstr 100 (B 3), ✉ 72764, ☎ (0 71 21) 30 03 80, Fax 33 00 15
Terrasse

Betzingen (3 km ←)
★★ Fortuna
Carl-Zeiß-Str 75, ✉ 72770, ☎ (0 71 21) 58 40, Fax 58 41 13, AX DC ED VA
100 Zi, Ez: 116-142, Dz: 168-182, ⌐ WC ☎, 8✉; Lift P 🚗 Fitneßraum Sauna Solarium ⓧ

Rhauderfehn 15 ↘

Niedersachsen — Kreis Leer — 4 m — 16 142 Ew — Papenburg 16, Leer 19 km
ℹ️ ☎ (0 49 52) 87 00, Fax 87 00 — Rhauderfehn-Information, im Ortsteil Westrhauderfehn, Rajen 1, 26817 Rhauderfehn. Sehenswert: Fehn-Schiffahrtsmuseum; Windmühlen →

Rhauderfehn

Westrhauderfehn
* **Nanninga**
Untenende 44, ✉ 26817, ☎ (0 49 52) 28 06, Fax 18 03, AX ED VA
19 Zi, Ez: 78-88, Dz: 138-148, ⌐ WC ☎; P 🚗
Kegeln ΨΟΙ

Rheda-Wiedenbrück 34 ↗

Nordrhein-Westfalen — Kreis Gütersloh — 100 m — 44 000 Ew — Gütersloh 9, Lippstadt 22 km
ℹ ☎ (0 52 42) 93 01-0, Fax 93 01-20 — Flora Westfalica-FGS-Fördergesellschaft mbH, Wirtschaft und Kultur, Mittelhegge 11, 33378 Rheda-Wiedenbrück; Stadt an der Ems. Sehenswert: Im Stadtteil Rheda: ev. Kirche; Schloß; im Stadtteil Wiedenbrück: kath. Stiftskirche St. Aegidii: Kanzel; Fachwerkbauten; Leineweber- und Automuseum

Lintel (4 km →)
* **Landhotel Pöppelbaum**
Postdamm 86, ✉ 33378, ☎ (0 52 42) 76 92, Fax 92 85 10, AX DC ED VA
18 Zi, Ez: 65-70, Dz: 100-110, 2 App, ⌐ WC ☎; Kegeln ΨΟΙ

Rheda
* **Reuter**
Bleichstr 3, ✉ 33378, ☎ (0 52 42) 9 45 20, Fax 4 27 88, AX DC ED VA
31 Zi, Ez: 85-140, Dz: 140-185, 5 App, ⌐ WC ☎; Lift P 🚗 1↔20 Kegeln
** Hauptgericht 45; geschl: Fr, Sa mittags

*** **Büdels Restaurant** 🍴
Berliner Str 19, ✉ 33378, ☎ (0 52 42) 94 25 50, AX ED VA
Hauptgericht 47; Biergarten P; nur abends; geschl: So, Mo

Wiedenbrück
** **Sport Hotel Wiedenbrück**
Wasserstr 40, ✉ 33378, ☎ (0 52 42) 95 33, Fax 95 34, AX DC ED VA
64 Zi, Ez: 100-140, Dz: 150-190, 3 App, ⌐ WC ☎ DFÜ, 22🛏; Lift P 🚗 2↔100 Fitneßraum Kegeln Sauna Solarium 18Golf ΨΟΙ

** **Romantik Hotel Ratskeller Wiedenbrück**
Lange Str 1, ✉ 33378, ☎ (0 52 42) 9 21-0, Fax 9 21-1 00, AX DC ED VA
31 Zi, Ez: 125-180, Dz: 195-260, 1 Suite, 1 App, ⌐ WC ☎ DFÜ, 7🛏; Lift P 🚗 3↔30 Sauna Solarium 18Golf ΨΟΙ 🏊

** **Zur Wartburg**
Mönchstr 4, ✉ 33378, ☎ (0 52 42) 9 25 20, Fax 92 52 52, AX DC ED VA
19 Zi, Ez: 75-95, Dz: 125-160, ⌐ WC ☎, 2🛏; P; garni

* **Motor-Hotel Wiedenbrück**
Bielefelder Str 145, ✉ 33378, ☎ (0 52 42) 87 82, Fax 5 52 18, AX ED VA
27 Zi, Ez: 57-79, Dz: 97-119, ⌐ WC ☎; P Fitneßraum; garni

* **Hohenfelder Brauhaus**
Lange Str 10, ✉ 33378, ☎ (0 52 42) 84 06, Fax 85 07
10 Zi, Ez: 80-85, Dz: 150, ⌐ WC ☎; P 🚗 Kegeln ΨΟΙ
geschl: Sa, 22.12.-6.1.

Rhede 32 ↗

Nordrhein-Westfalen — Kreis Borken — 32 m — 17 000 Ew — Bocholt 6, Borken 12 km
ℹ ☎ (0 28 72) 80 05 50, Fax 80 05 91 — Verkehrsamt, Postfach 64, 46414 Rhede. Sehenswert: Pfarrkirche: Holzschnitzwerke; Schloß; holl. Windmühle; alte Herrensitze

* **Deitmer**
Hohe Str 8, ✉ 46414, ☎ (0 28 72) 24 08, Fax 72 31, ED
13 Zi, Ez: 80, Dz: 130-140, ⌐ WC ☎; 🚗
geschl: 24.12.-5.1., Karwoche
* Hauptgericht 18; Biergarten P; geschl: Di, 24.12.-5.1.

Rheinau 60 ▯

Baden-Württemberg — Ortenaukreis — 132 m — 9 500 Ew — Achern 11, Kehl 16 km
ℹ ☎ (0 78 44) 40 00, Fax 40 0-13 — Stadtverwaltung, im Stadtteil Freistett, Rheinstr 52, 77866 Rheinau

Diersheim
* **La Provence** 👑
Hanauer Str 1, ✉ 77866, ☎ (0 78 44) 4 70 15, Fax 4 76 63, AX ED VA
12 Zi, Ez: 68-88, Dz: 108-119, ⌐ WC ☎; P 🚗 Seezugang 🏊
geschl: 17.12.-10.1.
Restaurant für Hausgäste

Linx
** **Grüner Baum**
☥ Tullastr 30, ✉ 77866, ☎ (0 78 53) 3 58, Fax 1 74 58, AX DC ED VA
Hauptgericht 38; P Terrasse; geschl: So abends, Mo, 4.-17.1., 2.-15.8.

Rheinbach 43 ←

Nordrhein-Westfalen — Rhein-Sieg-Kreis — 164 m — 25 000 Ew — Euskirchen 14, Bonn 19 km
ℹ ☎ (0 22 26) 91 70, Fax 91 72 15 — Stadtverwaltung, Schweigelstr 23, 53359 Rheinbach. Sehenswert: Reste der Stadtbefestigung; Glasmuseum

Rheinfelden (Baden)

* **Haus Streng**
Martinstr 14, ✉ 53359, ☎ (0 22 26) 23 61,
Fax 69 17, AX DC ED VA
19 Zi, Ez: 70, Dz: 100, 🚿 WC ☎; 🍴

Rheinbreitbach 43 □

Rheinland-Pfalz — Kreis Neuwied — 80 m
— 4 000 Ew — Bad Honnef 3, Linz 9 km
ℹ ☎ (0 22 24) 7 20 20, Fax 7 60 80 —
Gemeindeverwaltung, Obere Burg,
53619 Rheinbreitbach

* **Haus Bergblick**
♣ Gebrüder-Grimm-Str 11, ✉ 53619,
☎ (0 22 24) 7 10 50, Fax 7 10 60, AX DC ED VA
15 Zi, Ez: 80-100, Dz: 120-140, 2 Suiten, 🚿
WC ☎; 🚗 1❀30 🍴 ⛴
geschl: Mi

Rheinbrohl 43 □

Rheinland-Pfalz — Kreis Neuwied — 100 m
— 4 123 Ew — Linz 10, Neuwied 11, Bonn
37 km
ℹ ☎ (0 26 35) 26 26, Fax 49 11 — Ortsge-
meindeverwaltung, Rathaus, Gertrudenhof,
56598 Rheinbrohl; Weinbau- und Fremden-
verkehrsort am Rhein, Ausgangspunkt des
Limes

** **Klauke's Krug** ✤
Kirchstr 11, ✉ 56598, ☎ (0 26 35) 24 14,
Fax 52 95, AX DC ED VA
Hauptgericht 30; Biergarten; geschl: Di

Rheine 23 ↘

Nordrhein-Westfalen — Kreis Steinfurt —
41 m — 70 000 Ew — Lingen/Ems 31, Osnabrück 46, Münster 42 km
ℹ ☎ (0 59 71) 5 40 55, Fax 5 29 88 — Verkehrsverein e.V., Bahnhofstr 14,
48431 Rheine; Stadt an der Ems. Sehenswert: Kath. Kirche St. Dionysius; kath. Kirche St. Antonius; Falkenhof-Museum; Tierpark in Bentlage (3 km ↑); historische Sali-
nenanlage

** **City-Club-Hotel**
◂ Humboldtplatz 8, ✉ 48429, ☎ (0 59 71)
8 80 04, Fax 8 75 00, AX DC ED VA
56 Zi, Ez: 140-160, Dz: 190-210, 2 Suiten, 🚿
WC, 15✉; Lift 🅿 🚗 7❀1050 ⛴
** **Stadthalle**
◂ Hauptgericht 25

* **Freye**
Emsstr 1, ✉ 48431, ☎ (0 59 71) 20 69,
Fax 5 35 68, AX ED VA
18 Zi, Ez: 85-105, Dz: 120-150, 🚿 WC ☎;
garni
Auch Zimmer der Kategorie ** vorhanden

* **Lücke**
◂ Heilig-Geist-Platz 1, ✉ 48431, ☎ (0 59 71)
1 61 80, Fax 16 18 16, AX DC ED VA
39 Zi, Ez: 125-165, Dz: 150-185, 1 Suite, 🚿
WC ☎, 11✉; Lift 🅿 🚗 3❀100 Fitneßraum
Kegeln Sauna Solarium 18Golf
* Hauptgericht 29

* **Zum alten Brunnen**
Dreierwalder Str 25, ✉ 48429, ☎ (0 59 71)
8 80 61, Fax 8 78 02, ED VA
14 Zi, Ez: 105-165, Dz: 150-185, 2 Suiten,
2 App, WC ☎, 3✉; 🅿 🚗
Auch Zimmer der Kategorie ** vorhanden
* Hauptgericht 27; Biergarten
Kegeln Terrasse; nur abends; geschl:
22.12.-2.1.

** **Petito's Bistro**
Bonifatiusstr 305, ✉ 48432, ☎ (0 59 71)
6 52 34, Fax 79 93 50, ED VA
Hauptgericht 40; geschl: Sa, So, 23.12.-6.1.,
12.7.-31.7.

Mesum (7 km ↘)
** **Altes Gasthaus Borcharding**
♢ Alte Bahnhofstr 13, ✉ 48432, ☎ (0 59 75)
12 70, Fax 35 07, AX DC ED VA
Hauptgericht 30; Biergarten 🅿 Terrasse;
geschl: Do, in den Osterferien
** 9 Zi, Ez: 75-115, Dz: 115-170, 🚿
WC ☎; 🚗 4❀160 27Golf
geschl: in den Osterferien
Im Stammhaus auch einfachere Zimmer
vorhanden

Rheinfelden (Baden) 67 ↓

Baden-Württemberg — Kreis Lörrach —
283 m — 31 145 Ew — Basel 17, Bad Säckingen 18 km
ℹ ☎ (0 76 23) 9 50, Fax 9 52 20 — Bürgermeisteramt, Kirchplatz 2, 79618 Rheinfel-
den; Stadt am Hochrhein. Sehenswert:
Deutschordensschloß Beuggen (3 km ↗);
Tschamberhöhle (4 km ↗)

* **Danner**
Alte Landstr 1, ✉ 79618, ☎ (0 76 23)
72 17-0, Fax 6 39 73, AX ED VA
33 Zi, Ez: 99-110, Dz: 150-180, 1 Suite, 🚿
WC ☎; Lift 🅿 🚗; garni

* **Oberrhein**
Werderstr 13, ✉ 79618, ☎ (0 76 23) 7 21 10,
Fax 72 11 50, AX DC ED VA
21 Zi, Ez: 110, Dz: 142, 🚿 WC ☎ DFÜ, 10✉;
Lift 🅿 🚗 1❀30; garni

* **I Fratelli**
Am Friedrichplatz, ✉ 79618, ☎ (0 76 23)
3 02 54, Fax 3 02 54, 🅿 Terrasse; geschl: Mo,
Hauptgericht 40; 🅿 Terrasse; geschl: Mo,
2 Wochen Anfang Aug →

Rheinfelden (Baden)

Eichsel (7 km ↑)
* **Maien**
Maienplatz 2, ⌧ 79618, ☎ (0 76 23) 72 15-0,
Fax 7 21 5-30, DC ED VA
18 Zi, Ez: 77-140, Dz: 120-180, ⇗ WC ☎
DFÜ, 9🖃, Lift 🅿 🚗 2⇔80 Kegeln 🍽 ⚑

** **Restaurant-Café Elke**
Saaleweg 8, ⌧ 79618, ☎ (0 76 23) 44 37,
Fax 40 55 0
Hauptgericht 30; geschl: Mo, Di

Riedmatt (4 km ↗)
* **Storchen**
Brombachstr 3, ⌧ 79618, ☎ (0 76 23) 51 94,
Fax 51 98, ED VA
31 Zi, Ez: 90-100, Dz: 135-160, ⇗ WC ☎,
7🖃; Lift 🅿 🚗 1⇔12
geschl: Fr, Sa bis 16, 27.12.-6.1.
* Hauptgericht 35; Gartenlokal;
geschl: Fr, Sa mittags, 27.12.-6.1.

Rheinsberg 21 ↙

Brandenburg — Kreis Ostprignitz-Ruppin
— 70 m — 5 400 Ew — Neuruppin 25, Neustrelitz 38 km
ℹ ☎ (03 39 31) 20 59, Fax 20 59 — Heimat-u.
Verkehrsverein Rheinsb. Seenkette e.V.,
Markt-Kavalierhaus, 16831 Rheinsberg.
Sehenswert: Postmeilensäule; Kirche;
Schloß; Schloßpark

** **Deutsches Haus**
Seestr 13, ⌧ 16831, ☎ (03 39 31) 3 90 59,
Fax 3 90 63, AX ED VA
28 Zi, Ez: 120, Dz: 200, 4 App, ⇗ WC ☎, 8🖃;
Lift 🅿 2⇔40 ⚑
** Hauptgericht 27; Terrasse

* **Der Seehof**
Seestr 18, ⌧ 16831, ☎ (03 39 31) 40 30,
Fax 4 03-99, AX ED VA
17 Zi, Ez: 100-170, Dz: 180-210, 3 App, ⇗
WC ☎; 2⇔25 Seezugang 🍽 ⚑

Rhens 43 ↘

Rheinland-Pfalz — Kreis Mayen-Koblenz —
70 m — 3 000 Ew — Koblenz 10, Bingen
53 km
ℹ ☎ (0 26 28) 96 05 42, Fax 96 05 24 — Verkehrsamt, Neues Rathaus, Am Viehtor 1,
56321 Rhens; Erholungsort am Rhein.
Sehenswert: Rathaus; Stadtbefestigung;
Königsstuhl

** **Königstuhl**
◁ ⓥ Am Rhein 1, ⌧ 56321, ☎ (0 26 28)
22 44, AX DC ED VA
Hauptgericht 36; Biergarten 🅿 Terrasse;
geschl: Mo, Jan
⌔ ◁ ⓥ 12 Zi, Ez: 68-105, Dz: 110-145,
⇗ WC ☎; 🚗 4⇔70

* **Schiffchen**
◁ Am Rhein 4, ⌧ 56321, ☎ (0 26 28) 22 16,
Fax 30 99, AX DC ED VA
Hauptgericht 29; Gartenlokal 🅿 Terrasse;
geschl: Mi, 10 Tage im Jan

Rheydt siehe Mönchengladbach

Ribnitz-Damgarten 13 ←

Mecklenburg-Vorpommern — Landkreis
Nordvorpommern — 8 m — 17 230 Ew —
Rostock 27, Stralsund 47 km
ℹ ☎ (0 38 21) 22 01, Fax 22 01 — Stadtinformation, Am Markt 1, 18311 Ribnitz-Damgarten. Sehenswert: Spätgotische Stadtkirche St. Marien; Klosterensemble mit
Bernsteinmuseum; Rostocker Tor; Ribnitzer Madonnen; Freilichtmuseum Klockenhagen

* **Zum Bodden**
Lange Str 54, ⌧ 18311, ☎ (0 38 21) 56 21,
Fax 81 35 76, AX DC ED VA
40 Zi, Ez: 80, Dz: 125, ⇗ WC ☎; 1⇔50 🍽

Riddagshausen
siehe **Braunschweig**

Rieden 43 ↙

Rheinland-Pfalz — Kreis Mayen-Koblenz —
346 m — 1 312 Ew — Mayen 13 km
ℹ ☎ (0 26 52) 58 20, Fax 5 82 31 — Verbandsgemeindeverwaltung, Heidenstockstr 12, 56743 Mendig; Erholungsort im
Nettetal

Riedener Mühle (2 km ↙)
* **Forsthaus**
♂ ⌧ 56745, ☎ (0 26 55) 95 99-0, Fax 41 36,
AX DC ED VA
13 Zi, Ez: 65-75, Dz: 90-120, ⇗ WC ☎; 🅿 🚗
1⇔20 Fitneßraum Sauna Solarium
* Hauptgericht 30; geschl: Mo
abends, Di

Riederich 61 ↘

Baden-Württemberg — Kreis Reutlingen —
350 m — 4 300 Ew — Metzingen 3, Filderstadt 15 km
ℹ ☎ (0 71 23) 9 35 90, Fax 93 59 11 — Bürgermeisteramt, Mittelstädter Str 16,
72585 Riederich

** **Albhotel**
♂ Hegwiesenstr 20, ⌧ 72585, ☎ (0 71 23)
3 80 30, Fax 3 55 44, AX DC ED VA
51 Zi, Ez: 150-160, Dz: 175-195, 1 Suite, ⇗
WC ☎ DFÜ, 20🖃; Lift 🅿 4⇔30 Sauna
Solarium 🍽

Riedlingen 69 □

Baden-Württemberg — Kreis Biberach — 560 m — 9 850 Ew — Saulgau 18, Munderkingen 18 km
🛈 ☏ (0 73 71) 18 30, Fax 1 83 55 — Bürgermeisteramt, Marktplatz 1, 88499 Riedlingen; Stadt an der oberschwäb. Barockstraße und Donau. Sehenswert: kath. Kirche St. Georg

* **Charisma-Hotel Brücke**
Hindenburgstr 4, ⌧ 88499, ☏ (0 73 71) 1 22 66, Fax 1 30 15, AX DC ED VA
40 Zi, Ez: 79, Dz: 128, 3 Suiten, 1 App, ⌐ WC ☏; P 🚗 Fitneßraum Solarium ⭐

Altheim (3 km ←)
* **Landgasthof Donautal**
♠ Donaustr 75, ⌧ 88499, ☏ (0 73 71) 85 11, Fax 1 37 76, AX DC ED VA
13 Zi, Ez: 65-95, Dz: 105-145, 4 Suiten, ⌐ WC ☏ DFÜ, 2🛏; P 🚗 ⭐
geschl: Letzte 2 Wochen im Nov

Riedstadt 54 ↗

Hessen — Kreis Groß-Gerau — 18 700 Ew
🛈 ☏ (0 61 58) 18 10, Fax 1 81 66 — Gemeindeverwaltung Hauptverwaltung, Bahnhofstr. 1, 64560 Riedstadt

Goddelau
* **Riedstern**
Stahlbaustr 7, ⌧ 64560, ☏ (0 61 58) 9 22 10, Fax 92 21-99, AX DC ED VA
32 Zi, Ez: 80-130, Dz: 129-170, ⌐ WC ☏, 5🛏; Lift P 5🔄50 ⭐
Im Industriegebiet Goddelau Süd-West

Riegel 67 ↘

Baden-Württemberg — Kreis Emmendingen — 182 m — 3 250 Ew — Endingen 4, Emmendingen 10 km
🛈 ☏ (0 76 42) 90 44-0, Fax 90 44-26 — Bürgermeisteramt, Hauptstr 31, 79359 Riegel. Sehenswert: Michaelskapelle •◄; Grundmauern eines röm. Mithrastempels

* **Riegeler Hof**
Hauptstr 69, ⌧ 79359, ☏ (0 76 42) 68 50, Fax 6 85 68, AX DC ED VA
55 Zi, Ez: 85, Dz: 130-145, ⌐ WC ☏, 30🛏; P 2🔄70
Rezeption: 7-12, 16-22
* **Winzerstube**
Hauptgericht 25;
Eigenbauweine

Rielasingen-Worblingen 68 ↘

Baden-Württemberg — Kreis Konstanz — 425 m — 11 500 Ew — Singen 4, Radolfzell 13 km
🛈 ☏ (0 77 31) 93 21-0, Fax 93 21-55 — Gemeindeverwaltung, Lessingstr 2, 78239 Rielasingen-Worblingen

Rielasingen
* **Krone**
Hauptstr 3, ⌧ 78239, ☏ (0 77 31) 20 46, Fax 20 50, DC ED VA
25 Zi, Ez: 80-98, Dz: 130-155, ⌐ WC ☏; P 🚗 4🔄100 Sauna Solarium ⭐
Auch Zimmer der Kategorie ** vorhanden

** **Alte Mühle**
Singener Str 3, ⌧ 78239, ☏ (0 77 31) 5 20 55, Fax 5 20 57, AX ED VA
Hauptgericht 40; Gartenlokal P; geschl: Di, Feb, Fasching
* 6 Zi, Ez: 80-110, Dz: 130-160, ⌐ WC ☏
geschl: Di, Feb

Worblingen
** **Salzburger Stub'n**
Hardstr 29, ⌧ 78239, ☏ (0 77 31) 2 73 49, Fax 2 73 49, ED
Hauptgericht 35; P; geschl: Do

Rieneck 55 ↗

Bayern — Kreis Main-Spessart — 180 m — 2 311 Ew — Gemünden 5 km
🛈 ☏ (0 93 54) 97 33-0, Fax 97 33-33 — Stadtverwaltung, Schulgasse 4, 97794 Rieneck. Sehenswert: Stadtkirche; Rathaus; Kreuzkapelle mit Kreuzweg; Burg mit romanischer Kapelle

Rieneck-Außerhalb (1 km ↑)
** **Spessarthotel Gut Dürnhof Landidyll**
einzeln •◄ Burgsinner Str 3, ⌧ 97794, ☏ (0 93 54) 10 01, Fax 15 12, AX DC ED VA
23 Zi, Ez: 98-130, Dz: 148-190, 7 Suiten, ⌐ WC ☏, 7🛏; P 🚗 3🔄80 ≋ Fitneßraum Solarium
geschl: 18.-24.12.
Historischer Gasthof, erstmals 1356 erwähnt
* Hauptgericht 28; Terrasse; geschl: 18.12.-24.12.

Riesa 40 ↙

Sachsen — Kreis Riesa-Großenhain — 110 m — Oschatz 20, Elsterwerda 26 km
🛈 ☏ (0 35 25) 6 01-4 85 — FVG Förder- und Verwaltungsgesellschaft, Pausitzer Str 60, 01589 Riesa

** **Wettiner Hof**
Hohe Str 4, ⌧ 01587, ☏ (0 35 25) 71 80, Fax 71 82 22, AX ED VA
44 Zi, Ez: 120, Dz: 170, ⌐ WC ☏; Lift 2🔄50 ⭐

* **Saxonia**
Bahnhofstr 41, ⌧ 01587, ☏ (0 35 25) 71 83 00, Fax 71 83 34, AX DC ED VA
42 Zi, Ez: 90-110, Dz: 130-150, ⌐ WC ☏, 8🛏; P 🚗 1🔄30 ⭐
Auch Zimmer der Kategorie ** vorhanden →

Riesa

* Zur Mühle
Alexander-Puschkin-Platz 4, ✉ 01587,
☎ (0 35 25) 70 51 13, Fax 70 51 13, AX ED VA
33 Zi, Ez: 79-118, Dz: 139-158, 1 Suite, ⌐
WC ☎; 2⇔100
Restaurant für Hausgäste

Weida (4 km ←)
* Zum Lindengarten
Heidebergstr 2, ✉ 01587, ☎ (0 35 25)
7 28 50, Fax 87 73 51, VA
13 Zi, Ez: 30-75, Dz: 60-95, ⌐ WC ☎; P
Kegeln ¶○¶

Rietberg 34 ↗

Nordrhein-Westfalen — Kreis Gütersloh —
85 m — 28 600 Ew — Rheda-Wiedenbrück 9, Delbrück 12 km
ℹ ☎ (0 52 44) 9 86-0, Fax 9 86-4 00 — Stadtverwaltung, Rügenstr 1, 33397 Rietberg.
Sehenswert: Stadtkern; Fachwerkhäuser;
Kloster, Klosterkirche; Johanneskapelle;
Schloßwälle

Mastholte (7 km ↙)
** Domschenke
Lippstädter Str 1, ✉ 33397, ☎ (0 29 44) 3 18,
Fax 69 31
Hauptgericht 45; Biergarten P; geschl: Di,
Sa mittags, 24.7.-11.8.

Riethnordhausen 47 ↑

Thüringen — Kreis Sömmerda — 190 m —
919 Ew — Erfurt 11, Sömmerda 20 km
ℹ ☎ (0 36 29) 5 09 40 — Gemeindeverwaltung, 99195 Riethnordhausen

** Landvogt
♂ ✉ 99195, ☎ (03 62 04) 5 25 11,
Fax 5 25 13, AX ED VA
16 Zi, Ez: 85-95, Dz: 110-130, ⌐ WC ☎, 4✉;
P 1⇔30 Sauna Solarium
* Hauptgericht 20

Riezlern siehe Kleinwalsertal

Rimbach 59 ↘

Bayern — Kreis Cham — 535 m — 2 044 Ew
— Kötzting 9, Furth i.W. 9 km
ℹ ☎ (0 99 4) 89 31, Fax 72 92 — Tourist-Info,
Hohenbogen 10, 93485 Rimbach

** Bayerischer Hof
Dorfstr 32, ✉ 93485, ☎ (0 99 41) 23 14,
Fax 23 15, AX ED
100 Zi, Ez: 50-80, Dz: 90-120, ⌐ WC ☎; Lift
≋ ≘ Fitneßraum Sauna Solarium ¶○¶

Rimbach 54 →

Hessen — Kreis Bergstraße — 175 m —
8 100 Ew — Weinheim 10, Heppenheim
13 km
ℹ ☎ (0 62 53) 80 90, Fax 8 09 54 — Gemeindeverwaltung, Rathausstr 1, 64668 Rimbach. Sehenswert: Kirche; Tromm, 580 m ⦁ᚼ
(75 Min ↘)

* Berghof
♂ ⦁ᚼ Holzbergstr 27, ✉ 64668, ☎ (0 62 53)
9 81 80, Fax 98 18 49, AX DC ED VA
13 Zi, Ez: 68-80, Dz: 108-130, ⌐ WC ☎, 8✉;
P ⚌
* Hauptgericht 29; Terrasse

Rinchnach 66 ↘

Bayern — Kreis Regen — 727 m — 3 200 Ew
— Regen 7, Zwiesel 9 km
ℹ ☎ (0 99 21) 58 78, Fax 68 63 — Tourist-
Information, Gehmansberger Str 12,
94269 Rinchnach; Kulturstätte im mittleren
Bayerischen Wald

Oberasberg (4 km ↑)
* Haus am Berg
einzeln ♂ ⦁ᚼ Haus Nr 2, ✉ 94269,
☎ (0 99 22) 30 63, Fax 14 38
15 Zi, Ez: 55-70, Dz: 92-100, 2 App, ⌐ WC
☎; P 1⇔15 ≘ Sauna Solarium ¶○¶

Ringelai 66 ☐

Bayern — Freyung-Grafenau — 410 m —
1 900 Ew — Freyung 9, Grafenau 16 km
ℹ — Tourist-Information, Pfarrer-Kainz-
Str 6, 94160 Ringelai

* Wolfsteiner Ohe
♂ Perlesreuter Str 5, ✉ 94160, ☎ (0 85 55)
9 70 00, Fax 82 42, ED
30 Zi, Ez: 55-61, Dz: 86-98, 1 App, ⌐ WC ☎;
P 2⇔300 ≘ Fitneßraum Sauna Solarium
¶○¶ ⚌
Auch Zimmer der Kategorie ****** vorhanden

Ringgau 36 ↘

Hessen — Werra-Meißner-Kreis — 380 m
— 1 200 Ew — Eschwege 13 km
ℹ ☎ (0 56 58) 2 01, Fax 2 01 — Verkehrsamt,
im Ortsteil Datterode, Finkenweg 9,
37296 Ringgau; Luftkurort

Datterode (6 km ↘)
* Fasanenhof
♂ Hasselbachstr 28, ✉ 37296, ☎ (0 56 58)
13 14, Fax 84 40, AX DC ED VA
7 Zi, Ez: 65-70, Dz: 100-125, 1 Suite, ⌐ WC
☎, 2✉; P 1⇔20 ¶○¶ ⚌
geschl: 1.-14.2.

Ringsheim 67 ↘

Baden-Württemberg — Ortenaukreis —
170 m — 2 000 Ew — Herbolzheim 3, Lahr
13 km
ℹ ☎ (0 78 22) 8 93 90, Fax 89 39 12 — Bürgermeisteramt, Kirchstr 5, 77975 Ringsheim

* Gasthof Heckenrose
Bundesstr 27, ✉ 77975, ☎ (0 78 22) 14 84,
Fax 37 64, AX DC ED VA
27 Zi, Ez: 70-90, Dz: 120-140, 1 Suite, 1 App,
⌐ WC ☎; Lift Kegeln
* Hauptgericht 26

Rinnthal 53 ↘

Rheinland-Pfalz — Kreis Südliche Weinstraße — 190 m — 590 Ew — Annweiler 3, Landau 17 km
🅘 ☎ (0 63 46) 22 00, Fax 79 17 — Büro für Tourismus, Rathaus, Hauptstr. 20, 76855 Annweiler am Trifels. Sehenswert: Ev. Kirche

* **Pension Waldesruh**
♂ Schulstr 7 a, ✉ 76857, ☎ (0 63 46) 71 84, Fax 10 53
24 Zi, Ez: 55-65, Dz: 80-100, ⌐ WC ☎; garni
geschl: 20.12.-20.1.
Auch Zimmer der Kategorie ** vorhanden

Rinteln 25 ↓

Niedersachsen — Kreis Schaumburg — 50 m — 29 235 Ew — Bückeburg 15, Hameln 29 km
🅘 ☎ (0 57 51) 40 31 62, Fax 40 32 30 — Verkehrsbüro, Klosterstr 20, 31737 Rinteln; Stadt an der Weser. Sehenswert: Stadtbild: hist. Marktplatz, ev. Marktkirche; ref. Kirche; Renaissance-Rathaus; Adelshöfe; Stift Möllenbeck (5 km ✓); Schloß Varenholz (10 km ←)

* **Stadt Kassel**
Klosterstr 42, ✉ 31737, ☎ (0 57 51) 9 50 40, Fax 4 40 66, AX DC ED VA
38 Zi, Ez: 75-110, Dz: 120-165, 2 App, ⌐ WC ☎; Lift ℗ 2⇆40 Kegeln 🍴

* **Zum Brückentor**
✦ Weserstr 1, ✉ 31737, ☎ (0 57 51) 95 38-0, Fax 4 47 62, AX DC ED VA
22 Zi, Ez: 92-110, Dz: 137-145, ⌐ WC ☎, 10⌂; Lift ℗; garni

● **Konditorei-Cafe Sinke**
Marktplatz 13, ✉ 31737, ☎ (0 57 51) 29 01
geschl: Mo,
Spezialität: Weserkies

Rinteln-Außerhalb (3 km ↑)
** **Waldkater**
City Line & Country Line Hotels
einzeln ♂ ✦ Waldkaterallee 27, ✉ 31737, ☎ (0 57 51) 1 79 80, Fax 17 98 83, AX DC ED VA
31 Zi, Ez: 160-175, Dz: 210-230, ⌐ WC ☎, 3⌂; Lift ℗ 🅿 3⇆100 Sauna Solarium 9Golf 4Tennis 🍴 ●
Fachwerkkomplex mit alten Baumbestand, Gasthofbrauerei und Ausflugsterrasse

Todenmann (3 km ↘)
** **Altes Zollhaus**
✦ Hauptstr 5, ✉ 31737, ☎ (0 57 51) 7 40 57, Fax 77 61, AX DC ED VA
19 Zi, Ez: 100-130, Dz: 120-190, 2 Suiten, ⌐ WC ☎; ℗ 4⇆200 Sauna Solarium ●
Ehemalige kurfürstliche Zollstation von 1804. Geburtsort des „Weserliedes"
** Hauptgericht 30; Terrasse

Rippoldsau-Schapbach, Bad 60 ↘

Baden-Württemberg — Kreis Freuden— 500 m — 2 539 Ew — Freudenstadt 16, Wolfach 23 km
🅘 ☎ (0 74 40) 9 13 94-0, Fax 9 13 94-94 — Tourist-Information, im Ortsteil Bad Rippoldsau, Kurhausstr 2, 77776 Bad Rippoldsau-Schapbach; Luftkurort und Heilbad im Schwarzwald. Sehenswert: Klösterle-Kirche

Bad Rippoldsau
** **Kranz**
♂ Reichenbachstr 2, ✉ 77776, ☎ (0 74 40) 7 25, Fax 5 11
26 Zi, Ez: 80-95, Dz: 160-170, ⌐ WC ☎; Lift ℗ 🅿 2⇆40 ≋ Fitneßraum Sauna Solarium 1Tennis 🍴 ●

Schapbach-Außerhalb
* **Zum Letzten G'stehr**
Wolftalstr 17, ✉ 77776, ☎ (0 74 40) 7 14, Fax 5 14
15 Zi, Ez: 64-74, Dz: 116-130, 2 Suiten, ⌐ WC ☎; Lift Solarium
* Hauptgericht 25

Rittersdorf 52 ↑

Rheinland-Pfalz — Kreis Bitburg-Prüm — 290 m — 1 235 Ew — Bitburg 3 km
🅘 ☎ (0 65 61) 94 34-0, Fax 94 34-20 — Tourist-Information Bitburger Land, Im Graben 2, 54634 Bitburg.
Sehenswert: Burg aus dem Jahre 1263

* **Am Wisselbach**
Bitburger Str 2, ✉ 54636, ☎ (0 65 61) 70 57, Fax 1 22 93, AX DC ED VA
23 Zi, Ez: 64-120, Dz: 118-160, ⌐ WC ☎, 2⌂; ℗ 🅿 3⇆80 Fitneßraum Kegeln Sauna Solarium 18Golf
auch einfachere Zimmer verfügbar
* Hauptgericht 25

** **Dorint Restaurant Burg Rittersdorf**
Bitburger Str, ✉ 54636, ☎ (0 65 61) 9 65 70, Fax 79 09, AX DC ED VA
Hauptgericht 30; ℗ Terrasse; geschl: Mo, Wasserschloß von 1263

Rockhausen 47 ↗

Thüringen — Ilm-Kreis — 300 m — 290 Ew — Erfurt 11, Arnstadt 15 km
🅘 ☎ (03 61) 3 46 02 88 — Gemeindeverwaltung, 99102 Rockhausen

* **Landgasthof Rockhausen**
Hauptstr 42, ✉ 99102, ☎ (03 61) 3 45 95 57, Fax 3 45 91 50, ED
14 Zi, Ez: 60, Dz: 80, 1 Suite, ⌐ WC ☎; 1⇆20 🍴

Rodach b. Coburg 47 ↓

Bayern — Kreis Coburg — 300 m —
6 700 Ew — Coburg 18 km
i ☏ (0 95 64) 15 50, Fax 92 26 44 — Kurverwaltung, Rathaus, Markt 1, 96476 Rodach; Erholungsort mit Heilquellen-Kurbetrieb

** Kurhotel am Thermalbad
♂ ⋖ Kurring 2, ⌧ 96476, ☏ (0 95 64) 2 07, Fax 2 06, AX ED VA
48 Zi, Ez: 78-105, Dz: 120-150, 2 Suiten, ⌐ WC ☏; Lift **P** 🚗 2⇔80 Solarium ‖◎‖

** Zur Alten Molkerei
♂ Ernststr 6, ⌧ 96476, ☏ (0 95 64) 83 80, Fax 83 81 55, ED VA
46 Zi, Ez: 55-95, Dz: 88-150, 2 App, ⌐ WC ☏; Lift **P** ≋ Fitneßraum Sauna Solarium ‖◎‖

Heldritt (3 km ↗)
* Pension Tannleite
♂ Obere Tannleite 4, ⌧ 96476, ☏ (0 95 64) 7 44, Fax 7 44
13 Zi, Ez: 41-51, Dz: 70-85, 1 App, ⌐ WC ☏, 4✉; **P** ‖◎‖
geschl: Mitte Nov-Mitte Dez

Rodalben 53 ↓

Rheinland-Pfalz — Südwestpfalz — 250 m — 7 850 Ew — Pirmasens 6, Zweibrücken 28, Kaiserslautern 32 km
i ☏ (0 63 31) 2 34-1 80, Fax 2 34-1 05 — Tourist-Information Gräfensteiner Land, Am Rathaus 9, 66976 Rodalben; Ort im Naturpark Pfälzerwald

* Pfälzer Hof
Hauptstr 108, ⌧ 67354, ☏ (0 63 31) 1 71 23, Fax 1 63 89, AX ED VA
8 Zi, Ez: 70, Dz: 110, ⌐ WC ☏; **P** 🚗 3⇔70 ‖◎‖ 🚬
geschl: 15.7.-5.8.

* Zum Grünen Kranz
Hauptstr 210, ⌧ 66976, ☏ (0 63 31) 2 31 70, Fax 23 17 30, AX DC ED VA
15 Zi, Ez: 62-85, Dz: 100-150, ⌐ WC ☏; **P** 2⇔40
Auch Zimmer der Kategorie ** vorhanden
** Hauptgericht 35; Gartenlokal ✿

Rodenbach 55 ↖

Hessen — Main-Kinzig-Kreis — 170 m — 11 800 Ew — Hanau 5, Frankfurt/Main 28 km
i ☏ (0 61 84) 59 90, Fax 5 04 72 — Gemeindeverwaltung, im Ortsteil Niederrodenbach, Buchbergstr 2, 63517 Rodenbach

Oberrodenbach
** Barbarossa
Sornborner Str 24, ⌧ 63517, ☏ (0 61 84) 9 58 50, Fax 95 85 42, AX DC ED VA
25 Zi, Ez: 75-130, Dz: 130-165, 1 Suite, 1 App, ⌐ WC ☏, 4✉; 🚗 2⇔45 Solarium 18 Golf
* Hauptgericht 35; Biergarten; geschl: So, 1.1.-10.1.

Rodenkirchen siehe Stadland

Rodgau 55 ↖

Hessen — Kreis Offenbach — 127 m — 43 612 Ew — Hanau 11, Dieburg 16, Offenbach 19 km
i ☏ (0 61 06) 69 30, Fax 69 34 95 — Stadtverwaltung, im Stadtteil Jügesheim, Hintergasse 15, 63110 Rodgau

Jügesheim
** Haingraben
Haingrabenstr, ⌧ 63110, ☏ (0 61 06) 6 99 90, Fax 6 19 60, AX ED VA
Ez: 150-180, Dz: 200, 22 App, ⌐ WC ☏; 🚗; garni

Nieder-Roden
** Holiday Inn Garden Court
Kopernikusstr 1, ⌧ 63110, ☏ (0 61 06) 82 40, Fax 82 45 55, AX DC ED VA
115 Zi, Ez: 130-320, Dz: 130-320, S; 1 Suite, ⌐ WC ☏, 42✉; Lift 10⇔350 Fitneßraum Sauna ‖◎‖

** Weiland
Borsigstr 15, ⌧ 63110, ☏ (0 61 06) 8 71 70, Fax 87 17 50, DC ED VA
27 Zi, Ez: 95-130, Dz: 140-180, ⌐ WC ☏; Lift 2⇔50 ‖◎‖

* Gästehaus Weber
Borsigstr 43, ⌧ 63110, ☏ (0 61 06) 7 12 83, Fax 7 56 69
8 Zi, Ez: 85, Dz: 120, ⌐ WC ☏; garni

Roding 59 ↓

Bayern — Kreis Cham — 500 m —
11 171 Ew — Cham 14, Regensburg 40 km
i ☏ (0 94 61) 94 18 15, Fax 94 18-60 — Verkehrsamt, Schulstr 15, 93426 Roding; Ort im Bayerischen Wald. Sehenswert: Rathaus (17. Jh.); Taufkapelle; Wallfahrtskirche Heilbrünnl; Burg Regenpeistein; Burgruine Schwärzenberg; Wasserburg Wetterfeld, Schulmuseum Fonau; Feuerwehrmuseum

Neubäu (10 km ↖)
* Am See
Seestr 1, ⌧ 93426, ☏ (0 94 69) 3 41, Fax 4 03, ED
55 Zi, Ez: 60, Dz: 80-90, 7 Suiten, ⌐ WC; **P** 5⇔80 ≋ Sauna Solarium ‖◎‖ 🚬

Röbel 21 ←

Mecklenburg-Vorpommern — Landkreis Müritz — 63 m — 6 100 Ew — Waren 24, Wittstock 29 km
i ☏ (03 99 31) 5 06 51, Fax 5 06 51 — Tourist Information, Marktplatz 11, 17207 Röbel; Erholungsort. Sehenswert: Pfarrkirche St. Marien; Pfarrkirche St. Nikolai

Rödermark

** Seelust
⚓ ⛵ Seebadstr 33 a, ✉ 17207, ☎ (03 99 31) 58 30, Fax 5 83 43, ED VA
26 Zi, Ez: 85-150, Dz: 145-185, 1 Suite, ⌐ WC ☎; Lift P 🅿 1↔50 Seezugang Sauna Solarium ✱

** Am Markt
Marktplatz 6, ✉ 17207, ☎ (03 99 31) 86 30, Fax 8 63-18, ED VA
5 Zi, Ez: 80-90, Dz: 120-140, 1 Suite, 1 App, ⌐ WC ☎; P ✱
Rezeption: 10-22; geschl: Mi (Okt-Apr), 8.-28.3.

* Müritzterrasse
⛵ Straße der Deutschen Einheit 27, ✉ 17207, ☎ (03 99 31) 5 27 38, Fax 5 01 64, AX ED VA
12 Zi, Ez: 90-120, Dz: 120-150, 1 Suite, ⌐ WC ☎; P ✱

* Seestern
⚓ ⛵ Müritzpromenade 12, ✉ 17207, ☎ (03 99 31) 5 92 94, Fax 5 92 95, AX ED VA
23 Zi, Ez: 85-120, Dz: 120-140, 5 Suiten, ⌐ WC ☎; Lift P
* ⛵ Hauptgericht 20; Terrasse

Rödelsee 56

Bayern — Kreis Kitzingen — 243 m — 1 400 Ew — Kitzingen 6 km
ℹ ☎ (0 93 23) 87 15 44, Fax 87 15 55 — Fremdenverkehrsverein Iphofen, Geräthemgasse 13, 97346 Iphofen; Weinbauort am Steigerwald. Sehenswert: Schwanberg, 472 m ⛵ (4 km →)

* Zum Rödelseer Schwan
Am Buck 1, ✉ 97348, ☎ (0 93 23) 8 71 40, Fax 87 14 40, ED VA
25 Zi, Ez: 72, Dz: 100-140, ⌐ WC ☎; P 2↔35
geschl: Anfang Jan
* Hauptgericht 25; geschl: So abends, Anfang Jan

* Sulzbacher
⚓ Dorfgraben 9, ✉ 97348, ☎ (0 93 23) 55 10
6 Zi, Ez: 55, Dz: 90, ⌐ WC ☎; **garni**

▱ Gasthof Stegner
⚓ Mainbernheimer Str 26, ✉ 97348, ☎ (0 93 23) 34 15, Fax 63 35
17 Zi, Ez: 50-55, Dz: 85-90, 1 Suite, ⌐ WC ☎; P 2↔30 ✱
geschl: So ab 15, Di, 28.7.-8.8., 22.12.-22.1.

Rödental 47

Bayern — Coburg — 306 m — 13 199 Ew — Coburg 8 km
ℹ ☎ (0 95 63) 9 60, Fax 96 69 — Stadtverwaltung, Bürgerplatz 1, 96472 Rödental; Schloß Rosenau

Oberwohlsbach
* Alte Mühle
⚓ Mühlgarten 5, ✉ 96472, ☎ (0 95 63) 7 23 80, Fax 72 38 66, AX ED VA
24 Zi, Ez: 95-105, Dz: 160-175, ⌐ WC ☎ DFÜ, 4✉; Lift P 1↔20 Sauna Solarium ✱

Oeslau
* Brauereigasthof Grosch
Oeslauer Str 15, ✉ 96472, ☎ (0 95 63) 7 50-0, Fax 7 50-1 47, ED VA
15 Zi, Ez: 80-95, Dz: 130-140, ⌐ WC ☎ DFÜ, 7✉; P Kegeln
* Hauptgericht 30; Gartenlokal

Röderau-Bobersen 40

Sachsen — Kreis Riesa-Grossenhain — 90 m — 2 600 Ew — Riesa 3, Grossenhain 15, Elsterwerda 23 km
ℹ ☎ (0 35 25) 76 22 87, Fax 76 23 48 — Gemeindeverwaltung, Moritzer Str 2, 01619 Röderau-Bobersen

Moritz (1,5 km ↘)
** Moritz an der Elbe
⚓ ⛵ Dorfstr 1, ✉ 01619, ☎ (0 35 25) 76 11 11, Fax 76 11 14, AX ED VA
40 Zi, Ez: 80-105, Dz: 138-155, 1 Suite, 3 App, ⌐ WC ☎ DFÜ, 2✉; Lift P 🅿 1↔20 ✱

Rödermark 54

Hessen — Kreis Offenbach — 145 m — 27 054 Ew — Dieburg 10, Offenbach 19, Frankfurt/Main 21 km
ℹ ☎ (0 60 74) 91 10, Fax 91 13 33 — Stadtverwaltung, im Rathaus Ober-Roden, Dieburger Str 13, 63322 Rödermark

Ober-Roden
* Eichenhof
Carl-Zeiss-Str 30, ✉ 63322, ☎ (0 60 74) 9 40 41, Fax 9 40 44, AX DC ED VA
36 Zi, Ez: 130-150, Dz: 178-218, 1 Suite, ⌐ WC ☎; Lift 3↔40 Fitneßraum Sauna Solarium
Auch Zimmer der Kategorie ****** vorhanden
** Hauptgericht 30

* Rein
Nieder-Röder-Str 22, ✉ 63322, ☎ (0 60 74) 89 90, Fax 89 91 00, AX ED VA
20 Zi, Ez: 85-135, Dz: 125-175, ⌐ WC ☎; P ✱

Rollwald
** Best Western Parkhotel
Niederröder Str 24, ✉ 63322, ☎ (0 61 06) 7 09 20, Fax 7 09 22 82, AX DC ED VA
128 Zi, Ez: 120-195, Dz: 180-259, S; 1 Suite, ⌐ WC ☎, 14✉; Lift P 20↔180 ≘ Fitneßraum Kegeln Sauna Solarium ✱
geschl: 21.12.-3.1.
** Atlantis
Hauptgericht 30

→

Rödermark

Urberach
* Jägerhof
Im Mühlengrund 18, ✉ 63322, ☎ (0 60 74)
8 74 80, Fax 87 48 48, AX ED VA
24 Zi, Ez: 85, Dz: 140, ⌐ WC ☎; P Sauna
Solarium ⑂

Urberach-Außerhalb (2 km ⬉)
* Odenwaldblick
Bulauweg 27, ✉ 63322, ☎ (0 60 74) 8 74 40,
Fax 6 89 99, AX DC ED VA
29 Zi, Ez: 95-120, Dz: 130-160, ⌐ WC ☎; P
2✡100 ⑂ 🍺
Auch Zimmer der Kategorie ****** vorhanden

Röhrnbach 66 →

Bayern — Kreis Freyung-Grafenau — 436 m
— 4 500 Ew — Waldkirchen 10, Freyung 11,
Passau 22 km
ℹ ☎ (0 85 82) 96 09-40, Fax 96 09-16 — Tourismusbüro Röhrnbach, Rathausplatz 1,
94133 Röhrnbach; Erholungsort im Bayerischen Wald

** Jagdhof
Marktplatz 11, ✉ 94133, ☎ (0 85 82) 97 00,
Fax 86 34
70 Zi, Ez: 60-75, Dz: 100-136, ⌐ WC ☎; Lift
P 🅿 ≋ ⌂ Kegeln Sauna Solarium ⑂ 🍺

* Alte Post/Vier Jahreszeiten
♂ Marktplatz 1, ✉ 94133, ☎ (0 85 82)
8 08 08, Fax 80 86 00
65 Zi, Ez: 60-85, Dz: 110-140, 4 Suiten, ⌐
WC ☎; Lift P 🅿 3✡250 ⌂ Fitneßraum
Kegeln Sauna Solarium ⑂
geschl: Sa 14-18, So, 10.11.-20.12.
Auch Zimmer der Kategorie ****** vorhanden

Röhrsdorf 49 ↗

Sachsen — Chemnitzer Land — 2 400 Ew —
Chemnitz 5, Zwickau 25, Dresden 80 km
ℹ ☎ (0 37 22) 50 01 25 — Gemeindeverwaltung, Rathausplatz 4, 09247 Röhrsdorf

**** Amber Hotel Plaza
       Chemnitz Park**
Wildparkstr 6, ✉ 09247, ☎ (0 37 22) 51 30,
Fax 51 31 00, AX DC ED VA
104 Zi, Ez: 125, Dz: 165, ⌐ WC ☎, 57🛏; Lift
P 6✡70 Sauna Solarium
** Harlekin
Hauptgericht 26; Biergarten Bowling
Kegeln

Röhrsdorf 51 ↗

Sachsen — Kreis Pirna — 1 300 Ew — Dresden 15, Altenberg 27 km
ℹ ☎ (03 51) 2 81 65 56 — Gemeindeverwaltung, Hauptstr 24, 01809 Röhrsdorf

** Schloß Röhrsdorf
♂ Hauptstr 3, ✉ 01809, ☎ (03 51) 28 57 70,
Fax 28 57 72 63, AX DC ED
22 Zi, Ez: 100-120, Dz: 150, ⌐ WC ☎, 12🛏;
P 4✡70
Auch Zimmer der Kategorie ***** vorhanden
**   Hauptgericht 30

Römerberg 54 ↓

Rheinland-Pfalz — Kreis Ludwigshafen
(Land) — 95 m — 8 731 Ew — Speyer 6,
Landau 24, Ludwigshafen 24 km
ℹ ☎ (0 62 32) 81 90, Fax 8 19 37 — Gemeindeverwaltung, Am Rathaus 4,
67354 Römerberg

Berghausen
** Morgenstern
Germesheimer Str 2 b, ✉ 67354,
☎ (0 62 32) 80 01, Fax 80 28, AX ED VA
21 Zi, Ez: 70-95, Dz: 135-180, ⌐ WC ☎; P
1✡18
Rezeption: 7-14.30, 17-24
**   Hauptgericht 30; Gartenlokal;
geschl: Di, Sa mittags, 2 Wochen zu
Fasching, 2 Wochen im Aug

Mechtersheim
** Pfälzer Hof
Schwegenheimer Str 1, ✉ 67354,
☎ (0 62 32) 81 70, Fax 81 71 60, AX ED
48 Zi, Ez: 75-90, Dz: 125-145, ⌐ WC ☎; Lift
P 🅿 7✡350 Kegeln Sauna Solarium ⑂
Auch Zimmer der Kategorie ***** vorhanden

Römnitz 19 ⬉

Schleswig-Holstein — Herzogtum Lauenburg — 16 m — 66 Ew — Ratzeburg 4,
Lübeck 25 km
ℹ ☎ (0 45 41) 8 00 20, Fax 80 02 40 — Amtsverwaltung Ratzeburg-Land, Fünfhausen 1,
23909 Ratzeburg

*** Römnitzer Mühle
      Kiek In**
⬅ Dorfstr 32, ✉ 23909, ☎ (0 45 41) 70 32,
Fax 70 26
16 Zi, Ez: 90, Dz: 130, 2 App, ⌐ WC ☎; P 🅿
1✡35 ≋ Seezugang ⑂ 🍺

Rösrath 43 ⬉

Nordrhein-Westfalen — Rheinisch-Bergischer Kreis — 90 m — 25 000 Ew — Siegburg 11, Köln 18 km
ℹ ☎ (0 22 05) 80 20, Fax 80 21 31 — Gemeindeverwaltung, Hauptstr 229, 51503 Rösrath.
Sehenswert: Haus Eulenbroich

*** Klostermühle
⚑ Zum Eulenbroicher Auel 15, ✉ 51503,
☎ (0 22 05) 47 58, Fax 8 78 68, AX DC ED VA
Hauptgericht 40; Terrasse; geschl: Mo, Di

Röt siehe Baiersbronn

Roetgen 42 ↘

Nordrhein-Westfalen — Kreis Aachen — 450 m — 8 000 Ew — Stolberg 19, Düren 40 km
🅘 ☎ (0 24 71) 1 80, Fax 18 89 — Gemeindeverwaltung, Hauptstr 55, 52159 Roetgen; Ort im Naturpark Nordeifel

**   Zum genagelten Stein
Bundesstr 2, an der B 258, ✉ 52159, ☎ (0 24 71) 22 78, Fax 45 35, AX DC ED VA
Hauptgericht 43; Terrasse; geschl: Do, 29.3.-10.4.
*   5 Zi, Ez: 110-120, Dz: 160-180, ⌐ WC ☎, 🚗 1↔20
geschl: Do, 29.3.-10.4.

Roetgen-Außerhalb (2 km ↑)
*   Gut Marienbildchen
Münsterbildchen 3, an der B 258, ✉ 52159, ☎ (0 24 71) 25 23, AX
Hauptgericht 33; 🅿 Terrasse; geschl: So, Mitte Juli-Mitte Aug
*   8 Zi, Ez: 80-110, Dz: 110-160, ⌐ WC ☎
geschl: Mitte Juli-Mitte Aug

Rötz 59 ↓

Bayern — Kreis Cham — 453 m — 3 600 Ew — Cham 23, Weiden 54 km
🅘 ☎ (0 99 76) 15 11, Fax 10 39 — Stadtverwaltung, Rathausstr 1, 92444 Rötz; Ort im Bayerischen Wald. Sehenswert: Oberpfälzer Handwerksmuseum in Hillstett (4 km ←); Schwarzwihrberg mit Schwarzenburgruine, 706 m •⭐ (3 km ↘)

Hillstett (4 km ←)
***   Wutzschleife
City Line & Country Line Hotels
♂ •⭐ Hillstett 40, ✉ 92444, ☎ (0 99 76) 1 80, Fax 1 81 80, AX DC ED VA
136 Zi, Ez: 95-185, Dz: 195-290, 60 App, ⌐ WC ☎, 10🛁; Lift 🅿 7↔150 🏊 Sauna Solarium 18Golf ⚓
Auch Zimmer der Kategorie ****** vorhanden
**   Spiegelstube
Hauptgericht 22; Biergarten

Roggosen 41 □

Brandenburg — Landkreis Spree-Neiße — 630 Ew — Spremberg 18, Cottbus 12, Forst 13 km
🅘 ☎ (03 56 05) 2 17 — Gemeindeverwaltung, Bräsinchener Str 6, 03058 Neuhausen

*   Waldhotel
♂ Dorfstr 61, ✉ 03058, ☎ (03 56 05) 4 05 60, Fax 4 05 02, ED VA
34 Zi, Ez: 80-95, Dz: 100-140, ⌐ WC ☎, 8🛁; 🅿 🍴 ⚓

Rohlstorf 11 ↙

Schleswig-Holstein — Kreis Segeberg — 40 m — 950 Ew — Bad Segeberg 10 km
🅘 ☎ (0 45 59) 4 85 — Gemeindeverwaltung, 23821 Rohlstorf

Warder (2 km ←)
*   Gasthof am See
♂ •⭐ Seestr 25, ✉ 23821, ☎ (0 45 59) 18 90, Fax 7 20, AX DC ED VA
41 Zi, Ez: 135-150, Dz: 165-185, 2 App, ⌐ WC ☎, 4🛁; Lift Seezugang Sauna
Im Gästehaus Zimmer der Kategorie ****** vorhanden
**   Hauptgericht 18

Rohrdorf 72 ↘

Bayern — Kreis Rosenheim — 450 m — 5 150 Ew — Rosenheim 9 km
🅘 ☎ (0 80 32) 95 64-0, Fax 95 64 50 — Gemeindeverwaltung, St-Jakobus-Platz 2, 83101 Rohrdorf

*   Zur Post
Dorfplatz 14, ✉ 83101, ☎ (0 80 32) 18 30, Fax 58 44, AX DC ED VA
110 Zi, Ez: 45-80, Dz: 68-108; Lift 🅿 🚗 3↔200 🍴 ⚓

*   Christl
Anzengruberstr 10, ✉ 83101, ☎ (0 80 32) 9 56 50, Fax 95 65-66, AX ED VA
27 Zi, Ez: 75-85, Dz: 106-120, ⌐ WC ☎ DFÜ; 🅿; garni

Apfelkam (1,6 km ↓)
*   Gut Apfelkam
Haus Nr 3, ✉ 83101, ☎ (0 80 32) 53 21, Fax 17 26, AX ED VA
Hauptgericht 28; nur abends; geschl: So

Roigheim 55 ↓

Baden-Württemberg — Landkreis Heilbronn — 191 m — 1 460 Ew — Möcklmühl 6, Adersheim 7, Mosbach 18 km
🅘 ☎ (0 62 98) 9 20 50, Fax 49 06 — Bürgermeisteramt, Hauptstr 20, 74255 Roigheim

*   Hägele
Gartenstr 6, ✉ 74255, ☎ (0 62 98) 52 05, Fax 55 35, ED
Hauptgericht 25; Kegeln Terrasse; geschl: Mo, Sa mittags, 12.-23.2.

Rollwald siehe Rödermark

Romrod 45 □

Hessen — Vogelsbergkreis — 307 m — 3 050 Ew — Alsfeld 5, Grünberg 24 km
🅘 ☎ (0 66 36) 5 62, Fax 3 24 — Stadtverwaltung, Jahnstr 2, 36329 Romrod; Erholungsort. Sehenswert: Ev. Kirche; Schloß ➔

Romrod

** **Best Western Sporthotel Vogelsberg**
♥ Kneippstr 1, ✉ 36329, ☎ (0 66 36) 8 90, Fax 8 94 27, AX DC ED VA
100 Zi, Ez: 88-140, Dz: 160-198, S; ⊟ WC ☎, 16✉; Lift P 10✿100 ≘ Fitneßraum Kegeln Sauna Solarium 18Golf 3Tennis 🍴 ⚓

Ronneburg 49 ↘

Thüringen — Kreis Greiz — 285 m — 6 400 Ew — Gera 6, Schmölln 10, Zwickau 30 km
ℹ ☎ (03 66 02) 2 30 44, Fax 2 25 59 — Schloß Ronneburg, Schloßstr. 19, 07580 Ronneburg

* **Gambrinus**
Markt 40, ✉ 07580, ☎ (03 66 02) 3 42 04-5, Fax 3 42 06
25 Zi, Ez: 60-80, Dz: 80-100, ⊟ WC ☎; P 🚗 2✿40 🍴 ⚓

Ronnenberg 26 ↙

Niedersachsen — Kreis Hannover — 65 m — 22 000 Ew — Hannover 8, Springe 17 km
ℹ ☎ (05 11) 4 60 01 81, Fax 4 60 02 98 — Stadtverwaltung, im Stadtteil Empelde, Hansastr 38, 30952 Ronnenberg. Sehenswert: Michaeliskirche (12. Jh.)

Benthe (4 km ↘)
** **Benther Berg**
♥ ♣ Vogelsangstr 18, ✉ 30952, ☎ (0 51 08) 6 40 60, Fax 6 40 60, AX DC ED VA
67 Zi, Ez: 145-185, Dz: 180-250, ⊟ WC ☎; Lift P 🚗 4✿80 ≘ Sauna
*** Hauptgericht 45; Terrasse

Empelde (3 km ↑)
** **Öhlers**
Nenndorfer Str 64, ✉ 30952, ☎ (05 11) 43 87 20, Fax 4 38 72 72, ED VA
30 Zi, Ez: 110-150, Dz: 150-200, ⊟ WC ☎; Lift P 🚗 2✿80 🍴 ⚓

Ronshausen 46 ↑

Hessen — Hersfeld-Rotenburg — 230 m — 2 700 Ew
ℹ ☎ (0 66 22) 30 45, Fax 21 45 — Tourist-Information, Eisenacher Str 20-22, 36217 Ronshausen

* **Waldhotel Marbach**
Berliner Str 7, ✉ 36217, ☎ (0 66 22) 92 14-0, Fax 9 21 4-10, AX DC ED VA
37 Zi, Ez: 80, Dz: 130, ⊟ WC ☎; Lift P 🚗 4✿110 ≘ Sauna Solarium 🍴 ⚓
Auch Zimmer der Kategorie ****** vorhanden

Rosbach v. d. Höhe 44 ↘

Hessen — Wetteraukreis — 167 m — 10 865 Ew — Friedberg 7, Bad Homburg 10 km
ℹ ☎ (0 60 03) 82 20, Fax 8 22-50 — Stadtverwaltung, Homburger Str 64, 61191 Rosbach

* **Hotel Garni**
Homburger Str 84, ✉ 61191, ☎ (0 60 03) 9 12 20, Fax 91 22 40, AX ED VA
22 Zi, Ez: 92-135, Dz: 148-190, ⊟ WC ☎; garni

* **Post**
Nieder-Rosbacher-Str 11, ✉ 61191, ☎ (0 60 03) 9 41 00, Fax 94 10 10, AX DC ED VA
12 Zi, Ez: 98-135, Dz: 130-220, 1 Suite, 1 App, ⊟ WC ☎ DFÜ, 6✉; P 2✿200 12Tennis; garni

Rosenberg 62 ↗

Baden-Württemberg — Ostalbkreis — 503 m — 2 700 Ew — Ellwangen 10, Crailsheim 20 km
ℹ ☎ (0 79 67) 9 00 00, Fax 90 00 50 — Gemeindeverwaltung, Haller Straße 15, 73494 Rosenberg; Erholungsort. Sehenswert: Kath. Kirche Rosenberg und Kirche Hohenberg (3 km ↘)

** **Landgasthof Adler** 🍷
🍷 Ellwanger Str 15, ✉ 73494, ☎ (0 79 67) 5 13
Hauptgericht 48; P; geschl: Do, Fr, 7.-29.1., 3 Wochen im Aug
* 13 Zi, Ez: 85-105, Dz: 130-160, 2 Suiten, ⊟ WC ☎; 🚗
Rezeption: 10-14.30, 17.30-22; geschl: Do, Fr, 7.-29.1., 3 Wochen im Aug

Rosengarten 18 □

Niedersachsen — Kreis Harburg — 85 m — 11 000 Ew — Harburg 12, Hamburg 26 km
ℹ ☎ (0 41 08) 4 33 30, Fax 43 33 39 — Gemeindeverwaltung, im Ortsteil Nenndorf, Bremer Str 42, 21224 Rosengarten

Nenndorf
* **Rosenhof**
♥ Rußweg 6, ✉ 21224, ☎ (0 41 08) 71 81, Fax 75 12, AX DC ED VA
10 Zi, Ez: 85, Dz: 140, ⊟ WC ☎; 2✿90 🍴

Sieversen
** **Ringhotel Holst**
Hauptstr 29, ✉ 21224, ☎ (0 41 08) 59 10, Fax 59 12 98, AX DC ED VA
66 Zi, Ez: 125-155, Dz: 185-215, S; 3 Suiten, 3 App, ⊟ WC ☎, 3✉; Lift P 🚗 14✿120 ≘ Bowling Fitneßraum Sauna Solarium
Auch Zimmer der Kategorie ***** vorhanden
* Hauptgericht 40; Biergarten Kegeln Terrasse

Tötensen
* **Rosengarten**
Woxdorfer Str 22, ✉ 21224, ☎ (0 41 08) 59 50, Fax 5 95 81, AX DC ED VA
32 Zi, Ez: 130, Dz: 170, 1 Suite, 22 App, ⊟ WC ☎; P 🚗 4✿30 Sauna 🍴
Im 100m entfernten Appartement-Haus Zimmer der Kategorie ******. Langzeitvermietung möglich

Rosenheim 72 →

Bayern — Kreisfreie Stadt — 451 m —
60 000 Ew — München 68, Salzburg 75 km
ℹ️ ☎ (0 80 31) 30 01 10, Fax 30 01 65 — Touristinfo Rosenheim am Salingarten Müchener Str., Kufsteiner Str 4, 83022 Rosenheim; Stadt am Inn. Sehenswert: Altstadt; kath. Kirche St. Nikolaus; Josephs-Kirche; barocke Wallfahrtskirche Hl. Blut; kath. Kirche Westerndorf (6 km ↗); Mittertor; Inn-Museum; Holztechn. Museum

★★ Pannonia
Brixstr 3, ✉ 83022, ☎ (0 80 31) 30 60, Fax 30 64 15, AX DC ED VA
89 Zi, Ez: 125-160, Dz: 160-195, 1 App, ⇩ WC ☎, 32🛏; Lift 6⇔100 Fitneßraum; **garni**

★ Parkhotel Crombach
Kufsteiner Str 2, ✉ 83022, ☎ (0 80 31) 35 80, Fax 3 37 27, AX DC ED VA
62 Zi, Ez: 128-158, Dz: 188-228, 5 Suiten, ⇩ WC ☎, 20🛏; Lift 🅿 🚗 4⇔140 🍴

★ Wendelstein
Bahnhofstr 4, ✉ 83022, ☎ (0 80 31) 3 30 23, Fax 3 30 24, AX DC ED VA
34 Zi, Ez: 95-110, Dz: 150-170, ⇩ WC ☎; Lift 🅿 1⇔20 Sauna Solarium
Auch Zimmer der Kategorie ★★ vorhanden
★ Hauptgericht 16; Biergarten; nur abends; geschl: Sa, So

Zum Santa
☸ Max-Josefs-Platz 20, ✉ 83022, ☎ (0 80 31) 3 41 21, Fax 38 08 87, AX DC ED VA
Hauptgericht 25

🍺 Bergmeister
Max-Josef-Platz, ✉ 83022, ☎ (0 80 31) 3 01 70

Heilig Blut (2 km ↓)
★ Fortuna
Hochplattenstr 42, ✉ 83026, ☎ (0 80 31) 6 20 85, Fax 6 88 21, AX DC ED VA
17 Zi, Ez: 85-105, Dz: 125-135, ⇩ WC ☎; 🅿 🚗
★ Hauptgericht 30

Rossau 50 ↑

Sachsen — Kreis Mittweida — 300 m —
1 900 Ew — Mittweida 7, Chemnitz 22 km
ℹ️ ☎ (0 37 27) 28 04, Fax 28 06 — Fremdenverkehrsamt, Mittweida-Information, Rochlitzer Str 58, 09648 Mittweida. Sehenswert: Dorfkirche; Steinkreuze

★★ Rossau
♂ Hauptstr 131, ✉ 09661, ☎ (0 37 27) 21 08, Fax 20 50, AX DC ED VA
36 Zi, Ez: 60-115, Dz: 110-178, ⇩ WC ☎; 🅿 3⇔50 Seezugang Fitneßraum Sauna Solarium
★★ Hauptgericht 20

Roßbach 43 □

Rheinland-Pfalz — Kreis Neuwied — 113 m
— 1 331 Ew — Neuwied 22, Bad Honnef 23 km
ℹ️ ☎ (0 26 38) 40 17, Fax 66 88 — Touristik-Verband Wiedtal, Neuwieder Str 61, 56588 Waldbreitbach; Luftkurort im Wiedtal

★ Strand-Café
♂ ⛵ Neustadter Str 9, ✉ 53547, ☎ (0 26 38) 9 33 90, Fax 93 39 39, ED
22 Zi, Ez: 78, Dz: 124, ⇩ WC ☎; 🅿 2⇔50 🍴 🍺
geschl: 23.-11.12., 11.1.-5.2.

Roßdorf 54 ↗

Hessen — Kreis Darmstadt-Dieburg —
200 m — 11 117 Ew — Darmstadt 8, Dieburg 11 km
ℹ️ ☎ (0 61 54) 80 80, Fax 80 81 09 — Gemeindeverwaltung, Erbacher Str 1, 64380 Roßdorf

★★ Appart-Hotel's
In den Leppsteinswiesen 8, ✉ 64380, ☎ (0 61 54) 90 94, Fax 90 96
30 Zi, Ez: 69, Dz: 115, 10 App, ⇩ WC ☎; 🅿 1⇔25 18Golf; **garni**
Langzeitvermietung möglich

Bessunger Forst
★★ Bessunger Forst
Darmstädterstr 90, ✉ 64380, ☎ (0 61 54) 6 08-0, Fax 6 08-1 11, AX DC ED VA
57 Zi, Ez: 110-145, Dz: 160-190, 4 Suiten, ⇩ WC ☎ DFÜ, 19🛏; Lift 🅿 4⇔100 Fitneßraum Sauna Solarium
★ Landgasthof Spitzenwirt
Hauptgericht 25; Gartenlokal Terrasse

Roßhaupten 70 ↘

Bayern — Kreis Ostallgäu — 816 m —
2 000 Ew — Füssen 12, Marktoberdorf 18 km
ℹ️ ☎ (0 83 67) 3 64, Fax 12 67 — Verkehrsamt, Hauptstr 10, 87672 Roßhaupten; Erholungsort am Forggensee

★ Kaufmann
♂ ⛵ Füssener Str 44, ✉ 87672, ☎ (0 83 67) 91 23-0, Fax 12 23, AX ED
7 Zi, Ez: 70-100, Dz: 130-190, 15 Suiten, 1 App, ⇩ WC ☎, 3🛏; 🅿 🚗 1⇔20 Fitneßraum Sauna Solarium 🍴 🍺
geschl: 11.1.-12.2.

Roßla 37 →

Sachsen-Anhalt — Sangerhausen — 100 m
— 2 687 Ew — Sangerhausen 16, Nordhausen 21 km
ℹ️ ☎ (0 34 65 1) 38 90, Fax 3 89 12 — Verwaltungsgemeinschaft, Wilhelmstr. 4, 06536 Roßla →

Roßla

Hayn (17 km ↑)
* **Zum Auerhahn**
Roßlaer Str, ✉ 06536, ☎ (03 46 58) 2 15 50, Fax 2 15 50
5 Zi, Ez: 50-75, Dz: 70-100, ⇨ WC; 🅿 ⁝⊙⁞

Rostock 12 ↘

Mecklenburg-Vorpommern — Kreisfreie Stadt — 14 m — 217 344 Ew — Lübeck 115, Berlin 227 km
🅘 ☎ (03 81) 1 94 33, Fax 4 97 99 23 — Rostock-Information, Schnickmannstr 13, 18055 Rostock; Universitäts- und Hafenstadt. Sehenswert: Altstadt mit Rathaus; Universitätsplatz; Ständehaus; Alter Markt; Marienkirche, Petrikirche, Nikolaikirche; Kloster zum Heiligen Kreuz; Kröpeliner Tor; Steintor; Warnemünde: Leuchtturm; Westmole; Alter Strom

*** **Sonne**
Neuer Markt 2 (B 1), ✉ 18055, ☎ (03 81) 4 97 30, Fax 4 97 33 51, AX DC ED VA
114 Zi, Ez: 175-255, Dz: 215-335, 10 Suiten, ⇨ WC ☎ DFÜ, 57🍽; Lift 🅿 5⇔280 Fitneßraum Sauna Solarium ⇌
Auch Zimmer der Kategorie **** vorhanden
** **Marktrestaurant**
Hauptgericht 25

*** **Courtyard by Marriott**
Kröpeliner/Schwaansche Str 6, ✉ 18055, ☎ (03 81) 49 70-0, Fax 4 97 07 00, AX DC ED VA
150 Zi, Ez: 169-224, Dz: 188-243, S; ⇨ WC ☎ DFÜ, 49🍽; Lift 8⇔220 Fitneßraum Sauna Solarium
** **Fischer's Fritze**
Hauptgericht 30

** **Radisson SAS**
⋖ Lange Str 40 (A 1), ✉ 18055, ☎ (03 81) 4 59 70, Fax 4 59 78 00, AX DC ED VA
338 Zi, Ez: 150-170, Dz: 160-180, S; 7 Suiten, ⇨ WC ☎, 68🍽; Lift 🅿 🍴 10⇔350
** **Malmö**
Hauptgericht 25

** **Nordland**
Steinstr 7 (B 2), ✉ 18055, ☎ (03 81) 4 92 22 85, Fax 4 92 37 06, AX DC ED VA
38 Zi, Ez: 135, Dz: 175, ⇨ WC ☎; Lift 2⇔50 Sauna Solarium

** **Inter City Hotel Rostock**
Herweghstr 51 (A 3), ✉ 18055, ☎ (03 81) 4 95 00, Fax 4 95 09 99, AX DC ED VA
177 Zi, Ez: 130-201, Dz: 150-242, S; ⇨ WC ☎ DFÜ, 80🍽; Lift 🅿 6⇔80 ⁝⊙⁞

⁝⊙⁞ **Ratskeller**
🍷 Neuer Markt 22 (B 1), ✉ 18055, ☎ (03 81) 45 48 50, Fax 4 54 85 99, AX DC ED VA
Hauptgericht 28

Zur Kogge
🍷 Wokrenterstr 27 (B 1), ✉ 18055, ☎ (03 81) 4 93 44 93, Fax 4 93 44 93, AX DC ED VA
Hauptgericht 18

Brinckmansdorf (3 km →)
** **Ringhotel TriHotel**
   Am Schweizer Wald
Tessiner Str 103, ✉ 18055, ☎ (03 81) 6 59 70, Fax 6 59 76 00, AX DC ED VA
104 Zi, Ez: 149-169, Dz: 195-248, S; ⇨ WC ☎, 17🍽; Lift 🅿 🍴 ⇧ Sauna Solarium ⁝⊙⁞

Dierkow (3 km ↗)
* **Landhaus Dierkow**
Gutenbergstr 5, ✉ 18146, ☎ (03 81) 6 58 00, Fax 6 58 01 00, ED VA
43 Zi, Ez: 99-125, Dz: 139, ⇨ WC ☎ DFÜ, 10🍽; 🅿 1⇔26 ⁝⊙⁞
Auch Zimmer der Kategorie ** vorhanden

Reutershagen (2 km ←)
* **Elbotel**
Fritz-Triddelfitz-Weg 2, ✉ 18069, ☎ (03 81) 8 08 80, Fax 8 08 87 08, AX DC ED VA
89 Zi, Ez: 90-165, Dz: 145-190, 4 Suiten, ⇨ WC ☎, 20🍽; Lift 🅿 2⇔150 Fitneßraum Sauna Solarium ⁝⊙⁞ ⇌

Warnemünde (12 km ↑, Seebad)
*** **Strand-Hotel Hübner**
⋖ Seestr 12, ✉ 18119, ☎ (03 81) 5 43 40, Fax 5 43 44 44, AX DC ED VA
87 Zi, Ez: 198-430, Dz: 238-470, S; 8 Suiten, ⇨ WC ☎ DFÜ, 28🍽; Lift 🅿 🍴 5⇔100 Strandbad Seezugang Fitneßraum Sauna Solarium
** Hauptgericht 30; Terrasse

*** **Arkona Hotel Neptun**
⋖ Seestr 19, ✉ 18119, ☎ (03 81) 77 70, Fax 5 40 23, AX DC ED VA
325 Zi, Ez: 200-351, Dz: 302-442, 10 Suiten, ⇨ WC ☎, 50🍽; Lift 🅿 🍴 10⇔600 ⇧ Fitneßraum Kegeln Sauna Solarium ⇌
Auch Zimmer der Kategorie ** sowie einfachere Zimmer vorhanden
** **Koralle**
Hauptgericht 28
* **Kranich**
Hauptgericht 28; Terrasse

** **Am Leuchtturm**
⋖ Am Leuchtturm 16, ✉ 18119, ☎ (03 81) 54 37-0, Fax 54 37-12, AX DC ED VA
29 Zi, Ez: 150-190, Dz: 180-350, 1 Suite, 4 App, ⇨ WC ☎, 10🍽; Lift 1⇔40 ⁝⊙⁞

* **Parkhotel Seeblick**
⋖ Strandweg 12a, ✉ 18119, ☎ (03 81) 5 19 55-0, Fax 5 19 55-1 13, AX DC ED VA
32 Zi, Ez: 140-150, Dz: 160-180, 1 Suite, 34 App, ⇨ WC ☎; 🅿 ⇧ Seezugang Fitneßraum Sauna Solarium ⁝⊙⁞ ⇌

Rostock

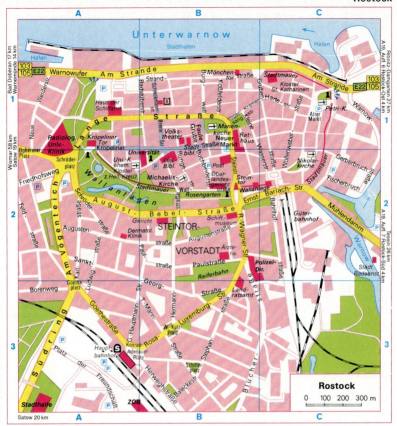

✴ Warnemünde
Kirchenplatz, ✉ 18119, ☎ (03 81) 5 12 16,
Fax 5 20 54, AX DC ED VA
20 Zi, Ez: 115-145, Dz: 145-190, ⇱ WC ☎; ¶◎¶

✴✴ Atlantic
Am Strom 107, ✉ 18119, ☎ (03 81) 5 26 55,
Fax 5 26 05, AX ED VA
Hauptgericht 25; 🅿 Terrasse

✴✴ Il Ristorante Atlantic ⚜
◂≡ Hauptgericht 33; nur abends, feiertags
auch mittags

¶◎¶ Pier 46
Alexandrinenstr 46, ✉ 18119, ☎ (03 81)
5 19 11 99, AX DC ED VA
Hauptgericht 25

Zum Stromer
▽ Am Strom 32, ✉ 18119, ☎ (03 81) 5 42 92,
Fax 5 19 27 64, ED
Hauptgericht 20; Biergarten; nur abends

Warnemünde-Diedrichshagen (2 km ←)
✴✴ Wilhelmshöhe
◂≡ Waldweg 1, ✉ 18119, ☎ (03 81) 54 82 80,
Fax 548 28 66
16 Zi, Ez: 85-100, Dz: 130-200, 5 App, ⇱ WC
☎; Sauna ¶◎¶
Landhaus-Neubau im Naturschutzgebiet
Stoltera. Auch Zimmer der Kategorie ✴✴✴
vorhanden

✴✴ Warnemünder Hof
☙ Stolteraaer Weg 8, ✉ 18119, ☎ (03 81)
5 43 00, Fax 54 30-4 44, AX DC ED VA
94 Zi, Ez: 165-195, Dz: 195-220, ⇱ WC ☎,
6✉; Lift 🅿 5⇆120 Sauna Solarium ¶◎¶
Auch Zimmer der Kategorie ✴✴✴ vorhanden

✴ Landhaus Frommke
☙ Stolteraaer Weg 3, ✉ 18119, ☎ (03 81)
5 19 19 04, Fax 5 19 19 05, AX ED VA
9 Zi, Ez: 100-140, Dz: 155-180, ⇱ WC ☎; 🅿 🚗
≋ Fitneßraum Sauna Solarium; **garni** →

Rostock

Warnemünde-Markgrafenheide (3 km →)
** Godewind
Warnemünder Str 5, ⊠ 18146, ☏ (03 81)
60 95 70, Fax 60 95 71 11, ED VA
48 Zi, Ez: 100-165, Dz: 130-185, ⇌ WC ☏,
15🛏; Lift 🅿 2⇆26 ≘ Sauna Solarium ⑩

* Markgraf
Warnemünder Str 1, ⊠ 18146, ☏ (03 81)
66 99 88, Fax 66 99 87, AX ED VA
35 Zi, Ez: 90-105, Dz: 130-160, ⇌ WC ☏; 🅿
1⇆40 Sauna ⑩
Auch Zimmer der Kategorie ****** vorhanden

siehe auch **Sievershagen**

Rot an der Rot 70 ↘

Baden-Württemberg — Kreis Biberach —
604 m — 4 250 Ew — Ochsenhausen 11,
Memmingen 16 km
ℹ ☏ (0 83 95) 9 40 50, Fax 94 05 30 —
Gemeindeverwaltung, Klosterhof 14,
88430 Rot. Sehenswert: Ehem. Klosterkirche

** Landhotel Seefelder
Theodor-Her-Str 11, ⊠ 88430, ☏ (0 83 95)
9 40 00, Fax 94 00 50, AX DC ED VA
23 Zi, Ez: 80-92, Dz: 125-155, ⇌ WC ☏; 🅿
3⇆100 Kegeln Sauna 🍺
* Klosterkeller
Hauptgericht 18

Rotenburg a. d. Fulda 46 ↑

Hessen — Kreis Hersfeld-Rotenburg —
250 m — 15 000 Ew — Bad Hersfeld 22,
Melsungen 23 km
ℹ ☏ (0 66 23) 55 55, Fax 93 31 63 — Ver-
kehrs- und Kulturamt, im Rathaus, Marktplatz 15, 36199 Rotenburg a. d. Fulda;
Luftkurort. Sehenswert: Jakobi-Kirche;
Stiftskirche; Schloß mit Park; Rathaus;
Fachwerkhäuser; Museum; hist. Stadtkern

*** Rodenberg
⊰ Panoramastr 98, ⊠ 36199, ☏ (0 66 23)
88 11 00, Fax 88 84 10, AX DC ED VA
98 Zi, Ez: 175-185, Dz: 255-275, 10 Suiten, ⇌
WC ☏, 9🛏; Lift 🅿 🍴 6⇆200 ≋ ≘ Fitneß-
raum Sauna Solarium 🍺
Im Gästehaus Pergola auch Zimmer der
Kategorie ****** vorhanden. Direkter Zugang
zum Erlebnisbad „Felsenbad"
*** Zinne
⊰ Hauptgericht 30

**** Zur Post
Meirotel**
Poststr 20, ⊠ 36199, ☏ (0 66 23) 93 10,
Fax 93 14 15, AX DC ED VA
69 Zi, Ez: 105, Dz: 148, ⇌ WC ☏, 14🛏; Lift 🅿
🍴 7⇆200 ⑩ 🍺

* Landhaus Silbertanne
♂ ⊰ Am Wäldchen 2, ⊠ 36199, ☏ (0 66 23)
9 22 00, Fax 92 20 99, AX DC ED VA
26 Zi, Ez: 75-98, Dz: 122-172, ⇌ WC ☏, 8🛏;
🅿 2⇆45 🍺
geschl: 4.1.-28.1.
** Leineweberstube
Hauptgericht 34; Biergarten; geschl: So
abends, 4.-28.1.

🍽 Café Iris im Hotel Rodenberg
Panoramastr 98, ⊠ 36199, ☏ (0 66 23)
88 11 00, Fax 88 84 10, AX DC ED VA
Biergarten Kegeln 🅿 Terrasse

Rotenburg (Wümme) 17 ↘

Niedersachsen — Kreis Rotenburg — 23 m
— 21 323 Ew — Verden 25, Soltau 35, Bremen 49 km
ℹ ☏ (0 42 61) 7 11 00, Fax 7 11 47 — Informationsbüro, Rathaus, Große Str 1,
27356 Rotenburg (Wümme). Sehenswert:
Ehlermannsche Speicher; Innenstadt;
Goertz-Brunnen; Bullensee (4 km ↓)

**** Landhaus Wachtelhof 👑
♂ ⊰ Gerberstr 6, ⊠ 27356, ☏ (0 42 61) 85 30,
Fax 85 32 00, AX DC ED VA
36 Zi, Ez: 260-280, Dz: 360-380, 2 Suiten, ⇌
WC ☏ DFÜ; Lift 🅿 🍴 5⇆120 ≘ Fitneßraum
Sauna Solarium 18Golf 🍺
*** L'Auberge
Hauptgericht 45; Terrasse

Waffensen-Außerhalb (6 km ←)
** Lerchenkrug
an der B 75, ⊠ 27356, ☏ (0 42 68) 3 43,
Fax 15 46, AX DC ED VA
Hauptgericht 30; 🅿 Terrasse; geschl: Mo,
Di, 1.-12.1., 12.7.-2.8.

Roth 57 ↓

Bayern — Kreis Roth — 340 m — 25 000 Ew
— Nürnberg 27, Weißenburg 27 km
ℹ ☏ (0 91 71) 8 48-3 30, Fax 8 48-1 68 —
Tourist-Information im Schloß Ratibor,
Hauptstr. 1, 91154 Roth; Stadt an der Red-
nitz

** Ratsstuben Schloß Ratibor
Hauptstr 1, ⊠ 91154, ☏ (0 91 71) 68 87,
Fax 68 54, AX ED VA
Hauptgericht 45; geschl: Mo, 01.01.-15.01.

Rothenberg 55 ↙

Hessen — Odenwaldkreis — 400 m —
2 600 Ew — Eberbach 16, Michelstadt 24,
Heidelberg 31 km
ℹ ☏ (0 62 75) 91 31-0, Fax 91 31-31 —
Gemeindeverwaltung, Hauptstr 23,
64757 Rothenberg; Erholungsort im Odenwald

Rothenburg ob der Tauber

* **Hirsch**
♐ Schulstr 3, ✉ 64757, ☎ (0 62 75) 9 13 00, Fax 91 30 16, ED VA
31 Zi, Ez: 70-80, Dz: 115-135, ⊿ WC ☎, 8✉; Lift 🅿 2⇔40 Fitneßraum Kegeln Sauna Solarium ¶◎l 🍺
geschl: Mo, 7.-30.1.
Auch Zimmer der Kategorie ****** vorhanden

Rothenbuch 55 ↗

Bayern — Aschaffenburg — 365 m —
2 000 Ew — Aschaffenburg 25, Würzburg 70, Lohr 17 km
🛈 ☎ (0 60 94) 9 40-0, Fax 9 40-23 — Gemeindeverwaltung, Schulstr 4, 63860 Rothenbuch

** **Schloßhotel Rothenbuch**
European Castle
Schulstr 1, ✉ 63860, ☎ (0 60 94) 94 40, Fax 94 44 44, ED VA
38 Zi, Ez: 115-220, Dz: 178-300, ⊿ WC ☎ DFÜ, 20✉; 🅿 4⇔60 Fitneßraum Sauna Solarium 🍺
** Hauptgericht 25

Rothenburg ob der Tauber 56 ↓

Bayern — Kreis Ansbach — 425 m —
11 900 Ew — Ansbach 35, Bad Mergentheim 45, Würzburg 60 km
🛈 ☎ (0 98 61) 4 04 92, Fax 8 68 07 — Kultur- u. Fremdenverkehrsamt, Marktplatz, 91541 Rothenburg ob der Tauber; Stadt mit dem schönsten mittelalterlichen Stadtbild Deutschlands. Sehenswert: Ev. Jakobskirche: Heiligblut-Altar von Riemenschneider und Hochaltar; ehem. Franziskanerkirche; Rathaus: Turm ◄; Spitalhof mit Hegereiterhaus; vollständig erhaltene Stadtmauer mit zahlreichen Toren und Türmen; Plönlein (malerisches Straßenbild); Baumeisterhaus; Handwerkerhaus; Topplerschlößchen; Ratstrinkstube (Meistertrunk-Kunstuhr: 11, 12, 13, 14, 15, 21 und 22 Uhr); Reichsstadtmuseum; Puppen- und Spielzeugmuseum; Kriminalmuseum; St.-Georgs-Brunnen, Burggarten ◄; Riemenschneider-Altar in der Kirche im Stadtteil Detwang

<mark>Achtung:</mark> Wir empfehlen Ihnen, sich die Ausnahmegenehmigung von der Anordnung der zeitlich begrenzten Verkehrsbotszone für Hotelübernachtungsgäste mit der Reservierungsbestätigung vom Hotel zusenden zu lassen.

Cityplan siehe Seite 844

Die im Varta angegebene Kategorie eines Beherbergungsbetriebes bezieht sich jeweils auf den größeren Teil der Zimmer. Verfügt ein Betrieb auch über eine nennenswerte Zahl von Zimmern höherer oder niedrigerer Kategorie, weist ein entsprechender Vermerk darauf hin.

*** **Eisenhut** ♛
European Castle
Herrngasse 3 (A 2), ✉ 91541, ☎ (0 98 61) 70 50, Fax 7 05 45, AX DC ED VA
79 Zi, Ez: 155-225, Dz: 195-380, 3 Suiten, ⊿ WC ☎, 5✉; Lift 🅿 🖃 4⇔80
geschl: 4.1.-2.2.
Auch Zimmer der Kategorie ****** vorhanden. Das Hotel besteht aus vier Patrizierhäusern aus dem 15. und 16.Jh.
*** Hauptgericht 40; Biergarten; geschl: 4.1.-1.2.

** **Silence-Burghotel**
♐ ◄ Klostergasse 1-3 (A 1), ✉ 91541, ☎ (0 98 61) 9 48 90, Fax 94 89 40, AX DC ED VA
15 Zi, Ez: 160-180, Dz: 210-300, 5 Suiten, ⊿ WC ☎; 🖃; garni
Im Klostergarten gelegen

** **Zum Rappen**
Vorm Würzburger Tor 10 (C 1), ✉ 91541, ☎ (0 98 61) 9 57 10, Fax 60 76, AX DC ED VA
35 Zi, Ez: 115-195, Dz: 170-250, ⊿ WC ☎; Lift 🅿 3⇔300 ¶◎l
geschl: Mo (Nov-April)
Im Gästehaus Gasthof zum Rappen Zimmer der Kategorie ***** vorhanden

** **Meistertrunk**
Herrngasse 26 (A 2), ✉ 91541, ☎ (0 98 61) 60 77, Fax 12 53, AX DC ED VA
15 Zi, Ez: 90-120, Dz: 140-250, 2 Suiten, ⊿ WC ☎; Lift 🖃 9Golf 🍺
** Hauptgericht 25; 🅿 Terrasse

** **Tilman Riemenschneider**
Georgengasse 11 (B 1), ✉ 91541, ☎ (0 98 61) 9 79-0, Fax 29 79, AX DC ED VA
60 Zi, Ez: 160-300, Dz: 200-330, 1 Suite, ⊿ WC ☎; Lift 🅿 🖃 4⇔50 Fitneßraum Sauna Solarium
Auch Zimmer der Kategorie ***** vorhanden
* Hauptgericht 40; Terrasse

** **Romantik Hotel Markusturm**
Rödergasse 1 (B 2), ✉ 91541, ☎ (0 98 61) 9 42 80, Fax 26 92, DC ED VA
22 Zi, Ez: 130-200, Dz: 200-320, 3 Suiten, 2 App, ⊿ WC ☎, 6✉; Lift 🅿 🖃 1⇔50
Im Gästehaus Spitzweg Zimmer der Kategorie ***** vorhanden
** Hauptgericht 28

** **Best Western Hotel Merian**
Ansbacher Str 42 (C 2), ✉ 91541, ☎ (0 98 61) 30 96, Fax 8 67 87, AX DC ED VA
40 Zi, Ez: 95-165, Dz: 125-220, ⊿ WC ☎, 10✉; Lift 🅿; garni

* **Reichs-Küchenmeister**
Flair Hotel
Kirchplatz 8 (B 1), ✉ 91541, ☎ (0 98 61) 97 00, Fax 8 69 65, AX DC ED VA
41 Zi, Ez: 110-160, Dz: 130-250, 2 Suiten, 2 App, ⊿ WC ☎, 2✉; Lift 🅿 🖃 2⇔20 Sauna Solarium 🍺
Im Gästehaus Zimmer der Kategorie ****** vorhanden
* **Weinstube Löchele**
⊗ Hauptgericht 30

→

Rothenburg ob der Tauber

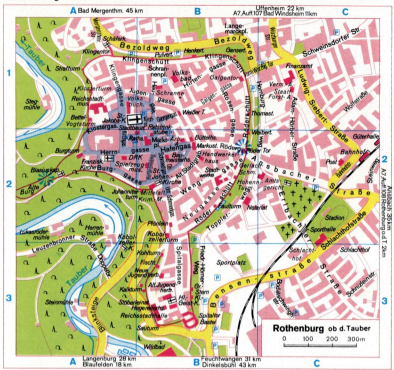

✶ Mittermeier
Vorm Würzburger Tor 9 (C 1), ✉ 91541,
☎ (0 98 61) 9 45 40, Fax 94 54 94, AX DC ED VA
19 Zi, Ez: 98-120, Dz: 130-230, 1 Suite,
2 App, ⌐ WC ☎ DFÜ; Lift 🅿 🚗 ≋ Sauna
Solarium
✶✶   Hauptgericht 30; Terrasse

✶ Klosterstüble
Heringsbronnengasse 5 (A 2), ✉ 91541,
☎ (0 98 61) 67 74, Fax 64 74, VA
12 Zi, Ez: 95, Dz: 130-170, 1 App, ⌐ WC;
✶   Hauptgericht 24; Terrasse;
geschl: 28.12.-25.2.

✶ Ringhotel Glocke
Plönlein 1 (B 2), ✉ 91541, ☎ (0 98 61) 30 25,
Fax 8 67 11, AX DC ED VA
24 Zi, Ez: 105-135, Dz: 158-188, S; ⌐ WC ☎;
🚗 1✿30 🍴
geschl: 23.12.-8.1.

✶ Akzent Hotel Schranne
Schrannenplatz 6/7 (B 1), ✉ 91541,
☎ (0 98 61) 9 55 00, Fax 9 55 01 50,
AX DC ED VA
48 Zi, Ez: 75-98, Dz: 115-170, ⌐ WC ☎; Lift
🅿 2✿60 🍴 ☕

✶✶ Louvre
Klingengasse 15, ✉ 91541, ☎ (0 98 61)
8 78 09, Fax 48 81, AX ED VA
Hauptgericht 39

Mittelalterliche Trinkstube Zur Höll
Burggasse 8 (A 2), ✉ 91541, ☎ (0 98 61)
42 29, Fax 8 78 11
Hauptgericht 24

Rothenfelde, Bad 24 ↓

Niedersachsen — Kreis Osnabrück —
100 m — 6 500 Ew — Osnabrück 24, Bielefeld 29 km
ℹ ☎ (0 54 24) 18 75, Fax 6 93 51 — Kur- und
Verkehrsverein, Salinenstr 2, 49214 Bad
Rothenfelde; Heilbad im Osnabrücker
Land. Sehenswert: Vogelparadies; Salinen

✶✶ Kurhotel Drei Birken
Birkenstr 3, ✉ 49214, ☎ (0 54 24) 64 20,
Fax 6 42 89, AX DC ED VA
27 Zi, Ez: 85-95, Dz: 140, 1 Suite, 10 App, ⌐
WC ☎; Lift 🅿 🚗 ≋ Fitneßraum Sauna
Solarium 🍴 ☕   →

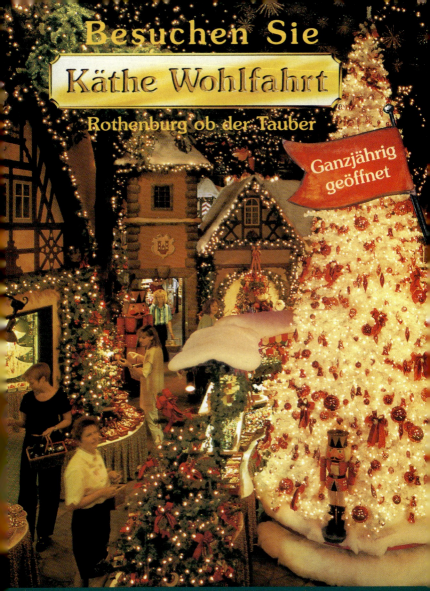

Rothenfelde, Bad

* Dreyer
Salinenstr 7, ✉ 49214, ☎ (0 54 24) 2 19 00, Fax 21 90 29, ED VA
16 Zi, Ez: 68-78, Dz: 108-118, 3 App, ⊣ WC ☎; P; garni 🍽

* Pension Feldhaus
Wellengartenstr 4, ✉ 49214, ☎ (0 54 24) 22 90, Fax 22 91 62
47 Zi, Ez: 90-98, Dz: 140-165, 5 Suiten, ⊣ WC ☎; Lift 🛗 Sauna
Restaurant für Hausgäste

Rottach-Egern 72 ↓

Bayern — Kreis Miesbach — 740 m — 6 900 Ew — Miesbach 21, Bad Tölz 24 km
ℹ ☎ (0 80 22) 67 13 41, Fax 67 13 47 — Kuramt, Nördliche Hauptstr 9, 83700 Rottach-Egern; Heilklimatischer Kurort am Tegernsee. Sehenswert: Kath. Kirche; Wallberg (Seilbahn), 1722 m ◂ (7 km + 30 Min ↓)

**** Bachmair am See 👑
♂ ◂ Seestr 47, ✉ 83700, ☎ (0 80 22) 27 20, Fax 27 27 90, AX DC ED
203 Zi, Ez: 235-475, Dz: 380-510, 75 Suiten, ⊣ WC ☎; Lift P 🍽 5⟹220 ≈ 🛗 Strandbad Seezugang Fitneßraum Kegeln Sauna Solarium 18Golf 🍽
Kinderbetreuung; Preise inkl. Halbpension. Hotelkomplex mit mehreren Gebäuden.
Auch Zimmer der Kategorie ********* vorhanden
*** Terrassen-Restaurant
Hauptgericht 40; Terrasse

*** Parkhotel Egerner Hof
♂ ◂ Aribostr 19-23, ✉ 83700, ☎ (0 80 22) 66 60, Fax 66 62 00, AX DC ED VA
77 Zi, Ez: 185-261, Dz: 290-432, 8 Suiten, ⊣ WC ☎; Lift P 🍽 4⟹60 🛗 Sauna Solarium 🍽
*** Dichter Stube
Hauptgericht 44; Terrasse
** Hubertusstüberl
Hauptgericht 28; Terrasse

** Walter's Hof
♂ ◂ Seestr 77, ✉ 83700, ☎ (0 80 22) 27 70, Fax 2 77 154, AX ED
19 Zi, Ez: 175-225, Dz: 190-275, 17 Suiten, ⊣ WC ☎; Lift P 🍽 2⟹90 Seezugang Sauna Solarium 18Golf 🍽
Zimmer der Kategorie ******* vorhanden
** Egerer Stadl
Hauptgericht 23; Gartenlokal

** Bachmair-Alpina
♂ ◂ Valepper Str 24, ✉ 83700, ☎ (0 80 22) 20 41, Fax 27 27 90, AX DC ED
15 Zi, Ez: 125-165, Dz: 170-260, 8 Suiten, ⊣ WC ☎; P 🍽 🛗 Sauna 18Golf; garni 🍽
Rezeption: 7-20
Auch Zimmer der Kategorie ******* vorhanden. Reservierungen über Hotel Bachmair am See

** Gästehaus Maier Zum Kirschner
♂ ◂ Seestr 23, ✉ 83700, ☎ (0 80 22) 6 71 10, Fax 67 11 37, ED
32 Zi, Ez: 105-125, Dz: 170, 11 App; Lift P Fitneßraum Sauna Solarium 🍽
Auch Zimmer anderer Kategorien vorhanden

** Haltmair am See
♂ ◂ Seestr 33, ✉ 83700, ☎ (0 80 22) 27 50, Fax 2 75 64
35 Zi, Ez: 75-115, Dz: 170-205, 10 App, ⊣ WC ☎; Lift P 🍽 1⟹15 Seezugang Fitneßraum Sauna Solarium; garni
Auch Zimmer anderer Kategorien vorhanden

* Villa Svendsen
♂ Fürstenstr 30, ✉ 83700, ☎ (0 80 22) 2 69 41, Fax 2 69 42, ED
10 Zi, Ez: 80-100, Dz: 145-155, ⊣ WC ☎; P; garni

* Franzen
◂ Karl-Theodor-Str 2 a, ✉ 83700, ☎ (0 80 22) 60 87, Fax 56 19, ED
12 Zi, Ez: 125-155, Dz: 155-240, 3 Suiten, ⊣ WC ☎; P 🍽
** Pfeffermühle
Hauptgericht 30; Terrasse; geschl: 15.04.-30.04./10.11.-30.11.

* Gästehaus Seerose
♂ Stielerstr 13, ✉ 83700, ☎ (0 80 22) 92 43 00, Fax 2 48 46
19 Zi, Ez: 95, Dz: 140-155, ⊣ WC ☎; Fitneßraum; garni

🍽 Café Unger
Leo-Slezak-Str 8, ✉ 83700, ☎ (0 80 22) 6 59 76, Fax 2 61 63
Hauptgericht 24

<mark>Berg</mark> (2 km →)
* Angermaier
◂ Haus Nr 1, ✉ 83700, ☎ (0 80 22) 2 60 19, Fax 20 04
Hauptgericht 20
* ◂ 18 Zi, Ez: 65-75, Dz: 140-150, 1 App, ⊣ WC ☎; P

Rottenburg am Neckar 61 ↓

Baden-Württemberg — Kreis Tübingen — 351 m — 40 000 Ew — Tübingen 12 km
ℹ ☎ (0 74 72) 16 52 74, Fax 16 53 69 — Amt für Tourismus, Marktplatz 26, 72108 Rottenburg; Heilklimatischer Kurort. Sehenswert: Dom; St.-Martin-Kirche; St.-Moriz-Kirche; Wallfahrtskirche Weggental; Marktbrunnen

** Convita
Röntgenstr 38, ✉ 72108, ☎ (0 74 72) 92 90, Fax 92 98 88, AX ED VA
60 Zi, Ez: 148, Dz: 185, 3 Suiten, ⊣ WC ☎ DFÜ, 12✉; P 🍽 6⟹150
** Remus
Hauptgericht 30

** Martinshof
Eugen-Bolz-Platz 5, ✉ 72108, ☎ (0 74 72) 2 10 21, Fax 2 46 91, AX DC VA
34 Zi, Ez: 80-110, Dz: 130-145, ⌐⌐ WC ☎; Lift 🚗 5♻120
geschl: 11.8.-9.9.
** Hauptgericht 28; P Terrasse;
geschl: So abends, Mo, 11.8.-9.9.

* Württemberger Hof
Tübinger Str 14, ✉ 72108, ☎ (0 74 72) 66 60, Fax 4 33 40, ED VA
13 Zi, Ez: 65-90, Dz: 120-140, ⌐⌐ WC ☎, 2✉;
P Kegeln
* Hauptgericht 25; Biergarten;
geschl: So abends

Rottendorf 56 □

Bayern — Kreis Würzburg — 260 m —
5 000 Ew — Würzburg 4, Kitzingen 13 km
🛈 ☎ (0 93 02) 9 09 00 — Gemeindeverwaltung, Am Rathaus 4, 97228 Rottendorf

* Zum Kirschbaum
Würzburger Str 18, ✉ 97228, ☎ (0 93 02) 90 95-0, Fax 90 95-20, ED VA
40 Zi, Ez: 65-110, Dz: 100-150, 1 Suite, ⌐⌐ WC ☎; Lift P 2♻30 ⚓
Auch Zimmer der Kategorie ** vorhanden
* Hauptgericht 25

Rotthalmünster 66 ↓

Bayern — Kreis Passau — 360 m —
5 137 Ew — Griesbach 13, Passau 41 km
🛈 ☎ (0 85 33) 96 00-0, Fax 96 00-55 —
Gemeindeverwaltung, Marktplatz 10, 94094 Rotthalmünster; Erholungsort

Asbach (4 km ↑)
* Klosterhof St. Benedikt
Hauptstr 52, ✉ 94094, ☎ (0 85 33) 20 40, Fax 2 04 44
25 Zi, Ez: 62, Dz: 109, ⌐⌐ WC ☎; P 3♻70 🍴
geschl: 3.1.-28.2.

Rottweil 68 ↑

Baden-Württemberg — Kreis Rottweil —
600 m — 25 000 Ew — Schrammberg 23, Villingen-Schwenningen 24, Tuttlingen 29 km
🛈 ☎ (07 41) 49 42 80, Fax 49 43 73 — Tourist-Information Altes Rathaus, Hauptstr 21, 78628 Rottweil; Stadt am Neckar. Sehenswert: Heiligkreuz-Münster; Kapellenkirche; Rathaus; Marktbrunnen; Stadtmuseum; Dominikanermuseum; Salinenmuseum; Museum für Steinmetzkunst

** Ringhotel Johanniterbad
Johannsergasse 12, ✉ 78628, ☎ (07 41) 53 07 00, Fax 4 12 73, AX DC ED VA
25 Zi, Ez: 87-145, Dz: 160-194, 1 Suite, ⌐⌐ WC ☎; Lift P 2♻60
geschl: 1.-17.1.
Auch Zimmer der Kategorie * vorhanden.
** Hauptgericht 28; Gartenlokal;
geschl: so + feiertags abends, 1.-17.1.

** Romantik Hotel Haus zum Sternen
Hauptstr 60, ✉ 78628, ☎ (07 41) 53 30-0, Fax 53 30-30, AX ED VA
13 Zi, Ez: 90-150, Dz: 185-220, 1 Suite, ⌐⌐ WC ☎, 1✉; 🚗 2♻15
Auch Zimmer der Kategorie * vorhanden.
Eines der ältesten Gasthäuser, mit gut erhaltenen gotischen Elementen im Innenausbau
** ⊗ Hauptgericht 32; P Terrasse;
geschl: 1.-3.1.,18.-28.2.

* Bären
Hochmaurenstr 1, ✉ 78628, ☎ (07 41) 1 74 60-0, Fax 1 74 60-40, ED VA
31 Zi, Ez: 70-120, Dz: 105-180, ⌐⌐ WC ☎, 3✉; Lift P 🚗 1♻40 Sauna Solarium
geschl: 23.12.-7.1.
* Hauptgericht 30; geschl: Sa

* Park-Hotel
Königstr 21, ✉ 78628, ☎ (07 41) 53 43-0, Fax 53 43-30, ED VA
15 Zi, Ez: 95-130, Dz: 160-190, ⌐⌐ WC ☎, 8✉; ⚓
* Bacchusstube
Hauptgericht 30

* Lamm
Hauptstr 45, ✉ 78628, ☎ (07 41) 4 50 15, Fax 4 42 73, AX ED VA
11 Zi, Ez: 65-85, Dz: 78-130, ⌐⌐ WC ☎; Lift 🚗 2♻45
Rezeption: 7-14, 17.30-24; geschl: Mo, 3 Wochen im Aug
* Hauptgericht 30; geschl: Mo, 3 Wochen im Aug

Weinstube Grimm
Oberamteigasse 5, ✉ 78628, ☎ (07 41) 68 30, Fax 64 54, AX
Hauptgericht 18; P; geschl: Sa ab 13.30, so + feiertags, 3.8.-22.8.

⚓ Café Armleder
Hauptstr 13, ✉ 78628, ☎ (07 41) 77 48, Fax 4 28 10
Hauptgericht 10; Biergarten

Rubkow 14 ↙

Mecklenburg-Vorpommern — Ostvorpommern — 790 Ew
🛈 — Gemeindeverwaltung, 17390 Rubkow

Bömitz (2 km ←)
* Landhaus Bömitz
Dorfstr 14, ✉ 17390, ☎ (03 97 24) 2 25 40, Fax 2 25 41, AX ED VA
18 Zi, Ez: 95-105, Dz: 140-150, 3 Suiten, ⌐⌐ WC ☎; P 3♻120 ⚓
Rezeption: 10-22
Rittergut aus dem 18. Jh. mit Antiquitäten-Ausstattung
** Hermann Christoph von Hertell
⊗ Hauptgericht 40; Terrasse; nur abends;
geschl: Mo, Di, 2.1.-18.2.

Rubow
19 ↗

Mecklenburg-Vorpommern — Kreis Parchim — 667 Ew
ℹ️ ☎ (0 38 66) 6 32 26 — Amt Ostufer Schweriner See, Dorfplatz 4, 19067 Leezen

Flessenow (5 km ↖)
*   Seewisch
♂ ⊰ Am Schweriner See 1 D, ✉ 19067, ☎ (0 38 66) 4 61 10, Fax 4 61 11 66, ED
20 Zi, Ez: 90, Dz: 110-150, 3 App, ⊣ WC ☎;
1✪25 Seezugang Sauna 🍽

Rudersberg
62 ←

Baden-Württemberg — Rems-Murr-Kreis — 270 m — 11 450 Ew — Schorndorf 10, Backnang 12, Stuttgart 34 km
ℹ️ ☎ (0 71 83) 3 00 50, Fax 30 05 55 — Bürgermeisteramt, Backnanger Str 26, 73635 Rudersberg

Schlechtbach (2 km ↓)
**   Sonne
Heilbronner Str 70, ✉ 73635, ☎ (0 71 83) 61 88, Fax 15 00, ED
43 Zi, Ez: 105-140, Dz: 158, 2 Suiten, ⊣ WC ☎, 8✉; Lift 2✪60 Fitneßraum Kegeln Sauna Solarium 🍽

Rudolstadt
48 □

Thüringen — Kreis Rudolstadt — 196 m — 30 000 Ew — Erfurt 60 km
ℹ️ ☎ (0 36 72) 42 45 43, Fax 42 45 43 — Tourist-Information, Marktstr 57, 07407 Rudolstadt. Sehenswert: Heidecksburg mit Museum; Freilicht-Volkskundemuseum Thüringer Bauernhäuser; Schloß Ludwigsburg; Altes Rathaus; Stadtkirche

*   Thüringer Hof
Bahnhofsgasse 3, ✉ 07407, ☎ (0 36 72) 42 24 38 + 41 24 22, Fax 41 24 23, AX DC ED VA
16 Zi, Ez: 50-115, Dz: 70-140, 2 Suiten, 1 App, ⊣ WC ☎; 1✪36 🍽 🍺

*   Zur Pilsener Schenke
Mörlaer Str 8, ✉ 07407, ☎ (0 36 72) 42 23 43, Fax 42 32 49, AX ED
12 Zi, Ez: 60-90, Dz: 110-140, ⊣ WC ☎; P 1✪25 Sauna 🍽

Cumbach (1 km ↓)
**   Am Marienturm
einzeln ♂ ⊰ Marienturm 1, ✉ 07407, ☎ (0 36 72) 4 32 70, Fax 43 27 85, AX DC ED VA
29 Zi, Ez: 95-115, Dz: 145-165, ⊣ WC ☎ DFÜ, 13✉; P 1✪45 Sauna Solarium 🍺
Auch Zimmer der Kategorie *** vorhanden
**   einzeln ⊰ Hauptgericht 20; Terrasse

Mörla (3 km ←)
*   Gast- und Pensionshaus Hodes
Mörla Nr. 1, ✉ 07407, ☎ (0 36 72) 41 01 01, Fax 42 45 68, AX DC ED VA
15 Zi, Ez: 85, Dz: 110, 1 Suite, ⊣ WC ☎, 4✉; P 2✪80 🍺

siehe auch **Kolkwitz**

Rückersdorf
57 □

Bayern — Kreis Nürnberger Land — 340 m — 4 200 Ew — Lauf 3, Nürnberg 13 km
ℹ️ ☎ (09 11) 57 05 40, Fax 5 70 54 40 — Gemeindeverwaltung, Hauptstr 20, 90607 Rückersdorf

*   Wilder Mann
Hauptstr 37, ✉ 90607, ☎ (09 11) 95 01-0, Fax 95 01-10, Fax 95 01 10
51 Zi, Ez: 85-115, Dz: 130-160, ⊣ WC ☎, 4✉; Lift P 2✪45 🍽
geschl: 24.12.-6.1.

*   Roter Ochsen
Hauptstr 57, ✉ 90607, ☎ (09 11) 5 75 57 50, Fax 5 75 57 51, ED
Hauptgericht 24; P Terrasse; geschl: Di, Fr mittags

Rückholz
70 ↘

Bayern — Ostallgäu — 900 m — 790 Ew — Nesselwang 5, Marktoberdorf 17 km
ℹ️ ☎ (0 83 69) 2 27, Fax 2 27 — Gemeindeverwaltung, Ortsstr 10, 87494 Rückholz

Rückholz-Außerhalb (4 km →)
*   Panorama
♂ ⊰ Seeleuten 62, ✉ 87494, ☎ (0 83 64) 2 48, Fax 84 69
14 Zi, Ez: 55-65, Dz: 90-130, 1 Suite, ⊣ WC, 14✉; P 🍺
geschl: 1.11.-25.12.

Rüdesheim am Rhein
53 ↗

Hessen — Rheingau-Taunus-Kreis — 90 m — 9 941 Ew — Wiesbaden 27, Koblenz 60 km
ℹ️ ☎ (0 67 22) 1 94 33, Fax 34 85 — Verkehrsamt, Rheinstr 16, 65385 Rüdesheim; Weinbauort. Sehenswert: Kirche St. Jakob; Brömserburg: Rheingau-und Weinmuseum; Brömserhof mit Musikmuseum; Adlerturm; alte Gassen (Drosselgasse); Burgruine; Ehrenfels ⊰ (45 Min ←); Niederwalddenkmal(Seilbahn), 308 m ⊰

Achtung: Autofähre nach Bingen ab 1. Mai bis 31. Okt von 6-9 Uhr alle 20 Min., von 9-21 Uhr nach Bedarf, von 21-24 Uhr alle 30 Min; ab 1. Nov bis 30. Apr werktags von 6-18 Uhr alle 20 Min, von 18-21.30 Uhr alle 30 Min, Sonntags ab 7.20 Uhr

Rügen

** **Rüdesheimer Schloss**
Steingasse 10, ✉ 65385, ☎ (0 67 22)
9 05 00, Fax 4 79 60, AX DC ED VA
20 Zi, Ez: 150-190, Dz: 180-260, 1 Suite, ⌐
WC ☎ DFÜ; Lift 🅿 🖼 1✪25 🍽
geschl: 23.12.-2.1.
Ehem. Zehnthof der Kurfürsten von Mainz

** **Trapp**
Kirchstr 7, ✉ 65385, ☎ (0 67 22) 10 41,
Fax 4 77 45, AX DC ED VA
38 Zi, Ez: 99-148, Dz: 138-240, ⌐ WC ☎; Lift
🅿 1✪20 Solarium
geschl: 20.12.-15.3.
** **Zur Entenstube**
Hauptgericht 30; Gartenlokal; nur abends,
Fr+So auch mittags; geschl: 20.12.-15.3.

** **Ringhotel Central-Hotel**
Kirchstr 6, ✉ 65385, ☎ (0 67 22) 91 20,
Fax 28 07, AX DC ED VA
50 Zi, Ez: 109-149, Dz: 156-219, ⌐ WC ☎
DFÜ, 10🖼; Lift 🅿 🖼 1✪16
geschl: 20.12.-28.2.
** **Rauchfang**
Hauptgericht 25; geschl: 20.12.-28.2.

* **Aumüller-Traube**
Rheinstr 6+9, ✉ 65385, ☎ (0 67 22) 91 40,
Fax 15 73, AX DC ED VA
115 Zi, Ez: 90-180, Dz: 140-280, 1 Suite, ⌐
WC ☎, 20🖼; Lift 🅿 🖼 1✪35 ☺ Sauna ⚫
geschl: 15.12.-28.2.

* **Zum Felsenkeller**
Oberstr 41, ✉ 65385, ☎ (0 67 22) 9 42 50,
Fax 4 72 02, AX ED VA
60 Zi, Ez: 95-220, Dz: 140-220, ⌐ WC ☎
DFÜ; Lift 🅿 🖼 1✪50 ⚫
geschl: Mitte Nov-Ende Mär
** Hauptgericht 25; Terrasse;
geschl: Mitte Nov-Ende Mär

* **Zum Bären**
Flair Hotel
Schmidtstr 24, ✉ 65385, ☎ (0 67 22) 10 91,
Fax 10 94, AX DC ED VA
24 Zi, Ez: 105-150, Dz: 120-200, 1 App, ⌐
WC ☎; Lift 🖼 1✪40 Sauna Solarium 🍽
geschl: 1.2.-28.2.

==Assmannshausen== (5 km ←)
*** **Krone**
L'Art de Vivre-Residenz
◀ ⍟ Rheinuferstr 10, ✉ 65385, ☎ (0 67 22)
40 30, Fax 30 49, AX DC ED VA
55 Zi, Ez: 170-290, Dz: 250-320, 14 Suiten, ⌐
WC ☎, 5🖼; Lift 🅿 🖼 6✪100 ≋ Sauna ⚫
Auch Zimmer der Kategorie ******** vorhanden
** ◀ Hauptgericht 54

* **Alte Bauernschänke**
Nassauer Hof
Minotel
Niederwaldstr 23, ✉ 65385, ☎ (0 67 22)
30 88, Fax 4 79 12, AX ED VA
53 Zi, Ez: 100-150, Dz: 150-200, 3 Suiten, ⌐
WC ☎; Lift 🅿 3✪35 Kegeln
geschl: 1.12.-1.3.
Auch Zimmer der Kategorie ****** vorhanden
** Hauptgericht 26; Terrasse;
geschl: Anfang Dez-Mitte Mär

* **Schön**
◀ Rheinuferstr 4, ✉ 65385, ☎ (0 67 22)
22 25, Fax 21 90, ED VA
25 Zi, Ez: 90-135, Dz: 145-195, 2 Suiten, ⌐
WC ☎, 5🖼; Lift 🅿 🖼 1✪20
geschl: 1.11.-20.3.
** Hauptgericht 27; Terrasse;
geschl: Anfang Nov-Ende Mär
Eigenbauweine

* **Altes Haus**
⍟ Lorcher Str 8, ✉ 65385, ☎ (0 67 22)
4 03 50, Fax 4 03 51 50, ED VA
Hauptgericht 25; 🅿; geschl: 4.1.-4.3.
* 36 Zi, Ez: 70-130, Dz: 110-160,
5 App, ⌐ WC ☎; 🖼
geschl: 4.1.-4.3.
Gästehaus ca. 50 m entfernt

==Rüdesheim am Rhein-Außerhalb== (7 km ↘)
** **Jagdschloß Niederwald**
European Castle
einzeln 🌳 ◀ Auf dem Niederwald 1,
✉ 65385, ☎ (0 67 22) 10 04, Fax 4 79 70,
AX DC ED VA
47 Zi, Ez: 185-225, Dz: 260-280, 3 Suiten, ⌐
WC ☎; Lift 🅿 🖼 3✪65 ☺ Sauna Solarium
geschl: im Winter Mo, Anfang Jan-Mitte
März
Ehem. Jagdschloß der Herzöge von Nassau
und Fürstbischöfe von Mainz. Im Naturpark
Rheingau/Untertaunus
** **Panorama**
◀ Hauptgericht 42; Terrasse

Rügen

Größte und landschaftlich schönste Insel
an der Ostseeküste. Sehenswert: Kap
Arkona (46 m), Leuchtturm; Reste der Jaromarsburg; Fischerdorf Vitt; Mönchgut;
Großsteingräber und bronzezeitliche
Hügelgräber

==Altefähr== 74 000 Ew - 🛈 ☎ (03 83 06) 61 60,
Fax 6 16 66 — Touristik Service Rügen
GmbH, Bahnhofstr. 28, 18573 Altefähr.
Sehenswert: Nikolai Kirche

* **Sundblick**
Fährberg 8 b, ✉ 18573, ☎ (03 83 06) 71 30,
Fax 71 31, ED VA
10 Zi, Ez: 80-120, Dz: 120-150, ⌐ WC ☎; ☺
Sauna; **garni**
Rezeption: 8-21 →

Rügen

Baabe 772 Ew - 🅘 ☎ (03 83 03) 1 42-0, Fax 1 42-99 — Kurverwaltung, Fritz-Worm-Str 1, 18586 Baabe

** Villa Granitz
Birkenallee 17, ✉ 18586, ☎ (03 83 03) 14 10, Fax 1 41 44
44 Zi, Ez: 90-135, Dz: 110-160, 8 App, 4🛏; 🅿; garni

* Strandhotel
⚓ Strandstr 24-28, ✉ 18586, ☎ (03 83 03) 1 50, Fax 1 51 50
43 Zi, Ez: 60-120, Dz: 100-180, 13 Suiten, ⌁ WC ☎; 🅿 1↔50 Seezugang Kegeln Sauna Solarium 🍴 ⚓

* Strandpavillon
⚓ Strandstr 37, ✉ 18586, ☎ (03 83 03) 1 83, Fax 8 60 01, [ED]
33 Zi, Ez: 60-120, Dz: 140-190, 1 Suite, ⌁ WC ☎; Lift 🅿 3↔60 Sauna Solarium 🍴
Auch Zimmer der Kategorie ** vorhanden

* Pension Strandallee
Strandstr 18, ✉ 18586, ☎ (0 83 03) 1 44-0, Fax 1 44 19
16 Zi, Ez: 85-105, Dz: 100-150, 16 App, ⌁ WC ☎; 🅿 Sauna 🍴 ⚓

* Villa Fröhlich
Göhrener Weg 2, ✉ 18586, ☎ (03 83 03) 8 61 91, Fax 8 61 90
15 Zi, Ez: 60-90, Dz: 120-140, 2 App, ⌁ WC ☎; 🅿 Sauna Solarium 🍴
geschl: 1.11.-24.12., 5.1.-1.2.

Bergen 18 095 Ew - 🅘 ☎ (0 38 38) 25 60 95, Fax 81 12 06 — Stadtinformation, Markt 11, 18528 Bergen

** Treff Hotel Rügen
Stralsunder Chaussee 1, ✉ 18528, ☎ (0 38 38) 81 50, Fax 81 55 00, [AX][DC][ED][VA]
154 Zi, Ez: 90-180, Dz: 180-256, S; ⌁ WC ☎ DFÜ, 49🛏; Lift 🅿 🚗 7↔250 Fitneßraum Sauna Solarium 🍴 ⚓

** Romantik Hotel Kaufmannshof
Bahnhofstr 6-7, ✉ 18528, ☎ (0 38 38) 8 04 50, Fax 80 45 45, [ED][VA]
15 Zi, Ez: 110-150, Dz: 160-200, 2 Suiten, 1 App; 🅿 1↔30 Sauna
 Das Kontor
Hauptgericht 25

* Ratskeller
Markt 27, ✉ 18528, ☎ (0 38 38) 2 31 12, Fax 23 156
57 Zi, Ez: 110, Dz: 150, ⌁ WC ☎; Lift 🍴
Auch Zimmer der Kategorie ** vorhanden

Binz 🅘 ☎ (03 83 93) 3 74 21, Fax 3 74 21 — Kurverwaltung, Heinrich-Heine-Str 7, 18609 Binz; Ostseebad. Sehenswert: Jagdschloß Granitz (4 km ↓); Großsteingräber Lancken-Granitz; Hochufer nach Sellin

** Vier Jahreszeiten
Zeppelinstr 8, ✉ 18609, ☎ (03 83 93) 5 00, Fax 5 04 30, [AX][ED][VA]
68 Zi, Ez: 100-230, Dz: 140-250, 9 Suiten, ⌁ WC ☎; Lift 🅿 1↔100 🛏 Fitneßraum Sauna Solarium ⚓
** Le Gourmet
Hauptgericht 27; Terrasse

** Strandhotel Lissek
◁ Strandpromenade 33, ✉ 18609, ☎ (03 83 93) 38 10, Fax 38 14 30, [AX][ED][VA]
40 Zi, Ez: 100-190, Dz: 160-275, ⌁ WC ☎, 3🛏; Lift 🅿 Sauna
** Fischmarkt
Hauptgericht 25; Terrasse

** Strandhotel Arkona
◁ Strandpromenade 59, ✉ 18609, ☎ (03 83 93) 5 70, [AX][ED][VA]
169 Zi, Ez: 95-270, Dz: 150-320, 24 Suiten, ⌁ WC ☎; Lift 🅿 🚗 5↔195 🛏 Seezugang Fitneßraum Sauna Solarium 🍴

** Am Meer
◁ Strandpromenade 34, ✉ 18609, ☎ (03 83 93) 4 40, Fax 4 44 44
49 Zi, Ez: 165-305, Dz: 210-320, 11 Suiten, ⌁ WC ☎, 30🛏; Lift 🅿 🚗 1↔25 Strandbad Seezugang Sauna Solarium 🍴

** Goldener Löwe
◁ Hauptstr 22, ✉ 18609, ☎ (03 83 93) 53 50, Fax 5 35 55, [AX][ED][VA]
35 Zi, Ez: 100-250, Dz: 130-280, 2 Suiten, 2 App, ⌁ WC ☎; Lift 🅿 🚗 Strandbad Seezugang 🍴 ⚓
Auch Zimmer der Kategorie *** vorhanden

** Vineta
◁ Hauptstr 20, ✉ 18609, ☎ (03 83 93) 3 90, Fax 3 94 44, [AX][ED][VA]
31 Zi, Ez: 110-225, Dz: 130-290, 7 Suiten, ⌁ WC ☎ DFÜ; Lift 🅿 Fitneßraum Sauna Solarium 🍴 ⚓

** Binzer Hof
Lottumstr 15, ✉ 18609, ☎ (03 83 93) 23 26, Fax 23 82, [AX][ED][VA]
50 Zi, Ez: 80-130, Dz: 140-195, ⌁ WC ☎; 🅿 1↔40 🍴

* Central-Hotel
Hauptstr 13, ✉ 18609, ☎ (03 83 93) 3 47, Fax 34 64 01, [AX][DC][ED][VA]
50 Zi, Ez: 90-150, Dz: 120-195, 3 Suiten, ⌁ WC ☎; Lift 🅿 Fitneßraum Sauna Solarium 🍴

Rügen

* **Schwanebeck**
Margarethenstr 18, ✉ 18609, ☎ (03 83 93) 20 13, Fax 3 17 34
18 Zi, Ez: 70-130, Dz: 80-200, 5 Suiten, ⌐ WC ☎; **P** 1✿40 ⟨⟩

* **Villa Meeresgruß**
Margarethenstr 19, ✉ 18609, ☎ (03 83 93) 38 20, Fax 3 82 40, AX ED VA
14 Zi, Ez: 90-150, Dz: 130-195, 4 Suiten, ⌐ WC ☎; garni

* **Deutsche Flagge**
Schillerstr 9, ✉ 18609, ☎ (03 83 93) 4 60, Fax 4 62 99
13 Zi, Ez: 70-180, Dz: 90-198, 6 Suiten, ⌐ WC ☎; **P** 1✿25 Seezugang Fitneßraum Sauna Solarium ⟨⟩

** **Orangerie-Granitz**
Wylichstr 6a, ✉ 18609, ☎ (03 83 93) 37 73 01, Fax 5 04 30, ED
Hauptgericht 30; Terrasse; nur abends; geschl: Nov 98-März 99

* **Poseidon**
Lottumstr 1, ✉ 18609, ☎ (03 83 93) 26 69, Fax 3 37 12, AX ED VA
Hauptgericht 25; **P** Terrasse

Bistro
Strandpromenade 41, ✉ 18609, ☎ (03 83 93) 22 23, Fax 1 36 29, AX ED VA
Hauptgericht 25; Terrasse

*** **Villa Salve**
◂ 12 Zi, Ez: 95-210, Dz: 120-310, 1 Suite, ⌐ WC ☎; **P** 🚗 1✿35

Breege-Juliusruh 822 Ew - **i** ☎ (03 83 91) 3 11, Fax 3 11 — Gemeindeamt, Wittower Str, 18556 Breege

** **Aquamaris Strandresidenz Rügen**
◂ Wittower Str 4, ✉ 18556, ☎ (03 83 91) 4 40, Fax 4 41 40, AX DC ED VA
140 Zi, Ez: 140-170, Dz: 220-280, 68 Suiten, 52 App, ⌐ WC ☎, 35⚑; **P** 9✿420 ≘ Fitneßraum Kegeln Sauna Solarium 2Tennis ⟨⟩
geschl: 3.-28.1.
Zimmer unterschiedlicher Kategorien vorhanden. Ferienanlage mit Hotel und Ferienwohnungen. Preise inkl. Halbpension.

Buschvitz 204 Ew - **i** — Gemeindeverwaltung, 18528 Buschvitz

** **Sonnenhaken**
☼ ◂ Grüner Weg 9, ✉ 18528, ☎ (0 38 38) 82 10, Fax 82 11 99, AX DC ED VA
22 Zi, Ez: 95-145, Dz: 155-210, 7 Suiten, ⌐ WC ☎; **P** 1✿30 ⚓
** Hauptgericht 27; Terrasse →

... das ganze Jahr

Übernachten auf Rügen

Ob Sie in Ruhe planen
oder kurzfristig vorbeikommen,
bei uns erhalten Sie alles aus einer
Hand:

geprüfte Unterkünfte vom
Spitzenhotel bis zur Pension,
Ticketservice,
Insiderinformationen.

Telefon 03 83 06 · 6 16- 0
Telefax 03 83 06 · 6 16- 66
http://www.insel-ruegen.com

Touristik Service Rügen GmbH
Hauptstr. 2
18 573 Rambin

Die Bettenbörse Rügen gibt auch
dem Kurzentschlossenen eine Chance:
Telefon 01 30 · 21 30

Rügen

Garz 1 839 Ew - 🛈 — Stadtverwaltung, 18574 Garz; Ältester Stadt Rügens. Sehenswert: Frühmittelalterlicher Burgwall

✱ Am Wiesengrund
Am Wiesengrund 23, ✉ 18574, ☎ (03 83 04) 3 47, Fax 3 47, ED
10 Zi, Ez: 80-110, Dz: 110-130, ⊣ WC ☎; P
🍴
geschl. 18.12.-5.1.

Gingst 1 629 Ew - 🛈 ☎ (03 83 05) 4 41 — Amt Gingst, Mühlenstr 33a, 18569 Gingst

✱ Gingster Hof
Mühlenstr 33, ✉ 18569, ☎ (03 83 05) 5 00, Fax 5 01 90, DC ED VA
80 Zi, Ez: 89-94, Dz: 125-150, 1 App, ⊣ WC ☎, 5✉; P 4⇔150 🍴
geschl. 2.1.-15.3.

Glowe 957 Ew - 🛈 — Gemeindeverwaltung, 18551 Glowe

✱✱ Schloßhotel Spyker
einzeln ♂ Schloßallee, ✉ 18551, ☎ (03 83 02) 77-0, Fax 5 33 86, AX ED VA
35 Zi, Ez: 140-205, Dz: 160-290, ⊣ WC ☎ DFÜ, 3✉; P 2⇔30 🍴 🛥
Ehemaliges Schloß des Feldmarschalls Gustav von Wrangel

✱✱ Bel Air
Waldsiedlung 130 a, ✉ 18551, ☎ (03 83 02) 7 47-0, Fax 7 47-1 20, AX DC ED VA
37 Zi, Ez: 150-190, Dz: 190-320, 5 Suiten, ⊣ ☎, 20✉; Lift P 2⇔12 ≋ Seezugang Sauna Solarium 🍴 🛥
geschl. 5.-31.1.

✱ Meeresblick
◁ Hauptstr 128, ✉ 18551, ☎ (03 83 02) 5 30 50, Fax 5 30 57, AX DC ED VA
31 Zi, Ez: 70-90, Dz: 90-150, 1 App, ⊣ WC ☎, 10✉; P Seezugang Solarium 🍴 🛥
Auch Zimmer der Kategorie ✱✱ vorhanden

✱ Alt Glowe
Hauptstr 37a, ✉ 18551, ☎ (03 83 02) 5 30 59, Fax 5 30 67
17 Zi, Ez: 50-80, Dz: 85-150, ⊣ WC ☎; P 1⇔20 🍴
Auch Zimmer der Kategorie ✱✱ vorhanden

🍴 Fischerhus
Hauptstr 53, ✉ 18551, ☎ (03 83 02) 52 35, ED
Hauptgericht 25; P Terrasse; geschl: 15.11.-15.2.

Göhren 1 526 Ew - 🛈 ☎ (03 83 08) 2 59 10, Fax 2 59 11 — Kurverwaltung, Schulstr 8, 18586 Göhren; Ostseebad. Sehenswert: Mönchguter Heimatmuseum; Buskam (eiszeitliches Granitgeschiebe)

✱✱ Stranddistel
Katharinenstr 9, ✉ 18586, ☎ (03 83 08) 5 45-0, Fax 5 45 55, AX ED VA
16 Zi, Ez: 90-165, Dz: 120-195, 16 App, ⊣ WC ☎; Lift P 1⇔60 Fitneßraum Sauna Solarium; garni

✱✱ Nordperd mit Villa Lo+ Villa Brunhilde Travel Charme Hotel
♂ Nordperdstr 11, ✉ 18586, ☎ (03 83 08) 70, Fax 71 60, AX DC ED VA
88 Zi, Ez: 95-185, Dz: 120-215, S; 7 App, ⊣ WC ☎, 34✉; Lift P 2⇔50 Seezugang Sauna Solarium
Im Haupthaus auch Zimmer der Kategorie ✱. Villa Brunhilde ✱✱✱
✱ Hauptgericht 27; Biergarten

✱ Akzent Waldhotel Göhren
Waldstr 7, ✉ 18586, ☎ (03 83 08) 5 05 00, Fax 2 53 80, AX ED VA
36 Zi, Ez: 60-160, Dz: 75-170, 4 Suiten, 25 App, ⊣ WC ☎; P 🚗 3⇔200 ≋ Fitneßraum Sauna Solarium
Rezeption: 7-21
Auch Zimmer der Kategorie ✱✱ vorhanden
✱ Friesenstube
Hauptgericht 15; nur abends

✱ Albatros Flair Hotel
Ulmenallee 5, ✉ 18586, ☎ (03 83 08) 54 30, Fax 5 43 70, ED VA
14 Zi, Ez: 95-130, Dz: 130-180, 3 Suiten, ⊣ WC ☎; P Sauna Solarium 🍴
geschl. 16.11.-17.12., 18.1.-12.2.

Gustow 675 Ew - 🛈 — Gemeindeverwaltung, 18574 Gustow

Prosnitz (2 km ↓)
✱ Gutshaus Kajahn
einzeln ♂ Prosnitz 1, ✉ 18574, ☎ (03 83 07) 4 01 50, Fax 4 01 69
23 Zi, Ez: 85-105, Dz: 110-150, ⊣ WC ☎, 5✉; P 🛥
Restaurant für Hausgäste

Insel Hiddensee 1 291 Ew - 🛈 ☎ (03 83 00) 6 42 26, Fax 6 42 25 — Insel Information, Norderende 162, 18565 Vitte; Nationalpark; Autofreie Insel

Vitte
✱✱ Post
♂ ◁ Wiesenweg 2, ✉ 18565, ☎ (03 83 00) 64 30, Fax 6 43-33
Ez: 105-145, Dz: 142-190, 7 Suiten, 5 App, ⊣ WC ☎ DFÜ; garni 🛥

✱✱ Heiderose
einzeln ♂ ◁ In den Dünen 127, 2,5 km in Richtung Neuendorf, ✉ 18565, ☎ (03 83 00) 6 30, Fax 6 31 24
31 Zi, Ez: 92-184, Dz: 112-199, 1 Suite, 39 App, ⊣ WC ☎; 1⇔80 Fitneßraum Sauna Solarium 🛥
Rezeption: 8-20, Sommer 7-21; geschl: 16.11.-22.12.
Hotelanlage mit FeWo
🍴 Hauptgericht 18; Gartenlokal Terrasse

Lietzow 320 Ew - 🛈 — Gemeindeverwaltung, 18528 Lietzow

Rügen

* **Pension Jasmund**
Waldstr, ✉ 18528, ☎ (03 83 02) 30 33,
Fax 30 33
19 Zi, Ez: 80-100, Dz: 110-155, ⌐ WC ☎; **P**
🚗 Sauna Solarium; garni

Lohme 618 Ew - **i** — Gemeindeverwaltung, 18551 Lohme

* **Silence Panorama Hotel Lohme**
☼ ⋖ Dorfstr 35, ✉ 18551, ☎ (03 83 02) 92 21,
Fax 92 34
39 Zi, Ez: 60-190, Dz: 90-210, 1 Suite, 6 App,
⌐ WC ☎, 5✉; **P** 2⇔20 ⫿⊙⫾ 🚗

Middelhagen 494 Ew - **i** — Gemeindeverwaltung, 18586 Middelhagen

* **Zur Linde**
Dorfstr 20, ✉ 18586, ☎ (03 83 08) 55 40,
Fax 9 10 36, ED VA
20 Zi, Ez: 90-130, Dz: 100-150, ⌐ WC ☎; **P**
⫿⊙⫾

Alt Reddevitz
* **Kliesow's Reuse**
✡ Dorfstr 23 a, ✉ 18586, ☎ (03 83 08) 21 71,
Fax 21 71, AX ED
Hauptgericht 21; Terrasse; geschl: 23.12.-25.12., 11.1.-28.2.

Lobbe
** **Aparthotel Eldena**
☼ Göhrener Weg 40, ✉ 18586, ☎ (03 83 08)
5 00, Fax 22 32, AX ED VA
28 Zi, Ez: 80-130, Dz: 100-160, 3 Suiten,
20 App, ⌐ WC ☎; **P** 🚗 1⇔25 Strandbad
Fitneßraum Sauna Solarium 🚗
* Biergarten Terrasse

Putbus 5 122 Ew - **i** — Stadtverwaltung, 18581 Putbus

Lauterbach
** **Clemens**
⋖ Dorfstr 14, ✉ 18581, ☎ (03 83 01) 8 20,
Fax 6 13 81, AX DC ED VA
17 Zi, Ez: 90-110, Dz: 140-170, 1 Suite,
1 App, ⌐ WC ☎; **P** ⫿⊙⫾ 🚗
geschl: 1.11.-1.12.

Wreechen (4 km ⤢)
*** **Ringhotel Wreecher Hof**
einzeln ☼ ⋖ Kastanienallee 1, ✉ 18581,
☎ (03 83 01) 8 50, Fax 8 51 00, AX DC ED VA
13 Zi, Ez: 125-210, Dz: 175-245, 26 Suiten,
3 App, ⌐ WC ☎; **P** 2⇔25 ⫾ Fitneßraum
Sauna Solarium 🚗
1000 qm Gartenanlage mit 7 einstöckigen, reetgedeckten „Fischerhäusern"

* **Koos**
Bahnhofsstr, ✉ 18581, ☎ (03 83 01) 2 78,
Fax 8 11 45, VA
28 Zi, Ez: 80, Dz: 130, ⌐ WC ☎; **P** Kegeln ⫿⊙⫾
🚗

Sagard 3 664 Ew - **i** 18551 Sagard

Neddesitz (4 km ⤢)
** **Steigenberger Maxx Resort Rügen**
Neddesitz, ✉ 18551, ☎ (03 83 02) 95,
Fax 9 66 20, AX DC ED VA
135 Zi, Ez: 90-155, Dz: 135-230, 6 Suiten, ⌐
WC ☎; Lift 10⇔3 ⩽ 🚗 Strandbad Bowling Sauna Solarium ⫿⊙⫾ 🚗
Im Gutsherrenhaus 6 Herrschafts-Suiten, Hochzeitskapelle. Jasmund Therme mit 920 qm Badelandschaft

Sassnitz 13 253 Ew - **i** ☎ (03 83 92) 51 60
— Stadtverwaltung, 18546 Sassnitz; Nationalpark Jasmund

** **Kurhotel Sassnitz**
⋖ Hauptstr 1, ✉ 18546, ☎ (03 83 92) 5 30,
Fax 5 33 33, AX ED VA
81 Zi, Ez: 80-150, Dz: 140-220, 2 Suiten, 2✉;
Lift **P** 1⇔30 ⫾ Sauna Solarium ⫿⊙⫾

** **Ringhotel Villa Aegir**
☼ ⋖ Mittelstr 5, ✉ 18546, ☎ (03 83 92)
30 20, Fax 3 30 46, AX DC ED VA
34 Zi, Ez: 82-145, Dz: 135-185, **S**; 2 Suiten,
⌐ WC ☎; **P** 1⇔25 Sauna ⫿⊙⫾

* **Waterkant**
☼ ⋖ Walterstr 3, ✉ 18546, ☎ (03 83 92)
5 08 44, Fax 5 08 44, DC ED VA
16 Zi, Ez: 70-120, Dz: 100-170, ⌐ WC ☎; **P**;
garni
geschl: 15.1.-15.2.

Schaprode 638 Ew - **i** — Gemeindeverwaltung, 18569 Schaprode

Poggenhof
** **Zur alten Schmiede**
☼ ⋖ Poggenhof 25, ✉ 18569, ☎ (03 83 09)
21 00, Fax 2 10 43, ED
20 Zi, Ez: 150, Dz: 195-260, 1 App, ⌐ WC ☎;
P 🚗 1⇔17 Sauna 🚗
** Hauptgericht 30; Terrasse;
geschl: 11.1.-11.2.

Sellin 2 860 Ew - **i** ☎ (03 83 03) 8 70 06,
Fax 8 60 75 — Tourist-Information,
Wilhelmstr 40, 18586 Sellin;
Ostseebad

** **Cliff-Hotel**
einzeln ☼ ⋖ Siedlung am Wald 22,
✉ 18586, ☎ (03 83 03) 84 84, Fax 84 90,
AX DC ED VA
126 Zi, Ez: 95-273, Dz: 155-295, 119 Suiten,
27 App, ⌐ WC ☎, 12✉; Lift **P** 🚗 8⇔250 ⫾
Strandbad Kegeln Sauna
Solarium 18Golf 1Tennis ⫿⊙⫾ 🚗

** **Bernstein**
☼ ⋖ Hochuferpromenade 8, ✉ 18586,
☎ (03 83 03) 17 17, Fax 17 18, AX DC ED VA
55 Zi, Ez: 100-180, Dz: 160-220, 13 Suiten,
WC ☎, 20✉; Lift **P** Sauna Solarium 🚗
** ⋖ Hauptgericht 20 →

Rügen

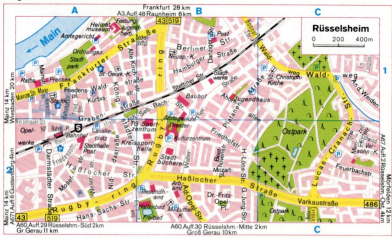

*   Sarcon Apparthotel
Ostbahnstr 20, ✉ 18586, ☏ (03 83 03)
8 60 03, Fax 8 59 18, AX ED VA
50 Zi, Ez: 120-140, Dz: 150-175, 48 App; P 🚗

Trent 988 Ew - 🅘 — Gemeindeverwaltung,
18569 Trent

Vaschvitz (3 km ↗)
***   Radisson SAS Rügen
einzeln ☏ ◁ Vaschvitz 17, ✉ 18569,
☏ (03 83 09) 2 20, Fax 2 25 99, AX DC ED VA
160 Zi, Ez: 150-260, Dz: 260-320, 7 Suiten, ⌐
WC ☎, 30🛌; Lift P 🚗 3↻120 ≈ 🏊 Sauna
Solarium 🍴
**   Hauptgericht 35

Wiek 1 318 Ew - 🅘 — Gemeindeverwaltung, 18556 Wiek

Bohlendorf (3 km ↘)
**   Herrenhaus Bohlendorf
einzeln ☏ Dorfstr 6, ✉ 18556, ☏ (03 83 91)
7 70, Fax 7 02 80, AX ED
18 Zi, Ez: 65-115, Dz: 140-165, 2 App, ⌐ WC
☎, 2🛌; P 1↻14 🍴 🍴
geschl. Nov-Feb

Rülzheim   60 ↗

Rheinland-Pfalz — Kreis Germersheim —
112 m — 7 089 Ew — Germersheim 9,
Wörth 20 km
🅘 ☏ (0 72 72) 70 02 24, Fax 70 02 66 — Verbandsgemeindeverwaltung, Am Deutschordensplatz 1, 76761 Rülzheim

*   Südpfalz
Schubertring 48, ✉ 76761, ☏ (0 72 72)
80 61, Fax 7 57 96, AX DC ED VA
25 Zi, Ez: 75, Dz: 110, 4 App, ⌐ WC ☎, P 🚗;
garni
geschl.: 24.12.-4.1.

Rüningen siehe Braunschweig

Rüsselsheim   54 ↑

Hessen — Kreis Groß-Gerau — 88 m —
60 000 Ew — Mainz 9, Groß-Gerau 10,
Frankfurt/Main 24 km
🅘 ☏ (0 61 42) 8 30, Fax 83 25 49 — Stadtverwaltung, Marktplatz 4, 65428 Rüsselsheim;
Stadt am unteren Main. Sehenswert:
Festung mit Stadtmuseum

***   Columbia
Stahlstr 2-4, ✉ 65428, ☏ (0 61 42) 87 60,
Fax 87 68 05, AX DC ED VA
140 Zi, Ez: 130-290, Dz: 180-360, S;
10 Suiten, ⌐ WC ☎ DFÜ, 91🛌; Lift P 🚗
5↻200 🏊 Fitneßraum Sauna Solarium 🍴
**   Hauptgericht 30; Terrasse

**   Dorint Hotel
Eisenstr 54, ✉ 65428, ☏ (0 61 42) 60 70,
Fax 60 71 00, AX DC ED VA
120 Zi, Ez: 215, Dz: 239, S; 6 Suiten, ⌐ WC
☎, 21🛌; Lift P 8↻200 Fitneßraum Sauna
Solarium 🍴
Auch Zimmer der Kategorie * vorhanden

****   Best Western
      Bauer Hotel Atrium**
Marktstr 2-4 (A 1), ✉ 65428, ☏ (0 61 42)
91 50, Fax 91 51 11, AX DC ED VA
82 Zi, Ez: 179-239, Dz: 219-259, S; 2 Suiten,
1 App, ⌐ WC ☎ DFÜ, 42🛌; Lift 🚗 2↻25
Fitneßraum Sauna Solarium; **garni**

*   Travellers Inn
Eisenstr 28, ✉ 65428, ☏ (0 61 42) 85 80,
Fax 85 84 44, AX DC ED VA
107 Zi, Ez: 169-235, Dz: 219-285, S; 1 Suite,
⌐ WC ☎, 38🛌; Lift P 3↻25 🍴
geschl.: 23.12.-2.1.

Hummel
Am Löwenplatz, ✉ 65428, ☎ (0 61 42)
6 12 11, Fax 6 24 14

Bauschheim (5 km ↙)
**** **Rüsselsheimer Residenz**
Am Weinfaß 133, ✉ 65428, ☎ (0 61 42)
9 74 10, Fax 7 27 70, AX ED VA
26 Zi, Ez: 160-220, Dz: 190-250, 4 App, ⇨
WC ☎, 5✉; Lift P 🅿 2⇔24 Sauna Solarium
¶

Rüthen 34→

Nordrhein-Westfalen — Kreis Soest —
380 m — 12 200 Ew — Warstein 10, Brilon
19, Büren 19 km
ℹ ☎ (0 29 52) 81 80, Fax 81 81 70 — Stadtverwaltung, Hochstr 14, 59602 Rüthen.
Sehenswert: Altes Rathaus; Fachwerkhäuser; Stadtmauer (Rundgang ⋖)

Kallenhardt (6 km ↙)
* **Romantikhotel Knippschild**
Theodor-Ernst-Str 1, ✉ 59602, ☎ (0 29 02)
80 33-0, Fax 80 33-10, AX DC ED VA
22 Zi, Ez: 82-90, Dz: 138-150, ⇨ WC ☎, 4✉;
P 🅿 3⇔40 Fitneßraum Sauna Solarium ✤
**** Hauptgericht 27; Terrasse; ✤
geschl: Do + Fr mittags

Ruhpolding 73↓

Bayern — Kreis Traunstein — 655 m —
6 400 Ew — Traunstein 14, Bad Reichenhall
26 km
ℹ ☎ (0 86 63) 88 06-0, Fax 88 06-20 — Kurverwaltung, Hauptstr 60, 83324 Ruhpolding; Luftkurort und Wintersportplatz.
Sehenswert: Kath. Kirche; Holzknechtmuseum; Rauschberg (Seilbahn); Märchenpark, 1670 m ⋖

**** **Steinbach-Hotel**
⋖ Maiergschwendter Str 8, ✉ 83324,
☎ (0 86 63) 84 40, Fax 3 70, AX ED
70 Zi, Ez: 85-125, Dz: 160-250, 8 Suiten, ⇨
WC ☎; P 🅿 1⇔20 ≋ Fitneßraum Sauna
Solarium 9Golf
Rezeption: 7-21; geschl: 1.11.-18.12.
**** Hauptgericht 30; Terrasse; nur abends; geschl: 1.11.-18.12.

**** **Aparthotel Sonnenhof**
Hauptstr 70, ✉ 83324, ☎ (0 86 63) 54 10,
Fax 5 41 60, AX ED VA
40 Zi, Ez: 85-140, Dz: 140-190, 32 Suiten,
40 App, ⇨ WC ☎, 10✉; Lift P 🅿 1⇔40 Fitneßraum Sauna Solarium 9Golf ¶ ⚘
geschl: Mo, 15.11.-15.12.

**** **Zur Post**
Hauptstr 35, ✉ 83324, ☎ (0 86 63) 54 30,
Fax 14 83, ED VA
56 Zi, Ez: 85-105, Dz: 130-170, 20 App, ⇨
WC ☎; Lift P 🅿 2⇔300 ≋ Sauna Solarium
¶
geschl: Mi
Auch Zimmer der Kategorie ***** vorhanden

**** **Europa**
♂ ⋖ Oberbgschwendter Str 17, ✉ 83324,
☎ (0 86 63) 8 80 40, Fax 88 04 49
25 Zi, Ez: 85-115, Dz: 115-185, 2 Suiten,
1 App, ⇨ WC ☎; ≋ Fitneßraum Sauna
Solarium
**** Hauptgericht 17

* **Wittelsbach**
Hauptstr 48, ✉ 83324, ☎ (0 86 63) 12 55,
Fax 29 16, AX ED VA
34 Zi, Ez: 70-140, Dz: 120-160, ⇨ WC ☎; Lift
P 🅿 9Golf ⚘
geschl: Di, 1.11-4.12.
* Hauptgericht 20; Terrasse;
geschl: Di, 1.11.-4.12.

* **Alpina mit Gästehaus**
♂ Niederfeldstr 11, ✉ 83324, ☎ (0 86 63)
99 05, Fax 50 85
16 Zi, Ez: 65, Dz: 120, ⇨ WC ☎; Sauna
Solarium
Restaurant für Hausgäste; Im Gästehaus
auch Zimmer der Kategorie **** vorhanden

* **Haus Flora**
♂ Zeller Str 13, ✉ 83324, ☎ (0 86 63) 3 21,
Fax 3 12
26 Zi, Ez: 78, Dz: 136-146, 2 Suiten, ⇨ WC
☎; ≋ Fitneßraum Sauna Solarium; **garni**

* **Vitalhotel Sonnenbichl**
♂ Brandstätter Str 48, ✉ 83324, ☎ (0 86 63)
12 33, Fax 58 40
15 Zi, Ez: 52-90, Dz: 100-132, ⇨ WC ☎;
Sauna Solarium
Rezeption: 8-20; geschl: Mo, 1.11.-15.12.
* Max-Inzinger-Wirtshaus
Hauptgericht 32; geschl: Mo, 1.11.-15.12.

* **Gasthof Zum Fuchs**
♂ Brandstätter Str 38 a, ✉ 83324,
☎ (0 86 63) 88 00-0, Fax 88 00-40, ED VA
15 Zi, Ez: 55-75, Dz: 96-113, 1 Suite, ⇨ WC
☎, 5✉; Lift P Sauna Solarium 9Golf
geschl: Mi, 15.11.-15.12., 15.-25.3.
Restaurant für Hausgäste

* **Ruhpoldinger Hof**
Hauptstr 30, ✉ 83324, ☎ (0 86 63) 12 12,
Fax 57 77, DC ED VA
37 Zi, Ez: 75-120, Dz: 130-180, 5 Suiten,
5 App, ⇨ WC ☎, 6✉; Lift P 🅿 1⇔45 ≋
Sauna Solarium ¶ ⚘
geschl: Di, Anfang Nov-Mitte Dez 99

Windbeutelgräfin
⊗ Branderstr 37, im Mühlbauernhof,
✉ 83324, ☎ (0 86 63) 16 85, Fax 13 32
Hauptgericht 23; P Terrasse; geschl: Sa,
Spezialität: Lohengrin-Windbeutel

Maiergschwendt (2 km ↙)
* **Landhotel Maiergschwendt**
♂ ⋖ Maiergschwendt 1, ✉ 83324,
☎ (0 86 63) 8 81 50, Fax 88 15 60
27 Zi, Ez: 70-135, Dz: 150-180, ⇨ WC ☎,
15✉; P 🅿 Sauna Solarium ⚘
geschl: 1.11.-20.12.
* Hauptgericht 26; Terrasse;
geschl: 1.11.-20.12. →

Ruhpolding

Ruhpolding-Außerhalb (3 km ↓)
✱   Gasthof Ortnerhof
♂ ⋖ Ort 6, ✉ 83324, ☎ (0 86 63) 8 82 30,
Fax 96 99
20 Zi, Ez: 70-78, Dz: 140-162, ⌐ WC ☎; **P**
Fitneßraum Kegeln Sauna Solarium 9 Golf
Auch Zimmer der Kategorie ✱✱ vorhanden
✱   Hauptgericht 20

Wasen
✱   Haus Jäger
♂ ⋖ Wasen 45, ✉ 83324, ☎ (0 86 63) 12 09,
Fax 57 56
8 Zi, Ez: 80, Dz: 90-120, 1 App, ⌐ WC ☎; **P**
≈ Sauna Solarium; garni

Ruhstorf a. d. Rott 66 ↓

Bayern — Kreis Passau — 318 m —
6 005 Ew — Pocking 6, Griesbach im Rottal
15, Passau 26 km
i ☎ (0 85 31) 9 31 20, Fax 93 12 30 —
Gemeindeverwaltung, Am Schulplatz 10,
94099 Ruhstorf

✱✱   Ringhotel Antoniushof
Ernst-Hatz-Str 2, ✉ 94099, ☎ (0 85 31)
93 49-0, Fax 93 49-2 10, AX DC ED VA
30 Zi, Ez: 100-165, Dz: 155-238, 1 Suite, ⌐
WC ☎ DFÜ, 10⌺; Lift **P** 🞎 1↔35 ≈ Fitneßraum Sauna Solarium 🍽 ⋗
Zimmer der Kategorien ✱ und ✱✱✱ vorhanden

Ruhwinkel 10 ↘

Schleswig-Holstein — Kreis Plön — 40 m —
888 Ew — Bornhöved 3 km
i ☎ (0 43 26) 40 90, Fax 4 09 99 — Amtsverwaltung, Kampstr 1, 24601 Wankendorf

⌂   Zum Landhaus
♂ Dorfstr 18, ✉ 24601, ☎ (0 43 23) 63 82
14 Zi, Ez: 60, Dz: 105, ⌐ WC; 🍽
geschl: Do

Ruit siehe **Ostfildern**

Ruppichteroth 43 ↑

Nordrhein-Westfalen — Rhein-Sieg-Kreis
— 220 m — 9 811 Ew — Waldbröl 12, Hennef 20 km
i ☎ (0 22 95) 4 90, Fax 49 39 — Gemeindeverwaltung, im Ortsteil Schönenberg, Rathausstr 18, 53809 Ruppichteroth. Sehenswert: Burg Herrnstein (8 km ←); Märchenwald; Gehege für Dam-, Schwarz- und Muf-
felwild (Winterscheidermühle)

Ruppichteroth-Außerhalb (14 km ↙)
✱✱   Winterscheider Mühle
einzeln, ✉ 53809, ☎ (0 22 47) 30 40,
Fax 30 41 00, AX DC ED VA
91 Zi, Ez: 100-140, Dz: 195-225, 2 Suiten, ⌐
☎; Lift **P** 🞎 6↔150 ≈ Fitneßraum Kegeln
Sauna Solarium 🍽 ⋗
geschl: 20.-25.12.
Auch Zimmer der Kategorie ✱ vorhanden

Rust 67 ↖

Baden-Württemberg — Ortenaukreis —
164 m — 3 100 Ew — Herbolzheim 8, Lahr
17 km
i ☎ (0 78 22) 6 10 41, Fax 6 10 42 — Frem-
denverkehrsamt-Rust, Karl-Friedrich-Str 6,
77977 Rust/Baden; Ort in der Oberrheinebene. Sehenswert: Schloß Balthasarburg;
Balzareschlößchen; Europa-Park

✱✱✱   Erlebnishotel El Andaluz
Storettenstr 1, ✉ 77977, ☎ (0 78 22) 86 00,
Fax 8 60 55 45, AX DC ED VA
192 Zi, Ez: 175-467, Dz: 224-492, 15 Suiten,
⌐ WC ☎; Lift **P** 🞎 2↔60 ≈ Fitneßraum
Sauna Solarium 🍽
geschl: 1.11.-Ende Mär
Im Europa-Park gelegen

✱✱   Rebstock
Klarastr 14, ✉ 77977, ☎ (0 78 22) 76 80,
Fax 7 61 06, AX ED VA
42 Zi, Ez: 90-120, Dz: 130-150, ⌐ WC ☎; Lift
2↔100 🍽
geschl: Jan
Zimmer der Kategorie ✱ vorhanden

Saaldorf-Surheim 73 ↘

Bayern — Kreis Berchtesgadener Land —
4 648 Ew
i ☎ (0 86 54) 30 19, Fax 14 80 — Gemeindeverwaltung, Moosweg 2, 83416 Saaldorf-
Surheim

Saaldorf
✱   Mayrwirt
Untere Str 24, ✉ 83416, ☎ (0 86 54) 26 24,
Fax 74 40
21 Zi, Ez: 60, Dz: 100, ⌐ WC ☎; **P** 2↔24 🍽
geschl: Mo, 2.-9.11., 6.-26.1.

Saalfeld 48 □

Thüringen — Kreis Saalfeld — 240 m —
34 000 Ew — Jena 50, Coburg 72 km
i ☎ (0 36 71) 3 39 50, Fax 3 39 50 — Saal-
feld-Information, Blankenburger Str 4,
07318 Saalfeld; Stadt der Feengrotten.
Sehenswert: Markt, Marktapotheke; Rathaus; Stadtkirche St. Johannis; Stadttore
und Reste der Stadtmauer; Schloß auf dem
Petersberg; Schloßkapelle; Burgruine
Hoher Schwarm; Bürgerhäuser; Kirche
St. Nikolai

✱✱   Tanne
Saalstr 35, ✉ 07318, ☎ (0 36 71) 82 60,
Fax 82 64 00, AX DC ED VA
64 Zi, Ez: 79-110, Dz: 110-140, ⌐ WC ☎,
20⌺; Lift 🞎 2↔100 Fitneßraum Sauna
Solarium 🍽
Auch Zimmer der Kategorie ✱ vorhanden

✱✱   Anker
Am Markt 25, ✉ 07318, ☎ (0 36 71) 59 90,
Fax 51 29 24, AX ED VA
50 Zi, Ez: 74-115, Dz: 125-170, 1 Suite, ⌐
WC ☎; **P** 🞎 1↔40 🍽

Saarbrücken

* **Goldberg**
Am Goldberg 1, an der B 281, ✉ 07318,
☏ (03 67 36) 2 24 30, Fax 2 23 22, AX ED
19 Zi, Ez: 50-73, Dz: 70-96, ⌐ WC ☏; P
1⇔30 Sauna ⓘ ⚫

* **Am Hohen Schwarm**
Schwarmgasse 18, ✉ 07318, ☏ (0 36 71)
28 84, Fax 51 01 85, ED VA
16 Zi, Ez: 70-90, Dz: 110-150, ⌐ WC ☏, 1✉;
P ⓘ

* **Müller**
Lachenstr 52, ✉ 07318, ☏ (0 36 71) 51 26 32,
Fax 51 26 41, ED VA
34 Zi, Ez: 45-90, Dz: 80-120, ⌐ WC ☏; Lift P
🚗 1⇔50 Sauna Solarium ⓘ ⚫

Saalfeld-Außerhalb (2 km ←)
* **Obstgut Gehlen**
♠ ⊰ Hohe Str 1, ✉ 07318, ☏ (0 36 71) 20 27,
Fax 51 60 16, AX DC ED VA
13 Zi, Ez: 75-95, Dz: 125, ⌐ WC; P 1⇔30 ⓘ
⚫

Remschütz (3 km ↘)
** **Am Saaleufer**
⊰ Dorfanger 1, ✉ 07318, ☏ (0 36 71)
5 72 60, Fax 57 26 50, ED VA
27 Zi, Ez: 65-90, Dz: 100-150, ⌐ WC ☏;
1⇔20; garni

Wittmannsgereuth (5 km ↙)
* **Waldhotel Mellestollen**
einzeln ♠ Wittmannsgereuther Str,
✉ 07318, ☏ (0 36 71) 82 00, Fax 82 02 22,
AX DC ED VA
29 Zi, Ez: 65-110, Dz: 100-120, 4 Suiten, ⌐
WC ☏, 10✉; P 2⇔40 Sauna Solarium
1Tennis ⓘ
Anfahrt über B85 und Beulwitzer Str

Saalhausen siehe Lennestadt

Saarbrücken 52 ↘

Saarland — Stadtverband Saarbrücken —
230 m — 204 000 Ew — Karlsruhe 145,
Mainz 152, Koblenz 165 km
ℹ ☏ (06 81) 3 69 01, Fax 39 03 53 — Kontour
GmbH Saar, Großherzog-Friedrich-Str 1
(C 2), 66111 Saarbrücken; Landeshaupt-
stadt; Saarmesse; Universität, Musikhoch-
schule; Staatstheater; Flughafen; Spiel-
bank in der Saarlandhalle.
Sehenswert: Ev. Schloßkirche; ev. Lud-
wigskirche; ev. Stiftskirche St. Arnual; kath.
Kirche St. Johann; Schloß mit Schloß-
garten; Saarlandmuseum; Abenteuer-
Museum; Landesmuseum für Vor- und
Frühgeschichte; Zoologischer Garten;
Deutsch-Französischer Garten.

Messen:
Saarmesse 17.-25.4.99

Cityplan siehe Seite 858

*** **Best Western
Bauer Hotel Rodenhof**
♠ Kalmanstr 47 (außerhalb B 1), ✉ 66113,
☏ (06 81) 4 10 20, Fax 4 37 85, AX DC ED VA
88 Zi, Ez: 215-235, Dz: 255-275, S; 12 Suiten,
17 App, ⌐ WC ☏, 31✉; Lift 🚗 6⇔150 ⌂
Fitneßraum Sauna Solarium 9Golf ⚫
** **Provence**
Hauptgericht 40; Terrasse

** **La Résidence
Top International Hotel**
Faktoreistr 2 (B 1), ✉ 66111, ☏ (06 81)
3 88 20, Fax 3 55 70, AX DC ED VA
115 Zi, Ez: 130-230, Dz: 170-270, 14 Suiten,
1 App, ⌐ WC ☏, 70✉; Lift 🚗 4⇔140 Fitneßraum Sauna Solarium ⓘ

** **Mercure Kongress**
Hafenstr 8 (B 1), ✉ 66111, ☏ (06 81) 3 89 00,
Fax 37 22 66, AX DC ED VA
145 Zi, Ez: 175-215, Dz: 220-270, S; 5 Suiten,
⌐ WC ☏, 90✉; Lift 🚗 5⇔150 Sauna
Solarium
** **Pullman**
Hauptgericht 28

** **Am Triller**
⊰ Trillerweg 57 (B 3), ✉ 66117, ☏ (06 81)
58 00 00, Fax 58 00 03 03, AX DC ED VA
112 Zi, Ez: 185-198, Dz: 224-248, S; 2 Suiten,
10 App, ⌐ WC ☏ DFÜ, 30✉; Lift P 🚗
7⇔180 ⌂ Fitneßraum Sauna Solarium
geschl: 24.12.-3.1.
** **Galerie Marianne**
⊰ Hauptgericht 30; Biergarten; geschl:
24.12.-3.11.

** **Domicil Leidinger**
Mainzer Str 10 (C 2), ✉ 66111, ☏ (06 81)
3 80 11, Fax 3 80 13, AX DC ED VA
60 Zi, Ez: 149-169, Dz: 180, 9 Suiten, ⌐ WC
☏, 5✉; Lift P 🚗 4⇔60 Solarium
Leidinger
Hauptgericht 35; Biergarten Terrasse;
geschl: So

* **Novotel**
Zinzinger Str 9 (außerhalb A 3), ✉ 66117,
☏ (06 81) 5 86 30, Fax 58 22 42, AX DC ED VA
99 Zi, Ez: 114-165, Dz: 138-200, S; ⌐ WC ☏,
20✉; Lift P 7⇔250 ≋ ⓘ

* **Kirchberghotel**
St.-Josef-Str 18 (außerhalb A 1), ✉ 66115,
☏ (06 81) 4 77 83, Fax 49 91 06, AX DC ED VA
38 Zi, Ez: 75-130, Dz: 143-148, ⌐ WC ☏; Lift
🚗 ⌂ Sauna; garni

* **Bruchwiese**
Preußenstr 68, ✉ 66111, ☏ (06 81) 96 71 00,
Fax 9 67 10 33, AX DC ED VA
13 Zi, Ez: 105, Dz: 170, ⌐ WC ☏; ⓘ

* **Kaiserhof**
Mainzer Str 78 (außerhalb C 3), ✉ 66121,
☏ (06 81) 6 27 81-82, Fax 6 41 20,
AX DC ED VA
26 Zi, Ez: 89-98, Dz: 129-139, ⌐ WC ☏; P
4⇔100 Sauna ⓘ
Tagungsräume und Restaurant im 100 m
entfernten Casino Restaurant am Staden →

Saarbrücken

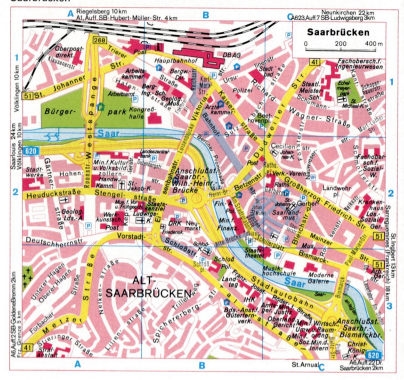

✱ Europa
Gutenbergstr 29 (A 2), ✉ 66117, ☏ (06 81) 92 70 80, Fax 9 27 08 55, AX DC ED VA
26 Zi, Ez: 85-100, Dz: 130, ⌐ WC ☏; Lift 🚗; garni

✱✱✱ Handelshof
Wilhelm-Heinrich-Str 17 (B 2), ✉ 66117, ☏ (06 81) 5 69 20, Fax 5 84 77 07, AX DC ED VA
Hauptgericht 46; geschl: Sa mittags, So abends

✱✱✱ La Touraine
Hafenstr 2, in der Kongreßhalle (B 1), ✉ 66111, ☏ (06 81) 4 93 33, Fax 4 90 03, AX DC ED VA
Hauptgericht 40; Biergarten 🅿 Terrasse; geschl: Sa mittags, So

✱✱ Bitburger Residenz
Dudweiler Str 56 (C 1), ✉ 66111, ☏ (06 81) 37 23 12, Fax 3 90 40 10
Hauptgericht 35; geschl: Sa mittags

✱✱ Winzerstube Restaurant Quack
Deutschherrnstr 3 (A 2), ✉ 66117, ☏ (06 81) 5 21 53, ED VA
Hauptgericht 35; 🅿 Terrasse; geschl: Sa mittags, So abends, Mo, 1.-10.1, 27.7.-15.8.

✱✱ Casino Restaurant am Staden
Bismarckstr 47 (außerhalb C 3), ✉ 66121, ☏ (06 81) 6 23 64, Fax 6 30 27, AX DC ED VA
Hauptgericht 35

✱✱ Roma
Klausenerstr 25 (A 1), ✉ 66115, ☏ (06 81) 4 54 70, Fax 4 17 01 05, AX DC ED VA
Hauptgericht 49; 🅿 Terrasse; geschl: Mo, 27.7.-10.8.

✱✱ Du Midi
St. Ingberter Str 6, ✉ 66123, ☏ (06 81) 6 87 96 44, Fax 6 87 96 34, AX VA
Hauptgericht 29; 🅿 Terrasse; geschl: Mo mittags, So

✱✱ Fröschengasse
Fröschengasse 18 (B 2), ✉ 66111, ☏ (06 81) 37 17 15, Fax 37 34 23, AX DC ED VA
Hauptgericht 36; Terrasse

✱✱ Hashimoto
Cecilienstr 7 (C 2), ✉ 66111, ☏ (06 81) 39 80 34, Fax 37 68 41, AX ED VA
Hauptgericht 30
Japanische Küche

✱✱ Shanghai
Saaruferstr 12 (B 2), ✉ 66117, ☎ (06 81)
5 42 54, AX ED VA
Hauptgericht 25
Chinesische Küche

✱ Gasthaus Gemmel
Kappenstr 2-4 (C 2), ✉ 66111, ☎ (06 81)
37 25 25
Hauptgericht 28

Zum Stiefel
⊽ Am Stiefel 2 (B 2), ✉ 66111, ☎ (06 81)
93 64 50, Fax 3 70 18, AX DC ED VA
Hauptgericht 28
Älteste Brauerei im Saarland (1702). Spezialität: naturtrübes Zwickelbier

Schubert
Sulzbachstr 2 (B 2), ✉ 66111, ☎ (06 81)
3 55 99, Fax 3 23 99
Gartenlokal

Altenkessel (10 km ←)
✱ Wahlster
Gerhardstr 12, ✉ 66126, ☎ (0 68 98) 9 82 20, Fax 98 22 50
26 Zi, Ez: 80-90, Dz: 130-140, ⇨ WC ☎; ⌘

Saarbrücken-Außerhalb (3 km ↘)
✱✱ Schloß Halberg
✉ 66121, ☎ (06 81) 6 31 81, Fax 63 86 55,
AX DC ED VA
Hauptgericht 43; Gartenlokal ⓟ Terrasse

Saarburg 52 □

Rheinland-Pfalz — Kreis Trier-Saarburg —
142 m — 6 500 Ew — Trier 22, Hermeskeil
38 km
ℹ ☎ (0 65 81) 8 12 15, Fax 8 12 90 — Verkehrsverein Saarburger Land, Graf-Siegfried-Str 32, 54439 Saarburg, Erholungsort.
Sehenswert: Wasserfall (20 m); Glockengießerei; Burg; barocke Wohnhäuser; kath.
Kirche; Hackenberger Mühle; hist. Altstadt

✱ Am Markt
Am Markt 10-12, ✉ 54439, ☎ (0 65 81)
9 26 20, Fax 92 62 62, AX ED VA
14 Zi, Ez: 90-140, Dz: 110-170, ⇨ WC ☎; ⓟ
⌘
Auch Zimmer der Kategorie ✱✱ vorhanden

✱✱ Saarburger Hof/Diewald
Graf-Siegfried-Str 37, ✉ 54439, ☎ (0 65 81)
9 28 00, Fax 92 80 80, AX ED VA
Hauptgericht 32; Biergarten ⓟ; geschl: Mo, 27.12.-19.01.
✱ 14 Zi, Ez: 90-100, Dz: 130-150,
1 App, ⇨ WC ☎ DFÜ, 2⌘; ⛃ 2↔30
geschl: 27.12.-19.1.

✱✱ Burg-Restaurant
◁ Auf dem Burgberg 1, ✉ 54439,
☎ (0 65 81) 26 22, Fax 66 95, AX DC ED VA
Hauptgericht 30; geschl: Di

Krutweiler (3 km ↙)
✱✱ Chez Claude
einzeln, Am Kruterberg 14, ✉ 54439,
☎ (0 65 81) 21 33, Fax 21 55, AX DC ED VA
Hauptgericht 48; ⓟ Terrasse; geschl: Di, Mi mittags, 3 Wochen über Fasching

Saarlouis 52 ↘

Saarland — Kreis Saarlouis — 180 m —
38 000 Ew — Saarbrücken 24, Trier 65 km
ℹ ☎ (0 68 31) 44 32 63, Fax 44 34 95 —
Stadtinfo, im Rathaus, Großer Markt,
66740 Saarlouis. Sehenswert: Rathaus:
Gobelinsaal, Turm ◁; alte Festungsanlagen

✱ Akzent-Hotel Posthof
Postgäßchen 5, ✉ 66740, ☎ (0 68 31)
4 90 14, Fax 4 67 58, AX DC ED VA
43 Zi, Ez: 100-190, Dz: 150-240, ⇨ WC ☎,
20⌘; Lift
✱ Hauptgericht 30; Terrasse;
geschl: So abends

✱ Akzent-Hotel Park
Ludwigstr 23, ✉ 66740, ☎ (0 68 31) 20 40,
Fax 29 83, AX DC ED VA
33 Zi, Ez: 100-150, Dz: 150-200, ⇨ WC ☎; ⓟ
⛃ 1↔50 Sauna; garni

Beaumarais (2 km ↙)
✱✱ Altes Pfarrhaus Beaumarais
Hauptstr 2, ✉ 66740, ☎ (0 68 31) 63 83,
Fax 6 28 98, AX DC ED VA
34 Zi, Ez: 150-190, Dz: 210-260, 2 Suiten;
2↔70
Ehemalige Sommervilla der Baronin von Salis. Spätbarockes Gebäude von 1762
✱✱ Hauptgericht 40; geschl: So, Sa abends

Roden (1 km ↑)
✱✱ Pannonia im Alleehaus
Bahnhofsallee 4, ✉ 66740, ☎ (0 68 31)
98 00, Fax 98 06 03, AX DC ED VA
116 Zi, Ez: 175, Dz: 240, S; ⇨ WC ☎ DFÜ,
42⌘; Lift ⓟ ⛃ 6↔130 Bowling Fitneßraum Sauna Solarium 18Golf
✱✱ Hauptgericht 25

✱ Reiter Zur Saarmühle
Zur Saarmühle 1, ✉ 66740, ☎ (0 68 31)
9 89 40, Fax 8 59 87, AX DC ED VA
23 Zi, Ez: 70-95, Dz: 120-140, ⇨ WC ☎, 4⌘;
ⓟ ⛃ ⌘

Saarmund 30 □

Brandenburg — Kreis Potsdam — 96 m —
980 Ew — Potsdam 9, Ludwigsfelde 13 km
ℹ ☎ (03 32 00) 8 58 00 — Gemeindeverwaltung, Arthur-Scheunert-Allee 103,
14558 Bergholz-Rehbrücke ➜

Saarmund

**   Saarmund
Alleestr 14, ✉ 14552, ☎ (03 32 00) 81 80,
Fax 8 18 77, AX DC ED VA
60 Zi, Ez: 99-140, Dz: 150-190, ⌐ WC ☎,
2✉; P 2⇔50 Sauna Solarium; **garni**

Saarow-Pieskow, Bad   31 ✓

Brandenburg — Landkreis Oder-Spree —
40 m — 4 000 Ew — Frankfurt/Oder 37,
Königs Wusterhausen 40 km
🅘 ☎ (03 36 31) 4 50 — Amt Scharmützelsee,
Forsthausstr 4, 15526 Bad Saarow-Pieskow;
Bade- und KurortSehenswert: Scharmützelsee;
Umgebung: Markgrafensteine
(5 km ↘) - Riesenfindling

Pieskow-Süd
*   Pieskow
☞ Schwarzer Weg 6, ✉ 15526, ☎ (03 36 31)
24 28, Fax 35 66, ED VA
11 Zi, Ez: 80, Dz: 120, ⌐ WC ☎, 3✉; P
1⇔25 ⛾

Saarow-Dorf
*   Am Werl
☞ Silberbergstr 51, ✉ 15526, ☎ (03 36 31)
52 31, Fax 52 33, AX ED VA
13 Zi, Ez: 90-120, Dz: 140-160, ⌐ WC ☎; P
1⇔25 Sauna ⛾ 🚋

*   Landhaus Alte Eichen
Alte Eichen 21, ✉ 15526, ☎ (03 36 31) 41 15,
Fax 20 58, AX ED VA
32 Zi, Ez: 120-161, Dz: 156-230, 7 Suiten, ⌐
WC ☎; P 🚗 1⇔50 Strandbad Fitneßraum
Sauna Solarium ⛾ 🚋

Saarow-Mitte
**   Palais Am See   ♛
☞ ◂ Karl-Marx-Damm 23, ✉ 15526,
☎ (03 36 31) 86 10, Fax 8 61 86, AX ED VA
12 Zi, Ez: 160-180, Dz: 250-290, ⌐ WC ☎; P
1⇔20 Seezugang Fitneßraum Sauna
Solarium; **garni**

*   Azur
☞ Ahornallee 5, ✉ 15526, ☎ (03 36 31)
52 14, Fax 52 16, AX ED VA
14 Zi, Ez: 95-140, Dz: 160-180, ⌐ WC ☎; P
⛾ 🚋

Silberberg
******   Kempinski Hotel Bad Saarow
        Sporting Club Berlin**
einzeln ☞ ◂ Parkallee 1, ✉ 15526,
☎ (03 36 31) 60, Fax 6 20 00, AX DC ED VA
200 Zi, Ez: 270, Dz: 300, 43 Suiten, 63 App,
⌐ WC ☎, 58✉; Lift P 🚗 11⇔160 ≋ ≘ Seezugang Fitneßraum Sauna Solarium 18Golf
14Tennis 🚋
***   ◂ Hauptgericht 30; Terrasse

Strand
⛾   Dorsch
◂ Humboldtstr 16, ✉ 15526, ☎ (03 36 31)
24 04, Fax 24 04, AX ED VA
Hauptgericht 20; Terrasse; geschl: Mo, Di
(Nov-Apr)

Sachsa, Bad   37 ←

Niedersachsen — Kreis Osterode — 400 m
— 10 000 Ew — Herzberg 24, Braunlage
25 km
🅘 ☎ (0 55 23) 3 00 90, Fax 30 09 49 — Kurverwaltung, Am Kurpark 6, 37441 Bad
Sachsa; Heilklimatischer Kurort im Südharz Sehenswert: Ravensberg, 660 m ◂
(4 km ↘); ehem. Kloster und Klosterruine
Walkenried (5 km →)

***   Romantischer Winkel
☞ ◂ Bismarckstr 23, ✉ 37441, ☎ (0 55 23)
30 40, Fax 30 41 22, AX ED VA
74 Zi, Ez: 119-225, Dz: 220-299, 3 Suiten, ⌐
WC ☎, 25✉; Lift P 🚗 2⇔30 ≘ Fitneßraum
Sauna Solarium 18Golf 10Tennis 🚋
geschl: 8.11.-17.12.
Auch Zimmer der Kategorie ****** vorhanden
**   ◂ Hauptgericht 32; Terrasse;
geschl: 8.11.-17.12.

**   Sonnenhof
☞ Glasberg 20 a, ✉ 37441, ☎ (0 55 23)
9 43 70, Fax 94 37 50, ED
17 Zi, Ez: 75-120, Dz: 130-200, ⌐ WC ☎,
3✉; Lift P 🚗 Fitneßraum Solarium; **garni**
geschl: 1.11.-1.12.

*   Frohnau
☞ Waldsaumweg 19, ✉ 37441, ☎ (0 55 23)
5 35, Fax 5 36, ED
23 Zi, Ez: 55, Dz: 95, ⌐ WC ☎; Lift ; **garni**
Rezeption: 8-20; geschl: 1.11.-30.11.

⇌   Haus Annemarie
Marktstr 5, ✉ 37441, ☎ (0 55 23) 9 31 55,
Fax 9 31 56, AX ED
9 Zi, Ez: 45-80, Dz: 90-110, ⌐ WC ☎; P 🚗;
garni

Steina (2 km ←)
**   Landhaus Helmboldt
☞ Waldpromenade 15, ✉ 37441,
☎ (0 55 23) 18 55, Fax 25 05, ED
18 Zi, Ez: 65-80, Dz: 120-140, ⌐ WC; P Fitneßraum Sauna Solarium ⛾ 🚋

Sachsenheim   61 □

Baden-Württemberg — Kreis Ludwigsburg
— 245 m — 16 500 Ew — Ludwigsburg 15,
Pforzheim 24 km
🅘 ☎ (0 71 47) 2 80, Fax 2 82 00 — Stadtverwaltung, im Stadtteil Großsachsenheim,
Äußerer Schloßhof 5, 74343 Sachsenheim;
Stadt im Naturpark Stromberg-Heuchelberg, an der Schwäbischen Weinstraße.
Sehenswert: Renaissance-Schloß;
ev. St.-Georgs-Kirche

Salem

Ochsenbach (10 km ↘)
** Zum Schwanen
Dorfstr 47, ✉ 74343, ☎ (0 70 46) 21 35,
Fax 27 29
Hauptgericht 30; Gartenlokal 🅿; geschl:
Mo, Jan

Säckingen, Bad 67 ↓

Baden-Württemberg — Kreis Waldshut —
290 m — 17 000 Ew — Waldshut 24, Basel
30 km

🛈 ☎ (0 77 61) 5 68 30, Fax 56 83 17 — Kurverwaltung, Waldshuter Str 20, 79713 Bad Säckingen; Heilbad am HochrheinSehenswert: Altstadt; Barockmünster, Münsterschatz; Holzbrücke; Trompeterschloß

** Goldener Knopf
◂ Rathausplatz 9, ✉ 79713, ☎ (0 77 61)
56 50, Fax 56 54 44, AX DC ED VA
64 Zi, Ez: 110-180, Dz: 195-230, 3 Suiten, ⌐
WC ☎, 47✉; Lift 🅿 3♿100 Fitneßraum Sauna
Auch Zimmer der Kategorie * vorhanden
** Hauptgericht 30

* Zur Flüh
♦ Weihermatten 38, ✉ 79713, ☎ (0 77 61)
30 96, Fax 5 86 77, AX DC ED VA
32 Zi, Ez: 98-110, Dz: 160-170, 1 Suite, ⌐
WC ☎; 🅿 🚗 2♿60 ♨ Sauna
* Hauptgericht 48; Biergarten Terrasse; geschl: So abends

** Fuchshöhle
🅥 Münsterplatz 24, ✉ 79713, ☎ (0 77 61)
73 13, DC ED VA
Hauptgericht 34; Terrasse; geschl: So, Mo,
2 Wochen im Jul, 2 Wochen im Feb
400jähriges Gebäude mit Fassadenmalereien. Gasthaus seit 1863

Saerbeck 24 ↙

Nordrhein-Westfalen — Kreis Steinfurt —
45 m — 5 700 Ew — Emsdetten 8, Greven
10, Osnabrück 20 km

🛈 ☎ (0 25 74) 8 90, Fax 89 50 — Gemeindeverwaltung, Emsdetter Str 1,
48369 Saerbeck

Westladbergen (4 km ↘)
* Stegemann
Haus Nr 71, ✉ 48369, ☎ (0 25 74) 9 29-0,
Fax 9 29-29, AX DC ED VA
38 Zi, Ez: 70-100, Dz: 130-160, ⌐ WC ☎; 🚗
3♿300 ♨ Kegeln ✧

Sailauf 55 ↘

Bayern — Kreis Aschaffenburg — 362 m —
3 600 Ew — Goldbach 5, Lohr 30, Frankfurt
35 km

🛈 ☎ (0 60 93) 9 73 30, Fax 97 33 33 —
Gemeindeverwaltung, Rathausstr 9,
63877 Sailauf

Sailauf-Außerhalb
*** Schloßhotel Die Weyberhöfe
♦ ◂ 🅥 ✉ 63877, ☎ (0 60 93) 94 00,
Fax 94 01 00, AX DC ED VA
26 Zi, Ez: 230, Dz: 270-460, 2 Suiten, ⌐ WC
☎, 5✉; 🅿 2♿80 ✧
Stilvoll restauriertes Schloß, dessen
Geschichte und Gründung durch den Mainzer Erzbischof von Eppstein bis ins 13. Jh.
zurückgeht
** Hauptgericht 40; geschl: So,
Mo mittags

Salach 62 □

Baden-Württemberg — Kreis Göppingen
— 350 m — 7 800 Ew — Göppingen 8 km
🛈 ☎ (0 71 62) 4 00 80, Fax 40 08 70 — Bürgermeisteramt, Rathausplatz 1,
73084 Salach. Sehenswert: Ruine Staufeneck, 525 m ◂ (4 km →)

** Klaus
Hauptstr 87 b, ✉ 73084, ☎ (0 71 62) 9 63 00,
Fax 96 30 51, AX ED VA
18 Zi, Ez: 119, Dz: 180, ⌐ WC ☎; Lift 🅿
2♿30 ♨
** Hauptgericht 28; nur abends;
geschl: So, Mo

Salach-Außerhalb (2 km →)
** Burgrestaurant Staufeneck
◂ ✉ 73084, ☎ (0 71 62) 93 34 40,
Fax 9 33 44 55, VA
Hauptgericht 50; 🅿 Terrasse; geschl: Mo

Salem 19 ↘

Schleswig-Holstein — Kreis Herzogtum
Lauenburg — 48 m — 450 Ew — Ratzeburg 6, Mölln 11 km
🛈 ☎ (0 45 41) 8 21 67 — Gemeindeverwaltung, Seestr 10, 23911 Salem

* Seehof
Seestr 50, ✉ 23911, ☎ (0 45 41) 8 21 82,
Fax 8 38 40
Hauptgericht 22; Kegeln 🅿 Terrasse;
geschl: Mi, 10.10.-25.10; 🛏

Salem 69 ↙

Baden-Württemberg — Bodenseekreis —
440 m — 10 400 Ew — Überlingen 15 km
🛈 ☎ (0 75 53) 8 23 12, Fax 8 23 33 —
Gemeindeverwaltung, im Ortsteil Neufrach,
Leutkircher Str 1, 88682 Salem. Sehenswert: Schloß (ehem. Zisterzienserabtei);
Münster, Affenberg

* Salmannsweiler Hof
Salmannsweiler Weg 5, ✉ 88682,
☎ (0 75 53) 9 21 20, Fax 92 12 25, VA
Hauptgericht 25; 🅿 Terrasse
* 10 Zi, Ez: 76-82, Dz: 100-140, ⌐
WC ☎ DFÜ; 🚗 →

Salem

Neufrach (3 km ↘)
** **Gasthof Reck**
Bahnhofstr 111, ✉ 88682, ☎ (0 75 53) 2 01, Fax 2 02
14 Zi, Ez: 50-90, Dz: 90-160, 2 App, ⊣ WC ☎; Lift ℗ 🖶 Kegeln
geschl: über Fasching
Auch Zimmer der Kategorie * und ***
vorhanden
*   Hauptgericht 26; Terrasse;
geschl: Mi, Do, über Fasching

Salzdetfurth, Bad 26 ↓

Niedersachsen — Kreis Hildesheim — 156 m — 7 000 Ew — Hildesheim 14 km
🛈 ☎ (0 50 63) 22 77 — Fremdenverkehrsverein, Salzpfännerstr 2, 31162 Bad Salzdetfurth; Moor- und Soleheilbad. Sehenswert: St.-Georgs-Kirche; Kurpark

*   **Kronprinz**
Unterstr 105, ✉ 31162, ☎ (0 50 63) 9 08 10, Fax 90 81 66, AX ED VA
30 Zi, Ez: 110, Dz: 155, ⊣ WC ☎ DFÜ, 6✉; Lift ℗ 2⟳36 🍴 🍺
geschl: Do

Detfurth (2 km ↑)
** **Relexa**
♂ · ◁ An der Peesel 1, ✉ 31162, ☎ (0 50 63) 2 90, Fax 2 91 13, AX DC ED VA
112 Zi, Ez: 110-298, Dz: 150-298, 4 Suiten, 14 App, ⊣ WC ☎, 29✉; Lift ℗ 🖶 16⟳400 ≋
Fitneßraum Kegeln Sauna Solarium 🍺
Auch Zimmer der Kategorie * vorhanden
**   **Kaminrestaurant**
Hauptgericht 24; Biergarten Terrasse

Salzgitter 26 ↘

Niedersachsen — Stadtkreis Kreisfreie Stadt — 80 m — 120 000 Ew — Braunschweig 27, Hildesheim 35 km
🛈 ☎ (0 53 41) 39 37 38, Fax 39 18 16 — Tourist-Information, im Stadtteil Bad, Vorsalzer Str 11, 38259 Salzgitter; Thermalsolebad in Salzgitter-Bad. Sehenswert: Ehem. Klosterkirche in Salzgitter-Ringelheim; Schloß in Salzgitter-Salder; ehem. Stiftskirche in Salzgitter-Steterburg; Burgruine in Salzgitter-Lichtenberg; Burg in Salzgitter-Gebhardshagen; Salzgitter-See in Salzgitter-Lebenstedt

Bad
** **Golfhotel am Gittertor**
Gittertor 5, ✉ 38259, ☎ (0 53 41) 30 10, Fax 3 01-1 99, AX ED VA
32 Zi, Ez: 95-135, Dz: 138-210, ⊣ WC ☎, 18✉; Lift ℗ 1⟳20; garni

** **Quellenhof**
Hinter dem Salze, ✉ 38259, ☎ (0 53 41) 3 40 81, Fax 39 48 28, AX ED VA
36 Zi, Ez: 85-150, Dz: 125-160, ⊣ WC ☎, 5✉; Lift ℗ 1⟳23 Sauna
*   **La Fontana**
Hauptgericht 25

** **Ringhotel Ratskeller**
Marktplatz 10, ✉ 38259, ☎ (0 53 41) 3 70 25, Fax 3 50 20, AX DC ED VA
44 Zi, Ez: 95-125, Dz: 138-168, S; ⊣ WC ☎; Lift ℗ 🖶 6⟳300 Kegeln
Auch Zimmer der Kategorie * vorhanden
*   Hauptgericht 28; Terrasse

*   **Kniestedter Hof**
Breslauer Str 20, ✉ 38259, ☎ (0 53 41) 80 08 00, Fax 80 08 88, AX ED VA
23 Zi, Ez: 95-140, Dz: 140-190, ⊣ WC ☎, 6✉; Lift ℗ 🖶 Sauna; garni
geschl: 23.12.-3.1.

Gebhardshagen
*   **Gasthaus Keune**
Weddemweg 4, ✉ 38229, ☎ (0 53 41) 8 72 70, Fax 87 27 37, ED VA
21 Zi, Ez: 75-95, Dz: 110-145, 3 App, ⊣ WC DFÜ; ℗ 2⟳50 Kegeln 🍴
Rezeption: Mo 9-19, Di-So 7-23
Auch einfachere und Zimmer der Kategorie ** vorhanden

Lichtenberg
** **Waldhotel Burgberg**
einzeln ♂ Burgbergstr 147, ✉ 38228, ☎ (0 53 41) 85 94-0, Fax 85 94-20, ED VA
15 Zi, Ez: 158, Dz: 206, 2 App, ⊣ WC ☎; ℗ 3⟳100 Sauna Solarium 🍴 🍺
Rezeption: 7-11, 17-20
Auch Zimmer der Kategorie *** vorhanden

Salzhausen 18 ↘

Niedersachsen — Kreis Harburg — 40 m — 3 400 Ew — Lüneburg 19 km
🛈 ☎ (0 41 72) 9 09 90, Fax 90 99 36 — Gemeindeverwaltung, Rathaus, Schulstr 26, 21376 Salzhausen; Erholungsort. Sehenswert: Ev. Kirche

*   **Romantik Hotel Josthof**
Am Lindenberg 1, ✉ 21376, ☎ (0 41 72) 9 09 80, Fax 62 25, AX ED ED VA
11 Zi, Ez: 110-145, Dz: 175-198, 5 Suiten, ⊣ WC ☎; ℗ 1⟳20
350 Jahre altes niedersächsisches Gehöft.
Auch Zimmer der Kategorie ** vorhanden
**   ⊗ Hauptgericht 35; Biergarten Terrasse

Salzhemmendorf 26 ↙

Niedersachsen — Kreis Hameln-Pyrmont — 148 m — 11 000 Ew — Hameln 24, Hildesheim 31 km
🛈 ☎ (0 51 53) 8 08 80, Fax 8 08 45 — Tourist-Information, Hauptstr 2, 31020 Salzhemmendorf; Heilklimatischer Kurort

Oldendorf (3 km ↗)
*   **Catharinenhof**
Im Hohen Feld 48, ✉ 31020, ☎ (0 51 53) 93 80, Fax 58 39, AX DC ED VA
17 Zi, Ez: 87-147, Dz: 128-200, ⊣ WC ☎ DFÜ; ℗ 1⟳30; garni
Rezeption: 7-12, 16-20

Salzuflen, Bad

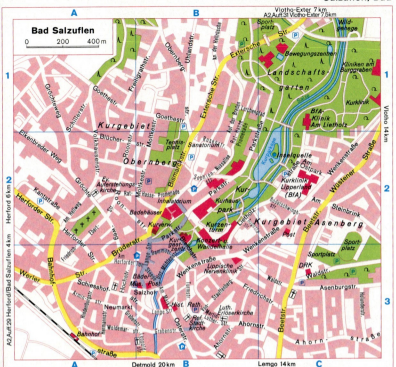

Salzkotten 35 ←

Nordrhein-Westfalen — Kreis Paderborn — 100 m — 22 450 Ew — Paderborn 12, Büren 12, Wiedenbrück 32 km
🛈 ☎ (0 52 58) 50 70, Fax 5 07 27 — Stadtverwaltung, Marktstr 8, 33154 Salzkotten.
Sehenswert: Wewelsburg (9 km ↘), Reste der Stadtbefestigung; Pfarrkirche St. Johannes; Kutfelsen

∗ Walz
Paderborner Str 21, ⊠ 33154, ☎ (0 52 58) 98 80, Fax 48 49, AX DC ED VA
35 Zi, Ez: 98, Dz: 140, 1 App, ⌐ WC ☎; 2⇔40 Kegeln Sauna Solarium 🍴

∗ Westfälischer Hof
Lange Str 4, ⊠ 33154, ☎ (0 52 58) 9 86 10, Fax 98 61 40, AX ED VA
13 Zi, Ez: 95, Dz: 140, ⌐ WC ☎ DFÜ; 🅿 🚗 Kegeln 🍴

Salzschlirf, Bad 46 ←

Hessen — Kreis Fulda — 250 m — 3 300 Ew — Schlitz 8, Lauterbach 10, Fulda 18 km
🛈 ☎ (0 66 48) 22 66, Fax 23 68 — Kur- und Verkehrsamt, Bahnhofstr 22, 36364 Bad Salzschlirf; Mineral- und Moorheilbad.
Sehenswert: Kurpark; Mariengrotte

∗∗ Parkhotel
♣ Bahnhofstr 12, ⊠ 36364, ☎ (0 66 48) 30 81, Fax 32 62, AX DC ED VA
22 Zi, Ez: 75, Dz: 130-170, ⌐ WC ☎; Lift 🅿 1⇔25 Sauna Solarium 🍴 ⛱

∗ Pension Schober
Bahnhofstr 16, ⊠ 36364, ☎ (0 66 48) 93 39 00, Fax 93 39 90
48 Zi, Ez: 55-73, Dz: 110-140, ⌐ WC ☎; Lift 🅿 ≋ Sauna Solarium

Salzuflen, Bad 25 ↙

Nordrhein-Westfalen — Kreis Lippe — 75 m — 55 000 Ew — Herford 7, Lemgo 14 km
🛈 ☎ (0 52 22) 18 32 05, Fax 1 71 54 — Kur- und Verkehrsverein, Parkstr 20, 32105 Bad Salzuflen; Thermalbad.
Sehenswert: Fachwerkhäuser, Bürgermeisterhaus, Rathaus, Kurpark; Rokoko-Schloß in Schötmar →

Bei den Ferienzeit-Angaben für Hotels und Restaurants bedeuten „Anfang" 1. bis 10., „Mitte" 11. bis 20. und „Ende" 21. bis 31. des jeweiligen Monats. Innerhalb dieser Zeiträume liegen Beginn und Ende der Ferienzeit.

Salzuflen, Bad

*** Arminius
Ritterstr 2 (B 3), ⌧ 32105, ☎ (0 52 22)
5 30 70, Fax 53 07 99, AX DC ED VA
51 Zi, Ez: 150-190, Dz: 220-240, 7 Suiten,
10 App, ⌐ WC ☎, 7🛏, Lift 🅿 🚗 3⇔100
Sauna Solarium 18Golf
Auch Zimmer der Kategorie ** vorhan-den
** Varus
Ⓥ Hauptgericht 39; Terrasse

** Kurparkhotel
🍃 Parkstr 1 (B 2), ⌧ 32105, ☎ (0 52 22)
39 90, Fax 39 94 62, AX DC ED VA
73 Zi, Ez: 107-197, Dz: 220-294, 1 Suite,
1 App, ⌐ WC ☎; Lift 2⇔60 ⚌
geschl.: 3.1.-7.2.
Auch Zimmer der Kategorie *** vorhanden
** Hauptgericht 30; Terrasse;
geschl.: 3.1.-7.2.

** Vitalotel Roonhof
Roonstr 9, ⌧ 32105, ☎ (0 52 22) 34 30,
Fax 343 100, AX DC ED VA
32 Zi, Ez: 160, Dz: 190, 22 App, ⌐ WC ☎
DFÜ, 8🛏; Lift 🚗 2⇔40 ≙ Fitneßraum
Sauna Solarium 🍽

** Ringhotel Lippischer Hof
Mauerstr 1 (A 3), ⌧ 32107, ☎ (0 52 22)
53 40, Fax 5 05 71, AX DC ED VA
49 Zi, Ez: 124-195, Dz: 201, S; 2 Suiten,
1 App, ⌐ WC ☎ DFÜ, 12🛏; Lift 🅿 🚗 5⇔80
≋ Sauna Solarium 18Golf ⚌
Auch Zimmer der Kategorie * vorhanden
** Hauptgericht 40; Biergarten Terrasse

* Römerbad
🍃 Wenkenstr 30 (B 3), ⌧ 32105, ☎ (0 52 22)
9 15 00, Fax 91 50 61, AX DC ED VA
45 Zi, Ez: 85-160, Dz: 130-198, 1 Suite,
1 App, ⌐ WC ☎, 8🛏; Lift 🅿 🚗 4⇔25 ≙
Sauna Solarium 🍽 ⚌

* Otto 👑
Friedenstr 2/Ecke Gröchteweg (A 2),
⌧ 32105, ☎ (0 52 22) 93 04 40, Fax 5 84 64,
AX ED
22 Zi, Ez: 90-120, Dz: 160-180, ⌐ WC ☎,
10🛏; Lift ; garni

* Stadt Hamburg
Asenburgstr 1 (C 3), ⌧ 32105, ☎ (0 52 22)
6 28 10, Fax 62 81 52, AX DC ED VA
30 Zi, Ez: 98-120, Dz: 160-180, ⌐ WC ☎; Lift
* Hauptgericht 30

* Café Rosengarten
Bismarckstr 8 (B 2), ⌧ 32105, ☎ (0 52 22)
9 15 50, Fax 91 55 10, AX DC ED VA
13 Zi, Ez: 80-125, Dz: 150-210, ⌐ WC ☎; ⚌
Rezeption: 8-20

Bad Salzuflen-Außerhalb (3 km ↑)
** Schwaghof
einzeln 🍃 ⚜ Schwaghof 1, ⌧ 32108,
☎ (0 52 22) 39 60, Fax 39 65 55, ED VA
80 Zi, Ez: 105-130, Dz: 175-210, 6 Suiten, ⌐
WC ☎, 6🛏; Lift 🅿 🚗 8⇔200 ≙ Fitneßraum
Kegeln Sauna Solarium 18Golf 2Tennis
Auch Zimmer der Kategorie * vorhanden
*** Hauptgericht 20; Biergarten

Sylbach (7 km ↓)
* Zum Löwen
Sylbacher Str 223, ⌧ 32107, ☎ (0 52 32)
9 56 50, Fax 95 65 65, ED VA
33 Zi, Ez: 70-90, Dz: 150-180, ⌐ WC ☎
DFÜ; 🅿 3⇔60 ≋ 🍽
geschl: 17.-24.7.

Salzungen, Bad 46 ↗

Thüringen — Kreis Bad Salzungen — 240 m —
19 660 Ew — Eisenach 28, Meiningen 37 km
ⓘ ☎ (0 36 95) 67 10, Fax 62 21 08 — Stadtverwaltung, Ratstr 2, 36433 Bad Salzungen;
Erholungsort, Heilbad. Sehenswert: Burgsee; Kirchplatz mit historischer Bebauung,
Fachwerkhäuser im hennebergisch-fränkischen Stil

** Salzunger Hof
Bahnhofstr 41, ⌧ 36433, ☎ (0 36 95) 67 20,
Fax 60 17 00, AX DC ED VA
67 Zi, Ez: 115-145, Dz: 145-185, 5 Suiten,
10 App, ⌐ WC ☎ DFÜ, 5🛏; Lift 🅿 🚗
5⇔300 Fitneßraum Sauna Solarium ⚌
Kinderbetreuung
* Hauptgericht 16; Biergarten Terrasse

Salzwedel 27 ↑

Sachsen-Anhalt — Altmarkkreis Salzwedel
— 21 m — 22 538 Ew — Lüchow 13, Uelzen
43 km
ⓘ ☎ (0 39 01) 42 24 38, Fax 3 10 77 — Salzwedel-Information, Reichestr. 12,
29410 Salzwedel. Sehenswert: Stadtbefestigung, Stadtmauer; Bergfried; Reste der
Burgkapelle St. Anna; Neuperver Tor;
Karlsturm; Steintor; Kirchen; Bürgerhäuser; Fachwerkhäuser

** Union
Goethestr 11, ⌧ 29410, ☎ (0 39 01) 42 20 97,
Fax 42 21 36, AX DC ED VA
33 Zi, Ez: 75-110, Dz: 100-145, ⌐ WC ☎; 🅿
Sauna
Rezeption: 7-12, 18-21
Auch Zimmer der Kategorie * vorhanden
** Hauptgericht 25; Terrasse

* Siebeneichen
Kastanienweg 3, ⌧ 29410, ☎ (0 39 01)
3 50 30, Fax 3 50 32, AX ED VA
12 Zi, Ez: 85-95, Dz: 110-130, ⌐ WC ☎; 🅿 🚗 🍽

⚌ Cafe Kruse
Holzmarktstr 4/6, ⌧ 29410, ☎ (0 39 01)
42 21 07, Fax 4 92
Gartenlokal 🅿
Stammhaus des Original Salzwedeler
Baumkuchens

Samerberg 73 ↙

Bayern — Kreis Rosenheim — 750 m —
2 300 Ew — Rosenheim 16 km
ⓘ ☎ (0 80 32) 86 06, Fax 88 87 — Verkehrsamt, im Ortsteil Törwang, Dorfplatz 3,
83122 Samerberg; Erholungsort und Wintersportplatz im Chiemgau

Sankt Augustin

Törwang
* Post
Dorfplatz 4, ✉ 83122, ☎ (0 80 32) 86 13, Fax 89 29, ED
Hauptgericht 20; Biergarten P; geschl: Di, Mitte Jan-Mitte Feb

Sand siehe Emstal

Sand a. Main 56 ↗

Bayern — Kreis Haßberge — 225 m — 3 053 Ew — Haßfurt 9, Bamberg 25 km
ℹ ☎ (0 95 24) 8 22 20, Fax 82 22 50 — Gemeindeverwaltung, Kirchplatz 2, 97522 Sand a. Main

⌂ Goger
Hauptstr 28, ✉ 97522, ☎ (0 95 24) 2 27, Fax 2 07
19 Zi, Ez: 49, Dz: 84, ⌐ WC; P ⌑
Eigenbauweine

Sande 16 □

Niedersachsen — Kreis Friesland — 2 m — 8 867 Ew — Wilhelmshaven 10, Aurich 45, Oldenburg 45 km
ℹ ☎ (0 44 22) 9 58 80, Fax 95 88 40 — Gemeindeverwaltung, Hauptstr 79, 26452 Sande

* Landhaus Tapken
Bahnhofstr 46, ✉ 26452, ☎ (0 44 22) 9 58 60, Fax 95 86 99, AX DC ED VA
18 Zi, Ez: 88-108, Dz: 128-146, 2 Suiten, ⌐ WC ☎; P 3⇔200 Kegeln ⌑
geschl: Ende Dez

Sandkrug 22 ↓

Brandenburg — 40 m — Eberswalde-Finow 8, Angermünde 16 km
ℹ ☎ (0 33 34) 2 31 68, Fax 6 41 90 — Fremdenverkehrs-Information, Pavillion am Markt, 16225 Eberswalde

** Mühlenhaus
Ragöser Mühle 1, ✉ 16230, ☎ (03 33 66) 2 41, Fax 2 02, AX DC ED VA
30 Zi, Ez: 90, Dz: 120-160, 3 Suiten, ⌐ WC ☎ DFÜ; Lift P 3⇔120 Bowling Sauna Solarium ⌑ ⌇

Sandweier siehe Baden-Baden

Sangerhausen 38 ←

Sachsen-Anhalt — Kreis Sangerhausen — 154 m — 29 000 Ew — Lutherstadt Eisleben 20, Nordhausen 37 km
ℹ ☎ (0 34 64) 61 33 30, Fax 51 53 36 — Fremdenverkehrsverein e.V., Schützenplatz, 06526 Sangerhausen. Sehenswert: Rosarium; Spengler-Museum; Bergbaumuseum „Röhrigschacht"; Basilika St. Ulrici

* Katharina
Riestedter Str 18, ✉ 06526, ☎ (0 34 64) 2 42 90, Fax 24 29-40, AX ED VA
14 Zi, Ez: 75-135, Dz: 135-150, 1 App, ⌐ WC ☎ DFÜ; P 1⇔30 ⌑
geschl: 28.12.-10.1.

Sankelmark 9 ↗

Schleswig-Holstein — Kreis Schleswig-Flensburg — 33 m — 1 300 Ew — Flensburg 6 km
ℹ ☎ (0 46 38) 8 80, Fax 88 11 — Amtsverwaltung, Tornschauer Str 3, 24963 Tarp

Bilschau
* Seeblick
Bundesstr 76 Nr 8-10, ✉ 24988, ☎ (0 46 30) 13 56 + 3 77, Fax 13 57, DC ED VA
20 Zi, Ez: 65-85, Dz: 98-128, ⌐ WC ☎ DFÜ; P ⌇
* Hauptgericht 25; Terrasse

Sankt Andreasberg 37 ↖

Niedersachsen — Kreis Goslar — 650 m — 2 560 Ew — Braunlage 12, Osterode 31, Goslar 40 km
ℹ ☎ (0 55 82) 8 03 36, Fax 8 03 39 — Kurverwaltung, Am Glockenberg 12, 37444 Sankt Andreasberg; Heilklimatischer Kurort, Wintersportplatz im Oberharz. Sehenswert: Bergbaumuseum Grube Samson; Grube Catharina Neufang

* Landhaus Fischer
☊ ⌁ Hangweg 1, ✉ 37444, ☎ (0 55 82) 13 11, Fax 13 75
7 Zi, Ez: 80, Dz: 98-136, ⌐ WC, 5⌑; P ⌂
Sauna Solarium; garni

* Tannhäuser mit Gästehaus Landidyll
Clausthaler Str 2a, ✉ 37444, ☎ (0 55 82) 9 18 80, Fax 91 88 50, AX DC ED VA
25 Zi, Ez: 65-135, Dz: 110-165, WC ☎; P 1⇔30 Fitneßraum Sauna Solarium ⌑ ⌇

⌂ Vier Jahreszeiten
Quellenweg 3, ✉ 37444, ☎ (0 55 82) 5 21, Fax 5 78
10 Zi, Ez: 60-70, Dz: 86-110, ⌐ WC ☎; P ⌂
Sauna Solarium; garni

Sankt Augustin 43 ↖

Nordrhein-Westfalen — Rhein-Sieg-Kreis — 50 m — 58 000 Ew — Siegburg 3, Bonn 10, Köln 25 km
ℹ ☎ (0 22 41) 24 30, Fax 92 74 41 — Stadtverwaltung, Markt 1, 53757 Sankt Augustin

** Regina
Markt 81, ✉ 53757, ☎ (0 22 41) 8 69-0, Fax 2 83 85, AX DC ED VA
56 Zi, Ez: 99-265, Dz: 159-365, 3 Suiten, 1 App, ⌐ WC ☎, 5⌑; Lift P ⌘ 6⇔450 Fitneßraum Kegeln Sauna Solarium ⌇
** Regina-Stube
Hauptgericht 35 →

Sankt Augustin

* **Augustinerhof**
Uhlandstr 8, ✉ 53757, ☎ (0 22 41) 92 88-0, Fax 2 13 04, AX ED
34 Zi, Ez: 98-145, Dz: 145-185, ⇩ WC ☎ DFÜ, 13🛏; 🚗 150 Kegeln
* Hauptgericht 30; **P** Terrasse

Hangelar (2 km ✓)
* **Hangelar**
Lindenstr 21, ✉ 53757, ☎ (0 22 41) 9 28 60, Fax 92 86 13, ED VA
45 Zi, Ez: 100-110, Dz: 150-170, ⇩ WC ☎, 8🛏; **P** 🚗 2⟳40 ☂ Sauna Solarium
Restaurant für Hausgäste

Sankt Blasien 67 ↘

Baden-Württemberg — Kreis Waldshut — 760 m — 4 100 Ew — Freiburg 57, Lörrach 58 km
🛈 ☎ (0 76 72) 4 14 30, Fax 4 14 38 — Kurverwalt. Tourist Inform. St. Blasien-Menzensch., Am Kurgarten 1-3, 79837 Sankt Blasien; Heilklimatischer und Kneipp-Kurort. Sehenswert: Kuppelkirche; Benediktinerabtei; Kreismuseum

● **Café Aich**
Hauptstr 31, ✉ 79837, ☎ (0 76 72) 14 29, Fax 20 62
P Terrasse
** 5 Zi, Ez: 85, Dz: 120-170, ⇩ WC ☎, 5🛏; 🚗; garni

Menzenschwand (9 km ↘)
* **Sonnenhof**
♂ •⇆ Vorderdorfstr 58, ✉ 79837, ☎ (0 76 75) 9 05 60, Fax 90 56 50
26 Zi, Ez: 65-85, Dz: 125-190, 1 App, ⇩ WC ☎; **P** 🚗 1⟳40 ☂ Sauna Solarium 🍽 ●
geschl: Di (außer Hauptsaison), Mitte Nov-Mitte Dez

* **Gasthof Waldeck**
Vorderdorfstr 74, ✉ 79837, ☎ (0 76 75) 90 54-0, Fax 14 76, ED
19 Zi, Ez: 36-65, Dz: 92-120, ⇩ WC ☎; **P** 🚗 2⟳50 Sauna Solarium 🍽

Sankt Englmar 65 ↗

Bayern — Kreis Straubing-Bogen — 850 m — 1 440 Ew — Straubing 34, Deggendorf 36 km
🛈 ☎ (0 99 65) 1 94 33, Fax 84 03-30 — Verkehrsamt, Rathausstr 6, 94379 Sankt Englmar; Luftkurort im Bayerischen Wald

*** **Angerhof**
♂ •⇆ Am Anger 38, ✉ 94379, ☎ (0 99 65) 18 60, Fax 1 86 19
48 Zi, Ez: 108-130, Dz: 182-274, 9 Suiten, ⇩ WC ☎, 3🛏; Lift **P** 🚗 3⟳160 ≋ ☂ Strandbad Fitneßraum Sauna Solarium ●
geschl: Anfang Nov-Mitte Dez
Auch Zimmer der Kategorie ****** vorhanden.
1000 qm große Badelandschaft mit Vital- und Wellnesstherme
** •⇆ Hauptgericht 25; geschl: Anfang Nov-Mitte Dez

Grün (3 km ↘)
* **Reiner Hof**
•⇆ Haus Nr 9, ✉ 94379, ☎ (0 99 65) 85 10, Fax 85 11 25
38 Zi, Ez: 51-68, Dz: 88-130, 2 App, ⇩ WC ☎; Lift **P** 🚗 ☂ Fitneßraum Sauna Solarium
geschl: 30.10.-16.12.
Restaurant für Hausgäste

* **Gasthof Reiner**
•⇆ Haus Nr. 8, ✉ 94379, ☎ (0 99 65) 5 96, Fax 15 40
27 Zi, Ez: 38-48, Dz: 66-90, ⇩ WC; Lift **P** 🍽
geschl: 1.11.-12.12.

Maibrunn (4 km ↘)
*** **Kur- und Berghotel Maibrunn**
einzeln ♂ •⇆ Maibrunn 1, ✉ 94379, ☎ (0 99 65) 85 00, Fax 85 01 00, AX DC ED VA
50 Zi, Ez: 80-180, Dz: 140-320, 2 Suiten, ⇩ WC ☎, 6🛏; Lift **P** 🚗 2⟳40 ≋ ☂ Fitneßraum Sauna Solarium ●
Im Stammhaus auch einfachere Zimmer vorhanden
** Hauptgericht 38; Terrasse

Rettenbach (4 km ↘)
*** **Gut Schmelmerhof**
einzeln ♂ •⇆ Haus Nr 24, ✉ 94379, ☎ (0 99 65) 18 90, Fax 18 91 40, AX
38 Zi, Ez: 82-165, Dz: 140-280, 12 Suiten, 4 App, ⇩ WC ☎; Lift **P** 🚗 2⟳60 ≋ ☂ Fitneßraum Sauna Solarium 18Golf ●
Rezeption: 8-21
Auch Zimmer der Kategorie ****** vorhanden
** Hauptgericht 30; Terrasse

Sankt Georgen 68 ↘

Baden-Württemberg — Schwarzwald-Baar-Kreis — 900 m — 14 000 Ew — Triberg 12, Villingen-Schwenningen 15 km
🛈 ☎ (0 77 24) 8 71 94, Fax 8 71 20 — Tourist-Information, Hauptstr 9, 78112 Sankt Georgen; Erholungsort und Wintersportplatz. Sehenswert: Grammophon-Museum und Mineraliensammlung im Rathaus

* **Kammerer**
•⇆ Hauptstr 23, ✉ 78112, ☎ (0 77 24) 9 39 20, Fax 31 80, AX DC ED VA
18 Zi, Ez: 74-96, Dz: 128, ⇩ WC ☎; Lift **P** 🚗; garni ●
Auch Zimmer der Kategorie ****** vorhanden

Sankt Goar 43 ↘

Rheinland-Pfalz — Rhein-Hunsrück-Kreis — 68 m — 3 500 Ew — Bingen 28, Koblenz 34 km
🛈 ☎ (0 67 41) 3 83, Fax 72 09 — Verkehrsamt, Heerstr 86, 56329 Sankt Goar; Städtchen im Rheindurchbruchstal. Sehenswert: Ev. ehem. Stiftskirche; Puppen- und Bärenmuseum; Burgruine Rheinfels •⇆
Achtung: Autofähre nach Sankt Goarshausen werktags ab 6 Uhr, So ab 7 Uhr alle 20 Min; vom 1. Dez-28. Feb bis 22 Uhr, vom 1. Mär-30. Apr und vom 1. Okt-30. Nov bis 23 Uhr, vom 1. Mai-30. Sep bis 24 Uhr

866

*   **Zum goldenen Löwen**
◄ Heerstr 82, ✉ 56329, ☎ (0 67 41) 16 74,
Fax 28 52
Hauptgericht 30; 🅿
*   ◄ 12 Zi, Ez: 85-160, Dz: 110-210, ⊿
WC ☎; 1↻40

Sankt Goar-Außerhalb (1 km ←)
**   **Schloßhotel Burg Rheinfels
       mit Gästehaus
       European Castle**
◄ Schloßberg 47, ✉ 56329, ☎ (0 67 41)
80 20, Fax 80 28 02, AX DC ED VA
53 Zi, Ez: 135-195, Dz: 210-260, 2 Suiten, ⊿
WC ☎; Lift 🅿 🚗 4↻100 ☄ Sauna Solarium
🍽
Auch Zimmer der Kategorie *** vorhanden
**   ◄ Hauptgericht 35

Zu Fellen (3 km ↘)
*   **Landsknecht**
◄ An der Rheinuferstr, ✉ 56329,
☎ (0 67 41) 20 11, Fax 74 99, AX DC ED VA
Hauptgericht 23; 🅿 Terrasse; geschl: Jan, Feb
**   ◄ 14 Zi, Ez: 105-130, Dz: 120-200,
2 Suiten, ⊿ WC ☎; 🚗 2↻30
geschl: Jan, Feb

Sankt Goarshausen   43 ↘

Rheinland-Pfalz — Rhein-Lahn-Kreis —
70 m — 1 800 Ew — Koblenz 34, Wiesbaden
58 km
ℹ ☎ (0 67 71) 91 00, Fax 9 10 15 — Tourist
Information, Bahnhofstr 8, 56346 Sankt
Goarshausen; Städtchen im Tal der Loreley.
Sehenswert: Loreley ◄ (4 km ↓); Burg Katz;
Burg Maus mit hist. Adler- und Falkenhof;
kath. Kirche in Wellmich
Achtung: Autofähre nach Sankt Goar werktags ab 6 Uhr, So ab 7 Uhr alle 20 Min; vom
1. Nov-31. Mär bis 21 Uhr, vom 1. Apr-31.
Okt bis 23 Uhr

Loreley (4 km ↓)
*   **Berghotel Auf Der Loreley**
einzeln ◄ ✉ 56346, ☎ (0 67 71) 22 82,
Fax 15 51, AX ED VA
12 Zi, Ez: 70, Dz: 100-120, ⊿ WC ☎; 🅿 🍽 🍻
geschl: im Nov Mo, Di, Dez-Mär

Sankt Ingbert   52 ↘

Saarland — Saar-Pfalz-Kreis — 222 m —
41 493 Ew — Saarbrücken 13, Neunkirchen/
Saar 13, Homburg 18 km
ℹ ☎ (0 68 94) 1 35 18, Fax 1 35 30 — Kulturamt, Am Markt 12, 66386 Sankt Ingbert.
Sehenswert: St.-Engelbert-Kirche; kath.
St.-Hildegard-Kirche; Hänsel und Gretel
(Kultur- und Naturdenkmäler); Museum

*   **Goldener Stern**
Ludwigstr 37, ✉ 66386, ☎ (0 68 94) 9 26 20,
Fax 92 62 25, AX ED VA
38 Zi, Ez: 105-120, Dz: 175-180, ⊿ WC ☎; 🅿
Fitneßraum Sauna Solarium
Zufahrt und Hoteleingang über Kohlenstr

*   **Absatz-Schmitt**
Ensheimer Str 134, ✉ 66386, ☎ (0 68 94)
9 63 10, Fax 96 31 24, AX ED VA
12 Zi, Ez: 85-105, Dz: 130-148, ⊿ WC ☎; 🍽
🍻

Sengscheid (2 km ↗)
*   **Alfa-Hotel**
Ensheimer Gelösch 2, ✉ 66386, ☎ (0 68 94)
98 50, Fax 98 52 99, AX DC ED VA
47 Zi, Ez: 99-209, Dz: 145-315, ⊿ WC ☎,
5✉; 2↻50 Sauna Solarium
**   **Le Jardin**   🍷
Hauptgericht 42; Terrasse; geschl: Mo, Di

**   **Sengscheider Hof**
Zum Ensheimer Gelösch 30, ✉ 66386,
☎ (0 68 94) 98 20, Fax 98 22 00, AX DC ED VA
Hauptgericht 40; 🅿; geschl: Mi mittags, Sa
**   ♘ 21 Zi, Ez: 85-140, Dz: 150-205,
2 Suiten, ⊿ WC ☎; 🚗 1↻16 ☄ Sauna
geschl: Mi mittags, Sa
Zimmer der Kategorie * vorhanden

Sankt Johann   61 ↘

Baden-Württemberg — Kreis Reutlingen —
750 m — 5 100 Ew — Bad Urach 10, Reutlingen 17 km
ℹ ☎ (0 71 22) 8 29 90, Fax 82 99 33 —
Gemeindeverwaltung, im Ortsteil Würtingen, Schulstr 1, 72813 Sankt Johann; Erholungsort

Lonsingen
*   **Gasthof Grüner Baum mit
       Albhotel Bauder**
♘ Albstr 4, ✉ 72813, ☎ (0 71 22) 1 70,
Fax 1 72 10
81 Zi, Ez: 60-80, Dz: 100-140, ⊿ WC ☎; Lift
🅿 🚗 2↻50 Fitneßraum Sauna Solarium 🍽
Im Albhotel Bauder auch Zimmer der Kategorie *** vorhanden

Würtingen
*   **Hirsch**
Hirschstr 4, ✉ 72813, ☎ (0 71 22) 8 29 80,
Fax 82 98 45
29 Zi, Ez: 50-70, Dz: 90-140, ⊿ WC ☎; Lift 🚗
3↻100 Fitneßraum Sauna Solarium 🍽
geschl: Mo
Auch Zimmer der Kategorie ** vorhanden

Sankt Kilian   47 □

Thüringen — Kreis Hildburghausen —
450 m — 3 000 Ew — Hildburghausen 13,
Suhl 22 km
ℹ ☎ (03 68 41) 82 81 — Samtgemeindeverwaltung, Alte Poststr 4, 98553 Erlau.
Sehenswert: Schloß Bertholdsburg

Hirschbach (7 km ↑)
*   **Gasthof Zum Goldenen Hirsch**
Hauptstr 33, ✉ 98553, ☎ (0 36 81) 72 00 37,
Fax 30 35 09, AX ED VA
30 Zi, Ez: 91-95, Dz: 130, ⊿ WC ☎, 6✉; 🅿
2↻80 Fitneßraum Sauna Solarium 🍽

Sankt Märgen

Sankt Märgen 67 →

Baden-Württemberg — Kreis Breisgau-Hochschwarzwald — 900 m — 1 900 Ew — Neustadt im Schwarzwald 21, Freiburg 26 km

ℹ ☎ (0 76 69) 91 18 17, Fax 91 18 40 — Kurverwaltung, Rathausplatz 1, 79274 St. Märgen; Luftkurort und Wintersportplatz-Sehenswert: Ehem. Klosterkirche; Uhrenmuseum

** Hirschen
♂ Feldbergstr 9, ✉ 79274, ☎ (0 76 69) 7 87, Fax 13 03, AX DC ED VA
44 Zi, Ez: 71-86, Dz: 130-174, ᐊ WC ☎; Lift P 🖪 2✪60 Fitneßraum Sauna Solarium 🍷
Rezeption: 8-20; geschl: 10.1.-3.2.
Auch Zimmer der Kategorie * vorhanden
** Hauptgericht 30; Terrasse; geschl: Mi, 10.1.-3.2.

Sankt Martin 54 ✓

Rheinland-Pfalz — Kreis Südliche Weinstraße — 240 m — 1 900 Ew — Landau 10, Neustadt a.d. Weinstraße 10 km

ℹ ☎ (0 63 23) 53 00, Fax 98 13 28 — Büro für Tourismus, in der Alten Kellerei, 67487 Sankt Martin; Luftkurort

** Das Landhotel
◂ Maikammererstr 39, ✉ 67487, ☎ (0 63 23) 9 41 80, Fax 94 18 40
16 Zi, Ez: 95-120, Dz: 155-170, 1 App, ᐊ WC ☎, 8✉; P; garni
geschl: 18.1.-31.1.
Eigenes Weingut

** Albert Val. Schneider
Maikammerer Str 44, ✉ 67487, ☎ (0 63 23) 80 40, Fax 80 44 26
39 Zi, Ez: 97-135, Dz: 176, ᐊ WC ☎; Lift P Sauna Solarium
geschl: 28.12.-17.1.
Eigenes Weingut
** Hauptgericht 30; Terrasse;
geschl: So abends, Mo, 28.12.-17.1.

** St. Martiner Castell
Maikammerer Str 2, ✉ 67487, ☎ (0 63 23) 95 10, Fax 20 98
26 Zi, Ez: 97, Dz: 160, ᐊ WC ☎; Lift P 1✪30 Sauna Solarium 🍷
geschl: Feb
** Hauptgericht 30; Terrasse;
geschl: Di, Feb

* Haus Am Rebenhang
♂ ◂ Einlaubstr 64-66, ✉ 67487, ☎ (0 63 23) 9 44 30, Fax 94 43 30, ED
19 Zi, Ez: 70-90, Dz: 134-160, ᐊ WC ☎ DFÜ; P Sauna Solarium 🍷
geschl: 5.1.-12.2.
* Hauptgericht 25; Terrasse;
geschl: Mo,Di mittags, 5.1.-12.2.

** Gasthaus Grafenstuben
Edenkobener Str 38, ✉ 67487, ☎ (0 63 23) 27 98, Fax 8 11 64, ED VA
Hauptgericht 28; geschl: Di (Jan-März), Mo, 1.-28.1.

Außerhalb (1 km ↑)
* Haus am Weinberg
einzeln ◂ Oberst-Barret-Str 1, ✉ 67487, ☎ (0 63 23) 94 50, Fax 8 11 11, ED VA
71 Zi, Ez: 75-115, Dz: 98-165, 3 App, ᐊ WC ☎; Lift P 🖪 8✪160 ≲ Kegeln Sauna Solarium 🍷 🍷
Auch einfachere Zimmer vorhanden

Sankt Michaelisdonn 9 ↓

Schleswig-Holstein — Kreis Dithmarschen — 5 m — 3 595 Ew — Meldorf 12, Brunsbüttel 13 km

ℹ ☎ (0 48 53) 80 02-0, Fax 80 02-50 — Amtsverwaltung, Am Rathaus 8, 25693 Sankt Michaelisdonn

* Ringhotel Landhaus Gardels
Westerstr 15-19, ✉ 25693, ☎ (0 48 53) 8 03-0, Fax 80 31 83, AX DC ED VA
63 Zi, Ez: 125-185, Dz: 180-250, S; ᐊ WC ☎; P 🖪 3✪60 ≲ Kegeln Sauna Solarium
geschl: Sa mittags
* Hauptgericht 32; Terrasse;
geschl: Sa mittags

Sankt Oswald-Riedlhütte 66 ☐

Bayern — Kreis Freyung-Grafenau — 820 m — 3 126 Ew — Grafenau 7, Zwiesel 30 km

ℹ ☎ (0 85 52) 96 11 38, Fax 96 11 42 — Verkehrsamt, im Ortsteil Sankt Oswald, Klosterallee 4, 94568 Sankt Oswald-Riedlhütte; Erholungsort im Bayerischen WaldSehenswert: Waldgeschichtliches Museum; Glashütte; Großer Rachel, 1433 m ◂ (10 km ↑ bis zur Rachel-Diensthütte + 2 Std, am Rachelsee vorbei); Lusen, 1370 m ◂ (9 km ↗, über Waldhäuser + 1 Std)

Riedlhütte
* Berghotel Wieshof
♂ ◂ Anton-Hilz-Str 8, ✉ 94566, ☎ (0 85 53) 4 77, Fax 68 38
14 Zi, Ez: 47-59, Dz: 94-112, 1 App, ᐊ WC; P 1✪30 Sauna 🍷 🍷
geschl: 5.11.-20.12.

Sankt Oswald
** Pausnhof
Goldener Steig 7, ✉ 94568, ☎ (0 85 52) 17 17, Fax 52 13
25 Zi, Ez: 50-67, Dz: 100-114, ᐊ WC ☎; P 1✪30 Sauna Solarium 🍷 🍷
geschl: Di, 1.11.-20.12., 15.3.-10.4.

* **Aparthotel Residence**
Klosterberg 2, ✉ 94568, ☎ (0 85 52) 97 00, Fax 97 01 50, AX ED
Ez: 62-80, Dz: 103-114, 40 App, ⌐ WC ☎, 5🖂; 35♻ 🛋 Fitneßraum Sauna Solarium 🍴 ⚑
Rezeption: 9-20

Sankt Peter 67 □

Baden-Württemberg — Kreis Breisgau-Hochschwarzwald — 720 m — 2 300 Ew — Sankt Märgen 7, Freiburg im Breisgau 18, Waldkirch 22 km
🛈 ☎ (0 76 60) 91 02 24, Fax 91 02 44 — Kurverwaltung, Klosterhof 11, 79271 Sankt Peter; Luftkurort im Schwarzwald. Sehenswert: Ehem. Kloster mit Barock-Kirche; Kandel, 1241 m ◂ (10 km ↑)

* **Zur Sonne**
Zähringer Str 2, ✉ 79271, ☎ (0 76 60) 9 40 10, Fax 94 01 66, DC ED VA
14 Zi, Ez: 75-95, Dz: 84-170, 1 Suite, ⌐ WC ☎, 1🖂; **P** 🚗 1♻25 ⚑
** Hauptgericht 45; Terrasse; 👑
geschl: Mo
Zwischen haute cuisine und badisch-regionaler Küche

🛏 **Pension Erle**
Glottertalstr 2, ✉ 79271, ☎ (0 76 60) 2 57, AX
10 Zi, Ez: 45-70, Dz: 85-110, 1 App, ⌐ WC ☎; **P**; garni ⚑
geschl: Mi, Do, 15.11.-24.12.

Sankt Peter-Ording 8→

Schleswig-Holstein — Kreis Nordfriesland — 6 m — 3 698 Ew — Husum 46, Heide 65 km
🛈 ☎ (0 48 63) 99 90, Fax 99 91 80 — Kurverwaltung, im Ortsteil Bad Sankt Peter, Maleensknoll, 25826 Sankt Peter-Ording; Nordseeheilbad auf der Halbinsel Eiderstedt. Sehenswert: Eiderstedter Heimatmuseum; Pfahlbauten

Ording
* **Waldesruh**
♂ Waldstr 7, ✉ 25826, ☎ (0 48 63) 20 56, Fax 13 87
35 Zi, Ez: 95-125, Dz: 159-289, ⌐ WC ☎; 1♻25 🍴
Im Landhaus auch Zimmer der Kategorie ** vorhanden

* **Ordinger Hof**
♂ Am Deich 31, ✉ 25826, ☎ (0 48 63) 90 80, Fax 9 08 49, ED VA
12 Zi, Ez: 84-94, Dz: 156-188, ⌐ WC ☎; **P** ⚑
geschl: Di, 23.12.-1.2.
* Hauptgericht 20; Terrasse;
geschl: Di, Ende Dez

** **Gambrinus**
Strandweg 4, ✉ 25826, ☎ (0 48 63) 29 77, Fax 10 53
Hauptgericht 33; Gartenlokal **P**; Nov-Mär nur abends; geschl: Mo

St. Peter-Bad
** **Ringhotel Vier Jahreszeiten**
♂ ◂ Friedrich-Hebbel-Str 2, ✉ 25826, ☎ (0 48 63) 70 10, Fax 26 89, AX ED
39 Zi, Ez: 160-230, Dz: 220-300, S; 11 Suiten, 10 App, ⌐ WC ☎, 28🖂; Lift 🚗 2♻35 ≋ 🛋 Fitneßraum Sauna Solarium
Auch Zimmer der Kategorie *** vorhanden
** **Jahreszeiten**
Hauptgericht 35; Terrasse

** **Landhaus an de Dün** 👑
Im Bad 63, ✉ 25826, ☎ (0 48 63) 9 60 60, Fax 96 06 60
15 Zi, Ez: 185-345, Dz: 220-380, 2 Suiten, ⌐ WC ☎; **P** 🛋 Sauna Solarium 9Golf; garni ⚑
geschl: 10.1.-5.2.

** **Apart - Hotel Friesenhof**
◂ Im Bad 58, ✉ 25826, ☎ (0 48 63) 96 8-0, Fax 96 86 76
8 Zi, Ez: 90-180, Dz: 160-280, 4 Suiten, 12 App, ⌐ WC ☎, 4🖂; **P** 🚗 🛋 Sauna Solarium 9Golf; garni ⚑
Rezeption: 8-21

** **Best Western Ambassador**
♂ ◂ Im Bad 26, ✉ 25826, ☎ (0 48 63) 70 90, Fax 26 66, AX DC ED VA
90 Zi, Ez: 170-270, Dz: 235-335, ⌐ WC ☎ DFÜ, 24🖂; Lift **P** 🚗 6♻250 🛋 Fitneßraum Sauna Solarium 9Golf
** **La Mer**
Hauptgericht 32; Terrasse

** **Euro Ring Hotel St. Peter mit Gästehaus**
Rungholtstieg 4, ✉ 25826, ☎ (0 48 63) 90 40, Fax 90 44 00
52 Zi, Ez: 75-300, Dz: 130-200, 5 Suiten, 7 App, ⌐ WC ☎ DFÜ; Lift **P** 🚗 30 Sauna Solarium
Auch einfachere Zimmer vorhanden
* **Schimmelreiter**
Hauptgericht 25

* **Christiana**
♂ Im Bad 79, ✉ 25826, ☎ (0 48 63) 90 20, Fax 9 02 33
10 Zi, Ez: 65-95, Dz: 135-190, 3 App, ⌐ WC ☎; **P** Fitneßraum Sauna Solarium; garni
Rezeption: 9-13, 15-18; geschl: Ende Nov-20.12.

* **Jensens Tannenhof**
Im Bad 59, ✉ 25826, ☎ (0 48 63) 70 40, Fax 7 04 13
33 Zi, Ez: 65-140, Dz: 140-240, ⌐ WC ☎; **P** Sauna Solarium; garni →

Sankt Peter-Ording

* **Dünenhotel Eulenhof**
♂ Im Bad 93-95, ✉ 25826, ☎ (0 48 63) 96 55-0, Fax 9 65 51 55, AX ED VA
36 Zi, Ez: 80-140, Dz: 150-210, 1 Suite, 12 App, ⌐ WC ☎; 🅿 ≘ Fitneßraum Sauna Solarium; garni

** **Casa Bianca**
Im Bad 61, ✉ 25826, ☎ (0 48 63) 15 55, Fax 15 77, VA
Hauptgericht 30

Sankt Wendel 53

Saarland — Kreis Sankt Wendel — 300 m — 28 000 Ew — Saarbrücken 36, Idar-Oberstein 41, Kaiserslautern 57 km
ℹ ☎ (0 68 51) 80 91 32, Fax 80 91 02 — Kulturamt, Rathaus, Schloßstr 7, 66606 Sankt Wendel. Sehenswert: Wendalinus-Basilika: Sarkophag, Cusanuskanzel, Plastiken, Turm; Steinbildhauer-Symposium; Museum in Mia-Münster-Haus; Kugelbrunnen in der Mott; Museum für Mission und Völkerkunde im Missionshaus der Steyler Missionare

Bliesen (5 km ↘)
** **Kunz**
Kirchstr 22, ✉ 66606, ☎ (0 68 54) 81 45, Fax 72 54
Hauptgericht 42; Kegeln 🅿; geschl: Sa mittags, Mo, Di

Sarstedt 26

Niedersachsen — Kreis Hildesheim — 64 m — 17 500 Ew — Hildesheim 12, Hannover 19 km
ℹ ☎ (0 50 66) 80 50, Fax 8 05 70 — Stadtverwaltung, Steinstr 22, 31157 Sarstedt

*** **Residencia Boarding House City Line & Country Line Hotels**
Ziegelbrennerstr 8, ✉ 31157, ☎ (0 50 66) 7 00 00, Fax 70 00 84, AX DC ED VA
Ez: 169-525, Dz: 219-595, 4 Suiten, 29 App, ⌐ WC ☎ DFÜ, 9🍽; Lift 🅿 6⇄100 ≋ Sauna
** **Schäfer's**
Hauptgericht 32; Terrasse

* **Kipphut**
Messeschnellweg/B 6, ✉ 31157, ☎ (0 50 66) 9 83-0, Fax 9 83-22, AX DC ED VA
15 Zi, Ez: 96-190, Dz: 141-280, ⌐ WC ☎; 🅿 ⓘ⊙

Heisede (4 km ↑)
* **Hof Picker**
Dorfstr 16, ✉ 31157, ☎ (0 50 66) 38 04 + 70 05-0, Fax 70 05 30
17 Zi, Ez: 100-210, Dz: 160-260, ⌐ WC ☎, 10🍽; 🅿 9 Golf
Restaurant für Hausgäste

Sasbach 67

Baden-Württemberg — Kreis Emmendingen — 180 m — 3 100 Ew — Endingen 4, Breisach 15 km
ℹ ☎ (0 76 42) 9 10 10, Fax 91 01 30 — Gemeindeverwaltung, Hauptstr 15, 79361 Sasbach. Sehenswert: Schloßruine Limburg und Alte Limburg (Rundturmreste); Burg Sponeck; Lützelbergkapelle

Leiselheim (2,5 km ↘)
* **Leiselheimer Hof**
Meerweinstr 3, ✉ 79361, ☎ (0 76 42) 72 70, Fax 20 12, ED VA
12 Zi, Ez: 65-70, Dz: 100-120, ⌐ WC ☎; Lift 🅿 Kegeln
geschl: Feb
* Hauptgericht 28; Terrasse; geschl: Mi, Feb

Sasbach 60

Baden-Württemberg — Ortenaukreis — 500 m — 5 300 Ew — Achern 3, Oberkirch 18, Baden-Baden 25 km
ℹ ☎ (0 78 41) 6 86 20, Fax 6 86 50 — Gemeindeverwaltung, Kirchplatz 4, 77880 Sasbach; Erholungsort zwischen Badischer Wein- und Schwarzwaldhochstraße. Sehenswert: Turenne-Denkmal mit Museum; Toni-Merz-Museum (Gemäldegalerie)

Obersasbach (1 km ↘)
** **Engel**
Schulstr 23, ✉ 77880, ☎ (0 78 41) 2 30 38, Fax 2 77 71, ED VA
Hauptgericht 25; 🅿; geschl: So abends, Di mittags, Mo
* 9 Zi, Ez: 65, Dz: 110, ⌐ WC ☎; 3⇄70

Sasbachwalden 60

Baden-Württemberg — Ortenaukreis — 350 m — 2 400 Ew — Offenburg 27, Baden-Baden 30 km
ℹ ☎ (0 78 41) 10 35, Fax 2 36 82 — Kurverwaltung Sasbachwalden, Talstr 51, 77887 Sasbachwalden; Kneipp- und Luftkurort am Rande des Schwarzwaldes. Sehenswert: Denkmalgeschütztes Ortsbild; Kurhaus Zum Alde Gott; Ruine Brigittenschloß, 763 m ◄ (4 km + ¼ Std ↘)

** **Talmühle**
Talstr 36, ✉ 77887, ☎ (0 78 41) 10 01, Fax 54 04, AX DC ED VA
29 Zi, Ez: 69-180, Dz: 166-238, 1 Suite, ⌐ WC ☎, 7🍽; Lift 1⇄25
geschl: Mitte Jan-Mitte Feb
*** **Fallert**
Hauptgericht 40; 🅿 Terrasse; geschl: Mitte Jan-Mitte Feb

Saulgau

* Engel
Talstr 14, ✉ 77887, ☎ (0 78 41) 30 00,
Fax 2 63 94, VA
14 Zi, Ez: 50-80, Dz: 136-160, ⊿ WC ☎; **P** 🚗
☕
geschl: Mo, 7.-15.1.
Zimmer der Kategorie ** vorhanden
** Hauptgericht 30; Terrasse;
geschl: Mo, 7.1.-15.1.

**** Zum Alde Gott**
Talstr 51, ✉ 77887, ☎ (0 78 41) 2 05 60,
Fax 2 05 68, AX DC ED VA
Hauptgericht 24

* Sonne
Talstr 32, ✉ 77887, ☎ (0 78 41) 2 52 58,
Fax 2 91 21
Hauptgericht 32; Terrasse; geschl: Mi, Do

Brandmatt (5 km →)
**** Forsthof**
♂ ⚐ Brandrüttel 26, ✉ 77887, ☎ (0 78 41)
64 40, Fax 64 42 69, AX DC ED VA
120 Zi, Ez: 100-135, Dz: 199-270, 8 Suiten, ⊿
WC ☎, 8⌂; Lift **P** 🚗 5⇔450 ≋ Fitneßraum
Sauna Solarium
geschl: 1.-25.8.
**** Bel Air**
Hauptgericht 25; Terrasse; geschl: 1.-25.8.

Sassendorf, Bad   34 ☐

Nordrhein-Westfalen — Kreis Soest — 100 m
— 10 100 Ew — Soest 5, Lippstadt 20 km
i ☎ (0 29 21) 50 15 16, Fax 50 15 99 — Kurverwaltung, Kaiserstr 14, 59505 Bad Sassendorf; Heilbad

***** Maritim Hotel Schnitterhof**
♂ Salzstr 5, ✉ 59505, ☎ (0 29 21) 95 20,
Fax 95 24 99, AX DC ED VA
139 Zi, Ez: 197-267, Dz: 298-348, S; 3 Suiten,
⊿ WC ☎, 13⌂; Lift **P** 9⇔150 ≋ Fitneßraum Kegeln Sauna Solarium
** ♗ Hauptgericht 35

**** Hof Hueck mit Gästehäusern**
♂ im Kurpark, ✉ 59505, ☎ (0 29 21) 9 61 30,
Fax 96 13 50, AX DC ED VA
55 Zi, Ez: 120, Dz: 220, 2 Suiten, ⊿ WC ☎,
14⌂; **P**
** ♗ Hauptgericht 32; ⚜
Gartenlokal; geschl: Mo,
Restauriertes 200 Jahre altes Bauernhaus

* Wulff
♂ Berliner Str 31, ✉ 59505, ☎ (0 29 21)
9 60 30, Fax 5 52 35, ED
23 Zi, Ez: 75-95, Dz: 140-160, 6 App, ⊿ WC
☎; 🚗 ≋ Sauna Solarium; **garni**
geschl: So abends, 1.-15.11.
Restaurant für Hausgäste

Sassnitz siehe Rügen

Satow   12 ↓

Mecklenburg-Vorpommern — Kreis Bad
Doberan — 62 m — 2 074 Ew — Kröpelin 12, Bad Doberan 19 km
i ☎ (03 82 95) 3 25 — Gemeindeverwaltung, Straße der DSF, 18239 Satow

**** Weide Landidyll**
Hauptstr 52, ✉ 18239, ☎ (03 82 95) 7 50,
Fax 7 85 18, AX DC ED VA
50 Zi, Ez: 115, Dz: 125-140, 1 App, ⊿ WC ☎;
3⇔50 ☕
geschl: 24.12.-4.1.
* Hauptgericht 18; **P** Terrasse;
geschl: 24.12.-4.1.

Sauensiek   18 ←

Niedersachsen — Kreis Stade — 20 m —
1 881 Ew — Sittensen 12, Buxtehude 13 km
i ☎ (0 41 69) 6 26 — Gemeindeverwaltung,
Sittenser Str 2, 21644 Sauensiek

⌂ Klindworths Gasthof
Hauptstr 1, ✉ 21644, ☎ (0 41 69) 91 10-0,
Fax 91 10-10, AX ED VA
19 Zi, Ez: 50-56, Dz: 90-96, ⊿ WC ☎; **P** ≋
Kegeln 🍽

**** Hüsselhus**
♗ Hauptstr 12, ✉ 21644, ☎ (0 41 69) 15 15,
Fax 8 04 16, DC ED VA
Hauptgericht 35

Sauerlach   72 ☐

Bayern — Kreis München — 635 m —
5 799 Ew — München 22 km
i ☎ (0 81 04) 66 46-0, Fax 79 26 — Gemeindeverwaltung, Bahnhofstr 1, 82054 Sauerlach

**** Sauerlacher Post**
Tegernseer Landstr 2, ✉ 82054, ☎ (0 81 04)
8 30, Fax 83 83, AX DC ED VA
51 Zi, Ez: 148-225, Dz: 176-250, ⊿ WC ☎,
13⌂; Lift **P** 🚗 4⇔70 Sauna Solarium ☕
Freier Zugang zur Fitness- und
Sauneinrichtung im gegenüberliegenden
Fitnesscenter
** Hauptgericht 30; Biergarten Terrasse

Saulgau   69 ☐

Baden-Württemberg — Kreis Sigmaringen
— 558 m — 17 000 Ew — Sigmaringen 29,
Friedrichshafen 51, Ulm 75 km
i ☎ (0 75 81) 48 39-38, Fax 48 39-69 — Kur- und Gästeamt, Am Schönen Moos,
88348 Saulgau; Thermalbad in Oberschwaben. Sehenswert: Kath. Pfarrkirche und
Kreuzkapelle; Kloster Sießen (3 km ↙) →

Saulgau

*** Ringhotel Kleber Post
Hauptstr 100, ✉ 88348, ☎ (0 75 81) 5 01-0,
Fax 50 14 61, AX DC ED VA
63 Zi, Ez: 125-148, Dz: 190-218, S; 1 Suite,
1 App, ⊿ WC ☎, 40✉; Lift P 🚗 2✪90 🍺
geschl: 2 Wochen Jan
Im Stammhaus auch einfachere Zimmer
vorhanden
*** Hauptgericht 38

* Ochsen
Paradiesstr 6, ✉ 88348, ☎ (0 75 81) 48 04-0,
Fax 48 04 66, DC ED VA
18 Zi, Ez: 75-92, Dz: 120-135, ⊿ WC ☎, 3✉;
Lift P 🚗 ⦿

* Württemberger Hof
Karlstr 13, ✉ 88348, ☎ (0 75 81) 5 11 41,
Fax 5 14 42, AX DC ED VA
15 Zi, Ez: 54-100, Dz: 108-130, ⊿ WC ☎,
1✉; 🚗 1✪20 ⦿ 🍺

* Gasthof Schwarzer Adler
Hauptstr 41, ✉ 88348, ☎ (0 75 81) 73 30,
Fax 70 30, DC ED VA
13 Zi, Ez: 75, Dz: 120, 1 Suite, ⊿ WC ☎; P 🚗
18 Golf ⦿

🍺 Café am Markt
🍽 Marktplatz, ✉ 88348, ☎ (0 75 81) 76 38

Saulheim 54 ↘

Rheinland-Pfalz — Kreis Alzey-Worms —
90 m — 6 520 Ew — Mainz 20 km
ℹ ☎ (0 67 32) 50 75, Fax 6 40 69 — Gemeindeverwaltung, Auf dem Römer 8,
55291 Saulheim

* Weinstube Lehn
Neupforte 19, ✉ 55291, ☎ (0 67 32) 9 41 00,
Fax 94 10 33, AX DC ED VA
15 Zi, Ez: 85-105, Dz: 120-140, 2 App, ⊿ WC
☎, 9✉; P 1✪35 Fitneßraum Sauna
Solarium ⦿

Sayda 50 →

Sachsen — Kreis Freiberg — 680 m —
2 350 Ew — Olbernhau 8, Freiberg 21 km
ℹ ☎ (03 73 65) 9 72 22, Fax 14 70 — Fremdenverkehrsamt, Am Markt 1, 09619 Sayda.
Sehenswert: Spätgotische Kirche

Friedebach-Außerhalb (2 km ↘)
** Waldhotel Kreuztanne
einzeln ☼ ◄ Kreuztannenstr 1, ✉ 09619,
☎ (03 73 65) 72 13, Fax 72 15, AX ED
56 Zi, Ez: 105, Dz: 140-160, 2 Suiten, ⊿ WC
☎; Lift 🚗
Auch Zimmer der Kategorie ******* vorhanden

Schäftlarn 72 ←

Bayern — Kreis München — 650 m —
5 000 Ew — Wolfratshausen 9, Starnberg
11, München 21 km
ℹ ☎ (0 81 78) 9 30 30, Fax 42 71 — Gemeindeverwaltung, Starnberger Str 50,
82069 Hohenschäftlarn. Sehenswert: Im
Barockstil erbaute Klosterkirche

Ebenhausen (Erholungsort)
** Gut Schwaige
Rodelweg 7, ✉ 82067, ☎ (0 81 78) 9 30 00,
Fax 40 54, AX DC ED VA
17 Zi, Ez: 105-125, Dz: 145-175, 1 Suite, ⊿
WC ☎, 3✉; P; garni

** Hubertus 🍽
Wolfratshauser Str 53, ✉ 82067, ☎ (0 81 78)
48 51, Fax 33 18, AX
Hauptgericht 30; Gartenlokal P; geschl: So
abends, Mo, Di mittags

Hohenschäftlarn
* Atlas
Münchner Str 56, ✉ 82069, ☎ (0 81 78)
93 20-0, Fax 93 20-66, AX DC ED VA
24 Zi, Ez: 99-149, Dz: 110-179, ⊿ WC ☎,
8✉; 🚗 1✪30 Sauna ⦿

Schafflund 9 ↑

Schleswig-Holstein — Kreis Schleswig-
Flensburg — 10 m — 1 600 Ew — Flens-
burg 17 km
ℹ ☎ (0 46 39) 71 11, Fax 71 44 — Verein für
Tourismus im Amt Schafflund, Lecker -
Chaussee 5, 24980 Schafflund

🛏 Utspann
Hauptstr 47, ✉ 24980, ☎ (0 46 39) 9 50 50,
Fax 95 05 21, AX ED VA
11 Zi, Ez: 66, Dz: 122, ⊿ WC ☎, 1✉

Schalkenmehren 42 ↘

Rheinland-Pfalz — Kreis Daun — 420 m —
500 Ew — Daun 8, Cochem 34 km
ℹ ☎ (0 65 92) 40 85 — Gemeindeverwaltung, Auf dem Flur 2, 54552 Schalkenmeh-
ren; Erholungsort am Schalkenmehrer
Maar

**** Landgasthof Michels
Landidyll**
St.-Martin-Str 9, ✉ 54552, ☎ (0 65 92)
92 80, Fax 9 28-1 60, AX DC ED VA
38 Zi, Ez: 78-95, Dz: 130-190, 1 Suite, ⊿ WC
☎, 5✉; Lift 🚗 1✪ ≋ Fitneßraum Sauna
Solarium 2Tennis 🍺
Auch Zimmer der Kategorie ***** vorhanden
* Hauptgericht 27; Gartenlokal P

Scharbeutz

* **Haus am Maar**
Maarstr 22, ✉ 54552, ☎ (0 65 92) 9 55 10,
Fax 95 51 40, AX DC ED VA
20 Zi, Ez: 55-90, Dz: 100-140, 3 Suiten, ⌐
WC ☎, 5✉; P 🚗 Strandbad Seezugang 🍴
geschl: 15.1.-15.2.fa

Schallbach 67 ↙

Baden-Württemberg — Kreis Lörrach —
266 m — 674 Ew — Lörrach 8, Kandern 15 km
ℹ ☎ (0 76 21) 8 46 05, Fax 1 80 49 —
Gemeindeverwaltung, Dorfstr 6,
79597 Schallbach

* **Gästehaus zur alten Post**
♂ Alte Poststr 19, ✉ 79597, ☎ (0 76 21)
8 80 12, Fax 8 80 15, AX DC ED VA
19 Zi, Ez: 85-95, Dz: 130-150, 1 Suite, ⌐ WC
☎; P 1↔25
* Hauptgericht 25; Gartenlokal;
geschl: Do, Fr mittags

Schallstadt 67 □

Baden-Württemberg — Kreis Breisgau-
Hochschwarzwald — 280 m — 5 700 Ew —
Freiburg 9 km
ℹ ☎ (0 76 64) 6 10 90, Fax 61 09 91 — Bürgermeisteramt, Kirchstr 16, 79227 Schallstadt. Sehenswert: Zapfenhof

Mengen
* **Alemannenhof**
Weberstr 10, ✉ 79227, ☎ (0 76 64) 50 60,
Fax 5 94 27
52 Zi, Ez: 80, Dz: 120-140, ⌐ WC ☎; Lift P 🚗
🍴 ☕

Wolfenweiler (1 km ↗)
* **Ochsen**
Baseler Str 50, ✉ 79227, ☎ (0 76 64) 65 11,
Fax 67 27
52 Zi, Ez: 85-100, Dz: 120-150, ⌐ WC; Lift 🍴
Im Stammhaus auch einfache Zimmer vor-
handen

Schandau, Bad 51 ↗

Sachsen — Landkreis Sächsische Schweiz
— 125 m — 3 000 Ew — Dresden 35 km
ℹ ☎ (03 50 22) 9 00 30, Fax 9 00 34 — Kurverwaltung, Markt 12, 01814 Bad Schandau; Kurort. Sehenswert: Brauhof (Renaissancebau); Kirche St. Johannis; Umge-
binde- und Fachwerkhäuser; Elbsandsteingebirge

** **Parkhotel**
City Line & Country Line Hotels
♂ Rudolf-Sendig-Str 12, ✉ 01814,
☎ (03 50 22) 5 20, Fax 5 22 15, AX ED VA
86 Zi, Ez: 61-146, Dz: 92-192, 3 Suiten, ⌐
WC; Lift P 1↔40 Fitneßraum Sauna
Solarium 🍴
Im Gästehaus einfachere Zimmer vor-
handen

** **Elbhotel**
◂ An der Elbe 2, ✉ 01814, ☎ (03 50 22)
5 70, Fax 57 160, AX DC VA
57 Zi, Ez: 105-163, Dz: 120-198, ⌐ WC ☎;
Lift P 2↔30 Sauna Solarium 🍴
Auch Zimmer der Kategorie ***** vorhanden

Kirnitzschtal
* **Forsthaus**
einzeln, Kirnitzschtalstr 5, ✉ 01814,
☎ (03 50 22) 5 84-0, Fax 5 84-1 88, AX ED VA
28 Zi, Ez: 65-90, Dz: 98-130, 1 Suite, ⌐ WC
☎, 2✉; P 🍴

Ostrau
* **Ostrauer Scheibe**
♂ ◂ Alter Schulweg 12, ✉ 01814,
☎ (03 50 22) 48 80, Fax 4 88 88
28 Zi, Ez: 80-150, Dz: 138-240, ⌐ WC ☎
DFÜ, 8✉; Lift P 2↔100 Fitneßraum Sauna
Solarium 🍴
Auch Zimmer der Kategorie ****** vorhanden

Schaprode siehe Rügen

Scharbeutz 11 ↓

Schleswig-Holstein — Kreis Ostholstein —
10 800 Ew — Neustadt i. Holstein 8, Eutin
18, Lübeck 22 km
ℹ ☎ (0 45 03) 77 09-64, Fax 7 21 22 — Kurbetrieb, Strandallee 134, 23683 Scharbeutz;
Ostsee-Heilbad

* **Kurhotel Martensen**
◂ Strandallee 123, ✉ 23683, ☎ (0 45 03)
35 27-0, Fax 7 35 40, AX DC ED VA
20 Zi, Ez: 80-120, Dz: 150-240, 14 App, ⌐
WC ☎; garni
Auch Zimmer der Kategorie ****** vorhanden

* **Göttsche**
◂ Am Hang 8, ✉ 23683, ☎ (0 45 03) 88 20,
Fax 88 22 00
12 Zi, Ez: 75-190, Dz: 130-230, ⌐ WC ☎; P
18Golf
geschl: 1.11.-25.12.
* **Brasserie am Meer**
◂ Hauptgericht 36; Terrasse; geschl: Mo

* **Villa Scharbeutz**
Seestr 26, ✉ 23683, ☎ (0 45 03) 8 70 90,
Fax 35 12 40
22 Zi, Ez: 75-100, Dz: 155-180, ⌐ WC ☎; P;
garni

* **Petersen's Landhaus**
Seestr 56 a, ✉ 23683, ☎ (0 45 03) 7 30 01,
Fax 7 33 32
14 Zi, Ez: 108-138, Dz: 149-172, 3 Suiten,
2 App, ⌐ WC ☎, 4✉; P ♨ Solarium; **garni**
Rezeption: 8-20; geschl: 22.11.-25.12., 4.1.-
Mitte Feb →

Scharbeutz

Schürsdorf (4 km ↘)
** ** **Brechtmann** ✤
Hackendohrredder 9, ✉ 23684, ☎ (0 45 24) 99 52, Fax 16 96, ED
Hauptgericht 33; P Terrasse; geschl: Di, 5.1.-5.3.

Scharnhausen siehe Ostfildern

Scheer 69 ←

Baden-Württemberg — Kreis Sigmaringen — 600 m — 2 600 Ew — Mengen 5, Sigmaringen 8 km
ℹ ☎ (0 75 72) 76 16-0, Fax 76 16-52 — Bürgermeisteramt, Hauptstr 1, 72516 Scheer

* **Donaublick**
Bahnhofstr 24, ✉ 72516, ☎ (0 75 72) 7 63 80, Fax 76 38-66, AX DC ED VA
19 Zi, Ez: 75, ⇩ WC ☎ DFÜ, 5✉; P 🚗 2⇔40 18Golf
*   Hauptgericht 23; Terrasse; geschl: Do mittags, Sa mittags

** ** **Brunnenstube**
Mengener Str 4, ✉ 72516, ☎ (0 75 72) 36 92
Hauptgericht 43; P; nur abends, So nur mittags; geschl: Mo, Mitte Jun-Ende Sep

Scheibe-Alsbach 48 ←

Thüringen — Kreis Neuhaus am Rennweg — 617 m — 749 Ew — Neuhaus am Rennweg 11, Eisfeld 11, Lichte 12 km
ℹ ☎ (03 67 04) 8 02 51, Fax 8 02 51 — Gemeindeverwaltung, Hauptstr 62a, 98749 Scheibe-Alsbach

* **Schwarzquelle**
Hauptstr 98, ✉ 98749, ☎ (03 67 04) 8 29 14, Fax 8 07 32, ED VA
23 Zi, Ez: 80-110, Dz: 120-130, 1 Suite, ⇩ WC ☎; P 🚗 2⇔100 Fitneßraum Sauna Solarium 🍴 🛏

Scheibenberg 50 ↙

Sachsen — Kreis Annaberg — 650 m — 2 370 Ew — Annaberg-Buchholz 9, Schwarzenberg 12 km
ℹ ☎ (03 73 49) 82 51 — Stadtverwaltung, Rudolf-Breitscheid-Str 35, 09481 Scheibenberg

Scheibenberg-Außerhalb (2 km ↘)
* **Berghotel**
einzeln, Auf dem Berg 1, ✉ 09481, ☎ (03 73 49) 82 71, Fax 89 12
Hauptgericht 20
*   ♀ 11 Zi, Ez: 40-70, Dz: 80-120, ⇩ WC ☎; P 1⇔60 Solarium

Scheidegg 69 ↘

Bayern — Kreis Lindau — 800 m — 4 000 Ew — Lindau 20, Wangen 25 km
ℹ ☎ (0 83 81) 8 95 55, Fax 8 95 50 — Kurverwaltung, Rathausplatz 4, 88175 Scheidegg; Heilklimatischer und Kneippkurort, Wintersportplatz im Allgäu

* **Haus Birkenmoor**
♀ ⚘ Am Brunnenbühl 10, ✉ 88175, ☎ (0 83 81) 9 20 00, Fax 92 00 30
16 Zi, Ez: 76-130, Dz: 152-162, ⇩ WC ☎; P 🚗 ☁ Sauna Solarium; **garni**
geschl: So abends, Mi, 2.11.-19.12.
Restaurant für Hausgäste

⌂ **Pension Montfort**
⚘ Höhenweg 4, ✉ 88175, ☎ (0 83 81) 14 50, Fax 14 50
11 Zi, Ez: 60-68, Dz: 98-104, ⇩ WC; P ☁
1 Tennis; **garni**
Rezeption: 8-18

Scheinfeld 56 →

Bayern — Kreis Neustadt a. d. Aisch-Bad Wind — 306 m — 4 700 Ew — Neustadt a. d. Aisch 16, Kitzingen 33 km
ℹ ☎ (0 91 62) 9 29 10, Fax 92 91 26 — Stadtverwaltung, Hauptstr. 1, 91443 Scheinfeld

* **Post Horn**
✡ Adi-Dassler-Str 4, ✉ 91443, ☎ (0 91 62) 9 27 50, Fax 9 27 52
Hauptgericht 20; geschl: Mo, Jan
** **   11 Zi, Ez: 80, Dz: 120, ⇩ WC ☎; P
geschl: Jan

Schelkau 38 ↘

Sachsen-Anhalt — Kreis Weißenfels — 261 Ew
ℹ ☎ (03 44 43) 2 04 21 — Gemeindeverwaltung, 06682 Schelkau

Bonau
* **Wasserschloss Bonau**
Dorfstr 1, ✉ 06682, ☎ (03 44 43) 6 10-0, Fax 6 10 29, AX DC ED VA
14 Zi, Ez: 80-130, Dz: 130-160, ⇩ WC ☎, 9✉; P 1⇔14
Restaurant für Hausgäste

Schellhorn siehe Preetz

Schenefeld 18 ↘

Schleswig-Holstein — Kreis Pinneberg — 2 m — 15 600 Ew — Pinneberg 10, Hamburg 10, Wedel 20 km
ℹ ☎ (0 40) 83 03 70, Fax 83 03 71 77 — Stadtverwaltung, Holstenplatz 3, 22869 Schenefeld

** Klövensteen
Hauptstr 83, ✉ 22869, ☎ (0 40) 8 39 36 30,
Fax 83 93 63 43, AX DC ED VA
28 Zi, Ez: 145, Dz: 185, 1 App, ⌐ WC ☎ DFÜ,
3 🖃; 🅿 🚗 1⇌35
** Peter's Bistro
Hauptgericht 30; Terrasse, nur abends,
Sa + So auch mittags

Schenkenzell 60 ↘

Baden-Württemberg — Kreis Rottweil —
400 m — 2 020 Ew — Wolfach 14 km
🛈 ☎ (0 78 36) 93 97 51, Fax 93 97 50 — Kurverwaltung im Haus des Gastes, Landstr 2, 77773 Schenkenzell; Luftkurort im Schwarzwald. Sehenswert: Ruine Schenkenburg (1 km ↙); Klosterkirche in Alpirsbach (7 km ↗)

* Sonne
Reinerzaustr 13, ✉ 77773, ☎ (0 78 36) 10 41,
Fax 10 49, AX DC ED VA
36 Zi, Ez: 82-112, Dz: 144-164, 2 Suiten, ⌐
WC ☎; 🅿 3⇌100 Sauna Solarium ☙
geschl: Anfang Jan
Auch Zimmer der Kategorie ** vorhanden
* Hauptgericht 35; Gartenlokal
Kegeln; geschl: Anfang Jan

* Winterhaldenhof
☙ ⛷ Winterhalde 8, ✉ 77773, ☎ (0 78 36) 72 48, Fax 76 49
16 Zi, Ez: 61-106, Dz: 132-172, 3 App, ⌐ WC ☎; Lift 🅿 🚗 Sauna 🍽 ☙
geschl: Do, 1.11.-20.12.
Zimmer der Kategorie ** vorhanden

* Waldblick
Schulstr 12, ✉ 77773, ☎ (0 78 36) 9 39 60,
Fax 93 96 99, AX DC ED VA
Hauptgericht 24; 🅿 Terrasse; geschl: Sep-April Fr
* 8 Zi, Ez: 77-87, Dz: 114-164,
1 Suite, ⌐ WC ☎; 1⇌20
geschl: Fr (Sep-Apr)

Scherenbostel siehe Wedemark

Schermbeck 33 ↘

Nordrhein-Westfalen — Kreis Wesel —
35 m — 13 800 Ew — Dorsten 7, Borken 16, Wesel 19 km
🛈 ☎ (0 28 53) 91 00, Fax 9 10-1 19 —
Gemeinde Schermbeck, Rathaus, Weseler Str 2, 46514 Schermbeck. Sehenswert: Klevische Burganlange; Teufelsstein

* Zur Linde
Mittelstr 96, ✉ 46514, ☎ (0 28 53) 9 13 60,
Fax 91 36 30, AX ED VA
47 Zi, Ez: 85, Dz: 150, 1 App, ⌐ WC ☎; 🅿
1⇌20 Kegeln 🍽

Gahlen (4 km ↓)
* Op den Hövel
Kirchstr 71, ✉ 46514, ☎ (0 28 53) 9 14 00,
Fax 91 40 50
35 Zi, Ez: 60-70, Dz: 100, ⌐ WC ☎; 🅿 🚗
1⇌60 ☙ Sauna Solarium 🍽

** Landhaus Spickermann
Kirchhellener Str 1, ✉ 46514, ☎ (0 23 62) 4 11 32, Fax 4 14 57, AX ED
Hauptgericht 38; 🅿 Terrasse; geschl: Mo

Voshövel (14 km ↖)
** Landhotel Voshövel
Am Voshövel 1, ✉ 46514, ☎ (0 28 56) 9 14 00, Fax 7 44, AX DC ED VA
32 Zi, Ez: 115-185, Dz: 185-265, 1 App, ⌐ WC ☎, 20 🖃; 🅿 8⇌200 Fitneßraum Sauna Solarium ☙
Im Haupthaus auch Zimmer der Kategorie ***** vorhanden
** Hauptgericht 40; Biergarten

Scherstetten 70 ↗

Bayern — Kreis Augsburg — 614 m —
950 Ew — Augsburg 26, Mindelheim 28 km
🛈 ☎ (0 82 62) 16 00 — Gemeindeverwaltung, 86872 Scherstetten

Konradshofen
🛏 **Hubertus**
Hauptstr 47, ✉ 86872, ☎ (0 82 04) 3 03, Fax 3 03
9 Zi, Ez: 30-35, Dz: 60-70, 1 Suite; 🅿 🍽 ☙
geschl: Di, Mi

Scheßlitz 57 ↘

Bayern — Kreis Bamberg — 350 m —
7 000 Ew — Bamberg 20, Bayreuth 45 km
🛈 ☎ (0 95 42) 2 66, Fax 75 83 — Stadtverwaltung, Hauptstr 34, 96110 Scheßlitz.
Sehenswert: Kath. Kirche; Fachwerkhäuser; Burg Giech; Felsenkapelle Gügel

* Krapp
Oberend 3, ✉ 96110, ☎ (0 95 42) 80 66,
Fax 7 00 41
31 Zi, Ez: 50-75, Dz: 90-120, ⌐ WC ☎; 🅿
1⇌40 Kegeln Sauna Solarium
Im Gästehaus Zimmer der Kategorie ** vorhanden
* Hauptgericht 30; Terrasse;
geschl: Mi + So abends

Würgau (5 km →)
* Hartmann
Fränkische Schweiz Str 26, ✉ 96110,
☎ (0 95 42) 920300 + 920302, Fax 92 03 09
Hauptgericht 37; Biergarten 🅿; geschl: Di, 24.-12.-30.12.98
🛏 9 Zi, Ez: 55, Dz: 95, ⌐ WC; 2⇌100

Schieder-Schwalenberg 35 ↗

Nordrhein-Westfalen — Kreis Lippe — 200 m — 10 000 Ew — Bad Pyrmont 13, Detmold 22, Höxter 23 km
🄸 ☎ (0 52 82) 6 01 71, Fax 6 01 73 — Kurverwaltung, Schloß Schieder, Im Kurpark 1, 32816 Schieder-Schwalenberg; Kneipp-Kurort; Maler- und Trachtenstadt. Sehenswert: Hist. Stadtkern

Schieder - 123 m - Kneipp-Kurort
Sehenswert: Schloß mit Park

* **Landhaus Schieder mit Gästehaus**
♂ Domäne 1, ✉ 32816, ☎ (0 52 82) 9 80 90, Fax 16 46, AX ED VA
17 Zi, Ez: 108-118, Dz: 180-200, 6 App, ⊟ WC ☎ DFÜ, 4✉; Lift 🅿 2⇔50 ≋ Sauna Solarium
* Hauptgericht 30

Schierke 37 ↘

Sachsen-Anhalt — Kreis Wernigerode — 600 m — 950 Ew — Braunlage 8, Wernigerode 16 km
🄸 ☎ (03 94 55) 3 10, Fax 4 03 — Kurverwaltung, Brockenstr 10, 38879 Schierke. Sehenswert: Rathaus; Brocken 1142 m ◂; Schnarcherklippen

* **Täves Sporthotel**
Hermann-Löns-Weg 1, ✉ 38879, ☎ (03 94 55) 86 70, Fax 8 67 77
26 Zi, Ez: 90-130, Dz: 130-180, ⊟ WC ☎, 18✉; 🅿 1⇔35 ⌘

* **Andrä**
♂ Brockenstr 12, ✉ 38879, ☎ (03 94 55) 5 12 57, Fax 4 54
8 Zi, Ez: 75-85, Dz: 100-130, 1 Suite, 1 App, ⊟ WC ☎, 6✉; 🅿 ⌘ ⚓

Drei Annen Hohne (8 km →)
* **Parkhotel am Hohnekopf**
einzeln, Drei Annen Hohne, ✉ 38879, ☎ (03 94 55) 8 40, Fax 84-1 99
40 Zi, Ez: 95-125, Dz: 140-195, 2 Suiten, ⊟ WC ☎, 7✉; Lift 🅿 🚗 2⇔25 Sauna Solarium ⌘

Schifferstadt 54 ↓

Rheinland-Pfalz — Kreis Ludwigshafen — 103 m — 19 307 Ew — Speyer 10, Ludwigshafen 14 km
🄸 ☎ (0 62 35) 4 40, Fax 4 41 95 — Stadtverwaltung, Marktplatz 2, 67105 Schifferstadt. Sehenswert: Altes Rathaus

** **Salischer Hof**
Burgstr 12-14, ✉ 67105, ☎ (0 62 35) 93 10, Fax 93 12 00, AX ED VA
24 Zi, Ez: 90-150, Dz: 130-180, 1 Suite, ⊟ WC ☎ DFÜ, 🅿 2⇔25
** Hauptgericht 25

** **Kaufmann**
Bahnhofstr 81, ✉ 67105, ☎ (0 62 35) 49 60, Fax 49 62 99, AX DC ED VA
34 Zi, Ez: 95-130, Dz: 120-150, 1 Suite, ⊟ WC ☎, 9✉; 🅿 2⇔25
geschl: Ende Dez-Anfang Jan
** Hauptgericht 35; Gartenlokal; ✿ geschl: Sa, So abends, feiertags, Ende Dez-Anf Jan

* **Zur Kanne**
Kirchenstr 7, ✉ 67105, ☎ (0 62 35) 4 90 00, Fax 49 00 66, AX ED VA
38 Zi, Ez: 85, Dz: 130, 1 Suite, 1 App, ⊟ WC ☎; 🅿
geschl: 27.12.-3.1.
* Hauptgericht 20; Biergarten; nur abends; geschl: Di

Schildow 30 ↑

Brandenburg — Kreis Oranienburg — 66 m — 3 092 Ew — Berlin 10 km
🄸 ☎ (03 30 56) 8 41-0, Fax 8 18 84 — Amt Schildow, Liebenwalder Str 1, 16567 Mühlenbeck

** **Schildow**
Mühlenbecker Str 2, ✉ 16552, ☎ (03 30 56) 8 57 00, Fax 8 57 50, AX ED VA
34 Zi, Ez: 80-120, Dz: 100-150, ⊟ WC ☎, 3✉; 🅿 2⇔60; garni ⚓

Schillig siehe Wangerland

Schillingsfürst 63 ↘

Bayern — Kreis Ansbach — 543 m — 2 751 Ew — Rothenburg ob der Tauber 16, Feuchtwangen 16 km
🄸 ☎ (0 98 68) 8 00, Fax 98 62 33 — Verkehrsamt, Anton-Roth-Weg 9, 91583 Schillingsfürst; Erholungsort. Sehenswert: Schloß ◂ (2 km →); Museum

* **Die Post**
Flair Hotel
◂ Rothenburger Str 1, ✉ 91583, ☎ (0 98 68) 95 00, Fax 95 02 50, DC ED VA
13 Zi, Ez: 100, Dz: 96-180, ⊟ WC ☎, 3✉; 🅿 🚗 1⇔12 ⌘
Auch Zimmer der Kategorie ** vorhanden

Schiltach 60 ↘

Baden-Württemberg — Kreis Rottweil — 325 m — 4 100 Ew — Freudenstadt 27, Offenburg 49 km
🄸 ☎ (0 78 36) 58 50, Fax 58 58 — Verkehrsamt, Hauptstr 5, 77761 Schiltach; Luftkurort im Schwarzwald. Sehenswert: Marktplatz mit Rathaus; Fachwerkhäuser; Apothekenmuseum

Schleiden-Gemünd

* **Gasthof zum weyßen Rößle zu Schiltach**
Schenkenzeller Str 42, ✉ 77761, ☎ (0 78 36) 3 87, Fax 79 52, AX ED VA
Hauptgericht 25; geschl: So abends, Mo
** 8 Zi, Ez: 78, Dz: 130-140, ⊣WC ☎; 🅿 🚗

* **Gasthof Sonne**
Marktplatz 3, ✉ 77761, ☎ (0 78 36) 20 02, Fax 79 05, AX ED VA
Hauptgericht 20; 🅿 Terrasse; geschl: Do
* 8 Zi, Ez: 45-60, Dz: 82-120, ⊣WC ☎; 🚗

Schirgiswalde 41 ↓

Sachsen — Kreis Bautzen — 350 m — 3 200 Ew — Bautzen 12 km
🛈 ☎ (0 35 92) 3 48 97, Fax 3 48 97 — Tourist-Information, Sohlander Str 3 a, 02681 Schirgiswalde. Sehenswert: Laubenhaus; Pfarrkirche; Umgebindehäuser

* **Am Lärchenberg**
♁ Lärchenbergweg 2, ✉ 02681, ☎ (0 35 92) 36 60, Fax 3 68 55, AX DC ED VA
30 Zi, Ez: 50-65, Dz: 100-130, ⊣WC ☎; 🅿 2⟳25 4Tennis 🍽

Schkeuditz 39 ←

Sachsen — Kreis Leipziger Land — 118 m — 13 500 Ew
🛈 ☎ (03 42 04) 88-0, Fax 88-1 70 — Stadtverwaltung / Tourist-Information, Rathausplatz 3, 04435 Schkeuditz

** **Globana Airport Hotel Top International Hotel**
Frankfurter Str 4, ✉ 04435, ☎ (03 42 04) 3 33 33, Fax 3 33 34, AX DC ED VA
141 Zi, Ez: 120-213, Dz: 160-286, S; 5 Suiten, 12 App, ⊣WC ☎ DFÜ, 70✉, Lift 🅿 🚗 9⟳120 Fitneßraum Sauna Solarium 🍽 ⚓
Auch Zimmer der Kategorie *** vorhanden. Haus mit großzügigem Tagungs- und Veranstaltungs-Center

Schlangenbad 44 ↙

Hessen — Rheingau-Taunus-Kreis — 320 m — 7 200 Ew — Wiesbaden 12 km
🛈 ☎ (0 61 29) 88 21, Fax 40 73 — Kur- und Verkehrsverein, Landgrafenplatz, 65388 Schlangenbad; Erholungsort und Heilbad im westlichen Taunus

*** **Parkhotel Schlangenbad City Line & Country Line Hotels**
♁ Rheingauer Str 47, ✉ 65388, ☎ (0 61 29) 4 20, Fax 4 14 20, AX ED VA
88 Zi, Ez: 185-263, Dz: 280-350, 7 Suiten, ⊣WC ☎; Lift 🅿 🚗 8⟳150 ≋ ♨ Fitneßraum Sauna Solarium ⚓
Direkter Zugang zum öffentlichen Thermalbad
*** **Les Thermes**
Hauptgericht 35

* **Sonnenhof mit Gästehaus Rheingauer Hof**
♁ Mühlenstr 8, ✉ 65388, ☎ (0 61 29) 50 54-0, Fax 20 72, AX DC ED VA
24 Zi, Ez: 90, Dz: 120-160, ⊣WC ☎, 2✉; 🅿; garni
geschl: 19.12.-6.1.

Schleching 73 ↙

Bayern — Kreis Traunstein — 570 m — 1 750 Ew — Reit im Winkl 15, Prien 24, Kufstein 34 km
🛈 ☎ (0 86 49) 2 20, Fax 13 30 — Verkehrsamt, Schulstr 4, 83259 Schleching; Luftkurort und Wintersportplatz. Sehenswert: Streichenkapelle, 810 m ⛷ (3 km ↘), Paß Klobenstein ⛷ (4 km ↓); hist. Hammerschmiede

* **Zur Post**
Kirchplatz 7, ✉ 83259, ☎ (0 86 49) 12 14, Fax 13 32
28 Zi, Ez: 67-100, Dz: 104-170, ⊣WC ☎; 🅿 2⟳150 Sauna Solarium 🍽
Auch Zimmer der Kategorie ** vorhanden

Schleiden-Gemünd 42 □

Nordrhein-Westfalen — Kreis Euskirchen — 450 m — 14 000 Ew — Monschau 24, Euskirchen 33 km
🛈 ☎ (0 24 44) 20 11, Fax 16 41 — Touristik Schleidener Tal e. V. Verkehrsa. Gmünd, Kurhausstr 6, 53937 Schleiden. Sehenswert: Kath. Kirche: Glasgemälde, Orgel; kath. Kirche in Olef (2 km ↑)

Gemünd (Kneipp-Kurort, 6 km ↑)

** **Katharinenhof**
♁ Am Kurpark 5, ✉ 53937, ☎ (0 24 44) 86 90, Fax 16 15, AX DC ED VA
45 Zi, Ez: 75, Dz: 130, ⊣WC ☎; Sauna Solarium

** **Akzent-Hotel Friedrichs**
Alte Bahnhofstr 16, ✉ 53937, ☎ (0 24 44) 95 09 50, Fax 95 09 40, AX DC ED VA
19 Zi, Ez: 95-110, Dz: 140-160, 4 Suiten, ⊣WC ☎ DFÜ, 4✉; Lift 🅿 🚗 2⟳40 Fitneßraum Sauna Solarium ⚓
Auch Zimmer der Kategorie * vorhanden
* Hauptgericht 28; Terrasse; geschl: Di

* **Kurpark-Hotel**
♁ Parkallee 1, ✉ 53937, ☎ (0 24 44) 17 29, Fax 87 71
20 Zi, Ez: 60-70, Dz: 105-120, ⊣WC ☎ DFÜ; 🅿 Sauna Solarium; garni
geschl: Nov

→

Schleiden-Gemünd

* Haus Salzberg
♂ Am Lieberg 31, ✉ 53937, ☎ (0 24 44) 4 94,
Fax 34 55, AX ED VA
10 Zi, Ez: 73, Dz: 116, 2 Suiten, ⌐ WC ☎, P
1⇔25 Fitneßraum Sauna Solarium ⑲
Rezeption: 8-14, 17-22; geschl: Anfang Nov

* Zum Urfttal
Alte Bahnhofstr 12, ✉ 53937, ☎ (0 24 44)
95 95-0, Fax 95 95-50, ED
18 Zi, Ez: 70-85, Dz: 106-130, ⌐ WC ☎; Lift
P 1⇔30 Fitneßraum
geschl: 5.-22.1.
Restaurant für Hausgäste

** Ketterer's Parkrestaurant
Kurhausstr 5, ✉ 53937, ☎ (0 24 44) 27 76,
Fax 89 01
Hauptgericht 30; P Terrasse; geschl: Mo

Schleiz 48→

Thüringen — Kreis Schleiz — 440 m —
7 668 Ew — Hof 47 km
ℹ — Reisebüro, Neumarkt 15-17,
07907 Schleiz. Sehenswert: Pfarrkirche St.
Georg; Bergkirche; Schloßruine; „Alte-
Münze"; Schleizer-Dreieck-Rennen

Heinrichsruh
** Luginsland
Flair Hotel
Am Schleizer Dreieck 8, ✉ 07907,
☎ (0 36 63) 4 80 50, Fax 48 05 40, ED VA
18 Zi, Ez: 80-110, Dz: 120-160, ⌐ WC ☎,
1✉; P 🚘 Sauna Solarium ⑲
Auch Zimmer der Kategorie * vorhanden

Schlema 49→

Sachsen — Kreis Aue — 450 m — 5 595 Ew
— Aue 4 km
ℹ ☎ (0 37 71) 29 02 12 — Fremdenverkehrsamt, Markus-Semmler-Str 73,
08301 Schlema. Sehenswert: Markus-
Semmler-Stollen; Heil- u. Besucherbergwerk Schacht 371; Lichtloch 15; Auferstehungskirche Oberschlema; Martin-Luther-
Kirche

* Parkhotel
Markus-Semmler-Str 73, ✉ 08301,
☎ (0 37 72) 35 40, Fax 35 42 69, AX ED VA
34 Zi, Ez: 75-95, Dz: 110-130, 4 Suiten, ⌐
WC ☎; P 1⇔25
Auch Zimmer der Kategorie * vorhanden
*   Hauptgericht 20

* Sachsenhof
Schneeberger Weg 25, ✉ 08301,
☎ (0 37 72) 2 06 14, Fax 2 22 98
14 Zi, Ez: 76, Dz: 120, ⌐ WC ☎, 2✉; ⑲
geschl: Fr, 20.7.-10.8.

Schlepzig 31↙

Brandenburg — Lübben — 46 m — 640 Ew
— Lübben 9 km
ℹ ☎ (0 35 47) 2 65 — Gemeindeverwaltung,
Bergstr Nr 7, 15910 Schlepzig

** Landgasthof
Zum grünen Strand der Spree
♂ Dorfstr 53, ✉ 15910, ☎ (03 54 72) 66 20,
Fax 4 73,
25 Zi, Ez: 110-160, Dz: 149-190, 2 Suiten, ⌐
WC ☎; P 2⇔15 Seezugang
*   Hauptgericht 25; Terrasse

Schleswig 10↖

Schleswig-Holstein — Kreis Schleswig-
Flensburg — 56 m — 27 000 Ew —
Kiel 50 km
ℹ ☎ (0 46 21) 2 48 78, Fax 2 07 03 — Touristinformation, Plessenstr 7, 24837 Schleswig; Kreisstadt an der Schlei; Schleswig-
Holsteinisches Landestheater. Sehenswert:
Dom mit Bordesholmer Altar von Brügge-
mann; St.-Johannis-Kloster; Schloß Got-
torf: Schleswig-Holsteinische Landesmu-
seen und Archäologisches Landesmuseum: Nydam-Boot; Städt. Museum;
Fischerhäuser auf dem „Holm"; Haddeby ◄⑧
(2 km↑); Wikinger Museum Haithabu und
Ringwall; Danewerk

*** Waldschlößchen
einzeln ♂ Kolonnenweg 152 (außer-
hab A 3), ✉ 24837, ☎ (0 46 21) 38 32 83,
Fax 38 31 05, AX DC ED VA
125 Zi, Ez: 105-160, Dz: 145-210, 1 Suite, ⌐
WC ☎, 20✉; Lift P 5⇔300 🎳 Kegeln Sauna
Solarium
Auch einfachere Zimmer vorhanden
**   Hauptgericht 27; Terrasse

* Ringhotel Strandhalle
◄⑧ Strandweg 2 (B 3), ✉ 24837, ☎ (0 46 21)
90 90, Fax 90 91 00, AX DC ED VA
25 Zi, Ez: 125-159, Dz: 170-210, ⌐ WC ☎,
4✉; P 🚘 1⇔ 🎳 Seezugang Solarium 🚗
*   ◄⑧ Hauptgericht 25

* Waldhotel am Schloß Gottorf
♂ ◄⑧ Stampfmühle 1, ✉ 24837, ☎ (0 46 21)
2 32 88, Fax 2 32 89, AX ED
9 Zi, Ez: 95, Dz: 145-165, ⌐ WC ☎; 🚘
1⇔100 ⑲
geschl: Do (nur Mitte Okt-Mitte März)

** Olschewski's   ✿
Hafenstr 40 (C 3), ✉ 24837, ☎ (0 46 21)
2 55 77, Fax 2 21 41, AX ED VA
Hauptgericht 30; geschl: Di, Mitte Jan-
Ende Feb

Schliersee

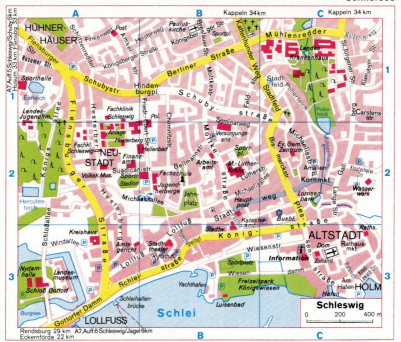

Schleusingen 47 ☐

Thüringen — Kreis Hildburghausen —
400 m — 5 700 Ew — Hildburghausen 10,
Suhl 14 km

ℹ ☎ (03 68 41) 3 30 20, Fax 4 17 11 — Fremdenverkehrsbüro, Markt 9, 98553 Schleusingen

✱ **Zum Goldenen Löwen**
Markt 22, ✉ 98553, ☎ (03 68 41) 4 23 53,
Fax 4 13 20, AX ED
9 Zi, Ez: 60-65, Dz: 90-95, ⌐ WC ☎; 🅿 ❘❘❘

Schleusingerneundorf 47 ☐

Thüringen — 768 Ew — Schmiedefeld 8,
Suhl 11 km

ℹ ☎ (03 68 41) 4 77 21 — Gemeinde Nahetal/Verwaltungsstelle, Schleusingerneundorf, Hauptstr 21, 98553 Schleusingerneundorf

✱ **Engertal**
Hauptstr 131, ✉ 98553, ☎ (03 68 41)
4 14 97, Fax 4 74 03, AX ED VA
7 Zi, Ez: 55-70, Dz: 90-110, 1 App, ⌐ WC ☎;
🅿 2⇄25 ❘❘❘ ⚓

34 ☐ Der Ort befindet sich im Reisekartenteil auf Seite 34 im mittleren Planfeld.

Schliengen 67 ↙

Baden-Württemberg — Kreis Lörrach —
265 m — 4 700 Ew — Müllheim 7, Basel 28 km

ℹ ☎ (0 76 35) 31 09 11, Fax 31 09 27 — Bürgermeisteramt, Wasserschloß Entenstein, 79418 Schliengen. Sehenswert: Kath. Kirche; Wasserschloß Entenstein; Barockschloß Bürgeln

Obereggenen (6 km →)
🛏 **Landhotel Winzerhof Rebstock**
Kanderner Str 4, ✉ 79418, ☎ (0 76 35) 12 89,
Fax 88 44
8 Zi, Ez: 56-62, Dz: 88-98, 3 Suiten, ⌐ WC; 🅿
🚗 ❘❘❘
geschl: 15.6.-4.7., 10.11.-15.12.
Eigene Weine und Schnäpse

Schliersee 72 ↘

Bayern — Kreis Miesbach — 800 m —
7 000 Ew — Miesbach 8, Rosenheim 36 km

ℹ ☎ (0 80 26) 60 65-0, Fax 60 65-20 — Kurverwaltung, Bahnhofstr 11 a, 83727 Schliersee; Luftkurort und Wintersportplatz.
Sehenswert: Kath. Pfarrkirche; Rathaus →

Schliersee

*** Arabella Schliersee-Hotel
♂ Kirchbichlweg 18, ✉ 83727, ☎ (0 80 26) 60 80, Fax 60 88 11, AX DC ED VA
58 Zi, Ez: 150-170, Dz: 175-195, 33 App., 🛁 WC 📺, 5🛏; Lift 🚗 7✧120 ≋ Sauna Solarium
** Hauptgericht 30

* Gästehaus Lechner am See
♂ ⛵ Seestr 33, ✉ 83727, ☎ (0 80 26) 9 43 80, Fax 94 38 99
12 Zi, Ez: 70-90, Dz: 70-85, 🛁 WC 📺; Lift Strandbad Seezugang Fitneßraum Sauna Solarium; garni

* Gästehaus Am Kurpark
♂ ⛵ Gartenstr 7, ✉ 83727, ☎ (0 80 26) 9 40 30, Fax 27 43
29 Zi, Ez: 90, Dz: 120-150, 🛁 WC 📺; 🅿 🚗 Solarium
Restaurant für Hausgäste

* Reiter
♂ ⛵ Rißeckstr 8, ✉ 83727, ☎ (0 80 26) 40 57, Fax 40 59
29 Zi, Ez: 100-130, Dz: 180-210, 1 Suite, 3 App., 🛁 WC 📺; 🅿 🚗 1✧25 ≋ Fitneßraum Sauna Solarium
geschl: Mitte Nov-20.12.
Restaurant für Hausgäste

* Seeblick
♂ ⛵ Carl-Schwarz-Str 1, ✉ 83727, ☎ (0 80 26) 40 31, Fax 40 33, VA
19 Zi, Ez: 80-100, Dz: 130-180, 1 Suite, 🛁 WC 📺; 🅿 🚗 Sauna Solarium ☎
Restaurant für Hausgäste

* Terofal
Xaver-Terofal-Platz 2, ✉ 83727, ☎ (0 80 26) 40 45, Fax 26 76
22 Zi, Ez: 80-115, Dz: 130-170, 4 Suiten, 🛁 WC 📺; 🅿 🚗 1✧25 🍴

* Zum Schatzl
Kalkgraben 1, ✉ 83727, ☎ (0 80 26) 63 77, Fax 63 56
Hauptgericht 35; Gartenlokal 🅿; nur abends, sa, so + feiertags auch mittags; geschl: Im Winter Mi

Neuhaus (4 km ↓)

* Gästehaus Hubertus
⛵ Bayrischzeller Str 8, ✉ 83727, ☎ (0 80 26) 7 10 35, Fax 7 19 58
19 Zi, Ez: 85, Dz: 110-150, 🛁 WC 📺; 🅿 🚗 Sauna Solarium; garni ☎

** Sachs
Neuhauser Str 12, ✉ 83727, ☎ (0 80 26) 72 38, Fax 7 19 58, AX ED
Hauptgericht 25; 🅿 Terrasse; geschl: Mo

Spitzingsee (10 km ↓)

*** Arabella Alpenhotel am Spitzingsee
♂ ⛵ Seeweg 5, ✉ 83727, ☎ (0 80 26) 79 80, Fax 79 88 79, AX DC ED VA
109 Zi, Ez: 190-270, Dz: 235-355, 13 Suiten, 🛁 WC 📺, 27🛏; Lift 🅿 🚗 9✧160 ≋ Strandbad Seezugang Fitneßraum Kegeln Sauna Solarium 1Tennis ☎
Rezeption: 12-14, 19-21
** ⛵ Hauptgericht 30; Terrasse

Schlitz   46 ←

Hessen — Vogelsbergkreis — 240 m — 10 300 Ew — Fulda 20, Bad Hersfeld 28 km
ℹ ☎ (0 66 42) 9 70 60, Fax 9 70 56 — Verkehrsamt, An der Kirche 4, 36110 Schlitz; Erholungsort. Sehenswert: ev. Kirche; Marktplatz; Fachwerkhäuser; Vorderburg: Glockenspiel 15 + 17 Uhr; Hinterburg: Turm ⛵ Aufzug; Schachtenburg: Portal; Ottoburg; Schloß Hallenburg; ev. Kirche: Wandgemälde, im Stadtteil Fraurombach (5 km →)

* Vorderburg
♂ ⛵ An der Vorderburg 1, ✉ 36110, ☎ (0 66 42) 9 63 00, Fax 96 30 80, AX DC ED VA
28 Zi, Ez: 80-95, Dz: 120-130, 🛁 WC 📺 DFÜ; Lift 🅿 2✧35
* Hauptgericht 23; Terrasse; geschl: Mi, 2 Wochen im Jan

Schloß Holte-Stukenbrock 35 ↖

Nordrhein-Westfalen — Kreis Gütersloh — 146 m — 24 000 Ew — Gütersloh 15, Bielefeld 18, Paderborn 29 km
ℹ ☎ (0 52 07) 8 90 50, Fax 89 05 41 — Gemeindeverwaltung, Rathausstr 2, 33758 Schloß Holte-Stukenbrock. Sehenswert: Schloß; Barockkirche; Großwild-Safari-Land; Tausendjährige Eiche

Stukenbrock

* Westhoff
Hauptstr 24, ✉ 33758, ☎ (0 52 07) 9 11 00, Fax 91 10 51, AX ED VA
34 Zi, Ez: 100, Dz: 140, 2 Suiten, 🛁 WC 📺, 8🛏; Lift 🅿 Kegeln 18Golf 🍴

Schluchsee   67 ↘

Baden-Württemberg — Kreis Breisgau-Hochschwarzwald — 930 m — 2 700 Ew — Neustadt im Schwarzwald 21, Freiburg 47 km
ℹ ☎ (0 76 56) 77 32, Fax 77 59 — Kurverwaltung, Fischbacher Str 7, 79859 Schluchsee; Heilklimatischer Kurort. Sehenswert: Riesenbühl, 1097 m ⛵ (2 km ↑)

Schmalkalden

*** Vier Jahreszeiten
♂ ⋅≼ Am Riesenbühl 13, ⊠ 79859,
☎ (0 76 56) 7 00, Fax 7 03 23, AX DC ED VA
216 Zi, Ez: 190-240, Dz: 352-476, 4 Suiten,
122 App, ⇨ WC ☎; Lift 🅿 🚗 9⇨180 ≋ ≘
Fitneßraum Sauna Solarium 18 Golf 9 Tennis
🍴
geschl: 24.11.-4.12.
Zimmerpreise inkl. Halbpension
* **Kachelofen**
Hauptgericht 32; Terrasse; geschl: So + Mo
mittags, 29.11.-4.12.

** Heger's Silence-Parkhotel Flora
♂ Sonnhalde 22, ⊠ 79859, ☎ (0 76 56)
9 74 20, Fax 14 33, AX DC ED VA
35 Zi, Ez: 100-130, Dz: 150-230, 3 App, ⇨
WC ☎; 🅿 🚗 1⇨20 ≘ Fitneßraum Sauna
Solarium ⴹ 🍴
geschl: 15.11.-16.12.

** Mutzel
im Wiesengrund 3, ⊠ 79859, ☎ (0 76 56)
5 56, Fax 91 75, AX ED VA
24 Zi, Ez: 70-80, Dz: 130-170, 2 App, ⇨ WC
☎; Lift 🅿 🚗 Sauna Solarium
geschl: Mo, 15.11.-18.12.
* **Schmalztöpfle**
Hauptgericht 32; Terrasse; nur abends,
so + feiertags auch mittags; geschl: Mo,
15.11.-18.12.

Aha (4 km ↖)
** Auerhahn
⋅≼ Vorderaha 4, ⊠ 79859, ☎ (0 76 56) 5 42,
Fax 92 70
70 Zi, Ez: 90-110, Dz: 150-190, ⇨ WC ☎,
50 🛏; Lift 🅿 2⇨50 Seezugang Fitneßraum
Sauna Solarium 2 Tennis 🍴
* Hauptgericht 35; Terrasse; nur
abends, So auch mittags

Seebrugg (2 km ↖)
** Seehotel Hubertus
einzeln ⋅≼ Haus Nr 16, ⊠ 79859, ☎ (0 76 56)
5 24, Fax 2 61, VA
14 Zi, Ez: 69-89, Dz: 118-178, 2 Suiten, ⇨
WC ☎; 🅿 🚗 1⇨25 Strandbad Seezugang
Fitneßraum Sauna Solarium
geschl: 1.11.-20.12., 10.1.-31.3.
1897 gebautes Jagdschloß. Denkmalgeschützt. Auf einem Felsvorsprung in den
Schluchsee hineinragend
** ⋅≼ Hauptgericht 30; Terrasse;
geschl: 1.11.-20.12., 1.1.-31.3.

Schlüchtern 46 ↙

Hessen — Main-Kinzig-Kreis — 300 m —
16 500 Ew — Fulda 28, Gelnhausen 32 km
ℹ️ ☎ (0 66 61) 85 17, Fax 85 47 — Verkehrsbüro, Unter den Linden 1, 36381 Schlüchtern; Luftkurort im Kinzigtal. Sehenswert:
Benediktinerkloster; Schloß Romholz;
Bergwinkelmuseum; Burg Brandenstein
mit Holzgerätemuseum

* Elisa
♂ ⋅≼ Zur Lieserhöhe 14, ⊠ 36381,
☎ (0 66 61) 80 94, Fax 80 96, ED VA
9 Zi, Ez: 61-95, Dz: 112-130, 1 Suite, 1 App,
⇨ WC ☎; 🅿 🚗 Sauna Solarium; **garni**
Rezeption: 7-13, 15-22; geschl: Ende Dez-
Anfang Jan

Schlüsselfeld 56 →

Bayern — Kreis Bamberg — 310 m —
5 600 Ew — Höchstadt a. d. Aisch 18, Bamberg 29 km
ℹ️ ☎ (0 95 52) 9 22 20, Fax 92 22 30 — Stadtverwaltung, Marktplatz 5, 96132 Schlüsselfeld; Stadt im Steigerwald. Sehenswert:
Marienkapelle, Altar

* Gasthof zum Storch Minotel
Marktplatz 20, ⊠ 96132, ☎ (0 95 52) 92 40,
Fax 92 41 00, AX ED VA
57 Zi, Ez: 67-80, Dz: 108-140, ⇨ WC ☎, 8 🛏;
Lift 🅿 🚗 3⇨70 Solarium 9 Golf ⴹ 🍴
Im Gästehaus Hotel Storch Zimmer der
Kategorie ** vorhanden

Schmalkalden 47 ↖

Thüringen — Schmalkalden-Meiningen —
300 m — 18 000 Ew — Meiningen 24, Eisenach 39 km
ℹ️ ☎ (0 36 83) 40 31 82, Fax 40 31 82 —
Schmalkalden-Information, Mohren-
gasse 2, 98574 Schmalkalden; Fachwerkstadt im Thüringer Wald. Sehenswert:
Renaissanceschloß Wilhelmsburg mit
Schloßkapelle und Museum; Stadtkirche
St. Georg; steinerne Kemenaten; Luther-
haus; Schaubergwerk Asbach, Techn.
Museum „Neue Hütte"

* Jägerklause
♂ Pfaffenbach 45, ⊠ 98574, ☎ (0 36 83)
60 01 43, Fax 60 45 13, ED VA
38 Zi, Ez: 75-80, Dz: 120-150, ⇨ WC ☎, 4 🛏;
Lift 🅿 2⇨40
* Hauptgericht 22

* Pension Noblesse
Rötweg 8, ⊠ 98574, ☎ (0 36 83) 48 83 01,
Fax 48 83 02, ED
10 Zi, Ez: 60-90, Dz: 135-140, 1 Suite, 1 App,
⇨ WC ☎; 🅿 ≋; **garni**

Schmalkalden-Außerhalb (4 km ↑)
* Silence-Waldhotel im Ehrental
einzeln ♂ Im Ehrental, ⊠ 98574, ☎ (0 36 83)
68 90, Fax 68 91 99, ED
50 Zi, Ez: 95-120, Dz: 140-180, 2 App, ⇨ WC
☎, 14 🛏; Lift 🅿 3⇨60 Sauna Solarium ⴹ
🍴
→

Schmalkalden

Schmalkalden-Außerhalb (4 km ↓)
** Henneberger Haus
einzeln ♂ ◄ Notstr, ✉ 98574, ☎ (0 36 83)
6 50 00, Fax 65 00-1 99, AX DC ED VA
48 Zi, Ez: 80-190, Dz: 120-190, 1 Suite, ⌐
WC ☏, 2✉; Lift 🅿 🚗 3⇔80 Bowling Fitneßraum Sauna Solarium 2Tennis 🍽
Restaurant für Hausgäste

Schmallenberg 34 ↘

Nordrhein-Westfalen — Hochsauerlandkreis — 500 m — 28 000 Ew — Winterberg 27, Meschede 33 km
🛈 ☎ (0 29 72) 9 74 00, Fax 97 40 26 —
Gästeinformation Schmallenberger Sauerland, Poststr. 7, 57392 Schmallenberg; Luftkurort und Wintersportplatz im Rothaargebirge. Sehenswert: Kath. Kirche: Wandmalereien, im Stadtteil Berghausen (8 km ↘);
kath. Kirche in Wormbach (4 km ←); ehem.
Abtei im Stadtteil Grafschaft (3 km →);
Wilzenberg, 659 m ◄ (4 km →)

** Ringhotel Störmann
◄ Weststr 58, ✉ 57392, ☎ (0 29 72) 9 99-0,
Fax 9 99-1 24, AX DC ED VA
36 Zi, Ez: 79-125, Dz: 160-250, S; 1 Suite, ⌐
WC ☏; Lift 🅿 🚗 1⇔30 🏊 Fitneßraum
Sauna Solarium 🍽
geschl: So ab 14.30, 19.-26.12., 28.2.-25.3.
** Alte Posthalterei
Hauptgericht 29; Terrasse; geschl: So bis
15, 19.-26.12., 28.2.-25.3.

Bad Fredeburg (Kneippkurort, 8 km ↗)
* Kleins Wiese
einzeln ♂ ✉ 57392, ☎ (0 29 74) 3 76,
Fax 51 15
19 Zi, Ez: 70-120, Dz: 150-240, 1 App, ⌐ WC
☏, 2✉; 🅿 🚗 2⇔25 Fitneßraum Sauna
Solarium 🍴
geschl: 15.-27.12.

Fleckenberg (2 km ↙)
** Landgasthof Hubertus
♂ ◄ Latroper Str 24, ✉ 57392, ☎ (0 29 72)
50 77, Fax 17 31
26 Zi, Ez: 79-118, Dz: 152-222, 2 App, ⌐ WC
☏, 20✉; Lift 🅿 🚗 15 Sauna Solarium 🍽
geschl: 7.-26.12.
* ◄ Hauptgericht 29; Biergarten
Terrasse; geschl: 7.12.-26.12.

Grafschaft (Luftkurort, 3 km →)
** Maritim Hotel Grafschaft
♂ ◄ An der Almert 11, ✉ 57392, ☎ (0 29 72)
30 30, Fax 30 31 68, AX DC ED VA
102 Zi, Ez: 129-204, Dz: 198-278, S; 9 Suiten,
5 App, ⌐ WC ☏; Lift 🅿 🚗 9⇔250 🏊 Kegeln
Sauna Solarium 1Tennis
** Hochsauerland und
      Jagdstübchen
◄ Hauptgericht 25; Terrasse

Jagdhaus (7 km ↓)
** Jagdhaus Wiese
♂ ◄ ✉ 57392, ☎ (0 29 72) 30 60,
Fax 30 62 88
53 Zi, Ez: 93-196, Dz: 170-318, 13 Suiten, ⌐
WC ☏; Lift 🅿 🚗 🏊 Fitneßraum Sauna
Solarium 1Tennis
geschl: 22.11.-27.12.
** ◄ Hauptgericht 30; Gartenlokal
Terrasse; geschl: 22.11.-27.12.
Überwiegend Mittagstisch. Ab 18.30 Uhr
nur auf Voranmeldung

* Gasthaus Tröster
♂ Jagdhaus 7, ✉ 57392, ☎ (0 29 72)
97 30-0, Fax 97 30-1 30
20 Zi, Ez: 67-99, Dz: 138-188, ⌐ WC ☏; Lift
🅿 Solarium 🍴 🍽
geschl: 20.11.-27.12.

Latrop (8 km ↘)
* Hanses-Bräutigam
♂ Haus Nr 27, ✉ 57392, ☎ (0 29 72) 99 00,
Fax 99 02 22, AX DC ED VA
20 Zi, Ez: 85-111, Dz: 166-220, 2 Suiten, ⌐
WC ☏; Lift 🅿 🏊 Sauna Solarium 🍽
geschl: 16.11.-25.12.
* Hauptgericht 30; geschl: 16.11.-
25.12.

* Gasthof Zum Grubental
♂ Haus Nr 5, ✉ 57392, ☎ (0 29 72) 63 27,
Fax 28 73
16 Zi, Ez: 67-74, Dz: 122-142, ⌐ WC ☏; 🅿
Sauna 🍴

Nordenau (Luftkurort, 11 km →)
** Kur- und Sporthotel Gnacke
♂ ◄ Astenstr 6, ✉ 57392, ☎ (0 29 75) 8 30,
Fax 8 31 70
58 Zi, Ez: 85-152, Dz: 164-272, 12 App, ⌐
WC ☏; Lift 🅿 🚗 2⇔30 🏊 Fitneßraum
Sauna Solarium 9Golf 🍽
geschl: 29.11.-25.12.
Auch Zimmer der Kategorie *** verfügbar
** Kutscherstuben
Hauptgericht 30; Terrasse

Oberkirchen (7 km →)
*** Landhotel Gasthof Schütte
♂ Eggeweg 2, ✉ 57392, ☎ (0 29 75) 8 20,
Fax 8 25 22, AX DC ED VA
55 Zi, Ez: 112-173, Dz: 188-357, 4 Suiten, ⌐
WC ☏; Lift 🅿 🚗 1⇔40 ≋ 🏊 Sauna
Solarium 18Golf 🍽
geschl: 22.11.-26.12.
Auch Zimmer der Kategorie ** vorhanden
** Hauptgericht 35;   ✿
geschl: 22.11.-26.12.

* Gasthof Schauerte
Alte Poststr 13, ✉ 57392, ☎ (0 29 75) 3 75,
Fax 3 37, ED VA
Hauptgericht 23; Biergarten 🅿 Terrasse;
geschl: Mo, 15.11.-26.12.
⌂ 13 Zi, Ez: 56-80, Dz: 112-170;
Sauna

Schmitten

Ohlenbach (14 km →)
** Silence-Waldhaus Ohlenbach
einzeln ♂ ⭐ ✉ 57392, ☎ (0 29 75) 8 40,
Fax 84 48, AX DC ED VA
48 Zi, Ez: 110-150, Dz: 220-300, 2 Suiten, ⌐
WC ☎; Lift 🅿 🖃 2⇌20 ⌂ Sauna Solarium
18Golf 1Tennis ⚓
geschl: Mitte Nov - Mitte Dez
Auch Zimmer der Kategorie ******* vorhanden
*** Schneiderstube
⭐ einzeln Hauptgericht 45; Terrasse;
geschl: Mitte Nov - Mitte Dez

Sellinghausen (12 km ↑)
** Stockhausen
♂ ⭐ ✉ 57392, ☎ (0 29 71) 31 20,
Fax 31 21 02
72 Zi, Ez: 100-163, Dz: 192-290, 2 Suiten, ⌐
WC ☎; Lift 🅿 🖃 6⇌80 ≋ ⌂ Fitneßraum
Kegeln Sauna Solarium 18Golf 1Tennis ⚓
Rezeption: 7.30-20
Auch Zimmer der Kategorie ******* vorhanden
*   Hauptgericht 35; Biergarten Bowling Terrasse

Westernbödefeld (18 km ↗)
* Zur Schmitte
Am Roh 2, ✉ 57392, ☎ (0 29 77) 2 68,
Fax 70 90 91, ED VA
15 Zi, Ez: 45-65, Dz: 80-120, 1 Suite, 1 App,
⌐ WC ☎; Lift 🅿 🖃 Sauna Solarium 1Tennis
🍴 ⚓
geschl: 17.11.-14.12.

Westfeld (11 km →)
* Bischof
♂ Am Birkenstück 3, ✉ 57392, ☎ (0 29 72)
9 66 00, Fax 96 60 70
17 Zi, Ez: 58, Dz: 106-136, ⌐ WC ☎; 🅿 🖃
Sauna Solarium 18Golf
geschl: Mi, 14.-25.12., 22.-31.3.

Westfeld-Außerhalb (3 km →)
**** Ringhotel Berghotel
          Hoher Knochen**
einzeln ♂ ⭐ ✉ 57392, ☎ (0 29 75) 8 50,
Fax 4 21, AX DC ED VA
60 Zi, Ez: 97-153, Dz: 180-330, S; 5 Suiten,
⌐ WC ☎; Lift 🅿 🖃 3⇌120 ⌂ Fitneßraum
Sauna Solarium 18Golf 🍴 ⚓
geschl: 6.-21.12.
Im Haus Rothaarblick Zimmer der Kategorie
**** vorhanden

Winkhausen (5 km →)
***** Deimann Zum Wilzenberg
            Wellness Hotel**
Haus Nr 5, ✉ 57392, ☎ (0 29 75) 8 10,
Fax 8 12 89, AX
54 Zi, Ez: 99-200, Dz: 170-324, 1 Suite,
18 App, ⌐ WC ☎, 9✉; Lift 🅿 🖃 1⇌30 ⌂
Fitneßraum Kegeln Sauna Solarium 18Golf
1Tennis ⚓
Restaurant für Hausgäste; Auch Zimmer
der Kategorie ******** vorhanden
** Hauptgericht 45; Terrasse

Schmiedeberg, Bad   39 ↑

Sachsen-Anhalt — Kreis Wittenberg —
90 m — 4 300 Ew — Bad Düben 15, Wittenberg 23 km
ℹ ☎ (03 49 25) 7 02 95, Fax 7 03 01 — Kur-
und Tourismusinformation, Eilenburger
Str 2a, 06905 Bad Schmiedeberg; Kur- und
Erholungsort im Naturpark Dübener Heide

** Griedel
Dommitzscher Str 36 d, ✉ 06905,
☎ (03 49 25) 7 11 67, Fax 7 11 70, AX DC ED VA
36 Zi, Ez: 85-98, Dz: 110-138, ⌐ WC ☎, 4✉;
Lift 🅿 1⇌60

** Park Hotel
Dommitzscher Str 3, ✉ 06905, ☎ (03 49 25)
67-0, Fax 6 71 67, AX DC ED VA
54 Zi, Ez: 100, Dz: 120-135, 2 Suiten, ⌐ WC
☎, 23✉; Lift 🅿 🖃 1⇌30 Kegeln 🍴 ⚓

Schmiedefeld a. Rennsteig
47 ▫

Thüringen — Ilmkreis — 830 m — 2 220 Ew
— Suhl 10, Ilmenau 15, Schleusingen 15 km
ℹ ☎ (03 67 82) 6 13 24, Fax 6 13 24 — Fremdenverkehrsamt, Suhler Str 4,
98711 Schmiedefeld; Erholungsort

* Rennsteighotel Grüner Baum
Suhler Str 3, ✉ 98711, ☎ (03 67 82) 6 12 77,
Fax 6 17 49, AX DC ED VA
10 Zi, Ez: 75, Dz: 98-120, ⌐ WC ☎; 🅿
Solarium
*   Hauptgericht 18

* Pension im Kurpark
einzeln ♂ Friedrichsweg 21, ✉ 98711,
☎ (03 67 82) 63 60, Fax 6 36 45
15 Zi, Ez: 65-85, Dz: 95-120, ⌐ WC ☎, 5✉;
🅿 🖃 2⇌25 Sauna 🍴

* Gastinger
Ilmenauer Str 21, ✉ 98711, ☎ (03 67 82)
6 13 63, Fax 6 17 02, ED
11 Zi, Ez: 80, Dz: 105, 1 Suite, 1 App, ⌐ WC
☎; 🅿 Sauna Solarium 🍴

Schmitten   44 ↘

Hessen — Hochtaunuskreis — 500 m —
8 000 Ew — Königstein 13, Oberursel 18,
Idstein 19 km
ℹ ☎ (0 60 84) 4 60, Fax 46 46 — Verkehrsamt, Parkstr 2, 61389 Schmitten im Taunus;
Luftkurort im Hochtaunus. Sehenswert:
Großer Feldberg 880 m ⭐ (9 km ↓)

** Kurhaus Ochs
Kanonenstr 6, ✉ 61389, ☎ (0 60 84) 4 80,
Fax 48 80, AX ED VA
40 Zi, Ez: 95-155, Dz: 140-220, 5 App, ⌐ WC
☎ DFÜ, 2✉; Lift 🅿 5⇌60 ⌂ Fitneßraum
Kegeln Sauna Solarium 18Golf ⚓
** Hauptgericht 25; Biergarten Terrasse

Schmölln 49 ↑

Thüringen — Kreis Altenburger Land —
211 m — 13 500 Ew — Altenburg 12, Gera
19 km
ℹ️ ☎ (03 44 91) 76-92, Fax 8 21 74 — Stadtinformation Schmölln, Kirchplatz 8/9,
04626 Schmölln. Sehenswert: Stadtkirche
„St. Nicolai"; Marktplatz; Stadtmauer; Aussichtsturm auf dem Pfefferberg ⋖

** Bellevue
Am Pfefferberg 7, ✉ 04626, ☎ (03 44 91)
7 00-0, Fax 7 00-77, AX DC ED VA
15 Zi, Ez: 95-135, Dz: 135-195, ⇨ WC ☎,
2✉; 🅿 🚗 2✿30 🍴

** Reussischer Hof Minotel
Gößnitzer Str 14, ✉ 04626, ☎ (03 44 91)
2 31 08, Fax 2 77 58, AX ED VA
34 Zi, Ez: 80-90, Dz: 120-150, ⇨ WC ☎,
12✉; Lift 🚗 2✿40 🍴

* Café Baum
Brückenplatz 18, ✉ 04626, ☎ (03 44 91)
8 06 06, Fax 8 06 06, AX VA
9 Zi, Ez: 70, Dz: 113, ⇨ WC ☎; 🅿 🍴 🍺

Selka (4 km ↙)
* Landhotel Leedenmühle
einzeln ⚘ ✉ 04626, ☎ (03 44 91) 8 11 70,
Fax , ED VA
6 Zi, Ez: 70-85, Dz: 100-120, ⇨ WC ☎; 🅿
Restaurant für Hausgäste; Anfahrt über B7
- Richtung Selka

Untschen (6 km ↙)
* Landhotel Riedel
Haus Nr 48 d, ✉ 04626, ☎ (03 44 91) 54 20,
Fax 8 02 66
10 Zi, Ez: 70-90, Dz: 100-120, ⇨ WC ☎; 🅿
1✿30
Restaurant für Hausgäste

Schnait siehe Weinstadt

Schnait-Baach siehe Weinstadt

Schnaittach 57 ↘

Bayern — Kreis Nürnberger Land — 350 m
— 8 400 Ew — Lauf a. d. Pegnitz 8, Pegnitz
15, Nürnberg 35 km
ℹ️ ☎ (0 91 53) 40 91 21, Fax 40 91 70 — Fremdenverkehrsamt, Marktplatz 1,
91220 Schnaittach; Erholungsort in der
Franken-Alb. Sehenswert: Festungsruine
Rothenberg, 557 m ⋖ (3 km →); Kirche: Flügelaltar, im Ortsteil Osternohe (4 km ↗)

Osternohe (4 km ↗)
* Berggasthof Igelwirt
⚘ ⋖ Igelweg 6, ✉ 91220, ☎ (0 91 53) 40 60,
Fax 40 61 66, ED
27 Zi, Ez: 64-74, Dz: 104-126, ⇨ WC ☎ DFÜ;
🅿 🚗 3✿35 🍴 🍺
geschl: Mo 14-17.30, 9.8.-23.8.

Schneeberg 49 →

Sachsen — Aue-Schwarzenberg — 475 m
— 18 500 Ew — Aue 5, Zwickau 19 km
ℹ️ ☎ (0 37 72) 2 03 14, Fax 2 23 47 — Frem-
denverkehrs- und Kulturverein Schneeberg,
Markt 1, 08289 Schneeberg. Sehenswert:
St. Wolfgangskirche; Liebfrauenkirche;
„Fürstenhaus"

* Berghotel Steiger
⋖ Am Mühlberg 2a, ✉ 08289, ☎ (0 37 72)
3 94 90, Fax 39 49 69, AX DC ED VA
29 Zi, Ez: 75-85, Dz: 120-140, 2 Suiten, ⇨
WC ☎, 9✉; 🅿 🚗 2✿80 Fitneßraum Sauna
Solarium 🍴 🍺
Auch Zimmer der Kategorie * vorhanden

** Büttner ✤
Markt 3, ✉ 08289, ☎ (0 37 72) 35 30,
Fax 35 32 00, ED VA
Hauptgericht 25; geschl: Anfang Jan-
Anfang Feb
** 12 Zi, Ez: 110, Dz: 130, ⇨ WC ☎; 🅿
🍺
geschl: Di
400 Jahre alter Gewölbekeller

Schnelldorf 56 ↓

Bayern — Kreis Ansbach — 542 m —
3 352 Ew — Feuchtwangen 13, Crailsheim
13, Rothenburg 25 km
ℹ️ ☎ (0 79 50) 9 80 10, Fax 7 12 — Verkehrsamt, Rothenburger Str 13, 91625 Schnell-
dorf

** Kellermann's
Am Birkenberg 1, ✉ 91625, ☎ (0 79 50)
98 80-0, Fax 98 80 80, AX DC ED VA
32 Zi, Ez: 79-97, Dz: 152, ⇨ WC ☎; Lift 🅿 🚗
3✿60 🍺
* Hauptgericht 28; Terrasse

Hilpertsweiler (5 km ↘)
* Residenz
Rudolf-Diesel-Str 3, ✉ 91625, ☎ (0 79 50)
97 00, Fax 97 01 00, AX DC ED VA
93 Zi, Ez: 79-116, Dz: 109-129, 5 Suiten, ⇨
WC ☎ DFÜ, 13✉; Lift 🅿 🚗 4✿100 Fitneßraum Sauna Solarium 🍺

Schnett 47 □

Thüringen — Kreis Hildburghausen —
680 m — 756 Ew — Hildburghausen 16,
Neuhaus am Rennweg 25 km
ℹ️ ☎ (03 67 82) 4 22 — Tourist-Information,
Neue Str 2, 98666 Schnett

** Werrapark Hotel Frankenblick
⚘ ⋖ Am Kirchberg 15, ✉ 98666,
☎ (03 68 74) 9 50 00, Fax 9 57 77
56 Zi, Ez: 85-94, Dz: 143-160, 25 Suiten, ⇨
WC ☎; Lift 2✿230 🛏 Fitneßraum Kegeln
Sauna Solarium 🍴
Auch Zimmer der Kategorie * vorhanden

Schneverdingen 18 ✓

Niedersachsen — Kreis Soltau-Fallingbostel — 90 m — 16 800 Ew — Soltau 21, Hamburg 60 km
🛈 ☎ (0 51 93) 9 31 80, Fax 9 31 84 — Tourist Information, Schulstr 6 a, 29640 Schneverdingen; Luftkurort am Naturschutzpark Lüneburger Heide. Sehenswert: Kirche: Taufbecken; Wilseder Berg, 169 m ⌖ (4 km + 2 ¼ St ↗); Pietzmoor; Landschaftsschutzgebiet Höpen

** Der Heide Treff
Osterwaldweg 55, ✉ 29640, ☎ (0 51 93) 80 80, Fax 80 84 04, AX DC ED VA
135 Zi, Ez: 155, Dz: 230, S; ⌂ WC ☎, 30🛏; Lift 🅿 5⟷200 🛋 Fitneßraum Kegeln Sauna Solarium 12Tennis
*   Hauptgericht 30; Terrasse

* Gästehaus Zum alten Krug
♄ Bruchstr 2, ✉ 29640, ☎ (0 51 93) 34 50, Fax 66 23
9 Zi, Ez: 65-90, Dz: 115-130, ⌂ WC ☎; 🅿 Fitneßraum Sauna Solarium 🍴 ⚑
Rezeption: 10-14, 17-23 geschl: Di

Schneverdingen Außerhalb (10 km →)
* Hof Tütsberg
       Landidyll
einzeln ♄ 🌲 Im Naturschutzpark, ✉ 29640, ☎ (0 51 99) 9 00, Fax 90 50, DC ED VA
19 Zi, Ez: 90-130, Dz: 150-180, 6 Suiten, ⌂ WC ☎, 2🛏; 🅿 1⟷25 Sauna Solarium 🍴 ⚑
Reizvoll abgelegenes historisches Heidegut

Barrl (10 km ↗)
* Hof Barrl
an der B 3, ✉ 29640, ☎ (0 51 98) 3 51, Fax 6 05, AX ED VA
Hauptgericht 35; Biergarten 🅿; geschl: Mo abends, Di, 15.1.-15.2.

Höpen (2 km ↑)
*** Landhaus Höpen
♄ ⌖ Höpener Weg 13, ✉ 29640, ☎ (0 51 93) 8 20, Fax 8 21 13, ED
46 Zi, Ez: 164-244, Dz: 243-323, 3 Suiten, ⌂ WC ☎; 🅿 7⟷180 🛋 Kegeln Sauna Solarium 18Golf 🍴

Schobüll 9 ↖

Schleswig-Holstein — Kreis Nordfriesland — 20 m — 1 660 Ew — Husum 4 km
🛈 ☎ (0 48 41) 49 20, Fax 8 15 23 — Fremdenverkehrsbüro, Nordseestr, 25875 Schobüll; Luftkurort. Sehenswert: Kirchlein am Meer

Hockensbüll (1,5 km ↓)
** Zum Krug ✤
🌲 Alte Landstr 2 a, ✉ 25875, ☎ (0 48 41) 6 15 80, Fax 6 15 40, AX DC ED VA
Hauptgericht 35; 🅿; nur abends; geschl: Mo, Mitte Jan-Mite Feb
Denkmalgeschütztes Reetdachhaus seit 1707

Schöfweg 66 ☐

Bayern — Kreis Freyung-Grafenau — 800 m — 1 634 Ew — Grafenau 17, Deggendorf 30 km
🛈 ☎ (0 99 08) 2 79, Fax 14 17 — Gemeindeverwaltung, Rachelstr 1, 94572 Schöfweg. Sehenswert: Brotjacklriegel, 1016m ⌖ (5 km ↓)

Sonnenwald (7 km ↙)
** Sporthotel Sonnenwald
einzeln ♄ ⌖ Haus Nr 1, ✉ 94572, ☎ (0 99 08) 8 91-0, Fax 10 19, AX ED
31 Zi, Ez: 80-150, Dz: 160-210, 20 App, ⌂ WC ☎; Lift 🅿 🚗 2⟷40 🛋 Bowling Fitneßraum Sauna Solarium 1Tennis 🍴
geschl: Mi, 26.10.-20.12.

Schöllnach 66 ☐

Bayern — Kreis Deggendorf — 371 m — 5 031 Ew — Deggendorf 23, Passau 34 km
🛈 ☎ (0 99 03) 14 12, Fax 93 03 30 — Verkehrsamt, Bergstr 1, 94508 Schöllnach; Erholungsort im Bayerischen Wald

Riggerding (5 km ↗)
* Gasthof zur Post
✉ 94508, ☎ (0 99 03) 18 35, Fax 28 17
30 Zi, Ez: 40-50, Dz: 90-100, ⌂ WC; 🅿 🚗 2⟷25 Sauna Solarium 🍴 ⚑
geschl: 10.11.-28.11.

Schömberg b. Ballingen 68 ↗

Schleswig-Holstein — Kreis Nordfriesland — 20 m — 1 660 Ew — Husum 4 km
🛈 ☎ (0 74 27) 9 40 20, Fax 94 02-24 — Stadtverwaltung, Alte Hauptstr 7, 72355 Schömberg

≏ Café Baier
      mit Gästehaus
Balinger Str 1, ✉ 72355, ☎ (0 74 27) 25 50, Fax 61 46
30 Zi, Ez: 69, Dz: 125, ⌂ WC ☎; 🅿 🚗 1⟷60 ⚑

Schömberg b. Neuenbürg 61 ←

Baden-Württemberg — Kreis Calw — 650 m — 8 787 Ew — Calw 15, Pforzheim 16 km
🛈 ☎ (0 70 84) 1 44 44, Fax 1 44 45 — Touristik und Kur, Lindenstr 7, 75328 Schömberg; Heilklimatischer und Kneipp-Kurort im nördlichen Schwarzwald

* Krone
Liebenzeller Str 15, ✉ 75328, ☎ (0 70 84) 70 77, Fax 66 41, AX DC ED VA
40 Zi, Ez: 58-95, Dz: 110-150, 2 Suiten, 3 App, ⌂ WC ☎, 14🛏; Lift 🅿 🚗 3⟷80 🍴 ⚑
Auch Zimmer der Kategorie ** vorhanden
→

Schömberg b. Neuenbürg

Oberlengenhardt (3 km ↘)
* **Ochsen**
♂ Burgweg 3, ✉ 75328, ☎ (0 70 84) 70 65, Fax 17 13, DC ED VA
10 Zi, Ez: 68-75, Dz: 116-130, ⬜ WC ☎; P 1⇨20
❋ Hauptgericht 27; Biergarten; geschl: Di

siehe auch **Unterreichenbach**

Schönaich 61 □

Baden-Württemberg — Kreis Böblingen — 433 m — 9 834 Ew — Böblingen 6, Sindelfingen 9, Stuttgart 25 km
🛈 ☎ (0 70 31) 63 90, Fax 6 39 99 — Bürgermeisteramt, Bühlstr 10, 71101 Schönaich

Schönaich-Außerhalb (3,5 km →)
* **Waldhotel Sulzbachtal**
einzeln ♂ ✉ 71101, ☎ (0 70 31) 7 57 80, Fax 75 78 10, AX DC ED VA
21 Zi, Ez: 94-99, Dz: 144-163, ⬜ WC ☎ DFÜ, 19✉; P 1⇨50; garni
geschl: 21.12.-11.1.

Schönau a. d. Brend 46 ↘

Bayern — Kreis Rhön-Grabfeld — 340 m — 900 Ew — Bischofsheim 9, Bad Neustadt a. d. Saale 10 km
🛈 ☎ (0 97 75) 13 07 — Verkehrsverein, Sandweg 3, 97659 Schönau a. d. Brend; Erholungsort

* **Im Krummbachtal**
   Minotel
♂ Krummbachstr 24, ✉ 97659, ☎ (0 97 75) 9 19 10, Fax 91 91 91, AX DC ED VA
27 Zi, Ez: 85-90, Dz: 130-160, ⬜ WC ☎; P 2⇨25 ≘ Fitneßraum Sauna Solarium 🍴 🍺

Schönau a. Königssee 73 ↘

Bayern — Kreis Berchtesgadener Land — 650 m — 5 600 Ew — Berchtesgaden 3 km
🛈 ☎ (0 86 52) 17 60, Fax 40 50 — Verkehrsamt, Rathausplatz 1, 83471 Schönau a. Königssee; Heilklimatischer Kurort, Wintersportort unterhalb vom Watzmann (2713 m). Sehenswert: Königssee mit Kirche St. Bartholomä

** **Zechmeisterlehen**
♂ ⚡ Wahlstr 35, ✉ 83471, ☎ (0 86 52) 94 50, Fax 94 52 99, ED VA
39 Zi, Ez: 80-150, Dz: 160-324, 4 Suiten, ⬜ WC ☎ DFÜ; Lift 🍴 1⇨20 ≘ Fitneßraum Sauna Solarium 9Golf
Restaurant für Hausgäste; Auch Zimmer der Kategorie ★★★ vorhanden

** **Stolls Hotel Alpina**
♂ Ulmenweg 14, ✉ 83471, ☎ (0 86 52) 6 50 90, Fax 6 16 08, AX DC ED VA
52 Zi, Ez: 85-150, Dz: 130-220, 8 Suiten, ⬜ WC ☎; P 🍴 ≋ ≘ Sauna Solarium 9Golf 🍴
Rezeption: 7.30-23; geschl: 2.11.-18.12.

* **Georgenhof**
♂ Modereggweg 21, ✉ 83471, ☎ (0 86 52) 9 50-0, Fax 9 50-2 00
15 Zi, Ez: 79-110, Dz: 124-160, 8 Suiten, ⬜ WC ☎; P 🍴 Fitneßraum Sauna Solarium 🍺
geschl: 1.11.-15.12.
Restaurant für Hausgäste

* **Bärenstüberl mit Gästehaus**
Grünsteinstr 65, ✉ 83471, ☎ (0 86 52) 95 32-0, Fax 95 32 27, AX DC ED VA
18 Zi, Ez: 60-120, Dz: 120-260, ⬜ WC ☎; P ≘ Fitneßraum Sauna Solarium 🍴 🍺
geschl: Mo, 1.11.-15.12.
Im Gästehaus auch einfachere Zimmer vorhanden

Faselsberg (5 km ↘)
** **Alpenhof**
♂ ⚡ Richard-Voß-Str 30, ✉ 83471, ☎ (0 86 52) 60 20, Fax 6 43 99, DC ED VA
55 Zi, Ez: 119-225, Dz: 235-400, 1 Suite, ⬜ WC ☎; Lift P 🍴 1⇨40 ≘ Sauna Solarium 9Golf 1Tennis 🍴 🍺
Rezeption: 8-20; geschl: Anfang Nov-Mitte Dez

Königssee (3 km ↘)
** **Bergheimat**
♂ Brandnerstr 16, ✉ 83471, ☎ (0 86 52) 60 80, Fax 60 83 00, ED
42 Zi, Ez: 60-75, Dz: 90-170, 28 Suiten, ⬜ WC ☎, 2✉; Lift P Sauna Solarium; garni 🍴
geschl: Mi (Dez-Mai)

* **Seeklause**
Seestr 6, ✉ 83471, ☎ (0 86 52) 25 10, Fax 56 67, AX DC ED VA
14 Zi, Ez: 85-130, Dz: 120-210, 1 Suite, ⬜ WC ☎; P 1⇨25 Fitneßraum Sauna Solarium 🍴 🍺
Rezeption: 7.30-12.30; geschl: Nov-15.12.

Schönau (Pfalz) 60 ↘

Rheinland-Pfalz — Kreis Südwestpfalz — 214 m — 630 Ew — Dahn 20, Pirmasens 33 km
🛈 ☎ (0 63 91) 58 11, Fax 13 62 — Tourist-Information Dahner Felsenland, Schulstr 29, 66996 Dahn; Erholungsort. Sehenswert: Burgruine Wegelnburg

* **Zur Wegelnburg**
Hauptstr 8, ✉ 66996, ☎ (0 63 93) 9 21 20, Fax 92 12 11, ED VA
15 Zi, Ez: 85, Dz: 140-150, ⬜ WC ☎, 3✉; P 2⇨80 🍴 🍺
geschl: 10.1.-15.2.

Schönborn, Bad

*   Landgasthof Mischler
Gebüger Str 2, ☎ 66996, 📠 (0 63 93) 14 25,
Fax 56 18, AX ED VA
Hauptgericht 20; geschl: Mo, Di

Schönau 54 ↘
Rhein-Neckar-Kreis

Baden-Württemberg — Rhein-Neckar-Kreis — 250 m — 4 600 Ew — Heidelberg 19, Eberbach 24 km
🛈 📠 (0 62 28) 2 07-24, Fax 85 05 — Verkehrsamt, im Rathaus, Rathausstr 28,
69250 Schönau. Sehenswert: Ev. Kirche

**   Pfälzer Hof
Ringmauerweg 1, ✉ 69250, 📠 (0 62 28)
9 20 90, Fax 92 09 34, AX DC ED VA
Hauptgericht 56; geschl: Mo

Schönau 41 ↓
Kreis Löbau-Zittau

Sachsen — Kreis Löbau Zittau
🛈 📠 (03 58 72) 3 43 36 — Gemeindeverwaltung, 02708 Schönbach

Schönbach
*   Kretscham
Löbauer Str, ✉ 02708, 📠 (03 58 72) 36 50,
Fax 3 65 55, ED
13 Zi, Ez: 60, Dz: 90, ⌐ WC 📠; 🅿 Kegeln 🍴

Schönberg (Holstein) 10 →

Schleswig-Holstein — Kreis Plön — 10 m —
5 500 Ew — Kiel 20, Lütjenburg 21 km
🛈 📠 (0 43 44) 44 08, Fax 46 05 — Kurverwaltung, An der Kuhbrücksau 2, 24217 Kalifornien; Erholungsort, Seeheilbad

*   Stadt Kiel
**   Kiek In**
Markt 8, ✉ 24217, 📠 (0 43 44) 3 05 10,
Fax 30 51 51, AX DC ED VA
15 Zi, Ez: 80-120, Dz: 140-160, 1 Suite, ⌐
WC 📠; 1↔150 Fitneßraum Sauna Solarium
**   Hauptgericht 25; Biergarten Terrasse; geschl: Di

*   Ruser's Hotel
**   mit Gästehaus Eichenhof**
Albert-Koch-Str 4, ✉ 24217, 📠 (0 43 44)
20 13, Fax 17 75
44 Zi, Ez: 50-75, Dz: 120-135, ⌐ WC 📠; Lift
🅿 🍴 Fitneßraum Sauna Solarium
*   Hauptgericht 15

Kalifornien (5 km ↑)
*   Gasthaus Kalifornien
Deichweg 3, ✉ 24217, 📠 (0 43 44) 30 58-0,
Fax 30 58-52, AX DC ED VA
36 Zi, Ez: 65-90, Dz: 100-180, 1 App, ⌐ WC
📠 DFÜ; 🅿 🍴 Seezugang 🍴 🍺

Schönberg 66 □
Kr. Freyung-Grafenau

Bayern — Kreis Freyung-Grafenau — 564 m
— 3 500 Ew — Grafenau 7, Regen 24,
Passau 34 km
🛈 📠 (0 85 54) 8 21, Fax 26 10 — Verkehrsamt, Marktplatz 16, 94513 Schönberg Kr.
Freyung-Grafenau; Luftkurort und Wintersportplatz im Bayerischen Wald

*   Gasthof zur Post
Marktplatz 19, ✉ 94513, 📠 (0 85 54) 9 61 60,
Fax 96 16 50, AX ED
28 Zi, Ez: 53-55, Dz: 94-98, ⌐ WC 📠; Lift 🅿
🍴 1↔80 🍴 🍺
geschl: Mi (Jan-April, Okt-Nov), 15.-30.11.

Schönberg (Meckl) 19 ↑

Mecklenburg-Vorpommern — Kreis Grevesmühlen — 10 m — 4 000 Ew —
Lübeck 20, Ratzeburg 22, Grevesmühlen
24 km
🛈 📠 (03 88 28) 2 13 42, Fax 2 12 12 — Stadtverwaltung, 23923 Schönberg (Meckl)

*   Stadt Lübeck
Lübecker Str 10, ✉ 23923, 📠 (03 88 28)
2 41 25, Fax 2 41 26, AX ED ED VA
9 Zi, Ez: 75-95, Dz: 110-130, ⌐ WC 📠, 4✉;
🅿 1↔50 🍴 🍺

*   Paetau
Am Markt 14, ✉ 23923, 📠 (03 88 28) 2 13 10,
Fax 2 13 10
23 Zi, Ez: 80, Dz: 100, ⌐ WC 📠; 🅿 2↔80
Kegeln 🍴

Schönborn, Bad 54 ↘

Baden-Württemberg — Kreis Karlsruhe —
120 m — 10 200 Ew — Bruchsal 12, Heidelberg 23 km
🛈 📠 (0 72 53) 40 46, Fax 3 25 71 — Kurbetriebs GmbH - Kurverwaltung, im Ortsteil
Bad Mingolsheim, Kraichgaustr 10,
76669 Bad Schönborn; Kurort in einer Golfregion am Rande des Kraichgaus zur Rheinebene

Langenbrücken, Bad
*   Monica
♿ Kirchbrändelring 42, ✉ 76669,
📠 (0 72 53) 40 16, Fax 40 17
13 Zi, Ez: 90, Dz: 110, ⌐ WC 📠; garni

Mingolsheim, Bad
*   Waldparkstube
Waldparkstr 3, ✉ 76669, 📠 (0 72 53) 97 10,
Fax 9 71 50, AX ED VA
30 Zi, Ez: 115-145, Dz: 165-195, 1 Suite,
1 App, ⌐ WC 📠 DFÜ; 🅿 2↔30 Fitneßraum
Sauna Solarium 🍴
geschl: 19.12.-10.1.
Auch Zimmer der Kategorie ****** vorhanden

→

Schönborn, Bad

* **Gästehaus Prestel**
Beethovenstr 20, ⌧ 76669, ☎ (0 72 53) 41 07, Fax 53 22, ED
27 Zi, Ez: 80, Dz: 120, 6 App, ⊿ WC ☎; Lift; garni
Rezeption: 7-20; geschl: 23.12.-7.1.

Schönbrunn 47 □

Thüringen — Kreis Hildburghausen — 540 m — 1 870 Ew — Suhl 15, Hidburghausen 15 km
ℹ ☎ (03 68 74) 7 97 13, Fax 79 79 — Gemeindeverwaltung, Eisfelder Str 11, 98667 Schönbrunn. Sehenswert: Talsperre; St.-Jacobus-Kirche; Forsthaus; Naturschutzgebiet „Obere Gabeltäler"

* **Zur Hütte**
Eisfelder Str 22, ⌧ 98667, ☎ (03 68 74) 7 01 37, Fax 7 01 39
16 Zi, Ez: 60, Dz: 100, ⊿ WC ☎; ▸◉◂

Schönebeck/Elbe 28 ↙

Sachsen-Anhalt — Kreis Schönebeck — 50 m — 42 000 Ew — Magdeburg 12, Zerbst 26, Bernburg 27 km
ℹ ☎ (0 39 28) 78 08 81, Fax 78 07 49 — Fremdenverkehrsverein, Cokturhof, 39218 Schönebeck/Elbe

Eggersdorf (5 km ↓)
⌸ **Zu den zwei Linden**
Am Bahnhof 3, ⌧ 39221, ☎ (0 39 28) 6 56 87-8, Fax 6 56 89
12 Zi, Ez: 40-65, Dz: 70-90, ⊿ WC ☎; 1↻30 ▸◉◂

Salzelmen (1 km ←)
* **Tannenhof**
Luisenstr 8, ⌧ 39218, ☎ (0 39 28) 6 55 65, Fax 6 55 63, ED VA
11 Zi, Ez: 70-100, Dz: 100-140, 1 Suite, 2 App, ⊿ WC ☎, 4⌧; ℙ Sauna Solarium; garni

Schöneck 45 ↙

Hessen — Kreis Main-Kinzig — 120 m — 10 638 Ew — Hanau 10, Frankfurt/Main 20 km
ℹ ☎ (0 61 87) 95 62-0, Fax 95 62-60 — Gemeindeverwaltung, Herrnhofstr 8, 61137 Schöneck. Sehenswert: Schloß Büdesheim; Mausoleum

Kilianstädten
** **Lauer**
Frankfurter Str 17, ⌧ 61137, ☎ (0 61 87) 9 50 10, Fax 95 01 20, AX ED VA
17 Zi, Ez: 70-100, Dz: 120-160, ⊿ WC ☎; 1↻40; garni

Schönecken 42 ↓

Rheinland-Pfalz — Kreis Bitburg-Prüm — 400 m — 1 900 Ew — Prüm 8, Bitburg 26 km
ℹ ☎ (0 65 53) 8 63, Fax 96 10 87 — Verkehrs- und Gewerbeverein, Im Flur 9, 54614 Schönecken; Erholungsort in der Eifel. Sehenswert: Ruine Schönecken ▸◂

⌸ **Burgfrieden**
einzeln ♂ ▸◂ Rammenfeld 6, ⌧ 54614, ☎ (0 65 53) 22 09, Fax 18 43, AX DC ED VA
11 Zi, Ez: 55, Dz: 110, ⊿ WC, 3⌧; ℙ 16 Golf ▸◉◂
geschl: Mo bis 17, 2 Wochen im Nov, 2 Wochen im Mär

Schöneck/Vogtl. 49 □

Sachsen — Vogtlandkreis — 800 m — 4 000 Ew — Klingenthal 14, Plauen 21 km
ℹ ☎ (03 74 64) 8 89 10, Fax 8 87 70 — Stadtverwaltung, Am Sonnenwirbel 3, 08261 Schöneck/Vogtl.

Schöneck-Außerhalb
** **Ifa Ferienpark Hohe Reuth**
▸◂ Hohe Reuth 5, ⌧ 08261, ☎ (03 74 64) 30, Fax 3 10 00, AX ED VA
100 Zi, Ez: 91-107, Dz: 132-164, 220 App, ⊿ WC ☎; Lift ℙ 5↻230 ≋ ≋ Bowling Fitneßraum Kegeln Sauna Solarium 4Tennis ▸◉◂ ▸▸
Erlebnisbadelandschaft unter Glas, 16 000 qm

Schöneiche bei Berlin 30 →

Brandenburg — Landkreis Oder-Spree — 50 m — 10 300 Ew — Fürstenwalde 30, Königs-Wusterhausen 34, Berlin 46 km
ℹ ☎ (0 30) 64 33 04-0, Fax 64 33 04-1 11 — Gemeindeverwaltung, Brandenburgische Str 40, 15566 Schöneiche

* **Alte Mühle**
♂ Brandenburgische Str 122, ⌧ 15566, ☎ (0 30) 6 49 59 16, Fax 6 49 85 33, AX ED VA
48 Zi, Ez: 95-130, Dz: 135-165, 1 App, ⊿ WC ☎ DFÜ; ℙ 4↻50 Fitneßraum Sauna Solarium; garni

Schönfeld Kr. Annaberg 50 □

Sachsen — Kreis Annaberg — 577 m — 818 Ew — Annaber-Buchholz 4 km
ℹ ☎ (0 37 33) 26 60 — Gemeindeverwaltung, 09488 Schönfeld Kr. Annaberg

* **Sonnenhof**
Am Sonnenhang 1, ⌧ 09488, ☎ (0 37 33) 50 90, Fax 50 91 00, AX ED VA
37 Zi, Ez: 125, Dz: 139, 1 Suite, 2 App, ⊿ WC ☎; Lift ℙ 1↻40 Fitneßraum Sauna ▸◉◂ ▸▸

Schönheide 50 ↙

Sachsen — Kreis Aue — 700 m — 5 900 Ew — Blauenthal 9, Auerbach (Vogtl) 14 km
🛈 ☎ (03 77 55) 20 02, Fax 23 42 — Fremdenverkehrsamt, Hauptstr 43, 08304 Schönheide

✱ Zum Forstmeister Flair Hotel
♠ ◂ Auerbacher Str 15, ✉ 08304, ☎ (03 77 55) 6 30, Fax 63 99, AX DC ED VA
51 Zi, Ez: 70-90, Dz: 90-140, 1 Suite, ⌐ WC ☎; P 2✪40 Sauna Solarium 2 Tennis ⊷

✱ Zur Post
Hauptstr 110, ✉ 08304, ☎ (03 77 55) 5 13-0, Fax 5 13-29, AX DC ED VA
13 Zi, Ez: 75, Dz: 90-110, ⌐ WC ☎ DFÜ; 1✪20 ⊷
geschl: Fr

Schönmünzach siehe Baiersbron

Schönsee 59 □

Bayern — Kreis Schwandorf — 650 m — 2 900 Ew — Oberviechtach 12, Vohenstrauß 30 km
🛈 ☎ (0 96 74) 3 17, Fax 3 18 — Touristinformation Schönseer Land, Rathaus, Hauptstr 25, 92539 Schönsee; Erholungsort im Oberpfälzer Wald

✱✱ St. Hubertus
♠ ◂ St. Hubertus 1, ✉ 92539, ☎ (0 96 74) 4 14, Fax 2 52, AX DC ED VA
75 Zi, Ez: 75-120, Dz: 120-180, 4 Suiten, 15 App, ⌐ WC ☎; Lift P ☐ 6✪150 ≙ Fitneßraum Kegeln Sauna Solarium 3 Tennis ⊷
Dem Haus angeschlossen ist ein Jagdmuseum, geöffnet 13-17
✱✱ Hauptgericht 16; Terrasse

Gaisthal (6 km ↙)
✱ Gaisthaler Hof
Schönseer Str 16, ✉ 92539, ☎ (0 96 74) 2 38, Fax 86 11, AX DC ED VA
32 Zi, Ez: 58, Dz: 100, ⌐ WC ☎; P 1✪15 ≙ Fitneßraum Sauna Solarium ⊷
geschl: 10.11.-15.12.

Schöntal 55 ↘

Baden-Württemberg — Hohenlohe — 320 m — 5 800 Ew
🛈 ☎ (0 79 43) 91 00-0, Fax 14 20 — Tourist-Information-BMA Schöntal, Klosterhof 1, 74214 Schöntal

⌂ Zeller
Honigstr 23, ✉ 74214, ☎ (0 79 43) 6 00, Fax 6 00
18 Zi, Ez: 39-65, Dz: 68-96, ⌐ WC; P ☐ Solarium
geschl: 20.12.-10.1.
Restaurant für Hausgäste

Schönwald 67 →

Baden-Württemberg — Schwarzwald-Baar-Kreis — 1000 m — 2 700 Ew — Triberg 5, Furtwangen 9 km
🛈 ☎ (0 77 22) 86 08 31, Fax 86 08 34 — Kurverwaltung, Franz-Schubert-Str 3, 78141 Schönwald; Heilklimatischer Kurort und Wintersportplatz. Sehenswert: Wasserfall in Triberg (6 km ↗); Museumsbauernhof „Reinertoni"

✱✱ Ringhotel Zum Ochsen
♠ Ludwig-Uhland-Str 18, ✉ 78141, ☎ (0 77 22) 10 45, Fax 30 18, AX DC ED VA
38 Zi, Ez: 106-178, Dz: 186-248, S; 3 Suiten, ⌐ WC ☎, 10⍓; P ☐ 1✪50 ≙ Fitneßraum Sauna Solarium 18 Golf 1 Tennis ⊷
geschl: 11.1.-27.1.
✱✱ Hauptgericht 40; Gartenlokal; geschl: Di, Mi, 11.1.-27.1.

✱✱ Dorer ♛
♠ Schubertstr 20, ✉ 78141, ☎ (0 77 22) 9 50 50, Fax 95 05 30, AX DC ED VA
19 Zi, Ez: 95, Dz: 155-170, 6 Suiten, ⌐ WC ☎; P ☐ ≙ Solarium ⊷
Auch Zimmer der Kategorie ✱ vorhanden

✱ Silke
♠ ◂ Feldbergstr 8, ✉ 78141, ☎ (0 77 22) 95 40, Fax 78 40, AX DC ED VA
37 Zi, Ez: 56-65, Dz: 100-130, ⌐ WC ☎; P ☐ ≙ Fitneßraum Sauna Solarium ⊷

✱ Falken
Hauptstr 5, ✉ 78141, ☎ (0 77 22) 43 12, Fax 32 33, AX DC ED VA
14 Zi, Ez: 65-90, Dz: 130-180, ⌐ WC ☎; P 1✪60 Sauna
geschl: Do, Fr bis 17
✱✱ Hauptgericht 30; geschl: Do

✱ Pension Haus Julia
Richard-Wagner-Str 11, ✉ 78141, ☎ (0 77 22) 96 07-0, Fax 96 07-33
6 Zi, Ez: 52-75, Dz: 98-118, 4 Suiten, 7 App, ⌐ WC ☎; P ☐ ≙ Sauna Solarium
geschl: 8.11.-12.12., 11.-30.4.
Restaurant für Hausgäste

Schönwald 49 ↙

Bayern — Kreis Wunsiedel i. Fichtelgebirge — 650 m — 4 200 Ew — Selb 5, Hof 22, Marktredwitz 25 km
🛈 ☎ (0 92 87) 51 41, Fax 53 77 — Verkehrsamt, Schulstr 6, 95173 Schönwald; Ferienort im Naturpark Fichtelgebirge am Fuße des Großen Kornberges (826 m ü. NN)

Grünhaid (1 km ↑)
✱✱ Landgasthof Ploss
Haus Nr 1, ✉ 95173, ☎ (0 92 87) 51 61, Fax 5 91 87
38 Zi, Ez: 65-75, Dz: 110-130, ⌐ WC ☎, 14⍓; Lift P 2✪45 Kegeln Sauna Solarium ⊷

Schönwalde (Glien) 30 ↘

Brandenburg — Havelland — 32 m — 3 150 Ew
ℹ ☎ (0 33 21) 40 31 43, Fax 40 35 55 — Fremdenverkehrsverb. Havelland e.V. Inf. Büro Nauen, Fremdenverkehrsverband Havelland, Goethestr 59-60, 14641 Nauen

* **Diana**
Berliner Allee 16, ✉ 14621, ☎ (0 33 22) 2 97 90, Fax 29 79 29, AX ED VA
12 Zi, Ez: 115-125, Dz: 170, ⌂ WC ☎ DFÜ; 🅿
1⇔20 ¶◎| 🚙

Schönwölkau 39 ←

Sachsen — Delitzsch — 2 295 Ew
ℹ ☎ (03 42 02) 3 40 — Stadtverwaltung, Markt 3, 04509 Delitzsch

Hohenroda
* **Landhaus Hohenroda**
⌚ Dorfstr 19, ✉ 04509, ☎ (03 42 95) 7 25 63, Fax 7 25 66, AX ED VA
20 Zi, Ez: 75-98, Dz: 120-145, ⌂ WC ☎; 🅿 🚙 ¶◎|

Schöppingen 23 ↓

Nordrhein-Westfalen — Kreis Borken — 158 m — 6 500 Ew — Steinfurt 12, Ahaus 17 km
ℹ ☎ (0 25 55) 8 80, Fax 88 11 — Gemeindeverwaltung, Amtsstr 17, 48624 Schöppingen; Erholungsort. Sehenswert: Kath. St.-Brictius-Kirche: Flügelaltar; Rathaus; Künstlerdorf

** **Zum Rathaus mit Gästehaus**
Hauptstr 52, ✉ 48624, ☎ (0 25 55) 93 87 50, Fax 93 87 51, AX DC ED VA
27 Zi, Ez: 80-150, Dz: 150; Lift 3⇔100 Kegeln ¶◎|

Eggerode (4 km ↓)
* **Winter**
Gildestr 3, ✉ 48624, ☎ (0 25 45) 9 30 90, Fax 93 09 15
15 Zi, Ez: 80-90, Dz: 120-130, ⌂ WC ☎; 🅿 🚙 Kegeln ¶◎| 🚙

** **Haus Tegeler** ✤
Vechtestr 24, ✉ 48624, ☎ (0 25 45) 93 03-0, Fax 93 03 23, AX DC ED VA
Hauptgericht 30; 🅿 Terrasse; geschl: Do, Fr mittags, Mitte Feb-Mitte Mär
* **Haus Tegeler mit Gästehaus**
13 Zi, Ez: 70-80, Dz: 130-150, ⌂ WC ☎, 4✉; 🚙 4⇔140
geschl: Mitte Feb-Mitte Mär

Schollbrunn 55 ↗

Bayern — Kreis Main-Spessart — 412 m — 932 Ew — Wertheim 11, Aschaffenburg 33 km
ℹ ☎ (0 93 94) 22 45, Fax 92 62 33 — Gemeindeverwaltung, Zur Kartause 1, 97852 Schollbrunn; Erholungsort im Spessart

* **Zur Sonne**
Brunnenstr 1, ✉ 97852, ☎ (0 93 94) 9 70 70, Fax 97 07 67
43 Zi, Ez: 65-75, Dz: 100-110, ⌂ WC ☎; 🅿 🚙 2⇔60 ¶◎| 🚙

Schonach im Schwarzwald 67 ↗

Baden-Württemberg — Schwarzwald-Baar-Kreis — 850 m — 4 500 Ew — Wolfach 28, Villingen 29 km
ℹ ☎ (0 77 22) 96 48 10, Fax 25 48 — Kurverwaltung, Hauptstr 6, 78136 Schonach; Luftkurort und Wintersportplatz. Sehenswert: Weltgrößte Kuckucksuhr, Barockkirche; Wasserfall in Triberg (4 km ↘); Rohrhardsberg 1152 m ◀ (12 km ←); Langenwald-Skisprungschanze

* **Rebstock**
Sommerbergstr 10, ✉ 78136, ☎ (0 77 22) 9 61 60, Fax 96 16 56, AX DC ED VA
26 Zi, Ez: 85-90, Dz: 150-170, 1 Suite, ⌂ WC ☎; Lift 🅿 🚙 1⇔50 ≘ Sauna Solarium ¶◎| 🚙
geschl: Di

** **Michels Restaurant**
Triberger Str 42, ✉ 78136, ☎ (0 77 22) 55 16, Fax 55 23
Hauptgericht 40; 🅿; geschl: Mo, Di

Schongau 71 ←

Bayern — Kreis Weilheim-Schongau — 710 m — 12 000 Ew — Landsberg 27, Garmisch-Partenkirchen 53 km
ℹ ☎ (0 88 61) 72 16, Fax 26 26 — Verkehrsamt, Münzstr 5, 86956 Schongau; Stadt am Lech, Erholungsort. Sehenswert: Altstadt; kath. Pfarrkirche; Ballenhaus; Stadtmauer; Michaelskirche in Altenstadt (3 km ↘)

** **Rössle**
Christophstr 49, ✉ 86956, ☎ (0 88 61) 2 30 50, Fax 26 48, AX DC ED VA
17 Zi, Ez: 85-90, Dz: 140; Lift; **garni**

* **Blaue Traube**
Münzstr 10, ✉ 86956, ☎ (0 88 61) 30 60, Fax 30 71, AX DC ED VA
13 Zi, Ez: 80, Dz: 150, ⌂ WC ☎ DFÜ, 4✉; 🅿 3⇔31 ¶◎| 🚙

Schramberg

* Alte Post
Marienplatz 19, ✉ 86956, ☎ (0 88 61)
2 32 00, Fax 23 20 80, ED VA
33 Zi, Ez: 65-105, Dz: 110-180, 1 Suite, ⌐
WC ☎; 🅿 1↔40 ❄ ⚫
geschl. 24.12.-10.1.

Schopfheim 67 ↓

Baden-Württemberg — Kreis Lörrach —
400 m — 18 300 Ew — Lörrach 15, Säckingen 19, Freiburg 60 km
ℹ ☎ (0 76 22) 39 61 45, Fax 39 62 02 —
Touristinformation, Am Marktplatz 1,
79650 Schopfheim. Sehenswert: Museum;
Hohe Flum, 535 m ◄; Hohe Möhr, 985 m ◄

* Im Lus
Hohe Flum Str 55, ✉ 79650, ☎ (0 76 22)
6 75 00, Fax 67 50 50, ED VA
28 Zi, Ez: 85-100, Dz: 140-160, 1 Suite,
2 App, ⌐ WC ☎ DFÜ, 5🅿; 🅿 1↔40 ❄

** Alte Stadtmühle
🅥 Entegaststr 9, ✉ 79650, ☎ (0 76 22) 24 46,
Fax 24 46
Hauptgericht 38; Gartenlokal; geschl: Di
abends, Mi

Gersbach (16 km ↗) Erholungsort - 850 m
** Mühle zu Gersbach
♘ Zum Bühl 4, ✉ 79650, ☎ (0 76 20) 9 04 00,
Fax 90 40 55, ED VA
14 Zi, Ez: 88-135, Dz: 128-168, ⌐ WC ☎; 🅿
1↔20 ⚫
** Hauptgericht 30; Gartenlokal; ❋
geschl: Di, Mi mittags, Jan

Wiechs (3 km ↓)
* Krone
♘ ◄ Am Rain 6, ✉ 79650, ☎ (0 76 22)
3 99 40, Fax 39 94 20, ED VA
45 Zi, Ez: 85-95, Dz: 140-160, 1 App, ⌐ WC
☎ DFÜ; 🅿 🚗 1↔ ❄ Sauna Solarium ❄ ⚫
geschl: Fr

Schorndorf 62 ←

Baden-Württemberg — Rems-Murr-Kreis
— 260 m — 38 000 Ew — Stuttgart 27 km
ℹ ☎ (0 71 81) 60 20, Fax 60 21 90 — Stadtverwaltung, Marktplatz 1, 73614 Schorndorf

* Erlenhof
Mittlere Uferstr 70, ✉ 73614, ☎ (0 71 81)
7 56 54
Hauptgericht 25; Kegeln 🅿 Terrasse;
geschl: So abends, Mo, 1 Woche Pfingsten,
1 Woche im Aug

* Zum Pfauen
Höllgasse 9, ✉ 73614, ☎ (0 71 81) 6 25 83,
Fax 6 15 80
Hauptgericht 25

⚫ Weiler
Am Marktplatz, ✉ 73614, ☎ (0 71 81)
6 20 89, Fax 6 60 85

Schotten 45 □

Hessen — Vogelsbergkreis — 470 m —
12 500 Ew — Laubach 15, Nidda 15, Gießen
45 km
ℹ ☎ (0 60 44) 66 51, Fax 66 79 — Tourist-
Information, Vogelsbergstr 180,
63679 Schotten; Luftkurort im Vogelsberg;
Schottenring (älteste Motorradrennstrecke
Deutschlands). Sehenswert: Ev. Liebfrauenkirche: Tafelaltar; Rathaus; Niddastausee (1 km ↓); Hoherodskopf, 764 m ◄
(10 km →); Taufstein, 773 m ◄ (9 km →)
Vogelsberger Schneetelefon: ☎ 0 60 44/
66 66

** Parkhotel
Parkstr 9, ✉ 63679, ☎ (0 60 44) 97 00,
Fax 97 01 00, AX DC ED VA
40 Zi, Ez: 98, Dz: 140-160, 2 App, ⌐ WC ☎
DFÜ, 20🅿; Lift 🅿 3↔80 ≋ Fitneßraum
Sauna Solarium 18Golf
Restaurant für Hausgäste

* Haus Sonnenberg
Laubacher Str 25, ✉ 63679, ☎ (0 60 44)
9 62 10, Fax 96 21 88, AX ED VA
50 Zi, Ez: 60-90, Dz: 120-150, ⌐ WC ☎; Lift
🅿 🚗 5↔80 ⚘ Kegeln Sauna Solarium
3Tennis ❄

** Zur Linde
Schloßgasse 3, ✉ 63679, ☎ (0 60 44) 15 36,
Fax 30 93, AX DC VA
Hauptgericht 35; 🅿

Schramberg 68 ↘

Baden-Württemberg — Kreis Rottweil —
650 m — 19 500 Ew — Rottweil 24, Freudenstadt 37 km
ℹ ☎ (0 74 22) 2 92 15, Fax 2 92 09 — Stadt-
u. Bürgerinformation, Hauptstr 25,
78713 Schramberg; Erholungsort im mittleren SchwarzwaldSehenswert: Rathaus;
Stadtpark ◄; Ruine Hohenschramberg,
636 m ◄; Alte St.-Laurentius-Kirche im
Stadtteil Sulgen: AusstellungEurop.
Glasmalerei (5 km →)

* Park-Hotel
♘ 🅥 Bauernhofweg 25, ✉ 78713,
☎ (0 74 22) 2 08 18, Fax 2 11 91, AX DC ED VA
12 Zi, Ez: 70-95, Dz: 138-160, ⌐ WC ☎, 2🅿;
geschl: So ab 15, Mo, Aug
Villa von 1886 im Stadtpark gelegen
* Hauptgericht 27; Terrasse;
geschl: So abends, Mo, Aug

*** Gasthof Hirsch
Hauptstr 11, ✉ 78713, ☎ (0 74 22) 2 05 30,
Fax 2 54 46, ED
Hauptgericht 49; geschl: Mo, Di mittags
*** 5 Zi, Ez: 130-160, Dz: 260-280, ♛
1 Suite, ⌐ WC ☎, 5🅿; 🅿 🚗 →

891

Schramberg

Sulgen (5 km →)
** Drei Könige
♂ ⋖ Birkenhofweg 10, ⌧ 78713, ☎ (0 74 22) 5 40 91, Fax 5 36 12, ED VA
17 Zi, Ez: 92, Dz: 158, ⊿ WC ☎; Lift P
geschl: Fr, 3 Wochen im Sommer
* Hauptgericht 30; Terrasse; geschl: Fr, 3 Wochen im Sommer

Sulgen-Außerhalb (3 km ↑)
** Waldeslust
Lienberg 59, ⌧ 78713, ☎ (0 74 22) 84 44, Fax 5 35 19, ED VA
Hauptgericht 30; Biergarten P Terrasse; geschl: Mo, Di, Fasching
* einzeln ⋖ 5 Zi, Ez: 90, Dz: 140, ⊿ WC ☎
Rezeption: 10-24; geschl: Mo, Di, über Fasching

Schriesheim 54 ↘

Baden-Württemberg — Rhein-Neckar-Kreis — 120 m — 14 100 Ew — Heidelberg 8, Mannheim 13 km
ℹ ☎ (0 62 03) 60 20, Fax 60 21 91 — Stadtverwaltung, Friedrichstr 28, 69198 Schriesheim; Stadt an der Bergstraße. Sehenswert: Ruine Strahlenburg ⋖

*** Strahlenberger Hof
🍴 Kirchstr 2, ⌧ 69198, ☎ (0 62 03) 6 30 76, Fax 6 85 90, AX DC ED VA
Hauptgericht 50; geschl: So

* Gasthaus zum 🌼
goldenen Hirsch
🍴 Heidelberger Str 3, ⌧ 69198, ☎ (0 62 03) 69 24 37
Hauptgericht 30; Biergarten; geschl: Mo, Di mittags

Schrobenhausen 64 ↙

Bayern — Kreis Neuburg-Schrobenhausen — 410 m — 15 364 Ew — Ingolstadt 38, Augsburg 42 km
ℹ ☎ (0 82 52) 9 00, Fax 9 02 25 — Stadtverwaltung, Lenbachplatz 18, 86529 Schrobenhausen. Sehenswert: Hist. Altstadt mit Stadtmauer, Türmen und Stadtwall; Lenbach-Galerie im Lenbach-Museum; Europäisches Spargelmuseum; Zeiselmair-Haus (Handwerkerhaus); kath. Pfarrkirche St. Peter im Stadtteil Sandizell (5 km ←)

* Zur Post
Lenbachplatz 9, ⌧ 86529, ☎ (0 82 52) 8 94 80, Fax 67 51, AX ED VA
24 Zi, Ez: 69-82, Dz: 116, ⊿ WC ☎; Lift 🍽; garni
Rezeption: 8-13.30, 16-21; geschl: 22.12.- 7.1.

** Grieser
Bahnhofstr 36, ⌧ 86529, ☎ (0 82 52) 8 94 90, Fax 89 49 49, AX DC ED VA
Hauptgericht 30; Gartenlokal P; nur abends; geschl: Sa, So, feiertags, 1.-21.8.
* 16 Zi, Ez: 70-78, Dz: 98-138, ⊿ WC ☎, 5🛏; 🍽 1✪30

Hörzhausen (5 km ←)
* Gästehaus Eder
Bernbacher Str 3, ⌧ 86529, ☎ (0 82 52) 24 15, Fax 50 05, AX DC ED VA
14 Zi, Ez: 70, Dz: 120, ⊿ WC; P 🍽 1✪30 ≋ Sauna Solarium 18Golf 🍴

Schüttorf 23 □

Niedersachsen — Kreis Grafschaft Bentheim — 35 m — 11 469 Ew — Bad Bentheim 6, Nordhorn 18, Gronau 18 km
ℹ ☎ (0 59 23) 96 59-0, Fax 96 59-60 — Samtgemeinde, Markt 1, 48465 Schüttorf

** Nickisch
Nordhorner Str 71, ⌧ 48465, ☎ (0 59 23) 9 66 00, Fax 96 60 66, AX DC ED VA
22 Zi, Ez: 95-105, Dz: 140-160, ⊿ WC ☎ DFÜ, 5🛏; Lift P 3✪100 Sauna
* Hauptgericht 25; Biergarten Terrasse

* Am See
♂ Drievordenerstr 25, ⌧ 48465, ☎ (0 59 23) 53 94, Fax 23 25, AX DC ED VA
15 Zi, Ez: 60-80, Dz: 120-140, ⊿ WC ☎, 1🛏; P 1✪90 Sauna Solarium 🍴 ⋖

Schussenried, Bad 69 □

Baden-Württemberg — Kreis Biberach an der Riß — 570 m — 8 000 Ew — Saulgau 15, Biberach 16 km
ℹ ☎ (0 75 83) 94 01-71, Fax 47 47 — Kurverwaltung, Georg-Kaess-Str 10, 88427 Bad Schussenried; Moorheilbad. Sehenswert: Ehem. Kloster: Bibliothekssaal, ehem. Klosterkirche: Fresken, Chorgestühl; Bierkrugmuseum; Freilichtmuseum in Kürnbach (2 km ↘); Wallfahrtskirche in Steinhausen (5 km ↗)

* Barbara
Georg-Kaess-Str 2, ⌧ 88427, ☎ (0 75 83) 26 50, Fax 41 33, DC ED VA
20 Zi, Ez: 40-60, Dz: 80-100, ⊿ WC ☎; P 1✪30 Solarium; garni

Steinhausen (5 km →)
Zur Barockkirche
Dorfstr 6, ⌧ 88427, ☎ (0 75 83) 39 30, Fax 32 85
** einzeln ⋖ 🍴 Gartenlokal P Terrasse; geschl: Do abends

Schwabach 57 ↙

Bayern — Stadtkreis — 396 m — 39 386 Ew — Nürnberg 15 km
ℹ ☎ (0 91 22) 86 02 41, Fax 86 02 44 — Tourismus-Büro, Ludwigstr. 16, 91126 Schwabach. Sehenswert: Ev. Stadtkirche: Hochaltar; Rathaus; Königsplatz

Schwäbisch Gmünd

* **Löwenhof**
Rosenberger Str 11, ✉ 91126, ☎ (0 91 22)
8 32 10-0, Fax 8 32 10-29, AX DC ED VA
21 Zi, Ez: 105-110, Dz: 160, 1 App, ⌐ WC ☎;
P 🗝; garni
geschl: 22.12.-6.1.

Forsthof (2 km ↓)
* **Gasthof Raab**
Äußere Rittersbacher Str 14, ✉ 91126,
☎ (0 91 22) 9 38 80, Fax 93 88 60, AX ED VA
31 Zi, Ez: 90-115, Dz: 130-150, 1 Suite, ⌐
WC ☎; P 🗝 2⇄120 🍴
Auch Zimmer der Kategorie ** vorhanden

Wolkersdorf (2 km ↑)
* **Drexler**
Wolkersdorfer Hauptstr 42, ✉ 91126,
☎ (09 11) 63 00 98, Fax 63 50 30, AX ED
37 Zi, Ez: 43-75, Dz: 75-115; P 🗝 🍴
geschl: Aug

Schwabenheim 54 ↘

Rheinland-Pfalz — Kreis Mainz-Bingen —
150 m — 2 510 Ew — Schwabenheim 10,
Bingen 20, Mainz 20 km
ℹ ☎ (0 61 30) 2 06 — Gemeindeverwaltung,
Mainzer Str 1, 55270 Schwabenheim

* **Pfaffenhofen**
Bubenheimer Str 10, ✉ 55270, ☎ (0 61 30)
2 96, Fax 14 68, AX ED VA
30 Zi, Ez: 85-95, Dz: 125-135, ⌐ WC ☎, 7🛏;
P 🍴

** **Zum alten Weinkeller**
Schulstr 6, ✉ 55270, ☎ (0 61 30) 94 18 00,
Fax 9 41 80 80, ED VA
Hauptgericht 28; Gartenlokal P; geschl:
Mo, Di

* 7 Zi, Ez: 85, Dz: 125, ⌐ WC ☎

Schwabmünchen 70 ↗

Bayern — Kreis Augsburg — 561 m —
12 800 Ew — Augsburg 26, Mindelheim
29 km
ℹ ☎ (0 82 32) 96 33-0, Fax 96 33-23 — Stadtverwaltung, Fuggerstr 50, 86830 Schwabmünchen; Stadt auf dem Lechfeld

* **Deutschenbaur**
Fuggerstr 11, ✉ 86830, ☎ (0 82 32) 40 31,
Fax 40 34, ED VA
29 Zi, Ez: 80, Dz: 125, ⌐ WC ☎; P 🗝 1⇄35
geschl: 24.12.-5.1.
** Hauptgericht 20; geschl: Fr, Sa,
1.6.-13.6., 1.8.-8.8., 24.12.-5.1.

Schwäbisch Gmünd 62 □

Baden-Württemberg — Ostalbkreis — 324 m
— 63 000 Ew — Aalen 23, Stuttgart 49 km
ℹ ☎ (0 71 71) 60 34 55, Fax 60 34 59 — Verkehrsamt u. Verkehrsverein, Kornhaus-
str 14, 73525 Schwäbisch Gmünd; Stadt an
der Rems; Pädagogische Hochschule,
Fachhochschule für Gestaltung. Sehenswert: Heilig-Kreuz-Münster; Parler-Bau;
St.-Johannis-Kirche; Marktplatz; Museum:
Gold- und Silberschmuck; Hohenrechberg,
707 m ⦟ (7 km ↓)

** **Das Pelikan**
Türlensteg 9 (B 1), ✉ 73525, ☎ (0 71 71)
35 90, Fax 35 93 59, AX DC ED VA
62 Zi, Ez: 96-152, Dz: 168-188, ⌐ WC ☎,
10🛏; Lift P 🗝 3⇄180
** Hauptgericht 25; geschl: Sa, So,
feiertags, 2.8.-22.8. →

Schwäbisch Gmünd

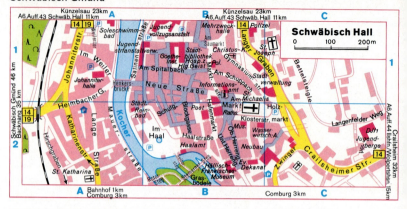

✳✳ Fortuna
Hauberweg 4 (A 2), ✉ 73525, ☎ (0 71 71)
10 90, Fax 10 91 13, AX DC ED VA
115 Zi, Ez: 118-122, Dz: 165-169, 2 Suiten,
2 App., ⊿ WC ☎, 15⌷; Lift ▣ 7⟳60 Bowling Fitneßraum Kegeln Sauna Solarium 🍴

✳ Einhorn
Rinderbachergasse 10 (C 2), ✉ 73525,
☎ (0 71 71) 6 30 23, Fax 6 16 80, AX DC ED VA
18 Zi, Ez: 105-115, Dz: 150-160, ⊿ WC ☎;
Lift ▣ 1⟳30 🍴

✳ Staufen
Pfeifergäßle 16 (B 2), ✉ 73525, ☎ (0 71 71)
6 20 85, Fax 6 45 17, AX DC ED VA
14 Zi, Ez: 90-110, Dz: 110-160, ⊿ WC ☎; Lift
▣ 🚗; garni

✳✳ Fuggerei ✤
Münstergasse 2 (B 2), ✉ 73525, ☎ (0 71 71)
3 00 03, Fax 3 83 82, ED VA
Hauptgericht 34; Gartenlokal ▣; geschl: Di,
2 Wochen im Aug

Straßdorf
✳ Krone
Einhornstr 12, ✉ 73529, ☎ (0 71 71)
94 74 80, Fax 9 47 48 49, ED VA
29 Zi, Ez: 78, Dz: 125, ⊿ WC ☎; ▣ 🍴
Auch einfachere Zimmer vorhanden

Schwäbisch Hall 62 ↑

Baden-Württemberg — Kreis Schwäbisch
Hall — 350 m — 35 000 Ew — Stuttgart 64 km
ℹ ☎ (07 91) 75 12 46, Fax 75 13 75 — Touristik-Information, Am Markt 9,
74523 Schwäbisch Hall; Stadt am Kocher.
Sehenswert: Marktplatz; Ev. Michaelskirche mit Freitreppe; Katharinen- und St.-Urbans-Kirche; Rathaus; Großes Büchsenhaus; Ruine Limpurg; Hällisch-Fränkisches Museum; Hohenloher Freilandmuseum im Stadtteil Wackershofen (4 km ↘); ehem.
Benediktinerkloster Groß-Comburg (3 km ↘)

Achtung: Freilichtspiel ℹ ☎ (07 91) 75 13 21

✳✳✳ Ringhotel Hohenlohe
◂≤ Weilertor 14 (A 1), ✉ 74523, ☎ (07 91)
7 58 70, Fax 75 87 84, AX DC ED VA
95 Zi, Ez: 157-227, Dz: 228-298, S; 2 Suiten,
6 App., ⊿ WC ☎ DFÜ, 50⌷; Lift ▣ 🚗
6⟳100 ≋ ≘ Kegeln Sauna Solarium 18Golf ⚓
Auch Zimmer der Kategorie ✳✳ vorhanden
✳✳ Hauptgericht 30; Terrasse

✳✳ Der Adelshof
Am Markt 12 (B 1), ✉ 74523, ☎ (07 91)
7 58 90, Fax 60 36, AX DC ED VA
46 Zi, Ez: 165, Dz: 205, 1 Suite, ⊿ WC ☎
▣ 🚗 4⟳120 Fitneßraum Sauna Solarium
18Golf
✳✳ Hauptgericht 25; geschl: Mo

✳✳ Goldener Adler
Am Markt 11 (B 1), ✉ 74523, ☎ (07 91)
61 68, Fax 73 15, AX DC ED VA
20 Zi, Ez: 92-110, Dz: 155-190, 1 Suite, ⊿
WC ☎; ▣ 🚗 2⟳40 ⚓
✳✳ Hauptgericht 25; Terrasse

✳✳ Kronprinz
Bahnhofstr 17, ✉ 74523, ☎ (07 91) 9 77 00,
Fax 9 77 10 00, AX DC ED VA
44 Zi, Ez: 98-130, Dz: 140-170, ⊿ WC ☎
DFÜ, 37⌷; Lift ▣ 🚗 7⟳60 Fitneßraum
Sauna Solarium 18Golf 🍴

✳ Scholl
Klosterstr 2 (B 2), ✉ 74523, ☎ (07 91)
9 75 50, Fax 75 55 80, AX DC ED VA
32 Zi, Ez: 95-110, Dz: 155-170, ⊿ WC ☎
DFÜ; Lift 🚗; garni
Auch Zimmer der Kategorie ✳✳ vorhanden

✳✳ Blauer Bock
Lange Str 51, ✉ 74523, ☎ (07 91) 8 94 62,
Fax 85 61 15
Hauptgericht 25; Biergarten Terrasse;
geschl: Sa mittags, Mo, 2 Wochen Anfang
Sep

✳
4 Zi, Ez: 90, Dz: 130, ⊿ WC ☎; 🚗
geschl: Mo

Schwalmstadt

∗ Sonne
Gelbinger Gasse, ⊠ 74523, ☎ (07 91) 97 08 40, Fax 9 70 84 20, ED
Hauptgericht 25; Biergarten; geschl: Mo, 1.So im Monat, 1.9.–14.9.

● Café Hammel
Am Milchmarkt (B 1), ⊠ 74523, ☎ (07 91) 63 27
Gartenlokal; 9-18; geschl: So (Aug/Sep), feiertags

● Café am Markt
Am Markt 10, ⊠ 74523, ☎ (07 91) 66 12

Gottwollshausen
∗ Sonneck
Fischweg 2, ⊠ 74523, ☎ (07 91) 9 70 67-0, Fax 9 70 67-89
26 Zi, Ez: 60-70, Dz: 95-110, ⊿ WC ☎; Lift P ▭ 1↺50 Kegeln ❤️ ●

Hessental (3 km →)
∗∗ Ringhotel Die Krone
Wirtsgasse 1, ⊠ 74523, ☎ (07 91) 94 03-0, Fax 94 03-84, AX DC ED VA
83 Zi, Ez: 139-179, Dz: 178-218, S; 3 Suiten, 1 App, ⊿ WC ☎ DFÜ, 40⊠; Lift P ▭ 14↺240 Sauna Solarium 18Golf ●
∗∗ Hauptgericht 22; Terrasse

∗∗ Wolf
Flair Hotel
Karl-Kurz-Str 2, ⊠ 74523, ☎ (07 91) 93 06 60, Fax 93 06 61 10, AX DC ED VA
27 Zi, Ez: 95-110, Dz: 145-165, ⊿ WC ☎; Lift P
Rezeption: 8-14, 17-22
∗∗ Eisenbahn
Hauptgericht 40; geschl: Sa mittags, So, 1 Woche über Fasching, 2 Wochen Ende Aug-Anfang Sep

∗ Haller Hof
Schmiedsgasse 9, ⊠ 74523, ☎ (07 91) 4 07 20, Fax 4 07 22 00, AX ED VA
40 Zi, Ez: 92, Dz: 139, 1 Suite, 6 App, ⊿ WC ☎; P 3↺50 Kegeln ❤️

Schwaig 57 ↘

Bayern — Kreis Nürnberger Land — 320 m — 8 439 Ew — Lauf 8, Nürnberg 10 km
ℹ️ ☎ (09 11) 50 09 90, Fax 5 00 99 55 — Gemeindeverwaltung, Gartenstr 1, 90571 Schwaig

∗ Schwaiger Hof
Röthenbacher Str 1 b, ⊠ 90571, ☎ (09 11) 50 00 47, Fax 5 00 96 19, AX ED VA
27 Zi, Ez: 99-135, Dz: 128-168, 1 App, ⊿ WC ☎ DFÜ; Lift P ▭ 1↺12; garni ❤️ ●
geschl: Sa, So 12-17

Behringersdorf
∗ Auer
Laufer Str 28, ⊠ 90571, ☎ (09 11) 50 62 80, Fax 5 07 58 65, DC ED VA
16 Zi, Ez: 70-90, Dz: 120-140, ⊿ WC ☎; P ▭
geschl: So, 20.12.-10.1.
Restaurant für Hausgäste

Schwaigern 61 ↑

Baden-Württemberg — Kreis Heilbronn — 190 m — 10 500 Ew — Heilbronn 11, Eppingen 12 km
ℹ️ ☎ (0 71 38) 21 52, Fax 21 14 — Stadtverwaltung, Marktstr 2, 74193 Schwaigern.
Sehenswert: Ev. Stadtkirche; Neipper'sches Schloß, Reste der Stadtmauer mit Hexenturm; Leintalzoo

∗∗ Zum Alten Rentamt
Schloßstr 6, ⊠ 74193, ☎ (0 71 38) 52 58, Fax 13 25, VA
Hauptgericht 35; Gartenlokal
∗ 14 Zi, Ez: 95-120, Dz: 150-200, ⊿ WC ☎; P 12
Rezeption: 8-14, 18-22

Schwalbach (Saar) 52 ↘

Saarland — Kreis Saarlouis — 220 m — 19 196 Ew — Saarlouis 2, Saarbrücken 15 km
ℹ️ ☎ (0 68 34) 57 10, Fax 57 11 11 — Gemeindeverwaltung, Ensdorfer Str 2 a, 66773 Schwalbach (Saar)

Elm (2 km ↓)
∗ Mühlenthal
🌳 Bachtalstr 214, ⊠ 66773, ☎ (0 68 34) 95 59-0, Fax 56 85 11
23 Zi, Ez: 85-98, Dz: 110-140, 2 Suiten, ⊿ WC ☎ DFÜ; Lift P ▭; garni ❤️

Hülzweiler (1,5 km ↑)
∗ Strauß
Fraulauterner Str 50, ⊠ 66773, ☎ (0 68 31) 5 30 57, Fax 5 29 11
12 Zi, Ez: 79, Dz: 140, ⊿ WC ☎; 3↺80 Kegeln ❤️

Schwalmstadt 45 ↑

Hessen — Schwalm-Eder-Kreis — 240 m — 19 230 Ew — Alsfeld 22, Kirchheim 29 km
ℹ️ ☎ (0 66 91) 2 07-1 80, Fax 2 07-1 80 — Stadtverwaltung, im Stadtteil Treysa, Marktplatz 1, 34613 Schwalmstadt; Stadt in und an der Schwalm. Sehenswert: Im Stadtteil Treysa: ev. Pfarrkirche; Ruine der Totenkirche (Buttermilchturm); Rathaus; Fachwerkbauten. Im Stadtteil Ziegenhain: ev. Kirche; Steinernes Haus: Museum der Schwalm; Fachwerkbauten →

Schwalmstadt

Ziegenhain
* Hof Weidelbach
einzeln ♂ Nordbahnhof 3, ✉ 34613,
☎ (0 66 91) 47 26, Fax 7 22 40, AX DC ED VA
19 Zi, Ez: 70-80, Dz: 120-140, 2 App, ⌐ WC
☎; Lift 🅿 2↔70 Kegeln Sauna Solarium ⓘ

Schwanau 60 ↙

Baden-Württemberg — Ortenaukreis —
150 m — 6 400 Ew — Lahr 9, Offenburg
22 km
ℹ ☎ (0 78 24) 6 49 90, Fax 40 09 — Gemeindeverwaltung, im Ortsteil Ottenheim,
Kirchstr 16, 77963 Schwanau

Allmannsweier
** Schwanau
Waldweg 43, im Gewerbegebiet, ✉ 77963,
☎ (0 78 24) 64 40, Fax 6 44-1 00, AX DC ED VA
28 Zi, Ez: 95, Dz: 130, ⌐ WC ☎, 6🛏; Lift 🅿
1↔30; garni
Rezeption: 7-12, 17-23; geschl. 19.12.-11.1.

Ottenheim
** Erbprinzen
Ⓥ Schwarzwaldstr 5, ✉ 77963, ☎ (0 78 24)
24 42, Fax 45 29, AX DC ED VA
🅿 Terrasse; geschl: Mo

Schwandorf 59 ↙

Bayern — Kreis Schwandorf — 365 m —
28 258 Ew — Regensburg 43, Weiden 48 km
ℹ ☎ (0 94 31) 4 50, Fax 35 97 — Verkehrsamt, Kirchengasse 1, 92421 Schwandorf.
Sehenswert: Blasturm ⋖; Kreuzberg ⋖
(2 km ↘)

* Zur Schwefel-Quelle
♂ An der Schwefelquelle 12, ✉ 92421,
☎ (0 94 31) 71 47-0, Fax 71 47 40,
AX DC ED VA
23 Zi, Ez: 68, Dz: 115, ⌐ WC ☎; 🅿 🍴 1↔120
geschl: 1 Woche im Aug
* Hauptgericht 20; Terrasse;
geschl: Di

Haselbach (6 km ↗)
* Landgasthof Fischer
Kreuzstr 16, ✉ 92421, ☎ (0 94 31) 2 11 52,
Fax 2 09 09
12 Zi, Ez: 45-60, Dz: 75-78, 5 App, ⌐ WC ☎;
🅿 ⓘ

Schwanewede 17 ↙

Niedersachsen — Kreis Osterholz — 10 m
— 17 952 Ew — Osterholz 13, Bremen 25 km
ℹ ☎ (0 42 09) 7 40, Fax 74 11 — Gemeinde
Schwanewede, Postfach 1611, Damm 4,
28790 Schwanewede. Sehenswert: Bronzezeitliche Hügelgräber

Löhnhorst (5 km ↘)
** Waldhotel Löhnhorst
Hauptstr 9, ✉ 28790, ☎ (04 21) 6 92 71-0,
Fax 62 10 73, ED VA
12 Zi, Ez: 99-106, Dz: 130-150, ⌐ WC ☎; 🅿
2↔50
* Christians
Hauptgericht 25

Schwangau 70 ↘

Bayern — Kreis Ostallgäu — 800 m —
3 300 Ew — Füssen 4, Schongau 35 km
ℹ ☎ (0 83 62) 8 19 80, Fax 81 98 25 — Kurverwaltung, Münchener Str 2,
87645 Schwangau; Heilklimatischer Kurort,
Dorf der Königsschlösser. Sehenswert:
Schloß Hohenschwangau ⋖ (2 km ↓), am
Alpsee; Schloß Neuschwanstein ⋖
(4 km +30 Min ↘); Forggensee (2 km ↑);
Römische Ausgrabungen am Tegelberg,
Seilbahn,1720 m ⋖

** König Ludwig
♂ ⋖ Kreuzweg 11, ✉ 87645, ☎ (0 83 62)
88 90, Fax 8 17 79
102 Zi, Ez: 110-140, Dz: 170-250, 10 Suiten,
26 App, ⌐ WC ☎, 105🛏; Lift 🅿 🍴 9↔120 🏊
Fitneßraum Kegeln Sauna Solarium ⓘ
Auch Zimmer der Kategorie ******* vorhanden

** Schwanstein
Kröb 2, ✉ 87645, ☎ (0 83 62) 98 39-0,
Fax 98 39-61, AX DC ED VA
31 Zi, Ez: 70-95, Dz: 130-190, ⌐ WC ☎; 🅿
Sauna Solarium ⓘ

* Gasthof Helmer
Mitteldorf 10, ✉ 87645, ☎ (0 83 62) 98 00,
Fax 98 02 00
48 Zi, Ez: 68, Dz: 116-130, ⌐ ☎; Lift ⓘ

* Weinbauer
Füssener Str 3, ✉ 87645, ☎ (0 83 62) 9 86-0,
Fax 98 61 13, ED VA
40 Zi, Ez: 50-70, Dz: 100-140, 2 App, ⌐ WC
☎; Lift 🅿 🍴
geschl: Mi, Nov-Apr auch Do, 7.1.-11.2.

Brunnen (3 km ↑)
* See-Klause
♂ ⋖ Seestr 75, ✉ 87645, ☎ (0 83 62) 8 10 91,
Fax 8 10 92
11 Zi, Ez: 48-60, Dz: 46-54, 2 App, ⌐ WC ☎;
Seezugang ⓘ
geschl: Di, 15.11.-15.12.

* Huberhof
♂ ⋖ Ⓥ Seestr 67, ✉ 87645, ☎ (0 83 62)
8 13 62, Fax 8 18 11
26 Zi, Ez: 55-75, Dz: 110-130, 2 App, ⌐ WC;
🅿 Sauna Solarium ⓘ
geschl: 1.11.-20.12.

Hohenschwangau (3 km ↓)
** Müller
⋖ Alpseestr 16, ✉ 87645, ☎ (0 83 62)
8 19 90, Fax 81 99 13, AX DC ED VA
42 Zi, Ez: 140-220, Dz: 200-300, 3 Suiten, ⌐⌐
WC 🕾; Lift 🅿 1⇔
geschl. 1.11.-20.12.
Auch Zimmer der Kategorie ******* vorhanden
** ⋖ Hauptgericht 30; Gartenlokal

**** Lisl - Jägerhaus
European Castle**
⋖ Neuschwansteinstr 1, ✉ 87645,
☎ (0 83 62) 88 70, Fax 8 11 07, AX DC ED VA
42 Zi, Ez: 128-208, Dz: 216-316, 3 Suiten, ⌐⌐
WC 🕾, 8✉; Lift 🅿 🚂 3⇔160 Strandbad
Seezugang 🍴
Auch einfache Zimmer vorhanden

Horn (2 km ←)
** Rübezahl
♂⋖ Am Ehberg 31, ✉ 87645, ☎ (0 83 62)
83 27, Fax 8 17 01, VA
29 Zi, Ez: 75-115, Dz: 110-190, 4 Suiten,
1 App, ⌐⌐ WC 🕾; Lift 🅿 1⇔30 Sauna
Solarium ⚓
geschl. 15.11.-5.12.
** Hauptgericht 20; Terrasse;
geschl: Mi, 15.11-5.12

* Helmerhof
♂ Frauenbergstr 9, ✉ 87645, ☎ (0 83 62)
80 69, Fax 84 37, AX ED VA
37 Zi, Ez: 48-95, Dz: 104-160, 5 Suiten,
4 App, ⌐⌐ WC 🕾; 🅿 85 Sauna Solarium 🍴
geschl: Do, 12.-29.4.
auch Zimmer der Kategorie ****** vorhanden

Waltenhofen (2 km ↘)
**** Kur- und Ferienhotel
Waltenhofen**
♂⋖ Marienstr 16, ✉ 87645, ☎ (0 83 62)
98 80, Fax 98 84 10, AX DC ED VA
28 Zi, Ez: 130, Dz: 160, 3 Suiten, ⌐⌐ WC 🕾,
28✉; Lift 🅿 ≋ Fitneßraum Sauna Solarium
⚓
Restaurant für Hausgäste

* Gasthof Am See
♂⋖ Forggenseestr 81, ✉ 87645, ☎ (0 83 62)
93 03-0, Fax 93 03-39, ED VA
22 Zi, Ez: 67, Dz: 98-134, ⌐⌐ WC 🕾; Lift 🅿
Seezugang Sauna Solarium 🍴 ⚓
geschl: Di, 17.11.-17.12.

* Gerlinde
♂ Forggenseestr 85, ✉ 87645, ☎ (0 83 62)
82 33, Fax 84 86
9 Zi, Ez: 65-80, Dz: 100-130, 10 App, ⌐⌐ WC;
🅿 Fitneßraum Sauna Solarium 🍴 ⚓
geschl: Mo, 12.-29.4., 2.11.-21.12.

Schwante 30 ↘

Brandenburg — 1 028 Ew — Oranienburg 7 km
ℹ ☎ (0 33 04) 3 18 58 — Amt Oberkrämer,
Breitestr 1, 16727 Eichstädt

Schwante-Außerhalb
* Villa Artur
♂ Gemeinschaftsweg 16, ✉ 16727,
☎ (0 33 05 5) 9 83-0, Fax 9 83-30, AX ED VA
12 Zi, Ez: 85, Dz: 130-170, 1 App, ⌐⌐
WC 🕾, 8✉; 🅿 1⇔20 ≋ Sauna Solarium 🍴

Schwarmstedt 26 ↘

Niedersachsen — Kreis Soltau-Fallingbostel — 41 m — 5 000 Ew — Celle 32, Nienburg 35 km
ℹ ☎ (0 50 71) 86 88, Fax 86 89 — Tourist
Information Fremdenverkehrsamt, Bahnhofstr 15, 29690 Schwarmstedt. Sehenswert: Ev. Kirche; Sieben Steinhäuser
(Hünengräber, 19 km ↗, über Ostenholz;
Besuch nur am 1. und 3. Wochenende im
Monat von 8-18 Uhr möglich; Safaripark
Hodenhagen (12 km); Vogelpark Walsrode
(25 km)

** Ringhotel Bertram
Moorstr 1, ✉ 29690, ☎ (0 50 71) 80 80,
Fax 8 08 45, AX DC ED VA
37 Zi, Ez: 110-140, Dz: 150-200, S; ⌐⌐ WC 🕾,
9✉; Lift 🅿 🚂 6⇔100 Kegeln ⚓
** Hauptgericht 25; Terrasse

🛏 **Leine-Hotel**
Kirchstr 12, ✉ 29690, ☎ (0 50 71) 9 81 20,
Fax 98 12 20, AX DC ED VA
16 Zi, Ez: 55-95, Dz: 98-138, ⌐⌐ WC, 4✉; 🅿
Kegeln Sauna 🍴
geschl: Mo

Bothmer (2,5 km ↘)
** Gästehaus Schloß Bothmer
♂ Alte Dorfstr 15, ✉ 29690, ☎ (0 50 71)
30 37 + 3038, Fax 30 39, AX ED VA
9 Zi, Ez: 150-200, Dz: 200-280, ⌐⌐ WC 🕾; 🅿
1⇔8 Sauna 🍴 ⚓
Rezeption: 7-13, 17-23

siehe auch **Essel**

Schwartau, Bad 11 ↗

Schleswig-Holstein — Kreis Ostholstein —
20 m — 20 000 Ew — Lübeck 9, Travemünde
16, Eutin 26 km
ℹ ☎ (04 51) 2 00 02 42, Fax 2 00 02 02 —
Tourist-Information, Eutiner Ring 12,
23611 Bad Schwartau; Jodsole- u. Moorheilbad. Sehenswert: Pariner Berg, 72 m,
Bismarckturm ⋖ (3 km ↘); HolsteinTherme →

Schwartau, Bad

* Waldhotel Riesebusch
♂ Sonnenweg 1, ✉ 23611, ☎ (04 51)
2 93 05-0, Fax 28 36 46, AX ED VA
25 Zi, Ez: 100-110, Dz: 140-170, 4 Suiten, ⌐
WC ☎; 🅿 🚗
* Hauptgericht 32; Gartenlokal Terrasse; geschl: Do

* Akzent-Hotel Elisabeth
Elisabethstr 4, ✉ 23611, ☎ (04 51)
2 17 81-3, Fax 28 38 50, AX DC ED VA
23 Zi, Ez: 105-135, Dz: 145-165, ⌐ WC ☎;
3⇔50 18Golf ⭐

* Olive
Am Kurpark 3, in der Holstein-Therme,
✉ 23611, ☎ (04 51) 28 36 82, Fax 28 44 97
Hauptgericht 28; geschl: Mo

Schwarzach 55 ↙

Baden-Württemberg — Neckar-Odenwald-
Kreis — 300 m — 3 230 Ew — Mosbach 18,
Neckargemünd 21 km
🛈 ☎ (0 62 62) 9 20 90, Fax 92 09 33 —
Gemeindeverwaltung, Hauptstr 14,
74869 Schwarzach; Erholungsort

Unterschwarzach
* Akzent-Landhotel Kranz
Wildparkstr 8, ✉ 74869, ☎ (0 62 62) 9 22 00,
Fax 92 20 46, ED VA
24 Zi, Ez: 96-105, Dz: 135-185, ⌐ WC ☎; 🅿
3⇔40 ≋ Kegeln Sauna Solarium ⭐ 🚿
geschl: 10.-30.1.

Schwarzach a. Main 56 □

Bayern — Kreis Kitzingen — 200 m —
3 500 Ew — Volkach 8, Kitzingen 10, Wiesentheid 11 km
🛈 ☎ (0 93 24) 8 32, Fax 29 83 — Gemeindeverwaltung, Marktplatz 1, 97359 Schwarzach a. Main. Sehenswert: Benediktiner-Abtei (modern) im Ortsteil Münsterschwarzach

Münsterschwarzach
**** Zum Benediktiner
     Flair Hotel**
♂ ⭐ Weideweg 7, ✉ 97359, ☎ (0 93 24)
91 20, Fax 9 12-9 00, ED VA
45 Zi, Ez: 98-105, Dz: 136-150, ⌐ WC ☎; Lift
🅿 🚗 2⇔60
** 🅥 Hauptgericht 25

Schwarzenbach a. d. Saale 49 ↙

Bayern — Kreis Hof — 504 m — 8 500 Ew —
Hof 18 km
🛈 ☎ (0 92 84) 99 30, Fax 66 04 — Stadtverwaltung, Ludwigstr 4, 95126 Schwarzenbach a. d. Saale. Sehenswert: Rathaus;
Saaleufer mit Altstadtpartie

** Jean-Paul Hotel
Ludwigstr 13, ✉ 95126, ☎ (0 92 84) 80 70,
Fax 8 07 77, AX ED VA
62 Zi, Ez: 109-130, Dz: 148-160, ⌐ WC ☎,
5✉; Lift 🅿 🚗 4⇔150 Fitneßraum Sauna
Solarium 🚿
** Hauptgericht 18; Biergarten

Schwarzenbach am Wald 48 ↘

Bayern — Kreis Hof — 690 m — 5 978 Ew —
Hof 27 km
🛈 ☎ (0 92 89) 71 04, Fax 50 50 — Verkehrsamt, Zeppelinstr 4, 95131 Schwarzenbach
am Wald; Ort im Frankenwald. Sehenswert:
Döbraberg 795 m ⭐ (30 Min→)

Gottsmannsgrün (2 km ↙)
🛏 **Gasthof Zegasttal**
♂ Gottsmannsgrün 8, ✉ 95131, ☎ (0 92 89)
14 06, Fax 68 07, ED
13 Zi, Ez: 55-75, Dz: 86-110, ⌐ WC ☎; 🅿
1⇔20 ⭐

Schübelhammer (8 km ↙)
* Zur Mühle
Haus Nr 3, ✉ 95131, ☎ (0 92 89) 4 24,
Fax 67 17, ED
19 Zi, Ez: 65, Dz: 110, ⌐ WC ☎; 🅿 ≋ Sauna
Solarium
geschl: Di, Mitte Nov-Mitte Dez
* Hauptgericht 20; Biergarten;
geschl: Di, Mitte Nov-Mitte Dez

Schwarzenberg siehe Baiersbronn

Schwarzenberg 50 ↙

Sachsen — Aue-Schwarzenberg — 450 m
— 18 800 Ew — Chemnitz 40 km
🛈 ☎ (0 37 74) 2 25 40, Fax 2 25 40 —
Schwarzenberg-Information, Fremdenverkehrsamt, Oberes Tor 5, 08340 Schwarzenberg. Sehenswert: Schloß mit Museum;
St.-Georgen-Kirche, Glockenspiel aus
Meißner Porzellan

** Neustädter Hof
Grünhainer Str 24, ✉ 08340, ☎ (0 37 74)
12 50, Fax 12 55 00, AX ED VA
72 Zi, Ez: 100-139, Dz: 159-179, 3 Suiten,
1 App, ⌐ WC ☎ DFÜ, 21✉; Lift 🅿 🚗 4⇔80
Fitneßraum Sauna Solarium ⭐ 🚿

Ratskeller ⭐
Markt 1, ✉ 08340, ☎ (0 37 74) 2 32 48,
AX DC ED VA
Hauptgericht 25; 🅿 Terrasse
** 13 Zi, Ez: 95-115, Dz: 160-180, ⌐
WC ☎; 2⇔120

Schwarzenfeld 59

Bayern — Kreis Schwandorf — 6 000 Ew
🛈 ☎ (0 94 35) 30 90 — Verwaltungsgemeinschaft Schwarzenfeld, 92521 Schwarzenfeld

*** Schloß Schwarzenfeld
Schloß Str 13 und 15, ⌧ 92521, ☎ (0 94 35) 55 50, Fax 55 51 99, AX DC ED VA
88 Zi, Ez: 110-140, Dz: 200-480, ⌁ WC ☎ DFÜ, 39🖃; Lift 🅿 4⇔190 Fitneßraum Sauna Solarium 🍷
** Le Château
Hauptgericht 30; Biergarten Terrasse

Schwarzengrund
siehe **Hohenroda**

Schwarzheide 40→

Brandenburg — Senftenberg — 131 m —
Dresden 45, Cottbus 30, Berlin 120 km
🛈 ☎ (03 57 52) 8 50, Fax 8 06 61 — Stadtverwaltung, Gewerbeamt, Ruhlander Str 2, 01987 Schwarzheide

** Treff Page Hotel
Ruhlander Str 75, ⌧ 01987, ☎ (03 57 52) 8 40, Fax 8 41 00, AX DC ED VA
135 Zi, Ez: 105-190, Dz: 140-230, S; ⌁ WC ☎ DFÜ, 42🖃; Lift 🅿 4⇔70 Fitneßraum Kegeln Sauna Solarium ▼◯▎
Langzeitvermietung möglich. Auch Zimmer der Kategorie * vorhanden

Schwedt/Oder 22↘

Brandenburg — Uckermark — 5 m —
45 521 Ew — Angermünde 22 km
🛈 ☎ (0 33 32) 44 60, Fax 2 21 16 — Stadtverwaltung Schwedt/Oder, Lindenallee 25-29, 16303 Schwedt/Oder

** Turm-Hotel
Heinersdorfer Damm 1-11, ⌧ 16303, ☎ (0 33 32) 44 30, Fax 44 32 99, AX ED VA
31 Zi, Ez: 80-130, Dz: 138-160, 3 App, ⌁ WC ☎, 8🖃; Lift 🅿 2⇔100 ▼◯▎

** Andersen
Gartenstr 9, ⌧ 16303, ☎ (0 33 32) 52 47 48, Fax 52 47 50, AX DC ED VA
32 Zi, Ez: 80-130, Dz: 104-170, ⌁ WC ☎, 16🖃; Lift 🅿 🚐 2⇔40; **garni**

Schweich 52↗

Rheinland-Pfalz
🛈 ☎ (0 65 02) 40 70, Fax 40 71 80 — Verbandsgemeindeverwaltung Schweich, Brückenstr 26, 54338 Schweich

* Zur Moselbrücke
Brückenstr 1, ⌧ 54338, ☎ (0 65 02) 9 19 00, Fax 91 90 91, AX DC ED VA
27 Zi, Ez: 80-100, Dz: 120-150, ⌁ WC ☎, 8🖃; 🅿 🚐 2⇔40 ▼◯▎
geschl: 15.12.-15.1.

Schweicheln-Bermbeck
siehe **Hiddenhausen**

Schweinfurt 56↑

Bayern — Stadtkreis — 300 m — 54 357 Ew
— Würzburg 38, Bamberg 57, Fulda 88 km
🛈 ☎ (0 97 21) 5 14 98, Fax 5 16 05 —
Schweinfurt - Information, Brückenstr 14, 97421 Schweinfurt; Kreisfreie Stadt am Main. Sehenswert: Ev. St.-Johannis-Kirche; kath. St.-Kilians-Kirche: modern, Chorfenster; Rathaus; Schrottturm; Reichsvogtei; altes Gymnasium

Cityplan siehe Seite 900

** Primula
Friedrich-Rätzer-Str 11, ⌧ 97424,
☎ (0 97 21) 77 90, Fax 77 92 00, AX DC ED VA
62 Zi, Ez: 129, Dz: 142, ⌁ WC ☎, 8🖃; Lift 🅿 3⇔60

** Luitpold
Luitpoldstr 45 (B 3), ⌧ 97421, ☎ (0 97 21) 8 80 25, Fax 80 36 07, AX DC ED VA
40 Zi, Ez: 70-130, Dz: 140-170, 2 Suiten, 5 App, ⌁ WC ☎, 2🖃; **garni** ▼◯▎

** Panorama Hotel
◂Am Oberen Marienbach 1 (C 1), ⌧ 97421,
☎ (0 97 21) 20 40, Fax 18 63 91, AX DC ED VA
84 Zi, Ez: 99-133, Dz: 130-160, 2 Suiten, 2 App, ⌁ WC ☎, 6🖃; Lift 2⇔40 Fitneßraum Sauna Solarium; **garni**

* Ross
Postplatz 9 (C 2), ⌧ 97421, ☎ (0 97 21) 2 00 10, Fax 20 01 13, AX ED VA
50 Zi, Ez: 100-180, Dz: 150-200, 2 Suiten, ⌁ WC ☎, 10🖃; Lift 🅿 🚐 1⇔35 ♨ Sauna Solarium
geschl: 22.12.-10.1.
Auch Zimmer der Kategorie ****** vorhanden
* Ross-Stuben
Hauptgericht 25; Terrasse; geschl: So, 22.12.-10.1.

* Zum Grafen Zeppelin
Cramerstr 7 (B 2), ⌧ 97421, ☎ (0 97 21) 2 21 73, Fax 2 54 72, AX DC ED VA
24 Zi, Ez: 65-95, Dz: 100-155, 2 Suiten, ⌁ WC ☎; 🅿 1⇔30 ▼◯▎
geschl: So ab 15 →

Schweinfurt

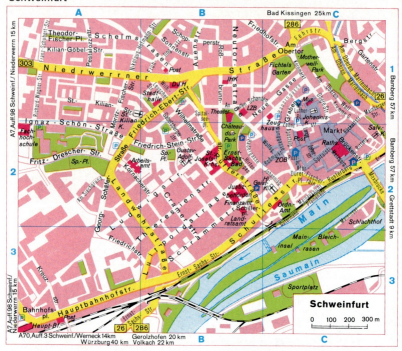

Bergl (2 km ←)
* Am Bergl
Berliner Platz 1, ⊠ 97424, ☎ (0 97 21) 93 60, Fax 9 36 99, AX ED VA
39 Zi, Ez: 100, Dz: 150, 3 Suiten, ⊿ WC ☎, 6✉; Lift P 🚗 ¶◎ 🛋

Schweitenkirchen 72 ↑

Bayern — Kreis Pfaffenhofen a.d. Ilm — 520 m — 4 500 Ew — Pfaffenhofen 8, Freising 18 km
ℹ️ ☎ (0 84 44) 92 75-0, Fax 92 75-26 — Gemeindeverwaltung, Hauptstr 29, 85301 Schweitenkirchen

An der Autobahn
** Best Western In der Holledau West
A 9, ⊠ 85301, ☎ (0 84 41) 80 10, Fax 80 14 98, AX DC ED VA
92 Zi, Ez: 110-125, Dz: 150-180, ⊿ WC ☎, 20✉; Lift 🚗 4⟷50 Fitneßraum Sauna Solarium ¶◎

Schwelm 33 ↓

Nordrhein-Westfalen — Ennepe-Ruhr-Kreis — 224 m — 31 000 Ew — Wuppertal 7, Hagen 17, Bochum 27 km
ℹ️ ☎ (0 23 36) 80 14 44, Fax 80 13 70 — Stadtverwaltung, Hauptstr 14, 58332 Schwelm; Kreisstadt

** Wilzbach
Obermauer Str 11, ⊠ 58332, ☎ (0 23 36) 9 19 00, Fax 91 90 99, AX DC ED VA
31 Zi, Ez: 147-252, Dz: 192-272, 8 Suiten, ⊿ WC ☎, 11✉; Lift P 🚗 1⟷25
geschl: 24.12.-2.1.
** Carstens
Hauptgericht 32; geschl: So

Schwend siehe Birgland

Schwepnitz 40 ↘

Sachsen — Westlausitz-Dresdner Land — 1 925 Ew
ℹ️ ☎ (03 57 97) 7 36 18 — Gemeindeverwaltung, Dresdnerstr 4, 01936 Schwepnitz

* Büka-Ambiente
Industriestr 1-5, im Gewerbegebiet, ⊠ 01936, ☎ (03 57 97) 6 61-93, Fax 6 61-92, DC ED VA
20 Zi, Ez: 98, Dz: 145, ⊿ WC ☎, 10✉; P 1⟷35 Sauna Solarium ¶◎

Bei den Ferienzeit-Angaben für Hotels und Restaurants bedeuten „Anfang" 1. bis 10., „Mitte" 11. bis 20. und „Ende" 21. bis 31. des jeweiligen Monats. Innerhalb dieser Zeiträume liegen Beginn und Ende der Ferienzeit.

Schwerin 19 ↗

Mecklenburg-Vorpommern — Kreis Schwerin — 40 m — 126 000 Ew — Rostock 91, Hamburg 125 km

i ☎ (03 85) 59 25 20, Fax 56 27 39 — Schwerin-Information, Am Markt 10, 19055 Schwerin; Landeshauptstadt des Landes Mecklenburg-Vorpommern. Sehenswert: Schloß mit Schloßpark und Schleifmühle; Altstadt mit Altstädtischem Rathaus, Neuem Gebäude, Schlachtermarkt; Mecklenburgisches Staatstheater (Neurenaissancebau); Altes Palais, Neustädtisches Palais; Dom (norddt. Backsteingotik), Kirche St. Nikolai, staatl. Museum; Fernsehturm; Umgebung: Ortsteil Zippendorf: Schweriner See; Schwerin-Mueß-Freilichtmuseum

Cityplan siehe Seite 902

**** Holiday Inn Crowne Plaza
Bleicher Ufer 23 (außerhalb A 3), ✉ 19053, ☎ (03 85) 5 75 50, Fax 5 75 57 77, AX DC ED VA
88 Zi, Ez: 209-254, Dz: 258-273, S; 4 Suiten, 8 App, ⇨ WC ☎ DFÜ, 40⌂; Lift 🅿 🚗 9⇔250 Fitneßraum Sauna Solarium ⚓
*** Marco Polo
Hauptgericht 32; Terrasse

** InterCityHotel Schwerin
Grunthalplatz 5-7 (A 1), ✉ 19053, ☎ (03 85) 5 95 00, Fax 5 95 09 99, AX DC ED VA
180 Zi, Ez: 130-180, Dz: 149-220, S; ⇨ WC ☎ DFÜ, 60⌂; Lift 7⇔120 ⚓
Auch Zimmer der Kategorie * vorhanden

* Mercure Marienplatz Schwerin
Wismarschestr 107-109, ✉ 19053, ☎ (03 85) 59 29 90, Fax 59 29 99, AX DC ED VA
46 Zi, Ez: 135, Dz: 155, S; 1 Suite, 28⌂; 🅿 2⇔40; garni

* Elefant
Goethestr 39, ✉ 19053, ☎ (03 85) 5 30 70
33 Zi, Ez: 130, Dz: 160, ⇨ WC ☎
Auch Zimmer der Kategorie ** vorhanden

* An den Linden
Franz-Mehring-Str 26 (B 2), ✉ 19053, ☎ (03 85) 51 20 84, Fax 51 22 81, AX DC ED VA
12 Zi, Ez: 145-195, Dz: 175-210, ⇨ WC ☎; Lift Sauna; garni

* Hospiz am Pfaffenteich
Gaußstr 19, ✉ 19055, ☎ (03 85) 56 56 06, Fax 56 96 13
14 Zi, Ez: 95, Dz: 130, ⇨ WC ☎; garni

** Weinhaus Uhle
☯ Schusterstr 15 (B 2), ✉ 19055, ☎ (03 85) 56 29 56, Fax 5 57 40 93, AX ED
Hauptgericht 28

* Zum Goldenen Reiter
Puschkinstr 44 (B 2), ✉ 19055, ☎ (03 85) 56 50 36, Fax 56 50 36, AX ED
Hauptgericht 20

* Friedrich's
Friedrichstr 2, ✉ 19055, ☎ (03 85) 55 54 73, Fax 55 54 69, AX ED VA
Hauptgericht 25

⚓ Café Prag
Puschkinstr 64 (B 2), ✉ 19055, ☎ (03 85) 56 59 09

Schwerin Außerhalb (6 km ↑)
** Best Western Seehotel Frankenhorst
einzeln ☯ ⚓ Frankenhorst 5, ✉ 19055, ☎ (03 85) 55 50 71, Fax 55 50 73, AX DC ED VA
40 Zi, Ez: 165, Dz: 150-199, 2 Suiten, ⇨ WC ☎; 🅿 2⇔60 Strandbad Seezugang Sauna ⚓

Schwerin-Süd (5 km ↙)
** Europa
⚓ Werkstr 209, ✉ 19061, ☎ (03 85) 6 34 00, Fax 6 34 06 66, AX DC ED VA
70 Zi, Ez: 99-168, Dz: 129-165, S; ⇨ WC ☎, 16⌂; Lift 🅿 2⇔30 Fitneßraum Sauna Solarium
Auch Zimmer der Kategorie *** vorhanden
** Hauptgericht 20; Terrasse

Grosser Dreesch (6 km ↘)
*** Best Western Schwerin Plaza
Am Grünen Tal, ✉ 19063, ☎ (03 85) 39 92-0, Fax 39 92-1 88, AX DC ED VA
78 Zi, Ez: 132-193, Dz: 184-231, S; 1 Suite, ⇨ WC ☎, 20⌂; Lift 🅿 4⇔150 Sauna Solarium
** Primavera
Hauptgericht 25

Groß Medewege (3,5 km ↑)
* Landhaus Schwerin
An de Chaussee 28, ✉ 19055, ☎ (03 85) 51 29 23, Fax 51 29 24, AX ED VA
9 Zi, Ez: 85-125, Dz: 145, ⇨ WC ☎; 🅿 ⚓

Krebsförden (5 km ↓)
** Astron Hotel
Im Schulacker 1, ✉ 19061, ☎ (03 85) 6 37 00, Fax 6 37 05 00, AX DC ED VA
144 Zi, Ez: 160, Dz: 180, S; 9 Suiten, 2 App, ⇨ WC ☎ DFÜ, 57⌂; Lift 🅿 8⇔210 Fitneßraum Sauna Solarium ⚓

** Arte Schwerin
☯ Dorfstr 6, ✉ 19061, ☎ (03 85) 6 34 50, Fax 6 34 51 00, AX DC ED VA
40 Zi, Ez: 135-223, Dz: 180-266, S; 1 Suite, 1 App, ⇨ WC ☎, 10⌂; Lift 🅿 3⇔50 Sauna Solarium
** Fontane
Hauptgericht 30

Mueß (3,5 km →)
* Zur Mueßer Bucht
Mueßer Bucht 1, ✉ 19063, ☎ (03 85) 64 45 00, Fax 6 44 50 44, ED
20 Zi, Ez: 85-110, Dz: 120-150, ⇨ WC ☎; 🅿 2⇔80 Strandbad Seezugang ⚓
Auch Zimmer der Kategorie ** vorhanden

→

Schwerin

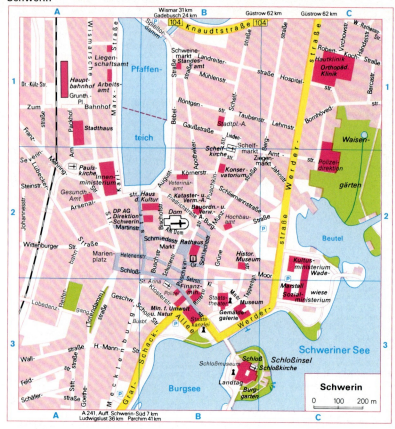

<mark>Neumühle</mark> (2,5 km ↘)
* **Neumühler Hof**
Neumühler Str 45, ✉ 19057, ☎ (03 85)
71 93 61, Fax 71 93 61
14 Zi, Ez: 90-120, Dz: 140, ⌐ WC ☎, 11🏠;
🅿; garni

<mark>Raben-Steinfeld</mark> (11 km ↘)
*** **Dobler**
☏ Peckateler Str 5, ✉ 19065, ☎ (0 38 60)
80 11, Fax 80 06, AX ED VA
30 Zi, Ez: 100-150, Dz: 120-190, 1 Suite, ⌐
WC ☎ DFÜ, 16🏠; Lift 🅿 2⇄25; garni

<mark>siehe auch Pampow</mark>

Schwerte 33→

Nordrhein-Westfalen — Kreis Unna — 179 m
— 52 405 Ew — Letmathe 13, Hagen 14 km
ℹ ☎ (0 23 04) 10 43 30, Fax 10 43 03 —
Stadtverwaltung, Rathausstr 31, 58239
Schwerte; Stadt an der Ruhr. Sehenswert:
St.-Viktor-Kirche: niederländischer Schnitzaltar; Altes Rathaus: Ruhrtal-Museum

<mark>Geisecke</mark> (4 km →)
** **Gutshof Wellenbad**
Zum Wellenbad 7, ✉ 58239, ☎ (0 23 04)
48 79, Fax 4 59 79, AX DC ED VA
Hauptgericht 40; Gartenlokal 🅿 Terrasse;
geschl: Do, 2 Wo in den Sommerferien
** 12 Zi, Ez: 125-135, Dz: 180-200, ⌐
WC ☎

Schwetzingen 54 ↘

Baden-Württemberg — Rhein-Neckar-
Kreis — 100 m — 21 500 Ew — Heidelberg 11, Mannheim 15 km
ℹ ☎ (0 62 02) 49 33, Fax 27 08 27 — Verkehrsverein, Schloßplatz 2, 68723 Schwetzingen. Sehenswert: Schloß; Orangerie;
Moschee; Schloßgarten; Rokoko-Theater

<mark>Achtung:</mark> Schwetzinger Festspiele
ℹ ☎ (0 62 02) 49 33

*** Hotel mit großzügiger Ausstattung

Seeg

** Ramada
Carl-Benz-Str 1, ✉ 68723, ☎ (0 62 02) 28 10, Fax 28 12 22, AX DC ED VA
110 Zi, Ez: 139-163, Dz: 139-206, S; 6 Suiten, ⌐ WC ☎, 30✉; Lift 🅿 🅿 3✪50; **garni**

** Ringhotel Adler-Post
Schloßstr 3, ✉ 68723, ☎ (0 62 02) 27 77-0, Fax 27 77 77, AX DC ED VA
29 Zi, Ez: 127-175, Dz: 214-274, S; ⌐ WC ☎, 3✉; 🅿 2✪25 Sauna
geschl: 1.1.-10.1.
Auch Zimmer der Kategorie ***** vorhanden
** Hauptgericht 35; 🅿 Terrasse;
geschl: So abends, Mo, 1.1.-10.1., 3.8.-24.8.

** Zum Erbprinzen
Karlsruher Str 1, ✉ 68723, ☎ (0 62 02) 9 32 70, Fax 93 27 93, AX ED VA
25 Zi, Ez: 120-190, Dz: 190-260, ⌐ WC ☎ DFÜ; 1✪15 ⚭
Bistro/Café Journal
Hauptgericht 25; Biergarten

** Villa Guggolz
Zähringer Str 51, ✉ 68723, ☎ (0 62 02) 2 50 47, Fax 2 50 49, AX ED VA
10 Zi, Ez: 108-132, Dz: 155-175, ⌐ WC ☎, 2✉; 🅿; **garni**
Rezeption: 6-19

**** Achat Hotel
Am Schloßgarten**
Schälzigweg 1-3, ✉ 68723, ☎ (0 62 02) 20 60, Fax 20 63 33, AX ED VA
67 Zi, Ez: 99-164, Dz: 132-204, S; 1 Suite, 1 App, ⌐ WC ☎ DFÜ, 28✉; Lift 🅿 2✪35 Sauna; **garni**
geschl: 23.12.-2.1.

** Zagreb
Robert-Bosch-Str 9, ✉ 68723, ☎ (0 62 02) 28 40, Fax 28 42 00, AX ED VA
38 Zi, Ez: 120, Dz: 175; 🅿 Kegeln Sauna Solarium 🍴
Auch Zimmer der Kategorie ***** vorhanden

Schwörstadt 67 ↓

Baden-Württemberg — Lörrach — 450 m — Lörrach 25 km
🅘 ☎ (0 77 62) 5 22 00, Fax 52 20 30 — Gemeindeverwaltung, Hauptstr 107, 79739 Schwörstadt

* Schloßmatt
Lettenbünde 5, ✉ 79739, ☎ (0 77 62) 5 20 70, Fax 52 07 50, ED VA
26 Zi, Ez: 90-120, Dz: 140-160, ⌐ WC ☎, 10✉; 🅿 Sauna Solarium
** Hauptgericht 34

Sebnitz 51 ↗

Sachsen — Sächsische Schweiz — 10 290 Ew — Dresden 45, Bautzen 40, Hoyerswerda 70 km
🅘 ☎ (03 59 71) 5 30 79, Fax 5 31 82 — Touristinformation, Schillerstr 3, 01855 Sebnitz

** Sebnitzer Hof
Markt 13, ✉ 01855, ☎ (03 59 71) 5 64 54, Fax 5 64 54, ED VA
36 Zi, Ez: 98-120, Dz: 140, 1 Suite, ⌐ WC ☎, 14✉; Lift 1✪30 🍴 ⚭

* Brückenschänke
Schandauer Str 62, ✉ 01855, ☎ (03 59 71) 5 75 92, Fax 5 75 93, AX ED VA
13 Zi, Ez: 85-99, Dz: 100-130, ⌐ WC ☎; 🅿 1✪25 Sauna Solarium 🍴

Seebach 60 ↘

Baden-Württemberg — Ortenaukreis — 500 m — 1 500 Ew — Achern 11, Bühl 21 km
🅘 ☎ (0 78 42) 94 83-20, Fax 94 83-99 — Tourist-Information, Ruhesteinstr 21, 77889 Seebach; Luftkurort im nördlichen Schwarzwald. Sehenswert: Mummelsee, 1032m (10 km ↗); Hornisgrinde, 1164 m ⚜ (10 km + 15 Min ↗)

* Seebach-Hotel
⚜ Ruhesteinstr 67, ✉ 77889, ☎ (0 78 42) 37 34, Fax 3 03 45
16 Zi, Ez: 70, Dz: 120, ⌐ WC ☎; 🅿 1✪30 ≋ Sauna Solarium
* Löwenbräustuben
Hauptgericht 25

Seefeld 71 ↑

Bayern — Starnberg — 570 m — 6 530 Ew — München 35, Starnberg 14, Weilheim 25 km
🅘 ☎ (0 81 52) 7 91 40, Fax 7 90 49 — Gemeindeverwaltung, Hauptstr 42, 82229 Seefeld

Hechendorf
** Landgasthof Alter Wirt
Hauptstr 49, ✉ 82229, ☎ (0 81 52) 77 35-36, Fax 7 90 31, ED
Hauptgericht 25
** 11 Zi, Ez: 125, Dz: 160, 1 Suite, 1 App, ⌐ WC ☎; 🅿 1✪30

Seeg 70 ↘

Bayern — Kreis Ostallgäu — 854 m — 2 800 Ew — Füssen 16, Marktoberdorf 16 km
🅘 ☎ (0 83 64) 98 30 33, Fax 98 30 40 — Verkehrsamt, Hauptstr 39, 87637 Seeg; Luftkurort. Sehenswert: Rokoko-Kirche St. Ulrich

* Pension Heim
⚐ ⚜ Aufmberg 8, ✉ 87637, ☎ (0 83 64) 2 58, Fax 10 51
18 Zi, Ez: 70, Dz: 125-135, ⌐ WC ☎; **garni**

Seehausen (Altmark) 28 ↘

Sachsen-Anhalt — Kreis Stendal — 20 m —
5 000 Ew — Wittenberge 12, Stendal 36 km
🛈 ☎ (03 93 86) 5 47 83, Fax 5 47 83 — Stadtinformation, Schulstr 6, 39615 Seehausen
(Altmark). Sehenswert: St.-Petri-Kirche;
Beustertor; Salzkirche; Klosterschul-
gebäude; Rathaus

⌂ **Stadtmitte**
Große Brüderstr 7, ⌧ 39615, ☎ (03 93 86)
5 45 61
7 Zi, Ez: 60, Dz: 120, ☎; ⌘

Seehausen Bördekreis 27 ↘

Sachsen-Anhalt — Bördekreis — 188 m —
2 282 Ew — Oschersleben 9, Magdeburg
18 km
🛈 ☎ (03 94 07) 2 03 — Stadtverwaltung,
Friedensplatz 11, 39365 Seehausen

∗ **Romanik**
Friedrich-Engels-Str 16, ⌧ 39365,
☎ (03 94 07) 50 00, Fax 50 04, ED
25 Zi, Ez: 90, Dz: 130, ⊟ WC ☎; 2✧80 ⌘

Seeheim-Jugenheim 54 →

Hessen — Kreis Darmstadt-Dieburg —
140 m — 17 000 Ew — Bensheim 12 km
🛈 ☎ (0 62 57) 20 60, Fax 99 00 — Verkehrsverein, im Ortsteil Jugenheim, Hauptstr 14,
64342 Seeheim-Jugenheim; Erholungsort
an der Bergstraße. Sehenswert: Rathaus;
Schloß Heiligenberg mit Klosterruine;
Zentlinde; Mausoleum der Battenberger/
Mountbatten; Ruine Tannenberg

Jugenheim
∗ **Jugenheim**
Hauptstr 54, ⌧ 64342, ☎ (0 62 57) 20 05,
AX DC ED VA
18 Zi, Ez: 80-95, Dz: 120-150, ⊟ WC ☎; P;
garni

Jugenheim-Außerhalb (2 km →)
∗ **Brandhof**
einzeln ♂ Im Stettbacher Tal 61, ⌧ 64342,
☎ (0 62 57) 2 68 9/ 36 13, Fax 35 23,
AX DC ED VA
44 Zi, Ez: 85-95, Dz: 145-155, ⊟ WC ☎; P
3✧50 Fitneßraum Sauna Solarium ⌘
Auch Zimmer der Kategorie ∗∗ vorhanden

Malchen (2 km ↑ von Seeheim)
∗ **Malchen**
♂ Im Grund 21, ⌧ 64342, ☎ (0 61 51)
94 67-0, Fax 94 67-20, AX DC ED VA
20 Zi, Ez: 110-160, Dz: 160-225, 3 App, ⊟
WC ☎ DFÜ; P ⌘; garni

Seelbach 67 ↑

Rheinland-Pfalz — Ortenaukreis — 250 m
— 4 900 Ew — Lahr 8, Offenburg 28 km
🛈 ☎ (0 78 23) 94 94-52, Fax 94 94-51 — Verkehrsamt, Hauptstr 7, 77960 Seelbach;
Luftkurort im Schwarzwald. Sehenswert:
Schloß Dautenstein und Hammerschmiede
im Litschental; Ruine Hohengeroldseck,
524 m ⌁ (6 km + 14 Min ↗); Burgruine
Lützelhardt, 460 m ⌁ (1 km + 30 Min ↗)

∗ **Ochsen**
Hauptstr 100, ⌧ 77960, ☎ (0 78 23) 9 49 50,
Fax 20 36, DC VA
34 Zi, Ez: 72-80, Dz: 118-132, ⊟ WC ☎; P ⌘
2✧70 Kegeln ⌘
geschl: 10.2.-1.3.

Schönberg (6 km ↗)
∗ **Paß-Höhen-Hotel Geroldseck**
♂ ⌁ Kinzigtalblick 1, ⌧ 77960, ☎ (0 78 23)
20 44, Fax 55 00, AX DC ED VA
28 Zi, Ez: 70-125, Dz: 140-195, 8 App, ⊟ WC
☎; P ⌘ 2✧20 ⌂ Sauna Solarium
Rezeption: 7-20; geschl: 14 Tage Feb
Auch Zimmer der Kategorie ∗∗ vorhanden
∗∗ **Herberge Zum Löwen**
⌧ Hauptgericht 23; geschl: Feb
Das älteste Gasthaus in Deutschland,
1231 erbaut und 1370 erstmals urkundlich
erwähnt

Seelow 31 □

Brandenburg — Kreis Seelow — 20 m —
5 583 Ew — Frankfurt/Oder 30, Wriezen 41,
Berlin 70 km
🛈 ☎ (0 33 46) 4 95 — Stadtverwaltung,
Clara-Zetkin-Str 61, 15306 Seelow

∗∗ **Brandenburger Hof**
Apfelstr 1, ⌧ 15306, ☎ (0 33 46) 8 89 40,
Fax 8 89 42, AX ED VA
38 Zi, Ez: 80-100, Dz: 140-160, ⊟ WC ☎,
9⌧; Fitneßraum Sauna Solarium ⌘ ⌘

Waldsiedlung Diedersdorf
∗ **Waldhotel Seelow**
♂ Waldsiedlung, ⌧ 15306, ☎ (0 33 46)
8 88 83, Fax 8 88 85, AX ED VA
47 Zi, Ez: 72-85, Dz: 99-110, 6 Suiten, ⊟ WC
☎, 11⌧; P ⌘ 2✧30 Sauna Solarium ⌘

Seelze 26 ←

Niedersachsen — Kreis Hannover — 50 m
— 34 000 Ew — Hannover 8 km
🛈 ☎ (0 51 37) 82 80, Fax 8 28-1 90 — Stadtverwaltung, im Stadtteil Letter, Rathausplatz 1, 30926 Seelze

∗ **Galerie**
Bonhoefferstr 3, ⌧ 30926, ☎ (0 51 37)
9 32 03, Fax 9 42 03, VA
12 Zi, Ez: 120-190, Dz: 160-260, ⊟ WC ☎; P;
garni

Lohnde (2 km ←)
* **Krumme Masch**
Krumme Masch 16, ⊠ 30926, ☎ (0 51 37) 9 26 57, Fax 9 11 20, ED
12 Zi, Ez: 110-125, Dz: 170, ⊣ WC ☎; P 🖨
1⇔20; garni

Seeon-Seebruck 73 ←

Bayern — Kreis Traunstein — 540 m — 4 986 Ew — Obing 5, Traunstein 23 km
🛈 ☎ (0 86 67) 71 39, Fax 74 15 — Verkehrsamt, im Ortsteil Seebruck, Am Anger 1, 83358 Seeon-Seebruck; Luftkurort. Sehenswert: Ehem. Klosterkirche im Ortsteil Seeon; Römermuseum Bedaium im Ortsteil Seebruck; Chiemsee (6 km ↓)

Lambach
* **Malerwinkel**
♂ ⋖ Lambach 23, ⊠ 83358, ☎ (0 86 67) 8 88-00, Fax 8 88-0 44
20 Zi, Ez: 100, Dz: 170-200, ⊣ WC ☎; P 2⇔30 Strandbad Seezugang Sauna ⚓
Auch Zimmer der Kategorie ** vorhanden
** ⋖ Hauptgericht 30

* **Lambach**
⋖ Lambach 8, ⊠ 83358, ☎ (0 86 67) 4 27, Fax 15 04
26 Zi, Ez: 100-150, Dz: 150-250, 2 Suiten, 3 App, ⊣ WC ☎, 10🄿; P 1⇔80 Strandbad Seezugang Solarium ⚓
Auch Zimmer der Kategorie ** vorhanden
* ⊗ Hauptgericht 20; Gartenlokal; geschl: Di

Seebruck Luftkurort am Chiemsee. Sehenswert: Insel Herrenchiemsee, Schloß; Insel Frauenchiemseem
** **Wassermann**
⋖ Ludwig-Thoma-Str 1, ⊠ 83358, ☎ (0 86 67) 87 10, Fax 87 14 98, AX ED VA
42 Zi, Ez: 90-145, Dz: 130-230, 2 Suiten, ⊣ WC ☎; Lift P 🖨 2⇔40 ≙ Strandbad Seezugang Sauna Solarium ⚓
geschl: 4.1.-13.2.
** Hauptgericht 35; Terrasse; Anfang Nov-Mitte Dez nur abends, Sa + So auch mittag; geschl: Anfang Jan-Mitte Feb

* **Segelhafen**
⋖ Im Jachthafen 7, ⊠ 83358, ☎ (0 86 67) 6 11, Fax 70 94, DC ED VA
Hauptgericht 20

Seeon
* **Klostergaststätte**
Klosterweg 2, ⊠ 83370, ☎ (0 86 24) 30 85, Fax 47 96, AX VA
Hauptgericht 23; Biergarten; geschl: Mo, 15.1.-28.2.
Im Kloster Seeon

Seeon-Außerhalb Erholungsort im Chiemgau
* **Scheitzenberg**
⋖ Scheitzenberg 1, ⊠ 83358, ☎ (0 86 24) 8 98 70, Fax 43 05
14 Zi, Ez: 105-125, Dz: 130-150, 2 App, ⊣ WC ☎; 1⇔120
** Hauptgericht 20

Seesen 36 ↗

Niedersachsen — Kreis Goslar — 209 m — 22 300 Ew — Goslar 23 km
🛈 ☎ (0 53 81) 7 52 43, Fax 7 52 61 — Tourist-Information, Marktstr 1, 38723 Seesen; Erholungsort im Harz. Sehenswert: Ev. St.-Andreas-Kirche; Burg Sehusa, Jagdschloß; Wilhelm-Busch-Museum im Stadtteil Mechtshausen (8 km ↖)

** **Ringhotel Goldener Löwe**
Jacobsonstr 20, ⊠ 38723, ☎ (0 53 81) 93 30, Fax 93 34 44, AX DC ED VA
40 Zi, Ez: 125-185, Dz: 149-205, 1 Suite, ⊣ WC ☎ DFÜ, 3🄿; Lift 🖨 6⇔120
** Hauptgericht 30; Biergarten P Terrasse; geschl: Sa mittags

* **Seesen**
Lautenthaler Str 70, ⊠ 38723, ☎ (0 53 81) 53 81, Fax 20 90, AX DC ED VA
17 Zi, Ez: 85-120, Dz: 120-140, 2 Suiten, ⊣ WC ☎, 6🄿; P Sauna Solarium 4 Tennis; garni

Seeshaupt 71 □

Bayern — Kreis Weilheim-Schongau — 600 m — 2 719 Ew — Starnberg 25 km
🛈 ☎ (0 88 01) 90 71-0, Fax 24 27 — Gemeindeverwaltung, Weilheimer Str 1, 82402 Seeshaupt; Erholungsort am Südende des Starnberger Sees; Bayerischer Nationalpark zwischen Seeshaupt u. Bernried; Ostersee (4 km ↓)

* **Sterff**
Penzberger Str 6, ⊠ 82402, ☎ (0 88 01) 5 51, Fax 25 98, ED VA
19 Zi, Ez: 85, Dz: 135, 2 Suiten, 1 App, ⊣ WC ☎; P; garni
geschl: 20.12.-10.1.

Seestermühe 17 ↗

Schleswig-Holstein — Kreis Pinneberg — 3 m — 790 Ew — Elmshorn 8, Glückstadt 17 km
🛈 ☎ (0 41 25) 3 73 — Gemeindeverwaltung, Schulstr 20, 25371 Seestermühe

** **Ton Vossbau**
⊠ 25371, ☎ (0 41 25) 3 13, Fax 2 62
Hauptgericht 30; P; geschl: Di

Seevetal

Seevetal 18 ◻

Niedersachsen — Kreis Harburg — 30 m — 38 962 Ew — Hamburg 18 km
🅸 ☎ (0 41 05) 5 50, Fax 5 52 90 — Gemeindeverwaltung, im Ortsteil Hittfeld, Kirchstr 11, 21218 Seevetal. Sehenswert: Kirche im Ortsteil Hittfeld; Kleckerwald: Hünengrab; Stiftskirche in Ramelsloh

Hittfeld
* Krohwinkel
Kirchstr 15, ✉ 21218, ☎ (0 41 05) 24 09, Fax 5 37 99, AX DC ED VA
16 Zi, Ez: 99, Dz: 152, ⊣ WC ☎; 🅿 1↔40 🍴

* Meyers Hotel Garni
Hittfelder Twiete 1, ✉ 21218, ☎ (0 41 05) 2 72 7+61 25-0, Fax 5 26 55, AX ED VA
16 Zi, Ez: 110-120, Dz: 160-170, ⊣ WC ☎ DFÜ; 🅿; garni

* Zur Linde
Lindhorster Str 3, ✉ 21218, ☎ (0 41 05) 20 23, Fax 5 30 31
36 Zi, Ez: 84-95, Dz: 136-152, ⊣ WC ☎; 🖨 2↔70 Kegeln 🍴
Auch einfachere Zimmer vorhanden

Zum 100jährigen
🅥 Harburger Str 2, ✉ 21218, ☎ (0 41 05) 23 00, Fax 5 16 73
Hauptgericht 18; Terrasse; nur abends, Sa+So auch mittags; geschl: Mo, Di, Jul
Reetgedeckter Gasthof von 1707

Karoxbostel
* Derboven
Karoxbosteler Chaussee 68, ✉ 21218, ☎ (0 41 05) 24 87, Fax 5 42 33, AX ED
20 Zi, Ez: 80-110, Dz: 120-130, ⊣ WC ☎, 5✉; 🅿 Kegeln 🍴
Auch einfachere Zimmer vorhanden

Maschen
** Maack
Hamburger Str 6, ✉ 21220, ☎ (0 41 05) 81 70, Fax 81 77 77, AX DC ED VA
90 Zi, Ez: 85-138, Dz: 138-178, ⊣ WC ☎; Lift 🅿 3↔60 ⚌
Auch einfachere Zimmer vorhanden
** Hauptgericht 35; Terrasse

Seewald 60 ↘

Baden-Württemberg — Kreis Freudenstadt — 750 m — 2 300 Ew — Freudenstadt 16 km
🅸 ☎ (0 74 47) 9 46 00, Fax 94 60 15 — Gemeindeverwaltung, im Ortsteil Besenfeld, Freudenstädter Str 12, 72297 Seewald; Luftkurort im nördlichen Schwarzwald. Sehenswert: Nagold-Stausee (5 km ↘)

Besenfeld
** Oberwiesenhof
♂ Freudenstädter Str 60, ✉ 72297, ☎ (0 74 47) 28 00, Fax 28 03 33, AX DC ED VA
48 Zi, Ez: 84-106, Dz: 160-190, 7 Suiten, 2 App, ⊣ WC ☎, 4✉; Lift 🅿 🖨 4↔60 ⚌ Fitneßraum Sauna Solarium 3Tennis ⚌
geschl: 7.-21.1.
Auch Zimmer der Kategorie ***** vorhanden
** Hubertusstube
Hauptgericht 35; Terrasse; geschl: 7.-21.1.

⌂ Sonnenblick
Freudenstädter Str 40, ✉ 72297, ☎ (0 74 47) 93 30, Fax 9 33-2 00, ED
44 Zi, Ez: 48-63, Dz: 102-122, 10 Suiten, ⊣ WC; Lift 🅿 1↔25 ⚌ Fitneßraum Solarium 🍴 ⚌

⌂ Konradshof
♂ ◂ Freudenstädter Str 65, ✉ 72297, ☎ (0 74 47) 94 64-0, Fax 94 64 13, AX ED VA
15 Zi, Ez: 50-60, Dz: 84-118, 1 App, ⊣ WC ☎; Lift 🅿 🖨 1↔60 Fitneßraum; garni ⚌
geschl: Mi, 1.-14.11.

Segeberg, Bad 10 ↘

Schleswig-Holstein — Kreis Segeberg — 45 m — 15 619 Ew — Kiel 47, Hamburg 55 km
🅸 ☎ (0 45 51) 96 49-0, Fax 96 49-15 — Tourist- und Kur-Information, Oldesloer Str 20, 23795 Bad Segeberg; Mineral-Heilbad und Luftkurort; Evangelische Akademie. Sehenswert: Marienkirche: Schnitzaltar; Kalkberg, 91 m ◂, Kalkberghöhlen

Achtung: Karl-May-Spiele von Jun-Aug (nur Donnerstag, Freitag, Samstag, Sonntag), 🅸 ☎ (0 45 51) 75 45

** Intermar Kurhotel
◂ Am Kurpark 3, ✉ 23795, ☎ (0 45 51) 80 40, Fax 80 46 02, AX DC ED VA
88 Zi, Ez: 120-150, Dz: 170-200, 35 Suiten, 35 App, ⊣ WC ☎, 6✉; Lift 🅿 12↔600 ⚌ Seezugang Fitneßraum Sauna Solarium ⚌
** Seeblick
◂ Hauptgericht 33; Terrasse

* Residence Kiek In
Kurhausstr 54, ✉ 23795, ☎ (0 45 51) 96 50, Fax 9654 00, ED VA
30 Zi, Ez: 95-115, Dz: 150-169, ⊣ WC ☎; Lift 🅿 🖨 Sauna; garni
Auch Zimmer der Kategorie ****** vorhanden

* Central Gasthof
Kirchstr 32, ✉ 23795, ☎ (0 45 51) 9 57 00, Fax 9 22 45, ED VA
11 Zi, Ez: 52-95, Dz: 92-130, ⊣ WC ☎; 🅿 🖨 1↔30 🍴

Högersdorf (2 km ↓)
*   Holsteiner Stuben
Dorfstr 19, ⌧ 23795, ☎ (0 45 51) 40 41,
Fax 15 76, AX DC ED VA
Hauptgericht 30; 🅿 Terrasse; geschl: Mi
* 7 Zi, Ez: 90, Dz: 140, ⌁ WC ☎
Rezeption: 11.30-14, 17.30-22; geschl: Mi,
Ende Jan-Anfang Feb

Sehnde 26 □

Niedersachsen — Kreis Hannover — 65 m
— 20 000 Ew — Hannover 16, Hildesheim
23 km
ℹ ☎ (0 51 38) 70 70, Fax 70 72 62 — Stadtverwaltung, Nordstr 21, 31319 Sehnde

*   Apart-Hotel Sehnde
Peiner Str 7, ⌧ 31319, ☎ (0 51 38) 61 80,
Fax 61 81 86, AX DC ED VA
190 Zi, Ez: 90-380, Dz: 90-450, 8 Suiten, ⌁
WC ☎, 60⌹; Lift 🅿 3⇔80; garni
Langzeitvermietung möglich. Auch Zimmer
der Kategorie ****** vorhanden

Bilm (5 km ↖)
**   Parkhotel Bilm
♂ Behmerothsfeld 6, ⌧ 31319, ☎ (0 51 38)
60 90, Fax 60 91 00, AX DC ED VA
50 Zi, Ez: 118-415, Dz: 165-450, ⌁ WC ☎,
6⌹; Lift 🅿 🄿 3⇔50 ≋ Sauna Solarium 🍽
geschl: 22.12.-3.1.
Auch Zimmer der Kategorie ***** vorhanden

*   Fachwerkhof Rahlfes
Freienstr 11, ⌧ 31319, ☎ (0 51 38) 6 19 30,
Fax 61 93 80, AX ED VA
40 Zi, Ez: 50-120, Dz: 80-260, ⌁ WC ☎; 🅿
3⇔70 🍽 ⚓

Ilten (5 km ↖)
**   Steiner
Sehnder Str 21, ⌧ 31319, ☎ (0 51 32) 65 90,
Fax 86 59 19, ED
13 Zi, Ez: 60-180, Dz: 120-220, ⌁ WC ☎; 🅿
🍽

Seiffen 51 ←

Sachsen — Kreis Marienberg — 620 m —
3 323 Ew — Olbernhau 8 km
ℹ ☎ (03 73 62) 2 18 — Gemeindeverwaltung, Am Rathaus 4, 09548 Seiffen

***   Best Western Wettiner Höhe
Jahnstr 23, ⌧ 09548, ☎ (03 73 62) 14 00,
Fax 1 41 40, AX DC ED VA
66 Zi, Ez: 110-140, Dz: 130-200, ⌁ WC ☎
DFÜ, 33⌹; Lift 🅿 4⇔200 Fitneßraum
Kegeln Sauna Solarium 🍽 ⚓

*   Seiffner Hof
♂ Hauptstr 31, ⌧ 09548, ☎ (03 73 62) 1 30,
Fax 13 13, AX ED VA
22 Zi, Ez: 70-110, Dz: 110-140, ⌁ WC ☎,
10⌹; Lift 🅿 🍽 ⚓

*   Nußknackerbaude
Nußknackerstr 20, ⌧ 09548, ☎ (03 73 62)
82 73, Fax 84 77, AX ED VA
33 Zi, Ez: 70-110, Dz: 105-125, 1 Suite, ⌁
WC ☎; Lift 🅿 1⇔50 Kegeln Sauna 🍽 ⚓

*   Landgasthof zu Heidelberg
♂ Hauptstr 196, ⌧ 09548, ☎ (03 73 62)
83 22, Fax 72 01, AX ED VA
28 Zi, Ez: 85, Dz: 110-125, 1 Suite, 1 App, ⌁
WC ☎; 🅿 Kegeln Sauna Solarium 🍽 ⚓

Seiffen-Außerhalb (3 km →)
*   Berghof
einzeln ♂ ⚐ Kurhausstr 36, ⌧ 09548,
☎ (03 73 62) 77 20, Fax 77 22 20, AX ED VA
20 Zi, Ez: 80-100, Dz: 120-160, 1 Suite, ⌁
WC ☎; Lift 🅿 1⇔25 🍽
Auch Zimmer der Kategorie ****** vorhanden

Seilershof 21 ↘

Brandenburg — Oberhavel — 57 m —
220 Ew — Gransee 10, Fürstenberg 12 km
ℹ ☎ (0 33 06) 2 16 06, Fax 2 16 12 — Tourist-Information, Rudolf-Breitscheid-Str. 44,
16775 Gransee

**   Am Wentowsee
          Landidyll
♂ Hauptstr 40, ⌧ 16775, ☎ (03 30 85)
7 02 16, Fax 7 02 16, AX DC ED VA
30 Zi, Ez: 85-115, Dz: 135-165, ⌁ WC ☎; 🅿
2⇔30 Seezugang 🍽 ⚓

Selb 49 ↗

Bayern — Kreis Wunsiedel — 550 m —
20 000 Ew — Marktredwitz 23, Hof 27, Bayreuth 59 km
ℹ ☎ (0 92 87) 88 30, Fax 88 31 90 — Stadtverwaltung, Ludwigstr 6, 95100 Selb.
Sehenswert: Porzellanbrunnen; Porzellangäßchen; Fabrikfassaden; Stadtkirche St.
Andreas; Rosenthal-Theater

**   Rosenthal-Casino
♂ Casinostr 3, ⌧ 95100, ☎ (0 92 87) 80 50,
Fax 8 05 48, AX DC ED VA
20 Zi, Ez: 105, Dz: 150, ⌁ WC ☎; 🅿
geschl: Sa bis 17, So
Die Zimmer sind von Künstlern der Porzellanmanufaktur Rosenthal gestaltet und eingerichtet worden
** Hauptgericht 28; geschl: Sa mittags, So

*   Schmidt
Bahnhofstr 19, ⌧ 95100, ☎ (0 92 87)
9 91 60, Fax 99 16 16, AX ED VA
17 Zi, Ez: 75-95, Dz: 110-130, ⌁ WC ☎, 5⌹;
🍽

Seligenstadt 55 ↖

Hessen — Kreis Offenbach — 108 m — 20 000 Ew — Hanau 12, Aschaffenburg 18, Frankfurt/Main 26 km
🛈 ☎ (0 61 82) 8 71 77, Fax 2 94 77 — Verkehrsbüro, Einhardhaus am Marktplatz, 63500 Seligenstadt; Stadt am Main. Sehenswert: Einhards-Basilika; ehem. Benediktiner-Abteikirche: Altar; Prälatur; Ruine der Kaiserpfalz; Stadtbefestigung; Torturm

∗ Mainterrasse
◄ Kleine Maingasse 15, ✉ 63500, ☎ (0 61 82) 9 27 60, Fax 92 76 77, AX DC ED VA
26 Zi, Ez: 105-115, Dz: 165-185; 3⇔45
∗∗ ◄ Hauptgericht 35

∗ Zum Ritter
Würzburger Str 31, ✉ 63500, ☎ (0 61 82) 8 93 50, Fax 89 35 37, AX DC ED VA
20 Zi, Ez: 90, Dz: 140, ⊣ WC ☎ DFÜ; P 🖶 🍴
Rezeption: 7-12, 17-23; geschl: 22.12.-6.1.

∗ Römischer Kaiser
Frankfurter Str 9, ✉ 63500, ☎ (0 61 82) 2 22 96, Fax 2 92 27
Hauptgericht 30; Biergarten P; geschl: Do

Sellin siehe Rügen

Selm 33 ↗

Nordrhein-Westfalen — Kreis Unna — 44 m — 26 465 Ew — Lüdinghausen 10, Lünen 12 km
🛈 ☎ (0 25 92) 6 90, Fax 6 91 00 — Stadtverwaltung, im Stadtteil Bork, Adenauerplatz 2, 59379 Selm. Sehenswert: Ehem. Klosterkirche in Cappenberg: Kopfreliquiar Barbarossas, Kruzifix, Doppelgrabmal, Chorgestühl; Schloß

Cappenberg (10 km ↘)
∗∗ Kreutzkamp
Cappenberger Damm 3, ✉ 59379, ☎ (0 23 06) 7 50 41-0, Fax 7 50 41-10, AX DC ED VA
Hauptgericht 30
∗∗ ◐ 15 Zi, Ez: 90, Dz: 120, ⊣ WC ☎; P 🖶 3⇔200

Semlin 28 ↗

Brandenburg — Havelland — 28 m — 413 Ew — Rathenow 6, Brandenburg 38 km
🛈 ☎ (0 33 85) 51 23 36, Fax 51 23 36 — Fremdenverkehrsv. Havellland e.V., Inform. Rathenow, Märkischer Platz, 14712 Rathenow

∗∗∗ Golf- und Landhotel Semlin City Line & Country Line Hotels
einzeln ◐ ◄ Ferchesarer Str, ✉ 14715, ☎ (0 33 85) 5 54-0, Fax 5 54-4 00, AX DC ED VA
72 Zi, Ez: 140-175, Dz: 190-250, 3 Suiten, ⊣ WC ☎, 18🏊; Lift P 5⇔200 Seezugang Fitneßraum Sauna Solarium 18Golf 🍴 ⚓

⌂ Semliner Hof
◐ Dorfstr 10, ✉ 14715, ☎ (0 33 85) 50 25 50, Fax 50 77 00
20 Zi, Ez: 50, Dz: 80, ⊣ WC ☎; P 1⇔40 🍴
Rezeption: 6-12, 16-22

Senden 62 ↘

Bayern — Kreis Neu-Ulm — 500 m — 21 000 Ew — Neu-Ulm 9 km
🛈 ☎ (0 73 07) 9 45-0, Fax 9 45-1 01 — Stadtverwaltung, Hauptstr 34, 89250 Senden. Sehenswert: Wallfahrtskirche im Stadtteil Witzighausen (5 km →)

∗∗ Feyrer
Bahnhofstr 18, ✉ 89250, ☎ (0 73 07) 94 10, Fax 94 11 50, AX ED VA
35 Zi, Ez: 110-130, Dz: 160, ⊣ WC ☎, 5🏊; Lift P 🖶 3⇔60
geschl: 1.-10.1.
Auch Zimmer der Kategorie ∗ vorhanden
∗∗ Hauptgericht 25; Gartenlokal; geschl: Sa mittags, So abends, 1.-10.1.

Aufheim (2 km ↗)
∗ Gasthof Rössle
Unterdorf 12, ✉ 89250, ☎ (0 73 07) 9 86 00, Fax 2 12 88, AX DC ED VA
23 Zi, Ez: 89, Dz: 120, ⊣ WC ☎; Lift P 2⇔70 Sauna Solarium 🍴 ⚓

Sendenhorst 34 ↖

Nordrhein-Westfalen — Warendorf — 68 m — 12 497 Ew
🛈 ☎ (0 25 26) 3 03-0, Fax 3 03-1 00 — Tourist-Information, 48324 Sendenhorst

Hardt (3 km ↘)
∗∗ Waldmutter
Hardt 6, ✉ 48324, ☎ (0 25 26) 93 27-0, Fax 93 27-27, ED VA
21 Zi, Ez: 98, Dz: 150, ⊣ WC ☎; P 2⇔20 Kegeln
geschl: Mo bis 17
∗ Hauptgericht 35; Terrasse; geschl: Mo mittags

Senftenberg 40 →

Brandenburg — Kreis Senftenberg — 126 m — 28 150 Ew — Schwarzheide 13, Hoyerswerda 25 km
🛈 ☎ (0 35 73) 79 63 18, Fax 27 45 — Fremdenverkehrsamt, Kirchplatz 18, 01968 Senftenberg. Sehenswert: Marktplatz; Peter-Paul-Kirche; Schloß mit Museum

∗ Kronprinz
Ernst-Thälmann-Str 44, ✉ 01968, ☎ (0 35 73) 21 51, Fax 79 17 58, ED VA
16 Zi, Ez: 98-130, Dz: 148-165, ⊣ WC ☎; P 2⇔25 🍴

∗ Parkhotel
Steindamm 20, ✉ 01968, ☎ (0 35 73) 7 38 61, Fax 20 74, AX ED VA
20 Zi, Ez: 95-125, Dz: 140-160, 1 Suite, ⊣ WC ☎; P 2⇔100 🍴

Siedenbrünzow

* **Zur Alten Brennerei**
Markt 18, Zufahrt und Parkplatz über
Kirchstr, ✉ 01968, ☎ (0 35 73) 7 08 30,
Fax 70 83 12, ED VA
Hauptgericht 25

Senheim/Mosel 53 ↖

Rheinland-Pfalz — Kreis Cochem-Zell —
90 m — 700 Ew — Cochem 16, Traben-Trarbach 38 km
🛈 ☎ (0 26 73) 45 83, Fax 41 08 — Gemeindeverwaltung, Am Drillesplatz 46, 56820 Senheim; Erholungs- und Weinbauort an der Mosel. Sehenswert: Pfarrkirche: Barockaltar und Magdalenakapelle; Weinmuseum

* **Zehnthof**
Altmai 23, ✉ 56820, ☎ (0 26 73) 40 88,
Fax 42 92, AX ED VA
Hauptgericht 25; P; geschl: Mi, Do, Nov-Ostern
Eigenbauweine

Senne I siehe Bielefeld

Sennestadt siehe Bielefeld

Sensbachtal 55 ↙

Hessen — Odenwaldkreis — 400 m —
1 200 Ew — Beerfelden 4, Eberbach 12 km
🛈 ☎ (0 60 68) 13 92, Fax 45 52 — Gemeindeverwaltung, Hauptstr 32, 64759 Sensbachtal

Sensbachtal-Außerhalb (1,5 km ↑) auf dem Krähberg
* **Reußenkreuz**
einzeln ♂ ⋖ Reußenkreuz, ✉ 64759,
☎ (0 60 68) 22 63, Fax 46 51, DC ED VA
14 Zi, Ez: 65, Dz: 130-150, 6 Suiten, ⊖ WC
☎; P 🅿 1⇨15 Sauna Solarium ☙
Auch Zimmer der Kategorie ** vorhanden
* ⋖ Hauptgericht 22; Terrasse

Seßlach 47 ↓

Bayern — Kreis Coburg — 271 m —
4 000 Ew — Coburg 16 km
🛈 ☎ (0 95 69) 92 25 40, Fax 92 25 25 — Tourist-Information, Marktplatz 98, 96145 Seßlach; Ort an der Rodach. Sehenswert: Ortsbild; Stadtbefestigung mit 3 Tortürmen; ehem. Salzfaktorei; Fachwerkhäuser

* **Neue Fränkische Landherberge**
Hans-Reiser-Str 33, ✉ 96145, ☎ (0 95 69) 92 27-0, Fax 92 27 50, AX ED VA
33 Zi, Ez: 65-80, Dz: 100-130, ⊖ WC ☎; P;
garni
Rezeption: 7-12, 14-21; geschl: Mitte Dez-Mitte Jan

Sewekow 21 ↙

Brandenburg — Ostprignitz/Ruppin —
90 m — 170 Ew — Wittstock 18, Neustrelitz 70 km
🛈 ☎ (0 33 94) 43 34 42, Fax 43 34 42 —
Fremdenverkehrsbüro, Markt 1,
16909 Wittstock

* **Seehotel Ichlim**
einzeln, Am Nebelsee, ✉ 16909,
☎ (03 39 66) 6 02 53, Fax 6 02 53, AX DC ED VA
25 Zi, Ez: 78-120, Dz: 129-180, 1 Suite,
2 App, ⊖ WC ☎, 2🖂; P 2⇨40 ≈ Strandbad Fitneßraum Sauna Solarium ¶⊙¶ ☙

Siebeldingen 60 ↑

Rheinland-Pfalz — Kreis Südliche Weinstraße — 160 m — 1 014 Ew — Landau i.d.Pfalz 6, Annweiler 7, Bad Bergzabern 17 km
🛈 ☎ (0 63 45) 72 20 — Gemeindeverwaltung, Weinstr. 63, 76833 Siebeldingen

* **Sonnenhof**
Mühlweg 2, ✉ 76833, ☎ (0 63 45) 33 11,
Fax 53 16, ED VA
13 Zi, Ez: 95, Dz: 135, ⊖ WC ☎, 6🖂
Rezeption: 7-15,18-24; geschl: Do, Anfang Jan
** Hauptgericht 33; Gartenlokal P;
geschl: Do, Jan

* **Villa Königsgarten**
Bismarckstr 1, ✉ 76833, ☎ (0 63 45) 51 29,
Fax 77 90
11 Zi, Ez: 75, Dz: 120, ⊖ WC ☎; P

Siebenlehn 50 ↗

Sachsen — Kreis Freiberg — 354 m —
2 500 Ew — Nossen 4, Freiberg (Sachs) 16, Dresden 20 km
🛈 ☎ (03 52 42) 6 82 24, Fax 6 42 46 — Stadtverwaltung, Markt 29, 09634 Siebenlehn

* **Schwarzes Roß**
Freiberger Str 9, ✉ 09634, ☎ (03 52 42)
6 77 76, Fax 6 77 77, AX ED VA
18 Zi, Ez: 99-120, Dz: 145-175, 1 Suite, ⊖
WC ☎; P 3⇨250 Solarium ¶⊙¶

Siedenbrünzow 13 ↖

Mecklenburg-Vorpommern — Kreis Demmin — 19 m — 518 Ew — Demmin 8, Greifswald 36 km
🛈 ☎ (0 39 98) 22 50 77, Fax 22 50 77 — Hansestadt Demmin, Amt Siedenbrünzow,
Am Markt 23, 17109 Demmin

Vanselow (2,5 km ↓)
*** **Schloßhotel Vanselow**
einzeln ♂ ⋖ Dorfstr, ✉ 17111, ☎ (0 39 98)
22 20 96, Fax 22 26 47
10 Zi, Ez: 120-150, Dz: 170-200, 2 App, ⊖
WC ☎; 1⇨20
Rezeption: 7-16, 17.30-21; geschl: 15.12.-15.1.
Restaurant für Hausgäste

Siegburg 43

Nordrhein-Westfalen — Rhein-Sieg-Kreis — 171 m — 35 000 Ew — Bonn 10, Köln 25 km

ℹ️ ☎ (0 22 41) 10 23 83, Fax 6 34 56 — Tourist-Information, Markt 46, 53721 Siegburg; Kreisstadt. Sehenswert: Benediktiner-Abtei St. Michael: Annoschrein, ≼; Kath. St.-Servatius-Kirche: Schatzkammer; Wahnbachtalsperre (8 km →)

*** Kranz Parkhotel
Mühlenstr 32, ✉ 53721, ☎ (0 22 41) 54 70, Fax 54 74 44, AX DC ED VA
70 Zi, Ez: 185-290, Dz: 250-290, 3 Suiten, ⌐ WC ☎ DFÜ, 32🖥; Lift 🅿 🚗 6↻120 Fitneßraum Kegeln Sauna Solarium 18Golf
** Parkrestaurant
Hauptgericht 32; Terrasse

* Zum Stern
Select Marketing Hotels
Am Markt 14, ✉ 53721, ☎ (0 22 41) 1 75 10, Fax 1 75 11 85, AX DC ED VA
53 Zi, Ez: 120-180, Dz: 170-290, S; ⌐ WC ☎, 12🖥; Lift 🅿 1↻30; garni

* Kaspar
Elisabethstr 11, ✉ 53721, ☎ (0 22 41) 5 98 30, Fax 59 83 44, AX DC ED VA
25 Zi, Ez: 110-140, Dz: 160-220, 1 Suite, ⌐ WC ☎; Lift 🚗; garni
geschl: 22.12.-5.1.

* Kaiserhof
Kaiserstr 80, ✉ 53721, ☎ (0 22 41) 17 23-0, Fax 17 23-50, AX DC ED VA
30 Zi, Ez: 130-160, Dz: 160-200, 1 Suite, ⌐ WC ☎ DFÜ, 4🖥; Lift 🚗
* Hauptgericht 35; Terrasse

* Siegblick
≼ Nachtigallenweg 1, ✉ 53721, ☎ (0 22 41) 6 00 77, Fax 6 00 79, ED VA
21 Zi, Ez: 90-110, Dz: 130-160, 2 Suiten, ⌐ WC ☎, 6🖥; 🅿 🚗 2↻30
* Hauptgericht 25

🍴 Bartmännchen
🕉 Burggasse 5, ✉ 53721, ☎ (0 22 41) 59 15 09, AX DC ED VA
Hauptgericht 25; geschl: Mo mittags

● Jakob Fassbender
Am Markt 12, ✉ 53721, ☎ (0 22 41) 17 07 17, Fax 17 07 18

Siegen 44

Nordrhein-Westfalen — Kreis Siegen-Wittgenstein — 300 m — 107 000 Ew — Olpe 30, Wetzlar 60 km

ℹ️ ☎ (02 71) 4 04 13 49, Fax 2 26 87 — Gesellschaft für Stadtmarketing, Rathaus, Markt 2, 57072 Siegen; Stadt im Industrierevier, Universität. Sehenswert: Nikolaikirche, Martinikirche, Nikolaikirche; Unteres Schloß: mit Fürstengruft und Dicker Turm mit Glockenspiel; Oberes Schloß ≼, Museum des Siegerlandes:Rubenssaal; Eremitage ≼ (3 km ↘)

*** Best Western Parkhotel Siegen
Koblenzer Str 135 (A 3), ✉ 57072, ☎ (02 71) 3 38 10, Fax 3 38 14 50, AX DC ED VA
85 Zi, Ez: 103-198, Dz: 150-260, 3 Suiten; Lift 14↻2000 🚿 Sauna Solarium
** Hauptgericht 35

** Mercure
Kampenstr 83 (C 1), ✉ 57072, ☎ (02 71) 5 01 10, Fax 5 01 11 50, AX DC ED VA
92 Zi, Ez: 175-185, Dz: 217, S; 2 Suiten, 36🖥; Lift 7↻90 🚿 Sauna Solarium
** Hauptgericht 35

* Am Häusling
♂ Melanchthonstr 10 (B3), ✉ 57074, ☎ (02 71) 3 31 71 20, Fax 3 30 78 78, ED
9 Zi, Ez: 100-110, Dz: 120-140, 1 App, ⌐ WC ☎, 6🖥; 🅿 3↻20; garni

** Schwarzbrenner
🕉 Untere Metzgerstr 29 (C 2), ✉ 57072, ☎ (02 71) 5 12 21, ED
Hauptgericht 30; nur abends; geschl: Mo

Geisweid (5 km ↑)
** Ratskeller
Lindenplatz 7, ✉ 57072, ☎ (02 71) 8 43 33, Fax 8 70 64 83, AX DC ED VA
Hauptgericht 35; Gartenlokal; geschl: Fr, Sa mittags

Siegsdorf 73

Bayern — Kreis Traunstein — 612 m — 7 000 Ew — Traunstein 8, Bad Reichenhall 27 km

ℹ️ ☎ (0 86 62) 79 93, Fax 91 26 — Verkehrsamt, Rathausplatz 2, 83313 Siegsdorf; Luftkurort am Alpenrand. Sehenswert: Pfarrkirche; Wallfahrtskirche Maria Eck, 882 m ≼ (4 km ✈)

* Gasthof Alte Post
Traunsteiner Str 7, ✉ 83313, ☎ (0 86 62) 71 39, Fax 1 25 26
21 Zi, Ez: 80-85, Dz: 120-130, 3 App, ⌐ WC ☎; 🅿 9Golf 🍴 ●

Hammer (6 km ↘)
** Hörterer Hammerwirt
Schmiedstr 1, ✉ 83313, ☎ (0 86 62) 93 21, Fax 71 46, AX DC ED VA
20 Zi, Ez: 60-75, Dz: 120-150, 2 Suiten, 4 App, ⌐ WC ☎; 🅿 Strandbad Seezugang
●
Auch Zimmer der Kategorie * vorhanden
* Hauptgericht 20

Sierksdorf 11

Schleswig-Holstein — Kreis Ostholstein — 15 m — 1 303 Ew — Neustadt/Holstein 6 km

ℹ️ ☎ (0 45 63) 70 23, Fax 76 99 — Kurverwaltung, Vogelsang 1 a, 23730 Sierksdorf; Ostseebad an der Lübecker Bucht

Sigmaringen

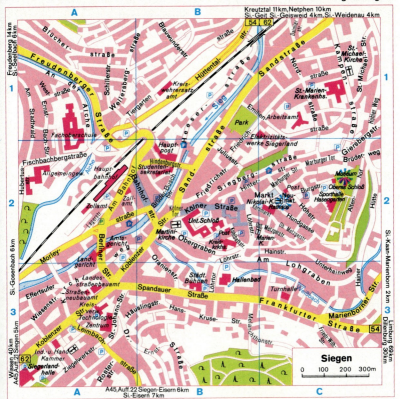

Ringhotel Seehof
✱ ❀ ≼ Gartenweg 30, ✉ 23730, ☎ (0 45 63) 70 31, Fax 74 85, AX DC ED VA
12 Zi, Ez: 165, Dz: 160-205, S; 8 Suiten, ⊒ WC ☎; P 🅟 Seezugang
geschl: 4.1.-15.2.

✱ ≼ Hauptgericht 25; Gartenlokal;
geschl: Nov-Mai Mo, 10.1.-5.2.

Lütt Hus
Hauptgericht 25; nur abends; geschl: Mo, 10.1.-5.2.

Wintershagen (3 km ↗)
✱✱ **Gutshof**
Zwischen Neustadt + Hansapark, ✉ 23730, ☎ (0 45 61) 20 70, Fax 1 77 09
Hauptgericht 38; P Terrasse; nur abends, Fr, Sa + So auch mittags; geschl: Mo, Di (Okt-Apr), 2 Wochen im Feb

---

Die im Varta angegebene Kategorie eines Beherbergungsbetriebes bezieht sich jeweils auf den größeren Teil der Zimmer. Verfügt ein Betrieb auch über eine nennenswerte Zahl von Zimmern höherer oder niedrigerer Kategorie, weist ein entsprechender Vermerk darauf hin.

Sieversen siehe Rosengarten

Sigmaringen   69 ←

Baden-Württemberg — Kreis Sigmaringen — 580 m — 16 000 Ew — Saulgau 29, Tuttlingen 41 km

ℹ ☎ (0 75 71) 10 62 23, Fax 10 61 66 — Verkehrsamt, Schwabstr 1, 72488 Sigmaringen. Sehenswert: Kath. Stadtkirche St. Johann; Schloß: Kunstsammlung und Waffensammlung, Marstallmuseum; Runder Turm; Josefsberg, 600 m ≼ (0,5 km ↓)

✱ Fürstenhof
Zeppelinstr 14, ✉ 72488, ☎ (0 75 71) 7 20 60, Fax 72 06 44, AX DC ED VA
34 Zi, Ez: 110, Dz: 148, 2 App, ⊒ WC ☎, 6🅟; Lift P 🅟 2⇆80 Fitneßraum Sauna Solarium
✱✱ Gartenlokal; geschl: So abends

✱ Jägerhof
Wentelstr 4, ✉ 72488, ☎ (0 75 71) 20 21, Fax 5 04 76, AX DC ED VA
18 Zi, Ez: 78-80, Dz: 112-118, 4 App, ⊒ WC ☎, 11🅟; P 🅟; garni

Silberborn siehe Holzminden

Silberstedt 9 □

Schleswig-Holstein — Kreis Schleswig-Flensburg — 11 m — 2 000 Ew — Schleswig 15, Husum 21 km
🛈 ☏ (0 46 26) 9 60, Fax 96 96 — Amtsverwaltung, Hauptstr 41, 24887 Silberstedt

* **Schimmelreiter**
Hauptstr 58, ✉ 24887, ☏ (0 46 26) 18 00, Fax 18 01 00, AX ED VA
28 Zi, Ez: 85-95, Dz: 150-170, ⌐ WC ☏, 2 ⌂;
P 🚗 3⇔48 ❧ ☕

Simbach 66 ↙

Bayern — Rottal-Inn — 346 m — 10 311 Ew
🛈 ☏ (0 85 71) 6 06-0, Fax 66 09 — Stadtverwaltung, Innstr 14, 84359 Simbach a. Inn

* **Göttler**
Pfarrkirchner Str 24, ✉ 84359, ☏ (0 85 71) 9 11 80, Fax 91 18 18, ED VA
15 Zi, Ez: 59, Dz: 89, ⌐ WC ☏; P 🚗 Sauna ❧

Simmern 53 ↑

Rheinland-Pfalz — Rhein-Hunsrück-Kreis — 380 m — 7 800 Ew — Bingen 34, Boppard 34 km
🛈 ☏ (0 67 61) 83 71 06, Fax 83 71 20 — Tourist-Information, Brühlstr. 2, 55469 Simmern/Hunsrück; Kreisstadt des Rhein-Hunsrück-Kreises. Sehenswert: Ev. Stephanskirche: Grabdenkmäler; kath. Josefskirche; Schinderhannesturm; in Ravengiersburg (7 km ↙): ehem. Klosterkirche „Hunsrücker Dom"

* **Bergschlößchen**
Nannhauser Str, ✉ 55469, ☏ (0 67 61) 90 00, Fax 90 01 00, AX DC ED VA
22 Zi, Ez: 80-95, Dz: 130-160, ⌐ WC ☏; Lift
P 🚗 2⇔25 Kegeln ☕
geschl: Mitte Jan-Ende Feb
Auch Zimmer der Kategorie ** vorhanden
* Hauptgericht 30; Terrasse

*** **Schwarzer Adler**
Koblenzer Str 3, ✉ 55469, ☏ (0 67 61) 1 36 11, Fax 96 01 08, ED
Hauptgericht 38; Gartenlokal; geschl: Mo

Simmern-Außerhalb (5 km ↗) Richtung Laubach
* **Silencehotel Birkenhof**
einzeln ❧ ✉ 55469, ☏ (0 67 61) 9 54 00, Fax 95 40 50, AX DC ED VA
22 Zi, Ez: 92-115, Dz: 135-175, ⌐ WC ☏; Lift
P 1⇔20 Sauna Solarium
geschl: 3.1.-31.1.
** Hauptgericht 33; Biergarten Terrasse; geschl: Di, Anfang-Ende Jan

Simmertal 53 ↖

Rheinland-Pfalz — Kreis Bad Kreuznach — 190 m — 2 000 Ew — Kirn 7, Sobernheim 12, Gemünden 18 km
🛈 ☏ (0 67 54) 13 60, Fax 13 60 — Verkehrsverein, Auf Kipp 8, 55618 Simmertal; Erholungsort im Hunsrück. Sehenswert: Schloß Dhaun ❧

* **Landhaus Felsengarten**
Auf der Lay 2, ✉ 55618, ☏ (0 67 54) 91 90, Fax 91 90 35, AX ED VA
21 Zi, Ez: 68-75, Dz: 115-125, 2 App, ⌐ WC ☏; P Fitneßraum Kegeln Sauna Solarium ❧

Simonsberg 9 ←

Schleswig-Holstein — Kreis Nordfriesland — 1 m — 702 Ew — Husum 8, Friedrichstadt 13 km
🛈 ☏ (0 48 41) 89 87 30, Fax 47 28 — Tourist-Inform./Geschäftsstelle H.-Bucht e.V., Geschäftsstelle Husumer Bucht, Großstr 27, 25813 Husum/Nordsee ☕

Simonsberger Koog (7 km ↙)
** **Lundenbergsand**
einzeln ❧ Lundenbergweg 3, ✉ 25813, ☏ (0 48 41) 8 39 30, Fax 83 93 50, ED VA
16 Zi, Ez: 80-90, Dz: 150-170, 1 Suite, ⌐ WC ☏; P 1⇔30 Seezugang Solarium ❧
geschl: im Winter Mo, Mitte-Ende Jan
* Hauptgericht 25; Terrasse; geschl: im Winter Mo, Mitte-Ende Jan

Simonswald 67 ↗

Baden-Württemberg — Kreis Emmendingen — 400 m — 3 000 Ew — Waldkirch 10, Furtwangen 19 km
🛈 ☏ (0 76 83) 2 55, Fax 14 32 — Verkehrsamt / Touristinformation, Talstr 14 a, 79263 Simonswald; Ort an der deutschen Uhrenstraße. Sehenswert: Brend, 1148 m ❧ (1 Std →); das oberste Wildgutachtal

Altsimonswald
* **Tannenhof**
❧ Talstr 13, ✉ 79263, ☏ (0 76 83) 3 25, Fax 14 66
34 Zi, Ez: 85, Dz: 130, 5 App, ⌐ WC ☏; Lift
P 3⇔40 ≙ Kegeln Sauna Solarium ❧
geschl: Di, 10.1.-20.2.

* **Pension Krone-Post**
Talstr 8, ✉ 79263, ☏ (0 76 83) 12 67 + 2 65, Fax 6 88
33 Zi, Ez: 55-62, Dz: 100-110, 2 App, ⌐ WC ☏; P 🚗 1⇔150 ≋ ❧
geschl: Mo, 1.-30.11.

Obersimonswald

*** Engel
mit Gästehaus**
Obertalstr 44, ✉ 79263, ☎ (0 76 83) 2 71, Fax 13 36, DC ED VA
37 Zi, Ez: 65-80, Dz: 100-140, ⌐ WC; 🅿 🚗
1⇔30 Bowling Fitneßraum Kegeln Sauna Solarium
geschl: Mo, Di, 8.2.-2.3., 15.-30.11.

Sindelfingen 61 □

Baden-Württemberg — Böblingen — 468 m — 60 000 Ew — Böblingen 4, Stuttgart 19 km
ℹ ☎ (0 70 31) 69 08 27, Fax 69 08 84 — Sindelfinger Veranstaltungs-GmbH, Schillerstr 23, 71065 Sindelfingen. Sehenswert: Martinskirche; Altstadt; Rathaus; Haus der Handweberei

***** Sindelfingen/Stuttgart
Marriott**
Mahdentalstr 68, ✉ 71065, ☎ (0 70 31) 69 60, Fax 69 68 80, AX DC ED VA
256 Zi, Ez: 171-249, Dz: 171-249, S; 3 Suiten, 1 App, ⌐ WC ☎ DFÜ, 102✉; Lift 🅿 🚗 10⇔400 ☕ Fitneßraum Sauna Solarium 🍴
** Hauptgericht 30

*** Erikson
Hanns-Martin-Schleyer-Str 8, ✉ 71063, ☎ (0 70 31) 93 50, Fax 93 55 55, AX DC ED VA
61 Zi, Ez: 158-224, Dz: 198-279, 1 Suite, ⌐ WC ☎ DFÜ, 21✉; Lift 🅿 🚗 2⇔30 Fitneßraum Sauna Solarium 🍴
geschl: 1. Woche im Jan
Auch Zimmer der Kategorie ****** vorhanden

*** Holiday Inn
Schwertstr 65, ✉ 71065, ☎ (0 70 31) 6 19 60, Fax 81 49 90, AX DC ED VA
185 Zi, Ez: 160-271, Dz: 190-331, S; 1 Suite, ⌐ WC ☎, 96✉; Lift 🅿 9⇔200 ☕ Sauna Solarium
** **Esquire**
Hauptgericht 30; geschl: Sa + So abends

*** Queens Hotel
Wilhelm-Haspel-Str 101, ✉ 71065, ☎ (0 70 31) 61 50, Fax 87 49 81, AX DC ED VA
141 Zi, Ez: 142-262, Dz: 192-322, S; 1 Suite, ⌐ WC ☎, 40✉; Lift 🅿 7⇔220 Fitneßraum Sauna Solarium
** **Bristol**
Hauptgericht 30

** Astron
Riedmühlestr 18, ✉ 71063, ☎ (0 70 31) 69 80, Fax 69 86 00, AX DC ED VA
76 Zi, Ez: 125-233, Dz: 148-296, S; 27 App, ⌐ WC ☎, 24✉; Lift 🅿 🚗 1⇔30 Sauna Solarium; **garni** 🍴

** Dorint Budget Hotel
Waldenbucher Str 84, ✉ 71065, ☎ (0 70 31) 86 50, Fax 86 54 00, AX DC ED VA
75 Zi, Ez: 160-185, Dz: 198-223, S; ⌐ WC ☎, 8✉; Lift 🚗; **garni** 🍴

** Knote
Vaihinger Str 14, ✉ 71063, ☎ (0 70 31) 61 10, Fax 6 11-2 22, AX DC ED VA
40 Zi, Ez: 110-145, Dz: 165-195, 2 Suiten, 3 App, ⌐ WC ☎; 🅿 2⇔40
Auch Zimmer der Kategorie ***** vorhanden
** **Wolfis Rôtisserie**
Hauptgericht 30; Terrasse

** Klostersee
Burghaldenstr 6, ✉ 71065, ☎ (0 70 31) 81 50 81, Fax 87 33 98, AX DC ED VA
70 Zi, Ez: 98-215, Dz: 195-215, 1 Suite, ⌐ WC ☎, 50✉; Lift 🅿 🚗 1⇔20 🍴 🍷

** Berlin
Berliner Platz 1, ✉ 71065, ☎ (0 70 31) 86 55, Fax 86 56 00, AX DC ED VA
96 Zi, Ez: 125, Dz: 170, 3 Suiten, ⌐ WC ☎; Lift 🅿 🚗 3⇔100 ☕ Sauna Solarium
** **Adlon**
Hauptgericht 30

** Omega-Hotel
Vaihinger Str 38, ✉ 71063, ☎ (0 70 31) 7 90 00, Fax 79 00 10, AX DC ED VA
30 Zi, Ez: 110-170, Dz: 160-210, 1 Suite, ⌐ WC ☎, 10✉; Lift 🅿 2⇔12; **garni** 🍴

* Residence
Calwer Str 16, ✉ 71063, ☎ (0 70 31) 93 30, Fax 93 31 00, AX DC ED VA
135 Zi, Ez: 180, Dz: 225, 88 App, ⌐ WC ☎ DFÜ, 10✉; Lift 3⇔120 Fitneßraum Sauna; **garni**

* Carle
Bahnhofstr 37, ✉ 71063, ☎ (0 70 31) 87 40 01, Fax 81 44 27, AX DC ED VA
14 Zi, Ez: 95-125, Dz: 145-165, ⌐ WC ☎; Lift 🅿; **garni**
Auch Zimmer der Kategorie ****** vorhanden

* Akzent-Hotel Torgauer Hof
Hirsauer Str 10, ✉ 71065, ☎ (0 70 31) 93 00-0, Fax 93 00 93, AX DC ED VA
Ez: 101-174, Dz: 143-194, 4 Suiten, 39 App, ⌐ WC ☎, 5✉; Lift 🅿 🚗 Sauna; **garni**

** Zum Hirsch
Ziegelstr 32, ✉ 71063, ☎ (0 70 31) 80 90 06, Fax 80 53 32, AX DC ED VA
Hauptgericht 44; Terrasse; geschl: Mo

* Pi di Prima
Gartenstr 24, ✉ 71063, ☎ (0 70 31) 87 88 90, Fax 87 88 90, AX DC ED VA
Hauptgericht 25; geschl: So

Sindringen

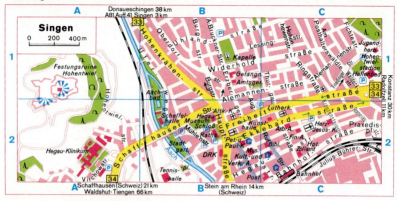

Sindringen siehe **Forchtenberg**

Singen (Hohentwiel) 68 ↘

Baden-Württemberg — Kreis Konstanz —
428 m — 43 000 Ew — Schaffhausen 21,
Konstanz 31, Donaueschingen 41 km
🛈 ☏ (0 77 31) 85-2 62, Fax 85-2 43 — Verkehrsamt, August-Ruf-Str 7, 78224 Singen;
Stadt im Hegau, an der Aach. Sehenswert:
Hegau-Museum; Hohentwiel-Ruine, 688 m
◂• (2 km + 15 Min ←)

* **Jägerhaus**
Ekkehardstr 86 (C 2), ✉ 78224, ☏ (0 77 31)
6 50 97, Fax 6 33 38, AX DC ED VA
28 Zi, Ez: 90-110, Dz: 125-160, ⌁ WC ☏; Lift
P 2↻80; **garni**
** Hauptgericht 30; nur abends;
geschl: So, 3 Wochen im Jul

* **Lamm**
Alemannenstr 42 (C 1), ✉ 78224,
☏ (0 77 31) 40 20, Fax 40 22 00, AX DC ED VA
79 Zi, Ez: 95-158, Dz: 138-178, ⌁ WC ☏,
13✉; Lift P 🚘 130 🍴
Rezeption: So 7-11, 17-22; geschl: 18.12.-10.1.

Überlingen a. Ried
*** **Flohr's**
Brunnenstr 11, ✉ 78224, ☏ (0 77 31)
9 32 30, Fax 93 23 23, AX ED VA
Hauptgericht 48; P Terrasse; geschl: Sa
mittags, Mo, Di
** **Flohr's Hotel**
♂ 8 Zi, Ez: 125-140, Dz: 198-200, ⌁ WC ☏
DFÜ; 1↻50

Sinsheim 54 ↘

Baden-Württemberg — Rhein-Neckar-
Kreis — 158 m — 33 000 Ew — Heidelberg 30, Heilbronn 31 km
🛈 ☏ (0 72 61) 40 41 10, Fax 40 41 65 — Verkehrsamt, Wilhelmstr. 14-16, 74889 Sinsheim; Stadt im Kraichgau. Sehenswert:
Altes Rathaus; Auto- und Technik-
Museum; Burg Steinsberg; Lerchennest
mit Museum im Ortsteil Steinsfurt (5 km ↘)

* **Bär**
Hauptstr 131, ✉ 74889, ☏ (0 72 61) 15 80,
Fax 15 81 00, AX DC ED VA
50 Zi, Ez: 99-142, Dz: 150-192, 1 Suite, ⌁
WC ☏; Lift P 1↻20 Sauna Solarium; **garni**
geschl: 24.12.-4.1.

** **Poststuben**
Friedrichstr 16, ✉ 74889, ☏ (0 72 61) 20 21
Hauptgericht 36; P; geschl: Mo, Sa mittags, So abends, 1 Woche nach Ostern,
4 Wochen Jul-Aug
am Bahnhof

Dühren
* **Villa Italia**
Augrund 2, an der B 292, ✉ 74889,
☏ (0 72 61) 9 21 30, Fax 92 13 13, AX ED VA
34 Zi, Ez: 90-120, Dz: 140, ⌁ WC ☏; P
1↻40 🍴

Sipplingen 68 ↘

Baden-Württemberg — Bodenseekreis —
400 m — 2 209 Ew — Überlingen 6, Stokkach 13 km
🛈 ☏ (0 75 51) 80 96 29, Fax 35 70 — Verkehrsamt, Seestr, 78354 Sipplingen; Erholungsort am Bodensee. Sehenswert: Ruine
Hohenfels, 530 m (0,5km ↑); Haldenhof,
670 m ◂• (45 Min ↑); Schiffsfahrt zur Insel
Mainau

* **Akzent-Hotel Seeblick**
♂ ◂• Prielstr 4, ✉ 78354, ☏ (0 75 51) 6 12 27,
Fax 6 71 57, AX ED VA
11 Zi, Ez: 100-140, Dz: 160-230, ⌁ WC ☏; P
≘ Sauna Solarium 18Golf
Restaurant für Hausgäste

* **Gasthof Sternen**
♂ ◂• Burkhard-von-Hohenfels-Str 20,
✉ 78354, ☏ (0 75 51) 6 36 09, Fax 31 69
13 Zi, Ez: 69-95, Dz: 115-167, 5 Suiten, ⌁
WC; P 🚘 1↻60 🍴

Sittensen 17→

Niedersachsen — Kreis Rotenburg (Wümme) — 20 m — 9 152 Ew — Rotenburg 22, Buxtehude 32 km
🛈 ☎ (0 42 82) 9 30 00, Fax 93 00-24 — Samtgemeindeverwaltung, Am Markt 11, 27419 Sittensen

✱ Zur Mühle
Bahnhofstr 25, ✉ 27419, ☎ (0 42 82) 9 31 40, Fax 93 14 22, AX DC ED VA
11 Zi, Ez: 90-100, Dz: 130-140, 🚿 WC ☎; 🅿 Sauna Solarium; garni
Rezeption: 7-13, 15-23; geschl: 24.12.-4.1.
Restaurant für Hausgäste

✱ Landhaus De Bur
Bahnhofstr 3, ✉ 27419, ☎ (0 42 82) 9 34 50, Fax 41 42, AX DC ED VA
Hauptgericht 25; Biergarten 🅿; geschl: Mi
✱ 11 Zi, Ez: 76, Dz: 120, 🚿 WC ☎; 🅿
18Golf
Rezeption: 8-15, 17-24 geschl: Mi

Groß Meckelsen (4 km ←)
✱ Schröder
Am Kuhbach 1, ✉ 27419, ☎ (0 42 82) 15 80, Fax 35 35, AX DC ED VA
41 Zi, Ez: 84-94, Dz: 125-140, 🚿 WC ☎; 🅿 🍴 2♻120 Fitneßraum Kegeln Sauna Solarium 18Golf 🍽

✱ Gasthaus Zur Klostermühle
Kuhmühlenweg 7, ✉ 27419, ☎ (0 42 82) 7 84, Fax 47 25
Hauptgericht 34; Biergarten 🅿 Terrasse; geschl: Mo

Sobernheim, Bad 53 □

Rheinland-Pfalz — Kreis Bad Kreuznach — 153 m — 7 000 Ew — Bad Kreuznach 18, Idar-Oberstein 30 km
🛈 ☎ (0 67 51) 8 12 41, Fax 60 13 — Kur- und Touristinformation, Bahnhofstr 1, 55566 Bad Sobernheim; Felke-Heilbad (nach Naturarzt Pastor Emanuel Felke) an der Nahe. Einziger Barfußpfad Deutschlands. Sehenswert: Freilichtmuseum

Sobernheim-Außerhalb (3 km ↑)
✱✱ Kurhaus am Maasberg
einzeln ☗ ⊰ Eckweiler Landstr, ✉ 55566, ☎ (0 67 51) 87 60, Fax 87 62 01, AX
81 Zi, Ez: 123-146, Dz: 204-244, 2 Suiten, 5 App, 🚿 WC ☎, 50🛏; Lift 🅿 3♻50 ♨ 🛀 Fitneßraum Sauna Solarium 1Tennis 🍽
Rezeption: 7-21; geschl: 6.-19.12., 3.-23.1.
Zimmer der Kategorie ✱ vorhanden

Soden am Taunus, Bad 44 ↘

Hessen — Main-Taunus-Kreis — 200 m — 19 000 Ew — Königstein 6, Oberursel 10, Frankfurt/Main 5 km
🛈 ☎ (0 61 96) 20 82 81, Fax 20 82 99 — Kurverwaltung, Königsteiner Str 86, 65812 Bad Soden am Taunus; Heilbad am Südhang des Taunus (30 Quellen)

✱✱✱ Treff Parkhotel
Königsteiner Str 88, ✉ 65812, ☎ (0 61 96) 20 00, Fax 20 01 53, AX DC ED VA
130 Zi, Ez: 225-325, Dz: 285-385, S; 🚿 WC ☎, 72🛏; Lift 🅿 🍴 13♻1200 Sauna Solarium 🍽
✱✱ Parkrestaurant
Hauptgericht 35; Biergarten Terrasse

✱✱ Concorde
Am Bahnhof 8, ✉ 65812, ☎ (0 61 96) 20 90, Fax 2 70 75, AX DC ED VA
115 Zi, Ez: 165-265, Dz: 210-320, 1 Suite, 1 App, 🚿 WC ☎ DFÜ, 25🛏; Lift 🍴 2♻25 Solarium 🍽
geschl: 24.12.-2.1.
Auch Zimmer der Kategorie ✱✱✱ vorhanden.

✱✱ Salina Hotel
☗ Bismarckstr 20, ✉ 65812, ☎ (0 61 96) 5 64-0, Fax 5 64-5 55, AX ED VA
45 Zi, Ez: 105-240, Dz: 150-295, 2 Suiten, 🚿 WC ☎, 3🛏; Lift 🅿 4♻60 🛀 Sauna Solarium 🍽
Restaurant für Hausgäste

✱ Thermen-Hotel
Kronberger Str 17, ✉ 65812, ☎ (0 61 96) 5 94 30, Fax 64 32 30, AX DC ED VA
15 Zi, Ez: 98-135, Dz: 165-175, 🚿 WC ☎; 🅿
Rezeption: 7-15, 17.30-23; geschl: 28.12.-4.1.

✱ Kartoffelhaus
Hauptgericht 30; Terrasse; geschl: So, Mo mittags, 28.12.-4.1.

✱ Rheinischer Hof
Am Bahnhof 3, ✉ 65812, ☎ (0 61 96) 56 20, Fax 56 22 22, AX ED VA
62 Zi, Ez: 143-230, Dz: 220-290, 3 Suiten, 2 App, 30🛏; Lift 🅿 🍴 1♻45; garni

✱ Waldfrieden
☗ Sebastian-Kneipp-Str 1, ✉ 65812, ☎ (0 61 96) 5 02 80-0, Fax 5 02 80-11, AX DC ED VA
35 Zi, Ez: 80-126, Dz: 140-190, 🚿 WC ☎; 🅿 🍴 Sauna Solarium; garni

✱ Rohrwiese
☗ Rohrwiesenweg 11, ✉ 65812, ☎ (0 61 96) 5 02 90, Fax 6 38 87, ED
52 Zi, Ez: 120-140, Dz: 150-175, 3 Suiten, 17 App, 🚿 WC ☎ DFÜ, 40🛏; 🅿; garni 🍽

✱ Weinstube am Quellenpark
Zum Quellenpark 33, ✉ 65812, ☎ (0 61 96) 52 81 33, Fax 52 81 34, AX ED VA
Hauptgericht 30

Soden-Salmünster, Bad 45 ↘

Hessen — Main-Kinzig-Kreis — 150 m — 14 002 Ew — Frankfurt/M 60 km
🛈 ☎ (0 60 56) 74 41 44, Fax 74 41 47 — Tourist-Information, im Kurzentrum Therma-Sol, Frowin-von-Hutten-Str 5, 63628 Bad Soden-Salmünster; Heilbad. Sehenswert: Kath. Kirche im Stadtteil Salmünster →

Soden-Salmünster, Bad

** Kress Choice Hotel
Sprudelallee 26, ✉ 63628, ☎ (0 60 56)
7 30 60, Fax 73 06 66, AX ED VA
42 Zi, Ez: 88-108, Dz: 130-170, ⊣ WC ☎,
2✉; Lift 🅿 5↔200
** Hauptgericht 30

** Landhotel Betz
♂ ⋅◁ Brüder-Grimm-Str 21, ✉ 63628,
☎ (0 60 56) 73 90, Fax 80 80, AX ED VA
68 Zi, Ez: 78-110, Dz: 115-170, ⊣ WC ☎
DFÜ, 6✉; Lift 🅿 6↔60 🅴 Sauna Solarium
18Golf
Restaurant für Hausgäste; Auch Zimmer
der Kategorie * vorhanden

* Villa Huttenquelle
Badestr 3, ✉ 63628, ☎ (0 60 56) 15 60,
Fax 57 58
16 Zi, Ez: 50, Dz: 90, ⊣ WC ☎, 16✉; ⛟

Sögel 23 ↗

Niedersachsen — Kreis Emsland — 54 m
— 6 400 Ew — Meppen 26, Cloppenburg
39 km
ℹ ☎ (0 59 52) 2 06 27, Fax 2 06 66 — Tourist-
Information, Schlammallee 1, 49751 Sögel;
Erholungsort. Sehenswert: Jagdschloß Clemenswerth mit Park: Taxushecken; Doppelmühle bei Hüven (8 km ↓)

* Clemenswerther Hof
Clemens-August-Str 33, ✉ 49751,
☎ (0 59 52) 12 30, Fax 12 68, DC ED VA
36 Zi, Ez: 60-70, Dz: 100-120, 1 App, ⊣ WC
☎; Lift 2↔100 ⎟⚬⎜

siehe auch **Esterwegen**

Söhlde 26 ↘

Niedersachsen — Kreis Hildesheim — 80 m
— 8 209 Ew — Braunschweig 8, Salzgitter
12, Hildesheim 21 km
ℹ ☎ (0 51 29) 97 20, Fax 9 72 13 — Gemeindeverwaltung, Bürgermeister-Burgdorf-Str 8, 31185 Söhlde

Nettlingen (9 km ←)
* Hamburger Hof
Landwehr 43, an der B 444, ✉ 31185,
☎ (0 51 23) 97 10, Fax 9 71 50, AX ED VA
Hauptgericht 23; Biergarten Kegeln
* 15 Zi, Ez: 80-150, Dz: 130-200, ⊣
WC ☎, 1✉; 🅿 🛌 3↔120

Söllingen siehe **Pfinztal**

Sömmerda 37 ↘

Thüringen — Kreis Sömmerda — 23 669 Ew
— Weimar 35, Sondershausen 40 km
ℹ ☎ (0 36 34) 35 02 41, Fax 2 14 77 — Sömmerda-Information, Marktstr 1, 99610 Sömmerda. Sehenswert: Stadtbefestigung mit sechs Wehrtürmen und dem Erfurter Tor; Pfarrkirche St. Bonifatius; Pfarrhaus; Rathaus

** Erfurter Tor
Kölledaer Str 33, ✉ 99610, ☎ (0 36 34)
33 20, Fax 33 22 99, AX DC ED VA
41 Zi, Ez: 80-122, Dz: 110-155, 1 Suite, ⊣
WC ☎, 21✉; Lift 🅿 🛌 2↔80 Fitneßraum
Sauna Solarium ⎟⚬⎜ ⛟

* Thüringer Hof
Weißenseestr 39, ✉ 99610, ☎ (0 36 34)
6 87 30, Fax 6 87 03 35, AX ED
7 Zi, Ez: 78-88, Dz: 98-118, ⊣ WC ☎; ⎟⚬⎜

Soest 34 ⬜

Nordrhein-Westfalen — Kreis Soest — 95 m
— 50 000 Ew — Hamm 30, Dortmund 50,
Paderborn 50 km
ℹ ☎ (0 29 21) 10 33 23, Fax 3 30 39 — Stadt
Soest - Tourist Information, Am Seel 5,
59494 Soest; Stadt in der Soester Börde.
Sehenswert: Mittelalterliches Stadtbild;
kath. St.-Patrokli-Münster: Glasgemälde;
ev. Kirche St. Maria zur Wiese (Wiesenkirche, Glasgemälde „Westfälisches Abendmahl"); ev. Kirche St. Maria zur Höhe (Hohnekirche): Ausmalung; kath. Nikolaikapelle: Altarbild; ev.Petrikirche: Wandmalereien; ev.Paulikirche; Rathaus: Stadtarchiv; W-Morgener-Haus; Burghof; Museum; Fachwerkhäuser; Stadtwall; Osthofentor: Museum; ev. Kirche im Stadtteil Ostönnen (8 km ←)

** Hanse Hotel
Siegmund-Schultze-Weg 100, ✉ 59494,
☎ (0 29 21) 7 09 00, Fax 70 90 75, AX DC ED VA
45 Zi, Ez: 95-100, Dz: 170-180, 1 Suite, ⊣
WC ☎; 🅿 🛌 4↔50 ⎟⚬⎜

* Stadt Soest
Brüderstr 50 (A 1), ✉ 59494, ☎ (0 29 21)
3 62 20, Fax 36 22 27, AX DC ED VA
20 Zi, Ez: 85-110, Dz: 140-170, ⊣ WC ☎; 🅿
🛌; garni

** Im Wilden Mann
♉ Markt 11 (B 2), ✉ 59494, ☎ (0 29 21)
1 50 71, Fax 1 40 78, AX ED VA
Hauptgericht 30; Biergarten Terrasse
* 12 Zi, Ez: 105, Dz: 140-160, ⊣ WC
☎; 2↔100

** Pilgrim Haus Anno 1304
♉ Jakobistr 75 (A 4), ✉ 59494, ☎ (0 29 21)
18 28, Fax 1 21 31, AX ED VA
Hauptgericht 30; Gartenlokal; geschl: Di,
Ende Dez
Ältester Gasthof Westfalens. Erstmals im
Jahre 1304 als Pilgerherberge erwähnt
* 10 Zi, Ez: 125, Dz: 155-175,
2 Suiten, 4 App, ⊣ WC ☎; 🅿
geschl: 24.12.-1.1.

Solingen

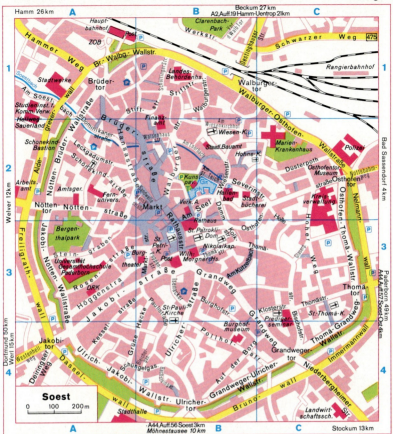

Solingen 33

Nordrhein-Westfalen — Stadtkreis — 164 m — 163 000 Ew — Wuppertal 20, Düsseldorf 27 km

ℹ ☎ (02 12) 2 90 23 33, Fax 24 79 — Stadtinformation, Cronenberger Straße 59/61, 42651 Solingen. Sehenswert: Im Stadtteil Gräfrath (5 km ↑): Marktplatz mit kath.ehem. Klosterkirche und dem Deutschen Klingenmuseum; Müngstener Brücke (5 km →, höchste Eisenbahnbrücke Deutschlands, 107 m hoch); im Stadtteil Burg a.d. Wupper: Kath. Kirche; Bergisches Museum im Schloß Burg; Balkhauser Kotten (4km ↘); im Stadtteil Merscheid: Industriemuseum

Cityplan siehe Seite 918

⌂ Kostengünstige Unterkunft mit Standard-Ausstattung

★★ City Club Hotel Solingen
Kronprinzenstr (Ausserhalb A 1), ✉ 42655, ☎ (02 12) 2 20 60, Fax 2 20 61 00, AX DC ED VA
100 Zi, Ez: 160-190, Dz: 210-260, ⌐ WC ☎, 25 ⌺; Lift P 2✪40; garni ୲ଠ୲

★ Turmhotel
◂ Kölner Str 99 (B 3), ✉ 42651, ☎ (02 12) 22 30 70, Fax 2 23 07 77, AX DC ED VA
39 Zi, Ez: 110-230, Dz: 160-260, 1 App, ⌐ WC ☎; Lift 🚗 2✪40
geschl: 19.12.-6.1.
Restaurant für Hausgäste

★ Atlantic
Goerdelerstr 9 (B 4), ✉ 42651, ☎ (02 12) 1 60 01, Fax 1 60 04, AX DC ED VA
21 Zi, Ez: 90-130, Dz: 140-180, ⌐ WC ☎; Lift P 1✪60; garni ୲ଠ୲ ⇌
geschl: 24.12.-5.1. →

Solingen

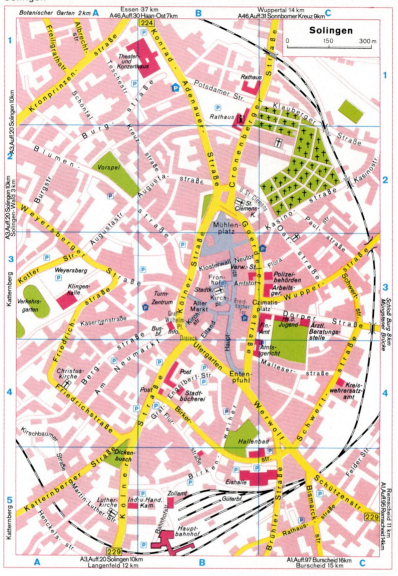

✱ Goldener Löwe Heinestr 2 (A 4), ✉ 42651, ☎ (02 12) 1 20 30/39, Fax 20 21 58, AX DC ED VA 15 Zi, Ez: 95-125, Dz: 150-190, 🛏 WC ☎; Lift 🅿 🍽	Burg an der Wupper (8 km ↘) **✱ Haus Niggemann** Wermelskirchener Str 22, ✉ 42659, ☎ (02 12) 4 10 21, Fax 4 91 75, AX DC ED VA 30 Zi, Ez: 110-150, Dz: 150-200, 🛏 WC ☎; Lift 🅿 🚗 4 ⟵ 150 Kegeln 🍽 🍺

Die von uns genannten Cafés bieten neben Konditoreiwaren und Getränken häufig auch kleine Gerichte an.

✱✱✱✱ Hotel mit anspruchsvoller Ausstattung

Sommerach

** **Schloß-Restaurant**
⍟ Schloßplatz 1, ✉ 42659, ☎ (02 12)
4 30 50, Fax 4 23 80, AX ED VA
Hauptgericht 30; Biergarten Terrasse;
geschl: Mo

Gräfrath (5 km ↑)
* **Zur Post**
Gräfrather Markt 1, ✉ 42653, ☎ (02 12)
5 97 11, Fax 59 27 51, ED VA
13 Zi, Ez: 139-169, Dz: 209-269, 2 Suiten, ⌐
WC ☎ DFÜ, 2🖂; 🅿 🚗 3⇔35 🍽 ☛
geschl: Jul

Ohligs (9 km ←)
** **Ringhotel Seidler Parkhotel**
Hackhauser Str 62, ✉ 42697, ☎ (02 12)
7 06 00, Fax 7 46 62, AX DC ED VA
63 Zi, Ez: 120-280, Dz: 150-380, 2 Suiten, ⌐
WC ☎, 11🖂; Lift 🅿 🚗 5⇔150 Fitneßraum
Sauna
*** **La Table**
Hauptgericht 34; Terrasse; geschl: Sa mittags

** **Caspersbroich**
Caspersbroicher Weg 3, ✉ 42697, ☎ (02 12)
2 35 30, Fax 2 35 33 00, AX DC ED VA
80 Zi, Ez: 115-280, Dz: 135-300, 13 Suiten, ⌐
WC ☎; Lift 🅿 🚗 2⇔80 🍽

** **Landhaus Kovelenberg**
einzeln, Hermann-Löns-Weg 121, ✉ 42697,
☎ (02 12) 7 40 78, Fax 7 12 38, AX ED VA
Hauptgericht 44; Gartenlokal 🅿 Terrasse;
geschl: Mo, Jan

Wald (2 km ↘)
🛏 **Hölscher**
Friedrich-Ebert-Str 71, ✉ 42719, ☎ (02 12)
31 00 41, Fax 31 11 70, AX DC ED VA
10 Zi, Ez: 85-110, Dz: 140-200, ⌐ WC ☎; 🅿
🚗 2⇔70 Kegeln 🍽
Rezeption: 12-23.30

Soltau 18 ✓

Niedersachsen — Kreis Soltau-Fallingbostel — 68 m — 20 000 Ew — Lüneburg 50,
Hamburg 77, Bremen 80 km
ℹ ☎ (0 51 91) 8 44 40, Fax 8 44 48 — Verkehrsbüro, Bornemannstr 7, 29614 Soltau;
Erholungsort in der Lüneburger Heide mit
Sole-Kurbetrieb. Sehenswert: Spielzeugmuseum, Museum, Therme Ahlftener Flatt,
Wacholderpark; Umgebung: Heidepark
(5 km ↗)

** **Meyn**
Poststr 19, ✉ 29614, ☎ (0 51 91) 20 01,
Fax 1 75 75, AX DC ED VA
51 Zi, Ez: 90-130, Dz: 130-170, 2 App, ⌐ WC
☎, 4🖂; 🅿 🚗 2⇔100 Fitneßraum ☛
Auch Zimmer der Kategorie ✱ vorhanden
* **Heideblüte**
Hauptgericht 32

** **Heidehotel Soltauer Hof**
Winsener Str 109, ✉ 29614, ☎ (0 51 91)
96 60, Fax 96 64 66, AX DC ED VA
54 Zi, Ez: 98-148, Dz: 198-263, ⌐ WC ☎; 🅿
7⇔200 Kegeln Sauna Solarium 🍽 ☛
Auch Zimmer der Kategorie ✱ vorhanden

** **Heide-Paradies**
Lüneburger Str 6, ✉ 29614, ☎ (0 51 91)
30 86, Fax 1 83 32, AX DC ED VA
18 Zi, Ez: 90-120, Dz: 110-150, 14 App, ⌐
WC ☎ DFÜ; **garni**
Rezeption: 8-21; geschl: 18.12.-4.1.

* **Herz der Heide**
♂ Ernst-August-Str 7, ✉ 29614, ☎ (0 51 91)
22 48, Fax 1 77 65, AX DC ED VA
11 Zi, Ez: 55-79, Dz: 115-145, 7 Suiten, ⌐
WC ☎; Sauna Solarium; **garni**

* **Heidehotel Anna**
Saarlandstr 2, ✉ 29614, ☎ (0 51 91) 1 50 26,
Fax 1 54 01, AX ED VA
23 Zi, Ez: 70-110, Dz: 90-140, 1 App, ⌐ WC
☎; 🅿 1⇔15 Sauna 🍽 ☛

* **An der Therme**
Stubbendorffweg 3, ✉ 29614, ☎ (0 51 91)
32 93, Fax 7 12 22
10 Zi, Ez: 110, Dz: 140, ⌐ WC ☎; 🅿 2⇔60
Fitneßraum Sauna Solarium 🍽 ☛

Harber (7 km →)
** **Meierdinger Hotel Forellenhof**
an der B 209/71, ✉ 29614, ☎ (0 51 91) 60 60,
Fax 6 06 60, AX DC ED VA
82 Zi, Ez: 85, Dz: 147, ⌐ WC ☎; 6⇔100 ☛
** Hauptgericht 21

Sommerach 56 □

Bayern — Kreis Kitzingen — 260 m —
1 275 Ew — Volkach 5, Kitzingen 13, Würzburg 26 km
ℹ ☎ (0 93 81) 12 29, Fax 47 20 — Gemeindeverwaltung, Kirchplatz 3, 97334 Sommerach

* **Bocksbeutelherberge**
♂ Weinstr 22, ✉ 97334, ☎ (0 93 81) 8 48 50,
Fax 84 85 22
7 Zi, Ez: 60-68, Dz: 94, 1 App, ⌐ WC ☎; 🅿
Weinstube
Hauptgericht 15

* **Gasthof Zum Weißen Lamm**
Hauptstr 2, ✉ 97334, ☎ (0 93 81) 93 77,
Fax 49 33
Hauptgericht 20; Terrasse; geschl: Di,
15.01.-31.01., 01.07.-15.07.
Eigenbauweine
🛏 11 Zi, Ez: 60-80, Dz: 88-118,
3 Suiten, ⌐ WC ☎
geschl: 2 Wochen Ende Jan, 2 Wochen
Anfang Jul

Sommerfeld

Sommerfeld 29 ↗

Brandenburg — Oranienburg — 1 060 Ew
— Oranienburg 17, Berlin 42, Rheinsberg
40 km
[i] ☎ (03 30 55) 9 98 23, Fax 9 98 66 — Amt
Kremmen, Am Markt 1, 16766 Kremmen

** Ringhotel Am See
einzeln ⊷ Beetzer Str 1a, ⊠ 16766,
☎ (03 30 55) 9 70, Fax 9 74 45, AX DC ED VA
100 Zi, Ez: 100-170, Dz: 150-190, S; 2 Suiten,
3 App, ⊿ WC ☎, 10⊠; Lift P 9⇌150 ≘
Strandbad Fitneßraum Sauna Solarium ⌿⊙
⊷
Auch Zimmer der Kategorie ******* vorhanden

Sommerhausen 56 □

Bayern — Kreis Würzburg — 180 m —
1 500 Ew — Würzburg 13 km
[i] ☎ (0 93 33) 82 56 — Verkehrsbüro/Verkehrsverein e.V., Hauptstr 15, 97286 Sommerhausen; Weinort am Main. Sehenswert: Ev. Kirche; Schloß; Rathaus; Mauerring

* Ritter Jörg
Maingasse 14, ⊠ 97286, ☎ (0 93 33) 12 21,
Fax 18 83
22 Zi, Ez: 78-110, Dz: 120-145, ⊿ WC ☎; P
geschl: 27.12.-25.1.
* Hauptgericht 20; nur abends, sa,
so + feiertags auch mittags; geschl: Mo,
Ende Dez-Ende Jan

* Gästehaus Mönchshof
♂ Mönchshof 7, ⊠ 97286, ☎ (0 93 33) 7 58,
Fax 7 65
14 Zi, Ez: 57, Dz: 95-105, 1 App, ⊿ WC ☎;
P; garni
geschl: 22.12.-6.1.

* Gästehaus am Schloß
♂ Hauptstr 19, ⊠ 97286, ☎ (0 93 33) 9 71 70,
Fax 97 17 27
6 Zi, Ez: 75-100, Dz: 110-130, ⊿ WC ☎; garni

* Gasthof Anker
⊷ Maingasse 2, ⊠ 97286, ☎ (0 93 33) 2 32,
Fax 2 71, AX ED VA
7 Zi, Ez: 55, Dz: 95, ⊿ WC ☎, 3⊠; P ⊟
1⇌50 ⌿⊙ ⊷
geschl: Ende Dez-Anfang Jan

* Zum Weinkrug
Steingraben 5, ⊠ 97286, ☎ (0 93 33) 2 92,
Fax 2 81
13 Zi, Ez: 76-95, Dz: 115-145, ⊿ WC ☎, 5⊠;
P ⊟; garni

** Restaurant von Dungern
♡ Hauptstr 12, ⊠ 97286, ☎ (0 93 33) 14 06,
AX DC ED VA
geschl: Mo, Di, Anfang-Mitte Jan,
2 Wochen im Aug; ⇑

Sondershausen 37 ↓

Thüringen — Kreis Sondershausen —
200 m — 23 000 Ew — Nordhausen 17,
Erfurt 57 km
[i] ☎ (0 36 32) 81 11, Fax 20 73 — Sondershausen-Information, Ferdinand-Schlufter-Str 20, 99706 Sondershausen. Sehenswert: Schloß, Herkulesbrunnen, Schloßpark; Markt mit Rathaus; Stadtkirche St. Trinitatis; Jagdschloß „Zum Possen", Aussichtsturm

* Thüringer Hof
Hauptstr 30, ⊠ 99706, ☎ (0 36 32) 65 60,
Fax 6 56 11, AX DC ED VA
48 Zi, Ez: 85-120, Dz: 110-150, 1 Suite, ⊿
WC ☎, 10⊠; Lift P 2⇌50 ⊷
* Hauptgericht 20; Biergarten

** Schloßrestaurant
Im Schloß, ⊠ 99706, ☎ (0 36 32) 78 22 09,
Fax 78 22 09, AX DC ED VA
Hauptgericht 25

Sonneberg 47 ↘

Thüringen — Kreis Sonneberg — 400 m —
27 500 Ew — Coburg 20 km
[i] ☎ (0 36 75) 88 00 — Stadtverwaltung,
Fremdenverkehrsbüro, Bahnhofsplatz,
96515 Sonneberg

** Parkhotel Sonne
Dammstr 3, ⊠ 96515, ☎ (0 36 75) 82 30,
Fax 82 33 33, AX ED VA
36 Zi, Ez: 105, Dz: 160, ⊿ WC ☎, 10⊠; Lift P
4⇌90 ⌿⊙ ⊷

* Schöne Aussicht
Schöne Aussicht 24, ⊠ 96515, ☎ (0 36 75)
80 40 40, Fax 80 40 41, ED VA
11 Zi, Ez: 79-89, Dz: 120-140, 1 App, ⊿ WC
☎; P 1⇌20 ⌿⊙

Steinbach (2 km →)
* Waldblick
einzeln ♂ ⊷ Mönchsberger Str 13 a,
⊠ 96515, ☎ (0 36 75) 74 47 49, Fax 74 44 48,
AX ED VA
16 Zi, Ez: 78-88, Dz: 95-120, 2 App, ⊿ WC
☎; P ⊟ Fitneßraum Sauna Solarium ⌿⊙

Sonnenbühl 61 ↘

Baden-Württemberg — Kreis Reutlingen —
780 m — 6 800 Ew — Reutlingen 24,
Hechingen 28 km
[i] ☎ (0 71 28) 9 25-18, Fax 9 25 50 — Bürgermeisteramt Sonnenbühl, Haupstr. 2,
72820 Sonnenbühl. Sehenswert: Karlshöhle mit Bärenhöhle (5 km ↑ vom Ortsteil Erpfingen)

Erpfingen (Luftkurort)
** Hirsch
Im Dorf 12, ✉ 72820, ☎ (0 71 28) 9 29 10, Fax 31 21, [VM]
Hauptgericht 35; Gartenlokal ❑ Terrasse; geschl: Di, 2 Wochen im Nov, 1 Woche im Jun

* 11 Zi, Ez: 130, Dz: 135-185, ⇨ WC ☎; Lift 2⇔60 18Golf
geschl: Di, 2 Wo im Nov

Sonthofen 70 ↓

Bayern — Kreis Oberallgäu — 750 m — 22 000 Ew — Oberstdorf 14 km
ℹ ☎ (0 83 21) 61 52 91, Fax 61 52 93 — Gästeamt, Rathausplatz 1, 87527 Sonthofen; Kreisstadt, Luftkurort. Sehenswert: Kath. Kirche; Kapelle im Ortsteil Berghofen ⋖ (2 km →); Starzlachklamm (3 km ↗); Hinanger Wasserfall (5 km ↓)

* Haus Grünten
Bahnhofsplatz 15, ✉ 87527, ☎ (0 83 21) 70 16, Fax 7 11 03
50 Zi, Ez: 65, Dz: 120, ⇨ WC ☎; Lift ❑

Sooden-Allendorf, Bad 36 ↘

Hessen — Werra-Meißner-Kreis — 152 m — 10 000 Ew — Witzenhausen 14, Eschwege 15 km
ℹ ☎ (0 56 52) 95 87-18, Fax 95 87-13 — Kur-GmbH Bad Sooden-Allendorf, im Stadtteil Bad Sooden, Landgraf-Philipp-Platz 1/2, 37242 Bad Sooden-Allendorf; Heilbad an der Werra. Sehenswert: In Bad Sooden: Ev. Kirche; Söder Tor, Kuranlagen; Fachwerkhäuser; in Allendorf: Stadtbild; ev. Kirche; Rathaus; Stadtmauer; der „Brunnen vor dem Tore"; Fachwerkhäuser: u. a. Bürgersches Haus

Sooden, Bad
** Akzent-Hotel Waldhotel Soodener Hof
⊙ Hardtstr 7, ✉ 37242, ☎ (0 56 52) 95 60, Fax 95 62 22, [AX] [DC] [ED] [VA]
47 Zi, Ez: 105-130, Dz: 158-190, ⇨ WC ☎ DFÜ, 15✉; Lift ❑ 3⇔45 ≋ Sauna Solarium ¶◉❘ ☛

Sottorf siehe Rosengarten

Spaichingen 68 □

Baden-Württemberg — Kreis Tuttlingen — 669 m — 12 000 Ew — Tuttlingen 14, Rottweil 15 km
ℹ ☎ (0 74 24) 95 71-0, Fax 95 71-19 — Stadtverwaltung, Marktplatz 19, 78549 Spaichingen. Sehenswert: Wallfahrtskirche auf dem Dreifaltigkeitsberg 985 m ⋖ (5 km ↗); Kirche in Balgheim (2 km ↘)

* Bonne Auberge
Neuer Marktplatz 4, ✉ 78549, ☎ (0 74 24) 21 61, [AX] [DC] [ED] [VA]
Hauptgericht 35; geschl: So

siehe auch **Hausen ob Verena**

Spalt 63 ↗

Bayern — Kreis Roth — 371 m — 5 000 Ew — Roth 15, Schwabach 20, Nürnberg 25 km
ℹ ☎ (0 91 75) 7 96 50, Fax 79 65 35 — Stadtverwaltung (Touristinformation), Herrengasse 10, 91174 Spalt. Sehenswert: Stiftskirche St. Nikolaus; Kornhaus; Schlenzgerhaus; Pfarrkirche St. Emmeram; Hopfengut Mühlreisig

Spalt-Außerhalb (5 km ↖) Richtung Wernfels
* Blumental
einzeln, Stiegelmühle 42, ✉ 91174, ☎ (0 98 73) 3 32, Fax 13 75
Hauptgericht 25; ❑; geschl: Mo, Di

Spangenberg 36 ↙

Hessen — Schwalm-Eder-Kreis — 300 m — 7 000 Ew — Melsungen 12, Bebra 27 km
ℹ ☎ (0 56 63) 72 97, Fax 93 04 06 — Service-Center Spangenberg, Kirchplatz 4, 34286 Spangenberg; Luftkurort im Hessischen Bergland. Sehenswert: Ev. Stadtkirche; Fachwerkbauten; Jagdmuseum; Stadtmauer mit Wehrtürmen; Schloß ⋖

** Schloß Spangenberg Gast im Schloß
einzeln ⊙ ⋖ ✉ 34286, ☎ (0 56 63) 8 66, Fax 75 67, [AX] [DC] [ED] [VA]
24 Zi, Ez: 130-185, Dz: 170-280, 1 Suite, ⇨ WC ☎, 5✉; ❑ 3⇔150 ☛
geschl: So ab 18, 2 Wochen in den Sommerferien
** Burgrestaurant
Hauptgericht 30; geschl: So abends, 3.1.-10.1., 2 Wochen in den Sommerferien

* Stöhr
Marktplatz 9, ✉ 34286, ☎ (0 56 63) 94 87-0, Fax 94 87 22, [AX] [DC] [ED] [VA]
22 Zi, Ez: 65-96, Dz: 98-140, 1 App, ⇨ WC ☎, 5✉; ❑ ⌨ 2⇔60 Kegeln ☛
Rezeption: 10.30-24
* Hauptgericht 20; Biergarten

* Ratskeller
Markt 1, ✉ 34286, ☎ (0 56 63) 3 41, Fax 3 41
Hauptgericht 45; geschl: Mo

Sparneck

Sparneck 48 ↘

Bayern — Kreis Hof — 556 m — 2 089 Ew — Münchberg 7, Hof 20 km
🛈 ☎ (0 92 51) 99 03 22, Fax 74 44 — Gemeindeverwaltung, Marktplatz 4, 95234 Sparneck. Sehenswert: Großer Waldstein, 880 m ◂‹ (5 km ↓)

Sparneck-Außerhalb (1 km ↓)
** **Waldhotel Heimatliebe**
Landidyll Hotel
einzeln ☾ ◂‹ Humberstr, ✉ 95234,
☎ (0 92 51) 99 59-0, Fax 75 98, AX DC ED VA
25 Zi, Ez: 81-110, Dz: 140-180, 1 Suite, ⌐┘
WC ☎, 7✉; 🅿 🚲 4⇌60 Sauna Solarium ☛
** **Vier Jahreszeiten**
Hauptgericht 36; Terrasse; geschl: Mo + Fr bis 15

Spay 43 ↘

Rheinland-Pfalz — Kreis Mayen-Koblenz
🛈 ☎ (0 26 28) 87 78 — Gemeindeverwaltung, Koblenzerstr. 20, 56322 Spay

* **Alter Posthof**
Flair Hotel
Mainzer Str 47, ✉ 56322, ☎ (0 26 28) 87 08, Fax 30 01
16 Zi, Ez: 55-90, Dz: 90-145, 1 App, ⌐┘ WC ☎; 🅿 🚲 Kegeln

Speichersdorf 58 ↗

Bayern — Kreis Bayreuth — 470 m —
5 360 Ew — Kemnath 8, Bayreuth 20 km
🛈 ☎ (0 92 75) 98 58-0, Fax 9 88 88 — Gemeindeverwaltung, Kemnather Str 9, 95469 Speichersdorf

* **Gasthof Imhof**
Kemnather Str 18, ✉ 95469, ☎ (0 92 75) 98 40, Fax 9 84 84, AX DC ED VA
27 Zi, Ez: 55-65, Dz: 90-95, ⌐┘ WC ☎; 🅿 🚲 1⇌50 Kegeln
geschl: So abend, Mo mittag
🍽 Hauptgericht 20; geschl: So abends, Mo mittags

Spelle 23 →

Niedersachsen — Landkreis Emsland —
35 m — 6 890 Ew — Rheine 8, Lingen 20 km
🛈 ☎ (0 59 77) 7 20, Fax 72 44 — Gemeindeverwaltung, Hauptstr 43, 48480 Spelle

Spelle
** **Krone**
Bernard-Krone-Str 15, ✉ 48480, ☎ (0 59 77) 9 39 20, Fax 93 92 92, AX ED VA
28 Zi, Ez: 90, Dz: 120, ⌐┘ WC ☎, 6✉; Lift 🅿 2⇌140 18Golf 🍽

Speyer 54 ↓

Rheinland-Pfalz — Stadtkreis — 104 m —
50 000 Ew — Ludwigshafen 21, Heidelberg 25, Landau 27 km
🛈 ☎ (0 62 32) 23 92, Fax 23 32 — Verkehrsamt, Maximilianstr 11, 67346 Speyer; Stadt am Rhein, Hochschule für Verwaltungswissenschaften. Sehenswert: Kaiserdom mit Krypta (Kaisergräber); Protestationskirche (Gedächtniskirche); ev. Dreifaltigkeitskirche; kath. Kirche St. Josef; Altpörtel (Torturm) ◂‹; hist. Museum der Pfalz (Weinmuseum); Judenbad; Technik-Museum; Rheinbrücke ◂‹

** **Domhof**
Bauhof 3 (B 2), ✉ 67346, ☎ (0 62 32) 1 32 90, Fax 13 29 90, AX DC ED VA
49 Zi, Ez: 130-160, Dz: 170-230, ⌐┘ WC ☎, 13✉; Lift 🅿 🚲 6⇌150
🍽 Hauptgericht 20; Biergarten; Brauereiausschank mit rustikalem Ambiente

** **Goldener Engel**
Mühlturmstr 1 a (A 2), ✉ 67346, ☎ (0 62 32) 1 32 60, Fax 13 26 95, AX DC ED VA
44 Zi, Ez: 93-115, Dz: 140-180, 2 Suiten, ⌐┘ WC ☎; Lift 🅿 2⇌25
Zum alten Engel
Hauptgericht 38
Historischer Ziegelkeller

* **Steigenberger Esprix**
Karl-Leiling-Allee 6, ✉ 67346, ☎ (0 62 32) 20 80, Fax 20 83 33, AX DC ED VA
86 Zi, Ez: 123, Dz: 156, S; ⌐┘ WC ☎, 24✉; Lift 🅿 3⇌50 ☛
Bistro-Bar
Hauptgericht 20

* **Am Wartturm**
Landwehrstr 28, ✉ 67346, ☎ (0 62 32) 6 43 30, Fax 64 33 21, ED
17 Zi, Ez: 85-110, Dz: 120-180, ⌐┘ WC ☎; 🅿; garni

** **Backmulde**
Karmeliterstr 11 (A 2), ✉ 67346, ☎ (0 62 32) 7 15 77, Fax 62 94 74, AX DC ED VA
Hauptgericht 42; geschl: So, Mo, Mitte Aug-Anfang Sep

* **Zum Domnapf**
Domplatz 1 (B 2), ✉ 67346, ☎ (0 62 32) 7 54 54, Fax 7 88 09, AX ED VA
Hauptgericht 17; Terrasse; geschl: Mo, 12.11.-19.11.

* **Kutscherhaus**
Fischmarkt 5 a (B 2), ✉ 67346, ☎ (0 62 32) 7 05 92, Fax 62 09 22, AX ED VA
Hauptgericht 30; Biergarten 🅿; geschl: Do(Mai-Sep), Mi, 4 Wochen in den Sommerferien

Spiegelau

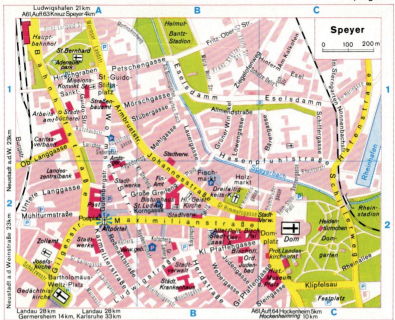

Speyer

Binshof (2 km ↑)
*** RR Binshof Resort ♛
♂ Binshof 1, ⌧ 67346, ☎ (0 62 32) 64 70,
Fax 64 71 99, AX DC ED VA
68 Zi, Ez: 220-420, Dz: 380-550, 10 Suiten, ⌐
WC ☎, 25🍴; Lift 🅿 🚗 4⇆80 ≈ ≋ Fitneß-
raum Sauna Solarium 4Tennis 🎾
Großzügiger Fitness- und Wellnessbereich
*** Fresco
Hauptgericht 45; Terrasse; geschl: Di
** Salierhof
Hauptgericht 35; Terrasse

Spiegelau   66 ↑

Bayern — Kreis Freyung-Grafenau — 730 m
— 4 260 Ew — Grafenau 8, Zwiesel 21 km
ℹ ☎ (0 85 53) 8 11, Fax 64 24 — Verkehrsamt, Hauptstr 30, 94518 Spiegelau; Erholungsort im Bayerischen Wald. Sehenswert: Kristallglashütte; Großer Rachel,
1453 m ⚐ (4 km ↑ bis Parkplatz Gfäll, von
hier bis zum Gipfel etwa 90 Min); Wald-
spielgelände mit Naturerlebnispfad

* Pension Hubertushof
Hauptstr 1, ⌧ 94518, ☎ (0 85 53) 9 60 90,
Fax 96 09 96
35 Zi, Ez: 60-67, Dz: 110-130, ⌐ WC ☎; 🅿
Sauna Solarium; garni

* Genosko
Hauptstr 11, ⌧ 94518, ☎ (0 85 53) 12 58,
Fax 96 09 96
22 Zi, Dz: 100-130, 2 Suiten, ⌐ WC; 🅿 🍴

* Pension Waldfrieden
♂ Waldschmidtstr 10, ⌧ 94518, ☎ (0 85 53)
12 47, Fax 66 31
25 Zi, Ez: 54, Dz: 100, 2 App, ⌐ WC; 🅿 ≋
Fitneßraum Sauna Solarium
geschl: Di, 20.3.-1.5., 23.10.-24.12.
Restaurant für Hausgäste

Hochreuth (1 km ←)
* Landhotel Tannenhof
♂ ⚐ Auf der List 27, ⌧ 94518, ☎ (0 85 53)
97 30, Fax 97 32 00
88 Zi, Ez: 69-73, Dz: 146-158, 4 Suiten, ⌐
WC ☎, 13🍴; 🅿 🚗 ≋ Sauna Solarium 🍴
Rezeption: 8-20

Klingenbrunn (5 km ←)
** Hochriegel
♂ ⚐ Frauenauer Str 31, ⌧ 94518,
☎ (0 85 53) 97 00, Fax 97 01 97, ED
40 Zi, Ez: 67-106, Dz: 134-196, 21 App, ⌐
WC ☎; Lift 🅿 ≋ Fitneßraum Sauna
Solarium 18Golf 1Tennis 🎾
Rezeption: 8-21
Restaurant für Hausgäste; Preise incl.
Halbpension

Oberkreuzberg (7 km ↓)
* Berggasthof Grobauer
♂ ⚐ Kreuzbergstr 8, ⌧ 94518, ☎ (0 85 53)
9 11 09, Fax 9 11 10
37 Zi, Ez: 40-50, Dz: 78-104, 1 App, ⌐ WC;
Lift 🅿 ≋ Fitneßraum Sauna Solarium 🍴
geschl: Nov, Mitte-Ende Apr
Im Gästehaus Zimmer der Kategorie **
vorhanden

Spiekeroog

Spiekeroog 16

Niedersachsen — Kreis Wittmund — 6 m — 720 Ew
🛈 ☎ (0 49 76) 9 19 30, Fax 91 93 47 — Kurverwaltung, Noorderpad 25, 26474 Spiekeroog; Ostfriesische Insel, Nordsee-Heilbad. Sehenswert: Alte Inselkirche (Schiffspredigtstuhl)

Achtung: Pkw nicht zugelassen. Schiffe in 30 Min von Neuharlingersiel, 🛈 ☎ (0 49 76) 91 93 33. Garagen- und Parkplatzbuchung ☎ (0 49 74) 3 86 oder 2 84

** Akzent-Hotel Inselfriede
♱ Süderloog 12, ✉ 26474, ☎ (0 49 76) 9 19 30, Fax 91 92 66
18 Zi, Ez: 105-110, Dz: 180-200, 3 Suiten, 17 App, ⊟ WC ☎; ≋ Sauna Solarium
geschl. 1.-26.12., 10.1.-1.3.
** Friesenstube
Hauptgericht 25; Terrasse; geschl. 1.12.-26.12., 10.1.-1.3.

---

* Huus Süder Mens
♱ Richelweg 1 a, ✉ 26474, ☎ (0 49 76) 91 20 33, Fax 5 30
27 Zi, Ez: 80-85, Dz: 140-150, 1 App, ⊟ WC; 1⇔40; garni
geschl. 10.1.-1.3.

Spornitz 20

Mecklenburg-Vorpommern — Parchim — 1 621 Ew — Parchim 9, Schwerin 38 km
🛈 ☎ (0 38 71) 7 27-0, Fax 72 71 18 — Amt Parchim-Land, Walter-Hase-Str 42, 19370 Parchim

---

** Landhotel Spornitz
An der B191, ✉ 19372, ☎ (03 87 26) 8 80, Fax 8 84 90, AX DC ED VA
67 Zi, Ez: 99-135, Dz: 99-165, 2 Suiten, ⊟ WC ☎, 35⌂; Lift 🅿 6⇔150 Fitneßraum Sauna Solarium
** Hauptgericht 25

Spreenhagen 31

Brandenburg — Kreis Fürstenwalde — 1 640 Ew — Storkow (Mark) 12, Fürstenwalde (Spree) 15 km
🛈 ☎ (03 36 33) 87 10 — Gemeindeverwaltung, Hauptstr 13, 15528 Spreenhagen

---

* Gasthaus Paesch
Hauptstr 27, ✉ 15528, ☎ (03 36 33) 2 16, Fax 6 57 41, ED VA
10 Zi, Ez: 70-90, Dz: 95-110, ⊟ WC ☎; 🅿
1⇔60 ⚑
geschl: 1.1.-20.1.

Spremberg 41

Brandenburg — Spree-Neiße-Kreis — 125 m — 24 000 Ew — Hoyerswerda 21, Senftenberg 36 km
🛈 ☎ (0 35 63) 45 30, Fax 45 30 — Tourist-Information, Am Markt 2, 03130 Spremberg. Sehenswert: Bismarckturm; Schloß; Rathaus; ev. Kreuzkirche; ev. Auferstehungskirche; kath. St.-Benno-Kirche

---

* Zur Post
Lange Str 24, ✉ 03130, ☎ (0 35 63) 39 55-0, Fax 39 55-30, AX ED VA
19 Zi, Ez: 75-85, Dz: 105-140, ⊟ WC ☎ DFÜ, 3⌂; Lift 🅿 2⇔100

---

* Zur Börse
Karl-Marx-Str 4, ✉ 03130, ☎ (0 35 63) 3 95 00, Fax 39 50 40, VA
13 Zi, Ez: 90, Dz: 130, 3 Suiten, ⊟ WC ☎; 🅿 ⚑

---

* Am Berg
♱ Bergstr 30, ✉ 03130, ☎ (0 35 63) 28 39, Fax 9 48 37, AX ED VA
16 Zi, Ez: 80-105, Dz: 130-150, ⊟ WC ☎; 🅿 1⇔50 ≋ ⚑

Sprendlingen siehe Dreieich

Sprendlingen 53

Rheinland-Pfalz — Mainz-Bingen
🛈 ☎ (0 67 01) 2 01-0 — Verbandsgemeindeverwaltung Sprendl.-Gensingen, 55576 Sprendlingen

---

* Apart Hotel Blessing
Bahnhofstr 9, ✉ 55576, ☎ (0 67 01) 9 30 10, Fax 93 01 50
18 Zi, Ez: 88, Dz: 138, ⊟ WC ☎, 2⌂; 🅿 🚗
1⇔12; garni

Springe 26

Niedersachsen — Kreis Hannover — 115 m — 30 000 Ew — Hannover 27, Hildesheim 31 km
🛈 ☎ (0 50 41) 7 32 73, Fax 58 85 — Tourist-Information, Auf dem Burghof 1, 31832 Springe; Erholungsort. Sehenswert: Haus Peters; Saupark mit Wisentgehege (4 km ↓); Jagdschloß

⌂ Hotel Garni
Zum Obertor 9, ✉ 31832, ☎ (0 50 41) 9 43 90, Fax 94 39 94, ED VA
19 Zi, Ez: 72-110, Dz: 100-160, 1 App, ⊟ WC ☎; garni

Gestorf (15 km →)
** Zum Weißen Roß
In der Welle 21, ✉ 31832, ☎ (0 50 45) 76 19, Fax 76 19
Hauptgericht 32; geschl: Di
* 5 Zi, Ez: 75-100, Dz: 120-160, ⊟ WC ☎; 2⇔100

Sprockhövel 33 □

Nordrhein-Westfalen — Ennepe-Ruhr-Kreis — 300 m — 25 000 Ew — Wuppertal 8, Witten 13 km
🛈 ☎ (0 23 24) 7 99 94, Fax 7 98 18 — Verkehrsverein f. Freizeit und Tourismus, im Stadtteil Haßlinghausen, Hauptstr. 44, 45549 Sprockhövel

Frielinghausen (6 km ↙)
* **Golf-Hotel Vesper**
einzeln ♂ ⊰ Haus Nr 1, ⊠ 45549, ☎ (02 02) 64 82 20, Fax 64 98 91, AX DC ED VA
14 Zi, Ez: 110-125, Dz: 135-150, ⊣ WC ☎

Herzkamp (9 km ↙)
** **Zur Alten Post**
Elberfelder Str 139, ⊠ 45549, ☎ (02 02) 52 26 07, Fax 5 28 88 36, AX DC ED VA
Hauptgericht 30; Biergarten Terrasse; geschl: Do

Niedersprockhövel (1 km ↑)
* **Eggers**
Hauptstr 78, ⊠ 45549, ☎ (0 23 24) 7 17 80, Fax 7 72 90
11 Zi, Ez: 79-85, Dz: 135-145, ⊣ WC ☎; 🅿 2✿50 ⛾

Stade 17 ↗

Niedersachsen — Kreis Stade — 7 m — 45 000 Ew — Bremervörde 27, Hamburg 61, Cuxhaven 77 km
🛈 ☎ (0 41 41) 40 91 70-75, Fax 40 91 10 — STADE Tourismus-GmbH, Schiffertorsstr 6, 21682 Stade; Stadt nahe der Unterelbe. Sehenswert: Ev. Kirchen St. Wilhadi und St. Cosmae; Rathaus; Bürgermeister-Hintze-Haus; Schwedenspeicher-Museum; schwedische Befestigungsanlagen; Fachwerkbauten; Freilichtmuseum

** **Herzog Widukind**
♂ Große Schmiedestr 14, ⊠ 21682, ☎ (0 41 41) 4 60 96, Fax 36 03, AX DC ED VA
45 Zi, Ez: 125-150, Dz: 165-185, ⊣ WC ☎ DFÜ, 6⊠; Lift 🅿; garni
geschl: 23.12.-3.1.

** **Parkhotel Stader Hof**
Schiffertorsstr 8, ⊠ 21682, ☎ (0 41 41) 49 90, Fax 49 91 00, AX DC ED VA
94 Zi, Ez: 120-140, Dz: 170-205, 6 App, ⊣ WC ☎; Lift 🅿 10✿800 Sauna
** **Contrescarpe**
⊰ Hauptgericht 25

* **Akzent-Hotel Zur Einkehr**
Freiburger Str 82, ⊠ 21682, ☎ (0 41 41) 23 25, Fax 24 55, AX DC ED VA
36 Zi, Ez: 90-110, Dz: 130-155, 1 App, ⊣ WC ☎, 6⊠; 🅿 3✿25 Sauna Solarium ⛾

** **Insel-Restaurant**
Auf der Insel, ⊠ 21680, ☎ (0 41 41) 20 31, Fax 4 78 69, ED VA
Hauptgericht 30; Gartenlokal 🅿

* **Remter**
Salzstr 21, ⊠ 21682, ☎ (0 41 41) 4 56 84, Fax 4 49 70, AX DC ED VA
Hauptgericht 27; Terrasse

Schölisch (1,5 km ↘)
* **Vier Linden**
    Kiek In
Schölischer Str 63, ⊠ 21682, ☎ (0 41 41) 9 27 02, Fax 28 65, AX DC ED VA
45 Zi, Ez: 99-110, Dz: 145-155, 1 Suite, ⊣ WC ☎ DFÜ, 2⊠; 🅿 4✿120 Kegeln Sauna Solarium ⛾

Stadecken-Elsheim 54 ↘

Rheinland-Pfalz — Kreis Mainz-Bingen — 95 m — 4 000 Ew — Ingelheim 10, Mainz 17 km
🛈 ☎ (0 61 36) 22 48, Fax 67 01 — Gemeindeverwaltung, im Ortsteil Stadecken, Auf der Langweid 10, 55271 Stadecken-Elsheim

Stadecken
** **Christian** 👑
Chr-Reichert-Str 3, ⊠ 55271, ☎ (0 61 36) 36 11, Fax 64 19, ED VA
22 Zi, Ez: 120-180, Dz: 169-199, 2 Suiten, 1 App, ⊣ WC ☎, 12⊠; 🅿 2✿50 ⛾ Sauna Solarium 18Golf ⛾ ⋆

Stadland 16 →

Niedersachsen — Kreis Wesermarsch — 1 m — 8 000 Ew — Brake 9, Nordenham 19 km
🛈 ☎ (0 47 32) 26 02 — Verkehrsverein, im Ortsteil Rodenkirchen, Am Markt 4, 26935 Stadland

Rodenkirchen
 Friesenhof
Friesenstr 13, ⊠ 26935, ☎ (0 47 32) 6 48, Fax 83 40, ED
15 Zi, Ez: 76-80, Dz: 110-120, ⊣ WC ☎; 🅿 Sauna; garni

Stadtallendorf 45 ↘

Hessen — Kreis Marburg-Biedenkopf — 250 m — 22 000 Ew — Kirchhain b. Marburg 7, Schwalmstadt 17 km
🛈 ☎ (0 64 28) 70 70, Fax 70 74 00 — Stadtverwaltung, Bahnhofstr 2, 35260 Stadtallendorf; Erholungsort. Sehenswert: Barockkirche St. Katharina, Altstadt, Schweinsberg mit Moorlandschaft

→

Stadtallendorf

★★ Ringhotel Parkhotel
Schillerstr 1, ✉ 35260, ☎ (0 64 28) 70 80,
Fax 70 82 59, AX DC ED VA
46 Zi, Ez: 95-220, Dz: 120-240, S; 4 Suiten,
⌂ WC ☏, 4🖼; 🅿 🚗 5↻70 Kegeln 🍺
★★ Hauptgericht 30; Terrasse

★ Gasthof Germania
Obergasse 1, ✉ 35260, ☎ (0 64 29) 3 42,
Fax 70 90, AX ED VA
21 Zi, Ez: 85, Dz: 120, ⌂ WC ☏, 3🖼; 🅿 🚗
Kegeln Sauna 🍽

Stadthagen 25 □

Niedersachsen — Kreis Schaumburg —
68 m — 23 800 Ew — Minden 24, Hannover
41 km
ℹ ☎ (0 57 21) 78 20, Fax 78 21 10 — Stadtverwaltung, Rathauspassage 1,
31655 Stadthagen; Kreisstadt. Sehenswert:
Ev. Martinikirche mit fürstlichem Mausoleum; Markt mit Rathaus; Schloß; Stadtturm am Viehmarkt

★ Zur Amtspforte
Obernstr 31, ✉ 31655, ☎ (0 57 21) 9 84-0,
Fax 9 84-4 44, AX ED VA
25 Zi, Ez: 98-186, Dz: 168-230, ⌂ WC ☏
DFÜ, 5🖼; 🅿 1↻40 🍽

★ Gerber Hotel La Tannerie
Echternstr 14, ✉ 31655, ☎ (0 57 21) 98 60,
Fax 9 86 66, AX DC ED VA
19 Zi, Ez: 89-165, Dz: 139-190, 1 App, ⌂ WC
☏, 7🖼; Lift 🅿 🚗 1↻40 Kegeln 🍽

★ Parkhotel
Büschingstr 10, ✉ 31655, ☎ (0 57 21)
97 27-0, Fax 97 27-37, AX DC ED VA
16 Zi, Ez: 78-148, Dz: 148-168, ⌂ WC ☏
DFÜ, 4🖼; 🅿 🚗 Sauna Solarium; **garni** 🍺

★ Torschreiberhaus
Krumme Str 42, ✉ 31655, ☎ (0 57 21) 64 50
Hauptgericht 34; 🅿 Terrasse; nur abends;
geschl: Mo, 1.1.-20.1.

Obernwöhren (4 km ↘)
★ Gasthaus Oelkrug
♂ Waldstr 2, ✉ 31655, ☎ (0 57 21) 80 25 25,
Fax 80 25 50, AX ED
18 Zi, Ez: 95, Dz: 140, ⌂ WC ☏, 9🖼; Lift 🅿
3↻100 9Golf 🍺
Rezeption: 7-20
Auch einfachere Zimmer vorhanden
★ Hauptgericht 22; Gartenlokal;
geschl: Mo

Stadtkyll 42 ↘

Rheinland-Pfalz — Kreis Daun — 500 m —
1 450 Ew — Prüm 22, Schleiden 27 km
ℹ ☎ (0 65 97) 28 78, Fax 48 71 — Verkehrsverein Oberes Kylltal, Burgberg 22,
54589 Stadtkyll; Luftkurort in der Eifel

★★★ Am Park
♂ Kurallee 1, ✉ 54589, ☎ (0 65 97) 1 50,
Fax 1 52 50, AX DC ED VA
67 Zi, Ez: 145-165, Dz: 220-280, 4 Suiten,
18 App, ⌂ WC ☏; Lift 🅿 8↻160 ♨ Kegeln
Sauna Solarium
Freie Benutzung des Erlebnisbades
„Vulkamar"
★★ Parkrestaurant
Hauptgericht 30

★ Haus am See
♂ ◂ Wirftstr, ✉ 54589, ☎ (0 65 97) 23 26,
Fax 30 53
23 Zi, Ez: 70-80, Dz: 140-160, 2 Suiten, ⌂
WC ☏; 🅿 🚗 Sauna Solarium 1Tennis
Auch Zimmer der Kategorie **★★** vorhanden
★ Hauptgericht 20; Terrasse;
geschl: Mo, Di

Stadtoldendorf 36 ↖

Niedersachsen — Kreis Holzminden —
221 m — 6 462 Ew — Holzminden 15, Einbeck 21, Alfeld 23 km
ℹ ☎ (0 55 32) 90 05-0, Fax 90 05-10 — Verkehrsamt, Kirchstr 4, 37627 Stadtoldendorf;
Städtchen im Weserbergland. Sehenswert:
Teile der Stadtbefestigung; Ackerbürgerhäuser; Burgruine Homburg ◂; ehem.
Kloster Amelungsborn (3 km ↖)

★★★ Villa Mosler
Hoopstr 2, ✉ 37627, ☎ (0 55 32) 50 60,
Fax 50 64 00, AX DC ED VA
61 Zi, Ez: 100-270, Dz: 150-320, 6 Suiten, ⌂
WC ☏, 14🖼; Lift 🅿 🚗 4↻120 Sauna
Solarium
★★★ Topas
Hauptgericht 34; Gartenlokal

Stadtroda 48 ↗

Thüringen — Saale-Holzland Kreis — 160 m
— 6 430 Ew — Jena 11, Hermsdorf 12 km
ℹ ☎ (03 64 28) 4 41 24 — Fremdenverkehrsamt, Straße des Friedens 17, 07646 Stadtroda

🛏 Am Brauhausplatz
Brauhausplatz 6, ✉ 07646, ☎ (03 64 28)
4 24 89, Fax 6 01 97
14 Zi, Ez: 60-70, Dz: 95-120, ⌂ WC; 🍽

Staffelstein 57 ↖

Bayern — Kreis Lichtenfels — 264 m —
10 456 Ew — Lichtenfels 7, Bamberg 26 km
ℹ ☎ (0 95 73) 41 92, Fax 41 46 — Verkehrsamt „Alte Darre", Bamberger Str 25,
96231 Staffelstein; Erholungsort. Sehenswert: Rathaus; ehem. Kloster Banz (5 km ↑);
Wallfahrtskirche Vierzehnheiligen (5 km ↗);
Staffelberg, 539 m ◂ (75 Min →); Obermain
Therme

*** Kurhotel an der Obermain-Therme
♂ Am Kurpark 7, ⌂ 96231, ☎ (0 95 73) 33 30, Fax 33 32 99, AX DC ED VA
113 Zi, Ez: 89-118, Dz: 138-168, 113 App., ⌐ WC ☎, 39✉; Lift ℗ ⌂ 5⟳200 ≋ Fitneß-raum Sauna Solarium ⚫
** Hauptgericht 25

** Rödiger
Zur Herrgottsmühle 2, ⌂ 96231, ☎ (0 95 73) 8 95, Fax 13 39,
51 Zi, Ez: 80-90, Dz: 120-135, ⌐ WC ☎, 6✉; Lift ℗ ⌂ 4⟳80 ≋ Sauna Solarium
geschl: Fr, 3.-21.8.
** Hauptgericht 25; geschl: Fr, 3.-21.8.

** Vierjahreszeiten
♂ Annaberger Str 1, ⌂ 96231, ☎ (0 95 73) 68 38
18 Zi, Ez: 95, Dz: 120, ⌐ WC ☎, 18✉; garni

End (7 km ↘)
* Schwarzer Adler
Haus Nr 13, ⌂ 96231, ☎ (0 95 73) 8 45, Fax 3 12 36
18 Zi, Ez: 40-60, Dz: 76-110, ⌐ WC ☎, ℗ 2⟳100 Sauna Solarium ⍟
geschl: Di, Ende Jan-Anfang Feb
Auch einfachere Zimmer vorhanden

Stapelfeld 18 ↗

Schleswig-Holstein — Kreis Stormarn — 48 m — 1 359 Ew — Hamburg 16 km
ℹ ☎ (0 41 07) 7 90, Fax 79 79 — Amtsverwaltung, Hauptstr 49, 22962 Siek

Stapelfeld-Außerhalb (1 km →)
** Zur Windmühle
Hauptstr 99, ⌂ 22145, ☎ (0 40) 67 50 70, Fax 67 50 72 99, AX DC ED VA
49 Zi, Ez: 110-143, Dz: 168-175, ⌐ WC ☎; ℗ 4⟳40
* Müllerstube
Hauptgericht 30; Terrasse

Starnberg 72 ←

Bayern — Kreis Starnberg — 586 m — 21 000 Ew — München 25, Weilheim 25 km
ℹ ☎ (0 81 51) 9 06 00, Fax 90 60 90 — Tourismusverband Starnberger Fünf-Seen-Land, Wittelsbacherstr 9, 82319 Starnberg; Ausflugsort an der Nordspitze des Starnberger Sees. Sehenswert: Kath. Kirche St. Joseph

* Seehof
Bahnhofsplatz 4, ⌂ 82319, ☎ (0 81 51) 60 01, Fax 2 81 36, AX DC ED VA
38 Zi, Ez: 130-150, Dz: 170-230, ⌐ WC ☎; Lift ℗ ⌂ Seezugang
Auch Zimmer der Kategorie ** vorhanden
** Al Gallo Nero
Hauptgericht 30; Terrasse

** Isola d'Elba
Theresienstr 9, ⌂ 82319, ☎ (0 81 51) 1 67 80, AX DC ED VA
Hauptgericht 25; ℗ Terrasse; geschl: Mo

* Starnberger Alm Illguths Gasthaus ✤
⌀ Schloßbergstr 24, ⌂ 82319, ☎ (0 81 51) 1 55 77, Fax 1 55 77, AX DC ED VA
Hauptgericht 20; ℗ Terrasse; nur abends; geschl: So, Mo, 3 Wochen in den Sommerferien, 2 Wochen Ende Dez-Anfang Jan
Tischreservierung erforderlich

Staufenberg 44 →

Hessen — Kreis Gießen — 290 m — 8 024 Ew — Marburg 21, Wetzlar 25 km
ℹ ☎ (0 64 06) 80 90, Fax 8 09 55 — Stadtverwaltung, Rathaus, 35460 Staufenberg; Städtchen im Lumdatal. Sehenswert: Unterburg und Ruine Oberburg, 260 m ⌖

** Burg Staufenberg
♂ ⌖ Burggasse 10, ⌂ 35460, ☎ (0 64 06) 30 12, Fax 7 24 92, AX DC ED VA
28 Zi, Ez: 98-135, Dz: 175-210, ⌐ WC ☎; 5⟳50 ⍟

Staufen im Breisgau 67 □

Baden-Württemberg — Kreis Breisgau-Hochschwarzwald — 290 m — 7 200 Ew — Freiburg 19, Müllheim 20 km
ℹ ☎ (0 76 33) 8 05 36, Fax 5 05 93 — Verkehrsamt, Hauptstr 53, 79219 Staufen im Breisgau; Erholungsort am Rande des südlichen Schwarzwaldes. Sehenswert: Rathaus; Marktbrunnen; Ruine Staufenburg

** Kreuz-Post ✤
Hauptstr 65, ⌂ 79219, ☎ (0 76 33) 9 53 20, Fax 95 32 32, ED VA
Hauptgericht 35; Terrasse; geschl: Mi
** 5 Zi, Ez: 155-165, Dz: 170-180, ⌐ WC ☎, 5✉

** Zum Löwen - Fauststube
⌀ Hauptstr 47, ⌂ 79219, ☎ (0 76 33) 70 78, Fax 50 01 21
Hauptgericht 40; ℗ Terrasse; geschl: So abends

* Am Felsenkeller
Albert Hugard Str 7, ⌂ 79219, ☎ (0 76 33) 62 85, Fax 98 14 00, AX ED VA
Hauptgericht 38; Gartenlokal; geschl: Mo
* 9 Zi, Ez: 90-115, Dz: 138-155, ⌐ WC ☎; ℗
Rezeption: 8-14,17-24

* Die Krone
Hauptstr 30, ⌂ 79219, ☎ (0 76 33) 58 40, Fax 8 29 03, AX ED VA
Hauptgericht 25; Gartenlokal; geschl: Sa, Fr mittags
* 9 Zi, Ez: 90-100, Dz: 130-150, ⌐ WC ☎; ℗
→

Staufen im Breisgau

☕ **Decker**
Hauptstr 70, ✉ 79219, ☎ (0 76 33) 53 16,
Fax 50 03 78
Hauptgericht 17; Terrasse; 8-18; geschl:
Mo

Stavenhagen-Reuterstadt
21 ↘

Mecklenburg-Vorpommern — Demmin —
30 m — 8 000 Ew — Neubrandenburg 30,
Rostock 76 km
🅸 ☎ (03 99 54) 2 20 77, Fax 2 20 55 — Stadtverwaltung - Schul- u. Sozialamt - Stavenhagen, Markt 8, 17153 Stavenhagen.
Sehenswert: Reuterstadt; Geburtshaus
Fritz Reuters mit Museum; Park des Ivenak-
ker Tiergartens; Schloß

** **Reutereiche**
Werdohler Str 10, ✉ 17153, ☎ (03 99 54)
3 40, Fax 34 11 13, AX DC ED VA
67 Zi, Ez: 70-100, Dz: 90-135, 6 Suiten, ⇱
WC ☎; Lift 🅿 1↔35 🍽

* **Lindenschlößchen**
Malchiner Str 80, ✉ 17153, ☎ (03 99 54)
2 23 55, Fax 3 06 72, AX ED VA
27 Zi, Ez: 80, Dz: 120, ⇱ WC ☎; 🍽

* **Reuterhof**
Werdohler Str 7, ✉ 17153, ☎ (03 99 54)
3 20, Fax 3 23 51, AX ED VA
76 Zi, Ez: 80, Dz: 110, 76 App, ⇱ WC ☎; Lift
🅿 ⇲ 4↔200 🍽

* **Kutzbach**
Malchiner Str 2, ✉ 17153, ☎ (03 99 54)
2 10 96, Fax 3 08 38, AX ED VA
17 Zi, Ez: 85-100, Dz: 120, ⇱ WC ☎; 🅿
2↔20 🍽

siehe auch **Jürgenstorf**

Steben, Bad
48 ↘

Bayern — Kreis Hof — 580 m — 3 700 Ew —
Hof 26, Kronach 35 km
🅸 ☎ (0 92 88) 96 00, Fax 9 60 10 — Kurverwaltung, Badstr 31, 95138 Bad Steben;
Heilbad im Frankenwald. Sehenswert: Alte
Wehrkirche St. Walburga, ev. Jugendstilkir-
che; Alexander-von-Humboldt-Haus; Höllental (5 km ↘)

*** **Relexa**
♂ Badstr 26, ✉ 95138, ☎ (0 92 88) 7 20,
Fax 7 21 13, AX DC ED VA
115 Zi, Ez: 170, Dz: 190-240, 7 Suiten, ⇱ WC
☎, 36✉; Lift 🅿 6↔400 ≋ Fitneßraum
Kegeln Sauna Solarium ☕
** **Humboldtstube**
Hauptgericht 30; Terrasse

** **Promenade**
Badstr 16, ✉ 95138, ☎ (0 92 88) 97 43-0,
Fax 97 43-4 05
52 Zi, Ez: 75-95, Dz: 150-164, ⇱ WC ☎; Lift
🅿 2↔80 Sauna Solarium 🍽 ☕

☕ **Reichl**
Peuntstr 5, ✉ 95138, ☎ (0 92 88) 4 20,
Fax 4 20
🅿 Terrasse; geschl: Mi, 24.12.-15.1.
Spezialität: Moorpralinen

Stedesand
9 ↘

Schleswig-Holstein — Kreis Nordfriesland
— 2 m — 757 Ew — Niebüll 9, Bredstedt
16 km
🅸 ☎ (0 46 62) 6 40 — Gemeindeverwaltung,
25920 Stedesand

* **Stedesander Hof**
Mühlenweg 1, ✉ 25920, ☎ (0 46 62) 30 91,
Fax 53 10
32 Zi, Ez: 85-90, Dz: 120, ⇱ WC ☎; 🍽

Stegaurach
57 ↘

Bayern — Kreis Bamberg — 255 m —
6 145 Ew — Bamberg 5 km
🅸 ☎ (09 51) 99 22 20, Fax 9 92 22-66 — Verwaltungsgemeinschaft, Schloßplatz 1,
96135 Stegaurach

** **Gasthof Der Krug**
Mühlendorfer Str 4, ✉ 96135, ☎ (09 51)
99 49 90, Fax 9 94 99 10, AX ED VA
25 Zi, Ez: 100, Dz: 145-160, 1 App, ⇱ WC ☎
DFÜ, 8✉; 🅿 ⇲ 3↔70 ≋ Fitneßraum Sauna
Solarium
* ⊗ Hauptgericht 36; Biergarten
Terrasse; geschl: Di, 3.-16.2.
Erstmals im Jahre 1550 als Freihof derer von
Lichtenstein erwähnt. Original fränkische
Braustube mit alter Holzbalkendecke

* **Winfelder**
Hartlandener Str 13, ✉ 96135, ☎ (09 51)
99 22 70, Fax 9 92 27 88
16 Zi, Ez: 70, Dz: 120-160, ⇱ WC ☎; 🅿
1↔70 Sauna Solarium 4Tennis 🍽 ☕

Stegen
67 □

Baden-Württemberg — Kreis Breisgau-
Hochschwarzwald — 400 m — 4 303 Ew —
Kirchzarten 2, Freiburg im Breisgau 8 km
🅸 ☎ (0 76 61) 3 96 90, Fax 39 69 69 —
Gemeindeverwaltung, Dorfplatz 1,
79252 Stegen

Eschbach (2 km ↑)
** **Landhotel Reckenberg**
Reckenbergstr 2, ✉ 79252, ☎ (0 76 61)
6 11 12, Fax 6 12 21, ED VA
Hauptgericht 42; Terrasse; geschl: Di, 8.2.-
1.3.
** ♂ 8 Zi, Ez: 75-95, Dz: 110-200,
1 Suite, ⇱ WC ☎, 5✉; 🅿
geschl: 10.-20.11., 8.2.-1.3.
Auch Zimmer der Kategorie ***** vvorhanden

Steinau an der Straße 45

Hessen — Main-Kinzig-Kreis — 300 m —
11 834 Ew — Schlüchtern 6, Gelnhausen
26 km
☏ (0 66 63) 96 31-0, Fax 96 31 33 — Verkehrsamt, Brüder-Grimm-Str 47,
36396 Steinau an der Straße; Erholungsort.
Sehenswert: Renaissance-Schloß; Amtshaus (ehem. Wohnhaus der Brüder Grimm); Tropfsteinhöhle; Marionettentheater; Puppentheater-Museum; Erlebnispark Steinau

∗ Burgmannenhaus
Brüder-Grimm-Str 49, ✉ 36396, ☏ (0 66 63)
50 84, Fax 50 87, AX ED VA
5 Zi, Ez: 65-78, Dz: 98-124, ⊣ WC ☏; 18Golf
geschl: 1.1.-18.1., Herbstferien 99
400 Jahre altes Söldnerhaus

Steinbach a. Wald 48

Bayern — Kreis Kronach — 630 m —
3 850 Ew — Ludwigstadt 10, Kronach
25 km
☏ (0 92 63) 5 25, Fax 70 55 — Gemeindeverwaltung, Ludwigstädter Str 2,
96361 Steinbach a. Wald; Erholungsort.

∗ Rennsteig
Rennsteigstr 33, ✉ 96361, ☏ (0 92 63)
94 80, Fax 94 81 00, AX ED
16 Zi, Ez: 60, Dz: 95, ⊣ WC ☏; P 1✪60
Sauna Solarium
geschl: Mi, eine Woche im Nov

Steinbach-Hallenberg 47

Thüringen — Kreis Schmalkalden — 420 m
— 6 500 Ew — Schmalkalden 10 km
☏ (03 68 47) 4 24 37, Fax 4 22 35 — Stadtverwaltung, Rathausstr 2, 98587 Steinbach-Hallenberg; Ort am Südwesthang des mittleren Thüringer Waldes (4 km vom Rennsteig). Sehenswert: Burgruine „Hallenburg"

∗ Holland-Moritz
♂ Hennebergstr 6, ✉ 98587, ☏ (03 68 47)
36 20, Fax 3 62 14, ED
8 Zi, Ez: 75-95, Dz: 110-140, ⊣ WC ☏, 2✉;
P 2✪32

Steinbach (Taunus) 44

Hessen — Hochtaunuskreis — 160 m —
10 900 Ew — Bad Homburg 8, Frankfurt/
Main 15 km
☏ (0 61 71) 70 00 62, Fax 7 89 57 — Stadtverwaltung, Gartenstr 20, 61449 Steinbach (Taunus)

∗ Zum Brunnen
Bahnstr 7, ✉ 61449, ☏ (0 61 71) 7 50 91,
Fax 7 16 21, ED VA
10 Zi, Ez: 110, Dz: 150, ⊣ WC ☏; P 🍴
geschl: 20.12.-10.1.

∗ Alt Steinbach
Bahnstr 8, ✉ 61449, ☏ (0 61 71) 7 80 51,
Fax 7 20 63, AX DC ED VA
12 Zi, Ez: 110-140, Dz: 160-180, ⊣ WC ☏;
Lift; garni

Steinen 67

Baden-Württemberg — Kreis Lörrach —
335 m — 10 050 Ew — Schopfheim 7, Lörrach 8 km
☏ (0 76 27) 9 10 00, Fax 91 00-22 —
Gemeindeverwaltung, Hauptamt, Eisenbahnstr 31, 79585 Steinen; Ort im Tal der Wiese. Sehenswert: Vogelpark Wiesental; Schloßruine Rötteln ⚔ (6 km ←)

Höllstein (1 km ↓)
∗ Tannenhof
Friedrichstr 9/1, ✉ 79585, ☏ (0 76 27)
91 82 80, Fax 34 68, ED VA
18 Zi, Ez: 75-85, Dz: 130, 1 App, ⊣ WC ☏;
garni

Steinenbronn 61

Baden-Württemberg — Kreis Böblingen —
400 m — 5 500 Ew — Waldenbuch 3,
Böblingen 14, Stuttgart 19 km
☏ (0 71 57) 1 29 10, Fax 12 91 14 —
Gemeindeverwaltung, Stuttgarter Str 5,
71144 Steinenbronn. Sehenswert: keltische Grabhügel im Waldteil „Schleifenebene";
Naturpark Schönbuch

∗ Boardinghouse Residenz Steinenbronn
Lerchenstr 14, ✉ 71144, ☏ (0 71 57) 73 60,
Fax 30 74, AX DC ED VA
180 Zi, Ez: 99-135, Dz: 114-150, 180 App, ⊣
WC ☏ DFÜ, 39✉; Lift P 🍴 1✪17 Fitneßraum Sauna; garni
Rezeption: Fr 6-21, Sa 7-12, So 15-21

∗ Löwen
Stuttgarter Str 3, ✉ 71144, ☏ (0 71 57)
52 44-0, Fax 5244 24, AX DC ED VA
23 Zi, Ez: 75-110, Dz: 105-165, ⊣ WC ☏; Lift
P 🍴 2✪50 Sauna Solarium
∗ Hauptgericht 30; Terrasse;
geschl: Mi

∗ Krone
Stuttgarter Str 47, ✉ 71144, ☏ (0 71 57)
73 30, Fax 73 31 77, AX DC ED VA
45 Zi, Ez: 118-135, Dz: 165-180, ⊣ WC ☏;
Lift P 🍴 1✪40 ⚓ Sauna Solarium
geschl: 24.12.-9.1.
∗∗ Hauptgericht 32; Terrasse;
geschl: So,Mo, 2 Wochen im Aug

Steinfeld (Oldenburg) 24 □

Niedersachsen — Kreis Vechta — 55 m —
8 900 Ew — Damme 8, Vechta 17 km
ℹ ☎ (0 54 92) 8 60, Fax 86 37 — Gemeindeverwaltung, Am Rathausplatz 13,
49439 Steinfeld

Steinfeld-Außerhalb (3 km ↘)
** Schemder Bergmark
einzeln ♂ ◄ Zur Schemder Bergmark 20,
✉ 49439, ☎ (0 54 92) 8 90, Fax 89 59,
AX DC ED VA
40 Zi, Ez: 89-125, Dz: 125-180, ⇌ WC ☎; P
🚗 5⇔80 ☂ Kegeln Sauna Solarium 18Golf
1 Tennis ➡
** Panorama
◄ Hauptgericht 24; Biergarten Terrasse

Steinfurt 23 ↘

Nordrhein-Westfalen — Kreis Steinfurt —
67 m — 33 523 Ew — Rheine 18, Münster
30, Coesfeld 34 km
ℹ ☎ (0 25 51) 13 83, Fax 73 26 — Verkehrsverein, Altes Rathaus, Markt 2, 48565 Steinfurt. Sehenswert: Im Stadtteil Burgsteinfurt: ev. Große Kirche; Wasserschloß;
Johanniter-Kommende, Altes Rathaus,
Bürgerhäuser, Park Bagno; im Stadtteil
Borghorst: St.-Nikomedes-Kirche mit ottonischem Stiftskreuz, romanischem Drachenleuchter

Borghorst
** Schünemann
Altenberger Str 109, ✉ 48565, ☎ (0 25 52)
39 82, Fax 6 17 28, AX DC ED VA
33 Zi, Ez: 115, Dz: 163, ⇌ WC ☎; P 2⇔30
Fitneßraum Sauna Solarium
**   Hauptgericht 40; geschl: So
abends

* Schützenhof
Arnold-Kock-Str 4, ✉ 48565, ☎ (0 25 52)
33 22/33 68, Fax 6 29 88, ED VA
7 Zi, Ez: 80, Dz: 140, ⇌ WC ☎; P Kegeln 🍽

* Posthotel Riehemann
Münsterstr 8, ✉ 48565, ☎ (0 25 52) 40 59,
Fax 6 24 84, AX DC ED VA
18 Zi, Ez: 75-95, Dz: 140, ⇌ WC ☎, 6⌧; P 🚗
3⇔50 ➡
Restaurant für Hausgäste

Steinhagen 13 □

Mecklenburg-Vorpommern — Kreis Nordvorpommern — 12 m — 1 296 Ew — Stralsund 10, Grimmen 13 km
ℹ ☎ (03 83 27) 6 02 10 — Gemeindeverwaltung, 18442 Steinhagen

Negast (4 km ↗)
** Jagdhof am Borgwallsee
Hauptstr 60, ✉ 18442, ☎ (03 83 27) 6 06 40,
Fax 656 50, AX ED VA
18 Zi, Ez: 95, Dz: 130, 2 App, ⇌ WC ☎; P
1⇔50 🍽 ➡

** S.E.E. Hotel
Hauptstr 43b, ✉ 18442, ☎ (03 83 27) 6 70,
Fax 674 01, AX DC ED VA
26 Zi, Ez: 95, Dz: 130, 1 Suite, ⇌ WC ☎, 2⌧;
Lift P 2⇔70 ☂ Bowling Kegeln Sauna
Solarium 🍽 ➡

Steinhagen 34 ↗

Nordrhein-Westfalen — Kreis Gütersloh —
101 m — 20 000 Ew — Bielefeld 9, Gütersloh 14 km
ℹ ☎ (0 52 04) 99 73 14, Fax 99 72 25 —
Gemeindeverwaltung, Am Pulverbach 25,
33803 Steinhagen

** Alte Schmiede
☒ Kirchplatz 22, ✉ 33803, ☎ (0 52 04) 70 01,
Fax 8 91 29, AX DC ED VA
Hauptgericht 36; Terrasse; nur abends;
geschl: So

Steinheim 35 ↑

Nordrhein-Westfalen — Kreis Höxter —
200 m — 13 000 Ew — Detmold 22, Höxter
24, Bad Pyrmont 24 km
ℹ ☎ (0 52 33) 2 10, Fax 2 12 02 — Stadtverwaltung, Marktstr 2, 32839 Steinheim.
Sehenswert: Kath. Kirche; Wasserburg
Thienhausen (4 km ↘), Schloß Vinsebeck
(4 km ↙)

Sandebeck (10 km ↙)
** Germanenhof
♂ Teutoburger-Wald-Str 29, ✉ 32839,
☎ (0 52 38) 98 90-0, Fax 98 90 90,
AX DC ED VA
25 Zi, Ez: 70-90, Dz: 130-160, 1 Suite, ⇌ WC
☎; Lift P 🚗 4⇔200 Sauna Solarium
**   Hauptgericht 28; geschl: Di

Steinheim am Albuch 62 →

Baden-Württemberg — Kreis Heidenheim
— 550 m — 8 900 Ew — Göppingen 38 km
ℹ ☎ (0 73 29) 96 06-56, Fax 96 06-70 —
Gemeindeverwaltung, Hauptstr 24,
89555 Steinheim am Albuch. Sehenswert:
Meteorkrater-Museum; Wental mit Felsenmeer

** Ringhotel Gasthof Zum Kreuz
♂ Hauptstr 26, ✉ 89555, ☎ (0 73 29) 60 07,
Fax 12 53, AX DC ED VA
30 Zi, Ez: 95-138, Dz: 138-188, S; ⇌ WC ☎;
Lift P 5⇔60 Fitneßraum Sauna
im Stammhaus Zimmer der Kategorie *
**   Hauptgericht 25; Terrasse;   ✤
geschl: im Sommer So, im Winter So
abends

Sontheim im Stubental (2 km ↓)
** Sontheimer Wirtshäusle
An der B 466, ✉ 89555, ☎ (0 73 29) 50 41, Fax 17 70, ED VA
Hauptgericht 25; 🅿; geschl: Sa, 15.7.-30.7.
* 17 Zi, Ez: 89, Dz: 150, 1 App, ⇘ WC ☎; 🚗
Rezeption: 7-14.30, 17-23; geschl: 15.7.-30.7.
im Gästehaus einfache Zimmer vorhanden

Steinheim an der Murr 61 ↗

Baden-Württemberg — Kreis Ludwigsburg — 200 m — 11 000 Ew — Backnang 12, Ludwigsberg 13 km
ℹ ☎ (0 71 44) 26 30, Fax 26 32 00 — Stadtverwaltung, Marktstr 29, 71711 Steinheim an der Murr. Sehenswert: Rathaus; Urmensch-Museum; Museum für Kloster- und Stadtgeschichte

** Mühlenscheuer
Mühlweg 5, ✉ 71711, ☎ (0 71 44) 8 27 70, Fax 82 77 60, AX ED VA
28 Zi, Ez: 89-125, Dz: 149-169, 1 App, ⇘ WC ☎; 🅿 1✪20 Sauna
Restaurant für Hausgäste

* Gasthof Zum Lamm
Marktstr 32, ✉ 71711, ☎ (0 71 44) 2 93 90, Fax 20 87 98, ED VA
24 Zi, Ez: 65-80, Dz: 98-118, 1 App, ⇘WC; 🅿 🚗 ❌

Steinhude siehe Wunstorf

Stein Kr. Plön 10 →

Schleswig-Holstein — Kreis Plön — 2 m — 700 Ew — Laboe 4, Schönberg 10 km
ℹ ☎ (0 43 43) 92 99, Fax 92 99 — Fremdenverkehrsverein Stein e. V., Dorfring 20 a, 24235 Stein; Badeort

** Bruhn's Deichhotel mit Steiner Deichappartements
◀ Dorfring 36, ✉ 24235, ☎ (0 43 43) 49 50, Fax 49 52 99
30 Zi, Ez: 150-160, Dz: 170-220, 5 Suiten, ⇘ WC, 10⛬; 🅿 🚗 1✪15 Seezugang Fitneßraum Sauna Solarium
geschl: Mitte Jan - Ende Feb
** ◀ Hauptgericht 33; Terrasse; Sep-Apr nur abends; geschl: Sep-Apr Mo, Mitte Jan-Ende Feb

Steinsfeld 56 ↓

Bayern — Kreis Ansbach — 430 m — 1 200 Ew — Rothenburg o.d.T. 6, Burgbernheim 12, Uffenheim 16 km
ℹ ☎ (0 98 61) 35 61 — Gemeindeverwaltung, Haus Nr 55, 91628 Steinsfeld

Hartershofen (1 km →)
❌ **Gasthof Zum Schwan**
Hartershofen 34, ✉ 91628, ☎ (0 98 61) 33 87, Fax 30 87
Hauptgericht 18; 🅿 Terrasse; geschl: Di, 16.11.-26.11., 8.2.-23.2., 16.8.-23.8.
🛏 13 Zi, Ez: 48-62, Dz: 72-95, ⇘ WC; 🚗
geschl: 16.-26.11., 8.2.-23.2., 16.8.-23.8.

Reichelshofen (2 km ↑)
** Gasthof Landwehrbräu Flair Hotel
Haus Nr 8, ✉ 91628, ☎ (0 98 65) 98 90, Fax 98 96 86, DC ED VA
30 Zi, Ez: 93-105, Dz: 125-155, ⇘ WC ☎; Lift 🅿 🚗 2✪20
geschl: 1.1.-31.1.
** Hauptgericht 23; Terrasse; geschl: 1.1.-31.1.

Steinwenden 53 ↓

Rheinland-Pfalz — Kreis Kaiserslautern — 250 m — 2 400 Ew — Ramstein 3 km
ℹ ☎ (0 63 71) 5 92-0, Fax 5 92-1 99 — Verbandsgemeindeverwaltung, Am Neuen Markt 6, 66877 Ramstein-Miesenbach

** Raisch
Moorstr 40, ✉ 66879, ☎ (0 63 71) 5 06 70, Fax 5 83 84, AX DC ED VA
Hauptgericht 35; Gartenlokal

Steißlingen 68 ↘

Baden-Württemberg — Kreis Konstanz — 465 m — 4 000 Ew — Bodensee 6 km
ℹ ☎ (0 77 38) 92 93 40, Fax 92 93 59 — Verkehrsverein, Schulstr 19, 78256 Steißlingen; Erholungsort im Hegau

* Café Sättele
♂ Schillerstr 9, ✉ 78256, ☎ (0 77 38) 9 29 00, Fax 92 90 59, ED VA
15 Zi, Ez: 89, Dz: 130-165, 1 App, ⇘ WC ☎; 🅿 🚗 2✪80 Seezugang ⚓
⚓* Hauptgericht 30; Kegeln Terrasse; geschl: Do, 1.8.-17.8., 10.2.-27.2.

Schinderhannes
Singener Str 45, ✉ 78256, ☎ (0 77 38) 9 2 63-0, Fax 92 63-77
13 Zi, Ez: 60-66, Dz: 90-96, ⇘ WC ☎; 1✪70 ❌

Stemmen 17 ↘

Niedersachsen — Kreis Rotenburg (Wümme) — 30 m — 810 Ew — Lauenbrück 3, Torstedt 10, Rotenburg 18 km
ℹ ☎ (0 42 67) 7 88, Fax 9 51 99 — Gemeindeverwaltung, Im Kamp 5, 27389 Lauenbrück ➜

Stemmen

*   **Stemmer Landkrug**
♂ Große Str 12, ⌧ 27389, ☎ (0 42 67)
9 30 40, Fax 17 85, AX DC ED VA
32 Zi, Ez: 100, Dz: 125-180, ⌐⌐ WC ☎, 12✉;
Lift 🅿 3⇄66 Fitneßraum Kegeln Sauna
Solarium 🍽 ☕

Stemwede 24→

Nordrhein-Westfalen — Kreis Minden-Lübbecke — 60 m — 14 015 Ew — Lübbecke 18, Osnabrück 34 km
ℹ ☎ (0 57 45) 1 09 30, Fax 1 09 45 — Fremdenverkehrsamt, Buchhofstr 11, 32351 Stemwede-Levern; Erholungsort

Haldem (5 km ←)
**   **Berggasthof Wilhelmshöhe**
einzeln ♂ Zur Wilhelmshöhe 14, ⌧ 32351,
☎ (0 54 74) 10 10, Fax 13 71, AX DC ED VA
15 Zi, Ez: 70-100, Dz: 135-160, ⌐⌐ WC ☎;
9⇄150
geschl: 21.12.-25.12.
*   Hauptgericht 26; geschl: Di, 21.12.-25.12.

Stendal 28 □

Sachsen-Anhalt — Kreis Stendal — 33 m — 48 360 Ew — Wittenberge 38, Magdeburg 52 km
ℹ ☎ (0 39 31) 65 11 90, Fax 65 11 95 — Stendal-Information, Kornmarkt 8, 39576 Stendal. Sehenswert: Gotisches Rathaus; Gerichtslaube; Roland; Uenglinger Torturm; Tangermünder Torturm; Pfarrkirche St. Marien, Pfarrkirche St.Petri; Dom St. Nikolai; Jakobikirche; Winckelmann-Museum

*   **Altstadt-Hotel**
Breite Str 60, ⌧ 39576, ☎ (0 39 31) 6 98 90,
Fax 69 89 39, AX ED
18 Zi, Ez: 95-128, Dz: 160-176, ⌐⌐ WC ☎,
2✉; 🍽 ☕

*   **Am Bahnhof**
Bahnhofstr 30, ⌧ 39576, ☎ (0 39 31)
71 55 48, Fax 71 55 35, AX DC ED VA
29 Zi, Ez: 85-120, Dz: 130-150, 2 Suiten, ⌐⌐
WC ☎; Lift 🅿 2⇄60 Sauna 🍽 ☕

☕   **Müller**
Breite Str 22, ⌧ 39576, ☎ (0 39 31) 21 37 52,
ED
Hauptgericht 14; 7.30-18, So 1.30-18

Sternberg 20↖

Mecklenburg-Vorpommern — Kreis Parchim — 5 000 Ew — Schwerin 27 km
ℹ ☎ (0 38 47) 45 10 12, Fax 45 10 12 — Fremdenverkehrsamt, Mühlenstr 14, 19406 Sternberg; Hist Altstadt mit Wallmauer, Mühlentor, Archäolo. Freilichtmuseum

***   **Silence-Seehotel**
         Sternberg am See
♂ ⊰ J.-Dörwald-Allee 1, ⌧ 19406,
☎ (0 38 47) 35 00, Fax 35 01 66,
AX DC ED VA
45 Zi, Ez: 129-139, Dz: 178-198, 2 Suiten, ⌐⌐
WC ☎, 3✉; 🅿 4⇄350 ≋ Strandbad
Kegeln Sauna Solarium ☕
*   ⊰ Hauptgericht 25; Terrasse

Stetten siehe **Kernen im Remstal**

Stimpfach 62↗

Baden-Württemberg — Kreis Schwäbisch Hall — 450 m — 3 100 Ew — Crailsheim 10, Ellwangen 12 km
ℹ ☎ (0 79 67) 9 00 10, Fax 89 27 — Gemeindeverwaltung, Kirchstr 22, 74597 Stimpfach. Sehenswert: St.-Georgs-Kirche; Schloß Rechenberg

Rechenberg (4 km →)
**   **Landgasthof Rössle**
♂ Ortsstr 22, ⌧ 74597, ☎ (0 79 67) 9 00 40,
Fax 13 87
65 Zi, Ez: 75-78, Dz: 135-138, 2 Suiten,
1 App, ⌐⌐ WC ☎; 🅿 5⇄100 Fitneßraum
Kegeln Sauna Solarium 1 Tennis
Auch Zimmer der Kategorie * vorhanden
*   Hauptgericht 23; Gartenlokal

Stockach 68↘

Baden-Württemberg — Kreis Konstanz — 475 m — 15 600 Ew — Tuttlingen 24, Friedrichshafen 48 km
ℹ ☎ (0 77 71) 92 02 40, Fax 92 02 42 — Verkehrsbüro - Tourist.Information, Bodanstr 2, 78333 Stockach

**   **Ringhotel**
         Zum Goldenen Ochsen
Zoznegger Str 2, ⌧ 78333, ☎ (0 77 71)
20 31, Fax 20 34, AX DC ED VA
38 Zi, Ez: 130-150, Dz: 170-200, S; ⌐⌐ WC ☎,
4✉; Lift 🅿 1⇄45 Sauna 18Golf 7Tennis
Auch Zimmer der Kategorie * vorhanden
**   Hauptgericht 30; Gartenlokal

*   **Zur Linde**
Goethestr 23, ⌧ 78333, ☎ (0 77 71) 6 10 66,
Fax 6 12 20, ED VA
30 Zi, Ez: 75-125, Dz: 120-180, ⌐⌐ WC ☎,
10✉; Lift 🅿 3⇄380 Kegeln 🍽
Auch Zimmer der Kategorie ** vorhanden

*   **Fortuna**
Bahnhofstr 8, ⌧ 78333, ☎ (0 77 71) 6 10 18,
Fax 23 16, ED VA
32 Zi, Ez: 70-85, Dz: 110-150, 4 App, ⌐⌐ WC
☎; Lift 🅿 🚗 3⇄50 Kegeln Sauna 🍽

Stockelsdorf 11 ↙

Schleswig-Holstein — Kreis Ostholstein — 40 m — 16 950 Ew — Lübeck 5 km
i ☎ (04 51) 4 90 10, Fax 4 90 12 34 — Gemeindeverwaltung, Ahrensböker Str 7, 23617 Stockelsdorf

** **Best Western
Hotel Lübecker Hof**
Ahrensböker-Str 4-8, ✉ 23617, ☎ (04 51) 49 07 07, Fax 4 94 61 12, AX DC ED VA
113 Zi, Ez: 140-165, Dz: 165-190, 17 App, ⌐ WC ☎ DFÜ, 33✉; Lift 🅿 4⇔250 Fitneßraum Sauna Solarium
* **Steak & Fisch**
Hauptgericht 26; 🅿 Terrasse

Stockstadt a. Main 55 ↘

Bayern — Kreis Aschaffenburg — 118 m — 7 287 Ew — Aschaffenburg 5, Hanau 19, Darmstadt 39 km
i ☎ (0 60 27) 2 00 50, Fax 20 05 88 — Gemeindeverwaltung, Hauptstr 19, 63811 Stockstadt a. Main. Sehenswert: Leonharduskirche, Altes Zollhaus

* **Brößler**
Obernburger Str 2, ✉ 63811, ☎ (0 60 27) 42 20, Fax 42 21 00, AX DC ED VA
34 Zi, Ez: 95, Dz: 140, ⌐ WC ☎; 🅿 🖥 1⇔20 Solarium 🍴 🍺
geschl: 1.1.-7.1.

Stolberg (Harz) 37 □

Sachsen-Anhalt — Kreis Sangerhausen — 350 m — 1 600 Ew — Hasselfelde 19, Bad Frankenhausen 30 km
i ☎ (03 46 54) 4 54, Fax 7 29 — Fremdenverkehrsamt, Markt 2, 06547 Stolberg (Harz); Erholungsort. Sehenswert: Rathaus; Schloß; St.-Martini-Kirche; Museum „Altes Bürgerhaus"; Rittertor; Saigerturm; Liebfrauenkapelle; Große Auerberg •◄ (5 km ↗); Josephskreuz

** **Zum Kanzler**
Markt 8, ✉ 06547, ☎ (03 46 54) 2 05, Fax 3 15, ED
22 Zi, Ez: 70, Dz: 110, ⌐ WC ☎; 3⇔40 🍴
Auch Zimmer der Kategorie ***** vorhanden

** **Weißes Roß**
Rittergasse 5, ✉ 06547, ☎ (03 46 54) 4 03, Fax 6 02, AX DC ED VA
10 Zi, Ez: 70-90, Dz: 110-135, 1 Suite, ⌐ WC ☎; 🍴 🍺

* **Kupfer**
Am Markt 23, ✉ 06547, ☎ (03 46 54) 1 02 25, Fax 1 02 24, AX ED VA
23 Zi, Ez: 70-90, Dz: 110-120, 1 Suite, ⌐ WC ☎; 🅿 1⇔30 🍴 🍺

Stolberg (Rhld.)

* **Stolberger Hof**
Markt 6, ✉ 06547, ☎ (03 46 54) 3 20, Fax 4 37, ED
15 Zi, Ez: 60-80, Dz: 90-110, ⌐ WC ☎, 5✉; 🅿 2⇔70 Kegeln 🍴 🍺

* **Beutel
Chalet Waldfrieden**
Rittergasse 77, ✉ 06547, ☎ (03 46 54) 80 90, Fax 8 09 41
15 Zi, Ez: 84, Dz: 108, ⌐ WC ☎, 9✉; 🅿 1⇔25 🍴 🍺

* **Harzhof Nerlich**
Niedergasse 60, ✉ 06547, ☎ (03 46 54) 2 96, Fax 2 96, AX ED VA
Hauptgericht 30; Gartenlokal 🅿; geschl: Do, 1.11.-16.11.

* **Akzent-Hotel
Zum Bürgergarten**
Thyratal 1, ✉ 06547, ☎ (03 46 54) 4 01, Fax 5 75, AX DC ED VA
Hauptgericht 20; Biergarten 🅿
* 27 Zi, Ez: 70-110, Dz: 95-160, ⌐ WC ☎; 2⇔60 Fitneßraum Sauna Solarium

Stolberg (Harz)-Außerhalb (7 km ↗)
** **Harzhotel Schindelbruch**
einzeln ☼ •◄ Schindelbruch 1, ✉ 06547, ☎ (03 46 54) 80 80, Fax 80 84 58, AX DC ED VA
41 Zi, Ez: 110, Dz: 130-160, ⌐ WC ☎; Lift 🅿 Fitneßraum Sauna Solarium 🍴

Stolberg (Rhld.) 42 ↘

Nordrhein-Westfalen — Kreis Aachen — 270 m — 59 233 Ew — Eschweiler 7, Aachen 12 km
i ☎ (0 24 02) 1 34 99, Fax 1 33 33 — Stadtwerbung und Tourismus, Rathausstr 44, 52222 Stolberg (Rhld.). Sehenswert: Historische Altstadt; mittelalterliche Burg mit Museum; Kupfermeisterhöfe

** **Romantik Parkhotel am
Hammerberg**
Hammerweg 11, ✉ 52222, ☎ (0 24 02) 12 34-0, Fax 12 34-80, AX DC ED VA
28 Zi, Ez: 98-168, Dz: 178-250, 2 App, ⌐ WC ☎ DFÜ, 15✉; 🅿 2⇔25 🏊 Sauna; garni
Auch Zimmer der Kategorie ***** vorhanden

* **Stadthalle**
Rathausstr 5, ✉ 52222, ☎ (0 24 02) 2 30 56-57, Fax 8 42 11, AX DC ED VA
19 Zi, Ez: 86-90, Dz: 120, ⌐ WC ☎; Lift 🅿; garni

** **Romantik Hotel Altes
Brauhaus Burgkeller**
☒ Klatterstr 8, ✉ 52222, ☎ (0 24 02) 2 72 72, Fax 2 72 70, AX DC ED VA
Hauptgericht 34; 🅿 Terrasse; geschl: Sa mittags
** 5 Zi, Ez: 75-140, Dz: 200-220, 2 Suiten, ⌐ WC ☎

➔

Stolberg (Rhld.)

Stolberg-Außerhalb (4 km ↘)
** **   **Gut Schwarzenbruch**
♨ Würseler Str, ✉ 52222, ☎ (0 24 02)
2 22 75, Fax 44 32, AX DC ED VA
Hauptgericht 40; Gartenlokal 🅿

Vicht (5 km ↘)
* **Vichter Landhaus**
Münsterau 140, ✉ 52224, ☎ (0 24 02)
9 89 10, Fax 98 91 92, AX ED VA
30 Zi, Ez: 86-95, Dz: 140-160, ⊣ WC ☎; 🅿 🚗
1 ⇆ 25 ⓘ 🏊

Zweifall (7 km ↓)
** **   **Sporthotel zum Walde**
Klosterstr 4, ✉ 52224, ☎ (0 24 02) 76 90,
Fax 7 69 10, AX DC ED VA
32 Zi, Ez: 130-148, Dz: 170-198, 6 Suiten,
23 App, ⊣ WC ☎; Lift 🅿 🚗 4 ⇆ 30 🏋 Fitneß-
raum Kegeln Sauna Solarium ⓘ
Auch Zimmer der Kategorie * vorhanden

Stollberg (Erzgeb.) 50 ←

Sachsen — Kreis Stollberg — 400 m —
14 000 Ew — Chemnitz 20 km
ⓘ ☎ (03 72 96) 9 40, Fax 24 37 — Stadtverwaltung, Rathausstr 1, 09366 Stollberg.
Sehenswert: St.-Marien-Kirche; St.-Jacobi-
Kirche

* **Köhler**
Albrecht-Dürer-Passage, ✉ 09366,
☎ (03 72 96) 1 41 00, Fax 1 41 10, AX ED VA
39 Zi, Ez: 70-110, Dz: 110-150, 1 Suite, 10 ⊠;
Lift 🅿 3 ⇆ 35 Sauna Solarium ⓘ

* **Grüner Baum**
Detlev-Lang-Platz 1, ✉ 09366, ☎ (03 72 96)
27 74, Fax 27 74, AX ED VA
15 Zi, Ez: 70-90, Dz: 110-140, ⊣ WC ☎, 1 ⊠;
🅿 Solarium ⓘ 🏊

* **Zur Guten Quelle**
Postplatz 2, ✉ 09366, ☎ (03 72 96) 74 70,
Fax 7 47 30, AX DC ED VA
11 Zi, Ez: 80, Dz: 110, ⊣ WC ☎; 🅿 ⓘ

Mitteldorf (2 km ↙)
* **Zur Grünen Laube**
Hartensteiner Str 59, ✉ 09366, ☎ (03 72 96)
24 84, Fax 36 03, AX DC ED VA
15 Zi, Ez: 75-89, Dz: 95-120, ⊣ WC ☎; 🅿
1 ⇆ 20 ⓘ 🏊

Stolpe (Kreis Anklam) 14 ↙

Mecklenburg-Vorpommern — Anklam —
500 Ew
ⓘ ☎ (03 97 21) 23 81 — Gemeindeverwaltung, 17391 Stolpe

*** **Gutshaus Stolpe**
♂ ♨ Dorfstr 37, ✉ 17391, ☎ (03 97 21) 55 00,
Fax 5 50-99, AX ED VA
22 Zi, Ez: 150, Dz: 190-220, 5 Suiten, 2 App,
⊣ WC ☎, 5 ⊠; 🅿 🚗 Fitneßraum Sauna
2 Tennis
Denkmalgeschützte Gutsanlage im engli-
schem Landhausstil und großem Park
*** Hauptgericht 35;
nur abends, geschl: So, Mo

Stolpen 51 ↑

Sachsen — Sächsische Schweiz — 310 m
— 6 000 Ew — Neustadt 5, Radeberg 12,
Dresden 18 km
ⓘ ☎ (03 59 73) 2 73 13, Fax 2 44 38 — Touristinformation Stolpen, Schloßstr 14 A,
01833 Stolpen. Sehenswert: Bischofsburg,
kursächsische Festung

* **Burghotel Stolpen**
♂ ◁ Schloßstr 12, ✉ 01833, ☎ (03 59 73)
2 62 34, Fax 2 79 12, ED VA
44 Zi, Ez: 115, Dz: 135-165, 1 Suite, ⊣ WC
☎; Lift 🅿 3 ⇆ 55 ⓘ

Stolpe (Oder) 22 ↘

Brandenburg — Landkreis Uckermark —
60 m — 415 Ew — Angermünde 10 km
ⓘ ☎ (03 33 38) 26 01 16 — Gemeindeverwaltung, 16278 Stolpe

** **Stolper Turm**
♂ ◁ Dorfstr 40, ✉ 16278, ☎ (03 33 38) 3 33,
Fax 3 34, ED
12 Zi, Ez: 79-90, Dz: 99-110, ⊣ WC ☎; 🅿
1 ⇆ 50 ⓘ
Auch Zimmer der Kategorie * vorhanden

Stolzenau 25 □

Niedersachsen — Kreis Nienburg — 28 m
— 7 836 Ew — Nienburg 21 km
ⓘ ☎ (0 57 61) 70 50, Fax 7 05 19 — Gemeindeverwaltung, Am Markt 4, 31592 Stolze-
nau

* **Zur Post**
Am Markt 10, ✉ 31592, ☎ (0 57 61) 8 92,
Fax 23 63, AX DC ED VA
Hauptgericht 20; Biergarten Kegeln;
geschl: Di
* 10 Zi, Ez: 90, Dz: 115, ⊣ WC ☎; 🅿

Storkau 28 □

Sachsen-Anhalt — Kreis Stendal — 30 m —
197 Ew — Stendal 20, Arneburg 4 km
ⓘ ☎ (03 93 21) 21 90 — Gemeindeverwaltung, 39590 Storkau

*** **Schloß Storkau**
einzeln ♂ ◁ Im Park, ✉ 39590, ☎ (03 93 21)
26 40, Fax 26 45, AX DC ED VA
84 Zi, Ez: 120-260, Dz: 180-320, 1 Suite, ⊣
WC ☎; Lift 🅿 8 ⇆ 90 Fitneßraum Sauna 🏊
** ◁ Hauptgericht 30; Biergarten
Terrasse; geschl: So abends + Mo

Storkow (Mark) 31 ↙

Brandenburg — 6 380 Ew — Fürstenwal-
de 18 km
ⓘ — Stadtverwaltung, Ernst-Thälmann-
Str 1, 15859 Storkow

Stralsund

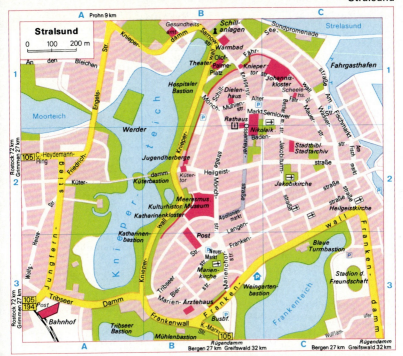

Göhrsdorf (5 km) ✓
** Seehotel Görsdorf
einzeln ☎ ◄ Kolberger Str 11, ✉ 15859,
☎ (03 36 78) 6 31 12, Fax 6 38 82, AX DC ED VA
18 Zi, Ez: 95-130, Dz: 130-160, ⌐ WC ☎; P
1⇔25 Seezugang Fitneßraum ⊙ ⌂

Karlslust
* Karlslust
☎ Karlsluster Str 3, ✉ 15859, ☎ (03 36 78)
29 05, Fax
21 Zi, Ez: 100, Dz: 160, 1 Suite, ⌐ WC ☎;
2⇔80 Strandbad ⊙
Auch Zimmer der Kategorie ****** vorhanden

Straelen 32 ⌂

Nordrhein-Westfalen — Kreis Kleve — 45 m
— 15 000 Ew — Geldern 10, Krefeld 27 km
ℹ ☎ (0 28 34) 70 20, Fax 70 21 01 — Stadtverwaltung, Rathausstr 1, 47638 Straelen;
Erholungsort. Sehenswert: Kath. Kirche

** Straelener Hof
Annastr 68, ✉ 47638, ☎ (0 28 34) 9 14 10,
Fax 91 41 47, AX DC ED VA
26 Zi, Ez: 99-108, Dz: 140-160, ⌐ WC ☎; P
2⇔100 Kegeln
Auch Zimmer der Kategorie ***** vorhanden
** Hauptgericht 30; Biergarten Ter-
rasse

Stralsund 13 ⌂

Mecklenburg-Vorpommern — Kreis Stralsund — 5 m — 63 865 Ew — Greifswald 31,
Rostock 83 km
ℹ ☎ (0 38 31) 24 69-0, Fax 24 69 49 — Stral-
sund-Information, Alter Markt 9,
18439 Stralsund; Alte Hansestadt. Sehenswert: Altstadt; Stadtbefestigung, Kütertor,
Kniepertor; Alter Markt mit Rathaus, Nikolaikirche, ehem. Franziskanerkloster St.
Johannis, Marienkirche, Heilgeist-Kirche
und Heilgeist-Hospital, Jakobi-Kirche,
Katharinenkloster; Wulflamhaus; Com-
mandanten-Hus; Scheelehaus; Meeres-
museum; Marinemuseum

*** Arkona Hotel Baltic
Frankendamm 22 (C 3), ✉ 18439,
☎ (0 38 31) 20 40, Fax 20 49 99, AX DC ED VA
130 Zi, Ez: 150-195, Dz: 185-235, S; 5 Suiten,
⌐ WC DFÜ, 77✉; Lift 🚗 4⇔180 Fitneßraum Sauna Solarium ⊙ →

✉ Der Hinweis auf Nichtraucherzimmer
zeigt Ihnen an, daß sich in diesem Hotel
Zimmer befinden, in denen nicht geraucht
werden darf. Die vorangestellte Ziffer bezieht sich auf die Anzahl der vorhandenen
Nichtraucherzimmer wie sie der Redaktion
vom Hotelbetrieb genannt wurden.

Stralsund

** Zur Post
Am Neuen Markt / Tribseerstr 22 (B 2),
✉ 18439, ☎ (0 38 31) 20 05 00, Fax 20 05 10,
AX ED VA
108 Zi, Ez: 145-175, Dz: 210-220, 2 Suiten,
8 App, ⌇ WC ☎, 33🛏; Lift 🅿 4↻120 Sauna
Solarium 🍴
Auch Zimmer der Kategorie *** vorhanden
* Hauptgericht 25

** Royal Hotel am Bahnhof
Tribseer Damm 4 (A 3), ✉ 18437,
☎ (0 38 31) 29 52 68, Fax 29 26 50, AX ED VA
59 Zi, Ez: 125, Dz: 155, 1 Suite, ⌇ WC ☎,
6🛏; Lift 🅿 2↻40 Fitneßraum Sauna
Solarium 🍴 🍽

* Norddeutscher Hof
Neuer Markt 22 (B 3), ✉ 18439, ☎ (0 38 31)
29 31 61, Fax 29 48 63, AX ED VA
13 Zi, Ez: 110-135, Dz: 140-160, ⌇ WC ☎

* Herwig's
Heilgeiststr 50 (C 2), ✉ 18439, ☎ (0 38 31)
29 39 54, Fax 26 68 23, AX ED VA
8 Zi, Ez: 90-120, Dz: 110-150, ⌇ WC ☎; 🅿
1↻12 Bowling 🍴

Franken (2 km ↓)
* Zum Brauhaus
Greifswalder Chaussee 45, ✉ 18439,
☎ (0 38 31) 27 73-0, Fax 27 73 73
9 Zi, Ez: 98, Dz: 120-130, 1 App, ⌇ WC ☎;
garni

* Pension Quast
Greifswalder Chaussee 54 (außerhalb C 3),
✉ 18439, ☎ (0 38 31) 27 05 32, Fax 27 05 33
13 Zi, Ez: 98, Dz: 120-130, ⌇ WC ☎; garni

Grünhufe (3 km ←)
**** Parkhotel Stralsund
Select Marketing Hotels**
Lindenallee 61, ✉ 18437, ☎ (0 38 31) 47 40,
Fax 47 48 60, AX DC ED VA
116 Zi, Ez: 99-195, Dz: 119-215, S; 4 Suiten,
⌇ WC ☎, 68🛏; Lift 🅿 9↻180 Fitneßraum
Sauna Solarium 🍴 🍽

* Unter den Linden
Lindenallee 41, ✉ 18437, ☎ (0 38 31) 4 42-0,
Fax 44 22 70, AX ED VA
30 Zi, Ez: 95-105, Dz: 145-165, 8 Suiten, ⌇
WC ☎, 10🛏; 🅿 Fitneßraum Sauna 🍴

Knieper (3 km ↘)
** An den Bleichen
♂ An den Bleichen 45, ✉ 18435, ☎ (0 38 31)
39 06 75, Fax 39 21 53, AX ED VA
23 Zi, Ez: 105, Dz: 145, ⌇ WC ☎; 🅿 Sauna
Solarium 6Tennis; garni

* Stralsund
Heinrich-Heine-Ring 105 (A 3), ✉ 18435,
☎ (0 38 31) 36 70, Fax 36 71 11, AX ED VA
74 Zi, Ez: 70, Dz: 120, ⌇ WC ☎; Lift 🅿 2↻25
Bowling Fitneßraum Kegeln Sauna
Solarium 🍴 🍽

Strande 10→

Schleswig-Holstein — Kreis Rendsburg-Eckernförde — 5 m — 1 600 Ew — Kiel 18, Eckernförde 29 km
ℹ ☎ (0 43 49) 80 90, Fax 8 09 60 — Amtsverwaltung, Sturenhagener Weg 14, 24229 Dänischenhagen; Ostseebad an der Kieler Außenförde

** Strandhotel
Strandstr 21, ✉ 24229, ☎ (0 43 49) 9 17 90,
Fax 91 79-2 10, AX ED VA
23 Zi, Ez: 145-195, Dz: 185-260, ⌇ WC ☎; 🅿
Sauna 🍽
** Hauptgericht 30; Terrasse

* Haus am Meer
♂ ⛵ Bülkerweg 47, ✉ 24229, ☎ (0 43 49)
3 30-12 34, Fax 15 44, AX ED
10 Zi, Ez: 80-128, Dz: 112-136, ⌇ WC ☎,
5🛏; 🅿; garni

* Yachthafen-Hotel
Strandstr 15, ✉ 24229, ☎ (0 43 49) 81 19,
Fax 93 14, AX DC ED VA
16 Zi, Ez: 105-155, Dz: 145-195, ⌇ WC ☎; 🅿
2↻50 🍴

Strasen 21 □

Mecklenburg-Vorpommern — Kreis Neustrelitz — 80 m — 590 Ew — Wesenberg 7, Fürstenberg 17, Neustrelitz 20 km
ℹ — Gemeindeverwaltung, 17255 Strasen

* Zum Löwen
Dorfstr 41, ✉ 17255, ☎ (03 98 28) 2 02 85,
Fax 2 03 91, AX ED VA
23 Zi, Ez: 60-70, Dz: 100-120, ⌇ WC ☎; 🅿
1↻20 Seezugang Sauna Solarium 🍴 🍽

Straßenhaus 43 □

Rheinland-Pfalz — Kreis Neuwied — 370 m — 1 500 Ew — Neuwied 17 km
ℹ ☎ (0 26 34) 44 81 — Gemeindeverwaltung, Lindenstr, 56587 Straßenhaus; Luftkurort im Rheinischen Westerwald

** Zur Post
Raiffeisenstr 5, ✉ 56587, ☎ (0 26 34) 50 90,
Fax 50 94 11, AX ED VA
60 Zi, Ez: 98-125, Dz: 150-180, 1 Suite, ⌇
WC ☎, 15🛏; Lift 🅿 🍴 6↻220 Fitneßraum
Kegeln Sauna Solarium 🍽
** Hauptgericht 10; Terrasse

Straubenhardt 61 ←

Baden-Württemberg — Enzkreis — 450 m — 10 000 Ew — Pforzheim 22 km
ℹ ☎ (0 70 82) 94 86 23, Fax 94 86 41 — Fremdenverkehrsamt, im Ortsteil Conweiler, Herrenalber Str. 18, 75334 Straubenhardt-Conweiler; Erholungsort

Langenalb-Außerhalb (2 km ←)
✱ Waldhotel Bergschmiede
einzeln ♿ Holzbachtal 80, ✉ 75334,
☎ (0 72 48) 92 10, Fax 92 12 00, ED VA
22 Zi, Ez: 118, Dz: 120-128, 2 Suiten, 1 App,
⊣ WC ☎; P 🅿 1↔30 ≋ Sauna 🍴
✱✱ Hauptgericht 30; Terrasse;
geschl: Di, Anfang Feb 3 Wochen

Schwann
✱ Silence Landhotel Adlerhof
♿ ≼ Mönchstr 1, ✉ 75334, ☎ (0 70 82)
9 23 40, Fax 9 23 41 30, ED VA
21 Zi, Ez: 80-90, Dz: 145, 1 Suite, ⊣ WC ☎
DFÜ, 8✉; P 🅿 2↔25 🍴
geschl: Mo, 4.1.-25.1.
✱ Hauptgericht 35; Biergarten Terrasse; geschl: Mo, 4.-25.1.

Straubing 65 □

Bayern — Stadtkreis — 331 m — 45 000 Ew
— Deggendorf 36, Regensburg 42 km
ℹ ☎ (0 94 21) 94 43 07, Fax 94 41 03 — Amt
für Tourismus, Theresienplatz 2,
94315 Straubing; Kreisfreie Stadt an der
Donau. Sehenswert: Romanische Basilika
St. Peter; gotische Hallenkirche St. Jakob
und Karmelitenkirche; barocke Ursulinenkirche; Herzogschloß; Gäubodenmuseum;
Stadtturm

✱✱ Theresientor
Theresienplatz 41, ✉ 94315, ☎ (0 94 21)
84 90, Fax 84 91 00, AX DC ED VA
33 Zi, Ez: 119-195, Dz: 169-245, ⊣ WC ☎;
Lift 🅿; garni
Ausstattung in modernem Design. Auch
Zimmer der Kategorie **✱✱✱** vorhanden
✱ Robert's
Hauptgericht 21; P Terrasse; geschl: So,
10.08.-20.08.

✱✱ Villa
Bahnhofsplatz 2, ✉ 94315, ☎ (0 94 21)
8 42 10, Fax 8 42 82, AX DC ED VA
15 Zi, Ez: 120, Dz: 180-220, ⊣ WC ☎; P
1↔70 🍴
✱✱ Hauptgericht 35; Terrasse

✱ Seethaler
Theresienplatz 25, ✉ 94315, ☎ (0 94 21)
93 95-0, Fax 93 95-50, AX ED VA
20 Zi, Ez: 105-120, Dz: 165-180, 1 Suite, ⊣
WC ☎ DFÜ; P 🅿 2↔70
Auch Zimmer der Kategorie **✱✱** vorhanden
✱✱ Hauptgericht 22; Terrasse;
geschl: So, Mo

✱ Heimer
Schlesische Str 131, ✉ 94315, ☎ (0 94 21)
98 10, Fax 6 07 94, AX DC ED VA
34 Zi, Ez: 89-110, Dz: 135-149, ⊣ WC ☎,
7✉; Lift P 🅿 4↔400

✱ Römerhof
Ittlinger Str 136, ✉ 94315, ☎ (0 94 21)
9 98 20, Fax 99 82 29, AX DC ED VA
24 Zi, Ez: 92-110, Dz: 135-155, 1 Suite,
1 App, ⊣ WC ☎, 12✉; Lift P 🅿 1↔18 🍽 🍴

✱ Gasthof Wenisch
Innere Passauer Str 59-61, ✉ 94315,
☎ (0 94 21) 99 31-0, Fax 99 31-80,
AX DC ED VA
34 Zi, Ez: 50-95, Dz: 95-145, 2 App, ⊣ WC ☎,
7✉; P 🅿 🍽

✱ Donau-Motel
Landshuter Str 55, ✉ 94315, ☎ (0 94 21)
9 97 80, Fax 99 78 45, AX DC ED VA
20 Zi, Ez: 75, Dz: 130, ⊣ WC ☎; Lift P; garni

🍴 Krönner
Theresienplatz 22, ✉ 94315, ☎ (0 94 21)
1 09 94, Fax 1 09 92, AX ED VA
Terrasse; geschl: So,
Spezialität: Agnes-Bernauer-Torte

Strausberg 31 ↘

Brandenburg — Märkisch-Oderland —
65 m — 27 000 Ew — Eberswalde 42,
Fürstenwalde 44 km
ℹ ☎ (0 33 41) 31 10 66, Fax 38 14 30 —
Stadt- und Tourist-Information, August-
Bebel-Str. 1, 15344 Strausberg. Sehens-
wert: Pfarrkirche St. Marien (dreischiffige
Pfeilerbasilika); Bötzsee (5 km ←)

✱✱ The Lakeside
Gielsdorfer Chaussee 6, ✉ 15344,
☎ (0 33 41) 3 46 90, Fax 34 69-15,
AX DC ED VA
51 Zi, Ez: 110-140, Dz: 130-160, 3 Suiten, ⊣
WC ☎ DFÜ, 3✉; Lift P 6↔200 ≋ Fitneßraum Sauna Solarium 18Golf 🍽 🍴

Vorstadt
✱ Annablick
Ernst-Thälmann-Str 82 a, ✉ 15344,
☎ (0 33 41) 42 39 17, Fax 47 18 29, ED VA
13 Zi, Ez: 70-95, Dz: 110-130, ⊣ WC ☎; P
✱ Hauptgericht 15; nur abends;
geschl: Sa, So, 20.12.-6.1.

Strehla 40 ↗

Sachsen — Kreis Riesa — 129 m —
4 032 Ew — Riesa 12, Torgau 26 km
ℹ ☎ (03 52 64) 902 21, Fax 9 02 22 — Stadtverwaltung, Markt 1, 01616 Strehla.
Sehenswert: Kirche mit tönerner Kanzel;
Postmeilensäule

✱✱ Ambiente
Torgauer Str 20, ✉ 01616, ☎ (03 52 64)
9 02 24, Fax 9 02 24, ED VA
16 Zi, Ez: 55-88, Dz: 100-120, ⊣ WC ☎ DFÜ,
5✉; P; garni
Auch Zimmer der Kategorie **✱** vorhanden →

Strehla

✱   August der Starke
♂ ⦿ Oppitzscher Weg 18, ✉ 01616,
☎ (03 52 64) 9 08 63, Fax 9 08 64, AX ED VA
26 Zi, Ez: 98, Dz: 98, 2 Suiten, ⌐ WC ☎, 4◳;
🅿 2⟲90 Fitneßraum Kegeln Sauna
Solarium ⌘

Stromberg 53 ↗

Rheinland-Pfalz — Kreis Bad Kreuznach —
360 m — 3 000 Ew — Bingen 11 km
ℹ ☎ (0 67 24) 2 74, Fax 2 27 — Tourist-Information, Marktplatz 2, 55442 Stromberg;
Erholungsort zwischen Rhein und Nahe.
Sehenswert: Ausgrabungsstätte „Pfarrköpfchen" (Stauferburg); Burganlage
„Stromburg"

**   Johann Lafer's Stromburg
             Relais & Châteaux**
Michael-Obentraut-Str, ✉ 55442,
☎ (0 67 24) 9 31 00, Fax 93 10 90
✱✱✱✱   Le Val d'Or   ♕♕
Hauptgericht 60; 🅿 Terrasse; nur abends,
sa, so + feiertags auch mittags; geschl: Mo
✱   Turmstube   ✤
Hauptgericht 40; 🅿 Terrasse
✱✱✱   Stromburg-Hotel   ♛
13 Zi, Ez: 285, Dz: 308-428, 1 Suite, ⌐ WC
☎; 🅿 3⟲150

Schindeldorf
✱✱✱   Golf Hotel Stromberg
♂ Buchenring 6, ✉ 55442, ☎ (0 67 24) 60 00,
Fax 60 04 33, AX DC ED VA
120 Zi, Ez: 175-225, Dz: 225-275, 5 Suiten, ⌐
WC ☎, 25◳; Lift 🅿 14⟲320 Sauna
Solarium 18Golf 4Tennis ☕
✱✱   Gute Stube
Hauptgericht 28; Terrasse; nur abends

Strümpfelbach siehe Weinstadt

Struppen 51 ↑

Sachsen — Kreis Sächsische Schweiz
ℹ ☎ (3 44 90) — Gemeindeverwaltung,
Hauptstr 39, 01796 Struppen

Weißig
✱✱   Rathener Hof
Nr 7 d, ✉ 01824, ☎ (03 50 21) 7 20,
Fax 7 24 44, AX ED VA
29 Zi, Ez: 100, Dz: 108-148, ⌐ WC ☎, 4◳;
Lift 🅿 2⟲50 Sauna Solarium ⌘ ☕

Stubenberg 73 ↗

Bayern — Kreis Rottal-Inn — 300 m —
1 380 Ew — Simbach 7, Pocking 24 km
ℹ ☎ (0 85 71) 25 27, Fax 72 10 — Gemeindeverwaltung, Hofmark 14, 94116 Stubenberg

Prienbach (3 km ↓)
✱✱   Gasthof Zur Post
Poststr 1, ✉ 94166, ☎ (0 85 71) 60 00,
Fax 60 02 30, AX DC ED VA
32 Zi, Ez: 80-90, Dz: 135-150, ⌐ WC ☎; 🅿 🛏
1⟲40 Fitneßraum Sauna Solarium
geschl: So abends, Mo mittags
Auch Zimmer der Kategorie ✱ vorhanden
✱✱   Hauptgericht 30; Biergarten   ✤

Stühlingen 68 ↙

Baden-Württemberg — Kreis Waldshut —
420 m — 5 300 Ew — Schaffhausen 23,
Waldshut 29 km
ℹ ☎ (0 77 44) 5 32 34, Fax 5 32 22 — Verkehrsamt, Schloßstr 9, 79780 Stühlingen;
Luftkurort im südlichen Schwarzwald.
Sehenswert: Kath. Pfarrkirche;
Klosterkirche: Altarbilder; Schloß Hohenlupfen, 601 m ⦿

✱   Landgasthof Rebstock
Schloßstr 10, ✉ 79780, ☎ (0 77 44) 9 21 20,
Fax 92 12 99, ED VA
29 Zi, Ez: 60, Dz: 110, ⌐ WC ☎; 🅿 🛏 1⟲35
⌘

🛏   Krone
Stadtweg 2, ✉ 79780, ☎ (0 77 44) 9 21 00,
Fax 92 10 30, DC ED VA
19 Zi, Ez: 55, Dz: 100, ⌐ WC ☎; ⌘

Weizen (4 km ↗)
✱✱   Sonne
Ehrenbach Str 10, ✉ 79780, ☎ (0 77 44)
92 11-0, Fax 92 11 40, ED VA
20 Zi, Ez: 85-90, Dz: 130-140, ⌐ WC ☎, 8◳;
🅿
geschl: Jan
✱✱   Hauptgericht 25

Stuer, Bad 20 →

Mecklenburg-Vorpommern — Landkreis
Müritz — 95 m — 434 Ew — Plau 11, Wittstock 45, Gustrow 59 km
ℹ ☎ (03 99 24) 4 46 — Gemeindeverwaltung, Amt Röbel-Land, 17207 Röbel; Kurort

Bad Stuer-Außerhalb (3 km ↘)
✱   Stuersche Hintermühle
einzeln ♂ Seeufer 6, ✉ 17209, ☎ (03 99 24)
7 20, Fax 72 47, AX DC ED VA
48 Zi, Ez: 100, Dz: 140-160, 4 Suiten, ⌐ WC
☎; 3⟲70 Strandbad Seezugang Sauna ⌘

Stuhr 17 ↙

Niedersachsen — Kreis Diepholz — 12 m —
28 941 Ew — Delmenhorst 10, Bremen 12 km
ℹ ☎ (04 21) 5 69 50, Fax 5 69 53 00 —
Gemeindeverwaltung, Blockener Str 6,
28816 Stuhr

Brinkum (4 km ↘)
** **Ringhotel Bremer Tor**
Syker Str 4, ✉ 28816, ☎ (04 21) 80 67 80,
Fax 89 14 23, AX DC ED VA
38 Zi, Ez: 120-145, Dz: 166-178, S; ⊣ WC ☎;
Lift 8✪110
** **Gefken's**
Hauptgericht 30

Moordeich (2 km ←)
** **Nobel**
Neuer Weg 13, ✉ 28816, ☎ (04 21) 5 68 00,
Fax 56 36 48, AX DC ED VA
Hauptgericht 30; Biergarten Kegeln ▣;
geschl: Di

Stuttgart 61 →

Baden-Württemberg — Stadtkreis — 207 m
— 560 981 Ew — Karlsruhe 80,
Heidelberg 125, München 215 km
🛈 ☎ (07 11) 2 22 82 40, Fax 2 22 82 53 —
Stuttgart-Marketing GmbH, Lautenschlager Str 3, 70173 Stuttgart
Landes- und Regierungsbezirkshauptstadt, größtes Mineralwasservorkommen Westeuropas, 2 Universitäten, Akademie der Bildenden Künste, Hochschule für Musik und Darstellende Kunst, Fachhochschule für Druck, Berufsakademie, Staatstheater, Music Hall, Friedrichsbau Variéte, Altes Schauspielhaus, Komödie im Marquardt, Renitenz-Theater, Theater im Westen, Theaterhaus-Stuttgart, Freizeit- und Erlebniscentrum SI, Spielbank, Gottlieb-Daimler Stadion, Hanns-Martin-Schleyer-Halle
Sehenswert: Stiftskirche; Stiftskirche, Stiftsfruchtkasten (Musikinstrumentensammlung), Altes Schloß (Württembergisches Landesmuseum), Neues Schloß, Staatsgalerie, Rathaus, Liederhalle, Deutsches Landwirtschaftsmuseum, Planetarium, Fernsehturm, Hegel-Museum; Mercedes-Benz-Museum, Porsche-Museum im Stadtteil Zuffenhausen, Linden-Museum: für Völkerkunde; Staatl. Museum für Naturkunde, Weinbaumuseum Uhlbach, Schwäbisches Brauerei Museum, Wilhelma (Zoologischer und Botanischer Garten), Schloß Solitude (10 km ←); Schloß Hohenheim (12 km ↓)

Messen:
fensterbau 18.-20.2.99
didacta INTERSCHUL 1.-5.3.99
DACH+WAND 12.-15.5.99
CAT ENGINIERING 8.-11.6.99
LWH 26.9.-4.10.99

Achtung: : Flughafen siehe Leinfelden-Echterdingen (15 km ↓)

Cityplan siehe Seiten 940-941

Die von uns genannten Cafés bieten neben Konditoreiwaren und Getränken häufig auch kleine Gerichte an.

**** **Steigenberger Graf Zeppelin**
Arnulf-Klett-Platz 7 (D 2), ✉ 70173,
☎ (07 11) 20 48-0, Fax 20 48-5 42,
AX DC ED VA
195 Zi, Ez: 242-475, Dz: 292-445, S;
15 Suiten, ⊣ WC ☎, 50🚭; Lift 🚗 12✪500 ≋
Sauna ☛
*** **Graf Zeppelin**
Hauptgericht 42; ▣; geschl: So, Mo
* **Zeppelinstüble**
Hauptgericht 25; ▣

**** **Inter-Continental**
Willy-Brandt-Str 30 (E 2), ✉ 70173,
☎ (07 11) 2 02 00, Fax 20 20, AX DC ED VA
276 Zi, Ez: 268-400, Dz: 268-450, S;
28 Suiten, ⊣ WC ☎, 62🚭; Lift 🚗 22✪600
≋ Fitneßraum Sauna Solarium 18Golf ☛
** **Neckarstube**
Hauptgericht 32

**** **Maritim**
Seidenstr 34 (B 2), ✉ 70174, ☎ (07 11)
9 42-0, Fax 94 2-10 00, AX DC ED VA
441 Zi, Ez: 273-403, Dz: 334-454, S;
83 Suiten, ⊣ WC ☎, 104🚭; Lift 🚗 8✪800 ≋
Fitneßraum Sauna Solarium 9Golf ☛
Veranstaltungsräume in historischer Reithalle
** Hauptgericht 35; ▣

*** **Althoff Hotel** ♛
Am Schloßgarten
L'Art de Vivre-Residenz
♂ Schillerstr 23 (E 2), ✉ 70173, ☎ (07 11)
2 02 60, Fax 2 02 68 88, AX DC ED VA
116 Zi, Ez: 258-338, Dz: 389-475, 4 Suiten, ⊣
WC ☎ DFÜ, 16🚭; Lift ▣ 🚗 5✪200 ☛
Auch Zimmer der Kategorie ******** vorhanden
*** **Schloßgarten-Restaurant**
mit Zirbelstube
Hauptgericht 42; Terrasse

*** **Kronen-Hotel**
Verband Christlicher Hotels
♂ Kronenstr 48 (C 1), ☎ (07 11)
2 25 10, Fax 2 25 14 04, AX DC ED VA
84 Zi, Ez: 125-225, Dz: 180-325, ⊣ WC ☎,
35🚭; Lift 🚗 2✪12 Sauna Solarium; garni
geschl: 22.12.-7.1.
Auch Zimmer der Kategorie ****** vorhanden

** **Parkhotel am Rundfunk**
Villastr 21 (F 1), ✉ 70190, ☎ (07 11) 2 80 10,
Fax 2 86 43 53, AX DC ED VA
71 Zi, Ez: 180-240, Dz: 220-260, 1 Suite, ⊣
WC ☎; Lift ▣ 🚗 5✪100
Auch Zimmer der Kategorie ******* vorhanden
** **Villa Berg**
Hauptgericht 40
Radio Stüble
Hauptgericht 20;
Hotelbar mit Speisenangebot. Sehenswert:
12 mundgeblasene Glasfenster →

Stuttgart

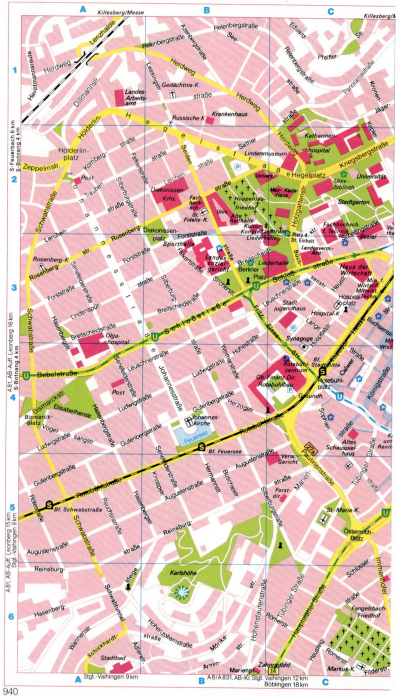

Stuttgart

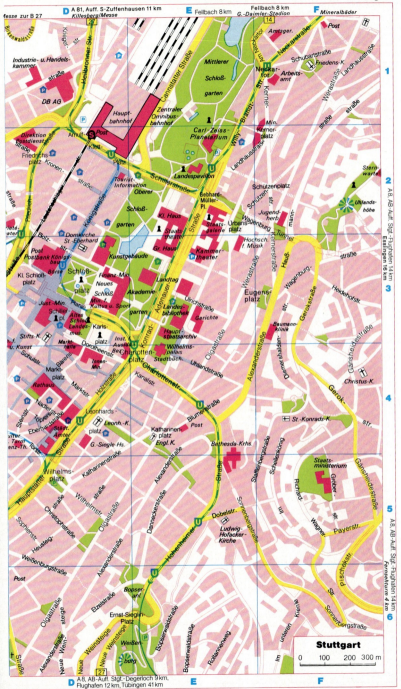

Stuttgart

★★ Royal
Sophienstr 35 (C 4), ✉ 70178, ☎ (07 11)
62 50 50, Fax 62 88 09, AX DC ED VA
100 Zi, Ez: 180-490, Dz: 250-490, 3 Suiten,
3 App, ⊣ WC ☎, 10🖂; Lift 🅿 🚗 4↔100
★★ Hauptgericht 30; geschl: so+feiertags

★★ Bergmeister
Rotenbergstr 16, ✉ 70190, ☎ (07 11)
28 33 63, Fax 28 37 19, AX DC ED VA
47 Zi, Ez: 129-159, Dz: 169-240, 3 Suiten,
2 App, ⊣ WC ☎, 10🖂; Lift 🅿 🚗 Fitneßraum
Sauna Solarium; garni

★★ Unger
Kronenstr 17 (D 2), ✉ 70173, ☎ (07 11)
2 09 90, Fax 2 09 91 00, AX DC ED VA
100 Zi, Ez: 159-249, Dz: 209-349, S; ⊣ WC
☎, 42🖂; Lift 🚗 1↔20; garni
Auch Zimmer der Kategorie ★ vorhanden

★★ Rega Hotel
Ludwigstr 18 (B 4), ✉ 70176, ☎ (07 11)
61 93 40, Fax 6 19 34 77, AX DC ED VA
60 Zi, Ez: 135-195, Dz: 175-235, ⊣ WC ☎;
Lift 🚗 1↔22 ⎟⊙⎦
 Bistro Jackie Coogan's Garden
Hauptgericht 20; geschl: So abends

★★ Rieker am Hauptbahnhof
Friedrichstr 3 (D 2), ✉ 70174, ☎ (07 11)
22 13 11, Fax 29 38 94, AX DC ED VA
65 Zi, Ez: 138-198, Dz: 188-248, S; ⊣ WC ☎,
26🖂; Lift 🅿 🚗; garni
Auch Zimmer der Kategorie ★ vorhanden

★★ InterCityHotel Stuttgart
Arnulf-Klett-Platz 2 (D 2), ✉ 70173,
☎ (07 11) 2 25 00, Fax 2 25 04 99, AX DC ED VA
112 Zi, Ez: 205, Dz: 255, S; ⊣ WC ☎ DFÜ,
11🖂; Lift 2↔20; garni
Auch Zimmer der Kategorie ★ vorhanden

★ Azenberg
Seestr 114 (B 1), ✉ 70174, ☎ (07 11)
22 10 51, Fax 29 74 26, AX DC ED VA
56 Zi, Ez: 140-250, Dz: 180-250, 3 Suiten,
1 App, ⊣ WC ☎, 23🖂; Lift 🅿 🚗 1↔28 ⎓
Sauna Solarium; garni
Restaurant für Hausgäste; Auch Zimmer
der Kategorie ★★ vorhanden

★ Wörtz zur Weinsteige
Hohenheimer Str 28-30 (E 5), ✉ 70184,
☎ (07 11) 2 36 70 00, Fax 2 36 70 07,
AX DC ED VA
25 Zi, Ez: 120-220, Dz: 160-280, ⊣ WC ☎
DFÜ, 7🖂; 🅿 🚗
geschl: Ende Dez-Ende Jan
Auch Zimmer der Kategorie ★★ vorhanden
★★ Zur Weinsteige ✿
Ⓥ Hauptgericht 35; geschl: so+feiertags,
Mo, 3.-24.1.

★ Best Western Ketterer
Marienstr 3 (C 4), ✉ 70178, ☎ (07 11)
2 03 90, Fax 2 03 96 01, AX DC ED VA
104 Zi, Ez: 169-225, Dz: 232-320, ⊣ WC ☎
DFÜ, 42🖂; Lift 3↔42 Solarium ⎟⊙⎦
Auch Zimmer der Kategorie ★★ vorhanden.
Zufahrt über Fußgängerzone

★ City Hotel
Uhlandstr 18 (E 4), ✉ 70182, ☎ (07 11)
21 08 10, Fax 2 36 97 72, AX DC ED VA
31 Zi, Ez: 150-165, Dz: 185-220, ⊣ WC ☎; 🅿
🚗; garni

★ Wartburg
Lange Str 49 (C 3-4), ✉ 70174, ☎ (07 11)
2 04 50, Fax 2 04 54 50, AX DC ED VA
81 Zi, Ez: 160-185, Dz: 240, S; ⊣ WC ☎,
10🖂; Lift 🅿 🚗 1↔60 ⎟⊙⎦
geschl: 23.12.-4.1.
Auch einfache Zimmer vorhanden

★ Sautter
Johannesstr 28 (A 3), ✉ 70176, ☎ (07 11)
6 14 30, Fax 61 16 39, AX DC ED VA
59 Zi, Ez: 135-160, Dz: 170-210, ⊣ WC ☎;
Lift 2↔80 ⎟⊙⎦

★ Stadthotel Am Wasen
Schlachthofstr 19, ✉ 70188, ☎ (07 11)
16 85 70, Fax 1 68 57 57, AX DC ED VA
31 Zi, Ez: 98-140, Dz: 140-190, ⊣ WC ☎; Lift
🚗; garni

★ Hansa-Hotel Minotel
Silberburgstr 114 (B 4), ✉ 70176, ☎ (07 11)
62 50 83, Fax 61 73 49, AX DC ED VA
80 Zi, Ez: 120-125, Dz: 170-175, ⊣ WC ☎;
Lift 1↔25 ⎟⊙⎦
geschl: 24.12.-6.1.

★ Münchner Hof
Neckarstr 170, ✉ 70190, ☎ (07 11) 92 57 00,
Fax 2 62 61 70, AX DC ED VA
31 Zi, Ez: 110-130, Dz: 145-175, ⊣ WC ☎;
Lift 🅿; garni

★★ Goldener Adler
Böheimstr 38, ✉ 70178, ☎ (07 11)
6 40 17 62, Fax 6 49 24 05, ED VA
Hauptgericht 30

★★ Alter Fritz am Killesberg
Feuerbacher Weg 101, ✉ 70192, ☎ (07 11)
13 56 50, Fax 1 35 65 65
Hauptgericht 40; Gartenlokal; geschl: Mo,
feiertags
★★ 10 Zi, Ez: 130-160, Dz: 180-215, ⊣
WC ☎ DFÜ; 🅿 9Golf
geschl: 2 Wochen im Aug

★★ Délice
Hauptstätter Str 61 (D 5), ✉ 70178,
☎ (07 11) 6 40 32 22
Hauptgericht 55; nur abends; geschl: Sa,
So, feiertags

Stuttgart

** Gaisburger Pastetchen
Hornbergstr 24, ✉ 70188, ☎ (07 11)
48 48 55, Fax 48 75 65
Hauptgericht 42; nur abends; geschl: So,
feiertags, 3 Wochen im Aug

** Krämer's Bürgerstuben
Gablenberger Hauptstr 4 (außerhalb E 2),
✉ 70186, ☎ (07 11) 46 54 81, Fax 48 65 08,
AX DC ED VA
Hauptgericht 45; P; geschl: Sa mittags, So
abends, Mo, 1.1.-15.1., 19.7.-10.8.

** Come Prima
Steinstr 3 (D 4), ✉ 70173, ☎ (07 11)
24 34 22, Fax 24 34 22, AX DC ED VA
Hauptgericht 40; Terrasse; geschl: So

** La Scala
Friedrichstr 41 (1.Etage) (D 3), ✉ 70174,
☎ (07 11) 29 06 07, Fax 2 99 16 40,
AX DC ED VA
Hauptgericht 35; geschl: So, 2 Wochen im
Aug

** Da Franco
Calwer Str 23 (C 4), ✉ 70173, ☎ (07 11)
29 15 81, Fax 29 45 49, AX DC ED VA
Hauptgericht 35

** Logo im Haus der Wirtschaft
Willi-Bleicher-Str 19 (C 3), ✉ 70174,
☎ (07 11) 2 26 50 02, Fax 2 26 15 45,
AX DC ED VA
Hauptgericht 35; geschl: Sa, So + feiertags,
1.-29.8.

** Der Zauberlehrling
Rosenstr 38 (E 4), ✉ 70182, ☎ (07 11)
2 37 77 70, Fax 2 37 77 75
Hauptgericht 35; P; geschl: So, feiertags

* Kicho
Jakobstr 19 (E 4), ✉ 70182, ☎ (07 11)
24 76 87, Fax 2 36 10 20, AX DC ED VA
Hauptgericht 50; geschl: So mittags
japanische Küche

* Bäckerschmide
Schurwaldstr 44, ✉ 70186, ☎ (07 11)
16 86 80, Fax 1 68 68 99, AX DC ED VA
Hauptgericht 25
* 24 Zi, Ez: 100-140, Dz: 140-170, ⊣
WC ☎; P

* Bellevue
Schurwaldstr 45, ✉ 70186, ☎ (07 11)
48 07 60, Fax 4 80 76 31, AX DC ED VA
Hauptgericht 25; P; geschl: Di, Mi, Aug
* 12 Zi, Ez: 90-110, Dz: 125-150, ⊣
WC ☎; 🍴

* Weinstube Kachelofen
Eberhardstr 10 (E 4), ✉ 70173, ☎ (07 11)
24 23 78
Hauptgericht 25; Terrasse; nur abends;
geschl: so + feiertags

* Zur Kiste
☒ Kanalstr 2 (E 4), ✉ 70182, ☎ (07 11)
24 40 02, VA
Hauptgericht 33; Terrasse; geschl: So,
Eine der ältesten Weinstuben Stuttgarts,
erbaut Ende des 18. Jh.

🍴 Königsbau
Königstr 28 (D 3), ✉ 70173, ☎ (07 11)
29 07 87, Fax 29 04 03
Terrasse

🍴 Café Sommer
Charlottenplatz 17 (D 3), ✉ 70173, ☎ (07 11)
29 25 53, Fax 2 26 12 49
Hauptgericht 17; Terrasse; geschl: So (Mai-Okt)

<mark>Büsnau</mark> (9 km ✓)
*** Relexa Waldhotel Schatten
Magstadter Str, ✉ 70569, ☎ (07 11) 6 86 70,
Fax 6 86 79 99, AX DC ED VA
124 Zi, Ez: 210-390, Dz: 260-390, S;
12 Suiten, ⊣ WC ☎ DFÜ, 25🍴; Lift P 🍴
10⇔120 Fitneßraum Sauna Solarium
Auch Zimmer der Kategorie ** vorhanden
*** La Fenêtre
Hauptgericht 38; Terrasse; geschl: So, Mo,
feiertags
** Kaminrestaurant
Hauptgericht 32; Terrasse

<mark>Cannstatt, Bad</mark> (4 km ↗)
** Pannonia
Teinacher Str 20, ✉ 70372, ☎ (07 11)
9 54 00, Fax 9 54 06 30, AX DC ED VA
127 Zi, Ez: 149-199, Dz: 199-249, S;
29 Suiten, ⊣ WC ☎, 37🍴; Lift 🍴 4⇔180
Fitneßraum Sauna Solarium 🍴
** Hauptgericht 38; P Terrasse

** Spahr
Waiblinger Str 63, ✉ 70372, ☎ (07 11)
55 39 30, Fax 55 39 33 33, AX DC ED VA
60 Zi, Ez: 125-180, Dz: 175-280, ⊣ WC ☎;
Lift P 🍴 1⇔20; garni

** Krehl's Linde
Obere Waiblinger Str 113, ✉ 70374,
☎ (07 11) 52 75 67, Fax 5 28 63 70, AX ED
21 Zi, Ez: 100-170, Dz: 165-230, 3 Suiten, ⊣
WC ☎; P 🍴 3⇔200 Kegeln
Auch Zimmer der Kategorie * vorhanden
** Hauptgericht 30; Biergarten;
geschl: Mo, So, 18.8.-5.9.

** Pfund
Waiblinger Str 61 a, ✉ 70372, ☎ (07 11)
56 63 63, Fax 56 63 63, AX DC ED VA
Hauptgericht 34; P; geschl: Fr + Sa mittags, so + feiertags, 23.12.-7.1.

<mark>Degerloch</mark> (4 km ↓)
** Waldhotel Degerloch
Top International Hotel
einzeln ♂ Guts-Muths-Weg 18, ✉ 70597,
☎ (07 11) 7 65 10 17, Fax 7 65 37 62,
AX DC ED VA
50 Zi, Ez: 99-178, Dz: 162-265, ⊣ WC ☎; Lift
P 🍴 6⇔130 Bowling Fitneßraum Sauna
Solarium 2Tennis 🍴 🍴 →

Stuttgart

✷ Waldhorn
Epplestr 41, ✉ 70597, ☎ (07 11) 76 49 17, Fax 7 65 70 23, AX ED VA
34 Zi, Ez: 80-120, Dz: 110-150, ⊿ WC ☎; 🅿
🚗 2⇔30 🍴 🍺

✷✷✷ Wielandshöhe 🐾 ☎
•🍴 Alte Weinsteige 71, ✉ 70597, ☎ (07 11) 6 40 88 48, Fax 6 40 94 08, AX DC ED VA
Hauptgericht 58; Terrasse; geschl: So,Mo

✷✷ Fäßle ✠
Löwenstr 51, ✉ 70597, ☎ (07 11) 76 01 00, Fax 76 44 32, AX DC ED VA
Hauptgericht 36; Gartenlokal; geschl: So

✷✷ Fernsehturm-Restaurant Skyline
einzeln •🍴 Jahnstr 120, ✉ 70597, ☎ (07 11) 24 61 04, AX DC ED VA
Hauptgericht 35; geschl: Do mittags, Mo, Im 144 m hohen Fernsehturm

Fasanenhof

✷✷ Fora Hotel im Business Park
Vor dem Lauch 20, ✉ 70567, ☎ (07 11) 7 25 50, Fax 7 25 56 66, AX DC ED VA;
101 Zi, Ez: 130-198, Dz: 160-228, S; ⊿ WC ☎ DFÜ, 35✉; Lift 🚗 6⇔100 Sauna Solarium 🍺

✷ Hauptgericht 22; 🅿 Terrasse

Feuerbach (5 km ↑)

✷✷✷ Messehotel Europe
Siemensstr 33, ✉ 70469, ☎ (07 11) 8 10 04-3, Fax 8 10 04-25 55, AX DC ED VA
114 Zi, Ez: 195, Dz: 245, 4 Suiten, ⊿ WC ☎, 13✉; Lift 🚗 Sauna Solarium 🍴
Freizeitangebote im gegenüberliegenden Kongreßhotel Europe

✷✷ Weinsberg
Grazer Str 32, ✉ 70469, ☎ (07 11) 13 54 60, Fax 1 35 46 66, AX DC ED VA
37 Zi, Ez: 95-170, Dz: 150-210, ⊿ WC ☎, 4✉; Lift 🅿 🚗 1⇔50 🍴

✷✷ Kongreßhotel Europe Top International Hotel
Siemensstr 26, ✉ 70469, ☎ (07 11) 81 00 40, Fax 8 10 04-14 44, AX DC ED VA
145 Zi, Ez: 135-265, Dz: 205-330, 3 Suiten, ⊿ WC ☎, 9✉; Lift 🅿 🚗 7⇔250 Fitneßraum Sauna Solarium

✷✷ Granada
Hauptgericht 30

✷ Feuerbach im Biberturm
Feuerbacher-Tal-Str 4, ✉ 70469, ☎ (07 11) 98 17 90, Fax 9 81 79 59, AX DC ED VA
32 Zi, Ez: 140-160, Dz: 180, 3 App, ⊿ WC ☎; Lift 🚗
Langzeitvermietung möglich

Heslach

✷✷ Walle & Rau
Gebelsbergstr 97, ✉ 70199, ☎ (07 11) 6 40 64 67
Hauptgericht 39; nur abends; geschl: So

Heumaden (9 km ↘)

✷ Seyboldt
Fenchelstr 11, ✉ 70619, ☎ (07 11) 44 80 60, Fax 44 78 63
17 Zi, Ez: 120, Dz: 140, ⊿ WC ☎, 9✉; 🅿; garni
Rezeption: 7-13, 16-22; geschl: 1.8.-20.8.

Hohenheim (12 km ↓)

✷✷✷✷ Speisemeisterei 🐾 ☎
Am Schloß Hohenheim, ✉ 70599, ☎ (07 11) 4 56 00 37, Fax 4 56 00 38
Hauptgericht 50; 🅿; geschl: Mo, 1.1.-15.1.

Möhringen (7 km ↓)

✷✷✷✷ Copthorne Hotel und Stuttgart International
•🍴 Plieninger Str 100, ✉ 70567, ☎ (07 11) 7 21-10 50, Fax 7 21-29 31, AX DC ED VA
454 Zi, Ez: 209-369, Dz: 249-435, S; 29 Suiten, ⊿ WC ☎, 69✉; Lift 🚗 17⇔1000 Fitneßraum Sauna Solarium 🍴
Im Freizeit- und Erlebniszentrum Stuttgart International eine Vielzahl unterschiedlicher Restaurants. Im Stuttgart International Zimmer der Kategorie ✷✷✷ vorhanden

✷✷ Mercure
Eichwiesenring 1/1, ✉ 70567, ☎ (07 11) 7 26 60, Fax 7 26 64 44, AX DC ED VA
148 Zi, Ez: 180-245, Dz: 240-295, S; ⊿ WC ☎, 55✉; Lift 🅿 🚗 5⇔170 Fitneßraum Sauna Solarium 🍺

✷✷ Le Faisan
Hauptgericht 31; Terrasse; nur abends

✷✷ Fora Hotel Möhringen
Filderbahnstr 43, ✉ 70567, ☎ (07 11) 71 60 80, Fax 7 16 08 50, AX DC ED VA
41 Zi, Ez: 130-178, Dz: 160-208, ⊿ WC ☎ DFÜ; Lift 🚗; garni

✷✷ Körschtal
Richterstr 23, ✉ 70567, ☎ (07 11) 71 60 90, Fax 7 16 09 29, DC ED VA
30 Zi, Ez: 115-135, Dz: 165-195, ⊿ WC ☎ DFÜ; Lift 🅿 🚗; garni
Rezeption: 7-20

✷✷ Neotel
Vaihinger Str 151, ✉ 70567, ☎ (07 11) 7 81 40, Fax 7 80 43 14, AX DC ED VA
86 Zi, Ez: 190, Dz: 210, 2 Suiten, ⊿ WC ☎, 10✉; Lift 🅿; garni

✷✷ Gloria
Sigmaringer Str 59, ✉ 70567, ☎ (07 11) 7 18 50, Fax 7 18 51 21, AX DC ED VA
91 Zi, Ez: 115-142, Dz: 160-175, ⊿ WC ☎; Lift 🅿 🚗 3⇔80 Sauna Solarium 🍴

✷ Alpha Class Hotel
Plieninger Str 50, ✉ 70567, ☎ (07 11) 72 81 00, Fax 7 28 10 99, AX ED VA
16 Zi, Ez: 150-170, Dz: 170-210, ⊿ WC ☎; 🚗; garni

Suderode, Bad

Obertürkheim (9 km ↘)
** Brita Hotel
Augsburger Str 671, ✉ 70329, ☎ (07 11)
32 02 30, Fax 32 44 40, AX DC VA
70 Zi, Ez: 128-166, Dz: 232, ⌐ WC ☎, 16 📺;
Lift 🅿 🍴 3🔄120
geschl: 23.12.-5.1.
Auch Zimmer der Kategorie * vorhanden
** Hauptgericht 31; nur abends;
geschl: Sa, So, feiertags, 23.12.-4.1.

Plieningen (13 km ↓)
** Fissler-Post
Schoellstr 4, ✉ 70599, ☎ (07 11) 4 58 40,
Fax 4 58 43 33, AX DC ED VA
60 Zi, Ez: 150, Dz: 190, ⌐ WC ☎, 5📺; Lift 🅿
🍴 5🔄150 Kegeln
Auch einfache Zimmer vorhanden
** Hauptgericht 30

** Apart-Business-Hotel
Scharnhauser Str 4, ✉ 70599, ☎ (07 11)
4 50 10, Fax 4 50 11 00, AX DC ED VA
41 Zi, Ez: 115-145, Dz: 145-200, 3 Suiten,
12 App, ⌐ WC ☎; Lift 🅿 🍴; garni
Langzeitvermietung möglich

* Romantik Hotel Traube
Brabandtgasse 2, ✉ 70599, ☎ (07 11)
45 89 20, Fax 4 58 92 20, AX DC ED VA
20 Zi, Ez: 198, Dz: 195-320, ⌐ WC ☎, 4📺; 🅿
1🔄20
geschl: 24.12.-3.1.
Zimmer der Kategorie ** vorhanden
** ⊗ Hauptgericht 40; Gartenlokal
Terrasse; geschl: So+Mo, 24.12.-4.1.
* Recki's Diner-Bar
⊗ Hauptgericht 18; Gartenlokal; nur
abends; geschl: So, 3 Wochen im Aug

Rot (5 km ↑)
* Cascade
Eschenauer Str 27, ✉ 70437, ☎ (07 11)
87 00 50, Fax 8 70 05 40, ED VA
Ez: 108-178, Dz: 128-178, ⌐ WC ☎, 5📺; Lift
🅿 🍴 1🔄30 Fitneßraum 🍽

Stammheim (9 km ↑)
* Novotel
Korntaler Str 207, ✉ 70439, ☎ (07 11)
98 06 20, Fax 80 36 73, AX DC ED VA
117 Zi, Ez: 114-180, Dz: 138-220, S; ⌐ WC
☎, 52📺; Lift 🅿 6🔄250 ≋ Sauna 🍽

* Domino
Freihofstr 2, ✉ 70439, ☎ (07 11) 80 90 30,
Fax 8 09 03 40, AX DC ED VA
Ez: 120-130, Dz: 160-180, S; 8 Suiten,
75 App, ⌐ WC ☎, 3📺; Lift 🍴 Fitneßraum
Sauna Solarium; garni
Rezeption: 7-20; geschl: 21.12.-6.1.
Auch Langzeitvermietung möglich

Uhlbach (12 km →)
* Gästehaus Münzmay
♦ Rührbrunnenweg 19, ✉ 70329, ☎ (07 11)
9 18 92 70, Fax 9 18 92 71, ED VA
14 Zi, Ez: 120-130, Dz: 175, ⌐ WC ☎; Lift 🅿
🍴 Sauna Solarium; garni
Rezeption: 7-21; geschl: 23.12.-10.1.

Vaihingen (8 km ↙)
*** Dorint Hotel Fontana
Vollmoellerstr 5, ✉ 70563, ☎ (07 11) 73 00,
Fax 7 30 25 25, AX DC VA
224 Zi, Ez: 293-353, Dz: 293-353, S; 5 Suiten,
21 App, ⌐ WC ☎, 115📺; Lift 🅿 🍴 9🔄500 ⇔
Fitneßraum Sauna Solarium
** Schwabissimo Gastronomie
Hauptgericht 45

* Fremd Gambrinus
Möhringer Landstr 26, ✉ 70563, ☎ (07 11)
90 15 80, Fax 9 01 58 60, AX ED VA
17 Zi, Ez: 98-125, Dz: 135-160, ⌐ WC ☎; 🅿
🍴
geschl: 11.8.-2.9., 23.12.-7.1.
* Hauptgericht 25; Gartenlokal

Wangen (5 km →)
** Hetzel Hotel Löwen
Ulmer Str 331, ✉ 70327, ☎ (07 11) 4 01 60,
Fax 4 01 63 33, AX DC ED VA
60 Zi, Ez: 120-170, Dz: 150-195, 2 App, ⌐
WC ☎; Lift 🅿 🍴 1🔄20 🍽

Weilimdorf (8 km ↘)
*** Holiday Inn
Mittlerer Pfad 27, ✉ 70499, ☎ (07 11)
98 88 80, Fax 9 88 88-9, AX DC ED VA
288 Zi, Ez: 246-296, Dz: 302-352, S; 6 Suiten,
31 App, ⌐ WC ☎ DFÜ, 167📺; Lift 🍴
10🔄350 Fitneßraum Sauna Solarium 🍽
Auch Zimmer der Kategorie ** vorhanden

** Gasthof Hasen
Solitudestr 261, ✉ 70499, ☎ (07 11)
9 89 89 80, Fax 98 98 98 16, AX ED VA
Hauptgericht 35; geschl: So, Mo, Aug

Zuffenhausen (7 km ↑)
** Fora
Schützenbühlstr 16, ✉ 70435, ☎ (07 11)
8 20 01-00, Fax 82 00-1 01, AX DC ED VA
119 Zi, Ez: 119-195, Dz: 149-225, ⌐ WC ☎
DFÜ, 31📺; Lift 🅿 🍴 3🔄95 🍽

* Neuwirtshaus
Schwieberdinger Str 198, ✉ 70435,
☎ (07 11) 98 06 30, Fax 9 80 63 19,
AX DC ED VA
31 Zi, Ez: 99-165, Dz: 165-195, 2 Suiten,
4 App, ⌐ WC ☎, 5📺; Lift 🅿 1🔄25 🍽

siehe auch **Leinfelden-Echterdingen**

Suderode, Bad 37 ↗

Sachsen-Anhalt — Kreis Quedlinburg —
240 m — 1 940 Ew — Quedlinburg 8, Harzgerode 16, Aschersleben 21 km
ℹ ☎ (03 94 85) 5 10, Fax 5 11 03 — Kurverwaltung, Felsenkellerpromenade 4,
06507 Bad Suderode

* Reißaus
Gartenstr 44, ✉ 06507, ☎ (03 94 85) 3 10,
Fax 3 10
16 Zi, Ez: 47-75, Dz: 100-120, 1 App, ⌐ WC
☎; 🅿 1🔄180 ≋ Bowling 🍽
geschl: So ab 18, 4.-17.1.

Süderende siehe Föhr

Südergellersen 18 ↘

Niedersachsen — Lüneburg — 1 450 Ew
i ☎ (0 41 35) 2 88, Fax 77 93 — Tourist-Information, Kirchgellerser Str 12, 21394 Südergellersen

Heiligenthal
* **Wassermühle Heiligenthal**
Hauptstr 10, ✉ 21394, ☎ (0 41 35) 82 25-0, Fax 70 28, AX DC ED VA
11 Zi, Ez: 98, Dz: 137, 1 Suite, 1 App, ⇨ WC ☎; P 2⇌30 ¶☕
Rezeption: 7-13, 15-23
Ausgebaute Wassermühle mit Fachwerkscheune von 1691

Süderlügum 9 ↘

Schleswig-Holstein
i — Tourist-Information, 25923 Süderlügum

* **Tetens Gasthof**
Hauptstr 24, ✉ 25923, ☎ (0 46 63) 185 80, Fax 185 888, DC ED VA
11 Zi, Ez: 80, Dz: 125-169, ⇨ WC ☎; P 2⇌50 ¶☕

* **Zum Landhaus**
Hauptstr 20, ✉ 25923, ☎ (0 46 63) 74 30, Fax , VA
9 Zi, Ez: 65-80, Dz: 120, ⇨ WC ☎; P 🍴 ¶☕ ☕

Südgeorgsfehn siehe Uplengen

Südlohn 33 ↘

Nordrhein-Westfalen — Kreis Borken — 60 m — 7 787 Ew — Stadtlohn 7, Borken 15 km
i ☎ (0 28 62) 9 50 70, Fax 9 60 12 — Gemeindeinformation, Jakobistr 8, 46354 Südlohn-Oeding. Sehenswert: St.-Vitus-Kirche

Oeding (4 km ←)
* **Burghotel Pass**
Burgplatz 1, ✉ 46354, ☎ (0 28 62) 58 30, Fax 5 83 70, AX ED VA
44 Zi, Ez: 90-110, Dz: 135-180, ⇨ WC ☎; Lift 4⇌100 ≋ Sauna

Sünna 46 ↗

Thüringen — Wartburgkreis — 1 390 Ew
i ☎ (03 69 62) 2 03 53 — Gemeindeverwaltung, Pferdsdorferstr. 2, 36404 Vacha

* **Kelten-Wald-Hotel Goldene Aue**
einzeln ♂ ✉ 36404, ☎ (03 69 62) 26 70, Fax 26777, ED VA
23 Zi, Ez: 59-78, Dz: 80-130, 2 Suiten, 1 App, ⇨ WC ☎, 6✉; P 🍴 1⇌40 ≋ Sauna ☕
* einzeln, Hauptgericht 20; Terrasse

Süßen 62 □

Baden-Württemberg — Kreis Göppingen — 364 m — 10 300 Ew — Göppingen 9 km
i ☎ (0 71 62) 96 16-0, Fax 96 16 96 — Stadtverwaltung, Heidenheimer Str 30, 73079 Süßen. Sehenswert: Ölberg an der Ulrichskirche; Ruine Staufeneck, 525 m ◄ (5 km ↑)

* **Gästehaus und Gasthof Löwen**
Hauptstr 3, an der B 10, ✉ 73079, ☎ (0 71 62) 50 88, Fax 83 63, ED VA
50 Zi, Ez: 45-92, Dz: 95-142, 1 Suite, ⇨ WC ☎; Lift P 🍴 1⇌50 Kegeln Sauna Solarium 18Golf ¶☕

Suhl 47 □

Thüringen — kreisfreie Stadt — 450 m — 56 000 Ew — Coburg 56, Eisenach 66 km
i ☎ (0 36 81) 72 00 52, Fax 72 00 52 — Tourist-Information, Friedrich-König-Str 7, 98527 Suhl; „Stadt der Büchsenmacher". Sehenswert: Marktbrunnen mit Waffenschmied-Denkmal; historische Fachwerkhäuser (Malzhaus, heute Waffenmuseum; Heinricher Rathaus); Hauptkirche St. Marien; Kreuzkirche; Rathaus; Steinweg mit Bürgerhäusern, z. B. Rokokohaus Nr 26; Tierpark

** **Thüringen**
Platz der Deutschen Einheit 2, ✉ 98527, ☎ (0 36 81) 30 38 90, Fax 72 43 79, AX DC ED VA
116 Zi, Ez: 130-150, Dz: 150-180, 8 Suiten, ⇨ WC ☎, 30✉; Lift P 🍴 7⇌105 Sauna Solarium ¶☕ ☕

* **Goldener Hirsch**
♂ An der Hasel 91, ✉ 98527, ☎ (0 36 81) 7 95 90, Fax 79 59 20, ED
20 Zi, Ez: 80-100, Dz: 110-120, ⇨ WC ☎; P 25 ¶☕ ☕

Albrechts (6 km ↘)
* **Zur guten Quelle**
♂ Goldbachstr 25, ✉ 98529, ☎ (0 36 81) 78 30, Fax 78 31 13, AX ED
14 Zi, Ez: 80-90, Dz: 100-120, ⇨ WC ☎; P 2⇌35 ¶☕

Dietzhausen (10 km ←)
* **Milano**
Hauptstr 273, ✉ 98530, ☎ (03 68 46) 6 82 20, Fax 3 97, AX DC ED VA
Hauptgericht 12; Biergarten P; geschl: Do
* 12 Zi, Ez: 39-60, Dz: 78-120, ⇨ WC ☎
Rezeption: 11-23 geschl: Do

Heinrichs
* **Pension Am Rathaus**
Meininger Str 136, ✉ 98529, ☎ (0 36 81) 3 94 60, Fax 39 46 39, ED VA
10 Zi, Ez: 45-60, Dz: 85-90, ⇨ WC ☎; P, garni ¶☕

Sulzbach (Taunus)

Vesser
* **Forellenhof Vessertal**
♂ Suhler Weg 1, ✉ 98711, ☎ (03 67 82)
6 14 68, Fax 6 14 68, AX ED VA
11 Zi, Ez: 60-100, Dz: 100-120, 1 Suite, ⊣
WC ☎; P 🅿 Sauna Solarium ⍾
geschl: 15.11.-15.12.

Suhlendorf 27 ↘

Niedersachsen — Kreis Uelzen — 80 m —
2 800 Ew — Uelzen 15, Bodenteich 14 km
🛈 ☎ (0 58 20) 3 46, Fax 3 70 — Gemeindeverwaltung, Güstauer Str 2, 29562 Suhlen-
dorf; Erholungsort

Kölau (2 km ↓)
** **Brunnenhof Landidyll**
♂ Haus Nr 7, ✉ 29562, ☎ (0 58 20) 8 80,
Fax 17 77, AX DC ED VA
31 Zi, Ez: 148, Dz: 138-208, 4 Suiten, 10 App,
⊣ WC ☎; P 4⟷100 🏊 Sauna Solarium
1Tennis 🏇
Auch Zimmer der Kategorie * vorhanden
* Hauptgericht 30

Sulingen 25 ↘

Niedersachsen — Kreis Diepholz — 45 m —
12 600 Ew — Bremen 50, Minden 51 km
🛈 ☎ (0 42 71) 8 80, Fax 88 33 — Stadtverwaltung, Galtener Str 12, 27232 Sulingen.
Sehenswert: Kirche

* **Zur Börse**
Lange Str 50, ✉ 27232, ☎ (0 42 71) 9 30 00,
Fax 57 80, AX DC ED VA
29 Zi, Ez: 80-120, Dz: 135-170, ⊣ WC ☎,
6✉; P 🅿 3⟷50
Im Gästehaus auch Zimmer der Kategorie
** vorhanden
* Hauptgericht 30; Terrasse;
geschl: Fr abends, Sa + So mittags

Sulz am Neckar 61 ↙

Baden-Württemberg — Kreis Rottweil —
450 m — 12 000 Ew — Oberndorf am Nek-
kar 12, Horb 16 km
🛈 ☎ (0 74 54) 9 65 00, Fax 96 50-12 — Verkehrsamt, Obere Hauptstr 2, 72172 Sulz am
Neckar; Erholungsort

Glatt (4 km ↑)
* **Kaiser**
Oberamtstr 23, ✉ 72172, ☎ (0 74 82) 92 20,
Fax 92 22 22, ED VA
33 Zi, Ez: 85, Dz: 170, 2 Suiten, ⊣ WC ☎; 🏊
Fitneßraum Sauna Solarium
* Hauptgericht 25

Sulzbach-Laufen 62 ↗

Baden-Württemberg — Kreis Schwäbisch
Hall — 440 m — 2 500 Ew — Schwäbisch
Hall 25, Aalen 30 km
🛈 ☎ (0 79 76) 2 83, Fax 5 22 — Bürgermei-
steramt, Eisbachstr 24, 74429 Sulzbach-
Laufen

** **Gasthof Krone**
Hauptstr 44, ✉ 74429, ☎ (0 79 76) 9 85 20,
Fax 98 52 51, AX DC ED VA
Hauptgericht 25; Kegeln P Terrasse;
geschl: So abends
* 16 Zi, Ez: 89-141, Dz: 127-187,
2 Suiten, ⊣ WC ☎; 🅿 2⟷30 Sauna
Solarium 18Golf
Im Gästehaus auch Zimmer der Kategorie
** vorhanden

Sulzbach-Rosenberg 58 □

Bayern — Kreis Amberg-Sulzbach — 428 m
— 20 000 Ew — Amberg 11, Hersbruck 21,
Weiden 42 km
🛈 ☎ (0 96 61) 51 01 10, Fax 43 33 — Tourismusbüro der Stadt Sulzbach-Rosenberg,
im Stadtteil Sulzbach, Bühlgasse 5,
92237 Sulzbach-Rosenberg; Erholungsort.
Sehenswert: Kath. Kirche; Schloß; Rathaus; Bayerisches Schulmuseum; Litera-
turarchiv

* **Villa Max** ⚜
Theodor-Heuss-Str, ✉ 92237, ☎ (0 96 61)
10 51-0, Fax 10 51-94, AX ED VA
Hauptgericht 25; Gartenlokal P Terrasse;
nur abends, so + feiertags auch mittags;
geschl: 3 Wochen Mär
** 7 Zi, Ez: 85-108, Dz: 156-185,
2 Suiten, ⊣ WC ☎ DFÜ; 1⟷25

Sulzbach (Saar) 52 ↘

Saarland — Stadtverband Saarbrücken —
300 m — 19 900 Ew — Saarbrücken 12 km
🛈 ☎ (0 68 97) 50 80 — Stadtverwaltung,
Sulzbachtalstr 81, 66280 Sulzbach (Saar)

** **L'auberge Stadt Sulzbach**
Lazarettstr 3, ✉ 66280, ☎ (0 68 97) 57 20,
Fax 57 22 00, AX DC ED VA
55 Zi, Ez: 98-130, Dz: 146-175, ⊣ WC ☎,
41✉; Lift P

Neuweiler
* **Paul**
Am Sternplatz 1, ✉ 66280, ☎ (0 68 97)
20 01, Fax 22 93, AX DC ED VA
27 Zi, Ez: 85-105, Dz: 140-160, ⊣ WC ☎; P
⍾
geschl: 24.12.-1.1.

Sulzbach (Taunus) 44 ↘

Hessen — Main-Taunus-Kreis — 190 m —
8 600 Ew — Bad Soden am Taunus 2, Frank-
furt/Main 15 km
🛈 ☎ (0 61 96) 7 02 10, Fax 7 38 27 —
Gemeindeverwaltung, Hauptstr 11,
65843 Sulzbach ➔

Sulzbach (Taunus)

Sulzbach (Taunus)-Außerhalb (1 km ✓)
*** Holiday Inn
Am Main-Taunus-Zentrum 1, ✉ 65843,
☎ (0 61 96) 76 30, Fax 7 29 96, AX DC ED VA
289 Zi, Ez: 295-450, Dz: 335-490, S; 2 Suiten,
⌐ WC ☎, 82🛌; Lift 🅿 13⇔350

*** Feldberg
Hauptgericht 30; Biergarten Terrasse

** Wintergarten Provence
Hauptgericht 25; Biergarten Terrasse

Sulzberg 70 □

Bayern — Kreis Oberallgäu — 800 m —
4 367 Ew — Kempten 9, Sonthofen 19,
Pfronten 23 km
ℹ ☎ (0 83 76) 9 20 10, Fax 92 01 40 — Verkehrsamt, Rathausplatz 4, 87477 Sulzberg.
Sehenswert: Sulzbergsee (2 km ↘); Burgruine ◂; Rottachsee, Talsperre; Pfarrkirche

* Flair Hotel Sulzberger Hof
♂ ◂ Sonthofener Str 17, ✉ 87477,
☎ (0 83 76) 3 01, Fax 86 60, AX DC ED VA
20 Zi, Ez: 90-118, Dz: 180-198, 3 App, ⌐ WC
☎, 2🛌; 🅿 🖨 1⇔30 ≋ Sauna Solarium
9Golf 🍴
Im Gästehaus auch Zimmer der Kategorie
** vorhanden

Sulzburg 67 ✓

Baden-Württemberg — Kreis Breisgau-Hochschwarzwald — 375 m — 2 600 Ew —
Müllheim 10, Freiburg 26 km
ℹ ☎ (0 76 34) 56 00 40, Fax 56 00 50 — Verkehrsamt, Hauptstr 60, 79295 Sulzburg;
Luftkurort am Westrand des Schwarzwaldes. Sehenswert: Ehem. Klosterkirche St.
Cyriak; ehem. Synagoge; Landes-Bergbaumuseum und bergbaugeschichtlicher
Wanderweg

*** Hirschen 🍷🍷
Hauptstr 69, ✉ 79295, ☎ (0 76 34) 82 08,
Fax 67 17
Hauptgericht 58; geschl: Mi, Di, 11.1.-28.1.,
26.7.-12.8.
* 5 Zi, Ez: 120-190, Dz: 160-230,
2 Suiten, ⌐ WC

Sulzburg-Außerhalb (4 km ↘)
** Waldhotel Bad Sulzburg
einzeln ♂ Badstr 67, ✉ 79295, ☎ (0 76 34)
82 70, Fax 82 12, AX DC ED VA
35 Zi, Ez: 92-125, Dz: 156-198, ⌐ WC ☎; Lift
🅿 🖨 3⇔50 ≋ Sauna Solarium 🍴
geschl: 5.1.-15.2.
Auch Zimmer der Kategorie * vorhanden
** einzeln, Hauptgericht 32; Terrasse; geschl: 6.1.-15.2.

Laufen (2 km ←)
** La Vigna 🍷
Weinstr 7, ✉ 79295, ☎ (0 76 34) 80 14,
Fax 6 92 52
Hauptgericht 46; 🅿 Terrasse; geschl: So,
Mo, 10.-20.1., 27.6.-12.7.

Sulzheim 56 ↑

Bayern — Kreis Schweinfurt — 250 m —
800 Ew — Schweinfurt 15 km
ℹ ☎ (0 93 82) 6 07 34, Fax 6 07 51 — Verkehrsamt, Marktplatz 20, 97447 Gerolzhofen. Sehenswert: Schloß

Alitzheim (1 km ↓)
* Gasthof Grob
Dorfplatz 1, ✉ 97529, ☎ (0 93 82) 9 72 50,
Fax 2 87, AX ED VA
31 Zi, Ez: 57-85, Dz: 95-125, ⌐ WC ☎; 🅿 🖨
2⇔120 🍴
geschl: So, feiertags, 28.12.-10.1.
Im Gästehaus Zimmer der Kategorie **
vorhanden

Sundern siehe Hiddenhausen

Sundern 34 ↓

Nordrhein-Westfalen — Hochsauerlandkreis — 200 m — 30 000 Ew — Neheim-Hüsten 15, Meschede 23 km
ℹ ☎ (0 29 33) 8 12 51, Fax 8 11 11 — Verkehrsamt, Rathausplatz 1, 59846 Sundern.
Sehenswert: Sorpe-Stausee (5 km ←)

** Sunderland Hotel
Rathausplatz 2, ✉ 59846, ☎ (0 29 33) 98 70,
Fax 98 71 11, DC ED VA
46 Zi, Ez: 145, Dz: 185, 4 Suiten, 5 App, ⌐
WC ☎, 22🛌; Lift 🅿 4⇔180 Kegeln Sauna
Solarium 🍷

** Sunderland
Hauptgericht 32; Gartenlokal

Allendorf (Erholungsort, 7 km ✓)
* Clute-Simon
Allendorfer Str 85, ✉ 59846, ☎ (0 23 93)
9 18 00, Fax 91 80 28, AX DC ED VA
14 Zi, Ez: 75, Dz: 128, 2 App, ⌐ WC ☎; 🅿 🖨
3⇔100 Sauna Solarium 🍴 🍷

Langscheid
** Seegarten
◂ Zum Sorpedamm 21, ✉ 59846,
☎ (0 29 35) 9 64 60, Fax 71 92, DC VA
35 Zi, Ez: 70-85, Dz: 120-160, 2 Suiten, ⌐
WC ☎; Lift 🅿 5⇔90 ≋ Solarium 🍴 🍷

** Seehof
♂ ◂ Langscheider Str 2, ✉ 59846,
☎ (0 29 35) 96 51-0, Fax 96 51-30, ED
8 Zi, Ez: 60-95, Dz: 120, 5 Suiten, ⌐ WC ☎;
🅿 🖨 3⇔180 Strandbad Seezugang Sauna
🍴 🍷

Swisttal 42 ↗

Nordrhein-Westfalen — Rhein-Sieg-Kreis
— 150 m — 18 500 Ew — Euskirchen 13,
Bonn 19 km
ℹ ☎ (0 22 55) 30 90, Fax 30 92 99 — Gemeindeverwaltung, Gemeinde Swisstal, Rathaus, 53913 Swisttal

Heimerzheim
✱ Weidenbrück
Nachtigallenweg 27, ⊠ 53913, ☎ (0 22 54) 60 30, Fax 60 34 08, AX
37 Zi, Ez: 75-105, Dz: 110-150, 3 Suiten, ⇃ WC ☎; Lift ℗ Kegeln ⍟

Syke 17↙

Niedersachsen − Kreis Diepholz − 40 m − 22 836 Ew − Bassum 11, Bremen 24 km
ℹ ☎ (0 42 42) 5 93 33, Fax 44 80 − Stadtverwaltung, Kirchstr 4, 28857 Syke; Erholungsort

✱ Vollmer's Gasthaus
Hauptstr 60, ⊠ 28857, ☎ (0 42 42) 5 02 60, Fax 6 02 80, AX DC ED VA
10 Zi, Ez: 85, Dz: 125, ⇃ WC ☎; Sauna Solarium
Auch Zimmer der Kategorie ✱✱ vorhanden
✱ Hauptgericht 20

Sylt

Größte nordfriesische Insel mit 40 km langem Brandungsstrand und großartiger Dünenlandschaft

Achtung: Eisenbahnverbindung (Autotransport) mit dem Festland über den Hindenburgdamm zwischen Westerland und Niebüll, ℹ Bahnhof Westerland ☎ (0 46 51) 2 40 57

Archsum
✱✱✱ Christian VIII
Heleeker 1, ⊠ 25980, ☎ (0 46 51) 9 70 70, Fax 97 07 77, AX DC ED VA
Dz: 295-420, 20 Suiten, ⇃ WC ☎ DFÜ; ℗ ≘ Sauna Solarium; **garni** ⬛
Restaurant für Hausgäste; Einrichtung im hochwertigem, elegantem Landhausstil

Kampen ℹ ☎ (0 46 51) 46 98 33, Fax 46 98 40 − Zimmernachweis, Hauptstr 12, 25999 Kampen (Sylt); Nordseebad mit reetgedeckten Häusern.
Sehenswert: Rotes Kliff; Vogelkoje; Uwe-Düne (höchste Düne Sylts, 52 m ◂)

✱✱✱ Rungholt
♔ ◂ Kurhausstr, ⊠ 25999, ☎ (0 46 51) 44 80, Fax 4 48 40
43 Zi, Ez: 175-240, Dz: 320-450, 17 Suiten, ⇃ WC ☎; ℗ 1⇌40 Fitneßraum Sauna Solarium 18Golf
geschl: 8.-16.11., 15.1.-15.2.
Restaurant für Hausgäste

✱✱✱ Walter's Hof
♔ ◂ Kurhausstr, ⊠ 25999, ☎ (0 46 51) 9 89 60, Fax 4 55 90
18 Zi, Ez: 215-415, Dz: 340-440, 17 Suiten, 9 App, ⇃ WC ☎; ℗ 1⇌30 ≘ Sauna Solarium ⍟ ⬛
Auch Zimmer der Kategorie ✱✱ vorhanden

✱✱ Village Kampen
Alte Dorfstr 7, ⊠ 25999, ☎ (0 46 51) 4 69 70, Fax 46 97 77, AX
9 Zi, Dz: 180-430, 5 Suiten, ⇃ WC ☎; ℗ ≘ Sauna 18Golf; **garni**

✱✱ Golf- und Landhaus
♔ Braderuper Weg 12, ⊠ 25999, ☎ (0 46 51) 4 69 10, Fax 46 91 11, AX
5 Zi, Ez: 260-340, Dz: 310-440, 4 Suiten, ⇃ WC ☎ DFÜ; ℗ ≘ Sauna Solarium 18Golf; **garni** ⬛

✱✱ Reethüs
Hauptstr 18, ⊠ 25999, ☎ (0 46 51) 9 85 50, Fax 4 52 78, AX
18 Zi, Ez: 200-395, Dz: 250-425, 2 Suiten, ⇃ WC ☎; ℗ ≘ Sauna Solarium; **garni**

✱ Landhaus Südheide
♔ Sjip-Wai 4, ⊠ 25999, ☎ (0 46 51) 9 45 90, Fax 94 59 11, AX
12 Zi, Ez: 150-350, Dz: 360, 3 Suiten, ⇃ WC ☎; ℗
geschl: Mo, Mi, 1.11.-25.12.
Auch Zimmer der Kategorie ✱✱ vorhanden

✱ Hamburger Hof
Kurhausstr 3, ⊠ 25999, ☎ (0 46 51) 9 46 00, Fax 4 39 75
15 Zi, Ez: 255-275, Dz: 275-475, 1 Suite, ⇃ WC ☎ DFÜ; ℗ 1⇌ Sauna Solarium; **garni** ⬛

✱ Kamphörn
Norderheide 2, ⊠ 25999, ☎ (0 46 51) 9 84 50, Fax 98 45 19
10 Zi, Ez: 120-175, Dz: 200-350, 2 Suiten, ⇃ WC ☎, 10⍟; **garni**

✱ ◂ Ahnenhof
♔ ◂ Kurhausstr 8, ⊠ 25999, ☎ (0 46 51) 4 26 45, Fax 4 40 16, AX
13 Zi, Ez: 120-150, Dz: 220-300, ⇃ WC ☎; ℗ Solarium; **garni**
geschl: 22.11.-25.12., 10.1.-15.2.

✱✱✱ Tappe's im Walter's Hof
Kurhausstr 3, ⊠ 25999, ☎ (0 46 51) 9 89 60, Fax 4 55 90, AX
Hauptgericht 56; Terrasse; geschl: Mitte Nov-Mitte Dez
mittags Bistroangebot

✱ Dorfkrug
Braderuper Weg 3, ⊠ 25999, ☎ (0 46 51) 4 35 00, Fax 4 18 79, AX ED VA
Hauptgericht 30

Keitum 5 m - Luftkurort am Wattenmeer mit Friesenhäusern unter alten Bäumen; Meerwasserfreibad. Sehenswert: Kirche; Altfriesisches Haus, Heitmatmuseum (Uwe-Jens-Lornsen-Sammlung)

✱✱✱ Aarnhoog ♛
♔ Gaat 13, ⊠ 25980, ☎ (0 46 51) 39 90, Fax 3 99 99, ED
3 Zi, Ez: 290, Dz: 365-420, 11 App, ⇃ WC ☎; ℗ ≘ Sauna; **garni** ⬛
Rezeption: 8-20 ➔

Sylt

*** Benen-Diken-Hof ♛
♂ Süderstr 3, ⌧ 25980, ☎ (0 46 51) 9 38 30,
Fax 93 83 83, AX DC ED VA
27 Zi, Ez: 160-280, Dz: 260-430, 7 Suiten,
8 App, ⌐ WC ☎; 🅿 ≋ Fitneßraum Sauna
Solarium 18Golf ⚑
Rezeption: 8-20
Restaurant für Hausgäste; Auch Zimmer
der Kategorie ** vorhanden

** Ringhotel Seiler Hof
♂ Gurtstig 7, ⌧ 25980, ☎ (0 46 51) 9 33 40,
Fax 3 53 70
8 Zi, Ez: 175-250, Dz: 275-320, S; 2 Suiten,
1 App, ⌐ WC ☎; 🅿 Fitneßraum Sauna
Solarium
Restaurant für Hausgäste

* Groot's Hotel
♂ Gaat 5, ⌧ 25980, ☎ (0 46 51) 9 33 90,
Fax 3 29 53
11 Zi, Ez: 170, Dz: 250-330, ⌐ WC ☎; 🅿
Sauna Solarium; garni
geschl: 1.-16.12., 15.-31.1.

* Fisch-Fiete
♢ Weidemannweg 3, ⌧ 25980, ☎ (0 46 51)
3 21 50, Fax 3 25 91
Hauptgericht 40; Gartenlokal 🅿 Terrasse;
geschl: 29.11-17.12., 11.1.-18.2.

⚑ Salon 1900
♢ Süderstr 40, ⌧ 25980, ☎ (0 46 51)
93 60 00/3 21 45, Fax 96 60 05, AX ED
Hauptgericht 36; 🅿 Terrasse; geschl: 15.1.-15.2.
Restaurant und Bar

List 6 m - 🛈 ☎ (0 46 51) 9 52 00,
Fax 87 13 98 — Kurverwaltung, Listlandstr,
25992 List (Sylt); Der nördlichste Ort der
Bundesrepublik; Nordseebad. Sehenswert: Wanderdünen im Naturschutzgebiet

Achtung: Fährverbindung mit der dänischen Insel Römö, 🛈 und Reservierung
☎ (0 46 51) 87 04 75

* Über 100 Jahre alter Gasthof
♢ Alte Dorfstr 5, ⌧ 25992, ☎ (0 46 51)
87 72 44, Fax 87 14 00, AX ED VA
Hauptgericht 30

* Alte Backstube
Süderhörn 2, ⌧ 25992, ☎ (0 46 51) 87 05 12,
Fax 87 05 12, AX DC ED VA
Hauptgericht 40; geschl: Mi (im Winter)

Morsum Luftkurort auf der Ostzunge der
Insel, am Wattenmeer. Sehenswert: Kirche
(Altar), Naturschutzgebiet Morsum-Kliff
(2 km ↗)

*** Landhaus Nösse ⚐
⚑ Nösistig 13, ⌧ 25980, ☎ (0 46 51) 9 22-0,
Fax 89 16 58, AX ED
Hauptgericht 55; Terrasse; geschl: Mo
(Sept-April)
*** einzeln ♂ ⚑ 7 Zi, Dz: 360-495, ♛
2 Suiten, ⌐ WC ☎; 🅿 1⟳50

Munkmarsch Ort am Wattenmeer

*** Petersilie im Hotel ⚐⚐
Fährhaus
Heefwai 1, ⌧ 25980, ☎ (0 46 51) 9 39 70,
Fax 93 97 10
Hauptgericht 58; 🅿 Terrasse; nur abends;
geschl: Mo, 16.11.-16.12., 3 Wochen im Mär
Eröffnung des Hotels voraussichtlich
Ostern 99.

** Käpt'n Sellmer Stube
Hauptgericht 35

** Moby Dick
⚑ Munkhoog 14, ⌧ 25980, ☎ (0 46 51)
3 21 20, Fax 3 03 10, AX VA
Hauptgericht 35; Biergarten 🅿 Terrasse;
geschl: Mi

Rantum 11 m - 🛈 ☎ (0 46 51) 80 70,
Fax 8 07 66 — Kurverwaltung, Strandstr 7,
25980 Rantum (Sylt); Nordseebad mit
reetgedeckten Häusern; Insel hier nur 1 km
breit. Sehenswert: Eidum Vogelkoje;
Rantum-becken (Vogelschutzgebiet);
Quellenhaus der Sylt-Quelle am Hafen

* Alte Strandvogtei
♂ Merret-Lassen-Wai 6, ⌧ 25980,
☎ (0 46 51) 9 22 50, Fax 2 91 57
14 Zi, Ez: 120-300, Dz: 190-300, 1 Suite, ⌐
WC ☎; garni

Rantum-Außerhalb (5 km ↓)
Sansibar
einzeln ⚑ Hörnumer Str 417, ⌧ 25980,
☎ (0 46 51) 96 46 46, Fax 96 46 47, AX
Hauptgericht 45; Terrasse

Wenningstedt 10 m - 🛈 ☎ (0 46 51)
9 89 00, Fax 4 57 72 — Verkehrsverein, Westerlandstr 1, 25993 Wenningstedt (Sylt).
Sehenswert: Rotes Kliff; Denghoog;
Friesenkapelle

** Strandhörn ♛
♂ Dünenstr 1, ⌧ 25996, ☎ (0 46 51) 9 45 00,
Fax 4 57 777
11 Zi, Ez: 150-310, Dz: 250-350, 10 Suiten,
5 App, ⌐ WC ☎; 🅿 1⟳24 Fitneßraum
Sauna Solarium; garni
geschl: Anfang Nov-Mitte Dez, Anfang Jan-
Mitte Feb
Auch Zimmer der Kategorie *** vorhanden
*** Lässig im Strandhörn ⚐
Hauptgericht 45; nur abends; geschl: Mi,
Anfang Nov-Mitte Dez, Anfang Jan-Mitte
Feb

* Windrose
Strandstr 21-23, ⌧ 25996, ☎ (0 46 51) 94 00,
Fax 94 08 77, AX DC ED VA
77 Zi, Ez: 140-250, Dz: 200-400, 27 Suiten, ⌐
WC ☎, 10⚑; Lift 🅿 4⟳400 ≋ Seezugang
Sauna Solarium 18Golf ⚑
** Veneto
nur abends; geschl: Di, Nebensaison
Di+Mi, 25.10.-3.12.

Sylt

* Sylter Domizil
Hauptstr 3, ✉ 25996, ☎ (0 46 51) 82 90-0,
Fax 82 90-29, AX ED VA
11 Zi, Ez: 99-259, Dz: 139-279, ⊣ WC ☎; Fitneßraum Sauna Solarium; **garni**

* Friesenhof
Hauptstr 16, ✉ 25996, ☎ (0 46 51) 94 10,
Fax 94 12 22
14 Zi, Ez: 91-255, Dz: 192-280, 10 App, ⊣
WC ☎ DFÜ; 🅿 Fitneßraum Sauna Solarium
18Golf; **garni**
geschl: Mi, Nov-Apr

* Strand-Hotel
Strandstr 11, ✉ 25996, ☎ (0 46 51) 9 89 80,
Fax 98 98 98
23 Zi, Ez: 100-150, Dz: 200-260, 3 Suiten, ⊣
WC ☎ DFÜ; Sauna 18Golf
Restaurant für Hausgäste

** Hinkfuss am Dorfteich
Am Dorfteich 2, ✉ 25996, ☎ (0 46 51) 54 61,
AX DC ED VA
Hauptgericht 40; 🅿 Terrasse; geschl: Mo,
10.1.-15.2.

Westerland 4 m - 🛈 ☎ (0 46 51) 99 88,
Fax 99 81 00 – Fremden-Verkehrs-
Zentrale, 25980 Westerland (Sylt);
Nordsee-Heilbad. Sehenswert: Dorfkirche;
Aquarium; Spielkasino

Achtung: Flugplatz; an Flugtagen
🛈 und Buchung ☎ (0 46 51) 9 20 60

*** Stadt Hamburg
Relais & Châteaux
Strandstr 2, ✉ 25980, ☎ (0 46 51) 85 80,
Fax 85 82 20, AX ED VA
48 Zi, Ez: 179-317, Dz: 299-529, 24 Suiten, ⊣
WC ☎ DFÜ; Lift 🖨 5↔50 18Golf
Zimmer unterschiedlicher Kategorien vor-
handen
***   Hauptgericht 48; 🅿
Bistro Stadt Hamburg
Hauptgericht 29; 🅿 Terrasse

*** Strandhotel Pannonia
Friedrichstr /Margarethenstr 9, ✉ 25980,
☎ (0 46 51) 83 80, Fax 83 84 54, AX DC ED VA
53 Zi, Ez: 210-405, Dz: 280-430, S; 45 Suiten,
⊣ WC ☎; Lift 🖨 8↔17 Fitneßraum Sauna
Solarium 18Golf; **garni**

*** Dorint Hotel Sylt
♻ Schützenstr 22-26, ✉ 25980, ☎ (0 46 51)
85 00, Fax 85 01 50, AX DC ED VA
Ez: 230-395, Dz: 288-515, S; 51 Suiten,
72 App, ⊣ WC ☎; Lift 🅿 1↔50 ≘ Sauna
Solarium 9Golf
**   **Bistro Lakshüs**
Hauptgericht 28; Terrasse

*** Miramar
Prima Hotel
◄ Friedrichstr 43, ✉ 25980, ☎ (0 46 51)
85 50, Fax 85 52 22, AX DC ED VA
82 Zi, Ez: 170-620, Dz: 275-655, 11 Suiten, ⊣
WC ☎; Lift 🅿 🖨 3↔80 ≘ Fitneßraum
Sauna Solarium 27Golf
geschl: 15.11.-18.12.
**   ◄ Hauptgericht 29; Terrasse;
geschl: 15.11.-18.12.

** Uthland
Elisabethstr 12, ✉ 25980, ☎ (0 46 51)
9 86 00, Fax 98 60 60, AX ED
16 Zi, Ez: 155-290, Dz: 250-350, ⊣ WC ☎
DFÜ; Lift 🅿 🖨 Sauna Solarium
geschl: 29.11.-21.12.
Restaurant für Hausgäste

** Wiking
Steinmannstr 11, ✉ 25980, ☎ (0 46 51)
8 30 02, Fax 83 02 99
28 Zi, Ez: 100-250, Dz: 190-410, ⊣ WC ☎,
6✉; Lift 🖨; **garni**

** Monbijou
◄ Andreas-Dirks-Str 6, ✉ 25980,
☎ (0 46 51) 99 10, Fax 2 78 70
28 Zi, Ez: 85-245, Dz: 170-440, 2 Suiten, ⊣
WC ☎; Lift 🅿 🖨 Seezugang; **garni**

** Wünschmann
◄ Andreas-Dirks-Str 4, ✉ 25980,
☎ (0 46 51) 50 25, Fax 50 28, AX
34 Zi, Ez: 130-280, Dz: 206-446, 1 Suite,
2 App, ⊣ WC ☎; Lift 🅿 🖨 18Golf
geschl: Mitte Nov - Mitte Dez
Restaurant für Hausgäste; Auch Zimmer
der Kategorie ***** vorhanden

* Sylter Hof
Norderstr 9, ✉ 25980, ☎ (0 46 51) 85 70,
Fax 8 57 55
22 Zi, Ez: 120-225, Dz: 180-380, 2 Suiten, ⊣
WC ☎; Lift 🅿 ≘ Sauna
**   Hauptgericht 29; nur abends;
geschl: Mo

* Marin Hotel
Elisabethstr 1, ✉ 25980, ☎ (0 46 51) 9 28 00,
Fax 2 86 94
27 Zi, Ez: 84-190, Dz: 164-306, 2 Suiten,
16 App, ⊣ WC ☎; 🅿; **garni**

* Windhuk
Brandenburger Str 6, ✉ 25980, ☎ (0 46 51)
99 20, Fax 2 93 79, AX ED
34 Zi, Ez: 170, Dz: 280, ⊣ WC ☎, 3✉; **garni**

* Clausen
Friedrichstr 20, ✉ 25980, ☎ (0 46 51)
9 22 90, Fax 2 80 07
16 Zi, Ez: 100-170, Dz: 180-290, 2 Suiten,
1 App, ⊣ WC ☎; 🖨; **garni**
Rezeption: 8-19; geschl: 6.1.-25.1.
Auch Zimmer der Kategorie ****** vorhanden ➔

Sylt

∗ Westfalen-Hof
Steinmannstr 49, ⌂ 25980, ☎ (0 46 51)
80 50, Fax 8 05 88, ED
16 Zi, Ez: 120-165, Dz: 240-330, 4 App, ⌐
WC ☎; P ≘ Sauna Solarium; **garni**

∗∗∗∗ Jörg Müller
Süderstr 8, ⌂ 25980, ☎ (0 46 51) 2 77 88,
Fax 20 14 71, AX DC ED VA
Hauptgericht 76; Gartenlokal P; geschl: Di,
11.01.-25.03.
4 Appartements und 3 Doppelzimmer im
eleganten Landhausstil von 260 bis 480 DM
vorhanden
∗∗ Pesel
Hauptgericht 56; Gartenlokal; geschl: Di,
Mi

∗∗ Webchristel
⌀ Süderstr 11, ⌂ 25980, ☎ (0 46 51) 2 29 00
Hauptgericht 33; P; nur abends; geschl:
Do

∗∗ Franz Ganser
Das kleine Restaurant
Bötticherstr 2, ⌂ 25980, ☎ (0 46 51) 2 29 70,
Fax 2 42 02, AX DC ED VA
Hauptgericht 42; Terrasse; nur abends,
so + feiertags auch mittags; geschl: Mo,
22.11.-17.12., 21.2.-23.3.

∗∗ Alte Friesenstube
⌀ Gaadt 4, ⌂ 25980, ☎ (0 46 51) 12 28,
Fax 93 63 50, AX
Hauptgericht 30
300jähriges Friesenhaus

⚑ Wien
Strandstr 13, ⌂ 25980, ☎ (0 46 51) 53 35,
Fax 2 95 10
Hauptgericht 25
Spezialität: Friesentorte

⚑ Bistro Leysieffer
Friedrichstr 38, ⌂ 25980, ☎ (0 46 51)
82 38 20, AX DC
Hauptgericht 24

Tabarz 47

Thüringen — Kreis Gotha — 420 m —
4 385 Ew — Eisenach 25, Oberhof 34 km
ℹ ☎ (03 62 59) 56 00, Fax 5 60 18 — Kurgesellschaft mbH, Zimmerbergstr 4,
99891 Tabarz; Wintersport-, Kur- und Erholungsort am Fuße des Inselsberges (916,5 m)

∗∗ Germania
♣ Friedrichrodaer Str 11, ⌂ 99891,
☎ (03 62 59) 5 50, Fax 75 51 00, AX DC ED VA
45 Zi, Ez: 80-130, Dz: 110-180, 4 Suiten,
1 App, ⌐ WC ☎; ≘ Sauna Solarium
Auch Zimmer der Kategorie **∗∗∗** vorhanden
∗ Hauptgericht 25

∗∗ Zur Post
Lauchagrundstr 16, ⌂ 99891, ☎ (03 62 59)
5 11 11, Fax 5 11 14, AX DC ED VA
38 Zi, Ez: 95-115, Dz: 160-180, 4 App, ⌐ WC
☎, 10⚑; Lift P 3⇆60 Fitneßraum Sauna
Solarium ⁜⁜ ⚑

Tailfingen siehe Albstadt

Tamm 61

Baden-Württemberg — Kreis Ludwigsburg
— 250 m — 12 000 Ew — Bietigheim 3,
Markgröningen 4 km
ℹ ☎ (0 71 41) 60 60, Fax 60 61 85 — Gemeindeverwaltung, Bahnhofstr 1, 71732 Tamm.
Sehenswert: Kirche; Rathaus; Backhäuschen; Fachwerkhäuser

∗∗ Ochsen
Hauptstr 40, ⌂ 71732, ☎ (0 71 41) 6 93 30,
Fax 69 33 30, AX DC ED VA
17 Zi, Ez: 130-160, Dz: 180-190, ⌐ WC ☎; P
⚑ 2⇆40
∗∗ ⌀ Hauptgericht 40; Gartenlokal

Tangermünde 28

Sachsen-Anhalt — Kreis Stendal — 45 m —
10 300 Ew — Stendal 9, Genthin 24 km
ℹ ☎ (03 93 22) 37 10, Fax 37 10 — TouristInformation Tangermünde, Marktstr. 13,
39590 Tangermünde. Sehenswert: Stadtbefestigung mit Hühnerdorfer Torturm; Pfarrkirche St. Stephan; Pfarrkirche St. Nikolai

∗∗ Ringhotel Schwarzer Adler ♛
Lange Str 52, ⌂ 39590, ☎ (03 93 22) 23 91
+960, Fax 36 42, AX DC ED VA
50 Zi, Ez: 95-110, Dz: 140-160, S; 3 Suiten,
⌐ WC ☎; P 5⇆220 ≘ Fitneßraum Sauna
Solarium ⚑
⁜⁜ **Kutscherstübchen**
Hauptgericht 17; Biergarten Terrasse

∗ Stars Inn
Lange Str 47, ⌂ 39590, ☎ (03 93 22) 98 70,
Fax 9 87 70, ED
18 Zi, Ez: 82-92, Dz: 110-124, 1 Suite, ⌐ WC
☎, 5⚑; Solarium; **garni** ⚑

⌂ Sturm
Arneburger Str 37, ⌂ 39590, ☎ (03 93 22)
30 48-49, Fax 9 33 50
28 Zi, Ez: 71, Dz: 86, ⌐ WC ☎; P
Restaurant für Hausgäste

⁜⁜ Zur Post
Lange Str 4, ⌂ 39590, ☎ (03 93 22) 25 34,
Fax 4 42 48, AX DC ED VA
Hauptgericht 16; Biergarten; geschl: Mo,
Ende Dez-Anfang Jan

Tangstedt 18↖

Schleswig-Holstein — Kr. Pinneberg
🛈 ☎ (0 41 01) 20 99 40 — Tourist-Information, 25499 Tangstedt (Kr. Pinneberg)

* **Zur Wulfsmühle**
einzeln, Mühlenstr 97, ✉ 25499, ☎ (0 41 01) 2 88 22, Fax 51 34 24, ED VA
Hauptgericht 28; Biergarten **P**; geschl: Okt-Mai Mo
* einzeln, 8 Zi, Ez: 90-120, Dz: 145, ⌐ WC ☎
Rezeption: 11-24

Tangstedt 18↖

Schleswig-Holstein — Kreis Stormarn — 35 m — 5 928 Ew
🛈 ☎ (0 41 09) 51-0, Fax 51 51 — Tourist-Information, Hauptstr 93, 22889 Tangstedt

* **Tangstedter Mühle**
Hauptstr 96, ✉ 22889, ☎ (0 41 09) 92 17 + 2 79 00, Fax 27 90 13, AX ED VA
18 Zi, Ez: 100-120, Dz: 150-170, 1 Suite, ⌐ WC ☎; **P** 🚗 ⍰

Tann 46↗

Hessen — Fulda — 400 m — 5 000 Ew
🛈 ☎ (0 66 82) 16 55, Fax 89 22 — Tourist-Information, Am Kalkofen 6, 36142 Tann

* **Landhaus Kehl**
Eisenacher Str 15, ✉ 36142, ☎ (0 66 82) 3 87, Fax 14 35
38 Zi, Ez: 45-55, Dz: 72-88, ⌐ WC ☎; **P** 🚗 2↔40 Fitneßraum Sauna Solarium ⍰
geschl: Di, 12.-31.10.
Im Gasthof einfachere Zimmer

Tanne 37□

Sachsen-Anhalt — Kreis Wernigerode — 500 m — 780 Ew
🛈 ☎ (03 94 57) 32 26, Fax 32 98 — Gemeinde Tanne, Schulstr 2, 38875 Tanne; Ort im Hochharz.

* **Zum Brockenbäcker**
Lindenwarte 20, ✉ 38875, ☎ (03 94 57) 9 76-0, Fax 9 76-33
16 Zi, Ez: 75, Dz: 120; ⍰ 🍺

Tauberbischofsheim 55→

Baden-Württemberg — Main-Tauber-Kreis — 190 m — 12 900 Ew — Bad Mergentheim 18, Würzburg 32 km
🛈 ☎ (0 93 41) 8 03 13, Fax 8 03 89 — Tourist-Information, Marktplatz 8, 97941 Tauberbischofsheim; Kreisstadt. Sehenswert: Neugotisches Rathaus mit Glockenspiel; Kath. Kirche; Türmersturm; Landschaftsmuseum im Kurmainzischen Schloß; Bundes- und Landesleistungszentrum Fechten

Taufkirchen

* **Am Brenner**
♂ ⚔ Goethestr 10, ✉ 97941, ☎ (0 93 41) 9 21 30, Fax 92 13 34, AX DC ED VA
30 Zi, Ez: 87-99, Dz: 120-140, ⌐ WC ☎, 3⍰; **P** 🚗 1↔35 Fitneßraum Sauna Solarium 27 Golf
Auch Zimmer der Kategorie ****** vorhanden

** **Brenner Stuben**
⚔ Hauptgericht 21; Terrasse; geschl: Fr

* **Badischer Hof**
Am Sonnenplatz, ✉ 97941, ☎ (0 93 41) 98 80, Fax 98 82 00, AX ED VA
26 Zi, Ez: 85-100, Dz: 120-140, 1 Suite, ⌐ WC ☎; **P** 🚗 ⍰
geschl: Fr, 15.12.-15.1.
Auch Zimmer der Kategorie ****** vorhanden

Tauberrettersheim 56↙

Bayern — Kreis Würzburg — 240 m — 791 Ew — Weikersheim 4, Creglingen 12 km
🛈 ☎ (0 93 38) 4 62 — Gemeindeverwaltung, Bergstr 1, 97285 Tauberrettersheim. Sehenswert: Steinbrücke; Pfarrkirche St. Vitus; Bergkapelle; Turm

* **Gasthof Zum Hirschen**
Mühlenstr 1, ✉ 97285, ☎ (0 93 38) 3 22, Fax 82 17
12 Zi, Ez: 60, Dz: 100, ⌐ WC ☎; **P** 🚗 2↔100 Kegeln Sauna Solarium ⍰
Rezeption: 9-23; geschl: Mi, 16.-29.11., 1.-18.2.

Taucha 39↙

Sachsen — Kreis Leipzig (Land) — 128 m — 14 500 Ew — Leipzig 7, Eilenburg 8 km
🛈 ☎ (03 42 98) 70-0, Fax 7 01 34 — Stadtverwaltung Taucha, Schloßstr 13, 04425 Taucha

* **Apart**
Weststr 1, ✉ 04425, ☎ (03 42 98) 3 08 18, Fax 3 08 16, AX DC ED VA
32 Zi, Ez: 100-130, Dz: 120-150, ⌐ WC ☎, 5⍰; **P** ⍰

* **Comfort-Hotel**
Leipziger Str 125, ✉ 04425, ☎ (03 42 98) 39 71 00, Fax 39 72 99, AX DC ED VA
103 Zi, Ez: 112, Dz: 138, ⌐ WC ☎ DFÜ, 51⍰; Lift **P**; garni

Taufkirchen 72□

Bayern — Kreis München — 560 m — 17 000 Ew — Unterhaching 2, Oberhaching 3 km
🛈 ☎ (0 89) 66 67 20, Fax 6 12 74 93 — Gemeindeverwaltung, Köglweg 3, 82024 Taufkirchen. Sehenswert: Pfarrkirche →

Taufkirchen

*** Limmerhof
Münchener Str 43, ✉ 82024, ☎ (0 89)
61 43 20, Fax 61 43 23 33, AX DC ED VA
83 Zi, Ez: 175-235, Dz: 225-280, ⌐ WC ☎,
8⬛; Lift 4⬤80 Fitneßraum Sauna Solarium
** Hauptgericht 32

Taufkirchen/Vils   72 ↗

Bayern — Kreis Erding — 456 m — 8 200 Ew
— Erding 18, Landshut 24 km
ℹ ☎ (0 80 84) 3 70, Fax 37 23 — Gemeindeverwaltung, Attinger Weg 9, 84416 Taufkir-
chen/Vils

* Am Hof
Hierlhof 2, ✉ 84416, ☎ (0 80 84) 9 30 00,
Fax 93 00 28, AX DC ED VA
16 Zi, Ez: 90-99, Dz: 142-152, 1 Suite, 2 App,
⌐ WC ☎ DFÜ; Lift 🅿 🚗 1⬤30; **garni**
Rezeption: 7-12, 17-24

Högersdorf (8 km ↙)
** Landgasthof Forster ✤
Haus Nr 23, ✉ 84416, ☎ (0 80 84) 23 57
Hauptgericht 27; 🅿 Terrasse; nur abends,
sa, so + feiertags auch mittags; geschl: Mo,
Di, 2 Wochen im Feb, 2 Wochen im Aug

Taunusstein   44 ↓

Hessen — Rheingau-Taunus-Kreis — 390 m
— 29 000 Ew — Bad Schwalbach 7, Wiesbaden 10 km
ℹ ☎ (0 61 28) 24 10, Fax 24 11 72 — Stadtverwaltung, Erich-Kästner-Str 5, 65232 Tau-
nusstein

Wehen
** Alt Straßburg
Dresdener Str 4, ✉ 65232, ☎ (0 61 28)
66 67, Fax 64 29, AX ED VA
Hauptgericht 32; geschl: So, Mo
**   4 Zi, Ez: 135, Dz: 190-230, ⌐ WC ☎
Rezeption: 10-12, 17-22

Tautenhain   48 ↗

Thüringen — Saale/Holzlandkreis —
1 809 Ew — Hermsdorf 2, Eisenberg 8, Gera
15 km
ℹ ☎ (03 66 01) 8 00 50, Fax 8 00 51 — Kurbetriebsgesellschaft Bad Klosterlausnitz
mbH, Hermann-Sachse-Str 44, 07639 Bad
Klosterlausnitz

* Zur Kanone
♂ Dorfstr 3, ✉ 07639, ☎ (03 66 01) 4 05 11,
Fax 4 05 15, ED VA
29 Zi, Ez: 80, Dz: 120, ⌐ WC ☎; 🅿 1⬤40 🍴

Tecklenburg   24 ↙

Nordrhein-Westfalen — Kreis Steinfurt —
150 m — 9 000 Ew — Ibbenbüren 9, Osnabrück 23 km
ℹ ☎ (0 54 82) 9 38 90, Fax 93 89 19 — Tecklenburg Touristik GmbH, Markt 7,
49525 Tecklenburg; Luftkurort am West-
hang des Teutoburger Waldes. Sehenswert: Burgruine: Turm ≤; Wasserschloß
Haus Marck (1 km ↓), Schiefes Haus

** Ringhotel Parkhotel Burggraf
♂ ≤ Meesenhof 5, ✉ 49545, ☎ (0 54 82)
4 25, Fax 61 25, AX DC ED VA
43 Zi, Ez: 135-170, Dz: 170-198, S; 2 Suiten,
⌐ WC ☎; Lift 🅿 🚗 4⬤200 ⌂ Sauna
Solarium 9Golf
Auch Zimmer der Kategorie ***** vorhanden
*** Galerie
≤ Hauptgericht 30; Terrasse

🍵 Café Rabbel
Markt 6, ✉ 49545, ☎ (0 54 82) 2 19,
Fax 78 85
Spezialität: Kapuziner-Torte, Tecklenbur-
ger-Grafentorte

Brochterbeck (7 km ←)
** Ringhotel Teutoburger Wald
Im Bocketal 2, ✉ 49545, ☎ (0 54 55) 9 30 00,
Fax 93 00 70, AX DC ED VA
43 Zi, Ez: 95-130, Dz: 130-200, S; 1 Suite, ⌐
WC ☎, 6⬛; Lift 🅿 🚗 3⬤65 ⌂ Sauna
Solarium 🍵
Restaurant für Hausgäste

Leeden-Außerhalb (3 km ↘)
** Altes Backhaus
Am Ritterkamp 27, ✉ 49545, ☎ (0 54 81)
65 33, Fax 8 31 02, DC ED VA
Hauptgericht 35; 🅿 Terrasse; geschl: Di,
2 Wochen Ende Aug-Sep

Tegernsee   72 ↓

Bayern — Kreis Miesbach — 731 m —
4 300 Ew — Miesbach 18, Bad Tölz 20 km
ℹ ☎ (0 80 22) 18 01 40, Fax 37 58 — Kuramt
im Haus des Gastes, Hauptstr 2,
83684 Tegernsee; Heilklimatischer Kurort
am Tegernsee; Volkstheater. Sehenswert:
Kath. Kirche; Olaf-Gulbransson-Museum

** Bayern
♂ ≤ Neureuthstr 23, ✉ 83684, ☎ (0 80 22)
18 20, Fax 37 75, AX ED VA
63 Zi, Ez: 135-220, Dz: 200-290, 4 Suiten, ⌐
WC ☎, 13⬛; Lift 🅿 🚗 9⬤120 ⌂ Strandbad
Seezugang Fitneßraum Kegeln Sauna
Solarium 🍵
** ≤ Hauptgericht 30; Biergarten
Terrasse

Telgte

* Gästehaus Fackler
♠ ⋖ Karl-Stieler-Str 14, ⊠ 83684,
☎ (0 80 22) 91 76-0, Fax 91 76-15, ED
13 Zi, Ez: 100-130, Dz: 150-255, 10 App, ⊿
WC ☎; **P** ≘ Sauna Solarium
geschl: 10.11.-6.12.
Restaurant für Hausgäste; Auch Zimmer der Kategorie ****** vorhanden

* Basten Haus am See
♠ ⋖ Hauptstr 71, ⊠ 83684, ☎ (0 80 22) 9 14 70, Fax 91 47 47, ED
23 Zi, Ez: 95, Dz: 145-185, ⊿ WC ☎; **P**
1⇌25 ≘ Strandbad Sauna Solarium 6 Tennis; **garni**
geschl: 2.-23.11.
Restaurant für Hausgäste

* Guggemos
⋖ Hauptstr 1, ⊠ 83684, ☎ (0 80 22) 91 40, Fax 91 43 00, AX DC ED VA
28 Zi, Ez: 70-125, Dz: 118-194, ⊿ WC ☎; **P**
1⇌150 Strandbad Seezugang ⊤☉⌐ ⋑

** Der Leeberghof   ♛
⋖ Ellinger Str 10, ⊠ 83684, ☎ (0 80 22) 39 66, Fax 17 20, AX ED VA
Hauptgericht 43; **P** Terrasse; geschl: Mo, 15.1.-15.2.

** Ristorante Trastevere
Rosenstr 5, ⊠ 83684, ☎ (0 80 22) 43 82, AX ED VA
Hauptgericht 30; Biergarten **P** Terrasse

Bräustüberl
☒ Schloßplatz 1, ⊠ 83684, ☎ (0 80 22) 41 41, Fax 34 55
Hauptgericht 17; Terrasse; geschl: 2.11.-7.12.

Teinach-Zavelstein, Bad   61 ↙

Baden-Württemberg — Kreis Calw — 340 m — 2 800 Ew — Calw 12, Wildbad 12, Pforzheim 40 km
i ☎ (0 70 53) 84 44, Fax 21 54 — Kurverwaltung, im Stadtteil Bad Teinach, Otto-Neidhart-Allee 6, 75385 Bad Teinach-Zavelstein; Luftkurort und Heilbad im nördlichen Schwarzwald. Sehenswert: Ev.Kirche: Bildschrein; Burgruine; hist. Stadtkern

Teinach, Bad
*** Bad-Hotel
Otto-Neidhart-Allee 5, ⊠ 75385, ☎ (0 70 53) 2 90, Fax 2 91 77, AX DC ED VA
53 Zi, Ez: 120-175, Dz: 200-270, 4 Suiten, ⊿
WC ☎; Lift **P** ⋒ 6⇌150 ≋ ≘ Kegeln Sauna Solarium 1 Tennis ⋑
Direkter Zugang zum Thermalbad
** Quellenrestaurant
Hauptgericht 35; Terrasse

* Mühle
Otto-Neidhart-Allee 2, ⊠ 75385, ☎ (0 70 53) 9 29 50, Fax 92 95-99
17 Zi, Ez: 55, Dz: 110, 3 App, ⊿ WC ☎; Lift
P ⋒ Solarium; **garni** ⋑
geschl: Fr, 1.11.-15.12.

* Schloßberg
♠ ⋖ Burgstr 2, ⊠ 75385, ☎ (0 70 53) 9 26 90, Fax 92 69 15
14 Zi, Ez: 53-62, Dz: 115-130, ⊿ WC ☎; ⊤☉⌐

Zavelstein
** Lamm
Marktplatz 3, ⊠ 75385, ☎ (0 70 53) 84 14, Fax 15 28
10 Zi, Ez: 65-75, Dz: 130-150, ⊿ WC ☎; **P** ⊤☉⌐
geschl: Do, 1.12.-10.1.

* Berlin's Hotel Krone
Marktplatz 2, ⊠ 75385, ☎ (0 70 53) 9 29 40, Fax 92 94 30, ED
Hauptgericht 22; Gartenlokal **P**
** 18 Zi, Ez: 75-110, Dz: 120-160, ⊿
WC ☎, 10⊠; Lift Sauna

Teisendorf   73 ▫

Bayern — Kreis Berchtesgadener Land — 504 m — 8 600 Ew — Traunstein 16, Salzburg 21 km
i ☎ (0 86 66) 2 95 — Verkehrsverein, Am Marktplatz, 83317 Teisendorf; Erholungsort

Holzhausen (3 km ↑)
** Kurhaus Seidl
♠ ⋖ Holzhausen 2, ⊠ 83317, ☎ (0 86 66) 80 10, Fax 80 11 02, DC ED VA
65 Zi, Ez: 99, Dz: 170, ⊿ WC ☎; Lift **P** ⋒
2⇌80 ≘ Fitneßraum Sauna Solarium 2 Tennis ⋑
Rezeption: 7.30-21; geschl: 9.-30.1.
Zimmer der Kategorie ******* vorhanden
** Hauptgericht 24; geschl: 9. - 30.1.

Telgte   34 ↘

Nordrhein-Westfalen — Kreis Warendorf — 52 m — 18 764 Ew — Münster 11, Warendorf 15 km
i ☎ (0 25 04) 7 75 71, Fax 7 20 15 — Stadttouristik Telgte, Markt 1, 48291 Telgte; Wallfahrtsort an der Ems. Sehenswert: Propsteikirche; Wallfahrtskapelle: Gnadenbild; Museum Münsterland; Altstadt; Internationales Krippenmuseum

* Marienlinde
Münstertor 1, ⊠ 48291, ☎ (0 25 04) 93 130, Fax 93 13 50, AX DC ED VA
18 Zi, Ez: 90-95, Dz: 130-145, 2 App, ⊿ WC ☎, 10⊠; **P** 1⇌25
Restaurant für Hausgäste   →

Telgte

* Alter Gasthof Seiling
Markt 6, ✉ 48291, ☎ (0 25 04) 7 22 68, ED VA
Hauptgericht 28; Biergarten Terrasse;
geschl: Sa mittags, Mo

Telgte-Außerhalb (2 km ↗) über die B 51
** Silence Heidehotel Waldhütte
einzeln ⚜ Im Klatenberg 19, ✉ 48291,
☎ (0 25 04) 92 00, Fax 92 01 40, AX DC ED VA
31 Zi, Ez: 125-145, Dz: 185-225, ⊟ WC ☎; P
🚗 4⇌60 Sauna Solarium 🛁
** Hauptgericht 35

Teltow 29→

Brandenburg — Kreis Potsdam-Mittelmark
— 60 m — 15 000 Ew — Ludwigsfelde 10,
Berlin 17, Potsdam 20 km
ℹ ☎ (0 33 28) — Fremdenverkehrsverein
Nuthe-Nieplitz, Neißestr 1, 14513 Teltow.
Sehenswert: St. Andreaskirche; Stubenrauchdenkmal „Zickenplatz"; Pfarramt;
Landratsamt

*** Courtyard by Marriott
Warthestr 20, ✉ 14513, ☎ (0 33 28) 44 00,
Fax 44 04 40, AX DC ED VA
195 Zi, Ez: 150-322, Dz: 150-322, S; ⊟ WC
☎, 66✉; Lift P 17⇌290 Fitneßraum Sauna
Solarium 🛁
** Brandenburg
Hauptgericht 30; Terrasse

* Hoteltow
Potsdamer Str 53, ✉ 14513, ☎ (0 33 28)
40-0, Fax 40-1 10, AX ED VA
61 Zi, Ez: 105-145, Dz: 140-180, ⊟ WC ☎,
29✉; Lift P 🚗 4⇌100 Fitneßraum Sauna
Solarium ¶⚐¶

Ruhlsdorf (3 km ↓)
* Hammer
Genshagener Str 1, ✉ 14513, ☎ (0 33 28)
4 14 23, Fax 47 46 80, ED
19 Zi, Ez: 105-110, Dz: 135-145, 1 App, ⊟
WC ☎, 3✉; P 🚗 1⇌30 ¶⚐¶ 🛁
Auch Zimmer der Kategorie ****** vorhanden

Templin 21↘

Brandenburg — Uckermark — 60 m —
14 000 Ew — Prenzlau 31, Oranienburg
66 km
ℹ ☎ (0 39 87) 26 31, Fax 5 38 33 — Fremdenverkehrsverein Templin e.V., Obere Mühlenstr 11 / Akzisehaus, 17268 Templin;
Erholungsort. Sehenswert: Stadtbefestigung mit Berliner Tor, Mühlentor, Prenzlauer Tor; Pfarrkirche St. Maria Magdalena;
St.-Georg-Kapelle; Rathaus; Templiner
Stadtsee; Lübbesee

** Fährkrug
einzeln ⚜ ⛴ Fährkrug 1, ✉ 17268,
☎ (0 39 87) 4 80, Fax 4 81 11, AX ED VA
36 Zi, Ez: 85, Dz: 115, 1 Suite, 3 App, ⊟ WC
☎, 2✉; Lift P 3⇌50 Seezugang Solarium
¶⚐¶ 🛁

* Zum Eichwerder
Werderstr 38, ✉ 17268, ☎ (0 39 87) 5 27 00,
Fax 5 27 01, AX ED VA
22 Zi, Ez: 95-115, Dz: 130-140, ⊟ WC ☎; P
🚗 1⇌34 Seezugang Sauna ¶⚐¶

* Fontane
Robert-Koch-Str 23, ✉ 17268, ☎ (0 39 87)
70 80-0, Fax 70 80 80
25 Zi, Ez: 79, Dz: 119, 2 App, ⊟ WC ☎; P
2⇌30 ¶⚐¶ 🛁

Tennenlohe siehe Erlangen

Teterow 21↘

Mecklenburg-Vorpommern — Kreis
Güstrow — 30 m — 11 500 Ew — Malchin 13, Güstrow 18 km
ℹ ☎ (0 39 96) 17 20 28, Fax 18 77 95 — Tourist-Information, Mühlenstr 1, 17166 Teterow. Sehenswert: St. Peter- u. Paulskirche;
Stadttore; slawische Burganlage

* Blücher
Warener Str 50-52, ✉ 17166, ☎ (0 39 96)
17 21 96, Fax 12 02 95, ED
16 Zi, Ez: 85, Dz: 125, 1 Suite, ⊟ WC ☎; P
1⇌40 Fitneßraum Sauna Solarium
Restaurant für Hausgäste

* Zur Goldenen Krone
Constantin-Kirchhoff-Str 2, ✉ 17166,
☎ (0 39 96) 18 72 15, Fax 18 71 36
14 Zi, Ez: 75-80, Dz: 110-120, ⊟ WC ☎; P ¶⚐¶

Tettnang 69↓

Baden-Württemberg — Bodenseekreis —
466 m — 16 700 Ew — Friedrichshafen 10,
Ravensburg 13 km
ℹ ☎ (0 75 42) 51 00, Fax 51 02 75 — Verkehrsamt, Montfortplatz 7, 88069 Tettnang.
Sehenswert: Museum im Neuen Montfortschloß, Montfortmuseum im Torschloß

** Ringhotel Rad
Lindauer Str 2, ✉ 88069, ☎ (0 75 42) 54 00,
Fax 5 36 36, AX DC ED VA
72 Zi, Ez: 100-160, Dz: 150-200, S; ⊟ WC ☎;
Lift P 🚗 3⇌130 Kegeln Sauna Solarium
geschl: 3 Wochen im Jan
* Hauptgericht 30; Terrasse;
geschl: 3 Wochen im Jan

* Ritter
Karlstr 2, ✉ 88069, ☎ (0 75 42) 5 30 20,
Fax 53 02 30, AX DC ED VA
23 Zi, Ez: 70-120, Dz: 100-160, 2 Suiten,
2 App, ⊟ WC ☎; Lift P 🚗
geschl: 1.-15.11.
* Hauptgericht 20; Gartenlokal
Kegeln; geschl: im Winter Fr, 1.-15.11.,
20.2.-7.3.

Thale (Harz) 37 ↗

Sachsen-Anhalt — Kreis Quedlinburg — 200 m — 15 200 Ew — Halberstadt 27, Nordhausen 51 km
i ☎ (0 39 47) 25 97, Fax 22 77 — Thale-Information, Rathausstr 1, 06502 Thale.
Sehenswert: Pfarrkirche St. Andreas; Hexentanzplatz (453 m) ≼; Roßtrappe (403 m) ≼; Teufelsbrücke im Bodetal; Tierpark Hexentanzplatz; Harzer Burgtheater; Naturschutzgebiet Bodetal

Thale-Außerhalb (5 km ↙)
* Berghotel Hexentanzplatz
einzeln, Hexentanzplatz 1, ✉ 06502, ☎ (0 39 47) 47 30, Fax 22 12, AX ED VA
16 Zi, Ez: 70-140, Dz: 130-180, ⌐⌐ WC ☎; P 6↔100 🍴

Thale-Außerhalb (4 km ↙)
* Gästehaus im Berghotel Rosstrappe
einzeln ♂ ✉ 06502, ☎ (0 39 47) 30 11, Fax 30 13, AX ED VA
44 Zi, Ez: 50-110, Dz: 90-150, 3 Suiten, ⌐⌐ WC ☎, 2✉; P 3↔30 Fitneßraum 🍴 ⚓
Im Haupthaus einfache Zimmer vorhanden

Thalfang 52 →

Rheinland-Pfalz — Kreis Bernkastel-Wittlich — 450 m — 1 612 Ew — Morbach 14, Hermeskeil 16 km
i ☎ (0 65 04) 91 40-50, Fax 87 73 — Tourist-Information, Saarstr 9, 54524 Thalfang; Erholungsort im Hunsrück

* Haus Vogelsang
♂ Vogelsang 7, ✉ 54424, ☎ (0 65 04) 10 88, Fax 23 32, ED
11 Zi, Ez: 53-58, Dz: 94-110, ⌐⌐ WC ☎; P 🍴

Thalheim (Erzgeb.) 50 □

Sachsen — Kreis Stollberg — 450 m — 8 400 Ew — Chemnitz 19, Aue 22 km
i ☎ (0 37 21) 26 20, Fax 8 41 80 — Stadtverwaltung, Hauptstr 5, 09380 Thalheim.
Sehenswert: Miniaturanlage „Rentnersruh"

** Aton
♂ Friedrichstr 10 a, ✉ 09380, ☎ (0 37 21) 29 09-0, Fax 29 09-13, AX ED VA
25 Zi, Ez: 90-99, Dz: 130-149, ⌐⌐ WC ☎, 10✉; Lift P Fitneßraum Kegeln Sauna Solarium 🍴

* Pension Wiesenmühle
♂ ≼ ⛨ Chemnitzer Str 48, ✉ 09380, ☎ (0 37 21) 2 33 71
14 Zi, Ez: 55-71, Dz: 80-90, 2 App, ⌐⌐ WC; P 🍴; garni
Hist. Ölmühle von 1838

Tharandt 51 ↘

Sachsen — Kreis Weißeritzkreis — 350 m — 2 632 Ew — Freital 3, Dresden 13 km
i ☎ (03 52 03) 3 74 51 — Stadtverwaltung, Schillerstr 5, 01737 Tharandt

* Schützenhaus
Wilsdruffer Str 20, ✉ 01737, ☎ (03 52 03) 3 04 11, Fax 3 04 22, AX ED VA
12 Zi, Ez: 80-90, Dz: 110-130, ⌐⌐ WC ☎; 1↔35 Fitneßraum Sauna 🍴

Thiendorf 40 ↘

Sachsen — Riesa-Großenhain 1 500 Ew
i ☎ (03 52 48) 84 00 — Gemeindeverwaltung, Kamenzerstr. 25, 01561 Thiendorf

* Lindenhof
Kamenzer Str 1, ✉ 01561, ☎ (03 52 48) 8 42 22, Fax 8 42 23, ED VA
20 Zi, Ez: 95, Dz: 120, ⌐⌐ WC ☎; P 1↔24 🍴 ⚓

Thierhaupten 63 ↘

Bayern — Augsburg — 400 m — 3 400 Ew
i ☎ (0 82 71) 80 57-0, Fax 80 57-50 — Gemeindeverwaltung, Marktplatz 1, 86672 Thierhaupten

** Klostergasthof
Augsburger Str 3, ✉ 86672, ☎ (0 82 71) 8 18 10, Fax 81 81 50, AX ED VA
17 Zi, Ez: 150, Dz: 170, ⌐⌐ WC ☎, 17✉; P 🚃 2↔35 🍴

Tholey 52 →

Saarland — Kreis St. Wendel — 400 m — 13 400 Ew — Sankt Wendel 11, Saarlouis 30 km
i ☎ (0 68 53) 5 08 45, Fax 3 01 78 — Verkehrsamt, Im Kloster 1, 66636 Tholey; Luftkurort. Sehenswert: Benediktiner-Klosterkirche: Barockorgel; Johann-Adams-Mühle (18. Jh.); Ökozentrum Hofgut Imsbach; Blasiuskapelle; Schaumberg (569 m) Turm ≼

* Schauenburg
♂ Am Schaumberg 19, ✉ 66636, ☎ (0 68 53) 25 88, Fax 3 01 46, AX DC ED VA
11 Zi, Ez: 65-120, Dz: 120-190, 1 App, ⌐⌐ WC ☎, 7✉; Lift P 🚃 2↔150 ≋ ⌂ Fitneßraum Sauna Solarium 🍴
geschl: 4.-20.1.
**   Hauptgericht 35; Biergarten Terrasse; geschl: Di, Mi, 4.-20.1. →

Tholey

*** Hubertus 🍺
Metzer Str 1, ✉ 66636, ☏ (0 68 53) 9 10 30,
Fax 3 06 01, AX DC VA
Hauptgericht 50; Terrasse; geschl: So
abends, Mo, Do mittags
** 16 Zi, Ez: 85-120, Dz: 160-210, ⌐ᛃ
WC ☏; 55

Thum 50 □

Sachsen — Kreis Annaberg — 550 m —
3 250 Ew — Ehrenfriedersdorf 3, Burk-
hardtsdorf 7, Chemnitz 19 km
ℹ ☏ (03 72 97) 39 70, Fax 23 33 — Stadtverwaltung, Rathausplatz 4, 09419 Thum

* Erzgebirgischer Hof
Annaberger Str 6, ✉ 09419, ☏ (03 72 97)
41 04, Fax 24 62, AX DC ED VA
16 Zi, Ez: 68-78, Dz: 90-100, 2 Suiten, ⌐ᛃ WC
☏, 4⌐ᛃ; 🅿 1⟲80 🍽
Auch Zimmer der Kategorie ****** vorhanden

* Ratskeller
Markt 3, ✉ 09419, ☏ (03 72 97) 23 75,
Fax 78 72, ED VA
13 Zi, Ez: 80, Dz: 90, ⌐ᛃ WC ☏; 🅿 🍽

Thumby 10 ↑

Schleswig-Holstein — Kreis Rendsburg-
Eckernförde — 2 m — 561 Ew — Eckernförde 19, Schleswig 31 km
ℹ ☏ (0 43 52) 91 76-0, Fax 91 76-60 — Amtsverwaltung Schwansen, Auf der Höhe 16,
24351 Damp

Sieseby (3 km ←)
** Schlie-Krog ✤
Dorfstr 19, ✉ 24351, ☏ (0 43 52) 25 31,
Fax 15 80
Hauptgericht 30; 🅿 Terrasse; geschl: Di
(Nov-März), Mo, Feb

Thurmansbang 66 □

Bayern — Kreis Freyung-Grafenau — 550 m
— 2 800 Ew — Tittling 7 km
ℹ ☏ (0 85 04) 16 42, Fax 56 43 — Verkehrsamt, Schulstr 5, 94169 Thurmansbang;
Erholungsort im Bayerischen Wald

Traxenberg (2 km ←)
* Traxenberg
einzeln, Traxenberg 2, ✉ 94169, ☏ (0 99 07)
9 12, Fax 12 29
57 Zi, Ez: 70, Dz: 140, ⌐ᛃ WC ☏; ♨ Fitneßraum Sauna Solarium
Restaurant für Hausgäste

Thyrnau 66 ↘

Bayern — Kreis Passau — 450 m —
3 900 Ew — Passau 8, Hauzenberg 9 km
ℹ ☏ (0 85 01) 3 20, Fax 17 77 — Verkehrsamt, St.-Blasius-Str 10, 94163 Thyrnau;
Luftkurort

Kellberg (4 km ↘)
** Lindenhof
☀ Kurpromenade 12, ✉ 94136, ☏ (0 85 01)
80 80, Fax 8 08 15, ED VA
37 Zi, Ez: 48-68, Dz: 88-116, ⌐ᛃ WC ☏, 3⌐ᛃ;
Lift 🅿 1⟲30 Fitneßraum Kegeln Sauna
Solarium 18Golf 2Tennis; **garni**
geschl: 20.12.-20.1.
Zimmer der Kategorie ***** vorhanden
* Hauptgericht 25; Biergarten Ter-
rasse; geschl: Mi

Raßbach (2 km ↘)
* Golf-Hotel
einzeln ☀ ⊰ Raßbach 8, ✉ 94136,
☏ (0 85 01) 9 13 13, Fax 9 13 14
15 Zi, Ez: 76-82, Dz: 124, 15 App, ⌐ᛃ WC ☏;
🅿 1⟲40 Fitneßraum Sauna Solarium
18Golf 🍽
Rezeption: 8-20; geschl: 21.12.-28.2.

Tiefenbronn 61 □

Baden-Württemberg — Enzkreis — 450 m
— 5 121 Ew — Pforzheim 12 km
ℹ ☏ (0 72 34) 9 50 00, Fax 95 00 50 —
Gemeindeverwaltung, Gemmingenstr 1,
75233 Tiefenbronn; Erholungsort. Sehenswert: Kath. Kirche: Magdalenenaltar, Hochaltar

Tiefenbronn-Außerhalb (4 km ↘)
** Häckermühle
einzeln, Im Würmtal 5, ✉ 75233,
☏ (0 72 34) 42 46, Fax 57 69, AX ED VA
15 Zi, Ez: 78-120, Dz: 145-185, ⌐ᛃ WC ☏;
2⟲20 Sauna
** Hauptgericht 40; 🅿 Terrasse;
geschl: Mo, Di mittags, 10 Tage Anfang Jan
Spezialität: Süßwasserfische, in eigenen
Quellwasserteichen gehalten

Mühlhausen (4 km ↘)
** Adler mit Gästehaus Anita
Tiefenbronner Str 20, ✉ 75233, ☏ (0 72 34)
80 08, Fax 42 56, AX DC ED VA
24 Zi, Ez: 93-98, Dz: 139-152, ⌐ᛃ WC ☏; Lift
🅿 🚃 3⟲40 Fitneßraum Sauna Solarium 🍽
** Hauptgericht 30; Gartenlokal

Tietzow 29 ↑

Brandenburg — Havelland — 36 m —
313 Ew — Oranienburg 22, Potsdam 43 km
ℹ ☏ (0 33 21) 40 31 43, Fax 40 35 55 — Frem-
denverkehrsverb.Havelland e.V./Info-Büro
Nauen, Fremdenverkehrsverband Havelland, Goethestr 59-60, 14641 Nauen

** Helenenhof
☀ Dorfstr 66, ✉ 14641, ☏ (03 32 30) 5 03 17,
Fax 5 02 90, AX ED VA
21 Zi, Ez: 130, Dz: 180, ⌐ᛃ WC ☏; 🅿 1⟲60
18Golf 🍽
* Hauptgericht 22

Timmendorfer Strand 11 ↓

Schleswig-Holstein — Kreis Ostholstein — 26 m — 8 000 Ew — Lübeck 19 km
🛈 ☎ (0 45 03) 35 85 35, Fax 35 85 45 — Fremdenverkehrsverein, Kongreßhaus, Strandallee 73 a, 23669 Timmendorfer Strand; Ostsee-Heilbad an der Lübecker Bucht

*** Seeschlößchen
♂ ⋞ Strandallee 141, ✉ 23669, ☎ (0 45 03) 60 11, Fax 60 13 33
128 Zi, Ez: 160-340, Dz: 240-380, 8 Suiten, 1 App, ⊣ WC ☎; Lift 🅿 🚗 5⇔250 ≋ ⇧ Seezugang Fitneßraum Sauna Solarium
Im von Oven's Landhaus auch Zimmer der Kategorie ** vorhanden
** Panorama im Seeschlößchen
⋞ Hauptgericht 30; geschl: 15.1.-15.2.

*** Maritim Golf- und Sporthotel
♂ ⋞ An der Waldkapelle 26, ✉ 23669, ☎ (0 45 03) 60 70, Fax 29 96, AX DC ED VA
196 Zi, Ez: 149-296, Dz: 245-392, S; ⊣ WC ☎, 17🍴; Lift 🅿 🚗 10⇔200 ≋ ⇧ Strandbad Fitneßraum Sauna Solarium 36Golf 5Tennis Kinderbetreuung
** Ostsee-Restaurant
⋞ Hauptgericht 31; Bowling Kegeln Terrasse

** Landhaus Carstens
Strandallee 73, ✉ 23669, ☎ (0 45 03) 60 80, Fax 6 08 60, AX DC ED VA
22 Zi, Ez: 165-210, Dz: 220-365, 5 Suiten, ⊣ ☎; Lift 🅿 🚗 1⇔60 Sauna Solarium 18Golf
*** Kleines Landhaus 🍴
Hauptgericht 42; Terrasse; geschl: Jan-Feb
** Hauptgericht 30; Terrasse

** Country Inn & Suites By Carlson
Strandallee 138, ✉ 23669, ☎ (0 45 03) 80 80, Fax 80 86 66, AX DC ED VA
88 Zi, Ez: 154-224, Dz: 168-308, 5 Suiten, ⊣ WC ☎ DFÜ, 29🍴; Lift 🅿 🚗 5⇔100 Seezugang Fitneßraum Sauna Solarium ⭐

** Bellevue
⋞ Strandallee 139 a, ✉ 23669, ☎ (0 45 03) 6 00 30, Fax 60 03 60
45 Zi, Ez: 112-185, Dz: 140-280, 5 Suiten, ⊣ WC ☎; Lift 🅿 ⇧ Sauna; garni

** Royal
Kurpromenade 2, ✉ 23669, ☎ (0 45 03) 35 95-0, Fax 68 20
39 Zi, Ez: 130-245, Dz: 195-320, 1 Suite, 4 App, ⊣ WC ☎; Lift 🚗 2⇔20 ⇧ Sauna Solarium
Auch Zimmer der Kategorie *** vorhanden

** Holsteiner Hof
Strandallee 92, ✉ 23669, ☎ (0 45 03) 35 74-0, Fax 35 74 19, AX ED
28 Zi, Ez: 70-150, Dz: 130-265, 1 Suite, 8 App, ⊣ WC ☎; Lift 🅿 🚗 1⇔20 Sauna Solarium
Auch Zimmer der Kategorie *** vorhanden
* Bierlachs
Hauptgericht 25

** Villa Röhl + Villa Gropius
Strandallee 50-52, ✉ 23669, ☎ (0 45 03) 44 66 + 22 44, Fax 3 11 56 + 83 53
36 Zi, Ez: 90-160, Dz: 150-220, 2 Suiten, ⊣ WC ☎, 3🍴; 🅿 Seezugang 36Golf
** ⓥ Hauptgericht 25; Terrasse; nur abends; geschl: Mi, Nov

** Park Hotel
Am Kurpark 4, ✉ 23669, ☎ (0 45 03) 6 00 60, Fax 60 06 50, AX DC ED VA
25 Zi, Ez: 80-160, Dz: 120-240, ⊣ WC ☎; Lift 🅿 Fitneßraum Sauna Solarium; garni

** Princess
Strandallee 198, ✉ 23669, ☎ (0 45 03) 6 00 10, Fax 60 01-5 00, AX DC ED VA
56 Zi, Ez: 120-280, Dz: 140-280, 33 App, ⊣ WC ☎, 17🍴; Lift 🅿 🚗 3⇔90 ⇧ Fitneßraum Sauna Solarium 18Golf
* Hauptgericht 25

* Gorch Fock Hotel mit Gästehaus
Strandallee 152, ✉ 23669, ☎ (0 45 03) 89 90, Fax 89 91 11, ED VA
37 Zi, Ez: 90-150, Dz: 130-210, 1 Suite, 1 App, ⊣ WC ☎, 8🍴; 🅿 🚗 2⇔30 Kegeln Sauna Solarium ⭐
Auch Zimmer der Kategorie ** vorhanden

* Dryade
♂ Schmilinskystr 2, ✉ 23669, ☎ (0 45 03) 40 51, Fax 8 65 60, AX DC ED VA
53 Zi, Ez: 110-150, Dz: 170-240, 2 Suiten, ⊣ WC ☎; Lift 🅿 2⇔60 ⇧ Sauna Solarium ⭐

*** Orangerie 🍴
Strandallee 73 b, ✉ 23669, ☎ (0 45 03) 60 50, Fax 29 52, AX DC ED VA
Hauptgericht 50; Terrasse; nur abends, So auch mittags; geschl: Mo, im Winter Mo, Di, Feb
im Maritim Seehotel

** Portobello
Am Platz 4, ✉ 23669, ☎ (0 45 03) 12 21, Fax 12 21, AX DC ED VA
Hauptgericht 32; Terrasse

Groß Timmendorf (3 km ↗)
* Fuchsbau Landidyll Hotel
Dorfstr 11, ✉ 23669, ☎ (0 45 03) 80 20, Fax 57 67, AX DC ED VA
41 Zi, Ez: 75-100, Dz: 130-170, ⊣ WC ☎; 5⇔100
* Hauptgericht 28; 🅿 →

Timmendorfer Strand

Hemmelsdorf (4 km ↓)
✻ Zum Zander ✤
Seestr 16, ✉ 23669, ☎ (0 45 03) 58 50,
Fax 8 64 83, ED VA
Hauptgericht 35; Kegeln P Terrasse;
geschl: Mo abends, Di

Niendorf (4 km →)
**✻✻ Yachtclub
Timmendorfer Strand**
Strandstr 94, ✉ 23669, ☎ (0 45 03) 80 60,
Fax 80 61 10, AX DC ED VA
49 Zi, Ez: 175-225, Dz: 310-350, 5 Suiten, ⊒
WC ☎, 4⊠; Lift P 6↔80 ≘ Seezugang
Kegeln Sauna Solarium 18Golf 2Tennis ⚓
geschl: 4.-31.1.
✻✻ Terrasse; geschl: 4.1.-31.1.

✻ Fischkiste
Strandstr 56, ✉ 23669, ☎ (0 45 03) 3 15 43,
Fax 45 68, AX ED
Hauptgericht 30; P Terrasse; geschl: Di
(Nov-Feb)

Titisee-Neustadt 67 →

Baden-Württemberg — Kreis Breisgau-
Hochschwarzwald — 850 m — 12 000 Ew —
Lenzkirch 9, Freiburg 31 km
ℹ ☎ (0 76 51) 98 04-0, Fax 98 04-40 — Tou-
rist-Information, im Ortsteil Titisee, Strand-
badstr 4, 79822 Titisee-Neustadt; Heilkli-
matischer Kurort. Wintersportort. Sehens-
wert: Titisee; Neugotisches Münster St.
Jakobus; Museum "Heimatstuben"; am
Fuß des Hochfirstes gelegen (1 192 m) mit
Aussichtsturm ⚓ und den typischen
Schwarzwaldhöfen.

Jostal (10 km ↘)
✻ Schwarzwald-Gasthof Josen
⚓ Jostalstr 90, ✉ 79822, ☎ (0 76 51)
56 50 + 9 18 10-0, Fax 9 18 10-44, AX ED VA
25 Zi, Ez: 95-113, Dz: 160-190, 2 Suiten,
4 App, ⊒ WC ☎; Lift P 2↔20 ≘ Sauna
Solarium
geschl: Do, Fr bis 18
✻✻ Hauptgericht 35; Terrasse;
geschl: Do, Fr mittags

✻ Jostalstüble
Jostalstr 60, ✉ 79822, ☎ (0 76 51) 91 81 60,
Fax 9 18 16-40, ED Gartenlokal Kegeln P Ter-
rasse; geschl: Mo, 15.11.-10.12.98
✻✻ 13 Zi, Ez: 43-75, Dz: 86-142,
2 Suiten, ⊒ WC ☎; 🚗 1↔60 Sauna
Solarium
Rezeption: 9-22; geschl: Mo, Di bis 17,
15.11.-10.12.
Einfachere Zimmer vorhanden

Langenordnach
⌂ Zum Löwen
Langenordnach 4, ✉ 79822, ☎ (0 76 51)
10 64, Fax 38 53, ED VA
17 Zi, Ez: 49-92, Dz: 76-168, 4 App, ⊒ WC; P
🚗 1↔30 🍴 ⚓
geschl: 23.11.-19.12.

Neustadt
✻ Jägerhaus
Postplatz 1, ✉ 79822, ☎ (0 76 51) 50 55,
Fax 50 52
27 Zi, Ez: 60-80, Dz: 100-130, ⊒ WC ☎; Lift
P Solarium 🍴
geschl: Mo, 31.10.-1.12.

Titisee
✻✻✻ Treschers ♛
Schwarzwald Hotel
⚘ ⚓ Seestr 10, ✉ 79822, ☎ (0 76 51) 80 50,
Fax 81 16, AX DC ED VA
83 Zi, Ez: 165-300, Dz: 180-360, 2 Suiten, ⊒
WC ☎; Lift P 🚗 3↔150 ≘ Strandbad See-
zugang Fitneßraum Kegeln Sauna Solarium
18Golf 1Tennis ⚓
geschl: Anfang Nov-ca. 20.12.
Auch Zimmer der Kategorie ✻✻ vorhanden
✻✻ Hauptgericht 40; Gartenlokal ✤
Terrasse; geschl: Anfang Nov-ca. 20.12.

✻✻✻ Maritim Titisee-Hotel
⚘ ⚓ Seestr 16, ✉ 79822, ☎ (0 76 51) 80 80,
Fax 80 86 03, AX DC ED VA
128 Zi, Ez: 150-207, Dz: 250-325, S; 1 Suite,
⊒ WC ☎, 5⊠; Lift P 6↔300 ≘ Strand-
bad Seezugang Bowling Fitneßraum
Kegeln Sauna Solarium ⚓
✻✻ ⚓ Hauptgericht 35

✻✻ Brugger am See
⚘ ⚓ Strandbadstr 14, ✉ 79822, ☎ (0 76 51)
80 10, Fax 82 38, AX ED VA
64 Zi, Ez: 98-160, Dz: 180-290, ⊒ WC ☎; Lift
P 🚗 4↔100 ≘ Strandbad Seezugang
Kegeln Sauna Solarium
✻✻ Hauptgericht 35; Terrasse

✻✻ Seehotel Wiesler
⚘ ⚓ Strandbadstr 5, ✉ 79822, ☎ (0 76 51)
9 80 90, Fax 98 09 80, ED VA
28 Zi, Ez: 98-140, Dz: 178-198, ⊒ WC ☎; Lift
P 🚗 ≘ Strandbad Seezugang Sauna
Solarium ⚓
geschl: 8.11.-22.12.
✻✻ Hauptgericht 30; Terrasse;
geschl: 8.11.-22.12.

✻✻ Ringhotel Parkhotel Waldeck
Parkstr 4-6, ✉ 79822, ☎ (0 76 51) 80 90,
Fax 8 09 99, AX DC ED VA
42 Zi, Ez: 98-140, Dz: 156-226, S; 11 Suiten,
⊒ WC ☎, 7⊠; Lift P 🚗 3↔50 ≘ Fitneß-
raum Sauna Solarium ⚓
Rezeption: 7.30-21
Auch Zimmer der Kategorie ✻ vorhanden
✻✻ Hauptgericht 32; Terrasse

✻ Bären
Neustädter Str 35, ✉ 79822, ☎ (0 76 51)
80 60, Fax 80 66 04, ED VA
61 Zi, Ez: 90-145, Dz: 155-230, 3 Suiten,
22 App, ⊒ WC ☎; Lift P ≘ Sauna Solarium
🍴 ⚓
geschl: 2.11.-20.12.

Titting 64 ↘

Bayern — Kreis Eichstätt — 466 m —
2 600 Ew — Eichstätt 15, Weißenburg
21 km
i ☎ (0 84 23) 9 92 10, Fax 99 21-11 —
Gemeindeverwaltung, Rathausplatz 1,
85135 Titting

Emsing (5 km →)
✱✱ Dirsch
Hauptstr 13, ✉ 85135, ☎ (0 84 23) 18 90,
Fax 13 70, AX ED VA
100 Zi, Ez: 85, Dz: 130, ⌐ WC ☎; Lift P 🖂
10↔100 Kegeln ⓘ
Auch Zimmer der Kategorie ✱ vorhanden

Todtmoos 67 ↘

Baden-Württemberg — Kreis Waldshut —
1263 m — 2 300 Ew — Todtnau 17, Säckingen 28 km
i ☎ (0 76 74) 90 60-0, Fax 90 60-25 — Kurverwaltung / Tourist-Information, Wehratalstr. 19, 79682 Todtmoos; Heilklimatischer Kurort und Wintersportplatz im südlichen Schwarzwald. Sehenswert: Wallfahrtskirche; Hochkopf, 1263 m ✦
(4 km + 30 Min ↑)

✱✱ Schwarzwälder Hof
Hauptstr 3, ✉ 79682, ☎ (0 76 74) 84 90,
Fax 84 92 02, AX DC ED VA
59 Zi, Ez: 85, Dz: 130-150, 2 Suiten, ⌐ WC
☎; Lift 🖂 1↔30 Sauna Solarium ⓘ ≋

✱ Wehrhof
Hohwehraweg 1, ✉ 79682, ☎ (0 76 74)
92 96-0, Fax 92 96-30, DC ED VA
19 Zi, Ez: 65-90, Dz: 110-120, 1 Suite, ⌐ WC
☎; Lift P 🖂 Solarium; **garni**
geschl: Nov

✱ Löwen
Hauptstr 23, ✉ 79682, ☎ (0 76 74) 90 55-0,
Fax 90 55-1 50, AX DC ED VA
50 Zi, Ez: 70-110, Dz: 110-145, 2 Suiten, ⌐
WC ☎; Lift P 🖂 ≘ Fitneßraum Sauna
Solarium ⓘ ≋
geschl: 1.11.-20.12.

Strick (2 km ↑)
✱ Gasthof Rössle
♘ ✦ Kapellenweg 2, ✉ 79682, ☎ (0 76 74)
9 06 60, Fax 88 38, ED VA
27 Zi, Ez: 78-90, Dz: 145-190, 3 App, ⌐ WC
☎, 4✉; Lift 1↔60 Fitneßraum Sauna
Solarium 1 Tennis ⓘ ≋
geschl: 2.11.-20.12.
Im Jahre 1670 als Gasthof und Pferdewechselstation erbaut und seitdem in Familienbesitz. Denkmalgeschützt

Weg (3 km ↘)
✱✱ Schwarzwald Hotel
Alte Dorfstr 29, ✉ 79682, ☎ (0 76 74) 90 50,
Fax 90 53 90, DC ED VA
Hauptgericht 38; Gartenlokal 🖂; geschl:
Mo, 8.11.-5.12.
✱ ♘ 15 Zi, Ez: 60-70 Ez: 60-70,
Dz: 120-150, Dz: 120-150, 3 Suiten, 4 App,
⌐ WC ☎; 🖂 Sauna
Rezeption: 12-14, 18-21; geschl: Mo; 8.11.-
5.12.
mit Gästehaus

Todtnau 67 □

Baden-Württemberg — Kreis Lörrach —
600 m — 5 100 Ew — Schopfheim 29, Freiburg 31 km
i ☎ (0 76 71) 3 75, Fax 92 20 — Kurdirektion, Kurhaus, 79674 Todtnau; Luftkurort
und Wintersportplatz im südlichen
Schwarzwald. Sehenswert: Glasbläserhof;
Hasenhorn (Sesselbahn), 1158 m ✦; Wasserfall (97 m)

Fahl (7 km ↗)
✱ Gasthof Lawine
Haus Nr 7, ✉ 79674, ☎ (0 76 76) 3 55,
Fax 3 66, AX DC ED VA
18 Zi, Ez: 60-72, Dz: 115-132, ⌐ WC ☎; P 🖂
Sauna Solarium ⓘ ≋
geschl: Do, 9.11.-14.12., 12.-29.4.

Präg (7 km ↘)
✱ Landhaus Sonnenhof
♘ ✦ Hochkopfstr 1, ✉ 79674, ☎ (0 76 71) 5 38,
Fax 17 65, AX DC ED VA
20 Zi, Ez: 70, Dz: 125, ⌐ WC; P 1↔30
geschl: Mo, 1.-20.3.
Hauptgericht 25; Terrasse;
geschl: Mo, 1.-20.3.

Todtnauberg (6 km ↑)
✱✱ Kur- und Sporthotel Mangler
♘ ✦ Ennerbachstr 28, ✉ 79674, ☎ (0 76 71)
96 93-0, Fax 86 93
25 Zi, Ez: 124-165, Dz: 188-250, 6 Suiten, ⌐
WC ☎; Lift P ≘ Fitneßraum Sauna
Solarium ≋
geschl: Anfang-Mitte Dez
✱✱ Sonnenwinkel
Hauptgericht 28; Terrasse; geschl: Anfang-
Mitte Dez

✱ Sonnenalm
♘ ✦ Hornweg 21, ✉ 79674, ☎ (0 76 71)
18 00, Fax 92 12
15 Zi, Ez: 85-100, Dz: 136-176, ⌐ WC ☎; P
≘ Sauna Solarium
geschl: 2.11.-20.12.
Restaurant für Hausgäste; Auch Zimmer
der Kategorie ✱✱ vorhanden

✱ Engel
Kurhausstr 3, ✉ 79674, ☎ (0 76 71) 9 11 90,
Fax 9 11 92 00, AX VA
26 Zi, Ez: 76-95, Dz: 120-170, 6 Suiten,
18 App, ⌐ WC ☎, 9✉; Lift P 🖂 1↔30 ≘
Fitneßraum Sauna Solarium ⓘ ≋
Auch Zimmer der Kategorie ✱✱ vorhanden

Tölz, Bad

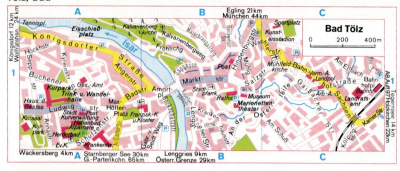

Tölz, Bad

Bayern — Kreis Bad Tölz-Wolfratshausen — 700 m — 15 500 Ew — Miesbach 22, Weilheim 46, München 52 km

🛈 ☎ (0 80 41) 78 67-0, Fax 78 67-56 — Städtische Kurverwaltung, Ludwigstr 11, 83646 Bad Tölz; Kreisstadt, Heilbad und Heilklimatischer Kurort am Alpenrand, an der Isar. Sehenswert: Kath. Pfarrkirche; Mühlfeldkirche; Marktstraße; Wallfahrtskirche auf dem Kalvarienberg ≼

✱✱✱ Jodquellenhof Prima Hotel
♂ Ludwigstr 13 (A), ✉ 83646, ☎ (0 80 41) 50 90, Fax 50 94 41, AX DC ED VA
81 Zi, Ez: 205-370, Dz: 320-470, S; ⊒ WC ☎; Lift P 🚗 3⇔100 ≋ 🛋 Sauna Solarium 9 Golf 🍽
Auch Zimmer der Kategorie ✱✱ vorhanden. Freier Eintritt in das Erlebnisbad Alpamare und Tölzer Thermen

✱✱ Eberl
♂ Buchener Str 17 (A), ✉ 83646, ☎ (0 80 41) 78 72-0, Fax 78 72 78
28 Zi, Ez: 115-135, Dz: 205-225, 3 Suiten, ⊒ WC ☎; Lift P 🛋 Fitneßraum Sauna Solarium
Restaurant für Hausgäste

✱✱ Bellaria Top International Hotel
Ludwigstr 22 (A), ✉ 83646, ☎ (0 80 41) 8 00 80, Fax 80 08 44, DC ED VA
22 Zi, Ez: 88-140, Dz: 138-190, 1 Suite, 1 App, ⊒ WC ☎, 8🛏; Lift P 🚗 1⇔12 Sauna Solarium 4 Tennis; **garni** 🍽
Rezeption: 7-20

✱✱ Kur- und Sporthotel Tölzer Hof
♂ Rieschstr 21, ✉ 83646, ☎ (0 80 41) 80 60, Fax 80 63 33, AX DC ED VA
82 Zi, Ez: 130-180, Dz: 196-260, 4 Suiten, ⊒ WC ☎, 4🍽; Lift P 🚗 3⇔55 Fitneßraum Sauna 🍽
Kurmittelhaus, Sauna und Thermalhallenbad im Nebengebäude

✱ Alexandra
♂ Kyreinstr 13 (A), ✉ 83646, ☎ (0 80 41) 7 84 30, Fax 78 43 99, ED
23 Zi, Ez: 69-135, Dz: 110-160, ⊒ WC ☎, 12🛏; P 🛋 1⇔25 Fitneßraum Sauna Solarium
Restaurant für Hausgäste

✱ Posthotel Kolberbräu
Marktstr 29 (B), ✉ 83646, ☎ (0 80 41) 76 88-0, Fax 76 88-2 00, AX DC ED VA
41 Zi, Ez: 70-80, Dz: 120-140, ⊒ WC ☎; Lift P 🚗 3⇔60 🍽

✱ Marienhof
♂ Bergweg 3, ✉ 83646, ☎ (0 80 41) 76 30, Fax 76 31 63, AX DC ED VA
24 Zi, Ez: 65-110, Dz: 130-180, ⊒ WC ☎; P 🛋 Solarium

✱ Bruckfeld
♂ Ludwigstr 24 (A), ✉ 83646, ☎ (0 80 41) 21 55, Fax 7 41 22, ED
21 Zi, Ez: 60, Dz: 120, ⊒ WC ☎; P 🍽 ☕

✱ Tannenberg
♂ Tannenbergstr 1, ✉ 83646, ☎ (0 80 41) 76 65-0, Fax 76 65 65
13 Zi, Ez: 75-120, Dz: 65-100, ⊒ WC ☎, 13🛏; Lift P Fitneßraum Sauna; **garni** geschl: 31.10.-20.11.
Nichtraucherhaus

✱ Am Wald
♂ Austr 39, ✉ 83646, ☎ (0 80 41) 7 88 30, Fax 78 83-30, AX ED VA
34 Zi, Ez: 65-85, Dz: 104-114, 1 App, ⊒ WC ☎; Lift P 🛋 Fitneßraum Sauna Solarium 🍽 ☕

✱✱ Amalfi
Nockhergasse (B), ✉ 83646, ☎ (0 80 41) 7 42 37
Hauptgericht 35; geschl: Mi

☕ Café Schuler
Marktstr 9 (B), ✉ 83646, ☎ (0 80 41) 40 14, Fax 7 12 65
geschl: Mo

Tölz, Bad-Außerhalb (3 km ↘)
** Zum alten Fährhaus 🍴
einzeln, An der Isarlust 1, ✉ 83646,
☎ (0 80 41) 60 30, Fax 7 22 70
Hauptgericht 40; geschl: Mo, Di
** ♂ 🍴 5 Zi, Ez: 135, Dz: 180, 👑
⬜ WC ☎; **P**

Wackersberg
* Gästehaus Willibald
♂ 🍴 Dorfstr 30, ✉ 83646, ☎ (0 80 41)
4 16 41, Fax 29 89, AX VA
31 Zi, Ez: 42-55, Dz: 76-82, 8 Suiten, ⬜ WC
☎; **P** Fitneßraum Sauna Solarium
Restaurant für Hausgäste

Tönisvorst 32 ↘

Nordrhein-Westfalen — Viersen — 33 m —
29 368 Ew
i ☎ (0 21 51) 9 99-1 71 — Stadtverwaltung
Tönisvorst, Bahnstr. 15, 47918 Tönisvorst

St. Tönis
* Gästehaus Bayernstube
Schelthofer Str 180/188, ✉ 47918,
☎ (0 21 51) 79 25-0, Fax 70 03 75, AX ED VA
13 Zi, Ez: 90, Dz: 140, ⬜ WC ☎; **P** 🚗 2⟲30
Sauna 🍴
geschl: Mi

Tönning 9 ←

Schleswig-Holstein — Kreis Nordfriesland
— 4 m — 5 000 Ew — Heide 20, Husum
23 km
i ☎ (0 48 61) 6 14 20, Fax 6 14 44 — Kurverwaltung, Am Markt 1, 25832 Tönning; Heilbad, Erholungs- und Luftkurort an der Eidermündung ins Wattenmeer; Fischereihafen. Sehenswert: St.-Laurentius-Kirche: Turm, Lettner; Giebelhäuser; Packhaus; Eider-Sperrwerk (9 km ↙); Roter Hauburg (Eiderstedter Bauernhaus) bei Witzwort (15 km ↑); Natur-Erlebnis-Landschaft „Kantiger Watt" beim Eidersperrwerk

🛏 **Nordfriesland**
Westerstr 24, ✉ 25832, ☎ (0 48 61) 3 18,
Fax 53 13
30 Zi, Ez: 68, Dz: 116, ⬜ WC ☎; 🍴

Töplitz 29 □

Brandenburg — Kreis Potsdam-Mittelmark
— 66 m — 1 500 Ew — Potsdam 11 km
i ☎ (03 32 02) 4 35, Fax 4 35 — Büro für
Tourismus, Dorfstr 68, 14476 Töplitz.
Sehenswert: Insel Töplitz; Alter Weinberg
🍴

* Gasthaus Mohr
Neu Töplitzer Str 1, ✉ 14476, ☎ (03 32 02)
62 90, Fax 6 29 41
31 Zi, Ez: 80-100, Dz: 120-140, ⬜ WC ☎;
3⟲60 🍴

Törwang siehe Samerberg

Tötensen siehe Rosengarten

Torgau 39 →

Sachsen — Kreis Torgau — 85 m —
22 000 Ew — Riesa 37, Lutherstadt Wittenberg 48 km
i ☎ (0 34 21) 71 25 71, Fax 71 02 80 — Torgau-Informations-Center, Schloßstr 11,
04860 Torgau. Sehenswert: Schloß Hartenfels mit Großem Wendelstein; Bärenfreigehege; Aussichtsturm; Schloßkirche; Marienkirche; Renaissancerathaus; Historische Altstadt mit vielen Renaissance-Bürgerhäusern; Marktplatz

** Central-Hotel
Friedrichplatz 8, ☎ (0 34 21)
71 00 26, Fax 71 00 27, AX ED VA
38 Zi, Ez: 160, Dz: 150-220, ⬜ WC ☎; Lift **P**
2⟲25
* Hauptgericht 15

* Sachsen-Hotel
Süptitzer Weg 250, ✉ 04860, ☎ (0 34 21)
71 02 20, Fax 71 02 33
35 Zi, Ez: 60-80, Dz: 80-120, 6 Suiten, ⬜ WC
☎, Kegeln **P**
Zimmer der Kategorie ** vorhanden

* Torgauer Brauhof
Warschauer Str 7, ✉ 04860, ☎ (0 34 21)
7 30 00, Fax 7300 17, AX ED VA
38 Zi, Ez: 85, Dz: 130, ⬜ WC ☎, 19📺; **P**
1⟲20 Bowling 🍴

* Goldener Anker
Markt 6, ✉ 04860, ☎ (0 34 21) 73 21-3,
Fax 73 21-50
16 Zi, Ez: 80-100, Dz: 120-150, 1 Suite, ⬜
WC ☎; Lift **P** 🍴

Tornesch 18 ↘

Schleswig-Holstein — Kreis Pinneberg —
11 m — 12 264 Ew — Pinneberg 7, Elmshorn 9 km
i ☎ (0 41 22) 50 20, Fax 5 58 44 — Gemeindeverwaltung, Jürgen-Siemsen-Str 8,
25436 Tornesch

* Esinger Hof
♂ Denkmalstr 7, ✉ 25436, ☎ (0 41 22)
95 27-0, Fax 95 27 69
23 Zi, Ez: 80, Dz: 120, 4 App, ⬜ WC ☎; garni

Tossens siehe Butjadingen

Tostedt 18 ↙

Niedersachsen
i — Tourist-Information, 21255 Tostedt

Todtglüsingen
* Gasthaus Wiechern
Tostedter Str 9, ✉ 21255, ☎ (0 41 82)
2 94 20, Fax 2 25 31, ED VA
14 Zi, Ez: 70, Dz: 120, ⬜ WC ☎, 6📺; **P**
Kegeln
geschl: Mi

Traben-Trarbach

Traben-Trarbach 53 ↘

Rheinland-Pfalz — Kreis Bernkastel-Wittlich — 120 m — 6 722 Ew — Bernkastel-Kues 23, Zell 18 km
i ☏ (0 65 41) 83 98-0, Fax 83 98 39 — Verkehrsamt, im Stadtteil Traben, Bahnstr 22, 56841 Traben-Trarbach; Luftkurort und Heilbad an der Mosel; Weinbauort; Jugendstilstadt. Sehenswert: In Trarbach: Mittelmosel-Museum, Festungsruine Mont Royal ⋖ (20 Min ↑); Ruine Grevenburg ⋖ (20 Min ↘)

Traben
** Moselschlößchen mit Villa Oase
♣ ⋖ Neue Rathausstr 12, ✉ 56841,
☏ (0 65 41) 83 20, Fax 83 22 55, ED VA
Ez: 97-147, Dz: 145-225, 64 App, ⌐ WC ☏;
Lift ⌂ 9⇔120 Fitneßraum Sauna Solarium ¶◉¶
Ausschließlich Appartements

* Krone
♣ ⋖ An der Mosel 93, ✉ 56841, ☏ (0 65 41) 60 04, Fax 42 37, ED VA
19 Zi, Ez: 87-115, Dz: 115-175, 2 App, ⌐ WC ☏; 1⇔60
Restaurant für Hausgäste

Trarbach
* Moseltor
Moselstr 1, ✉ 56841, ☏ (0 65 41) 65 51, Fax 49 22, AX DC ED VA
11 Zi, Ez: 85-118, Dz: 125-188, ⌐ WC ☏, 4🛏; P ⌂ 9Golf 🚲
geschl: Di, 1.-29.2.
** Bauer's Restaurant ✤
Hauptgericht 28; Terrasse; nur abends; geschl: Di, 1.2.-29.2.

Traitsching 59 ↓

Bayern — Kreis Cham — 600 m — 4 025 Ew — Cham 8, Straubing 35 km
i ☏ (0 99 74) 8 16, Fax 6 12 — Gemeindeverwaltung, Rathausstr 1, 93455 Traitsching; Ort im Bayerischen Wald

Sattelbogen (6 km ↓)
** Sattelbogener Hof
Im Wiesental 2, ✉ 93455, ☏ (0 99 74) 3 77, Fax 8 14
80 Zi, Ez: 55-70, Dz: 80-120, 6 Suiten, ⌐ WC ☏; Lift P ⌂ 2⇔80 ≘ Kegeln Sauna ¶◉¶ 🚲
geschl: 2.-8.11., 7.1.-5.2.
Auch Zimmer der Kategorie * vorhanden

Trassem 52 □

Rheinland-Pfalz — Kreis Trier-Saarburg — 190 m — 950 Ew — Saarburg 3, Trier 25 km
i ☏ (0 65 81) 8 12 15, Fax 8 12 90 — Verkehrsverein Saarburger Land, Graf-Siegfried-Str 32, 54439 Saarburg; Erholungsort im Naturpark Saar-Hunsrück

* St. Erasmus mit Gästehäusern
Kirchstr 6 a, ✉ 54441, ☏ (0 65 81) 26 84, Fax 12 34, AX DC VA
25 Zi, Ez: 60-90, Dz: 90-130, 2 Suiten, 9 App, ⌐ WC ☏ DFÜ; Lift P ⌂ 2⇔50 Fitneßraum Kegeln Sauna Solarium
geschl: Mi
Zimmer der Kategorie ** vorhanden.
* St. Erasmus
Hauptgericht 22; Terrasse; geschl: Mi, Do mittags

Trauchgau siehe Halblech

Traunreut 73 □

Bayern — Traunstein — 552 m — 21 000 Ew
i ☏ (0 86 69) 8 57-0, Fax 8 57-1 00 — Tourist-Information, Rathausplatz 3, 83301 Traunreut

* Mozart
Kantstr 15, ✉ 83301, ☏ (0 86 69) 3 41 40, Fax 34 14 99, AX DC VA
46 Zi, Ez: 110, Dz: 150, ⌐ WC ☏; P ⌂ Sauna ¶◉¶

Traunstein 73 □

Bayern — Kreis Traunstein — 600 m — 17 500 Ew — Salzburg 38, Rosenheim 55 km
i ☏ (08 61) 6 52 73, Fax 6 52 98 — Verkehrsamt, Am Stadtpark, 83278 Traunstein; Erholungsort

** Parkhotel Traunsteiner Hof
Bahnhofstr 11, ✉ 83278, ☏ (08 61) 6 90 41, Fax 85 12, AX DC ED VA
60 Zi, Ez: 100, Dz: 160-180, 2 Suiten, ⌐ WC ☏; Lift 1⇔30
Auch Zimmer der Kategorie * vorhanden
** Hauptgericht 25; Biergarten;
geschl: Sa, Ende Sep-Anfang Nov

** Rosenheimer Hof
Rosenheimer Str 58, ✉ 83287,
☏ (08 61) 98 65 90, Fax 9 86 59 40
13 Zi, Ez: 89, Dz: 145, ⌐ WC ☏
* Hauptgericht 20

Travemünde siehe Lübeck

Trebbin 29 ↘

Brandenburg — Kreis Luckenwalde — 35 m — 4 487 Ew — Luckenwalde 18, Berlin 25 km
i ☏ (03 37 31) 8 42 35, Fax 8 42 57 — Stadt Trebbin, Markt 1, 14959 Trebbin

** Akzent-Parkhotel Trebbin
♣ Parkstr 5, ✉ 14959, ☏ (03 37 31) 7 10, Fax 7 11 11, AX DC ED VA
37 Zi, Ez: 120-140, Dz: 150-170, 1 Suite, ⌐ WC ☏ DFÜ, 20🛏; Lift P ⌂ 3⇔80
* Hans-Clauert-Stube
Hauptgericht 28; Terrasse

Treben 49 ↑

Thüringen — Kreis Altenburg — 150 m — 1 220 Ew — Altenburg 6, Borna 8 km
🛈 ☎ (03 43 43) 99 17 — Gemeindeverwaltung, Markt 2, 04617 Treben

Serbitz (2 km ↑)
* Serbitzer Hof
Leipziger Str 18, ✉ 04617, ☎ (03 43 43) 5 23 37-38, Fax 5 23 39, AX DC ED VA
11 Zi, Ez: 100, Dz: 85-140, 1 App, ⇨ WC ☎; P 🚗 1✪ ¶ ⚓

Trebgast 57 ↗

Bayern — Kreis Kulmbach — 324 m — 1 708 Ew — Kulmbach 10, Bayreuth 21 km
🛈 ☎ (0 92 27) 93 70, Fax 7 33 58 — Verwaltungsgemeinschaft Trebgast, Kulmbacher Str 36, 95367 Trebgast. Sehenswert: Ev. Kirche; Naturbühne

Trebgast-Außerhalb (3,5 km ←)
* Röhrleinshof
einzeln ☾ ⦁< Eichholz 6, ✉ 95367, ☎ (0 92 27) 95 50, Fax 95 51 90, ED VA
30 Zi, Ez: 75-95, Dz: 140-180, 2 App, ⇨ WC ☎; P 3✪100 ⚓ Sauna Solarium ⚓
geschl: 1.-28.2.
* Hauptgericht 28; Terrasse; nur abends, so+feiertags auch mittags; geschl: Anfang-Mitte Feb

Trebur 54 ↑

Hessen — Kreis Groß-Gerau — 86 m — 12 048 Ew — Groß-Gerau 5, Nauheim 5, Mainz 15 km
🛈 ☎ (0 61 47) 20 80, Fax 39 69 — Gemeindeverwaltung, Herrngasse 3, 65468 Trebur

** Zum Erker
Hauptstr 1, ✉ 65468, ☎ (0 61 47) 9 14 80, Fax 91 48 40, AX ED VA
23 Zi, Ez: 100-130, Dz: 140-180, ⇨ WC ☎, 4✉; P 2✪100
Auch Zimmer der Kategorie ***** vorhanden
* Hauptgericht 38; geschl: Mo

Treffelstein 59 ↓

Bayern — Kreis Cham — 623 m — 1 097 Ew — Waldmünchen 9, Oberviechtach 13 km
🛈 ☎ (0 96 73) 3 37 — Gemeindeverwaltung, Burgstr 3, 93492 Treffelstein; Dorf im Naturpark Oberer Bayer. Wald

Kritzenthal (3 km ↗)
* Katharinenhof
einzeln ☾ ✉ 93492, ☎ (0 96 73) 93 00, Fax 93 01 00, AX DC ED VA
47 Zi, Ez: 55-80, Dz: 75-105, ⇨ WC ☎ DFÜ; P 3✪200 ⚓ Kegeln Sauna Solarium ¶⚓
geschl: 3.1.-1.2.

Treseburg

Treis-Karden 43 ↙

Rheinland-Pfalz — Kreis Cochem-Zell — 90 m — 2 600 Ew — Cochem 13, Kastellaun 18, Koblenz 39 km
🛈 ☎ (0 26 72) 61 37, Fax 27 80 — Verkehrsamt, im Ortsteil Treis, Hauptstr. 27, 56253 Treis-Karden; Ort an der Mosel. Sehenswert: Kath. St.-Castor-Kirche: Dreikönigsaltar; Ruine Treis; Wildburg; Stiftsmuseum; Burg Eltz ⦁< (7 km+75 Min ↗)

Karden
* Schloß-Hotel Petry mit Gästehaus
St.-Castor-Str 80, ✉ 56253, ☎ (0 26 72) 93 40, Fax 84 23, AX DC ED VA
74 Zi, Ez: 60-110, Dz: 120-190, ⇨ WC ☎ DFÜ, 9✉; Lift P 🚗 7✪100 Fitneßraum Kegeln Sauna Solarium ⚓
im Haus Kohlbecher Zimmer der Kategorie *******
** **Schloß-Stube**
Hauptgericht 25; Terrasse; Eigenbauweine

Treis-Außerhalb (4 km →)
* Ostermann
⦁< Lützbach 1, ✉ 56253, ☎ (0 26 72) 12 38, Fax 77 89, ED
18 Zi, Ez: 80, Dz: 140, ⇨ WC ☎; 2✪120 ⚓ Fitneßraum Sauna Solarium ¶⚓

Tremsbüttel 18 ↗

Schleswig-Holstein — Kreis Stormarn — 43 m — 1 500 Ew — Bad Oldesloe 17, Hamburg 31 km
🛈 ☎ (0 45 32) 4 04 50, Fax 40 45 99 — Amtsverwaltung Bargteheide-Land, Eckhorst 34, 22941 Bargteheide. Sehenswert: Automuseum Hillers, geöffnet Apr-Okt täglich 10-18, Nov-Mär nur so+feiertags 12-17

Tremsbüttel-Außerhalb (3 km ↗)
** Rohlfshagener Kupfermühle
Kupfermühle, ✉ 22967, ☎ (0 45 31) 8 12 06, Fax 8 65 08, AX DC ED VA
Hauptgericht 39; Gartenlokal P; geschl: Di, 1.2.-28.2.

Trent siehe Rügen

Treseburg 37 ☐

Sachsen-Anhalt — Wernigerode — 350 m — 130 Ew
🛈 ☎ (03 94 56) 2 23, Fax 2 23 — Tourist-Information, Ortsstr 24, 38889 Treseburg

* Bodeblick
An der Halde 1, ✉ 38889, ☎ (0394 56) 56 10, Fax 561 94
14 Zi, Ez: 80-90, Dz: 110-130, 2 Suiten, ⇨ WC ☎, 14✉; P 🚗 ¶⚓
Auch Zimmer der Kategorie ****** vorhanden
→

* **Forelle**
Ortsstr 28, ✉ 38889, ☏ (03 94 56) 2 39, Fax 2 13, AX ED VA
34 Zi, Ez: 80-110, Dz: 110-160, 1 Suite, ⌐ WC ☏, 12🖂; P 2✧70 Sauna

Treuchtlingen 63 ↗

Bayern — Kreis Weißenburg-Gunzenhausen — 412 m — 13 556 Ew — Weißenburg 11, Donauwörth 33 km
ℹ ☏ (0 91 42) 31 21, Fax 31 20 — Verkehrsamt, Heinrich-Aurnhammer-Str 3, 91757 Treuchtlingen; Erholungsort an der Altmühl

** **Gästehaus Stuterei Stadthof**
♙ Luitpoldstr 27, ✉ 91757, ☏ (0 91 42) 9 69 60, Fax 96 96 96, AX ED VA
33 Zi, Ez: 91-100, Dz: 152-169, 1 App, ⌐ WC ☏, 27🖂; P 2✧40; **garni**
geschl: 23.12.-3.1.
Gutshof mit Araberzucht

Treuen 49 □

Sachsen — Vogtlandkreis — 450 m — 8 000 Ew — Lengenfeld 5, Auerbach 8, Plauen 16 km
ℹ ☏ (03 74 68) 63 80, Fax 40 45 — Stadtverwaltung, Markt 7, 08233 Treuen. Sehenswert: Schloß; Perloser Turm

* **Wettin**
Bahnhofstr 18 a, ✉ 08233, ☏ (03 74 68) 26 90, Fax 47 52, AX ED VA
16 Zi, Ez: 96-116, Dz: 132-155, ⌐ WC ☏, 2🖂; P 🌭
* Hauptgericht 16; Biergarten Terrasse

Triberg im Schwarzwald 67 ↗

Baden-Württemberg — Schwarzwald-Baar-Kreis — 700 m — 6 000 Ew — Villingen 24, Offenburg 54 km
ℹ ☏ (0 77 22) 95 32 30, Fax 95 36 — Kurverwaltung, Luisenstr 10, 78098 Triberg; Heilklimatischer Kurort. Sehenswert: Wallfahrtskirche; Schwarzwaldmuseum; Rathaussaal: Schnitzereien; Bergsee; Wasserfälle

*** **Romantik Parkhotel Wehrle mit Gästehäusern**
Gartenstr 24, ✉ 78098, ☏ (0 77 22) 8 60 20, Fax 86 02 90, AX DC ED VA
54 Zi, Ez: 109-165, Dz: 188-298, 2 Suiten, ⌐ WC ☏, 10🖂; Lift P 🍴 3✧50 ≋ ⌂ Sauna Solarium 🌭
Auch Zimmer der Kategorie ** vorhanden
** **Ochsenstube**
Hauptgericht 45
** **Zur alten Schmiede**
🍷 Hauptgericht 25

** **Best Western Schwarzwald Residenz**
Bürgermeister-De-Pellegrini-Str 20, ✉ 78098, ☏ (0 77 22) 9 62 30, Fax 96 23 65, AX DC ED VA
40 Zi, Ez: 115-145, Dz: 168-209, S; 11 Suiten, ⌐ WC ☏; Lift P 🍴 ⌂ Sauna Solarium 🍽

** **Berghotel Tannenhof Appartement-Hotel**
♙ ◂⚐ Im Hoflehen 65, ✉ 78098, ☏ (0 77 22) 96 96 00, Fax 96 96 66, AX DC ED VA
16 Zi, Ez: 96-105, Dz: 160-180, 9 Suiten, 8 App, ⌐ WC ☏; Lift P 🍴 2✧25 ⌂ Fitneßraum Sauna Solarium 🌭 🍹

🍹 **Adler**
Hauptstr 52, ✉ 78098, ☏ (0 77 22) 45 74, Fax 45 56, AX DC ED VA
P Terrasse
* 10 Zi, Ez: 65-85, Dz: 100-140, ⌐ WC ☏
Rezeption: 7-20

Triebes 49 ←

Thüringen — Kreis Greiz — 401 m — 4 000 Ew — Schleiz 22, Gera 35 km
ℹ ☏ (03 66 22) 76 10, Fax 7 61 60 — Stadtverwaltung, Schäferstr 2, 07950 Triebes

* **Goldener Löwe**
Hauptstr 18, ✉ 07950, ☏ (03 66 22) 7 29 55, Fax 7 29 54, ED VA
8 Zi, Ez: 72, Dz: 134, 1 Suite, ⌐ WC ☏; 1✧25 🌭

Trier 52 □

Rheinland-Pfalz — Stadtkreis — 130 m — 104 000 Ew — Saarbrücken 85, Koblenz 140, Mainz 150 km
ℹ ☏ (06 51) 97 80 80, Fax 4 47 59 — Tourist-Information-Trier, an der Porta Nigra, Simeonstift/An d. Porta Nigrol, 54290 Trier; Regierungsbezirkshaupt- und Kreisstadt des Kreises Trier-Saarburg, älteste Stadt Deutschlands, Universität, Fachhochschule, Katholische Theologische Fakultät; Stadttheater, Europ. Akademie f. bildende Kunst, Erholungsort. Sehenswert: Römische Bauten: Porta Nigra; Römische Palastaula (jetzt ev. Erlöserkirche); Kaiserthermen; Barbarathermen; Amphitheater; Römerbrücke - Mittelalterliche und spätere Bauten: Dom: Domschatz; kath. Kirchen St. Matthias, Liebfrauen, St. Paulin, St. Antonius und St. Gangolf; Kurfürstl. Palais (Palastgarten); Hauptmarkt; Steipe; Rotes Haus; Dreikönigenhaus; Rheinisches Landesmuseum; Diözesan-Museum; Stadtbibliothek: Handschriften; Karl-Marx-Haus; Spielzeugmuseum; Mariensäule, 300 m ◂⚐ (30 Min ←); Petrisberg ◂⚐ (20 Min →); kath. Kirche im Stadtteil Pfalzel (6 km ↗)

Trier

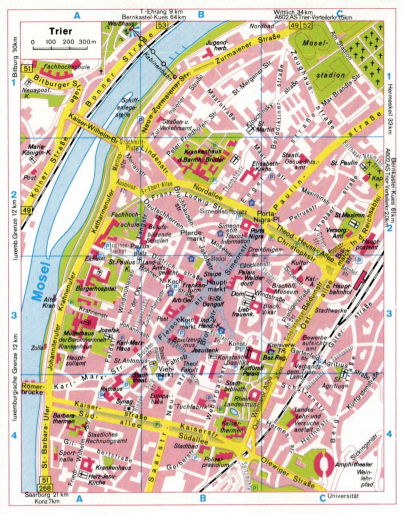

Europa Congress Hotel
Metzer Allee 89, ✉ 54295, ☎ (06 51) 9 37 70, Fax 93 77-3 33, AX DC ED VA
101 Zi, Ez: 165-185, Dz: 245-285, 4 Suiten, 6 App, ⌐ WC ☎; Lift 🅿 8↔200 ◉
Eröffnung voraussichtlich Herbst 98

✶✶✶ Dorint
Porta-Nigra-Platz 1 (BC 2), ✉ 54292, ☎ (06 51) 2 70 10, Fax 2 70 11 70, AX DC ED VA
106 Zi, Ez: 184-224, Dz: 285-325, S; 2 Suiten, ⌐ WC ☎, 25✉; Lift 🅿 4↔180
Auch Zimmer der Kategorie ✶✶ vorhanden
✶✶ Porta
Hauptgericht 35; Terrasse

✶✶ Ramada Hotel Trier An der Europahalle
Kaiserstr 29 (B 4), ✉ 54290, ☎ (06 51) 9 49 50, Fax 9 49 56 66, AX DC ED VA
122 Zi, Ez: 162-176, Dz: 222-236, S; 5 Suiten, 3 App, ⌐ WC ☎ DFÜ, 20✉; Lift 🅿 🚗 12↔1200 Kegeln
Tagungsräume in der Europahalle
✶✶ Park-Restaurant
Hauptgericht 20; Terrasse

✶✶ Römischer Kaiser
Am Porta-Nigra-Platz 6 (BC 2), ✉ 54292, ☎ (06 51) 9 77 00, Fax 97 70 99, AX DC ED VA
43 Zi, Ez: 130-150, Dz: 190-210, ⌐ WC ☎; Lift 🅿 1↔25
✶✶ Hauptgericht 25 →

Trier

** Villa Hügel
👑
☼ ◅ Bernhardstr 14, ✉ 54295, ☏ (06 51)
3 30 66, Fax 3 79 58, AX DC ED VA
34 Zi, Ez: 12-160, Dz: 170-245, ⌐ WC ☏,
8🛏, 🅿 🚗 ≋ Sauna Solarium; garni

** Tulip Inn Trier
◅ Zurmaiener Str 164 (BC 1), ✉ 54292,
☏ (06 51) 92 80, Fax 9 28 22 22, AX DC ED VA
203 Zi, Ez: 125-200, Dz: 200-250, 13 Suiten,
⌐ WC ☏, 54🛏; Lift 🅿 🚗 9⇌350 ≋ Fitneßraum Sauna Solarium 🍴

** Altstadt Hotel
Am Porta-Nigra-Platz (C 2), ✉ 54290,
☏ (06 51) 4 80 41, Fax 4 12 93, AX DC ED VA
56 Zi, Ez: 110-150, Dz: 170-210, ⌐ WC ☏;
Lift 🅿; garni

** Paulin
Paulinstr 13, ✉ 54292, ☏ (06 51) 14 74 00,
Fax 1 47 40-10, AX DC ED VA
24 Zi, Ez: 90-130, Dz: 140-190, ⌐ WC ☏,
2🛏; Lift 🅿 🚗; garni

** Alte Villa
Saarstr 133, ✉ 54290, ☏ (06 51) 93 81 20,
Fax 9 38 12 12, AX DC ED VA
18 Zi, Ez: 150, Dz: 140-220, 2 Suiten, ⌐ WC
☏, 4🛏; 🅿 🚗 1⇌20 Sauna ≈
geschl: Mo abends
** Hauptgericht 30; Gartenlokal;
geschl: Mo

** Aulmann
Fleischstr 47-48, ✉ 54290, ☏ (06 51)
97 67-0, Fax 97 67-1 02, AX DC ED VA
66 Zi, Ez: 80-170, Dz: 120-220, ⌐ WC ☏,
10🛏; Lift 🅿 🚗 1⇌50 🍴
Auch einfachere Zimmer vorhanden

** Nell's Parkhotel
Dasbachstr 12 (außerhalb C1), ✉ 54292,
☏ (06 51) 1 44 40, Fax 1 44 42 22, AX DC ED VA
56 Zi, Ez: 98-140, Dz: 125-215, ⌐ WC ☏,
9🛏; Lift 🅿 🚗 2⇌70 ≈
** Hauptgericht 22; Terrasse

** Deutscher Hof
Südallee 25 (B 4), ✉ 54290, ☏ (06 51)
9 77 80, Fax 9 77 84 00, AX DC ED VA
102 Zi, Ez: 105-125, Dz: 155-175, ⌐ WC ☏,
13🛏; Lift 🅿 🚗 5⇌150 Kegeln
geschl: 20.12.-10.1.
** Hauptgericht 25; Terrasse;
geschl: 20.12.-15.1.

* Zur Römerbrücke
◅ Aachener Str 5, ✉ 54294, ☏ (06 51)
8 26 60, Fax 8 26 65 00, AX DC ED VA
45 Zi, Ez: 110, Dz: 160, ⌐ WC ☏ DFÜ, 5🛏;
Lift 🅿 1⇌80 🍴 ≈

* Kessler
Brückenstr 23 (AB 3), ✉ 54290, ☏ (06 51)
97 81 70, Fax 9 78 17 97, AX ED VA
21 Zi, Ez: 90-150, Dz: 120-220, 1 Suite,
1 App, ⌐ WC ☏, 5🛏; Lift 🅿 🚗; garni

* Deutschherrenhof
Deutschherrenstr 32 (B 2), ✉ 54290,
☏ (06 51) 9 75 42-0, Fax 4 23 95, AX ED VA
15 Zi, Ez: 90-110, Dz: 130-170, ⌐ WC ☏; 🅿
🚗; garni

*** Pfeffermühle
Zurlaubener Ufer 76, ✉ 54292, ☏ (06 51)
2 61 33, ED VA
Hauptgericht 45; 🅿 Terrasse; geschl: So,
Mo mittags

** Schlemmer Eule
Antoniusstr 7 (B 3), ✉ 54290, ☏ (06 51)
7 36 16, Fax 7 36 16, AX DC ED VA
Hauptgericht 32; Gartenlokal 🅿; geschl:
Mo, So mittags

Trier-Außerhalb (5 km ↓)
* Estricher Hof
◅ Estricher Hof 85, ✉ 54296, ☏ (06 51)
93 80 40, Fax 30 90 81, AX ED VA
16 Zi, Ez: 83-88, Dz: 128-150, ⌐ WC ☏; Lift
🅿 🚗 2⇌50 🍴 ≈

Ehrang (7 km ↗)
** Kupfer-Pfanne ✣
Ehranger Str 200, ✉ 54293, ☏ (06 51)
6 65 89, Fax 6 65 89, ED
Hauptgericht 35; 🅿 Terrasse; geschl: Do,
Sa mittags

Euren (3 km ↙)
** Eurener Hof
Eurener Str 171, ✉ 54294, ☏ (06 51) 8 24 00,
Fax 89 09 00, AX ED VA
67 Zi, Ez: 117-148, Dz: 166-192, 11 Suiten,
4 App, ⌐ WC ☏; Lift 🅿 🚗 1⇌50 ≋ Sauna
Solarium 36Golf ≈
Kategorie *** vorhanden
** Hauptgericht 25; Terrasse;
geschl: 24.-26.12.

Olewig (3 km ↘)
* Blesius-Garten
Olewiger Str 135, ✉ 54295, ☏ (06 51)
3 60 60, Fax 36 06 33, AX DC ED VA
60 Zi, Ez: 69-140, Dz: 125-215, ⌐ WC ☏; Lift
🅿 🚗 4⇌120 ≋ Fitneßraum Sauna Solarium
18Golf ≈
** Hauptgericht 30

** Weinhaus Becker
Olewiger Str 206, ✉ 54295, ☏ (06 51)
9 38 08-0, Fax 9 38 08-88, ED VA
Hauptgericht 42; 🅿; nur abends, so + feiertags auch mittags; geschl: Mo
* 16 Zi, Ez: 85, Dz: 140, 1 App, ⌐
WC ☏; 1⇌50

Pfalzel (6 km ↗)
** Klosterschenke
⛪ Klosterstr 10, ✉ 54293, ☏ (06 51)
96 84 40, Fax 9 68 44 30, AX ED VA
Hauptgericht 28; Gartenlokal 🅿
** ☼ ◅ 11 Zi, Ez: 90-120, Dz: 140-170,
⌐ WC ☏

Zewen (6 km ↙)
** Jardin
Kettenstr 4, ✉ 54294, ☎ (06 51) 82 72 80,
Fax 8 27 28 44, AX DC ED VA
Hauptgericht 35
* Ambiente
13 Zi, Ez: 87-117, Dz: 127-157, ⊣ WC ☎; P
1↔20

Zewen-Außerhalb
** Schloß Monaise
Schloß Monaise 7, ✉ 54294, ☎ (06 51)
82 86 70, Fax 9 98 09 01, ED
Hauptgericht 30

Trippstadt 53 ↘

Rheinland-Pfalz — Kreis Kaiserslautern —
400 m — 3 000 Ew — Kaiserslautern 13,
Neustadt a. d. Weinstraße 41 km
ℹ ☎ (0 63 06) 3 41, Fax 15 29 — Verkehrsamt, Hauptstr. 26, 67705 Trippstadt; Luftkurort im Pfälzer Wald. Sehenswert: Ehem. Schloß; Burg Wilenstein, Brunnenstollen (18. Jh.)

⌂ Gunst
☀ ⇥ Hauptstr 99 a, ✉ 67705, ☎ (0 63 06)
17 85, Fax 17 85
11 Zi, Ez: 40-55, Dz: 85-95, 2 App, ⊣ WC,
3✉; P; garni
geschl: Jan

Triptis 48 ↗

Thüringen — Saale-Orla-Kreis — 360 m —
4 700 Ew — Pößneck 16, Weida 19, Gera 24 km
ℹ ☎ (03 64 82) 3 59-0, Fax 3 59-34 — Stadtverwaltung, Markt 1, 07819 Triptis. Sehenswert: Rundschloß Oberpöllnitz; Kirche St. Marien; Wehrkirche Döblitz; Orlastau

Miesitz (1,5 km ←)
** Wutzler
Hauptstr 18, ✉ 07819, ☎ (03 64 82) 3 08 47,
Fax 3 08 48, AX DC ED VA
35 Zi, Ez: 80-99, Dz: 110-140, 1 Suite, ⊣ WC
☎; Lift P 4↔35 Sauna Solarium 2Tennis
⋈

Oberpöllnitz (3 km ↗)
** Zur Goldenen Aue
☀ Mittelpöllnitzer Str 1, ✉ 07819,
☎ (03 64 82) 37 00, Fax 3 70 53, AX DC ED VA
32 Zi, Ez: 80-105, Dz: 120-140, 3 Suiten,
10 App, ⊣ WC ☎, 3✉; Lift P 3↔200 Fitneßraum Sauna Solarium ⋈

Trittau 18 ↗

Schleswig-Holstein — Kreis Stormarn —
37 m — 6 542 Ew — Hamburg 30, Mölln 30 km
ℹ ☎ (0 41 54) 8 07 90 — Gemeindeverwaltung, Europaplatz 5, 22946 Trittau

* Vorburg
Vorburgstr 3, ✉ 22946, ☎ (0 41 54) 8 44 10,
Fax 84 41 11, AX DC ED VA
20 Zi, Ez: 75-80, Dz: 110-130, ⊣ WC ☎, 2✉;
P ⊟ 1↔18 Sauna Solarium ⋈

Trittenheim 52 ↗

Rheinland-Pfalz — Kreis Bernkastel-Wittlich — 121 m — 1 300 Ew — Bernkastel-Kues 27, Trier 35 km
ℹ ☎ (0 65 07) 22 27, Fax 20 40 — Tourist-Information, Moselweinstr 55, 54349 Trittenheim; Weinbauort an der Mosel.
Sehenswert: Dhrontalsperre (6 km ↓)

* Moselperle
Moselweinstr 42, ✉ 54349, ☎ (0 65 07)
22 21, Fax 67 37, AX DC ED VA
14 Zi, Ez: 60-80, Dz: 90-120, 7 App, ⊣ WC
☎; P ⊟ ≙ ⋈
geschl: Mi, 6.11.-1.2.

** Landgasthof Grans - Fassian
Moselpromenade 4, ✉ 54349, ☎ (0 65 07)
20 33, Fax 70 10 92, ED
Hauptgericht 34; P Terrasse; geschl: Mo,
11.1.-25.1.

Trochtelfingen 69 ↘

Baden-Württemberg — Kreis Reutlingen —
720 m — 6 400 Ew — Reutlingen 27, Sigmaringen 33 km
ℹ ☎ (0 71 24) 48 21, Fax 48 48 — Verkehrsamt, Rathausplatz 9, 72818 Trochtelfingen; Erholungsort. Sehenswert: Kath. Stadtkirche, Stadtbrunnen, hist. Stadtkern mit Stadtmauer; spätgotisches Schloß

* Rössle
Flair Hotel
Marktstr 48, ✉ 72818, ☎ (0 71 24) 92 50,
Fax 92 52 00, ED
30 Zi, Ez: 60-85, Dz: 99-130, ⊣ WC ☎, 8✉;
P ⊟ ≙ Sauna Solarium
geschl: 1.-10.8.
Auch Zimmer der Kategorie ** vorhanden
* Hauptgericht 23; geschl: Mo,
1.8.-10.8.

* Zum Ochsen
Marktstr 21, ✉ 72818, ☎ (0 71 24) 22 00,
Fax 93 11 68, ED
Hauptgericht 24; Kegeln P; nur abends,
so+feiertags auch mittags

Trockenborn-Wolfersdorf 48 ↗

Thüringen — Saale-Holzland-Kreis —
366 m — 620 Ew — Neustadt (Orla) 9,
Stadtroda 11 km
ℹ ☎ (03 64 28) 4 09 30, Fax 6 48 23 — Touristinformation (ATIS), Dorfstr 24,
07646 Trockenborn-Wolfersdorf →

Trockenborn-Wolfersdorf

Wolfersdorf
** Am Kellerberg
Dorfstr 18, ✉ 07646, ☎ (03 64 28) 4 70,
Fax 4 71 08, AX ED
39 Zi, Ez: 94, Dz: 109-149, 1 App, ⌐ WC ☎
DFÜ; 🅿 3🔄120 🍴 🍺
Auch Zimmer der Kategorie ***** vorhanden

Tröstau 58 ↗

Bayern — Kreis Wunsiedel — 550 m —
2 600 Ew — Marktredwitz 10, Bad Berneck
26 km
🛈 ☎ (0 92 32) 99 21 61, Fax 99 21 15 —
Gemeindeverwaltung, Hauptstr 6,
95709 Tröstau; Erholungsort. Sehenswert:
Luisenburg: Felsenlabyrinth, 871 m ⦅
(4 km →); Kösseine, 938 m ⦅ (2 km ↘)

* Bergcafé Bauer
♂ ⦅ Kemnather Str 20, ✉ 95709, ☎ (0 92 32)
28 42, Fax 16 97, ED
21 Zi, Ez: 75, Dz: 120, ⌐ WC; 🅿 🚗 1🔄30
Kegeln 18Golf 🍴 🍺
geschl: Mi

Fahrenbach (1 km ↘)
** Golfhotel
City Line & Country Line Hotels
einzeln ♂ ⦅ Fahrenbach 1, ✉ 95709,
☎ (0 92 32) 88 20, Fax 88 23 45, AX DC ED VA
75 Zi, Ez: 120, Dz: 180, 1 Suite, ⌐ WC ☎; 🅿
5🔄150 Fitneßraum Sauna Solarium 18Golf
** Hauptgericht 30

Troisdorf 43 ↘

Nordrhein-Westfalen — Rhein-Sieg-Kreis
— 60 m — 70 000 Ew — Bonn 17, Köln
22 km
🛈 ☎ (0 22 41) 90 01 70, Fax 90 08 79 —
Stadtverwaltung, Kölner Str 176 / Rathaus,
53840 Troisdorf. Sehenswert: Burg Wissem,
Museum für Bilderbuchkunst und Jugend-
buchillustration; Treidelfähre (Troisdorf-
Bergheim); Fischereimuseum in Bergheim/
Sieg

** Primula
Am Bürgerhaus 16, ✉ 53840, ☎ (0 22 41)
87 50, Fax 87 51 00, AX DC ED VA
72 Zi, Ez: 98-280, Dz: 110-305, ⌐ WC ☎,
19🛁; Lift 🚗 2🔄50 🍴
Auch Zimmer der Kategorie ***** vorhanden

* Regina
Hippolytusstr 23, ✉ 53840, ☎ (0 22 41)
8 70 50, Fax 7 07 35, AX DC ED VA
36 Zi, Ez: 99-199, Dz: 110-265, ⌐ WC ☎,
6🛁; Lift 🅿 1🔄30 Solarium 🍴

* Canisiushaus
Hippolytusstr 41, ✉ 53840, ☎ (0 22 41)
7 67 76, Fax 80 53 62, AX ED VA
14 Zi, Ez: 95, Dz: 140, 1 App, ⌐ WC ☎; 🅿 🍴
Auch Zimmer der Kategorie ****** vorhanden

🛏 Kronprinz
Kronprinzenstr 1, ✉ 53840, ☎ (0 22 41)
9 84 90, Fax 98 49 99, ED VA
45 Zi, Ez: 85-105, Dz: 120-145, ⌐ WC ☎; Lift
Fitneßraum Sauna Solarium; **garni**

Sieglar
** Quality Hotel
Larstr 1, ✉ 53840, ☎ (0 22 41) 99 79,
Fax 99 72 88, AX DC ED VA
80 Zi, Ez: 130-350, Dz: 180-400, ⌐ WC ☎,
15🛁; Lift 🅿 4🔄80
Auch Zimmer der Kategorie ******* vor-
handen
** Hauptgericht 25

Spich
** Forsthaus Telegraph
einzeln, Mauspfad 3VA, ✉ 53840,
☎ (0 22 41) 7 66 49, Fax 7 04 94, AX DC ED VA
Hauptgericht 42; 🅿 Terrasse; geschl: Sa
mittags, Mo, Di, in den Herbstferien

Trollenhagen 21 ↗

Mecklenburg-Vorpommern — Kreis Mecklenburg-Strelitz — 20 m — 582 Ew — Neubrandenburg 3, Altentreptow 13 km
🛈 ☎ (03 96 08) 25 10, Fax 2 51 26 — Amt
Nevrin, Neubrandenburger Str 48,
17039 Neverin

Hellfeld (4 km ↓)
** Hellfeld
Hellfelder Str 15, ✉ 17039, ☎ (03 95)
42 98 10, Fax 42 98 11 39, AX DC ED VA
30 Zi, Ez: 85-115, Dz: 135-150, ⌐ WC ☎,
2🛁; 🅿 2🔄80 🍴

Podewall (6 km ↑)
* Landgasthof Podewall
♂ Fuchsberg 1, ✉ 17039, ☎ (03 95)
42 96 40, Fax 4 29 64 54, AX ED VA
12 Zi, Ez: 100, Dz: 140, 1 Suite, ⌐ WC ☎; 🅿
🍴 🍺

Trossingen 68 □

Baden-Württemberg — Kreis Tuttlingen —
700 m — 15 000 Ew — Schwenningen 11,
Rottweil 16 km
🛈 ☎ (0 74 25) 2 51 12, Fax 2 51 50 — Verkehrsamt, Schultheiß-Koch-Platz 1,
78647 Trossingen; Hochschulen für Musik;
Bundesakademie für musikalische Jugend-
bildung

* Bären
Hohnerstr 25, ✉ 78647, ☎ (0 74 25) 60 07,
Fax 2 13 95, AX ED VA
21 Zi, Ez: 95-115, Dz: 135-165, 1 Suite, ⌐
WC ☎ DFÜ; 🅿 🚗 1🔄20 Solarium
* Hauptgericht 25; Biergarten;
geschl: Sa

Tübingen

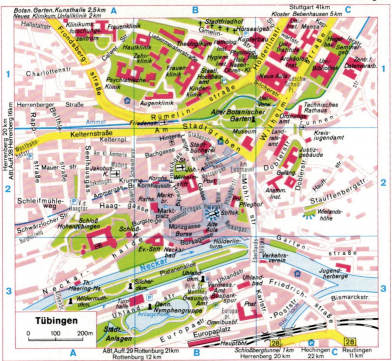

Tübingen 61 ↘

Baden-Württemberg — Kreis Tübingen — 350 m — 85 000 Ew — Reutlingen 12, Stuttgart 41 km

🛈 ☎ (0 70 71) 9 13 60, Fax 3 50 70 — Verkehrsverein, Eberhardsbrücke, An der Neckarbrücke 1, 72072 Tübingen — Regierungsbezirkshaupt- und Kreisstadt am Neckar - Universität. Sitz der Akademie für Umweltfragen; Landestheater. Sehenswert: Altstadt; ev. Stiftskirche; Schloß Hohentübingen ⋖; Rathaus: Fresken; Hölderlin-Turm; Marktbrunnen; Botanischer Garten; ehem. Zisterzienser-Kloster Bebenhausen (5km↑)

** Krone
Uhlandstr 1 (B 3), ✉ 72072, ☎ (0 70 71) 1 33 10, Fax 13 31 32, AX DC ED VA
46 Zi, Ez: 155-195, Dz: 230, 2 Suiten, ⌐ WC ☎, 10◧; Lift 🅿 🚗 2✪60 🍴 ⚓
geschl. 22.12.-30.12.

* Kupferhammer mit Gästehaus
Westbahnhofstr 57, ✉ 72072, ☎ (0 70 71) 41 80, Fax 41 82 99, AX DC ED VA
20 Zi, Ez: 98-112, Dz: 140-162, ⌐ WC ☎ DFÜ, 6◧; 🅿 🚗; garni
Rezeption: 7-20; geschl: 23.12.-6.1.

* Hospiz
Neckarhalde 2 (B2), ✉ 72070, ☎ (0 70 71) 92 40, Fax 92 42 00, AX ED VA
50 Zi, Ez: 115-140, Dz: 170-220, ⌐ WC ☎; Lift 🅿 🚗 1✪40 🍴

* Kreuzberg
Vor dem Kreuzberg 23 (außerhalb A 1), ✉ 72070, ☎ (0 70 71) 94 41-0, Fax 94 41-10, ED
12 Zi, Ez: 104-120, Dz: 150-160, ⌐ WC ☎; 🅿 🚗 2✪40 🍴
geschl. Mi, Ende Dez-Anfang Jan, 2 Wochen im Sommer

* Am Bad
♉ Europastr 2, ✉ 72072, ☎ (0 70 71) 7 30 71, Fax 7 53 36, AX ED VA
35 Zi, Ez: 83-107, Dz: 148-177, ⌐ WC ☎, 10◧; 🅿 🚗 ≋ 18Golf ⚓
Restaurant für Hausgäste

* Katharina
Lessingweg 2 (außerhalb B 1), ✉ 72076, ☎ (0 70 71) 6 70 21, Fax 61 08 82, ED VA
14 Zi, Ez: 85-145, Dz: 170-190, ⌐ WC ☎; 🅿; garni
Rezeption: 7-21.30

→

Tübingen

*** Rosenau
Rosenau 15, ✉ 72076, ☎ (0 70 71) 6 64 66, Fax 60 05 18, AX DC ED VA
Hauptgericht 28; **P** Terrasse; geschl: Mo

Weinstube Forelle
Kronenstr 8 (B2), ✉ 72070, ☎ (0 70 71) 2 40 94

Bebenhausen (4 km ↑)
** Landhotel Hirsch
♂ Schönbuchstr 28, ✉ 72074, ☎ (0 70 71) 6 09 30, Fax 60 93 60, AX DC ED VA
12 Zi, Ez: 135-180, Dz: 240-270, ⊿ WC ☎; **P** 1⇌50
*** Hauptgericht 38; Terrasse; ✤
geschl: Di

*** Waldhorn ☕
Schönbuchstr 49, ✉ 72074, ☎ (0 70 71) 6 12 70, Fax 61 05 81, AX
Hauptgericht 45; Gartenlokal; geschl: Mo, Di, 2 Wochen in den Sommerferien

Kilchberg (5 km ←)
* Gasthaus Hirsch
Closenweg 4, ✉ 72072, ☎ (0 70 71) 9 77 90, Fax 97 79 77, AX ED
14 Zi, Ez: 85-95, Dz: 120-140, ⊿ WC ☎; ⓘ
geschl: 22.12.-6.1.

Lustnau (3 km ↗)
* Basilikum
Kreuzstr 24, ✉ 72074, ☎ (0 70 71) 8 75 49, Fax 8 75 49, AX ED VA
Hauptgericht 38; **P** Terrasse; geschl: So, 2 Wochen im Aug

Unterjesingen (7 km ←)
≙ Am Schönbuchrand
Klemsstr 3, ✉ 72070, ☎ (0 70 73) 60 47, Fax 5 02 65, VA
12 Zi, Ez: 79-85, Dz: 105-130, 3 Suiten, ⊿ WC ☎; Lift **P** ≙ Sauna; **garni**
Rezeption: 7-12,16-21; geschl: 23.12.-6.1.

Türkenfeld 71 ↘

Bayern — Kreis Fürstenfeldbruck — 600 m — 2 890 Ew — Fürstenfeldbruck 15, Landsberg 23 km
ⓘ ☎ (0 81 93) 93 07-0, Fax 64 58 — Gemeindeverwaltung, Schloßweg 2, 82299 Türkenfeld. Sehenswert: ehem. Fuggerschloß; Pfarrkirche Mariä Himmelfahrt; Pfarrkirche St.-Johannes-Baptist; Zankenhausen

* Zum Unterwirt
Duringstr 5, ✉ 82299, ☎ (0 81 93) 99 95 17, Fax 99 95 18
10 Zi, Ez: 60, Dz: 100, ⊿ WC; **P** 🖨 ⓘ
geschl: Di, 1.-20.8.
Zimmer der Kategorie ****** vorhanden

Türkheim 70 ↗

Bayern — Kreis Unterallgäu — 608 m — 6 000 Ew — Bad Wörishofen 5, Mindelheim 10 km
ⓘ ☎ (0 82 45) 5 30, Fax 53-22 — Verwaltungsgemeinschaft, Maximilian-Philipp-Str 32, 86842 Türkheim

* Rosenbräu
Rosenstr 14, ✉ 86842, ☎ (0 82 45) 16 36, Fax 29 02
16 Zi, Ez: 70, Dz: 96; **P** ⓘ

** Villa Zollhaus
☒ Dorfstr 1, ✉ 86842, ☎ (0 82 45) 20 06, Fax 38 28, AX DC ED VA
Hauptgericht 40
* ♂ 11 Zi, Ez: 90-200, Dz: 150-350; Sauna
Auch Zimmer der Kategorie ****** vorhanden

Tüßling 73 ↘

Bayern — Kreis Altötting — 406 m — 2 600 Ew — Altötting 7, Mühldorf am Inn 8 km
ⓘ ☎ (0 86 33) 8 98 80, Fax 89 88 22 — Markt Tüßling, Marktplatz 2, 84577 Tüßling

Kiefering (4 km ↘)
*** Bauernsepp
Flair Hotel**
♂ Haus Nr 42, ✉ 84577, ☎ (0 86 33) 89 40, Fax 89 42 00, AX ED VA
39 Zi, Ez: 85, Dz: 125, ⊿ WC ☎; 3⇌50
Kegeln ⓘ 🍺

Turnow 41 ↘

Brandenburg — Spree-Neiße Kreis — 40 m — 11 000 Ew — Peitz 3, Cottbus 16, Guben 20 km
ⓘ ☎ (03 56 01) 1 94 33, Fax 8 15 15 — Peitzer Land-Tourismus und Naherholung, Markt 1, 03185 Peitz

** Landhotel Turnow
Frankfurter Str 11 a, ✉ 03185, ☎ (03 56 01) 37 00, Fax 3 70 80, ED
35 Zi, Ez: 70-100, Dz: 100-120, ⊿ WC ☎; **P**; **garni**
geschl: Ende Dez

Tuttlingen 68 ☐

Baden-Württemberg — Kreis Tuttlingen — 647 m — 35 000 Ew — Rottweil 29, Radolfzell 35 km
ⓘ ☎ (0 74 62) 94 82-20, Fax 75 72 — Touristik- und Verkehrsbüro, im Stadtteil Möhringen, Hermann-Leiber-Str 4, 78532 Tuttlingen-Möhringen; Luftkurort an der oberen Donau. Sehenswert: Ev. Stadtkirche; Ruine Honberg, 734 m ◂ (1 km ↓); Rathaus und Stadtkirche im Stadtteil Möhringen (4 km ↗); Witthoh, 860 m ◂ (6 km ↓)

Übach-Palenberg

Stadt Tuttlingen mit Gästehaus
**
Donaustr 30 (B), ✉ 78532, ☎ (0 74 61) 93 00, Fax 93 02 50, AX DC ED VA
80 Zi, Ez: 130-170, Dz: 195-235, ⌐ WC ☎; Lift 🛌 5⇔120
** Stadt Tuttlingen
Hauptgericht 30

siehe auch **Hausen ob Verena**

Tutzing 71 □

Bayern — Kreis Starnberg — 550 m — 10 000 Ew — Starnberg 14, Weilheim 14 km
ℹ ☎ (0 81 51) 9 06 00, Fax 90 60 90 — Tourismusverband Starnberger Fünf-Seen-Land, Wittelsbacherstr 9, 82319 Starnberg.
Sehenswert: Ilka-Höhe, 711 m ⚓ (2 km ↗)

* **Zum Reschen**
Marienstr 7, ✉ 82327, ☎ (0 81 58) 93 90, Fax 93 91 00
18 Zi, Ez: 90-111, Dz: 131-161, 1 App, ⌐ WC ☎; 🅿 🛌; garni
geschl: 19.12.-17.1.

* **Engelhof**
Heinrich-Vogl-Str 9, ✉ 82327, ☎ (0 81 58) 30 61, Fax 67 85, AX ED VA
11 Zi, Ez: 95-130, Dz: 140-190, ⌐ WC ☎; 🅿
18Golf 🍴

** **Tutzinger Hof**
Hauptstr 32, ✉ 82327, ☎ (0 81 58) 93 60, Fax 93 61 00, AX ED VA
Hauptgericht 24; Biergarten Kegeln 🅿;
geschl: Mitte Jan-Mitte Feb
* 19 Zi, Ez: 80-105, Dz: 125-135, ⌐ WC ☎; Lift 1⇔10

** **Häring's Wirtschaft im Midgardhaus**
⚓ Midgardstr 3, ✉ 82327, ☎ (0 81 58) 12 16, Fax 79 35, AX DC ED VA
Hauptgericht 30

Clement
Hauptstr 29, ✉ 82327, ☎ (0 81 58) 63 10, Fax 66 56
geschl: Mo, 24.12.-6.1.

Oberzeismering
** **Forsthaus Ilkahöhe**
⚓ ✉ 82327, ☎ (0 81 58) 82 42, Fax 28 66
Hauptgericht 35; Biergarten 🅿 Terrasse; geschl: Mo, Di, 23.12.-28.1.

Twist 23 ↘

Niedersachsen — Kreis Emsland — 16 m — 9 200 Ew — niederländische Grenze 1, Meppen 18, Nordhorn 29 km
ℹ ☎ (0 59 36) 9 33 00, Fax 93 30-44 — Gemeindeverwaltung, Flensbergstr 1, 49767 Twist; Ort am Rande des Bourtanger Moores; „Knapzak-Route" (grenzüberschreitender Rundwanderweg über Deutschland und Holland)

Twist-Außerhalb (5 km →)
* **Schmees**
Rühlermoor 47, ✉ 49767, ☎ (0 59 36) 4 07, Fax 66 48, ED
Hauptgericht 25; geschl: Do
* 5 Zi, Ez: 55-60, Dz: 100-120, ⌐ WC ☎

Bült
** **Gasthof Backers Zum alten Dorfkrug** ✣
Kirchstr 25, ✉ 49767, ☎ (0 59 36) 23 30, Fax 21 09
Hauptgericht 30; 🅿 Terrasse; geschl: Di, Sa mittags
* 4 Zi, Ez: 65, Dz: 100, ⌐ WC ☎

Übach-Palenberg 42 ↘

Nordrhein-Westfalen — Kreis Heinsberg — 123 m — 24 000 Ew — Geilenkirchen 7, Aachen 17 km
ℹ ☎ (0 24 51) 97 90, Fax 97 91 61 — Stadtverwaltung, Rathausplatz 4, 52531 Übach-Palenberg

Palenberg
* **Weydenhof**
Kirchstr 17, ✉ 52531, ☎ (0 24 51) 4 14 10, Fax 4 89 58, ED VA
29 Zi, Ez: 50-80, Dz: 90-140, ⌐ WC ☎; Lift 🅿 🛌 1⇔100 Kegeln 🍴
Rezeption: 7-14, 16.30-23 geschl: Fr
Auch einfachere Zimmer vorhanden

Überherrn 52 ↓

Saarland — Kreis Saarlouis — 199 m —
12 000 Ew — Saarlouis 13 km
🅸 ☎ (0 68 36) 9 09-0, Fax 9 09-1 92 —
Gemeindeverwaltung, Rathausstr. 101,
66802 Überherrn. Sehenswert: Hist. Ortskern in Berus; Torhäuser; Europadenkmal
⦁≼; Teufelsburg; Wallfahrtskapelle St.
Oranna

**   Linslerhof
einzeln, ✉ 66802, ☎ (0 68 36) 80 70,
Fax 8 07 17, ED VA
47 Zi, Ez: 145-160, Dz: 195-225, ⌐ WC ☎;
Lift 🅿 3✩60 Fitneßraum Solarium 18Golf
☕

Historische Gutsanlage
*   Hauptgericht 32; Biergarten

*   Katharinenhof
Hauptstr 1, ✉ 66802, ☎ (0 68 36) 60 01,
Fax 60 04, AX ED VA
12 Zi, Ez: 95, Dz: 130, ⌐ WC ☎ DFÜ; 🅿
1✩25; **garni** ☕

Berus (4 km ↑)
*   Margaretenhof
☾⦁≼ Orannastr, ✉ 66802, ☎ (0 68 36) 20 10,
Fax 56 62, AX ED VA
11 Zi, Ez: 90, Dz: 130, ⌐ WC ☎; 🅿 🖬 ≙
Sauna 🍴 ☕

Felsberg (6 km ↑)
*   Felsberger Hof
Metzer Str 117, ✉ 66802, ☎ (0 68 37)
7 40 11, Fax 7 40 14, AX ED VA
36 Zi, Ez: 85-105, Dz: 135, ⌐ WC ☎; 🅿 🍴

Überkingen, Bad 62 ↓

Baden-Württemberg — Kreis Göppingen
— 455 m — 3 800 Ew — Geislingen 4, Göppingen 22, Ulm 35 km
🅸 ☎ (0 73 31) 96 19 19, Fax 96 19 99 — Kurverwaltung, Gartenstr 1, 73337 Bad Überkingen; Heilbad auf der Schwäbischen Alb

***   Bad-Hotel
Badstr 12, ✉ 73337, ☎ (0 73 31) 30 20,
Fax 3 02 20, AX DC ED VA
36 Zi, Ez: 145-180, Dz: 190-220, 2 Suiten,
⌐ WC ☎, 9✉; Lift 4✩60 ≋ Solarium
18Golf
***   Helfensteinrestaurant
𝒱 Hauptgericht 33; Terrasse; geschl: Mi

🍴   **Zum Stern**
Badstr 3, ✉ 73337, ☎ (0 73 31) 6 39 00,
Fax 6 53 10
Hauptgericht 18; Biergarten 🅿; geschl:
Do,

Überlingen 69 ✓

Überlingen
Baden-Württemberg — Bodenseekreis —
400 m — 22 000 Ew — Stockach 16, Friedrichshafen 32 km
🅸 ☎ (0 75 51) 99 11 22, Fax 99 11 35 — Kur- und Touristik Überlingen GmbH, Landungsplatz 14, 88662 Überlingen; Kneippheilbad am Bodensee. Sehenswert: Kath.
Münsterkirche: Hochaltar; Franziskanerkirche; Rathaus; Reichlin-Meldeggscher
Patrizierhof mit Heimatmuseum und hist.
Puppenstubensammlung; Wallfahrtskirche Birnau (5 km ↘); Schiffsfahrt zur
Insel Mainau, nach Meersburg und anderen Uferorten

***   Parkhotel St. Leonhard
☾⦁≼ Obere St.-Leonhard-Str 71, ✉ 88662,
☎ (0 75 51) 80 81 00, Fax 80 85 31, AX ED VA
145 Zi, Ez: 132-189, Dz: 236-284, 3 App, ⌐
WC ☎, 33✉; Lift 🅿 🖬 8✩200 ≙ Fitneßraum Sauna Solarium 6Tennis
Auch Zimmer der Kategorie ****** vorhanden
**   ⦁≼ Hauptgericht 25

**   Rosengarten
Bahnhofstr 12, ✉ 88662, ☎ (0 75 51)
9 28 20, Fax 92 82 39, AX DC ED
15 Zi, Ez: 120-170, Dz: 160-260, 2 Suiten, ⌐
WC ☎; 18Golf
geschl: 15.11.-15.2.
Restaurant für Hausgäste

**   Wiestor
Wiestorstr 17, ✉ 88662, ☎ (0 75 51)
8 30 60, Fax 83 06-12, AX ED VA
10 Zi, Ez: 85-105, Dz: 145-160, 1 App, ⌐ WC
☎, 2✉; Lift 🖬 🍴

*   Seegarten
⦁≼ Seepromenade 7, ✉ 88662, ☎ (0 75 51)
6 34 98, Fax 39 81, ED VA
21 Zi, Ez: 90-140, Dz: 190-270, ⌐ WC ☎; Lift
🅿 🖬 ☕
geschl: 15.11.-15.12.
*   Hauptgericht 27; Gartenlokal Terrasse; geschl: 15.11.-15.12.

*   Promenade
⦁≼ Seepromenade 13, ✉ 88662, ☎ (0 75 51)
95 21-0, Fax 95 21-22, AX DC ED VA
9 Zi, Ez: 75-120, Dz: 150-190, ⌐ WC ☎; 🖬
🍴 ☕
geschl: Nov-Feb

**   Bürgerbräu
Aufkircher Str 20, ✉ 88662, ☎ (0 75 51)
9 27 40, Fax 6 60 17, AX DC ED VA
Hauptgericht 30; 🅿; geschl: Mi, 24.2.-24.3.
*   12 Zi, Ez: 85, Dz: 140, ⌐ WC ☎;
geschl: 24.2.-23.3.

Uelzen

Andelshofen (3 km ↗)
★★★ Romantik Hotel Johanniter-Kreuz
♠ Johanniterweg 11, ✉ 88662, ☎ (0 75 51) 6 10 91, Fax 6 73 36, AX DC ED VA
26 Zi, Ez: 110-160, Dz: 185-280, ⊿ WC ☎; Lift 🅿 🚗 2↔35 Kegeln 18Golf
Auch Zimmer der Kategorie ★★ vorhanden
★★ Hauptgericht 37; Terrasse; geschl: Mo

★★ Sonnenbühl
♠ Zum Brandbühl 19, ✉ 88662, ☎ (0 75 51) 20 08, Fax 20 09, DC ED VA
22 Zi, Ez: 115-150, Dz: 150-240, 1 Suite, 1 App, ⊿ WC ☎; 🅿 Sauna 18Golf 🍴
geschl: Di, Mi, 15.11.-31.1.

Lippertsreute (7 km ↗)
Landgasthof Brauerei Keller
Riedweg 2, ✉ 88662, ☎ (0 75 53) 2 23, Fax 74 88
13 Zi, Ez: 50-90, Dz: 90-130, 2 Suiten, 3 App, ⊿ WC ☎; 🅿 🚗 🍴
geschl: Mo ab 14, Di, 27.12.-20.1.

★ Landgasthof Zum Adler
🏵 Hauptstr 44, ✉ 88662, ☎ (0 75 53) 82 55 0, Fax 82 55 70, ED
Hauptgericht 25; 🅿 Terrasse; geschl: Mi abends, Do, 20.10.-10.11.
★ 17 Zi, Ez: 68-95, Dz: 100-160, 6 Suiten, 4 App, ⊿ WC ☎; Lift 🚗
geschl: 20.10.-10.11.

Ueckermünde 22 ↑

Mecklenburg-Vorpommern — Kreis Ueckermünde — 1 m — 11 590 Ew — Pasewalk 26, Anklam 33 km
ℹ ☎ (03 97 71) 2 32 33, Fax 2 32 33 — Stadtverwaltung, Am Rathaus 3, 17373 Ueckermünde

★★ Stadtkrug
Markt 3, ✉ 17373, ☎ (03 97 71) 8 00, Fax 8 04 09, AX DC ED VA
28 Zi, Ez: 90-120, Dz: 100-140, 2 Suiten, ⊿ WC ☎; Lift 🅿 🚗 2↔50 🍴
Im Gästehaus auch Zimmer der Kategorie ★ vorhanden

★ Pommernyacht
⚓ Altes Bollwerk 1 b, ✉ 17373, ☎ (03 97 71) 21 50, Fax 2 43 95, AX ED
18 Zi, Ez: 115-140, Dz: 140-160, ⊿ WC ☎, 2🛏; 🅿 🚗 1↔35 🍴

Bellin (3 km →)
★ Haffhus
♠ ⚓ Dorfstr 35, ✉ 17373, ☎ (03 97 71) 2 08-0, Fax 2 08-50, AX ED VA
26 Zi, Ez: 90-125, Dz: 135-145, 1 Suite, ⊿ WC ☎, 17🛏; 🅿 🚗 1↔31 Strandbad Seezugang 🍴
★ Hauptgericht 20

Ühlingen-Birkendorf 68 ↙

Baden-Württemberg — Kreis Waldshut — 800 m — 4 200 Ew — Bonndorf 12, Waldshut 20 km
ℹ ☎ (0 77 43) 3 80, Fax 12 77 — Kurverwaltung, im Ortsteil Birkendorf, Schwarzwaldstr 44, 79777 Ühlingen-Birkendorf; Luftkurort. Sehenswert: Roggenbacher Schlösser, Ruinen; ehem. Kloster; Schwedenfelsen

Birkendorf
Sonnenhof mit Gästehaus Sonnhalde
Schwarzwaldstr 9, ✉ 79777, ☎ (0 77 43) 9 20 10, Fax 17 89, AX DC ED VA
16 Zi, Ez: 57-104, Dz: 93-197, ⊿ WC ☎; 🅿 2↔100 🏊 Sauna Solarium 🍴 🍺

Uelsen 23 ←

Niedersachsen — Kreis Grafschaft Bentheim — 41 m — 4 282 Ew — Nordhorn 15 km
ℹ ☎ (0 59 42) 20 90, Fax 2 09 60 — Gemeindeverwaltung, Altes Rathaus, Itterbecker Str 11, 49843 Uelsen; Erholungsort

★★ Am Waldbad
einzeln ♠ Am Waldbad 1, ✉ 49843, ☎ (0 59 42) 9 39 30, Fax 19 52
18 Zi, Ez: 65-85, Dz: 130-150, 2 Suiten, ⊿ WC ☎; 🅿 1↔40 Kegeln
Auch Zimmer der Kategorie ★ vorhanden. Zugang zum städtischen Hallenbad
★★ Hauptgericht 45; 🅿 Terrasse; geschl: So mittags, Mo

Uelzen 19 ↙

Niedersachsen — Kreis Uelzen — 35 m — 37 000 Ew — Hamburg 95, Hannover 95, Bremen 140 km
ℹ ☎ (05 81) 8 00-4 42, Fax 8 00-1 00 — Verkehrsbüro, Herzogenplatz 2, 29525 Uelzen; Stadt in der Lüneburger Heide. Sehenswert: Ev. Kirche; Backsteinkapellen; Schloß Holdenstedt; Landwirtschaftsmuseum in Hösseringen (16 km ↙)

★ Uelzener Hof
Lüneburger Str 47, ✉ 29525, ☎ (05 81) 9 09 30, Fax 7 01 91, AX DC ED VA
31 Zi, Ez: 90, Dz: 120, ⊿ WC ☎; 🅿 🚗 1↔45 🍺

★ Ausspann
Hauptgericht 28

★ Am Stern
Sternstr 13, ✉ 29525, ☎ (05 81) 7 63 00, Fax 1 69 45, ED VA
35 Zi, Ez: 50-80, Dz: 100-120, 3 App, ⊿ WC ☎, 4🛏; Lift 🅿 🚗 Fitneßraum Sauna Solarium 🍴
Auch Zimmer der Kategorie ★★ vorhanden →

Uelzen

*   Gasthof Stadthalle Uelzen
Am Schützenplatz 1, ✉ 29525, ☎ (05 81)
9 02 00, Fax 90 20 50
13 Zi, Ez: 75, Dz: 120, 1 App, ⌐ WC ☎; Lift
🅿 5✪800 Kegeln 🍴 🍺

🛏   Gasthof Bürgerhotel
Lüneburger Str 15, ✉ 29525, ☎ (05 81)
9 79 60, Fax 52 92
15 Zi, Ez: 65, Dz: 120, ⌐ WC ☎; 🍴 🍺

Außerhalb (5 km →)
*   Meyers Gasthaus
Hanstedter Str 4, ✉ 29525, ☎ (0 58 04)
97 50, Fax 97 54 00, VA
25 Zi, Ez: 60, Dz: 98, ⌐ WC ☎; 🅿 5✪150 🍴
🍺

Veerßen (1 km ↓)
**   Ringhotel Deutsche Eiche
Soltauer Str 14, ✉ 29525, ☎ (05 81) 9 05 50,
Fax 7 40 49, AX DC ED VA
37 Zi, Ez: 110-125, Dz: 145-170, S; ⌐ WC ☎,
4✉; 🅿 2✪300 Kegeln
Auch Zimmer der Kategorie *** vorhanden
**   Hauptgericht 35

Ürzig 52 ↗

Rheinland-Pfalz — Kreis Bernkastel-Wittlich — 103 m — 1 000 Ew — Bernkastel-Kues 11, Traben-Trarbach 13, Zell 33 km
ℹ ☎ (0 65 32) 26 20, Fax 51 60 — Verkehrsbüro, Rathausplatz 7, 54539 Ürzig; Weinbauort an der Mosel. Sehenswert: Rathaus; Barockhaus; Fachwerkhäuser; Ürziger Sonnenuhr

*   Ringhotel Weinhaus Moselschild
◄ Moselufer 14, ✉ 54539, ☎ (0 65 32)
9 39 30, Fax 93 93 93, AX DC ED VA
14 Zi, Ez: 117-175, Dz: 150-220, S; ⌐ WC ☎;
🅿 🍽 Sauna Solarium
geschl: 10.1.-31.1.
**   Blauer Salon
◄ Hauptgericht 38; Terrasse; geschl: 10.1.-31.1.

*   Zehnthof
◄ Moseluferstr 38, ✉ 54539, ☎ (0 65 32)
25 19, Fax 51 31
20 Zi, Ez: 90, Dz: 120-160, ⌐ WC; 🅿 🍽;
garni
geschl: Nov-Apr

*   Zur Traube
Moselufer, ✉ 54539, ☎ (0 65 32) 45 12,
Fax 14 80, AX ED VA
12 Zi, Ez: 65-110, Dz: 80-150, 1 Suite, ⌐
WC, 6✉; 🅿 🍽 🍴 🍺
geschl: Mitte Dez-Mitte Feb

Uetersen 18 ↖

Schleswig-Holstein — Kreis Pinneberg —
18 000 Ew — Hamburg 29, Itzehoe 32 km
ℹ ☎ (0 41 22) 71 40, Fax 71 42 88 — Verkehrsverein, Wassermühlenstr 7,
25436 Uetersen. Sehenswert: Ehem.
Klosterkirche; Rosarium; Luftwaffen-Museum im Fliegerhorst Appen (5 km ↘)

**   Mühlenpark
Mühlenstr 49, ✉ 25436, ☎ (0 41 22) 9 25 50,
Fax 92 55 10, AX DC ED VA
28 Zi, Ez: 110-130, Dz: 150-170, 2 Suiten,
1 App, ⌐ WC ☎; Lift 🅿 3✪50
**   Hauptgericht 35; Terrasse;
geschl: So

**   Im Rosarium
♂ ◄ Berliner Str 10, ✉ 25436, ☎ (0 41 22)
70 66, Fax 4 53 76, AX ED VA
31 Zi, Ez: 98-152, Dz: 140-165, 1 Suite,
1 App, ⌐ WC ☎, 4✉; Lift 🅿 🍽 3✪60 🍺
Rezeption: 6-18
**   ◄ Hauptgericht 23; Terrasse

Uffenheim 56 □

Bayern — Kreis Neustadt a. d. Aisch —
330 m — 6 150 Ew — Bad Windsheim 16,
Rothenburg ob der Tauber 22, Würzburg
39 km
ℹ ☎ (0 98 42) 20 70, Fax 2 07 32 — Stadtverwaltung, Marktplatz 16, 97215 Uffenheim

🛏   Uffenheimer Hof
Am Bahnhof 4, ✉ 97215, ☎ (0 98 42) 70 81,
Fax 71 80, AX DC ED VA
38 Zi, Ez: 85-115, Dz: 130, ⌐ WC ☎; 🅿 🍽
2✪40 Sauna Solarium 🍴

*   Schwarzer Adler
Adelhofer Str 1, ✉ 97215, ☎ (0 98 42)
9 88 00, Fax 98 80 80, AX DC ED VA
Hauptgericht 20; Biergarten 🅿
*   13 Zi, Ez: 48-56, Dz: 84, ⌐ WC ☎,
2✉; 🍽 1✪20
geschl: bis Ende Feb Mo

Uhingen 62 ↙

Baden-Württemberg — Kreis Göppingen
— 300 m — 13 600 Ew — Göppingen 5,
Kirchheim unter Teck 12, Schorndorf 15 km
ℹ ☎ (0 71 61) 9 38 00, Fax 9 38 01 99 — Bürgermeisteramt, Kirchstr 2, 73066 Uhingen

*   Ochsen
Ulmer Str 8, ✉ 73066, ☎ (0 71 61) 3 20 68,
Fax 3 23 99, VA
14 Zi, Ez: 64-89, Dz: 140, ⌐ WC ☎; 🅿 🍽
2✪30

Ulm

Albershausen (2 km ↙)
✶✶ Stern
Uhinger Str 1, ✉ 73095, ☎ (0 71 61)
93 36 00, Fax 93 36 07, ED VA
50 Zi, Ez: 98-110, Dz: 140-150, ⬒ WC ☎; Lift
🅿 1↔30 ⌂ Kegeln
✶✶ Hauptgericht 25

Uhldingen-Mühlhofen 69 ↙

Baden-Württemberg — Bodenseekreis —
400 m — 7 500 Ew — Meersburg 5, Überlingen 9 km
ℹ ☎ (0 75 56) 9 21 60, Fax 92 16 20 — Tourist-Information, im Ortsteil Unteruhldingen, Schulstr 12, 88690 Uhldingen-Mühlhofen; Erholungsort am Bodensee.
Sehenswert: Wallfahrtskirche in Birnau
(4 km ↖); Pfahlbaumuseum in Unteruhldingen

Maurach
✶✶ Seehalde
♂ ⋖ Birnau-Maurach 1, ✉ 88690,
☎ (0 75 56) 65 65, Fax 65 22
21 Zi, Ez: 106-120, Dz: 186-218, ⬒ WC ☎; 🅿
🍴 ≋ ⌂ Seezugang Sauna
geschl: Di, 7.1.-15.3.
✶✶ ⋖ Hauptgericht 36;
Terrasse; geschl: Di, 10.1.-15.3.

✶✶ Pilgerhof mit Rebmannshof
♂ ⋖ Maurach 2, ✉ 88690, ☎ (0 75 56)
93 90, Fax 65 55, AX DC ED VA
Ez: 95-130, Dz: 160-190, 7 Suiten, ⬒ WC ☎,
8✉; 🅿 3↔30 Seezugang Fitneßraum
Sauna Solarium ⋗
geschl: Mo
✶✶ Hauptgericht 25

Mühlhofen
✶ Landgasthof zum Kreuz
♂ Grasbeurerstr 2, ✉ 88690, ☎ (0 75 56)
93 36-0, Fax 93 36-70, ED VA
47 Zi, Ez: 70-105, Dz: 120-150, ⬒ WC ☎; 🅿
1↔40 Fitneßraum Solarium 🍴

Seefelden
✶✶ Fischerhaus   ♛
mit Gästehäusern
♂ ⋖ Seefelden 2, ✉ 88690, ☎ (0 75 56)
85 63, Fax 60 63
22 Zi, Ez: 150-200, Dz: 290-395, 5 Suiten, ⬒
WC ☎; 🅿 1↔15 ≋ Seezugang Sauna
Solarium
Rezeption: 8-18; geschl: 2.11.-Ende März
Restaurant für Hausgäste; Preise inkl.
Halbpension Großzügige Gartenanlage mit
Teich auf 15000 qm

Unteruhldingen
✶ Knaus
Seestr 1, ✉ 88690, ☎ (0 75 56) 80 08,
Fax 55 33, AX ED
28 Zi, Ez: 90-110, Dz: 145-205, 1 Suite,
1 App, ⬒ WC ☎; 🅿 🍴 ≋ Strandbad Seezugang Fitneßraum 🍴 ⋗
Rezeption: 7-22; geschl: 31.10.-1.3.

✶ Mainaublick
⋖ Seefelder Str 22, ✉ 88690, ☎ (0 75 56)
92 13-0, Fax 58 44, ED
33 Zi, Ez: 70-100, Dz: 140-150, 2 Suiten, ⬒
WC ☎; 🅿 🍴 Seezugang 🍴 ⋗
geschl: 15.10.-30.3.

Uhlstädt 48 ↑

Thüringen — Kreis Rudolstadt — 400 m —
1 676 Ew — Rudolstadt 10, Jena 25 km
ℹ ☎ (03 67 42) 6 22 75, Fax 6 22 78 — Verwaltungsgemeinschaft, Jenaische Str 90,
07407 Uhlstädt

Weißen (3 km ↙)
✶✶ Kains Hof
♂ Ortsstr 19, ✉ 07407, ☎ (03 67 42) 6 11 30,
Fax 6 10 11, ED
15 Zi, Ez: 90, Dz: 120, ⬒ WC ☎; 🅿 🍴 🍴 ⋗

Ulm 62 ↘

Baden-Württemberg — Stadtkreis —
480 m — 115 000 Ew — Stuttgart 95, München 130, Nürnberg 170 km
ℹ ☎ (07 31) 1 61 28 30, Fax 1 61 16 41 —
Ulm/Neu-Ulm Tourismuszentrale, Neue
Str 45, 89073 Ulm. Sehenswert: Ev. Münster (gotisch): Chorfenster, Chorgestühl,
höchster Kirchturm der Welt: 161 m ⋖; Rathaus; Neuer Bau; Schwörhaus; Fischerviertel; Stadtmauer; Metzgerturm; Marktbrunnen; Deutsches Brotmuseum; Naturkundliche Sammlungen; Ulmer Museum:
Kunst- und Kulturgechichte; ehem. Bundesfestung; ehem. Benediktinerkloster in
Wiblingen (5km↑); Basilika, Bibliothekssaal; Stadthaus auf dem Münsterplatz

Cityplan siehe Seite 978

✶✶✶ Maritim
⋖ Basteistr 40, Am Kongresszentrum
(C 1), ✉ 89073, ☎ (07 31) 92 30,
Fax 9 23 10 00, AX DC ED VA
276 Zi, Ez: 233-303, Dz: 298-378, S;
10 Suiten, 1 App, ⬒ WC ☎, 76✉; Lift 🍴
19↔1500 ⌂ Fitneßraum Sauna Solarium ⋗
✶✶ Hauptgericht 35

✶✶ Stern
Sterngasse 17 (A 2), ✉ 89073, ☎ (07 31)
1 55 20, Fax 15 52 99, ED VA
60 Zi, Ez: 140-160, Dz: 180-260, ⬒ WC ☎
DFÜ, 18✉; Lift 🅿 🍴 Sauna
Auch Zimmer der Kategorie ✶ vorhanden
✶✶ Hauptgericht 27; Biergarten

✶✶ Comfor
Frauenstr 51 (B 2), ✉ 89073, ☎ (07 31)
9 64 90, Fax 64 94 99, AX DC ED VA
153 Zi, Ez: 138-163, Dz: 175-199, 17 Suiten,
20 App, ⬒ WC ☎, 10✉; Lift; **garni**
Auch Langzeitvermietung möglich →

Ulm

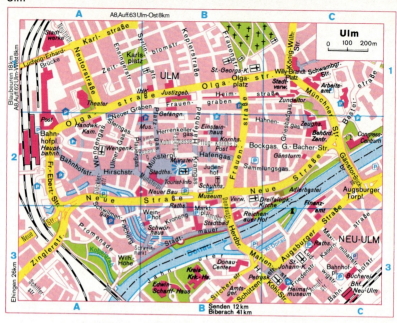

✱ Schiefes Haus
⊽ Schwörhausgasse 6 (B 3), ✉ 89073,
☎ (07 31) 96 79 30, Fax 9 67 93 33, AX ED VA
11 Zi, Ez: 195, Dz: 255, ⌐ WC ☎ DFÜ, 3⌧;
1↭20
Restaurant für Hausgäste; Mittelalterliches Haus mit individueller Einrichtung in hochaktuellem Design

✱ Blaubeurer Tor
Blaubeurer Str 19, ✉ 89077, ☎ (07 31)
93 46-0, Fax 93 46 200, AX DC ED VA
40 Zi, Ez: 99-130, Dz: 114-190, ⌐ WC ☎,
5⌧; Lift P 🍴; garni
Zimmer der Kategorie ✱✱ verfügbar

✱ InterCity Hotel Ulm
Bahnhofplatz 1 (A 2), ✉ 89073, ☎ (07 31)
9 65 50, Fax 9 65 59 99, AX DC ED VA
135 Zi, Ez: 183-203, Dz: 202-222, S; ⌐ WC
☎ DFÜ, 23⌧; Lift 5↭80 🍴

✱ Goldenes Rad
Neue Str 65 (B 2), ✉ 89073, ☎ (07 31)
6 70 48, Fax 6 14 10, AX DC ED VA
24 Zi, Ez: 90-145, Dz: 135-185, 1 App, ⌐ WC
☎; Lift; garni
geschl: Sa + So bis 12, 23.12.-6.1., 1.-16.8.
Zimmer der Kategorie ✱✱ vorhanden

✱ Roter Löwe
Ulmergasse 8 (A2), ✉ 89073, ☎ (07 31)
6 20 31, Fax 6 02 15 02, AX DC ED VA
37 Zi, Ez: 118-128, Dz: 150-165, ⌐ WC ☎
DFÜ; Lift 🍴 40 ⚓ Sauna 🍴
Zimmer der Kategorie ✱✱ verfügbar

✱ Astra
Steinhövelstr 6, ✉ 89075, ☎ (07 31)
92 26 20, Fax 2 46 46, ED VA
19 Zi, Ez: 110-120, Dz: 150-160, ⌐ WC ☎;
Lift P 🍴 🍽
geschl: 25.12.-5.1.

✱ Am Römerplatz
Römerstr 67, ✉ 89077, ☎ (07 31) 3 74 61,
Fax 3 74 63, AX DC ED VA
18 Zi, Ez: 100-105, Dz: 130-160, ⌐ WC ☎;
1↭15; garni

Weinstube Pflugmerzler
⊽ Pfluggasse 6 (B 2), ✉ 89073, ☎ (07 31)
6 80 61, Fax 6 80 62, ED
Hauptgericht 37; geschl: sa, so + feiertags,
3 Wochen in den Sommerferien

🍽 Tröglen
🍴 Münsterplatz 5 (B 2), ✉ 89073, ☎ (07 31)
6 62 94, Fax 61 05 59
Terrasse; 8.30-18.30, Sa bis 17; geschl:
so + feiertags,
Spezialität: Süße Ulmer Spatzen

🍽 Ströbele
Hirschstr 4 (B 2), ✉ 89073, ☎ (07 31)
6 37 79

Böfingen (4 km ↗)
✱ Atrium
Eberhard Finckh Str 7, ✉ 89075, ☎ (07 31)
9 27 10, Fax 9 27 12 00, AX DC ED VA
73 Zi, Ez: 130-150, Dz: 150-180, S; ⌐ WC ☎
DFÜ, 20⌧; Lift P 7↭60 Sauna Solarium
🍴 🍽

Grimmelfingen (6 km ✓)
* **Adler**
Kirchstr 12, ✉ 89081, ☎ (07 31) 38 50 61,
Fax 38 28 19, AX ED VA
40 Zi, Ez: 90-130, Dz: 130-160, 1 Suite,
2 App, ⌐ WC ☎ DFÜ; Lift 🅿 🚗 1⇔20 Fitneßraum Sauna Solarium 🍴
Auch Zimmer der Kategorie ✱✱ vorhanden

* **Zum Hirsch**
Schultheißenstr 9, ✉ 89081, ☎ (07 31)
93 79 30, Fax 9 37 93 60, AX DC ED VA
24 Zi, Ez: 85-103, Dz: 118-145, 1 App, ⌐ WC
☎; 🅿 🚗 🍴

Lehr (2 km ↑)
* **Engel**
Loher Str 35, ✉ 89081, ☎ (07 31) 6 08 84,
Fax 61 03 95, AX DC VA
46 Zi, Ez: 108-148, Dz: 150-180, ⌐ WC ☎;
Lift 🅿 3⇔45 Fitneßraum Sauna Solarium
Auch Zimmer der Kategorie ✱✱ vorhanden
✱ Hauptgericht 25; Terrasse

Ulmet 53 □

Rheinland-Pfalz — Kreis Kusel — 200 m —
830 Ew — Kusel 15, Kaiserslautern 35 km
ℹ ☎ (0 63 81) 4 20 90, Fax 42 09 49 — Verbandsgemeindeverwaltung, Schulstr 3,
66885 Altenglan

Ulmet-Außerhalb (1 km ←)
* **Felschbachhof**
einzeln ⚲ Haus Nr 1, ✉ 66887, ☎ (0 63 87)
91 10, Fax 91 12 34, AX ED VA
27 Zi, Ez: 78-88, Dz: 130-145, 1 Suite,
1 App, ⌐ WC ☎, 4🛏; 🅿 🚗 2⇔40 Fitneßraum Sauna Solarium 🍴

Ulrichstein 45 □

Hessen — Vogelsbergkreis — 614 m —
3 716 Ew — Grünberg 21, Lauterbach
22 km
ℹ ☎ (0 66 45) 96 10-0, Fax 96 10-22 —
Stadtverwaltung, Hauptstr 9, 35327 Ulrichstein; Erholungsort im Vogelsberg

* **Zur Traube**
Marktstr 1, ✉ 35327, ☎ (0 66 45) 2 26,
Fax 3 97
11 Zi, Ez: 46-59, Dz: 82-103, 1 App, ⌐ WC;
2⇔50 🍴
geschl: 2 Wochen in den Sommerferien,
1 Woche in den Herbstferien

* **Gasthof Groh**
Hauptstr 1, ✉ 35327, ☎ (0 66 45) 3 10,
Fax 80 02
13 Zi, Ez: 45-70, Dz: 80-115, ⌐ WC ☎; 🚗
Sauna Solarium 🍴
geschl: 15.2.-10.3.

Umkirch 67 □

Baden-Württemberg — Kreis Breisgau-
Hochschwarzwald — 207 m — 5 100 Ew —
Freiburg 8 km
ℹ ☎ (0 76 65) 50 50, Fax 5 05 39 — Bürgermeisteramt, Hauptstr 4, 79224 Umkirch

* **Zum Pfauen**
Hugstetter Str 2, ✉ 79224, ☎ (0 76 65)
65 34, Fax 5 19 49, AX ED
20 Zi, Ez: 89-98, Dz: 128-148, ⌐ WC ☎, 7🛏;
✱✱ Hauptgericht 34; Terrasse;
geschl: Mi

* **Heuboden**
Am Gansacker 6a, ✉ 79224, ☎ (0 76 65)
5 00 90, Fax 50 09 96, AX ED VA
60 Zi, Ez: 80-89, Dz: 130, 4 App, ⌐ WC ☎
DFÜ; Lift 🅿 4⇔100

✱✱ **Heuboden**
Am Gansacker 3, ✉ 79224, ☎ (0 76 65)
50 09 99, Fax 50 09 91, AX DC ED VA
Hauptgericht 30; 🅿 Terrasse; geschl: Sa
mittags, So,
Cocktailbar, Tanzlokal

Ummendorf 69 →

Baden-Württemberg — Kreis Biberach an
der Riß — 545 m — 4 030 Ew — Biberach 6,
Ochsenhausen 10, Bad Waldsee 18 km
ℹ ☎ (0 73 51) 20 54, Fax 3 21 68 — Bürgermeisteramt, Biberacher Str 9,
88444 Ummendorf

* **Adler**
Biberacher Str 2, ✉ 88444, ☎ (0 73 51)
3 25 24, Fax 3 26 23
6 Zi, Ez: 68-89, Dz: 98-125, 1 App; 🅿 🚗 🍴

Undeloh 18 ↓

Niedersachsen — Kreis Harburg — 75 m —
850 Ew — Lüneburg 36, Soltau 38 km
ℹ ☎ (0 41 89) 3 33, Fax 5 07 — Verkehrsverein, Zur Dorfeiche 27, 21274 Undeloh; Ort
in der Lüneburger Heide. Sehenswert: St.-
Magdalenen-Kapelle, Glockenturm; hist.
Schafstall; Hünengräber; Wilseder Berg
169 m ⚐

* **Undeloher Hof**
⚲ Wilseder Str 22, ✉ 21274, ☎ (0 41 89)
4 57, Fax 4 68
20 Zi, Ez: 80, Dz: 120-160, ⌐ WC ☎; 🅿
2⇔100 🍴

* **Heiderose mit
  Gästehaus Heideschmiede**
⚲ Wilseder Str 13, ✉ 21274, ☎ (0 41 89)
3 11, Fax 3 14, ED
58 Zi, Ez: 95-100, Dz: 160-220, ⌐ WC ☎; Lift
🅿 3⇔180 Fitneßraum Sauna Solarium 🍴
🛁 →

Undeloh

* Ringhotel Witte's Hotel
♂ Zum Loh 2, ✉ 21274, ☎ (0 41 89) 2 67,
Fax 6 29, AX ED VA
23 Zi, Ez: 73-100, Dz: 136-152, ⊿ WC ☎; P
1✪25 ⑩
geschl: Mitte Dez - Anfang Feb

Wesel (5 km ↘)
Gasthaus Heidelust
Weseler Dorfstr 9, ✉ 21274, ☎ (0 41 89)
2 72, Fax 6 72
26 Zi, Ez: 24-73, Dz: 48-140, 3 App, ⊿ WC
☎; P 🚗 2✪100 Sauna ⑩
geschl: im Winter Do
Im Haupthaus einfachere Zimmer vorhanden

Unna 33 →

Nordrhein-Westfalen — Kreis Unna —
100 m — 67 000 Ew — Dortmund 20, Soest
37 km
🅸 ☎ (0 23 03) 10 32 13, Fax 10 32 12 —
I-Punkt Unna, Rathausplatz 1, 59423 Unna.
Sehenswert: Ev. Kirche: Sakramentshäuschen; Hellweg-Museum, Friedrichsborn;
Nikolaiviertel

** Ringhotel Katharinen Hof
Katharinenplatz, ✉ 59423, ☎ (0 23 03)
92 00, Fax 92 04 44, AX DC ED VA
69 Zi, Ez: 130-170, Dz: 160-198, 1 Suite, ⊿
WC ☎, 23🖼; Lift 5✪150 Fitneßraum
Sauna Solarium ⑩ 🍺

** Akzent-Hotel Gut Höing
♂ Hammer Str, ✉ 59425, ☎ (0 23 03)
6 10 52, Fax 6 10 13, AX DC ED VA
51 Zi, Ez: 115-145, Dz: 160-200, 11 App, ⊿
WC ☎, 2🖼; 4✪25
Restaurant für Hausgäste

Massen (5 km ↙)
* Landhaus Massener Heide
♂ Massener Heide 16, ✉ 59427,
☎ (0 23 03) 8 31 60, Fax 8 93 53, AX DC ED VA
12 Zi, Ez: 85, Dz: 150, ⊿ WC ☎, 12🖼; 3✪80
⑩
Nichtraucher Hotel

Unterelchingen siehe Elchingen

Unterföhring 72 ↘

Bayern — Kreis München — 507 m —
7 511 Ew — München 7, Erding 23 km
🅸 ☎ (0 89) 95 08 10, Fax 9 50 81 39 —
Gemeindeverwaltung, Münchner Str 70,
85774 Unterföhring

** Lechnerhof
Eichenweg 4, ✉ 85774, ☎ (0 89) 95 82 80,
Fax 95 82 81 40, AX DC ED VA
47 Zi, Ez: 140-280, Dz: 160-350, 4 Suiten,
2 App, ⊿ WC ☎ DFÜ, 17🖼; Lift P 🚗 4✪80
Fitneßraum Sauna Solarium; garni

** Feringapark
⊰ Feringastr 2, ✉ 85774, ☎ (0 89) 95 71 60,
Fax 95 71 61 11, AX DC ED VA
104 Zi, Ez: 137-262, Dz: 159-314, S;
9 Suiten, 40 App, ⊿ WC ☎ DFÜ, 33🖼; Lift
P 🚗 8✪240 Sauna Solarium ⑩ 🍺

** Büro-Suite-Hotel
Feringastr 6, ✉ 85774, ☎ (0 89) 99 27 20,
Fax 99 27 22 22, AX DC ED VA
42 Zi, Ez: 190-370, Dz: 250-370, 8 Suiten,
34 App, ⊿ WC ☎ DFÜ, 7🖼; Lift P 🚗 2✪35
⑩
Übernachtungspreise ohne Frühstück,
Langzeitvermietung möglich

* Tele-Hotel
Bahnhofstr 15, ✉ 85774, ☎ (0 89) 95 01 46,
Fax 9 50 66 52, AX DC ED VA
58 Zi, Ez: 150-200, Dz: 180-220, 1 Suite, ⊿
WC ☎; Lift P 🚗 2✪20 Kegeln ⑩

* Zum Gockl
Münchner Str 73, ✉ 85774, ☎ (0 89)
95 83 00, Fax 9 50 65 42, AX DC ED VA
74 Zi, Ez: 65-150, Dz: 100-180, ⊿ WC ☎; Lift
🚗 3✪50 Sauna Solarium ⑩
Auch einfachere Zimmer vorhanden

* Gasthof Zur Post
Münchner Str 79, ✉ 85774, ☎ (0 89)
95 09 80, Fax 9 50 98-4 00, AX ED VA
31 Zi, Ez: 80-150, Dz: 130-190, ⊿ WC ☎,
10🖼; P
⑩ Hauptgericht 20; Biergarten;
geschl: So abends, Mo

Unterhaching 72 □

Bayern — Kreis München — 556 m —
19 300 Ew — München 10 km
🅸 ☎ (0 89) 66 55 10, Fax 66 55 11 66 —
Gemeindeverwaltung, Rathausplatz 7,
82008 Unterhaching

*** Holiday Inn Garden Court
Inselkammerstr 7-9, ✉ 82008, ☎ (0 89)
66 69 10, Fax 66 69 16 00, AX DC ED VA
281 Zi, Ez: 234-405, Dz: 310-431, S;
6 Suiten, ⊿ WC ☎ DFÜ, 64🖼; Lift P 🚗
13✪500 Fitneßraum Sauna Solarium
** Hauptgericht 30; Biergarten

*** Astron Suite-Hotel
Leipziger Str 1, ✉ 82008, ☎ (0 89) 66 55 20,
Fax 66 55 22 00, AX DC ED VA
Ez: 230-430, Dz: 260-460, S; 80 Suiten, ⊿
WC ☎ DFÜ, 23🖼; Lift P 🚗 1✪10 Fitneßraum Sauna Solarium; garni

** Schrenkhof 👑
♂ Leonhardsweg 6, ✉ 82008, ☎ (0 89)
6 10 09 10, Fax 61 00 91 50, AX DC ED VA
24 Zi, Ez: 140-220, Dz: 180-290, 1 Suite, ⊿
WC ☎; Lift 2✪35 Fitneßraum Sauna
Solarium

Unterschleißheim

** Residenz Beckenlehner
Korbinianstr 8, ⌂ 82008, ☎ (0 89) 66 51 10, Fax 66 51 14 44, AX ED VA
36 Zi, Ez: 130-150, Dz: 170-190, ⌐ WC ☎; Lift P 🅟 1⇔15; garni

* Huber
♂ Kirchfeldstr 8, ⌂ 82008, ☎ (0 89) 61 04 00, Fax 6 11 38 42, AX DC ED VA
72 Zi, Ez: 95-150, Dz: 150-200, 2 Suiten, 1 App, ⌐ WC ☎, 8🖃; Lift P 🅟 3⇔40 ≘ Sauna Solarium

** Il Pappagallo
Hauptgericht 30

* Demas
Hauptstr 32, ⌂ 82008, ☎ (0 89) 66 52 20, Fax 66 52 22 22, AX ED VA
23 Zi, Ez: 105-150, Dz: 124-186, ⌐ WC ☎ DFÜ; Lift P 🅟; garni

* Kölbl
Münchener Str 107, ⌂ 82008, ☎ (0 89) 61 52 36-0, Fax 6 11 38 51, AX ED VA
16 Zi, Ez: 125-195, Dz: 180-240, 7 App, ⌐ WC ☎, 8🖃; garni

Unterkirnach 68 ←

Baden-Württemberg — Schwarzwald-Baar-Kreis — 900 m — 2 850 Ew — Villingen 9 km
🛈 ☎ (0 77 21) 80 08 37, Fax 80 08 40 — Verkehrsamt, Hauptstr 5, 78089 Unterkirnach; Luftkurort

** Gasthof Rößle-Post ✣
♛ Hauptstr 16, ⌂ 78089, ☎ (0 77 21) 5 45 21, Fax 50 30 26, AX ED VA
Hauptgericht 25; P; geschl: Mo, Di

** Zum Stadthof
Hauptstr 6, ⌂ 78089, ☎ (0 77 21) 5 70 77, Fax 5 83 58, AX DC ED VA
Hauptgericht 30; Terrasse; geschl: Do, So abends

Untermeitingen 71 ↘

Bayern — Augsburg — 558 m — 6 200 Ew
🛈 ☎ (0 82 32) 50 09-11, Fax 50 09-70 — Verwaltungsgemeinschaft Lechfeld, Von-Imhof-Str 6, 86836 Untermeitingen

** Lech Park
Lagerlechfelder Str 28, Gewerbegebiet, ⌂ 86836, ☎ (0 82 32) 9 98-0, Fax 99 81 00, AX DC ED VA
59 Zi, Ez: 110, Dz: 150, 4 App, ⌐ WC ☎, 15🖃; Lift P 🅟 4⇔70 Sauna 1Tennis 🍴

Unterpfaffenhofen

siehe **Germering**

Unterreichenbach 61 ←

Baden-Württemberg — Kreis Calw — 480 m — 2 268 Ew — Bad Liebenzell 7, Pforzheim 13 km
🛈 ☎ (0 72 35) 12 12, Fax 89 22 — Bürgermeisteramt, Im Oberdorf 15, 75399 Unterreichenbach; Unterreichenbach mit Ortsteil Kapfenhardt; Erholungsorte im Nagold- und Reichenbachtal, Schwarzwald

Kapfenhardt (3 km ✓)

** Ringhotel Mönch's Waldhotel
einzeln ♂ ⌐ ⌂ 75399, ☎ (0 72 35) 79 00, Fax 79 01 90, AX DC ED VA
65 Zi, Ez: 89-140, Dz: 158-265, S; ⌐ WC ☎, 3🖃; Lift P 🅟 7⇔70 ≘ Fitneßraum Kegeln Sauna Solarium 1Tennis ⚓
Auch Zimmer der Kategorie ******* vorhanden

** Kapfenhardter Mühle
⌐ Hauptgericht 28; Terrasse

* Untere Kapfenhardter Mühle Landidyll Hotel
einzeln ♂ ⌂ 75399, ☎ (0 72 35) 12 41, Fax 71 80, AX DC ED VA
40 Zi, Ez: 75-95, Dz: 140-180, ⌐ WC ☎, 3🖃; Lift P 🅟 2⇔80 Fitneßraum Kegeln Sauna Solarium 🍴 ⚓
Originale Schwarzwaldmühle. Terrasse am laufenden Wasserrad (7 m Durchmesser). Eigene Forellenteiche

Unterreichenbach-Außerhalb

* Jägerhof
einzeln ♂ Kapfenharder Tal, ⌂ 75399, ☎ (0 72 35) 9 70 40, Fax 97 04 44
14 Zi, Ez: 55-65, Dz: 90-130, ⌐ WC ☎; P 🅟 2⇔25 🍴 ⚓

siehe auch **Schömberg**

Unterroth 70 ↘

Bayern — Kreis Neu-Ulm — 510 m — 939 Ew — Illertissen 6 km
🛈 ☎ (0 73 43) 63 03 — Gemeindeverwaltung, 89299 Unterroth

* Blum
Oberrotherstr 17, ⌂ 89299, ☎ (0 73 43) 9 60 00, Fax 96 00 50, ED
15 Zi, Ez: 70-85, Dz: 95-115, ⌐ WC ☎, 2🖃; P 🅟 Fitneßraum Sauna Solarium 🍴

Unterschleißheim 72 ↘

Bayern — Kreis München — 474 m — 25 302 Ew — München 16 km
🛈 ☎ (0 89) 31 00 90, Fax 3 10 37 05 — Gemeindeverwaltung, Rathausplatz 1, 85716 Unterschleißheim →

Unterschleißheim

** Alarun
City Partner Hotels
♂ Weihenstephaner Str 2, ⌧ 85716,
☎ (0 89) 31 77 80, Fax 31 77 81 78,
AX DC ED VA
53 Zi, Ez: 165-220, Dz: 220-300, 3 Suiten,
2 App, ⌐ WC ☎, 14🛏; Lift 🅿 🚗 2🔄20
Sauna; garni

** Mercure
Rathausplatz 8, ⌧ 85716, ☎ (0 89)
3 10 20 34, Fax 3 17 35 96, AX DC ED VA
57 Zi, Ez: 147-270, Dz: 167-300, S; 1 App, ⌐
WC ☎, 9🛏; Lift 🅿 🚗 2🔄40 Fitneßraum
Sauna Solarium; garni

** Landgasthof Alter Wirt
Hauptstr 36, ⌧ 85716, ☎ (0 89) 3 10 66 28,
Fax 3 17 16 91, AX DC ED VA
Hauptgericht 22; Biergarten
** 10 Zi, Ez: 125-155, Dz: 165-195, ⌐
WC ☎, 🅿 2🔄100
geschl: Sa ab 17
Ehem. Benediktinerklosterschänke

Unterweißbach (Thüringen)
48 ←

Thüringen — Kreis Neuhaus am Rennweg
— 320 m — 1 050 Ew — Saalfeld 24 km
🛈 ☎ (03 67 30) 2 24 08, Fax 2 24 08 — Fremdenverkehrsverein, 98744 Unterweißbach (Thüringen)

* Forelle
Querlitzer Str 12, ⌧ 98744, ☎ (03 67 30)
2 24 22, Fax 2 24 22
7 Zi, Ez: 50-60, Dz: 84-96, ⌐ WC; 🅿 🍽

Unterwellenborn
48 ▫

Thüringen — Kreis Saalfeld-Rudolstadt —
302 m — 2 897 Ew — Saalfeld 6, Rudolstadt 11, Pößneck 12 km
🛈 ☎ (0 36 71) 6 73 10, Fax 67 31 49 — Gemeindeverwaltung, Pestalozzistr 9, 07333 Unterwellenborn

Dorfkulm-Außerhalb (8 km ↘)
* Kulmberghaus
einzeln ⋅< Haus Nr 1, ⌧ 07318, ☎ (0 36 71)
3 51 56, Fax 3 51 56, ED VA
Hauptgericht 23
** einzeln ♂ ⋅< 8 Zi, Ez: 70-90,
Dz: 120, ⌐ WC ☎; 🅿 🚗

Unterwössen
73 ✓

Bayern — Kreis Traunstein — 580 m —
3 100 Ew — Reit im Winkl 12, Prien 20,
Rosenheim 38 km
🛈 ☎ (0 86 41) 82 05, Fax 97 89 26 — Verkehrsamt, Rathausplatz 1, 83246 Unterwössen; Luftkurort und Wintersportplatz im Chiemgau; Deutsche Alpen-Segelflugschule; Gleitschirmschule

** Astrid
♂ ⋅< Wendelweg 15-17, ⌧ 83246,
☎ (0 86 41) 9 78 00, Fax 6 32 08
20 Zi, Ez: 88-93, Dz: 126-136, 6 Suiten,
6 App, ⌐ WC ☎ DFÜ, 3🛏; Lift 🅿 🚗 Fitneßraum Sauna Solarium 18Golf 🍽 🍷
geschl: 2.11.-18.12.
Restaurant für Hausgäste

* Gasthof Zum Bräu
Hauptstr 70, ⌧ 83246, ☎ (0 86 41) 9 75 60,
Fax 97 56 50
23 Zi, Ez: 65-100, Dz: 104-138, 6 Suiten,
2 App, ⌐ WC ☎; Lift 🅿 2🔄150 🍽 🍷
Rezeption: 8-14, 17-21; geschl: Mo, Nov

Oberwössen (3 km ↓)
* Gasthaus Zur Post
Dorfstr 22, ⌧ 83246, ☎ (0 86 40) 82 91,
Fax 81 90
22 Zi, Ez: 60, Dz: 110, 2 App, ⌐ WC ☎; 🅿 🚗
🍽 🍷

Uplengen
16 ←

Niedersachsen — Kreis Leer — 10 m —
10 558 Ew — Leer 26 km
🛈 ☎ (0 49 56) 91 21 77, Fax 91 21 78 —
Tourist-Information Uplengen, Alter Postweg 103, 26670 Uplengen

Remels
* Uplengener Hof
Ostertorstr 57, ⌧ 26670, ☎ (0 49 56) 12 25,
Fax 45 55, DC ED VA
7 Zi, Ez: 65-90, Dz: 124-154, ⌐ WC ☎; 🅿 🚗
🍽
geschl: Di

Südgeorgsfehn
** Ostfriesischer Fehnhof
Südgeorgsfehner Str 85, ⌧ 26670,
☎ (0 44 89) 27 79, Fax 35 41, AX DC ED VA
Hauptgericht 25; Biergarten Terrasse; nur abends, Sa+So auch mittags; geschl:
Mo+Di

Urach, Bad
62 ✓

Baden-Württemberg — Kreis Reutlingen
— 464 m — 12 600 Ew — Reutlingen 20,
Ulm 55 km
🛈 ☎ (0 71 25) 94 32-0, Fax 94 32-22 — Kurverwaltung, Bei den Thermen 4, 72574 Bad Urach; Heilbad und Luftkurort. Sehenswert: Ev. Kirche; Schloß: Goldener Saal;
Rathaus; Marktbrunnen; Uracher Wasserfall (3 km +15 Min ✓); Burgruine Hohenurach, 707 m ⋅< (60 Min ←)

** Graf Eberhard
Bei den Thermen 2, ⌧ 72574, ☎ (0 71 25)
14 80, Fax 82 14, AX DC ED VA
67 Zi, Ez: 105-175, Dz: 160-244, 9 Suiten,
4 App, ⌐ WC ☎ DFÜ, 8🛏; Lift 🅿 🚗 3🔄70
Sauna Solarium 🍽 🍷

Usedom

✱✱ Quellenhof
⌕ Bei den Thermen 16-18, ✉ 72574,
☎ (0 71 25) 1 50 50, Fax 15 05-15, DC ED VA
42 Zi, Ez: 93-98, Dz: 156-166, 2 App, ⌐ WC
☎; Lift P 🚗 1⇔20 ≘; garni
Rezeption: 6.30-21.30

✱ Frank Vier Jahreszeiten Flair Hotel
Stuttgarter Str 5, ✉ 72574, ☎ (0 71 25)
94 34-0, Fax 94 34-94, AX DC ED VA
48 Zi, Ez: 98-130, Dz: 155-190, 2 Suiten, ⌐
WC ☎, 5🛏; Lift 🚗 2⇔30 ⇌
✱   Hauptgericht 25; Biergarten

✱ Breitenstein
⌕⌆ Eichhaldestr 111, ✉ 72574, ☎ (0 71 25)
9 49 50, Fax 94 95 10
16 Zi, Ez: 65-100, Dz: 138-158, ⌐ WC ☎; Lift
🚗 ≘ Fitneßraum Sauna Solarium; garni

✱ Buck
Neue Str 5, ✉ 72574, ☎ (0 71 25) 9 49 40,
Fax 94 94 94, AX DC ED VA
23 Zi, Ez: 59-98, Dz: 119-154, 7 App, ⌐ WC
☎; Lift 🚗 1⇔25 🍴 ⇌
Auch Zimmer der Kategorie ✱✱ vorhanden

Urbach 62 ←

Baden-Württemberg — Rems-Murr-Kreis
— 390 m — 7 957 Ew — Schorndorf 3,
Schwäbisch Gmünd 15, Stuttgart 35 km
ℹ ☎ (0 71 81) 8 00 70, Fax 80 07 50 —
Gemeindeverwaltung, Kirchplatz 1,
73660 Urbach

✱ Zur Mühle
Neumühlenweg 32, ✉ 73660, ☎ (0 71 81)
8 10 71, Fax 8 82 83, AX DC ED VA
40 Zi, Ez: 110-130, Dz: 140-180, ⌐ WC ☎,
20🛏; Lift P 🚗 1⇔20; garni
geschl: 19.12.-9.1.

Urberach siehe Rödermark

Usedom 14 ↘

Ostseeinsel mit Staatsgrenze zur Republik
Polen im Mündungsgebiet der Oder

Achtung: Verbindung für den Straßen- und
Eisenbahnverkehr über Wolgast. Sehenswert: 42 km lange, gleichmäßig zur offenen See auslaufende Außenküste mit feinem Sandstrand

Ahlbeck
Mecklenburg-Vorpommern — Kreis Ostvorpommern — 5 m
ℹ ☎ (03 83 78) 2 44 14, Fax 2 44 18 —
Zweck- verband Seebäder Insel Usedom,
Kurverwaltung, Dünenstr 45, 17419 Ahlbeck (Usedom); Ostseebad. Sehenswert:
5 km lange Strandpromenade mit Seebrücke

✱✱✱ Romantik Seehotel Ahlbecker Hof
⌕⌆ Dünenstr 47, ✉ 17419, ☎ (03 83 78)
6 20, Fax 6 21 00, AX ED VA
39 Zi, Ez: 150-200, Dz: 220-340, 9 Suiten, ⌐
WC ☎; Lift P 🚗 1⇔25 ≘ Seezugang Fitneßraum Sauna Solarium 18Golf ⇌
500 qm große Bade- und Wellnesslandschaft
✱✱✱   ⌆ Hauptgericht 32; Terrasse

✱✱ Villa Auguste Viktoria
⌕ Bismarckstr 1, ✉ 17419, ☎ (03 83 78)
24 10, Fax 2 41 44, AX ED VA
12 Zi, Ez: 90-160, Dz: 140-210, 6 Suiten,
2 App, ⌐ WC ☎, 2🛏; P Seezugang Fitneßraum Sauna Solarium 18Golf ⇌
geschl: Nov 99
✱✱   Hauptgericht 28; Terrasse; nur
abends; geschl: Nov

✱✱ Strandhotel
⌕⌆ Dünenstr 19, ✉ 17419, ☎ (03 83 78)
5 20, Fax 3 01 01, AX DC ED VA
110 Zi, Ez: 105-200, Dz: 145-275, 10 Suiten,
⌐ WC ☎; Lift P 2⇔80 ≘ Seezugang Fitneßraum Sauna Solarium 🍴 ⇌

✱✱ Ostende
⌕⌆ Dünenstr 24, ✉ 17419, ☎ (03 83 78)
5 10, Fax 5 14 03, AX ED VA
21 Zi, Ez: 120-215, Dz: 200-265, 9 Suiten, ⌐
WC ☎; P 2⇔30 Seezugang Fitneßraum
Sauna Solarium ⇌
geschl: 5.1.-5.2.
Auch Zimmer der Kategorie ✱✱✱ vorhanden
✱✱   Hauptgericht 28; ✤
geschl: 5.1.-5.2.

✱✱ Ringhotel Ostseehotel Ahlbeck
⌕⌆ Dünenstr 41, ✉ 17419, ☎ (03 83 78)
6 00, Fax 6 01 00, AX ED VA
69 Zi, Ez: 110-170, Dz: 140-240, 12 App, ⌐
WC ☎; Lift P 🚗 1⇔70 ≘ Seezugang Fitneßraum Sauna Solarium 18Golf 🍴 ⇌

✱✱ Residenz Waldoase
einzeln ⌕ Dünenstr 1, ✉ 17419,
☎ (03 83 78) 5 00, Fax 5 02 99, AX DC ED VA
41 Zi, Ez: 135-230, Dz: 220-280, 5 Suiten,
22 App, ⌐ WC ☎, 10🛏; 🚗 2⇔100 ≘ Seezugang Fitneßraum Sauna Solarium ⇌
✱✱   Hauptgericht 30

✱✱ Villa Strandrose
⌕⌆ Dünenstr 18, ✉ 17419, ☎ (03 83 78)
2 81 82, Fax 2 81 94
14 Zi, Ez: 170-210, Dz: 180-220, 6 Suiten,
1 App, ⌐ WC ☎; P 🚗; garni
Rezeption: 8-19; geschl: Nov-März

✱ Eden
⌕ Goethestr 2, ✉ 17419, ☎ (03 83 78) 23 80,
Fax 3 04 70
32 Zi, Ez: 80-170, Dz: 120-230, 3 Suiten, ⌐
WC ☎; P; garni →

Usedom

✳ Pension Seeperle
♂ ·⋖ Dünenstr 38, ✉ 17419, ☎ (03 83 78) 25 50, Fax 2 55 55
10 Zi, Ez: 90-135, Dz: 120-170, 4 Suiten, ⊿ WC ☎; **P** 🍴 1⇔30 Seezugang ⟡ ⚞
Auch Zimmer der Kategorie ✳✳ vorhanden

Bansin
Mecklenburg-Vorpommern — Kreis Ostvorpommern — 5 m
i ☎ (03 83 78) 2 94 33, Fax 2 29 86 — Kurverwaltung, Haus des Gastes, An der Seebrücke, 17429 Bansin (Usedom); Seebad

✳✳ Romantik Strandhotel Atlantic
♂ ·⋖ Strandpromenade 18, ✉ 17429, ☎ (03 83 78) 6 05, Fax 6 06 00, AX ED VA
24 Zi, Ez: 130-170, Dz: 180-280, 2 Suiten, ⊿ WC ☎; **P** 🍴 Seezugang Kegeln Sauna 18Golf ⟡

✳✳ Zur Post
Seestr 5, ✉ 17429, ☎ (03 83 78) 56-0, Fax 56-2 20, ED VA
60 Zi, Ez: 90-150, Dz: 165-215, ⊿ WC ☎; Lift **P** 🍴 4⇔80 Seezugang Sauna Solarium 18Golf ⟡ ⚞

✳✳ Promenadenhotel Admiral
♂ ·⋖ Strandpromenade 36, ✉ 17429, ☎ (03 83 78) 6 60, Fax 6 63 66
47 Zi, Ez: 60-130, Dz: 120-220, 1 Suite, ⊿ WC ☎; 2⇔60 Fitneßraum Sauna Solarium ⟡
Auch Zimmer der Kategorie ✳ vorhanden

✳ Bansiner Hof
·⋖ Strandpromenade 27, ✉ 17429, ☎ (03 83 78) 5 50, Fax 5 52 55
65 Zi, Ez: 65-130, Dz: 90-220, ⊿ WC ☎; Lift Seezugang Sauna Solarium ⟡

✳ Villa Ingeborg
·⋖ Bergstr 25, ✉ 17429, ☎ (03 83 78) 2 92 47, Fax 2 94 60, AX ED VA
17 Zi, Ez: 70-110, Dz: 96-160, 17 Suiten, 1 App, ⊿ WC ☎; 2⇔50 Sauna Solarium ⟡

Heringsdorf
Mecklenburg-Vorpommern — Kreis Ostvorpommern — 5 m — 4 000 Ew
i ☎ (03 83 78) 24 51, Fax 24 54 — Kurverwaltung, Kulmstr. 3e 33, 17424 Heringsdorf (Usedom); Seebad. Sehenswert: Heilklimatischer Kurort mit Solbad; Villa Irmgard mit Maxim-Gorki-Gedenkstätte

✳✳✳✳ Maritim Hotel Kaiserhof
·⋖ Strandpromenade, ✉ 17424, ☎ (03 83 78) 6 50, Fax 6 58 00, AX DC ED VA
131 Zi, Ez: 149-255, Dz: 180-336, S; 3 Suiten, ⊿ WC ☎, 32⚟; Lift 🍴 8⇔600 ⚞ Seezugang Fitneßraum Sauna Solarium 18Golf ⟡

✳✳ Palmengarten
Hauptgericht 30; **P**

✳✳✳ Oasis
♂ ·⋖ Puschkinstr 10, Strandpromenade, ✉ 17424, ☎ (03 83 78) 2 65 00, Fax 2 65 99, VA
13 Zi, Dz: 170-330, 5 Suiten, ⊿ WC ☎, 6⚟; **P** 1⇔20 Strandbad Seezugang Sauna Solarium ⟡

✳✳ Poseidon
Hauptgericht 25; Gartenlokal Terrasse

✳✳✳ Upstalsboom Hotel Ostseestrand
Eichenweg 4-5, ✉ 17424, ☎ (03 83 78) 6 30, Fax 6 34 44, AX DC ED VA
98 Zi, Ez: 111-250, Dz: 170-294, 4 Suiten, ⊿ WC ☎, 19⚟; Lift **P** 2⇔110 ⚞ Seezugang Sauna Solarium 18Golf ⟡

✳✳ Theodor Fontane
Hauptgericht 28; Terrasse

✳✳✳ Strandhotel Ostseeblick
·⋖ Kulmstr 28, ✉ 17424, ☎ (03 83 78) 5 40, Fax 5 42 99, AX ED VA
61 Zi, Ez: 105-175, Dz: 150-235, 2 Suiten, ⊿ WC ☎, 21⚟; Lift **P** 2⇔60 Strandbad Sauna Solarium 18Golf ⟡
Auch Zimmer der Kategorie ✳✳ vorhanden. Vineta Therme mit Saunalandschaft

✳✳ Bernstein
·⋖ Hauptgericht 29; Terrasse

✳✳✳ Esplanade
♂ Seestr 5, ✉ 17424, ☎ (03 83 78) 7 00, Fax 7 04 00, AX ED VA
40 Zi, Ez: 110-220, Dz: 140-220, ⊿ WC ☎, 13⚟; Lift 🍴 ⟡ ⚞
Auch Zimmer der Kategorie ✳✳ vorhanden

✳✳ Seetel-Hotel Pommerscher Hof
Seestr 41, ✉ 17424, ☎ (03 83 78) 6 10, Fax 6 11 00, AX ED VA
95 Zi, Ez: 100-155, Dz: 145-210, ⊿ WC ☎; **P** 2⇔70 Seezugang 18Golf ⟡

✳✳ See-Eck
Seestr 6, ✉ 17424, ☎ (03 83 78) 3 19 81, Fax 2 29 74, AX ED VA
24 Zi, Ez: 115-135, Dz: 140-180, 16 App, ⊿ WC ☎; Lift Sauna Solarium ⟡

✳✳ Stadt Berlin
Bülowstr 15, ✉ 17424, ☎ (03 83 78) 2 23 04, Fax 2 26 48, AX
26 Zi, Ez: 100-130, Dz: 150-190, 1 Suite, ⊿ WC ☎; **P** 1⇔60 ⟡ ⚞

✳✳ Wald und See
♂ ·⋖ Rudolf-Breitscheid-Str 8, ✉ 17424, ☎ (03 83 78) 3 14 16, Fax 2 25 11, AX ED VA
40 Zi, Ez: 90-120, Dz: 120-170, 3 Suiten, ⊿ WC ☎; Lift **P** Sauna Solarium ⟡ ⚞
Auch Zimmer der Kategorie ✳ vorhanden

✳✳ Hubertus Travel Charme Hotel
Grenzstr 1, ✉ 17424, ☎ (03 83 78) 2 29 71, Fax 3 23 10, AX DC ED VA
25 Zi, Ez: 90-150, Dz: 130-230, S; 4 Suiten, ⊿ WC ☎; **P** 1⇔25 Sauna ⟡ ⚞

Usedom

★★ Villa Luise
Lindenstr 9, ✉ 17424, ☎ (03 83 78) 2 22 96, Fax 2 22 96, ED
3 Zi, Ez: 90-120, Dz: 130-180, 4 Suiten, ⌐ WC ☎; P; garni

★ Strand-Hotel
◂ Liehrstr 10, ✉ 17424, ☎ (03 83 78) 23 20, Fax 300 25, DC ED VA
27 Zi, Ez: 80-180, Dz: 120-230, 13 App, ⌐ WC ☎; P Seezugang ⌑ ⛵

★ Coralle
Maxim-Gorki-Str 57, ✉ 17424, ☎ (03 83 78) 77-0, Fax 77-1 04, AX ED VA
24 Zi, Ez: 90-130, Dz: 99-180, 5 Suiten, 5 App, ⌐ WC ☎, 2◻; Lift P ≡ 2⇌40 Strandbad Seezugang Fitneßraum Sauna Solarium ⌑ ⛵

★ Weißes Schloß
♂ ◂ Rudolf-Breitscheid-Str 3, ✉ 17424, ☎ (03 83 78) 3 19 84, Fax 3 19 85, AX ED VA
16 Zi, Ez: 90-110, Dz: 120-160, 2 Suiten, ⌐ WC ☎; P ⌑
Rezeption: 8-16; geschl: Nov-20.3.

Neuhof
★★ Residenz
Kanalstr 1, ✉ 17424, ☎ (03 83 78) 3 20 00, Fax 2 29 43, AX ED VA
66 Zi, Ez: 60-105, Dz: 90-180, 4 Suiten, ⌐ WC ☎, 5◻; 1⇌40 Fitneßraum Sauna Solarium ⌑ ⛵
Auch Zimmer der Kategorie ★ vorhanden

Korswandt
Mecklenburg-Vorpommern — Kreis Ostvorpommern
ℹ — Gemeindeverwaltung, 17419 Korswandt (Usedom)

★★ Idyll Am Wolgastsee
Hauptstr 9, ✉ 17419, ☎ (03 83 78) 2 21 16, Fax 2 25 46,
19 Zi, Ez: 75-160, Dz: 120-190, ⌐ WC ☎; P 2⇌60 Strandbad Seezugang Fitneßraum Sauna Solarium ⌑ ⛵

Koserow
Mecklenburg-Vorpommern — Kreis Ostvorpommern
ℹ ☎ (03 83 75) 2 02 31, Fax 2 04 17 — Kurverwaltung, Hauptstr 34, 17459 Koserow (Usedom)

Damerow (2 km ↘)
★★ Forsthaus Damerow
einzeln ♂ ✉ 17459, ☎ (03 83 75) 5 60, Fax 5 64 00, AX ED VA
47 Zi, Ez: 75-105, Dz: 120-190, 1 Suite, 17 App, ⌐ WC ☎; Lift P 4⇌150 Sauna Solarium ⛵
★★ Hauptgericht 25; Biergarten Terrasse

Loddin
Mecklenburg-Vorpommern — Kreis Ostvorpommern — 5 m
ℹ — Gemeindeverwaltung, 17459 Loddin (Usedom)

Kölpinsee
★★★ Strandhotel Seerose
◂ Strandstr 1, ✉ 17459, ☎ (03 83 75) 5 40, Fax 541 99, ED VA
57 Zi, Ez: 90-195, Dz: 130-305, 2 Suiten, ⌐ WC DFÜ, 18◻; Lift P ≡ 4⇌120 ⛵ Seezugang Fitneßraum Sauna Solarium 18Golf ⌑ ⛵
Auch Zimmer der Kategorie ★★ vorhanden

★★ Seeschlößchen
Strandstr 15, ✉ 17459, ☎ (03 83 75) 26 10, Fax 26 14, AX ED VA
13 Zi, Ez: 100-130, Dz: 130-190, ⌐ WC ☎, 10◻; P ≡ Fitneßraum Sauna Solarium ⌑ ⛵

Neppermin
Mecklenburg-Vorpommern — Kreis Ostvorpommern — 361 Ew
ℹ 17429 Neppermin

Balm
★★★ Golf- und Landhotel Balmer See
einzeln ♂ ◂ Drewinscher Str, ✉ 17429, ☎ (03 83 79) 28-0, Fax 28-2 22, AX DC ED VA
58 Zi, Ez: 75-210, Dz: 150-260, 15 Suiten, ⌐ WC ☎; P ≡ 1⇌25 ⛵ Seezugang Fitneßraum Sauna Solarium ⛵
Auch Zimmer der Kategorie ★★ vorhanden.
Ensemble von 5 reetgedeckten Landhäusern

Usedom
Mecklenburg-Vorpommern — Kreis Ostvorpommern — 5 m — 10 000 Ew
ℹ ☎ (03 83 72) 7 02 26, Fax 7 02 14 — Stadt Usedom, Am Markt 1, 17406 Usedom

★★ Norddeutscher Hof
Markt 12, ✉ 17406, ☎ (03 83 72) 7 02 66, Fax 7 07 12
9 Zi, Ez: 80-95, Dz: 110-145, ⌐ WC ☎; P ≡ 2⇌65 ⌑ ⛵
geschl: 1.-30.11.

Zempin
Mecklenburg-Vorpommern — Kreis Ostvorpommern — 5 m — 850 Ew
ℹ ☎ (03 83 77) 4 21 62 — Fremdenverkehrsamt, Fischerstr 1, 17459 Zempin (Usedom)

★★ Zum Achterwasser
♂ Fischerstr 10, ✉ 17459, ☎ (03 83 77) 4 03 71, Fax 4 27 26
11 Zi, Ez: 60-105, Dz: 90-150, 2 Suiten, ⌐ WC; P ⌑
geschl: Mo (außer Hauptsaison)

Zinnowitz
Mecklenburg-Vorpommern — Kreis Ostvorpommern — 5 m — 3738 Ew
ℹ ☎ (03 83 77) 7 31 15, Fax 4 22 29 — Kurverwaltung, Möwenstr 1, 17454 Ostseebad Zinnowitz (Usedom) →

Usedom

** Baltic Sport- und Ferienhotel
♂ ⋞ Dünenstr, ⌧ 17454, ☎ (03 83 77) 70 00, Fax 7 01 00, AX
326 Zi, Ez: 114-166, Dz: 144-206, 24 Suiten, ⌐ WC ☎; Lift **P** 3↔250 Seezugang Fitneßraum Sauna Solarium ⌘

** Parkhotel Am Glienberg
♂ Glienbergweg 10, ⌧ 17454, ☎ (03 83 77) 7 20, Fax 7 24 34, AX DC ED VA
23 Zi, Ez: 105-165, Dz: 190-210, 5 Suiten, ⌐ WC ☎; **P** 1↔24 Fitneßraum Sauna Solarium ⌘

** Asgard's Meereswarte
♂ ⋞ Dünenstr 20, ⌧ 17454, ☎ (03 83 77) 46 70, Fax 46 71 24, AX DC ED VA
34 Zi, Ez: 90-170, Dz: 160-220, 50 App, ⌐ WC ☎; Lift **P** 1↔40 ≋ Sauna Solarium ⌘

** Waldidyll
♂ Kneippstr 16, ⌧ 17454, ☎ (03 83 77) 45 50, Fax 45 51 35, AX ED VA
28 Zi, Ez: 75-125, Dz: 120-150, 10 App, ⌐ WC ☎; 2↔48 ⌘

** Kormoran
♂ ⋞ Dünenstr 14, ⌧ 17454, ☎ (03 83 77) 4 07 02, Fax 4 07 04, AX ED VA
17 Zi, Ez: 100-160, Dz: 140-260, 4 Suiten, ⌐ WC ☎; **P** 1↔15
** ⋞ Hauptgericht 25; Terrasse

** Akzent-Hotel Dünenschloß
Neue Strandstr 27, ⌧ 17454, ☎ (03 83 77) 79-0, Fax 7 92 59
27 Zi, Ez: 80-130, Dz: 110-175, 4 Suiten, ⌐ WC ☎; **P** Sauna Solarium
Rezeption: 7-20; Restaurant für Hausgäste

** Stella Marina
Neue Strandstr 24, ⌧ 17454, ☎ (03 83 77) 4 21 46, Fax 4 21 46, AX ED VA
9 Zi, Ez: 55-75, Dz: 85-120, ⌐ WC ☎; **P** ⌘

* Pommerscher Hof
♂ Kiefernweg 4, ⌧ 17454, ☎ (03 83 77) 4 26 43, Fax 4 09 29, ED
22 Zi, Ez: 60-120, Dz: 90-150, 2 Suiten, 5 App, ⌐ WC ☎; **P** 2↔60 Fitneßraum Sauna Solarium ⌘
geschl: 1.-30.11., 1.-31.1.

Uslar 36 ◥

Niedersachsen — Kreis Northeim — 210 m — 17 000 Ew — Karlshafen 19, Holzminden 28, Göttingen 31 km
ℹ ☎ (0 55 71) 50 51, Fax 62 95 — Touristik-Information, Altes Rathaus, Lange Str 1, 37170 Uslar; Erholungsort im Solling.
Sehenswert: Fachwerkhäuser; Rathaus; St.-Johannis-Kirche; Schloßruine Freudenthal, Park

** Romantik Hotel Menzhausen
Lange Str 12, ⌧ 37170, ☎ (0 55 71) 92 23-0, Fax 92 23-30, AX DC ED VA
40 Zi, Ez: 115-195, Dz: 175-280, ⌐ WC ☎; Lift **P** 4↔40 ≋ Fitneßraum Sauna Solarium
Auch Zimmer der Kategorie ***** vorhanden.
Im Gästehaus Mauerschlößchen Zimmer der Kategorie ******* vorhanden
** Hauptgericht 35; Gartenlokal

Volpriehausen (8 km →)
** Landhotel mit Landhaus Am Rothenberg
♂ Rothenbergstr 4, ⌧ 37170, ☎ (0 55 73) 95 90, Fax 15 64
78 Zi, Ez: 90-135, Dz: 100-180, 3 Suiten, 5 App, ⌐ WC ☎, 20⌗; Lift **P** 7↔250 ≋ Kegeln Sauna Solarium ⌘
Rezeption: 7-17; geschl. 20.12.-15.1.
Auch Zimmer der Kategorie ***** vorhanden

Usseln siehe Willingen

Utting a. Ammersee 71 ◥

Bayern — Kreis Landsberg am Lech — 566 m — 3 600 Ew — Landsberg/Lech 23, München 45 km
ℹ ☎ (0 88 06) 92 02 10, Fax 92 02-22 — Touristikinformation, Eduard-Thöny-Str 1, 86919 Utting; Luftkurort

* Landgasthof Schneiderwirt
Schondorfer Str 7, ⌧ 86919, ☎ (0 88 06) 75 88, Fax 78 80, AX
Hauptgericht 20; Biergarten **P**; geschl: Mo mittags, Di

Holzhausen (2,5 km ↓)
** Sonnenhof
♂ Ammerseestr 1, ⌧ 86919, ☎ (0 88 06) 20 31 + 92 33-0, Fax 27 89, ED VA
30 Zi, Ez: 90-130, Dz: 130-200, 3 App, ⌐ WC ☎; **P** 2↔35 Seezugang Fitneßraum Sauna Solarium ⌘
Im Altbau auch einfachere Zimmer vorhanden

Vacha 46 ↗

Thüringen — Bad Salzungen 15, Bad Hersfeld 23 km
ℹ ☎ (0 36 92) 26 10, Fax 36 29 — Stadtverwaltung, Markt 4, 36404 Vacha

* Adler
Markt 1, ⌧ 36404, ☎ (0 36 92) 26 50, Fax 2 65 47, AX ED VA
22 Zi, Ez: 80-100, Dz: 120-170, 1 Suite, 1 App, ⌐ WC ☎, 2⌗; **P** 2↔100 Solarium ⌘

Vaihingen/Enz 61 ◻

Baden-Württemberg — Kreis Ludwigsburg — 260 m — 26 500 Ew — Stuttgart 28, Heilbronn 54, Karlsruhe 56 km
ℹ ☎ (0 70 42) 1 80, Fax 1 82 00 — Stadtverwaltung, Marktplatz 1, 71665 Vaihingen /Enz

Horrheim
** Gasthof Lamm
Klosterbergstr 45, ✉ 71665, ☏ (0 70 42)
8 32 20, Fax 83 22 50, AX DC ED VA
15 Zi, Ez: 105, Dz: 160, 3 Suiten, 5 App, ⌐|
WC ☏ DFÜ; Lift P 3⇔40 ☏
** Hauptgericht 32; Terrasse

Roßwag (4 km ←)
* Gasthaus Krone
Kronengäßle 1, ✉ 71665, ☏ (0 70 42)
2 40 36, Fax 2 41 14
Hauptgericht 37; Gartenlokal; geschl: Mi,
Do, 3 Wochen in den Sommerferien

Valwig 43 ↙

Rheinland-Pfalz — Kreis Cochem-Zell —
75 m — 365 Ew — Cochem 4 km
i ☏ (0 26 71) 31 16, Fax 53 26 — Gemeindeverwaltung, Kreuzerstr 9, 56812 Valwig;
Weinbauort an der Mosel

* Rebenhof
♂ Brühlstr 69, ✉ 56812, ☏ (0 26 71) 72 16,
Fax 84 29
20 Zi, Ez: 55, Dz: 80-100, ⌐| WC ☏; P 🖼
Sauna Solarium; **garni**

Vanselow siehe Siedenbrünzow

Varel 16 □

Niedersachsen — Kreis Friesland — 7 m —
24 000 Ew — Wilhelmshaven 30, Nordenham 35 km
i ☏ (0 44 51) 9 11 40, Fax 91 14 35 — Kurverwaltung, im Ortsteil Dangast, Am Alten
Deich 4-8, 26316 Varel; Nordseebad
mit Heilquellen-Kurbetrieb am Jadebusen.
Sehenswert: Ev. Kirche: Altar; Holländische Windmühle; Tiergarten Jaderberg
(8 km ↓); Informationszentrum Niedersächsisches Wattenmeer; Franz-Radziwill-
Haus in Dangast

**** Friesenhof
mit Gästehaus**
♂ Neumarktplatz 4-6, ✉ 26316, ☏ (0 44 51)
92 50, Fax 92 52 00, AX DC ED VA
97 Zi, Ez: 115, Dz: 120-160, 13 Suiten, ⌐|
WC ☏, 5📺; Lift P 🖼 6⇔220 Fitneßraum
Sauna Solarium 🍴
Auch Zimmer der Kategorie ***** vorhanden

** Schienfatt ⚜
⚘ Neumarktplatz 3, ✉ 26316, ☏ (0 44 51)
47 61, Fax 47 61, ED
Hauptgericht 35; nur abends, so+feier-
tags auch mittags; geschl: Mo, 3 Wochen
Ende Jul-Anfang Aug
Restaurant in einem Heimatmuseum,
␣Gasträume im Stil eines Bürgerhauses
aus dem 18 Jh, historische Bilder-
sammlung

Dangast (6 km ↑)
** Graf Bentinck
♂ Dauenser Str 7, ✉ 26316, ☏ (0 44 51)
13 90, Fax 13 92 22, AX DC ED VA
42 Zi, Ez: 115-130, Dz: 170-200, ⌐| WC ☏,
10📺; Lift P 4⇔80 Sauna Solarium 🍴
** Hauptgericht 25

Dangastermoor (3 km ↘)
* Zum Fürsten Bismarck
Zum Jadebusen 164, ✉ 26316, ☏ (0 44 51)
24 82, Fax 8 58 87
10 Zi, Ez: 75-100, Dz: 100-110, ⌐| WC ☏; P
Kegeln 🍴

Obenstrohe-Außerhalb (1,5 km ←)
***** Waldschlößchen
Mühlenteich**
einzeln ♂ ⚘ Mühlenteichstr 78, ✉ 26316,
☏ (0 44 51) 92 10, Fax 92 11 00, ED VA
50 Zi, Ez: 90-150, Dz: 160-240, 2 Suiten, ⌐|
WC ☏; P 5⇔150 🛥 Fitneßraum Kegeln
Sauna Solarium 🍴
** Entenblick
Hauptgericht 25

Vaterstetten 72 □

Bayern — Kreis Ebersberg — 535 m —
20 150 Ew — München 18, Ebersberg
20 km
i ☏ (0 81 06) 38 30, Fax 51 07 — Gemeindeverwaltung, Wendelsteinstr 7, 85591 Vaterstetten

* Cosima
Bahnhofstr 23, ✉ 85591, ☏ (0 81 06) 36 50,
Fax 3 11 04, AX DC ED VA
30 Zi, Ez: 90-145, Dz: 120-185, ⌐| WC ☏
DFÜ, 6📺; 18Golf; **garni**

Neufarn (8 km ↗)
Gutshof-Gasthof Stangl
Münchener Str 1, ✉ 85646, ☏ (0 89)
90 50 10, Fax 90 50 13 63
*** Jugendstil-Hotel
53 Zi, Ez: 100-160, Dz: 160-210, ⌐| WC ☏;
Lift P 4⇔80
Im Gasthof auch Zimmer der Kategorie *****
vorhanden
** Gasthof Stangl
Hauptgericht 25

Parsdorf (5 km ↗)
** Erb
Posthalterring 1, ✉ 85599, ☏ (0 89)
9 91 10-0, Fax 99 11 01 55, AX DC ED VA
50 Zi, Ez: 96-180, Dz: 142-197, ⌐| WC ☏
DFÜ, 10📺; Lift P 🖼 2⇔30 Kegeln Sauna
Solarium
Restaurant für Hausgäste

** Herian
Posthalterring 7, ✉ 85599, ☏ (0 89)
9 91 89 00, Fax 99 18 90 20, AX DC ED VA
29 Zi, Ez: 137-157, Dz: 172-197, ⌐| WC ☏; 🖼
1⇔30 Sauna Solarium; **garni**

Vechta 24 ↗

Niedersachsen — Kreis Vechta — 40 m — 26 000 Ew — Oldenburg 49, Osnabrück 69 km
ℹ ☎ (0 44 41) 88 60, Fax 88 61 99 — Stadtverwaltung, Kapitelplatz 3, 49377 Vechta.
Sehenswert: Teilrekonstruktion der Zitadelle (17. Jh.)

* Am Kaponier
Große Str 47, ✉ 49377, ☎ (0 44 41) 9 23 20, Fax 92 32 62, AX DC ED VA
23 Zi, Ez: 100, Dz: 130, 1 Suite, 2 App, ⌐ WC ☎, 2🛏; Lift 🅿 1↻20 Kegeln Sauna Solarium 🍽 🍺
Auch Zimmer der Kategorie ****** vorhanden

* Igelmann
Lohner Str 22, ✉ 49377, ☎ (0 44 41) 50 66, Fax 43 42, AX DC ED VA
21 Zi, Ez: 90, Dz: 130, ⌐ WC ☎; 🅿
Restaurant für Hausgäste

* Schäfers Hotel
Große Str 115, ✉ 49377, ☎ (0 44 41) 92 83-0, Fax 92 83 30, AX DC ED VA
17 Zi, Ez: 89-95, Dz: 110-130, ⌐ WC ☎ DFÜ; 🅿 🍽

Veckerhagen
siehe **Reinhardshagen**

Veitshöchheim 56 ↘

Bayern — Kreis Würzburg — 178 m — 10 300 Ew — Würzburg 7, Karlstadt 17 km
ℹ ☎ (09 31) 98 02-7 40, Fax 98 02-7 42 — Touristik GmbH im Würzburger Land, Erwin-Vornberger-Platz, 97209 Veitshöchheim; Erholungsort am Main. Sehenswert: Hofgarten mit Schloß; Fachwerkhäuser; Barockschloß mit Rokokogarten

** Weißes Lamm mit Gästehaus
Kirchstr 24, ✉ 97209, ☎ (09 31) 9 80 23 00, Fax 9 80 24 99, AX ED VA
54 Zi, Ez: 99-130, Dz: 155-165, 1 App, ⌐ WC ☎, 8🛏; Lift 🅿 5↻100 🍺
Auch Zimmer der Kategorie ***** vorhanden
* Büttnerschänke
Hauptgericht 25

** Am Main
♂ ⌇ Untere Maingasse 35, ✉ 97209, ☎ (09 31) 9 80 40, Fax 9 80 41 21, AX DC ED VA
36 Zi, Ez: 100-110, Dz: 145-160, ⌐ WC ☎; 🅿 1↻20; **garni**
geschl. 22.12.-8.1.

** Cafe Müller
Thüngersheimer Str 8, ✉ 97209, ☎ (09 31) 98 06 00, Fax 9 80 60 42 + 9 15 06, AX DC ED VA
19 Zi, Ez: 90-99, Dz: 135-145, 2 App, ⌐ WC ☎, 12🛏; 🅿 3↻20; **garni** 🍺
Rezeption: 7-21

* Wirtshaus Spundloch
Kirchstr 19, ✉ 97209, ☎ (09 31) 9 12 13, Fax 9 89 17, AX DC ED VA
Hauptgericht 25; Gartenlokal
** ♂ 8 Zi, Ez: 105, Dz: 145, 1 Suite, ⌐ WC ☎; 🚗 1↻30

* Ratskeller
Erwin-Vornberger-Platz, ✉ 97209, ☎ (09 31) 98 09 40, Fax 9 80 94 30, ED VA
Hauptgericht 25
* ♂ 7 Zi, Ez: 95-110, Dz: 145, 1 Suite, ⌐ WC ☎

Velbert 33 ↙

Nordrhein-Westfalen — Kreis Mettmann — 250 m — 90 000 Ew — Essen 16, Wuppertal 19, Düsseldorf 24 km
ℹ ☎ (0 20 51) 26 22 96, Fax 5 47 05 — Verkehrsverein, Friedrichstr 181 a, 42551 Velbert; Stadt im Bergischen Land. Sehenswert: Deutsches Schloß- und Beschlägemuseum; hist. Stadtkern Langenberg; im Stadtteil Neviges (5 km ↘): Wallfahrtsdom „Maria Königin des Friedens" (modern); Schloß Hardenberg

*** Queens Parkhotel
♂ Günther-Weisenborn-Str 7 (A 2), ✉ 42549, ☎ (0 20 51) 49 20, Fax 49 21 75, AX DC ED VA
81 Zi, Ez: 121-345, Dz: 161-413, S; 2 Suiten, ⌐ WC ☎, 10🛏; Lift 🅿 7↻120 Fitneßraum Sauna Solarium 🍺
** Hauptgericht 32; Biergarten Terrasse

* Stüttgen
Friedrichstr 168 (B 2), ✉ 42551, ☎ (0 20 51) 42 61, Fax 5 55 61, DC ED VA
22 Zi, Ez: 98-168, Dz: 188-228, 1 Suite, ⌐ WC ☎, 6🛏; 🅿 3↻30; **garni**
Auch Zimmer der Kategorie ****** vorhanden

* Zur Traube
Friedrichstr 233 (C 3), ✉ 42551, ☎ (0 20 51) 9 20 60, Fax 92 06 66, AX DC ED VA
30 Zi, Ez: 85-120, Dz: 130-180, ⌐ WC; 🅿 1↻20 🍽

Langenberg (9 km →)
** **Rosenhaus**
Hauptstr 43, ✉ 42555, ☎ (0 20 52) 30 45, Fax 10 94, AX DC ED VA
Hauptgericht 30; Biergarten 🅿; geschl. 3.1.-11.1.
** 14 Zi, Ez: 100-120, Dz: 160-170, ⌐ WC ☎; 2↻40

Neviges (5 km ↘)
** **Haus Stemberg** ✤
Kuhlendahler Str 295, ✉ 42553, ☎ (0 20 53) 56 49, Fax 4 07 85, AX DC ED VA
Hauptgericht 33; 🅿 Terrasse; geschl: Do, Fr, 2 Wochen vor Ostern, 3 Wochen in den Sommerferien

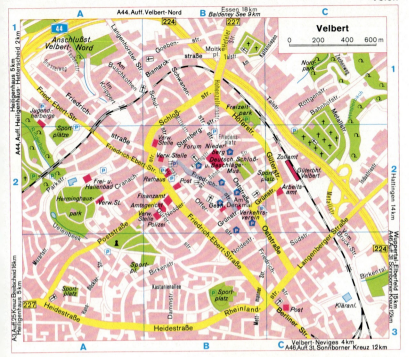

Neviges-Außerhalb (3 km ↗)
∗ **Deilbachmühle**
einzeln ⋖ Deilbachstr 254, ✉ 42553,
☎ (0 20 52) 67 97 + 8 20 54, Fax 31 47,
AX DC ED VA
24 Zi, Ez: 135-180, Dz: 180-240, 1 Suite,
1 App, ⌐ WC ☎; P 🖶 4✥60 ≋ Sauna
18Golf ⚑ ⚓

Velburg 58 ↓

Bayern — Kreis Neumarkt (Oberpfalz) —
500 m — 5 000 Ew — Parsberg 10, Neumarkt 21 km
ℹ ☎ (0 91 82) 93 02 25, Fax 23 74 — Frem-
denverkehrs-Verein, Hinterer Markt 1,
92355 Velburg; Ort im Oberpfälzer Jura.
Sehenswert: Kath. Kirche St. Wolfgang;
Stadtbefestigung; Kapsenturm; Burgruine; König-Otto-Tropfsteinhöhle (4 km ↑)

Lengenfeld (3 km ←)
∗∗ **Winkler Bräustüberl**
Flair Hotel
St.-Martin-Str 6, ✉ 92355, ☎ (0 91 82) 1 70,
Fax 1 71 10, AX DC ED VA
55 Zi, Ez: 95-113, Dz: 131-149, ⌐ WC ☎; Lift
P 🖶 7✥70 ≋ Sauna Solarium ⚓
Rezeption: So 7-21; geschl: 4.-10.1.,
Fasching
∗ ⚑ Hauptgericht 18; Biergarten;
geschl: 4.-10.1.

Velen 33 ↘

Nordrhein-Westfalen — Kreis Borken —
50 m — 12 000 Ew — Borken 12, Coesfeld
15 km
ℹ ☎ (0 28 63) 9 26-2 19, Fax 9 26-2 99 —
Gemeindeverwaltung Verkehrsverein
Velen-Ramsdorf, Ramsdorfer Str 19,
46342 Velen. Sehenswert: Wasserschloß;
Orangerie; Burgmuseum

∗∗∗ **SportSchloss Velen**
⚑ ⚑ Am Schloß 5, ✉ 46342, ☎ (0 28 63)
20 30, Fax 20 37 88, AX DC ED VA
109 Zi, Ez: 215, Dz: 325, 2 Suiten, ⌐ WC ☎
DFÜ, 18🖃; Lift P 13✥200 ≋ Fitneßraum
Kegeln Sauna Solarium 18Golf 9Tennis
∗∗ **Orangerie-Keller**
Hauptgericht 26; Terrasse; nur abends,
so + feiertags auch nachmittags; geschl:
in den Sommerferien
Die Orangerie des romantischen Schlos-
ses Velen und ihr feingegliedertes Keller-
gewölbe wurden 1752 nach Plänen Johann
Konrad Schlauns errichtet

∗ **Emming Hillers**
Kirchplatz 1, ✉ 46342, ☎ (0 28 63) 13 70,
Fax 48 18
6 Zi, Ez: 50-60, Dz: 100-110, ⌐ WC ☎; ⚑ ⚓

∗∗ Restaurant mit sehr guter Ausstattung

Vellberg 62 ↗

Baden-Württemberg — Kreis Schwäbisch Hall — 372 m — 4 200 Ew — Schwäbisch Hall 10, Crailsheim 20 km
ℹ️ ☎ (0 79 07) 87 70, Fax 8 77 12 — Stadtverwaltung, Im Städtle 1, 74541 Vellberg; Erholungsort. Sehenswert: Mittelalterliche Trutzfeste mit Bastion, Türme, Schloß, unterirdische Wehrgänge; Stöckenburg-Kirche

* **Schloß Vellberg mit Gästehäusern**
♂ ⋵ Im Städtle 1, ☒ 74541, ☎ (0 79 07) 87 60, Fax 8 76 58, AX DC ED VA
45 Zi, Ez: 90-130, Dz: 140-200, 2 Suiten, 3 App, ⊣ WC ☎; P 4⇔50 Sauna Solarium
*** Hauptgericht 28 ✣

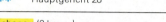Eschenau (2 km →)
* **Rose**
Ortsstr 13, ☒ 74541, ☎ (0 79 07) 22 94, Fax 85 69, DC ED VA
Hauptgericht 27; P; geschl: Mo, Di mittags, 9.-26.2., 3.-20.8.
Überwiegend Vegetarische und Vollwertküche

Verden (Aller) 17 ↘

Niedersachsen — Kreis Verden — 23 m — 28 000 Ew — Bremen 38, Hannover 85, Hamburg 96 km
ℹ️ ☎ (0 42 31) 1 23 17, Fax 1 23 45 — Tourist-Information, Ostertorstr 7 a, 27283 Verden. Sehenswert: 4500 Findlinge im Sachsenhain; ev. Dom; ev. Johannis-Kirche (12. Jh.); alte Bürgerhäuser; Deutsches Pferdemuseum; Niedersächsische Storchpflegestation

** **Akzent-Hotel Höltje**
♂ Obere Str 13, ☒ 27283, ☎ (0 42 31) 89 20, Fax 89 21 11, AX DC ED VA
60 Zi, Ez: 115-195, Dz: 245-265, 3 Suiten, ⊣ WC ☎ DFÜ, 4🛁; Lift P 🍴 4⇔60 ⌂ Fitneßraum Sauna Solarium 18Golf 🍽

* **Parkhotel Grüner Jäger**
Bremer Str 48, ☒ 27283, ☎ (0 42 31) 76 50, Fax 7 65 45, AX ED VA
41 Zi, Ez: 95-125, Dz: 140-175, ⊣ WC ☎; Lift P 🍴 7⇔500 18Golf 🍽 🍺

* **Haag's Hotel Niedersachsenhof**
Lindhooper Str 97, ☒ 27283, ☎ (0 42 31) 66 60, Fax 6 48 75, AX DC ED VA
82 Zi, Ez: 95-125, Dz: 140-180, ⊣ WC ☎ DFÜ; Lift P 14⇔700 Fitneßraum Kegeln Sauna Solarium 🍽 🍺

*** **Pades Restaurant im Haus Schlepegrell** 🍷 🎩
Anita-Augspurg-Platz 7, ☒ 27283, ☎ (0 42 31) 30 60, Fax 8 10 43, AX ED VA
Hauptgericht 40; nur abends; geschl: So, Mo, Anfang-Mitte Jan, 3 Wochen in den Sommerferien
🍽 **Pades Bistro**
Hauptgericht 22

🍺 **Erasmie**
Große Str 102, ☒ 27283, ☎ (0 42 31) 24 06, Fax 8 24 13
geschl: 14-tägig So
Spezialität: Seiferthsche Spezialtorte

Dauelsen (3 km ↑)
** **Landhaus Hesterberg**
Hamburger Str 27, ☒ 27283, ☎ (0 42 31) 7 39 49, ED
Hauptgericht 35; Gartenlokal Terrasse; geschl: So, Mo mittags, 2 Wochen im Feb, 2 Wochen in den Sommerferien

Walle (5 km ↑)
* **Quellengrund**
Waller Heerstr 73, ☒ 27283, ☎ (0 42 30) 9 30 20, Fax 93 02 33, ED VA
17 Zi, Ez: 70-95, Dz: 115-140, 2 App, ⊣ WC ☎ DFÜ, 3🛁; P 🍴; garni

Verl 34 ↗

Nordrhein-Westfalen — Kreis Gütersloh — 98 m — 23 114 Ew — Gütersloh 9, Bielefeld 18 km
ℹ️ ☎ (0 52 46) 96 10, Fax 96 11 59 — Gemeindeverwaltung, Paderborner Str 5, 33415 Verl. Sehenswert: Pfarrkirche St. Anna

* **Landhotel Altdeutsche**
Sender Str 23, ☒ 33415, ☎ (0 52 46) 9 66-0, Fax 9 66-2 99, AX DC ED VA
43 Zi, Ez: 110-145, Dz: 175-195, 2 Suiten, 1 App, ⊣ WC ☎ DFÜ, 5🛁; Lift P 4⇔120 Sauna Solarium 🍽 🍺

* **Haus Papenbreer**
Güterloher Str 82, ☒ 33415, ☎ (0 52 46) 9 20 40, Fax 92 04 20
18 Zi, Ez: 70-80, Dz: 110-130, ⊣ WC ☎; P 1⇔30; garni

Sende (4 km ↗)
** **Zur Friedenslinde**
Sender Str 348, ☒ 33415, ☎ (0 52 46) 35 23, Fax 14 15, AX ED
Hauptgericht 35; geschl: Mo, Di

Versmold 24 ↓

Nordrhein-Westfalen — Kreis Gütersloh — 69 m — 20 050 Ew — Warendorf 17, Osnabrück 40 km
🛈 ☎ (0 54 23) 95 40, Fax 9 54-1 15 — Stadtverwaltung, Münsterstr 16, 33775 Versmold; Naherholungsgebiet mit Campingplätzen u. Wassersportmöglichkeiten im Ortsteil Peckeloh

✸✸ Altstadt-Hotel
🌙 Wiesenstr 4, ✉ 33775, ☎ (0 54 23) 9 52-0, Fax 4 31 49, AX DC ED VA
39 Zi, Ez: 136-197, Dz: 177-192, 1 App, ⌐ WC ☎ DFÜ; Lift 🅿 🚗 4⇆200 Kegeln Sauna 18Golf

✸✸ Kachelstube
Hauptgericht 25; Terrasse; geschl: So abends

Bockhorst (6 km ↗)
✸✸ Gasthaus Alte Schenke
⌧ Haus Nr 3, ✉ 33775, ☎ (0 54 23) 9 42 80, Fax 94 28 28, AX ED VA
Hauptgericht 30; geschl: Mo, 1.2.-12.2.
✸ 🌙 3 Zi, Ez: 85, Dz: 170, ⌐ WC ☎; 18Golf

Vetschau 40 ↗

Brandenburg — Oberspreewald-Lausitz — 63 m — 8 153 Ew — Lübbenau 14, Cottbus 16 km
🛈 ☎ (03 54 33) 7 25 00, Fax 23 02 — Informationspunkt, Drebkauer Str 2a, 03226 Vetschau

✸✸ Ringhotel Ratskeller
Am Markt 5-6, ✉ 03226, ☎ (03 54 33) 5 10, Fax 7 03 87, AX DC ED VA
36 Zi, Ez: 90-140, Dz: 140-180, 2 Suiten, ⌐ WC ☎; Lift 🅿 2⇆60 Sauna Solarium 🍽

Viechtach 65 ↗

Bayern — Kreis Regen — 435 m — 8 500 Ew — Regen 23, Cham 28 km
🛈 ☎ (0 99 42) 8 08 25, Fax 61 51 — Tourist-Information, Stadtplatz 1, 94234 Viechtach. Sehenswert: Stadtpfarrkirche St. Augustin mit Sankt-Anna-Kapelle; Ägayrische Gewölbe; Gläserne Scheune; Burgruine Neunußberg; Naturschutzgebiet „Großer und Kleiner Pfahl"

✸✸ Ringhotel Schmaus
◁ Stadtplatz 5, ✉ 94234, ☎ (0 99 42) 94 16-0, Fax 94 16-30, AX DC ED VA
41 Zi, Ez: 90-125, Dz: 160-220, S; ⌐ WC; Lift 🅿 🚗 5⇆150 ⌂ Sauna
geschl: 6.1.-5.2.
✸✸ Hauptgericht 25; Terrasse; geschl: 6.1.-5.2.

✸✸ Akuna Kurhotel
Waldschmidtstr 2, ✉ 94234, ☎ (0 99 42) 95 30, Fax 95 34 00, AX DC ED VA
68 Zi, Ez: 65-150, Dz: 110-160, 5 Suiten, ⌐ WC ☎, 28🛏; Lift 🅿 🚗 2⇆80 ⌂ Sauna 🍽

Viechtach-Außerhalb (3 km ↘)
✸ Gasthof Schnitzmühle
🌙 ◁ Schnitzmühle, ✉ 94234, ☎ (0 99 42) 18 77, Fax 55 76, DC ED VA
17 Zi, Ez: 50-58, Dz: 100-116, ⌐ WC; 🅿 🚗 1⇆30 Fitneßraum 🍽
geschl: Anfang Nov-Mitte Dez

Viechtach-Außerhalb (2,5 km ↓)
✸✸ Am Pfahl
Im Naturschutzgebiet Großer Pfahl, ✉ 94234, ☎ (0 99 42) 9 57 00, Fax 95 71 50, AX ED VA
118 Zi, Ez: 80-95, Dz: 160-190, 8 Suiten, 5 App, ⌐ WC ☎, 20🛏; Lift 🅿 🚗 2⇆80 ⌂ Sauna Solarium 🍽

Neunußberg (5 km →)
✸✸ Burghotel Neunußberg
🌙 ◁ Neunußberg 35, ✉ 94234, ☎ (0 99 42) 80 50, Fax 80 52 00
30 Zi, Ez: 70-79, Dz: 130-140, 5 Suiten, ⌐ WC ☎; Lift 🅿 🚗 ≈ ⌂ Sauna Solarium; garni 🍽
geschl: 15.11.-17.12.

✸ Nußberger Hof
🌙 ◁ Haus Nr 20, ✉ 94234, ☎ (0 99 42) 13 83, Fax 64 40
30 Zi, Ez: 50-60, Dz: 80-90, ⌐ WC; 🅿 🚗 Fitneßraum Sauna Solarium 🍽
geschl: Nov

✸ Burggasthof Sterr
🌙 ◁ Neunußberg 15, ✉ 94234, ☎ (0 99 42) 9 61-0, Fax 96 12 29, DC ED VA
35 Zi, Ez: 61-73, Dz: 102-130, 5 Suiten, 3 App, ⌐ WC ☎; Lift 🅿 🚗 ≈ ⌂ Fitneßraum Sauna Solarium 🍽
geschl: 8.11.-11.12.

Vielbrunn siehe Michelstadt

Vienenburg 37 ↗

Niedersachsen — Goslar — 140 m — 11 700 Ew — Hannover 100, Braunschweig 38, Göttingen 91 km
🛈 ☎ (0 53 24) 17 77, Fax 40 44 — Tourist-Information, Bahnhofstr 8, 38690 Vienenburg

✸ Harzhotel Glück Auf
Goslarer Str 78, ✉ 38690, ☎ (0 53 24) 80 60, Fax 8 06 99, ED
29 Zi, Ez: 70, Dz: 120, ⌐ WC ☎; 🅿 🚗 1⇆40 🍽

Viernheim

Viernheim 54 ↘

Hessen — Kreis Bergstraße — 100 m —
32 000 Ew — Weinheim 9, Mannheim 10,
Heidelberg 25 km
🛈 ☎ (0 62 04) 9 88-2 40, Fax 9 88-3 00 —
Stadtverwaltung, Rathaus, Kettelerstr 3,
68519 Viernheim; Stadt im Rhein-Neckar-
Dreieck. Sehenswert: Museum; Apostel-
kirche; Vogelpark

✱✱✱ Best Western Continental
Am Rhein-Neckar-Zentrum, ✉ 68519,
☎ (0 62 04) 60 92 22, AX DC ED VA
121 Zi, Ez: 130-183, Dz: 150-233, S; 1 Suite,
⌐ WC ☏, 30✉; Lift 🅿 14✥300 ≋ Sauna
Solarium 9Golf
Designer-Ausstattung
✱✱   Hauptgericht 30

✱   Sporthotel
Einsteinstr 13, ✉ 68519, ☎ (0 62 04)
9 60 10, Fax 96 01 33, ED VA
19 Zi, Ez: 89, Dz: 123, ⌐ WC ☏; 🅿 2✥150
Kegeln Solarium 🍽

✱   Am Kappellenberg
Mannheimer Str 59, ✉ 68519, ☎ (0 62 04)
7 70 77, Fax 6 59 78, AX ED VA
18 Zi, Ez: 80-89, Dz: 110-115, ⌐ WC ☏;
garni

✱   Central-Hotel
Hölderlinstr 4, ✉ 68519, ☎ (0 62 04)
9 64 20, Fax 96 42 99, AX DC ED VA
25 Zi, Ez: 98-155, Dz: 135-155, 5 Suiten,
3 App, ⌐ WC ☏; Lift 🅿 🚗 2✥30 Sauna
Solarium

Neuzenlache (1 km →)
✱✱✱ Pfeffer & Salz
Neuzenlache 10, ✉ 68519, ☎ (0 62 04)
7 70 33, Fax 7 70 35, AX
Hauptgericht 55; 🅿 Terrasse; nur abends;
geschl: Sa mittags, So, Mo, Dez-Jan, Aug

Viersen 32 ↓

Nordrhein-Westfalen — Kreis Viersen —
55 m — 78 000 Ew — Mönchengladbach 7,
Krefeld 18 km
🛈 ☎ (0 21 62) 10 12 24, Fax 1 01 41 00 —
Stadtverwaltung, Bahnhofstr 23,
41747 Viersen. Sehenswert: Kath. Kirche
St. Remigius; Ringofenziegelei; Narren-
mühle mit Narrenmuseum; Stadtmauer

Dülken (5 km ←)
✱   Cornelius
Rheindahlener Str 3, ✉ 41751, ☎ (0 21 62)
43 03-43 05, Fax 4 28 28, AX DC ED VA
31 Zi, Ez: 98-195, Dz: 140-295, 1 App, ⌐ WC
☏, 7✉; 🅿 🚗 3✥30; garni
geschl: 23.12.-4.1.

✱✱   Ratsstube
Lange Str 111, ✉ 41751, ☎ (0 21 62)
95 69 50 + 43 36, Fax 43 38, ED VA
Hauptgericht 23; Biergarten 🅿 Terrasse;
geschl: Mo
**✱   **19 Zi, Ez: 75-95, Dz: 125-135,
1 Suite, 1 App, ⌐ WC ☏, 4✉; 🚗 3✥180

Süchteln (5 km ↘)
✱✱✱ Josefine
Hindenburgstr 34, ✉ 41749, ☎ (0 21 62)
97 01 50, Fax 9 70 15 10, VA
Hauptgericht 45; Biergarten 🅿; geschl:
1 Woche im Jan, 1 Woche in den Sommerferien

✱✱   Alte Villa Ling
7 Zi, Ez: 130-150, Dz: 170-190, ⌐ WC ☏; 🚗

Unter Denkmalschutz stehende Villa aus
dem Jahre 1899 mit moderner Zimmerausstattung

✱✱   Petit Château
Hindenburgstr 67, ✉ 41749, ☎ (0 21 62)
72 77, Fax 8 03 59, AX DC ED VA
Hauptlokal 34; Gartenlokal 🅿; nur
abends; geschl: So, Feb
✱✱   Höhenhotel Gehring
12 Zi, Ez: 90-110, Dz: 140-160, 3 Suiten, ⌐
WC ☏, 3✉; 🚗 1✥15 Sauna Solarium

Vilbel, Bad 45 ↙

Hessen — Wetteraukreis — 195 m —
27 000 Ew — Frankfurt/Main 10, Friedberg
20 km
🛈 ☎ (0 61 01) 60 22 47, Fax 60 23 54 — Kur-
und Verkehrsbüro, Parkstr. 15, 61118 Bad
Vilbel; Heilbad. Sehenswert: Altes Rathaus; Burgruine mit Brunnenmuseum;
Burgfestspiele

✱   Am Kurpark
Parkstr 20, ✉ 61118, ☎ (0 61 01) 6 46 52,
Fax 6 49 60, AX ED VA
35 Zi, Ez: 85-135, Dz: 120-165, 2 App, ⌐ WC
☏; Lift; garni
geschl: 24.12.-5.1.

✱   Kreiling's Höfchen
Ritterstr 3, ✉ 61118, ☎ (0 61 01) 8 55 16,
Fax 1 23 01
20 Zi, Ez: 70-130, Dz: 130-175, ⌐, 3✉; 🅿 🚗;
garni

✱✱   Hubertus
Frankfurter Str 192, ✉ 61118, ☎ (0 61 01)
8 84 44, Fax 8 84 44, AX ED VA
Hauptgericht 30; 🅿 Terrasse; geschl: Mi,
Sa mittags, 28.12.-13.1.

Dortelweil
✱✱   Golfclub Lindenhof
Lindenhof, ✉ 61118, ☎ (0 61 01) 5 24 51 40,
Fax 5 24 52 02
Hauptgericht 30
**✱✱   **♂ ⛳ 18 Zi, Ez: 150, Dz: 190,
1 Suite, ⌐ WC ☏; 🅿 3✥100 18Golf

Vilshofen

Heilsberg
✶✶ City-Hotel
Alte Frankfurter Str 13, ⌧ 61118,
☎ (0 61 01) 58 80, Fax 58 84 88, AX DC ED VA
92 Zi, Ez: 205, Dz: 250, 4 Suiten, ⌐ WC ☎,
48⌧; Lift P 🚗 5✪50 Sauna Solarium
✶✶ Corvo Nero
Hauptgericht 25

Villingendorf 68 ↑

Baden-Württemberg — Kreis Rottweil —
650 m — 2 850 Ew — Rottweil 6 km
🛈 ☎ (07 41) 9 29 80, Fax 92 98 29 — Bürgermeisteramt, Hauptstr 2, 78667 Villingendorf

✶✶ Gasthof Linde ✤
Rottweiler Str 3, ⌧ 78667, ☎ (07 41)
3 18 43, Fax 3 41 81, AX ED
Hauptgericht 35; P Terrasse; geschl: Mo
abends, Di, 2 Wochen im Sommer

✶ Gasthof Kreuz
Hauptstr 8, ⌧ 78667, ☎ (07 41) 3 40 57,
Fax 34 72 17, ED
Hauptgericht 25; Biergarten P
✶ 8 Zi, Ez: 60-68, Dz: 110-120, ⌐ WC
☎; 2✪40
geschl: Mitte Aug-Anfang Sep,
Anfang-Mitte Jan

Villingen-Schwenningen 68 ←

Baden-Württemberg — Schwarzwald-
Baar-Kreis — 750 m — 81 000 Ew —
Donaueschingen 17, Rottweil 22, Freiburg
71 km
🛈 ☎ (0 77 21) 82 23 40, Fax 82 23 47 — Verkehrsamt, im Stadtteil Villingen, Rietstr 8,
78050 Villingen-Schwenningen; Kreisstadt
im Schwarzwald, Kneipp-Kurort. Sehenswert: In Villingen: Liebfrauenmünster;
ehem. Franziskanerkloster: Museum; Altes
Rathaus; Stadtbefestigung; in Schwenningen: Internationales Luftfahrtmuseum;
Uhrenmuseum; Neckarquelle im Stadtpark
Möglingshöhe

Cityplan siehe Seiten 994-995

Obereschach (6 km ↑)
✶ Café Alte Oelmühle
Stumpenstr 27, ⌧ 78052, ☎ (0 77 21)
9 47 50, Fax 7 27 46, AX ED VA
18 Zi, Ez: 52-65, Dz: 45-55, ⌐ WC ☎; P 🚗
1✪25 ⍩ ⚇
geschl: Do, 26.10.-9.11.

✶ Gasthof Sonne
Steinatstr 17, ⌧ 78052, ☎ (0 77 21) 9 51 60,
Fax 95 16 50, ED
16 Zi, Ez: 55-58, Dz: 95, ⌐ WC ☎; P 1✪30
⍩
geschl: 1.8.-19.8.

Schwenningen
✶✶ Akzent-Hotel Ochsen
Bürkstr 59 (B 1), ⌧ 78054, ☎ (0 77 20)
83 90, Fax 83 96 39, AX DC ED VA
40 Zi, Ez: 105-140, Dz: 160-200, 1 Suite, ⌐
WC ☎ DFÜ, 23⌧; Lift P 🚗 3✪50
✶✶ Ochsenstuben
Hauptgericht 29

✶✶ Central
Alte Herdstr 12-14, ⌧ 78054, ☎ (0 77 20)
3 03-0, Fax 3 03-1 00, AX DC ED VA
57 Zi, Ez: 99-120, Dz: 145-160, 1 Suite, ⌐
WC ☎; Lift 🚗 3✪52 Sauna Solarium; garni
⚇
Auch Zimmer der Kategorie ✶ vorhanden

✶ Neckarquelle
Wannenstr 5 (C 2), ⌧ 78056, ☎ (0 77 20)
9 78 29, Fax 97 82 30, ED VA
17 Zi, Ez: 95-105, Dz: 140-160, ⌐ WC ☎; P
🚗 1✪40 ⍩

Villingen
✶ Bosse
☙ Oberförster-Ganter-Str 9, ⌧ 78048,
☎ (0 77 21) 5 80 11, Fax 5 80 13, AX DC ED VA
34 Zi, Ez: 98-135, Dz: 145-175, 2 Suiten, ⌐
WC ☎; P 🚗 3✪75 ⚇
Auch Zimmer der Kategorie ✶✶ vorhanden
✶✶ Hauptgericht 30; Gartenlokal;
geschl: Fr, 2.1.-8.1.

✶ Rindenmühle
Am Kneippbad 9, ⌧ 78052, ☎ (0 77 21)
88 68-0, Fax 88 68-13, AX ED VA
18 Zi, Ez: 105-115, Dz: 155-165, 1 Suite,
1 App, ⌐ WC ☎ DFÜ, 10⌧; P 3✪35
✶✶ Hauptgericht 35; Terrasse;
geschl: So abends + Mo

Vilseck 58 →

Bayern — Kreis Amberg-Sulzbach — 402 m
— 6 200 Ew — Amberg 26, Weiden 30,
Pegnitz 39 km
🛈 ☎ (0 96 62) 9 90, Fax 99 19 — Stadtverwaltung, Marktplatz 13, 92249 Vilseck.
Sehenswert: Kath. Kirche; ehem. Schloß;
Reste der Stadtmauer; Obertor

✶✶ Gästehaus Turmhotel
Herrengasse 8, ⌧ 92249, ☎ (0 96 62) 70 90,
Fax 70 93 00
31 Zi, Ez: 88, Dz: 116, 1 Suite, 3 App, ⌐ WC
☎; 3✪120 ⍩ ⍩
Anmeldung im Gasthof Zum Hirschen,
Marktplatz 4

Vilshofen 66 □

Bayern — Kreis Passau — 309 m —
16 400 Ew — Passau 23, Deggendorf 32 km
🛈 ☎ (0 85 41) 2 08 16, Fax 2 08 43 — Tourist
Information, Stadtplatz 29, 94474 Vilshofen; Stadt an der Mündung der Vils in die
Donau. Sehenswert: Kath. St.-Johannes-
Kirche; Stadtturm; Wallfahrtskirche Maria-
Hilf; Rundkirche Hausbach; Kloster
Schweiklberg →

Vilshofen

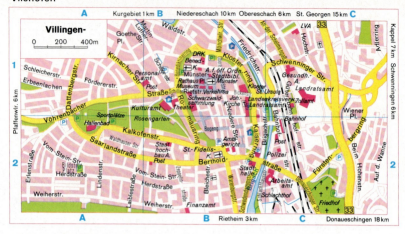

✱ **Bayerischer Hof**
Vilsvorstadt 29, ✉ 94474, ☎ (0 85 41) 50 65, Fax 69 72, AX DC ED VA
29 Zi, Ez: 75-95, Dz: 110-140, 🚿 WC ☎, 2 🛁
P 🚗 ⓘ
geschl. 24.12.-9.1.

Visbek 24 ↗

Niedersachsen — Kreis Vechta — 50 m — 9 396 Ew — Wildeshausen 12, Cloppenburg 18 km
ⓘ ☎ (0 44 45) 8 90 00, Fax 89 00 77 — Gemeindeverwaltung, Goldenstedter Str 1, 49429 Visbek. Sehenswert: Hünengräber „Visbeker Braut und Bräutigam", „Opfertisch"; Wassermühlen

✱ **Wübbolt**
Astruper Str 19, ✉ 49429, ☎ (0 44 45) 3 06, Fax 71 46, ED
16 Zi, Ez: 80, Dz: 120, 🚿 WC ☎; P 🚗; garni

Visselhövede 17 ↘

Niedersachsen — Kreis Rotenburg (Wümme) — 73 m — 10 200 Ew — Soltau 22, Verden 25 km
ⓘ ☎ (0 42 62) 16 67, Fax 20 42 — Fremdenverkehrsverein, Waldweg 1 a, 27374 Visselhövede

✱✱ **Luisenhof**
Worthstr 10, ✉ 27374, ☎ (0 42 62) 93 30, Fax 93 31 00, DC ED VA
61 Zi, Ez: 150-170, Dz: 200-220, 🚿 WC ☎, 31 🛁; Lift P 8↔120 🛋 Fitneßraum Sauna Solarium ⓘ

Ein im Betriebseintrag dargestelltes S zeigt an, daß Sie hier bei einer Buchung über den Varta Hotel-Service zu Sonderkonditionen übernachten können.

Hiddingen (3 km ↗)
✱ **Röhrs Gasthaus**
Neuenkirchener Str 3, ✉ 27374, ☎ (0 42 62) 9 31 80, Fax 44 35, AX ED
28 Zi, Ez: 85-105, Dz: 140, 🚿 WC ☎; P
1↔80 Sauna Solarium ⓘ
Im Gästehaus Zimmer der Kategorie ✱✱ vorhanden

Jeddingen (5 km ↙)
✱ **Jeddinger Hof mit Gästehaus**
Heidmark 1, ✉ 27374, ☎ (0 42 62) 93 50, Fax 7 36, AX DC ED VA
54 Zi, Ez: 85-105, Dz: 125-170, 🚿 WC ☎; P
4↔60 Kegeln Sauna ⓘ 🍴

Nindorf (2 km ↘)
✱ **Möhmes Hof**
Zur Einigkeit 3, ✉ 27374, ☎ (0 42 62) 9 42 33, Fax 9 42 34, DC ED VA
Hauptgericht 25; Biergarten P; geschl: Mi

Vlotho 25 ↙

Nordrhein-Westfalen — Kreis Herford — 58 m — 20 000 Ew — Bad Salzuflen 14, Herford 15, Minden 20 km
ⓘ ☎ (0 57 33) 7 90 00, Fax 79 00 62 — Tourist-Information, Lange Str 60, 32602 Vlotho; Luftkurort an der Weser. Sehenswert: Fachwerkhäuser; Windmühle; Höhenburg, Ruine; ehem. Kloster-Kirche St. Stephan

Bonneberg (2 km ←)
✱✱ **Best Western Hotel Bonneberg**
Wilhelmstr 8, ✉ 32602, ☎ (0 57 33) 79 30, Fax 79 31 11, AX DC ED VA
126 Zi, Ez: 99-209, Dz: 149-287, S; 🚿 WC ☎; Lift P 10↔300 Fitneßraum Kegeln Sauna Solarium
✱✱ **Restaurant am Bonneberg**
Hauptgericht 30

Völklingen

Exter (8 km ↗)
** Grotegut
Detmolder Str 252, ✉ 32602, ☎ (0 52 28) 2 16, Fax 10 27, AX DC ED VA
Hauptgericht 35
*   12 Zi, Ez: 80-100, Dz: 130-140, ⌂ WC ☎; geschl: Mo

* Ellermann
Detmolder Str 250, ✉ 32602, ☎ (0 52 28) 9 49 30, Fax 94 93 92, AX ED
Hauptgericht 25; Biergarten Kegeln **P**;
geschl: Di, 20.7.-8.8.
  16 Zi, Ez: 70, Dz: 120, ⌂ WC ☎; 🚗 6Tennis
geschl: 20.7.-8.8.

Vöhl 35 ↓

Hessen — Kreis Waldeck-Frankenberg — 300 m — 6 300 Ew — Waldeck 15, Korbach 20 km

ℹ ☎ (0 56 23) 99 98 10, Fax 14 78 — Edersee Touristik GmbH, Schloßstr 1, 34516 Vöhl

Oberorke (13 km ↗)
** Akzent-Hotel
Kur- und Sporthotel Freund
Sauerlandstr 6, ✉ 34516, ☎ (0 64 54) 70 90, Fax 7 09 14 88, AX DC ED VA
100 Zi, Ez: 100-160, Dz: 180-260, 2 Suiten, 5 App, ⌂ WC ☎, 5🛏; Lift **P** 🚗 10⇌180 ♨ Fitneßraum Kegeln Sauna Solarium 1Tennis 🍽 🍺

Vöhrenbach 67 →

Baden-Württemberg — Schwarzwald-Baar-Kreis — 900 m — 4 400 Ew — Furtwangen 8, Villingen 17, Freiburg 49 km

ℹ ☎ (0 77 27) 50 11 15, Fax 50 11 19 — Verkehrsamt, Friedrichstr 8, 78147 Vöhrenbach; Erholungsort. Sehenswert: Linach-Talsperre (5 km ↗); Bruderkirchle (1 km →)

** Gasthaus Zum Engel ❦
Schützenstr 2, ✉ 78147, ☎ (0 77 27) 70 52, Fax 78 73, VA
Hauptgericht 36; geschl: Mo, Di, Jul-Dez Di nur mittags, 7.1.-18.1., 1.8.-21.8.

Vöhringen 62 ↘

Bayern — Kreis Neu-Ulm — 500 m — 13 000 Ew — Illertissen 7, Ulm 16 km

ℹ ☎ (0 73 06) 96 22-0, Fax 96 22-62 — Stadtverwaltung, Hettstedter Platz 1, 89269 Vöhringen

* Sport-Hotel Ihle
Sportparkstr 11, ✉ 89269, ☎ (0 73 06) 9 67 00, Fax 24 49, ED VA
22 Zi, Ez: 85, Dz: 120, ⌂ WC ☎; **P** Sauna Solarium 4Tennis 🍽

Illerberg (3 km ↗)
** Burgthalschenke
Hauptstr 4, ✉ 89269, ☎ (0 73 06) 52 65, Fax 3 43 94, AX DC ED VA
Hauptgericht 30; **P** Terrasse; geschl: Mo

Völklingen 52 ↘

Saarland — Stadtverband Saarbrücken — 250 m — 44 000 Ew — Saarbrücken 11, Saarlouis 15 km

ℹ ☎ (0 68 98) 13 21 16, Fax 13 21 10 — Stadtverwaltung, Neues Rathaus, 66333 Völklingen. Sehenswert: Rathaus; Marienkapelle; Warndtdom; Versöhnungskirche; St.-Eligius-Kirche, Völklinger Hütte

*** Parkhotel Gengenbach ♛
♿ Kühlweinstr 70, ✉ 66333, ☎ (0 68 98) 91 47 00, Fax 2 36 55, AX DC ED VA
9 Zi, Ez: 150, Dz: 200, 2 Suiten, ⌂ WC ☎ DFÜ, 2🛏; **P** 1⇌40
geschl: 2 Wochen Jan

**** Orangerie 🍷🍷
Hauptgericht 50; Terrasse; geschl: 2 Wochen im Jan →

Völklingen

** Kurtz
Kühlweinstr 19, ✉ 66333, ☎ (0 68 98)
2 63 11, Fax 2 79 78, ED
Hauptgericht 28
*   9 Zi, Ez: 90-95, Dz: 150-140, ⊿ WC
geschl: So abends

Fürstenhausen (1 km ↓)
* Saarhof
Saarbrücker Str 65, ✉ 66333, ☎ (0 68 98)
3 72 39
14 Zi, Ez: 85-95, Dz: 150-170, ⊿ WC ☎; ▼◎▎

Voerde 32 →

Nordrhein-Westfalen — Kreis Wesel —
26 m — 38 200 Ew — Dinslaken 6, Wesel 8,
Bottrop 24 km
ℹ ☎ (0 28 55) 80-3 00, Fax 8 05 55 — Stadtverwaltung, Rathausplatz 20, 46562 Voerde

** Niederrhein
Friedrichsfelder Str 15, ✉ 46562,
☎ (0 28 55) 96 20, Fax 96 21 11, AX DC ED VA
56 Zi, Ez: 140-150, Dz: 185-210, ⊿ WC ☎,
6⌂; Lift 3⇌60 Fitneßraum Sauna
Solarium; garni

** Wasserschloß Haus Voerde
Allee 64, ✉ 46562, ☎ (0 28 55) 36 11,
Fax 36 16, ED
Hauptgericht 30
Wasserschloß von 1668. Schloßkeller,
Rittersaal

Vogtsburg i. Kaiserstuhl 67 ↖

Baden-Württemberg — Kreis Breisgau-
Hochschwarzwald — 218 m — 5 600 Ew —
Emmendingen 20, Freiburg 25 km
ℹ ☎ (0 76 62) 9 40 11, Fax 8 12 46 — Kaiser-
stühler Touristik-Information, Bahnhof-
str 20, 79235 Vogtsburg im Kaiserstuhl;
Weinbaugemeinde. Sehenswert: Kath. Kir-
che im Ortsteil Niederrotweil: Hochaltar,
Kaiserstühler Weinbaumuseum im Ortsteil
Achkarren, Historische Mittelstadt im
Ortsteil Burkheim.

Bickensohl
** Rebstock
Neunlindenstr 23, ✉ 79235, ☎ (0 76 62)
9 33 30, Fax 93 33 20
13 Zi, Ez: 68, Dz: 136-164, ⊿ WC ☎; P 🚗
geschl: Mo, Di bis 18, 21.12.-5.2.
**   Hauptgericht 39; Terrasse;
geschl: Mo, 21.12.-5.2.

Bischoffingen-Außerhalb
* Weinstube Steinbuck
♂ ◄ Steinbuckstr 20, ✉ 79235, ☎ (0 76 62)
7 71 +91 12 10, Fax 60 79
18 Zi, Ez: 83-88, Dz: 148-162, 1 Suite, ⊿ WC
☎; P 🚗 1⇌30 Fitneßraum Sauna
Solarium 🌊
geschl: Di, Mi, 10.1.-15.2.
**   ◄ Hauptgericht 35; Gartenlokal;
geschl: Di, Mi mittags, 10.1.-15.2.

Burkheim
* Posthotel Kreuz-Post
Landstr 1, ✉ 79235, ☎ (0 76 62) 9 09 10,
Fax 12 98
35 Zi, Ez: 68-94, Dz: 98-144, ⊿ WC ☎; Lift P
🚗 2⇌45 Kegeln 🌊
geschl: 7.-26.11.
Im Neubau Zimmer der Kategorie ****** vorhanden
*   Hauptgericht 27; Terrasse;
geschl: Di, Anfang-Ende Nov

Niederrotweil
* Gasthaus Zum Kaiserstuhl
Haus Nr. 5, ✉ 79235, ☎ (0 76 62) 2 37
Hauptgericht 30; P; geschl: So abends, Mo

Oberbergen
*** Schwarzer Adler ♂ ☎
Badbergstr 23, ✉ 79235, ☎ (0 76 62)
9 33 00, Fax 7 19, DC ED VA
Hauptgericht 50; P; geschl: Mi, Do, 11.1.-
12.2.
**   9 Zi, Ez: 110, Dz: 180, ⊿ WC ☎; ≋
Sauna
geschl: Mi, Do, 11.1.-12.2.

Vohenstrauß 59 ←

Bayern — Kreis Neustadt a. d. Waldnaab
— 580 m — 7 347 Ew — Weiden 24 km
ℹ ☎ (0 96 51) 92 22 30, Fax 92 22 41 — Tou-
ristmusbüro, Marktplatz 9, 92648 Vohenstrauß. Sehenswert: Schloß Friedrichsburg

🛏 **Drei Lilien**
Friedrichstr 15, ✉ 92648, ☎ (0 96 51) 23 61,
Fax 91 61 81
22 Zi, Ez: 46-52, Dz: 80-96, ⊿ WC; P 🚗 ▼◎▎
Rezeption: 17-23, Do-Mo auch 11-14

Volkach 56 ↑

Bayern — Kreis Kitzingen — 200 m —
9 000 Ew — Gerolzhofen 12, Kitzingen 18,
Würzburg 28 km
ℹ ☎ (0 93 81) 4 01 12, Fax 4 01 16 — Verkehrsamt, Rathaus, 97332 Volkach; Erholungsort. Sehenswert: Kath. Wallfahrtskirche St. Maria im Weingarten (2 km ↖)
mit Riemenschneider-Madonna im Rosen-
kranz; Rathaus; Bürgerhäuser

** Romantik Hotel 👑
Zur Schwane
Hauptstr 12, ✉ 97332, ☎ (0 93 81) 8 06 60,
Fax 80 66 66, AX DC ED VA
27 Zi, Ez: 85-150, Dz: 160-270, 2 Suiten, ⊿
WC ☎; P 🚗 Sauna
Auch Zimmer der Kategorie ***** vorhanden
**   ⊠ Hauptgericht 35; Gartenlokal;
geschl: Mo, 21.12.-18.1.
Gebäude von 1404. Antike Möbel. Älteste
Weinstube in Franken. Spirituosen aus
eigener Obstweinbrennerei (3 Brenn-
rechte). Eigenbauweine

Wadgassen

** Vier Jahreszeiten
⌂ Hauptstr 31, ✉ 97332, ☎ (0 93 81)
8 48 40, Fax 84 84 44, AX ED
19 Zi, Ez: 95-140, Dz: 160-210, 1 Suite, ⌐
WC ☏ DFÜ, 11▣; 🅿 1↔15; garni

** Am Torturm
Hauptstr 41, ✉ 97332, ☎ (0 93 81) 8 06 70,
Fax 80 67 44, AX ED VA
15 Zi, Ez: 95-150, Dz: 140-190, 1 App, ⌐ WC
☏; 🅿; garni
geschl: 24.12.-1.1.

** Weingasthof Rose
Oberer Markt 7, ✉ 97332, ☎ (0 93 81)
8 40-0, Fax 8 40-3 33, ED VA
29 Zi, Ez: 120, Dz: 140-180, 1 Suite, ⌐ WC
☏; Lift 🅿 1↔40 ⌡
geschl: Feb
Zimmer der Kategorie * vorhanden

* Gasthof Behringer
Marktplatz 5, ✉ 97332, ☎ (0 93 81) 24 53,
Fax 24 24, AX ED VA
19 Zi, Ez: 65-85, Dz: 100-150, ⌐ WC ☏; 🅿 🍴
3↔60 ⌡
geschl: im Winter Do, Jan

* Gasthof Zum Storchen
Hauptstr 4, ✉ 97332, ☎ (0 93 81) 23 55,
Fax 69 75, AX ED
10 Zi, Ez: 65-70, Dz: 100-120, ⌐ WC ☏; 🅿 🍴
⌡
geschl: Mi, 24.12.-31.1.

Astheim (2 km ←)
* Zum Schwan
⌂ Kartäuserstr 13, ✉ 97332, ☎ (0 93 81)
12 15, Fax 61 77, AX ED VA
Hauptgericht 25; Gartenlokal; geschl: Di

Escherndorf (5 km ←)
* Gasthaus Zur Krone
Bocksbeutelstr 1, ✉ 97332, ☎ (0 93 81)
28 50, Fax 60 82, ED VA
Hauptgericht 30; 🅿 Terrasse; geschl: Di, Feb

Wachenheim 54 ↗

Rheinland-Pfalz — Kreis Bad Dürkheim —
158 m — 4 614 Ew — Bad Dürkheim 2,
Neustadt a. d. Weinstraße 12 km
ℹ ☎ (0 63 22) 95 80 32, Fax 95 80 59 — Verkehrsamt Wachenheim, Weinstr 16,
67157 Wachenheim; Erholungs- und
Weinbauort an der Haardt. Sehenswert:
Ruine Wachtenburg ⋖ (1 km ←)

* Goldbächel
♣ Waldstr 99, ✉ 67157, ☎ (0 63 22) 9 40 50,
Fax 50 68
16 Zi, Ez: 75-105, Dz: 135-155, ⌐ WC ☏; 🅿
🍴 1↔30 Sauna Solarium ⏺
* Hauptgericht 30; Terrasse;
geschl: Mo, 3.1.-17.1., 1.7.-14.7.

Wachtberg 43 ←

Nordrhein-Westfalen — Rhein-Sieg-Kreis
— 250 m — 19 000 Ew — Bonn-Bad Godesberg 6 km
ℹ ☎ (02 28) 9 54 40, Fax 9 54 41 23 —
Gemeindeverwaltung, im Ortsteil Berkum,
Rathausstr 34, 53343 Wachtberg. Sehenswert: Wasserburgen in Villip, Berkum,
Adendorf; Burg Münchhausen

Adendorf
*** Gasthaus Kräutergarten
Töpferstr 30, ✉ 53343, ☎ (0 22 25) 75 78,
Fax 70 28 01
Hauptgericht 48; Gartenlokal; geschl: Sa
mittags, So, Mo, 20.-28.12., 3 Wochen in
den Sommerferien

Niederbachem
* Dahl
Heideweg 9, ✉ 53343, ☎ (02 28) 34 10 71,
Fax 34 50 01, AX DC ED VA
67 Zi, Ez: 105-130, Dz: 160-220, 1 Suite, ⌐
WC ☏; Lift 8↔300 ⌂ Kegeln Sauna
Solarium ⌡
geschl: 20.-30.12.

Wadersloh 34 ↗

Nordrhein-Westfalen — Kreis Warendorf
— 104 m — 13 500 Ew — Lippstadt 14,
Beckum 15 km
ℹ ☎ (0 25 23) 9 50-0, Fax 9 50-1 79 —
Gemeindeverwaltung, Liesborner Str 5,
59329 Wadersloh. Sehenswert: Museum
Abtei Liesborn im Stadtteil Liesborn
(4 km ↓); Wasserschloß Crassenstein im
Ortsteil Diestedde (6 km); Magaretendom
im Ortsteil Wadersloh

** Ringhotel Bomke ♛
Kirchplatz 7, ✉ 59329, ☎ (0 25 23) 9 21 60,
Fax 13 66, AX DC ED VA
21 Zi, Ez: 86-140, Dz: 148-235, S; ⌐ WC ☏
DFÜ, 4▣; 🅿 🍴 3↔80 Kegeln 18Golf 4Tennis
** Hauptgericht 35; Terrasse; 🍷
geschl: Sa mittags, Do, 3 Wochen im Sommer, 1 Woche im Jan

Wadgassen 52 ↘

Saarland — Kreis Saarlouis — 240 m —
18 760 Ew — Völklingen 5, Saarlouis 8,
Saarbrücken 15 km
ℹ ☎ (0 68 34) 40 30 — Gemeindeverwaltung, Provinialstr 114, 66787 Wadgassen

** Wadegotia
Lindenstr 30, ✉ 66787, ☎ (0 68 34) 9 41 50,
Fax 4 66 98, AX ED VA
33 Zi, Ez: 75-85, Dz: 120-135, 18 App, ⌐ WC
☏ DFÜ; 🅿 ⌡
Auch Langzeitvermietung möglich →

Wadgassen

Differten (4 km ←)
* **Zum Fischweiher**
außerhalb, ✉ 66787, ☏ (0 68 34) 67 31
Hauptgericht 28
Grillgerichte vom offenen Buchenfeuer

Wächtersbach 45 ↓

Hessen — Main-Kinzig-Kreis — 162 m —
5 600 Ew — Bad Orb 7, Gelnhausen 11 km
🛈 ☏ (0 60 53) 92 13, Fax 57 27 — Verkehrsverein, Am Schloßgarten 1, 63607 Wächtersbach; Erholungsort im Tal der Kinzig zwischen Spessart und Vogelsberg.
Sehenswert: Hist. Altstadt; Wehrkirche; Schloß

* **Zum Erbprinzen**
Friedrich-Wilhelm-Str 14, ✉ 63607,
☏ (0 60 53) 50 55, Fax 50 57, AX ED VA
Hauptgericht 30
* 6 Zi, Ez: 75-85 Ez: 75-85, Dz: 120,
Dz: 120, ⊣ WC ☏; 1⇌80

Waging am See 73 □

Bayern — Kreis Traunstein — 460 m —
5 300 Ew — Traunstein 12, Laufen 22 km
🛈 ☏ (0 86 81) 3 13, Fax 96 76 — Verkehrsamt Waging am See, Salzburger Str 32, 83329 Waging am See; Luftkurort. Sehenswert: Kath. Kirche; Wallfahrtskirche Mühlberg; Vogelmuseum

** **Eichenhof**
einzeln ♂ Angerpoint 1, ✉ 83329,
☏ (0 86 81) 40 30, Fax 4 03 25, ED
36 Zi, Ez: 100-210, Dz: 190-240, 1 Suite,
3 App, ⊣ WC ☏; 1⇌25 Strandbad Seezugang Fitneßraum Sauna Solarium 10 Tennis 🍴

** **Wölkhammer**
Haslacher Weg 3, ✉ 83329, ☏ (0 86 81)
40 80, Fax 43 33
43 Zi, Ez: 70-130, Dz: 60-110, 2 Suiten, ⊣
WC; Lift 🅿 2⇌60 Fitneßraum Sauna Solarium 🍴
Rezeption: 7.30-20.30; geschl: Fr ab 14,
Nov, 2 Wochen im Jan
Zimmer der Kategorie * vorhanden

* **Zum Unterwirt**
Seestr 23, ✉ 83329, ☏ (0 86 81) 2 43,
Fax 99 38, AX ED VA
36 Zi, Ez: 63-70, Dz: 106-146, ⊣ WC ☏; 🅿
2⇌30 ≘ Sauna Solarium 🍴

* **Zur Post**
Seestr 1, ✉ 83329, ☏ (0 86 81) 2 10,
Fax 42 22
28 Zi, Ez: 59-75, Dz: 108-128, ⊣ WC ☏ DFÜ,
15🛏; 🅿 🍴; garni
geschl: 1.11.-25.12.
Auch einfachere Zimmer vorhanden

*** **Kurhaus-Stüberl**
◄ Am See 1, im Kurhaus, ✉ 83329,
☏ (0 86 81) 40 09 12, Fax 40 09 25,
AX DC ED VA
Hauptgericht 49; 🅿; nur abends, so + feiertags auch mittags; geschl: Mo + Di

Wahlsburg 36 ↘

Hessen — Kreis Kassel — 200 m —
2 550 Ew — Uslar 9, Karlshafen 10, Münden 28 km
🛈 ☏ (0 55 72) 10 77, Fax 17 68 — Gemeindeverwaltung, im Ortsteil Lippoldsberg,
Am Mühlbach 15, 37194 Wahlsburg; Luftkurort, Erholungsort. Sehenswert:
Klosterkirche St. Georg und Maria; Schäferhaus-Museum im Ortsteil Lippoldsberg,
historischer Rundgang

Lippoldsberg (Luftkurort)
* **Lippoldsberger Hof**
♂ Schäferhof 16, ✉ 37194, ☏ (0 55 72) 3 36,
Fax 13 27, AX ED
15 Zi, Ez: 56-76, Dz: 96-100, 1 Suite, ⊣ WC
☏, 3🛏; 🅿 🚗 🍴
geschl: Mi, 1.-18.3.

Wahlscheid siehe Lohmar

Wahrenholz 27 ↘

Niedersachsen — Gifhorn — 68 m —
3 450 Ew
🛈 ☏ (0 58 35) 2 74, Fax 71 18 — Tourist-Information, An der Sägemühle 1,
29399 Wahrenholz

* **Landhotel Heiner Meyer**
Hauptstr 50, ✉ 29399, ☏ (0 58 35) 70 70,
Fax 16 62
22 Zi, Ez: 75, Dz: 114-128, ⊣ WC ☏, 5🛏; 🅿
2⇌70 🍴 🚗
geschl: 1.-15.1.

Waiblingen 61 →

Baden-Württemberg — Rems-Murr-Kreis
— 350 m — 50 000 Ew — Stuttgart 12,
Backnang 20 km
🛈 ☏ (0 71 51) 5 00 14 23, Fax 5 00 14 46 —
Verkehrsamt, Marktgasse 1, 71332 Waiblingen; Kreisstadt. Sehenswert: Ev. Kirche
St. Michael; Hochwachtturm; Beinsteiner
Torturm; hist. Innenstadt; Wehrgang;
Nikolauskirche

** **Koch**
Bahnhofstr 81, ✉ 71332, ☏ (0 71 51)
95 83 20, Fax 5 59 76, AX DC ED VA
52 Zi, Ez: 120-130, Dz: 160-210, 1 Suite, ⊣
WC ☏, 5🛏; Lift 🅿 🚗 Kegeln 🍴
geschl: 20.12.-7.1.
Auch Zimmer der Kategorie * vorhanden

Waldbronn

* **Adler**
Kurze Str 15, ✉ 71332, ☎ (0 71 51) 5 39 39,
Fax 56 27 79, AX DC ED VA
28 Zi, Ez: 98-130, Dz: 160-185, 1 Suite, ⇉
WC ☎; 1⇆20; **garni**

** **Remsstuben**
An der Talaue 4, ✉ 71334, ☎ (0 71 51)
2 10 78, Fax 2 42 06, AX DC ED VA
Hauptgericht 30; Kegeln Terrasse; geschl:
Mo

Waidhaus 59 □

Bayern — Kreis Neustadt a. d. Waldnaab
— 524 m — 2 600 Ew — Weiden 34 km
ℹ️ ☎ (0 96 52) 5 15, Fax 6 06 — Marktverwaltung, Schulstr 4, 92726 Waidhaus.

* **Gasthof Biehler**
Vohenstraußer Str 9, ✉ 92726, ☎ (0 96 52)
4 55, Fax 17 87, ED VA
18 Zi, Ez: 57, Dz: 95, ⇉ WC ☎; 🅿 1⇆30 ⇞
Kegeln Sauna 🍽

Waischenfeld 57 ↗

Bayern — Kreis Bayreuth — 390 m —
3 280 Ew — Bayreuth 25, Ebermannstadt
27 km
ℹ️ ☎ (0 92 02) 15 48, Fax 15 71 — Verkehrsamt, Marktplatz 58, 91344 Waischenfeld;
Luftkurort in der Fränkischen Schweiz.
Sehenswert: Kath. Kirche; Burg Rabeneck;
Sophienhöhle; Steinerner Beutel

* **Zur Post**
Marktplatz 108, ✉ 91344, ☎ (0 92 02) 98 00,
Fax 98 01 00
114 Zi, Ez: 45-85, Dz: 85-140, ⇉ WC ☎; Lift
🅿 11⇆50 Sauna Solarium 🍽 ⇋

Eichenbirkig (4 km ↘)
* **Gut Schönhof**
Haus Nr 10, ✉ 91344, ☎ (0 92 02) 12 28,
Fax 9 54 01, ED
Hauptgericht 25; Biergarten;
Haus steht unter Denkmalschutz. Eigenprodukte aus ökologischer Wirtschaft

Langenloh (2 km ↘)
* **Pension Thiem**
♠ Langenloh 14, ✉ 91344, ☎ (0 92 02) 3 57,
Fax 16 60
10 Zi, Ez: 36-55, Dz: 52-92, ⇉ WC ☎; 🅿 🍽
⇋
geschl: Di, 1.11.-25.12.

Rabeneck (3 km ↙)
⇢ **Rabeneck**
einzeln ♠ Haus Nr 27, ✉ 91344, ☎ (0 92 02)
2 20, Fax 17 28
25 Zi, Ez: 38-60, Dz: 87-112, ⇉ WC; 🅿 🍽 ⇋
geschl: Feb

Waldachtal 61 ↙

Baden-Württemberg — Kreis Freudenstadt — 600 m — 5 865 Ew — Altensteig 14, Horb 14, Freudenstadt 15 km
ℹ️ ☎ (0 74 43) 96 34-40, Fax 3 01 62 — Kurverwaltung, im Ortsteil Lützenhardt,
Hauptstraße 18, 72178 Waldachtal; Luftkurort.
Sehenswert: Alte Sägemühle; Wallfahrtskirche Heiligenbronn

Lützenhardt (Luftkurort)
* **Sattelackerhof**
◁ Sattelackerstr 21, ✉ 72178, ☎ (0 74 43)
28 30, Fax 28 31 70
36 Zi, Ez: 60-80, Dz: 112-156, ⇉ WC ☎; Lift
🅿 ⇞ Fitneßraum Sauna Solarium ⇋
* Hauptgericht 42; Biergarten Terrasse

* **Breitenbacher Hof**
♠ Breitenbachstr 18, ✉ 72178, ☎ (0 74 43)
80 16, Fax 2 04 12
23 Zi, Ez: 60-80, Dz: 120-130, ⇉ WC ☎; Lift
Sauna Solarium 🍽
Rezeption: 8-20; geschl: Mi, 6.1.-10.2.

Waldau 47 □

Thüringen — Kreis Hildburghausen —
410 m — 960 Ew — Schleusingen 7, Hildburghausen 18 km
ℹ️ ☎ (03 68 78) 6 12 58, Fax 6 15 78 —
Gemeindeverwaltung Nahetal-Waldau,
Hauptstr 86, 98667 Waldau. Sehenswert:
Kirche; Naturtheater in Steinbach-Langenbach; Veste Coburg; Schloß Bertholdsburg

** **Bergkristall**
◁ Am Steinbacher Berg 1, ✉ 98667,
☎ (03 68 78) 6 81-0, Fax 68 11 70,
AX DC ED VA
68 Zi, Ez: 85-110, Dz: 130-156, 2 Suiten, ⇉
WC ☎, 16✉; Lift 🅿 3⇆150 ⇞ Fitneßraum
Sauna Solarium 🍽

* **Weidmannsruh**
Hauptstr 74, ✉ 98667, ☎ (03 68 78) 6 03 92,
Fax 6 03 93
8 Zi, Ez: 60, Dz: 90, ⇉ WC ☎; 🅿 🍽 ⇋

Waldbronn 60 ↗

Baden-Württemberg — Kreis Karlsruhe —
300 m — 12 500 Ew — Karlsruhe 16, Herrenalb 17, Pforzheim 23 km
ℹ️ ☎ (0 72 43) 5 65 70, Fax 56 57-58 — Kurverwaltung, Bergstr 32, 76337 Waldbronn;
Ort mit Heilquellen-Kurbetrieb

Busenbach
* **La Cigogne**
Ettlinger Str 97, ✉ 76337, ☎ (0 72 43)
5 65 20, Fax 56 52 56, AX DC ED VA
Hauptgericht 30; 🅿 Terrasse; nur abends,
so + feiertags auch mittags; geschl: Mi
* 13 Zi, Ez: 98, Dz: 154, ⇉ WC ☎,
4✉; Lift 🅿
Rezeption: 7-10, 17-24

→

Waldbronn

Reichenbach (2 km ↘)
* Weinhaus Steppe
♂ Neubrunnenschlag 18, ✉ 76337,
☎ (0 72 43) 5 65 60, Fax 56 56 56, ED VA
25 Zi, Ez: 95-105, Dz: 150-160, 1 App, ⌐ WC
☎, 5✉; P 🖃 3🔄85 🛋 Sauna Solarium ¶○¦
geschl: Mi

Waldburg 69 ↘

Baden-Württemberg — Kreis Ravensburg
— 700 m — 2 340 Ew — Ravensburg 10,
Wangen 17 km
ℹ ☎ (0 75 29) 9 71 70, Fax 97 17 55 — Bürgermeisteramt, Hauptstr 20, 88289 Waldburg; Erholungsort

** Krone
Hauptstr 21, ✉ 88289, ☎ (0 75 29) 99 80,
Fax 99 83 00, ED
30 Zi, Ez: 85, Dz: 135-155, 1 Suite, ⌐ WC ☎,
9✉; P 🖃 2🔄150 Bowling Sauna Solarium
¶○¦ ⚫

Waldeck 35 ↓

Hessen — Kreis Waldeck-Frankenberg —
420 m — 7 500 Ew — Bad Wildungen 16,
Korbach 26 km
ℹ ☎ (0 56 23) 9 99 80, Fax 99 98 30 — Edersee Touristic GmbH, Sachsenhäuser Str 10, 34513 Waldeck; Luftkurort über dem Edersee. Sehenswert: Ev. Kirche; Schloß ⚔; ehem. Zisterzienserkloster im Stadtteil Netze (4 km ↗)

** Ringhotel Roggenland
Schloßstr 11, ✉ 34513, ☎ (0 56 23) 9 98-8,
Fax 60 08, AX DC ED VA
68 Zi, Ez: 120-160, Dz: 160-240, S; ⌐ WC ☎;
Lift P 5🔄100 🛋 Fitneßraum Kegeln Sauna Solarium 27Golf ⚫
geschl: 18.-26.12.
** Hauptgericht 26; Terrasse;
geschl: So abends, 18.-26.12.

Waldeck-Außerhalb (2 km ↗, am Edersee)
** Waldhotel Wiesemann
♂ ⚔ Oberer Seeweg 2, ✉ 34513,
☎ (0 56 23) 53 48, Fax 54 10, DC
15 Zi, Ez: 70-140, Dz: 120-240, 1 Suite,
6 App, ⌐ WC ☎; P 🖃 1🔄30 🛋 Strandbad Sauna Solarium 18Golf ¶○¦ ⚫
geschl: Do, 3.11.-19.12.

Nieder-Werbe (6 km ←)
**** Werbetal
Flair Hotel**
⚔ Uferstr 28, ✉ 34513, ☎ (0 56 34) 9 79 60,
Fax 97 96 95, AX DC ED VA
26 Zi, Ez: 65-105, Dz: 92-175, 2 App, ⌐ WC
☎; P 🖃 3🔄100 ¶○¦
geschl: 15.12.-28.12., 3.1.-1.3.
Auch Zimmer der Kategorie ***** vorhanden

Waldenburg 62 ↘

Baden-Württemberg — Hohenlohekreis —
505 m — 3 200 Ew — Öhringen 15, Schwäbisch Hall 20 km
ℹ ☎ (0 79 42) 10 80, Fax 1 08 88 — Verkehrsamt, Hauptstr 13, 74638 Waldenburg; Luftkurort. Sehenswert: Kath. Kirche; Schloß; Siegel-Museum; Urwelt-Museum; Stauferturm

** Ringhotel Panoramahotel Waldenburg
♂ ⚔ Hauptstr 84, ✉ 74638, ☎ (0 79 42)
9 10 00, Fax 9 10 08 88, AX DC ED VA
65 Zi, Ez: 125-178, Dz: 170-238, 4 Suiten, ⌐
WC ☎, 10✉; Lift P 🖃 9🔄150 🛋 Fitneßraum Sauna Solarium ⚫
Direkter Zugang zum städtischen Hallenbad
** ⚔ Hauptgericht 35; Terrasse

* Bergfried
♂ ⚔ Hauptstr 30, ✉ 74638, ☎ (0 79 42)
9 14 00, Fax 91 40 45, ED VA
15 Zi, Ez: 80-90, Dz: 125-135, ⌐ WC ☎; P
1🔄40
geschl: 27.12.-6.1.
* ⚔ Hauptgericht 25

Waldenburg 49 ↗

Sachsen — Chemnitzer Land — 260 m —
4 200 Ew — Glauchau 9 km
ℹ ☎ (03 76 08) 2 10 00, Fax 2 10 06 — Fremdenverkehrsamt, Markt 22, 08396 Waldenburg. Sehenswert: Schloß; Grünfelder Park; Bartholomäuskirche

Oberwinkel
*** Glänzelmühle
Flair Hotel**
einzeln ♂ Am Park 9 b, ✉ 08396,
☎ (03 76 08) 2 10 15, Fax 2 10 17, ED VA
15 Zi, Ez: 80-95, Dz: 91-130, 1 Suite, ⌐ WC
☎; P 1🔄20 ¶○¦ ⚫

Waldesch 43 ↘

Rheinland-Pfalz — Kreis Mayen-Koblenz —
350 m — 2 100 Ew — Koblenz 11, Boppard 18 km
ℹ ☎ (0 26 28) 96 05 42, Fax 96 05 24 — Verkehrsamt, Rathaus, Am Viehtor,
56321 Rhens; Erholungsort im Hunsrück

** Waldhotel König von Rom
♂ ⚔ Hübingerweg 73a, ✉ 56323,
☎ (0 26 28) 96 11 00, Fax 96 11 46,
AX DC ED VA
19 Zi, Ez: 88-120, Dz: 130-180, ⌐ WC ☎; P
🖃 2🔄35 ⚫
** Hauptgericht 25; Terrasse;
geschl: Di

Waldfischbach-Burgalben 53 ↓

Rheinland-Pfalz — Kreis Pirmasens —
272 m — 5 397 Ew — Pirmasens 12, Kaiserslautern 20 km
🛈 ☏ (0 63 33) 9 25-0, Fax 9 25-1 90 —
Verbands-Gemeindeverwaltung,
Friedhofstr 3, 67714 Waldfischbach-
Burgalben

** Zum Schwan
Hauptstr 119, ✉ 67714, ☏ (0 63 33) 9 24 20,
Fax 92 42 92, ED
20 Zi, Ez: 70, Dz: 100-120, ⊿ WC ☏, 3✉; P
🚗 ¶

Waldkirch 67 □

Baden-Württemberg — Kreis Emmendingen — 263 m — 20 000 Ew — Emmendingen 12, Freiburg 15 km
🛈 ☏ (0 76 81) 40 41 06, Fax 40 41 07 — Tourist-Information, Kirchplatz 2, 79183 Waldkirch; Kneipp-Kurort im Schwarzwald.
Sehenswert: Kath. Kirche; Elztalmuseum
für Regionalgeschichte und Orgelbau;
Ruine Kastelburg; Schwarzwaldzoo; Kandel, 1241 m ⛷ (13 km ↘)

* Akzent-Hotel Felsenkeller
♂ ⛷ Schwarzenbergstr 18, ✉ 79183,
☏ (0 76 81) 4 02 50, Fax 40 25 80,
AX DC ED VA
30 Zi, Ez: 85-115, Dz: 110-145, ⊿ WC ☏;
2✡80 Sauna Solarium

Buchholz (3 km ✓)
* Hirschenstube mit Gästehaus Gehri
♂ Schwarzwaldstr 45, ✉ 79183, ☏ (0 76 81)
4 77 77-0, Fax 4 77 77-40, ED VA
20 Zi, Ez: 80-98, Dz: 120-150, 1 Suite,
5 App, ⊿ WC ☏; P 🚗 Fitneßraum Sauna
Solarium
Im Haupthaus auch einfachere Zimmer
vorhanden
* Hauptgericht 28; Gartenlokal;
geschl: So abends, Mo, Ende Jan-Anfang
Feb

* Landgasthof Löwen
♂ Schwarzwaldstr 34, ✉ 79183, ☏ (0 76 81)
98 68, Fax 2 52 53, AX DC ED VA
21 Zi, Ez: 85-95, Dz: 120-140, 3 Suiten, ⊿
WC ☏ DFÜ; Lift P 🚗 3✡100 ¶ 🍺
geschl: 2.-20.1.

Kollnau (2 km ↗)
* Kohlenbacher Hof
einzeln ♂ ⛷ Kohlenbach 8, ✉ 79183,
☏ (0 76 81) 80 56, Fax 52 37, AX DC ED VA
18 Zi, Ez: 80-90, Dz: 130-140, ⊿ WC ☏; P
1✡40 ¶ →

Waldbronn
Ort mit Heilquellen-Kurbetrieb

**lädt ein zum Aktiv-Urlaub in
landschaftlich reizvoller Region**

Aktiv sein und sich wohlfühlen ist nur
eine Seite Ihres Urlaubes in Waldbronn.
Ein ausgewogenes Therapiekonzept
ist die zweite gute Seite für Ihre individuelle Regeneration in Waldbronn.

Wir bieten Ihrem Urlaub Abwechslung:
'albtherme', das attraktive Thermalbad
mit Saunen, Dampfbädern u. Therapieabteilungen. Solarbeheiztes **Freibad,
Eislaufhallen, Kurhaus,** kulturelles
Programm. Optimale Nahverkehrserschließung.

Info über Gesundheits- und Verwöhnprogramm bitte anfordern.

**Klinische und ambulante Badekuren,
Feriendialyse.**

**KURVERWALTUNG WALDBRONN
BERGSTRASSE 32
D-76337 WALDBRONN
Telefon 0 72 43/56 57-0
Telefax 0 72 43/56 57-58**

SCHWARZWALD

Waldkirch

Suggental (4 km ✓)
**   Suggenbad
Talstr 1, ✉ 79183, ☎ (0 76 81) 80 91,
Fax 80 46, AX ED VA
35 Zi, Ez: 70-90, Dz: 150-200, ⌔ WC ☎; Lift
🅿 🅫 2⇔40 Sauna Solarium
Auch Zimmer der Kategroie * vorhanden
*   Hauptgericht 38; Gartenlokal;
geschl: Do, Jan

Waldkirchen 66 →

Bayern — Kreis Freyung-Grafenau —
575 m — 11 060 Ew — Passau 30, Grafenau
37 km
ℹ ☎ (0 85 81) 2 02 50, Fax 40 90 — Tourismusbüro, Ringmauerstr 14, 94065 Waldkirchen; Luftkur- und Wintersportort im
Bayerischen Wald

**   Vier Jahreszeiten
♂ ⌔ Hauzenberger Str 48, ✉ 94065,
☎ (0 85 81) 20 50, Fax 20 54 44, AX DC ED VA
112 Zi, Ez: 75-89, Dz: 138-152, 6 Suiten,
6 App, ⌔ WC ☎; 🅿 1⇔30 ≋ ≘ Fitneßraum
Sauna Solarium
Verbindungsgang zum städtischen Bäder-
zentrum
**   Karoli Stub'n
Hauptgericht 20

**   Karoli
VdK-Str 26, ✉ 94065, ☎ (0 85 81) 97 00,
Fax 97 02 90
76 Zi, Ez: 55-65, Dz: 110-160, ⌔ WC ☎; Lift
Fitneßraum Sauna Solarium
Restaurant für Hausgäste

Dorn
****   Sporthotel Reutmühle
        Familotel**
♂ Frauenwaldstr 7, ✉ 94065, ☎ (0 85 81)
20 30, Fax 20 31 70, AX DC ED VA
132 Zi, Ez: 89-129, Dz: 162-198, 20 Suiten,
132 App, ⌔ WC ☎, 20⌔; 🅿 3⇔60 ≘ Fitneßraum Kegeln Sauna Solarium 9 Golf
5 Tennis 🍴 🍺
Hoteldorf im niederbayerischen Landhausstil

Waldkraiburg 73 ↖

Bayern — Kreis Mühldorf am Inn — 434 m
— 25 000 Ew — Mühldorf 12, Wasserburg
27 km
ℹ ☎ (0 86 38) 95 93 35, Fax 95 93 16 —
Fremdenverkehrsamt, Braunauer Str 10,
84478 Waldkraiburg; Stadt am Inn

*   City Hotel
Berliner Str 35, ✉ 84478, ☎ (0 86 38)
9 67 50, Fax 96 75 50, AX DC ED VA
27 Zi, Ez: 95-105, Dz: 150, 2 Suiten, ⌔ WC
☎; 🅿; garni

Waldliesborn, Bad
siehe **Lippstadt**

Wald-Michelbach 54 →

Hessen — Kreis Bergstraße — 450 m —
11 500 Ew — Hirschhorn 19, Weinheim 24,
Heppenheim 25 km
ℹ ☎ (0 62 07) 94 70, Fax 94 71 70 —
Gemeindeverwaltung, In der Gass 17,
69483 Wald-Michelbach; Erholungsort im
Odenwald

Aschbach (2 km ↗)
**   Vetters Hof   ✢
Waldstr 12, ✉ 69483, ☎ (0 62 07) 23 13,
Fax 39 71, AX DC ED VA
Hauptgericht 36; geschl: Mo

Kreidach (3,5 km ✓)
**   Kreidacher Höhe
einzeln ⌔ ✉ 69483, ☎ (0 62 07) 26 38,
Fax 16 50, AX ED
34 Zi, Ez: 135-155, Dz: 202-230, 1 Suite, ⌔
WC ☎; Lift 🅿 3⇔60 ≋ ≘ Kegeln Sauna
Solarium 1 Tennis 🍺
**   Hauptgericht 25; Terrasse

Waldmohr 53 ✓

Rheinland-Pfalz — Kreis Kusel — 270 m —
5 600 Ew — Homburg/Saar 8 km
ℹ ☎ (0 63 73) 50 30, Fax 44 07 — Verbandsgemeindeverwaltung, Rathausstr 14,
66914 Waldmohr

Waldmohr-Außerhalb (1 km →)
**   Le Marmiton
⌔ Am Mühlweiher 1, ✉ 66914, ☎ (0 63 73)
91 56, Fax 91 56, DC ED VA
Hauptgericht 38; Terrasse; geschl: Mo, Di
mittags

Waldmünchen 59 ↘

Bayern — Kreis Cham — 520 m — 7 800 Ew
— Rötz 15, Furth im Wald 17 km
ℹ ☎ (0 99 72) 3 07 24, Fax 3 07 40 — Verkehrsamt-Tourist-Information, Marktplatz 16, 93449 Waldmünchen; Luftkurort
im Naturpark Oberer Bayerischer Wald.
Erlebnisbad „Aquafit".

Achtung: Trenck-Festspiele,
ℹ ☎ (09972) 3 07 25

*   Schmidbräu
Marktplatz 5, ✉ 93449, ☎ (0 99 72) 94 24-0,
Fax 94 24 40, AX DC ED VA
45 Zi, Ez: 70, Dz: 72-110, ⌔ WC ☎; Lift 🅿 🅫
2⇔100 🍴 🍺
Auch Zimmer der Kategorie ****** vorhanden

Waldsassen 59 ↘

Bayern — Kreis Tirschenreuth — 491 m —
8 000 Ew — Tirschenreuth 19, Marktredwitz 22 km
i ☎ (0 96 32) 8 81 60, Fax 54 80 — Tourist-Information, Johannisplatz 11,
95652 Waldsassen. Sehenswert: Kirche und Kloster: Bibliothek; Wallfahrtskirche im Stadtteil Kappel (4 km ↖)

---

* **Zrenner**
Dr.-Otto-Seidel-Str 13, ✉ 95652,
☎ (0 96 32) 12 26, Fax 54 27, [ED]
21 Zi, Ez: 50-65, Dz: 90-130, ⌴ WC; **P** 🚗 ⛴
geschl: Fr
** Hauptgericht 18; Terrasse;
geschl: Fr

---

* **Bayerischer Hof**
Bahnhofstr 15, ✉ 95652, ☎ (0 96 32) 12 08, Fax 49 24, [AX][ED][VA]
15 Zi, Ez: 55-65, Dz: 90-100, ⌴ WC ☎, 4 🖂
P 1⇔40
geschl: Mi, 20.-30.4., 20.-30.11.
* Hauptgericht 20; Terrasse;
geschl: Mi, 20.4.-30.4., 20.11.-30.11.

---

* **Zum ehem. Königlich-Bayerischen Forsthaus**
♂ Basilikaplatz 5, ✉ 95652, ☎ (0 96 32)
9 20 40, Fax 92 04 44, [ED]
27 Zi, Ez: 50-60, Dz: 90, ⌴ WC ☎; **P** ⓘ ⛴

Waldsee, Bad 69 □

Baden-Württemberg — Kreis Ravensburg
— 600 m — 18 500 Ew — Ravensburg 20,
Biberach 23 km
i ☎ (0 75 24) 94 13 42, Fax 94 13 45 — Kurverwaltung, Ravensburger Str 1, 88339 Bad Waldsee; Heilbad und Kneippkurort mit Thermalbad „Waldseer Therme". Sehenswert: Ehem. Stiftskirche: Bronzegrabplatte; Rathaus; Museum im Kornhaus; Wasserschloß; Frauenbergkapelle; Kloster mit Wallfahrtskirche im Stadtteil Reute (4 km ↙)

---

* **Altes Tor**
Hauptstr 49, ✉ 88339, ☎ (0 75 24) 9 71 90, Fax 97 19 97, [AX][DC][ED][VA]
28 Zi, Ez: 110, Dz: 150-160, ⌴ WC ☎, 3 🖂;
Lift **P** 🖩 Sauna 18Golf; **garni** ⛴

---

* **Grüner Baum**
Hauptstr 34, ✉ 88339, ☎ (0 75 24) 9 79 00, Fax 97 90 50, [AX][ED][VA]
14 Zi, Ez: 89-99, Dz: 140-175, ⌴ WC ☎ DFÜ;
P 1⇔20
geschl: 22.12.-4.1.
** Hauptgericht 35; Gartenlokal;
geschl: Mi, 22.12.-4.1.

Gaisbeuren (3 km ↙)
** **Adler**
Bundesstr 15, ✉ 88339, ☎ (0 75 24) 99 80, Fax 99 81 52, [AX][DC][ED][VA]
30 Zi, Ez: 88-110, Dz: 144-164, 1 Suite, ⌴
WC ☎ DFÜ; Lift **P** 🖩 4⇔150 ⓘ
geschl: 8.-21.2.

Mattenhaus (2 km ↑)
* **Landgasthof Kreuz**
an der B 30, ✉ 88339, ☎ (0 75 24) 9 75 70, Fax 97 57-50, [AX][ED][VA]
20 Zi, Ez: 78-98, Dz: 105-135, ⌴ WC ☎ DFÜ;
P 🖩 2⇔100 45Golf ⓘ

Waldshut-Tiengen 67 ↘

Baden-Württemberg — Kreis Waldshut —
340 m — 22 000 Ew — Schaffhausen 30,
Basel 59 km
i ☎ (0 77 51) 8 33-1 99, Fax 8 33-1 26 —
Verkehrsamt, Wallstr 26, 79761 Waldshut-Tiengen; Stadt am Hochrhein. Sehenswert: In Waldshut: kath. Kirche; Tortürme; in Tiengen: kath. Kirche; Schloß; Storchenturm

---

Breitenfeld (3 km ↗)
* **Landgasthof Hirschen**
Breitenfeld 13, ✉ 79761, ☎ (0 77 41)
6 82 50, Fax 68 25 68, [ED][VA]
24 Zi, Ez: 63-72, Dz: 114-132, ⌴ WC ☎; Lift
P 🖩 2⇔30 Fitneßraum Sauna Solarium ⓘ
⛴
geschl: 10.-31.1.
Im Gästehaus Cäcilia Zimmer der Kategorie
** vorhanden

Tiengen
** **Bercher**
Bahnhofstr 1, ✉ 79761, ☎ (0 77 41) 6 10 66, Fax 6 57 66, [DC][ED][VA]
40 Zi, Ez: 75-135, Dz: 138-210, 2 Suiten,
1 App, ⌴ WC ☎, 2 🖂; Lift **P** 🖩 3⇔150
Sauna Solarium
** Hauptgericht 25; Gartenlokal;
geschl: Sa mittags, So, feiertags, 5.-19.1.

** **Brauerei Walter**
Hauptstr 23, ✉ 79761, ☎ (0 77 41) 8 30 20, Fax 83 02 40, [ED][VA]
26 Zi, Ez: 65-90, Dz: 125-170, WC ☎; 1⇔80
geschl: So, 3.-16.8.
Einfachere Zimmer vorhanden
* Hauptgericht 25; Gartenlokal **P**;
geschl: So

⛴ **Kaffehaus Ratstüble**
Kaiserstr, ✉ 79761, ☎ (0 77 51) 35 80

Waldshut
** **Waldshuter Hof**
Kaiserstr 56, ✉ 79761, ☎ (0 77 51) 20 08, Fax 87 51 70, [ED][VA]
23 Zi, Ez: 90, Dz: 150, ⌴ WC ☎; Lift 🖩
** Hauptgericht 30; geschl: Mo

Waldstetten

Waldstetten 62 □

Baden-Württemberg — Ostalbkreis — 544 m — 7 000 Ew — Göppingen 21 km
🛈 ☎ (0 71 71) 40 30, Fax 4 44 18 — Gemeindeverwaltung, Hauptstr 1, 73550 Waldstetten

**   **Sonnenhof**   ✤
Lauchgasse 19, ✉ 73550, ☎ (0 71 71) 9 47 77-0, Fax 9 47 77-10, AX DC ED
Hauptgericht 30; Biergarten; geschl: Mo

Weilerstoffel
*   **Hölzle**
Waldstetter Str 19, ✉ 73550, ☎ (0 71 71) 40 05-0, Fax 40 05-31
17 Zi, Ez: 75-95, Dz: 125-145, ⌐ WC ☎, 8✉; Lift 🅿 🚗 1↔180 🍽 ☞

Walldorf siehe Mörfelden

Walldorf 54 ↘

Baden-Württemberg — Rhein-Neckar-Kreis — 106 m — 13 900 Ew — Heidelberg 15 km
🛈 ☎ (0 62 27) 3 51 50, Fax 6 18 28 — Stadtverwaltung, Nußlocher Str 45, 69190 Walldorf

***   **Holiday Inn**
Roter Str, ✉ 69190, ☎ (0 62 27) 3 60, Fax 3 65 04, AX DC ED VA
146 Zi, Ez: 181-355, Dz: 211-370, S;
2 Suiten, ⌐ WC ☎, 51✉; Lift 🅿 🚗 9↔320 ≋ ☂ Fitneßraum Sauna Solarium 18 Golf 1 Tennis
**   **Walldorf**
Hauptgericht 30; Biergarten

**   **Vorfelder Minotel**
Bahnhofstr 28, ✉ 69190, ☎ (0 62 27) 69 90, Fax 3 05 41, AX DC ED VA
63 Zi, Ez: 105-205, Dz: 155-245, 2 Suiten, ⌐ WC ☎, 5✉; Lift 5↔60 Fitneßraum Sauna Solarium 18 Golf
**   Hauptgericht 28

**   **Domizil**
Schwetzinger Str 50, ✉ 69190, ☎ (0 62 27) 60 80, Fax 6 08 60, AX DC ED VA
34 Zi, Ez: 126-298, Dz: 166-350, ⌐ WC ☎, 12✉; Lift 🅿 Sauna 18 Golf 🍽
geschl: Fr, Sa, 23.12.-6.1.

**   **Ambiente**
Am Neuen Schulhaus 4, ✉ 69190, ☎ (0 62 27) 69 70, Fax 69 71 00, AX DC ED VA
71 Zi, Ez: 126-298, Dz: 166-350, 2 Suiten, ⌐ WC ☎ DFÜ, 26✉; Lift 🅿 🚗 2↔80 Fitneßraum Sauna Solarium 🍽

**   **Haus Landgraf**
⊗ Hauptstr 25, ✉ 69190, ☎ (0 62 27) 40 36, Fax 6 10 71, AX DC ED VA
Hauptgericht 35

Walldürn 55 □

Baden-Württemberg — Neckar-Odenwald-Kreis — 409 m — 11 800 Ew — Miltenberg 23 km
🛈 ☎ (0 62 82) 6 71 07, Fax 6 71 03 — Tourist-Information, Hauptstr 27, 74731 Walldürn; Erholungsort. Sehenswert: Wallfahrtskirche; Elfenbeinmuseum; Odenwälder Freilandmuseum

*   **Landgasthof Zum Riesen**
Hauptstr 14, ✉ 74731, ☎ (0 62 82) 9 24 20, Fax 92 42 50, AX DC ED VA
25 Zi, Ez: 110, Dz: 170, 1 Suite, 1 App, ⌐ WC ☎; Lift 🅿 2↔50
Zimmer der Kategorie ****** verfügbar
**   Hauptgericht 38

*   **Zum Ritter**
Untere Vorstadtstr 2, ✉ 74731, ☎ (0 62 82) 60 55, Fax 60 58, ED VA
20 Zi, Ez: 35-85, Dz: 70-130, ⌐ WC ☎; 🅿 🚗 1↔60 🍽
geschl: 8.-28.8., 24.12.-10.1.
Auch einfache Zimmer vorhanden

Reinhardsachsen (9 km ↑)
**   **Akzent-Hotel Frankenbrunnen**
♂ Am Kaltenbach 3, ✉ 74731, ☎ (0 62 86) 9 20 20, Fax 13 30, AX DC ED VA
25 Zi, Ez: 98-130, Dz: 150-180, 2 Suiten, 2 App, ⌐ WC ☎ DFÜ, 10✉; 🅿 🚗 3↔150 Fitneßraum Sauna Solarium 27 Golf 2 Tennis ☞
**   Hauptgericht 24; Biergarten

Wallenhorst 24 □

Niedersachsen — Kreis Osnabrück — 130 m — 22 300 Ew — Bramsche 8, Osnabrück 9 km
🛈 ☎ (0 54 07) 88 80, Fax 88 89 99 — Gemeindeverwaltung, Hollager Str 127, 49134 Wallenhorst. Sehenswert: Alte St. Alexander Kirche im Alten Dorf; Windmühle Lechtingen; Wassermühle im Nettetal

*   **Bitter**
Große Str 26, ✉ 49134, ☎ (0 54 07) 88 10, Fax 88 11 00, AX DC ED VA
48 Zi, Ez: 110-180, Dz: 155-210, 1 Suite, ⌐ WC ☎, 11✉; Lift 🅿 🚗 6↔400 🍽 ☞

Wallerfangen 52 ↓

Saarland — Kreis Saarlouis — 280 m — 10 200 Ew — Saarlouis 3 km
🛈 ☎ (0 68 31) 68 09-0, Fax 6 07 69 — Gemeindeverwaltung, Fabrikplatz, 66798 Wallerfangen

Walsrode

★★★ Villa Fayence
Hauptstr 12, ✉ 66798, ☎ (0 68 31) 96 41-0, Fax 6 20 68, AX ED VA
Hauptgericht 35; **P** Terrasse; geschl: Sa mittags, So abends, Mo
★★ ♂ 4 Zi, Ez: 155, Dz: 240, 1 Suite, ⌐ WC ☎; 18Golf

Kerlingen (6 km ←)
★★ Haus Scheidberg
Sympathie Hotels
einzeln ♂ ⋖ ✉ 66798, ☎ (0 68 37) 7 50, Fax 75 30, AX DC ED VA
60 Zi, Ez: 80-119, Dz: 145-159, 2 Suiten, ⌐ WC ☎, 8⌂; Lift **P** 10⇔850 Kegeln Sauna Solarium
★★ Hauptgericht 30

Oberlimberg (3 km ↘)
★ Waldesruh
Siersburger Str 8, ✉ 66798, ☎ (0 68 31) 9 66 00, Fax 96 60 60, AX VA
Hauptgericht 25; Biergarten **P**; geschl: Do
★ ♂ 10 Zi, Ez: 75-90, Dz: 130-180, ⌐ WC ☎; 🚗
Rezeption: 7-14, 16-24

Wallgau 71 ↓

Bayern — Kreis Garmisch-Partenkirchen — 900 m — 1 300 Ew — Mittenwald 10 km
i ☎ (0 88 25) 92 50 50, Fax 92 50 66 — Verkehrsamt, Mittenwalder Str. 8, 82499 Wallgau; Erholungsort an der Isar. Sehenswert: Pfarrkirche St. Jakob; Bauernhäuser (16. Jh.); Walchensee (6 km ↗)

★★ Parkhotel
♂ ⋖ Barmseestr 1, ✉ 82499, ☎ (0 88 25) 2 90, Fax 3 66
34 Zi, Ez: 120-150, Dz: 230-270, 14 Suiten, ⌐ WC ☎; Lift **P** 🚗 1⇔40 ≋ Sauna Solarium 9Golf ⋖
geschl: 1.11.-20.12., 2 Wochen Ende Apr
★★ Hauptgericht 25; Terrasse; geschl: 1.11.-20.12., 2 Wochen Ende Apr

★★ Post
Dorfplatz 6, ✉ 82499, ☎ (0 88 25) 91 90, Fax 9 19 99, ED
29 Zi, Ez: 70-85, Dz: 96-195, ⌐ WC ☎; Lift **P** Sauna Solarium 🍴
geschl: Anfang Nov-Mitte Dez

★ Vita Bavarica
♂ ⋖ Lange Äcker 17, ✉ 82499, ☎ (0 88 25) 5 72+4 13, Fax 5 45
11 Zi, Ez: 55-80, Dz: 116-124, 2 Suiten, ⌐ WC ☎; **P** ≋ Sauna Solarium; **garni**
geschl: Anfang Nov-Mitte Dez

★ Gästehaus Zunterer
⋖ Mittenwalder Str 3, ✉ 82499, ☎ (0 88 25) 20 21, Fax 20 22
15 Zi, Ez: 54-65, Dz: 110-120, ⌐ WC ☎; 1⇔20 ≋ Fitneßraum Sauna Solarium; **garni**

★ Karwendelhof
⋖ Walchenseestr 18, ✉ 82499, ☎ (0 88 25) 10 21, Fax 24 13
13 Zi, Ez: 60-90, Dz: 110-180, 1 Suite, ⌐ WC ☎, 1⌂; **P** 🚗 ≋ Sauna Solarium 🍴 ⋖
geschl: Do, 15.11.-15.12.
Zimmerpreise inkl. Halbpension

Walluf 54 ↘

Hessen — Rheingau-Taunus-Kreis — 90 m — 6 050 Ew — Eltville 5, Wiesbaden 7 km
i ☎ (0 61 23) 79 22 25, Fax 79 22 53 — Gemeindeverwaltung, Mühlstr 40, 65396 Walluf; Älteste Weinbaugemeinde im Rheingau

Niederwalluf
★ Zum Neuen Schwan
♂ Rheinstr 3, ✉ 65396, ☎ (0 61 23) 9 95 90, Fax 99 59 50, AX DC ED VA
26 Zi, Ez: 101-198, Dz: 153-198, ⌐ WC ☎; **P** 1⇔30 🍴 ⋖
geschl: 20.12.-9.1.

★ Zum Weissen Mohren
♂ ⋖ Rheinallee 2, ✉ 65396, ☎ (0 61 23) 7 48 33, Fax 97 85 11, AX ED VA
12 Zi, Ez: 85, Dz: 140; 🍴 ⋖

★★ Schwan
☒ Rheinstr 4, ✉ 65396, ☎ (0 61 23) 7 24 10, Fax 7 54 42, AX DC ED VA
Hauptgericht 37; **P**; geschl: Di, Sa mittags

Walsrode 26 ↘

Niedersachsen — Kreis Soltau-Fallingbostel — 42 m — 24 000 Ew — Soltau 18, Verden 30 km
i ☎ (0 51 61) 1 94 33, Fax 7 33 95 — Tourist-Information, Lange Str 20, 29664 Walsrode; Erholungsort. Sehenswert: Kloster; Heidemuseum „Rischmannshof" mit Lönszimmer; Vogelpark (2 km ↗); Sieben Steinhäuser (Hünengräber, 17km ↘, über Westenholz); Naturschutzgebiet „Grundloses Moor" (5km↑) mit See; Lönshütte in Westenholz; Stellichter Kirche; Meinerdinger Kirche

★★★ Landhaus Walsrode 👑
Oskar-Wolff-Str 1, ✉ 29664, ☎ (0 51 61) 9 86 90, Fax 23 52, AX ED
17 Zi, Ez: 100-215, Dz: 150-300, 2 Suiten, ⌐ WC ☎ DFÜ; **P** 🚗 3⇔70 ≋; **garni**
geschl: 15.12.-15.1.
Auch Zimmer der Kategorie ★★ vorhanden

★★ Holiday Inn Garden Court
Gottlieb-Daimler-Str 11, ✉ 29664, ☎ (0 51 61) 60 70, Fax 60 74 44, AX DC ED VA
79 Zi, Ez: 129-259, Dz: 145-312, S; ⌐ WC ☎, 30⌂; 2⇔40; **garni** →

Walsrode

* **Kopp**
Lange Str 4, ⊠ 29664, ☎ (0 51 61) 9 81 10, Fax 98 11 50, AX DC ED VA
18 Zi, Ez: 80-100, Dz: 130-160, ⌐⌐ WC ☎; **P** 6⇔500 Kegeln ⓘ ☛

* **Hannover**
Lange Str 5, ⊠ 29664, ☎ (0 51 61) 55 16, Fax 55 13, AX ED VA
25 Zi, Ez: 80-95, Dz: 120-135, ⌐⌐ WC ☎, 1⊠; **P** 1⇔80 ⓘ

☛ **Café im Kunsthaus**
Hannoversche Str 2, ⊠ 29664, ☎ (0 51 61) 55 17, Fax 7 37 08

Hünzingen (5 km ↑)
** **Landidyll Forellenhof**
♂ Hünzingen 3, ⊠ 29664, ☎ (0 51 61) 97 00, Fax 9 70-1 23, AX ED VA
63 Zi, Ez: 90-135, Dz: 120-180, 4 Suiten, ⌐⌐ WC ☎; **P** 5⇔400 Fitneßraum Kegeln Sauna Solarium ☛
Auch Zimmer der Kategorie ***** vorhanden
* Hauptgericht 25

Walsrode-Außerhalb (2 km ↑)
** **Parkhotel Luisenhöhe**
Am Vogelpark, ⊠ 29664, ☎ (0 51 61) 9 86 20, Fax 23 87, AX DC ED VA
47 Zi, Ez: 139-200, Dz: 170-350, ⌐⌐ WC ☎, 3⊠; Lift **P** 9⇔300 ☛
Auch Zimmer der Kategorie ******* vorhanden
** Hauptgericht 30

siehe auch **Essel**

Waltenhofen 70 □

Bayern — Kreis Oberallgäu — 750 m — 8 693 Ew — Kempten 6, Immenstadt 16 km
ⓘ ☎ (0 83 03) 7 90, Fax 79 30 — Verkehrsamt, Immenstädter Str 7, 87448 Waltenhofen; Erholungsort

Martinszell (6 km ↓)
* **Gasthof Adler**
Illerstr 10, ⊠ 87448, ☎ (0 83 79) 92 07 00, Fax 92 07 27, ED
29 Zi, Ez: 71, Dz: 129, ⌐⌐ WC ☎ DFÜ; **P** 🅿 3⇔100 Seezugang 9Golf ⓘ ☛
geschl: 11.-24.1.

Martinszell-Oberdorf (6 km ↓)
* **Pension Sonnenhang**
♂ Niedersonthofener Str 26, ⊠ 87448, ☎ (0 83 79) 9 20 20, Fax 92 02 30
10 Zi, Ez: 54-69, Dz: 86-114, ⌐⌐ WC ☎; **P** ⌂
Sauna Solarium; **garni**
geschl: 7.11.-20.12.

34 ↗ Der Ort befindet sich im Reisekartenteil auf Seite 34 im nordöstlichen Planfeld.

Waltersdorf 41 ↗

Sachsen — Kreis Zittau — 405 m — 1 700 Ew — Zittau 11 km
ⓘ ☎ (03 58 41) 21 46, Fax 3 54 77 — Tourist Information, Dorfstr. 97, 02799 Waltersdorf; Erholungsort. Sehenswert: Umgebindehäuser; Getreidemühle; Dorfkirche; 793 m hohe Lausche (höchster Berg d. Oberlausitz)

* **Auf der Heide**
♂ ⚑ Hauptstr 120, ⊠ 02799, ☎ (03 58 41) 72 22, Fax 72 22, AX ED VA
9 Zi, Ez: 75-80, Dz: 80-100, ⌐⌐ WC ☎; **P** Fitneßraum Solarium ⓘ

Waltershausen 47 ↖

Thüringen — Kreis Gotha — 325 m — 12 880 Ew — Friedrichroda 4, Gotha 9, Eisenach 16 km
ⓘ ☎ (0 36 22) 63 01 48, Fax 25 55 — Stadtverwaltung, Markt 1, 99880 Waltershausen. Sehenswert: Klaustor; Töpfersturm

** **Landgraf**
Gothaer Str 1, ⊠ 99880, ☎ (0 36 22) 6 50 00, Fax 65 00 65, AX DC ED VA
68 Zi, Ez: 80-100, Dz: 120-140, ⌐⌐ WC ☎, 11⊠; Lift **P** 3⇔70 Fitneßraum Kegeln Sauna Solarium ☛
* **Balthasar**
Hauptgericht 17; Biergarten

Waltrop 33 □

Nordrhein-Westfalen — Kreis Recklinghausen — 60 m — 30 477 Ew — Lünen 12, Dortmund 13 km
ⓘ ☎ (0 23 09) 93 00, Fax 93 03 00 — Stadtverwaltung, Münsterstr 1, 45731 Waltrop. Sehenswert: Schiffshebewerk (5 km ←)

* **Haus der Handweberei**
♂ Bahnhofstr 95, ⊠ 45731, ☎ (0 23 09) 9 60 90, Fax 7 58 99
22 Zi, Ez: 70-75, Dz: 125-135, ⌐⌐ WC ☎; **garni**
Rezeption: 6-20

* **Kranefoer**
Hilberstr 12, ⊠ 45731, ☎ (0 23 09) 9 52 30, Fax 95 23 30, AX ED VA
8 Zi, Ez: 70-75, Dz: 120, ⌐⌐ WC ☎; **P** 🅿 ⓘ
geschl: So, Mi ab 14

** **Rôtisserie Stromberg**
Isbruchstr, ⊠ 45731, ☎ (0 23 09) 42 28, Fax 92 03 17, AX DC ED VA
Hauptgericht 30; Biergarten Kegeln Terrasse; geschl: Mo

Wandersleben 47 ↑

Thüringen — 275 m — 1 805 Ew — Arnstadt 13, Gotha 14 km
ⓘ ☎ (03 62 02) 7 10 — Gemeindeverwaltung, Hauptstr 38, 99869 Wandersleben

* **Comtel**
Mühlberger Str 12, ✉ 99869, ☎ (03 62 02) 8 23 75, Fax 8 23 76, AX DC ED VA
21 Zi, Ez: 60-99, Dz: 95-120, ⊣ WC ☎, 2✉; **P** 3✪30 Fitneßraum Solarium ╎◉╎ ⌣

Wandlitz 30 ↗

Brandenburg — Barnim — 55 m — 3 320 Ew
i ☎ (03 33 97) 66 35, Fax 66 35 — Fremdenverkehrsverein, Märkische Seenlandschaft Wandlitz e.V., Prenzlauer Chaussee 157, 16348 Wandlitz

** **Clubotel Wandlitzsee**
Stolzhagener Chaussee 22-24, ✉ 16348, ☎ (03 33 97) 73 50, Fax 73 59 10, AX DC ED VA
Ez: 96-150, Dz: 96-150, 48 App, ⊣ WC ☎; 2✪60 Fitneßraum Sauna Solarium ╎◉╎ ⌣
Rezeption: 8-12, 13-17, Hauptsaison 8-20
Ferienanlage mit sechs Sylter Ferienhäusern

Wangels 11 ▫

Schleswig-Holstein — Kreis Ostholstein — 22 m — 2 151 Ew — Oldenburg 10 km
i ☎ (0 43 61) 55-0, Fax 55-27 20 — Tourist-Information/Kurverwaltung, im Ortsteil Weißenhäuser Strand, Seestr 1, 23758 Wangels

Weißenhäuser Strand
** **Strandhotel im Ferienzentrum Weißenhäuser Strand**
⦁≺ Seestr 1, ✉ 23758, ☎ (0 43 61) 55 27 71, Fax 55 27 10, AX DC ED VA
184 Zi, Ez: 101-132, Dz: 154-216, 1050 App, ⊣ WC ☎; Lift **P** 7✪200 ≙ Seezugang Bowling Fitneßraum Kegeln Sauna Solarium 4Tennis ╎◉╎ ⌣
geschl: 6.-18.12.

Wangen 62 ←

Baden-Württemberg — Kreis Göppingen — 385 m — 3 400 Ew — Göppingen 4 km
i ☎ (0 71 61) 9 14 18-0, Fax 9 14 18-33 — Gemeindeverwaltung, Pfarrberg 2, 73117 Wangen

* **Linde**
Hauptstr 30, ✉ 73117, ☎ (0 71 61) 9 11 11-0, Fax 9 11 11 22, AX DC ED VA
11 Zi, Ez: 80-95, Dz: 130-150, ⊣ WC ☎; **P** 🖴 4✪30
** Hauptgericht 28

** **Gasthof Adler**
Hauptstr 103, ✉ 73117, ☎ (0 71 61) 2 11 95, Fax 2 11 95, AX DC ED
Hauptgericht 38; **P**; geschl: Mo, Di, 2 Wochen im Jan, 2 Wochen im Jul

Wangen im Allgäu 69 ↘

Baden-Württemberg — Kreis Ravensburg — 570 m — 25 700 Ew — Lindau 19, Kempten 43 km
i ☎ (0 75 22) 7 42 11, Fax 7 41 11 — Gästeamt im Rathaus, Marktplatz 1, 88239 Wangen im Allgäu; Luftkurort.
Sehenswert: Rathaus; St.-Martins-Kirche; Spitalkirche; Rochuskapelle; Frauentor; Martinstor; Weberzunfthaus; Heimat- und Käsereimuseum; Eichendorff-Museum; Gustav-Freytag-Archiv und -Museum; Badstubenmuseum

** **Romantik Hotel Postvilla**
Schönhalde 2, ✉ 88239, ☎ (0 75 22) 9 74 60, Fax 2 93 23, AX DC ED VA
9 Zi, Ez: 100-130, Dz: 175-205, 2 Suiten, ⊣ WC ☎, 4✉; Lift **P**; garni
geschl. 7.-21.1.

* **Vierk's Privathotel Flair Hotel**
Bahnhofsplatz 1, ✉ 88239, ☎ (0 75 22) 9 31 10, Fax 93 11 88, ED VA
28 Zi, Ez: 85-130, Dz: 140-180, ⊣ WC ☎; Fitneßraum Sauna Solarium
** Hauptgericht 25; **P** Terrasse; geschl: So ab 14, Mo

* **Rössle**
Ebnetstr 2, ✉ 88239, ☎ (0 75 22) 40 71, Fax 43 19, AX DC ED VA
6 Zi, Ez: 120, Dz: 140, 2 Suiten, ⊣ WC ☎; **P** 🖴; garni

* **Paradiso**
Bindstr 62, ✉ 88239, ☎ (0 75 22) 2 25 62
Hauptgericht 30

Altdeutsche Weinstube Zum Kornhausmeister
⊗ Bindstr 29, ✉ 88239, ☎ (0 75 22) 23 83, Fax 57 94
Hauptgericht 10

Herfatz (3 km ↘)
* **Waldberghof**
♂ Am Waldberg, ✉ 88239, ☎ (0 75 22) 9 73 30, Fax 97 33 33, ED VA
16 Zi, Ez: 70-75, Dz: 130, ⊣ WC ☎; **P** 2✪45
Restaurant für Hausgäste

Neuravensburg (9 km ↙)
* **Landgasthof Mohren**
Bodenseestr 7, ✉ 88239, ☎ (0 75 28) 95 00, Fax 9 50 95, AX DC ED VA
28 Zi, Ez: 100, Dz: 135, ⊣ WC ☎, 1✉; **P** 🖴 1✪50 ≙ Sauna 3Tennis
* Hauptgericht 18; geschl: Mo

⇐ **Waldgasthof Zum Hirschen**
♂ Grub 1, ✉ 88239, ☎ (0 75 28) 72 22, Fax 67 98, AX ED VA
6 Zi, Ez: 80-90, Dz: 110-150, 3 Suiten, ⊣ WC ☎, 2✉; **P** ╎◉╎ ⌣ →

Wangen im Allgäu

** Winkelmann
Bodenseestr 31, ✉ 88239, ☎ (0 75 28)
95 90, Fax 9 59 59, ED VA
12 Zi, Ez: 110, Dz: 125-146, ⌂ WC ☎ DFÜ,
6✉; garni

Wangerland 16 ↑

Niedersachsen — Kreis Friesland — 1 m —
9 500 Ew — Jever 20 km
ℹ ☎ (0 44 26) 87 10, Fax 87 87 — Kurverwaltung, Zum Hafen 3, 26434 Horumersiel-Schillig; See-Heilbad

Horumersiel
** Leuchtfeuer
Pommernweg 1, ✉ 26434, ☎ (0 44 26)
9 90 30, Fax 9 90 31 10, AX ED VA
24 Zi, Ez: 98-118, Dz: 156-196, 3 Suiten,
7 App, ⌂ WC ☎ DFÜ, 17✉; Lift P 1↻30
Fitneßraum Sauna Solarium 🍴 ⚓
Kinderbetreuung

* Pension Mellum
Fasanenweg 9, ✉ 26434, ☎ (0 44 26)
99 08-0, Fax 99 08 31
22 Zi, Ez: 62-75, Dz: 102-130, ⌂ WC ☎; P
🍴
geschl: Mi

Schillig
**** Upstalsboom
Am Strand**
♂ -⚓ Mellumweg 6, ✉ 26434, ☎ (0 44 26)
8 80, Fax 8 81 01, AX DC ED VA
63 Zi, Ez: 96-132, Dz: 142-214, 7 App, ⌂ WC
☎, 10✉; Lift P 1↻50 Seezugang Sauna
Solarium 🍴 ⚓

Wangerooge 16 ↑

Niedersachsen — Kreis Friesland — 3 m —
1 178 Ew — Wittmund 15, Aurich 40,
Oldenburg 83 km
ℹ ☎ (0 44 69) 99-0, Fax 99-1 14 — Kurverwaltung, Strandpromenade 3, 26486 Wangerooge; Nordsee-Heilbad, östlichste Ostfriesische Insel.

Achtung: Kraftfahrzeuge nicht zugelassen;
Tideabhängiger Schiffsverkehr
ℹ ☎ (0 44 64) 94 94 11; Linienflugverbindung ab Harlesiel und Wilhelmshaven-Mariensiel

*** Strandhotel Upstalsboom
♂ -⚓ Obere Strandpromenade 21, ✉ 26486,
☎ (0 44 69) 87 60, Fax 87 65 11, AX DC ED VA
67 Zi, Ez: 105-256, Dz: 160-274, 2 Suiten,
9 App, ⌂ WC ☎, 4✉; Lift ≋ Sauna
Solarium 🍴 ⚓

* Hanken
♂ Zedeliusstr 38, ✉ 26486, ☎ (0 44 69)
87 70, Fax 8 77 88, AX DC ED VA
50 Zi, Ez: 105-160, Dz: 193-250, ⌂ WC ☎;
1↻30 🍴
Auch Zimmer der Kategorie ** vorhanden

Warburg 35 □

Nordrhein-Westfalen — Kreis Höxter —
230 m — 23 500 Ew — Kassel 33, Paderborn 42 km
ℹ ☎ (0 56 41) 9 25 55, Fax 9 25 83 — Tourist-Info, Zwischen den Städten,
34414 Warburg. Sehenswert: Mittelalterl.
Stadtbild; kath. Altstädter und Neustädter
Kirche; ehem. Stadtbefestigungsanlagen;
ehem. Dominikanerkloster; Museum im
„Stern"

**** Romantik Hotel ☎
Alt Warburg**
Kalandstr 11, ✉ 34414, ☎ (0 56 41) 42 11,
Fax 6 09 10, AX ED VA
Hauptgericht 40; Kegeln P; geschl: Mo
mittags, So
* 20 Zi, Ez: 110-120, Dz: 180, ⌂ WC
☎, 🚗 2↻70
Im Gästehaus Zimmer der Kategorie **
vorhanden. Hist. denkmalgeschütztes
Fachwerkhaus aus dem Jahre 1510

⚓ Eulenspiegel
Marktstr 13, ✉ 34414, ☎ (0 56 41) 22 09,
Fax 45 52
Hauptgericht 10; Gartenlokal Terrasse;
geschl: Mi, Anfang-Mitte Aug

Nörde (6 km ↘)
* Löseke
Allernborn 1, ✉ 34414, ☎ (0 56 42) 84 73,
Fax 54 87, AX DC ED VA
12 Zi, Ez: 70-90, Dz: 130-150, 1 Suite, ⌂ WC
☎; P 1↻40 Fitneßraum Kegeln Sauna
Solarium 🍴
geschl: Do, 1.7-15.7.

Wardenburg 16 ↓

Niedersachsen — Landkreis Oldenburg —
9 m — 15 594 Ew
ℹ ☎ (0 44 07) 7 30, Fax 7 31 00 — Gemeindeverwaltung, Friedrichstr 16, 26203 Wardenburg

* Wardenburger Hof
Oldenburger Str 255, ✉ 26203, ☎ (0 44 07)
9 21 00, Fax 2 07 10, AX DC ED VA
23 Zi, Ez: 90-95, Dz: 135-145, ⌂ WC ☎,
11✉; P 3↻400 Kegeln 🍴

Warendorf 34 ↑

Nordrhein-Westfalen — Kreis Warendorf
— 60 m — 37 074 Ew — Münster 26, Osnabrück 41 km
ℹ ☎ (0 25 81) 1 94 33, Fax 54-7 92 — Verkehrsverein, Markt 1, 48231 Warendorf;
Erholungsort an der Ems. Sehenswert:
hist. Altstadt; gotische Pfarrkirche St. Laurentius; Franziskanerkloster; NRW-Landgestüt: Hengstparaden (Sep/Okt); romanische Stiftskirche im Stadtteil Freckenhorst; Klosteranlage Vinnenberg im Stadtteil Milte

1008

Warnstedt

★★ Ringhotel Mersch
Dreibrückenstr 66-68, ✉ 48231, ☎ (0 25 81) 63 73-0, Fax 63 73-40, AX DC ED VA
24 Zi, Ez: 115-125, Dz: 165-185, S; ⊣ WC ☎ DFÜ, 3✉; Lift 🅿 1⇄50 Fitneßraum Sauna Solarium
★★ Hauptgericht 28; nur abends; geschl: So

★★ Im Engel
Brünebrede 3, ✉ 48231, ☎ (0 25 81) 9 30 20, Fax 6 27 26, AX DC ED VA
26 Zi, Ez: 115, Dz: 145-175, 4 App, ⊣ WC ☎; Lift 🅿 4⇄150 Sauna Solarium
★★ ☒ Hauptgericht 37; ✤
geschl: Do

★ Landhaus Wiesenhof
♂ Gröblingen 52, ✉ 48231, ☎ (0 25 81) 9 23-0, Fax 92 32 00, AX DC ED VA
16 Zi, Ez: 80, Dz: 160, ⊣ WC ☎; 🅿 1⇄25 ☞
★ Hauptgericht 20; Biergarten

⌂ Johann
Emsstr 15, ✉ 48231, ☎ (0 25 81) 63 80-0, Fax 63 80-80
15 Zi, Ez: 80, Dz: 130, ⊣ WC ☎; 🅿; garni

Historisches Brauhaus Warintharpa
☒ Kirchstr 14, ✉ 48231, ☎ (0 25 81) 63 39 66, Fax 63 39 68, AX DC ED VA
Hauptgericht 26

☞ Menge
Heumarkt 2, ✉ 48231, ☎ (0 25 81) 27 00, Fax 63 32 23
🅿 Terrasse; geschl: Mo, Spezialität: Warendorfer Pferdeäppel

Waren (Müritz) 21 ↖

Mecklenburg-Vorpommern — Landkreis Müritz — 80 m — 22 365 Ew — Neustrelitz 45, Rostock 68 km
ℹ ☎ (0 39 91) 66 61 83, Fax 66 43 30 — Waren (Müritz) - Information, Neuer Markt 21, 17192 Waren (Müritz). Sehenswert: Pfarrkirche St. Georg; Pfarrkirche St. Marien; Altes Rathaus; Neues Rathaus; Weinbergschloß; Müritz-Museum: Vogelpark, Aquarium

★★ Ringhotel Villa Margarete
Fontanestr 11, ✉ 17192, ☎ (0 39 91) 62 50, Fax 62 51 00, AX DC ED VA
29 Zi, Ez: 110-200, Dz: 155-220, S; 1 Suite, ⊣ WC ☎ DFÜ, 3✉; 🅿 1⇄25 Sauna Solarium ☞
✱ Hauptgericht 27; Terrasse

★★ Ingeborg
Rosenthalstr 5, ✉ 17192, ☎ (0 39 91) 6 13 00, Fax 61 30 30, AX DC ED VA
27 Zi, Ez: 111, Dz: 152-162, 1 Suite, ⊣ WC ☎, 10✉; 🅿; garni ☞
geschl: 23.12.-3.1.

★★ Gasthof Paulshöhe
Falkenhäger Weg, ✉ 17192, ☎ (0 39 91) 1 71 40, Fax 17 14 44, AX ED VA
7 Zi, Ez: 75-90, Dz: 110-140, 7 Suiten, ⊣ WC ☎; 🅿 2⇄80 Seezugang Solarium 🍴 ☞

★★ Ecktannen
Fontanestr 51, ✉ 17192, ☎ (0 39 91) 62 90, Fax 62 91 00, AX ED VA
24 Zi, Ez: 115-155, Dz: 155-200, 14 Suiten, 10 App, ⊣ WC ☎; Lift 🅿 2⇄25 Sauna Solarium ☞
★★ Kleines Meer ✤
Hauptgericht 33; Terrasse

★ Gasthof Kegel
Große Wasserstr 4, ✉ 17192, ☎ (0 39 91) 6 20 70, Fax 62 07 14, AX ED VA
16 Zi, Ez: 120, Dz: 145, ⊣ WC ☎; 🅿 Sauna Solarium 🍴

Warmensteinach 58 ↗

Bayern — Kreis Bayreuth — 1 m — 2 800 Ew — Wunsiedel 20, Bayreuth 24 km
ℹ ☎ (0 92 77) 14 01, Fax 16 13 — Verkehrsamt, Oberwarmensteinacher Str 420, 95485 Warmensteinach; Luftkurort im Fichtelgebirge

★★ Krug
♂ ⚜ Siebensternweg 15, ✉ 95485, ☎ (0 92 77) 99 10, Fax 9 91 99, AX DC VA
32 Zi, Ez: 70-140, Dz: 125-250, 1 Suite, ⊣ WC ☎, 9✉; Lift 🅿 🅿 3⇄40 ≙ Fitneßraum Sauna Solarium ☞
Zimmer der Kategorien ★ bis ★★★ vorhanden
★ Hauptgericht 28; Terrasse; geschl: Mo, 1.10.-10.10.

★★ Gästehaus Preißinger
♂ ⚜ Bergstr 134, ✉ 95485, ☎ (0 92 77) 15 54, Fax 62 89
35 Zi, Ez: 60-80, Dz: 130, ⊣ WC, 3✉; 🅿 ≙ Fitneßraum Sauna Solarium

Warnemünde siehe Rostock

Warnstedt 37 ↗

Sachsen-Anhalt — Kreis Quedlinburg — 150 m — 705 Ew — Quedlinburg 6, Wernigerode 7, Halberstadt 16 km
ℹ ☎ (0 39 47) 23 79 — Gemeindeverwaltung, Hauptstr, 06502 Warnstedt

★ Warnstedter Krug
Hauptstr 118, ✉ 06502, ☎ (0 39 47) 27 10, Fax 6 13 87, ED
18 Zi, Ez: 75-105, Dz: 95-140, ⊣ WC ☎, 5✉; 🅿 2⇄100 ≋ Fitneßraum Kegeln Sauna Solarium 🍴 ☞

Warstein 34→

Nordrhein-Westfalen — Kreis Soest — 350 m — 30 000 Ew — Meschede 14, Soest 27 km
i ☎ (0 29 02) 8 13 05, Fax 8 12 16 — Verkehrsamt, Dieplohstr 1, 59581 Warstein; Erholungsort

✶✶ Domschänke
⊗ Dieplohstr 12, ✉ 59581, ☎ (0 29 02) 25 59, Fax 88 14 09, AX DC ED VA
Hauptgericht 28; Biergarten Kegeln **P**

Warstein-Außerhalb (3 km ↓)
✶ Gästehaus Waldfrieden
♂ Am Tüppel 10, ✉ 59581, ☎ (0 29 02) 98 10, Fax 88 14 26
20 Zi, Ez: 85, Dz: 130, ⌐ WC ☎; **garni**

Allagen
✶ Haus Püster
Marmorweg 27, ✉ 59581, ☎ (0 29 25) 20 51, Fax 42 00, AX ED VA
25 Zi, Ez: 85-95, Dz: 150-170, 10 App, ⌐ WC ☎; **P** 1✿20 ≋ Sauna Solarium ⌘ ⇌

Hirschberg (7 km ←)
✶ Gasthof Cramer
Prinzenstr 2, ✉ 59581, ☎ (0 29 02) 98 80, Fax 98 82 60, AX DC ED VA
30 Zi, Ez: 85, Dz: 130, 2 App, ⌐ WC ☎; **P** ◨ 2✿110 ⇌
✶ Hauptgericht 27

Wartenberg 72↗

Bayern — Kreis Erding — 500 m — 4 162 Ew — Moosburg 9, München 50 km
i ☎ (0 87 62) 73 09-0, Fax 94 42 — Gemeindeverwaltung, Marktplatz 10, 85456 Wartenberg

✶✶ Antoniushof
♂ Fichtenstr 24, ✉ 85456, ☎ (0 87 62) 73 19-0, Fax 73 19-55, AX DC ED VA
19 Zi, Ez: 88-140, Dz: 140-160, 5 App, ⌐ WC ☎ DFÜ, 14✉; Lift **P** ◨ ≋ Fitneßraum Sauna Solarium; **garni**

✶ Reiter-Bräu
Untere Hauptstr 2, ✉ 85456, ☎ (0 87 62) 73 58-0, Fax 73 58-50, AX DC ED VA
34 Zi, Ez: 77-80, Dz: 120-125, ⌐ WC ☎ DFÜ; Lift **P** Kegeln
✶ Hauptgericht 17; Biergarten; geschl: Do

Wartenberg-Außerhalb
✶✶ Bründlhof ♛
Badstr 44, ✉ 85456, ☎ (0 87 62) 35 53, Fax 32 47, AX DC ED VA
Hauptgericht 40; **P** Terrasse; geschl: Di, Mi, 27.12.-6.1., 9.8.-1.9.

Warthausen 69→

Baden-Württemberg — Biberach — 528 m — 4 472 Ew
i ☎ (0 73 51) 5 09 30, Fax 50 93 23 — Gemeindeverwaltung, Alte Biberacher Str. 13, 88447 Warthausen

✶ Café Schloßblick
Brauerstr 6, ✉ 88447, ☎ (0 73 51) 1 52 90, Fax 15 29 30, AX DC ED VA
6 Zi, Ez: 85, Dz: 115-140, ⌐ WC ☎; **P** ◨ 1✿30; **garni** ⇌

Wartmannsroth 46↓

Bayern — Kreis Bad Kissingen — 328 m — 2 500 Ew — Bad Brückenau 18, Gemünden 19, Bad Kissingen 26 km
i ☎ (0 97 37) 4 11, Fax 5 19 — Gemeindeverwaltung, Hauptstr 15, 97797 Wartmannsroth

✶✶ Sepp Halbritter's Landhotel ♛
⚑ Hauptstr 4, ✉ 97797, ☎ (0 97 37) 8 90, Fax 89 40, ED
11 Zi, Ez: 150-200, Dz: 190-250, 4 Suiten, ⌐ WC ☎; **P** ◨ 2✿60 ⇌
geschl: 7.1.-13.2.
✶✶✶ Gute Stube ⌘
Hauptgericht 40; Gartenlokal; nur abends, so + feiertags auch mittags; geschl: Mo, Di, 7.1.-13.2.
✶ Weinstube
Hauptgericht 25; Gartenlokal; geschl: 7.1.-13.2.

Wartmannsroth-Außerhalb (7 km ↘)
✶✶✶ Neumühle ♛
einzeln ♂ ⚑ ⊗ Neumühle 54, ✉ 97797, ☎ (0 97 32) 80 30, Fax 8 03 79, AX DC ED VA
28 Zi, Ez: 190, Dz: 260-340, 5 Suiten, ⌐ WC ☎; **P** 3✿30 ≋ Sauna Solarium 18Golf 1Tennis ⇌
geschl: 3.1.-28.2.
✶✶ Scheune
⊗ Hauptgericht 37

Waschleithe 50↙

Sachsen — Kreis Aue-Schwarzenberg — 550 m — 522 Ew — Schwarzenberg 6, Annaberg-Buchholz 26, Chemnitz 35 km
i ☎ (0 37 74) 2 32 08, Fax 2 01 42 — Gemeindeverwaltung, Talstr 11, 08358 Waschleithe

✶ Köhlerhütte Fürstenbrunn
einzeln ♂ Am Fürstenberg 4, ✉ 08358, ☎ (0 37 74) 1 59 80, Fax 15 98 43, AX DC ED VA
15 Zi, Ez: 80-90, Dz: 120-130, 3 Suiten, ⌐ WC ☎, 4✉; Lift **P** 3✿110 Sauna Solarium ⌘ ⇌
Rezeption: 7-21

✷ Landhotel Osterlamm
Taltsr 25, ✉ 08358, ☏ (0 37 74) 2 22 43,
Fax 2 00 65, ED VA
25 Zi, Ez: 72-80, Dz: 99-110, ⌐ WC ☏; Lift P
1⟲60 Fitneßraum Sauna Solarium ⓘ ⚫

Wassenberg 32 ↙

Nordrhein-Westfalen — Kreis Heinsberg
— 70 m — 15 132 Ew — Hückelhoven 6,
Erkelenz 14 km
ℹ ☏ (0 24 32) 4 90 00, Fax 49 00 90 — Stadtverwaltung, Roermonder Str 25-27,
41849 Wassenberg. Sehenswert: Burg
Wassenberg; Stadtmauer; Schloß Elsum
(3 km ↖); Schloß Effeld (6 km ↖); Birgelener Pützchen

✷✷ Burg Wassenberg
      Gast im Schloß
⊗ Kirchstr 17, ✉ 41849, ☏ (0 24 32) 94 90,
Fax 94 91 00, AX ED VA
31 Zi, Ez: 95-195, Dz: 200-395, 1 Suite, ⌐
WC ☏ DFÜ, 5⌐; Lift P ⎕ 5⟲200 ⌂
Kegeln Sauna Solarium ⚫
✷✷   Graf Gerhard
Terrasse; geschl: Jan

✷✷ La Mairie   🍷
Am Roßtor 1, ✉ 41849, ☏ (0 24 32) 51 30,
Fax 40 92, AX DC ED
Hauptgericht 48; Terrasse; nur abends, So
auch mittags; geschl: Do, 2 Wochen in
den Sommerferien

✷✷ Tante Lucie
An der Windmühle 31, ✉ 41849,
☏ (0 24 32) 23 32, Fax 4 97 63, AX DC ED VA
Hauptgericht 35

Effeld (6 km ↖)
✷   Haus Wilms
➤ Steinkirchener Str 3, ✉ 41849,
☏ (0 24 32) 30 71, Fax 59 82, ED
14 Zi, Ez: 95-100, Dz: 120-160, ⌐ WC ☏; Lift
P 2⟲18 Solarium 18Golf
**✷✷   Hauptgericht 30; Gartenlokal Terrasse

Wasserburg a. Inn 73 ←

Bayern — Kreis Rosenheim — 427 m —
11 000 Ew — München 56, Landshut 63 km
ℹ ☏ (0 80 71) 1 05 22, Fax 4 06 01 — Verkehrsbüro, Rathaus, Marienplatz 2,
83512 Wassreburg a. Inn. Sehenswert:
Stadtbild; kath. Kirche St. Jakob: Kanzel;
kath. Frauenkirche; Burg; Rathaus; Kernhaus; Wegmachermuseum; ehem.
Klosterkircheim Stadtteil Attel (9 km ↙)

✷✷ Fletzinger
Fletzingergasse 1, ✉ 83512, ☏ (0 80 71)
90 89-0, Fax 90 89-1 77, AX ED VA
40 Zi, Ez: 98-130, Dz: 130-180, ⌐ WC ☏,
6⌐; Lift P ⎕ 3⟲120
Auch Zimmer der Kategorie ✷ vorhanden
**✷   Hauptgericht 27; Biergarten

✷✷ Herrenhaus
Herrengasse 17, ✉ 83512, ☏ (0 80 71)
28 00, ED
Hauptgericht 34; geschl: So abends, Mo,
1.8.-31.8.

⚫ Alte Schranne
Marienplatz 2, ✉ 83512, ☏ (0 80 71) 37 85,
Fax 13 69
Terrasse; geschl: Mo, 15.6.-28.6., 24,12.-
2.1.

Burgau (2 km ←)
✷   Pichlmayr
Anton-Woger-Str 2, ✉ 83512, ☏ (0 80 71)
4 00 21, Fax 87 28, AX DC ED VA
26 Zi, Ez: 90-120, Dz: 130-160, ⌐ WC ☏; P
⎕ 1⟲20 Sauna
**✷✷   Hauptgericht 30

Wasserburg-Außerhalb (10 km ↓)
✷   Gasthof Fischerstüberl
Elend 1, ✉ 83512, ☏ (0 80 71) 25 98,
Fax 5 11 35
Hauptgericht 20; P Terrasse; geschl: Di;
🛏

Wasserburg (Bodensee) 69 ↓

Bayern — Kreis Lindau — 400 m —
3 000 Ew — Lindau 6 km
ℹ ☏ (0 83 82) 88 74 74, Fax 8 90 42 — Verkehrsamt, Am Lindenplatz 1, 88142 Wasserburg (Bodensee); Luftkurort.
Sehenswert: Schiffsfahrt nach Lindau und
Rorschach (Schweiz)

✷✷ Zum Lieben Augustin
      am See
➤ ⚓ Halbinselstr 70, ✉ 88142, ☏ (0 83 82)
9 80-0, Fax 88 70 82, DC ED VA
40 Zi, Ez: 140-160, Dz: 175-210, 4 Suiten,
4 App., ⌐ WC ☏ DFÜ, P ⎕ ⌂ Strandbad
Seezugang Sauna Solarium ⚫
Hotelkomplex mit 5 Gebäudeteilen, überwiegend Appartements
**✷✷   Hauptgericht 35; Gartenlokal Terrasse; geschl: Anfang Jan

✷✷ Lipprandt
➤ ⚓ Halbinsel 63, ✉ 88142, ☏ (0 83 82)
9 87 60, Fax 88 72 45, ED VA
34 Zi, Ez: 95-125, Dz: 150-200, 2 Suiten, ⌐
WC ☏ DFÜ, P ⎕ 1⟲20 ⌂ Strandbad Seezugang Fitneßraum Sauna Solarium ⚫
Auch Zimmer der Kategorie ✷ vorhanden
**✷   Hauptgericht 29; Terrasse

✷✷ Kraft-Bobinger
Dorfstr 11, ✉ 88142, ☏ (0 83 82) 98 61-0,
Fax 98 61-30
9 Zi, Ez: 74-81, Dz: 128-142, 2 Suiten, ⌐ WC
☏; P Fitneßraum Solarium; **garni**
geschl: Nov   ➜

Wasserburg (Bodensee)

✱ Walserhof
Nonnenhorner Str 15, ✉ 88142, ☎ (0 83 82) 9 85 60, Fax 98 56 10
27 Zi, Ez: 71-76, Dz: 122-162, 1 Suite; Lift 🅿
1⇔45 ≘ geschl: Nov-Mär Mo, Di, 7.1.-10.2.
✱ Hauptgericht 25

✱ Seestern
♂ Hauptstr 27, ✉ 88142, ☎ (0 83 82) 88 70 10
22 Zi, Ez: 80-85, Dz: 140-150, 1 Suite, 4 App, ⊣ WC ☎; 🅿 🚗 ≘ Solarium; **garni**
geschl: 5.10.-1.4.

Hege (2 km ↑)
✱✱ Gierer
Hege 9, ✉ 88142, ☎ (0 83 82) 9 87 20, Fax 98 72 13
54 Zi, Ez: 78-111, Dz: 94-172, 4 Suiten, ⊣ WC ☎, 5✉; Lift 🅿 🚗 3⇔110 ≘ Sauna Solarium 🍽

Wassertrüdingen 63 ↖

Bayern — Kreis Ansbach — 428 m — 6 100 Ew — Gunzenhausen 17, Dinkelsbühl 22 km
ℹ ☎ (0 98 32) 68 22-0, Fax 68 22-30 — Stadtverwaltung, Marktstr 9, 91717 Wassertrüdingen

**✱ Zur Ente
Flair Hotel**
Dinkelsbühler Str 1, ✉ 91717, ☎ (0 98 32) 8 14, Fax 10 95, ED VA
28 Zi, Ez: 69-79, Dz: 115-125, ⊣ WC ☎, 6✉; 🅿 🚗 3⇔30 Sauna Solarium 🍽
Auch einfachere Zimmer vorhanden

Wasungen 47 ←

Thüringen — Kreis Meiningen — 270 m — 4 000 Ew — Schmalkalden 13, Meiningen 13 km
ℹ ☎ (03 69 41) 7 15 05, Fax 7 15 05 — Stadt-Information, Untertor 1, 98634 Wasungen

✱ Burg Maienluft
einzeln ♂ ⋖ ✉ 98634, ☎ (03 69 41) 78 40, Fax 7 84 50, AX DC ED VA
13 Zi, Ez: 68-140, Dz: 125-185, ⊣ WC ☎; 🅿 2⇔35 🍽 🚗
geschl: 4.-15.1., 2.-13.8.

Wattenscheid siehe Bochum

Wedel (Holstein) 18 ↖

Schleswig-Holstein — Kreis Pinneberg — 15 m — 31 304 Ew — Pinneberg 12, Hamburg 25 km
ℹ ☎ (0 41 03) 70 70, Fax 70 73 00 — Stadtverwaltung, Rathausplatz 3, 22880 Wedel; Stadt an der Unterelbe. Sehenswert: Roland; Willkomm-Höft vor dem Schulauer Fährhaus

✱✱ Kreuzer
Rissener Str 195, ✉ 22880, ☎ (0 41 03) 12 70, Fax 1 27 99, AX DC ED VA
48 Zi, Ez: 130-195, Dz: 160-240, 2 Suiten, ⊣ WC ☎ DFÜ, 10✉; Lift 🅿 2⇔80 ≘ Sauna
Auch Zimmer der Kategorie ✱✱✱ vorhanden

✱✱ Bistro Stadt Wedel
Hauptgericht 26; Terrasse

✱ Diamant
Schulstr 2-4, ✉ 22880, ☎ (0 41 03) 70 26 00, Fax 70 27 00, AX DC ED VA
39 Zi, Ez: 138-145, Dz: 168-180, ⊣ WC ☎ DFÜ, 4✉; Lift 🚗 1⇔30; **garni**

✱ Freihof Hotel am Roland
Am Marktplatz 6-8, ✉ 22880, ☎ (0 41 03) 12 80, Fax 32 94, AX DC ED VA
40 Zi, Ez: 90-130, Dz: 130-180, 2 Suiten, ⊣ WC ☎; Lift 🅿 4⇔60 Sauna 🍽

✱ Pension Wedel
Pinneberger Str 69, ✉ 22880, ☎ (0 41 03) 9 13 60, Fax 91 36 13, AX DC ED VA
8 Zi, Ez: 110, Dz: 158-176, 19 App, ⊣ WC ☎ DFÜ; Lift 🚗 1⇔12 Sauna; **garni**
Rezeption: 7-19; geschl: Ende Dez
Auch Zimmer der Kategorie ✱✱ vorhanden

✱ Senator Marina
Hafenstr 28, ✉ 22880, ☎ (0 41 03) 8 07 70, Fax 8 07 72 50, AX DC ED VA
46 Zi, Ez: 138, Dz: 178, ⊣ WC ☎; Lift 🅿 1⇔50; **garni**

Wedemark 26 ←

Niedersachsen — Kreis Hannover — 50 m — 26 500 Ew — Langenhagen 9, Hannover 20, Celle 27 km
ℹ ☎ (0 51 30) 58 13 61, Fax 58 13 96 — Gemeinde Wedemark, Wirtschaftsförderung, Stargarder Str 28, 30900 Wedemark

⌂ Zum alten Zöllnerhaus
Wiechendorfer Weg 1, ✉ 30900, ☎ (0 51 30) 72 52, Fax 80 97, AX DC ED VA
39 Zi, Ez: 54-90, Dz: 90-125; 🅿 Sauna 🍽

Scherenbostel
✱✱ Höpershof
⊗ Am Husalsberg 1, ✉ 30900, ☎ (0 51 30) 6 05 00, Fax 6 05 00, AX DC ED VA
Hauptgericht 30

Wegberg 32 ↓

Nordrhein-Westfalen — Kreis Heinsberg — 69 m — 26 000 Ew — Erkelenz 8, Mönchengladbach 16 km
ℹ ☎ (0 24 34) 8 30, Fax 2 07 46 — Stadtverwaltung, Rathausplatz 25, 41844 Wegberg. Sehenswert: Flachsmuseum im Ortsteil Beeck, Schloß Tüschenbroich (3 km ↙)

Weida

**   Top Hotel Burg Wegberg
Burgstr 8, ⊠ 41844, ☎ (0 24 34) 9 82 20,
Fax 9 82 22 22, ⒶⓍ ⒹⒸ ⒺⒹ ⓋⒶ
24 Zi, Ez: 135, Dz: 195-245, ⌐ WC
☎; 🅿 4⇔150 Kegeln 18Golf 🍽 ➞

Kipshoven (5 km →)
*   Esser
♂ Von-Agris-Str 43, ⊠ 41844, ☎ (0 21 61)
5 86 20, Fax 57 08 54, ⒶⓍ ⒹⒸ ⒺⒹ ⓋⒶ
41 Zi, Ez: 99-150, Dz: 140-250, 5 App, ⌐ WC
☎; 🅿 🚗 4⇔60 Fitneßraum Kegeln Sauna
Solarium
Im gegenüberliegenden Gästehaus auch
Zimmer der Kategorie ** vorhanden
**   Hauptgericht 25

Rickelrath (3 km ↑)
**   Molzmühle
Ⓥ Im Bollenberg 41, ⊠ 41844, ☎ (0 24 34)
2 43 33, Fax 2 57 23, ⒶⓍ ⒹⒸ ⒺⒹ ⓋⒶ
Hauptgericht 28; 🅿 Terrasse; geschl:
Mo + Di, 3 Wochen Jan-Feb; ⇌

Tüschenbroich (3 km ↙)
**   Tüschenbroicher Mühle
⋖ ⊠ 41844, ☎ (0 24 34) 42 80, Fax 2 59 17,
ⒶⓍ ⒹⒸ ⒺⒹ ⓋⒶ
Hauptgericht 43; Biergarten 🅿

Wehen siehe Taunusstein

Wehingen 68 □

Baden-Württemberg — Kreis Tuttlingen —
777 m — 3 600 Ew — Rottweil 17, Tuttlingen 28 km
ⓘ ☎ (0 74 26) 9 47 00, Fax 94 70-20 —
Gemeindeverwaltung, Gosheimer Str. 14-18, 78564 Wehingen. Sehenswert: Lemberg, 1015 m ⋖ (5 km + 30 Min ←)

*   Café Keller
Bahnhofstr 5, ⊠ 78564, ☎ (0 74 26) 9 47 80,
Fax 94 78 30, ⒶⓍ ⒺⒹ ⓋⒶ
30 Zi, Ez: 66-99, Dz: 120-150, 1 Suite,
4 App, ⌐ WC ☎; 🅿 🚗 2⇔40 Fitneßraum
🍽
Im gegenüberliegenden Gästehaus Zimmer der Kategorie ** vorhanden

Wehlen, Stadt 51 ↑

Sachsen — Kreis Pirna — 200 m —
1 800 Ew — Dresden 30 km
ⓘ ☎ (03 50 24) 7 04 14, Fax 7 04 34 — Gästeamt der Stadtverwaltung i, Gästeamt,
Markt 5, 01829 Stadt Wehlen. Sehenswert:
Felsplateau der Bastei (190 m über der
Elbe); Schloßanlage Pillnitz

***** Restaurant mit außergewöhnlich
anspruchsvoller Ausstattung

*   Strandhotel mit Gästehaus
♂ ⋖ Markt 9, ⊠ 01829, ☎ (03 50 24) 7 04 24,
Fax 7 06 10
49 Zi, Ez: 70-150, Dz: 100-230, 2 Suiten, ⌐
WC; Lift 🚗 🍽
Auch Zimmer der Kategorie ** vorhanden

Bastei
**   Berghotel Bastei
einzeln ⋖ ⊠ 01847, ☎ (03 50 24) 7 04 06,
Fax 7 04 81, ⒶⓍ ⒹⒸ ⒺⒹ ⓋⒶ
63 Zi, Ez: 105-180, Dz: 150-220, ⌐ WC,
8🛁; Lift 🅿 🚗 5⇔60 Bowling Sauna
Solarium ➞
Auch Zimmer der Kategorie * vorhanden
**   ⋖ Hauptgericht 30; Biergarten
Terrasse

Wehr 67 ↓

Baden-Württemberg — Kreis Waldshut —
365 m — 13 600 Ew — Säckingen 10, Lörrach 22 km
ⓘ ☎ (0 77 62) 8 08 88, Fax 8 08 61 —
Kultur- und Verkehrsamt, Hauptstr 14,
79664 Wehr; Erholungsort. Sehenswert:
Kath St.-Martins-Kirche; Altes Schloß
(Glockenspiel); Neues Schloß; Burgruine Bärenfels ⋖, Burgruine Werrach
„Schlößle"; Wehratal mit Stausee
(8 km ↗); Tropfsteinhöhle in Hasel
(4 km ↘)

*   Klosterhof
Frankenmatt 8, ⊠ 79664, ☎ (0 77 62)
5 20 90, Fax 52 09 15, ⒹⒸ ⒺⒹ ⓋⒶ
40 Zi, Ez: 65-85, Dz: 110-140, ⌐ WC ☎; Lift
🅿 Kegeln 🍽

Weibersbrunn 55 ↑

Bayern — Kreis Aschaffenburg — 354 m —
2 052 Ew — Aschaffenburg 22, Lohr 23 km
ⓘ ☎ (0 60 94) 5 15, Fax 18 34 — Gemeindeverwaltung, Jakob-Gross-Str 20,
63879 Weibersbrunn; Dorf im Spessart

*   Brunnenhof
Hauptstr 231, ⊠ 63879, ☎ (0 60 94) 4 64,
Fax 10 64, ⒶⓍ ⒺⒹ ⓋⒶ
51 Zi, Ez: 65-110, Dz: 108-150, ⌐ WC ☎; Lift
🚗 3⇔200 🍽 ➞

Weida 49 ↖

Thüringen — 233 — 9238 m — 9 600 Ew —
Großebersdorf 8, Gera 10, Greiz 18 km
ⓘ ☎ (0 36 60 3) 5 41 30, Fax 6 22 57 — Stadtverwaltung, Amt für Öffentlichkeitsarbeit
und Tourismus, Markt 1, 07570 Weida

**   Goldener Ring
Markt 18, ⊠ 07570, ☎ (03 66 03) 6 31 91,
Fax 6 32 43, ⒶⓍ ⒺⒹ ⓋⒶ
27 Zi, Ez: 90, Dz: 135-179, 4 Suiten, ⌐ WC
☎, 5🛁; 1⇔35 Solarium 🍽

Weiden 59 ←

Bayern — Stadtkreis — 397 m — 43 100 Ew — Regensburg 90, Nürnberg 95, München 220 km

🛈 ☎ (09 61) 1 94 33, Fax 4 16 14 03 — Kultur- und Tourismusbüro, im Alten Rathaus, im Alten Rathaus, 92637 Weiden. Sehenswert: Ev. Kirche St. Michael; Jugendstil-Kirche St. Josef; gotisches Rathaus: Altes Schulhaus: Stadt-Archiv und -Museum mit Max-Reger-Sammlung; internationales Keramikmuseum

*** Admira
Brenner-Schäffer-Str 27, ✉ 92637, ☎ (09 61) 4 80 90, Fax 4 80 96 66, AX DC ED VA
104 Zi, Ez: 145-280, Dz: 185, 1 Suite, ⌐ WC ☎ DFÜ, 45🖂; Lift 🅿 🚗 10⇔800 Fitneßraum Sauna Solarium 18Golf 🍴 ⇌

* Advantage
Neustädter Str 46, ✉ 92637, ☎ (09 61) 38 93 00, Fax 3 89 30 20, AX DC ED VA
18 Zi, Ez: 78-98, Dz: 90-135, ⌐ WC ☎, 8🖂; 🅿 🚗 🍴

* Stadtkrug
Wolframstr 5, ✉ 92637, ☎ (09 61) 3 88 90, Fax 3 62 68, AX DC ED VA
52 Zi, Ez: 69-95, Dz: 110-160, ⌐ WC ☎; 1⇔50
* Hauptgericht 25

* Klassik Hotel Am Tor
♂ Schlörplatz 1 a, ✉ 92637, ☎ (09 61) 4 74 70, Fax 4 74 72 00, AX ED VA
38 Zi, Ez: 112-152, Dz: 132-192, 2 Suiten, ⌐ WC ☎ DFÜ, 7🖂; Lift 🅿 🚗 1⇔15 Sauna Solarium 18Golf; **garni**
Auch Zimmer der Kategorie ** vorhanden

Frauenricht
* Europa
Frauenrichter Str 173, ✉ 92637, ☎ (09 61) 6 70 71-0, Fax 6 70 71-14, AX DC ED VA
26 Zi, Ez: 75-99, Dz: 130-160, ⌐ WC ☎; Lift 🅿 🚗 2⇔50
geschl: So abends, feiertags
** L'Escargot
Hauptgericht 36; Terrasse; geschl: So abends, Mo mittags, feiertags

Oberhöll (8 km →)
* Hölltaler Hof
einzeln ♂ ✉ 92637, ☎ (09 61) 4 30 93, Fax 4 53 39, AX DC ED VA
22 Zi, Ez: 65-100, Dz: 110-160, 2 Suiten, ⌐ WC ☎, 6🖂; 🅿 🚗 2⇔40 🍴 ⇌
geschl: 20.-30.8., 20.-30.12.
Auch Zimmer der Kategorie ** vorhanden

Weigsdorf-Köblitz 41 ↓

Sachsen — Bautzen — 400 m — 2 000 Ew — Bautzen 12, Löbau 12 km

🛈 ☎ (03 58 77) 2 52 87, Fax 2 73 52 — Gemeindeverwaltung, Gartenstrasse 2, 02733 Weigsdorf-Köblitz

* Alter Weber
Hauptstr 13, ✉ 02733, ☎ (03 58 77) 2 52 36, Fax 2 82 46, AX DC ED VA
43 Zi, Ez: 98, Dz: 156, ⌐ WC ☎, 8🖂; Lift 🚗 3⇔45 ⇌ Kegeln Sauna 2Tennis ⇌

* Weberstube
Hauptgericht 25; Biergarten 🅿

Weikersheim 56 ↗

Baden-Württemberg — Main-Tauber-Kreis — 230 m — 7 300 Ew — Bad Mergentheim 12, Würzburg 41 km

🛈 ☎ (0 79 34) 1 02 55, Fax 1 02 58 — Verkehrsamt, Marktplatz 7, 97990 Weikersheim; Erholungsort im Taubertal. Sehenswert: Ev. Kirche; Schloß und Schloßpark; Tauberländer Dorfmuseum; Marktplatz; Forstmuseum in Karlsberg, Karlsberg (Hochwild- und Freizeitpark); kath. Bergkirche in Laudenbach

** Laurentius Flair Hotel
Marktplatz 5, ✉ 97990, ☎ (0 79 34) 9 10 80, Fax 91 08 18, AX DC ED VA
Hauptgericht 35; Biergarten 🅿 Terrasse; geschl: Di
* 14 Zi, Ez: 65-110, Dz: 130-165, ⌐ WC ☎, 1🖂; Lift 3⇔100
geschl: Jan, Feb

Weil am Rhein 67 ↗

Baden-Württemberg — Kreis Lörrach — 261 m — 28 000 Ew — Lörrach 4, Basel 5 km

🛈 ☎ (0 76 21) 70 40, Fax 70 41 23 — Stadtverwaltung, Schillerstr 1, 79576 Weil am Rhein

** Atlas Hotel
Alte Str 58, ✉ 79576, ☎ (0 76 21) 70 70, Fax 70 76 50, AX DC ED VA
160 Zi, Ez: 137-359, Dz: 189-359, S; ⌐ WC ☎, 10🖂; Lift 🅿 6⇔100 Sauna Solarium
** Hauptgericht 25

*** Zum Adler
♛ Hauptstr 139, ✉ 79576, ☎ (0 76 21) 98 23-0, Fax 7 56 76, AX ED VA
Hauptgericht 53; Gartenlokal 🅿; geschl: Anfang-Mitte Jan, Anfang-Mitte Aug
** 23 Zi, Ez: 110-150, Dz: 130-250, ⌐ WC ☎

* Spatz
Hauptgericht 36; Gartenlokal; geschl: So, Mo, Anfang-Mitte Jan, Anfang-Mitte Aug

** Gasthaus Krone
Hauptstr 58, ✉ 79576, ☎ (0 76 21) 7 11 64, Fax 7 89 63, AX DC ED VA
Hauptgericht 52; Gartenlokal Kegeln 🅿; geschl: Mo abends, Di, ⇌

Weilrod

* Gasthaus Schwanen
Hauptstr 121, ✉ 79576, ☎ (0 76 21) 7 10 47, Fax 79 30 65, AX ED VA
Hauptgericht 45; Gartenlokal; geschl: Mi, Do
** 19 Zi, Ez: 110-160, Dz: 140-220, ⊿ WC ☎ DFÜ; 🅿 🚗

Haltingen (4 km ↑)
* Landgasthof Rebstock
Große Gass 30, ✉ 79576, ☎ (0 76 21) 6 22 57, Fax 6 55 50, VA
Hauptgericht 35; Gartenlokal 🅿; Mo-Fr ab 16, Sa + So auch mittags
* 🔆 17 Zi, Ez: 75-95, Dz: 100-160, 2 Suiten, ⊿ WC ☎; 🚗

Märkt (5 km ↘)
* Gasthaus Zur Krone ⚜
Rheinstr 17, ✉ 79576, ☎ (0 76 21) 6 23 04, Fax 6 53 50, ED VA
Hauptgericht 48; Biergarten; geschl: Mo, Di, 17.2.-2.3., 22.9.-5.10.
Überwiegend regionale Fischgerichte
* 9 Zi, Ez: 95, Dz: 130, ⊿ WC ☎; 🅿

Weilbach 55 □

Bayern — Miltenberg — 120 m — 2 100 Ew — Amorbach 3, Miltenberg 7 km
ℹ ☎ (0 93 73) 97 19-0, Fax 97 19-10 — Gemeindeverwaltung, Hauptstr 59, 63937 Weilbach

Weilbach-Außerhalb (8 km ↘)
* Zum Ohrnbachtal
Hauptstr 5, ✉ 63937, ☎ (0 93 73) 14 13, Fax 45 50, ED
Hauptgericht 25; 🅿; geschl: Mi, 15.1.-15.2.

Weilburg 44 □

Hessen — Limburg-Weilburg — 180 m — 13 500 Ew — Wetzlar 22, Limburg 23 km
ℹ ☎ (0 64 71) 76 71, Fax 76 75 — Tourist-Information Kur- und Verkehrsverein, Mauerstr 6-8, 35781 Weilburg; Luftkurort an der Lahn. Sehenswert: Schloß: Obere und Untere Orangerie, Schloßkirche; Rathaus; Heimat- und Bergbaumuseum; Heiliggrabkapelle; Lahntunnel (einziger deutscher Schiffstunnel); Tropfsteinhöhlen beim Stadtteil Kubach (3 km ↘)

** Schloßhotel European Castle
🔆 Langgasse 25, ✉ 35781, ☎ (0 64 71) 3 90 96, Fax 3 91 99, ED VA
35 Zi, Ez: 159, Dz: 225-255, 8 Suiten, ⊿ WC ☎, 5🛏; Lift 🅿 🚗 6🔄450 ⊛ Fitneßraum Kegeln Sauna Solarium 18Golf
Auch Zimmer der Kategorie ***** vorhanden
** Alte Reitschule
Hauptgericht 31; Terrasse

** La Lucia
Marktplatz 10, ✉ 35781, ☎ (0 64 71) 21 30, Fax 29 09, AX ED
Hauptgericht 34; Gartenlokal

Kubach (3 km ↘) Erholungsort
* Kubacher Hof
Hauptstr 58, ✉ 35781, ☎ (0 64 71) 48 22, Fax 4 19 37, DC ED
14 Zi, Ez: 64, Dz: 128, ⊿ WC ☎; 🅿 1🔄80 🍴

Weiler im Allgäu 70 ↙

Bayern — Kreis Lindau — 631 m — 6 141 Ew — Wangen 20, Immenstadt 30 km
ℹ ☎ (0 83 87) 3 91 50, Fax 3 91 53 — Kur- und Gästeamt, im Ortsteil Weiler im Allgäu, Hauptstr 14, 88171 Weiler-Simmerberg; Luftkurort, Schroth-Kurort

Weiler
** Kur- und Tennishotel Tannenhof
🔆 ⌂ Lindenberger Str 33, ✉ 88171, ☎ (0 83 87) 12 35, Fax 16 26
48 Zi, Ez: 125-165, Dz: 210-250, 3 Suiten, 3 App., ⊿ WC ☎; 🅿 2🔄45 ⊛ Fitneßraum Kegeln Sauna Solarium 18Golf 9Tennis 🏊
* Hauptgericht 25; Biergarten Terrasse

Weilheim 71 □

Bayern — Kreis Weilheim-Schongau — 565 m — 20 300 Ew — Garmisch-Partenkirchen 45, München 50 km
ℹ ☎ (08 81) 68 20, Fax 68 21 23 — Stadtverwaltung, Admiral-Hipper-Str 20, 82362 Weilheim; Kreisstadt. Sehenswert: Kath. Kirche; Friedhofskirche; Marienplatz: Altes Rathaus; Mariensäule; Stadtbrunnen; ehem. Klosterkirche in Polling (3 km ↓)

** Doorm Hotel Bräuwastl
Lohgasse 9, ✉ 82362, ☎ (08 81) 9 47 70, Fax 6 94 85, AX VA
48 Zi, Ez: 118-138, Dz: 158-178, 1 App., ⊿ WC ☎, 7🛏; Lift 🅿 🚗 4🔄65 Sauna 🍴

* Vollmann
Marienplatz 12, ✉ 82362, ☎ (08 81) 42 55, Fax 6 33 32, ED VA
38 Zi, Ez: 90, Dz: 130, ⊿ WC ☎; 1🔄100 🍴
Hotelanfahrt über Eisenkramergasse

Weilrod 44 ↘

Hessen — Hochtaunuskreis — 400 m — 6 600 Ew — Usingen 15, Weilburg 26, Idstein 20 km
ℹ ☎ (0 60 83) 95 09-0, Fax 27 53 — Gemeindeverwaltung, im Ortsteil Rod an der Weil, Am Senner 1, 61276 Weilrod. Sehenswert: Burgruine ⌂ im Ortsteil Altweilnau →

Weilrod

Neuweilnau
** Sporthotel Erbismühle
einzeln ♂ ✉ 61276, ☎ (0 60 83) 28 80,
Fax 28 87 00, AX DC ED VA
75 Zi, Ez: 120-235, Dz: 190-280, ⌐ WC ☎,
Lift 🅿 10✆200 ≘ Fitneßraum Kegeln
Sauna Solarium ❧ ☙
geschl. 26.12.-1.Wochenende im Jan
Auch Zimmer anderer Kategorien vorhanden

Weimar 44 ↗

Hessen — Kreis Marburg-Biedenkopf —
180 m — 6 500 Ew — Marburg 10 km
🅘 ☎ (0 64 21) 9 74 00, Fax 7 74 04 —
Gemeindeverwaltung, im Ortsteil Niederweimar, Huteweg 4, 35096 Weimar/Lahn

Wolfshausen
** Ringhotel Bellevue
◅ Hauptstr 35, ✉ 35096, ☎ (0 64 21)
7 90 90, Fax 79 09 15, AX DC ED VA
49 Zi, Ez: 115-160, Dz: 170-250, S; 3 Suiten,
⌐ WC ☎, 10🖃; Lift 🚗 3✆100 Sauna
Solarium
Auch einfachere Zimmer vorhanden
** ◅ Hauptgericht 35; Terrasse

Weimar 48 ↑

Thüringen — Stadtkreis — 220 m —
62 000 Ew — Jena 21, Erfurt 24 km
🅘 ☎ (0 36 43) 24 00-0, Fax 24 00 40 —
Tourist-Information und Kongreß-Service,
Markt 10, 99423 Weimar.
Sehenswert: „Stadt der Klassik"; Stadtschloß: Kunstsammlungen; Wittumspalais; Deutsches Nationaltheater;
Liszt-Haus; Lucas-Cranach-Haus; Goethes Wohnhaus; Goethes Gartenhaus; Schiller-Haus; Goethe- und Schiller-Archiv; Fürstengruft; Hist. Friedhof; Herderkirche; Jakobskirchhof; Wielandmuseum; Herdermuseum; Park an der Ilm; Umgebung, Schloß Tiefurt (4km→); Schloß Belvedere; Schloß Ettersberg

*** Kempinski Hotel Elephant
♂ Markt 19 (B 4), ✉ 99423, ☎ (0 36 43)
80 20, Fax 80 26 10, AX DC ED VA
85 Zi, Ez: 295-375, Dz: 360-440, S; 4 Suiten,
⌐ WC ☎, 27🖃; Lift 🅿 6✆240 ☙
Auch Zimmer der Kategorie ******** vorhanden. Erstmals 1542 erwähnt. Einrichtung im Bauhausstil mit Werken zeitgenössischer Künstler
*** Anna Amalia
Hauptgericht 39
* **Elephantenkeller**
⚐ Hauptgericht 30; geschl: So abends

⚐ Alte, beachtenswerte Architektur oder
Einrichtung

*** Dorint Hotel
Beethovenplatz 1/2, ✉ 99423, ☎ (0 36 43)
87 20, Fax 87 21 00, AX DC ED VA
134 Zi, Ez: 215-360, Dz: 265-430, S;
6 Suiten, 3 App., ⌐ WC ☎ DFÜ, 47🖃; Lift
🚗 12✆220 Sauna Solarium
Wellness-Center Doripool auf 230 qm
** Carl Alexander
Hauptgericht 30

*** Hilton
♂ Belvederer Allee 25, ✉ 99425,
☎ (0 36 43) 72 20, Fax 72 27 41, AX DC ED VA
294 Zi, Ez: 225-290, Dz: 260-325, S;
6 Suiten, ⌐ WC ☎ DFÜ, 60🖃; Lift 🅿 🚗
18✆550 ≘ Fitneßraum Sauna Solarium ☙
** Esplanade
Hauptgericht 35; Biergarten Terrasse

** Wolff's Art Hotel
♂ Freiherr-vom-Stein-Allee 3 a/b,
✉ 99425, ☎ (0 36 43) 5 40 60, Fax 54 06 99,
AX DC ED VA
30 Zi, Ez: 210, Dz: 250, 5 Suiten, ⌐ WC ☎
DFÜ, 10🖃; Lift 🅿 🚗 3✆100 Fitneßraum
Sauna Solarium ❧ ☙

* InterCityHotel Weimar
Carl-August-Allee 17 (B 1), ✉ 99423,
☎ (0 36 43) 23 40, Fax 23 44 44, AX DC ED VA
134 Zi, Ez: 160-200, Dz: 180-240, S; ⌐ WC
☎ DFÜ, 38🖃; Lift 🅿 🚗 6✆120 ☙
* **Wintergarten**
Hauptgericht 17; Terrasse; nur abends

* Villa Hentzel
Bauhausstr 12, ✉ 99423, ☎ (0 36 43)
8 65 80, Fax 86 58 19, AX DC ED VA
13 Zi, Ez: 95-130, Dz: 140-190, 1 Suite, ⌐
WC ☎, 2🖃; 🅿; garni

* Amalienhof
Verband Christlicher Hotels
Amalienstr 2 (B 4), ✉ 99423, ☎ (0 36 43)
54 90, Fax 54 91 10, AX ED VA
29 Zi, Ez: 125-150, Dz: 186-196, 2 Suiten, ⌐
WC ☎; 🅿 1✆10; garni

* Liszt mit Gästehaus
Lisztstr 1 (A 4), ✉ 99423, ☎ (0 36 43)
5 40 80, Fax 54 08 30, AX ED VA
8 Zi, Ez: 80-130, Dz: 120-140, 23 App, ⌐ WC
☎; Lift 🚗; garni

* Das Kleine Hotel
Jahnstr 18, ✉ 99423, ☎ (0 36 43) 83 53-0,
Fax 83 53-53
13 Zi, Ez: 100-150, Dz: 160-190, 1 App., ⌐
WC ☎; 🅿; garni

* Alt Weimar
Prellerstr 2 (A 4), ✉ 99423, ☎ (0 36 43)
8 6190, Fax 86 19 10, AX DC ED VA
18 Zi, Ez: 155, Dz: 195, ⌐ WC ☎; 1✆30
* Hauptgericht 25

Weimar

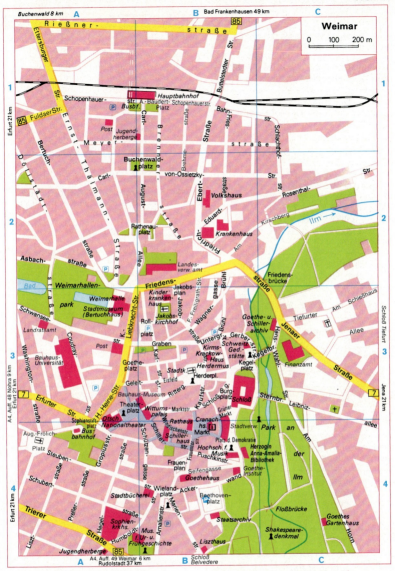

Gelmeroda (3 km ↓)
✱ Schwartze
✆ Im Dorf 65 a, ✉ 99428, ☎ (0 36 43)
5 99 50, Fax 51 26 14, AX ED VA
30 Zi, Ez: 120, Dz: 160, ⌁ WC ☎; 🅿 🍽

Wer nicht zu zweit im Doppelbett schlafen möchte, sollte ausdrücklich ein Zimmer mit zwei getrennten Betten verlangen.

Legefeld
✱✱✱ Treff Hotel
✆ Kastanienallee 1, ✉ 99438, ☎ (0 36 43)
80 80, Fax 80 35 00, AX DC ED VA
190 Zi, Ez: 135-195, Dz: 170-225, S;
4 Suiten, ⌁ WC ☎ DFÜ, 64📺; Lift 🅿
9↻352 ≋ Sauna Solarium
✱✱ Belvedere
Hauptgericht 32; Biergarten →

Weimar

Schöndorf-Waldstadt (2 km ↑)

★★★ Mercure Weimar
Ernst-Busse-Str 29, ✉ 99427, ☏ (0 36 43) 46 50, Fax 46 51 00, AX DC ED VA
156 Zi, Ez: 130-250, Dz: 160-280, S;
8 Suiten, ⊟ WC ☏ DFÜ, 41✉; Lift 🅿 🚗
7⇔450 Sauna Solarium 🍴 ≋

★★ Dorotheenhof Weimar
Dorotheenhof 1, ✉ 99427, ☏ (0 36 43) 4 59-0, Fax 4 59-2 00, AX DC ED VA
60 Zi, Ez: 95-165, Dz: 145-195, 1 Suite, ⊟ WC ☏, 🅿 1⇔72
★★ Hauptgericht 25; Terrasse

★ Ibis Weimar
Ernst-Busse-Str 4, ✉ 99427, ☏ (0 36 43) 45 50, Fax 45 58 88, AX DC ED VA
74 Zi, Ez: 105-135, Dz: 120-180, S; 8 App, ⊟ WC ☏, 17✉; Lift 3⇔26 🍴

Weinähr 43 ↘

Rheinland-Pfalz — Rhein-Lahn-Kreis — 300 m — 446 Ew — Nassau 6, Montabaur 22 km
ℹ ☏ (0 26 04) 76 43 — Verkehrsverein, Kellereigasse, 56379 Weinähr; Erholungsort

★ Weinhaus Treis
☼ •∈ Hauptstr 1, ✉ 56379, ☏ (0 26 04) 97 50, Fax 45 43, AX DC ED VA
50 Zi, Ez: 65-80, Dz: 90-160, 1 App, ⊟ WC ☏, 5✉; 3⇔50 ≋ Sauna Solarium 🍴

Weinböhla 40 ↓

Sachsen — Kreis Meißen — 190 m — 9 700 Ew — Meißen 8, Dresden 15 km
ℹ ☏ (03 52 43) 34 30, Fax 3 43 50 — Gemeindeverwaltung, Rathausplatz 2, 01689 Weinböhla

★★ Wald- und Sporthotel Weinböhla
☼ Forststr 66, ✉ 01689, ☏ (03 52 43) 4 10, Fax 4 14 18, AX DC ED VA
114 Zi, Ez: 145-185, Dz: 195-225, 6 Suiten, ⊟ WC ☏ DFÜ, 20✉; Lift 7⇔400 Kegeln Sauna Solarium 8Tennis 🍴 ≋

★★ Elbland Hotel
Dresdner Str 93, ✉ 01689, ☏ (03 52 43) 4 00, Fax 4 04 00, AX DC ED VA
74 Zi, Ez: 110, Dz: 170, 3 App, ⊟ WC ☏ DFÜ; Lift 🅿 3⇔60 Fitneßraum Sauna Solarium 🍴

★★ Laubenhöhe
Köhler Str 77, ✉ 01689, ☏ (03 52 43) 3 61 83, Fax 3 61 83
Hauptgericht 40; 🅿 Terrasse; geschl: Mo

Weingarten 69 ↓

Baden-Württemberg — Kreis Ravensburg — 468 m — 24 000 Ew — Ravensburg 5 km
ℹ ☏ (07 51) 40 51 25, Fax 4 02 68 — Verkehrsamt, Münsterplatz 1, 88250 Weingarten; Pädagogische Hochschule. Sehenswert: Barock-Basilika: Fresken, Chorgitter, Orgel; Alamannenmuseum; ehem. Klosterkirche in Baindt (5 km ↗)

★★★ Mövenpick
Abt-Hyller-Str 39, ✉ 88250, ☏ (07 51) 50 40, Fax 50 44 00, AX DC ED VA
72 Zi, Ez: 132-201, Dz: 153-252, S; ⊟ WC ☏, 11✉; Lift 6⇔550 🍴

★★ Akzent-Hotel Altdorfer Hof
Burachstr 12, ✉ 88250, ☏ (07 51) 5 00 90, Fax 50 09 70, AX DC ED VA
50 Zi, Ez: 115-142, Dz: 164-210, 1 Suite, ⊟ WC ☏, 5✉; Lift 🅿 🚗 3⇔45
geschl: 20.12.-10.1.
Im Gästehaus Zimmer der Kategorie ★★★ vorhanden
★★ Hauptgericht 28; Terrasse; geschl: So abends, Mo, 20.12.-10.1.

★ Alt Ochsen
Ochsengasse 5, ✉ 88250, ☏ (07 51) 56 10 40, Fax 5 61 04 41, AX DC ED VA
27 Zi, Ez: 70-97, Dz: 115-140, ⊟ WC ☏ DFÜ; Lift 🅿 2⇔80 Kegeln
geschl: So abends, Di, 27.12.-15.1.
★ Hauptgericht 22; Terrasse; geschl: So abends, Di, 27.12.-15.1.

★ Gasthof Bären
Kirchstr 3, ✉ 88250, ☏ (07 51) 5 61 20-0, Fax 5 61 20 40, AX DC ED VA
16 Zi, Ez: 82-85, Dz: 116-130, ⊟ WC ☏, 2✉; 🅿 🚗 2⇔100 Kegeln
geschl: Mo
★ Hauptgericht 25; Biergarten; geschl: Mo

Weingarten 61 ↘

Baden-Württemberg — Kreis Karlsruhe — 120 m — 8 500 Ew — Bruchsal 10, Karlsruhe 14 km
ℹ ☏ (0 72 44) 7 02 00, Fax 70 20 50 — Gemeindeverwaltung, Marktplatz 2, 76356 Weingarten

★★★ Walk'sches Haus
☒ Marktplatz 7, ✉ 76356, ☏ (0 72 44) 70 37 00, Fax 70 37 40, AX DC ED VA
Hauptgericht 35; 🅿 Terrasse; geschl: Sa mittags, Di, 2 Wochen im Sommer, 1 Woche im Jan
★ 14 Zi, Ez: 90-110, Dz: 190-200, ⊟ WC ☏; 3⇔100
geschl: 2 Wochen im Sommer, 1 Woche im Jan

Weinheim 54 ↘

Baden-Württemberg — Rhein-Neckar-Kreis — 108 m — 43 000 Ew — Heidelberg 17 km
🛈 ☎ (0 62 01) 99 11 17, Fax 99 11 35 — Verkehrsverein, Bahnhofstr 15, 69469 Weinheim; Erholungsort. Sehenswert: Kath. Kirche; ehem. Schloß: Rathaus, mit Park: größte Zeder Deutschlands, von 1790; Exotenwald; Burgruine Windeck ◄ (1 km →); Wachenburg (von 1913) ◄ (2 km →)

✶✶   Astron Hotel Weinheim
Breslauer Str 52, ✉ 69469, ☎ (0 62 01) 10 30, Fax 10 33 00, AX DC ED VA
187 Zi, Ez: 231-275, Dz: 231-275, S; ⌐ WC ☎ DFÜ, 52🎫; Lift 🅿 15✪300 Fitneßraum Sauna Solarium 🍴 ⚓

✶✶   Ottheinrich
Hauptstr 126, ✉ 69469, ☎ (0 62 01) 1 80 70, Fax 18 07 88, AX DC ED VA
23 Zi, Ez: 165-300, Dz: 185-300, 1 App, ⌐ WC ☎; Lift 🚗 3✪30 🍴
Einrichtung im modernem italienischem Design

✶   Ebert Park Hotel
Freiburger Str 42, ✉ 69469, ☎ (0 62 01) 10 50, Fax 10 54 01, AX DC ED VA
74 Zi, Ez: 98-125, Dz: 120-160, 6 App, ⌐ WC ☎ DFÜ, 10🎫; Lift 🅿; garni
geschl: 20.12.-6.1.

✶   Goldener Pflug
Obertorstr 5, ✉ 69469, ☎ (0 62 01) 9 02 80, Fax 90 28 29, ED VA
11 Zi, Ez: 90, Dz: 120-130, 1 Suite, ⌐ WC ☎; 🚗 🍴
geschl: Do, 12.1.-12.2.

✶   Pfalz
Marktplatz 7, ✉ 69469, ☎ (0 62 01) 6 40 94, Fax 18 31 02, AX DC ED VA
18 Zi, Ez: 95-150, Dz: 165-200, 1 Suite, 2 App, ⌐ WC ☎; 1✪12 ⚓
✶✶   Bistro Tafelspitz
Hauptgericht 25

     Woinemer Hausbrauerei
🍷 Friedrichstr 23, ✉ 69469, ☎ (0 62 01) 1 20 01, Fax 1 58 70
Hauptgericht 20

Lützelsachsen
✶✶   Winzerstube
Sommergasse 7, ✉ 69469, ☎ (0 62 01) 5 22 98, Fax 5 65 20, AX ED VA
Hauptgericht 38; 🅿 Terrasse; nur abends; geschl: So, Mo, feiertags

Weinheim-Außerhalb (2 km ↗)
✶✶   Fuchs'sche Mühle
Birkenauertalstr 10, ✉ 69469, ☎ (0 62 01) 10 02-0, Fax 10 02-22, AX DC ED VA
18 Zi, Ez: 110-140, Dz: 180, ⌐ WC ☎; Lift 🅿 🚗 ≋ Sauna
✶✶   Hauptgericht 35

Weinsberg 61 ↗

Baden-Württemberg — Kreis Heilbronn — 198 m — 12 000 Ew — Heilbronn 6 km
🛈 ☎ (0 71 34) 51 20, Fax 51 21 99 — Tourist-Information, im Rathaus, Marktplatz 11, 74189 Weinsberg; Weinbauort. Sehenswert: Ev. Kirche; Kerner-Haus; Burgruine Weibertreu; Weibertreu-Museum; Wachturm; römischer Gutshof mit Badruine

Weinsberg-Außerhalb (1,5 km →)
✶✶   Rappenhof
einzeln ☼ ◄ ✉ 74189, ☎ (0 71 34) 51 90, Fax 5 19 55, AX DC ED VA
34 Zi, Ez: 130-170, Dz: 170-210, ⌐ WC ☎, 6🎫; Lift 🅿 3✪40 ⚓
geschl: 21.12.-11.1.
Auch Zimmer der Kategorie ✶ vorhanden
✶   Gutsgaststätte Rappenhof
Hauptgericht 25; Gartenlokal; geschl: 21.12.-11.1.

Weinstadt 62 ←

Baden-Württemberg — Rems-Murr-Kreis — 250 m — 25 000 Ew — Waiblingen 5, Schorndorf 13 km
🛈 ☎ (0 71 51) 69 30, Fax 69 32 90 — Bürgermeisteramt, im Stadtteil Beutelsbach, Marktplatz 1, 71384 Weinstadt

Beutelsbach
✶✶   Weinstadt-Hotel
Marktstr 41, ✉ 71384, ☎ (0 71 51) 9 97 01-0, Fax 9 97 01-11, AX DC ED VA
32 Zi, Ez: 105, Dz: 165, ⌐ WC ☎ DFÜ, 5🎫; Lift 🚗 2✪40
✶✶   Krone
Hauptgericht 30; Terrasse; geschl: Mi

Endersbach
✶   Gästehaus Zefferer
Strümpfelbacher Str 10, ✉ 71384, ☎ (0 71 51) 60 00 34, Fax 61 03 29, ED
14 Zi, Ez: 85-88, Dz: 135-145, ⌐ WC ☎ DFÜ; 🍴

⚓   **Café Mack**
Strümpfelbacher Str 17, ✉ 71384, ☎ (0 71 51) 60 00 96, Fax 60 00 99

Schnait
✶✶   Zum Lamm
Silcherstr 75, ✉ 71384, ☎ (0 71 51) 99 90 60, Fax 9 99 06 60, AX
32 Zi, Ez: 75-85, Dz: 120-140, 1 Suite, WC; 🅿 🚗
✶✶   Hauptgericht 30

Schnait-Baach
✶   Gasthof Adler
Forststr 12, ✉ 71384, ☎ (0 71 51) 6 58 26, Fax 6 65 20
Hauptgericht 32; Biergarten 🅿 Terrasse; Mi, Do, So 11-18, Fr, Sa 11-24; geschl: Mo, Di, 1.-15.2., 2.-16.8.
✶   ☼ 5 Zi, Ez: 65, Dz: 110   →

Weinstadt

Strümpfelbach
* **Gasthof Zum Lamm**
Hindenburgstr 16, ⊠ 71384, ☎ (0 71 51) 96 76 36, Fax 96 76 38
Hauptgericht 30; **P** Terrasse; geschl: Mo, Di, 2 Wochen im Jan, 2 Wochen im Aug; 🛏

Weisendorf 57 ←

Bayern — Kreis Erlangen-Höchstadt — 360 m — 5 743 Ew — Herzogenaurach 7, Höchstadt 9 km
i ☎ (0 91 35) 7 12 00, Fax 71 20 40 — Gemeindeverwaltung, Neustadter Str 1, 91085 Weisendorf

* **Jägerhof**
Auracher Bergstr 2, ⊠ 91085, ☎ (0 91 35) 71 70, Fax 71 44, AX DC ED VA
30 Zi, Ez: 85-95, Dz: 120-150, ⊿ WC ☎; **P** 🚗 1⟲30 ⌘
Rezeption: 7-14, 17-23; geschl: 22.12.-3.1., 1.-20.8.
Auch Zimmer der Kategorie ** vorhanden

Weisenheim a. Berg 54 ↙

Rheinland-Pfalz — Kreis Freinsheim — 1 780 Ew
i — Gemeindeverwaltung, 67273 Weisenheim a. Berg

* **Engel**
Leisthardter Str 11, ⊠ 67273, ☎ (0 63 53) 9 58 00, Fax 95 80 80, ED VA
24 Zi, Ez: 85-100, Dz: 130, 1 Suite, ⊿ ☎, 16🛋; **P** 1⟲20 9Golf; **garni** 🛏
geschl: 1.8.-20.8.

Weiskirchen 52 →

Saarland — Kreis Merzig-Wadern — 400 m — 6 500 Ew — Saarbrücken 58, Trier 33, Merzig 19 km
i ☎ (0 68 76) 7 09-37, Fax 7 09 38 — Kurverwaltung, Kirchenweg 2, 66709 Weiskirchen

** **Parkhotel Weiskirchen**
♂ Kurparkstr 4, ⊠ 66709, ☎ (0 68 76) 91 90, Fax 91 95 19
121 Zi, Ez: 125-185, Dz: 175-205, 2 Suiten, 6 App, ⊿ WC ☎; Lift 🛗 Fitneßraum Sauna Solarium 9Golf 2Tennis ⌘

Rappweiler (2 km ↙)
** **La Provence**
Merziger Str 25, ⊠ 66709, ☎ (0 68 72) 43 26, ED VA
Hauptgericht 39; nur abends, So auch mittags; geschl: Mo, 3 Wochen in den Sommerferien

Weismain 57 ↑

Bayern — Kreis Lichtenfels — 547 m — 5 200 Ew — Lichtenfels 22, Kulmbach 19 km
i ☎ (0 95 75) 9 22 00, Fax 12 48 — Stadtverwaltung, Am Markt 19, 96260 Weismain; Erholungsort auf der nördlichen Fränkischen Alb. Sehenswert: Rathaus, Stadtbefestigung

* **Alte Post**
Am Markt 14, ⊠ 96260, ☎ (0 95 75) 2 54, Fax 10 54
35 Zi, Ez: 60, Dz: 90, ⊿ WC; 2⟲40 Sauna 🛏

Weißbach siehe Amtsberg
Weißenburg 63 ↗

Bayern — Weißenburg-Gunzenhausen — 637 m — 18 000 Ew — Donauwörth 41, Ansbach 50, Nürnberg 54 km
i ☎ (0 91 41) 90 71 24, Fax 90 71 21 — Amt für Kultur und Touristik, Martin-Luther-Platz 3-5, 91781 Weißenburg; Kreisstadt. Sehenswert: Hist. Altstadt; Ellinger Tor; ev. KircheSt. Andreas; Got. Rathaus; Stadtmauer; Seeweiherpartie; Römische Thermen; Römerkastell mit Nordtor; Römermuseum; Apothekenmuseum; Kaadener Heimatstuben; Berwaldtheater (städt. Freilichtbühne)

* **Am Ellinger Tor**
Flair Hotel
Ellinger Str 7, ⊠ 91781, ☎ (0 91 41) 8 64 60, Fax 86 46 50, AX DC ED VA
27 Zi, Ez: 70-128, Dz: 100-178, 1 App, ⊿ WC ☎ DFÜ, 10🛋; 🚗 1⟲15
Auch Zimmer der Kategorie ** vorhanden
* Hauptgericht 22; Gartenlokal

* **Schwarzer Bär**
Marktplatz 13, ⊠ 91781, ☎ (0 91 41) 8 68 80, Fax 8 68 88, ED VA
12 Zi, Ez: 70-80, Dz: 120-130, ⊿ WC ☎, 4🛋; ⌘

* **Goldene Rose**
Rosenstr 6, ⊠ 91781, ☎ (0 91 41) 20 96, Fax 7 07 52, AX ED VA
31 Zi, Ez: 80-120, Dz: 120-180, ⊿ WC ☎; **P** 🚗 1⟲20 Sauna Solarium ⌘
Auch Zimmer der Kategorie ** vorhanden

* **Goldener Adler**
Marktplatz 5, ⊠ 91781, ☎ (0 91 41) 24 00, Fax 7 39 96, AX ED VA
Hauptgericht 15; Biergarten
** 11 Zi, Ez: 80-85, Dz: 112-140, ⊿ WC ☎; 9Golf
Rezeption: 7-14.30, 17.30-24

Weißwasser

✱ Krone
Rosenstr 10, ✉ 91781, ☎ (0 91 41) 30 12,
Fax 9 27 73
Hauptgericht 29; 🅿; geschl: Mo
✱ 10 Zi, Ez: 68-78, Dz: 115, ⇲ WC ☎; 📺

Weißenfels 38 ↘

Sachsen-Anhalt — Kreis Weißenfels —
100 m — 34 000 Ew — Halle 32, Leipzig 35,
Gera 45 km
🛈 ☎ (0 34 43) 30 30 70, Fax 30 30 70 —
Stadtinf. Fremd.Verkehrsverein Weißenf.
Land e. V., Nikolaistr 37, 06667 Weißenfels.
Sehenswert: Schloß Neu-Augustusburg;
Rathaus; Stadtkirche St. Marien; Geleits-
haus; Heinrich-Schütz-Haus; Novalishaus;
Novalisgrab

✱ Parkhotel Güldene Berge
Flair Hotel
Langendorfer Str 94, ✉ 06666, ☎ (0 34 43)
3 92 00, Fax 39 20 20, AX ED VA
14 Zi, Ez: 95-125, Dz: 125-155, ⇲ WC ☎; 🅿
2✧60 🍴

✱ Am Klemmberg
Bergstr 17, ✉ 06667, ☎ (0 34 43) 30 02 95,
Fax 30 02 96
13 Zi, Ez: 80-88, Dz: 100-120, 2 App, ⇲ WC;
garni

Weißenhorn 70 ↖

Bayern — Kreis Neu-Ulm — 501 m —
11 687 Ew — Illertissen 14, Ulm 21 km
🛈 ☎ (0 73 09) 84 28, Fax 84 50 — Stadtverwaltung, Kirchplatz 2, 89264 Weißenhorn;
Erholungsort an der Roth. Sehenswert:
Kath. Kirche; Oberes und Unteres Tor;
ehem. Stiftskirche in Roggenburg (6 km ↘)

✱ Gasthof Zum Löwen mit
Gästehaus
⌀ Martin-Kuen-Str 5, ✉ 89264, ☎ (0 73 09)
9 65 00, Fax 50 16, ED VA
23 Zi, Ez: 77-108, Dz: 125-148, ⇲ WC ☎,
3📺; 🅿 📺
im Gästehaus Zimmer der Kategorie **✱✱**
✱ Hauptgericht 25; geschl: So

✱ Rose
Memminger Str 64, ✉ 89264, ☎ (0 73 09)
96 96-0, Fax 96 96-99, ED VA
31 Zi, Ez: 72, Dz: 105, 1 Suite, ⇲ WC ☎; Lift
🅿 🍴
geschl: Di, 27.12.-5.1., 10.8.-5.9.

Weißensberg 69 ↘

Bayern — Kreis Lindau (Bodensee) —
530 m — 2 150 Ew — Lindau 4, Wangen
17 km
🛈 ☎ (0 83 89) 2 78, Fax 82 17 — Gemeindeverwaltung Weißensberg, Kirchstr 13,
88138 Weißensberg. Sehenswert: Pfarrkirche St. Markus

✱✱✱ Golfhotel Bodensee
einzeln ⌀ ⌀ Lampertsweiler 51, ✉ 88138,
☎ (0 83 89) 89 10, Fax 8 91 20, DC ED VA
25 Zi, Ez: 150-270, Dz: 250-360, 2 Suiten, ⇲
WC ☎; Lift 3✧80 Kinderbetreuung Sauna
Solarium 18Golf 🍴 ⚑
geschl: 10.1.-28.2.

Weißensee 37 ↘

Thüringen — Kreis Sömmerda — 140 m —
4 100 Ew — Sömmerda 6, Kindelbrück 7,
Greußen 8 km
🛈 ☎ (03 63 74) 2 20 12, Fax 2 20 30 — Fremdenverkehrsamt, Langer Damm 7,
99631 Weißensee

✱ Sporthotel
Fischhof 3, ✉ 99631, ☎ (03 63 74) 2 40,
Fax 2 41 13, AX DC ED VA
46 Zi, Ez: 58-98, Dz: 98-126, ⇲ WC, 4📺;
🅿 3✧35 Fitneßraum Sauna Solarium;
garni
Rezeption: 7-12,16-21; geschl: Sa, So, feiertags ab 12, 22.12.-6.1.

Weißenstadt 58 ↗

Bayern — Kreis Wunsiedel — 630 m —
4 000 Ew — Selb 24, Bayreuth 36 km
🛈 ☎ (0 92 53) 9 50 40 — Verkehrsamt, Kirchplatz 1, 95163 Weißen-
stadt; Erholungsort im Fichtelgebirge.
Sehenswert: Großer Waldstein, 880 m ⚑
(5 km ↖); Rudolfstein, 866 m ⚑ (3 km ↓);
Felstürme „Drei Brüder"

✱ Gasthof zum Waldstein
Kirchenlamitzer Str 8, ✉ 95163, ☎ (0 92 53)
2 70, Fax 86 76
13 Zi, Ez: 35-65, Dz: 70-90, ⇲ WC ☎; 📺 🍴
Rezeption: 7-14, 16.30.-23; geschl: Mo,
17.2.-4.3., 27.8.-11.9.

✱✱ Egertal
Wunsiedler Str 49, ✉ 95163, ☎ (0 92 53)
2 37, Fax 5 00, AX DC ED VA
Hauptgericht 40; 🅿 Terrasse; nur abends,
sa, so + feiertags auch mittags; geschl: Di,
3 Wochen im Jan

Weißwasser 41 □

Sachsen — Niederschl. Oberlausitz —
150 m — 32 500 Ew — polnische Grenze 8,
Cottbus 42 km
🛈 ☎ (0 35 76) 26 50, Fax 26 51 02 — Stadtverwaltung, Marktplatz, 02943 Weißwasser

✱✱ Kristall
Karl-Liebknecht-Str 34, ✉ 02943,
☎ (0 35 76) 26 40, Fax 26 41 02, AX DC ED VA
60 Zi, Ez: 95-130, Dz: 140-165, ⇲ WC ☎; Lift
2✧20 Fitneßraum 🍴 →

Weißwasser

* **Prenzel**
Straße des Friedens 11, ⊠ 02943,
☎ (0 35 76) 27 82-0, Fax 20 59 70,
AX DC ED VA
18 Zi; Ez: 85-130, Dz: 120-160, ⊿ WC ☎,
9🛏; Lift 🅿 🍴

Weitendorf bei Brüel 20 ↘

Mecklenburg-Vorpommern — Parchim —
510 Ew
🛈 ☎ (03 84 83) 2 03 75 — Gemeindeverwaltung, Hofplatz 7, 19412 Weitendorf

Kaarz (3 km ↙)
*** **Schloß Kaarz**
einzeln ☼ ⛳ Obere Dorfstr, ⊠ 19412,
☎ (03 84 83) 30 80, Fax 3 08 40
Ez: 92-107, Dz: 110-154, 9 Suiten, 3 App, ⊿
WC ☎; Lift 🅿 3⇌35 Sauna Solarium 1 Tennis 🎾
Langzeitvermietung möglich

Weiterstadt 54 ↗

Hessen — Kreis Darmstadt-Dieburg —
110 m — 23 389 Ew — Darmstadt 7, Groß-
Gerau 8 km
🛈 ☎ (0 61 50) 40 00, Fax 40 02 89 — Stadtverwaltung, Darmstädter Str 36,
64331 Weiterstadt

** **Hamm**
Kreuzstr 26, ⊠ 64331, ☎ (0 61 50) 10 88-0,
Fax 1 57 57, AX DC ED VA
27 Zi, Ez: 95-120, Dz: 130-150, ⊿ WC ☎; 🅿
🚗 1⇌50; **garni**
Rezeption: 7-20
Auch einfachere Zimmer vorhanden

Gräfenhausen (4 km ↑)
* **Zum Löwen**
Darmstädter Landstr 11, ⊠ 64331,
☎ (0 61 50) 5 10 25, Fax 5 02 47, ED VA
14 Zi, Ez: 85, Dz: 120, ⊿ WC ☎; 🅿 🚗 1⇌60 🍴

Weixdorf 40 ↘

Sachsen — Kreis Kamenz — 190 m —
4 500 Ew — Dresden 15 km
🛈 ☎ (03 51) 8 80 31 01, Fax 8 80 18 99 —
Gemeindeverwaltung, Rathausplatz 2,
01478 Weixdorf

** **Quintessenz**
Hohenbusch Markt 1, ⊠ 01478, ☎ (03 51)
8 82 44-0, Fax 8 82 44-44, AX DC ED VA
67 Zi, Ez: 95-128, Dz: 120-172, 3 App, ⊿ WC
☎, 35🛏; Lift 🅿 🚗 4⇌100 🍴

Marsdorf (3 km ↘)
** **Landhaus Marsdorf mit
Gästehaus**
☼ Hauptstr 15, ⊠ 01478, ☎ (03 51)
8 80 81 01, Fax 8 80 57 60, AX ED VA
23 Zi, Ez: 111, Dz: 152-166, ⊿ WC ☎ DFÜ;
🅿 3⇌90 🍴

Welzow 41 ←

Brandenburg — Kreis Spree-Neiße —
4 883 Ew
🛈 — Gemeindeverwaltung, 03119 Welzow

* **City-Hotel**
Poststr 10, ⊠ 03119, ☎ (03 57 51) 22 04,
Fax 1 35 93
23 Zi, Ez: 75, Dz: 120, ⊿ WC ☎; 🍴

Wemding 63 □

Bayern — Kreis Donau-Ries — 456 m —
5 600 Ew — Nördlingen 19, Donauwörth
23 km
🛈 ☎ (0 90 92) 96 90 35, Fax 96 90 50 — Verkehrsamt, Haus des Gastes, Haus des Gastes, 86650 Wemding; Erholungsort am Ostrand des Ries. Sehenswert: Kath. Kirche; Wallfahrtskirche (2 km ↖); Türme und Tore

* **Meerfräulein
Minotel**
Wallfahrtsstr 1, ⊠ 86650, ☎ (0 90 92)
9 69 40, Fax 9 69 42 00, AX DC ED VA
46 Zi, Ez: 65-95, Dz: 110-160, ⊿ WC ☎,
12🛏; Lift 🅿 🚗 4⇌100 Fitneßraum Kegeln
Sauna Solarium
Auch einfachere Zimmer vorhanden
* Hauptgericht 20; Terrasse;
geschl: Di

* **Birkhahn**
Nördlinger Str 16, ⊠ 86650, ☎ (0 90 92)
9 69 50, Fax 12 38, ED VA
19 Zi, Ez: 65-70, Dz: 110-120, ⊿ WC ☎, 3🛏;
🅿 2⇌50 Solarium 🍴
Auch Zimmer der Kategorie ** vorhanden

* **Landhotel Weißer Hahn**
Wallfahrtstr 21, ⊠ 86650, ☎ (0 90 92)
96 80-0, Fax 96 80 44, AX ED VA
23 Zi, Ez: 60-85, Dz: 110-130, 1 Suite, ⊿ WC
☎ DFÜ, 1🛏; 🅿 1⇌100 Fitneßraum Sauna
Solarium 🍴
Im Gästehaus einfachere Zimmer vorhanden

Wendeburg 26 ↘

Niedersachsen — Kreis Peine — 70 m —
9 300 Ew — Peine 12, Braunschweig 13 km
🛈 ☎ (0 53 03) 91 11-0, Fax 91 11 19 —
Gemeindeverwaltung, Am Anger 5,
38176 Wendeburg. Sehenswert: Bauernmuseum in Bortfeld

Meerdorf (6 km ↘)
* **Altes Landhaus**
Woltorfer Str 13, ⊠ 38176, ☎ (0 51 71)
9 91 60, Fax 99 16 55
13 Zi, Ez: 65-110, Dz: 125-145, ⊿ WC ☎;
1⇌25 Kegeln 🍴

Rüper (3 km ↘)
* **Zum Jägerheim**
Meerdorfer Str 40, ✉ 38176, ☎ (0 53 03) 20 26, Fax 20 56, AX DC ED VA
39 Zi, Ez: 80-110, Dz: 130-180, ⌐ WC ☎; Lift 🅿 🍴 4⇔150 ≙ Kegeln Sauna Solarium 🍽 ☕
geschl: 27.12.-10.1.

Wendelstein 57 ↓

Bayern — Kreis Roth — 361 m — 16 000 Ew — Feucht 7, Schwabach 10, Nürnberg 13 km
ℹ ☎ (0 91 29) 40 12 01, Fax 40 12 07 — Verkehrsamt, Altes Rathaus, Hauptstr 18, 90530 Wendelstein. Sehenswert: Wehrkirche; Schloßanlagen; Allerheiligenkirche: Riemenschneideraltar

** **Ofenplatt'n**
Nürnberger Str 19, ✉ 90530, ☎ (0 91 29) 34 30, Fax 27 09 68
Hauptgericht 46; Gartenlokal 🅿; geschl: So

Röthenbach bei St. Wolfgang (2 km ↗)
* **Kübler Hof**
In der Lach 2, ✉ 90530, ☎ (0 91 29) 90 00, Fax 90 02 92, AX DC ED VA
39 Zi, Ez: 80-90, Dz: 130, ⌐ WC ☎; Lift 🅿 🍴 3⇔35 Kegeln 🍽 ☕

Wenden 44 ↘

Nordrhein-Westfalen — Kreis Olpe — 400 m — 19 128 Ew — Olpe 9, Kreuztal 10 km
ℹ ☎ (0 27 62) 40 60, Fax 16 67 — Gemeindeverwaltung - Verkehrsamt, Hauptstr 75, 57482 Wenden. Sehenswert: St.-Severinus-Kirche; Wendener Hütte; Wallfahrtkapelle Dörnschlade

* **Zeppenfeld**
Bergstr 3, ✉ 57482, ☎ (0 27 62) 12 46, Fax 10 88, ED
10 Zi, Ez: 65, Dz: 130, ⌐ WC ☎; 🅿 2⇔60 🍽

Bruen
** **Sporthotel Landhaus Wacker**
Mindener Str 1, ✉ 57482, ☎ (0 27 62) 6 99-0, Fax 69 93 99, AX DC ED VA
75 Zi, Ez: 90-165, Dz: 160-250, 10 App, ⌐ WC ☎, 40🖃; 🅿 🍴 5⇔350 ≙ Fitneßraum Kegeln Sauna Solarium 2Tennis 🍽 ☕

Wenden-Außerhalb (2 km ↓)
** **Landhaus Berghof**
einzeln ☼ ✉ 57482, ☎ (0 27 62) 50 88, Fax 37 08, AX ED VA
15 Zi, Ez: 80-105, Dz: 145-165, 1 App, ⌐ WC ☎; 🅿 🍴 3⇔40 Kegeln
Auch Zimmer der Kategorie * vorhanden
** Hauptgericht 23

Wendisch Rietz 31 ↙

Brandenburg — Oder-Spree — 1 000 Ew — Beskow 20 km
ℹ ☎ (03 36 79) 50 45, Fax 50 45 — Tourismusbüro Wendisch Rietz, Hauptstr 2, 15864 Wendisch Rietz

* **Seehotel Waldfrieden Scharmützelsee**
einzeln ◄ Am See 27, ✉ 15864, ☎ (03 36 79) 60 90, Fax 6 09 46, AX DC ED VA
23 Zi, Ez: 105-220, Dz: 160-240, 3 Suiten, ⌐ WC ☎; 🅿 Seezugang Kegeln 18Golf 🍽 ☕
geschl: Nov-Feb
Das Haupthaus sowie 8 Bungalows ausgestattet im Landhausstil, in schöner Parklandschaft am See gelegen

Wendlingen am Neckar 62 ←

Baden-Württemberg — Kreis Esslingen — 300 m — 15 500 Ew — Nürtingen 7, Stuttgart 27 km
ℹ ☎ (0 70 24) 4 30, Fax 4 32 62 — Stadtverwaltung, Am Marktplatz 2, 73240 Wendlingen

Unterboihingen (1 km ↓)
* **Löwen**
Nuertinger Str 1, ✉ 73240, ☎ (0 70 24) 94 90, Fax 9 49 99, AX ED VA
35 Zi, Ez: 80-120, Dz: 120-180, 1 Suite, ⌐ WC ☎; 2⇔50 🍽

Wenningstedt siehe Sylt

Werbach 55 →

Baden-Württemberg — Main-Tauber-Kreis — 170 m — 3 600 Ew — Tauberbischofsheim 8, Wertheim 24 km
ℹ ☎ (0 93 41) 9 20 80 — Gemeindeverwaltung, 97956 Werbach

* **Drei Lilien**
Hauptstr 14, ✉ 97956, ☎ (0 93 41) 75 86, Fax 41 19, AX ED VA
25 Zi, Ez: 49-80, Dz: 89-130, 1 Suite, ⌐ WC, 10🖃; 🅿 2⇔60 Sauna 🍽 ☕

Werdau 49 ↑

Sachsen — Zwickauer Land — 274 m — 23 420 Ew — Zwickau 8 km
ℹ ☎ (0 37 61) 59 40, Fax 59 43 33 — Stadtverwaltung, Markt 10-18, 08412 Werdau

** **Katharinen-Hof**
⌂ Katharinenstr 18, ✉ 08412, ☎ (0 37 61) 55 19, Fax 36 01, AX DC ED VA
16 Zi, Ez: 95-110, Dz: 125-140, 2 App, ⌐ WC ☎; 🅿 1⇔25; **garni**
Denkmalgeschütztes Jugendstilgebäude von 1906 →

Werdau

✱ Friesen
Zwickauer Str 58, ✉ 08412, ☎ (0 37 61)
8 80 00, Fax 88 00 50, AX DC ED VA
20 Zi, Ez: 85, Dz: 130, ⌐ WC ☎ DFÜ, 5✉; P
2↔70 🍴 🛏

Werl 34 □

Nordrhein-Westfalen — Kreis Soest —
90 m — 32 000 Ew — Soest 14, Dortmund
31 km
ℹ️ ☎ (0 29 22) 9 70 30, Fax 97 03 17 —
Gesellschaft für Stadtentwicklung, Hedwig-Dransfeld-Str 21, 59457 Werl. Sehenswert: Kath. Propsteikirche, Haus Rykenberg; Wallfahrtsbasilika, Gnadenbild; Alte Wallfahrtskirche; Rathaus; Patrizierhaus; Völkerkundliches Museum; Städtisches Museum; hist. Altstadt

✱ Parkhotel Wiener Hof
Hammer Str 1, ✉ 59457, ☎ (0 29 22) 26 33,
Fax 64 48, AX DC ED VA
8 Zi, Ez: 95-130, Dz: 135-170, ⌐ WC ☎; P 🚗
2↔60 9Golf
✱✱ Hauptgericht 30; Terrasse;
geschl: Mo

🛏 Hemmer
Alter Markt 5, ✉ 59457, ☎ (0 29 22) 44 22,
Fax 44 17
Hauptgericht 13; Terrasse

Wermelskirchen 33 ↓

Nordrhein-Westfalen — Rheinisch-Bergischer Kreis — 345 m — 37 500 Ew — Wuppertal 23, Leverkusen 25 km
ℹ️ ☎ (0 21 96) 71 00, Fax 71 05 55 — Verkehrsamt, Telegrafenstr 29-33, 42929 Wermelskirchen; Stadt im Bergischen Land

✱ Zur Eich
Eich 7, ✉ 42929, ☎ (0 21 96) 7 27 00,
Fax 72 70-70, AX DC ED VA
40 Zi, Ez: 95-118, Dz: 162-190, ⌐ WC ☎; P
🚗 1↔40 Kegeln
✱ 🍷 Hauptgericht 25; Biergarten

✱ Zum Schwanen
✉ 42929, ☎ (0 21 96) 71 10, Fax 71 12 99,
AX DC ED VA
39 Zi, Ez: 100-150, Dz: 150-240, 2 App, ⌐
WC ☎ DFÜ, 10✉; Lift P 🚗 1↔20 Fitneßraum Sauna
✱ Hauptgericht 30

✱ Zu den drei Linden
Staelsmühler Str 1, ✉ 42929, ☎ (0 21 96)
8 03 43, Fax 8 96 97, ED
15 Zi, Ez: 52-95, Dz: 90-130, ⌐ WC; P 🚗 🍴
Auch einfache Zimmer vorhanden

Dabringhausen (9 km ✓)
✱ Zur Post
🍷 Altenberger Str 90, ✉ 42929, ☎ (0 21 93)
5 10 00, Fax 51 00 79, AX DC ED VA
Hauptgericht 28; Biergarten
✱✱ 22 Zi, Ez: 85-127, Dz: 100-177, ⌐
WC ☎
Rezeption: 12-14, 17-22
Auch Zimmer der Kategorie ✱ vorhanden

Wernau 62 ←

Baden-Württemberg — Kreis Esslingen —
276 m — 12 131 Ew — Esslingen 13 km
ℹ️ ☎ (0 71 53) 9 34 50, Fax 93 45 19 — Stadtverwaltung, Kirchheimer Str 69,
73249 Wernau/Neckar

✱✱ Maître
Kirchheimer Str 3, ✉ 73249, ☎ (0 71 53)
9 30 00, Fax 3 68 35, AX DC ED VA
21 Zi, Ez: 99-160, Dz: 147-200, 6 Suiten, ⌐
WC ☎; Lift 1↔15
Rezeption: 7-24, Sa ab 17 geschl: Fr
✱✱ Hauptgericht 35; Terrasse; ✤
geschl: Fr

Wernberg-Köblitz 59 ←

Bayern — Kreis Schwandorf — 450 m —
6 000 Ew — Weiden 20, Schwandorf 30 km
ℹ️ ☎ (0 96 04) 92 11-0, Fax 92 11-50 —
Gemeindeverwaltung, Nürnberger Str 124,
92533 Wernberg-Köblitz

✱✱ Burg Wernberg 👑👑
European Castle
◂ Schloßberg 10, ✉ 92533, ☎ (0 96 04)
9 39-0, Fax 9 39-1 39, DC ED VA
25 Zi, Ez: 120-220, Dz: 220-300, 5 Suiten, ⌐
WC ☎ DFÜ, 6✉; Lift P 🚗 6↔120 Fitneßraum Sauna Solarium
✱✱✱ Kastell im Hotel 🗝🍴
Burg Wernberg
Hauptgericht 40; Terrasse; nur abends,
so + feiertags auch mittags; geschl: Mo, Di
✱ Burgkeller
Hauptgericht 25; Gartenlokal

✱ Landgasthof Burkhard
Marktplatz 10, ✉ 92533, ☎ (0 96 04)
9 21 80, Fax 92 18 50, DC ED VA
16 Zi, Ez: 85-140, Dz: 150-190, ⌐ WC ☎
DFÜ; Lift P
✱✱ Hauptgericht 25; Gartenlokal;
geschl: Do abends, So abends

Werne 34 ↘

Nordrhein-Westfalen — Kreis Unna —
69 m — 30 000 Ew — Hamm 16, Dortmund
24, Münster 35 km
ℹ️ ☎ (0 23 89) 53 40 80, Fax 53 70 99 — Verkehrsverein Werne e.V., Markt 19,
59368 Werne. Sehenswert: Kath. Kirche St. Christophorus; Rathaus; Kirchplatz mit Kirchhofsspeicher; Altes Amtshaus: Museum

* Ickhorn
Markt 1, ✉ 59368, ☎ (0 23 89) 9 87 70,
Fax 98 77 13, AX ED VA
27 Zi, Ez: 75-95, Dz: 120-150, 1 App, ⌂ WC
☎; P 🚗 3⇔30 ⓘ
Im 100m entfernten Gästehaus Zimmer der
Kategorie ** vorhanden

Stockum (5 km →)
* Stockumer Hof
Werner Str 125, ✉ 59368, ☎ (0 23 89)
9 50 70, Fax 95 07 99, ED
20 Zi, Ez: 75, Dz: 120, ⌂ WC ☎; P 🚗 2⇔50
ⓘ

Werneck 56 ↑

Bayern — Kreis Schweinfurt — 221 m —
10 400 Ew — Schweinfurt 12, Würzburg
26 km
🛈 ☎ (0 97 22) 2 20, Fax 22 31 — Gemeindeverwaltung, Balthasar-Neumann-Platz 8,
97440 Werneck. Sehenswert: Schloß
(Krankenhaus), Schloßkirche und Park

** Krone-Post
Minotel
Balthasar-Neumann-Str 1, ✉ 97440,
☎ (0 97 22) 50 90, Fax 50 91 99, AX DC ED VA
53 Zi, Ez: 90-130, Dz: 130-160, ⌂ WC ☎; Lift
P 🚗 4⇔40 Fitneßraum
Auch Zimmer der Kategorie * vorhanden
* Hauptgericht 19; Biergarten;
geschl: Mo

Wernigerode 37 ↑

Sachsen-Anhalt — Kreis Wernigerode —
240 m — 37 600 Ew — Braunlage 24, Halberstadt 24 km
🛈 ☎ (0 39 43) 63 30 35, Fax 63 20 40 — Wernigerode Tourismus GmbH, Nicolaiplatz 1,
38855 Wernigerode. Sehenswert: Stadtbefestigung; Marktplatz mit Rathaus; Fachwerkbauten, z.B. „Gothisches Haus", Ältestes Haus; Oberpfarrkirche St. Sylvestri;
Pfarrkirche Unser Lieben Frauen; Pfarrkirche St. Johann; Schloß mit Museum;
Wildpark Christianental; Harzquerbahn
nach Nordhausen und Schierke, zum Brokken und nach Gernrode

*** Gothisches Haus
Travel Charme Hotel
Am Markt 1, ✉ 38855, ☎ (0 39 43) 67 50,
Fax 67 55 37, AX DC ED VA
126 Zi, Ez: 133-188, Dz: 170-280, S;
2 Suiten, ⌂ WC ☎, 30🛏; Lift P 3⇔25 Fitneßraum Sauna Solarium ⓘ
Im Gästehaus Nonnenhof, Oberpfarrkirch-
hof, auch Zimmer der Kategorie * vorhanden

*** Treff Hotel
Wernigerode
Pfarrstr 41, ✉ 38855, ☎ (0 39 43) 94 10,
Fax 94 15 55, AX DC ED VA
258 Zi, Ez: 140-180, Dz: 190-240, S; ⌂ WC
☎, 40🛏; Lift 🚗 12⇔650 Fitneßraum Sauna
Solarium ⓘ
Auch Zimmer der Kategorie ** vorhanden

** Ringhotel Weißer Hirsch
Marktplatz 5, ✉ 38855, ☎ (0 39 43)
60 20 20, Fax 63 31 39, AX ED VA
49 Zi, Ez: 125-155, Dz: 198-255, S; 6 Suiten,
⌂ WC ☎; Lift P 🚗 7⇔125 Sauna ⓘ

** Erbprinzenpalais
Lindenallee 27, ✉ 38855, ☎ (0 39 43)
5 40 50, Fax 54 05 99, AX ED VA
31 Zi, Ez: 110-120, Dz: 160-185, ⌂ WC ☎;
Lift P 2⇔25 ⓘ
Zimmer der Kategorie *** vorhanden. Als
Wohnsitz des Erbprinzen Stolberg zu Wer-
nigerode 1893 erbaut

* Harz-Krone
Nöschenröder Str 42, ✉ 38855, ☎ (0 39 43)
49 84 68, Fax 2 32 56, AX DC ED VA
16 Zi, Ez: 70-110, Dz: 120-165, 2 Suiten, ⌂
WC ☎; 2⇔60 ⓘ
Auch Zimmer der Kategorie ** vorhanden.
In der benachbarten Pension einfachere
Zimmer vorhanden

* Parkhotel Fischer
Mauergasse 1, ✉ 38855, ☎ (0 39 43)
69 13 50, Fax 69 13 60
18 Zi, Ez: 85, Dz: 140, ⌂ WC ☎, 2🛏; P
1⇔30 ⓘ

* Median
Benzingeröder Chaussee 8, ✉ 38855,
☎ (0 39 43) 5 43 90, Fax 5439 30, AX DC ED VA
17 Zi, Ez: 78-98, Dz: 98-138, ⌂ WC ☎, 9🛏;
P; garni

☕ Café am Markt
Marktplatz 6-8, ✉ 38855, ☎ (0 39 43)
60 40 30, Fax 60 40 30, AX ED VA
Hauptgericht 15; Biergarten Terrasse

Silstedt (4 km ↗)
* Blocksberg
◁ Hauptstr 55, ✉ 38855, ☎ (0 39 43)
2 12 51, Fax 2 12 54, AX DC ED VA
28 Zi, Ez: 100-110, Dz: 140-160, ⌂ WC ☎;
Lift P 4⇔100 Sauna ⓘ

Wershofen 42 →

Rheinland-Pfalz — Kreis Ahrweiler —
500 m — 970 Ew — Adenau 17, Bad Münstereifel 18 km
🛈 ☎ (0 26 94) 7 81 — Gemeindeverwaltung,
Nordstr. 17, 53520 Wershofen; Erholungsort →

Wershofen

** Kastenholz
◃ Hauptstr 1, ✉ 53520, ☎ (0 26 94) 3 81
16 Zi, Ez: 80, Dz: 140, ᗡ WC ☎; ¶◉|

* Landgasthaus Pfahl
◃ Hauptstr 78, ✉ 53520, ☎ (0 26 94) 2 32, Fax 5 30, AX ED VA
22 Zi, Ez: 75-90, Dz: 110-130, ᗡ WC; P
2⇔35 Sauna Solarium
geschl.: 4.-28.1.
* Hauptgericht 25; Terrasse;
geschl: Di, 4.-28.1.

Wertach 70 ↘

Bayern — Kreis Oberallgäu — 915 m —
2 800 Ew — Kempten 24, Füssen 29 km
ℹ ☎ (0 83 65) 2 66, Fax 15 38 — Touristikinformation, Rathausstr 3, 87497 Wertach;
Luftkurort und Wintersportplatz. Sehenswert: Grüntensee (2 km ↗)

* Drei Mühlen
Alpenstr 1, ✉ 87497, ☎ (0 83 65) 7 02 50, Fax 70 25 33, ED VA
25 Zi, Ez: 85-96, Dz: 130-150, 5 App, ᗡ WC ☎; P Fitneßraum Solarium ¶◉| ⚌
Rezeption: 8-20; geschl: Mo, 1.11.-15.12.99

Wertheim 55 ↗

Baden-Württemberg — Main-Tauber-Kreis
— 141 m — 21 500 Ew — Tauberbischofsheim 29, Lohr 31, Miltenberg 31 km
ℹ ☎ (0 93 42) 10 66, Fax 3 82 77 — Fremdenverkehrsgesellschaft, Am Spitzen Turm, 97877 Wertheim; Erholungsort, Romantische Stadt an Main und Tauber.
Sehenswert: Ev. Stiftskirche: Grabmal;
Burgruine; Glasmuseum; ehem. Zisterzienserklosterkirche im Stadtteil Bronnbach (10 km ↘): Kapitelsaal, Chorgestühl; ev. Wehrkirche im Stadtteil Urphar
(6 km ↘); Personenschiffsfahrt, ☎ (0 93 42) 14 14

* Schwan
Mainplatz 8, ✉ 97877, ☎ (0 93 42) 9 23 30, Fax 2 11 82, AX DC ED VA
28 Zi, Ez: 85-120, Dz: 130-160, 3 Suiten, ᗡ WC ☎; ⃟ 1⇔25 ⚌
Auch Zimmer der Kategorie ****** vorhanden
* Hauptgericht 25

* Bronnbacher Hof
Mainplatz 10, ✉ 97877, ☎ (0 93 42) 92 54-0, Fax 92 54-55, AX DC ED VA
37 Zi, Ez: 89-115, Dz: 125-160, ᗡ WC ☎ DFÜ; Lift 2⇔40 ¶◉| ⚌
Auch Zimmer der Kategorie ****** vorhanden

* Am Malerwinkel
Neuplatz 1, ✉ 97877, ☎ (0 93 42) 90 60, Fax 2 16 28, AX DC ED VA
11 Zi, Ez: 85, Dz: 130, ᗡ WC ☎; P ¶◉| ⚌

Bettingen (9 km ↗)
****** Schweizer Stuben
Relais & Châteaux** ⚜⚜
einzeln ♂ Geiselbrunnweg 11, ✉ 97877, ☎ (0 93 42) 30 70, Fax 30 71 55, AX DC ED VA
22 Zi, Ez: 240-400, Dz: 290-450, 3 Suiten, ᗡ WC ☎; 2⇔40 ≋ 🛋 Sauna Solarium 18Golf 7Tennis ⚌
Vier getrennt liegende Gebäude mit Zimmern unterschiedlicher Kategorien. Die Spannweite reicht von Zimmern der Kategorie ****** bis zu vorbildlich gestalteten, luxuriösen Zimmern mit Suite-Charakter
**** Schweizer Stuben ♛♛
Hauptgericht 55; nur abends, So auch mittags; geschl: Di, Jan
*** Taverna La Vigna ♛
einzeln, Hauptgericht 40; geschl: So, Mo, Feb
** Landgasthof Schober ✤
Hauptgericht 30; geschl: Mi, Do, Jan

Werther 24 ↘

Nordrhein-Westfalen — Kreis Gütersloh —
130 m — 11 150 Ew — Halle 6, Bielefeld 10 km
ℹ ☎ (0 52 03) 70 50, Fax 7 05 88 — Stadtverwaltung, Mühlenstr 2, 33824 Werther

** Stadthotel Werther
Alte Bielefelder Str 24, ✉ 33824, ☎ (0 52 03) 97 41 41, Fax 97 41 59, AX DC ED VA
14 Zi, Ez: 80, Dz: 130, ᗡ WC ☎; P 2⇔40; garni
Rezeption: 9-11, 17-21

Werther Kr. Nordhausen 37 □

Thüringen — Kreis Nordhausen —
1 600 Ew
ℹ ☎ (0 36 31) 4 33 70 — Tourist-Information, Dorfstr 18, 99735 Werther

* Zur Hoffnung
An der B 80, ✉ 99735, ☎ (0 36 31) 60 12 16, Fax 60 08 26
51 Zi, Ez: 80-100, Dz: 125, 2 Suiten, ᗡ WC ☎; Lift P 🚗 4⇔200 Fitneßraum Kegeln Sauna Solarium ¶◉| ⚌

Wertingen 63 ↓

Bayern — Kreis Dillingen — 419 m —
7 900 Ew — Dillingen 17, Augsburg 30 km
ℹ ☎ (0 82 72) 8 40, Fax 84 27 — Stadtverwaltung, Schulstr 12, 86637 Wertingen.
Sehenswert: Kirche; Schloß; Heimatmuseum, „Städtische Sammlung für zeitgenössische Kunst"

* Zum Schwan
Hauptstr 8, ✉ 86637, ☎ (0 82 72) 23 24, Fax 23 24, VA
11 Zi, Ez: 52, Dz: 96, ᗡ WC ☎; P ¶◉|

Wesenberg

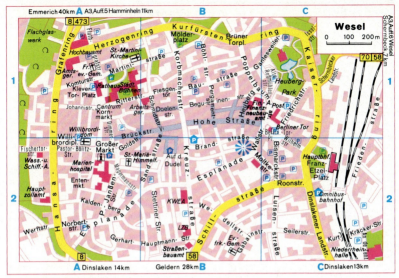

Wertingen-Außerhalb (2 km ←)
* **Waldgasthof Bergfried**
☎ Am Judenberg 2, 🖂 86637, ☎ (0 82 72) 40 79, Fax 52 41, AX ED
12 Zi, Ez: 70-74, Dz: 120-128, 🛁 WC ☎; 🍴
geschl: Mo bis 17

Wesel 32 ↗

Nordrhein-Westfalen — Kreis Wesel — 23 m — 64 000 Ew — Duisburg 34 km
ℹ ☎ (02 81) 2 44 98, Fax 1 40 53 — Weseler Verkehrsverein, Großer Markt 11, 46483 Wesel; Stadt am Niederrhein.
Sehenswert: Willibrordi-Dom; Befestigungsanlagen; Engelkirche

Wesel-Außerhalb (2 km ↘)
** **Lippeschlößchen**
Hindenburgstr 2, 🖂 46485, ☎ (02 81) 44 88, Fax 47 33, AX DC ED VA
Hauptgericht 30; 🅿 Terrasse; geschl: Di

Feldmark (1,5 km ↗)
*** **Waldhotel Tannenhäuschen Wellness-Hotels**
Am Tannenhäuschen 7, 🖂 46487,
☎ (02 81) 9 66 90, Fax 6 41 53, AX DC ED VA
42 Zi, Ez: 145-230, Dz: 180-280, 4 Suiten, 🛁 WC ☎ DFÜ, 10🖂; Lift 🅿 🖴 5⟲40 🏊 Fitneßraum Sauna Solarium 18Golf 9Tennis 🐕
*** Hauptgericht 42; Gartenlokal Terrasse

Flüren (4 km ↘)
** **Art** ✤
Reeser Landstr 188, 🖂 46483, ☎ (02 81) 9 75 75, Fax 9 75 77
Hauptgericht 35; Gartenlokal Terrasse; geschl: Di, Sa mittags

Lackhausen
** **Haus Duden**
☎ Konrad-Duden-Str 99, 🖂 46485,
☎ (02 81) 9 62 10, Fax 9 62 11 00,
AX DC ED VA
63 Zi, Ez: 165-230, Dz: 230, 2 Suiten, 🛁 WC ☎, 10🖂; 🅿 8⟲90 Fitneßraum Kegeln Sauna 🐕
** **Parkrestaurant**
Hauptgericht 32; Terrasse

Wesenberg 21 ▫

Mecklenburg-Vorpommern — Mecklenburg-Strelitz — 3 200 Ew — Berlin 99, Neubrandenburg 48, Neustrelitz 18 km
ℹ ☎ (03 98 32) 2 02 12, Fax 2 10 61 — Amtsverwaltung, Markt 3, 17255 Wesenberg

Wesenberg-Außerhalb (4 km ↑)
*** **Seehotel Borchard's Rookhus**
einzeln ☎ ⚓ Am Großen Labussee 12,
🖂 17255, ☎ (03 98 32) 5 00, Fax 5 01 00,
AX ED VA
38 Zi, Ez: 130-150, Dz: 220-250, 8 Suiten, 🛁 WC ☎, 4🖂; 🅿 2⟲50 🏊 Strandbad Seezugang Fitneßraum Sauna Solarium 🐕
geschl: Jan
*** **Fürst Nikolaus** 🍷
⚓ einzeln Hauptgericht 38; geschl: Mo, 04.01.-05.02.
* **Storchennest**
Hauptgericht 28; Gartenlokal Terrasse; geschl: Anfang Jan-Anfang Feb

Abweichungen zwischen Datenteil und Reisekartenteil ergeben sich durch verschiedene Redaktionsschlußzeiten.

Wesseling 43

Nordrhein-Westfalen — Erftkreis — 53 m — 34 517 Ew — Brühl 6, Bonn 12, Köln 13 km
🛈 ☎ (0 22 36) 70 10, Fax 70 13 39 — Stadt Wesseling, Der Stadtdirektor, Rathausplatz 1, 50389 Wesseling. Sehenswert: Luziakapelle; Wasserturm, Berzdorf; Schwingeler Hof; Pfarrkirche St. Germanus; Godorfer Burg; Rheinpark; Freizeit- u. Naherholungsanlage Entenfang

* **Haus Burum**
Bonner Str 83, ✉ 50389, ☎ (0 22 36) 94 39 10, Fax 9 43 91 27
24 Zi, Ez: 75-160, Dz: 120-200, ⌐ WC ☎; Lift
🅿 🖃; **garni**
geschl: 18.12.-4.1.

* **Central**
Konrad-Adenauer-Str 2, ✉ 50389, ☎ (0 22 36) 4 20 33, Fax 4 28 45, AX DC ED VA
25 Zi, Ez: 80-125, Dz: 130-185, ⌐ WC ☎; **garni**

* **Kölner Hof**
Kölner Str 83, ✉ 50389, ☎ (0 22 36) 4 28 41, Fax 4 24 82, AX ED VA
Hauptgericht 30; geschl: Fr abends, Sa, 4 Wochen in den Sommerferien

Weßling 71 ↑

Bayern — Kreis Starnberg — 600 m — 4 704 Ew —
🛈 ☎ (0 81 53) 40 40, Fax 41 09 — Gemeindeverwaltung, Gautinger Str. 17, 82234 Weßling

** **Seehof Weßling**
Seeweg 4, ✉ 82234, ☎ (0 81 53) 9 35-0, Fax 93 54 35, AX ED VA
40 Zi, Ez: 165-205, Dz: 235-305, 1 Suite, ⌐ WC ☎, 4🖃; Lift 🅿 🖃 2⟲40 ≋ Seezugang Sauna Solarium 🟊
** Hauptgericht 25; Biergarten Terrasse

Wessobrunn 71 ←

Bayern — Kreis Weilheim-Schongau — 720 m — 1 980 Ew — Weilheim 10, Dießen 18, Landsberg 26 km
🛈 ☎ (0 88 09) 3 13, Fax 2 02 — Gemeindeverwaltung, Zöpfstr 1, 82405 Wessobrunn; Bekannt als Fundort des „Wessobrunner Gebetes", des ältesten Textes in deutscher Sprache, etwa 1100 Jahre alt. Sehenswert: Kath. Pfarrkirche St. Johannes; ehem. Benediktinerabtei; Kreuzbergkapelle: Fresken; Wallfahrtskirche St. Leonhard im Forst (7 km ↓)

* **Gasthof Zur Post**
Zöpfstr 2, ✉ 82405, ☎ (0 88 09) 2 08, Fax 8 13
Hauptgericht 19; 🅿 Terrasse; geschl: Di (Okt-April)

Westerburg 44 ←

Rheinland-Pfalz — Westerwaldkreis — 380 m — 6 000 Ew — Hachenburg 21, Montabaur 22 km
🛈 ☎ (0 26 63) 29 10, Fax 2 91 99 — Fremdenverkehrsverein, Neustr 39, 56457 Westerburg; Luftkurort im Westerwald. Sehenswert: Altes Schloß mit Schloßkirche; Liebfrauenkirche; Aussichtspunkt Naturdenkmal „Katzenstein"

** **Deynique**
🟊 🍴 Auf dem Hilserberg 20, ✉ 56457, ☎ (0 26 63) 2 90 20, Fax 2 90 22 00, AX DC ED VA
25 Zi, Ez: 190, Dz: 226, 5 Suiten, ⌐ WC ☎, 6🖃; Lift 🅿 7⟲60
** 🍴 Hauptgericht 35

Stahlhofen (4 km ↗)
*** **Bensings Sport & Gesundheits Akademie**
einzeln 🟊 🍴 Am Wiesensee, ✉ 56457, ☎ (0 26 63) 9 91 00, Fax 99 11 99, AX DC ED VA
43 Zi, Ez: 195-262, Dz: 289-399, 32 Suiten, ⌐ WC ☎, 21🖃; Lift 🅿 9⟲160 ≋ Strandbad Seezugang Fitneßraum Sauna Solarium 27Golf 🟊
** **Wintergarten** ✣
🍴 Hauptgericht 35; Gartenlokal Terrasse

Westerdeichstrich 9 ↙

Schleswig-Holstein — Kreis Dithmarschen — 1 m — 1 000 Ew — Büsum 4 km
🛈 ☎ (0 48 34) 23 36, Fax 24 90 — Kurverwaltung, Dorfstr 20, 25761 Westerdeichstrich; Erholungsort

** **Der Mühlenhof**
🟊 Dorfstr 22, ✉ 25761, ☎ (0 48 34) 9 98-0, Fax 9 98 88, AX DC ED VA
19 Zi, Ez: 80-110, Dz: 120-160, 6 Suiten, 1 App, ⌐ WC ☎; 🅿 🖃 2⟲60 Sauna Solarium 🟊
** Hauptgericht 25; geschl: Mo, Di + Do mittags

Westerheim 62 ↙

Baden-Württemberg — Alb-Donau-Kreis — 800 m — 2 650 Ew — Bad Urach 20, Geislinge an der Steige 28 km
🛈 ☎ (0 73 33) 96 66-12, Fax 96 66-20 — Gemeindeverwaltung, Kirchenplatz 16, 72589 Westerheim; Luftkurort. Sehenswert: Schertelshöhle (Tropfsteinhöhle); Sellenbergkapelle; Steinernes Haus; Burg Reußenstein (10 km); Aussichtsturm Römerstein (10 km)

** **Gästehaus Gartenstrasse**
🟊 Gartenstr 1, ✉ 72589, ☎ (0 73 33) 30 33, Fax 30 35
10 Zi, Ez: 60-65, Dz: 90-100, 2 App, ⌐ WC ☎; 🅿 1⟲30 Fitneßraum Sauna; **garni**

Westerland siehe Sylt

Westernkotten, Bad
siehe Erwitte

Westerstede 16 □

Niedersachsen — Kreis Ammerland — 13 m — 20 104 Ew — Oldenburg 25 km
🛈 ☎ (0 44 88) 85 90 41, Fax 55 55 — Verkehrsverein, Am Markt 2, 26655 Westerstede; Erholungsort. Sehenswert: Ev. Kirche; Schloß Fikensolt; Howieker Wassermühle; Rhododendron-Kulturen in Linswege (5 km ↗)

** Voss
Am Markt 4, ⊠ 26655, ☎ (0 44 88) 51 90, Fax 60 62, AX DC ED VA
58 Zi, Ez: 105-150, Dz: 160-240, 2 Suiten, ⌐ WC ☎ DFÜ, 7✉; Lift 🅿 9♻250 ≅ Fitneßraum Sauna Solarium ✉
Auch Zimmer der Kategorie ***** vorhanden
* Hauptgericht 29; Terrasse

** Altes Stadthaus
Albert-Post-Platz 21, ⊠ 26655, ☎ (0 44 88) 8 47 10, Fax 84 71 30, ED
17 Zi, Ez: 85-95, Dz: 130-150, ⌐ WC ☎; 🅿 1♻35
* Hauptgericht 27; Biergarten; geschl: Mo

** Busch
Alter Markt/Lange Str 2, ⊠ 26655, ☎ (0 44 88) 8 47 60, Fax 84 76 60, AX DC ED VA
13 Zi, Ez: 70-90, Dz: 100-150, ⌐ WC ☎, 5✉; 1♻60 Kegeln 🍽

* Waldhotel am Wittenheimer Forst
Burgstr 15, ⊠ 26655, ☎ (0 44 88) 8 38 20, Fax 7 28 29, AX ED VA
23 Zi, Ez: 75-105, Dz: 120-160, ⌐ WC ☎, 2✉; 🅿 ✉ 1♻150 Kegeln 🍽

* Ammerländer Hof
Lange Str 24, ⊠ 26655, ☎ (0 44 88) 22 73, Fax 7 24 86, AX DC ED VA
23 Zi, Ez: 78-85, Dz: 120-130, ⌐ WC ☎; 🅿 2♻50 Kegeln 🍽

Westhausen Ostalbkreis 62 →

Baden-Württemberg — Ostalbkreis — 490 m — 5 600 Ew — Ellwangen 9, Aalen 12 km
🛈 ☎ (0 73 63) 8 40, Fax 84 50 — Bürgermeisteramt, Jahnstr 2, 73463 Westhausen. Sehenswert: Pfarrkirche St. Mauritius; Kapellen; Wöllerstein 723m ◄

* Adler
♦ Aalener Str 16, ⊠ 73463, ☎ (0 73 63) 50 26, Fax 50 28, ED VA
20 Zi, Ez: 75-85, Dz: 120-125, ⌐ WC ☎; 🅿;
garni
geschl: 22.12.-6.1.
Auch Zimmer der Kategorie ****** vorhanden

Lippach (6 km ↗)
* Landgasthof Walter
♦ ⊠ 73463, ☎ (0 73 63) 9 68 80, Fax 96 88 60, ED VA
14 Zi, Ez: 55-65, Dz: 90-105, ⌐ WC ☎; 🅿 ✉ 🍽
Rezeption: 7-10, 17-22; geschl: 1.1.-1.2.

Westoverledingen 15 ↘

Niedersachsen — Kreis Leer — 5 m — 18 700 Ew — Leer 9 km
🛈 ☎ (0 49 55) 92 00 40, Fax 92 00 41 — Touristik-Information, Deichstr 7 a, 26810 Westoverledingen

Ihrhove
* Haus am Jacobs-Brunnen
Bahnhofstr 10, ⊠ 26810, ☎ (0 49 55) 45 45, Fax 52 80, ED VA
5 Zi, Ez: 60-90, Dz: 110-140, ⌐ WC ☎, 1✉; 🅿 ✉ 2♻55 Kegeln 🍽 ✉
geschl: 10.-24.8.

Westrhauderfehn
siehe Rhauderfehn

Wettenberg 44 →

Hessen — Kreis Gießen — 200 m — 12 000 Ew — Gießen 5 km
🛈 ☎ (06 41) 80 40, Fax 8 04 60 — Gemeindeverwaltung, im Ortsteil Krofdorf-Gleiberg, Sorguesplatz 2, 35435 Wettenberg. Sehenswert: Burgruinen Gleiberg ◄ und Vetzberg ◄

Launsbach
* Schöne Aussicht
Gießener Str 3, ⊠ 35435, ☎ (06 41) 9 82 37-0, Fax 9 82 37-1 20, AX DC ED VA
39 Zi, Ez: 110, Dz: 130-150, ⌐ WC ☎; Lift 🅿 5♻80 🍽

Wetter (Ruhr) 33 □

Nordrhein-Westfalen — Ennepe-Ruhr-Kreis — 110 m — 28 969 Ew — Wuppertal 23 km
🛈 ☎ (0 23 35) 8 40, Fax 8 41 11 — Stadtverwaltung, Kaiserstr 170, 58300 Wetter; Stadt am Harkortsee (Ruhrstausee)

Volmarstein (4 km ↙)
* Burghotel Volmarstein Landidyll
◄ ⌂ Am Vorberg 12, ⊠ 58300, ☎ (0 23 35) 9 66 10, Fax 65 66, AX DC ED VA
34 Zi, Ez: 115-145, Dz: 160-190, 2 Suiten, 1 App, ⌐ WC ☎, 5✉; Lift 🅿 3♻100 Kegeln 🍽 ✉

Wettstetten 64 □

Bayern — Kreis Eichstätt — 400 m — 4 431 Ew — Ingolstadt 8, Eichstätt 20 km
🛈 ☎ (08 41) 3 80 66, Fax 3 80 63 — Gemeindeverwaltung, Kirchplatz 10, 85139 Wettstetten
➡

Wettstetten

** Provinz-Restaurant
Kirchplatz 9, ✉ 85139, ☎ (08 41) 3 81 73, Fax 99 22 73, ED
Hauptgericht 32; nur abends; geschl: So, Mo

Wetzlar 44 →

Hessen — Lahn-Dill-Kreis — 150 m — 54 000 Ew — Gießen 15 km
🛈 ☎ (0 64 41) 9 93 38, Fax 9 93 39 — Verkehrsamt, Domplatz 8, 35578 Wetzlar; Kreisstadt, an der Lahn. Sehenswert: Dom; Altstadt: Fachwerkhäuser; Hospitalkirche; Lottehaus; Jerusalemhaus; Sammlung Dr. I. von Lemmers-Danforth (europ. Wohnkultur aus der Renaissance und Barock); Burgruine Kalsmunt ≤, Reichskammergerichtsmuseum; Stadt- und Industriemuseum

** Mercure
Bergstr 41, ✉ 35578, ☎ (0 64 41) 41 70, Fax 4 25 04, AX DC ED VA
144 Zi, Ez: 140-197, Dz: 160-229, S; ⊌ WC ☎, 32🖂; Lift 🅿 🖨 11🔄400 🏠 Fitneßraum Kegeln Sauna Solarium
** Charlotte
Hauptgericht 30

** Bürgerhof
Konrad-Adenauer-Promenade 20, ✉ 35578, ☎ (0 64 41) 90 30, Fax 90 31 00, AX DC ED VA
62 Zi, Ez: 98-135, Dz: 160-180, ⊌ WC ☎; Lift 🅿 🖨
Auch Zimmer der Kategorie ***** vorhanden
* Der Postreiter
⊗ Hauptgericht 28; geschl: Do, 10.8.-24.8.

** Wetzlarer Hof
Obertorstr 3, ✉ 35578, ☎ (0 64 41) 90 80, Fax 90 81 00, AX DC ED VA
44 Zi, Ez: 130-170, Dz: 160-210, ⊌ WC ☎; Lift 🅿 🖨 5🔄50 🍴 🍺

* Kelly's Hotel Wetzlar
Karl-Kellner-Ring 40, ✉ 35578, ☎ (0 64 41) 9 06-0, Fax 90 61 11, AX DC ED VA
68 Zi, Ez: 132-157, Dz: 160-185, ⊌ WC ☎, 32🖂; Lift 🖨 6🔄80 🍴 🍺

* Blankenfeld
Im Amtmann 20, ✉ 35578, ☎ (0 64 41) 7 87-0, Fax 7 87-2 00, AX ED VA
38 Zi, Ez: 95-120, Dz: 140-170, ⊌ WC ☎ DFÜ; Lift 🅿 🖨 2🔄60 Sauna 🍴

** Häusler's Restaurant ✤
Garbenheimer Str 18, ✉ 35578, ☎ (0 64 41) 4 25 51, Fax 4 25 51, ED VA
Hauptgericht 36; 🅿 Terrasse; nur abends; geschl: So, Mo, 1.1.-10.1., 2 Wochen im Sommer

Bömisch Eck
⊗ Fischmarkt 4, ✉ 35578, ☎ (0 64 41) 4 66 46, Fax 7 33 52
Hauptgericht 20; nur abends, Sa auch mittags; geschl: So, im Sommer auch Di, in den Sommerferien

Naunheim (3 km ↑)
** Landhotel Naunheimer Mühle
An der Mühle 2, ✉ 35584, ☎ (0 64 41) 9 35 30, Fax 93 53 93, ED VA
30 Zi, Ez: 96-146, Dz: 172-212, 2 Suiten, ⊌ WC ☎ DFÜ, 10🖂; Lift 🅿 4🔄50 3Tennis; garni 🍴

Weyarn 72 □

Bayern — Kreis Miesbach — 670 m — 2 950 Ew — Miesbach 9, München 36 km
🛈 ☎ (0 80 20) 2 21, Fax 15 90 — Gemeindeverwaltung, Ignaz-Günther-Str. 5, 83629 Weyarn

** Alter Wirt
Miesbacher Str 2, ✉ 83629, ☎ (0 80 20) 90 70, Fax 15 15
44 Zi, Ez: 100, Dz: 140, 2 App, ⊌ WC ☎, 2🖂; 🅿 🍴

* Landgasthof Bruckmühle ✤
Mühlthal 3, ✉ 83626, ☎ (0 80 20) 2 24, Fax 73 68, ED
Hauptgericht 19; Kegeln 🅿; geschl: Mo, 22.12.-24.12.

Weyerbusch 43 ↗

Rheinland-Pfalz — Kreis Altenkirchen — 210 m — 1 400 Ew — Altenkirchen (Westerw.) 8 km
🛈 ☎ (0 26 81) 85-2 53, Fax 71 22 — Verbandsgemeindeverwaltung, Rathausstr 13, 57610 Altenkirchen

* Sonnenhof
Kölner Str 33, ✉ 57635, ☎ (0 26 86) 83 33, Fax 83 32, ED
12 Zi, Ez: 65, Dz: 98-105, ⊌ WC ☎; 🍴

Weyhausen 27 ←

Niedersachsen — Kreis Gifhorn — 67 m — 2 500 Ew — Wolfsburg 8, Gifhorn 13 km
🛈 ☎ (0 53 62) 73 68 — Gemeindeverwaltung, Neue Str 12, 38554 Weyhausen

Weyhausen-Außerhalb (1 km →)
*** Alte Mühle
Wolfsburger Str 72, ✉ 38554, ☎ (0 53 62) 9 80 00, Fax 98 00 60, AX DC ED VA
50 Zi, Ez: 145-205, Dz: 180-260, ⊌ WC ☎; Lift 🅿 6🔄140 🏠 Sauna
** Hauptgericht 45; Terrasse

Weyhe 17 ↙

Niedersachsen — Kreis Diepholz — 9 m — 28 595 Ew — Bremen 14, Delmenhorst 18 km
🛈 ☎ (0 42 03) 7 10, Fax 7 11 42 — Gemeindeverwaltung, Rathausplatz 1, 28844 Weyhe; Ort in der Weserniederung (Marschlandschaft)

Leeste
** **Akzent-Hotel Leeste**
Alte Poststr 2, ⊠ 28844, ☎ (04 21) 80 26 06,
Fax 89 22 65, AX ED VA
35 Zi, Ez: 95-110, Dz: 130-150, ⊿ WC ☎; **P**
🚗 2⇌25 ≋ Sauna Solarium 18Golf ⊙

Weyher 60 ↑

Rheinland-Pfalz — Edenkoben — 330 m —
630 Ew — Mannheim 40, Neustadt/
Weinstr. 15, Edenkoben 5 km
i ☎ (0 63 23) 18 05 — Gemeindeverwaltung, Oberdorf 8, 76835 Weyher

* **Zum Kronprinzen**
Josef-Meyer-Str 11, ⊠ 76835, ☎ (0 63 23)
70 63, Fax 70 65
Hauptgericht 25; Gartenlokal; geschl: Di,
2 Wochen im Jan, 2 Wochen im Jul-Aug
* 11 Zi, Ez: 60-85, Dz: 45-60, ⊿ WC
☎
geschl: je 2 Wochen im Jan+Jul-Aug

Wickede (Ruhr) 34 □

Nordrhein-Westfalen — Kreis Soest —
140 m — 12 758 Ew — Soest 18, Unna
19 km
i ☎ (0 23 77) 91 50, Fax 91 51 78 —
Gemeindeverwaltung, Hauptstr 81,
58739 Wickede

*** **Haus Gerbens**
Hauptstr 211, ⊠ 58739, ☎ (0 23 77) 10 13,
Fax 18 71, AX DC ED VA
Hauptgericht 35
* 8 Zi, Ez: 75, Dz: 130, ⊿ WC ☎

Wickerode 37 →

Sachsen-Anhalt — Kreis Sangerhausen —
170 m — 330 Ew — Nordhausen 26 km
i ☎ (03 46 51) 3 89-0, Fax 3 89-12 — Verwaltungsgemeinschaft, Wilhelmstr. 4,
06536 Roßla

** **Landhotel Fünf Linden**
Schulplatz 94, ⊠ 06536, ☎ (03 46 51) 3 50,
Fax 3 51 01, DC ED VA
35 Zi, Ez: 60-130, Dz: 90-150, 2 Suiten,
1 App, ⊿ WC ☎, 5🍽; **P** 2⇌30 Sauna
Solarium ⊙

Wieck a. Darß 13 ←

Mecklenburg-Vorpommern — Kreis Nordvorpommern — 1 m — 800 Ew — Prerow 4 km
i ☎ (03 82 33) 2 73 — Gemeindeverwaltung, Bliesenrader Weg 2, 18375 Wieck a.
Darß

Varta Hotel-Service (05 11) 92 39 95-0.

Wieden

** **Haferland**
☼ ◄ Bauernreihe 5a, ⊠ 18375, ☎ (03 82 33)
6 80, Fax 6 82 20, DC VA
35 Zi, Ez: 120-200, Dz: 160-240, 12 Suiten,
⊿ WC ☎, 18🍽; Lift **P** 1⇌40
** Hauptgericht 30; Terrasse

Wieda 37 ←

Niedersachsen — Kreis Osterode — 600 m
— 2 103 Ew — Braunlage 12 km
i ☎ (0 55 86) 96 60-0, Fax 96 60-60 — Die
drei Südharzer/Touristik GmbH, Otto-
Haberlandt-Str 49, 37447 Wieda; Heilklimatischer Kurort im Südharz. Sehenswert:
Stöberhai, 718 m

* **Krone am Park**
Waldstr 48, ⊠ 37447, ☎ (0 55 86) 13 25,
Fax 13 25
12 Zi, Ez: 60-65, Dz: 99-107, ⊿ WC ☎; **P**
1⇌30 ⊙ ⇌
Rezeption: 11-21 geschl: Mo

Wiedemar 38 →

Sachsen — Delitzsch — 110 m — 2 204 Ew
— Leipzig 15, Halle 15 km
i ☎ (03 42 07) 4 10 37, Fax 4 10 37 —
Gemeindeverwaltung, Schulstr 2,
04509 Wiedemar

** **Belmondo**
Junkerstr 1, ⊠ 04509, ☎ (03 42 07) 4 18 99,
Fax 4 18 85, AX ED VA
108 Zi, Ez: 165, Dz: 135-170, S; ⊿ WC ☎,
24🍽; Lift **P** 5⇌250 Fitneßraum Sauna
Solarium ⊙

Wieden 67 □

Baden-Württemberg — Kreis Lörrach —
1 m — 570 Ew — Schönau 8, Todtnau 11,
Untermünstertal 19 km
i ☎ (0 76 73) 3 03, Fax 85 33 — Kurverwaltung, Kirchstr 2, 79695 Wieden; Erholungsort im südlichen Schwarzwald, Luftkurort. Sehenswert: Besucherbergwerk
„Finstergrund"

** **Moosgrund**
☼ ◄ Steinbühl 16, ⊠ 79695, ☎ (0 76 73)
79 15, Fax 17 93
15 Zi, Ez: 75-82, Dz: 96-140, 4 Suiten,
2 App, ⊿ WC ☎; Lift **P** ⇌ Fitneßraum
Sauna Solarium ⊙ ⇌
geschl: Do, Mitte Nov - Anfang Dez

* **Hirschen**
Ortsstr 8, ⊠ 79695, ☎ (0 76 73) 10 22,
Fax 85 16, ED VA
31 Zi, Ez: 48-90, Dz: 88-170, 1 App, ⊿ WC
☎; Lift **P** 1⇌100 ⇌ Fitneßraum Kegeln
Sauna Solarium 1Tennis ⇌
Auch einfachere Zimmer vorhanden
* Hauptgericht 25 →

1031

Wieden

*　　Sonnenhang
◁ Steinbühl 11, ✉ 79695, ☎ (0 76 73)
91 81 70, Fax 9 18 17 20
12 Zi, Ez: 60-65, Dz: 90-120, 1 Suite, 1 App,
⌐ WC ☎; ℗ Sauna Solarium ¶◎ ⚓
geschl: Mi, Nov

Wieden-Außerhalb (4 km ↖)
**　　Berghotel Wiedener Eck
einzeln ◁ Oberwieden 15, ✉ 79695,
☎ (0 76 73) 90 90, Fax 10 09, DC ED VA
32 Zi, Ez: 50-85, Dz: 110-190, 1 App, ⌐ WC
☎ DFÜ; Lift ℗ 🚗 1⇌25 ⚓ Fitneßraum
Sauna Solarium ⚓
Auch einfachere Zimmer vorhanden
*　　◁ Hauptgericht 25; Gartenlokal
Terrasse

Wiederitzsch siehe Leipzig

Wiefelstede　　16 ☐

Niedersachsen — Kreis Ammerland —
10 m — 11 950 Ew — Bad Zwischenahn 12,
Oldenburg 15 km
ℹ ☎ (0 44 02) 96 51 50, Fax 6 93 81 — Fremdenverkehrsverein, Kleiberg 10, 26215 Wiefelstede; Erholungsort.

Metjendorf (10 km ↘)
*　　Trend Hotel
Jürnweg 5, ✉ 26215, ☎ (04 41) 9 61 10,
Fax 9 61 12 00, AX DC ED VA
34 Zi, Ez: 86, Dz: 138, ⌐ WC ☎ DFÜ, 5✉; ℗
¶◎

Spohle (7 km ↖)
*　　Spohler Krug
Wiefelsteder Str 26, ✉ 26215, ☎ (0 44 58)
4 97, Fax 15 51
31 Zi, Ez: 46, Dz: 78, ⌐ WC ☎; Kegeln

Wiehl　　43 ↗

Nordrhein-Westfalen — Oberbergischer
Kreis — 190 m — 25 500 Ew — Gummersbach 12, Waldbröl 15 km
ℹ ☎ (0 22 62) 9 91 95, Fax 9 92 47 — Verkehrsamt Wiehl, Bahnhofstr 1,
51674 Wiehl; Erholungsort im Oberbergischen Land. Sehenswert: Tropfsteinhöhle
(2 km ↓); Achse, Rad und Wagen: Werksmuseum der Bergischen Achsenfabrik;
Dahlienschau (Aug-Okt)

**　　Zur Post
Hauptstr 6-10, ✉ 51674, ☎ (0 22 62) 7 90-0,
Fax 9 25 95, AX DC ED VA
53 Zi, Ez: 120-200, Dz: 190, 4 Suiten, ⌐ WC
☎, 10✉; Lift ℗ 5⇌150 ⚓ Fitneßraum
Kegeln Sauna Solarium
**　　Hauptgericht 40

*　　Platte
Hauptstr 25, ✉ 51674, ☎ (0 22 62) 90 75-76,
Fax 9 78 76, AX DC VA
20 Zi, Ez: 108-115, Dz: 180-200, ⌐ WC ☎; ℗
🚗 ¶◎

Wiehl-Außerhalb (1 km ↓)
**　　Waldhotel Hartmann
einzeln ♂ Tropfsteinhöhle, ✉ 51674,
☎ (0 22 62) 79 20, Fax 9 34 00, AX DC ED VA
51 Zi, Ez: 120-150, Dz: 180-220, 3 App, ⌐
WC ☎; Lift ℗ 4⇌60 ⚓ Fitneßraum Kegeln
Sauna ⚓
**　　Hauptgericht 25

Wiek siehe Rügen

Wienhausen　　26 ↗

Niedersachsen — Kreis Celle — 45 m —
3 325 Ew — Celle 10, Burgdorf 24 km
ℹ ☎ (0 51 49) 88 99, Fax 88 99 — Verkehrsverein, Hauptstr 7, 29342 Wienhausen.
Sehenswert: Kloster Wienhausen;
Glockenturm; Kapelle Oppershausen; Alte
Wassermühle

*　　Voß
♂ Hauptstr 27, ✉ 29342, ☎ (0 51 49) 5 92,
Fax 2 02, AX ED VA
18 Zi, Ez: 93-105, Dz: 128-158, 2 Suiten, ⌐
WC ☎, 3✉; ℗ Solarium; **garni**
geschl: 16.1.-17.2.
Alle Zimmer sind mit unterschiedlichen
Antiquitäten ausgestattet.

Oppershausen (2 km ↗)
***　　Landhotel Klosterhof mit
　　　Gästehaus**
♂ Dorfstr 16, ✉ 29342, ☎ (0 51 49) 9 80 30,
Fax 98 03 35, ED
34 Zi, Ez: 98-188, Dz: 128-248, ⌐ WC ☎; ℗
2⇌100 Fitneßraum Sauna Solarium ¶◎ ⚓

Wiesbaden　　44 ↓

Hessen — Stadtkreis — 117 m —
267 435 Ew — Mainz 11, Rüdesheim 27,
Frankfurt/Main 40 km
ℹ ☎ (06 11) 17 29-7 80, Fax 17 29-7 89 —
Verkehrsbüro, Marktstr. 6, 65183 Wiesbaden; Landeshauptstadt; Heilbad; Internationale Kongreßstadt, Deutsche Klinik für
Diagnostik; Hessisches Staatstheater;
Spielbank im Kurhaus. Sehenswert: Ev.
Marktkirche; kath. Kirche St. Bonifatius;
ev. Ringkirche; Kurhaus; Kolonnade;
Kochbrunnen (65°C, 500 000 l täglich); Heidenmauer; Marktplatz; Rathaus; Schloß
(Hess. Landtag); Museum Wiesbaden:
Naturwissenschaftl. Sammlung, Sammlung Nassauischer Altertümer, Gemäldegalerie; Altstadt; Rhein-Main-Halle; Neroberg ◁ mit Griechischer Kapelle und
Opelbad; Schloß in Wiesbaden-Biebrich
(5 km ↓); Rokoko-Kirche in WiesbadenSchierstein (5 km ↙); Burgreste in Wiesbaden-Sonnenberg (3 km ↗); roman. Kirche
in Wiesbaden-Bierstadt (3 km →)

Cityplan siehe Seite 1034

Wiesbaden

**** Nassauer Hof ♛
**The Leading Hotels
of the World**
♂ Kaiser-Friedrich-Platz 3 (B 1), ✉ 65183,
☎ (06 11) 13 30, Fax 13 36 32, AX DC ED VA
178 Zi, Ez: 385-435, Dz: 555-640, S;
20 Suiten, ⌂ WC ☏ DFÜ, 42🛏; Lift 🅿
8✂200 ≘ Sauna Solarium ⛱
Auch Zimmer der Kategorie ******* vorhanden

Ente
Hauptgericht 60; nur abends; geschl: So,
Mo, 1.-14.1., im Jul-Aug
Wiedereröffnung nach Redaktionsschluß

*** Orangerie
Hauptgericht 48; Terrasse

** Bistro
Hauptgericht 40; geschl: So, Mo, 1.-14.1.,
im Jul-Aug

* Der Entenkeller
Hauptgericht 40; nur abends; geschl: So,
Mo, 1.-14.1., im Jul-Aug

****** Radisson SAS
Schwarzer Bock**
Kranzplatz 12 (B 1), ✉ 65183, ☎ (06 11)
15 50, Fax 15 51 11, AX DC ED VA
142 Zi, Ez: 268-338, Dz: 308-378, S;
11 Suiten, ⌂ WC ☏ DFÜ, 40🛏; Lift 🅿 🚗
6✂200 ≘ Fitneßraum Sauna Solarium 🍽

*** Holiday Inn Crowne Plaza
Bahnhofstr 10 (B 3), ✉ 65185, ☎ (06 11)
16 20, Fax 30 45 99, AX DC ED VA
232 Zi, Ez: 180-370, Dz: 210-410, S;
3 Suiten, ⌂ WC ☏, 64🛏; Lift 🚗 6✂140 ≘
Fitneßraum Sauna Solarium 🍽 ⛱

*** Aukamm-Hotel
⋖ Aukammallee 31, ✉ 65191, ☎ (06 11)
57 60, Fax 57 62 64, AX DC ED VA
144 Zi, Ez: 291-331, Dz: 362-402, S;
14 Suiten, ⌂ WC ☏ DFÜ, 18🛏; Lift 🅿 🚗
8✂230 Fitneßraum Sauna Solarium

*** Marchesa
Hauptgericht 44; Terrasse; geschl: So, Mo

** Rosenpark
Hauptgericht 32

** Imari
Hauptgericht 40
japanische Küche

** Ramada
Abraham-Lincoln-Str 17, ✉ 65189,
☎ (06 11) 79 70, Fax 76 13 72, AX DC ED VA
205 Zi, Ez: 169-293, Dz: 169-353, S;
7 Suiten, 1 App, ⌂ WC ☏, 37🛏; Lift 🚗
13✂460 ≘ Fitneßraum Sauna Solarium
Auch Zimmer der Kategorie ******* vorhanden

* Hauptgericht 28

** Fontana
Sonnenberger Str 62 (außerhalb C 1), ✉ 65193,
☎ (06 11) 52 00 91, Fax 52 18 94, ED VA
25 Zi, Ez: 120, Dz: 150, 3 Suiten, 1 App, ⌂
WC ☏; Lift 🅿 🚗 1✂20 8Tennis; garni
geschl: 23.12.-3.1.99

**** Dorint Pallas Hotel
Wiesbaden**
Auguste-Viktoria-Str 15 (C 3), ✉ 65185,
☎ (06 11) 33 06-0, Fax 30 39 60, AX DC ED VA
195 Zi, Ez: 257-359, Dz: 327-387, S; 5 App,
⌂ WC ☏ DFÜ, 36🛏; Lift 🅿 9✂500 Fitneßraum Sauna Solarium ⛱
Auch Zimmer der Kategorie ******* vorhanden

** Globetrotter
Hauptgericht 18; Terrasse

** Klee am Park
Parkstr 4 (C 2), ✉ 65189, ☎ (06 11) 9 00 10,
Fax 9 00 13 10, AX DC ED VA
54 Zi, Ez: 198-283, Dz: 291-366, ⌂ WC ☏,
29🛏; Lift 🅿 1✂30 ⛱
Auch Zimmer der Kategorie ***** vorhanden

** Hauptgericht 35; Terrasse

** Oranien
Platter Str 2 (A 1), ✉ 65193, ☎ (06 11)
18 82-0, Fax 18 82-2 00, AX DC ED VA
85 Zi, Ez: 150-195, Dz: 230-250, ⌂ WC ☏
DFÜ, 20🛏; Lift 🅿 🚗 3✂120 Fitneßraum
18Golf ⛱
Auch Zimmer der Kategorie ***** vorhanden

* Hauptgericht 29; geschl: So,
20.7.-15.8., 24.11.-11.1.

** Drei Lilien
Spiegelgasse 3 (B 1), ✉ 65183, ☎ (06 11)
99 17 80, Fax 9 91 78 88, ED VA
15 Zi, Ez: 155-180, Dz: 175-220, ⌂ WC ☏
DFÜ, 2🛏; garni

---

* De France
Taunusstr 49 (B 1), ✉ 65183, ☎ (06 11)
95 97 30, Fax 9 59 73 74, AX DC ED VA
37 Zi, Ez: 140-160, Dz: 195-220, ⌂ WC ☏,
7🛏; Lift; garni
geschl: 23.12.-4.1.
Auch Zimmer der Kategorie ****** vorhanden

---

* Maxi-Hotel
Wellritzstr 6 (A 2), ✉ 65183, ☎ (06 11)
9 45 20, Fax 94 52 77, AX DC ED VA
42 Zi, Ez: 90-130, Dz: 120-170, ⌂ WC ☏; Lift
🚗

---

* Aachener Hof
Matthias-Claudius-Str 16 (B 4), ✉ 65185,
☎ (06 11) 30 12 03, Fax 30 36 60, ED VA
25 Zi, Ez: 125-150, Dz: 170-200, ⌂ WC ☏;
garni

---

* Klemm
Kapellenstr 9 (B 1), ✉ 65193, ☎ (06 11)
58 20, Fax 58 22 22, AX DC ED VA
55 Zi, Ez: 100-140, Dz: 140-180, ⌂ WC ☏,
20🛏; Lift; garni

*** Admiral
Top International Hotel**
Geisbergstr 8 (B 1), ✉ 65193, ☎ (06 11)
5 86 60, Fax 52 10 53, AX DC ED VA
28 Zi, Ez: 125-175, Dz: 180-205, S; ⌂ WC ☏;
Lift 🚗; garni →

Wiesbaden

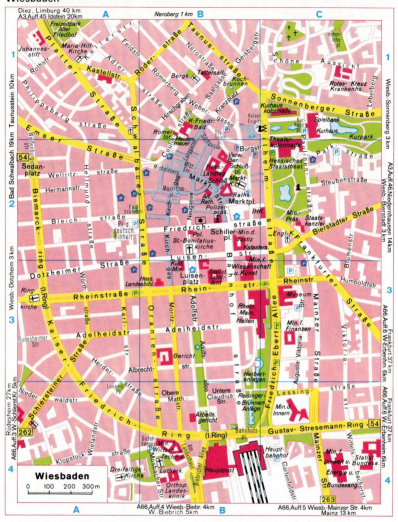

✴ Bären
Bärenstr 3 (B 1), ✉ 65183, ☎ (06 11)
30 10 21, Fax 30 10 24, AX DC ED VA
56 Zi, Ez: 130-210, Dz: 190-240, 2 Suiten, ⌐
WC ☎; Lift 2✪40 ≘ Solarium ⓘ

✴ Ibis Kranzplatz
Kranzplatz 10 (B 1), ✉ 65183, ☎ (06 11)
3 61 40, Fax 3 61 44 99, AX DC ED VA
132 Zi, Ez: 136, Dz: 151, S; ⌐ WC ☎, 19⚏;
Lift 🚗; garni

Das S weist auf Hotels hin, die Sie unter
(05 11) 92 39 95-0 zu Sonderkonditionen
buchen können.

✴ Ibis Mauritiusplatz
Mauritiusstr 5 (B 2), ✉ 65183, ☎ (06 11)
1 67 10, Fax 1 67 17 50, AX DC ED VA
149 Zi, Ez: 124-154, Dz: 139-169, ⌐ WC ☎;
Lift 5✪80; garni

✴ Hansa Hotel
Bahnhofstr 23 (B 3), ✉ 65185, ☎ (06 11)
3 99 55, Fax 30 03 19, AX DC ED VA
81 Zi, Ez: 145-170, Dz: 165-200, S; ⌐ WC ☎,
20⚏; Lift 🅿 1✪30 ⓘ
geschl: 19.12.-3.1.

⌐ Kostengünstige Unterkunft mit
Standard-Ausstattung

Wiesenttal

** Käfer's Bistro
Kurhausplatz 1 (C 1), ✉ 65189, ☎ (06 11) 53 62 00, Fax 53 62 22, AX DC ED VA
Hauptgericht 35; Biergarten Terrasse; Jugendstileinrichtung

** Pantuso
Kleine Frankfurter Str 15, ✉ 65189, ☎ (06 11) 30 01 30, Fax 3 08 22 45, AX DC ED VA
Hauptgericht 45; **P**; geschl: So, in den Sommerferien

** Brasserie Bruno
Taunusstr 49, ✉ 65183, ☎ (06 11) 5 12 51, Fax 52 09 29, AX DC ED VA
Hauptgericht 30; Terrasse; nur abends; geschl: So

** Estragon
Wilhelmstr 12 (C 2-3), ✉ 65185, ☎ (06 11) 30 39 06, Fax 37 32 02, AX DC ED VA
Hauptgericht 52; geschl: Sa + So mittags, Di

Blum
Wilhelmstr 44 (C 1-2), ✉ 65183, ☎ (06 11) 30 00 07, Fax 30 00 06
Hauptgericht 35; Terrasse
Spezialität: Chef-Sahne

Wiesbaden-Außerhalb (2 km ↖)

** Landhaus Diedert
Am Kloster Klarenthal 9, ✉ 65195, ☎ (06 11) 46 10 66, Fax 46 10 69, AX DC ED VA
Hauptgericht 40
* 11 Zi, Ez: 150-185, Dz: 200-250, 2 Suiten, ⌐ WC ☎; 1⇔16

Biebrich (5 km ↓)

* Weihenstephan
Armenruhstr 6, ✉ 65203, ☎ (06 11) 6 11 34, Fax 60 38 25, AX ED
Hauptgericht 35

Erbenheim (5 km ↘)

* Toskana
Kreuzberger Ring 32, ✉ 65205, ☎ (06 11) 7 63 50, Fax 7 63 53 33, AX DC ED VA
52 Zi, Ez: 140, Dz: 200, ⌐ WC ☎, 10⊠; Lift **P** 🖶; garni

Erbenheim-außerhalb

** Gästehaus Domäne Mechtildshausen
✉ 65205, ☎ (06 11) 73 74 60, Fax 73 74 79, AX ED VA
15 Zi, Ez: 150, Dz: 250, ⌐ WC ☎; 3⇔80
** Hauptgericht 40; Terrasse; geschl: Mo

Frauenstein

** Weinhaus Sinz
Herrnbergstr 17, ✉ 65201, ☎ (06 11) 94 28 90, Fax 9 42 89 40, AX ED VA
Hauptgericht 28; **P** Terrasse; geschl: So abends, Mo
* 6 Zi, Ez: 100, Dz: 150, ⌐ WC ☎; 2⇔

Naurod (9 km ↗)

** Zur Rose
Bremthaler Str 1, ✉ 65207, ☎ (0 61 27) 40 06, Fax 42 12 13, AX DC ED VA
Hauptgericht 37; Gartenlokal; nur abends; geschl: So
* 9 Zi, Ez: 90, Dz: 125, ⌐ WC ☎; 1⇔20

Nordenstadt (8 km ↘)

** Treff Hotel
Ostring 9, ✉ 65205, ☎ (0 61 22) 80 10, Fax 80 11 64, AX DC ED VA
144 Zi, Ez: 139-255, Dz: 189-305, S; ⌐ WC ☎ DFÜ, 12⊠; Lift **P** 6⇔300 🖶

* Mercur
Borsigstr 1a, ✉ 65205, ☎ (0 61 22) 91 70, Fax 91 73 00, AX ED VA
80 Zi, Ez: 130, Dz: 160, ⌐ WC ☎, 40⊠; Lift **P** 🖶 3⇔60

Sonnenberg (2 km ↗)

** Il Gambero
Rambacher Str 53, ✉ 65193, ☎ (06 11) 54 35 08
Hauptgericht 30

Wiesenttal 58 ↘

Bayern — Kreis Forchheim — 350 m — 2 700 Ew — Ebermannstadt 5, Pegnitz 29 km
i ☎ (0 91 96) 1 94 33, Fax 92 99 30 — Verkehrsamt Muggendorf/Streitberg, im Ortsteil Muggendorf, Forchheimer Str 8, 91346 Wiesenttal; Luftkurort in der Fränkischen Schweiz. Sehenswert: Binghöhle (5 km ←)

Muggendorf

** Feiler ♛
Oberer Markt 4, ✉ 91346, ☎ (0 91 96) 9 29 50, Fax 3 62, AX DC ED VA
15 Zi, Ez: 120-150, Dz: 195, 2 Suiten, ⌐ WC ☎; 🖶 1⇔30 ≈ 18Golf
Rezeption: von Nov-März nur Fr, Sa, So geschl: Mo bis 18
*** Hauptgericht 45; **P** Terrasse;
Spezialität: Pilzgerichte mit Wildkräutern

** Goldener Stern
Marktplatz 6, ✉ 91346, ☎ (0 91 96) 9 29 80, Fax 14 02, ED VA
22 Zi, Ez: 60-75, Dz: 110-160, 1 Suite, ⌐ WC ☎; **P** 2⇔60 Sauna 🖶
geschl: 6.1.-30.1.
Auch Zimmer der Kategorie ***** vorhanden
* Hauptgericht 26; Biergarten; geschl: 6.1.-30.1.

Streitberg

** Altes Kurhaus
Streitberg 13, ✉ 91346, ☎ (0 91 96) 7 36, Fax 16 68
Hauptgericht 25; **P**; geschl: Mo, 15.1.-15.2., 1 Woche im Aug

Wiesloch 54 ↘

Baden-Württemberg — Rhein-Neckar-Kreis — 150 m — 25 200 Ew — Heidelberg 14, Bruchsal 21 km
🛈 ☎ (0 62 22) 8 43 13, Fax 8 43 07 — Kulturamt, Marktstr 13, 69168 Wiesloch. Sehenswert: Kath. Kirche St. Laurentius; ev. Stadtkiche; Stadtmauer; Pankratiuskapelle in Altwiesloch; Freihof; Stadtapotheke

*** Palatin
Ringstr 17, ✉ 69168, ☎ (0 62 22) 5 82 01, Fax 58 25 55, AX DC ED VA
113 Zi, Ez: 120-255, Dz: 160-325, S; 2 Suiten, ⇱ WC ☎ DFÜ, 69🖂; Lift 🅿 🚗 12⇔1200 Fitneßraum Sauna Solarium 18Golf ☛
** Première
Hauptgericht 30; Gartenlokal Terrasse

** Mondial ♛
Schwetzinger Str 123, ✉ 69168, ☎ (0 62 22) 57 60, Fax 57 63 33, AX DC ED VA
37 Zi, Ez: 119-169, Dz: 159-209, 6 Suiten, ⇱ WC ☎ DFÜ; Lift 🅿 🚗 1⇔24 Sauna Solarium 18Golf
geschl: 1.-6.1.
*** La Chandelle 🍴🍴🍴
Hauptgericht 45; Terrasse; nur abends; geschl: 01.01.-11.01.99
** Brasserie
Hauptgericht 25; Gartenlokal Terrasse; geschl: So, feiertags, 1.-6.1.

** Historisches Weinrestaurant Freihof
⊘ Freihofstr 2, ✉ 69168, ☎ (0 62 22) 25 17, Fax 5 16 34, AX DC ED VA
Hauptgericht 38; 🅿 Terrasse
Haus aus dem 13. Jh.

Wiesmoor 16 ←

Niedersachsen — Kreis Aurich — 13 m — 11 500 Ew — Aurich 28, Leer 30, Wilhelmshaven 37 km
🛈 ☎ (0 49 44) 9 19 80, Fax 30 51 47 — Verkehrsverein, Hauptstr 199, 26639 Wiesmoor; Luftkurort mit ausgedehnten Gewächshausanlagen, Blumenausstellungshalle

* Hotel am Ottermeer
♂ ⋖ Uferstr 1, ✉ 26639, ☎ (0 49 44) 9 29 30, Fax 92 93 94, ED VA
31 Zi, Ez: 70-90, Dz: 135-170, 1 Suite, ⇱ WC ☎; 🅿 1⇔45 ≘ Seezugang Sauna Solarium 🍽 ☛

* Ringhotel Friesengeist
Am Rathaus 1, ✉ 26639, ☎ (0 49 44) 10 44, Fax 53 69, AX DC ED VA
36 Zi, Ez: 87-128, Dz: 175-195, S; 2 Suiten, ⇱ WC ☎, 6🖂; Lift 🅿 4⇔90 ≘ Fitneßraum Kegeln Sauna Solarium 🍽 ☛

Hinrichsfehn (3 km ↓)
** Blauer Fasan
Fliederstr 1, ✉ 26639, ☎ (0 49 44) 10 47, Fax 38 58, ED VA
26 Zi, Ez: 99-154, Dz: 182-217, ⇱ WC ☎; 🅿 2⇔80 Sauna 18Golf 🍽
Rezeption: 9-24; geschl: Im Winter Mo, Jan, Feb

Wiessee, Bad 72 ↓

Bayern — Kreis Miesbach — 735 m — 5 300 Ew — Miesbach 19, Bad Tölz 21, München 54 km
🛈 ☎ (0 80 22) 8 60 30, Fax 86 03 30 — Kuramt, Adrian-Stoop-Str 20, 83707 Bad Wiessee; Heilbad am Westufer des Tegernsees; Spielbank

** Lederer am See
♂ ⋖ Bodenschneidstr 9-11, ✉ 83707, ☎ (0 80 22) 82 90, Fax 82 92 00, AX DC ED VA
93 Zi, Ez: 95-300, Dz: 160-360, 4 Suiten, 17 App, ⇱ WC ☎; Lift 🅿 1⇔50 ≘ Strandbad Seezugang Fitneßraum Sauna Solarium 18Golf 1Tennis ☛
geschl: Anfang Nov-Mitte Dez, Anfang Jan-Anfang Feb
** Hauptgericht 32; Gartenlokal Terrasse; geschl: Anf Nov - Mitte Dez/Anf Jan-Anf Feb

** Terrassenhof
♂ ⋖ Adrian-Stoop-Str 50, ✉ 83707, ☎ (0 80 22) 86 30, Fax 8 17 94
78 Zi, Ez: 110-180, Dz: 215-350, 4 Suiten, 18 App, ⇱ WC ☎; Lift 🅿 🚗 4⇔180 ≘ Strandbad Seezugang Fitneßraum Sauna Solarium 18Golf 8Tennis ☛
Auch Zimmer der Kategorie *** vorhanden
* ⋖ Hauptgericht 30; Terrasse

** Romantik Hotel Landhaus Wilhelmy
♂ Freihausstr 15, ✉ 83707, ☎ (0 80 22) 9 86 80, Fax 98 68-2 33, AX DC ED VA
22 Zi, Ez: 110-190, Dz: 230-300, ⇱ WC ☎ DFÜ, 12🖂; 🅿 Sauna Solarium
** Hauptgericht 26; Terrasse; geschl: So

** Rex
Münchner Str 25, ✉ 83707, ☎ (0 80 22) 86 20-0, Fax 86 20-1 00
57 Zi, Ez: 92-140, Dz: 164-224, 1 Suite, ⇱ WC ☎; Lift 🅿 🚗 1⇔50 Solarium 18Golf 🍽 ☛
geschl: 1.11.-14.4.
Auch Zimmer der Kategorie * vorhanden

** Landhaus Hotel Midas
♂ Setzbergstr 12, ✉ 83707, ☎ (0 80 22) 8 11 50, Fax 9 95 77
9 Zi, Ez: 93-118, Dz: 160-186, 2 Suiten, ⇱ WC ☎; 🅿 🚗; garni
geschl: 1.-19.12., 10.-30.1.

** St. Georg
♂ Jägerstr 20, ✉ 83707, ☎ (0 80 22)
81 97 00, Fax 81 96 11, AX ED VA
23 Zi, Ez: 116-189, Dz: 208-287, 7 Suiten,
4 App, ⊿ WC ☎; Lift P 🖶 ≋ 🏠 Fitneßraum
Sauna Solarium 18Golf; garni
Rezeption: 7-20

** Seegarten
⚔ Adrian-Stoop-Str 4, ✉ 83707,
☎ (0 80 22) 9 84 90, Fax 8 50 87
22 Zi, Ez: 90-180, Dz: 190-260, 2 Suiten, ⊿
WC ☎, 3✉; 1✪15
✱ ⚔ Hauptgericht 20

** Toscana
♂ Freihausstr 27, ✉ 83707, ☎ (0 80 22)
98 36-0, Fax 98 36-50, ED VA
16 Zi, Ez: 64-140, Dz: 150-198, 1 Suite,
1 App, ⊿ WC ☎; P 🖶 2✪30 Fitneßraum
Sauna
geschl. 4.-21.12.
Restaurant für Hausgäste; Auch Zimmer
der Kategorie ✱ vorhanden

✱ Tannenhof
♂ ⚔ Freihausweg 7, ✉ 83707, ☎ (0 80 22)
8 11 29, Fax 8 18 20
14 Zi, Ez: 85, Dz: 150-190, ⊿ WC ☎;
Restaurant für Hausgäste; Zimmer der
Kategorie ** vorhanden

✱ Zur Post
Lindenplatz 7, ✉ 83707, ☎ (0 80 22)
8 60 60, Fax 8 60 61 55, AX DC VA
38 Zi, ⊿ WC ☎; P ⌘

✱ Marina
♂ ⚔ Furtwänglerstr 9, ✉ 83707, ☎ (0 80 22)
8 60 10, Fax 86 01 40, AX ED VA
32 Zi, Ez: 95-165, Dz: 180-230, 1 Suite, ⊿
WC ☎; P 🖶 2✪60 🏠 Sauna Solarium
⌘
geschl. 15.-30.11.

✱ Parkhotel
♂ Zilcherstr 14, ✉ 83707, ☎ (0 80 22)
9 86 50, Fax 98 65 65, AX DC VA
26 Zi, Ez: 82-110, Dz: 130-170, 3 Suiten,
1 App, ⊿ WC ☎; Lift P 🖶 Fitneßraum
Sauna Solarium ⌘

✱ Gästehaus Margarete
♂ Jägerstr 8, ✉ 83707, ☎ (0 80 22) 89 50,
Fax 9 92 33
11 Zi, Ez: 55-90, Dz: 96-125, 1 Suite, ⊿ WC,
11✉; P Fitneßraum Sauna; garni

✱ Gasthof Wiesseer Hof
Der Kirchenwirt
St.-Johanser-Str 46, ✉ 83707, ☎ (0 80 22)
86 70, Fax 86 71 65, AX DC ED VA
63 Zi, Ez: 55-120, Dz: 95-220, ⊿ WC ☎ DFÜ,
6✉; Lift P 🖶 2✪60 Fitneßraum Sauna
Solarium ⌘
geschl. 10.1.-13.2.

Wiessee, Bad-Außerhalb (1 km ↘)
✱ Berggasthof Sonnenbichl
einzeln ♂ ⚔ Sonnenbichlweg 1, ✉ 83707,
☎ (0 80 22) 9 87 30, Fax 89 40
15 Zi, Dz: 162-222, 2 App, ⊿ WC ☎;
Zimmer der Kategorie ** vorhanden
✱ Hauptgericht 25

** Freihaus Brenner ✚
einzeln ⚔ Freihaus 4, ✉ 83707, ☎ (0 80 22)
8 20 04, Fax 8 38 07, ED
Hauptgericht 35; P Terrasse

Abwinkel (1 km ↓)
✱ Heimgarten
♂ Ringbergstr 19, ✉ 83707, ☎ (0 80 22)
9 89 30, Fax 98 93-35, ED
24 Zi, Ez: 63-75, Dz: 90-125, 7 App, ⊿ WC
☎; P 🖶; garni
geschl. 4.11.-25.12.

Wietzendorf 18 ↓

Niedersachsen — Soltau-Fallingbostel —
65 m — 3 180 Ew
ℹ ☎ (0 51 96) 21 90, Fax 21 90 — Verkehrsverein Wietzendorf e.V., Über der Brücke 1,
29649 Wietzendorf

✱ Hartmann
Kiek In
Hauptstr 27, ✉ 29649, ☎ (0 51 96) 96 00,
Fax 13 98, AX ED VA
25 Zi, Ez: 78-95, Dz: 119-136, ⊿ WC ☎; P
Kegeln Sauna ⌘ ⌘

Wiggensbach 70 □

Bayern — Kreis Oberallgäu — 857 m —
4 000 Ew — Kempten 10 km
ℹ ☎ (0 83 70) 84 35, Fax 3 79 — Verkehrsamt, Kempter Str 3, 87487 Wiggensbach;
Erholungsort und Wintersportplatz.
Sehenswert: „Allgäuer Käseweg"; Pfarrkirche St. Pankratius

** Ringhotel Goldenes Kreuz
Marktplatz 1a, ✉ 87487, ☎ (0 83 70) 80 90,
Fax 8 09 49, AX DC VA
24 Zi, Ez: 125-145, Dz: 196-250, S; ⊿ WC ☎;
Lift P 🖶 5✪240 Fitneßraum Sauna
Solarium 18Golf ⌘
** Hauptgericht 30

Unterkürnach (7 km ←)
** Hofgut Kürnach
einzeln ♂ ⚔ Haus Nr 2, ✉ 87487,
☎ (0 83 70) 80 70, Fax 18 63, AX DC ED VA
70 Zi, Ez: 80-144, Dz: 138-198, 2 Suiten,
44 App, ⊿ WC ☎; P 🖶 2✪50 🏠 Fitneßraum Kegeln Sauna Solarium 18Golf 2Ten-
nis ⌘ ⌘
Rezeption: 7-21

Wildbad, Bad

Wildbad, Bad 61 ←

Baden-Württemberg — Kreis Calw —
430 m — 11 500 Ew — Calw 21, Pforzheim
25 km
🛈 ☎ (0 70 81) 1 02 80, Fax 1 02 90 — Reise-
und Verkehrsbüro Wildbad GmbH, König-
Karl-Str 5-7, 75323 Bad Wildbad; Heilbad,
Erholungs- und Luftkurort im Schwarzwald. Sehenswert: Sommerberg (Stand-
seilbahn), 784 m ⭆ (3 km ←)

✱✱✱ Badhotel
♣ Kurplatz 5, ✉ 75323, ☎ (0 70 81) 17 60,
Fax 17 61 70, DC ED VA
70 Zi, Ez: 140-180, Dz: 230-280, 8 Suiten, ⊌
WC ☎; Lift 🅿 🖨 3♻60 ≙ Fitneßraum Sauna
Solarium
✱✱ Graf Eberhard
Hauptgericht 35

✱✱ Silence-Kurhotel
Valsana am Kurpark
♣ ⭆ Kernerstr 182, ✉ 75323, ☎ (0 70 81)
15 10, Fax 1 51 99, DC ED VA
35 Zi, Ez: 102-150, Dz: 200-220, 1 Suite,
30 App, ⊌ WC ☎; Lift 🅿 🖨 3♻85 ≙ Kegeln
Sauna Solarium
geschl: 15.11.-20.12.
✱✱ Hauptgericht 25; Terrasse;
geschl: Di, 15.11.-20.12.

✱✱ Bären
Am Kurplatz 4-6, ✉ 75323, ☎ (0 70 81)
30 10, Fax 30 11 66
44 Zi, Ez: 83-130, Dz: 158-250, ⊌ WC ☎,
17✉; Lift 🖨 2♻50
Auch Zimmer der Kategorie ✱ vorhanden
✱✱ Hauptgericht 30; Terrasse

✱ Sonne
Wilhelmstr 29, ✉ 75323, ☎ (0 70 81)
9 25 70, Fax 92 57 49
25 Zi, Ez: 65-120, Dz: 140-160, ⊌ WC ☎; Lift
🅿 Solarium 🍴
geschl: 6.1.-10.2.

✱ Alte Linde
Wilhelmstr 74, ✉ 75323, ☎ (0 70 81) 92 60,
Fax 92 62 50, ED
32 Zi, Ez: 60-100, Dz: 108-140, 1 App, ⊌ WC
☎; Lift 🅿 🖨 1♻150 Kegeln 🍴
geschl: Mo, 25.10.-15.12.
Auch Zimmer der Kategorie ✱✱ vorhanden

✱ Gästehaus Rothfuß
♣ ⭆ Olgastr 47, ✉ 75323, ☎ (0 70 81)
9 24 80, Fax 92 48 10
29 Zi, Ez: 78-105, Dz: 130-140, 4 Suiten, ⊌
WC ☎, 10✉; Lift 🅿 🖨 Fitneßraum Sauna
Solarium; garni

Die von uns genannten Ruhetage und
Ruhezeiten werden von den Betrieben gelegentlich kurzfristig geändert.

Wildberg 61 ↙

Baden-Württemberg — Kreis Calw —
450 m — 10 100 Ew — Nagold 11, Calw
17 km
🛈 ☎ (0 70 54) 2 01 22, Fax 2 01 26 — Verkehrsamt, Marktstr 2, 72218 Wildberg;
Luftkurort im Nagoldtal, nördlicher
Schwarzwald

✱ Krone
Talstr 68, ✉ 72218, ☎ (0 70 54) 52 71,
Fax 3 93, AX ED
21 Zi, Ez: 48-90, Dz: 78-150, 3 App, ⊌ WC;
🅿 🖨 🍴
geschl: Mi 14-18
Im Gästehaus Zimmer der Kategorie ✱✱
vorhanden

Schönbronn (5 km ←)
✱✱ Löwen
⭆ Eschbachstr 1, ✉ 72218, ☎ (0 70 54)
9 26 10, Fax 50 21
36 Zi, Ez: 85-90, Dz: 170-180, 3 App, ⊌ WC
☎; Lift 🅿 🖨 5♻80 Fitneßraum Kegeln
Sauna Solarium
✱ Hauptgericht 28; Terrasse

Wildbergerhütte-Bergerhof
siehe **Reichshof**

Wildenbruch 29 ↘

Brandenburg — 1 100 Ew
🛈 ☎ (03 32 05) 59 80, Fax 5 98 50 — Amtsverwaltung Michendorf, Potsdamer Str 33,
14552 Michendorf

✱ Am Wald
Luckenwalder Str 4, ✉ 14552, ☎ (03 32 05)
4 68 40, Fax 4 68 41, DC ED VA
18 Zi, Ez: 115, Dz: 145, ⊌ WC ☎, 6✉; 🅿
1♻40 18Golf 🍴

Wildeshausen 16 ↘

Niedersachsen — Kreis Oldenburg — 29 m
— 15 253 Ew — Cloppenburg 28, Oldenburg 34 km
🛈 ☎ (0 44 31) 65 64, Fax 65 64 — Verkehrsverein Historisches Rathaus, Historisches
Rathaus, 27793 Wildeshausen; Luftkurort
an der Hunte. Sehenswert: Ev. Kirche;
Rathaus; Pestruper Gräberfeld (3 km ↓);
Visbeker Braut und Bräutigam (Hünengräber, 8 km ←) und die Großen Steine von
Kleinenkneten (5 km ↓)

✱ Landhaus Thurm-Meyer
mit Gästehaus
♣ Dr.-Klingenberg-Str 15, ✉ 27793,
☎ (0 44 31) 9 90 20, Fax 99 02 99,
AX DC ED VA
25 Zi, Ez: 80-90, Dz: 110-130, 1 Suite, ⊌ WC
☎; 🅿 1♻15 🍴
Auch Zimmer der Kategorie ✱✱ vorhanden

Wilgartswiesen

* **Quality Hotel Huntetal**
Im Hagen 3, ✉ 27793, ☎ (0 44 31) 94 00, Fax 9 40 50, AX DC ED VA
43 Zi, Ez: 85-120, Dz: 120-160, ⊿ WC ☎, 17✉; **P** 3✆40 ❆

* **Am Rathaus**
Kleine Str 4, ✉ 27793, ☎ (0 44 31) 43 56, Fax 21 61, AX ED VA
21 Zi, Ez: 75, Dz: 130, 1 App, ⊿ WC ☎; **garni**

Wildeshausen-Außerhalb (2 km ↑)
* **Gut Altona**
♂ Wildeshauser Str 34, ✉ 27801, ☎ (0 44 31) 95 00, Fax 16 52, AX DC ED VA
53 Zi, Ez: 85-115, Dz: 110-190, ⊿ WC ☎, 20✉; **P** 🍴 7✆250 Kegeln Sauna 9Golf 7Tennis ❆ ⚓
Zimmerkapazität auf mehrere Gästehäuser verteilt. Auch Zimmer der Kategorie ****** vorhanden

Wildungen, Bad   35 ↓

Hessen — Kreis Waldeck-Frankenberg — 330 m — 16 000 Ew — Korbach 35, Kassel 40 km
i ☎ (0 56 21) 70 41 13, Fax 70 41 07 — Kurverwaltung, Langemarckstr 2, 34537 Bad Wildungen; Heilbad. Sehenswert: Ev. Kirche: Flügelaltar; Altstadt; Schloß Friedrichstein: Militär- und Jagdmuseum, Terrasse •⚑

*** **Maritim Badehotel**
♂ Dr.-Marc-Str 4, ✉ 34537, ☎ (0 56 21) 79 99, Fax 79 97 95, AX DC ED VA
233 Zi, Ez: 187-237, Dz: 270-320, S; 16 Suiten, 1 App, ⊿ WC ☎, 24✉; Lift **P** 🍴 13✆900 ⚓ Fitneßraum Sauna Solarium 9Golf ⚓
*** Hauptgericht 33; Terrasse

** **Treff Hotel Quellenhof**
Brunnenallee 54, ✉ 34537, ☎ (0 56 21) 80 70, Fax 80 75 00, AX DC ED VA
114 Zi, Ez: 153-173, Dz: 224-264, S; ⊿ WC ☎, 24✉; Lift **P** 🍴 4✆100 Fitneßraum Sauna Solarium 9Golf ⚓
Auch Zimmer der Kategorie ******* vorhanden
** **Park Restaurant**
Hauptgericht 25

** **Wildquelle**
•⚑ Hufelandstr 9, ✉ 34537, ☎ (0 56 21) 50 61, Fax 7 45 07, AX DC ED VA
26 Zi, Ez: 85-95, Dz: 130-150, 2 App, ⊿ WC ☎; Lift **P** 1✆32 Fitneßraum Sauna Solarium; **garni**
Auch Zimmer der Kategorie ***** vorhanden

* **Villa Heilquell**
Hufelandstr 15, ✉ 34537, ☎ (0 56 21) 23 92, Fax 47 76, ED VA
15 Zi, Ez: 60-90, Dz: 100-140, 3 Suiten, 1 App, ⊿ WC ☎, 2✉; 9Golf; **garni**
geschl: 15.1.-15.3.
Auch Zimmer der Kategorie ****** vorhanden

* **Wildunger Hof**
Langemarckstr 23, ✉ 34537, ☎ (0 56 21) 50 71, Fax 29 14, ED VA
26 Zi, Ez: 68-118, Dz: 118-168, ⊿ WC ☎; **P** 🍴 2✆60 Sauna Solarium; **garni** ❆ ⚓

* **Allee Schlößchen**
Brunnenallee 11, ✉ 34537, ☎ (0 56 21) 7 98 00, Fax 79 80 80, ED
9 Zi, Ez: 79-128, Dz: 138-178, 1 App, ⊿ WC ☎; **P** ❆ ⚓

* **Birkenstern**
♂ •⚑ Goeckestr 5, ✉ 34537, ☎ (0 56 21) 60 66, Fax 7 46 11, AX DC ED VA
16 Zi, Ez: 72-85, Dz: 92-128, 4 App, ⊿ WC ☎; **P** 🍴 Fitneßraum Sauna Solarium
Restaurant für Hausgäste

* **Bellevue**
♂ Am Unterscheid 10, ✉ 34537, ☎ (0 56 21) 20 18, Fax 7 20 91, ED VA
21 Zi, Ez: 60-90, Dz: 100-150, ⊿ WC ☎, 2✉; **P**; **garni**

* **Gimpel**
♂ •⚑ Ludwig-Konrad-Str 13, ✉ 34537, ☎ (0 56 21) 7 90 00, Fax 79 00 79, AX DC VA
15 Zi, Ez: 50-120, Dz: 90-150, 3 Suiten, 5 App, ⊿ WC ☎, 6✉; **P** 🍴 1✆30 Sauna Solarium 9Tennis; **garni**

** **Das Neue Kurhaus**
Langemarckstr 13, im Kurhaus, ✉ 34537, ☎ (0 56 21) 60 70, Fax 9 12 74, ED VA
Hauptgericht 25

Reinhardshausen (4 km ↙)
** **Schwanenteich**
✉ 34537, ☎ (0 56 21) 78 60, Fax 78 61 60, AX DC ED VA
45 Zi, Ez: 90-145, Dz: 165-210, 1 Suite, 6 App, ⊿ WC ☎ DFÜ, 9✉; Lift **P** 🍴 4✆150 ⚓ Fitneßraum Sauna Solarium 9Golf 2Tennis ❆ ⚓

Wilgartswiesen   53 ↘

Rheinland-Pfalz — Südwestpfalz — 220 m — 1 030 Ew — Annweiler 7, Pirmasens 24 km
i ☎ (0 63 92) 91 51 10, Fax 91 51 60 — Fremdenverkehrsbüro, Schulstr 4, 76848 Hauenstein; Erholungsort. Sehenswert: Weißenberg, 611 m, Luitpoldturm •⚑ (9 km ↑); Burgruine Falkenburg, Wilgartsburg

* **Wasgauperle**
Bahnhofstr 1, ✉ 76848, ☎ (0 63 92) 12 37, Fax 27 27
9 Zi, Ez: 45-70, Dz: 88-105, ⊿ WC; ❆

Wilhelmshaven

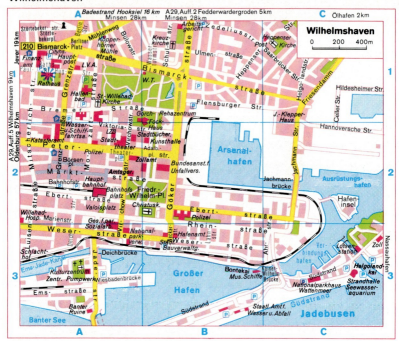

Wilhelmshaven   16 □

Niedersachsen — Kreisfreie Stadt — 92 000 Ew — Oldenburg 55, Emden 80 km
ℹ ☎ (0 44 21) 9 13 00-0, Fax 9 13 00-10 — Wilhelmshaven-Information, Bahnhofsplatz 7, 26382 Wilhelmshaven; Hafenstadt am Jadebusen. Sehenswert: Küstenmuseum; Seewasser-Aquarium; Rosarium mit Schaugarten; Nationalparkzentrum „Das Wattenmeerhaus"; Botanischer Garten; Jade-Windenergie-Park

✶✶   Am Stadtpark
Friedrich-Paffrath-Str 116, ✉ 26389, ☎ (0 44 21) 98 60, Fax 98 61 86, AX DC ED VA
60 Zi, Ez: 149-159, Dz: 199-259, 2 Suiten, ⌂ WC ☎ DFÜ, 15✉; Lift 🅿 7✿110 ≋ Fitneßraum Sauna Solarium
✶✶   Alkoven
Hauptgericht 30; nur abends

✶✶   Kaiser
Rheinstr 128 (A 2), ✉ 26382, ☎ (0 44 21) 94 60, Fax 94 64 44, AX DC ED VA
71 Zi, Ez: 98-145, Dz: 145-195, 5 Suiten, ⌂ WC ☎, 8✉; Lift 🅿 4✿200
Auch Zimmer der Kategorie ✶ vorhanden
✶✶   Hauptgericht 25

✶ Hotel oder Gasthaus mit guter Ausstattung, über dem Durchschnitt

✶✶   City Hotel Valois
Valoisstr 1 - Valoisplatz (B 2), ✉ 26382, ☎ (0 44 21) 48 50, Fax 48 54 85, AX DC ED VA
52 Zi, Ez: 89-169, Dz: 150-240, 4 Suiten, 2 App, ⌂ WC ☎, 10✉; Lift 🅿 2✿60 Sauna Solarium ¶◉
Auch Zimmer der Kategorie ✶ vorhanden

✶   Keil
Marktstr 23 (A 2), ✉ 26382, ☎ (0 44 21) 9 47 80, Fax 94 13 55, AX DC ED VA
17 Zi, Ez: 75-110, Dz: 120-170, ⌂ WC ☎, 6✉; 🅿 🚗; garni

⌂   Maris
Werftstr 54-56, ✉ 26382, ☎ (0 44 21) 1 51 10, Fax 15 11 60, AX DC ED VA
36 Zi, Ez: 70-85, Dz: 110-125, 2 Suiten, 4 App, ⌂ WC ☎; 🅿 🚗 2✿30 ¶◉

⌂   Seerose
◂ Südstrand 112, ✉ 26382, ☎ (0 44 21) 4 33 66, Fax 4 33 11, AX DC ED VA
15 Zi, Ez: 68-125, Dz: 100-135, 2 Suiten, ⌂ WC; 🅿 Seezugang; garni ⚓

✶   Artischocke
Paulstr 6, ✉ 26384, ☎ (0 44 21) 3 43 05
Hauptgericht 35; 🅿; geschl: So abends, Mo, in den Sommerferien
Nur Menüs

Willingen

⏴ Fürstenwerth
Marktstr 95, ⊠ 26382, ☎ (0 44 21) 2 16 68, Fax 2 22 61
🛏 10 Zi, Ez: 93, Dz: 140, 1 App, ⇘; garni

⏴ Dobben
Marktstr 50 (A 2), ⊠ 26382, ☎ (0 44 21) 99 34 66, Fax 99 34 67
Terrasse

Wilhelmshaven-Außerhalb (4 km ↗)
✶✶ Nordsee-Hotel
♗ ◂≼ Zum Ölhafen 205, ⊠ 26384, ☎ (0 44 21) 96 50, Fax 96 52 80, AX DC ED VA
48 Zi, Ez: 80-190, Dz: 140-250, 3 Suiten, ⇘ ☎; 🅿 2⇆60 Fitneßraum Sauna Solarium
Auch Zimmer der Kategorie ✶✶✶ vorhanden
✶✶ Hauptgericht 25

siehe auch **Sande**

Wilhelmshöhe siehe Kassel

Willich 32 ↘

Nordrhein-Westfalen — Kreis Viersen — 38 m — 46 510 Ew — Krefeld 7, Mönchengladbach 14 km
🛈 ☎ (0 21 56) 94 92 02, Fax 94 92 43 — Stadt Willich Geschäftsbereich Wohnen und Gewerbe, Hauptstr 6, 47877 Willich

✶✶ Am Park
Parkstr 28, ⊠ 47877, ☎ (0 21 54) 23 55, Fax 42 88 61, AX ED VA
50 Zi, Ez: 98-165, Dz: 189-250, ⇘ WC ☎, 5🛌; 2⇆35; garni
Auch Zimmer der Kategorie ✶ vorhanden

Alt-Willich
✶ Hubertus Hamacher
Anrather Str 4, ⊠ 47877, ☎ (0 21 54) 91 80, Fax 91 81 00
28 Zi, Ez: 97-140, Dz: 145-185, 4 App, ⇘ WC ☎; garni

Neersen (7 km ↙)
✶✶ Landgut Ramshof
Ramshof 1, ⊠ 47877, ☎ (0 21 56) 9 58 90, Fax 6 08 29, AX DC ED VA
22 Zi, Ez: 110-160, Dz: 160-200, ⇘ WC ☎, 2🛌; 🅿 🚗 3⇆50
Restaurant für Hausgäste

Schiefbahn (4 km ↓)
✶ Stieger
Unterbruch 8, ⊠ 47877, ☎ (0 21 54) 57 65, Fax 74 18, AX ED
Hauptgericht 35

Willingen 35 ↙

Hessen — Kreis Waldeck-Frankenberg — 520 m — 8 700 Ew — Brilon 15, Korbach 23 km
🛈 ☎ (0 56 32) 40 11 80, Fax 40 11 50 — Kur- und Touristikservice, Waldecker Str 12, 34508 Willingen; Kneipp-Heilbad und Wintersportplatz im Sauerland. Sehenswert: Ettelsberg-Hochheide; Schiefer-Bergwerk; Mühlenkopf-Skisprungschanze

✶✶ Kölner Hof/Gästehaus Tanneck
Briloner Str 48, ⊠ 34508, ☎ (0 56 32) 9 87-0, Fax 9 87-1 98, AX DC ED VA
68 Zi, Ez: 81-118, Dz: 144-220, 5 Suiten, 6 App, ⇘ WC ☎ DFÜ; Lift 🅿 4⇆60 ≘ Sauna Solarium
✶✶ Hauptgericht 30

✶✶ Fürst von Waldeck
Briloner Str 1, ⊠ 34508, ☎ (0 56 32) 9 88 99, Fax 98 89 88
29 Zi, Ez: 84-99, Dz: 140-195, 2 Suiten, ⇘ WC ☎; Lift ≘ Sauna Solarium ⑂
geschl: Do, Mitte Nov-Mitte Dez
Auch Zimmer der Kategorie ✶✶✶ vorhanden

✶✶ Zum Hohen Eimberg
♗ Zum Hohen Eimberg 3a, ⊠ 34508, ☎ (0 56 32) 40 90, Fax 40 93 33
57 Zi, Ez: 99-129, Dz: 190-240, 2 Suiten, 12 App, ⇘ WC ☎ DFÜ; Lift 🅿 6⇆150 ≘ Fitneßraum Sauna Solarium ⑂

✶✶ Bürgerstuben
Briloner Str 40, ⊠ 34508, ☎ (0 56 32) 98 30, Fax 98 35 00, AX DC ED VA
58 Zi, Ez: 78-100, Dz: 156-200, 3 Suiten, 6 App, ⇘ WC ☎; Lift 🅿 3⇆80 ≘ Sauna Solarium ⑂
Rezeption: 9-21

✶✶ Central Flair Hotel
Waldecker Str 14, ⊠ 34508, ☎ (0 56 32) 9 89 00, Fax 98 90 98, AX ED VA
29 Zi, Ez: 60-100, Dz: 150-180, ⇘ WC ☎; Lift 🅿 1⇆150 ≘ Kegeln Sauna Solarium ⑂ ⏴

✶✶ Kur- und Sporthotel Göbel
Waldecker Str 5, ⊠ 34508, ☎ (0 56 32) 60 91, Fax 68 84
35 Zi, Ez: 79-115, Dz: 138-190, 5 App, ⇘ WC ☎; Lift 🅿 1⇆20 ≘ Fitneßraum Kegeln Sauna Solarium ⑂

✶✶ Waldecker Hof
Korbacher Str 24, ⊠ 34508, ☎ (0 56 32) 9 88-0, Fax 98 83 60, AX DC ED VA
38 Zi, Ez: 72-75, Dz: 140-180, 3 Suiten, ⇘ WC ☎; Lift 🅿 🚗 3⇆60 ≘ Fitneßraum Sauna Solarium ⑂ ⏴
geschl: 22.11.-16.12.

Willingen-Außerhalb
✶ Silence-Waldhotel Willingen
einzeln ♗ ◂≼ Am Köhlerhagen 3, ⊠ 34508, ☎ (0 56 32) 98 20, Fax 98 22 22
33 Zi, Ez: 86-140, Dz: 166-260, 7 Suiten, ⇘ WC ☎; 🅿 2⇆30 ≘ Sauna Solarium 18Golf ⏴
Auch Zimmer der Kategorie ✶✶ vorhanden
✶ Köhlerstube
einzeln ◂≼ Hauptgericht 32; Terrasse ➡

Willingen

<u>Schwalefeld</u> (Luftkurort, 2 km ↑)
* Upländer Hof
Uplandstr 2, ✉ 34508, ☎ (0 56 32) 9 81-23, Fax 6 90 52, ED VA
29 Zi, Ez: 74-130, Dz: 120-220, ⌐ WC ☎; Lift 🅿 🍴 2🛏40 Sauna Solarium 🍽 🏊
Auch Zimmer der Kategorie ****** vorhanden

<u>Stryck</u> (2 km ↓)
*** Romantik Hotel Stryckhaus
☞ Mühlenkopfstr 12, ✉ 34508, ☎ (0 56 32) 98 60, Fax 6 99 61, AX DC ED VA
61 Zi, Ez: 120-170, Dz: 240-300, 1 Suite, ⌐ WC ☎; Lift 🅿 🍴 2🛏40 ≋ Sauna Solarium 🏊
*** Hauptgericht 35; Terrasse ✤

<u>Usseln</u> (5 km ↘)
** Ringhotel Post-Hotel Usseln
☞ Korbacher Str 14, ✉ 34508, ☎ (0 56 32) 9 49 50, Fax 94 95 96, AX DC ED VA
22 Zi, Ez: 91-139, Dz: 154-178, 4 Suiten, 15 App, ⌐ WC ☎, 6📺; Lift 🅿 🍴 3🛏60 ≋ Fitneßraum Sauna Solarium 🏊
** Poststube
Hauptgericht 28; Gartenlokal

Wilnsdorf 44 ↘

Nordrhein-Westfalen — Kreis Siegen-Wittgenstein — 350 m — 21 500 Ew — Siegen 12, Dillenburg 17 km
ℹ️ ☎ (0 27 39) 80 20, Fax 8 02 39 — Gemeindeverwaltung, Marktplatz 1, 57234 Wilnsdorf. Sehenswert: Simultankirche; Klarissenkloster; La-Téne-Ofen; Volkskundliches Museum

<u>Wilgersdorf</u> (4 km ↘)
* Gästehaus Wilgersdorf
einzeln ☞ 🎣 Am Kalkhain 23, ✉ 57234, ☎ (0 27 39) 8 96 90, Fax 89 69 60, AX DC ED VA
36 Zi, Ez: 85-115, Dz: 160-220, 1 Suite, ⌐ WC ☎, 2📺; 🅿 🍴 4🛏68 ≋ Sauna
geschl: Fr
Restaurant für Hausgäste

Wilsnack, Bad 20 ↓

Brandenburg — 25 m — Wittenberge 16, Perleberg 17, Kyritz 34 km
ℹ️ ☎ (03 87 91) 25 22 — Gemeindeverwaltung, Markt 1, 19336 Wilsnack, Bad

** Ambiente am Kurpark
Dr.-Wilhelm-Külz-Str 5a, ✉ 19336, ☎ (03 87 91) 7 60, Fax 7 64 00, AX DC ED VA
45 Zi, Ez: 120-135, Dz: 170-185, S; 13 Suiten, ⌐ WC ☎ DFÜ, 15📺; Lift 🅿 🍴 5🛏120 ≋ Fitneßraum Sauna Solarium
** Le Jardin
Hauptgericht 28; Terrasse

<u>Groß Lüben</u> (2 km ←)
** Erbkrug
☞ Dorfstr 36, ✉ 19336, ☎ (03 87 91) 27 32, Fax 25 86, ED
20 Zi, Ez: 70, Dz: 90-120, 1 App, ⌐ WC ☎; 1🛏60 🍽

Wilthen 51 ↗

Sachsen — Kreis Bautzen — 504 m — 8 200 Ew — Bautzen 12, Dresden 60 km
ℹ️ ☎ (0 35 92) 38 54 16, Fax 38 54 99 — Fremdenverkehrsamt, Bahnhofstr 8, 02681 Wilthen

<u>Tautewalde</u> (2,5 km ←)
** Landhotel Erbgericht 👑
Tautewalde 61, ✉ 02681, ☎ (0 35 92) 3 83 00, Fax 38 32 99, AX DC ED VA
28 Zi, Ez: 90-120, Dz: 120-140, 2 Suiten, 2 App, ⌐ WC ☎, 14📺; 🅿 3🛏60 Sauna Solarium 2Tennis 🏊
** Hauptgericht 21; Biergarten ✤

Wimpfen, Bad 61 ↗

Baden-Württemberg — Kreis Heilbronn — 190 m — 6 321 Ew — Heilbronn 16, Mosbach 30 km
ℹ️ ☎ (0 70 63) 99 10, Fax 9 91 80 08 — Kurverwaltung, Osterbergstr 16, 74206 Bad Wimpfen; Heilbad. Sehenswert: In Bad Wimpfen im Tal: Ritterstiftskirche: Kreuzgang; Cornelienkirche; in Bad Wimpfen am Berg: Ev. Kirche: Glasgemälde, Kreuzigungsgruppe; kath. Kirche; ehemalige Kaiserpfalz; Pfalzkapelle, Arkaden; Roter Turm; Blauer Turm; Hohenstaufentor

** Am Rosengarten
Osterbergstr 16, ✉ 74206, ☎ (0 70 63) 99 10, Fax 9 91 80 08, AX DC ED VA
60 Zi, Ez: 160, Dz: 200, S; ⌐ WC ☎ DFÜ, 20📺; Lift 🅿 🍴 250 ≋ 🏊 Fitneßraum Kegeln Sauna Solarium 🍽 🏊

** Am Kurpark
☞ Kirschenweg 16, ✉ 74206, ☎ (0 70 63) 9 77 70, Fax 97 77 21, ED VA
8 Zi, Ez: 70-130, Dz: 130-190, ⌐ WC ☎ DFÜ; 🅿 🍴 1🛏20 Fitneßraum Sauna Solarium; garni
geschl: 14.11.-11.1.

* Sonne
Hauptstr 87, ✉ 74206, ☎ (0 70 63) 2 45, Fax 65 91, ED VA
Hauptgericht 33; Terrasse; geschl: Do + So abend, 22.12.-15.1.
* Gästehaus
18 Zi, Ez: 90, Dz: 160, ⌐ WC
geschl: Do, So abends, 22.12.-15.1.

Windeck 43 ↗

Nordrhein-Westfalen — Rhein-Sieg-Kreis — 139 m — 20 100 Ew — Düsseldorf 114, Koblenz 77, Limburg a.d.Lahn 71 km
ℹ️ ☎ (0 22 92) 1 94 33, Fax 60 13 00 — Verkehrsverein, Windecker Ländchen e.V., Rathausstr 12, 51570 Windeck

* Gasthaus Willmeroth
Preschlinallee 11, ✉ 51570, ☎ (0 22 92) 9 13 30, Fax 91 33 33, VA
25 Zi, ⌐ WC ☎; 🅿 2🛏35 Sauna Solarium
Auch Zimmer der Kategorie ****** vorhanden

Windelsbach 56 ↓

Bayern — Kreis Ansbach — 430 m —
1 048 Ew — Rothenburg ob d. T. 10 km
🛈 ☏ (0 98 67) 4 43, Fax 6 87 — Gemeindeverwaltung, Rothenburger Str 5,
91635 Windelsbach

* **Landgasthof Lebert** ✛
Schloßstr 8, ✉ 91635, ☏ (0 98 67) 95 70,
Fax 95 67
Hauptgericht 34; **P** Terrasse; geschl:
2 Wochen im Feb, 2 Wochen im Aug
* ● 5 Zi, Ez: 50, Dz: 90, ⊣ WC ☎

Winden im Elztal 67 ↗

Baden-Württemberg — Kreis Emmendingen — 340 m — 2 700 Ew — Waldkirch 12,
Freiburg 25 km
🛈 ☏ (0 76 82) 63 95, Fax 63 99 — Tourist-
information Elztal, Bahnhofstr 1,
79297 Winden im Elztal; Erholungsort im
Schwarzwald

Oberwinden
*** **Elztal-Hotel
Schwarzbauernhof**
● ⋖ Rüttlersberg 5, ✉ 79297, ☏ (0 76 82)
91 14-0, Fax 91 14-99
65 Zi, Ez: 120-180, Dz: 210-320, 5 Suiten, ⊣
WC ☎; Lift **P** 🚗 3↻30 ≘ Bowling Fitneß-
raum Sauna Solarium 4 Tennis 🍽
geschl: Mitte Nov-Mitte Dez
Auch Zimmer der Kategorie ** vorhanden

* **Lindenhof**
Bahnhofstr 14, ✉ 79297, ☏ (0 76 82) 3 69,
Fax 5 44, ED VA
23 Zi, Ez: 70-75, Dz: 130-140, ⊣ WC ☎; **P** 🚗
1↻25 ≘ Kegeln Sauna Solarium 🍽
geschl: Di
Längerer Aufenthalt nur mit Voll- oder
Halbpension

** **Gasthof Waldhorn**
Hauptstr 27, ✉ 79297, ☏ (0 76 82) 91 82 10,
Fax 66 35, ED VA
Hauptgericht 25; Gartenlokal **P** Terrasse;
geschl: Do, 11.-28.2.99

Windesheim 53 ↗

Rheinland-Pfalz — Kreis Bad Kreuznach —
165 m — 1 719 Ew — Bingen 15, Bad
Kreuznach 11 km
🛈 ☏ (0 67 07) 2 68 — Gemeindeverwaltung,
Kreuznacher Str, 55452 Windesheim

* **Gästehaus Stempel**
Hauptstr 32, ✉ 55452, ☏ (0 67 07) 17 18,
Fax 85 31, AX DC ED VA
13 Zi, Ez: 60, Dz: 96, ⊣ WC ☎; **P** 1↻12
Kegeln 🍽
Anmeldung gegenüber in der Gastwirt-
schaft Stadt Bingen

Windhagen 43 □

Rheinland-Pfalz — Kreis Neuwied — 250 m
— 3 100 Ew — Bad Honnef 12, Linz 15 km
🛈 ☏ (0 26 83) 91 21 50, Fax 91 21 34 — Verbandsgemeindeverwaltung, Flammersfel-
der Str 1, 53564 Asbach

Rederscheid (4 km ←)
*** **Dorint Sporthotel
Waldbrunnen**
⋖ Brunnstr 7, ✉ 53578, ☏ (0 26 45) 1 50,
Fax 1 55 48, AX DC ED VA
116 Zi, Ez: 223-304, Dz: 274-324, S,
9 Suiten, ⊣ WC ☎, 68 🖂; Lift **P** 🚗 15↻150
≋ ≘ Fitneßraum Kegeln Sauna Solarium 🍽
** **Kaminrestaurant**
Hauptgericht 30

Windischeschenbach 59 ↘

Bayern — Kreis Neustadt a. d. Waldnaab
— 428 m — 6 200 Ew — Neustadt a. d.
Waldnaab 10 km
🛈 ☏ (0 96 81) 40 12 40, Fax 40 11 00 — Tourist-Information, Hauptstr 34, 92670 Windischeschenbach; Stadt im Waldnaabtal
im Oberpfälzer Wald; Standort der Konti-
nentalen Tiefbohrung

* **Weißer Schwan**
Pfarrplatz 1, ✉ 92670, ☏ (0 96 81) 12 30,
Fax 14 66
19 Zi, Ez: 50, Dz: 85, ⊣ WC ☎; Sauna
Solarium 🍽

Windorf 66 □

Bayern — Kreis Passau — 350 m —
4 400 Ew — Vilshofen 3, Passau 20 km
🛈 ☏ (0 85 41) 96 26-40, Fax 70 12 — Verkehrsamt, Marktplatz 23, 94575 Windorf;
Erholungsort

Rathsmannsdorf (5 km ↑)
** **Gasthof Zur Alten Post**
Schloßplatz 5, ✉ 94565, ☏ (0 85 46) 10 37,
Fax 24 83, AX ED
29 Zi, Ez: 48-81, Dz: 96-162, 2 Suiten, ⊣
WC ☎; 1↻100 1 Tennis 🍽
geschl: Mo
Auch Zimmer der Kategorie * vorhanden
** Hauptgericht 20; Terrasse;
geschl: Mo

Windsheim, Bad 56 ↘

Bayern — Neustadt/Aisch-Bad Windsheim
— 314 m — 12 500 Ew — Rothenburg/Tau-
ber 27, Ansbach 34, Ochsenfurt 39 km
🛈 ☏ (0 98 41) 40 20, Fax 4 02 99 — Kur-,
Kongreß- und Touristik-GmbH, Marktplatz 1, 91438 Bad Windsheim; Heilbad.
Sehenswert: Rathaus; Fränkisches Freilandmuseum; Prähistor. Staatssammlung;
Stadtmuseum im Ochsenhof; St.-Kilians-
Kirche ➔

Windsheim, Bad

** Akzent-Hotel Reichsstadt
♂ Pfarrgasse 20, ✉ 91438, ☏ (0 98 41)
90 70, Fax 74 47, AX DC ED VA
42 Zi, Ez: 95-200, Dz: 145-190, 5 Suiten, ⌐∫
WC ☏ DFÜ, 4🔲; Lift 🅿 🍴50 Fitneß-
raum Sauna Solarium 18Golf 🍺
** Alte Deutsche Schule
Hauptgericht 25; Terrasse

** Kurhotel Residenz
♂ Erkenbrechtallee 33, ✉ 91438,
☏ (0 98 41) 9 10, Fax 91 26 63, AX DC ED VA
117 Zi, Ez: 120-150, Dz: 140-170, 2 Suiten,
⌐∫ WC ☏, 33🔲; Lift 🅿 14🔄600 🛏 Kegeln
Sauna Solarium 18Golf 🍺
* Brücke
Hauptgericht 25; Terrasse

** Reichel's Parkhotel Minotel
♂ Am Stauchbrunnen 7, ✉ 91438,
☏ (0 98 41) 40 50, Fax 40 53 50, AX ED VA
32 Zi, Ez: 88-98, Dz: 120-160, ⌐∫ WC ☏; Lift
🅿 🍴1🔄20 18Golf 🍺
Rezeption: 6.30-20; geschl: Fr, 20.12.-Ende
Jan
Restaurant für Hausgäste; Auch Zimmer
der Kategorie * vorhanden

** Am Kurpark
♂ Oberntiefer Str 40, ✉ 91438, ☏ (0 98 41)
90 20, Fax 9 02 43, AX DC ED VA
50 Zi, Ez: 99-120, Dz: 140-170, ⌐∫ WC ☏
DFÜ, 15🔲; Lift 🅿 🍴7🔄90 Sauna 18Golf
🍽 🍺

* Goldener Schwan
Rothenburger Str 5, ✉ 91438, ☏ (0 98 41)
50 61, Fax 7 94 40, ED
23 Zi, Ez: 72-80, Dz: 116-120, ⌐∫ WC ☏; 🅿
geschl: 28.12.-15.1.
Auch Zimmer der Kategorie ****** vorhanden
* Hauptgericht 30; geschl: Mi,
28.12.-15.1.

* Zum Storchen Flair Hotel
Weinmarkt 6, ✉ 91438, ☏ (0 98 41)
66 98 90, Fax 6 69 89 30, AX DC ED VA
18 Zi, Ez: 70-90, Dz: 120-140, ⌐∫ WC ☏ DFÜ,
1🔲; 🅿 🍴 🍺
* Hauptgericht 20; Gartenlokal;
Eigener Hauswein: Storchenbrünnle

Altfränkische Weinstube Zu den drei Kronen
⊗ Schüsselmarkt 7, ✉ 91438, ☏ (0 98 41)
6 48 22, Fax 6 48 23
Hauptgericht 20; Gartenlokal 🅿; geschl:
Di,
Fachwerkbau von 1334

Wingerode 36→

Thüringen — Worbis — 290 m — 1 200 Ew
— Leinefelde 6, Heiligenstadt 9 km
🛈 ☏ (0 36 05) 51 22 92, Fax 51 22 92 —
Gemeindeverwaltung, Hauptstr 28,
37327 Wingerode

* Keppler's Ecke
Hauptstr 52, ✉ 37327, ☏ (0 36 05) 50 16 66,
Fax 50 16 68
15 Zi, Ez: 65-85, Dz: 95-110, ⌐∫ WC ☏, 2🔲;
🅿 🍴2🔄70 Solarium 🍽

Wingst 17↑

Niedersachsen — Kreis Cuxhaven — 30 m
— 3 500 Ew — Wischhafen 28, Stade 35,
Cuxhaven 43 km
🛈 ☏ (0 47 78) 3 12, Fax 72 93 — Kurverwaltung, im Ortsteil Dobrock, Hasenbeckal-
lee 1, 21789 Wingst; Luftkurort. Sehenswert: Aussichtsturm „Deutscher Olymp"
(61 m); Baby Zoo

Wassermühle
** Ringhotel Waldschlößchen Dobrock
♂ Wassermühle 7, ✉ 21789, ☏ (0 47 78)
8 00 80, Fax 80 08 88, AX DC ED VA
50 Zi, Ez: 80-120, Dz: 130-220, S; ⌐∫ WC ☏,
5🔲; 🅿 🍴5🔄400 🛏 Fitneßraum Sauna
Solarium 1Tennis 🍽 🍺
Auch Zimmer der Kategorie * vorhanden

Winnenden 62←

Baden Württemberg — Rems-Murr-Kreis
— 280 m — 26 000 Ew — Backnang 11,
Stuttgart 20 km
🛈 ☏ (0 71 95) 1 31 44, Fax 1 33 28 — Stadtverwaltung, Torstr 10, 71364 Winnenden

* Le Village
Max-Eyth-Str 41, ✉ 71364, ☏ (0 71 95)
9 27 20, Fax 92 72 52, AX DC ED VA
75 Zi, Ez: 89-139, Dz: 114-154, ⌐∫ WC ☏,
5🔲; Lift 🅿 🍴3🔄100 🍽

Bürg (6 km →)
** Burghotel Schöne Aussicht
♂ ◄ Neuffenstr 18, ✉ 71364, ☏ (0 71 95)
97 56-0, Fax 97 56-19, AX ED VA
16 Zi, Ez: 105, Dz: 155, ⌐∫ WC ☏; 🅿 1🔄30 🍺
** ◄ Hauptgericht 30

Winningen 43↓

Rheinland-Pfalz — Kreis Mayen-Koblenz —
72 m — 2 700 Ew — Koblenz 11, Mayen
28 km
🛈 ☏ (0 26 06) 22 14, Fax 3 47 — Verkehrsverein, August-Horch-Str 3, 56333 Winnin-
gen; Weinbauort an der Mosel. Sehenswert: Ev. Kirche; Fachwerkhäuser; Auto-
bahnbrücke

** Moselblick
◄ an der B 416, ✉ 56333, ☏ (0 26 06)
92 08 10, Fax 9 20 81 57, AX DC ED VA
34 Zi, Ez: 130, Dz: 200, ⌐∫ WC ☏, 6🔲; Lift 🅿
4🔄80 🍺
Auch Zimmer der Kategorie *** vorhanden
** Hauptgericht 25

Winsen 26 ↑

Niedersachsen — Celle — 37 m —
12 000 Ew
🛈 ☎ (0 51 43) 98 88 67, Fax 98 88 68 —
Tourist-Information, Am Amtshof 4,
29308 Winsen

🛏 **Jann-Hinsch-Hof**
Bannetzer Str 26, ✉ 29308, ☎ (0 51 43)
98 50-0, Fax 98 50 13, AX ED VA
40 Zi, Ez: 65-95, Dz: 110-175, ⌐ᴸ WC ☎; **P**
🍽 🛌

Winsen (Luhe) 18 →

Niedersachsen — Kreis Harburg — 6 m —
31 000 Ew — Lüneburg 21 km
🛈 ☎ (0 41 71) 65 70, Fax 65 71 68 — Stadtverwaltung, Schloßplatz 1, 21423 Winsen;
Kreisstadt. Sehenswert: Ev. Marienkirche;
Schloß; Marstall; Ilmenausperrwerk

✱✱ Europa
Lüneburger Str 49, ✉ 21423, ☎ (0 41 71)
88 88-0, Fax 88 88-33, AX DC ED VA
19 Zi, Ez: 100, Dz: 150, ⌐ᴸ WC ☎; 🍽

**✱ Sport & Country Hotel
im Shape Sport Club**
Osttangente 200, ✉ 21423, ☎ (0 41 71)
78 90, Fax 78 91 99, ED VA
17 Zi, Ez: 109, Dz: 159, 1 Suite, ⌐ᴸ WC ☎,
4⌧; **P** 2⟳30 Fitneßraum Sauna Solarium
5Tennis; **garni** 🍽

✱ Zum Weißen Roß
🐾 Marktstr 10, ✉ 21423, ☎ (0 41 71)
65 85 0, Fax 65 85 25, AX DC ED VA
11 Zi, Ez: 95, Dz: 128-148, 1 Suite, ⌐ᴸ WC ☎;
P 1⟳35

Winterbach 62 ←

Baden-Württemberg — Rems-Murr-Kreis
— 250 m — 7 647 Ew — Schorndorf 5 km
🛈 ☎ (0 71 81) 7 00 60, Fax 70 06 23 —
Gemeindeverwaltung, Marktplatz 2,
73650 Winterbach

✱✱ Holiday Inn Garden Court
Fabrikstr 6, im Gewerbegebiet, ✉ 73650,
☎ (0 71 81) 7 09 00, Fax 7 09 01 90,
AX DC ED VA
63 Zi, Ez: 160, Dz: 190, S; ⌐ᴸ WC ☎ DFÜ,
22⌧; Lift **P** 8⟳45 🍽 🛌

✱ Gästehaus Raisch
Brunnengasse 10, ✉ 73650, ☎ (0 71 81)
4 30 11, Fax 4 35 87, AX ED VA
10 Zi, Ez: 95-100, Dz: 135-140, 2 App, ⌐ᴸ WC
☎; 🚗

✱ Hotel oder Gasthaus mit guter
Ausstattung, über dem Durchschnitt

Winterberg 34 ↘

Nordrhein-Westfalen — Hochsauerlandkreis — 700 m — 15 000 Ew — Brilon 31 km
🛈 ☎ (0 29 81) 9 25 00, Fax 92 50 24 — Kurverwaltung, Hauptstr 1, 59955 Winterberg;
Heilklimatischer Kurort und Wintersportplatz. Sehenswert: Ruhrkopf mit Ruhr-
quelle, 695 m (2 km ↗); Kahler Asten, 843 m
⛷ (4 km ↙)
Achtung: Schneetelefon ☎ (0 29 81) 18 57

✱✱ Haus Astenblick
Nuhnestr 5, ✉ 59955, ☎ (0 29 81) 9 22 30,
Fax 9 22 35, ED
19 Zi, Ez: 80-85, Dz: 130-155, 5 Suiten, ⌐ᴸ
WC ☎ DFÜ, 5⌧; Lift **P** 🚗 3⟳25 Fitneß-
raum Sauna Solarium 9Golf 🍽 🛌

✱ Schneider
Am Waltenberg 58, ✉ 59955, ☎ (0 29 81)
67 49, Fax 8 13 67
17 Zi, Ez: 70-80, Dz: 140-160, 3 App, ⌐ᴸ WC
☎; Lift 🛋 Sauna Solarium

✱✱ Waldhaus
Kiefernweg 12, ✉ 59955, ☎ (0 29 81) 20 42,
Fax 36 70, AX DC ED VA
Hauptgericht 28

Altastenberg (5 km ←)
✱✱✱ Berghotel Astenkrone
🐾 ⛷ Astenstr 24, ✉ 59955, ☎ (0 29 81)
80 90, Fax 80 95 95, AX DC ED VA
36 Zi, Ez: 140-180, Dz: 240-350, 4 Suiten, ⌐ᴸ
WC ☎, 4⌧; Lift **P** 🚗 6⟳100 🛋 Fitneßraum
Kegeln Sauna Solarium 🛌
✱✱✱ Kronenrestaurant
Hauptgericht 33; Terrasse
✱✱ Kronenstube
Hauptgericht 38; Terrasse

Hildfeld (8 km ↗)
✱ Heidehotel Hildfeld
🐾 ⛷ Am Ufer 13, ✉ 59955, ☎ (0 29 85)
80 30, Fax 3 45, AX ED VA
47 Zi, Ez: 97, Dz: 190, 1 Suite, ⌐ᴸ WC ☎; 🚗
2⟳30 🛋 Fitneßraum Kegeln Sauna
Solarium 🛌
✱ ⛷ Hauptgericht 25

Niedersfeld (9 km ↑)
✱ Cramer
Ruhrstr 50, ✉ 59955, ☎ (0 29 85) 9 79 22,
Fax 97 92 22, AX DC ED VA
26 Zi, Ez: 85-95, Dz: 150-190, ⌐ᴸ WC ☎; **P** 🚗
2⟳22 🛋 Kegeln Sauna Solarium 🍽 🛌
Rezeption: 8-21 geschl: Mo

Winterfeld 27 ↗

Sachsen-Anhalt — Altmarkkreis
🛈 ☎ (0 39 01) 2 21 76 — Verwaltungsgemeinschaft Salzwedel-Land, Karl-Marx-Str
16, 29410 Salzwedel

✱ Landhotel Wieseneck
Im Winkel 07, ✉ 29416, ☎ (03 90 09) 6 80,
Fax 9 00 54, AX ED
11 Zi, Ez: 65-70, Dz: 90-95, ⌐ᴸ WC; **P**
2⟳100 🍽 🛌

Winterhausen 56 ←

Bayern — Kreis Würzburg — 199 m —
1 589 Ew — Ochsenfurt 6, Kitzingen 12,
Würzburg 15 km
🛈 ☎ (0 93 33) 2 14, Fax 18 02 — Gemeindeverwaltung, Rathausplatz 2, 97286 Winter-
hausen. Sehenswert: Rathausplatz; Mauri-
tiusturm

✽ Gasthof Schiff
⛊ Fährweg 14, ✉ 97286, ☎ (0 93 33) 17 85,
Fax 18 32
10 Zi, Ez: 75, Dz: 105-140, ⊒ WC ☏ DFÜ,
2⛱; **P** 1⇔15 Seezugang Sauna Solarium
🍴 ⚓
geschl: 23.12.-6.1.

Winterstein 47 ↖

Thüringen — 430 m — 961 Ew — Tabarz 6,
Bad Liebenstein 14, Eisenach 16 km
🛈 ☎ (03 62 59) 22 60 — Fremdenverkehrsamt, 99891 Winterstein

✽ Wintersteiner Hof
Liebensteiner Str 1, ✉ 99891, ☎ (03 62 59)
56 10, Fax 56 11 0, AX DC ED VA
24 Zi, Ez: 65-80, Dz: 110-130, ⊒ WC ☏; **P**
1⇔40 Fitneßraum Sauna Solarium 🍴

Wintrich 52 ↗

Rheinland-Pfalz — Bernkastel-Wittlich —
1 100 Ew
🛈 ☎ (0 65 34) 86 28, Fax 15 12 — Tourist-
Information, Bergstr 3, 54487 Wintrich

✽ Simon
Am Martinergarten 2, ✉ 54487, ☎ (0 65 34)
6 64, Fax 1 81 49
15 Zi, Ez: 55-80, Dz: 80-100, ⊒ WC ☏; **P**
1⇔40 Sauna; **garni**

Wintzingerode 37 ←

Thüringen — Kreis Worbis — 400 m —
573 Ew — Duderstadt 10 km
🛈 ☎ (03 60 74) 3 12 29 — Gemeindeverwaltung, 37339 Wintzingerode. Sehenswert:
Burg Bodenstein; Dorfkirche; Gruft der
Fam. v. Wintzingerode

✽ Waldhotel Katharinenquell
♛ Schloßstr 9, ✉ 37339, ☎ (03 60 74) 3 50,
Fax 3 51 99, AX ED VA
48 Zi, Ez: 80-105, Dz: 110-140, 1 Suite, ⊒
WC ☏, 30⛱; Lift **P** 4⇔70 🍴

Wipperfürth 33 ↓

Nordrhein-Westfalen — Oberbergischer
Kreis — 270 m — 22 000 Ew — Gummersbach 17, Remscheid 21 km
🛈 ☎ (0 22 67) 64-3 36, Fax 6 43 11 — Verkehrsamt, Marktplatz 1, 51688 Wipperfürth.
Sehenswert: Kath. Kirche St. Nikolaus;
Marktbrunnen; Neye-Talsperre (2 km ↑)

✽✽ Christian's Restaurant ✢
Marktstr 8, ✉ 51688, ☎ (0 22 67) 8 26 66
Hauptgericht 35; Terrasse; geschl: Sa mit-
tags, Mo

Kupferberg
Haus Felderhoff
⛉ Hammer 1, ✉ 51688, ☎ (0 22 67) 57 96,
Fax 8 26 50, ED VA
10 Zi, Ez: 60, Dz: 100, 1 Suite, 1 App, ⊒ WC
☏; **P** Bowling Kegeln 13Tennis ⚓
Rezeption: 8-24 geschl: Mi
Restaurant für Hausgäste

Neye (2 km ↖)
✽✽ Landhaus Alte Mühle
Neyetal 2, ✉ 51688, ☎ (0 22 67) 88 69-0,
Fax 88 69 50, AX DC ED VA
Hauptgericht 28; Gartenlokal **P** Terrasse;
geschl: Mo mittags, Do

Wasserfuhr
Koppelberg
⛉ Wasserfuhr 7, ✉ 51688, ☎ (0 22 67) 50 51,
Fax 28 42, AX ED VA
15 Zi, Ez: 70, Dz: 95, ⊒ WC ☏; **P** 🅿 3⇔80
Kegeln 🍴 ⚓

Wirges 43 →

Rheinland-Pfalz — Westerwaldkreis —
270 m — 5 200 Ew — Montabaur 6, Limburg 29 km
🛈 ☎ (0 26 02) 68 91 34, Fax 68 91 77 — Verbandsgemeindeverwaltung, Bahnhofstr 10, 56422 Wirges. Sehenswert:
Westerwälder Dom

✽✽ Paffhausen
Bahnhofstr 100, ✉ 56422, ☎ (0 26 02)
94 21-0, Fax 94 21-1 10, AX ED VA
32 Zi, Ez: 98-125, Dz: 148-188, 1 Suite, ⊒
WC ☏, 12⛱; **P** 6⇔180 Fitneßraum Kegeln
⚓
✽✽ Hauptgericht 24; Terrasse

Wirsberg 58 ↑

Bayern — Kreis Kulmbach — 380 m —
2 000 Ew — Bad Berneck 13, Kulmbach
17 km
🛈 ☎ (0 92 27) 93 20, Fax 9 32 90 — Kurverwaltung, Sessenreuther Str 2, 95339 Wirsberg; Luftkurort im Frankenwald. Sehenswert: Dampflok-Museum in Neuenmarkt
(3 km ✓)

✽✽ Herrmann's Romantik Posthotel
♛ Marktplatz 11, ✉ 95339, ☎ (0 92 27)
20 80, Fax 58 60, AX DC ED VA
33 Zi, Ez: 118-290, Dz: 168-290, 15 Suiten,
⊒ WC ☏, 2⛱; Lift **P** 🅿 2⇔45 ≋ Sauna
Solarium 18Golf ⚓
Rezeption: 6.30-21.30
Auch Zimmer der Kategorie **✽✽✽** vor-
handen
✽✽ Hermann's Restaurant
Hauptgericht 38; Terrasse

✱ Gasthof Hereth
Hauptstr 15, ✉ 95339, ☎ (0 92 27) 9 41 90, Fax 94 19 19
15 Zi, Ez: 50-60, Dz: 90-110, ⌐ WC ☎; **P**
geschl: 10.-29.1.
Restaurant für Hausgäste

✱ Hof zur Linde
◐ Am Lindenberg 2, ✉ 95339, ☎ (0 92 27) 8 60, Fax 21 42, AX DC ED VA
31 Zi, Ez: 120, Dz: 120-170, 1 Suite, 2 App, ⌐ WC ☎, 6✉; Lift ≘ Sauna Solarium
✱ Hauptgericht 17

Wirsberg-Außerhalb (1 km ↘)
✱✱✱ Reiterhof Flair Hotel
einzeln ◐ ◅ Sessenreuther Str 50, ✉ 95339, ☎ (0 92 27) 20 40, Fax 70 58, AX DC ED VA
50 Zi, Ez: 120-198, Dz: 178-225, 1 Suite, ⌐ WC ☎; Lift ≘ Fitneßraum Sauna Solarium

Wismar 12 ✓

Mecklenburg-Vorpommern — Hansestadt Wismar — 5 m — 50 000 Ew — Lübeck 49, Rostock 59 km
🅘 ☎ (0 38 41) 1 94 33, Fax 2 51-8 19 — Tourist-Information, Im Stadthaus, Am Markt 11, 23966 Wismar; Hafenstadt.
Sehenswert: Marktplatz mit Rathaus, „Alter Schwede" und Wasserkunst; Marienkirche; Archidiakonat; Nikolaikirche; Hospitalkirche Zum Heiligen Geist; Georgenkirche; Fürstenhof; Schabbelhaus; Schwedenköpfe am Baumhaus

✱✱ Stadt Hamburg Golden Tulip
◐ Am Markt 24, ✉ 23966, ☎ (0 38 41) 23 90, Fax 23 92 39, AX DC ED VA
104 Zi, Ez: 130-205, Dz: 170-245, ⌐ WC ☎, 20✉; Lift **P** 🅿 5⇔120 Sauna Solarium ⚓
✱✱ Am Markt
Hauptgericht 25

✱✱ Hotel Alter Speicher
Bohrstr 12 + 12 a, ✉ 23966, ☎ (0 38 41) 21 17 46, Fax 21 17 47, DC ED VA
75 Zi, Ez: 99-160, Dz: 130-250, S; 3 Suiten, ⌐ WC ☎, 16✉; Lift **P** 🅿 4⇔100 Fitneßraum Sauna Solarium ¶◯ ⚓
Auch Zimmer der Kategorie ✱ vorhanden

✱✱ Willert
Schweriner Str 9, ✉ 23970, ☎ (0 38 41) 2 61 20, Fax 21 00 59, AX ED VA
15 Zi, Ez: 90-120, Dz: 140-170, 1 App, ⌐ WC ☎; **P**; garni

✱ Am Alten Hafen
Spiegelberg 61, ✉ 23966, ☎ (0 38 41) 42 60, Fax 42 66 66, AX
35 Zi, Ez: 75-99, Dz: 120-165, 5 App, ⌐ WC ☎ TV, 15✉; Lift **P** 2⇔30 ⚓
Restaurant für Hausgäste vorhanden

✱ Altes Brauhaus
Lübsche Str 37, ✉ 23966, ☎ (0 38 41) 21 14 16, Fax 28 32 23, AX ED VA
16 Zi, Ez: 85-110, Dz: 120-160, ⌐ WC ☎; garni

✱ New Orleans
Runde Grube 3, ✉ 23966, ☎ (0 38 41) 2 68 60, Fax 26 86 10
28 Zi, Ez: 95, Dz: 140, ⌐ WC ☎;

✱ Bertramshof
Bertramsweg 2, ✉ 23966, ☎ (0 38 41) 70 72 20, Fax 70 46 22, AX ED
42 Zi, Ez: 56-116, Dz: 106-151, ⌐ WC, 1✉; ≘

⚓ Lissi
Großschmiedstr 1, ✉ 23966, ☎ (0 38 41) 28 30 66

Rüggow (6 km →)
✱ Aridus
Rüggower Weg 17, ✉ 23970, ☎ (0 38 41) 23 20, Fax 23 22 00, AX DC ED VA
36 Zi, Ez: 99, Dz: 118-135, ⌐ WC ☎; Lift **P** 2⇔70 Fitneßraum Sauna Solarium ¶◯ ⚓
Auch Zimmer der Kategorie ✱✱ vorhanden

✱ Landhaus Streeck
an der B 105, ✉ 23970, ☎ (0 38 41) 28 22 00, Fax 28 22 00, AX DC ED VA
18 Zi, Ez: 110-120, Dz: 130-150, ⌐ WC ☎; 1⇔50 Sauna ¶◯ ⚓
Auch Zimmer der Kategorie ✱✱ vorhanden

Wendorf, Bad
✱✱ Seeblick mit Gästehaus
Ernst-Scheel-Str 27, ✉ 23968, ☎ (0 38 41) 6 27 40, Fax 62 74 70, AX DC ED VA
25 Zi, Ez: 90-130, Dz: 120-160, App: 180, ⌐ WC ☎, DFÜ, 13✉; **P** 2⇔100 Bootsverleih 32Golf Seezugang ¶◯ ⚓

Wittdün siehe Amrum

Witten 33 ☐

Nordrhein-Westfalen — Ennepe-Ruhr-Kreis — 100 m — 107 000 Ew — Bochum 10 km
🅘 ☎ (0 23 02) 5 81 13 08, Fax 1 22 36 — Verkehrsverein, Ruhrstr 13, 58452 Witten; Stadt an der Ruhr. Sehenswert: Märkisches Museum; Hebezeug-Museum; Bergbauhistorischer Rundwanderweg mit Besucherstollen, Bethaus der Bergleute

Witten-Außerhalb
✱✱ Haus Hohenstein Europa-Akademie
einzeln, Hohenstein 32, ✉ 58453, ☎ (0 23 02) 92 03 00, Fax 92 03 99, AX DC ED VA
33 Zi, Ez: 120, Dz: 150, ⌐ WC ☎; **P** 7⇔120 ¶◯ ⚓ →

Witten

<u>Herbede</u>
✱✱ Haus Herbede
⌂ Von-Elverfeldt-Allee 12, ✉ 58456,
☎ (0 23 02) 7 22 58, Fax 7 92 83, AX DC ED VA
Hauptgericht 32; geschl: Di,
Restaurant in einem Gewölbekeller der
restaurierten Burganlage, wechselndes
Kulturangebot

Wittenbeck 12 ↙

Mecklenburg-Vorpommern — Bad Doberan — 50 m — 410 Ew — Kühlungsborn 3, Bad Doberan 16 km
ℹ ☎ (03 82 93) 1 39 44, Fax 1 39 45 — Amt für Tourismus, August-Bebel-Str 3, 18209 Bad Doberan

✱ Landhotel Wittenbeck
♂ Straße zur Kühlung 21a, ✉ 18209,
☎ (03 82 93) 66 26, Fax 75 49, AX ED VA
44 Zi, Ez: 90-99, Dz: 98-140, 1 App, ⊣ WC
☎; 4⇔40 Kegeln Sauna Solarium 9 Golf ▮◎▮

Wittenberg 39 ↑

Sachsen-Anhalt — Kreis Wittenberg — 72 m — 54 000 Ew — Leipzig 67, Potsdam 68 km
ℹ ☎ (0 34 91) 49 86 10, Fax 49 86 11 — Wittenberg-Information, Schloßplatz 2, 06886 Wittenberg; Lutherstadt (Ausgangspunkt d. Reformation). Sehenswert: Markt mit Marktbrunnen und Bronzedenkmälern; Rathaus; Stadtkirche St. Marien; Kapelle zum Heiligen Leichnam; Melanchthonhaus; Lutherhaus; Augusteum; Cranach-Haus; Schloßkirche m. Thesentür

✱✱ Park Inn Wittenberg
Neustr 7-10, ✉ 06886, ☎ (0 34 91) 46 10,
Fax 46 12 00, AX DC ED VA
171 Zi, Ez: 110-210, Dz: 140-260, S; ⊣ WC
☎, 47✉; Lift ▯ 8⇔250 ▮◎▮

<u>Wittenberg-Außerhalb</u> (3 km ↑)
✱ Waldhotel Vogel
einzeln ♂ Tonmark 10, ✉ 06886,
☎ (0 34 91) 61 03 89, Fax 61 03 92,
AX DC ED VA
23 Zi, Ez: 75-98, Dz: 120, 1 Suite, ⊣ WC ☎;
1⇔30 ≋ Fitneßraum Sauna Solarium ▮◎▮

<u>Apollensdorf</u> (8 km ←)
✱✱ Sorat Hotel Wittenberg
Braunsdorfer Str 19, ✉ 06886, ☎ (0 34 91)
64 00, Fax 64 06 40, AX DC ED VA
72 Zi, Ez: 130-150, Dz: 170-190, S; ⊣ WC ☎,
30✉; Lift ▯ 3⇔140 Fitneßraum Sauna
Solarium ▮◎▮

<u>Piesteritz</u> (3 km ←)
✱ Zur Einkehr
Heinrich-Heine-Str 15, ✉ 06886,
☎ (0 34 91) 66 20 75, Fax 66 20 75, ED
9 Zi, Ez: 70-80, Dz: 90-110, 1 Suite, ⊣ WC
☎, 4✉; ▯ Solarium; **garni**

✱ Klabautermann
Dessauer Str 93, ✉ 06886, ☎ (0 34 91)
66 21 49, Fax 66 21 49, AX DC ED VA
Hauptgericht 27

<u>Reinsdorf</u>
✱ Tannenspitze
♂ Mochauer Weg 41, ✉ 06896, ☎ (0 34 91)
61 31 40, Fax 61 31 40, ED
7 Zi, Ez: 88-98, Dz: 120-140, ⊣ WC ☎; 50
Solarium
Restaurant für Hausgäste

✱ Hohe Mühle
Wittenberger Str 10, ✉ 06896, ☎ (0 34 91)
66 18 11, Fax 66 18 12
9 Zi, Ez: 75, Dz: 120, ⊣ WC ☎; ▯ ▮◎▮
geschl: Mo, 8.-26.8.

✱ Grüne Tanne
♂ Am Teich 1, ✉ 06896, ☎ (0 34 91) 6 29-0,
Fax 62 92 50, AX DC ED VA
37 Zi, Ez: 78-85, Dz: 125, 2 Suiten, 1 App, ⊣
WC ☎; ▯ 2⇔40 Sauna ▮◎▮ ⚌

Wittenberge 20 ↙

Brandenburg — Prignitz — 21 m —
24 000 Ew — Bad Wilsnack 15, Perleberg
10 km
ℹ ☎ (0 38 77) 90 42 19, Fax 90 42 19 —
Stadtinformation Wittenberge, Bahnstr 59,
19322 Wittenberge. Sehenswert: Gotisches Steintor (um 1300); „Alte Burg" (ältestes Wohnhaus von 1669); Neobarockes
Rathaus (1914); Uhrenturm (größte Turmuhr auf dem europäischen Festland; Nähmaschinenausstellung

✱✱ Am Stern
Turmstr 14, ✉ 19322, ☎ (0 38 77) 98 90,
Fax 98 91 00, AX DC ED VA
30 Zi, Ez: 115-135, Dz: 155-170, 3 Suiten, ⊣
WC ☎, 11✉; Lift ▯ ▯ ⚌
Restaurant für Hausgäste

Wittenhofen

siehe **Deggenhausertal**

Wittichenau 41 ←

Sachsen — Landkreis Kamenz — 115 m —
5 790 Ew — Hoyerswerda 10, Kamenz
17 km
ℹ ☎ (03 57 25) 7 02 91, Fax 7 02 56 — Stadtinformation Wittichenau, Geschwister-Scholl-Str. 6, 02997 Wittichenau

<u>Spohla</u> (3,5 km ↗)
✱ Im Schweinekoben ✤
Dorfstr 12, ✉ 02979, ☎ (03 57 25) 75 20,
Fax 75 21 04, AX ED VA
Hauptgericht 30; Biergarten ▯; Jan-Mär
nur abends; geschl: So (Jan-März), Mo
mittags, Anfang-Mitte Jan
✱ ♂ 11 Zi, Ez: 75-110, Dz: 110-150, ♛
4 App, ⊣ WC ☎; 1⇔50

Wittingen 27 ↘

Niedersachsen — Kreis Gifhorn — 80 m — 13 574 Ew — Uelzen 30, Gifhorn 37 km
🅘 ☎ (0 58 31) 2 61 62, Fax 2 61 04 — Stadtverwaltung-Fremdenverkehr, Bahnhofstr 35, 29378 Wittingen. Sehenswert: Ev. Kirche, Junkerhof, Wallanlagen, Amtshof mit Burgresten Ortsteil Knesebeck

** Wittinger Tor
Salzwedeler Str 4, ⌧ 29378, ☎ (0 58 31) 2 53 00, Fax 25 30 10
7 Zi, Ez: 120, Dz: 170, ⌁ WC ☎; ⍾
Fachwerkhaus von 1880

* Nöhre
Bahnhofstr 2, ⌧ 29378, ☎ (0 58 31) 2 92 50, Fax 29 25 30, AX ED VA
30 Zi, Ez: 86, Dz: 130, ⌁ WC ☎; Sauna ⍾

Wittlich 52 ↗

Rheinland-Pfalz — Kreis Bernkastel-Wittlich — 170 m — 17 000 Ew — Bernkastel-Kues 18, Trier 37 km
🅘 ☎ (0 65 71) 40 86, Fax 64 17 — Verkehrsverein Moseleifel-Touristik e.V., Neustr 6, 54516 Wittlich; Kreisstadt in der Eifel. Sehenswert: Kath. Kirche St. Markus; ehem. Synagoge mit jüdischem Dokumentationszentrum; Altes Rathaus mit wechselnden Ausstellungen; Meistermann-Museum

** Lindenhof mit Aparthotel Tannenhof
einzeln ⍾ Am Mundwald, ⌧ 54516, ☎ (0 65 71) 69 20, Fax 69 25 02, AX DC ED VA
37 Zi, Ez: 126, Dz: 196, 29 App, ⌁ WC ☎; Lift 🅿 4⇆300 ≘ Fitneßraum Kegeln Sauna Solarium
Auch Zimmer der Kategorie ***** vorhanden
** La Table
Hauptgericht 27

* Well
Marktplatz 5, ⌧ 54516, ☎ (0 65 71) 9 11 90, Fax 91 19 50, AX DC ED VA
20 Zi, Ez: 86, Dz: 150, ⌁ WC ☎, 4✉; Lift 🅿 🚗; garni

* Wittlicher Hof
Trierer Str 29, ⌧ 54516, ☎ (0 65 71) 9 77 70, Fax 97 77 77, AX DC ED VA
9 Zi, Ez: 98, Dz: 168, 2 Suiten, ⌁ WC ☎; 🅿 ⍾ ⚓

Wittmund 16 ↘

Niedersachsen — Kreis Wittmund — 7 m — 21 000 Ew — Aurich 25, Wilhelmshaven 27 km
🅘 ☎ (0 44 62) 9 83-1 25, Fax 98 32 99 — Gäste-Information-Rathaus, Kurt-Schwitters-Platz 1, 26409 Wittmund; Seebad an der Nordsee. Sehenswert: Heimatmuseum Peldemühle; Siuts-Mühle; St. Nicolai-Kirche; Schloßpark

** Ringhotel Residenz am Schloßpark
♂ Am Markt 13, ⌧ 26409, ☎ (0 44 62) 88 60, Fax 88 61 23, AX DC ED VA
50 Zi, Ez: 99-135, Dz: 145-195, ⌁ WC ☎, 18✉; Lift 🅿 🚗 6⇆600 Fitneßraum Sauna Solarium
Auch Zimmer der Kategorie ******* vorhanden
** Hauptgericht 30

Carolinensiel
* Harlesiel
♂ ⍾ Am Yachthafen 30, ⌧ 26409, ☎ (0 44 64) 9 48 00, Fax 82 28, AX DC ED VA
29 Zi, Ez: 115-135, Dz: 160-240, 8 Suiten, 18 App, ⌁ WC ☎, 4✉; ≘ Sauna Solarium

Wittstock 20 ↘

Brandenburg — Kreis Ostprignitz-Ruppin — 65 m — 13 910 Ew — Pritzwalk 20, Malchow 40, Neuruppin 40 km
🅘 ☎ (0 33 94) 43 34 42, Fax 43 34 42 — Fremdenverkehrsbüro, Markt 1, 16909 Wittstock/Dosse. Sehenswert: Stadtmauer; ehem. Bischofsburg; Grönertor; Rathaus; Bürgerhäuser, Kirche

** Stadt Hamburg
Röbeler Str 25, ⌧ 16909, ☎ (0 33 94) 44 45 66, Fax 44 45 66, AX DC ED VA
44 Zi, Ez: 95, Dz: 140, ⌁ WC ☎, 9✉; Lift 🅿 🚗 3⇆90 Sauna Solarium ⍾

* Deutsches Haus
Markt/Ecke Kirchgasse 1+3, ⌧ 16909, ☎ (0 33 94) 44 43 63, Fax 44 43 65, ED VA
18 Zi, Ez: 85, Dz: 120, ⌁ WC ☎; 🅿 ⍾

* Am Röbeler Tor
Am Dosseteich, ⌧ 16909, ☎ (0 33 94) 43 35 56, Fax 44 38 22, DC ED VA
15 Zi, Ez: 80-95, Dz: 100-130, ⌁ WC ☎; 🅿 1⇆36 Kegeln Sauna Solarium ⍾ ⚓

Witzenhausen 36 ↓

Hessen — Werra-Meißner-Kreis — 150 m — 18 000 Ew — Münden 19, Göttingen 26, Kassel 35 km
🅘 ☎ (0 55 42) 5 08 13, Fax 5 08 22 — Verkehrsamt, Rathaus, Steinstr 2, 37213 Witzenhausen; Stadt an der Werra. Sehenswert: Rathaus; Marktplatz; St. Michaelskapelle; ehem. Wilhelmitenkloster; Fachwerkhäuser; ev. Liebfrauenkirche; Tropengewächshaus; Museum für Völkerkunde; Freizeitpark mit Automuseum im Stadtteil Ziegenhagen (9 km ↘), geöffnet Mär-Apr, Sep-Okt 10-17; Mai-Aug 9-18

* Stadt Witzenhausen
♂ Am Sande 8, ⌧ 37213, ☎ (0 55 42) 9 34 50, Fax 9 34 51 47, DC ED VA
32 Zi, Ez: 80, Dz: 118, ⌁ WC ☎; Lift 4⇆300 ≋ ≘ Kegeln Sauna Solarium; **garni**

Witzhave 18 ↗

Schleswig-Holstein — Kreis Stormarn — 25 m — 1 230 Ew — Hamburg 20 km
🛈 ☎ (0 41 54) 8 07 90, Fax 80 79 75 — Amtsverwaltung, Europaplatz 5, 22946 Trittau

∗ Pünjer
Möllner Landstr 9, ✉ 22969, ☎ (0 41 04) 9 77 70, Fax 97 77 55, ED
34 Zi, Ez: 75-98, Dz: 115-130, ⌐ WC ☎; P ⓘ

Witzhelden siehe Leichlingen

Wörishofen, Bad 70 ↗

Bayern — Kreis Unterallgäu — 630 m — 14 000 Ew — Mindelheim 10, Kaufbeuren 17 km
🛈 ☎ (0 82 47) 96 90 55, Fax 3 23 23 — Kurverwaltung, Bgm-Ledermann-Str 1, 86825 Bad Wörishofen; Kneipp-Heilbad im Alpenvorland. Sehenswert: Klosterkirche; Pfarrkirche; Kuranlagen mit Rosarium; Falknerei

∗∗∗ Kurhotel-Sanatorium Landhaus Tanneck
♂ Hartenthaler Str 29, ✉ 86825, ☎ (0 82 47) 30 70, Fax 30 72 80
112 Zi, Ez: 110-210, Dz: 240-380, 2 Suiten, ⌐ WC ☎, 50⌗; Lift P 🖃 2↻80 ≋ 🜊 Fitneßraum Sauna Solarium 2Tennis ⓘ ⚐
Auch Zimmer der Kategorie ∗∗∗∗ vorhanden

∗∗∗ Kurhotel Residenz
♂ Bahnhofstr 8, ✉ 86825, ☎ (0 82 47) 35 20, Fax 35 22 14
110 Zi, Ez: 150-230, Dz: 300-370, 31 Suiten, ⌐ WC ☎; Lift P 🖃 2↻60 ≋ 🜊 Fitneßraum Sauna Solarium 18Golf ⚐
geschl: 19.11.-19.12.
7000 qm großer Park
∗∗ Residenz-Stuben
Hauptgericht 35; Terrasse; geschl: 19.11.-19.12.

∗∗∗ Kurhotel Fontenay ♛
♂ Eichwaldstr 10, ✉ 86825, ☎ (0 82 47) 30 60, Fax 30 61 85, AX ED
58 Zi, Ez: 150-250, Dz: 260-380, 4 Suiten, ⌐ WC ☎ DFÜ, 30⌗; Lift P 🖃 2↻16 ≋ 🜊 Fitneßraum Sauna Solarium 18Golf ⓘ

∗∗ Der Sonnenhof
♂ Hermann-Aust-Str 11, ✉ 86825, ☎ (0 82 47) 40 21, Fax 89 38, AX ED
79 Zi, Ez: 110-190, Dz: 220-370, 12 Suiten, ⌐ WC ☎; Lift P 🖃 🜊 Fitneßraum Sauna Solarium ⚐
geschl: 1.11.-18.12.
Restaurant für Hausgäste

∗∗ Kurhotel Sonnengarten
♂ Adolf-Scholz-Allee 5, ✉ 86825, ☎ (0 82 47) 30 90, Fax 10 68, AX ED VA
75 Zi, Ez: 110-200, Dz: 215-355, 3 App, ⌐ WC ☎, 16⌗; Lift P 🖃 5↻150 🜊 Fitneßraum Sauna Solarium ⓘ ⚐
geschl: 19.12.-6.1.

∗∗ Kneipp-Kurhotel Kreuzer
♂ Kneippstr 4, ✉ 86825, ☎ (0 82 47) 35 30, Fax 35 31 38, AX ED VA
97 Zi, Ez: 105-180, Dz: 185-290, 10 Suiten, 7 App, ⌐ WC ☎; Lift P 🖃 2↻40 🜊 Fitneßraum Sauna Solarium 18Golf
∗ Kreuzer Stuben
Hauptgericht 28

∗∗ Edelweiß
Bgm.-Singer-Str 11, ✉ 86825, ☎ (0 82 47) 3 50 10, Fax 35 01 75
52 Zi, Ez: 80-110, Dz: 160-180, 3 Suiten, 2 App, ⌐ WC ☎; Lift P 🖃 🜊 Fitneßraum Sauna Solarium
Rezeption: 8-20; geschl: So, 28.11.-9.1.
Restaurant für Hausgäste

∗∗ Kurhotel Eichinger
♂ Hartenthaler Str 22, ✉ 86825, ☎ (0 82 47) 3 90 30, Fax 39 03 88, AX
42 Zi, Ez: 60-80, Dz: 120-150, 10 Suiten, 2 App, ⌐ WC ☎; Lift P 🖃 🜊 Fitneßraum Sauna Solarium
Restaurant für Hausgäste; Auch Zimmer der Kategorie ∗ vorhanden

∗ Kurpension Elfriede
Kaufbeurer Str 18, ✉ 86825, ☎ (0 82 47) 9 68 60, Fax 96 86 45, DC
28 Zi, Ez: 72, Dz: 148, ⌐ WC ☎; Lift P 🜊 Fitneßraum
Rezeption: 8-19; geschl: 21.10.-20.2.

∗ Kurhotel Eichwald
♂ Eichwaldstr 20, ✉ 86825, ☎ (0 82 47) 60 94, Fax 66 79
52 Zi, Ez: 90-190, Dz: 160-280, ⌐ WC ☎; Lift P 🖃 50 🜊 Sauna Solarium ⓘ ⚐
Auch Zimmer der Kategorie ∗∗ vorhanden

∗ Kurhotel-Pension Alpenhof
Gammenrieder Str 6, ✉ 86825, ☎ (0 82 47) 3 00 50, Fax 30 05 68
25 Zi, Ez: 60-105, Dz: 130-220, 1 Suite, 1 App, ⌐ WC ☎, 6⌗; Lift P 🜊 Fitneßraum Sauna Solarium
geschl: So, 20.11.-20.1.
Restaurant für Hausgäste

⚐ Schwermer
Hartenthalerstr 36, ✉ 86825, ☎ (0 82 47) 9 02 13, Fax 35 08 14
P; 10-18; geschl: Mitte Nov-Mitte Jan

Schlingen (5 km ↓)
∗∗∗ Jagdhof
Allgäuer Str 1, ✉ 86825, ☎ (0 82 47) 48 79, Fax 25 34, AX ED
Hauptgericht 30; Kegeln P Terrasse; geschl: Mo, Di, 2.1-31.1.99

Wörlitz 39

Sachsen-Anhalt — Anhalt-Zerbst — 62 m
— 2 000 Ew — Oranienbaum 6, Dessau 18,
Wittenberg 23 km
🛈 ☎ (03 49 05) 2 02 16, Fax 2 02 16 — Wörlitz-Information, Neuer Wall 103,
06786 Wörlitz. Sehenswert: Rathaus;
St. Petri Kirche; Landschaftspark mit 2
Museen und 3 Kunstausstellungen, große
Wasserfläche

** Ringhotel Zum Stein
Erdmannsdorffstr 228, ✉ 06786,
☎ (03 49 05) 5 00, Fax 5 01 99, AX DC ED VA
54 Zi, Ez: 125-145, Dz: 186-196, S; 1 Suite,
⊿ WC ☎; Lift P 6⟲130 ⌂ Sauna Solarium
†⊙†

** Wörlitzer Hof
Markt 96, ✉ 06786, ☎ (03 49 05) 2 02 42,
Fax 2 11 34, AX ED VA
31 Zi, Ez: 125, Dz: 175, 2 Suiten, 1 App, ⊿
WC ☎, 4⊠; Lift P 2⟲50 Sauna †⊙† ⌂

* Zum Gondoliere
Angergasse 132, ✉ 06786, ☎ (03 49 05)
2 03 29, Fax 2 11 45, AX DC ED VA
8 Zi, Ez: 70-80, Dz: 120-130, ⊿ WC ☎; P
1⟲40 †⊙†

* Parkhotel Akzent-Hotel
Erdmannsdorffstr 62, ✉ 06786,
☎ (03 49 05) 203 22, Fax 2 11 43, AX DC ED VA
16 Zi, Ez: 125, Dz: 160, ⊿ WC ☎; P 2⟲50
†⊙†

Wörth a.d. Isar 65

Bayern — Kreis Landshut — 368 m —
2 030 Ew — Landshut 14, Dingolfing 8 km
🛈 ☎ (0 87 02) 94 10 10, Fax 94 01 25 —
Gemeindeverwaltung, Am Kellerberg 2 a,
84109 Wörth a. d. Isar

** Wörth
Luitpoldpark 1, ✉ 84109, ☎ (0 87 02) 92 00,
Fax 92 04 00, AX DC ED VA
76 Zi, Ez: 88-113, Dz: 126-151, ⊿ WC ☎,
38⊠; Lift P ⌂ 4⟲150 Sauna Solarium;
garni ⌂
Frühstück im benachbarten Tankrasthof

* Gästehaus Isartal
Amseweg 2, ✉ 84109, ☎ (0 87 02) 9 40 90,
Fax 94 09 40
20 Zi, Ez: 75-80, Dz: 100-120, ⊿ WC ☎; P
†⊙† ⌂

Wörth am Rhein 60

Rheinland-Pfalz — Kreis Germersheim —
100 m — 18 500 Ew — Karlsruhe 8 km
🛈 ☎ (0 72 71) 13 10, Fax 13 11 31 — Stadtverwaltung, Mozartstr 2, 76744 Wörth am
Rhein

* Insel
⌂ Friedrichstr 38, ✉ 76744, ☎ (0 72 71)
9 34 00, Fax 93 40 20, AX ED VA
18 Zi, Ez: 98-108, Dz: 158-175, ⊿ WC ☎,
5⊠; P †⊙†

Wörthsee 71

Bayern — Kreis Starnberg — 581 m —
4 293 Ew — Starnberg 16 km
🛈 ☎ (0 81 53) 80 11, Fax 81 49 — Gemeindeverwaltung, Seestr 20, 82237 Wörthsee

Steinebach-Auing
* Gästehaus Florianshof
Hauptstr 48, ✉ 82237, ☎ (0 81 53) 88 20,
Fax 88 22 22, ED
50 Zi, Ez: 60-80, Dz: 95-100, 11 App, ⊿ WC
☎ DFÜ; P 2Tennis; garni

Wolfach 60

Baden-Württemberg — Ortenaukreis —
260 m — 6 100 Ew — Offenburg 39, Freudenstadt 41 km
🛈 ☎ (0 78 34) 83 53-53, Fax 83 53-59 —
Kur- und Verkehrsamt, Hauptstr 41,
77709 Wolfach; Luftkurort im Kinzigtal,
Schwarzwald. Sehenswert: Schloß; Freilichtmuseum Vogtsbauernhof (6 km ⟋),
Glashütte mit Weihnachtsdorf

* Schwarzwaldhotel
⌂ Kreuzbergstr 26, ✉ 77709, ☎ (0 78 34)
40 11, Fax 40 11, ED VA
10 Zi, Ez: 58-78, Dz: 120-150, ⊿ WC; P ⌂;
garni
geschl: 15.11.-15.12.

Kirnbach (5 km ↓)
* Sonne
Talstr 103, ✉ 77709, ☎ (0 78 34) 69 55,
Fax 46 96, AX DC ED VA
21 Zi, Ez: 65-85, Dz: 100-140, 2 Suiten, ⊿
WC ☎; Lift P Kegeln
Überwiegend Zimmer der Kategorie **
vorhanden
* Hauptgericht 25; Terrasse;
geschl: Mo

St. Roman (12 km ⟋)
** Silencehotel Adler
⌂ Talstr 14, ✉ 77709, ☎ (0 78 36)
3 42 + 9 37 80, Fax 74 34, AX ED VA
29 Zi, Ez: 84, Dz: 120-156, ⊿ WC ☎; Lift P
⌂ 3⟲45 Sauna Solarium ⌂
geschl: Mo, 7.1.-24.1.
** Hauptgericht 40; Terrasse;
geschl: Mo, 07.01.-24.01.

Wolfen 39

Sachsen-Anhalt — Kreis Bitterfeld — 80 m
— 38 698 Ew — Bitterfeld 8, Dessau 20,
Leipzig 38 km
🛈 ☎ (0 34 94) 6 60, Fax 3 01 12 — Stadtverwaltung, Reudener Str 72, 06766 Wolfen;
Ort in der Leipziger Tieflandsbucht →

Wolfen

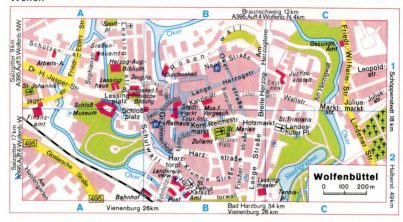

✳ Deutsches Haus
Leipziger Str 94 a, ✉ 06766, ☎ (0 34 94)
4 50 25, Fax 4 41 66, AX ED VA
25 Zi, Ez: 70-84, Dz: 115, ⌐ WC ☎; P 🛏 🍴

Wolfenbüttel 27 ↙

Niedersachsen — Kreis Wolfenbüttel —
70 m — 54 000 Ew — Braunschweig 12,
Goslar 40, Hildesheim 46 km
ℹ ☎ (0 53 31) 8 64 87, Fax 8 64 42 — Tourist-Information, Stadtmarkt 9 (B 2),
38300 Wolfenbüttel. Sehenswert: Ev. Marienkirche; ev. Kirche St. Trinitatis; Altstadt: Krambuden mit Laubengängen; Schloß; Rathaus; Zeughaus; Herzog-August-Bibliothek; Lessinghaus; Braunschweigisches Landesmuseum (Archäologie)

✳ Parkhotel Altes Kaffeehaus
Harztorwall 18 (B 2), ✉ 38300, ☎ (0 53 31)
88 80, Fax 88 81 00, AX DC ED VA
75 Zi, Ez: 130-190, Dz: 170-220, ⌐ WC ☎,
7🛁; Lift P 2✪60 Fitneßraum Sauna 🍴
Auch Zimmer der Kategorie ✳✳ vorhanden.

✳ Landhaus Dürkop
♠ Alter Weg 47, ✉ 38302, ☎ (0 53 31)
70 53, Fax 7 26 38, AX ED VA
28 Zi, Ez: 115, Dz: 160, 2 Suiten, ⌐ WC ☎
DFÜ; P 🛏 ≋ Sauna Solarium 18 Golf; garni

✳ Bayrischer Hof
Brauergildenstr 5, ✉ 38300, ☎ (0 53 31)
50 78, Fax 2 92 86, AX ED VA
Hauptgericht 20; 🛏

Wolferode 38 ←

Sachsen-Anhalt — Kreis Mansfelder Land
— 180 m — 1 300 Ew — Eisleben 2, Helbra
4, Sangershausen 18 km
ℹ ☎ (0 34 75) 6 30 80, Fax 63 08 16 —
Gemeindeverwaltung, Bahnhofstr 9,
06295 Wolferode

✳ Wolferode
Wimmelburger Str 9 a, ✉ 06295,
☎ (0 34 75) 63 80 06, Fax 63 80 08,
AX DC VA
20 Zi, Ez: 85-95, Dz: 128, ⌐ WC ☎; P 🍴

Wolfhagen 35 ↘

Hessen — Kreis Kassel — 279 m —
13 200 Ew — Arolsen 7, Kassel 33 km
ℹ ☎ (0 56 92) 6 02 26, Fax 6 02 29 — Verkehrsamt, Burgstr. 33-35, 34466 Wolfhagen. Sehenswert: Kirche St. Anna; Rathaus; Burg; Alte Wache; Wasserschloß Elmarshausen; Hugenottenkirche von Leckringhausen

✳✳ Altes Rathaus
Kirchplatz 1, ✉ 34466, ☎ (0 56 92) 80 82,
Fax 59 53, AX DC ED VA
Hauptgericht 30; Terrasse; geschl: Di, Mi abends
✳✳ 12 Zi, Ez: 70-80, Dz: 90-110, ⌐ WC
☎, 2🛁; Lift

Wolframs-Eschenbach 63 ↑

Bayern — Kreis Ansbach — 440 m —
2 700 Ew — Gunzenhausen 15 km
ℹ ☎ (0 98 75) 97 55 34, Fax 97 55 97 —
Stadtverwaltung, Wolfram-von-Eschenbach-Platz 1, 91639 Wolframs-Eschenbach; Heimat Wolframs von Eschenbach (Parzival). Sehenswert: Liebfrauenmunster; Altstadt mit Stadtbefestigung; Marktplatz mit Vogtei; Deutschordensschloß (Rathaus) und Altes Rathaus; Wolfram-von-Eschenbach-Museum

✳ Alte Vogtei mit Gästehaus
Hauptstr 21, ✉ 91639, ☎ (0 98 75) 9 70 00,
Fax 97 00 70, DC ED VA
27 Zi, Ez: 60-65, Dz: 108-120, ⌐ WC ☎;
3✪50 🍴

Wolfsburg

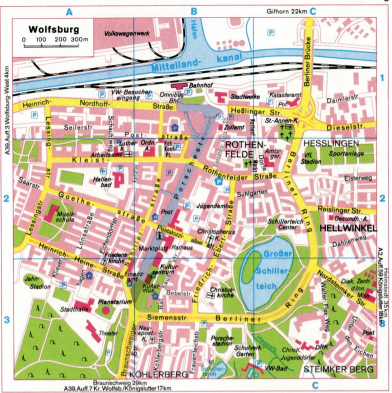

✱ Seitz
Duchselgasse 1, ✉ 91639, ☎ (0 98 75)
9 79 00, Fax 97 90 40
20 Zi, Ez: 63, Dz: 102, ⌁ WC ☎; 🅿 🍴 1↔30
≋ Sauna Solarium
Restaurant für Hausgäste

Wolfratshausen 71 ↗

Bayern — Kreis Bad Tölz-Wolfratshausen
— 550 m — 16 000 Ew — Starnberg 15 km
ℹ ☎ (0 81 71) 21 41 10, Fax 21 41 03 —
Stadtverwaltung, Marienplatz 1,
82515 Wolfratshausen. Sehenswert: Kath.
Kirche St. Andreas; Marktplatz; Rathaus;
Nantweiner Kirche; Kalvarienberg

✱ Thalhammer
⚲ Sauerlacher Str 47d, ✉ 82515,
☎ (0 81 71) 42 19-0, Fax 42 19-50, AX ED VA
23 Zi, Ez: 100-125, Dz: 155-175, 2 App, ⌁
WC ☎; 🅿 🍴 Fitneßraum Sauna Solarium;
garni

✱✱ Patrizierhof ✤
Untermarkt 17, ✉ 82515, ☎ (0 81 71)
2 25 33, Fax 2 24 38, AX DC ED VA
Hauptgericht 35; Gartenlokal 🅿

Wolfsbach siehe Bayreuth

Wolfsburg 27 ←

Niedersachsen — Stadtkreis — 60 m —
125 000 Ew — Braunschweig 29, Hannover
80 km
ℹ ☎ (0 53 61) 28 28 28, Fax 28 25 50 — Tourist Information, Porschestr. 47a,
38440 Wolfsburg; Stadt im Braunschweiger Land. Sehenswert: Schloß: Städt. Galerie; Hoffmann-von-Fallersleben-Museum;
Volkswagen-Automuseum, geöffnet täglich 10-17; Planetarium

✱✱✱ Holiday Inn
Rathausstr 1 (B 3), ✉ 38440, ☎ (0 53 61)
20 70, Fax 20 79 81, AX DC ED VA
205 Zi, Ez: 155-323, Dz: 185-433, S; 1 Suite,
⌁ WC ☎, 60✉; Lift 🍴 6↔200 ≋ Sauna
Solarium

✱✱ Zille-Stube
Hauptgericht 25; 🅿 Terrasse; nur abends
→

✱✱✱✱✱ Hotel mit außergewöhnlich anspruchsvoller Ausstattung

Wolfsburg

* Parkhotel Steimkerberg
⚜ Unter den Eichen 55 (C 3), ✉ 38446,
☎ (0 53 61) 50 50, Fax 50 52 50, AX DC ED VA
38 Zi, Ez: 160-195, Dz: 195-250, 2 Suiten,
1 App, ⌐ WC ☎ DFÜ, 14🛏; 🅿 🚗 3↔100
Fitneßraum Kegeln Sauna Solarium
Auch Zimmer der Kategorie ** vorhanden
** Hauptgericht 35; Terrasse

* Alter Wolf
⚜ Schloßstr 21, ✉ 38448, ☎ (0 53 61)
8 65 60, Fax 6 42 64, AX DC ED VA
28 Zi, Ez: 95-120, Dz: 150, 1 Suite, ⌐ WC ☎;
🅿 🚗
** Hauptgericht 25; Gartenlokal

* Primas
Alessandro-Volta-Str 18 (B 2), ✉ 38440,
☎ (0 53 61) 2 00 40, Fax 20 04 14, AX ED VA
50 Zi, Ez: 105-135, Dz: 170-180, ⌐ WC ☎; 🅿
🚗 1↔20 Sauna Solarium 🍴
geschl: Sa+So ab 13

* Goya
Poststr 34 (B 1), ✉ 38440, ☎ (0 53 61)
2 66 00, Fax 2 37 77, AX DC ED VA
40 Zi, Ez: 120-140, Dz: 160-190, ⌐ WC ☎;
1↔30

* Porsche-Hotel
Porschestr 64 b (B 2), ✉ 38440, ☎ (0 53 61)
2 66 20, Fax 26 62 28, AX DC ED VA
17 Zi, Ez: 120-145, Dz: 160-180, ⌐ WC ☎; 🅿
9Golf; garni

*** Bistro Walino
im Kunstmuseum**
Porschestr 53, ✉ 38440, ☎ (0 53 61)
2 55 99, Fax 26 69 11, AX ED VA
Hauptgericht 30; Terrasse; geschl: Mo

▪ Café Cadera
Porschestr 42 (B 2), ✉ 38440, ☎ (0 53 61)
1 21 25, Fax 1 56 21
Terrasse

Brackstedt (9 km ↑)

** Brackstedter Mühle
Zum Kühlen Grunde 2, ✉ 38448,
☎ (0 53 66) 9 00, Fax 90 50, AX DC ED VA
49 Zi, Ez: 98-155, Dz: 148-198, 2 Suiten, ⌐
WC ☎, 12🛏; 5↔150
Auch Zimmer der Kategorie * vorhanden
** Hauptgericht 35; Biergarten

Fallersleben (6 km ←)

*** Ludwig im Park
Gifhorner Str 25, ✉ 38442, ☎ (0 53 62)
94 00, Fax 94 04 00, AX DC ED VA
38 Zi, Ez: 120-240, Dz: 165-250, 2 Suiten, ⌐
WC ☎ DFÜ; Lift 🅿 🚗 4↔50
*** La Fontaine
Hauptgericht 48; Terrasse; nur abends;
geschl: So

* Hoffmannhaus
Westerstr 4, ✉ 38442, ☎ (0 53 62) 30 02,
Fax 6 41 08, DC ED VA
19 Zi, Ez: 100-135, Dz: 125-175, ⌐ WC ☎; 🅿
5↔400
Geburtshaus des Dichters August Heinrich
Hoffmann von Fallersleben
* Hauptgericht 35

* Fallersleber Spieker
Am Spieker 6-9, ✉ 38442, ☎ (0 53 62)
93 10, Fax 93 14 00, AX ED VA
48 Zi, Ez: 90-150, Dz: 130-200, ⌐ WC ☎
DFÜ, 16🛏; 🅿 🍴
geschl: 24.12.-3.1.
Zufahrt über Schulzenhof

** Neue Stuben
Bahnhofstr 13, ✉ 38442, ☎ (0 53 62)
9 69 00, Fax 96 90 30, ED VA
Hauptgericht 26; 🅿 Terrasse
* 12 Zi, Ez: 135, Dz: 180, ⌐ WC ☎
DFÜ, 6🛏

* Zur Börse
Sandkämper Str 6, ✉ 38442, ☎ (0 53 62)
9 66 00, Fax 6 52 14, ED VA
Hauptgericht 25; 🅿 Terrasse; geschl:
27.12.-4.1.
15 Zi, Ez: 130, Dz: 180, ⌐ WC ☎; 🚗
geschl: 27.12.-4.1.

Hattorf (10 km ↙)

* Landhaus Dieterichs
Krugstr 31, ✉ 38444, ☎ (0 53 08) 40 80,
Fax 40 81 04
31 Zi, Ez: 65-85, Dz: 110-120, 5 Suiten,
25 App, ⌐ WC ☎; 🅿 🚗 🍴

Neuhaus (5 km ↘)

* An der Wasserburg
⚜ An der Wasserburg 2, ✉ 38446,
☎ (0 53 63) 94 00, Fax 7 15 74, AX DC ED VA
28 Zi, Ez: 95; Dz: 125, ⌐ WC ☎; Sauna
Solarium
* Hauptgericht 35

Sandkamp (2 km ↘)

* Jäger
⚜ Eulenweg 5, ✉ 38442, ☎ (0 53 61)
3 90 90, Fax 3 10 15, ED VA
29 Zi, Ez: 105-130, Dz: 170, 1 App, ⌐ WC ☎,
3🛏; 🚗; garni
Auch Zimmer der Kategorie ** vorhanden

Vorsfelde (8 km ↗)

* Conni
Am Bahnhof 1, ✉ 38448, ☎ (0 53 63)
9 77 70, Fax 97 77 53, DC ED VA
30 Zi, Ez: 80-95, Dz: 130-160, ⌐ WC ☎, 4🛏;
🅿 🚗 4↔80 Kegeln Sauna Solarium 🍴

Westhagen (5 km ↙)

** Strijewski
Rostocker Str 2, ✉ 38444, ☎ (0 53 61)
87 64-0, Fax 87 64-4 10, AX DC ED VA
51 Zi, Ez: 120-150, Dz: 160-190, ⌐ WC ☎;
Lift 🅿
Auch Zimmer der Kategorie * vorhanden
* Hauptgericht 30; Terrasse;
geschl: Sa+So abends

* Simonshof
Braunschweiger Str 200, ✉ 38444,
☎ (0 53 61) 87 44-0, Fax 87 44-10,
AX DC ED VA
50 Zi, Ez: 80-150, Dz: 130-188, ⌐ WC ☎,
10🛏; 4↔40 🐕 Sauna 🍴
Auch einfachere Zimmer vorhanden

Wolfschlugen 61 ↘

Baden-Württemberg — Kreis Esslingen — 372 m — 5 462 Ew — Nürtingen 6, Stuttgart 24 km
🛈 ☎ (0 70 22) 5 00 50 — Gemeindeverwaltung, Rathaus, 72649 Wolfschlugen

✱ Reinhardtshof ♛
♦ Reinhardtstr 13, ⌧ 72649, ☎ (0 70 22) 5 67 31, Fax 5 41 53, AX DC ED VA
14 Zi, Ez: 108-118, Dz: 150-160, ⌐ WC ☎, 6🖃; P 🚗; garni

✱ Landgasthof Löwen
Nürtinger Str 2, ⌧ 72649, ☎ (0 70 22) 5 40 10, Fax 5 67 20, ED VA
14 Zi, Ez: 85, Dz: 145, ⌐ WC ☎; P 🍴

Wolfshagen siehe Langelsheim

Wolfshausen
siehe Weimar (Hessen)

Wolgast 14 ↙

Mecklenburg-Vorpommern — Kreis Ost-Vorpommern — 13 m — 15 000 Ew — Greifswald 31, Anklam 38 km
🛈 ☎ (0 38 36) 60 01 18, Fax 60 01 18 — Wolgast-Information, Rathausplatz, 17438 Wolgast; Hafenstadt. Sehenswert: St.-Petri-Kirche; Gertrudenkapelle; Rathaus und Marktbrunnen; Kornspeicher; Kaufmannshäuser mit Kornböden; Museum für Stadtgeschichte; Museumshafen

Achtung: Verbindung zur Insel Usedom

✱✱ Pension Kirschstein
♦ Schützenstr 25, ⌧ 17438, ☎ (0 38 36) 2 72 20, Fax 27 22 50, ED
21 Zi, Ez: 50-90, Dz: 120, ⌐ WC ☎; P
Restaurant für Hausgäste

Mahlzow (2 km ↗)
✱ Zur Insel
Drosselweg 6, ⌧ 17438, ☎ (0 38 36) 20 10 77, Fax 20 20 75, AX ED VA
25 Zi, Ez: 80-115, Dz: 120-150, ⌐ WC ☎; P Sauna; garni 🍴

Wolmirstedt 28 ↙

Sachsen-Anhalt — Ohrekreis — 50 m — 11 463 Ew — Magdeburg 18, Stendal 48 km
🛈 ☎ (03 92 01) 6 46, Fax 6 47 77 — Stadtverwaltung, August-Bebel-Str 24, 39326 Wolmirstedt. Sehenswert: Schloßdomäne; Schloßkirche (Spätgotik); Residenzgebäude

Worbis

✱ Wolmirstedter Hof
Augus-Bebel-Str 1, ⌧ 39326, ☎ (03 92 01) 2 15 43, Fax 2 27 28, ED VA
20 Zi, Ez: 65-110, Dz: 110-150, ⌐ WC ☎; P 1⟳40 🍴
Rezeption: 6-13, 14-22

✱ Landhaus Auerbachs Mühle
einzeln ⋖ An der Mühle 2, ⌧ 39326, ☎ (03 92 01) 5 55 55, Fax 5 55 18, AX ED VA
17 Zi, Ez: 60-120, Dz: 100-160, ⌐ WC ☎, 5🖃; P 🍴 🚗

Wolpertshausen 62 ↑

Baden-Württemberg — Kreis Schwäbisch-Hall — 400 m — 1 350 Ew — Ilshofen 7, Schwäbisch-Hall 10 km
🛈 ☎ (0 79 04) 85 91, Fax 74 80 — Gemeindeverwaltung, Hallerstr 15, 74549 Wolpertshausen

Cröffelbach (3 km ←)
✱✱ Akzent-Hotel Ochsen
Hauptstr 4, ⌧ 74549, ☎ (0 79 06) 93 00, Fax 93 02 00, AX DC ED VA
28 Zi, Ez: 85-109, Dz: 99-149, ⌐ WC ☎ DFÜ, 4🖃; Lift P 3⟳130 Fitneßraum Kegeln Sauna Solarium 🍴
Auch Zimmer der Kategorie ✱ vorhanden

Woltersdorf (bei Erkner) 30 ↘

Brandenburg — Kreis Oder-Spree
🛈 — Gemeindeverwaltung, 15569 Woltersdorf

✱ Prisod Kranichsberg
An der Schleuse 3, ⌧ 15569, ☎ (0 33 62) 79 40, Fax 79 41 22, ED
32 Zi, Ez: 138, Dz: 148, 4 App, ⌐ WC ☎; Lift P ⌂ Seezugang Fitneßraum Sauna Solarium 🍴

Wootz 19 ↘

Brandenburg — Kreis Prignitz — 150 Ew
🛈 ☎ (03 87 92) 9 88 12 — Fremdenverkehrsamt, Außenstrasse, 19309 Lenzen

Mödlich
✱ Alte Fischerkate anno 1787
Lenzener Str 35, ⌧ 19309, ☎ (03 87 92) 12 12, Fax 12 66, ED VA
11 Zi, Ez: 80, Dz: 95-110, ⌐ WC ☎, 11🖃; P 🍴 🚗
geschl: 15.1.-20.2.

Worbis 37 ←

Thüringen — Kreis Worbis — 330 m — 4 545 Ew — Mühlhausen 19, Göttingen 42 km
🛈 ☎ (03 60 74) 7 02 28, Fax 9 48 58 — Fremdenverkehrsamt, Lange Str. 19, 37339 Worbis. Sehenswert: Klosterkirche; St.-Rochus-Kapelle; Burg Bodenstein (3 km ↑) →

Worbis

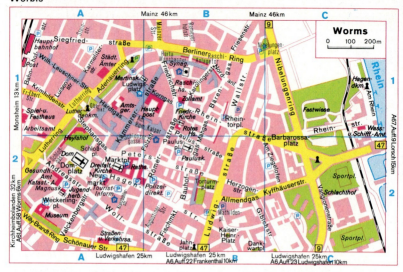

✱ Drei Rosen
Bergstr 1, ✉ 37339, ☎ (03 60 74) 97 60,
Fax 9 76 66, AX DC ED VA
42 Zi, Ez: 88-98, Dz: 128-180, ⊿ WC ☎, 6🛏
Lift 🅿 2⇔40 Sauna Solarium 🍴 🍺

Worms 54 □

Rheinland-Pfalz — Stadtkreis — 100 m —
83 000 Ew — Ludwigshafen 24, Mainz
45 km
ℹ️ ☎ (0 62 41) 2 50 45, Fax 2 63 28 — Verkehrsverein, Neumarkt 14, 67547 Worms;
Stadt am Rhein. Sehenswert: Romanischer
Kaiserdom; Liebfrauenkirche; Dreifaltigkeitskirche; Magnuskirche, Heiliger Sand;
Lutherdenkmal; älteste Synagoge
Deutschlands; Kunsthaus Heylshof;
Ludaice-Museum im Raschi-Haus; Städt.
Museum im Andreasstift

✱✱   Asgard
City Line & Country Line Hotels
Gutleutstr 4, ✉ 67547, ☎ (0 62 41) 8 60 80,
Fax 8 60 81 00, AX DC ED VA
64 Zi, Ez: 135, Dz: 180, 30 App, ⊿ WC ☎,
6🛏; Lift 🅿 🍽 2⇔50 Sauna 🍺
Restaurant für Hausgäste

✱✱   Nibelungen Hotel
Martinsgasse 16 (A 1), ✉ 67547,
☎ (0 62 41) 92 02 50, Fax 92 02 55 05,
AX
46 Zi, Ez: 95-110, Dz: 145-160, ⊿ WC ☎; Lift
1⇔ 🍴
geschl: Mitte Dez-Anfang Jan

✱✱✱✱ Hotel mit anspruchsvoller
Ausstattung

✱ Domhotel
Obermarkt 10 (A 1), ✉ 67547, ☎ (0 62 41)
69 13, Fax 2 35 15, AX DC ED VA
62 Zi, Ez: 115-150, Dz: 170-220, 2 Suiten, ⊿
WC ☎; Lift 🅿 🍽 3⇔80
Auch Zimmer der Kategorie ✱✱ vorhanden

✱✱   bei bacchus
Hauptgericht 25; geschl: So, feiertags

✱ Central
Kämmererstr 5 (A 2), ✉ 67547, ☎ (0 62 41)
6 45 70, Fax 2 74 39, AX DC ED VA
19 Zi, Ez: 95-105, Dz: 140-165, ⊿ WC ☎,
8🛏; Lift 🍽; garni
geschl: 21.12.-11.1.

✱✱   Stadtschänke
Kranzbühlerstr 1 (A 2), ✉ 67547,
☎ (0 62 41) 2 56 56, Fax 2 56 65, AX DC ED VA
Hauptgericht 33; geschl: Sa mittags,
2 Wochen im Jul

✱ Tivoli
Adenauerring 4 b (A 1), ✉ 67547,
☎ (0 62 41) 2 84 85, Fax 4 61 04 + 2 57 38,
AX ED VA
Hauptgericht 30; geschl: Di, in den Sommerferien

✱ Bistro Léger
Siegfriedstr 2 (A 1), ✉ 67547, ☎ (0 62 41)
4 62 77, Fax 4 56 66, ED
Hauptgericht 20; Terrasse; geschl: so + feiertags

🍺 Schmerker
Wilhelm-Leuschner-Str 9 (A 1), ✉ 67547,
☎ (0 62 41) 2 38 14, Fax 5 65 16
8.30-18.30, Sa 8-18, So 13-18.30
Spezialität: Wormser Nibelungenschatz

Rheindürkheim (8 km ↑)
*** Rôtisserie Dubs
Kirchstr 6, ✉ 67550, ☎ (0 62 42) 20 23,
Fax 20 24
Hauptgericht 45; geschl: Di, Sa mittags,
Anfang-Mitte Jan
Eigenbauweine

Worpswede 17 ▫

Niedersachsen — Kreis Osterholz — 20 m
— 9 160 Ew — Bremen 23, Bremerhaven
55 km
🛈 ☎ (0 47 92) 95 01 21, Fax 95 01 23 —
Fremdenverkehrs-Gesellschaft mbH,
Bergstr 13, 27726 Worpswede; Erholungsort. Sehenswert: Kunstausstellungen;
Heinrich-Vogeler-Sammlung; Torfschiffs-
museum; Museum für Frühgeschichte;
Künstlerdorf am Teufelsmoor

** Eichenhof
♂ Ostendorfer Str 13, ✉ 27726, ☎ (0 47 92)
26 76, Fax 44 27, AX DC ED VA
15 Zi, Ez: 170-195, Dz: 260, 3 App, ⊿ WC ☎,
2🛏; 🅿 1⟲20 Sauna
Rezeption: 8-19; geschl: 21.-28.12.
* Artisst
Hauptgericht 45; Terrasse; nur abends;
geschl: Mo

* Bonner's Waldhotel
♂ Hinterm Berg 24, ✉ 27726, ☎ (0 47 92)
12 73, Fax 34 26, AX DC ED VA
9 Zi, Ez: 120-130, Dz: 178-188, ⊿ WC ☎; ≋
Sauna Solarium; **garni**

* Am Kunstcentrum
♂ Hans-am-Ende-Weg 4, ✉ 27726,
☎ (0 47 92) 94 00, Fax 38 78, AX ED VA
27 Zi, Ez: 115-135, Dz: 155-185, 3 Suiten, ⊿
WC ☎ DFÜ, 5🛏; 🅿 🚗 2⟲24 ≋ Sauna
Solarium 🍴 ⚐
geschl: 8.-25.12.

* Worpsweder Bahnhof
Bahnhofstr 17, ✉ 27726, ☎ (0 47 92) 10 12,
Fax 42 26
Hauptgericht 25; 🅿

Wünnenberg 35 ←

Nordrhein-Westfalen — Kreis Paderborn
— 250 m — 12 000 Ew — Brilon 18, Paderborn 29 km
🛈 ☎ (0 29 53) 80 01, Fax 74 30 — Kurverwaltung Wünnenberg GmbH, Im Aatal 3,
33181 Wünnenberg; Kneipp-Kurort, Luftkurort. Sehenswert: Schloß; Pfarrkirche;
Spauckenhof; Aabach-Talsperre; Stein-
bruch Düstertal; Ohrmarkers Mühle

Wünnenberg-Außerhalb (1 km ↙)
* Jagdhaus
einzeln ♂ ⚐ Schützenstr 58, ✉ 33181,
☎ (0 29 53) 70 80, Fax 7 08 58, AX DC ED VA
40 Zi, Ez: 115; Dz: 170-196, 2 Suiten, ⊿ WC
☎ DFÜ, 🚗 4⟲85 ≋ Fitneßraum Sauna
Solarium
* Hauptgericht 30; Biergarten 🅿
Terrasse

Bleiwäsche (7 km ↓)
** Waldwinkel
einzeln ♂ ⚐ Roter Landweg 3, ✉ 33181,
☎ (0 29 53) 70 70, Fax 70 72 22, AX DC ED VA
68 Zi, Ez: 99-170, Dz: 150-280, 2 Suiten,
1 App, ⊿ WC ☎, 15🛏; Lift 🅿 🚗 5⟲40 ≋
Fitneßraum Sauna Solarium 10Tennis ⚐
Zimmer der Kategorie *** vorhanden
** Hauptgericht 24; Terrasse

Wünschendorf 49 ↘

Thüringen — Kreis Greiz — 250 m —
3 450 Ew — Weida 2, Rückersdorf 8, Gera
8 km
🛈 ☎ (03 66 03) 8 82 45, Fax 8 82 46 —
Gemeindeverwaltung, Poststr 8,
07570 Wünschendorf

* Zur Elsterperle
Wendenplatz 7, ✉ 07570, ☎ (03 66 03)
84 20, ED VA
14 Zi, Ez: 70-80, Dz: 110, ⊿ WC ☎, 3🛏; 🍴

Pösneck (3 km ↗)
* Müller
einzeln ♂ ✉ 07557, ☎ (03 66 03) 84 00,
Fax 8 40 10
10 Zi, Ez: 70-80, Dz: 100-110, ⊿ WC ☎, 2🛏;
🚗; **garni**

Würselen 42 ↘

Nordrhein-Westfalen — Kreis Aachen —
180 m — 36 500 Ew — Aachen 6, Geilenkirchen 21 km
🛈 ☎ (0 24 05) 6 70, Fax 6 74 00 — Stadtverwaltung, Morlaixplatz 1, 52146 Würselen

* Parkhotel
Aachener Str 2, ✉ 52146, ☎ (0 24 05)
8 25 36, Fax 8 87 42, AX ED VA
40 Zi, Ez: 85-105, Dz: 122-150, ⊿ WC ☎; Lift
🅿 🚗 🍴

** Rathaus Restaurant
Morlaixplatz, über Kaiserstr, ✉ 52146,
☎ (0 24 05) 51 30, Fax 1 85 40, AX DC ED VA
Hauptgericht 30; geschl: Mo

Broichweiden (4 km →)
* St. Jobser Hof
Hauptstr 66, ✉ 52146, ☎ (0 24 05) 90 75,
Fax 1 82 48, AX ED VA
32 Zi, Ez: 50-70, Dz: 90-130, ⊿ WC ☎; 🍴

Würzburg 56

Bayern — Stadtkreis — 182 m —
130 000 Ew — Nürnberg 105, Frankfurt/Main 120, Kassel 220 km
ℹ️ ☎ (09 31) 3 73-3 35, Fax 3 73-6 52 — Tourist Information, Am Congress Centrum, 97070 Würzburg; Regierungsbezirkshauptstadt von Unterfranken, Kreisstadt am Main; Universität, Hochschule für Musik; Stadttheater. Sehenswert: Dom: Bischofsgräber; kath. Neumünsterkirche; kath. Kirche St. Burkard; ev. Deutschhauskirche; Franziskanerkirche; Augustinerkirche; Marienkapelle; ehem. Universitätskirche; Wallfahrtskirche Käppele ◄; Residenz: Treppenhaus, Hofgarten und Hofkirche; Feste Marienberg ◄: Marienkirche; Mainfränkisches Museum mit Riemenschneider-Werken; Fürstenbau-Museum, Exponate der Stadt-Geschichte; Rathaus; Alte Universität, Juliusspital; Martin-von-Wagner-Museum: Antikensammlung, Grafik; Haus Zum Falken; Alte Mainbrücke; Kloster im Stadtteil Zellerau

Cityplan siehe Seite 1060

*** Maritim
Pleichertorstr 5 (A 1), ✉ 97070, ☎ (09 31) 3 05 30, Fax 3 05 39 00, AX DC ED VA
288 Zi, Ez: 229-289, Dz: 288-368, S; 5 Suiten, ᵈ WC ☎, 71🅿; Lift 🅼 12⇔1635 ≘ Sauna Solarium 9Golf 🍽
*** Palais
Hauptgericht 45; nur abends; geschl: So, Aug
** Weinstube
Hauptgericht 25; nur abends; geschl: Mo, Aug

*** Dorint Hotel
Eichstr/Ludwigstr 20 (C 2), ✉ 97070, ☎ (09 31) 3 05 40, Fax 3 05 44 55, AX DC ED VA
166 Zi, Ez: 222-260, Dz: 301-338, S; 2 Suiten, 8 App, ᵈ WC ☎ DFÜ, 74🅿; Lift 🅼 8⇔120 ≘ Sauna Solarium
** Residenz
Hauptgericht 32; Terrasse

** Best Western Rebstock 👑
♂ Neubaustr 7 (B 3), ✉ 97070, ☎ (09 31) 3 09 30, Fax 3 09 31 00, AX DC ED VA
78 Zi, Ez: 176-245, Dz: 292-355, S; 3 Suiten, 1 App, ᵈ WC ☎ DFÜ, 30🅿; Lift 🅼 4⇔160
Auch Zimmer der Kategorie *** vorhanden
**
Hauptgericht 40; geschl: so + feiertags

** Amberger
Top International Hotel
Ludwigstr 17-19 (C 2), ✉ 97070, ☎ (09 31) 3 51 00, Fax 3 51 08 00, AX DC ED VA
70 Zi, Ez: 145-190, Dz: 200-320, S; ᵈ WC ☎; Lift 🅿 🅼 3⇔45 🍽
Auch Zimmer der Kategorie * vorhanden
** Ludwigstuben
Hauptgericht 30

** Würzburger Hof
Barbarossaplatz 2 (B 1), ✉ 97070, ☎ (09 31) 5 38 14, Fax 5 83 24, AX DC ED VA
26 Zi, Ez: 120-180, Dz: 200-250, 7 Suiten, 1 App, ᵈ WC ☎; Lift 🅼; garni
geschl: Ende Dez-Anfang Jan

** Walfisch
Minotel
◄ Am Pleidenturm 5 (A 3), ✉ 97070, ☎ (09 31) 35 20-0, Fax 35 20-5 00, AX DC ED VA
40 Zi, Ez: 165-225, Dz: 205-285, ᵈ WC ☎; Lift 🅼 4⇔36
**
Hauptgericht 25

* Grüner Baum
Zeller Str 35 (A 2), ✉ 97082, ☎ (09 31) 45 06 80, Fax 4 50 68 88, AX DC ED VA
23 Zi, Ez: 115-155, Dz: 150-200, ᵈ WC ☎, 3🖂; 🅿 🅼 🍽
Rezeption: 7-21; geschl: 24.12.-7.1.

* Alter Kranen
◄ Kärrnergasse 11 (A 2), ✉ 97070, ☎ (09 31) 3 51 80, Fax 5 00 10, AX DC ED VA
16 Zi, Ez: 115-125, Dz: 140-150, ᵈ WC ☎; Lift 🅼; garni

* Till Eulenspiegel
Sanderstr 1 a (B 3), ✉ 97070, ☎ (09 31) 35 58 40, Fax 3 55 84 30, AX DC ED VA
15 Zi, Ez: 111-199, Dz: 144-219, 2 App, ᵈ WC ☎ DFÜ, 15🖂; 🅿 1⇔30 🍽
Nichtraucherhotel

* Zur Stadt Mainz
Semmelstr 39 (B 2), ✉ 97070, ☎ (09 31) 5 31 55, Fax 5 85 10, AX ED VA
15 Zi, Ez: 130, Dz: 190, ᵈ WC ☎; 🅼 9Golf 🍽
geschl: So abends

* Greifenstein
Häfnergasse 1 Am Marienplatz (A-B 2), ✉ 97070, ☎ (09 31) 3 51 70, Fax 5 70 57, AX DC ED VA
35 Zi, Ez: 125-145, Dz: 180-260, 2 Suiten, ᵈ WC ☎ DFÜ, 10🖂; Lift 🅿 🅼 2⇔35 9Golf 🍽
geschl: So

* Sankt Josef
Semmelstr 28 (B 2), ✉ 97070, ☎ (09 31) 30 86 80, Fax 3 08 68 60, AX ED VA
33 Zi, Ez: 87-110, Dz: 147-167, ᵈ WC ☎; 🅿 🅼 🍽
geschl: 24.12.-6.1.

* Strauß
Juliuspromenade 5 (A 2), ✉ 97070, ☎ (09 31) 3 05 70, Fax 3 05 75 55, AX DC ED VA
75 Zi, Ez: 105-125, Dz: 145-165, 3 Suiten, ᵈ WC ☎; Lift 🅿 🅼 1⇔50 🍽
geschl: 23.12.-6.1.

* Poppular
Textorstr 17 (B 1), ✉ 97070, ☎ (09 31) 32 27 70, Fax 1 58 89, AX DC ED VA
16 Zi, Ez: 94-104, Dz: 132-184, ᵈ WC ☎, 6🖂; 🍽 →

Erleben Sie Weineinkauf - in einer neuen Form!

Die Öko-Kooperative lädt ein! Wenn Sie wieder einmal in das mainfränkische Land kommen, nehmen Sie sich die Zeit, unseren Erlebnismarkt zu besuchen. Lassen Sie sich durch die stimmungsvolle Atmosphäre unseres Weinmuseums bezaubern und erfahren Sie interessante Dinge über Korkveredlung nach GWF-eigenem Patent.

Probieren geht über studieren

Durch unser umfangreiches Weinangebot aus allen drei Bereichen des fränkischen Anbaugebietes können Sie sich für jeden Tag des Jahres Ihren Wein aussuchen.
Welcher unserer Weine Ihr Liebling sein wird, können Sie an Ort und Stelle selbst probieren und aussuchen. Ob ein Wein als Aperitif, zum Hauptgang, oder als Degistif geeignet ist, bzw. zum Spargel, Fisch oder Wild paßt, oder wenn Sie Sekt und Perlwein suchen, unser **Kellermeister, Herr Röder, und seine charmanten Mitarbeiterinnen** sind Ihnen gerne bei Ihrer Weinauswahl behilflich.

Unser Erlebnismarkt bietet Ihnen eine Vielzahl von Ideen, Wein neu zu genießen. Wir zeigen Ihnen:

- unser umfangreiches Weinsortiment
- eine Auswahl an Geschenkpackungen und Weinpräsenten
- stilvolle Weingläser
- praktische Weinregale
- Informationslektüren
- im Herbst täglich frischen Federweißen
- Wein- und Obstbrände
- Gourmet-Essig . . . und vieles mehr.

Wein, Kunst und Kultur gehören in Franken zusammen, aus diesem Grunde haben wir in unserem Erlebnismarkt ein kleines Weinbaumuseum integriert. Altes Handwerkszeug der Büttnerzunft und des Weinbaus, Abschriften historischer Urkunden und alte Weinlisten aus der Jahrhundertwende können Sie ebenso bestaunen wie wechselnde Ausstellungen und Vernissagen fränkischer Künstler.

Besuchen Sie uns - bei uns sind Sie herzlich willkommen!

Gebiets-Winzergenossenschaft Franken eG

Alte Reichsstraße 70
97318 Kitzingen/Repperndorf
Tel.: 0 93 21/70 05-148
Fax: 0 93 21/70 05-131

Öffnungszeiten:
Montag bis Freitag von 8.00 bis 18.00 Uhr
Samstag: von 8.00 bis 14.00 Uhr

Würzburg

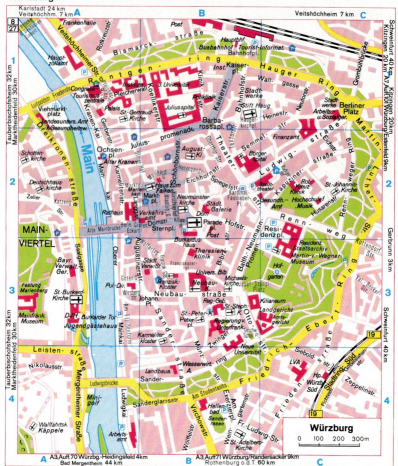

✱ Weinhaus Zum Stachel
🍴 Gressengasse 1 (A 2), ✉ 97070,
☎ (09 31) 5 27 70, Fax 5 27 77, ED
Hauptgericht 25; Gartenlokal Terrasse;
geschl: So abends

Schiffbäuerin
🍴 Katzengasse 7 (A 2), ✉ 97082, ☎ (09 31) 4 24 87, Fax 4 24 85
Hauptgericht 28; geschl: Mo, 4.1.-11.1., 18.7.-16.8.

Backöfele
🍴 Ursulinengasse 2 (B 3), ✉ 97070,
☎ (09 31) 5 90 59, Fax 5 02 74, AX ED VA
Hauptgericht 20

Abweichungen zwischen Datenteil und Reisekartenteil ergeben sich durch verschiedene Redaktionsschlußzeiten.

Weinhäuser

Juliusspital-Weinstuben
🍴 Juliuspromenade 19 (B 1), ✉ 97070,
☎ (09 31) 5 40 80, Fax 57 17 23
Hauptgericht 33; geschl: Mi,
Die in der Weinstube angebotenen Weine stammen ausschließlich aus dem stiftungseigenen Juliusspital-Weingut

Bürgerspital-Weinstuben
🍴 Theaterstr 19 (B 2), ✉ 97070, ☎ (09 31) 35 28 80, Fax 3 52 88 88
Hauptgericht 20; Terrasse; geschl: Di, Aug

Residenzgaststätten
Residenzplatz 1, im Gesandtenbau der Residenz (C 3), ✉ 97070, ☎ (09 31) 5 46 70, Fax 57 26 32
Hauptgericht 25; Gartenlokal; geschl: Mo, Jan

Wunstorf

Heidingsfeld (3 km ↓)
* **Post-Hotel-Würzburg**
Mergentheimer Str 162, ✉ 97084,
☎ (09 31) 6 15 10, Fax 6 58 50, AX DC ED VA
70 Zi, Ez: 125-240, Dz: 175-280, S; ⌐ WC ☎
DFÜ, 6✉; Lift P ⌐ 4✧80 ≈ ○|

Lengfeld (6 km ↗)
* **Karl**
Georg-Engel-Str 1, ✉ 97076, ☎ (09 31)
27 96 20, Fax 2 79 62 20, ED
Hauptgericht 16; P Terrasse; nur abends;
geschl: So
* 19 Zi, Ez: 85-95, Dz: 130-150,
6 App, ⌐ WC ☎, 1✉; Lift ⌐
Rezeption: 7-14, 16-23

Unterdürrbach (6 km ↘)
** **Schloßhotel Steinburg**
European Castle
•≼ Auf dem Steinberg, ✉ 97080, ☎ (09 31)
9 70 20, Fax 9 71 21, AX DC ED VA
53 Zi, Ez: 130-160, Dz: 190-260, ⌐ WC ☎; P
⌐ 5✧80 ≙ Fitneßraum Kegeln Sauna
Solarium
** Hauptgericht 35; Terrasse

Versbach (5 km ↗)
* **Mühlenhof**
Frankenstr 205, ✉ 97078, ☎ (09 31) 2 10 01,
Fax 2 92 75
31 Zi, Ez: 85-110, Dz: 145-175, ⌐ WC ☎; ○|

Zellerau (3 km ←)
** **Pannonia**
Dreikronenstr 27 (A 2), ✉ 97082, ☎ (09 31)
4 19 30, Fax 4 19 34 60, AX DC ED VA
129 Zi, Ez: 155-175, Dz: 190-210, S; ⌐ WC
☎, 6✉; Lift P ⌐ 5✧80
** Hauptgericht 23

** **Ringhotel Wittelsbacher Höh**
•≼ Hexenbruchweg 10, ✉ 97082, ☎ (09 31)
4 20 85, Fax 41 54 58, AX DC ED VA
74 Zi, Ez: 138-185, Dz: 185-260, S; 1 Suite,
9 App, ⌐ WC ☎; P 8✧100 Sauna
Solarium
** •≼ Hauptgericht 30; Biergarten

Wüstenbrand 50 ↘

Sachsen — Kreis Hohenstein-Ernstthal —
444 m — 2 405 Ew — Hohenstein-Ernst-
tahl 6, Chemnitz 15 km
ℹ ☎ (0 37 23) 71 13 18 — Gemeindeverwaltung, Straße der Einheit, 09358 Wüsten-
brand

** **Bürgerhof**
Straße der Einheit 27, ✉ 09358, ☎ (0 37 23)
72-0, Fax 71 13 93, AX DC ED VA
44 Zi, Ez: 90-130, Dz: 110-164, 1 Suite, ⌐
WC ☎ DFÜ, 2✉; Lift P 1✧60 ○|

Wüstenrot 62 ↘

Baden-Württemberg — Kreis Heilbronn —
487 m — 6 700 Ew — Löwenstein 8, Heilbronn 25 km
ℹ ☎ (0 79 45) 91 99 22, Fax 91 99 60 — Bür-
germeisteramt-Touristikbüro, Eichwaldstr. 19, 71543 Wüstenrot; Erholungsort

** **Waldhotel Raitelberg**
◐ •≼ Schönblickstr 39, ✉ 71543, ☎ (0 79 45)
93 00, Fax 93 01 00, AX DC ED VA
40 Zi, Ez: 85-108, Dz: 118-168, 1 Suite, ⌐
WC ☎; P ⌐ 5✧120 Sauna Solarium ⚭
** Hauptgericht 25; Terrasse

Wunsiedel 58 ↗

Bayern — Kreis Wunsiedel — 550 m —
10 500 Ew — Selb 24 km
ℹ ☎ (0 92 32) 60 21 62, Fax 60 21 69 — Verkehrsamt, Jean-Paul-Str 5, 95632 Wunsiedel; Erholungsort im Fichtelgebirge.
Sehenswert: Fichtelgebirgsmuseum;
Katharinenberg, 616 m •≼ (15 Min ↘);
Luisenburg: Felsenlabyrinth, 871 m •≼
(3 km ↓); Kösseine, 939 m •≼ (9 km ↓)
Achtung: Luisenburg-Festspiele
ℹ ☎ (0 92 32) 60 21 62

** **Wunsiedler Hof**
Jean-Paul-Str 3, ✉ 95632, ☎ (0 92 32)
9 98 80, Fax 24 62, AX DC ED VA
40 Zi, Ez: 80-95, Dz: 120-140, ⌐ WC ☎ DFÜ,
5✉; Lift P ⌐ 4✧500 Kegeln Sauna ○| ⚭

Wunsiedel-Außerhalb (3 km ↓, bei der
Luisenburg)
*** **Jägerstüberl** ♕
Luisenburg 5, ✉ 95632, ☎ (0 92 32) 44 34,
Fax 15 56, AX DC ED VA
Hauptgericht 38; Gartenlokal Terrasse;
nur abends, So nur mittags; geschl: Mo,
8.6.-21.6., 1 Woche im September

Juliushammer (3 km →)
* **Juliushammer**
einzeln ◐ ✉ 95632, ☎ (0 92 32) 97 50,
Fax 81 47, AX DC ED VA
30 Zi, Ez: 90-95, Dz: 140-145, 9 App, ⌐ WC
☎; P 1✧30 ≙ Sauna Solarium
* **Hammerschmiede**
Hauptgericht 34; Terrasse

Wunstorf 25 →

Niedersachsen — Kreis Hannover — 38 m
— 40 000 Ew — Hannover 25 km
ℹ ☎ (0 50 33) 95 01-0, Fax 95 01-20 — Verkehrsbüro Steinhude, im Stadtteil Steinhude, Meerstr 2, 31515 Wunstorf. Sehenswert: Stiftskirche, im Ortsteil Steinhude:
Inselfestung Wilhelmstein; Spielzeugmuseum; Aalräuchereien; Fischer- und
Webermuseum

* **Wehrmann-Blume**
Kolenfelder Str 86, ✉ 31515, ☎ (0 50 31)
1 21 63, Fax 42 31, AX ED VA
25 Zi, Ez: 85-95, Dz: 130-140, ⌐ WC ☎; Lift
P ⌐ Kegeln ○|
Rezeption: 7-12, 14.30-22.30; geschl: So,
24.12.-2.1., 3 Wochen im Jul

Großenheidorn (4 km ↖)
* **Landhaus Burgdorf**
✉ 31515, ☎ (0 50 33) 83 65, Fax 24 83
Hauptgericht 25
* ◐ 6 Zi, Ez: 130, Dz: 180, 1 Suite, ⌐
WC ☎, 2✉; 1✧25 Seezugang
Rezeption: 7-13, 14-24; geschl: Nov ➔

Wunstorf

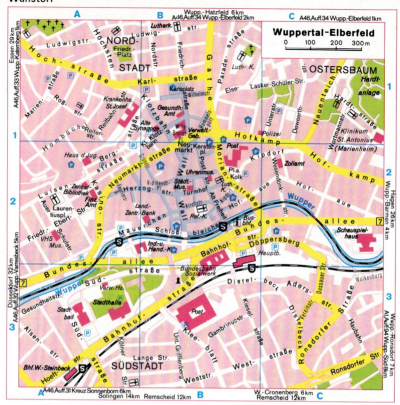

Steinhude (Erholungsort, 8 km ↖)
* **Haus am Meer**
Uferstr 3, ✉ 31515, ☎ (0 50 33) 95 06-0,
Fax 95 06-26, AX DC ED VA
13 Zi, Ez: 110-160, Dz: 170-230, ⌁ WC ☎; P
Seezugang ⦿ ≈

* **Am Fuchsberg**
Am Fuchsberg, ✉ 31515, ☎ (0 50 31) 50 11,
Fax 50 12, ED
12 Zi, Ez: 80-160, ⌁ WC ☎, 2⌁; P Sauna
Solarium; **garni**
Auch Zimmer der Kategorie ✱✱ vorhanden

* **Alter Winkel**
Alter Winkel 8, ✉ 31515, ☎ (0 50 33) 84 47
Hauptgericht 21; geschl: Di, 16.10.-30.11.;
⌁

Strandterrassen
⌁ Meerstr 2, ✉ 31515, ☎ (0 50 33) 50 00,
Fax 30 03
Hauptgericht 25; Biergarten P Terrasse

✱✱✱✱✱ Restaurant mit außergewöhnlich anspruchsvoller Ausstattung

Wuppertal 33

Nordrhein-Westfalen — Stadtkreis —
250 m — 390 000 Ew — Düsseldorf 28,
Essen 35 km
i ☎ (02 02) 1 94 33, Fax 5 63 80 52 — Informationszentrum, Pavillon Döppersberg, 42103 Wuppertal; Presse- und Informationsamt im Stadtteil Barmen, Rathaus (E1-2), ☎ (02 02) 5 63 22 70, Fax 5 63 80 52, 42275 Wuppertal - Universität; ev. kirchliche Hochschule; Opernhaus, Schauspielhaus. Sehenswert: Schwebebahn (13,3 km lang) über der Wupper; Von-der-Heydt-Museum; Fuhlrott-Museum; Uhrenmuseum; Zoologischer Garten; Ref. Friedhofskirche; Kiesbergtunnel (einziger doppelstöckiger Autotunnel Europas); hist. Gelpetal

Barmen
✱✱ **Galerie Palette Röderhaus** ✢
✉ Sedanstr 68 (D1), ✉ 42281, ☎ (02 02)
50 62 81, Fax 2 50 16 35, AX DC ED VA
Hauptgericht 30; P; nur abends; geschl: Mo

Wuppertal

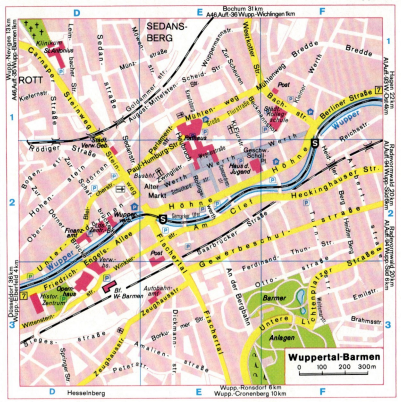

Wuppertal-Barmen
0 100 200 300m

Pfannkuchenhaus
Uellendahler Str 691, ✉ 42281, ☎ (02 02)
70 16 00, Fax 70 08 31, AX DC VA
Hauptgericht 15; Gartenlokal 🅿; nur
abends, Sa + So nur mittags; geschl: 20.7.-
10.8.

Barmen-Außerhalb (5 km ↘)
✱✱ Schmitz Jägerhaus
Jägerhaus 87, ✉ 42287, ☎ (02 02) 46 46 02,
Fax 4 60 45 19, AX DC ED VA
Hauptgericht 34; Biergarten Terrasse;
geschl: Di

Elberfeld
✱✱✱ InterCityHotel Wuppertal
Döppersberg 50 (C 2), ✉ 42103, ☎ (02 02)
4 30 60, Fax 45 69 59, AX DC ED VA
156 Zi, Ez: 215-235, Dz: 274-294, S;
4 Suiten, ⏏ WC ☏, 30✉; Lift 🅿 🚃 4⇌170
Fitneßraum Sauna Solarium

✱✱ Rathaus-Hotel
Wilhelmstr 7 (B 1), ✉ 42105, ☎ (02 02)
45 01 48, Fax 45 12 84, ED VA
33 Zi, Ez: 138-168, Dz: 199-247, 1 Suite, ⏏
WC ☏, 10✉; Lift; **garni**

✱ Nüller Hof
Nüller Str 98, ✉ 42115, ☎ (02 02) 76 13 06,
Fax 76 32 08, AX VA
24 Zi, Ez: 98-138, Dz: 135-165, 1 Suite,
1 App, ⏏ WC ☏ DFÜ, 4✉; 🅿 🚃
Auch Zimmer der Kategorie ✱✱ vorhanden

✱ Zur Post
Poststr 4 (B 2), ✉ 42103, ☎ (02 02) 45 01 31,
Fax 45 17 91, AX DC ED VA
51 Zi, Ez: 85-155, Dz: 135-195, ⏏ WC ☏; Lift
Sauna; **garni**
Fußgängerzone, Hotelanfahrt mit PKW
möglich

✱ Hanseatic
Friedrich-Ebert-Str 116 a (A 2), ✉ 42117,
☎ (02 02) 31 00 88, Fax 30 92 33, AX DC ED VA
16 Zi, Ez: 100-160, Dz: 140-220, ⏏ WC ☏,
2✉; 🚃
geschl: 23.12.-4.1.

✱✱ La Lanterna
Friedrich-Ebert-Str 15 (A 2), ✉ 42103,
☎ (02 02) 30 41 51, Fax 30 12 14, DC ED VA
Hauptgericht 30 →

Wuppertal

Locanda St. Lorenzo
Untergrünewalderstr 7 a, ✉ 42103, ☎ (02 02) 30 77 27, Fax 30 77 17, AX DC ED VA
Hauptgericht 32; Gartenlokal; geschl: Mo

🍴 Grimm
Kirchgasse 7 (B 2), ✉ 42103, ☎ (02 02) 24 53 90, Fax 2 45 39 18
Hauptgericht 14; Terrasse; geschl: So

Langerfeld
* **Il Giardino**
Langerfelderstr 110, ✉ 42389, ☎ (02 02) 60 12 49, Fax 60 12 49, ED
Hauptgericht 39; geschl: Di

Oberbarmen
** **Lindner Golfhotel Juliana**
♂ Mollenkotten 195, ✉ 42279, ☎ (02 02) 6 47 50, Fax 6 47 57 77, AX DC ED VA
132 Zi, Ez: 191-236, Dz: 247-292, S; 1 Suite, 2 App, ⇨ WC ☎, 22✉; Lift P 🚗 11↔220 ≘ Fitneßraum Sauna Solarium 18Golf
*** Hauptgericht 40; Terrasse; nur abends

🛏 **Etap**
Gabelsberger Str 12, ✉ 42279, ☎ (02 02) 6 48 09 48, Fax 6 48 08 47, AX ED VA
77 Zi, Ez: 62, Dz: 62-74, ⇨ WC, 25✉; P

Varresbeck
* **Akzent-Waldhotel Eskeshoth**
⦁ Krummacherstr 251, ✉ 42115, ☎ (02 02) 2 71 80, Fax 2 71 81 99, AX DC ED VA
60 Zi, Ez: 145-229, Dz: 190-335, S; 1 Suite, ⇨ WC ☎ DFÜ; P 6↔50 ≘ Kegeln Sauna Solarium
Auch Zimmer der Kategorie ** vorhanden
** Hauptgericht 28; Biergarten Terrasse

* **Novotel**
Otto-Hausmann-Ring 203, ✉ 42115, ☎ (02 02) 7 19 00, Fax 7 19 03 33, AX DC ED VA
128 Zi, Ez: 114-300, Dz: 138-350, ⇨ WC ☎, 52✉; Lift 4↔250 ≋ Fitneßraum Sauna Solarium 🍴

Vohwinkel
*** **Scarpati**
Scheffelstr 41, ✉ 42327, ☎ (02 02) 78 40 74, Fax 78 98 28, AX DC ED VA
Hauptgericht 45;
Jugendstilvilla
** **Trattoria**
Hauptgericht 30; P Terrasse
* ♂ 7 Zi, Ez: 140, Dz: 190, 1 Suite, ⇨ WC ☎; P 2↔40

Wurmlingen 68 □

Baden-Württemberg — Kreis Tuttlingen — 664 m — 3 700 Ew — Tuttlingen 4, Spaichingen 10 km
🛈 ☎ (0 74 61) 9 27 60, Fax 92 76 30 — Bürgermeisteramt, Obere Hauptstr 4, 78573 Wurmlingen

** **Traube**
Untere Hauptstr 43, ✉ 78573, ☎ (0 74 61) 93 80, Fax 93 84 63, AX DC ED VA
50 Zi, Ez: 94-138, Dz: 142-184, 2 Suiten, ⇨ WC ☎ DFÜ, 13✉; Lift P 🚗 2↔35 Fitneßraum Sauna Solarium
* Hauptgericht 25; geschl: Di + Mi abends

* **Gasthof Zum Löwen**
Karlstr 4, ✉ 78573, ☎ (0 74 61) 9 33 00, Fax 93 30 30, ED
13 Zi, Ez: 65, Dz: 120, ⇨ WC ☎; 🍴
geschl: Mi, 1 Woche Feb, 3 Wochen Aug

Wurzach, Bad 69 →

Baden-Württemberg — Kreis Ravensburg — 650 m — 14 000 Ew — Memmingen 27, Wangen 32 km
🛈 ☎ (0 75 64) 30 21 50, Fax 30 21 54 — Kurverwaltung, Mühltorstr 1, 88410 Bad Wurzach; Heilbad. Sehenswert: Kath. Kirche; Schloß; Naturschutzgebiet Wurzacher Ried; Wallfahrtskirche Gottesberg; Rokokokapelle im Kloster Maria Rosengarten

* **Rößle**
Schulstr 12, ✉ 88410, ☎ (0 75 64) 93 49-0, Fax 93 49-16, AX DC ED VA
21 Zi, Ez: 79-89, Dz: 140-148, ⇨ WC ☎; P 🚗
** Hauptgericht 30

Wusterhausen 29 ↖

Brandenburg — Kreis Ostprignitz-Ruppin — 50 m — 3 100 Ew — Neustadt 2, Kyritz 5, Neuruppin 18 km
🛈 ☎ (03 39 79) 8 77-0, Fax 1 45 65 — Gemeindeverwaltung, Am Markt 1, 16868 Wusterhausen. Sehenswert: St.-Peter-und-Paul-Kirche mit Wagner-Orgel; Rathaus von 1854; Stadtmauer; Stephanskapelle

** **Mühlenhof**
Kyritzer Str 31, ✉ 16868, ☎ (03 39 79) 8 43 00, Fax 1 47 31, AX ED VA
23 Zi, Ez: 89, Dz: 99-129, 1 Suite, 3 App, ⇨ WC ☎; 2↔30 🍴
Historisches Mühlengebäude

Wusterwitz 28 →

Brandenburg — 2 850 Ew
🛈 ☎ (03 38 39) 66 90 — Amtsverwaltung Wusterwitz, Ernst Thälmann Str 72, 14789 Wusterwitz

* **Seeterrasse**
Hauptstr 91, ✉ 14789, ☎ (03 38 39) 66 80, Fax 66 80 14
8 Zi, Ez: 75, Dz: 110, 1 App, ⇨ WC ☎; garni

Wustrau-Altfriesack 29 ↑

Brandenburg — Kreis Ostprignitz-Ruppin — 50 m — 1 166 Ew — Fehrbellin 9, Beetz 16, Neuruppin 17 km
🅘 ☎ (03 39 32) 5 95-0, Fax 7 03 14 — Amt Fehrbellin, Joh-Seb-Bach-Str 6, 16833 Fehrbellin

✱ Reiterhof Wendt
Am Hohen Ende, ✉ 16816, ☎ (03 39 25) 7 02 45, Fax 7 02 45
14 Zi, Ez: 57, Dz: 80-100, ≡ WC ☎; Seezugang ⍟

Wustrow 21 ◻

Mecklenburg-Vorpommern — Kreis Mecklenburg-Strelitz — 52 m — 728 Ew — Wesenberg 7, Neustrelitz 19 km
🅘 ☎ (03 98 28) 2 02 95 — Gemeindebüro, Dorfstr 33, 17255 Wustrow

✱✱ Dorint
Strandstr 46, ✉ 18347, ☎ (03 82 20) 6 50, Fax 6 51 00, AX ED VA
56 Zi, Ez: 170-220, Dz: 195-245, 45 Suiten, ≡ WC ☎, 10⌨; Lift 🅿 4⟷180 ⌂ Sauna Solarium ⍟ ⌘

Grünplan (7 km ✓)
✱✱ Heidekrug
♦ Dorfstr 14, ✉ 17255, ☎ (03 98 28) 6 00, Fax 2 02 66, AX ED VA
27 Zi, Ez: 105-125, Dz: 140-170, ≡ WC ☎; Lift 🅿 2⟷25 ≋ Seezugang Fitneßraum Sauna Solarium ⍟ ⌘

Wyk siehe Föhr

Xanten 32 ◻

Nordrhein-Westfalen — Kreis Wesel — 24 m — 19 500 Ew — Geldern 23, Moers 28, Kleve 29 km
🅘 ☎ (0 28 01) 7 72-2 38, Fax 7 72-2 09 — Tourist-Information, Rathaus, Karthaus 2, 46509 Xanten; Erholungsort am Niederrhein. Sehenswert: St.-Viktor-Dom: Glasmalereien, Marienaltar; Klever Tor; Turmwindmühle; Archäologischer Park; Regionalmuseum

✱✱✱ van Bebber
▽ Klever Str 12, ✉ 46509, ☎ (0 28 01) 66 23, Fax 59 14, AX ED VA
35 Zi, Ez: 105-155, Dz: 190-255, ≡ WC ☎, 2⌨; Lift 🅿 3⟷100 Kegeln 18Golf
✱✱ Hauptgericht 35; Biergarten Terrasse; geschl: So abends

✱ Hövelmann
Markt 31, ✉ 46509, ☎ (0 28 01) 40 85, Fax 7 18 19, AX DC ED VA
23 Zi, Ez: 90, Dz: 140, 1 Suite, ≡ WC ☎; Lift ⍟

Obermörmter (15 km ↘)
✱✱✱ Landhaus Köpp 🍷
Husenweg 147, ✉ 46509, ☎ (0 28 04) 16 26, AX
Hauptgericht 45; 🅿; geschl: Sa mittags, So abends, Mo, 4.1.-26.1.

Zabeltitz 40 ◻

Sachsen — Riesa-Großenhain — 120 m — 3 000 Ew
🅘 ☎ (0 35 22) 31 09 30, Fax 31 09 20 — Bürgermeisteramt, Hauptstr 23, 01561 Zabeltitz

✱ Parkschänke Zabeltitz
Hauptstr 7, ✉ 01561, ☎ (0 35 22) 50 41 00, Fax 50 42 40, AX ED VA
14 Zi, Ez: 55-75, Dz: 90-110, ≡ WC; 🅿 ⌂ Fitneßraum Sauna ⍟

Zechlin Dorf 21 ✓

Brandenburg — Kreis Neuruppin — 60 m — 333 Ew — Rheinsberg (Mark) 11 km
🅘 ☎ (03 39 23) 7 05 71 — Kurverwaltung, Grävenitzstr 3, 16837 Zechlin Dorf; Erholungsort

✱ Gutenmorgen
einzeln ♦ Zur Beckersmühle 103, ✉ 16837, ☎ (03 39 23) 7 02 75, Fax 7 05 10, AX ED VA
61 Zi, Ez: 65-100, Dz: 90-120, ≡ WC; 🅿 2⟷40 Seezugang ⍟ ⌘
Auch einfache Zimmer vorhanden

✱ Waldeck
Am Kunkelberg 4, ✉ 16837, ☎ (03 39 23) 7 04 80, Fax 7 05 92, AX ED VA
24 Zi, Ez: 55-75, Dz: 90-105, 2 App, ≡ WC ☎, 2⌨; 🅿 2⟷30 ≋ Seezugang Fitneßraum Sauna Solarium ⌘
✱ Hauptgericht 25

Flecken Zechlin
✱ Seeblick
Weinbergsring 16, ✉ 16837, ☎ (03 39 23) 7 02 48, Fax 7 02 49, AX ED VA
39 Zi, Ez: 70-110, Dz: 90-120, 10 Suiten, 9 App, ≡ WC ☎; Lift 🅿 🚗 6⟷62 Fitneßraum Sauna ⍟ ⌘

Zeesen 30 ↘

Brandenburg — Kreis Königs Wusterhausen — 70 m — 2 200 Ew — Königs Wusterhausen 11, Berlin 16 km
🅘 ☎ (0 33 75) 30 21 — Gemeindeverwaltung, Karl-Liebknecht-Str 49, 15711 Zeesen

✱ Zeesener Gasthof
Karl-Liebknecht-Str 106, ✉ 15711, ☎ (0 33 75) 91 64 80, Fax 9 16 48 12, AX DC ED VA
9 Zi, Dz: 79-98, ≡ WC ☎; 🅿 🚗 ⍟

Zehna 20 ↑

Mecklenburg-Vorpommern — Kreis Güstrow — 80 m — 530 Ew — Güstrow 10 km
🅘 ☎ (03 84 58) 2 02 36 — Gemeinde Zehna, Dorfstr. 2, 18276 Zehna

✱ Motel Zehna
Ganschower Str 18, ✉ 18276, ☎ (03 84 58) 30 30, Fax 3 03 11
14 Zi, Ez: 70, Dz: 95, 1 Suite, ≡ ☎, 10⌨; 🅿 1⟷35 ⍟

Zeil a. Main 56 ↗

Bayern — Kreis Haßberge — 226 m —
6 200 Ew — Haßfurt 7, Bamberg 26,
Schweinfurt 30 km
[i] ☏ (0 95 24) 9 49 23, Fax 9 49 49 — Stadt
Zeil a. Main, Marktplatz 8, 97475 Zeil.
Sehenswert: Marktplatz mit Rathaus und
Fachwerkhäusern; Kirche St. Michael;
Anna-Kapelle; Stadtturm und Stadtmauer;
Wallfahrtskirche „Zeiler Käppele"; Photomuseum

✱ Kolb
Krumer Str 1, ✉ 97475, ☏ (0 95 24) 90 11,
Fax 66 76, [ED]
20 Zi, Ez: 80, Dz: 125, ⊿ WC ☏; [P] 🚗 2⇔50
🍴 ☕
geschl: 1 Woche im Sep, 2 Wochen im Jan

Zeiskam 54 ↙

Rheinland-Pfalz — Kreis Germersheim —
120 m — 2 173 Ew — Landau i. d. Pfalz 10,
Germersheim 15 km
[i] ☏ (0 72 72) 70 08 23, Fax 70 08 55 — Verbandsgemeindeverwaltung, Schubertstr 18, 76756 Bellheim

✱✱ Zeiskamer Mühle
einzeln ♣ Hauptstr 87, ✉ 67378,
☏ (0 63 47) 9 74 00, Fax 97 40 66,
[AX] [DC] [ED] [VA]
17 Zi, Ez: 80, Dz: 120, ⊿ WC ☏; Lift [P]
✱✱ Hauptgericht 27; Terrasse;
geschl: Do

Zeitz 38 ↘

Sachsen-Anhalt — Burgenlandkr.Naumb-
Nebra-Zeitz — 250 m — 35 450 Ew —
Gera 24, Leipzig 43 km
[i] ☏ (0 34 41) 8 32 91, Fax 8 33 31 — Zeitz-
Information, Altmarkt 16, 06712 Zeitz.
Sehenswert: Schloß Moritzburg mit
Museum; Schloßkirche; Rathaus; Seckendorffsches Palais; Michaeliskirche; Stadtbefestigung mit Wehrtürmen

✱✱ Drei Schwäne
Altmarkt 6-Am Rathaus, ✉ 06712,
☏ (0 34 41) 21 26 86, Fax 71 22 86, [AX] [ED] [VA]
36 Zi, Ez: 70-110, Dz: 120-180, 1 Suite, ⊿
WC ☏, 4⊠; 2⇔40 🍴
Auch Zimmer der Kategorie ✱ vorhanden

✱✱ Tiergarten
Tiergartenstr 2, ✉ 06712, ☏ (0 34 41)
25 08 94, Fax 25 08 94, [AX] [DC] [ED] [VA]
10 Zi, Ez: 95-115, Dz: 140, 1 App, ⊿ WC ☏;
Fitneßraum Sauna Solarium; garni

✱ Gasthaus am Neumarkt
Neumarkt 2, ✉ 06712, ☏ (0 34 41) 6 16 60,
Fax 61 66 26, [ED]
10 Zi, Ez: 98-110, Dz: 138-160, ⊿ WC ☏; [P]
Solarium 🍴 ☕

Tröglitz (4 km ↗)
✱ Elsterblick
Grenzstr 18, ✉ 06729, ☏ (0 34 41) 53 30 95,
Fax 53 30 96, [AX] [DC] [ED] [VA]
17 Zi, Ez: 80-90, Dz: 110-120, ⊿ WC ☏, 2⊠;
[P] 🚗 🍴 ☕

Zella-Mehlis 47 □

Thüringen — Kreis Schmalkalden/Meiningen — 600 m — 13 500 Ew — Suhl 7, Oberhof 8 km
[i] ☏ (0 36 82) 48 28 40, Fax 48 71 43 —
Fremdenverkehrsamt, Louis-Anschütz-
Str 28, 98544 Zella-Mehlis. Sehenswert:
Bürgerhaus; Kirche Zella St. Blasii, Magdalenen-Kirche; Bürgerhaus mit Galerie;
Technisches Museum Gesenkschmiede

✱ Stadt Suhl
Bahnhofstr 7, ✉ 98544, ☏ (0 36 82) 4 02 21,
Fax 4 19 31, [AX] [ED] [VA]
13 Zi, Ez: 58-79, Dz: 98-132, ⊿ WC ☏; [P] 🚗
Fitneßraum 🍴

Zella-Mehlis-Außerhalb
✱ Waldmühle
Lubenbachstr 2 a, ✉ 98544, ☏ (0 36 82)
48 71 93 + 8 98 33, Fax 48 73 47 + 89 81 11,
[ED]
37 Zi, Ez: 80-90, Dz: 99-120, ⊿ WC ☏; [P] 🚗
🍴

Zell am Harmersbach 60 ↓

Baden-Württemberg — Ortenaukreis —
220 m — 7 700 Ew — Lahr 19, Offenburg
22, Freudenstadt 43 km
[i] ☏ (0 78 35) 63 69-47, Fax 63 69-50 — Kultur- u. Verkehrsamt, Alte Kanzlei,
77736 Zell am Harmersbach; Erholungsort
im mittleren Schwarzwald. Sehenswert:
Historischer Stadtkern; Museum im
Storchenturm; Wallfahrtskirche „Maria zu
den Ketten" im Ortsteil Unterharmersbach
(4 km ↗)

✱✱ Sonne
Hauptstr 5, ✉ 77736, ☏ (0 78 35) 63 73-0,
Fax 63 73 13, [AX] [ED] [VA]
19 Zi, Ez: 75-85, Dz: 130-160, ⊿ WC ☏; [P] 🚗
1⇔16 Solarium 🍴
geschl: Do, 15.1.-5.2.

✱ Zum schwarzen Bären
Kirchstr 5, ✉ 77736, ☏ (0 78 35) 2 51,
Fax 52 51, [DC] [ED] [VA]
44 Zi, Ez: 75-100, Dz: 140-160, ⊿ WC ☏,
8⊠; Lift [P]
✱ Hauptgericht 15; Biergarten;
geschl: Mi, Anfang-Mitte Dez

Unterharmersbach (4 km ↗)
✱ Zum Rebstock
Hauptstr 104, ✉ 77736, ☏ (0 78 35) 39 13,
Fax 37 34, [DC] [ED] [VA]
17 Zi, Ez: 59-64, Dz: 104-109, ⊿ WC ☏; [P]
🍴 ☕
geschl: Di

Zell im Wiesental 67 ↓

Baden-Württemberg — Kreis Lörrach — 650 m — 7 000 Ew — Lörrach 23, Freiburg 50 km
i ☎ (0 76 25) 92 40 92, Fax 1 33 15 — Verkehrsverein, Schopfheimer Str 3, 79669 Zell im Wiesental; Erholungsort. Sehenswert: Zeller Blauen, 1077 m ◄ (5 km +60 Min ↑); Hohe Möhr, 983 m ◄ (5 km ↘); Wildgehege

* Löwen
Schopfheimer Str 2, ⊠ 79669, ☎ (0 76 25) 92 54-0, Fax 80 86, DC ED VA
34 Zi, Ez: 60-80, Dz: 90-125, 4 App, ⌂ WC ☎, 9✉; P 🍴 2⇔40
* Hauptgericht 25; Gartenlokal; geschl: Do abends, Fr, Sa mittags

Pfaffenberg (4 km ↑)
* Berggasthof Schlüssel
♂ ◄ Haus Nr 2, ⊠ 79669, ☎ (0 76 25) 3 75, Fax 96 32
12 Zi, Ez: 47-52, Dz: 82-92, ⌂ WC;
* ◄ Hauptgericht 25

Zell (Mosel) 53 ↘

Rheinland-Pfalz — Kreis Cochem-Zell — 94 m — 5 000 Ew — Cochem 35, Bernkastel-Kues 40 km
i ☎ (0 65 42) 40 31, Fax 56 00 — Tourist-Information, im Rathaus, Balduinstr. 44/Rathaus, 56856 Zell (Mosel); Erholungsort an der Mosel; Weinbauort mit ca. 6 Mio Rebstöcken. Sehenswert: Schloß; Reste der Stadtbefestigung: Obertor; Klosterruine Marienburg ◄ (7 km oder 60 Min ↘); Wein- und Heimatmuseum Zell

* Haus Notenau
Notenau 7-8, ⊠ 56856, ☎ (0 65 42) 50 10, Fax 52 80, AX
10 Zi, Ez: 50-60, Dz: 80-110, 2 Suiten, 6 App, ⌂ WC, 10✉; P 1⇔40; **garni**

* Zur Post
◄ Schloßstr 25, ⊠ 56856, ☎ (0 65 42) 42 17, Fax 4 16 23, AX DC ED VA
16 Zi, Ez: 65-72, Dz: 120-130, ⌂ WC; Lift 🍴
Rezeption: 8-14, 17-22; geschl: Mo, Feb

Kaimt (1 km ←)
* Landhaus Vollrath
♂ ◄ Marientaler Au 58, ⊠ 56856, ☎ (0 65 42) 4 16 55, Fax 4 16 56
5 Zi, Ez: 50-75, Dz: 95-130, 2 Suiten, 2 App, ⌂ WC ☎; P Sauna Solarium; **garni**
geschl: 15.11.-1.3.

Zeltingen-Rachtig 52 ↗

Rheinland-Pfalz — Kreis Bernkastel-Wittlich — 106 m — 2 500 Ew — Bernkastel-Kues 6, Wittlich 11 km
i ☎ (0 65 32) 24 04, Fax 38 47 — Verkehrsbüro, Uferallee 13, 54492 Zeltingen-Rachtig

Rachtig
* Deutschherrenhof
◄ Deutschherrnstr 23, ⊠ 54492, ☎ (0 65 32) 93 50, Fax 93 51 99, ED VA
39 Zi, Ez: 70-90, Dz: 110-180, 2 Suiten, 3 App, ⌂ WC ☎; Lift P 2⇔ Kegeln 🍴 ⚓
geschl: Nov-Mär Di, Jan

Zeltingen
** St. Stephanus
◄ Uferallee 9, ⊠ 54492, ☎ (0 65 32) 6 80, Fax 6 84 20, AX DC ED VA
46 Zi, Ez: 99-165, Dz: 134-280, ⌂ WC ☎, 10✉; Lift P 🍴 2⇔100 ≋ Sauna Solarium ⚓
Rezeption: 8-21; geschl: Jan
** **Saxler's Restaurant**
Hauptgericht 40; Terrasse; geschl: Mi, Jan

** Nicolay/Zur Post
◄ Uferallee 7, ⊠ 54492, ☎ (0 65 32) 20 91, Fax 23 06, AX DC ED VA
36 Zi, Ez: 90-125, Dz: 140-190, 1 Suite, ⌂ WC ☎; Lift ≋ Fitneßraum Sauna Solarium
Auch Zimmer der Kategorie ***** vorhanden
** **Sonnenuhr**
Hauptgericht 25

* Zeltinger Hof
Kurfürstenstr 76, ⊠ 54492, ☎ (0 65 32) 9 38 20, Fax 93 82 82, ED VA
12 Zi, Ez: 65-85, Dz: 90-190, ⌂ WC, 3✉; Lift P 🍴 Fitneßraum SaunaSolarium 🍴

Zemmer 52 ↑

Rheinland-Pfalz — Kreis Trier-Saarburg — 380 m — 3 200 Ew — Speicher 8, Trier 21 km
i ☎ (0 65 80) 9 50 18, Fax 9 50 18 — Gemeindeverwaltung, Hauptstrasse 14, 54313 Zemmer-Schleidweiler

Daufenbach (6 km ↙)
*** Landhaus Mühlenberg 🍴
⊠ 54313, ☎ (0 65 05) 87 79, Fax 87 79, AX ED VA
Hauptgericht 46; P Terrasse; nur abends, So auch mittags; geschl: Mo + Di, 2 Wochen im Jan, 2 Wochen im Jul
Empfohlene Anfahrt über Kordel

Zerbst 38 ↗

Sachsen-Anhalt — Anhalt-Zerbst — 72 m — 18 000 Ew — Magdeburg 45, Wittenberg 45 km
i ☎ (0 39 23) 23 51, Fax 23 51 — Fremdenverkehrsbüro - Touristinformation, Schloßfreiheit 12, 39261 Zerbst. Sehenswert: Trinitatiskirche; Stadtkirche St. Nikolai; Roland; Schloßfreiheit; Bartholomäikirche; Stadtmauer, Wehrgänge; ehem. Franziskanerkloster

➡

Zerbst

* Trepzik
Käsperstr 15, ✉ 39261, ☎ (0 39 23)
78 02 91, Fax 78 53 22
8 Zi, Ez: 67-75, Dz: 83-94, ⌐ WC ☎; Fitneßraum Sauna Solarium
Restaurant für Hausgäste

* Von Rephuns Garten
Rephunstr 2, ✉ 39261, ☎ (0 39 23) 61 60 5,
Fax 6 16 07, AX ED VA
16 Zi, Ez: 118, Dz: 148, ⌐ WC ☎; P 2⇔140

Zerbst-Außerhalb (3 km ↑)
* Parkrestaurant Vogelherd
Lindauer Str 78, ✉ 39261, ☎ (0 39 23)
78 04 44, Fax 22 03, AX ED VA
Hauptgericht 25; P; geschl: Di

Zetel 16 □

Niedersachsen — Friesland — 3 m —
10 500 Ew — Varel 12, Wilhelmshaven
20 km
ℹ️ ☎ (0 44 52) 4 89, Fax 5 05 77 — Kur- und
Verkehrsverein, Markt 7, 26340 Neuenburg

Neuenburg
* Neuenburger Hof
Am Markt 12, ✉ 26340, ☎ (0 44 52) 2 00,
Fax 78 06, DC ED VA
12 Zi, Ez: 60, Dz: 100, ⌐ WC ☎; P 🚗 Kegeln
Sauna Solarium

Zeulenroda 49 ←

Thüringen — Kreis Zeulenroda — 420 m —
14 000 Ew — Schleiz 17, Gera 34 km
ℹ️ ☎ (03 66 28) 8 24 41, Fax 8 24 41 — Zeu-
lenroda-Information, Greizer Str 19,
07937 Zeulenroda. Sehenswert: Rathaus;
Weidatalsperre (5 km ↑)

** Goldener Löwe
Kirchstr 15, ✉ 07937, ☎ (03 66 28) 6 01 44,
Fax 6 01 45, AX ED VA
32 Zi, Ez: 80-120, Dz: 140-160, ⌐ WC ☎
DFÜ, 10🛏; P 🚗 2⇔25 Sauna Solarium
* Hauptgericht 19; Biergarten

Zeuthen 30 ↘

Brandenburg — Dahme-Spreewald —
8 000 Ew
ℹ️ ☎ (03 37 62) 75 30, Fax 75 35 75 —
Gemeindeverwaltung, Schillerstr 1,
15738 Zeuthen

*** Seehotel Zeuthen
⊷ Fontaneallee 27/28, ✉ 15738,
☎ (03 37 62) 8 90, Fax 8 94 08, AX DC ED VA
139 Zi, Ez: 80-195, Dz: 160-215, 4 Suiten, ⌐
WC ☎, 45🛏; Lift P 7⇔180 Seezugang Fitneßraum Sauna Solarium 18Golf

Zeven 17 M

Niedersachsen — Kreis Rotenburg
(Wümme) — 33 m — 22 000 Ew — Bremervörde 23, Rotenburg (Wümme) 26, Buxtehude 36 km
ℹ️ ☎ (0 42 81) 71 60, Fax 71 61 26 — Samtgemeinde Zeven, Am Markt 4,
27404 Zeven. Sehenswert: Museum Kloster
Zeven, Christinenhaus (Bildergalerie),
Feuerwehrmuseum, St.-Viti-Kirche; Skulpturengarten

** Ringhotel Paulsen
Meyerstr 22, ✉ 27404, ☎ (0 42 81) 9 41-3,
Fax 9 41-42, AX DC ED VA
38 Zi, Ez: 95-118, Dz: 140-170, S; ⌐ WC ☎,
12🛏; Lift P 3⇔80
* Hauptgericht 30; geschl: so + feiertags

* Central
Poststr 20, ✉ 27404, ☎ (0 42 81) 93 91-0,
Fax 93 91-91, AX DC ED VA
20 Zi, Ez: 85, Dz: 125, ⌐ WC ☎ DFÜ; P 🚗

* Spreckels
Bremer Str 2, ✉ 27404, ☎ (0 42 81) 9 37 20,
Fax 65 37, ED
24 Zi, Ez: 80-85, Dz: 120-130, ⌐ WC; P
Kegeln

* Landhaus Radler
Kastanienweg 17, ✉ 27404, ☎ (0 42 81)
30 22, Fax 34 11, AX DC ED VA
16 Zi, Ez: 76-85, Dz: 104-122, ⌐ WC ☎, 2🛏;
P 🚗; garni

Ziegenhain siehe Schwalmstadt

Ziegenrück 48 →

Thüringen — Saale-Orla-Kreis — 310 m —
994 Ew
ℹ️ ☎ (03 64 83) 2 26 49 + 2 23 07 — Fremdenverkehrsamt, Bahnhofstr 2, 07924 Ziegenrück

* Am Schloßberg
⊷ Paskaer Str 1, ✉ 07924, ☎ (03 64 83)
7 50, Fax 7 51 50, AX ED VA
40 Zi, Ez: 80, Dz: 120, ⌐ WC ☎; P 2⇔40
Fitneßraum Sauna Solarium

Ziemetshausen 63 ↓

Bayern — Günzburg — 515 m — 3 031 Ew
— Augsburg 30, Ulm 45, Günzburg 25 km
ℹ️ ☎ (0 82 84) 80 81, Fax 82 09 — Gemeindeverwaltung, Rathaus, 86473 Ziemetshau-
sen

* Adler
Oett.-Wall-Str 19, ✉ 86473, ☎ (0 82 84)
4 35, Fax 18 55, AX ED
13 Zi, Ez: 48-60, Dz: 90-105, ⌐ WC ☎; P
geschl: Mi, 25.8.-15.9.

Ziesar 28 ↘

Brandenburg — Potsdam-Mittelmark
🛈 ☏ (0 38 30) 6 08 83 — Stadtverwaltung, Mühlenstr 16, 14793 Ziesar

*   Burghotel
Frauentor 5, ✉ 14793, ☏ (03 38 30) 6 66-0, Fax 6 66-1 11, AX ED VA
13 Zi, Ez: 89-98, Dz: 126-136, ⌐ WC ☏ DFÜ; 🅿 🚗 2✪30 ¶⚪︎ ⚓

Zingst 13 ↖

Mecklenburg-Vorpommern — Nordvorpommern — 1 m — 3 200 Ew —
Barth 13 km
🛈 ☏ (03 82 32) 8 15-0, Fax 8 15 25 — Kur- und Tourismusbetrieb, Klosterstr 21, 18374 Zingst; Ostseebad

***   Steigenberger Esprix Aparthotel
◂≤ Strandstr 31, ✉ 18374, ☏ (03 82 32) 8 50, Fax 8 59 99, AX DC ED VA
102 App, Ez: 98-255, Dz: 130-350, ⌐ WC ☏; Lift 🅿 🚗 3✪70 Seezugang Sauna Solarium ⚓

**   Pension Abendland
Bahnhofstr 1c, ✉ 18374, ☏ (03 82 32) 1 56 34, Fax 8 00 09
Dz: 130-150, 11 Suiten, ⌐ WC ☏, 6✉; garni

**   Seebrücke
⚙◂≤ Seestr 2, ✉ 18374, ☏ (03 82 32) 84-0, Fax 7 87, AX DC ED VA
22 Zi, Ez: 95-190, Dz: 160-240, 8 App, ⌐ WC ☏; 🅿 🚗 3✪45 Seezugang Fitneßraum Sauna Solarium ¶⚪︎ ⚓

*   Meeresrauschen
⚙◂≤ Seestr 3, ✉ 18374, ☏ (03 82 32) 13 01, Fax 8 01 84, AX ED VA
13 Zi, Ez: 80-150, Dz: 99-150, 5 Suiten, ⌐ WC ☏; 🅿 Seezugang ¶⚪︎ ⚓
geschl: 9.11.-17.12.

*   Boddenhus
◂≤ Hafenstr 9, ✉ 18374, ☏ (03 82 32) 1 57 13, Fax 1 56 29, AX ED VA
19 Zi, Ez: 80-110, Dz: 100-180, 1 Suite, ⌐ WC ☏; 🅿 ¶⚪︎ ⚓

*   Pension am Strand
⚙◂≤ Birkenstr 21/Ecke Seestr, ✉ 18374, ☏ (03 82 32) 1 56 00, Fax 1 56 03
13 Zi, Ez: 90-130, Dz: 120-180, 6 Suiten, ⌐ WC ☏; 🅿 Seezugang Fitneßraum Sauna Solarium ¶⚪︎ ⚓

¶⚪︎   **Am Deich**
Seestr 1c, ✉ 18374, ☏ (03 82 32) 14 37
Hauptgericht 18

Müggenburg-Außerhalb (5 km →)
*   Apparthotel Schlößchen
einzeln ⚙ Sundische Wiese, ✉ 18374, ☏ (03 82 32) 81 80, Fax 8 18 38, DC ED VA
Ez: 80-130, Dz: 150-240, 15 App, ⌐ WC ☏; 🅿 1✪25 Sauna ¶⚪︎

Zinnowitz siehe Usedom

Zirndorf 57 ↗

Bayern — Kreis Fürth — 309 m —
25 967 Ew — Fürth 4, Nürnberg 13 km
🛈 ☏ (09 11) 96 00-0, Fax 96 00-1 29 — Stadtverwaltung, Fürther Str 8, 90513 Zirndorf

**   Akzent-Hotel Rangau
Banderbacher Str 27, ✉ 90513, ☏ (09 11) 96 01-0, Fax 96 01-1 00, AX ED VA
14 Zi, Ez: 100-195, Dz: 150-249, 6 App, ⌐ WC ☏ DFÜ; Lift 🅿 3✪50 Kegeln
**   Hauptgericht 23; Terrasse; geschl: Mo

*   Gasthof Bub
⚑ Fürther Str 5, ✉ 90513, ☏ (09 11) 60 67 05, Fax 6 00 29 08, AX DC ED VA
20 Zi, Ez: 55-66, Dz: 92, ⌐ WC ☏; 🅿 1✪60 ¶⚪︎
Historisches Fachwerkgebäude aus dem 17. Jh.

Wintersdorf (6 km ←)
*   Gasthof Lämmermann
Ansbacher Str 28, ✉ 90513, ☏ (0 91 27) 88 19, Fax 56 49, ED
22 Zi, Ez: 50-75, Dz: 75-110, ⌐ WC ☏; 🅿 🚗 ¶⚪︎
geschl: 24.12.-1.1., 24.8.-8.9.

Zittau 41 ↗

Sachsen — Kreis Zittau — 242 m —
29 000 Ew
🛈 ☏ (0 35 83) 75 21 38, Fax 75 21 61 — Tourist-Information Zittau, Rathaus, Markt 1, 02763 Zittau

**   Dreiländereck
Bautzener Str 9, ✉ 02763, ☏ (0 35 83) 55 50, Fax 55 52 22, AX DC ED VA
45 Zi, Ez: 105-140, Dz: 139-149, 1 Suite, 2 App, ⌐ WC ☏; Lift 🅿 🚗 3✪70 ¶⚪︎ ⚓

**   Dresdner Hof
Äußere Oybiner Str 9, ✉ 02763, ☏ (0 35 83) 57 30-0, Fax 57 30 50, ED
36 Zi, Ez: 100, Dz: 115-130, 1 Suite, ⌐ WC ☏; Lift 🅿 1✪40 Sauna Solarium ¶⚪︎
Auch Zimmer der Kategorie * vorhanden

**   Sittavia
Lisa-Tetzner Str 19 / über Schwenninger Weg, ✉ 02763, ☏ (0 35 83) 68 79 20, Fax 6 87 92 99
34 Zi, Ez: 90-100, Dz: 120, 1 Suite, ⌐ WC ☏; 🅿 ¶⚪︎ ⚓

*   Schwarzer Bär
Ottokarplatz 12, ✉ 02763, ☏ (0 35 83) 55 10, Fax 55 11 11, AX DC ED VA
18 Zi, Ez: 87, Dz: 125, ⌐ WC ☏; Kegeln ¶⚪︎

*   Riedel
Friedensstr 23, ✉ 02763, ☏ (0 35 83) 68 60, Fax 68 61 00, ED VA
45 Zi, Ez: 75-95, Dz: 100-125, ⌐ WC ☏, 4✉; 1✪75 Sauna ¶⚪︎

siehe auch **Bertsdorf-Hörnitz**

Zons siehe Dormagen

Zorge 37 ↖

Niedersachsen — Kreis Osterode — 430 m — 1 690 Ew — Braunlage 14, Osterode 44 km
🛈 ☎ (0 55 86) 96 60 70, Fax 96 60 60 — Tourist-Information, Am Kurpark 4, 37449 Zorge; Luftkurort und Wintersportplatz im Südharz

*   Bergschlößchen
Taubental 26a, ✉ 37449, ☎ (0 55 86) 9 67 60, Fax 96 76 56, AX DC VA
9 Zi, Ez: 52-68, Dz: 98-108, 3 App, ⇱ WC ☎;
🅿 ≘ Sauna Solarium
Restaurant für Hausgäste

Zorneding 72 □

Bayern — Kreis Ebersberg — 555 m — 7 900 Ew — München 21, Wasserburg am Inn 35 km
🛈 ☎ (0 81 06) 38 40, Fax 2 97 21 — Gemeindeverwaltung, Schulstr 13, 85604 Zorneding

**   Landgasthof Eschenhof
Anton-Grandauer-Str 17, ✉ 85604, ☎ (0 81 06) 28 82, Fax 2 20 75, AX DC ED VA
29 Zi, Ez: 115-175, Dz: 145-250, 2 App, ⇱ WC ☎; 🅿 🚗 1✿10 Sauna Solarium; **garni**

*   Neuwirt
Münchner Str 4, ✉ 85604, ☎ (0 81 06) 2 42 60, Fax 24 26-1 66, AX DC ED VA
30 Zi, Ez: 108-118, Dz: 145-165, ⇱ WC ☎, 4✉, 🅿 🚗 2✿40 Kegeln
*   Hauptgericht 18; Biergarten Terrasse

Zossen 30 ↘

Brandenburg — Kreis Teltow-Fleming — 70 m — Luckenwalde 25, Berlin 30 km
🛈 ☎ (0 33 77) 30 40 30, Fax 30 40 49 — Amt Zossen, Marktplatz 20/21, 15806 Zossen

**   Berlin
Bahnhofstr 28, ✉ 15806, ☎ (0 33 77) 3 25-0, Fax 3 25-1 00, AX DC ED VA
50 Zi, Ez: 90-110, Dz: 110-140, 9 Suiten, ⇱ WC ☎, 15✉; Lift 🅿 3✿110
Restaurant für Hausgäste; Auch Zimmer der Kategorie * vorhanden

*   Reuner
Machnower Chaussee 1 a, an der B 96, ✉ 15806, ☎ (0 33 77) 30 13 70, Fax 30 13 71, AX DC ED VA
17 Zi, Ez: 75-110, Dz: 100-150, 1 App, ⇱ WC ☎; Lift 🅿 1✿40 ⓘ 🚗
Auch Zimmer der Kategorie ** vorhanden

Zschorlau 50 ↙

Sachsen — Aue-Schwarzenberg — 526 Ew
🛈 ☎ (0 37 71) 45 81 27 — Gemeinde Zschorlau, August-Bebel-Str 78, 08321 Zschorlau

Burkhardtsgrün
*   Am Alten Zollhaus
Hauptstr 19, ✉ 08318, ☎ (03 77 52) 62 00, Fax 62 06, AX DC ED VA
16 Zi, Ez: 80-95, Dz: 120-150, 2 Suiten, ⇱ WC ☎ DFÜ, 2✉; 🅿 2✿25 ≘ Fitneßraum Sauna Solarium ⓘ

Zützen 22 ↘

Brandenburg — Kreis Angermünde — 40 m — 164 Ew — Schwedt (Oder) 9, Angermünde 18 km
🛈 ☎ (0 33 32) 51 00 29 — Gemeindeverwaltung, 16306 Zützen

*   Iatel
Apfelallee 1, ✉ 16306, ☎ (0 33 32) 51 63 97, Fax 51 64 00, AX DC ED VA
30 Zi, Ez: 80-85, Dz: 100-110, ⇱ WC ☎, 2✉; 1✿15 ⓘ

*   Oder-Hotel
Apfelallee 2, ✉ 16306, ☎ (0 33 32) 2 66-0, Fax 2 66-2 66
33 Zi, Ez: 90, Dz: 120, ⇱ WC ☎, 5✉; 🅿 2✿50 ⓘ 🚗
Auch Zimmer der Kategorie ** vorhanden

Zurow 12 ↙

Mecklenburg-Vorpommern — Kreis Nordwestmecklenburg — 959 Ew — Neukloster 7, Wismar 10 km
🛈 ☎ (03 84 22) 2 09 21 — Gemeindebüro, Dorfstr 3, 23992 Zurow

Nakensdorf (8 km ↘)
*   Seehotel am Neuklostersee
♦ Seestr 1, ✉ 23992, ☎ (03 84 22) 2 54 45, Fax 2 54 45
13 Zi, Ez: 95, Dz: 160, 1 Suite, 2 App, ⇱ WC; 1✿30 Strandbad Seezugang Sauna ⓘ

Zusmarshausen 63 ↓

Bayern — Kreis Augsburg — 466 m — 5 702 Ew — Augsburg 25, Günzburg 28 km
🛈 ☎ (0 82 91) 8 70, Fax 87 40 — Marktverwaltung, Schulstr 2, 86441 Zusmarshausen

*   Die Post
Augsburger Str 2, ✉ 86441, ☎ (0 82 91) 1 88 00, Fax 83 63, DC ED VA
17 Zi, Ez: 70-110, Dz: 124-185, 4 Suiten, 4 App, ⇱ WC ☎, 12✉; Lift 🅿 🚗 3✿180 ≘ Fitneßraum Sauna Solarium
Auch Zimmer der Kategorie ** vorhanden
**   Hauptgericht 35; Biergarten Terrasse

Zuzenhausen 54 ↘

Baden-Württemberg — Rhein-Neckar-Kreis — 148 m — 2 000 Ew — Neckargemünd 11 km
🛈 ☎ (0 62 26) 92 25-0, Fax 92 25-7 — Gemeindeverwaltung, Hauptstr 25, 74939 Zuzenhausen. Sehenswert: Burgruine beim alten Ortskern; Vogel- und Naturpark auf der Steinbruchterrasse

* **Brauereigasthof Adler Flair Hotel**
Hoffenheimer Str 1, ✉ 74939, ☎ (0 62 26) 9 20 70, Fax 92 07 40, AX ED VA
18 Zi, Ez: 85-110, Dz: 130-160, 2 Suiten, ⇩ WC ☎; 🅿 2⇌35 Sauna ⑩
Zimmer der Kategorie ** vorhanden

Zweibrücken 53 ↙

Rheinland-Pfalz — Stadtkreis — 300 m — 37 634 Ew — Homburg/Saar 11, Pirmasens 22 km
ℹ ☎ (0 63 32) 87 11 23, Fax 87 11 00 — Büro für Fremdenverkehr, Herzogstr 1, 66482 Zweibrücken. Sehenswert: Europas Rosengarten; Ev. Alexanderkirche; Schloß; Landgestüt; Wildrosengarten

* **Silencehotel Europas Rosengarten**
♦ Rosengartenstr 60, ✉ 66482, ☎ (0 63 32) 97 70, Fax 97 72 22, AX DC ED VA
47 Zi, Ez: 118-130, Dz: 165-175, 1 App, ⇩ WC ☎; Lift 3⇌80 🍴
* Lichtergarten
Hauptgericht 25; Terrasse

Zweibrücken-Außerhalb (2 km →)
** **Romantik Hotel Fasanerie**
einzeln ♦ Fasanerie 1, ✉ 66482, ☎ (0 63 32) 97 30, Fax 97 31 11, AX DC ED VA
37 Zi, Ez: 168-186, Dz: 244-296, 13 Suiten, ⇩ WC ☎, 15⊠; 🅿 9⇌200 ≋ Sauna Solarium 🍺
Restaurant für Hausgäste; Auch Zimmer der Kategorie *** vorhanden

Zweiflingen 55 ↘

Baden-Württemberg — Hohenlohekreis — 350 m — 1 500 Ew — Forchtenberg 6, Öhringen 7 km
ℹ ☎ (0 79 48) 4 76, Fax 24 40 — Bürgermeisteramt, Eichacher Str 21, 74639 Zweiflingen

Zweiflingen-Außerhalb (1 km ↓)
**** **Wald- und Schloßhotel Friedrichsruhe** ♛
♦ ✉ 74639, ☎ (0 79 41) 6 08 70, Fax 6 14 68, AX DC ED VA
29 Zi, Ez: 195-350, Dz: 295-420, 16 Suiten, ⇩ WC ☎; Lift 🅿 🚗 3⇌80 ≋ ≋ Sauna Solarium 18Golf 1Tennis 🍺
Weitläufige Parkanlage mit vier, teilweise historischen Gebäuden. Im Jagdschloß auch einfache, mit antiken Möbeln eingerichtete Zimmer.
*** Hauptgericht 65; ⚘ 🍷🍷
Terrasse;
geschl: Mo, Di
** Jägerstube ✿
Hauptgericht 32; Terrasse

Zwesten, Bad 35 ↓

Hessen — Schwalm-Eder-Kreis — 220 m — 4 300 Ew — Bad Wildungen 12, Kassel 40, Marburg 40 km
ℹ ☎ (0 56 26) 7 73, Fax 99 93 26 — Kurverwaltung, Ringstr 1, 34596 Bad Zwesten; Luftkurort und Heilbad. Sehenswert: Wehrkirche; Brunnentempel der Heilquelle

* **Altenburg**
Hardtstr 1 a, ✉ 34596, ☎ (0 56 26) 8 00 90, Fax 80 09 39, AX DC ED VA
46 Zi, Ez: 64-150, Dz: 112-190, 4 App, ⇩ WC ☎, 5⊠; 🅿 3⇌80 Fitneßraum Kegeln Sauna Solarium 🍴
geschl: 2.-20.11.

* **Landhotel Kern**
Brunnenstr 10, ✉ 34596, ☎ (0 56 26) 99 70, Fax 99 72 22, AX DC ED VA
58 Zi, Ez: 73-83, Dz: 130-150, ⇩ WC ☎; Lift 🅿 2⇌30 ≋ Sauna Solarium 🍴 🍺
geschl: 10.1.-Mitte Mär

* **Zum Kleinen König**
Hauptstr 4, ✉ 34596, ☎ (0 56 26) 84 11, Fax 83 60, AX DC ED VA
7 Zi, Ez: 68-88, Dz: 120-140, ⇩ WC ☎; 1⇌25 🍴

Zwethau 39 →

Sachsen — Torgau-Oschatz — 82 m — 2 524 Ew — Torgau 5, Falkenberg 15 km
ℹ ☎ (0 34 21) 70 72 61 — Gemeindeverwaltung Großtreben-Zwethau, Elbaue 64e, 04886 Döhlen

** **Wenzels Hof**
Herzbergerstr 7, ✉ 04886, ☎ (0 34 21) 7 31 10, Fax 73 11 25, AX DC ED VA
22 Zi, Ez: 90-115, Dz: 135-155, ⇩ WC ☎, 5⊠; 🅿 1⇌60 Sauna Solarium 🍴 🍺

Zwickau 49 ↗

Sachsen — Kreisfreie Stadt — 267 m — 102 000 Ew — Chemnitz 40, Gera 49, Leipzig 80 km
ℹ ☎ (03 75) 29 37 13, Fax 29 37 15 — Tourist-Information, Hauptstr 6, 08056 Zwickau. Sehenswert: Renaissance Rathaus; gotische Katharinenkirche; Hauptmarkt mit Bürgerhäusern, Kräutergewölbe; Schiffchen; Geburtshaus RobertSchumanns; Schumann-Denkmal; Gewandhaus; Dom St. Marien; Stadtpark und Schwanenteich; im Ortsteil Planitz: Schloßkirche

Cityplan siehe Seite 1072

*** **Holiday Inn**
Am Kornmarkt 9 (C 3), ✉ 08056, ☎ (03 75) 2 79 20, Fax 27 92-6 66, AX DC ED VA
115 Zi, Ez: 106-197, Dz: 161-227, S; 5 Suiten, 5 App, ⇩ WC ☎ DFÜ, 76⊠; Lift 🅿 6⇌200 Fitneßraum Sauna Solarium 🍴 🍺

➡

Zwickau

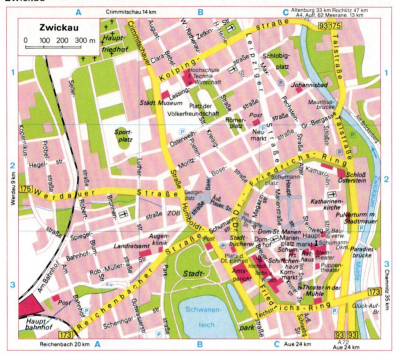

★★ Best Western Airport Hotel
Olzmannstr 57, ✉ 08060, ☎ (03 75) 56 02-0, Fax 56 02-1 51, AX DC ED VA
115 Zi, Ez: 130-149, Dz: 162-180, S;
9 Suiten, ⌐ WC ☎ DFÜ, 72✉; Lift P
3✤150 Sauna Solarium ○ ■

★ Achat
Leipziger Str 180, ✉ 08058, ☎ (03 75) 87 20, Fax 87 29 99, AX ED VA
137 Zi, Ez: 77-154, Dz: 88-194, S; 4 Suiten, 67 App, ⌐ WC ☎ DFÜ, 64✉; Lift P ■
3✤50 ○ ■

★ Aparthotel 1A
Robert Müller Str 1 A, ✉ 08056, ☎ (03 75) 27 57 50, Fax 2 75 75 30, AX ED VA
7 Zi, Ez: 90-115, Dz: 115-130, 2 Suiten, 1 App, ⌐ WC ☎, 2✉; P; garni ■

★ Gerisch
Wildenfelser Str 20a, ✉ 08056, ☎ (03 75) 21 29 40, Fax 29 44 51
15 Zi, Ez: 95, Dz: 140, ⌐ WC ☎ DFÜ, 15✉;
P; garni

siehe auch **Fraureuth**

Zwiefalten 69

Baden-Württemberg — Reutlingen — 540 m — 2 300 Ew — Stuttgart 84, Ravensburg 63, Ulm 50 km
ℹ ☎ (0 73 73) 2 05 20, Fax 2 05 55 — Verkehrsamt, Marktplatz 3, 88529 Zwiefalten

Zur Post
Hauptstr 44, ✉ 88529, ☎ (0 73 73) 3 02, Fax 23 60
18 Zi, Ez: 45-55, Dz: 70-90, 3 App, ⌐ ☎; P
■ 1✤60 ○ ■

Zwiesel 66

Bayern — Kreis Regen — 570 m — 10 400 Ew — Regen 10, Grafenau 29 km
ℹ ☎ (0 99 22) 84 05 23, Fax 56 55 — Kurverwaltung, Stadtplatz 27, 94227 Zwiesel: Luftkurort und Wintersportplatz im Bayerischen Wald. Sehenswert: Waldmuseum; Spielzeugmuseum; Kunstglasbläsereien; Glasmuseum „Kleines Schloß" in Theresienthal

★★ Zur Waldbahn
Bahnhofsplatz 2, ✉ 94227, ☎ (0 99 22) 85 70, Fax 85 72 22, AX DC ED VA
25 Zi, Ez: 85-110, Dz: 140-190, ⌐ WC ☎; P
■ 3✤80 ≈ Fitneßraum Sauna Solarium
geschl: 2 Wochen nach Ostern
★ Hauptgericht 21; Biergarten Terrasse; geschl: 6.-21.4.

Teilen Sie bitte der Redaktion des Varta mit, wenn Sie sich in einem Haus besonders wohlgefühlt haben oder wenn Sie unzufrieden waren.

Zwischenahn, Bad

** Magdalenenhof
♂ ◂ Ahornweg 17, ✉ 94227, ☏ (0 99 22)
85 60, Fax 67 08, AX DC ED VA
35 Zi, Ez: 70-90, Dz: 100-150, 23 App, ⌐ WC
☏; P 1✧20 ≘ Fitneßraum Sauna Solarium
18 Golf
Restaurant für Hausgäste; Auch Zimmer
der Kategorie * vorhanden

* Bergfeld
♂ ◂ Hochstr 45, ✉ 94227, ☏ (0 99 22)
85 40, Fax 85 41 00
25 Zi, Ez: 67-87, Dz: 134-150, 1 App, ⌐ WC
☏, 26🖃; P 🖨 ≘ Sauna Solarium; garni ▬
Rezeption: 9-20; geschl: So, 7.11.-19.12.,
6.4.-28.4.
Restaurant für Hausgäste

Zwieslerwaldhaus

siehe **Lindberg**

Zwingenberg   54 →

Hessen — Kreis Bergstraße — 100 m —
7 050 Ew — Bensheim 6, Darmstadt 19 km
ℹ ☏ (0 62 51) 70 03 22, Fax 70 03 33 —
Touristinformation, Untergasse 16,
64673 Zwingenberg. Sehenswert: Historische Altstadt, Fachwerkhäuser, historische Scheuergasse; Weinlehrpfad

** Zur Bergstraße
Bahnhofstr 8, ✉ 64673, ☏ (0 62 51) 7 60 35,
Fax 7 22 75, AX DC ED VA
21 Zi, Ez: 135-155, Dz: 175-190, 2 Suiten, ⌐
WC ☏; Lift P 1✧16; garni

** Freihof
Marktplatz 8, ✉ 64673, ☏ (0 62 51) 7 95 59,
Fax 7 67 12, AX ED VA
Hauptgericht 30; Gartenlokal P; geschl:
So
italienische Küche
* 10 Zi, Ez: 95-110, Dz: 140, ⌐ WC
☏; 1✧30

Zwischenahn, Bad   16 ↓

Niedersachsen — Kreis Ammerland — 6 m
— 24 334 Ew — Westerstede 12, Oldenburg 15 km
ℹ ☏ (0 44 03) 5 90 81, Fax 6 11 58 — Kurverwaltung, Auf dem Hohen Ufer 24,
26160 Bad Zwischenahn; Moorheilbad am
Zwischenahner Meer (Binnensee); Spielbank im Jagdhaus Eiden. Sehenswert: Ev.
St.-Johannes-Kirche; Freilichtmuseum
Ammerländer Bauernhaus; Wasserturm

*** Haus Am Meer
Auf dem Hohen Ufer 25, ✉ 26160,
☏ (0 44 03) 9 44-0, Fax 94 03 00, AX DC ED VA
70 Zi, Ez: 110-205, Dz: 158-253, 1 Suite, ⌐
WC ☏ DFÜ, 12🖃; Lift P 🖨 8✧300 Sauna
Solarium ▬
** Deters
Hauptgericht 27; Terrasse

*** Am Kurgarten
♂ Unter den Eichen 30, ✉ 26160,
☏ (0 44 03) 9 36 50, Fax 5 96 20, AX ED VA
17 Zi, Ez: 145-165, Dz: 250-320, ⌐ WC ☏; P
🖨 1✧16 ≘ Seezugang Sauna Solarium
18 Golf
Restaurant für Hausgäste; Auch Zimmer
der Kategorie ** vorhanden

** Seehotel Fährhaus
♂ ◂ Auf dem Hohen Ufer 8, ✉ 26160,
☏ (0 44 03) 60 00, Fax 60 05 00, AX DC ED VA
57 Zi, Ez: 110-150, Dz: 170-225, ⌐ WC ☏;
Lift P 6✧150 ≘ Seezugang Sauna
Solarium ▬
** Panorama
◂ Hauptgericht 35

** Kopenhagen
Brunnenweg 7, ✉ 26160, ☏ (0 44 03)
5 90 88, Fax 6 40 10, AX DC ED VA
14 Zi, Ez: 105, Dz: 200, 2 Suiten, ⌐ WC ☏;
Fitneßraum Sauna Solarium
** Hauptgericht 30

** Kämper
  Minotel
Georgstr 12, ✉ 26160, ☏ (0 44 03) 92 60,
Fax 6 37 97, DC ED VA
27 Zi, Ez: 90-145, Dz: 150-195, 2 App, ⌐ WC
☏, 20🖃; P 3✧80 Kegeln Sauna Solarium
▬
* Hauptgericht 25

** Ringhotel Burg Hotel
  mit Rosenhof
♂ Zum Rosenteich 14, ✉ 26160,
☏ (0 44 03) 923 000, Fax 923 100,
AX DC ED VA
46 Zi, Ez: 120-140, Dz: 175-195, S; 2 Suiten,
⌐ WC ☏, 8🖃; Lift P 3✧70 Fitneßraum
Sauna Solarium 🍴◉ ▬
Auch Zimmer der Kategorie * vorhanden

* Bad Zwischenahn
♂ Am Badepark 50, ✉ 26160, ☏ (0 44 03)
69 60, Fax 69 65 00, DC ED VA
51 Zi, Ez: 92-98-120, Dz: 175-195, 5 Suiten, ⌐
WC ☏; Lift P 🖨 ≋ Fitneßraum Sauna
Solarium ▬
Restaurant für Hausgäste

* Kristinenhof
♂ Zum Rosenteich 24, ✉ 26160,
☏ (0 44 03) 21 26, Fax 6 32 06, AX DC ED VA
16 Zi, Ez: 100-140, Dz: 150-170, 4 Suiten,
3 App, ⌐ WC ☏; garni

* Haus Ammerland
♂ Rosmarinweg 24, ✉ 26160, ☏ (0 44 03)
92 83 00, Fax 92 83 83, ED
21 Zi, Ez: 80-105, Dz: 140-155, 11 Suiten,
6 App, ⌐ WC ☏; P Solarium
Restaurant für Hausgäste

* Am Torfteich
♂ Rosmarinweg 7, ✉ 26160, ☏ (0 44 03)
10 33, Fax 6 30 21, ED
12 Zi, Ez: 83-98, Dz: 120-170, ⌐ WC ☏, 3🖃;
P Sauna Solarium; garni
Rezeption: 6-19   →

Zwischenahn, Bad

*** Merlan im Hotel Haus am Meer
Auf dem Hohen Ufer 25, ⌧ 26160,
☎ (0 44 03) 9 48 90, Fax 94 89 19, AX DC ED VA
Hauptgericht 36; **P** Terrasse; nur abends;
geschl: Mo

* Der Ahrenshof
⊗ Oldenburger Str., ⌧ 26160, ☎ (0 44 03)
39 89, Fax 6 40 27, DC ED VA
Hauptgericht 19; Biergarten **P**;
Ammerländer Gasthaus

Spieker
⊗ Am Hogenhagen 3, ⌧ 26160, ☎ (0 44 03)
23 24, Fax 8 12 10
Hauptgericht 20; Biergarten;
Der Spieker - älteste Ammerländer Gaststätte am Zwischenahner Meer. Spezialität: Smoortaal

Aschhauserfeld (2 km ↗)
*** Romantik Hotel Jagdhaus Eiden am See
♂ ⋅⋞ Eidenring, ⌧ 26160, ☎ (0 44 03)
69 80 00, Fax 69 83 98, AX DC ED VA
58 Zi, Ez: 119-166, Dz: 175-250, 10 Suiten,
⇨ WC ☎, 8⌧; Lift **P** 🚗 6↺110 ≋ Seezugang Fitneßraum Kegeln Sauna Solarium
18Golf ⇌
Spielbank im Haus

*** Apicius
Hauptgericht 52; nur abends; geschl: So,
Mo, 3. 25.1., 20.7. 3.8.

** Jäger- und Fischerstube
Hauptgericht 33; Gartenlokal

** Amsterdam Golden Tulip Hotel
Wiefelsteder Str 8, ⌧ 26160, ☎ (0 44 03)
93 40, Fax 93 42 34, AX DC ED VA
40 Zi, Ez: 99-140, Dz: 149-179, ⇨ WC ☎
DFÜ, 10⌧; Lift **P** 2↺30 Seezugang Fitneßraum Sauna Solarium ⟡ ⇌

* Pension Andrea
Wiefelsteder Str 43, ⌧ 26160, ☎ (0 44 03)
47 41, Fax 47 45, AX DC ED VA
16 Zi, Ez: 65-90, Dz: 130-160, 2 App, ⇨ WC
☎, 8⌧; **P**; garni
Auch Zimmer der Kategorie ** vorhanden

Aue (3 km ↗)
* Klosterhof
⊗ Wiefelsteder Str., ⌧ 26160, ☎ (0 44 03)
91 59 90, Fax 9 15 99 25, AX DC ED VA
Hauptgericht 26; Gartenlokal **P** Terrasse;
geschl: Mo,
Ammerländer Gasthaus

*
6 Zi, Ez: 78, Dz: 102, ⇨ WC ☎;
1↺20

Dreibergen
*** Seeschlößchen Dreibergen
♂ ⋅⋞ Dreibergerstr 21-23, ⌧ 26160,
☎ (0 44 03) 9 87-0, Fax 9 87-1 55, AX ED VA
63 Zi, Ez: 130-190, Dz: 200-260, ⇨ WC ☎;
Lift **P** 3↺150 Strandbad Fitneßraum
Sauna Solarium ⟡ ⇌
Nichtraucherhaus, Bäderabteilung Oasis

Zwönitz 50 □

Sachsen — Kreis Aue — 650 m —
10 800 Ew — Chemnitz 27 km
i ☎ (03 77 54) 3 50, Fax 3 51 99 — Stadtverwaltung, Markt 6, 08297 Zwönitz

* Roß
Markt 1, ⌧ 08297, ☎ (03 77 54) 22 52,
Fax 22 52, ED VA
21 Zi, Ez: 80-100, Dz: 120, ⇨ WC ☎; 🚗
1↺20 Solarium ⟡

Zwota 49 ↓

Sachsen — Vogtlandkreis — 600 m —
1 650 Ew — Klingenthal 3 km
i ☎ (03 74 67) 2 22 60, Fax 2 30 78 — Fremdenverkehrsbüro, Markneukirchner Str. 32, 08267 Zwota. Sehenswert: Heimatstube (Ausstellung historischer u. neuzeitlicher Harmonikas)

⇌ Gasthof Zwota
Klingenthaler Str 56, ⌧ 08267, ☎ (03 74 67)
56 70, Fax 5 67 67
35 Zi, Ez: 50-60, Dz: 79-89, ⇨ WC ☎, 12⌧;
P ≋ Sauna Solarium ⟡

Impressum

Die Redaktion des Varta-Führers ermittelt alle Daten mit größter Sorgfalt. Bei der Auswahl der im Buch genannten Betriebe wird äußerst gewissenhaft vorgegangen. Dasselbe gilt für den Satz und die Herstellung des Buches. Für etwaige Irrtümer können wir keine Haftung übernehmen.

Herausgeber:
VARTA-Führer GmbH
Ostfildern

Verantwortlich für den Inhalt:
Redaktion Varta-Führer
Zeppelinstraße 41, 73760 Ostfildern
☎ (07 11) 45 02-1 82
Fax (07 11) 45 02-1 85

Verlag, Karten und Pläne:
Mairs Geographischer Verlag
Marco-Polo-Zentrum 1, 73760 Ostfildern
☎ (07 11) 45 02-0
Fax (07 11) 45 02-2 60 + 45 02-3 40

EDV-Aufbereitung und Satzherstellung:
SCHNITZER DRUCK GmbH
71404 Korb

Technische Herstellung:
Körner Rotationsdruck GmbH & Co.
71050 Sindelfingen

Anzeigenverwaltung:
KV Kommunalverlag GmbH
Postfach 81 05 65
81905 München
☎ (0 89) 9 28 09 60
Fax (0 89) 92 80 96 20

Copyright 1998
VARTA-Führer GmbH
Ostfildern

Nachdruck, auch auszugsweise, nur mit ausdrücklicher Genehmigung der Redaktion

Printed in Germany